KonzVgV
Kommentar

KonzVgV

MÜLLER-WREDE **KOMMENTAR**

einschließlich VergStatVO und Sonderregelungen

herausgegeben von **Malte Müller-Wrede** und **Dr. Christian Braun**

unter Mitarbeit von

Dr. Christian Braun,
Rechtsanwalt, Leipzig

Dr. Jakob Brugger,
Rechtsanwalt, Bozen

Dr. Sebastian Conrad,
Rechtsanwalt, Berlin

Marc Dewald,
Rechtsanwalt, Hamm

Michael Gaus,
Vergabekammer Niedersachsen

Matthias Grünhagen,
Rechtsanwalt, Berlin

Dr. Heiko Hofmann,
Rechtsanwalt, Frankfurt am Main

Grit Hömke,
Rechtsanwältin, Köln

Dr. Lutz Horn,
Rechtsanwalt, Frankfurt am Main

Dr. Desiree Jung,
Rechtsanwältin, Frechen

Wiltrud Kadenbach,
Vergabekammer des Freistaates Sachsen

Dr. Christoph Kins,
Rechtsanwalt, Leipzig/Wiesbaden

Prof. Dr. Matthias Knauff,
Friedrich-Schiller-Universität Jena, Thüringer Oberlandesgericht

Dr. Wolfgang Kräber,
Rechtsanwalt, Frechen

Dr. Irene Lausen,
Hessisches Ministerium für Wirtschaft, Energie, Verkehr und Landesentwicklung

Sebastian Lischka,
Landgericht Neuruppin

Dr. Nadine Micus-Zurheide,
Rechtsanwältin, Hamm

Malte Müller-Wrede,
Rechtsanwalt, Berlin

Tatyana W. Peshteryanu,
Amtsgericht Frankfurt am Main

Prof. Dr. Marius Raabe,
Rechtsanwalt, Kiel

Magnus Radu,
Kammergericht

Prof. Dr. Ulrich Rommelfanger,
Rechtsanwalt, Wiesbaden

Dr. Dr. Andreas Ruff,
Bundesministerium für Arbeit und Soziales

Dr. Jörg Stoye,
Rechtsanwalt, Frankfurt am Main

Dr. Tobias Traupel,
Ministerium für Wirtschaft, Innovation, Digitalisierung und Energie des Landes Nordrhein-Westfalen

Dr. Sabine Wrede,
Bundesverband der Energie- und Wasserwirtschaft e.V., Berlin

Katrin Zwetkow,
Rechtsanwältin, Leipzig

Bibliografische Information der Deutschen Nationalbibliothek
Die Deutsche Nationalbibliothek verzeichnet diese Publikation in der Deutschen National-
bibliografie; detaillierte bibliografische Daten sind im Internet über
http://dnb.d-nb.de abrufbar.

Bundesanzeiger Verlag GmbH
Amsterdamer Straße 192
50735 Köln
Internet: www.bundesanzeiger-verlag.de

Weitere Informationen finden Sie auch in unserem Themenportal unter
www.vergabe-wissen.de

Beratung und Bestellung:
Tel.: +49 (0) 221 97668-240
Fax: +49 (0) 221 97668-271
E-Mail: vergabe@bundesanzeiger.de

ISBN (Print): 978-3-8462-0523-5
ISBN (E-Book): 978-3-8462-0524-2

© 2019 Bundesanzeiger Verlag GmbH, Köln

Alle Rechte vorbehalten. Das Werk einschließlich seiner Teile ist urheberrechtlich geschützt. Jede Verwertung außerhalb der Grenzen des Urheberrechtsgesetzes bedarf der vorherigen Zustimmung des Verlags. Dies gilt auch für die fotomechanische Vervielfältigung (Fotokopie/Mikrokopie) und die Einspeicherung und Verarbeitung in elektronischen Systemen. Hinsichtlich der in diesem Werk ggf. enthaltenen Texte von Normen weisen wir darauf hin, dass rechtsverbindlich allein die amtlich verkündeten Texte sind.

Herstellung: Günter Fabritius
Lektorat/Produktmanagement: Frederic Delcuvé und Sven-Steffen Schulz
Satz: Cicero Computer GmbH, Bonn
Druck und buchbinderische Verarbeitung: Appel & Klinger Druck und Medien GmbH, Schneckenlohe
Printed in Germany

Vorwort

Durch das Vergaberechtsmodernisierungsgesetz wurden die grundlegenden Vorgaben der Richtlinie 2014/23/EU des Europäischen Parlaments und des Rates vom 26. Februar 2014 über die Konzessionsvergabe im Gesetz gegen Wettbewerbsbeschränkungen umgesetzt. Die detaillierten Verfahrensregeln sind erst durch die neu geschaffene Verordnung über die Vergabe von Konzessionen in deutsches Recht überführt worden. Die Statistikpflichten von Konzessionsgebern wurden separat in der Vergabestatistikverordnung geregelt. Der Kommentar widmet sich den Regelungen dieser Verordnungen umfassend.

Neben und außerhalb des förmlichen Konzessionsvergaberechts bestehen nach wie vor zahlreiche fachgesetzliche Spezialregelungen, die bei der Konzessionsvergabe zu berücksichtigen sind. Die Herausgeber haben sich dazu entschieden, die wichtigsten dieser Sonderregelungen ebenfalls zu besprechen, um den Leserinnen und Lesern das Konzessionsvergaberecht in seiner gesamten Breite aufzuzeigen.

Der Kommentar berücksichtigt die aktuelle Rechtslage sowie die jüngsten Entwicklungen in Rechtsprechung und Schrifttum. Er soll hierzu zugleich einen kritischen Beitrag leisten. Dabei wendet er sich sowohl an die Wissenschaft als auch an die Vergabepraxis. Ziel der Herausgeber ist es, den Leserinnen und Lesern mit dem Kommentar eine umfassende und fachlich fundierte Arbeitshilfe zur Auslegung und Anwendung der heterogenen Regelungen an die Hand zu geben. Er soll ihnen die systematischen Zusammenhänge des Konzessionsvergaberechts erläutern, eine fundierte Darstellung des jeweiligen Regelungsbereichs geben und die unions- und verfassungsrechtliche Basis des Konzessionsvergaberechts als ein übergreifendes Rechtsgebiet betonen.

Die Autorinnen und Autoren stehen für diesen hohen Anspruch. Ihnen danken wir herzlich für die sehr gute Zusammenarbeit, den fachlichen Austausch und das große Engagement. Wir danken auch Herrn Sven-Steffen Schulz und Frau Gabriele Heymann-Heß vom Bundesanzeiger Verlag für die äußerst engagierte Betreuung des Werkes. Besonders herausragender Dank gilt schließlich Herrn Frederic Delcuvé, der uns in der Herausgebertätigkeit mit sehr hohem Einsatz und außerordentlicher Kompetenz unterstützt hat.

Anregungen und Hinweise auf nie vollständig auszuschließende Fehler sind ausdrücklich erwünscht und werden erbeten an: cbraun@fu-berlin.de oder braun@braun-zwetkow.de.

Berlin – Leipzig, Dezember 2018

Malte Müller-Wrede   Christian Braun

Inhaltsverzeichnis

Vorwort	V
Autorinnen und Autoren	IX
Abkürzungsverzeichnis	XVII
Regelwerkeverzeichnis	XXI
Literaturverzeichnis	XXXIII

Verordnung über die Vergabe von Konzessionen (Konzessionsvergabeverordnung – KonzVgV)

Abschnitt 1 Allgemeine Bestimmungen und Kommunikation

Unterabschnitt 1 Allgemeine Bestimmungen

§ 1 KonzVgV	Gegenstand und Anwendungsbereich	7
§ 2 KonzVgV	Berechnung des geschätzten Vertragswerts	69
§ 3 KonzVgV	Laufzeit von Konzessionen	105
§ 4 KonzVgV	Wahrung der Vertraulichkeit	113
§ 5 KonzVgV	Vermeidung von Interessenkonflikten	121
§ 6 KonzVgV	Dokumentation und Vergabevermerk	137

Unterabschnitt 2 Kommunikation

§ 7 KonzVgV	Grundsätze der Kommunikation	147
§ 8 KonzVgV	Anforderungen an die verwendeten elektronischen Mittel	165
§ 9 KonzVgV	Anforderungen an den Einsatz elektronischer Mittel im Vergabeverfahren	183
§ 10 KonzVgV	Einsatz alternativer elektronischer Mittel bei der Kommunikation	201
§ 11 KonzVgV	Allgemeine Verwaltungsvorschriften	207

Abschnitt 2 Vergabeverfahren

Unterabschnitt 1 Allgemeine Verfahrensvorschriften

§ 12 KonzVgV	Allgemeine Grundsätze	215
§ 13 KonzVgV	Verfahrensgarantien	221
§ 14 KonzVgV	Umgehungsverbot	237

Unterabschnitt 2 Vorbereitung des Vergabeverfahrens

§ 15 KonzVgV	Leistungsbeschreibung	253
§ 16 KonzVgV	Vergabeunterlagen	269
§ 17 KonzVgV	Bereitstellung der Vergabeunterlagen	273
§ 18 KonzVgV	Zusätzliche Auskünfte zu den Vergabeunterlagen	285

Unterabschnitt 3 Bekanntmachungen

§ 19 KonzVgV	Konzessionsbekanntmachung	291
§ 20 KonzVgV	Ausnahmen von der Konzessionsbekanntmachung	297
§ 21 KonzVgV	Vergabebekanntmachung, Bekanntmachung über Änderungen einer Konzession	319
§ 22 KonzVgV	Konzessionen, die soziale und andere besondere Dienstleistungen betreffen	325
§ 23 KonzVgV	Form und Modalitäten der Veröffentlichung von Bekanntmachungen	339

Unterabschnitt 4 Auswahlverfahren und Zuschlag

§ 24 KonzVgV	Rechtsform von Unternehmen und Bietergemeinschaften	351
§ 25 KonzVgV	Anforderungen an die Auswahl geeigneter Unternehmen; Eignungsleihe	367
§ 26 KonzVgV	Beleg für die Eignung und das Nichtvorliegen von Ausschlussgründen	391
§ 27 KonzVgV	Fristen für den Eingang von Teilnahmeanträgen und Angeboten	407
§ 28 KonzVgV	Form und Übermittlung der Teilnahmeanträge und Angebote	419
§ 29 KonzVgV	Prüfung und Aufbewahrung der ungeöffneten Teilnahmeanträge und Angebote	431
§ 30 KonzVgV	Unterrichtung der Bewerber oder Bieter	441
§ 31 KonzVgV	Zuschlagskriterien	461
§ 32 KonzVgV	Aufhebung von Vergabeverfahren	491

Abschnitt 3 Ausführung der Konzession

§ 33 KonzVgV	Vergabe von Unteraufträgen	515

Abschnitt 4 Übergangs- und Schlussbestimmungen

§ 34 KonzVgV	Übergangsbestimmung für die elektronische Kommunikation und elektronische Übermittlung von Teilnahmeanträgen und Angeboten	539
§ 35 KonzVgV	Elektronische Kommunikation durch Auslandsdienststellen	543
§ 36 KonzVgV	Fristberechnung	547

Verordnung zur Statistik über die Vergabe öffentlicher Aufträge und Konzessionen (Vergabestatistikverordnung – VergStatVO)

Einleitung		553
§ 1 VergStatVO	Anwendungsbereich	559
§ 2 VergStatVO	Umfang der Datenübermittlung	563
§ 3 VergStatVO	Daten bei Aufträgen oberhalb der Schwellenwerte	569
§ 4 VergStatVO	Daten bei Aufträgen unterhalb der Schwellenwerte	581
§ 5 VergStatVO	Datenübermittlung	585
§ 6 VergStatVO	Statistische Aufbereitung und Übermittlung der Daten; Veröffentlichung statistischer Auswertungen	589
§ 7 VergStatVO	Datenübermittlung für die wissenschaftliche Forschung	599
§ 8 VergStatVO	Übergangsregelung	605

Sonderregelungen

AGVO/NGA-RR – Breitbandkonzessionen	613
BADV – Bodenabfertigungskonzessionen	655
CsgG – Carsharing-Konzessionen	685
EnWG – Strom- und Gaskonzessionen	743
GewO – Gewerbekonzessionen	781
GlüStV – Glücksspielkonzessionen	827
RDG – Rettungsdienstkonzessionen	877
SGB – Sozialrechtliche Konzessionen	941
VO (EG) 1370/2007 – ÖPNV-Konzessionen	953
VOB/A – Baukonzessionen unterhalb der Schwellenwerte	977

Stichwortverzeichnis 999

Autorinnen und Autoren

Dr. Christian Braun

§§ 1, 14 KonzVgV / AGVO/NGA-RR, BADV, CSgG, GewO, GlüStV, RDG, VOB/A

Rechtsanwalt Dr. Christian Braun ist Fachanwalt für Verwaltungsrecht und Fachanwalt für Vergaberecht. Er ist Partner der Sozietät Braun & Zwetkow in Leipzig. Zum Vergaberecht ist er über das Verwaltungsrecht gekommen, wobei er gleichermaßen Auftraggeber und Auftragnehmer vertritt. Ein Tätigkeitsschwerpunkt liegt seit vielen Jahren in der forensischen Tätigkeit im Vergabe- und Konzessionsrecht. Er referiert und publiziert zahlreich wie regelmäßig zu der gesamten Breite dieser Rechtsgebiete. Dr. Christian Braun ist zudem Prüfer im zweiten juristischen Staatsexamen, Dozent an verschiedenen Fortbildungsakademien, Ausbilder im Fachanwaltslehrgang Vergaberecht des Deutschen Anwaltvereins sowie Lehrbeauftragter an der Freien Universität Berlin und an der Universität Leipzig im Bereich Vergabe- und Konzessionsrecht. Dr. Braun organisiert und leitet die jährlichen Berliner Konzessionsrechtstage mit Prof. Dr. Thorsten Siegel. Er ist Mitglied in der Arbeitsgemeinschaft Verwaltungsrecht und der Arbeitsgemeinschaft Vergaberecht des Deutschen Anwaltvereins.

Dr. Jakob Brugger

§ 25 KonzVgV

Dr. Jakob Brugger ist Rechtsanwalt bei Brugger & Partner in Bozen. Er berät und vertritt Bieter ebenso wie öffentliche Auftraggeber schwerpunktmäßig in den Bereichen öffentliche Ausschreibungen, öffentlich-private Partnerschaften, Raumordnung, Umwelt-, Energie- und Gemeinwirtschaftsrecht.

Dr. Sebastian Conrad

§ 33 KonzVgV

Dr. Sebastian Conrad ist Rechtsanwalt und Fachanwalt für Vergaberecht im Berliner Büro der Kanzlei HFK Rechtsanwälte. Er vertritt öffentliche Auftraggeber und Bieter im Vergaberecht, insbesondere bei der Gestaltung von Vergabeverfahren und in Nachprüfungsverfahren. Schwerpunkte seiner Tätigkeit liegen daneben u. a. im Wirtschaftsverwaltungsrecht, im öffentlichen Bau- und Umweltrecht und in weiteren Bereichen des Verwaltungsrechts.

Dr. Sebastian Conrad ist ständiger Mitarbeiter der Zeitschrift „Vergaberecht" sowie Mitglied des Fachanwaltsausschusses für Vergaberecht bei der Rechtsanwaltskammer Berlin. Er ist ferner Mitglied des Gemeinsamen Juristischen Prüfungsamtes der Länder Berlin und Brandenburg und Verfasser zahlreicher Veröffentlichungen, insbesondere zum Vergaberecht.

Marc Dewald

§§ 20, 23 KonzVgV

Marc Dewald ist Rechtsanwalt, Fachanwalt für Vergaberecht und Partner der Wolter Hoppenberg Rechtsanwälte Partnerschaft mbB in Hamm. Er berät und vertritt überwiegend öffentliche Auftraggeber zu allen Fragen des Vergaberechts, insbesondere bei der Vorbereitung und Durchführung komplexer Vergabeverfahren im Bau- und Dienstleistungsbereich sowie in Vergabenachprüfungsverfahren. Daneben hält er regelmäßig Vorträge zu vergaberechtlichen Themen.

Michael Gaus

§§ 5, 13 KonzVgV

Michael Gaus ist seit 2010 einer der Vorsitzenden der Vergabekammer Niedersachsen beim Niedersächsischen Ministerium für Wirtschaft, Arbeit, Verkehr und Digitalisierung. Zuvor war er acht Jahre

Autorinnen und Autoren

Leiter der Außenstelle Lüneburg des Landesliegenschaftsfonds Niedersachsen im Niedersächsischen Finanzministerium.

Er befasst sich verstärkt mit der Berücksichtigung des Umweltschutzes bei der öffentlichen Auftragsvergabe sowie der Vergabe von Leistungen im Zusammenhang mit der Infrastruktur zur Energieversorgung. Er referiert und veröffentlicht regelmäßig hierzu und zu weiteren vergaberechtlichen Themen.

Michael Gaus schloss 1988 sein Jurastudium mit den Themenschwerpunkten Umweltrecht und Gesellschaftsrecht an der Justus-Liebig-Universität in Gießen ab. Während und nach seinem Referendariat arbeitete er in einer Celler Kanzlei mit umweltrechtlichem Schwerpunkt. 1991 erhielt er die Zulassung als Rechtsanwalt. Im darauffolgenden Jahr nahm er seinen Dienst bei der Bezirksregierung Lüneburg auf, bis er 2002 in das Finanzministerium wechselte. Daneben engagierte er sich lange in der Referendarausbildung. Heute prüft er im Niedersächsischen Justizprüfungsamt.

Matthias Grünhagen

§§ 7, 8, 9, 10, 11, 34, 35 KonzVgV

Matthias Grünhagen ist Rechtsanwalt und Inhaber von GRÜNHAGEN Kanzlei für öffentliche Aufträge. Die Kanzlei unterstützt mit einem Team aus Rechtsanwälten mit Schwerpunkt Vergaberecht öffentliche Auftraggeber, insbesondere Ministerien, öffentliche Unternehmen, Gebietskörperschaften und Verbände sowie Unternehmen der Privatwirtschaft mit einer ganzheitlichen Beratung in allen Fragen des Vergaberechts sowie des Beschaffungsmanagements, begleitet jährlich eine Vielzahl von Vergabeverfahren und unterstützt bei der juristischen Vertragsbegleitung. Herr Grünhagen verfügt über eine 20-jährige interdisziplinäre Vergabeerfahrung. Als Prokurist leitete er den Einkaufsbereich eines großen öffentlichen Infrastrukturunternehmens. Zuvor war er Rechtsanwalt und Partner einer überregionalen Sozietät. Darüber hinaus ist er durch Lehrtätigkeiten an der Berlin School of Economics und verschiedenen Landesakademien sowie Fachveröffentlichungen und als Herausgeber von Vergaberechtskommentaren besonders hervorgetreten. (www.kanzleigruenhagen.de)

Dr. Heiko Hofmann

§§ 19, 21 KonzVgV

Dr. Heiko Hofmann ist Rechtsanwalt im Frankfurter Büro der Sozietät GÖRG Partnerschaft von Rechtsanwälten mbB. Er ist insbesondere im Bereich des deutschen und europäischen Vergaberechts sowie des Verwaltungsrechts tätig. Herr Dr. Hofmann begleitet und betreut die öffentliche Hand und Bieter bei der Strukturierung und Durchführung von Vergabeverfahren sämtlicher Sparten, vor allem bei wettbewerblichen Auswahlverfahren mit energiewirtschaftsrechtlichem Bezug. Er hat zu diesem Themenbereich umfangreich publiziert. Herr Dr. Hofmann ist Fachanwalt für Vergaberecht und im Übrigen Lehrbeauftragter an der Hochschule Worms auf dem Gebiet des internationalen öffentlichen Rechts.

Grit Hömke

§ 30 KonzVgV

Grit Hömke ist seit 2017 als Rechtsanwältin Counsel in der Sozietät Becker Büttner Held in Köln mit den Schwerpunkten Konzessionsrecht, Vergaberecht, Straßenbeleuchtung und Rekommunalisierungsprojekte tätig.

Frau Hömke war zuvor als Rechtsanwältin mit dem Schwerpunkt Energiewirtschaftsrecht in einer mittelständischen Kanzlei im Münsterland und als Justiziarin in einem mittelständischen Stadtwerk beschäftigt. Sie studierte Rechtswissenschaften an der Universität zu Köln und Sinologie sowie Kunstgeschichte an der Ruhr-Universität Bochum.

Dr. Lutz Horn

§§ 18, 36 KonzVgV

Dr. Lutz Horn ist Fachanwalt im Vergaberecht und Partner im Frankfurter Büro der Sozietät GÖRG Partnerschaft von Rechtsanwälten mbB. Er ist im Bereich Verwaltungsrecht sowie im deutschen und europäischen Vergaberecht tätig. Er ist spezialisiert auf die Beratung von Behörden, anderen öffentlichen Auftraggebern sowie Auftragnehmern bei der Vergabe öffentlicher Aufträge und hat zu diesem Themenkreis umfangreich publiziert und Vorträge gehalten. Ferner ist er ehrenamtlicher Beisitzer der Vergabekammer des Landes Hessen und Lehrbeauftragter der Deutschen Universität für Verwaltungswissenschaften Speyer.

Dr. Desiree Jung

EnWG

Dr. Desiree Jung ist Inhaberin der auf das Vergabe- und Energierecht spezialisierten Kanzlei Jung Rechtsanwälte. Sie hat an der Universität zu Köln Rechtswissenschaften studiert und an der Universität Konstanz promoviert. Seit 2008 ist Frau Dr. Jung als Rechtsanwältin zugelassen. Von 2008 bis 2011 war sie als Rechtsanwältin im Vergabe-, Beihilfenrecht und im Bereich des Öffentlichen Personennahverkehrs bei einer der "Big Four" Wirtschaftsprüfungsgesellschaften tätig. Von 2011 bis 2016 war sie als Rechtsanwältin und Partner Counsel im Vergabe- und Energierecht bei einer der führenden Energie- und Infrastrukturrechtskanzleien in Köln tätig. Seit 2016 ist Frau Dr. Jung Fachanwältin für Vergaberecht. Darüber hinaus ist Frau Dr. Jung Gründungsmitglied und Mitglied des Vorstands von wom.e.n. – Women.Energy.Network e.V. Frau Dr. Jung ist Autorin zahlreicher Veröffentlichungen sowie regelmäßige Referentin in den Bereichen des Vergabe- und Energierechts.

Wiltrud Kadenbach

§ 3 KonzVgV

Wiltrud Kadenbach ist seit Januar 2006 Vorsitzende der 1. Vergabekammer des Freistaates Sachsen bei der Landesdirektion Sachsen, Dienststelle Leipzig, der sie seit September 2004 angehört.

Zuvor war sie zwischen 1996 und 2003 als Justiziarin in einer kommunalen Wohnungsbaugesellschaft in den Bereichen des Miet-, Bau- und Vergaberechts tätig. 2003 wechselte sie zum Freistaat Sachsen, wo sie zunächst als Referentin im Bereich „Wasserrechtliche Planfeststellungsverfahren, Hochwasserschutz" tätig war.

Frau Kadenbach referiert regelmäßig zu vergaberechtlichen Themen und ist Mitautorin mehrerer Kommentare zum Vergaberecht.

Dr. Christoph Kins

§ 16 KonzVgV

Dr. Christoph Kins ist Fachanwalt für Vergaberecht in der Kanzlei abante Rechtsanwälte. Er publiziert und doziert regelmäßig zu vergaberechtlichen Themen. Schwerpunkte seiner anwaltlichen Tätigkeit sind neben dem Vergaberecht auch ausgewählte Privatrechtsgebiete. Zuvor war er Referent im Rechtsreferat des Kultusministeriums des Landes Sachsen-Anhalt.

Prof. Dr. Matthias Knauff

VO (EG) 1370/2007

Prof. Dr. Matthias Knauff, LL.M. Eur., ist Inhaber des Lehrstuhls für Öffentliches Recht, insbesondere Öffentliches Wirtschaftsrecht, geschäftsführender Direktor des Instituts für Energiewirtschaftsrecht und Leiter der Forschungsstelle für Verkehrsmarktrecht an der Friedrich-Schiller-Universität Jena sowie

Richter am Thüringer Oberlandesgericht (Senat für Vergabesachen). Nach Studium, Promotion und Habilitation an der Julius-Maximilians-Universität Würzburg sowie Lehrstuhlvertretungen an der Albert-Ludwigs-Universität Freiburg und der Ludwig-Maximilians-Universität München nahm er im Jahr 2011 einen Ruf auf eine Professur an der EBS Universität für Wirtschaft und Recht in Wiesbaden an. Seit dem Sommersemester 2013 lehrt und forscht er in Jena. Das Vergaberecht sowie das Recht des ÖPNV zählen zu seinen Forschungsschwerpunkten.

Dr. Wolfgang Kräber

EnWG

Dr. Wolfgang Kräber hat an der Universität zu Köln Rechtswissenschaften studiert, von dieser die Doktorwürde verliehen bekommen und ist Rechtsanwalt in der auf Vergabe- und Energierecht spezialisierten Kanzlei Jung Rechtsanwälte in Frechen. Neben der Bearbeitung von Mandaten aus dem Bereich des Vergaberechts im ober- und unterschwelligen Bereich, insbesondere mit Bezug zum Energie- und Infrastruktursektor, berät er vor allem Kommunen bei der Vergabe von Strom-, Gas- und Wasserkonzessionsverträgen und begleitet diese bei der Vorbereitung und Durchführung der entsprechenden Vergabeverfahren entweder als reines Konzessionierungsverfahren oder als Kooperationsverfahren. Des Weiteren begleitet er Bieter im Zusammenhang mit der Angebotserstellung in entsprechenden Verfahren. Rechtsanwalt Dr. Kräber referiert regelmäßig bei Veranstaltungen zum Vergabe- bzw. Energierecht und veröffentlicht in regelmäßigen Abständen Beiträge auf diesen Themengebieten.

Dr. Irene Lausen

§ 28 KonzVgV

Dr. Irene Lausen ist Leiterin des Referats „Vergabewesen" im Hessischen Ministerium für Wirtschaft, Energie, Verkehr und Landesentwicklung. Zuvor war sie von 1999 bis 2014 hauptamtliche Beisitzerin der Vergabekammer des Landes Hessen und Leiterin eines städtischen Rechtsamts. Bei Twinning-Projekten der EU und der Bundesrepublik Deutschland hat sie potenzielle Beitrittskandidaten der EU als Expertin für Vergaberecht beraten. Sie promovierte zu einem vergaberechtlichen Thema an der Johannes Gutenberg-Universität in Mainz. Frau Dr. Lausen ist Autorin zahlreicher Veröffentlichungen im Vergaberecht. Sie hält regelmäßig Vorträge zu vergaberechtlichen Themen.

Sebastian Lischka

§ 32 KonzVgV

Sebastian Lischka ist Richter am Landgericht Neuruppin. Zuvor war er als Rechtsanwalt in der Kanzlei Müller-Wrede & Partner mit dem Beratungsschwerpunkt Vergaberecht tätig. Er veröffentlicht regelmäßig zu vergaberechtlichen Themen.

Dr. Nadine Micus-Zurheide

§§ 27, 29 KonzVgV

Dr. Nadine Micus-Zurheide ist Fachanwältin für Vergaberecht. Zu Ihren Tätigkeitsschwerpunkten zählen die Vergabe öffentlicher Aufträge, das Abfallrecht und das Kommunalabgabenrecht.

Malte Müller-Wrede

§ 31 KonzVgV

Malte Müller-Wrede ist Fachanwalt für Vergaberecht und Gründungspartner der Sozietät Müller-Wrede & Partner Rechtsanwälte in Berlin. Zu seinen Tätigkeitsschwerpunkten zählen das Vergaberecht, das Recht der öffentlich-privaten Partnerschaften, das Recht des ÖPNV und SPNV, das Architekten- und Ingenieurrecht, das private Baurecht und das Vertragsrecht. Er vertritt Auftraggeber und Unternehmen in Nachprüfungs- und Beschwerdeverfahren und hat hierbei zahlreiche vergaberechtliche Grundsatzentscheidungen erstritten. Herr Müller-Wrede ist Vorsitzender des Fachanwaltsausschusses Vergaberecht der Rechtsanwaltskammer Berlin. Er referiert und publiziert regelmäßig zu vergaberechtlichen Themen. Zudem ist er Herausgeber mehrerer vergaberechtlicher Standardwerke und Mitglied des Herausgeberbeirates der Fachzeitschrift Vergaberecht.

Tatyana W. Peshteryanu

§§ 1, 2, 3, 4, 5, 6, 7, 8 VergStatVO

Tatyana W. Peshteryanu ist Richterin in Frankfurt am Main. Zuvor war sie als Rechtsanwältin bei GÖRG Partnerschaft von Rechtsanwälten mbB in Frankfurt am Main tätig. Ihr Tätigkeitsbereich umfasste insbesondere die rechtliche Beratung der öffentlichen Hand bei allen Fragen des deutschen und europäischen Vergaberechts sowie des Architekten- und Ingenieurrechts. Frau Peshteryanu studierte Rechtswissenschaften an der Universität Mannheim und wurde im Jahr 2012 zur Anwaltschaft zugelassen. Sie ist Autorin vergaberechtlicher Beiträge und hält regelmäßig Vorträge zu ausgewählten Themen des Vergaberechts.

Prof. Dr. Marius Raabe

§§ 24, 25, 26 KonzVgV

Prof. Dr. Marius Raabe ist seit 1999 Rechtsanwalt in Kiel. Er ist Fachanwalt für Vergaberecht und Fachanwalt für Verwaltungsrecht und Partner der auf das Öffentliche Recht spezialisierten Kanzlei WEISSLEDER EWER. Er berät vornehmlich die öffentliche Hand und Unternehmen bei Infrastrukturprojekten. Die Konzessionsvergabe beschäftigt ihn im Bereich verschiedener Betreibermodelle und zuletzt insbesondere im Bereich der Breitbandversorgung. Er lehrt Öffentliches Recht als Honorarprofessor an der Christian-Albrechts-Universität zu Kiel. Prof. Dr. Raabe ist Mitglied im Gesetzgebungsausschuss Vergaberecht des DAV und im geschäftsführenden Ausschuss der Arbeitsgemeinschaft Vergaberecht des DAV.

Magnus Radu

§ 2 KonzVgV

Magnus Radu ist seit 2012 Mitglied des für Staats- und Notarhaftungsrecht sowie das Notarkostenrecht zuständigen 9. Zivilsenats des Kammergerichts; seit 2013 ist er zugleich Mitglied des Vergabesenats des Kammergerichts und seit 2014 dort auch als Güterichter tätig.

Er war seit 1997 zunächst als Staatsanwalt bei der Staatsanwaltschaft am Landgericht Berlin tätig und dann seit 1999 als Richter am Amtsgericht (Amtsgericht Tempelhof-Kreuzberg) insbesondere mit allgemeinen Zivilsachen und Wohnungseigentumssachen befasst. Von 2007 bis 2011 war er an die Senatsverwaltung für Justiz des Landes Berlin abgeordnet, wo er zunächst als Dezernent im Zivilrechtsreferat und in den Jahren 2010 und 2011 als Leiter des Büros der Senatorin tätig war.

Prof. Dr. Ulrich Rommelfanger

§§ 4, 6, 12 KonzVgV

Prof. Dr. Ulrich Rommelfanger ist Gründungsrektor der Hochschule für Polizei Sachsen in den Jahren 1995–1999 und dort Lehrbeauftragter. Seine Forschungsthemen sind das Vergabe-, Verfassungs- und Medizinrecht.

Nach Abschluss des zweiten Juristischen Staatsexamen vor dem Justizprüfungsamt Mainz war er wissenschaftlicher Mitarbeiter am Lehrstuhl des Verfahrens- und Völkerrechtlers Thomas Würtenberger (jetzt Universität Freiburg/Br.). Nach Teilnahme an der Promotion Jean Monet der Ecole Nationale d'Administration in Paris in den Jahren 1998/89 war er mehrere Jahre als Ministerialrat aktiv am Aufbau der Verwaltung des Freistaats Thüringen und später der Polizei des Freistaats Sachsen beteiligt.

Autorinnen und Autoren

In den Jahren 1996–2000 nahm er das Amt des Mitglieds des Thüringer Verfassungsgerichtshofs und später – für 8 Jahre – das des Oberbürgermeisters einer Großen Kreisstadt in Baden Würtemberg war. Seit 2007 ist er Rechtsanwalt und Fachanwalt für Verwaltungs- und Medizinrecht in Hessen (Wiesbaden). Er ist Herausgeber von zwei Kommentaren, u.a. zum Hessischen Vergabe- und Tariftreuegesetz, sowie Autor zahlreicher Veröffentlichungen.

Dr. Dr. Andreas Ruff

§ 22 KonzVgV / SGB

Dr. Dr. Andreas Ruff LL.M. (Oec.) ist im Bundesministerium für Arbeit und Soziales tätig. Er verfügt über langjährige praktische Erfahrungen und Expertise in der Durchführung von nationalen und europaweiten Vergabeverfahren sowie Public Private Partnerships. Zudem verfügt Herr Ruff über praktische Erfahrungen in den Bereichen des Strategischen Einkaufs im Rüstungsbereich sowie der Prüfung von arbeitsmarktbezogenen Auftragsvergaben. Zu Fragestellungen des Vergaberechts hat Herr Ruff promoviert, als auch seine Masterthesis verfasst. Zu seinen Forschungsschwerpunkten zählen die strategische Beschaffung sowie die Vergabe von sozialen Dienstleistungen, insbesondere Arbeitsmarktdienstleistungen. Herr Ruff veröffentlicht zu vergaberechtlichen Themen, beispielsweise als Mitautor im Kompendium des Vergaberechts sowie in Kommentaren zur VgV/UVgO und SektVO unter der Herausgeberschaft von Herrn Rechtsanwalt Malte Müller-Wrede. Herr Ruff gibt in diesem Werk ausschließlich seine persönliche Auffassung wieder.

Dr. Jörg Stoye

§ 25 KonzVgV

Dr. Jörg Stoye ist Fachanwalt für Vergaberecht und Gesellschafter bei HFK Rechtsanwälte LLP. Er berät überwiegend die Auftraggeberseite, aber auch Unternehmen, bei Verkehrsinfrastrukturprojekten und sonstigen Bauvorhaben sowie in den Bereichen der IT-/TK-Beschaffung und der gebäudenahen Dienstleistungen. Dabei übernimmt Dr. Stoye auch die Federführung in interdisziplinären Beraterteams, etwa im Rahmen von Planfeststellungsverfahren, zu Fragen des Claim-Managements, der Compliance und des Zuwendungsrechts. Ein weiterer Schwerpunkt seiner Tätigkeit ist die Führung von Vergabenachprüfungsverfahren und vergaberechtlichen Schadensersatzprozessen.

Dr. Tobias Traupel

§ 15 KonzVgV

Dr. Tobias Traupel ist Ständiger Vertreter der Abteilungsleitung VI „Außenwirtschaft" des Ministerium für Wirtschaft, Innovation, Digitalisierung und Energie des Landes Nordrhein-Westfalen. Zuvor betreute er das europäische Beihilferecht in der Vertretung des Landes Rheinland-Pfalz bei der Europäischen Union und leitete viele Jahre die Gruppe „Wirtschaftsrecht" im Ministerium für Wirtschaft, Energie, Industrie, Mittelstand und Handwerk des Landes Nordrhein-Westfalen. Nach einer Tätigkeit als Richter am Landgericht Düsseldorf und einer Abordnung zum Bundesministerium der Justiz, wo er in den völkerrechtlichen Referaten tätig war, war Dr. Traupel seit 1993 in den für Wirtschaft zuständigen Ressorts der Landesregierung von Nordrhein-Westfalen bis zu seiner Ernennung zum Gruppenleiter u. a. langjährig als Justiziar und zuletzt als Referatsleiter für das materielle Vergaberecht federführend in der nordrhein-westfälischen Landesregierung tätig.

Er ist als Experte für das europäische Beihilferecht und Public-Private-Partnerships in den Twinning-Projekten der Europäischen Union für die Beitrittskandidaten tätig und war mehrere Jahre Vertreter der Bundesländer im Kommissionsgremium „Multilaterale Sitzungen zu beihilferechtlichen Fragen". Er ist Mitherausgeber der „European Procurement & Public Private Partnership Law Review" und war Prüfungsvorsitzender für Wirtschaftsprüfer in Nordrhein-Westfalen.

Autorinnen und Autoren

Dr. Sabine Wrede

§ 17 KonzVgV

Rechtsanwältin Dr. Sabine Wrede ist Fachgebietsleiterin Wasserwirtschaftsrecht und Vergaberecht beim BDEW Bundesverband der Energie- und Wasserwirtschaft. Zuvor war sie Justitiarin bei der BVVG Bodenverwertungs- und -verwaltungs GmbH, einer Rechtsnachfolgerin der formaligen Treuhandanstalt. Frau Dr. Wrede berät für den BDEW Unternehmen der Energie- und Wasserwirtschaft bei vergaberechtlichen Fragen. Sie hat die Diskussionen um die Ausnahmeregelung für die Konzessionen im Bereich der Wasserversorgung jahrelang intensiv begleitet und die Interessen der Branche vertreten.

Katrin Zwetkow

AGVO/NGA-RR

Rechtsanwältin Katrin Zwetkow ist Fachanwältin für Vergaberecht und Partnerin der auf Vergaberecht spezialisierten Sozietät Braun & Zwetkow in Leipzig. Ausgehend von ihrer früheren Tätigkeit im öffentlichen Recht und in der Infrastrukturregulierung vertritt sie öffentliche Auftraggeber und auch Bieter vornehmlich bei Dienstleistungs- und Konzessionsvergaben. Ein inhaltlicher Schwerpunkt liegt auf technisch geprägten Ausschreibungen. Frau Zwetkow ist Dozentin im Fachanwaltslehrgang für Vergaberecht und in verschiedenen Fortbildungsveranstaltungen.

Abkürzungsverzeichnis

A

a.A.	anderer Ansicht
ABl.	Amtsblatt
Abs.	Absatz/Absätze
a.F.	alte Fassung
AG	Aktiengesellschaft
allg.	allgemein
Alt.	Alternative(n)
Anm.	Anmerkung
AnwZert	AnwaltZertifikat
ArchsozArb	Archiv für Wissenschaft und Praxis der sozialen Arbeit
Art.	Artikel
Aufl.	Auflage

B

BAnz.	Bundesanzeiger
BauR	Zeitschrift für das gesamte öffentliche und zivile Baurecht
BayObLG	Bayerisches Oberstes Landesgericht
BayVBl.	Bayrische Verwaltungsblätter – Zeitschrift für öffentliches Recht und öffentliche Verwaltung
BayVerfGH	Bayrischer Verfassungsgerichtshof
BayVGH	Bayerischer Verwaltungsgerichtshof
BB	Betriebs-Berater – Zeitschrift für Recht, Steuern und Wirtschaft
BGBl.	Bundesgesetzblatt
BGH	Bundesgerichtshof
BKartA	Bundeskartellamt
BR-Drs.	Drucksachen des Bundesrates
bspw.	beispielsweise
BT-Drs.	Drucksachen des Deutschen Bundestages
BVerfG	Bundesverfassungsgericht
BVerwG	Bundesverwaltungsgericht
BWGZ	Baden-Württembergische Gemeindezeitung
bzw.	beziehungsweise

C

CA-Zertifikat	Zertifikat einer Certificate Authority
CAD	computer-aided design
CD	Compact Disc
CD-Rom	Compact Disc Read only memory
CPV	Common Procurement Vocabulary

D

DAWI	Dienstleistungen von allgemeinem wirtschaftlichen Interesse
ders.	derselbe
d.h.	das heißt
DIN	Deutsches Institut für Normung
DN	Diamètre nominal
DÖV	Die Öffentliche Verwaltung – Zeitschrift für Öffentliches Recht und Verwaltungswissenschaften
DRK	Deutsches Rotes Kreuz
Drs.	Drucksache
DSLAM	Digital Subscriber Line Access Multiplexer
DVBl.	Deutsches Verwaltungsblatt

E

EDV	Elektronische Datenverarbeitung
EG	Europäische Gemeinschaft
Einl.	Einleitung
endg.	endgültig
EnWZ	Zeitschrift für das gesamte Recht der Energiewirtschaft
EU	Europäische Union
EuGH	Gerichtshof der Europäischen Union
Euratom	Europäische Atomgemeinschaft
EuZA	Europäische Zeitschrift für Arbeitsrecht
EuZW	Europäische Zeitschrift für Wirtschaftsrecht
eVergabe	elektronische Vergabe
ew	Magazin für Elektrizitätswirtschaft
EWeRK	Zeitschrift des Instituts für Energie- und Wettbewerbsrecht in der Kommunalen Wirtschaft e.V.
EWG	Europäische Wirtschaftsgemeinschaft
EWS	Europäisches Wirtschafts- und Steuerrecht

F

f.	und die folgende Seite
ff.	und die folgenden Seiten
Fn.	Fußnote
FTTB	Fibre to the Building
FTTC	Fibre to the Curb
FTTH	Fibre to the Home

G

GbR	Gesellschaft bürgerlichen Rechts
gem.	gemäß
GewArch	Gewerbearchiv – Zeitschrift für Wirtschaftsverwaltungsrecht
ggf.	gegebenenfalls
GmbH	Gesellschaft mit beschränkter Haftung
GPON	Gigabit Passive Optical Network
GVOBl.	Gesetz- und Verordnungsblatt

H

h.M.	herrschende Meinung
HessVerwGH	Hessischer Verwaltungsgerichtshof
Hs.	Halbsatz
HVT	Hauptverteiler

I

IBR	Immobilien- & Baurecht
i.d.R.	In der Regel
IDS	Intrusion Detection System
i.e.S.	im engeren Sinn
i.w.S.	Im weiteren Sinn
IKT	Informations- und Kommunikationstechnologie
ILO	International Labour Organization
insb.	insbesondere
IPS	Intrusion Prevention System
IR	InfrastrukturRecht – Energie, Verkehr, Abfall, Wasser
i.S.d.	im Sinne der/des
i.S.v.	im Sinne von
IT	Informationstechnologie
ITR	Recht der Informationstechnologien
i.V.m.	in Verbindung mit

J

JR	Juristische Rundschau
jurisPR	juris PraxisReport
JuS	Juristische Schulung – Zeitschrift für Studium und Referendariat

K

Kap.	Kapitel
KFZ	Kraftfahrzeug
KG	Kammergericht
KMU	kleine und mittlere Unternehmen
KommJur	Kommunaljurist – Rechtsberater für Gemeinden, Landkreise, Gemeindeverbände und kommunale Wirtschaftsunternehmen
KVz	Kabelverzweiger

L

LG	Landgericht
lit.	littera(e)
LKV	Landes- und Kommunalverwaltung – Verwaltungsrechts-Zeitschrift
LT-Drs.	Drucksachen des Landtages

M

m. Anm.	mit Anmerkung
MGEPA NRW	Ministerium für Gesundheit, Emanzipation, Pflege und Alter des Landes Nordrhein-Westfalen
Mio.	Million(en)
MMR	MultiMedia und Recht – Zeitschrift für Informations-, Telekommunikations- und Medienrecht
m.w.A.	mit weiteren Angaben
m.w.N.	mit weiteren Nachweisen

N

n.F.	neue Fassung
N&R	Netzwirtschaften und Recht – Energie, Verkehr und andere Netzwirtschaften
NGA	Next Generation Access
NJW	Neue Juristische Wochenschrift
Nr.	Nummer(n)
NStZ	Neue Zeitschrift für Strafrecht
NUTS	Nomenclature des Unités Territorales Statistiques
NWVBl.	Nordrhein-Westfälische Verwaltungsblätter – Zeitschrift für öffentliches Recht und öffentliche Verwaltung
NVwZ	Neue Zeitschrift für Verwaltungsrecht
NZA	Neue Zeitschrift für Arbeitsrecht – Zweiwochenschrift für die betriebliche Praxis
NZBau	Neue Zeitschrift für Baurecht und Vergaberecht
Nr.	Nummer(n)
NZS	Neue Zeitschrift für Sozialrecht

O

OHG	offene Handelsgesellschaft
OLG	Oberlandesgericht
ÖPNV	Öffentlicher Personennahverkehr
ÖSPV	Öffentlicher Straßenpersonenverkehr
OVG	Oberverwaltungsgericht

P

PDF	Portable Document Format
PEHD	Polyethylen hoher Dichte
PIN	Persönliche Identifikationsnummer
Pkw	Personenkraftwagen
PPP	Public Private Partnership

R

RdE	Recht der Energiewirtschaft
RL	Richtlinie
Rn.	Randnummer(n)
Rs.	Rechtssache(n)

S

S.	Satz/Sätze, Seite(n)
SächsVBl.	Sächsische Verwaltungsblätter – Zeitschrift für öffentliches Recht und öffentliche Verwaltung
SIMAP	Système d'Information pour les Marchés Publics
Slg.	Sammlung der Rechtsprechung des Europäischen Gerichtshofs
sog.	sogenannte/r
SPNV	Schienenpersonennahverkehr
SVR	Blätter Straßenverkehrsrecht – Zeitschrift für das Praxis des Verkehrsjuristen

T

TAL	Teilnehmeranschlussleistung
TED	Tenders Electronic Daily

U

u.a.	unter anderem
u.U.	Unter Umständen
UAbs.	Unterabsatz/Unterabsätze
URL	Uniform Resource Locator
USB	Universal Serial Bus
usw.	und so weiter

V

v.	von, vom
Var.	Variante(n)
verb. Rs.	verbundene Rechtssachen
VergabeR	Vergaberecht – Zeitschrift für das gesamte Vergaberecht
VerfGH	Verfassungsgerichtshof
VerwArch	Verwaltungsarchiv – Zeitschrift für Verwaltungslehre, Verwaltungsrecht und Verwaltungspolitik
VG	Verwaltungsgericht
VGH	Verwaltungsgerichtshof
vgl.	vergleiche
VHB	Vergabehandbuch
VK	Vergabekammer
VO	Verordnung
VO (EG)	Verordnung der Europäischen Gemeinschaften
VO (EU)	Verordnung der Europäischen Union
VO (EWG, Euratom)	Verordnung der Europäischen Wirtschaftsgemeinschaft und der Europäischen Atomgemeinschaft
VPN	Virtual Private Network
VPR	Vergabepraxis & -recht
VR	Verwaltungsrundschau
VULA	Virtual Unbundled Local Access
VV	Verwaltungsvorschriften

Z

z.B.	zum Beispiel
z.T.	zum Teil
ZDA	Zertifikat des Zertifizierungsdiensteanbieters
ZfBR	Zeitschrift für deutsches und internationales Bau- und Vergaberecht
Ziff.	Ziffer
ZNER	Zeitschrift für Neues Energierecht
ZWeR	Zeitschrift für Wettbewerbsrecht

Regelwerkeverzeichnis

A

AEUV	Vertrag über die Arbeitsweise der Europäischen Union in der Fassung der Bekanntmachung v. 9.5.2008 (ABl. C Nr. 115 S. 47), zuletzt geändert durch Beschluss v. 11.7.2012 (ABl. L Nr. 204 S. 131)
AG GlüStV NRW	Gesetz zur Ausführung des Glücksspielstaatsvertrages v. 13.11.2012 (GV. NRW. S. 524), zuletzt geändert durch Gesetz v. 17.5.2018 (GV. NRW. S. 244)
AGVO	Verordnung (EU) Nr. 651/2014 der Kommission vom 17.6.2014 zur Feststellung der Vereinbarkeit bestimmter Gruppen von Beihilfen mit dem Binnenmarkt in Anwendung der Artikel 107 und 108 des Vertrags über die Arbeitsweise der Europäischen Union (ABl. L Nr. 187 S. 1), zuletzt geändert durch Verordnung v. 14.6.2017 (ABl. L Nr. 156 S. 1)
AktG	Aktiengesetz v. 6.9.1965 (BGBl. I S. 1089), zuletzt geändert durch Gesetz v. 17.7.2017 (BGBl. I S. 2446)

B

BADV	Verordnung über Bodenabfertigungsdienste auf Flugplätzen v. 10.12.1997 (BGBl. I S. 2885), zuletzt geändert durch Gesetz v. 235.2017 (BGBl. I S. 1228)
BauGB	Baugesetzbuch in der Fassung v. 3.11.2017 (BGBl. I S. 3634), zuletzt geändert durch Gesetz v. 30.6.2017 (BGBl. I S. 2193)
BayGO	Gemeindeordnung für den Freistaat Bayern in der Fassung v. 22.8.1998 (GVBl. S. 796)
BayRDG	Bayerisches Rettungsdienstgesetz v. 22.7.2008 (GVBl. S. 429), zuletzt geändert durch Gesetz v. 15.5.2018 (GVBl. S. 257)
BayStrWG	Bayerisches Straßen- und Wegegesetz in der Fassung v. 5.10.1981 (BayRS V S. 731), zuletzt geändert durch Gesetz v. 31.7.2018 (GVBl. S. 672)
BbgBKG	Gesetz über den Brandschutz, die Hilfeleistung und den Katastrophenschutz des Landes Brandenburg v. 24.5.2004 (GVBl. I S. 197), zuletzt geändert durch Gesetz v. 18.6.2018 (GVBl. I Nr. 12)
BbgGlüAG	Gesetz zur Ausführung des Staatsvertrages zum Glücksspielwesen in Deutschland für öffentliche Lotterien, Ausspielungen und Sportwetten im Land Brandenburg v. 28.6.2012 (GVBl. I 2012 Nr. 29)
BbgRettG	Gesetz über den Rettungsdienst im Land Brandenburg v. 14.7.2008 (GVBl. I S. 186)
BbgStrG	Brandenburgisches Straßengesetz in der Fassung der Bekanntmachung v. 28.7.2009 (GVBl. I S. 358), zuletzt geändert durch Gesetz v. 4.7.2014 (GVBl. I Nr. 32)
BDSG	Bundesdatenschutzgesetz v. 30.6.2017 (BGBl. I S. 2097)
BelWertVO	Verordnung über die Ermittlung der Beleihungswerte von Grundstücken nach § 16 Abs. 1 und 2 des Pfandbriefgesetzes v. 12.5.2006 (BGBl. I S. 1175), zuletzt geändert durch Verordnung v. 16.9.2009 (BGBl. I S. 3041)

BerlStrG	Berliner Straßengesetz v. 13.7.1999 (GVBl. S. 380), zuletzt geändert durch Gesetz v. 5.7.2018 (GVBl. S. 464)		BW GemO	Gemeindeordnung für Baden-Württemberg in der Fassung v. 24.7.2000 (GBl. S. 581), zuletzt geändert durch Gesetz v. 19.6.2018 (GBl. S. 221)
BerRDG	Gesetz über den Rettungsdienst für das Land Berlin v. 8.7.1993 (GVBl. 1993 S. 313), zuletzt geändert durch Gesetz v. 20.9.2016 (GVBl. S. 762)		BW LGlüG	Landesglücksspielgesetz v. 20.11.2012 (GBl. 2012 S. 604), zuletzt geändert durch Gesetz v. 12.6.2018 (GBl. S. 173 S. 188)
BGB	Bürgerliches Gesetzbuch in der Fassung v. 2.1.2002 (BGBl. I S. 42), zuletzt geändert durch Gesetz v. 12.7.2018 (BGBl. I S. 1151)		BW-RDG	Gesetz über den Rettungsdienst des Landes Baden-Württemberg in der Fassung v. 8.2.2010 (GBl. S. 285), zuletzt geändert durch Gesetz v. 12.6.2018 (GBl. S. 173)
BGG	Gesetz zur Gleichstellung von Menschen mit Behinderungen v. 27.4.2002 (BGBl. I S. 1468), zuletzt geändert durch Gesetz v. 10.7.2018 (BGBl. I S. 1117)			

C

BHO	Bundeshaushaltsordnung v. 19.8.1969 (BGBl. I S. 1284), zuletzt geändert durch Gesetz v. 14.8.2017 (BGBl. I S. 3122)		CsgG	Gesetz zur Bevorrechtigung des Carsharing v. 5.7.2017 (BGBl. I S. 2230)

D

BITV 2.0	Verordnung zur Schaffung barrierefreier Informationstechnik nach dem Behindertengleichstellungsgesetz (BGBl. I S. 1843), zuletzt geändert durch Verordnung v. 25.11.2016 (BGBl. I S. 2659)		De-Mail-G	De-Mail-Gesetz v. 28.4.2011 (BGBl. I S. 666), zuletzt geändert durch Gesetz v. 18.7.2017 (BGBl. I S. 2745)
BremGeb-BeitrG	Bremisches Gebühren- und Beitragsgesetz v. 16.7.1979 (BremGBl. S. 279), zuletzt geändert durch Gesetz v. 126.9.2017 (Brem.GBl. S. 394)		DigiNetzG	Gesetz zur Erleichterung des Ausbaus digitaler Hochgeschwindigkeitsnetze v. 4.11.2016 (BGBl. I S. 2473), zuletzt geändert durch Gesetz v. 27.6.2017 (BGBl. I S. 1947)
BremHilfeG	Bremisches Hilfeleistungsgesetz v. 21.7.2016 (Brem.GBL 2016 S. 348), zuletzt geändert durch Gesetz v. 8.5.2018 (Brem.GBl. S. 149)		DSGVO	Verordnung (EU) 2016/679 des Europäischen Parlaments und des Rates vom 27.4.2016 zum Schutz natürlicher Personen bei der Verarbeitung personenbezogener Daten, zum freien Datenverkehr und zur Aufhebung der Richtlinie 95/46/EG (ABl. L Nr. 119 S. 1)
BremLstrG	Bremisches Landesstraßengesetz v. 20.12.1976 (Brem.GBl. S. 341), zuletzt geändert durch Gesetz v. 12.12.2017 (Brem.GBl. S. 768)			
BStatG	Gesetz über die Statistik für Bundeszwecke v. 20.10.2016 (BGBl. I S. 2394), zuletzt geändert durch Gesetz v. 30.10.2017 (BGBl. I S. 3618)			

E

EGovG	Gesetz zur Förderung der elektronischen Verwaltung v. 25.7.2013 (BGBl. I S. 2749), zuletzt geändert durch Gesetz v. 5.7. 2017 (BGBl. I S. 2206)
EGV	Vertrag zur Gründung der Europäischen Gemeinschaft v. 2.10.1997 (ABl C Nr. 325 S. 1), zuletzt geändert durch Vertrag v. 13.12.2007 (ABl. C Nr. 306 S. 1)
eIDAS-Durchführungsgesetz	Gesetz zur Durchführung der Verordnung (EU) Nr. 910/2014 des Europäischen Parlaments und des Rates vom 23.7.2014 über elektronische Identifizierung und Vertrauensdienste für elektronische Transaktionen im Binnenmarkt und zur Aufhebung der Richtlinie 1999/93/EG v. 18.7.2017 (BGBl. I S. 2745)
EnWG	Gesetz über die Elektrizitäts- und Gasversorgung v. 7.7.2005 (BGBl. I S. 1970), zuletzt geändert durch Gesetz v. 20.7.2017 (BGBl. I S. 2808, ber. 2018 S. 472)
EUV	Vertrag über die Europäische Union v. 13.12.2007 (ABl. C Nr. 306 S. 1), zuletzt geändert durch EU-Beitrittsakte v. 9.12.2011 (ABl. L Nr. 112 S. 21)

F

FAG	Gesetz über den Finanzausgleich zwischen Bund und Ländern v. 20.12.2001 (BGBl. I S. 3955), zuletzt geändert durch Gesetz v. 14.8.2017 (BGBl. I S. 3122)
FormAnpG	Gesetz zur Anpassung der Formvorschriften des Privatrechts und anderer Vorschriften an den modernen Rechtsgeschäftsverkehr v. 13.7.2001 (BGBl. I S. 1542)
FStrPrivFinG	Gesetz über den Bau und die Finanzierung von Bundesfernstraßen durch Private in der Fassung v. 6.1.2006 (BGBl. I S. 49), zuletzt geändert durch Gesetz v. 14.8.2017 (BGBl. I S. 3122)
FStrG	Bundesfernstraßengesetz in der Fassung v. 28.6.2007 (BGBl. I S. 1206), zuletzt geändert durch Gesetz v. 14.8.2017 (BGBl. I S. 3122)

G

GebG	Gebührengesetz v. 5.3.1986 (HmbGVBl. S. 37), zuletzt geändert durch Verordnung v. 5.12.2017 (HmbGVBl. S. 437)
GewO	Gewerbeordnung in der Fassung v. 22.2.1999 (BGBl. I S. 202), zuletzt geändert durch Gesetz v. 17.10.2017 (BGBl. I S. 3562)
GG	Grundgesetz für die Bundesrepublik Deutschland v. 23.5.1949 (BGBl. S. 1), zuletzt geändert durch Gesetz v. 13.7.2017 (BGBl. I S. 2347)
GlüStV	Staatsvertrag zum Glücksspielwesen in Deutschland v. 15.12.2011 (GVBl. 2012 S. 318, 319, 392)
GO SH	Gemeindeordnung für Schleswig-Holstein in der Fassung v. 22.2.2003 (GVOBl. S. 57), zuletzt geändert durch Gesetz v. 4.1.2018 (GVOBl. S. 6)
GPA	Revised Agreement on Government Procurement v. 6.4.2014
GRWG	Gesetz über die Gemeinschaftsaufgabe "Verbesserung der regionalen Wirtschaftsstruktur" v. 6.10.1969 (BGBl. I S. 1861), zuletzt geändert durch Verordnung v. 31.8.2015 (BGBl. I S. 1474)

GVG	Gerichtsverfassungsgesetz in der Fassung der Bekanntmachung v. 9.5.1975 (BGBl. I S. 1077), zuletzt geändert durch Gesetz v. 12.7.2018 (BGBl. I S. 1151)	HRDG	Hessisches Rettungsdienstgesetz v. 16.12.2010 (GVBl. I S. 646), zuletzt geändert durch Gesetz v. 13.12.2012 (GVBl. S. 622)
GWB	Gesetz gegen Wettbewerbsbeschränkungen in der Fassung der Bekanntmachung v. 26.6.2013 (BGBl. I S. 1750, ber. 3245), zuletzt geändert durch Gesetz v. 12.7.2018 (BGBl. I S. 1151)	HRDG-DVO	Verordnung zur Durchführung des Hessischen Rettungsdienstgesetzes v. 3.1.3011 (GVBl. I S. 13), zuletzt geändert durch Verordnung v. 22.12.2014 (GVBl. I 2015 S. 24)
		HRG	Hochschulrahmengesetz in der Fassung v. 19.1.1999 (BGBl. I S. 18), zuletzt geändert durch Gesetz v. 23.5.2017 (BGBl. I S. 1228)

H

HGB	Handelsgesetzbuch v. 10.5.1897 (RGBl. S. 219), zuletzt geändert durch Gesetz v. 10.7.2018 (BGBl. I S. 1102)	HStrG	Hessisches Straßengesetz v. 20.12.2002 in der Fassung v. 8.6.2003 (GVBl. I S. 166), zuletzt geändert durch Gesetz v. 28.5.2018 (GVBl. S. 198)
HGlüG	Hessisches Glücksspielgesetz v. 28.6.2012 (GVBl. S. 190), zuletzt geändert durch Gesetz v. 28.9.2015 (GVBl. S. 346)	HVTG	Hessisches Vergabe- und Tariftreuegesetz v. 19.12.2014 (GVBl. S. 354), zuletzt geändert durch Gesetz v. 5.10.2017 (GVBl. S. 294)
HmbBezVG	Bezirksverwaltungsgesetz v. 6.7.2006 (HmbGVBl. S. 404, ber. S. 452), zuletzt geändert durch Gesetz v. 14.5.2018 (HmbGVBl. S. 119)	HWG	Gesetz über die Werbung auf dem Gebiet des Heilwesens in der Fassung v. 19.10.1994 (BGBl. I S. 3068), zuletzt geändert durch Gesetz v. 20.12.2016 (BGBl. I S. 3048)
HmbGlü-ÄndStVAG	Hamburgisches Gesetz zur Ausführung des Ersten Glücksspieländerungsstaatsvertrages v. 29.6.2012 (HmbGVBl. 2012 S. 235), zuletzt geändert durch Gesetz v. 12.12.2017 (HmbGVBl. S. 386)		

I

		IFG	Gesetz zur Regelung des Zugangs zu Informationen des Bundes v. 5.9.2005 (BGBl. I S. 2722), zuletzt geändert durch Gesetz v. 7.8.2013 (BGBl. I S. 3154)
HmbRDG	Hamburgisches Rettungsdienstgesetz v. 9.6.1992 (HmbGVBl. 1992 S. 117), zuletzt geändert durch Gesetz v. 18.5.2018 (HmbGVBl. S. 182)		
HmbVwVfG	Hamburgisches Verwaltungsverfahrensgesetz v. 9.11.1977 (HmbGVBl. S. 333), zuletzt geändert durch Gesetz v. 14.3.2014 (HmbGVBl. S. 102)	ImmoWertVO	Verordnung über die Grundsätze für die Ermittlung der Verkehrswerte von Grundstücken v. 19.5.2010 (BGBl. 2010 I S. 639)
HOAI	Verordnung über die Honorare für Architekten- und Ingenieurleistungen v. 10.7.2013 (BGBl. I S. 2276)		

K

KatSchG LSA	Katastrophenschutzgesetz des Landes Sachsen-Anhalt in der Fassung v. 5.8.2002 (GVBl. LSA S. 339), zuletzt geändert durch Gesetz v. 28.6.2005 (GVBl. LSA S. 320)
KAV	Verordnung über Konzessionsabgaben für Strom und Gas v. 9.1.1992 (BGBl. I S. 12, 407), zuletzt geändert durch Verordnung v. 1.11.2006 (BGBl. I S. 2477)
KonzVgV	Verordnung über die Vergabe von Konzessionen v. 12.4.2016 (BGBl. I S. 624), zuletzt geändert durch Gesetz v. 10.7.2018 (BGBl. I S. 1117)
KreisO SH	Kreisordnung für Schleswig-Holstein in der Fassung v. 28.2.2003 (GVOBl. Schl.-H. S. 94), zuletzt geändert durch Gesetz v. 14.3.2017 (GVOBl. Schl.-H. S. 140)
KrWG	Gesetz zur Förderung der Kreislaufwirtschaft und Sicherung der umweltverträglichen Bewirtschaftung von Abfällen v. 24.2.2012 (BGBl. I S. 212), zuletzt geändert durch Gesetz v. 20.7.2017 (BGBl. I S. 2808)
KVG LSA	Kommunalverfassungsgesetz des Landes Sachsen-Anhalt v. 17.6.2014 (GVBl. LSA S. 288), zuletzt geändert durch Gesetz v. 22.6.2018 (GVBl. LSA S. 166)

L

LStrG	Landesstraßengesetz in der Fassung v. 1.8.1977 (GVBl. S. 273), zuletzt geändert durch Gesetz v. 8.5.2018 (GVBl. S. 92)
LuftVG	Luftverkehrsgesetz in der Fassung v. 10.5.2007 (BGBl. I S. 698), zuletzt geändert durch Gesetz v. 20.7.2017 (BGBl. I S. 2808, ber. 2018 S. 472)
LuftVZO	Luftverkehrs-Zulassungs-Ordnung in der Fassung v. 10.7.2008 (BGBl. I S. 1229), zuletzt geändert durch Verordnung v. 30.3.2017 (BGBl. I S. 683)

M

MessEG	Gesetz über das Inverkehrbringen und die Bereitstellung von Messgeräten auf dem Markt, ihre Verwendung und Eichung sowie über Fertigpackungen v. 25.7.2013 (BGBl. I S. 2722), zuletzt geändert durch Gesetz v. 11.4.2016 (BGBl. I S. 718)

N

NGA-RR	Rahmenregelung der Bundesrepublik Deutschland zur Unterstützung des Aufbaus einer flächendeckenden Next Generation Access (NGA)-Breitbandversorgung v. 30.6.2015 (BAnz AT 20.7.2015)
NKRG	Gesetz zur Einsetzung eines Nationalen Normenkontrollrates vom 14.8.2006 (BGBl. I S. 1866), zuletzt geändert durch Gesetzes v. 16.3.2011 (BGBl. I S. 420)
NRettDG	Niedersächsisches Rettungsdienstgesetz in der Fassung v. 2.10.2007 (Nds. GVBl. 2007 S. 474), zuletzt geändert durch Gesetz v. 16.5.2018 (Nds. GVBl. S. 66)

NStrG	Niedersächsisches Straßengesetz in der Fassung v. 24.9.1980 (Nds. GVBl. S. 359), zuletzt geändert durch Gesetz v. 20.6.2018 (Nds. GVBl. S. 112)	RettDG LSA	Rettungsdienstgesetz des Landes Sachsen-Anhalt v. 18.12.2012 (GVBl. LSA S. 624), zuletzt geändert durch Gesetz v. 26.10.2017 (GVBl. LSA S. 197)
O		RettDG RP	Landesgesetz über den Rettungsdienst sowie den Notfall- und Krankentransport in der Fassung v. 22.4.1991 (GVBl. S. 217), zuletzt geändert durch Gesetz v. 18.6.2013 (GVBl. S. 254)
OASG	Gesetz zur Sicherung der zivilrechtlichen Ansprüche der Opfer von Straftaten v. 8.5.1998 (BGBl. I S. 905)		
P		RettG NRW	Gesetz über den Rettungsdienst sowie die Notfallrettung und den Krankentransport durch Unternehmer v. 24.11.1992 (GV. NRW. S. 458), zuletzt geändert durch Gesetz v. 17.12.2015 (GV. NRW. S. 886)
PBefG	Personenbeförderungsgesetz in der Fassung der Bekanntmachung v. 8.8.1990 (BGBl. I S. 1690), zuletzt geändert durch Gesetz v. 20.7.2017 (BGBl. I S. 2808)		
PfandbriefG	Pfandbriefgesetz v. 22.5.2005 (BGBl. I S. 1373), zuletzt geändert durch Gesetz v. 23.6.2017 (BGBl. I S. 1693)	RL 96/67/EG	Richtlinie 96/67/EG des Rates v. 15.10.1996 über den Zugang zum Markt der Bodenabfertigungsdienste auf den Flughäfen der Gemeinschaft (ABl. L Nr. 272 S. 36, ber. ABl. L Nr. 302 S. 28), zuletzt geändert durch Verordnung v. 29.9.2003 (ABl. L Nr. 2841 S. 6)
R			
RDG BW	Gesetz über den Rettungsdienst v. 8.2.2010 (GBl. S. 285), zuletzt geändert durch Gesetz v. 12.6.2018 (GBl. S. 173)	RL 89/665/EWG	Richtlinie 89/665/EWG des Rates vom 21. Dezember 1989 zur Koordinierung der Rechts- und Verwaltungsvorschriften für die Anwendung der Nachprüfungsverfahren im Rahmen der Vergabe öffentlicher Liefer- und Bauaufträge(ABl. L Nr. 395 S. 33), zuletzt geändert durch Richtlinie vom 26.2.2014 (ABl. L Nr. 94 S. 1)
RDG M-V	Rettungsdienstgesetz Mecklenburg-Vorpommern v. 9.2.2015 (GVOBl. M-V S. 50), zuletzt geändert durch Gesetz v. 16.5.2018 (GVOBl. M-V S. 183)		
RDG-SH	Rettungsdienstgesetz v. 28.3.2017 (GVOBl. S. 256), zuletzt geändert durch Gesetz v. 2.5.2018 (GVOBl. S. 162)	RL 98/48/EG	Richtlinie 98/48/EG des Europäischen Parlaments und DES Rates vom 20. Juli 1998 zur Änderung der Richtlinie 98/34/EG über ein Informationsverfahren auf dem Gebiet der Normen und technischen Vorschriften (ABl. L Nr. 217 S. 18)

Regelwerkeverzeichnis

RL 1999/93/EG	Richtlinie 1999/93/EG des Europäischen Parlaments und des Rates vom 13. Dezember 1999 über gemeinschaftliche Rahmenbedingungen für elektronische Signaturen (ABl. 2000 Nr. L 13 S. 12), aufgehoben durch Verordnung v. 23.7.2014 (ABl. Nr. L 257 S. 73)	RL 2009/81/EG	Richtlinie 2009/81/EG des Europäischen Parlaments und des Rates vom 13.7.2009 über die Koordinierung der Verfahren zur Vergabe bestimmter Bau-, Liefer- und Dienstleistungsaufträge in den Bereichen Verteidigung und Sicherheit und zur Änderung der Richtlinien 2004/17/EG und 2004/18/EG (ABl. L Nr. 216 S. 76), zuletzt geändert durch Verordnung v. 18.12.2017 (ABl. L Nr. 337 S. 22)
RL 2000/31/EG	Richtlinie 2000/31/EG des Europäischen Parlaments und des Rates vom 8. Juni 2000 über bestimmte rechtliche Aspekte der Dienste der Informationsgesellschaft, insbesondere des elektronischen Geschäftsverkehrs, im Binnenmarkt (ABl. Nr. L 178 S. 1)		
		RL 2011/76/EU	Richtlinie 2011/76/EU des Europäischen Parlaments und des Rates vom 27.9.2011 zur Änderung der Richtlinie 1999/62/EG über die Erhebung von Gebühren für die Benutzung bestimmter Verkehrswege durch schwere Nutzfahrzeuge (ABl. L Nr. 269 S. 1)
RL 2002/21/EG	Richtlinie 2002/21/EG des Europäischen Parlaments und des Rates vom 7.3.2002 über einen gemeinsamen Rechtsrahmen für elektronische Kommunikationsnetze und -dienste (ABl. L Nr. 108 S. 33), zuletzt geändert durch Richtlinie v. 25.11.2009 (ABl. L Nr. 337 S. 37, ber. 2013 ABl. L Nr. 241 S. 8)	RL 2014/23/EU	Richtlinie 2014/23/EU des Europäischen Parlaments und des Rates vom 26.2.2014 über die Konzessionsvergabe (ABl. L Nr. 94 S. 1), zuletzt geändert durch Verordnung v. 18.12.2017 (ABl. L Nr. 337 S. 21, ber. ABl. L Nr. 82 S. 17)
RL 2006/123/EG	Richtlinie 2006/123/EG des Europäischen Parlaments und des Rates vom 12.12.2006 über Dienstleistungen im Binnenmarkt (ABl. L Nr. 376 S. 36)	RL 2014/24/EU	Richtlinie 2014/24/EU des Europäischen Parlaments und des Rates vom 26. Februar 2014 über die öffentliche Auftragsvergabe und zur Aufhebung der Richtlinie 2004/18/EG (ABl. L Nr. 94 S. 65), zuletzt geändert durch Verordnung v. 18.12.2017 (ABl. L Nr. 337 S. 19)
RL 2007/66/EG	Richtlinie 2007/66/EG des Europäischen Parlaments und des Rates vom 11.12.2007 zur Änderung der Richtlinien 89/665/EWG und 92/13/EWG des Rates im Hinblick auf die Verbesserung der Wirksamkeit der Nachprüfungsverfahren bezüglich der Vergabe öffentlicher Aufträge (ABl. L Nr. 335 S. 31)		

RL 2014/25/EU	Richtlinie 2014/25/EU des Europäischen Parlaments und des Rates vom 26.2.2014 über die Vergabe von Aufträgen durch Auftraggeber im Bereich der Wasser-, Energie- und Verkehrsversorgung sowie der Postdienste und zur Aufhebung der Richtlinie 2004/17/EG (ABl. L Nr. 94 S. 243), zuletzt geändert durch Verordnung v. 18.12.2017 (ABl. L Nr. 337 S. 17)	SächsGemO	Gemeindeordnung für den Freistaat Sachsen in der Fassung v. 9.3.2018 (SächsGVBl. S. 62)
		SächsLRettDPVO	Verordnung des Sächsischen Staatsministeriums des Innern über die Rettungsdienstplanung im Freistaat Sachsen v. 5.12.2006 (SächsGVBl. S. 532), zuletzt geändert durch Verordnung v. 18.12.2014 (SächsGVBl. 2015, S. 3)
RL 2014/61/EU	Richtlinie 2014/61/EU des Europäischen Parlaments und des Rates vom 15.5.2014 über Maßnahmen zur Reduzierung der Kosten des Ausbaus von Hochgeschwindigkeitsnetzen für die elektronische Kommunikation (ABl. L Nr. 155 S. 1)	SächsStrG	Straßengesetz für den Freistaat Sachsen v. 21.1.1993 (SächsGVBl. S. 93), zuletzt geändert durch Gesetz v. 24.2.2016 (SächsGVBl. S. 78)
		SächsVerf	Verfassung des Freistaates Sachsen v. 27.5.1992 (SächsGVBl. S. 243), zuletzt geändert durch Gesetz v. 11.7.2013 (SächsGVBl. S. 502)
RL 2015/1535	Richtlinie 2015/1535 des Europäischen Parlaments und des Rates vom 9.9.2015 über ein Informationsverfahren auf dem Gebiet der technischen Vorschriften und der Vorschriften für die Dienste der Informationsgesellschaft (ABl. L Nr. 241 S. 1)	SektVO	Verordnung über die Vergabe von öffentlichen Aufträgen im Bereich des Verkehrs, der Trinkwasserversorgung und der Energieversorgung v. 12.4.2016 (BGBl. I S. 624), zuletzt geändert durch Gesetz v. 10.7.2018 (BGBl. I S. 1117)
RL 2016/943/EU	Richtlinie (EU) 2016/943 des Europäischen Parlaments und des Rates vom 8. Juni 2016 über den Schutz vertraulichen Know-hows und vertraulicher Geschäftsinformationen (Geschäftsgeheimnisse) vor rechtswidrigem Erwerb sowie rechtswidriger Nutzung und Offenlegung (ABl. Nr. L 157 S. 1)	SGB I	Sozialgesetzbuch, Erstes Buch – Allgemeiner Teil v. 11.12.1975 (BGBl. I S. 3015), zuletzt geändert durch Gesetz v. 17.8.2017 (BGBl. I S. 3214)
		SGB II	Sozialgesetzbuch, Zweites Buch – Grundsicherung für Arbeitsuchende in der Fassung der Bekanntmachung v. 13.5.2011 (BGBl. I S. 850, ber. S. 2094), zuletzt geändert durch Gesetz v. 17.7.2017 (BGBl. I S. 2541)

S

SächsBRKG	Sächsisches Gesetz über den Brandschutz, Rettungsdienst und Katastrophenschutz v. 24.6.2004 (SächsGVBl. S. 245, ber. S. 647), zuletzt geändert durch Gesetz v. 10.8.2015 (SächsGVBl. S. 466)	SGB III	Sozialgesetzbuch, Drittes Buch – Arbeitsförderung v. 24.3.1997 (BGBl. I S. 594), zuletzt geändert durch Gesetz v. 12.7.2018 (BGBl. I S. 1147)

SGB V	Sozialgesetzbuch, Fünftes Buch – Gesetzliche Krankenversicherung v. 20.12.1988 (BGBl. I S. 2477), zuletzt geändert durch Gesetz v. 17.8.2017 (BGBl. I S. 3214)	StPO	Strafprozeßordnung in der Fassung v. 7.4.1987 (BGBl. I S. 1074), zuletzt geändert durch Gesetz v. 30.10.2017 (BGBl. I S. 3618)
SGB VIII	Sozialgesetzbuch, Achtes Buch – Kinder- und Jugendhilfe in der Fassung der Bekanntmachung v. 11.9.2012 (BGBl. I S. 2022), zuletzt geändert durch Gesetz v. 30.10.2017 (BGBl. I S. 3618)	StrG BW	Straßengesetz für Baden-Württemberg in der Fassung v. 11.5.1992 (GBl. 329, ber. S. 683), zuletzt geändert durch Verordnung v. 23.2.2017 (GBl. S. 99)
SGB XII	Sozialgesetzbuch, Zwölftes Buch – Sozialhilfe v. 27.12.2003 (BGBl. I S. 3022), zuletzt geändert durch Gesetz v. 10.7.2018 (BGBl. I S. 1117)	StrG LSA	Straßengesetz für das Land Sachsen-Anhalt v. 6.7.1993 (GVBl. LSA S. 334), zuletzt geändert durch Gesetz v. 26.6.2018 (GVBl. LSA S. 187)
SigG	Gesetz über Rahmenbedingungen für elektronische Signaturen v. 16.5.2001 (BGBl. I S. 876), zuletzt geändert durch Gesetz v. 18.7.2017 (BGBl. I S. 2745), außer Kraft getreten durch Gesetz v. 18.7.2017 (BGBl. I S. 2745)	StrlSchV	Verordnung über den Schutz vor Schäden durch ionisierende Strahlen v. 20.7.2001 (BGBl. I S. 1714, ber. 2002 I S. 1459), zuletzt geändert durch Gesetz v. 27.1.2017 (BGBl. I S. 114, ber. S. 1222 i.V.m. Bekanntmachung v. 16.6.2017, BGBl. I S. 1676)
SigV	Verordnung zur elektronischen Signatur v. 16.11.2001 (BGBl. I S. 3074), zuletzt geändert durch Gesetz v. 18.7.2017 (BGBl. I S. 2745), außer Kraft getreten durch Gesetz v. 18.7.2017 (BGBl. I S. 2745)	StrWG	Straßen- und Wegegesetz des Landes Schleswig-Holstein in der Fassung v. 25.11.2003 (GVOBl. Schl.-H. S. 631, ber. 2004 S. 140), zuletzt geändert durch Gesetz v. 23.11.2017 (GVOBl. Schl.-H. S. 513)
SRettG	Saarländisches Rettungsdienstgesetz v. 13.1.2004 (ABl. S. 170), zuletzt geändert durch Gesetz v. 25.10.2011 (ABl. I S. 418)	StrWG-MV	Straßen- und Wegegesetz des Landes Mecklenburg-Vorpommern v. 13.1.1993 (GVOBl. M-V S. 42), zuletzt geändert durch Gesetz v. 5.7.2018 (GVOBl. M-V S. 221)
StGB	Strafgesetzbuch in der Fassung v. 13.11.1998 (BGBl. I S. 3322), zuletzt geändert durch Gesetz v. 30.10.2017 (BGBl. I S. 3618)	StrWG NRW	Straßen- und Wegegesetz des Landes Nordrhein-Westfalen in der Fassung der Bekanntmachung v. 23.9.1995 (GV. NRW. S. 1028, ber. 1996 S. 81, 141, 216, 355, ber. 2007 S. 327), zuletzt geändert durch Gesetz v. 15.11.2016 (GV. NRW. S. 934)
SStrG	Saarländisches Straßengesetz v. 17.12.1964 in der Fassung v. 15.10.1977 (ABl. S. 969), zuletzt geändert durch Gesetz v. 15.2.2006 (ABl. S. 474)	StVZO	Straßenverkehrs-Zulassungs-Ordnung v. 26.4.2012 (BGBl. I S. 679), zuletzt geändert durch Verordnung v. 20.10.2017 (BGBl. I S. 3723)

T

ThürRettG	Thüringer Rettungsdienstgesetz v. 16.7.2008 (GVBl. S. 233), zuletzt geändert durch Gesetz v. 29.6.2018 (GVBl. S. 317, 320)
ThürStrG	Thüringer Straßengesetz v. 7.5.1993 (GVBl. S. 273), zuletzt geändert durch Gesetz v. 27.2.2014 (GVBl. S. 45)
TKG	Telekommunikationsgesetz v. 22.6.2004 (BGBl. I S. 1190), zuletzt geändert durch Gesetz v. 30.10.2017 (BGBl. I S. 3618)
TMG	Telemediengesetz v. 26.2.2007 (BGBl. I S. 179), zuletzt geändert durch Gesetz v. 28.9.2017 (BGBl. I S. 3530)

U

UmwG	Umwandlungsgesetz vom 28.10.1994 (BGBl. I S. 3210), zuletzt geändert durch Gesetzes v. 17.7.2017 (BGBl. I S. 2434)
UrhG	Gesetz über Urheberrecht und verwandte Schutzrechte v. 9.9.1965 (BGBl. I S. 1273), zuletzt geändert durch Gesetz v. 1.9.2017 (BGBl. I S. 3346)
UVgO	Verfahrensordnung für die Vergabe öffentlicher Liefer- und Dienstleistungsaufträge unterhalb der Schwellenwerte v. 2.2.2017 (BAnz. AT 7.2.2017 B1)
UWG	Gesetz gegen den unlauteren Wettbewerb in der Fassung der Bekanntmachung v. 3.3.2010 (BGBl. I S. 254), zuletzt geändert durch Gesetz v. 17.2.2016 (BGBl. I S. 233)

V

VDG	Vertrauensdienstegesetz v. 18.7.2017 (BGBl. I S. 2745), zuletzt geändert durch Gesetz v. 18.7.2017 (BGBl. I S. 2745)
VergRModG 2009	Vergaberechtsmodernisierungsgesetz v. 20.4.2009 (BGBl. I S. 790, 1795)
VergRModG 2016	Vergaberechtsmodernisierungsgesetz v. 17.2.2016 (BGBl. I Nr. 8 S. 203)
VergRModVO	Verordnung zur Modernisierung des Vergaberechts v. 12.4.2016 (BGBl. I S. 624)
VergStatVO	Verordnung zur Statistik über die Vergabe öffentlicher Aufträge und Konzessionen v. 12.4.2016 (BGBl. I S. 624)
VgV	Verordnung über die Vergabe öffentlicher Aufträge v. 12.4.2016, BGBl. I S. 624, zuletzt geändert durch Gesetz v. 10.7.2018 (BGBl. I S. 1117)
VO (EWG, Euratom) 1182/71	Verordnung (EWG, Euratom) Nr. 1182/71 des Rates vom 3.6.1971 zur Festlegung der Regeln für die Fristen, Daten und Termine (ABl. L Nr. 124 S. 1)
VO (EG) 2195/2002	Verordnung (EG) Nr. 2195/2002 des Europäischen Parlaments und des Rates vom 5.11.2002 über das Gemeinsame Vokabular für öffentliche Aufträge (CPV) (ABl. L Nr. 340 S. 1), zuletzt geändert durch Verordnung v. 18.6.2009 (ABl. L Nr. 188 S. 1)

VO (EG) 1370/2007	Verordnung (EG) Nr. 1370/2007 des Europäischen Parlaments und des Rates vom 23. Oktober 2007 über öffentliche Personenverkehrsdienste auf Schiene und Straße und zur Aufhebung der Verordnungen (EWG) Nr. 1191/69 und (EWG) Nr. 1107/70 des Rates (ABl. 2007 L Nr. 315 S. 1), zuletzt geändert durch Verordnung v. 14.12.2016 (ABl. L Nr. 354 S. 22)
VO (EG) 213/2008	Verordnung (EG) Nr. 213/2008 der Kommission vom 28.11.2007 zur Änderung der Verordnung (EG) Nr. 2195/2002 des Europäischen Parlaments und des Rates über das Gemeinsame Vokabular für öffentliche Aufträge (CPV) und der Vergaberichtlinien des Europäischen Parlaments und des Rates 2004/17/EG und 2004/18 EG im Hinblick auf die Überarbeitung des Vokabulars (ABl. L Nr. 74 S. 1)
VO (EG) 1008/2008	Verordnung (EG) Nr. 1008/2008 des Europäischen Parlaments und des Rates vom 24.9.2008 über gemeinsame Vorschriften für die Durchführung von Luftverkehrsdiensten in der Gemeinschaft (ABl. L Nr. 293 S. 3)
VO (EG) 223/2009	Verordnung (EG) Nr. 223/2009 des Europäischen Parlaments und des Rates vom 11.3.2009 über europäische Statistiken und zur Aufhebung der Verordnung (EG, Euratom) Nr. 1101/2008 des Europäischen Parlaments und des Rates über die Übermittlung von unter die Geheimhaltungspflicht fallenden Informationen an das Statistische Amt der Europäischen Gemeinschaften, der Verordnung (EG) Nr. 322/97 des Rates über die Gemeinschaftsstatistiken und des Beschlusses 89/382/EWG, Euratom des Rates zur Einsetzung eines Ausschusses für das Statistische Programm der Europäischen Gemeinschaften (ABl. L Nr. 87 S. 164), zuletzt geändert durch Verordnung v. 29.4.2015 (ABl. L Nr. 123 S. 90)
VO (EU) 910/2014	Verordnung (EU) Nr. 910/2014 des Europäischen Parlaments und des Rates vom 23.7.2014 über elektronische Identifizierung und Vertrauensdienste für elektronische Transaktionen im Binnenmarkt und zur Aufhebung der Richtlinie 1999/93/EG (ABl. L Nr. 257 S. 73, ber. ABl. 2015 L Nr. 23 S. 19 und ABl. 2016 L Nr. 155 S. 44)
VO EU 2015/1986	Durchführungsverordnung (EU) 2015/1986 der Kommission vom 11.11.2015 zur Einführung von Standardformularen für die Veröffentlichung von Vergabebekanntmachungen für öffentliche Aufträge und zur Aufhebung der Durchführungsverordnung (EU) Nr. 842/2011 (ABl. L Nr. 296 S. 1, ber. ABl. 2017 L Nr. 172 S. 36)
VO (EU) 2016/2338	Verordnung (EU) 2016/2338 des Europäischen Parlaments und des Rates vom 14.12.2016 zur Änderung der Verordnung (EG) Nr. 1370/2007 hinsichtlich der Öffnung des Marktes für inländische Schienenpersonenverkehrsdienste (ABl. L Nr. 354 S. 22)
VOB/A	Vergabe- und Vertragsordnung für Bauleistungen Teil A, Allgemeine Bestimmungen für die Vergabe von Bauleistungen v. 7.1.2016, zuletzt geändert durch Bekanntmachung v. 22.6.2016 (BAnz AT 01.07.2016 B4)

VOF	Vergabeordnung für freiberufliche Dienstleistungen v. 18.11.2009 (BAnz. Nr. 185a)	VwVfG	Verwaltungsverfahrensgesetz in der Fassung v. 23.1.2003 (BGBl. I S. 102), zuletzt geändert durch Gesetz v. 18.7.2017 (BGBl. I S. 2745)
VOL/A	Vergabe- und Vertragsordnung für Leistungen Teil A – Allgemeine Bestimmungen für die Vergabe von Leistungen v. 20.11.2009 (BAnz. Nr. 196a, ber. 2010 S. 755)	VwGO	Verwaltungsgerichtsordnung in der Fassung v. 19.3.1991 (BGBl. I S. 686), zuletzt geändert durch Gesetz v. 12.7.2018 (BGBl. I S. 1151)
VSVgV	Vergabeverordnung für die Bereiche Verteidigung und Sicherheit zur Umsetzung der Richtlinie 2009/81/EG des Europäischen Parlaments und des Rates v. 13.7.2009 über die Koordinierung der Verfahren zur Vergabe bestimmter Bau-, Liefer- und Dienstleistungsaufträge in den Bereichen Verteidigung und Sicherheit und zur Änderung der Richtlinien 2004/17/EG und 2004/18/EG v. 12.7.2012 (BGBl. I S. 1509), zuletzt geändert durch Gesetz v. 18.7.2017 (BGBl. I S. 2745)		

Z

ZPO	Zivilprozessordnung in der Fassung v. 5.12.2005 (BGBl. I S. 3202), zuletzt geändert durch Gesetz v. 12.7.2018 (BGBl. I S. 1151)
ZSKG	Gesetz über den Zivilschutz und die Katastrophenhilfe des Bundes v. 25.3.1997 (BGBl. I S. 726), zuletzt geändert durch Gesetz v. 29.7.2009 (BGBl. I S. 2350)

Literaturverzeichnis

A

Abromeit/Droste, Zur Unzulänglichkeit der Umsetzung der Genehmigungsfiktion nach Art. 13 Abs. 4 der Dienstleistungsrichtlinie im deutschen Verwaltungsverfahrensrecht, DÖV 2013, 133

Antweiler, Ausschreibungspflicht und „Bereichsausnahme" bei der Vergabe von Rettungsdienstleistungen, VergabeR 2015, 275

Antweiler, Verwaltungsgerichtlicher Rechtsschutz gegen Vergaberechtsverstöße in Genehmigungsverfahren, NZBau 2009, 362

Amelung, Ausgewählte Fragen im Zusammenhang mit der Benennung von Nachunternehmern im Vergabeverfahren, ZfBR 2013, 337

Amelung/Janson, Vergabe von Rettungsdienstleistungen: Keine generelle Freistellung vom Vergaberecht, NZBau 2016, 23

B

Bader/Ronellenfitsch, Beck'scher Online-Kommentar VwVfG, 31. Edition, Stand April 2016, München

Bamberger/Roth/Hau/Poseck, Beck'scher Online-Kommentar BGB, 47. Edition, Stand 1.8.2018, München

Barth, Nahverkehr in kommunaler Verantwortung - Der öffentliche Personennahverkehr nach der Regionalisierung, Bielefeld 2000

Bartholomeyczik, Kunst der Gesetzesauslegung, Frankfurt am Main 1951

Bartosch, EU-Beihilfenrecht. Kommentar, 2. Auflage, München 2016

Bary, Geschäftsmodelle beim kommunalen Ausbau von Breitbandnetzen und deren vergaberechtliche Qualifizierung, NZBau 2014, 208

Baumeister, Recht des ÖPNV – Praxishandbuch für den Nahverkehr mit VO (EG) Nr. 1370/2007, PBefG und ÖPNV-Gesetzen der Länder. Kommentar, Band 2, Hamburg 2013

Bayreuther, Betriebs-/Beschäftigtenübergang und Tariftreueverlangen nach Neuvergabe eines Dienstleistungsauftrags im ÖPNV, NZA 2014, 1171

Bieback, Leistungserbringungsrecht im SGB II sowie SGB III und XII, NZS 2007, 505

Birnstiel/Bungenberg/Heinrich, Europäisches Beihilfenrecht, Baden-Baden 2013

Bley/Kreikebohm/Marschner, Sozialrecht, 9. Auflage, München 2007

Bludovsky, Kupfernetze versus Glasfasernetze, BWGZ 2014, 916

Boesen, Der Rechtschutz des Bieters bei der Vergabe öffentlicher Aufträge, NJW 1997, 345

Boldt/Luft, Die Vergabe von Bodenabfertigungsdiensten auf Flughäfen – SektVO oder BADV?, VergabeR 2015, 758

Bothe, Deutsche Telekom setzt investiven Schwerpunkt in den Breitbandausbau Deutschland, BWGZ 2014, 782

Braun, Anmerkung zu VK Westfalen, Beschluss v. 25.1.2018 – VK 1-43/17, VPR 2018, 101

Braun, Anmerkung zu OLG Düsseldorf, Beschluss v. 12.6.2017 – VII-Verg 34/16, VergabeR 2018, 34

Braun, Anmerkung zu EuGH, Urteil v. 28.1.2016 – Rs. C 50/14 (CASTA), EuZW 2016, 304

Braun, Elektronische Vergabe, VergabeR 2016, 179

Braun, Konzessionsvergaben für Sportwetten - Maßstab für alle verwaltungsrechtlichen Konzessionsauswahlverfahren?, NZBau 2016, 266

Literaturverzeichnis

Braun, Die zutreffende Gebotsrechtsprechung des BGH, NZBau 2015, 355

Braun, Materielle Vorgaben für ein Verwaltungsvergaberecht, schriftliche Ausarbeitung des Vortrags für die Speyerer Vergaberechtstage, VergabeR 2014, 324

Braun, Anmerkung zu BGH, Beschluss v. 23.1.2012 – X ZB 5/11, NZBau 2012, 251

Braun, Die Novellierung des Rettungsdienstrechts in Sachsen, SächsVBl. 2012, 221

Braun, Dienstleistungskonzessionen im europäischen Wandel, EuZW 2012, 451

Braun, Anmerkung zu EuGH, Urteil v. 18.11.2010 – Rs. C-226/09, VergabeR 2011, 199

Braun, Ausschreibungen im Rettungsdienst, VergabeR 2011, 384

Braun, Der Retter in der Not: Dienstleistungskonzessionen?, NZBau 2011, 400

Braun, Nur teilweise Richtungsvorgabe durch EuGH – Zu den rechtlichen Vorgaben bei der Auswahl der Leistungserbringer im Rettungsdienst, NZBau 2010, 549

Braun, Vergaberecht in den Koalitionsverträgen, KommJur 2010, 1

Braun, Zulassung auf Märkten und Veranstaltungen, NVwZ 2009, 747

Braun, Sekundärrechtsschutz unterhalb der Schwellenwerte?, VergabeR 2008, 360

Braun, Zivilrechtlicher Rechtsschutz bei Vergaben unterhalb der Schwellenwerte, NZBau 2008, 160

Braun, Beleihung als Ausstiegsmöglichkeit aus der Ausschreibungsverpflichtung?, NZBau 2007, 691

Braun, Besprechung der Mitteilung der Kommission zum Vergaberecht, EuZW 2006, 683

Braun/Zwetkow, Beschaffungsfreiheit versus Technologieneutralität bei Breitbandausschreibungen, VergabeR 2015, 521

Brenner, Die Bevorrechtigung des Carsharing – eine straßenrechtliche oder straßenverkehrsrechtliche Maßnahme?, SVR 2017, 361

Brenner/Arnold, Rechtsnatur und Rechtmäßigkeit von Nahverkehrsplänen iSd § 8 III PBefG, NVwZ 2015, 385

Brünner, Ausschreibungspflicht für soziale Dienstleistungen? – Die Anwendbarkeit des Vergaberechts auf Verträge über die Erbringung von Sozialleistungen aus nationaler und europäischer Sicht, ArchsozArb 2005, 70

Bühner/Siemer, Linienbündelung im ÖPNV – Harmonie oder Konflikt mit dem gesetzlichen Vorrang der Eigenwirtschaftlichkeit?, DÖV 2015, 21

Bühs, Die Altkleidersammlung, das Kreislaufwirtschafts- und das Straßenrecht, LKV 2018, 49

Bühs, Die Vergabe von Rettungsdienstleistungen nunmehr vor dem Verwaltungsgericht: Hauptsache einstweiliger Rechtsschutz, NVwZ 2017, 440

Bühs, Effektiver Primärrechtsschutz bei Rettungsdienstvergaben vor dem Verwaltungsgericht – Luxus?, DÖV 2017, 995

Bühs, Rettungsdienstvergabe wieder vor dem EuGH – Zum Vorlagebeschluss des OLG Düsseldorf vom 12. Juni 2017 und der sog. Bereichsausnahme Rettungsdienst, EuZW 2017, 804

Bühs, Das Akteneinsichtsverfahren bei Streit um die Vergabe von Dienstleistungskonzessionen vor dem Verwaltungsgericht, VR 2016, 115

Bultmann, Dienstleistungskonzession und Dienstleistungsvertrag – warum kompliziert, wenn es auch einfach geht?, NVwZ 2011, 72

Bundesdruckerei, Whitepaper – Verschlüsseln und signieren. Der Weg zu einer sicheren und vertrauenswürdigen E-Mail-Kommunikation, abrufbar unter https://www.content4marketing.de/downloads/160215_bdr_whitepaper_emailverschluesselung_web.pdf

Bundesministerium für Verkehr, Bau- und Wohnungswesen, PPP im öffentlichen Hochbau, Band II: Rechtliche Rahmenbedingungen, Teilband 2: Vergaberecht, Steuerrecht, Recht der öffentlichen Förderung, abrufbar unter https://www.bbr.bund.de/BBSR/DE/Bauwesen/BauwirtschaftBauqualitaet/WU-PPP/Downloads/DL_gutachten_ppp_hochbau_band2_teil2.pdf?__blob=publicationFile&v=3, August 2003

Burgi, Ausschluss und Vergabesperre als Rechtsfolge von Unzuverlässigkeit, NZBau 2014, 595

Burgi, Die Straße als Wettbewerbsraum: Beschaffung und Verteilung bei Sondernutzungstatbeständen, NVwZ 2017, 257

Burgi, Die Förderung sozialer und technischer Innovationen durch das Vergaberecht, NZBau 2011, 577

Burgi, Nachunternehmerschaft und wettbewerbliche Untervergabe, NZBau 2010, 593

Burgi, Die Bedeutung der allgemeinen Vergabegrundsätze Wettbewerb, Transparenz und Gleichbehandlung, NZBau 2008, 29

Burgi, Vergabefremde Zwecke und Verfassungsrecht, NZBau 2001, 64

Burgi/Dreher, Beck'scher Vergaberechtskommentar, 3. Auflage, München 2017

Byok, Die Entwicklung des Vergaberechts seit 2016, NJW 2017, 1519

Byok, Neuabschluss und Verlängerung von Konzessionsverträgen – Anforderungen an Bekanntmachung und Durchführung des Auswahlverfahrens, RdE 2008, 268

Byok/Jaeger, Kommentar zum Vergaberecht, 3. Auflage, Heidelberg 2011

C

Conrad, Die vergaberechtliche Unterscheidung zwischen Nachunternehmereinsatz und Eignungsleihe, VergabeR 2013, 15

D

Danner/Theobald, Energierecht, 93. Ergänzungslieferung, Stand: Juni 2017, München

Davis/Ebersperger, Die Bereichsausnahme des § 107 Abs. 1 Nr. 4 GWB und das Auswahlverfahren für die Vergabe von rettungsdienstlichen Konzessionen in Art. 13 Abs. 2 und 3 BayRDG, BayVBl. 2017, 583

Deiseroth/Eggert, Das Wirtschaftsverwaltungsrecht in der neueren Rechtsprechung des Bundesverwaltungsgerichts – Teil V: Glücksspiel-, Wett- und Lotterierecht, GewArch 2017, 89

Delcuvé, Anmerkung zu EuGH, Urteil v. 14.7.2016 – Rs. C-6/15 (Dimarso), IBR 2016, 530

Deling, Kriterien der „Binnenmarktrelevanz" und ihre Konsequenzen unterhalb der Schwellenwerte, NZBau 2012, 17

Dicks, Nochmals: Primärrechtsschutz bei Aufträgen unterhalb der Schwellenwerte, VergabeR 2012, 531

Dicks, Die mangelhafte, insbesondere unvollständige Leistungsbeschreibung und die Rechtsfolgen im Vergaberecht, IBR 2008, 1360

Dieckmann/Scharf/Wagner-Cardenal, Vergabe- und Vertragsordnung für Leistungen (VOL/A), München 2013

Diemon-Wies, Vergabe von Konzessionen, VergabeR 2016, 162

Diemon-Wies/Hesse, Präzisierte Kriterien für die Abgrenzung von Dienstleistungsauftrag und Dienstleistungskonzession, NZBau 2012, 341

Donhauser, Neue Akzentuierungen bei der Vergabe von Standplätzen auf gemeindlichen Volksfesten und Märkten, NVwZ 2010, 931

Donhauser/Hölzlwimmer, Die neue Richtlinie über die Konzessionsvergabe und ihre Auswirkungen auf die Vergabe von Wegenutzungskonzessionen nach § 46 EnWG, VergabeR 2015, 509

Dorer/Mainusch/Tubies, Bundesstatistikgesetz. Kommentar, München 1988

Dreher/Motzke, Beck'scher Vergaberechtskommentar, 2. Auflage, München 2013

Literaturverzeichnis

E

Egger, Einige Vorgaben für das Vergabeverfahren aus europarechtlicher Sicht, NZBau 2004, 582

Ehlers, Empfiehlt es sich, das Recht der öffentlichen Unternehmen im Spannungsfeld von öffentlichem Auftrag und Wettbewerb national und gemeinschaftsrechtlich neu zu regeln?, Gutachten E zum 64. Deutschen Juristentag, München 2002

Engels/Eibelshäuser, Kommentar zum Haushaltsrecht und der Vorschriften zur Finanzkontrolle, Stand Dezember 2016, München

Engler, Die Leistungserbringung in den Sozialgesetzbüchern II, III, VIII und XII im Spannungsverhältnis zum europäischen und nationalen Vergaberecht, Baden-Baden 2010

Epping/Hillgruber, Beck'scher Online-Kommentar GG, 38. Edition, Stand 15.8.2018, München

Erbs/Kohlhaas/Häberle, Strafrechtliche Nebengesetze, 211. Ergänzungslieferung, Stand November 2016, München

Erps, Kommunale Kooperationsfreiheit und europäisches Vergaberecht – eine Untersuchung zu Kollisionen und Lösungen zwischen deutscher kommunaler Selbstverwaltung und europäischem Gemeinschaftsrecht, Stuttgart 2010

Esch/Burtoft, Das Prinzip der autonomen Auslegung von Unionsrecht – am Beispiel aktueller Rechtsprechung zum Anwendungsbereich von Bereichsausnahmen, VergabeR 2017, 131

Eschenbruch/Opitz, SektVO: Sektorenverordnung. Kommentar, München 2012

F

Fandrey, Direktvergabe von Verkehrsleistungen – Beauftragung ohne vorherige Durchführung eines Vergabeverfahrens im Bereich straßengebundener Beförderung nach den Vorgaben der Verordnung (EG) Nr. 1370/2007, Langenfeld 2010

Fehling/Niehnus, Der europäische Fahrplan für einen kontrollierten Ausschreibungswettbewerb im ÖPNV. Zündfunke für eine Modernisierung des PBefG und neues Vergabemodell für Dienstleistungskonzessionen, DÖV 2008, 662

Fielitz/Grätz, Personenbeförderungsgesetz. Kommentar, Köln 2015

Fischer/Wolf/Embacher, Rechtliche Anforderungen an die Ausgestaltung der Auswahlverfahren zur Vergabe von Strom- und Gaskonzessionen nach § 46 EnWG, RdE 2012, 274

Forsthoff, Die Verwaltung als Leistungsträger, Stuttgart/Berlin 1938

Franke/Kemper/Zanner/Grünhagen, VOB Kommentar – Bauvergaberecht, Bauvertragsrecht, Bauprozessrecht, 6. Auflage, Köln 2017

Freitag, Anmerkung zu OLG Düsseldorf, Urteil v. 23.12.2015 – VI-2 U (Kart) 4/15, 2 U (Kart) 4/15, IR 2016, 88

Freund/Bary, Beihilfen im Breitbandsektor -Vorteile und Probleme der überarbeiteten Allgemeinen Gruppenfreistellungsverordnung (AGVO) der Europäischen Kommission, MMR 2015, 230

Frey, Rechtliche Anforderungen an die Verpachtung kommunaler Grundstücke zur Windenergienutzung, NVwZ 2016, 1200

Fromm/Sellmann/Zuck, Personenbeförderungsrecht, 4. Auflage, München 2013

G

Gabriel/Krohn/Neun, Handbuch Vergaberecht, 2. Auflage, München 2017

Gabriel/Krohn/Neun, Handbuch des Vergaberechts, 1. Auflage, München 2014

Gabriel/Mertens/Prieß/Stein, Beck'scher Online-Kommentar Vergaberecht, 6. Edition, Stand Januar 2018, München

Gabriel/Voll, Das Ende der Inländerdiskriminierung im Vergabe(primär)recht, NZBau 2014, 155

Ganten/Jansen/Voit, Beck'scher VOB-Kommentar – Vergabe- und Vertragsordnung für Bauleistungen Teil B. Allgemeine Vertragsbedingungen für die Ausführung von Bauleistungen, 3. Auflage, München 2013

Geppert/Schütz, Beck'scher TKG-Kommentar, 4. Auflage, München 2013

Glahs, Akteneinsichts- und Informationsfreiheitsansprüche im Vergabe- und Nachprüfungsverfahren, NZBau 2014, 75

Goede/Stoye/Stolz, Handbuch des Fachanwalts Vergaberecht, Köln 2017

Gola/Schomerus, Bundesdatenschutzgesetz. Kommentar, 12. Auflage, München 2015

Goldbrunner, Das neue Recht der Konzessionsvergabe, VergabeR 2016, 365

Goodarzi/Skorbek, Vergaberechtlich anfechtbare Versorgungsaufträge durch Krankenkassen und deren Vermarktung, NZS 2014, 804

Graalmann-Scheerer, Die Übermittlung personenbezogener Informationen zu Forschungszwecken, NStZ, 2005, 43

Grabherr/Reidt/Wysk, Luftverkehrsgesetz. Kommentar, 20. Ergänzungslieferung, Stand Januar 2018, München

Grabitz/Hilf/Nettesheim, Das Recht der Europäischen Union, Band 1: EUV/AEUV, 62. Auflage, München 2017

Graef, Rechtsfragen zur Kommunikation und Informationsübermittlug im neuen Vergaberecht, NZBau 2008, 34

Graef/Faasch, Kartellvergaberecht als disziplinierender Faktor bei der Vergabe von Gas- und Stromkonzessionen, NZBau 2014, 548

Greb, Die vergaberechtliche Behandlung von Interessenkonflikten, NZBau 2016, 264

Groeben/Schwarze/Hatje, Europäisches Unionsrecht – Vertrag über die Europäische Union, Vertrag über die Arbeitsweise der Europäischen Union, Charta der Grundrechte der Europäischen Union, 7. Auflage, Baden-Baden 2015

Gröning, Anwendbarkeit und Ausnahmebestimmungen im künftigen Vergaberecht, NZBau 2015, 690

Gröning, Spielräume für die Auftraggeber bei der Wertung von Angeboten, NZBau 2003, 86

Güntert/Alber/Lottermann, Praxis der Kommunalverwaltung: Rettungsdienstgesetz Baden-Württemberg, 4. Ergänzungslieferung, Stand Dezember 2011, Wiesbaden

H

Hailbronner/Kau, Die Erreichung vergaberechtlicher Zielsetzungen in der Beschaffungspraxis – Rechtstatsächliche Untersuchung zu den Veränderungen im öffentlichen Auftragswesen durch europäisches und internationales Recht, NZBau 2006, 16

Hartwig/Sterniczuk, Probleme des Grundsatzes der Wettbewerbsneutralität des straßenrechtlichen Sondernutzungsrechts, NVwZ 2016, 1375

Hassel/Gurgel/Otto, Handbuch des Fachanwalts Sozialrecht, 4. Auflage, München 2013

Hattig/Maibaum, Praxiskommentar Kartellvergaberecht – Der 4. Teil des GWB und VgV, 2. Auflage, Köln 2014

Hausmann/Bultmann, PPP Task Force im BMVBS und PPP-Task Force NRW, PPP im Hochbau, Vergaberechtsleitfaden, August 2007

Hausmann/Queisner, Auftragsänderungen während der Vertragslaufzeit, NZBau 2016, 619

Literaturverzeichnis

Hayer/Mayer, Das Suchtpotenzial von Sportwetten, Sucht 2003, 212

Heiermann/Riedl/Rusam, Handkommentar zur VOB – VOB Teile A und B, VSVgV, Rechtsschutz im Vergabeverfahren, 14. Auflage, Wiesbaden 2017

Heiermann/Zeiss, juris Praxiskommentar Vergaberecht – GWB, VgV, SektVO, VOB/A, VOL/A, VOF, 4. Auflage, Saarbrücken 2013

Heiermann/Zeiss/Summa, juris Praxiskommentar Vergaberecht – GWB, VgV, SektVO, KonzVgV, VSVgV, VOB/A, VOL/A, UVgO, 5. Auflage, Saarbrücken 2016

Heinze, Wettbewerb um Busliniengenehmigungen unter der VO (EG) 1370/2007, DVBl. 2011, 534

Heinze/Fehling/Fiedler, PBefG: Personenbeförderungsgesetz. Kommentar, 2. Auflage, München 2014

Heiß, Die neue EG-Verordnung für den öffentlichen Personenverkehr – ein Überblick unter Berücksichtigung der Situation in Deutschland, VerwArch 100 (2009), 113

Heitsch, Der gewerberechtliche Zulassungsanspruch zu Volksfesten, GewArch 2004, 225

Hellermann, Örtliche Daseinsvorsorge und gemeindliche Selbstverwaltung, Tübingen 2000

Herberger/Martinek/Rüßmann/Weth, juris PraxisKommentar BGB, Band 1: Allgemeiner Teil, 7. Auflage, Saarbrücken 2014

Hertwig, Grundfreiheiten und Glücksspiel, NZBau 2016, 152

Hertwig, Praxis der öffentlichen Auftragsvergabe, 6. Auflage, München 2016

Hertwig/Kingerske, Leitfaden zur Vergabe von Dienstleistungskonzessionen, Köln 2012

Hettich/Soudry, Das neue Vergaberecht, Köln 2014

Heuvels/Höß/Kuß/Wagner, Vergaberecht, Gesamtkommentar zum Recht der öffentlichen Auftragsvergabe (GWB – 4. Teil –, VgV, VOB/A, VOL/A, VOF, SektVO), Stuttgart 2013

Hilderscheid, Entwicklungen im Messe- und Ausstellungsrecht 2013-2015, GewArch 2016, 49

Hofmann, Zivilrechtsfolgen von Vergabefehlern: Oberhalb der EG-Schwellenwerte, Köln 2010

Hofmann/Zimmermann, Rechtsrahmen für die Vergabe von Wegenutzungsverträgen im Energiebereich nach der neuen Konzessionsvergaberichtlinie, NZBau 2016, 71

Hölder, Zum Gesetz über die Statistik für Bundeszwecke, Wiesbaden/Stuttgart/Mainz 1988

Holznagel/Beine, Rechtsrahmen staatlicher Breitbandförderung – Herausforderungen für Bund, Länder und Kommunen im „Regelungsgestrüpp", MMR 2015, 567

Holznagel/Deckers/Schramm, Erschließung des ländlichen Raums mit Breitband – Die Leitlinien der Kommission zum Breitbandausbau, NVwZ 2010, 1059

Holtmann, Beihilfenrechtliche Aspekte des DigiNetzG, EuZW 2017, 589

Horn, Vergabe von Breitbandkabelnetzen, VergabeR 2013, 337

Horn, Projektantenstatus im VOF-Verfahren?, NZBau 2005, 28

Hövelberndt, Übernahme eines wirtschaftlichen Risikos als Voraussetzung der Dienstleistungskonzession, NZBau 2010, 599

Hübner, Neue Vergaberegeln für den ÖPNV unter der Verordnung (EG) Nr. 1370/2007, VergabeR 2009, 363

Huerkamp, Technische Spezifikationen und die Grenzen des § 97 IV 2 GWB, NZBau 2009, 755

I

Immenga/Mestmäcker, Wettbewerbsrecht, Band 2/Teil 2: Kommentar zum Deutschen Kartellrecht, §§ 97–129b (Vergaberecht), 5. Auflage, München 2016

Iwers, Rekommunalisierung des Rettungsdienstes und Betriebsübergang, LKV 2010, 8

Iwers, Die Novelle des brandenburgischen Rettungsdienstgesetzes 2008, LKV 2008, 536

J

Jaeger, Bereichsausnahme für die Vergabe von Rettungsdienstleistungen?, NZBau 2018, 14

Jaeger, Die Vergabe von Rettungsdienstleistungsaufträgen und -konzessionen nach neuem Vergaberecht, ZWeR 2016, 205

Jaeger, Die neue Basisvergaberichtlinie der EU vom 26.2.2014 – ein Überblick, NZBau 2014, 259

Jansen/Geitel, Rügen und richten auch außerhalb des Kartellvergaberechts, VergabeR 2015, 117

Jarass, Losverfahren und Grundrechte, NVwZ 2017, 273

Jennert, Der Begriff der Dienstleistungskonzession im Gemeinschaftsrecht, NZBau 2005, 131

Joecks/Miebach, Münchener Kommentar zum StGB, 2. Auflage, München 2015

Johlen/Oerder, Münchner Anwaltshandbuch Verwaltungsrecht, 4. Auflage 2017

Joussen, Das Ende einer Arge als BGB-Gesellschaft, BauR 1999, 1063

Jung, Vergaben von Strom- und Gaskonzessionen, Stadt und Gemeinde 2016, 403

K

Kaelble, Anspruch auf Zuschlag und Kontrahierungszwang im Vergabeverfahren, ZfBR 2003, 657

Kämper/Brüggemann/Bothe, Wettbewerb um das Flughafenvorfeld vor der Verwaltungsgerichtsbarkeit, NZBau 2017, 9

Kapellmann/Messerschmidt, VOB – Teile A und B. Vergabe- und Vertragsordnung für Bauleistungen mit Vergabeverordnung (VgV), 6. Auflage, München 2018

Kapellmann/Messerschmidt, VOB Teile A und B, Vergabe- und Vertragsordnung für Bauleistungen mit Vergabeverordnung (VgV), 5. Auflage, München 2015

Karrer/Reuße, Das DigiNetzG und seine Bedeutung für Kommunen und kommunale Unternehmen, BWGZ 2017, 449

Kaufmann/Lübbig/Prieß/Pünder, VO (EG) 1370/2007: Verordnung über öffentliche Personenverkehrsdienste auf Schiene und Straße. Kommentar, München 2010

Kirch, Zwingender Ausschluss? § 16 VgV und Gesellschaftsorganmitglieder kommunaler Unternehmen, ZfBR 2004, 769

Kirchhof, Die verfassungsgeforderte Reform des Glücksspielwesens, NVwZ 2016, 124

Kirchner, Regulierungsanreize für den Auf- und Ausbau von NGA-Netzen – Schlussfolgerungen aus dem Kroes-Memo vom 12. Juli 2012, MMR 2013, 22

Kleiber, Verkehrswertermittlung von Grundstücken, Kommentar und Handbuch zur Ermittlung von Marktwerten (Verkehrswerten) und Beleihungswerten sowie zur steuerlichen Bewertung unter Berücksichtigung der ImmoWertV, 8. Auflage, Köln 2017

Kluth, Das Carsharinggesetz des Bundes und seine Umsetzung auf kommunaler Ebene, LKV 2018, 112

Knauff, Neuerungen im EU-Verkehrsmarktrecht, N&R 2018, 26

Knauff, Vorrang der Eigenwirtschaftlichkeit im ÖPNV, Baden-Baden 2017

Knauff, Neues zur Inhouse-Vergabe, EuZW 2014, 486

Knauff, Der Vorrang eigenwirtschaftlicher Verkehre im ÖPNV auf Grundlage des novellierten Personalbeförderungsgesetzes, GewArch 2013, 283

Knauff, Möglichkeiten der Direktvergabe im ÖPNV (Schiene und Straße), NZBau 2012, 65

Knauff, Anmerkung zu VK Arnsberg, Beschluss v. 21.2.2006 – VK 29/05, NZBau 2006, 334

Knauff, Der Kommissionsvorschlag für eine Novelle der VO 1191/69 – Grundaussagen, Probleme und Auswirkungen im ÖPNV, DVBl. 2006, 339

Literaturverzeichnis

Knauff, Dispositionsfreiheiten öffentlicher Auftraggeber nach der Ausschreibung öffentlicher Aufträge, Vorgaben des europäischen und des europäisierten deutschen Vergaberechts unter Berücksichtigung der EU-Vergaberechtsreform, Baden-Baden 2004

Knauff/Badenhausen, Die neue Richtlinie über die Konzessionsvergabe, NZBau 2014, 395

Kniffka/Koeble, Kompendium des Baurechts, 4. Auflage, München 2014

Köhler/Bornkamm, Gesetz gegen den unlauteren Wettbewerb, 34. Auflage, München 2016

Kohout, Kartellvergaberecht und interkommunale Zusammenarbeit, Stuttgart/München 2008

Kopp/Ramsauer, VwVfG: Verwaltungsverfahrensgesetz. Kommentar, 14. Auflage, München 2013.

Krämer, (K)ein Allheilmittel, Grundsätze der Beschaffung und Vergabe, VergabeNavigator 2016, 11

Kratzenberg, Die Neufassung der Vergabeverordnung, NZBau 2001, 121

Kraus, Anmerkung zu EuGH, Urteil v. 10.11.2011 – Rs. C-348/10 (Norma-A), VergabeR 2012, 171

Krauskopf, Soziale Krankenversicherung, Pflegeversicherung. Kommentar, 91. Ergänzungslieferung, Stand März 2016, München

Krönke, Das neue Vergaberecht aus verwaltungsrechtlicher Perspektive, NVwZ 2016, 568

Kruse, Die Vergabe von Konzessionen, Bayreuth 2016

Kühling/Biendl, Zulässiger Universaldienstumfang im Zeitalter des Breitbandausbaus – Europa- und verfassungsrechtliche Grenzen staatlicher Fördermodelle, DÖV 2012, 409

Kulartz/Röwekamp/Portz/Prieß, Kommentar zur UVgO, Köln 2018

Kulartz/Kus/Marx/Portz/Prieß, Kommentar zur VgV, Köln 2016

Kulartz/Kus/Portz/Prieß, Kommentar zum GWB-Vergaberecht, 4. Auflage, Köln 2016

Kulartz/Kus/Portz, Kommentar zum GWB-Vergaberecht, 3. Auflage, Köln 2014

Kulartz/Marx/Portz/Prieß, Kommentar zur VOB/A, 2. Auflage, Köln 2014

Kulartz/Marx/Portz/Prieß, Kommentar zur VOL/A, 3. Auflage, Köln 2014

Kupczyk, Die Projektantenproblematik im Vergaberecht, NZBau 2010, 21

Kupfer, Die Neufassung des Rechts zur Vergabe von Energiekonzessionen, NVwZ 2017, 428

L

Lampe-Helbig/Jagenburg/Baldringer, Handbuch der Bauvergabe, 3. Auflage, München 2014

Landmann/Rohmer, GewO: Gewerbeordnung, 75. Ergänzungslieferung, Stand März 2017, München

Lange, Der Begriff des „eingeschalteten Unternehmens" i.S. des § 16 I Nr. 3 lit. b VgV, NZBau 2008, 422

Lau, Vergabe von Energienetzen, Köln 2016

Lehr, Beihilfen zur Gewährleistung des öffentlichen Personennahverkehrs. Die europarechtskonforme Finanzierung der Daseinsvorsorge am Beispiel des ÖPNV in Deutschland, Berlin 2011

Leinemann, Die Vergabe öffentlicher Aufträge – GWB, VgV, KonzVgV, SektVO, VSVgV, VOB/A, VOL/A, Erläuterungen aller Vergabeordnungen, Nachprüfung von Vergabeverfahren, Vergabestrafrecht, Compliance , 6. Auflage, Köln 2016

Leinemann, Anmerkung zu OLG Frankfurt, Beschluss v. 5.8.2003 – 11 Verg 1/02, VergabeR 2003, 693

Leinemann/Kirch, VSVgV – Vergabeordnung Verteidigung und Sicherheit mit VOB/A-VS, München 2013

Lemor/Haake, Ausgesuchte Rechtsfragen der Umsetzung der Dienstleistungsrichtlinie, EuZW 2009, 65

Leupertz/Wietersheim, Ingenstau/Korbion – VOB Teile A und B. Kommentar, 20. Auflage, Köln 2017

Leupertz/Wietersheim, Ingenstau/Korbion – VOB Teile A und B. Kommentar, 19. Auflage, Köln 2015

Ley/Wankmüller, Das neue Vergaberecht 2016 – Schnelleinstieg, Lieferungen und Dienstleistungen nach GWB und VgV, 3. Auflage, München 2016

Liebler, Anmerkung zu BVerwG, Beschluss v. 18.3.2016 – 3 B 16/15, jurisPR-BVerwG 2/2017, Anm. 1

Linke, Die Gewährleistung des Daseinsvorsorgeauftrags im öffentlichen Personennahverkehr, Baden-Baden 2010

Linke, Marktöffnung im öffentlichen Schienenpersonenverkehr, NZBau 2017, 331

Loewenheim/Meessen/Riesenkampff/Kersting/Meyer-Lindemann, Kartellrecht, Europäisches und Deutsches Kartellrecht. Kommentar, 3. Auflage, München 2016

Looschelders/Roth, Juristische Methodik im Prozess der Rechtsanwendung, Berlin 1996

M

von Mangoldt/Klein/Starck, Kommentar zum Grundgesetz, 6. Auflage, München 2010

Mann, Landesplanerischer Ausschluss von Fracking-Vorhaben in NRW – Kompetenzrechtliche Grenzen, NWVBl. 2017, 6

Mann/Sennekamp/Uechtritz, Verwaltungsverfahrensgesetz. Großkommentar, Baden-Baden 2014

Maunz/Dürig, Grundgesetz. Kommentar, 80. Ergänzungslieferung, Stand Juni 2017, München

Maurer, Allgemeines Verwaltungsrecht, 18. Auflage, München 2011

von Maydell/Ruland/Becker, Sozialrechtshandbuch (SRH), 5. Auflage, Baden-Baden 2012

Mestwerdt/Stanko, Die Übertragung des Betriebsrisikos bei der Konzessionierung, VergabeR 2017, 348

Mohr, Energiewirtschaftliche Konzessionsverträge und Unionsrecht, RdE 2016, 269

Mohr, Sozial motivierte Beschaffung nach dem Vergaberechtsmodernisierungsgesetz 2016, EuZA 2017, 23

Montag/Säcker, Münchener Kommentar zum Europäischen und Deutschen Wettbewerbsrecht (Kartellrecht), Band 3: Beihilfen- und Vergaberecht, 1. Auflage, München 2011

Möschel, Glücksspiel und europäischer Binnenmarkt, EuZW 2013, 252

Mösinger, Die Dienstleistungskonzession: Wesen und Abgrenzung zu ausschreibungsfreien Verträgen, NZBau 2015, 545

Müller, Öffentlich-rechtliche Dienstleistungskonzessionen künftig ein Beschaffungsvorgang?, NVwZ 2016, 266

Müller/Rau/Reutter/Vogel, Carsharing für die Region Frankfurt RheinMain – Handlungsempfehlungen für Kommunen, 2. Auflage, Frankfurt am Main 2017

Müller-Wrede, SektVO. Kommentar, 2. Auflage, Köln 2017

Müller-Wrede, VgV/UVgO. Kommentar, 5. Auflage, Köln 2017

Müller-Wrede, GWB-Vergaberecht. Kommentar, Köln 2016

Müller-Wrede, Kommentar zur VOF, 5. Auflage, Köln 2014

Müller-Wrede, Vergabe- und Vertragsordnung für Leistungen – VOL/A. Kommentar, 4. Auflage, Köln 2014

Müller-Wrede, Kompendium des Vergaberechts, Systematische Darstellung unter Berücksichtigung des EU-Vergaberechts, 2. Auflage, Köln 2013

Müller-Wrede, SektVO. Kommentar, 1. Auflage, Köln 2009

Müller-Wrede, Örtliche Präsenz, Ortsnähe und Ortsansässigkeit als Wertungskriterien – eine Verletzung des Diskriminierungsverbots?, VergabeR 2005, 32

Müller-Wrede, Anmerkung zu BGH, Beschluss v. 18.2.2003 – X ZB 43/02, VergabeR 2003, 313

Müller-Wrede, Verdingungsordnung für Leistungen – VOL/A. Kommentar, 1. Auflage, Köln 2001

N

Nettesheim, Das neue Dienstleistungsrecht des ÖPNV – Die Verordnung (EG) Nr. 1370/2007, NVwZ 2009, 1449

Neumann, Sozialrecht oder Vergaberecht? Zur Erbringung von Rehabilitationsleistungen in der gesetzlichen Rentenversicherung, VSSR 2005, 211

Neumann, Freier Zugang zu Bodenabfertigungsdiensten auf europäischen Flughäfen, NVwZ 2004, 60

Neumann/Nielandt/Philipp, Erbringung von Sozialleistungen nach Vergaberecht?, Baden-Baden 2004

Neun/Otting, Die Entwicklung des europäischen Vergaberechts in den Jahren 2012/2013, EuZW 2013, 529

Neun/Otting, Die EU-Vergaberechtsreform 2014, EuZW 2014, 446

Noch, Vergaberecht kompakt – Handbuch für die Praxis, 6. Auflage, Köln 2015

O

Oberndörfer/Lehmann, Die neuen EU-Vergaberichtlinien: Wesentliche Änderungen und Vorwirkungen, BB 2015, 1027

Opitz, Die Zukunft der Dienstleistungskonzession, NVwZ 2014, 753

Opitz, Das Legislativpaket – Die neuen Regelungen zur Berücksichtigung umwelt- und sozialpolitischer Belange bei der Vergabe öffentlicher Aufträge, VergabeR 2004, 421

Otting/Olgemöller, Ausgleich gemeinwirtschaftlicher Verpflichtungen durch allgemeine Vorschriften, GewArch 2012, 436

Otting/Olgemöller, Verfassungsrechtliche Rahmenbedingungen für Direktvergabe im Verkehrssektor nach Inkrafttreten der VO (EG) Nr. 1370/2007, DÖV 2009, 364

Otting/Scheps, Direktvergabe von Eisenbahnverkehrsdienstleistungen nach der neuen Verordnung (EG) Nr. 1370/2007, NVwZ 2008, 499

P

Palandt, Bürgerliches Gesetzbuch. Kommentar, 76. Auflage, München 2017

Pauly, Ist der Ausschluß des Generalübernehmers vom Vergabeverfahren noch zu halten?, VergabeR 2005, 312

Peine, Allgemeines Verwaltungsrecht, 11. Auflage, Heidelberg 2014

Pfannkuch, Beihilferechtliche Risiken bei der Inhouse-Vergabe, NZBau 2015, 743

Pielow, Beck'scher Online-Kommentar Gewerberecht, 37. Edition, Stand Juli 2014, München

Pieroth/Schlink/Kingreen/Poscher, Grundrechte. Staatsrecht II, 33. Auflage, München 2017

Pietzcker, Die Zweiteilung des Vergaberechts, Baden-Baden 2001

Polster, Die Zukunft der (Direkt-)Vergabe von SPNV-Aufträgen, NZBau 2011, 209

Portner/Rechten, Das Open-House-Modell – Möglichkeiten für eine praxisgerechte Verfahrensausgestaltung, NZBau 2017, 587

Posser/Wolff, Beck'scher Online-Kommentar VwGO, 46. Edition, Stand 1.7.2018, München

Plückebaum, Europa entbündelt auch virtuell – Neue Teilnehmeranschlusstechniken, auch reguliert, und VULA, NET 5/15, 36

Prieß, Die Vergabe von Rettungsdienstleistungen nach den neuen Vergaberichtlinien, NZBau 2015, 343

Prieß/Hausmann/Kulartz, Beck'sches Formularbuch Vergaberecht, 2, Auflage, München 2011

Prieß/Lau/Kratzenberg, Wettbewerb – Transparenz – Gleichbehandlung: Festschrift für Fridhelm Marx, München 2013

Prieß/Simonis, Die künftige Relevanz des Primärvergabe- und Beihilfenrechts – Ein Zwischenruf, NZBau 2015, 731

Prütting/Wegen/Weinreich, BGB. Kommentar, 12. Auflage, Köln 2017

Pünder, Beschränkungen der In-house-Vergabe im öffentlichen Personenverkehr, NJW 2010, 263

Pünder, Die Vergabe von Dienstleistungsaufträgen im Eisenbahnverkehr, EuR 2010, 774

Pünder, Die Vergabe von Personenverkehrsdienstleistungen in Europa und die völkerrechtlichen Vorgaben des WTO-Beschaffungsübereinkommens, EuR 2007, 564

Pünder/Prieß, Brennpunkte des öffentlichen Personennahverkehrs vor dem Hintergrund der neuen EG-Personenverkehrsdienstverordnung, Köln 2010

Pünder/Schellenberg, Vergaberecht – GWB, VgV, VSVgV, SektVO, VOL/A, VOB/A, VOF, Haushaltsrecht, Öffentliches Preisrecht. Handkommentar, 2. Auflage, Baden-Baden 2015

Püstow/Meiners, Vorrang des Unionsrechts bei vergaberechtswidrigen Verträgen, EuZW 2016, 325

R

Reidt/Stickler/Glahs, Vergaberecht. Kommentar, 4. Auflage, Köln 2018

Reidt/Stickler/Glahs, Vergaberecht. Kommentar, 3. Auflage, Köln 2011

Reimnitz, Der neue Wettbewerbliche Dialog: eine Alternative zum Verhandlungsverfahren unter Berücksichtigung von Public Private Partnership-Modellen, Frankfurt am Main. 2009

Rhein, NomosKommentar Personenstandsgesetz, Baden-Baden 2012

Rhein/Zitzen, Werbung im öffentlichen Raum – die zwei Seiten vertraglicher Regelungen, NJOZ 2013, 1161

Riese/Schimanek, Die Vereinbarkeit von Direktvergaben für Schienenpersonennahverkehrsleistungen mit den Grundrechten, DVBl. 2009, 1486

Rosenkötter/Bary, Eignungsleihe doch nur als Nachunternehmer?, NZBau 2012, 486

Roßnagel/Paul, Die Form des Bieterangebots in der elektronischen Vergabe, NZBau 2007, 74

Ruf, Sondergutachten der Monopolkommission zur Wettbewerbssituation im Telekommunikationssektor, BWGZ 2014, 956

Ruthig, Vergaberechtsfreier Bevölkerungsschutz – Die Bereichsausnahme des § GWB § 107 GWB § 107 Absatz I Nr. GWB § 107 Absatz 1 Nummer 4 GWB und ihre Konsequenzen für den Rettungsdienst, NZBau 2016, 3

Ruthig/Storr, Öffentliches Wirtschaftsrecht, 4. Auflage, Heidelberg 2015

S

Säcker, Zur Gewichtung und Transparenz von Vergabekriterien bei Strom- und Gasnetzkonzessionen, RdE 2015, 1

Säcker, Berliner Kommentar zum Energierecht, 3. Auflage, Frankfurt am Main 2014

Säcker/Mohr, Reintegration von Dienstleistungskonzessionen in das Vergaberecht am Beispiel der Wasserversorgung, ZWeR 2012, 417

Säcker/Mohr/Wolf, Konzessionsverträge im System des europäischen und deutschen Wettbewerbsrechts, Frankfurt 2010

Säcker/Rixecker/Oetker/Limperg, Münchener Kommentar zum Bürgerlichen Gesetzbuch, Band 1: Allgemeiner Teil, Band 3: Schuldrecht Allgemeiner Teil II, Band 6: Schuldrecht Besonderer Teil III, Band 7: Schuldrecht Besonderer Teil IV, 7. Auflage, München 2015

Saxinger, Die Novellierung der Verordnung (EG) Nr. 1370/2007 und ihre Auswirkungen auf den straßengebundenen ÖPNV, GewArch 2017, 463

Saxinger, Die rechtlichen Rahmenbedingungen von Busfernverkehren, GewArch 2011, 151

Saxinger/Winnes, Recht des öffentlichen Personenverkehrs. Kommentar zur Personenbeförderung auf Straße und Schiene, Stand Dezember 2015, Köln

Schäfer, Perspektiven der eVergabe, NZBau 2015, 131

Schaller, Die Auftragswertschätzung im öffentlichen Auftragswesen, NZBau 2018, 342

Scharen, Aufhebung der Ausschreibung und Vergaberechtsschutz, NZBau 2003, 585

Scharen, Rechtsschutz bei Vergaben unterhalb der Schwellenwerte, VergabeR 2011, 653

Schieferdecker, Die Rechtsgrundlage zum Erlass allgemeiner Vorschriften im Sinne von Art. 3 Abs. 2 der Verordnung (EG) 1370/2007, GewArch 2014, 6

Schink, Wirtschaftliche Betätigung kommunaler Unternehmen, NVwZ 2002, 129

Schmitz, Marktfreiheit bei Messen und Ausstellungen und ihre Grenzen, GewArch 1977, 76

Schneevogl, Generalübernehmervergabe – Paradigmenwechsel im Vergaberecht, NZBau 2004, 418

Schneider, Der Wettbewerbliche Dialog im Spannungsfeld der Grundsätze des Vergaberechts, Berlin 2009

Schneiderhan, Daseinsvorsorge und Vergaberecht – Darstellung eines Spannungsverhältnisses unter besonderer Berücksichtigung des öffentlichen Personennahverkehrs, Berlin 2012

Schoch, Rechtsprechungsentwicklung – Zugang zu kommunalen öffentlichen Einrichtungen, NVwZ 2016, 257

Schoch/Schneider/Bier, Verwaltungsgerichtsordnung. Kommentar, 32. Ergänzungslieferung, Stand Oktober 2016, München

Schröder, Das Verfahren zur Vergabe von Wasserkonzessionen, NVwZ 2017, 504

Schröder, Der Ausschluss voreingenommener Personen im Vergabeverfahren nach § 16 VgV, NVwZ 2004, 168

Schröder, Die Direktvergabe im straßengebundenen ÖPNV – Selbsterbringung und interne Betreiberschaft, NVwZ 2010, 862

Schröder, Inhalt, Gestaltung und Praxisfragen des wettbewerblichen Vergabeverfahrens nach der neuen europäischen ÖPNV-Verordnung, NVwZ 2008, 1288

Schulz-Gardyan, Anmerkung zu BGH, Urteil v. 17.2.2013 – KZR 66/12, N&R 2014, 172

Schwab/Giesemann, Mit mehr Regeln zu mehr Rechtssicherheit?, VergabeR 2014, 351

Schwarz, Neues vom Wochenmarkt, GewArch 2015, 289

Schweer/Tugendreich, Vergabe der ÖPP-Ausschreibungsleistungen, NZBau 2007, 769

Siebler, Privilegierung der Public-Public-Partnerships im europäischen Vergaberecht- Die Einordnung interkommunaler Kooperation im systematischen Gefüge des europäischen Vergaberechts unter besonderer Berücksichtigung aktueller Entwicklungen in der Spruchpraxis des EuGH, Frankfurt am Main 2013

Siegel, Das neue Konzessionsvergaberecht, NVwZ 2016, 1672

Siegel, Der neue Rechtsrahmen für die Vergabe von Dienstleistungskonzessionen, VergabeR 2015, 265

Siegel, Zulässige Vertragslaufzeiten im Vergaberecht, ZfBR 2006, 554

Sodan, Rekommunalisierung des Berliner Stromnetzes? – Rechtsprobleme des Konzessionierungsverfahrens nach dem EnWG, LKV 2013, 433

Soltész, Das neue europäische Beihilferecht, NJW 2014, 3128

Soudry/Hettich, Das neue Vergaberecht, Köln 2014

Spannowsky, Transparenzanforderungen für Gemeinden – Rechtsfragen im Zusammenhang mit den Informationsfreiheitsgesetzen, ZfBR 2017, 112

Spickhoff, Medizinrecht – AMG, ApoG, BGB, GenTG, KHG, MBO, MPG, SGB V, SGB XI, StGB, TFG, TPG, 2. Auflage, München 2014

Stelkens/Bonk/Sachs, VwVfG: Verwaltungsverfahrensgesetz. Kommentar, 9. Auflage, München 2018

Stickler/Feske, Die In-House-Vergabe von ÖSPV-Dienstleistungen nach der VO (EG) 1370/2007, VergabeR 2010, 1

Stoye/Brugger, Die Renaissance des Selbstausführungsgebots und seine (Vor)Wirkung bereits vor Umsetzung des neuen Richtlinienpakets, VergabeR 2015, 647

Summa, Anmerkung zu EuGH, Urteil v. 13.7.2017 – Rs. C-701/15 (Malpensa Logistica Europa), IBR 2017, 634

T

Templin, Recht der Konzessionsverträge, München 2009

Tettinger/Wank, GewO: Gewerbeordnung. Kommentar, 7. Auflage, München 2004

Tettinger/Wank/Ennuschat, GewO: Gewerbeordnung. Kommentar, 8. Auflage, München 2011

Teufel, Die Dienstleistungskonzession als Erleichterung für öffentliche Auftraggeber bei der Vergabe von Abfallsammlungen, KommJur 2012, 87

Theobald, Der umstrittene Kriterienkatalog bei der Vergabe von Strom- und Gaskonzessionen, RdE 2015, 161

Theobald/Wolkenhauer, Kurznachricht zu "Vergabe von Strom- und Gaskonzessionen", DÖV 2016, 724

Thiel, Zum Erfordernis einer „aktiven" gemeindlichen Liegenschaftspolitik aus vergabe- und beihilfenrechtlicher Sicht, ZfBR 2017, 561

V

Vavra, Binnenmarktrelevanz öffentlicher Aufträge, VergabeR 2013, 384

Vieweg, Wirtschaftsentwicklung Unterhaltungsautomaten 2015 und Ausblick 2016, Gutachten im Auftrag der Deutschen Automatenwirtschaft, München 2016

Voppel/Osenbrück/Bubert, VgV – Abschnitt 6 –, Vergabe von Architekten- und Ingenieurleistungen. Kommentar, 4. Auflage, München 2018

W

von Wietersheim, Vergaben im ÖPNV, Novellierung des PBefG – Umsetzung der VO 1370/2007, Köln 2013

Wachinger, Das Recht des Marktzugangs im ÖPNV, Berlin 2006

Wagner/Pfohl, Die neue Richtlinie 2014/23/EU: Anwendungsbereich, Ausnahmevorschriften und materielle Regelungen, ZfBR 2014, 745

Wagner-Cardenal/Dierkes, Die Direktvergabe von öffentlichen Personenverkehrsdiensten. Anwendungsvoraussetzungen, Rechtsfolgen, Drittschutz, NZBau 2014, 738

Waldenspuhl/Frohriep/Neises-Klinger/Lang, Praxis der Kommunalverwaltung – Gesetz zum Schutz des Bürgers bei der Verarbeitung seiner Daten (Landesdatenschutzgesetz – DSG M-V), Stand Mai 2015, Wiesbaden

Literaturverzeichnis

Wegmann, Die Vorabinformation über den Zuschlag bei der öffentlichen Auftragsvergabe, NZBau 2001, 475

Weiß, Kommunale Entscheidungsspielräume bei § 46 EnWG, EnWZ 2014, 435

Weiß, Stand und Perspektiven des Rechts der Strom- und Gaskonzessionsvergabe, NVwZ 2014, 1415

Weller, Verschlüsselung als technisch-organisatorische Maßnahme richtig umsetzen, AnwZert ITR 23/2016

Weyand, Praxiskommentar Vergaberecht, 16. Aktualisierung, Stand September 2015, Mannheim

Weyd, Das Zusammenwirken von Vergabe- und Beihilfenrecht am Beispiel öffentlicher Personenverkehrsdienste, EWS 2010, 167

Wieland, Der Abschluss von Konzessionsverträgen als Teil der gemeindlichen Selbstverwaltung, DÖV 2015, 169

Willenbruch/Bischoff, Vergaberecht. Kompaktkommentar, 1. Auflage, Köln 2007.

Willenbruch/Wieddekind, Vergaberecht. Kompaktkommentar, 4. Auflage, Köln 2017.

Willenbruch/Wieddekind, Vergaberecht. Kompaktkommentar, 3. Auflage, Köln 2014.

Winnes, Der Begriff der gemeinwirtschaftlichen Verpflichtung im Rahmen der Verordnung 1370/07, DÖV 2009, 1135

Winnes, Öffentliche Auftragsvergabe im ÖPNV, VergabeR 2009, 712

Wirth, Marktverkehr, Marktfestsetzung, Marktfreiheit : Rechtsprobleme der Veranstaltung, Festsetzung und Beschickung von Messen, Ausstellungen, Märkten und Volksfesten in privater und kommunaler Trägerschaft, Berlin 1985

Wittig/Schimanek, Sondervergaberecht für Verkehrsdienstleistungen. Die neue EU-Verordnung über öffentliche Personenverkehrsdienste auf Schiene und Straße, NZBau 2008, 222

Wolff/Brink, Beck'scher Online-Kommentar Datenschutzrecht, 18. Edition, Stand November 2016, München

Wollenschläger, Verteilungsverfahren, Tübingen 2010

Wollenschläger, Vertragsnichtigkeit als Fehlerfolge bei grundrechts- und grundfreiheitenwidrigem privatrechtsförmigem Verwaltungshandeln, NVwZ 2016, 1535

Wormit, Einführung in das allgemeine Gewerberecht, JuS 2017, 641

Wüstenberg, Das Carsharinggesetz des Bundes zwischen Behörde und Unternehmer, EWeRK 2017, 185

Wüstenberg, Wer richtet Taxihalteplätze ein? KommJur 2016, 289

Z

Zeiss, Die Pflicht zur Einführung der eVergabe – Neustart für die Vergabestellen, Service-Guide eVergabe 2014, 13

Ziekow, Das Vergaberecht als Waffe gegen Kinderarbeit, KommJur 2007, 281

Ziekow, Die Direktvergabe von Personenverkehrsdiensten nach der Verordnung (EG) Nr. 1370/2007 und die Zukunft eigenwirtschaftlicher Verkehre, NVwZ 2009, 865

Ziekow/Völlink, Vergaberecht, 3. Auflage, München 2018

Ziekow/Völlink, Vergaberecht, 2. Auflage, München 2013

Zielke, Demnächst Pflicht zur eVergabe – Chancen und mögliche Stolperfallen, VergabeR 2015, 273

Kommentar zur

Verordnung über die Vergabe von Konzessionen
(Konzessionsvergabeverordnung – KonzVgV),

Verordnung zur Statistik über die Vergabe öffentlicher Aufträge und Konzessionen
(Vergabestatistikverordnung – VergStatVO)

und zu

Sonderregelungen

Verordnung über die Vergabe von Konzessionen

(Konzessionsvergabeverordnung – KonzVgV)

in der Fassung der Bekanntmachung vom 12. April 2016 (BGBl. I 624, 683), zuletzt geändert durch Artikel 6 des Gesetzes vom 10. Juli 2018 (BGBl. I S. 1117)

Verordnung über die Vergabe von Konzessionen

(Konzessionsvergabeverordnung – KonzVgV)

Abschnitt 1
Allgemeine Bestimmungen und Kommunikation

Unterabschnitt 1
Allgemeine Bestimmungen

§ 1 KonzVgV
Gegenstand und Anwendungsbereich

Diese Verordnung trifft nähere Bestimmungen über das einzuhaltende Verfahren bei der dem Teil 4 des Gesetzes gegen Wettbewerbsbeschränkungen unterliegenden Vergabe von Konzessionen durch einen Konzessionsgeber.

Übersicht

	Rn.
A. Allgemeines	1
B. Anwendungsbereich und Regelungsinhalt	7
C. Nähere Bestimmungen nach der KonzVgV	11
I. Grundsätze des Konzessionsvergaberechts und der Bereichsausnahmen	12
II. Spezifische Vorgaben für das Konzessionsvergabeverfahren	16
D. Konzessionsgeber (§ 101 GWB)	22
I. Überführung der unionsrechtlichen Begriffe in deutsches Recht	24
II. Funktionelle und institutionelle Definition	28
III. Konzessionsvergabe durch den öffentlichen Auftraggeber (Abs. 1 Nr. 1)	31
IV. Konzessionsvergabe durch den öffentlichen Sektorenauftraggeber (Abs. 1 Nr. 2)	33
V. Konzessionsvergabe durch den privaten Sektorenauftraggeber (Abs. 1 Nr. 3)	38
E. Konzessionen (§ 105 GWB)	41
I. Ausgangspunkt: EuGH-Rechtsprechung	47
II. Vertrag über die Betrauung zur Leistungserbringung (Abs. 1)	49
1. Form der Betrauung	50
2. Entgeltlichkeit des Vertrages	52
3. Keine Konzession bei einseitigem Verwaltungsakt	54
4. Beschaffungsvorgang und Betrauungsakt	59
III. Übertragung des Betriebsrisikos (Abs. 2)	66
1. Amortisationsrisiko	67
2. Aussetzung der Marktunwägbarkeiten	74
3. Angebots- und Nachfragerisiko	80
IV. Negativabgrenzungen	83
1. Finanzierung	85

	Rn.
2. Soziale Auswahlverhältnisse	88
3. Lizenzen für Wirtschaftsausübung	92
4. Nutzung öffentlicher Bereiche oder Ressourcen	95
5. Netzbereitstellungen	98
6. Notwendigkeit der Unterstützung bei der öffentlichen Daseinsvorsorge	99
7. Abgrenzung zur Rahmenvereinbarung	102
F. Rechtsschutz	103
I. Gerichtliche Zuständigkeit	104
II. Konzessionen innerhalb des GWB-Vergaberechts	107
III. Konzessionen außerhalb des GWB-Vergaberechts	110
1. Bewerbungsverfahrensanspruch	111
2. Kausalität des Rechtsverstoßes	115
3. Prozessuale Fragen	118
IV. Rechtsschutz außerhalb des Nachprüfungsverfahrens	120
1. Individualschützende Dimension	126
a) Allgemeine Auswahlgrundsätze	127
aa) Transparenzgrundsatz	134
bb) Diskriminierungsverbot	144
cc) Wettbewerbsgrundsatz	151
dd) Verhältnismäßigkeitsgrundsatz	155
ee) Grundsatz des Geheimwettbewerbes, Vertraulichkeit	159
ff) Grundsatz der Sachgerechtigkeit, Objektivität, Nachvollziehbarkeit und der vollständigen Sachverhaltsermittlung	162
gg) Grundsatz der zeitlichen Befristung	168
hh) Verpflichtung zur Vorabinformation	172
ii) Verpflichtung nur zur rechtmäßigen Aufhebung	175
b) Unternehmensschützende Verfahrensvorschriften	177
aa) Vorschriften des AEUV	178

bb)	Vorschriften des GWB (außerhalb des Teil 4 GWB)		179
cc)	Vorschriften der KonzVgV		180
dd)	Vorschriften der VOB/A		181
ee)	Vorschriften der Fachgesetze		182
ff)	Freiwilliges Unterwerfen unter Verfahrensregeln		183
gg)	Unionales Primärrecht		184
c)	Prozessuale Fragen		186
2.	Voraussetzungen des Schadensersatzanspruchs		189
a)	Vorvertragliches Vertrauensverhältnis		190
aa)	Entstehung		191
bb)	Schutzwürdigkeit des Vertrauens		194
b)	Pflichtverletzung		197
aa)	Verletzung von vergaberechtlichen Vorschriften		198
(1)	Persönlicher Anwendungsbereich des Schutzgesetzprinzips		200
(2)	Sachlicher Anwendungsbereich des Schutzgesetzprinzips		204
bb)	Verletzung allgemeiner Pflichten aus dem vorvertraglichen Schuldverhältnis		208
c)	Verschulden		211
d)	Kausalität		217
e)	Anspruchsberechtigung und Anspruchsverpflichtung		219
f)	Darlegungslast und Geschäftsgeheimnisse		221
g)	Rechtsfolge		222
3.	Anspruch bei vergaberechtswidriger De-facto-Vergabe		230
4.	Anspruch auf Kündigung		233
G.	Zusammenfassung und Ausblick		239
Anlage Verordnungsbegründung (BR-Drs. 87/16)			

A. Allgemeines

1 § 1 KonzVgV knüpft unmittelbar an § 105 GWB an, ohne eine eigenständige Regelung zu treffen. Für das Verständnis der Konzessionsvergabe der KonzVgV im speziellen und Konzessionsvergabe außerhalb des förmlichen Vergaberechts ist eine Erörterung des rechtlichen Gesamtzusammenhanges notwendig. Bevor die Verordnung über die Vergabe von Konzessionen – KonzVgV – erlassen wurde, die nähere Bestimmungen über das GWB-Konzessionsvergabeverfahren enthält, erfuhr das Rechtsinstitut der Dienstleistungskonzession eine erhebliche tatsächliche und rechtliche Aufwertung. Markanter Höhepunkt des Bedeutungszuwachses der Konzession ist – auf europäischer Ebene – die Schaffung einer eigenen Richtlinie (RL 2014/23/EU) und auf nationaler Ebene der Erlass der KonzVgV.

2 Während der Regelungswille die Konzession bei der letzten Gesetzgebungsrunde noch nicht umfasst hatte, musste der EU-Gesetzgeber zwischenzeitlich anerkennen, dass die Konzession derart viele Lebensbereiche betrifft, dass eine förmliche **Normierung** notwendig erschien.[1] Das Fehlen klarer Bestimmungen zur Vergabe von Konzessionen auf Unionsebene führte nach gesetzgeberischer Auffassung zu Rechtsunsicherheit, Behinderungen des freien Dienstleistungsverkehrs und Verzerrungen des Binnenmarkts.[2] Während Baukonzessionen z.B. den Bau und Betrieb eines Mautsystems auf Autobahnen, von Stadthallen, Parkhäusern und kommunalen Schwimmbädern betreffen, umfassen Dienstleistungskonzessionen fast alle Bereiche der entgeltlichen Daseinsvorsorge. Ausgeschrieben werden über das EU-Amtsblatt z.B. der Betrieb einer Alarmempfangsstelle eines Landkreises, von Häfen, Abfallentsorgungsanlagen, Sportstätten, Intensivtransporthubschraubern, Breitbandnetzen,[3] Feuerbestattungsanlagen, Kantinen- und Verpflegungsdiensten, Verkehrs- und Personenbeförderungsleistungen oder auch die Verbesserung des Entlassungsmanagements oder die stadtweite Möblierung des Rettungsdienstes sowie des Krankentransports.[4]

---

[1] *Braun*, in: Müller-Wrede, GWB-Vergaberecht, § 105 Rn. 1 ff.; vgl. auch die historische Darstellung und Genese von *Wollenschläger*, in: Burgi/Dreher, Vergaberecht, § 105 GWB Rn. 10.
[2] Erwägungsgrund 1 RL 2014/23/EU.
[3] Vgl. ausführlich *Braun/Zwetkow* zu AGVO/NGA-RR.
[4] Vgl. ausführlich *Braun*, in: Hettich/Soudry, Das neue Vergaberecht, S. 155; *ders.*, VergabeR 2014, 324; *ders.*, EuZW 2012, 451, *ders.*, NZBau 2011, 400; *ders.*, in: Prieß/Lau/Kratzenberg, Festschrift für Marx, S. 39; *Opitz*, NVwZ 2014, 753 (754).

Der Konzessionsbegriff taucht erstmals in der verwaltungsrechtlichen Rechtsprechung vor knapp siebzig Jahren bei der Konzessionierung neuer Apotheken auf.[5] Schon davor bedurften nach preußischen Vorschriften aus der Mitte des 19. Jahrhunderts **Apotheker**, die sich nicht im Besitz eines sogenannten „Realprivilegiums" einer bestehenden Apotheke befanden, einer Konzession durch den Oberpräsidenten. Unter einer Mehrzahl von Bewerbern sollte dann bei gleicher Eignung der Bewerber das Betriebsrecht erhalten, der das höchste Betriebsberechtigungsalter hatte. Diese Vorschriften schotteten den Konzessionsmarkt ab. Sie stellten zudem Neuvergaben zur Apothekenkonzessionierung ausschließlich in das Ermessen der Verwaltungsbehörde.[6] Dennoch fanden auch unter diesem Rechtsregime eine detaillierte Prüfung und Abwägung der unterschiedlich betroffenen Rechtsgüter statt. Bei dieser Prüfung stand – wie heute auch in vielen konzessionierten Bereichen – der Wettbewerbsgedanke nicht zwingend im Vordergrund. Die Grundfrage war gleich: Wie schafft es der Konzessionsgeber für das vom Staat vorgegebene Ziel ein gutes Konzessionsergebnis unter Abwägung der verschiedenen Interessen zu erzielen.

3

Die Vergabe von **Taxikonzessionen** wird seit Langem durch die (Verwaltungs-)Gerichtsbarkeit überprüft. Ausgehend von der Prüfung der Existenzbedrohung des örtlichen Droschkengewerbes[7] prüften die Verwaltungsgerichte die Frage der rechtskonformen Vergabe von Taxikonzessionen sehr detailliert.[8] Die vorherige Bekanntmachung des Konzessionsbedarfes zur Deckung der öffentlichen Nachfrage war früher – im Gegensatz zu heute – in Deutschland weder üblich noch verpflichtend.[9] Konzessionen wurden regelmäßig ohne transparentes wettbewerbliches Verfahren vergeben, da i.d.R. ordnungspolitische oder regulative Gesichtspunkte im Vordergrund standen, wettbewerbliche Gesichtspunkte jedenfalls nicht.[10] Dies bedeutet nicht, dass kein Bewerberwettbewerb stattgefunden hat. Dieser Wettbewerb war aber eher zufällig und von dem eigenen Willen des Konzessionsgebers abhängig, der den Wettbewerb zulassen musste. Wollte der Konzessionsgeber keinen Wettbewerb, gab es ihn i.d.R. schlicht nicht.

4

Die Feststellung des Richtliniengebers, wonach das Fehlen klarer Bestimmungen zur Vergabe von Konzessionen auf Unionsebene zu Rechtsunsicherheit, Behinderungen des freien Dienstleistungsverkehrs und Verzerrungen des Binnenmarkts führe, kann dennoch nicht ohne Weiteres auf die deutsche Rechtsprechungstradition übertragen werden.[11] Richtig ist aber zunächst an dieser Feststellung, dass die **Vergabenachprüfungsinstanzen** – mangels Rechtsgrundlagen – für die Überprüfung von Dienstleistungskonzessionen nicht zuständig gewesen sind.[12] Dies wird zwischenzeitlich im Hinblick auf die Direktwirkung der Richtlinien zutreffend anders gesehen.[13] Deutschland verfügt schon bisher über eine differenzierte verwaltungs- und zivilgerichtliche Rechtsprechungstradition zu Dienstleistungskonzessionen, die allerdings nicht die Detailtiefe und Rechtsschutzintensität der vergaberechtlichen Prüfung erreicht, da i.d.R. nur nachgelagerter verwaltungsrechtlicher Rechtsschutz gewährleistet wird.[14] In dieses ausdifferenzierte System wird durch die Novellierung oberhalb der Schwellenwerte durch die

5

---

5 Vgl. BVerwG, Urteil v. 22.11.1956 – I C 221.54; OVG Hamburg, Urteil v. 13.6.1952 – OVG Bf. II 58/51 (Lotteriekonzessionen).
6 Vgl. BVerwG, Urteil v. 22.11.1956 – I C 221.54 – so auch bei „Badekonzessionen"; OVG Lüneburg, Urteil v. 19.1.2016 – 10 LC 87/14.
7 VGH München, Urteil v. 14.2.1962 – 171 II 60.
8 Vgl. zur Übersicht: *Schmidt-Kötters*, in: Posser/Wolf, VwGO, § 42 Rn. 93 ff.; *Wahl/Schütz*, in: Schoch/Schneider/Bier, VwGO, § 42 Rn. 313 ff.; VGH München, Beschluss v. 23.3.2017 – 11 ZB 16.1828; VG Sigmaringen, Urteil v. 11.11.2015 – 1 K 3511/14; VG Karlsruhe, Urteil v. 27.5.2014 – 1 K 1748/12.
9 Vgl. jüngst VG Kassel, Urteil v. 6.10.2017 – 5 K 939/13.KS.
10 *Braun*, in: Müller-Wrede, GWB-Vergaberecht, § 105 Rn. 2.
11 Erwägungsgrund 1 RL 2014/23/EU; vgl. ausführlich *Braun*, in: Hettich/Soudry, Das neue Vergaberecht, S. 155.
12 Vgl. OLG Düsseldorf; Beschluss v. 7.3.2012 – VII-Verg 78/11 (Anhängige Verfahren sind an die zuständige Gerichtsbarkeit zu verweisen); zur Abgrenzung z.B. KG, Beschluss v. 16.9.2013 – Verg 4/13; OLG Brandenburg, Beschluss v. 28.8.2012 – Verg W 19/11; OLG Düsseldorf, Beschluss v. 19.10.2011 – VII-Verg 51/11.
13 OLG Düsseldorf, Beschluss v. 28.1.2015 – VII-Verg 31/14; Beschluss v. 19.11.2014 – VII-Verg 30/14; OLG Schleswig, Beschluss v. 28.8.2015 – 1 Verg 1/15; OLG Frankfurt, Beschluss v. 10.11.2015 – 11 Verg 8/15; a.A. OLG Naumburg, Beschluss v. 15.4.2016 – 7 Verg 1/16.
14 Vgl. z.B. zuletzt VGH Baden-Württemberg, Beschluss v. 22.8.2013 – 1 S 1047/13 m.w.N. auf die EuGH-Rspr.; vgl. *Braun*, EuZW, 2012, 451 ff.

vergaberechtliche Systematik (insbesondere durch § 97 Abs. 6 GWB) eingegriffen. Dies führt derzeit zu einem erheblichen Strukturwandel im Verteilungsverwaltungsverfahren, was z.B. im Bereich der Glücksspielkonzessionen am deutlichsten nachvollzogen werden kann.[15] Tatsächlich wird – wie auch die Rechtsprechung zu Vergaben unterhalb der Schwellenwerte durch die Rechtsprechung der Vergaben oberhalb der Schwellenwerte beeinflusst wird – die Entwicklung insgesamt hin zu einer Formalisierung und Bürokratisierung des Auswahlverfahrens gehen.[16]

6 Die wesentlichen Vorschriften der RL 2014/23/EU werden in Teil 4 GWB **umgesetzt**. Dort soll – wie sich auch aus der Begründung zur KonzVgV ergibt[17] – eine „Eins-zu-eins-Umsetzung" des Unions- in das nationale Konzessionsrecht erfolgen. Die KonzVgV konkretisiert die in den §§ 97 bis 114 und §§ 148 bis 154 GWB festgelegten wesentlichen Vorgaben für das Konzessionsauswahlverfahren oberhalb der Schwellenwerte. Die Einhaltung der Vorschriften ist in einem vergaberechtlichen Nachprüfungsverfahren gemäß §§ 155 ff. GWB überprüfbar.[18]

B. Anwendungsbereich und Regelungsinhalt

7 § 1 KonzVgV bestimmt, dass bei Vergabe einer Konzession i.S.d. § 105 Abs. 1 GWB durch einen Konzessionsgeber gemäß § 101 Abs. 1 GWB im Bereich oberhalb des Schwellenwertes gemäß § 106 Abs. 1, Abs. 2 Nr. 4 GWB i.V.m. Art. 8 RL 2014/23/EU der Anwendungsbereich der KonzVgV für das durchzuführende Verfahren eröffnet ist. Durch den Konzessionsvertrag verpflichtet sich der Konzessionsnehmer gegenüber dem Konzessionsgeber, bestimmte Bau- oder Dienstleistungen zu erbringen. Vertragspartner des Konzessionsnehmers ist zwar der Konzessionsgeber, der jedoch nicht derjenige sein muss, der die vom Konzessionsnehmer bereitgestellte Leistung nutzt. Vielmehr können Nutzer der Leistung auch Dritte sein.[19]

8 Der **Schwellenwert** ergibt sich nach § 106 Abs. 1 S. 1 GWB aus dem Vertragswert ohne Umsatzsteuer. Der für Konzessionen maßgebliche Schwellenwert beträgt gemäß § 106 Abs. 2 Nr. 4 GWB derzeit 5.548.000 Euro. Der Erwägungsgrund 23 RL 2014/23/EU hebt hervor, dass die Höhe des für Konzessionen maßgeblichen Schwellenwertes die klare länderübergreifende Bedeutung für die Wirtschaftsteilnehmer widerspiegelt. Dieser Schwellenwert wird von der Kommission gemäß Art. 9 RL 2014/23/EU alle zwei Jahre überprüft und erforderlichenfalls angepasst. Das Bundesministerium für Wirtschaft und Energie gibt den geltenden Schwellenwert gemäß § 106 Abs. 3 GWB unverzüglich im Bundesanzeiger bekannt. Im Übrigen ist für die Schätzung des Vertragswertes § 2 KonzVgV zu beachten. Der Konzessionsgeber berechnet gemäß § 2 Abs. 1 KonzVgV den geschätzten Vertragswert nach einer objektiven Methode, die in den Vergabeunterlagen anzugeben ist, wobei eine Umgehungsabsicht gemäß § 2 Abs. 2 KonzVgV nicht gegeben sein darf.

9 Ein Konzessionsvergabeverfahren hat dann **begonnen**, wenn zwei Elemente kumulativ gegeben sind:

- Interner Beschaffungsentschluss: Der Konzessionsgeber entschließt sich, einen (gegenwärtigen oder künftigen) Bedarf nicht durch Eigenleistung, sondern durch Beschaffen von Lieferungen oder Leistungen als Nachfrager durch den Markt zu decken.
- Externe Umsetzung: Der Konzessionsgeber trifft darüber hinaus zweckbestimmt, äußerlich wahrnehmbar Anstalten, den Konzessionsnehmer mit dem Ziel eines Vertragsabschlusses auszuwählen (nicht notwendig durch eine vorherige Bekanntmachung).[20]

Neben einem internen Beschluss ist also noch die Kontaktnahme mit potenziellen Konzessionsnehmern erforderlich. An die potenzielle Kontaktaufnahme darf kein allzu hoher Maßstab

---

15 Vgl. ausführlich GlüStV Rn. 1 ff.
16 *Braun*, in: Müller-Wrede, GWB-Vergaberecht, § 105 Rn. 12 ff.
17 Verordnungsbegründung zur KonzVgV, BR-Drs. 87/16, 150.
18 Siehe hierzu unter Rn. 107 ff.
19 Vgl. *Ziekow*, in: Ziekow/Völlink, Vergaberecht, § 105 GWB Rn. 6.
20 OLG Düsseldorf, Beschluss v. 17.12.2014 – VII-Verg 26/14.

angelegt werden. Dokumentierte Gespräche, Kontaktaufnahmen per E-Mail etc. mit potenziellen Konzessionsnehmern reichen aus.

Die KonzVgV **ergänzt** die einschlägigen Vorschriften des GWB für Konzessionsvergabeverfahren und stellt weitere detaillierte Anforderungen, Regeln und Grundsätze für die Durchführung eines solchen Verfahrens auf. Die Nichtbeachtung dieser Vorschriften führt dazu, dass das Verfahren fehlerhaft und damit rechtswidrig durchgeführt wird. Sofern der verletzten Norm subjektiver Drittschutz zukommt, kann es gemäß §§ 155, 156 GWB sodann zu einer Überprüfung im vergaberechtlichen Nachprüfungsverfahren vor den Vergabekammern kommen. Dies betrifft insbesondere das Umgehungsverbot gemäß § 14 KonzVgV und die fehlerhafte Schätzung des Schwellenwertes gemäß § 2 KonzVgV. Jede Vorschrift ist im Einzelnen darauf zu überprüfen, ob sie zugunsten des Konzessionsnehmers eine Vorschrift über das Verfahren gemäß § 97 Abs. 6 GWB aufstellt.

C. Nähere Bestimmungen nach der KonzVgV

Die KonzVgV trifft nähere Bestimmungen über das einzuhaltende Konzessionsvergabeverfahren oberhalb der Schwellenwerte durch einen Konzessionsgeber. Der Novellierungswille des EU-Gesetzgebers bezog sich auf die klassischen Vertragskonstellationen der binnenmarktrelevanten Konzessionsvergaben oberhalb der EU-Schwellenwerte. National wird die RL 2014/23/EU durch das GWB (Teil 4) und die KonzVgV umgesetzt. Mit der KonzVgV werden erstmals die Verfahrensregeln zur Vergabe von Konzessionen, Dienstleistungs- und Baukonzessionen in einer Rechtsverordnung zusammengeführt. Die GWB-Regelungen ziehen allgemeine Definitionen vor die Klammer, wohingegen in der KonzVgV die konzessionsspezifischen Weichenstellungen für das Verfahren getroffen werden. Die förmlichen Normierungen im GWB und in der KonzVgV werden bei der Vergabe von Konzessionen zu Verfahrensstrukturierungen führen. Wenn die Gesamtsystematik sich durchgesetzt haben wird, werden in der Konsequenz auch die Ausschreibungen praxisgerechter gestaltet werden.[21] Für das Gelingen dieses Ansatzes sprechen die faktischen Wirkungen des eigenen Regelungsgebietes mit der dort vorhandenen Regelungsdichte. Die Aufmerksamkeit der Überprüfungsinstanzen[22] und der potenziellen Konzessionsgeber für die sich aus der Konzessionsvergabe ergebenen Verpflichtungen wird erhöht.

I. Grundsätze des Konzessionsvergaberechts und der Bereichsausnahmen

Der Konzessionsgeber behandelt gemäß § 97 Abs. 2 GWB alle Konzessionsnehmer gleich[23] und in nichtdiskriminierender Weise.[24] Er wahrt in seinem Handeln gemäß § 97 Abs. 1 S. 1 GWB den **Transparenzgrundsatz**[25] und gemäß § 97 Abs. 1 S. 2 GWB[26] das **Verhältnismäßigkeitsgebot**. Der strikte **Nichtdiskriminierungsgrundsatz** verbietet unter anderem gemäß § 12 Abs. 3 KonzVgV auch die ungleiche Weitergabe von Informationen unter den Bewerbern und Bietern. Nach § 12 Abs. 1 S. 1 KonzVgV darf der Konzessionsgeber das Verfahren allerdings nach Maßgabe der Vorgaben aus dem GWB und der KonzVgV frei – unter Berücksichtigung der vorgenannten Verfahrensgrundsätze – ausgestalten. Gerade weil das Konzessionsvergabeverfahren so frei ausgestaltet ist, haben die allgemeinen Grundsätze

---

21 *Braun*, in: Müller-Wrede, GWB-Vergaberecht, § 105 Rn. 12 f.
22 Vgl. z.B. VG Kassel, Urteil v. 6.10.2017 – 5 K 939/13.KS (Hinweise auf Verfahrensregeln der KonzVgV bei einer Rettungsdienstvergabe außerhalb des förmlichen Konzessionsvergaberechts).
23 Der Grundsatz der Gleichbehandlung wird in den Erwägungsgründen 4, 6, 24, 53, 55, 61, 67, 68, 73, 77 RL 2014/23/EU hervorgehoben.
24 Der Grundsatz der „Nichtdiskriminierung" oder „Diskriminierungsfreiheit" wird in den Erwägungsgründen 1, 4, 6, 13, 54, 55, 63, 65 RL 2014/23/EU hervorgehoben.
25 Der Grundsatz der „Transparenz" wird in den Erwägungsgründen 4, 6, 33, 53, 54, 61, 67, 68, 72, 73, 74, 77 RL 2014/23/EU hervorgehoben.
26 Der Grundsatz der „Verhältnismäßigkeit" bzw. des „verhältnismäßigen" Verhaltens wird in den Erwägungsgründen 4, 9, 87 RL 2014/23/EU hervorgehoben.

grundlegende Bedeutung für eine rechtmäßige Verfahrensausgestaltung. Die allgemeinen Verfahrensgrundsätze sind zudem stets unternehmensschützend.

13 Der Verfahrensgestaltungsfreiheit des Konzessionsgebers steht als äußerste Grenze das **Umgehungsverbot** des § 14 KonzVgV entgegen. Der deutsche Gesetzgeber hat in § 14 KonzVgV eine scharfe materielle Schranke gegenüber dem Verfahrensgestaltungsrecht des Konzessionsgebers gezogen. Danach darf das Vergabeverfahren nicht dergestalt durchgeführt werden, dass es dadurch „künstlich" vom Anwendungsbereich des Kartellvergaberechts ausgenommen wird oder eine Diskriminierung von Unternehmen erfolgt.[27] § 14 KonzVgV betrifft damit die Konzeption des gesamten Verfahrens, einschließlich (und insbesondere) der Berechnungsmethode des Schwellenwertes (siehe hierzu § 2 Abs. 2 KonzVgV). Aufgrund des grundsätzlich bestehenden weiten Leistungsbestimmungs- und Kriterienbestimmungsrechts[28] des Konzessionsgebers ist das Umgehungsverbot allerdings lediglich als Grenze zu betrachten. Das Diskriminierungsverbot des § 12 Abs. 3 KonzVgV, wonach der Konzessionsgeber den Bewerber oder Bieter bei der Weitergabe von Informationen nicht diskriminieren darf, konkretisiert die allgemeinen Grundsätze des § 97 Abs. 1 und 2 GWB. Wenn die konkrete Verfahrensgestaltung durch konkrete Tatsachenvorgaben (z.B. durch Beschränkung auf einen örtlichen Bewerberkreis) darauf abzielt, das Verfahren dem Konzessionsvergaberecht zu entziehen oder die Geltung des Gleichbehandlungsgrundsatzes auszuhebeln, liegt eine rechtsmissbräuchliche und damit unzulässige Verfahrensgestaltung i.S.d. § 14 KonzVgV vor.

14 In diesem Kontext sind auch die **strategischen Kriterien** zu sehen, die seit der Novellierung umfassend Eingang in das Kartellvergaberecht erhalten haben. Nach § 152 Abs. 3 S. 3 GWB bzw. § 97 Abs. 3 GWB können Zuschlagskriterien unter anderem auch ökologische, soziale oder innovationsbezogene – sogenannte strategische Kriterien – enthalten. Wenn diese Kriterien von den vergebenden Stellen als gleichrangig zu den in § 97 Abs. 1 und 2 GWB (Transparenz, Gleichbehandlung, Verhältnismäßigkeit, Wirtschaftlichkeit und Wettbewerb) angesehen werden, dann ist eine unverhältnismäßige und damit rechtswidrige Diskriminierung nicht fern. Mit der Bevorzugung innovativer bzw. ökologischer Produkte oder Dienstleistungen geht spiegelbildlich die Benachteiligung nicht entsprechend innovativer oder ökologischer Produkte bzw. Dienstleistungen einher – auch wenn diese möglicherweise preiswerter sind. Dadurch kann die Bezahlbarkeit der nachgefragten Leistungen problematisch werden. Bei einer übermäßigen Gewichtung von strategischen Kriterien durch den Konzessionsgeber kann es infolgedessen zur Verletzung des Wettbewerbs- und des Wirtschaftlichkeitsgrundsatzes des Vergaberechts kommen.[29] Dieser offensichtliche Konflikt zwischen den Zielen und den Grundsätzen der Konzessionsvergaberichtlinie 2014/23/EU wird auf sekundärrechtlicher Ebene nicht gelöst. Auch hier greift das Umgehungsverbot des § 14 KonzVgV als Grenze des grundsätzlich weiten Leistungsbestimmungsrechts des Konzessionsgebers ein. Der Konzessionsgeber darf mithin strategische Zuschlagskriterien nicht derart unverhältnismäßig gewichten, dass dadurch der Wettbewerb oder die Grundsätze der sparsamen und wirtschaftlichen Haushaltsführung völlig ausgehöhlt werden.

15 Die EU-Konzessionsvergaberichtlinie enthält in den Art. 10 bis 17 zahlreiche **Bereichsausnahmen**, in deren Bereich die Vorgaben der Konzessionsrichtlinie (und damit des Kartellvergaberechts) nicht gelten. Diese Bereichsausnahmen wurden vom deutschen Gesetzgeber in den §§ 107 bis 109, § 149 und § 150 sowie § 154 GWB umgesetzt. Der Umfang und die Reichweite von Ausnahmeregelungen stehen bereits schon jetzt im Streit, der im Einzelfall von der Rechtsprechung geklärt werden wird.[30] Im Rahmen dieser Ausnahmeregelungen unterliegen Konzessionsvergabeverfahren nicht den Anforderungen des GWB und der KonzVgV, aber

---

27 *Braun*, in: Müller-Wrede, GWB-Vergaberecht, § 105 Rn. 12, 16, 22, 61; vgl. ausführlich auch die Kommentierung zu § 14 KonzVgV.
28 OLG Düsseldorf, Urteil v. 23.12.2015 – VI-2 U (Kart) 4/15; *Freitag*, IR 2016, 88 f.
29 Vertiefend *Braun*, in: Müller-Wrede, GWB-Vergaberecht, § 153 Rn. 15 ff.
30 Vgl. z.B. für Rettungsdienstleistungen den Vorlagebeschluss OLG Düsseldorf v. 4.7.2017 – VII-Verg 34/16; *Hofmann/Zimmermann*, NZBau 2016, 71; *Müller*, NVwZ 2016, 266.

gegebenenfalls den allgemeinen Anforderungen aus dem Primärrecht und den Grundrechten.[31]

II. Spezifische Vorgaben für das Konzessionsvergabeverfahren

Die Berechnung des **Vertragswertes** ist für den Anwendungsbereich der KonzVgV von hoher Bedeutung. Bestimmte Vorgaben trifft hierzu § 2 KonzVgV. Die Berechnungsmethode muss gemäß § 2 Abs. 1 KonzVgV in den Vergabeunterlagen transparent gemacht werden. In Hinblick auf die Art und Weise der Berechnungsmethodik sowie den maßgeblichen Zeitpunkt treffen § 2 Abs. 3 bis 6 KonzVgV konkretisierende Aussagen. Zudem konkretisiert § 2 Abs. 2 KonzVgV das allgemeine Umgehungsverbot des § 14 KonzVgV in Hinblick auf den Schwellenwert, wonach die Wahl der Methode zur Berechnung des geschätzten Vertragswertes nicht in der Absicht erfolgen darf, die Anwendung der Bestimmungen des förmlichen Kartellvergaberechts (Teil 4 GWB) oder der KonzVgV zu umgehen. Insbesondere darf eine Konzession gemäß § 2 Abs. 2 S. 2 KonzVgV nicht willkürlich so aufgeteilt werden, dass dadurch das Erreichen des Schwellenwertes vermieden wird – lediglich bei Vorliegen objektiver Gründe ist eine solche Aufteilung zulässig.

16

Grundregeln zur Wahrung der **Vertraulichkeit** im Verfahren stellt § 4 KonzVgV auf, solche zur Vermeidung von **Interessenkonflikten** § 5 KonzVgV. Nach § 6 Abs. 1 S. 1 KonzVgV hat der Konzessionsgeber das Vergabeverfahren während des gesamten Verfahrens in Textform gemäß § 126b BGB zu **dokumentieren**, soweit dies für die Begründung von Entscheidungen erforderlich ist. Der Mindestinhalt von Vermerken wird in § 6 Abs. 2 KonzVgV aufgelistet. Grundregeln für die **Kommunikation** im Konzessionsvergabeverfahren stellen die §§ 7 bis 11 KonzVgV auf.

17

Die **Beschreibung** der zu vergebenden Leistung hat den Vorgaben des § 15 KonzVgV zu genügen. Sie hat nach § 152 Abs. 1 GWB i.V.m. § 121 Abs. 1 und 3 GWB in einer nichtdiskriminierenden Weise zu erfolgen, sodass allen Unternehmen im Binnenmarkt die gleichen Zugangschancen ermöglicht werden. Die Leistungsbeschreibung darf nicht gemäß § 15 Abs. 3 KonzVgV bestimmte Produktionen, Erzeugnisse oder Dienstleistungen bevorzugen – es sei denn, eine Bevorzugung wäre durch den Konzessionsgegenstand gerechtfertigt.

18

Bekanntmachungen sind im Vergabeverfahren von elementarer Bedeutung und müssen stets dem Grundsatz der Transparenz sowie im Konkreten den spezifischen Vorgaben der §§ 19 bis 23 KonzVgV genügen. Von einer Konzessionsbekanntmachung kann gemäß § 20 KonzVgV abgesehen werden, wenn die Tatbestandsvoraussetzungen der Norm erfüllt sind. Konzessionen, die soziale und andere besondere Dienstleistungen i.S.d. § 153 GWB betreffen, unterliegen gemäß § 22 KonzVgV besonderen Bekanntmachungsregeln. Konzessionsvergaben nach § 153 GWB unterliegen hierbei erleichterten Verfahrensregeln und müssen nicht die gesamte Bandbreite der Vorgaben des GWB oder der KonzVgV abdecken. Auch außerhalb des förmlichen Vergaberechts können sich Bekanntmachungspflichten aus dem Primärrecht ergeben.[32]

19

Die **Eignungskriterien** legt der Konzessionsgeber gemäß § 25 Abs. 1 KonzVgV nach den Vorgaben des § 152 Abs. 2 i.V.m. § 122 GWB fest und gibt sie in der Konzessionsbekanntmachung an. § 25 Abs. 2 KonzVgV statuiert zusätzlich, dass die Eignungskriterien derart bestimmt sein müssen, dass sie dem Gleichbehandlungs- und Wettbewerbsgrundsatz hinreichend Rechnung tragen. Mithin dürfen sie weder unmittelbar noch mittelbar potenzielle Teilnehmer diskriminieren, noch dürfen sie so unverhältnismäßig hohe Hürden aufstellen, dass dadurch die Zahl der Bieter in ungerechtfertigter Weise beschränkt wird.[33] Im Hinblick auf die Fristen und die Form der einzureichenden Teilnahmeanträge und Angebote treffen §§ 27 und 28 KonzVgV bestimmte Mindestanforderungen. Vorgaben zu den Zuschlagskriterien unter

20

---
31 Mehr zu Konzessionsvergaben außerhalb des GWB unter Rn. 110 ff.
32 Vgl. VG Kassel, Urteil v. 6.10.2017 – 5 K 939/13.KS.
33 Vgl. *Prieß/Simonis*, NZBau 2015, 731 (735).

Verweis auf § 152 Abs. 3 GWB enthält § 31 KonzVgV in Bezug auf die Angabe der Rangfolge der Kriterien und Regeln für die Änderung der Rangfolge während eines laufenden Verfahrens.

21 Ergänzende Regelungen trifft außerdem das GWB in § 151 und insbesondere in § 152 für das **Verfahren**. Über § 154 GWB werden bestimmte Vorschriften des Auftragsvergaberechts analog für das Konzessionsvergaberecht für anwendbar erklärt.

D. Konzessionsgeber (§ 101 GWB)

22 § 1 KonzVgV stellt auf den Konzessionsgeber ab, ohne diesen zu definieren. Der Begriff des Konzessionsgebers wird in **§ 105 GWB** neu geregelt, denn den Begriff des Konzessionsgebers kannten die Vergaberichtlinien vor der letzten Vergaberechtsnovellierung nicht. Insgesamt ist die Regelung nicht als geglückt anzusehen, da das Vorliegen einer Konzession in § 101 GWB und in § 105 GWB doppelt zu prüfen ist. Rechtstechnisch reicht eine Prüfung in § 105 GWB aus.[34]

23 Der Begriff des Konzessionsgebers wurde in **anderem Zusammenhang**, z.B. in der Mitteilung der Kommission zu Auslegungsfragen im Bereich Konzessionen im Gemeinschaftsrecht,[35] in Art. 7h Abs. 1 lit. b RL 2011/76/EU, in den einschlägigen deutschen Kommentierungen[36] und in der deutschen Übersetzung von EuGH-Entscheidungen[37], verwandt. Durch die Novellierung[38] kann auf den Regelungsmechanismus der VOB/A 2012, die in § 20 VOB/A 2012 und § 22 EG VOB/A 2012 die Konzessionen geregelt hatte, jedoch nicht mehr zurückgegriffen werden.[39] Der Begriff des Konzessionsgebers ist oberhalb der Schwellenwerte ausschließlich im Rückgriff auf das GWB rechtlich zu definieren. Die Schwierigkeit einer allgemeinen Definition besteht – wie bei dem Begriff der Dienstleistungskonzession – darin, dass die ordentliche und die Verwaltungsgerichtsbarkeit vergaberechtliche Begriffe im Zusammenhang mit ihrer eigenen Systematik benutzen. Es ist also stets darauf zu achten, in welchen systematischen Kontext vermeintlich primäre vergaberechtliche Begriffe benutzt werden. Dies ist insbesondere beim historischen Begriff der Konzession der Fall.[40]

I. Überführung der unionsrechtlichen Begriffe in deutsches Recht

24 Die aktuellen vergaberechtlichen Begriffe entstammen im Ursprung aus dem Unionsrecht. § 101 GWB definiert die Auftraggeber von Konzessionen als „Konzessionsgeber". Die Norm des § 101 GWB dient dem Willen des deutschen Gesetzgebers nach der Transponierung der Definitionen des „Öffentlichen Auftraggebers" gemäß Art. 6 RL 2014/23/EU und des „Auftraggebers" gemäß Art. 7 RL 2014/23/EU in die deutsche Rechtsordnung.[41] Aus dem Zusammenspiel der Konzessionsvergaberichtlinie mit dem GWB ergibt sich eine Vielfalt von Begriffen und Definitionen, weil der deutsche Gesetzgeber sich für den Gebrauch von eigenständigen Begriffen entschieden hat. Zum besseren Verständnis der Regelungen, die hinter dem Begriff des Konzessionsgebers stehen, ist es daher erforderlich, die einschlägigen Begriffe klar einordnen zu können.

25 In der **Konzessionsrichtlinie** existieren zwei Typen von Konzessionsgebern: der öffentliche Auftraggeber nach Art. 6 RL 2014/23/EU sowie der Auftraggeber, der zum Zweck der Ausübung seiner Sektorentätigkeit eine Konzession vergibt, gemäß Art. 7 RL 2014/23/EU. Beim

---

34 *Wollenschläger*, in: Burgi/Dreher, Vergaberecht, § 101 GWB Rn. 9, 10.
35 Europäische Kommission, Mitteilung der Kommission zu Auslegungsfragen im Bereich Konzessionen im Gemeinschaftsrecht, ABl. EG 2000/C 121/02, Abschnitt 2.2.
36 Vgl. z.B. *Ziekow*, in: Ziekow/Völlink, Vergaberecht, 2. Aufl., § 98 GWB Rn. 170.
37 EuG, Urteil v. 15.12.2009 – Rs. T-156/04 (EDF/Kommission), Rn. 47.
38 Bisher bestimmte § 98 Nr. 6 GWB a.F., dass öffentliche Auftraggeber natürliche oder juristische Personen privaten Rechts sind, die mit Stellen, die unter § 98 Nr. 1 bis 3 GWB a.F. fallen, einen Vertrag über eine Baukonzession abgeschlossen haben, hinsichtlich der Aufträge an Dritte.
39 Vgl. für die bisherige Rechtslage *Reidt/Stickler*, in: Dreher/Motzke, Vergaberecht, 2. Aufl., § 22 EG VOB/A Rn. 11 ff.
40 Vgl. oben unter Rn. 1 ff.
41 Vgl. ausführlich *Braun*, in: Hettich/Soudry, Das neue Vergaberecht, S. 155.

„Öffentlichen Auftraggeber" im Sinne der Richtlinien handelt es sich um den „Auftraggeber" i.S.d. § 98 GWB. Beim „Auftraggeber" i.S.d. Richtlinien handelt es sich wiederum um den Sektorenauftraggeber gemäß § 100 GWB. Leider wird diese begriffliche Systematik dadurch noch zusätzlich kompliziert, dass nach deutscher Gesetzessystematik der Begriff des „Auftraggebers" gemäß § 98 GWB den vergaberechtlichen Oberbegriff für alle Auftraggebertypen („öffentliche Auftraggeber" i.S.d. § 99 GWB, „Sektorenauftraggeber" i.S.d. § 100 GWB und „Konzessionsgeber" i.S.d. § 101 GWB) bildet. Grund für die Differenzierung zwischen den beiden Typen des Konzessionsgebers ist, dass einzelne Vorschriften der Konzessionsrichtlinie zwischen beiden Kategorien unterscheiden und unterschiedliche Regelungen vorsehen. Eine Unterscheidung zwischen dem „Öffentlichen Auftraggeber" und dem „Sektorenauftraggeber" (nach deutscher Terminologie) macht die Konzessionsrichtlinie im Rahmen der Konzessionsvergabe an ein verbundenes Unternehmen. So ist die RL 2014/23/EU gemäß ihrem Art. 13 Abs. 3 lit. a und b nicht auf Konzessionsvergaben anzuwenden, die von „Auftraggebern" als Sektorenauftraggeber an ein mit ihnen verbundenes Unternehmen vergeben werden. Gleiches gilt gemäß Art. 14 RL 2014/23/EU auch für Konzessionsvergaben an ein Gemeinschaftsunternehmen durch einen „Auftraggeber".

Der deutsche Gesetzgeber hat diese Vorgaben in § 154 Nr. 5 und 6 GWB **umgesetzt**. Danach gelten die §§ 138 und 139 GWB entsprechend für die Vergabe von Konzessionen durch Konzessionsgeber i.S.d. § 101 Abs. 1 Nr. 2 und 3 GWB (Sektorenauftraggeber), weshalb Teil 4 GWB auf solche Vergabeverfahren keine Anwendung findet. Mithin sind Vergaben von Konzessionen in solchen Konstellationen von den Vorgaben des GWB und der KonzVgV befreit, sodass In-House-Konzessionsvergaben möglich sind. Diese Ausnahme vom förmlichen Vergaberecht ist sinnvoll, weil die Konzessionsvergabe mit größeren Freiheiten verbunden sein soll. Wenn also ein Ausnahmetatbestand im Auftragsvergaberecht gilt, dann muss dieser Ausnahmetatbestand auch im weniger förmlichen Konzessionsvergaberecht gelten. Die äußere Grenze der Gestaltungsmöglichkeiten des Konzessionsgebers ist – wie bereits erwähnt – das Umgehungsverbot des § 14 KonzVgV. **26**

Sowohl die Konzessionsrichtlinie als auch ihre deutsche Umsetzung differenzieren zudem zwischen unterschiedlichen **Typen von Sektorenauftraggebern**. Die in Art. 17 RL 2014/23/EU vorgenommene Unterscheidung übernimmt der deutsche Gesetzgeber in § 108 GWB, wonach zwischen „öffentlichen" Sektorenauftraggebern i.S.d. § 100 Abs. 1 Nr. 1 GWB und „privatrechtlichen" Sektorenauftraggebern i.S.d. § 100 Abs. 1 Nr. 2 GWB zu unterscheiden ist. Gemäß § 108 Abs. 8 GWB gelten die Regelungen zur öffentlich-öffentlichen Zusammenarbeit nach § 108 Abs. 1 bis 7 GWB nur für Sektorenauftraggeber hinsichtlich der Vergabe von öffentlichen Aufträgen sowie für Konzessionsgeber hinsichtlich der Vergabe von Konzessionen, damit sind sie nicht auf die Vergabe von Konzessionen durch Konzessionsgeber i.S.d. § 101 Abs. 1 Nr. 3 GWB, also durch „privatrechtliche" Sektorenauftraggeber nach § 100 Abs. 1 Nr. 2 GWB, anzuwenden. **27**

II. Funktionelle und institutionelle Definition

Ausgehend von der Unübersichtlichkeit des richtlinienbedingten Regelungsdickichts hat sich der deutsche Gesetzgeber in Hinblick auf die Vergabe von Konzessionen für einen eigenständigen Auftraggeberbegriff – den des „Konzessionsgebers" – entschieden. Dabei ist der Begriff des „Konzessionsgebers" grundsätzlich keine neue, eigenständige Kategorie neben dem des „Öffentlichen Auftraggebers" bzw. „Sektorenauftraggebers". Der Begriff des „Konzessionsgebers" ist vielmehr **funktionell** konstruiert: Wer eine Konzession vergibt, ist gem. § 101 GWB Konzessionsgeber. Ob ein Auftraggeber Konzessionsgeber ist, hängt von der Frage ab, ob durch den jeweiligen Auftraggeber gemäß § 98 GWB bloß ein Auftrag gemäß § 103 Abs. 1 GWB vergeben werden soll oder vielmehr eine Konzession gemäß § 105 Abs. 1 GWB. Dementsprechend kann je nach Vergabegegenstand dieselbe Stelle einmal „Konzessionsgeber" i.S.d. § 101 GWB und ein anderes Mal nur „Öffentlicher Auftraggeber" nach § 99 GWB sein. **28**

29 Falls im jeweiligen Fall die Eigenschaft als Konzessionsgeber gemäß § 101 Abs. 1 GWB bejaht wurde, ist in materieller Hinsicht zu prüfen, ob eine „gewöhnliche" Konzession gemäß § 101 Abs. 1 Nr. 1 GWB oder die besondere Form der Konzession zur Ausübung der **Sektorentätigkeit** des Sektorenauftraggebers vergeben werden soll (§ 101 Abs. 1 Nr. 2 und 3 GWB). Innerhalb dieses Prozesses ist klärungsbedürftig, ob weitergehende Spezialregelungen für öffentliche oder privatrechtliche Sektorenauftraggeber existieren.

30 Zudem ist noch zu beachten, dass die Eigenschaft als Konzessionsgeber eine zusätzliche **institutionelle Komponente** hat: Nur wenn die jeweilige Stelle öffentlicher Auftraggeber i.S.d. § 99 Nr. 1 bis 3 GWB oder Sektorenauftraggeber i.S.d. § 100 Abs. 1 Nr. 1 und 2 GWB ist, kann sie (bei Vergabe einer Konzession) Konzessionsgeber i.S.d. § 101 Abs. 1 GWB sein. Dies wird vor allem anhand folgender Beispiele deutlich: Das Kartellvergaberecht trifft die Unterscheidung, dass keine Eigenschaft als Sektorenauftraggeber vorliegt, wenn ein privatrechtlicher Sektorenauftraggeber i.S.d. § 100 Abs. 1 Nr. 2 GWB Tätigkeiten ausübt, die unter die Regelungen der § 102 Abs. 1 S. 2, § 102 Abs. 2 Nr. 2 lit. a und b GWB sowie § 102 Abs. 3 Nr. 2 lit. a und b GWB fallen. Bei Vorliegen dieser Bereichsausnahmen hat die jeweilige Stelle nicht die Eigenschaft als Sektorenauftraggeber inne, womit sie erst recht nicht Konzessionsgeber i.S.d. § 101 Abs. 1 Nr. 3 GWB (selbst bei tatsächlicher Vergabe einer Konzession) ist. Dadurch wird sichergestellt, dass nicht jedwede juristische Person nur durch die Vergabe einer Konzession zu einem Konzessionsgeber wird. Die Anwendung des Vergaberechts ist in diesen Fällen insofern entbehrlich, als schon bei der Gewährung der ausschließlichen und besonderen Rechte den Anforderungen an ein wettbewerbliches Verfahren genügt wurde.[42]

III. Konzessionsvergabe durch den öffentlichen Auftraggeber (Abs. 1 Nr. 1)

31 Öffentliche Auftraggeber i.S.d. § 99 Nr. 1 bis 3 GWB sind Konzessionsgeber i.S.d. § 101 Abs. 1 Nr. 1 GWB, wenn sie im konkreten Einzelfall eine Konzession gemäß § 105 GWB vergeben. Der Konzessionsgebertyp des § 101 Abs. 1 Nr. 1 GWB betrifft solche öffentlichen Auftraggeber, die nicht zu denjenigen Auftraggebern gehören, die eine (Sektoren-)Tätigkeit beispielsweise auf dem Gebiet der Energieversorgung oder des Verkehrs ausüben und eine Konzession zum Zweck der Ausübung dieser Tätigkeit vergeben. Insofern fallen unter § 101 Abs. 1 Nr. 1 GWB auch die Konzessionsvergaben außerhalb der Sektorentätigkeiten.

32 Aus dem Zusatz **„die eine Konzession vergeben"** ist zu schließen, dass jede Art der Konzessionsvergabe oberhalb der Schwellenwerte einen öffentlichen Auftraggeber zu einem Konzessionsgeber macht. Dabei muss nicht notwendigerweise nachgewiesen werden, dass die Konzessionsvergabe der Aufgabe des öffentlichen Auftraggebers dienlich sein muss. Dies folgt daraus, dass (im Gegensatz zu § 101 Abs. 1 Nr. 2 und 3 GWB) der öffentliche Auftraggeber i.S.d. § 101 Abs. 1 Nr. 1 GWB die Konzession zwar nicht zur Ausübung seiner eigenen Tätigkeit vergeben muss. Auf der anderen Seite darf die Konzessionsvergabe nicht mit einem Gesetzesverstoß verbunden sein.[43] Die Konzessionsvergabe durch den Konzessionsgeber kann dann gemäß § 155 ff. GWB von den Vergabekammern überprüft werden.

IV. Konzessionsvergabe durch den öffentlichen Sektorenauftraggeber (Abs. 1 Nr. 2)

33 Sektorenauftraggeber gemäß § 100 Abs. 1 Nr. 1 GWB sind Konzessionsgeber i.S.d. § 101 Abs. 1 Nr. 2 GWB, wenn sie im konkreten Einzelfall eine Konzession zum Zweck der Ausübung einer ihrer Sektorentätigkeiten gemäß § 102 Abs. 2 bis 6 GWB vergeben. Ein Sektorenauftraggeber ist dann ein „öffentlicher" Sektorenauftraggeber i.S.d. § 100 Abs. 1 Nr. 1 GWB, wenn er zugleich unter die Definition des öffentlichen Auftraggebers i.S.d. § 99 Nr. 1 bis 3 GWB fällt und eine Sektorentätigkeit gemäß § 102 GWB ausübt. Dementsprechend können öffentliche Auftraggeber gemäß § 99 Nr. 1 bis 3 GWB im Rahmen der Vergabe von Konzessionen je nach-

---

42 Gesetzesbegründung zu § 100 Abs. 2 GWB, VergRModG 2016, BT-Drs. 18/6281, 71.
43 OLG Naumburg, Beschluss v. 15.4.2016 – 7 Verg 1/16; OLG Celle, Beschluss v. 19.6.2014 – 13 Verg 5/14.

dem Konzessionsgeber nach § 101 Abs. 1 Nr. 1 GWB oder nach § 101 Abs. 1 Nr. 2 GWB sein.[44]

Aus der Formulierung in § 101 Abs. 1 Nr. 2 GWB, wonach eine Konzession zum Zweck der Ausübung dieser Tätigkeit vergeben werden muss, ist zu schließen, dass nicht jede Konzessionsvergabe oberhalb der Schwellenwerte einen öffentlichen Sektorenauftraggeber zum Konzessionsgeber werden lässt. Vergibt der Sektorenauftraggeber eine Konzession **außerhalb seiner Sektorentätigkeit**, so ist er kein Konzessionsgeber i.S.d. GWB. Wenn er aber dann kein Konzessionsgeber mehr ist und auch nicht als Sektorenauftraggeber tätig wird (oder auch keine Sektorentätigkeit gemäß § 102 GWB ausübt), dann unterliegt der Sektorenauftraggeber nicht den vergaberechtlichen Verpflichtungen nach Teil 4 GWB. Soweit der Konzessionsgeber auch noch weitere Aufgaben im Rahmen einer öffentlichen Auftraggebereigenschaft erledigt, kommt ein Rückgriff auf § 101 Abs. 1 Nr. 1 GWB in Frage.

Ob eine Konzession ausgeschrieben werden muss, hängt demgemäß davon ab, ob diese Beschaffung (noch) der Erreichung von Unternehmensleistungen im Sektorentätigkeitsbereich dient. Es findet insofern keine **„Infizierung"** aller Sparten eines Unternehmens durch eine Sektorentätigkeit statt, wenn die Tätigkeit abgrenzbar ist.[45] Diesbezüglich ist aber der Sektorenauftraggeber einer erheblichen Prüfungs- und Dokumentationspflicht unterworfen. Wenn der Sektorenauftraggeber sich bei dieser Prüfung irren sollte, kann ein rechtswidriger Defacto-Vertrag vorliegen, dessen Unwirksamkeit gemäß § 135 GWB im Nachprüfungsverfahren gemäß § 155 GWB festgestellt werden kann.

§ 101 Abs. 1 Nr. 2 GWB verweist auf die **Sektorentätigkeiten** gemäß § 102 Abs. 2 bis 6 GWB. Für die Definition der Sektorentätigkeiten kann auch im Rahmen der Vergabe von Konzessionen grundsätzlich auf § 102 GWB als einheitliche Vorschrift verwiesen werden, da Art. 8 bis 14 RL 2014/25/EU sowie Anhang II RL 2014/23/EU soweit übereinstimmen.

Vom Anwendungsbereich der RL 2014/23/EU ausgenommen sind gemäß ihrem Art. 12 jedoch Tätigkeiten auf dem Gebiet der **Trinkwasserversorgung**.[46] Aus diesem Grund sind Sektorentätigkeiten im Bereich Wasser nach § 102 Abs. 1 GWB nicht vom Verweis im Rahmen des § 101 GWB umfasst. Mithin gibt es keine vergaberechtlichen GWB-Trinkwasserkonzessionsgeber. Nachprüfungsanträge im Bereich der Trinkwasserkonzessionsvergabe sind unzulässig.[47]

V. Konzessionsvergabe durch den privaten Sektorenauftraggeber (Abs. 1 Nr. 3)

Ein Sektorenauftraggeber, der eine natürliche oder juristische Personen des Privatrechts ist, ohne zugleich „Öffentlicher Auftraggeber" nach § 99 Nr. 1 bis 3 GWB zu sein, der eine Sektorentätigkeit gemäß § 102 GWB ausübt und bei dem zusätzlich die Voraussetzungen des § 100 Abs. 1 Nr. 2 lit. a oder b GWB vorliegen, ist ein privatrechtlicher Sektorenauftraggeber i.S.d. § 100 Abs. 1 Nr. 2 GWB. Wenn dieser eine Konzession zum Zweck der Ausübung seiner Sektorentätigkeit vergibt, wird er im konkreten Fall zum Konzessionsgeber gemäß § 101 Abs. 1 Nr. 3 GWB.

Aus der Formulierung in § 101 Abs. 1 Nr. 3 GWB, wonach eine Konzession zum Zweck der Ausübung dieser Tätigkeit vergeben werden muss, ist – wie aus der Regelung des § 101 Abs. 1 Nr. 2 GWB – zu schließen, dass nicht jede Konzessionsvergabe einen Sektorenauftraggeber zum Konzessionsgeber werden lässt, da eine Konzession **außerhalb des Sektorengebiets** die Konzessionsgebereigenschaft eben nicht begründet. Wenn die öffentliche Stelle dann aber kein Konzessionsgeber mehr ist und auch nicht als Sektorenauftraggeber tätig wird (oder auch keine Sektorentätigkeit gemäß § 102 GWB vorliegt), dann unterliegt der Sektorenauftraggeber nicht den vergaberechtlichen Verpflichtungen nach Teil 4 GWB. Soweit der Konzes-

---

44 Gesetzesbegründung zu § 101 Abs. 1 Nr. 2 GWB, VergRModG 2016, BT-Drs. 18/6281, 72.
45 Vgl. VK Sachsen, Beschluss v. 9.12.2014 – 1/SVK/032-14.
46 Gesetzesbegründung zu § 101 Abs. 1 Nr. 2 GWB, VergRModG 2016, BT-Drs. 18/6281, 72; vgl. *Schröder*, NVwZ 2017, 504.
47 VK Sachsen, Beschluss v. 12.4.2017 – 1/SVK/003-17.

sionsgeber auch noch weitere Aufgaben im Rahmen einer öffentlichen Auftraggebereigenschaft erledigt, kommt ein Rückgriff auf § 101 Abs. 1 Nr. 1 GWB in Frage. Öffentlich-rechtliche Körperschaften, Anstalten oder Stiftungen bleiben gleichwohl unabhängig davon noch allgemeinen gesetzlichen Regelungen oder Grundsätzen unterworfen. So können bestimmte Verfahrensverpflichtungen aus dem Primärrecht, aus Art. 12 Abs. 1 i.V.m. Art. 3 Abs. 1 GG oder dem Grundsatz der Selbstbindung der Verwaltung erwachsen.[48]

40 Wie bei den Sektorenauftraggebern ist für die Eigenschaft als Konzessionsgeber erforderlich, dass dem privaten Auftraggeber entweder **besondere** oder **ausschließliche Rechte** (§ 100 Abs. 1 Nr. 2 lit. a GWB) gewährt wurden oder der private Auftraggeber vonseiten öffentlicher Auftraggeber i.S.d § 99 Nr. 1 bis 3 GWB einem **beherrschenden Einfluss** unterliegt (§ 100 Abs. 1 Nr. 2 lit. b GWB).

E. Konzessionen (§ 105 GWB)

41 Der Begriff der Konzession ist der zentrale Begriff des Konzessionsvergaberechts. Er wird als Sammelbegriff für alle Arten der Konzessionen, auch der verwaltungsrechtlichen, verwandt. § 1 KonzVgV verwendet zunächst den Begriff der Konzession, der in § 105 GWB geregelt ist. Die vergaberechtliche Konzession ist durch folgende Elemente gekennzeichnet:[49]

- Erbringung von Bau- oder Dienstleistungen durch den Konzessionsnehmer;
- Betrauung mit dieser Leistungserbringung durch den Konzessionsgeber;
- Gegenleistung des Konzessionsgebers;
- Tragung des Betriebsrisikos durch den Konzessionsnehmer;

Ein weiteres Merkmal der vergaberechtlichen Konzession ist, dass das gewährte Recht gemäß § 3 KonzVgV zeitlich befristet ist. Neben der vergaberechtlichen Konzession liegt der Begriff seit langem einer reichen verwaltungsrechtlichen Tradition zu Grunde.[50]

42 Wie im Hinblick auf § 101 GWB und Art. 6 und 7 RL 2014/23/EU beabsichtigte der deutsche Gesetzgeber auch in Bezug auf § 105 GWB und Art. 5 Nr. 1 RL 2014/23/EU die Umsetzung der sekundärrechtlichen Regelungen.[51] Für die Interpretation des vergaberechtlichen Begriffs der „Konzession" ist es daher (wie bereits beim Begriff des Konzessionsgebers) sinnvoll, sich zunächst die unionsrechtlichen Bestimmungen zu vergegenwärtigen.

43 Die **RL 2014/23/EU** definiert sowohl die Bau- als auch die Dienstleistungskonzession, die sich hinsichtlich ihres Inhaltes im Ergebnis fast nicht unterscheiden. Gemäß der sekundärrechtlichen Definition des Art. 5 Nr. 1 UAbs. 1 lit. a RL 2014/23/EU handelt es sich bei Baukonzession um „einen entgeltlichen, schriftlich geschlossenen Vertrag, mit dem ein oder mehrere öffentliche Auftraggeber oder Auftraggeber einen oder mehrere Wirtschaftsteilnehmer mit der Erbringung von Bauleistungen beauftragen, wobei die Gegenleistung entweder allein in dem Recht zur Nutzung des vertragsgegenständlichen Bauwerks oder in diesem Recht zuzüglich einer Zahlung besteht."

44 In Bezug auf die **Dienstleistungskonzession** definiert Art. 5 Nr. 1 UAbs. 1 lit. b RL 2014/23/EU, dass eine Dienstleistungskonzession ein „entgeltlicher, schriftlich geschlossener Vertrag ist, mit dem ein oder mehrere öffentliche Auftraggeber oder Auftraggeber einen oder mehrere Wirtschaftsteilnehmer mit der Erbringung und der Verwaltung von Dienstleistungen betrauen, die nicht in der Erbringung von Bauleistungen (nach Art. 5 Abs. 1 Nr. 1 UAbs. 1 lit. a RL 2014/23/EU) bestehen, wobei die Gegenleistung entweder allein in dem Recht zur Verwertung der vertragsgegenständlichen Dienstleistungen oder in diesem Recht zuzüglich einer Zahlung besteht." § 105 GWB hat diese Bestimmungen in die Definitionen der Bau- und

---

48 Vgl. unten Rn. 111 ff.
49 Vgl. *Ziekow*, in: Ziekow/Völlink, Vergaberecht, § 105 GWB Rn. 4.
50 Vgl. oben Rn. 1 ff. sowie die Ausführungen zu GlüStV, GewO und *Braun/Zwetkow* zu AGVO/NGA-RR.
51 Gesetzesbegründung zu § 105 GWB, VergRModG 2016, BT-Drs. 18/6281, 72.

Dienstleistungskonzession auf bundesgesetzlicher Ebene übernommen und damit eine Anpassung der Definitionen vorgenommen.

Bislang war nach **alter Rechtslage** (§ 99 Abs. 6 GWB a.F.) nur die Vergabe von Baukonzessionen geregelt. Dienstleistungskonzessionsvergabeverfahren unterlagen keiner Regelung durch das Kartellvergaberecht, nur durch die Vorgaben des europäischen Primärrechts (bei Binnenmarktrelevanz) sowie der Verfassung (aus Art. 12 Abs. 1 i.V.m. Art. 3 Abs. 1 GG). Zu beachten waren aber auch damals schon bei Vergabeverfahren außerhalb des GWB die Grundsätze der Transparenz, der Gleichbehandlung und des Wettbewerbs.[52] Nunmehr wurden beide Konzessionstypen einer umfassenden Regelung auf sekundär- und bundesrechtlicher Ebene zugeführt. Unterhalb der Schwellenwerte ist die Baukonzession im Gegensatz zur Dienstleistungskonzession gesondert geregelt.[53]

45

Des Weiteren setzt die Konzession voraus, dass das sog. **„Betriebsrisiko"** i.S.d. § 105 Abs. 2 GWB auf den Konzessionsnehmer übergeht.[54] Dieses Merkmal ist erforderlich für die präzise Abgrenzung der Konzession vom bloßen Auftrag i.S.d. Art. 2 Abs. 1 Nr. 5 RL 2014/24/EU bzw. § 103 Abs. 1 GWB.[55] § 105 Abs. 2 GWB dient dabei der Umsetzung der Anforderungen an den Übergang des Betriebsrisikos gemäß Art. 5 Nr. 1 UAbs. 2 RL 2014/23/EU. Im Ergebnis wird der Inhalt von Art. 5 Nr. 1 RL 2014/23/EU durch die deutsche Sprachfassung in § 105 Abs. 1 und 2 GWB abermals nahezu wortgleich in das nationale Recht übernommen.[56]

46

I. Ausgangspunkt: EuGH-Rechtsprechung

Ausgangspunkt für die im Jahr 2016 erfolgte Novellierung war neben allgemeinen Modernisierungsgedanken die Rechtsprechung des EuGH, die zahlreich in den **Erwägungsgründen** der RL 2014/23/EU[57] und der **Gesetzesbegründung** zitiert wird.[58] Der EuGH wird, auch wenn dies von den europäischen Verträgen in dieser Form so nicht vorgesehen war, zum Ideengeber und Motor der europäischen Rechtsetzung, die im Anschluss national umgesetzt wird. Die nationale Rechtsprechung verweist – bei einem einschlägigen Vorgang – für das Vorliegen einer Konzession schlicht auf die EuGH-Rechtsprechung.[59]

47

Der **EuGH** analysierte im Jahr 2000 das damalige europäische Gesetzgebungsverfahren und hob hervor, dass der Rat im Gesetzgebungsverfahren zu diesem Zeitpunkt alle Bezugnahmen auf Dienstleistungskonzessionen gestrichen habe.[60] Hintergrund sei gewesen, dass in den einzelnen Mitgliedstaaten hinsichtlich der Übertragung von Befugnissen bei der Verwaltung von öffentlichen Dienstleistungen und bezüglich der Zugangsmöglichkeiten zu diesen Konzessionsaufträgen eine große Unausgewogenheit entstehen würde.[61] Nachdem aber der EuGH verbindlich geklärt hatte, dass Konzessionsgeber die Grundregeln des Vertrages im Allgemeinen und das Verbot der Diskriminierung aus Gründen der Staatsangehörigkeit im Besonderen auch bei binnenmarktrelevanten Konzessionen zu beachten haben, gewährten auch die deutschen Gerichte zunehmend Rechtschutz zugunsten nicht berücksichtigter Unternehmen.

48

---

52 Vgl. EuGH, Urteil v. 10.3.2011 – Rs. C-274/09 (Stadler), Rn. 37; Urteil v. 13.10.2005 – Rs. C-458/03 (Parking Brixen), Rn. 49; OLG Brandenburg, Beschluss v. 9.4.2015 – Verg W 2/15; OLG München, Beschluss v. 30.6.2011 – Verg 5/09.
53 Vgl. ausführlich die Ausführungen zu VOB/A.
54 Ausführlich zum Begriff der Konzession *Braun*, in: Müller-Wrede, GWB-Vergaberecht, § 105 Rn. 24 ff.
55 *Diemon-Wies*, VergabeR 2016, 162 (164).
56 Gesetzesbegründung zu § 105 GWB, VergRModG 2016, BT-Drs. 18/6281, 75.
57 So z.B. in den Erwägungsgründen 4, 18, 21, 29, 45, 64, 65, 75 RL 2014/23/EU.
58 Gesetzesbegründung zu § 105 GWB, VergRModG 2016, BT-Drs. 18/6281, 75 ff.; vgl. *Braun*, in: Hettich/Soudry, Das neue Vergaberecht, S. 158 ff.
59 Für Rettungsdienstkonzessionen: VK Südbayern, Beschluss v. 16.3.2017 – Z 3-3-3194-1-54-12/16 mit Hinweis auf EuGH, Urteil v. 11.3.2011 – Rs.-C 274/09 (Stadler).
60 *Braun*, in: Müller-Wrede, GWB-Vergaberecht, § 105 Rn. 6 ff.
61 EuGH, Urteil v 7.12.2000 – Rs. C-324/98 (Telaustria), Rn. 48.

II. Vertrag über die Betrauung zur Leistungserbringung (Abs. 1)

49 Konzessionen sind gemäß § 105 Abs. 1 GWB entgeltliche Verträge, mit denen ein oder mehrere Konzessionsgeber (in der RL 2014/23/EU: öffentliche Auftraggeber oder Auftraggeber) ein oder mehrere Unternehmen (in der RL 2014/23/EU: Wirtschaftsteilnehmer) mit der Erbringung von Bauleistungen (Baukonzessionen) oder der Erbringung und der Verwaltung von Dienstleistungen (Dienstleistungskonzessionen) beauftragt bzw. beauftragen.

1. Form der Betrauung

50 Konzessionsverträge werden vom europäischen Gesetzgeber in Art. 5 Nr. 1 UAbs. 1 lit. a und b RL 2014/23/EU zudem als **„schriftlich geschlossener"** Vertrag bezeichnet. Der Begriff der „Schriftlichkeit" wird in Art. 5 Nr. 6 RL 2014/23/EU definiert. Diese Definition sieht unter anderem „eine aus Wörtern oder Ziffern bestehende Darstellung" vor, „die gelesen, reproduziert und mitgeteilt werden kann". Eine Unterschrift bzw. Signatur wird nicht vorausgesetzt. Obgleich diese Bestimmung keiner der bestehenden Formdefinitionen des BGB vollständig entspricht, kommt sie (abgesehen vom Erfordernis der Signatur) noch der Textform gemäß § 126b BGB am nächsten. Weitergehende Formanforderungen an die Abgabe und Übermittlung von Angeboten sowie die Zuschlagserteilung ergeben sich aus §§ 28, 30 KonzVgV.[62] An der Textform dürfte daher ein Konzessionsgeber regelmäßig – schon aus Gründen der Dokumentation – nicht vorbeikommen.

51 Der Abschluss eines Konzessionsvertrages muss deshalb nach der RL 2014/23/EU zumindest in der Form des **§ 126b BGB** erfolgen. Dies hat zwar der deutsche Gesetzgeber so in seiner Definition des Konzessionsvertrages in § 105 Abs. 1 GWB nicht übernommen, gleichwohl ergibt sich aus der Zusammenschau der Regelungen der KonzVgV letztendlich dasselbe Ergebnis. Nach § 6 Abs. 1 S. 1 KonzVgV hat der Konzessionsgeber das Vergabeverfahren vollständig in der Textform des § 126b BGB zu dokumentieren. Hierunter fallen nach § 6 Abs. 1 S. 2 KonzVgV auch die Angebote der Bieter i.S.d. § 145 BGB sowie der Zuschlag als Annahme i.S.d. § 147 BGB. § 28 Abs. 1 KonzVgV bestätigt dies nochmals für die Abgabe der Angebote durch die Bieter. Insofern sind Konzessionsverträge auch nach deutschem Recht in der Textform des § 126b BGB abzuschließen und zu dokumentieren.

2. Entgeltlichkeit des Vertrages

52 Konzessionen sind gemäß § 105 Abs. 1 GWB **entgeltliche Verträge**. Dieser Begriff ist weit zu verstehen. Neben der Einräumung eines Nutzungsrechts kann der Konzessionsvertrag zunächst eine Zahlung an den Konzessionsnehmer als geldwerter Vorteil vorsehen.[63] Die gesetzlichen Vorgaben des § 105 Abs. 1 GWB („oder in diesem Recht zuzüglich einer Zahlung") zeigen auf, dass eine Zahlung alleine nicht als konzessionsspezifische Gegenleistung ausreicht, weil es auf die Übertragung des Betriebsrisikos ankommt. Auch bei ausschließlicher Vergütung durch den Konzessionsgeber kann eine Konzession vorliegen. Dies ist der Fall, wenn z.B. das Nachfragerisiko gemäß § 105 Abs. 2 Nr. 2 S. 2 GWB beim Konzessionsnehmer verbleibt, weil der Konzessionsgeber lediglich nachfrageabhängig vergütet. Prägend für den Konzessionsbegriff ist die Übertragung des Betriebsrisikos, nicht jedoch die Quelle der Zahlungen für die Auftragsausführung.[64]

53 Ist eine **Zuzahlung** vorgesehen, kann der Vertrag jedenfalls dann nicht als Dienstleistungskonzession vom Anwendungsbereich des Teil 4 GWB ausgenommen werden, wenn die zusätzliche Vergütung oder (Aufwands-)Entschädigung ein solches Gewicht hat, dass ihr bei wertender Betrachtung kein bloßer Zuschusscharakter mehr beigemessen werden kann.[65] Stehen Vergütungen aus der Erbringung der Dienstleistung und Zuschüssen vom Auftraggeber weitab von einer äquivalenten Gegenleistung, liegt keine Konzession mehr vor. Es liegt

---

62 Vgl. *Ziekow*, in: Ziekow/Völlink, Vergaberecht, § 103 GWB Rn. 37 mit Hinweis auf §§ 53, 62 VgV.
63 *Wollenschläger*, in: Burgi/Dreher, Vergaberecht, § 105 GWB Rn. 67 ff.
64 *Wollenschläger*, in: Burgi/Dreher, Vergaberecht, § 105 GWB Rn. 68, 69.
65 BGH, Beschluss v. 8.2.2011 – X ZB 4/10, Rn. 37.

kein Konzessionsvertrag vor, bei dem die Gegenleistung für die Erbringung der Dienstleistungen in dem Recht zu ihrer Nutzung zuzüglich der Zahlung eines Preises besteht. Es besteht dann eine Vereinbarung, bei der eine Zahlung zuzüglich der Einräumung eines Nutzungsrechts erfolgt ist, was ein Dienstleistungsauftrag gemäß § 103 Abs. 1 GWB ist. Zugleich wird die Übernahme der Dienstleistung bei einem solchen Verhältnis von auftraggeberseitigen Zahlungen auf der einen und den Verwertungsmöglichkeiten auf der anderen Seite regelmäßig auch indizieren, dass die Interessen des Vertragspartners des Auftraggebers durch die Zahlungen in einem Maße gesichert sind, dass mit der Übernahme der Dienstleistung für ihn kein wesentliches Vertragsrisiko einhergeht.[66] Der Konzessionsnehmer muss aber stets den Unwägbarkeiten des Marktes weiter ausgesetzt sein, damit eine Konzession gemäß § 105 GWB vorliegt.

3. Keine Konzession bei einseitigem Verwaltungsakt

Keine Konzession gemäß § 105 Abs. 1 GWB liegt bei einseitigem Verwaltungsakt gemäß § 35 VwVfG durch eine Behörde vor. Bereits vor dem Beginn einer Konzessionsvergabe kann der Konzessionsgeber Einfluss auf die gerichtliche Überprüfbarkeit – auch nach der RL 2014/23/EU – nehmen. Ein entgeltlicher Vertrag i.S.d. § 105 Abs. 1 GWB liegt nicht vor, wenn der Konzessionsgeber durch einseitigen Verwaltungsakt die Konzession hoheitlich verfügt.[67] Dadurch wird zwar die Zuständigkeit der Verwaltungsgerichtsbarkeit auftragswertunabhängig begründet,[68] eine Konzession liegt – mangels Vertrags – aber nicht vor. Nach der Verwaltungsrechtsprechung ist der Vergaberechtsweg nur bei einem Auftrag und einem Vertrag gegeben, nicht jedoch bei einseitigen Verwaltungsakten. Bei Verwaltungsakten fehlt auch der Beschaffungsakt, der ein wesentlicher Bestandteil einer vertraglichen Einkaufshandlung ist. Eine Vereinbarung ist dann kein (öffentlich-rechtlicher) Vertrag gemäß 54 VwVfG, wenn sie in Wirklichkeit ein einseitiger Verwaltungsakt ist, der eine Verpflichtung allein für den Konzessionsnehmer vorsieht und der deutlich von den üblichen Bedingungen eines kommerziellen Angebotes abweicht.[69] Wesentliches Kriterium für das Vorliegen eines Vertrages ist ein gewisser Spielraum für den Konzessionsnehmer bei der Ausgestaltung der Konzessionsbedingungen.[70]

54

Bei der Konkretisierung einer **gesetzlich bestehenden Leistungspflicht** durch Verwaltungsakt ist das Vergaberecht anwendbar. Wenn die erteilte Genehmigung zur Durchführung einer Leistung nicht das Ergebnis einer konsensualen Verhandlung über die Vertragsbedingungen ist, sondern die einseitige hoheitliche Regelung eines Lebenssachverhaltes durch die öffentlich-rechtliche Körperschaft, ist das materielle Verwaltungsrecht und nicht das materielle Vergaberecht anzuwenden.[71] Diese Rechtsprechung gilt nicht für die Umgehungstatbestände (vgl. § 14 KonzVgV), also für den Fall, dass ein Vertrag rechtsmissbräuchlich in die Gestalt eines Verwaltungsaktes gekleidet wurde. Fiskalische Verträge mit zivilrechtlichem Beschaffungsgegenstand unterhalb der Schwellenwerte verbleiben weiterhin bei der Überprüfung durch die ordentliche Gerichtsbarkeit.[72]

55

Existiert **keine zwingende gesetzliche Vorgabe**, dann kann der Konzessionsgeber weitgehend frei zwischen Verwaltungsakt und Vergabeverwaltungsvertrag wählen. Er kann seinen Einkauf stets im Rahmen eines zivilrechtlichen Vertrages mit Antrag gemäß § 145 BGB und Annahme gemäß § 147 BGB regeln. Dann liegt eine Konzession gemäß § 105 GWB vor. Er kann auch einen öffentlich-rechtlichen Vertrag gemäß § 54 VwVfG wählen, der auch der ver-

56

---

66 BGH, Beschluss v. 8.2.2011 – X ZB 4/10, Rn. 37.
67 *Braun*, in: Müller-Wrede, GWB-Vergaberecht, § 105 Rn. 21 ff.
68 Vgl. ausführlich *Braun*, in: Prieß/Lau/Kratzenberg, Festschrift für Marx, S. 39; *ders.*, VergabeR 2014, 324 ff.; vgl. *Müller*, NVwZ 2016, 255; siehe in der Rechtsprechung z.B. OVG Sachsen-Anhalt, Urteil v. 22.2.2012 – 3 L 259/10; VK Niedersachsen, Beschluss v. 19.6.2018 – VgK-18/2018.
69 *Wollenschläger*, in: Burgi/Dreher, Vergaberecht, § 105 GWB Rn. 42 ff.; vgl. *Braun*, in: Müller-Wrede, GWB-Vergaberecht, § 105 Rn. 22.
70 *Braun*, VergabeR 2014, 324 (326).
71 EuGH, Urteil v. 18.12.2007 – Rs. C-220/06 (Asociación Profesional de Empresas de Reparto y Manipulado de Correspondencia), Rn. 55; OVG Magdeburg, Urteil v. 22.2.2012 – 3 L 259/10; *Braun*, VergabeR, 2014, 324 (326).
72 Vgl. z.B. LG Leipzig, Urteil v. 12.11.2013 – 05 O 2530/13.

gaberechtlichen Überprüfung unterliegt. Auf den Rechtscharakter des Vertrages als ein öffentlich-rechtlich geprägtes Rechtsverhältnis kommt es aus vergaberechtlicher Sicht nicht an.[73] Das europäische Konzessionsvergaberecht unterscheidet nicht zwischen privatrechtlichen und öffentlich-rechtlichen Verträgen.[74]

57 Die Erteilung schlichter Genehmigungen bewegt sich jedoch nicht im unionsrechtsfreien Raum. Die **RL 2006/123/EG**, welche die Dienstleistungs- (Art. 56 ff. AEUV) und Niederlassungsfreiheit (Art. 49 ff. AEUV) konkretisiert, enthält Regelungen zur Vergabe von Genehmigungen auch unter der Bedingung der Knappheit. Diese Regeln sind auch unternehmensschützend.[75]

58 Auch wenn bei Verwaltungsakten das GWB-Vergaberecht nicht anwendbar ist, so wird der Begriff der „Konzession" oder „Dienstleistungskonzession" verwandt. Weiterhin werden die Grundsätze des **Primärrechtes** zur Überprüfung der Auswahlentscheidungen verwandt.[76] So ist z.B. bei der Erteilung von Verwaltungsakten im Zusammenhang mit gewerblichen Sammlungen (§ 17 Abs. 3 S. 3 Nr. 1 KrWG) die unionsrechtlich garantierte Warenverkehrsfreiheit zu berücksichtigen.[77] Die Anforderungen des Art. 106 Abs. 2 AEUV müssen von Behörden bei Verteilungsentscheidungen berücksichtigt werden. Nach dieser Regelung gelten für Unternehmen, die mit Dienstleistungen von allgemeinem wirtschaftlichem Interesse betraut sind, die Vorschriften der Verträge, insbesondere die Wettbewerbsregelungen, soweit die Anwendung dieser Vorschriften nicht die Erfüllung der ihnen übertragenen besonderen Aufgabe rechtlich oder tatsächlich verhindert. Als Dienstleistung von allgemeinem wirtschaftlichem Interesse ist in der Rechtsprechung auch die Abfallentsorgung anerkannt worden. Ausgehend von diesem „Gebot der Erforderlichkeit" normiert § 17 Abs. 3 S. 3 Nr. 1 KrWG bei unionsrechtskonformer Auslegung eine widerlegliche Vermutung einer wesentlichen Beeinträchtigung der Planungssicherheit und Organisationsverantwortung des öffentlich-rechtlichen Entsorgungsträgers.[78] Klagen nicht berücksichtigter Bewerber oder Bieter sind zulässig und begründet, wenn seitens des Konzessionsgebers die Grundsätze der unionsrechtskonformer Auslegung, die dann unternehmensschützend sind, nicht beachtet werden.

4. Beschaffungsvorgang und Betrauungsakt

59 Das Ziel von Konzessionsverträgen ist die Beschaffung von Bau- oder Dienstleistungen durch Vergabe von Konzessionen zugunsten der öffentlichen Hand.[79] Das GWB verwendet in § 105 Abs. 1 Nr. 2 GWB den Begriff **„betrauen"** („mit der Erbringung und der Verwaltung von Dienstleistungen betrauen"), so dass von einem notwendigen Betrauungsakt gesprochen werden kann. Durch einen entgeltlichen Vertrag muss also etwas für den Konzessionsgeber beschafft oder durch einen Betrauungsakt zugutekommen muss.

60 Den Konzessionsgebern soll stets der **Nutzen** der betreffenden Bau- oder Dienstleistung zustehen.[80] Dies ist grundsätzlich immer dann gegeben, wenn dem Konzessionsgeber die Leistung unmittelbar zugutekommt.[81] Aber auch Leistungen, die ihm nur mittelbar – beispielsweise bei der Erfüllung der ihm obliegenden Aufgaben – zugutekommen, unterfallen dem Begriff der Beschaffung.[82]

61 Für einen Dienstleistungsauftrag und gegen eine Dienstleistungskonzession spricht eine **bilaterale Beziehung** zwischen Auftraggeber und Unternehmen. So hat die VK Sachsen für

---

73 *Braun*, in: Müller-Wrede, GWB-Vergaberecht, § 105 Rn. 17 ff.
74 BGH, Beschluss v. 1.12.2008 – X ZB 31/08, Rn. 17; OLG Naumburg, Beschluss v. 22.12.2011 – 2 Verg 10/11B.
75 Vgl. *Wollenschläger*, in: Burgi/Dreher, Vergaberecht, § 105 GWB Rn. 42 ff.
76 Vgl. jüngst VG Kassel, Urteil v. 6.10.2017 – 5 K 939/13.KS.
77 VG Stuttgart, Urteil v. 27.4.2017 – 14 K 361/15, juris Rn. 72, mit Hinweis auf BVerwG, Urteil v. 30.6.2016 – 7 C 4.15; VGH Baden-Württemberg, Beschluss v. 9.9.2013 – 10 S 1116/13.
78 VG Stuttgart, Urteil v. 27.4.2017 – 14 K 361/15, Rn. 72 m.w.N.
79 Erwägungsgründe 1, 11 RL 2014/23/EU; vgl. umfassend *Müller*, NVwZ 2016, 266; siehe auch VK Nordbayern, Beschluss v. 19.1.2011 – 21.VK-3194-48/10.
80 Erwägungsgrund 11 RL 2014/23/EU.
81 OLG München, Beschluss v. 25.3.2011 – Verg 4/11.
82 OLG München, Beschluss v. 25.3.2011 – Verg 4/11; VK Nordbayern, Beschluss v. 19.1.2011 – 21.VK-3194-48/10; *Opitz*, NVwZ 2014, 753, (757).

einen im Heimversorgungsvertrag aufgeführten Verpflichtung der Apotheke zum patientenindividuellen Belieferung der Medikamente in vorsortierten Anaboxen und der dafür vorgesehenen Vergütung durch den Heimbetreiber entschieden, dass es sich um einen Dienstleistungsauftrag im Sinne des § 103 Abs. 1 GWB und nicht um eine Dienstleistungskonzession handelt.[83] Auch die Übertragung eines Fischereirechtes kann ein Beschaffungsvorgang sein. Der Konzessionsgeber verfolgt ein unmittelbares wirtschaftliches Interesse, da er zur Erfüllung der ihm nach dem Fischereigesetz obliegenden Aufgaben keine eigenen personellen und finanziellen Ressourcen aufwenden muss. Er beschafft die notwendigen Leistungen über den Abschluss des Fischereipachtvertrages. Der Auftraggeber tritt daher als Nachfrager am Markt auf. Es handelt sich nicht um eine rein fiskalische Tätigkeit, die an die Vermögensverwaltung anknüpft, und dem Vergaberecht entzogen wäre.[84]

Die Definition der Dienstleistungskonzession in Art. 5 Nr. 1 UAbs. 1 lit. b RL 2014/23/EU setzt keine **Inanspruchnahme** der Dienstleistung durch den Konzessionsgeber voraus. Da der Konzessionär den Unwägbarkeiten des Marktes begriffsnotwendig ausgesetzt sein muss, wird er die Leistung insbesondere auch Dritten gegenüber erbringen müssen. Insofern ist der Beschaffungsvorgang auch bei bloß mittelbarem Nutzen für den Konzessionsgeber gegeben. Insbesondere muss die Beschaffung dem Konzessionsgeber nicht „körperlich" zugutekommen.[85] Vielmehr beschafft sich der Konzessionsgeber daher nicht nur dann eine Leistung, wenn sie ihm „irgendwie" wirtschaftlich zugutekommt, sondern auch dann, wenn er mit der Leistung die ihm gegenüber der Bevölkerung obliegenden Pflichten erfüllt.[86] Dies ist typischerweise bei den Aufgaben der öffentlichen Daseinsvorsorge der Fall – der Konzessionsgeber „beschafft" sich auch dann Leistungen, wenn er mittels der Konzessionsvergabe die ihm obliegende Daseinsvorsorge sicherstellt. Beispiele hierfür sind Dienstleistungen in den Bereichen Abfallentsorgung, Krankenhaus, Rettungsdienst sowie Verkehr. Einen Nutzen i.S.d. Erwägungsgrundes 11 RL 2014/23/EU zieht der Konzessionsgeber insofern immer bereits dann, wenn die Leistung des Konzessionärs der öffentlichen Daseinsvorsorge zugutekommt. Eine engere Auslegung des Merkmals des Beschaffungsvorgangs verkennt die Eigenheit der Konzession, die bereits begriffsnotwendig nicht ausschließlich dem Konzessionsgeber unmittelbar zugutekommen kann.

Einschränkend liegt bei der bloßen Genehmigung oder Gestattung gewisser Tätigkeiten kein Beschaffungsvorgang vonseiten des Konzessionsgebers vor, ohne dass zugleich eine verbindliche Leistungspflicht des Leistungserbringers vorgesehen wird.[87] In solchen Fällen kann sich der Leistungserbringer auch wieder freiwillig zurückziehen und die Erbringung der Dienstleistung nach Belieben einstellen – von einer effektiven Gewährleistung der öffentlichen Daseinsvorsorge und damit von einem „Nutzen" für den Konzessionsgeber könnte dann aber nicht mehr gesprochen werden. Es muss mithin eine durchsetzbare Leistungspflicht bestehen, um die Vergabe einer Konzession anzunehmen.[88] Zudem weisen umgekehrt Bereiche, bei denen Konzessionsgebers nicht einmal mittelbar einen Nutzen aus der Tätigkeit des Konzessionärs ziehen kann, keinen Beschaffungsvorgang auf und sind demgemäß vollständig vergabefrei.[89] So unterfällt eine reine Betrauung, z.B. durch Verwaltungsakt – ohne ein Beschaffungselement –, nicht dem GWB.

Bei der Erteilung von **Sondernutzungserlaubnissen** wird z.B. davon ausgegangen, dass kein Beschaffungsakt vorliegt. Denn durch ein Wegerecht wird der Wegerechtsinhaber nicht mit der Erbringung und der Verwaltung einer Dienstleistung, nämlich dem Betrieb (hier) eines Fernwärmeversorgungsnetzes betraut. Das liegt daran, dass mit dem vorliegend betroffenen

---
83 VK Sachsen, Beschluss v. 26.9.2017 – 1 SVK 16/17.
84 OLG Koblenz, Beschluss v. 10.07.2018 – Verg 1/18; VK Rheinland-Pfalz, Beschluss v. 6.2.2018 – VK 1-31/17.
85 OLG München, Beschluss v. 25.3.2011 – Verg 4/11.
86 OLG München, Beschluss v. 25.3.2011 – Verg 4/11; VK Nordbayern, Beschluss v. 19.1.2011 – 21.VK-3194-48/10.
87 Erwägungsgrund 14 RL 2014/23/EU; *Mösinger*, NZBau 2015, 545 (546).
88 Erwägungsgrund 14 RL 2014/23/EU.
89 Vgl. OLG München, Beschluss v. 22. 1. 2012 – Verg 17/11.

einfachen Wegerecht für die Fernwärmeversorgung keine Versorgungsverpflichtung einhergeht und auch in der Vergangenheit nicht einhergegangen ist.[90]

65 Eine fehlende Beschaffung wird auch bei **Widmungsakten** angenommen. Eine Widmung von Stellplätzen ist keine Beschaffung im Rahmen einer Baukonzession. Der Rechtstitel, der die öffentlich-rechtliche Zweckbestimmung – straßenrechtlicher Gemeingebrauch – von Stellplätzen sicherstellt, ist die Widmung. Diesen Rechtstitel „erwirbt" ein Konzessionsgeber nicht, sondern schafft ihn selbst – eben – durch die Widmung (Verwaltungsakt).[91] Ein unmittelbares wirtschaftliches Interesse des Baukonzessionsgebers und damit ein Beschaffungsvorgang liegt vor, wenn vorgesehen ist, dass der Konzessionsgeber

- Eigentümer der Bauleistung oder des Bauwerks wird, die bzw. das Gegenstand des Auftrags ist, oder
- über einen Rechtstitel verfügen soll, der ihm die Verfügbarkeit der Bauwerke, die Gegenstand des Auftrags sind, im Hinblick auf ihre öffentliche Zweckbestimmung sicherstellt, oder
- wirtschaftliche Vorteile aus der zukünftigen Nutzung oder Veräußerung des Bauwerks ziehen kann oder
- eine finanzielle Beteiligung an der Erstellung des Bauwerks leistet oder
- Risiken, die er im Fall eines wirtschaftlichen Fehlschlags des Bauwerks trägt, abgenommen bekommt.[92]

III. Übertragung des Betriebsrisikos (Abs. 2)

66 Die Übertragung des Betriebsrisikos ist das entscheidende Kriterium der Abgrenzung zwischen einem Dienstleistungsauftrag und einer Dienstleistungskonzession.[93] Das Kriterium wird in § 105 Abs. 2 GWB geregelt. Das Betriebsrisiko ist weit gefasst und kann gemäß § 105 Abs. 2 S. 3 GWB ein Nachfrage- oder Angebotsrisiko sein. Die Definition dessen, was unter der Übertragung des Betriebsrisikos zu verstehen ist, gehört zu den zentralen Anliegen der EU-Reform. Dies wird auch durch die Erörterung in den Erwägungsgründen 18, 19, 20 und 52 RL 2014/23/EU deutlich. Die Detailtiefe der Diskussion zeigt auf, dass es immer um Klärung tatsächlicher Einzelfragen geht. Ob mit der jetzigen Regelung abschließend geklärt ist, wann eine Risikoübertragung ausreichend gegeben sei, ist offen.[94] Es wird stets auf die Umstände des Einzelfalls abzustellen sein.[95] Die zunehmende gerichtliche Klärung von Einzelfällen wird wirksame Anhaltspunkte für Abgrenzungsfragen liefern können.

1. Amortisationsrisiko

67 Das Konzessionsrecht schließt stets die Übertragung eines Betriebs- bzw. **Amortisationsrisikos** wirtschaftlicher Art auf den Konzessionsnehmer ein. Dieses Risiko beinhaltet die Möglichkeit, dass die Investitionsaufwendungen und die Kosten für den Betrieb des Bauwerks oder die Erbringung der Dienstleistungen unter normalen Betriebsbedingungen nicht wieder erwirtschaftet werden können,[96] sodass es sich insgesamt um ein Zuschussgeschäft für den Konzessionär handeln würde, wenn er nicht über Einnahmequellen aus der Konzession verfügen würde.

68 Ein Amortisationsrisiko kann sich **beispielsweise** daraus ergeben, dass der Vergütungsanspruch des Konzessionärs ausfällt, seine Leistungen nicht bzw. nicht in erwartetem Maße in Anspruch genommen werden, die Konkurrenz anderer Wirtschaftsteilnehmer zu stark ist, die

---

90 VG Berlin, Urteil v. 30.6.2017 – 4 K 16.15, juris Rn. 125.
91 Vgl. OLG Schleswig, Beschluss v. 15.3.2013 – 1 Verg 4/12.
92 Vgl. *Wollenschläger*, in: Burgi/Dreher, Vergaberecht, § 105 GWB Rn. 53 bis 56.
93 Vgl. z.B. OLG Koblenz, Beschluss v. 10.7.2018 – Verg 1/18; *Mestwerdt/Stanko*, VergabeR 2017, 348.
94 Vgl. z.B. *Hövelberndt*, NZBau 2010, 599; *Teufel*, KommJur 2012, 87.
95 Vgl. *Wollenschläger*, in: Burgi/Dreher, Vergaberecht, § 105 GWB Rn. 86 bis 87.
96 Erwägungsgrund 18 2014/23/EU.

Betriebsausgaben nicht vollständig gedeckt werden oder bei der Erbringung von Dienstleistungen Haftungsansprüche Dritter aufgrund von Schädigungen durch den Konzessionär entstehen.[97]

Nicht mehr unter den Betriebsrisikobegriff des § 105 Abs. 2 S. 2 Nr. 1 GWB fallen hingegen Faktoren, die sich dem **Einfluss der Vertragsparteien** entziehen. Nicht ausschlaggebend für die Einstufung als Konzession sind Risiken, die sich aus einer mangelhaften Betriebsführung bzw. aus Beurteilungsfehlern des Wirtschaftsteilnehmers ergeben[98] sowie im Zusammenhang mit vertraglichen Ausfällen des Wirtschaftsteilnehmers oder Fällen höherer Gewalt stehen.[99] Ein derartiges Risiko wohnt stets jedem Vertrag inne und stellt daher kein spezifisches „Betriebsrisiko" dar. Dieses Risiko muss substanziell sein, damit die Konturen der Dienstleistungskonzession nicht völlig verwässert werden.

69

Bei der Prüfung des Bestehens des Betriebsrisikos ist eine **Gesamtbetrachtung** aller Umstände des Einzelfalls einschließlich der für den Vertragsgegenstand maßgeblichen Marktbedingungen und der ganzen vertraglichen Vereinbarung anzustellen.[100] Ein Betriebsrisiko besteht nicht, wenn dem Konzessionär durch den Konzessionsgeber vertraglich Konkurrenzfreiheit zugesichert worden ist[101] oder wenn Dritte, welche die Dienstleistung nutzen und Vergütung dafür schulden, aufgrund besonderer Umstände nicht insolvent werden können und die Anzahl der Nutzungsvorgänge angemessen kalkulierbar ist.[102]

70

Hinsichtlich der Beurteilung des Betriebsrisikos kommt es nicht quantitativ auf die Höhe des übernommenen Risikos an, sondern vor allem auf die **quotale Verteilung** zwischen Konzessionsgeber und Konzessionär. Konkret kommt es darauf an, dass der Konzessionär zu einem maßgeblichen Teil dasjenige Risiko übernimmt, dem sich der Auftraggeber ausgesetzt sähe, wenn er die betreffende Tätigkeit selbst ausüben würde.[103] Die Risiken sind zudem dadurch gedeckt, dass der Konzessionsgeber nicht mehr Risiken übertragen kann, als er selbst trägt. So ist es unschädlich, wenn dem Konzessionär bloß ein beschränktes Amortisationsrisiko übertragen wird, weil bereits das Risiko des Konzessionsgebers begrenzt war – beispielsweise aufgrund eines Anschluss- und Benutzungszwanges.[104] Erforderlich ist daher nicht die Tragung eines hohen Risikos, sondern des wesentlichen tätigkeitspezifischen Risikos durch den Konzessionär.[105] Nichtsdestoweniger kann kein „Null-Risiko" übertragen werden.[106]

71

Ferner liegt keine Konzession vor, wenn der Konzessionsgeber einen beträchtlichen Teil des Risikos **zurückbehält**, welcher nach Vergabe der Konzession weiterhin bestehen bleibt.[107] Die könnte der Fall sein, wenn Konzessionsgeber mehr als 50 % der Kosten abdeckt.[108] Diese Grenze kann ein Anhaltspunkt für eine Abgrenzung zwischen Dienstleistungsauftrag und Dienstleistungskonzession sein, insbesondere wenn die Quote erheblich überschritten ist. Die notwendige Einzelfallbetrachtung muss aber dennoch stets durchgeführt werden.[109] Wenn nach menschlichem Ermessen rote Zahlen während der Vertragslaufzeit ausgeschlossen werden können, scheidet eine Dienstleistungskonzession per se aus.[110]

72

---

97 Etwa EuGH, Urteil v. 10.11.2011 – Rs. C-348/10 (Norma-A), Rn. 48; Urteil v. 10.3.2011 – Rs. C-274/09 (Stadler), Rn. 37; OLG Naumburg, Beschluss v. 15.4.2016 – 7 Verg 1/16.
98 EuGH, Urteil v. 10.11.2011 – Rs. C-348/10 (Norma-A), Rn. 48 m.w.A. *Kraus*, VergabeR 2012, 164 (171); EuGH, Urteil v. 10.3.2011 – Rs. C-274/09 (Stadler), Rn. 38.
99 Erwägungsgrund 20 RL 2014/23/EU.
100 BGH, Beschluss v. 8.2.2011 – X ZB 4/10.
101 VK Baden-Württemberg, Beschluss v. 25.7.2012 – 1 VK 20/12.
102 EuGH, Urteil v. 11.6.2009 – Rs. C-300/07 (Oymanns), Rn. 74.
103 EuGH, Urteil v. 10.9.2009 – Rs. C-206/08 (Eurawasser), Rn. 70 ff.
104 *Ziekow*, in: Ziekow/Völlink, Vergaberecht, § 105 GWB Rn. 24 ff.
105 Etwa EuGH, Urteil v. 10.11.2011 – Rs. C-348/10 (Norma-A), Rn. 48; Urteil v. 10.3.2011 – Rs. C-274/09 (Stadler), Rn. 37; Urteil v. 10.9.2009 – Rs. C-206/08 (Eurawasser), Rn. 77; OLG Naumburg, Beschluss v. 15.4.2016 – 7 Verg 1/16; OLG Brandenburg, Beschluss v. 12.10.2010 – Verg W 7/09.
106 *Ziekow*, in: Ziekow/Völlink, Vergaberecht, § 105 GWB Rn. 26.
107 Vgl. OLG Düsseldorf, Beschluss v. 21.7.2010 – VII-Verg 19/10.
108 Vgl. OLG Düsseldorf, Beschluss v. 21.7.2010 – VII-Verg 19/10.
109 BGH, Beschluss v. 8.2.2011 – X ZB 4/10.
110 OLG Koblenz, Beschluss v. 10.7.2018 – Verg 1/18, für ein Fischereirecht: Einnahmen aus dem Verkauf der Angelkarten hebt Risiko gemäß § 105 Abs. 2 GWB auf.

73 Bei einer rechtsmissbräuchlichen **Umgehungskonstruktion** zur maximalen Risikoverminderung greift das Umgehungsverbot des § 14 KonzVgV ein, wenn der Auftraggeber sich durch den höheren Schwellenwert Verfahrensvorteile bei der Vergabe eine Unterschwellenkonzession erhofft. Ein derartiges Vorgehen hätte zur Konsequenz, dass dann von einem Dienstleistungsauftrag und nicht von einer Dienstleistungskonzession auszugehen ist. Dieser Fehler in der Ausschreibungskonstruktion führt dazu, dass die Vergabe von Beginn an zu wiederholen ist.

2. Aussetzung der Marktunwägbarkeiten

74 Der Konzessionsnehmer muss im Rahmen des Übergangs des Betriebsrisikos gemäß § 105 Abs. 2 S. 2 Nr. 2 GWB zudem den **„Unwägbarkeiten des Marktes"** ausgesetzt sein. Dieses Merkmal ist als weiterer Aspekt des Tatbestandsmerkmals des „Betriebsrisikos" zu verstehen und dementsprechend auszulegen. Dieser Aspekt erfordert es, dass der Konzessionsnehmer infolge des Bestehens des Betriebsrisikos tatsächlich einem Verlustrisiko ausgesetzt ist, wenn sich der Markt zu seinen Ungunsten entwickelt und er womöglich dadurch die Investitionsaufwendungen und Betriebskosten nicht wieder erwirtschaften kann. Für die Bestimmung des Risikogrades ist eine Ex-ante-Prognose zu erstellen und zu entscheiden, ob der Bieter mit einer wirtschaftlich risikolosen Ausführung rechnen konnte.[111]

75 Die Aussetzung des Unwägbarkeiten kann insbesondere bei **Zuzahlungen** problematisch sein. Wann eine Zuzahlung im Vordergrund überwiegt, lässt sich wegen der Unterschiedlichkeit der möglichen Fallgestaltungen keine rechnerische Quote festlegen. Es bedarf einer alle Umstände des Einzelfalls einbeziehenden Gesamtschau. Dazu kann insbesondere gehören, ob der Konzessionär bei Nutzung der Dienstleistung monopolistisch oder sonst aus einer überlegenen Position heraus am Markt agieren kann bzw. inwieweit er dem Risiko ausgesetzt ist, seine Leistung im Wettbewerb mit Konkurrenten absetzen zu müssen. Ist Letzteres der Fall, kann es im Einzelfall unbedenklich sein, wenn der Auftraggeber die gleichwohl bestehende Bereitschaft zur Übernahme der Dienstleistung mit einer Zuzahlung prämiert, die vergleichsweise höher ausfällt, als sie unter monopolistisch geprägten Marktstrukturen angemessen wäre. Dagegen kann es für eine Einordnung als Dienstleistungsauftrag sprechen, wenn Dienstleistungen in einem von öffentlichen Zuschüssen bzw. staatlichen Beihilfen geprägten geschäftlichen Verkehr erbracht werden sollen und diese einen wesentlichen Teil der Gegenleistung ausmachen.[112]

76 **„Tatsächlich ausgesetzt"** ist der Konzessionär den Unwägbarkeiten des Marktes, wenn potenzielle geschätzte Verluste des Konzessionsnehmers nicht rein nominell bestehen,[113] sondern echte Einbußen ohne entsprechende Kompensation darstellen. Das Merkmal des „tatsächlich ausgesetzt"-Seins stellt die Anforderung an das Betriebsrisiko, dass dieses Risiko qualitativ besteht und nicht durch etwaige automatische Kompensations- oder Abfederungsmechanismen nachträglich wieder negiert wird. Eine Konzession liegt demgemäß nicht vor, wenn die vergebende Stelle den Wirtschaftsteilnehmer von jedem möglichen Verlust freistellt, indem ihm Einnahmen mindestens in Höhe der bei der Durchführung des Vertrags entstehenden Investitionsaufwendungen und Kosten garantiert werden. Ein solcher Abfederungsmechanismus ist auch in einer vertraglich zugesicherten Konkurrenzfreiheit zu erblicken.

77 Sieht eine **branchenspezifische Regelung** den Wegfall des Risikos für den Konzessionsnehmer durch einen garantierten Ausgleich seiner Investitionen und der aufgrund der Vertragsdurchführung anfallenden Kosten vor, gilt ein solcher Vertrag nicht als Konzession.[114] Diese Fallgruppe betrifft Dienstleistungen der Daseinsvorsorge, die einen hohen Sicherheitsfaktor für die Bevölkerung haben. Die Erwägungsgründe der RL 2014/23/EU treffen hierzu teils widersprüchliche Aussagen. So sieht Erwägungsgrund 17 RL 2014/23/EU vor, dass keine Kon-

---

111 OLG München, Beschluss v. 25.3.2011 – Verg 4/11.
112 BGH, Beschluss v. 8.2.2011 – X ZB 4/10, Rn. 40.
113 Siehe Begriffsdefinition des Art. 5 Nr. 1 RL 2014/23/EU; vgl. auch *Dicks*, in: Kulartz/Kus/Portz/Prieß, GWB-Vergaberecht, § 106 Rn. 32 ff.
114 Erwägungsgrund 19 RL 2014/23/EU.

zession vorliegen würde, wenn der Konzessionär Vergütungen gemäß vorgeschriebener Tarife erhält. Dabei müssen diese so berechnet sein, dass sie sämtliche Betriebskosten und Investitionsaufwendungen des Konzessionärs decken.[115] Erwägungsgrund 19 RL 2014/23/EU betont wiederum, dass die Vergabe von Konzessionen in Branchen mit vorgeschriebenen Tarifen nicht ausgeschlossen sein soll.

Ein **teilweise gewährter Ausgleich** und damit eine Beschränkung des Risikos[116] ist aber unschädlich, solange der Konzessionär dem wesentlichen Teil des Gesamtrisikos ausgesetzt ist.[117] Dies kann innerhalb von Branchen mit abgemilderten Betriebsrisiken (öffentliche Daseinsvorsorge) der Fall sein, wenn ein „spekulatives Element" besteht und der Konzessionär trotz vorgesehener Amortisationsmechanismen keine Gewähr für die vollständige Deckung seiner Betriebsrisiken erhält[118] oder er Schuldnern gegenübersteht, die dem Risiko der Zahlungsunfähigkeit unterliegen.[119] Hierbei kommt es darauf an, dass hinsichtlich der Investitionen und Kosten des Konzessionärs ein spekulatives Element verbleibt.[120] Wenn der Bieter hingegen seine Kosten so vorhersehbar kalkulieren kann, dass er kein Verlustrisiko, sondern nur ein Erlösrisiko trägt, ist dieses vernachlässigbar und ist kein Betriebsrisiko.[121] Es kommt mithin auf das Element der „Vorhersehbarkeit" an – dieses darf nicht vollständig zugunsten des Konzessionärs gegeben sein.[122]

78

Konkretes Beispiel für Konzessionen mit einem branchenspezifischen Ausgleichsmechanismus sind die Konzessionsvergaben zur Durchführung von **Rettungsdienstleistungen**.[123] In diesem Bereich erhält der Rettungsdienstleister das Entgelt für die Durchführung seiner Aufgaben im Wesentlichen von den jeweiligen Aufgabenträgern. Aufgrund der gesetzlichen Einstandspflicht des Sozialversicherungsträgers für diese Ausgaben erscheint das Betriebsrisiko des Rettungsdienstleisters auf null reduziert oder jedenfalls auf ein minimales Risiko heruntergesenkt zu sein. Es besteht ein hinreichender „automatischer Kompensationsmechanismus". Daher bestehen erhebliche Zweifel, ob der Rettungsdienstkonzessionsnehmer „tatsächlich" den Unwägbarkeiten des Marktes „ausgesetzt" ist. Auf der anderen Seite legen die Aufgabenträger mit Blick auf ihre gesetzliche Pflicht zur Ausgabenminimierung Wert darauf, dass die an die Konzessionsnehmer zu zahlenden Benutzungsentgelte möglichst niedrig bleiben. Damit geht aber die Gefahr für die Rettungsdienstleister einher, dass die ausgehandelten Entgelte nicht ausreichen werden, um die eigenen Betriebsausgaben am Ende des jeweiligen Abrechnungszeitraumes zu decken.[124] Zudem unterliegt die Nachfrage nach Rettungsdienstleistungen gewissen Schwankungen und besteht gerade nicht konstant. Letztendlich kann der Konzessionsnehmer hierdurch in eine Verlustsituation geraten, die er nur durch eine Vorfinanzierung aus eigenen Mitteln bewältigen kann.[125] Darüber hinaus ist der Rettungsdienstkonzessionsnehmer in einem bestimmten Maß dem Risiko des Ausfalls der Schuldner der Benutzungsentgelte ausgesetzt. Zwar ist die überwiegende Mehrzahl der Dienstleistungsnutzer über die Sozialversicherungsträger versichert, aber ein nicht unerheblicher Teil der Nutzer sind Nichtversicherte oder Privatversicherte.[126] Das Bonitätsrisiko dieser Schuldner trägt auch der Rettungsdienstkonzessionsnehmer.[127]

79

---

115 Erwägungsgrund 17 RL 2014/23/EU.
116 Erwägungsgrund 19 RL 2014/23/EU; EuGH, Urteil v. 10.9.2009 – Rs. C-206/08 (Eurawasser), Rn. 77, 80; OLG München. Beschluss v. 25.3.2011 – Verg 4/11.
117 EuGH, Urteil v 10.3.2011 – Rs. C-274/09 (Stadler), Rn. 29; Urteil v. 10.9.2009 – Rs. C-206/08 (Eurawasser), Rn. 77, 80; vgl. OLG Jena, Beschluss v. 22.7.2015 – 2 Verg 2/15; OLG Karlsruhe, Beschluss v. 9.10.2012 – 15 Verg 12/11.
118 EuGH, Urteil v 10.3.2011 – Rs. C-274/09 (Stadler), Rn. 48; OLG Jena, Beschluss v. 22.7.2015 – 2 Verg 2/15.
119 EuGH, Urteil v. 10.3.2011 – Rs. C-274/09 (Stadler), Rn. 46.
120 *Bultmann*, NVwZ 2011, 72 (74); *Opitz*, NVwZ 2014, 753 (756).
121 *Bultmann*, NVwZ 2011, 72 (74).
122 *Bultmann*, NVwZ 2011, 72 (74).
123 Vgl. VK Südbayern, Beschluss v. 16.3.2017 – Z 3-3-3194-1-54-12/16, mit Hinweis auf EuGH, Urteil v. 11.3.2011 – Rs. C 274-09 (Stadler); VK Südbayern, Beschluss v. 24.7.2018 – Z3-3-3194-1-11-10/18.
124 EuGH, Urteil v. 10.3.2011 – Rs. C-274/09 (Stadler), Rn. 40.
125 EuGH, Urteil v. 10.3.2011 – Rs. C-274/09 (Stadler), Rn. 43.
126 EuGH, Urteil v. 10.3.2011 – Rs. C-274/09 (Stadler), Rn. 46.
127 EuGH, Urteil v. 10.3.2011 – Rs. C-274/09 (Stadler), Rn. 48; vgl. OLG Jena, Beschluss v. 22.7.2015 – 2 Verg 2/15.

3. Angebots- und Nachfragerisiko

80 § 105 Abs. 2 S. 2 GWB setzt Art. 5 Nr. 1 UAbs. 2 S. 1 Hs. 2 RL 2014/23/EU um und stellt klar, dass es sich beim Betriebsrisiko ökonomisch um ein Nachfrage- oder Angebotsrisiko handeln kann.[128] Das Betriebsrisiko ist der Oberbegriff, der wiederum in das Angebots- und das Nachfragerisiko zerfällt.[129]

81 **Nachfragerisiko** ist das Risiko der tatsächlichen Nachfrage nach den Bau- oder Dienstleistungen, die Gegenstand des Vertrags sind.[130] **Angebotsrisiko** ist das mit der Erbringung der Bau- und Dienstleistungen, die Gegenstand des Vertrags sind, verbundene Risiko, insbesondere das Risiko, dass die bereitgestellten Dienstleistungen nicht der Nachfrage entsprechen.[131] Insgesamt sind beide Begriffe Aspekte desselben Phänomens: des Amortisationsrisikos. Der Unterschied zwischen beiden Begriffen besteht daher nur hinsichtlich der Frage, ob das Verlustrisiko im konkreten Einzelfall im Hinblick auf die Nachfrage- oder die Angebotssituation besteht.

82 Ob bestimmte ungewisse Umstände geeignet sein können, Zweifel am Charakter einer Vereinbarung als Dienstleistungsauftrag aufkommen lassen können, kann nur durch eine Bewertung dieser Umstände geklärt werden, welche die **Wahrscheinlichkeit** ihres Eintritts berücksichtigt. Diese Wahrscheinlichkeit ist – wie der BGH zu streng festgestellt hat bei einigen Gesichtspunkten eher gering (Risiko von erheblichen und nachhaltigen Fahrgeldmindereinnahmen infolge von Attentaten von Epidemien bzw. Pandemien oder von Stürmen). Richtig mag das noch bei Fahrpreiserhöhungen sein, aber schon das Tragen von terroristischen Risiken dürfte für die Tragung eines Angebots- oder Nachfragerisiko heutzutage ausreichen, weil sich diese Risiken verstärkt haben.[132]

IV. Negativabgrenzungen

83 Die **Rechtsprechung** hatte sich vielfach bereits mit der Frage beschäftigt, was keine Dienstleistungskonzession ist.[133] Die Negativabgrenzungen dürften weiter im Grundsatz Bestand haben, da die bisherige EuGH-Rechtsprechung fortgeführt wird. Diese geht nach oben zum Dienstleistungsvertrag und nach unten dahingehend, dass überhaupt nichts vergaberechtlich Relevantes vorliegt.

84 Der Unionsgesetzgeber hat im Zusammenhang mit der Definition der Bau- und Dienstleistungskonzession in den Erwägungsgründen 11 bis 16 **RL 2014/23/EU** verschiedene Negativabgrenzungen vorgenommen. Ein Eigentumsübergang auf den Konzessionsgeber ist keine Voraussetzung für eine Konzession. Dem Konzessionsgeber steht stets der Nutzen der Bau- oder Dienstleistung (Erwägungsgrund 11 RL 2014/23/EU) zu.

1. Finanzierung

85 Erwägungsgrund 12 RL 2014/23/EU verdeutlicht, dass die bloße Finanzierung – insbesondere durch öffentliche Zuschüsse – von Tätigkeiten, die häufig mit der Verpflichtung verbunden ist, erhaltene Beträge bei nicht bestimmungsgemäßer Verwendung zurückzuzahlen, nicht in den Geltungsbereich der RL 2014/23/EU fällt.[134]

86 Auch in diesem Bereich ist auf die Gesamtumstände des **Einzelfalles** abzustellen. Es gibt keine starre Finanzierungsgrenze. Es kommt auf die Marktverhältnisse und die vertragliche Gestaltung im Einzelfall an, also auf eine Gesamtbetrachtung des beim potenziellen Konzessi-

---

128 Gesetzesbegründung zu § 105 Abs. 2 S. 2 GWB, VergRModG 2016, BT-Drs. 18/6281, 77.
129 Erwägungsgründe 18, 19 und, 20 RL 2014/23/EU.
130 Erwägungsgrund 20 RL 2014/23/EU.
131 Erwägungsgrund 20 RL 2014/23/EU.
132 A.A. in diesem Punkt BGH, Beschluss v. 8. 2. 2011 – X ZB 4/10, Rn. 46.
133 Vgl. z.B. KG, Urteil v. 22.1.2015 – 2 U 14/14; OLG Karlsruhe, Urteil v. 24.9.2014 – 6 U 89/12 (Kart.); OLG Brandenburg, Urteil v. 30.5.2008 – Verg W 5/08; vgl. auch die Übersicht bei *Wollenschläger*, in: Burgi/Dreher, Vergaberecht, § 105 GWB Rn. 111 ff.
134 Gesetzesbegründung zu § 105 Abs. 1 GWB, VergRModG 2016, BT-Drs. 18/6281, 76.

onsnehmer liegenden Risikos.[135] So besteht z.B. der Zweck des ÖPNV-Finanzierungsvertrages nicht in der Vergabe von Verkehrsleistungen, sondern darin, den beihilfenrechtlichen Kontext im Rahmen des personenbeförderungsrechtlichen Genehmigungstatbestandes zu regeln.[136]

Auch eine **Anschubfinanzierung** kann ein Beschaffungselement enthalten. Da der Konzessionsgeber sich demnach eine Leistung nicht nur dann beschafft, wenn sie ihm irgendwie wirtschaftlich zugutekommt, sondern auch dann, wenn er mit der Leistung ihm obliegende Pflichten gegenüber der Bevölkerung erfüllt, beschafft er sich Leistungen auch dann, wenn er die ihm obliegende Daseinsvorsorge für die Bevölkerung sicherstellt, wie zum Beispiel Abfallentsorgung oder Gesundheitsfürsorge. Nicht ausschlaggebend ist insoweit, ob die übertragene Aufgabe ausdrücklich als der Gemeinde zugewiesene öffentliche Aufgabe deklariert ist.[137] 87

2. Soziale Auswahlverhältnisse

Sozialrechtliche Dreiecksverhältnisse unterfallen in der Regel nicht dem Konzessionsvergaberecht.[138] Das liegt an der Kollision disparater Gesetze und Wirtschaftsbereiche.[139] Erwägungsgrund 13 RL 2014/23/EU weist darauf hin, dass Regelungen, nach denen ohne gezielte Auswahl alle Unternehmen, die bestimmte Voraussetzungen erfüllen, berechtigt sind, eine bestimmte Aufgabe wahrzunehmen, nicht als Konzessionen gelten. 88

Es gibt zwei Grundstrukturen der Erbringung sozialer Dienstleistungen: die direkte Leistungsgewährung durch einen Sozialleistungsträger und die Erbringung auf Kosten des Leistungsträgers durch einen Dritten im sogenannten Dreiecksverhältnis. Die **direkte Leistungsgewährung** durch den Sozialleistungsträger ist in der Arbeitsförderung immer noch der primäre Fall. Auch wenn die Arbeitgeber und Maßnahmeträger dazu veranlasst werden sollen, Arbeitslose einzustellen oder auszubilden, liegt keine Leistungsbeziehung im Dreiecksverhältnis vor, daher ist Anspruchsberechtigter allein der Arbeitgeber oder Maßnahmeträger. Im SGB XII werden soziale Dienstleistungen aber überwiegend durch **Dritte** erbracht,[140] sodass im Einzelfall zu prüfen ist, ob die KonzVgV-Regeln beim Überschreiten des Schwellenwertes anzuwenden sind. Derartige Systeme beruhen nach den Ausführungen im Erwägungsgrund 13 RL 2014/23/EU typischerweise auf der Entscheidung einer Behörde, mit der transparente und nicht diskriminierende Voraussetzungen für den kontinuierlichen Zugang von Unternehmen zur Erbringung bestimmter Dienstleistungen – wie soziale Dienstleistungen – festgelegt werden. Daraus lässt sich schließen, dass die Zulassung von Dienstleistungserbringern im sozialhilferechtlichen Dreiecksverhältnis nicht der RL 2014/23/EU unterfällt. 89

Gleiches gilt für die Zulassung von **Pflegeeinrichtungen** sowie die Feststellung der fachlichen Eignung im Rahmen der Zulassung **besonderer Dienste** oder **besonderer Einrichtungen**. Die Festsetzung eines Vertrags zur hausarztzentrierten Versorgung durch eine Schiedsstelle kann mit dem Argument angegriffen werden, dass ein Verfahren zur Vergabe einer Dienstleistungskonzession nicht durchgeführt wurde. Bei diesem Verfahren fehlt die Wahlmöglichkeit zwischen verschiedenen Vertragspartnern.[141] Wenn aber eine Auswahlentscheidung getroffen wird, ist es unabdingbar, dass dies nach einem transparenten, diskriminierungsfreien Prozedere geschieht.[142] Für die allgemeine Sicherstellung der **Arzneimittelversorgung** der Bewohner, der Überprüfung der ordnungsgemäßen bewohnerbezogenen Aufbewahrung der gelieferten Produkte, der Dokumentation der Versorgung sowie der Beratung und Information der Heimbewohner und der Mitarbeiter des Heims ist kein explizites 90

---

135 Vgl. *Wollenschläger*, in: Burgi/Dreher, Vergaberecht, § 105 GWB Rn. 105 f.
136 Vgl. OLG Karlsruhe, Beschluss v. 13.7.2005 – 6 W 35/05; vgl. auch Beschluss v. 9.19.2012 – 15 Verg 12/11.
137 Vgl. für die Anschubfinanzierung bei der Breitbandversorgung OLG München, Beschluss v. 25.3.2011 – Verg 4/11; siehe auch ausführlich *Braun/Zwetkow* zu AGVO/NGA-RR.
138 Vgl. *Ziekow*, in: Ziekow/Völlink, Vergaberecht, § 105 GWB Rn. 13; siehe auch ausführlich *Ruff* zu SGB Rn. 11 ff.
139 Vgl. *Goodarzi/Skorbek*, NZS 2014, 804.
140 Vgl. *Bieback*, NZS 2007, 505.
141 BSG, Urteil v. 25.3.2015 – B 6 KA 9/14, Rn. 88; vgl. dazu auch Vorlagebeschluss des OLG Düsseldorf, Beschluss v. 13.8.2014 – VII-Verg 13/14; allgemein *Goodarzi/Skrobek*, NZS 2014, 804.
142 VK Bund, Beschluss v. 23.11.2015 – VK 2-103/15 (spezialisierte ambulante Palliativleistungen ohne Durchführung eines Vergabeverfahrens).

(weiteres) Entgelt vorgesehen. Diesem zusätzlichen (weiteren) Aufwand des Apothekers steht allerdings insoweit ein (lukrativer) finanzieller Ausgleich gegenüber, als dem Apotheker ein privilegierter Zugang zu (potentiellen) Kunden eröffnet wird, an die er Arzneimittel liefern kann. Die Versorgungsapotheke erhält einen „Schlüssel" zur dauerhaften Versorgung der Heimbewohner.[143] Dies könnte für eine Dienstleistungskonzession sprechen.

91 Weiterhin hat der Unionsgesetzgeber in Erwägungsgrund 6 RL 2014/23/EU hervorgehoben, dass Mitgliedstaaten gemäß den Grundsätzen der Gleichbehandlung, Nichtdiskriminierung, Transparenz und des freien Personenverkehrs im AEUV nach wie vor entscheiden können, ob Dienstleistungen als Dienste von **allgemeinem wirtschaftlichem Interesse** oder als **nicht wirtschaftliche Dienstleistungen von allgemeinem Interesse** oder in Form einer Kombination aus beiden erbracht werden.[144] Der Begriff der Dienstleistungen von allgemeinem wirtschaftlichen Interesse (DAWI) ist nicht begrenzt auf Dienstleistungen i.S.d. Art. 57 AEUV, sondern erfasst darüber hinaus auch Sachleistungen wie die Lieferung von Waren. Er ist identisch mit dem Begriff der „Dienste" von allgemeinem wirtschaftlichem Interesse, wie er in Art. 14 AEUV verwandt wird. Als ein Begriff der Unionsrechtsordnung ohne Verweis auf nationale Rechtsordnungen ist er autonom auszulegen.[145] Der seit 2002 unveränderten Definition der Kommission zufolge werden unter Dienstleistungen von allgemeinem wirtschaftlichen Interesse marktbezogene Tätigkeiten verstanden, die im Interesse der Allgemeinheit erbracht und daher von den Mitgliedstaaten mit besonderen Gemeinwohlverpflichtungen verbunden werden können.[146]

3. Lizenzen für Wirtschaftsausübung

92 Die Konzessionsrichtlinie geht für die Erteilung einer Konzession von der Handlungsform des Vertrags aus und grenzt Konzessionen begrifflich von Erlaubnissen, Genehmigungen oder Lizenzen ab.[147] Erwägungsgrund 14 RL 2014/23/EU hebt hervor, dass die Erteilung von Genehmigungen oder Lizenzen für die Ausübung einer Wirtschaftstätigkeit nicht als Konzession i.S.d. RL 2014/23/EU gilt. Es wird auf die vorrangige Anwendung der RL 2006/123/EG verwiesen.

93 Wie bereits in Hinblick auf das Merkmal des Beschaffungsvorgangs und Betrauungsaktes erläutert, liegt kein Beschaffungsvorgang und damit auch keine GWB-Konzession vor, wenn dem Konzessionsvertrag keine Leistungsverpflichtung gegenüber dem Konzessionär zukommt.[148] Lizenzen können nach deutschen Verständnis mit der Erteilung von **Verwaltungsakten** gemäß § 35 VwVfG verknüpft werden, wie es bei der Erteilung von Sportwetten der Fall ist. Der EuGH spricht in diesem Zusammenhang ganz ausdrücklich von der Erteilung von Lizenzen.[149] Wenn für einen Mobilitätsdienst keine staatlichen Zuwendungen, Subventionen oder sonstige Vergünstigungen vergeben werden, fehlt es an der notwendigen Voraussetzung eines zwischen Konzessionsgeber und Konzessionsnehmer vereinbarten Entgelts. Entsprechend hat das ausgewählte Unternehmen, welches rein eigenwirtschaftlich handelt, auch keine Leistungsverpflichtung.[150] Wie oben ausgeführt,[151] liegt ein entgeltlicher Vertrag i.S.d. § 105 Abs. 1 GWB nicht vor, wenn der Konzessionsgeber durch einseitigen Verwaltungsakt die Konzession hoheitlich verfügt. Dadurch wird zwar die Zuständigkeit der Verwaltungsgerichtsbarkeit vertragswertunabhängig begründet,[152] eine Konzession liegt – mangels Vertrags – nicht vor. Die Platzvergabe auf Volksfesten und Weihnachtsmärkten fällt unter den

---

143 VK Sachsen, Beschluss v. 26.9.2017 – 1 SVK 16/17.
144 Gesetzesbegründung zu § 105 Abs. 1 GWB, VergRModG 2016, BT-Drs. 18/6281, 76.
145 Vgl. *Wernicke*, in: Grabitz/Hilf/Nettesheim, EUV/AEUV, Rn. 37.
146 Vgl. *Wernicke*, in: Grabitz/Hilf/Nettesheim, EUV/AEUV, Rn. 38.
147 Vgl. *Müller*, NVwZ, 2016, 255.
148 Gesetzesbegründung, VergRModG 2016, BT-Drs. 18/6281, 73; vgl. *Kröhnke*, NVwZ 2016, 568 (575).
149 EuGH, Urteil v. 4.2.2016 – Rs. C-336/14 (Ince), Rn. 65; vgl. auch *Braun*, NZBau 2016, 266; siehe auch GlüStV Rn. 19 ff.
150 VK Niedersachsen Beschluss v. 19.6.2018 – VgK-18/2018.
151 Siehe Rn. 54 ff.
152 Vgl. z.B. OVG Sachsen-Anhalt, Urteil v. 22.2.2012 – 3 L 259/10; vgl. ausführlich *Braun*, in: Prieß/Lau/Kratzenberg, Festschrift für Marx, S. 39; *ders.*, VergabeR 2014, 324 ff.; siehe auch *Müller*, NVwZ, 2016, 255.

GWB-Konzessionsbegriff, wenn damit der Konzessionsgeber im Rahmen der Daseinsvorsorge eine Dienstleistung im Rahmen der Daseinsvorsorge beschafft.[153] Die Gewährung eines Fischereirechtes beschränkt sich jedoch nicht auf die „vergaberechtsfreie" Gewährung eines Gebrauchs- und Genussrechts im Sinne des § 581 Abs. 1 BGB gegen Zahlung eines Pachtzinses, sondern reicht weiter und enthält das für die Anwendbarkeit des Vergaberechts notwendige Auftragselement. Zum einem übernimmt der Pächter mit dem Fischereiausübungsrecht auch die Hegeverpflichtung. Zum anderen soll er vertraglich zu weitergehenden Leistungen verpflichtet werden, die in der Summe darauf hinauslaufen, dass er mit der Aufgabe betraut wird, das Fischereirecht nach Vorgaben des Landes und auch in dessen monetärem Interesse befristet zu verwalten und zu bewirtschaften.[154]

Zu berücksichtigen ist aber, dass, selbst wenn das (förmliche) Konzessionsrecht für Lizenzvergaben nicht gelten sollte, die Lizenzvergabe dennoch nicht regelfrei, sondern z.B. begrenzt durch **Grundrechte** (Art. 3 Abs. 1, Art. 12 und Art. 14 GG) und bei binnenmarktrelevanten Vergaben unter Berücksichtigung der Grundregeln des **AEUV** verlaufen muss.[155] Beabsichtigt ein Auftraggeber die Vergabe eines eindeutig binnenmarktrelevanten Auftrags im Wege des Open-House-Modells, können Auftraggeber trotz der Vergaberechtsfreiheit die Vergabe nicht ohne Beachtung des Unionsrechts ausgestalten. Sie haben vielmehr die Grundregeln des AEUV und insbesondere die Grundsätze der Nichtdiskriminierung und der Gleichbehandlung sowie das daraus abgeleitete Transparenzgebot zu beachten.[156] Die Mitgliedstaaten verfügen dabei über einen gewissen Gestaltungsspielraum beim Erlass von Maßnahmen zur Gewährleistung der Beachtung des Grundsatzes der Gleichbehandlung und des Transparenzgebots. Das Transparenzerfordernis setzt jedoch eine Bekanntmachung voraus, die es den potenziell interessierten Wirtschaftsteilnehmern ermöglicht, vom Ablauf und von den wesentlichen Merkmalen eines Zulassungsverfahrens wie des im Ausgangsverfahren in Rede stehenden gebührend Kenntnis zu nehmen.[157]

4. Nutzung öffentlicher Bereiche oder Ressourcen

Vereinbarungen, die das Recht eines Unternehmens zur privat- oder öffentlich-rechtlichen Nutzung öffentlicher Bereiche oder Ressourcen regeln, gelten nach Erwägungsgrund 15 RL 2014/23/EU nicht als Konzessionen i.S.d. Konzessionsvergaberichtlinie. Bei öffentlichen Bereichen handelt es sich beispielsweise um Land oder öffentliche Liegenschaften, insbesondere auf dem Gelände von See-, Binnen- oder Flughäfen.[158]

Dies betrifft in der Regel **Pachtverträge** über öffentliche Liegenschaften oder Land, die meist Klauseln enthalten, die die Besitzübernahme durch den Pächter, die vorgesehene Nutzung und die Pflichten von Pächter und Eigentümer hinsichtlich der Instandhaltung der Liegenschaft, die Dauer der Verpachtung und die Rückgabe des Besitzes an den Eigentümer, den Pachtzins sowie die vom Pächter zu zahlenden Nebenkosten regeln.[159] Wenn mit Nutzung der privat- oder öffentlich-rechtlichen Nutzung öffentlicher Bereiche oder Ressourcen jedoch auch ein Beschaffungsbezug (wenn auch ein mittelbarer) vorliegt, dann liegt eine Dienstleistungskonzession vor. Pachtverträge waren auch schon nach bisheriger Rechtslage vom Begriff der Dienstleistungskonzession ausgenommen.[160] Eine Widmung von Stellplätzen ist keine Baukonzession.[161] Ein gemischter Vertrag, der Elemente eines Pachtvertrages und eines Dienstleistungsvertrages beinhaltet, ist nur dann ausschreibungsfrei, wenn es sich bei dem Dienst-

---

153 A.A. *Kröhnke*, NVwZ 2016, 568 (575).
154 OLG Koblenz, Beschluss v. 10.7.2018 – Verg 1/18.
155 Vgl. für Messen und Märkte *Braun*, NZBau 2009, 747.
156 EuGH, Urteil v. 2.6.2016 – Rs. C-410/14 (Falk Pharma); vgl. *Portner/Rechten*, NZBau 2017, 587.
157 EuGH, Urteil v. 2.6.2016 – Rs. C-410/14 (Falk Pharma), Rn. 44 f.
158 Vgl. *Ziekow*, in: Ziekow/Völlink, Vergaberecht, § 105 GWB Rn. 7.
159 Erwägungsgrund 15 RL 2014/23/EU.
160 Vgl. z.B. KG, Urteil v. 22.1.2015 – 2 U 14/14; *Mösinger*, NZBau 2015, 545.
161 Vgl. OLG Schleswig, Beschluss v. 15.3.2013 -1 Verg 4/12.

leistungsanteil um eine unwesentliche Nebenabrede handelt. Auch die bloße Vermietung oder Verpachtung unterliegt nicht dem Vergaberechtsregime.[162]

97 Für die Nutzung öffentlicher Bereiche oder Ressourcen gilt, dass die Qualifikation als GWB-vergaberechtsfreier Vorgang im Hinblick auf **grundfreiheitliche, grundrechtliche sowie beihilfenrechtliche Vorgaben** nicht von der Durchführung eines materiellen und prozeduralen Mindestanforderungen genügenden Verteilungsverfahrens entbindet.[163] Bei der Verpachtung oder der Veräußerung von Vermögensgegenständen der öffentlichen Hand in einem nicht vergaberechtlichen Bieterverfahren entsteht zwischen dem Träger der öffentlichen Verwaltung und den Teilnehmern des Verfahrens ein vorvertragliches Vertrauensverhältnis, das auch außerhalb des Anwendungsbereichs der allgemeinen Vergabevorschriften und Verdingungsordnungen den Träger der öffentlichen Verwaltung zur Gleichbehandlung der Teilnehmer, zur Transparenz und zur Rücksichtnahme verpflichtet.[164] Aus solch einem vorvertraglichen Vertrauensverhältnis können auch Unterlassungsansprüche resultieren. Der vom Vertrauensschutz Begünstigte muss nicht erst die Entstehung eines Schadens abwarten.[165] Darüber hinaus binden die öffentlich-rechtlichen Grundsätze der Nichtdiskriminierung, Gleichbehandlung und Transparenz die öffentliche Hand auch bei Veräußerungsvorgängen. Ein willkürlich benachteiligter Bewerber oder Bieter kann einen Unterlassungsanspruch aus §§ 823 Abs. 2, 1004 Abs. 1 BGB in Verbindung mit einschlägigen öffentlich-rechtlichen Schutzgesetzen geltend machen.[166]

5. Netzbereitstellungen

98 Der Betrieb von Fernwärmeversorgungsnetzen unterfällt nicht dem Vergaberecht.[167] Erwägungsgrund 16 RL 2014/23/EU macht deutlich, dass die Gewährung von Wegerechten hinsichtlich der Nutzung öffentlicher Liegenschaften für die Bereitstellung oder den Betrieb fester Leitungen oder Netze, über die eine Dienstleistung für die Allgemeinheit erbracht werden soll, ebenfalls nicht als Konzession i.S.d. RL 2014/23/EU gilt, sofern derartige Verpflichtungen weder eine Lieferverpflichtung auferlegen noch den Erwerb von Dienstleistungen durch den Konzessionsgeber für sich selbst oder für den Endnutzer vorsehen. Diese Ausführungen betreffen vor allem Wegenutzungsverträge i.S.d. § 46 EnWG sowie Wegenutzungsverträge zu Fernwärmeleitungen.[168] Ob diese dem Konzessionsrecht unterfallen oder nicht, ist umstritten. Nach zutreffender Auffassung dürfte im Ergebnis die ordentliche Gerichtsbarkeit zuständig sein. [169]

6. Notwendigkeit der Unterstützung bei der öffentlichen Daseinsvorsorge

99 Auch im Bereich der Daseinsvorsorge liegen regelmäßig ausschreibungspflichtige Dienstleistungskonzessionsverträge vor.[170] Interessierte Kreise auf Seiten der Dienstleistungserbringer mögen ein nachhaltiges Interesse daran haben, ohne gemeinschaftskonforme Verfahren an die finanziellen Vorteile zu kommen, die mit Dienstleistungskonzessionen verbunden sein können. Konzessionsgeber können gerade Aufgaben im Bereich der Daseinsvorsorge so transparent vergeben, dass die betroffenen Bürger Vorteile davon erzielen. Das schlichte Vorliegen einer Daseinsvorsorge rechtfertigt es nicht, keine Ausschreibungen durchzuführen. Im Gegenteil: fehlende Ausschreibungen führen zu oligopolen Marktstrukturen, die die Allgemeinheit schädigen.

---

162 VK Rheinland-Pfalz, Beschluss v. 6.2.2018 – VK 1-31/17.
163 Vgl. *Wollenschläger*, in: Burgi/Dreher, Vergaberecht, § 105 GWB Rn. 47 bis 48.
164 Vgl. BGH, Urteil v. 22.2.2008 – V ZR 56/07.
165 Vgl. OLG Dresden, Urteil v. 13.8.2013 – 16 W 439/13.
166 Vgl. LG Stuttgart, Urteil v. 24.3.2011 – 17 O 115/11; LG Chemnitz, Urteil v. 28.2.2017– 5 O 209/17 EV; LG Zwickau, Beschluss v. 20.6.2017 – 7 O 380/17.
167 VG Berlin, Urteil v. 30.6.2017 – 4 K 16.15, juris Rn. 125.
168 Gesetzesbegründung zu § 105 Abs. 1 GWB, VergRModG 2016, BT-Drs. 18/6281, 76.
169 Vgl. *Braun*, NZBau 2015, 535; *Hofmann/Zimmermann*, NZBau 2016, 71; *Weiß*, NVwZ 2014, 1415; *Wieland*, DÖV 2015, 169; verneinend OLG Frankfurt, Beschluss v. 16.4.2018 – 11 Verg 1/18.
170 Vgl. *Keller/Hellstern*, NZBau 2018, 323.

Ein Vertrag lässt sich nur dann nicht als Dienstleistungskonzession einordnen, wenn er dem Konzessionär keine eigentlich dem Konzessionsgeber obliegenden öffentlichen Aufgaben überlässt. Es muss ein Akt der Betrauung in der Form eines **Beschaffungsvorganges** vorliegen. Bei der Daseinsvorsorge reicht ein mittelbarer Beschaffungsvorgang auf einem Gebiet der öffentlichen Daseinsvorsorge aus, wobei ein irgendwie geartetes öffentliches Interesse nicht ausreichend ist.[171] Ein Konzessionsgeber beschafft sich dann eine Leistung, wenn ihm die Gegenleistung entweder unmittelbar zugutekommt oder mittelbar, wenn sie ihn bei der Erfüllung der ihm obliegenden Aufgaben und insbesondere bei der Daseinsvorsorge für die Bevölkerung unterstützt, unabhängig davon, ob der Konzessionsnehmer eine Beihilfe in Form einer Anschubfinanzierung erhält. Die Versorgung der Bevölkerung mit flächendeckender Telekommunikation ist ein Teil der Daseinsvorsorge.[172]

100

Die übernommene Dienstleistung muss eindeutig dem Kreis der öffentlichen Daseinsvorsorge im eigentlichen Sinn zuzuordnen sein. Wird der Dienstleistungserbringer ausschließlich von Dritten vergütet, genügt für die Annahme einer Dienstleistungskonzession die Übertragung eines erheblich eingeschränkten **Betriebsrisikos** durch den Konzessionsgeber. Das liegt daran, dass im Bereich der öffentlichen Daseinsvorsorge Regelungen bestehen können, welche eine Begrenzung des wirtschaftlichen Risikos bewirken können. Bei einer Tätigkeit im Rahmen der Daseinsvorsorge kann die Konkurrenz mit anderen Wirtschaftsteilnehmern eingeschränkt sein. Es ist üblich, dass für bestimmte Tätigkeitsbereiche, insbesondere Bereiche, die die öffentliche Daseinsvorsorge betreffen, wie z.B. die Wasserversorgung und die Abwasserbeseitigung, Regelungen gelten, die eine Begrenzung der wirtschaftlichen Risiken bewirken können.[173] Das mögliche Ungleichgewicht zwischen Angebot und Nachfrage, das Risiko der Insolvenz, das Risiko der nicht vollständigen Deckung der Betriebsausgaben durch die Einnahmen und das Risiko der Haftung für einen Schaden bei Durchführung der Dienstleistung kann nicht dergestalt ausgeprägt sein, dass eine Dienstleistungskonzession vorliegt.[174]

101

7. Abgrenzung zur Rahmenvereinbarung

Die Dienstleistungskonzession muss von der Rahmenvereinbarung abgegrenzt werden. Den Grad an wirtschaftlicher Entscheidungsfreiheit und, damit korrelierend, den Grad der Übernahme des Betriebsrisikos hat der EuGH als entscheidendes Kriterium bei der Abgrenzung der Dienstleistungskonzession von der Rahmenvereinbarung bestimmt.[175] Rahmenvereinbarungen sind gemäß § 103 Abs. 5 S. 1 GWB Vereinbarungen zwischen einem oder mehreren öffentlichen Auftraggebern oder Sektorenauftraggebern und einem oder mehreren Unternehmen, die dazu dienen, die Bedingungen für die öffentlichen Aufträge, die während eines bestimmten Zeitraums vergeben werden sollen, festzulegen, insbesondere in Bezug auf den Preis. Rahmenvereinbarungen sind keine Dienstleistungskonzessionen, wobei die Abgrenzungslinie wie folgt läuft: Der Konzessionär verfügt kraft des ihm übertragenen Nutzungsrechts typischerweise über ein Maß an wirtschaftlicher Freiheit, das es ihm ermöglicht, die „Bedingungen zur Nutzung dieses Rechts zu bestimmen". Zugleich trägt er die mit der Nutzung des Rechts verbundenen Risiken. Demgegenüber setzt eine Rahmenvereinbarung dem bzw. den einbezogenen Unternehmen insoweit Grenzen, als die festgelegten Bedingungen über die gesamte Vertragslaufzeit hinweg eingehalten werden müssen.[176]

102

F. Rechtsschutz

Die Vergabe von Konzessionen kann gerichtlich überprüft werden. Das Gebot des effektiven Rechtsschutzes nach Art. 19 Abs. 4 GG gilt auch und gerade im Bereich der Konzessionsver-

103

---

171 Vgl. VK Südbayern, Beschluss v. 27.5.2015 – Z3-3-3194-1-15-03/15.
172 OLG Karlsruhe, Beschluss v. 14.11.2014 – 15 Verg 10/14.
173 EuGH, Urteil v. 10.9.2009 – Rs. C-206/08 (Eurawasser), Rn. 72.
174 Vgl. *Wollenschläger*, in: Burgi/Dreher, Vergaberecht, § 105 GWB Rn. 107 f.
175 Ausdrücklich z.B. Erwägungsgrund 7 RL 2014/23/EU.
176 EuGH, Urteil v. 10.9.2009 – Rs. C-206/08 (Eurawasser), Rn. 56 ff.

gaben. Wie wirkungsvoll Rechtschutz für den unterlegenen Konzessionsnehmer gewährt wird, ist unterschiedlich ausgestaltet.

I. Gerichtliche Zuständigkeit

104 Dem erfolglosen Bewerber oder Bieter stehen im Bereich außerhalb des förmlichen GWB-Vergaberechts gleich **zwei Rechtswege** offen: sowohl der ordentliche Rechtsweg nach § 13 GVG als auch der Verwaltungsrechtsweg gemäß § 40 Abs. 1 S. 1 VwGO. Der hierbei grundsätzlich entscheidende Faktor ist die Rechtsnatur der jeweiligen Konzession (gleich ob Bau- oder Dienstleistungskonzession).[177] Handelt es sich um einen privatrechtlichen Vertrag zwischen Konzessionsnehmer und zuständiger Behörde, so ist der ordentliche Rechtsweg eröffnet. Handelt es sich aber um einen öffentlich-rechtlichen Vertrag i.S.d. §§ 54 ff. VwVfG, so ist das Verwaltungsgericht zuständig.[178]

105 Der Rechtsweg zum **Verwaltungsgericht** bestimmt sich anhand der Rechtsnatur des Teilnahmeverhältnisses, die sich aus dem Rechtscharakter der Auswahlbestimmungen ergibt.[179] Der hoheitliche Konzessionsgeber hat ein Wahlrecht, wie er die Teilnahme an einer Veranstaltung organisieren will.[180] Wenn sich das staatliche Handeln in den Bahnen des öffentlichen Rechts vollzieht, ist die Zuständigkeit der Verwaltungsgerichtsbarkeit gegeben.[181] Sind die Teilnahmebestimmungen hingegen privatrechtlich ausgestaltet, so ist mit der Zwei-Stufen-Theorie zu differenzieren: Soweit die Zulassung als solche (das „Ob", erste Stufe) in Streit steht, ist der Verwaltungsrechtsweg eröffnet.[182] Die konkrete Ausgestaltung der Rechtsbeziehungen während des Ablaufs der Veranstaltung bzw. des Marktes (das „Wie", zweite Stufe) beurteilt sich dagegen nach Privatrecht.[183] In dem Fall ist bei der Vergabe einer Dienstleistungskonzession in den Formen des Privatrechts die ordentliche Gerichtsbarkeit unterhalb der Schwellenwerte und außerhalb des förmlichen GWB-Vergaberechts zuständig.

106 Rechtsschutz wird stets nur gewährt, wenn die einschlägige Norm, auf die sich der unterlegene Bewerber oder Bieter stützt, unternehmensschützend ist. Sofern einer verletzten Norm insbesondere im KonzVgV und GWB subjektiver Drittschutz zukommt, kann es gemäß §§ 155, 156 GWB zu einer Überprüfung im vergaberechtlichen Nachprüfungsverfahren vor den **Vergabekammern** kommen. Jede (vergaberechtliche) Vorschrift ist im Einzelnen darauf zu überprüfen, ob sie zugunsten des Konzessionsnehmers eine unternehmensschützende Vorschrift über das Verfahren gemäß § 97 Abs. 6 GWB aufstellt.

II. Konzessionen innerhalb des GWB-Vergaberechts

107 Der vergaberechtliche **Primärrechtsschutz** besteht oberhalb der Schwellenwerte im Nachprüfungsantrag gemäß §§ 155 ff. GWB sowie in der sofortigen Beschwerde gemäß §§ 171 ff. GWB vor den Vergabekammern bzw. Vergabesenaten. Der vergaberechtliche Primärrechtsschutz ist darauf gerichtet, die Erteilung des Zuschlags im Rahmen eines fehlerhaften Vergabeverfahrens präventiv zu verhindern.

108 Der **Sekundärrechtsschutz** des Bewerbers oder Bieters ist hingegen regelmäßig auf eine vermögensrechtliche Kompensation ausgerichtet – die Konzessionsvergabe bleibt dabei meist als solches unberührt. Beim Sekundärrechtsschutz handelt es sich somit im Grundsatz um ein Bündel unterschiedlicher Schadensersatzansprüche des übergangenen Konzessionsnehmers.

---

177 Vgl. BGH, Beschluss v. 23.1.2012 – X ZB 5/11 m.w.A; *Braun*, NZBau 2012, 251; *Bühs*, NVwZ 2017, 440.
178 Siehe auch GlüStV Rn. 164 und VOB/A Rn. 88.
179 *Braun*, in: Prieß/Lau/Kratzenberg, Festschrift für Marx, S. 43; siehe auch GewO Rn. 121.
180 *Braun*, in: Prieß/Lau/Kratzenberg, Festschrift für Marx, S. 43; siehe auch GewO Rn. 121.
181 Vgl. VG Freiburg, Beschluss v. 11.11.2014 – 4 K 2310/14; Vgl. VG Gießen, Beschluss v. 7.1.2014 – 8 L 2511/13.GI; VG Hannover, Beschluss v. 18.10.2012 – 7 B 5189/12; VG Neustadt an der Weinstraße, Urteil v. 16.12.2010 – 4 K 939/10.NW.
182 Vgl. VG Stuttgart, Beschluss v. 11.7.2006 – 4 K 2292/06.
183 *Braun*, in: Prieß/Lau/Kratzenberg, Festschrift für Marx, S. 43; *ders.*, NVwZ 2009, 747 (752).

Im GWB selbst ist ein vergaberechtlicher Schadenersatzanspruch gemäß § 181 S. 1 GWB normiert.

Im Geltungsbereich des GWB haben Unternehmen gemäß §§ 97 Abs. 6, 106 Abs. 1, Abs. 2 Nr. 4 GWB einen **Anspruch** auf Einhaltung der allgemeinen Grundsätze der Transparenz, der Gleichbehandlung/Nichtdiskriminierung und des Wettbewerbs, der Verhältnismäßigkeit und der Objektivität gemäß § 152 Abs. 3 S. 1 GWB. Der Anspruch aus § 97 Abs. 6 GWB bewirkt, dass die verfahrensbestimmenden unternehmensschützenden Vorschriften aus dem GWB und der KonzVgV einen subjektiven öffentlich-rechtlichen Anspruch der Unternehmen unter anderem auf Nachprüfung der Vergabeentscheidung entfalten, wenn das Konzessionsvergabeverfahren nicht diesen Vorgaben und den Vergabegrundsätzen entsprechend durchgeführt wird.

109

III. Konzessionen außerhalb des GWB-Vergaberechts

Unterhalb der Schwellenwerte gelten die Vorgaben des förmlichen Kartellvergaberechts nicht für das verwaltungsrechtliche Auswahlverfahren, auch wenn dieses durch einen öffentlich-rechtlichen Vertrag gemäß § 54 VwVfG abgeschlossen werden sollte. Mit der Teilnahme an einem Konzessionsvergabeverfahren entsteht zwischen dem Konzessionsgeber und einem (potenziellen) Konzessionsnehmer ein vorvertragliches Vertrauensverhältnis, das darauf gerichtet ist, dass die Vergabestelle die ihr obliegende Pflichten betreffend die Durchführung des Vergabeverfahrens einhält. Bei einer Verletzung dieses Vertrauens kann nicht nur – im Falle einer erfolgten Zuschlagserteilung – ein Schadensersatzanspruch, sondern vielmehr bereits im Vorfeld ein Unterlassungsanspruch entstehen.

110

1. Bewerbungsverfahrensanspruch

Dem Konzessionsbewerber steht auch im Unterschwellenbereich aus Art. 3 Abs. 1 GG i. V.m. Art. 20 Abs. 3 GG ein öffentlich-rechtlicher Bewerbungsverfahrensanspruch zur Seite. Der Anspruch verlangt nach zutreffender Ansicht, dass zwischen der Bekanntgabe der Auswahlentscheidung und dem Vertragsabschluss mit dem ausgewählten Unternehmen einen angemessenen **Zeitraum** von jedenfalls zwei Wochen verstreichen zu lassen, um einen effektiven (Primär-)Rechtsschutz i. S. des Art. 19 Abs. 4 GG in Bezug auf die Auswahlentscheidung zu ermöglichen.[184]

111

Interessenten für eine Konzession haben einen Anspruch darauf, dass der öffentliche Bedarf vorab angemessen veröffentlicht wird. Die Verletzung der **Bekanntmachungspflicht** eines Konzessionsgebers, resultierend aus Art. 49 und 56 AEUV, verletzt einen Konzessionsbewerber in seinen Rechten, da sich die Konzessionsnehmerin auf eine Verletzung von Art. 49 und 56 AEUV im Sinne einer subjektiven Rechtsverletzung berufen kann.[185]

112

Die Bewerber und Bieter haben Anspruch auf ein verfahrens- und regelkonformes Verfahren, wobei der gerichtliche **Prüfungsumfang** nicht umfassen ist. Dieser besteht aufgrund des bestehenden Einschätzungsspielraums der Behörde lediglich in der Prüfung des pflichtgemäßes Verwaltungshandeln dahingehend, ob die Bewertung nachvollziehbar und schlüssig erfolgte, d.h., ob die Beurteilung auf Basis zutreffender Tatsachen erfolgt ist, ob gegen Denkgesetze oder allgemein gültige Wertmaßstäbe verstoßen worden ist, ob sachwidrige Erwägungen angestellt oder ob Verfahrensfehler gemacht worden sind. Das Verwaltungshandeln der auswählenden Behörde muss dabei transparent und nachvollziehbar sein und zwar sowohl im Hinblick auf die Kriterien, von denen sich die Behörde bei der Auswahlentscheidung leiten lässt, als auch im Hinblick auf den konkreten Auswahlvorgang selbst.[186] Je nach dem betroffenen Rechtsgebiet fällt im Einzelfall der Prüfungsumfang unterschiedlich aus.

113

---

184 OVG Berlin-Brandenburg, Beschluss v. 30.11.2010 – 1 S 107/10; Braun, NVwZ 2009, 747.
185 VG Kassel, Urteil v. 6.10.2017 – 5 K 939/13.KS.
186 VG München, Beschluss v. 31.5.2016 – M 7 E 16.2303 m.w.N.

114 Je enger und monopolistischer der Markt, desto umfassender sind die Prüfungsrechte des Gerichtes. Bei engen Märkten mit großer Markttransparenz – insbesondere bei einigen dominierenden Anbietern – kommt dem Geheimwettbewerb besonderes Gewicht zu.[187] Bei begrenzten Kapazitäten zur Ausübung eines spezifischen Berufs wie bei kontingentierten Dienstleistungskonzessionen auf einem Markt, einem Volksfest oder einer ähnlichen Veranstaltung entfaltet die administrative Verteilungsentscheidung unmittelbar grundrechtliche Relevanz als Verteilung von „Freiheitschancen".[188] Der grundrechtliche Teilhabeanspruch schlägt sich einfach-rechtlich als subjektiv öffentlich-rechtlicher Anspruch des Unternehmens auf Durchführung eines **verfahrensfehlerfreien Auswahlverfahrens** nieder.[189] Ein solches liegt aber in letzter Konsequenz erst dann vor, wenn die bereits genannten Grundsätze des Vergabeverfahrens ebenso im unterschwelligen Bereich auf verwaltungsrechtliche Auswahlverfahren passgenau übertragen werden. Infolgedessen entfaltet der Teilhabeanspruch gemäß Art. 12 Abs. 1 GG i.V.m. Art. 3 Abs. 1 GG i.V.m. den vergaberechtlichen Grundsätzen nicht nur eine objektiv-rechtliche Verpflichtung des Staates,[190] das Vergabeverfahren fehlerfrei durchzuführen, sondern zugleich das subjektiv-öffentliche Recht der Teilnehmer, tatsächlich Berücksichtigung in einem fehlerfreien Verfahren zu finden.[191] Fehlerfreiheit bedeutet hierbei, dass das Verfahren transparent, nichtdiskriminierend, gleichbehandelnd, objektiv, verhältnismäßig und wettbewerbsorientiert durchgeführt wird. Bestimmte Mindestanforderungen müssen folglich auch im Bereich unterhalb der Schwellenwerte eingehalten werden.[192] Ein anderes Ergebnis würde die Anforderungen des Gebotes des effektiven Rechtsschutzes gemäß Art. 19 Abs. 4 GG grundlegend verkennen.[193] Bei Binnenmarktrelevanz des jeweiligen Vergabeverfahrens gilt aufgrund der Geltung der Grundfreiheiten (Art. 49 und 56 AEUV) und Art. 18 AEUV entsprechend dasselbe.[194]

2. Kausalität des Rechtsverstoßes

115 Es muss eine **Ursächlichkeit** zwischen Rechtsverstoß und Fehler vorliegen.[195] Diese ist gegeben, wenn es ernsthaft möglich erscheint, dass der Unterlegene bei rechtsfehlerfreiem Verlauf anstelle des Begünstigten ausgewählt und bestellt worden wäre.[196] Diese ist stets gegeben, wenn eine transparente Veröffentlichung fehlt.[197] Bei der Frage der Ursächlichkeit ist ein großzügiger Maßstab geboten, damit die Nachprüfungsinstanzen dem Grundsatz des effektiven Rechtsschutzes gerecht werden können.

116 Das materielle Recht schließt nicht aus, die fehlende Kausalität eines Bewertungsfehlers dann zu berücksichtigen, wenn die **„Alternativlosigkeit"** der Bewertung ohne Übergriff in einen der Behörde zustehenden Beurteilungsspielraum festgestellt werden kann. Dies ist der Fall wenn sich aufzeigen lässt, dass auf der Grundlage der von der Behörde aufgestellten Kriterien und in konsequenter Anwendung der von ihr vorgenommenen Bewertungen von Rechts wegen nur ein bestimmtes Ergebnis in Betracht kommt.[198] Insgesamt bleibt als Feststellung für die Ursächlichkeit ausreichend, der Fehler Einfluss auf die Konzessionsvergabeentscheidung gehabt haben könnte.

---

187 VK Südbayern, Beschluss v. 24.7.2018 – Z3-3-3194-1-11-10/18.
188 *Burgi*, NZBau 2001, 64 (70).
189 OVG Lüneburg, Beschluss v. 12.11.2012 – 13 ME 231/12; VGH Mannheim, Urteil v. 1.10.2009 – 6 S 99/09; VG Darmstadt, Beschluss v. 10.9.2015 – 4 L 1180/15.DA; *Braun*, in: Prieß/Lau/Kratzenberg, Festschrift für Marx, S. 45.
190 So der VGH Kassel, Urteil v. 23.2.2011 – 5 K 128/08.KS.
191 VGH Kassel, Beschluss v. 16.10.2015 – 8 B 1028/15, dieser bezieht sich zwar auf § 4b Abs. 1 S. 1 GlüStV, der Gedanke kann aber entsprechend auf jedes Vergabe- und Auswahlverfahren übertragen werden; VGH München, Urteil v. 22.7.2015 – 22 B 15.620; Beschluss v. 12.8.2013 – 22 CE 13.970; *Braun*, in: Prieß/Lau/Kratzenberg, Festschrift für Marx, S. 45.
192 VG Darmstadt, Beschluss v. 10.9.2015 – 4 L 1180/15.DA.
193 Vgl. BVerfG, Beschluss v. 29.7.2004 – 2 BvR 2248/03; VG Wiesbaden, Beschluss v. 8.6.2015 – 5 L 1433/14.WI.
194 EuGH, Urteil v. 28.1.2016 – Rs. C-50/14 (CASTA), Rn. 47, 49 m.w.A.; *Braun*, EuZW 2016, 304; *Prieß/Simonis*, NZBau 2015, 731 (732).
195 OVG Hamburg, Beschluss v. 16.8.2013 – 1 Es 2/13; VG Regensburg, Urteil v. 2.10.2014 – RO 5 K 14.640.
196 VGH München, Urteil v. 22.4.2013 – 22 BV 12.1728, Rn. 55.
197 Vgl. VG Kassel, Urteil v.6.10.2017 - 5 K 939/13.KS.
198 VGH München, Beschluss v. 12.8.2013 – 22 CE 13.970, Rn. 47.

Wenn ein Kläger nur an vierter Stelle steht (und damit an **aussichtsloser Stelle** liegt), dann ist i.d.R. eine Rechtsverletzung nicht gegeben.[199] Es ist dann nicht ersichtlich, dass der Kläger im Vergleich zum ausgewählten Mitbewerber so benachteiligt wäre, dass er einen Anspruch auf eine erneute Bescheidung über seinen Zulassungsanspruch hätte. Selbst wenn und soweit in einzelnen Unterpunkten Verfahrens- oder Bewertungsfehler erfolgt sein sollten, fehlt diesen jedenfalls die erforderliche Kausalität, sodass die Nichtzulassung des Klägers im Ergebnis nicht zu beanstanden ist. Der nicht berücksichtigte Bieter muss also für eine erfolgreiche Klage geltend machen, dass er alle vor ihm liegenden Bieter verdrängen kann. 117

3. Prozessuale Fragen

Rechtsschutz bei den Verwaltungsgerichten wird bei der hier vorliegenden Streitkonstellation durch kombinierte **Anfechtungs- und Verpflichtungsklage** gewährt.[200] Zum Zwecke der nach Art. 19 Abs. 4 GG gebotenen Gewährung eines effektiven Eilrechtsschutzes ist anerkannt, dass nicht nur der (strikte) Anspruch auf Zulassung, sondern auch der – regelmäßig in Betracht kommende – Anspruch auf Neubescheidung des Zulassungsantrags als zulässiger Gegenstand einer einstweiligen Anordnung anzusehen ist.[201] Bei Zuständigkeit der ordentlichen Gerichtsbarkeit kommt die Glaubhaftmachung eines Verfügungsanspruches gemäß §§ 935, 940 ZPO in Frage.[202] 118

Verwaltungsgerichtliche Rechtsstreitigkeiten werden häufig im **Eilverfahren** nach § 123 VwGO ausgetragen.[203] Der Anordnungsgrund ist angesichts des drohenden Zeitablaufs und der daraus resultierenden Dringlichkeit in der Regel unproblematisch.[204] Im einstweiligen Rechtsschutzverfahren kann ein Verwaltungsgericht nach § 123 Abs. 1 VwGO auf Antrag eine einstweilige Anordnung in Bezug auf den Streitgegenstand treffen, wenn die Gefahr besteht, dass durch eine Veränderung des bestehenden Zustands die Verwirklichung eines Rechts des Antragstellers vereitelt oder wesentlich erschwert werden könnte, oder auch zur Regelung, vor allem bei dauernden Rechtsverhältnissen, nötig erscheint, um wesentliche Nachteile für den Antragsteller abzuwenden. Nach § 123 Abs. 3 VwGO i.V.m. § 920 Abs. 2 ZPO sind dabei sowohl ein Anordnungsanspruch, d.h. der materielle Anspruch, für den der Antragsteller vorläufigen Rechtsschutz sucht, als auch ein Anordnungsgrund, der insbesondere durch die Eilbedürftigkeit einer vorläufigen Regelung begründet wird, i.V.m. § 294 Abs. 1 ZPO glaubhaft zu machen. Es besteht ein Anordnungsgrund, wenn eine besondere Eilbedürftigkeit wegen des kurz bevorstehenden Veranstaltungszeitraums zu bejahen ist.[205] Eilanträge auf Erlass einer Regelungsanordnung (§ 123 Abs. 1 S. 2 VwGO) sind häufig erfolgreich; das Verbot, die Hauptsache vorwegzunehmen, ist schon wegen Art. 19 Abs. 4 GG obsolet.[206] Es ist höchstrichterlich geklärt, dass vorbeugender Rechtsschutz ausnahmsweise dann gewährt werden kann, wenn ein qualifiziertes, das heißt gerade auf die Inanspruchnahme vorbeugenden Rechtsschutzes gerichtetes Rechtsschutzinteresse vorliegt und der Betroffene nicht zumutbarerweise auf den als grundsätzlich angemessen und ausreichend angesehenen nachträglichen Rechtsschutz verwiesen werden kann.[207] 119

IV. Rechtsschutz außerhalb des Nachprüfungsverfahrens

Im Geltungsbereich des förmlichen Vergaberechts sind die Rechtschutzmöglichkeiten für förmliche Konzessions- und Vertragsvergaben in den §§ 155 GWB ausführlich geregelt. Viele Konzessionen werden jedoch außerhalb dieses Bereiches vergeben. Unternehmen sind jedoch 120

---

199 VG Würzburg, Urteil v. 24.5.2017 – W 6 K 17.166.
200 VGH München, Urteil v. 22.4.2013 – 22 BV 12.1728.
201 VG Aachen, Beschluss v. 6.6.2017 – 3 L 198/17, juris Rn. 9.
202 Vgl. OLG Düsseldorf, Beschluss v. 13.6.2018 – 2 U 7/16 (für eine Wasserkonzession).
203 Vgl. z.B. VG Bremen, Beschluss v. 28.9.2017 – 5 V 2406/17.
204 Vgl. *Schoch*, NVwZ 2016, 257 (265) m.w.N.
205 VG München, Beschluss v. 31.5.2016 – M 7 E 16.2303.
206 Vgl. *Schoch*, NVwZ 2016, 257 (265) m.w.N.; VG Oldenburg, Beschluss v. 22.7.2015 – 12 B 1778/15.
207 OVG Münster Beschluss v. 20.7.2016 – 4 B 690/16.

in diesem Bereich nicht rechtschutzlos gestellt. Mit der Teilnahme an einem Konzessionsvergabeverfahren entsteht zwischen dem Konzessionsgeber und einem (potenziellen) Konzessionsnehmer ein **vorvertragliches Vertrauensverhältnis**, das darauf gerichtet ist, dass die Vergabestelle die ihr obliegende Pflichten betreffend die Durchführung des Vergabeverfahrens einhält. Bei einer Verletzung dieses Vertrauens kann nicht nur – im Falle einer erfolgten Zuschlagserteilung – ein Schadensersatzanspruch, sondern vielmehr bereits im Vorfeld ein Unterlassungsanspruch entstehen. Ein Unternehmen kann zur Vermeidung einer Verletzung von Rücksichtnahmepflichten die Unterlassung vergaberechtswidriger Ausschreibungsbedingungen verlangen.[208]

121 Im Falle eines fehlerhaften Verfahrens zur Vergabe von Konzessionen oder öffentlichen Aufträgen stehen dem unterlegenen Bewerber oder Bieter demnach unterschiedliche gerichtliche **Rechtsschutzmöglichkeiten** zur Verfügung. Der vergaberechtliche Primärrechtsschutz besteht oberhalb der Schwellenwerte im Nachprüfungsantrag gemäß §§ 155 ff. GWB sowie in der sofortigen Beschwerde gemäß §§ 171 ff. GWB vor den Vergabekammern bzw. Vergabesenaten. Der vergaberechtliche Primärrechtsschutz ist darauf gerichtet, die Erteilung des Zuschlags im Rahmen eines fehlerhaften Vergabeverfahrens präventiv zu verhindern. Weiterhin wird Rechtsschutz vor den Verwaltungsgerichten z.B. bei der Beauftragung durch Verwaltungsakt gewährt.[209] Dieser Rechtsschutz ist in der Regel nachträglich ausgestaltet.

122 Der **Sekundärrechtsschutz** des Bewerbers oder Bieters ist regelmäßig auf eine vermögensrechtliche Kompensation ausgerichtet – die Konzessionsvergabe bleibt dabei meist als solches unberührt. Beim Sekundärrechtsschutz handelt es sich somit im Grundsatz um ein Bündel unterschiedlicher Schadensersatzansprüche des übergangenen Konzessionsnehmers. Im GWB selbst ist ein vergaberechtlicher Schadenersatzanspruch gemäß § 181 S. 1 GWB normiert. Da § 181 S. 2 GWB klarstellt, dass weitergehende Schadensersatzansprüche von § 181 S. 1 GWB unberührt bleiben, können zudem zahlreiche andere Anspruchsgrundlagen in Betracht kommen.

123 Neben wettbewerbs- und kartellrechtlichen **Anspruchsgrundlagen** spielen insbesondere zivilrechtliche eine wesentliche Rolle, weil ein Großteil der Konzessionsvergaben unterhalb der Schwellenwerte stattfindet. Zudem besteht eine Vielzahl von Bereichsausnahmen vom Konzessionsvergaberecht.[210] Zu möglichen zivilrechtlichen Ansprüchen gehören der Anspruch wegen vorvertraglichen Verschuldens (c.i.c.) gemäß §§ 280 Abs. 1, 311 Abs. 2, 241 Abs. 2 BGB,[211] §§ 33 Abs. 1, 19 Abs. 1 und Abs. 2 Nr. 1 GWB a.F.,[212] unerlaubter Handlung gemäß § 823 Abs. 1 BGB (Eingriff in den eingerichteten und ausgeübten Gewerbebetrieb), Verstoßes gegen ein Schutzgesetz gemäß § 823 Abs. 2 BGB, vorsätzlicher sittenwidriger Schädigung gemäß § 826 BGB und gegebenenfalls wegen Amtspflichtverletzung gemäß § 839 BGB i.V.m. Art. 34 S. 3 GG, §§ 823 Abs. 2, 1004 Abs. 1 BGB in Verbindung mit einschlägigen öffentlich-rechtlichen Schutzgesetzen.[213] Der vom Vertrauensschutz Begünstigte muss nicht erst die Entstehung eines Schadens abwarten.[214]

124 Die öffentliche Hand schließt im Rahmen der Vergabe von öffentlichen Aufträgen und Konzessionen entgeltliche privatrechtliche Verträge ab; wenn sie sich hierbei auf dem Gebiet des Vertragsrechts bewegt. Die ebenfalls mögliche Verhaltensform des **Verwaltungsaktes**[215] bleibt hier unberücksichtigt, weil dort der nachträgliche Rechtsschutz gegen eine einseitige hoheitliche Regelung sich in rein verwaltungsrechtlichen Bahnen vollzieht.[216] Für die Vertrau-

---

208 Vgl. OLG München, Beschluss v. 19.6.2017 – 21 W 314/17; OLG Celle, Urteil v. 10.3.2016 – 13 U 148/15 m.w.N; siehe unten Rn. 227.
209 Vgl. oben Rn. 54.
210 Vgl. oben Rn. 15.
211 Ausführlich zur Anspruchsgrundlage der c.i.c.: Braun, VergabeR 2008, 360; ders., NZBau 2008, 160.
212 OLG Düsseldorf, Beschluss v. 13.6.2018 – 2 U 7/16.
213 Vgl. LG Zwickau, Beschluss v. 20.6.2017 – 7 O 380/17; LG Chemnitz, Urteil v. 28.2.2017– 5 O 209/17 EV; LG Stuttgart, Urteil v. 24.3.2011 – 17 O 115/11.
214 Vgl. OLG Dresden, Urteil v. 13.8.2013 – 16 W 439/13.
215 Vgl. oben Rn. 54 ff.
216 OVG Sachsen-Anhalt, Beschluss v. 23.8.2016 – 1 L 30/16, juris Rn. 13.

enshaftung aus dem Grundsatz der c.i.c. ist es unerheblich, ob es sich beim betreffenden Vertrag um einen privatrechtlichen oder **öffentlich-rechtlichen Vertrag** handelt. Auch bei Vorliegen eines öffentlich-rechtlichen Vertrages gemäß §§ 54 ff. VwVfG greifen die Grundsätze der öffentlich-rechtlichen c.i.c. ein.[217] Es darf sich allerdings nicht um eine einseitige hoheitliche Regelung, also um einen Verwaltungsakt gemäß § 35 VwVfG.

Ein Anspruch des Bewerbers oder Bieters aus c.i.c. kann sich in unterschiedlichen Konzessionsvergabeverfahren ergeben. Ob vergaberechtlich geregelte Baukonzessionen oder spezialgesetzlich geregelte Parkplatz-, Rettungsdienst- oder Breitbandkonzessionen vergeben werden sollen, ist hinsichtlich der **Anwendbarkeit** des c.i.c.-Grundsatzes unerheblich. Sowohl bei Durchführung eines förmlichen Vergabeverfahrens als auch eines verwaltungsrechtlichen Auswahlverfahrens, wenn nicht auf ein Verwaltungsakt ausgerichtet, kommen die Grundsätze der vorvertraglichen Vertrauenshaftung zwischen Bewerber oder Bieter und ausschreibender Stelle zur Anwendung.

1. Individualschützende Dimension

Der Anspruch auf Schadensersatz aus dem Grundsatz der c.i.c. setzt eine Pflichtverletzung des Konzessionsgebers im Vergabe- bzw. Auswahlverfahren voraus. Eine zentrale Kategorie an Pflichtverletzungen im vergaberechtlichen Kontext ist der Verstoß des Konzessionsgebers gegen vergaberechtliche Vorschriften bzw. gegen die Grundprinzipien des Vergaberechts. In diesem Kontext ist zur Bejahung einer Pflichtverletzung nach herrschender Auffassung erforderlich, dass es sich bei der verletzten vergaberechtlichen Vorschrift um ein subjektives Schutzgesetz i.S.v. § 823 Abs. 2 BGB handelt. Dieses muss zugunsten des betroffenen Bewerbers oder Bieters sachlich und persönlich einen individualschützenden Charakter aufweisen.

a) Allgemeine Auswahlgrundsätze

Das trifft im Kern auf diejenigen Verfahrensvorschriften zu, die den Geboten des Vergaberechts – Transparenz, Gleichbehandlung, Wettbewerb und Verhältnismäßigkeit gemäß § 97 Abs. 1 und 2 GWB – dienen und Ausdruck dieser **Grundsätze** sind.[218] § 14 KonzVgV statuiert zudem ein Umgehungsverbot. Das Verfahren zur Vergabe einer Konzession darf gemäß § 14 KonzVgV nicht in einer Weise ausgestaltet werden, dass es vom Anwendungsbereich des Teil 4 GWB ausgenommen wird oder bestimmte Unternehmen oder bestimmte Bauleistungen, Lieferungen oder Dienstleistungen auf unzulässige Weise bevorzugt oder benachteiligt werden. Die allgemeinen Vergabegrundsätze in Verbindung mit dem Umgehungsverbot bewirken die Subjektivierung der verfahrensrechtlichen Vorschriften, welche dann als subjektive Rechte der Bewerber und Bieter i.S.v. Schutzgesetzen fungieren.[219] Die Grundsätze des Vergaberechts sind immer bei allen Konzessionsvergabeverfahren zu beachten. Im Oberschwellenbereich ordnet § 97 Abs. 1 bis 4 GWB deren Geltung an.

Im **Unterschwellenbereich** oder bei Vergabegegenständen im Rahmen von **Bereichsausnahmen** gilt dies entsprechend aus anderen Quellen. Zum einen ordnen die Grundsätze des europäischen Primärrechts (Art. 49 und 56 AEUV, Art. 18 AEUV) bei Binnenmarktrelevanz[220] der jeweiligen Ausschreibung die Geltung der Gebote des Vergaberechts an.[221] Bei Ausschreibungen ohne Binnenmarktrelevanz ordnet der verfassungsrechtliche Teilhabeanspruch der Unternehmen auf gerechte Beteiligung an quantitativ begrenzten Berechtigungen zur Berufsausübung aus Art. 12 Abs. 1 GG i.V.m. Art. 3 Abs. 1 GG die Geltung der Grundsätze im Verfahren ebenso an.[222]

Dies ist in der verwaltungsgerichtlichen Rechtsprechung die herrschende Meinung. Zu einer den **Grundrechtsschutz** (Art. 3 Abs. 1, 14 Abs. 1 GG) sichernden Verfahrensgestaltung ge-

---
217 *Grüneberg*, in: Palandt, BGB, § 311 Rn. 12.
218 BGH, Urteil v. 27.11.2007 – X ZR 18/07; OLG Koblenz, Urteil v. 15.1.2007 – 12 U 1016/05.
219 *Dörr*, in: Dreher/Motzke, Vergaberecht, 2. Aufl., § 97 GWB Rn. 23.
220 Zum Begriff der Binnenmarktrelevanz *Deling*, NZBau 2012, 17; *Vavra*, VergabeR 2013, 384.
221 EuGH, Urteil v. 14.7.2016 – Verb. Rs. C-458/14 und C-67/15 (Promoimpresa), Rn. 64 f.
222 *Ruthig/Storr*, Öffentliches Wirtschaftsrecht, Rn. 109.

hört, unabhängig davon, ob eine Dienstleistungskonzession vorliegt, dass behördliche Auswahlkriterien den Bewerbern so rechtzeitig bekannt gegeben werden, dass sie sich darauf einstellen können und Chancengleichheit gewährleistet ist. Verfahrenssichernde Grundsätze schließen es beispielsweise aus, die Versagung der Erlaubnis nach dem Landesstraßen- und Wegegesetz gegenüber bestimmten Bewerbern oder Bietern mit der Begründung zu rechtfertigen, dass eine Gemeinde die Aufstellung von Containern auf ihren Flächen überhaupt nicht genehmigen müsse, während dieses Argument für den ausgewählten Bieter nicht gelten soll. Im Rahmen der Ermessensausübung liegt ein Ermessensfehlgebrauch vor, wenn die Behörde eine ihr Ermessen bindende Verwaltungspraxis im Einzelfall unter Verstoß gegen Art. 3 Abs. 1 GG nicht beachtet.[223]

130 Schlussendlich sind im **Unterschwellenbereich** die Vergabe- und Vertragsordnungen (VOB/A und UVgO) bei öffentlichen Auftragsvergaben und bei Baukonzessionsvergaben gemäß § 23 VOB/A zu beachten, die genauso die Geltung der Grundsätze der Transparenz, Gleichbehandlung und des Wettbewerbs verlangen.[224] Wenn sich die Auffassung vom OLG Düsseldorf durchsetzt, die Vorabinformationspflicht unterhalb der Schwellenwerte postuliert,[225] werden sich die Verpflichtungen oberhalb und unterhalb der Schwellenwerte angleichen.[226]

131 Im Rahmen der Vergabe von öffentlich-rechtlichen Konzessionen durch Verwaltungsakt oder im Falle von Bereichsausnahmen, wie z.B. Gewerbe-, Bodenabfertigungs- oder Glücksspielkonzessionen,[227] kommen die förmlichen Verfahrensvorschriften des GWB und KonzVgV nicht zur Anwendung. Dies bedeutet nicht, dass die Auswahlverfahren regelfrei laufen. Das Gegenteil ist der Fall. Je nach Regelungsdichte des anzuwendenden **Fachrechts**, können subjektiv-öffentliche Vorgaben in Bezug auf das Auswahlverfahren bestehen. Das Fachrecht ist auf die jeweilige Rechtsposition des unterlegenen Bewerbers oder Bieters zu überprüfen. Das Fachrecht rekurriert häufig auf allgemeine Positionen wie z.B. Wettbewerb, Transparenz, Gleichbehandlung und Sachgerechtigkeit.[228] Auch in solchen Fall können Verfahrensvorschriften bestehen, die unternehmensschützende Wirkung haben. Die jeweilige Norm ist darauf zu untersuchen, ob sie nicht nur den Konzessionsgeber binden soll, sondern auch dem Schutz des potenziellen Konzessionsnehmers im Hinblick auf eine faire Verfahrensgestaltung dienen sollten.

132 Umstritten ist, welche Vorschriften generell unternehmensschützend sind. Einigkeit besteht darüber, dass die verwaltungsprozessuale **Schutznormtheorie**, vermittels der die Klagebefugnis gemäß § 42 Abs. 2 VwGO bestimmt wird, auf das Vergaberecht nicht übertragbar ist.[229] Das materielle Verwaltungsrecht dient vorrangig der Aufgabenerfüllung der öffentlichen Hand und nicht wie das Vergaberecht der Wettbewerbsöffnung, es sei denn, es ist fachgesetzlich vorgesehen.[230] Eine Beschränkung des Unternehmensrechtsschutzes auf die verwaltungsrechtliche Schutznormtheorie wäre daher zu restriktiv.[231] Die neuere Rechtsprechung des BGH ist unternehmensfreundlich, zieht die Grenzen des Unternehmensschutzes eher weit.[232]

133 Gesetzliche **Konkretisierungen** haben unternehmensschützende Wirkung, wenn sie auf die Unternehmen im Sinne einer schützenden Regelung bezogen sind. Sie müssen sich dement-

---

223 OVG Lüneburg, Urteil v. 20.7.2017 – 7 LB 58/16, juris Rn. 39.
224 Vgl. VOB/A Rn. 59 ff.
225 OLG Düsseldorf, Urteil v. 13.12.2017 – I-27 U 25/17, mit Hinweis auf OVG Berlin-Brandenburg, Beschluss v. 30.11.2010 – OVG 1 S 107.10; vgl. auch OLG Düsseldorf, Beschluss v. 13.6.2018 – 2 U 7/16 (für eine binnenmarkrelevante Wasserkonzession).
226 Vgl. unten Rn. 239.
227 A.A. für Spielbankenkonzessionen OLG Hamburg, Beschluss v. 1.11.2017 – 1 Verg 2/17 mit Anmerkung von *Donat/Plauth*, VergabeR 2018, 42; vgl. ausführlich GlüStV Rn. 15 ff.
228 Vgl. GewO Rn. 25 ff.; GlüStV Rn. 64 ff.; BADV Rn. 36 ff.; *Braun/Zwetkow* zu AGVO/NGA-RR Rn. 42 ff.
229 Vgl. *Losch*, in: Ziekow/Völlink, Vergaberecht, § 181 GWB Rn. 6.
230 Vgl. BADV Rn. 50, 70.
231 Vgl. *Losch*, in: Ziekow/Völlink, Vergaberecht, § 181 GWB Rn. 6.
232 Vgl. *Gaus* zu § 5 KonzVgV Rn. 58, mit Hinweis auf BGH, Beschluss v. 31.1.2017 – X ZB 10/16, erweiterter Drittschutz bei § 60 VgV.

sprechend in der konkreten gesetzlichen Regelung niedergeschlagen haben. Damit sind die vergaberechtlichen Gebote das Fundament des sekundären Rechtsschutzes Unternehmen in Bezug auf Schadensersatzansprüche. Einigkeit besteht darüber, dass ein einklagbarer Anspruch der Unternehmen auf Einhaltung sämtlicher Normen des Kartellvergaberechts, d.h. des GWB, der VgV und der Vertrags- und Vergabeordnungen besteht, die entsprechend der Zielsetzung des Kartellvergaberechts „zumindest" auch dem Schutz des Wettbewerbs dienen.[233] Wenn außerhalb des förmlichen Vergaberechts Vorschriften marktöffnende Tendenzen haben, dann sind auch diese unternehmensschützend.[234]

aa) Transparenzgrundsatz

Der **Transparenzgrundsatz** ist ein grundlegendes Gebot des gesamten Vergaberechts, des Konzessionsvergaberechts und des Verteilungsverwaltungsrechtes insgesamt. Öffentliche Aufträge und Konzessionen werden gemäß § 97 Abs. 1 S. 1 GWB im Wettbewerb und im Wege transparenter Verfahren vergeben. Vorvertraglichen Fürsorgepflichten kann ein Konzessionsgeber schon deswegen verletzen, weil er Zuschlagskriterien nicht in einer dem europarechtlichen Transparenzgebot genügenden Weise ausformuliert hat und damit z.B. eine Verfahrensgarantie gemäß § 13 Abs. 1 KonzVgV verletzt hat.[235] Der Transparenzgrundsatz ist unternehmensschützend oberhalb der Schwellenwerte i.S.v. § 97 Abs. 6 GWB,[236] unterhalb bei Binnenmarktrelevanz[237] und insgesamt bei unternehmensschützenden Auswahlverfahrensbestimmungen.[238] 134

Der Transparenzgrundsatz beinhaltet vier **Kernaspekte**: die Transparenz des Beschaffungsvorhabens, der Verdingungsunterlagen, des Verfahrens und der Vergabeentscheidung.[239] Ferner gebietet der Transparenzgrundsatz, dass das gesamte Verfahren gemäß § 6 KonzVgV dokumentiert wird. Er verpflichtet den Konzessionsgeber zu offenem, erkennbarem und nachvollziehbarem Beschaffungsverhalten.[240] Diese Grundanforderung soll das gesamte Vergabeverfahren durchziehen und im Wesentlichen *„die Gefahr einer Günstlingswirtschaft und einer willkürlichen Entscheidung des"* Konzessionsgebers ausschließen.[241] Das Transparenzgebot bewirkt (wie auch die anderen Grundsätze) die Subjektivierung der vergaberechtlichen Vorschriften – die Transparenz-, Teilnahme- und Publizitätsvorschriften wirken wie subjektive Rechte der Unternehmen.[242] 135

Zu beachten ist, dass der Transparenzgrundsatz auch Ausfluss des europäischen Primärrechts ist. Bei **Binnenmarktrelevanz** der jeweiligen Konzessionsausschreibung fallen die Anforderungen an die Transparenz des Verfahrens umso höher aus, je interessanter die Ausschreibung für potenzielle europäische Bieter ist. Dies folgt aus dem Grundsatz, dass mit erhöhter Binnenmarktrelevanz die europaweite Kenntnisnahme entsprechend proportional erfolgen soll.[243] Soweit an einer Konzession ein eindeutiges grenzüberschreitendes Interesse besteht, liegt in ihrer ohne jede Transparenz erfolgenden Vergabe an ein Unternehmen, das in dem Mitgliedstaat niedergelassen ist, dem der Konzessionsgeber angehört, eine Ungleichbehandlung zum Nachteil der Unternehmen, die an dieser Konzession interessiert sein könnten und in einem anderen Mitgliedstaat ansässig sind. Eine solche Ungleichbehandlung ist nach Art. 49 AEUV grundsätzlich verboten. 136

---

233 Vgl. *Losch*, in: Ziekow/Völlink, Vergaberecht, § 181 GWB Rn. 6.
234 Vgl. BADV Rn. 85 ff.
235 Vertiefend hierzu Rn. 197 ff.
236 Vgl. *Ziekow*, in Ziekow/Völlink, Vergaberecht, § 97 GWB Rn. 43.
237 OLG Celle, Urteil v. 23.2.2016 – 13 U 148/15.
238 Vgl. GewO Rn. 118 ff.; GlüStV Rn. 161 ff.; BADV Rn. 85 ff.; *Braun/Zwetkow* zu AGVO/NGA-RR Rn. 113.
239 Vgl. OLG Celle, Urteil v. 10.3.2016 – 13 U 148/15; *Dörr*, in: Dreher/Motzke, Vergaberecht, 2. Aufl., § 97 GWB Rn. 25 ff.
240 *Dörr*, in: Dreher/Motzke, Vergaberecht, 2. Aufl., § 97 GWB Rn. 23.
241 EuGH, Urteil v. 6.11.2014 – Rs. C-42/13 (Cartiera dell'Adda), Rn. 44; bestätigt in: EuGH, Urteil v. 4.5.2017 – Rs. C-387/14 (Esaprojekt), Rn. 36; Urteil v. 5.4.2017 – Rs. C-298/15 (Borta), Rn. 68; Urteil v. 2.6.2016 – Rs. C-27/15 (Pizzo), Rn. 36; Urteil v. 12.3.2015 – Rs. C-538/13 (eVigilo), Rn. 34.
242 *Dörr*, in: Dreher/Motzke, Vergaberecht, 2. Aufl., § 97 GWB Rn. 23.
243 OLG Saarbrücken, Beschluss v. 29.1.2014 – 1 Verg 3/13.

137 Dies kann auch bei einer Konzessionsvergabe im **Unterschwellenbereich** der Fall sein, da auch Vergabeverfahren unterhalb des Schwellenwertes Binnenmarktrelevanz entfalten können. Die Frage nach der Binnenmarktrelevanz der jeweiligen Konzessionsvergabe ist stets gesondert nach den Umständen des Einzelfalles zu beantworten.[244] Hierbei spielen Umstände wie der Konzessionsgegenstand, der geschätzte Konzessionswert, die Besonderheiten des betreffenden Sektors sowie die geographische Lage des Ortes der Leistungserbringung eine wesentliche Rolle.[245] Zu beachten ist, dass Veröffentlichung im Amtsblatt der Europäischen Union oder im Internet zu einer Selbstbindung der ausschreibenden Stelle in Hinblick auf Eignungs- und Zuschlagskriterien führen.[246]

138 Der Transparenzgrundsatz gebietet es allgemein, dass die **Bekanntgabe** der Ausschreibung auf angemessene und möglichst transparente Art und Weise durchgeführt wird.[247] Hierbei sind alle Bedingungen und Modalitäten des Vergabeverfahrens so klar, genau und eindeutig zu formulieren, dass *„alle durchschnittlich fachkundigen Bieter bei Anwendung der üblichen Sorgfalt deren genaue Bedeutung verstehen"*.[248] Diese Pflicht zur möglichst klaren Beschreibung des Ausschreibungsgegenstandes soll es zugleich dem Konzessionsgeber ermöglichen, *„tatsächlich zu überprüfen, ob die Angebote der Bieter die für den betreffenden Auftrag geltenden Kriterien erfüllen"*.[249] Konkretisiert werden dies allgemeinen Vorgaben durch § 13 Abs. 2 KonzVgV. Danach gibt der Konzessionsgeber in der Konzessionsbekanntmachung eine Beschreibung der Konzession gemäß § 19 KonzVgV sowie der Teilnahmebedingungen an. Weiterhin gibt er in der Konzessionsbekanntmachung, der Aufforderung zur Angebotsabgabe oder in anderen Vergabeunterlagen die Zuschlagskriterien sowie die gegebenenfalls festgelegten Mindestanforderungen bekannt (§ 13 Abs. 2 Nr. 2 KonzVgV). Der Konzessionsgeber übermittelt gemäß § 13 Abs. 3 S. 1 KonzVgV den Teilnehmern an einem Vergabeverfahren einen Organisations- und Zeitplan des Vergabeverfahrens einschließlich eines unverbindlichen Schlusstermins. Der Konzessionsgeber teilt gemäß § 13 Abs. 3 S. 2 KonzVgV sämtliche Änderungen allen Teilnehmern mit. Sofern diese Änderungen Inhalte der Konzessionsbekanntmachung betreffen, sind sie gemäß § 13 Abs. 3 S. 3 KonzVgV bekanntzumachen.

139 Existiert ein Wertungsleitfaden, der die Hauptzuschlagskriterien konkretisiert und Merkmale für die Angebotsbewertung festlegt, so ist auch dieser den Unternehmen bekanntzugeben.[250] Die **Zuschlagskriterien** nach § 152 Abs. 3 GWB sind gemäß § 31 Abs. 1 KonzVgV in absteigender Rangfolge anzugeben. Enthält ein Angebot eine innovative Lösung mit außergewöhnlich hoher funktioneller Leistungsfähigkeit, die der Konzessionsgeber nicht vorhersehen konnte, kann gemäß § 31 Abs. 2 S. 1 KonzVgV die Reihenfolge der Zuschlagskriterien entsprechend geändert werden. In diesem Fall hat gemäß § 31 Abs. 2 S. 2 KonzVgV der Konzessionsgeber die Unternehmen über die geänderte Reihenfolge der Zuschlagskriterien zu unterrichten und unter Wahrung der Mindestfrist nach § 27 Abs. 4 S. 1 KonzVgV eine neue Aufforderung zur Angebotsabgabe zu veröffentlichen. Wurden die Zuschlagskriterien zu demselben Zeitpunkt wie die Konzessionsbekanntmachung veröffentlicht, ist gemäß § 31 Abs. 2 S. 3 KonzVgV eine neue Konzessionsbekanntmachung unter Wahrung der Mindestfrist gemäß § 27 Abs. 3 KonzVgV zu veröffentlichen.

---

244 Europäische Kommission, Mitteilung der Kommission zu Auslegungsfragen in Bezug auf das Gemeinschaftsrecht, das für die Vergabe öffentlicher Aufträge gilt, die nicht oder nur teilweise unter die Vergaberichtlinien fallen, ABl. 2006/C 179/02, Nr. 1.3.
245 OLG Celle, Urteil v. 10.3.2016 – 13 U 148/15; Europäische Kommission, Mitteilung der Kommission zu Auslegungsfragen in Bezug auf das Gemeinschaftsrecht, das für die Vergabe öffentlicher Aufträge gilt, die nicht oder nur teilweise unter die Vergaberichtlinien fallen, ABl. 2006/C 179/02, Nr. 1.3.
246 *Braun*, VergabeR 2014, 324 (329).
247 EuGH, Urteil v. 22.4.2010 – Rs. C-423/07; VK Sachsen-Anhalt, Beschluss v. 26.6.2014 – 3 VK LSA 47/14.
248 EuGH, Urteil v. 6.11.2014 – Rs. C-42/13 (Cartiera dell'Adda), Rn. 44; bestätigt in EuGH, Urteil v. 4.5.2017 – Rs. C-387/14 (Esaprojekt), Rn. 36; Urteil v. 5.4.2017 – Rs. C-298/15 (Borta), Rn. 69; Urteil v. 7.4.2016 – Rs. C-324/14 (Partner Apelski Dariusz), Rn. 61; Urteil v. 2.6.2016 – Rs. C-27/15 (Pizzo), Rn. 36; Urteil v. 12.3.2015 – Rs. C-538/13 (EVigilo), Rn. 58.
249 EuGH, Urteil v. 6.11.2014 – Rs. C-42/13 (Cartiera dell'Adda), Rn. 44; bestätigt in EuGH, Urteil v. 4.5.2017 – Rs. C-387/14 (Esaprojekt), Rn. 36; Urteil v. 5.4.2017 – Rs. C-298/15 (Borta), Rn. 69; Urteil v. 7.4.2016 – Rs. C-27/15 (Pizzo), Rn. 36; Urteil v. 7.4.2016 – Rs. C-324/14 (Partner Apelski Dariusz), Rn. 61.
250 OLG Düsseldorf, Beschluss v. 23.3.2005 – VII-Verg 77/04.

Weder die Gewichtungsregeln noch Haupt- und Unterkriterien dürfen – mit Ausnahme der vorgenannten Grundsätze – **nachträglich** hinzugefügt werden.[251] Erfolgt die Veröffentlichung der Gewichtungsregeln und der Kriterien bzw. Unterkriterien nicht vorab in der förmlichen Bekanntgabe, sondern erst hinterher, besteht die Gefahr, dass die maßgeblichen Kriterien so gewählt und gewichtet werden, dass eine an ihnen orientierte Prüfung und Bewertung der Angebote zu einem bestimmten gewünschten Ergebnis führt.[252]

140

Insofern muss der Konzessionsgeber dafür sorgen, dass er alle Unternehmen in den **gleichen Informations- und Kenntnisstand** versetzt.[253] Der Konzessionsgeber hat die Veröffentlichungspflichten gemäß § 23 KonzVgV zwingend zu beachten.

141

Der Konzessionsgeber überprüft nach § 31 Abs. 3 KonzVgV, § 152 Abs. 3 GWB, ob die Angebote die Zuschlagskriterien tatsächlich erfüllen. Nur dann ist der **Wertungsvorgang** tatsächlich transparent. Diese Regelungen sind unternehmensschützend, weil nur so die gesetzlichen Ziele der §§ 97 Abs. 1 und 2 GWB umgesetzt werden. Rechtlich zulässig ist eine Änderung, wenn die angepasste Bewertungsmethode die Zuschlagskriterien und deren Gewichtung nicht verändert.[254] Transparenz heißt zugleich Berechenbarkeit der Auswahlentscheidung: Die ausschreibende Stelle darf bei der Bewertung keine sachfremden, überraschenden oder unter die Kriterien nicht zu subsumierenden Gesichtspunkte einfließen lassen.[255] Zwar steht den Konzessionsgebern bei der Bewertung von Angeboten ein Spielraum zu. Dieser ist aber gerichtlich daraufhin überprüfbar, ob das vorgeschriebene Verfahren eingehalten und von keinem unzutreffenden oder unvollständigen Sachverhalt ausgegangen worden ist, keine sachwidrigen Erwägungen in die Entscheidung eingeflossen sind und sich die Wertungsentscheidung im Rahmen der Gesetze und allgemein gültiger Beurteilungsmaßstäbe hält. Die Wertungsentscheidung muss nicht nur bezogen auf das einzelne Angebot widerspruchsfrei sein, sondern darf auch im Vergleich der Angebote untereinander nicht willkürlich sein. Die Noten müssen im Vergleich der Bieter ohne Benachteiligung des einen oder anderen plausibel vergeben werden.

142

Zuletzt statuiert der Transparenzgrundsatz eine umfassende Pflicht zur **Dokumentation** des gesamten Verfahrens gemäß § 6 KonzVgV. Die Dokumentation soll danach die einzelnen Stufen des Verfahrens, die einzelnen Maßnahmen, die maßgebenden Feststellungen sowie die Begründung der einzelnen Entscheidungen umfassen. Sie muss aus Gründen der Transparenz zeitnah erfolgen, laufend fortgeschrieben werden und so detailliert sein, dass sie für einen mit dem jeweiligen Vergabeverfahren vertrauten Leser nachvollziehbar ist.[256] Die Dokumentationspflicht ist ein wichtiger Eckstein des Transparenzgrundsatzes, um das Verfahren sowohl für die Unternehmen als auch die Nachprüfungsinstanzen überprüfbar und nachvollziehbar festzuhalten.[257] § 6 KonzVgV dient der Umsetzung von Art. 37 Abs. 5 RL 2014/23/EU. Unternehmensschützend ist auch die Regelung der Mindestaufbewahrungsfrist von drei Jahren ab dem Tag der Vergabe der Konzession. Diese Ergänzung dient nämlich einem einheitlichen Vorgehen der Vergabestellen bei der Vergabe öffentlicher Aufträge und Konzessionen.[258]

143

bb) Diskriminierungsverbot

Die Teilnehmer an einem Vergabeverfahren sind gemäß § 97 Abs. 2 GWB gleich zu behandeln, es sei denn, eine Ungleichbehandlung ist aufgrund dieses Gesetzes ausdrücklich geboten oder gestattet. Der Gleichbehandlungsgrundsatz ist **unternehmensschützend** i. S. v.

144

---

251 EuGH, Urteil v. 2.6.2016 – Rs. C-27/15 (Pizzo), Rn. 37.
252 BGH, Beschluss v. 10.5.2016 – X ZR 66/15.
253 Dörr, in: Dreher/Motzke, Vergaberecht, 2. Aufl., § 97 GWB Rn. 28.
254 EuGH, Urteil v. 14.7.2016 – Rs. C-6/15 (Dimarso) m.w.A. Delcuvé, IBR 2016, 530.
255 VK Niedersachsen, Beschluss v. 22.2.2016 – VgK-01/2016.
256 Dörr, in: Dreher/Motzke, Vergaberecht, 2. Aufl., § 97 GWB Rn. 36.
257 VK Rheinland-Pfalz, Beschluss v. 11.9.2015 – VK 1-19/15.
258 Vgl. Verordnungsbegründung zu § 6 KonzVgV, BR-Drs. 87/16, 281.

§ 97 Abs. 6 GWB,[259] unterhalb bei Binnenmarktrelevanz[260] und insgesamt bei unternehmensschützenden Auswahlverfahrensbestimmungen.[261]

145 Im Konzessionsvergabeverfahren gilt zunächst der Grundsatz der **Verfahrensfreiheit**. Der Konzessionsgeber darf gemäß § 12 Abs. 1 S. 1 KonzVgV das Verfahren zur Vergabe von Konzessionen nach Maßgabe der KonzVgV frei ausgestalten. Diese Freiheit gilt allerdings nur im Rahmen der GWB-Vorgaben. Danach darf im Konzessionsvergabeverfahren schon auf Grund der allgemeinen Regelungen gemäß § 97 Abs. 1, 2 GWB kein Teilnehmer diskriminiert werden. Weiterhin wird in § 12 Abs. 1 S. 2 KonzVgV die Vorgabe getätigt, wonach der Konzessionsgeber das Verfahren an den Vorschriften der VgV zum Ablauf des Verhandlungsverfahrens mit Teilnahmewettbewerb ausrichten. Durch diese Verfahrensvorgaben wird dem Gleichbehandlungsgebot feste Regeln gegeben.

146 Das Gebot der Gleichbehandlung statuiert zugleich die Geltung des **Diskriminierungsverbots**. Das Diskriminierungsverbot steht im engen Zusammenhang mit den anderen Grundsätzen: ein gleichbehandelndes Verfahren kann nur dann garantiert werden, wenn das Verfahren für alle Beteiligten transparent durchgeführt wird. Der Konzessionsgeber darf gemäß § 12 Abs. 3 KonzVgV Bewerber oder Bieter bei der Weitergabe von Informationen nicht diskriminieren. Zudem ist das Bestehen eines tatsächlichen Wettbewerbs nur dann gewährleistet, wenn alle Unternehmen faktisch gleichbehandelt werden. Das bedeutet hinsichtlich des Verfahrens, dass die Verfahrensregeln allen Teilnehmern gegenüber einheitlich angewendet und sanktioniert werden müssen.[262] Alle interessierten Unternehmen müssen die Chance haben, innerhalb derselben Fristen und zu identischen Anforderungen Angebote abzugeben.[263] Dies wird durch § 14 KonVgV nochmals besonders betont. Das Diskriminierungsverbot ist insbesondere in seiner europarechtlichen Dimension mit den Grundfreiheiten (Art 49 und 56 AEUV) und Art. 18 AEUV zu sehen, so dass beispielsweise Zeugnisse und andere Befähigungsnachweise aus anderen Mitgliedstaaten anerkannt werden und die Verfahrensfristen so ausgestaltet werden müssen, dass auch Unternehmen aus anderen Mitgliedstaaten ausreichend Zeit haben, die Konzession zu bewerten und ein Angebot zu erstellen.[264] Unternehmen aus anderen Mitgliedstaaten dürfen nicht ohne einen rechtfertigenden Grund anders behandelt werden, als inländische Unternehmen. Das Gleichbehandlungsgebot korrespondiert zudem bei der Offenlegung aller Entscheidungsgrundlagen mit dem Transparenzgebot: Nur wenn alle Unternehmen gleichmäßig Zugang zu diesen haben, unterliegen sie auch einer Gleichbehandlung.[265] Demgemäß muss der Konzessionsgeber allen Unternehmen dieselben Informationen zukommen lassen.

147 Das Gleichbehandlungsgebot prägt jeden **Aspekt** des beschaffungsrelevanten Verhaltens eines Konzessionsgebers. Konkret gehören hierzu die Frage nach der Wahl der Verfahrensart (vgl. § 12 Abs. 1 S. 2 KonzVgV), die Teilnehmerauswahl, die Prüfung und Wertung der Angebote sowie die Information der Teilnehmer.[266] Das Verfahren kann ein- oder mehrstufig durchgeführt werden. Der Konzessionsgeber darf gemäß § 12 Abs. 2 S. 1 KonzVgV mit Bewerbern und Bietern Verhandlungen führen. Während der Verhandlungen dürfen gemäß § 12 Abs. 2 S. 2 KonzVgV der Konzessionsgegenstand, die Mindestanforderungen an das Angebot und die Zuschlagskriterien nicht geändert werden. Hervorzuheben ist aber, dass der Gleichbehandlungsgrundsatz den Konzessionsgeber nicht verpflichtet, bestehende Wettbewerbsvor- oder -nachteile einzelner Unternehmen auszugleichen.[267]

---

259 Vgl. *Ziekow*, in Ziekow/Völlink, Vergaberecht, § 97 GWB Rn. 22.
260 OLG Celle, Urteil v. 23.2.2016 – 13 U 148/15.
261 Vgl. GewO Rn. 118 ff., GlüStV Rn. 161 ff., BADV Rn. 85 ff. sowie *Braun/Zwetkow* zu AGVO/NGA-RR Rn. 112 ff.
262 EuGH, Urteil v. 6.11.2014 – Rs. C-42/13 (Cartiera dell'Adda), Rn. 44; bestätigt in EuGH, Urteil v. 4.5.2017 – Rs. C-387/14 (Esaprojekt), Rn. 36; Urteil v. 5.4.2017 – Rs. C-298/15, (Borta) Rn. 69; Urteil v. 7.4.2016 – Rs. C-324/14 (Partner Apelski Dariusz), Rn. 61; Urteil v. 2.6.2016 – Rs. C-27/15 (Pizzo), Rn. 36.
263 *Dörr*, in: Dreher/Motzke, Vergaberecht, 2. Aufl., § 97 GWB Rn. 21.
264 *Dörr*, in: Dreher/Motzke, Vergaberecht, 2. Aufl., § 97 GWB Rn. 10 ff.
265 VK Niedersachsen, Beschluss v. 22.2.2016 – VgK-01/2016; VK Bund, Beschluss v. 3.3.2015 – VK 1-4/15.
266 *Dörr*, in: Dreher/Motzke, Vergaberecht, 2. Aufl., § 97 GWB Rn. 18.
267 VK Hessen, Beschluss v. 10.9.2007 – 69d-VK-37/2007.

Ausschreibungen müssen hinsichtlich Kriterien, Gewichtungsregeln, Wertungsleitfäden und aller anderen Aspekte – insgesamt so ausgestaltet sein, dass sie keine **diskriminierenden Anforderungen** enthalten. Aus dem Grundsatz des Diskriminierungsverbots lässt sich des Weiteren das Verbot der Berücksichtigung von **Nachermittlungen** ableiten: die Vergabestelle darf nicht nach Ablauf der Frist für die Einreichung der Bewerbungsunterlagen einseitig zu Gunsten einzelner Bewerber im Rahmen des Auswahlverfahrens ermitteln und dadurch einzelne Bewerbungen gleichsam nachbessern.[268] Eine Ausnahme hiervon ist dann möglich, wenn die Lücke in den Unterlagen evident nicht den Wettbewerb beeinflusst.[269]

148

Auch bei der Erstellung der **Leistungsbeschreibung** ist das Gleichbehandlungsgebot in Verbindung mit dem Wettbewerbsgrundsatz zu beachten. Der Konzessionsgeber fasst nach § 15 Abs. 1 S. 2 KonzVgV die Leistungsbeschreibung gemäß § 152 Abs. 1, § 121 Abs. 1 und 3 GWB in einer Weise, dass allen Unternehmen der gleiche Zugang zum Vergabeverfahren gewährt wird und die Öffnung des nationalen Beschaffungsmarktes für den Wettbewerb nicht in ungerechtfertigter Weise behindert wird.

149

Die **Eignungskriterien** müssen gemäß § 25 Abs. 2 KonzVgV nichtdiskriminierend sein. Sie müssen gemäß § 25 Abs. 2 Nr. 1 KonzVgV dem Zweck dienen sicherzustellen, dass der Konzessionsnehmer zur Durchführung der Konzession in Anbetracht des Konzessionsgegenstands fähig ist, sowie den Wettbewerb zu gewährleisten (§ 25 Abs. 2 Nr. 2 KonzVgV).

150

cc) Wettbewerbsgrundsatz

Ein weiterer elementarer Grundsatz des Vergaberechts ist der Wettbewerbsgrundsatz. Öffentliche Aufträge und Konzessionen werden gemäß § 97 Abs. 1 S. 1 GWB im Wettbewerb und im Wege transparenter Verfahren vergeben. Die Zahl der Bewerber oder Angebote kann gemäß § 13 Abs. 4 S. 1 KonzVgV auf eine angemessene Zahl begrenzt werden, sofern dies anhand objektiver Kriterien und in transparenter Weise geschieht. Die Zahl der zur Teilnahme oder Angebotsabgabe aufgeforderten Bewerber oder Bieter muss aber gemäß § 13 Abs. 4 S. 2 KonzVgV ausreichend hoch sein, dass der Wettbewerb gewährleistet ist. Damit wird neben § 97 Abs. 1 S. 1 GWB der Wettbewerbsgrundsatz auch in § 13 Abs. 4 S. 2 KonzVgV der Wettbewerbsgrundsatz ausdrücklich betont. Der Wettbewerbsgrundsatz ist im Konzessionsvergaberecht unternehmensschützend.

151

Nicht in allen Konzessionsbereichen ist der Wettbewerbsgrundsatz der maßgebliche Leitwert. Bei der Vergabe von Gewerbekonzessionen gilt der Wettbewerbsgrundsatz im Rahmen des **wirtschaftlichen Gesamtvorteils** für den Gewerbekonzessionsgeber. Der wirtschaftliche Gesamtvorteil ist ein Begriff der sich nur in Erwägungsgrund 73 RL 2014/23/EU und Art. 41 Abs. 1 RL 2014/23/EU und sich in § 152 Abs. 3 S. 1 GWB wiederfindet. Der Begriff ist sinnvoll, weil der das Wesen der Gewerbekonzession zutreffend kennzeichnet: In der Regel findet kein Wettbewerb um die höchste Konzessionszahlung oder Konzessionsabgabe statt. Im Wettbewerb geht es meistens um die Attraktivität des Veranstaltungskonzeptes. Strategische Wettbewerbskriterien stehen also im Vordergrund.[270] Gerade im Bereich der Daseinsvorsorge wird der Wettbewerbsgrundsatz mit weiteren Kriterien abzuwägen sein.[271]

152

An einem wettbewerblichen Verfahren sollten eine möglichst hohe **Anzahl an Unternehmen** teilnehmen können. Eine Begrenzung der Teilnehmerzahl darf stets nur auf Grundlage von sachlich nachvollziehbaren Gründen erfolgen, die zudem von einigem Gewicht sein müssen.[272] Die Zahl der Bewerber oder Angebote kann gemäß § 13 Abs. 4 S. 1 VgV auf eine angemessene Zahl begrenzt werden, sofern dies anhand objektiver Kriterien und in transparenter Weise geschieht. Die Zahl der zur Teilnahme oder Angebotsabgabe aufgeforderten Bewerber oder Bieter muss gemäß § 13 Abs. 4 S. 2 KonzVgV ausreichend hoch sein, dass der Wettbewerb gewährleistet ist. Die unbestimmten Rechtsbegriffe „angemessen" und „ausreichend

153

---

268 OLG Schleswig, Beschluss v. 11.5.2016 – 54 Verg 3/16.
269 Vgl. OLG Saarland, Urteil v. 15.6.2016 – 1 U 151/15.
270 Vgl. GewO Rn. 38 ff.
271 Vgl. *Keller/Hellstern*, NZBau 2018, 323; siehe auch oben Rn. 99 ff.
272 *Prieß/Simonis*, NZBau 2015, 731 (735).

hoch" sind unbestimmte Rechtsbegriffe, die der vollen gerichtlichen Überprüfung unterliegen. Die höchstmögliche Wettbewerbsintensität kann nur dann entstehen, wenn so viele Unternehmen am Vergabeverfahren teilnehmen können, wie nur möglich. Daher hat der Konzessionsgeber die Bedingungen für die Teilnahme so auszugestalten, dass sie den Kreis der Teilnehmer nicht unnötig einschränken. Extrem kurze Angebotsfristen oder sachlich nicht gerechtfertigte Sicherheitsleistungen sind dementsprechend zu vermeiden.[273]

154 Der Wettbewerbsgrundsatz steht funktionell im unmittelbaren Zusammenhang mit den Grundsätzen der Transparenz und Gleichbehandlung. Ein tatsächlicher Wettbewerb kann nur dann gewährleistet werden, wenn alle Unternehmen vollumfänglich gleich behandelt werden. Ebenso wie die anderen beiden Grundsätze muss sich auch der Wettbewerbsgrundsatz in allen **Phasen des Vergabeverfahrens** niederschlagen. Er gilt für Konzessionsgeber und Unternehmen gleichermaßen.[274] Der Konzessionsgeber muss im Verfahren darauf hinwirken, dass wettbewerbsbeschränkende und unlautere Verhaltensweisen unter den Bietern verhindert werden.[275] Der Wettbewerbsgrundsatz schlägt sich insbesondere bei der Wahl der Verfahrensart, beim Zugang zum Auswahlverfahren und bei der Durchführung des Verfahrens selbst nieder.[276]

dd) Verhältnismäßigkeitsgrundsatz

155 Jedes Konzessionsvergabeverfahren unterliegt auch dem jeder Verwaltungstätigkeit immanenten Grundsatz der **Verhältnismäßigkeit**. Dies ist jetzt zudem in § 97 Abs. 1 S. 2 GWB ausdrücklich geregelt. Danach dürfen alle Anforderungen an die Unternehmen und an das Verfahren nicht übermäßig aufwändig gestaltet werden.[277] Ob und wann der Verhältnismäßigkeitsgrundsatz verletzt ist, ist keiner generalisierenden Prüfung zugänglich, sondern hängt von den Umständen des Einzelfalls ab.[278] Der Verhältnismäßigkeitsgrundsatz ist bei jedem Auswahlverfahren, auch außerhalb des förmlichen Konzessionsvergabeverfahrens, zu berücksichtigen.[279]

156 Ausdrücklichen Niederschlag hat der Verhältnismäßigkeitsgrundsatz in der KonzVgV in den Regelungen zur **Leistungsbeschreibung** (§ 15 KonzVgV) gefunden. In der Leistungsbeschreibung werden gemäß § 15 Abs. 1 S. 1 KonzVgV die für die vertragsgegenständlichen Bau- oder Dienstleistungen geforderten Merkmale durch technische und funktionelle Anforderungen festgelegt. Der Aufwand für die Erstellung des Angebots durch den Bieter darf gemäß § 15 Abs. 1 S. 3 KonzVgV gegenüber Umfang und der Bedeutung der Konzession nicht unverhältnismäßig hoch ausfallen.[280]

157 In besonderen Fällen kann der **Ausschluss** eines Bewerbers oder Bieters vom Verfahren die Grundsatz der Einhaltung der Verhältnismäßigkeit berühren.[281] Ein Angebot darf gemäß § 15 Abs. 4 KonzVgV nicht mit der Begründung abgelehnt werden, dass die angebotenen Bau- oder Dienstleistungen nicht den in der Leistungsbeschreibung genannten technischen und funktionellen Anforderungen entsprechen, wenn der Bieter in seinem Angebot mit geeigneten Mitteln nachgewiesen hat, dass die von ihm vorgeschlagenen Lösungen diese Anforderungen in gleichwertiger Weise erfüllen.

158 Grundsätzlich ist zu beachten, dass der Konzessionsgeber die **Verfahrensregeln** vorgibt. Die Unternehmen haben gemäß § 97 Abs. 6 GWB einen Anspruch darauf, dass der Konzessionsgeber die Regeln über das Verfahren einhält. Dieser subjektiv-öffentliche Anspruch auf Einhal-

---

273 *Dörr*, in: Dreher/Motzke, Vergaberecht, 2. Aufl., § 97 GWB Rn. 10.
274 *Dörr*, in: Dreher/Motzke, Vergaberecht, 2. Aufl., § 97 GWB Rn. 6.
275 VK Nordbayern, Beschluss v. 10.3.2016 – 21.VK -3194-03/16; VK Rheinland-Pfalz, Beschluss v. 11.9.2015 – VK 1-19/15.
276 *Dörr*, in: Dreher/Motzke, Vergaberecht, 2. Aufl., § 97 GWB Rn. 8.
277 Vgl. *Prieß/Simonis*, NZBau 2015, 731 (735).
278 Vgl. *Braun*, in: Ziekow/Völlink, Vergaberecht, § 133 GWB Rn. 100; BVerwG, Beschluss v. 18.3.2016 – 3 B 16/15, Rn. 18.
279 Vgl. GewO Rn. 43 ff., GlüStV Rn. 90 ff., BADV Rn. 51 sowie Braun/Zwetkow zu AGVO/NGA-RR Rn. 56.
280 Vgl. *Prieß/Simonis*, NZBau 2015, 731 (735).
281 Generalanwalt Sánchez-Bordona, Schlussanträge v. 30.6.2016 – Rs. C-171/15 (Connexxion), Rn. 57.

tung der Verfahrensregeln darf nicht durch den Verhältnismäßigkeitsgrundsatz unterlaufen werden.

ee) Grundsatz des Geheimwettbewerbes, Vertraulichkeit

Der Grundsatz des **Geheimwettbewerbs** ist wichtiger Aspekt, der am Wettbewerbsgrundsatz festgemacht wird.[282] In dessen Rahmen wird das legitime Interesse der Bieter an der Wahrung ihrer Geschäftsgeheimnisse geschützt. Ein unverfälschter Bieterwettbewerb kann nur stattfinden, wenn jeder Bieter sein Angebot in Unkenntnis der Angebote, Angebotsgrundlagen und Angebotskalkulationen seiner Mitbewerber abgibt.[283] Wesentliches und unverzichtbares Kennzeichen einer Auftragsvergabe im Wettbewerb ist die Gewährleistung eines Geheimwettbewerbs zwischen den an der Ausschreibung teilnehmenden Bietern. Nur dann, wenn jeder Bieter die ausgeschriebene Leistung in Unkenntnis der Angebote, Angebotsgrundlagen und Angebotskalkulation seiner Mitbewerber um den Zuschlag anbietet, ist ein echter Bieterwettbewerb möglich. Maßgeblich ist, dass durch den Verstoß gegen die Grundsätze des Geheimwettbewerbs ein echter Bieterwettbewerb verhindert wird. Es ist dabei nicht Voraussetzung, dass der Bieter das Angebot des Mitbieters kennt. Bereits die in der KonzVgV nicht vorgesehene Kenntnis eines Bieters von der Person seiner Mitbieter kann zu einer Verletzung des Grundsatzes des Geheimwettbewerbs führen. Gemäß § 4 Abs. 1 und 2 KonzVgV sind die Namen von Bewerbern, die Vergabeunterlagen erhalten oder eingesehen haben, geheim zu halten. Diese Regelung dient dem Schutz des Wettbewerbs und soll verhindern, dass die konkurrierenden Unternehmen Preisabsprachen treffen. Aus diesem Grund hat die Rechtsprechung beispielsweise gemeinsame Ortstermine in Anwesenheit aller Bieter als Verstoß gegen den Geheimwettbewerb angesehen.[284]

159

Die Wahrung der **Vertraulichkeit** ist in § 4 KonzVgV geregelt. Sofern in der KonzVgV oder anderen Rechtsvorschriften nichts anderes bestimmt ist, darf der Konzessionsgeber gemäß § 4 Abs. 1 S. 1 KonzVgV keine von den Unternehmen übermittelten und von diesen als vertraulich gekennzeichneten Informationen weitergeben. Dazu gehören gemäß § 4 Abs. 1 S. 2 KonzVgV insbesondere Betriebs- und Geschäftsgeheimnisse und die vertraulichen Aspekte der Angebote einschließlich ihrer Anlagen. Die Verpflichtung zur Vertraulichkeit nach § 4 Abs. 1 und 2 KonzVgV trifft den Konzessionsgeber und ist von ihm zwingend und in allen Stadien des Verfahrens zu beachten. Der Grundsatz des Geheimwettbewerbs kann daher auch nicht mit Zustimmung der Bewerber oder Bieter eingeschränkt werden, da er nicht zu ihrer Disposition steht.[285] Eine Verletzung der Geheimhaltungspflicht begründet einen schweren Vergabemangel. Der Konzessionsgeber hat als Folge einer derartigen Panne zu entscheiden, ob das Vergabeverfahren fortgesetzt werden kann oder aufgehoben werden muss. Eine solche Entscheidung kann er nur auf einer vollständigen Tatsachengrundlage treffen.[286] Bei der gesamten Kommunikation sowie beim Austausch und bei der Speicherung von Informationen muss der Konzessionsgeber gemäß § 4 Abs. 2 S. 1 KonzVgV die Integrität der Daten sowie die Vertraulichkeit der Teilnahmeanträge und Angebote einschließlich ihrer Anlagen gewährleisten. Die Teilnahmeanträge und Angebote einschließlich ihrer Anlagen sowie die Dokumentation über die Angebotsöffnung sind gemäß § 4 Abs. 2 S. 2 KonzVgV auch nach Abschluss des Vergabeverfahrens vertraulich zu behandeln. Der Konzessionsgeber kann gemäß § 4 Abs. 3 S. 1 KonzVgV Unternehmen Anforderungen vorschreiben, die auf den Schutz der Vertraulichkeit der Informationen im Rahmen des Vergabeverfahrens abzielen. Hierzu gehört gemäß § 4 Abs. 3 S. 2 KonzVgV insbesondere die Abgabe einer Verschwiegenheitserklärung.

160

Sämtliche Regelungen zum Schutz des Geheimwettbewerbes und der Vertraulichkeit sind umfassend **unternehmensschützend**. Dem Vertraulichkeitsgrundsatz kommt darüber hinaus wegen seiner Wettbewerbsbezogenheit auch eine dritt- und damit bieterschützende Funktion und Wirkung zu, weil das Recht der Bieter, in einem fairen und uneingeschränkten

161

---

282 VK Südbayern, Beschluss v. 24.7.2018 – Z3-3-3194-1-11-10/18.
283 OLG Düsseldorf, Beschluss v. 16.9.2003 – VII-Verg 52/03.
284 VK Südbayern, Beschluss v. 24.7.2018 – Z3-3-3194-1-11-10/18.
285 VK Südbayern, Beschluss v. 24.7.2018 – Z3-3-3194-1-11-10/18.
286 VK Südbayern, Beschluss v. 24.7.2018 – Z3-3-3194-1-11-10/18.

Leistungswettbewerb um die Zuschlagschance zu konkurrieren, nicht nur dann beeinträchtigt wird, wenn ein in Kenntnis der Inhalte anderer Angebote kalkuliertes Angebot in Verdrängungsabsicht gelegt wird, sondern unabhängig davon bereits durch den einen echten Leistungswettbewerb ausschließenden Verstoß gegen den Vertraulichkeitsgrundsatz.[287]

ff) Grundsatz der Sachgerechtigkeit, Objektivität, Nachvollziehbarkeit und der vollständigen Sachverhaltsermittlung

162 Eine fachrechtliche Besonderheit ist der Grundsatz der Sachgerechtigkeit der Auswahlentscheidung, der z.B. in der BADV normiert ist. Daneben manifestiert § 152 Abs. 3 S. 1 GWB die KonzVgV den neuen Grundsatz der „Objektivität". Der Grundsatz der Sachgerechtigkeit findet sich z.B. im BADV-Auswahlverfahren[288] oder bei der Gewerbekonzessionierung.[289] Objektiv, sachgerecht und nachvollziehbar können synonym verwandt werden.

163 Der Grundsatz der **Sachgerechtigkeit** ist insbesondere bei der öffentlich-rechtlichen Konzessionsauswahlentscheidung maßgeblich. Er erfordert es im Allgemeinen, dass bestehende Beurteilungs- und Ermessensspielräume objektiv und frei von persönlichen Ansichten, Meinungen und Präferenzen der Entscheidungsträger ausgeübt werden.[290] Sachfremde Erwägungen dürfen in die Auswahlentscheidung nicht mit hineinfließen, subjektive Erwägungen dürfen jedenfalls den sachlich gebotenen Rahmen nicht überschreiten.[291] Zudem verpflichtet der Grundsatz der Sachgerechtigkeit die Vergabestelle dazu, bei der Auswertung der eingereichten Bewerbungsunterlagen mit hinreichender Sorgfalt, Präzision und einer in sich kohärenten Methodik vorzugehen.[292] Die Prüfungsmethodik ist kohärent, wenn alle Angebote nach derselben Methodik untersucht und bewertet werden. Zudem muss die Prüfungsmethode logisch in sich geschlossen und widerspruchsfrei sein; es darf nicht gegen allgemeine Denkgesetze oder allgemein gültige Wertmaßstäbe verstoßen werden.[293] Darüber hinaus muss die Prüfungsmethodik geeignet sein, etwaige Unplausibilitäten aus den Angeboten herauszufiltern.[294] Ferner erfordert ein sachgerechtes Verfahren, dass keine unrichtigen Sachverhaltsannahmen oder sachlich nicht haltbare Vergleiche zwischen den Angaben unterschiedlicher Bieter angestellt werden.[295]

164 Obgleich die Vergabestelle die **Zuschlagskriterien** im Rahmen ihres Beurteilungsspielraumes autonom bestimmen kann, ist gleichwohl die Sachgerechtigkeit eine äußerste Grenze hierfür:[296] Die Hilfskriterien müssen zunächst einen hinreichenden Bezug zum Hauptkriterium aufweisen;[297] zum anderen ist es der ausschreibenden Stelle untersagt, im Rahmen der Auswahlentscheidung 50 % oder mehr der zu erreichenden Gesamtpunkte für Kriterien zu vergeben, die bereits im Teilnahmewettbewerb als Eignungskriterien abschließend geprüft worden sind.[298]

165 Darüber hinausgehend erfährt der Grundsatz der Sachgerechtigkeit noch eine weitere, wichtige Funktion in Bezug auf die Steuerung der Auswahlentscheidung. Der Maßstab der Sachgerechtigkeit bestimmt die Steuerung der in der Auswahlentscheidung vorzunehmenden **Prüfungstiefe und -intensität**. Dies schlägt sich beispielsweise in der Weise nieder, dass ein Zuschlagskriterium mit tendenziell geringerer Aussagekraft in Bezug auf das Hauptkriterium eher mit geringerer Prüfungstiefe und -intensität untersucht werden darf, als ein Kriterium mit tendenziell höherer Aussagekraft.[299] Entsprechend verhält es sich mit offensichtlichen Unter-

---

287 VG Frankfurt am Main, Urteil v. 4.11.2011 – 5 L 2864/11.
288 Vgl. BADV Rn. 76 ff.
289 Vgl. GewO Rn. 44 f.
290 Vgl. OVG Münster, Beschluss v. 2.7.2010 – 4 B 643/10.
291 Vgl. BVerwG, Urteil v. 13.12.2012 – 3 C 32/11.
292 BVerwG, Urteil v. 13.12.2012 – 3 C 32/11.
293 Vgl. VG München, Beschluss v. 31.5.2016 – M 7 E 16.2303.
294 OVG Münster, Urteil v. 25.1.2011 – 20 D 38/10.AK.
295 OVG Hamburg, Beschluss v. 16.8.2013 – 1 Es 2/13.
296 Vgl. VG München, Urteil v. 19.5.2015 – M 16 K 14.3255.
297 BVerwG, Urteil v. 13.12.2012 – 3 C 32/11; VGH Kassel, Urteil v. 15.10.2014 – 9 C 1276/13.
298 VGH Hessen, Urteil v. 15.10.2014 – 9 C 1276/13.
299 OVG Münster, Urteil v. 25.1.2011 – 20 D 38/10.AK.

schieden zwischen einzelnen Bewerbungen, die für die Bewertung des jeweiligen Kriteriums keine maßgebliche Bedeutung haben: die prüfende Stelle verhält sich durchaus sachgerecht, wenn sie diese Unterschiede nicht mehr weiter aufklärt.[300]

Der Grundsatz der **Objektivität** findet sich in der KonzVgV an diversen Stellen. Der Konzessionsgeber berechnet gemäß § 2 Abs. 1 KonzVgV den geschätzten Vertragswert nach einer objektiven Methode, die in den Vergabeunterlagen anzugeben ist. Eine Konzession darf gemäß § 2 Abs. 2 S. 2 KonzVgV insbesondere nicht so aufgeteilt werden, dass sie nicht in den Anwendungsbereich des Teils 4 des GWB fällt, es sei denn, es liegen objektive Gründe für eine solche Aufteilung vor. Die Zahl der Bewerber oder Angebote kann auf eine angemessene Zahl begrenzt werden, sofern dies gemäß § 13 Abs. 4 S. 1 KonzVgV anhand objektiver Kriterien und in transparenter Weise geschieht. Diese Regelung setzt Art. 37 Abs. 3 RL 2014/23/EU um, dem zufolge Konzessionsgeber die Zahl der Bewerber oder der Angebote begrenzen dürfen, sofern dies anhand objektiver Kriterien und in transparenter Weise geschieht und die Zahl ausreichend hoch ist, um einen echten Wettbewerb sicherzustellen.[301] **166**

Den Konzessionsgebern steht bei der **Bewertung von Angeboten** außerhalb des förmlichen Vergaberechts ein Spielraum zu. Dieser ist aber gerichtlich daraufhin überprüfbar, ob das vorgeschriebene Verfahren eingehalten und von keinem unzutreffenden oder unvollständigen Sachverhalt ausgegangen worden ist, keine sachwidrigen Erwägungen in die Entscheidung eingeflossen sind und sich die Wertungsentscheidung im Rahmen der Gesetze und allgemein gültiger Beurteilungsmaßstäbe hält. Die Wertungsentscheidung muss nicht nur bezogen auf das einzelne Angebot widerspruchsfrei sein, sondern darf auch im Vergleich der Angebote untereinander nicht willkürlich sein. Die Noten müssen im Vergleich der Bieter ohne Benachteiligung des einen oder anderen plausibel vergeben werden.[302] **167**

gg) Grundsatz der zeitlichen Befristung

Jede Konzession ist endlich zu vergeben. Dies ist unstreitig für die vergaberechtliche Konzession. Die **Laufzeit** von Konzessionen ist gemäß § 3 Abs. 1 S. 1 KonzVgV beschränkt. Dies Bestimmung setzt Art. 18 Abs. 1 RL 2014/23/EU um.[303] Gemäß § 3 Abs. 1 S. 1 KonzVgV ist die Laufzeit von Konzessionen bewusst beschränkt, d. h. eine unbeschränkte Laufzeit ist nicht zulässig. Erwägungsgrund 52 RL 2014/23/EU weist darauf hin, dass die Laufzeitbegrenzung den Wettbewerb sicherstellt und einer Marktabschottung entgegenwirkt. Im öffentlich-rechtlichen Auswahlverfahren ist der Grundsatz der zeitlichen Befristung nur sporadisch geregelt.[304] Zeitlich unbefristete Konzessionen verstoßen – soweit keine spezielle Regelung vorliegt – gegen den Verhältnismäßigkeitsgrundsatz und gegen Art. 12 Abs. 1 GG (Möglichkeit eines Berufszuganges). Unbefristete Konzessionen schotten den Markt rechtswidrig ab, zementieren ggf. ungesunde oligopole Marktstrukturen und haben daher keine Ewigkeitsgarantie. **168**

§ 23 Abs. 1 VOB/A trifft unterhalb der Schwellenwerte für **Baukonzessionen** die Bestimmung, dass das Nutzungsrecht des Konzessionärs befristet ist. Demgemäß ist es unbedingt erforderlich, dass im Konzessionsvertrag die Dauer der Befristung und die im Anschluss erfolgende Verwendung geregelt werden.[305] **169**

Bei binnenmarktrelevanten Konzessionen ist zudem darauf zu verweisen, dass Art. 49 AEUV dahin auszulegen ist, dass er nationalen Rechtsvorschriften entgegensteht, die vorsehen, dass laufende Konzessionen, **automatisch verlängert** werden, soweit an diesen Konzessionen ein eindeutiges grenzüberschreitendes Interesse besteht.[306] Eine Verletzung des Grundsatzes des Verbots der Vertragsverlängerung während einer laufenden Konzessionsvergabe hat zur Folge, dass die Ausschreibung erfolgreich angegriffen werden kann, weil der Grundsatz der **170**

---

300 OVG Münster, Urteil v. 25.1.2011 – 20 D 38/10.AK.
301 Vgl. Verordnungsbegründung zu § 13 Abs. 4 KonzVgV, BR-Drs. 87/16, 288.
302 OLG Düsseldorf, Beschluss v. 13.6.2018 – 2 U 7/16.
303 Vgl. Verordnungsbegründung zu § 3 Abs. 1 KonzVgV, BR-Drs. 87/16, 287.
304 Vgl. siehe für die Regelung zu den Bodenabfertigungskonzessionen in BADV Rn. 84.
305 *Ganske,* in: Kapellmann/Messerschmidt, VOB, § 23 VOB/A Rn. 40.
306 Vgl. EuGH, Urteil v. 14.7.2016 – Verb. Rs. C-458/14 und C-67/15 (Promoimpresa).

zeitlichen Befristung unternehmensschützend ist.[307] Bei laufenden Konzessionen trifft den Konzessionsgeber die Verpflichtung, die Laufzeit zu überprüfen, ob eine Beendigungspflicht eintreten muss. Wenn weitere Punkte für eine Rechtswidrigkeit hinzukommen (z.B. eine Beihilfeverstoß), dann kann auch ein Unternehmen die fehlende Befristung auch aus diesen Gesichtspunkten heraus angreifen.

171 Auch bei der **verwaltungsrechtlichen Konzession** gibt es Befristungsregelungen, die jeweils bezogen auf den gesetzlichen Einzelfall überprüft werden müssen. Beispielhaft sei hier auf die Geltungsdauer der Genehmigung nach dem § 16 Abs. 2 S. 1 PBefG hinzuweisen, die unter Berücksichtigung der öffentlichen Verkehrsinteressen zu bemessen ist. Die Frage der öffentlichen Verkehrsinteressen ist, wie auch bei den Genehmigungsvoraussetzungen des § 13 Abs. 2 S. 1 Nr. 3 PBefG, gerichtlich vollumfänglich als unbestimmten Rechtsbegriff überprüfbar. Eine Befristung einer Regelung auf drei Jahre führt nicht dazu, dass ein Eingriff in den grundgesetzlich geschützten eingerichteten und ausgeübten Gewerbebetrieb vorliegend anzunehmen ist, da das Gewerbe der Konzessionsnehmerin durch die Befristung der Liniengenehmigung auf drei Jahre keinesfalls schwer und unerträglich in ihrer Existenz betroffen ist.[308]

hh) Verpflichtung zur Vorabinformation

172 In allen Bereichen der Konzessionsvergabe (**oberhalb der Schwellenwerte** gemäß §§ 134, 135 GWB) und auch unterhalb Schwellenwerte, auch bei Eingreifen einer Bereichsausnahme, besteht eine Verpflichtung zur vorherigen Information des unterlegenen Bewerbers oder Bieters. Eine Vertragsnichtigkeit eines abgeschlossenen Konzessionsvertrages resultiert daraus, dass der Konzessionsgeber die nicht berücksichtigten Unternehmen weder über den beabsichtigten Vertragsschluss informiert, noch im Anschluss hieran eine angemessene Wartefrist eingehalten hat. Für binnenmarktrelevante Konzessionen außerhalb des GWB (z.B. durch die Wasserbereichsausnahme gem. § 149 Nr. 9 GWB) besteht ebenfalls eine Vorabinformationspflicht.[309]

173 Es sprechen gewichtige Gründe dafür, auch im **Unterschwellenbereich** die Einhaltung einer Informations- und Wartepflicht durch den Konzessionsgeber zu verlangen.[310] Nach der Rechtsprechung des EuG[311] fordern die gemeinsamen Verfassungen der Mitgliedsstaaten und die Konvention zum Schutz der Menschenrechte und Grundfreiheiten einen effektiven und vollständigen Schutz gegen Willkür des Auftraggebers. Dieser vollständige Rechtsschutz verlangt, sämtliche Unternehmen vor Abschluss eines Vertrages von der Zuschlagsentscheidung zu unterrichten. Ein vollständiger Rechtsschutz verlangt auch, dass zwischen der Unterrichtung abgelehnter Bewerber oder Bieter und der Unterzeichnung des Vertrags eine angemessene Frist liegt, innerhalb der für den Bewerber oder Bieter ein vorläufiger Schutz gewährt werden kann, wenn er für die volle Wirksamkeit der Entscheidung in der Sache erforderlich ist. Im nationalen Recht ist dies ebenfalls bereits in einigen Rechtsgebieten anerkannt.

174 Schon vor Einführung der entsprechenden gesetzlichen Bestimmungen war nach der **Rechtsprechung** des BVerwG bei Beamten- und Richterbeförderungen die Informations- und Wartepflicht zu beachten.[312] Zur Vergabe von Wochenmarktveranstaltungen hat das OVG Berlin-Brandenburg entschieden, dass effektiver Primärrechtsschutz es gebietet, mindestens zwei Wochen nach Information der Bewerber über den Ausgang des Auswahlverfahrens abzuwarten, bevor mit dem ausgewählten Bewerber der Vertrag geschlossen wird.[313] Wenn sich die Rechtsprechung des OLG Düsseldorf[314] durchsetzt, dann wird auch bei Baukonzessionen gemäß § 23 VOB/A eine allgemeine Vorinformationspflicht bestehen.

---

307 Vgl. *Kadenbach* zu § 3 KonzVgV Rn. 32.
308 Vgl. VG Ansbach, Urteil v. 12.12.2016 – 10 K 16.00531.
309 OLG Düsseldorf, Beschluss v. 13.6.2018 – 2 U 7/16.
310 OLG Düsseldorf, Urteil v. 13.12.2017 – I-27 U 25/17, mit Hinweis auf OVG Berlin-Brandenburg, Beschluss v. 30.11.2010 – OVG 1 S 107.10.
311 OLG Düsseldorf, Urteil v. 13.12.2017 – I-27 U 25/17, mit Hinweis auf EuG, Urteil v. 20.9.2011 – Rs. T-461/08.
312 OLG Düsseldorf, Urteil v. 13.12.2017 – I-27 U 25/17, mit Hinweis auf BVerwG, Urteil v. 4.11.2010 – 2 C 16/09.
313 OLG Düsseldorf, Urteil v. 13.12.2017 – I-27 U 25/17, mit Hinweis auf OVG Berlin-Brandenburg, Beschluss v. 30.11.2010 – OVG 1 S 107.10.
314 OLG Düsseldorf, Urteil v. 13.12.2017 – I-27 U 25/17.

ii) Verpflichtung nur zur rechtmäßigen Aufhebung

Hat ein Konzessionsgeber ein Vergabeverfahren rechtswidrig aufgehoben, kann ein Unternehmen eine Aufhebung der Aufhebung in einem gerichtlichen Verfahren erreichen.[315] Ebenso kann ein Unternehmen das entgegengesetzte Rechtsschutzziel, die Aufhebung eines Vergabeverfahrens, anstreben. Weiterhin besteht die Möglichkeit der gerichtlichen Geltendmachung von Schadensersatzansprüchen im Falle einer rechtswidrigen Aufhebung.

175

Das nicht berücksichtigte Unternehmen kann um einstweiligen Rechtsschutz nachsuchen, um gegebenenfalls die **„Aufhebung der Aufhebung"** zu erreichen. Erforderlich ist jedoch stets ein fortbestehender Vergabewillen des Konzessionsgebers, so dass die Aufhebung der Aufhebung nur in wenigen Fällen in Betracht kommt.[316] Die Möglichkeit von der „Aufhebung der Aufhebung" ist nicht grenzenlos: Auch wenn die Aufhebungsentscheidung der Nachprüfung unterliegt, folgt daraus nicht, dass der Konzessionsgeber nach einer rechtswidrigen Aufhebungsentscheidung verpflichtet wäre, das Vergabeverfahren zu Ende zu führen und den Zuschlag zu erteilen. Es gibt also selbst bei einer rechtswidrigen Aufhebung des Vergabeverfahrens keinen Zwang zum Vertragsschluss.[317]

176

b) Unternehmensschützende Verfahrensvorschriften

Schadensersatz wird nur bei der Verletzung einer unternehmensschützenden Vorschrift des Vergaberechts oberhalb und unterhalb der Schwellenwerte gewährt. Ob eine Norm unternehmensschützend ist, kann nur durch eine Analyse der jeweiligen (unternehmensschützenden) Regelung erfolgen. Bei Verstoß des Konzessionsgebers gegen eine der unternehmensschützenden Vorschriften besteht eine Pflichtverletzung, die sich gegebenenfalls zum Schadensersatzanspruch des Unternehmens auswachsen kann.

177

aa) Vorschriften des AEUV

Die unternehmensschützenden Vorschriften des GWB lassen sich zunächst aus dem AEUV ableiten und sind prägnant in Erwägungsgrund 4 RL 2014/23/EU zusammengefasst: Für die Vergabe von Dienstleistungskonzessionen mit grenzüberschreitender Bedeutung gelten die Grundsätze des AEUV. Dies sind insbesondere die Grundsätze:

178

- des freien Warenverkehrs,
- der Niederlassungsfreiheit und der
- Dienstleistungsfreiheit, sowie die davon abgeleiteten Grundsätze, wie
- Gleichbehandlung,
- Nichtdiskriminierung,
- gegenseitige Anerkennung,
- Verhältnismäßigkeit und
- Transparenz.

Aus diesen allgemeinen Grundsätzen werden weitere Untergrundsätze entwickelt, die mit den oben genannten Grundsätzen teilweise Überschneidungen bilden. Weitere Grundprinzipien sind (auch hergeleitet aus § 97 Abs. 1 bis 3 GWB:

- Barrierefreier Informationszugang,
- Geheimwettbewerb,
- Vertraulichkeit,
- Sachgerechtigkeit,
- Objektivität und ordnungsgemäße Sachverhaltsermittlung,
- Grundsatz der zeitlichen Befristung und

---

315 Vgl. oberhalb der Schwellenwerte *Lischka* zu § 32 KonzVgV Rn. 63 ff.
316 Vgl. *Horn/Hofmann*, in: Burgi/Dreher, Vergaberecht, Vorbemerkung vor § 155 GWB Rn. 44 ff.
317 Vgl. *Antweiler*, in: Burgi/Dreher, Vergaberecht, § 168 GWB Rn. 41 ff.

- Verpflichtung zur Vorabinformation.

bb) Vorschriften des GWB (außerhalb des Teil 4 GWB)

179 Die Vergabe der gemäß § 149 Nr. 9 GWB außerhalb zu vergebenden Wasserkonzessionen wird nach allgemeinen Grundsätzen des GWB überprüft.[318] Ein Anspruch auf Unterlassung des beabsichtigten Vertragsschlusses kann auf §§ 33 Abs. 1, 19 Abs. 1 und Abs. 2 Nr. 1 GWB a.F. gestützt werden. Nach § 33 Abs. 1 GWB besteht bereits bei drohender Zuwiderhandlung ein Unterlassungsanspruch eines Marktbeteiligten gegen denjenigen, der gegen eine Vorschrift des GWB verstößt. Dabei muss dargelegt werden, dass die mit Beschluss des Rates der Konzessionsgeberin getroffene Entscheidung, die Wasserkonzession an den Wettbewerber zu vergeben, eine unbillige Behinderung im Sinne von § 19 Abs. 2 Nr. 1 GWB a.F. und damit einen Verstoß gegen das Verbot der missbräuchlichen Ausnutzung einer marktbeherrschenden Stellung im Sinne von § 19 Abs. 1 GWB a.F. ist.[319]

cc) Vorschriften der KonzVgV

180 Vorschriften der KonzVgV wirken zunächst nur oberhalb der Schwellenwerte im förmlichen Konzessionsvergabeverfahren. Die Bundesregierung ist gemäß § 113 Abs. 1 S. 1 GWB ermächtigt, durch Rechtsverordnungen mit Zustimmung des Bundesrates die Einzelheiten zur Vergabe von öffentlichen Aufträgen und Konzessionen sowie zur Ausrichtung von Wettbewerben zu regeln. Auch in der KonzVgV, die in diesem Rahmen erlassen wurde, sind unternehmensschützende Regelungen vorhanden. Folgende Vorschriften aus der KonzVgV haben eine unternehmensschützende Funktion und können dementsprechend als Schutzgesetze oberhalb der Schwellenwerte fungieren:

Thematischer Bereich	Vorschrift	Verwirklichter Grundsatz
Berechnung des Vertragswerts	§ 2 KonzVgV	• Wettbewerbsgrundsatz[320]
Laufzeit von Konzessionen	§ 3 KonzVgV	• Wettbewerbsgrundsatz (Verhinderung von Marktabschottung)[321]
Wahrung der Vertraulichkeit im Verfahren	§ 4 KonzVgV	• Gleichbehandlungsgrundsatz[322]
Vermeidung von Interessenkonflikten	§ 5 KonzVgV	• Gleichbehandlungsgrundsatz[323]
Dokumentation des Vergabeverfahrens	§ 6 KonzVgV	• Transparenzgrundsatz[324]
Anforderungen an die verwendeten elektronischen Mittel	§ 8 KonzVgV	• Gleichbehandlungsgrundsatz[325]
Anforderungen an den Einsatz elektronischer Mittel im Vergabeverfahren	§ 9 KonzVgV	• Gleichbehandlungsgrundsatz[326]
Wahl der Verfahrensart	§ 12 KonzVgV	• Wettbewerbsgrundsatz[327]

---

318 OLG Düsseldorf, Beschluss v. 13.6.2018 – 2 U 7/16, Rn. 103.
319 OLG Düsseldorf, Beschluss v. 13.6.2018 – 2 U 7/16, Rn. 54.
320 Vgl. *Radu* zu § 2 KonzVgV Rn. 100.
321 Vgl. *Kadenbach* zu § 3 KonzVgV Rn. 32.
322 Vgl. *Rommelfanger* zu § 4 KonzVgV Rn. 28.
323 Vgl. *Gaus* zu § 5 KonzVgV Rn. 4, 58.
324 Vgl. *Rommelfanger* zu § 6 KonzVgV Rn. 27.
325 Vgl. *Grünhagen* zu § 8 KonzVgV Rn. 97.
326 Vgl. *Grünhagen* zu § 9 KonzVgV Rn. 78.
327 Vgl. *Rommelfanger* zu § 12 KonzVgV Rn. 16 ff.

Verfahrensgarantien	§ 13 KonzVgV	• Wettbewerbsgrundsatz • Gleichbehandlungs-grundsatz • Wettbewerbsgrundsatz[328]
Umgehungsverbot	§ 14 KonzVgV	• Transparenzgrundsatz • Gleichbehandlungsgrundsatz • Wettbewerbsgrundsatz[329]
Leistungsbeschreibung	§ 15 KonzVgV	• Gleichbehandlungsgrundsatz • Transparenzgrundsatz • Wettbewerbsgrundsatz[330]
Bereitstellung der Vergabeunterlagen	§ 17 KonzVgV	• Transparenzgrundsatz[331]
Zusätzliche Auskünfte	§ 18 KonzVgV	• Gleichbehandlungsgrundsatz[332] • Wettbewerbsgrundsatz[333]
Bekanntgabe der Ausschreibung	§ 19 KonzVgV	• Transparenzgrundsatz[334]
Ausnahmen von der Bekanntmachung	§ 20 KonzVgV	• Transparenzgrundsatz[335]
Veröffentlichungsregeln bei Konzessionen zu sozialen und anderen besonderen Dienstleistungen	§ 22 KonzVgV	• Transparenzgrundsatz[336]
Gleichbehandlung von Unternehmen mit bestimmten Rechtsformen und Bietergemeinschaften	§ 24 KonzVgV	• Gleichbehandlungsgrundsatz[337]
Vorgaben für die Auswahlkriterien	§ 25 Abs. 1 S. 1, Abs. 2 KonzVgV	• Transparenzgrundsatz • Gleichbehandlungsgrundsatz[338]
Eignungsbelege, Nichtvorliegen von Ausschlussgründen	§ 26 KonzVgV	• Verhältnismäßigkeitsgrundsatz • Transparenzgrundsatz[339]
Eingangsfristen	§ 27 KonzVgV	• Transparenzgrundsatz[340]
Form, Übermittlung der Angebote und Anträge	§ 28 KonzVgV	• Gleichbehandlungsgrundsatz • Transparenzgrundsatz[341]
Prüfung und Aufbewahrung der ungeöffneten Teilnahmeanträge und Angebote	§ 29 KonzVgV	• Transparenzgrundsatz • Wettbewerbsgrundsatz[342]

---

328 Vgl. *Gaus* zu § 13 KonzVgV Rn. 53.
329 Vgl. § 14 KonzVgV Rn. 33 ff.
330 Vgl. *Traupel* zu § 15 KonzVgV Rn. 48.
331 Vgl. *Wrede* zu § 17 KonzVgV Rn. 39.
332 VK Südbayern, Beschluss v. 24.7.2018 – Z3-3-3194-1-11-10/18.
333 Vgl. *Horn* zu § 18 KonzVgV Rn. 21.
334 Vgl. *Hofmann* zu § 19 KonzVgV Rn. 21 ff.
335 Vgl. *Dewald* zu § 20 KonzVgV Rn. 86 ff.
336 Vgl. *Ruff* zu § 22 KonzVgV Rn. 68 ff.
337 Vgl. *Raabe* zu § 24 KonzVgV Rn. 50.
338 Vgl. *Raabe* zu § 25 KonzVgV Rn. 76.
339 Vgl. *Raabe* zu § 26 KonzVgV Rn. 53 ff.
340 Vgl. *Micus-Zurheide* zu § 27 KonzVgV Rn. 57.
341 Vgl. *Lausen* zu § 28 KonzVgV Rn. 63.
342 Vgl. *Micus-Zurheide* zu § 29 KonzVgV Rn. 47; *Hermann*, in: Ziekow/Völlink, Vergaberecht, § 29 KonzVgV Rn. 3.

Unterrichtung der Bewerber oder Bieter über den Zuschlag	§ 30 Abs. 1 KonzVgV	• Transparenzgrundsatz[343]
Zuschlagskriterien	§ 31 KonzVgV	• Transparenzgrundsatz • Wettbewerbsgrundsatz[344]
Aufhebung	§ 32 KonzVgV	• Gleichbehandlung[345]
Unteraufträge	§ 33 KonzVgV	• Wettbewerbsgrundsatz[346]

Diese Aufstellung ist exemplarisch und nicht abschließend. Unterhalb der Schwellenwerte oder außerhalb eines förmlichen Vergabeverfahrens wirken diese Vorschriften nur dann unternehmensschützend, wenn sie z.B. in einem verwaltungsrechtlichen Verteilungsverfahren für entsprechend anwendbar erklärt wurden.

dd) Vorschriften der VOB/A

181 Für die Vergabe von Baukonzessionen unterhalb des Schwellenwerts nach § 106 Abs. 2 Nr. 4 GWB ist § 23 VOB/A maßgeblich. Die darin geregelte Verpflichtung zur sinngemäßen Anwendung der §§ 1 bis 22 VOB/A ist unternehmensschützend.[347]

ee) Vorschriften der Fachgesetze

182 Weitere unternehmensschützende Verfahrensvorschriften können sich zudem aus den konzessionsabhängigen Fachgesetzen ergeben, die teilweise ebenfalls bestimmte Ableitungen der vergaberechtlichen Gebote umsetzen bzw. normieren.[348] Als Themenbereiche hierfür seien genannt:

- Bodenabfertigungskonzessionen,[349]
- Breitbandkonzessionen,[350]
- Gewerbekonzessionen,[351]
- Glücksspielkonzessionen,[352]
- Energiekonzessionen,[353]
- Sondernutzungskonzessionen,[354]
- Personenverkehrsdienstleistungskonzession,[355]
- Sozialrechtliche Konzessionen,[356]
- Wasserkonzessionen.[357]

Es hat eine Einzelfallprüfung stattzufinden, so dass diese Liste auch erweitert werden kann.

---

343 Vgl. *Hömke* zu § 30 KonzVgV Rn. 79.
344 Vgl. *Müller-Wrede* zu § 31 KonzVgV Rn. 122; *Steck*, in: Ziekow/Völlink, Vergaberecht, § 31 KonzVgV Rn. 2.
345 Vgl. *Lischka* zu § 32 KonzVgV Rn. 80 f.
346 Vgl. *Conrad* zu § 33 KonzVgV Rn. 74; *Püstow*, in: Ziekow/Völlink, Vergaberecht, § 33 KonzVgV Rn. 2.
347 Vgl. VOB/A Rn. 83.
348 Vgl. Übersicht bei *Wahl/Schütz*, in: Schoch/Schneider/Bier, VwGO, § 42 Rn. 303.
349 Vgl. die Ausführungen zu BADV.
350 Vgl. *Braun/Zwetkow* zu AGVO/NGA-RR.
351 Vgl. die Ausführungen zu GewO.
352 Vgl. die Ausführungen zu GlüStV; *Braun*, NZBau 2016, 266 m.w.N.
353 Vgl. *Braun*, NZBau 2015, 355; *Sodan*, LKV 2013, 433 (440).
354 Vgl. OVG Nordrhein-Westfalen, Beschluss v. 20.7.2016 – 4 B 690/16, Rn. 19; *Burgi*, NVwZ 2017, 257.
355 Vgl. *Knauff* zu VO (EG) 1370/2007; VK Münster, Beschluss v. 25.1.2017 – VK 1-47/16; VK Niedersachsen, Beschluss v. 19.6.2018 – VgK-18/2018; *Wagner-Cardenal/Dierkes*, NZBau 2014, 738.
356 Vgl. *Ruff* zu SGB.
357 OLG Düsseldorf, Beschluss v. 13.6.2018 – 2 U 7/16, Rn. 64.

ff) Freiwilliges Unterwerfen unter Verfahrensregeln

Wenn sich der Konzessionsgeber freiwillig den Vorschriften den Vorschriften der UVgO zur Konzessionsvergabe unterworfen hat, wird überprüft ob der Konzessionsgeber diese Vorschriften auch eingehalten hat. Unterwirft ein Konzessionsgeber die Konzessionsvergabe in der Bekanntmachung oder in den Vergabeunterlagen der einschlägigen Verfahrensregeln und kündigt er an, die Vergabe auf der Grundlage jener Vorschriften durchzuführen, ist er daran nicht nur gebunden, sondern es konkretisieren die aus der Vergabeordnung folgenden Verhaltenspflichten zugleich die Pflicht zur Rücksichtnahme nach § 241 Abs. 2 BGB. Damit hat ein potenzieller Konzessionsnehmer einen Anspruch auf Einhaltung der Vorschriften der Verfahrensregeln, sofern diese unternehmensschützend sind.[358]

183

gg) Unionales Primärrecht

Für die Nutzung öffentlicher Bereiche oder Ressourcen gilt, dass die Qualifikation als GWB-vergaberechtsfreier Vorgang im Hinblick auf grundfreiheitliche, grundrechtliche sowie beihilfenrechtliche Vorgaben nicht von der Durchführung eines materiellen und prozeduralen **Mindestanforderungen** genügenden Verteilungsverfahrens entbindet.[359] Bei der Verpachtung oder der Veräußerung von Vermögensgegenständen der öffentlichen Hand in einem nicht vergaberechtlichen Bieterverfahren entsteht zwischen dem Träger der öffentlichen Verwaltung und den Teilnehmern des Verfahrens ein vorvertragliches Vertrauensverhältnis, das auch außerhalb des Anwendungsbereichs der allgemeinen Vergabevorschriften und Vergabeordnungen den Träger der öffentlichen Verwaltung zur Gleichbehandlung der Teilnehmer, zur Transparenz und zur Rücksichtnahme verpflichtet.[360]

184

Grundlage für die an die Auswahlentscheidung zu stellenden verfahrensbezogenen und materiellen Anforderungen einer binnenmarktrelevanten **Wasserkonzessionsvergabe**, sind – sich in Teilen überschneidend – das kartellrechtliche Diskriminierungsverbot, der allgemeine Gleichbehandlungsgrundsatz des Art. 3 Abs. 1 GG in Form des Willkürverbots und die primärrechtlichen Grundsätze des AEUV, insbesondere Art. 49 AEUV (Niederlassungsfreiheit) und Art. 56 AEUV (Dienstleistungsfreiheit), sowie die sich daraus ergebenden allgemeinen Grundsätze der Gleichbehandlung und Nichtdiskriminierung, Transparenz und Verhältnismäßigkeit. Dass die primärrechtlichen Grundsätze des AEUV heranzuziehen sind, ist Folge der hier zu bejahenden Binnenmarktrelevanz der Wasserkonzessionsvergabe.[361]

185

c) Prozessuale Fragen

Beim Anspruch auf Schadensersatz aus vorvertraglicher Vertrauenshaftung gemäß §§ 280 Abs. 1, 311 Abs. 2, 241 Abs. 2 BGB handelt es sich um einen zivilrechtlichen Anspruch des übergangenen Bewerbers oder Bieters. Die Zuständigkeit der jeweiligen Gerichtsbarkeit hängt hierbei von der Frage ab, welche Rechtsnatur dem angegriffenen Rechtsverhältnis zukommt. Handelt es sich dabei um einen privatrechtliches Verhältnis, so liegt eine zivilrechtliche Streitigkeit vor, die gemäß § 13 GVG vor den **ordentlichen Gerichten** ausgetragen werden muss.

186

Liegt stattdessen ein öffentlich-rechtlicher Vertrag gemäß § 54 VwVfG vor, so ist der Weg zum **Verwaltungsgericht** gemäß § 40 Abs. 1 S. 1 VwGO geebnet. Im Falle eines gemischten Vertrages, der sowohl privatrechliche als auch öffentlich-rechtliche Gesichtspunkte in sich vereint, ist auf den Schwerpunkt des gesamten Vertragswerkes abzustellen.[362] Maßgeblich für die Bestimmung der Rechtsnatur des Vertrages ist nicht das Ziel der Aufgabenerfüllung, sondern die dafür gewählte Rechtsform.

187

---

358 OLG Düsseldorf, Beschluss v. 7.3.2012 – VII-Verg 78/11, mit Hinweis auf BGH, Urteil v. 9.6.2011 – X ZR 143/10, NZBau 2011, 498 (Rettungsdienstleistungen II).
359 Vgl. *Wollenschläger*, in: Burgi/Dreher, Vergaberecht, § 105 GWB Rn. 47 f.
360 Vgl. Rn. 185 ff.; BGH, Urteil v. 22.2.2008 – V ZR 56/07.
361 OLG Düsseldorf, Beschluss v. 13.6.2018 – 2 U 7/16, Rn. 64.
362 Vgl. *Braun*, in: Ziekow/Völlink, Vergaberecht, § 133 GWB Rn. 171.

188 Eine zivilrechtliche Klage des übergangenen Bewerbers oder Bieters in einem mit Zuschlagserteilung beendeten Vergabeverfahren auf den Ersatz des positiven Interesses wegen einer vermeintlich vergaberechtswidrigen Auswahl des Konzessionsnehmers ist grundsätzlich auch dann zulässig, wenn der Bewerber oder Bieter die ihm eröffnete Möglichkeit der Inanspruchnahme von **Primärrechtsschutz** nicht genutzt hat.[363]

2. Voraussetzungen des Schadensersatzanspruchs

189 Nach § 311 Abs. 2 BGB entsteht ein (Vertrauens-)Schuldverhältnis zwischen zwei Parteien bereits im Zeitpunkt der Vertragsanbahnung. Dieses vorvertragliche Schuldverhältnis verpflichtet die Parteien gemäß § 241 Abs. 2 BGB zur gegenseitigen Rücksicht auf Rechte, Rechtsgüter und Interessen. Die Verletzung der in § 241 Abs. 2 BGB aufgezählten Pflichten löst unter den Voraussetzungen des § 280 Abs. 1 BGB einen Schadensersatzanspruch aus. Im Rahmen eines Konzessionsvergabeverfahrens kann eine zivilrechtlich relevante Pflichtverletzung unter anderem dann vorliegen, wenn der Konzessionsgeber gegen vergaberechtliche Vorschriften bzw. Grundsätze verstößt.[364]

a) Vorvertragliches Vertrauensverhältnis

190 Nach ständiger Rechtsprechung des BGH begründen öffentliche Ausschreibungen ein vertragsähnliches Verhältnis des Auftraggebers zu den Teilnehmern am Vergabeverfahren, das zur gegenseitigen Rücksichtnahme und Loyalität verpflichtet.[365] Dies gilt sowohl im Ober- als auch im Unterschwellenbereich.[366] Dieser Prämisse liegt der Gedanke zugrunde, dass den Teilnehmern mit Erstellung des Angebotes ein gewisser Aufwand entsteht, der nicht von vornherein nutzlos sein soll.[367]

aa) Entstehung

191 Gemäß § 311 Abs. 2 BGB entsteht ein vorvertragliches Schuldverhältnis i.S.v. § 241 Abs. 2 BGB entweder durch die Aufnahme von Vertragsverhandlungen (Nr. 1), durch die Anbahnung eines Vertrages (Nr. 2) oder durch ähnliche geschäftliche Kontakte (Nr. 3). In der Regel handelt es sich beim durch das Vergabeverfahren begründete Vertrauensverhältnis um einen ähnlichen geschäftlichen Kontakt wie den i.S.v. § 311 Abs. 2 Nr. 3 BGB. Mit der Teilnahme an einem Vergabeverfahren entsteht zwischen dem Konzessionsgeber und einem (potentiellen) Bieter ein vorvertragliches Vertrauensverhältnis, das darauf gerichtet ist, dass die Vergabestelle ihr obliegende Pflichten betreffend die Durchführung des Vergabeverfahrens einhält.[368] Wenn es im weiteren Verlauf des Verfahrens zu tatsächlichen Vertragsverhandlungen zwischen Konzessionsgeber und (potentiellem) Bieter kommt, greift zudem der Tatbestand der Anbahnung eines Vertrages gemäß § 311 Abs. 2 Nr. 1 BGB ein.

192 Der **Entstehungszeitpunkt** des vorvertraglichen Vertrauensverhältnisses unterscheidet sich bei den verschiedenen Vergabeverfahren. In Rechtsprechung und Schrifttum wurden hierfür konkrete Bezugspunkte festgestellt. Die maßgeblichen Zeitpunkte sind wie folgt bestimmt worden:

- Im offenen Verfahren spätestens bei Anforderung der Vergabeunterlagen durch den jeweiligen Bieter,[369]
- im nicht offenen Verfahren und im Verhandlungsverfahren mit vorheriger Bekanntmachung bei Einreichung der Teilnahmeanträge durch die Bewerber,[370]

---

363 OLG Naumburg, Urteil v. 23.12.2014 – 2 U 74/14.
364 OLG Koblenz, Urteil v. 6.2.2014 – 1 U 906/13.
365 BGH, Urteil v. 26.1.2010 – X ZR 86/08; Urteil v. 16.12.2003 – X ZR 282/02; Urteil v. 26.10.1999 – X ZR 30/98.
366 BVerwG, Beschluss v. 2.5.2007 – 6 B 10/07.
367 *Alexander*, in: Pünder/Schellenberg, Vergaberecht, § 126 GWB Rn. 60.
368 OLG Celle, Urteil v. 23.2.2016 – 13 U 148/15, juris Rn. 7.
369 BGH, Urteil v. 17.12.2013 – KZR 66/12; OLG Düsseldorf, Beschluss v. 4.2.2013 – VII-Verg 31/12.
370 Vgl. OLG Hamm, Urteil v. 26.9.2012 – 12 U 142/12.

- im Verhandlungsverfahren ohne vorherige Bekanntmachung bei Aufforderung zur Aufnahme von Vertragsverhandlungsverfahren durch den Konzessionsgeber.[371]

Im **Konzessionsauswahlverfahren** beginnt der Vertrauenstatbestand mit der nach außen zu Tage getretenen Kontaktaufnahme mit dem Unternehmen nach der Konzessionsbekanntmachung. Geschützt ist nicht nur das Unternehmen, das bereits ein Angebot abgegeben hat, sondern allgemein potentielle Bieter bzw. interessierte Unternehmen. Das Interesse des Unternehmens an der Erlangung der verfahrensgegenständlichen Dienstleistungskonzession ist bereits durch die mehrfachen Rügen im Vergabeverfahren, das zuvor angestrengte Nachprüfungsverfahren und das vorliegende einstweilige Verfügungsverfahren hinreichend dokumentiert.[372] Weitergehende Interessenbekunden sind nicht erforderlich. 193

bb) Schutzwürdigkeit des Vertrauens

Für das Bestehen eines Anspruchs aus vorvertraglicher Vertrauenshaftung gemäß §§ 280 Abs. 1, 311 Abs. 2, 241 Abs. 2 BGB wurde lange Zeit durch die Rechtsprechung gefordert, dass das Unternehmen, das Schadensersatz verlangt, auf die Rechtmäßigkeit des Vergabeverfahrens vertraut haben muss.[373] Hinter diesem ungeschriebenem Tatbestandsmerkmal hatte die Überlegung gesteckt, dass der Auftraggeber mit der Ausschreibung einen Vertrauenstatbestand setzt und dieser die Grundlage der schadensersatzrechtlichen Haftung bildet[374] – der Vertrauenstatbestand konnte gleichwohl nur dann verletzt sein, wenn der Bewerber oder Bieter auf diesen auch rechtmäßig vertraut hatte. Nur wenn das Interesse des Bewerbers oder Bieters schutzwürdig war, sollte es zu einer Schadensersatzpflicht des Konzessionsgeber kommen. 194

An einem schutzwürdigen Vertrauen **fehlte** es nach der Rechtsprechung, wenn dem Bewerber oder Bieter bekannt war bzw. sein musste, dass die Ausschreibung fehlerhaft war.[375] Dieser Grundsatz erstreckte sich auch auf fahrlässiges Verkennen der Mangelhaftigkeit des Verfahrens durch den Bewerber oder Bieter.[376] Des Weiteren galt der Bieter als nicht schutzwürdig, wenn er im Falle der Erhebung einer Rüge bzw. eines Nachprüfungsantrages zugleich ein Angebot abgab.[377] In einem solchen Fall hatte der Bieter die Aufwendungen für die Erstellung des Angebots auf eigenes Risiko veranlasst, so dass ein Schadensersatzanspruch ausgeschlossen war.[378] 195

Diese Rechtsprechung wurde durch den **BGH** mit Urteil vom 9. Juni 2011 geändert; infolgedessen war die Schutzwürdigkeit des Vertrauens keine Voraussetzung mehr für die Haftung des Auftraggebers aus c.i.c.[379] Hierzu hat der BGH zutreffend ausgeführt, dass der aus §§ 280 Abs. 1, 311 Abs. 2, 241 Abs. 2 BGB hergeleitete Schadensersatzanspruch gemäß dem Wortlaut der gesetzlichen Regelung an die Verletzung einer aus dem vorvertraglichen Schuldverhältnis herrührenden Rücksichtnahmepflicht anknüpft.[380] Dafür, dass dem Bewerber oder Bieter nur dann Schadensersatz zustehen soll, wenn er bei Verletzung einer solchen Rücksichtnahmepflicht zusätzlich gewährtes Vertrauen in Anspruch genommen hat, sei der gesetzlichen Regelung nichts zu entnehmen.[381] Damit hat der BGH klargestellt, dass nunmehr bereits mit der Einleitung eines Ausschreibungsverfahrens das schutzwürdige Vertrauen der Bewerber und Bieter entsteht.[382] Auf eine individuelle Schutzwürdigkeit kommt es nunmehr nicht mehr an.[383] 196

---

371 *Antweiler*, in: Dreher/Motzke, Vergaberecht, 2. Aufl., § 126 GWB Rn. 24.
372 OLG Celle, Urteil v. 23.2.2016 – 13 U 148/15, juris Rn. 8.
373 BGH, Urteil v. 27.6.2007 – X ZR 34/04; Urteil v. 3.6.2004 – X ZR 30/03; KG, Urteil v. 14.8.2003 – 27 U 264/02.
374 BGH, Urteil v. 3.6.2004 – X ZR 30/03.
375 BGH, Urteil v. 3.6.2004 – X ZR 30/03.
376 BGH, Urteil v. 3.6.2004 – X ZR 30/03.
377 KG, Urteil v. 14.8.2003 – 27 U 264/02.
378 KG, Urteil v. 14.8.2003 – 27 U 264/02.
379 BGH, Urteil v. 9.6.2011 – X ZR 143/10.
380 BGH, Urteil v. 9.6.2011 – X ZR 143/10.
381 BGH, Urteil v. 9.6.2011 – X ZR 143/10.
382 *Losch*, in: Ziekow/Völlink, Vergaberecht, § 181 GWB Rn. 56.
383 *Verfürth*, in: Kulartz/Kus/Portz, GWB-Vergaberecht, § 126 Rn. 44.

b) Pflichtverletzung

197 Weitere Tatbestandsvoraussetzung des Anspruches aus c.i.c. ist eine schuldhaft begangene Pflichtverletzung durch den Konzessionsgeber. Diese ist dann gegeben, wenn der Konzessionsgeber gegen die allgemeinen Pflichten des § 241 Abs. 2 BGB zur Aufklärung, Auskunft, Obhut, Fürsorge und Erhaltung[384] sowie gegen die zentrale Pflicht zur Einhaltung der maßgeblichen vergaberechtlichen Vorschriften bzw. Grundsätze verstößt.

aa) Verletzung von vergaberechtlichen Vorschriften

198 Es ist allerdings einschränkend zu beachten, dass nicht jedweder Vergaberechtsverstoß einen Anspruch aus c.i.c. begründet. Erforderlich ist nach herrschender Auffassung vielmehr, dass die verletzte Vorschrift den **Schutz** von Unternehmen bezweckt – sie muss konkret den Unternehmen subjektive Rechte einräumen.[385] Die Frage nach dem subjektiv-schützenden Charakter einer Norm ist hierbei anhand eines modifizierten Schutzgesetzprinzips zu bestimmen.[386] Dieses Schutzgesetzprinzip ist nicht mit der verwaltungsrechtlichen Schutznormtheorie zu verwechseln – es handelt sich dabei stattdessen um den Rechtsgrundsatz aus § 823 Abs. 2 BGB. Im Rahmen des Tatbestandsmerkmals der Pflichtverletzung ist im Kern zu prüfen, welchen Schutzzweck die verletzte Norm aufweist und ob dieser Zweck den subjektiven Drittschutz des Unternehmens beinhaltet.

199 Im Konkreten muss die jeweilige Vorschrift zwei **Voraussetzungen** erfüllen, deren Vorliegen stets nach den Umständen des Einzelfalles zu prüfen ist:
- Will die verletzte Vorschrift gerade den Verletzten vor der konkreten Verletzung schützen? (persönlicher Anwendungsbereich),
- Weist die verletzte Vorschrift einen unternehmensschützenden Charakter auf? (sachlicher Anwendungsbereich).[387]

Eine Norm ist dann ein Schutzgesetz i.S.d. § 823 Abs. 2 BGB, wenn sie zumindest auch eine individualschützende Tendenz zugunsten der an einer Vergabe teilnehmenden Unternehmen aufweist.[388] Nur dann ist der sachliche Anwendungsbereich der verletzten Norm als Schutzgesetz eröffnet. Hierzu muss die verletzte Norm einen unmittelbaren oder mittelbaren Bezug zu dem am Vergabeverfahren beteiligten Unternehmen aufweisen. Dabei ist es unschädlich, dass die jeweilige Norm vordergründig im Interesse der Allgemeinheit besteht – solange sie den subjektiven Schutz des Einzelnen zugleich mitbezweckt.[389] Insofern schließt die unterschiedliche Schutz- und Zweckrichtung einer Vorschrift ihren individualschützenden Charakter nicht aus.[390]

(1) Persönlicher Anwendungsbereich des Schutzgesetzprinzips

200 In Hinblick auf den persönlichen Anwendungsbereich ist es erforderlich, dass gerade der Geschädigte zu dem von der verletzten Vorschrift geschützten Personenkreis gehört.[391] Es handelt sich dabei um eine Einzelfallbetrachtung, bei der genau festgestellt werden muss, ob der Geschädigte nach den Umständen des jeweiligen Falles gerade individuell in den Schutzbereich der Norm einbezogen ist. So kann es vorkommen, dass eine Vorschrift zwar grundsätzlich einen individualschützenden Charakter aufweist, jedoch gerade den Anspruchsteller im konkreten Einzelfall nicht schützt.[392]

201 Umstritten ist hierbei, wer im vorvertraglichen Vertrauensverhältnis grundsätzlich überhaupt zum geschützten Personenkreis zählen kann. Der **BGH** vertritt die Ansicht, dass ein Bieter im

---

384 Vgl. *Schulze*, in: Palandt, BGB, § 241 Rn. 7.
385 *Alexander*, in: Pünder/Schellenberg, Vergaberecht, § 126 GWB Rn. 67; *Losch*, in: Ziekow/Völlink, Vergaberecht, § 181 GWB Rn. 58; *Freytag*, in: Gabriel/Krohn/Neun, Handbuch Vergaberecht, § 36 Rn. 102.
386 *Alexander*, in: Pünder/Schellenberg, Vergaberecht, § 126 GWB Rn. 12.
387 *Alexander*, in: Pünder/Schellenberg, Vergaberecht, § 126 GWB Rn. 16.
388 *Alexander*, in: Pünder/Schellenberg, Vergaberecht, § 126 GWB Rn. 17.
389 *Sprau*, in: Palandt, BGB, § 823 Rn. 58.
390 *Alexander*, in: Pünder/Schellenberg, Vergaberecht, § 126 GWB Rn. 17.
391 *Alexander*, in: Pünder/Schellenberg, Vergaberecht, § 126 GWB Rn. 18.
392 *Alexander*, in: Pünder/Schellenberg, Vergaberecht, § 126 GWB Rn. 18.

Vergabeverfahren nur dann Schadensersatzansprüche aus c.i.c. geltend machen kann, wenn er bei ordnungsgemäßer Durchführung des Vergabeverfahrens den Zuschlag erhalten hätte. Dies soll sowohl bei Ansprüchen auf Ersatz des positiven[393], als auch auf Ersatz des negativen Interesses gelten.[394] Danach wäre die Zahl der geschützten Bieter im Verfahren von vornherein auf einige wenige begrenzt – die große Masse der übrigen Teilnehmer wäre nicht anspruchsberechtigt.

Nach **anderer Auffassung** umfasst der geschützte Personenkreis grundsätzlich jeden Teilnehmer, unabhängig davon, ob dieser zu den hypothetischen Gewinnern des Vergabeverfahrens gehört.[395] Wiederum andere differenzieren dahingehend, dass der Anspruch auf Ersatz des positiven Interesses nur demjenigen Bieter zustehen kann, der bei ordnungsgemäßer Durchführung des Vergabeverfahrens den Zuschlag erhalten hätte.[396] Dies soll grundsätzlich auch für das negative Interesse gelten[397] – ausnahmsweise wäre aber das negative Interesse auch zugunsten der übrigen Bieter zu ersetzen, wenn die Ausschreibung von Anfang an für den Auftraggeber erkennbar sorgfaltswidrig ausgestaltet war und deshalb aufgehoben wurde.[398] 202

Die letztgenannte Ansicht greift den Ansatz des BGH auf, versieht ihn aber mit einer Ausnahme zugunsten aller Bieter. Richtig ist am Ansatz des BGH, dass grundlegend nur derjenige Bieter infolge eines Verfahrensverstoßes **schutzwürdig** erscheint, der bei einem ordnungsgemäßen Alternativverhalten des Konzessionsgebers konkret den Zuschlag erhalten hätte. Zugleich soll die Haftung aus c.i.c. im Kontext des Vergaberechts die Bieter allgemein davor schützen, nutzlose Aufwendungen in Bezug auf das Verfahren zu tätigen. Nur die letztgenannte Ansicht trägt beiden Erwägungen hinreichend Rechnung und lässt alle Bieter in den Genuss eines Schadensersatzanspruches kommen, wenn der Konzessionsgeber das Vergabeverfahren zumindest in fahrlässiger Weise rechtswidrig ausgestaltet hat. Sie ist damit die zu bevorzugende Sichtweise in Hinblick auf den abstrakt geschützten Personenkreis. 203

(2) Sachlicher Anwendungsbereich des Schutzgesetzprinzips

Hinsichtlich der Frage nach der unternehmensschützenden Eigenschaft einer Rechtsnorm ist es wichtig zu beachten, dass haushaltsrechtliche und ordnungsrechtliche sowie Vorschriften mit gesamtwirtschaftspolitischem Charakter hier grundsätzlich außen vor bleiben.[399] 204

Auf jeden Fall unternehmensschützend sind diejenigen Vorschriften, die den Geboten der **Transparenz**, **Gleichbehandlung** und des **Wettbewerbs** dienen und Ausdruck der in § 97 Abs. 1 bis 4 GWB enthaltenen Grundsätze sind.[400] Das Transparenzgebot bewirkt beispielsweise die Subjektivierung der vergaberechtlichen Vorschriften – die Transparenz-, Teilnahme- und Publizitätsvorschriften fungieren als subjektive Rechte der Unternehmen.[401] 205

Ein weiterer Gesichtspunkt für die Ermittlung unternehmensschützender Vorschriften ist der Gedanke, dass grundsätzlich jedes am Verfahren teilnehmende Unternehmen erwarten darf, dass die Ausschreibung **rechtmäßig** durchgeführt wird, damit den Unternehmen nicht schon aufgrund rechtswidriger Ausschreibung das Nutzloswerden der auf das Angebot verwandten Kosten droht.[402] Jede Vorschrift, die den Schutz der Unternehmen vor solchen Gefahren bezweckt, hat im Zweifel unternehmensschützenden Charakter.[403] 206

---

393 BGH, Urteil v. 26.1.2010 – X ZR 86/08.
394 BGH, Urteil v. 25.11.1992 – VIII ZR 170/91.
395 *Boesen*, NJW 1997, 345 (349).
396 OLG Köln, Urteil v. 23.7.2014 – I-11 U 104/13.
397 *Antweiler*, in: Dreher/Motzke, Vergaberecht, 2. Aufl., § 126 GWB Rn. 32.
398 *Antweiler*, in: Dreher/Motzke, Vergaberecht, 2. Aufl., § 126 GWB Rn. 32.
399 BGH, Urteil v. 27.11.2007 – X ZR 18/07; OLG Koblenz, Urteil v. 15.1.2007 – 12 U 1016/05.
400 BGH, Urteil v. 27.11.2007 – X ZR 18/07; OLG Koblenz, Urteil v. 15.1.2007 – 12 U 1016/05.
401 *Dörr*, in: Dreher/Motzke, Vergaberecht, 2. Aufl., § 97 GWB Rn. 23.
402 BGH, Urteil v. 27.11.2007 – X ZR 18/07; OLG Koblenz, Urteil v. 15.1.2007 – 12 U 1016/05.
403 Vgl. BGH, Urteil v. 27.11.2007 – X ZR 18/07; OLG Koblenz, Urteil v. 15.1.2007 – 12 U 1016/05.

207 Zur Konkretisierung dieser Grundsätze seien noch folgende **Beispiele** genannt, bei denen die Rechtsprechung den unternehmensschützenden Charakter der maßgeblichen Vorschriften bzw. der Konstellationen bejaht hat:

- Der Konzessionsgeber verstößt bei der Wertung der Angebote gegen zwingend zu beachtende Vorschriften,[404]
- die Ausschreibung wird vom Konzessionsgeber aufgehoben, ohne dass ein rechtlicher Aufhebungsgrund vorliegt,[405]
- der Konzessionsgeber unterlässt es entgegen zwingender Vorschriften, Bieter auszuschließen,[406]
- der Konzessionsgeber lässt sich bei der Wertung der Wirtschaftlichkeit eines Angebots von willkürlichen und unsachlichen Vorurteilen eines Beraters leiten,[407]
- das Auswahlverfahren und die daraus abgeleitete Auswahlentscheidung lassen nicht erkennen, aufgrund welcher konkreten Tatsachenerwägungen ein Bewerber oder Bieter ausgewählt und ein anderer abgelehnt worden ist. Den Konzessionsgeber trifft hierbei eine Dokumentationspflicht,[408]
- der Konzessionsgeber behandelt Bieter ohne sachlich gerechtfertigten Grund ungleich,[409]
- die Mehrdeutigkeit und damit Unbestimmtheit der Leistungsbeschreibung.[410]

bb) Verletzung allgemeiner Pflichten aus dem vorvertraglichen Schuldverhältnis

208 Die zweite Kategorie an relevanten Pflichtverletzungen kann sich aus den allgemeinen vorvertraglichen Schutzpflichtverletzungen ergeben. Aus dem Vertrauensverhältnis ergeben sich allgemein die Pflichten gemäß § 241 Abs. 2 BGB zu Aufklärung, Auskunft, Obhut, Fürsorge und Erhaltung.[411] Die Verletzung dieser Pflichten durch den Konzessionsgeber kann ebenso eine Schadensersatzpflicht auslösen.

209 Die **Aufklärungspflicht** des Konzessionsgebers flankiert und durchdringt das gesamte Konzessionsvergabeverfahren. Ob und inwieweit den Konzessionsgeber weitere Pflichten treffen, ist im Einzelfall zu klären. Für den Baukonzessionsgeber können diverse Pflichten bestehen.[412] Der Konzessionsgeber hat die Unternehmen über alle für den Vertragsabschluss wesentlichen Umstände aufzuklären. Insbesondere besteht seine Aufklärungspflicht in Bezug auf solche Tatsachen, die den Unternehmen nicht bekannt sind.[413] Auch muss der Konzessionsgeber die Unternehmen darüber informieren, dass durch einen Mitbewerber eine offenkundig begründete Rüge erhoben worden ist. Die Unternehmen müssen in einer solchen Situation die Gelegenheit haben zu entscheiden, ob sie für ihre Bewerbung weitere Aufwendungen tätigen wollen, wenn infolge der Rüge die Gefahr der Aufhebung der Ausschreibung besteht.[414]

210 Der **Umfang der Aufklärungspflichten** ist allerdings zweifach begrenzt: zum einen muss der Konzessionsgeber nur über diejenigen Tatsachen aufklären, die nach seinem Informationsstand für die Erstellung der Angebote erheblich sind und die er vor allem tatsächlich selbst kennt.[415] Ferner hat der Konzessionsgeber keine Aufklärungspflicht in Bezug auf solche Umstände, die in die Risikosphäre der Unternehmen fallen.[416] Nach allgemeinem Vertragsrecht trägt der jeweilige Bieter das Risiko, die versprochene Leistung über die gesamte Vertragslauf-

---

404 BGH, Urteil v. 25.11.1992 – VIII ZR 170/91.
405 BGH, Urteil v. 8.9.1998 – X ZR 48-97.
406 OLG Naumburg, Urteil v. 26.10.2004 – 1 U 30/04.
407 OLG Naumburg, Urteil v. 26.10.2004 – 1 U 30/04.
408 OLG Dresden, Urteil v. 10.2.2004 – 20 U 1697/03.
409 LG Leipzig, Urteil v. 1.8.2005 – 01HK O 7069/04.
410 Vgl. OLG Köln, Urteil v. 23.7.2014 – 11 U 104/13.
411 *Grüneberg*, in: Palandt, BGB, § 311 Rn. 27.
412 *Kniffka*, in: Kniffka/Koeble, Kompendium des Baurechts Teil 6 Rn. 61 ff.
413 *Antweiler*, in: Dreher/Motzke, Vergaberecht, 2. Aufl., § 126 GWB Rn. 27.
414 BGH, Beschluss v. 3.3.2009 – X ZR 22/08; Urteil v. 27.7.2007 – X ZR 34/04.
415 *Antweiler*, in: Dreher/Motzke, Vergaberecht, 2. Aufl., § 126 GWB Rn. 28.
416 *Antweiler*, in: Dreher/Motzke, Vergaberecht, 2. Aufl., § 126 GWB Rn. 28.

zeit zum vereinbaren Preis kostendeckend erbringen zu können.[417] Mithin liegt es in der Risikosphäre des Bieters, wenn ihm bei unveränderten Einnahmen höhere Kosten entstehen.[418] Dieser Grundsatz gilt insbesondere im Rahmen von Konzessionen – diese stellen bereits als Tatbestandsmerkmal die Anforderung an den Konzessionär, dass dieser die wirtschaftlichen Risiken der jeweiligen Konzession übernimmt. Weitere Gegenstände einer Aufklärungspflicht des Konzessionsgebers können Änderungen der Angebotsgrundlage,[419] Irrtümer, Unklarheiten und Unvollständigkeiten in den Verdingungsunterlagen sein.[420]

c) Verschulden

Wie die vertragliche Schadensersatzpflicht, so setzt auch die vorvertragliche Verschuldenshaftung aus c.i.c. ein schuldhaftes Handeln des Konzessionsgebers voraus. Diese Voraussetzung ist dann erfüllt, wenn der Konzessionsgeber die Pflichtverletzung vorsätzlich oder fahrlässig begangen hat. **211**

Da sich die Vorgaben des **Unionsrechts** nur auf den spezifisch vergaberechtlichen Schadensersatzanspruch gemäß § 181 S. 1 GWB (§ 126 S. 1 GWB a.F.) beziehen, ändert hieran die EuGH-Rechtsprechung[421] zum vergaberechtlichen Schadensersatzanspruch nichts.[422] **212**

In Hinblick auf das Verschuldenselement gelten die allgemeinen **zivilrechtlichen Grundsätze**, allen voran der Haftungsmaßstab des § 276 BGB, die Haftung für Erfüllungsgehilfen gemäß § 278 BGB sowie der Einwand des Mitverschuldens gemäß § 254 BGB. Auch gilt die Haftung des Auftraggebers für das Handeln seiner Organe analog §§ 31, 89 BGB. Erfüllungsgehilfe gemäß § 278 BGB ist derjenige, der nach den tatsächlichen Gegebenheiten des Falles mit dem Willen des Auftraggebers bei der Erfüllung einer diesem obliegenden Verbindlichkeit als seine Hilfsperson tätig wird.[423] **213**

Vorsatz ist gegeben, wenn der Schädiger wissentlich und willentlich den pflichtwidrigen Erfolg herbeigeführt hat.[424] Dabei genügt es, wenn der Verstoß billigend in Kauf genommen wird.[425] Im Zivilrecht herrscht die Vorsatztheorie vor, wonach zum Vorsatz auch das Bewusstsein über die Rechtswidrigkeit gehört.[426] Damit scheidet eine Haftung des Konzessionsgebers wegen vorsätzlichen Handelns aus, wenn er rechtsirrtümlich der Ansicht war, sein Vorgehen sei berechtigt gewesen.[427] In solchen Fällen des Rechtsirrtums wird der Konzessionsgeber aber häufig zugleich fahrlässig gehandelt haben, wenn sein Irrtum auf einem sorgfaltswidrigen Verhalten beruhte. **214**

Fahrlässigkeit liegt gemäß § 276 Abs. 2 BGB vor, wenn die im Verkehr erforderliche Sorgfalt nicht eingehalten wird. Der Grad und Umfang der einzuhaltenden Sorgfaltspflichten wird generell bestimmt nach dem Maßstab des *„Urteils besonnener und gewissenhafter Angehöriger des in Betracht kommenden Verkehrskreises"*.[428] Innerhalb dieses Maßstabes sind an den Konzessionsgeber bei Vergabeverfahren strenge Anforderungen zu stellen.[429] Den Konzessionsgeber treffen danach Erkundigungspflichten, wenn über das ordnungsgemäße Vorgehen bei der Konzessionsvergabe rechtliche Zweifel bestehen.[430] **215**

In Hinblick auf **Rechtsirrtümer** des Konzessionsgebers gilt folgendes: das Risiko einer zweifelhaften Rechtslage darf nicht auf das Unternehmen abgewälzt werden. Fahrlässig handelt **216**

---

417 *Antweiler*, in: Dreher/Motzke, Vergaberecht, 2. Aufl., § 126 GWB Rn. 28.
418 EuGH, Urteil v. 25.1.2001 – Rs. C-172/99 (Liikenne), Rn. 24; OLG Düsseldorf, Beschluss v. 9.7.2003 – VII-Verg 26/03.
419 OLG Düsseldorf, Urteil v. 16.12.1997 – 23 U 118/94.
420 *Antweiler*, in: Dreher/Motzke, Vergaberecht, 2. Aufl., § 126 GWB Rn. 29.
421 EuGH, Urteil v. 30.9.2010 – Rs. C-314/09 (Strabag).
422 *Alexander*, in: Pünder/Schellenberg, Vergaberecht, § 126 GWB Rn. 72.
423 BGH, Urteil v. 3.5.2011 – XI ZR 373/08.
424 *Grüneberg*, in: Palandt, BGB, § 276 Rn. 10.
425 *Grüneberg*, in: Palandt, BGB, § 276 Rn. 10.
426 *Grüneberg*, in: Palandt, BGB, § 276 Rn. 11.
427 *Alexander*, in: Pünder/Schellenberg, Vergaberecht, § 126 GWB Rn. 73.
428 Etwa OLG Karlsruhe, Urteil v. 27.4.2015 – 22 U 1/14; *Grüneberg*, in: Palandt, BGB, § 276 Rn. 16.
429 *Alexander*, in: Pünder/Schellenberg, Vergaberecht, § 126 GWB Rn. 74.
430 *Alexander*, in: Pünder/Schellenberg, Vergaberecht, § 126 GWB Rn. 74.

daher der Konzessionsgeber, wenn er sich erkennbar in einem Grenzbereich des rechtlich zulässigen bewegt.[431] In einem solchen Fall muss er die Rechtslage sorgfältig prüfen, soweit es erforderlich ist, rechtlichen Rat einholen und die höchstrichterliche Rechtsprechung sorgfältig beachten.[432]

d) Kausalität

217 Zwischen Pflichtverletzung und dem eingetretenen Schaden muss **Kausalität** i.S.d. Äquivalenztheorie bestehen. Die Anforderungen an den Kausalitätsnachweis sind bei Geltendmachung eines Anspruchs auf Ersatz des negativen Interesses geringer als bei einem Anspruch auf Ersatz des positiven Interesses.[433] In Hinblick auf den Ersatz des entgangenen Gewinns als positives Interesse muss durch den Bieter nicht nur nachgewiesen werden, dass ihm bei Fortsetzung des Vergabeverfahrens der Zuschlag hätte erteilt werden müssen, weil er das annehmbarste Angebot abgegeben hat. Zudem muss er nachweisen, dass die ausgeschriebene Konzession tatsächlich erteilt worden ist.[434]

218 Es muss eine **„echten Chance"** auf den Zuschlag bestehen. Nach der Rechtsprechung des BGH sind für die Annahme einer „echten Chance" hohe Anforderungen zu stellen. Mit dem Wort „echt" bringe das Gesetz zum Ausdruck, dass das Angebot besonders qualifizierte Aussichten auf die Zuschlagserteilung hätte haben müssen. Dass ein Angebot eine echte Chance auf den Zuschlag gehabt hätte, könne vielmehr erst dann angenommen werden, wenn der Auftraggeber darauf im Rahmen des ihm zustehenden Wertungsspielraums den Zuschlag hätte erteilen dürfen.[435]

e) Anspruchsberechtigung und Anspruchsverpflichtung

219 Nach überwiegender Auffassung ist regelmäßig derjenige Bieter **anspruchsberechtigt**, der bei rechtmäßiger Durchführung des Vergabeverfahrens den Zuschlag zur Konzession erhalten hätte. Darüber hinaus können aber auch die übrigen Bieter Ansprüche aus vorvertraglicher Haftung geltend machen, wenn sich diese auf den Ersatz des negativen Interesses beschränken.[436] Der Konzessionsgeber ist der Verpflichtung unterworfen, das einmal in Gang gesetzte Vergabeverfahren ordnungsgemäß zu Ende zu führen und nicht vorzeitig aufzuheben. Diese Pflicht steht spiegelbildlich derjenigen Pflicht des Konzessionsgebers gegenüber, das rechtswidrige Verfahren abzubrechen bzw. aufzuheben. Ferner können die übrigen Bieter anspruchsberechtigt sein, wenn die Pflichtverletzung in mangelhafter Aufklärung besteht und die Bieter bei korrektem Verhalten des Konzessionsgebers am weiteren Verfahren nicht teilgenommen hätten.

220 Auf der anderen Seite ist stets der Konzessionsgeber der **Verpflichtete** des Unternehmensanspruches auf Schadensersatz aus c.i.c. Für den Fall, dass die Ausschreibung von mehreren Konzessionsgebern gemeinschaftlich in Gleichberechtigung durchgeführt wird, haften diese nach den Grundsätzen der Gesamtschuldnerschaft gemäß § 421 BGB. Ergänzend kann sich im vorvertraglichen Bereich auch ein Schuldverhältnis mit Pflichten nach § 241 Abs. 2 BGB im Verhältnis zu Dritten gemäß § 311 Abs. 3 S. 1 BGB ergeben. Das gilt gemäß § 311 Abs. 3 S. 2 BGB insbesondere dann, wenn Dritte in besonderem Maße Vertrauen für sich in Anspruch nehmen und dadurch die Vertragsverhandlungen oder den Vertragsabschluss erheblich beeinflussen. Diese eigenständige Haftung Dritter tritt gleichberechtigt neben den Anspruch gegen den Konzessionsgeber.

---

431 *Alexander*, in: Pünder/Schellenberg, Vergaberecht, § 126 GWB Rn. 75.
432 *Grüneberg*, in: Palandt, BGB, § 276 Rn. 22.
433 BGH, Urteil v. 7.6.2005 – X ZR 19/02.
434 BGH, Urteil v. 16.12.2003 – X ZR 282/02.
435 LG Köln, Urteil v. 7.11.2017 – 33 O 192/16, mit Hinweis auf BGH, Urteil v. 27.11.2007 – X ZR 18/07.
436 Siehe hierzu unten Rn. 222 ff.

f) Darlegungslast und Geschäftsgeheimnisse

Soweit sich ein Konzessionsgeber gegenüber der Annahme einer ihn treffenden sekundären Darlegungslast pauschal auf die Pflicht zur Wahrung des Geheimwettbewerbs sowie den Schutz von Betriebs- und Geschäftsgeheimnissen obsiegender Bieter beruft, genügt dies nicht, um seine sekundäre Darlegungslast infrage zu stellen. Das pauschale Vorbringen der Antragsgegnerin dafür genügen zu lassen, würde dem verfassungsrechtlich zu leistenden gerechten Ausgleich zwischen dem Anspruch auf einen effektiven Rechtsschutz im Rahmen des allgemeinen Justizgewährungsanspruchs und dem Schutz von Betriebs- und Geschäftsgeheimnissen in einem mehrpoligen Rechtsverhältnis nicht gerecht.[437] Zwar ist nicht auszuschließen, dass die Annahme einer sekundären Darlegungslast im Einzelfall keinen gerechten Ausgleich zwischen den betroffenen Rechtspositionen darstellt, die sekundäre Darlegungslast also nicht zumutbar ist oder allenfalls in abgeschwächter Form. Den notwendigen Tatsachenvortrag muss, da es sich um eine Ausnahme vom gegebenen grundsätzlichen Eingreifen der sekundären Darlegungslast handelt, die Konzessionsgeberin halten müssen.[438] Ein sogenanntes In-camera-Verfahren scheidet aus. Auf Verfahren zur Vergabe einer Wasserkonzession ist infolgedessen allein das allgemeine Zivilprozessrecht anzuwenden. Diesem ist ein In-camera-Verfahren aus Gründen des Geheimnisschutzes fremd. Ein solches bedürfte einer ausdrücklichen Regelung durch den Gesetzgeber, wie sie aktuell im Zusammenhang mit der Umsetzung der sogenannten Know-how-Richtlinie wieder gefordert wird.[439]

221

g) Rechtsfolge

Als zentrale schadensersatzrechtliche Vorschriften kommen die §§ 249 ff. BGB auf der Rechtsfolgenseite auch bei der c.i.c. zur Anwendung. § 249 Abs. 1 BGB statuiert den Grundsatz der **Naturalrestitution**, wonach durch den Anspruchsverpflichteten derjenige Zustand hergestellt werden muss, der bestehen würde, wenn der zum Ersatz verpflichtende Umstand (Pflichtverletzung) nicht eingetreten wäre. Wichtig ist zu beachten, dass dieser Grundsatz im Bereich der vergaberechtlichen c.i.c. nur eingeschränkt gilt. § 168 Abs. 2 S. 1 GWB ordnet an, dass ein wirksam erteilter Zuschlag nicht aufgehoben werden kann – die Korrektur eines abgeschlossenen Vergabeverfahrens oder die Aufhebung einer fehlerhaften Zuschlagserteilung ist damit ausgeschlossen.

222

Dementsprechend kommt für den Zeitraum **nach Beendigung eines Konzessionsvergabeverfahrens** nur Schadensersatz in Geld gemäß §§ 250 ff. BGB in Betracht. Die Höhe des Schadens ist mit Hilfe der Differenzhypothese zu ermitteln. Der Anspruch auf Schadensersatz aus vorvertraglichem Verschulden umfasst dabei sowohl den Ersatz des positiven Interesse (Erfüllungsinteresse) als auch des negativen Interesses (Vertrauensschaden).

223

Der Anspruch auf Ersatz des **negativen Interesses** ist auf den Ersatz der durch die Beteiligung an der Ausschreibung entstandenen Aufwendungen beschränkt.[440] Ersatzfähig sind auch die Rechtsanwaltskosten für die außergerichtliche Vertretung des rechtswidrig ausgeschlossenen Bewerbers oder Bieters.[441] Beim Anspruch auf Ersatz in Höhe des positiven Interesses ist der Bieter durch den Konzessionsgeber so zu stellen, wie er stehen würde, wenn ihm der Konzessionsgeber bei ordnungsgemäßer Durchführung des Vergabeverfahrens den Zuschlag erteilt hätte.[442] Dies setzt voraus, dass dem klagenden Bieter bei objektiv richtiger Anwendung der bekanntgemachten Vergabekriterien unter Beachtung des der Vergabestelle gegebenenfalls zukommenden Wertungsspielraums der Zuschlag hätte erteilt werden müssen.[443]

224

---

[437] OLG Düsseldorf, Beschluss v. 13.6.2018 – 2 U 7/16, Rn. 101.
[438] OLG Düsseldorf, Beschluss v. 13.6.2018 – 2 U 7/16, Rn. 102.
[439] OLG Düsseldorf, Beschluss v. 13.6.2018 – 2 U 7/16, Rn. 103.
[440] *Alexander*, in: Pünder/Schellenberg, Vergaberecht, § 126 GWB Rn. 79.
[441] *Alexander*, in: Pünder/Schellenberg, Vergaberecht, § 126 GWB Rn. 79.
[442] *Grüneberg*, in: Palandt, BGB, Vor § 249 Rn. 16.
[443] OLG Köln, Urteil v. 23.7.2014 – I-11 U 104/13; OLG Koblenz, Urteil v. 6.2.2014 – 1 U 906/13.

225 Das **positive Interesse** schließt entgangene betriebswirtschaftliche Deckungsbeiträge ein.[444] Ersatzfähig ist im Rahmen des positiven Interesses auch der entgangene Gewinn gemäß § 252 BGB, der vom Gericht gemäß § 287 ZPO geschätzt werden kann.[445]

226 Die Frage nach der **Beweislast** regelt sich nach den allgemeinen zivilprozessualen Vorgaben und Grundsätzen. Die Beweislast trifft danach den Anspruchssteller, so dass dieser die anspruchsbegründenden Tatsachen darlegen und im Bestreitensfall beweisen muss. So muss beispielsweise der Anspruchsinhaber in Hinblick auf die zu ersetzenden Personalkosten beweisen, dass die betroffenen Mitarbeiter alternativ für einen anderen Zweck hätten eingesetzt werden können und in diesem Fall Gewinne erzielt worden wären.[446] Im Gegenzug trifft die Vergabestelle die Pflicht, *„die zugrunde gelegten Wertungskriterien vorzutragen und [evtl.] substantiiert darzulegen, warum sie auf das Angebot des klagenden Bieters keinen Zuschlag erteilen konnte".*[447] Den Konzessionsgeber trifft regelmäßig die sekundäre Beweislast.[448]

227 Für den Zeitraum **vor Erteilung des Zuschlags** bieten sich dem Anspruchsberechtigten demgegenüber umfangreichere Möglichkeiten. Über den Grundsatz der Naturalrestitution kann der übergangene Bewerber oder Bieter zusätzlich einen präventiven Anspruch auf Unterlassung eines vergaberechtswidrigen Verhaltens von Seiten des Konzessionsgebers geltend machen.[449] Dieser Anspruch basiert auf dem Gedanken, dass im Rahmen eines vorvertraglichen Vertrauensverhältnisses beide Parteien ein Recht darauf haben zu verlangen, dass die andere Partei rechtswidrige Handlungen unterlässt.[450]

228 Zu beachten ist hierbei allerdings, dass den Bewerber oder Bieter die unselbständige Nebenpflicht trifft, den Konzessionsgeber auf Rechtsverstöße (soweit für den Bewerber oder Bieter erkennbar) im Verfahren **hinzuweisen**.[451] Bei deren Missachtung kommt es zur Verwirkung der entsprechenden Rüge.[452] Aus demselben Gedanken heraus kann der Bewerber oder Bieter auch die Unterlassung der Aufstellung vergaberechtswidriger Ausschreibungsbedingungen vom Konzessionsgeber verlangen.[453] Hierzu ist nicht nur derjenige Bieter, der bereits ein Angebot abgegeben hat, anspruchsberechtigt, sondern vielmehr alle potentiellen Bieter bzw. interessierten Unternehmen.[454]

229 Die **Bedeutung** des Anspruchs aus vorvertraglichem Verschulden ist dementsprechend insbesondere in den vergaberechtlichen Bereichen erhöht, in denen der vergaberechtliche Nachprüfungsantrag gemäß §§ 154, 155 ff. GWB nicht zur Anwendung kommen kann. Dies ist zum einen der Fall bei allen Konzessionsvergaben im Unterschwellenbereich und zum anderen bei solchen, die einer vergaberechtlichen Bereichsausnahme unterliegen. Hierunter fallen beispielsweise alle Verfahren zur Vergabe von Wasserkonzessionen.[455] Der Gesetzgeber hat Wasserkonzessionsvergabeverfahren gemäß § 149 Nr. 9 GWB bewusst von der Anwendung des Teil 4 GWB ausgenommen. Auf Verfahren zur Vergabe einer Wasserkonzession ist infolgedessen allein das allgemeine Zivilprozessrecht anzuwenden.[456]

3. Anspruch bei vergaberechtswidriger De-facto-Vergabe

230 Auch im Falle einer rechtswidrigen De-facto-Vergabe (Direktvergabe) besteht ein Schadensersatzanspruch. Dagegen könnte sprechen, dass es bei einer De-facto-Vergabe keine Teilnehmer gibt, denen nutzlose Aufwendungen in Bezug auf ein etwaiges Verfahren entstanden

---

444 OLG Schleswig, Urteil v. 12.10.2004 – 6 U 81/01.
445 OLG Düsseldorf, EuGH-Vorlage v. 2.10.2008 – VII-Verg 25/08.
446 OLG Köln, Urteil v. 23.7.2014 – I-11 U 104/13.
447 *Losch*, in: Ziekow/Völlink, Vergaberecht, § 181 GWB Rn. 68.
448 OLG Düsseldorf, Beschluss v. 13.6.2018 – 2 U 7/16.
449 OLG Dresden, Urteil v. 13.8.2013 – 16 W 439/13.
450 OLG Dresden, Urteil v. 13.8.2013 – 16 W 439/13.
451 BGH, Urteil v. 17.12.2013 – KZR 66/12; OLG München, Beschluss v. 4.4.2013 – Verg 4/13; OLG Düsseldorf, Beschluss v. 4.2.2013 – VII-Verg 31/12.
452 BGH, Urteil v. 17.12.2013 – KZR 66/12; OLG Düsseldorf, Beschluss v. 4.2.2013 – VII-Verg 31/12.
453 BGH, Urteil v. 5.6.2012 – X ZR 161/11; OLG Celle, Urteil v. 23.2.2016 – 13 U 148/15.
454 OLG Celle, Urteil v. 23.2.2016 – 13 U 148/15.
455 VK Sachsen, Beschluss v. 12.4.2017 – 1/SVK/003-17.
456 OLG Düsseldorf, Beschluss v. 13.6.2018 – 2 U 7/16.

sind, die als negatives Interesse ersetzt werden könnten.[457] Darüber hinausgehend wird aber angenommen, dass der Anwendungsbereich der c.i.c. insgesamt bei de-facto Vergaben nicht eröffnet wäre.[458] Dies unter dem Gesichtspunkt, dass es von vornherein an einem Anknüpfungspunkt für die Begründung eines vorvertraglichen Vertrauensverhältnisses zwischen dem Konzessionsgeber und dem potentiellen Bieter fehle.[459] Wer von einer bevorstehenden De-facto-Vergabe nichts weiß, vertraue auch nicht auf die Rechtmäßigkeit der Ausschreibung.[460] Eine völlige Verneinung vermag aber nicht zu überzeugen. Ein solches Ergebnis würde faktisch dazu führen, dass der gröbste aller vergaberechtlichen Fehler – die Direktvergabe trotz rechtlicher Ausschreibungspflicht – praktisch auf der Ebene des sekundären Rechtsschutzes für den Konzessionsgeber sanktionslos bleiben würde. Dies widerspricht dem Sinn und Zweck der vergaberechtlichen Ausschreibungspflicht und ist damit letztendlich offen sinnwidrig. Zugleich ist diese Auffassung aber auch rechtsdogmatisch nicht überzeugend.

Bei umfassender Betrachtung können durchaus Umstände vorliegen, die auch bei einer rechtswidrigen Direktvergabe hinreichende Anknüpfungspunkte für ein **Vertrauensverhältnis** liefern können. Hierbei sind unterschiedliche Fallgruppen und Konstellationen zu untersuchen, die mehr oder weniger Anknüpfungspunkte für ein vorvertragliches Vertrauensverhältnis aufweisen. Alle Konstellationen haben hierbei gemein, dass der Konzessionsgeber gesetzlich dazu verpflichtet gewesen wäre, den Vergabegegenstand öffentlich gemäß den maßgeblichen Vorschriften auszuschreiben und ein Vergabeverfahren durchzuführen. Hierbei sind folgende Fallgruppen zu unterscheiden: der Konzessionsgeber wusste ohne eigenes Verschulden nicht, dass er einer Ausschreibungspflicht unterlag (selten); der Konzessionsgeber wusste (oder hätte wissen müssen), dass er einer Ausschreibungspflicht unterlag (Mehrzahl der Fälle); potentielle Bieter haben beim Konzessionsgeber direkt angefragt und ihr Interesse bezüglich einer Ausschreibung geäußert. Richtig ist, dass in Hinblick auf die ersten beiden Konstellationen kein vorvertraglicher Vertrauenstatbestand zwischen dem Interessenten und dem Konzessionsgeber besteht. Ohne einen rechtlich erheblichen kommunikativen Kontakt zwischen den beiden (ganz gleich ob ausdrücklich oder konkludent) ist kein Platz für die Annahme eines vorvertraglichen Vertrauensverhältnisses i.S.d. § 311 Abs. 2 BGB. Anders gestaltet sich dies jedoch im letztgenannten Fall. Dort findet eine Interessenbekundung des potentiellen Bieters statt, der bereits auf die Anbahnung eines Vertrags i.S.v. § 311 Abs. 2 Nr. 2 BGB gerichtet ist. Ein vorvertraglicher Vertrauenstatbestand besteht dann mit der Erwartung, dass der Konzessionsgeber das Vergabeverfahren ordnungsgemäß durchführt und folglich bei Ausschreibungspflicht keine Direktvergabe vollzieht. In einem solchen Fall hat der übergangene Bieter unter Umständen einen Anspruch aus c.i.c. gegen den vergaberechtswidrig handelnden Konzessionsgeber.

231

Dieser Anspruch kann zum einen auf **Schadensersatz** gerichtet sein. Regelmäßig wird er auf den Ersatz des negativen Interesses gerichtet sein, der bei dieser Konstellation typischerweise auf den Ersatz von Aufwendungen gerichtet ist, die dem Interessenten nicht entstanden wären, wenn der Konzessionsgeber die Vergabe ordnungsgemäß ausgeschrieben hätte. Zumindest denkbar ist weiterhin der Ersatz des entgangenen Gewinns gemäß § 252 BGB, obgleich sich in der Praxis große Beweisschwierigkeiten auftun werden. Ferner kann der potentielle Bieter bei einer noch nicht abgeschlossenen Direktvergabe einen Anspruch auf **Unterlassung** des vergaberechtswidrigen Verhaltens des Konzessionsgebers im Rahmen des vorbeugenden Rechtsschutzes geltend machen,[461] um so die drohende Zuschlagserteilung präventiv zu vereiteln.

232

---

457 Vgl. *Antweiler*, in: Dreher/Motzke, Vergaberecht, 2. Aufl., § 126 GWB Rn. 25.
458 Vgl. *Antweiler*, in: Dreher/Motzke, Vergaberecht, 2. Aufl., § 126 GWB Rn. 25.
459 Vgl. *Antweiler*, in: Dreher/Motzke, Vergaberecht, 2. Aufl., § 126 GWB Rn. 25.
460 *Antweiler*, in: Dreher/Motzke, Vergaberecht, 2. Aufl., § 126 GWB Rn. 25.
461 OLG Düsseldorf, Beschluss v. 13.6.2018 – 2 U 7/16 (für eine Wasserkonzession); OLG Naumburg, Urteil v. 29.1.2015 – 2 W 67/14 (EnWG); OLG Dresden, Urteil v. 13.8.2013 – 16 W 439/13; OLG Frankfurt, Urteil v. 29.1.2013 – 11 U 33/12.

4. Anspruch auf Kündigung

233 Aus c.i.c. kann auch ein Anspruch des Mitbewerbers auf Kündigung des Vertrages gemäß § 133 GWB folgen.[462] Für Konzessionen ist der Anwendungsbereich der Norm formal durch Anordnung der entsprechenden Geltung in § 154 Nr. 4 GWB eröffnet. Mit vergaberechtswidriger Zuschlagserteilung an einen Bieter begeht der Konzessionsgeber eine Pflichtverletzung im Vergabeverfahren als vorvertraglichen Vertrauensverhältnis i.S.d. § 311 Abs. 2 BGB. Wenn sich infolgedessen der Kündigungsgrund gemäß § 133 GWB aus einer vorvertraglichen Pflichtverletzung des Konzessionsgebers ergibt, kann ein konkurrierendes Unternehmen das Kündigungsbegehren daneben auch auf den Grundsatz der c.i.c gemäß §§ 280 Abs. 1, 241 Abs. 2, 311 Abs. 2 BGB stützen. Das gilt namentlich für die Kündigungsgründe nach § 133 Abs. 1 Nr. 2 und 3 GWB, welche an eine vorvertragliche Pflichtverletzung im Gegensatz zu § 133 Abs. 1 Nr. 1 GWB anknüpfen.[463]

234 Es sind **Konstellationen** denkbar, in denen ein konkurrierender Bieter im Zeitraum nach Zuschlagserteilung davon erfährt, dass einer der Kündigungsgründe nach § 133 Abs. 1 GWB im jeweiligen Fall erfüllt ist. In einem solchen Fall können die Umstände dazu führen, dass der Konzessionsgeber nicht nur die Möglichkeit zur Kündigung hat, sondern infolge eines auf null geschrumpften Ermessens sogar dazu verpflichtet ist, gegenüber dem Konzessionsnehmer die Kündigung zu erklären. Das konkurrierende Unternehmen könnte dann den Konzessionsgeber auf Vornahme der Kündigung gerichtlich verklagen, um damit die Ingangsetzung eines neuen Vergabeverfahrens zu erwirken. Es ist insoweit eine unternehmensschützende Vorschrift.[464] Subjektiv-öffentliche Rechtspositionen der Konzessionsnehmer werden betroffen, wenn Konzessionsverträge vollzogen werden, die – wenn sie vor der Vergabekammer angegriffen worden wären – zwingend aufgehoben worden wären.

235 § 133 Abs. 1 GWB setzt die Ausübung eines **Ermessen** für den Konzessionsgeber voraus. Bei Bestehen des Ermessensspielraumes kann nur die Rechtmäßigkeit der Ermessensentscheidung gerichtlich festgestellt werden – einen unmittelbaren Anspruch auf Tun oder Unterlassen kann das Gericht dem Unternehmen daher regelmäßig nicht einräumen. Demgegenüber ist der Konzessionsgeber zur Vornahme der Kündigung rechtlich verpflichtet, wenn sein Ermessensspielraum dergestalt auf null schrumpft, dass nur noch die Entscheidung, die Kündigung zu erklären, die einzig ermessensfehlerfreie und damit rechtmäßige ist. In so einem Fall kann das Bestehen dieser Pflicht gerichtlich festgestellt und deren Umsetzung angeordnet werden.[465]

236 Das konkurrierende Unternehmen muss jedoch durch die Weigerung des Konzessionsgebers, trotz Kündigungspflicht weiter am Vertrag festhalten zu wollen, in eigenen, **subjektiv-drittschützenden Rechten** betroffen sein. Diese müssen tangiert sein, um die prozessuale Klagebefugnis bzw. materiell-rechtlich den subjektiven Anspruch auf Vornahme der Kündigung annehmen zu können.[466] § 133 Abs. 1 GWB verweist auf subjektiv-drittschützende Regelungen, deren Verletzung zum Kündigungsrecht des Konzessionsgebers führen. So dienen die Regelungen zu den zwingenden Ausschlussgründen gemäß § 123 Abs. 1 bis 4 GWB dem Wettbewerbsgrundsatz.[467] Regelmäßig ist daher die subjektive Betroffenheit eines konkurrierenden Unternehmens bei tatbestandlichem Vorliegen eines Kündigungsgrundes nach § 133 Abs. 1 GWB zu bejahen. Das Unternehmen kann dann bei Vorliegen eines solchen Grundes und bei einem auf null reduzierten Ermessensspielraum die Anordnung der Vollziehung der Kündigungspflicht gerichtlich geltend machen.

237 In Bezug auf den Anspruch eines Unternehmens auf Anordnung der Vornahme der Kündigung nach § 133 GWB existiert hingegen keine **zeitliche Grenze**. Das gilt insbesondere für

---

462 Vgl. allgemein zum Kündigungsrechten *Braun*, in: Ziekow/Völlink, Vergaberecht, § 133 GWB Rn. 29 ff.
463 *Braun*, in: Ziekow/Völlink, Vergaberecht, § 133 GWB Rn. 169.
464 *Braun*, in: Ziekow/Völlink, Vergaberecht, § 133 GWB Rn. 162; a.A. *Fülling*, in: Müller-Wrede, GWB-Vergaberecht, § 133 Rn. 33.
465 *Braun*, in: Ziekow/Völlink, Vergaberecht, § 133 GWB Rn. 163.
466 Vgl. OLG Düsseldorf, Beschluss v. 30.6.2011 – VII-Verg 25/11.
467 *Braun*, in: Ziekow/Völlink, Vergaberecht, § 133 GWB Rn. 168.

den Kündigungsgrund nach § 133 Abs. 1 Nr. 1 GWB, der womöglich erst mehrere Jahre nach Erteilung des Zuschlags in Erscheinung tritt. Aus unternehmensschützender Sicht ist dies aber zu begrüßen. Eine Flut von Verfahren ist nicht zu erwarten. Lediglich in Ultima-ratio-Fällen dürften Konzessionsgeber ein solches Vorgehen Dritter zu erwarten haben.[468]

Ein **Verwaltungsakt** i.S.v. § 35 VwVfG kann nicht gemäß § 133 GWB gekündigt werden. Öffentliche Aufträge und Konzessionen, die nicht in der Vertragsform vergeben, sondern per Genehmigung als Verwaltungsakt i.S.v. § 35 S. 1 VwVfG erlassen werden, sind keine öffentliche Aufträge oder Konzessionen i.S.d Vergaberichtlinien und damit des Kartellvergaberechts.[469] Werden diese vollumfänglich per Verwaltungsakt erteilt, kommt § 133 GWB von vornherein nicht zur Anwendung. Anders ist es aber, wenn die Leistungsbeziehungen zwischen der öffentlichen Hand und dem erfolgreichen Bieter in einem darauffolgenden Vertrag erst umfassend und konkret geregelt werden, so dass aufgrund der wirtschaftlichen Bedeutung auf den Vertragsschluss abzustellen ist. Aus einer wertenden Perspektive heraus ist dann die Leistungsbeziehung gleichwohl als Konzession i.S.d. § 105 Abs. 1 GWB einzuordnen. Wenn es sich um einen Verwaltungsakt handelt und gegen Primärrecht verstoßen wurde, dann können jedoch die Rücknahmevorschriften aus §§ 48, 49 VwVfG eingreifen. Zudem kommen Rückforderungen wegen Vergabeverstößen in Frage.[470] **238**

G. Zusammenfassung und Ausblick

Dienstleistungskonzessionen werden an Bedeutung zunehmen, nachdem die Verrechtlichung zugenommen hat. Die Rechtsprechung wird die teilweise noch unklaren Rechtsschutzformen näher konkretisieren, wobei die Rechtsprechung immer stärker die allgemeinen Prinzipien und Vorgaben des Vergaberechts betont. Die Unterschiede in der Rechtsschutzdichte werden sich verringern. **239**

Unterschiedlich ist noch der **Drittschutz** oberhalb und unterhalb der Schwellenwerte ausgestaltet. Die Frage des Rechtswegs (Verwaltungs- oder ordentliche (Vergabe-)Gerichtsbarkeit) spielt für die materiellen Auswahlkriterien – fast – keine Rolle mehr, wobei historisch gewachsene Kriterien bei den Verwaltungsgerichten bisher noch auf eine größere Zustimmung getroffen sind. Die Auswahlverfahren (oberhalb und unterhalb der Schwellenwerte) werden sich materiell angleichen, weil die Grundprinzipien der Auswahlprinzipien vergleichbar sind. Angleichend wirken werden hier sowohl das Unionsrecht, welches auf jegliche Form des Verteilungsverwaltungsverfahrens anzuwenden sein wird, als auch die Erkenntnis, dass der öffentliche Marktraum bei Bewerber- bzw. Bieterüberhang stets einem geregelten Verteilungsverwaltungsverfahren unterworfen werden muss. **240**

Anlage

Verordnungsbegründung (BR-Drs. 87/16)

Seite 277

§ 1 regelt Gegenstand und Anwendungsbereich dieser Verordnung. Die Verordnung ist auf alle Konzessionen im Sinne des § 105 GWB anwendbar, die durch Konzessionsgeber im Sinne des § 101 GWB vergeben werden und die dem neuen Teil 4 des GWB unterfallen. Konzessionen, die gemäß §§ 107 bis 109 oder §§ 149 f. vom Anwendungsbereich des Teils 4 des GWB ausgenommen sind, unterfallen nicht dieser Verordnung.

Gemäß § 106 Absatz 1 GWB sind vom Anwendungsbereich solche Konzessionen erfasst, deren Vertragswert ohne Umsatzsteuer den maßgeblichen Schwellenwert im Sinne des § 106 Absatz 2 Num-

---

468 *Braun*, in: Ziekow/Völlink, Vergaberecht, § 133 GWB Rn. 164; vgl. OLG Celle, Beschluss v. 8.7.2016 – 13 Verg 2/16; VK Baden-Württemberg, Beschluss v. 17.2.2016 – 1 VK 51/15.
469 Ausführlich *Braun* in: Müller-Wrede, GWB-Vergaberecht, § 105 Rn. 21 f.; Erwägungsgrund 14 RL 2014/23/EU.
470 OVG Münster, Beschluss v. 5.10.2010 – 15 A 528/10; VG Schleswig, Urteil v. 6.4.2017 – 12 A 136/16; *Braun*, in: Ziekow/Völlink, Vergaberecht, § 133 GWB Rn. 26.

mer 4 GWB erreicht oder überschreitet. Der für Konzessionen maßgebliche Schwellenwert beträgt gemäß Artikel 8 Absatz 1 der Richtlinie 2014/23/EU und Delegierter Verordnung (EU) 2015/3172 der Europäischen Kommission neu 5 225 000 Euro. Erwägungsgrund 23 der Richtlinie 2014/23/EU hebt hervor, dass die Höhe des für Konzessionen maßgeblichen Schwellenwertes die klare länderübergreifende Bedeutung für Wirtschafteilnehmer widerspiegelt. Dieser Schwellenwert wird von der Kommission gemäß Artikel 9 der Richtlinie 2014/23/EU alle zwei Jahre überprüft und erforderlichenfalls angepasst. Das Bundesministerium für Wirtschaft und Energie gibt den geltenden Schwellenwert gemäß § 106 Absatz 3 GWB unverzüglich im Bundesanzeiger bekannt. Im Übrigen ist für die Schätzung des Vertragswertes § 2 dieser Verordnung zu beachten.

§ 2 KonzVgV
Berechnung des geschätzten Vertragswerts

(1) Der Konzessionsgeber berechnet den geschätzten Vertragswert nach einer objektiven Methode, die in den Vergabeunterlagen anzugeben ist.

(2) Die Wahl der Methode zur Berechnung des geschätzten Vertragswerts darf nicht in der Absicht erfolgen, die Anwendung der Bestimmungen des Teils 4 des Gesetzes gegen Wettbewerbsbeschränkungen oder dieser Verordnung zu umgehen. Eine Konzession darf insbesondere nicht so aufgeteilt werden, dass sie nicht in den Anwendungsbereich des Teils 4 des Gesetzes gegen Wettbewerbsbeschränkungen fällt, es sei denn, es liegen objektive Gründe für eine solche Aufteilung vor.

(3) Bei der Berechnung des geschätzten Vertragswerts geht der Konzessionsgeber von dem voraussichtlichen Gesamtumsatz ohne Umsatzsteuer aus, den der Konzessionsnehmer während der Vertragslaufzeit als Gegenleistung erzielt

1. für die Bau- oder Dienstleistungen, die Gegenstand der Konzession sind, und
2. für Lieferungen, die mit diesen Bau- oder Dienstleistungen verbunden sind.

(4) Der Konzessionsgeber berücksichtigt dabei nach den Umständen des jeweiligen Einzelfalls insbesondere

1. den Wert aller Arten von Optionen und möglichen Vertragsverlängerungen,
2. die Einkünfte aus Gebühren oder Entgelten sowie Geldbußen oder Vertragsstrafen, die von den Nutzern der Bauwerke oder Dienstleistungen gezahlt werden, soweit diese nicht im Auftrag des Konzessionsgebers erhoben werden,
3. die Zahlungen des Konzessionsgebers oder jeder anderen Behörde an den Konzessionsnehmer oder weitere finanzielle Vorteile jedweder Art, einschließlich Gegenleistungen für die Erfüllung von Gemeinwohlverpflichtungen sowie staatlicher Investitionsbeihilfen,
4. den Wert von Zuschüssen oder sonstigen finanziellen Vorteilen jeglicher Art, die von Dritten für die Durchführung der Konzession gewährt werden,
5. die Einkünfte aus dem Verkauf von Vermögensgegenständen, die Teil der Konzession sind,
6. den Wert aller Lieferungen und Dienstleistungen, die der Konzessionsgeber für den Konzessionsnehmer bereitstellt, sofern sie für die Erbringung der Bau- oder Dienstleistungen erforderlich sind,
7. Prämien oder Zahlungen an Bewerber oder Bieter.

(5) Maßgeblicher Zeitpunkt für die Berechnung des geschätzten Vertragswerts ist der Zeitpunkt, zu dem die Konzessionsbekanntmachung abgesendet oder das Vergabeverfahren auf sonstige Weise eingeleitet wird. Abweichend davon ist der Zeitpunkt des Zuschlags maßgeblich, falls der Vertragswert zu diesem Zeitpunkt mehr als 20 Prozent über dem nach Satz 1 geschätzten Wert liegt.

(6) Kann ein Bauvorhaben oder eine geplante Dienstleistung zur Vergabe von Konzessionen in Form mehrerer Lose führen, ist der geschätzte Gesamtwert aller Lose zu berücksichtigen. Erreicht oder übersteigt der geschätzte Gesamtwert den maßgeblichen Schwellenwert, ist diese Verordnung für die Vergabe jedes Loses anzuwenden.

Übersicht	Rn.		Rn.
A. Allgemeines	1	1. Gegenleistung aus der Konzession	17
I. Bedeutung	1	2. Ohne Umsatzsteuer	19
II. Regelungsüberblick	4	II. Weitere zu berücksichtigende Positionen (Abs. 4)	22
III. Unionsrechtlicher Hintergrund	9	1. Optionen und Vertragsverlängerungen (Nr. 1)	25
IV. Vergleichbare Regelungen	10		
V. Terminologie	11		
B. Gegenstand der Berechnung	14	2. Einkünfte aus der Konzession (Nr. 2 und 5)	29
I. Voraussichtlicher Gesamtumsatz ohne Umsatzsteuer (Abs. 3)	15		

a)	Gebühren und Geldbußen (Nr. 2)	30	3.	Umgehungsverbot (Abs. 2 S. 1)	80
b)	Verkauf von Vermögensgegenständen (Nr. 5)	34	II.	Einzelheiten	86
			1.	Bezugspunkt der Berechnung	87
3.	Zuwendungen an den Konzessionsgeber (Nr. 3, 4, 6 und 7)	35	2.	Vorgaben für die Berechnung	88
			a)	Berechnung des voraussichtlichen Gesamtumsatzes	89
a)	Finanzielle Vorteile jeder Art (Nr. 3 und 4)	36	b)	Berechnung der sonstigen Positionen nach § 2 Abs. 4 KonzVgV	93
b)	Sachleistungen (Nr. 6)	39	III.	Dokumentationspflicht	95
c)	Prämien und Zahlungen an Bewerber und Bieter (Nr. 7)	43	E.	Rechtsschutz	98
			I.	Prüfung der Berechnung des Vertragswertes im Vergabenachprüfungsverfahren	98
III.	Geteilte Konzessionsvergaben	45			
1.	Grundsatz der Konzessionswertaddition (Abs. 6)	46	1.	Prüfung von Amts wegen	98
2.	Ausnahme der Einzelkonzessionswertung (Abs. 2 S. 2)	56	2.	Prüfung der gesetzlichen Vorgaben	102
			a)	Maßstäbe bei der Prüfung	103
C.	Zeitpunkt der Berechnung (Abs. 5)	62	aa)	Gegenstand und Zeitpunkt der Berechnung	103
I.	Grundsatz (S. 1)	64			
1.	Absendung der Konzessionsbekanntmachung	64	bb)	Vorgang der Berechnung	107
			b)	Durchführung der Prüfung	108
2.	Einleitung des Vergabeverfahrens auf sonstige Weise	66	3.	Berechnung des Vertragswerts durch die Nachprüfungsinstanzen	112
3.	Maßgeblichkeit	67			
II.	Wertsteigerungen bis zum Zuschlag (S. 2)	70	II.	Kosten	115
D.	Vorgang der Berechnung	75	Anlage Verordnungsbegründung (BR-Drs. 87/16)		
I.	Allgemeine Vorgaben	76			
1.	Berechnung als Prognose	77			
2.	Berechnung nach objektiver Methode (Abs. 1)	78			

A. Allgemeines

I. Bedeutung

1 Ob auf eine Konzessionsvergabe eines Konzessionsgebers im Sinne des § 101 GWB das **Kartellvergaberecht** der §§ 97 ff. GWB anwendbar ist, hängt unter anderem davon ab, dass der geschätzte Wert der vorgesehenen Konzession den nach § 106 Abs. 2 Nr. 4 GWB maßgeblichen Schwellenwert[1] erreicht oder überschreitet (§ 106 Abs. 1 S. 1 GWB).[2] Deswegen hat der Konzessionsgeber bei jeder Konzessionsvergabe im Sinne der §§ 148 ff. GWB den geschätzten Wert der Konzession zu ermitteln. § 2 KonzVgV regelt, auf welcher Grundlage und auf

---

[1] Bei den der KonzVgV unterliegenden Aufträgen gilt derzeit gemäß § 106 Abs. 2 Nr. 4 GWB in Verbindung mit Art. 1 VO (EU) 2015/2366 ein einheitlicher Schwellenwert für Bau- und Dienstleistungskonzessionen von 5.548.000 Euro. Der Wert wird alle zwei Jahre von der Kommission nach Maßgabe des Schwellenwerts des Übereinkommens über das Beschaffungswesen der Welthandelsorganisation für Baukonzessionen zum Jahresbeginn angepasst (Art. 9 RL 2014/23/EU), sodass mit der nächsten Erhöhung zum 1.1.2020 zu rechnen ist.

[2] Wird der Schwellenwert nicht erreicht, gelten nur die sonstigen insbesondere haushaltsrechtlichen Vorgaben des jeweils einschlägigen Landes- und Bundesrechts für die Vergabe öffentlicher Aufträge, vgl. *Marx*, in: Kulartz/Kus/Marx/Portz/Prieß, VgV, § 3 Rn. 2; *Jularic*, in: Müller-Wrede, GWB-Vergaberecht, § 106 Rn. 7; *Burgi*, Vergaberecht, § 10 Rn. 8.

welche Weise der Konzessionswert im Einzelnen zu bestimmen ist.³ In § 2 KonzVgV sind damit die für die Prüfung des sachlichen Anwendungsbereichs des Kartellvergaberechts in Bezug auf den Schwellenwert und die Bestimmung des geschätzten Vertragswertes (Konzessionswertes) im Sinne von § 106 Abs. 1 S. 1 GWB maßgeblichen Vorgaben ausgelagert.⁴ Hierbei gilt die Vorschrift grundsätzlich auch für Konzessionen im Bereich der Sektorentätigkeiten im Sinne des § 102 GWB⁵ und, soweit nicht durch § 150 GWB ausgenommen, im Bereich Verteidigung und Sicherheit. Im Übrigen gelten die allgemeinen und besonderen Bereichsausnahmen nach den §§ 107 bis 109 GWB und nach 149 GWB.⁶

Der maßgebliche **Zweck** des § 2 KonzVgV mit seinen Vorgaben für die Berechnung des Konzessionswertes liegt vornehmlich darin, im Interesse der Bieter eine verlässliche Grundlage für die Anwendung des Kartellvergaberechts bei Erreichen der Schwellenwerte zu gewährleisten.⁷ Den mit der Schätzung des Konzessionswertes naturgemäß verbundenen Ungenauigkeiten soll mit konkreten Vorgaben begegnet werden, um seine Bestimmung transparent und nachprüfbar zu machen. Ein Unterlaufen des Anwendungsbereichs des Kartellvergaberechts soll so verhindert und zugleich durch die Vorgaben die Feststellung des Konzessionswertes erleichtert werden.⁸

2

Bedeutung können die Vorgaben des § 2 KonzVgV auch in **anderen Bereichen** haben, etwa bei der Prüfung, ob die Voraussetzungen für die rechtmäßige Aufhebung eines Vergabeverfahrens wegen Unwirtschaftlichkeit vorliegen (§ 32 Abs. 1 S. 1 Nr. 3 KonzVgV);⁹ erforderlich ist hierfür unter anderem eine vertretbare Kostenschätzung als Grundlage für die Ermittlung der Unwirtschaftlichkeit.¹⁰ Ferner kann bei der Bestimmung des Gegenstandswertes nach § 50 Abs. 2 GKG¹¹ für ein Nachprüfungsverfahren nach den §§ 155 ff. GWB auf die Vorgaben des § 2 KonzVgV zurückgegriffen werden, soweit sie nach den Umständen des Einzelfalls für eine entsprechende Anwendung geeignet erscheinen.¹²

3

II. Regelungsüberblick

Die Vorschrift gibt Antworten auf die Frage, was wann wie zur Ermittlung des geschätzten Vertragswertes (Konzessionswertes) im Sinne des § 106 Abs. 1 S. 1 GWB bei der Konzessionsvergabe berechnet werden soll.¹³ Die Regelungen lassen sich nach ihrem Gegenstand mithin einteilen in solche zum

4

- Gegenstand der Berechnung,¹⁴
- Zeitpunkt der Berechnung,¹⁵
- Vorgang der Berechnung.¹⁶

---

3 Die Überschrift „Berechnung des geschätzten Vertragswerts" bringt das nur unvollkommen zum Ausdruck; Berechnung und Schätzung sind nur ein Teilaspekt, vgl. unten Kap. D. Rn. 75 ff.; besser wäre „Feststellung des Vertragswertes" oder „Bestimmung des Vertragswertes". Vgl. im Übrigen zur Terminologie des Verordnungsgebers noch unter Kap. A. V., Rn. 11 bis 13.
4 Ähnlich *Wagner/Pott*, in: Heiermann/Zeiss/Summa, Vergaberecht, § 2 KonzVgV Rn. 6.
5 Vgl. § 1 Abs. 3 SektVO, mit den Ausnahmen nach § 149 Nr. 9 GWB.
6 *Wieddekind*, in: Willenbruch/Wieddekind, Vergaberecht, § 2 KonzVgV Rn. 4.
7 Ähnlich für die entsprechende Vorschrift in § 3 VgV *Alexander*, in: Pünder/Schellenberg, Vergaberecht, § 3 VgV Rn. 4.
8 *Müller-Wrede*, in: Müller-Wrede, Kompendium des Vergaberechts, Kap. 7 Rn. 37.
9 Vgl. zu der entsprechenden Regelung in § 3 VgV *Greb*, in: Ziekow/Völlink, Vergaberecht, § 3 VgV Rn. 6.
10 Vgl. etwa zu der entsprechenden Regelung in § 3 VgV BGH, Urteil v. 20.11.2012 – X ZR 108/10, juris Rn. 20 f.; OLG Celle, Beschluss v. 10.3.2016 – 13 Verg 5/15, juris Rn. 26, 57; KG, Beschluss v. 17.10.2013 – Verg 9/13, juris Rn. 44; OLG Düsseldorf, Beschluss v. 8.3.2005 – VII-Verg 40/04, juris Rn. 18.
11 Nach § 50 Abs. 2 GKG sind grundsätzlich 5 % der Bruttoauftragssumme für den Streitwert maßgeblich. Vgl. zu der Regelung etwa *Mockel*, in: Müller-Wrede, GWB-Vergaberecht, § 175 Rn. 86 ff.
12 Vgl. zur entsprechenden Regelung in § 3 VgV BGH, Beschluss v. 19.7.2011 – X ZB 4/10, juris Rn. 4.
13 Vgl. nur zur entsprechenden Regelung in § 3 VgV *Schwab*, in: Heuvels/Höß/Kuß/Wagner, Vergaberecht, § 3 VgV Rn. 1; ähnlich *Wagner/Pott*, in: Heiermann/Zeiss/Summa, Vergaberecht, § 2 KonzVgV Rn. 6. Dagegen geht es entgegen *Wieddekind*, in: Willenbruch/Wieddekind, Vergaberecht, § 2 KonzVgV Rn. 5, 8, nicht um die Ermittlung des Schwellenwertes, der durch § 106 Abs. 2 Nr. 4 GWB bereits vorgegeben ist.
14 Vgl. im Einzelnen unter B. Rn. 14 ff.
15 Vgl. im Einzelnen unter C. Rn. 62 ff.
16 Vgl. im Einzelnen unter D. Rn. 75 ff.

5   Für den **Gegenstand** der Berechnung (Schätzung) und zugleich Begriff des Vertragswertes (Konzessionswertes) stellt Abs. 3 zunächst auf den voraussichtlichen Gesamtumsatz ohne Mehrwertsteuer aus der Nutzung der Konzession während der Vertragslaufzeit ab. Abs. 4 enthält einen Katalog von Positionen, die hierbei zu berücksichtigen sind, nämlich Optionen und mögliche Vertragsverlängerungen (Nr. 1), ferner Einkünfte aus Gebühren, Entgelte, Geldbußen oder Vertragsstrafen (Nr. 2) sowie Einnahmen aus dem Verkauf von Vermögensgegenständen, die Teil der Konzession sind (Nr. 5), und Zuwendungen des Konzessionsgebers sowie Dritter an den Konzessionsnehmer (Nr. 3, 4, 6 und 7). Weitere Vorgaben zum Gegenstand der Berechnung (Schätzung) enthält Abs. 6 bei einer Vergabe von mehreren Konzessionen, die ein Bauvorhaben oder eine geplante Dienstleistung betreffen; hier ist grundsätzlich der geschätzte Gesamtwert für das Erreichen oder Überschreiten des Schwellenwertes maßgeblich, wenn nicht ausnahmsweise nach Abs. 2 S. 2 auf den Wert der nur einen Teil des Vorhabens betreffenden Konzession abzustellen ist.

6   Maßgeblicher **Zeitpunkt** für die Berechnung des Vertragswertes (Schätzung des Konzessionswertes) ist nach § 2 Abs. 5 KonzVgV die Einleitung des Vergabeverfahrens, wobei grundsätzlich auf den Zeitpunkt der Absendung der Konzessionsbekanntmachung abzustellen ist. Sofern der Vertragswert (Konzessionswert) zum Zeitpunkt des beabsichtigten Zuschlags mehr als 20 Prozent über diesem Wert liegt, ist allerdings der zu diesem Zeitpunkt erreichte Wert heranzuziehen (§ 2 Abs. 5 S. 2 KonzVgV).

7   Zum eigentlichen **Vorgang** der Berechnung (Schätzung) enthält § 2 KonzVgV in Abs. 1 und Abs. 2 S. 1 nur sehr allgemeine Regelungen: Die Berechnung des Vertragswertes (Schätzung des Konzessionswertes) hat nach einer objektiven Methode zu erfolgen, wobei es dem Konzessionsgeber untersagt ist, die Methode mit der Absicht zu wählen, die Anwendung des Kartellvergaberechts zu umgehen.

8   Keine Regelung enthält § 2 KonzVgV zu der Frage, welche **Rechtsfolgen** an die Missachtung seiner Vorgaben geknüpft sind.[17]

III. Unionsrechtlicher Hintergrund

9   Mit dem durch das die VergRModVO neu geschaffenen § 2 KonzVgV setzt der deutsche Verordnungsgeber auf der Grundlage von § 113 Abs. 1 S. 2 Nr. 1 GWB die Vorgaben aus Art. 8 Abs. 2 bis 6 RL 2014/23/EU um.[18] Dabei übernimmt er überwiegend die Vorgaben der neuen Richtlinie,[19] wobei er allerdings ohne erkennbaren Grund anders als in den Parallelvorschriften[20] wie folgt die Abfolge geändert hat:

- Abs. 1 entspricht Art. 8 Abs. 3 S. 1 RL 2014/23/EU,[21]
- Abs. 2 entspricht Art. 8 Abs. 4 RL 2014/23/EU,[22]
- Abs. 3 entspricht Art. 8 Abs. 2 UAbs. 1 RL 2014/23/EU,[23]
- Abs. 4 entspricht Art. 8 Abs. 3 S. 2 RL 2014/23/EU,[24]
- Abs. 5 entspricht Art. 8 Abs. 2 UAbs. 2 und 3 RL 2014/23/EU,[25]
- Abs. 6 fasst Art. 8 Abs. 5 und 6 RL 2014/23/EU[26] zusammen.

---

17 Hier wird auf die richterrechtlich geprägten Grundsätze zu den seit den Anfängen des Kartellvergaberechts im Kern unverändert bestehenden Parallelvorschriften in § 3 VgV und § 2 SektVO zurückgegriffen werden können. Vgl. im Einzelnen unter E. Rn. 98 ff.
18 Vgl. Verordnungsbegründung zu § 2 KonzVgV, BR-Drs. 87/16, 277.
19 Allerdings entfernt er sich terminologisch gerade bei Schlüsselbegriffen von den Vorgaben der Richtlinie, vgl. dazu eingehend unter A. V., Rn. 11 bis 13.
20 Dazu unter A. IV. Rn 10.
21 Wortlaut in Fn. 120.
22 Wortlaut in Fn. 84 und 124.
23 Wortlaut in Fn. 29.
24 Wortlaut in Fn. 37.
25 Wortlaut in Fn. 99.
26 Wortlaut in Fn. 61.

Die vorliegende Kommentierung orientiert sich demgegenüber stärker an der Richtlinie sowie den Parallelvorschriften in § 3 VgV/§ 2 SektVO und geht hierbei insbesondere von den zentralen Vorschriften zur Bestimmung des Gegenstands der Berechnung des Vertragswertes (Schätzung des Konzessionswertes) in Art. 8 Abs. 2 UAbs. 1 und Abs. 3 S. 2 RL 2014/23/EU aus (dazu unter B.), wendet sich dann den Vorschriften zum Zeitpunkt der Berechnung (Schätzung) zu (unter C.), um schließlich die in Richtlinie wie KonzVgV nur rudimentär geregelten Grundsätze zum Vorgang der Berechnung (unter D.) sowie dem gar nicht thematisierten Rechtsschutz (unter E.) abzuhandeln.

IV. Vergleichbare Regelungen

Für die Vergabe allgemeiner öffentlicher Aufträge über Bau- und Dienstleistungen sowie Lieferungen enthält § 3 VgV Vorgaben zu Gegenstand, Zeitpunkt und Vorgang der Schätzung des Auftragswertes, wobei die Regelungen in § 3 Abs. 1 bis 3 und Abs. 7 VgV weitgehend den an die Besonderheiten von Konzessionen angepassten Regelungen in § 2 KonzVgV entsprechen. Für Vergaben von Aufträgen im Bereich der Sektorentätigkeiten im Sinne des § 102 GWB gilt der mit § 3 VgV nahezu wortgleiche § 2 SektVO, und für Vergaben von verteidigungs- und sicherheitsspezifischen öffentlichen Aufträgen ist § 3 VSVgV maßgeblich. Für die Auslegung von § 2 KonzVgV kann damit vielfach trotz der im Ergebnis unschädlichen terminologischen Abweichungen[27] auf die Rechtsprechung und Literatur zu den genannten im Kern seit Einführung des Kartellvergaberechts unveränderten Parallelvorschriften zurückgegriffen werden.

V. Terminologie

Der Verordnungsgeber hat sich bei der Fassung von § 2 KonzVgV bei den schon in der Überschrift enthaltenen Schlüsselbegriffen des „Vertragswertes" und seiner „Berechnung" weder an den Vorgaben aus Art. 8 RL 2014/23/EU noch an der Terminologie in der Parallelvorschriften orientiert.

So bezeichnet Art. 8 RL 2014/23/EU den zu ermittelnden Wert der Konzession treffend als Konzessionswert. Warum der Verordnungsgeber, wie allerdings auch der Gesetzgeber in § 106 GWB, den allgemeineren und gänzlich farblosen Begriff des **„Vertragswertes"** verwendet, erschließt sich nicht. Dass eine Konzession ein Vertrag ist, ist bereits in § 105 Abs. 1 GWB geklärt. Die Terminologie erschwert die Rechtsanwendung unnötig, weil der Rechtsanwender sich zunächst klarzumachen hat, was mit „Vertragswert" gemeint ist, nämlich der Wert der Konzession, der „Konzessionswert". Es entsteht zudem, gerade auch in § 106 GWB, der unzutreffende Eindruck, der neben dem Begriff „Auftragswert" verwendete Begriff „Vertragswert" sei ein Oberbegriff, weil auch ein Auftrag natürlich ein Vertrag ist.

Unverständlich ist zudem, dass der Verordnungsgeber ohne Not anders als in den Parallelvorschriften in § 3 VgV und § 3 SektVO statt von „Schätzung" von einer **„Berechnung"** des Wertes spricht. Nun ist in der Überschrift sowie in § 2 Abs. 3 KonzVgV von der „Berechnung des geschätzten Vertragswertes" die Rede, was schon dem Wortlaut nach unsinnig ist, im Übrigen aber auch in der Sache falsch, weil der Konzessionswert zu schätzen ist und erst das Ergebnis dieser Schätzung den „geschätzten Vertragswert" (Konzessionswert) im Sinne des § 106 Abs. 1 S. 1 GWB liefert. Es erschließt sich nicht, warum der Verordnungsgeber nicht in Anlehnung an § 3 Abs. 1 S. 1 VgV und § 2 Abs. 1 S. 1 SektVO („Schätzung des Auftragswertes") in jeder Hinsicht klarer und auch sonst besser von „Schätzung des Konzessionswertes" spricht.[28]

---

27 Vgl. dazu eingehend unter A. V. Rn. 11 bis 13.
28 Noch treffender wäre die Bezeichnung „Bestimmung" oder „Feststellung" des Auftrags- oder Konzessionswertes, vgl. bereits oben A. I. Rn. 1 Fn. 3.

B. Gegenstand der Berechnung

14 Gegenstand der Berechnung des Vertragswertes (Schätzung des Konzessionswertes) ist nach § 2 Abs. 3 KonzVgV zum einen der Gesamtumsatz des Konzessionsnehmers aus der Konzession ohne Umsatzsteuer (I). Zum anderen sind die weiteren in § 2 Abs. 4 KonzVgV genannten Positionen zu berücksichtigen (II). Vergibt der Konzessionsgeber zur Umsetzung seines Beschaffungsvorhabens mehrere Konzessionen, ist nach § 2 Abs. 6 KonzVgV grundsätzlich der Gesamtwert Gegenstand der Berechnung und nur ausnahmsweise nach Abs. 2 S. 2 auf den Wert der nur einen Teil des Beschaffungsvorhabens umfassenden Konzession abzustellen (III).

I. Voraussichtlicher Gesamtumsatz ohne Umsatzsteuer (Abs. 3)

15 Nach § 2 Abs. 3 KonzVgV hat der Konzessionsgeber bei der Berechnung des geschätzten Vertragswertes (Schätzung des Konzessionswertes) von dem voraussichtlichen Gesamtumsatz ohne Umsatzsteuer auszugehen, den der Konzessionsnehmer während der Vertragslaufzeit (Laufzeit der Konzession) als Gegenleistung für die von ihm zu erbringenden Leistungen erzielt. Leistungen sind hierbei die konzessionsgegenständlichen Bau- und Dienstleistungen (§ 2 Abs. 3 Nr. 1 KonzVgV) sowie Lieferungen, die mit diesen Bau- und Dienstleistungen verbunden sind (§ 2 Abs. 3 Nr. 2 KonzVgV).

16 Das entspricht im Wesentlichen den **unionsrechtlichen Vorgaben** in Art. 8 Abs. 2 UAbs. 1 RL 2014/23/EU[29].

1. Gegenleistung aus der Konzession

17 Gegenstand der Berechnung des geschätzten Konzessionswertes ist danach also nicht etwa die Gegenleistung des Konzessionsgebers an den Konzessionsnehmer, die bei einer Konzession stets in der Übertragung des Rechts zur Nutzung des Auftragsgegenstandes besteht,[30] nämlich zur Nutzung des zu errichtenden Bauwerks oder zur Verwertung der zu erbringenden Dienstleistungen (§ 105 Abs. 1 Nr. 1 und 2 GWB). § 2 Abs. 3 KonzVgV stellt zur Berechnung des geschätzten Vertragswertes (Schätzung des Konzessionswertes) vielmehr auf die **Gegenleistung** ab, die der Konzessionsnehmer während des Zeitraums der Konzession aus dem übertragenen Nutzungs- und Verwertungsrecht voraussichtlich erzielt, also auf sämtliche Einnahmen aus der Nutzung des zu errichtenden Bauwerks oder der Verwertung der zu erbringenden Dienstleistung nebst Einnahmen aus damit jeweils verbundenen Lieferungen.[31] Es ist also nicht etwa nur der Gewinn des Konzessionsnehmers maßgeblich. So sind bei einer Konzession, die den Bau und Betrieb eines Mautsystems zum Gegenstand hat, sämtliche Mauteinnahmen anzusetzen, die während der Laufzeit der Konzession zu erwarten sind, und bei einer Dienstleistungskonzession über den Betrieb einer Bahnstrecke sämtliche während der Konzessionslaufzeit zu erwartenden Einnahmen aus den Beförderungsverträgen und, da auch mit den Bau- und Dienstleistungen verbundene Lieferungen erfasst sind, etwa Einnahmen aus dem Betrieb eines Zugrestaurants.[32] Dabei ist für die Einnahmen auf den Wert der zu erwartenden vertraglichen Gegenleistungen abzustellen, nicht etwa auf den voraussichtlichen tatsächlichen Zufluss, der wegen möglicher Leistungsausfälle von Vertragspartnern geringer ausfallen könnte.

---

29 Die Vorschrift lautet: „Der Wert der Konzession entspricht dem vom öffentlichen Auftraggeber oder vom Auftraggeber geschätzten Gesamtumsatz ohne Mehrwertsteuer, den der Konzessionsnehmer während der Vertragslaufzeit erzielt, als Gegenleistung für die Bau- und Dienstleistungen, die Gegenstand der Konzession sind, sowie für die damit verbundenen Lieferungen."
30 Vgl. nur *Hertwig*, Praxis der öffentlichen Auftragsvergabe, Rn. 116.
31 *Wagner/Pott*, in: Heiermann/Zeiss/Summa, Vergaberecht, § 2 KonzVgV Rn. 18.
32 Vgl. für weitere Beispiele von Bau- und Dienstleistungskonzessionen *Braun*, in: Müller-Wrede, GWB-Vergaberecht, § 105 Rn. 1.

Maßgeblich ist die von dem Konzessionsgeber tatsächlich vorgesehene **Laufzeit**. Zeitliche Begrenzungen, wie sie § 3 Abs. 10 und 11 VgV für Dauerschuldverhältnisse vorsehen, kennt § 2 KonzVgV nicht und sind auch nicht etwa entsprechend heranzuziehen.[33]

2. Ohne Umsatzsteuer

Nach § 2 Abs. 3 KonzVgV ist in Übereinstimmung mit § 106 Abs. 1 S. 1 GWB der voraussichtliche Gesamtumsatz ohne Umsatzsteuer Gegenstand der Berechnung des geschätzten Vertragswertes (Konzessionswertes).

Damit wird dem Umstand Rechnung getragen, dass in den Mitgliedstaaten der Europäischen Union **unterschiedliche Umsatzsteuersätze** bestehen. Indem die Umsatzsteuer nicht zu berücksichtigen ist, wird vermieden, dass die unterschiedlichen Umsatzsteuersätze die Anwendbarkeit des Kartellvergaberechts beeinflussen und es insoweit zu Unterschieden zwischen den einzelnen Mitgliedstaaten kommt.[34] In anderen Zusammenhängen als der Klärung der Anwendbarkeit des Kartellvergaberechts, insbesondere bei der Bestimmung des Streitwertes des Nachprüfungsverfahrens nach § 50 Abs. 2 GKG, ist die Umsatzsteuer dagegen zu berücksichtigen.

Andere Steuern sind nicht abzuziehen.[35] Das folgt schon aus dem Wortlaut von § 2 Abs. 3 KonzVgV, § 106 Abs. 1 S. 1 GWB[36] und entspricht der insoweit umgesetzten Bestimmung in Art. 8 Abs. 2 UAbs. 1 RL 2014/23/EU. Es entspricht auch dem Sinn und Zweck dieser Vorschriften, die, wie auch die Vorgaben in § 2 Abs. 4 KonzVgV zeigen, sämtliche dem Konzessionsnehmer im Zusammenhang mit der Konzession zufließenden Einnahmen erfassen wollen.

II. Weitere zu berücksichtigende Positionen (Abs. 4)

Nach § 2 Abs. 4 KonzVgV hat der Konzessionsgeber die dort aufgeführten Positionen „hierbei", also bei der Berechnung des geschätzten Vertragswertes (Schätzung des Konzessionswertes), nach § 2 Abs. 3 KonzVgV nach den Umständen des jeweiligen Einzelfalls zu berücksichtigen.

Hiermit setzt der Verordnungsgeber die **unionsrechtliche Vorgabe** in Art. 8 Abs. 3 S. 2 RL 2014/23/EU um.[37]

Die genannten Positionen sind trotz der missverständlichen Bezugnahme auf die Umstände des Einzelfalls **zwingend** Gegenstand der Berechnung des Konzessionswertes. Denn es kann und soll nicht etwa in das Ermessen des Konzessionsgebers gestellt werden, ob er die Positionen berücksichtigt oder nicht und damit gegebenenfalls, ob das Kartellvergaberecht anwendbar ist oder nicht, sondern die Vorschrift bezweckt es, verbindlich den Gegenstand der Berechnung des Vertragswertes (Schätzung des Konzessionswertes) und damit den Anwendungsbereich des Kartellvergaberechts vorzugeben. Teils konkretisieren sie die Vorgaben aus § 2 Abs. 3 KonzVgV zu dem danach zu berücksichtigenden voraussichtlichen Gesamtumsatz aus der Konzession während deren Laufzeit, teils gehen sie darüber hinaus. Der Katalog

---

33 Für § 3 Abs. 11 Nr. 2 VgV ebenso VK Südbayern, Beschluss v. 14.2.2017 – Z3-3-3194-1-54-12/16, juris Rn. 224; dem folgend *Wagner/Pott*, in: Heiermann/Zeiss/Summa, Vergaberecht, § 2 KonzVgV Rn. 18.1.
34 *Glahs*, in: Reidt/Stickler/Glahs, Vergaberecht, § 3 VgV Rn. 2.
35 A.A. für öffentliche Aufträge wohl *Marx*, in: Kulartz/Kus/Marx/Portz/Prieß, VgV, § 3 Rn. 5.
36 Ebenso für öffentliche Aufträge *Wieddekind*, in: Willenbruch/Wieddekind, Vergaberecht, § 3 VgV Rn. 4.
37 Die Vorschrift lautet: „Bei der Berechnung der Schätzung des Konzessionswerts berücksichtigen die öffentlichen Auftraggeber und Auftraggeber gegebenenfalls insbesondere: a) den Wert aller Arten von Optionen und etwaigen Verlängerungen der Konzession; b) die Einkünfte aus von den Nutzern der Bauwerke und Dienstleistungen gezahlten Gebühren und Bußgeldern, soweit diese nicht im Auftrag des öffentlichen Auftraggebers oder des Auftraggebers erhoben werden; c) die Zahlungen des öffentlichen Auftraggebers oder des Auftraggebers oder seitens jeder anderen Behörde an den Konzessionsnehmer oder finanzielle Vorteile jedweder Art, einschließlich Gegenleistungen für die Erfüllung von Gemeinwohlverpflichtungen sowie staatlicher Investitionsbeihilfen; d) den Wert von Zuschüssen oder sonstigen finanziellen Vorteilen jeglicher Art, die von Dritten für die Durchführung der Konzession gewährt werden; e) die Einkünfte aus dem Verkauf von Vermögensgegenständen, die Teil der Konzession sind; f) den Wert aller Lieferungen und Dienstleistungen, die die öffentlichen Auftraggeber oder Auftraggeber für den Konzessionsnehmer bereitstellen, sofern sie für die Erbringung der Bauleistungen oder der Dienstleistungen erforderlich sind; g) Prämien oder Zahlungen an Bewerber oder Bieter."

dürfte, auch wenn er **nicht abschließend** gefasst ist („insbesondere"),[38] die bei der Berechnung noch zu berücksichtigen Positionen praktisch erschöpfend beschreiben. Inhaltlich können die Positionen drei Gruppen zugeordnet werden:
- Optionen und Vertragsverlängerungen (Nr. 1),[39]
- Einkünfte aus der Konzession (Nr. 2 und 5),[40]
- Zuwendungen an den Konzessionsgeber (Nr. 3, 4, 6 und 7).[41]

1. Optionen und Vertragsverlängerungen (Nr. 1)

25 Nach § 2 Abs. 4 Nr. 1 KonzVgV ist der Wert aller Arten von Optionen und möglichen Vertragsverlängerungen zu berücksichtigen. Damit wird der Gegenstand der Berechnung des Vertragswertes (Schätzung des Konzessionswertes) auf Umsätze aus der Konzession und nach § 2 Abs. 4 Nr. 2 bis 7 KonzVgV zu berücksichtigende Positionen erweitert, bei denen zum Zeitpunkt der Konzessionsvergabe noch ungewiss ist, ob sie überhaupt anfallen.

26 Allgemein ist unter einer **Option** das einer Vertragspartei eingeräumte Recht zu verstehen, einen bestehenden Vertrag durch einseitige Erklärung zu ändern, insbesondere zu verlängern, wobei ein Vertragspartner fest gebunden und der andere Vertragspartner frei ist, das Recht auszuüben.[42] Bezogen auf eine Konzession handelt es sich also um das Recht des Konzessionsnehmers oder -gebers, die Konzession in zeitlicher oder gegenständlicher Hinsicht zu erweitern. Als Optionen sind auch Eventual- oder Bedarfspositionen zu berücksichtigen, von denen bei Fertigstellung der Ausschreibungsunterlagen noch nicht feststeht, ob der Konzessionsgeber sie in Anspruch nehmen wird,[43] sofern und soweit sich der Umsatz und die sonst zu berücksichtigenden Einnahmen des Konzessionsnehmers bei ihrer Inanspruchnahme vergrößern würden.

27 Den wichtigsten Fall dürften **Konzessionsverlängerungsoptionen** darstellen, die in § 2 Abs. 4 Nr. 1 KonzVgV als Sonderfall der Option erfasst sind.[44] Konzessionsverlängerungen sind darüber hinaus auch Vereinbarungen, nach denen sich eine befristete Konzession ohne Kündigung des Konzessionsgebers oder -nehmers erneut befristet oder auch unbefristet verlängert.[45]

---

38 Vgl. auch die Verordnungsbegründung zu § 2 Abs. 4 KonzVgV („beispielhafte Auflistung"), BR-Drs. 87/16, 278.
39 Dazu näher unter Rn. 25 ff.
40 Dazu näher unter Rn. 29 ff.
41 Dazu näher unter Rn. 35 ff.
42 BayObLG, Beschluss v. 18.6.2002 – Verg 8/02, juris Rn. 9; *Kühnen*, in: Byok/Jaeger, Vergaberecht, § 3 VgV Rn. 9; *von Engelhardt/Kaelble*, in: Müller-Wrede, GWB-Vergaberecht, § 132 Rn. 35; *Wieddekind*, in: Willenbruch/Wieddekind, Vergaberecht, § 3 VgV Rn. 16; *Dietlein/Fandrey*, in: Gabriel/Krohn/Neun, Handbuch Vergaberecht, § 8 Rn. 47; *Müller-Wrede*, in: Müller-Wrede, Kompendium des Vergaberechts, Kap. 7 Rn. 77. Entgegen *Alexander*, in: Pünder/Schellenberg, Vergaberecht, § 3 VgV Rn. 14, ist nicht zu sehen, dass diese dem deutschen Rechtsverständnis entsprechende Begriffsbestimmung von dem unionsrechtlichen Begriff der Option in Art. 5 Abs. 1 S. 1 RL 2014/24/EU abweichen würde und insoweit eine unionskonforme Auslegung notwendig wäre.
43 Für öffentliche Aufträge BayObLG, Beschluss v. 18.6.2002 – Verg 8/02, juris Rn. 9; *Kühnen*, in: Byok/Jaeger, Vergaberecht, § 3 VgV Rn. 9; *Beurskens*, in: Hattig/Maibaum, Kartellvergaberecht, § 3 VgV Rn. 12; *Lausen*, in: Heiermann/Zeiss/Summa, Vergaberecht, § 3 VgV Rn. 25; *Schwab*, in: Heuvels/Höß/Kuß/Wagner, Vergaberecht, § 3 VgV Rn. 13; *Schneider*, in: Kapellmann/Messerschmidt, VOB, § 3 VgV Rn. 24; *Marx*, in: Kulartz/Kus/Marx/Portz/Prieß, VgV, § 3 Rn. 9; *Alexander*, in: Pünder/Schellenberg, Vergaberecht, § 3 VgV Rn. 15; *Wieddekind*, in: Willenbruch/Wieddekind, Vergaberecht, § 3 VgV Rn. 4, 16; *Greb*, in: Ziekow/Völlink, Vergaberecht, § 3 VgV Rn. 11; *Müller-Wrede*, in: Müller-Wrede, Kompendium des Vergaberechts, Kap. 7 Rn. 78; *Noch*, Vergaberecht kompakt, Rn. 382, 388.
44 Für öffentliche Aufträge *Marx*, in: Kulartz/Kus/Marx/Portz/Prieß, VgV, § 3 Rn. 8; *Alexander*, in: Pünder/Schellenberg, Vergaberecht, § 3 VgV Rn. 16.
45 Für öffentliche Aufträge *Kühnen*, in: Byok/Jaeger, Vergaberecht, § 3 VgV Rn. 9; *Dietlein/Fandrey*, in: Gabriel/Krohn/Neun, Handbuch Vergaberecht, § 8 Rn. 50; *Beurskens*, in: Hattig/Maibaum, Kartellvergaberecht, § 3 VgV Rn. 14; *Lausen*, in: Heiermann/Zeiss/Summa, Vergaberecht, § 3 VgV Rn. 26; *Schneider*, in: Kapellmann/Messerschmidt, VOB, § 3 VgV Rn. 25, 47; *Leinemann/Leinemann*, in: Leinemann, Vergabe öffentlicher Aufträge, Rn. 122. Insoweit handelt es sich bei Vertragsverlängerungen nicht lediglich um einen Unterfall der Option, wie *Noch*, Vergaberecht kompakt, Rn. 383, meint. Fasst man den nirgends verbindlich legal definierten Begriff der Option allerdings so, dass die einseitige Vertragsänderung auch durch ein Unterlassen ausgeübt werden kann, würde es sich auch insoweit um einen Unterfall der Option handeln.

Damit eine Option konzessionswerterhöhend zu berücksichtigen ist, muss sie die weiteren **Anforderungen** nach § 154 Nr. 3 GWB in Verbindung mit § 132 Abs. 2 S. 1 Nr. 1 GWB erfüllen,[46] weil sie nur dann eine Erweiterung des Leistungsumfangs ohne erneute Ausschreibung ermöglicht.[47] Die Ausübung der Option ist dann keine erneute Vergabe.[48] § 132 Abs. 2 S. 1 Nr. 1 GWB und die weiteren in § 132 Abs. 2 und 3 GWB genannten Fälle stellen Ausnahmen von dem Grundsatz des § 132 Abs. 1 S. 1 GWB dar, dass der Konzessionsgeber die Konzession bei wesentlichen Änderungen neu vergeben muss.[49] Neben dem ohnehin bestehenden Erfordernis, dass die von ihm vorgesehene Option ihren Gegenstand hinreichend bestimmt bezeichnen muss, darf ihre Ausübung den Gesamtcharakter der Konzession nicht verändern.[50] Schon deswegen sind funktional getrennte Konzessionen, die mit der ursprünglichen Konzession im Wege einer Option des Konzessionsgebers gekoppelt sind, nicht dem Konzessionswert hinzuzurechnen.[51]

2. Einkünfte aus der Konzession (Nr. 2 und 5)

§ 2 Abs. 4 Nr. 2 und 5 KonzVgV stellt klar, dass bestimmte Einkünfte aus Konzessionen Gegenstand der Berechnung des Vertragswertes (Schätzung des Konzessionswertes) sind.

a) Gebühren und Geldbußen (Nr. 2)

Nach § 2 Abs. 4 Nr. 2 KonzVgV sind Einkünfte aus Gebühren oder Entgelten sowie Geldbußen oder Vertragsstrafen zu berücksichtigen, die von den Nutzern der Bauwerke oder Dienstleistungen gezahlt werden, soweit diese nicht im Auftrag des Konzessionsgebers erhoben werden.

Dabei geht der deutsche Verordnungsgeber über die **unionsrechtlichen Vorgaben** aus Art. 8 Abs. 3 S. 2 lit. b RL 2014/23/EU hinaus; dort sind nur die Einkünfte aus gezahlten Gebühren und Bußgeldern erfasst.[52]

Gebühren sind von dem Konzessionsnehmer einseitig erhobene Entgelte für bestimmte von ihm im Rahmen der Konzession erbrachte Leistungen und **Bußgelder** einseitig für ein Fehlverhalten des Nuzters der Leistungen als Sanktion festgesetzte Zahlungspflichten. Die zusätzliche Erwähnung von Entgelten und Vertragsstrafen ist unschädlich, allerdings auch entbehrlich, weil insoweit klar ist, dass es sich um dem Konzessionsnehmer zustehende Gegenleistungen aus der Nutzung der Konzession handelt, die in den für die Berechnung des Vertragswertes (Schätzung des Konzessionswertes) nach § 2 Abs. 3 KonzVgV maßgeblichen voraussichtlichen Gesamtumsatz einfließen. Der Begriff des **Entgelts** umfasst diese vertraglich vereinbarten Gegenleistungen der Vertragspartner des Konzessionsnehmers. Auch eine **Vertragsstrafe** im Sinne der §§ 339 ff. BGB hat als Zahlungsversprechen für den Fall, dass der Schuldner seine Verbindlichkeit nicht oder nicht in gehöriger Weise erfüllt (§ 339 S. 1 BGB), ihre Grundlage in den vertraglichen Absprachen des Konzessionsnehmers mit seinem Vertragspartner bezüglich der im Rahmen der Konzession ausgetauschten Leistungen.

Grundsätzlich sind sämtliche der in § 2 Abs. 4 Nr. 2 KonzVgV genannten Einkünfte, die von den Nutzern der Bauwerke oder Dienstleistungen gezahlt werden, zu berücksichtigen, soweit sie nicht im **Auftrag** des Konzessionsgebers erhoben werden. Diese Einschränkung ist unge-

---

46 Ebenso für öffentliche Aufträge *Marx*, in: Kulartz/Kus/Marx/Portz/Prieß, VgV, § 3 Rn. 7 f.; wohl auch *Lausen*, in: Heiermann/Zeiss/Summa, Vergaberecht, § 3 VgV Rn. 22; *Noch*, Vergaberecht kompakt, Rn. 384.
47 Vgl. noch zum früheren Recht bei öffentlichen Aufträgen OLG Schleswig, Beschluss v. 28.8.2015 – 1 Verg 1/15, juris Rn. 58.
48 Für öffentliche Aufträge OLG Celle, Beschluss v. 4.5.2001 – 13 Verg 5/00, juris Rn. 33; *Leinemann/Leinemann*, in: Leinemann, Vergabe öffentlicher Aufträge, Rn. 122.
49 *von Engelhardt/Kaelble*, in: Müller-Wrede, GWB-Vergaberecht, § 132 Rn. 2; *Hertwig*, Praxis der öffentlichen Auftragsvergabe, Rn. 97.
50 Vgl. zum früheren Recht bei öffentlichen Aufträgen bereits OLG Schleswig, Beschluss v. 28.8.2015 – 1 Verg 1/15, juris Rn. 81 ff.
51 So für öffentliche Aufträge tendenziell auch *Noch*, Vergaberecht kompakt, Rn. 384; a.A. OLG Stuttgart, Beschluss v. 9.8.2001 – 2 Verg 3/01, juris Rn. 63: Auftrag für ein Parkhaus mit – nach der Auslegung des Oberlandesgerichts – Option zur Errichtung eines weiteren Parkhauses.
52 Vgl. den Wortlaut in Fn. 37.

nau, weil nicht maßgeblich ist, dass die Einkünfte im Auftrag des Konzessionsgebers erhoben werden, sondern dass sie an ihn abgeführt werden. Nur in diesem Fall sind sie nicht Gegenstand der Berechnung des Vertragswertes (Schätzung des Konzessionswertes), weil sie für den Konzessionsnehmer nur ein durchlaufender Posten sind und ihm letztlich nicht verbleiben.

b) Verkauf von Vermögensgegenständen (Nr. 5)

34 Nach § 2 Abs. 4 Nr. 5 KonzVgV sind ferner Einkünfte aus dem Verkauf von Vermögensgegenständen, die Teil der Konzession sind, bei der Berechnung des Vertragswertes (Schätzung des Konzessionswertes) zu berücksichtigen. Dies ergänzt § 2 Abs. 3 Nr. 2 KonzVgV, wonach die Gegenleistung aus Lieferungen, die mit den Bau- und Dienstleistungen verbunden sind, in den voraussichtlichen Gesamtumsatz einfließt und damit Gegenstand der Berechnung des Vertragswertes (Schätzung des Konzessionswertes) ist. Klargestellt ist mit § 2 Abs. 4 Nr. 5 KonzVgV, dass auch Vermögensgegenstände erfasst sind, die Teil der Konzession sind, also dem Konzessionsnehmer bei Vergabe der Konzession zur Verfügung gestellt wurden.

3. Zuwendungen an den Konzessionsgeber (Nr. 3, 4, 6 und 7)

35 Nr. 3 und 4 des § 2 Abs. 4 KonzVgV stellen allgemein klar, dass Zuwendungen an den Konzessionsgeber konzessionswerterhöhend sind, was in § 2 Abs. 4 Nr. 6 und 7 KonzVgV für bestimmte Arten von Zuwendungen noch konkretisiert wird.

a) Finanzielle Vorteile jeder Art (Nr. 3 und 4)

36 § 2 Abs. 4 Nr. 3 KonzVgV hält in Umsetzung von Art. 8 Abs. 3 S. 2 lit. c RL 2014/23/EU[53] fest, dass Zahlungen und weitere finanzielle Vorteile jedweder Art des Konzessionsgebers und jeder anderen Behörde Gegenstand der Berechnung des Vertragswertes (Schätzung des Konzessionswertes) sind. Solche Zahlungen können nach § 105 Abs. 1 GWB als zusätzliche Gegenleistung neben dem Recht zur Nutzung des Bauwerks bei Baukonzessionen und neben dem Recht zur Verwertung der Dienstleistungen bei Dienstleistungskonzessionen vereinbart werden.

37 Ausdrücklich klargestellt wird, dass auch Gegenleistungen für die Erfüllung von **Gemeinwohlverpflichtungen** und **staatliche Investitionsbeihilfen** unter den Begriff der weiteren finanziellen Vorteile fallen, also konzessionswerterhöhend zu berücksichtigen sind. Der Umstand, dass mit den zugewandten finanziellen Vorteilen weitergehende Ziele verfolgt werden, nämlich insbesondere Gemeinwohlbelange oder die Förderung von Investitionen des Konzessionsnehmers, steht also der Berücksichtigung dieser Vorteile nicht entgegen. Als Gemeinwohlverpflichtungen kommen beispielsweise die Anlage eines Spielplatzes, von Parkplätzen oder einer Parkanlage als Ausgleich für eine bauliche Nutzung in Betracht, bei Dienstleistungen auch die Abgabe zu nicht kostendeckenden Bedingungen aus sozialen Erwägungen oder zur Förderung kultureller Ziele. Staatliche Investitionsbeihilfen finden sich in den unterschiedlichsten Ausprägungen. Die in Deutschland volumenmäßig größte Beihilfe besteht in der „investiven Förderung" verstanden als Förderung grundsätzlich aktivierungsfähiger Anschaffungs- und Herstellungskosten aus staatlichen Mitteln, beispielsweise durch die Gewährung von Zuschüssen, Darlehen oder Bürgschaften im Rahmen der Gemeinschaftsaufgabe „Verbesserung der regionalen Wirtschaftsstruktur".[54]

38 Weil zweifelhaft sein könnte, ob neben Zuwendungen des Konzessionsgebers und sonstiger Behörden auch Zuwendungen weiterer Dritter an den Konzessionsnehmer konzessionswerterhöhend zu berücksichtigen sind, stellt § 2 Abs. 4 Nr. 4 KonzVgV dies in Umsetzung von Art. 8 Abs. 3 S. 2 lit. d RL 2014/23/EU klar. Die wie § 2 Abs. 4 Nr. 3 KonzVgV sachlich die Gewährung von Zuschüssen, also einseitigen Zuwendungen, und sonstigen **finanziellen Vorteilen** jeglicher Art erfassende Vorschrift bezieht neben den dort genannten Hoheitsträgern sämtliche sonstige Dritte, also natürliche oder juristische Personen des Privatrechts als Zwen-

---

53 Vgl. den Wortlaut in Fn. 37.
54 Diese Förderung wird nach Maßgabe des GRWG gewährt.

dungsgeber ein. Der Wert dieser von dem Zuwendungsgeber für die Durchführung der Konzession, also im Hinblick auf sie gewährten finanziellen Vorteile, ist wie bei bei entsprechenden Zuwendungen von Hoheitsträgern zu berücksichtigen, also Gegenstand der Berechnung des Vertragsvertrages (Schätzung des Konzessionswertes).

b) Sachleistungen (Nr. 6)

Auch Sachleistungen, nämlich alle Lieferungen und Dienstleistungen, die der Konzessionsgeber für den Konzessionsnehmer bereitstellt, sind nach § 2 Abs. 4 Nr. 6 KonzVgV zu berücksichtigen, sofern sie für die Erbringung der von dem Konzessionsnehmer geschuldeten Bau- und Dienstleistungen erforderlich sind. Der Wert solcher Sachleistungen ist dann Gegenstand der Berechnung des Vertragswertes (Schätzung des Konzessionswertes). Das bedeutet insbesondere, dass sämtliche Planungsleistungen zur Vorbereitung der Konzessionsvergabe, seien sie durch den Konzessionsgeber selbst oder durch beauftragte Unternehmen erstellt, in vollem Umfang konzessionswerterhöhend zu berücksichtigen sind, soweit sie dem Konzessionsnehmer zur Verfügung gestellt werden und soweit sie für die Erbringung der im Rahmen der Konzession übernommenen Leistungspflichten erforderlich sind, der Konzessionsnehmer also entsprechende eigene Aufwendungen erspart.[55] Demgegenüber ist unerheblich, ob der Konzessionsgeber die Leistungen in seinem Interesse beschafft hat oder darüber verfügt, wie etwa Leistungen von Architekten im Zusammenhang mit der Vergabe der Objektüberwachung oder -betreuung.[56]

39

§ 2 Abs. 4 Nr. 6 KonzVgV setzt voraus, dass die Leistungen für die Erbringung der **Bau- und Dienstleistungen** erforderlich sind. Obgleich nicht eigens erwähnt, gilt dies entsprechend § 2 Abs. 3 Nr. 2 KonzVgV auch für Lieferungen, die mit diesen Bau- und Dienstleistungen verbunden sind.

40

Auch werden Leistungen, die andere Behörden als der Konzessionsgeber oder sonstige **Dritte** dem Konzessionsnehmer im Hinblick auf die Konzession zur Verfügung stellen nach dem Rechtsgedanken des § 2 Abs. 3 Nr. 3 und 4 KonzVgV zu berücksichtigen sein, weil es sich bei zur Verfügung gestellten Sachleistungen im weiteren Sinne auch um eine von den genannten Vorschriften erfasste Zuwendung finanzieller Vorteile im Zusammenhang mit der Konzession handelt.

41

Die Sachleistungen müssen zudem zur Erbringung der von dem Konzessionsnehmer übernommenen Leistungspflichten **erforderlich** sein. Daran fehlt es, wenn der Konzessionsgeber zwar im Zusammenhang mit der Konzessionsvergabe Leistungen nachfragt, diese Leistungen aber nicht Mittel zur Erbringung der Leistungen des Konzessionsnehmers sind. Das wird etwa bei Rechtsberatungsleistungen im Zusammenhang mit den zu erbringenden Bauleistungen anzunehmen sein.[57] Dagegen sind Bauleitung und Bauüberwachung ohne weiteres zur Ausführung der Bauleistungen erforderlich und daher Gegenstand der Schätzung des Gesamtwertes des Bauauftrags.[58]

42

---

55 Ebenso *Wieddekind*, in: Willenbruch/Wieddekind, Vergaberecht, § 2 KonzVgV Rn. 12; vgl. ausführlich zu der entsprechenden Bauleistungen betreffenden Regelung des § 3 Abs. 6 S. 1 VgV bei öffentlichen Aufträgen *Radu*, in: Müller-Wrede, VgV/UVgO, § 3 VgV Rn. 96 ff.
56 A.A. für die ähnliche Regelung in § 3 Abs. 6 S. 1 VgV/§ 2 Abs. 6 S. 2 SektVO für öffentliche Aufträge VK Bund, Beschluss v. 1.6.2017 – VK 1-47/17, juris Rn. 75; *Voppel/Osenbrück/Bubert*, VgV, § 3 Rn. 39.
57 Insoweit zutreffend für die ähnliche Vorschrift in § 3 Abs. 6 S. 1 VgV/§ 2 Abs. 6 S. 1 SektVO VK Bund, Beschluss v. 1.6.2017 – VK 1-47/17, juris Rn. 75.
58 A.A. für die ähnliche Vorschrift in § 3 Abs. 6 S. 1 VgV/§ 2 Abs. 6 S. 1 SektVO VK Thüringen, Beschluss v. 8.8.2017 – 250-4002-5960/2017-E011-SM, juris Rn. 159, mit der Erwägung, es bestehe ein sachlich nachvollziehbarer Grund, die Bauoberleitung und örtliche Bauaufsicht getrennt zu vergeben. Dies ist zwar ohne weiteres richtig, führt aber entgegen der Auffassung der VK Thüringen nicht dazu, dass die entsprechenden Dienstleistungsaufträge nicht gemäß § 3 Abs. 6 VgV/§ 2 Abs. 6 SektVO Gegenstand der Schätzung des Bauauftragswertes wären.

c) Prämien und Zahlungen an Bewerber und Bieter (Nr. 7)

43 Leistungen, die der Konzessionsgeber Bewerbern oder Bietern im Zusammenhang mit der Teilnahme an der Ausschreibung verspricht, sind über die Gegenleistung für die konzessionsgegenständlichen Leistungen des Konzessionsnehmers hinausgehende Zuwendungen und deswegen unmittelbar konzessionswerterhöhend zu berücksichtigen.

44 Ausdrücklich nennt § 2 Abs. 4 Nr. 7 KonzVgV **Prämien**. Unter einer Prämie ist jede zusätzliche, über das übliche Leistungsentgelt hinausgehende Vergütung zu verstehen, die von einem bestimmten Ereignis oder Erfolg abhängt, wobei der Eintritt des Erfolgs in aller Regel zumindest auch im Einflussbereich des Bieters liegt.[59] Es ist aber, wie die Vorschrift festhält, jede **Zahlung** an Bewerber oder Bieter zu berücksichtigen, auch etwa vorgesehene Aufwandsentschädigungen für die bloße Teilnahme am Vergabeverfahren an Bewerber und Bieter, die den Auftrag nicht erhalten.[60]

III. Geteilte Konzessionsvergaben

45 § 2 Abs. 6 KonzVgV enthält den Grundsatz, dass der geschätzte Gesamtwert aller Umsätze zur Realisierung eines Beschaffungsvorhabens maßgeblich für das Erreichen oder Überschreiten des Schwellenwertes ist (hierzu 1.). Demgegenüber erlaubt § 2 Abs. 2 S. 2 KonzVgV ausnahmsweise, von dem Wert einer Konzession auszugehen, die nur einen Teil eines Beschaffungsvorhabens umfasst (hierzu 2.).

1. Grundsatz der Konzessionswertaddition (Abs. 6)

46 Nach § 2 Abs. 6 S. 1 KonzVgV ist der geschätzte Gesamtwert aller Lose zu berücksichtigen, wenn ein Bauvorhaben oder eine geplante Dienstleistung zur Vergabe von Konzessionen in Form mehrerer Lose führen kann. Erreicht oder übersteigt der geschätzte Gesamtwert den maßgeblichen Schwellenwert, ist die KonzVgV für die Vergabe jedes Loses anzuwenden (§ 2 Abs. 6 S. 2 KonzVgV).

47 Diese Regelungen entsprechen den **unionsrechtlichen Vorgaben** aus Art. 8 Abs. 5 und 6 RL 2014/23/EU[61]. Der Verordnungsgeber hat die Vorschriften zweckmäßigerweise in einem Absatz zusammengefasst.

48 Mit den Regelungen wird klargestellt, dass grundsätzlich der **Gesamtwert** des Beschaffungsvorhabens maßgeblich dafür sein soll, ob die Schwellenwerte erreicht sind und das Kartellvergaberecht anwendbar ist, und nicht etwa der Wert einer nur einen Teil des Beschaffungsvorhabens umfassenden Konzession. Deswegen sind die Werte der auf verschiedene Teile des Beschaffungsvorhabens bezogenen Konzessionen zusammenzurechnen. Übersteigt der hieraus ermittelte geschätzte Gesamtwert den nach § 106 Abs. 2 Nr. 4 GWB maßgeblichen Schwellenwert für Konzessionen, ist gemäß § 106 Abs. 1 S. 1 GWB das Kartellvergaberecht anwendbar, und zwar, wie § 2 Abs. 6 S. 2 KonzVgV klarstellt, für jede der verschiedenen Konzessionen, auch wenn der auf sie entfallende Teilwert den Schwellenwert nicht übersteigt. Über den engen auf die Vergabe von mehreren Konzessionen in einem Vergabeverfahren (**Lose**) bezo-

---

59 *Müller-Wrede*, in: Müller-Wrede, Kompendium des Vergaberechts, Kap. 7 Rn. 74.
60 Für öffentliche Aufträge *Lausen*, in: Heiermann/Zeiss/Summa, Vergaberecht, § 3 VgV Rn. 29; *Marx*, in: Kulartz/Kus/Marx/Portz/Prieß, VgV, § 3 Rn. 6; *Alexander*, in: Pünder/Schellenberg, Vergaberecht, § 3 VgV Rn. 11.
61 Die Vorschriften lauten: „(5) Kann ein Bauvorhaben oder eine geplante Dienstleistung zur Vergabe von Konzessionen in Form mehrerer Lose führen, ist der geschätzte Gesamtwert aller Lose zu berücksichtigen. (6) Erreicht oder übersteigt der kumulierte Wert der Lose den in diesem Artikel genannten Schwellenwert, so gilt die Richtlinie für die Vergabe jedes Loses." Die in den weiteren Vergaberichtlinien und auch in dem Entwurf der Konzessionsrichtlinie (Europäische Kommission, Vorschlag für Richtlinie des Europäischen Parlaments und des Rates über die Konzessionsvergabe – KOM(2011) 897 endg.) in Art. 6 Nr. 8 vorgesehene Ausnahme bei absolut und relativ geringfügigen Teilaufträgen hat in die abschließende Fassung der RL 2014/23/EU keinen Eingang gefunden und findet dementsprechend bei Konzessionen keine Anwendung; vgl. zu dieser sog. Bagatellklausel in § 3 Abs. 9 VgV näher *Radu*, in: Müller-Wrede, VgV/UVgO, § 3 VgV Rn. 56 ff.

genen Wortlaut hinaus gilt die Vorschrift entsprechend, wenn mehrere Konzessionen in verschiedenen Vergabeverfahren ausgeschrieben werden.[62]

Ob eine Konzession nur einen Teil eines Beschaffungsvorhabens abdeckt oder mit dem Beschaffungsvorhaben übereinstimmt, beurteilt sich, wie bei öffentlichen Aufträgen, nach dem **funktionalen Leistungsbegriff**.[63] Der Rechtsprechung des EuGH[64] folgend ist darauf abzustellen, ob die Leistung im Hinblick auf ihre technische und wirtschaftliche Funktion einen einheitlichen Charakter aufweist.[65] Der auf das Vorhaben bezogene funktionale Zusammenhang der Leistungen bestimmt also die Einheitlichkeit und Grenzen des Beschaffungsvorhabens. Im Rahmen dieser funktionalen Betrachtungsweise sind organisatorische, inhaltliche, wirtschaftliche sowie technische Zusammenhänge zu berücksichtigen.[66] Die Frage, ob ein einheitliches Bauvorhaben vorliegt, ist daher nach der wirtschaftlichen und technischen Funktion des Ergebnisses der betreffenden Arbeiten zu beurteilen.[67] Gleiches gilt bei öffentlichen Aufträgen, insbesondere solchen über Dienstleistungen.[68]

Aus diesen Grundsätzen leiten sich weitere Vorgaben für die Abgrenzung eines Beschaffungsvorhabens ab. Während diesen Vorgaben bei Auftragsvergaben außerhalb von Konzessionen eine erhebliche **praktische Bedeutung** zukommt, weil insbesondere Bauleistungen nicht selten in unterschiedlichen Aufträgen im Rahmen mehrerer Vergabeverfahren vergeben werden und sich hier dann stets die Frage stellt, ob und inwieweit die Werte der Aufträge zusammenzurechnen sind, dürfte dieser Problematik bei der Vergabe von Konzessionen eine eher untergeordnete Bedeutung zukommen. Deswegen wird für die Einzelheiten auf die Kommentierungen zu § 3 VgV verwiesen[69] und werden die bei Konzessionen entsprechend geltenden Vorgaben nur wie folgt zusammengefasst:

Der Umstand, dass ein einziger Konzessionsgeber **mehrere Konzessionen** vergibt und dass ein einziges Unternehmen alle in den betreffenden Konzessionen bezeichneten Leistungen zusammen ausführen könnte, kann je nach den weiteren Umständen ein Indiz für ein einheitliches Beschaffungsvorhaben sein.[70] Umgekehrt folgt aus dem Umstand, dass mehrere Kon-

---

62 Das OLG Naumburg, Beschluss v. 14.3.2014 – 2 Verg 1/14, juris Rn. 42, sieht den Begriff des Loses in § 3 Abs. 7 VgV zutreffend als Synonym für einen von mehreren Aufträgen bei der Umsetzung eines Beschaffungsvorhabens.
63 Ebenso *Wagner/Pott*, in: Heiermann/Zeiss/Summa, Vergaberecht, § 2 KonzVgV Rn. 13. In dem Entwurf der Konzessionsrichtlinie (Europäische Kommission, Vorschlag für Richtlinie des Europäischen Parlaments und des Rates über die Konzessionsvergabe – KOM(2011) 897 endg.) waren die entsprechenden Vorgaben auch noch ausdrücklich in Art. 6 Nr. 2 Abs. 1 wie folgt ausformuliert: „Der geschätzte Wert einer Konzession wird als Wert der Gesamtheit der Bauarbeiten oder Dienstleistungen berechnet, auch wenn sie im Rahmen verschiedener Verträge erworben werden, sofern die Verträge Teil eines einzigen Projekts sind. Anhaltspunkte dafür, dass es sich um ein einziges Projekt handelt, können beispielsweise eine vorausgehende Gesamtplanung und Gesamtkonzeption durch den öffentlichen Auftraggeber oder die Vergabestelle sein oder auch der Umstand, dass die verschiedenen Bestandteile ein und demselben wirtschaftlichen und technischen Zweck dienen oder anderweitig logisch miteinander verknüpft sind." "
64 EuGH, Urteil v. 15.3.2012 – Rs. C-574/10 (Autalhalle), juris Rn. 37; Urteil v. 5.10.2000 – Rs. C-16/98 (Sydev), juris Rn. 36, 38. Die Rechtsprechung zu den § 3 Abs. 1 VgV entsprechenden früheren nationalen und unionsrechtlichen Vorschriften kann weiter herangezogen werden, weil die Vorschriften trotz leicht geänderter Formulierungen inhaltlich übereinstimmen. An seinem ursprünglich im Referentenentwurf vom 9.11.2015 mit § 3 Abs. 1 S. 2 VgV-E verfolgten Vorhaben, diese Rechtsprechung zu kodifizieren, hat der Verordnungsgeber im weiteren Verfahren nicht festgehalten. Die Vorschrift sollte lauten: „Dabei ist der Wert der Leistungen, die in einem funktionalen Zusammenhang stehen, bei der Auftragswertberechnung zusammenzurechnen." Hintergrund für die Streichung war mutmaßlich, dass der Verordnungsgeber Bedenken hatte, die Vorschrift könne zulasten der öffentlichen Auftraggeber zu weit ausgelegt werden, vgl. *Noch*, Vergaberecht kompakt, Rn. 373.
65 Dem ist die Literatur gefolgt, vgl. etwa *Kühnen*, in: Byok/Jaeger, Vergaberecht, § 2 VgV Rn. 14; *Lausen*, in: Heiermann/Zeiss/Summa, Vergaberecht, § 3 VgV Rn. 10; *Schwab*, in: Heuvels/Höß/Kuß/Wagner, Vergaberecht, § 3 VgV Rn. 9; *Greb*, in: Ziekow/Völlink, Vergaberecht, § 3 VgV Rn. 22; *Dietlein/Fandrey*, in: Gabriel/Krohn/Neun, Handbuch Vergaberecht, § 8 Rn. 33; *Schneider*, in: Lampe-Helbig/Jagenburg/Baldringer, Handbuch der Bauvergabe, Abschnitt E Rn. 17, S. 208; *Leinemann/Leinemann*, in: Leinemann, Vergabe öffentlicher Aufträge, Rn. 114; *Noch*, Vergaberecht kompakt, Rn. 373.
66 EuGH, Urteil v. 15.3.2012 – Rs. C-574/10 (Autalhalle), juris Rn. 37; Urteil v. 5.10.2000 – Rs. C-16/98 (Sydev), juris Rn. 36, 38; OLG Naumburg, Beschluss v. 14.3.2014 – 2 Verg 1/14, juris Rn. 42.
67 EuGH, Urteil v. 5.10.2000 – Rs. C-16/98 (Sydev), juris Rn. 36.
68 EuGH, Urteil v. 15.3.2012 – Rs. C-574/10 (Autalhalle), juris Rn. 35, 41.
69 Etwa *Radu*, in: Müller-Wrede, VgV/UVgO, § 3 VgV Rn. 16 ff.; dort auch unter Rn. 23 ff. im Einzelnen zu der umfangreichen Rechtsprechung.
70 Für öffentliche Aufträge EuGH, Urteil v. 5.10.2000 – Rs. C-16/98 (Sydev), juris Rn. 42.

zessionsgeber vorhanden sind[71] und die Leistung nur durch mehrere Konzessionsnehmer erbracht werden kann, aber noch nicht, dass es sich um mehrere Vorhaben handeln würde.[72] Auch ein bloßer sachlicher Zusammenhang der Beschaffung unterschiedlicher Konzessionsgeber genügt als solcher nicht für die Annahme eines einheitlichen Beschaffungsvorhabens.[73]

52 Der Umstand, dass verschiedene Konzessionen in einer einzigen **Bekanntmachung** ausgeschrieben werden, begründet noch nicht das Bestehen eines einheitlichen Vorhabens, soweit sie Leistungen zum Gegenstand haben, die in wirtschaftlicher und technischer Hinsicht unterschiedliche Funktionen erfüllen.[74] Eine entsprechende „Entscheidung" des Konzessionsgebers ist daher unerheblich,[75] da sie weder einen nicht bestehenden funktionalen Zusammenhang zu begründen noch einen tatsächlich bestehenden infrage zu stellen vermag.

53 Ein funktional einheitliches Vorhaben verliert auch nicht dadurch seine Einheitlichkeit, dass der Konzessionsgeber es in verschiedenen Abschnitten mit Konzessionen über unterschiedliche Leistungen **sukzessiv** verwirklicht.[76] Hierbei ist von einem einheitlichen Beschaffungsvorhaben für alle Leistungen auszugehen, deren Beschaffung der Konzessionsgeber im Rahmen seines Vorhabens bereits konkret ins Auge gefasst hat;[77] eine bloße Möglichkeit einer späteren Realisierung genügt nicht.[78] Der Umstand, dass verschiedene Leistungen in enger zeitlicher Abfolge in ähnlicher Weise in parallelen Konzessionsvergabeverfahren ausgeschrieben werden, spricht für einen einheitlichen Beschaffungsvorgang,[79] während umgekehrt der Umstand, dass für die Leistungen über einen längeren, sich über mehrere Jahre erstreckenden Zeitraum Konzessionen vergeben werden, nicht gegen eine einheitliche Beschaffungsmaßnahme spricht.[80]

54 Ein einheitliches Vorhaben kann auch **verschiedenartige Leistungen** zum Gegenstand haben. Deswegen folgt auch aus dem Umstand, dass die Konzession verschiedene, nicht gleichartige Leistungen umfasst, nicht etwa, dass es sich nicht um Teile eines Beschaffungsvorhabens handeln könnte.[81] Etwas anderes gilt, wenn wegen der unterschiedlichen wirtschaftli-

---

71 Für öffentliche Aufträge OLG Brandenburg, Beschluss v. 6.3.2012 – Verg W 16/11, juris Rn. 41: getrennte Verträge einer Holdinggesellschaft und der ihr angeschlossenen Gesellschaften über die Altersvorsorge ihrer Mitarbeiter.
72 Für öffentliche Aufträge EuGH, Urteil v. 5.10.2000 – Rs. C-16/98 (Sydev), juris Rn. 42; OLG Naumburg, Beschluss v. 14.3.2014 – 2 Verg 1/14, juris Rn. 42; *Schneider*, in: Lampe-Helbig/Jagenburg/Baldringer, Handbuch der Bauvergabe, Abschnitt E Rn. 19 f., S. 208; möglicherweise a.A. *Glahs*, in: Reidt/Stickler/Glahs, Vergaberecht, § 3 VgV Rn. 33, wonach Aufträge verschiedener öffentlicher Auftraggeber bei der Schätzung grundsätzlich selbstständig zu behandeln seien.
73 Für öffentliche Aufträge OLG Celle, Beschluss v. 12.7.2007 – 13 Verg 6/07, juris Rn. 38; *Kühnen*, in: Byok/Jaeger, Vergaberecht, § 3 VgV Rn. 6; *Alexander*, in: Pünder/Schellenberg, Vergaberecht, § 3 VgV Rn. 38.
74 Für öffentliche Aufträge EuGH, Urteil v. 5.10.2000 – Rs. C-16/98 (Sydev), juris Rn. 59; a.A. OLG Stuttgart, Beschluss v. 9.8.2001 – 2 Verg 3/01, juris Rn. 60; *Lausen*, in: Heiermann/Zeiss/Summa, Vergaberecht, § 3 VgV Rn. 80.
75 Für öffentliche Aufträge a.A. OLG Frankfurt, Beschluss v. 8.5.2012 – 11 Verg 2/12, juris Rn. 70, 72, allerdings zu § 3 Abs. 7 S. 3 a.F.; wohl auch *Glahs*, in: Reidt/Stickler/Glahs, Vergaberecht, § 3 VgV Rn. 11, 19, 24, die meint, mehrere funktional selbstständige Bauvorhaben oder funktional selbstständige Dienstleistungen in einem Vertrag seien zusammenzurechnen.
76 Für öffentliche Aufträge EuGH, Urteil v. 15.3.2012 – Rs. C-574/10 (Autalhalle), juris Rn. 44 f.; OLG Köln, Beschluss v. 24.10.2016 – 11 W 54/16, juris Rn. 12; OLG Naumburg, Beschluss v. 14.3.2014 – 2 Verg 1/14, juris Rn. 42; OLG München, Beschluss v. 31.3.2013 – Verg 31/12, juris Rn. 43; *Lausen*, in: Heiermann/Zeiss/Summa, Vergaberecht, § 3 VgV Rn. 11; tendenziell a.A. OLG Frankfurt, Beschluss v. 8.5.2012 – 11 Verg 2/12, juris Rn. 71, wonach für die Annahme unterschiedlicher Leistungen sprechen soll, dass die Leistungen nicht gleichzeitig, sondern die eine aufbauend auf die andere erteilt werden sollen. Die Erteilung sukzessiver Aufträge ist im Übrigen ohne Weiteres zulässig und geeignet, Finanzierungsprobleme aufzufangen sowie das Interesse an der Beteiligung mittelständischer Unternehmen zu wahren, vgl. EuGH, Urteil v. 15.3.2012 – Rs. C-574/10 (Autalhalle), juris Rn. 46 bis 48.
77 Für öffentliche Aufträge *Leinemann/Leinemann*, in: Leinemann, Vergabe öffentlicher Aufträge, Rn. 119.
78 Vgl. für öffentliche Aufträge OLG Düsseldorf, Beschluss v. 31.3.2004 – VII-Verg 74/03, juris Rn. 19; *Alexander*, in: Pünder/Schellenberg, Vergaberecht, § 3 VgV Rn. 10; *Leinemann/Leinemann*, in: Leinemann, Vergabe öffentlicher Aufträge, Rn. 120; *Müller-Wrede*, in: Müller-Wrede, Kompendium des Vergaberechts, Kap. 7 Rn. 66.
79 Für öffentliche Aufträge KG, Beschluss v. 17.10.2013 – Verg 9/13, juris Rn. 32.
80 Für öffentliche Aufträge *Leinemann/Leinemann*, in: Leinemann, Vergabe öffentlicher Aufträge, Rn. 119.
81 Für öffentliche Aufträge KG, Beschluss v. 13.5.2013 – Verg 10/12, juris Rn. 13; OLG Karlsruhe, Beschluss v. 12.11.2008 – 15 Verg 4/08, juris Rn. 27; OLG München, Beschluss v. 28.4.2006 – Verg 6/06, juris Rn. 37; a.A. OLG Frankfurt, Beschluss v. 8.5.2012 – 11 Verg 2/12, juris Rn. 69 bis 71, allerdings zu § 3 Abs. 7 S. 3 VgV a.F.

chen und technischen Funktion der verschiedenartigen Leistungen von getrennten Vorhaben auszugehen ist.[82]

Auch die **„Aufstockung"** einer bestehenden Konzession, die in dieser Konzession keine nach § 132 GWB für eine ausschreibungsfreie Vertragsfortsetzung tragfähige Grundlage findet und mithin neu auszuschreiben ist, bildet einen eigenen Beschaffungsgegenstand, dessen Wert nicht mit dem Wert der bisherigen Konzession zusammenzurechnen ist.[83]

55

2. Ausnahme der Einzelkonzessionswertung (Abs. 2 S. 2)

Nach § 2 Abs. 2 S. 2 KonzVgV darf eine Konzession nicht so aufgeteilt werden, dass sie nicht in den Anwendungsbereich des Teil 4 GWB fällt, es sei denn, es liegen objektive Gründe für eine solche Aufteilung vor.

56

Mit dieser Regelung setzt der Verordnungsgeber die **unionsrechtliche Vorgabe** in Art. 8 Abs. 4 S. 2 RL 2014/23/EU[84] um.

57

Auf den ersten Blick könnte die Vorschrift als **Einschränkung** des Konzessionsgebers bei der getrennten Beschaffung von Leistungen für ein Beschaffungsvorhaben verstanden werden.[85] Das ist aber nicht gemeint. Ob ein Konzessionsgeber im Rahmen seiner Beschaffungsautonomie seinen Beschaffungsbedarf durch eine oder mehrere Konzessionen im Rahmen einer oder mehrerer Ausschreibungen deckt, liegt vielmehr in seinem Ermessen.[86] Gleiches gilt für die Entscheidung, die auf ein Beschaffungsvorhaben bezogenen Leistungen teilweise zum Gegenstand eines öffentlichen Auftrags, teilweise zum Gegenstand einer Konzession zu machen (§ 111 Abs. 1 GWB).[87] Hierbei ist der Konzessionsgeber in seiner Ermessensausübung frei und kann sich bei dem Zuschnitt der Konzessionen und Aufträge zur Deckung seines Beschaffungsbedarfs von seinen eigenen Zweckmäßigkeitserwägungen leiten lassen.

58

Im Übrigen ist es durch eine Verteilung der für die Verwirklichung eines Beschaffungsvorhabens erforderlichen Leistungen auf verschiedene Konzessionen auch gar nicht möglich, diese Konzessionen dem Anwendungsbereich des Teil 4 GWB zu entziehen, wie § 2 Abs. 2 S. 2 KonzVgV es voraussetzt. Denn nach dem maßgeblichen **funktionalen Leistungsbegriff** ändert die Aufteilung der Leistung auf mehrere Konzessionen nichts daran, dass Gegenstand der Berechnung der Gesamtwert der auf die verschiedenen Konzessionen verteilten Leistung zur Umsetzung des Beschaffungsvorhabens ist.[88] Dementsprechend sind Fallgestaltungen, bei denen sich die Anwendung des Kartellvergaberechts tragend nicht bereits aus der Anwendung des funktionalen Leistungsbegriffs ergeben würde,[89] auch im Bereich der öffentlichen Aufträge mit der § 2 Abs. 2 S. 2 KonzVgV entsprechenden Regelung in § 3 Abs. 2 S. 2 VgV, soweit

59

---

82 Für öffentliche Aufträge EuGH, Urteil v. 15.3.2012 – Rs. C-574/10 (Autalhalle), juris Rn. 50.
83 Vgl. für öffentliche Aufträge OLG Schleswig, Beschluss v. 28.8.2015 – 1 Verg 1/15, juris Rn. 48; vgl. dazu auch oben B. II. 1 Rn. 28.
84 Die Vorschrift lautet: „Eine Konzession darf nicht so unterteilt werden, dass sie nicht in den Anwendungsbereich der Richtlinie fällt, es sei denn, es liegen objektive Gründe dafür vor."
85 So etwa für öffentliche Aufträge zu der entsprechenden Regelung in § 3 Abs. 2 S. 2 VgV OLG Brandenburg, Beschluss v. 20.8.2002 – Verg W 4/02, juris Rn. 65 f.; *Alexander*, in: Pünder/Schellenberg, Vergaberecht, § 3 VgV Rn. 25, 28; *Schneider*, in: Lampe-Helbig/Jagenburg/Baldringer, Handbuch der Bauvergabe, Abschnitt E Rn. 45, S. 212 f.; *Müller-Wrede*, in: Müller-Wrede, Kompendium des Vergaberechts, Kap. 7 Rn. 63 ff.; widersprüchlich *Voppel/Osenbrück/Bubert*, VgV, § 3 Rn. 34.
86 A.A. für öffentliche Aufträge *Alexander*, in: Pünder/Schellenberg, Vergaberecht, § 3 VgV Rn. 28, 30, wonach für eine Aufteilung des Auftrags sachliche Gründe vorliegen müssten.
87 *Csaki*, in: Müller-Wrede, GWB-Vergaberecht, § 111 Rn. 4.
88 Eingehend zum funktionalen Leistungsbegriff bereits oben Rn. 49 ff.
89 Beispielsweise stellt sich im Bereich öffentlicher Aufträge entgegen *Lausen*, in: Heiermann/Zeiss/Summa, Vergaberecht, § 3 VgV Rn. 47, und *Schneider*, in: Kapellmann/Messerschmidt, VOB, § 3 VgV Rn. 40, bei funktional zusammenhängenden Aufträgen zur Verwirklichung eines Bauvorhabens weder die Frage der Umgehung noch die einer sachlichen Rechtfertigung der tatsächlich nicht vorliegenden Umgehung, weil es sich schon nach § 3 Abs. 1 S. 1 und Abs. 7 S. 2 VgV um eine vorgesehene Leistung handelt, deren Gesamtwert zu schätzen ist. Unzutreffend deswegen auch die Bezugnahme auf § 3 Abs. 2 VgV in OLG Brandenburg, Beschluss v. 12.1.2016 – Verg W 4/15, juris Rn. 15.

ersichtlich, nicht auffindbar.[90] Dennoch hat die Rechtsprechung im Bereich öffentlicher Aufträge vielfach auf die entsprechende Regelung in § 3 Abs. 2 VgV a.F. zurückgegriffen, ohne dass es dieses Rückgriffs bedurfte und ohne dass die Voraussetzungen der Vorschrift – Unanwendbarkeit des Kartellvergaberechts wegen einer Vergabe der vorgesehenen Leistung in verschiedenen Aufträgen – überhaupt vorgelegen hätten.[91] Auch wenn sich der dogmatische Fehlgriff im Ergebnis regelmäßig nicht auswirkt, dürfte es doch vorzuziehen sein, das Zusammenrechnen der Werte verschiedener Konzessionen, die sich auf dasselbe Beschaffungsvorhaben beziehen, auf der Grundlage des funktionalen Leistungsbegriffs und der Vorgaben des § 2 Abs. 6 KonzVgV zu begründen. Tatsächlich geht es bei § 2 Abs. 2 S. 2 KonzVgV und dem ebenfalls missverständlich formulierten Art. 8 Abs. 2 UAbs. 2 RL 2014/23/EU[92] demnach nicht um die Einschränkung der Beschaffungsautonomie des Konzessionsgebers, sondern um eine Einschränkung des funktionalen Leistungsbegriffs. Nach der Vorschrift ist ausnahmsweise nicht auf den Gesamtwert nach Maßgabe des Beschaffungsvorhabens insgesamt abzustellen, sondern darf der Konzessionsgeber auf den Wert der Konzession für einen Teil des Beschaffungsvorhabens abstellen, wenn objektive Gründe für diese Teilvergabe vorliegen. Nur dann sind einzelne Konzessionen im Rahmen eines einheitlichen Beschaffungsvorhabens, abweichend von den Vorgaben aus § 2 Abs. 6 KonzVgV, getrennt für sich Gegenstand der Berechnung des Konzessionswertes. § 2 Abs. 2 S. 2 KonzVgV enthält also kein sich in der Bestätigung anderer Normen erschöpfendes und deswegen überflüssiges Umgehungsverbot, sondern eine Ausnahmeregelung für eine an dem Wert der Konzession und nicht an dem Wert des gesamten Beschaffungsvorhabens orientierte Berechnung des Vertragswertes (Schätzung des Kozessionswertes).

60 Welche **objektiven Gründe** eine Berechnung des geschätzten Vertragswertes (Schätzung des Konzessionswertes) nach Maßgabe des Gegenstands der nur auf einen Teil des Beschaffungsvorhabens bezogenen Konzession erlauben, lässt sich weder § 2 KonzVgV noch sonstigen Regelungen der KonzVgV, des vierten Teils des GWB oder der umgesetzten RL 2014/23/EU entnehmen. Solche objektiven Gründe lassen sich praktisch nicht ausmachen, weil in aller Regel kein Grund besteht, die Konzessionswerte verschiedener Konzessionen zu einem Beschaffungsvorhaben nicht nach § 2 Abs. 6 KonzVgV zu einem Gesamtwert zusammenzurechnen. Als objektiver Grund kommt allenfalls der in der Parallelvorschrift zu öffentlichen Aufträgen in § 3 Abs. 2 S. 2 Hs. 2 VgV ausdrücklich geregelte Grund in Betracht,[93] der den an Erwägungsgrund 20 S. 2 bis 4 RL 2014/24/EU anknüpfenden Art. 5 Abs. 2 RL 2014/24/EU umsetzt.[94] Danach liegen objektive Gründe für eine auftragsbezogene Auftrags-

---

90 Soweit das OLG Düsseldorf, Beschluss v. 8.5.2002 – VII-Verg 5/02, juris Rn. 5 – dem folgend etwa *Kühnen*, in: Byok/Jaeger, Vergaberecht, § 3 VgV Rn. 6; *Beurskens*, in: Hattig/Maibaum, Kartellvergaberecht, § 3 VgV Rn. 28; *Schwab*, in: Heuvels/Höß/Kuß/Wagner, Vergaberecht, § 3 VgV Rn. 7; *Schneider*, in: Kapellmann/Messerschmidt, VOB, § 3 VgV Rn. 42 – eine Beschränkung der Laufzeit eines Dienstleistungsvertrages von fünf auf zwei Jahre als Verstoß gegen die Vorgängerregelung des § 3 Abs. 2 S. 2 VgV a.F. eingestuft hat, ist dem schon deswegen nicht zu folgen, weil die Einschränkung des Leistungsumfangs keine Teilung der Leistung ist; die Entscheidung ist auch sonst nicht richtig, weil sie die Dispositionsbefugnis des öffentlichen Auftraggebers über die von ihm vorgesehene Leistung im Sinne des § 3 Abs. 1 S. 1 VgV unzulässig einschränkt; vgl. bereits oben bei B. III. 2. Rn. 58. Eine Umgehung wird sich bei einer Beschränkung des Leistungsumfangs kaum je feststellen lassen. Wenn die verschiedenen Aufträge nicht ohne einen einheitlichen Beschaffungsvorhabens sind, kann eine Zusammenrechnung auch nach § 3 Abs. 5 VgV in Betracht kommen, soweit es sich um regelmäßig wiederkehrende Leistungen handelt. Denkbar könnte eine Anwendung des § 3 Abs. 2 S. 2 VgV sein, wenn ein öffentlicher Auftraggeber in seinem Unvermögen, eine vergaberechtskonforme Vergabe von Leistungen zu gewährleisten, sich mit fortlaufenden Interimsvergaben behelfen sollte; hier findet die Dispositionsfreiheit eine Grenze und bedarf die Übergangslösung einer inhaltlichen Rechtfertigung sowie einer Beachtung ihrer Grenzen; vgl. in diesem Sinne OLG Brandenburg, Beschluss v. 6.3.2012 – Verg W 16/11, juris Rn. 35, 47.
91 Auch die Rechtsprechung des EuGH setzt sich über diese systematischen Vorgaben hinweg, indem undifferenziert die Grundregel, von dem Gesamtwert der vorgesehenen Leistung auszugehen, neben das Umgehungsverbot gestellt wird, vgl. etwa EuGH, Urteil v. 15.3.2012 – Rs. C-574/10 (Autalhalle), juris Rn. 36; dem folgend etwa OLG Brandenburg, Beschluss v. 12.1.2016 – Verg W 4/15, juris Rn. 15; *Lausen*, in: Heiermann/Zeiss/Summa, Vergaberecht, § 3 VgV Rn. 45; *Alexander*, in: Pünder/Schellenberg, Vergaberecht, § 3 VgV Rn. 28; vgl. auch KG, Beschluss v. 13.5.2013 – Verg 10/12, juris Rn. 13, wonach in der getrennten Vergabe ein *„Verstoß gegen § 3 Abs. 2 VgV"* a.F. liegen soll; ähnlich KG, Beschluss v. 27.1.2015 – Verg 9/14, juris Rn. 9.
92 Vgl. den Wortlaut in Fn. 99.
93 So zutreffend auch *Wagner/Pott*, in: Heiermann/Zeiss/Summa, Vergaberecht, § 2 KonzVgV Rn. 14.
94 Vgl. näher *Radu*, in: Müller-Wrede, VgV/UVgO, § 3 VgV Rn. 54.

wertbestimmung vor, wenn eine eigenständige Organisationseinheit selbstständig für ihre Auftragsvergabe oder bestimmte Kategorien der Auftragsvergabe zuständig ist.[95] Die Regelung knüpft mithin an die organisatorische Trennung und dezentrale Auftragsvergabe an. Sie setzt voraus, dass der Organisationseinheit Aufgaben zur eigenverantwortlichen Erledigung übertragen sind und zu den übertragenen Aufgaben auch die selbstständige Vergabe von Aufträgen, hier: Konzessionen, oder bestimmter Kategorien von Aufträgen zählt.[96]

61 Nicht in den Regelungsbereich des § 2 Abs. 2 S. 2 KonzVgV fallen Fälle, bei denen der öffentliche Auftraggeber oder Sektorenauftraggeber ein Beschaffungsvorhaben teilweise durch die Vergabe einer Konzession und teilweise durch die Vergabe von öffentlichen Aufträgen verwirklicht. Hier liegt es gemäß § 111 Abs. 1 und 6 GWB grundsätzlich im Ermessen des öffentlichen Auftraggebers, objektiv trennbare Teile eines Beschaffungsvorhabens getrennt oder gemeinsam zu vergeben. Vergibt er sie getrennt, so werden Auftrag und Konzession nach den für sie anwendbaren Vorschriften vergeben (§ 111 Abs. 2 und 6 GWB), mit der Folge, dass die Werte des Auftrags und der Konzession nicht zusammenzurechnen sind.[97] Bei einer **gemeinsamen Vergabe von Auftrag und Konzession** kommen nach § 111 Abs. 3 Nr. 4 GWB die Vorschriften über die Vergabe öffentliche Aufträge zur Anwendung, wenn der Wert des auf den öffentlichen Auftrag entfallenden Teils den insoweit geltenden Schwellenwert erreicht oder überschreitet. Ist dies nicht der Fall, ist Konzessionsvergaberecht anwendbar,[98] wobei die kartellvergaberechtlichen Vorschriften nur zur Anwendung kommen, wenn der Wert des auf die Konzession entfallenden Teils den insoweit maßgeblichen Schwellenwert erreicht oder überschreitet.

C. Zeitpunkt der Berechnung (Abs. 5)

62 Nach § 2 Abs. 5 S. 1 KonzVgV ist maßgeblicher Zeitpunkt für die Berechnung des geschätzten Vertragswertes (Schätzung des Konzessionswertes) grundsätzlich der Zeitpunkt, zu dem die Konzessionsbekanntmachung abgesendet wird oder das Vergabeverfahren in sonstiger Weise eingeleitet wird (hierzu I.). Für den Fall, dass der Wert der Konzession zum Vergabezeitpunkt um mehr als 20 Prozent gestiegen ist, ist abweichend davon der dann erreichte Wert maßgeblich (§ 2 Abs. 5 S. 2. KonzVgV) (hierzu II.).

63 Die Vorschrift setzt die **unionsrechtlichen Vorgaben** in Art. 8 Abs. 2 UAbs. 2 und 3 RL 2014/23/EU[99] um und ist – systematisch wenig überzeugend – zwischen die Bestimmungen zum Gegenstand der Schätzung in § 2 Abs. 3 und 4 KonzVgV einerseits und § 2 Abs. 6 KonzVgV andererseits eingefügt.

---

95 Eingehend zu dieser Konstellation nach früherem Recht bereits *Müller-Wrede*, in: Müller-Wrede, Kompendium des Vergaberechts, Kap. 7 Rn. 59 bis 61. Die durchaus zweifelhafte Frage, ob hier eine Einzelauftragsbewertung nach bisherigem Recht möglich war, ist nach neuem Recht durch § 3 Abs. 2 S. 2 VgV bejaht.
96 In diesem Sinne auch *Dietlein/Fandrey*, in: Gabriel/Krohn/Neun, Handbuch Vergaberecht, § 8 Rn. 19; vgl. wegen der Einzelheiten *Radu*, in: Müller-Wrede, VgV/UVgO, § 3 VgV Rn. 54 f.
97 Nach § 111 Abs. 5 GWB darf allerdings die Entscheidung, einen Gesamtauftrag oder getrennte Aufträge zu vergeben, nicht zu dem Zweck getroffen werden, die Auftragsvergabe von den Vorschriften zur Vergabe öffentlicher Aufträge und Konzessionen auszunehmen. Was hiermit gemeint ist, ist allerdings, bezogen auf die Ermittlung des geschätzten Auftrags- oder Konzessionswertes, unklar. Sicher ist zum einen, dass es nicht auf subjektive Ziele des öffentlichen Auftraggebers ankommen kann, ob das Kartellvergaberecht anwendbar ist oder nicht (vgl. unten D. I. 3. Rn. 82). Zum anderen schränkt die Vorschrift jedenfalls nicht die Beschaffungsautonomie des öffentlichen Auftraggebers ein (vgl. oben B. III. 2. Rn. 58 f.). Allenfalls kann dem Wert des zu einem Teil des Beschaffungsvorhabens erteilten Auftrags der Wert der zu einem anderen Teil erteilten Konzession hinzuzurechnen sein oder umgekehrt. Dies folgt für Leistungen, die der Konzessionsgeber dem Konzessionsnehmer bereitstellt und die für die Erbringung der Bau- und Dienstleistungen erforderlich sind, allerdings bereits aus § 2 Abs. 4 Nr. 6 KonzVgV, ohne dass es auf die hierbei verfolgten Zwecke des Konzessionsgebers ankäme.
98 *Csaki*, in: Müller-Wrede, GWB-Vergaberecht, § 111 Rn. 13.
99 Die Vorschriften lauten: „Diese Schätzung gilt zu dem Zeitpunkt, zu dem die Konzessionsbekanntmachung versandt wird, oder in Fällen, in denen keine Bekanntmachung vorgesehen ist, zu dem Zeitpunkt, zu dem der öffentliche Auftraggeber oder der Auftraggeber das Konzessionsvergabeverfahren einleitet, beispielsweise durch Kontaktaufnahme mit Wirtschaftsteilnehmern im Zusammenhang mit der Konzession. Liegt der Wert der Konzession zum Vergabezeitpunkt mehr als 20 % über dem geschätzten Wert, so ist für die Zwecke des Absatzes 1 der Konzessionswert zum Zeitpunkt des Zuschlags als geltende Schätzung zu betrachten."

I. Grundsatz (S. 1)

1. Absendung der Konzessionsbekanntmachung

64 In erster Linie maßgebend ist nach § 2 Abs. 5 S. 1 KonzVgV der Tag der Absendung der Konzessionsbekanntmachung. Damit wird für die Ausschreibung von Konzessionen, bei denen der geschätzte Vertragswert (Konzessionswert) den nach § 106 GWB maßgeblichen Schwellenwert übersteigt und die deswegen nach den Vorgaben der KonzVgV auszuschreiben sind, ein klarer Stichtag für die Schätzung bestimmt.

65 Mit der **Konzessionsbekanntmachung** teilt der Konzessionsgeber nach § 19 Abs. 1 KonzVgV seine Absicht mit, eine Konzession zu vergeben. Die Konzessionsbekanntmachung ist gemäß § 23 Abs. 1 KonzVgV dem Amt für Veröffentlichungen der Europäischen Union mit elektronischen Mitteln zu übermitteln, das die Bekanntmachung sodann veröffentlicht. Der Konzessionsgeber kann aufgrund einer von dem Amt für Veröffentlichungen der Europäischen Union zu erteilenden Eingangsbestätigung nach § 23 Abs. 2 KonzVgV den Tag der Absendung nachweisen und damit seiner ohnehin für die Berechnung des Konzessionswertes bestehenden Dokumentationspflicht[100] nachkommen.

2. Einleitung des Vergabeverfahrens auf sonstige Weise

66 Sofern das Verfahren für die Vergabe der Konzession nicht durch die Absendung einer Konzessionsbekanntmachung nach den §§ 19 Abs. 1, 23 Abs. 1 KonzVgV oder im Fall einer Konzession über soziale und andere besondere Dienstleistungen nach § 22 KonzVgV durch die Absendung einer Vorinformation[101] eingeleitet worden ist, ist der Tag maßgeblich, an dem es auf sonstige Weise eingeleitet worden ist.[102] Das ist in den nach § 20 KonzVgV in Betracht kommenden Fällen wie bei der Parallelvorschrift für öffentliche Aufträge in § 3 Abs. 3 VgV der Zeitpunkt, zu dem der Konzessionsgeber sich mit der von ihm beabsichtigten Konzession an ein Unternehmen wendet.[103] Denn dieser Zeitpunkt entspricht funktional dem Zeitpunkt der in § 2 Abs. 5 S. 1 KonzVgV ausdrücklich aufgeführten Absendung der Konzessionsbekanntmachung.[104] Wendet der Konzessionsgeber sich unmittelbar an Unternehmen, ist mithin der Zeitpunkt der Absendung der Anfrage entscheidend.[105] Das entspricht auch ausdrücklich der insoweit vom deutschen Verordnungsgeber nicht umgesetzten und lediglich in der Verordnungsbegründung erwähnten Vorgabe in Art. 8 Abs. 2 UAbs. 2 RL 2014/23/EU, wonach das Vergabeverfahren „beispielsweise durch Kontaktaufnahme mit Wirtschaftsteilnehmern im Zusammenhang mit der Konzession" eingeleitet sein kann.

3. Maßgeblichkeit

67 Nach § 2 Abs. 5 S. 1 KonzVgV ist der Zeitpunkt der Einleitung des Vergabeverfahrens maßgeblich für die Berechnung des Vertragswertes (Schätzung des Konzessionswertes), also sowohl für die Bestimmung des Gegenstandes der Berechnung (Schätzung) als auch des Vorgangs der Berechnung (Schätzung). Bei einer Vergabe der für das Beschaffungsvorhaben vorgesehenen

---

100 Vgl. dazu eingehend unten bei D. III. Rn. 95 ff.
101 Ebenso VK Südbayern, Beschluss v. 14.2.2017 – Z3-3-3194-1-54-12/16, juris Rn. 221. Eingehend zur entsprechenden Rechtslage bei § 3 Abs. 3 VgV *Radu*, in: Müller-Wrede, VgV/UVgO, § 3 VgV Rn. 109.
102 Entgegen der Einschätzung von *Marx*, in: Kulartz/Kus/Marx/Portz/Prieß, VgV, § 3 Rn. 13, zu der Parallelvorschrift in § 3 Abs. 3 VgV erklärt sich die Vorschrift nicht „*aus dem penetranten Misstrauen der EU-Behörden den öffentlichen Auftraggebern gegenüber*", sondern aus der Notwendigkeit eines zeitlichen Anknüpfungspunktes für die Feststellung des Auftragswertes bei Vergabeverfahren ohne Auftragsbekanntmachung, sei es, dass der öffentliche Auftraggeber in den im Text genannten Fällen zulässigerweise von einer Ausschreibung absieht, sei es, dass es sich um die die gerichtliche Praxis immer wieder beschäftigenden Fälle der unzulässigen Vergabe ohne die erforderliche europaweite Ausschreibung handelt.
103 Eingehend dazu *Radu*, in: Müller-Wrede, VgV/UVgO, § 3 VgV Rn. 111.
104 So zur entsprechenden Vorschrift für öffentliche Aufträge zutreffend OLG Naumburg, Beschluss v. 14.3.2014 – 2 Verg 1/14, juris Rn. 33; OLG Naumburg, Beschluss v. 8.10.2009 – 1 Verg 9/09, juris Rn. 36; *Lausen*, in: Heiermann/Zeiss/Summa, Vergaberecht, § 3 VgV Rn. 53; *Glahs*, in: Reidt/Stickler/Glahs, Vergaberecht, § 3 VgV Rn. 4; im Ergebnis auch *Beurskens*, in: Hattig/Maibaum, Kartellvergaberecht, § 3 VgV Rn. 34.
105 Vgl. für die Parallelvorschrift in § 3 Abs. 3 VgV OLG Naumburg, Beschluss v. 14.3.2014 – 2 Verg 1/14, juris Rn. 33; *Greb*, in: Ziekow/Völlink, Vergaberecht, § 3 VgV Rn. 13.

Soweit es den **Gegenstand der Berechnung** (Schätzung) betrifft, ist von dem voraussichtlichen Gesamtumsatz aus der bei Einleitung des Vergabeverfahrens vorgesehenen Konzession zuzüglich des Wertes der nach § 2 Abs. 4 KonzVgV zu berücksichtigenden Positionen auszugehen. Ändert sich bei einem mit der Vergabe mehrerer Konzessionen verbundenen Beschaffungsvorhaben allerdings der Umfang der vorgesehenen Leistung und damit der Gegenstand der ursprünglichen Berechnung (Schätzung), ist der Konzessionsgeber gehalten, die Berechnung des Vertragswertes (Schätzung des Konzessionswertes) unverzüglich dem geänderten Beschaffungsbedarf entsprechend anzupassen.[107] Für die noch zu vergebenden Konzessionen ist dann nach Maßgabe des § 2 Abs. 6 KonzVgV auf den angepassten Gesamtwert aus den Konzessionen zum Zeitpunkt der Einleitung des ersten Vergabeverfahrens nach der Änderung abzustellen. Erkennt der Konzessionsgeber, dass er den Gegenstand der Berechnung (Schätzung) falsch bestimmt und deswegen die Leistungen nicht europaweit ausgeschrieben hat, ist er berechtigt und verpflichtet, ein solches unterschwelliges Vergabeverfahren aufzuheben und die Leistungen erneut europaweit nach den Vorgaben des Kartellvergaberechts auszuschreiben.[108]

68

Für den **Vorgang der Berechnung** (Schätzung) versteht es sich von selbst, dass eine taggenaue Berechnung nicht möglich ist und der nach § 2 Abs. 5 S. 1 KonzVgV maßgebliche Tag nur Bezugspunkt für die Berechnung (Schätzung) sein kann und soll. Die Vorschrift stellt insoweit eher klar, worauf nicht abgestellt werden kann, nämlich nicht auf den Zeitpunkt der Schätzung der Werte, sondern die Schätzung hat sich – vorausschauend – auf den nach § 2 Abs. 5 S. 1 KonzVgV maßgeblichen Zeitpunkt zu beziehen und nicht auf den Zeitpunkt der Konzessionsvergabe, sondern eben den Zeitpunkt, an dem der Konzessionsgeber mit seinem Beschaffungsvorhaben an den Markt herantritt und damit das Vergabeverfahren einleitet. Im Allgemeinen wird die Berechnung des Vertragswertes (Schätzung des Konzessionswertes) danach unmittelbar vor Einleitung des Vergabeverfahrens zu erfolgen haben.[109] Bei einer deutlich früheren Kostenermittlung ist deshalb grundsätzlich eine Aktualisierung zum Zeitpunkt der Einleitung des Vergabeverfahrens erforderlich,[110] insbesondere wenn zweifelhaft sein kann, ob der maßgebliche Schwellenwert über- oder unterschritten wird, und wenn die Marktpreise für die konzessionsgegenständlichen Leistungen erfahrungsgemäß stark schwanken.[111] Ist der Schwellenwert dagegen klar über- oder unterschritten, vermindern sich, was die Bestimmung des berechneten Vertragswertes (geschätzten Konzessionswertes) insgesamt betrifft, auch die Anforderungen an die Fortschreibung. In jedem Fall hat die Berechnung (Schätzung) zu einem Zeitpunkt zu erfolgen, der es ausschließt, dass bereits das Angebot irgendeines Bieters vorliegt, damit sie von wettbewerbswidrigen Einflüssen frei bleibt.[112]

69

---

106 Für öffentliche Aufträge OLG Celle, Beschluss v. 19.8.2009 – 13 Verg 4/09, juris Rn. 19; OLG Stuttgart, Beschluss v. 9.8.2001 – 2 Verg 3/01, juris Rn. 67.
107 Für öffentliche Aufträge OLG München, Beschluss v. 31.1.2013 – Verg 31/12, juris Rn. 46, für den Fall einer Erweiterung des Beschaffungsbedarfs, und OLG Rostock, Beschluss v. 20.9.2006 – 17 Verg 8/06, juris Rn. 61, 63, 66, für den Fall der Verminderung des Beschaffungsbedarfs; vgl. auch *Marx*, in: Kulartz/Kus/Marx/Portz/Prieß, VgV, § 3 Rn. 27; *Noch*, Vergaberecht kompakt, Rn. 429, 535.
108 Für öffentliche Aufträge OLG Köln, Beschluss v. 24.10.2016 – 11 W 54/16, juris Rn. 6, 8; *Dietlein/Fandrey*, in: Gabriel/Krohn/Neun, Handbuch Vergaberecht, § 8 Rn. 19.
109 Für öffentliche Aufträge OLG Karlsruhe, Beschluss v. 12.11.2008 – 15 Verg 4/08, juris Rn. 24; *Müller-Wrede*, in: Müller-Wrede, Kompendium des Vergaberechts, Kap. 7 Rn. 46.
110 Für öffentliche Aufträge OLG Brandenburg, Beschluss v. 17.5.2011 – Verg W 16/10, juris Rn. 58; OLG Bremen, Beschluss v. 26.6.2009 – Verg 3/05, juris Rn. 39; OLG Bremen, Beschluss v. 18.5.2006 – Verg 3/05, juris Rn. 37; *Lausen*, in: Heiermann/Zeiss/Summa, Vergaberecht, § 3 VgV Rn. 57; *Müller-Wrede*, in: Müller-Wrede, Kompendium des Vergaberechts, Kap. 7 Rn. 46.
111 Für öffentliche Aufträge OLG Celle, Beschluss v. 19.8.2009 – 13 Verg 4/09, juris Rn. 24: Fortschreibung nach einem halben Jahr erforderlich.
112 Für öffentliche Aufträge OLG Düsseldorf, Beschluss v. 8.5.2002 – VII-Verg 5/02, juris Rn. 8; *Lausen*, in: Heiermann/Zeiss/Summa, Vergaberecht, § 3 VgV Rn. 56; *Alexander*, in: Pünder/Schellenberg, Vergaberecht, § 3 VgV Rn. 20.

II. Wertsteigerungen bis zum Zuschlag (S. 2)

70 Von dem allgemeinen, auch sonst für öffentliche Aufträge geltenden kartellvergaberechtlichen Grundsatz, dass der Zeitpunkt der Einleitung des Vergabeverfahrens sowohl für den Gegenstand als auch den Vorgang der Schätzung des Wertes des öffentlichen Auftrags oder der Konzession maßgeblich ist, macht § 2 Abs. 5 S. 2 KonzVgV im Einklang mit der insoweit umgesetzten Regelung in Art. 8 Abs. 2 UAbs. 3 RL 2014/23/EU[113] eine Ausnahme. Danach ist abweichend der Zeitpunkt des Zuschlags maßgeblich, falls der Vertragswert (Konzessionswert) zu diesem Zeitpunkt mehr als 20 Prozent über dem nach § 2 Abs. 5 S. 1 KonzVgV geschätzten Wert liegt, also dem Wert zum Zeitpunkt der Einleitung des Vergabeverfahrens.

71 **Unerheblich** ist dies in all den Fällen, in denen schon bei Einleitung des Vergabeverfahrens der geschätzte Vertragswert (Konzessionswert) den nach § 106 Abs. 2 Nr. 4 GWB maßgeblichen Schwellenwert übersteigt, und daher nach § 106 Abs. 1 S. 1 GWB der Anwendungsbereich des Kartellvergaberechts eröffnet ist. Eine erneute Berechnung des Vertragswertes (Schätzung des Konzessionswertes) zum Zeitpunkt des Zuschlags ist in diesen Fällen mithin nicht geboten. Denn § 2 Abs. 5 S. 2 KonzVgV bezweckt es nicht, die Vergabestellen mit überflüssigen Arbeiten zu belasten. Die Vorschrift betrifft auch nur den Fall einer Erhöhung des Vertragswertes (Konzessionswertes) bis zu dem für den Zuschlag vorgesehenen Zeitpunkt, sodass eine Verminderung des Konzessionswertes unter den maßgeblichen Schwellenwert nicht etwa ein bereits eingeleitetes oberschwelliges Vergabeverfahren nachträglich den Vorgaben des Kartellvergaberechts entzieht.[114]

72 **Bedeutung** hat die Vorschrift danach nur für ursprünglich, also zum Zeitpunkt der Einleitung unterschwellige Vergabeverfahren, die im Regelfall nicht nach den Vorgaben des Kartellvergaberechts geführt sein werden.[115] In solchen Konzessionsvergabeverfahren hat der Konzessionsgeber im Hinblick auf die Vorgaben in § 2 Abs. 5 S. 2 KonzVgV in jedem Fall den Vertragswert (Konzessionswert) zum Zeitpunkt des Zuschlags zu ermitteln. Der Aufwand hierfür kann denkbar gering sein, wenn keine tatsächlichen Anhaltspunkte für eine erhebliche, die 20-Prozent-Grenze erreichende Erhöhung des geschätzten Vertragswertes (Konzessionswertes) bestehen. Dann genügt eine entsprechende, kurz begründete Feststellung in den Vergabeakten. Gleiches gilt, wenn sich zwar der geschätzte Vertragswert (Konzessionswert) zum vorgesehenen Zeitpunkt des Zuschlags erheblich erhöht hat, aber dennoch der kartellvergaberechtliche Schwellenwert aus § 106 Abs. 2 Nr. 4 GWB für Konzessionen offensichtlich nicht erreicht oder überschritten ist. Auch hier genügt zur Dokumentation der Prüfung des § 2 Abs. 5 S. 2 KonzVgV ein kurz begründeter Vermerk in den Vergabeakten. Kommt dagegen eine die 20-Prozent-Grenze überschreitende Erhöhung des geschätzten Konzessionswertes und ein Erreichen oder Überschreiten des Schwellenwertes bezogen auf den Zeitpunkt des Zuschlags in Betracht, ist der Konzessionsgeber gehalten, den Vertragswert (Konzessionswert) zum Zeitpunkt des vorgesehenen Zuschlags mit gleicher Sorgfalt, Intensität und Transparenz (Dokumentation) zu berechnen (schätzen) wie den zum Zeitpunkt der Einleitung des Konzessionsverfahrens ermittelten Wert.

73 Bei der **Berechnung** (Schätzung) ist der Wert zum Zeitpunkt des vorgesehenen Zuschlags maßgeblich, wenn er sich bis dahin seit Einleitung des Vergabeverfahrens um mehr als 20 Prozent erhöht hat. Maßgeblichkeit bedeutet für den Gegenstand der Berechnung (Schätzung), dass der zu diesem Zeitpunkt voraussichtliche Gesamtumsatz aus der Konzession sowie die nach § 2 Abs. 4 KonzVgV zu berücksichtigenden Positionen der Berechnung (Schätzung) zugrunde zu legen sind. Für den Vorgang der Berechnung (Schätzung) ist maßgeblich, dass sie sich prognostisch auf den Zeitpunkt des beabsichtigten Zuschlags bezieht und unmittelbar vor dem beabsichtigten Zuschlag erfolgt. Liegt zwischen der Berechnung und dem beabsichtigten Zeitpunkt des Zuschlags ein längerer Zeitraum, was schon nach wenigen Wochen der Fall sein

---

113 Vgl. den Wortlaut dieser Vorschrift in Fn. 99.
114 Dies kann allenfalls bei der Umsetzung eines Beschaffungsvorhabens durch mehrere Konzessionen oder Aufträge hinsichtlich jener Konzessionen oder Aufträge anders sein, für die noch kein Vergabeverfahren eingeleitet ist.
115 So zutreffend auch *Wieddekind*, in: Willenbruch/Wieddekind, Vergaberecht, § 2 KonzVgV Rn. 16.

dürfte, wird der Konzessionsgeber seine Berechnung zu aktualisieren haben. Die Anforderungen an die Genauigkeit steigen in dem Maß, in dem der neu geschätzte Vertragswert (Konzessionswert) sich dem Bereich der 20-Prozent-Grenze und des Schwellenwertes nähert. Die Berechnung zum Zuschlagszeitpunkt ist in gleicher Weise zur Wahrung der Transparenz des Vergabeverfahrens nachvollziehbar zu dokumentieren wie die ursprüngliche Berechnung bei Einleitung des Verfahrens.

Kommt der Konzessionsgeber nach der Berechnung (Schätzung) zum Zeitpunkt des beabsichtigten Zuschlags zu dem Ergebnis, dass sich der geschätzte Vertragswert (Konzessionswert) im Verhältnis zu dem zum Zeitpunkt der Einleitung des Vergabeverfahrens geschätzten Wert um mehr als 20 Prozent erhöht hat und nunmehr den maßgeblichen Schwellenwert erreicht oder überschreitet, kommt die Erteilung des Zuschlags in dem bis dahin unterschwellig geführten Vergabeverfahren nicht mehr in Betracht. Vielmehr bedarf es dann einer dem Kartellvergaberecht entsprechenden **neuen europaweiten Ausschreibung** der Konzession.[116] Ein dennoch erteilter Zuschlag ist vergaberechtswidrig, eine dennoch vereinbarte Konzession nach Maßgabe von § 154 Nr. 4 GWB in Verbindung mit § 135 GWB unwirksam und im Nachprüfungsverfahren nach den §§ 155 ff. GWB angreifbar.[117] Ist das Ergebnis der Berechnung (Schätzung) dagegen, dass das Kartellvergaberecht unanwendbar bleibt, sei es, dass die 20-Prozent-Grenze nicht erreicht ist, sei es, dass der für den Zuschlagszeitpunkt geschätzte Vertragswert (Konzessionswert) nicht den Schwellenwert übersteigt, steht der Erteilung eines Zuschlags insoweit nichts entgegen.[118]

74

D. Vorgang der Berechnung

Während § 2 KonzVgV vergleichsweise genaue Regelungen zu dem Gegenstand und Zeitpunkt der Berechnung des Vertragswertes (Schätzung des Konzessionswertes) enthält, finden sich nur wenige allgemeine Vorgaben, was den eigentlichen Vorgang der Berechnung (Schätzung) betrifft (hierzu I.). Dennoch lassen sich aus der kartellvergaberechtlichen Rechtspraxis der letzten bald zwanzig Jahre zahlreiche auch bei der Berechnung des Wertes von Konzessionen maßgebliche Einzelheiten zur ordnungsgemäßen Berechnungsweise entnehmen (hierzu II.).

75

I. Allgemeine Vorgaben

Allgemein lässt sich den Vorschriften nur entnehmen, dass der Wert der Konzession prognostisch (hierzu 1.) nach einer objektiven Methode zu berechnen ist (hierzu 2.) und diese Methode nicht zu einer Umgehung des Kartellvergaberechts führen darf (hierzu 3.).

76

1. Berechnung als Prognose

§ 106 Abs. 1 S. 1 GWB und der von § 2 KonzVgV umgesetzte Art. 8 Abs. 2 UAbs. 2 und Abs. 3 S. 2 RL 2014/23/EU stellen allgemein klar, dass der Auftragswert und Vertragswert (Konzessionswert) durch eine Schätzung zu ermitteln ist. Damit kommt zum Ausdruck, dass die Anwendbarkeit des Kartellvergaberechts nicht von einem exakt zu ermittelnden oder im Nachhi-

77

---

116 So zu Recht auch *Wieddekind*, in: Willenbruch/Wieddekind, Vergaberecht, § 2 KonzVgV Rn. 16. Unklar *Wagner/Pott*, in: Heiermann/Zeiss/Summa, Vergaberecht, § 2 KonzVgV Rn. 30, wonach „*fortan*" die Regelungen des Kartellvergaberechts zu beachten sind. Entgegen der Annahme von *Goldbrunner*, VergabeR 2016, 365 (371), wird die Aufhebung des unterschwelligen Vergabeverfahrens, wenn überhaupt eine Pflichtverletzung feststellbar sein sollte, regelmäßig mangels der erforderlichen Kausalität und des haftungsrechtlichen Zurechnungszusammenhangs nicht zu Schadensersatzansprüchen gegen den Konzessionsgeber führen.
117 Vgl. nur *Braun*, in: Müller-Wrede, GWB-Vergaberecht, § 105 Rn. 127; *Wieddekind*, in: Willenbruch/Wieddekind, Vergaberecht, § 2 KonzVgV Rn. 16.
118 A.A. *Diemon-Wies*, VergabeR 2016, 162 (165), wonach auch dann, wenn die 20-Prozent-Grenze nicht erreicht ist, bei Erreichen oder Überschreiten des Schwellenwertes eine Ausschreibung nach Maßgabe des Kartellvergaberechts erforderlich sein soll. Das fordert § 2 Abs. 5 S. 2 KonzVgV aber nicht und widerspricht im Übrigen dem Grundsatz, dass eine vertretbare Schätzung, auch wenn sich nachträglich herausstellt, dass sie tatsächlich nicht zutreffen sollte, maßgeblich bleibt; vgl. dazu unter E. I. 2. Rn. 101.

nein auf seine Richtigkeit zu überprüfenden Auftragswert abhängt, sondern von einem notwendig näherungsweisen, im Vorhinein zu bestimmenden Wert. Der Konzessionsgeber hat also eine Prognose des zu erwartenden Gesamtumsatzes aus der Konzession (§ 2 Abs. 3 KonzVgV) sowie der weiter nach § 2 Abs. 4 KonzVgV zu berücksichtigenden Positionen zu treffen.[119] Indem nach § 2 Abs. 3 KonzVgV von dem voraussichtlichen – nicht etwa dem unbekannten tatsächlichen – Gesamtumsatz aus der Konzession auszugehen ist, wird der prognostische Charakter der Berechnung (Schätzung) noch betont.

2. Berechnung nach objektiver Methode (Abs. 1)

78 Nach § 2 Abs. 1 KonzVgV hat der Konzessionsgeber in Übereinstimmung mit der umgesetzten Bestimmung in Art. 8 Abs. 3 S. 1 RL 2014/23/EU[120] den geschätzten Vertragswert (Konzessionswert) nach einer objektiven Methode zu berechnen. Gemeint ist damit, dass der voraussichtliche Gesamtumsatz aus der Konzession (§ 2 Abs. 3 KonzVgV) einschließlich der nach § 2 Abs. 4 KonzVgV weiter zu berücksichtigenden Positionen zur Ermittlung des geschätzten Vertragswertes (Konzessionswertes) im Sinne des § 106 Abs. 1 S. 1 GWB anhand einer objektiven Methode zu schätzen ist.

79 Was unter einer **objektiven Methode** im Einzelnen zu verstehen ist, ist weder § 2 KonzVgV noch sonst dem nationalen Kartellvergaberecht oder der umgesetzten RL 2014/23/EU zu entnehmen. Klargestellt ist lediglich, dass die Schätzung nicht nach dem Gutdünken des Konzessionsgebers erfolgen kann, sondern dass er sich hierfür eines intersubjektiv nachvollziehbaren Weges zu bedienen hat. Unter Methode ist hierbei das gesamte Vorgehen des Konzessionsgebers bei der Ermittlung und Bestimmung des geschätzten Vertragswertes (Konzessionswertes) zu verstehen. Zu den Parallelvorschriften über die Schätzung des Wertes öffentlicher Aufträge (§ 3 VgV, § 2 SektVO), wo jeweils eine entsprechende Regelung fehlt, besteht zudem Einigkeit, dass der Auftraggeber sachgerecht vorzugehen hat,[121] was die Wahl jeweils zur Wertbestimmung geeigneter Verfahrensweisen impliziert.[122] Wegen der Einzelheiten kann auf die insbesondere von der Rechtsprechung erarbeiteten Grundsätze in anderen Bereichen des Kartellvergaberechts zurückgegriffen werden.[123]

3. Umgehungsverbot (Abs. 2 S. 1)

80 Weitere allgemeine Vorgaben für den Vorgang der Schätzung sind § 2 Abs. 2 S. 1 KonzVgV zu entnehmen. Die Vorschrift hält fest, dass die Wahl der Methode zur Berechnung des geschätzten Vertragswertes (Konzessionswertes) nicht in der Absicht erfolgen darf, die Anwendung des Kartellvergaberechts zu umgehen.

---

119 *Wieddekind*, in: Willenbruch/Wieddekind, Vergaberecht, § 2 KonzVgV Rn. 13. Für öffentliche Aufträge OLG Frankfurt, Beschluss v. 8.5.2012 – 11 Verg 2/12, juris Rn. 58; *Lausen*, in: Heiermann/Zeiss/Summa, Vergaberecht, § 3 VgV Rn. 13; *Schneider*, in: Kapellmann/Messerschmidt, VOB, § 3 VgV Rn. 25; *Greb*, in: Ziekow/Völlink, Vergaberecht, § 3 VgV Rn. 4; *Müller-Wrede*, in: Müller-Wrede, Kompendium des Vergaberechts, Kap. 7 Rn. 43; vgl. auch BGH, Urteil v. 5.11.2002 – X ZR 232/00, juris Rn. 15 f., im Zusammenhang mit der Verpflichtung des öffentlichen Auftraggebers, den Kostenbedarf zu ermitteln.
120 Die Vorschrift lautet: „Der geschätzte Konzessionswert wird nach einer in den Konzessionsunterlagen angegebenen objektiven Methode berechnet".
121 *Wieddekind*, in: Willenbruch/Wieddekind, Vergaberecht, § 2 KonzVgV Rn. 6, meint deswegen nicht ganz zu Unrecht, § 2 Abs. 1 KonzVgV sei „*ohne Belang*".
122 Vgl. für öffentliche Aufträge BGH, Urteil v. 5.11.2002 – X ZR 232/00, juris Rn. 16, unter Hinweis auf BGH, Urteil v. 12.6.2001 – X ZR 150/99 und Urteil v. 8.9.1998 – X ZR 99/96, juris Rn. 23, jeweils im Zusammenhang mit der Pflicht des öffentlichen Auftraggebers, den Kostenbedarf sachgerecht zu ermitteln. Dies ist auch mit der weitverbreiteten Formel gemeint, es sei bei der Wertbestimmung von der Wertfestsetzung durch einen „*umsichtigen und sachkundigen Auftraggeber*" auszugehen (vgl. statt aller nur OLG Brandenburg, Beschluss v. 29.1.2013 – Verg W 8/12, juris Rn. 57; OLG Frankfurt, Beschluss v. 8.5.2012 – 11 Verg 2/12, juris Rn. 58; OLG Celle, Beschluss v. 19.8.2009 – 13 Verg 4/09, juris Rn. 21; OLG Karlsruhe, Beschluss v. 12.11.2008 – 15 Verg 4/08, juris Rn. 30, je m.w.N.; ferner OLG Düsseldorf, Beschluss v. 30.7.2003 – VII-Verg 5/03, juris Rn. 4; *Weyand*, Vergaberecht, § 3 VgV Rn. 16 m.w.N.). Tatsächlich geht es aber nicht um die Umsichtigkeit und Sachkunde des Auftraggebers, sondern um die Anwendung sachgerechter und geeigneter Methoden, was dann – ohne eigenen Erklärungswert – als umsichtig und sachkundig bezeichnet werden mag.
123 Dazu im Einzelnen unter D. II. Rn. 86 ff.

Mit der Vorschrift setzt der deutsche Verordnungsgeber die **unionsrechtliche Vorgabe** in Art. 8 Abs. 4 S. 1 RL 2014/23/EU[124] um.

81

Die Vorschrift hat entgegen weitverbreiteter Meinung zu den inhaltlich übereinstimmenden Vorschriften in § 3 Abs. 2 S. 1 VgV und § 3 Abs. 2 S. 1 SektVO[125] lediglich **appellativen Charakter**.[126] Gleiches gilt auch für das auch die Berechnung des Vertragswertes (Schätzung des Konzessionswertes) erfassende[127] allgemeine Umgehungsverbot in § 14 KonzVgV. Das hat seinen Grund darin, dass eine Umgehung des Kartellvergaberechts durch die Wahl der Methode zur Berechnung des geschätzten Auftrags- und Konzessionswertes nicht möglich ist. Denn eine wirksame, nämlich vertretbare Schätzung dieses Wertes setzt die Anwendung einer geeigneten Methode voraus.[128] Mit einer ungeeigneten Methode lässt sich der Vertragswert (Konzessionswert) nicht vertretbar schätzen und das Kartellvergaberecht deswegen nicht umgehen, während die ordnungsgemäße Schätzung nach einer geeigneten, im Sinne von § 2 Abs. 1 KonzVgV objektiven Methode nicht zu einer Umgehung führen kann, weil sie zu vertretbaren Ergebnissen gelangt. Gegenstand der Vorschrift ist daher allein die Aufforderung an den Konzessionsgeber, eine ohnehin nicht wirksame, weil nicht vertretbare Schätzung des Vertragswertes (Konzessionswertes) zu unterlassen.

82

Dem appellativen Charakter entsprechend wendet sich die Vorschrift gegen die **Absicht einer Umgehung** durch die Wahl der Berechnungsmethode. Dies ist insoweit überzeugend, als die Umgehung des Kartellvergaberechts mit einer ungeeigneten Methode der Schätzung des Konzessionswertes, wie ausgeführt, nicht möglich ist und die Vorschrift dazu auffordert, es gar nicht erst zu versuchen. Im Übrigen ist das Merkmal der Absicht aber irreführend, weil der Konzessionsgeber die Wahl ungeeigneter Berechnungsmethoden selbstverständlich unabhängig von den subjektiven Befindlichkeiten seiner Mitarbeiter zu unterlassen hat.[129] Ebenso selbstverständlich sind Verstöße gegen das Umgehungsverbot, also die Aufforderung, die Wahl ungeeigneter Schätzungsmethoden zu unterlassen, unabhängig von den Absichten der Mitarbeiter des Konzessionsgebers wirkungslos, weil sich mit ungeeigneten Schätzungsmethoden der Verkehrswert (Konzessionswert) nicht in vertretbarer Weise schätzen lässt.

83

Trotz des lediglich appellativen Charakters des Umgehungsverbotes – möglicherweise aber auch gerade deswegen – findet es sich in einer Vielzahl von Entscheidungen zu den gleichlautenden Bestimmungen in § 3 Abs. 2 S. 1 VgV und § 2 Abs. 2 S. 1 SektVO als tragendes **Begründungselement**. Häufig wären die für richtig befundenen Ergebnisse aber anders zu begründen gewesen, weil die beanstandeten Methoden mangels einer wirksamen Schätzung schon nicht zu einer Umgehung des Kartellvergaberechts geführt haben. Beispielsweise kann der Konzessionsgeber das Kartellvergaberecht nicht dadurch umgehen, dass er den Konzessionswert absichtlich falsch schätzt.[130] Denn eine falsche Schätzung, ob nun absichtlich oder

84

---

124 Die Vorschrift lautet: „Die Wahl der Methode zur Berechnung des geschätzten Konzessionswerts darf nicht in der Absicht erfolgen, die Anwendung dieser Richtlinie zu umgehen."
125 Vgl. für öffentliche Aufträge etwa OLG Frankfurt, Beschluss v. 7.9.2004 – 11 Verg 11/04, juris Rn. 67; OLG Düsseldorf, Beschluss v. 8.5.2002 – VII-Verg 5/02, juris Rn. 5; *Schneider*, in: Kapellmann/Messerschmidt, VOB, § 3 VgV Rn. 39; *Weyand*, Vergaberecht, § 3 VgV Rn. 76 ff. m.w.N.; *Greb*, in: Ziekow/Völlink, Vergaberecht, § 3 VgV Rn. 23; *Müller-Wrede*, in: Müller-Wrede, Kompendium des Vergaberechts, Kap. 7 Rn. 52.
126 In diesem Sinn wohl auch OLG Karlsruhe, Beschluss v. 12.11.2008 – 15 Verg 4/08, juris Rn. 38, wonach das Umgehungsverbot des § 3 Abs. 2 VgV a.F. ein „– selbstverständlicher – Unterfall des Gebots der sorgfältigen Schätzung gemäß § 3 Abs. 1 VgV" sei.
127 *Wieddekind*, in: Willenbruch/Wieddekind, Vergaberecht, § 2 KonzVgV Rn. 7.
128 Vgl. unten E. I. 2. a) Rn. 103 ff.
129 So für öffentliche Aufträge zu Recht schon zu § 3 Abs. 2 VgV a.F. und dem zugrunde liegenden Art. 9 Abs. 3 RL 2004/18/EG EuGH, Urteil v. 15.3.2012 – Rs. 574/10 (Autalhalle), Rn. 32, 49; *Baumann*, in: Lampe-Helbig/Jagenburg/Baldringer, Handbuch der Bauvergabe, Abschnitt C Rn. 13, S. 86; *Schneider*, in: Lampe-Helbig/Jagenburg/Baldringer, Handbuch der Bauvergabe, Abschnitt E Rn. 44, S. 212; a.A. etwa *Beurskens*, in: Hattig/Maibaum, Kartellvergaberecht, § 3 VgV Rn. 26; *Schneider*, in: Kapellmann/Messerschmidt, VOB, § 3 VgV Rn. 43; *Alexander*, in: Pünder/Schellenberg, Vergaberecht, § 3 VgV Rn. 25, 29; *Greb*, in: Ziekow/Völlink, Vergaberecht, § 3 VgV Rn. 21, 23, die meinen, es gehe um die Abwehr von „*Manipulationen*" und „*den höchsten Grad schuldhaften Verhaltens*"; *Dietlein/Fandrey*, in: Gabriel/Krohn/Neun, Handbuch Vergaberecht, § 8 Rn. 17; ähnlich *Lausen*, in: Heiermann/Zeiss/Summa, Vergaberecht, § 3 VgV Rn. 49.
130 A.A. für öffentliche Aufträge OLG Karlsruhe, Beschluss v. 12.11.2008 – 15 Verg 4/08, juris Rn. 38; *Schneider*, in: Kapellmann/Messerschmidt, VOB, § 3 VgV Rn. 39; *Marx*, in: Kulartz/Kus/Marx/Portz/Prieß, VgV, § 3 Rn. 12; *Alexander*, in: Pünder/Schellenberg, Vergaberecht, § 3 VgV Rn. 25; *Voppel/Osenbrück/Bubert*, VgV, § 3 Rn. 33.

nicht, ist nicht vertretbar und damit auch nicht geeignet, das Kartellvergaberecht zu umgehen. In anderen die genannten Parallelvorschriften betreffenden Fällen fehlt es dagegen an einer tragfähigen Begründung für die vermeintliche Umgehung des Kartellvergaberechts. Keine Umgehung durch die Wahl einer Berechnungsmethode stellt es insbesondere dar, wenn der Konzessionsgeber seinen Beschaffungsbedarf mit der Folge senkt, dass das Kartellvergaberecht hierdurch nicht mehr anwendbar ist. Weder wäre das Ziel des Konzessionsgebers zu beanstanden, eine finanziell aufwendige Ausschreibung zu vermeiden,[131] noch unterliegt der Konzessionsgeber bei der Bestimmung seiner Beschaffungsvorhaben vergaberechtlicher Kontrolle. Vielmehr ist er hier im Rahmen seiner Beschaffungsautonomie frei und haben seine diesbezüglichen Entscheidungen im Übrigen auch schon tatbestandlich nichts mit der Wahl einer Berechnungsmethode zu tun.[132]

85 Insbesondere ist die von dem Konzessionsgeber gewählte **Laufzeit der Konzession** nicht auf ihre Üblichkeit hin zu überprüfen und zu rechtfertigen, soweit sie als nicht üblich erscheint.[133] Dafür gibt es weder aus § 2 Abs. 2 S. 1 KonzVgV noch sonst eine vergaberechtliche Grundlage. Bei der Wahl der Laufzeiten für Konzessionen hat der Konzessionsgeber vielmehr allein die Regeln aus § 3 KonzVgV zu beachten. Durch ihre Nichtbeachtung kann er das Vergabekartellrecht nicht umgehen, weil eine vergaberechtskonforme Berechnung des Vertragswertes (Schätzung des Konzessionswertes) unter Missachtung dieser Vorgaben nicht möglich ist.

II. Einzelheiten

86 Bei der prognostischen Ermittlung und Bestimmung des geschätzten Vertragswertes (Konzessionswertes) ist der Konzessionsgeber über die Bindung an die vorgenannten allgemeinen Vorgaben[134] hinaus auch im Einzelnen nicht frei. Vielmehr ist ihm der Bezugspunkt vorgegeben (hierzu 1.) und hat er bei dem Vorgang der Schätzung konkrete methodische Anforderungen zu beachten (hierzu 2.).

1. Bezugspunkt der Berechnung

87 Aus § 2 Abs. 3 KonzVgV lässt sich zunächst entnehmen, dass sich die Prognose auf den Gegenstand der Berechnung (Schätzung), nämlich den voraussichtlichen Gesamtumsatz aus der Konzession (§ 2 Abs. 3 KonzVgV) und die nach § 2 Abs. 4 KonzVgV zu berücksichtigenden Positionen, zu beziehen hat, wobei nach § 2 Abs. 6 KonzVgV grundsätzlich der Gesamtwert des Beschaffungsvorhabens maßgeblich ist,[135] und dies zu dem nach § 2 Abs. 5 KonzVgV vor-

---

131 So zu öffentlichen Aufträgen im Ausgangspunkt auch OLG Düsseldorf, Beschluss v. 30.7.2003 – VII-Verg 5/03, juris Rn. 7; *Voppel/Osenbrück/Bubert*, VgV, § 3 Rn. 35 sowie *Müller-Wrede*, in: Müller-Wrede, Kompendium des Vergaberechts, Kap. 7 Rn. 53, der allerdings meint, es dürfe sich nur um einen Nebengedanken, nicht aber den alleinigen Zweck einer Herabsetzung oder Begrenzung des Leistungsumfangs handeln. Soweit der öffentliche Auftraggeber seinen Leistungsumfang aber tatsächlich begrenzt, ist dies von seiner Beschaffungsautonomie umfasst, soweit die Begrenzung nur vorgeschoben ist, ist von dem tatsächlichen Leistungsumfang auszugehen und ergibt sich hieraus gegebenenfalls die Anwendbarkeit des Kartellvergaberechts.
132 A.A. für öffentliche Aufträge OLG Düsseldorf, Beschluss v. 8.5.2002 – VII-Verg 5/02, juris Rn. 5; *Dietlein/Fandrey*, in: Gabriel/Krohn/Neun, Handbuch Vergaberecht, § 8 Rn. 18; *Müller-Wrede*, in: Müller-Wrede, Kompendium des Vergaberechts, Kap. 7 Rn. 5. Vgl. auch *Alexander*, in: Pünder/Schellenberg, Vergaberecht, § 3 VgV Rn. 26, der zu § 3 Abs. 2 VgV a.F. meint, die Vorschrift erfasse „jede Manipulation, die sich direkt oder indirekt auf die Höhe des Auftragswertes auswirkt". Abgesehen davon, dass § 3 Abs. 2 VgV aufgrund der von ihm genannten Fälle einer Verallgemeinerung nicht zugänglich sein dürfte, sind „Manipulationen" aber ungeeignet, den Auftragswert zu ändern, und insoweit schlicht unerheblich. Vgl. dazu ferner schon oben B. II. 2. Rn. 56 ff.
133 A.A. für öffentliche Aufträge OLG Düsseldorf, Beschluss v. 8.5.2002 – VII-Verg 5/02, juris Rn. 5; dem folgend etwa *Kühnen*, in: Byok/Jaeger, Vergaberecht, § 3 VgV Rn. 6; *Dietlein/Fandrey*, in: Gabriel/Krohn/Neun, Handbuch Vergaberecht, § 8 Rn. 18; *Schneider*, in: Kapellmann/Messerschmidt, VOB, § 3 VgV Rn. 42; *Müller-Wrede*, in: Müller-Wrede, Kompendium des Vergaberechts, Kap. 7 Rn. 55 bis 58 m.w.N.; wie hier kritisch hingegen *Voppel/Osenbrück/Bubert*, VgV, § 3 Rn. 35.
134 Dazu oben D. I. Rn. 76 ff.
135 *Wagner/Pott*, in: Heiermann/Zeiss/Summa, Vergaberecht, § 2 KonzVgV Rn. 11. Für die öffentlichen Aufträge *Kühnen*, in: Byok/Jaeger, Vergaberecht, § 3 VgV Rn. 4; *Lausen*, in: Heiermann/Zeiss/Summa, Vergaberecht, § 3 VgV Rn. 14; *Schneider*, in: Kapellmann/Messerschmidt, VOB, § 3 VgV Rn. 25; *Baumann*, in: Lampe-Helbig/Jagenburg/Baldringer, Handbuch der Bauvergabe, Abschnitt C Rn. 15, S. 86.

gegebenen Zeitpunkt.¹³⁶ Eine Schätzung, die diese grundlegenden, von § 2 KonzVgV vorgegebenen Bezugspunkte verfehlt, kann ihr Ziel nicht erreichen, den geschätzten Vertragswert, genauer: Konzessionswert, im Sinne des § 106 Abs. 1 S. 1 GWB zuverlässig zu ermitteln.

2. Vorgaben für die Berechnung

§ 2 KonzVgV regelt keine Einzelheiten zu der objektiven Methode, die der Konzessionsgeber gemäß § 2 Abs. 1 KonzVgV bei der Berechnung des geschätzten Vertragswertes (Schätzung der Konzession) anzuwenden hat.¹³⁷ Anders als bei öffentlichen Aufträgen ist im Ausgangspunkt nicht der Wert der voraussichtlich von dem Konzessionsgeber zu erbringenden Gegenleistung zu ermitteln, sondern der Wert der Gegenleistung, die der Konzessionsnehmer während der Laufzeit der Konzession aus ihrer Nutzung voraussichtlich erzielen wird – der voraussichtliche Gesamtumsatz im Sinne des § 2 Abs. 3 KonzVgV –, sowie der Wert der nach § 2 Abs. 4 KonzVgV weiter zu berücksichtigenden Positionen.¹³⁸

88

a) Berechnung des voraussichtlichen Gesamtumsatzes

Soweit es den voraussichtlichen Gesamtumsatz aus der Konzession betrifft, bedarf es der Ermittlung der vom Konzessionsnehmer über die Laufzeit der Konzession für den einzelnen Geschäftsvorfall zu erzielenden Gegenleistung sowie des voraussichtlichen Umfangs der Geschäftsvorfälle. So sind beispielsweise bei einer Baukonzession über den Bau und Betrieb eines Schwimmbades nicht nur die Preise für die einzelnen angebotenen Leistungen während der Laufzeit der Konzession zu ermitteln. Darüber hinaus ist zur Schätzung des voraussichtlichen Gesamtumsatzes die voraussichtliche Inanspruchnahme der angebotenen Leistungen zu prognostizieren. Wie der Konzessionsgeber mit diesen Grunddaten – Preis, Menge, Laufzeit – zu seiner Schätzung des voraussichtlichen Gesamtumsatzes gelangt, steht in seinem Ermessen, solange nur die Ermittlung der Grunddaten und auf ihrer Grundlage die Berechnung (Schätzung) des voraussichtlichen Gesamtumsatzes nachvollziehbar sind.¹³⁹

89

Die Gegenleistung für die einzelne im Rahmen der Konzession angebotene Leistung wird hierbei häufig mehr oder weniger durch den Konzessionsgeber vorgegeben sein. Ist dies nicht der Fall und die Preisgestaltung dem Konzessionsnehmer überlassen, ist Anknüpfungspunkt für die Ermittlung der Gegenleistung der **Verkehrs-** oder **Marktwert**, zu dem die von dem Konzessionsnehmer zu erbringenden Leistungen während der Laufzeit der Konzession abgegeben werden können.¹⁴⁰ Hierbei ist der Verkehrs- oder Marktwert wie bei der Schätzung des Auftragswertes im Rahmen öffentlicher Aufträge anhand objektiver Kriterien unter Berücksichtigung der Umstände des Einzelfalls aufgrund einer sorgfältigen und aktuellen Prüfung des relevanten Marktsegments und auf der Grundlage einer sorgfältigen betriebswirtschaftlichen Finanzplanung zu ermitteln.¹⁴¹ Hierzu hat der Konzessionsgeber die Schätzungsgrund-

90

---

136 Für öffentliche Aufträge *Alexander*, in: Pünder/Schellenberg, Vergaberecht, § 3 VgV Rn. 19.
137 Vgl. dazu oben D. I. Rn. 76 ff.
138 So zutreffend *Wagner/Pott*, in: Heiermann/Zeiss/Summa, Vergaberecht, § 2 KonzVgV Rn. 18; *Wieddekind*, in: Willenbruch/Wieddekind, Vergaberecht, § 2 KonzVgV Rn. 9. Undifferenziert auf die Vorgaben zu § 3 VgV für öffentliche Aufträge abstellend dagegen VK Südbayern, Beschluss v. 14.2.2017 – Z3-3-3194-1-54-12/16, juris Rn. 222.
139 Vgl. als instruktives Beispiel VK Südbayern, Beschluss v. 14.2.2017 – Z3-3-3194-1-54-12/16, juris Rn. 228 ff., zur Kalkulation bei einer Dienstleistungskonzession über Rettungsdienste.
140 Vgl. zur Maßgeblichkeit des Verkehrs- und Marktwertes bei öffentlichen Aufträgen OLG Celle, Beschluss v. 5.2.2004 – 13 Verg 26/03, juris Rn. 26; *Beurskens*, in: Hattig/Maibaum, Kartellvergaberecht, § 3 VgV Rn. 11; *Lausen*, in: Heiermann/Zeiss/Summa, Vergaberecht, § 3 VgV Rn. 13; *Weyand*, Vergaberecht, § 3 VgV Rn. 43; *Müller-Wrede*, in: Müller-Wrede, Kompendium des Vergaberechts, Kap. 7 Rn. 40.
141 Vgl. für öffentiche Aufträge OLG Frankfurt, Beschluss v. 8.5.2012 – 11 Verg 2/12, juris Rn. 58 mit Verweis auf OLG Karlsruhe, VergabeR 2009, 200, 204; OLG Celle, Beschluss v. 19.8.2009 – 13 Verg 4/09, juris Rn. 21; Beschluss v. 12.7.2007 – 13 Verg 6/07, juris Rn. 29; BayObLG, Beschluss v. 18.6.2002 – Verg 8/02, juris Rn. 8; *Beurskens*, in: Hattig/Maibaum, Kartellvergaberecht, § 3 VgV Rn. 6; *Alexander*, in: Pünder/Schellenberg, Vergaberecht, § 3 VgV Rn. 17; *Voppel/Osenbrück/Bubert*, VgV, § 3 Rn. 11; *Wieddekind*, in: Willenbruch/Wieddekind, Vergaberecht, § 3 VgV Rn. 4, 5; *Greb*, in: Ziekow/Völlink, § 3 VgV Rn. 12; *Noch*, Vergaberecht kompakt, Rn. 419.

lage ordentlich zu ermitteln.[142] Bei der Ermittlung der tatsächlichen Grundlagen der Schätzung hat er auf das ihm zugängliche und von ihm in zumutbarer Weise zu beschaffende Wissen zurückzugreifen,[143] wobei er sich nicht mit offensichtlich veralteten Angaben zufriedengeben darf.[144] Besondere Schwierigkeiten wirft die realistische Bewertung von Kostensteigerungen während der Laufzeit der Konzession auf, die als Grundlage einer Prognose regelmäßig eine sorgfältige Ermittlung der Preisentwicklung erfordern wird.[145]

91 Bei der Berechnung (Schätzung) des voraussichtlichen Umfangs der Inanspruchnahme wird der Konzessionsgeber, soweit **Erfahrungswerte** für die von dem Konzessionsnehmer anzubietenden Leistungen bestehen, hierauf zurückzugreifen haben. Insoweit werden die Grundsätze zur Ermittlung von Preisen bei öffentlichen Aufträgen heranzuziehen sein.[146] Dort ist der Auftraggeber gehalten, auf Erfahrungswerte zurückzugreifen und sonst vorhandene Erkenntnisquellen in zumutbarem Umfang auszuschöpfen. Bestehen keine Erfahrungswerte, wird es im Einzelfall für eine ordnungsgemäße Berechnung (Schätzung) auch erforderlich sein, dass der Konzessionsgeber sich fachkundig über den voraussichtlichen Umfang der Inanspruchnahme der Leistungen des Konzessionsnehmers beraten lässt, wenn anders eine seriöse Berechnung (Schätzung) nicht möglich ist. Wie bei der Vergabe öffentlicher Aufträge gilt, dass der Auftraggeber als Konzessionsgeber sich grundsätzlich auf die Berechnungen eines Fachunternehmens, etwa eines Ingenieurbüros oder eines sonstigen Beraters, stützen kann, wenn diese Angaben keine Anhaltspunkte für Fehler bieten.[147]

92 Bei der Berechnung (Schätzung) des nach den Ermittlungen zu den Grunddaten (Preis und Menge) letztlich zu bestimmenden voraussichtlichen Gesamtumsatzes kommt dem Konzessionsgeber sodann wie dem Auftraggeber bei der Vergabe öffentlicher Aufträge, bezogen auf den eigentlichen Vorgang der Schätzung, ein **Beurteilungsspielraum** zu.[148] Allgemein gilt wie auch sonst bei der Ermittlung des Wertes öffentlicher Aufträge, dass die Anforderungen an die Genauigkeit steigen, je näher der geschätzte Vertragswert (Konzessionswert) bei dem maßgeblichen Schwellenwert liegt.[149]

b) Berechnung der sonstigen Positionen nach § 2 Abs. 4 KonzVgV

93 Für die Berechnung (Schätzung) der sonstigen nach § 2 Abs. 4 KonzVgV zu berücksichtigenden Positionen gelten die Grundsätze für die Berechnung (Schätzung) des voraussichtlichen

---

142 Für öffentliche Aufträge OLG Celle, Beschluss v. 19.8.2009 – 13 Verg 4/09, juris Rn. 21; OLG Karlsruhe, Beschluss v. 12.11.2008 – 15 Verg 4/08, juris Rn. 30; *Kühnen*, in: Byok/Jaeger, Vergaberecht, § 3 VgV Rn. 4; *Weyand*, Vergaberecht, § 3 VgV Rn. 18; *Wieddekind*, in: Willenbruch/Wieddekind, Vergaberecht, § 3 VgV Rn. 5.
143 Für öffentliche Aufträge OLG Dresden, Beschluss v. 24.7.2012 – Verg 2/12, juris Rn. 9.
144 Für öffentliche Aufträge OLG Brandenburg, Beschluss v. 17.5.2011 – Verg W 16/10, juris Rn. 59.
145 Instruktiv insoweit VK Südbayern, Beschluss v. 14.2.2017 – Z3-3-3194-1-54-12/16, wo Kostensteigerungen zunächst fehlerhaft überhaupt nicht berücksichtigt wurden (juris Rn. 231) und die dann im Verfahren vorgetragenen Kostensteigerungen (juris Rn. 232) sich vor dem Hintergrund der eingehenden Angebote als unrealistisch erwiesen (juris Rn. 244 ff.). Derartige Probleme sind durch eine Ermittlung der Kostensteigerungen in der jeweiligen Branche in den Jahren vor der beabsichtigten Vergabe der Konzession und eine etwaige ergänzende Anfrage bei Unternehmen oder Berufsverbänden über die zu erwartende weitere Entwicklung nach diesem Zeitpunkt vermeidbar.
146 Vgl. im Einzelnen *Radu*, in: Müller-Wrede, VgV/UVgO, § 3 VgV Rn. 131 f. m.w.N.
147 Vgl. für öffentliche Aufträge OLG Brandenburg, Beschluss v. 20.8.2002 – Verg W 4/02, juris Rn. 62; OLG Celle, Beschluss v. 5.2.2004 – 13 Verg 26/03, NZBau 2005, 51; *Lausen*, in: Heiermann/Zeiss/Summa, Vergaberecht, § 3 VgV Rn. 16; *Alexander*, in: Pünder/Schellenberg, Vergaberecht, § 3 VgV Rn. 19.
148 Für öffentliche Aufträge OLG Dresden, Beschluss v. 24.7.2012 – Verg 2/12, juris Rn. 9; OLG Celle, Beschluss v. 19.8.2009 – 13 Verg 4/09, juris Rn. 22; Beschluss v. 12.7.2007 – 13 Verg 6/07, juris Rn. 29; *Lausen*, in: Heiermann/Zeiss/Summa, Vergaberecht, § 3 VgV Rn. 16; *Schwab*, in: Heuvels/Höß/Kuß/Wagner, Vergaberecht, § 3 VgV Rn. 4; *Greb*, in: Ziekow/Völlink, Vergaberecht, § 3 VgV Rn. 4.
149 Für öffentliche Aufträge OLG Dresden, Beschluss v. 24.7.2012 – Verg 2/12, juris Rn. 10: ggf. zusätzliche Erkundigung und Verifizierung erforderlich; OLG Celle, Beschluss v. 19.8.2009 – 13 Verg 4/09, juris Rn. 22; Beschluss v. 12.7.2007 – 13 Verg 6/07, juris Rn. 29; *Kühnen*, in: Byok/Jaeger, Vergaberecht, § 3 VgV Rn. 6; *Beurskens*, in: Hattig/Maibaum, Kartellvergaberecht, § 3 VgV Rn. 6; *Lausen*, in: Heiermann/Zeiss/Summa, Vergaberecht, § 3 VgV Rn. 18; *von Wietersheim*, in: Leupertz/von Wietersheim, VOB, § 1 EU VOB/A Rn. 80; *Schneider*, in: Kapellmann/Messerschmidt, VOB, § 3 VgV Rn. 27; *Glahs*, in: Reidt/Stickler/Glahs, Vergaberecht, § 3 VgV Rn. 6; *Wieddekind*, in: Willenbruch/Wieddekind, Vergaberecht, § 3 VgV Rn. 5; *Müller-Wrede*, in: Müller-Wrede, Kompendium des Vergaberechts, Kap. 7 Rn. 43, 104; *Noch*, Vergaberecht kompakt, Rn. 419.

Gesamtumsatzes im Sinn des § 2 Abs. 3 KonzVgV[150] entsprechend. Das gilt insbesondere bei den von dem Umfang der Geschäftstätigkeit des Konzessionsnehmers abhängigen, nach **§ 2 Abs. 4 Nr. 1, 2 und 5 KonzVgV** zu berücksichtigenden Positionen, bei denen es regelmäßig einer Schätzung sowohl der Einnahmen aus dem einzelnen Geschäftsvorfall als auch der Menge der Geschäftsvorfälle insgesamt bedarf.

Bei den **übrigen** zu berücksichtigenden **Positionen** werden die insoweit anzusetzenden Werte dagegen aufgrund der Vorgaben des Konzessionsgebers häufig mehr oder weniger feststehen. Das gilt etwa für Zuzahlungen des Konzessionsgebers oder Dritter (§ 2 Abs. 4 Nr. 3 und 4 KonzVgV) sowie für Prämien und Zahlungen an Bieter und Bewerber (§ 2 Abs. 4 Nr. 7 KonzVgV). Bei den von dem Konzessionsgeber zur Verfügung gestellten Lieferungen und Dienstleistungen (§ 2 Abs. 4 Nr. 6 KonzVgV) wird der anzusetzende Wert ebenfalls häufig leicht und zuverlässig zu ermitteln sein.

94

III. Dokumentationspflicht

§ 6 Abs. 2 S. 2 Nr. 1 KonzVgV sieht vor, dass der in Textform (§ 126b BGB) über das Vergabeverfahren zu verfassende Vermerk (vgl. § 6 Abs. 2 S. 1 KonzVgV) mindestens Gegenstand und Vertragswert der Konzession (Konzessionswert) zu umfassen hat.

95

Nach § 2 Abs. 1 Hs. 2 KonzVgV hat der Konzessionsgeber zudem in den Vergabeunterlagen anzugeben, nach welcher **objektiven Methode** er den geschätzten Konzessionswert berechnet hat. Die Parameter der Berechnung des Vertragswertes (Schätzung des Konzessionswertes) müssen also für die Unternehmen nachvollziehbar dargelegt sein.[151] Sofern dies bereits in der Konzessionsbekanntmachung geschehen sein sollte, wird die Wiederholung der Angaben in den Vergabeunterlagen entbehrlich sein, weil damit bereits das mit § 2 Abs. 1 Hs. 2 KonzVgV angestrebte Ziel, Transparenz über die Methode der Berechnung (Schätzung) zu schaffen, erreicht ist. Das entspricht auch Art. 5 Nr. 12 RL 2014/23/EU, wonach zu den „Konzessionsunterlagen" auch die Konzessionsbekanntmachung zählt. Die Angabe der Methode in einer Vorinformation nach § 22 Abs. 1 KonzVgV genügt hingegen nicht, weil diese dem eigentlichen Vergabeverfahren vorhergehende bloße Absichtsbekundung noch nicht Teil der Vergabeunterlagen ist.

96

Darin erschöpfen sich aber die Dokumentationspflichten des Konzessionsgebers nicht. Nach § 6 Abs. 1 S. 1 KonzVgV hat er vielmehr das Vergabeverfahren zu dokumentieren, soweit dies für die Begründung der Entscheidungen auf jeder Stufe erforderlich ist. Deswegen hat er die Gesamtheit der für die Berechnung des Konzessionswertes **maßgeblichen Umstände** zu dokumentieren.[152] Aus dem entsprechenden Vermerk muss hervorgehen, was Gegenstand der Berechnung (Schätzung) war, wie auch, auf welche Weise der Konzessionsgeber jeweils zu den zugrunde gelegten Werten gelangt ist und dass sie zu den nach § 2 Abs. 5 KonzVgV maßgeblichen Zeitpunkten zutreffend waren.[153] Als Ausdruck des Transparenzgebotes soll der Vermerk für Dritte nachprüfbar darlegen, dass der Konzessionsgeber den Gegenstand der Berechnung (Schätzung) zutreffend bestimmt und den voraussichtlichen Gesamtumsatz (§ 2 Abs. 3 KonzVgV) sowie die nach § 2 Abs. 4 KonzVgV weiter zu berücksichtigenden Positionen

97

---

150 Dazu oben D. II. 2. a) Rn. 89 ff.
151 *Wagner/Pott*, in: Heiermann/Zeiss/Summa, Vergaberecht, § 2 KonzVgV Rn. 10.
152 Ebenso VK Südbayern, Beschluss v. 14.2.2017 – Z3-3-3194-1-54-12/16, juris Rn. 225; *Wagner/Pott*, in: Heiermann/Zeiss/Summa, Vergaberecht, § 2 KonzVgV Rn. 7. Für öffentliche Aufträge *Schwab*, in: Heuvels/Höß/Kuß/Wagner, Vergaberecht, § 3 VgV Rn. 3; *Alexander*, in: Pünder/Schellenberg, Vergaberecht, § 3 VgV Rn. 23; *Voppel/Osenbrück/Bubert*, VgV, § 3 Rn. 14.
153 Für öffentliche Aufträge *Lausen*, in: Heiermann/Zeiss/Summa, Vergaberecht, § 3 VgV Rn. 59 f.; *Schneider*, in: Kapellmann/Messerschmidt, VOB, § 3 VgV Rn. 32; *Müller-Wrede*, in: Müller-Wrede, Kompendium des Vergaberechts, Kap. 7 Rn. 44.

vertretbar bewertet hat.[154] Allgemein gilt, dass die Anforderungen an die Genauigkeit der Dokumentation steigen, je näher der geschätzte Vertragswert (Konzessionswert) bei dem jeweils maßgeblichen Schwellenwert liegt[155] und je weiter der Beurteilungsspielraum des Konzessionsgebers im Einzelfall ist.[156] Der Erstellung eines entsprechenden schriftlichen Vermerks bedarf es spätestens bei Einleitung des Vergabeverfahrens im Sinn des § 2 Abs. 5 KonzVgV.[157]

E. Rechtsschutz

I. Prüfung der Berechnung des Vertragswertes im Vergabenachprüfungsverfahren

1. Prüfung von Amts wegen

98   Im vergaberechtlichen Nachprüfungsverfahren nach den §§ 155 ff. GWB sind die Vorschriften über die Berechnung des geschätzten Vertragswertes (Schätzung des Konzessionswertes) bedeutsam, weil die Statthaftigkeit des Nachprüfungsantrags unter anderem von dem Erreichen des jeweils nach § 106 Abs. 2 Nr. 4 GWB maßgeblichen Schwellenwertes abhängt.[158] Die Nachprüfungsinstanzen haben deswegen von Amts wegen und unabhängig von Rügen der Beteiligten[159] oder deren Kenntnis der Fehlerhaftigkeit der Schätzung[160] zu prüfen, ob der

---

154 Für öffentliche Aufträge *Müller-Wrede*, in: Müller-Wrede, Kompendium des Vergaberechts, Kap. 7 Rn. 100. Entgegen *Lausen*, in: Heiermann/Zeiss/Summa, Vergaberecht, § 3 VgV Rn. 61, hat der öffentliche Auftraggeber aber mit dem Vermerk nicht etwa – darüber hinaus und gleichsam präventiv – nachzuweisen, dass die Schätzung des Auftragswertes oder die Aufteilung des Auftrags nicht mit einer Umgehungsabsicht erfolgt seien. Ist die Schätzung nach Maßgabe der gesetzlichen Vorgaben vertretbar, stellt sich vielmehr die Frage einer Umgehung nicht; auf eine Absicht kommt es insoweit ohnehin nicht an, vgl. oben B. III. 2. Rn. 56 ff. und D. I. 2. Rn. 78 ff.
155 Ebenso VK Südbayern, Beschluss v. 14.2.2017 – Z3-3-3194-1-54-12/16, juris Rn. 222, 225. Für öffentliche Aufträge OLG Celle, Beschluss v. 19.8.2009 – 13 Verg 4/09, juris Rn. 22; Beschluss v. 12.7.2007 – 13 Verg 6/07, juris Rn. 29; *Kühnen*, in: Byok/Jaeger, Vergaberecht, § 3 VgV Rn. 3; *Beurskens*, in: Hattig/Maibaum, Kartellvergaberecht, § 3 VgV Rn. 6; *Schwab*, in: Heuvels/Höß/Kuß/Wagner, Vergaberecht, § 3 VgV Rn. 3; *Schneider*, in: Kapellmann/Messerschmidt, VOB, § 3 VgV Rn. 32; *Alexander*, in: Pünder/Schellenberg, Vergaberecht, § 3 VgV Rn. 23; *Noch*, Vergaberecht kompakt, Rn. 433, 551.
156 Vgl. für öffentliche Aufträge *Lausen*, in: Heiermann/Zeiss/Summa, Vergaberecht, § 3 VgV Rn. 73, die für die Schätzung des Auftragswertes bei einer Innovationspartnerschaft im Sinne des § 119 Abs. 7 GWB – dazu und zu § 3 Abs. 5 VgV näher oben unter D. II. 2. a) Rn. 89 ff. – zutreffend auf diesen Zusammenhang aufmerksam macht.
157 Vgl. für öffentliche Aufträge OLG Schleswig, Beschluss v. 30.3.2004 – 6 Verg 1/03, juris Rn. 27; *Kühnen*, in: Byok/Jaeger, Vergaberecht, § 3 VgV Rn. 3; *Schneider*, in: Kapellmann/Messerschmidt, VOB, § 3 VgV Rn. 32; *Müller-Wrede*, in: Müller-Wrede, Kompendium des Vergaberechts, Kap. 7 Rn. 99.
158 Für öffentliche Aufträge OLG Karlsruhe, Beschluss v. 12.11.2008 – 15 Verg 4/08, juris Rn. 38; a.A. wohl KG, Beschluss v. 13.5.2013 – Verg 10/12, juris Rn. 13.
159 Für öffentliche Aufträge EuGH, Urteil v. 11.10.2007 – Rs. C-241/06 (Lämmerzahl), juris Rn. 61, 64; OLG Bremen, Beschluss v. 26.6.2009 – Verg 3/05, juris Rn. 38 f.; a.A. noch OLG Bremen, Beschluss v. 18.5.2006 – Verg 3/05, juris Rn. 28, in dem Vorlagebeschluss zu der vorgenannten Entscheidung des EuGH; unklar *Müller-Wrede*, in: Müller-Wrede, Kompendium des Vergaberechts, Kap. 7 Rn. 45. Schon gar nicht setzt die Prüfung der Schätzung voraus, dass die Voraussetzungen des § 3 Abs. 2 S. 1 VgV vorliegen, also von einer Umgehung des Kartellvergaberechts auszugehen ist, so zutreffend OLG Karlsruhe, Beschluss v. 12.11.2008 – 15 Verg 4/08, juris Rn. 38.
160 A.A. für öffentliche Aufträge OLG Brandenburg, Beschluss v. 29.4.2003 – Verg W 8/03, juris Rn. 48; *Schwab*, in: Heuvels/Höß/Kuß/Wagner, Vergaberecht, § 3 VgV Rn. 5, wonach das Nachprüfungsverfahren nicht statthaft sei, wenn der Bieter die fehlerhafte Berechnung erkannt und sich dennoch auf das Vergabeverfahren eingelassen habe; dies sei treuwidrig und der Bieter nicht schutzwürdig. Derartige Umstände vermögen indessen an der rein objektiv zu beurteilenden Statthaftigkeit des Verfahrens nichts zu ändern; allenfalls mag denkbar sein, dass im Einzelfall im Hinblick auf das widersprüchliche Verhalten des Bieters seine Rügen unbeachtlich sein könnten.

Konzessionsgeber den Vertragswert (Konzessionswert) ordnungsgemäß berechnet (geschätzt) hat,[161] und die Berechnung (Schätzung), soweit erforderlich,[162] nachzuholen.[163]

Nicht angängig ist es, die Frage mit der Begründung **offenzulassen**, es sei nach dem Vortrag des Antragstellers von dem Erreichen der Schwellenwerte und der Zulässigkeit des Nachprüfungsantrags auszugehen, da ihm sonst der Zugang zu einer Überprüfung der als rechtswidrig beanstandeten Vergabe verwehrt wäre[164] oder weil die Vergabestelle sich insoweit versehentlich oder bewusst gebunden habe.[165] Denn eine Überprüfung in der Sache ist wie sonst auch nur in einem zulässigen Verfahren möglich.[166] Ist die Frage der Zulässigkeit dagegen im Rahmen einer Entscheidung über einen Antrag nach § 173 Abs. 1 S. 3 GWB nicht zu klären, kann für dieses Eilverfahren von der Erreichung des Schwellenwertes ausgegangen werden, wenn dies nach dem Vorbringen der Beteiligten und den Umständen in Betracht kommt.[167] Auch kann die Richtigkeit des geschätzten Vertragswertes (Konzessionswertes) und die davon abhängige Statthaftigkeit des Nachprüfungsantrags jedenfalls dann offengelassen werden, wenn der Nachprüfungsantrag, seine Zulässigkeit unterstellt, jedenfalls unbegründet wäre und sich das Erreichen des Schwellenwertes nicht ohne Beweisaufnahme feststellen lässt.[168]

99

Aus dem Umstand, dass der Anwendungsbereich des Kartellvergaberechts im Hinblick auf die Schwellenwerte und die Berechnung des geschätzten Vertragswertes (Schätzung des Konzessionswertes) und damit auch der vergaberechtliche Rechtsschutz unabhängig von Rügen der Bieter und dem Verhalten des Konzessionsgebers sind, folgt, dass die Unternehmen sich gerade auch gegen die **unterbliebene Anwendung des Kartellvergaberechts** durch den Konzessionsgeber auf der Grundlage einer fehlerhaften, nicht vertretbaren Berechnung des geschätzten Vertragswertes (Schätzung des Konzessionswertes) wenden können. Stellt sich heraus, dass entgegen einer fehlerhaften oder unterlassenen Berechnung (Schätzung) die jeweils einschlägigen Schwellenwerte erreicht sind, ist nicht nur das Vergabenachprüfungsverfahren statthaft, sondern liegt in der unterlassenen Anwendung des Kartellvergaberechts, insbesondere der dann regelmäßig unterbliebenen öffentlichen Ausschreibung, auch eine Verletzung kartellvergaberechtlicher Vorschriften, die ohne Weiteres unternehmensschützend im

100

---

161 Vgl. für öffentliche Aufträge OLG München, Beschluss v. 31.10.2012 – Verg 19/12, juris Rn. 31; OLG Rostock, Beschluss v. 20.9.2006 – 17 Verg 9/06, juris Rn. 46; OLG Schleswig, Beschluss v. 30.3.2004 – 6 Verg 1/03, juris Rn. 24 f.; *Beurskens*, in: Hattig/Maibaum, Kartellvergaberecht, § 2 VgV Rn. 5; *Lausen*, in: Heiermann/Zeiss/Summa, Vergaberecht, § 3 VgV Rn. 38; *Marx*, in: Kulartz/Kus/Marx/Portz/Prieß, VgV, § 3 Rn. 4; *Alexander*, in: Pünder/Schellenberg, Vergaberecht, § 3 VgV Rn. 6; *Wieddekind*, in: Willenbruch/Wieddekind, Vergaberecht, § 3 VgV Rn. 5; *Greb*, in: Ziekow/Völlink, Vergaberecht, § 3 VgV Rn. 20; *Müller-Wrede*, in: Müller-Wrede, Kompendium des Vergaberechts, Kap. 7 Rn. 102.
162 Ist der Schwellenwert offensichtlich über- oder unterschritten, erübrigt sich eine eingehendere Prüfung, ob und inwieweit der Konzessionsgeber den Vertragswert zutreffend geschätzt hat, weil sich auch so feststellen lässt, dass der Schwellenwert jedenfalls erreicht oder nicht erreicht ist; vgl. etwa OLG Düsseldorf, Beschluss v. 10.12.2014 – VII-Verg 24/14, juris Rn. 22 bis 26.
163 Vgl. dazu näher unten E. I. 3. Rn. 112 ff.
164 So aber für öffentliche Aufträge OLG Düsseldorf, Beschluss v. 25.1.2005 – VII-Verg 93/04, juris Rn. 21; *Beurskens*, in: Hattig/Maibaum, Kartellvergaberecht, § 3 VgV Rn. 31.
165 Für öffentliche Aufträge OLG Düsseldorf, Beschluss v. 31.3.2004 – VII-Verg 74/03, juris Rn. 15; BayObLG, Beschluss v. 23.5.2002 – Verg 7/02, juris Rn. 14; *von Wietersheim*, in: Leupertz/von Wietersheim, VOB, § 1 EU VOB/A Rn. 88; *Schneider*, in: Kapellmann/Messerschmidt, VOB, § 3 VgV Rn. 15; *Glahs*, in: Reidt/Stickler/Glahs, Vergaberecht, § 3 VgV Rn. 10; *Wieddekind*, in: Willenbruch/Wieddekind, Vergaberecht, § 3 VgV Rn. 1; *Schneider*, in: Lampe-Helbig/Jagenburg/Baldringer, Handbuch der Bauvergabe, Abschnitt E Rn. 9, S. 206; a.A. wohl KG, Beschluss v. 24.10.2013 – Verg 11/13, juris Rn. 8; OLG Stuttgart, Beschluss v. 9.8.2001 – 2 Verg 3/01, juris Rn. 60; *Lausen*, in: Heiermann/Zeiss/Summa, Vergaberecht, § 3 VgV Rn. 80. Davon zu unterscheiden ist die zu bejahende Frage, ob sich der für öffentliche Auftraggeber OLG Düsseldorf, Beschluss v. 25.1.2005 – VII-Verg 93/04, juris Rn. 21; *Beurskens* bei einem unterschwelligen Beschaffungsvorhaben freiwillig – etwa „zur Sicherheit" bei einer knappen Unterschreitung der Schwellenwerte (vgl. *Wieddekind*, in: Willenbruch/Wieddekind, Vergaberecht, § 3 VgV Rn. 8) – dem Kartellvergaberecht unterwerfen kann (vgl. für die Ausschreibung etwa § 40 Abs. 4 VgV). Damit ist aber nicht die Befugnis verbunden, ein gesetzlich nur für oberschwellige Vergaben vorgesehenes gerichtliches Verfahren zu eröffnen, vgl. OLG Koblenz, Beschluss v. 24.3.2015 – Verg 1/15, juris Rn. 14.
166 Ebenso *Dietlein/Fandrey*, in: Gabriel/Krohn/Neun, Handbuch Vergaberecht, § 8 Rn. 22.
167 Für öffentliche Aufträge OLG Brandenburg, Beschluss v. 7.10.2010 – Verg W 16/10, juris Rn. 18, 20. Im Ergebnis mit den genannten Erwägungen zutreffend auch OLG Düsseldorf, Beschluss v. 25.1.2005 – VII-Verg 93/04, juris Rn. 21.
168 Für öffentliche Aufträge OLG Brandenburg, Beschluss v. 17.5.2011 – Verg W 16/10, juris Rn. 51, 61, 86.

Sinne des § 97 Abs. 6 GWB sind.[169] Während es im Hinblick auf die Statthaftigkeit des Nachprüfungsverfahrens nicht auf die Rüge der fehlerhaften Berechnung des Vertragswertes (Schätzung des Konzessionswertes) ankommt, kann der Antragsteller mit seiner Rüge nach § 160 Abs. 3 GWB präkludiert sein,[170] mit der Folge, dass der Nachprüfungsantrag zwar statthaft, jedoch im Hinblick auf die Präklusion unzulässig ist. Das setzt aber voraus, dass überhaupt eine Rügeobliegenheit nach § 160 Abs. 3 S. 1 GWB bestanden hat, was insbesondere bei De-facto-Vergaben gemäß § 160 Abs. 3 S. 2 GWB grundsätzlich nicht der Fall ist.[171]

2. Prüfung der gesetzlichen Vorgaben

101 **Gegenstand** der Prüfung ist die Einhaltung sämtlicher oben unter den Kapiteln B, C und D dargelegten Vorgaben bei der Berechnung des geschätzten Vertragswertes (Schätzung des Konzessionswertes), also der Vorgaben zu dem Gegenstand der Schätzung, zu dem Zeitpunkt der Schätzung und zu dem Vorgang der Schätzung.[172] Sind diese Vorgaben eingehalten, ist der von dem Konzessionsgeber geschätzte Vertragswert (Konzessionswert) zugrunde zu legen, auch wenn sich, vorbehaltlich der Regelung des § 2 Abs. 5 S. 2 KonzVgV,[173] später herausstellt, dass der Konzessionswert höher oder niedriger ist.[174] Zu prüfen ist also nicht etwa, wie hoch der Vertragswert (Konzessionswert) tatsächlich ist, sondern ob er von dem Konzessionsgeber nach den gesetzlichen Vorgaben ermittelt worden ist.[175] Nur der durch eine ordnungsgemäße Schätzung ermittelte Vertragswert (Konzessionswert) kann über die Geltung oder Nichtgeltung des Kartellvergaberechts bestimmen.[176]

102 Die **Darlegungs-** und **Beweislast** für die tatsächlichen Umstände, die für die Berechnung des Vertragswertes (Schätzung des Konzessionswertes) maßgeblich sind, liegt bei dem Antragsteller,[177] wobei den Konzessionsgeber nach allgemeinen Grundsätzen für die in seinem und nicht auch im Einflussbereich des Antragstellers liegenden Umstände eine sekundäre Darlegungslast trifft, deren Erfüllung die Nachprüfungsinstanzen im Rahmen ihrer Ermittlungsbefugnisse auch einfordern können.[178]

a) Maßstäbe bei der Prüfung

aa) Gegenstand und Zeitpunkt der Berechnung

103 Was den Gegenstand und den Zeitpunkt der Berechnung (Schätzung) betrifft, hat der Konzessionsgeber sich schlicht an die gesetzlichen Vorgaben zu halten. Dies ist von den Nachprü-

---

169 Für öffentliche Aufträge *Schneider*, in: Kapellmann/Messerschmidt, VOB, § 3 VgV Rn. 9; *Alexander*, in: Pünder/Schellenberg, Vergaberecht, § 3 VgV Rn. 4; *Müller-Wrede*, in: Müller-Wrede, Kompendium des Vergaberechts, Kap. 7 Rn. 6, 109.
170 Für öffentliche Aufträge *Müller-Wrede*, in: Müller-Wrede, Kompendium des Vergaberechts, Kap. 7 Rn. 111.
171 Vgl. zu den Einzelheiten und weiteren Ausnahmen *Hofmann*, in: Müller-Wrede, GWB-Vergaberecht, § 160 Rn. 83 ff.
172 *Müller-Wrede*, in: Müller-Wrede, Kompendium des Vergaberechts, Kap. 7 Rn. 103.
173 Näher zu dieser Regelung oben C. II. Rn. 70 ff.
174 Für öffentliche Aufträge OLG München, Beschluss v. 31.10.2012 – Verg 19/12, juris Rn. 31; OLG Bremen, Beschluss v. 26.6.2009 – Verg 3/05, juris Rn. 39; Beschluss v. 18.5.2006 – Verg 3/05, juris Rn. 35; OLG Celle, Beschluss v. 18.12.2003 – 13 Verg 22/03, juris Rn. 20; *Kühnen*, in: Byok/Jaeger, Vergaberecht, § 3 VgV Rn. 5; *Beurskens*, in: Hattig/Maibaum, Kartellvergaberecht, § 3 VgV Rn. 30; *Schneider*, in: Kapellmann/Messerschmidt, VOB, § 3 VgV Rn. 33; *Marx*, in: Kulartz/Kus/Marx/Portz/Prieß, VgV, § 3 Rn. 4; *Alexander*, in: Pünder/Schellenberg, Vergaberecht, § 3 VgV Rn. 5; *Glahs*, in: Reidt/Stickler/Glahs, Vergaberecht, § 3 VgV Rn. 5, 8; *Wieddekind*, in: Willenbruch/Wieddekind, Vergaberecht, § 3 VgV Rn. 5; *Greb*, in: Ziekow/Völlink, Vergaberecht, § 3 VgV Rn. 17 f.; *Schneider*, in: Lampe-Helbig/Jagenburg/Baldringer, Handbuch der Bauvergabe, Abschnitt E Rn. 29, S. 210.
175 Für öffentliche Aufträge OLG Brandenburg, Beschluss v. 6.3.2012 – Verg W 16/11, juris Rn. 43.
176 Für öffentliche Aufträge *Leinemann/Leinemann*, in: Leinemann, Vergabe öffentlicher Aufträge, Rn. 113.
177 Für öffentliche Aufträge OLG Koblenz, Beschluss v. 24.3.2015 – Verg 1/15, juris Rn. 20; *Lausen*, in: Heiermann/Zeiss/Summa, Vergaberecht, § 3 VgV Rn. 20; wohl a.A. *Greb*, in: Ziekow/Völlink, Vergaberecht, § 3 VgV Rn. 15, wonach den öffentlichen Auftraggeber die Darlegungs- und Beweislast für „die Seriosität seiner Schätzung" treffen soll; ebenso *Noch*, Vergaberecht kompakt, Rn. 533. Der Auftraggeber ist aber im Nachprüfungsverfahren nicht Antragsteller, sodass ihn nur eine sekundäre Darlegungslast treffen kann.
178 Für öffentliche Aufträge *Schneider*, in: Lampe-Helbig/Jagenburg/Baldringer, Handbuch der Bauvergabe, Abschnitt E Rn. 34, S. 211.

fungsinstanzen in vollem Umfang zu überprüfen.[179] So ist es ohne Weiteres schädlich, wenn der Konzessionsgeber den Gegenstand der Berechnung (Schätzung) **falsch bestimmt**. Standardfall ist insoweit, dass er für einen Teil seines Beschaffungsvorhabens die Vergabe einer Konzession ausschreibt und nicht erkennt, dass nicht der Wert der Konzession, sondern der Gesamtwert der das Beschaffungsvorhaben umfassenden Leistungen nach § 2 Abs. 6 KonzVgV Gegenstand der Berechnung (Schätzung) ist und der so ermittelte Wert maßgeblich dafür ist, ob der Schwellenwert erreicht oder überschritten ist.[180]

104 Als Fehlerquelle dürften sich zudem die Vorgaben des § 2 Abs. 4 KonzVgV erweisen, indem der Konzessionsgeber Positionen übersieht, die nach dieser Vorschrift Gegenstand seiner Berechnung des Vertragswertes (Schätzung des Konzessionswertes) zu sein hätten.[181] Ohne Weiteres fehlerhaft ist es, einen **Teil der Leistungen** bei der Kostenberechnung nicht zu berücksichtigen, sei es, dass vorgesehene Leistungen nicht in die Berechnung des Vertragswertes (Schätzung des Konzessionswertes) einbezogen werden,[182] sei es, dass sie einem falschen Auftrag zugeordnet worden sind,[183] oder sei es, dass schon der Bedarf bei der Bestimmung des Leistungsgegenstandes fehlerhaft ermittelt wurde.[184]

105 Auch die **mangelnde Bestimmtheit** der Leistung macht die Schätzung angreifbar, weil damit auch der Wert der vorgesehenen Leistung als Gegenstand der Berechnung des Vertragswertes (Schätzung des Konzessionswertes) nicht zuverlässig zu bestimmen ist.[185]

106 Ohne Weiteres fehlerhaft ist auch eine nicht auf die nach § 2 Abs. 5 KonzVgV maßgeblichen **Zeitpunkte** bezogene Berechnung des Vertragswertes (Schätzung des Konzessionswertes), wenn dadurch Zweifel entstehen, ob der maßgebliche Schwellenwert unter- oder überschritten ist.[186]

bb) Vorgang der Berechnung

107 Bei dem Vorgang der Berechnung (Schätzung) hat der Konzessionsgeber einen sich aus dem prognostischen Charakter der Schätzung herleitenden[187] Beurteilungsspielraum, den die Nachprüfungsinstanzen zu respektieren haben.[188] Insoweit beschränkt sich die Prüfung darauf, ob die in der Schätzung liegende Prognose aufgrund der objektiv vorliegenden und erkennbaren Daten vertretbar war.[189] Umstände, die erst im Nachhinein bei einer rückschauenden Betrachtung erkennbar und in ihrer Bedeutung ersichtlich werden, sind hierbei nicht zu berücksichtigen.[190] An einer vertretbaren Berechnung (Schätzung) wird es regelmäßig fehlen,

---

179 Deswegen geht es entgegen OLG München, Beschluss v. 31.10.2012 – Verg 19/12, juris. Rn. 32, zu einem öffentlichen Auftrag, insoweit nicht um die Einhaltung eines dem öffentlichen Auftraggeber in diesem Bereich gerade nicht zustehenden Beurteilungsspielraums.
180 Zu dieser Regelung näher oben B. III. 1. Rn. 46 ff.
181 Zu § 2 Abs. 4 KonzVgV näher oben B. II. Rn. 22 ff.
182 Vgl. zu einem öffentlichen Auftrag OLG München, Beschluss v. 31.10.2012 – Verg 19/12, juris Rn. 32.
183 Vgl. zu einem öffentlichen Auftrag OLG Brandenburg, Beschluss v. 20.8.2002 – Verg W 4/02, juris Rn. 86.
184 Zu öffentlichen Aufträgen OLG Karlsruhe, Beschluss v. 12.11.2008 – 15 Verg 4/08, juris Rn. 25, 28, 30.
185 Für öffentliche Aufträge OLG Celle, Beschluss v. 12.7.2007 – 13 Verg 6/07, juris Rn. 32.
186 VK Südbayern, Beschluss v. 14.2.2017 – Z3-3-3194-1-54-12/16, juris Rn. 233; vgl. für öffentliche Aufträge nur OLG Celle, Beschluss v. 19.8.2009 – 13 Verg 4/09, juris Rn. 24; *Schneider*, in: Lampe-Helbig/Jagenburg/Baldringer, Handbuch der Bauvergabe, Abschnitt E Rn. 29, S. 210.
187 Entgegen *Schneider*, in: Kapellmann/Messerschmidt, VOB, § 3 VgV Rn. 35, folgt der Beurteilungsspielraum dagegen nicht aus einem Umkehrschluss zu § 3 Abs. 2 VgV, der § 2 Abs. 2 KonzVgV entspricht, weil dort nur „absichtliche Fehler" verboten seien; dies schon deswegen nicht, weil diese Vorschrift schon nach ihrer früheren Fassung keine Absicht voraussetzt; vgl. näher unter B. III. 2. Rn. 59 und D. I. 2. Rn. 83.
188 Ebenso VK Südbayern, Beschluss v. 14.2.2017 – Z3-3-3194-1-54-12/16, juris Rn. 223; Wagner/Pott, in: Heiermann/Zeiss/Summa, Vergaberecht, § 2 KonzVgV Rn. 11.1. - Für öffentliche Aufträge OLG Dresden, Beschluss v. 24.7.2012 – Verg 2/12, juris Rn. 9; OLG Celle, Beschluss v. 19.8.2009 – 13 Verg 4/09, juris Rn. 22; *Beurskens*, in: Hattig/Maibaum, Kartellvergaberecht, § 3 VgV Rn. 6; *Glahs*, in: Reidt/Stickler/Glahs, Vergaberecht, § 3 VgV Rn. 8; *Voppel/Osenbrück/Bubert*, VgV, § 3 VgV Rn. 13; *Weyand*, Vergaberecht, § 3 VgV Rn. 26; *Greb*, in: Ziekow/Völlink, Vergaberecht, § 3 VgV Rn. 4; *Müller-Wrede*, in: Müller-Wrede, Kompendium des Vergaberechts, Kap. 7 Rn. 43, 101.
189 Für öffentliche Aufträge OLG München, Beschluss v. 2.6.2016 – Verg 15/15, juris Rn. 37; *Lausen*, in: Heiermann/Zeiss/Summa, Vergaberecht, § 3 VgV Rn. 16; *Glahs*, in: Reidt/Stickler/Glahs, Vergaberecht, § 3 VgV Rn. 8.
190 Für öffentliche Aufträge BGH, Urteil v. 8.9.1998 – X ZR 99/96, juris Rn. 23, zur Pflicht des öffentlichen Auftraggebers, den Kostenbedarf sachgerecht zu ermitteln.

wenn sie auf erkennbar unrichtigen Daten beruht, insbesondere wenn sie eine vorhersehbare Kostenentwicklung unberücksichtigt lässt oder ungeprüft und pauschal auf anderen Kalkulationsgrundlagen beruhende Werte übernimmt.[191] Insgesamt dürfen an die Berechnung (Schätzung) selbst aber keine übertriebenen Anforderungen gestellt werden.[192]

b) Durchführung der Prüfung

108 **Grundlage** der Prüfung der Nachprüfungsinstanzen, ob der Konzessionsgeber den Vertragswert (Konzessionswert) ordnungsgemäß nach den gesetzlichen Vorgaben geschätzt hat, sind die Feststellungen des Konzessionsgebers in den Vergabeakten.[193] Die daraus ersichtlichen Erwägungen sind nach den vorstehenden Maßstäben auf Richtigkeit der tatsächlichen Grundlagen und Vertretbarkeit der auf dieser Grundlage vorgenommenen Wertungen zu überprüfen.[194] Wenn der Schwellenwert klar unter- oder überschritten ist, genügt allerdings eine nur kursorische Richtigkeitsprüfung anhand der Vergabeakten;[195] denn die Klärung des genauen zu schätzenden Vertragswertes (Konzessionswertes) ist für die Frage der Statthaftigkeit des Nachprüfungsverfahrens und der Anwendbarkeit des Kartellvergaberechts unerheblich.[196]

109 Ob bestimmte Positionen **angemessen** berücksichtigt sind, kann, soweit die Sachkunde des Gerichts eigene Feststellungen nicht ermöglicht und eine Ermittlung unumgänglich ist, nur nach Einholung eines Sachverständigengutachtens geklärt werden.[197] Häufig werden sich die angesetzten Werte aber auch aus eigener Sachkunde auf Plausibilität prüfen lassen.[198]

110 Lassen die Vergabeakten die Einhaltung der Vorgaben erkennen, kann sich die Prüfung darauf **beschränken**, ob Anhaltspunkte für eine fehlerhafte Berechnung (Schätzung) feststellbar sind.[199] Soweit der Konzessionsgeber seiner Dokumentationspflicht[200] dagegen nicht ordnungsgemäß nachgekommen ist, ist es den Nachprüfungsinstanzen verwehrt, seine Angaben ohne weitere inhaltliche Prüfung zu übernehmen.[201]

111 Im Rahmen seiner sekundären **Darlegungslast** hat der Konzessionsgeber sich zur Vertretbarkeit seiner Berechnung (Schätzung) zu äußern. Soweit die Angaben in den Vergabeakten unklar sind, obliegt es ihm deswegen, die Unklarheiten aufzuklären und auch noch im Nachprüfungsverfahren zur Vertretbarkeit seiner Berechnung (Schätzung) vorzutragen, etwa darzulegen, unter Anknüpfung an welche Erfahrungswerte er zu seinen Bewertungen gelangt ist.[202]

---

191 Für öffentliche Aufträge BGH, Urteil v. 8.9.1998 – X ZR 99/96, juris Rn. 23, im Zusammenhang mit der Pflicht des öffentlichen Auftraggebers, den Kostenbedarf sachgerecht zu ermitteln; OLG Celle, Beschluss v. 10.3.2016 – 13 Verg 5/15, juris Rn. 57: nicht nachvollziehbare Kostenfortschreibungen; *Schneider*, in: Kapellmann/Messerschmidt, VOB, § 3 VgV Rn. 8.
192 Für öffentliche Aufträge OLG Celle, Beschluss v. 19.8.2009 – 13 Verg 4/09, juris Rn. 22; OLG Karlsruhe, Beschluss v. 12.11.2008 – 15 Verg 4/08, juris Rn. 30; OLG Brandenburg, Beschluss v. 20.8.2002 – Verg W 4/02, juris Rn. 61; BayObLG, Beschluss v. 18.6.2002 – Verg 8/02, juris Rn. 8; *Kühnen*, in: Byok/Jaeger, Vergaberecht, § 3 VgV Rn. 4; *Lausen*, in: Heiermann/Zeiss/Summa, Vergaberecht, § 3 VgV Rn. 19; *Schneider*, in: Kapellmann/Messerschmidt, VOB, § 3 VgV Rn. 8; *Alexander*, in: Pünder/Schellenberg, Vergaberecht, § 3 VgV Rn. 19; *Schneider*, in: Lampe-Helbig/Jagenburg/Baldringer, Handbuch der Bauvergabe, Abschnitt E Rn. 36, S. 211; *Noch*, Vergaberecht kompakt, Rn. 419.
193 Ebenso VK Südbayern, Beschluss v. 14.2.2017 – Z3-3-3194-1-54-12/16, juris Rn. 225. Vgl. für öffentliche Aufträge OLG Brandenburg, Beschluss v. 20.8.2002 – Verg W 4/02, juris Rn. 62.
194 Vgl. für öffentliche Aufträge beispielhaft etwa OLG Karlsruhe, Beschluss v. 12.11.2008 – 15 Verg 4/08, juris Rn. 31 bis 33; OLG Naumburg, Beschluss v. 4.10.2007 – 1 Verg 7/07, juris Rn. 22 f. Nicht recht treffend ist es, mit *Beurskens*, in: Hattig/Maibaum, Kartellvergaberecht, § 3 VgV Rn. 6, und *Alexander*, in: Pünder/Schellenberg, Vergaberecht, § 3 VgV Rn. 18, in diesem Zusammenhang von einer „*Fehlertoleranz*" zu sprechen; denn eine vertretbare Schätzung ist nicht fehlerhaft und eine unvertretbare fehlerhaft.
195 Vgl. für öffentliche Aufträge etwa OLG Dresden, Beschluss v. 24.7.2012 – Verg 2/12, juris Rn. 8 f.; OLG Brandenburg, Beschluss v. 20.8.2002 – Verg W 4/02, juris Rn. 62.
196 Anders kann es sein, wenn es etwa um die Rechtmäßigkeit einer Aufhebung des Vergabeverfahrens geht, vgl. oben A. I. Rn. 3.
197 Für öffentliche Aufträge OLG Celle, Beschluss v. 10.3.2016 – 13 Verg 5/15, juris Rn. 61; OLG Schleswig, Beschluss v. 30.3.2004 – 6 Verg 1/03, juris Rn. 50.
198 So etwa VK Südbayern, Beschluss v. 14.2.2017 – Z3-3-3194-1-54-12/16, juris Rn. 228 ff. Vgl. für öffentliche Aufträge etwa OLG Rostock, Beschluss v. 6.11.2015 – 17 Verg 2/15, juris Rn. 32; OLG Naumburg, Beschluss v. 4.10.2007 – 1 Verg 7/07, juris Rn. 22 f.
199 Für öffentliche Aufträge OLG Brandenburg, Beschluss v. 20.8.2002 – Verg W 4/02, juris Rn. 62.
200 Dazu näher oben unter D. III. Rn. 95 ff.
201 Für öffentliche Aufträge OLG Schleswig, Beschluss v. 30.3.2004 – 6 Verg 1/03, juris Rn. 28.
202 OLG Celle, Beschluss v. 10.3.2016 – 13 Verg 5/15, juris Rn. 59 f.; vgl. auch schon oben E. I. 2. Rn. 101.

3. Berechnung des Vertragswerts durch die Nachprüfungsinstanzen

Lässt sich im Nachprüfungsverfahren auch nach etwaigen Erläuterungen des Konzessionsgebers nicht feststellen, dass er den Vertragswert (Konzessionswert) ordnungsgemäß geschätzt hat, ist es Aufgabe der Nachprüfungsinstanzen, den Wert eigenständig unter Berücksichtigung aller Umstände zu schätzen.[203] **112**

Sie haben also, soweit erforderlich,[204] von Amts wegen den angemessenen Vertragswert (Konzessionswert) zu ermitteln[205] und können sich hierzu aller im Rahmen der Amtsermittlung liegenden **Erkenntnismittel** bedienen.[206] Hierbei kann beispielsweise auf Erfahrungswerte aus vorhergehenden Konzessionsvergaben zurückgegriffen werden.[207] Auch kann der zutreffend geschätzte Wert von Positionen, die einem falschen Beschaffungsvorhaben zugeordnet worden sind, ohne Weiteres bei dem Beschaffungsvorhaben berücksichtigt werden, zu dem die Positionen tatsächlich gehören.[208] Ebenso ist es zulässig, an die nicht ordnungsgemäß dokumentierten Erwägungen, soweit sie vertretbar sind, anzuknüpfen, um auf dieser Grundlage zu einer insgesamt vertretbaren Berechnung des Vertragswertes (Schätzung des Konzessionswertes) zu gelangen.[209] **113**

Der maßgebliche **Zeitpunkt** folgt aus § 2 Abs. 5 KonzVgV,[210] da die Berechnung (Schätzung) der Nachprüfungsinstanzen die unterbliebene oder nicht vertretbare Berechnung (Schätzung) des Konzessionsgebers ersetzt. Deswegen sind von den Nachprüfungsinstanzen auch sonst sämtliche für den Konzessionsgeber bestehenden Vorgaben des § 2 KonzVgV bei ihrer eigenen Berechnung (Schätzung) zu berücksichtigen.[211] **114**

II. Kosten

Fehlt ein der Dokumentationspflicht des Konzessionsgebers genügender Vergabevermerk, aus dem sich ergibt, ob der maßgebliche Schwellenwert erreicht oder überschritten ist, und stellt sich erst im Verfahren vor den Nachprüfungsinstanzen dessen Unterschreitung heraus, entspricht es billigem Ermessen, dass der Konzessionsgeber die Kosten des Verfahrens vor der Vergabekammer und des Beschwerdeverfahrens zu tragen hat, soweit das Nachprüfungsverfahren durch die Festlegung von eindeutigen Berechnungsgrundlagen durch die Vergabestelle **115**

---

203 Ebenso VK Südbayern, Beschluss v. 14.2.2017 – Z3-3-3194-1-54-12/16, juris Rn. 226. Für öffentliche Aufträge OLG München, Beschluss v. 2.6.2016 – Verg 15/15, juris Rn. 38; OLG Brandenburg, Beschluss v. 29.1.2013 – Verg W 8/12 –, juris Rn. 58; OLG Celle, Beschluss v. 12.7.2012 – 13 Verg 6/07, juris Rn. 33; Beschluss v. 19.8.2009 – 13 Verg 4/09, juris Rn. 27; OLG Karlsruhe, Beschluss v. 12.11.2008 – 15 Verg 4/08, juris Rn. 34; OLG Düsseldorf, Beschluss v. 30.7.2003 – VII-Verg 5/03, juris Rn. 5; OLG Schleswig, Beschluss v. 30.3.2003 – 6 Verg 1/03, juris Rn. 47; *Kühnen*, in: Byok/Jaeger, Vergaberecht, § 3 VgV Rn. 5; *Beurskens*, in: Hattig/Maibaum, Kartellvergaberecht, § 3 VgV Rn. 3; *Lausen*, in: Heiermann/Zeiss/Summa, Vergaberecht, § 3 VgV Rn. 33, 36; *Schwab*, in: Heuvels/Höß/Kuß/Wagner, Vergaberecht, § 3 VgV Rn. 5; *von Wietersheim*, in: Leupertz/von Wietersheim, VOB, § 1 EU VOB/A Rn. 88; *Alexander*, in: Pünder/Schellenberg, Vergaberecht, § 3 VgV Rn. 6; *Glahs*, in: Reidt/Stickler/Glahs, Vergaberecht, § 3 VgV Rn. 10; *Weyand*, Vergaberecht, § 3 VgV Rn. 29; *Müller-Wrede*, in: Müller-Wrede, Kompendium des Vergaberechts, Kap. 7 Rn. 106; *Noch*, Vergaberecht kompakt Rn. 424.
204 Vgl. oben E. I. 1. Rn. 98 f.
205 Für öffentliche Aufträge OLG Celle, Beschluss v. 10.3.2016 – 13 Verg 5/15, juris Rn. 62 unter Bezug auf BGH, Urteil v. 20.11.2012 – X ZR 108/10, juris Rn. 23; *Schneider*, in: Kapellmann/Messerschmidt, VOB, § 3 VgV Rn. 34.
206 Für öffentliche Aufträge OLG Schleswig, Beschluss v. 30.3.2004 – 6 Verg 1/03, juris Rn. 28; *Schneider*, in: Lampe-Helbig/Jagenburg/Baldringer, Handbuch der Bauvergabe, Abschnitt E Rn. 34, S. 211. Insoweit können und dürfen auch keine Zweifel an der Erreichung des Schwellenwertes verbleiben, wie OLG Düsseldorf, Beschluss v. 10.12.2014 – VII-Verg 24/14, juris Rn. 20, wohl meint; die bei der Ermittlung des Auftragswertes ohnehin stets bestehenden Unsicherheiten werden vielmehr durch die nach § 3 VgV vorgesehene Schätzung aufgehoben.
207 Für öffentliche Aufträge OLG München, Beschluss v. 2.6.2016 – Verg 15/15, juris Rn. 39 f.
208 Für öffentliche Aufträge OLG Brandenburg, Beschluss v. 20.8.2002 – Verg W 4/02, juris Rn. 86.
209 So beispielsweise VK Südbayern, Beschluss v. 14.2.2017 – Z3-3-3194-1-54-12/16, juris Rn. 228 ff., mit Ergebnis in Rn. 249.
210 Ebenso für öffentliche Aufträge *Schneider*, in: Kapellmann/Messerschmidt, VOB, § 3 VgV Rn. 34.
211 Vgl. für öffentliche Aufträge *Voppel/Osenbrück/Bubert*, VgV, § 3 Rn. 13; *Müller-Wrede*, in: Müller-Wrede, Kompendium des Vergaberechts, Kap. 7 Rn. 108.

hätte vermieden werden können.²¹² Erforderlich ist also, dass die Mängel bei der Berechnung des Vertragswertes und ihrer Dokumentation Anlass zu dem Nachprüfungsantrag gegeben haben und insoweit ursächlich für das erfolglos gebliebene Verfahren gewesen sind.²¹³ Bleibt die von dem Konzessionsgeber bejahte Frage, ob der Schwellenwert erreicht ist, ungeklärt, weil der Nachprüfungsantrag jedenfalls unbegründet ist, spricht aber einiges dafür, dass eine Kostenaufhebung billigem Ermessen entspricht.²¹⁴

Anlage

Verordnungsbegründung (BR-Drs. 87/16)

Seite 277

§ 2 dient der Umsetzung von Artikel 8 Absatz 2 bis 6 der Richtlinie 2014/23/EU. Erwägungsgrund 23 der Richtlinie 2014/23/EU stellt klar, dass wegen der Höhe des für Konzessionen maßgeblichen Schwellenwertes von zurzeit 5.225.000 Euro die Methode zur Berechnung des geschätzten Werts einer Konzession durch die Richtlinie 2014/23/EU festgelegt werden müsse und dass diese Methode für Bau- und Dienstleistungskonzessionen gleich sein sollte, da beide Verträge oftmals Aspekte von Bau- und Dienstleistungen erfassen.

Der Berechnung des geschätzten Vertragswertes einer Konzession kommt besondere Bedeutung zu, weil Artikel 8 Absatz 1 der Richtlinie 2014/23/EU für den Anwendungsbereich der Richtlinie 2014/23/EU ebenso wie § 106 Absatz 1, Absatz 2 Nummer 4 GWB und § 1 Absatz 2 dieser Verordnung voraussetzt, dass der geschätzte Vertragswert den maßgeblichen Schwellenwert erreicht oder überschreitet. Normativ wird dabei die ordnungsgemäße Berechnung des geschätzten Vertragswertes einer Konzession durch den Konzessionsgeber vorausgesetzt, da gemäß Artikel 8 Absatz 4 der Richtlinie 2014/23/EU weder die Wahl der Methode zur Berechnung des geschätzten Vertragswertes noch die Unterteilung der Konzession zu einer willkürlichen Umgehung des Anwendungsbereichs der Richtlinie 2014/23/EU führen darf.

Zu Absatz 1

Absatz 1 dient der Umsetzung von Artikel 8 Absatz 3 Satz 1 der Richtlinie 2014/23/EU. Die Berechnung des geschätzten Vertragswertes der Konzession hat aufgrund einer objektiven Methode zu erfolgen, die in den Vergabeunterlagen im Sinne des § 16 dieser Verordnung anzugeben ist.

Zu Absatz 2

Absatz 2 dient der Umsetzung von Artikel 8 Absatz 4 der Richtlinie 2014/23/EU. Die Wahl der Methode zur Berechnung des geschätzten Vertragswertes sowie die Unterteilung der Konzession darf insbesondere nicht zu einer willkürlichen Unterschreitung des maßgeblichen Schwel-

Seite 278

lenwertes führen, sodass die Konzession dem Anwendungsbereich des Teils 4 des GWB entzogen wäre.

Zu Absatz 3

Absatz 3 dient der Umsetzung von Artikel 8 Absatz 2 Unterabsatz 1 der Richtlinie 2014/23/EU. Bei der Berechnung des geschätzten Vertragswertes ist von dem voraussichtlichen Gesamtumsatz ohne Umsatzsteuer während der Vertragslaufzeit auszugehen, den der Konzessionsnehmer als Gegenleistung für die Bau- oder Dienstleistungen sowie für damit verbundene Lieferungen erzielt.

---

212 Für öffentliche Aufträge OLG Rostock, Beschluss v. 20.9.2006 – 17 Verg 9/06, juris Rn. 73, 77; OLG Schleswig, Beschluss v. 30.3.2004 – 6 Verg 1/03, juris Rn. 54; *Beurskens*, in: Hattig/Maibaum, Kartellvergaberecht, § 2 VgV Rn. 29; *Greb*, in: Ziekow/Völlink, Vergaberecht, § 3 VgV Rn. 20; a.A., allerdings ohne jegliche Problematisierung, OLG Düsseldorf, Beschluss v. 30.7.2003 – VII-Verg 5/03, juris Rn. 12, das die Kosten trotz insgesamt fehlender Kostenschätzung in Hinblick auf die Unterschreitung des Schwellenwertes und der Unzulässigkeit des Nachprüfungsantrags dem Antragsteller auferlegt hat.
213 Für öffentliche Aufträge OLG Celle, Beschluss v. 12.7.2007 – 13 Verg 6/07, juris Rn. 41; *Voppel/Osenbrück/Bubert*, VgV, § 3 Rn. 65.
214 Für öffentliche Aufträge OLG Brandenburg, Beschluss v. 17.5.2011 – Verg W 16/10, juris Rn. 87.

Zu Absatz 4

Absatz 4 dient der Umsetzung von Artikel 8 Absatz 3 Satz 2 der Richtlinie 2014/23/EU und enthält eine beispielhafte Auflistung der Elemente, die nach den Umständen des jeweiligen Einzelfalls zur Berechnung des geschätzten Vertragswertes auf der Grundlage des voraussichtlichen Gesamtumsatzes herangezogen werden müssen.

Wie bei öffentlichen Aufträgen gehören zum Wert der Konzession auch der Wert aller etwaigen Optionen und Vertragsverlängerungen (Nummer 1). Bei Konzessionen erschöpft sich anders als bei öffentlichen Aufträgen die Gegenleistung allerdings nicht in einer Zahlung, sondern umfasst vor allem auch die Übertragung des Rechts zur Nutzung des Bauwerks bzw. der Verwertung der Dienstleistung (vgl. § 105 Absatz 1 Nummer 1 und 2 GWB). Hinzuzurechnen sind daher insbesondere die Zahlungen, die der Konzessionsnehmer aus der Verwertung der Dienstleistung oder der Nutzung des Bauwerkes von deren Nutzern erwarten darf (Nummer 2) sowie etwaige Zahlungen des Konzessionsgebers an den Konzessionsnehmer (Nummer 3). Im Übrigen sind alle anderen finanziellen Vorteile, die dem Konzessionsnehmer aufgrund der Konzession vom Konzessionsgeber oder Dritten zufließen, in die Schätzung einzubeziehen (Nummer 4 bis 7).

Zu Absatz 5

Absatz 5 dient der Umsetzung von Artikel 8 Absatz 2 Unterabsatz 2 und 3 der Richtlinie 2014/23/EU. Maßgeblich für die Berechnung des geschätzten Vertragswerts ist grundsätzlich der Zeitpunkt der Absendung der Konzessionsbekanntmachung oder der anderweitigen Einleitung des Vergabeverfahrens. Beispielhaft wird in Artikel 8 Absatz 2 Unterabsatz 2 der Richtlinie 2014/23/EU für die anderweitige Einleitung des Vergabeverfahrens die Kontaktaufnahme mit Unternehmen im Zusammenhang mit der Konzession angeführt. Ausnahmsweise kommt es für die Schätzung auf den Zeitpunkt des Zuschlags an, wenn der Wert der Konzession zum Vergabezeitpunkt mehr als 20 Prozent über dem zum Zeitpunkt der Einleitung des Vergabeverfahrens geschätzten Wert liegt.

Zu Absatz 6

Absatz 6 setzt Artikel 8 Absatz 5 und Absatz 6 der Richtlinie 2014/23/EU um und regelt die Berechnung des geschätzten Vertragswertes im Falle der Aufteilung einer Konzession in Lose.

§ 3 KonzVgV
Laufzeit von Konzessionen

(1) Die Laufzeit von Konzessionen ist beschränkt. Der Konzessionsgeber schätzt die Laufzeit je nach den geforderten Bau- oder Dienstleistungen.

(2) Bei Konzessionen mit einer Laufzeit von über fünf Jahren darf die Laufzeit nicht länger sein als der Zeitraum, innerhalb dessen der Konzessionsnehmer nach vernünftigem Ermessen die Investitionsaufwendungen für die Errichtung, die Erhaltung und den Betrieb des Bauwerks oder die Erbringung der Dienstleistungen zuzüglich einer Rendite auf das investierte Kapital unter Berücksichtigung der zur Verwirklichung der spezifischen Vertragsziele notwendigen Investitionen wieder erwirtschaften kann. Die dabei zugrunde zu legenden Investitionsaufwendungen umfassen sowohl die zu Anfang als auch die während der Laufzeit der Konzessionen vorzunehmenden Investitionen. In diesem Rahmen kann der Konzessionsgeber für bestimmte Konzessionstypen durchschnittliche Investitionsaufwendungen und durchschnittliche Renditen zugrunde legen, soweit es die Besonderheiten des jeweiligen Konzessionstyps rechtfertigen.

Übersicht	Rn.
A. Allgemeines	1
I. Unionsrechtlicher Hintergrund	4
II. Vergleichbare Regelungen	5
B. Laufzeit von Konzessionen und deren Schätzung (Abs. 1)	6
I. Beschränkung der Laufzeit von Konzessionen (S. 1)	6
II. Schätzung der Laufzeit (S. 2)	11
1. Begriff der Schätzung	14
2. Berücksichtigung der Anforderungen der Bau- und Dienstleistungen	15
C. Regelobergrenze und berücksichtigungsfähige Investitionen (Abs. 2)	18
I. Regelobergrenze von fünf Jahren (S. 1)	18
II. Berücksichtigungsfähiger Betrachtungszeitraum der Investitionsaufwendungen (S. 2)	25
III. Berücksichtigung durchschnittlicher Investitionsaufwendungen und durchschnittlicher Renditen (S. 3)	30
D. Rechtsschutz	32
Anlage Verordnungsbegründung (BR-Drs. 87/16)	

A. Allgemeines

§ 3 KonzVgV trifft Regelungen über die maximale Länge der Laufzeit einer Konzession. Die Untersagung einer unbeschränkten Laufzeit soll den **Wettbewerb** sicherstellen und einer Marktabschottung entgegenwirken.[1] Gleichzeitig dient die nunmehr gesetzlich festgelegte Beschränkung der Laufzeit der Erreichung des allgemeinen Ziels des europäischen Gesetzgebers, mit einheitlichem Rechtsrahmen einen diskriminierungsfreien Marktzugang und Rechtssicherheit zu gewährleisten.[2] Der Gesetzgeber verkennt dabei nicht, dass nach der Rechtsprechung des EuGH die Vergabe von Konzessionen für eine lediglich begrenzte Dauer die Ausübung der Freiheiten durch Wirtschaftsteilnehmer mit Sitz in anderen Mitgliedstaaten ebenso aber auch behindern und sogar unmöglich machen kann und daher eine Beschränkung der Ausübung dieser Freiheiten darstellen kann.[3] Insoweit stellt die KonzVgV und die darin normierte Begrenzung der Laufzeit einen ausgewogenen und gleichzeitig flexiblen rechtlichen Rahmen für die Konzessionsvergabe dar, der das Bedürfnis der Konzessionsnehmer nach einer möglichst langen Laufzeit in Ausgleich zum Interesse weiterer Marktteilnehmer an einer Öffnung des erneuten Wettbewerbs um die Konzession setzt.

1

---

1 Erwägungsgrund 52 RL 2014/23/EU.
2 Erwägungsgrund 1 RL 2014/23/EU.
3 EuGH, Urteil v. 9.9.2010 – Rs. C-64/08 (Engelmann), Rn. 48; mit Verweis auf EuGH, Urteil v. 9.3.2006 – Rs. C-323/03 (Kommission/Spanien), Slg. 2006, I-2161, Rn. 44.

2 Die RL 2014/23/EU und so auch § 3 KonzVgV sehen keine bestimmte **Höchstlaufzeit** für Konzessionen vor. Wohl aber normiert § 3 Abs. 2 S. 1 KonzVgV eine Regelobergrenze von fünf Jahren, deren Überschreitung zwar möglich ist, aber damit begründet sein muss, dass der Konzessionsnehmer nach vernünftigem Ermessen die Investitionsaufwendungen nicht innerhalb der Regelobergrenze erwirtschaften kann.

3 Welche Aufwendungen unter die zu berücksichtigenden **Investitionen** fallen können, normiert § 3 Abs. 2 KonzVgV nicht. Zur Beantwortung dieser Frage ist auf Erwägungsgrund 52 RL 2014/23/EU zurückzugreifen, wonach insbesondere Aufwendungen für Urheberrechte, Patente, Ausrüstung, Logistik sowie Aufwendungen für die Anstellung und Schulung von Personal zu den berücksichtigungsfähigen Investitionen gerechnet werden können. § 3 Abs. 2 S. 2 KonzVgV setzt Art. 18 Abs. 2 UAbs. 2 RL 2014/23/EU um und stellt klar, dass die anzugebenden Investitionsaufwendungen neben den anfänglich getätigten Investitionen auch die Investitionen, die während der Laufzeit der Konzession anfallen, umfasst. § 3 Abs. 2 S. 3 KonzVgV schließlich konkretisiert, abhängig von den Besonderheiten des jeweiligen Konzessionstyps, die Vorgehensweise bei der Schätzung der Laufzeit einer Konzession.

I. Unionsrechtlicher Hintergrund

4 § 3 KonzVgV dient der **Umsetzung** von Art. 18 RL 2014/23/EU und der Kodifizierung der Rechtsprechung des EuGH zur Unionskonformität der Laufzeit von Konzessionen.

II. Vergleichbare Regelungen

5 Eine vergleichbare Regelung findet sich allenfalls in § 23 Abs. 1 VOB/A, der bestimmt, dass eine Baukonzession ein Vertrag über die Durchführung eines Bauauftrags ist, bei dem die Gegenleistung für die Bauarbeiten statt in einem Entgelt in dem befristeten Recht auf Nutzung der baulichen Anlage, gegebenenfalls zuzüglich der Zahlung eines Preises besteht. § 105 Abs. 1 GWB hingegen, der den Begriff der Konzession definiert, enthält bewusst keine Aussagen zur Befristung (mehr). Vor der Vergaberechtsmodernisierung war die Befristung für (Bau-)Konzessionen direkt im GWB, in § 99 Abs. 6 GWB a.F. verankert. Der Gesetzesbegründung zu § 105 Abs. 1 GWB[4] ist zu entnehmen, dass die beschränkte Laufzeit der Konzession nach dem Vorbild des Art. 18 RL 2014/23/EU nicht mehr als Bestandteil der Definition im GWB, sondern neu im Rahmen der Vorschriften zur Auftragsausführung in der KonzVgV geregelt werden sollte.

B. Laufzeit von Konzessionen und deren Schätzung (Abs. 1)

I. Beschränkung der Laufzeit von Konzessionen (S. 1)

6 Konzessionen mit sehr langer Vertragslaufzeit führen meist zur Abschottung des Marktes und behindern damit möglicherweise den freien Dienstleistungsverkehr und die Niederlassungsfreiheit.[5] Gemäß § 3 Abs. 1 S. 1 KonzVgV ist deshalb die Laufzeit von Konzessionen begrenzt, d.h. eine unbeschränkte Laufzeit ist nicht zulässig.[6] Die Aufnahme dieser grundsätzlichen Begrenzung der Laufzeit in den Gesetzestext ist ein wichtiger Bestandteil der neuen KonzVgV, denn der Faktor Zeit erhält damit bei der Konzessionsvergabe gegenüber sonstigen Vergaben eine gesteigerte Bedeutung.[7]

7 Die grundsätzliche Beschränkung der Laufzeit ist erst im Zuge des **Gesetzgebungsverfahrens** in die Richtlinie aufgenommen worden. Im ersten Entwurf[8] enthielt Art. 16 des Richt-

---
4 Gesetzesbegründung zu § 105 Abs. 1 GWB, VergRModG 2016, BT-Drs. 18/6281, 75.
5 Erwägungsgrund 52 RL 2014/23/EU.
6 Verordnungsbegründung zu § 3 Abs. 1 KonzVgV, BR-Drs. 87/16, 278.
7 *Siegel*, VergabeR 2015, 265 (271).
8 Vgl. Europäische Kommission, Vorschlag für eine Richtlinie des Europäischen Parlaments und des Rates über die Konzessionsvergabe – KOM(2011) 897 endg., S. 6 (Begriffsbestimmung).

linienvorschlags[9] über die Konzessionsvergabe, der dann in Art. 18 RL 2014/23/EU umgesetzt wurde, noch keine Aussage zu einer generellen Laufzeitbegrenzung. Die Laufzeit einer Konzession sollte nach dem Willen des europäischen Gesetzgebers begrenzt sein, damit der Wettbewerb nicht eingeschränkt wird. Mit der Vorgabe einer grundsätzlichen Beschränkung der Laufzeit von Konzessionen entspricht die Konzessionsrichtlinie u.a. der Rechtsprechung des EuGH zu Baukonzessionen.[10]

§ 3 Abs. 1 S.1 KonzVgV legt allerdings keine bestimmte **Höchstlaufzeit** und auch keine **Mindestlaufzeit** für Konzessionen fest. Vielmehr obliegt die Schätzung der Laufzeit gemäß § 3 Abs. 1 S. 2 KonzVgV dem Konzessionsgeber, der diese je nach den Anforderungen der geforderten Bau- oder Dienstleistungskonzession bestimmen kann.

Mit der Aussage, dass die Laufzeit von Konzessionen beschränkt ist, schafft die KonzVgV Klarheit für Konzessionsverträge, auch im Verhältnis zu § 3 Abs. 10 Nr. 2 VgV. Dieser geht im Zusammenhang mit der **Schätzung des Auftragswerts** von Aufträgen über Liefer- oder Dienstleistungen von der Existenz von Aufträgen mit unbestimmter Laufzeit aus. Daraus könnte gefolgert werden, dass unbefristete (Bau- und Dienstleistungs-)Verträge grundsätzlich zulässig seien, sofern diese nicht in der Absicht geschlossen worden sind, das Vergaberecht zu umgehen. Mit der Frage der grundsätzlichen (Un-)Zulässigkeit unbefristeter Verträge haben sich in der Vergangenheit wiederholt Literatur und Rechtsprechung beschäftigt, eine höchstrichterliche nationale Entscheidung ist dazu bisher nicht ergangen.[11] Insoweit kommt § 3 Abs. 1 S. 1 KonzVgV auch klarstellende Bedeutung zu.

§ 3 KonzVgV enthält keine Regelungen dazu, welche **Rechtsfolgen** es nach sich zieht, wenn Konzessionen dennoch ohne zeitliche Beschränkung abgeschlossen werden. § 3 Abs. 1 S. 1 KonzVgV ist nicht als Verbotsgesetz, sondern nur als Marktverhaltensregel einzustufen.[12] Nach allgemeinen Grundsätzen liegt ein Verbotsgesetz nur vor, wenn sich die Norm nicht nur gegen den Abschluss eines Rechtsgeschäftes richtet, sondern auch gegen seine privatrechtliche Wirksamkeit und damit gegen seinen wirtschaftlichen Erfolg.[13] Voraussetzung für die Rechtsfolge der Nichtigkeit des Rechtsgeschäftes nach § 134 BGB wäre also, dass sich der Verstoß unmittelbar aus dem Rechtsgeschäft selbst ergibt und nicht ohne dessen Aufhebung beseitigt werden kann.[14] Vergaberechtsvorschriften sind jedoch nach gefestigter Meinung in der Regel ohnedies keine **Verbotsgesetze** im Sinne von § 134 BGB.[15] Ein Verstoß gegen Vergaberechtsvorschriften und damit auch gegen § 3 Abs. 1 S. 1 KonzVgV führt somit nicht zur Nichtigkeit des Vertrages.[16] Anders mag dies bei Konzessionsverträgen nach dem EnWG sein, welche gemäß § 46 Abs. 2 S.1 EnWG höchstens für eine Laufzeit von zwanzig Jahren abgeschlossen werden dürfen. Solche Konzessionsverträge, mit deren Abschluss eine Gemeinde andere Bewerber unbillig behindert, können nach Auffassung des BGH[17] gemäß § 134 BGB nichtig sein. Allenfalls bei kollusivem Zusammenwirken, wenn also eine vorsätzliche Umgehung der Laufzeitbegrenzung von Konzessionsgeber und Konzessionsnehmer nahezuliegen

---

9 Art. 16 lautete im Richtlinienvorschlag (KOM(2011) 897 endg., S. 41) zunächst: „Die Laufzeit der Konzession ist auf den Zeitraum beschränkt, den der Konzessionsnehmer voraussichtlich benötigt, um die getätigten Investitionen für den Bau bzw. den Betrieb des Bauwerks oder die Erbringung der Dienstleistungen wieder hereinzuholen, zuzüglich einer angemessenen Rendite auf das investierte Kapital."
10 EuGH, Urteil v. 25.3.2010 – Rs. C-451/08 (Helmut Müller); *Säcker/Mohr*, ZWeR 2012, 417 (436).
11 Bejahend beispielsweise EuGH, Urteil v. 19.6.2008 – Rs. C-454/06 (pressetext), Rn. 73; *Knauff*, NZBau 2006, 334; *Siegel*, ZfBR 2006, 554; ablehnend OLG Düsseldorf, Beschluss v. 11.1.2012 – VII-Verg 58/1; VK Bund, Beschluss v. 16.4.2015 – VK 2-27/15 (nicht bestandskräftig); Beschluss v. 8.4.2015 – VK 2-21/15 (nicht bestandskräftig).
12 So jedenfalls *Ellenberger*, in: Palandt, BGB, § 134 Rn. 19, zu Verträgen, die in Verletzung von Vergaberechtsvorschriften abgeschlossen werden; BGH, Urteil v. 3.7.2008 – I ZR 145/05.
13 *Säcker/Mohr/Wolf*, Konzessionsverträge im System des europäischen und deutschen Wettbewerbsrechts, S. 95, mit Verweis auf BGH, Urteil v. 22.10.1998 – VII ZR 99/97.
14 *Säcker/Mohr/Wolf*, Konzessionsverträge im System des europäischen und deutschen Wettbewerbsrechts, S. 95.
15 KG, Beschluss v. 19.4.2012 – Verg 7/11; OLG Karlsruhe, Urteil v. 6.2.2007 – 17 Verg 7/06; OLG Düsseldorf, Beschluss v. 3.12.2003 – Verg 37/03.
16 KG, Beschluss. v. 19.4.2012 – Verg 7/11; OLG Hamburg, Beschluss v. 25.1.2007 – 1 Verg 5/06; OLG Frankfurt, Beschluss v. 7.9.2004 – 11 Verg 11/04; 12/04; LG Saarbrücken, Urteil v. 6.11.2014 – 3 O 260/11; VK Bund, Beschluss v. 7.6.2010 – VK 3-54/10; VK Südbayern, Beschluss v. 29.4.2010 – Z3-3-3194-1-03-01/10.
17 BGH, Urteil v. 17.12.2013 – KZR 66/12, mit Verweis auf OLG Düsseldorf, Beschluss v. 12.12.2012 – VI-3 Kart 137/12 (V).

scheint, könnte eine Nichtigkeit des Konzessionsvertrages nach § 138 Abs. 1 BGB in Betracht kommen.

II. Schätzung der Laufzeit (S. 2)

11 § 3 Abs. 1 S. 2 KonzVgV entspricht der Umsetzung von Art. 18 Abs. 1 S. 2 RL 2014/23/EU. Nach dem Wortlaut schätzt der Konzessionsgeber die Laufzeit je nach den geforderten Bau- oder Dienstleistungen.

12 Insoweit steht dem Konzessionsgeber eine **Einschätzungsprärogative** zu, die durch die Nachprüfungsinstanzen nur eingeschränkt darauf überprüft werden kann, ob sie auf einer vollständigen und zutreffenden Sachverhaltsermittlung beruht, nicht willkürlich ergangen und vertretbar ist.

13 Die indikative Formulierung („Der Konzessionsgeber schätzt die Laufzeit") spricht für eine **Pflicht** des Konzessionsgebers, die in diesem Zusammenhang wohl dem Umstand geschuldet ist, dass der Verordnungsgeber keine alternativen Handlungsmöglichkeiten aufzeigt. Die Laufzeit soll gerade nicht berechnet, bemessen oder exakt kalkuliert, sondern vom Konzessionsgeber geschätzt werden.

1. Begriff der Schätzung

14 Der Begriff der Schätzung der Laufzeit wird in § 3 KonzVgV, anders als beispielsweise in § 2 KonzVgV nicht näher untersetzt. Gemeint ist eine realistische Prognose über die anzusetzende Laufzeit. Diese Prognose muss seriös und nachvollziehbar sein. Sie ist dann nicht zu beanstanden, wenn sie unter Berücksichtigung aller verfügbaren Daten in einer der Materie angemessenen und methodisch vertretbaren Weise erarbeitet wurde. Die Schätzung sollte zum Zeitpunkt der Konzessionsvergabe feststehen.[18] Die tragenden Erwägungen und die Entscheidung zur Bestimmung der Laufzeit sollten im Vergabevermerk nach § 6 KonzVgV dokumentiert werden.

2. Berücksichtigung der Anforderungen der Bau- und Dienstleistungen

15 Welche Faktoren bei der Schätzung der Laufzeit bedeutsam sind, lässt sich § 3 Abs. 1 KonzVgV nicht entnehmen, § 3 Abs. 1 S. 1 KonzVgV spricht nur davon, dass die Laufzeit je nach den geforderten Bau- oder Dienstleistungen geschätzt werden soll. Generelle Aussagen zu einer Laufzeit, welche in jedem Fall als vergaberechtskonform einzuschätzen ist, sind dementsprechend nicht möglich. In jedem Fall aber sollte die Schätzung und Beschränkung der Laufzeit einer Marktabschottung und einer Einschränkung des Wettbewerbs entgegenwirken.

16 Letztlich ist die Laufzeit einer Konzession von den tatsächlichen **Umständen des Einzelfalls** abhängig zu machen. Bei der Berechnung der Laufzeit sind nicht nur Umfang, Dauer und Kosten der Bau- oder Dienstleistungen zu berücksichtigen, sondern vor allem auch das Amortisationsinteresse des Konzessionsnehmers und dieses in Relation zu den zu erwartenden Erlösen und den **Risiken**, insbesondere der Gefahr eines Nutzungsentgeltausfalls. Diese Risiken sind wiederum individuell abhängig von den im Vertrag ggf. vorgesehenen oder zugelassenen Gestaltungsmöglichkeiten des Konzessionärs.[19] Konzessionsgeber werden schließlich bei der Berechnung der Laufzeit sorgfältig berücksichtigen müssen, dass das Betriebsrisiko für die Nutzung des Bauwerks oder für die Verwertung der Dienstleistungen während der Laufzeit auch tatsächlich auf den Konzessionsnehmer übergeht. Die Laufzeit ist also so zu konzipieren, dass ein hinreichend gewichtiges Betriebsrisiko, dessen Übernahme durch den Konzessionsnehmer

---

18 Erwägungsgrund 52 RL 2014/23/EU.
19 *Dicks*, in: Kulartz/Marx/Portz/Prieß, VOB/A, § 22 Rn. 6 ff.

Wesensmerkmal einer Konzession ist[20], bestehen bleibt, das Betriebsrisiko also nicht beseitigt wird.[21]

Ausführungen dazu, in welchem **Verhältnis** § 3 Abs. 1 S. 1 und 2 KonzVgV zueinander stehen, enthalten die amtlichen Begründungen nicht. Der Begründungsaufwand zur Rechtfertigung der vorgenommenen Berechnung der Laufzeit wird nach dem Regel-Ausnahmeprinzip im Fall einer Laufzeit unter fünf Jahren geringer anzusetzen sein als für die Fälle, in denen die Laufzeit der Konzession die Regelobergrenze von fünf Jahren überschreitet.

17

C. Regelobergrenze und berücksichtigungsfähige Investitionen (Abs. 2)

I. Regelobergrenze von fünf Jahren (S. 1)

Konzessionen mit langer Vertragslaufzeit können zu einer Behinderung des freien Dienstleistungsverkehrs und der Niederlassungsfreiheit führen. Deshalb sollen sie nach dem Willen des Verordnungsgebers so berechnet sein, dass sie den **Marktzugang** für gegenwärtige und zukünftige Wettbewerber nicht übermäßig abschotten oder für Newcomer, insbesondere kleine und mittlere Unternehmen (KMU), unverhältnismäßig erschweren, was sich am effektivsten durch regelmäßige Neuausschreibungen erreichen lässt.[22] Deshalb hat der nationale Gesetzgeber in § 3 Abs. 2 S. 1 KonzVgV eine Regelobergrenze von fünf Jahren festgelegt, die derjenigen des Art. 18 Abs. 2 S. 1 RL 2014/23/EU entspricht.

18

Eine solche Regelobergrenze sah Art. 16 des **Richtlinienvorschlags**[23] über die Konzessionsvergabe zunächst noch nicht vor.[24] Auch der Bundesrat hatte sich gegen die Laufzeitregelung in Art. 16 des Richtlinienentwurfs gewandt, weil er zum einen Rechtsunsicherheiten in den Fragen, was unter einer angemessenen Rendite zu verstehen ist bzw. welche Investitionen sich bei der Erbringung einer Dienstleistung amortisieren sollen, befürchtete.[25] Zum anderen sah er in einer Laufzeitenregelung eine unangemessene Einschränkung der Handlungsfreiheit der öffentlichen Auftraggeber. Da eine Baukonzession im Hinblick auf die Investitionsaufwendungen des Wirtschaftsteilnehmers infolge der Beauftragung mit der Erbringung von Bauleistungen nicht nur Investitionsaufwendungen für den Betrieb des Bauwerks, sondern auch für dessen Errichtung und Erhaltung betreffen kann, wurde zudem der Wortlaut des § 3 Abs. 2 S. 1 KonzVgV im Verhältnis zu Art. 18 RL 2014/23/EU um „Investitionsaufwendungen zur Errichtung und Erhaltung des Bauwerks" ergänzt.[26] Damit nähert sich § 3 Abs. 2 S. 1 KonzVgV wieder Art. 16 des Richtlinienvorschlags[27] über die Konzessionsvergabe an, der bereits von den zu berücksichtigenden Investitionen für den „Bau bzw. den Betrieb des Bauwerks" ausging.

19

§ 3 Abs. 2 S. 1 KonzVgV stellt also klar, dass die über fünf Jahre hinausgehende Vertragslaufzeit durch den Umstand **gerechtfertigt** sein muss, dass der Konzessionsnehmer nur auf diese Weise die geplanten Investitionen wieder erwirtschaften und eine Rendite auf das eingesetzte Kapital erzielen kann. Die Übertragung der Pflicht zur Ermittlung der angemessenen respektive maximal zulässigen Laufzeitgrenze unter Berücksichtigung des anzunehmenden Amortisationsinteresses des zukünftigen Konzessionsnehmers auf den Konzessionsgeber (vgl. § 3 Abs. 1 S. 2 KonzVgV) stellt eine enorme Herausforderung für diesen dar, die zu erheblichen

20

---

20 Zuletzt BGH, Beschluss v. 8.2.2011 – X ZB 4/10, mit Verweis auf EuGH, Urteil v. 10.9.2009 – Rs. C-206/08 (Eurawasser).
21 Erwägungsgrund 52 RL 2014/23/EU.
22 Erwägungsgründe 1 und 52 RL 2014/23/EU.
23 Zum Wortlaut des Art. 16 im Richtlinienvorschlag siehe Fn. 9.
24 Europäische Kommission, Vorschlag für eine Richtlinie des Europäischen Parlaments und des Rates über die Konzessionsvergabe – KOM(2011) 897 endg., S. 41.
25 Vgl. Bundesrat, Beschluss des Bundesrates, Vorschlag für eine Richtlinie des Europäischen Parlaments und des Rates über die Konzessionsvergabe, BR-Drs. 874/11 (Beschluss) (2), Rz. 20.
26 Verordnungsbegründung zu § 3 Abs. 2 KonzVgV, BR-Drs. 87/16, 279.
27 Europäische Kommission, Vorschlag für eine Richtlinie des Europäischen Parlaments und des Rates über die Konzessionsvergabe – KOM(2011) 897 endg., S. 41.

Rechtsunsicherheiten führen kann.[28] Denn der Konzessionsgeber ist bei Beginn des Vergabeverfahrens kaum in der Lage, die erforderliche Laufzeit zuverlässig festzulegen, da sich der Umfang der Investitionsbereitschaft der Bieter erst aus deren Angeboten ergibt.[29]

21 Insoweit ist es begrüßenswert, dass gemäß § 3 Abs. 2 S. 1 KonzVgV der Zeitraum, innerhalb dessen der Konzessionsnehmer die Investitionsaufwendungen erwirtschaften können soll, nach **„vernünftigem Ermessen"** durch den Konzessionsgeber festgelegt werden soll. Was als „vernünftig" anzusehen ist, wird im Gesetz nicht definiert. Sicherlich ist darunter zu verstehen, dass die Entscheidung auf objektiven, zweckmäßigen und nachvollziehbare Kriterien beruht. Die Ausübung des Ermessens muss in der Vergabeakte dokumentiert werden.[30]

22 Welche Faktoren bei der Berechnung der Höchstlaufzeit berücksichtigt werden sollten, ist von den tatsächlichen **Umständen des Einzelfalls** abhängig zu machen. Nach dem Wortlaut der Regelung sind dies zunächst die schon erwähnten Investitionsaufwendungen für Errichtung, Erhalt, Betrieb des Bauwerks oder Erbringung der Dienstleistung. Sicherlich können zudem sowohl projektspezifische Faktoren, die Auswirkung auf die Gesamtinvestition haben, berücksichtig werden als auch strategische Faktoren, wie bspw. solche, die zum Erreichen der Vertragsziele notwendig sind. Anerkennenswerte projektspezifische Faktoren können insbesondere Aufwendungen für Infrastruktur, Urheberrechte, Patente, Ausrüstung oder Logistik sein.[31] Denkbar sind aber auch Aspekte der Ertragsfähigkeit sowie Betriebs- und Instandhaltungskosten des betreffenden Vermögenswerts. Letztlich können auch strategische Faktoren, z. B. eine notwendige Anstellung und Schulung von Mitarbeitern zur Gewährleistung eines bestimmten Qualitätsniveaus der zu erbringenden Leistung, bei der Berechnung berücksichtigt werden, ebenso wie auch Anschubkosten.[32] Zu beachten ist, dass in diesem Zusammenhang jedoch nur **konzessions-** bzw. **konzessionsnehmerspezifische Investitionen** berücksichtigungsfähig sein dürften, also lediglich solche, die für den konkreten Konzessionsvertrag aufgewendet werden sollen und die sich im Falle einer vorzeitigen Vertragsbeendigung als verlorene Investitionen darstellen würden. Andere Investitionen, d.h. sowieso zu tätigende Investitionen, müssten konsequenterweise bei der Berechnung der Laufzeit außen vor bleiben. Insgesamt stehen also insbesondere Refinanzierungs- und Renditeaspekte bei der Berechnung der Laufzeit im Vordergrund.

23 Konzessionsgeber sollen aber auch jederzeit eine Konzession für einen **kürzeren** als den für die Wiedererwirtschaftung der Investitionen erforderlichen **Zeitraum** vergeben können, wenn der damit verbundene Ausgleich das Betriebsrisiko nicht beseitigt.[33]

24 Die Höchstdauer des Konzessionsvertrags sollte in den **Vergabeunterlagen** angegeben werden, soweit die Vertragsdauer nicht selbst ein Zuschlagskriterium ist.[34]

II. Berücksichtigungsfähiger Betrachtungszeitraum der Investitionsaufwendungen (S. 2)

25 § 3 Abs. 2 S. 2 KonzVgV setzt Art. 18 Abs. 2 UAbs. 2 RL 2014/23/EU um und stellt klar, dass die für die Berechnung zugrunde gelegten Investitionsaufwendungen sowohl die zu Anfang getätigten Investitionen wie auch die während der Laufzeit der Konzession getätigten Investitionen umfassen sollen.[35]

26 Der Umstand, dass sich hier der Verordnungsgeber des Indikativs („umfassen"), der nach der neueren Rechtssetzungstendenz meist für die Etablierung von **Rechtspflichten** ver-

---

28 *Wagner/Pfohl*, ZfBR 2014, 745 (751).
29 Vgl. Bundesrat, Beschluss des Bundesrates, Vorschlag für eine Richtlinie des Europäischen Parlaments und des Rates über die Konzessionsvergabe, BR-Drs. 874/11 (Beschluss) (2), Rz. 20.
30 OLG Celle, Beschluss v. 13.1.2011 – 13 Verg 15/10; OLG München, Beschluss v. 23.12.2010 – Verg 21/10.
31 Erwägungsgrund 52 RL 2014/23/EU.
32 Erwägungsgrund 52 RL 2014/23/EU.
33 Erwägungsgrund 52 RL 2014/23/EU.
34 Erwägungsgrund 52 RL 2014/23/EU.
35 Verordnungsbegründung zu § 3 Abs. 2 KonzVgV, BR-Drs. 87/16, 279.

wendet wird, spricht dafür, dass zwingend sowohl die Anfangsinvestitionen als auch die während der Laufzeit der Konzession getätigten Investitionen zu berücksichtigen sind.

Art. 18 Abs. 2 UAbs. 2 RL 2014/23/EU wurde erst im Zuge des Gesetzgebungsverfahrens nach Zuleitung des **Richtlinienentwurfes** an die nationalen Parlamente sowie nach Stellungnahme des Europäischen Wirtschafts- und Sozialausschusses in den ursprünglichen Art. 16 des Richtlinienvorschlags eingefügt.

Erwägungsgrund 52 RL 2014/23/EU stellt wie eingangs erwähnt klar, dass sowohl die zu **Beginn** als auch die im späteren **Verlauf** getätigten Investitionen, die voraussichtlich für den Betrieb der Konzession erforderlich sind, bei der Berechnung der Laufzeit berücksichtigungsfähig sind. Mithin können insbesondere Aufwendungen für die anfängliche Einrichtung der Infrastruktur, den Erwerb von Urheberrechten oder Patenten oder Aufwendungen für Ausrüstung, Logistik etc. berücksichtigt werden. Ebenso könnten aber auch Kosten des laufenden Unterhalts des Konzessionsgegenstandes oder beispielsweise jährliche Ausgaben für Werbung in die Berechnung miteinbezogen werden oder Kosten eines etwaigen Rückbaus des Bauwerkes nach Ablauf der vereinbarten Vertragslaufzeit. Dabei sind ausgabenmindernde Zuschüsse des Konzessionsgebers im Blick zu behalten. Zuwendungen oder Zuschüsse dürfen nicht ein solches Gewicht haben, dass ihnen kein bloßer Zuschusscharakter mehr beigemessen werden kann, weil sie das betriebswirtschaftliche Risiko des Konzessionsnehmers vollständig oder wenigstens zu einem ganz wesentlichen Teil ausgleichen.[36]

Die Berechnung sollte zum Zeitpunkt der Konzessionsvergabe feststehen und in der Vergabeakte **dokumentiert** werden.

III. Berücksichtigung durchschnittlicher Investitionsaufwendungen und durchschnittlicher Renditen (S. 3)

§ 3 Abs. 2 S. 3 KonzVgV schließlich konkretisiert die Vorgehensweise bei der Schätzung der Laufzeit der Konzession, abhängig von den Besonderheiten des jeweiligen Konzessionstyps. Soweit es die Besonderheiten des jeweiligen Konzessionstyps rechtfertigen, können ausweislich des Wortlautes der Norm auch durchschnittliche Investitionsaufwendungen und durchschnittliche Renditen bei der Bestimmung der Laufzeit zugrunde gelegt werden.[37]

Das Verb „können" im Zusammenhang mit der Formulierung in § 3 Abs. 2 S. 3 KonzVgV („In diesem Rahmen kann der Konzessionsgeber […] zugrunde legen") steht hier als Synonym für „dürfen" oder „freistehen" und zielt weniger auf die Eröffnung eines Ermessensspielraumes ab, sondern vorrangig darauf, dem Konzessionsgeber mit Blick auf unterschiedliche Konzessionstypen alternative **Handlungsmöglichkeiten** aufzuzeigen. So können beispielsweise Erfahrungswerte berücksichtigt werden, die in der Vergangenheit zu Konzessionen eines bestimmten Konzessionstyps gewonnen wurden.[38]

D. Rechtsschutz

§ 3 Abs. 1 S. 1 KonzVgV hat unternehmensschützenden Charakter im Sinne des § 97 Abs. 6 GWB. Die Frage, ob eine Norm unternehmensschützend ist, muss anhand des wettbewerbsschützenden Charakters des Vergaberechts geklärt werden. Nur dann, wenn der Verstoß gegen die Norm zu einer Störung der Wettbewerbsverhältnisse zwischen den Bietern führt, ist diese unternehmensschützend. Dies ist dann der Fall, wenn die Vorschrift selbst als Ausfluss der allgemeinen vergaberechtlichen Grundsätze (z.B. Wettbewerbs-, Transparenz- und Gleichbehandlungsgrundsatz) angesehen werden kann.[39] Das ist für § 3 Abs. 1. S. 1 KonzVgV

---
36 OLG Karlsruhe, Beschluss v. 14.11.2014 – 15 Verg 10/14.
37 *Goldbrunner*, VergabeR 2016, 365 (372).
38 Verordnungsbegründung zu § 3 Abs. 2 KonzVgV, BR-Drs. 87/16, 279.
39 OLG Koblenz, Beschluss v. 15.1.2007 – 12 U 1016/05; *Scharen*, in: Willenbruch/Wieddekind, Vergaberecht, 3. Aufl., § 126 GWB Rn. 8 ff.

zu bejahen, denn § 3 KonzVgV soll unter Anwendung der Vergabegrundsätze im Interesse der Unternehmen den Wettbewerb sicherstellen und einer Marktabschottung entgegenwirken.

Anlage

Verordnungsbegründung (BR-Drs. 87/16)

Seite 278

§ 3 dient der Umsetzung von Artikel 18 der Richtlinie 2014/23/EU.

Zu Absatz 1

Absatz 1 setzt Artikel 18 Absatz 1 der Richtlinie 2014/23/EU um. Gemäß Absatz 1 Satz 1 ist die Laufzeit von Konzessionen beschränkt, d.h. eine unbeschränkte Laufzeit nicht zulässig. Erwägungsgrund 52 der Richtlinie 2014/23/EU weist darauf hin, dass die Laufzeitbegrenzung den Wettbewerb sicherstellt und einer Marktabschottung entgegenwirkt. Gemäß Absatz 1 Satz 2 schätzen Konzessionsgeber die Laufzeit nach den jeweiligen Anforderungen der Bau- oder Dienstleistungen, die Gegenstand der Konzession sind.

Zu Absatz 2

Seite 279

Absatz 2 Satz 1 setzt Artikel 18 Absatz 2 Unterabsatz 1 der Richtlinie 2014/23/EU um. Bei Konzessionen mit einer Laufzeit von über fünf Jahren darf die Laufzeit nicht länger sein, als der Zeitraum, innerhalb dessen der Konzessionsnehmer nach vernünftigem Ermessen die Investitionsaufwendungen für den Betrieb des Bauwerks oder die Erbringung der Dienstleistungen zuzüglich einer Rendite auf das investierte Kapital unter Berücksichtigung der zur Verwirklichung der spezifischen Vertragsziele notwendigen Investitionen wieder erwirtschaften kann. Da eine Baukonzession im Sinne des Artikels 5 Nummer 1 Buchstabe a) der Richtlinie 2014/23/EU im Hinblick auf die Investitionsaufwendungen des Wirtschaftsteilnehmers infolge der Betrauung mit der Erbringung von Bauleistungen nicht nur Investitionsaufwendungen für den Betrieb des Bauwerks, sondern auch für dessen Errichtung und Erhaltung betreffen kann, wird der Wortlaut des Absatzes 2 zur Klarstellung um Investitionsaufwendungen zur Errichtung und Erhaltung des Bauwerks ergänzt. Siehe dazu auch den Erwägungsgrund 52 der Richtlinie 2014/23/EU, in dem der Unionsgesetzgeber ausdrücklich darauf hinweist, dass die Schätzung die zu Beginn und im späteren Verlauf getätigten Investitionen, die voraussichtlich für den Betrieb der Konzession erforderlich sind, umfassen können sollte.

Gemäß Erwägungsgrund 52 der Richtlinie 2014/23/EU sollte die Höchstdauer des Konzessionsvertrags überdies in den Vergabeunterlagen angegeben werden, sofern die Vertragsdauer nicht selbst ein Zuschlagskriterium ist. Erwägungsgrund 52 der Richtlinie 2014/23/EU stellt auch klar, dass die längere Vertragslaufzeit als 5 Jahren durch den Umstand gerechtfertigt wird, dass der Konzessionsnehmer nur auf diese Weise die geplanten Investitionen wieder erwirtschaften und eine Rendite auf das eingesetzte Kapital erzielen kann. Zu den zu berücksichtigenden Investitionen können nach Erwägungsgrund 52 insbesondere Aufwendungen für Infrastruktur, Urheberrechte, Patente, Ausrüstung, Logistik, Anstellung und Schulung von Personal und Anschubkosten gehören. Schließlich verdeutlicht Erwägungsgrund 52, dass es Konzessionsgebern freigestellt ist, Unternehmen eine kürzere Vertragslaufzeit vorzuschlagen, wenn der damit verbundene finanzielle Ausgleich das Betriebsrisiko nicht beseitigt.

Absatz 2 Satz 2 setzt Artikel 18 Absatz 2 Unterabsatz 2 der Richtlinie 2014/23/EU um und stellt klar, dass die für die Schätzung zugrunde zu legenden Investitionsaufwendungen sowohl die zu Anfang als auch die während der Laufzeit der Konzessionen vorzunehmenden Investitionen umfassen.

Absatz 2 Satz 3 konkretisiert die Vorgehensweise bei der Schätzung der Laufzeit der Konzession dahingehend, dass durchschnittliche Investitionsaufwendungen und durchschnittliche Renditen für Konzessionen eines bestimmten Konzessionstyps zugrunde gelegt werden können, soweit es die Besonderheiten des jeweiligen Konzessionstyps rechtfertigen. Auf dieser Grundlage können beispielsweise Erfahrungswerte berücksichtigt werden, die in der Vergangenheit zu Konzessionen eines bestimmten Konzessionstyps gewonnen wurden.

§ 4 KonzVgV
Wahrung der Vertraulichkeit

(1) Sofern in dieser Verordnung oder anderen Rechtsvorschriften nichts anderes bestimmt ist, darf der Konzessionsgeber keine von den Unternehmen übermittelten und von diesen als vertraulich gekennzeichneten Informationen weitergeben. Dazu gehören insbesondere Betriebs- und Geschäftsgeheimnisse und die vertraulichen Aspekte der Angebote einschließlich ihrer Anlagen.

(2) Bei der gesamten Kommunikation sowie beim Austausch und bei der Speicherung von Informationen muss der Konzessionsgeber die Integrität der Daten sowie die Vertraulichkeit der Teilnahmeanträge und Angebote einschließlich ihrer Anlagen gewährleisten. Die Teilnahmeanträge und Angebote einschließlich ihrer Anlagen sowie die Dokumentation über die Angebotsöffnung sind auch nach Abschluss des Vergabeverfahrens vertraulich zu behandeln.

(3) Der Konzessionsgeber kann Unternehmen Anforderungen vorschreiben, die auf den Schutz der Vertraulichkeit der Informationen im Rahmen des Vergabeverfahrens abzielen. Hierzu gehört insbesondere die Abgabe einer Verschwiegenheitserklärung.

Übersicht	Rn.
A. Allgemeines	1
I. Unionsrechtlicher Hintergrund	3
II. Vertraulichkeitsgebot in Teil 4 GWB	7
III. Vergleichbare Regelungen	12
B. Konkretisierung des Grundsatzes der Vertraulichkeit (Abs. 1)	14
C. Integrität der Daten und Vertraulichkeit von Teilnahmeanträgen und Angeboten (Abs. 2)	20
D. Anforderungen zum Schutz der Vertraulichkeit (Abs. 3)	24
E. Rechtsschutz	27
Anlage	
Verordnungsbegründung	
(BR-Drs. 87/16)	

A. Allgemeines

Die Vorschrift des § 4 KonzVgV gliedert sich in drei Absätze. Abs. 1 kommt eine doppelte Funktion zu. Zum einen ist dort die Grundaussage enthalten, dass keine von den Unternehmen übermittelten und als verbindlich gekennzeichneten Informationen weitergegeben werden dürfen (S. 1). Zum anderen werden diese Informationen näher definiert (S. 2). Abs. 2 überträgt die Grundaussage auf die gesamte Kommunikation sowie die Speicherung von Informationen einschließlich aller Unterlagen (also auch Anlagen und Vergabedokumentation). Zeitlich gelten diese Vorgaben auch nach Abschluss des Vergabeverfahrens noch fort (S. 2). Abs. 3 eröffnet dem Konzessionsgeber die Möglichkeit, eine Verschwiegenheitserklärung einzufordern. 1

Die Vertraulichkeit im Hinblick auf die im Rahmen des Ausschreibungs- und Vergabeverfahrens erhaltenen Informationen ist seit jeher sowohl für Auftraggeber als auch für Bieter bzw. Bewerber ein **grundlegendes Prinzip**. Aus der Auftragsvergabe im Wettbewerb, als dem jedes Vergabeverfahren beherrschenden Grundsatz, folgt zur Gewährleistung der Rahmenbedingungen des Wettbewerbs wesensnotwendig die Vertraulichkeit der Offerten der Wettbewerber untereinander. Nach *Weyand* ist eine wettbewerbliche Vergabe als Eckpfeiler des Vergaberechts ohne Vertraulichkeit nicht möglich.[1] Im Lichte dieser Feststellung konkretisiert § 4 KonzVgV das Prinzip der Wahrung der Vertraulichkeit für den gesamten Prozess der Konzessionsvergabe näher. 2

---

1 *Weyand*, Vergaberecht, § 13 VOL/A Rn. 95 und § 8 VOF Rn. 22.

I. Unionsrechtlicher Hintergrund

3   Die Vorschrift des § 4 KonzVgV dient der Umsetzung der Art. 28 und Art. 29 Abs. 2 UAbs. 2 S. 1 RL 2014/23/EU.[2]

4   Während Art. 29 Abs. 2 UAbs. 2 S. 1 RL 2014/23/EU die **Vertraulichkeit** der Teilnahmeanträge und Angebote eher „en passant" festschreibt, räumt Art. 28 RL 2014/23/EU dem Topos Vertraulichkeit einen weitaus größeren Raum ein. Weitergehend als § 4 KonzVgV weist Art. 28 RL 2014/23/EU in Abs. 1 UAbs. 2 vice versa darauf hin, dass die nicht vertraulichen Teile geschlossener Verträge „mit allen ihren späteren Änderungen" offengelegt werden dürfen.

5   Die Vorschrift des § 4 KonzVgV normiert einen **wesentlichen Grundsatz** des gesamten Vergaberechts. Der Begriff der Vertraulichkeit findet sich auch in Art. 10 Abs. 7 RL 2014/23/EU und im Erwägungsgrund 60 RL 2014/23/EU. Aus diesem Erwägungsgrund lässt sich durch die Nennung der „Wirtschaftsteilnehmer" folgern, dass der Richtliniengeber ursprünglich mit der Vertraulichkeit eine wechselseitige Verpflichtung begründen wollte. Der Wortlaut der genannten Art. 28 und 29 RL 2014/23/EU deutet demgegenüber eher auf eine einseitige Verpflichtung des Konzessionsgebers hin.

6   Das Prinzip der Vertraulichkeit hat neben der Konzessionsvergaberichtlinie (RL 2014/23/EU) auch Eingang gefunden in die **allgemeine Vergaberichtlinie** 2014/24/EU und die **Sektorenrichtlinie** 2014/25/EU, wie die expliziten Normierungen des Art. 21 RL 2014/24/EU und des Art. 39 RL 2014/25/EU mit ihrer Artikelüberschrift „Vertraulichkeit" jeweils zeigen. Wie in der Konzessionsvergaberichtlinie taucht der Topos „Vertraulichkeit" daneben in Art. 15 Abs. 2 (Parallelnorm zu Art. 10 Abs. 7 RL 2014/23/EU), Art. 22 Abs. 3 und Art. 53 Abs. 1 UAbs. 3 RL 2014/24/EU auf. Ähnliches gilt für die Sektorenrichtlinie. Dort sind es neben Art. 39 die Art. 18 Abs. 2, 19 Abs. 2, 24 Abs. 2 sowie 40 Abs. 3 bzw. 73 Abs. 1, UAbs. 3 S. 1 RL 2014/25/EU.

II. Vertraulichkeitsgebot in Teil 4 GWB

7   In Teil 4 GWB war bis zum Inkrafttreten des VergRModG 2016 das Vertraulichkeitsgebot hinsichtlich der im Rahmen des Ausschreibungs- und Vergabeverfahrens enthaltenen Informationen nur vereinzelt aufgeführt (§§ 110a, 113, 127). Das novellierte GWB erwähnt die Wahrung der Vertraulichkeit demgegenüber umfangreicher bzw. sieht den Schutz der Vertraulichkeit von Informationen als wesensnotwendig an.

8   Erwähnung findet die Wahrung der Vertraulichkeit – wie bisher – im Rahmen der Verordnungsermächtigung gemäß § 113 Nr. 7 GWB, soweit die verteidigungs- oder sicherheitsspezifischen Anforderungen es erfordern; des Weiteren in § 117 Nr. 1 und 3 GWB. Soweit dort **Ausnahmen** von der Geltung des Vergaberechts vorgesehen sind, gilt dies nur insoweit, als der Schutz wesentlicher Sicherheitsinteressen nicht durch weniger einschneidende Maßnahmen, wozu z.B. Anforderungen zum Schutz der Vertraulichkeit solcher Informationen zählen, gewährleistet werden kann.

9   Im Rahmen der **Konzessionsausführung** können Konzessionsgeber zudem unter bestimmten Voraussetzungen gemäß § 152 Abs. 4 und § 128 Abs. 2 GWB Ausführungsbedingungen festlegen, die den Schutz der Vertraulichkeit von Informationen umfassen, ohne dass es einer gesonderten Begründung dafür bedarf.[3]

10 Dass die **Vergabekammern** – wie bisher auch – angehalten sind, die Vertraulichkeit von Verschlusssachen und anderen vertraulichen Informationen „sicherzustellen" (§ 164 Abs. 1 GWB), sei ebenso erwähnt, wie die Verpflichtung der Mitglieder der Vergabekammern zur Geheimhaltung (§ 164 Abs. 2 GWB).

---

2   Verordnungsbegründung zu § 4 KonzVgV, BR-Drs. 87/16, 279.
3   Vgl. Gesetzesbegründung zu § 128 Abs. 2 GWB, VergRModG 2016, BT-Drs. 18/6281, 114.

Gemäß § 150 GWB gelten besondere Ausnahmen für die Vergabe von Konzessionen in den Bereichen **Verteidigung** und **Sicherheit**. Ähnlich wie zu § 117 GWB gilt für Konzessionsvergaben in diesen Bereichen, dass die Anwendung des Teil 4 GWB unter bestimmten Voraussetzungen entfällt. Dies ist der Fall, wenn die Vergabe der Konzession als geheim einzustufen wäre oder sie besondere Sicherheitsvorkehrungen hervorrufen würde, denen nicht durch weniger einschneidende Maßnahmen entsprochen werden könnte. Letzteres ist z.B. für Anforderungen, die auf den Schutz der Vertraulichkeit der Informationen abzielen, anzunehmen (§ 150 Nr. 1 GWB) bzw. wenn – darüber hinausgehend – Maßnahmen zum Schutz der Vertraulichkeit von Informationen nicht ausreichen, um den Schutz wesentlicher Sicherheitsinteressen der Bundesrepublik Deutschland zu garantieren (§ 150 Nr. 6 GWB).

III. Vergleichbare Regelungen

Die zuvor beschriebene Parallelität auf der sekundärrechtlichen EU-Ebene muss sich bei einer Eins-zu-eins-Übernahme fast zwangsläufig auch auf der nationalen Verordnungsebene widerspiegeln. Der „Wahrung der Vertraulichkeit" gemäß § 4 KonzVgV entspricht denn auch § 5 **SektVO** und § 5 **VgV** fast wortgleich. Einzig die „Ersetzung" des Konzessionsgebers durch den Auftraggeber und die zusätzliche Erwähnung der Vertraulichkeit der „Interessensbekundungen und -bestätigungen" neben den Teilnahmeanträgen und Angeboten unterscheidet diese Vorschriften aus der Natur der Sache von § 4 KonzVgV.[4]

Unterhalb der Verordnungsebene zeigt sich die „Durchgängigkeit" des Vertraulichkeitsprinzips in der **VOB/A**.[5] Einen beachtlichen Widerhall findet der Grundsatz der Vertraulichkeit in den Normen der Abschnitte 1 und 2 der VOB/A, also den Basis- und den EU-Paragraphen. § 13 Abs. 2 VOB/A und § 13 EU Abs. 2 VOB/A sind fast wortidentisch. Nach beiden Vorschriften obliegt dem Auftraggeber die Sicherstellung der Gewährleistungspflicht im Hinblick auf die Datenintegrität und die Vertraulichkeit der Angebote „auf geeignete Weise". Dem Anbieter seinerseits wird die Möglichkeit eingeräumt, sein Angebot per Post oder elektronisch zu übermitteln. Flankierend zur Grundnorm des § 13 EU Abs. 2 VOB/A finden sich der „Schutz der Vertraulichkeit der Informationen" bzw. die „Vertraulichkeit und Echtheit der Daten" in § 10 a EU Abs. 5; in § 11 b EU Abs. 2 bzw. in § 11 a EU Abs. 2 VOB/A. In die VOB/A 2016 als § 14 Abs. 1 S. 2 übernommen wurde auch § 14 Abs. 1 S. 2 VOB/A 2012, der dort vorschrieb, die Angebote der Bieter bis zum Eröffnungstermin „unter Verschluss zu halten". Über den Wortlaut der Art. 28 und 29 RL 2014/23/EU und des § 4 KonzVgV hinaus lässt sich aus § 2 EU Abs. 6 VOB/A die Verpflichtung zur Wahrung der Vertraulichkeit aller Informationen und Unterlagen für Auftraggeber, Bewerber, Bieter und Auftragnehmer, also gegenseitig, herauslesen. Auch nach § 2 VS Abs. 5 VOB/A wahren Auftraggeber, Bewerber, Bieter und Auftragnehmer die Vertraulichkeit im Hinblick auf Informationen und Unterlagen (gegenseitig). Nach § 13 VS Abs. 2 S.1 VOB/A sind vom Auftraggeber die Datenintegrität und die Vertraulichkeit der Angebote auf geeignete Weise zu gewährleisten. § 13 VS Abs. 2 VOB/A differenziert insoweit zwischen Angeboten, übermittelt per Post und elektronisch. Durch organisatorische Anforderungen werden in § 11 VS Abs. 3 VOB/A die Voraussetzungen zur Wahrung der „Datenintegrität und Vertraulichkeit" sowohl für per Post oder direkt übermittelte Anträge als auch für elektronisch übermittelte Teilnahmeanträge weitergehend detailliert (insbesondere Verschlüsselung, siehe § 11 VS Abs. 3 S. 3 VOB/A).

---

[4] Inhaltlich unterscheidet sich demgegenüber die VSVgV im Anwendungsbereich der RL 2009/81/EG. Dort ist im § 6 über den Wortlaut der Normierung in den zuvor genannten Verordnungen hinaus expressis verbis die Wahrung der Vertraulichkeit für „Auftraggeber, Bewerber, Bieter und Auftragnehmer gegenseitig" vorgeschrieben. Die genannten Personen dürfen darüber hinaus ausdrücklich keine als vertraulich eingestuften Informationen an Dritte weitergeben.
[5] Anmerkung zur Rechtssituation vor dem 18. April 2016: In § 17 EG Abs. 3 VOL/A bzw. § 13 Abs. 2 S. 1 VOL/A war der Auftraggeber zur Gewährleistung der Vertraulichkeit der Angebote bei Ausschreibungen verpflichtet. Nach § 8 Abs. 3 VOF hatten die Auftraggeber u.a. die Vertraulichkeit sowohl der übermittelten Anträge auf Teilnahme als auch der Angebote zu gewährleisten.

B. Konkretisierung des Grundsatzes der Vertraulichkeit (Abs. 1)

14 § 4 Abs. 1 KonzVgV schreibt den Grundsatz der Vertraulichkeit fest, stellt ihn aber – ausweislich Art. 28 Abs. 1 RL 2014/23/EU „sofern [...] nichts anderes vorgesehen ist" – unter den Vorbehalt der Geltung etwaiger entgegenstehender Vorschriften „dieser Richtlinie" oder anderer Rechtsvorschriften im nationalen Recht.

15 Bereits nach früher geltendem Vergaberecht galt nach § 3a Nr. 4 Abs. 3 VOB/A für den wettbewerblichen Dialog die Unzulässigkeit der Weitergabe von vertraulichen Informationen eines Anbieters ohne dessen Zustimmung. Auch der Konzessionsgeber darf bei vertraulich **gekennzeichneten Informationen** diese nicht weitergeben. Dies dürfte nach Sinn und Zweck von § 4 Abs. 1 KonzVgV auch für nicht gekennzeichnete, aber offensichtlich vertrauliche Informationen, wie z.B. Betriebs- und Geschäftsgeheimnisse, gelten.

16 Entsprechend den in Art. 28 Abs. 1 RL 2014/23/EU erwähnten „Rechtsvorschriften betreffend den Zugang zu Informationen" sind auf nationaler Ebene in Deutschland insoweit neben § 29 VwVfG insbesondere das **IFG** ebenso zu verstehen wie die (derzeit) von 12 Bundesländern erlassenen Landesinformationsfreiheitsgesetze/Verbraucherinformationsgesetze.[6] Insoweit stehen sich eine gesetzliche und eine verordnungsrechtliche Norm gegenüber, was die Vermutung nähren könnte, dass die Vertraulichkeit „der Angebote einschließlich ihrer Anlagen" durch das gesetzlich vermittelte Recht auf „Zugang zu amtlichen Informationen" (§ 1 Abs. 1 S. 1 IFG) teilweise gefährdet sein könnte. Soweit das IFG bzw. die Informationsfreiheitsgesetze/ Verbraucherinformationsgesetze der Länder in § 3 Nr. 1 b und Nr. 6 IFG auch die Vertraulichkeit der fiskalischen Interessen des Bundes schützt[7], ist das VG Stuttgart im Jahre 2011 dieser Erwägung nicht gefolgt. In seinem Urteil vom 17. Mai 2011[8] stellte das Gericht generell fest, dass der Anwendung des IFG nicht Regelungen des Vergaberechts entgegenstehen. Ihnen komme eine verdrängende Spezialität im Sinne des § 1 Abs. 3 IFG – im Umkehrschluss – (allenfalls) dann zu, wenn sie „in gleicher Weise wie das IFG Regelungen über den Zugang zu amtlichen Informationen treffen". Letzteres solle für die im Fall geltend gemachten Regelungen nach der VOL/A 2006 und 2009 nicht zutreffen. Sie regelten den Informationszugang in Bezug auf die dem Auftraggeber innerhalb und außerhalb eines Vergabeverfahrens zugehenden Unterlagen „weder vollumfänglich noch abschließend" und entfalten folglich – so das Verwaltungsgericht – keine Sperrwirkung im Sinne des § 1 Abs. 3 IFG gegenüber dem Informationsanspruch aus § 1 Abs. 1 IFG.

17 Mit anderen Worten besteht ein Vorrang des Vergaberechts nach dieser Rechtsprechung nur dort, wo **Spezialnormen** den Informationszugang regeln bzw. ausschließen, wie es für die bereits erwähnte Vorschrift des § 14 EU Abs. 1 S. 3 VOB/A zutrifft.[9] Die Vorschrift regelt das „Unter-Verschluss-Halten" der Angebote bis zum Eröffnungstermin. § 14 Abs. 1 S. 3 VOB/A ist insoweit eine Norm i. S. d. § 1 Abs. 3 IFG, als sie – abschließend und speziell – gegenüber dem „voraussetzungslosen Anspruch auf Zugang zu Informationen"[10] von jedermann, damit auch dem Konkurrenten, Sperrwirkung entfaltet. Letzteres gilt unter prozessualen Aspekten auch für die Vorschrift des § 165 GWB, die – identisch zu § 111 GWB a.F. – die Akteneinsicht im Nachprüfungsverfahren regelt, insbesondere die Akteneinsicht abschließend nur unter den in Abs. 2 genannten Voraussetzungen versagen kann.

18 Soweit die Begründung des Verordnungsgebers[11] das Gebot der Wahrung der Vertraulichkeit als **„wechselseitige" Verpflichtung** von Konzessionsgebern und Unternehmen ansieht, wird der klare Wortlaut der Vorschrift „strapaziert". Denn Adressat des § 4 Abs. 1 KonzVgV

---

6 Vgl. Verordnungsbegründung zu § 4 Abs. 1 KonzVgV, BR-Drs. 87/16, 280.
7 Nach der Gesetzesbegründung zum IFG, BT-Drs. 15/4494, 11, insbesondere vor der Ausforschung durch Anbieter bei Beschaffungsmaßnahmen.
8 VG Stuttgart, Urteil v. 17.5.2011 – 13 K 3505/09.
9 Zur Dichotomie von prozessrechtlichen Auskunftsansprüchen und den Verbraucherinformationsgesetzen auch OVG Niedersachsen, Urteil v. 2.9.2015 – 10 LB 33/13.
10 Bundesministerium des Innern, Anwendungshinweise zum Informationsfreiheitsgesetz vom 21.11.2005 – V 5 a 130-250/16, Nr. 1.
11 Verordnungsbegründung zu § 4 KonzVgV, BR-Drs. 87/16, 279.

ist dem Wortlaut nach einzig der Konzessionsgeber, dem es obliegt, keine ihm übermittelten und als vertraulich gekennzeichneten Informationen weiterzugeben. Auch nach Art. 28 RL 2014/23/EU ist Adressat der dort beschriebenen Obliegenheiten nur der öffentliche Auftraggeber.[12] Nach herrschender Meinung in Rechtsprechung und Literatur[13] bildet der Wortlaut die äußerste Grenze der Auslegung. Dahinter steht die nachvollziehbare Erwägung, dass das, was außerhalb des Wortlauts einer Norm liegt, sich nicht als Inhalt der Norm begreifen und demzufolge auch nicht durch Auslegung ermitteln lässt[14]. Dem widerspricht die missverständliche Fassung des § 2 EU Abs. 6 VOB/A.

Unter die Vertraulichkeit fallen „insbesondere technische und handelsbezogene **Geschäftsgeheimnisse**" (Art. 28 Abs. 1 RL 2014/23/EU) sowie die vertraulichen Aspekte der Angebote einschließlich ihrer Anlagen. Der Bezugsaspekt der Geschäftsgeheimnisse, ob technischer oder handelsbezogener Geschäftsgeheimnisse, dient der Klarstellung im Hinblick auf den kaufmännischen bzw. technischen Bereich des Unternehmens. Letztlich fallen unter den Begriff der Geschäftsgeheimnisse nach der Rechtsprechung der Zivilgerichte alle mit dem Unternehmensbetrieb im Zusammenhang stehenden Tatsachen, die nicht offenkundig sind und nach dem Willen des Betriebsinhabers – sei er bekundet oder auf wirtschaftlichen Interessen beruhend – geheim gehalten werden sollen.[15] Davon ausgehend, dass die Optimierung der Infrastruktur im Bereich des geistigen Eigentums ein „wichtiger Pfeiler der sog. Innovationsunion" ist, hat sieht die am 5. Juli 2016 mit zweijähriger Umsetzungsfrist in Kraft getretene RL 2016/943/EU in Art. 2 eine Begriffsbestimmung für „Geschäftsgeheimnisse" vor, die dergestalt dreigeteilt ist, dass darunter alle Informationen fallen: die geheim, da weder allgemein bekannt noch ohne Weiteres zugänglich, sind; die von kommerziellem Wert sind und die Gegenstand von den Umständen entsprechenden angemessenen Geheimhaltungsmaßnahmen der Person sind, die „die rechtmäßige Kontrolle über die Informationen besitzt".[16] Nicht der Vertraulichkeit unterfallen die wesensbedingt nicht vertraulichen Teile geschlossener Verträge einschließlich aller späterer Änderungen, siehe Art. 28 Abs. 1 UAbs. 2 RL 2014/23/EU.

C. Integrität der Daten und Vertraulichkeit von Teilnahmeanträgen und Angeboten (Abs. 2)

§ 4 Abs. 2 KonzVgV zielt in eine doppelte Richtung: Zum einen wird die Gewährleistung der Vertraulichkeit der Teilnahmeanträge und Angebote einschließlich ihrer Anlagen in § 4 Abs. 2 S. 1 KonzVgV festgeschrieben und zum anderen ist nach § 4 Abs. 2 S. 2 KonzVgV die Vertraulichkeit der Teilnahmeanträge und Angebote einschließlich ihrer Anlagen über das eigentliche Vergabeverfahren hinaus „auch nach Abschluss des Vergabeverfahrens" vertraulich zu behandeln.

Ausgehend vom Wortlaut des Art. 29 Abs. 2 UAbs. 2 S. 1 RL 2014/23/EU muss die Vertraulichkeit der Teilnahmeanträge und Angebote **vollumfänglich**, d.h. einschließlich ihrer Anlagen im Rahmen der „gesamten Kommunikation" wie auch („sowie") beim Informationsaustausch und selbst der technischen (Daten-)Speicherung beachtet werden (§ 4 Abs. 2 S. 1 KonzVgV). Die Normierung des § 4 Abs. 2 S. 1 KonzVgV liegt damit „im Gleichlauf" mit der Umsetzung des Art. 21 RL 2014/24/EU durch § 5 VgV. Unter Speicherung lassen sich unter

---
12 Soweit Art. 29 RL 2014/23/EU in der deutschen Übersetzung von „öffentlichen Auftraggebern" oder „Auftraggebern" spricht, ist mit letzterem Begriff – wie insbesondere die französische Fassung der Richtlinie „entité adjudicatrice" zeigt – der Auftraggeber gemeint, durch den Bau- oder Dienstleistungskonzessionen für die in Anhang II zur Konzessionsrichtlinie genannten Tätigkeiten beauftragt werden (Art. 1 Abs. 2 lit. a und b RL 2014/23/EU).
13 Vgl. nur BVerfG, Beschluss v. 23.10.1985 – 1 BvR 1053/82, BVerfGE 71, 108 (115) bzw. schon *Bartholomyczik*, Kunst der Gesetzesauslegung.
14 Instruktiv dazu *Looschelders/Roth*, Juristische Methodik im Prozess der Rechtsanwendung, S. 67; a. A. OLG Düsseldorf, Beschluss v. 4.2.2013 – VII-Verg 31/12.
15 Zu den Kostenermittlungsunterlagen siehe OLG Düsseldorf, Beschluss v. 28.12.2007 – VII-Verg 40/07; allgemein BGH Urteil v. 7.11.2012 – I ZR 64/00, GRUR 2003, 356 (358).
16 Siehe en detail Europäische Kommission, Vorschlag für eine Richtlinie des Europäischen Parlaments und des Rates über den Schutz vertraulichen Know-hows und vertraulicher Geschäftsinformationen (Geschäftsgeheimnisse) vor rechtswidrigem Erwerb sowie rechtswidriger Nutzung und Offenlegung – KOM/2013/0813, endg.

Heranziehung nach § 3 Abs. 4 S. 2 Nr. 1 BDSG das Erfassen, das Aufnehmen bis zum Aufbewahren der Informationen subsumieren.

22 Allgemein bedeutet die Gewährleistung der **(Daten-)Integrität** die Sicherstellung des Schutzes vor (unbemerkter) nachträglicher Veränderung durch Dritte.[17] Sie kann aber insoweit nicht mit der Wahrung der Vertraulichkeit gleichgesetzt werden.

23 Gemäß § 4 Abs. 2 S. 2 KonzVgV sind Teilnahmeanträge und Angebote einschließlich ihrer Anlagen sowie die Dokumentation über die Angebotsöffnung über das eigentliche Vergabeverfahren hinaus „auch **nach Abschluss des Vergabeverfahrens**" vertraulich zu behandeln. Das Vergabeverfahren ist mit der Zuschlagserteilung bzw. der Aufhebung beendet. Mit dieser Festlegung geht § 4 KonzVgV über den Wortlaut sowohl der Bestimmung der Vertraulichkeit in Art. 28 RL 2014/23/EU als auch in Art. 21 RL 2014/24/EU hinaus. Andererseits entspricht die sorgfältige Wahrung und vertrauliche Behandlung der Angebote und ihrer Anlagen, wie der Dokumentation über die Angebotseröffnung, auch nach Abschluss des Vergabeverfahrens der Rechtslage vor Erlass des Legislativpakets und dessen Umsetzung in der VOB/A. Insoweit sei verwiesen auf § 14 Abs. 3 VOL/A bzw. § 17 EG Abs. 3 VOL/A.

D. Anforderungen zum Schutz der Vertraulichkeit (Abs. 3)

24 Nach § 4 Abs. 3 KonzVgV ist es dem Konzessionsgeber freigestellt, den „Wirtschaftsteilnehmern" Anforderungen und Vorgaben zu erteilen, die auf den Schutz der Vertraulichkeit der Informationen abzielen, die im Rahmen des Konzessionsvergabeverfahrens „anfallen"/zur Verfügung stehen.

25 § 4 Abs. 3 KonzVgV setzt die **unionsrechtliche Bestimmung** in Art. 28 Abs. 2 RL 2014/23/EU um.[18]

26 Hauptfall einer solchen Anforderung ist nach § 4 Abs. 3 S. 2 KonzVgV die Abgabe einer **Verschwiegenheitserklärung** zur Unterbindung der Weitergabe vertraulicher Informationen sein. Damit erklären Unternehmen, die sich verpflichten, ihnen zur Kenntnis gelangende vertrauliche Informationen gelangende vertrauliche Informationen nicht weiterzugeben. Ausweislich des Wortlauts der Regelung („insbesondere") ist die Erwähnung dieser Erklärung lediglich beispielhaft. Der Konzessionsgeber kann daher auch andere Anforderungen vorschreiben.

E. Rechtsschutz

27 Ob die Nichtbeachtung der Vertraulichkeit geeignet ist, ein Vergabenachprüfungsverfahren erfolgreich einzuleiten, hängt davon ab, ob dieser Umstand geeignet ist, eine **Rechtsverletzung** des den Nachprüfungsantrag stellenden Bieters (Konzessionsnehmer) zu begründen. Grundsätzlich reicht schon die Möglichkeit einer Verschlechterung der Aussichten des den Nachprüfungsantrag stellenden Bieters aus, seine Antragsbefugnis gemäß § 160 Abs. 2 GWB zu begründen, sofern er seiner Rügeobliegenheit nachgekommen ist[19] und der Vorschrift (Dritt-)Bieterschutz zukommt.

28 Soweit ersichtlich ist die Frage eines **(drittbieterschützenden) Rechts** auf Wahrung der Vertraulichkeit noch nicht höchstrichterlich entschieden worden. Andererseits bietet insbesondere der Vertraulichkeitsgrundsatz die effektive Gewähr für einen unverfälschten Wettbewerb. Der Richtliniengeber der Konzessionsrichtlinie selbst sieht die Verletzung der Vertraulichkeit deshalb ausdrücklich als sanktionswürdig an.[20] Ausgehend davon, dass der Vertraulichkeitsgrundsatz sowohl den Konzessionsgeber an seine Pflicht zur wirtschaftlichen Beschaffung mahnt als auch den Schutz des Bieters und seines Konzepts sowie der Angebots-

---

17 Siehe OVG Koblenz, Beschluss v. 21.4.2006 – 10 A 11741/05; siehe auch den Grundsatz der zweckgebundenen Datenverarbeitung.
18 Verordnungsbegründung zu § 4 Abs. 3 KonzVgV, BR-Drs. 87/16, 280.
19 Dazu im Einzelnen OLG Düsseldorf, Beschluss v. 4.2.2013 – VII-Verg 31/12.
20 Erwägungsgrund 60 RL 2014/23/EU: „[...] sollte die Anwendung angemessener Sanktionen nach sich ziehen."

kalkulationen bezweckt, kommt der Wahrung der Vertraulichkeit im Sinne der herrschenden Schutznormlehre eine bieterschützende Bedeutung zu. Dies umso mehr, als die Wahrung der Vertraulichkeit auch wesentlicher Bestandteil eines „geregelten Vergabeverfahrens" ist, das unter für alle Bieter gleichen Anforderungen stattfinden muss[21] und nur unter dieser Voraussetzung die Gewähr für einen unverfälschten Wettbewerb bietet.

Anlage

Verordnungsbegründung (BR-Drs. 87/16)

Seite 279

§ 4 dient der Umsetzung von Artikel 28 und 29 Absatz 2 Satz 1 Unterabsatz 2 der Richtlinie 2014/23/EU und sieht zur Wahrung vertraulicher Informationen im Vergabeverfahren wechselseitige Pflichten von Konzessionsgebern und Unternehmen vor. Der Unionsgesetzgeber stellt in Erwägungsgrund 60 der Richtlinie 2014/23/EU klar, dass die Nichteinhaltung der Vertraulichkeit zur Anwendung angemessener Sanktionen führen kann, soweit nach dem Zivil- oder Verwaltungsrecht der Mitgliedstaaten der Europäischen Union solche Sanktionen vorgesehen sind.

Zu Absatz 1

Absatz 1 setzt Artikel 28 Absatz 1 der Richtlinie 2014/23/EU um. Grundsätzlich dürfen Konzessionsgeber keine Informationen weitergeben, die ihnen von Unternehmen übermittelt und von diesen als vertraulich gekennzeichneten wurden. Zu den als vertraulich gekennzeichneten Information fallen nach der Richtlinie in einer nicht abschließender Aufzählung insbesondere technische und handelsbezogene Geschäftsgeheimnisse und die vertraulichen Aspekte des Angebotes. Artikel 28 Absatz 1 Unterabsatz 2 der Richtlinie 2014/23/EU stellt klar, dass dem Vertraulichkeitsgebot die Offenlegung der nicht vertraulichen Aspekte der geschlossenen Ver-

Seite 280

träge und ihrer Änderungen nicht entgegensteht. Die Umsetzung der Richtlinie 2014/23/EU in Absatz 1 greift den Wortlaut von Artikel 28 Absatz 1 der Richtlinie 2014/23/EU auf und stellt dabei klar, dass das Vertraulichkeitsgebot unter dem Vorbehalt entgegenstehender Vorschriften dieser Verordnung und anderer nationaler Bestimmungen gilt. Zu beachten sind in diesem Zusammenhang etwa die Informationsfreiheitsgesetze des Bundes und der Länder.

Zu Absatz 2

Absatz 2 setzt Artikel 29 Absatz 2 Unterabsatz 2 Satz 1 der Richtlinie 2014/23/EU im Hinblick auf die Integrität und Vertraulichkeit der Daten im Kommunikationsprozess um. Absatz 2 greift zur Klarstellung die Umsetzung des Artikels 21 Absatz 2 Richtlinie 2014/24/EU in § 5 Absatz 2 VgV auf. In beiden Sätzen erfolgt die Klarstellung, dass die Pflicht zur Wahrung der Vertraulichkeit von Teilnahmeanträgen und Angeboten auch die jeweiligen Anlagen umfasst.

Zu Absatz 3

Absatz 3 dient der Umsetzung von Artikel 28 Absatz 2 der Richtlinie 2014/23/EU. Dieser stellt es Konzessionsgebern frei, Anforderungen an Unternehmen aufzustellen, wie diese vertrauliche Informationen im Vergabeverfahren zu schützen haben. Zu solchen grundlegenden Vorgaben des Konzessionsgebers kann beispielsweise ein Verbot der Weitergabe vertraulicher Informationen gehören.

---

21 BGH, Urteil v. 1.2.2005 – X ZB 27/04.

§ 5 KonzVgV
Vermeidung von Interessenkonflikten

(1) Organmitglieder und Mitarbeiter des Konzessionsgebers oder eines im Namen des Konzessionsgebers handelnden Beschaffungsdienstleisters, bei denen ein Interessenkonflikt besteht, dürfen in einem Vergabeverfahren nicht mitwirken.

(2) Ein Interessenkonflikt besteht für Personen, die an der Durchführung des Vergabeverfahrens beteiligt sind oder Einfluss auf den Ausgang eines Vergabeverfahrens nehmen können und die ein direktes oder indirektes finanzielles, wirtschaftliches oder persönliches Interesse haben, das ihre Unparteilichkeit und Unabhängigkeit im Rahmen des Vergabeverfahrens beeinträchtigen könnte.

(3) Es wird vermutet, dass ein Interessenkonflikt besteht, wenn die in Absatz 1 genannten Personen

1. Bewerber oder Bieter sind,
2. einen Bewerber oder Bieter beraten oder sonst unterstützen oder als gesetzlicher Vertreter oder nur in dem Vergabeverfahren vertreten oder
3. beschäftigt oder tätig sind
   a) bei einem Bewerber oder Bieter gegen Entgelt oder als Organmitglied oder
   b) für ein in das Vergabeverfahren eingeschaltetes Unternehmen, wenn dieses Unternehmen zugleich geschäftliche Beziehungen zum Konzessionsgeber und zum Bewerber oder Bieter hat.

(4) Die Vermutung des Absatzes 3 gilt auch für Personen, deren Angehörige die Voraussetzungen nach Absatz 3 Nummer 1 bis 3 erfüllen. Angehörige sind der Verlobte, der Ehegatte, Lebenspartner, Verwandte und Verschwägerte gerader Linie, Geschwister, Kinder der Geschwister, Ehegatten und Lebenspartner der Geschwister und Geschwister der Ehegatten und Lebenspartner, Geschwister der Eltern sowie Pflegeeltern und Pflegekinder.

Übersicht

	Rn.		Rn.
A. Allgemeines	1	I. Widerlegbarkeit der Vermutung	37
I. Unionsrechtlicher Hintergrund	2	II. Tätigkeit als Bewerber oder Bieter (Nr. 1)	40
II. Vergleichbare Regelungen	3	III. Vertretung eines Bewerbers oder Bieters (Nr. 2)	42
B. Vertragliche Konfliktvermeidung	4	IV. Tätigkeit für einen Bewerber oder Bieter (Nr. 3)	46
C. Mitwirkungsverbot (Abs. 1)	5	1. Entgeltliche oder organschaftliche Tätigkeit (lit. a)	48
I. Zeitliche Ausdehnung	6	2. Geschäftsbeziehung zum Bewerber oder Bieter (lit. b)	50
II. Formen der Mitwirkung	9	F. Vermutung für Angehörige (Abs. 4)	55
III. Personenkreis	11	G. Rechtsschutz	58
1. Mitarbeiter	13	Anlage	
2. Organmitglieder	14	Verordnungsbegründung	
3. Beschaffungsdienstleister	18	(BR-Drs. 87/16)	
IV. Mitwirkungsverbot als Rechtsfolge	22		
V. Projektanten	25		
D. Interessenkonflikt (Abs. 2)	31		
E. Regelvermutungen (Abs. 3)	35		

A. Allgemeines

§ 5 KonzVgV modifiziert die bisher in § 16 VgV enthaltenen und aus § 20 VwVfG entwickelten[1] Regelungen zur Vermeidung von Interessenkonflikten. Nachrangig fanden sich bisher ähnliche Regelungen in § 16 Abs. 2 und 4 VOF. § 5 KonzVgV erweitert die bisher bestehende

---

1 OLG Brandenburg, Beschluss v. 3.8.1999 – 6 Verg 1/99 (Flughafen Schöneberg), NVwZ 1999, 1142, NZBau 2000, 39; OLG Stuttgart, Beschluss v. 24.3.2000 – 2 Verg 2/99, NZBau, 2000, 301; *Kratzenberg*, NZBau 2001, 119 (121).

Regelung des § 16 VgV von zwei auf vier Absätze. Dies dient im Wesentlichen der leichteren Lesbarkeit, beinhaltet allerdings auch eigenständige Regelungen, die sich in der Vorgängervorschrift so nicht fanden.

I. Unionsrechtlicher Hintergrund

2   In der RL 2014/23/EU gibt es keine genaue Vorgabe für die Regelung von Interessenkonflikten. Lediglich Art. 35 RL 2014/23/EU („Bekämpfung von Bestechung und Verhinderung von Interessenkonflikten") verpflichtet die Nationalstaaten zur Schaffung eigener Regelungen, um die Transparenz des Vergabeverfahrens und die Gleichbehandlung aller Bewerber und Bieter zu gewährleisten. Damit ist zugleich der teleologische Zweck dieser Regelung vollständig umschrieben.[2] Nach Art. 35 RL 2014/23/EU sollen die Nationalstaaten geeignete Maßnahmen treffen, um Betrug, Günstlingswirtschaft und Bestechung zu bekämpfen. Die Maßnahmen sollen wirksam Interessenkonflikte, die bei der Durchführung von Konzessionsvergabeverfahren auftreten, verhindern, aufdecken und beheben. § 5 KonzVgV ist daher nicht die bei der Novelle des GWB im Übrigen angestrebte deckungsgleiche Eins-zu-eins-Umsetzung einer EU-Richtlinie, sondern eine originär nationale Regelung. Das Ziel der Korruptionsbekämpfung ist auf bundesgesetzlicher Ebene im Gleichbehandlungsgebot gemäß § 97 Abs. 2 GWB enthalten. Die gelegentlich geäußerte Meinung, man könne aus dem allgemeinen Gleichbehandlungsgebot des § 97 Abs. 2 GWB mehr herleiten als aus dem Tatbestand des § 5 KonzVgV,[3] ist nicht überzeugend,[4] da § 97 Abs. 2 GWB nur zur Gleichbehandlung der Bieter verpflichtet. Erst § 5 KonzVgV schafft die rechtliche Definition des Interessenkonflikts und ein konkretes Mitwirkungsverbot. Darauf aufbauend schafft § 124 Abs. 1 Nr. 5 GWB, für Konzessionen anwendbar über den Verweis des § 154 Nr. 2 GWB, die in das Ermessen der Vergabestelle gestellte Befugnis zum Ausschluss von Unternehmen, die mit der Belastung eines Interessenkonflikts am Wettbewerb teilnehmen.

II. Vergleichbare Regelungen

3   Der Interessenkonflikt ist ein allgemeines vergaberechtliches Problem. Eine Regelung findet sich daher in allen vergaberechtlichen Verordnungen. § 6 VgV und § 6 SektVO[5] sind identische Parallelregelungen zu § 5 KonzVgV, so dass die künftige Rechtsprechung zu diesen Normen auch zur Interpretation des § 5 KonzVgV nutzbar sein wird. Da § 6 VgV zu den Vorschriften gehört, die auch für Bauaufträge oberhalb der Schwellenwerte anzuwenden sind, fehlt berechtigterweise eine Parallelregelung in Abschnitt 2 VOB/A. § 6e EU Abs. 6 Nr. 5 VOB/A wiederholt § 124 Abs. 1 Nr. 5 GWB, der den Interessenkonflikt tatbestandlich nicht mehr beschreibt. Die dem § 5 KonzVgV inhaltsähnliche Regelung in § 42 VSVgV entspricht der Altfassung des § 16 VgV 2003, hat die in § 5 KonzVgV eingeführten Neuerungen nicht übernommen. Dadurch lassen sich für die Rechtsanwendung wichtige Tatbestandsmerkmale wie die widerlegliche Vermutung nicht übertragen. Hier ist eine im Detail abweichende Entwicklung der Rechtsprechung möglich. In dem für VSVgV-Verfahren anzuwendenden Abschnitt 3 VOB/A fehlen eigene Regelungen zur Definition des Interessenkonflikts (vgl. § 6e VS Abs. 6 Nr. 5 VOB/A). Das ist wegen der höherrangigen Regelung in der VSVgV folgerichtig. Im Unterschwellenbereich sind die Regelugen zum Interessenkonflikt unvollständig. Zwar besteht mit § 4 UVgO eine identische Parallelregelung zu § 5 KonzVgV, aber der von der UVgO nicht erfasste Abschnitt 1 VOB/A verzichtet wie die Vorgänger-Vergabeordnung auf eine ausdrückliche Regelung. Der Interessenkonflikt muss daher insoweit aus § 6a VOB/A als ungeschriebenes Tatbestandsmerkmal abgeleitet werden.[6]

---

2   *Ganske*, in: Reidt/Stickler/Glahs, Vergaberecht, 3. Aufl., § 16 VgV Rn. 1.
3   *Sturhahn*, in: Pünder/Schellenberg, Vergaberecht, § 16 VgV Rn. 2; *Ganske*, in: Reidt/Stickler/Glahs, Vergaberecht, 3. Aufl., § 16 VgV Rn. 5.
4   Vgl. *Mußgnug*, in: Müller-Wrede, VgV/UVgO, § 6 VgV Rn. 9.
5   Vgl. Verordnungsbegründung zu § 5 KonzVgV, BR-Drs. 87/16, 280.
6   *Schrammer*, in: Ingenstau/Korbion, VOB, § 6 VOB/A Rn. 44 (beschränkt auf Projektanten).

B. Vertragliche Konfliktvermeidung

Der Konzessionsgeber hat es in der Hand, die in § 5 KonzVgV normierten Loyalitätskonflikte vor Beginn des Vergabeverfahrens durch straffe Vertragsgestaltung zu verhindern. Dazu sollte er Dienstleister vertraglich verpflichten, Auftragsangebote von Bewerbern oder Bietern in diesem Vergabeverfahren abzulehnen. Weil der Konzessionsgeber den Dienstleister schon vor Bekanntgabe beauftragt, hat er so die Möglichkeit, Interessenkonflikte, die zeitlich erst später entstehen können, wenn ein Bewerber oder Bieter aufgrund der Bekanntmachung den Dienstleister gleichfalls beauftragen möchte, zu verhindern. Ebenso sollte er frühzeitig die eigenen Mitarbeiter verpflichten, Auskunft über bestehende Verbindungen zu möglichen Wettbewerbsteilnehmern zu geben sowie über entstehende Verbindungen unaufgefordert zu informieren. Er kann dann frühzeitig entscheiden, ob die Schwelle des konkreten Interessenkonflikts überschritten ist.[7] Die betreffenden Mitarbeiter sollte er zumindest dann konsequent von der Mitarbeit an der Vergabe freistellen, wenn sie Leitungsfunktionen haben.

4

C. Mitwirkungsverbot (Abs. 1)

§ 5 Abs. 1 KonzVgV stellt das Mitwirkungsverbot auf. Dabei verwendet die Regelung unbestimmte Rechtsbegriffe, die in den nachfolgenden Absätzen definiert und mit Anwendungsregeln ergänzt werden. Somit wird der Inhalt des § 5 Abs. 1 KonzVgV erst eindeutig darstellbar, wenn man den Inhalt der nachfolgenden Absätze in § 5 Abs. 1 KonzVgV hineinliest.

5

I. Zeitliche Ausdehnung

Auf der Seite des Konzessionsgebers dürfen **„im Vergabeverfahren"** keine Personen mitwirken, bei denen ein Interessenkonflikt besteht. Das Mitwirkungsverbot wird daher zeitlich auf die Phase zwischen dem Beginn des Vergabeverfahrens und dem Ende des Vergabeverfahrens beschränkt. Das OLG Düsseldorf[8] hat zum alten Recht für Dienstleistungsaufträge definiert, wann das Vergabeverfahren beginnt, wobei diese Definition auf Konzessionen übertragbar ist. Es habe begonnen, wenn zwei Elemente kumulativ gegeben seien. Der öffentliche Konzessionsgeber habe einen internen Beschaffungsentschluss getroffen, einen gegenwärtigen oder künftigen Bedarf nicht durch Eigenleistung, sondern durch Beschaffen von Lieferungen oder Leistungen als Nachfrage auf dem Markt zu decken. Als Beispiel für den internen Beschaffungsentschluss wurden Kreistagsbeschlüsse genannt. Darüber hinaus müsse er die externe Umsetzung begonnen haben, indem er zweckbestimmt äußerlich wahrnehmbare Anstalten treffe, den Auftragnehmer mit dem Ziel eines Vertragsabschlusses auszuwählen. Das dürfte, soweit keine De-facto-Vergabe beabsichtigt ist, die Bekanntmachung sein.

6

Der interne **Konzessionsvergabeentschluss** liegt vor der Bekanntgabe. Seit Geltung des Vergaberechts 2016 stellt die Verwaltung die für die Bekanntmachung notwendigen Inhalte und die mit der Bekanntmachung bereitzustellenden Vergabeunterlagen (vgl. § 17 KonzVgV) nach dem internen Beschaffungsentschluss aber vor Bekanntgabe zusammen. Somit gehört die Erstellung der für die Vergabeentscheidung wesentlichen Bekanntmachungs- und Vergabeunterlagen bereits zum Vergabeverfahren.[9] Die Gegenauffassung, die einem formellen Verfahrensbegriff folgt und das Mitwirkungsverbot erst ab Bekanntgabe der Vergabe gelten las-

7

---

7 Vgl. OLG Koblenz, Beschluss v. 5.9.2002 – 1 Verg 2/02: Vater des Mitarbeiters sitzt im Aufsichtsrat des Bewerbers, dessen Mitarbeit an der Erstellung der Leistungsbeschreibung sei zulässig, erst die Rügebeantwortung verstoße gegen § 16 VgV.
8 OLG Düsseldorf, Beschluss v. 17.12.2014 – VII-Verg 26/14, zuvor schon OLG Schleswig, Beschluss v. 1.4.2010 – 1 Verg 5/09, ZfBR 2010, 726.
9 OLG Hamburg, Beschluss v. 4.11.2002 – 1 Verg3/02, VergabeR 2003, 40 (42), Mitwirkung an der Erstellung der Leistungsbeschreibung; VK Bund, Beschluss v. 24.4.2012 – VK 2-169/11; *Dreher*, in: Dreher/Motzke, Vergaberecht, 2. Aufl., § 16 VgV Rn. 10; *Kirch*, ZfBR 2004, 769, jedenfalls für die kommunale Vergabe, auf die sich ein kommunales Unternehmen bewerben wollte.

sen will,[10] erfasst wichtige Interessenkonflikte nicht und schafft eine Regelungslücke. Aber auch der materielle Verfahrensbegriff kann nicht alle Zeiträume möglicher Interessenkonflikte erfassen. Nicht umfasst vom Zeitraum gemäß § 5 KonzVgV[11] sind die dem internen Beschaffungsentschluss vorgelagerten Zeiträume, z. B. die früher wegen ihrer bedarfstimulierenden und nicht unbedingt produktneutral lenkenden Wirkung als problematisch angesehene, nun in § 28 VgV für Auftragsvergaben ausdrücklich zugelassene Markterkundung.[12] Daraus wird deutlich, dass die Brisanz des Interessenkonflikts nicht auf den Zeitraum des Vergabeverfahrens beschränkbar ist.

8 Das Vergabeverfahren schließt mit der **Erteilung des Zuschlags**, gegebenenfalls erst nach Durchführung eines Nachprüfungsverfahrens,[13] oder der Aufhebung des Verfahrens gemäß § 32 KonzVgV.

II. Formen der Mitwirkung

9 Der Begriff der Mitwirkung umfasst jedes **unterstützende Handeln**, also nicht nur das Treffen der maßgeblichen Entscheidungen, sondern gleichermaßen deren Vorbereitung oder das lenkende „zur Kenntnis nehmen". Ausgenommen sind nur Unterstützungen, die sich nicht auf den Inhalt auswirken. Der damit gemeinte Bürobedienstete in ausschließlich tragender oder schreibender Funktion ist aber vom Aussterben bedroht. Es kommt also nicht darauf an, in welcher Position sich eine Person gemäß § 5 Abs. 1 KonzVgV befindet, sondern jede inhaltliche Beteiligung genügt.[14]

10 Soweit vertreten wird, ein passives **„sich informieren lassen"** eines Vorgesetzten sei noch keine Mitwirkung[15], ist das nur formal und bezogen auf § 5 Abs. 1 KonzVgV richtig. Das Interesse des Vorgesetzten ist aber eine mögliche Einflussnahme im Sinne des § 5 Abs. 2 KonzVgV und hat die gleichen Folgen. Ein Vorgesetzter, der im konkreten Verfahren über die Verbindungen verfügt, die einen Interessenkonflikt auslösen können, sollte sich über dieses Verfahren nicht mehr informieren lassen, sondern einen Vertreter benennen. Bei vorbildlicher Vorgehensweise wird er das in der Vergabeakte mit drei Schritten dokumentieren. Eine Meldung geht an seinen Vorgesetzten, eine an seinen Mitarbeiter und eine Weisung geht an die IT, ihm den Zugang zu dieser elektronischen Vergabeakte zu blockieren. Er beugt damit dem Anschein des Interessenkonflikts vor und vermeidet die Notwendigkeit, die Vermutung des § 5 Abs. 3 KonzVgV widerlegen zu müssen. Das gilt z.B. für die Organe einer Gebietskörperschaft, deren Tochtergesellschaft Bewerber oder Bieter in der Konzessionsvergabe ist und zu der sie eine Verknüpfung zum Beispiel über einen Sitz im Aufsichtsrat der Tochtergesellschaft aufweisen.[16]

---

10 OLG Jena, Beschluss v. 8.4.2003 – 6 Verg 9/02, NZBau 2003, 624 f.; OLG Koblenz, Beschluss v. 5.9.2002 – 1 Verg 2/02, NZBau 2002, 699; OLG Koblenz, Beschluss v. 5.9.2002 – 1 Verg 2/02, VergabeR 2002, 617 ff.; *Müller*, in: Byok/Jaeger, Vergaberecht, § 16 VgV Rn. 28; vgl. *Mußgnug*, in: Müller-Wrede, VgV/UVgO, § 6 VgV Rn. 28; *Dippel*, in: Heiermann/Zeiss/Summa, Vergaberecht, § 6 VgV Rn. 41; *Ganske*, in: Reidt/Stickler/Glahs, Vergaberecht, 3. Aufl., § 16 VgV Rn. 9; *Rechten*, in: Willenbruch/Wieddekind, Vergaberecht, § 6 VgV Rn. 18; *Fritz*, ZfBR 2016, 659 ff.
11 Vgl. VK Sachsen, Beschluss v. 20.1.2017 – 1 SVK/030-16, die kein Mitwirkungsverbot für eine im März 2015 vom Bieter zum Auftraggeber gewechselte Geschäftsführerin für einen im Juli 2016 bekannt gemachten Auftrag sah, an dessen Vorbereitung und Wertung sie nicht beteiligt war.
12 Vgl. *Mußgnug*, in: Müller-Wrede, VgV/UVgO, § 6 VgV Rn. 28.
13 *Ganske*, in: Reidt/Stickler/Glahs, Vergaberecht, 3. Aufl., § 16 VgV Rn. 10.
14 *Mußgnug*, in: Müller-Wrede, VgV/UVgO, § 6 VgV Rn. 15; *Ganske*, in: Reidt/Stickler/Glahs, Vergaberecht, 3. Aufl., § 16 VgV Rn. 7.
15 *Sturhahn* in: Pünder/Schellenberg, Vergaberecht, § 16 VgV Rn. 33; *Ganske*, in: Reidt/Stickler/Glahs, Vergaberecht, 3. Aufl., § 16 VgV Rn. 8.
16 OLG Celle, Beschluss v. 9.4.2009 – 13 Verg 7/08: Ratsmitglieder als Mitglieder des Aufsichtsrats der Konzernmutter einer Gesellschafterin der Beigeladenen.

III. Personenkreis

Das Mitwirkungsverbot betrifft nur **natürliche Personen**, diese aber auch, soweit sie juristische Personen vertreten.[17] § 5 Abs. 1 KonzVgV umfasst mehrere Personengruppen, deren Gemeinsamkeit sich damit umschreiben lässt, dass sie pflichtgemäß ausschließlich den Konzessionsgeber zu vertreten haben.[18] Das bedeutet zugleich, dass sie gegenüber den Bewerbern oder Bietern neutral auftreten müssen, um im Interesse des Konzessionsgebers das bestmögliche Ergebnis zu erreichen.

Die in § 5 Abs. 1 KonzVgV genannten **Personengruppen** finden sich sehr ähnlich auch in § 20 VwVfG, der Mitwirkungsverbote für Behördenbedienstete festlegt.

1. Mitarbeiter

Keine besondere Bedeutung hat der Umstand, dass der Verordnungsgeber auf den Begriff des Behördenbediensteten als korrekten Oberbegriff für Beamte, Angestellte und Arbeiter verzichtet und stattdessen den Begriff des Mitarbeiters verwendet. Unter Mitarbeitern sind sämtliche Bediensteten des Konzessionsgebers unabhängig von der Art ihres Dienstverhältnisses, unabhängig von Leitungsbefugnissen[19] und unabhängig vom Umfang der Tätigkeit[20] zu verstehen. Eingeschlossen sind also selbst freie Mitarbeiter.[21] Dem Mitarbeiter des Konzessionsgebers aus § 5 KonzVgV entsprechen in § 20 VwVfG die entgeltlich Beschäftigten gemäß § 20 Abs. 1 Nr. 5 VwVfG.

2. Organmitglieder

§ 5 KonzVgV definiert nicht, wer **Organmitglied** ist. Allerdings findet sich eine Aufzählung der Organmitglieder in § 20 VwVfG, der ähnlich wie § 5 KonzVgV das Mitwirkungsverbot in Verwaltungsverfahren regelt. Danach erfasst das Mitwirkungsverbot die Mitglieder des Vorstands, der Geschäftsführung, des Aufsichtsrats[22], Verwaltungsrats oder eines gleichartigen Organs aus § 20 Abs. 1 Nr. 5 VwVfG. Zu den Organen i.S.d. § 5 KonzVgV zählen auch die Mitglieder der gegenüber dem Geschäftsführer weisungsbefugten Gesellschafterversammlung der GmbH.[23] Die Gesellschafterversammlung ist insoweit einem Aufsichts- oder Verwaltungsrat gleichartig. § 20 VwVfG erfasst wegen der dort vorhandenen Beschränkung auf „gleichartige Organe" nicht die Aktionäre, obwohl ihnen nach Gesellschaftsrecht auch eine Organstellung zukommt.

Gelegentlich wird deshalb gefordert, den **Aktionär** (oder Gesellschafter ohne Weisungsbefugnis bei einer GmbH) nicht als Mitglied eines Organs im Sinne des § 5 KonzVgV anzusehen.[24] Zur Begründung wird bei der AG angeführt, dass die Hauptversammlung der AG wegen der Funktion der AG als Publikumsgesellschaft deutlich weniger Rechte hat als die Gesellschafterversammlung der GmbH. Die Hauptversammlung hat als Organ keine Weisungsbefugnis gegenüber dem Vorstand. Diese in der Wertung vertretbare Auffassung lässt sich aber nicht aus der KonzVgV ableiten. Der Verordnungsgeber hat darauf verzichtet, die in § 20 VwVfG bewährte beispielhafte Aufzählung der Organe mit der einschränkenden Ergänzung um „gleichartige Organe" zu übernehmen. Die Hauptversammlung ist im Teil 4 AktG unter der Überschrift „Verfassung der Aktiengesellschaft" als eines der maßgeblichen Organe

---

17 VK Thüringen, Beschluss v. 29.3.2017 – 250-4003-8887/2016-E-S-023-GTH: Gesellschafter des Bieters ist zugleich Gesellschafter und Aufsichtsratsmitglied der Vergabestelle, hat aber nicht am Vergabeverfahren mitgewirkt.
18 VK Thüringen, Beschluss v. 27.3.2017 – 250-4003-8886/2016-E-S-022-GTH.
19 OLG Celle, Beschluss v. 9.4.2009 – 13 Verg 7/08 (Oberbürgermeister als stellvertretender Aufsichtsratsvorsitzender); *Mußgnug*, in: Müller-Wrede, VgV/UVgO, § 6 VgV Rn. 21; *Sturhahn* in: Pünder/Schellenberg, Vergaberecht, § 16 VgV Rn. 8.
20 OLG Celle, Beschluss v. 9.4.2009 – 13 Verg 7/08: Ratsmitglied als Mitglied eines beratenden Energiebeirats des Minderheitsgesellschafters der Beigeladenen; weitere Ratsmitglieder als Mitglieder des Aufsichtsrats der Konzernmutter der Mehrheitsgesellschafterin der Beigeladenen.
21 *Sturhahn*, in: Pünder/Schellenberg, Vergaberecht, § 16 VgV Rn. 7.
22 Vgl. VK Thüringen, Beschluss v. 29.3.2017 – 250-4003-8887/2016-E-S-023-GTH.
23 Vgl. *Mußgnug*, in: Müller-Wrede, VgV/UVgO, § 6 VgV Rn. 18, 67.
24 *Rechten*, in: Willenbruch/Wieddekind, Vergaberecht, § 6 VgV Rn. 12; *Kirch*, ZfBR 2004, 769.

in den §§ 118 ff. AktG aufgeführt. Es handelt sich somit um ein Organ der Kapitalgesellschaft. Der EuGH[25] hat im Zusammenhang mit der jetzt in § 108 GWB geregelten In-House-Problematik auch Kleinstaktionären Kontrollbefugnisse zugestanden. Da die Regelung des § 20 VwVfG deutlich älter ist, kann von einer planwidrigen Regelungslücke nicht die Rede sein.[26] Damit lässt sich eine Abstufung der Hauptversammlung der AG rechtlich nicht begründen, auch wenn sich mit der Organmitgliedschaft des Aktionärs allenfalls bei Aktienpaketen, die eine Aufnahme in den Aufsichtsrat nahelegen oder eine Sperrminorität verschaffen, eine echte Leitungsbefugnis verknüpft. Wenig überzeugend ist auch die Differenzierung zwischen verschiedenen **Aktionärsgruppen**. Soweit zunächst vertreten wird, der Aktionär sei trotz seiner Befugnis, in der Hauptversammlung der AG über die in §§ 119 f. AktG genannten Sachverhalte mit abzustimmen, kein Mitglied eines Organs, wird dies für kommunale Aktionäre aufgehoben. Aktionäre, die nicht ihre privaten Kapitalinteressen vertreten, sondern die Interessen der Kommune, welche sie in die Hauptversammlung entsandt hat, seien wettbewerblich dennoch als lenkende Organmitglieder aufzufassen.[27] Diese Differenzierung zwischen Aktionären mit gleichen Rechten und gleichen Interessen lässt sich rechtlich nicht begründen. Sie ist auch überflüssig. Tatsächlich ist nur die Verknüpfung von Aktienbesitz und Konzessionsvergabe in einer Person problematisch. Bewirbt sich beispielsweise ein Bewerber oder Bieter um eine Konzession und verwaltet der die Konzessionsvergabe bearbeitende Mitarbeiter des Konzessionsgebers auch ein Aktienpaket des Bewerbers, könnte dieser Mitarbeiter sich veranlasst fühlen, „seiner AG" zu helfen. Es entsteht materiell ein Interessenkonflikt.[28] Er ist durch Veränderung in der Geschäftsverteilung zu beheben. Allerdings muss diese Trennung in der Geschäftsverteilung und Fallbearbeitung auch bis in die Ebene der leitenden Vorgesetzten fortgesetzt werden. Soweit einzelne Konzessionsgeber meinen, eine AG, an der sie ein Aktienpaket verwalten, werde von ihnen gesteuert, dürfen sie sich auf den EuGH berufen. Dennoch dürfte es sich um eine Fehleinschätzung handeln.

16 Ein Mitglied eines Organs i.S.d. § 5 KonzVgV ist auch das Mitglied eines **kommunalverfassungsrechtlichen Organs**, also etwa Abgeordneter der Vertretung, Beigeordneter des Hauptausschusses sowie Hauptverwaltungsbeamter.[29] Ein stimmberechtigtes Mitglied eines nur beratenden Bauausschusses[30] hat diese Stellung nur, weil es kommunalverfassungsrechtlich immer Abgeordneter der Vertretung ist. Daher ist ein solches Mitglied immer Organ. Das gilt selbst dann, wenn ein Vertretungsmitglied ohne Stimmrecht aufgrund seines Grundmandats an der Sitzung teilnimmt. Gleiches gilt für Mitglieder von Organen kommunalrechtlicher Derivate wie Zweckverbände,[31] kommunale Anstalten o.ä., soweit sie als Konzessionsgeber auftreten. Das vergaberechtliche Mitwirkungsverbot gilt auch dann, wenn das Landeskommunalverfassungsgesetz für ein Mitwirkungsverbot ehrenamtlich Tätiger höhere Anforderungen (unmittelbarer Vorteil) stellt oder mit Heilungsklauseln Verstöße nur dann sanktioniert, wenn die Mitwirkung der Personen mit Interessenkonflikt für das Abstimmungsergebnis entscheidend war. Die vergaberechtliche Regelung des § 5 KonzVgV ist ein Spezialgesetz gegenüber der allgemeinen kommunalverfassungsrechtlichen Mitwirkungsregelung.

17 Problematisch ist die Übertragung der Eigenschaften kommunalverfassungsrechtlicher Organe auf Mitglieder von **Landesparlamenten** oder des **Deutschen Bundestags**.[32] Während alle Organe der Kommune einschließlich der Vertretung der Exekutive angehören,[33] daher natürlich Konzessionsgeber sein können, gehören Abgeordnete von Landesparlamenten und

---

25 EuGH, Urteil v. 29.11.2012 – Rs. C182/11 (Econord).
26 Vgl. BVerwG, Urteil v. 10.4.1978 – VI C 27.77, BVerwGE 55, 299, ähnlich zum Verhältnis VwVfG und VwGO.
27 *Ganske*, in: Reidt/Stickler/Glahs, Vergaberecht, 3. Aufl., § 16 VgV Rn. 29; *Kirch* ZfBR 2004, 769 (771).
28 Problematisch insoweit OLG Celle, Beschluss v. 9.4.2009 – 13 Verg 7/08: Leitender Mitarbeiter des Auftraggebers wirkt aktiv an der Gründung der Beigeladenen mit, darf aber dennoch an der Vergabeentscheidung des Verfahrens teilnehmen, in dem die Beigeladene ein Angebot abgegeben hat.
29 *Ganske*, in: Reidt/Stickler/Glahs, Vergaberecht, 3. Aufl., § 16 VgV Rn. 16.
30 Vgl. *Dippel*, in: Heiermann/Zeiss/Summa, Vergaberecht, § 6 VgV Rn.11.
31 *Dippel*, in: Heiermann/Zeiss/Summa, Vergaberecht, § 6 VgV Rn.14.
32 *Müller*, in: Byok/Jaeger, Vergaberecht, § 16 VgV Rn. 21; *Sturhahn*, in: Pünder/Schellenberg, Vergaberecht, § 16 VgV Rn. 6; *Rechten*, in: Willenbruch/Wieddekind, Vergaberecht, § 6 VgV Rn. 12.
33 *Mehde*, in: Maunz/Dürig, GG, Art. 28 Rn. 95.

Bundestag ausschließlich zur Legislative, sodass die Vergabe von Konzessionen oder Aufträgen nicht zu ihren Aufgaben als Abgeordnete gehört. Das Parlament wird auch nicht von den Abgeordneten vertreten, sondern vom jeweiligen Präsidenten. Die Abgeordneten sind daher keine Vertretungsorgane juristischer Personen des öffentlichen Rechts.[34] Etwas anderes kann sich nur im Einzelfall ergeben, wenn das Parlament, vertreten durch den Parlamentspräsidenten oder das Präsidium, eine Konzession oder einen Auftrag der Legislative vergibt oder wenn die Abgeordneten aufgrund eines zeitgleich wahrgenommenen Regierungsamts als Exekutive handeln. Das OLG Düsseldorf meint, ein Verfassungsorgan sei keine Gebietskörperschaft, daher sei nicht das Parlament als Verfassungsorgan, sondern der das Parlament tragende Staat Auftraggeber.[35] Wäre das richtig, sollte das Organ die Vergabe nicht selbst organisieren, sondern auf die im Verwaltungsaufbau der Exekutive vorhandenen Vergabestellen zurückgreifen. Davon wird die Legislative selten Gebrauch machen, was dafür spricht, dass zumindest die Legislative sich als eigenständiger Auftraggeber gemäß § 99 Nr. 2 GWB, Konzessionsgeber gemäß § 101 Abs. 1 Nr. 1 GWB sieht.

3. Beschaffungsdienstleister

Bei dem **Beschaffungsdienstleister** gemäß § 5 Abs. 1 KonzVgV handelt es sich um eine vergabetypische Besonderheit. Der Begriff wird zwar nicht in der Konzessionsrichtlinie, aber in Art. 2 Nr. 17 RL 2014/24/EU als öffentliche oder privatrechtliche Stelle, die auf dem Markt Nebenbeschaffungstätigkeiten anbietet, definiert. Art 24 RL 2014/24/EU stellt ihn hinsichtlich der möglichen Interessenkonflikte dem Auftraggeber gleich. Der Begriff ist bei der Konzessionsvergabe formal unscharf, da für die Vergabe einer Konzession kein unmittelbares Beschaffungsinteresse des Konzessionsgebers erforderlich ist. Daher verwendet § 105 GWB anstelle des aus § 103 GWB bekannten Beschaffungsbegriffs den Begriff der Betrauung.[36] Ob die Praxis einen weiteren Begriff des Betrauungsdienstleisters benötigt, oder ob sie mit dem bei der Konzessionsvergabe unscharfen aber bereits eingeführten Begriff des Beschaffungsdienstleisters arbeiten kann, wird sich erweisen. Viele Vergabestellen und Konzessionsgeber, insbesondere solche mit breiten Aufgabenspektren delegieren die fachliche Beratung zur Beschaffung bis zur unterschriftsreifen Entscheidungsvorlage auf Dienstleister. Ebenso fallen die externen Vergabestellen unter den Begriff des (Beschaffungs)dienstleisters. Insbesondere Kommunen bilden gelegentlich zentrale Einkaufsgemeinschaften oder Zweckverbände, die für die Kommune Waren und Dienstleistungen beschaffen. Auch diese externe Vergabestelle ist ein Beschaffungsdienstleister im Sinne des § 5 Abs. 1 KonzVgV. 18

Zentrale Beschaffungsbehörden größerer Gebietskörperschaften, z.B. der Bundesländer, fallen dagegen nicht unter den Begriff des Beschaffungsdienstleisters, da die Person des Konzessionsgebers nicht die einzelne Behörde ist, die ihren Bedarf über die Beschaffungsbehörde befriedigt, sondern die Gebietskörperschaft.[37] Die betrauende Gebietskörperschaft, in der Regel das Land, ändert sich durch die Übertragung der Aufgabe auf diese oder jene Behörde nicht. Daher ist eine Spezialbehörde mit dem Auftrag der Vergabe von Beschaffungsaufträgen und Konzessionen zwar behördenintern ein Vergabedienstleister, nicht aber im Außenverhältnis und daher nicht im Sinne des Gesetzes. Gleiches gilt für kommunale Eigenbetriebe,[38] die nur kaufmännisch, nicht aber rechtlich selbstständig sind. 19

Die **Tochtergesellschaft** einer Gebietskörperschaft ist wiederum rechtlich selbstständig, sie wäre ein Dienstleister im Sinne des § 5 KonzVgV. 20

Der Dienstleister wird zu Recht hinsichtlich des Interessenkonflikts dem Mitarbeiter gleichgestellt, da er aufgrund seines Vertragsverhältnisses zum Konzessionsgeber die gleichen **Loyali**- 21

---

34 So aber *Greb*, NZBau 2016, 264.
35 OLG Düsseldorf, Beschluss v. 2.11.2016 – Verg 23/16.
36 *Diemon-Wies*, VergabeR 2016, 162 (163).
37 Vgl. BGH, Beschluss v. 20.3.2014 – X ZB 18/13 (zur Abgrenzung Bund/Land als Auftraggeber im Fernstraßenbau).
38 LG Berlin, Urteil v. 9.12.2014 – 16 O 224/14 Kart (Gasverteilnetzkonzession an zu gründenden Eigenbetrieb); ähnlich OVG Lüneburg, Beschluss v. 11.9.2013 – 10 ME 88/12.

tätspflichten zu erfüllen hat. Das zentrale Tatbestandsmerkmal, nämlich der bestehende Interessenkonflikt, wird nicht in § 5 Abs. 1 KonzVgV definiert, sondern in § 5 Abs. 2 KonzVgV.

IV. Mitwirkungsverbot als Rechtsfolge

22 Die Rechtsfolge des § 5 Abs. 1 KonzVgV, das Mitwirkungsverbot, entsteht, wenn ein Mitglied der genannten Personengruppen, bei dem ein Interessenkonflikt besteht, am Konzessionsverfahren mitwirkt. Aus der zeitlich nicht begrenzten Formulierung „dürfen nicht mitwirken" lässt sich folgern, dass eine Person mit Interessenkonflikt von Beginn an nicht am Vergabeverfahren der Konzession teilnehmen darf bzw. spätestens mit Entstehung des Interessenkonflikts aus dem Konzessionsvergabeverfahren ausscheiden muss.

23 Der Konzessionsgeber hat kein Ermessen, ob er Maßnahmen ergreift. Bei der Auswahl der zur Verfügung stehenden Maßnahmen bleibt ihm nur die Entfernung der betroffenen Person von dieser konkreten Vergabe.[39] Außerdem muss er die erforderlichen begleitenden Maßnahmen treffen, um einen Zugriff auf Daten des Konzessionsverfahrens zu verhindern. Er ist vorbeugend **verpflichtet**, durch frühzeitige Maßnahmen das Entstehen eines Interessenkonflikts zu verhindern. Geeignete Mittel sind insbesondere eine Belehrung der Organmitglieder, Mitarbeiter und Auftragnehmer zu Beginn des Vergabeverfahrens, innerdienstliche oder vertragliche Festlegung einer Aufklärungspflicht, also die Verpflichtung, unverzüglich und unaufgefordert über mögliche Interessenkonflikte zu berichten.

24 In einem Vergabenachprüfungsverfahren könnte eine Vergabekammer im Einzelfall zu dem Ergebnis kommen, dass eine Maßnahme gemäß § 168 GWB nicht erforderlich sei, weil trotz formal bestehenden Verstoßes gegen ein Mitwirkungsverbot keine Zweifel an der **Rechtmäßigkeit** der Abwicklung **des Vergabeverfahrens** bestehen. Es wäre allerdings ein Fehler, daraus zu folgern, dass der Konzessionsgeber auf Ausnahmen vom Mitwirkungsverbot vertrauen dürfe. § 5 KonzVgV richtet sich an den Konzessionsgeber zu Beginn des Vergabeverfahrens und während des laufenden Vergabeverfahrens. Er ist verpflichtet, die aus dem Tatbestand abzuleitenden Rechtsfolgen zu Beginn des Verfahrens umzusetzen. Anders als im Kommunalrecht darf er nicht darauf vertrauen, dass der Verstoß keine Auswirkungen haben werde.

V. Projektanten

25 Handelt sich bei der in § 5 Abs. 1 KonzVgV genannten Person um den Beschaffungsdienstleister und ist die Tätigkeit dieses Dienstleisters weiterhin auftragsgemäß darauf beschränkt gewesen, die Vergabeunterlagen zu erstellen, endet also mit dem Versand der Bekanntmachung, so entsteht die sogenannte **Projektantenproblematik**. Der Projektant ist derjenige, der auf Seiten des Konzessionsgebers das Vergabeprojekt entwickelt hat, aber nicht mehr an der Wertungsentscheidung beteiligt ist und sich als Bewerber oder Bieter am Wettbewerb beteiligt. Er unterliegt formal nicht dem Mitwirkungsverbot, weil sein Interessenkonflikt formal mit dem Ende des Projektantenauftrags abgeschlossen scheint.

26 **Problematisch** ist die Position des Projektanten, weil er sich auf die von ihm selbst erstellte Vergabe einer Konzession bewirbt.[40] Er hat aufgrund seiner vorherigen Tätigkeit einen erheblichen Informationsvorsprung, kann darüber hinaus die Vergabeunterlagen so gestalten, dass er den Zuschlag nahezu sicher erhalten wird. Dazu kann er etwa nicht notwendige Arbeiten in das Leistungsverzeichnis aufnehmen und zugleich die Befugnis einräumen, ein Nebenangebot abzugeben.[41] Er kann auch wichtige kalkulationsrelevante Unterlagen wie einen Pachtvertrag nicht zu den Vergabeunterlagen nehmen.[42] Je umfangreicher der Konzessionsgeber die

---

[39] Nach VK Niedersachsen, Beschluss v. 31.1.2012 – VgK-58/2011, bedarf es einer konkreten Gefährdung dieser Vergabe.
[40] VK Niedersachsen, Beschluss v. 12.7.2011 – VgK-19/2011.
[41] VK Niedersachsen, Beschluss v. 13.5.2016 – VgK-10/2016.
[42] VK Niedersachsen, Beschluss v. 2.3.2016 – VgK-1/2016.

Arbeit auf den Projektanten delegiert, desto geringer ist die Wahrscheinlichkeit, dass der Konzessionsgeber den Wettbewerbsverstoß erkennen wird. Die Tätigkeit als Projektant und Bewerber oder Bieter in demselben Vergabeverfahren ist daher immer hochproblematisch.[43]

Die KonzVgV trifft zu diesem Problem keine ausdrückliche **Regelung**, anders als die VgV in § 7. Die RL 2014/23/EU äußert sich ebenfalls nicht unmittelbar zur Projektantenproblematik, obwohl es sich um ein aus allen Vergabearten bekanntes Phänomen handelt. Aus dem Eingriffsminimierungsgebot des Art. 35 Abs. 3 RL 2014/23/EU folgt, dass auch der nationale Gesetzgeber möglichst schonend vorzugehen hat.[44] Auch der EuGH[45] hat zum alten Recht den Projektanten nicht kategorisch von der Teilnahme an „seiner" Vergabe ausgeschlossen. Der rechtliche Anknüpfungspunkt zur Lösung der Projektantenproblematik ist daher im GWB zu suchen. Bei der Konzessionsvergabe ist über § 154 Nr. 2 GWB der § 124 Abs. 1 Nr. 6 GWB anwendbar. Nach dieser Norm kann der Konzessionsgeber ein Unternehmen ausschließen, wenn eine Wettbewerbsverzerrung daraus resultiert, dass das Unternehmen bereits in die Vorbereitung des Vergabeverfahrens einbezogen war, und diese Wettbewerbsverzerrung nicht durch andere, weniger einschneidende Maßnahmen beseitigt werden kann. Das Gesetz fordert in § 124 Abs. 1 S. 1 ausdrücklich die Berücksichtigung des Grundsatzes der Verhältnismäßigkeit.

27

Der Konzessionsgeber muss daher **zweistufig** vorgehen. Vorrangig muss er weniger einschneidende Maßnahmen treffen oder zumindest auf ihre Eignung, die Wettbewerbsverzerrung zu beseitigen, prüfen. Solche Maßnahmen hat der Verordnungsgeber z.B. in § 7 VgV konkret beschrieben. Er hat aber davon abgesehen, eine inhaltsgleiche Regelung in die KonzVgV zu übertragen. Daraus ist aber wegen § 124 Abs. 1 Nr. 6 GWB nicht zu folgern, dass dem Konzessionsgeber die in § 7 VgV genannten Maßnahmen verwehrt wären. Der Verordnungsgeber dürfte wegen der unmittelbaren Orientierung an RL 2014/23/EU[46] infolge eines redaktionellen Versehens vergessen haben, § 7 VgV[47] in die KonzVgV zu übertragen. Daher ist § 7 VgV analog anzuwenden.

28

Der Konzessionsgeber hat zunächst als weniger einschneidende Maßnahme insbesondere zu prüfen, ob der Konzessionsgeber den **Informationsvorsprung** des Projektanten durch eine völlige Offenlegung der vom Projektanten erstellten Unterlagen auffangen kann. Aufgrund des Grundsatzes des Geheimwettbewerbs darf der Name des als Bewerber oder Bieter auftretenden Projektanten bei Weitergabe der Projektunterlagen nicht veröffentlicht werden. Daher hat der Konzessionsgeber bei Teilnahme des Projektanten am Wettbewerb die Konzessionsunterlagen zu anonymisieren. Der Projektant darf dann am Wettbewerb teilnehmen.

29

Erst wenn es nicht möglich ist, den Informationsvorsprung aufzufangen, insbesondere wenn sich herausstellt, dass der Projektant dem Konzessionsgeber nicht alle relevanten Unterlagen offengelegt hat, kann der Konzessionsgeber den **Ausschluss** des Projektanten prüfen. Dazu hat er ihn zunächst analog § 7 Abs. 3 VgV anzuhören.[48] Der Projektant erhält die Gelegenheit, den weitreichenden und schwierigen Nachweis zu führen, dass seine Beteiligung den Wettbewerb nicht verzerren kann. Bleibt die Möglichkeit der Wettbewerbsverzerrung im Raum stehen, ist der Entlastungsversuch misslungen. Führt die Anhörung nicht eindeutig zu einer Beseitigung der Wettbewerbsverzerrungen, kann der Konzessionsgeber den Projektanten aufgrund des § 124 Abs. 1 Nr. 6 GWB ausschließen. Das Gesetz spricht vom Ermessen. Die Begründung wird also nach den Kriterien der Ermessensausübung darstellen, ob die Maßnahme geeignet ist, die Wettbewerbsverzerrung zu vermeiden, ob sie das geringste Mittel ist, welches den Erfolg sicher gewährleistet und ob sie verhältnismäßig ist. Tatsächlich wird sich das Ermessen regelmäßig darauf reduzieren, den Projektanten auszuschließen. Wenig hilf-

30

---

43 OLG Celle, Beschluss v. 2.12.2010 – 13 Verg 12/10: Ausschluss eines Bieters, weil ein Berater auch nach Bekanntmachung sowohl für den Auftraggeber als auch den Bieter tätig gewesen ist.
44 *Greb*, NZBau 2016, 263.
45 EuGH, Urteil v. 3.3.2005 – Verb. Rs. C-21/03 und C-34/03 (Fabricom).
46 Verordnungsbegründung zur KonzVgV, BR-Drs. 87/16, 150 f.
47 Die Verordnungsbegründung zu § 7 VgV, BR-Drs. 87/16, 161 f., begründet § 7 VgV mit der Übernahme von Art. 41 UAbs. 1 RL 2014/24/EU und § 6 EG Abs. 7 VOL/A.
48 So auch *Greb*, NZBau 2016, 263.

reich ist die bisherige unübersichtliche Kasuistik der Rechtsprechung. So hat das OLG Celle[49] trotz unvollständiger Vorkehrungen zum Schutz der weiteren Bieter aufgrund einer Würdigung des Einzelfalls keine Verletzung des Wettbewerbsgedankens gesehen. Dabei handelt es sich aber um eine wohlwollende Betrachtung ex post. Der Konzessionsgeber muss seine Entscheidung aber früh treffen und verantworten, sollte sich daher nicht auf solche Zufälle verlassen.

D. Interessenkonflikt (Abs. 2)

31 § 5 Abs. 2 KonzVgV definiert unter Übernahme des Wortlauts aus Art 35 Abs. 2 RL 2014/23/EU das Vorliegen eines Interessenkonfliktes. Der Interessenkonflikt kann nur bei den Personen auftreten, die an der Durchführung des Vergabeverfahrens beteiligt sind oder Einfluss auf den Ausgang des Vergabeverfahrens nehmen können.

32 Die Definition ist weiter als die des **Personenkreises** gemäß § 5 Abs. 1 KonzVgV, weil sie auch Personen erfasst, die weder als Organ noch als Mitarbeiter oder Dienstleister des Konzessionsgebers ihm zuzurechnen sind, dennoch Einfluss auf den Ausgang eines Vergabeverfahrens nehmen können. Diese Regelung erfasst zum Beispiel bei Konzessionsgebern Mitarbeiter der Kommunalaufsicht oder externer Rechnungsprüfungsämter. Sie richtet sich gleichermaßen auch an Personen, deren Einfluss nicht unmittelbar mit einem bestimmten Amt verbunden ist.

33 Der förmlichen Beteiligung am Vergabeverfahren steht die durch eine formale Stellung nicht begründbare tatsächliche Möglichkeit, auf den Ausgang eines Vergabeverfahrens **Einfluss** nehmen zu können, gleich. Auf die konkrete Einflussnahme oder den Versuch einer solchen konkreten Einflussnahme kommt es nicht an. Bereits die abstrakte Möglichkeit, Einfluss nehmen zu können, genügt als Anhaltspunkt für einen Interessenkonflikt.[50] Das ergibt sich sowohl aus der Formulierung „Einfluss nehmen können", als auch „Ihre Unabhängigkeit beeinträchtigen könnte". Beides sind abstrakte Formulierungen, die keine konkrete Gefährdung erfordern. Es ist unerheblich, ob die Möglichkeit der Einflussnahme entscheidungsrelevant wird.[51] Einfluss haben alle Personen, die schriftliche oder mündliche Äußerungen oder sonstige aktive Handlungen, die zur Meinungsbildung der Vergabestelle über das Vergabeverfahren oder die Sachentscheidung beitragen sollen, abgeben.[52]

34 Als entscheidendes Tatbestandsmerkmal muss hinzukommen, dass die betreffende Person ein direktes oder indirektes **Interesse** hat,[53] welches ihre Unparteilichkeit und Unabhängigkeit im Rahmen des Vergabeverfahrens beeinträchtigen könnte. Wie soeben dargelegt, genügt für das Vorliegen eines Interessenkonflikts schon die Möglichkeit, dass die Unparteilichkeit beeinträchtigt sein könnte. Benannt werden drei Formen des Interesses, das finanzielle, das wirtschaftliche und das persönliche Interesse. Das finanzielle Interesse erfasst messbare finanzielle Vorteile, also verbunden mit Geldfluss. Vermögenswirksame Vorteile gelten als wirtschaftliches Interesse. Bei den persönlichen Interessen handelt es sich um einen Auffangtatbestand.[54] Dies sind unbestimmte Rechtsbegriffe, die jetzt neu im Vergaberecht eingeführt wurden, und in § 16 VgV a.F. nicht enthalten waren. Ihr Inhalt wird für § 5 KonzVgV wie für den inhaltsgleichen § 6 VgV im Einzelfall von der Rechtsprechung möglicherweise unter Rückgriff auf die von den Vermögensdelikten bekannten Abgrenzungen näher zu konkretisieren sein.

E. Regelvermutungen (Abs. 3)

35 § 5 Abs. 3 KonzVgV erfasst mit den darin dargestellten Vermutungen typische Situationen, in denen ein Interessenkonflikt vorliegt. Inhaltlich stellen die drei Vermutungen Regelfälle des Interessenkonflikts auf.

---

49 OLG Celle, Beschluss v. 14.4.2016 – 13 Verg 11/15.
50 *Greb*, NZBau 2016, 264.
51 Kritisch *Goldbrunner*, VergabeR 2016, 365 (373).
52 BayObLG, Beschluss v. 20.12.1999 – Verg 8/99, NZBau 2000, 259.
53 *Mußgnug*, in: Müller-Wrede, VgV/UVgO, § 6 VgV Rn. 41.
54 *Rechten* in: Willenbruch/Wieddekind, Vergaberecht, § 6 VgV Rn. 24.

36 Da das Wort „insbesondere" fehlt, handelt es sich nicht um Regelbeispiele. Der Katalog der Vermutungen ist daher nicht um vergleichbare Situationen erweiterbar, sondern soll **abschließend** formuliert sein.

I. Widerlegbarkeit der Vermutung

37 Obwohl die in § 16 VgV a.F. noch enthaltene Widerlegungsklausel „es sei denn, dass kein Interessenkonflikt besteht oder sich die Tätigkeit nicht ausgewirkt hat" ersatzlos gestrichen worden ist, handelt es sich um eine **widerlegliche Vermutung**. Hätte der Verordnungsgeber eine unwiderlegliche Vermutung aufstellen wollen, hätte er wie im vorherigen § 16 VgV a.F. eine Formulierung gewählt wie: „gilt als". Dies belegt auch die Verordnungsbegründung[55], die von einer „Beweislastumkehr" spricht.

38 Die Vermutungen führen daher gemäß der Rechtslage in § 5 Abs. 3 KonzVgV zu einer Umkehr der **Beweis-** und **Darlegungslast**.[56] Ist der Tatbestand des § 5 Abs. 3 KonzVgV erfüllt, so muss die betroffene Person aus dem in § 5 Abs. 1 KonzVgV genannten Personenkreis – wenn sie denn trotz des bösen Anscheins am Vergabeverfahren teilnehmen will oder soll – die Vermutung konkret widerlegen. Das hat auf jeden Fall in engem zeitlichen Zusammenhang mit dem Bekanntwerden des Sachverhalts zu geschehen. Es ist also entweder als Teil des Vergabevermerks gemäß § 6 Abs. 2 Nr. 7 KonzVgV früh zu dokumentieren, oder, falls der Hinweis in einer Bieterfrage oder Rüge des Bewerbers oder Bieters enthalten war, in der Antwort darzustellen.

39 Falls der Konzessionsgeber im Einzelfall **abseits der in § 5 Abs. 3 KonzVgV geregelten Fälle** einen Interessenkonflikt erkennt, muss er dem nachgehen und gegebenenfalls die erforderlichen Maßnahmen ergreifen, um einen Loyalitätskonflikt zu verhindern und eine unvoreingenommene Wertung sicherzustellen. So mag es im Einzelfall sein, dass der Dienstleister des Konzessionsgebers zwar keine nähere Beziehung zu einem Bewerber oder Bieter hat, durchaus allerdings eine gesellschaftsrechtliche Verknüpfung zu einem Gesellschafter des Bewerbers oder Bieters.[57] Diese Situation wird nicht von der Vermutung des § 5 Abs. 3 KonzVgV erfasst, wäre dennoch vom Konzessionsgeber, wenn er Anhaltspunkte zu erkennen vermag, von Amts wegen aufzuklären und auf mögliche Interessenkonflikte zu prüfen.

II. Tätigkeit als Bewerber oder Bieter (Nr. 1)

40 Die in § 5 Abs. 1 KonzVgV genannte Person, also insbesondere der Mitarbeiter des Konzessionsgebers, darf nach § 5 Abs. 3 Nr. 1 KonzVgV nicht zugleich als Bewerber oder Bieter auftreten.[58]

41 Ein Unternehmen wird zum **Bewerber** mit Abgabe des Teilnahmeantrages, vgl. Art. 5 Nr. 3 RL 2014/23/EU. Es wird zum **Bieter** mit Abgabe des Angebots, vgl. Art. 5 Nr. 4 RL 2014/23/EU. Die Abforderung der Vergabeunterlagen macht den Abfordernden noch nicht zum Beteiligten am Vergabeverfahren und hat daher keine Rechtsfolgen.[59] Spätestens ab Abgabe des Teilnahmeantrags oder Angebots besteht der auch nachprüfbare Interessenkonflikt; der Mitarbeiter oder Dienstleister des Konzessionsgebers muss den Interessenkonflikt anzeigen und seine weitere Arbeit in der Vergabe niederlegen, der Konzessionsgeber einen Informationsvorsprung des Teilnehmers/Bieters ausgleichen.

---

55 Verordnungsbegründung zu § 5 Abs. 3 KonzVgV, BR-Drs. 87/16, 280.
56 Verordnungsbegründung zu § 5 Abs. 3 KonzVgV, BR-Drs. 87/16, 280.
57 *Greb*, NZBau 2016, 265; OLG Celle, Beschluss v. 9.4.2009 – 13 Verg 7/08: Ratsmitglieder als Mitglieder des Aufsichtsrats der Konzernmutter der Gesellschafterin (49 %) der Beigeladenen.
58 VK Westfalen, Beschluss v. 29.11.2017 – VK 1-33/17, zur Abgrenzung von Vergabe- und Arbeitsrecht im Fall eines vor Beginn der Vergabe zum Bieter gewechselten Behördenmitarbeiters.
59 Vgl. *Mußgnug*, in: Müller-Wrede, VgV/UVgO, § 6 VgV Rn. 50.

III. Vertretung eines Bewerbers oder Bieters (Nr. 2)

42 Die in § 5 Abs. 1 KonzVgV genannten Personen dürfen nach § 5 Abs. 3 Nr. 2 KonzVgV keinen Bewerber oder Bieter beraten oder sonst unterstützen oder allgemein oder beschränkt auf das Vergabeverfahren (aufgrund einer Vollmacht) vertreten.

43 Hier gilt das Gleiche wie zu **§ 5 Abs. 3 Nr. 1 KonzVgV**. Das Verhältnis als gesetzlicher Vertreter oder das der Vollmacht zu Grunde liegende Vertretungsverhältnis muss sich zumindest teilweise auf die Zeit des Konzessionsvergabeverfahrens erstrecken.

44 Da das gesetzliche **Vertretungsverhältnis** zwangsläufig umfassend ist, führt es immer zum Interessenkonflikt. Hinsichtlich eines vertraglichen Vertretungsverhältnisses enthält § 5 Abs. 3 Nr. 2 KonzVgV zu Recht neben der zeitlichen Beschränkung auch die inhaltliche Begrenzung, dass sich das Vertretungsverhältnis konkret auf die Tätigkeit im Vergabeverfahren beziehen muss. Der für die Vergabe von Konzessionen zuständige Mitarbeiter oder Dienstleister des Konzessionsgebers darf also in vergaberechtlicher Hinsicht von einem Bieter zugleich für die rechtsgeschäftliche Vertretung zum Beispiel in einem Anmietungsverhältnis beauftragt werden. Ebenso darf er andere Untergliederungen des Konzessionsgebers beraten haben.[60] Der Verordnungsgeber wollte nicht jede Nähe als vermuteten Interessenkonflikt darstellen.[61]

45 Bei dem Tatbestand der **Beratung** oder **sonstigen Unterstützung** des Bieters handelt es sich erkennbar um einen Auffangtatbestand, der jegliche unerwünschte Zusammenarbeit zwischen den in § 5 Abs. 1 KonzVgV genannten Personen und Bewerbern oder Bietern abdecken soll. Inhaltlich bestehen Wechselwirkungen zum Umgehungsverbot aus § 14 KonzVgV. Die Beratung weist die praktische Besonderheit auf, dass sie nicht so offenkundig ist wie das Auftreten als Bewerber oder Bieter. Der Konzessionsgeber hat die Beratungstätigkeit oder die sonstige Unterstützung des Bieters durch eine der in § 5 Abs. 1 KonzVgV genannten Personen nachzuweisen. Erst bei Nachweis der Verbindung greift die Vermutung.

IV. Tätigkeit für einen Bewerber oder Bieter (Nr. 3)

46 Der Interessenkonflikt gemäß § 5 Abs. 3 Nr. 3 KonzVgV umfasst die Fälle, in denen eine dem Konzessionsgeber zuzuordnende Person zugleich entweder aufgrund eines Arbeitsverhältnisses (beschäftigt) oder aufgrund eines anderen vertraglichen oder nicht vertraglichen Verhältnisses (tätig) für den Bewerber oder Bieter handelt.[62]

47 Diese Beschäftigung oder Tätigkeit gemäß § 5 Abs. 3 Nr. 3 KonzVgV gliedert sich wiederum in zwei **Unterfälle**. Es genügt für die Vermutung, dass einer der beiden Unterfälle anwendbar ist.

1. Entgeltliche oder organschaftliche Tätigkeit (lit. a)

48 § 5 Abs. 3 Nr. 3 lit. a KonzVgV erfasst die Tätigkeit bei dem Bewerber oder Bieter gegen Entgelt.

49 Die Möglichkeit, auf der Bieterseite als **Organmitglied** zu handeln, schließt es auch ein, dass dieses Handeln als Organmitglied nicht gesondert vergütet wird oder unentgeltlich erfolgt. Das bezieht sich zunächst auf Vorstände von Gesellschaften, die an Stelle eines Entgelts zumindest auch Gewinnanteile erhalten. Auf die konkrete Zurechenbarkeit dieser Vergütungen kommt es nicht an. Es kann im Einzelfall auch die unentgeltlich weil neben- oder ehrenamtlich handelnden Mitglieder eines Organs kommunalverfassungsrechtlich organisierter Bewerber oder Bietern betreffen, zum Beispiel in einer Anstalt des öffentlichen Rechts, die sich um einen Dienstleistungsauftrag in der Nachbarkommune bewirbt. Auch in diesem Fall kommt es nicht darauf an, ob das Organ des Bewerbers oder Bieters für seine Tätigkeit eine (gesonderte) Vergütung erhält.

---

60 OLG Celle, Beschluss v. 11.6.2015 – 13 Verg 4/15; Beschluss v. 26.8.2011 – 13 Verg 4/11.
61 So auch *Fritz*, ZfBR 2016, 659 (660).
62 OLG Brandenburg, Urteil v. 16.12.2015 – 4 U 77/14.

2. Geschäftsbeziehung zum Bewerber oder Bieter (lit. b)

Gemäß § 5 Abs. 3 Nr. 3 lit. b KonzVgV darf die gemäß § 5 Abs. 1 KonzVgV dem Konzessionsgeber zuzuordnende Person auch nicht für einen Dritten, nämlich „ein in das Vergabeverfahren eingeschaltetes Unternehmen"[63], tätig sein, wenn dieses Unternehmen zugleich geschäftliche Beziehungen zum Konzessionsgeber und zum Bewerber oder Bieter hat.

50

Bei dem „in das Vergabeverfahren eingeschalteten Unternehmen" wird es sich um einen anderen Begriff für den Beschaffungsdienstleister gemäß § 5 Abs. 1 KonzVgV handeln.[64] Schon die Tatsache, dass ein Mitarbeiter des Konzessionsgebers im Sinne des § 5 Abs. 1 KonzVgV zugleich für den Dienstleister des Konzessionsgebers arbeitet, deutet auf einen **Interessen-** und **Loyalitätskonflikt** hin. Dieser bleibt allerdings zunächst auf das Binnenverhältnis zwischen Konzessionsgeber und Dienstleister beschränkt, hat daher im Außenverhältnis des Vergabeverfahrens, das nur den fairen Wettbewerb der Bewerber oder Bieter untereinander sicherstellen soll, keine Auswirkungen. Die Vermutung des Interessenkonflikts tritt aber erst bei Vorliegen eines weiteren Tatbestandsmerkmals ein, nämlich wenn dieser Dienstleister des Konzessionsgebers außerdem geschäftliche Beziehungen zum Bewerber oder Bieter unterhält. Eine solche Nähe einer Person des Dienstleisters gefährdet dessen Loyalität zum Konzessionsgeber. Daher begründen geschäftliche Beziehungen zum Konzessionsgeber und zugleich zum Bewerber oder Bieter die Vermutung des Interessenkonflikts. Der Dienstleister wird aber in dem Moment, in dem ihn der Konzessionsgeber beauftragt, also vor der Bekanntmachung der vom Dienstleister vorbereiteten Konzession, noch nicht wissen, dass sein gelegentlicher Kunde ihn aufgrund der Bekanntmachung in dieser Angelegenheit gleichfalls beauftragen wird, bei der Angebotsabgabe zu beraten. Entscheidet sich der Dienstleister nicht grundsätzlich dazu, nur für Konzessionsgeber oder nur für Bewerber oder Bieter zu arbeiten, ist es daher erforderlich, einen Weg aufzuzeigen, der Loyalitätskonflikte vermeidet. Da Dienstleister jeweils nur für eine einzelne Erstellung der Konzessionsunterlagen oder die Abgabe eines einzelnen Angebots beauftragt werden, sehen viele Dienstleister eine betriebliche Notwendigkeit, in verschiedenen voneinander getrennten Vertragsverhältnissen, die nicht unmittelbar dieselbe Vergabe betreffen, sowohl für den Konzessionsgeber als auch für potenzielle Konzessionsnehmer tätig werden zu dürfen.[65] Dies berücksichtigend hat sich zum insoweit wortgleichen alten § 16 VgV, jetzt § 6 VgV eine restriktive Rechtsauffassung herausgebildet.[66]

51

Der Begriff der **Geschäftsbeziehungen** ist im ersten Schritt weit auszulegen. Er betrifft nicht nur das konkrete Vergabeverhältnis, sondern alle vertraglichen Beziehungen zwischen dem Dienstleister des Konzessionsgebers und dem Bewerber oder Bieter. Im zweiten Schritt folgt aber eine restriktive Gewichtung. Eine Geschäftsbeziehung liegt erst vor, wenn wirtschaftliche Austauschverhältnisse von einer gewissen Dauerhaftigkeit und Intensität geführt werden.[67] Ein einzelnes bereits abgeschlossenes Beratungsmandat ist regelmäßig nicht geeignet, eine Geschäftsbeziehung zu begründen. Erst kontinuierliche Geschäftsbeziehungen des Dienstleisters zu einem Bieter sind eine relevante Geschäftsbeziehung. Im Sinne dieser Interpretation der Vorschrift liegen kontinuierliche Rechtsbeziehungen bei mehrfachen Beauftragungen vor.

52

Diese Rechtsbeziehungen müssen ausweislich des verwendeten Begriffes **„zugleich"** einen zeitlichen Zusammenhang zu dem konkreten Vorhaben aufweisen.[68] Der Begriff „zugleich" ist weitgehend identisch mit dem Begriff „zeitgleich". Die mehrfache anderweitige Beauftragung und der Auftrag mit dem möglichen Interessenkonflikt müssen daher im sehr engem zeitlichen Zusammenhang stehen. Ob hier eine streng formale Sichtweise geboten ist, also selbst eine Geschäftsbeziehung mit erheblicher Bedeutung plötzlich ihre Relevanz verliert, wenn sie wenige Tage vor dem internen oder gar externen Beschaffungsentschluss beendet

53

---

63 Vgl. *Lange*, NZBau 2008, 422.
64 Vgl. zum inhaltsgleichen § 6 VgV *Röwekamp*, in: Kulartz/Kus/Marx/Portz/Prieß, § 6 VgV Rn. 27.
65 Vgl. *Horn*, NZBau 2005, 28: „Das Vergaberecht will keine verkappten Berufsverbote postulieren."
66 Vgl. auch *Mußgnug*, in: Müller-Wrede, VgV/UVgO, § 6 VgV Rn. 73
67 OLG Brandenburg, Urteil v. 16.12.2015 – 4 U 77/14; *Sturhahn*, in: Pünder/Schellenberg, Vergaberecht, § 16 VgV Rn. 22; *Ganske*, in: Reidt/Stickler/Glahs, Vergaberecht, 3. Aufl., § 16 VgV Rn. 35.
68 OLG Celle, Beschluss v. 11.6.2015 – 13 Verg 4/15.

wird, hatte die Rechtsprechung bisher nicht zu entscheiden. Die Vorgängerregelung § 16 VgV verwendete neben der identischen Formulierung in § 16 Abs. 1 Nr. 3 lit. b VgV im Einleitungssatz den engeren Begriff „in diesem Verfahren".[69] Eine Abgrenzung des Begriffs „zugleich" war daher bisher nicht erforderlich. Nun ist die Beschränkung auf dasselbe Verfahren entfallen, der Begriff „zugleich" wird auslegungsrelevant. Wegen des schon vom Wortsinn nicht überdehnbaren Inhalts des Wortes „zugleich" ist eine ausweitende Auslegung allenfalls auf die Phase der unmittelbaren Vorbereitung des internen Beschaffungsentschlusses vertretbar.

54 Wenn ein Beschaffungsdienstleister gemäß § 5 Abs. 1 KonzVgV zugleich geschäftliche Beziehung zum Konzessionsgeber und zum Bewerber oder Bieter hat, ist es ihm möglich, die Vermutung des § 5 Abs. 3 Nr. 3 lit. b KonzVgV zu **widerlegen**. Als geeignete Methode der Widerlegung eines wettbewerblich nicht gewünschten Datenaustauschs hat die Rechtsprechung in vergleichbaren Situationen Nachweise anerkannt, dass der Dienstleister einen Informationsaustausch zwischen den Bearbeitern, die für den Konzessionsgeber arbeiten, und den Bearbeitern, die für den Bewerber oder Bieter arbeiten, wirkungsvoll verhindert hat (Chinese Walls[70]). Voraussetzung ist zum einen, dass die den einen Auftrag bearbeitenden Mitarbeiter nicht zugleich den anderen Auftrag bearbeiten, ferner, dass eine räumliche Trennung der Mitarbeiter erfolgt, und ferner, dass der Dienstleister intern den wechselseitigen Datenzugriff beschränkt. Dies hat der Dienstleister unaufgefordert und frühestmöglich gegenüber dem Konzessionsgeber,[71] der den Dienstleister im Zweifel früher beauftragt hat als der Bewerber oder Bieter, mitzuteilen. Das sind hohe[72], aber erforderliche Hürden, um einen unverfälschten Wettbewerb zu gewährleisten.

F. Vermutung für Angehörige (Abs. 4)

55 § 5 Abs. 4 S. 1 KonzVgV erweitert den Kreis der von der Vermutung in § 5 Abs. 3 KonzVgV erfassten Personen auf Angehörige.[73]

56 **Angehörige** sind nach der Legaldefinition in § 5 Abs. 4 S. 2 KonzVgV Verlobte, der Ehegatte, Lebenspartner, Verwandte und Verschwägerte gerader Linie, Geschwister, Kinder der Geschwister, Ehegatten und Lebenspartner der Geschwister und Geschwister der Ehegatten und Lebenspartner, Geschwister der Eltern sowie Pflegeeltern und Pflegekinder. Der durch die Ehereform 2017 überholte Begriff des Lebenspartners erfasst dabei auch Näheverhältnisse, die nicht traditionell geprägt sind, also auch den Lebensabschnittspartner.[74] Im Umkehrschluss bedeutet die auf § 5 Abs. 3 KonzVgV bezogene Erweiterung des betroffenen Personenkreises, dass diese Erweiterung nicht für die Interessenkonflikte gilt, die ausschließlich nach § 5 Abs. 1 und 2 KonzVgV bestehen.

57 Es ist für die Vermutung unerheblich, ob die vom Verordnungsgeber angenommene **Nähe** im Einzelfall tatsächlich existiert.[75] Das darzulegen obliegt dem Gegenbeweis des betroffenen Bewerbers oder Bieters.[76] Es ist bei einem erst im Vergabeverfahren offengelegten Interessenkonflikt nicht Sache des Konzessionsgebers, den Gegenbeweis zu führen. Ausgeschlossen wird nicht der Mitarbeiter des Konzessionsgebers, sondern gemäß § 124 Abs. 1 Nr. 5 GWB der Bieter.

---

69 VK Sachsen, Beschluss v. 5.5.2014 – 1/SVK/010-14.
70 *Ganske*, in: Reidt/Stickler/Glahs, Vergaberecht, 3. Aufl., § 16 VgV Rn. 47.
71 *Ganske*, in: Reidt/Stickler/Glahs, Vergaberecht, 3. Aufl., § 16 VgV Rn. 49.
72 *Kupzyk*, NZBau 2010, 21 (24).
73 OLG München, Beschluss v. 11.4.2013 – 13 Verg 2/13: Preisrichter und Bieter sind verwandt, Vermutung des Interessenkonflikts aber widerlegt; OLG Koblenz, Beschluss v. 5.9.2002 – 1 Verg 2/02: Vater des Mitarbeiters sitzt im Aufsichtsrat des Bewerbers, Mitarbeit an der Erstellung der Leistungsbeschreibung sei zulässig, erst Rügebeantwortung verstoße gegen § 16 VgV.
74 So wohl *Mußgnug*, in: Müller-Wrede, VgV/UVgO, § 6 VgV Rn. 78, zum nicht ehelichen Lebenspartner.
75 Kritisch *Greb*, NZBau 2016 264.
76 A.A. *Mußgnug*, in: Müller-Wrede, VgV/UVgO, § 6 VgV Rn. 80.

G. Rechtsschutz

§ 5 KonzVgV ist in Gänze eine **unternehmensschützende Norm** im Sinne des § 97 Abs. 6 GWB. Sie gehört zu den Bestimmungen des Vergabeverfahrens, auf deren Einhaltung die Unternehmen einen Anspruch haben. Die neuere Rechtsprechung des BGH ist bieterfreundlich, zieht die Grenzen des Drittschutzes eher weit.[77] Der unterlegene Bewerber oder Bieter kann daher Verstöße gegen diese Vorschrift in einem Vergabenachprüfungsverfahren geltend machen. Der Antragsteller im Nachprüfungsverfahren hat dabei nur die Nähe zwischen bestimmten Personen auf der Seite des Konzessionsgebers einerseits und des Unternehmens auf der Seite des Bewerbers oder Bieters andererseits darzulegen. Es ist dann Sache des Konzessionsgebers, die Vermutung des Interessenkonflikts zu widerlegen.

58

Die **Vergabekammer** wird bei Bestätigung des Interessenkonflikts das Verfahren zurückversetzen und den Konzessionsgeber mindestens zur neuen Wertung verpflichten. Soweit sich ein Einfluss auf die Konzessionsunterlagen annehmen lässt, wird die Vergabekammer den Konzessionsgeber auch zur erneuten Erstellung der Konzessionsunterlagen verpflichten. Ob der Bewerber oder Bieter auszuschließen ist, ist vom Einzelfall abhängig. Das OLG Celle[78] hat den Ausschluss einzelner Bieter angeordnet, die VK Niedersachsen[79] hat einen Auftraggeber verpflichtet, das Verhandlungsverfahren auf den Zeitpunkt vor Aufforderung zur Abgabe des Angebotes zurückzuversetzen, die Bieter unter Ausschluss der das streitgegenständliche Vergabeverfahren begleitenden Berater erneut zur Abgabe eines Angebotes aufzufordern und die Angebote neu zu werten. Bei diesen Maßnahmen handelt es sich nicht um eine Heilung des Vergabeverstoßes mit identischem Ergebnis,[80] sondern um eine echte Neubewertung. Ihre tragfähige Begründung ist gemäß § 6 Abs. 2 Nr. 7 KonzVgV auch hinsichtlich des Interessenkonflikts und der getroffenen Abhilfemaßnahmen zu dokumentieren. Die neue Entscheidung kann von den Nachprüfungsbehörden erneut geprüft werden. Die Möglichkeit, die Vergabe an den ungeliebten Bewerber oder Bieter mit einer entschädigungslosen[81] Flucht in die Aufhebung der Vergabe zu verhindern, besteht nicht.[82]

59

Anlage

Verordnungsbegründung (BR-Drs. 87/16)

Seite 280

§ 5 dient der Umsetzung von Artikel 35 der Richtlinie 2014/23/EU und greift dabei wie in § 6 der VgV und SektVO die bisherige Regelung des § 16 VgV auf.

Zu Absatz 1

Absatz 1 setzt Artikel 35 Unterabsatz 1 der Richtlinie 2014/23/EU um. Artikel 35 Unterabsatz 1 der Richtlinie 2014/23/EU verpflichtet die Mitgliedstaaten der Europäischen Union zur Vermeidung von Wettbewerbsverzerrungen, zur Gewährleistung der Transparenz des Vergabeverfahrens und der Gleichbehandlung aller Bewerber und Bieter, von Konzessionsgebern zu verlangen, geeignete Maßnahmen zu treffen, um Betrug, Günstlingswirtschaft und Bestechung zu bekämpfen und Interessenkonflikte, die bei der Durchführung von Vergabeverfahren auftreten, wirksam zu verhindern, aufzudecken und zu beheben, siehe auch Erwägungsgrund 61 der Richtlinie 2014/23/EU. Diesen Gestaltungsauftrag setzt § 5 Absatz 1 nach dem Vorbild der bisherigen Regelung in § 16 Vergabeverordnung dahingehend um, dass Organmitglieder und Mitarbeiter von Konzessionsgebern oder eines im Namen der Konzessionsgeber handelnden Beschaffungsdienstleisters, bei denen ein Interessenkonflikt besteht, in einem Vergabeverfahren nicht mitwirken dürfen. Gemäß Artikel 35 Unterabsatz 3 der

---

77 Vgl. BGH, Beschluss v. 31.1.2017 – X ZB 10/16 (erweiterter Drittschutz bei § 60 VgV).
78 OLG Celle, Beschluss v. 2.12.2010 – 13 Verg 12/10.
79 VK Niedersachsen, Beschluss v. 2.3.2016 – VgK-1/2016.
80 So die Befürchtung von *Dreher*, in: Dreher/Motzke, Vergaberecht, 2. Aufl., § 16 VgV Rn. 56.
81 BGH, Beschluss v. 20.3.2014 – X ZB 18/13.
82 OLG Frankfurt, Beschluss v. 4.8.2015 – 11 Verg 4/15.

Richtlinie 2014/23/EU dürfen die Maßnahmen der Konzessionsgeber nicht über das hinausgehen, was zur Verhinderung eines potenziellen Interessenkonflikts oder zur Behebung des ermittelten Interessenkonfliktes unbedingt erforderlich ist.

Zu Absatz 2

Absatz 2 setzt Artikel 35 Unterabsatz 2 der Richtlinie 2014/23/EU um und greift in einer nicht abschließenden Beschreibung verschiedene Sachverhaltskonstellationen auf, bei denen nach der Entscheidung des Unionsgesetzgebers von einem Interessenkonflikt auszugehen ist.

Zu Absatz 3

Absatz 3 überführt den Regelungsgehalt des bisherigen § 16 Absatz 1 Nummer 1 bis 3 VgV zu ausgeschlossenen Personen in diese Verordnung. Absatz 3 bewirkt eine Beweislastumkehr zulasten der Person, für die gemäß Absatz 2 von einem Interessenkonflikt auszugehen ist.

Zu Absatz 4

Absatz 4 überführt die Regelungen des bisherigen § 16 Absatz 2 VgV in diese Verordnung und bestimmt, dass die Vermutung des Absatzes 3 auch zulasten von Personen gilt, deren Angehörige die Voraussetzungen nach Absatz 3 Nummer 1 bis 3 erfüllen.

§ 6 KonzVgV
Dokumentation und Vergabevermerk

(1) Der Konzessionsgeber dokumentiert das Vergabeverfahren von Beginn an fortlaufend in Textform nach § 126b des Bürgerlichen Gesetzbuchs, soweit dies für die Begründung von Entscheidungen auf jeder Stufe des Vergabeverfahrens erforderlich ist. Dazu gehört zum Beispiel die Dokumentation der Kommunikation mit Unternehmen und internen Beratungen, der Vorbereitung der Konzessionsbekanntmachung und der Vergabeunterlagen, der Öffnung der Teilnahmeanträge und Angebote, der Verhandlungen mit den Bewerbern und Bietern sowie der Gründe für Auswahlentscheidungen und den Zuschlag.

(2) Der Konzessionsgeber fertigt über jedes Vergabeverfahren einen Vermerk in Textform nach § 126b des Bürgerlichen Gesetzbuchs an. Dieser Vergabevermerk umfasst mindestens Folgendes:

1. den Namen und die Anschrift des Konzessionsgebers sowie Gegenstand und Vertragswert der Konzession,
2. die Namen der berücksichtigten Bewerber oder Bieter und die Gründe für ihre Auswahl,
3. die nicht berücksichtigten Teilnahmeanträge und Angebote sowie die Namen der nicht berücksichtigten Bewerber oder Bieter und die Gründe für ihre Nichtberücksichtigung,
4. den Namen des erfolgreichen Bieters und die Gründe für die Auswahl seines Angebots sowie, falls bekannt, den Anteil an der Konzession, den der erfolgreiche Bieter an Dritte weiterzugeben beabsichtigt, und die Namen der Unterauftragnehmer,
5. die Gründe, aus denen der Konzessionsgeber auf die Vergabe einer Konzession verzichtet hat,
6. die Gründe, aus denen andere als elektronische Mittel für die Einreichung der Angebote verwendet wurden, und
7. Angaben zu aufgedeckten Interessenkonflikten und getroffenen Abhilfemaßnahmen.

(3) Die Dokumentation, der Vergabevermerk, die Teilnahmeanträge und die Angebote einschließlich ihrer Anlagen sind bis zum Ende der Vertragslaufzeit vertraulich zu behandeln und aufzubewahren, mindestens jedoch für drei Jahre ab dem Tag des Zuschlags.

(4) § 4 bleibt unberührt.

Übersicht

	Rn.
A. Allgemeines	1
I. Unionsrechtlicher Hintergrund	2
II. Vergleichbare Regelungen	6
B. Dokumentation (Abs. 1)	9
C. Vergabevermerk (Abs. 2)	16
D. Vertrauliche Behandlung und Aufbewahrung (Abs. 3)	20
E. Wahrung der Vertraulichkeit (Abs. 4)	24
F. Rechtsschutz	26
Anlage	
Verordnungsbegründung	
(BR-Drs. 87/16)	

A. Allgemeines

§ 6 KonzVgV dient der Umsetzung von Art. 37 Abs. 5 RL 2014/23/EU. Die Grundanforderungen nach dem Willen des Richtliniengebers finden ihre Ergänzung in den Vorschriften des Art. 84 RL 2014/24/EU und des Art. 100 RL 2014/25/EU. Die häufige Erwähnung des Begriffs der Dokumentation in den vergaberechtlichen Regelwerken[1] deutet auf ihre Notwendigkeit

---
1 Siehe nachfolgend Rn. 6 ff.

und kardinale Stellung im Vergabeverfahren hin. Nur eine ausreichende Dokumentation, von der der Vergabevermerk „eine Teilmenge" bildet,[2] gewährleistet, dass dem Gebot der Transparenz und letztlich der Gleichbehandlung aller Unternehmen Rechnung getragen wird. Der Konzessionsgeber ist sich erwartungsgemäß bei diesem Procedere schon zwangsläufig der strengen formalen Regelungen bewusst. Einzig eine sorgfältige Dokumentation bietet auch die Gewähr, die getroffenen Entscheidungen sowohl für die Überprüfungsinstanzen als auch für die Bieter (Konzessionsnehmer) nachvollziehbar zu gestalten.[3]

I. Unionsrechtlicher Hintergrund

2 Die Vorschrift des § 6 KonzVgV geht auf die Umsetzung des Art. 37 Abs. 5 RL 2014/23/EU zurück,[4] der seinerseits explizit auf die Einhaltung des Art. 28 Abs. 1 RL 2014/23/EU, also der Grundlage seinerseits für § 4 KonzVgV (zur Vertraulichkeit), hinweist.

3 **Vor dem Inkrafttreten der RL 2014/23/EU** wurde die Grundlage der Dokumentationspflicht in dem allgemeinen Transparenzgrundsatz gemäß Art. 2 RL 2004/18/EG i.V.m. § 97 Abs. 1 GWB gesehen, der seinerseits im engen Zusammenhang zum Diskriminierungsverbot gemäß Art. 2 RL 2004/18/EG und § 97 Abs. 2 GWB stand und dem Gebot des effektiven Rechtsschutzes diente. Um insbesondere eine Überprüfung zu ermöglichen, seien die wesentlichen Entscheidungen zwingend zu dokumentieren.[5]

4 Nach **Art. 37 Abs. 5 RL 2014/23/EU** haben öffentliche Auftraggeber und Auftraggeber mit von ihnen „für geeignet erachteten Mitteln für eine angemessene Protokollierung der Phasen des Verfahrens" unter Beachtung („unter Einhaltung") der Vertraulichkeit zu sorgen.

5 Nach dem Willen des Richtliniengebers zur öffentlichen Auftragsvergabe und den Vorgaben im Bereich der Sektoren (**RL 2014/24/EU** bzw. **RL 2014/25/EU**) wird – weitergehend als in der Konzessionsrichtlinie (RL 2014/23/EU), wo der Begriff des Vergabevermerks nicht auftaucht – in Art. 84 RL 2014/24/EU bzw. Art. 100 RL 2014/25/EU das Protokollierungserfordernis durch entsprechende Vergabevermerke und deren weiteren Inhalt näher ausgeführt. Art. 84 Abs. 1 RL 2014/24/EU schreibt die Fertigung eines schriftlichen Vergabevermerks für jeden zu vergebenden Auftrag oder „jede Rahmenvereinbarung sowie jede Einrichtung eines dynamischen Beschaffungssystems" vor; zugleich legt die Norm insoweit auch den Inhalt entsprechend den in Art. 84 Abs. 1 UAbs. 1 S. 1 lit a bis i RL 2014/24/EU aufgestellten Voraussetzungen fest. Demgegenüber „ergänzt" die Bestimmung des Art. 100 Abs. 1 RL 2014/25/EU gewissermaßen den Art. 84 RL 2014/24/EU weitergehend um die Normierung der in Art. 84 RL 2014/24/EU genannten Vergabevermerke und deren Aufbewahrungsverpflichtung („bewahren die einschlägigen Unterlagen … auf"). Der Richtliniengeber der RL 2014/25/EU erhofft sich allem Anschein nach, auf diese Weise dazu beizutragen, die getroffenen Entscheidungen „zu einem späteren Zeitpunkt" hinsichtlich der in Art. 100 Abs. 1 UAbs. 1 S. 2 lit. a bis d RL 2014/25/EU aufgeführten Anwendungsfälle nachvollziehbar („gerechtfertigt") machen zu können. Unabhängig von der jeweils verschiedenen Normzielsetzung (Inhalt des Vergabevermerks bzw. Nachvollziehbarkeit des Vergabeverfahrens) wird in Abs. 2 beider Normen (Art. 100 RL 2014/25/EU bzw. Art. 84 RL 2014/24/EU) wortidentisch das Gebot der „ausreichend(en) Dokumentation" über alle Stufen des Vergabeverfahrens für einen Zeitraum von „mindestens drei Jahren" ab dem Tag der Vergabe „begründet" (jeweils Abs. 2 S. 3 des Art. 100 RL 2014/25/EU bzw. Art. 84 RL 2014/24/EU).

---

2 Siehe Verordnungsbegründung zu § 8 VgV, BR-Dr. 87/16, 162 f.
3 OLG Düsseldorf, Beschluss v. 14.8.2003 – VII-Verg 46/03.
4 Verordnungsbegründung zu § 6 KonzVgV, BR-Drs. 87/16, 281.
5 Vgl. dazu *Antweiler* in: Dreher/Motzke, Vergaberecht, 2. Aufl., § 97 GWB Rn. 36, der im Übrigen ausführt, dass eine Heilung von Dokumentationsmängeln ausscheide.

II. Vergleichbare Regelungen

Die Dokumentation findet Erwähnung auch außerhalb der KonzVgV an verschiedenen Stellen der **VergRModVO**, sei es im Zusammenhang mit dem Gebot der Vertraulichkeit auch nach Abschluss des Vergabeverfahrens, in § 5 Abs. 2 S. 2 VgV bzw. in § 5 Abs. 2 S. 2 SektVO. Darüber hinaus wird die Dokumentation als Topos entweder zusammen mit dem Vergabevermerk neben § 6 KonzVgV explizit oder implizit genannt in § 8 VgV („Dokumentation und Vergabevermerk") bzw. in § 8 SektVO („Dokumentation"). Implizit wird des Weiteren auf die Dokumentation Bezug genommen in den „Grundsätzen der Kommunikation" in § 9 Abs. 2 VgV bzw. § 9 Abs. 2 SektVO und im § 7 Abs. 2 KonzVgV. Sie sei – so die Begründung der genannten Bestimmungen – „notwendig, um dem Gebot der Transparenz angemessen zu entsprechen und überprüfen zu können, ob der Grundsatz der Gleichbehandlung aller Unternehmen gewahrt wurde."[6] Der Bundesverordnungsgeber setzt mit der Breite der Normierung in den verschiedenen Verordnungen eine Regelungspraxis fort, die der Bundesgesetzgeber bereits im GWB erkennen ließ, die aber auch in der VOB/A, VOL/A und der VOF anzutreffen war.

6

Ausgangspunkt der Verpflichtung zur Dokumentation im **GWB** war § 97 Abs. 1. Mit der dort genannten Maßgabe der Transparenz korreliert die Dokumentation als entscheidende Voraussetzung der Formalisierung des gesamten Vergabeverfahrens.[7] § 97 Abs. 1 GWB in der jetzigen Fassung entspricht – so der Gesetzgeber – „Wettbewerb und Transparenz der bisherigen Regelung". Sie wurde (lediglich) zum Zwecke der Klarstellung um den Grundsatz der Wirtschaftlichkeit und Verhältnismäßigkeit ergänzt.[8] Es verbleibt damit bei der gesetzlich begründeten Bedeutung der Dokumentation in Vergabeverfahren auch nach der GWB-Novelle.

7

Nach § 20 Abs. 1 S. 1 **VOB/A** 2012 bzw. § 20 EG Abs. 1 S. 1 VOB/A 2012 war das Vergabeverfahren von Anbeginn an fortlaufend und dergestalt zu dokumentieren, dass die einzelnen Stufen des Verfahrens, die einzelnen Maßnahmen sowie die Begründung der einzelnen Entscheidungen in Textform festzuhalten waren. § 20 VOB/A hat den Wortlaut und damit die konkrete Bedeutung beibehalten. Nach § 20 EU VOB/A ist das Vergabeverfahren nunmehr „gemäß § 8 VgV" zu dokumentieren. § 20 **VOL/A** enthielt ebenso wie § 24 EG Abs. 1 VOL/A die zur VOB/A bzw. zur VOB/A-EG identische Formulierung, ohne allerdings auf die „Textform" hinzuweisen. Auch § 12 **VOF** normierte in Abs. 1 den zuvor dargestellten Grundsatz der Dokumentation. In Abs. 2 wurden die Mindestinhalte der Dokumentation festgehalten.

8

B. Dokumentation (Abs. 1)

Nach § 6 Abs. 1 S. 1 KonzVgV dokumentiert der Konzessionsgeber das Vergabeverfahren von Beginn an fortlaufend in Textform nach § 126b BGB, soweit dies für die Begründung von Entscheidungen auf jeder Stufe des Vergabeverfahrens erforderlich ist. Die Vorschrift stellt die Grundanforderungen an eine vom Konzessionsgeber durchzuführende Dokumentation auf. Zu den dokumentationspflichtigen Entscheidungen zählen nach § 6 Abs. 1 S. 2 KonzVgV zum Beispiel die Dokumentation der Kommunikation mit Unternehmen und internen Beratungen, der Vorbereitung der Konzessionsbekanntmachung und der Vergabeunterlagen, der Öffnung der Teilnahmeanträge und Angebote, der Verhandlungen mit den Bewerbern und Bietern sowie der Gründe für Auswahlentscheidungen und den Zuschlag.

9

Der Konzessionsgeber ist zur Verfahrensdokumentation **verpflichtet**. Dies ergibt sich nicht in der gebotenen Klarheit aus dem Wortlaut der Regelung, der den für gebundene Entscheidungen gebräuchlichen Imperativ vermissen lässt, folgt aber aus der Verordnungsbegründung[9], nach der Konzessionsgeber für die Dokumentation des Verfahrens „zu sorgen haben". Zu-

10

---

6 Siehe jeweils Verordnungsbegründung zu § 9 Abs. 2 VgV, BR-Drs. 87/16, 163, zu § 8 Abs. 2 SektVO, BR-Drs. 87/16, 234, und zu § 7 Abs. 2 KonzVgV, BR-Drs. 87/16, 282.
7 Vgl. dazu BGH, Beschluss v. 1.2.2005 – X ZB 27/04.
8 Siehe dazu Gesetzesbegründung zu § 97 Abs. 1 GWB, VergRModG 2016, BT-Drs. 18/6281, 67 f.
9 Verordnungsbegründung zu § 6 Abs. 1 KonzVgV, BR-Drs. 87/16, 281.

dem folgt eine Verpflichtung aus der überragenden Bedeutung der Verfahrensdokumentation für die Transparenz des Vergabeverfahrens im Sinne des § 97 Abs. 1 S. 1 GWB.

11 In zeitlicher Hinsicht hat sie **„von Beginn an"**, d.h. letztlich ab Bekanntmachung der Ausschreibung, **„fortlaufend"** im Sinne eines Widerspiegelns des Verlaufs des Entscheidungsprozesses zu erfolgen.

12 Eine Einschränkung gilt nach § 6 Abs. 1 S. 1 Hs. 2 KonzVgV im Hinblick auf die **Erforderlichkeit** einer späteren Entscheidungsbegründung.

13 Zu § 6 Abs. 1 S. 2 KonzVgV werden ausweislich des Wortlauts der Regelung („zum Beispiel") beispielhaft und nicht abschließend mögliche **Dokumentationsgegenstände** aufgeführt. Der Konzessionsgeber ist daher über die dort genannten Gegenstände hinaus verpflichtet, das Vergabeverfahren zu dokumentieren, soweit dies für die Begründungen der Entscheidungen erforderlich ist.

14 Der Verordnungsgeber legt in seiner Begründung zu § 6 KonzVgV[10] Wert auf die Feststellung, dass die deutsche Sprachfassung von der englischen und französischen Sprachfassung insoweit abweicht, als der deutsche Begriff der „Dokumentation" nicht die gewünschte Einschränkung der Protokollierung des Vergabeverfahrens im Hinblick auf eine **angemessene Aufzeichnung** der Protokollierungsgegenstände („appropriate recording" bzw. „consignation adequate") erfasse. Dass sich aber eine Protokollierung/Dokumentation auf das Wesentliche beschränken sollte, liegt in der Natur der Sache und bedarf keiner weiteren Ausführungen. Dies umso mehr, als der umzusetzende Art. 37 Abs. 5 RL 2014/23/EU selbst von der „angemessenen Protokollierung der Phasen des Vergabeverfahrens" spricht.

15 Die Dokumentation ist in **Textform** nach § 126b BGB zu erstellen, d. h. die Erklärung muss lesbar sein, die Person des Erklärenden nennen und den Abschluss der Erklärung durch z. B. Nachbildung der Namensunterschrift oder den Hinweis, dass vorstehende Erklärung auch ohne Unterschrift rechtsgültig ist, erkennbar machen.

C. Vergabevermerk (Abs. 2)

16 Abs. 2 des § 6 KonzVgV verpflichtet den Konzessionsgeber zur Anfertigung eines (Vergabe-)Vermerks in Textform gemäß § 126b BGB, der mindestens die in § 6 Abs. 2 S. 2 Nr. 1 bis 7 KonzVgV aufgeführten Mindestinhalte umfasst.

17 Die **Verpflichtung** des Konzessionsgebers zur Anfertigung des Vergabevermerks geht aus dem lediglich indikativen Wortlaut der Regelung nicht hinreichend klar hervor, folgt aber unmissverständlich („verpflichtet") aus der Verordnungsbegründung[11].

18 Während Art. 37 Abs. 5 RL 2014/23/EU keinen Hinweis auf die Gegenstände einer „angemessenen Protokollierung" enthält und Art. 100 RL 2014/25/EU insoweit ebenfalls schweigt, sind in Art. 84 Abs. 1 S. 1 lit. a bis i RL 2014/24/EU die geforderten **Inhalte** vorgegeben. Der Richtliniengeber differenziert dort zwischen Mindestinhalten (lit. a bis f) und Gründen/Angaben (lit. g bis i), die (nur) gegebenenfalls der Protokollierung bedürfen. Andererseits orientiert sich die Umsetzung der maßgebenden Konzessionsrichtlinie 2014/23/EU durch den Verordnungsgeber sowohl an Art. 84 Abs. 1 RL 2014/24/EU als auch an den bisherigen Bestimmungen der VOB/A und VOF.[12] Die getroffene Regelung findet ihren Rückhalt auch in der Konzessionsrichtlinie selbst. Ausgehend vom Transparenzgebot des Art. 3 Abs. 1 RL 2014/23/EU i.V.m. Art. 46 f RL 2014/23/EU zusammen mit den zuvor erwähnten Art. 84 RL 2014/24/EU und Art. 100 RL 2014/25/EU sah sich der Konzessionsgeber ermächtigt, „grundlegende Anforderungen" an die Erstellung eines Vergabevermerks zu stellen. Dahinter steht der Gedanke der verschärften Geltung des Transparenzgebots des § 97 Abs. 1 S. 1 GWB und die Sicherstellung der „effektiven Nachprüfung" des Vergabeverfahrens.[13]

---

10 Verordnungsbegründung zu § 6 Abs. 1 KonzVgV, BR-Drs. 87/16, 281.
11 Verordnungsbegründung zu § 6 Abs. 2 KonzVgV, BR-Drs. 87/16, 281.
12 Siehe oben Rn. 8.
13 Verordnungsbegründung zu § 6 Abs. 2 KonzVgV, BR-Drs. 87/16, 281.

Der Vergabevermerk ist in **Textform** nach § 126b BGB zu erstellen, d. h. die Erklärung muss lesbar sein, die Person des Erklärenden nennen und den Abschluss der Erklärung durch z. B. Nachbildung der Namensunterschrift oder den Hinweis, dass vorstehende Erklärung auch ohne Unterschrift rechtsgültig ist, erkennbar machen. **19**

D. Vertrauliche Behandlung und Aufbewahrung (Abs. 3)

Nach § 6 Abs. 3 KonzVgV sind die Dokumentation, der Vergabevermerk, die Teilnahmeanträge und die Angebote einschließlich ihrer Anlagen bis zum Ende der Vertragslaufzeit vertraulich zu behandeln und aufzubewahren, mindestens jedoch für drei Jahre ab dem Tag des Zuschlags. **20**

Nach dem klaren Wortlaut der Vorschrift („sind [...] vertraulich zu behandeln und aufzubewahren") ist der Konzessionsgeber zur vertraulichen Behandlung und Aufbewahrung **verpflichtet**. Dies bestätigt die insoweit entsprechend formulierte Verordnungsbegründung zu § 6 Abs. 3 KonzVgV.[14] **21**

§ 6 Abs. 3 KonzVgV konkretisiert die in Art. 28 RL 2014/23/EU normierte Vertraulichkeit und Aufbewahrungspflicht bis zum Abschluss des Vergabeverfahrens der in § 6 Abs. 3 KonzVgV nur beispielhaft genannten Dokumentation in Gänze, also einschließlich der **gesamten Kommunikation**, des Vergabevermerks, selbst der internen Beratungen, der Verhandlungen mit den Bewerbern und Bietern sowie der Auswahlentscheidungen und des Zuschlags. **22**

Eingedenk dessen, dass an verschiedenen Stellen der Konzessionsvergaberichtlinie wie auch der Sektorenrichtlinie der **Zeitraum** von drei Jahren als maßgeblich festgelegt ist (vgl. nur Art. 100 Abs. 2 S. 3 RL 2014/25/EU bzw. Art. 13 Abs. 4 lit. a und Art. 45 Abs. 3 UAbs. 2 RL 2014/23/EU), ist über den Abschluss des Vergabeverfahrens hinaus eine Aufbewahrungspflicht bis zum Ende der Vertragslaufzeit, mindestens jedoch für drei Jahre ab dem Tag des Zuschlags, systemkonform. Für die Fristberechnung gilt § 36 KonzVgV. **23**

E. Wahrung der Vertraulichkeit (Abs. 4)

Nach § 6 Abs. 4 KonzVgV bleibt § 4 KonzVgV zur Wahrung der Vertraulichkeit unberührt. **24**

Der **Verweis** erstreckt sich schon vom Wortlaut, aber auch vom Sinn und Zweck her auf alle drei Absätze der Vorschrift. Dies findet zudem Rückhalt in der Verordnungsbegründung.[15] **25**

F. Rechtsschutz

Die Vergabedokumentation gehört mit der Wahrung der Vertraulichkeit zu den Hauptpflichten des Konzessionsgebers. Die Dokumentationspflicht als **„Kardinalpflicht"** des Konzessionsgebers gilt für alle Verfahrensarten und zwar von Anfang des Verfahrens an.[16] Allein aus der fehlenden Dokumentation einer vergaberechtlichen Maßnahme soll eine verfassungsrechtlich relevante Rechtsverletzung erwachsen.[17] **26**

Die Dokumentationspflicht des § 6 KonzVgV stellt andererseits auch eine Ausprägung des **Transparenzgebots** dar. Aus der Pflichtverletzung resultiert vice versa ein schwerer Verstoß **27**

---

14 Vgl. Verordnungsbegründung zu § 6 Abs. 3 KonzVgV, BR-Drs. 87/16, 281.
15 Vgl. Verordnungsbegründung zu § 6 Abs. 4 KonzVgV, BR-Drs. 87/16, 282.
16 VK Arnsberg, Beschluss v. 29.11.2002 – VK 1-25/02, also auch für das bei Konzessionsvergaben übliche Verhandlungsverfahren mit vorgeschaltetem Teilnahmewettbewerb (näher dazu § 12 VgV und VK Brandenburg, Beschluss v. 30.7.2002 – VK 38/02).
17 Siehe auch OLG Frankfurt, Beschluss v. 10.11.2015 – 11 Verg 8/15, zum Umstand einer wegen fehlender Dokumentation Unmöglichkeit der Prüfung, ob der Auftraggeber rechtmäßig eine Vergabeart gewählt hat was – so das OLG – bereits geeignet sei, eine rügefähige Rechtsverletzung anzunehmen.

gegen den vergaberechtlichen Transparenzgrundsatz in § 97 Abs. 1 S. 1 GWB.[18] Nach der Rechtsprechung des OLG Brandenburg und des OLG Düsseldorf geht damit das subjektive (drittbieterschützende) Recht eines Unternehmens auf Erstellung einer ordnungsgemäßen Dokumentation einher.[19]

Anlage

Verordnungsbegründung (BR-Drs. 87/16)

Seite 281

§ 6 dient der Umsetzung von Artikel 37 Absatz 5 der Richtlinie 2014/23/EU. Grundlegende Mindestanforderungen an die Dokumentation und die Erstellung eines Vergabevermerks werden dabei aus dem Bereich der Vergabe öffentlicher Aufträge durch öffentliche Auftraggeber und Sektorenauftraggeber gemäß Artikel 84 der Richtlinie 2014/24/EU und Artikel 100 der Richtlinie 2014/25/EU ergänzt. Dazu zählt auch die Regelung der Mindestaufbewahrungsfrist von drei Jahren ab dem Tag der Vergabe der Konzession. Diese Ergänzung dient einem einheitlichen Vorgehen der Vergabestellen bei der Vergabe öffentlicher Aufträge und Konzessionen.

Zu Absatz 1

Absatz 1 setzt Artikel 37 Absatz 5 der Richtlinie 2014/23/EU um, dem zufolge Konzessionsgeber mit den von ihnen für geeignet erachteten Mitteln für eine angemessene Protokollierung der Phasen des Verfahrens zu sorgen haben. Anders als die deutsche Sprachfassung sprechen die englische und französische Fassung der Richtlinie 2014/23/EU anstelle von „Protokollierung" von angemessener Aufzeichnung des Vergabeverfahrens („appropriate recording" bzw. „consignation adéquate"). Auf dieser Grundlage wird für die Umsetzung wie in Artikel 84 der deutschen Fassung der Richtlinie 2014/24/EU und Artikel 100 der deutschen Fassung der Richtlinie 2014/23/EU der Begriff der „Dokumentation" verwendet. Im Hinblick auf ein einheitliche Dokumentation des Vergabeverfahrens für öffentliche Aufträge und Konzessionen wird die Umsetzung des Artikels 37 Absatz 5 der Richtlinie 2014/23/EU um die grundlegenden Anforderungen an die Dokumentation gemäß Artikel 84 Absatz 2 der Richtlinie 2014/24/EU und Artikel 100 Absatz 2 der Richtlinie 2014/25/EU ergänzt. Die Dokumentation ist in Textform nach § 126b des Bürgerlichen Gesetzbuchs zu erstellen.

Zu Absatz 2

Absatz 2 verpflichtet die Konzessionsgeber zur Anfertigung eines Vergabevermerks. Die Richtlinie 2014/23/EU enthält anders als für den Bereich der öffentlichen Aufträge durch öffentliche Auftraggeber gemäß Artikel 84 Absatz 1 der Richtlinie 2014/24/EU und durch Sektorenauftraggeber gemäß Artikel 100 Absatz 1 der Richtlinie 2014/25/EU weder eine ausdrückliche Verpflichtung zur Erstellung eines Vergabevermerks noch eine beispielhafte Auflistung von Mindestinhalten. Gemäß Artikel 37 Absatz 5 der Richtlinie 2014/23/EU legt der Konzessionsgeber die von ihm als geeignet erachteten Mittel für die Dokumentation fest. Artikel 37 Absatz 5 setzt jedoch qualitativ voraus, dass der Konzessionsgeber die Phasen des Verfahrens mit den von ihm für geeignet erachteten Mitteln derart angemessen dokumentiert, dass der Transparenzgrundsatz des Artikels 3 Absatz 1 Unterabsatz 1 der Richtlinie 2014/23/EU und eine effektive Nachprüfung des Vergabeverfahrens gemäß der Artikel 46 und 47 der Richtlinie 2014/23/EU sichergestellt ist. Auf dieser Grundlage werden im Sinne eines einheitlichen Vorgehens der Vergabestellen bei der Vergabe öffentlicher Aufträge und Konzessionen grundlegende Anforderungen an die Erstellung des Vergabevermerks gemäß Artikel 84 Absatz 2 der Richtlinie 2014/24/EU und Artikel 100 Absatz 2 der Richtlinie 2014/25/EU in Absatz 2 der Verordnung überführt. Inhaltlich orientiert sich der Wortlaut des Absatzes 2 der Verordnung am Vorbild des § 43 VSVgV und der bisherigen Vorgaben in §§ 24 EG VOL/A, § 20 EG VOB/A sowie § 12 VOF. Der Vergabevermerk ist in Textform nach § 126b BGB zu erstellen.

---

[18] VK Südbayern, Beschluss v. 29.4.2009 – Z3-3-3194-1-11-03/09.
[19] OLG Düsseldorf, Beschluss v. 17.3.2004 – VII-Verg 1/04; OLG Brandenburg, Beschluss v. 3.8.1999 – 6 Verg 1/99.

Zu Absatz 3

Absatz 3 stellt im Einklang mit Artikel 37 Absatz 5 der Richtlinie 2014/23/EU („unter Einhaltung des Artikel 28 Absatz 1 der Richtlinie 2014/23/EU") klar, dass die Dokumentation, der Vergabevermerk sowie die Teilnahmeanträge und Angebote einschließlich ihrer Anlagen vertraulich zu behandeln sind. Weiterhin müssen Konzessionsgeber nach dem Vorbild des § 8 Absatz 4 VgV, der Artikel 84 Absatz 2 Satz 3 der Richtlinie 2014/24/EU umsetzt, die Dokumentation, den Vergabevermerk sowie die Teilnahmeanträge und Angebote einschließlich ihrer Anlagen für mindestens drei Jahre ab dem Tag des Zuschlags aufbewahren. Dabei handelt es sich um eine Mindestfrist. Überschreitet die Laufzeit des Vertrages diese drei Jahre, ist eine längere Aufbewahrung angezeigt.

Seite 282

Zu Absatz 4

Absatz 4 stellt im Einklang mit Artikel 37 Absatz 5 der Richtlinie 2014/23/EU („unter Einhaltung des Artikel 28 Absatz 1 der Richtlinie 2014/23/EU") klar, dass die Vorgaben des § 4 zur Wahrung der Vertraulichkeit unberührt bleiben. Diese Klarstellung betrifft in der Sache nicht nur den Regelungsgehalt des § 4 Absatz 1, der Artikel 28 Absatz 1 der Richtlinie 2014/23/EU umsetzt, sondern auch die weiteren in § 4 geregelten Vertraulichkeitstatbestände, sodass der Verweis auf § 4 dieser Verordnung insgesamt erstreckt wird.

Verordnung über die Vergabe von Konzessionen

(Konzessionsvergabeverordnung – KonzVgV)

Abschnitt 1
Allgemeine Bestimmungen und Kommunikation

Unterabschnitt 2
Kommunikation

§ 7 KonzVgV
Grundsätze der Kommunikation

(1) Für das Senden, Empfangen, Weiterleiten und Speichern von Daten in einem Vergabeverfahren verwenden der Konzessionsgeber und die Unternehmen grundsätzlich Geräte und Programme für die elektronische Datenübermittlung (elektronische Mittel).

(2) Die Kommunikation kann mündlich erfolgen, wenn sie nicht die Vergabeunterlagen, die Teilnahmeanträge oder die Angebote betrifft und sie ausreichend und in geeigneter Weise dokumentiert wird.

(3) Der Konzessionsgeber kann von jedem Unternehmen die Angabe einer eindeutigen Unternehmensbezeichnung sowie einer elektronischen Adresse verlangen (Registrierung). Für den Zugang zur Konzessionsbekanntmachung und zu den Vergabeunterlagen darf der Konzessionsgeber keine Registrierung verlangen; eine freiwillige Registrierung ist zulässig.

Übersicht

	Rn.			Rn.
A. Allgemeines	1		I. Verbot der mündlichen Kommunikation	52
I. Übergangsbestimmung	9			
II. Unionsrechtlicher Hintergrund	13		II. Dokumentation der mündlichen Kommunikation	58
III. Vergleichbare Regelungen	16			
B. Verpflichtung zur Verwendung elektronischer Mittel (Abs. 1)	22		D. Registrierung (Abs. 3)	64
I. Elektronische Mittel	24		I. Verlangen zur Registrierung (S. 1)	65
II. Daten	33		II. Konzessionsbekanntmachung und Vergabeunterlagen (S. 2 Hs. 1)	69
III. Senden von Daten	35			
IV. Empfangen von Daten	37		III. Freiwillige Registrierung (S. 2 Hs. 2)	76
V. Weiterleiten von Daten	39			
VI. Speichern von Daten	41		E. Rechtsschutz	79
VII. Zeitraum	43		Anlage Verordnungsbegründung (BR-Drs. 87/16)	
VIII. Adressaten	46			
C. Mündliche Kommunikation (Abs. 2)	51			

A. Allgemeines

Im Abschnitt 1 Unterabschnitt 2 KonzVgV sind die wesentlichen Bestimmungen zur Kommunikation im Konzessionsvergabeverfahren geregelt. Diese Regelungen werden ergänzt durch Sonderregelungen zur Kommunikation bei der Veröffentlichung von Bekanntmachungen (§ 23 KonzVgV), zur Bereitstellung von Vergabeunterlagen (§ 17 KonzVgV), zur Form und Übermittlung der Teilnahmeanträge und Angebote (§ 28 KonzVgV). 1

§ 7 KonzVgV regelt die **Grundsätze der Kommunikation**. Diese hat grundsätzlich mit elektronischen Mitteln zu erfolgen (Abs. 1), wobei auch eine mündliche Kommunikation zulässig ist, sofern diese umfassend dokumentiert wird, wenn sie nicht die Vergabeunterlagen, die Teilnahmeanträge oder die Angebote betrifft (Abs. 2). Während der Zugang zur Konzessionsbekanntmachung und zu den Vergabeunterlagen ohne Einschränkung möglich sein muss, kann der Konzessionsgeber für alle darüber hinausgehenden Handlungen eine Registrierung von den Unternehmen verlangen (Abs. 3). 2

Diese Regelungen der KonzVgV sind Ausgestaltungen des bereits in § 97 Abs. 5 **GWB** festgelegten Grundsatzes, dass für das Senden, Empfangen, Weiterleiten und Speichern von Daten in einem Vergabeverfahren sowohl von Konzessionsgebern als auch von Unternehmen grundsätzlich elektronische Mittel zu verwenden sind. Während das alte Recht dem Konzessionsgeber noch die Wahl des Kommunikationsweges ließ, besteht nunmehr eine grundsätzliche Verpflichtung zur Kommunikation mit elektronischen Mitteln. 3

4   Die Umstellung auf die **elektronische Kommunikation** ist zwingend. Durch die Nutzung elektronischer Kommunikationsmittel kann dem Erwägungsgrund 74 RL 2014/23/EU zufolge die Konzessionsbekanntmachung erheblich vereinfacht werden und die Effizienz und Transparenz der Vergabeverfahren gesteigert werden. Außerdem würden so die Möglichkeiten von Wirtschaftsteilnehmern zur Teilnahme an Vergabeverfahren im gesamten Binnenmarkt stark verbessert.

5   Von Sonderfällen abgesehen, müssen Konzessionsgeber **elektronische Kommunikationsmittel** nutzen, die nichtdiskriminierend, allgemein verfügbar sowie mit den allgemein verbreiteten Erzeugnissen der Informations- und Kommunikationstechnologien kompatibel sind und den Zugang der Wirtschaftsteilnehmer zum Vergabeverfahren nicht unangemessen einschränken. Dabei ist den besonderen Bedürfnissen von Menschen mit Behinderungen hinreichend Rechnung zu tragen.

6   Die Kommunikation im Vergabeverfahren findet in der Regel zwischen dem Konzessionsgeber und den Unternehmen statt. **Adressaten** des § 7 KonzVgV sind daher nicht nur der Konzessionsgeber, sondern auch die Unternehmen, die sich an einem Vergabeverfahren beteiligen. Dabei ist zwischen zwei Richtungen der Kommunikation zu unterscheiden: die Kommunikation durch den Konzessionsgeber in Richtung der Unternehmen und die Kommunikation durch die Unternehmen in Richtung des Konzessionsgebers. Für diese gelten teilweise verschiedene Anforderungen.

7   Die Kommunikation durch den Konzessionsgeber gegenüber den Unternehmen muss bereits jetzt bezüglich zweier Aspekte grundsätzlich vollständig mithilfe elektronischer Mittel erfolgen. Das betrifft die Veröffentlichung von EU-weiten **Bekanntmachungen** und die Bereitstellung der **Vergabeunterlagen** (einschließlich Zusatzinformationen zu den Vergabeunterlagen). EU-weite Bekanntmachungen dürfen nur noch elektronisch beim Amt für Veröffentlichungen der Europäischen Union eingereicht werden (§ 23 Abs. 1 KonzVgV). Die Bekanntmachungen müssen zwingend eine Internetadresse enthalten, unter der sämtliche Vergabeunterlagen unentgeltlich, uneingeschränkt und vollständig direkt mithilfe von Informations- und Kommunikationstechnik (IKT) abgerufen werden können, sofern keine spezielle Ausnahme eingreift (§ 17 KonzVgV).

8   Die allgemeine Pflicht zur elektronischen Kommunikation gilt nicht für **Auslandsdienststellen**. Diese sind nach § 35 KonzVgV bei der Vergabe von Konzessionen nicht verpflichtet, elektronische Mittel nach den §§ 7 bis 11 und 28 KonzVgV anzuwenden. Lediglich für die Übermittlung EU-weiter Bekanntmachungen an das Amt für Veröffentlichungen der Europäischen Union (§ 23 Abs. 1 KonzVgV) und die Bereitstellung der Vergabeunterlagen müssen auch die Auslandsdienststellen elektronische Mittel verwenden.

I. Übergangsbestimmung

9   Bezüglich der Kommunikation, die nicht die Übermittlung von Bekanntmachungen und die Bereitstellung der Vergabeunterlagen betrifft, besteht eine Übergangssituation. Diese Kommunikation muss der **Konzessionsgeber** nach § 34 KonzVgV bis spätestens zum 18. Oktober 2018 vollständig IKT-basiert ausgestalten.

10 Hinsichtlich der Kommunikation der **Unternehmen** in Richtung des Konzessionsgebers bestehen generell Übergangsfristen. Gemäß § 28 KonzVgV haben die Unternehmen ihre Teilnahmeanträge und Angebote mithilfe elektronischer Mittel zu übermitteln. Nach § 34 KonzVgV kann jedoch bis spätestens 18. Oktober 2018 von dieser Regelung abgewichen werden. Bis zum Ende der Umsetzungsfristen dürfen die Konzessionsgeber die Übermittlung von Angeboten und Teilnahmeanträgen auch auf dem Postweg, einem anderen geeigneten Weg, per Fax oder durch eine Kombination dieser Mittel verlangen. Dies gilt auch für die sonstige Kommunikation im Sinne des § 7 Abs. 1 KonzVgV.

11 Während der Übergangssituation kann der Konzessionsgeber also außer für EU-weite Bekanntmachungen und die Bereitstellung der Vergabeunterlagen die Nutzung verschiedener **Kommunikationswege** vorschreiben. Je nachdem wie der Konzessionsgeber die sukzessive

Einführung der elektronischen Kommunikation gestaltet, kann gegebenenfalls auch parallel die Kommunikation schriftlich (d.h. per Post und direkt), per Fax, elektronisch oder durch eine Kombination aus den genannten Kommunikationsformen erfolgen. Je nach gewählter Kommunikationsart finden die entsprechenden Formvorschriften Anwendung.

Nach Ablauf der Übergangsfristen hat die gesamte Kommunikation mithilfe elektronischer Mittel zu erfolgen, solange keine gesetzliche Ausnahme eingreift.

II. Unionsrechtlicher Hintergrund

Auf europarechtlicher Ebene ist die Kommunikation im Vergabeverfahren in Art. 29 RL 2014/23/EU geregelt. Anders als für die Vergabe öffentlicher Aufträge und die Vergabe öffentlicher Aufträge im Sektorenbereich ist die Verwendung elektronischer Mittel für die Konzessionsvergabe nicht verpflichtend vorgeschrieben. Lediglich die Veröffentlichung von **Bekanntmachungen** (Art. 33 Abs. 2 RL 2014/23/EU) und die Bereitstellung der **Vergabeunterlagen** (Art. 34 RL 2014/23/EU) haben mithilfe elektronischer Mittel zu erfolgen.

Art. 29 Abs. 1 RL 2014/23/EU überlässt die für die **übrige Kommunikation** – auch für die Einreichung von Angeboten und Teilnahmeanträgen – zu verwendenden Kommunikationsmittel der Wahl der Mitgliedstaaten oder der Auftraggeber. Dabei kann eines oder mehrere der folgenden Kommunikationsmittel gewählt werden:

a) Elektronische Mittel,
b) Post oder Fax,
c) Mündliche Mitteilung, auch telefonisch, bei Mitteilungen, die keine wesentlichen Elemente eines Konzessionsvergabeverfahrens betreffen, sofern der Inhalt der mündlichen Mittteilung auf einem dauerhaften Datenträger hinreichend dokumentiert wird,
d) Persönliche Abgabe gegen Empfangsbestätigung.

Art. 29 Abs. 1 UAbs. 2 RL 2014/23/EU sieht allerdings vor, dass die Mitgliedstaaten auch über die Vorgaben zur Veröffentlichung von Bekanntmachungen und zur Bereitstellung der Vergabeunterlagen hinaus die Verwendung elektronischer Kommunikationsmittel für die Konzessionsvergabe verbindlich vorschreiben können. In Erwägungsgrund 74 RL 2014/23/EU wird zusätzlich hervorgehoben, dass elektronische Informations- und Kommunikationsmittel zum Standard für Kommunikation und Informationsaustausch im Rahmen von Konzessionsvergabeverfahren werden könnten, da sie die Möglichkeiten von Wirtschaftsteilnehmern zur Teilnahme an Vergabeverfahren im gesamten Binnenmarkt stark verbessern. Um die Bekanntmachung von Konzessionen zu vereinfachen und Effizienz, Schnelligkeit und Transparenz der Vergabeverfahren steigern zu können, hat sich die Bundesregierung im Sinne einer effizienten Abwicklung des Vergabeverfahrens und einheitlicher Vorgaben für die Vergabe öffentlicher Aufträge und Konzessionen entschlossen, den Grundsatz der elektronischen Kommunikation entsprechend Art. 22 RL 2014/24/EU und Art. 40 RL 2014/25/EU in nationales Recht zu überführen.[1]

Nach Art. 22 Abs. 1 UAbs. 1 S. 1 und Abs. 2 RL 2014/24/EU haben die Mitgliedstaaten zu gewährleisten, dass die gesamte Kommunikation und der gesamte Informationsaustausch, insbesondere die elektronische Einreichung von Angeboten, unter Anwendung elektronischer Kommunikationsmittel erfolgen. Die unterschiedlichen **Umsetzungsfristen** des Art. 90 Abs. 2 RL 2014/24/EU bzw. Art 106 Abs. 2 RL 2014/25/EU werden dabei in § 34 KonzVgV voll ausgeschöpft.

---

[1] Verordnungsbegründung zu § 7 KonzVgV, BR-Drs. 87/16, 282.

III. Vergleichbare Regelungen

16 Für alle Vergabeverfahren im Bereich **oberhalb der EU-Schwellenwerte** nach § 106 GWB gilt nach § 97 GWB die Verpflichtung zur grundsätzlichen Verwendung von elektronischen Mitteln bei der Kommunikation im Verfahren. Nach § 113 Nr. 4 GWB dürfen die Einzelheiten dieses Grundsatzes in Rechtsverordnungen geregelt werden.

17 § 9 **VgV** enthält eine nahezu gleichlautende Regelung zur Kommunikation wie § 7 KonzVgV. § 81 VgV enthält auch eine Übergangsregelung, welche bis zum 18. Oktober 2018 die Abweichung der Konzessionsgeber von der Verpflichtung erlaubt, die elektronische Übermittlung von Angeboten und Teilnahmeanträgen zu verlangen, und ebenso eine Abweichung von der Verpflichtung zur sonstigen elektronischen Kommunikation zulässt, soweit nicht die Übermittlung von Bekanntmachungen und die Bereitstellung von Vergabeunterlagen betroffen sind. Die §§ 9 und 81 VgV nehmen in der Aufzählung der zu übermittelnden Unterlagen lediglich noch zusätzlich Bezug auf die Interessensbestätigungen und enthalten eine gesonderte Übergangsregelung für zentrale Beschaffungsstellen i.S.d. § 120 Abs. 4 S. 1 GWB. Die VgV enthält zudem keine dem § 35 KonzVgV vergleichbare Regelung zur Befreiung von Auslandsdienststellen von der Verpflichtung zur Verwendung elektronischer Mittel bei der Kommunikation.

18 § 9 **SektVO** ist ebenfalls eine fast identische Vorschrift zu § 7 KonzVgV zur Nutzung elektronischer Mittel für die Informationsübermittlung im Vergabeverfahren. Mit § 64 SektVO greift auch im Bereich der Sektorenvergabe eine vergleichbare Übergangsregelung. Wie die VgV enthalten auch die Vorschriften der SektVO im Gegensatz zur KonzVgV Ausführungen zu den Interessensbestätigungen und zentralen Beschaffungsstellen sowie keine dem § 35 KonzVgV vergleichbare Norm.

19 Für die Vergabe von Bauaufträgen im Oberschwellenbereich enthält § 11 EU **VOB/A** inhaltlich nahezu identische Regelungen zu § 7 KonzVgV. § 23 EU VOB/A enthält eine dem § 34 KonzVgV vergleichbare Übergangsregelung. Danach können öffentliche Auftraggeber bis zum 18. Oktober 2018 von der Verpflichtung abweichen, die elektronische Übermittlung von Angeboten, Teilnahmeanträgen und Interessensbestätigungen zu verlangen, ebenso wie von der Verpflichtung zur sonstigen elektronischen Kommunikation, soweit nicht die Übermittlung von Bekanntmachungen und die Bereitstellung von Vergabeunterlagen betroffen sind. Wie die VgV enthalten auch die Vorschriften der VOB/A – EU im Gegensatz zur KonzVgV Ausführungen zu den Interessensbestätigungen und zentralen Beschaffungsstellen. Die VOB/A – EU enthält auch keine dem § 35 KonzVgV vergleichbare Norm. Bei Bauvergaben im Bereich unterhalb der EU-Schwellenwerte ist der Auftraggeber hingegen nicht zur Verwendung elektronischer Mittel für die Kommunikation verpflichtet. Nach § 11 Abs. 1 VOB/A gibt der Auftraggeber an, auf welchem Weg die Kommunikation erfolgen soll. Für den Fall, dass sich der Auftraggeber für den elektronischen Kommunikationsweg entscheidet, ordnet § 11 Abs. 1 VOB/A die Geltung von Regelungen an, die bis auf redaktionelle Unterschiede denen der §§ 9 Abs. 2 und 3 bis 12 VgV gleichen.

20 In der **VSVgV** ist die Verpflichtung zur Nutzung elektronischer Kommunikation nicht angelegt. § 19 VSVgV regelt die Informationsübermittlung. Nach § 19 Abs. 1 VSVgV kann der Auftraggeber entscheiden, ob Informationen auf dem Postweg, mittels Telefax, elektronisch, telefonisch oder durch eine Kombination dieser Kommunikationsmittel zu übermitteln sind. Auch Bekanntmachungen von Vergabeverfahren sind nach § 18 Abs. 4 VSVgV nicht zwingend elektronisch an das Amt für amtliche Veröffentlichungen der europäischen Union zu übermitteln. Eine Verpflichtung zur elektronischen Bereitstellung der Vergabeunterlagen gibt es in der VSVgV auch nicht. § 97 Abs. 5 GWB schreibt zwar den Grundsatz der elektronischen Kommunikation vor, überlässt aber die genaue Ausgestaltung der Regelungen zum Senden, Empfangen, Weiterleiten und Speichern von Daten der Bundesregierung. Diese ist nach § 113 Nr. 4 GWB ermächtigt, auch in diesem Bereich Rechtsverordnungen zu erlassen, sodass eine Abweichung vom Grundsatz der elektronischen Kommunikation in der VSVgV möglich ist. Auch aus der EU-Richtlinie 2014/24 ergibt sich im Bereich der VSVgV keine Verpflichtung zur Nutzung elektronischer Mittel für die Informationsübermittlung, welche in nationales Recht umgesetzt werden muss. Ausweislich Art. 15 Abs. 1 RL 2014/24/EU gilt die EU-Richtlinie 2014/24 nicht für bestimmte verteidigungs- und sicherheitsspezifische öffentliche Aufträge. Dies sind jene verteidigungs- und sicherheitsspezifischen öffentlichen Aufträge, die in § 104 GWB beschrieben werden.

Auch in Abschnitt 1 **VOL/A** ist der Auftraggeber nicht zur Nutzung elektronischer Mittel für die Kommunikation verpflichtet. Nach § 11 Abs. 1 VOL/A hat der Auftraggeber die Wahl, ob die Informationsübermittlung per Post, Telefax, direkt, elektronisch oder durch eine Kombination dieser Kommunikationsmittel erfolgen soll. Gibt der Auftraggeber eine elektronische Informationsübermittlung vor, müssen allerdings gewisse Anforderungen an das für die elektronische Übermittlung gewählte Netz (§ 11 Abs. 2 VOL/A) und den Zugang zu Informationen über die Spezifikationen der Geräte für die elektronische Übermittlung (§ 11 Abs. 3 VOL/A) gewahrt sein. § 7 **UVgO** sieht in § 7 Abs. 1 bis 3 UVgO die gleichen Bestimmungen zur Kommunikation wie § 9 VgV vor. Auch bei der Vergabe von Liefer- und Dienstleistungsaufträgen ist der elektronische Kommunikationsweg in den Bereichen, in denen die UVgO in Kraft tritt, also verpflichtend. In § 7 Abs. 4 UVgO wird die entsprechende Geltung der §§ 10 bis 12 VgV für die Anforderungen an die verwendeten elektronischen Mittel und deren Einsatz angeordnet.

21

B. Verpflichtung zur Verwendung elektronischer Mittel (Abs. 1)

In § 7 Abs. 1 KonzVgV wird die in § 97 Abs. 5 GWB geregelte grundsätzliche Verpflichtung zur Kommunikation mit elektronischen Mitteln im Vergabeverfahren auf Verordnungsebene umgesetzt.

22

Der Konzessionsgeber und die Unternehmen sind grundsätzlich zur Kommunikation mit elektronischen Mitteln **verpflichtet**. Dies ergibt sich aus der Verordnungsbegründung: „Absatz 1 sieht vor, dass Konzessionsgeber und Unternehmen in jedem Stadium eines Vergabeverfahrens grundsätzlich nur elektronische Mittel nutzen."[2] Unter bestimmten Bedingungen sind Ausnahmen von der elektronischen Kommunikation zulässig, beispielsweise gemäß § 7 Abs. 2 KonzVgV oder § 28 Abs. 2 KonzVgV. Die Pflicht zur Verwendung elektronischer Mittel bezieht sich auf das Senden, Empfangen, Weiterleiten und Speichern von Daten in einem Vergabeverfahren.

23

I. Elektronische Mittel

§ 7 Abs. 1 KonzVgV enthält eine **Legaldefinition** für elektronische Mittel. Elektronische Mittel sind danach Geräte und Programme für die elektronische Datenübermittlung. Art. 5 Nr. 9 RL 2014/23/EU definiert elektronische Mittel etwas detaillierter. Demnach sind elektronische Mittel „elektronische Geräte für die Verarbeitung (einschließlich digitaler Kompression) und Speicherung von Daten, die über Kabel, per Funk, mit optischen Verfahren oder mit anderen elektromagnetischen Verfahren übertragen, weitergeleitet und empfangen werden".

24

Welche **Geräte** und **Programme** in der Praxis davon genau umfasst sind, ob zum Beispiel auch eine Einreichung auf einem Datenträger zulässig ist, kann unter Zuhilfenahme von Definitionen, die sich aus vergleichbaren Rechtsvorschriften aus anderen Rechtsgebieten ergeben, bestimmt werden. Diese könnten zur näheren Erläuterung der elektronischen Mittel herangezogen werden. Der Begriff „elektronische Mittel" selbst wird in anderen Normen nicht erwähnt. Es könnten lediglich Rückschlüsse aus ähnlichen Begriffen gezogen werden.

25

§ 126a BGB enthält zunächst Regelungen zur **elektronischen Form**, durch die die gesetzlich vorgeschriebene Schriftform unter bestimmten Bedingungen ersetzt werden kann. Die elektronische Form setzt in der hier einschlägigen Definition ein elektronisches Dokument voraus, also elektronische Daten, die in einem Schriftträger verkörpert sind, der ohne technische Hilfs-

26

---

2 Verordnungsbegründung zu § 7 Abs. 1 KonzVgV, BR-Drs. 87/16, 282.

mittel nicht lesbar ist. Die Daten müssen in Schriftzeichen lesbar und der Schriftträger geeignet sein, die Daten dauerhaft festzuhalten.[3] Auch die §§ 3a VwVfG und 55a VwGO enthalten den Begriff „elektronische Dokumente". In diesem Zusammenhang werden elektronische Dokumente als solche definiert, die mit den Mitteln der Datenverarbeitung erstellt und auf Datenträgern gespeichert werden können. Technisch handelt es sich um Folgen von elektrischen Impulsen, die mittels eines (Berechnungs-)Programms in lesbare Zeichen umgewandelt werden. Ein Computerfax ist kein elektronisches Dokument, da der Absender vom Regelfall eines Ausdrucks durch das Telefaxgerät des Empfängers ausgehen kann.[4]

27 Diese Begriffsbestimmungen können lediglich insoweit zur Konkretisierung des Inhalts von § 7 Abs. 1 KonzVgV herangezogen werden, als dass die elektronische Datenübermittlung grundsätzlich **elektronische Daten** voraussetzt. Ob die Daten allerdings in Form von elektronischen Dokumenten, die „in Schriftzeichen lesbar" sind, vorliegen müssen, geht – außer bei den gesetzlich vorgeschriebenen Textformerfordernissen, z.B. in § 28 Abs. 1 KonzVgV – zumindest nicht eindeutig aus den Vorschriften der KonzVgV zur Kommunikation hervor. Denkbar wäre grundsätzlich also auch eine Übermittlung von Daten in Form von Tonaufnahmen oder Videos. Lediglich die mündliche Kommunikation ist nach § 7 Abs. 2 KonzVgV ausgeschlossen, sofern sie die Vergabeunterlagen, Teilnahmeanträge oder die Angebote betrifft.

28 Die §§ 3a VwVfG und 55a VwGO regeln die elektronische Übermittlung elektronischer Dokumente an Behörden zur Umsetzung des EGovG. Nach Art. 2 Abs. 1 EGovG sind Behörden verpflichtet, einen Zugang für die Übermittlung von elektronischen Dokumenten zu eröffnen. Eine Möglichkeit der Zugangseröffnung für elektronische Kommunikation sind **Portale**. Portale sind als virtuelle Zugangstore zur Verwaltung zu verstehen, die dem Bürger eine neue Möglichkeit des direkten elektronischen Kontaktes mit der Verwaltung bieten. Dabei eröffnet die Verwaltung dem Bürger über das Internet einen unmittelbaren Zugang in das Verwaltungsnetz. Auf diesen Portalen stellt die Verwaltung häufig Formulare zur Verfügung, die es dem Bürger ermöglichen, bestimmte Leistungen online zu beantragen.[5] Eine ähnliche Funktion können im Vergabeverfahren die **Vergabeplattformen** einnehmen. Hier sollen beispielsweise Vergabeunterlagen abgerufen, Bieterfragen gestellt und Angebote eingereicht werden. Andere elektronische Kommunikationsverfahren mit der Verwaltung setzen eine vorgeschaltete Registrierung des Bürgers voraus. Er kann dann mit der Angabe von Benutzerkennung und Passwort Informationen der Verwaltung abrufen.[6] Eine Registrierung ist gemäß § 7 Abs. 3 KonzVgV zumindest für den Zugang zur Konzessionsbekanntmachung und zu den Vergabeunterlagen nicht zulässig.

29 Bei der elektronischen Kommunikation im Sinne der §§ 3a VwVfG und 55a VwGO, aber auch der §§ 36a SGB I und 67 SGB V, schließt der elektronische Datenaustausch den Austausch von **Datenträgern** wie CDs nicht aus.[7] Im Gegensatz zu diesen Definitionen geht § 1 TMG bei der Definition elektronischer Informations- und Kommunikationsdienste jedoch nicht davon aus, dass eine elektronische Übermittlung auch durch Austausch von Datenträgern erfolgen kann. Der Kommunikationsdienst im Sinne des TMG muss elektronisch erbracht werden. Mit diesem Erfordernis sollen offline erbrachte Dienste ausgeschlossen werden.[8] Der Gesetzgeber wollte hier nicht den körperlichen Versand von Datenträgern einbeziehen.[9] Zur näheren Bestimmung des Begriffs „elektronischer Informations- und Kommunikationsdienst" wird Art. 2 lit. a RL 2000/31/EG (sog. E-Commerce Richtlinie) i.V.m. Art. 1 Nr. 2 lit. a RL 98/48/EG herangezogen. Danach ist eine „elektronisch erbrachte Dienstleistung eine Dienstleistung, die mittels Geräten für die elektronische Verarbeitung (einschließlich digitaler Kompression) und Speicherung von Daten am Ausgangspunkt gesendet und am Endpunkt empfangen wird und die voll-

---

3 *Einsele*, in: Säcker/Rixecker/Oetker/Limperg, BGB, § 126a Rn. 3.
4 *Schmitz*, in: Posser/Wolf, VwGO, § 55a Rn. 5.
5 *U. Müller*, in: Bader/Ronellenfitsch, VwVfG, § 3a Rn. 8.
6 *U. Müller*, in: Bader/Ronellenfitsch, VwVfG, § 3a Rn. 10.
7 Vgl. *Baier*, in: Krauskopf, Soziale Krankenversicherung, Pflegeversicherung, SGB, § 36a Rn. 3; *Nebendahl*, in: Spickhoff, Medizinrecht, SGB V § 67 Rn. 4.
8 *Altenhain*, in: Joecks/Miebach, StGB, TMG Rn. 10.
9 *Altenhain*, in: Joecks/Miebach, StGB, TMG Rn. 10.

ständig über Draht, über Funk, auf optischem oder anderem elektromagnetischem Wege gesendet, weitergeleitet und empfangen wird". Die Definition der „Geräte für die elektronische Verarbeitung" ist nahezu wortgleich mit der Definition aus der RL 2014/23/EU. Aus der Definition lässt sich mithin ableiten, dass auch von § 7 Abs. 1 KonzVgV die Übermittlung von Daten auf verkörperten Datenträgern, wie beispielsweise CD-ROMs oder USB-Sticks, nicht erfasst ist.

Die **näheren Anforderungen**, denen die elektronischen Mittel entsprechen müssen, finden sich in den §§ 8 und 9 KonzVgV. Dabei gelten die in § 8 Abs. 1 S. 2 und Abs. 2 KonzVgV geregelten Anforderungen nur für den Empfang von Teilnahmeanträgen und Angeboten. 30

Elektronische Mittel können insbesondere auch **Vergabeplattformen** sein. Der Unternehmer hat diejenige Plattform zu verwenden, die der Konzessionsgeber vorgibt. Welche Plattform der Konzessionsgeber vorgibt bzw. die Beschaffung dieser Plattform richtet sich nach allgemeinen vergaberechtlichen Vorschriften. Eine Ausnahmeregelung für die Beschaffung von solchen Vergabeplattformen nach § 116 Abs. 2 GWB besteht hier nicht. Nach § 116 Abs. 2 GWB gelten Ausnahmeregelungen für öffentliche Aufträge und Wettbewerbe, die hauptsächlich den Zweck haben, dem Konzessionsgeber die Bereitstellung und den Betrieb öffentlicher Kommunikationsnetze oder die Bereitstellung eines oder mehrerer elektronischer Kommunikationsdienste für die Öffentlichkeit zu ermöglichen. Eine Vergabeplattform beschafft der Konzessionsgeber jedoch nicht hauptsächlich, um der Öffentlichkeit einen Kommunikationsdienst bereitzustellen, sondern für sich selbst, um die technischen Anforderungen der vergaberechtlichen Vorschriften zu realisieren. Ist der hauptsächliche Zweck nicht die Bereitstellung eines Kommunikationsdienstes für die Öffentlichkeit, findet § 116 Abs. 2 GWB auch keine Anwendung.[10] 31

Neben der Legaldefinition in § 7 Abs. 1 KonzVgV enthält auch § 11 KonzVgV eine Definition zu den elektronischen Mitteln. Demnach sind elektronische Mittel Basisdienste für die elektronische Konzessionsvergabe. Nach § 11 KonzVgV kann die Bundesregierung mit Zustimmung des Bundesrates **allgemeine Verwaltungsvorschriften** über die zu verwendenden elektronischen Mittel – im Sinne von Basisdiensten für die elektronische Konzessionsvergabe – erlassen. Diese allgemeinen Verwaltungsvorschriften entfalten jedoch keine Wirkung für den Begriff der elektronischen Mittel aus § 7 Abs. 1 KonzVgV. Denn § 7 Abs. 1 KonzVgV verpflichtet auch Unternehmen zur Nutzung elektronischer Mittel, Verwaltungsvorschriften können aber nur für die Verwaltung und nicht für die Unternehmen verpflichtend sein. Zwischen der Legaldefinition in § 7 Abs. 1 KonzVgV und der in § 11 KonzVgV besteht auch kein Widerspruch, da § 11 KonzVgV lediglich die vom Konzessionsgeber zu verwendenden Mittel umfasst und die Definition in § 7 KonzVgV jene Geräte und Programme, die sowohl vom Konzessionsgeber als auch von den Unternehmen verwendet werden. Folglich betrifft die Regelung des § 11 KonzVgV nur einen Teil der Legaldefinition von elektronischen Mitteln in § 7 Abs. 1 KonzVgV, nämlich den der vom Konzessionsgeber zu verwendenden elektronischen Mittel. Der in § 11 KonzVgV beschriebene Begriff der elektronischen Mittel ist sozusagen eine Teilmenge des Begriffs aus § 7 Abs. 1 KonzVgV. 32

II. Daten

Bei den Daten, die nach § 7 Abs. 1 KonzVgV gesendet, empfangen, weitergeleitet oder gespeichert werden, muss es sich zunächst um **elektronische Daten** handeln. Die KonzVgV beinhaltet keine Legaldefinition von „Daten". Zur Bestimmung des Datenbegriffs könnte § 202a StGB (Ausspähen von Daten) herangezogen werden. Nach § 202a Abs. 2 StGB sind vom Datenbegriff elektronisch, magnetisch oder sonst nicht unmittelbar wahrnehmbar gespeicherte oder übermittelte Daten erfasst. 33

---

10 Vgl. VK Bund, Beschluss v. 2.9.2011 – VK 1-108/11; *Röwekamp*, in: Kulartz/Kus/Portz, GWB-Vergaberecht, 3. Aufl., § 100a Rn. 17.

34 Bei der Bestimmung des vergaberechtlichen Datenbegriffs geht es aber nicht nur um die technische Ausgestaltung der Daten. Es kommt vielmehr auch darauf an, welche Inhalte bzw. **Informationen** in einem Vergabeverfahren durch die Nutzung elektronischer Mittel übermittelt werden sollen. Nach allgemeinem Verständnis des Wortes „Daten" könnte es sich um jegliche Informationen handeln. Denkbar wäre auch eine einschränkende Auslegung des Begriffs „Daten". § 7 Abs. 2 KonzVgV regelt, dass die Kommunikation auch mündlich erfolgen kann, sofern Vergabeunterlagen, Teilnahmeanträge und Angebote nicht betroffen sind. Vor diesem Hintergrund könnte sich der Datenbegriff auch nur auf Vergabeunterlagen, Teilnahmeanträge und Angebote beziehen. Aus systematischer Sicht vermag aber eine Einschränkung der Verpflichtung zur Nutzung elektronischer Mittel bereits auf Ebene des Datenbegriffs nicht zu überzeugen. Im Zusammenspiel mit § 7 Abs. 2 KonzVgV betrachtet, erscheint es vielmehr einleuchtend, dass unter dem Begriff „Daten" die Inhalte jeglicher Kommunikation im Vergabeverfahren zu verstehen sind. § 7 Abs. 2 KonzVgV ist als Ausnahmetatbestand zu § 7 Abs. 1 KonzVgV zu betrachten.

III. Senden von Daten

35 Die erste Alternative des § 7 Abs. 1 KonzVgV, das **Senden** von Daten, bezeichnet jedes nach außen gerichtete Transportieren von Daten.

36 Die Begründung zum nahezu wortgleichen § 9 VgV[11], der nach der Verordnungsbegründung Vorbild des § 7 KonzVgV ist, verwendet im Zusammenhang mit der Verpflichtung zur Nutzung elektronischer Mittel den Begriff **„Datenaustausch"**.[12] Dabei ist ausweislich der Verordnungsbegründung ausschließlich der Datenaustausch zwischen Auftraggebern und Unternehmen von der Verpflichtung zur elektronischen Kommunikation erfasst. „Wie die öffentlichen Auftraggeber und die Unternehmen ihre internen Arbeitsabläufe gestalten", – so die Begründung zur VergRModVO wörtlich – „bleibt jeweils ihnen überlassen und wird nicht durch die Vergabeverordnung geregelt." So können die Unternehmen beispielsweise ihre interne Kommunikation auch mündlich oder fernmündlich gestalten.

IV. Empfangen von Daten

37 Alternative 2 des § 7 Abs. 1 KonzVgV ist das **Empfangen** von Daten. Das bedeutet, dass jemand Daten sozusagen „von außen" erhält.

38 Aus der Beschreibung des **Datenaustauschs** in der Verordnungsbegründung[13] lässt sich schließen, dass die Regelung des § 7 Abs. 1 KonzVgV nur in den Fällen gilt, in denen Konzessionsgeber von den Unternehmen Daten empfangen oder in denen die Unternehmen Daten von den Konzessionsgebern erhalten.

V. Weiterleiten von Daten

39 Die dritte Alternative des § 7 Abs. 1 KonzVgV ist das **Weiterleiten** von Daten. Weiterleiten bedeutet nach allgemeinem Verständnis, dass man etwas, das man erhalten hat, ohne Veränderung in Inhalt und Form einer anderen Person zuleitet.

40 Eine mögliche Interpretation des Weiterleitungsbegriffs könnte sein, dass Informationen, die im Zusammenhang mit dem Vergabeverfahren empfangen wurden, intern weitergesendet werden. Dieses Verständnis lässt sich aber nicht mit der Begründung zur VergRModVO[14] vereinbaren. Denn danach ist nur der **Datenaustausch** zwischen Konzessionsgeber und Unternehmen von der Regelung erfasst. Die interne Weiterleitung ist kein wechselseitiger Aus-

---
11 Verordnungsbegründung zu § 9 Abs. 1 VgV, BR-Drs. 87/16, 163.
12 Verordnungsbegründung zu § 7 Abs. 1 KonzVgV, BR-Drs. 87/16, 282.
13 Verordnungsbegründung zu § 7 Abs. 1 KonzVgV, BR-Drs. 87/16, 282, in Verbindung mit der Verordnungsbegründung zu § 9 Abs. 1 VgV, BR-Drs. 87/16, 163.
14 Verordnungsbegründung zu § 7 Abs. 1 KonzVgV, BR-Drs. 87/16, 282, in Verbindung mit der Verordnungsbegründung zu § 9 Abs. 1 VgV, BR-Drs. 87/16, 163.

tausch von Daten. Daher ist das „Weiterleiten" als eine Spezialform des „Sendens" zu verstehen, nämlich das Weitersenden bereits empfangener Daten. Auch die Weiterleitung an einen Dritten kann von diesem Begriff nicht erfasst sein, da sich § 7 KonzVgV ausweislich der Verordnungsbegründung auch „ausschließlich [auf] den Datenaustausch zwischen den (...) [Konzessionsgebern] und den Unternehmen" bezieht. Diese Auslegung wird auch von der Überlegung gestützt, dass das Regime des Vergaberechts nicht so weit gehen darf, dass es den Unternehmen vorschreibt, dass das Weiterleiten (und auch das Speichern) von Daten elektronisch geschehen muss.

VI. Speichern von Daten

Die **Speicherung** von Daten, Alternative 4 des § 7 Abs. 1 KonzVgV, bezeichnet das Aufbewahren von Daten, in diesem Fall in einem elektronischen Speicher. 41

Daraus, dass die Pflicht zur Nutzung elektronischer Mittel nicht für interne Arbeitsabläufe gilt, ergibt sich, dass für den Konzessionsgeber und die Unternehmen keine Verpflichtung besteht, Daten **intern** elektronisch zu speichern. Außerdem ist der Konzessionsgeber nicht verpflichtet, eine elektronische Verarbeitung sicherzustellen oder eine elektronische Bewertung durchzuführen. Auch kann ausweislich der Verordnungsbegründung[15] beispielsweise weiterhin der Vergabevermerk in Papierform gefertigt werden, wie auch die Archivierung von Daten in Papierform erfolgen kann. Der Konzessionsgeber kann daher zum Beispiel sämtliche in einem Vergabeverfahren angefallenen elektronischen Daten ausdrucken und entsprechend den einschlägigen Aufbewahrungsvorschriften in Papierform archivieren. Dasselbe gilt für die Unternehmen, die ihre interne Kommunikation sowie Dokumentation frei gestalten können.[16] Ein anderes als internes Speichern ist allerdings praktisch schwer vorstellbar. Eine Möglichkeit könnte sein, dass § 7 Abs. 1 KonzVgV das Speichern von Daten in elektronischen Datenaustauschzentren meint, sodass dort zum Beispiel Vergabeunterlagen über die gesamte Angebotsfrist hinweg zur Verfügung stehen. 42

VII. Zeitraum

Die elektronischen Mittel sind **„in einem Vergabeverfahren"** zu verwenden. Die Verpflichtung zur elektronischen Kommunikation besteht also von Beginn bis Ende des Vergabeverfahrens. 43

Ein förmliches Vergabeverfahren **beginnt** mit Absendung der Konzessionsbekanntmachung an das Veröffentlichungsorgan, in Fällen der EU-weiten Ausschreibungspflicht die Absendung an das Amt für Veröffentlichungen der Europäischen Union (vgl. §§ 19 Abs. 1, 23 Abs. 1 KonzVgV). Andere Vergabevorgänge beginnen bei materieller Betrachtung durch eine Maßnahme der Vergabestelle, mit der ein erster Schritt zur Herbeiführung eines konkreten Vertragsabschlusses unternommen wird und die deshalb einer förmlichen Einleitung eines Vergabeverfahrens funktional gleichsteht.[17] In Fällen, in denen ein Vergabeverfahren ohne Bekanntmachung zulässig ist, beginnt das Verfahren dementsprechend mit dem Vorgang, der potenziellen Bewerbern/Bietern die Möglichkeit verschafft, von der Information, dass die Konzession vergeben wird, Kenntnis zu nehmen, wie zum Beispiel der Angebotsaufforderung. Demgegenüber wird ein Vergabeverfahren nicht schon begonnen durch die Vornahme von Maßnahmen zur Marktkundung, von Machbarkeitsstudien, von vergleichende Wirtschaftlichkeitsberechnungen, durch Selbstauskünfte der Vergabestelle über künftige Beschaffungsvorhaben, z.B. im Rahmen eines sog. „Beschafferprofils" und grundsätzlich auch nicht durch die Bekanntmachung einer Vorinformation,[18] es sei denn, es soll damit bereits zum Wettbe- 44

---

15 Verordnungsbegründung zu § 7 Abs. 1 KonzVgV, BR-Drs. 87/16, 282, in Verbindung mit der Verordnungsbegründung zu § 9 Abs. 1 VgV, BR-Drs. 87/16, 163.
16 Verordnungsbegründung zu § 7 Abs. 1 KonzVgV, BR-Drs. 87/16, 282, in Verbindung mit der Verordnungsbegründung zu § 9 Abs. 1 VgV, BR-Drs. 87/16, 163.
17 OLG Naumburg, Beschluss v. 8.10.2009 – Verg 9/09.
18 OLG Naumburg, Beschluss v. 8.10.2009 – Verg 9/09.

werb aufgerufen werden. Das Vergabeverfahren **endet** entweder mit Zuschlag (§ 152 Abs. 3 GWB) oder mit Aufhebung (§ 32 KonzVgV). Einzig bei der Vorabinformation geht § 134 Abs. 2 GWB davon aus, dass diese Information sowohl auf elektronischem Weg als auch per Fax als auch auf einem anderen Weg versendet werden kann. Daraus folgt, dass dem Konzessionsgeber in dieser Hinsicht noch die Wahl des gewünschten Kommunikationsmittels bleibt.[19] Vor und nach dem Vergabeverfahren besteht die Pflicht zur elektronischen Kommunikation zumindest nach dem Wortlaut des § 7 KonzVgV nicht.

45 Auch für die **Nachtragsbeauftragung** bzw. eine sonstige zulässige **Auftragsänderung** während der Vertragslaufzeit ist eine Pflicht zur Verwendung elektronischer Mittel nicht ausdrücklich geregelt. Denn Auftragsänderungen betreffen die Auftragsausführung, welche nach dem Vergabeverfahren stattfindet, und nicht das eigentliche Vergabeverfahren an sich. Insbesondere Nachträge erfordern als unwesentliche und daher zulässige Änderungen (§ 132 Abs. 1 und 3 GWB) gerade kein Vergabeverfahren. Etwas anders liegt es bei den in § 132 Abs. 2 GWB geregelten Ausnahmefällen, in denen eine nach § 132 Abs. 1 GWB wesentliche Auftragsänderung unter bestimmten Voraussetzungen auch ohne die Durchführung eines neuen Vergabeverfahrens zulässig ist. Denn in diesem Bereich der Auftragsausführung müssen nach § 132 Abs. 5 GWB Änderungen von Aufträgen i. S. v. § 132 Abs. 2 Nr. 1 und 2 GWB elektronisch bekannt gemacht werden. Diese Bekanntmachungspflicht dient der Wahrung des Transparenzgrundsatzes. Unternehmen werden anhand der Bekanntmachung darüber informiert, dass und warum kein neues Vergabeverfahren für den betreffenden Auftrag stattfindet. Es ist allerdings äußerst fraglich, ob sich daraus eine grundsätzliche Verpflichtung zur elektronischen Kommunikation für das gesamte Verfahren der Auftragsänderung in den Fällen von § 132 Abs. Nr. 1 und 3 GWB herleiten lässt.

VIII. Adressaten

46 Adressaten des § 7 Abs. 1 KonzVgV sind sowohl die Konzessionsgeber als auch die Unternehmen.

47 Die **Konzessionsgeber** trifft die Pflicht zur Verwendung elektronischer Mittel bereits aktuell bei der Übermittlung von Bekanntmachungen und der Bereitstellung der Vergabeunterlagen (§ 34 S. 2 KonzVgV). Die übrige Kommunikation im Vergabeverfahren muss während der Übergangsfrist noch nicht elektronisch erfolgen.

48 Die **Unternehmen** sind verpflichtet, diejenige Form der Übermittlung von Informationen und Unterlagen einzuhalten, die der Konzessionsgeber verlangt. Dies gilt insbesondere für Teilnahmeanträge und Angebote, deren elektronische Übermittlung der Konzessionsgeber gemäß § 28 Abs. 1 KonzVgV zu verlangen hat. Noch bis zum 18. Oktober 2018 können Konzessionsgeber die Übermittlung von Angeboten und Teilnahmeanträgen abweichend von § 28 Abs. 1 KonzVgV auch auf dem Postweg, einem anderen geeigneten Weg, per Fax oder durch die Kombination dieser Mittel verlangen.

49 Auch während der **Übergangsfrist** haben die Unternehmen jedoch der vom Konzessionsgeber bestimmten Übermittlungsform zu folgen. Abhängig davon, welche Übermittlungsform der Konzessionsgeber für Daten bzw. Unterlagen verlangt, haben die Unternehmen die entsprechenden Formvorschriften einzuhalten. Verlangt der Konzessionsgeber beispielsweise die elektronische Einreichung von Angeboten, entspricht ein Angebot, das nicht mit elektronischen Mitteln eingereicht wurde, nicht den Formvorschriften und muss gemäß § 28 Abs. 1 KonzVgV in Verbindung mit dem Gleichbehandlungsgrundsatz ausgeschlossen werden. Für die elektronische Übermittlung müssen die vom Konzessionsgeber vorgegebenen elektronischen Mittel genutzt werden. Die Teilnahmeanträge und Angebote sind nach § 28 Abs. 1 KonzVgV in Textform gemäß § 126b BGB zu übermitteln. Je nach Festlegung gemäß § 28 Abs. 3 KonzVgV müssen die Unterlagen auch mit einer fortgeschrittenen oder einer qualifizierten elektronischen Signatur versehen sein. Verlangt der Konzessionsgeber die **schriftliche**

---

19 Vgl. auch *Wagner*, in: Müller-Wrede, GWB-Vergaberecht, § 97 Rn. 216.

Einreichung von Angeboten, dann sind diese auf dem Postweg oder einem anderen geeigneten Weg einzureichen. Ein anderer geeigneter Weg ist beispielsweise die direkte Übermittlung (vgl. § 53 Abs. 5 und 6 VgV). Als direkte Übermittlung wird die unmittelbare Aushändigung von Informationen unter Anwesenden bezeichnet, aber auch die Übermittlung durch Kuriere oder Boten ist denkbar.[20] Dabei können ergänzend die Formvorschriften des § 53 Abs. und 6 VgV herangezogen werden. Die Angebote müssen unterschrieben sein, in einem verschlossenen Umschlag eingereicht werden und als solche gekennzeichnet sein. Auch die Übermittlung per Fax ist möglich. Hier genügt eine Unterschrift auf der Telefaxvorlage (vgl. § 53 Abs. 6 VgV). Schreibt der Konzessionsgeber **Mischformen** dieser Mittel für die Einreichung der Angebote vor, sind alle einschlägigen Arten von Formvorschriften zu beachten. Als Kombination ist z.B. das Mantelbogenverfahren denkbar. Als Mantelbogenverfahren wird die elektronische Abgabe von Unterlagen in Verbindung mit einem handschriftlich unterzeichneten Formular, dem Mantelbogen, bezeichnet. Auch hier ist der Mantelbogen unterschrieben, in einem verschlossenen Umschlag und als ein solcher gekennzeichnet zu übermitteln, während die elektronischen Unterlagen mithilfe der vom Konzessionsgeber bestimmten elektronischen Mittel übermittelt werden müssen.

Nach **Ablauf der Übergangsfrist** für die Einführung der elektronischen Vergabe ist der Konzessionsgeber nach § 28 Abs. 1 KonzVgV grundsätzlich verpflichtet, eine elektronische Übermittlung der Teilnahmeanträge und Angebote zu fordern. Nur in wenigen Ausnahmefällen kann von dieser Verpflichtung abgewichen werden (vgl. § 28 Abs. 2, 4 KonzVgV). 50

C. Mündliche Kommunikation (Abs. 2)

§ 7 Abs. 2 KonzVgV regelt die Möglichkeiten einer mündlichen Kommunikation im Vergabeverfahren. Eine mündliche Kommunikation zu den Vergabeunterlagen, Teilnahmeanträgen oder Angeboten ist in keinem Fall zulässig. In allen übrigen Fällen kann die Kommunikation auch mündlich erfolgen, sofern diese ausreichend und in geeigneter Form dokumentiert wird. 51

I. Verbot der mündlichen Kommunikation

§ 7 Abs. 2 KonzVgV enthält keine ausdrückliche Regelung, ob mündliche Kommunikation mithilfe **elektronischer Mittel** erfolgen soll, beispielsweise über Webmeetings. § 7 Abs. 2 KonzVgV ist als Ausnahmeregelung zu § 7 Abs. 1 KonzVgV zu verstehen. Daher betrifft die Vorschrift auch die mündliche Kommunikation ohne die Hilfe elektronischer Mittel. 52

Seinem Wortlaut nach verbietet § 7 Abs. 2 KonzVgV schlicht jegliche mündliche Kommunikation zu den **Vergabeunterlagen**, **Teilnahmeanträgen** oder **Angeboten**. Dies sind nach Art. 22 Abs. 2 RL 2014/24/EU, dessen Umsetzung in § 9 Abs. 2 VgV Vorbild für die Vorschrift des § 7 Abs. 2 KonzVgV ist,[21] wesentliche Bestandteile des Vergabeverfahrens, die nicht von der mündlichen Kommunikation betroffen sein dürfen. Relevant kann diese Untersagung der mündlichen Kommunikation insbesondere im Verhandlungsverfahren (vgl. § 17 VgV), im wettbewerblichen Dialog (vgl. § 18 VgV) und bei der Innovationspartnerschaft (vgl. § 19 VgV) werden. Die in der VgV beschriebenen Verfahrensarten können hier als Orientierungshilfe herangezogen werden, da in der KonzVgV die Verfahrensarten nicht näher beschrieben werden, es aber auch keine Beschränkungen in dieser Hinsicht gibt. 53

Der **wettbewerbliche Dialog** betrifft letztendlich immer die Vergabeunterlagen, da in diesen die Anforderungen und Bedürfnisse des Konzessionsgebers festgelegt sind, die er im Dialog mit den ausgewählten Unternehmen ermittelt[22] (vgl. § 18 Abs. 5 VgV). Auch im **Verhandlungsverfahren** gehören mündliche Verhandlungen zum Kernbereich des Vertragsanbah- 54

---

20 *Verfürth*, in: Kulartz/Marx/Portz/Prieß, VOLA, § 13 EG Rn. 9.
21 Verordnungsbegründung zu § 7 Abs. 2 KonzVgV, BR-Drs. 87/16, 282.
22 So auch *Ley/Wankmüller*, Das neue Vergaberecht 2016, § 9 VgV, S. 274.

nungsprozesses.[23] In den Verhandlungsverfahren ist es bisher regelmäßig zu mündlichen Verhandlungsgesprächen mit den Bietern gekommen, in denen natürlich hauptsächlich die Inhalte der zu vergebenden Leistung, das heißt auch die Vergabeunterlagen und Angebote, erörtert wurden. § 17 Abs. 10 VgV, dessen Grundgedanken auch für Verhandlungsverfahren bei der Konzessionsvergabe herangezogen werden können, schreibt zu den Verhandlungen folgendes vor: „Der öffentliche Auftraggeber verhandelt mit den Bietern über die von ihnen eingereichten Erstangebote und alle Folgeangebote, mit Ausnahme der endgültigen Angebote, mit dem Ziel, die Angebote inhaltlich zu verbessern. Dabei darf über den gesamten Angebotsinhalt verhandelt werden […]."

55 **Kommunikation** ist der Austausch von Information durch Sprache und Zeichen oder durch Datenübertragung im elektronischen Sinne. Versteht man § 7 Abs. 2 KonzVgV als „Sprechverbot" über alles, was mit den Vergabeunterlagen, Teilnahmeanträgen oder Angeboten in Zusammenhang steht, dürfte die Kommunikation bei Dialogen oder Verhandlungen in den genannten Verfahren nur noch elektronisch stattfinden, da wesentliche Bestandteile des Vergabeverfahrens betroffen sind. Somit könnte in wesentlichen Phasen des Vergabeverfahrens nur noch der Computer zum Einsatz kommen. Dass Bietergespräche somit faktisch ausgeschlossen werden, läuft der Flexibilität und der Effizienz des Verfahrens und somit auch einem der Ziele der elektronischen Vergabe zuwider. So wäre es allenfalls denkbar, die Verhandlungen in virtuellen Chaträumen – also schriftlich – zu führen, die von den Vergabeplattformen in geschützten Bereichen zur Verfügung gestellt, verschlüsselt und dokumentiert werden könnten.[24] Dieses Verständnis widerspricht jedoch den praktischen Gepflogenheiten für Verhandlungen. Dass Vergabeunterlagen, Teilnahmeanträge und Angebote nach § 7 Abs. 2 KonzVgV nicht von der mündlichen Kommunikation betroffen sein dürfen, ist vielmehr so zu verstehen, dass die mündliche Bereitstellung der Vergabeunterlagen bzw. die mündliche Einreichung von Angeboten und anderen Unterlagen ausgeschlossen werden sollte. Das heißt, die Vergabeunterlagen dürfen nicht mündlich zur Verfügung gestellt werden, Teilnahmeanträge oder Angebote dürfen nicht mündlich eingereicht werden. Dies ergibt sich auch aus § 28 Abs. 1 KonzVgV, wonach diese Unterlagen in Textform nach § 126b BGB einzureichen sind.

56 Zudem dürfen mündlich keine **Veränderungen der Vergabeunterlagen** (z.B. Fortschreibungen bzw. Ergänzungen), aber auch keine mündlichen Änderungen der Teilnahmeanträge und Angebote, wie beispielsweise Angebotsoptimierungen und Angebotsänderungen, erfolgen. In der VgV schreibt zum Beispiel § 17 Abs. 13 S. 3 VgV vor, dass der öffentliche Auftraggeber im Verhandlungsverfahren alle Bieter in Textform nach § 126b BGB über etwaige Änderungen der Leistungsbeschreibung unterrichtet.

57 Ein mündlicher Austausch über den Inhalt der Unterlagen ist dennoch möglich, kann aber nicht zu verbindlichen Änderungen oder Auslegungsansätzen führen. Diese müssen dann im Nachgang des Gesprächs gegebenenfalls in Textform mit elektronischen Mitteln zur Verfügung gestellt werden. **Räume für die mündliche Kommunikation** bleiben nach wie vor bestehen, zum Beispiel:
- Ortsbegehungen, allgemeine Informationsveranstaltungen und Ähnliches,
- Bietergespräche,
- Aufklärungen,
- Organisatorische Angelegenheiten wie Terminbeschreibungen, Terminvereinbarungen, Anfahrtsbeschreibungen und vor allem auch Erklärungen zur Verwendung der elektronischen Mittel.

Wichtig ist vor allem im Hinblick auf die Bietergespräche, dass mündlich keine Änderungen der Angebote vorgenommen werden dürfen. Angebote dürfen lediglich im Nachgang des Gesprächs mit elektronischen Mitteln optimiert werden.

---

23 *Ley/Wankmüller*, Das neue Vergaberecht 2016, § 9 VgV, S. 273.
24 So *Ley/Wankmüller*, Das neue Vergaberecht 2016, § 9 VgV, S. 273 ff.; *Braun*, VergabeR 2016, 179 (184).

II. Dokumentation der mündlichen Kommunikation

Voraussetzung für die Zulässigkeit der mündlichen Kommunikation ist aber, dass diese „ausreichend und in geeigneter Weise dokumentiert" wird. Die **Dokumentation** ist in erster Linie eine Aufgabe des Konzessionsgebers, da er nach § 6 KonzVgV zur Dokumentation des Vergabeverfahrens verpflichtet ist. Gemäß § 6 Abs. 1 S. 2 KonzVgV gehört zu dieser Pflicht ausdrücklich auch „die Dokumentation der Kommunikation mit Unternehmen". Obwohl § 7 Abs. 1 KonzVgV sowohl den Konzessionsgeber als auch die Unternehmen zur Nutzung elektronischer Mittel verpflichtet, kann daraus keine entsprechende Dokumentationspflicht der Unternehmen für die mündliche Kommunikation abgeleitet werden. Die Dokumentationspflicht ist zum einen lediglich für den Konzessionsgeber ausdrücklich geregelt, zum anderen erscheint eine Dokumentation der jeweiligen mündlichen Kommunikation durch die verschiedenen teilnehmenden Unternehmen wenig geeignet, das Vergabeverfahren nachvollziehbar und somit transparent zu machen.

58

Genaue Angaben dazu, wie detailliert die Dokumentation sein muss, um **„ausreichend"** zu sein, enthält die Regelung nicht. In der Verordnungsbegründung wird zum Beispiel die „Zusammenfassung [...] der wichtigsten Inhalte der mündlichen Kommunikation"[25] angegeben. Die Detailgenauigkeit der Dokumentation hängt von der Relevanz der Information für das Vergabeverfahren ab. Bei der mündlichen Kommunikation mit Bietern, die einen Einfluss auf Inhalt und Bewertung von deren Angebot haben könnte, ist in besonderem Maße darauf zu achten, dass in hinreichendem Umfang dokumentiert wird. Dies kann alle rechtlich relevanten Äußerungen und wertungsrelevanten Darstellungen betreffen. Diese sind daher so genau wie möglich zu dokumentieren. Der Genauigkeit kann auch mit einer bestimmten Art der Dokumentation Rechnung getragen werden, zum Beispiel durch Tonaufzeichnungen, bei denen es im Gegensatz zu schriftlichen Aufzeichnungen eher wahrscheinlich ist, dass sie das Gesagte komplett und fehlerfrei wiedergeben.

59

Auf welche Weise die Dokumentation zur Erfüllung des Begriffs **„geeignet"** zu erfolgen hat, ist ebenfalls nicht ausdrücklich geregelt. Die Dokumentation ist eine interne Angelegenheit. Daher kann sie auch schriftlich erfolgen und muss nicht elektronisch durchgeführt werden. Nach § 6 Abs. 1 KonzVgV i.V.m. § 126b BGB hat die Dokumentation des Vergabeverfahrens jedenfalls in Textform zu erfolgen. Der Verordnungsbegründung[26] zufolge kann eine geeignete Dokumentation der mündlichen Kommunikation aber auch durch Tonaufzeichnung sichergestellt werden.[27] Auch Videoaufzeichnungen sind denkbar, insbesondere bei wertungsrelevanten Aspekten wie mündlichen Präsentationen, die nicht Bestandteil des Angebots sind. Zu diesem Zweck könnte beispielsweise auch der Inhalt von entsprechenden Webmeetings aufgenommen werden. Letztlich muss die Dokumentation der mündlichen Kommunikation transparent erfolgen und eine Überprüfung der Gleichbehandlung aller Unternehmen ermöglichen.

60

Es empfiehlt sich, schriftlich dokumentierte Inhalte der mündlichen Kommunikation von den Teilnehmern des Gesprächs **unterschreiben** zu lassen. Interesse daran hat im Zweifel der dokumentationspflichtige Konzessionsgeber. Ist die Niederschrift unterschrieben, beweist dies, dass sich die Teilnehmer des Gesprächs im Moment der Unterzeichnung über den Inhalt der Niederschrift einig waren. Dies führt zu noch mehr Transparenz des Vergabeverfahrens, da das Unternehmen so direkt genau nachvollziehen kann, was durch den Konzessionsgeber dokumentiert wurde, und die Richtigkeit der Angaben mit seiner Unterschrift bestätigen kann. So können Streitigkeiten auf Tatbestandsebene vermieden werden.

61

Sollen **Ton- oder Videoaufzeichnungen** eines Gesprächs im Vergabeverfahren angefertigt werden, ist darauf zu achten, dass Datenschutzinteressen gewahrt bleiben. Daher ist vor Beginn der Aufnahme – gegebenenfalls auch schon mit einer Erklärung, welche dem Angebot

62

---

25 Verordnungsbegründung zu § 7 Abs. 2 KonzVgV, BR-Drs. 87/16, 283.
26 Verordnungsbegründung zu § 7 Abs. 2 KonzVgV, BR-Drs. 87/16, 283.
27 Vgl. auch Art. 22 Abs. 2 S. 3 RL 2014/24/EU.

beigelegt wird – die Zustimmung des Bieters zu den Aufnahmen einzuholen. Diese dürfte im Zweifelsfall nicht verwehrt werden, es sei denn, es handelt sich um besonders schutzwürdige (z.B. sehr persönliche) Daten des Bieters.

63 Auch **Datenintegrität** und **Vertraulichkeit** der Aufnahmen sind zu wahren, beispielsweise dadurch, dass diese verschlüsselt gespeichert werden und so dem Zugriff Unbefugter verwehrt bleiben.

D. Registrierung (Abs. 3)

64 § 7 Abs. 3 KonzVgV regelt, ob und wann ein Konzessionsgeber von Unternehmen eine Registrierung verlangen kann.

I. Verlangen zur Registrierung (S. 1)

65 Nach § 7 Abs. 3 S. 1 KonzVgV können Konzessionsgeber von jedem Unternehmen die Angabe einer eindeutigen Unternehmensbezeichnung sowie einer elektronischen Adresse verlangen.

66 Nach dem eindeutigen Wortlaut der Regelung („kann") ist dem Konzessionsgeber hierzu **Ermessen** eingeräumt. Dies bestätigt die entsprechend formulierte Verordnungsbegründung.[28]

67 Eine Registrierung beinhaltet nach der **Legaldefinition** des § 7 Abs. 3 S. 1 KonzVgV die Angabe einer eindeutigen Unternehmensbezeichnung sowie einer elektronischen Adresse, wobei es sich bei der elektronischen Adresse um eine E-Mail-Adresse handelt. Aus der Begründung[29] zu § 7 Abs. 3 KonzVgV ergibt sich, dass von Unternehmen aus Deutschland statt einer E-Mail-Adresse auch eine DE-Mail-Adresse verlangt werden kann. Die Unternehmensbezeichnung kann die Firma sein, bei Freiberuflern aber auch eine andere entsprechende Namensgebung.

68 Ergänzend führt die Begründung zu § 7 Abs. 3 KonzVgV[30] aus, dass „die Registrierung […] von Konzessionsgebern ausschließlich dazu **verwendet** werden [darf], Daten mithilfe elektronischer Mittel an die Unternehmen zu übermitteln. Außerdem können die Konzessionsgeber diese Angaben nutzen, um Unternehmen über Änderungen des Vergabeverfahrens zu informieren oder um sie darauf aufmerksam zu machen, dass Fragen von Unternehmen, auch jene, die bislang keinen Teilnahmeantrag eingereicht oder kein Angebot abgegeben haben, zum Vergabeverfahren beantwortet wurden und auf welchem Wege von den Antworten Kenntnis erlangt werden kann."

II. Konzessionsbekanntmachung und Vergabeunterlagen (S. 2 Hs. 1)

69 Gemäß § 7 Abs. 3 S. 2 Hs. 1 KonzVgV darf für den Zugang zur Konzessionsbekanntmachung und zu den Vergabeunterlagen keine Registrierung verlangt werden, d.h. diese müssen allen interessierten Unternehmen oder Privatpersonen ohne Zugangsbegrenzung zur Verfügung stehen. Erst für weitere Schritte, wie das Stellen von Bewerber- oder Bieterfragen oder die Abgabe von Teilnahmeanträgen oder Angeboten, kann der Konzessionsgeber eine Registrierung verlangen.

70 Die Konzessionsgeber haben die Vergabeunterlagen gemäß § 17 Abs. 1 KonzVgV grundsätzlich zugänglich zu machen, indem sie in der Konzessionsbekanntmachung oder in der Aufforderung zur Angebotsabgabe eine **elektronische Adresse**, d.h. eine Internetadresse, angeben, unter der die Vergabeunterlagen von den Interessenten unentgeltlich, uneingeschränkt, vollständig und direkt mithilfe elektronischer Mittel abgerufen werden können. Dies muss ab dem Tag der Veröffentlichung der Bekanntmachung möglich sein.

---

28 Vgl. Verordnungsbegründung zu § 7 Abs. 3 KonzVgV, BR-Drs. 87/16, 283.
29 Verordnungsbegründung zu § 7 Abs. 3 KonzVgV, BR-Drs. 87/16, 283.
30 Verordnungsbegründung zu § 7 Abs. 3 KonzVgV, BR-Drs. 87/16, 283.

Zu den **Vergabeunterlagen** gehören nach § 16 KonzVgV sämtliche Unterlagen, die vom Konzessionsgeber erstellt werden oder auf die er sich bezieht, um Bestandteile der Konzession oder des Verfahrens zu beschreiben oder festzulegen. Sie umfassen alle Angaben, die erforderlich sind, um dem interessierten Unternehmen eine Entscheidung zur Teilnahme am Vergabeverfahren zu ermöglichen.

Unentgeltlich abrufbar sind die Vergabeunterlagen dann, wenn kein an den Vergabeunterlagen Interessierter für das Auffinden, den Empfang und das Anzeigen von Vergabeunterlagen einem Konzessionsgeber oder einem Unternehmen ein Entgelt entrichten muss. Dies gilt für alle Funktionen elektronischer Mittel, die nach dem jeweils aktuellen Stand der Technik erforderlich sind, um auf Vergabeunterlagen zugreifen zu können. Zulässig ist es aber, dass Konzessionsgeber oder Unternehmen über das Auffinden, das Empfangen und Anzeigen der Vergabeunterlagen und die dafür erforderlichen Funktionen elektronischer Mittel hinaus zusätzlich entgeltliche Dienste anbieten, welche beispielsweise das Auffinden von Bekanntmachungen im Internet vereinfachen. Es darf aber nicht ausgeschlossen werden, dass solche entgeltlichen Dienste auch unentgeltlich angeboten werden.

Vollständig abrufbar sind die Vergabeunterlagen dann, wenn über die Internetadresse in der Bekanntmachung sämtliche Vergabeunterlagen und nicht nur Teile derselben abgerufen werden können.

Uneingeschränkt und **direkt abrufbar** sind die Vergabeunterlagen, wenn die Bekanntmachung mit der anzugebenden Internetadresse einen eindeutigen und vollständig beschriebenen medienbruchfreien elektronischen Weg zu den Vergabeunterlagen enthält. Das heißt, dass es keine wesentlichen Zwischenschritte und keinen wesentlichen Zeitverlust verursachen darf, mit elektronischen Mitteln auf die Vergabeunterlagen zuzugreifen. Zusätzlich muss sichergestellt sein, dass sich interessierte Bürger oder Unternehmen weder mit ihrem Namen noch mit einer Benutzerkennung oder einer E-Mail-Adresse registrieren müssen, um sich über Konzessionsvergaben zu informieren oder die notwendigen Unterlagen abrufen zu können.

Teilweise wird jedoch auch die Auffassung vertreten, dass aus dem Merkmal „uneingeschränkt" nicht geschlossen werden kann, dass keine **Anmeldung** mit einer E-Mail-Adresse erforderlich ist. Denn erst durch eine solche Anmeldung könnten Bieterinformationen für das richtige Verständnis der Unterlagen übermittelt werden.[31] Solche Informationen können beispielsweise Klarstellungen zu den Vergabeunterlagen sein, aber auch Benachrichtigungen darüber, dass die Vergabeunterlagen geändert oder ergänzt wurden. Dem ist entgegenzuhalten, dass § 7 Abs. 3 S. 2 Hs. 1 KonzVgV ausdrücklich vorschreibt, dass für den Zugang zu den Vergabeunterlagen keine Registrierung verlangt werden darf. Zusätzliche Informationen zum richtigen Verständnis der Vergabeunterlagen können natürlich auch unter derjenigen Internetadresse zur Verfügung gestellt werden, unter der auch die Vergabeunterlagen abgerufen werden können. Lediglich Hinweise darauf, dass Klarstellungen, Änderungen oder Ergänzungen zu den Vergabeunterlagen ergangen sind, können ohne Registrierung nicht direkt, z.B. per E-Mail, an die Unternehmen versandt werden.

III. Freiwillige Registrierung (S. 2 Hs. 2)

Nach § 7 Abs. 3 S. 2 Hs. 2 KonzVgV können Konzessionsgeber den Unternehmen ermöglichen, sich für den Zugang zu Vorinformation, Konzessionsbekanntmachung und Vergabeunterlagen freiwillig zu registrieren.

Aus der Verordnungsbegründung[32] ergibt sich, dass ein **nicht registriertes Unternehmen** selbst dafür verantwortlich sein soll, dass es sich über Änderungen, Ergänzungen oder Klarstellungen an den Vergabeunterlagen informiert. Im Falle einer freiwilligen Registrierung kann der Konzessionsgeber den Unternehmen entsprechende Hinweise zu Änderungen, Ergänzun-

---
31 *Braun*, VergabeR 2016, 179 (181).
32 Verordnungsbegründung zu § 7 Abs. 3 KonzVgV, BR-Drs. 87/16, 283, in Verbindung mit der Verordnungsbegründung zu § 9 Abs. 3 VgV, BR-Drs. 87/16, 164.

gen oder Klarstellungen der Vergabeunterlagen zur Verfügung stellen. Nach einem Beschluss der VK Südbayern[33] sind „*auf einer Vergabeplattform registrierte Bieter über Änderungen an den Vergabeunterlagen zumindest dann gesondert (aufgrund von § 9 Abs. 1 VgV regelmäßig per E-Mail) zu informieren (...), wenn die konkrete Gefahr besteht, dass sie Änderungen, die allein auf die Plattform eingestellt werden, nicht zur Kenntnis nehmen, weil sie beispielsweise (...) bereits ihren Teilnahmeantrag hochgeladen haben oder die Änderungsmitteilung irreführend war.*"

78 Rein formal gesehen stellt diese Vorgehensweise eine **Ungleichbehandlung** von registrierten und nicht registrierten Unternehmen dar. Eine Verletzung des Gleichbehandlungsgrundsatzes aus § 97 Abs. 2 GWB liegt hier dennoch nicht vor. Nach dem Gleichbehandlungsgrundsatz müssen insbesondere alle am Verfahren beteiligten Unternehmen denselben Zugang zu Informationen haben. Die Ungleichbehandlung betrifft hier jedoch nicht den Zugang zu den Vergabeunterlagen und den entsprechenden Änderungen, Ergänzungen oder Klarstellungen an sich, sondern lediglich den Umstand, dass nicht registrierte Unternehmen nicht extra auf Änderungen der Vergabeunterlagen aufmerksam gemacht werden. Nach § 17 Abs. 1 KonzVgV müssen die Vergabeunterlagen grundsätzlich unentgeltlich, uneingeschränkt, vollständig und direkt abgerufen werden können. Dasselbe gilt für Zusatzinformationen zu diesen Vergabeunterlagen i.S.v. § 18 KonzVgV. Der Zugang zu den Zusatzinformationen liegt also für alle Unternehmen in gleicher Weise vor. Nichtregistrierte Unternehmen erhalten lediglich keine Hinweise auf die Zusatzinformationen per E-Mail. Aus der Ungleichbehandlung bezüglich der Information über Änderungen der Vergabeunterlagen erwächst folglich auch kein subjektives Recht des schlechter Behandelten, also des nicht registrierten Unternehmens, da das Unternehmen es selbst in der Hand hat, sich zu registrieren oder nicht. Das Risiko, aufgrund der Nichtregistrierung einen Teilnahmeantrag oder ein Angebot auf der Grundlage veralteter Vergabeunterlagen erstellt zu haben und daher im weiteren Verlauf vom Verfahren ausgeschlossen zu werden, liegt beim Unternehmen.

E. Rechtsschutz

79 Bestimmungen zur Kommunikation mittels elektronischer Mittel im Vergabeverfahren entfalten eine unternehmensschützende Wirkung. Dies ergibt sich aus § 97 Abs. 5 und 6 GWB. Nach § 97 Abs. 6 GWB haben Unternehmen Anspruch darauf, dass die Bestimmungen über das Vergabeverfahren eingehalten werden. Dadurch wird den Verfahrensteilnehmern ein konstitutiv wirkendes subjektives Recht auf Einhaltung der Bestimmungen des Vergabeverfahrens vermittelt. Wenn die Einführung der elektronischen Vergabe von den Konzessionsgebern nicht oder nur unzureichend umgesetzt wird – stellt ein Konzessionsgeber die Vergabeunterlagen beispielsweise ohne besonderen Grund nicht elektronisch zur Verfügung oder hat er nach Ablauf der Umsetzungsfrist nicht die Möglichkeit geschaffen, dass Angebote mithilfe elektronischer Mittel eingereicht werden können – kann ein Bewerber oder Bieter, der dadurch in seinen Rechten verletzt ist, diese Verletzung im Rahmen einer Rüge und eines Nachprüfungsverfahrens geltend machen (§ 160 GWB). Allerdings werden allein dadurch, dass der Konzessionsgeber seine Verpflichtung zur Nutzung elektronischer Mittel ignoriert und eine andere Kommunikationsform vorgibt, nicht automatisch Bewerber- bzw. Bieterrechte verletzt, sodass eine Rüge bzw. ein Nachprüfungsverfahren nicht in jedem Fall in Betracht kommt.[34]

---

33 VK Südbayern, Beschluss v. 17.10.2016 – Z3-3-3194-1-36-09/16.
34 Siehe auch *Müller*, in: Kulartz/Kus/Marx/Portz/Prieß, VgV, § 9 Rn. 82.

Anlage

Verordnungsbegründung (BR-Drs. 87/16)

Seite 282

§ 7 dient der Umsetzung von Artikel 29 der Richtlinie 2014/23/EU. Die Richtlinie 2014/23/EU sieht anders als die Richtlinien 2014/24/EU und 2014/25/EU keine grundsätzliche Verpflichtung zur elektronischen Kommunikation vor. Die Verwendung elektronischer Mittel ist gemäß Artikel 33 Absatz 2 und Artikel 34 der Richtlinie 2014/23/EU lediglich für die Veröffentlichung der Bekanntmachungen und die elektronische Verfügbarkeit der Vergabeunterlagen vorgesehen. Artikel 29 Absatz 1 Unterabsatz 2 sieht ausdrücklich vor, dass die Mitgliedstaaten der Europäischen Union die Verwendung elektronischer Mittel generell für das Vergabeverfahren verbindlich vorschreiben dürfen. Im Einzelnen führt der Unionsgesetzgeber in Erwägungsgrund 74 der Richtlinie 2014/23/EU aus, dass elektronische Informations- und Kommunikationsmittel die Bekanntmachung von Konzessionen erheblich vereinfachen und Effizienz, Schnelligkeit und Transparenz der Vergabeverfahren steigern können. Weiterhin hebt der Unionsgesetzgeber hervor, dass elektronische Informations- und Kommunikationsmittel zum Standard für Kommunikation und Informationsaustausch im Rahmen von Vergabeverfahren werden könnten, da sie die Möglichkeiten von Wirtschaftsteilnehmern zur Teilnahme an Vergabeverfahren im gesamten Binnenmarkt stark verbessern. Auf dieser Grundlage wird im Sinne einer effizienten Abwicklung des Vergabeverfahrens und einheitlicher Vorgaben für die Vergabe öffentlicher Aufträge und Konzessionen der Grundsatz der elektronischen Kommunikation entsprechend Artikel 22 der Richtlinie 2014/24/EU und Artikel 40 der Richtlinie 2014/25/EU in diese Verordnung überführt. Da Konzessionsgeber entweder öffentliche Auftraggeber oder Sektorenauftraggeber sind und in den Richtlinien 2014/24/EU und 2014/25/EU die Verwendung elektronischer Kommunikationsmittel bereits verbindlich vorgeschrieben wurde sowie von einer Effizienzsteigerung im Vergabeverfahren ausgegangen werden kann, ist auch für Konzessionsgeber durch die Verwendung elektronischer Kommunikationsmittel eine Minderung des personellen und sachlichen Aufwands zu erwarten. Die Übergangsvorschrift gemäß § 34 dieser Verordnung ist zu beachten.

Zu Absatz 1

Absatz 1 sieht vor, dass Konzessionsgeber und Unternehmen in jedem Stadium eines Vergabeverfahrens grundsätzlich nur elektronische Mittel nutzen. Diese elektronischen Mittel müssen den Anforderungen des § 8 (Anforderungen an die verwendeten elektronischen Mittel) und § 9 (Anforderungen an den Einsatz elektronischer Mittel im Vergabeverfahren) entsprechen. Vorbild der Vorschrift ist die Umsetzung von Artikel 22 Absatz 1 Unterabsatz 1 Satz 1 der Richtlinie 2014/24/EU in § 9 Absatz 1 VgV. Siehe im Einzelnen die Begründung zu § 9 Absatz 1 VgV.

Zu Absatz 2

Absatz 2 sieht vor, dass die Kommunikation mündlich erfolgen kann, wenn sie nicht die Vergabeunterlagen, die Teilnahmeanträge oder die Angebote betrifft und ausreichend und in geeigneter Weise dokumentiert wird. Vorbild der Vorschrift ist die Umsetzung von Artikel 22 Absatz 2 der Richtlinie 2014/24/EU in § 9 Absatz 2 VgV. Mündlich in diesem Sinne ist auch die Kommunikation per Telefon. Die ausreichende Dokumentation ist notwendig, um dem Gebot der Transparenz angemessen zu entsprechen und somit überprüfen zu können, ob der Grundsatz der Gleichbehandlung aller Unternehmen gewahrt wurde.

Bei der Dokumentation der mündlichen Kommunikation mit Bietern, die einen Einfluss auf Inhalt und Bewertung von deren Angebot haben könnte, ist in besonderem Maße darauf zu achten,

Seite 283

dass in hinreichendem Umfang und in geeigneter Weise dokumentiert wird. Der hinreichende Umfang und die geeignete Weise sind beispielsweise sichergestellt durch Niederschrift der mündlichen Kommunikation oder durch Tonaufzeichnung der mündlichen Kommunikation oder durch Zusammenfassung in Textform nach § 126b BGB der wichtigsten Inhalte der mündlichen Kommunikation.

Zu Absatz 3

Absatz 3 legt nach dem Vorbild von § 9 Absatz 3 VgV fest, dass Konzessionsgeber von jedem Unternehmen die Angabe einer eindeutigen Unternehmensbezeichnung sowie einer elektronischen Adresse (von Unternehmen mit Sitz in Deutschland etwa eine DE-Mail-Adresse) verlangen können (Registrierung). Die Bekanntmachung und die Vergabeunterlagen müssen jedem Interessierten ohne Angabe einer Unternehmensbezeichnung und einer elektronischen Adresse möglich sein. Die Registrierung darf von Konzessionsgebern ausschließlich dazu verwendet werden, Daten mithilfe elektronischer Mittel an die Unternehmen zu übermitteln. Außerdem können Konzessionsgeber diese Angaben nutzen, um Unternehmen, auch jene, die bislang keinen Teilnahmeantrag eingereicht oder kein Angebot abgegeben haben, über Änderungen des Vergabeverfahrens zu informieren oder um sie darauf aufmerksam zu machen, dass Fragen von Unternehmen zum Vergabeverfahren beantwortet wurden und auf welchem Wege von den Antworten Kenntnis erlangt werden kann.

§ 8 KonzVgV
Anforderungen an die verwendeten elektronischen Mittel

(1) Der Konzessionsgeber legt das erforderliche Sicherheitsniveau für die elektronischen Mittel fest. Elektronische Mittel, die der Konzessionsgeber für den Empfang von Teilnahmeanträgen und Angeboten verwendet, müssen gewährleisten, dass
1. die Uhrzeit und der Tag des Datenempfangs genau zu bestimmen sind,
2. kein vorfristiger Zugriff auf die empfangenen Daten möglich ist,
3. der Termin für den erstmaligen Zugriff auf die empfangenen Daten nur von dem oder den Berechtigten festgelegt oder geändert werden kann,
4. nur die Berechtigten Zugriff auf die empfangenen Daten oder auf einen Teil derselben haben,
5. nur die berechtigten Dritten Zugriff auf die empfangenen Daten oder auf einen Teil derselben einräumen dürfen,
6. empfangene Daten nicht an Unberechtigte übermittelt werden und
7. Verstöße oder versuchte Verstöße gegen die Anforderungen gemäß den Nummern 1 bis 6 eindeutig festgestellt werden können.

(2) Die elektronischen Mittel, die der Konzessionsgeber für den Empfang von Teilnahmeanträgen und Angeboten verwendet, müssen über eine einheitliche Datenaustauschschnittstelle verfügen. Es sind die jeweils geltenden IT-Interoperabilitäts- und IT-Sicherheitsstandards der Informationstechnik gemäß § 3 Absatz 1 des Vertrags über die Errichtung des IT-Planungsrats und über die Grundlagen der Zusammenarbeit beim Einsatz der Informationstechnologie in den Verwaltungen von Bund und Ländern vom 1. April 2010 zu verwenden.

Übersicht

	Rn.
A. Allgemeines	1
I. Unionsrechtlicher Hintergrund	4
II. Vergleichbare Regelungen	8
B. Sicherheit und Anforderungskriterien (Abs. 1)	11
I. Festlegung des Sicherheitsniveaus (S. 1)	12
1. Abwägungsentscheidung	16
a) Datenintegrität und Absenderidentifizierung	17
b) Empfindlichkeit und Bedeutung	21
c) Wettbewerbsgrundsatz und Mittelstandsgebot	24
2. Erhöhtes Sicherheitsniveau bei der Bereitstellung von Vergabeunterlagen	25
3. Erhöhtes Sicherheitsniveau bei der Einreichung von Unterlagen	28
a) Elektronische Signatur und elektronisches Siegel	29
aa) Vorgaben der eIDAS-Verordnung	32
bb) Weitere unionsrechtliche Vorgaben	36
cc) Wahlrecht des Konzessionsgebers	38
dd) Erzeugung elektronischer Signaturen	39
ee) Prüfung elektronischer Signaturen	42
ff) Rechtsfolge fehlender bzw. ungültiger Signaturen und Siegel	46
b) Übermittlung von Unterlagen mittels anderer als elektronischer Mittel	48
4. Weitere Möglichkeiten zur Sicherung von Daten	53
II. Kriterien (S. 2)	56
1. Bestimmbarkeit des Empfangszeitpunktes (Nr. 1)	61
2. Kein vorfristiger Zugriff (Nr. 2)	65
3. Festlegung des Zugriffs (Nr. 3)	67
4. Zugriff nur durch Berechtigte (Nr. 4)	71
5. Einräumung von Zugriff an Dritte (Nr. 5)	74
6. Keine Übermittlung an Unberechtigte (Nr. 6)	78
7. Feststellbarkeit von Verstößen (Nr. 7)	81
C. Einheitliche Datenaustauschschnittstelle (Abs. 2)	84
D. Adressaten	93
E. Rechtsschutz	97
Anlage Verordnungsbegründung (BR-Drs. 87/16)	

A. Allgemeines

1 § 8 KonzVgV regelt die Anforderungen an die verwendeten elektronischen Mittel. Zur Kommunikation sind gemäß § 7 Abs. 1 KonzVgV grundsätzlich elektronische Mittel zu nutzen. Diese elektronischen Mittel müssen wiederum der Vorschrift des § 9 Abs. 1 und 2 KonzVgV entsprechen. Weitere Restriktionen hinsichtlich der Übermittlung von Informationen enthalten die §§ 7 bis 11 KonzVgV im Grundsatz nicht.

2 Auf Grundlage des § 8 Abs. 1 S. 1 KonzVgV kann der Konzessionsgeber **zusätzliche Anforderungen** an die elektronischen Mittel definieren, wenn die zu übermittelnden Daten erhöhte Anforderungen an die Sicherheit stellen. Der Konzessionsgeber legt dafür das erforderliche Sicherheitsniveau für die elektronischen Mittel fest.

3 Für diejenigen elektronischen Mittel, die für den Empfang von **Angeboten** und **Teilnahmeanträgen** verwendet werden, gelten zusätzlich die Anforderungen nach § 8 Abs. 1 S. 2 und Abs. 2 KonzVgV. Zum einen müssen die für den Empfang der genannten Dokumente verwendeten elektronischen Mittel in jedem Fall gewährleisten, dass die in § 8 Abs. 1 S. 2 Nr. 1 bis 7 KonzVgV bestimmten Kriterien eingehalten werden. Dabei enthält § 8 Abs. 1 S. 2 KonzVgV ähnliche Anforderungen wie die ehemalige Regelung der VOL/A-EG. Anhang II VOL/A regelte vor § 8 Abs. 1 S. 2 KonzVgV die Anforderungen an die Geräte, die für den elektronischen Empfang verwendet werden. Anhang II VOL/A verlangte allerdings, dass die Geräte gewährleisten, dass für Angebote eine elektronische Signatur verwendet werden kann. Dies muss nach der aktuellen Vorschrift nicht mehr gewährleistet werden, da elektronisch übermittelte Angebote nicht mehr in jedem Falle mit einer elektronischen Signatur versehen sein müssen. Zum anderen müssen die für den Empfang von Angeboten und Teilnahmeanträgen verwendeten elektronischen Mittel über eine einheitliche Datenaustauschschnittstelle verfügen und die jeweils geltenden Interoperabilitäts- und Sicherheitsstandards der Informationstechnik gemäß § 3 Abs. 1 des Vertrags über die Errichtung des IT-Planungsrats und über die Grundlagen der Zusammenarbeit beim Einsatz der Informationstechnologie in den Verwaltungen von Bund und Ländern verwenden (§ 8 Abs. 2 KonzVgV). Dies soll der Anwender- bzw. Bieterfreundlichkeit der elektronischen Mittel dienen.

I. Unionsrechtlicher Hintergrund

4 Auf europarechtlicher Ebene ist die Kommunikation im Vergabeverfahren in Art. 29 RL 2014/23/EU geregelt. Anders als für die Vergabe öffentlicher Aufträge nach der VgV und die Vergabe öffentlicher Aufträge im Sektorenbereich ist die Verwendung elektronischer Mittel für die Konzessionsvergabe nicht verpflichtend vorgeschrieben. Die Bundesregierung hat sich jedoch im Sinne einer effizienten Abwicklung des Vergabeverfahrens und einheitlicher Vorgaben für die Vergabe öffentlicher Aufträge und Konzessionen entschlossen, den Grundsatz der elektronischen Kommunikation entsprechend Art. 22 RL 2014/24/EU in nationales Recht zu überführen.[1] § 8 KonzVgV setzt Art. 22 Abs. 6 RL 2014/24/EU um.

5 Dabei dient § 8 **Abs. 1 S. 1** KonzVgV der Umsetzung von Art. 22 Abs. 6 lit. b RL 2014/24/EU. Danach legen die Mitgliedstaaten oder die Auftraggeber, die innerhalb eines von dem betreffenden Mitgliedstaat festgelegten Rahmenkonzepts handeln, das für die elektronischen Kommunikationsmittel in den verschiedenen Phasen des jeweiligen Vergabeverfahrens erforderliche Sicherheitsniveau fest. Das Sicherheitsniveau wird nicht einheitlich vorgegeben, sondern kann national unterschiedlich festgelegt werden. In Deutschland hat man sich dafür entschieden, den Konzessionsgebern die Festlegung des Sicherheitsniveaus anhand des Einzelfalls zu überlassen. Die Richtlinie schreibt dafür vor, dass das Sicherheitsniveau im Verhältnis zu den verbundenen Risiken stehen muss.

6 § 8 **Abs. 1 S. 2** KonzVgV setzt die Anforderungen an die „Instrumente und Vorrichtungen" für den elektronischen Eingang von Angeboten und Teilnahmeanträgen aus Art. 22 Abs. 6

---
1 Verordnungsbegründung zu § 7 KonzVgV, BR-Drs. 87/16, 282.

i.V.m. Anhang IV RL 2014/24/EU um. Während in der Richtlinie konkret von „Instrumente[n] und Vorrichtungen" die Rede ist, bezieht sich die nationale Regelung auf „elektronische Mittel". Zu beachten ist, dass die Kommission nach Art. 22 Abs. 7 UAbs. 1 RL 2014/24/EU die Befugnis hat, delegierte Rechtsakte im Hinblick auf die Änderung der technischen Einzelheiten und Merkmale des Anhang IV RL 2014/24/EU zu erlassen, um der technischen Entwicklung Rechnung zu tragen.

Die Regelung des § 8 **Abs. 2** KonzVgV, nach der elektronische Mittel zum Empfang bestimmter Unterlagen durch den Konzessionsgeber über eine einheitliche Datenaustauschschnittstelle verfügen müssen und die jeweils geltenden Interoperabilitäts- und Sicherheitsstandards der Informationstechnik verwendet werden sollen, ist selbst nicht in der Richtlinie angelegt. Einen vergleichbaren Zweck hat jedoch Art. 22 Abs. 7 UAbs. 3 RL 2014/24/EU. Nach dieser Vorschrift kann die Kommission delegierte Rechtsakte im Hinblick auf die zwingende Anwendung technischer Standards für die Verfahren und Mitteilungen erlassen. Auf diese Weise wurden in der Richtlinie sowie auch in der KonzVgV gewissermaßen „Einfallstore" für jeweils neugeregelte Standards geschaffen. **7**

II. Vergleichbare Regelungen

§ 10 **VgV** und § 10 **SektVO** enthalten inhaltlich beinahe dieselben, nahezu wortgleichen Regelungen wie § 8 KonzVgV. Auch für die Vergabe von Bauaufträgen im Oberschwellenbereich enthält § 11a **EU** Abs. 4 und 5 **VOB/A** inhaltlich fast identische Regelungen zu § 8 KonzVgV. Lediglich zum Empfang von Interessensbestätigungen und Plänen und Entwürfen für Planungswettbewerbe enthält § 8 KonzVgV im Gegensatz zu den genannten Regelungen der anderen Vergabeverordnungen keine Regelung, da diese Arten von Unterlagen in einem Konzessionsvergabeverfahren nicht vorgesehen sind. **8**

Vergleichbare Regelungen zu § 8 KonzVgV sind in § 19 **VSVgV** enthalten. § 19 Abs. 3 VSVgV enthält – ähnlich wie § 8 KonzVgV – Vorschriften dazu, wie die Unversehrtheit und Vertraulichkeit der Angebote gewährleistet werden kann, insbesondere Regelungen zur Verschlüsselung sowie dazu, dass der Auftraggeber nicht vorfristig von den Unterlagen Kenntnis nehmen darf. Diese beziehen sich aber sowohl auf schriftliche als auf elektronische Angebote, da im Bereich der VSVgV keine Pflicht zur elektronischen Kommunikation besteht. Aus § 19 Abs. 4 S. 3 VSVgV gehen in Verbindung mit dem Anhang VIII RL 2009/81/EG ähnliche Anforderungen an die Vorrichtungen für die elektronische Entgegennahme der Teilnahmeanträge oder der Angebote hervor, wie sie in § 8 Abs. 1 S. 2 KonzVgV geregelt sind mit der Ausnahme, dass die Geräte für die elektronische Entgegennahme der Teilnahmeanträge sowie der Angebote gewährleisten müssen, dass die die Teilnahmeanträge und den Versand von Angeboten betreffenden elektronischen Signaturen den nationalen Vorschriften entsprechen. § 19 Abs. 5 S. 2 VSVgV regelt die Wahl der elektronischen Signatur durch den öffentlichen Auftraggeber. Aus § 31 Abs. 2 Nr. 2 VSVgV geht hervor, dass elektronische Angebote im Geltungsbereich der VSVgV – im Gegensatz zu Angeboten nach der KonzVgV – immer auch mit einer elektronischen Signatur versehen sein müssen. **9**

Abschnitt 1 **VOL/A** enthält ähnliche Regelungen wie zu den Anforderungen an elektronische Mittel wie § 8 Abs. 1 S. 2 KonzVgV. Bei der Vergabe von Liefer- und Dienstleistungen im Unterschwellenbereich nach der VOL/A sind Angebote allerdings stets mit einer elektronischen Signatur zu versehen (§ 13 Abs. 1 VOL/A). Abschnitt 1 VOL/A wird durch die Regelung der **UVgO** abgelöst. § 7 Abs. 4 UVgO ordnet die entsprechende Geltung des § 8 KonzVgV für die Anforderungen an die verwendeten elektronischen Mittel und deren Einsatz bei der Vergabe öffentlicher Liefer- und Dienstleistungsaufträge unterhalb der EU-Schwellenwerte an. Obwohl bei Bauvergaben im Unterschwellenbereich keine Pflicht zur Verwendung elektronischer Mittel besteht, enthält § 11a Abs. 4 und 5 **VOB/A** die gleichen Regelungen zu den Anforderungen an elektronische Mittel wie die VgV. Der öffentliche Auftraggeber hat lediglich die Wahl, ob er überhaupt die elektronische Kommunikation vorschreibt. **10**

B. Sicherheit und Anforderungskriterien (Abs. 1)

11 Die zur Kommunikation im Vergabeverfahren genutzten elektronischen Mittel sind allgemein nur den Anforderungen in § 9 Abs. 1 und 2 KonzVgV unterworfen. Besondere Anforderungen an die elektronischen Mittel kann der Konzessionsgeber aufgrund der Festlegung eines erhöhten Sicherheitsniveaus nach § 8 Abs. 1 S. 1 KonzVgV definieren. Des Weiteren stellt § 8 Abs. 1 S. 2 KonzVgV spezielle Kriterien auf, die lediglich für den Empfang von Angeboten und Teilnahmeanträgen, nicht aber für die sonstige Kommunikation gelten.

I. Festlegung des Sicherheitsniveaus (S. 1)

12 Gemäß § 8 Abs. 1 S. 1 KonzVgV legt der Konzessionsgeber das erforderliche Sicherheitsniveau für die elektronischen Mittel fest. Aus einem erhöhten Sicherheitsniveau ergeben sich Folgen für die Anforderungen an diese elektronischen Mittel. Die zu ergreifenden Maßnahmen im Falle eines erhöhten Sicherheitsniveaus sowie die sich daraus ergebenden Folgen sind jedoch lediglich hinsichtlich der Vergabeunterlagen sowie der Einreichung von Teilnahmeanträgen und Angeboten gesetzlich definiert.

13 Die **Festlegung** hat der Konzessionsgeber in Vorbereitung des Vergabeverfahrens bzw. dann, wenn die Erforderlichkeit eines erhöhten Sicherheitsniveaus erkennbar wird, zu treffen und sich daraus ergebenden einzuhaltenden Kommunikationsvorschriften den Unternehmen in der Konzessionsbekanntmachung oder den Vergabeunterlagen mitzuteilen.

14 Im Hinblick auf die **Vergabeunterlagen** schreibt § 7 Abs. 3 KonzVgV i. V. m. § 17 Abs. 1 KonzVgV für den „Normalfall" vor, dass die Vergabeunterlagen unter einer elektronischen Adresse bereitgestellt werden, unter der sie unentgeltlich, uneingeschränkt, vollständig und direkt abgerufen werden können. Legt der Konzessionsgeber gemäß § 8 Abs. 1 S. 1 KonzVgV ein erhöhtes Sicherheitsniveau für die elektronischen Mittel zur Bereitstellung der Vergabeunterlagen fest, kann er Maßnahmen zum Schutz der Daten festlegen. Dafür kommt eine Verschwiegenheitsvereinbarung oder Verschwiegenheitserklärung in Betracht.

15 § 28 Abs. 1 KonzVgV verlangt die Übermittlung von Teilnahmeanträgen und Angeboten in Textform mithilfe elektronischer Mittel. Diese elektronischen Mittel müssen den Anforderungen des § 8 KonzVgV genügen. Daraus folgt, dass für den Fall, dass der Konzessionsgeber gemäß § 8 Abs. 1 S. 1 KonzVgV ein erhöhtes Sicherheitsniveau festgelegt hat, **Maßnahmen zum Schutz der Vertraulichkeit und Unversehrtheit** bestimmt werden müssen. Als Schutzmaßnahme kommen insbesondere elektronische Signaturen und Siegel in Betracht (§ 28 Abs. 3 KonzVgV). Ist zum Schutz der Vertraulichkeit eine elektronische Signatur oder ein elektronisches Siegel erforderlich, kann der Konzessionsgeber wählen, ob er verlangt, dass die genannten Unterlagen mit einer fortgeschrittenen elektronischen Signatur, einer qualifizierten elektronischen Signatur, einem fortgeschrittenen elektronischen Siegel oder einem qualifizierten elektronischen Siegel zu versehen sind. Kann die Sicherheit der Daten mit elektronischen Mitteln nicht gewährleistet werden, kann der Konzessionsgeber die Einreichung mithilfe anderer als elektronischer Mittel verlangen (§ 28 Abs. 4 KonzVgV).

1. Abwägungsentscheidung

16 Bei der Festlegung des Sicherheitsniveaus ist der Verhältnismäßigkeitsgrundsatz zu beachten, nach dem das festgelegte Sicherheitsniveau im Verhältnis zu den verbundenen Risiken stehen muss. Dies folgt aus Art. 22 Abs. 6 lit. b RL 2014/24/EU, dessen Umsetzung in § 10 Abs. 1 VgV Vorbild für § 8 Abs. 1 KonzVgV war. Es handelt sich also um eine Abwägungsentscheidung des Konzessionsgebers.

a) Datenintegrität und Absenderidentifizierung

17 Zum Schutz der Integrität von im Vergabeverfahren übermittelten Daten ist sicherzustellen, dass der Absender übermittelter Daten identifiziert werden kann und die Daten durch Dritte nicht unbefugt nachträglich verändert wurden.[2]

18 Vor der Festlegung des Sicherheitsniveaus ist nach der Verordnungsbegründung „die **Verhältnismäßigkeit** zwischen einerseits den Anforderungen an die Sicherstellung einer sachlich richtigen, zuverlässigen Identifizierung eines Senders von Daten sowie an die Unversehrtheit der Daten und anderseits den Gefahren ab[zu]wägen, die zum Beispiel von Daten ausgehen, die aus einer nicht sicher identifizierbaren Quelle stammen oder die während der Übermittlung verändert wurden."[3] Das bedeutet, dass bei der Ermessensentscheidung hinsichtlich des Sicherheitsniveaus im Einzelfall die zur Sicherung der Datenintegrität und Absenderidentifizierung notwendigen Maßnahmen auf der einen Seite gegen die Gefahren, die sich aus fehlender Datenintegrität und Absenderidentifizierung ergeben, auf der anderen Seite abgewogen werden sollen.

19 Auf der einen Seite ziehen Maßnahmen zur Sicherung der Authentifizierung der Datenquelle, der Unversehrtheit und der Vertraulichkeit der Daten beispielsweise **Fristverlängerungen** nach sich und können die **Attraktivität** des Vergabeverfahrens für Unternehmen und somit auch die Beteiligung einschränken, wenn zu viele aufwendige Formalien die Einreichung von Unterlagen erschweren. Andererseits können Gefahren, die von nicht identifizierten Quellen ausgehen, zum Beispiel zu großen Problemen mit der Wahrung der **Vertraulichkeit** von Informationen führen. Es besteht beispielsweise die Gefahr, dass der Konzessionsgeber vertrauliche Informationen bei der Kommunikation mit einem Sender von Daten austauscht, der sich für ein am Vergabeverfahren teilnehmendes Unternehmen ausgibt, bei dem es sich aber gar nicht um das in der E-Mail angegebene Unternehmen handelt. Auch die Echtheit der Daten kann bei fehlender Absenderidentifizierung nicht mehr gewährleistet werden. Es bestünde auch die Möglichkeit, dass unerkannt jemand ein Angebot für ein anderes Unternehmen abgibt. Zudem stellt die Möglichkeit von Eingriffen Dritter in die Integrität der Daten, also Veränderung der Daten nach Absendung, eine Gefahr dar. Ein solcher Eingriff kann dazu führen, dass der Konzessionsgeber ein Angebot mit einem Inhalt empfängt, welchen der Bieter selbst überhaupt nicht erklärt hat.

20 Zusammenfassend geht aus der Verordnungsbegründung hervor, dass in die Verhältnismäßigkeitsprüfung für erhöhte Sicherheitsanforderungen nach § 8 Abs. 1 S. 1 KonzVgV vor allem die Aspekte **Unversehrtheit** und **Absenderidentifizierung** mit einbezogen werden sollen. Die Unversehrtheit von Daten, auch als Datenintegrität bezeichnet, beschreibt, dass die Daten nicht manipuliert wurden. Die Absenderidentifizierung sichert die Authentizität bzw. Echtheit der gesendeten Daten. Auf den ersten Blick steht die Abwägung dieser Eigenschaften gegen andere Belange in einem Widerspruch zu § 9 Abs. 2 KonzVgV.[4] Nach dieser Vorschrift hat der Konzessionsgeber zwingend immer die Unversehrtheit, Vertraulichkeit und Echtheit der Daten zu gewährleisten. Die Unversehrtheit und Echtheit von Daten sind also keiner Abwägung gegen andere Aspekte, wie zum Beispiel die Einschränkungen, die Sicherungsmaßnahmen mit sich bringen würden, zugänglich. Dieser Umstand führt aber nur scheinbar zu einem Widerspruch zwischen den Vorschriften. Denn § 9 Abs. 2 KonzVgV ist vielmehr als Einschränkung des Raumes, in der sich die Abwägungsentscheidung des Konzessionsgebers nach § 8 Abs. 1 S. 1 KonzVgV bewegen darf, denn als Widerspruch zu § 8 KonzVgV zu sehen. Je nachdem, wie die konkreten Umstände des Einzelfalls liegen, bedarf es erhöhter Sicherheitsmaßnahmen zum Schutz der Unversehrtheit, Vertraulichkeit und der Echtheit der Daten oder eben nicht. Gegen mögliche Gefahren abzuwägen sind also die Maßnahmen zum Schutz von Datenintegrität und Absenderidentifizierung und nicht die Integrität und Echtheit der Daten an sich. Es ist vorstellbar, dass diese Sicherungsmaßnahmen je nach dem Interesse Dritter an den

---
2 Vgl. *Schubert*, in: Willenbruch/Wieddekind, Vergaberecht, 3. Aufl., § 14 EG VOL/A Rn. 2.
3 Verordnungsbegründung zu § 10 Abs. 1 VgV, BR-Drs. 87/16, 164.
4 Vgl. *Ley/Wankmüller*, Das neue Vergaberecht 2016, S. 278.

übersendeten Daten und damit der für diese Daten bestehenden Gefahr unterschiedlich hoch sein können.

b) Empfindlichkeit und Bedeutung

21 Laut Verordnungsbegründung ist bei der Festlegung des Sicherheitsniveaus auch die **Empfindlichkeit** und **Bedeutung** der Daten, aber auch die Bedeutung des Verfahrens zu berücksichtigen: „Unter ansonsten gleichen Bedingungen wird beispielsweise das Sicherheitsniveau, dem eine E-Mail genügen muss, die ein Unternehmen an einen Auftraggeber sendet, um sich nach der Postanschrift des Auftraggebers zu erkundigen, deutlich niedriger einzuschätzen sein als das Sicherheitsniveau, dem das von einem Unternehmen eingereichte Angebot genügen muss. In gleicher Weise kann Ergebnis einer Einzelfallabwägung sein, dass bei der erneuten Einreichung elektronischer Kataloge oder bei der Einreichung von Angeboten im Rahmen von Kleinstwettbewerben bei einer Rahmenvereinbarung oder beim Abruf von Vergabeunterlagen nur ein niedriges Sicherheitsniveau zu gewährleisten ist."[5] Aus dieser Darstellung folgt, dass die Sicherheitsniveauabwägung bei jeglicher Kommunikation vorzunehmen ist, nicht nur bei der Einreichung von Angeboten und dem Abruf von Vergabeunterlagen.

22 Ob die **Kommunikation** abseits der Einreichung und des Empfangs von Teilnahmeanträgen und Angeboten und des Abrufs der Vergabeunterlagen auch von der Gewährleistung der Unversehrtheit, Vertraulichkeit und Echtheit aus § 9 Abs. 2 KonzVgV umfasst ist, könnte aufgrund der Erwägung, das Sicherheitsniveau einer E-Mail mit der Frage nach einer Postanschrift sei grundsätzlich niedriger einzuschätzen als das eines Angebotes, fraglich erscheinen. Denn unabhängig von der Empfindlichkeit und Bedeutung des Inhalts der übermittelten Daten bestehen theoretisch immer die gleichen technischen Möglichkeiten zur Verletzung von Unversehrtheit, Vertraulichkeit und Echtheit der Daten. Da das Interesse Dritter an den bedeutsameren Daten wie Angeboten aber ungleich größer ist als das an Fragen nach der Postanschrift, bestehen für die bedeutsameren, empfindlicheren Daten auch höhere Gefahren als für andere Daten. Daher mag es schwieriger sein, deren Unversehrtheit, Vertraulichkeit und Echtheit zu gewährleisten, was wiederum zu erhöhten Sicherheitsanforderungen führt.

23 Zudem gibt es auch für E-Mails Möglichkeiten, diese auf Basis kryptografischer Verfahren zum Schutz der darin enthaltenen Daten zu **verschlüsseln**. Denn eine herkömmliche E-Mail, „die ein Unternehmen an einen [Konzessionsgeber] sendet, um sich nach der Postanschrift des [Konzessionsgebers] zu erkundigen", wird beispielsweise den Anforderungen an Vertraulichkeit und Unversehrtheit womöglich nicht gerecht.[6] Durch eine Verschlüsselung können die Unversehrtheit, Vertraulichkeit und Echtheit der Information wirksam geschützt werden.[7] Ebenso gibt es Möglichkeiten des Datenschutzes für andere mögliche Wege der elektronischen Kommunikation. Daher kann aus der Verordnungsbegründung gerade nicht herausgelesen werden, dass von § 9 Abs. 2 KonzVgV nur bestimmte Daten erfasst sind. § 9 Abs. 2 KonzVgV bezieht sich auf alle Daten der Kommunikation.

c) Wettbewerbsgrundsatz und Mittelstandsgebot

24 Bei der Abwägung sind neben den Folgen der Anforderungen an die Unversehrtheit und Echtheit, Empfindlichkeit und Bedeutung der Daten auf der einen Seite auch der vergaberechtliche Wettbewerbsgrundsatz und das Mittelstandsgebot auf der anderen Seite zu berücksichtigen. Insbesondere sollen Unternehmen aus wettbewerblichen Gesichtspunkten heraus nicht durch die möglichen Erschwernisse hoher Sicherheitsanforderungen von der Teilnahme an einem Vergabeverfahren abgeschreckt werden. Im Hinblick auf das Mittelstandsgebot ist außerdem darauf zu achten, dass die einzuhaltenden Sicherungsmaßnahmen – wie Signaturen – für mittelständische Unternehmen in finanzieller Hinsicht keine Hürden darstellen.

---

5 Verordnungsbegründung zu § 53 Abs. 3 VgV, BR-Drs. 87/16, 207, auf welche die Verordnungsbegründung zu § 28 Abs. 3 KonzVgV verweist, BR-Drs. 87/16, 296.
6 Verordnungsbegründung zu § 53 Abs. 3 VgV, BR-Drs. 87/16, 207, auf welche die Verordnungsbegründung zu § 28 Abs. 3 KonzVgV verweist, BR-Drs. 87/16, 296.
7 Vgl. Bundesdruckerei, Whitepaper – Verschlüsseln und signieren, S. 8.

2. Erhöhtes Sicherheitsniveau bei der Bereitstellung von Vergabeunterlagen

Der Konzessionsgeber kann für die Bereitstellung von Vergabeunterlagen ein erhöhtes Sicherheitsniveau festlegen. Nach § 17 Abs. 2 KonzVgV kann er die Vergabeunterlagen – anstatt der Bereitstellung über eine Internetadresse – auf einem anderen geeigneten Weg übermitteln, wenn aufgrund hinreichend begründeter Umstände aus

- außergewöhnlichen Sicherheitsgründen oder
- technischen Gründen oder
- aufgrund der besonderen Sensibilität von Handelsinformationen, die eines sehr hohen Datenschutzniveaus bedürfen,

ein unentgeltlicher, uneingeschränkter und vollständiger elektronischer Zugang nicht angeboten werden kann. In diesem Fall gibt der Konzessionsgeber in der Konzessionsbekanntmachung oder in der Aufforderung zur Angebotsabgabe an, dass die Vergabeunterlagen auf einem anderen geeigneten Weg übermittelt werden können und die Angebotsfrist verlängert wird.

Eine Regelung dazu, dass von einer **Fristverlängerung** in Fällen der hinreichend begründeten Dringlichkeit Abstand genommen werden kann, existiert in der KonzVgV im Gegensatz zur VgV und SektVO nicht. Die Angebotsfrist ist gemäß § 17 Abs. 2 S. 2 KonzVgV also prinzipiell zu verlängern.

§ 4 Abs. 3 S. 2 KonzVgV legt als Maßnahme zum Schutz der Vertraulichkeit insbesondere die Möglichkeit nahe, von Unternehmen die Abgabe einer **Verschwiegenheitserklärung** zu fordern. Eine Verschwiegenheitserklärung dürfte in der Regel die direkte Abrufbarkeit der Vergabeunterlagen ausschließen, da eine Verschwiegenheitserklärung sinnvollerweise vor Erlangung des Zugriffs auf die Vergabeunterlagen abgegeben werden sollte. Damit wäre ein direkter Zugang zu den Vergabeunterlagen, der keine wesentlichen Zwischenschritte und keinen wesentlichen Zeitverlust verursacht, nicht vorhanden. § 17 Abs. 2 KonzVgV erwähnt nicht, was zu tun ist, wenn aus Sicherheitsgründen lediglich kein direkter elektronischer Zugang zu den Vergabeunterlagen gewährt werden kann. Es ist fraglich, ob die Angebotsfrist verlängert werden muss, wenn zur Sicherung der Vertraulichkeit lediglich eine Verschwiegenheitserklärung gefordert wird. Eine Pflicht zur Fristverlängerung ist abzulehnen, da nur die Direktheit des Abrufs der Vergabeunterlagen betroffen ist, welche von § 17 Abs. 2 KonzVgV überhaupt nicht erwähnt wird, und auch in den Parallelvorschriften § 41 Abs. 3 S. 2 VgV und § 41 Abs. 4 S. 2 SektVO keine Fristverlängerung gewährt werden muss und deren Grundgedanken als Orientierungshilfe herangezogen werden können.

3. Erhöhtes Sicherheitsniveau bei der Einreichung von Unterlagen

Die Festlegung des Sicherheitsniveaus nach § 8 Abs. 1 S. 1 KonzVgV ist auch für die Aufstellung von Anforderungen an die Einreichung von Teilnahmeanträgen und Angeboten nach § 28 KonzVgV maßgeblich. Aus der amtlichen Begründung[8] zu § 28 Abs. 3 KonzVgV ergibt sich, dass „Voraussetzung für die Anwendung der Vorschrift […] eine vorherige Festlegung des Sicherheitsniveaus" ist.

a) Elektronische Signatur und elektronisches Siegel

Eine Möglichkeit, auf erhöhte Sicherheitsanforderungen zu reagieren, besteht darin, die Verwendung einer elektronischen Signatur oder eines elektronischen Siegels zu verlangen. Nach § 28 Abs. 3 KonzVgV hat der Konzessionsgeber hierzu zunächst zu prüfen, ob zu übermittelnde Daten erhöhte Anforderungen an die Sicherheit stellen und ob eine elektronische Signatur bzw. ein elektronisches Siegel erforderlich ist.

---

8 Verordnungsbegründung zu § 53 Abs. 3 VgV, BR-Drs. 87/16, 207, auf welche die Verordnungsbegründung zu § 28 Abs. KonzVgV verweist, BR-Drs. 87/16, 207.

30 Eine elektronische Signatur hat den **Zweck**, die Identität des Kommunikationspartners zu belegen und die Integrität der übermittelten Daten sicherzustellen.[9] Durch die Verwendung einer elektronischen Signatur für ein elektronisches Dokument wird die eigenhändige Unterschrift des Vertreters eines Unternehmens unter einem schriftlichen Angebot oder Teilnahmeantrag ersetzt (vgl. §§ 126, 126a BGB).

31 Wenn die mit den Unterlagen zu übermittelnden Daten **erhöhte Anforderungen** an die Sicherheit stellen, kann der Konzessionsgeber verlangen, dass Teilnahmeanträge und Angebote mit einer fortgeschrittenen elektronischen Signatur oder mit einer qualifizierten elektronischen Signatur zu versehen sind. Nach der Verordnungsbegründung[10] können zur Authentifizierung der Datenquelle im Einzelfall sowohl fortgeschrittene als auch qualifizierte elektronische Signaturen gemäß Art. 25 und 26 VO (EU) 910/2014 verwendet werden. Die ursprüngliche Fassung der KonzVgV sah lediglich vor, dass eine fortgeschrittene oder qualifizierte elektronische Signatur verlangt werden kann. Insofern wurde noch auf das SigG verwiesen. Das SigG wurde durch das eIDAS-Durchführungsgesetz inklusive VDG abgelöst. Soweit die VO (EU) 910/2014 abschließende und hinreichende präzise Regelungen trifft, bedürfen diese als unmittelbar geltendes Recht keiner Umsetzung in Deutschland. In der Folge der Änderungen kann der Konzessionsgeber gemäß § 28 Abs. 3 KonzVgV neben fortgeschrittenen und qualifizierten elektronischen Signaturen auch fortgeschrittene oder qualifizierte elektronische Siegel verlangen.

aa) Vorgaben der eIDAS-Verordnung

32 Eine **fortgeschrittene elektronische Signatur** ist gemäß Art. 3 Nr. 11, Art. 26 VO (EU) 910/2014 eine Signatur, die

- ausschließlich dem Unterzeichner zugeordnet ist,
- die Identifizierung des Unterzeichners ermöglicht,
- unter Verwendung elektronischer Signaturerstellungsdaten erstellt wird, die der Unterzeichner mit einem hohen Maß an Vertrauen unter seiner alleinigen Kontrolle verwenden kann, und
- mit den auf diese Weise unterzeichneten Daten, so verbunden ist, dass eine nachträgliche Veränderung der Daten erkannt werden kann.

Diese Voraussetzungen müssen kumulativ vorliegen.

33 Eine **qualifizierte elektronische Signatur** i.S.v. Art. 3 Nr. 12 VO (EU) 910/2014 muss dieselben Voraussetzungen wie eine fortgeschrittene elektronische Signatur erfüllen und zusätzlich

- von einer qualifizierten elektronischen Signaturerstellungseinheit erstellt worden sein sowie
- auf einem qualifizierten Zertifikat für elektronische Signaturen beruhen.

34 **Zertifikate** für elektronische Signaturen sind elektronische Bescheinigungen, die elektronische Signaturvalidierungsdaten mit einer natürlichen Person verknüpfen und die mindestens den Namen oder das Pseudonym dieser Person bestätigen. Eine fortgeschrittene elektronische Signatur kann, muss aber nicht zwingend auf einem Zertifikat zur Identifizierung des Unterzeichners beruhen. Die Feststellung der Identität kann auch durch andere Identifizierungsmerkmale ermöglicht werden. Qualifizierte elektronische Signaturen müssen hingegen immer auf qualifizierten Zertifikaten für elektronische Signaturen beruhen. Dies sind Zertifikate für natürliche Personen, welche die eindeutige Identifizierung des Unterzeichners ermöglichen und von qualifizierten Vertrauensdiensteanbietern ausgestellt werden, welche die Anforderungen nach Anhang I VO (EU) 910/2014 erfüllen.

---

[9] https://www.ihk-schleswig-holstein.de/innovation/e_business/sicherheit/digitale_signatur/digsig_merkblatt/1379294#titleInText2, 9.4.2018.
[10] Verordnungsbegründung zu § 53 Abs. 3 VgV, BR-Drs. 87/16, 207, auf welche die Verordnungsbegründung zu § 28 Abs. KonzVgV verweist, BR-Drs. 87/16, 207.

Des Weiteren sieht die VO (EU) 910/2014 Vorgaben für **fortgeschrittene elektronische Siegel** (Art. 3 Nr. 26, Art. 36 VO (EU) 910/2014) und **qualifizierte elektronische Siegel** (Art. 3 Nr. 27, 38 VO (EU) 910/2014) vor. Diese sind technisch zwar ähnlich wie elektronische Signaturen, werden aber im Gegensatz zu ihnen nicht durch natürliche Personen, sondern durch juristische Personen, die „Siegelersteller" (Art. 3 Nr. 24 VO (EU) 910/2014), erstellt. Während eine qualifizierte elektronische Signatur die gleiche Rechtswirkung wie eine handschriftliche Unterschrift hat (Art. 25 VO (EU) 910/2014), gilt für ein qualifiziertes elektronisches Siegel die Vermutung der Unversehrtheit der Daten und der Richtigkeit der Herkunftsangabe der Daten, mit denen das qualifizierte elektronische Siegel verbunden ist (Art. 35 VO (EU) 910/2014). Eine elektronische Signatur dient also der Abgabe von Willenserklärungen, ein elektronisches Siegel hingegen nicht.

bb) Weitere unionsrechtliche Vorgaben

Schreibt der Konzessionsgeber vor, dass Unterlagen elektronisch zu signieren sind, so muss er die **technischen Rahmenbedingungen** so gestalten, dass gültige fortgeschrittene elektronische Signaturen und gültige qualifizierte Zertifikate, die von Unternehmen aus anderen Mitgliedstaaten der Europäischen Union ausgestellt wurden, akzeptiert werden. Eine Diskriminierung von Unternehmen aus anderen Mitgliedstaaten der Europäischen Union aufgrund der Verwendung anderer als deutscher elektronischer Signaturen und qualifizierter Zertifikate ist nicht zulässig.

Art. 22 Abs. 6 lit. c RL 2014/24/EU, an dessen Umsetzung sich § 28 KonzVgV orientiert, schreibt vor, dass der Auftraggeber fortgeschrittene elektronische Signaturen, die sich auf ein qualifiziertes Zertifikat stützen, zu **akzeptieren** hat. Diese Zertifikate sollen von einem Zertifizierungsdiensteanbieter angeboten werden, der auf einer Vertrauensliste gemäß dem Beschluss 2009/767/EG der Kommission[11] geführt wird. Wird ein Angebot mit einem auf einer Vertrauensliste registrierten qualifizierten Zertifikat unterzeichnet, so schreibt der Auftraggeber keine zusätzlichen Anforderungen fest, die die Bieter an der Verwendung dieser Signaturen hindern können. Dies soll einer besseren grenzüberschreitenden Nutzung elektronischer Signaturen dienen.[12]

cc) Wahlrecht des Konzessionsgebers

Die Regelung des § 28 Abs. 3 KonzVgV ist als Wahlrecht zwischen den zwei Formen der elektronischen Signatur sowie den zwei Formen des elektronischen Siegels zu verstehen und stellt keine zwingende Abstufung nach dem Niveau der Sicherheitsanforderung dar. Der Konzessionsgeber ist im Falle erhöhter Sicherheitsanforderungen berechtigt, sofort eine qualifizierte elektronische Signatur zu fordern, auch dann, wenn eine fortgeschrittene elektronische Signatur zur Gewährleistung der Sicherheitsanforderungen ausreichend ist. Allerdings ist bei der Festlegung zu beachten, dass diese und insbesondere die elektronischen Siegel nicht dieselbe Rechtswirkung entfalten.[13]

dd) Erzeugung elektronischer Signaturen

Eine elektronische Signatur beruht auf zwei **elektronischen Schlüsseln**, einem öffentlichen und einem privaten. Für das Erzeugen einer digitalen Signatur kann einer Person ein einmaliger, geheimer privater Signaturschlüssel eindeutig zugeordnet werden. Dieser private Schlüssel befindet sich auf einer Chipkarte und kann nur zusammen mit einer PIN-Nummer verwendet werden. Damit kann der Inhaber des Schlüssels immer wieder Dokumente signieren. Mit einem öffentlichen Schlüssel kann die Signatur jederzeit überprüft werden. Zudem kann das zu signierende Dokument in Kombination mit der Signatur gleichzeitig verschlüsselt werden.

---

11 Europäische Kommission, Beschluss der Kommission vom 25. Februar 2011 über Mindestanforderungen für die grenzüberschreitende Verarbeitung von Dokumenten, die gemäß der Richtlinie 2006/123/EG des Europäischen Parlaments und des Rates über Dienstleistungen im Binnenmarkt von zuständigen Behörden elektronisch signiert worden sind – 2011/130/EU.
12 *Schäfer*, NZBau 2015, 131 (135).
13 Siehe oben Rn. 35.

Dabei werden Inhalte, die mit einem öffentlichen Schlüssel des Empfängers verschlüsselt, und können nur mit dem privaten Schlüssel Empfängers entschlüsselt werden.[14]

40 Das zu einer qualifizierten elektronischen Signatur gehörende **Zertifikat**, ein kurzes elektronisches Dokument, das den öffentlichen Schlüssel enthält, bestätigt die Zuordnung des Signaturschlüssels zu einer natürlichen Person. Das Zertifikat wird bei einer behördlich genehmigten Zertifizierungsstelle beantragt und muss bei jedem elektronischen Datenaustausch vorgewiesen werden.

41 Die Chipkarte zum **Signieren** mit dem dazugehörigen Zertifikat ist zwei Jahre gültig. Um ein elektronisches Dokument zu signieren, muss die Chipkarte in ein Lesegerät eingeführt, die Signaturfunktion der Chipkarte aktiviert und die PIN-Nummer eingegeben werden. Anschließend kann das Dokument signiert (und verschlüsselt) versendet werden.[15]

ee) Prüfung elektronischer Signaturen

42 Zur Feststellung der Gültigkeit einer elektronischen Signatur kommt es vor allem auf die Identifizierung des Signierenden an. Zu überprüfen ist also das der Signatur zugrunde liegende Zertifikat und dessen Gültigkeit. Qualifizierte elektronische Signaturen beruhen auf qualifizierten Zertifikaten, fortgeschrittene elektronische Signaturen beruhen in der Regel auch auf Zertifikaten, müssen aber nicht zwingend auf diesen basieren. Liegt einer fortgeschrittenen elektronischen Signatur allerdings ein Zertifikat zugrunde, unterliegt dieses auch der Prüfung.

43 Sowohl qualifizierte elektronische Signaturen als auch die zertifikatsbasierten fortgeschrittenen elektronischen Signaturen basieren grundsätzlich auf den drei folgenden **Zertifikaten**: Wurzelzertifikat (Root-Zertifikat), Zertifikat des Zertifizierungsanbieters (ZDA oder CA-Zertifikat), Inhaber- bzw. Anwenderzertifikat, das zur Signatur gehört. Das Anwenderzertifikat ermöglicht die Zuordnung der Signatur zum Signierenden und die Verifizierung seiner Identität. Die Bestätigung der Richtigkeit des Anwenderzertifikats erfolgt durch das Zertifikat des Zertifizierungsanbieters. Das Zertifikat des Zertifizierungsanbieters wird wiederum durch das staatliche Wurzelzertifikat verifiziert. Ausgehend von diesem Aufbau sind für den Konzessionsgeber theoretisch verschiedene Vorgehensweisen bei der Prüfung möglich:[16]

44 Eine **qualifizierte elektronische Signatur** wird nach dem sogenannten Kettenmodell geprüft. Dies ergab sich früher aus § 2 Nr. 3 SigG, nunmehr aus Art. 3 Nr. 12 VO (EU) 910/2014. Dafür wird eine Vertrauenskette vom Inhaberzertifikat über die Zertifikate des Zertifizierungsanbieters bis zum Wurzelzertifikat geprüft. Dabei muss zum Zeitpunkt der Erstellung eines Zertifikats das jeweils übergeordnete Zertifikat gültig gewesen sein, das heißt, das Wurzelzertifikat muss zum Zeitpunkt des Ausstellens des Zertifikats des Zertifizierungsanbieters gültig gewesen sein, das Zertifikats des Zertifizierungsanbieters muss zum Zeitpunkt des Ausstellens der Inhaber- bzw. Anwenderzertifikate gültig gewesen sein und das Anwenderzertifikat muss zum Zeitpunkt des Ausstellens der Signatur gültig gewesen sein. Dem Kettenmodell steht das Schalenmodell als Prüfungsmethode gegenüber. Hier wird die Gültigkeit sämtlicher Zertifikate zum Zeitpunkt der Prüfung der Signatur geprüft. Das heißt, dass eine Signatur nach dieser Prüfungsmethode in dem Moment ungültig wird, in dem ein beliebiges Zertifikat – durch Sperrung oder durch Ablauf – ungültig wird. Nach dem sogenannten Hybridmodell kann für die Gültigkeit der Zertifikate auch auf den Zeitpunkt der Signaturerstellung anstatt auf den Prüfungszeitpunkt abgestellt werden.

45 Nach welcher Methode eine **fortgeschrittene elektronische Signatur** zu prüfen ist, ist nicht abschließend geklärt. Nach der VK Südbayern[17] ist es jedoch so, dass eine Prüfung anhand des Kettenmodells erfolgen kann, wenn die fortgeschrittene Signatur im Einzelfall einer qualifizierten Signatur unter den Gesichtspunkten der Fälschungssicherheit, Datenintegrität und Personalisierung nahekommt. Auch widerspreche es dem Gedanken, den Unternehmen

---

14 Für Näheres zur Verschlüsselung siehe § 9 KonzVgV Rn. 64 ff.
15 Vgl. https://www.ihk-schleswig-holstein.de/innovation/e_business/sicherheit/digitale_signatur/digsig_merkblatt/1379294#titleInText2, 9.4.2018.
16 VK Südbayern, Beschluss v. 17.4.2013 – Z3-3-3194-1-07-03/13.
17 VK Südbayern, Beschluss v. 17.4.2013 – Z3-3-3194-1-07-03/13.

die elektronische Einreichung von Angeboten zu erleichtern, wenn die Prüfung fortgeschrittener elektronischer Signaturen anhand des Schalenmodells statt des Kettenmodells erfolgen müsste.

ff) Rechtsfolge fehlender bzw. ungültiger Signaturen und Siegel

Fordert der Konzessionsgeber eine bestimmte Signatur oder ein bestimmtes Siegel, sind diejenigen Unterlagen, die nicht mit dieser Signatur bzw. Siegel versehen sind, gemäß §§ 28 Abs. 3 KonzVgV in Verbindung mit dem Gleichbehandlungsgrundsatz vom Verfahren bzw. von der Wertung **auszuschließen**. Bei der Signatur bzw. dem Siegel handelt es sich um ein zwingend einzuhaltendes Formerfordernis.

46

Die Rechtsprechung hat für Fälle, welche die elektronischen Signatur betreffen, bereits ausgeführt, dass die genauen Umstände des Signiervorgangs in der **Risikosphäre** des Unternehmens liegen. Gehen Unterlagen ohne die geforderte Signatur beim Konzessionsgeber ein, kommt es nicht darauf an, ob das betreffende Unternehmen durch eine Fehlbedienung der Bietersoftware oder aufgrund anderer Umstände nicht die geforderte Signatur erstellt hat. Die Unterlagen sind dann aufgrund mangelnder Formgültigkeit auszuschließen.[18]

47

b) Übermittlung von Unterlagen mittels anderer als elektronischer Mittel

Wenn auch eine elektronische Signatur das vom Konzessionsgeber festgelegte Sicherheitsniveau nicht gewährleisten kann, kann der Konzessionsgeber nach § 28 Abs. 4 KonzVgV die Einreichung von Angeboten oder Angebotsbestandteilen mittels **anderer als elektronischer Mittel** verlangen. Die Einreichung kann dann beispielsweise auf dem Postweg oder auf einem anderen geeigneten Weg oder in Kombination von postalischem oder einem anderen geeigneten Weg (vgl. § 28 Abs. 1 S. 2 KonzVgV).

48

Der Verzicht auf die Nutzung elektronischer Mittel ist nur in **Ausnahmefällen** zulässig. Ein Ausnahmefall liegt vor, wenn:

49

- Angebote besonders schutzwürdige Daten enthalten, die bei Verwendung allgemein verfügbarer oder alternativer elektronischer Mittel nicht angemessen geschützt werden können, oder wenn die Sicherheit der elektronischen Mittel selbst nicht gewährleistet werden kann.

Diese Regelung erstreckt sich lediglich auf Angebote, nicht auf Teilnahmeanträge.

Die Unternehmen dürfen nur für diejenigen **Angebotsbestandteile** auf die Verwendung elektronischer Mittel verzichten, für die der Konzessionsgeber eine Einreichung ohne elektronische Mittel verlangt hat.

50

Der Verzicht auf elektronische Mittel ist allerdings nur dann möglich, wenn auch **alternative elektronische Mittel** i.S.v. § 10 KonzVgV nicht geeignet sind, das Schutzniveau zu halten.

51

Im **Vergabevermerk** sind vom Konzessionsgeber die Gründe anzugeben, warum er die Einreichung der Angebote mithilfe anderer als elektronischer Mittel für erforderlich hält.

52

4. Weitere Möglichkeiten zur Sicherung von Daten

Gesetzlich vorgesehen sind der Einsatz elektronischer Signaturen und Siegel bzw. der Verzicht auf elektronische Mittel bei der Übermittlung von Teilnahmeanträgen und Angeboten (§ 28 KonzVgV) bzw. nicht näher definierte Maßnahmen zum Schutz der Vertraulichkeit bei der Bereitstellung von Vergabeunterlagen (§ 17 Abs. 2 KonzVgV). Für jegliche Kommunikation im Vergabeverfahren – auch wenn für diese Kommunikation gesetzlich keine konkreten Sicherheitsmaßnahmen vorgeschrieben sind – kommt es auch in Betracht, das Sicherheitsniveau der genutzten elektronischen Mittel auch durch andere als die gesetzlich vorgesehenen Möglichkeiten zu gewährleistet.

53

Um beispielsweise einen Absender von Daten zuverlässig identifizieren zu können sowie die Unversehrtheit der Daten sicherzustellen, kann von Unternehmen aus Deutschland laut der

54

---

18 VK Südbayern, Beschluss v. 17.4.2013 – Z3-3-3194-1-07-03/13.

Verordnungsbegründung[19] eine **DE-Mail** verlangt werden. DE-Mail-Dienste sollen einen sicheren, vertraulichen und nachweisbaren Geschäftsverkehr im Internet sicherstellen (§ 1 DE-Mail-G). Mit DE-Mail steht ein einfaches und nutzerfreundliches Instrument zur Verfügung, um eine zuverlässige Identifizierung eines Senders von Daten sowie die Unversehrtheit der Daten sicherzustellen. Damit bleiben auch Wettbewerbsaspekte und Mittelstandsbelange gewahrt.

55 Durch **Ende-zu-Ende-Verschlüsselung** auf Basis kryptografischer Verfahren gesicherte E-Mails schützen die übertragenen Daten wirksam vor Verlust. Die asymmetrische Verschlüsselung stellt sicher, dass der Inhalt der Nachricht nicht verändert wurde. Und durch Verschlüsselung und Signatur auf Basis digitaler Zertifikate aus einer Public-Key-Infrastruktur (PKI) ist sichergestellt, dass ausschließlich mit den gewünschten Partnern kommuniziert wird.[20]

II. Kriterien (S. 2)

56 § 8 Abs. 1 S. 2 Nr. 1 bis 7 KonzVgV listet auf, welchen Kriterien elektronische Mittel entsprechen müssen.

57 Nach dem klaren Wortlaut der Regelung („müssen") handelt es sich um eine **zwingend** zu beachtende Vorgabe. Dies bestätigen die Verordnungsbegründung[21] und das unionsrechtliche Vorbild in Anhang IV RL 2014/25/EU, die insoweit gleichlautend sind. Dem Konzessionsgeber verbleibt diesbezüglich daher kein Entscheidungsspielraum.

58 Die Kriterien müssen ausweislich der Wortlauts („und") **kumulativ** vorliegen. Dies entspricht dem insoweit gleichlautenden unionsrechtlichen Vorbild in Anhang IV RL 2014/24/EU. Das elektronische Mittel ist daher bereits dann nach § 8 Abs. 1 S. 2 KonzVgV unzulässig, wenn eines der Kriterien nicht erfüllt ist.

59 Die Vorschrift bezieht sich lediglich auf elektronische Mittel für den Empfang von **Angeboten** und **Teilnahmeanträgen**. Für die sonstige Kommunikation sind die aufgeführten Kriterien daher nicht einzuhalten.

60 Die aufgestellten **Kriterien** sind zusätzliche rechtliche Anforderungen an die elektronischen Mittel, welche diese mit zusätzlichen technischen Funktionen, neben der elektronischen Übermittlung von Daten, erfüllen müssen. Neben der Erfassung des genauen Eingangs der empfangenen Unterlagen und einem Rechtemanagement, welches sicherstellt, dass nur berechtigte Personen nach ordnungsgemäßem Fristablauf Zugang zu den Unterlagen erhalten, muss ebenfalls sichergestellt sein, dass Verstöße und versuchte Verstöße gegen diese Anforderungen eindeutig festgestellt werden können. Diese Kriterien stehen nicht zur Disposition des Konzessionsgebers und sind bei der Verwendung von elektronischen Mitteln zum Empfang der genannten Unterlagen zwingend einzuhalten.

1. Bestimmbarkeit des Empfangszeitpunktes (Nr. 1)

61 § 8 Abs. 1 Nr. 1 KonzVgV regelt die Dokumentation des Eingangs von digitalen Unterlagen. Danach müssen die Uhrzeit und der Tag des Datenempfanges genau zu bestimmen sein.

62 Diese Funktion ist das elektronische Äquivalent zu einem **Eingangsvermerk** auf dem Umschlag von auf dem Postweg oder direkt übermittelten Unterlagen, in dem auch Tag und Uhrzeit des Eingangs notiert werden. Dies muss bei den durch elektronische Mittel empfangenen Unterlagen nun automatisch durch die Funktion der elektronischen Mittel selbst, Uhrzeit und Datum des Datenempfangs genau zu bestimmen, erledigt werden.

63 Datum und Uhrzeit des Datenempfangs sind durch **qualifizierte Zeitstempel** genau bestimmbar. Diese können manipulationssicher bestätigen, dass bestimmte Daten zum angegebenen Zeitpunkt vorgelegen haben und dass ein elektronisches Dokument nach dem Stem-

---

19 Verordnungsbegründung zu § 8 Abs. 1 KonzVgV, BR-Drs. 87/16, 283.
20 Bundesdruckerei, Whitepaper – Verschlüsseln und signieren, S. 14.
21 Verordnungsbegründung zu § 8 Abs. 1 KonzVgV, BR-Drs. 87/16, 283.

peln nicht mehr verändert wurde. Die Zeitangabe wird bei qualifizierten Zeitstempeln nicht durch den jeweils lokalen Computer, sondern durch das deutsche DCF77-Zeitsignal bestimmt.

Das in § 8 Abs. 1 S. 2 Nr. 1 KonzVgV bestimmte Kriterium dient der **Beweisbarkeit** des fristgerechten Eingangs. Bei einem verspäteten Eingang der Unterlagen müssen diese grundsätzlich aus Gleichbehandlungsgründen ausgeschlossen werden. 64

2. Kein vorfristiger Zugriff (Nr. 2)

§ 8 Abs. 1 S. 1 Nr. 2 KonzVgV regelt den Zugriff auf die digitalen Unterlagen. Festgelegt ist, dass kein Zugriff vor dem Ende der jeweils für die Unterlagen definierten Einreichungsfrist auf die empfangenen Daten möglich sein darf. So können Mitarbeiter des Konzessionsgebers nicht schon vor Ablauf der Einreichungsfrist vom Inhalt der Unterlagen Kenntnis nehmen. Dies soll die Gleichbehandlung aller Unternehmen und einen geheimen und damit manipulationsfreien Wettbewerb gewährleisten.[22] 65

Dies ist durch eine **Verschlüsselung** der Unterlagen zu erreichen. Der Konzessionsgeber hat die eingegangenen Unterlagen dann verschlüsselt bis zum Zeitpunkt der Öffnung nach Ablauf der Einreichungsfrist zu speichern (§ 29 KonzVgV). Die Verschlüsselung ist das elektronische Pendant zum verschlossenen Briefumschlag bei der Übermittlung der Dokumente in Papierform. Durch die Verschlüsselung wird sichergestellt, dass die Unterlagen bis zum Fristende vom Konzessionsgeber „unter Verschluss" gehalten werden. 66

3. Festlegung des Zugriffs (Nr. 3)

§ 8 Abs. 1 S. 2 Nr. 3 KonzVgV legt fest, dass der Termin für den erstmaligen Zugriff auf die empfangenen Daten nur von den Berechtigten festgelegt oder geändert werden darf. 67

Diese Anforderung könnte durch **Verschlüsselung** übersendeten Daten und ein entsprechendes **Rechtemanagement** innerhalb der Vergabelösung/Vergabeplattform des Konzessionsgebers erfüllt werden, sodass nur bestimmte Personen den Öffnungstermin für die Unterlagen festlegen und ändern können. 68

Durch die Begrenzung des Personenkreises, der den Öffnungstermin für die Unterlagen festlegen kann, wird einer **vorfristigen Kenntnisnahme** vom Inhalt der eingereichten Unterlagen entgegengewirkt. Auch diese Funktion der elektronischen Mittel unterstützt den Konzessionsgeber dabei, die eingegangenen Unterlagen „unter Verschluss" zu halten. 69

Wer die **Berechtigten** sind, definiert der Konzessionsgeber.[23] Denkbar als Berechtigte wären hier beispielsweise die mit der Durchführung des jeweiligen Vergabeverfahrens betrauten Mitarbeiter des Konzessionsgebers bzw. diejenigen Vertreter des Konzessionsgebers, die für die Öffnung der Unterlagen vorgesehen sind. 70

4. Zugriff nur durch Berechtigte (Nr. 4)

§ 8 Abs. 1 S. 2 Nr. 4 bis 6 KonzVgV enthält Vorschriften zur Gewährleistung der Vertraulichkeit (§ 4 KonzVgV) digitaler Unterlagen. Auch das Wettbewerbsgeheimnis soll durch diese Anforderungen geschützt werden. Nach § 8 Abs. 1 S. 2 Nr. 4 KonzVgV muss sichergestellt sein, dass nur die Berechtigten Zugriff auf die empfangenen Daten oder auf einen Teil derselben haben. Auch in Zusammenhang mit dem Grundsatz der Vertraulichkeit entspricht das Kriterium in § 8 Abs. 1 S. 2 Nr. 4 KonzVgV der Funktion eines verschlossenen Umschlags im „analogen" Verfahren, der ja auch den Zweck hat, seinen Inhalt vor der Kenntnisnahme durch Dritte zu schützen. 71

Auch dieses Kriterium könnte sich durch **Verschlüsselung** gegebenenfalls in Verbindung mit einem speziellen **Rechtemanagement** umsetzen lassen, das technisch festlegt, welche Per- 72

---

[22] OLG Karlsruhe, Beschluss v. 17.3.2017 – 15 Verg 2/17.
[23] Verordnungsbegründung zu § 10 Abs. 1 VgV, BR-Drs. 87/16, 165, der laut Verordnungsbegründung zu § 8 KonzVgV, BR-Drs. 87/16, 283, Vorbild für § 8 Abs. 1 KonzVgV war.

sonen überhaupt Zugriff auf die Daten haben bzw. einen solchen Zugriff weiteren Personen zu gewähren.

73 Wer die **Berechtigten** sind, legt wie bei § 8 Abs. 1 S. 2 Nr. 3 KonzVgV der Konzessionsgeber fest.

5. Einräumung von Zugriff an Dritte (Nr. 5)

74 Gemäß § 8 Abs. 1 S. 2 Nr. 5 KonzVgV müssen die elektronischen Mittel gewährleisten, dass nur die Berechtigten nach dem festgesetzten Zeitpunkt Dritten Zugriff auf die empfangenen Daten oder auf einen Teil derselben einräumen dürfen.

75 Auch dies könnte durch **Verschlüsselung** der Daten in Kombination mit einem **Rechtemanagement** erfolgen, das technisch festlegt, welche Personen überhaupt Zugriff auf die Daten haben bzw. eine solchen Zugriff weiteren Personen zu gewähren.

76 Dieses Kriterium dient ebenfalls der Sicherstellung der **Vertraulichkeit** der übermittelten Daten. So kann nicht unkontrolliert Dritten Zugang zu den Daten eingeräumt werden. Zudem ist die Vorschrift so formuliert, dass es die Möglichkeit geben muss, Dritten auch Zugriff auf lediglich einen Teil der Daten zu gewähren. So kann die Vertraulichkeit für die übrigen Daten gewährleistet werden.

77 Wer die **Berechtigten** sind, legt wie bei § 8 Abs. 1 S. 2 Nr. 3 und 4 KonzVgV der Konzessionsgeber fest.

6. Keine Übermittlung an Unberechtigte (Nr. 6)

78 § 8 Abs. 1 S. 2 Nr. 6 KonzVgV schreibt vor, dass gewährleistet sein muss, dass empfangene Daten nicht an Unberechtigte weitergeleitet werden können.

79 Diese Anforderung an die elektronischen Mittel stellt die Einhaltung der in § 4 Abs. 1 KonzVgV geregelten **Vertraulichkeitsvorschrift** sicher. Auch § 4 Abs. 1 KonzVgV legt fest, dass der Konzessionsgeber keine von den Unternehmen übermittelten und von diesen als vertraulich gekennzeichneten Informationen weitergeben darf.

80 Bereits durch § 8 Abs. 1 S. 2 Nr. 5 KonzVgV wird festgelegt, dass die elektronischen Mittel gewährleisten müssen, dass nur die Berechtigten, also nur bestimmte Personen, Dritten Zugriff auf die empfangenen Daten einräumen dürfen. Dadurch ist eine Weiterleitung **durch Unberechtigte** ausgeschlossen. Um eine Weiterleitung **an Unberechtigte** technisch auszuschließen, müsste im Prinzip die Weiterleitung der Unterlagen generell ausgeschlossen werden, sofern sie nicht im internen Netz des Konzessionsgebers erfolgt. Ansonsten dürfte sich ein Ausschluss der Datenweiterleitung an Unberechtigte wesentlich schwieriger gestalten. Dies setzt nämlich voraus, dass – wie bei den Berechtigten – definiert wird, wer Unberechtigter ist. Sicherlich wird der Konzessionsgeber in der Regel nicht von vorherein alle Unberechtigten erfassen können.

7. Feststellbarkeit von Verstößen (Nr. 7)

81 § 8 Abs. 1 S. 2 Nr. 7 KonzVgV schreibt vor, dass Verstöße oder versuchte Verstöße gegen die Anforderungen gemäß § 8 Abs. 1 S. 2 Nr. 1 bis 6 KonzVgV eindeutig festgestellt werden können müssen.

82 Dieses Kriterium dient der **Dokumentation** und folglich auch der Beweisbarkeit von Verstößen. Durch die Feststellbarkeit von Verstößen kann auch in diesem Bereich der Vergabe einer möglichen Korruption vorgebeugt werden.[24]

83 Nach der Verordnungsbegründung darf der **Stand der Technik** insoweit aber nicht außer Acht gelassen werden. In Fällen, in denen sich ein versuchter Verstoß nach dem Stand der Technik nicht eindeutig dokumentieren lässt, darf von dem Konzessionsgeber nichts Unmögli-

---

[24] Vgl. *Krämer*, VergabeNavigator 2/2016, 11.

ches verlangt werden.[25] Der Regelungsgehalt des § 8 Abs. 1 S. 2 Nr. 7 KonzVgV wird durch die in der Begründung angelegte Auslegung beschränkt. Damit wird den, zum Beispiel durch Hacker, immer wieder neu entwickelten Möglichkeiten, unbemerkt in Computersysteme einzudringen, Rechnung getragen. Entsprechende Verstöße könnten dann möglicherweise erst durch weitere technische Entwicklung erkannt werden. Im Hinblick auf die anderen Kriterien wird eine solche Einschränkung nicht vorgenommen. Es ist bereits nach derzeitigem Stand der Technik davon auszugehen, dass die Kriterien erfüllt werden können.

C. Einheitliche Datenaustauschschnittstelle (Abs. 2)

§ 8 Abs. 2 KonzVgV schreibt die Verwendung einer einheitlichen Datenaustauschschnittstelle und der jeweils geltenden Interoperabilitäts- und Sicherheitsstandards vor. 84

Ausweislich des Wortlauts der Regelung („müssen", „sind […] zu verwenden") ist der Konzessionsgeber hierzu **verpflichtet**. Dem Konzessionsgeber verbleibt insoweit kein Entscheidungsspielraum. 85

Eine **Datenaustauschschnittstelle** ist eine Verbindungsstelle für den Datenaustausch zwischen den Unternehmen und dem Konzessionsgeber oder technische gesehen zwischen Bietersoftware und Vergabeplattform. 86

Bei den **Interoperabilitäts-** und **Sicherheitsstandards** handelt es sich um Standards gemäß § 3 Abs. 1 des Vertrages über die Errichtung des IT-Planungsrates und über die Grundlagen der Zusammenarbeit beim Einsatz der Informationstechnologie in den Verwaltungen von Bund und Ländern. 87

Der IT-Planungsrat hat in seiner 17. Sitzung die verbindliche Anwendung des Interoperabilitätsstandards **XVergabe** als nationalen Standard beschlossen.[26] Der Standard XVergabe beschreibt einen plattformübergreifenden Daten- und Austauschprozessstandard. Im Vordergrund steht dabei die Schaffung eines einheitlichen Bieterzugangs zu den Vergabeplattformen der Konzessionsgeber – eine einheitliche Datenaustauschschnittstelle.[27] Grundlage der Entscheidung ist die technische Spezifikation „XVergabe Kommunikationsschnittstelle". Diese beschreibt das momentane Problem beim Datenaustausch im Vergabeverfahren und die möglichen Lösungen folgendermaßen:[28] 88

Die Konzessionsgeber arbeiten derzeit mit verschiedenen Vergabeplattformen, für die gemeinhin auch die Installation und Verwendung einer jeweils eigenen **Bietersoftware** nötig ist. Die unterschiedlichen Bietersoftwares erlauben es nicht, mit anderen Vergabeplattformen zu kommunizieren. Verstärkt wird dieser Effekt noch durch den Einsatz unterschiedlicher Signaturanwendungskomponenten in den Bietersoftwares, die sich unter Umständen gegenseitig bei der Erzeugung elektronischer Signaturen bzw. beim Ansprechen eines Kartenlesers behindern. Zur Lösung dieses Problems wurde im Rahmen des Projektes XVergabe gemeinsam mit Vergabestellen und Herstellern die Spezifikation für eine einheitliche Kommunikationsschnittstelle bzw. Datenaustauschschnittstelle zwischen Vergabeplattform und Bietersoftware erarbeitet, die einen einheitlichen Austausch von Daten und Dokumenten zwischen diesen Komponenten ermöglicht. Damit soll es künftig möglich werden, von einer Bietersoftware, dem Multi-Plattform-Bieter-Client aus unterschiedliche Vergabeplattformen einheitlich anzusprechen. Bei der Kommunikationsschnittstelle handelt es sich weder um eine Vergabeplattform noch um einen Multi-Plattform-Bieter-Client, sondern lediglich um die technische Beschreibung der Schnittstelle zwischen beiden. Die Umsetzung der Schnittstelle erfolgt durch die jeweiligen Plattformanbieter. Über die Kommunikationsschnittstelle soll die Kommunikation in allen notwendigen Prozessen des Vergabeverfahrens möglich sein: das Anmelden am Verfahren, das Abrufen von der Aufforderung zur Abgabe von Teilnahmeanträgen/ 89

---
25 Verordnungsbegründung zu § 10 Abs. 1 VgV, BR-Drs. 87/16, 165, der laut Verordnungsbegründung zu § 8 KonzVgV, BR-Drs. 87/16, 283, Vorbild für § 8 Abs. 1 KonzVgV war.
26 IT-Planungsrat, Entscheidung v. 17.6.2015 – 2015/18.
27 XVergabe Betriebskonzept, Version 1.0, 13.5.2015, S. 5.
28 XVergabe Kommunikationsschnittstelle, Spezifikation, Version 15.01, 10.2.2015.

Angeboten sowie der Vergabeunterlagen, das Stellen von Fragen und Abrufen von Antworten, das Einreichen, aber auch das Zurückziehen von Teilnahmeanträgen und Angeboten und das Abrufen der Zuschlagserteilung.

90 Zudem wird im Rahmen des Projekts XVergabe ein Datenaustauschstandard, also ein Standard für eine Datenaustauschschnittstelle, für **Bekanntmachungen** erarbeitet sowie eine Austauschschnittstelle hierfür geschaffen. Des Weiteren soll ein **„Vergabeunterlagen-Formular-Baukasten"** entwickelt werden, der es Vergabestellen ermöglichen soll, für ausgewählte Vergabeunterlagen entsprechende eigene Formulare zu entwerfen, zu erzeugen und die enthaltenen Informationen auszutauschen.

91 Der IT-Planungsrat hat am 5. Oktober 2017 dem Finanzierungskonzept für den Betrieb des Standards XVergabe[29] zugestimmt. Die **Umsetzung** des Standards XVergabe soll dann innerhalb eines Jahres nach dieser Beschlussfassung erfolgen.[30] Die Umsetzungsfrist für die Einführung der grundsätzlichen Nutzung elektronischer Mittel ist zu diesem Zeitpunkt für zentrale Beschaffungsstellen bereits abgelaufen. Mit Blick auf die Umsetzungsfrist für die anderen Auftraggeber und Konzessionsgeber wäre eine Umsetzung bis zum 18. Oktober 2018 begrüßenswert.

92 § 11 KonzVgV bestimmt, dass die Bundesregierung mit Zustimmung des Bundesrates **allgemeine Verwaltungsvorschriften** über die einzuhaltenden technischen Standards erlassen kann. Es ist denkbar, dass nach § 11 KonzVgV erlassene allgemeine Verwaltungsvorschriften im Widerspruch zu den nach § 8 Abs. 2 S. 2 KonzVgV zu verwendenden Interoperabilitäts- und Sicherheitsstandards der Informationstechnik stehen. Nach der Verordnungsbegründung sollen die unter § 8 Abs. 2 S. 2 KonzVgV bezeichneten Interoperabilitäts- und Sicherheitsstandards der Informationstechnik Vorrang vor konkurrierenden Standards in gemäß § 11 KonzVgV erlassenen allgemeinen Verwaltungsvorschriften haben.[31]

D. Adressaten

93 § 8 KonzVgV richtet sich an den **Konzessionsgeber**. Er legt das Sicherheitsniveau für die elektronischen Mittel fest. Die von ihm für den Empfang der genannten Unterlagen verwendeten Mittel müssen den in § 8 Abs. 1 S. 2 und Abs. 2 KonzVgV genannten Kriterienkatalog erfüllen.

94 Doch auch die am Vergabeverfahren beteiligten **Unternehmen** haben diese Kriterien zu berücksichtigen. § 28 Abs. 1 KonzVgV stellt formelle Anforderungen für die Übermittlung von Teilnahmeanträgen und Angeboten an Unternehmen auf. Nach § 23 Abs. 1 S. 1 KonzVgV haben die Unternehmen ihre Teilnahmeanträge und Angebote in Textform mithilfe elektronischer Mittel zu übermitteln. Die Übermittlung mit elektronischen Mitteln ist daher genau wie die Textform ein Formerfordernis, dessen Einhaltung der Konzessionsgeber im Rahmen der Prüfung der Angebote zu berücksichtigen hat. Dies bedeutet, dass auch die Anforderungen des § 8 Abs. 1 S. 2 und Abs. 2 KonzVgV an die elektronischen Mittel eingehalten werden müssen, damit die Unterlagen formgerecht eingehen können.

95 Auch die **Formvorschriften**, die der Konzessionsgeber aufgrund erhöhter Sicherheitsanforderungen festgelegt hat, sind von den Unternehmen zu beachten. Diese bestehen vornehmlich im Verlangen einer elektronischen Signatur. Die Einhaltung der Formvorschriften obliegt zwar grundsätzlich den Unternehmen, welche die Unterlagen einreichen. Die Festlegung der elektronischen Mittel nach § 8 KonzVgV ist auf der anderen Seite jedoch Aufgabe des Konzessionsgebers. § 8 Abs. 1 S. 2 und Abs. 2 KonzVgV bezieht sich ausdrücklich auf elektronische Mittel, die „für den Empfang" von Unterlagen verwendet werden, aber nicht auch für deren Übermittlung.

---

29 IT-Planungsrat, Entscheidung v. 5.10.2017 – 2017/38.
30 IT-Planungsrat, Entscheidung v. 17.6.2015 – 2015/18.
31 Verordnungsbegründung zu § 13 VgV, BR-Drs. 87/16, 167, der laut Verordnungsbegründung zu § 11 KonzVgV, BR-Drs. 87/16, 285, Vorbild für § 11 KonzVgV war.

Insofern die Regelungen des § 8 KonzVgV auf ein **einheitliches Programm** Bezug nehmen, das über eine Vergabeplattform genutzt werden soll, obliegt dem Konzessionsgeber zumindest die Bestimmung der ganz konkreten elektronischen Mittel, die Nutzung dieser Mittel erfolgt dann durch die Unternehmen.

96

E. Rechtsschutz

Aus der Formulierung der Anforderungen an die elektronischen Mittel ist erkennbar, dass es sich bei diesen Regelungen um unternehmensschützende Normen im Sinne des § 97 Abs. 6 GWB handelt.[32] So schreibt § 8 Abs. S. 2 Nr. 7 KonzVgV vor, dass Verstöße oder versuchte Verstöße gegen die Anforderungen gemäß § 8 Abs. 1 S. 2 Nr. 1 bis 6 KonzVgV eindeutig festgestellt werden können müssen. Dies kann vor allem bei der Durchführung eines Nachprüfungsverfahrens zur Aufklärung beitragen, ob die Anforderungen eingehalten wurden. Die Möglichkeit zur Feststellung von Verstößen nach § 8 Abs. S. 2 Nr. 7 KonzVgV ermöglicht also dem Unternehmen die wirksame Verfolgung seiner Rechte. Daraus folgt, dass § 10 Abs. 1 S. 2 Nr. 1 bis 6 KonzVgV unternehmensschützend sein müssen, aber auch § 10 Abs. 1 S. 2 Nr. 7 KonzVgV selbst.

97

Anlage

Verordnungsbegründung (BR-Drs. 87/16)

Seite 283

§ 8 regelt nach dem Vorbild des § 10 VgV die Anforderungen an die verwendeten elektronischen Mittel. § 10 VgV setzt unter anderem Vorgaben des Anhangs IV der Richtlinie 2014/24/EU um. Grundlage für die Regelung in der Konzessionsvergabeverordnung ist die verbindliche Vorgabe elektronischer Kommunikationsmittel im Vergabeverfahren gemäß § 7 dieser Verordnung.

Zu Absatz 1

Die Konzessionsgeber legen das erforderliche Sicherheitsniveau für die elektronischen Mittel, die in den verschiedenen Phasen des Vergabeverfahrens genutzt werden sollen, fest. Zuvor sollen die Konzessionsgeber die Verhältnismäßigkeit zwischen einerseits den Anforderungen an die Sicherstellung einer sachlich richtigen, zuverlässigen Identifizierung eines Senders von Daten sowie an die Unversehrtheit der Daten und anderseits den Gefahren abwägen, die zum Beispiel von Daten ausgehen, die aus einer nicht sicher identifizierbaren Quelle stammen oder die während der Übermittlung verändert wurden. Von Unternehmen mit Sitz in Deutschland kann etwa eine DE-Mail-Adresse verlangt werden. Mit DE-Mail steht ein einfaches und nutzerfreundliches Instrument zur Verfügung, um eine zuverlässige Identifizierung eines Senders von Daten sowie die Unversehrtheit der Daten sicherzustellen.

§ 8 Absatz 1 richtet sich am Vorbild des § 10 Absatz 1 VgV aus, der Anhang IV der Richtlinie 2014/24/EU umsetzt. Im Einzelnen werden die Kriterien aufgeführt, denen elektronische Mittel entsprechen müssen.

Zu Absatz 2

Absatz 2 richtet sich am Vorbild des § 10 Absatz 2 VgV aus. Die Vorschrift schreibt eine einheitliche Datenaustauschschnittstelle und die jeweils geltenden IT-Interoperabilitäts- und IT-Sicherheitsstandards der Bundesregierung verbindlich zur Verwendung vor. Es handelt sich hierbei um Standards gemäß § 3 Absatz 1 des Vertrages über die Errichtung des IT-Planungsrates und über die Grundlagen der Zusammenarbeit beim Einsatz der Informationstechnologie in den Verwaltungen von Bund und Ländern – Vertrag zur Ausführung von Artikel 91c des Grundgesetzes vom 01.04.2010. Eine solche einheitliche Datenaustauschschnittstelle ist beispielsweise XVergabe.

---

32 So auch *Braun,* VergabeR, 2016, 179 (184).

Dies ist erforderlich, um die verschiedenen E-Vergabe- und Bedienkonzeptsysteme mit einem Mindestmaß an Kompatibilität und Interoperabilität auszustatten. Dadurch soll insbesondere vermieden werden, dass Unternehmen gezwungen sind, für jede von Konzessionsgebern ver-

Seite 284

wendete E-Vergabelösung/-plattform eine separate EDV-Lösung in ihrer eigenen Programm- und Geräteumgebung einzurichten. Es soll vielmehr auf Unternehmensseite eine einzige elektronische Anwendung genügen, um mit allen von Konzessionsgebern für die Durchführung von Vergabeverfahren genutzten elektronischen Mitteln erfolgreich zu kommunizieren.

§ 9 KonzVgV
Anforderungen an den Einsatz elektronischer Mittel im Vergabeverfahren

(1) Elektronische Mittel und deren technische Merkmale müssen allgemein verfügbar, nichtdiskriminierend und mit allgemein verbreiteten Geräten und Programmen der Informations- und Kommunikationstechnologie kompatibel sein. Sie dürfen den Zugang von Unternehmen zum Vergabeverfahren nicht unangemessen einschränken. Der Konzessionsgeber gewährleistet die barrierefreie Ausgestaltung der elektronischen Mittel nach den §§ 4, 12a und 12b des Behindertengleichstellungsgesetzes vom 27. April 2002 (BGBl. I S. 1467, 1468) in der jeweils geltenden Fassung.

(2) Der Konzessionsgeber verwendet für das Senden, Empfangen, Weiterleiten und Speichern von Daten ausschließlich solche elektronischen Mittel, die die Unversehrtheit, die Vertraulichkeit und die Echtheit der Daten gewährleisten.

(3) Der Konzessionsgeber muss den Unternehmen alle notwendigen Informationen zur Verfügung stellen über

1. die in einem Vergabeverfahren verwendeten elektronischen Mittel,
2. die technischen Parameter zur Einreichung von Teilnahmeanträgen und Angeboten mithilfe elektronischer Mittel und
3. die verwendeten Verschlüsselungs- und Zeiterfassungsverfahren.

Übersicht

	Rn.		Rn.
A. Allgemeines	1	I. Daten	49
I. Unionsrechtlicher Hintergrund	4	II. Unversehrtheit	53
II. Vergleichbare Regelungen	8	III. Vertraulichkeit	55
B. Anforderungen an die elektronische Mittel und deren technische Merkmale (Abs. 1)	12	IV. Echtheit	58
		V. Organisatorische und technische Maßnahmen	60
I. Allgemeine Verfügbarkeit	16	VI. Adressat	70
II. Nichtdiskriminierung und Barrierefreiheit	21	D. Notwendige Informationen (Abs. 3)	71
III. IKT-Kompatibilität	33	E. Rechtsschutz	78
IV. Uneingeschränkter Zugang	42	Anlage Verordnungsbegründung (BR-Drs. 87/16)	
V. Adressat	45		
C. Gewährleistung der Unversehrtheit, Vertraulichkeit und Echtheit (Abs. 2)	48		

A. Allgemeines

§ 9 KonzVgV beinhaltet Regelungen zu den Anforderungen an den Einsatz elektronischer Mittel im Vergabeverfahren. **1**

Die **allgemeinen Anforderungen** an elektronische Mittel, die zur Durchführung eines Konzessionsvergabeverfahrens eingesetzt werden, ergeben sich aus § 9 Abs. 1 KonzVgV. Elektronische Mittel und deren technische Merkmale müssen allgemein verfügbar, nicht diskriminierend und mit allgemein verbreiteten Geräten und Programmen der Informations- und Kommunikationstechnologie (IKT) kompatibel sein und dürfen den Zugang von Unternehmen zum Vergabeverfahren nicht unangemessen einschränken. Zudem ist die Barrierefreiheit der elektronischen Mittel zu gewährleisten. § 9 Abs. 2 KonzVgV regelt die Anforderungen an den **Schutz** elektronisch übermittelter Daten. Die elektronischen Mittel müssen die Unversehrtheit, die Vertraulichkeit und die Echtheit der Daten gewährleisten. § 9 Abs. 3 KonzVgV regelt die Verpflichtung des Konzessionsgebers zur **Bereitstellung** aller notwendigen Informatio- **2** nen über die verwendeten elektronischen Mittel sowie die technischen Parameter zur Einreichung von gewissen Unterlagen und Verschlüsselungs- und Zeiterfassungsverfahren für die Unternehmen.

3   § 9 Abs. 1 KonzVgV gleicht im Wesentlichen den Anforderungen der **ehemaligen Regelung** § 13 EG Abs. 2 VOL/A an die für die elektronische Übermittlung gewählten Netze und Programme. Die Pflicht zur Bereitstellung aller notwendigen Information über die elektronischen Mittel gemäß § 9 Abs. 3 KonzVgV ähnelt der Regelung des alten § 13 EG Abs. 3 VOL/A. Nach den ehemaligen §§ 14 EG Abs. 1 und 16 EG Abs. 2 S. 1 VOL/A hatte der öffentliche Auftraggeber die Unversehrtheit und die Vertraulichkeit der übermittelten Teilnahmeanträge und Angebote zu gewährleisten. Nach der aktuellen Regelung des § 9 Abs. 2 KonzVgV müssen die vom Konzessionsgeber verwendeten elektronischen Mittel die Unversehrtheit und die Vertraulichkeit und darüber hinaus auch die Echtheit der Daten gewährleisten.

I. Unionsrechtlicher Hintergrund

4   § 9 **Abs. 1 S. 1 und 2** KonzVgV dient der Umsetzung von Art. 29 Abs. 2 UAbs. 1 RL 2014/23/EU. Die Richtlinie verlangt, dass die gewählten Kommunikationsmittel allgemein verfügbar und nicht diskriminierend sein müssen und den Zugang der Wirtschaftsteilnehmer zum Vergabeverfahren nicht einschränken dürfen. Die für die elektronische Übermittlung zu verwendenden Instrumente und Vorrichtungen und ihre technischen Merkmale müssen mit den allgemein verbreiteten Erzeugnissen der Informations- und Kommunikationstechnologie kompatibel sein. § 9 **Abs. 1 S. 3** KonzVgV schreibt zusätzlich zu den Anforderungen aus der Richtlinie vor, dass der Konzessionsgeber die barrierefreie Ausgestaltung der elektronischen Mittel gewährleistet.

5   § 9 **Abs. 2** KonzVgV setzt Art. 22 Abs. 2 UAbs. 2 RL 2014/23/EU um. Während die unionsrechtliche Vorgabe die Gewährleistung der „Integrität der Daten" und der „Vertraulichkeit der Teilnahmeanträge und der Angebote" verlangt, muss nach § 9 Abs. 2 KonzVgV die Unversehrtheit, die Vertraulichkeit und die Echtheit von allen Daten im Vergabeverfahren gewährleistet werden. Die nationale Regelung geht somit über die unionsrechtliche Vorgabe hinaus.

6   Auf europäischer Ebene ist die Verwendung **elektronischer Mittel** für die Konzessionsvergabe anders als für die Vergabe öffentlicher Aufträge nach der VgV und die Vergabe öffentlicher Aufträge im Sektorenbereich nicht verpflichtend vorgeschrieben. Die Bundesregierung hat jedoch sich im Sinne einer effizienten Abwicklung des Vergabeverfahrens und einheitlicher Vorgaben für die Vergabe öffentlicher Aufträge und Konzessionen entschlossen, den Grundsatz der elektronischen Kommunikation entsprechend Art. 22 RL 2014/24/EU in nationales Recht zu überführen.[1]

7   Die in Art. 22 Abs. 6 UAbs. 1 lit. a RL 2014/24/EU geregelte Informationsbereitstellung wird durch **§ 9 Abs. 3 KonzVgV** in nationales Recht umgesetzt. Nach Art. 22 Abs. 6 UAbs. 1 lit. a RL 2014/24/EU müssen die Informationen über die Spezifikationen für die elektronische Einreichung von Angeboten und Teilnahmeanträgen den Interessenten zugänglich sein.

II. Vergleichbare Regelungen

8   Die §§ 11 **VgV** und 11 **SektVO** enthalten inhaltlich dieselben, nahezu wortgleichen Regelungen wie § 9 KonzVgV. Auch für die Vergabe von Bauaufträgen im Oberschwellenbereich enthält § 11a EU Abs. 1 bis 3 **VOB/A** inhaltlich nahezu identische Regelungen zu § 9 KonzVgV. Ein kleiner Unterschied zwischen den genannten Vorschriften und § 9 KonzVgV besteht vor allem darin, dass laut § 9 Abs. 1 S. 2 KonzVgV die elektronischen Mittel und deren technische Merkmale den Zugang von Unternehmen zum Vergabeverfahren nicht *unangemessen* einschränken dürfen, während in den Parallelvorschriften der VgV, SektVO und VOB/A-EU nicht

---

[1] Verordnungsbegründung zu § 7 KonzVgV, BR-Drs. 87/16, 282.

auf eine Unangemessenheit der Einschränkung abgestellt wird, sondern diese Einschränkung per se nicht vorkommen darf.

Auch die **VSVgV** stellt ganz ähnliche Anforderungen an die elektronischen Kommunikationsmittel wie § 9 Abs. 1 KonzVgV. § 19 Abs. 2 VSVgV legt fest, dass das gewählte Kommunikationsmittel allgemein verfügbar sein muss und den Zugang der Unternehmen zu dem Vergabeverfahren nicht beschränken darf. Dies gilt für alle Kommunikationsmittel, welche der öffentliche Auftraggeber wählen kann, und somit auch für die elektronischen Mittel. § 19 Abs. 4 S. 1 VSVgV regelt, dass die technischen Merkmale bei elektronischen Kommunikationsmitteln allgemein zugänglich, kompatibel mit den allgemein verbreiteten Geräten der Informations- und Kommunikationstechnologie und nicht diskriminierend sein müssen. Eine besondere Regelung zur Barrierefreiheit der elektronischen Kommunikationsmittel enthält die VSVgV nicht. Mit § 9 Abs. 2 KonzVgV vergleichbar ist die Regelung des § 19 Abs. 3 S. 1 VSVgV. § 19 Abs. 3 S. 1 VSVgV schreibt die Gewährleistung der Unversehrtheit der Daten und der Vertraulichkeit der Angebote und Teilnahmeanträge bei der Mitteilung oder Übermittlung und Speicherung von Informationen durch den öffentlichen Auftraggeber vor. Diese Vorschrift gilt sowohl für die elektronisch als auch für auf andere Weise übermittelten Unterlagen, während § 9 Abs. 2 KonzVgV festlegt, dass die Unversehrtheit, Vertraulichkeit und Echtheit der Daten schon durch die verwendeten elektronischen Mittel selbst gewährleistet sein müssen. Gemäß § 19 Abs. 3 S. 4 VSVgV ist bei elektronisch zu übermittelnden Angeboten die Unversehrtheit durch entsprechende organisatorische und technische Lösungen nach den Anforderungen des Auftraggebers und die Vertraulichkeit durch Verschlüsselung sicherzustellen. Im Gegensatz zu § 9 Abs. 2 KonzVgV enthält § 19 Abs. 3 VSVgV keine Regelungen zur Echtheit der Daten. Auch die Verpflichtung zur Gewährleistung der Vertraulichkeit aus § 19 Abs. 3 VSVgV bezieht sich nur auf Angebote und Teilnahmeanträge, nicht auf sämtliche Daten. § 19 Abs. 4 S. 2 VSVgV ähnelt der Regelung des § 9 Abs. 3 KonzVgV zur Bereitstellung notwendiger Informationen über die im Vergabeverfahren verwendeten elektronischen Mittel sowie über die technischen Parameter zur Einreichung vor Teilnahmeanträgen und Angeboten und die verwendeten Verschlüsslungs- und Zeiterfassungsverfahren. Nach § 19 Abs. 4 S. 2 VSVgV hat der öffentliche Auftraggeber den interessierten Unternehmen Zugang zu den Informationen über die Spezifikationen für die elektronische Übermittlung der Teilnahmeanträge und Angebote, einschließlich der Verschlüsselung, zu gewähren. **9**

Für **Bauvergaben im Unterschwellenbereich** enthält § 11a Abs. 1 bis 3 VOB/A Regelungen, welche mit denen des § 11 VgV bis auf geringe redaktionelle Unterschiede übereinstimmen. Die Bestimmungen des § 11a VOB/A müssen vom Auftraggeber beachtet werden, wenn sich dieser für die elektronische Kommunikation entschieden hat (§ 11 Abs. 1 S. 2 VOB/A). **10**

Abschnitt 1 **VOL/A** enthält ähnliche Regelungen wie § 9 KonzVgV. Die **UVgO**, ordnet in § 7 Abs. 4 die entsprechende Geltung des § 11 VgV für die Anforderungen an die verwendeten elektronischen Mittel und deren Einsatz bei der Vergabe öffentlicher Liefer- und Dienstleistungsaufträge unterhalb der EU-Schwellenwerte an. **11**

B. Anforderungen an die elektronische Mittel und deren technische Merkmale (Abs. 1)

§ 9 Abs. 1 KonzVgV bestimmt die Anforderungen an die elektronischen Mittel und deren technische Merkmale. Dies sind Voraussetzungen in Bezug auf die Zugänglichkeit und Benutzbarkeit der elektronischen Mittel. **12**

Bei den in § 9 Abs. 1 KonzVgV genannten Anforderungen handelt es sich um **zwingende Vorgaben**. Dies ergibt sich für S. 1 und 2 bereits unmissverständlich aus dem Wortlaut der Regelungen („müssen", „dürfen [...] nicht"). Dieser Befund wird durch die insoweit entsprechend formulierte Verordnungsbegründung[2] bestätigt. Für S. 3 folgt dies nicht in der gebote- **13**

---

2 Vgl. Verordnungsbegründung zu § 9 Abs. 1 KonzVgV, BR-Drs. 87/16, 284.

nen Klarheit aus dem indikativ formulierten Wortlaut der Regelung, ergibt sich aber aus der Verordnungsbegründung[3] („ist [...] Rechnung zu tragen").

14 **Elektronische Mittel** sind Geräte und Programme für die elektronische Datenübermittlung (§ 7 Abs. 1 KonzVgV). Relevant für die beteiligten Unternehmen sind dabei vor allem die für die Vergabelösung des Konzessionsgebers bereitgestellte Computerprogramme, wie die Bietersoftware oder Signatursoftware, wohl aber auch die Form der übermittelten Informationen, weniger die entsprechende Hardware, insbesondere die jeweiligen Endgeräte, da diese ja vom Konzessionsgeber selbst und nicht von den Unternehmen genutzt werden.

15 Die **technischen Merkmale** der elektronischen Mittel beschreiben deren Funktionsweise und Anwendbarkeit und sind somit Eigenschaften der elektronischen Mittel selbst.

I. Allgemeine Verfügbarkeit

16 Elektronische Mittel und deren technische Merkmale müssen allgemein verfügbar sein.

17 **Allgemein verfügbar** sind elektronische Mittel und deren technische Merkmale dann, wenn sie für alle Menschen ohne Einschränkung verfügbar sind und bei Bedarf, gegebenenfalls gegen ein marktübliches Entgelt, erworben werden können.[4] Das heißt aber nicht, dass es zulässig ist, dass Unternehmen entgeltlich eine Bietersoftware erwerben müssen, um an einem Vergabeverfahren teilnehmen zu können. Entgeltlich erworben werden muss lediglich die übliche zur elektronischen Kommunikation erforderliche Büro-Hard- und -Software. Dazu gehören auch Signaturkarten und entsprechende Lesegeräte sowie qualifizierte Zertifikate für Signaturen.

18 **Beispielsweise** sind als Basis der elektronischen Kommunikation grundsätzlich zunächst ein Internetzugang, ein kompatibles Betriebssystem, z.B. Windows, und handelsübliche Computerprogramme wie z.B. Microsoft-Word oder ein PDF-Viewer, erforderlich. Für die Nutzung aller Funktionen von Vergabeplattformen können weitere Computerprogramme notwendig werden, insbesondere Bietersoftware bzw. Programme zum Signieren von Dokumenten. Solche sind für die Unternehmen vom Konzessionsgeber zum Herunterladen bereitzustellen. Diese Programme können die Unternehmen dann auf ihren Endgeräten installieren.

19 Will der Konzessionsgeber beispielsweise zum Zwecke der Übermittlung von Dokumenten **neuartige Programme** verwenden, die noch nicht allgemein verbreitet sind, muss er sicherstellen, dass auch diejenigen Anwender eine Möglichkeit bekommen, die Dokumente zu öffnen, zu lesen und ggf. zu bearbeiten, die noch nicht in Besitz dieser neuen Software sind. Die notwendige Software zum Öffnen und Lesen des Dokuments kann dafür zum Beispiel zum Download zur Verfügung gestellt werden.[5] Der Download müsste dann unentgeltlich und ohne Registrierung erfolgen (§ 7 Abs. 3 S. 2 KonzVgV).

20 Nicht allgemein verfügbar wäre beispielsweise das **Intranet** des Konzessionsgebers, da es sich um ein Netz handelt, welches zwar auf den gleichen Techniken und Anwendungen wie das Internet basiert, jedoch ausschließlich den Mitarbeitern einer Unternehmung oder einer Organisation als Informations-, Kommunikations- und Anwendungsplattform zur Verfügung steht. Das Internet hingegen stellt einen allgemein verfügbaren Zugang dar.[6]

II. Nichtdiskriminierung und Barrierefreiheit

21 Elektronische Mittel und deren technische Merkmale müssen nichtdiskriminierend sein.

---

[3] Verordnungsbegründung zu § 9 Abs. 1 KonzVgV, BR-Drs. 87/16, 284.
[4] Verordnungsbegründung zu § 9 Abs. 1 KonzVgV, BR-Drs. 87/16, 284.
[5] Vgl. *Verfürth*, in: Kulartz/Marx/Portz/Prieß, VOL/A, § 13 EG Rn. 16.
[6] Vgl. *Verfürth*, in: Kulartz/Marx/Portz/Prieß, VOL/A, § 13 EG Rn. 16; so auch *Schranner*, in: Leupertz/von Wietersheim, VOB, 19. Aufl., § 11 VOB/A Rn. 3 (zum vergleichbar formulierten § 11 VOB/A 2012).

Nichtdiskriminierend sind elektronische Mittel dann, wenn sie für alle Menschen, auch für Menschen mit Behinderungen, ohne besonderes Erschwernis und grundsätzlich ohne fremde Hilfe zugänglich und nutzbar sind.[7]

Eng mit dem Erfordernis der Nichtdiskriminierung verbunden ist die in § 9 Abs. 1 S. 3 KonzVgV geregelte Pflicht zur Gewährleistung der barrierefreien Ausgestaltung der elektronischen Mittel. § 9 Abs. 1 S. 3 KonzVgV verweist auf §§ 4, 12a und 12b **BGG**, die bei der barrierefreien Ausgestaltung der verwendeten elektronischen Mittel in der jeweils geltenden Fassung zu beachten sind.[8]

Bei der Ausgestaltung der verwendeten elektronischen Mittel ist die **Barrierefreiheit** nach § 4 BGG zu gewährleisten. Das heißt, dass beispielsweise die besonderen Belange Gehörloser oder Blinder bei der Gestaltung elektronischer Vergabeplattformen zu berücksichtigen sind. Es geht darum, elektronische Umgebungen so einzurichten, dass niemand von der Nutzung ausgeschlossen ist und sie von allen gleichermaßen genutzt werden können. Die verwendeten, barrierefreien Lösungen sollen auf eine möglichst allgemeine, breite Nutzbarkeit abgestimmt werden.[9] Ein Beispiel für ein barrierefreies Webdesign sind Webseiten mit Zoomfunktion oder individueller Schriftvergrößerungsfunktion für Menschen mit einer Sehschwäche.

§ 12a BGG, der speziell die barrierefreie Gestaltung von **Informationstechnik** regelt, ist aufgrund des Verweises in § 9 Abs. 1 S. 3 KonzVgV von Konzessionsgebern zu beachten. Demnach sind Websites und mobile Anwendungen sowie die grafischen Programmoberflächen barrierefrei zu gestalten. § 12b BGG verlangt darüber hinaus die Veröffentlichung einer Erklärung zur Barrierefreiheit der Websites oder mobilen Anwendungen.

Nähere Ausgestaltung erfährt § 12a BGG durch § 3 BGG und Anlage 1 **BITV 2.0**. Die BITV 2.0 gilt nach deren § 1 für Internetauftritte und -angebote sowie für mittels Informationstechnik realisierte grafische Programmoberflächen, die öffentlich zugänglich sind. Nach dem Wortlaut des § 1 BITV 2.0 wendet sich die Verordnung lediglich an **Behörden der Bundesverwaltung**. Adressaten der BITV 2.0 sind im vergaberechtlichen Sinne dennoch alle Konzessionsgeber. § 9 Abs. 1 S. 3 KonzVgV verweist auf die barrierefreie Ausgestaltung der elektronischen Mittel nach § 12a BGG. Gemäß § 12a Abs. 2 S. 1 BGG erfolgt die barrierefreie Gestaltung nach Maßgabe der aufgrund des § 12d BGG zu erlassenden Verordnung. § 12a BGG wird durch die BITV 2.0 konkretisiert. Durch diese Verweiskette wird deutlich, dass alle Konzessionsgeber i.S.v. § 101 GWB die Anforderungen der BITV 2.0 einzuhalten haben, denn § 9 Abs. 1 S. 3 KonzVgV gilt seinerseits der Formulierung nach für alle Konzessionsgeber. Demnach muss die Ausgestaltung der elektronischen Mittel den Anforderungen der Anlage 1 BITV 2.0, Wahrnehmbarkeit, Bedienbarkeit, Verständlichkeit und Robustheit, genügen. An jedes dieser Merkmale sind in der Anlage 1 BITV 2.0 spezielle Vorgaben geknüpft, die vom Konzessionsgeber zu beachten sind.

Wahrnehmbarkeit bedeutet, dass die Informationen und Komponenten der Benutzerschnittstelle, die Eingaben der Nutzer der Internetangebote ermöglichen, so darzustellen sind, dass sie von den Nutzern wahrgenommen werden können. Dazu muss beispielsweise ein gewisses Kontrastverhältnis zwischen Schrift und Hintergrund eingehalten werden. Außerdem sind grundsätzlich für Audio- und Video-Dateien Alternativen in Textform bereitzustellen, sodass auch gehörlose Menschen deren Inhalt wahrnehmen können.

Des Weiteren müssen die Komponenten der Benutzerschnittstelle und die Navigation **bedient** werden können. Daraus folgt zum Beispiel, dass grundsätzlich die gesamte Funktionalität des Inhalts über die Tastatur bedient werden können muss, aber auch dass den Nutzern Orientierungs- und Navigationshilfen sowie Hilfen zum Auffinden von Inhalten zur Verfügung

---

[7] Verordnungsbegründung zu § 11 Abs. 1 VgV, BR-Drs. 87/16, 165.
[8] In der früheren Fassung verwies § 9 Abs. 1 S. 3 KonzVgV anstelle von §§ 12a, 12b BGB auf § 12 BGG a.F., vgl. Fassung vom 18. Juli 2017, BGBl. I S. 2745. Der Verweis wurde im Zuge der Neufassung des BBG durch das Gesetz zur Verlängerung befristeter Regelungen im Arbeitsförderungsrecht und zur Umsetzung der Richtlinie (EU) 2016/2102 über den barrierefreien Zugang zu den Websites und mobilen Anwendungen öffentlicher Stellen angepasst.
[9] Verordnungsbegründung zu § 9 Abs. 1 KonzVgV, BR-Drs. 87/16, 284.

zu stellen sind. Zudem sind die Inhalte einer Website so zu gestalten, dass sie keine epileptischen Anfälle durch das Aufblitzen von Elementen auslösen.

29 Die Informationen und die Bedienung der Benutzerschnittstelle müssen **verständlich** sein. Die Texte sind also lesbar und verständlich zu gestalten. Webseiten sind so zu gestalten, dass Aufbau und Benutzung vorhersehbar sind. Es sind unterstützende Funktionen bereitzustellen, die Eingabefehler der Nutzer automatisch feststellen und Korrekturvorschläge zur Verfügung stellen.

30 Des Weiteren müssen Inhalte so **robust** sein, dass sie von möglichst allen Benutzeragenten – also der Software zum Zugriff der Nutzer auf Webinhalte (Webbrowser, Multimedia-Player, Plug-ins und andere Programme) – zuverlässig interpretiert werden können. Die im Internetangebot zu Verfügung gestellten Informationen sollen also so gestaltet sein, dass sie von verschiedenen Benutzeragenten nicht verfälscht dargestellt werden.

31 Für die **„zentralen Navigations- und Einstiegsangebote"** der Informationstechnik, also die zentralen Funktionen einer Internetseite, ergeben sich zusätzliche Anforderungen zur Wahrnehmbarkeit, Bedienbarkeit und Verständlichkeit, die ebenfalls in Anlage 1 BITV 2.0 geregelt sind.

32 Nach § 3 Abs. 2 BITV 2.0 sind auf der Startseite des Internet- oder Intranetangebotes folgende Erläuterungen in Deutscher **Gebärdensprache** und in **Leichter Sprache** bereitzustellen:

1. Informationen zum Inhalt,
2. Hinweise zur Navigation sowie
3. Hinweise auf weitere in diesem Auftritt vorhandene Informationen in Deutscher Gebärdensprache oder in Leichter Sprache.

Anlage 2 BITV 2.0 macht konkrete Vorgaben dazu, wie Informationen mittels eines Darstellers in Gebärdensprache bereitzustellen sind und durch welche sprachlichen Mittel sich die „Leichte Sprache" auszeichnet, wie zum Beispiel durch die Bildung kurzer Sätze mit klarer Satzgliederung bzw. Vermeidung von abstrakten Begriffen und Fremdwörtern sowie Abkürzungen.

III. IKT-Kompatibilität

33 Elektronische Mittel müssen mit allgemein verbreiteten Geräten und Programmen der Informations- und Kommunikationstechnologie (IKT) kompatibel sein.

34 Die **Kompatibilität** ist laut Verordnungsbegründung gegeben, wenn jeder Bürger und jedes Unternehmen die in privaten Haushalten oder in Unternehmen üblicherweise verwendeten Geräte und Programme der IKT nutzen kann, um sich über öffentliche Vergabeverfahren zu informieren oder an öffentlichen Vergabeverfahren teilzunehmen.[10] Ob Geräte und Programme der IKT allgemein verbreitet sind, hängt nach der Verordnungsbegründung also davon ab, ob deren Verwendung in privaten Haushalten oder in Unternehmen üblich ist.

35 **Geräte** der IKT sind die Endgeräte, d.h. die Hardware, die als letztes Element an das Kommunikationsnetz angeschlossen ist. Üblicherweise verwendete bzw. allgemein verbreitete Endgeräte können stationär eingerichtet sein, wie der Arbeitsplatzrechner/-computer oder ein Telefon. Aber auch mobile Endgeräte, wie Notebooks, Laptops, Tablets, Handys oder Smartphones, fallen unter den Begriff der üblicherweise verwendeten und damit allgemein verbreiteten Geräte.

36 Die **Programme** der IKT bezeichnen die Computersoftware, vor allem einen aktuellen Web-Browser und die Betriebssysteme, wie beispielsweise Windows, Mac OS (X) oder Linux. Neben den elektronischen Mitteln erstreckt sich das Kompatibilitätserfordernis auch auf die übermittelten Informationen und die Dateiformate zur Beschreibung der Angebote (vgl. § 41 Abs. 2 Nr. 2 VgV). Die Dateiformate müssen mit den allgemein verbreiteten Programmen, also der

---

10 Verordnungsbegründung zu § 9 Abs. 1 KonzVgV, BR-Drs. 87/16, 284.

allgemein verbreiteten Software für Computer und andere Endgeräte lesbar und ggf. bearbeitbar sein. Das vom Konzessionsgeber übermittelte oder geforderte Dateiformat muss also beispielsweise mit den allgemein verbreiteten Textverarbeitungsprogrammen kompatibel sein. Auch die Dateiformate selbst dürfen nicht durch andere als kostenlose und allgemein verfügbare Lizenzen geschützt sein (vgl. § 41 Abs. 2 Nr. 2 VgV).

Ob ein **Dateiformat** für ein Unternehmen lesbar bzw. bearbeitbar ist, hängt immer von der Software ab, über die das Unternehmen verfügt. Alle durch den Konzessionsgeber übermittelten Dateiformate bzw. die Formate, deren Übermittlung der Konzessionsgeber im Rahmen einer Angebotseinreichung verlangt, müssen lesbar sein und je nach Funktion auch durch allgemein verbreitete Textverarbeitungsprogramme bearbeitbar sein. Ein allgemein verbreitetes Programm zum Anzeigen von Dateien ist zum Beispiel ein PDF-Reader, der auch als Freeware aus dem Internet kostenlos heruntergeladen werden kann. Daher eignen sich zum Beispiel Dateien im PDF-Format zur Übermittlung an die Unternehmen. Sie bieten sich vor allem deshalb zur Übermittlung von Texten an, weil der Inhalt der PDF-Dateien auch von unterschiedlichen Programmen immer gleich dargestellt wird. Ein allgemein verbreitetes Programm zum Bearbeiten von Dateien ist beispielsweise Microsoft Word in verschiedenen Versionen. Ein Programm unterstützt immer ein oder mehrere entsprechende Dateiformate, ein Microsoft-Word-Programm unterstützt Word-Dokumente (doc bzw. docx). Allgemein verbreitete Dateiformate können jedoch häufig über unterschiedliche, kostenlos im Internet verfügbare Kompatibilitätssoftware lesbar und bearbeitbar sein. 37

Die zu verwendende **Bietersoftware** und **andere Programme**, die der Konzessionsgeber vorgibt, müssen ihrerseits wiederum mit dem von Unternehmen üblicherweise verwendeten Betriebssystemen kompatibel sein. Auch das Betriebssystem und das Endgerät stehen teilweise in engem Zusammenhang. Die üblicherweise verwendeten Betriebssysteme für Rechner, Notebooks usw. sind Windows-Betriebssysteme, die den mit Abstand höchsten Marktanteil haben und damit auch am weitesten verbreitet sind, Mac OS (X)-Betriebssysteme und Linux-Betriebssysteme; für Smartphones und Tablets sind Android und iOS weit verbreitet. 38

Fraglich ist, ob **„üblicherweise verwendete Programme"** – wie in der Verordnungsbegründung beschrieben[11] – lediglich von jedem Bürger und jedem Unternehmen nutzbare Programme sind oder ob elektronische Mittel darüber hinaus mit allen Programmen kompatibel sein müssen, die üblicherweise von den Bürgern und Unternehmen tatsächlich genutzt werden. Nicht jeder Haushalt bzw. jedes Unternehmen nutzt das gleiche Betriebssystem. Vor dem Hintergrund des Diskriminierungsverbots empfiehlt es sich daher, eine Bietersoftware zu verwenden, die mit allen verbreiteten Betriebssystemen kompatibel ist. Die oben genannten Betriebssysteme[12] haben zusammen zurzeit einen Marktanteil von über 90 %. Darüber hinaus existierende Betriebssysteme haben jeweils so geringe Marktanteile, dass sie möglicherweise derzeit nicht mehr als üblich anzusehen sein dürften. Die Frage, welche Programme „üblicherweise verwendet" werden, aber auch welche Geräte verbreitet sind, unterliegt jedoch im Bereich der Informations- und Kommunikationstechnik derzeit einem stetigen und sehr schnellen Wandel. Für die Beurteilung, was allgemein verbreitet ist, kommt es sicherlich auch auf die Branche an, in welche die ausgeschriebenen Leistungen eingeordnet werden. So ist brancheübliche Software im Rahmen eines entsprechenden Verfahrens durchaus als allgemein verbreitet anzusehen, zum Beispiel GAEB-Dateiformate und die entsprechenden Bearbeitungsprogramme in der Baubranche. 39

Auch für das Erstellen einer **elektronischen Signatur** oder eines **elektronischen Siegels** benötigen die Unternehmen Geräte und Programme. Mit dieser Hard- und Software müssen die elektronischen Mittel des Konzessionsgebers kompatibel sein. Eine Software zum Signieren von elektronischen Dokumenten wird in der Regel bereits vergabeplattformseitig bereitgestellt. Für eine elektronische Signatur wird ein Kartenleser mit Chipkarte benötigt. Daher muss die plattformseitige Signiersoftware mit den üblicherweise verwendeten Kartenlesern kompa- 40

---

11 Vgl. Verordnungsbegründung zu § 9 Abs. 1 KonzVgV, BR-Drs. 87/16, 284.
12 Siehe Rn. 38.

tibel sein. Für eine qualifizierte elektronische Signatur wird als Softwarekomponente ein entsprechendes digitales Zertifikat benötigt. Das Kompatibilitätserfordernis bezieht sich natürlich auch auf die üblichen qualifizierten Zertifikate, wie beispielsweise das des Trustcenter der Bundesdruckerei D-Trust. Das Signaturzertifikat und die entsprechende Hardware müssen den Unternehmen vom Konzessionsgeber nicht kostenlos zur Verfügung gestellt werden.

41 Bei **fehlender IKT-Kompatibilität** gibt es Ausnahmetatbestände für die Bereitstellung von Vergabeunterlagen (§ 17 Abs. 2 KonzVgV) und für die Übermittlung von Angeboten (§ 28 Abs. 2 KonzVgV), bei denen keine elektronischen Mittel verwendet werden müssen. Die Ausnahmeregelungen gelten auch, wenn Dateiformate zur Beschreibung der Angebote verwendet werden, die nicht mit allgemein verfügbaren Programmen verarbeitet werden können oder durch nicht allgemein verfügbare und kostenpflichtige Lizenzen geschützt sind.

IV. Uneingeschränkter Zugang

42 Nach § 8 Abs. 1 S. 2 KonzVgV dürfen elektronische Mittel den Zugang von Unternehmen zum Vergabeverfahren nicht unangemessen einschränken.

43 Eine **unzulässige Einschränkung des Zugangs** der Unternehmen liegt vor, wenn den Unternehmen der Zugang erschwert oder unmöglich gemacht wird. Auch Verstöße gegen die bereits beschriebenen Merkmale allgemeine Verfügbarkeit, Diskriminierungs- und Barrierefreiheit und IKT-Kompatibilität schränken den Zugang zum Vergabeverfahren ein, sind aber spezielle Unterfälle der Einschränkung. Das Verbot der unangemessenen Zugangsbeschränkung kann mithin als Auffangtatbestand betrachtet werden. Eine unangemessene Einschränkung soll aber nicht schon dann vorliegen, wenn die maximale Größe von Dateien, die im Rahmen des Vergabeverfahrens an den Konzessionsgeber gesendet werden können, festgelegt wird.[13]

44 In den Parallelvorschriften der VgV und SektVO zu § 9 Abs. 1 S. 1 KonzVgV wird nicht auf eine **Unangemessenheit** der Einschränkung des Zugangs abgestellt, sondern diese Einschränkung darf per se nicht vorkommen. Aus dem Vergleich mit § 11 Abs. 1 S. 1 VgV und den Normen der anderen bereits benannten Vergabeverordnungen könnte sich ergeben, dass die Regelung des § 9 Abs. 1 S. 1 KonzVgV möglicherweise weniger strikt ist. Dies geht jedoch aus der Verordnungsbegründung nicht hervor. Diese beschreibt für § 9 KonzVgV[14] als Beispiel für das Nichtvorliegen einer Einschränkung den Fall der Begrenzung der Größe von Dateien, die im Rahmen des Vergabeverfahrens an den Konzessionsgeber gesendet werden können – genau wie für § 11 VgV und § 11 SektVO auch.[15] Daraus lässt sich ableiten, dass auch bei den § 11 VgV und § 11 SektVO eine Einschränkung des Zugangs zum Vergabeverfahren erst bei einem unangemessenen Vorgehen anzunehmen ist. Im Ergebnis ergibt sich für die Zugangseinschränkung i.S.d. § 9 Abs. 1 S. 1 KonzVgV im Vergleich mit den Parallelvorschriften der VgV und SektVO keine abweichende Bewertung.

V. Adressat

45 Adressat des § 9 Abs. 1 KonzVgV ist der **Konzessionsgeber**. Er bestimmt bei einer Ausschreibung, welche elektronischen Mittel zur Anwendung gelangen. Er hat dafür Sorge zu tragen, dass der Zugang der Unternehmen zum Vergabeverfahren nicht eingeschränkt wird. Er hat auch die barrierefreie Ausgestaltung der elektronischen Mittel zu gewährleisten.

46 Bei der Gestaltung einer **Vergabeplattform** als elektronisches Mittel sind daher entsprechende Anforderungen zur allgemeinen Verfügbarkeit, Diskriminierungs- und Barrierefreiheit sowie IKT-Kompatibilität der Plattform zu beachten. Wird die Gestaltung bzw. Bereitstellung der Vergabeplattform vom Konzessionsgeber ausgeschrieben, sind diese Anforderungen in

---

13 Verordnungsbegründung zu § 9 Abs. 1 KonzVgV, BR-Drs. 87/16, 284.
14 Vgl. Verordnungsbegründung zu § 9 Abs. 1 KonzVgV, BR-Drs. 87/16, 284.
15 Vgl. Verordnungsbegründung zu § 11 Abs. 1 VgV, BR-Drs. 87/16, 165, und § 11 Abs. 1 SektVO, BR-Drs. 87/16, 236.

den Ausschreibungsunterlagen vorzugeben. Der Konzessionsgeber muss beachten, dass die Vergabeplattform auch die in der Barrierefreie-Informationstechnik-Verordnung beschriebenen Anforderungen erfüllt.

Insbesondere hinsichtlich der **allgemeinen Verfügbarkeit** der elektronischen Mittel könnten die Anforderungen des § 9 Abs. 1 KonzVgV auch eine Wirkung für die am Vergabeverfahren teilnehmenden Unternehmen entfalten. Problematisch wäre es zum Beispiel, wenn ein Unternehmen dem Konzessionsgeber ein Dokument übersendet, das nur mittels eines speziellen, nicht allgemein verbreiteten Programms gelesen werden kann, das auch dem Konzessionsgeber nicht ohne Weiteres zur Verfügung steht. Am Ende haben die Unternehmen aber sowieso diejenigen elektronischen Mittel zur Übermittlung von Informationen zu verwenden, die der Konzessionsgeber vorschreibt, sodass jedenfalls in dieser Hinsicht § 9 Abs. 1 KonzVgV zumindest mittelbar auch für die Unternehmen gilt. 47

C. Gewährleistung der Unversehrtheit, Vertraulichkeit und Echtheit (Abs. 2)

§ 9 Abs. 2 KonzVgV bestimmt Anforderungen an die elektronischen Mittel hinsichtlich des Schutzes der übersendeten Daten. In einem Vergabeverfahren dürfen für das Senden, Empfangen, Weiterleiten und Speichern[16] von Daten ausschließlich solche Mittel von Konzessionsgebern verwendet werden, die die Unversehrtheit, die Vertraulichkeit und die Echtheit der Daten gewährleisten. 48

I. Daten

Gewährleistet werden sollen die Unversehrtheit, die Vertraulichkeit und die Echtheit „von Daten im Vergabeverfahren". Diese Formulierung unterscheidet sich von den in der unionsrechtlichen Grundlage der Norm Art. 29 Abs. 2 UAbs. 2 RL 2014/23/EU verwendeten Begrifflichkeiten „Integrität der Daten" und „Vertraulichkeit der Teilnahmeanträge und der Angebote". Die nationale Regelung geht über die unionsrechtliche Festlegung hinaus, die zwar auch die Integrität, also Unversehrtheit, von Daten fordert, im Gegensatz zur nationalen Regelung die Vertraulichkeit aber auf Teilnahmeanträge und Angebote beschränkt. 49

Dem Wortlaut nach erstreckt sich die Regelung des § 9 Abs. 2 KonzVgV auf sämtliche Daten in einem Vergabeverfahren. Aufgrund der für die Gewährleistung der Unversehrtheit, Vertraulichkeit und Echtheit erforderlichen Maßnahmen,[17] der inhaltlichen Abweichung von der europäischen Regelung und aufgrund des Zusammenspiels des § 9 Abs. 2 KonzVgV mit den §§ 8 Abs. 1 S. 1, 28 Abs. 3 KonzVgV kann allerdings infrage gestellt werden, ob vom Datenbegriff des § 9 Abs. 2 KonzVgV wirklich der **gesamte Kommunikationsprozess** oder lediglich die in § 28 Abs. 1 KonzVgV erwähnten Teilnahmeanträge und Angebote erfasst sind. In diesem Fall müsste nur für diese bestimmten Daten zwingend die Unversehrtheit, Vertraulichkeit und Echtheit gewährleistet werden, da sie angesichts der Bedeutung der übermittelnden Informationen besonderen Schutz brauchen. An den Schutz der im Rahmen der übrigen Kommunikation übermittelten Daten würden geringere Anforderungen gestellt. Vom Datenbegriff des § 9 Abs. 2 KonzVgV sind alle übermittelten Daten erfasst und nicht nur der Teilnahmeanträge und Angebote. Eine Einschränkung des Datenbegriffs und damit des Schutzbereichs der Norm würde eine Einschränkung des Geltungsbereichs wichtiger Vergaberechtsgrundsätze nach sich ziehen. 50

Der **Unterschied beim Schutz der Datenintegrität** von Teilnahmeanträgen und vor allem Angeboten einerseits und die übrigen im Vergabeverfahren übermittelten Daten andererseits besteht darin, dass der Datenschutz bezüglich wichtiger Unterlagen wie Angebote in der Regel mehr bzw. erheblichere Maßnahmen erfordert. Da das Interesse Dritter an den bedeutsameren Daten wie Angeboten ungleich größer ist als das an einer E-Mail mit Fragen nach der 51

---

16 Siehe dazu § 7 KonzVgV Rn. 35 ff.
17 Siehe dazu Rn. 60 ff.

Postanschrift, bestehen für die bedeutsameren, empfindlicheren Daten auch höhere Gefahren als für andere Daten. Daher mag es schwieriger sein, die Unversehrtheit, Vertraulichkeit und Echtheit von Angeboten zu gewährleisten, was wiederum zu erhöhten Sicherheitsanforderungen führt. Ein Widerspruch zwischen der Abwägung zur Festlegung des Sicherheitsniveaus anhand des Kriteriums der Empfindlichkeit und Bedeutung der zu übermittelnden Daten nach § 8 Abs. 1 S. 1 KonzVgV, § 28 Abs. 3 KonzVgV und der entsprechenden Verordnungsbegründung[18] einerseits und der Gewährleistung der Unversehrtheit, Vertraulichkeit und Echtheit der Daten nach § 9 Abs. 2 KonzVgV andererseits besteht nicht,[19] vielmehr schränkt § 9 Abs. 2 KonzVgV den Abwägungsspielraum des Konzessionsgebers bei der Festlegung des Sicherheitsniveaus für die elektronischen Mittel ein.[20]

52 Auch für **E-Mails** gibt es Möglichkeiten, diese auf Basis kryptografischer Verfahren zum Schutz der darin enthaltenen Daten zu verschlüsseln. Durch eine Verschlüsselung kann die Unversehrtheit, Vertraulichkeit und Echtheit der Information wirksam geschützt werden.[21] Ebenso gibt es Möglichkeiten des Datenschutzes für andere mögliche Wege der elektronischen Kommunikation.

II. Unversehrtheit

53 Der Konzessionsgeber ist dazu verpflichtet, die Unversehrtheit der Daten, auch Datenintegrität genannt, zu gewährleisten.

54 **Unversehrtheit** bedeutet, dass die Daten nach der Absendung vollständig und unverändert bleiben.[22] Das betrifft zum Einen die Aufbewahrung der Daten im Verantwortungsbereich des Konzessionsgebers, zum Anderen aber auch bereits den Transport der Daten. Nach § 4 Abs. 2 KonzVgV muss der Konzessionsgeber die Integrität der Daten bei der gesamten Kommunikation sowie beim Austausch und der Speicherung von Informationen gewährleisten. Der Konzessionsgeber hat sicherzustellen, dass Dritte nicht unbefugt die eingereichten Unterlagen nachträglich verändern oder Datenverluste eintreten.[23] Der Konzessionsgeber darf daher nach § 9 Abs. 2 KonzVgV für das Senden, Empfangen, Weiterleiten und Speichern von Daten in einem Vergabeverfahren ausschließlich elektronische Mittel verwenden, welche die Unversehrtheit der Daten gewährleisten und hat dafür zu sorgen, dass ab dem Zugang der Unterlagen in seinen Verantwortungsbereich alles dafür getan wird, die eingereichten Unterlagen jeder unbefugten Zugriffsmöglichkeit zu entziehen.[24]

III. Vertraulichkeit

55 Die im Vergabeverfahren verwendeten elektronischen Mittel müssen auch die Vertraulichkeit der Daten gewährleisten.

56 Während das Merkmal Unversehrtheit ausdrückt, dass keine Veränderungen durch Dritte vorgenommen werden, bedeutet **Vertraulichkeit**, dass die Daten vor der Kenntnisnahme durch Dritte geschützt sein müssen. Darüber hinaus umfasst der Begriff der Vertraulichkeit auch, dass der Konzessionsgeber nicht vor Ablauf der Frist Kenntnis vom Inhalt der Unterlagen erhalten darf.[25]

57 Die **allgemeine Verpflichtung** zur Wahrung der Vertraulichkeit folgt aus § 4 KonzVgV. § 4 Abs. 2 KonzVgV verpflichtet den Konzessionsgeber zur Gewährleistung der Vertraulichkeit von Teilnahmeanträgen und Angeboten. Diese Regelung dient dem Schutz des ungestörten

---

18 Vgl. Verordnungsbegründung zu § 53 Abs. 3 VgV, BR-Drs. 87/16, 207, auf welche der Verordnungsgeber zur Begründung von § 28 Abs. 3 KonzVgV verweist, BR-Drs. 87/16, 296.
19 A.A. *Ley/Wankmüller*, Das neue Vergaberecht 2016, S. 281.
20 Siehe dazu § 8 KonzVgV Rn. 16 ff.
21 Bundesdruckerei, Whitepaper – Verschlüsseln und signieren, S. 8.
22 Vgl. *Contag*, in: Müller-Wrede, VOL/A, § 13 EG Rn. 33.
23 *Schubert*, in: Willenbruch/Wieddekind, Vergaberecht, 3. Aufl., § 14 VOL/A EG Rn. 2.
24 *Weyand*, Vergaberecht, § 13 VOL/A Rn. 92.
25 *Schubert*, in: Willenbruch/Wieddekind, Vergaberecht, 3. Aufl., § 14 EG VOL/A Rn. 2.

Wettbewerbs. § 4 Abs. 3 KonzVgV bestimmt, dass der Konzessionsgeber aber auch den Unternehmen selbst Anforderungen vorschreiben kann, die auf den Schutz der Vertraulichkeit von Informationen abzielen.

IV. Echtheit

Die vom Konzessionsgeber verwendeten elektronischen Mittel müssen die Echtheit der Daten sicherstellen.

58

Die **Echtheit** bezeichnet die Authentizität der Daten. Es muss dafür zweifelsfrei nachgewiesen werden können, dass sie von der angegebenen Datenquelle bzw. dem angegebenen Sender stammen.[26] Dieses Merkmal steht in engem Zusammenhang mit dem Begriff der Unversehrtheit der Daten. Um die Echtheit der Daten zu gewährleisten, muss auch gleichzeitig ihre Unversehrtheit sichergestellt sein, da nur Informationen, die nicht durch Unbefugte inhaltlich verändert wurden, auch tatsächlich so von dem angegebenen Absender verfasst wurden.

59

V. Organisatorische und technische Maßnahmen

Die Unversehrtheit, Vertraulichkeit und Echtheit der Daten zu gewährleisten bedeutet, die Daten vor unbefugten Zugriffen zu schützen. Um die verwendete Informations- und Kommunikationstechnologie und damit auch die übersendeten bzw. gespeicherten Daten zu schützen, sind durch den Konzessionsgeber geeignete organisatorische und technische Maßnahmen zu ergreifen. Dabei sollen nach der Verordnungsbegründung nur solche technischen Systeme und Bestandteile eingesetzt werden, die dem aktuellen Stand der Technik entsprechen.[27]

60

Die organisatorischen und technischen Maßnahmen zum Schutz der Daten müssen sowohl während der **Datenübertragung** zum Konzessionsgeber als auch während der **Speicherung/Verwahrung** der Daten im Herrschaftsbereich des Konzessionsgebers ergriffen werden.

61

Organisatorische und **technische Maßnahmen** werden zum Teil schon von den Anforderungen des § 8 Abs. 1 S. 2 KonzVgV an elektronischen Mittel vorgegeben, die der Konzessionsgeber zum Empfang von Angeboten und anderen Unterlagen verwendet. Darüber hinaus muss der Konzessionsgeber, soweit erforderlich, weitere Maßnahmen zur Sicherung der Unversehrtheit, Vertraulichkeit und Echtheit der Daten bestimmen.

62

§ 8 Abs. 1 S. 2 Nr. 3 bis 6 KonzVgV soll die übermittelten Unterlagen vor dem **Zugriff Unberechtigter** in jeglicher Weise schützen. Der Schutz vor dem Zugriff Unberechtigter bedeutet neben dem Schutz der Unversehrtheit gleichzeitig auch den Schutz der Vertraulichkeit und der Echtheit der Daten. Die Regelungen des § 8 Abs. 1 S. 2 Nr. 3 bis 6 KonzVgV schreiben vor, dass der Konzessionsgeber nur elektronische Mittel für den Empfang von Angeboten und Teilnahmeanträgen zu verwenden hat, die gewährleisten, dass nur die Berechtigten den Termin für den erstmaligen Zugriff auf die empfangenen Daten festlegen oder ändern können, nur die Berechtigten Zugriff auf die empfangenen Daten haben, nur die Berechtigten nach dem festgesetzten Zeitpunkt Dritten Zugriff auf die empfangenen Daten einräumen dürfen und dass empfangene Daten nicht an Unberechtigte weitergeleitet werden können. Diese Funktionen dienen dazu, dass die von den Unternehmen übermittelten Daten unverändert und vollständig bleiben und keine Kenntnisnahme durch Unberechtigte bzw. keine vorfristige Kenntnisnahme durch den Konzessionsgeber möglich ist. Diese technischen Maßnahmen sind das Pendant zum Einreichen der Unterlagen in einem verschlossenen Umschlag bei direkter oder postalischer Übermittlung sowie dem anschließenden Kennzeichnen des Umschlags und „Unter-Verschluss-Halten" der Unterlagen nach Eingang beim Konzessionsgeber (§§ 53 Abs. 5, 54 S. 1 VgV). Auch diese Maßnahmen dienen dem Schutz der übermittelten Unterlagen vor dem Zugriff Unberechtigter.

63

---

26 Verordnungsbegründung zu § 9 Abs. 2 KonzVgV, BR-Drs. 87/16, 284.
27 Vgl. Verordnungsbegründung zur inhaltsgleichen Regelung in § 11 Abs. 2 VgV, BR-Drs. 87/16, 166.

64 Die in § 8 Abs. 1 S. 2 KonzVgV beschriebenen Funktionen setzen eine **Verschlüsselung** der Daten voraus, insbesondere bei der Datenübertragung. Eine Verschlüsselung kann aber auch unabhängig von den Vorgaben des § 8 KonzVgV für andere Daten als Angebote und Teilnahmeanträge gefordert werden. Bei der elektronischen Übermittlung von Informationen dient die Verschlüsselung sowohl der Vertraulichkeit als auch der Unversehrtheit und Echtheit der übermittelten Informationen. Die Verschlüsselung übernimmt für elektronisch übermittelte Daten die Funktion, die der „verschlossene Umschlag" für schriftlich eingereichte Unterlagen nach § 53 Abs. 5 VgV erfüllt. Im Gegensatz zur elektronischen Signatur gibt es für die Erstellung einer Verschlüsselung (die Kryptographie) keine aktuelle gesetzliche Grundlage.[28] Eine Verschlüsselung ist die Umwandlung von Klartext in Geheimtext, der mittels eines Schlüssels wieder in den Klartext umgewandelt werden kann. Jeder Schlüssel wird aus einer langen Zahl gebildet. Die Schlüssellänge ist ein entscheidender Einflussfaktor für die Sicherheit der Verschlüsselung (je länger, desto sicherer). Als sicher gelten asymmetrische Verschlüsselungsverfahren (Public-Key-Verschlüsselungsverfahren). Bei dieser Art von Verfahren gibt es zwei Schlüssel, einen öffentlichen Schlüssel zur Verschlüsselung der zu übersendenden Datei und einen privaten (geheimen) Schlüssel zu Entschlüsselung dieser Datei. Öffentlicher und privater Schlüssel sind über eine mathematische Funktion miteinander verbunden. Zur Verschlüsselung von Dateien ist eine spezielle Software erforderlich, die zwei individuelle Schlüssel erstellt, den öffentlichen und den privaten Schlüssel. Der Absender verschlüsselt die zu übermittelnde Information durch Eingabe des öffentlichen Schlüssels des Empfängers, damit nur dieser sie mit seinem privaten Schlüssel entschlüsseln kann. Dazu muss der Absender den öffentlichen Schlüssel des Empfängers kennen, d. h., der öffentliche Schlüssel des Empfängers muss auf einem Schlüsselserver zugänglich sein. Die verschlüsselte Nachricht wird dann an den Empfänger versendet, der diese mit seinem privaten Schlüssel entschlüsseln. Dieser Schlüssel selbst kann auf einer Chipkarte des Empfängers gespeichert sein, welche dieser zusammen mit einem PIN-Code zur Entschlüsselung einsetzen muss.

65 Auch die **Sicherheit des Transports** der verschlüsselten Informationen ist zu berücksichtigen. Beispielsweise bieten DE-Mail-Dienste eine Transportverschlüsselung über gesicherte Kommunikationskanäle an, müssen aber auch die Ende-zu-Ende-Verschlüsselung als zusätzliche Option unterstützen. Die Ende-zu-Ende-Verschlüsselung gilt als sicheres Verfahren. Dabei bleiben die Daten während der gesamten Übermittlung über alle Übertragungsstationen hinweg verschlüsselt und werden erst beim Empfänger wieder entschlüsselt.

66 Die Verschlüsselung von Daten kann insbesondere mit einer **elektronischen Signatur**[29] kombiniert werden. Durch das Anbringen einer elektronischen Signatur wird eine Nachricht nicht nur verschlüsselt, sondern gleichzeitig die Identität des Kommunikationspartners belegt. Eine elektronische Signatur ist das Äquivalent zu einer Unterschrift unter einem schriftlich übermittelten Dokument. Elektronisch übermittelte Angebote müssen nicht zwingend signiert werden. Eine elektronische Signatur soll nur im Falle erhöhter Sicherheitsanforderungen erforderlich sein (vgl. § 53 Abs. 3 VgV). Daraus folgt, dass die Echtheit der übermittelten Daten nicht nur über Signaturen, sondern auch durch andere technische Maßnahmen sichergestellt werden kann. Denkbar wäre zum Beispiel eine Sicherstellung der Echtheit durch Übersendung der Daten mit einer DE-Mail, die auch der Authentifizierung des Absenders dient.

67 Verschlüsselungs- und die entsprechenden Entschlüsselungsfunktionen bzw. eine Datenübertragung über besonders gesicherte Kommunikationskanäle können bereits in den Anwendungen einer **Vergabeplattformen** bzw. der **Bietersoftware** implementiert sein. Dies gilt insbesondere für die Übermittlung von Angeboten: Die unter § 8 Abs. 1 S. 2 Nr. 3 bis 6 KonzVgV geforderten Verschlüsselungsfunktionen sollten bereits in der Bietersoftware/Vergabeplattform enthalten sein.

68 Die **Einreichung von Unterlagen** durch die Unternehmen über Vergabeplattformen kann entweder über eine Software, die die Unternehmen auf ihrem Rechner installieren müssen,

---
28 *Weyand*, Vergaberecht, § 13 VOL/A Rn. 110.
29 Siehe dazu § 8 KonzVgV Rn. 29 ff.

oder webbasiert erfolgen. Bei der Verwendung von Bietersoftware, die der Bieter bei sich auf dem Rechner installieren muss, erfolgt die Verschlüsselung (und auch das Signieren) noch bevor die Datei ins Internet und darüber zum Konzessionsgeber gelangt. Bei ausschließlich webbasierten Vergabelösungen muss die Datei zunächst ins Internet hochgeladen werden, um dann mit den auf der Vergabeplattform selbst verfügbaren Funktionen verschlüsselt (und) signiert werden zu können. Zur Gewährleistung der Datensicherheit ist eine Verschlüsselung der Unterlagen, bevor sie in das Internet gelangen, von Vorteil, sog. Ende-zu-Ende-Verschlüsselung.

Verschlüsselung und Signatur von Dateien gewährleisten maßgeblich den Datenschutz während des Transports. Darüber hinaus hat der Konzessionsgeber auch für die **Speicherung** der Daten aufgrund seiner Pflicht zur Wahrung der Vertraulichkeit und Datenintegrität (§ 4 Abs. 1 und 2 KonzVgV) in seinem Herrschaftsbereich Maßnahmen zur Sicherung der Daten zu ergreifen. Dazu gehört einerseits die verschlüsselte Aufbewahrung der Dateien. Andererseits sollte der Konzessionsgeber die auf seinen Geräten bzw. seinen Programmen gespeicherten Dateien vor unerwünschten Zugriffen sichern und bereits sein eigenes Computernetzwerk vor dem Eindringen Unbefugter abschirmen. Dazu kann der Konzessionsgeber vielfältige Maßnahmen ergreifen. Insbesondere Firewalls und Antivirenprogramme dienen dem Schutz der internen und von den Unternehmen übersendeten Informationen. Firewalls verhindern unerlaubte Zugriffe auf das Netzwerk. Sie überwachen den Datenverkehr und blockieren bestimmte Daten anhand zuvor festgelegter Regelungen. Ein IDS (Intrusion Detection System) kann die Firewall unterstützen, indem es Angriffe gegen das Netzwerk erkennt. Ein IPS (Intrusion Prevention System) kann über das Erkennen von Angriffen hinaus entdeckte Angriffe auch abwehren, indem es den Datenstrom abbricht oder verändert, zum Beispiel durch Beeinflussung der Funktionsweise des Firewall-Systems. Eine Anti-Virus-Software erkennt und beseitigt schädliche Dateien, die bereits in das Netzwerk des Konzessionsgebers gelangt sind. Vor schädlichen Dateien schützt auch eine Identifizierung des Absenders von Daten, insbesondere E-Mails, sodass nur Dateien geöffnet werden müssen, deren Absender der Konzessionsgeber vertraut. Zur Absenderidentifizierung kann er von den registrierten Unternehmen beispielsweise eine DE-Mail-Adresse verlangen.[30] Zur Behebung von Sicherheitslücken sollte vorhandene Software regelmäßig aktualisiert werden, insbesondere solche Software, die mit der Datenübertragung aus dem Internet verbunden ist. Zum Schutz vor Datenverlust sollte der Konzessionsgeber Sicherungskopien der gespeicherten Dateien in einem gesonderten Datenspeicher erstellen. Es ist auch möglich Backup-Systeme zu verwenden, welche diesen Vorgang selbsttätig durchführen.

VI. Adressat

Die Verpflichtung zur ausschließlichen Verwendung elektronischer Mittel, die den Anforderungen des § 9 Abs. 2 KonzVgV genügen, richtet sich an den Konzessionsgeber, der für die Unversehrtheit, die Vertraulichkeit und die Echtheit der Daten verantwortlich ist. Umfasst ist die gesamte elektronische Kommunikation, also das Senden, Empfangen und Weiterleiten sowie zusätzlich die Speicherung von Daten. Die Unternehmen haben lediglich diejenigen elektronischen Mittel zur Einreichung von Daten zu verwenden, die der Konzessionsgeber vorschreibt. Um die Unversehrtheit, Vertraulichkeit und Echtheit der Daten schon während deren Übertragung zu gewährleisten, muss der Konzessionsgeber von den Unternehmen verlangen, ihre Informationen mit dem notwendigen Sicherheitsniveau zu übermitteln, zum Beispiel durch die Verwendung einer DE-Mail, Verschlüsselungs- oder Signaturverfahren.

---

30 Verordnungsbegründung zu § 8 Abs. 1 KonzVgV, BR-Drs. 87/16, 283.

D. Notwendige Informationen (Abs. 3)

71 Nach § 9 Abs. 3 KonzVgV hat der Konzessionsgeber den Unternehmen alle notwendigen Informationen über die verwendeten elektronischen Mittel für die technischen Parameter zur Einreichung von Teilnahmeanträgen und Angeboten mithilfe elektronischer Mittel, einschließlich Verschlüsselung und Zeiterfassung, zugänglich zu machen. Die Informationen sollen die Unternehmen überhaupt in die Lage versetzen, die elektronischen Mittel zu verwenden, ihre Unterlagen einzureichen und zu verschlüsseln. Die Information über das Zeiterfassungsverfahren dient der Transparenz des Vergabeverfahrens.

72 Ausweislich des Wortlauts der Regelung („muss") ist der Konzessionsgeber **verpflichtet**, die Informationen zur Verfügung zu stellen. Dies bestätigen die Verordnungsbegründung[31] und dem unionsrechtlichen Vorbild in Art. 22 Abs. 6 UAbs. 1 lit. a RL 2014/24/EU, die insoweit entsprechend formuliert sind. Dem Konzessionsgeber verbleibt folglich diesbezüglich kein Entscheidungsspielraum.

73 Die Aufzählung der Informationsgegenstände ist **abschließend** zu verstehen. Dies folgt aus dem Fehlen eines öffnenden Zusatzes („insbesondere" oder Ähnliches), wie er etwa in § 2 Abs. 4 zu finden ist. Dies entspricht der Verordnungsbegründung[32] und dem unionsrechtlichen Vorbild in Art. 22 Abs. 6 UAbs. 1 lit. a RL 2014/24/EU. Über die Aufzählung hinaus ist der Konzessionsgeber daher nicht verpflichtet, weitere Informationen über die Anforderungen an den Einsatz elektronischer Mittel zur Verfügung zu stellen.

74 Die **Informationen** über die verwendeten elektronischen Mittel und die technischen Parameter zur Einreichung von Teilnahmeanträgen und Angeboten mithilfe elektronischer Mittel nach § 9 Abs. 3 Nr. 1 und 2 KonzVgV können z.B. Anleitungen und Handbücher zur Bedienung der Bietersoftware oder zum Setzen einer elektronischen Signatur sein. Hier soll für die Unternehmen beschrieben werden, wie sie die elektronischen Mittel – insbesondere zur Übermittlung ihrer Unterlagen – nutzen können. Die Informationen schließen außerdem Auskünfte über die Eigenschaften der elektronischen Mittel ein, wie deren grundsätzliche Funktionsweise. Zudem sind die technischen Voraussetzungen beim Bieter für die elektronische Abgabe der Unterlagen, die Anleitung zur Verwendung der der Vergabeplattform, die Anleitung zur Installation der erforderlichen Software, also der Bietersoftware, durch den Bieter auf seinem PC, deren Bedienung sowie Aktualisierung der Software mittels eines Updates anzugeben.[33]

75 Die Unternehmen sind vor allem nach § 9 Abs. 3 Nr. 3 KonzVgV darüber zu informieren, wie Daten **verschlüsselt** werden: ob der Bewerber/Bieter Nachrichten verschlüsselt übersenden muss, wie er die Verschlüsselungsfunktion bedient und wie die Verschlüsselung grundsätzlich funktioniert. Durch Verschlüsselung wird der Klartext in einer Nachricht in Geheimtext umgewandelt. Es gibt verschiedene Verschlüsselungsverfahren, z.B. symmetrische oder asymmetrische Verfahren. Eine Verschlüsselungsfunktion für zu übermittelnde Unterlagen wird in der Regel vergabeplattformseitig bzw. in der Bietersoftware integriert sein.

76 Ein **Zeiterfassungsverfahren** im Sinne von § 9 Abs. 3 Nr. 3 KonzVgV ist insbesondere die elektronische Zeitstempelung. Ein Zeitstempel bescheinigt, dass dem Aussteller des Zeitstempels zu einem bestimmten Zeitpunkt bestimmte elektronische Daten vorgelegen haben. Dies ist insbesondere zur Feststellung des fristgerechten oder verfristeten Eingangs von Teilnahme- oder Angebotsunterlagen relevant. Ein qualifizierter Zeitstempel nach Art. 42 VO (EU) 910/2014 verknüpft Datum und Zeit so mit Daten, dass die Möglichkeit der unbekannten Veränderung der Daten nach vernünftigem Ermessen ausgeschlossen ist. Er beruht auf einer korrekten Zeitquelle, die mit der koordinierten Weltzeit verknüpft ist, und wird außerdem mit einer fortgeschrittenen elektronischen Signatur bzw. einem fortgeschrittenen elektronischen Siegel versehen oder es wird ein gleichwertiges Verfahren angewandt. Akkreditierte Anbieter,

---

31 Verordnungsbegründung zu § 9 Abs. 3 KonzVgV, BR-Drs. 87/16, 284.
32 Verordnungsbegründung zu § 9 Abs. 3 KonzVgV, BR-Drs. 87/16, 284.
33 VK Südbayern, Beschluss v. 19.3.2018 – Z3-3-3194-1-54-11/17.

wie z. B. die D-TRUST GmbH (eine Tochter der Bundesdruckerei), garantieren, dass die von ihnen ausgestellten Zeitstempel über einen Zeitraum von 30 Jahren überprüfbar sind. Dieser Zeitraum wird auch von der Bundesnetzagentur gewährleistet. Die Ermittlung der korrekten Zeit ist über einen Zeitstempeldienst möglich, der mithilfe eines Zeitstempelservers Zeitstempel erstellt. Dazu ist eine Software erforderlich, die eine Anfrage an einen Zeitserver über das Zeitstempelprotokoll stellt und dessen Antwort empfängt. Die Bestimmung des Eingangszeitpunkts einer Datei sollte nicht durch die Zeitangabe vom lokalen Computer des Konzessionsgebers erfolgen, denn diese Zeitangabe könnte ungenau sein. Die Zeitangabe des D-TRUST-Zeitstempels wird beispielsweise durch einen Zeitserver bestimmt, der das Zeitsignal des Zeitzeichensenders DCF77 in Mainflingen empfängt. Nach diesem Zeitsignal, das auf Grundlage der Atomuhren der Physikalisch-Technischen Bundesanstalt in Braunschweig erzeugt wird, bestimmt sich die offizielle deutsche Zeit. Bei einer Vergabe über eine Vergabeplattform, auf welcher die Unterlagen der beteiligten Unternehmen hochgeladen werden, muss der Zeitstempel bereits plattformseitig integriert sein.

Die Informationen sind **zugänglich**, wenn die Unternehmen diese jederzeit einsehen und dauerhaft in Textform oder auf einem Datenträger gespeichert abrufen können. Hierfür reicht die Möglichkeit zum Download von der Internetseite des Konzessionsgebers aus.[34] Nach der Rechtsprechung der VK Südbayern[35] ist es für die Bereitstellung der Information insbesondere auch ausreichend, wenn in der Bekanntmachung ein Hinweis auf die Homepage der Vergabeplattform enthalten ist: *„Das Zurverfügungstellen im Sinne dieser Vorschrift beinhaltet einerseits das tatsächliche Vorhandensein und andererseits die Kenntnisnahmemöglichkeit. Der Antragsgegner hat die entscheidungserheblichen Informationen adäquat zu der Wichtigkeit und Allgemeingültigkeit ihres Informationsgehalts zur Verfügung gestellt, sodass die Bieter von ihnen Kenntnis erlangen konnten. Der öffentliche Auftraggeber muss die o.g. Informationen nämlich derart zur Verfügung stellen, dass bezogen auf die zu verwendenden elektronischen Mitteln ein durchschnittlich versierter Bieter von ihnen Kenntnis erlangen kann. Die Art und Weise des Zurverfügungstellens korreliert deshalb mit der Wichtigkeit der Information und damit, ob es sich um allgemeine oder auftragsbezogene Information handelt."* Bei den Informationen zur Installation, Bedienung und Aktualisierung der Bietersoftware handele es sich zweifelsohne um wichtige Informationen. Gleichwohl müssten nicht sämtliche wichtigen Informationen in einem einzigen Dokument bzw. direkt in der Aufforderung zur Angebotsabgabe enthalten sein. Notwendige Updates und Installationen auf Grundlage dieser Informationen auf dem PC vorzunehmen, sei dann Aufgabe und Risiko des am Verfahren beteiligten Unternehmens.

E. Rechtsschutz

Die Norm ist **unternehmensschützend** und vermittelt den Unternehmen mithin einen Anspruch auf Einhaltung der Bestimmungen nach § 97 Abs. 6 GWB. § 9 Abs. 1 KonzVgV soll garantieren, dass den Unternehmen Zugang zum Vergabeverfahren gewährt wird. Wird einem Unternehmen durch eine Verletzung des § 9 Abs. 1 KonzVgV die Möglichkeit zur Teilnahme an einem Vergabeverfahren verwehrt oder zumindest eingeschränkt, ist das Unternehmen in seinen Rechten verletzt. Insbesondere das Diskriminierungsverbot ist Ausdruck des Gleichbehandlungsgrundsatzes und daher unternehmensschützend. Auch wenn die Informationen nach § 9 Abs. 3 KonzVgV nicht zur Verfügung stehen, kann das zu einer Verletzung der Rechte der am Verfahren beteiligten Unternehmen führen, denen dann aufgrund fehlender Informationen Fehler bei der Nutzung der elektronischen Mittel unterlaufen können. Ebenso liegt eine Verletzung der Rechte eines Unternehmens dann vor, wenn nach § 9 Abs. 2 KonzVgV die Unversehrtheit und Echtheit und insbesondere Vertraulichkeit der von dem Unternehmen gesendeten Daten nicht gewährleistet wird.

---

34 *Schubert*, in: Willenbruch/Wieddekind, Vergaberecht, 3. Aufl., § 11 VOL/A Rn. 4.
35 VK Südbayern, Beschluss v. 19.3.2018 – Z3-3-3194-1-54-11/17.

79　Für die Unternehmen besteht bei einem Verstoß gegen § 9 KonzVgV jederzeit die Möglichkeit zu **rügen**, wenn der Verstoß auftritt. Tritt ein Verstoß mit der Aufforderung zur Angebotsabgabe erkennbar auf, hat ein potenzieller Bieter bis zum Ende der Angebotsfrist Zeit, diesen zu rügen.[36]

Anlage

Verordnungsbegründung (BR-Drs. 87/16)

Seite 284

§ 9 regelt nach dem Vorbild des § 11 VgV die Anforderungen an die verwendeten elektronischen Mittel. Grundlage ist die verbindliche Vorgabe elektronischer Kommunikationsmittel im Vergabeverfahren gemäß § 7 dieser Verordnung. § 11 VgV setzt unter anderem Vorgaben des Artikel 22 Absatz 1 Unterabsatz 1 Satz 2, Absatz 3 Satz 1 und Absatz 6 Unterabsatz 1 Buchstabe a der Richtlinie 2014/24/EU um.

Zu Absatz 1

Absatz 1 richtet sich am Vorbild des § 11 Absatz 1 VgV aus, der Artikel 22 Absatz 1 Unterabsatz 1 Satz 2 der Richtlinie 2014/24/EU umsetzt. Kern der Regelung ist die Definition, was unter elektronischen Mitteln zu verstehen ist und welchen allgemeinen Anforderungen elektronische Mittel, die im Rahmen der Durchführung eines Vergabeverfahrens eingesetzt werden, entsprechen müssen. Nicht diskriminierend sind elektronische Mittel dann, wenn sie für alle Menschen, auch für Menschen mit Behinderungen, ohne besondere Erschwernis und grundsätzlich ohne fremde Hilfe zugänglich und nutzbar sind. Allgemein verfügbar sind elektronische Mittel dann, wenn sie für alle Menschen ohne Einschränkung verfügbar sind und bei Bedarf, gegebenenfalls gegen marktübliches Entgelt, erworben werden können. Mit allgemein verbreiteten Geräten und Programmen der Informations- und Kommunikationstechnologie kompatibel sind elektronische Mittel dann, wenn jeder Bürger und jedes Unternehmen die in privaten Haushalten oder in Unternehmen üblicherweise verwendeten Geräte und Programme der Informations- und Kommunikationstechnologie nutzen kann, um sich über Vergabeverfahren zu informieren oder an öffentlichen Vergabeverfahren teilzunehmen.

Aus dem Wortlaut ergibt sich, dass die elektronischen Mittel kein Unternehmen hinsichtlich seiner Teilnahme an einem Vergabeverfahren einschränken dürfen. Unternehmen werden diesbezüglich nicht schon deshalb eingeschränkt, weil ein Konzessionsgeber die maximale Größe von Dateien festlegt, die im Rahmen eines Vergabeverfahrens an ihn gesendet werden können.

Bei der Ausgestaltung der verwendeten elektronischen Mittel ist der Barrierefreiheit nach § 4 des Behindertengleichstellungsgesetzes in angemessener Form Rechnung zu tragen. Das heißt, dass beispielsweise die besonderen Belange Gehörloser oder Blinder bei der Gestaltung elektronischer Vergabeplattformen zu berücksichtigen sind. Es geht darum, elektronische Umgebungen so zu gestalten, dass niemand von der Nutzung ausgeschlossen ist und sie von allen gleichermaßen genutzt werden können. Die verwendeten, barrierefreien Lösungen sollen auf eine möglichst allgemeine, breite Nutzbarkeit abgestimmt werden.

Zu Absatz 2

Absatz 2 richtet sich am Vorbild des § 11 Absatz 2 VgV aus, der Artikel 22 Absatz 3 Satz 1 der Richtlinie 2014/24/EU umsetzt. Während des gesamten Vergabeverfahrens obliegt es dem Konzessionsgeber, die Unversehrtheit, die Vertraulichkeit und die Echtheit aller verfahrensbezogenen Daten sicherzustellen. Echtheit bezeichnet dabei die Authentizität der Daten. Die Datenquelle beziehungsweise der Sender muss zweifelsfrei nachgewiesen werden können.

---

[36] Vgl. *Contag* in: Müller-Wrede, VOL/A, § 13 EG Rn. 40.

Zu Absatz 3

Absatz 3 richtet sich am Vorbild des § 11 Absatz 3 VgV aus, der Artikel 22 Absatz 6 Unterabsatz 1 Buchstabe a der Richtlinie 2014/24/EU umsetzt, dem zufolge die Konzessionsgeber den Unternehmen alle notwendigen Daten über die verwendeten elektronischen Mittel, für die Einreichung von Teilnahmeanträgen und Angeboten mithilfe elektronischer Mittel, einschließlich Verschlüsselung und Zeitstempelung, zugänglich machen müssen.

§ 10 KonzVgV
Einsatz alternativer elektronischer Mittel bei der Kommunikation

Der Konzessionsgeber kann im Vergabeverfahren die Verwendung elektronischer Mittel, die nicht allgemein verfügbar sind (alternative elektronische Mittel), verlangen, wenn der Konzessionsgeber
1. Unternehmen während des gesamten Vergabeverfahrens unter einer Internetadresse einen unentgeltlichen, uneingeschränkten, vollständigen und direkten Zugang zu diesen alternativen elektronischen Mitteln gewährt und
2. diese alternativen elektronischen Mittel selbst verwendet.

Übersicht	Rn.
A. Allgemeines	1
I. Unionsrechtlicher Hintergrund	2
II. Vergleichbare Regelungen	6
B. Alternative elektronische Mittel	10
C. Voraussetzungen für die Verwendung alternativer elektronischer Mittel	11
I. Zugang zu den alternativen elektronischen Mitteln (Nr. 1)	15
II. Verwendung durch den Konzessionsgeber (Nr. 2)	20
D. Rechtsschutz	22
Anlage	
Verordnungsbegründung	
(BR-Drs. 87/16)	

A. Allgemeines

§ 10 KonzVgV regelt den Einsatz alternativer elektronischer Mittel bei der Kommunikation. Alternative elektronische Mittel sind solche elektronischen Mittel, die nicht – wie in § 9 Abs. 1 S. 1 KonzVgV gefordert – allgemein verfügbar sind. Es ist dem Konzessionsgeber ausnahmsweise gestattet, Vergabeverfahren mithilfe von elektronischen Mitteln durchzuführen, die nicht allgemein verfügbar sind, wenn er sich an die Vorgaben von § 10 Nr. 1 und 2 KonzVgV hält. **1**

I. Unionsrechtlicher Hintergrund

Auf europarechtlicher Ebene ist die **Kommunikation** im Vergabeverfahren in Art. 29 RL 2014/23/EU geregelt. Anders als für die Vergabe öffentlicher Aufträge nach der VgV und für die Vergabe öffentlicher Aufträge im Sektorenbereich nach der SektVO ist die Verwendung elektronischer Mittel für die Konzessionsvergabe nicht verpflichtend vorgeschrieben. Die Bundesregierung hat sich jedoch im Sinne einer effizienten Abwicklung des Vergabeverfahrens und einheitlicher Vorgaben für die Vergabe öffentlicher Aufträge und Konzessionen entschlossen, den Grundsatz der elektronischen Kommunikation entsprechend Art. 22 RL 2014/24/EU in nationales Recht zu überführen.[1] **2**

§ 10 KonzVgV findet somit seine unionsrechtliche Grundlage in Art. 22 Abs. 5 **RL 2014/24/EU**. Nach Art. 22 Abs. 5 RL 2014/24/EU kann die Verwendung von Instrumenten und Vorrichtungen vorgeschrieben werden, die nicht allgemein verfügbar sind, sofern die Auftraggeber einen alternativen Zugang bieten. In Art. 22 Abs. 5 UAbs. 2 RL 2014/24/EU sind Situationen aufgelistet, in denen davon ausgegangen wird, dass geeignete alternative Zugänge angeboten werden: **3**

---
1 Verordnungsbegründung zu § 7 KonzVgV, BR-Drs. 87/16, 282.

a) Der Auftraggeber bietet ab dem Datum der Veröffentlichung der Bekanntmachung gemäß Anhang VIII RL 2014/24/EU unentgeltlich einen uneingeschränkten und vollständigen direkten Zugang anhand elektronischer Mittel zu diesen Instrumenten und Vorrichtungen an. Der Text der Bekanntmachung muss die Internetadresse, über die diese Instrumente und Vorrichtungen zugänglich sind, enthalten.

b) Der Auftraggeber gewährleistet, dass Bieter ohne Zugang zu den betreffenden Instrumenten und Vorrichtungen und ohne Möglichkeit, diese innerhalb der einschlägigen Fristen zu beschaffen, sofern das Fehlen des Zugangs nicht dem betreffenden Bieter zuzuschreiben ist, Zugang zum Vergabeverfahren mittels provisorischer Token haben, die online unentgeltlich zur Verfügung gestellt werden.

c) Der Auftraggeber unterstützt einen alternativen Kanal für die elektronische Einreichung von Angeboten.

4 Die in Art. 22 Abs. 5 UAbs. 2 lit. a RL 2014/24/EU beschriebene Situation wurde in § 10 **Nr. 1** KonzVgV als eine Bedingung aufgenommen, unter der die Verwendung alternativer elektronischer Mittel überhaupt verlangt werden kann. Die unter Art. 22 Abs. 5 UAbs. 2 lit. b und c RL 2014/24/EU beschriebenen Situationen sind in der Verordnung selbst nicht enthalten, werden allerdings in der Verordnungsbegründung aufgegriffen, die beschreibt, was der Konzessionsgeber machen muss, wenn er keinen unentgeltlichen, uneingeschränkten, vollständigen und direkten Zugang zu den verwendeten alternativen elektronischen Mitteln einräumen kann.

5 Dass der Konzessionsgeber die alternativen elektronischen Mittel selbst verwendet, wie es in § 10 **Nr. 2** KonzVgV vorgesehen ist, ist unionsrechtlich nicht vorgegeben.

II. Vergleichbare Regelungen

6 Für die Vergabe von Bauaufträgen im Oberschwellenbereich enthält § 11a EU Abs. 6 **VOB/A** inhaltlich identische Regelungen zu § 10 KonzVgV. Im Unterschwellenbereich gibt es für die Vergabe von Bauleistungen eine vergleichbare Regelung zu § 10 KonzVgV in § 11a Abs. 6 und 7 VOB/A, die beachtet werden muss, wenn sich der öffentliche Auftraggeber für die elektronische Kommunikation entschieden hat (§ 11 Abs. 1 S. 2 VOB/A).

7 § 12 Abs. 1 VgV und § 12 Abs. 1 SektVO enthalten inhaltlich dieselben, nahezu wortgleichen Regelungen wie § 10 KonzVgV. Auffällig im Vergleich mit den Parallelvorschriften § 12 **VgV** und § 12 **SektVO** ist, dass § 10 KonzVgV keine mit den § 12 Abs. 2 VgV und § 12 Abs. 2 SektVO vergleichbaren Vorschriften zu elektronischen Mitteln für die Bauwerksdatenmodellierung enthält, möglicherweise weil davon ausgegangen wurde, dass im Rahmen einer Konzessionsvergabe die **Bauwerksdatenmodellierung** keine Rolle spielt. Bei der Bauwerksdatenmodellierung (sogenannte BIM-Systeme – building information modeling system) handelt es sich um eine Methode zur Erstellung und Nutzung intelligenter digitaler Bauwerksmodelle, die es sämtlichen Projektbeteiligten ermöglicht, bei der Planung und Realisierung auf eine gemeinsame Datenbasis zurückzugreifen. Projektbeteiligte können zum Beispiel Architekten, Ingenieure, Bauherren oder Bauausführende sein.[2] Die Bauwerksdatenmodellierung kann vor allem die Auftragsausführung nach § 128 Abs. 2 i.V.m. § 152 Abs. 4 GWB betreffen. Im Rahmen einer Konzessionsvergabe können Unternehmen auch mit der Erbringung von Bauleistungen betraut werden (§ 105 Abs. 1 Nr. 1 GWB). Dabei besteht die Gegenleistung entweder allein in dem Recht zur Nutzung des Bauwerks oder in diesem Recht zuzüglich einer Zahlung. Zwar wird in aller Regel dem Konzessionsnehmer, also dem Unternehmen, die selbstständige Ausführung der Bauleistungen überlassen werden bzw. der Konzessionsnehmer selbst der Bauherr sein. In diesem Zusammenhang erscheint eine Vorgabe des Konzessionsgebers zur Nutzung elektronischer Mittel für die Bauwerksdatenmodellierung wenig sinnvoll. Es besteht aber die Möglichkeit, dass sich der Konzessionsgeber Gestaltungsrechte bei der Ausführung

---

2 Vgl. Verordnungsbegründung zu § 12 Abs. 2 VgV, BR-Drs. 87/16, 167, und § 12 Abs. 2 SektVO, BR-Drs. 87/16, 237.

der Bauleistungen vorbehält und an der Ausführung auch über die Bauwerksdatenmodellierung teilhaben möchte. Es bedarf jedoch nicht zwangsläufig einer speziellen Regelung zur Nutzung von elektronischen Mitteln für die Bauwerksdatenmodellierung, da der Konzessionsgeber die Nutzung dieser Mittel auch aufgrund seines Leistungsbestimmungsrechts in den Vergabeunterlagen vorschreiben kann.

In der **VSVgV** wurde auf eine Regelung zur Zulässigkeit von alternativen, nicht allgemein verfügbaren elektronischen Mitteln verzichtet. Die Verwendung elektronischer Mittel zur Kommunikation ist im Geltungsbereich der VSVgV nicht grundsätzlich verpflichtend. Wenn zum Beispiel aus Sicherheitsgründen ein elektronisches Mittel zur Kommunikation verwendet werden müsste, das nicht allgemein verfügbar ist, kann ohne Weiteres auf andere als elektronische Übermittlungsmethoden zurückgegriffen werden. 8

Abschnitt 1 **VOL/A** enthält keine mit § 10 KonzVgV vergleichbare Regelung, aber die **UVgO** ordnet in § 7 Abs. 4 UVgO die entsprechende Geltung des § 12 VgV für die Anforderungen an die verwendeten elektronischen Mittel und deren Einsatz bei der Vergabe öffentlicher Liefer- und Dienstleistungsaufträge unterhalb der EU-Schwellenwerte an. 9

B. Alternative elektronische Mittel

Bei alternativen elektronischen Mitteln handelt es sich um Mittel, die nicht allgemein verfügbar sind, also solche, die nicht für alle Menschen ohne Einschränkung verfügbar sind und die nicht bei Bedarf – gegebenenfalls gegen marktübliches Entgelt – von allen Menschen erworben werden können. Auch alternative elektronische Mittel sind elektronische Mittel i.S.d. § 7 Abs. 1 KonzVgV, d.h. Geräte und Programme für die elektronische Datenübermittlung. Alternative elektronische Mittel sind daher nicht zwingend „alternativ an sich", sondern werden über die fehlende allgemeine Verfügbarkeit und den daher erforderlichen alternativen Zugang definiert. Dies geht auch aus dem § 12 Abs. 1 VgV zugrundeliegenden Art. 22 Abs. 5 RL 2014/24/EU hervor. Die Richtlinie spricht insofern von „für die elektronische Kommunikation zu verwendenden Instrumente und Vorrichtungen" (Art. 22 Abs. 1 RL 2014/24/EU). In Art. 22 Abs. 5 UAbs. 1 RL 2014/24/EU vorgesehen ist die Möglichkeit der „Verwendung von Instrumenten und Vorrichtungen [...], die nicht allgemein verfügbar sind, sofern die öffentlichen Auftraggeber einen alternativen Zugang bieten." „Alternative" Instrumente und Vorrichtungen werden in der Richtlinie nicht erwähnt. Nicht allgemein verfügbar sind elektronische Mittel zum Beispiel dann, wenn gewisse Sicherungssysteme wie Firewalls durch spezielle Zugänge überwunden werden müssen. Denkbar wäre ein Zugang der Unternehmen zum Intranet des Konzessionsgebers, der aber nicht allgemein verfügbar ist, da die Schnittstelle zwischen Internet und Intranet durch Firewalls gegen unbefugte Zugriffe von außerhalb gesichert ist.[3] 10

C. Voraussetzungen für die Verwendung alternativer elektronischer Mittel

§ 10 KonzVgV regelt die Anwendung alternativer elektronischer Mittel. Nach der Regelung kann der Konzessionsgeber die Verwendung alternativer elektronischer Mittel verlangen, wenn er 11

1. den Unternehmen während des gesamten Vergabeverfahrens unter einer Internetadresse einen unentgeltlichen, uneingeschränkten, vollständigen und direkten Zugang zu diesen alternativen elektronischen Mitteln gewährt und
2. diese alternativen elektronischen Mittel selbst verwendet.

Bei der Entscheidung, ob ausnahmsweise die Verwendung alternativer elektronischer Mittel zulässig ist, handelt es sich ausweislich des Wortlauts („kann") um eine **Ermessensentscheidung** des Konzessionsgebers. Dies bestätigt die Verordnungsbegründung[4] („gestattet") und 12

---
3 Vgl. *Ley/Wankmüller*, Das neue Vergaberecht 2016, S. 283.
4 Verordnungsbegründung zu § 10 KonzVgV, BR-Drs. 87/16, 285.

13   Der Einsatz alternativer elektronischer Mittel ist laut Verordnungsbegründung[6] in erster Linie in Verfahren möglich, bei denen es zum **Schutz besonders sensibler Daten** erforderlich ist, elektronische Mittel zu verwenden, die nicht allgemein verfügbar sind. In die Ermessensentscheidung zur Verwendung alternativer elektronischer Mittel dürfen allerdings auch **andere Gründe** als Sicherheitsgründe einfließen. Sollen in einem Vergabeverfahren Informationen gesendet werden, deren Übermittlung nicht mit allgemein verfügbaren elektronischen Mitteln möglich ist, kann sich der Konzessionsgeber für die Verwendung alternativer elektronischer Mittel entscheiden. Denkbare Daten, die nicht mit den allgemein verfügbaren elektronischen Mitteln übersandt werden können, sind zum Beispiel virtuelle Modelle von Prozessabläufen, aber auch von Maschinen und Prozessen, welche nur mit spezieller Software erstellt und gelesen werden können.

entspricht der unionsrechtlichen Bestimmung in Art. 22 Abs. 5 UAbs. 1 RL 2014/24/EU, die der Regelung in § 10 KonzVgV zugrunde liegt.[5] Der Konzessionsgeber ist daher nicht verpflichtet, die Verwendung alternativer elektronischer Mittel zuzulassen.

14   Die Voraussetzungen, unter denen der Konzessionsgeber die Verwendung alternativer elektronischer Mittel verlangen kann, sind in § 10 Nr. 1 und 2 KonzVgV **abschließend** geregelt. Dies folgt aus dem Fehlen eines öffnenden Zusatzes („insbesondere" oder Ähnliches), wie er etwa in § 2 Abs. 4 KonzVgV zu finden ist. Weitere Voraussetzungen sind daher nicht zu beachten. Ausweislich des Wortlauts („und") müssen die Voraussetzungen zudem **kumulativ** vorliegen. Der Konzessionsgeber kann die Verwendung alternativer elektronischer Mittel daher nicht schon dann verlangen, wenn er den Zugang nach § 10 Nr. 1 KonzVgV gewährt. Er muss diese alternativen elektronischen Mittel nach § 10 Nr. 2 KonzVgV auch selbst verwenden.

I. Zugang zu den alternativen elektronischen Mitteln (Nr. 1)

15   Sollen alternative elektronische Mittel im Vergabeverfahren Verwendung finden, muss den Unternehmen nach § 10 Nr. 1 KonzVgV während des gesamten Vergabeverfahrens unter einer Internetadresse ein unentgeltlicher, uneingeschränkter, vollständiger und direkter Zugang zu diesen alternativen elektronischen Mitteln gewährt werden.

16   Durch die Bereitstellung eines – vor allem unentgeltlichen – Zugangs wird eine Diskriminierung kleinerer Unternehmen vermieden und das **Mittelstandsprinzip** berücksichtigt. Denn die kleinen und mittelständischen Unternehmen verfügen zum einen normalerweise nicht über so viele verschiedene Softwareprogramme wie die großen Unternehmen und es stellt für sie zum anderen eine größere finanzielle Belastung dar, die geforderte Software zu erwerben, da sie in der Regel über geringere finanzielle Ressourcen verfügen.

17   Zur Definition der unentgeltlichen, uneingeschränkten, vollständigen und direkten Zugänglichkeit der alternativen elektronischen Mittel lassen sich die Ausführungen in der Verordnungsbegründung zu § 41 Abs. 1 VgV[7], auf welche die Verordnungsbegründung zu § 17 KonzVgV[8] verweist, entsprechend heranziehen. **Unentgeltlich** bedeutet unter Berücksichtigung der Beschreibung zu § 41 Abs. 1 VgV, dass kein an dem Vergabeverfahren Interessierter für das Auffinden, den Empfang und das Anzeigen der alternativen elektronischen Mittel einem Konzessionsgeber oder einem Unternehmen ein Entgelt entrichten muss. Von dem Merkmal der Unentgeltlichkeit sind sämtliche Funktionen elektronischer Mittel, die nach dem jeweils aktuellen Stand der Technik erforderlich sind, umfasst. **Uneingeschränkt** und **direkt** zugänglich sind die alternativen elektronischen Mittel, wenn durch die anzugebende Internetadresse ein eindeutiger und vollständig beschriebener medienbruchfreier elektronischer Weg zu den alternativen elektronischen Mitteln vorhanden ist. Das heißt, dass es keine wesentlichen Zwischenschritte und keinen wesentlichen Zeitverlust verursachen darf, auf die alternati-

---

5 Vgl. Verordnungsbegründung zu § 10 KonzVgV, BR-Drs. 87/16, 285.
6 Verordnungsbegründung zu § 10 KonzVgV, BR-Drs. 87/16, 285.
7 Verordnungsbegründung zu § 41 Abs. 1 VgV, BR-Drs. 87/16, 195 f.
8 Verordnungsbegründung zu § 17 Abs. 1 KonzVgV, BR-Drs. 87/16, 285.

ven elektronischen Mittel zuzugreifen; es darf also auch keine Registrierung verlangt werden. **Vollständig** zugänglich sind die alternativen elektronischen Mittel dann, wenn über die Internetadresse sämtliche alternativen elektronischen Mittel und nicht nur Teile derselben verfügbar sind.

§ 10 Nr. 1 KonzVgV schreibt vor, dass der alternative Zugang zu den elektronischen Mitteln während des **gesamten Vergabeverfahrens** gewährt werden muss. Der Zugang muss den Unternehmen ab dem Datum der Veröffentlichung der Konzessionsbekanntmachung oder ab dem Datum des Versendens der Aufforderung zur Angebotsabgabe ermöglicht werden. Der Zugang zu diesen elektronischen Mitteln muss während des gesamten Vergabeverfahrens aufrecht erhalten bleiben, jedenfalls so lange wie die Unternehmen die alternativen elektronischen Mittel nutzen müssen, um mit dem Konzessionsgeber zu kommunizieren. 18

Während die KonzVgV ausdrücklich verlangt, dass der Konzessionsgeber zu den alternativen elektronischen Mitteln unter einer **Internetadresse** einen unentgeltlichen, uneingeschränkten, vollständigen und direkten Zugang gewähren muss, sieht die Verordnungsbegründung vor, dass der Konzessionsgeber auch auf **andere Weise** Zugang zu den alternativen elektronischen Mitteln gewähren kann, wenn er einen unentgeltlichen, uneingeschränkten, vollständigen und direkten Zugang unter einer Internetadresse nicht gewährleisten kann und dies nicht auf einem Verschulden des betroffenen Unternehmens beruht. Danach müsste der Konzessionsgeber einen anderweitigen Zugang gewähren, beispielsweise dadurch, dass spezielle sichere Kanäle zur Nutzung vorgeschrieben werden, zu denen ein individueller Zugang für das betroffene Unternehmen ermöglicht wird.[9] Dies geht auch aus Art. 22 Abs. 5 UAbs. 2 lit. b RL 2014/24/EU hervor. In Art. 22 Abs. 5 UAbs. 2 lit. b RL 2014/24/EU wird allerdings von einem Zugang zum Vergabeverfahren mittels provisorischer Token gesprochen, die online unentgeltlich zur Verfügung gestellt werden. Ein Token ist ein elektronischer Schlüssel zur Autorisierung des Zugriffs auf einen Speicherbereich oder eine Schnittstelle, unter der die Unternehmen dann Zugang zu dem Vergabeverfahren haben. Bei dieser Alternative fehlt es an der Direktheit des Zugangs zum Vergabeverfahren, da dieser nur mittels eines Tokens möglich ist. Art. 22 Abs. 5 UAbs. 2 lit. c RL 2014/24/EU geht des Weiteren davon aus, dass ein Auftraggeber auch dann einen geeigneten alternativen Zugang anbietet, wenn er lediglich einen alternativen Kanal für die elektronische Einreichung von Angeboten unterstützt. Der Verordnungstext selbst sieht die Gewährung eines anderweitigen Zugangs unter diesen Voraussetzungen zwar nicht ausdrücklich vor, nationales Recht ist jedoch richtlinienkonform auszulegen. Die KonzVgV sollte daher im Sinne der Verordnungsbegründung und der RL 2014/24/EU angewandt werden, da das Ziel der Richtlinie nicht durch die Auslegung des nationalen Rechts gefährdet werden darf. 19

II. Verwendung durch den Konzessionsgeber (Nr. 2)

Die Nutzung alternativer elektronischer Mittel setzt nach § 10 Nr. 2 KonzVgV zudem voraus, dass der Konzessionsgeber diese alternativen elektronischen Mittel auch selbst verwendet. 20

Auch wenn der Regelung dies nicht ausdrücklich zu entnehmen ist, folgt aus ihrem Sinn und Zweck, dass es nicht auf die **Verwendung** der alternativen elektronischen Mittel durch den Konzessionsgeber im Allgemeinen, sondern im konkreten Vergabeverfahren ankommt. 21

D. Rechtsschutz

§ 10 KonzVgV hat unternehmensschützende Wirkung im Sinne von § 97 Abs. 6 GWB. Die Unternehmen haben einen Anspruch darauf, dass ihnen ein Zugang auch zu denjenigen elektronischen Mitteln gewährt wird, die nicht allgemein verfügbar sind. Ohne einen solchen Zugang wäre der Zugang zum Vergabeverfahren im Sinne von § 9 Abs. 1 S. 2 KonzVgV eingeschränkt und wären die betroffenen Unternehmen in ihren Rechten verletzt. 22

---

9 Verordnungsbegründung zu § 10 KonzVgV, BR-Drs. 87/16, 285.

Anlage

Verordnungsbegründung (BR-Drs. 87/16)

Seite 285

§ 10 regelt nach dem Vorbild des § 12 VgV den Einsatz alternativer elektronischer Mittel bei der Kommunikation. § 12 VgV setzt Vorgaben der Artikel 22 Absatz 5 der Richtlinie 2014/24/EU um. Grundlage ist die verbindliche Vorgabe elektronischer Kommunikationsmittel im Vergabeverfahren gemäß § 7 dieser Verordnung.

In Ausnahmefällen ist es Konzessionsgebern gestattet, Vergabeverfahren mithilfe alternativer elektronischer Mittel durchzuführen. Alternative elektronische Mittel sind solche, die nicht für alle Unternehmen ohne Einschränkung verfügbar sind und die nicht bei Bedarf, gegebenenfalls gegen marktübliches Entgelt, von allen Unternehmen erworben werden können. Hiervon erfasst sind zum einen Vergabeverfahren, bei denen es zum Schutz besonders sensibler Daten erforderlich ist, elektronische Mittel zu verwenden, die nicht allgemein verfügbar sind. Zum anderen sind Vergabeverfahren erfasst, in denen Daten übermittelt werden müssen, deren Übermittlung aus anderen als Sicherheitsgründen nicht mit allgemein verfügbaren elektronischen Mitteln möglich ist. Verwenden Konzessionsgeber im Vergabeverfahren alternative elektronische Mittel, so müssen sie Unternehmen ab dem Datum der Veröffentlichung der Bekanntmachung unter einer Internetadresse unentgeltlich einen uneingeschränkten, vollständigen und direkten Zugang zu diesen alternativen elektronischen Mitteln gewähren. Diese Internetadresse muss in der Bekanntmachung angegeben werden.

Können Konzessionsgeber keinen uneingeschränkten, vollständigen und direkten Zugang zu den verwendeten alternativen elektronischen Mitteln einräumen und beruht das Fehlen eines solchen Zuganges nicht auf dem Verschulden des betreffenden Unternehmens, so müssen sie zu den verwendeten alternativen elektronischen Mitteln anderweitig Zugang gewähren. Konzessionsgeber können beispielsweise Zugang zu den verwendeten alternativen elektronischen Mitteln gewähren, indem sie spezielle sichere Kanäle zur Nutzung vorschreiben, zu denen sie individuellen Zugang gewähren.

§ 11 KonzVgV
Allgemeine Verwaltungsvorschriften

Die Bundesregierung kann mit Zustimmung des Bundesrates allgemeine Verwaltungsvorschriften über die zu verwendenden elektronischen Mittel (Basisdienste für die elektronische Konzessionsvergabe) sowie über die einzuhaltenden technischen Standards erlassen.

Übersicht	Rn.
A. Allgemeines	1
I. Unionsrechtlicher Hintergrund	4
II. Vergleichbare Regelungen	7
B. Elektronische Mittel	10
C. Technische Standards	11
D. Allgemeine Verwaltungsvorschriften	17
E. Rechtsschutz	23
Anlage	
Verordnungsbegründung	
(BR-Drs. 87/16)	

A. Allgemeines

§ 11 KonzVgV gibt der Bundesregierung die Befugnis, allgemeine Verwaltungsvorschriften zu erlassen, die Regelungen über die für das Senden, Empfangen, Weiterleiten und Speichern von Daten in einem Vergabeverfahren zu verwendenden elektronischen Mittel oder über die einzuhaltenden technischen Standards treffen. § 11 KonzVgV ist also eine Ermächtigungsgrundlage zum Erlass allgemeiner Verwaltungsvorschriften.   **1**

Grundlage für diese Regelung ist für die Bundesverwaltung Art. 86 S. 1 GG und im Verhältnis zur Landesverwaltung Art. 84 Abs. 2 GG. Art. 86 S. 1 GG betrifft allgemeine Verwaltungsvorschriften für die bundeseigene Verwaltung. Art. 84 Abs. 2 und 3 GG gibt vor, dass die Bundesregierung allgemeine Verwaltungsvorschriften für die Bundesgesetze erlassen kann, welche die Länder als eigene Angelegenheit unter Aufsicht der Bundesregierung ausführen (Bundesaufsichtsverwaltung). In Abweichung zu Art. 86 GG kann die Bundesregierung nach § 11 KonzVgV allgemeine Verwaltungsvorschriften nur mit Zustimmung des Bundesrates erlassen.   **2**

§ 11 KonzVgV dient dem **Zweck**, Standards verbindlich vorzugeben, insbesondere im Hinblick auf die bei der Bundesverwaltung und in den Ländern und Kommunen zunehmende Zentralisierung der Auftragsvergabe beziehungsweise mit Blick auf die Einrichtung entsprechender Dienstleistungszentren. Das betrifft beispielsweise Schnittstellenstandards wie XVergabe.[1]   **3**

I. Unionsrechtlicher Hintergrund

§ 11 KonzVgV wurde nicht aufgrund einer europarechtlichen Vorgabe erlassen. Es handelt sich um eine nationale Regelung, die dazu dienen soll, technische Standards für alle Konzessionsgeber verbindlich vorzugeben.   **4**

Auf europarechtlicher Ebene ist die **Kommunikation** im Vergabeverfahren in Art. 29 RL 2014/23/EU geregelt. Anders als für die Vergabe öffentlicher Aufträge nach der VgV und die Vergabe öffentlicher Aufträge im Sektorenbereich ist die Verwendung elektronischer Mittel für die Konzessionsvergabe sowieso nicht verpflichtend vorgeschrieben. Die Bundesregierung hat sich jedoch im Sinne einer effizienten Abwicklung des Vergabeverfahrens und einheitlicher Vorgaben für die Vergabe öffentlicher Aufträge und Konzessionen entschlossen,   **5**

---

[1] Verordnungsbegründung zu § 11 KonzVgV, BR-Drs. 87/16, 285.

den Grundsatz der elektronischen Kommunikation entsprechend Art. 22 RL 2014/24/EU in nationales Recht zu überführen.[2]

6   In **Art. 22 Abs. 7 RL 2014/24/EU** ist eine Grundlage zum Erlass delegierter Rechtsakte durch die Kommission festgelegt, die ganz ähnliche Ziele wie § 11 KonzVgV verfolgt. Nach Art. 22 Abs. 7 RL 2014/24/EU darf die Kommission delegierte Rechtsakte im Hinblick auf die zwingende Anwendung technischer Standards erlassen, um die Interoperabilität der technischen Formate und Standards auch im grenzüberschreitenden Zusammenhang zu gewährleisten. So soll einem möglicherweise schnellen technischen Fortschritt Rechnung getragen werden.

II. Vergleichbare Regelungen

7   § 13 **VgV** enthält inhaltlich dieselbe, nahezu wortgleiche Regelung wie § 11 KonzVgV. § 13 VgV gilt auch für die Vergabe von Bauaufträgen im Oberschwellebereich (§ 2 VgV).

8   In der **SektVO** existiert keine mit § 11 KonzVgV vergleichbare Regelung. Bei Sektorenauftraggebern im Sinne des § 100 Abs. 1 Nr. GWB handelt es sich in der Regel nicht um Verwaltungsorgane bzw. Behörden. Daher kann ihr Handeln nicht direkt durch allgemeine Verwaltungsvorschriften geregelt werden. Damit ist § 10 Abs. 2 S. 2 SektVO im Sektorenbereich das einzige Einfallstor für neue technische Standards.

9   Im Geltungsbereich der **VSVgV** und im Unterschwellenbereich, im Bereich der **VOB/A** und der **VOL/A**, gibt es auch keine vergleichbare Vorschrift. Auch in der **UVgO** ist keine entsprechende Vorschrift enthalten. § 7 Abs. 4 UVgO ordnet lediglich die entsprechende Anwendung der §§ 10 bis 12 VgV an.

B. Elektronische Mittel

10 Die allgemeinen Verwaltungsvorschriften können auf Grundlage des § 11 KonzVgV über die zu verwendenden elektronischen Mittel erlassen werden. Elektronische Mittel im Sinne des § 11 KonzVgV sind Basisdienste für die elektronische Konzessionsvergabe. Nach der Verordnungsbegründung sind Basisdienste für die elektronische Konzessionsvergabe elektronische Systeme und Komponenten, die für die Durchführung von Vergabeverfahren genutzt werden, zum Beispiel elektronische Ausschreibungsplattformen oder Server, die im Zusammenhang mit der Durchführung von Vergabeverfahren zentral zur Verfügung gestellt werden.[3] Die Legaldefinition für die elektronischen Mittel aus § 7 Abs. 1 KonzVgV – „Geräte und Programme für die elektronische Datenübermittlung" – ist in diesem Zusammenhang nicht heranzuziehen. Der Begriff der elektronischen Mittel in § 7 Abs. 1 KonzVgV ist allgemeiner gehalten als der Begriff in § 11 KonzVgV, der lediglich die zu verwendenden Basisdienste umfasst. Der in § 11 KonzVgV beschriebene Begriff der elektronischen Mittel ist sozusagen eine Teilmenge des Begriffs aus § 7 Abs. 1 KonzVgV.

C. Technische Standards

11 Der IT-Planungsrat – errichtet auf Grundlage des Vertrages über die Errichtung des IT-Planungsrates und über die Grundlagen der Zusammenarbeit beim Einsatz der Informationstechnologie in den Verwaltungen von Bund und Ländern – hat in seiner 17. Sitzung die verbindliche Anwendung des Interoperabilitätsstandards XVergabe als nationalen Standard beschlossen.[4] Der **Standard** XVergabe beschreibt einen plattformübergreifenden Daten- und Austauschprozessstandard. Im Vordergrund steht dabei die Schaffung eines einheitlichen Bieterzugangs zu den Vergabeplattformen der Konzessionsgeber – eine einheitliche Datenaustauschschnittstelle.[5] Grundlage der Entscheidung ist die technische Spezifikation „"XVergabe

---

2 Verordnungsbegründung zu § 11 KonzVgV, BR-Drs. 87/16, 282.
3 Verordnungsbegründung zu § 11 KonzVgV, BR-Drs. 87/16, 285.
4 IT-Planungsrat, Entscheidung v. 17.6.2015 – 2015/18.
5 XVergabe Betriebskonzept, Version 1.0, 13.5.2015, S. 5.

Kommunikationsschnittstelle". Diese beschreibt das momentane Problem beim Datenaustausch im Vergabeverfahren und die möglichen Lösungen folgendermaßen:[6]

Die Konzessionsgeber arbeiten derzeit mit verschiedenen Vergabeplattformen, für die gemeinhin auch die Installation und Verwendung einer jeweils eigenen **Bietersoftware** nötig ist. Die unterschiedlichen Bietersoftwares erlauben es nicht, mit anderen Vergabeplattformen zu kommunizieren. Verstärkt wird dieser Effekt noch durch den Einsatz unterschiedlicher Signaturanwendungskomponenten in den Bietersoftwares, die sich unter Umständen gegenseitig bei der Erzeugung elektronischer Signaturen bzw. beim Ansprechen eines Kartenlesers behindern.

Zur Lösung dieses Problems wurde im Rahmen des Projektes XVergabe gemeinsam mit Vergabestellen und Herstellern die Spezifikation für eine einheitliche Kommunikationsschnittstelle zwischen Vergabeplattform und Bietersoftware erarbeitet, die einen einheitlichen Austausch von Daten und Dokumenten zwischen diesen Komponenten ermöglicht. Damit soll es künftig möglich werden, von einer Bietersoftware, dem **Multi-Plattform-Bieter-Client**, aus unterschiedliche Vergabeplattformen einheitlich anzusprechen. Bei der Kommunikationsschnittstelle handelt es sich weder um eine Vergabeplattform noch einen Multi-Plattform-Bieter-Client, sondern lediglich um die technische Beschreibung der Schnittstelle zwischen der Vergabeplattform und der Bieteranwendung. Die Umsetzung der Schnittstelle erfolgt durch die jeweiligen Plattformanbieter.

Über die Kommunikationsschnittstelle soll die **Kommunikation** in allen notwendigen Prozessen des Vergabeverfahrens möglich sein: das Anmelden am Verfahren, das Abrufen von der Aufforderung zur Abgabe von Teilnahmeanträgen/Angeboten sowie der Vergabeunterlagen, das Stellen von Fragen und Abrufen von Antworten, das Einreichen, aber auch das Zurückziehen von Teilnahmeanträgen und Angeboten und das Abrufen der Zuschlagserteilung.

Zudem wird im Rahmen des Projekts XVergabe ein Datenaustauschstandard für **Bekanntmachungen** erarbeitet sowie eine Austauschschnittstelle hierfür geschaffen. Des Weiteren soll ein „Vergabeunterlagen-Formular-Baukasten" entwickelt werden, der es Vergabestellen ermöglichen soll, für ausgewählte **Vergabeunterlagen** entsprechende eigene Formulare zu entwerfen, zu erzeugen und die enthaltenen Informationen auszutauschen.

Der IT-Planungsrat hat in seiner 24. Sitzung am 5. Oktober 2017 dem vorgelegten Finanzierungskonzept für den Betrieb des Standards XVergabe durch den Bund und die Länder ab 2018 zugestimmt.[7] Die **Umsetzung** des Standards XVergabe soll dann innerhalb eines Jahres nach dieser Beschlussfassung erfolgen.[8] Mit Blick auf die Umsetzungsfrist für die Einführung der grundsätzlichen Nutzung elektronischer Mittel wäre eine Umsetzung bis zum 18. Oktober 2018 begrüßenswert.

D. Allgemeine Verwaltungsvorschriften

Auf Grundlage des § 11 KonzVgV können **allgemeine Verwaltungsvorschriften** erlassen werden. Allgemeine Verwaltungsvorschriften sind Anordnungen innerhalb der Verwaltungsorganisation von übergeordneten Verwaltungsinstanzen, hier von der Bundesregierung, an nachgeordnete Behörden oder Bedienstete.[9] Diese Vorschriften dienen zur Regelung einer möglich einheitlichen Rechtsanwendung bzw. zur näheren Ausgestaltung des Verwaltungshandelns. Sie wenden sich ausschließlich an die Verwaltung und entfalten daher verwaltungsintern Wirkung. Grundsätzlich entfalten die Verwaltungsvorschriften zumindest keine direkte Außenwirkung. Sie sind kein Gesetz im materiellen Sinne.

---

6 XVergabe Kommunikationsschnittstelle, Spezifikation, Version 15.01, 10.2.2015. Die Spezifikation der Kommunikationsschnittstelle wurde mehrfach überarbeitet, derzeit ist die Version 4.6 vom 27.9.2017 aktuell, zugänglich unter: https://www.xvergabe.org/confluence/pages/viewpage.action?pageId=16155004.
7 IT-Planungsrat, Entscheidung v. 5.10.2017 – 2017/38.
8 IT-Planungsrat, Entscheidung v. 17.6.2015 – 2015/18.
9 *Peine*, Allgemeines Verwaltungsrecht, Rn. 152.

18 Es wird zwischen **norminterpretierenden** und **normkonkretisierenden Verwaltungsvorschriften** unterschieden. Norminterpretierende Verwaltungsvorschriften werden erlassen, um den Verwaltungen eine Hilfe bei der Gesetzesauslegung – insbesondere bei unbestimmten Rechtsbegriffen – zur Seite zu stellen und so eine möglichst einheitliche Rechtsanwendung herbeizuführen. Die Gerichte sind bei der Überprüfung von Verwaltungshandeln an solche Verwaltungsvorschriften nicht gebunden. Normkonkretisierende Verwaltungsvorschriften hingegen werden zur Konkretisierung des Inhalts einer Norm festgelegt. Diese Verwaltungsvorschriften sind auch für Gerichte verbindlich und dann wie Normen auszulegen. Das Bundesverwaltungsgericht erkennt die normkonkretisierenden Verwaltungsvorschriften grundsätzlich nur im Bereich des Umwelt- und Technikrechts und nur unter bestimmten Voraussetzungen an. Die Verwaltungsvorschriften dienen in diesem Fall der Ausfüllung eines der Verwaltung eingeräumten Beurteilungsspielraums. Mit den normkonkretisierenden Verwaltungsvorschriften wird die Ausübung dieses Beurteilungsspielraums von der Einzelentscheidung im jeweiligen Verwaltungsakt in eine abstrakt generalisierende Regelung vorverlagert, um so die Einheitlichkeit des Verwaltungshandelns sicherzustellen.[10]

19 Nach § 11 KonzVgV können die Begriffe **elektronische Mittel** (im Sinne von Basisdiensten für die elektronische Konzessionsvergabe) und die einzuhaltenden **technischen Standards** durch genauere und jeweils technisch aktuelle Vorgaben inhaltlich konkretisiert werden. Es handelt sich hierbei um technische Begriffe, so dass normkonkretisierende Verwaltungsvorschriften grundsätzlich möglich wären. Solche Konkretisierungen könnten praktisch große Bedeutung entfalten. Durch Verwaltungsvorschriften erhält die Exekutive, hier die Bundesregierung, die Befugnis, Normen zu gestalten, was nach den Grundsätzen der Gewaltenteilung der Legislative vorbehalten ist.

20 Daher akzeptiert das BVerwG die **normkonkretisierende Wirkung** nur unter den folgenden Voraussetzungen:
- Beim Erlass der Verwaltungsvorschrift werden höherrangige Gebote und die vom Gesetz getroffenen Wertungen beachtet.
- Dem Erlass der Verwaltungsvorschrift geht ein umfangreiches Beteiligungsverfahren voran, dessen Zweck es ist, vorhandene Erfahrungen und den Stand der wissenschaftlichen Erkenntnis auszuschöpfen, um so zu wissenschaftlich-technischem Sachverstand zu gelangen.
- Die Verwaltungsvorschrift darf nicht durch Erkenntnisfortschritte in Wissenschaft und Technik überholt sein.
- Die Verwaltungsvorschrift wird veröffentlicht.[11]

Auch wenn § 11 KonzVgV ein umfangreiches Beteiligungsverfahren nicht ausdrücklich vorschreibt, kann einer aus dieser Regelung hervorgegangenen Verwaltungsvorschrift dennoch normkonkretisierende Wirkung zukommen. Dafür muss allerdings trotz fehlender Regelung in der KonzVgV ein umfangreiches Beteiligungsverfahren vor Erlass der Verwaltungsvorschrift durchgeführt werden.

21 Die allgemeinen Verwaltungsvorschriften haben für Unternehmen keine **Bindungswirkung**, da es sich nicht ein um Gesetz im materiellen Sinne handelt. Als Adressat der auf Grundlage des § 11 KonzVgV erlassenen Verwaltungsvorschriften kommen lediglich die Konzessionsgeber in Betracht. Grundsätzlich wenden sich Verwaltungsvorschriften nur an die Verwaltung. Es ist daher fraglich, ob die von der Bundesregierung erlassenen Verwaltungsvorschriften über elektronische Mittel und einzuhaltende technische Standards auch gegenüber Konzessionsgebern Wirkung entfalten können, die kein Teil des staatlichen Verwaltungsapparates sind, sondern zum Beispiel juristische Personen des privaten Rechts im Sinne des § 99 Nr. 2 bis 4 i.V.m. § 101 GWB. Aufgrund ihrer lediglich verwaltungsinternen Wirkung können allgemeine Verwaltungsvorschriften zumindest nicht direkt für juristische Personen des privaten Rechts

---
10 BVerwG, Urteil v. 28.10.1998 – 8 C 16.96.
11 BVerwG, Urteil v. 28.10.1998 – 8 C 16.96.

gelten. Behörden können lediglich darauf hinwirken, dass entsprechende Verwaltungsvorschriften auch bei den ihrer Aufsicht unterstehenden juristischen Personen Anwendung finden.

Es ist denkbar, dass nach § 11 KonzVgV erlassene allgemeine Verwaltungsvorschriften im Widerspruch zu den nach § 8 Abs. 2 S. 2 KonzVgV zu verwendenden **Interoperabilitäts- und Sicherheitsstandards** der Informationstechnik (gemäß § 3 Abs. 1 des Vertrags über die Errichtung des IT-Planungsrats und über die Grundlagen der Zusammenarbeit beim Einsatz der Informationstechnologie in den Verwaltungen von Bund und Ländern) stehen. Nach der Verordnungsbegründung sollen die unter § 8 Abs. 2 S. 2 KonzVgV bezeichneten Interoperabilitäts- und Sicherheitsstandards der Informationstechnik Vorrang vor konkurrierenden Standards in gemäß § 11 KonzVgV erlassenen allgemeinen Verwaltungsvorschriften haben.[12] Denn auf die Standards nach § 3 Abs. 1 des Vertrags über die Errichtung des IT-Planungsrats und über die Grundlagen der Zusammenarbeit beim Einsatz der Informationstechnologie in den Verwaltungen von Bund und Ländern verweist die Verordnung direkt. Interoperabilitäts- und Sicherheitsstandards der Informationstechnik nach § 11 KonzVgV werden durch den IT-Planungsrat mit der Zustimmung des Bundes und einer Mehrheit von elf Ländern festgelegt, sodass für Verwaltungsvorschriften bezüglich dieser Aspekte grundsätzlich kein Bedarf besteht.

E. Rechtsschutz

§ 11 KonzVgV ist keine unternehmensschützende Norm im Sinne des § 97 Abs. 6 GWB, sondern eine Ermächtigungsgrundlage für die Bundesregierung zum Erlass allgemeiner Verwaltungsvorschriften. Aus der Norm ergeben sich also keine Rechte und Ansprüche für die Unternehmen. Auch aus den auf Grundlage dieser Norm erlassenen allgemeinen Verwaltungsvorschriften resultieren solche Rechte zumindest nicht unmittelbar. Denn bei Verwaltungsvorschriften handelt es sich nicht um materielle Gesetze. Die Verwaltungsvorschriften richten sich an die zuständige Verwaltung, sind für diese aber verbindlich, sodass sie zumindest mittelbar auch für die Unternehmen Wirkung entfalten können (Selbstbindung der Verwaltung). Kommt einer Verwaltungsvorschrift normkonkretisierende Wirkung zu, ist sie gerichtlich als verbindlich zu betrachten.

§ 8 Abs. 2 KonzVgV, der auch auf jeweils geltende Standards verweist, ist hingegen eine Rechtsvorschrift, welche den Konzessionsgeber verpflichtet und daher unmittelbar unternehmensschützend im Sinne des § 97 Abs. 6 GWB ist.

Anlage

Verordnungsbegründung (BR-Drs. 87/16)

Seite 285

§ 11 gibt der Bundesregierung die Befugnis, Allgemeine Verwaltungsvorschriften zu erlassen, die Regelungen über die für das Senden, Empfangen, Weiterleiten und Speichern von Daten in einem Vergabeverfahren zu verwendenden elektronischen Geräte und Programme oder über die einzuhaltenden technischen Standards treffen. Grundlage für diese Ermächtigung ist im Verhältnis zur Bundesverwaltung Artikel 86 GG und im Verhältnis zur Landesverwaltung Artikel 84 Absatz 2 GG. Der Wortlaut des § 11 richtet sich am Vorbild des § 13 VgV aus.

Basisdienste für die elektronische Konzessionsvergabe sind dabei elektronische Systeme und Komponenten, die für die Durchführung von Vergabeverfahren genutzt werden, zum Beispiel elektronische Ausschreibungsplattformen oder Server, die im Zusammenhang mit der Durchführung von Vergabeverfahren zentral zur Verfügung gestellt werden.

---

12 Verordnungsbegründung zu § 13 VgV, der laut Verordnungsbegründung Vorbild für § 11 KonzVgV war, BR-Drs. 18/7318, 167, 285.

Mit dem Kabinettbeschluss zur Optimierung der öffentlichen Beschaffung von 2003 (so genanntes „7-Punkte-Programm") hat die Bundesregierung frühzeitig elementare Voraussetzungen für eine die gesamte Bundesverwaltung umfassende Einführung der elektronischen Auftragsvergabe geschaffen. Nunmehr ist es dringend erforderlich, gerade auch mit Blick auf die bei der Bundesverwaltung und ebenso in den Ländern und Kommunen zunehmende Zentralisierung beziehungsweise mit Blick auf die Einrichtung entsprechender Dienstleistungszentren, insbesondere Standards verbindlich vorzugeben. Das betrifft beispielsweise Schnittstellenstandards wie die XVergabe.

Verordnung über die Vergabe von Konzessionen

(Konzessionsvergabeverordnung – KonzVgV)

Abschnitt 2
Vergabeverfahren

Unterabschnitt 1
Allgemeine Verfahrensvorschriften

§ 12 KonzVgV
Allgemeine Grundsätze

(1) Der Konzessionsgeber darf das Verfahren zur Vergabe von Konzessionen nach Maßgabe dieser Verordnung frei ausgestalten. Der Konzessionsgeber kann das Verfahren an den Vorschriften der Vergabeverordnung zum Ablauf des Verhandlungsverfahrens mit Teilnahmewettbewerb ausrichten.

(2) Das Verfahren kann ein- oder mehrstufig durchgeführt werden. Der Konzessionsgeber darf mit Bewerbern und Bietern Verhandlungen führen. Während der Verhandlungen dürfen der Konzessionsgegenstand, die Mindestanforderungen an das Angebot und die Zuschlagskriterien nicht geändert werden.

(3) Der Konzessionsgeber darf Bewerber oder Bieter bei der Weitergabe von Informationen nicht diskriminieren.

Übersicht

	Rn.		Rn.
A. Allgemeines	1	II. Verhandlungen (S. 2 und 3)	12
I. Unionsrechtlicher Hintergrund	2	D. Nichtdiskriminierung bei der Weitergabe von Informationen (Abs. 3)	15
II. Vergleichbare Regelungen	3		
B. Verfahrensgestaltung (Abs. 1)	5	E. Rechtsschutz	16
C. Durchführung in Stufen und Verhandlungsführung (Abs. 2)	9	Anlage Verordnungsbegründung (BR-Drs. 87/16)	
I. Ein- oder mehrstufige Durchführung (S. 1)	9		

A. Allgemeines

Der Konzessionsgeber ist zwar frei in der Ausgestaltung des Verfahrens zur Vergabe von Konzessionen, gleichwohl beschränkt durch das Erfordernis gemäß Art. 3 RL 2014/23/EU, also durch die Beachtung der Grundsätze der Gleichbehandlung, Nichtdiskriminierung und Transparenz. Der Verordnungsgeber der KonzVgV hat dem durch die Normierung der Abs. 1 bis 3 des § 12 KonzVgV richtliniengetreu Rechnung getragen. 1

I. Unionsrechtlicher Hintergrund

Die Vorschrift gründet auf der Umsetzung der Vorgaben des Art. 30 („Allgemeine Grundsätze"), des Art. 37 Abs. 6 („Verfahrensgarantien") und des Art. 3 („Grundsätze der Gleichbehandlung, Nichtdiskriminierung und Transparenz") RL 2014/23/EU. Der Konzessionsgeber kann unter Zugrundelegung der in Art. 3 RL 2014/23/EU genannten drei Grundsätze – Gleichbehandlung, Nichtdiskriminierung und Transparenz – das Verfahren zur Vergabe einer Konzession frei, unter Beachtung des Vertraulichkeitsgrundsatzes, gestalten. Im Zusammenwirken der oben genannten drei Grundsätze sieht der Richtliniengeber auch die Grundlage für die Vergabe einer Konzession, die sich ihrerseits regelmäßig sowohl durch „langfristige komplexe Vereinbarungen" als auch die Risikoübernahme durch den Konzessionsnehmer auszeichnet. Neben den Verantwortlichkeiten des Konzessionsnehmers soll vice versa dem Konzessionsgeber ein „großer Spielraum" bei der Festlegung und Durchführung des Verfahrens zur Auswahl des Konzessionsnehmers[1] zustehen.[2] 2

---

[1] Siehe Erwägungsgrund 68 RL 2014/23/EU.
[2] Auch der am 20.12.2011 von der Europäischen Kommission veröffentlichte Vorschlag für Richtlinie des Europäischen Parlaments und des Rates über die Konzessionsvergabe überließ die Wahl des Verfahrens noch dem Konzessionsgeber, vgl. KOM (2011) 897.

II. Vergleichbare Regelungen

3 Ein Vergleich der Bestimmung des § 12 KonzVgV mit anderen Vergabeverordnungen und der VOB/A zeigt, dass – neben § 14 Abs. 2 VgV und § 13 Abs. 1 SektVO – offensichtlich mit § 12 KonzVgV dem Konzessionsgeber bei der Vergabe von Konzessionen „nach seiner Wahl" die größtmögliche Gestaltungsfreiheit zur Verfügung steht. Entsprechend der Vorschrift des § 119 Abs. 1 GWB werden die zulässigen **Vergabeverfahrensarten** abschließend bestimmt. Die nunmehr eingeräumte Wahlfreiheit bezieht sich indes nur auf das offene und das nicht offene Verfahren. Die übrigen Verfahrensarten unterliegen – wie bisher auch – den jeweiligen spezifischen Voraussetzungen (§ 119 Abs. 2 GWB). Die Bestimmungen des § 14 Abs. 2 VgV und des § 13 Abs. 1 SektVO ähneln sich demgegenüber sehr, wiewohl letztere Bestimmung dem Auftraggeber die Wahl des konkreten Verfahrens „nach seiner Wahl" für alle Verfahrensarten, nur eingeschränkt bei der Innovationspartnerschaft, eröffnet. Die Änderung der VSVgV ihrerseits lässt die bisherige Bestimmung des § 11 VSVgV unberührt. Damit bleibt es dort beim Grundsatz des offenen Verfahrens bzw. des Verhandlungsverfahrens mit Teilnahmewettbewerb.

4 Eine gewisse Hervorhebung erfährt in § 12 KonzVgV das **Verhandlungsverfahren**. Seine Definition in § 119 Abs. 5 GWB entspricht der bisherigen Regelung des § 101 Abs. 5 GWB. Der Wortlaut des § 12 Abs. 1 S. 2 KonzVgV lässt bei norminterpretierter Auslegung aber den Willen des Verordnungsgebers erkennen, dem Verhandlungsverfahren mit Teilnahmewettbewerb sowohl aus praktischen Erwägungen als auch aus den in Art. 37 Abs. 6 RL 2014/23/EU aufgeführten Erwägungen eine gewisse Priorität beizumessen. Nach den überkommenen Vorschriften der VOB/A war das nunmehr in der KonzVgV aus praktischen Erwägungen „präferierte" Verhandlungsverfahren demgegenüber (nur) ausnahmsweise gestattet.[3] Es unterlag darüber hinaus einem Zweckmäßigkeitsvorbehalt. Einzig § 3 VOF sah in Abs. 1 die Vergabe von Aufträgen im Verhandlungsverfahren mit Teilnahmewettbewerb gewissermaßen als Regelfall vor (ausnahmsweise konnte auch ohne Teilnahmewettbewerb in den in § 3 Abs. 4 VOF abschließend genannten Fällen vergeben werden). Nach neuem Recht werden in § 3 EU VOB/A die Arten der Vergabe, in § 3a EU VOB/A die Zulässigkeitsvoraussetzungen der einzelnen Vergabearten und in § 3b EU VOB/A der Ablauf der jeweiligen Verfahren näher beschrieben. Für das Verhandlungsverfahren siehe § 3 EU Nr. 3 VOB/A sowie, je nachdem, ob mit oder ohne Teilnahmewettbewerb, § 3a EU Abs. 2 und 3 VOB/A bzw. § 3b EU Abs. 3 Nr. 1 und 4 VOB/A.

B. Verfahrensgestaltung (Abs. 1)

5 Nach § 12 Abs. 1 S. 1 KonzVgV darf der Konzessionsgeber das Verfahren zur Vergabe von Konzessionen nach Maßgabe der KonzVgV frei ausgestalten. Er kann das Verfahren gemäß § 12 Abs. 1 S. 2 KonzVgV an den Vorschriften der VgV zum Ablauf des Verhandlungsverfahrens mit Teilnahmewettbewerb ausrichten.

6 Abs. 1 S. 1 des § 12 KonzVgV setzt die **unionsrechtliche Vorgabe** in Art. 30 Abs. 1 S. 1 RL 2014/23/EU um, während Abs. 1 S. 2 die „Ermächtigung" zu Verhandlungen mit Teilnahmewettbewerb nach Art. 37 Abs. 6 RL 2014/23/EU aufgreift.

7 § 12 Abs. 1 S. 2 KonzVgV stellt ausdrücklich klar, dass der Konzessionsgeber das Verfahren an den Regelungen in § 17 VgV zum **Verhandlungsverfahren mit Teilnahmewettbewerb** ausrichten kann. Dieses Vorgehen entspricht der bislang empfohlenen und wohl auch gängigen Praxis im Vorfeld der Konzessionsvergabe[4], ausgehend davon, dass aber eine völlige Freistellung der Vergabe von Dienstleistungskonzessionen den Bestimmungen des EGV (Art. 43

---

3 Siehe § 3 EG Abs. 4 und 5 VOB/A bzw. für die VOL/A § 3 EG Abs. 3 und 4 VOL/A.
4 Dazu *Hertwig/Kingerske*, Leitfaden zur Vergabe von Dienstleistungskonzessionen, S. 11.

bis 55) und (später) des AEUV (Art. 49, 56) zuwiderliefe.[5] Die Regelung in § 12 Abs. 1 S. 2 KonzVgV hat vor diesem Hintergrund ausweislich der Verordnungsbegründung[6] lediglich klarstellenden Charakter. Sie trifft keine abschließende und zwingende Regelung über die dem Konzessionsgeber zur Verfügung stehenden Gestaltungsoptionen. Dieser ist daher berechtigt, das Konzessionsvergabeverfahren auch an den übrigen Verfahrensarten nach § 119 Abs. 1 GWB auszurichten. Dem Konzessionsgeber steht es daher frei, das offene und das nicht offene Verfahren – das aber einen Teilnahmewettbewerb erfordert – zu führen, § 119 Abs. 2 S. 1 GWB.

Der Konzessionsgeber ist indes nicht an die nach § 119 GWB vorgegebenen Gestaltungen der **Verfahrensarten** gebunden, da die Regelung nicht im Katalog der anwendbaren Vorschriften von § 154 GWB – anders als etwa für den Bereich des Sektorenvergaberechts im Katalog des § 142 GWB – aufgeführt ist. Dies bestätigt die Gesetzesbegründung zu § 151 GWB[7]. Der Konzessionsgeber ist daher nicht verpflichtet, die Verfahrensgestaltung im Rahmen der jeweiligen Verfahrensarten auszugestalten. Möglich ist daher auch eine Kombination der verschiedenen Verfahrenselemente. Hierbei hat der Konzessionsgeber die Grundsätze der Vergabe nach § 97 Abs. 1 und 2 GWB zu beachten.[8] 8

C. Durchführung in Stufen und Verhandlungsführung (Abs. 2)

I. Ein- oder mehrstufige Durchführung (S. 1)

Das Verfahren kann nach § 12 Abs. 2 S. 1 KonzVgV ein- oder mehrstufig durchgeführt werden. 9

Entsprechend der Komplexität einer Konzessionsvereinbarung obliegt es der **„freien Wahl"** des Konzessionsgebers, das Verfahren ein- oder mehrstufig durchzuführenIn der Praxis hatte sich eine Mischung aus linearer und paralleler Strategie bewährt. Der Konzessionsgeber wählt durch den Teilnahmewettbewerb eine Gruppe aus, die sich durch das Verhandlungsverfahren ständig verkleinert. Im Verhandlungsverfahren werden nach der linearen bzw. einstufigen Strategie mit dem Bieter, der nach Aufforderung zur Abgabe eines Angebots das wirtschaftlichste Angebot eingereicht hat, als „preferred bidder" (im Gegensatz zur parallelen Strategie) die Vertragsverhandlungen vorerst allein geführt.[9] 10

Die Entscheidung über die Verfahrensgestaltung hat der Konzessionsgeber den Teilnehmern am Vergabeverfahren nach § 13 Abs. 3 S. 1 KonzVgV **mitzuteilen**. Nach der Regelung ist den Teilnehmern ein Organisations- und Zeitplan des Vergabeverfahrens einschließlich eines unverbindlichen Schlusstermins zu übermitteln. 11

II. Verhandlungen (S. 2 und 3)

Der Konzessionsgeber darf nach § 12 Abs. 2 S. 2 KonzVgV mit Bewerbern und Bietern Verhandlungen führen. Während der Verhandlungen dürfen der Konzessionsgegenstand, die Mindestanforderungen an das Angebot und die Zuschlagskriterien gemäß § 12 Abs. 2 S. 3 KonzVgV nicht geändert werden. 12

Dem Konzessionsgeber kommt im Verhandlungsverfahren der Umstand zugute, dass die Anbieter Gelegenheit erhalten, **Fragen** zur Durchführung des zu regelnden Projekts zu stellen, während der Konzessionsgeber die Fragen anonymisiert beantworten kann, ohne Wettbewerbsvorteile für Bieter zu generieren. Das Führen von **Verhandlungsgesprächen** im Ver- 13

---

5 Vgl. dazu auch EuGH, beginnend mit „Telaustria", Urteil v. 7.12.2000 – Rs. C-324/98 (Transparenzpflicht unmittelbar aus den allgemeinen Regeln des EGV), über „Parking Brixen", Urteil v. 13.5.2005 – Rs. C-458/03, bis zu „Deutschland/Kommission", EuG, Urteil v. 20.5.2010 – Rs. T-258/06 (zur Binnenmarktrelevanz).
6 Verordnungsbegründung zu § 12 Abs. 1 KonzVgV, BR-Drs. 87/16, 286.
7 Gesetzesbegründung zu § 151 GWB, VergRModG 2016, BT-Drs. 18/6281, 130.
8 Vgl. Gesetzesbegründung zu § 151 GWB, VergRModG 2016, BT-Drs. 18/6281, 130.
9 Dazu Byok, Verhandlungsverfahren, Rn. 477; Bundesministerium für Verkehr, Bau- und Wohnungswesen, PPP im öffentlichen Hochbau, Band II Teilband 2, S. 348.

handlungsverfahren eröffnet dem Konzessionsgeber die Möglichkeit, mit verschiedenen Bietern parallel in Kontakt zu treten, ohne dass eine Bewerbung vorrangig zum Zug kommt. Aus der kleiner werdenden Gruppe wählt der Konzessionsgeber seinerseits dann jenen Bieter aus, der für den Vertragsschluss am besten geeignet ist, und klärt mit ihm sämtliche verbleibende Detailfragen ab.

14 § 12 Abs. 2 S. 3 KonzVgV schließt den **Konzessionsgegenstand**, die **Mindestanforderungen** an das Angebot und die **Zuschlagskriterien** als mögliche Verhandlungsgegenstände aus. Eine nachträgliche Veränderung dieser Vergabeanforderungen ist daher nicht möglich. Insoweit liegt eine „Eins-zu-eins-Übernahme" des Art. 37 Abs. 6 S. 2 RL 2014/23/EU durch den Verordnungsgeber vor. Eine Ausnahme gilt nach § 31 Abs. 2 KonzVgV allerdings für die Reihenfolge der Zuschlagskriterien. Unter den dort bestimmten Voraussetzungen ist der Konzessionsgeber berechtigt, die Reihenfolge der Zuschlagskriterien aufgrund eines innovativen Angebots zu ändern. Die Regelung in § 12 Abs. 2 S. 3 KonzVgV ist zudem nicht abschließend. Aus den Grundsätzen der Gleichbehandlung und Transparenz in § 97 Abs. 1 S. 1 und Abs. 2 GWB folgt, dass Verhandlungen auch über die Teilnahmebedingungen ausgeschlossen sind.[10]

D. Nichtdiskriminierung bei der Weitergabe von Informationen (Abs. 3)

15 Nach § 12 Abs. 3 KonzVgV darf der Konzessionsgeber Bewerber oder Bieter bei der Weitergabe von Informationen nicht diskriminieren. Gemeint sind insbesondere verfahrensleitende Informationen, die im Rahmen der Gleichbehandlung an alle potentiellen Konzessionäre zu geben sind. Die Regelung betont in diesem Zusammenhang ausdrücklich einen der wesentlichen Grundsätze der Konzessionsrichtlinie, der dort an verschiedenen Stellen normiert ist, das Gebot der Nichtdiskriminierung.[11]

E. Rechtsschutz

16 Der Verordnungsgeber hat keine generelle Sanktion für die Verletzung seiner Normierungen in der Verordnung selbst vorgesehen. Andererseits sind nach § 97 Abs. 6 GWB die Bestimmungen über das Vergabeverfahren einzuhalten, worunter auch die Grundsätze zur Vergabe von Konzessionen fallen. Sowohl ein Teil der Vergabekammern als auch der Literatur gingen in der Vergangenheit davon aus, dass Bestimmungen über die Vergabearten grundsätzlich unternehmensschützend seien.[12] Insoweit ist vorliegend indes zu differenzieren.

17 Ausgehend davon, dass der Konzessionsgeber frei ist in der Ausgestaltung sowohl des Verfahrens zur Vergabe von Konzessionen als auch der Wahl der Vergabeart (§ 12 **Abs. 1** KonzVgV), der Durchführung als Verhandlungsverfahren und in Stufen (§ 12 **Abs. 2 S. 1** KonzVgV) werden insoweit keine subjektiven Rechte begründet, die eine Einhaltung von Ordnungsvorschriften dergestalt widerspiegeln, dass den Betroffenen ermöglicht werden soll, im Rahmen der Schutznormlehre sich auf einen ihnen sonst drohenden Schaden/Nachteil zu berufen.[13]

18 Demgegenüber anders im Sinne eines Unternehmensschutzes zu beurteilen wäre die unzulässige Weitergabe von Informationen (§ 12 **Abs. 3** KonzVgV) bzw. die Änderung der in § 12 **Abs. 2 S. 3** KonzVgV genannten Vergabebedingungen während des Verhandlungsverfahrens. Die Verletzung eines der Grundsätze gemäß Art. 3 RL 2014/23/EU ist ebenso wie die Nichteinhaltung vergabeverfahrensrechtlicher Essentialia geeignet, eine wettbewerbsverzerrende Rechtsverletzung zu begründen. Es wäre ansonsten nicht mehr gewährleistet, dass der Bewerber einer Konzession nach gleichen auftragsbezogenen Anforderungen die Chance besitzt, das wirtschaftlichste Angebot abzugeben und den Zuschlag zu erhalten.[14]

---

10 *Tugendreich/Heller*, in: Müller-Wrede: GWB-Vergaberecht, § 151 Rn. 7.
11 Siehe nur Art. 3 und die Erwägungsgründe 4 bzw. 6 RL 2014/23/EU.
12 Vgl. nur VK Nordbayern, Beschluss v. 4.10.2007 – 21 VK-3194-42/07; *Weyand*, Vergaberecht, § 3 VOF Rn. 6.
13 Grundsätzlich dazu *Pietzcker*, Zweiteilung des Vergaberechts, S. 83 ff.
14 Vgl. dazu u. a. VK Düsseldorf Beschluss v. 16.5.2011 – VK 12/2011-L zur unzulässigen Vergabe einer Dienstleistungskonzession.

Anlage

Verordnungsbegründung (BR-Drs. 87/16)

Seite 286

§ 12 dient der Umsetzung von Artikel 30 der Richtlinie 2014/23/EU zu den allgemeinen Grundsätzen des Vergabeverfahrens und von Artikel 37 Absatz 6 der Richtlinie 2014/23/EU zu den Verfahrensgarantien. Die wesentlichen Verfahrensvorschriften zur Umsetzung der Artikel 3, 30, 32 und 37 der Richtlinie 2014/23/EU wurden bereits in den Teil 4 des GWB überführt, siehe insbesondere § 97 Absatz 1 und 2 und § 151 GWB. Artikel 3 Absatz 1 der Richtlinie 2014/23/EU hebt hervor, dass Konzessionsgeber alle Wirtschaftsteilnehmer gleich und in nichtdiskriminierender Weise behandeln und in ihrem Handeln Transparenz und Verhältnismäßigkeit wahren. Der Unionsgesetzgeber betont in Erwägungsgrund 68 der Richtlinie 2014/23/EU weiterhin, dass dem Konzessionsgeber vorbehaltlich der Einhaltung der Richtlinie, der Grundsätze der Transparenz und der Gleichbehandlung bei der Festlegung und Durchführung des Verfahrens zur Auswahl des Konzessionsnehmers ein großer Spielraum gelassen werden sollte.

Zu Absatz 1

Zur Klarstellung gibt Absatz 1 Satz 1 den Inhalt des Artikels 30 Absatz 1 der Richtlinie 2014/23/EU wieder, der als wesentlicher allgemeiner Grundsatz bereits in § 151 Satz 3 des GWB umgesetzt wurde. Nach Maßgabe der im Teil 4 des GWB enthaltenen Vorschriften zum Konzessionsvergabeverfahren (siehe insbesondere § 97 Absatz 1 und 2 und § 151) und der weiteren Konkretisierung in dieser Verordnung dürfen Konzessionsgeber das Verfahren zur Vergabe von Konzessionen frei ausgestalten. Dabei stellt § 12 Absatz 1 Satz 2 klar, dass sich Konzessionsgeber an den Vorschriften der VgV zum Ablauf des Verhandlungsverfahrens mit Teilnahmewettbewerb ausrichten können. Hintergrund ist, dass in der Praxis Konzessionsgeber in der Vergangenheit bei der Vergabe von Dienstleistungskonzessionen das Verhandlungsverfahren mit Teilnahmewettbewerb zugrunde gelegt haben.

Zu Absatz 2

Absatz 2 Satz 1 stellt klar, dass Konzessionsgeber das Vergabeverfahren als einstufiges Verfahren oder als zweistufiges Verfahren mit vorgeschaltetem Teilnahmewettbewerb durchführen können, vergleiche zum Beispiel Artikel 39 Absatz 3 und 4 der Richtlinie 2014/23/EU. § 12 Absatz 2 Satz 2 und 3 setzt Artikel 37 Absatz 6 der Richtlinie 2014/23/EU um. Aus Artikel 37 Absatz 6 folgt, das anders als bei der Vergabe öffentlicher Aufträge Verhandlungen auch im Rahmen einer einstufigen Ausgestaltung des Vergabeverfahrens geführt werden dürfen, soweit nicht der Konzessionsgegenstand, die Zuschlagskriterien und die Mindestanforderungen geändert werden.

Zu Absatz 3

Absatz 3 setzt Artikel 30 Absatz 2 Satz 2 der Richtlinie 2014/23/EU um. Konzessionsgeber dürfen Bewerber oder Bieter bei der Weitergabe von Informationen nicht diskriminieren. Die Verfahrensgrundsätze des Artikel 30 Absatz 2 Satz 1 in Verbindung mit Artikel 3 der Richtlinie 2014/23/EU (Grundsätze der Gleichbehandlung, Nichtdiskriminierung, Transparenz und Verhältnismäßigkeit) wurden als wesentliche Vorschriften zum Vergabeverfahren bereits in § 97 Absatz 1 und 2 GWB überführt.

§ 13 KonzVgV
Verfahrensgarantien

(1) Konzessionen werden auf der Grundlage der von dem Konzessionsgeber gemäß § 31 festgelegten Zuschlagskriterien vergeben, sofern alle folgenden Bedingungen erfüllt sind:

1. Der Bieter erfüllt die von dem Konzessionsgeber festgelegten Eignungskriterien und weiteren Teilnahmebedingungen sowie die gegebenenfalls festgelegten Mindestanforderungen, die insbesondere technische, physische, funktionelle und rechtliche Bedingungen und Merkmale umfassen, die jedes Angebot erfüllen sollte, und
2. der Bieter ist vorbehaltlich des § 154 Nummer 2 in Verbindung mit § 125 des Gesetzes gegen Wettbewerbsbeschränkungen nicht gemäß § 154 Nummer 2 in Verbindung mit den §§ 123 und 124 des Gesetzes gegen Wettbewerbsbeschränkungen von der Teilnahme am Vergabeverfahren ausgeschlossen.

(2) Der Konzessionsgeber erteilt folgende Angaben:

1. in der Konzessionsbekanntmachung gemäß § 19 eine Beschreibung der Konzession sowie der Teilnahmebedingungen und
2. in der Konzessionsbekanntmachung gemäß § 19, der Aufforderung zur Angebotsabgabe oder in anderen Vergabeunterlagen die Zuschlagskriterien sowie die gegebenenfalls festgelegten Mindestanforderungen.

(3) Der Konzessionsgeber übermittelt den Teilnehmern an einem Vergabeverfahren einen Organisations- und Zeitplan des Vergabeverfahrens einschließlich eines unverbindlichen Schlusstermins. Der Konzessionsgeber teilt sämtliche Änderungen allen Teilnehmern mit. Sofern diese Änderungen Inhalte der Konzessionsbekanntmachung betreffen, sind sie bekanntzumachen.

(4) Die Zahl der Bewerber oder Angebote kann auf eine angemessene Zahl begrenzt werden, sofern dies anhand objektiver Kriterien und in transparenter Weise geschieht. Die Zahl der zur Teilnahme oder Angebotsabgabe aufgeforderten Bewerber oder Bieter muss ausreichend hoch sein, dass der Wettbewerb gewährleistet ist.

Übersicht	Rn.		Rn.
A. Allgemeines	1	1. Konzessionsbeschreibung und Teilnahmebedingungen (Nr. 1)	35
I. Unionsrechtlicher Hintergrund	2	2. Zuschlagskriterien und Mindestanforderungen (Nr. 2)	37
II. Vergleichbare Regelungen	4	III. Organisations- und Zeitplan (Abs. 3)	40
B. Konzessionsgegenstand	5	IV. Auswahl der Bewerber für die Angebotsphase (Abs. 4)	46
C. Betrauung	6	E. Rechtsschutz	53
D. Verfahrensgarantien	9	Anlage	
I. Konzessionsbedingungen (Abs. 1)	10	Verordnungsbegründung (BR-Drs. 87/16)	
1. Teilnahmebedingungen und Mindestanforderungen (Nr. 1)	13		
a) Eignungskriterien	13		
b) Weitere Teilnahmebedingungen	21		
c) Mindestanforderungen	25		
2. Ausschlussgründe (Nr. 2)	32		
II. Angaben in der Konzessionsbekanntmachung oder den Vergabeunterlagen (Abs. 2)	33		

A. Allgemeines

1 § 13 KonzVgV regelt die wesentlichen Garantien für das Konzessionsvergabeverfahren. Die Regelung sollte mit § 14 KonzVgV zusammen gelesen werden, der eine Umgehung des GWB oder die Diskriminierung bestimmter Wettbewerbsteilnehmer untersagt.

I. Unionsrechtlicher Hintergrund

2 § 13 KonzVgV setzt Art. 37 **RL 2014/23/EU** in nationales Recht um, übernimmt dabei auch dessen Überschrift. Nach der Begründung der Bundesregierung zur KonzVgV[1] sind die Verfahrensgarantien auf gesetzlicher Ebene bereits in § 97 Abs. 1 (Wettbewerb und Transparenz) und 2 (Gleichbehandlung) GWB angelegt. Die Darstellung verbindet die Begründungen zu Art. 37 Abs. 1 bis 4 RL 2014/23/EU[2] und zu § 13 KonzVgV[3] mit der neueren Rechtsprechung zu Transparenz, Gleichbehandlung und Wettbewerb. Nach der Begründung der Bundesregierung zur KonzVgV[4] gehört zu den grundlegenden Garantien gemäß Erwägungsgrund 68 RL 2014/23/EU die Information über Art und Umfang der Konzession, eine Beschränkung der Bewerberzahl, die nicht diskriminierende Weitergabe von Informationen an Bewerber und Bieter sowie die Verfügbarkeit geeigneter Aufzeichnungen im Rahmen der Dokumentationspflicht.

3 § 13 Abs. 1 **KonzVgV** entspricht der unionsrechtlichen Vorgabe in Art. 37 Abs. 1 RL 2014/23/EU, reduziert jedoch dessen drei Gliederungspunkte sprachlich auf zwei Untergliederungen. § 13 Abs. 2 bis 4 KonzVgV setzt Art. 37 Abs. 2 bis 4 RL 2014/23/EU in deutsches Recht um. Die weiteren Absätze des Art. 37 RL 2014/23/EU zur Protokollierung (Abs. 5) und zur Verhandlung über den unveränderten Konzessionsgegenstand mit gleichbleibenden Zuschlagkriterien und Mindestanforderungen (Abs. 6) hat der Verordnungsgeber nicht in § 13 KonzVgV, sondern in § 4 Abs. 2 KonzVgV (Wahrung der Vertraulichkeit), § 6 KonzVgV (Dokumentation) und § 12 Abs. 2 KonzVgV übernommen.[5]

II. Vergleichbare Regelungen

4 § 13 KonzVgV löst sich formal wie inhaltlich deutlich von der aufgehobenen Vorschrift des § 2 EG VOL/A mit ähnlicher Zielsetzung. Auf die bisherige Rechtsprechung zu jener Vorschrift kann daher nur noch insoweit zurückgegriffen werden, als die Rechtsprechung allgemeine Grundsätze hervorgehoben hat. Der Versuch, zentrale Verfahrensgrundsätze ungeachtet späterer detaillierter Regelungen[6] vorab in einem Paragrafen zusammenzufassen, ist im Vergaberecht 2016 singulär, weil hier der im übrigen Vergaberecht aufgegebene Ansatz weiter verfolgt wird, die für den Anwender relevanten Regelungen in einer Verordnung zu bündeln. Die Suche nach Rechtsprechung zu einer inhaltlich vergleichbaren Regelung wird dadurch erschwert. Die Vorgabe eines Organisations- und Terminplans findet eine gewisse Parallele in § 76 Abs. 2 VgV. Dort sollen Architekten und Ingenieure durch einen Vergütungsanspruch davor geschützt werden, in sachlich nicht gerechtfertigtem Umfang Alternativen für unschlüssige Auftraggeber zu entwickeln.[7] Mit gleichem Ziel soll hier der vorab erstellte Zeitplan den Konzessionsgeber daran hindern, die Beschaffung als Bestandteil der Planung zu nutzen.

---

[1] Verordnungsbegründung zu § 12 KonzVgV, BR-Drs. 87/16, 286.
[2] Erwägungsgrund 68 RL 2014/23/EU.
[3] Verordnungsbegründung zu § 13 KonzVgV, BR-Drs. 87/16, 286 ff.
[4] Verordnungsbegründung zu § 13 KonzVgV, BR-Drs. 87/16, 286 f.
[5] Insofern ist an dieser Stelle auf *Rommelfanger* zu §§ 4, 6 und 12 KonzVgV zu verweisen.
[6] Vgl. §§ 19 ff. KonzVgV zur Bekanntmachung und §§ 24 ff. KonzVgV zur Auswahl der Unternehmen und zum Zuschlag.
[7] *Fahrenbruch*, in: Müller-Wrede, VgV/UVgO, § 76 VgV Rn. 136

B. Konzessionsgegenstand

Jede vergabefähige Konzession beruht auf einer staatlichen Aufgabe. Das ergibt sich idealerweise aus einem Gesetz[8] (vgl. § 133 SGB V, gegebenenfalls i.V.m. Landes-RettungsdienstG[9], § 17 Abs. 3 KrWG, wenn exklusive Sammlungsbefugnis[10], § 8 PBefG, soweit eigenwirtschaftlicher Verkehr[11], Glücksspielstaatsvertrag für Glücksspielkonzession[12]), aber gelegentlich auch nur aus der praktischen Ausfüllung des Begriffs der Daseinsvorsorge.[13] Diese eigene Aufgabenerfüllung überträgt der öffentliche Konzessionsgeber mit der Konzession auf einen Dritten. Für den Übertragungsvorgang hat sich der auch in § 105 GWB verwendete Begriff der „Betrauung" durchgesetzt.[14] Daneben gibt es die Fälle, in denen der Staat Aufgaben der Daseinsvorsorge so früh auf private Bieter delegiert hat, dass diese Aufgaben heute nicht mehr im Gesetz als öffentliche Daseinsvorsorge aufgefasst werden.[15] Das betrifft nach der Formulierung des § 101 GWB zunächst nur die Sektorenauftraggeber. Allerdings erscheint eine erweiternde Auslegung des § 98 GWB auf weitere Fallgruppen nicht ausgeschlossen. So ist es den Trägern der Sozialhilfe gemäß § 75 SGB XII regelmäßig (sollen) untersagt, eigene Einrichtungen zur Erfüllung ihrer Aufgaben zu betreiben. Die privat organisierten Einrichtungsträger werden im Wege des Open-House-Verfahrens[16] ohne Wettbewerb zugelassen. Sie verwenden und verwalten öffentliche Gelder in erheblicher Höhe, weitgehend frei von den Auflagen des Wettbewerbsrechts.[17]

5

C. Betrauung

Hat sich der (öffentliche) Konzessionsgeber dazu entschlossen, die Aufgabe weder selbst wahrzunehmen, noch einen Dienstleister zu beauftragen, sondern einen Dritten mit der wirtschaftlich eigenverantwortlichen Wahrnehmung zu betrauen, entfällt sein unmittelbares Beschaffungsinteresse. Zwar spricht Erwägungsgrund 11 RL 2014/23/EU noch von einer Beschaffung, damit ist jedoch die Beschaffung im weitesten Sinne gemeint, einschließlich eines mittelbaren Freiwerdens von der Pflicht des Konzessionsgebers, eine bestimmte Leistung vorhalten zu sollen. Der Begriff der Beschaffung ist daher nur in § 103 GWB bei der Definition des öffentlichen Auftrags enthalten, nicht in der Definition der Konzession gemäß § 105 GWB. Wäre die Erfüllung eines eigenen Beschaffungsbedarfs Tatbestandsvoraussetzung für die Anwendung der KonzVgV, wäre ihr Anwendungsbereich empfindlich beschränkt. Bei der Verwendung des Begriffs der Beschaffung in § 5 Abs. 1 KonzVgV handelt es sich um ein redaktionelles Versehen, entstanden aus der wortgleichen Übertragung der Regelung aus § 6 VgV.

6

Hätte beispielsweise eine Gemeinde[18] das von ihr vormals errichtete Freizeitzentrum selbst weiter betrieben oder nach ihrer Weisung weiter betreiben lassen, hätte sie die Betriebsdienstleistung für den eigenen Bedarf beschafft. Vergibt sie eine Konzession, so versorgt sie zwar noch die Allgemeinheit mit der Betriebsdienstleistung, bezieht diese Dienstleistung aber nicht

7

---

8 OLG Brandenburg, Beschluss v. 28.8.2012 – Verg W 19/11, fehlende gesetzliche Grundlage für Dienstleistungskonzession Abwasser.
9 EuGH, Urteil v. 10.3.2011 – Rs. C-274/09 (Stadler).
10 OLG Celle, Beschluss v. 19.6.2014 – 13 Verg 5/2014, zur Dienstleistungskonzession Alttextilsammlung.
11 EuGH, Urteil v. 10.11.2011 – Rs. C-348/10 (Norma-A).
12 OVG Berlin-Brandenburg, Beschluss v. 12.5.2015 – 1 S 102.14, vgl. *Braun* zu GlüStV.
13 BGH, Urteil v. 13.11.2007 – KZR 22/06, mobiler Schilderprägebetrieb neben KFZ Zulassungsstelle; VK Südbayern, Beschluss v. 24.9.2015 – Z 3-3-3194-1-42-07/15, Taxidienst am Flughafen; VK Niedersachsen, Beschluss v. 14.6.2005 – VgK-22/2005, Betrieb einer Universitäts-Cafeteria (keine Konzession, da kein Betriebsrisiko); *Diemon-Wies*, VergabeR 2016, 162 (163).
14 *Diemon-Wies*, VergabeR 2016, 162 (163).
15 VK Niedersachsen, Beschluss v. 30.9.2015 – VgK-30/2015; Beschluss v. 13.5.2016 – VgK-10/2016.
16 EuGH, Urteil v. 2.6.2016 – Rs. C-410/14 (Falk Pharma).
17 Vgl. zu altem Recht OLG Düsseldorf, Beschluss v. 15.7.2015 – Verg 11/15; zum neuen Recht OLG Celle, Beschluss v.13.10.2016 – 13 Verg 6/16, vorhergehend VK Niedersachsen, Beschluss v. 12.7.2016 – VgK-24/2016; a.A. VK Südbayern, Beschluss v. 4.9.2017 – Z3-3-3194-1-31-06/17: Träger einer Förderschule ist öffentlicher Auftraggeber gemäß § 99 Nr. 2 GWB.
18 OLG Düsseldorf, Beschluss v. 28.3.2012 – VII-Verg 37/11.

mehr selbst. Mit der Vergabe der Konzession entsteht das für die Konzession typische offene **Dreiecksverhältnis**. Der Konzessionsnehmer erhält vom Konzessionsgeber die alleinige Befugnis, gegenüber Dritten eine Dienstleistung zu erbringen. Es hängt von der Marktlage und der Vertragsgestaltung ab, ob der Konzessionsgeber dafür Geld erhält oder eine Zuzahlung leistet. Bürger und Konzessionsnehmer gehen ohne Beteiligung der öffentlichen Hand unmittelbar miteinander Vertragsbeziehungen ein. Eine unmittelbare Beziehung zwischen Bürger und Konzessionsgeber fehlt.[19] Dadurch entstehen erhebliche Gestaltungsspielräume für alle öffentlichen Dienstleistungen, die sich zumindest im Wesentlichen durch Entgelte finanzieren. Der öffentliche Auftraggeber kann sich durch den Wechsel zum Konzessionsgeber bislang eigener Aufgaben entledigen, indem er Dritte damit betraut.

8   Ein kreatives **Beispiel** ist die Straßenbaubehörde, die erkannt hat, dass ihre bisher als Dienstleistungsauftrag vergebene Fahrbahnreinigung nach Unfällen weit überwiegend von KFZ-Versicherungen erstattet wird. Ihre Bemühungen um eine wirtschaftliche Vergabe dienen daher tatsächlich nicht dem eigenen Haushalt, sondern im Schwerpunkt dem Budget von Versicherungen. Mit der Dienstleistungskonzession reduziert sie die bei ihr verbleibenden Kosten und verweist das Bemühen um die wirtschaftliche Beschaffung auf das Verhältnis von Bieter und Versicherung.[20] Daher ist es richtig, dass die Vergabe einer Konzession insbesondere auf dem Gebiet der Daseinsvorsorge kein eigenes Beschaffungsinteresse des Konzessionsgebers erfordert.

D. Verfahrensgarantien

9   Das GWB definiert in den §§ 98 bis 101 GWB drei Auftraggeber, den öffentlichen Auftraggeber, den Sektorenauftgeber und den Konzessionsgeber, die alle unter dem Oberbegriff „Auftraggeber" zusammengefasst werden. Der Konzessionsgeber ist nicht notwendigerweise öffentlicher Auftraggeber. Da nur der öffentliche Auftraggeber aus § 119 GWB verpflichtet ist, eines der in § 119 GWB genannten Verfahren anzuwenden, ist ein Konzessionsgeber, der nicht zugleich öffentlicher Auftraggeber ist, in der Gestaltung des Konzessionsvergabeverfahrens weitgehend frei. Daher bedarf es des § 13 KonzVgV, um die eingangs dargestellten inhaltlichen Mindestanforderungen an das Vergabeverfahren zu setzen.

I. Konzessionsbedingungen (Abs. 1)

10   § 13 Abs. 1 S. 1 KonzVgV stellt den Grundsatz auf, dass Konzessionen auf der Grundlage der von dem Konzessionsgeber gemäß § 31 KonzVgV festgelegten Zuschlagskriterien vergeben werden, sofern die in § 13 Abs. 1 Nr. 1 und 2 KonzVgV genannten Bedingungen erfüllt sind.[21]

11   Formal muss der Konzessionsgeber die Bedingungen für die Konzessionsvergabe **zeitlich** setzen, bevor der Bieter sich bemühen kann, diese Bedingungen zu erfüllen. Das folgt semantisch aus dem Indikativ des § 13 Abs. 1 S. 1 KonzVgV, in Verbindung mit den unterschiedlich gesetzten Zeiten [Bieter erfüllt, vom Konzessionsgeber (bereits) festgelegt] und ist auch methodisch richtig. Der Transparenzgrundsatz erfordert im Vergaberecht, dass die Vergabestelle bereits in der Bekanntmachung,[22] spätestens jedoch mit den Vergabeunterlagen die Zuschlagskriterien,[23] deren Gewichtung und eine allgemeine Begründung für die Differenzierung der jeweils höchstmöglichen und geringstmöglichen Punkte nennt.[24] Das findet sich inhaltlich in § 152 Abs. 3 GWB und § 31 KonzVgV wieder, wenngleich ohne die ausdrückliche

---

19 EuGH, Urteil v. 10.11.2011 – Rs. C-348/10 (Norma-A), Rn. 42, 43.
20 OLG Naumburg, Beschluss v. 15.4.2016 – 7 Verg 1/16; zur heiklen Aufgabe der Qualitätssicherung siehe Rn 30.
21 Zur Darstellung der Zuschlagskriterien siehe *Müller-Wrede* zu § 31 KonzVgV.
22 § 19 Abs. 2 KonzVgV, VO (EU) 2015/1986, Anhänge XX (soziale und andere besondere Dienstleistungen Konzessionen) und XXI betreffen Konzessionen.
23 VO (EU) 2015/1986 gibt nur in Anhang XXI die Möglichkeit, die Zuschlagskriterien schon in der Bekanntmachung oder den Vergabeunterlagen zu benennen, Abschnitt II.2.5. In Anhang XX fehlt dieser Abschnitt.
24 OLG Düsseldorf, Beschluss v. 15.7.2015 – VII-Verg 11/15; OLG Düsseldorf, Beschluss v. 3.3.2010 – VII-Verg 48/09; OLG Brandenburg, Beschluss v. 19.12.2011 – Verg W 17/11; VK Sachsen Beschluss v. 24.3.2011 – 1/SVK/005-11; OLG Frankfurt, Beschluss v. 5.10.2010 – 11 Verg 7/10).

Darstellung der zeitlichen Vorgaben. Wegen der abstrakten Manipulationsgefahr darf weder eine Vergabestelle noch ein Konzessionsgeber die Zuschlagskriterien in Kenntnis der eingegangenen Angebote entwickeln.[25] § 17 KonzVgV enthält von der Verpflichtung, zeitgleich mit der Bekanntmachung die Vergabeunterlagen abrufbar zur Verfügung zu stellen, eine Ausnahme für den Fall, dass die Konzessionsbekanntmachung noch keine Aufforderung zur Angebotsabgabe enthält. Somit hat der Konzessionsgeber im Verhandlungsverfahren mit vorgeschaltetem Teilnahmewettbewerb anders als in § 41 VgV noch die Möglichkeit, die Vergabeunterlagen nach Bekanntmachung aber vor Aufforderung zur Angebotsabgabe zu entwickeln.

In § 13 Abs. 1 Nr. 1 und 2 KonzVgV werden die **Bedingungen** für die Konzessionsvergabe inhaltlich differenziert. Die Konzessionsbedingungen gliedern sich in die Eignungskriterien, die weiteren Teilnahmebedingungen und die gegebenenfalls festgelegten Mindestanforderungen. Gemeinsam beschreiben diese Konzessionsbedingungen den Mindestrahmen, den der potentielle Konzessionsnehmer einzuhalten hat. 12

1. Teilnahmebedingungen und Mindestanforderungen (Nr. 1)

a) Eignungskriterien

§ 13 Abs. 1 Nr. 1 KonzVgV ist die konkretisierende Umsetzung aus § 152 Abs. 2 GWB, der wiederum inhaltlich auf § 122 GWB verweist. Den Zuschlag erhält ein Bieter, der die vom Konzessionsgeber festgelegten Eignungskriterien erfüllt. 13

Der Konzessionsgeber ist **verpflichtet**, Eignungskriterien festzulegen. Der Text spricht die Erwähnung im Indikativ aus, ohne eine öffnende Formulierung wie „die der Konzessionsgeber festlegen kann" oder „gegebenenfalls".[26] Die Art. 37 und 38 RL 2014/23/EU, aber auch deren Erwägungsgrund 63 RL 2014/23/EU setzen Eignungskriterien ebenfalls voraus. 14

Die KonzVgV verzichtet auf die Unterteilung der Eignungskriterien in **Fachkunde**, **Leistungsfähigkeit** und **Zuverlässigkeit**, weil diese Differenzierung bereits in § 122 Abs. 1 GWB vorgegeben wird. Auf das althergebrachte Eignungskriterium der Zuverlässigkeit verzichtet das GWB, da die vormalige Zuverlässigkeit inzwischen auf die Gesetzestreue gemäß § 122 Abs. 1 GWB mit Verweis auf §§ 123, 124 GWB reduziert wurde. 15

Fachkunde und Leistungsfähigkeit sind **unbestimmte Rechtsbegriffe**. Ihre Anwendung und Auslegung kann daher von der Rechtsprechung und somit auch von den Vergabekammern als den behördlichen Nachprüfungsinstanzen vollständig überprüft werden. Es gibt keinen Ermessensspielraum auf der Rechtsfolgenseite. Es gibt allerdings einen Beurteilungsspielraum auf der Tatbestandsseite, wie er im Verwaltungsrecht für nicht wiederholbare persönliche Entscheidungen, z.B. Prüfungsleistungen, aber auch die mit den vergaberechtlichen Erwägungen vergleichbaren planerischen Entscheidungen,[27] anerkannt ist. Der Vergabestelle des Konzessionsgebers steht ein solcher auf die wertende Prognoseentscheidung[28] gestützter und mehrere vertretbare Entscheidungen zulassender[29] Beurteilungsspielraum zu. Die Nachprüfungsbehörden dürfen die Entscheidung des Konzessionsgebers nicht durch ihre eigene Entscheidung ersetzen. Die Grenzen des Beurteilungsspielraums der Vergabestelle sind erst dann überschritten, wenn die Vergabestelle das vorgeschriebene Verfahren nicht eingehalten hat, wenn sie von einem unzutreffenden oder nicht vollständig ermittelten Sachverhalt ausgegangen ist oder wenn sie sachwidrige Erwägungen in die Entscheidung hat einfließen lassen. 16

---

25 Vgl. BVerwG, Beschluss v 18.3.2016 – BVerwG 3 B 16. 15 (Vergabe von Bodenabfertigungsdiensten in Flughäfen als Konzession).
26 Vgl. nachfolgend (Rn. 22 ff.) weitere Teilnahmebedingungen.
27 BVerwG, Urteil v. 28.7.1989 – 7 C 39.87, BVerwGE 82, 260 (265).
28 Vavra, in: Kulartz/Marx/Portz/Prieß, VOL/A, § 2 Rn. 28.
29 VGH München, Urteil v. 15.3.2012 – 11 B 09.1100, Linienverkehrsgenehmigung ist noch keine Dienstleistungskonzession.

17 Die **Fachkunde** ist eines der Unterkriterien der Eignung. Fachkunde erfordert Kenntnisse, Erfahrungen und Fertigkeiten, deren Bestehen üblicherweise durch Zertifikate oder Referenzen nachgewiesen wird.

Gleiches gilt, wenn ein von der Vergabestelle zu Grunde gelegter Beurteilungsmaßstab nicht zutreffend angewandt wurde.[30]

18 Die **Leistungsfähigkeit** lässt sich je nach Konzessionsgegenstand fokussieren auf die finanzielle, die personelle, die kaufmännische und die technische Leistungsfähigkeit. Weder die RL 2014/23/EU, noch die KonzVgV haben die in § 46 Abs. 1 S. 2 VgV neu eingeführten Unterbegriffe zur technischen Leistungsfähigkeit, die Effizienz, die Erfahrung und die Verlässlichkeit übernommen. Die finanzielle Leistungsfähigkeit liegt vor, wenn das in der Regel am Jahresumsatz abzulesende Bilanz- oder Umsatzvolumen des anbietenden Unternehmens es zumindest unter Berücksichtigung von Wachstumspotenzial als wahrscheinlich erscheinen lässt, dass das Unternehmen die mit der Konzession verbundenen Investitionen wird leisten können. Wie der öffentliche Auftraggeber soll auch der Konzessionsgeber die Eignungsanforderungen so setzen, dass der Wettbewerb für neu hinzutretende Bieter offen ist. Alle Eignungsanforderungen stehen daher unter dem Vorbehalt der Erforderlichkeit,[31] die allerdings wegen des dem Konzessionsgeber zustehenden Beurteilungsspielraums regelmäßig nicht von den Nachprüfungsbehörden überprüfbar ist. Dem Konzessionsgeber ist es aber untersagt, die Eignungsanforderungen auf ein oder mehrere bestimmte Unternehmen zuzuschneiden. Der Bieter kann Eignungsanforderungen durch Bildung einer Bietergemeinschaft und die damit verbundene Möglichkeit der Eignungsleihe (vgl. § 25 KonzVgV) erfüllen. So können zwei Bieter erfolgreich eine Bietergemeinschaft gründen, von denen der eine Bieter nicht im geforderten Sinne finanziell leistungsfähig ist, der andere die geforderte Fachkenntnis nicht durch Referenzen nachzuweisen vermag.[32]

19 Da nur Konzessionen mit erheblichem finanziellen Gewicht der Nachprüfung unterliegen, wird der Konzessionsgeber regelmäßig berechtigt sein, einen **Nachweis der finanziellen Leistungsfähigkeit** zu fordern, z.B. durch Vorgabe eines vorgegebenen Mindestumsatzes in den letzten (drei) abgeschlossenen Geschäftsjahren. Ein häufig übersehenes Indiz für eine trotz großen Umsatzes möglicherweise fehlende Leistungsfähigkeit ist die wesentliche[33] Überschuldung laut Bilanz. Die Bilanzen aller Kapitalgesellschaften sind gemäß § 325 HGB ein Jahr nach dem Abschlussstichtag des Geschäftsjahrs im elektronischen Bundesanzeiger zu veröffentlichen. Akute Warnhinweise liegen außerdem vor, wenn ein Unternehmen seine finanziellen Verpflichtungen gegenüber öffentlichen Kassen nicht mehr erfüllt, insbesondere Steuern und Sozialabgaben, nicht mehr abführt.

20 Der Konzessionsgeber sollte die Anforderungen an die **personelle Leistungsfähigkeit** maßvoll stellen. Der etwa abgeforderte durchschnittliche Personalbestand der letzten Jahre sollte so gering angesetzt werden, dass ein geeigneter Bieter das erforderliche Personal ohne organisatorische Überforderung bis zum Beginn der Ausübung der Konzession beschaffen kann.[34] Der Konzessionsgeber sollte bei der Bestimmung der Bedingungen für die Leistungsfähigkeit berücksichtigen, dass allzu hohe Anforderungen an die Leistungsfähigkeit den Wettbewerb beeinträchtigen. Die gesetzten Eignungskriterien sollen nur völlig und offensichtlich ungeeignete Bewerber davon abhalten, Personalressourcen der Konzessionsvergabestelle zu binden. Gleiches gilt für die selten abgeforderte **kaufmännische Leistungsfähigkeit**. Die **technische Leistungsfähigkeit** liegt vor, wenn der Bieter die zur Wahrnehmung der Verpflichtun-

---

30 OLG Karlsruhe, Beschluss v. 4.5.2012 – 15 Verg3/12; OLG München, Beschluss v. 5.11.2009 – Verg13/09, VK Niedersachsen, Beschluss v. 11.2.2009 – VgK-56/2008.
31 EuGH, Urteil v. 10.5.2012 – Rs. C-357/10 (Duomo Gpa), Rn. 36, 38, NZBau 2012, 714 (716 f.), zu sachlich nicht gerechtfertigten Anforderungen an die finanzielle Leistungsfähigkeit; OLG München, Beschluss v. 5.10.2012 – Verg 15/12, sachlich gerechtfertigter Ausschluss eines Bieters; OLG Düsseldorf, Beschluss v. 25.7.2012 – VII-Verg 27/12, ebenso.
32 Vgl. VK Niedersachsen, Beschluss v. 7.3.2016 – VgK-37/2016.
33 VK Niedersachsen, Beschluss v. 1.2.2016 – VgK-51/2015.
34 *Vavra*, in: Kulartz/Marx/Portz/Prieß, VOL/A, § 2 Rn. 31.

gen aus dem Konzessionsvertrag erforderlichen Geräte hat oder beschaffen kann und die sichere und fachkundige Verwendung dieser Geräte beherrscht.

b) Weitere Teilnahmebedingungen

Nach § 13 Abs. 1 Nr. 1 KonzVgV erfüllt der Bieter die von dem Konzessionsgeber festgelegten weiteren Teilnahmebedingungen. 21

Hier gilt das zu den Eignungskriterien gesagte sinngemäß.[35] Eine **Verpflichtung zur Festlegung** von Teilnahmebedingungen ist ausweislich der einschränkenden Formulierung „gegebenenfalls" erkennbar nicht gewollt. Die Erwartung der regelmäßigen Anwendung ist aber deutlich erkennbar, weil die Beschränkung des Teilnehmerfeldes auf qualifizierte Bieter die Angebotswertung erleichtert. 22

Der **Begriff** der „weiteren Teilnahmebedingung" ist gesetzlich nicht definiert. Die amtliche Begründung zur KonzVgV[36] verweist wenig hilfreich darauf, dass der Begriff der Teilnahmebedingungen gemäß dem nicht abschließenden Katalog in Anhang V Nr. 7 lit. a bis c RL 2014/23/EU Anforderungen umfasse, die Konzessionsgeber an Bewerber oder Bieter im Vergabeverfahren stellen können. Es handelt sich also um Anforderungen an die Person des Bewerbers oder Bieters. Solche Anforderungen sind zunächst die Eignungskriterien. Hinzu tritt laut amtlicher Begründung[37] auch ein Vorbehalt, dass sich nur geschützte Werkstätten um die Konzession bewerben dürfen und der Konzessionsgeber die Ausführung nur im Rahmen von Programmen für geschützte Beschäftigungsverhältnisse vorsehen darf. Eine weitere Beschränkung liegt vor, wenn die Erbringung der Dienstleistung aufgrund von Rechts- und Verwaltungsvorschriften einem bestimmten Berufsstand vorbehalten ist. Teilnahmebedingungen umfassen daher zumindest die Eignungskriterien, darüber hinaus je nach Einzelfall besondere Voraussetzungen. 23

Der Inhalt der Teilnahmebedingungen lässt sich unmittelbar aus Rechtstexten nur aus § 19 KonzVgV i.V.m. Anhang XX und XXI VO (EU) 2015/1986, erschließen. Unter Abschnitt III soll der Konzessionsgeber dort die Teilnahmebedingungen festlegen. Anhang XXI VO (EU) 2015/1986 versteht darunter Eignungskriterien der Bieter, Anhang XX VO (EU) 2015/1986 fasst darunter auch „objektive Kriterien", also wohl **Mindestanforderungen des Angebots**. Der Begriff der Teilnahmebedingung wurde in der Anwendung des nicht offenen Verfahrens und des Teilnahmewettbewerbs geprägt. Die §§ 15 bis 17 VgV, welche die zulässigen Verfahren darstellen, verzichten aber auf die Verwendung des Begriffs der Teilnahmebedingung. Die KonzVgV erlaubt den Konzessionsgebern in § 12 Abs. 1 KonzVgV die freie Ausgestaltung des Vergabeverfahrens. Auf § 119 GWB, der nur für öffentliche Auftraggeber gilt, verweist § 152 GWB nicht. Der Konzessionsgeber ist gut beraten, sich trotz der eingeräumten Freiheiten in der Verfahrensausgestaltung an den bekannten Vergabearten zu orientieren, will er sich nicht vorhalten lassen, sein selbst entworfenes Verfahren verstoße gegen seine Pflicht zur Wahrung der Transparenz und Diskriminierungsfreiheit. § 12 Abs. 1 KonzVgV empfiehlt das Verhandlungsverfahren mit Teilnahmewettbewerb. Daher sind die „weiteren Teilnahmebedingungen" keine weiteren neben die Eignungskriterien tretenden selbstständigen Wettbewerbsschranken, sondern es handelt sich um einen vornehmlich die Eignungskriterien ersetzenden Sammelbegriff für die Kriterien, die der Konzessionsgeber zur Einengung des Teilnehmerfelds heranziehen will. Der Begriff wird daher verwendet, wenn der Konzessionsgeber einen Teilnahmewettbewerb oder ein Verhandlungsverfahren mit Bekanntgabe durchführt.[38] Das daneben mögliche nicht offene Verfahren gemäß § 16 VgV enthält sowohl die Verschärfung des offenen Verfahrens (nur ein Angebot möglich) als auch die des Verhandlungsverfahrens (frühe Beschränkung des Teilnehmerfelds). Das nicht offene Verfahren ist daher in der Konzessionsvergabe nicht zu empfehlen. Teilnahmebedingungen sind somit immer die Eignungsanforderungen an Bewerber oder Bieter, im Einzelfall aber auch die Mindestanforderun- 24

---

35 Siehe Rn. 11.
36 Verordnungsbegründung zu § 13 Abs. 1 KonzVgV, BR-Drs. 87/16, 287.
37 Verordnungsbegründung zu § 13 Abs. 1 KonzVgV, BR-Drs. 87/16, 287.
38 OLG Frankfurt, Beschluss v. 14.4.2016 – 11 Verg 5/16.

gen für eingehende Angebote, also etwa qualitative Anforderungen an das einzusetzende Personal oder die zu verwendende Technik.

c) Mindestanforderungen

25 Nach § 13 Abs. 1 Nr. 1 KonzVgV erfüllt der Bieter die von dem Konzessionsgeber gegebenenfalls festgelegten Mindestanforderungen, die insbesondere technische, physische, funktionelle und rechtliche Bedingungen und Merkmale umfassen, die jedes Angebot erfüllen sollte.

26 Der Verordnungsgeber stellt es in das **Ermessen** des Konzessionsgebers, ob er Mindestanforderungen festlegen will – „gegebenenfalls festgelegte Mindestanforderungen".

27 **Mindestanforderungen** beziehen sich im Gegensatz zu den Eignungsanforderungen nicht auf die Person des Bewerbers oder Bieters, sondern auf den Inhalt des Angebots. Daher gehören Mindestanforderungen nicht zu den Eignungsanforderungen. Mindestanforderungen können sich insbesondere auf technische, physische, funktionelle und rechtliche Bedingungen und Merkmale beziehen, die jedes Angebot erfüllen muss.

28 Die Darstellung der Mindestanforderungen ist wegen des einleitenden Begriffs „insbesondere" nur als **Regelbeispiel** zu verstehen. Es ist dem Konzessionsgeber also unbenommen, aus weiteren Kategorien Mindestanforderungen zu entnehmen, nicht alle der angebotenen Mindestanforderungen zu verwenden oder eigene Mindestanforderungen aufzustellen. Der Konzessionsgeber erhält vom Verordnungsgeber hier Hilfen und keine Anweisungen.

29 Die Mindestanforderungen finden sich in der **Leistungsbeschreibung**. Dabei handelt es sich beispielsweise um die täglichen Zeiten, in denen ein Fährbetrieb aufrechtzuerhalten ist, innerhalb der Beförderungszeiten die Taktfrequenz, die einzuhalten ist, die Mindestnutzlast und -nutzfläche des Schiffs, dessen Schadstoffklasse etc. Darüber hinaus sollen die Angebote miteinander vergleichbar sein. Viele Konzessionsgeber erteilen den Zuschlag im Wesentlichen nach dem Kriterium Preis. Je wichtiger das Zuschlagskriterium Preis für die Vergabeentscheidung ist, desto höher sind die Anforderungen an die vom Konzessionsgeber zu setzenden Mindestanforderungen, um Abmagerungsangebote zu vermeiden. Die Setzung der Mindestanforderungen sollte der Konzessionsgeber mit einer klaren Aussage verbinden, ob eine Überschreitung der Mindestanforderungen auf der Ebene der Zuschlagskriterien positiv gewichtet wird.[39] Im obigen Beispielsfall[40] der Fahrbahnreinigung hat nur der Konzessionsgeber ein Interesse an der Qualität der Ausführung, hingegen weder der Konzessionsnehmer noch die Versicherung. Es ist daher wichtig, dass der Konzessionsgeber den Leistungsumfang genau und verbindlich vorgibt und die Erfüllung nicht nur mit Vertragsstrafen schützt, sondern auch kontrolliert. An einer Überschreitung der vorgegebenen Mindestanforderungen hat in diesem Fall niemand ein Interesse.

30 Umgekehrt kann der Konzessionsgeber die für alle Bieter verbindlichen Mindestanforderungen in den eindeutig und erschöpfend zu beschreibenden Kategorien auf das Wesentliche reduzieren, indem er die angebotene Qualität als **Zuschlagskriterium** gewichtet. Dann ergeben sich die für den zu schließenden Vertrag verbindlichen Qualitätsanforderungen nicht unmittelbar aus den Vergabeunterlagen, sondern aus dem Konzessionsangebot.

31 Eignungs- und Mindestanforderungen sollen den **Wettbewerb** nicht einschränken. Die Gefahr besteht insbesondere bei hohen Hürden.[41] Zu geringe Mindestanforderungen können allerdings dazu führen, dass der Konzessionsgeber die aus den Teilnehmeranträgen auszuwählenden Bieter per Losentscheid wählen muss.[42]

---

[39] VK Niedersachsen, Beschluss v. 12.10.2016 – VgK-29/2016 (Dienstleistungsvertrag gemein-wirtschaftlicher Fährverkehr, aber Hafenentgelt mit Mindestbetrag als Zuschlagskriterium).
[40] Siehe Rn. 8.
[41] OLG Celle, Beschluss v. 10.3.2016 – 13 Verg 5/15, hohe Eignungsanforderung führt zu unwirtschaftlichen Angeboten, die Begründung der Aufhebung trägt nicht.
[42] Vgl. OLG München, Beschluss v. 19.12.2013 – Verg 12/13; VK Niedersachsen, Beschluss v. 31.7.2014 – VgK-26/2014 (Vergabe von Architektenleistungen).

2. Ausschlussgründe (Nr. 2)

§ 13 Abs. 1 Nr. 2 KonzVgV fasst die formal zu den Eignungskriterien gehörende Gesetzestreue in Form konkreter Ausschlussgründe wegen der in §§ 123 bis 126 GWB genannten Straftaten und weiterer Verfehlungen zusammen. Der darin enthaltene Kettenverweis über § 154 Nr. 2 GWB auf die dort genannten §§ 123 bis 126 GWB ist beim ersten Lesen verwirrend, für die beabsichtigte liberale Regelung aber erforderlich. § 154 Nr. 2 GWB stellt fest, dass der Konzessionsgeber im Unterschied zum öffentlichen Auftraggeber, an den sich die §§ 123 bis 126 GWB unmittelbar richten, nicht verpflichtet wird, unredliche Bieter auszuschließen. Der Konzessionsgeber ist lediglich dazu berechtigt, diese Maßnahme zu ergreifen. Das GWB definiert in den §§ 98 bis 101 GWB den öffentlichen Auftraggeber, den Sektorenauftraggeber und den Konzessionsgeber, die es unter dem Oberbegriff „Auftraggeber" zusammenfasst. Der Kettenverweis ist daher so zu lesen, dass die öffentlichen Auftraggeber gemäß § 99 GWB aufgrund der sie unmittelbar treffenden Verpflichtung aus §§ 123 f. GWB auch bei der Vergabe von Konzessionen verpflichtet sind, einschlägig vorbestrafte Bieter auszuschließen. Da der Begriff des Konzessionsgebers gemäß § 101 GWB neben den öffentlichen Auftraggebern auch private Sektorenauftraggeber umfasst, sind diese nicht öffentlichen Sektorenauftraggeber theoretisch berechtigt, auch Bieter im Vergabeverfahren zu belassen, die z.B. wegen Subventionsbetrugs vorbestraft sind. Die Praxis zeigt aber das ernsthafte Bemühen der Sektorenauftraggeber um einen Ausschluss unredlicher Bieter im Wege der Compliance.[43]

II. Angaben in der Konzessionsbekanntmachung oder den Vergabeunterlagen (Abs. 2)

§ 13 Abs. 2 KonzVgV benennt die grundlegenden Angaben, die Konzessionsgeber in der Konzessionsbekanntmachung oder den Vergabeunterlagen angeben.

Die indikative Formulierung aus der Perspektive des Konzessionsgebers räumt dem Konzessionsgeber kein Ermessen ein. Der Konzessionsgeber ist mithin **verpflichtet**, die in § 13 Abs. 2 KonzVgV genannten Angaben vorzunehmen.

1. Konzessionsbeschreibung und Teilnahmebedingungen (Nr. 1)

§ 13 Abs. 2 Nr. 1 KonzVgV verpflichtet den Konzessionsgeber, bereits in der Konzessionsbekanntmachung die Konzession zu beschreiben sowie die Teilnahmebedingungen[44] zu benennen.

Die **Konzessionsbeschreibung** entspricht hinsichtlich der Anforderungen an die Transparenz der Leistungsbeschreibung des Bau- und Dienstleistungsvertrags. Weil der Konzessionsgeber die Erfüllung einer Aufgabe eigenwirtschaftlich unter Übertragung eines verbleibenden Betriebsrisikos[45] auf den Konzessionsnehmer verlagert, muss er diese eigene Aufgabe so eindeutig und erschöpfend definieren, dass die eingehenden Angebote miteinander vergleichbar sind, und wichtiger, dass die Aufgabengewährleistung auch nach der Betrauung des Dritten sichergestellt wird.

2. Zuschlagskriterien und Mindestanforderungen (Nr. 2)

Der Konzessionsgeber gibt in der Konzessionsbekanntmachung gemäß § 19 KonzVgV, der Aufforderung zur Angebotsabgabe oder in anderen Vergabeunterlagen die Zuschlagskriterien sowie die gegebenenfalls festgelegten Mindestanforderungen an.

Der Konzessionsgeber darf ausweislich des Wortlauts der Regelung („oder") **wählen**, ob er die festgelegten Mindestanforderungen und Zuschlagskriterien in der Konzessionsbekanntmachung oder in den Vergabeunterlagen benennt. Das ist oft ohne Belang, weil er gemäß

---
43 VK Niedersachsen, Beschluss v. 13.5.2016 – VgK-10/2016.
44 Vgl. oben zu § 13 Abs. 1 KonzVgV, Rn. 13 ff.
45 EuGH, Urteil v. 10.11.2011 – Rs. C-348/10 (Norma-A); Urteil v. 10.9.2009 – Rs. C-206/08 (Eurawasser); BGH, Beschluss v. 8.2.2011 – X ZB 4/10; OLG Celle, Beschluss v. 19.6.2014 – 13 Verg 5/2014; VK Südbayern, Beschluss v. 24.9.2015 – Z3-3-3194-1-42-07/15.

§ 17 KonzVgV nur ausnahmsweise davon befreit ist, in der Bekanntmachung die Adresse anzugeben, unter der die Vergabeunterlagen unentgeltlich, uneingeschränkt vollständig und direkt abgerufen werden können. Zu empfehlen ist im Sinne der Einheitlichkeit auch bei Vorliegen einer Ausnahme die Aufnahme in die Konzessionsbekanntmachung,[46] z.B. unter Abschnitt III.1.4[47] (objektive Teilnahmekriterien) oder unter Abschnitt III.2.2 (Bedingungen für die Konzessionsausführung)[48].

39 Der **Transparenzgrundsatz** erfordert, dass jeder Unternehmer beurteilen kann, ob die Abgabe eines Teilnahmeantrages oder Angebotes für ihn Sinn macht. Dazu gehören bei hohen fachlichen Mindestanforderungen nicht nur die Eignungskriterien. Ansonsten werden auch Unternehmen Teilnahmeanträge abgeben, die die Mindestanforderungen nicht zu erfüllen vermögen. Die bisher übliche Aufteilung der Informationen auf Bekanntmachung und Vergabeunterlagen[49] verbunden mit der Möglichkeit, Mindestanforderungen erst zwischen Bekanntmachung und Aufforderung zur Angebotsabgabe zu entwickeln, ist nur noch in engen Ausnahmen berechtigt, weil § 17 KonzVgV fordert, dass der Inhalt der Vergabeunterlagen regelmäßig zeitgleich zur Bekanntmachung auch elektronisch abrufbar sein muss.

III. Organisations- und Zeitplan (Abs. 3)

40 § 13 Abs. 3 KonzVgV überträgt inhaltlich Abs. 4 des Art. 37 RL 2014/23/EU. Danach wird der Konzessionsgeber verpflichtet, den Teilnehmern an einem Vergabeverfahren, also in der üblichen Terminologie den Bewerbern oder Bietern, einen Organisations- und Zeitplan des Vergabeverfahrens zu übermitteln. Dazu gehört auch der unverbindliche Schlusstermin.

41 Bei den Regelungen in § 13 Abs. 3 KonzVgV handelt es sich um **zwingende Vorgaben**. Für § 13 Abs. 3 S. 1 und 2 KonzVgV folgt dies aus dem Wortlaut im Indikativ ohne eine öffnende Formulierung („kann" oder „gegebenenfalls"). Dies bestätigt die Verordnungsbegründung[50], wonach Konzessionsgeber zur Übermittlung „verpflichtet" sind und die Konzessionsgeber Änderungen mitteilen „müssen". Für § 13 Abs. 3 S. 3 KonzVgV folgt der zwingende Charakter unmissverständlich aus der imperativen Formulierung („sind [...] bekanntzumachen"), was zudem die entsprechend formulierte Verordnungsbegründung („müssen [...] bekanntmachen")[51] bestätigt.

42 Die Regelung ist **Korrektiv** zur weitgehenden Verfahrensfreiheit, die dem Konzessionsgeber in der KonzVgV gewährt wird. So soll auch für den Bieter vorab eine Struktur des Vergabeverfahrens erkennbar sein, auf die er sich gegebenenfalls berufen kann. Er soll schon zu Beginn wissen, ob es sich um ein dem Verhandlungsverfahren ähnliches Verfahren oder eher eine dem offenen Verfahren ähnliche Struktur handelt, wenn der Konzessionsgeber das Verfahren ohne sachlichen Grund in die Länge zieht, den Wettbewerb auf diesem Wege austrocknet. Ein solches Verfahren war bisher gelegentlich in Vergaben nach der VOF zu beobachten.[52]

43 Aus § 13 Abs. 3 S. 2 KonzVgV folgt, dass der Organisations- und Zeitplan nicht **verbindlich** sein muss. Andernfalls wären die dort genannten Änderungen, die nicht nur den Organisationsplan, sondern auch inhaltliche Anforderungen betreffen können (siehe die Entsprechung im Verhandlungsverfahren), nicht zulässig. Das gilt auch für den Schlusstermin. § 13 KonzVgV definiert nicht, ob der „Schlusstermin" der Temin des Zuschlags oder der Termin der Vergabebekanntmachung gemäß § 21 KonzVgV ist. Es bleibt dem jeweiligen Konzessionsgeber überlassen, zu entscheiden, welchen der beiden Termine er als Schlusstermin ansehen möchte. Im

---

[46] Vgl. VK Bund, Beschluss v. 18.9.2017 – VK 2-96/17 (für Eignungskriterien und Mindestanforderungen).
[47] Nur in Anhang XX VO (EU) 2015/1986 (für soziale und andere besondere Dienstleistungen).
[48] Anhang XX und XXI VO (EU) 2015/1986.
[49] Vgl. BGH, Urteil v. 17.12.2013 – KZR 65/12, Rn. 48. Ebenso § 41 VgV, fakultativ schon vormals § 12 EG Abs. 6 VOL/A.
[50] Verordnungsbegründung zu § 13 Abs. 3 KonzVgV, BR-Drs. 87/16, 287.
[51] Verordnungsbegründung zu § 13 Abs. 3 KonzVgV, BR-Drs. 87/16, 287.
[52] VK Niedersachsen, Beschluss v. 22.4.2015 – VgK-6/2015.

Sinne der Rechtssicherheit[53] ist erst ein Termin 30 Kalendertage nach der Vergabebekanntmachung ein wirklicher Schlusstermin.

Künftig könnte die sachlich nicht mehr gerechtfertigte **Verlängerung** des Vergabeverfahrens einen Verstoß gegen § 97 Abs. 1 und 2 GWB darstellen. Ein Unternehmen, welches sich durch immer neue und intransparente Verfahrenswindungen gegenüber einem Konkurrenten benachteiligt sieht, könnte somit unter Berufung auf den drittschützenden § 97 Abs. 6 GWB mit Erfolg einen Nachprüfungsantrag auf eine nicht mehr sachlich gerechtfertigte Veränderung des Organisations- und Zeitplans stützen. 44

§ 13 Abs. 3 S. 3 KonzVgV beschreibt die aus dem allgemeinen Vergaberecht bekannte Befugnis des Konzessionsgebers, Fehler des Vergabeverfahrens durch eine **nachträgliche Konzessionsbekanntmachung** zu heilen. Die Möglichkeit, Fehler z.B. in der Leistungsbeschreibung mit einer ergänzenden Bekanntmachung zu heilen, war bereits zum alten Recht bekannt.[54] Sie verzögert allerdings das Vergabeverfahren um die für die Änderung ausreichend lange Frist (§ 27 KonzVgV), also oft um 30 Tage. 45

IV. Auswahl der Bewerber für die Angebotsphase (Abs. 4)

§ 13 Abs. 4 KonzVgV gibt dem Konzessionsgeber die Befugnis, die Zahl der Bewerber oder Angebote[55] auf eine angemessene Zahl zu begrenzen, verpflichtet ihn zugleich zur Anwendung objektiver Kriterien und einem transparenten Vorgehen. 46

§ 13 Abs. 4 KonzVgV entspricht inhaltlich der **unionsrechtlichen Vorgabe** in Art. 37 Abs. 3 RL 2014/23/EU. 47

Bei der Regelung in § 13 Abs. 4 S. 1 KonzVgV handelt es sich ausweislich des Wortlauts („kann") um eine **Befugnisnorm**. Dies findet Rückhalt in der entsprechend formulierten Verordnungsbegründung („dürfen").[56] Der Konzessionsgeber ist mithin nicht verpflichtet, die Zahl der Bewerber oder der Angebote zu begrenzen. Hingegen handelt es sich bei § 13 Abs. 4 S. 2 KonzVgV nach dem klaren Wortlaut („muss") um eine **zwingende Vorgabe**. Dies bestätigt die Verordnungsbegründung.[57] Der Konzessionsgeber ist daher nicht berechtigt, von dieser Anforderung abzuweichen. 48

Das Vorgehen des Konzessionsgebers ist dann **transparent**, wenn es unter der Annahme der Kenntnis aller Angebote aufgrund des Inhalts der Konzessionsbekanntmachung und der danach erstellten Vergabeunterlagen vorhersehbar ist. Für den Bieter mit seinen zwangsläufig unvollständigen Kenntnissen über den Inhalt anderer Angebote ist es vorhersehbar, wenn die ergriffenen Maßnahmen und Entscheidungen im Nachhinein nachvollziehbar sind.[58] Das Transparenzgebot richtet sich an den Konzessionsgeber und verpflichtet ihn, alle Bieter gleichmäßig über die Vorhaben zu informieren und keinem Bieter einen sachlich nicht gerechtfertigten Informationsvorsprung vor den konkurrierenden Mitbewerbern zu geben.[59] In diesem Sinne hat er nachträglich z.B. aufgrund von Bieterfragen erkennbar erforderliche Klarstellungen allen Bietern mit Bieterrundschreiben zur Verfügung zu stellen.[60] Der Konzessionsgeber muss wegen des Transparenzgrundsatzes das Vergabeverfahren auch fortlaufend gemäß § 6 KonzVgV dokumentieren.[61] Aus § 13 Abs. 2 Nr. 2 KonzVgV folgt, dass die Informationen zu den Auswahlkriterien spätestens in den Vergabeunterlagen enthalten sein müssen, sodass die 49

---

53 Vgl. § 135 Abs. 2 S. 2 GWB.
54 OLG Rostock, Beschluss v. 9.10.2013 – 17 Verg 6/13; OLG Düsseldorf, Beschluss v. 4.2.2013 – Verg 31/12; VK Niedersachsen, Beschluss v. 7.10.2015 – VgK-31/2015.
55 Gemeint ist wohl: „Zahl der Bieter", soweit der Verordnungsgeber nicht offenes und offenes Verfahren nebeneinanderstellen wollte.
56 Verordnungsbegründung zu § 13 Abs. 4 KonzVgV, BR-Drs. 87/16, 288.
57 Vgl. Verordnungsbegründung zu § 13 Abs. 4 KonzVgV, BR-Drs. 87/16, 288.
58 *Dieckmann*, in: Dieckmann/Scharf/Wagner-Cardenal, VOL/A, § 2 EG Rn. 17; *Lux*, in: Müller-Wrede, VOL/A, § 2 EG Rn. 16 ff.; *Fehling*, in: Pünder/Schellenberg, Vergaberecht § 97 GWB Rn. 64 ff., § 2 VOL/A Rn. 8 f.
59 *Vavra*, in: Kulartz/Marx/Portz/Prieß, VOL/A, § 2 Rn. 17 ff.
60 *Dieckmann*, in: Dieckmann/Scharf/Wagner-Cardenal, VOL/A, § 2 EG Rn. 27.
61 *Kus*, in: Kulartz/Kus/Portz/Prieß, GWB-Vergaberecht, § 97 Rn. 33.

unterlegenen Bieter nachvollziehen können, weshalb ihr Angebot im weiteren Verfahren nicht mehr berücksichtigt wird. Die Vorgabe der Transparenz verpflichtet den Konzessionsgeber, den ausgeschiedenen Bewerber oder Bieter über die Gründe aussagekräftig zu informieren. Der im Vergaberecht immer noch anzutreffende Versand eines Formblatts mit dem dürren Hinweis, ein anderer Bieter habe ein wirtschaftlicheres Angebot vorgelegt, genügt daher nicht. Schon zur Vermeidung eines Nachprüfungsverfahrens sollte der Konzessionsgeber den unterlegenen Bieter so transparent wie möglich[62] bis zur Grenze der Wahrung des notwendigen Schutzes der Preise und sonstigen Betriebsgeheimnisse der Konkurrenten über die Gründe der Auswahl informieren. Dazu genügt es zum Beispiel, zu jedem Zuschlagskriterium anzugeben, ob der ausgewählte Konkurrent besser bewertet worden ist. Die Mitteilung der Gesamtpunktzahlen von ausgewähltem Bieter und dem jeweiligen Bieter erläutert den Abstand des Unterlegenen zum Zuschlagsempfänger.

50 Die Zahl der zur Teilnahme oder Angebotsabgabe aufgeforderten Bewerber oder Bieter muss nach § 13 Abs. 4 S. 2 KonzVgV **ausreichend hoch** sein, damit der Wettbewerb gewährleistet ist. Wettbewerb[63] bedeutet begrifflich, dass es mindestens einen alternativen Bieter mit ernsthaftem Interesse am Zuschlag gibt.[64] Das Wettbewerbsziel ist daher verfehlt, wenn die Kriterien für die Vorauswahl so hoch sind, dass im Ergebnis nur ein Angebot eingeht.

51 Die Verpflichtung zum Wettbewerb steht allerdings im Spannungsverhältnis zum **Leistungsbestimmungsrecht** des Konzessionsgebers. Dieses Leistungsbestimmungsrecht des Konzessionsgebers ist allerdings zumindest bei der Vergabe einer Dienstleistungskonzession schwächer ausgeprägt als etwa beim Dienstleistungsauftrag. Beim Bau- oder Dienstleistungsauftrag ist der öffentliche Auftraggeber gehalten, die Leistung eindeutig und erschöpfend zu beschreiben. Während der Auftraggeber im Bau- und Dienstleistungsauftrag also sehr genaue Vorgaben für die Auftragserfüllung erstellen muss, ist ihm dies bei **Dienstleistungskonzession** nur eingeschränkt in Form von Mindestanforderungen möglich. Anderenfalls verbliebe dem Konzessionsnehmer keine Möglichkeit mehr, das ihm auferlegte eigene Betriebsrisiko durch eigenverantwortlich entwickelte betriebswirtschaftliche Maßnahmen zu minimieren. Der Inhaber einer Sammlungskonzession für textile Abfälle muss z.B. die Befugnis haben, die Größe der Container an den ihm verbindlich zugewiesenen Standorten gemäß dem Sammlungsvolumen zu variieren, die Sammlungshäufigkeit unter Einhaltung der Mindestanforderungen zu erhöhen oder gegebenenfalls Nebeneinkünfte zu erschließen (Werbung am Container). Für jede Untersagung oder Beschränkung muss es einen sachlichen Grund geben, zum Beispiel eine konkrete Verkehrsbeeinträchtigung durch die vorgesehene Art der Werbung. Bei der **Baukonzession** ist dagegen die Befugnis des Konzessionsgebers zur Leistungsbestimmung ebenso stark wie beim Bauauftrag, weil es sich bei der Baukonzession häufig lediglich um eine andere Finanzierungsart des Bauauftrags handelt (vgl. Private Public Partnership-Projekte). Das Betreiberrisiko des Baukonzessionsnehmers realisiert sich nicht während der Dauer des Konzessionsvertrages, sondern liegt bei der Baukonzession im Wesentlichen in der Verwertung des Objekts nach Ablauf der vorgesehenen Konzessionsdauer. Bei sachgemäßer Anwendung dieses Instruments sollte die Konzessionsdauer daher deutlich geringer sein als die üblichen Nutzungszyklen vergleichbarer Bauwerke. § 3 Abs. 2 KonzVgV gibt sogar für Verträge mit einer Laufzeit von mehr als fünf Jahren ausdrücklich vor, dass die Laufzeit der Konzession die Refinanzierungszeit nicht übersteigen darf. Das ist aber nicht so herausfordernd wie teilweise angenommen.[65] Der Konzessionsgeber kann und muss nicht das individuelle Amortisationspotenzial des zum Zeitpunkt der Vorbereitung der Bekanntgabe noch nicht bekannten Konzessionsnehmers ermitteln. Er darf und wird sich auf die üblichen Erfahrungswerte der Literatur verlassen. Die Gesamtnutzungsdauer eines Büro- und Verwaltungsgebäudes wird gemäß § 6 Abs. 5 ImmoWertVO mit 30 bis 70 Jahren, gemäß BelWertVO[66] mit 30

---

62 *Dieckmann*, in: Dieckmann/Scharf/Wagner-Cardenal, VOL/A, § 2 EG Rn. 22; *Fett*, in: Willenbruch/Wieddekind, Vergaberecht, 3. Aufl., § 101a GWB Rn. 14.
63 Art. 37 Abs. 3 RL 2014/23/EU spricht tautologisch von „echtem Wettbewerb".
64 *Lux*, in: Müller-Wrede, VOL/A, § 2 EG Rn 8.
65 *Goldbrunner*, VergabeR 2016, 365 (372).
66 Relevant für die Wertermittlung nach PfandbriefG.

bis 60 Jahren angenommen.⁶⁷ Die große Spanne resultiert aus Standortfaktoren. Die Vergabe einer Baukonzession für ein Verwaltungsgebäude mit einer Laufzeit von mehr als 25 Jahren ist daher wirtschaftlich problematisch, für nach Landesrecht gebührenbefreite⁶⁸ Gebietskörperschaften ohne begleitende Darstellung des örtlichen Gutachterausschusses zur zu erwartenden Nutzungsdauer fahrlässig.

Die frühere Regelung des **§ 3 EG Abs. 5 S. 3 VOL/A**, wonach im offenen Verfahren mindestens fünf, im Verhandlungsverfahren mit Teilnahmewettbewerb mindestens drei Bieter zur Angebotsabgabe aufgefordert werden sollten, ist weder in Art. 37 RL 2014/23/EU enthalten, noch hat der deutsche Verordnungsgeber die EU-Vorgabe in § 13 Abs. 4 KonzVgV in diesem Sinne konkretisiert. Das ist nachvollziehbar, weil etliche konventionelle Vergabeverfahren meist wegen zu hoher Eignungsanforderungen⁶⁹ darunter leiden, dass weniger als die zuvor festgelegte Zahl von Mindestteilnehmern die gesetzten personenbezogenen Eignungs- oder sachbezogenen Mindestanforderungen erfüllen. Mit der nun vorliegenden Regelung kann der Konzessionsgeber nach Auswertung der Teilnahmeanträge frei entscheiden, ob die Zahl der noch verbleibenden Bieter unter Berücksichtigung der konkreten Marktsituation noch ausreichend ist, um Wettbewerb zu gewährleisten. Es ist ihm also bei angespannter Marktlage möglich, das Konzessionsvergabeverfahren nur mit zwei Bietern fortzusetzen, obwohl er zuvor angekündigt hat, drei Bewerber zur Angebotsabgabe auffordern zu wollen.⁷⁰ Umgekehrt kann man davon ausgehen, dass bei Erfüllung der nach den alten Maßstäben gesetzten Vorgaben, also bei fünf Bietern im offenen Verfahren und drei Bietern im Teilnahmewettbewerb, der Wettbewerb ausreichend gewährleistet ist.

52

E. Rechtsschutz

§ 13 KonzVgV ist eine unternehmensschützende Norm im Sinne des § 97 Abs. 6 GWB. Das ergibt sich auch unmittelbar aus dem nachfolgenden § 14 KonzVgV, dem Umgehungsverbot. § 13 KonzVgV gehört zu den Bestimmungen des Vergabeverfahrens, auf deren Einhaltung die Unternehmen einen Anspruch haben. Verstöße gegen diese Vorschrift können daher ohne Weiteres vom unterlegenen Bieter in einem Vergabenachprüfungsverfahren geltend gemacht werden.

53

Anlage

Verordnungsbegründung (BR-Drs. 87/16)

Seite 286

§ 13 dient der Umsetzung der in Artikel 37 Absatz 1 bis 4 der Richtlinie 2014/23/EU vorgesehenen wesentlichen Garantien für das Konzessionsvergabeverfahren in einer gesonderten Vorschrift dieser Verordnung.

In Erwägungsgrund 68 der Richtlinie 2014/23/EU stellt der Unionsgesetzgeber klar, dass Konzessionen in der Regel langfristige, komplexe Vereinbarungen sind, bei denen der Konzessionsnehmer Verantwortlichkeiten und Risiken übernimmt, die üblicherweise vom öffentlichen Konzessionsgeber oder vom Konzessionsgeber getragen werden und normalerweise in dessen Zuständigkeit fallen. Der Unionsgesetzgeber stellt weiterhin klar, dass dem Konzessionsgeber vorbehaltlich der Einhaltung dieser Richtlinie und der Grundsätze der Transparenz und der Gleichbehandlung bei der Festlegung und Durchführung des Verfahrens zur Auswahl des Konzessionsnehmers ein großer Spielraum gelassen wird. Um jedoch Gleichbehandlung und Transparenz

---

67 *Kleiber*, in: Kleiber, Verkehrswertermittlung von Grundstücken, IV, § 6 ImmoWertVO Rn. 381 Abb. 41.
68 *Kleiber*, in: Kleiber, Verkehrswertermittlung von Grundstücken, III, § 192 BauGB Rn. 85.
69 OLG Celle, Beschluss v. 10.3.2016 – 13 Verg 5/15, zu einem Bauauftrag.
70 So auch *Goldbrunner*, VergabeR 2016, 365 (375).

Seite 287

während des gesamten Vergabeverfahrens sicherzustellen, sollten grundlegende Garantien in Bezug auf das Vergabeverfahren vorgeschrieben werden. Zu diesen grundlegenden Garantien gehören nach den Ausführungen des Unionsgesetzgebers in Erwägungsgrund 68 die Information über Art und Umfang der Konzession, eine Beschränkung der Bewerberzahl, die nichtdiskriminierende Weitergabe von Informationen an Bewerber und Bieter sowie die Verfügbarkeit geeigneter Aufzeichnungen im Rahmen der Dokumentationspflicht.

Die Anforderungen des Artikels 37 Absatz 5 und 6 wurden im jeweiligen sachlichen Zusammenhang in § 6 und § 12 Absatz 2 Satz 2 und 3 umgesetzt.

Zu Absatz 1

Absatz 1 setzt die Vorgaben des Artikels 37 Absatz 1 der Richtlinie 2014/23/EU um. Konzessionen werden auf der Grundlage der von den Konzessionsgebern festgelegten Zuschlagskriterien vergeben, sofern die in Artikel 37 Absatz 1 Buchstabe a) bis c) genannten Anforderungen erfüllt sind. Dazu gehören Mindestanforderungen gemäß Artikel 37 Absatz 1 Buchstabe a), die Konzessionsgeber festlegen können und die zum Beispiel gemäß Artikel 37 Absatz 1 Unterabsatz 2 technische, physische, funktionelle und rechtliche Bedingungen und Merkmale umfassen, die jedes Angebot erfüllen bzw. aufweisen sollte. Weiterhin muss der Bieter gemäß Artikel 37 Absatz 1 Buchstabe b) die Teilnahmebedingungen erfüllen und darf gemäß Artikel 37 Absatz 1 Buchstabe c) nicht von der Teilnahme am Vergabeverfahren ausgeschlossen sein. Der Begriff der „Teilnahmebedingungen" umfasst gemäß dem nicht abschließenden Katalog in Anhang V Nummer 7 Buchstabe a) bis c) der Richtlinie 2014/23/EU Anforderungen, die Konzessionsgeber an Bewerber oder Bieter im Vergabeverfahren stellen können. Dazu gehören neben der Erfüllung der Eignungskriterien (Buchstabe c) die Möglichkeit, die Konzession geschützten Werkstätten vorzubehalten oder die Ausführung nur im Rahmen von Programmen für geschützte Beschäftigungsverhältnisse vorzusehen (Buchstabe a) oder die Erbringung der Dienstleistung aufgrund von Rechts- und Verwaltungsvorschriften einem bestimmten Berufsstand vorzubehalten (Buchstabe b).

Zu Absatz 2

Absatz 2 Nummer 1 und 2 setzt die Vorgaben des Artikel 37 Absatz 2 Buchstabe a) und b) der Richtlinie 2014/23/EU zu den grundlegenden Angaben um, welche Konzessionsgeber in der Konzessionsbekanntmachung oder in den Vergabeunterlagen zu erteilen haben.

Dazu gehören gemäß Absatz 2 Nummer 1 die Beschreibung der Konzession und die Angabe der Teilnahmebedingungen in der Konzessionsbekanntmachung. Zum Begriff der Teilnahmebedingungen siehe die Begründung zu Absatz 1 oben.

Gemäß Absatz 2 Nummer 2 sind Konzessionsgeber auch verpflichtet, die Zuschlagskriterien und die gegebenenfalls vorgeschriebenen Mindestanforderungen im Sinne des Artikel 37 Absatz 1 Unterabsatz 1 Buchstabe a) und Unterabsatz 2 in der Konzessionsbekanntmachung, der Aufforderung zur Angebotsabgabe oder in den Vergabeunterlagen anzugeben. Siehe zu den Zuschlagskriterien auch § 31 Absatz 1 und Anhang V Nummer 9 der Richtlinie 2014/23/EU zu den erforderlichen Angaben der Konzessionsbekanntmachung („Zuschlagskriterien, soweit nicht in anderen Vergabeunterlagen genannt."). Die Umsetzung von Artikel 37 Absatz 2 Buchstabe b) der Richtlinie 2014/23/EU orientiert sich an der englischen und französischen Sprachfassung.

Zu Absatz 3

Absatz 3 setzt die in Artikel 37 Absatz 4 der Richtlinie 2014/23/EU festgelegten Verfahrensgarantien um. Konzessionsgeber sind verpflichtet, den Teilnehmern an einem Vergabeverfahren einen Organisations- und Zeitplan des Vergabeverfahrens einschließlich eines unverbindlichen Schlusstermins zu übermitteln. Darüber hinaus müssen Konzessionsgeber sämtliche Änderungen allen Teilnehmern mitteilen und müssen diese – sofern Inhalte der Konzessionsbekanntmachung betroffen sind – bekanntmachen.

Zu Absatz 4

Seite 288

Absatz 4 setzt Artikel 37 Absatz 3 der Richtlinie 2014/23/EU um, dem zufolge Konzessionsgeber die Zahl der Bewerber oder der Angebote begrenzen dürfen, sofern dies anhand objektiver Kriterien und in transparenter Weise geschieht und die Zahl ausreichend hoch ist, um einen echten Wettbewerb sicherzustellen. Der Wortlaut der Vorschrift („dass der Wettbewerb gewährleistet ist") ist an § 51 Absatz 2 VgV ausgerichtet.

§ 14 KonzVgV
Umgehungsverbot

Das Verfahren zur Vergabe einer Konzession darf nicht in einer Weise ausgestaltet werden, dass es vom Anwendungsbereich des Teils 4 des Gesetzes gegen Wettbewerbsbeschränkungen ausgenommen wird oder bestimmte Unternehmen oder bestimmte Bauleistungen, Lieferungen oder Dienstleistungen auf unzulässige Weise bevorzugt oder benachteiligt werden.

Übersicht

	Rn.		Rn.
A. Allgemeines	1	III. Umgehungsabsicht notwendig	27
I. Unionsrechtlicher Hintergrund	5	D. Ordnungsgemäße Konzessionsverfahren außerhalb von § 14 KonzVgV	29
II. Vergleichbare Regelungen	9	E. Rechtsschutz	33
B. Ausgenommen aus dem Anwendungsbereich von Teil 4 GWB	14	I. Umgehungsverbot bei Bereichsausnahmen?	35
C. Unzulässige Bevorzugung oder Benachteiligung	18	II. Umgehungsverbot ohne Binnenmarktrelevanz	36
I. Zulässige Bevorzugung oder Begünstigung im Konzessionsvergabeverfahren	19	III. Umgehungsverbot mit Binnenmarktrelevanz	38
II. Unzulässige Bevorzugung oder Benachteiligung	22	IV. Sanktionierte Veröffentlichungspflichten	40
1. Umgehung bezüglich Unternehmen	23	F. Zusammenfassung und Ausblick	43
2. Umgehung bezüglich bestimmter Bauleistungen, Lieferungen oder Dienstleistungen	26	Anlage Verordnungsbegründung (BR-Drs. 87/16)	

A. Allgemeines

§ 14 KonzVgV regelt ein Umgehungsverbot oberhalb der EU-Schwellenwerte. Eine entsprechende Regelung unterhalb der Schwellenwerte oder außerhalb des förmlichen Vergaberechts besteht nicht. Die Vorschrift des § 14 KonzVgV enthält ein allgemeines Umgehungsverbot im Geltungsbereichs des Teil 4 GWB. Dieses bezieht sich auf die Ausgestaltung des Verfahrens und ergänzt damit das besondere Umgehungsverbot bei der Berechnung der Schwellenwerte nach § 2 Abs. 2 KonzVgV.[1] Darüber hat die Norm Ausstrahlungswirkung auf die gesamte Konzeption der Konzessionsvergabe, weil die allgemeinen Vorgaben (Wettbewerb, Transparenz, Gleichbehandlung, Verhältnismäßigkeit, Wirtschaftlichkeitsgebot, objektive Verfahrensführung und sachgerechte Bewertung als positive Grundsätze jeder Konzessionsvergabe) – diesmal auf der Seite der Sanktion durch die Betonung der „Umgehung" – markiert werden. 1

In der Verordnungsbegründung wird hervorgehoben, dass § 14 KonzVgV der Umsetzung von Art. 3 Abs. 1 UAbs. 2 RL 2014/23/EU dienen würde. Es sei ein **grundlegendes Umgehungsverbot**, dessen Beachtung durch den Konzessionsgeber vollumfänglich gerichtlich überprüfbar sei. § 14 KonzVgV betreffe die Konzeption des gesamten Verfahrens. Dies würde bei strenger Auslegung bedeuten, dass eine Verfahrensgestaltung, die z.B. ausgelegt ist auf den Erlass eines Verwaltungsaktes (und nicht auf den Abschluss eines Vertrages, der dem Vergaberecht unterliegt), durch § 14 KonzVgV ausgeschlossen wäre. Diese strenge Verpflichtung folgt jedoch aus § 14 KonzVgV nicht, da erlaubte Verfahrenskonzeptionen außerhalb des Vergaberechts gesetzgeberisch gewollt sind. 2

---

1 *Wenzel*, in: Gabriel/Mertens/Prieß/Stein, Vergaberecht, § 14 KonzVgV Rn. 10; *Siegel*, in: Ziekow/Völlink, Vergaberecht, § 14 KonzVgV Rn. 1.

3   Auch die **Vertragswertberechnung**, die § 2 Abs. 2 KonzVgV regele, sei darin enthalten.[2] Der maßgebliche Zweck des § 2 KonzVgV mit seinen Vorgaben für die Berechnung des Konzessionswertes liegt hauptsächlich darin, im Interesse der Bieter eine verlässliche Grundlage für die Anwendung des Kartellvergaberechts bei Erreichen oder Überschreiten der Schwellenwerte zu gewährleisten.[3] Es geht also darum, dass der Anwendungsbereich des Konzessionsvergaberechts umfassend gesichert wird. Unternehmen können auch bei bekanntgegebener Vertragswertschätzung prüfen, ob sich die Teilnahme an dem Verfahren rentiert.

4   Soweit § 14 KonzVgV Unternehmen oder Leistungen im Weiteren in Bezug nimmt, handelt es sich weniger um ein Umgehungsverbot als um ein **Gleichbehandlungsgebot** bzw. ein Diskriminierungsverbot. Der zusammenfassende Titel der Norm „Umgehungsverbot" greift mithin zu kurz.[4] Andererseits folgt aus § 14 KonzVgV kein aktives Handlungsgebot, sondern die Bestimmung zeigt nur die Grenzen des zulässigen Verhaltens auf. Bestimmte diskriminierende Verhaltensformen sind schlicht zu unterlassen.

I. Unionsrechtlicher Hintergrund

5   Das Konzessionsvergabeverfahren – einschließlich der Schätzung des Vertragswerts – darf gemäß Art. 3 Abs. 1 UAbs. 2 RL 2014/23/EU nicht mit der **Absicht** konzipiert werden, es vom Anwendungsbereich dieser Richtlinie auszunehmen oder bestimmte Wirtschaftsteilnehmer beziehungsweise bestimmte Bauleistungen, Lieferungen oder Dienstleistungen auf unzulässige Weise zu bevorzugen oder zu benachteiligen. Der Begriff der „Absicht" taucht auch in Art. 8 Abs. 4 RL 2014/23/EU auf. Die Wahl der Methode zur Berechnung des geschätzten Konzessionswerts darf gemäß Art. 8 Abs. 4 S. 1 RL 2014/23/EU nicht in der Absicht erfolgen, die Anwendung dieser Richtlinie zu umgehen. Eine Konzession darf nicht gemäß Art. 8 Abs. 4 S. 2 RL 2014/23/EU so unterteilt werden, dass sie nicht in den Anwendungsbereich der Richtlinie fällt, es sei denn, es liegen objektive Gründe dafür vor. Die Festlegung eines gemischten Vertrags sollte nach Erwägungsgrund 29 S. 2 RL 2014/23/EU auf der Grundlage einer Einzelfallprüfung erfolgen, bei der es allerdings nicht ausreichen sollte, dass die Absicht des Auftraggebers, die einzelnen Teile eines gemischten Vertrags als untrennbar zu betrachten, zum Ausdruck gebracht oder vermutet wird; diese Absicht muss sich vielmehr auf objektive Gesichtspunkte stützen, die sie rechtfertigen und die die Notwendigkeit begründen können, einen einzigen Vertrag zu schließen.

6   Eine vertiefte Begründung zu Art. 3 Abs. 1 UAbs. 2 RL 2014/23/EU ergibt sich aus den Erwägungsgründen nicht. Die allgemeinen Erwägungen z.B. in Erwägungsgrund 4 RL 2014/23/EU sind positiv formuliert. Für die Vergabe von Dienstleistungskonzessionen mit grenzüberschreitender Bedeutung würden die **Grundsätze** des AEUV gelten, insbesondere die Grundsätze des freien Warenverkehrs, der Niederlassungsfreiheit und der Dienstleistungsfreiheit sowie die davon abgeleiteten Grundsätze wie Gleichbehandlung, Nichtdiskriminierung, gegenseitige Anerkennung, Verhältnismäßigkeit und Transparenz. Für Konzessionen in Höhe oder oberhalb eines bestimmten Schwellenwerts sei es nach Erwägungsgrund 8 RL 2014/23/EU zweckmäßig, auf der Grundlage der Grundsätze des AEUV ein Mindestmaß an Koordinierung der nationalen Verfahren für die Vergabe vorzusehen, um die Öffnung der Vergabeverfahren für den Wettbewerb sicherzustellen und eine angemessene Rechtssicherheit zu gewährleisten. Daraus könnte geschlossen werden, dass alle Gestaltungsversuche, die diesen Rahmen nicht sprengen, zumindest unionsrechtlich zulässig sind.

7   In Erwägungsgrund 61 RL 2014/23/EU und Art. 35 RL 2014/23/EU werden den Gestaltungsmöglichkeiten deutliche Grenzen aufgezeigt. Zur Bekämpfung von Betrug, Günstlingswirtschaft und Bestechung und zur Verhinderung von Interessenkonflikten sollten die Mitgliedstaaten geeignete **Maßnahmen** ergreifen, mit denen die Transparenz des Vergabeverfahrens und die Gleichbehandlung aller Bewerber und Bieter sichergestellt werden. Mit solchen Maß-

---

2 Verordnungsbegründung zu § 14 KonzVgV, BR-Drs. 87/16, 259.
3 Vgl. *Radu* zu § 2 KonzVgV Rn. 2.
4 Vgl. *Wenzel*, in: Gabriel/Mertens/Prieß/Stein, Vergaberecht, § 14 KonzVgV Rn. 5.

nahmen sollten insbesondere Interessenkonflikte und andere erhebliche Unregelmäßigkeiten beseitigt werden. Die Mitgliedstaaten sollten die Integrität auf individueller und institutioneller Ebene als festen Bestandteil des professionellen Verhaltens unterstützen und fördern, indem sie Instrumente zur Sicherstellung der Einhaltung der Transparenz des Vergabeverfahrens und Leitlinien zur Vermeidung von Unregelmäßigkeiten zur Verfügung stellen, z. B.:

- Festlegung von Ethikkodizes sowie von Chartas für die Integrität,
- Nutzung von Daten über Unregelmäßigkeiten als Rückmeldung für die Entwicklung entsprechender Schulungen und Leitlinien sowie Förderung der Selbstreinigung und
- Entwicklung spezifischer Leitlinien zur Verhinderung und Aufdeckung von Betrug und Korruption, auch durch Systeme für die Meldung von Missständen.[5]

Die exakte unionsrechtliche Definition wird zunächst dadurch erschwert, dass den Mitgliedstaaten bei der Umsetzung der Konzessionsrichtlinie das erforderliche Maß an **Flexibilität** gewährt werden soll.[6] Flexibilität bedeutet die Schaffung von Wahlmöglichkeiten, was die Definition präziser Grenzen für ein Umgehungsgebot nicht erleichtert. Die Grenzen der Flexibilität sind jedoch die Grundsätze des freien Warenverkehrs, der Niederlassungsfreiheit und der Dienstleistungsfreiheit sowie die davon abgeleiteten Grundsätze wie Gleichbehandlung, Nichtdiskriminierung, gegenseitige Anerkennung, Verhältnismäßigkeit und Transparenz. Keine noch so flexible Verfahrensgestaltung darf diese Grenzen sprengen. Während der EU-Regelungswille die Konzession bei der letzten Gesetzgebungsrunde noch nicht umfasst hatte, musste der EU-Gesetzgeber zwischenzeitlich anerkennen, dass die Konzession derart viele Lebensbereiche betreffen würde, dass eine förmliche Normierung notwendig erschien.[7] Das Fehlen klarer Bestimmungen zur Vergabe von Konzessionen auf Unionsebene habe zu Rechtsunsicherheit, Behinderungen des freien Dienstleistungsverkehrs und Verzerrungen des Binnenmarkts geführt.[8] Dieser Gedanke ist durchaus zutreffend, lässt aber außer Betracht, dass sich die Konzession einer schematischen Betrachtung entzieht. Während Baukonzessionen noch Konturen haben mögen, können Dienstleistungskonzessionen fast alle Bereiche der entgeltlichen Daseinsvorsorge umfassen.[9] Wenn derart viele unterschiedliche Lebenssachverhalte betroffen sind, die zudem auch noch flexibel geregelt werden können, könnte § 14 KonzVgV schlicht als Generalnorm zur Normierung nicht spezialgesetzlicher geregelter Sachverhalten gesehen werden. Dieser Ansatz zieht § 14 KonzVgV jedoch zu enge Grenzen, weil Art. 3 Abs. 1 UAbs. 2 RL 2014/23/EU im Titel I Kapitel 1 Abschnitt 1 RL 2014/23/EU als zentrale Eingangsnorm verordnet wurde.

II. Vergleichbare Regelungen

Die **SektVO**, die **VSVgV** und die **VOB/A** enthalten keine vergleichbare Regelung. Hinzuweisen ist vergleichend auf das Umgehungsverbot des § 3 Abs. 2 **VgV**.[10] Danach darf eine Auftragsvergabe nicht so unterteilt werden, dass sie nicht (mehr) in den Anwendungsbereich der Bestimmungen des Gesetzes gegen Wettbewerbsbeschränkungen oder der VgV fällt, es sei denn, es liegen objektive Gründe dafür vor.[11] Das **GWB** enthält Umgehungsverbote in Gestalt von Aufteilungsverboten in § 111 Abs. 5 GWB und § 112 Abs. 4 GWB, der durch § 2 Abs. 2 S. 2 KonzVgV konkretisiert wird.[12] Der Grundgedanke ist immer wieder derselbe: Eine Nach-

---

5 Europäische Kommission, Empfehlung (EU) 2017/1805 der Kommission vom 3. Oktober 2017 zur Professionalisierung der öffentlichen Auftragsvergabe – Errichtung einer Architektur für die Professionalisierung der öffentlichen Auftragsvergabe, ABl. EU L 259/28.
6 Erwägungsgrund 8 RL 2014/23/EU.
7 Vgl. *Braun*, in: Müller-Wrede, GWB-Vergaberecht, § 105 Rn. 1 ff.
8 Erwägungsgrund 1 RL 2014/23/EU.
9 Vgl. ausführlich *Braun*, in: Hettich/Soudry, Das neue Vergaberecht, S. 155; *ders.*, VergabeR 2014, 324; *ders.*, EuZW 2012, 451, *ders.*, NZBau 2011, 400; *ders.*, in: Prieß/Lau/Kratzenberg, Festschrift für Marx, S. 39; siehe auch *Opitz*, NVwZ 2014, 753 (754).
10 Vgl. OLG Celle, Beschluss v. 29.11.2016 – 13 Verg 8/16; VK Hessen, Beschluss v. 17.10.2017 – 69d-VK-11/2017; *Schaller*, NZBau 2018, 342.
11 OLG Köln, Beschluss v. 24.10.2016 – I-11 W 54/16, juris Rn. 12.
12 Vgl. *Wenzel*, in: Gabriel/Mertens/Prieß/Stein, Vergaberecht, § 14 KonzVgV Rn. 5 ff.

frage der öffentlichen Hand soll durch das Vergaberecht geregelt werden. Gestaltungsvarianten zur Herausnahme aus dem Vergaberecht werden untersagt.

10 Eine Umgehungsregelung enthält auch § 306a **BGB**. Die Vorschriften des entsprechenden BGB-Abschnitts (Gestaltung rechtsgeschäftlicher Schuldverhältnisse durch allgemeine Geschäftsbedingungen) finden auch dann Anwendung, wenn sie durch anderweitige Gestaltungen umgangen werden sollen. Für die Anwendung des § 306a BGB ist es nicht erforderlich, dass dem Verwender eine Absicht oder ein Bewusstsein der Umgehung nachgewiesen wird.[13] Rechtlich soll das Ergebnis der „gestalteten" Regelung erreicht werden. Geprüft werden muss, ob die gleiche Interessenlage vorhanden ist. Insbesondere liegt ein Anwendungsfall vor, wenn bewusst eine andere rechtliche Gestaltung erdacht wurde. Die zivilrechtliche Rechtsfolge, wonach rechtlich das Ergebnis der „gestalteten" Regelung erreicht werden soll, hilft im Vergaberecht nicht weiter. Der Konzessionsgeber kann gemäß § 32 KonzVgV das Verfahren aufheben. Im Übrigen ist der Konzessionsgeber gemäß § 32 Abs. 1 S. 2 KonzVgV grundsätzlich nicht verpflichtet, den Zuschlag zu erteilen.

11 Eine andere Umgehungsregelung ist § 12 **BRAO**. Gemäß § 12 Abs. 1 BRAO darf der Rechtsanwalt nicht ohne Einwilligung des Rechtsanwaltes des anderen Beteiligten mit diesem unmittelbar Verbindung aufnehmen oder verhandeln. Gemäß § 12 Abs. 1 S. 1 BRAO gilt dieses Verbot nicht bei Gefahr in Verzug. Gemäß § 12 Abs. 1 S. 2 BRAO ist der Rechtsanwalt des anderen Beteiligten unverzüglich zu unterrichten, von schriftlichen Mitteilungen ist ihm eine Abschrift unverzüglich zu übersenden. Die nachträgliche Unterrichtung gemäß § 12 Abs. 1 S. 2 BRAO könnte mit einer entsprechenden Information gemäß § 135 Abs. 2 S. 2 GWB verglichen werden.

12 **Weitere Umgehungsverbote** enthalten § 7 OASG, § 79 StrlSchV, § 66m TKG, § 6 PBefG.

13 Den vorgenannten Bestimmungen ist zu entnehmen, dass eine systematische, auf den Gesamtzusammenhang gerichtete **Analyse** der KonzVgV notwendig ist. In einem zweiten Schritt ist ein abweichendes Verhalten festzustellen. Das setzt insgesamt also voraus, dass eine materielle Ergründung des Verhaltens des Konzessionsgebers erforderlich ist. Aus der schlicht objektiv festhaltbaren Verhaltensform kann auf die subjektive Einstellung des Konzessionsgebers geschlossen werden.

B. Ausgenommen aus dem Anwendungsbereich von Teil 4 GWB

14 Nach seinem Wortlaut regelt § 14 KonzVgV das Ausgenommenwerden aus dem Anwendungsbereich des Teil 4 GWB bezogen auf das Verfahren. Mit dem Verfahrensansatz greift die Bestimmung den Gedanken des § 97 Abs. 6 GWB auf, wonach Unternehmen Anspruch darauf haben, dass die Bestimmungen über das Vergabeverfahren eingehalten werden. Vom Wortlaut her ist das Wort „ausgenommen" im Sinne von Herausnahme aus dem Konzessionsvergaberecht zu verstehen. Die Vorschriften zu Konzessionen sind im GWB in den Bestimmungen der §§ 148 bis 154 GWB geregelt, wobei § 154 GWB verschiedene Vorschriften des Vergabeverfahrens für anwendbar erklärt. Maßgeblich sind also zunächst Kapitel 1 Abschnitt 1 und Abschnitt 3 Unterabschnitt 3 GWB (§§ 148 bis 154 GWB) und die über § 154 GWB zu beachtenden Normen.[14] Dies sind die Kernnormen, die ein Konzessionsgeber beachten muss.

15 § 14 KonzVgV ist eine Verfahrensregelung gemäß § 97 Abs. 6 GWB, der allerdings eine umfassendere **Bedeutung** zukommt. Dies ergibt sich aus den unionsrechtlichen Vorgaben gemäß Art. 3 Abs. 1 UAbs. 2 RL 2014/23/EU, weil dort vom „Konzessionsvergabeverfahren" gesprochen wird und der systematischen Stellung der Norm in der KonzVgV. Die Stellung im mit „Allgemeine Verfahrensvorschriften" überschriebenen Abschnitt 2 Unterabschnitt 1 KonzVgV führt dazu, dass das Umgehungsverbot für die Bestimmungen der §§ 148 bis 154 GWB und auch für die im zweiten Unterabschnitt des zweiten Abschnitts der KonzVgV geregelte Vorbereitung des Vergabeverfahrens gilt. Im zweiten Unterabschnitt des zweiten Abschnitts der

---

13 *Basedow*, in: Säcker/Rixecker/Oetker/Limperg, BGB, § 306a BGB Rn. 3.
14 Vgl. *Braun*, in: Müller-Wrede, GWB-Vergaberecht, § 154 Rn. 11 ff.

KonzVgV finden sich Regelungen zur Vorbereitung des Vergabeverfahrens, zu den Bekanntmachungen, zum Auswahlverfahren und zum Zuschlag. Das materielle GWB- und KonzVgV-Konzessionsvergabeverfahren darf also nicht so gestaltet werden, dass diese Vorschriften nicht angewandt werden.

§ 14 KonzVgV konkretisiert das **Diskriminierungsverbot** des § 97 Abs. 2 GWB. Die Bestimmung setzt dem Grundsatz der freien Verfahrensgestaltung gemäß § 151 S. 3 GWB und § 12 Abs. 1 S. 1 KonzVgV Grenzen. Das Konzessionsvergabeverfahren ist stets diskriminierungsfrei auszugestalten. Da sich die Beachtung der positiven Vorgaben zur Ausgestaltung des Verfahrens bereits aus anderen Regelungen ergibt, liegt die praktische Bedeutung des § 14 KonzVgV auch in einer zusätzlichen „Warnfunktion" an die Konzessionsgeber.[15]

16

§ 14 KonzVgV ist auch im Zusammenhang mit den **Verfahrensgarantien** des § 13 KonzVgV zu lesen. § 13 Abs. 1 S. 1 KonzVgV stellt den Grundsatz auf, dass Konzessionen auf der Grundlage der von dem Konzessionsgeber gemäß § 31 KonzVgV festgelegten Zuschlagskriterien vergeben werden, sofern die in § 13 Abs. 1 Nr. 1 und 2 KonzVgV genannten Bedingungen erfüllt sind.[16] Bestimmungen, die die Vorgaben des § 13 KonzVgV verletzen, können zugleich gegen das Umgehungsverbot des § 14 KonzVgV verstoßen.

17

C. Unzulässige Bevorzugung oder Benachteiligung

Das Verfahren zur Vergabe einer Konzession darf nicht in einer Weise ausgestaltet werden, dass bestimmte Unternehmen oder bestimmte Bauleistungen, Lieferungen oder Dienstleistungen auf unzulässige Weise bevorzugt oder benachteiligt werden. Die in § 14 KonzVgV mit der zweiten und dritten Alternative benannten Verbote der unzulässigen Bevorzugung oder Benachteiligung bestimmter Unternehmen oder bestimmter Leistungen sind nur einschränkend dem Aspekt des Umgehungsverbots zuzuschreiben. Dies folgt daraus, dass dem Konzessionsgeber Umgehungen des gesetzlichen Gleichbehandlungsgebotes bzw. Diskriminierungsverbotes gemäß § 97 Abs. 2 GWB sowie des Transparenzgebotes nach § 97 Abs. 1 S. 1 GWB als grundlegenden Prinzipien des Vergaberechts sowieso untersagt sind. Es dürfte aber zu weit gehen, aus § 14 KonzVgV keine über die allgemeinen Normen hinausgehenden Ge- bzw. Verbote ableiten zu wollen.[17] In diesem Fall hätte § 14 KonzVgV keine gesonderte Bedeutung, was vom Verordnungsgeber so nicht gewollt ist. Mit der ausdrücklichen Benennung soll eine Warnfunktion erreicht werden.

18

I. Zulässige Bevorzugung oder Begünstigung im Konzessionsvergabeverfahren

Verboten ist nur die unzulässige Bevorzugung oder Benachteiligung. In vielen Fällen kann eine erlaubte Bevorzugung oder Begünstigung gegeben sein. Ein gestattetes Abweichen von dem GWB- und KonzVgV-Konzessionsvergabeverfahren kann vorliegen, weil z.B. am Ende des Auswahlprozesses die Vergabe durch Verwaltungsakt statt durch Vertrag erfolgt.[18] Zulässig kann auch die Wahl der Dienstleistungskonzession statt eines Dienstleistungsauftrages sein.[19] Diese Verfahrenswahl hat den Vorteil, dass der Konzessionsgeber gegebenenfalls zulässig auf Grund des höheren Schwellenwertes eine nicht dem GWB (Teil 4) unterliegende Konzession unterhalb der Schwellenwerte vergeben kann. § 14 KonzVgV regelt den Fall der Umgehung durch die Wahl einer Dienstleistungskonzession nicht. Dieser – durchaus mögliche – Umgehungsfall wird durch § 105 KonzVgV geregelt.[20]

19

Eine rechtliche Herausnahme kann durch eine **Bereichsausnahme** oder durch eine Vielzahl von Ausnahmebestimmungen gegeben sein.[21] Die Rechtsprechung hat sich bereits mehrfach

20

---

15 Siegel, in: Ziekow/Völlink, Vergaberecht, § 14 KonzVgV Rn. 1.
16 Vgl. ausführlich Gaus zu § 13 KonzVgV Rn. 10 ff.
17 In diesem Sinne aber Wenzel, in: Gabriel/Mertens/Prieß/Stein, Vergaberecht, § 14 KonzVgV Rn. 21.
18 Vgl. § 1 KonzVgV Rn. 54 ff.
19 OLG Naumburg, Beschluss v. 17.6.2016 – 7 Verg 2/16, juris Rn. 101.
20 Vgl. § 1 KonzVgV Rn. 49 ff.
21 Vgl. ausführlich zu den Ausnahmen: § 1 KonzVgV Rn. 83 ff.

mit der Frage beschäftigt, wann keine Dienstleistungskonzession vorliegt.[22] Dies war rechtlich relevant, als die Dienstleistungskonzessionen noch nicht dem förmlichen Vergaberecht unterlagen. Die Konzessionsgeber hofften, durch eine derartige Verfahrensgestaltung dem förmlichen Vergaberecht entgehen zu können. An der vorgenannten Rechtsprechung ist erkennbar, dass die Gerichte sich die Rechtsnatur der nachgefragten Leistung angesehen und dann eine rechtliche Bewertung vorgenommen haben. Dies ist für den Umgehungsfall des § 14 KonzVgV ebenfalls die zutreffende Herangehensweise.

21 Zahlreiche Konzessionen werden in Bereichen vergeben, für die das förmliche GWB-Vergaberecht und mithin auch die KonzVgV nicht gilt. Dies soll nach umstrittener Auffassung z.B. **Rettungsdienstkonzessionen**[23] oder **Glücksspielkonzessionen**[24] betreffen. Unstreitig wird aber die Vergabe von **Wasserkonzessionen**[25] nicht vom GWB umfasst. Wird neben einer Trinkwasserkonzession gleichzeitig auch eine damit „im Zusammenhang stehende" Abwasserkonzession vergeben, so ist der diesbezügliche Beschaffungsvorgang gemäß § 149 Nr. 9 lit. b sublit. bb GWB vom Vergaberecht ausgenommen. Eine Zuständigkeit der Vergabekammer hierfür ist nicht gegeben.[26] Diese kann dann auch nicht einen Umgehungsfall des § 14 KonzVgV feststellen. Diese Grenze der vergaberechtlichen Überprüfbarkeit ist auch richtig, denn über § 14 KonzVgV können nicht außervergaberechtliche Sachverhalte in das Vergaberecht hineingezogen werden.

II. Unzulässige Bevorzugung oder Benachteiligung

22 Es muss eine objektiv unzulässige Bevorzugung oder Benachteiligung vorliegen. Das ist im Einzelfall zu bestimmen. Eine unzulässige Bevorzugung oder Benachteiligung bestimmter Unternehmen kann zunächst bei Nichteinhaltung von Vorschriften vorliegen, die eine ungerechtfertigte Ungleichbehandlung bzw. Diskriminierung bewirken können.

1. Umgehung bezüglich Unternehmen

23 Eine unzulässige Bevorzugung oder Benachteiligung bestimmter Unternehmen kann zunächst bei Nichteinhaltung von Vorschriften vorliegen, die eine ungerechtfertigte Ungleichbehandlung bzw. Diskriminierung bewirken können. Dieser Verstoß kann auch unter § 97 Abs. 2 GWB gefasst werden.

24 Diesbezüglich kann auf die **normierten Diskriminierungsverbote** verwiesen werden: § 9 Abs. 1 S. 1 bis 3, § 12 Abs. 3, § 15 Abs. 1 S. 2, § 25 Abs. 2 KonzVgV.[27] Das in der KonzVgV normierte Diskriminierungsverbot ist zugleich ein Umgehungsverbot. Der Konzessionsgeber darf nach § 12 Abs. 3 KonzVgV Bewerber oder Bieter bei der Weitergabe von Informationen nicht diskriminieren. Die Eignungskriterien müssen gemäß § 25 Abs. 2 KonzVgV nichtdiskriminierend sein. Elektronische Mittel und deren technische Merkmale müssen nach § 9 Abs. 1 KonzVgV allgemein verfügbar und nichtdiskriminierend sein. Unter Umgehungsverbote könnte auch ein übermäßiger Aufwand für die Angebotslegung oder die Setzung kurzer Fristen gefasst werden.[28]

25 Die speziellen Diskriminierungsverbote gehen dem **allgemeinen Umgehungsverbot** des § 14 KonzVgV vor. Eine klassische Umgehung liegt in der unberechtigten Bevorzugung örtlicher Unternehmen z.B. durch Sitzvorgaben vor Beginn der Leistungserbringung, die eine Leistungserbringung durch außerörtliche Unternehmen faktisch ausschließen. Darin liegt ein all-

---

22 Vgl. z.B. KG, Urteil v. 22.1.2015 – 2 U 14/14; OLG Karlsruhe, Urteil v. 24.9.2014 – 6 U 89/12 (Kart.); OLG Brandenburg, Urteil v. 30.5.2008 – Verg W 5/08; vgl. auch die Übersicht bei *Wollenschläger*, in: Burgi/Dreher, Vergaberecht, § 105 GWB Rn. 111 ff; siehe auch § 1 KonzVgV Rn. 83 ff.
23 Ausführlich RettG Rn. 10 ff.
24 Ausführlich GlüStV Rn. 15 ff.
25 Vgl. VK Sachsen, Beschluss v. 12.4.2017 – 1/SVK/003-17; *Schröder*, NVwZ 2017, 504.
26 VK Sachsen, Beschluss v. 12.4.2017 – 1/SVK/003-17.
27 Vgl. auch die Auflistung *Wenzel*, in: Gabriel/Mertens/Prieß/Stein, Vergaberecht, § 14 KonzVgV Rn. 22 ff.
28 Vgl. auch die Auflistung *Wenzel*, in: Gabriel/Mertens/Prieß/Stein, Vergaberecht, § 14 KonzVgV Rn. 22 ff.

gemeiner Verstoß gegen § 97 Abs. 2 GWB,[29] der auch unter § 14 KonzVgV gefasst werden kann.

2. Umgehung bezüglich bestimmter Bauleistungen, Lieferungen oder Dienstleistungen

Eine unzulässige Bevorzugung oder Benachteiligung bestimmter Bauleistungen, Lieferungen oder Dienstleistungen kommt bei Nichteinhaltung der Vorschriften über die Leistungsbeschreibung (§ 15 KonzVgV) in Frage.[30] Darunter fällt auch die ungerechtfertigte Verweisung bzw. der Verstoß gegen das Gebot der produktneutralen Leistungsbeschreibung im Sinne von § 15 Abs. 3 KonzVgV, die unbegründete Ablehnung im Sinne von § 15 Abs. 4 KonzVgV oder die unterbleibende Bekanntmachung nach § 20 Abs. 1 S. 1 KonzVgV, sofern diese Ausnahme missbräuchlich angewandt wurde.[31] Bei § 20 KonzVgV handelt es sich um eine eng auszulegende Ausnahmevorschrift, die unternehmensschützenden Charakter hat.[32] Im Hinblick auf die spezielleren Normen kann § 14 KonzVgV in diesem Zusammenhang als Auffangvorschrift verstanden werden.

26

III. Umgehungsabsicht notwendig

Es muss eine Umgehungsabsicht vorliegen, die bei bestimmten Verhaltensweisen (z.B. bei der Umgehung grundlegender Vorschriften) indiziert ist. § 14 KonzVgV verbietet bestimmte „Weisen" der Ausgestaltung, während Art. 3 Abs. 1 UAbs. 2 RL 2014/23/EU eine auf die Erzielung rechtswidriger Erfolge gerichtete „Absicht" normiert. Zwar muss im Unterschied zu § 2 Abs. 2 KonzVgV nach dem Wortlaut keine Umgehungsabsicht vorliegen. Allerdings kann von einer Umgehung nur dann gesprochen werden, wenn die Grenzen der freien Verfahrensgestaltung überschritten werden. Der Grundsatz der freien Verfahrensgestaltung einerseits sowie das Umgehungsverbot andererseits legen einen Rückgriff auf die Ermessenslehre nahe: In einem solchen System wäre eine Verfahrensausgestaltung, welche auf eine Umgehung des Anwendungsbereichs oder eine Diskriminierung bestimmter Bieter abzielt, als Ermessensfehlgebrauch einzuordnen.[33] Da es sich bei der Umgehungsabsicht um eine interne Tatsache des Konzessionsgebers handelt, ist davon ausgehen, dass eine objektive Umgehungssituation für den Nachweis der Umgehungsabsicht ausreicht. Der Konzessionsgeber muss dann einen Entlastungsbeweis, z.B. durch eine Dokumentation und Vergabevermerk gemäß § 6 KonzVgV, dahingehend führen, dass er von einem rechtmäßigen Auswahlverfahren ausgegangen ist.

27

Umgehungsabsicht und **Rechtsmissbrauch** gehen Hand in Hand. Der EuGH hat das Verbot des Rechtsmissbrauchs als allgemeinen Rechtsgrundsatz anerkannt und hierfür folgende Kriterien aufgestellt: Zunächst muss eine Gesamtwürdigung der objektiven Umstände ergeben, dass trotz formaler Einhaltung der gemeinschaftsrechtlichen Bedingungen das Ziel der Regelung nicht erreicht wurde. Darüber hinaus muss als subjektives Element die Absicht vorliegen, sich einen Vorteil dadurch zu verschaffen, dass die gemeinschaftsrechtlich vorgesehenen Voraussetzungen willkürlich geschaffen werden.[34] Diese Gedanken lassen sich auf die Bestimmung des § 14 KonzVgV übertragen. Aus den Gesamtumständen muss geschlossen werden, dass sich der Konzessionsgeber durch die Nichtanwendung der KonzVgV-Vorschriften einen Vorteil verschafft. Dies wird bei der Verletzung der allgemeinen Verfahrensvorschriften, z.B. bei Fristverletzungen, indiziert sein. Der Konzessionsgeber muss also darlegen, warum trotz einer objektiven Umgehungssituation keine Umgehungsabsicht vorliegt. Es greift dann eine Beweislastumkehr zu lasten des Konzessionsgebers ein.

28

---

29 Vgl. *Dörr*, in: Burgi/Dreher, Vergaberecht, § 97 GWB Rn. 11.
30 Vgl. *Wenzel*, in: Gabriel/Mertens/Prieß/Stein, Vergaberecht, § 14 KonzVgV Rn. 22 ff.
31 Vgl. *Wenzel*, in: Gabriel/Mertens/Prieß/Stein, Vergaberecht, § 14 KonzVgV Rn. 22 ff.
32 *Dewald* zu § 20 KonzVgV Rn. 9, 86.
33 *Siegel*, in: Ziekow/Völlink, Vergaberecht, § 14 KonzVgV Rn. 3.
34 Vgl. *von Rintelen*, in: Grabitz/Hilf/Nettesheim, Art. 43 AEUV Rn. 142 mit Hinweis auf EuGH, Urteil v. 14.12.2000 – Rs. C-110/99 (Emsland-Stärke), Slg. 2000, I-11569, Rn. 51 ff.; siehe auch Urteil v. 11.1.2007 – Rs. C-279/05 (Vonk), Slg. 2007, I-239, Rn. 31 ff.; EuG, Urteil v. 1.7.2009 – Rs. T-259/05 (Spanien/Kommission), Slg. 2009, II-95, Rn. 95 ff.; EuGH, Urteil v. 12.9.2013 – Rs. C-434/12 (Slancheva sila).

D. Ordnungsgemäße Konzessionsverfahren außerhalb von § 14 KonzVgV

29 Auch außerhalb des förmlichen Konzessionsvergabeverfahrens kann ein Verteilungsverfahren rechtmäßig ohne Verstoß gegen § 14 KonzVgV durchgeführt werden. Wenn ein ordnungsgemäßes Verteilungsverfahren außerhalb der KonzVgV durchgeführt wird, dann kann dies eine Verletzung des § 14 KonzVgV ausschließen. Ein ordnungsgemäßes Verfahren außerhalb von § 14 KonzVgV muss vom Konzessionsgeber in der Dokumentation gemäß § 6 KonzVgV nachvollziehbar unter Darlegung der gesetzlichen Normen begründet werden.

30 Für den Fall des Konzessionsvergabeverfahrens außerhalb von § 14 KonzVgV ist die auswählende Behörde dennoch nicht frei, weil folgende **Verfahrensgrundsätze** in der Regel eingehalten werden müssen. Alle interessierten Unternehmen müssen teilnehmen können. Das Verfahren muss insgesamt transparent ausgestaltet sein. Die beteiligten Unternehmen müssen in jeder Verfahrensphase in gleicher Weise ordentlich informiert werden. Die geplante Konzessionsvergabe muss hinreichend bekannt gemacht werden. Alle potenziellen Bieter müssen davon Kenntnis erlangen können. Die Unternehmen müssen diskriminierungsfrei behandelt werden. Es gilt insgesamt der Grundsatz der Gleichbehandlung. Das Verfahren muss nach objektiven Kriterien durchgeführt werden, die vorher mitgeteilt werden. Dies betrifft insbesondere die Auswahl- und Zuschlagskriterien. Insgesamt ist es so, dass das Verfahren eine objektive Angebotswertung durch entsprechend konkretisierte Zuschlagskriterien ermöglichen muss. Damit bleibt festzuhalten, dass auch Prinzipien, die außerhalb des Konzessions- und Vergaberechtes liegen, stark der Einhaltung der Grundprinzipien des Vergaberechts gemäß § 97 Abs. 1, 2 und 6 GWB ähneln.

31 Eine grundlegende Entscheidung zum Vergabeverwaltungsverfahren hat das OVG Niedersachsen[35] getroffen. Es hat festgehalten, dass ein zeitlicher und sachlicher Lückenschluss durch die Konzentration eines **Vergabeverwaltungsrechtes** *„in Gestalt eines geordneten verwaltungsrechtlichen Auswahlverfahrens"* erfolgen kann, in dem aus dem Vergaberecht entnommene Strukturen implementiert werden können. Es ist also möglich, wenn durch Verwaltungsrecht eine Beauftragung erfolgen soll, aber dem ganzen Verfahren ein Auswahlprozess zugrunde liegt, bei dem vergaberechtliche Strukturen angewandt werden sollen, die KonzVgV entsprechend anzuwenden. Die entsprechende Anwendung vergaberechtlicher oder konzessionsvergaberechtlicher Strukturen in einem Verwaltungskonzessionsvergaberecht ist rechtlich möglich. Das Konzessionsvergabeverfahren wird in Anlehnung der KonzVgV mit den dortigen Prinzipien Wettbewerb, Transparenz und Gleichbehandlung durchgeführt. Die allgemeinen Prinzipien des Verwaltungsverfahrensgesetzes werden durch die speziellen Prinzipien des Konzessionsvergabeverfahrensrechtes überlagert. Bei Binnenmarktrelevanz des Auftrages (also bei grenzüberschreitendem Interesse) gelten zudem die primärrechtlichen Grundregelungen des AEUV. Ein Vergabeverwaltungsverfahren führt nicht zu einer Umgehung des Konzessionsvergaberechtes. Das Konzessionsauswahlverfahren wird dann in einem anderen rechtlichen Gewand durchgeführt. Inwieweit dies verwaltungs- oder zivilrechtlich erfolgt, ist zweitrangig. Entscheidend ist, dass die materiellen Grundprinzipien eingehalten werden.

32 Diese **Grundprinzipien** lassen sich wie folgt zusammenfassen:
- Es muss ein wettbewerbliches Verfahren vorliegen: Alle interessierten, qualifizierten Unternehmen können an dem Verfahren teilnehmen.
- Es muss ein transparentes Verfahren sein: In jeder Phase des Verfahrens werden die Bewerber in gleicher Weise ordnungsgemäß und umfassend informiert.
- Notwendig ist Transparenz durch Informationszugang: Es muss ausreichend Zeit bestehen, um Klarheit zum Verfahren im Hinblick auf die bekannt gemachten Auswahl- und Zuschlagskriterien erlangen zu können.

---

35 OVG Niedersachsen, Beschluss v. 12.11. 2012 – 13 ME 231/12.

- Damit verbunden ist die Pflicht zur hinreichenden Bekanntmachung, damit alle potenziellen Bieter von dem Beschaffungsbedarf Kenntnis erlangen können. Bei interessanten Rechten (davon ist stets bei Binnenmarktrelevanz auszugehen), bei Nutzungsmöglichkeiten mit hohem Wert oder anderen Vorzügen besteht stets eine vorherige allgemeine – in der Regel EU-weite – Bekanntmachungs- und Ausschreibungspflicht.
- Die diskriminierungsfreie Behandlung aller Unternehmen ist selbstverständlich.
- Die Zuschlagskriterien ermöglichen einen objektiven Vergleich und eine sachgerechte Bewertung.
- Beachtung der Verhältnismäßigkeit und objektiven Verfahrensgestaltung.

E. Rechtsschutz

33 Die Vorschrift ist **unternehmensschützend** im Sinne von § 97 Abs. 6 GWB.[36] § 14 KonzVgV ist ein grundlegendes Umgehungsverbot, dessen Beachtung durch den Konzessionsgeber vollumfänglich gerichtlich überprüfbar ist. Dies betrifft insbesondere die Konzeption des gesamten Verfahrens und die Vertragswertberechnung.[37] Unternehmen gemäß §§ 97 Abs. 6, 106 Abs. 1, Abs. 2 Nr. 4 GWB haben einen Anspruch auf Einhaltung der allgemeinen Grundsätze der Transparenz, der Gleichbehandlung/Nichtdiskriminierung, des Wettbewerbs, der Verhältnismäßigkeit und der Objektivität gemäß § 152 Abs. 3 S. 1 GWB. Der Anspruch aus § 97 Abs. 6 GWB bewirkt, dass die verfahrensbestimmenden drittschützenden Vorschriften aus dem GWB und der KonzVgV einen subjektiven öffentlich-rechtlichen Anspruch der Unternehmen unter anderem auf Nachprüfung der Vergabeentscheidung entfalten, wenn das Konzessionsvergabeverfahren nicht diesen Vorgaben und den Vergabegrundsätzen entsprechend durchgeführt wird.

34 Trotz dieser Vorgaben bleibt festzuhalten, dass eine Vielzahl von Konzessionen **außerhalb des förmlichen GWB-Verfahrens** in rechtmäßiger Weise vergeben wird. Dies betrifft zunächst Konzessionsvergaben unterhalb der Schwellenwerte, im Geltungsbereich der Bereichsausnahmen oder durch Erteilung von Verwaltungsakten. Das sind alles keine Umgehungsgeschäfte, wenn entsprechende gesetzliche Normierungen bestehen. Es bleibt aber festzuhalten, dass die Frage, ob die Voraussetzungen des § 105 GWB vorliegen und deshalb das Konzessionsvergaberecht anwendbar ist, in vollem Umfang der Nachprüfung unterliegt.[38] Wenn aber festgestellt wird, dass das GWB nicht anwendbar ist, dann sind die Vergabenachprüfungsinstanzen nicht zuständig und es liegt dann spiegelbildlich kein Verstoß gegen § 14 KonzVgV vor.

I. Umgehungsverbot bei Bereichsausnahmen?

35 Allerhand Konzessionen werden in Bereichen vergeben, für die das förmliche GWB-Vergaberecht und mithin auch die KonzVgV nicht gelten.[39] Das Umgehungsverbot kann bei rechtmäßigen Ausnahmen, wie z.B. bei Wasserkonzessionen[40], nie eingreifen, weil die KonzVgV schlicht nicht einschlägig ist. Die Vergabekammer ist nicht zuständig, es sei denn, das nicht berücksichtigte Unternehmen behauptet, dass eine Umgehungssituation vorliegt. Die Behauptung dieser Tatsache begründet die Zuständigkeit der Vergabekammer. Ob die Behauptung zutrifft, ist eine Frage der materiellen Begründetheit.

---

36 So auch *Siegel*, in: Ziekow/Völlink, Vergaberecht, § 14 KonzVgV Rn. 3; *Goldbrunner*, VergabeR 2016, 365 (375).
37 Verordnungsbegründung zu § 14 KonzVgV, BR-Drs. 87/16, 259.
38 Vgl. *Ziekow*, in: Ziekow/Völlink, Vergaberecht, § 105 GWB Rn. 40.
39 Siehe oben Rn. 21.
40 Vgl. VK Sachsen, Beschluss v. 12.4.2017 – 1/SVK/003-17; *Schröder*, NVwZ 2017, 504.

II. Umgehungsverbot ohne Binnenmarktrelevanz

36 Für Konzessionsvergaben außerhalb des förmlichen Vergaberechts und ohne Binnenmarktrelevanz existieren weder aus dem einfachen Gesetzesrecht (GWB, KonzVgV) noch dem europäischen Primärrecht förmliche Vergabevorgaben für die Durchführung des Verfahrens bzw. die Ausgestaltung des Rechtsschutzes der Unternehmen. Verfahrensvorgaben können sich aus Bundes- und Landesrecht ergeben, die häufig einfachgesetzliche Verfahrensvorgaben enthalten. Das Umgehungsverbot des § 14 KonzVgV kann daher unterhalb der Schwellenwerte – auch nicht entsprechend – eingreifen. Nachprüfungsverfahren sind dann schlicht unzulässig.[41]

37 Sofern binnenmarktrelevante Ansprüche fehlen, trifft gleichwohl der verfassungsrechtliche **Teilhabeanspruch** der Unternehmen aus Art. 12 Abs. 1 i.V.m. Art. 3 Abs. 1 GG zwingend zu beachtende Aussagen zur Verfahrensgestaltung, sofern die zu vergebende Konzession durch staatliche Konzessionsgeber kontingentiert ist. Dieser grundrechtliche Teilhabeanspruch auf gerechte Beteiligung an vorhandenen quantitativ begrenzten Positionen (konkret: Berufsausübungsmöglichkeiten) schlägt sich einfach-rechtlich als subjektiv öffentlich-rechtlicher Anspruch des Unternehmens auf Durchführung eines verfahrensfehlerfreien Auswahlverfahrens nieder.[42] Eine Konzession ist – auch außerhalb des GWB-Vergaberechts – nicht ohne rechtliche Schranken zu vergeben.[43] Diese rechtlichen Schranken haben aber nicht die Qualität eines Umgehungsverbotes gemäß § 14 KonzVgV.

III. Umgehungsverbot mit Binnenmarktrelevanz

38 Es gibt unionsrechtliche Umgehungsverbote, auch außerhalb von § 14 KonzVgV. Bei Vorliegen eines grenzüberschreitenden Interesses[44] an der Vergabe haben Konzessionsgeber im Unterschwellenbereich (neben den verfassungsrechtlichen) zudem die Vorgaben des **europäischen Primärrechts** zu beachten.[45] Konzessionsgeber müssen – auch ohne eine förmliche Regelung – bei binnenmarktrelevanten Dienstleistungskonzessionen diese öffentlich ausschreiben und transparent sowie nichtdiskriminierend vergeben.[46] Danach muss der Konzessionsgeber zugunsten potenzieller Bieter einen angemessenen Grad von Öffentlichkeit sicherstellen, der den Dienstleistungsmarkt dem Wettbewerb öffnet und die Nachprüfung ermöglicht, ob das Vergabeverfahren unparteiisch durchgeführt worden ist.[47] Auch außerhalb des Anwendungsbereiches der RL 2014/23/EU sind hiernach alle Bedingungen und Modalitäten des Vergabeverfahrens klar, präzise und eindeutig u.a. in der Konzessionsbekanntmachung zu formulieren, sodass zum einen alle gebührend informierten und mit der üblichen Sorgfalt handelnden Unternehmen die genaue Bedeutung dieser Bedingungen und Modalitäten verstehen und sie in gleicher Weise auslegen können und zum anderen der Konzessionsgeber tatsächlich überprüfen kann, ob die Angebote der Bieter die für die betreffende Konzession geltenden Kriterien erfüllen.[48]

---

41 Vgl. *Diemon-Wies*, in: Müller-Wrede, GWB-Vergaberecht, § 155 Rn. 23 ff.
42 OVG Lüneburg, Beschluss v. 12.11.2012 – 13 ME 231/12; VGH Mannheim, Urteil v. 1.10.2009 – 6 S 99/09; VG Darmstadt, Beschluss v. 10.9.2015 – 4 L 1180/15.DA; *Braun*, in: Prieß/Lau/Kratzenberg, Festschrift für Marx, S. 45.
43 Vgl. BVerwG, Beschluss v. 18.3.2016 – BVerwG 3 B 16.15; OLG Celle, Urteil v. 23.2.2016 – 13 U 148/15.
44 Zu den Voraussetzungen des grenzüberschreitenden Interesses *Prieß/Simonis*, NZBau 2015, 731 (732); *Vavra*, VergabeR 2013, 384.
45 OLG Celle, Urteil v. 10.3.2016 – 13 U 148/15.
46 EuGH, Urteil v. 28.1.2016 – Rs. C-50/14 (CASTA), Rn. 47, 49, m.w.A. *Braun*, EuZW, 2016, 304; Urteil v. 14.11.2013 – Rs. C-221/12 (Belgacom), Rn. 28; Urteil v. 10.3.2011 – Rs. C-274/09 (Stadler), Rn. 49; Urteil v. 13.10.2005 – Rs. C-458/03 (Parking Brixen), Rn. 49; OLG Celle, Urteil v. 10.3.2016 – 13 U 148/15; *Gabriel/Voll*, NZBau 2014, 155; *Jansen/Geitel*, VergabeR 2015, 117; *Prieß/Simonis*, NZBau 2015, 731 (732).
47 EuGH, Urteil v. 14.11.2013 – Rs. C-221/12 (Belgacom), Rn. 28 ff.; Urteil v. 10.3.2011 – Rs. C-274/09 (Stadler), Rn. 24 ff. und 40 f.; Urteil v. 3.6.2010 – Rs. C-258/08 (Ladbrokes), Rn. 33; Urteil v. 13.4.2010 – Rs. C-91/08 (Wall), Urteil v. 18.6.2002 – Rs. C-92/00 (HI), Rn. 47; Urteil v. 7.12.2000 – Rs. C-324/98 (Telaustria); vgl. *Braun*, NZBau 2011, 400; *Gabriel/Voll*, NZBau 2014, 155.
48 So ausdrücklich VG Kassel, Urteil v.6.10.2017 – 5 K 939/13.KS; offengelassen OLG Celle, Urteil v. 10.3.2016 – 13 U 148/15.

Je höher die Binnenmarktrelevanz der zu vergebenden Konzession einzustufen ist, desto stärker erfordert der **Transparenzgrundsatz** eine überregionale, landesweite, wenn nicht gar europaweite, Bekanntmachung.[49] Zudem sind die „Hilfsgrundsätze" des Wettbewerbs sowie der Verhältnismäßigkeit ebenfalls im Rahmen des Auswahlverfahrens von der vergebenden Stelle zu beachten.[50] An diesen Anforderungen ändert auch die jetzige Novellierung nichts, denn hartnäckige Verzerrungen des Binnenmarkts gibt es auch bei Vergaben unterhalb des hohen Schwellenwerts für Dienstleistungskonzessionen.[51] Aus dem Transparenzgebot folgt zunächst die Verpflichtung des Konzessionsgebers, den potenziell Interessierten den Zugang zu angemessenen Informationen über die Konzession zu ermöglichen, um diese in die Lage zu versetzen, gegebenenfalls ihr Interesse an der Erteilung der Konzession bekunden zu können. Dies hat zunächst durch eine angemessen wahrnehmbare Bekanntmachung zu erfolgen. Ein binnenmarktrelevanter Verwaltungsakt ist, wenn eine öffentliche Bekanntmachung fehlt, rechtswidrig, weil er das EU-Primärrecht verletzt.[52]

IV. Sanktionierte Veröffentlichungspflichten

Umgehungsverbote (außerhalb von § 14 KonzVgV) betreffen vor allem Veröffentlichungspflichten. In der **Rechtsprechung** ist mittlerweile allgemein anerkannt, dass ein nicht zum Zuge kommender Bieter auch im Unterschwellenbereich mit Hilfe einer einstweiligen Verfügung Primärrechtsschutz in Anspruch nehmen und dadurch seine Chance auf eine Zuschlagserteilung wahren kann.[53] Einige Oberlandesgerichte haben dabei auf die drohende Abwendung von Willkürentscheidungen, groben Fehlern oder Missbrauchskonstellationen abgestellt,[54] während andere Senate es für ausreichend erachten, dass der Antragsteller die Verletzung unternehmensschützender Vorschriften sowie eine dadurch drohende Beeinträchtigung seiner Rechte glaubhaft macht.[55] Folgt man der letztgenannten Ansicht, so ist – soweit ersichtlich – noch keine Entscheidung dazu ergangen, ob ein Bieter auch dann – gestützt auf den Vorwurf eines drohenden Verschuldens bei Vertragsverhandlungen (§§ 241 Abs. 2, 311 Abs. 2 Nr. 1 BGB) – einstweiligen Rechtsschutz erwirken kann, wenn er von vorneherein keine Chance hat, dass das von ihm abgegebene Angebot den Zuschlag erhält, etwa weil es – wofür vorliegend vieles spricht – unangemessen hoch ist.

Das OLG Düsseldorf hat eine **Vorabinformationspflicht** unterhalb der Schwellenwerte eingeführt.[56] Diese verpflichtende Vorabinformationspflicht dürfte auch für Konzessionen unterhalb der Schwellenwerte und außerhalb des förmlichen Konzessionsvergaberechtes gelten. Eine Vergabe ohne vorherige Information wäre also eine Umgehung. Die Frage, ob die in der Rechtsordnung dem übergangenen Konkurrenten eingeräumten Möglichkeiten des Rechtsschutzes gegen Entscheidungen über die Vergabe öffentlicher Aufträge außerhalb des GWB den Anforderungen des Justizgewährungsanspruchs (Art. 20 Abs. 3 GG) genügen, hatte das BVerfG für die Vergabe öffentlicher Aufträge unterhalb der Schwellenwerte des GWB noch im Jahr 2006 bejaht. Das BVerfG hatte 2006 geurteilt, dass unterhalb der Schwellenwerte eine Vorabinformationspflicht aus verfassungsrechtlichen Gründen nicht zwingend geboten sei.[57] Ob diese Wertung heute noch in dieser Form Bestand haben könnte, muss bezweifelt werden. Es sprechen nach Auffassung des OLG Düsseldorf gewichtige Gründe dafür, auch im Unter-

---

49 *Prieß/Simonis*, NZBau 2015, 731 (734).
50 *Prieß/Simonis*, NZBau 2015, 731 (735).
51 Vgl. für den Rettungsdienst *Braun*, NZBau 2011, 400.
52 Vgl. VG Kassel, Urteil v. 6.10.2017 – 5 K 939/13.KS.
53 OLG München, Beschluss v. 19.6.2017 – 21 W 314/17, mit Hinweis auf *Scharen*, VergabeR 2011, 653; OLG Frankfurt, Urteil v. 21.4.2017 – 11 U 10/17; OLG Dresden, Urteil v. 13.8.2013 – 16 W 439/13; OLG Schleswig, Urteil v. 8.1.2013 – 1 W 51/12; OLG Saarbrücken, Urteil v. 13.6.2012 – 1 U 357/11; Urteil v. 16.12.2015 – 1 U 87/15; OLG Düsseldorf, Urteil v. 13.1.2010 – 27 U 1/09; *Dicks*, VergabeR 2012, 531.
54 OLG München, Beschluss v. 19.6.2017 – 21 W 314/17.
55 OLG München, Beschluss v. 19.6.2017 – 21 W 314/17, mit Hinweis auf OLG Düsseldorf, Urteil v. 13.1.2010 – 27 U 1/09; tendenziell auch OLG Frankfurt, Urteil v. 21.4.2017 – 11 U 10/17.
56 OLG Düsseldorf, Urteil v. 13.12.2017 – I-27 U 25/17, mit Hinweis auf OVG Berlin-Brandenburg, Beschluss v. 30.11.2010 – OVG 1 S 107.10.
57 BVerfG, Beschluss v. 13.6.2006 – 1 BvR 1160/03; VG Regensburg Beschluss v. 9.12.2009 – RN 4 E 09.2360.

schwellenbereich die Einhaltung einer Informations- und Wartepflicht durch den Auftraggeber zu verlangen.[58] Nach der Rechtsprechung des EuG[59] fordern die gemeinsamen Verfassungen der Mitgliedsstaaten und die Konvention zum Schutz der Menschenrechte und Grundfreiheiten einen effektiven und vollständigen Schutz gegen Willkür des Konzessionsgebers. Dieser vollständige Rechtsschutz verlangt, sämtliche Bieter vor Abschluss eines Vertrages von der Zuschlagsentscheidung zu unterrichten.

42 Nochmals: Auch bei einer Bereichsausnahme ist stets vor einer **binnenmarktrelevanten Auswahlentscheidung** eine öffentliche Bekanntmachung durchzuführen. Eine fehlende Bekanntmachung verletzt dann das EU-Primärrecht.[60] Auch wenn z.B. bei Glücksspielkonzessionen das förmliche Vergaberecht anzuwenden ist, müssen höherrangige Regelungen im EU-Primärrecht angewandt werden.[61] Durch das Eingreifen von EU-Primärrecht kann es dann zu gemeinschaftsrechtlichen Umgehungsverboten kommen. Eine Konzessionsvergabe außerhalb einer Bereichsausnahme und innerhalb des förmlichen Vergaberechts unterscheiden sich damit – in der Verfahrensgestaltung – nicht mehr gravierend.

F. Zusammenfassung und Ausblick

43 Jedes Konzessionsauswahlverfahren außerhalb des förmlichen Vergaberechts kann eine Umgehung bedeuten. Diese Umgehung kann dann von der jeweils zuständigen Gerichtsbarkeit sanktioniert werden. Dennoch: Dem Kraken[62] Konzessionsrecht gehören nicht alle Rechtsgebiete, weil gesetzliche Verteilungsverfahren nicht dem Konzessionsrecht unterliegen. In jedem dieser Gebiete kann ein ordnungsgemäßes Konzessionsvergabeverfahren durchgeführt werden. Der Tatbestand der Umgehung ist nur dann verwirklicht, wenn formelle und materielle Verfahrensregelungen umgangen werden. Die objektive Verwirklichung des Umgehungstatbestandes indiziert in der Regel die Umgehungsabsicht. Der außervergaberechtliche Bedarf der öffentlichen Hand besteht darin, nach Regeln zu vergeben, die dem Vergaberecht ähneln, aber nicht entsprechen müssen. Insgesamt bleibt festzuhalten, dass das Konzessionsrecht zwar Grenzen hat, die Grundprinzipien eines Verteilungsverwaltungsverfahrens jedoch universell sind und rechtlich erlaubte Konzessionsvergabeverfahren außerhalb von § 14 KonzVgV ermöglichen.

44 Klare Umgehungen liegen bei Verstößen gegen die vorherige Veröffentlichungspflicht, bei bewussten Diskriminierungen, bei kollusiven Absprachen oder bei Rechtsmissbrauch vor. Umgehungen liegen nie bei einem transparenten Verteilungsverwaltungsverfahren vor. Das Verteilungsverwaltungsverfahren ist ein eigenständiges Rechtsgebiet, welches das Konzessionsvergaberecht inkludiert. Wettbewerb, Transparenz, Gleichbehandlung, Verhältnismäßigkeit, Wirtschaftlichkeitsgebot objektive Verfahrensführung und sachgerechte Bewertung sind positive Grundsätze jeder Konzessionsvergabe. Werden diese eingehalten, liegt keine Umgehung des Konzessionsrechtes vor.

---

58 OLG Düsseldorf, Urteil v. 13.12.2017 – I-27 U 25/17, mit Hinweis auf OVG Berlin-Brandenburg, Beschluss v. 30.11.2010 – OVG 1 S 107.10.
59 OLG Düsseldorf, Urteil v. 13.12.2017 – I-27 U 25/17, mit Hinweis auf EuG, Urteil v. 20.09.2011 – Rs. T-461/08.
60 Vgl. VG Kassel, Urteil v. 6.10.2017 – 5 K 939/13.KS.
61 Vgl. *Braun*, NZBau 2016, 266 m.w.N.
62 Vgl. zur Wortwahl *Scharen*, NZBau 2009, 679.

Anlage

Verordnungsbegründung (BR-Drs. 87/16)

Seite 288

§ 14 dient der Umsetzung von Artikel 3 Absatz 1 Unterabsatz 2 der Richtlinie 2014/23/EU und stellt ein grundlegendes Umgehungsverbot auf, dessen Beachtung vollumfänglich gerichtlich überprüfbar ist. § 14 betrifft die Konzeption des gesamten Verfahrens, einschließlich der Berechnung des Schwellenwertes, für die darüber hinaus ein gesondertes Missbrauchsverbot gemäß § 2 Absatz 2 gilt.

Verordnung über die Vergabe von Konzessionen

(Konzessionsvergabeverordnung – KonzVgV)

Abschnitt 2
Vergabeverfahren

Unterabschnitt 2
Vorbereitung des Vergabeverfahrens

§ 15 KonzVgV
Leistungsbeschreibung

(1) In der Leistungsbeschreibung werden die für die vertragsgegenständlichen Bau- oder Dienstleistungen geforderten Merkmale durch technische und funktionelle Anforderungen festgelegt. Der Konzessionsgeber fasst die Leistungsbeschreibung gemäß § 152 Absatz 1 in Verbindung mit § 121 Absatz 1 und 3 des Gesetzes gegen Wettbewerbsbeschränkungen in einer Weise, dass allen Unternehmen der gleiche Zugang zum Vergabeverfahren gewährt wird und die Öffnung des nationalen Beschaffungsmarkts für den Wettbewerb nicht in ungerechtfertigter Weise behindert wird.

(2) Die Merkmale können Aspekte der Qualität und Innovation sowie soziale und umweltbezogene Aspekte betreffen. Sie können sich auch auf den Prozess oder die Methode zur Herstellung oder Erbringung der Bau- oder Dienstleistungen oder auf ein anderes Stadium im Lebenszyklus des Gegenstands der Konzession einschließlich der Produktions- und Lieferkette beziehen, auch wenn derartige Faktoren keine materiellen Bestandteile des Gegenstands der Konzession sind, sofern diese Merkmale in Verbindung mit dem Gegenstand der Konzession stehen und zu dessen Wert und Beschaffungszielen verhältnismäßig sind.

(3) In der Leistungsbeschreibung darf nicht auf eine bestimmte Produktion oder Herkunft oder ein besonderes Verfahren, das die Erzeugnisse oder Dienstleistungen eines bestimmten Unternehmens kennzeichnet, oder auf gewerbliche Schutzrechte, Typen oder eine bestimmte Erzeugung verwiesen werden, wenn dadurch bestimmte Unternehmen oder bestimmte Produkte begünstigt oder ausgeschlossen werden, es sei denn, dieser Verweis ist durch den Konzessionsgegenstand gerechtfertigt. Solche Verweise sind ausnahmsweise zulässig, wenn der Konzessionsgegenstand andernfalls nicht hinreichend genau und allgemein verständlich beschrieben werden kann; diese Verweise sind mit dem Zusatz „oder gleichwertig" zu versehen.

(4) Ein Angebot darf nicht mit der Begründung abgelehnt werden, dass die angebotenen Bau- oder Dienstleistungen nicht den in der Leistungsbeschreibung genannten technischen und funktionellen Anforderungen entsprechen, wenn der Bieter in seinem Angebot mit geeigneten Mitteln nachgewiesen hat, dass die von ihm vorgeschlagenen Lösungen diese Anforderungen in gleichwertiger Weise erfüllen.

Übersicht

	Rn.
A. Allgemeines	1
I. Unionsrechtlicher Hintergrund	2
II. Vergleichbare Regelungen	3
B. Formen der Leistungsbeschreibung und gleicher Zugang zum Vergabeverfahren und Öffnung des nationalen Beschaffungsmarkts (Abs. 1)	7
I. Eindeutige und erschöpfende Beschreibung	13
1. Ungewöhnliches Wagnis	15
2. Bedarfs- und Wahlpositionen	16
II. Form der Leistungsbeschreibung (S. 1)	17
III. Gleicher Zugang zum Vergabeverfahren und Öffnung des nationalen Beschaffungsmarkts (S. 2)	21
C. Merkmale der Leistungsbeschreibung (Abs. 2)	24
I. Zusätzliche Aspekte der Leistung (S. 1)	25
II. Berücksichtigung des Lebenszyklus (S. 2)	35
D. Produktneutralität (Abs. 3)	39
I. Grundsatz (S. 1)	39
II. Ausnahme (S. 2)	42
E. Gleichwertigkeit technischer und funktioneller Anforderungen (Abs. 4)	45
F. Rechtsschutz	48
Anlage Verordnungsbegründung (BR-Drs. 87/16)	

A. Allgemeines

1 § 15 KonzVgV regelt mit der Leistungsbeschreibung das Kernstück der Vergabeunterlagen.[1]

I. Unionsrechtlicher Hintergrund

2 § 15 KonzVgV setzt die wesentlichen Vorgaben des Art. 36 RL 2014/23/EU wie folgt um: § 15 Abs. 1 S. 1 KonzVgV nimmt die Vorgaben des Art. 36 Abs. 1 UAbs. 1 RL 2014/23/EU auf, § 15 Abs. 2 KonzVgV greift die Bestimmung des Art. 36 Abs. 1 UAbs. 2 RL 2014/23/EU auf, § 15 Abs. 3 und Abs. 4 KonzVgV entsprechen inhaltlich Art. 36 Abs. 2, 3. Art. 36 Abs. 1 S. 2 RL 2014/23/EU wird durch § 16 KonzVgV umgesetzt. Art. 36 Abs. 1 UAbs. 2 S. 2 RL 2014/23/EU wird, soweit er die Elemente technischer Anforderungen näher beschreibt, weder in § 15 KonzVgV noch in der KonzVgV insgesamt umgesetzt, da der Verordnungsgeber im Gegensatz zu VgV und SektVO auf eine Aufnahme dieser Kriterien in einen Anhang zu technischen Anforderungen verzichtet.

II. Vergleichbare Regelungen

3 § 152 Abs. 1 **GWB** bestimmt, dass die grundsätzlichen in § 121 Abs. 1 und 3 GWB niedergelegten Regelungen zur Leistungsbeschreibung auch auf die Konzessionsvergabe anzuwenden sind.

4 Folgende Bestimmungen des § 15 KonzVgV finden sich auch in den für Liefer- und Dienstleistungsvergaben maßgeblichen Vorschriften der §§ 31, 32 **VgV**: § 15 Abs. 1 S. 2 entspricht § 31 Abs. 1 VgV, § 15 Abs. 2 entspricht § 31 Abs. 3 VgV, § 15 Abs. 3 entspricht § 31 Abs. 6 und § 15 Abs. 4 entspricht inhaltlich § 32 Abs. 1 VgV. Die Form der Leistungsbeschreibung beschreibt § 15 Abs. 1 S. 1 KonzVgV in Umsetzung des Art. 36 Abs. 1 RL 2014/23/EU wesentlich schlanker als die §§ 31 Abs. 2, 32 VgV. § 31 Abs. 4 und 5 VgV werden nicht in KonzVgV übernommen, da es insoweit keinen vergleichbaren Umsetzungsbefehl des europäischen Vergaberechts gibt.

5 Mit § 15 **VSVgV** ergeben sich folgende Übereinstimmungen: § 15 Abs. 1 S. 2 entspricht § 15 Abs. 1 VSVgV, Abs. 3 entspricht § 15 Abs. 8 VSVgV, Absatz 4 entspricht § 15 Abs. 4 VSVgV. Eine § 15 Abs. 2 entsprechende Regelung enthält § 15 VSVgV nicht; der Verordnungsgeber hat vielmehr davon abgesehen, die diesbezüglichen Vorgaben des Art. 36 Abs. 1 UAbs. 2 RL 2014/23/EU für Verteidigungs- und Sicherheitsaufträge ausdrücklich zu übernehmen.

6 Die in § 15 KonzVgV enthaltenen Regelungen der Leistungsbeschreibung sind im Wesentlichen inhaltsgleich auch für Bauleistungen in die §§ 7, 7a **VOB/A-EU** aufgenommen worden. Die Aussage des § 15 Abs. 1 KonzVgV, dass die Leistungsbeschreibung allen Unternehmen den gleichen Zugang zum Vergabeverfahren gewähren soll, entspricht § 7a EU Abs. 1 Nr. 1 VOB/A; dort fehlt allerdings der Hinweis auf den Zweck der Öffnung von Beschaffungsmärkten. § 15 Abs. 2 S. 2 KonzVgV entspricht § 7a EU Abs. 1 Nr. 2 VOB/A. § 15 Abs. 3 KonzVgV entspricht § 7 EU Abs. 2 VOB/A. Darüber hinaus enthalten die §§ 7 EU, 7a EU und 7b EU VOB/A deutlich detailliertere Anforderungen an vergaberechtliche Vorgaben vor allem zu den Formen der Leistungsbeschreibung.

B. Formen der Leistungsbeschreibung und gleicher Zugang zum Vergabeverfahren und Öffnung des nationalen Beschaffungsmarkts (Abs. 1)

7 Der Gesetz- und Verordnungsgeber hat darauf verzichtet, für die Leistungsbeschreibung der Konzessionsvergabe eine vollständige eigene Regelung zu treffen. Die für Auftragsvergaben maßgeblichen gesetzlichen Grundsätze der Leistungsbeschreibung (§ 121 Abs. 1 und 3 GWB)

---

1 Vgl. *Traupel*, in: Müller-Wrede, GWB-Vergaberecht, § 121 Rn. 2

sind auf Grund der Verweisungsnorm § 152 Abs. 1 GWB grundsätzlich vollständig auch auf Konzessionen anwendbar. Damit geht das nationale Recht über die unionsrechtlich zwingenden Vorgaben hinaus. RL 2014/23/EU enthält für die Form der Leistungsbeschreibung nur allgemein gehaltene Anforderungen für technische und funktionelle Anforderungen, die im Unterschied zu der „Auftragsrichtlinie" RL 2014/24/EU nicht in einer Anlage präzisiert werden. Im nationalen Recht ist die Leistungsbeschreibung aber auch bei Konzessionsvergaben durch Verweis auf § 121 Abs. 1 S. 2 GWB als Funktions- oder Leistungsanforderung festzusetzen.

Wesentlich gravierender wirkt sich allerdings aus, dass § 15 Abs. 1 S. 1 KonzVgV der Leistungsbeschreibung die Funktion zuweist, zu einer **Wettbewerbsvergabe** und einer **Marktöffnung** beitragen zu müssen. In Art. 36 RL 2014/23/EU fehlt ein solcher Art. 42 Abs. 2 RL 2014/24/EU entsprechender Anwendungsbefehl. Da der Konzessionsgeber das Verfahren der Konzessionsvergabe gemäß Art. 31 RL 2014/23/EU frei wählen kann und gemäß Art. 3 RL 2014/23/EU nur sehr allgemein gehaltenen Gleichbehandlungs- und Transparenzvorgaben unterliegt, liegt es nahe, dass die Funktion der Leistungsbeschreibung bei der Konzessionsvergabe nicht in gleichem Maß der Sicherung der durch den Nachrang des Verhandlungsverfahrens geprägten Verfahrenshierarchie der klassischen Auftragsvergabe dient. Vor diesem Hintergrund erscheint es nicht geboten, allen Bietern im Verfahren der Konzessionsvergabe mittels der Leistungsbeschreibung im Verhältnis zur europaweit bereits seit Längerem geregelten klassischen Auftragsvergabe in vollständig gleichem Ausmaß Zugang zum Verfahren zu ermöglichen und den Binnenmarkt für Konzessionsaufträge gleichermaßen weit zu öffnen. Eine insoweit abweichende Regelungsoption zu § 31 VgV hat der Verordnungsgeber jedoch nicht gewählt. Daher sind nach nationalem Recht auch für die Konzessionsvergabe die Erwägungsgründe der Richtlinie RL 2014/247/EU heranzuziehen: 8

> „Die von öffentlichen Beschaffern erstellten technischen Spezifikationen müssen es erlauben, das öffentliche Auftragswesen für den Wettbewerb zu öffnen ... Folglich sollten technische Spezifikationen so abgefasst sein, dass eine künstliche Einengung des Wettbewerbs vermieden wird, zu der es kommen könnte, wenn Anforderungen festgelegt würden, die einen bestimmten Wirtschaftsteilnehmer begünstigen, indem auf wesentliche Merkmale der von dem betreffenden Wirtschaftsteilnehmer gewöhnlich angebotenen Lieferungen, Dienstleistungen oder Bauleistungen abgestellt wird."[2]

Die Vorschrift konkretisiert den in § 97 Abs. 2 GWB niedergelegten Grundsatz der **Gleichbehandlung**. Die Leistungsbeschreibung erfüllt diesen Zweck maßgeblich durch die in § 121 Abs. 1 S. 1 GWB aufgenommene Verpflichtung zur eindeutigen und erschöpfenden Beschreibung, sodass sie für alle Unternehmen im gleichen Sinn verständlich ist.[3] Die amtliche Begründung zur VgV[4] verweist beispielhaft auf die in § 31 Abs. 6 VgV speziell geregelte Verpflichtung, den Auftragsgegenstand nicht ohne sachlichen Grund auf ein bestimmtes Produkt zuzuschreiben. Soweit der öffentliche Auftraggeber diese Vorgaben erfüllt, fasst er die Leistungsbeschreibung „in einer Weise", dass sie allen Unternehmen den gleichen Zugang zum Vergabeverfahren gewährt. 9

Dieser Grundsatz wird in den Vorgaben an die Form der Leistungsbeschreibung weiter präzisiert: die – als Leistungs- oder Funktionsanforderung so genau wie möglich zu fassen ist, um ein klares Bild vom Konzessionsgegenstand zu vermitteln, oder – die als technische Anforderung eine Bezugnahme auf allgemein zugängliche Normen enthalten muss. Die Funktion der Leistungsbeschreibung zur **Wahrung gleichen Zugangs zum Vergabeverfahren** wird u.a. daraus ersichtlich, dass sie die Voraussetzungen für wertbare Angebote fixiert, sodass die Zulassung hiervon abweichender Angebote die Gleichheit der Unternehmen im Verfahren verletzt.[5] 10

---

2 Erwägungsgrund 74 RL 2014/24/EU.
3 Vgl. *Traupel*, in: Müller-Wrede, GWB-Vergaberecht, § 121 Rn. 12
4 Verordnungsbegründung zu § 31 Abs. 1 VgV, BR-Drs. 87/16, 184.
5 VK Bund, Beschluss v. 21.10.2015 – VK 2-97/15; VK Sachsen, Beschluss v. 10.9.2015 – 1/SVK/022-15.

11 Welchen Beitrag die Leistungsbeschreibung leisten kann, um zu verhindern, dass die Öffnung des nationalen Beschaffungsmarkts in ungerechtfertigter Weise behindert wird, ergibt sich ebenfalls aus den hier entsprechend heranzuziehenden **weiteren Vorschriften der §§ 31, 32 VgV**:
- die Zulassung von technischen Anforderungen, die den ausdrücklich normierten gleichwertig sind (§ 31 Abs. 2 S. 2 VgV),
- das Gebot der Produktneutralität (§ 31 Abs. 6 VgV),
- der Bieternachweis der Gleichwertigkeit einer Lösung zu der vom Auftraggeber vorgegebenen technischen Anforderung (§ 32 Abs. 1 VgV),
- die Berücksichtigungsfähigkeit von Normen, mit denen der Bieter Leistungs- und Funktionsanforderungen des Auftraggebers erfüllt (§ 32 Abs. 2 VgV).

Eine unzulässige Behinderung des Zugangs zum nationalen Beschaffungsmarkt kann u.a. in einer nicht rechtzeitig und transparent mitgeteilten Änderung der Leistungsbeschreibung gesehen werden.[6]

12 Die Öffnung des nationalen Beschaffungsmarkts und der Schutz vor Behinderungen werden auch durch **andere Vorgaben**, etwa Mindestanforderungen an Nebenangebote,[7] die Transparenz sichernde Vollständigkeit der Vergabeunterlagen[8], die Eindeutigkeit,[9] Diskriminierungsfreiheit[10] und Bindung an die Zuschlagsbedingungen[11], die Angabe nicht diskriminierender Referenzen,[12] gesichert.

I. Eindeutige und erschöpfende Beschreibung

13 Aus der gesetzlichen Regelung der §§ 152, 121 Abs. 1 S. 1 GWB folgt, dass die Leistungsbeschreibung für Konzessionsvergaben grundsätzlich ebenso eindeutig und erschöpfend zu fassen ist, wie dies bei der Auftragsvergabe zu erfolgen hat. Die gesetzliche Regelung folgt insoweit der bisherigen Vorgabe für Baukonzessionen, auf die die Vorschriften über die Leistungsbeschreibung grundsätzlich vollständig anwendbar waren.[13] Für den Bereich der Baukonzessionen unterhalb der europäischen Schwellenwerte hat die VOB/A diese Regelung beibehalten.[14] Allerdings zeichnen sich Konzessionsvergaben häufig dadurch aus, dass der Konzessionsgegenstand einen Komplex aus Leistungspflichten beinhaltet, der dem Konzessionär einen Gestaltungsspielraum einräumen soll, für dessen Erfüllung er im Unterschied zum klassischen Auftrag auch den wesentlichen Teil des Preisrisikos trägt.[15] Hieraus kann jedoch nicht geschlossen werden, dass **geringere Anforderungen** an die erschöpfende und eindeutige Leistungsbeschreibung zu stellen wären,[16] allerdings sind bestimmte Angaben etwa zur Kalkulation der Preise aus der Natur der Konzession heraus nicht anwendbar.[17] Auch für den potenziellen Konzessionär muss sich aus der Leistungsbeschreibung klar und eindeutig ergeben, welche konkrete Leistung in welchem Umfang, mit welchen Elementen und unter welchen Bedingungen und Umständen von ihm verlangt wird.[18] Soweit dem Konzessionär Gestal-

---
6 VK Niedersachsen, Beschluss v. 7.10.2015 – VgK-31/2015.
7 BGH, Urteil v. 30.8.2011 –X ZR 55/10.
8 VK Sachsen-Anhalt, Beschluss v. 29.9.2005 – 3 VK LSA 65/15.
9 OLG Düsseldorf, Beschluss v. 29.4.2015 – VII-Verg 35/14.
10 VK Baden-Württemberg, Beschluss v. 10.1.2011 – 1 VK 69/10.
11 OLG Bremen, Beschluss v. 26.6.2009 – Verg 3/2005.
12 VK Baden-Württemberg, Beschluss v. 26.6.2012 – 1 VK 16/12.
13 § 22 VOB/A 2012; § 22 EG VOB/A 2012.
14 § 23 VOB/A.
15 OLG Celle, Beschluss v. 8.9.2014 – 13 Verg 7/14; *Jennert*, in: Müller-Wrede, Kompendium des Vergaberechts, Kap. 10 Rn. 19 ff.; *Ruhland*, in: Gabriel/Krohn/Neun, Handbuch Vergaberecht, § 63 Rn. 3; *Siegel*, VergabeR 2014, 265 (267).
16 *Ganske*, in: Kapellmann/Messerschmidt, VOB, § 23 VOB/A Rn. 60; *Scherer-Leydecker*, in: Heuvels/Höß/Kuß/Wagner, Vergaberecht, § 22 VOB/A Rn. 14.
17 *Dicks*, in: Kulartz/Marx/Portz/Prieß, VOB/A, § 22 Rn. 14.
18 EuGH, Urteil v. 22.4.2010 – Rs. C-423/07 (Autobahn A 6).

tungsspielraum eingeräumt wird, ist das Gebot der erschöpfenden Leistungsbeschreibung ähnlich wie bei der funktionalen Leistungsbeschreibung sachgerecht zu modifizieren.[19]

Die notwendigen Bestandteile der Leistungsbeschreibung ergeben sich aus den jeweiligen Besonderheiten des Konzessionsvertrags. Dabei ist grundsätzlich zwischen Bau- und Dienstleistungskonzessionen zu unterscheiden. Für die **Baukonzession** ist charakteristisch, dass sie Planung und/oder Errichtung, Reparatur, Modernisierung oder Renovierung baulicher Anlagen zum Gegenstand hat.[20] Aus diesem Grund sind für diese Elemente regelmäßig die in § 7 EU VOB/A detailliert niedergelegten Vorgaben entsprechend zu berücksichtigen. Soweit sich die Praxis an dieser Vorschrift und gegebenenfalls den zusätzlichen Bestimmungen der §§ 7a EU bis 7c EU VOB/A orientiert, dürfte die Leistungsbeschreibung eindeutig und erschöpfend sein. Für **Dienstleistungskonzessionen** und die nutzungsbezogenen Elemente der Baukonzession erfordert eine eindeutige und erschöpfende Leistungsbeschreibung in der Regel zumindest die genaue Bestimmung der zur Nutzung übertragenen Rechte bzw. Gegenstände, die Ausgestaltung des Nutzungsverhältnisses gegenüber Dritten,[21] über deren Einnahmen sich der Konzessionär refinanziert,[22] die zu diesem Zweck bereitgestellten oder vorzuhaltenden Ressourcen, exklusive oder nichtexklusive Nutzungsrechte, Anforderungen und Verantwortlichkeiten für den Betrieb,[23] Vorgaben für das Drittnutzerentgelt,[24] gegebenenfalls eine an den Konzessionsgeber abzuführende Konzessionsvergütung,[25] Dauer, Verlängerungsoptionen und Rückgewähr der für den Vertrag verwendeten oder hergestellten Ressourcen. Abweichend und zusätzlich sind die Besonderheiten der jeweiligen – äußerst vielschichtigen – Konzessionsverträge zu beachten.[26]

14

1. Ungewöhnliches Wagnis

Für Baukonzessionen ist umstritten, ob dem Konzessionär, abweichend vom bauvergaberechtlichen Verbot, wegen der höheren Risikogeneigtheit des Konzessionsvertrags ein ungewöhnliches Wagnis übertragen werden darf.[27] Die Natur eines Konzessionsvertrags rechtfertigt es nicht, dem Konzessionär das Risiko in einem Umfang abzunehmen, wie es § 7 EU Abs. 1 Nr. 3 VOB/A für den klassischen Bauauftrag vorsieht. Dies folgt bereits daraus, dass der Konzessionär das Betriebsrisiko so weit zu übernehmen hat, dass er den Unwägbarkeiten des Marktes ausgesetzt ist.[28] Im Bereich der Oberschwellenvergaben erscheint es daher sachgerecht, dieses Verbot zu modifizieren. Dabei ist zusätzlich zu berücksichtigen, dass auf Grund der hohen Schwellenwerte nur wirtschaftlich bedeutende Konzessionen der KonzVgV unterfallen.[29] Die Übernahme solcher Konzessionen stellt erhebliche Anforderungen an die Professionalität der potenziellen Bieter. Es erscheint daher, außerhalb von Fällen der Willkür, nicht geboten, die Übertragung von Risiken bei Konzessionsvergaben dem Verbot der Auferlegung ungewöhnlicher Wagnisse zu unterwerfen.[30]

15

---

19 *Scherer-Leydecker*, in: Heuvels/Höß/Kuß/Wagner, Vergaberecht, § 22 VOB/A Rn. 14; vgl. im Übrigen *Traupel*, in: Müller-Wrede, GWB-Vergaberecht, § 121 Rn. 30, 55.
20 *Ganske*, in: Kapellmann/Messerschmidt, VOB, § 23 VOB/A Rn. 55.
21 KG, Urteil v. 22.1.2015 – 2 U 14/14 Kart; OVG Nordrhein-Westfalen, Beschluss v. 4.5.2006 –15 E 453/06.
22 *Jennert*, in: Müller-Wrede, Kompendium des Vergaberechts, Kap. 1 Rn. 15.
23 BGH, Beschluss v. 8.2.2011 – X ZB 4/10; VK Sachsen-Anhalt, Beschluss v. 1.8.2013 – 2 VK LSA 4/13.
24 OLG Düsseldorf, Beschluss v. 19.10.2011 – VII-Verg 51/11; VK Düsseldorf, Beschluss v. 16.5.2011 – VK-12/2011.
25 OLG Karlsruhe, Beschluss v. 6.2.2013 – 15 Verg 11/12; OLG Düsseldorf, Beschluss v. 7.3.2012 – VII-Verg 78/11.
26 Eine instruktive Übersicht findet sich bei *Jennert*, in: Müller-Wrede, Kompendium des Vergaberechts, Kap. 10 Rn. 41.
27 Siehe *Ganske*, in: Kapellmann/Messerschmidt, VOB, § 23 VOB/A Rn. 66; *Wieddekind*, in: Willenbruch/Wieddekind, Vergaberecht, § 23 VOB/A Rn. 4.
28 § 105 Abs. 2 Nr. 2 GWB; vgl. EuGH, Urteil v.10.3.2011 – Rs. C-274/09 (Stadler); OVG Nordrhein-Westfalen, Beschluss v. 7.2.2011 – 15 E 1485/10.
29 Art. 8 RL 2014/23/EU.
30 OLG Naumburg Beschl. v. 17.6.2016 – 7 Verg 2/16; a.A. PPP Task Force BMVBS/NRW, Vergaberechtsleitfaden, S. 75.

2. Bedarfs- und Wahlpositionen

16 Bedarfs- und Wahlpositionen dürfen in Leistungsbeschreibungen nur ausnahmsweise und in engen Grenzen aufgenommen werden.[31] Das ist darauf zurückzuführen, dass sie die Risikoverteilung im klassischen Vergabeverfahren zugunsten des Auftraggebers auf den Auftragnehmer verlagern. Dies stellt vor allem für mittelständische Bieter eine nicht unerhebliche Hürde für eine ordnungsgemäße Kalkulation des Auftrags dar. Angesichts der völlig anders gearteten Konstellation von Konzessionsaufträgen oberhalb der europäischen Schwellenwerte erscheint es nicht sachgerecht, diese Grundsätze auf Konzessionen zu übertragen. Zum einen wird der Anwendungsbereich für Bedarfs- und Wahlpositionen bei Konzessionsaufträgen begrenzt sein, da der Konzessionsgeber – jedenfalls bei der Dienstleistungskonzession – dem Konzessionär regelmäßig die Entscheidung, wie er das Nutzungsverhältnis ausgestaltet, überlässt. Zum anderen wird der Konzessionär regelmäßig im Verhältnis zum Konzessionsgeber über überlegenes Wissen verfügen, das ihm die Kalkulation etwaiger Bedarfspositionen und von Alternativpositionen ermöglichen wird. Aus diesem Grund dürfte einer Aufnahme von Bedarfs- und Alternativpositionen in Leistungsbeschreibungen jenseits des Willkürverbots kein Hindernis entgegenstehen.

II. Form der Leistungsbeschreibung (S. 1)

17 In der Leistungsbeschreibung werden nach § 15 Abs. 1 S. 1 KonzVgV die für die vertragsgegenständlichen Bau- oder Dienstleistungen geforderten Merkmale durch technische und funktionelle Anforderungen festgelegt.

18 Die Norm führt für die Konzessionsvergabe als maßgebliche Form der Leistungsbeschreibung **technische** und **funktionelle Anforderungen** auf. Für die Anwendung in der Praxis ist schwierig, dass diese Terminologie weder mit derjenigen der Technischen Spezifikationen gemäß Anhang VII RL 2014/24/EU noch mit dem nationalen Begriff der Leistungs- und Funktionsanforderungen übereinstimmt. Ausgehend von der unionsrechtlichen Bedeutung sollen technische und funktionelle Anforderungen die im Wege der Konzession zu vergebenden Bau- oder Dienstleistung festlegen.[32] Diesem Zweck dienen auch die Technischen Spezifikationen gemäß Art. 42 RL 2014/24/EU. Berücksichtigt man zusätzlich, dass Art. 36 Abs. 1 UAbs. 2 S. 2 RL 2014/23/EU die Merkmale mit derselben Terminologie definiert, die Anhang VII RL 2014/24/EU verwendet, können die technischen und funktionellen Anforderungen wie die in § 31 VgV verwendeten technischen Anforderungen[33] ausgelegt werden.

19 Im Gegensatz zu § 31 VgV sieht die Norm kein Spannungsverhältnis zwischen **Leistungs-** und **Funktionsanforderungen** einerseits und technischen und funktionellen Anforderungen andererseits vor. Nach dem Wortlaut des § 15 KonzVgV ist vielmehr neben den technischen und funktionellen Anforderungen kein Raum für die vergaberechtlich eingeführten Formen der konventionellen und funktionalen Leistungsbeschreibung. Allerdings ergibt sich schon aus der gemäß § 152 GWB auch für Konzessionen anwendbaren gesetzlichen Norm des § 121 Abs. 1 GWB, dass die Leistungsbeschreibung Funktions- oder Leistungsanforderungen enthält. Mithin sind auch hier die konventionelle und die funktionale Leistungsbeschreibung zulässig.[34]

20 Für die Konzessionsvergabe wird sich wegen der komplexen Dreiecksbeziehung (öffentlicher Besteller, Dienstleister, Nutzer)[35] und wegen der Übertragung des Betriebsrisikos auf den Konzessionär, was einen entsprechenden Gestaltungsspielraum erfordert, regelmäßig die **funktionale Leistungsbeschreibung** anbieten.[36] Auch bei der funktionalen Leistungsbeschreibung ist der Konzessionsgeber verpflichtet, die wesentlichen Bewertungskriterien anzugeben,

---

31 Vgl. auch *Traupel*, in: Müller-Wrede, GWB-Vergaberecht, § 121 Rn. 31 ff.
32 Erwägungsgrund 67 RL 2014/23/EU.
33 Die den Begriff der technischen Spezifikationen umsetzen.
34 Vgl. *Traupel*, in: Müller-Wrede, GWB-Vergaberecht, § 121 Rn. 48.
35 *Jennert*, in: Müller-Wrede, Kompendium des Vergaberechts, Kap. 10 Rn. 18.
36 *Scherer-Leyendecker*, in: Heuvels/Höß/Kuß/Wagner, Vergaberecht, § 22 VOB/A Rn. 14; *Dicks*, in: Kulartz/Marx/Portz/Prieß, VOB/A, § 22 Rn. 16.

sodass gewisse Funktions- und Leistungsanforderungen auch hier nicht völlig verzichtbar sind.[37] Für die Beschreibung dieser Merkmale enthalten weder § 15 KonzVgV noch Art. 36 RL 2014/23/EU verbindliche Vorgaben. Anders als bei der klassischen Auftragsvergabe kann der Konzessionsgeber das Bezugsmodell für die Beschreibung von Leistungsmerkmalen daher in den Grenzen der §§ 12 bis 14 KonzVgV frei wählen. Für die Praxis dürfte es zur Vermeidung von Risiken hilfreich sein, bei der Bestimmung der Leistungsmerkmale den Katalog des Anhang VII RL 2014/24/EU zu berücksichtigen.

III. Gleicher Zugang zum Vergabeverfahren und Öffnung des nationalen Beschaffungsmarkts (S. 2)

Nach § 15 Abs. 1 S. 2 KonzVgV fasst der Konzessionsgeber die Leistungsbeschreibung gemäß § 152 Abs. 1 i.V.m. § 121 Abs. 1 und 3 GWB in einer Weise, dass allen Unternehmen in der Europäischen Union[38] der gleiche Zugang zum Vergabeverfahren gewährt wird und die Öffnung des nationalen Beschaffungsmarkts für den Wettbewerb nicht in ungerechtfertigter Weise behindert wird. 21

Hieraus folgt keine Pflicht, die Leistungsbeschreibung in einer weiteren **Amtssprache** der Europäischen Union zu verfassen. Dies erscheint schon deshalb nicht geboten, weil der erfolgreiche Bieter wegen der Drittbezogenheit von Konzessionsverträgen in der Lage sein muss, seine Leistungen in deutscher Sprache anzubieten. Ob es in Ausnahmefällen zur Ansprache eines größeren Adressatenkreises sinnvoll sein kann, die Leistungsbeschreibung zusätzlich in englischer Sprache zu veröffentlichen, dürfte der sachverständigen Beurteilung der Auftraggeber zu überlassen sein. 22

Die Regelung enthält eine programmatische Aussage über den unionsrechtlichen und -politischen Zweck eines gleichberechtigten Zugangs zum Vergabeverfahren für alle Unternehmen und über ein auf die Öffnung der Beschaffungsmärkte gerichtetes Verbot, den Wettbewerb in ungerechtfertigter Weise zu behindern. Damit geht die Regelung dem Wortlaut nach über die unionsrechtliche Vorgabe des **Art. 36 RL 2014/23/EU** hinaus, die eine solche Aussage im Unterschied zur Auftragsvergaberichtlinie 2014/24/EU nicht enthält. RL 2014/23/EU verlangt lediglich, dass die technischen und funktionellen Anforderungen nicht so gefasst werden, dass sie den Wettbewerb „künstlich" einengen.[39] Diese Vorgabe lässt den Konzessionsgebern einen größeren Spielraum zur passgenauen Leistungsbestimmung. Sie muss nicht darauf ausgerichtet werden, einen faktischen unionsweiten Wettbewerb um die konkrete Konzession zu eröffnen. Damit ist es unionsrechtlich grundsätzlich gestattet, den nationalen Besonderheiten einer Konzession Rechnung zu tragen, auch wenn dies die Möglichkeiten für Bieter aus dem EU-Binnenmarkt erschweren sollte, sich mit Erfolg um eine Konzession zu bewerben. Solche nationalen Besonderheiten sind z.B. beim Personennahverkehr oder im Abfallrecht denkbar. Nur dann, wenn ohne hinreichende sachliche Begründung „künstliche" Hürden aufgestellt werden, verletzen solche Leistungsbeschreibungen unionsrechtlich die Vorgaben der Wettbewerbsgleichheit und Nichtdiskriminierung.[40] Die Vorgaben der Produktneutralität und des Gleichwertigkeitsnachweises[41], die Verfahrensgarantien[42] und Zuschlagskriterien[43] runden diese Anforderungen ab. Ob der Verordnungsgeber tatsächlich eine Erhöhung der Anforderungen an den Konzessionsgeber intendiert und ob dies aus dem Verweis zu entnehmen ist, erscheint fraglich. Insoweit ist zu berücksichtigen, dass § 15 Abs. 1 S. 2 KonzVgV nur pauschal auf § 121 Abs. 1 GWB verweist und diesen Verweis mit der erläuternden Aussage verbindet, 23

---

37 Vgl. *Traupel*, in: Müller-Wrede, GWB-Vergaberecht, § 121 Rn. 55.
38 Ein Drittwirkung zu Gunsten von Unternehmen, die weder ihren Sitz noch einen Betrieb innerhalb der Europäischen Union haben, hat das EU-Vergaberecht nicht; hier gelten nur die völkerrechtlichen Vorgaben des GPA und etwaiger Freihandelsabkommen, soweit sie in nationales Recht umgesetzt worden sind.
39 Erwägungsgrund 67 RL 2014/23/EU.
40 Art. 3 RL 2014/23/EU.
41 Art. 36 Abs. 2 und 3 RL 2014/23/EU.
42 Art. 30 Abs. 2 RL 2014/23/EU.
43 Art. 41 RL 2014/23/EU.

dass allen Unternehmen der gleiche Zugang zum Vergabeverfahren gewährt und kein Bewerber in ungerechtfertigter Weise behindert wird. Der letzte Halbsatz entspricht inhaltlich dem unionsrechtlichen Verbot der künstlichen Einengung des Wettbewerbs, so dass er keine eigenständige Bedeutung aufweist. Ob es wegen des Verweises auf § 121 Abs. 1 GWB gerechtfertigt ist, für die Leistungsbeschreibung in jedem Fall eine eindeutige und erschöpfende Leistungsbeschreibung zu verlangen, wie sie für öffentliche Aufträge zu fordern ist, erscheint zweifelhaft. Der Konzessionsgegenstand ist in aller Regel komplexer als der klassische Beschaffungsvorgang eines öffentlichen Auftrags. Da hier bis zur Etablierung einer entsprechenden Spruchpraxis aber Rechtsrisiken liegen, sollte die Leistungsbeschreibung einer Konzessionsvergabe die Anforderungen des § 121 Abs.1 S. 1 GWB so weit wie möglich abbilden.

C. Merkmale der Leistungsbeschreibung (Abs. 2).

24 § 15 Abs. 2 KonzVgV schafft die Möglichkeit, die Leistungsbeschreibung über den engeren Bereich der eigentlichen Merkmale des Konzessionsgegenstands, die für den Verwendungszeck von unmittelbarer Bedeutung sind, auf innovative, soziale und umweltbezogene Aspekte auszudehnen. Der Aspekt der Qualität, der aus Transparenzgründen in der Leistungsbeschreibung die genauen Anforderungen eindeutig benennen muss,[44] dürfte allerdings in aller Regel einen unmittelbaren Bezug zum Verwendungszweck aufweisen. Mit innovativen, sozialen und umweltbezogenen Aspekten ist er dann vergleichbar, wenn ein Qualitätsmaßstab nach der insoweit maßgeblichen Autonomie des Konzessionsgebers nicht zur Bestimmung des Konzessionsgegenstands dient,[45] sondern lediglich einen loseren Bezug zum Leistungsgegenstand aufweist. Außerdem ermöglicht § 15 Abs.2 KonzVgV auch Merkmale vor- oder nachgelagerter Marktstufen (z.B. den Produktionsprozess und die Entsorgung des Konzessionsgegenstands) zum Inhalt der Leistungsbeschreibung zu machen[46].

I. Zusätzliche Aspekte der Leistung (S. 1)

25 Die vergaberechtliche Grundsatznorm **§ 97 Abs. 3 GWB** bestimmt, dass soziale und umweltbezogene Aspekte sowie solche der Qualität und Innovation bei der Vergabe zu berücksichtigen sind. Der Gesetzgeber wollte damit zum Ausdruck bringen, dass diese Aspekte in jeder Phase des Vergabeverfahrens und auch bei der Definition der Leistung berücksichtigt werden können sollen.[47]

26 Allerdings lässt § 97 Abs. 3 GWB dies nur nach Maßgabe des vergaberechtlichen Teils des GWB zu. Entsprechende Konkretisierungen finden sich für Zuschlagskriterien (§ 127 GWB) und Ausführungsbedingungen (§ 128 GWB). Für die Ausgestaltung der Leistungsbeschreibung (§ 121 GWB) enthält das Gesetz keine vergleichbare Maßgabe. Solche Aspekte können zwar als „Bedingungen" aufgenommen werden, beziehen sich dann aber nur auf Ausführungsbedingungen,[48] nicht auf die Definition des Leistungsgegenstands. Daher erscheint höchst zweifelhaft, ob sich die Erweiterung von Leistungsmerkmalen auf soziale und umweltbezogene Aspekte sowie solche der Innovation und Qualität im Rahmen der **Verordnungsermächtigung** (§ 113 S. 2 Nr. 2 i. V .m. §§ 97 Abs. 3, 121 GWB) bewegt. Der Verordnungsgeber hat hier eine inhaltliche Neuregelung getroffen und damit die im bisherigen Recht ausdrücklich vorgesehene Möglichkeit, Ausführungsbedingungen in der Leistungsbeschreibung zu benennen (§ 97 Abs. 4 S. 2 GWB a.F.), durch eine abweichende Regelung ersetzt.

---

44 OLG Düsseldorf, Beschluss v. 19.6.2013 – VII-Verg 8/13.
45 OLG Karlsruhe, Beschluss v. 25.7.2014 – 15 Verg 4/14; OLG Düsseldorf, Beschluss v. 15.6.2010 –VII-Verg 10/10; Beschluss v. 17.2.2010 – VII-Verg 42/09; VK Baden-Württemberg, Beschluss v. 26.3.2013 – 1 VK 5/13; Beschluss v. 17.5.2010 – 1 VK 18/10; Traupel, in: Müller-Wrede, Kompendium des Vergaberechts, Kap. 14 Rn. 6.
46 Das erforderliche Maß an Transparenz ist gewährleistet, wenn sich der Konzessionsgeber in seiner Leistungsbeschreibung exakt an die gesetzlich vorgegebenen Eignungs- und Durchführungskriterien hält, VK Hamburg, Beschluss v. 31.7.2017 – Vgk FB 3/17.
47 Gesetzesbegründung zu § 97 Abs. 3 GWB, VergRModG 2016, BT-Drs. 18/6281, 68.
48 Vgl. Traupel, in: Müller-Wrede, GWB-Vergaberecht, § 121 Rn. 89.

Insoweit stellt sich weiter die Frage, ob eine Einbeziehung von Aspekten der Sozial- und Umweltpolitik sowie der Innovation und Qualität in die Bestimmung des Konzessionsgegenstands den **unionsrechtlichen Vorgaben** der RL 2014/23/EU entspricht. Unzweifelhaft ist dies für die Merkmale der Qualität und des Umweltbezugs. Hier bestimmt Anlage VII Nr. 1 lit. b RL 2014/23/EU, dass Qualitäts- und Umweltstufen Gegenstand der technischen Spezifikation und damit gem. Art. 36 Abs. 1 UAbs. 2 RL 2014/23/EU der Bestimmung des Konzessionsgegenstands sein können. Auch soziale Aspekte können in gewissem Umfang in die Leistungsbestimmung einfließen. Dies betrifft in jedem Fall die Verwendung für Menschen mit Behinderung oder einer Konzeption, die die Nutzung für alle Menschen ermöglicht.[49] Im Hinblick auf den Produktionsprozess kann auch die Einhaltung sozialer Produktionsbedingungen, z.B. die Zahlung von Mindestlöhnen oder die Beschäftigung benachteiligter Arbeitnehmerinnen und Arbeitnehmer,[50] in die Leistungsbestimmung aufgenommen werden. 27

Problematisch erscheint, den **innovativen Charakter** einer Leistung zum Gegenstand der Leistungsbestimmung zu machen. Hierfür bietet die hier maßgebliche Vorschrift des Art. 36 Abs. 1 UAbs. 2 RL 2014/23/EU keine Anhaltspunkte. Der Praxis ist daher von innovationsbezogenen Leistungsbeschreibungen abzuraten und zu empfehlen, diese Aspekte eher als Zuschlagskriterium oder als innovationsbezogene Ausführungsbedingung aufzunehmen. Der praktische Unterschied zwischen einer solchen von allen Bietern einzuhaltenden Ausführungsbedingung und einer für jedes wertungsfähige Angebot zu berücksichtigenden Leistungsbeschreibung dürfte gering sein. 28

Qualitätsmerkmale des Konzessionsgegenstands sind z.B. einzuhaltende Arbeitspausen,[51] Qualität des Verfüllmaterials bei Abrissarbeiten,[52] Festbedienung und zeitliche Vorgaben für die Fahrtenlage bei Personenverkehrsaufträgen,[53] zu beachtende Zertifikate für naturwissenschaftlichen Unterricht bei Schulausstattungsaufträgen,[54] Vorgabe der Stundenzahl für Biotopkartierungsaufträge,[55] Qualitätssicherungsmaßnahmen,[56] Leistungsobergrenzen für Reinigungsaufträge,[57] Qualität von Einrichtungen und Mitteln eines Nachunternehmers.[58] 29

Die überschaubare Rechtsprechung zu **innovativen Leistungsmerkmalen** bezieht sich im Wesentlichen auf Aufträge aus dem Bereich der Informations- und Kommunikationstechnik wie die Organisation von Softwareimplementierungs- und Wartungsverträgen,[59] innovative Lösungen im Rahmen funktionaler Ausschreibung von IT-Leistungen[60] und auf komplexe technische Lösungen wie den Innovationsgrad technischer Werte[61] oder neue Verfahren bei medizinischen Ultraschallsystemen.[62] 30

Soziale Aspekte bei der Beschreibung des Konzessionsgegenstands beziehen sich u.a. auf Arbeitszeitvorgaben für die Erfüllung der Konzession,[63] die Vorgabe von Mindestlöhnen für die Leistungserbringung,[64] soziale Aspekte bei architektonischen Vorplanungsleistungen,[65] im Rahmen der HOAI-Leistungsphase 2 soziale Kompetenz des Generalplaners,[66] die Vorgabe von Produktangaben („irischer Blaustein"), die sicherstellen, dass die Produktion des zu lie- 31

---

49 Gemäß § 121 Abs. 2 GWB ist dies sogar in der Regel verpflichtend, vgl. hierzu *Traupel*, in: Müller-Wrede, GWB-Vergaberecht, § 121 Rn. 92 ff.
50 EuGH, Urteil v. 20.9.1988 – Rs. C-31/87 (Beentjes).
51 OLG Düsseldorf, Beschluss v. 30.4.2014 – VII-Verg 33/13.
52 OLG Koblenz, Beschluss v. 25.2.2015 – Verg 5/14.
53 VK Sachsen, Beschluss v. 27.9.2013 – 1/SVK/027-13.
54 VK Baden-Württemberg, Beschluss v. 26.3.2013 – 1 VK 5/13.
55 OLG Brandenburg, Urteil v. 27.3.2012 – Verg W 13/11.
56 OLG Koblenz, Beschluss v. 2.10.2012 – 1 Verg 4/12.
57 OLG Düsseldorf, Beschluss v. 19.5.2010 –VII-Verg 5/10.
58 OLG Düsseldorf, Beschluss v. 22.12.2004 – VII-Verg 81/04.
59 OLG Karlsruhe, Beschluss v. 5.11.2014 – 15 Verg 6/14.
60 OLG Jena, Beschluss v. 26.3.2007 – 9 Verg 2/07; VK Bund, Beschluss v. 14.10.2013 – VK 2-84/13.
61 VK Hamburg, Beschluss v. 7.4.2010 – VK BSU 3/10.
62 OLG Celle, Beschluss v. 22.5.2008 – 13 Verg 1/08.
63 OLG Düsseldorf, Beschluss v. 30.4.2014 – VII-Verg 33/13.
64 EuGH, Urteil v. 17.11.2015 – Rs. C-115/14 (Regiopost).
65 VK Niedersachsen, Beschluss v. 29.9.2014 – VgK-36/2014.
66 VK Düsseldorf, Beschluss v. 1.3.2013 – VK-35/2012F.

fernden Konzessionsgegenstands unter sozialverträglichen Bedingungen erfolgt ist,[67] die Vorgabe von Tariflöhnen bei der Erbringung von Aufträgen im Bewachungsgewerbe[68] und bei Personenverkehrsleistungen[69].

32 **Umweltbezogene Aspekte** bei der Bestimmung des Konzessionsgegenstands betreffen u.a. Vorgaben für die Produktion zu liefernder Energie,[70] Nachhaltigkeit und Umweltschutz bei Postbeförderungsaufträgen,[71] Umweltverträglichkeit von WC-Anlagen bei Toilettenaufstell- und Wartungsaufträgen,[72] Vorgabe von Universal-Biofilter-Deckeln bei Entsorgungsverträgen[73].

33 Der Wortlaut des § 15 Abs. 2 S. 1 KonzVgV enthält nicht die in § 15 Abs. 2 S. 2 KonzVgV vorgesehene Einschränkung der **Verbindung** der genannten Aspekte **mit dem Konzessionsgegenstand**. Danach wäre es möglich, den Bietern in der Leistungsbeschreibung auch allgemeine Vorgaben zu machen, die etwa die generelle Einhaltung von Tarifverträgen vorsehen. Eine solche Auslegung widerspräche allerdings unionsrechtlichen Vorgaben, wobei hier, da es sich nicht um Zuschlagskriterien handelt, nicht auf Art. 41 RL 2014/23/EU Bezug zu nehmen ist, sondern auf Art. 36 Abs. 1 UAbs. 2 RL 2014/23/EU abzustellen ist. Die Bestimmung erlaubt die Berücksichtigung sozialer, umweltbezogener und qualitativer Aspekte nur zur Beschreibung von Merkmalen für ein Produkt oder eine Dienstleistung. Hiermit wäre es nicht vereinbar, Aspekte, die sich auf die generelle Unternehmenspolitik beziehen und keinen Bezug zum Produkt oder der Dienstleistung ausweisen, zum Gegenstand von Leistungsbeschreibungen zu machen.[74]

34 Fraglich ist, ob auch das zweite einschränkende Merkmal des § 15 Abs. 2 S. 2 KonzVgV, die **Verhältnismäßigkeit** zu Wert und Beschaffungszielen, auf die Aspekte des § 15 Abs. 2 S. 1 KonzVgV anzuwenden ist. Die Umsetzung des Unionsrechts erfordert eine solche Anwendung auf unmittelbare Leistungsmerkmale nicht, da Art. 36 Abs. 1 UAbs. 2 RL 2014/23/EU die Verhältnismäßigkeit ausschließlich auf den in § 15 Abs. 2 S. 2 KonzVgV geregelten Sachverhalt bezieht. Darüber hinaus ist zu berücksichtigen, dass der Bezug qualitativer, umweltbezogener und auch sozialer Leistungsmerkmale zum Konzessionsgegenstand wesentlicher enger ist als solche Aspekte in Bezug zum Produktionsprozess oder dem Lebenszyklus der für die Konzessionserfüllung verwendeten Produkte oder Verfahren. Hier gestattet das Leistungsbestimmungsrecht des Konzessionsgebers, unmittelbare qualitative, soziale und umweltbezogene Vorgaben an den Konzessionsgegenstand zu machen. Mit diesem Leistungsbestimmungsrecht wäre es kaum vereinbar, es von zusätzlichen Verhältnismäßigkeitserwägungen abhängig zu machen. Auch ungewöhnliche oder ambitionierte Vorgaben sind daher grundsätzlich hinzunehmen, selbst wenn sie zu einer Verknappung des Angebots führen sollten. Allenfalls in sehr außergewöhnlichen Situationen können Verhältnismäßigkeitserwägungen umweltbezogenen, sozialen und qualitativen Aspekten der Leistungsbestimmung entgegenstehen. Anhaltspunkte für eine solche Grenzziehung können aus den Erwägungsgründen geschlossen werden.[75] Danach ist das übergeordnete Ziel technischer Spezifikationen, den Wettbewerb zu öffnen und „eine künstliche Einengung des Wettbewerbs (zu) verm(ei)den, zu der es kommen könnte, wenn Anforderungen festgelegt würden, die einen bestimmten Wirtschaftsteilnehmer begünstigen, indem auf wesentliche Merkmale der von dem betreffenden Wirtschaftsteilnehmer gewöhnlich angebotenen Lieferungen, Dienstleistungen oder Bauleis-

---

67 VK Münster, Beschluss v. 24.6.2011 – VK 6/11.
68 OLG Düsseldorf, Beschluss v. 30.12.2010 – VII-Verg 24/10.
69 A.A. VK Münster, Beschluss v. 9.10.2009 – VK 19/09, und VK Niedersachsen, Beschluss v. 15.05.2008 – VgK-12/2008, jeweils noch aufgrund der Rechtslage vor der Entscheidung EuGH, Urteil v. 17.11.2015 – Rs. C-115/14 (Regiopost).
70 EuGH, Urteil v. 4.12.2003 – Rs. C-448/01 (Wienstrom); VK Nordbayern, Beschluss v. 2.7.2008 – 21. VK-3194-29/08.
71 VK Sachsen, Beschluss v. 12.06.2015 – 1/SVK/016-15.
72 LG Frankfurt am Main, Beschluss v. 28.1.2008 – 2-4 O 201/06 (Vorabentscheidungsersuchen an EuGH).
73 VK Münster, Beschluss v. 25.9.2007 – VK 20/07.
74 In diesem Sinn bereits OLG Düsseldorf, Beschluss v. 30.12.2010 – VII-Verg 24/10; VK Münster, Beschluss v. 24.6.2011 – VK 6/11.
75 Erwägungsgrund 74 RL 2014/24/EU.

tungen abgestellt wird". Leistungsmerkmale, die ausschließlich von bestimmten Wirtschaftsteilnehmern erfüllt werden, von Unternehmen aus dem Binnenmarkt nicht oder wirtschaftlich nicht zumutbar erfüllt werden können und deren Wert für das eigentliche Beschaffungsziel kaum erkennbar ist, dürften die Befugnis des Konzessionsgebers zur Festlegung sozialer, qualitativer und umweltbezogener Leistungsmerkmale überschreiten.[76] Die Zulässigkeit solcher Merkmale dürfte mangels einer spezifischen Entscheidungspraxis an ähnlichen Maßstäben zu messen sein wie die Produktneutralität.[77]

II. Berücksichtigung des Lebenszyklusses (S. 2)

§ 15 Abs. 2 S. 2 KonzVgV ermöglicht es, Aspekte der Qualität, Innovation und solche sozialer oder umweltbezogener Art auch dann in der Leistungsbeschreibung zu berücksichtigen, wenn sie sich auf die eigentliche Erfüllung der Konzession nicht auswirken, sondern eine vor- oder nachgelagerte Phase des Lebenszyklus, vor allem die Produktion und die Entsorgung der Produkte, mit denen die Konzession ausgeführt wird, betreffen. Sie setzt eine der wesentlichen Neuerungen der RL 2014/23/EU um, mit der eine umfassendere Berücksichtigung von Nachhaltigkeitsaspekten in der öffentlichen Beschaffung bezweckt wird.[78]   35

Ausweislich der amtlichen Begründung zu § 31 VgV[79] soll die Regelung der bisherigen Diskussion über vergaberechtliche Möglichkeiten, **soziale Nachhaltigkeitsziele** in der Leistungsbeschreibung zu berücksichtigen, vor allem die Umstände der Produktion zu beschaffender Ware unter Ausschluss von ausbeuterischer Kinderarbeit,[80] die Grundlage entziehen. Ob dies allerdings gerade hinsichtlich der sozialen Aspekte im Produktionsprozess tatsächlich der Fall ist, erscheint – nach wie vor – fraglich. Art. 36 Abs. 1 UAbs. 2 RL 2014/23/EU nimmt nur die bisher schon als Leistungsmerkmale zulässigen sozialen Aspekte der Produkt- bzw- Leistungsverwendung (Barrierefreiheit) in Bezug, nicht aber soziale Aspekte bei der Herstellung des Produkts.[81] Es erscheint daher zumindest zweifelhaft, ob eine unionsrechtskonforme Auslegung von § 15 Abs. 2 S. 2 KonzVgV die Einbeziehung sozialer Produktionsprozesse als Leistungsmerkmal gestattet. Für die Vergabepraxis sollten diese Aspekte daher vorzugsweise über die Ausführungsbedingungen abgebildet werden.   36

Die Merkmale müssen **mit dem Konzessionsgegenstand in Verbindung** stehen. Aus der unterschiedlichen Terminologie, § 15 Abs. 2 S. 2 KonzVgV spricht bei diesen Merkmalen von „**Faktoren**", soll wohl auch unmittelbar im Wortlaut deutlich werden, dass es sich um zusätzliche, nicht unmittelbar den Leistungsgegenstand bezeichnende Merkmale handelt. Die Wahl des Begriffs „Faktoren" entspricht auch der neuen unionsrechtlichen Terminologie[82] und ersetzt den bisher für Ausführungs- und Zuschlagskriterien verlangten Zusammenhang mit dem Auftragsgegenstand. Die Erwägungsgründe nehmen insoweit auf die verfestigte einschlägige Rechtsprechung des EuGH Bezug[83] und nehmen zur Frage der Verbindung mit dem Auftragsgegenstand folgende negative Abgrenzung vor: 37

> „Die Bedingung eines Bezugs zum Auftragsgegenstand schließt allerdings Kriterien und Bedingungen bezüglich der allgemeinen Unternehmenspolitik aus, da es sich dabei nicht um einen Faktor handelt, der den konkreten Prozess der Herstellung oder Bereitstellung der beauftragten Bauleistungen, Lieferungen oder Dienstleistungen charakterisiert. Daher sollte es öffentlichen Auftraggebern nicht gestattet sein, von Bietern eine bestimmte Politik der sozialen oder ökologischen Verantwortung zu verlangen."[84]

---

76 Vgl. *Beckmann*, in: Müller-Wrede, Kompendium des Vergaberechts, Kap. 15 Rn. 26.
77 Vgl. VK Bund, Beschluss v. 16.3.2015 – VK 2-9/15.
78 Erwägungsgrund 3 RL 2014/23/EU.
79 Verordnungsbegründung zu § 31 Abs. 3 VgV, BR-Drs. 87/16, 185.
80 *Burgi*, NZBau 2011, 577; *Huerkamp*, NZBau 2009, 755; *Ziekow*, KommJur 2007, 281.
81 Erwägungsgrund 99 RL 2014/24/EU.
82 Art. 67 Abs. 3 und Art. 70 RL 2014/24/EU.
83 EuGH, Urteil v. 10.5.2012 – Rs. C-368/10 (Max Havelaar); Urteil v. 4.12.2003 – Rs. C-448/01 (Wienstrom).
84 Erwägungsgrund 97 RL 2014/24/EU.

Damit ist stets ein konkreter Bezug zur Konzession zu verlangen. Er ist z.B. in folgenden Fällen gegeben: Personalkosten des Bieters, wenn ein Betriebsübergang des bisher vom Konzessionsgeber beschäftigten Personals bei Dienstleistungsaufträgen vorgesehen ist;[85] Emissionen der bei der Konzessionsausführung eingesetzten Kraftfahrzeuge.[86] Als unzulässige Vorgabe allgemeiner Unternehmenspolitik sind Leistungen anzusehen, die für die Erfüllung der konkreten Konzession keine Relevanz haben, z.B. das Angebot von Feuerlöschdarlehen für die Beauftragung von Versicherungsleistungen.[87]

38 Stehen die genannten Aspekte aus dem Produktionsprozess oder einer anderen nicht den Konzessionsgegenstand bildenden Lebenszyklusphase mit dem Konzessionsgegenstand in Verbindung, können sie gleichwohl unzulässig sein, wenn sie im Hinblick auf den Vertragswert und die Beschaffungsziele **unverhältnismäßig** sind. Auch die Erwägungsgründe der RL 2014/23/EU lassen nicht erkennen, unter welchen Voraussetzungen eine solche Vorgabe im Einzelfall unzulässig sein soll. Vertretbar, aber im Hinblick auf die noch fehlende Entscheidungspraxis keineswegs sicher erscheint es, bei besonders hohen Vertragswerten und damit höherer Binnenmarktrelevanz einen strengeren Maßstab an die Verhältnismäßigkeit anzulegen. Berücksichtigt man, dass das Interesse zur Angebotsabgabe im Binnenmarkt angesichts des immer noch vorhandenen Aufwands solcher Angebote i.d.R. bei größeren Vertragswerten deutlich stärker sein dürfte, können nicht unmittelbar den Konzessionsgegenstand betreffende Merkmale vor- oder nachgelagerter Leistungsphasen, soweit sie nur von wenigen – nationalen – Bietern erfüllt werden, die erstrebte unionsweite Öffnung der Beschaffungsmärkte unverhältnismäßig erschweren. Die gleichen Überlegungen dürften zur Unzulässigkeit solcher Merkmale führen, die nur einen äußerst geringen Bezug zum eigentlichen Beschaffungsziel haben. Dies kann z.B. in Betracht kommen, wenn im Rahmen eines komplexen Leistungsauftrags nur für ein einzelnes Leistungselement von untergeordneter Bedeutung eine Vorgabe gemacht wird, die eine größere Zahl potenzieller Gebote ausschließt. Auch die Forderung nach Einhaltung der ILO-Kernarbeitsnormen in jedem Glied einer umfangreichen Produktions- und Lieferkette könnte in diesem Sinne unverhältnismäßig sein.[88] Die als unverhältnismäßig bewertete Vorgabe eines nicht aussagekräftigen Zertifikats gegen Kinderarbeit[89] dürfte unter Beachtung der aktuellen EuGH-Rechtsprechung[90] vergaberechtlich eher als Problem des gleichwertigen Nachweises eines durchaus berücksichtigungsfähigen Aspekts zu beurteilen sein.

D. Produktneutralität (Abs. 3)

I. Grundsatz (S. 1)

39 Grundsätzlich darf nach § 15 Abs. 3 S. 1 KonzVgV in der Leistungsbeschreibung nicht auf ein bestimmtes Produkt oder Verfahren und ebenso wenig auf gewerbliche Schutzrechte, Typen oder Ursprungsbezeichnungen verwiesen werden. Eine Ausschreibung, die bestimmte Merkmale in diesem Sinne vorgibt, verengt den Wettbewerb auf die wenigen Bieter, die über entsprechende Rechte verfügen, und beeinträchtigt damit in besonderer Weise den gemeinsamen Handel.[91] Das Gebot der Produktneutralität begrenzt daher das Leistungsbestimmungsrecht des Konzessionsgebers. Eine „spezifische" Ausschreibung ist aber dann zulässig, wenn sie durch den Konzessionsgegenstand gerechtfertigt ist.[92]

40 Dabei ist zunächst in einer Vorstufe festzustellen, ob eine **„spezifische" Ausschreibung** vorliegt. Dies ist nicht immer erst dann der Fall, wenn ein bestimmtes Produkt oder Verfahren vor-

---

[85] VK Niedersachsen, Beschluss v. 4.10.2011 – VgK-26/2011.
[86] Vgl. VK Westfalen, Beschluss v. 3.2.2015 – VK 1-1/15.
[87] VK Niedersachsen, Beschluss v. 17.3.2011 – VgK-65/2010.
[88] Hierauf könnte die Verordnungsbegründung zu § 31 Abs. 3 VgV, BR-Drs. 87/16, 185, hindeuten.
[89] VGH Baden-Württemberg, Beschluss v. 21.9.2015 – 1 S 536/14.
[90] EuGH, Urteil v. 10.5.2012 – Rs. C-368/10 (Max Havelaar).
[91] Vgl. *Dicks*, IBR 2008, 1360 Rn. 66 f.
[92] OLG Düsseldorf, Beschluss v. 27.6.2012 – VII-Verg 7/12.

gegeben wird. Nicht produktneutral sind auch Ausschreibungen, die nur bestimmte Merkmale vorgeben, die etwa Bieter aus anderen Mitgliedstaaten nicht erfüllen können.[93] Ebenfalls nicht produktneutral sind Ausschreibungen, die die technischen Anforderungen nach Form, Stofflichkeit, Aussehen und technischen Merkmalen so präzise definieren, dass dem Bieter keine Ausweichmöglichkeit bleibt.[94] Die verdeckte Produktvorgabe in einer Grundposition kann nicht durch die Zulassung einer Alternativposition geheilt werden, wenn die Grundposition zwingend anzugeben ist.[95] Werden bei einer Ausschreibung (im gegebenen Fall von DV-Verbrauchsmaterial) zwar neben den Originalprodukten auch Alternativangebote zugelassen, werden diese aber bei der Gewichtung mit einer geringeren Punktzahl bewertet, sodass ein Anbieter von Alternativprodukten keine Chance auf den Zuschlag hat, ist die Ausschreibung nicht produktneutral.[96] Die Vorgabe eines Musterexemplars führt jedenfalls dann nicht zu einer „spezifischen" Ausschreibung, wenn die entsprechenden Merkmale in der Leistungsbeschreibung nicht bindend verlangt, sondern im Wege einer funktionalen Ausschreibung alternativen Herstellungsverfahren geöffnet werden.[97]

Es ist also zunächst in einer ersten Stufe zu ermitteln, ob die Verwendung eines bestimmten **41** Produkts, Verfahrens oder eines der anderen spezifischen Merkmale aus dem Konzessionsgegenstand **gerechtfertigt** ist. Eine solche Rechtfertigung muss sich aus objektiven Kriterien ergeben, etwa der technischen oder gestalterischen Erfordernisse an die Nutzung der Leistung.[98] Der Maßstab an die Darlegung dieser Erfordernisse wird in der Spruchpraxis unterschiedlich gesetzt. Während teilweise vertreten wird, der Auftraggeber müsse keine genaue Marktanalyse vornehmen und könne sich ohne Prüfung alternativer Lösungen allein auf zwei gesamtzertifizierte Produkte beschränken,[99] wird z.T. gefordert, dass sich die Vergabestelle im Vergabevermerk eingehend mit den technischen Merkmalen des Produkts auseinandersetzt und belegt, aus welchen Gründen ein Konkurrenzprodukt oder -verfahren nicht in Betracht kommt.[100] Bei der Darlegung der Gründe hat die Vergabestelle allerdings einen **Beurteilungsspielraum**, der nur durch offensichtliche Fehler oder sachfremde Erwägungen eingeschränkt wird.[101] Insoweit ist auf die Spruchpraxis zur Auftragsvergabe zu verweisen. Danach ist eine „spezifische" Ausschreibung demnach u. a. gerechtfertigt, wenn ein Anschlussauftrag auf einer durch ein bestimmtes Produkt oder Verfahren vorgegebenen Vorleistung beruht,[102] wenn – häufig im Zusammenhang mit IT-Leistungen – eine Schnittstellenproblematik vermieden werden kann.[103] Eine bloße Vereinfachung von Wartungsverträgen soll allerdings nicht ausreichen.[104] Diese restriktive Auslegung dürfte aber nur dann gerechtfertigt sein, wenn die Wartungsarbeiten von einem über vergleichbare Produkte oder Verfahren verfügenden Bieter ohne größere Schwierigkeiten erbracht werden können. Werden hierdurch jedoch weitergehende Anpassungsarbeiten des Konzessionsgebers oder gar des Vorlieferanten erforderlich, dürfte auch hier eine „spezifische" Ausschreibung gerechtfertigt sein. Nicht gerechtfertigt ist die Vorgabe bestimmter Produkte mit dem Argument, die genannten Produkte seien vom Konzessionsgeber bisher schon eingesetzt worden (hier Ausstattung von Schulräumen):[105]

---

93 Etwa die Vorgabe der Pharmazentralnummer für Kontrastmittel: VK Bund, Beschluss v. 8.4.2009 – VK 1-35/09.
94 VK Bund, Beschluss v. 16.3.2015 – VK2-9/15; VK Nordbayern, Beschluss v. 16.4.2008 – 21. VK-3194-14/08.
95 VK Südbayern, Beschluss v. 23.6.2015 – Z 3-3-3194-1-24-06/15.
96 OLG Frankfurt, Beschluss v. 29.5.2007 – 11 Verg 12/06.
97 OLG Düsseldorf, Beschluss v. 14.9.2000 – Verg 17/00.
98 Sehr weitgehend VK Münster, Beschluss v. 24.6.2011 – VK 6/11; VK Nordbayern, Beschluss v. 9.7.2009 – 21. VK-3194-15/09; VK Arnsberg, Beschluss v. 25.5.2009 – VK 8/09.
99 OLG Jena, Beschluss v. 25.6.2014 – 2 Verg 1/14.
100 VK Brandenburg, Beschluss v. 25.4.2012 – VK 4/12; VK Nordbayern, Beschluss v. 9.7.2009 – 21. VK-3194-15/09.
101 OLG Düsseldorf, Beschluss v. 23.1.2008 – VII-Verg 36/07; OLG Frankfurt, Beschluss v. 29.5.2007 – 11 Verg 12/06; VK Thüringen, Beschluss v. 8.5.2008 – 250-4002.20-899/2008-006-G; *Dicks*, IBR 2008, 1360 Rn. 71.
102 Sehr weitgehend OLG Düsseldorf, Beschluss v. 1.8.2012 – VII-Verg 10/12; OLG Frankfurt, Beschluss v. 29.5.2007 – 11 Verg 12/06; BayObLG, Beschluss v. 15.9.2004 – Verg 26/03; OLG Saarbrücken, Beschluss v. 29.10.2003 – 1 Verg 2/03, NZBau 2004, 117.
103 OLG Düsseldorf, Beschluss v. 14.4.2005 – VII-Verg 93/04, VergabeR 2005, 513; Beschluss v. 23.3.2005 – VII-Verg 76/04; OLG Frankfurt, Beschluss v. 28.10.2003 – 11 Verg 9/03.
104 VK Hessen, Beschluss v. 11.12.2006 – 69d-VK 60/2006.
105 VK Nordbayern, Beschluss v. 24.9.2014 – 21.VK-3194-26/14.

II. Ausnahme (S. 2)

42 Soweit die „spezifische" Ausschreibung nicht durch den Konzessionsgegenstand gerechtfertigt ist, ist eine solche Ausschreibung nach § 15 Abs. 3 S. 2 KonzVgV nur zulässig, wenn der Konzessionsgegenstand ohne sie nicht hinreichend verständlich und genau beschrieben werden kann.[106] In diesem Fall ist die Ausschreibung im Gegensatz zur ersten Variante zwingend mit dem Gleichwertigkeitszusatz zu versehen.[107]

43 Eine produkt- oder verfahrensbezogene Ausschreibung kommt nach der Regelung etwa in Betracht, wenn sich eine produktbezogene Beschreibung so weit durchgesetzt hat, dass die Umschreibung zu **Missverständnissen** führen muss.[108] Diese Möglichkeit wird bei technisch aufwendigen Beschaffungsvorgängen eher in Betracht kommen als bei Warenlieferungen, die regelmäßig eine Umschreibung zulassen dürften.

44 Nach § 15 Abs. 3 S. 2 Hs. 2 KonzVgV ist ein Verweis nach § 15 Abs. 3 S. 1 KonzVgV mit dem Zusatz **„oder gleichwertig"** zu versehen. Der Gleichwertigkeitszusatz wird nur erfüllt, wenn die Vergabestelle die Beschreibung nicht so auf die Eigenschaften eines bestimmten Produkts beschränkt, dass der Gleichwertigkeitsnachweis faktisch ausgeschlossen ist.[109] Dies führt dazu, dass ein die Eigenschaften des ausgeschriebenen Produkts erfüllendes anderes angebotenes Produkt als Haupt-, nicht als Nebenangebot zu werten ist.[110] Die Gleichwertigkeit selbst ist an dem in der Leistungsbeschreibung zum Ausdruck kommenden Auftraggeberwillen zu messen.[111]

E. Gleichwertigkeit technischer und funktioneller Anforderungen (Abs. 4)

45 § 15 Abs. 4 KonzVgV enthält das an den Konzessionsgeber gerichtete Verbot, ein Angebot allein deshalb abzulehnen, weil es nicht einer der in § 15 Abs. 1 S. 1 KonzVgV genannten technischen Anforderungen entspricht, wenn der Bieter in seinem Angebot nachweist, dass die von ihm verwendete technische Spezifikation gleichermaßen geeignet ist.[112] Insoweit trifft den Bieter, der sich darauf beruft, die Beweislast.

46 Die in Regelung § 8 EG Abs. 3 S. 2 VOL/A für das Auftragsrecht noch beispielhaft als geeignete Mittel benannten Instrumente **„technische Beschreibungen des Herstellers"** und **„Prüfbericht einer anerkannten Stelle"** sind in die KonzVgV nicht aufgenommen worden. Dies ist grundsätzlich zu begrüßen, da vor allem die Herstellerangaben nicht immer geeignet sein werden, die Übereinstimmung des angebotenen Produkts mit dem normierten Produkt nachzuweisen.

47 Soweit eine normierte technische Anforderung **keine zwingenden Vorgaben** setzt (z.B. im Fall einer „Soll"-Vorgabe), wird zum Teil vertreten, dass der Bieter diesbezüglich überhaupt keinen Gleichwertigkeitsnachweis zu erbringen hat.[113] Dies erscheint jedoch nur dann gerechtfertigt, wenn der Bieter die Eignung seiner von der „Soll"-Vorgabe abweichenden Lösung zumindest plausibel begründet. Ein vollständiger Verzicht auf jede Gleichwertigkeitsangabe würde dem Charakter einer „Soll"-Bestimmung nicht gerecht. Die Gleichwertigkeitsprüfung muss sich außerdem auf technische Aspekte beziehen, andere Merkmale – wie z.B. die Eignung zur Unterbringung in den vom Konzessionsgeber vorgesehenen Räumen – dürfen hierfür nicht herangezogen werden.[114]

---

[106] Vgl. VK Bund, Beschluss v. 10.6.2015 – VK 1-40/15.
[107] Vgl. auch OLG München, Beschluss v. 13.4.2007 – Verg 1/07, VergabeR 2007, 546; *Dicks*, IBR 2008, 1360 Rn. 74
[108] *Wirner*, in: Willenbruch/Wieddekind, Vergaberecht, § 7 VOL/A Rn. 57.
[109] Vgl. OLG München, Beschluss v. 6.12.2012 – Verg 25/12; VK Arnsberg, Beschluss v. 25.5.2009 – VK 8/09.
[110] OLG München, Beschluss v. 6.12.2012 – Verg 25/12; vgl. auch OLG Naumburg, Urteil v. 26.10.2004 – 1 U 30/04.
[111] BayObLG, Beschluss v. 29.4.2002 – Verg 10/02, VergabeR 2002, 504.
[112] Für DIN-Normen OLG München, Beschluss v. 8.6.2010 – Verg 8/10.
[113] OLG München, Beschluss v. 7.4.2011 – Verg 5/11.
[114] VK Münster, Beschluss v. 29.3.2012 – VK 3/12.

F. Rechtsschutz

Da die Konzessionsvergaben in die RL 89/665/EWG aufgenommen worden sind, unterliegen auch die Dienstleistungskonzessionen der Kontrolle der Vergabenachprüfungsinstanzen. Die Vorschriften der Leistungsbeschreibung, die zumindest auch dem Schutz der Unternehmen dienen, haben unternehmensschützenden Charakter im Sinne von § 97 Abs. 6 GWB. Die Vorgaben für Leistungsbeschreibungen sind, weil und soweit sie Kernelemente für einen transparenten und diskriminierungsfreien Wettbewerb enthalten, grundsätzlich unternehmensschützend. Dies betrifft vor allem die in § 15 Abs. 1 KonzVgV niedergelegten Vorschriften.[115] Ebenfalls unternehmensschützend ist die in § 15 Abs. 3 KonzVgV geregelte Produktneutralität.[116] Die Vorschrift des § 15 Abs. 4 KonzVgV dient insgesamt den Interessen derjenigen Bieter, deren Angebote zwar nicht den engen Vorgaben der Leistungsbeschreibung entsprechen, die aber die Gleichwertigkeit durch die dort genannten Instrumente nachzuweisen in der Lage sind. Sie ist damit unternehmensschützend.

48

Anlage

Verordnungsbegründung (BR-Drs. 87/16)

Seite 288

§ 15 dient der Umsetzung des Artikels 36 der Richtlinie 2014/23/EU. Die wesentlichen Vorgaben zur Leistungsbeschreibung wurden bereits in § 152 Absatz 1 in Verbindung mit § 121 Absatz 1 und 3 GWB umgesetzt. Der Unionsgesetzgeber verdeutlicht in Erwägungsgrund 67 der Richtlinie 2014/23/EU, dass die technischen und funktionellen Anforderungen in den Vergabeunterlagen dargelegt werden und mit den Grundsätzen der Transparenz und der Gleichbehandlung im Einklang stehen sollten. Der Wortlaut des § 15 orientiert sich im Einklang mit Artikel 36 der Richtlinie 2014/23/EU an § 31 VgV.

Zu Absatz 1

Absatz 1 gibt die grundlegenden Vorgaben an die Leistungsbeschreibung gemäß § 152 Absatz 1 in Verbindung mit § 121 Absatz 1 und 3 des Gesetzes gegen Wettbewerbsbeschränkungen wieder. Absatz 1 Satz 1 setzt Artikel 36 Absatz 1 Unterabsatz 1 der Richtlinie 2014/23/EU um. Vorbild zu Absatz 1 Satz 2 ist § 31 Absatz 1 VgV, der Artikel 42 Absatz 2 der Richtlinie 2014/24/EU umsetzt. Der Unionsgesetzgeber hebt in Erwägungsgrund 67 der Richtlinie 2014/23/EU hervor, dass die technischen und funktionellen Anforderungen es erlauben müssen, die Konzession in einem wettbewerblichen Verfahren zu vergeben.

Zu Absatz 2

Absatz 2 setzt Artikel 36 Absatz 1 Unterabsatz 1 und 2 Satz 1 der Richtlinie 2014/23/EU nach dem Vorbild von § 32 Absatz 3 VgV um. Artikel 36 Absatz 1 der Richtlinie 2014/23/EU hebt hervor, dass in den technischen und funktionellen Anforderungen die für die vertragsgegenständlichen Bau- oder Dienstleistungen geforderten Merkmale festgelegt werden. Damit trägt die Konzessionsrichtlinie dem Grundsatz der Verhältnismäßigkeit Rechnung, der in § 15 Absatz 2 Satz 1 weiter konkretisiert wird. Die ausnahmsweise nach Artikel 36 Absatz 1 Unterabsatz 2 Satz 1 Richtlinie 2014/23/EU zulässige Berücksichtigung des spezifischen Prozesses oder der spezifischen Methode zur Herstellung oder Erbringung der Bau- oder Dienstleistungen oder eines anderen Stadiums im Lebenszyklus des Gegenstandes der Konzession einschließlich der Produktions- und Lieferkette setzt voraus, dass soziale, umweltbezogene und Kriterien der Qualität und Innovation überhaupt in die Leistungsbeschreibung eingehen dürfen. Auf dieser Grundlage wird diese Klarstellung ausdrücklich in § 15 Absatz 2 Satz 1 übernommen.

---

[115] OLG Karlsruhe, Beschluss v. 25.7.2014 – 15 Verg 4/14; OLG München, Beschluss v. 20.3.2014 – Verg 17/13; VK Sachsen, Beschluss v. 27.6.2014 – 1/SVK/020-13.
[116] Vgl. VK Südbayern, Beschluss v. 29.1.2007 – Z3-3-3194-1-39-12/06.

Darüber hinaus hebt der Unionsgesetzgeber in Artikel 36 Absatz 1 Unterabsatz 2 Satz 2 im Rahmen einer beispielhaften Auflistung hervor, dass die Merkmale der Leistungsbeschreibung beispielsweise Qualitätsstufen, Umwelt- und Klimaleistungsstufen, „Design für Alle" (einschließlich des Zugangs von Menschen mit Behinderungen) und Konformitätsbewertungsstufen, Leistung, Sicherheit oder Abmessungen des Erzeugnisses, Terminologie, Symbole, Prüfungen und Prüfverfahren, Kennzeichnung und Beschriftung oder Gebrauchsanleitungen umfassen können. Der Unionsgesetzgeber stellt in Erwägungsgrund 66 der Richtlinie 2014/23/EU klar, dass Kon-

Seite 289

zessionsgeber solche sozialen Anforderungen vorsehen können, die die betreffende Ware oder die betreffende Dienstleistung unmittelbar charakterisieren, wie das Kriterium der Barrierefreiheit für Menschen mit Behinderungen oder das Kriterium „Design für Alle". Darüber hinaus verdeutlicht der Unionsgesetzgeber in Erwägungsgrund 67 der Richtlinie 2014/23/EU, dass zum spezifischen Erzeugungsprozess auch Anforderungen an die Barrierefreiheit für Menschen mit Behinderungen oder an Umweltleistungsstufen gehören könnten.

Zu Absatz 3

Absatz 3 setzt Artikel 36 Absatz 2 der Richtlinie 2014/23/EU um. Siehe dazu auch die Ausführungen des Unionsgesetzgebers in Erwägungsgrund 67, der darauf hinweist, dass die Leistungsbeschreibung im Einklang mit den Grundsätzen der Transparenz und der Gleichbehandlung so abgefasst sein sollte, dass der Wettbewerb vor allem nicht dadurch künstlich eingeengt wird, dass die Anforderungen genau den wesentlichen Merkmalen der von einem betreffenden Wirtschaftsteilnehmer üblicherweise angebotenen Lieferungen, Dienstleistungen oder Bauleistungen entsprechen. Nach den Ausführungen des Unionsgesetzgebers sollten Angebote über Bau- oder Dienstleistungen, einschließlich der damit verbundenen Lieferungen, die den geforderten Merkmalen in gleichwertiger Weise entsprechen, daher von dem Konzessionsgeber in jedem Fall in Betracht gezogen werden.

Zu Absatz 4

Absatz 4 setzt Artikel 36 Absatz 3 der Richtlinie 2014/23/EU um.

§ 16 KonzVgV
Vergabeunterlagen

Die Vergabeunterlagen umfassen jede Unterlage, die vom Konzessionsgeber erstellt wird oder auf die er sich bezieht, um Bestandteile der Konzession oder des Verfahrens zu beschreiben oder festzulegen. Dazu zählen insbesondere die Leistungsbeschreibung, der Entwurf der Vertragsbedingungen, Vorlagen für die Einreichung von Unterlagen durch Bewerber oder Bieter sowie Informationen über allgemeingültige Verpflichtungen.

Übersicht	Rn.
A. Allgemeines	1
I. Unionsrechtlicher Hintergrund	6
II. Vergleichbare Regelungen	7
B. Begriff der Vergabeunterlagen (S. 1)	8
C. Bestandteile der Vergabeunterlagen (S. 2)	13
D. Rechtsschutz	19
Anlage	
Verordnungsbegründung	
(BR-Drs. 87/16)	

A. Allgemeines

§ 16 KonzVgV definiert den Begriff der Vergabeunterlagen im Allgemeinen und regelt deren Bestandteile. Die Regelung ist Ausfluss des Gebots der Verfahrenstransparenz im Sinne von § 97 Abs. 1 S. 1 GWB. Betrachtet man den Begriff der Vergabeunterlagen allerdings genauer, so wird leider deutlich, dass er konturlos ist. § 16 KonzVgV hat nur einen geringen definitorischen Wert.   **1**

Die Regelung steht in einem engen Zusammenhang mit einer Vielzahl **weiterer Regelungen**. So ist gemäß § 2 Abs. 1 KonzVgV die Methode der Vertragswertberechnung „in den Vergabeunterlagen anzugeben". Die Vergabeunterlagen enthalten nach § 25 Abs. 1 S. 2 KonzVgV zudem die Eignungskriterien, wenn eine Konzessionsbekanntmachung nach § 20 KonzVgV nicht erforderlich ist. Auch Bedingungen, wie Gruppen von Unternehmen die Eignungskriterien zu erfüllen und die Konzession auszuführen haben, sind nach § 24 Abs. 2 S. 3 KonzVgV in die Vergabeunterlagen aufzunehmen. Einige Regelungen übertragen dem Konzessionsgeber außerdem ein Wahlrecht, ob die Angaben in den Vergabeunterlagen oder der Konzessionsbekanntmachung erfolgen. Dies gilt nach § 13 Abs. 2 Nr. 2 KonzVgV für die Zuschlagskriterien im Sinne von § 31 KonzVgV und nach § 33 Abs. 1 S. 1 KonzVgV für die Aufforderung an die Unternehmen, die Teile der Konzession, die sie im Wege der Unterauftragsvergabe an Dritte zu vergeben beabsichtigen, sowie die Unterauftragnehmer zu benennen.   **2**

Die **Aufforderung zur Angebotsabgabe** ist zwar in § 16 KonzVgV nicht ausdrücklich genannt, ist aber eine Vergabeunterlage, arg e § 13 Abs. 2 Nr. 2 KonzVgV. Ungenau ist insoweit die Verordnungsbegründung zu § 13 Abs. 2 KonzVgV[1], die von „der Aufforderung zur Angebotsabgabe oder [...] den Vergabeunterlagen" spricht. Dies ist aber auch unschädlich, maßgeblich ist insofern der unmissverständliche Normtext. Zudem findet diese Auslegung Rückhalt in der unionsrechtlichen Vorgabe in Art. 37 Abs. 2 lit. b RL 2014/23/EU.   **3**

Die **Bereitstellung** der Vergabeunterlagen ist in § 16 KonzVgV nicht geregelt. Die maßgeblichen Bestimmungen hierzu befinden sich in § 17 KonzVgV. Danach gibt der Konzessionsgeber grundsätzlich in der Konzessionsbekanntmachung eine elektronische Adresse an, unter der die Vergabeunterlagen unentgeltlich, uneingeschränkt, vollständig und direkt abgerufen werden können.   **4**

---

1 Verordnungsbegründung zu § 13 Abs. 2 KonzVgV, BR-Drs. 87/16, 287.

5   **Entwurfsfassungen** der Vergabeunterlagen haben Bestandteil der Vergabedokumentation zu sein. Dies folgt aus § 6 Abs. 1 S. 2 KonzVgV, wonach insbesondere die Vorbereitung der Vergabeunterlagen zu dokumentieren ist.

I. Unionsrechtlicher Hintergrund

6   § 16 KonzVgV setzt die unionsrechtlichen Vorgaben in Art. 5 Nr. 12 RL 2014/23/EU und Art. 36 Abs. 1 S. 2 RL 2014/23/EU um. Anders als die Richtlinie spricht die KonzVgV nicht von „Konzessionsunterlagen", sondern „Vergabeunterlagen", meint aber dasselbe, wie sich aus der Verordnungsbegründung[2] ergibt: „§ 16 übernimmt die Definition".

II. Vergleichbare Regelungen

7   § 29 VgV enthält eine – verglichen mit § 16 KonzVgV – klarer strukturierte, sich an die Vorgängerbestimmung des Abschnitt 2 VOL/A anlehnende Definition des Begriffs der Vergabeunterlagen. Auch § 16 VSVgV sieht eine klarer gegliederte Definition vor. Entsprechend verhält es sich bei § 8 EU VOB/A. Die SektVO enthält zwar auf den Begriff der Vergabeunterlagen Bezug nehmende Bestimmungen, etwa § 41 SektVO. Eine definitorischen Zwecken dienende Vorschrift findet sich jedoch nicht.

B. Begriff der Vergabeunterlagen (S. 1)

8   Gemäß § 16 S. 1 KonzVgV umfassen die Vergabeunterlagen jede Unterlage, die vom Konzessionsgeber erstellt wird oder auf die er sich bezieht, um Bestandteile der Konzession oder des Verfahrens zu beschreiben oder festzulegen.

9   Bestandteil der Vergabeunterlagen ist jede Unterlage, die der Konzessionsgeber selbst erstellt oder in Bezug nimmt. Daraus wird deutlich, dass der Konzessionsgeber nicht gehalten ist, sämtliche Vergabeunterlagen selbst zu erstellen. Er kann vielmehr Unterlagen von **Dritten** erstellen lassen und diese sich dann durch Bezugnahme zu eigen machen. § 16 KonzVgV anerkennt die grundsätzliche Zulässigkeit einer Drittbeteiligung, die freilich z.B. auch in § 5 KonzVgV vorausgesetzt wird.

10 Durch das Wort **„um"** macht der Verordnungsgeber deutlich, dass die Erstellung bzw. Bezugnahme ein finales Element aufweisen muss, und zwar die Beschreibung oder Festlegung der Konzession oder des Verfahrens.

11 „Konzession" wird man im Sinne von § 105 GWB zu verstehen haben. Dieser Begriff hat somit einen definierten Inhalt. **„Verfahren"** ist hingegen umfassend zu verstehen. Gemeint ist jede Unterlage, die seit dem Verfahrensbeginn, der materiell und weit zu verstehen ist,[3] bis zur Verfahrensbeendigung, in der Regel durch Zuschlag oder Aufhebung, mit Bezug zu dem Konzessionsvergabeverfahren seitens des Konzessionsgebers erstellt oder von diesem in Bezug genommen wurde.

12 Eine Eingrenzung der vorbezeichneten Unterlagen durch die Begriffe der **Beschreibung** oder **Festlegung** fällt demgegenüber schwer. Jedes Schriftstück mit verständlichem Sinn und wie auch immer geartetem Bezug zu einem Vergabeverfahren beschreibt und legt dieses Verfahren zugleich fest.

C. Bestandteile der Vergabeunterlagen (S. 2)

13 Nach § 16 S. 2 KonzVgV zählen zu den Vergabeunterlagen insbesondere die Leistungsbeschreibung, der Entwurf der Vertragsbedingungen, die Vorlagen für die Einreichung von Un-

---

2 Verordnungsbegründung zu § 16 KonzVgV, BR-Drs. 87/16, 289.
3 EuGH, Urteil v. 11.1.2005 – Rs. C-26/03 (Stadt Halle).

terlagen durch Bewerber oder Bieter sowie Informationen über allgemeingültige Verpflichtungen.

Die Vorschrift nennt mit dem Zusatz „insbesondere" einige Bestandteile der Vergabeunterlagen. Die Aufzählung ist also **nicht abschließend**. Art. 5 Nr. 12 RL 2014/23/EU ist ebenso zu verstehen, da dort neben im Einzelnen genannten Unterlagen „etwaige zusätzliche Unterlagen" genannt sind.

14

Die **Leistungsbeschreibung** hat bereits nach § 152 Abs. 1 GWB i.V.m. § 121 Abs. 3 GWB Bestandteil der Vergabeunterlagen zu sein. Diese formell-gesetzliche Anordnung wird auf Verordnungsebene wiederholt. Im Begriff der Leistungsbeschreibung, der durch § 15 KonzVgV näher konturiert wird, gehen die Begriffe der technischen Anforderungen und Funktionsanforderungen des Art. 5 Nr. 12 RL 2014/23/EU auf.

15

Neben der Leistungsbeschreibung sind der Entwurf der Vertragsbedingungen, die Vorlagen für die Einreichung von Unterlagen durch Bewerber und Bieter sowie Informationen über allgemeingültige Verpflichtungen zu den Vergabeunterlagen zu nehmen. Gleicht man diesen Katalog mit den richtlinienrechtlich vorgegebenen Inhalten ab, so fällt auf, dass die **Konzessionsbekanntmachung** in § 16 KonzVgV fehlt. Dies ist misslich, da § 6 Abs. 1 S. 2 KonzVgV den Eindruck erzeugt, die Konzessionsbekanntmachung sei ein Aliud zu den Vergabeunterlagen, während aus § 13 Abs. 2 Nr. 2 KonzVgV der Schluss gezogen werden kann, die Konzessionsbekanntmachung sei eine Vergabeunterlage. Hier wäre ein klärendes Wort des Verordnungsgebers erfreulich gewesen. Die richtlinienkonforme Auslegung zwingt jedenfalls zur Annahme, dass die Konzessionsbekanntmachung eine Vergabeunterlage ist.

16

Unklar ist, was mit **„Informationen über allgemeingültige Verpflichtungen"** gemeint ist. Der Begriff wurde aus Art. 5 Nr. 12 RL 2014/23/EU übernommen, bleibt aber auch in der Richtlinie dunkel. Bezeichnend ist, dass der Verordnungsgeber den entsprechenden Begriff in Art. 2 Nr. 13 RL 2014/24/EU nicht in die VgV übernommen hat.

17

Die systematische Auslegung erlaubt eine Eingrenzung des Begriffs der Vergabeunterlagen. Nach § 17 Abs. 1 KonzVgV müssen die Vergabeunterlagen uneingeschränkt, vollständig und direkt abrufbar sein. Dies verträgt sich nicht mit der Pflicht zur **vertraulichen Behandlung**, wie sie in § 6 Abs. 3 KonzVgV niedergelegt ist. Danach gehören jedenfalls nicht zu den Vergabeunterlagen die Dokumentation i.S.d. § 6 Abs. 1 KonzVgV, der Vergabevermerk i.S.d. § 6 Abs. 2 KonzVgV, die Angebote und die Teilnahmeanträge jeweils einschließlich ihrer Anlagen.

18

D. Rechtsschutz

§ 16 KonzVgV ist in Verbindung mit § 17 KonzVgV unternehmensschützend im Sinne von § 97 Abs. 6 GWB, da die Vergabeunterlagen dem Unternehmen „unentgeltlich, uneingeschränkt, vollständig und direkt" zur Verfügung zu stellen sind. Es gilt die Rügeobliegenheit in § 160 Abs. 3 S. 1 GWB. Rügen betreffend die Leistungsbeschreibung sollten immer zugleich auf § 16 KonzVgV i.V.m. § 17 KonzVgV bezogen werden.

19

Anlage

Verordnungsbegründung (BR-Drs. 87/16)

Seite 289

§ 16 dient der Umsetzung der Definition der Vergabeunterlagen gemäß Artikel 5 Nummer 12 der Richtlinie 2014/23/EU in die Konzessionsvergabeverordnung. § 16 übernimmt die Definition des Artikels 5 Nummer 12 der Richtlinie 2014/23/EU und berücksichtigt auch die Vorgabe des Artikel 36 Absatz 1 Satz 2 der Richtlinie 2014/23/EU, dem zufolge die Festlegung der geforderten Merkmale der vertragsgegenständlichen Bau- oder Dienstleistung durch die Leistungsbeschreibung in die Vergabeunterlagen aufzunehmen ist.

§ 17 KonzVgV
Bereitstellung der Vergabeunterlagen

(1) Der Konzessionsgeber gibt in der Konzessionsbekanntmachung oder – sofern die Konzessionsbekanntmachung keine Aufforderung zur Angebotsabgabe enthält – in der Aufforderung zur Angebotsabgabe eine elektronische Adresse an, unter der die Vergabeunterlagen unentgeltlich, uneingeschränkt, vollständig und direkt abgerufen werden können.

(2) Der Konzessionsgeber kann die Vergabeunterlagen auf einem anderen geeigneten Weg übermitteln, wenn aufgrund hinreichend begründeter Umstände aus außergewöhnlichen Sicherheitsgründen oder technischen Gründen oder aufgrund der besonderen Sensibilität von Handelsinformationen, die eines sehr hohen Datenschutzniveaus bedürfen, ein unentgeltlicher, uneingeschränkter und vollständiger elektronischer Zugang nicht angeboten werden kann. In diesem Fall gibt der Konzessionsgeber in der Konzessionsbekanntmachung oder der Aufforderung zur Angebotsabgabe an, dass die Vergabeunterlagen auf einem anderen geeigneten Weg übermittelt werden können und die Frist für den Eingang der Angebote verlängert wird.

Übersicht

	Rn.
A. Allgemeines	1
I. Unionsrechtlicher Hintergrund	2
II. Vergleichbare Regelungen	4
B. Bereitstellung der Vergabeunterlagen (Abs. 1)	6
I. Vergabeunterlagen	11
II. Anforderungen an die Abrufbarkeit	13
1. Unentgeltlich	13
2. Uneingeschränkt und direkt	14
3. Vollständig	19
C. Übermittlung der Vergabeunterlagen auf anderen Wegen (Abs. 2)	20
I. Außergewöhnliche Sicherheitsgründe (S. 1 Var. 1)	23
II. Technische Gründe (S. 1 Var. 2)	26
III. Besonders sensible Handelsinformationen (S. 1 Var. 3)	32
IV. Rechtsfolgen	35
D. Rechtsschutz	38
Anlage Verordnungsbegründung (BR-Drs. 87/16)	

A. Allgemeines

§ 17 KonzVgV regelt die Bereitstellung, insbesondere die elektronische Verfügbarkeit, der Vergabeunterlagen.   **1**

I. Unionsrechtlicher Hintergrund

§ 17 KonzVgV dient der Umsetzung der **unionsrechtlichen Vorgaben** in Art. 34 Abs. 1 und 2 RL 2014/23/EU.[1] § 17 Abs. 1 KonzVgV geht auf Art. 34 Abs. 1 RL 2014/23/EU zurück.[2] § 17 Abs. 2 KonzVgV basiert auf Art. 34 Abs. 2 RL 2014/23/EU um.[3]   **2**

Nach Erwägungsgrund 74 S. 1 RL 2014/23/EU können elektronische Informations- und Kommunikationsmittel die Bekanntmachung von Konzessionen erheblich vereinfachen und Effizienz, Schnelligkeit und Transparenz der Konzessionsvergaben steigern. Erwägungsgrund 74 S. 2 RL 2014/23/EU besagt dann allerdings im Konjunktiv, dass die Informations- und Kommunikationsmittel zum Standard für Kommunikation und Informationsaustausch im Rahmen von Konzessionsvergabeverfahren werden könnten, da sie die Möglichkeiten von Wirtschaftsteilnehmern zur Teilnahme an Konzessionsvergabeverfahren im gesamten Binnenmarkt stark   **3**

---

1 Verordnungsbegründung zu § 17 KonzVgV, BR-Drs. 87/16, 289.
2 Verordnungsbegründung zu § 17 Abs. 1 KonzVgV, BR-Drs. 87/16, 289.
3 Verordnungsbegründung zu § 17 Abs. 2 KonzVgV, BR-Drs. 87/16, 289.

verbessern. Während also bei der klassischen Vergabe die E-Vergabe zur Pflicht wird, handelt es sich bei der Konzessionsvergabe um eine **optionale Regelung**. Entsprechend Art. 29 RL 2014/23/EU hat der Konzessionsgeber die Wahl zwischen elektronischen Mitteln, Post oder Fax oder auch mündlichen oder telefonischen Mitteilung. Mündliche Mitteilungen, auch telefonische, sind gemäß Art. 29 Abs. 1 S. 1 lit. c RL 2014/23/EU zulässig bei Mitteilungen, die keine wesentlichen Elemente eines Konzessionsvergabeverfahrens betreffen, sofern der Inhalt der mündlichen Mitteilung auf einem dauerhaften Datenträger hinreichend dokumentiert wird. Die Freiheit des Konzessionsgebers zu Bestimmung des Verfahrens wird dadurch de facto erheblich eingeschränkt.[4] Nach Art. 29 Abs. 2 RL 2014/23/EU müssen die Kommunikationsmittel allgemein verfügbar sein. Sie dürfen nicht diskriminierend wirken und nicht dazu führen, dass der Zugang der Wirtschaftsteilnehmer zum Konzessionsvergabeverfahren beschränkt wird.

II. Vergleichbare Regelungen

4   Vergleichbare Regelungen zu § 17 KonzVgV finden sich in § 41 SektVO und § 41 VgV. Auch § 17 VSVgV, § 8 VOB/A und § 21 UVgO regeln die Anforderungen an die bereitzustellenden Vergabeunterlagen.

5   Wenngleich § 17 Abs. 1 KonzVgV nach dem Vorbild der § 41 Abs. 1 VgV und § 41 Abs. 1 SektVO formuliert wurde, ergeben sich Unterschiede bzgl. der **Ausnahmetatbestände**. Während VgV und SektVO klar zwischen zwei Ausnahmebereichen unterscheiden, nämlich

- Ausnahmen wie in den Fällen des Verzichts auf die Abgabe elektronischer Angebote und
- Ausnahmen zum Schutz der Vertraulichkeit von Informationen,

regelt § 17 Abs. 2 KonzVgV zusammenhängende Ausnahmetatbestände, die sich aus der Umsetzung des Art. 34 Abs. 2 RL 2014/23/EU ergeben. Hierbei geht es um solche Ausnahmen, die die Übermittlung der Vergabeunterlagen auf einem anderen geeigneten Weg rechtfertigen, wenn aufgrund hinreichend begründeter Umstände

- aus außergewöhnlichen Sicherheitsgründen oder
- technischen Gründen oder
- aufgrund der besonderen Sensibilität von Handelsinformationen, die eines sehr hohen Datenschutzniveaus bedürfen,

ein unentgeltlicher, uneingeschränkter und vollständiger elektronischer Zugang nicht angeboten werden kann. Die fehlende Unterscheidung wie in VgV und SektVO ist dem Umstand geschuldet, dass die RL 2014/23/EU – im Gegensatz zu der RL 2014/24/EU und der RL 2014/25/EU – den Grundsatz der elektronischen Kommunikation nicht vorschreibt und daher auch keine Ausnahmebereiche wie in Art. 22 Abs. 1 UAbs. 2 RL 2014/24/EU bzw. Art. 40 Abs. 1 UAbs. 2 RL 2014/25/EU regelt. Die Verordnungsbegründung zu § 17 Abs. 2 KonzVgV[5] verweist lediglich darauf, dass die Bestimmung der Umsetzung von Art. 34 Abs. 3 RL 2014/23/EU dient, in dem die vorgenannten Ausnahmetatbestände gleichlautend geregelt sind. Der Verordnungsgeber wollte daher trotz der gewählten Option nach Art. 29 Abs. 1 UAbs. 2 RL 2014/23/EU und der damit zum Ausdruck gebrachten Verpflichtung der Konzessionsgeber, grundsätzlich bei Konzessionsvergaben nur noch elektronisch zu kommunizieren, in der KonzVgV nicht mehr regeln, als die Richtlinie selbst vorgibt. Andererseits dürfte der Konzessionsgeber insbesondere durch den Ausnahmetatbestand „technische Gründe" doch größere Handlungsspielräume bei der Bestimmung der konkreten Sachverhalte erhalten, als dies Sektoren- und öffentliche Auftraggeber bei Beachtung der Anforderungen haben. Dies entspräche auch der Zielsetzung des europäischen Gesetzgebers, der durch die neue RL 2014/23/EU einen eindeutigen, aber einfachen Rechtsrahmen bestimmen wollte, der die

---

[4] So auch *Braun*, VergabeR 2016, 179 (185).
[5] Verordnungsbegründung zu § 17 Abs. 2 KonzVgV, BR-Drs. 87/16, 289.

Besonderheit von Konzessionen im Vergleich zu öffentlichen Aufträgen gebührend widerspiegelt und keinen übermäßigen bürokratischen Aufwand verursachen sollte.

B. Bereitstellung der Vergabeunterlagen (Abs. 1)

§ 17 KonzVgV verpflichtet den Konzessionsgeber, die Konzessionsunterlagen mit der Veröffentlichung der Konzessionsbekanntmachung allen interessierten Unternehmen unentgeltlich, uneingeschränkt, vollständig und direkt zur Verfügung zu stellen. Hierfür hat der Konzessionsgeber bereits in der Konzessionsbekanntmachung oder der Aufforderung zur Angebotsabgabe eine elektronische Adresse anzugeben, unter der die interessierten Unternehmen die Vergabeunterlagen abrufen können. Die Vorschrift geht auf den neuen Grundsatz der elektronischen Kommunikation nach § 97 Abs. 5 GWB im Vergabeverfahren zurück. 6

Bei Konzessionsvergaben verpflichtet § 17 Abs. 1 KonzVgV den Konzessionsgeber nur dazu, in der Konzessionsbekanntmachung eine elektronische Adresse zum Abruf der Vergabeunterlagen anzugeben, „sofern die Konzessionsbekanntmachung keine **Aufforderung zur Angebotsabgabe** enthält." Dies lässt sich so verstehen, dass die Angabe einer Internetadresse zum Abruf der Vergabeunterlagen in der Konzessionsbekanntmachung noch nicht erforderlich ist, wenn Konzessionsvergaben mit vorgeschaltetem Teilnahmewettbewerb durchgeführt werden. Mit der Aufforderung zur Angebotsabgabe muss diese Internetadresse aber mitgeteilt werden. Die insoweit im Zusammenhang mit dem zweistufigen Verfahren bei den Parallelregelungen in der VgV und der SektVO geführte Diskussion[6] hat vor diesem Hintergrund für § 17 KonzVgV keine Relevanz. 7

§ 20 KonzVgV regelt **Ausnahmen von der Konzessionsbekanntmachung**. Danach kann von einer solchen abgesehen werden, wenn die Bau- oder Dienstleistung nur von einem bestimmten Unternehmen erbracht werden kann, weil das Ziel der Konzession die Erschaffung oder der Erwerb eines einzigartigen Kunstwerks oder einer einzigartigen künstlerischen Leistung ist, Wettbewerb aus technischen Gründen nicht entstehen kann, ein ausschließliches Recht besteht oder Rechte des geistigen Eigentums oder andere als die in § 101 Abs. 2 i.V.m. § 100 Abs. 2 S. 1 GWB definierten ausschließlichen Rechte zu beachten sind. Diese Ausnahmeregelungen kommen nach § 20 Abs. 1 S. 2 KonzVgV nur in Betracht, wenn es keine sinnvolle Alternative oder Ersatzlösung gibt und der fehlende Wettbewerb nicht das Ergebnis einer künstlichen Einengung der Parameter der Konzessionsvergabe ist. Der Konzessionsgeber darf das Fehlen der Möglichkeit, die Konzession an einen anderen Wirtschaftsteilnehmer zu vergeben, nicht durch den Konzessionsgeber selbst im Hinblick auf das anstehende Vergabeverfahren herbeiführen. Nach § 20 Abs. 2 KonzVgV kann von einer neuen Konzessionsbekanntmachung abgesehen werden, wenn bei einem vorausgegangenen Vergabeverfahren keine oder keine geeigneten Teilnahmeanträge oder Angebote eingereicht wurden, sofern die ursprünglichen Bedingungen des Konzessionsvertrags nicht grundlegend geändert werden und der Europäischen Kommission auf Anforderung ein Verfahrensbericht vorgelegt wird. Liegen die Voraussetzungen für den Verzicht auf eine Konzessionsbekanntmachung nach § 20 KonzVgV vor, ist § 17 KonzVgV nicht einschlägig, da die Vorschrift sowohl für § 17 Abs. 1 Alt. 1 KonzVgV als auch § 17 Abs. 1 Alt. 2 KonzVgV das Vorliegen einer Konzessionsbekanntmachung voraussetzt. Da die KonzVgV auch im Übrigen für diesen Fall keine Vorgaben trifft, ist der Konzessionsgeber grundsätzlich frei darin, zu welchem Zeitpunkt und auf welche Weise er die Vergabeunterlagen bereitstellt. Einschränkungen ergeben sich allerdings aus den Grundsätzen der Vergabe nach § 97 Abs. 1 und 2 GWB. Da die Vergabeunterlagen die Grundlage für die Angebotserstellung bilden, sind sie jedenfalls mit der (ersten) Aufforderung zur Angebotsabgabe zur Verfügung zu stellen. Im Übrigen verpflichtet der Grundsatz der Gleichbehandlung nach § 97 Abs. 2 GWB den Konzessionsgeber, die Vergabeunterlagen allen interessierten Unternehmen in gleicher Weise und in gleichem Umfang zur Verfügung zu stellen. 8

---

6 Siehe hierzu *Horn*, in: Müller-Wrede, VgV/UVgO, § 41 VgV Rn. 13; *ders.*, in: Müller-Wrede, SektVO, § 41 Rn. 12.

9 § 22 KonzVgV unterstellt die Vergabe von Konzessionen zur Erbringung **sozialer und anderer besonderer Dienstleistungen** besonderen Bekanntmachungspflichten. Die Absicht einer Konzessionsvergabe ist nach § 22 Abs. 1 KonzVgV nicht in der Konzessionsbekanntmachung, sondern in einer Vorinformation mitzuteilen. Sofern davon ausgegangen wird, dass § 22 Abs. 1 KonzVgV den Konzessionsgeber von der Verpflichtung zur Konzessionsbekanntmachung nach § 19 Abs. 1 KonzVgV freistellt,[7] kann auch eine Verpflichtung zur Bereitstellung der Vergabeunterlagen nach § 17 Abs. 1 KonzVgV nicht bestehen, der gerade das Vorliegen einer Konzessionsbekanntmachung voraussetzt.[8] Der Konzessionsgeber muss die Vergabeunterlagen auch nicht bereits mit der Vorinformation bereitstellen. Eine solche Vorgabe kann aus § 17 KonzVgV nicht abgeleitet werden und würde auch dem Sinn und Zweck des § 22 Abs. 1 KonzVgV widersprechen, dem Konzessionsgeber für die Vergabe von Konzessionen betreffend soziale und andere besondere Dienstleistungen größere Gestaltungsfreiheiten einzuräumen. Dies entspricht auch der unionsrechtlichen Vorgabe des § 17 Abs. 1 KonzVgV in Art. 34 Abs. 1 RL 2014/23/EU, die ebenfalls das Vorliegen einer Konzessionsbekanntmachung voraussetzt. Dabei ist der Begriff der Konzessionsbekanntmachung in Art. 17 RL 2014/23/EU im gleichen Sinne wie in § 17 Abs. 1 KonzVgV zu verstehen. Nichts anderes ergibt sich aus Art. 31 RL 2014/23/EU. Die Vorschrift ist zwar mit „Konzessionsbekanntmachungen" überschrieben und regelt in Abs. 3 auch die Bekanntmachung im Wege einer Vorinformation bei der Vergabe von Konzessionen betreffend soziale und andere besondere Dienstleistungen. Im Übrigen trifft sie aber Regelungen zur Konzessionsbekanntmachung im Sinne von § 19 Abs. 1 KonzVgV, sodass der Begriff „Konzessionsbekanntmachungen" nicht in einem weiteren Sinne verstanden werden kann. Der Konzessionsgeber ist daher grundsätzlich frei darin, zu welchem Zeitpunkt und auf welche Weise er die Vergabeunterlagen bereitstellt. Einschränkungen ergeben sich allerdings aus den Grundsätzen der Vergabe nach § 97 Abs. 1 und 2 GWB, die auch für die Vergabe von Konzessionen betreffend soziale und andere besondere Dienstleistungen Anwendung finden.[9] Da die Vergabeunterlagen die Grundlage für die Angebotserstellung bilden, sind sie jedenfalls mit der (ersten) Aufforderung zur Angebotsabgabe zur Verfügung zu stellen. Im Übrigen verpflichtet der Grundsatz der Gleichbehandlung nach § 97 Abs. 2 GWB den Konzessionsgeber, die Vergabeunterlagen allen interessierten Unternehmen in gleicher Weise und in gleichem Umfang zur Verfügung zu stellen.

10 § 17 Abs. 1 KonzVgV führt zu einer Verlagerung von **Verantwortlichkeiten** im Vergabeverfahren. Die Informationspflicht der Konzessionsgeber beschränkt sich darauf, Informationen zugänglich zu machen. Sie reicht aber nicht so weit, dass der Konzessionsgeber auch für die tatsächliche Kenntnisnahme der Unternehmen Sorge tragen müsste. Es obliegt also grundsätzlich den Unternehmen, sich selbstständig und eigenverantwortlich über etwaige Änderungen der Vergabeunterlagen oder die Bereitstellung zusätzlicher Informationen, zum Beispiel durch Antworten des Konzessionsgebers auf Bieterfragen, zu informieren.[10] Etwas anderes gilt bei einem **registrierten Bewerber**, der seinen Teilnahmeantrag bereits vor Einstellung der Änderungsmitteilung auf der Plattform hochgeladen hatte und bei dem deshalb die erhöhte Gefahr besteht, dass er sich nicht erneut auf der Plattform einloggt und die Änderungen zu Kenntnis nimmt. In diesem Falle kann nicht von einer „Holschuld" bzgl. von Änderungen der Vergabeunterlagen ausgegangen werden.[11] Auch die Verordnungsbegründung zur Parallelregelung des § 7 Abs. 3 KonzVgV in § 9 Abs. 3 VgV[12] spricht dafür, dass die „Holschuld" nur für solche Unternehmen besteht, die es unterlassen haben, sich auf der Plattform zu registrieren. Da diese auf Änderungen der Vergabeunterlagen oder Antworten des Konzessionsgebers zu Bieterfragen nicht hingewiesen werden können, liegt das Risiko, einen Teilnahmeantrag, eine Interessensbestätigung oder ein Angebot auf der Grundlage veralteter Verga-

---

7 So *Ruff* zu § 22 KonzVgV Rn. 24.
8 Siehe auch oben Rn. 8.
9 Vgl. Verordnungsbegründung zu § 22 KonzVgV, BR-Drs. 87/16, 291.
10 Vgl. Verordnungsbegründung zu § 17 Abs. 1 KonzVgV, BR-Drs. 87/16, 289, i.V.m. Verordnungsbegründung zu § 41 Abs. 1 VgV, BR-Drs. 87/16, 196.
11 VK Südbayern, Beschluss v. 17.10.2016 – Z3-3-3194-1-36-09/16.
12 Verordnungsbegründung zu § 9 Abs. 3 VgV, BR-Drs. 87/16, 164.

beunterlagen erstellt zu haben und daher im weiteren Verlauf vom Verfahren ausgeschlossen oder abgewertet zu werden, bei ihnen. Die Verordnungsbegründung[13] geht davon aus, dass eine freiwillige Registrierung den Unternehmen den Vorteil bietet, automatisch über Änderungen an den Vergabeunterlagen oder Antworten auf Fragen zum Vergabeverfahren informiert zu werden. Unternehmen, die von der Möglichkeit der freiwilligen Registrierung keinen Gebrauch machen, müssen sich dagegen selbstständig informieren, ob Vergabeunterlagen zwischenzeitlich geändert wurden oder ob die Konzessionsgeber Fragen zum Vergabeverfahren beantwortet haben.[14] Daraus kann geschlossen werden, dass auf einer Vergabeplattform registrierte Unternehmen über Änderungen an den Vergabeunterlagen zumindest dann gesondert (aufgrund von § 7 Abs. 1 KonzVgV regelmäßig per E-Mail) zu informieren sind, wenn die konkrete Gefahr besteht, dass sie Änderungen, die allein auf die Plattform eingestellt werden, nicht zur Kenntnis nehmen, weil sie beispielsweise bereits ihren Teilnahmeantrag hochgeladen haben oder die Änderungsmitteilung irreführend war.[15] Die Unternehmen sollten vorsorglich durch entsprechende Verfahrensbeschreibungen darauf hingewiesen werden, dass (freiwillig) registrierte Unternehmen automatisiert über Änderungen informiert werden und nicht registrierte Unternehmen sich in eigener Initiative über Änderungen informieren müssen. Aus Transparenzgründen ist zu empfehlen, auf die jeweiligen Änderungen an prominenter Stelle hinzuweisen, zum Beispiel auf einer Eingangs- oder Übersichtsseite. Die Änderungen sollten zudem in den jeweiligen Dokumenten kenntlich gemacht und die geänderten Dokumente einem entsprechenden aktualisierten Versionsstand versehen werden, damit für sämtliche Parteien offensichtlich ist, auf welcher Dokumentenbasis ein Verfahren geführt wird.

I. Vergabeunterlagen

Nach § 16 KonzVgV umfassen die **Vergabeunterlagen** jede Unterlage, die vom Konzessionsgeber erstellt wird oder auf die er sich bezieht, um Bestandteile der Konzession oder des Verfahrens zu beschreiben oder festzulegen. Dazu zählen insbesondere die Leistungsbeschreibung, der Entwurf der Vertragsbedingungen, Vorlagen für die Einreichung von Unterlagen durch Bewerber oder Bieter sowie Informationen über allgemeingültige Verpflichtungen.

11

Die RL 2014/23/EU verwendet den Begriff **„Konzessionsunterlagen"** (vgl. z.B. Art 34 zur elektronischen Verfügbarkeit der Konzessionsunterlagen). Nach Art. 5 Nr. 12 RL 2014/23/EU gehört zu den Konzessionsunterlagen zusätzlich insbesondere auch noch die Konzessionsbekanntmachung selbst. Grundsätzlich sind Konzessionsunterlagen danach jede Unterlage, die vom Konzessionsgeber erstellt wird oder auf die er sich bezieht, um Bestandteile der Konzession und des Verfahrens zu beschreiben oder festzulegen; dazu zählen neben der Konzessionsbekanntmachung auch die technischen Anforderungen und Funktionsanforderungen, die vorgeschlagenen Konzessionsbedingungen, Formate für die Einreichung von Unterlagen durch Bewerber und Bieter, Informationen über allgemeingültige Verpflichtungen sowie etwaige zusätzliche Unterlagen (vgl. Art. 5 Nr. 12 RL 2014/23/EU).

12

II. Anforderungen an die Abrufbarkeit

1. Unentgeltlich

Konzessionsunterlagen sind unentgeltlich zur Verfügung zu stellen. Der Begriff ist weit zu verstehen. Unentgeltlichkeit ist dann gegeben, wenn kein an den Konzessionsunterlagen Interessierter für das Auffinden, den Empfang und das Anzeigen von Konzessionsunterlagen einem Konzessionsgeber ein Entgelt entrichten muss.[16] Das Merkmal der Unentgeltlichkeit soll je-

13

---
13 Verordnungsbegründung zu § 9 Abs. 3 VgV, BR-Drs. 87/16, 164.
14 Vgl. Verordnungsbegründung zu § 9 Abs. 3 VgV, BR-Drs. 87/16, 164.
15 VK Südbayern, Beschluss v. 17.10.2016 – Z3-3-3194-1-36-09/16.
16 Vgl. Verordnungsbegründung zu § 17 Abs. 1 KonzVgV, BR-Drs. 87/16, 289, i.V.m. Verordnungsbegründung zu § 41 Abs. 1 VgV, BR-Drs. 87/16, 195.

doch nicht bereits dann entfallen, wenn der Konzessionsgeber über das Auffinden, den Empfang und das Anzeigen von Konzessionsunterlagen sowie die dafür erforderlichen Funktionen elektronischer Mittel hinaus weitere entgeltpflichtige Dienste anbietet, soweit solche Dienste auch unentgeltlich angeboten werden.[17] Für die praktische Anwendung heißt das, dass die Bereitstellung eines PDFs das Merkmal der Unentgeltlichkeit nicht entfallen lässt, weil neben kostenpflichtiger Software auch Freeware zur Anzeige genutzt werden kann. Besteht eine solche Alternative unter freier Lizenz jedoch nicht, ist das Merkmal der Unentgeltlichkeit zu verneinen.

2. Uneingeschränkt und direkt

14 Der Konzessionsgeber hat in der Konzessionsbekanntmachung oder gegebenenfalls in der Aufforderung zur Angebotsabgabe eine elektronische Adresse anzugeben, unter der die Konzessionsunterlagen uneingeschränkt und direkt abrufbar sind.

15 **Uneingeschränkt** bedeutet, dass die Konzessionsgeber den Zugang zu den Konzessionsunterlagen für interessierte Unternehmen nicht künstlich begrenzen dürfen. Der uneingeschränkte Zugang zu den Konzessionsunterlagen erfordert aber nicht etwa, dass der Konzessionsgeber diese 24 Stunden am Tag zur Verfügung stellen muss. Der Konzessionsgeber ist auch nicht verpflichtet, bis zum Ablauf der Angebotsfrist um 24 Uhr eine technische Hotline vorzuhalten.[18] Dem Verordnungsgeber geht es ganz entscheidend auch um eine verfahrenseffiziente und wirtschaftliche Beschaffung für den Konzessionsgeber, daher verpflichtet auch der mit der Einführung der elektronischen Vergabe eingeleitete Paradigmenwechsel im Hinblick auf die Verfahrensdurchführung nicht zu solch übermäßigen Anstrengungen des Konzessionsgebers. Diesem muss es – abhängig vom jeweiligen Stand der Technik – vielmehr möglich sein, die zeitliche Erreichbarkeit seiner Internetseite und damit die Konzessionsunterlagen im Rahmen etwaiger technischer Erfordernisse einzuschränken. Eine ständige elektronische Verfügbarkeit der Konzessionsunterlagen würde sicher die Ausweitung der Kapazitäten bedeuten. Der Konzessionsgeber müsste voraussichtlich auch Personal vorhalten oder zusätzliche Leistungen einkaufen, um die Sicherstellung der Servererreichbarkeit gewährleisten zu können. Dies brächte zwangsläufig Mehrkosten auf Seiten des Konzessionsgebers mit sich. Es spricht vieles dafür, dass auch die amtliche Begründung[19] eine so weitreichende Verfügbarkeit nicht zwingend für erforderlich hält; denn dort heißt es, dass die angegebene Internetseite nur „potenziell erreichbar" sein muss.

16 Der Zugang zu den Konzessionsunterlagen muss **direkt** möglich sein. Diese Voraussetzung ist erfüllt, wenn die interessierten Unternehmen ohne wesentliche Zwischenschritte und medienbruchfrei mit elektronischen Mitteln an die Konzessionsunterlagen gelangen können. Die Medienbruchfreiheit ist anzunehmen, wenn es zur Darstellung insbesondere keiner Umwandlungsschritte von Dateiformaten bedarf. Danach liegt ein Medienbruch zum Beispiel dann vor, wenn der Anwender Daten, die er in einer bestimmten Form empfangen hat, in einer anderen Form verarbeiten oder weiterleiten muss. Bei der Bereitstellung der Vergabeunterlagen wäre es danach unzulässig, wenn der Anwender bei dem Konzessionsgeber zunächst Zugangsdaten abfragen müsste, um diese dann an anderer Stelle manuell einzugeben, um von dort die Konzessionsunterlagen herunterladen zu können. Dafür spricht auch die amtliche Begründung[20], in der es heißt, dass die Informationen dem Bürger oder einem Unternehmen ohne wesentliche Zwischenschritte und ohne wesentlichen Zeitverlust ermöglichen müssen, mit elektronischen Mitteln an die Vergabeunterlagen zu gelangen.

---

17 Vgl. Verordnungsbegründung zu § 17 Abs. 1 KonzVgV, BR-Drs. 87/16, 289, i.V.m. Verordnungsbegründung zu § 41 Abs. 1 VgV, BR-Drs. 87/16, 195.
18 VK Berlin, Beschluss v. 14.4.2015 – VK-B1-27/14.
19 Verordnungsbegründung zu § 17 Abs. 1 KonzVgV, BR-Drs. 87/16, 289, i.V.m. Verordnungsbegründung zu § 41 Abs. 1 VgV, BR-Drs. 87/16, 195.
20 Verordnungsbegründung zu § 17 Abs. 1 KonzVgV, BR-Drs. 87/16, 289, i.V.m. Verordnungsbegründung zu § 41 Abs. 1 VgV, BR-Drs. 87/16, 195.

Uneingeschränktheit und direkte Abrufbarkeit bedeuten auch, dass interessierte Unternehmen sich auf einer elektronischen Vergabeplattform nicht unter Angabe von Namen, Benutzerkennung oder Email-Adresse **registrieren** müssen, um sich über bekannt gemachte öffentliche Konzessionsvergaben zu informieren oder Vergabeunterlagen abrufen zu können.[21] Beides solle interessierten Unternehmen ohne vorherige Registrierung möglich sein.

Ebenfalls kein Vergabefehler liegt darin, dass Links, auf welche der Konzessionsgeber im Rahmen der Vergabeunterlagen verwiesen hat, nach Ablauf der Angebotsfrist nicht mehr aktiv waren, also die hinter dem Link liegende Seite nicht mehr aufgerufen werden konnte (sog. **„tote Links"**).[22]

3. Vollständig

Vollständige Abrufbarkeit soll dann bestehen, wenn über die Internetadresse in der Bekanntmachung sämtliche Vergabeunterlagen und nicht nur Teile derselben abgerufen werden können.[23]

C. Übermittlung der Vergabeunterlagen auf anderen Wegen (Abs. 2)

Ausweislich § 17 Abs. 2 KonzVgV besteht die Pflicht, die Vergabeunterlagen grundsätzlich elektronisch zur Verfügung zu stellen, nicht, wenn die dort näher spezifizierten Voraussetzungen erfüllt sind. Dies ist insbesondere dann der Fall, wenn kein unentgeltlicher, uneingeschränkter, vollständiger und direkter Zugang angeboten werden kann. Soweit die Anwendungsvoraussetzungen des § 17 Abs. 2 S. 1 KonzVgV vorliegen, können Konzessionsgeber die Vergabeunterlagen auf einem „anderen geeigneten Weg" übermitteln.

Wann genau andere als elektronische Mittel vor diesem Hintergrund zulässig sind, ist in § 17 Abs. 2 S. 1 KonzVgV **abschließend** aufgeführt. Denn anders als etwa in § 2 Abs. 4, § 4 Abs. 1 S. 2 und Abs. 3 S. 2 sowie § 16 S. 2 KonzVgV fehlt es in § 17 Abs. 2 S. 1 KonzVgV an einem öffnenden Zusatz (dort „insbesondere"). Dies kann auch der Verordnungsbegründung zu der insoweit systematisch vergleichbaren Regelung in § 41 Abs. 2 VgV[24] entnommen werden, nach der die Pflicht zur Übermittlung auf elektronischem Wege ausnahmsweise „in den genannten Fällen" nicht besteht. Im Einzelnen ist die Übermittlung der Vergabeunterlagen auf anderem Wege daher nur bei Vorliegen hinreichend begründeter Umstände aus außergewöhnlichen Sicherheitsgründen (Var. 1), bei Vorliegen hinreichend begründeter Umstände aus technischen Gründen (Var. 2) sowie aufgrund der besonderen Sensibilität von Handelsinformationen, die eines sehr hohen Datenschutzniveaus bedürfen (Var. 3), zulässig. Weitere Gründe als die genannten können aufgrund des abschließenden Charakters der Regelung für die Begründung zur Übermittlung der Vergabeunterlagen auf anderem Wege nicht herangezogen werden.

Die in § 17 Abs. 1 S. 1 KonzVgV genannten Gründen stehen ausweislich des Wortlauts („oder") in einem **Alternativverhältnis** zueinander. Die Übermittlung der Vergabeunterlagen ist daher nicht erst zulässig, wenn alle genannten Gründe einschlägig sind. Ausreichend ist vielmehr bereits, dass eine der Varianten vorliegt. Dabei ist der Operator „oder" nicht in einem ausschließenden Sinne zu verstehen, sodass der Konzessionsgeber zur Übermittlung auf anderem Wege auch bei Vorliegen mehrerer Varianten berechtigt ist.

---

21 Vgl. Verordnungsbegründung zu § 17 Abs. 1 KonzVgV, BR-Drs. 87/16, 289, i.V.m. Verordnungsbegründung zu § 41 Abs. 1 VgV, BR-Drs. 87/16, 196.
22 Näher hierzu VK Bund, Beschluss v. 6.12.2016 – VK 2-119/16.
23 Vgl. Verordnungsbegründung zu § 17 Abs. 1 KonzVgV, BR-Drs. 87/16, 289, i.V.m. Verordnungsbegründung zu § 41 Abs. 1 VgV, BR-Drs. 87/16, 196.
24 Verordnungsbegründung zu § 41 Abs. 2 VgV, BR-Drs. 87/16, 196.

I. Außergewöhnliche Sicherheitsgründe (S. 1 Var. 1)

23 Nach § 17 Abs. 2 S. 1 Var. 1 KonzVgV kann der Konzessionsgeber die Vergabeunterlagen auf einem anderen geeigneten Weg übermitteln, wenn aufgrund hinreichend begründeter Umstände aus außergewöhnlichen Sicherheitsgründen ein unentgeltlicher, uneingeschränkter und vollständiger elektronischer Zugang zu den Vergabeunterlagen nicht angeboten werden kann.

24 Die Regelung greift ein praktisches Problem auf, das so im Rahmen der klassischen Auftragsvergabe nicht geregelt ist. Konzessionsgeber erhalten die Möglichkeit, etwaigen Sicherheitsinteressen in Bezug auf die elektronische Bereitstellung der Vergabeunterlagen gerecht zu werden. Hierbei handelt es sich um **Sicherheitsgründe**, die im Leistungsgegenstand selbst begründet liegen. Dies bedeutet, dass die „Verbreitung" der Parameter des Leistungsgegenstands selbst Sicherheitsaspekten widerspricht. Wann hinreichend begründete Umstände aus außergewöhnlichen Sicherheitsgründen gegeben sind, ist im jeweiligen Einzelfall zu prüfen. Der Grundgedanke des § 17 Abs. 2 S. 1 Var. 1 KonzVgV entspricht dem des § 53 Abs. 4 S. 1 Alt. 1 VgV bzw. des § 44 Abs. 2 S. 1 Alt. 1 SektVO.

25 In diesen Fällen ist es regelmäßig ratsam, vor Übermittlung der Vergabeunterlagen die Abgabe einer **Verschwiegenheitserklärung** zu verlangen. Diese Möglichkeit ist grundsätzlich auch in § 4 Abs. 3 S. 2 KonzVgV vorgesehen. Es empfiehlt sich weiter, die **Eignungskriterien** entsprechend den Sicherheitsanforderungen auszugestalten.

II. Technische Gründe (S. 1 Var. 2)

26 Nach § 17 Abs. 2 S. 1 Var. 2 KonzVgV kann der Konzessionsgeber die Vergabeunterlagen auf einem anderen geeigneten Weg übermitteln, wenn aufgrund hinreichend begründeter Umstände aus technischen Gründen ein unentgeltlicher, uneingeschränkter und vollständiger elektronischer Zugang zu den Vergabeunterlagen nicht angeboten werden kann.

27 Hinsichtlich der **„technischen Gründe"** ist eine Orientierung an § 41 Abs. 2 VgV bzw. an § 41 Abs. 3 SektVO möglich. Danach kann von einer elektronischen Bereitstellung der Vergabeunterlagen abgesehen werden, wenn die erforderlichen elektronischen Mittel zum Abruf der Vergabeunterlagen

- aufgrund der besonderen Art der Konzessionsvergabe nicht mit allgemein verfügbaren oder verbreiteten Geräten und Programmen der Informations- und Kommunikationstechnologie kompatibel sind,
- Dateiformate zur Beschreibung der Angebote verwenden, die nicht mit allgemein verfügbaren oder verbreiteten Programmen verarbeitet werden können oder die durch andere als kostenlos und allgemein verfügbare Lizenzen geschützt sind, oder
- die Verwendung von Bürogeräten voraussetzen, die dem Konzessionsgeber nicht allgemein zur Verfügung stehen.

Die allgemeinere Formulierung des § 17 Abs. 2 S. 1 KonzVgV legt allerdings nahe, dass auch darüber hinausgehende „technische Gründe" eine Ausnahme der elektronischen Bereitstellung der Vergabeunterlagen begründen können.

28 Im Sinne dieser Vorschrift sind die elektronischen Mittel zum Beispiel nicht mit allgemein verfügbaren oder verbreiteten Geräten und Programmen **kompatibel**, wenn ausnahmsweise VPN-Router[25] oder Kryptogeräte zur Übermittlung der Vergabeunterlagen erforderlich sind. Hierunter ist auch der Fall zu subsumieren, dass aufgrund der großen Datenmenge eine elektronische Bereitstellung der Unterlagen zum Download selbst bei einer schnellen Internetverbindung einen erheblichen Mehraufwand auf Seiten der Unternehmen oder des Konzessionsgebers verursachen würde. Auch die Verwendung darstellender Programme, die nicht mit

---

25 Vgl. *Zeiss*, Pflicht zur Einführung der eVergabe, S. 13 ff.

verbreiteten Betriebssystemen (Windows) kompatibel sind, kommt als Anwendungsfall in Betracht.

Fraglich ist dabei, auf welchen **„Verbreitungsraum"** abzustellen ist. Hierzu lässt sich keine pauschale Aussage treffen, sondern muss eine Einzelfallprüfung unter Berücksichtigung der jeweiligen Gesamtumstände vorgenommen werden. Grundsätzlich bietet ein marktorientierter Verbreitungsraum sowohl bezogen auf Konzessionsgeber als auch auf Konzessionsnehmer eine praxistaugliche Orientierung, da sich für die gleiche Leistung durchaus nennenswerte Unterschiede an der technischen Ausstattung der Konzessionsgeber und/oder Konzessionsnehmer ergeben, je nachdem, ob die Konzession z.B. in einem städtisch geprägten Ballungsraum oder in eher ländlich geprägten Gebieten vergeben wird. Dabei kann insbesondere an die verbreitete technische Infrastruktur angeknüpft werden, die bei marktorientierter Betrachtung auch europaweit vergleichbar sein sollte.

Die zweite Alternative – Verwendung **entgegenstehender Dateiformate** – kommt in Betracht im Falle der Verwendung CAD-basierter Konstruktionspläne, deren Anzeige den Besitz entsprechender kostenpflichtiger Software voraussetzt. Auch insoweit kann für die Beurteilung der allgemeinen Verfügbarkeit und Verbreitung die Kontrollfrage gestellt werden, ob ein unentgeltlicher Abruf der Daten möglich ist. In den in der Praxis häufigen Fällen von PDF-Dateien oder Unterlagen im Microsoft-Word-Document-Standard ist ein unentgeltlicher Abruf möglich, weil unentgeltliche Anzeigensoftware über das Internet allgemein zugänglich ist. Maßgeblich ist insoweit nur, dass entsprechende Software potenziell frei bezogen werden kann, nicht ob sie tatsächlich bezogen wird. Ein Unternehmen dürfte sich kaum darauf zurückziehen können, dass es über keinen Internetanschluss verfügt, um ein entsprechendes Anzeigeprogramm zu beziehen. Fehlende allgemeine Verbreitung dürfte dann gegeben sein, wenn Dateiformate verwendet werden, die der durchschnittliche Nutzer aus dem Kreis potenzieller Bieter oder Bewerber (noch) nicht verarbeiten kann. Insbesondere mit Blick auf aktuelle Dateiformate dürfte es durchaus häufiger vorkommen, dass allgemein verfügbare Programme nicht allgemein verbreitet sind. Denkbar wäre beispielsweise der Fall, dass neue Dateiformate eingeführt werden, die von Vorgängerversionen der Software nicht geöffnet werden können.

Die Konzessionsgeber können die Vergabeunterlagen auch dann auf einem anderen geeigneten Weg übermitteln, wenn die erforderlichen elektronischen Mittel zum Abruf der Vergabeunterlagen die Verwendung von **Bürogeräten** voraussetzen, die dem Konzessionsgeber nicht allgemein zur Verfügung stehen. Als Beispiele für solche Bürogeräte nennt die amtliche Begründung[26] Großformatdrucker und Plotter. Da diese Geräte für den eigentlichen Übermittlungsvorgang aber überhaupt keine Rolle spielen, sondern der Darstellung von Informationen dienen, kann es konsequenterweise nur darauf ankommen, ob diese dem interessierten Unternehmen zur Verfügung stehen – und nicht dem Auftraggeber, wie es § 41 Abs. 2 S. 1 Nr. 3 VgV und § 41 Abs. 2 S. 1 Nr. 3 SektVO formulieren.

III. Besonders sensible Handelsinformationen (S. 1 Var. 3)

Nach § 17 Abs. 2 S. 1 Var. 3 KonzVgV kann der Konzessionsgeber die Vergabeunterlagen auf einem anderen geeigneten Weg übermitteln, wenn aufgrund der besonderen Sensibilität von Handelsinformationen, die eines sehr hohen Datenschutzniveaus bedürfen, ein unentgeltlicher, uneingeschränkter und vollständiger elektronischer Zugang zu den Vergabeunterlagen nicht angeboten werden kann.

§ 17 Abs. 2 S. 1 Var. 3 KonzVgV bezieht sich auf Handelsinformationen aus der Sphäre des Konzessionsgebers, deren allgemeine Preisgabe aus Gründen ihrer **Sensibilität** verhindert werden können soll. Der Grundgedanke des § 17 Abs. 2 Var. 3 KonzVgV entspricht demjenigen des § 53 Abs. 4 S. 1 Alt. 1 VgV bzw. des § 44 Abs. 2 S. 1 Alt. 1 SektVO. Denkbar ist eine hinreichend große Gefährdungslage allenfalls in besonders sensiblen technischen Bereichen, in denen aufgrund des hohen Innovationsgrades ein besonderes Risiko der Industriespionage

---

26 Vgl. Verordnungsbegründung zu § 41 Abs. 2 Nr. 3 VgV, BR-Drs. 87/16, 196.

oder andere Sicherheitsbedenken bestehen. Gleiches kann unter Umständen bei sehr hohen Auftragswerten gelten.[27]

34 Auch in diesen Fällen empfiehlt es sich grundsätzlich, vor Übermittlung der Vergabeunterlagen die Abgabe einer **Verschwiegenheitserklärung** nach § 4 Abs. 3 S. 2 KonzVgV zu verlangen, um ein ausreichendes Schutzniveau zu erreichen.[28]

IV. Rechtsfolgen

35 Soweit die Anwendungsvoraussetzungen des § 17 Abs. 2 KonzVgV vorliegen, können Konzessionsgeber die Vergabeunterlagen auf einem **„anderen geeigneten Weg"** übermitteln. Vorzugsweise sind hierbei elektronische und/oder alternative elektronische Mittel nach § 10 KonzVgV und andere als elektronische Mittel (z.B. Postversand) kombiniert zu verwenden. In der Regel dürfte die Übermittlung der Vergabeunterlagen in diesem Fall per E-Mail erfolgen. Damit geht allerdings stets ein Übermittlungsrisiko einher. Erforderlich sind daher Maßnahmen, um den Zugang der Vergabeunterlagen bei dem interessierten Unternehmen sicherzustellen. Denkbar ist z.B. die Anforderung einer Lesebestätigung. Vorzugsweise wäre eine konkrete Bestätigung des interessierten Unternehmens über den Eingang der Vergabeunterlagen, da ich die Lesebestätigung in der Regel ausschalten lässt. Die Beweislast für den Eingang der Vergabeunterlagen trägt der Konzessionsgeber.[29] Sofern der Rückgriff auf alternative elektronische Mittel nach § 10 KonzVgV genügt, um das nach Beurteilung des Konzessionsgebers erforderliche Schutzniveau zu sichern, müssen alternative elektronische Mittel genutzt werden. In Betracht kommt die Verwendung sicherer elektronischer Kommunikationskanäle. Ist eine Übermittlung mit elektronischen oder alternativen elektronischen Mitteln nicht möglich, oder ist das Schutzbedürfnis des Konzessionsgebers im Einzelfall besonders hoch, kommt aber auch eine ausschließliche Bereitstellung oder Übermittlung der Unterlagen durch andere als elektronische Mittel (z.B. Postversand) in Frage. Bei besonders großen Datenmengen kann dies zum Beispiel durch Versand einer CD/DVD oder eines USB-Sticks geschehen. Auch wenn die Daten dort elektronisch gespeichert sind, erfolgt die Übermittlung in diesem Fall dennoch mit anderen als elektronischen Mitteln.

36 Nach § 17 Abs. 2 S. 2 KonzVgV ist die **Frist** für den Eingang der Angebote in diesen Fällen angemessen zu verlängern. Anders als in § 41 Abs. 3 VgV und § 41 Abs. 4 SektVO gibt es für die Dauer der Fristverlängerung keine konkreten Vorgaben. Auch die in § 41 VgV und § 41 SektVO genannten Ausnahmeregelungen in Fällen besonderer Dringlichkeit sind in der KonzVgV nicht explizit erwähnt. Die Angemessenheit einer Fristverlängerung muss sich daher aus dem Gesamtzusammenhang ergeben.

37 Soweit der Konzessionsgeber von dieser Möglichkeit Gebrauch macht, hat er nach § 17 Abs. 2 S. 2 KonzVgV in der **Konzessionsbekanntmachung** oder der **Aufforderung zur Angebotsabgabe** anzugeben, dass die Vergabeunterlagen nicht elektronisch, sondern durch andere Mittel übermittelt werden[30] und die Frist für den Eingang der Angebote verlängert wird. Im EU-Standardformular für die Konzessionsbekanntmachung ist unter Abschnitt I.3 anzugeben, ob die Vergabeunterlagen für einen uneingeschränkten und vollständigen direkten Zugang zur Verfügung stehen oder ob der Zugang beschränkt ist. Es empfiehlt sich, einen entsprechenden Hinweis hierzu auch in den Vergabeunterlagen anzugeben, die bereits unmittelbar mit der Bekanntmachung zur Verfügung gestellt werden. In der Bekanntmachung sollte ein entsprechender Hinweis unter Abschnitt VI.3 aufgenommen werden. Denkbar hierfür wäre etwa folgende Formulierung:

> „Die Vergabeunterlagen [...] enthalten besonders vertrauliche Informationen. Der Konzessionsgeber stellt diese Unterlagen Teil nicht unter der in Abschnitt I.3. genannten Internetadresse unmittelbar zum Download zur Verfügung. Die Unterlagen werden [...] nur den

---

27 *Honekamp*, in: Greb/Müller, Sektorenvergaberecht, § 44 SektVO Rn. 21.
28 Vgl. dazu auch *Pauka/Kemper*, NZBau 2017, 71 ff.
29 Vgl. VK Bund, Beschluss v. 3.2.2014 – VK 2-1/14, ZfBR 2014, 399.
30 Art. 34 Abs. 2 RL 2014/23/EU.

ausgewählten Unternehmen zur Verfügung gestellt. Erforderlich ist zu dem, dass die Unternehmen dem Konzessionsgeber die vertrauliche Behandlung der Unterlagen mittels einer vom Unternehmen unterschriebenen Vertraulichkeitserklärung zugesichert haben. Die Vertraulichkeitserklärung ist Teil der zur Verfügung gestellten Vergabeunterlagen und mit dem Teilnahmeantrag einzureichen."

Aus Transparenzgründen empfiehlt es sich, die Gründe, warum der Konzessionsgeber die Vergabeunterlagen als vertraulich eingestuft, in der Vergabeakte zu dokumentieren.

D. Rechtsschutz

Nach **§ 97 Abs. 6 GWB** haben Unternehmen einen Anspruch darauf, dass die Bestimmungen über das Vergabeverfahren eingehalten werden. Die Verfahrensteilnehmer erhalten damit ein konstitutiv wirkendes subjektives Recht auf Einhaltung der Bestimmungen des Vergabeverfahrens.[31] Der Anspruch umfasst die Einhaltung der Bestimmungen des Vergabeverfahrens. Dabei ist der Begriff weit auszulegen und umfasst neben den kartellrechtlichen Vorschriften im Teil 4 GWB insbesondere auch die untergesetzlichen, nachrangigen Bestimmungen der Vergabeverordnungen (VgV, SektVO, KonzVgV) und der VOB/A.[32] Es besteht jedoch kein Anspruch auf Einhaltung aller Bestimmungen des Vergabeverfahrens, sondern es wird weiterhin das Vorliegen einer unternehmensschützenden Vorschrift vorausgesetzt (vgl. auch § 160 Abs. 2 GWB).[33] Bereits aus dem Wortlaut des § 160 Abs. 2 GWB ergibt sich, dass die Anspruchsgrundlage des § 97 Abs. 6 GWB mit der Regelung zur Antragsbefugnis nach § 160 Abs. 2 GWB zusammen wirkt. Dabei ist jedes Unternehmen antragsbefugt i.S.d. § 160 Abs. 2 GWB, das ein Interesse an einer Konzession hat und eine Verletzung in seinen Rechten nach § 97 Abs. 6 GWB durch Nichtbeachtung von Vergabevorschriften geltend macht. Es obliegt dabei dem Antragsteller darzutun, dass dem Unternehmen durch die behauptete Verletzung der Vergabevorschriften ein Schaden entstanden ist oder zu entstehen droht. Auch § 160 Abs. 2 GWB stellt mithin für die Antragsbefugnis auf das Vorliegen subjektiver Rechte i.S.d. § 97 Abs. 6 GWB ab und fordert darüber hinaus einen Kausalzusammenhang zu dem eingetretenen oder drohenden Schaden. Somit ist auch danach nur die Geltendmachung einer Verletzung bieterschützender Bestimmungen möglich.

38

§ 17 Abs. 1 und 2 KonzVgV dient der Herstellung von Transparenz sowie der Gleichbehandlung. Die Norm hat daher bieterschützende Wirkung. Sofern sich ein Unternehmen darauf berufen kann, dass der Konzessionsgeber zu Unrecht der Bereitstellungspflicht nach § 17 KonzVgV nicht nachgekommen ist, kann der Konzessionsgeber dies durch entsprechende Korrektur nachholen.

39

Anlage

Verordnungsbegründung (BR-Drs. 87/16)

Seite 289

§ 17 dient der Umsetzung von Artikel 34 Absatz 1 und 2 der Richtlinie 2014/23/EU.

Zu Absatz 1

Absatz 1 setzt Artikel 34 Absatz 1 der Richtlinie 2014/23/EU um. Vorbild ist die Umsetzung von Artikel 53 Absatz 1 Unterabsatz 1 der Richtlinie 2014/24/EU in § 41 Absatz 1 VgV. Siehe im Einzelnen die Begründung zu § 41 Absatz 1 VgV.

Zu Absatz 2

Absatz 2 setzt Artikel 34 Absatz 2 der Richtlinie 2014/23/EU um.

---

31 Vgl. Gesetzesbegründung zu § 97 Abs. 6 GWB, VergRModG 2016, BT-Drs. 18/6281, 69.
32 Vgl. ausführlich *Fehling*, in: Pünder/Schellenberg, Vergaberecht, § 97 GWB Rn. 209 ff.
33 Vgl. hierzu *Ziekow*, in: Ziekow/Völlink, Vergaberecht, § 97 GWB Rn. 158 ff.

§ 18 KonzVgV
Zusätzliche Auskünfte zu den Vergabeunterlagen

Der Konzessionsgeber erteilt allen Unternehmen, die sich an dem Vergabeverfahren beteiligen, spätestens sechs Tage vor dem Schlusstermin für den Eingang der Angebote zusätzliche Auskünfte zu den Vergabeunterlagen, sofern die Unternehmen diese zusätzlichen Auskünfte rechtzeitig angefordert haben.

Übersicht

	Rn.		Rn.
A. Allgemeines	1	C. Rechtzeitige Anforderung	17
I. Unionsrechtlicher Hintergrund	2	D. Rechtsfolgen	20
II. Vergleichbare Regelungen	3	E. Rechtsschutz	21
B. Fristgemäße Auskunftserteilung	6	Anlage	
I. Anforderungen an die Auskunftserteilung	11	Verordnungsbegründung (BR-Drs. 87/16)	
II. Frist zur Auskunftserteilung	15		

A. Allgemeines

§ 18 KonzVgV betrifft den Regelungskreis zusätzlicher Auskünfte zu den Vergabeunterlagen. Gemäß § 18 KonzVgV erteilt der Konzessionsgeber allen Unternehmen, die sich am Vergabeverfahren beteiligen, spätestens sechs Tage vor dem Schlusstermin für den Eingang der Angebote zusätzliche Auskünfte zu den Vergabeunterlagen, sofern die Unternehmen diese zusätzlichen Auskünfte rechtzeitig angefordert haben. 1

I. Unionsrechtlicher Hintergrund

§ 18 KonzVgV setzt die unionsrechtlichen Vorgaben in Art. 34 Abs. 3 RL 2014/23/EU um.[1] 2

II. Vergleichbare Regelungen

Zusätzliche Auskünfte zu den Vergabeunterlagen werden auch in § 20 Abs. 3 S. 1 Nr. 1 **VgV** und § 16 Abs. 3 S. 1 Nr. 1 **SektVO** sowie § 13 Abs. 4 UVgO geregelt. Die Regelungen dort unterscheiden sich von § 18 KonzVgV insoweit, als sie keine zwingenden Fristen für die Bereitstellung zusätzlicher Auskünfte statuieren, sondern Fristverlängerungen zur Folge haben, wenn die Auskünfte nicht spätestens sechs Tage vor Ablauf der Angebotsfrist zur Verfügung gestellt werden. § 18 KonzVgV entspricht insoweit noch dem „alten Recht", wie es in § 12 EG Abs. 7 VOB/A 2012 niedergelegt worden ist. 3

Für den Bereich Verteidigung und Sicherheit findet sich eine dem § 18 KonzVgV entsprechende Regelung in § 20 Abs. 5 **VSVgV**. Die Regelung sieht neben der Sechs-Tage-Frist eine verkürzte Vier-Tages-Frist für beschleunigte Verhandlungsverfahren vor. 4

In Bezug auf Bauleistungen sind zusätzliche Auskünfte in den §§ 12a Abs. 4, 12a EU Abs. 3 und 12a VS Abs. 4 **VOB/A** geregelt. Im Unterschwellenbereich sind nach § 12a Abs. 4 VOB/A Auskünfte unverzüglich zu erteilen. Für den Oberschwellenbereich sowie den Bereich verteidigungs- und sicherheitsrelevanter Bauleistungen ist in den §§ 12a EU Abs. 3 und 12a VS Abs. 4 VOB/A eine Sechs-Tage-Frist sowie eine Vier-Tage-Frist für beschleunigte Verfahren normiert. 5

---

1 Vgl. Verordnungsbegründung zu § 18 KonzVgV, BR-Drs. 87/16, 290.

B. Fristgemäße Auskunftserteilung

6 Nach § 18 KonzVgV erteilt der Konzessionsgeber allen Unternehmen, die sich an dem Vergabeverfahren beteiligen, spätestens sechs Tage vor dem Schlusstermin für den Eingang der Angebote zusätzliche Auskünfte zu den Vergabeunterlagen.

7 Auch wenn § 18 KonzVgV nur auf eine Verlängerung der Angebotsfrist in den dort geregelten Fällen abstellt, kann sich bei zweistufigen Verfahren entsprechend eine Pflicht zur Verlängerung der **Teilnahmefrist** ergeben. Die allgemeinen vergaberechtlichen Grundsätze nach § 97 Abs. 1 und 2 GWB gebieten insofern eine entsprechende Anwendung.[2]

8 Weiterhin dürfte die Vorschrift nach ihrem Sinn und Zweck sowie aufgrund der allgemeinen vergaberechtlichen Grundsätze entsprechend auch auf zusätzliche Auskünfte im Hinblick auf die **Konzessionsbekanntmachung** Anwendung finden. Zwar gehört diese nicht zu den Vergabeunterlagen. Etwaige zusätzliche Auskünfte hierzu können allerdings ebenso den Bedarf weiterer Bearbeitungszeit begründen. Dies wird zudem dadurch gestärkt, dass Art. 34 Abs. 3 RL 2014/23/EU in diesem Zusammenhang auf die Konzessionsunterlagen abstellt. Diese werden in Art. 5 Abs. 12 RL 2014/23/EU definiert als jede Unterlage, die vom öffentlichen Auftraggeber oder vom Auftraggeber erstellt wird oder auf die er sich bezieht, um Bestandteile der Konzession oder des Verfahrens zu beschreiben oder festzulegen; dazu zählen die Konzessionsbekanntmachung, die technischen Anforderungen und Funktionsanforderungen, die vorgeschlagenen Konzessionsbedingungen, Formate für die Einreichung der Unterlagen durch Bewerber und Bieter, Informationen über allgemeingültige Verpflichtungen sowie etwaige zusätzliche Leistungen.

9 Gleiches dürfte auch für etwaige **Vorinformationen** gelten, soweit diese mit dem Verfahren im Zusammenhang stehen und nicht bloß vollständig unverbindlichen Charakter aufweisen. Die Fristverlängerung soll etwaigen Mehraufwänden bei der Angebotserarbeitung genüge tun. Fehlen solche Mehraufwände aufgrund der zusätzlichen Informationen, so ist auch eine Fristverlängerung nicht notwendig, im Zweifel sogar sowohl für Konzessionsgeber und gewissenhafte Bieter nachteilig.

10 Hat der Konzessionsgeber in der Leistungsbeschreibung festgelegt, dass die Bieter den Konzessionsgeber in einer strengeren als der mündlichen **Form** über Unklarheiten in den Vergabeunterlagen informieren müssen, ist eine mündliche Nachfrage unzulässig und etwaige (fern-)mündliche Auskünfte unverbindlich.[3]

I. Anforderungen an die Auskunftserteilung

11 Nach § 18 KonzVgV werden **„zusätzliche"** Auskünfte erteilt. Auskünfte sind dann „zusätzlich", wenn sie nicht nur dazu dienen, ein individuelles Informationsdefizit eines Unternehmens (etwa bei subjektiven Miss- oder Fehlverständnissen) auszugleichen. Alle darüber hinausgehenden Informationen, die zu einem Wettbewerbsvorteil führen können, sind allen und nicht nur den anfragenden Unternehmen bereitzustellen. Andernfalls droht ein Verstoß gegen den vergaberechtlichen Gleichbehandlungsgrundsatz.

12 Auskünfte sind aus Gründen der Gleichbehandlung allen Unternehmen gleichermaßen und zur gleichen Zeit zu **erteilen**.[4] Die zusätzlichen Informationen sind dabei nach § 8 KonzVgV grundsätzlich elektronisch bereitzustellen. Je nach Relevanz kann es erforderlich sein, diese Informationen neben den Vergabeunterlagen zusätzlich bereitzustellen.

13 Wie auch § 20 Abs. 3 S. 2 und 3 VgV für die klassische Auftragsvergabe verdeutlicht, schafft § 18 KonzVgV aber kein Instrument für die Unternehmen, mit dem eine Verlängerung der **Angebotsfrist** unter allen Umständen erzwungen werden könnte.

---

[2] Vgl. *Rechten*, in: Kulartz/Kus/Marx/Portz/Prieß, VgV, § 20 Rn. 40.
[3] VK Sachsen-Anhalt, Beschluss v. 7.12.2016 – 1 VK LSA 27/16.
[4] Vgl. *Rechten*, in: Kulartz/Marx/Portz/Prieß, VOL/A, § 12 Rn. 71.

Nach der hier vertretenen Auffassung ist der Anwendungsbereich der Norm dahingehend teleologisch zu reduzieren, dass die Bereitstellungspflicht nur dann eingreift, wenn die Information für die Erstellung des Angebotes **erheblich** ist.

II. Frist zur Auskunftserteilung

Ob zur fristwahrenden Bereitstellung auf die tatsächliche **Kenntnis** der Konzessionsnehmer abzustellen ist, hängt von der Art der Bereitstellung der Unterlagen ab. Dies dürfte sich aus der systematischen Stellung des § 18 KonzVgV ergeben. Werden die Unterlagen elektronisch im Sinne des § 17 Abs. 1 KonzVgV bereitgestellt, so reicht die potentielle Abrufbarkeit der zusätzlichen Informationen aus, um die Frist nach § 18 KonzVgV zu wahren. Werden andere als elektronische Wege im Sinne des § 17 Abs. 2 KonzVgV gewählt, so ist für die Wahrung der Frist grundsätzlich Zugang beim Beteiligten zu verlangen. Das dient auch dem vergaberechtlichen Gleichbehandlungsgrundsatz (vgl. § 97 Abs. 2 GWB).[5]

Die **Berechnung** der Frist bestimmt sich gemäß § 36 KonzVgV nach der VO (EWG, Euratom) 1182/71. Diese Fristenberechnung stimmt dabei weitgehend mit der Berechnungsmethode nach §§ 187 ff. BGB überein.

C. Rechtzeitige Anforderung

Nach der Regelung erteilt der Konzessionsgeber die zusätzlichen Auskünfte nur, sofern die Unternehmen sie rechtzeitig angefordert haben.

Sie wirft die praktische Frage auf, wann von einem **„rechtzeitigen"** Anfordern durch das Unternehmen auszugehen ist. Es dürfte insoweit ausreichen, dass ein Auskunftsbegehren im Regelfall spätestens sieben Tage vor Ablauf der Angebotsfrist gegenüber der Vergabestelle geäußert wird. Für diese Äußerung der Unternehmensseite ist der Zugang beim Konzessionsgeber zu fordern. Das bloße Absenden einer E-Mail an den Konzessionsgeber genügt deshalb nicht. Für den Zugang beim Konzessionsgeber ist im Zweifel das Unternehmen beweispflichtig. Für die Beurteilung der Rechtzeitigkeit müssen im Übrigen der Umfang und die Komplexität der angeforderten Auskunft Berücksichtigung finden. Dieses Verständnis der „Rechtzeitigkeit" ist sachgerecht: Die Vergabestelle ist meist in Fällen, in denen umfangreiche Auskunftsbegehren noch innerhalb des vorgeschriebenen Zeitfensters, allerdings kurz vor seinem Ablauf geltend gemacht werden, außerstande, die Frist des § 18 KonzVgV einzuhalten. Die Einschätzung der Rechtzeitigkeit ist grundsätzlich dem Verantwortungsbereich des Unternehmens zuzuordnen. Denn der Umfang und die Komplexität der von dem Unternehmen angeforderten Auskunft können am besten von ihm selbst eingeschätzt werden. Die angeforderten Informationen können nur der Angebotserstellung dienen. Die Angebotsbearbeitung liegt grundsätzlich im Einflussbereich des Unternehmens. Schon aufgrund der auch ihn gegenüber der Vergabestelle treffenden Treuepflichten hat das Unternehmen deshalb für die Rechtzeitigkeit seines Auskunftsverlangens einzustehen und trägt dafür im Streitfall auch die Beweislast. Die Beantwortung aller von den Unternehmen rechtzeitig im Sinne des § 18 KonzVgV ausgesprochenen – auch umfangreichen und komplexen – Anfragen ermöglicht unzweifelhaft ein transparentes Vergabeverfahren, das auch im Interesse des Konzessionsgebers gewährleistet sein muss.[6]

Konzessionsgeber haben im Rahmen der Angemessenheit aber die Möglichkeit, in der **Konzessionsbekanntmachung** oder den **Vergabeunterlagen** festzulegen, bis wann die Unternehmen die Möglichkeit zur Anforderung zusätzlicher Informationen haben.[7]

---

[5] Siehe im Übrigen *Wrede* zu § 17 KonzVgV Rn. 6 ff.
[6] Siehe hinsichtlich der Auslegung des Merkmals der rechtzeitigen Anforderung *Horn*, in: Müller-Wrede, VgV/UVgO, § 20 VgV Rn. 24 ff.
[7] *Ortner*, in: Heiermann/Zeiss/Summa, Vergaberecht, § 20 VgV Rn. 29

D. Rechtsfolgen

20 Zusätzliche Auskünfte sind nach Maßgabe der Vorschrift zu gewähren.[8] Es handelt sich insoweit um eine gebundene Entscheidung. Gewährt der Konzessionsgeber die Auskünfte nicht, nicht vollständig oder nicht dem infrage kommenden Unternehmerkreis, handelt er rechtswidrig und vergabefehlerhaft. Diesen Vergabefehler kann der Konzessionsgeber durch eine Verlängerung der Angebotsfrist heilen (§ 20 Abs. 3 Nr. 1 VgV analog). Eine Pflicht zur Verlängerung der Angebotsfrist besteht in diesen Fällen in der Regel allerdings nicht. Die Unternehmen sind – wie § 18 KonzVgV zeigt – zur rechtzeitigen Anforderung verpflichtet.[9]

E. Rechtsschutz

21 Die Auskunftspflicht ist Ausfluss des Gleichbehandlungs- sowie des Wettbewerbsgrundsatzes. Sie hat unternehmensschützenden Charakter im Sinne von § 97 Abs. 6 GWB.[10]

Anlage

Verordnungsbegründung (BR-Drs. 87/16)

Seite 289

§ 18 dient der Umsetzung von Artikel 34 Absatz 3 der Richtlinie 2014/23/EU.

---

8 Vgl. OLG Saarbrücken, Beschluss v. 18.05.2016 – 1 Verg 1/16; VK Bund, Beschluss v. 28.1.2017 – VK 2-129/16.
9 *Schubert*, in: Willenbruch/Wieddekind, Vergaberecht, § 19 KonzVgV Rn. 5.
10 OLG Koblenz, Beschluss v. 30.4.2014 – 1 Verg 2/14; OLG Naumburg, Beschluss v. 23.7.2001 – 1 Verg 2/10; VK Sachsen, Beschluss v. 26.6.2009 – 1/SVK/024-09; Beschluss v. 24.4.2008 – 1/SVK/015-08; *Wichmann/Völlink*, in: Ziekow/Völlink, Vergaberecht, § 18 KonzVgV Rn. 5.

Verordnung über die Vergabe von Konzessionen

(Konzessionsvergabeverordnung – KonzVgV)

Abschnitt 2
Vergabeverfahren

Unterabschnitt 3
Bekanntmachungen

§ 19 KonzVgV
Konzessionsbekanntmachung

(1) Der Konzessionsgeber teilt seine Absicht, eine Konzession zu vergeben, in einer Konzessionsbekanntmachung mit.

(2) Die Konzessionsbekanntmachung wird nach dem Muster gemäß Anhang XXI der Durchführungsverordnung (EU) 2015/1986 der Kommission vom 11. November 2015 zur Einführung von Standardformularen für die Veröffentlichung von Vergabebekanntmachungen für öffentliche Aufträge und zur Aufhebung der Durchführungsverordnung (EU) Nr. 842/2011 in der jeweils geltenden Fassung erstellt (ABl. L 296 vom 12.11.2015, S. 1).

(3) Der Konzessionsgeber benennt in der Konzessionsbekanntmachung die Vergabekammer, an die sich die Unternehmen zur Nachprüfung geltend gemachter Vergabeverstöße wenden können.

Übersicht	Rn.
A. Allgemeines	1
I. Unionsrechtlicher Hintergrund	3
II. Vergleichbare Regelungen	6
B. Pflicht zur Bekanntmachung (Abs. 1)	7
C. Bekanntmachungsmuster (Abs. 2)	13
D. Angabe der zuständigen Vergabekammer (Abs. 3)	17
E. Rechtsschutz	21
Anlage	
Verordnungsbegründung	
(BR-Drs. 87/16)	

A. Allgemeines

§ 19 KonzVgV regelt die grundsätzlich bestehende Pflicht des Konzessionsgebers, die beabsichtigte Vergabe einer Konzession vorab zu publizieren und gibt dabei Form, Inhalt und Publikationsorgan vor. § 19 KonzVgV gibt die grundsätzlich bei allen wettbewerblichen Auswahlverfahren geltende sog. Ex-ante-Transparenz vor, wie sie etwa auch bei der klassischen Auftragsvergabe durch öffentliche Auftraggeber im Wege der Auftragsbekanntmachung nach § 37 VgV vorgesehen ist.   **1**

Abs. 1 der Vorschrift regelt die grundsätzliche Pflicht zur europaweiten Konzessionsbekanntmachung, Abs. 2 die Form und mittelbar auch den Inhalt der Bekanntmachung sowie Abs. 3 einen rechtsschutzbezogenen Teilinhalt der Bekanntmachung.   **2**

I. Unionsrechtlicher Hintergrund

§ 19 KonzVgV dient der Umsetzung der unionsrechtlichen Vorgabe in Art. 31 RL 2014/23/EU.[1]   **3**

Die Vorschrift verfolgt im Bereich der europaweiten Konzessionsvergabe den **Zweck**, ausländische und inländische Unternehmen gleichermaßen über die Beschaffungsabsichten des Konzessionsgebers zu informieren und damit überhaupt erst einen Wettbewerb zu eröffnen. Daher hat die Vorschrift auch unternehmensschützenden Charakter.   **4**

Weiterhin wird in dieser Norm das in Art. 3 Abs. 1 RL 2014/23/EU und den §§ 97 Abs. 1 S. 1, 151 S. 1 GWB niedergelegte und das Vergabeverfahren als allgemeiner Grundsatz insgesamt tragende **Transparenzgebot** konkretisiert. Die besondere Bedeutung der Ex-ante-Transparenz wird dadurch in besonderem Maße betont, dass der europäische Normgeber in Erwägungsgrund 50 RL 2014/23/EU hervorhebt, dass der Vergabe von Bau- und Dienstleis-   **5**

---

[1] Verordnungsbegründung zu § 19 KonzVgV, BR-Drs. 87/16, 289.

tungskonzessionen, die den EU-Schwellenwert erreichen oder überschreiten, zwingend eine Konzessionsbekanntmachung im Amtsblatt der Europäischen Union vorausgehen sollte.[2] Dementsprechend wird die Konzessionsbekanntmachung unter § 13 Abs. 2 KonzVgV auch als „Verfahrensgarantie" benannt.

II. Vergleichbare Regelungen

6 Vergleichbare Vorschriften finden sich in § 37 VgV sowie § 35 SektVO. Im Bereich der Bauvergabe enthält § 12 EU Abs. 3 Nr. 1 und 2 VOB/A eine vergleichbare Regelung.

B. Pflicht zur Bekanntmachung (Abs. 1)

7 § 19 Abs. 1 KonzVgV legt fest, dass der Konzessionsgeber die Absicht der Vergabe einer Konzession in einer Konzessionsbekanntmachung mitzuteilen hat.

8 Allein aus der indikativen Formulierung „teilt…mit" kann zwar noch nicht zweifelsfrei eine **Verpflichtung** des Konzessionsgebers zur Konzessionsbekanntmachung abgeleitet werden. Diese auftraggeberseitige Pflicht ergibt sich aber schon aus dem allgemeinen vergaberechtlichen Transparenzgebot und dem Wettbewerbsgrundsatz nach § 97 Abs. 1 S. 1 GWB, da die Teilnahme an einem wettbewerblichen Vergabeverfahren überhaupt erst ermöglicht wird, wenn der Markt von dem Auftrag Kenntnis erlangt.[3] Nichts anderes ergibt sich auch aus einer systematischen Gesetzesauslegung, da der in § 20 KonzVgV geregelten Ausnahme von der Konzessionsbekanntmachung eine grundsätzlich bestehende Publikationsverpflichtung vorausgehen muss.

9 Der **Sinn und Zweck** der Verpflichtung zur Konzessionsbekanntmachung besteht zum einen darin, einen Wettbewerb überhaupt erst zu ermöglichen, indem den an der Konzession interessierten Unternehmen Informationen zur Verfügung gestellt werden, die eine sachgerechte Entscheidung über eine Teilnahme erlauben. Zum anderen dient die Vorschrift aber auch der Sicherung des Gleichbehandlungsgrundsatzes und der Nichtdiskriminierung gemäß § 97 Abs. 2 GWB, indem der Konzessionsgeber im Zuge des Vergabeverfahrens grundsätzlich an den Inhalt seiner Konzessionsbekanntmachung gebunden wird.[4] Von seinen Angaben in der Konzessionsbekanntmachung darf er dem Grunde nach im weiteren Verfahrensverlauf nicht abweichen, sodass den Wettbewerbsteilnehmern eine transparente Teilnahmegrundlage vorliegt, auf die sie vertrauen und anhand derer sie ihre weiteren verfahrensrechtlichen Dispositionen, insbesondere etwa die Angebotskalkulation, gezielt ausrichten können.

10 Wie auch bei anderen europaweiten Beschaffungsmaßnahmen wird damit auch im Bereich der europaweiten Konzessionsvergabe das entsprechende Vergabeverfahren durch eine europaweite öffentliche Bekanntmachung in Gang gesetzt und eingeleitet. Diese **Einleitung des Vergabeverfahrens** durch die Publikation der Vergabeabsicht des Konzessionsgebers ist im Vergaberecht mit weiteren Rechtswirkungen verbunden. So stellt etwa die Absendung der Konzessionsbekanntmachung gemäß § 2 Abs. 2 S. 1 KonzVgV den maßgeblichen Zeitpunkt für die Berechnung des geschätzten Vertragswertes dar. Im Übrigen kommt der Konzessionsbekanntmachung bzw. deren Inhalt entscheidende Bedeutung im Zusammenhang mit den Rügeobliegenheiten der Wettbewerbsteilnehmer zu (vgl. § 160 Abs. 3 S. 1 Nr. 1 und/oder 2 GWB).

11 Aufgrund der überragenden Bedeutung der Konzessionsbekanntmachung kann auf diese in der Regel nicht **verzichtet** werden (vgl. § 151 S. 2 GWB). Nur ausnahmsweise und bei Vorliegen eines der in § 151 S. 2 GWB i.V.m. § 20 Abs. 1 KonzVgV abschließend aufgeführten Fälle kann der Konzessionsgeber auf eine verfahrenseinleitende Konzessionsbekanntmachung ver-

---

[2] Vgl. Verordnungsbegründung zu § 19 KonzVgV, BR-Drs. 87/16, 290.
[3] Vgl. VK Rheinland-Pfalz, Beschluss v. 3.6.2013 – VK 2-10/13; *Schwabe*, in: Müller-Wrede, VgV/UVgO, § 37 VgV Rn. 5, zur entsprechenden VgV-Vorschrift.
[4] Vgl. OLG Jena, Beschluss v. 21.9.2012 – 9 Verg 7/09; OLG Celle, Beschluss v. 31.7.2008 – 13 Verg 3/08.

zichten. Dies entspricht auch der gemeinschaftsrechtlichen Erwägung,[5] dass es wegen der negativen Auswirkungen auf den Wettbewerb für einen Verzicht auf die Konzessionsbekanntmachung „sehr außergewöhnlicher Umstände" bedarf. Übereinstimmend mit diesen unionsrechtlichen Vorgaben sieht der deutsche Verordnungsgeber diese „sehr außergewöhnlichen Umstände" mit § 20 KonzVgV in den Fällen als erfüllt, in denen eine Konzessionsbekanntmachung sinnwidrig wäre, weil ein vorheriger Aufruf zum Wettbewerb mangels bestehenden Wettbewerbs bzw. Markts für eine Leistung zwangsläufig erfolglos bleiben müsste (Stichwort: „Ausschließlichkeitsrechte") (Abs. 1) oder ein vorheriges förmliches Verfahren mangels geeigneter Teilnehmer/Gebote erfolglos geblieben ist (Abs. 2).

Eine Konzessionsbekanntmachung kann auch in einem weiteren Fall entbehrlich sein: Für die Vergabe von Konzessionen, die **soziale und andere besondere Dienstleistungen** betreffen, wird das Verfahren nach § 22 Abs. 1 KonzVgV durch eine Vorinformation nach Maßgabe des Musters gemäß Anhang XX VO (EU) 2015/1986 (§ 22 Abs. 3 KonzVgV) eingeleitet. Diese ebenfalls europaweit bekanntzumachende Vorinformation erfüllt die Anforderungen der Ex-ante-Transparenz und macht eine Konzessionsbekanntmachung daher obsolet.[6]

C. Bekanntmachungsmuster (Abs. 2)

§ 19 Abs. 2 KonzVgV bindet den Konzessionsgeber für die Erstellung der Konzessionsbekanntmachung an das in Anhang XXI VO (EU) 2015/1986 vorgegebene Standardmuster.[7]

Die Verpflichtung zur Verwendung des **Standardformulars** stellt sicher, dass jede Bekanntmachung einer Absicht zur Konzessionsvergabe sowohl formal als auch materiell/inhaltlich einheitlich gestaltet ist und daher ein europaweiter Standard sichergestellt wird. Die Formulare erleichtern die Lesbarkeit und Vergleichbarkeit für interessierte Unternehmen und geben dem Konzessionsgeber eine handhabbare Arbeitshilfe an die Hand. Sie stellen sicher, dass die Konzessionsbekanntmachung die in Anhang V RL 2014/23/EU aufgeführten Informationen und darüber hinaus jede andere vom Konzessionsgeber für sinnvoll erachtete und zur Beschreibung des jeweiligen, im Konzessionsbereich häufig komplexen Beschaffungsgegenstandes auch rechtlich gebotene Angabe enthält.[8]

Das Standardformular verlangt beispielsweise **Angaben** zum öffentlichen Auftraggeber/Auftraggeber (Abschnitt I), dem Gegenstand der Beschaffung (Abschnitt II), den eignungsrelevanten Aspekten in Form von rechtlichen, wirtschaftlichen, finanziellen und technischen Angaben (Abschnitt III), dem durchzuführenden Verfahren (Abschnitt IV) sowie weiteren Angaben, insbesondere der zuständigen Stelle für die Durchführung von Nachprüfungsverfahren.

Die Musterformulare sind nach Art. 6 VO (EU) 2015/1986 stets **elektronisch** mittels der Online-Anwendung eNOTICES oder mittels TED-eSender an das Amt für Veröffentlichungen der Europäischen Union zu übermitteln.[9]

D. Angabe der zuständigen Vergabekammer (Abs. 3)

Nach dem Vorbild von § 37 Abs. 3 VgV regelt § 19 Abs. 3 KonzVgV, dass in der Konzessionsbekanntmachung gemäß Anhang V Nr. 11 RL 2014/23/EU auch die Angabe der zuständigen Vergabekammer aufzunehmen ist.[10]

Diese Vorschrift dient daher der Gewährleistung eines effektiven **Primärrechtsschutzes** nach Maßgabe der §§ 155 ff. GWB für die Wettbewerbsteilnehmer auch im Bereich der Konzessionsvergabe.

---

5 Vgl. Erwägungsgrund 51 RL 2014/23/EU.
6 Verordnungsbegründung zu § 19 Abs. 1 KonzVgV, BR-Drs. 87/16, 290.
7 Das Standardmuster kann unter http://simap.ted.europa.eu/documents/10184/99158/DE_F24.pdf heruntergeladen werden.
8 Vgl. Verordnungsbegründung zu § 19 Abs. 2 KonzVgV, BR-Drs. 87/16, 290.
9 Für Einzelheiten zu Form und Modalitäten der Veröffentlichung siehe *Dewald* zu § 23 KonzVgV.
10 Verordnungsbegründung zu § 19 Abs. 3 KonzVgV, BR-Drs. 87/16, 290.

19 § 19 Abs. 3 KonzVgV ist als eine rein **deklaratorische Vorschrift** zu erachten, da sich das Erfordernis dieser Angabe bereits aus der nach § 19 Abs. 2 KonzVgV zwingenden Verwendung des Standardformulars ergibt, welches unter Abschnitt VI.4.1 verpflichtend die Angabe der Kontaktdaten der zuständigen Stelle für Rechtsbehelfs-/Nachprüfungsverfahren vorsieht. Nach Anhang V Nr. 11 RL 2014/23/EU muss der Auftraggeber dabei nur Name und Anschrift des zuständigen Nachprüfungsorgans angeben, wohingegen das zu verwendende Musterformular zusätzlich die Angabe der E-Mailadresse sowie Fax- und Telefonnummer verlangt.

20 Die Bestimmung der jeweils **zuständigen Vergabekammer** für ein gegebenenfalls beabsichtigtes Nachprüfungsverfahren richtet sich nach den Vorgaben der §§ 156, 159 GWB. Die Folgefrage nach den Konsequenzen einer fehlerhaften Angabe des Nachprüfungsorgans in der Konzessionsbekanntmachung kann angesichts des Ziels eines effektiven Primärrechtsschutzes zutreffenderweise nur durch die Zulässigkeit einer Verweisung des Nachprüfungsantrags durch die unzuständige Vergabekammer an die zuständige Vergabekammer durch entsprechende Anwendung des § 17a GVG beantwortet werden.[11] Für eine solche Verweisung bedarf es keines Verweisungsantrags durch den rügenden Wettbewerbsteilnehmer.[12] Daneben muss auch die unzuständige Vergabekammer zugunsten eines effektiven Rechtsschutzes den Konzessionsgeber über den eingegangenen Nachprüfungsantrag informieren und dadurch das Zuschlagsverbot auslösen dürfen.[13] Die falsche Angabe führt also im Ergebnis nicht zu einer Beeinflussung der gesetzlichen Zuständigkeitsverteilung.[14]

E. Rechtsschutz

21 Den im § 19 KonzVgV enthaltenen Bekanntmachungsvorschriften, die als notwendige Voraussetzungen eines transparenten und chancengleichen grenzüberschreitenden Bieterwettbewerbs zu erachten sind, kommt insgesamt unternehmensschützender Charakter zu.[15] Es handelt sich dabei nicht um bloße Formvorschriften, sondern vielmehr um zwingende Ordnungsbestimmungen, deren Verletzung ein Vergabeverfahren rechtswidrig macht.[16]

22 § 19 **Abs. 1** KonzVgV ist unternehmensschützend. So stellt das vergaberechtswidrige Unterlassen einer europaweiten Konzessionsbekanntmachung den schwerwiegendsten Vergabefehler in Form einer sog. De-facto-Vergabe dar, der nach Maßgabe des § 135 GWB zur Unwirksamkeit der Konzession führen kann.[17] In diesem Zusammenhang ist allerdings zu beachten, dass sich ein Unternehmen, welches sich auf eine nationale Bekanntmachung hin an einem Vergabeverfahren beteiligt, in einem Nachprüfungsverfahren grundsätzlich nicht mit Aussicht auf Erfolg auf eine unterbliebene europaweite Konzessionsbekanntmachung wird berufen können.[18] Insoweit fehlt es nämlich mangels eines Schadens regelmäßig an der Antragsbefugnis nach § 160 Abs. 2 GWB. Etwas anderes mag ausnahmsweise dann gelten, wenn in der nationalen Bekanntmachung wettbewerbsrelevante Informationen fehlen, die der Konzessionsgeber nach dem Standardformular nach § 19 Abs. 2 KonzVgV hätte publizieren müssen.[19]

---

11 Vgl. OLG Bremen, Beschluss v. 17.8.2000 – Verg 26/10; VK Münster, Beschluss v. 9.8.2001 – VK 19/01; Horn/Hofmann, in: Burgi/Dreher, Vergaberecht, § 159 GWB Rn. 33; Schwabe, in: Müller-Wrede, VgV/UVgO, § 37 VgV Rn. 255, zur entsprechenden VgV-Vorschrift; Neun, in: Gabriel/Krohn/Neun, Handbuch Vergaberecht, S. 1225.
12 Vgl. VK Münster, Beschluss v. 9.8.2001 – VK 19/01.
13 Vgl. Schwabe, in: Müller-Wrede, VgV/UVgO, § 37 VgV Rn. 255, zur entsprechenden VgV-Vorschrift.
14 Vgl. Gnittke/Hattig, in: Müller-Wrede, SektVO, § 35 Rn. 147, sowie Schwabe, in: Müller-Wrede, VgV/UVgO, § 37 VgV Rn. 255, zu den entsprechenden Vorschriften in der SektVO und VgV.
15 Vgl. Schwabe, in: Müller-Wrede, VOL/A, § 15 EG Rn. 193, in Bezug auf eine vergleichbare Vorschrift in der VOL/A-EG.
16 Vgl. Schwabe, in: Müller-Wrede, VOL/A, § 15 EG Rn. 193, in Bezug auf eine vergleichbare Vorschrift in der VOL/A-EG.
17 Vgl. hierzu grundlegend Hofmann, Zivilrechtsfolgen von Vergabefehlern, S. 17 ff.
18 Vgl. BGH, Urteil v. 27.6.2007 – X ZR 18/07.
19 Vgl. OLG Jena, Beschluss v. 9.9.2010 – 9 Verg 4/10.

Auch § 19 **Abs. 3** KonzVgV kommt Drittschutz zu. Der Sinn und Zweck dieser Vorschrift besteht darin, Wettbewerbsteilnehmern die Inanspruchnahme von vergaberechtlichem Primärrechtsschutz zu vereinfachen.[20]

Anlage

Verordnungsbegründung (BR-Drs. 87/16)

Seite 289

§ 19 dient der Umsetzung von Artikel 31 der Richtlinie 2014/23/EU. In dieser Vorschrift wird im Hinblick auf den in Artikel 3 Absatz 1 der Richtlinie 2014/23/EU vorgesehenen und in § 97 Absatz 1 Satz 1 sowie § 151 Satz 1 GWB umgesetzten Grundsatz der Transparenz des Vergabe-

Seite 290

verfahrens die Pflicht für Konzessionsgeber geregelt, ihre Absicht der Konzessionsvergabe europaweit öffentlich bekanntzugeben. Der Gemeinschaftsgesetzgeber hebt in Erwägungsgrund 50 der Richtlinie 2014/23/EU hervor, dass der Vergabe von Bau- und Dienstleistungskonzessionen, die den EU-Schwellenwert erreichen oder überschreiten, zwingend eine Konzessionsbekanntmachung im Amtsblatt der Europäischen Union vorausgehen muss. Ergänzend siehe auch die Verfahrensgarantien in § 13 Absatz 2 dieser Verordnung.

Zu Absatz 1

Absatz 1 setzt Artikel 31 Absatz 1 der Richtlinie 2014/23/EU um. Grundsätzlich werden Vergabeverfahren durch eine europaweite öffentliche Bekanntmachung der Konzessionsvergabeabsicht in Gang gesetzt. Ausnahmen rechtfertigen die in § 20 dieser Verordnung abschließend festgelegten Fälle zu Bau- oder Dienstleistungskonzessionen, in denen Konzessionsgeber auf eine Bekanntmachung verzichten können, sowie die Bekanntmachung einer Vorinformation gemäß § 22 Absatz 1 zu Konzessionen, die soziale und andere besondere Dienstleistungen betreffen, weil diese Vorinformation eine Bekanntmachung entbehrlich werden lässt.

Zu Absatz 2

Absatz 2 setzt Artikel 31 Absatz 2 der Richtlinie 2014/23/EU um. Die Konzessionsbekanntmachung muss die in Anhang V der Richtlinie 2014/23/EU aufgeführten Informationen und darüber hinaus jede andere vom Konzessionsgeber für sinnvoll erachtete Angabe enthalten.

Zu Absatz 3

Absatz 3 regelt nach dem Vorbild von § 37 Absatz 3 VgV, dass in der Konzessionsbekanntmachung gemäß Anhang V Nummer 11 der Richtlinie 2014/23/EU auch die Angabe der zuständigen Vergabekammer aufzunehmen ist.

---

20 Vgl. VK Schleswig-Holstein, Beschluss v. 17.9.2008 – VK-SH 10/08, nach der allerdings ein drohender Schaden nach § 160 Abs. 2 GWB nicht denkbar erscheint, wenn die Vergabekammer auf Antrag des Antragstellers das Nachprüfungsverfahren eingeleitet hat.

§ 20 KonzVgV
Ausnahmen von der Konzessionsbekanntmachung

(1) Von einer Konzessionsbekanntmachung kann abgesehen werden, wenn die Bau- oder Dienstleistung nur von einem bestimmten Unternehmen erbracht werden kann, weil

1. das Ziel der Konzession die Erschaffung oder der Erwerb eines einzigartigen Kunstwerks oder einer einzigartigen künstlerischen Leistung ist,
2. Wettbewerb aus technischen Gründen nicht entstehen kann,
3. ein ausschließliches Recht besteht oder
4. Rechte des geistigen Eigentums oder andere als die in § 101 Absatz 2 in Verbindung mit § 100 Absatz 2 Satz 1 des Gesetzes gegen Wettbewerbsbeschränkungen definierten ausschließlichen Rechte zu beachten sind.

Satz 1 Nummer 2 bis 4 ist nur anzuwenden, wenn es keine sinnvolle Alternative oder Ersatzlösung gibt und der fehlende Wettbewerb nicht das Ergebnis einer künstlichen Einengung der Parameter der Konzessionsvergabe ist.

(2) Von einer neuen Konzessionsbekanntmachung kann abgesehen werden, wenn bei einem vorausgegangenen Vergabeverfahren keine oder keine geeigneten Teilnahmeanträge oder Angebote eingereicht wurden, sofern die ursprünglichen Bedingungen des Konzessionsvertrags nicht grundlegend geändert werden und der Europäischen Kommission auf Anforderung ein Verfahrensbericht vorgelegt wird. Ungeeignet sind

1. ein Teilnahmeantrag, wenn
    a) der Bewerber gemäß § 154 Nummer 2 in Verbindung mit den §§ 123 bis 126 des Gesetzes gegen Wettbewerbsbeschränkungen aufgrund eines zwingenden oder fakultativen Ausschlussgrunds auszuschließen ist oder ausgeschlossen werden könnte oder der Bewerber die gemäß § 152 Absatz 2 in Verbindung mit § 122 des Gesetzes gegen Wettbewerbsbeschränkungen festgelegten Eignungskriterien nicht erfüllt oder
    b) der Teilnahmeantrag ein ungeeignetes Angebot enthält, weil dieses ohne wesentliche Abänderung den in den Vergabeunterlagen genannten Bedürfnissen und Anforderungen des Konzessionsgebers offensichtlich nicht entsprechen kann, und
2. ein Angebot, wenn es ohne wesentliche Abänderung den in den Vergabeunterlagen genannten Bedürfnissen und Anforderungen des Konzessionsgebers offensichtlich nicht entsprechen kann.

Übersicht

	Rn.
A. Allgemeines	1
I. Unionsrechtlicher Hintergrund	4
II. Vergleichbare Regelungen	5
III. Ausnahmecharakter der Vorschrift	9
B. Erstmaliges Vergabeverfahren ohne Bekanntmachung (Abs. 1)	13
I. Angebotsmonopol	16
II. Fallgruppen	19
1. Einzigartiges Kunstwerk oder einzigartige künstlerische Leistungen (S. 1 Nr. 1)	20
2. Technische Gründe (S. 1 Nr. 2)	25
3. Bestehen ausschließlicher Rechte (S. 1 Nr. 3)	28
4. Geistiges Eigentum und andere Ausschließlichkeitsrechte (S. 1 Nr. 4)	31
III. Begrenzung der Ausnahmefälle (S. 2)	36
1. Verhältnis zum Leistungsbestimmungsrecht	38
2. Begrenzung nur für Ausnahmefälle nach § 20 Abs. 1 S. 1 Nr. 2 bis 4 KonzVgV	42
3. Rückausnahmetatbestände	45
a) Keine sinnvolle Alternative oder Ersatzlösung	46
b) Künstliche Einengung der Parameter der Konzessionsvergabe	50
IV. Zulässigkeit einer Direktvergabe	51
C. Verzicht auf eine erneute Konzessionsbekanntmachung (Abs. 2)	52
I. Frühere Bekanntmachung des Konzessionsgegenstandes	53

II. Fehlen geeigneter Teilnahmeanträge oder Angebote	58	b) Notwendigkeit wesentlicher Abänderungen des Angebots	76
1. Keine Angebote oder Teilnahmeanträge	59	III. Keine grundlegende Änderung der Bedingungen	78
2. Ungeeignete Teilnahmeanträge	61	IV. Berichtspflicht	82
a) Ungeeignetheit der Bewerber	62	V. Notwendigkeit einer Vergabe im Wettbewerb	85
b) Teilnahmeanträge mit ungeeignetem Angebot	66	D. Rechtsschutz	86
3. Ungeeignete Angebote	68	Anlage Verordnungsbegründung (BR-Drs. 87/16)	
a) Abweichung von den Vorgaben des Konzessionsgebers	71		

A. Allgemeines

1 § 20 KonzVgV bestimmt, unter welchen Voraussetzungen Konzessionsgeber eine Konzession ohne vorherige Veröffentlichung einer Konzessionsbekanntmachung nach § 19 KonzVgV vergeben dürfen. Ob und inwieweit der Konzessionsgeber darüber hinaus auch auf eine Vergabe im Wettbewerb durch Beteiligung mehrerer Bewerber bzw. Bieter verzichten darf, lässt die Vorschrift dabei offen.[1]

2 Die Regelung berechtigt ausdrücklich zum Verzicht auf eine **Konzessionsbekanntmachung** und betrifft damit ausschließlich die in § 19 KonzVgV als „Konzessionsbekanntmachung" definierte Bekanntmachung zu Beginn des Vergabeverfahrens. Dies folgt auch aus der systematischen Stellung unmittelbar hinter § 19 KonzVgV sowie Sinn und Zweck der Vorschrift. Nicht befreit ist der Konzessionsgeber daher von der Vergabebekanntmachung im Sinne von § 21 Abs. 1 KonzVgV; sofern die Verordnungsbegründung zu § 20 Abs. 2 KonzVgV davon spricht, dass der Konzessionsgeber auf eine „Vergabebekanntmachung" verzichten darf, handelt es sich hierbei offensichtlich um ein redaktionelles Versehen. Auch die für Konzessionen über soziale und andere besondere Dienstleistungen vorgeschriebene Vorinformation nach § 22 Abs. 1 KonzVgV wird von § 20 KonzVgV nicht erfasst.

3 Die Vorschrift entspricht von ihrem Normzweck den Regelungen über die Zulässigkeit der Vergabe von öffentlichen Aufträgen oder Sektorenaufträgen im Verhandlungsverfahren ohne Teilnahmewettbewerb, wie sie bereits das Vergaberecht in seiner vor Inkrafttreten der **VergRModVO** gültigen Form aufwies (z.B. § 3 EG Abs. 5 VOB/A 2012, § 3 EG Abs. 4 VOL/A 2009, § 3 Abs. 4 VOF, § 6 Abs. 2 SektVO 2009). Im Vergleich zu diesen Vorschriften sowie zu den aktuellen **Parallelvorschriften** (§ 14 Abs. 4 VgV, § 3a EU Abs. 3 VOB/A und § 13 Abs. 2 SektVO) sind die Ausnahmetatbestände stark reduziert. Dies entspricht zwar einerseits dem Gesamtcharakter der KonzVgV als einem auf Detailregelungen weitgehend verzichtenden Regelwerk. Gleichwohl wirkt es systemwidrig, weil Konstellationen, bei denen nach der VgV oder SektVO ein Verhandlungsverfahren ohne Teilnahmewettbewerb zulässig wäre, im Anwendungsbereich der KonzVgV keine Ausnahme von der Bekanntmachungspflicht rechtfertigen.[2]

I. Unionsrechtlicher Hintergrund

4 § 20 KonzVgV setzt Art. 31 Abs. 4 und 5 RL 2014/23/EU in nationales Recht um.[3] Die deutsche Textfassung orientiert sich dabei – von sprachlich-redaktionellen Anpassungen an die allgemeine Terminologie des deutschen Vergaberechts abgesehen – bis ins Detail weitgehend an den umgesetzten Richtlinienvorschriften. Die RL 2014/23/EU betont darüber hinaus in Erwägungsgrund 51 den besonderen Ausnahmecharakter durch den Hinweis, dass eine Konzessionsvergabe ohne vorherige Bekanntmachung „nur unter sehr außergewöhnlichen Umstän-

---
1 Siehe hierzu die Erläuterungen unter Rn. 51.
2 Dazu näher unter Rn. 5 ff.
3 Verordnungsbegründung zu § 20 KonzVgV, BR-Drs. 87/16, 290.

den zulässig sein" solle.[4] Diese restriktive Handhabung der Ausnahmen von der Bekanntmachungspflicht dient dem Schutz der allgemeinen Vergabegrundsätze des Wettbewerbs und der Transparenz.

II. Vergleichbare Regelungen

§ 20 Abs. 1 KonzVgV handhabt diejenigen Fälle, bei denen bereits ein erstmaliges Vergabeverfahren ohne vorherige Bekanntmachung zulässig ist, für den Bereich der Konzessionsvergabe deutlich restriktiver als § 14 Abs. 4 VgV, § 3a EU Abs. 3 VOB/A, § 13 Abs. 2 SektVO und § 12 VSVgV für den Bereich der Auftragsvergabe.

Die Vergabe von Bau- und Dienstleistungskonzessionen ist nur in solchen Fällen ohne vorherige Konzessionsbekanntmachung nach § 19 VgV zulässig, bei denen die Bau- oder Dienstleistung nur von einem **bestimmten Unternehmen** erbracht werden kann. Die in den übrigen Vergabeverordnungen und der VOB/A zusätzlich vorgesehenen Ausnahmefälle – wie etwa äußerst dringliche, zwingende Gründe (§ 14 Abs. 4 Nr. 3 VgV, § 3a EU Abs. 3 Nr. 4 VOB/A) –, in denen bereits ein erstmaliges Vergabeverfahren ohne Teilnahmewettbewerb und damit ohne Bekanntmachung durchgeführt wird, obwohl der Auftrag im Wettbewerb zwischen verschiedenen Unternehmen vergeben werden kann (und muss), finden sich in § 20 Abs. 1 KonzVgV nicht.

So ist etwa auch die **Wiederholung** gleichartiger Bau- oder Dienstleistungen, die nach § 14 Abs. 4 Nr. 9 VgV bzw. § 3a EU Abs. 3 Nr. 5 VOB/A in bestimmten Fällen ein Verhandlungsverfahren ohne Teilnahmewettbewerbe rechtfertigen kann, in § 20 Abs. 1 KonzVgV nicht als Ausnahme von der Bekanntmachungspflicht vorgesehen. Der ursprüngliche Richtlinienvorschlag der Europäischen Kommission[5] hatte eine entsprechende Regelung noch in Art. 26 Abs. 5 lit. c vorgesehen, die sich aber bereits im Kompromissvorschlag des Rates der Europäischen Union[6] nicht mehr wiederfand und danach auch im weiteren EU-Gesetzgebungsverfahren nicht mehr zur Diskussion stand. Dies ist Ausdruck der bewussten Entscheidung des Unionsgesetzgebers, eine Ausnahme von der Bekanntmachungspflicht nur in den Fällen zuzulassen, bei denen von Beginn an klar ist, dass eine Veröffentlichung nicht zu mehr Wettbewerb führen wird.[7] Möglich ist die Betrauung eines Konzessionsnehmers mit zusätzlichen Bau- oder Dienstleistungen ohne erneutes Vergabeverfahren mit Bekanntmachung daher nur im Rahmen einer zulässigen unwesentlichen Vertragsänderung nach § 154 Nr. 3 i.V.m. § 132 GWB.

Demgegenüber entspricht die Regelung des § 20 Abs. 2 KonzVgV über die Zulässigkeit des Verzichts auf eine erneute Konzessionsbekanntmachung nach dem **Scheitern eines vorangegangenen Vergabeverfahrens** mangels berücksichtigungsfähiger Teilnahmeanträge oder Angebote weitgehend den entsprechenden Vorschriften in § 14 Abs. 4 Nr. 1 VgV, § 3a EU Abs. 3 Nr. 2 VOB/A, § 13 Abs. 2 Nr. 1 SektVO und § 12 Abs. 1 Nr. 1 lit. a VSVgV.

III. Ausnahmecharakter der Vorschrift

Ebenso wie die genannten Parallelvorschriften im Bereich der Auftragsvergabe handelt es sich bei § 20 KonzVgV um eine eng auszulegende Ausnahmevorschrift.

---

4 Hierauf verweist auch die Verordnungsbegründung zu § 20 KonzVgV, BR-Drs. 87/16, 290.
5 Europäische Kommission, Vorschlag für Richtlinie des Europäischen Parlaments und des Rates über die Konzessionsvergabe – KOM(2011) 897 endgültig.
6 Rat der Europäischen Union, Vorschlag für eine Richtlinie des Europäischen Parlaments und des Rates über die Konzessionsvergabe – Doc. 18007/12, Art. 26.
7 Vgl. Erwägungsgrund 51 S. 2 RL 2014/23/EU.

10 Der EuGH[8] und ihm folgend die Nachprüfungsinstanzen[9] haben für die **vergleichbaren Ausnahmetatbestände** des Verhandlungsverfahrens ohne Teilnahmewettbewerb im Bereich der Auftragsvergabe immer wieder die Notwendigkeit einer engen Auslegung betont. Gleiches gilt für andere vergaberechtliche Ausnahmevorschriften.[10] Diese Rechtsprechung kann ohne Weiteres auch als Maßstab für die Auslegung von § 20 KonzVgV herangezogen werden. Ebenso wie in den Fällen eines Verhandlungsverfahrens ohne Teilnahmewettbewerb im Bereich der Auftragsvergabe wird bei einer Konzessionsvergabe ohne Konzessionsbekanntmachung die vergaberechtlich intendierte Marktöffnung nicht verwirklicht. Ziel des Unionsgesetzgebers und ihm folgend des Verordnungsgebers war es deshalb, die Ausnahmevorschrift des § 20 KonzVgV auf Fälle zu beschränken, bei denen von Beginn an klar ist, dass eine Veröffentlichung nicht zu mehr Wettbewerb führen wird.[11] Hiervon ist nur unter sehr außergewöhnlichen Umständen auszugehen.[12]

11 Verzichtet der Konzessionsgeber unter Berufung auf § 20 KonzVgV auf die Veröffentlichung einer Konzessionsbekanntmachung, so trägt er insoweit die volle **Darlegungs-** und **Beweislast** für das Vorliegen eines entsprechenden Ausnahmetatbestandes.[13] Von Bedeutung ist die Beweislast insbesondere im Nachprüfungsverfahren nach den §§ 155 ff. GWB,[14] aber auch in einem eventuellen Verfahren vor dem EuGH[15].

12 Dem Konzessionsgeber obliegt auch die ordnungsgemäße **Dokumentation** (§ 6 KonzVgV) der Gründe für den Verzicht auf eine Konzessionsbekanntmachung. Zwar schreibt § 6 KonzVgV – anders als § 8 Abs. 2 S. 2 Nr. 7 VgV für die Wahl eines Verhandlungsverfahrens ohne Teilnahmewettbewerb im Bereich der Auftragsvergabe – eine Dokumentation der Gründe für den Verzicht auf eine Konzessionsbekanntmachung nicht ausdrücklich vor. Bei dem Verzicht auf eine Konzessionsbekanntmachung handelt es sich aber um eine „Entscheidung" des Konzessionsgebers i.S.v. § 6 Abs. 1 S. 1 KonzVgV, die wegen ihrer schwerwiegenden Auswirkungen auf den Wettbewerb einer erheblichen „Rechtfertigungstiefe" unterliegt.[16] § 19 KonzVgV stellt dem Konzessionsgeber ausdrücklich frei, ob er bei Vorliegen der tatbestandlichen Voraussetzungen auf die Konzessionsbekanntmachung verzichtet oder – zur Vermeidung der damit verbundenen Risiken – sicherheitshalber trotzdem eine Konzessionsbekanntmachung veröffentlicht.

B. Erstmaliges Vergabeverfahren ohne Bekanntmachung (Abs. 1)

13 § 20 Abs. 1 KonzVgV regelt Ausnahmetatbestände, deren Vorliegen den Konzessionsgeber bereits im Rahmen eines erstmaligen Verfahrens zur Konzessionsvergabe zum Verzicht auf eine Konzessionsbekanntmachung gemäß § 19 KonzVgV berechtigen. Die in § 20 Abs. 1 S. 1 Nr. 1 bis 4 KonzVgV hierzu vorgesehenen Ausnahmetatbestände sind **abschließend**. Dies

---

8 Vgl. EuGH, Urteil v. 15.10.2009 – Rs. C-275/08 (Kommission/Deutschland), Rn. 55; Urteil v. 4.6.2009 – Rs. C-250/07 (Kommission/Griechenland), Rn. 34; Urteil v. 2.6.2005 – Rs. C-394/02 (Kommission/Griechenland), Rn. 33; Urteil v. 14.9.2004 – Rs. C-385/02 (Kommission/Italien), Rn. 19; Urteil v. 10.4.2003 – Verb. Rs. C-20/01 und C-28/01 (Kommission/Deutschland), Rn. 58; Urteil v. 18.5.1995 – Rs. C-57/94 (Kommission/Italien), Rn. 23; Urteil v. 17.11.1993 – Rs. C-71/92 (Kommission/Spanien), Rn. 36; Urteil v. 10.3.1987 – Rs. 199/85 (Kommission/Italien), Rn. 14.
9 BGH, Beschluss v. 10.11.2009 – X ZB 8/09, Rn. 42; OLG Celle, Beschluss v. 24.9.2014 – 13 Verg 9/14; OLG Düsseldorf, Beschluss v. 12.7.2017 – VII-Verg 13/17; Beschluss v. 18.12.2013 – VII-Verg 21/13 und Beschluss v. 11.12.2013 – VII-Verg 25/13, Rn. 23.
10 Vgl. zu Inhouse-Vergaben EuGH, Urteil v. 8.12.2016 – Rs. C-553/15 (Undinis), Rn. 29; Urteil v. 8.5.2014, Rs. C-15/13 (Datenlotsen), Rn. 23; Urteil v. 11.1.2005 – Rs. C-26/03 (Stadt Halle), Rn. 46.
11 Erwägungsgrund 51 S. 2 RL 2014/23/EU.
12 OLG Düsseldorf, Beschluss v. 12.7.2017 – VII-Verg 13/17.
13 Ebenso zu § 14 Abs. 4 VgV *Hirsch/Kaelble*, in: Müller-Wrede, VgV/UVgO, § 14 VgV Rn. 134 und OLG Düsseldorf, Beschluss v. 12.7.2017 – VII-Verg 13/17.
14 OLG Düsseldorf, Beschluss v. 18.12.2013 – VII-Verg 21/13; Beschluss v. 20.10.2008 – VII-Verg 46/08.
15 Vgl. EuGH, Urteil v. 15.10.2009 – Rs. C-275/08 (Kommission/Deutschland), Rn. 56; Urteil v. 2.10.2008 – Rs. C-157/06 (Kommission/Italien), Rn. 23; Urteil v. 14.9.2004 – Rs. C-385/02 (Kommission/Italien), Rn. 19; Urteil v. 10.4.2003 – Rs. C-20/01 u.a. (Kommission/Deutschland), Rn. 58; Urteil v. 17.11.1993 – Rs. C-71/92 (Kommission/Spanien), Rn. 36.
16 OLG Düsseldorf, Beschluss v. 12.7.2017 – VII-Verg 13/17.

entspricht dem Charakter der Vorschrift als Ausnahmeregelung (der bereits in der Überschrift betont wird) und dem vom Unionsgesetzgeber in Erwägungsgrund 51 RL 2014/23/EU unmissverständlich zum Ausdruck gebrachten Willen, die Vergabe von Konzessionen ohne vorherige Veröffentlichung nur unter sehr außergewöhnlichen Umständen zuzulassen und diese Ausnahmen auf bestimmte Fälle zu beschränken. Rückhalt findet dies zudem in der Verordnungsbegründung[17], die ausdrücklich von einer abschließenden Aufzählung spricht.

Der insoweit klare Wortlaut von § 20 Abs. 1 S. 1 KonzVgV und die deutlich zum Ausdruck gebrachte gesetzgeberische Intention des Unionsgesetzgebers lassen damit von vornherein keinen Raum für eine **analoge Anwendung** von Ausnahmevorschriften aus dem Bereich der Auftragsvergabe, die bei der Vergabe von öffentlichen Aufträgen oder Sektorenaufträgen ein Verhandlungsverfahren ohne Teilnahmewettbewerb zulassen. 14

Während demnach § 20 Abs. 1 S. 1 KonzVgV enumerativ die vier abschließenden Ausnahmetatbestände für den Verzicht auf eine Konzessionsbekanntmachung bereits bei einem erstmaligen Konzessionsvergabeverfahren aufzählt, enthält **§ 20 Abs. 1 S. 2 KonzVgV** eine weitergehende Eingrenzung für drei dieser Fallgruppen, um missbräuchlichen Ausgestaltungen bei der Vergabe von Konzessionen entgegenzuwirken. 15

I. Angebotsmonopol

Gemeinsame Voraussetzung aller vier in § 20 Abs. 1 S. 1 Nr. 1 bis 4 KonzVgV aufgezählten Ausnahmetatbestände ist, dass die Bau- oder Dienstleistung, mit welcher der Konzessionsgeber den Konzessionär betrauen will, nur von einem bestimmten Unternehmen erbracht werden kann. Diese Voraussetzung ist als eigenständiges Tatbestandsmerkmal zu verstehen, welches kumulativ neben einem der vier in § 20 Abs. 1 S. 1 Nr. 1 bis 4 KonzVgV geregelten Fallgruppen vorliegen muss, um den Verzicht auf eine Konzessionsbekanntmachung nach § 20 Abs. 1 KonzVgV rechtfertigen zu können. 16

Die Voraussetzung ist nur erfüllt, wenn sich der Kreis möglicher Erbringer der Bau- oder Dienstleistung auf ein **einziges Unternehmen** beschränkt.[18] Dagegen genügt es nicht, wenn die Bau- oder Dienstleistungen nur von einem begrenzten Kreis konkurrierender Unternehmen erbracht werden kann.[19] Ist ein Wettbewerb zwischen mehreren Unternehmen möglich, so hat der Konzessionsgeber – außer in den Fällen des § 20 Abs. 2 KonzVgV – zwingend eine Konzessionsbekanntmachung zu veröffentlichen. Ein Verzicht auf die Konzessionsbekanntmachung ist selbst dann unzulässig, wenn der Kreis möglicher Anbieter für die Bau- oder Dienstleistungen begrenzt ist und der Konzessionsgeber alle in Betracht kommenden Unternehmen in das Verfahren einbezieht. Auch Fälle, in denen die Bau- oder Dienstleistung einem Ausschließlichkeitsrecht unterliegt,[20] lassen einen Verzicht auf eine Konzessionsbekanntmachung nach § 20 Abs. 1 KonzVgV nicht zu, wenn der Inhaber des Ausschließlichkeitsrechtes Verwertungsrechte etwa in Form von Lizenzen an mehrere Unternehmen vergeben hat oder dies jedenfalls nicht von vornherein ausgeschlossen erscheint. 17

Der Konzessionsgeber hat vor einem Verzicht auf die Konzessionsbekanntmachung nach § 20 Abs. 1 KonzVgV eine sorgfältige **Markterforschung** vorzunehmen.[21] Hierbei muss sich der Konzessionsgeber nach der Rechtsprechung des EuGH mindestens eine europaweite Marktübersicht über mögliche Anbieter der Bau- oder Dienstleistung verschaffen.[22] Eine nationale oder gar regionale Markterforschung genügt ebenso wenig wie bloße Anfragen bei Auftragsberatungsstellen.[23] Demgegenüber ist eine Ausdehnung der Markterforschung auf Anbieter 18

---

17 Verordnungsbegründung zu § 20 Abs. 1 KonzVgV, BR-Drs. 87/16, 290.
18 EuGH, Urteil v. 2.6.2005 – Rs. C-394/02 (Kommission/Griechenland), Rn. 34; OLG Düsseldorf, Beschluss v. 18.12.2013 – VII-Verg 21/13; Beschluss v. 11.12.2013 – VII-Verg 25/13.
19 Ebenso zu § 14 Abs. 4 Nr. 2 VgV: *Hirsch/Kaelble*, in: Müller-Wrede, VgV/UVgO, § 14 VgV Rn. 175.
20 Siehe unten Rn. 28 ff.
21 EuGH, Urteil v. 15.10.2009 – Rs. C-275/08 (Kommission/Deutschland), Rn. 61 ff. (zu Art. 6 Abs. 3 lit. c RL 93/36/EWG); ebenso zu § 3a Nr. 2 lit. c VOL/A 2006 OLG Frankfurt, Beschluss v. 10.7.2007 – 11 Verg 5/07.
22 EuGH, Urteil v. 15.10.2009 – Rs. C-275/08 (Kommission/Deutschland), Rn. 63.
23 Ebenso *Kaelble/Müller-Wrede*, in: Müller-Wrede, VOL/A, § 3 EG Rn. 138 (zu § 3 EG Abs. 4 lit. c VOL/A).

außerhalb des europäischen Binnenmarktes nicht gefordert; abgesehen davon, dass die damit verbundenen praktischen Schwierigkeiten des Anwendungsbereich der ohnehin restriktiven Vorschrift de facto vollends ins Leere laufen ließen, adressiert auch die Konzessionsbekanntmachung, um deren Verzichtbarkeit es geht, den Binnenmarkt. Die zur Marktforschung ergriffenen Maßnahmen hat der Konzessionsgeber umfassend in der Vergabedokumentation gemäß § 6 KonzVgV niederzulegen. Nur wenn die Marktforschung belastbar ergibt, dass der ins Auge gefasste Konzessionär ein tatsächliches oder rechtliches Angebotsmonopol für die Bau- oder Dienstleistung, mit deren Erbringung er als Konzessionär betraut werden soll, hat, kommt ein Verzicht auf eine Konzessionsbekanntmachung gemäß § 20 Abs. 1 KonzVgV in Betracht.

II. Fallgruppen

19 § 20 Abs. 1 S. 1 KonzVgV unterscheidet vier Fallgruppen möglicher Gründe, aus denen ein bestimmtes Unternehmen als einziger Leistungsanbieter in Betracht kommen kann. Das Vorliegen einer dieser Fallgruppen muss dabei gerade kausal für die Alleinstellung des Unternehmens als Anbieter sein, wie das den Fallgruppen vorangestellte Wort „weil" zum Ausdruck bringt.

1. Einzigartiges Kunstwerk oder einzigartige künstlerische Leistungen (S. 1 Nr. 1)

20 Die in § 20 Abs. 1 S. 1 Nr. 1 KonzVgV geregelte erste Fallgruppe betrifft Konzessionen, die auf die Erschaffung oder den Erwerb eines einzigartigen Kunstwerks oder einer einzigartigen künstlerischen Leistung gerichtet sind.

21 Weder die Verordnungsbegründung noch die RL 2014/23/EU geben näheren Aufschluss über die begriffliche Differenzierung zwischen **Kunstwerken** und **künstlerischen Leistungen**. Eine Notwendigkeit für eine exakte definitorische Abgrenzung ist wegen der Gleichbehandlung bei der Formen künstlerischer Betätigung auch nicht erforderlich. Nach allgemeinem Sprachverständnis dürfte sich der Begriff „Kunstwerk" eher auf den Bereich der bildenden Kunst (z.B. Gemälde oder Skulpturen) und der Begriff „künstlerische Leistungen" eher auf die Bereiche der darstellenden Künste (z.B. Theater, Tanz, Filmkunst) sowie von Literatur und Musik beziehen. Letztlich ist aber – ungeachtet ihrer konkreten Zuordnung zu einer der beiden Begriffe – davon auszugehen, dass jede Form künstlerischer Betätigung umfasst sein soll.

22 Die Ausnahmevorschrift kommt sowohl beim Erwerb bereits vorhandener Kunstwerke und künstlerischer Leistungen als auch bei der beabsichtigten Betrauung des Konzessionärs mit der Erschaffung eines neuen Kunstwerks bzw. einer neuen künstlerischen Leistung in Betracht. Richtigerweise ist hierbei der Begriff des **„Erwerbs"** nicht auf Fälle des Eigentumserwerbs zu beschränken, an dem es bei Bau- oder Dienstleistungskonzessionen in der Regel fehlen wird. Vielmehr ist von einem Erwerb immer dann auszugehen, wenn für die Konzession ein bereits vorhandenes Kunstwerk bzw. eine bereits vorhandene künstlerische Leistung benötigt wird (z.B. beim Erwerb von zeitlich begrenzten Nutzungsrechten an Kunstwerken, die vom Konzessionär in einer Ausstellung präsentiert werden sollen).

23 Voraussetzung ist die **Einzigartigkeit** des Kunstwerks oder der künstlerischen Leistung. Das Kunstwerk bzw. die künstlerische Leistung müssen also besondere Eigenheiten aufweisen, die nur bei einem bestimmten Künstler vorhanden sind.[24] Das Vorhandensein entsprechender besonderer Eigenheiten muss der Konzessionsgeber anhand objektiver Gesichtspunkte nachweisen.[25] Hiervon ist aber richtigerweise die Frage zu trennen, ob gerade diese besonderen Eigenheiten eines bestimmten Künstlers objektiv für die Konzession erforderlich sein müssen.

24 Nach herrschender Meinung zu den vergleichbaren Vorgängervorschriften des § 3 Abs. 4 lit. a VOF und § 3 EG Abs. 4 lit. c VOL/A mussten außerdem **objektive Gründe** dafür sprechen, dass das zu erschaffende oder zu erwerbende Kunstwerk bzw. die zu erschaffende oder zu

---

24 Ebenso zu § 3 Abs. 4 lit. a VOF *Müller-Wrede*, in: Müller-Wrede, VOF, § 3 Rn. 71.
25 Ebenso zu § 14 Abs. 4 Nr. 2 lit. a VgV *Hirsch/Kaelble* in: Müller-Wrede, VgV/UVgO, § 14 VgV Rn. 178.

erwerbende künstlerische Leistung die fraglichen einzigartigen künstlerischen Eigenheiten aufweisen musste, während rein geschmackliche Präferenzen des Auftraggebers für einen bestimmten Künstler nicht ausreichend sein sollten.[26] Dies wurde insbesondere angenommen für die Reparatur bereits vorhandener Kunstwerke oder die Erschaffung eines neuen Kunstwerks in unmittelbarer Nähe zu einem bereits vorhandenen Kunstwerk.[27] Diese Ansicht ist nach hier vertretener Auffassung auf § 20 Abs. 1 Nr. 1 KonzVgV nicht übertragbar. Bei der Frage, ob bestimmte künstlerische Besonderheiten für die Konzession unbedingt benötigt werden, geht es letztlich um die normativ in § 20 Abs. 1 S. 1 KonzVgV verankerte Prüfung, ob Alternativen oder Ersatzlösungen denkbar sind bzw. ob der Konzessionsgeber die Parameter der Konzessionsvergabe künstlich eingeengt hat. Der Verordnungsgeber hat aber – ebenso wie der Unionsgesetzgeber in Art. 31 Abs. 4 UAbs. 2 RL 2014/23/EU – in § 20 Abs. 1 S. 2 KonzVgV darauf verzichtet, die dort formulierte Einschränkung der Ausnahmevorschrift des § 20 Abs. 1 S. 1 KonzVgV bei möglichen Alternativen oder Ersatzlösungen bzw. „einer künstlichen Einengung der Parameter der Konzessionsvergabe" auch auf die Fallgruppe des § 20 Abs. 1 S. 1 Nr. 1 KonzVgV auszudehnen. Dies rechtfertigt die Annahme, dass Unionsgesetzgeber und nationaler Verordnungsgeber bei der Beschaffung einzigartiger Kunstwerke oder einzigartiger künstlerischer Leistungen – innerhalb der allgemeinen Grenzen des Leistungsbestimmungsrechts[28] – Konzessionsgebern die Möglichkeit belassen wollten, den Anbieterkreis auch durch die Festlegung auf bestimmte geschmackliche Präferenzen „künstlich" gegebenenfalls auf einen bestimmten Künstler zu begrenzen, wenn dessen Kunstwerke bzw. künstlerische Leistungen besondere Eigenheiten aufweisen und deshalb „einzigartig" i.S.v. § 20 Abs. 1 S. 1 Nr. 1 KonzVgV sind.[29]

2. Technische Gründe (S. 1 Nr. 2)

25 § 20 Abs. 1 S. 1 Nr. 2 KonzVgV setzt voraus, dass Wettbewerb aus technischen Gründen nicht entstehen kann. Dies kann etwa der Fall sein, wenn für die Erbringung der Bau- oder Dienstleistung eine besondere Befähigung oder eine bestimmte Ausstattung erforderlich ist, über die nur ein Anbieter verfügt.[30] Dies wird nur dann der Fall sein, wenn die zu erbringenden Bau- oder Dienstleistungen mit besonderen Schwierigkeiten verbunden sind, die einer fachlich ungewöhnlichen Lösung bedürfen.[31]

26 Zur Anwendbarkeit dieses Ausnahmetatbestandes müssen zwei Voraussetzungen kumulativ erfüllt sein: Zum einen müssen die Leistungen, die Gegenstand der Konzession sind, eine **technische Besonderheit** aufweisen, und zum anderen muss es gerade aufgrund dieser technischen Besonderheit **unbedingt erforderlich** sein, die Konzession an ein bestimmtes Unternehmen zu vergeben.[32] Das Vorliegen beider Voraussetzungen hat der Konzessionsgeber in der Vergabedokumentation gemäß § 6 KonzVgV überzeugend darzulegen, was nach dem oben Gesagten[33] insbesondere eine ernsthafte Markterkundung auf europäischer Ebene[34] voraussetzt.

27 Besteht auch nur die Möglichkeit, dass sich weitere Unternehmen die erforderliche besondere Befähigung oder Ausstattung bis zum Ablauf der Zuschlagsfrist **aneignen**, so ist für die Anwendung von § 20 Abs. 1 S. 1 Nr. 2 KonzVgV kein Raum.[35] Der Wortlaut von § 20 Abs. 1

---

26 *Kaelble/Müller-Wrede*, in: Müller-Wrede, VOL/A, § 3 EG Rn. 143; *Müller-Wrede*, in: Müller-Wrede, VOF, § 3 Rn. 72.
27 *Kaelble/Müller-Wrede*, in: Müller-Wrede, VOL/A, § 3 EG Rn. 143 (zu § 3 EG Abs. 4 lit. c VOL/A); ebenso zu § 14 Abs. 4 Nr. 2 lit. a VgV *Hirsch/Kaelble* in: Müller-Wrede, VgV/UVgO, § 14 VgV Rn. 178
28 Siehe hierzu im Folgenden Rn. 40.
29 Dazu näher im Folgenden unter Rn. 42 ff.
30 Vgl. *Kulartz*, in: Kulartz/Marx/Portz/Prieß, VOB/A, § 3 EG Rn. 73 (zu § 3 EG Abs. 5 Nr. 3 VOB/A 2012); *Kaelble/Müller-Wrede*, in: Müller-Wrede, VOL/A, § 3 EG Rn. 141 (zu § 3 EG Abs. 4 lit. c VOL/A).
31 OLG Karlsruhe, Beschluss v. 21.7.2010 – 15 Verg 6/10; *Hirsch/Kaelble*, in: Müller-Wrede, VgV/UVgO, § 14 VgV Rn. 181.
32 Vgl. EuGH, Urteil v. 2.6.2005 – Rs. C-394/02 (Kommission/Griechenland), Rn. 34 zu Art. 20 Abs. 2 lit. c und d RL 93/38/EWG.
33 Siehe oben Rn. 18.
34 EuGH, Urteil v. 15.10.2009 – Rs. C-275/08 (Kommission/Deutschland).
35 Vgl. OLG Karlsruhe, Beschluss v. 21.7.2010 – 15 Verg 6/10 zu § 3a Nr. 2 lit. c VOL/A 2006; ebenso *Hirsch/Kaelble*, in: Müller-Wrede, VgV/UVgO, § 14 VgV Rn. 181.

S. 1 Nr. 2 KonzVgV bringt dies deutlich zum Ausdruck: Erforderlich für den Verzicht auf eine Konzessionsbekanntmachung ist, dass Wettbewerb nicht entstehen kann. Unerheblich ist dagegen, ob bereits vor Beginn des Vergabeverfahrens ein etablierter Wettbewerb besteht und mehrere Anbieter vorhanden sind, die die erforderlichen technischen Anforderungen erfüllen.

3. Bestehen ausschließlicher Rechte (S. 1 Nr. 3)

28 Nach § 20 Abs. 1 S. 1 Nr. 3 KonzVgV ist eine Bekanntmachung verzichtbar, wenn die zu beschaffende Bau- oder Dienstleistung wegen des Bestehens eines ausschließlichen Rechts nur von einem Unternehmen erbracht werden kann.

29 Der Begriff des **ausschließlichen Rechts** im Sinne von § 20 Abs. 1 S. 1 Nr. 3 KonzVgV deckt sich dabei mit der entsprechenden Begriffsdefinition in § 100 Abs. 2 S. 1 GWB, auf den § 101 Abs. 2 GWB für den Bereich der Konzessionsvergabe verweist. Ausschließliche Rechte, die nicht unter die entsprechende Begriffsdefinition in § 100 Abs. 2 S. 1 GWB fallen, werden nicht vom Ausnahmetatbestand des § 20 Abs. 1 S. 1 Nr. 3 KonzVgV erfasst, sondern fallen unter § 20 Abs. 1 S. 1 Nr. 4 KonzVgV. Die in der KonzVgV etwas unglücklich geratene Unterscheidung der Anwendungsfälle von Nr. 3 und Nr. 4 in § 20 Abs. 1 S. 1 KonzVgV erschließt sich durch Rückgriff auf den Richtlinienwortlaut. In Art. 31 Abs. 4 UAbs. 1 lit. c RL 2014/23/EU, der durch § 20 Abs. 1 Nr. 3 KonzVgV umgesetzt wird, ist vom „Bestehen eines ausschließlichen Rechts" die Rede. Die Richtlinie definiert den Begriff des „ausschließlichen Rechts" legal in Art. 5 Nr. 10 RL 2014/23/EU wie folgt:

> „Rechte, die eine zuständige Behörde eines Mitgliedstaats im Wege einer mit den Verträgen im Einklang stehenden Rechts- oder veröffentlichten Verwaltungsvorschrift, gewährt hat, wodurch die Möglichkeit anderer Wirtschaftsteilnehmer zur Ausübung dieser Tätigkeit wesentlich eingeschränkt wird."

Der nationale Verordnungsgeber hat den Begriff der „ausschließlichen Rechte" in § 20 Abs. 1 S. 1 Nr. 3 KonzVgV wörtlich aus Art. 31 Abs. 4 UAbs. 1 lit. c RL 2014/23/EU übernommen. Zu den ausschließlichen Rechten i.S.v. § 20 Abs. 1 S. 1 Nr. 3 KonzVgV zählen daher nur behördlich verliehene Rechte. Dabei spielt es allerdings keine Rolle, ob diese Rechte durch Verwaltungsakt oder durch eine vertragliche Vereinbarung des Berechtigten mit der zuständigen Behörde eingeräumt wurden.[36]

30 Dabei muss das verliehene Recht dem berechtigten Unternehmen eine rechtliche oder faktische **Ausschließlichkeitsstellung** auf dem Markt gewähren, beispielsweise durch die Möglichkeit, exklusiv in einer bestimmten Region eine Leistung anbieten zu können, oder durch eine singuläre Rechtsstellung infolge einer Konzession.[37] In Betracht kommen hier beispielsweise Linienverkehrsgenehmigungen nach PBefG.[38]

4. Geistiges Eigentum und andere Ausschließlichkeitsrechte (S. 1 Nr. 4)

31 Schließlich kann der Verzicht auf eine Konzessionsbekanntmachung nach § 20 Abs. 1 S. 1 Nr. 4 KonzVgV auch dadurch gerechtfertigt sein, dass Rechte des geistigen Eigentums oder andere als die in § 101 Abs. 2 i.V.m. § 100 Abs. 2 S. 1 GWB definierten ausschließlichen Rechte zu beachten sind.

32 Rechte des geistigen Eigentums sind insbesondere **Patent-** und **Urheberrechte**. Im ursprünglichen Vorschlag der Kommission für die Konzessionsvergaberichtlinie[39] waren diese Rechte noch ausdrücklich als Beispiele für Rechte des geistigen Eigentums genannt. Auch in

---

[36] Vgl. *Opitz*, in: Kularz/Kus/Portz/Prieß, GWB-Vergaberecht, § 100 Rn. 38; *Röbke*, in: Müller-Wrede, GWB-Vergaberecht, § 100 Rn. 22.
[37] OLG München, Beschluss v. 12.5.2011 – Verg 26/10 (zu § 98 Nr. 4 GWB a. F.).
[38] Streitig. Wie hier *Hirsch/Kaelble*, in: Müller-Wrede, VgV/UVgO, § 14 VgV Rn. 194 f.; a.A. VK Baden-Württemberg, Beschluss v. 14.3.2005 – 1 VK 5/05.
[39] Europäische Kommission, Vorschlag für Richtlinie des Europäischen Parlaments und des Rates über die Konzessionsvergabe – KOM(2011) 897 endgültig, Art. 26 Nr. 5 lit. b.

der abschließenden Trilog-Fassung findet sich noch eine entsprechende beispielhafte Hervorhebung („patents, copyrights or other intellectual property rights").[40] Dass die endgültige sprachliche Fassung des Art. 31 Abs. 4 UAbs. 1 lit. d RL 2014/23/EU in Anpassung an die entsprechende Vorschrift in Art. 32 Abs. 2 lit. b sublit. iii RL 2014/24/EU Patent- und Urheberrechte nicht mehr ausdrücklich erwähnt, ändert deshalb nichts daran, dass insbesondere diese beiden Rechte des geistigen Eigentums von § 20 Abs. 1 S. 1 Nr. 4 KonzVgV erfasst sind.

Rechte des geistigen Eigentums schließen einen **Wettbewerb** zwischen mehreren Anbietern allerdings nicht per se aus. Für den Verzicht auf eine Konzessionsbekanntmachung ist deshalb entscheidend, dass eine Inanspruchnahme des entsprechenden Rechts für die Erbringung der vom Konzessionsgeber nachgefragten Bau- oder Dienstleistung zwingend erforderlich ist.[41]

Neben den Rechten des geistigen Eigentums umfasst § 20 Abs. 1 S. 1 Nr. 4 KonzVgV auch **weitere ausschließliche Rechte**, soweit es sich nicht um die in § 101 Abs. 1 i.V.m. § 100 Abs. 2 S. 1 GWB definierten ausschließlichen Rechte handelt. Diese letztgenannten ausschließlichen Rechte sind bereits von § 20 Abs. 1 S. 1 Nr. 3 KonzVgV umfasst. Die sprachlich etwas unglückliche Erwähnung ausschließlicher Rechte sowohl in § 20 Abs. 1 S. 1 Nr. 3 KonzVgV als auch in § 20 Abs. 1 S. 1 Nr. 4 KonzVgV geht auf die sehr stark am Wortlaut des Art. 31 Abs. 4 RL 2014/23/EU ausgerichtete Formulierung des § 20 Abs. 1 KonzVgV zurück. Der Grund für die doppelte Erwähnung ausschließlicher Rechte in Art. 31 Abs. 4 UAbs. 1 lit. c und d RL 2014/23/EU war die Legaldefinition des Begriffs „ausschließliche Rechte" in Art. 5 Nr. 10 RL 2014/23/EU. Der Unionsgesetzgeber wollte durch die eigenständige Erwähnung „anderer als der in Artikel 5 Nummer 10 definierten ausschließlichen Rechte" in Art. 31 Abs. 4 UAbs. 1 lit. d RL 2014/23/EU ausdrücklich klarstellen, dass nicht nur die von der Legaldefinition des Art. 5 Nr. 10 RL 2014/23/EU umfassten (behördlich verliehenen) ausschließlichen Rechte einen Verzicht auf eine Konzessionsbekanntmachung rechtfertigen können, sondern auch andere Ausschließlichkeitsrechte. Da die KonzVgV die Legaldefinition des Art. 5 Nr. 10 RL 2014/23/EU nicht übernommen hat, hätte es einer doppelten Erwähnung der ausschließlichen Rechte in § 20 Abs. 1 S. 1 Nr. 3 und 4 KonzVgV an sich nicht bedurft. Der Verweis in § 20 Abs. 1 S. 1 Nr. 4 KonzVgV auf § 101 Abs. 2 i.V.m. § 100 Abs. 2 S. 1 GWB bringt letztlich zum Ausdruck, dass in § 20 Abs. 1 S. 1 Nr. 4 KonzVgV dieselben ausschließlichen Rechte nicht miterfasst sein sollen wie in Art. 31 Abs. 4 UAbs. 1 lit. d RL 2014/23/EU, weil eben diese ausschließlichen Rechte bereits durch § 20 Abs. 1 S. 1 Nr. 3 KonzVgV erfasst werden. Für den Anwendungsbereich der § 20 Abs. 1 S. 1 Nr. 4 KonzVgV bleiben daher ausschließliche Rechte, die nicht auf einer Verleihung durch eine zuständige Behörde beruhen, sondern unmittelbar (in der Regel kraft Gesetzes) gelten. Beispielhaft zu nennen sind hier insbesondere Eigentumsrechte und eigentumsähnliche Rechte.[42]

Voraussetzung für einen Verzicht auf die Konzessionsbekanntmachung ist auch in diesen Fällen, dass die Inanspruchnahme des entsprechenden Rechtes zwingende **Voraussetzung** für die Erbringung der vom Konzessionsgeber nachgefragten Bau- oder Dienstleistung ist.[43]

III. Begrenzung der Ausnahmefälle (S. 2)

In den Fällen des § 20 Abs. 1 S. 1 Nr. 2 bis 4 KonzVgV ist das Recht zum Verzicht auf eine Konzessionsbekanntmachung darüber hinaus durch die Rückausnahme begrenzt, dass keine sinnvolle Alternative oder Ersatzlösung vorhanden ist und der fehlende Wettbewerb nicht das Ergebnis einer künstlichen Einengung der Parameter der Konzessionsvergabe ist.

---

40 Rat der Europäischen Union, Proposal for a Directive of the European Parliament and of the Council on the award of concession contracts – Doc. 11748/13.
41 Dazu näher im Folgenden unter Rn. 36 ff.
42 So OLG Frankfurt, Beschluss v. 30.8.2011 – 11 Verg 3/11 (zu § 3a Nr. 2 lit. c VOL/A, hier Eigentum an technischen Einrichtungen der Wasserversorgung).
43 Zu den weiteren Einschränkungen des § 20 Abs. 2 S. 2 KonzVgV siehe die folgenden Ausführungen unter Rn. 36 ff.

37 **Parallelvorschriften** finden sich – allerdings mit einem wichtigen Unterschied hinsichtlich des Anwendungsbereichs[44] – in § 14 Abs. 5 VgV, § 3a EU Abs. 3 Nr. 3 S. 2 VOB/A und § 13 Abs. 3 SektVO.

1. Verhältnis zum Leistungsbestimmungsrecht

38 § 20 Abs. 1 S. 2 KonzVgV setzt dem Leistungsbestimmungsrecht des Konzessionsgebers Grenzen und trägt dem Charakter von § 20 Abs. 1 KonzVgV als eng auszulegender Ausnahmevorschrift Rechnung. Der Konzessionsgeber soll sich nur dann auf die Unmöglichkeit einer Konzessionsvergabe im Wettbewerb berufen können, wenn diese Unmöglichkeit allein auf objektiven Begebenheiten beruht und nicht durch subjektive Präferenzen des Konzessionsgebers mitbeeinflusst worden ist.

39 Das **Leistungsbestimmungsrecht** betrifft die Entscheidung des Konzessionsgebers, welchen Beschaffungsgegenstand er für erforderlich oder wünschenswert hält.[45] Diese Entscheidung unterliegt der Bestimmungsfreiheit des Konzessionsgebers und ist dem Vergabeverfahren vorgelagert. Das Vergaberecht regelt nicht, was der Konzessionsgeber beschafft, sondern nur die Art und Weise der Beschaffung.[46]

40 Gleichwohl unterliegt auch das Leistungsbestimmungsrecht – ungeachtet seiner hier in Rede stehenden Einschränkung nach § 20 Abs. 1 S. 2 KonzVgV – bestimmten durch das Vergaberecht gezogenen **Grenzen**. Diese vergaberechtlichen Grenzen sind eingehalten,

- sofern die Bestimmung durch den Auftragsgegenstand sachlich gerechtfertigt ist,
- vom Konzessionsgeber dafür nachvollziehbare objektive und auftragsbezogene Gründe angegeben worden sind und die Bestimmung folglich willkürfrei getroffen worden ist,
- solche Gründe tatsächlich vorhanden (festzustellen und notfalls erwiesen) sind und
- die Bestimmung andere Wirtschaftsteilnehmer nicht diskriminiert.

Bewegt sich die Bestimmung in diesen Grenzen, gilt der Grundsatz der Wettbewerbsoffenheit der Beschaffung nicht mehr uneingeschränkt.[47]

41 Führt die Ausübung des Leistungsbestimmungsrechts allerdings trotz Einhaltung seiner vorgenannten allgemeinen Grenzen zu einer Verengung des Wettbewerbs auf nur einen Anbieter, so wird es durch die Vorschrift des § 20 Abs. 1 S. 2 KonzVgV weiter eingegrenzt. Die Regelung bezweckt eine Öffnung der Vergabe für den **Wettbewerb**, wenn dies z.B. durch Zulassung sinnvoller Alternativen oder Ersatzlösungen möglich ist. Damit geht es bei der Vorschrift nicht allein um die Bekanntmachungspflicht des Konzessionsgebers, sondern um seine Verpflichtung zur Anpassung des Beschaffungsgegenstandes selbst. Liegt ein Fall des § 20 Abs. 1 S. 2 KonzVgV vor, muss der Konzessionsgeber nicht nur eine Konzessionsbekanntmachung veröffentlichen, sondern auch den Konzessionsgegenstand so festlegen, dass sinnvolle Alternativen oder Ersatzlösungen zugelassen werden und die technischen, wirtschaftlichen und rechtlichen Rahmenbedingungen nicht künstlich eingeengt werden.

2. Begrenzung nur für Ausnahmefälle nach § 20 Abs. 1 S. 1 Nr. 2 bis 4 KonzVgV

42 Die in § 20 Abs. 1 S. 2 KonzVgV vorgesehene Begrenzung des Leistungsbestimmungsrechts gilt nach dem ausdrücklichen Wortlaut der Vorschrift nur für die Fälle des § 20 Abs. 1 S. 1 Nr. 2 bis 4 KonzVgV, also für Angebotsmonopole aus technischen oder rechtlichen Gründen.

43 Die Fälle des **§ 20 Abs. 1 S. 1 Nr. 1 KonzVgV** (Erschaffung oder Erwerb eines einzigartigen Kunstwerks oder einer einzigartigen künstlerischen Leistung) werden dagegen ausdrücklich nicht von § 20 Abs. 1 S. 2 KonzVgV erfasst. Dies unterschied § 20 Abs. 1 S. 2 KonzVgV bei

---

44 Siehe dazu im Folgenden Rn. 42 ff.
45 Grundlegend OLG Düsseldorf, Beschluss v. 3.3.2010 – VII-Verg 46/09 (Klein-Lysimeter).
46 OLG Düsseldorf, Beschluss v. 24.9.2014 – VII-Verg 17/14; Beschluss v. 27.6.2012 – VII-Verg 7/12; OLG München, Beschluss v. 9.9.2010 – Verg 10/10.
47 Vgl. OLG Düsseldorf, Beschluss v. 24.9.2014 – VII-Verg 17/14; Beschluss v. 1.8.2012 – VII-Verg 10/12; OLG Jena, Beschluss v. 25.6.2014 – 2 Verg 1/14; im Ergebnis ähnlich OLG Karlsruhe, Beschluss v. 14.9.2016 – 15 Verg 7/16.

Inkrafttreten der VergRModVO zunächst von den Parallelvorschriften aus dem Bereich der Auftragsvergabe (§ 14 Abs. 6 VgV und § 13 Abs. 3 SektVO), die jeweils ausdrücklich auch für den Ausnahmetatbestand eines Angebotsmonopols aus künstlerischen Gründen eine Begrenzung des Leistungsbestimmungsrechts vorsahen. Allerdings sind diese Parallelvorschriften zwischenzeitlich durch das eIDAS-Durchführungsgesetz inhaltlich an § 20 Abs. 1 S. 2 KonzVgV angeglichen worden.

Damit stellt sich die Frage, inwieweit in den Fällen des § 20 Abs. 1 S. 1 Nr. 1 KonzVgV **subjektive Präferenzen** des Konzessionsgebers für besondere Eigenheiten eines bestimmten Künstlers (z.B. eines Schriftstellers, Komponisten oder Filmemachers) im Rahmen des Leistungsbestimmungsrechtes eine Begrenzung des Anbieterkreises rechtfertigen können. Dafür spricht jedenfalls, dass die Herausnahme künstlerisch bedingter Monopolstellungen aus der Begrenzung des Leistungsbestimmungsrechtes auf einer bewussten Entscheidung des Unionsgesetzgebers beruht. Im ursprünglichen Richtlinienentwurf[48] waren nur technisch und rechtlich begründete Monopolstellungen als Gründe für ein Absehen von einer Konzessionsbekanntmachung vorgesehen, und zwar bereits unter der Begrenzung, dass keine sinnvolle Alternative oder Ersatzlösung vorhanden ist und der fehlende Wettbewerb nicht das Ergebnis einer künstlichen Einengung der Parameter der Konzessionsvergabe ist. Die Erschaffung eines einzigartigen Kunstwerks oder einer einzigartigen künstlerischen Leistung wurde erst nachträglich mit dem Kompromissvorschlag des Rates der Europäischen Union[49] als weiterer Ausnahmefall für die Entbehrlichkeit einer Konzessionsbekanntmachung in den Richtlinientext aufgenommen. Die dem heutigen § 20 Abs. 1 S. 2 KonzVgV entsprechende Begrenzungsregelung wurde dabei redaktionell in einen eigenen Satz[50] ausgegliedert und ausdrücklich auf die Fälle einer technisch oder rechtlich begründeten Monopolstellung beschränkt, was im weiteren Gesetzgebungsverfahren trotz erheblicher Umformulierungen der Vorschrift im Übrigen unverändert beibehalten wurde. Diese bewusste gesetzgeberische Entscheidung, die der deutsche Verordnungsgeber in § 20 Abs. 1 S. 2 KonzVgV unverändert übernommen hat, ist zu respektieren. Sie gewährt dem Konzessionsgeber – im Rahmen der allgemeinen Grenzen seines Leistungsbestimmungsrechtes – das Recht, sich in Fällen des § 20 Abs. 1 S. 1 Nr. 1 KonzVgV bei der Beschaffung von Kunstwerken und künstlerischen Leistungen auch dann auf bestimmte einzigartige künstlerische Merkmale festlegen zu dürfen, wenn sich hierfür eine zwingende objektive Notwendigkeit – wie häufig in derartigen Fällen – nur schwer darlegen lässt.

3. Rückausnahmetatbestände

Die in § 20 Abs. 1 S. 2 KonzVgV vorgesehenen Tatbestände verstehen sich alternativ als Rückausnahme zu dem aus § 20 Abs. 1 S. 1 KonzVgV folgenden Recht des Konzessionsgebers zum Verzicht auf eine Konzessionsbekanntmachung. Ist nur einer der genannten Rückausnahmetatbestände erfüllt, bleibt es bei der Verpflichtung des Konzessionsgebers zur vorherigen Veröffentlichung einer Konzessionsbekanntmachung nach § 19 KonzVgV. Kann der Konzessionsgeber also entweder auf sinnvolle Alternativen oder Ersatzlösungen zurückgreifen oder hat er die Parameter der Konzessionsvergabe künstlich eingeengt, ist der Verzicht auf eine Konzessionsbekanntmachung aus den in § 20 Abs. 1 S. 1 Nr. 2 bis 4 KonzVgV genannten Gründen unzulässig.

---

[48] Europäische Kommission, Vorschlag für Richtlinie des Europäischen Parlaments und des Rates über die Konzessionsvergabe – KOM(2011) 897 endgültig, Art. 26 Abs. 5 lit. b.
[49] Rat der Europäischen Union, Vorschlag für eine Richtlinie des Europäischen Parlaments und des Rates über die Konzessionsvergabe – Doc. 18007/12, Art. 26 Abs. 4 UAbs. 1 lit. b sublit. i.
[50] Rat der Europäischen Union, Vorschlag für eine Richtlinie des Europäischen Parlaments und des Rates über die Konzessionsvergabe – Doc. 18007/12, Art. 26 Abs. 4 UAbs. 2.

a) Keine sinnvolle Alternative oder Ersatzlösung

46 Der Konzessionsgeber muss vor einem Verzicht auf eine Konzessionsbekanntmachung kritisch prüfen, ob der von ihm verfolgte Zweck der Konzession tatsächlich nur mit dem von ihm bestimmten Leistungsgegenstand erreicht werden kann, wenn dieser Leistungsgegenstand aus technischen oder rechtlichen Gründen einen Wettbewerb ausschließt. Damit darf sich der Konzessionsgeber beispielsweise nur dann für die Vorgabe eines durch Patent- oder Urheberrechte geschützten Konzessionsgegenstandes entscheiden, wenn der von ihm verfolgte Zweck nicht durch alternative Produkte oder Verfahren ebenfalls erreicht werden kann.

47 Nähere Hinweise zur genauen begrifflichen Abgrenzung zwischen **„Alternativen"** und **„Ersatzlösungen"** lassen sich weder der Regelung selbst noch der Verordnungsbegründung entnehmen. Auch die RL 2014/23/EU gibt hierzu keine näheren Hinweise. Allerdings benennt die RL 2014/24/EU für den Bereich der Auftragsvergabe zu der insoweit identischen dortigen Regelung in Erwägungsgrund 50 als Beispiele „alternative Vertriebswege, einschließlich außerhalb des Mitgliedstaats des öffentlichen Auftraggebers" und die „Erwägung funktionell vergleichbarer Bauleistungen, Lieferungen und Dienstleistungen. Dies deutet darauf hin, dass es bei der Prüfung von Alternativen vor allem um die Frage geht, ob sich eine funktionell identische Leistung ggf. auf anderem Wege beschaffen lässt, während mit Ersatzlösungen Leistungen gemeint sind, deren Parameter zwar von der vorgesehenen Leistung abweichen, die aber mit dieser funktional vergleichbar sind.

48 Der Konzessionsgeber hat dabei das Vorliegen von Alternativen und Ersatzlösungen sorgfältig im Rahmen der ohnehin erforderlichen europaweiten **Markterforschung**[51] zu prüfen und bei denkbaren Alternativ- oder Ersatzlösungen eingehend und nachvollziehbar zu begründen, warum deren Verwendung nicht möglich ist.[52] Die Prüfung ist in der Vergabeakte gemäß § 6 KonzVgV zu dokumentieren. Dabei sind an die Markterforschung hohe Anforderungen zu stellen. Der Unionsgesetzgeber hat in Erwägungsgrund 51 RL 2014/23/EU den Ausnahmecharakter des Konzessionsvergabeverfahrens ohne vorherige Konzessionsbekanntmachung ausdrücklich hervorgehoben. Konzessionsgeber müssen deshalb alle ihnen zur Verfügung stehenden Möglichkeiten ausschöpfen, um die Verfügbarkeit von Alternativen oder Ersatzlösungen im Binnenmarkt zu prüfen. Soweit zur Parallelvorschrift des § 14 Abs. 6 VgV vertreten wird, die Prüfungspflicht beschränke sich auf dem Auftraggeber zumutbare Untersuchungen,[53] ist deshalb Vorsicht geboten. Weder der Wortlaut von § 20 Abs. 1 S. 2 KonzVgV noch die zugrunde liegenden Vorschriften der RL 2014/23/EU bieten hierfür eine Stütze. Es besteht auch kein praktisches Bedürfnis für eine entsprechende Begrenzung der Prüfpflicht; dem Konzessionsgeber bleibt es unbenommen und ist es auch zumutbar, im Falle einer vermeintlichen oder tatsächlichen Unzumutbarkeit der gebotenen umfassenden Markterkundung eine Konzessionsbekanntmachung zu veröffentlichen.

49 Ergeben sich im Rahmen der Markterkundung Alternativen oder Ersatzlösungen, so hat der Konzessionsgeber zu prüfen, ob diese **„sinnvoll"** i.S.v. § 20 Abs. 1 S. 2 KonzVgV sind. Die Parallelvorschrift in § 14 Abs. 6 VgV verwendet abweichend hiervon den Begriff „vernünftig", was auf einen entsprechenden sprachlichen Unterschied in den deutschen Textfassungen zwischen Art. 31 Abs. 4 UAbs. 2 RL 2014/23/EU und Art. 32 Abs. 2 lit. b S. 2 RL 2014/24/EU zurückgeht. Es ist allerdings davon auszugehen, dass beide Begriffe inhaltsgleich zu verstehen sind, da sich der sprachliche Unterschied in einigen anderen Textfassungen nicht findet; so verwenden beispielsweise die englischsprachigen Textfassungen übereinstimmend den Begriff „reasonable". Eine Alternative oder Ersatzlösung ist als sinnvoll anzusehen, wenn der Beschaffungszweck des Konzessionsgebers mit ihnen in vergleichbarer Weise, also insbesondere ohne Qualitäts- oder Nutzungseinschränkungen erreicht werden kann.[54]

---

51 Siehe hierzu Rn. 18.
52 Ebenso zu § 14 Abs. 6 VgV *Kulartz*, in: Kulartz/Kus/Marx/Portz/Prieß, VgV, § 14 Rn. 88. Im Ergebnis auch OLG Düsseldorf, Beschluss v. 12.7.2017 – VII-Verg 13/17.
53 *Hirsch/Kaelble*, in: Müller-Wrede, VgV/UVgO, § 14 VgV Rn. 321.
54 Ebenso zu § 14 Abs. 6 VgV *Hirsch/Kaelble*, in: Müller-Wrede, VgV/UVgO, § 14 VgV Rn. 322.

b) Künstliche Einengung der Parameter der Konzessionsvergabe

Neben der Prüfung alternativer Leistungsgegenstände muss sich der Konzessionsgeber auch vergewissern, dass seine konkreten Detailvorgaben zu den Parametern der Konzessionsvergabe den Wettbewerb um die Konzession in technischer, wirtschaftlicher und/oder rechtlicher Hinsicht nicht künstlich einengen. Vorgaben des Konzessionsgebers, die den Wettbewerb einengen, werden immer dann als künstlich anzusehen sein, wenn es an einer sachlichen Rechtfertigung durch den Auftragsgegenstand fehlt. In einem solchen Fall wären allerdings ohnehin bereits die allgemeinen Grenzen des Leistungsbestimmungsrechts überschritten.[55]

IV. Zulässigkeit einer Direktvergabe

Liegen die Voraussetzungen des § 20 Abs. 1 KonzVgV vor, kann der Konzessionsgeber – über den ausdrücklich erlaubten Verzicht auf eine Konzessionsbekanntmachung hinaus – auch ausnahmsweise von einer Vergabe im Wettbewerb unter Beteiligung mehrerer Bewerber bzw. Bieter absehen. Wenngleich § 20 Abs. 1 KonzVgV eine solche Berechtigung nicht ausdrücklich vorsieht, folgt sie denknotwendig aus der Anknüpfung der Vorschrift an das Bestehen eines Angebotsmonopols.[56] Existiert nach sorgfältiger Marktanalyse aus technischen oder rechtlichen Gründen nur ein Unternehmen, das als Konzessionsnehmer in Betracht kommt, so fehlt allen anderen Marktteilnehmern zwangsläufig die erforderliche Eignung i.S.v. § 152 Abs. 2 i.V.m. § 122 GWB.

C. Verzicht auf eine erneute Konzessionsbekanntmachung (Abs. 2)

Im Gegensatz zu § 20 Abs. 1 KonzVgV ist ein Verzicht auf eine Konzessionsbekanntmachung in den Fällen des § 20 Abs. 2 KonzVgV nur dann möglich, wenn bereits ein früheres Vergabeverfahren über denselben Konzessionsgegenstand mit einer ordnungsgemäßen Konzessionsbekanntmachung stattgefunden hat, aber mangels geeigneter Teilnahmeanträge oder Angebote erfolglos geblieben ist.

I. Frühere Bekanntmachung des Konzessionsgegenstandes

§ 20 Abs. 2 S. 1 KonzVgV setzt voraus, dass es sich bei dem vorausgegangenen Vergabeverfahren um ein **Konzessionsvergabeverfahren mit** einer ordnungsgemäßen **Konzessionsbekanntmachung** gemäß § 19 KonzVgV gehandelt hat. Dies verdeutlicht schon der Wortlaut, wonach von einer „neuen Konzessionsbekanntmachung" abgesehen werden kann, also nicht von einer erstmaligen Bekanntmachung des Konzessionsgegenstandes. Es ist auch mit Blick auf den Ausnahmecharakter der Vorschrift und auf die vom Unionsgesetzgeber im Erwägungsgrund 51 RL 2014/23/EU zum Ausdruck gebrachte Beschränkung eines Verzichts auf eine Konzessionsbekanntmachung auf sehr außergewöhnliche Umstände zu fordern. Erwägungsgrund 51 S. 2 RL 2014/23/EU bekräftigt die Intention des Unionsgesetzgebers, die Ausnahmen von der Konzessionsbekanntmachung auf solche Fälle zu beschränken, in denen von Beginn an klar ist, dass eine Veröffentlichung nicht zu mehr Wettbewerb führen würde. Hiervon ist in den Fällen des § 20 Abs. 2 KonzVgV nur auszugehen, wenn bereits eine Konzessionsbekanntmachung stattgefunden hat und eine erneute Konzessionsbekanntmachung keinen größeren Wettbewerb verspricht, weil die Bedingungen des Konzessionsvertrages nicht grundlegend geändert werden.

Hat bereits das ursprüngliche **Konzessionsvergabeverfahren ohne Konzessionsbekanntmachung** stattgefunden, kann bei einem erneuten Konzessionsvergabeverfahren der Verzicht auf eine Konzessionsbekanntmachung jedenfalls nicht nach § 20 Abs. 2 KonzVgV gerechtfertigt werden. Dies gilt auch dann, wenn beim ursprünglichen Konzessionsvergabe-

---

55 Siehe oben Rn. 40.
56 Siehe oben Rn. 16 ff.

verfahren auf eine Konzessionsbekanntmachung verzichtet werden durfte, weil die Voraussetzungen des § 20 Abs. 1 KonzVgV vorlagen. Liegen diese Voraussetzungen für das erneute Konzessionsvergabeverfahren unverändert vor, kann auch dieses wiederum nach § 20 Abs. 1 KonzVgV ohne Konzessionsbekanntmachung stattfinden. Sind dagegen die Voraussetzungen des § 20 Abs. 1 KonzVgV zwischenzeitlich weggefallen (z.B. weil ursprüngliche Patent- oder Urheberrechte erloschen sind), darf der Konzessionsgeber im erneuten Vergabeverfahren nicht auf eine Konzessionsbekanntmachung verzichten.

55 Dies gilt erst recht, wenn ein ordnungsgemäßes **Konzessionsvergabeverfahren** überhaupt **nicht stattgefunden** hat, z.B., weil der Konzessionsgeber vor Inkrafttreten der KonzVgV versucht hat, eine Dienstleistungskonzession unter Missachtung des EU-Primärrechts[57] in direkten Verhandlungen mit einem Unternehmen zu vergeben, ohne dass hierfür Rechtfertigungsgründe vorgelegen hätten, die den Regelungen des § 20 Abs. 1 KonzVgV vergleichbar wären.

56 Hat der Konzessionsgeber bereits **vor Inkrafttreten der KonzVgV** ein Vergabeverfahren durchgeführt und an dessen Beginn eine Bekanntmachung nach den seinerzeit gültigen Bestimmungen der VOB/A (für Baukonzessionen) bzw. des EU-Primärrechts (für Dienstleistungskonzessionen) veröffentlicht, so spricht nichts gegen die Annahme, dass sich der Konzessionsgeber nach einem Scheitern dieses Verfahrens auf § 20 Abs. 2 KonzVgV berufen kann, falls dessen sonstige Voraussetzungen vorliegen.

57 Ungeschriebene Bedingung für die Zulässigkeit eines neuen Vergabeverfahrens ohne Konzessionsbekanntmachung ist darüber hinaus die wirksame **Aufhebung** des vorangegangenen Vergabeverfahrens.[58] Nicht zulässig ist die Durchführung eines neuen Vergabeverfahrens, wenn das vorangegangene Verfahren nur zum Schein aufgehoben wird (Scheinaufhebung),[59] wobei derartige Fälle im Bereich der Konzessionsvergabe mit seiner sehr großen Freiheit der Verfahrensgestaltung für den Konzessionsgeber aus praktischen Gründen kaum vorkommen dürften. Praktisch relevant sind daher vor allem Fälle, in denen eine Aufhebung des Vergabeverfahrens mangels Vorliegens der Voraussetzungen des § 32 Abs. 1 S. 1 KonzVgV entweder vom Konzessionsgeber selbst oder im Nachprüfungsverfahren wieder aufgehoben wird („Aufhebung der Aufhebung"). In einem solchen Fall hat der Konzessionsgeber das ohne Bekanntmachung neu eingeleitete Vergabeverfahren seinerseits nach § 32 Abs. 1 S. 1 Nr. 4 KonzVgV aufzuheben.[60]

II. Fehlen geeigneter Teilnahmeanträge oder Angebote

58 § 20 Abs. 2 S. 1 KonzVgV setzt voraus, dass in dem früheren Vergabeverfahren entweder überhaupt keine oder nur ungeeignete Teilnahmeanträge oder Angebote eingereicht wurden.

1. Keine Angebote oder Teilnahmeanträge

59 Dass **keine Angebote** oder **Teilnahmeanträge** eingereicht wurden, ist nur dann der Fall, wenn Angebote oder Teilnahmeanträge vollständig fehlen.

60 Wurden Angebote oder Teilnahmeanträge eingereicht, erfüllen diese aber die **formalen Anforderungen** des Konzessionsgebers nicht (z.B. aufgrund formaler Fehler oder wegen verspäteten Eingangs beim Konzessionsgeber), kann nicht mehr davon gesprochen werden, dass kein Angebot oder Teilnahmeantrag eingegangen sei. In derartigen Fällen ist vielmehr zu prüfen, ob die eingegangenen fehlerhaften Angebote oder Teilnahmeträge ungeeignet im Sinne von § 20 Abs. 2 S. 2 KonzVgV sind.

---

57 Grundlegend EuGH, Urteil v. 7.12.2000 – Rs. C-324/98 (Telaustria), Rn. 60 ff.; vgl. auch EuGH, Urteil v. 13.10.2005 – Rs. C-458/03 (Parking Brixen), Rn. 46 ff.; Urteil v. 13.4.2010 – Rs. C-91/08 (Wall), Rn. 36 ff.
58 Ebenso zu § 14 Abs. 4 Nr. 1 VgV *Hirsch/Kaelble*, in: Müller-Wrede, VgV/UVgO, § 14 VgV Rn. 150.
59 Ebenso zu § 14 Abs. 4 Nr. 1 VgV *Hirsch/Kaelble*, in: Müller-Wrede, VgV/UVgO, § 14 VgV Rn. 150.
60 Ebenso zu § 14 Abs. 4 Nr. 1 VgV *Hirsch/Kaelble*, in: Müller-Wrede, VgV/UVgO, § 14 VgV Rn. 150.

2. Ungeeignete Teilnahmeanträge

Wann ein Teilnahmeantrag ungeeignet ist, definiert § 20 Abs. 2 S. 2 Nr. 1 KonzVgV. Die Regelung unterscheidet zwei Fälle einer fehlenden Eignung des Teilnahmeantrags. **61**

a) Ungeeignetheit der Bewerber

Nach § 20 Abs. 2 S. 2 Nr. 1 lit. a KonzVgV ist ein Teilnahmeantrag ungeeignet, wenn entweder ein (unternehmensbezogener) Ausschlussgrund nach § 154 Nr. 2 i.V.m. §§ 123 bis 126 GWB vorliegt oder der Bewerber die vom Konzessionsgeber gemäß § 152 Abs. 2 i.V.m. § 122 GWB festgelegten Eignungskriterien nicht erfüllt. In beiden Fällen ist die fehlende Eignung des Teilnahmeantrags auf Umstände zurückzuführen, die in der Person des Bewerbers liegen. **62**

Ausschlussgründe, die zu einer Ungeeignetheit des Teilnahmeantrages nach § 20 Abs. 2 S. 2 Nr. 1 lit. a KonzVgV führen, sind nach dem eindeutigen Wortlaut der Vorschrift nur die in den §§ 123 und 124 GWB geregelten unternehmensbezogenen Ausschlussgründe, die nach § 154 Nr. 2 GWB auch auf Konzessionsvergaben Anwendung finden, nicht hingegen formale Ausschlussgründe. Dabei sind die sachlichen und zeitlichen Grenzen nach § 154 Nr. 2 GWB i.V.m. §§ 125 und 126 GWB zu beachten, wie der ausdrückliche Verweis in § 20 Abs. 2 S. 2 Nr. 1 lit. a KonzVgV auch auf diese beiden Vorschriften verdeutlicht. Sowohl im Falle einer Selbstreinigung (§ 125 GWB) als auch nach Ablauf des jeweils maßgeblichen Ausschlusszeitraums (§ 126 GWB) führen die in den §§ 123 und 124 GWB genannten Ausschlussgründe nicht mehr zu einer Ungeeignetheit des Teilnahmeantrages gemäß § 20 Abs. 2 S. 2 Nr. 1 lit. a KonzVgV. **63**

Nach dem Wortlaut von § 20 Abs. 2 S. 2 Nr. 1 lit. a KonzVgV hängt die Ungeeignetheit des Teilnahmeantrages nur vom Vorliegen eines unternehmensbezogenen Ausschlussgrundes nach § 154 Nr. 2 GWB i.V.m. §§ 123 oder 124 GWB ab, nicht aber vom tatsächlichen **Ausschluss** des Teilnahmeantrages durch den Konzessionsgeber. Der Ausschluss des Bewerbers steht allerdings nicht nur in den Fällen des § 124 GWB, sondern nach § 154 Nr. 2 lit. a GWB auch in den Fällen des § 123 GWB im Ermessen des Konzessionsgebers. Damit stellt sich die Frage, ob der Konzessionsgeber den Ausschluss des betroffenen Teilnahmeantrages tatsächlich aussprechen muss, um ein neues Vergabeverfahren ohne Konzessionsbekanntmachung nach § 20 Abs. 2 S. 1 KonzVgV durchführen zu dürfen, oder ob allein die Feststellung des Bestehens eines Ausschlussgrundes ausreicht. Der im Konjunktiv gehaltene Wortlaut von § 20 Abs. 2 S. 2 Nr. 1 lit. a KonzVgV („ausgeschlossen werden könnte") spricht eher für die letztere Auslegung. Dies würde bedeuten, dass der Konzessionsgeber das neue Verfahren ohne Bekanntmachung beginnen könnte, ohne den von einem fakultativen Ausschlussgrund betroffenen Bewerber tatsächlich ausschließen zu müssen. Ein solches Vorgehen stünde allerdings in der Gefahr der Missbräuchlichkeit. Insbesondere könnte hiergegen vorgebracht werden, dass es an einer ordnungsgemäßen Beendigung des vorangegangenen Vergabeverfahrens fehlt, wenn ein Teilnahmeantrag vorliegt, dessen einziger Makel in einem fakultativen Ausschlussgrund des Bewerbers besteht, und der Konzessionsgeber dieses Verfahren ohne Ermessensentscheidung über die Ausübung des fakultativen Ausschlussgrundes beendet. Richtigerweise ist deshalb trotz des insoweit offenen Wortlauts der Vorschrift davon auszugehen, dass die Ausschlussgründe nach § 154 Nr. 2 GWB i.V.m. §§ 123 oder 124 GWB nur dann ein neues Vergabeverfahren unter Verzicht auf eine neue Konzessionsbekanntmachung gemäß § 20 Abs. 2 S. 1 KonzVgV rechtfertigen, wenn sie tatsächlich zum Ausschluss des Bewerbers geführt haben und damit für das Scheitern des ursprünglichen Vergabeverfahrens ursächlich waren. Übt der Konzessionsgeber sein Ermessen fehlerfrei in der Weise aus, dass er trotz eines entsprechenden Ausschlussgrundes auf den Ausschluss verzichtet, erkennt er den Teilnahmeantrag als geeignet an. An diese Ermessensentscheidung bleibt der Konzessionsgeber im weiteren Verlauf gebunden mit der Folge, dass er sich auch bei einem späteren Scheitern des Vergabeverfahrens aus anderen Gründen nicht mehr auf eine Ungeeignetheit der ursprünglichen Teilnahmeanträge berufen kann. **64**

Ungeeignet ist ein Teilnahmeantrag auch dann, wenn der Bewerber die vom Konzessionsgeber festgelegten **Eignungskriterien** nicht erfüllt, sofern diese Eignungskriterien die gesetz- **65** lichen Vorgaben des § 152 Abs. 2 i.V.m. § 122 GWB[61] erfüllen. Soweit dem Konzessionsgeber bei der Beurteilung der Eignung des Bewerbers ein Beurteilungsspielraum zukommt, wirkt sich dieser auch auf die Anwendbarkeit von § 20 Abs. 2 S. 2 Nr. 1 lit. a KonzVgV aus. Der Konzessionsgeber kann unter Berufung auf diese Vorschrift deshalb ein erneutes Konzessionsvergabeverfahren ohne Konzessionsbekanntmachung durchführen, wenn er im vorangegangenen Vergabeverfahren alle Bewerber unter rechtmäßiger Anwendung seines Beurteilungsspielraums wegen fehlender Eignung ausgeschlossen hat.

b) Teilnahmeanträge mit ungeeignetem Angebot

66 § 20 Abs. 2 S. 2 Nr. 1 lit. b KonzVgV regelt den Fall, dass der Teilnahmeantrag ein ungeeignetes Angebot enthält. Dies trägt der Besonderheit Rechnung, dass der Konzessionsgeber – anders als die an bestimmte Verfahrensarten gebundenen Auftraggeber im Anwendungsbereich der VgV, VOB/A oder SektVO – in der Gestaltung des Verfahrens nach § 12 Abs. 1 KonzVgV weitgehend frei ist. Anders als beispielsweise in einem Verhandlungsverfahren nach den vorgenannten Regelwerken kann der Konzessionsgeber vorsehen, dass bereits mit dem Teilnahmeantrag ein Angebot einzureichen ist (vgl. § 27 Abs. 3 KonzVgV). Reicht der Bewerber in einem solchen Fall einen Teilnahmeantrag mit Angebot ein und ist das Angebot ungeeignet, so führt dies nach § 20 Abs. 2 Nr. 1 lit. b KonzVgV zugleich auch zur Ungeeignetheit des Teilnahmeantrags.

67 Die in § 20 Abs. 2 S. 2 Nr. 1 lit. b KonzVgV geregelten Voraussetzungen für die **Ungeeignetheit eines Angebotes** decken sich mit den entsprechenden Tatbestandsmerkmalen des § 20 Abs. 2 S. 2 Nr. 2 KonzVgV.[62]

3. Ungeeignete Angebote

68 § 20 Abs. 2 S. 2 Nr. 2 KonzVgV betrifft den Fall, dass ein Angebot erst nach dem Teilnahmeantrag eingereicht wird. In diesem Fall bleibt der ursprüngliche Teilnahmeantrag geeignet und nur das Angebot selbst ist ungeeignet, was im Ergebnis für die Anwendbarkeit von § 20 Abs. 2 S. 1 KonzVgV aber ohne Bedeutung ist, da die Ungeeignetheit von Teilnahmeanträgen und die Ungeeignetheit von Angeboten insoweit gleichgestellt sind.

69 Ein Angebot ist nach § 20 Abs. 2 S. 2 Nr. 2 KonzVgV **ungeeignet**, wenn es ohne wesentliche Abänderung den in den Vergabeunterlagen genannten Bedürfnissen und Anforderungen des Konzessionsgebers offensichtlich nicht entsprechen kann. Eine identische Formulierung findet sich für den Fall der Vergabe öffentlicher Liefer- und Dienstleistungsaufträge in § 14 Abs. 4 Nr. 1 VgV.[63] Die Formulierung unterscheidet sich sprachlich deutlich von vergleichbaren Vorgängervorschriften (etwa in § 3 EG Abs. 3 lit. a und § 3 EG Abs. 4 lit. a VOL/A) und auch deutlich von der parallelen Vorschrift in § 3a EU Abs. 3 Nr. 3 VOB/A.

70 Für eine Anwendung von § 20 Abs. 2 S. 2 Nr. 2 KonzVgV müssen folgende **Voraussetzungen** kumulativ vorliegen:
- Das Angebot entspricht in seiner vorliegenden Form offensichtlich nicht den in den Vergabeunterlagen genannten Bedürfnissen und Anforderungen des Konzessionsgebers.
- Zur Anpassung an diese Bedürfnisse und Anforderungen des Konzessionsgebers müsste das Angebot wesentlich abgeändert werden.

a) Abweichung von den Vorgaben des Konzessionsgebers

71 Die Anwendung von § 20 Abs. 2 S. 2 Nr. 2 KonzVgV kommt nur in Betracht, wenn ein Angebot vorliegt, das den Bedürfnissen und Anforderungen des Konzessionsgebers, wie er sie in den Vergabeunterlagen formuliert hat, offensichtlich[64] nicht entspricht. Fraglich ist, ob diese Formulierung nur für inhaltliche Abweichungen des Angebots von den Vorgaben des Konzes-

---

61 Siehe hierzu *Tugendreich/Heller*, in: Müller-Wrede, GWB-Vergaberecht, § 152 Rn. 25 ff.
62 Siehe daher Rn. 68 ff.
63 Vgl. hierzu *Hirsch/Kaelble*, in: Müller-Wrede, VgV/UVgO, § 14 VgV Rn. 152 ff.
64 Siehe dazu im Folgenden Rn. 75.

sionsgebers gilt oder auch für Angebote, die den formalen Anforderungen der Vergabeunterlagen nicht entsprechen, z.B. verspätete oder unvollständige Angebote.

Inhaltliche Abweichungen sind von § 20 Abs. 2 S. 2 Nr. 2 KonzVgV in jedem Fall erfasst. Enthält das Angebot beispielsweise eine andere Leistung als die vom Konzessionsgeber nachgefragte oder formuliert der Bieter Abweichungen von vertraglichen Vorgaben des Konzessionsgebers, die dieser nicht zur Verhandlung gestellt wissen will, so entspricht sein Angebot nicht den in den Vergabeunterlagen genannten Bedürfnissen und Anforderungen des Konzessionsgebers. Zu prüfen bleibt dann, ob eine Anpassung des Angebots an diese Anforderungen und Bedürfnisse ohne wesentliche Änderungen möglich ist.[65]

72

Als inhaltliche Abweichung kommt auch ein unangemessenes Preis-Leistungs-Verhältnis in Betracht.[66] Dabei ist allerdings zu beachten, dass § 20 Abs. 2 S. 2 Nr. 2 KonzVgV die Ungeeignetheit des Angebots an das Abweichen von in den **Vergabeunterlagen** genannten Bedürfnissen und Anforderungen des Konzessionsgebers knüpft. Hat der Konzessionsnehmer in den Vergabeunterlagen keinerlei Vorgaben zu seinen wirtschaftlichen Erwartungen an die Angebote formuliert und führt das Vergabeverfahren zu keinem wirtschaftlichen Ergebnis, kann er das Verfahren zwar nach § 32 Abs. 1 Nr. 3 KonzVgV aufheben, aber nicht unter Verweis auf § 20 Abs. 2 S. 2 Nr. 2 KonzVgV ein neues Vergabeverfahren ohne erneute Konzessionsbekanntmachung einleiten.

73

Zweifelhaft ist, ob § 20 Abs. 2 S. 2 Nr. 2 KonzVgV auch diejenigen Fälle erfasst, in denen ein Angebot zwar inhaltlich den Anforderungen und Bedürfnissen, die der Konzessionsgeber in den Vergabeunterlagen formuliert hat, entspricht, aber aus rein **formalen Gründen** nicht berücksichtigt werden kann. Der Wortlaut von § 20 Abs. 2 S. 2 Nr. 2 KonzVgV führt hierbei zu keinem eindeutigen Auslegungsergebnis. Ein Blick auf die – auch im zugrunde liegenden Richtlinientext[67] – identische Formulierung für den Bereich der öffentlichen Auftragsvergabe in § 14 Abs. 4 Nr. 1 VgV führt allerdings systematisch zu der Auslegung, dass formale Fehler des Angebots nicht unter § 20 Abs. 2 S. 2 Nr. 2 KonzVgV fallen. § 14 VgV unterscheidet zwischen „ungeeigneten Angeboten", die nach § 14 Abs. 4 Nr. 1 VgV ein Verhandlungsverfahren ohne Teilnahmewettbewerb rechtfertigen, wenn die ursprünglichen Bedingungen des Auftrags nicht geändert werden, und „nicht ordnungsgemäßen Angeboten", die nach § 14 Abs. 3 Nr. 5 VgV grundsätzlich nur zur Durchführung eines Verhandlungsverfahrens mit Teilnahmewettbewerb berechtigten. Als nicht ordnungsgemäß gelten dabei nach der Definition in § 14 Abs. 3 Nr. 5 VgV (in Übereinstimmung mit dem Richtlinienwortlaut in Art. 26 Abs. 4 lit. b UAbs. 2 RL 2014/24/EU) auch formal fehlerhafte Angebote. Zwar lässt § 14 Abs. 3 Nr. 5 VgV das Absehen von einem Teilnahmewettbewerb zu, wenn in das Verhandlungsverfahren alle geeigneten Unternehmen einbezogen werden, schränkt dies aber dahingehend ein, dass Bieter unberücksichtigt bleiben müssen, die keine form- oder fristgerechten Angebote abgegeben haben.[68] Mit anderen Worten ermöglicht § 14 Abs. 3 Nr. 5 VgV ein Verhandlungsverfahren ohne Teilnahmewettbewerb nur in Fällen, bei denen überhaupt form- und fristgerechte Angebote eingegangen sind. Das Fehlen einer entsprechenden Parallelvorschrift im Recht der Konzessionsvergabe erklärt sich mit dem mangelnden Bedürfnis nach einer Regelung für entsprechende Fälle. Während es im Bereich der Auftragsvergabe in den von § 14 Abs. 3 Nr. 5 VgV geregelten Fällen eines erfolglosen offenen und nicht offenen Verfahrens an der Möglichkeit fehlt, über die Inhalte der form- und fristgerecht eingegangenen Angebote innerhalb desselben Verfahrens zu verhandeln, sind solche Verhandlungen in den Konzessionsvergabeverfahren, die vom Konzessionsgeber frei gestaltet werden können, grundsätzlich möglich. Ein Bedürfnis nach einer vereinfachten Neueinleitung eines Vergabeverfahrens ohne Bekanntmachung besteht in derartigen Fällen im Bereich der Konzessionsvergaben nicht. Ebenso wie die Parallelvorschrift in § 14 Abs. 4 Nr. 1 VgV regelt § 20 Abs. 2 S. 2 Nr. 2 KonzVgV daher nur solche Fälle, in denen das Vergabeverfahren keine in Betracht kommenden Bieter

74

---

65 Siehe dazu im Folgenden Rn. 76 f.
66 Ebenso zu § 14 Abs. 4 Nr. 1 VgV *Hirsch/Kaelble*, in: Müller-Wrede, VgV/UVgO, § 14 VgV Rn. 158.
67 Vgl. Art. 32 Abs. 1 lit. a RL 2014/24/EU.
68 Vgl. *Hirsch/Kaelble*, in: Müller-Wrede, VgV/UVgO, § 14 VgV Rn. 134.

hervorgebracht hat und sich damit als ungeeignet erwiesen hat, einen tauglichen Wettbewerb für den Konzessionsgeber zur Vergabe seiner Konzession herbeizuführen. Liegen dagegen Angebote geeigneter Bietern vor, die den inhaltlichen Bedürfnissen des Konzessionsgebers entsprechen, aber aus rein formalen Gründen nicht berücksichtigt werden können, so spricht nichts für die Annahme, dass ein erneutes Vergabeverfahren mit Konzessionsbekanntmachung generell nicht erfolgversprechend wäre. Das vorangegangene Verfahren ist in einem solchen Fall letztlich nur an individuellen Formfehlern der beteiligten Bieter gescheitert. Kann der Konzessionsgeber aufgrund der von ihm gewählten Verfahrensgestaltung den Bietern keine Möglichkeit mehr zur Korrektur ihrer Formfehler gewähren und muss er das Verfahren deshalb mangels wertbarer Angebote beenden, so entbindet ihn § 20 Abs. 2 S. 1 KonzVgV in solchen Fällen nicht von der Notwendigkeit der Durchführung eines neuen Vergabeverfahrens mit Konzessionsbekanntmachung nach § 19 KonzVgV.

75 Abweichungen des Angebotes von den Vorgaben des Konzessionsgebers in den Vergabeunterlagen fallen nur dann unter § 20 Abs. 2 S. 2 Nr. 2 KonzVgV, wenn sie **offensichtlich** sind. Erforderlich, aber auch ausreichend ist hierfür, dass der Konzessionsgeber seine Bedürfnisse und Anforderungen klar und eindeutig benannt hat, so dass die Abweichung hiervon im Angebot zweifelsfrei zu Lasten des Bieters geht.[69]

b) Notwendigkeit wesentlicher Abänderungen des Angebots

76 Ob ein Angebot, das nicht den inhaltlichen Anforderungen und Bedürfnissen des Konzessionsgebers entspricht, nur mit wesentlichen Abänderungen an die Bedürfnisse und Anforderungen des Konzessionsgebers angepasst werden kann, ist im Einzelfall zu prüfen.

77 **Wesentlich** ist eine Abänderung des Angebotes dann, wenn auch die Abänderung eines bereits auf der Grundlage dieses Angebots abgeschlossenen Konzessionsvertrages nach § 154 Nr. 3 i.V.m. § 132 GWB wesentlich wäre und deswegen ein neues Vergabeverfahren erforderte.

III. Keine grundlegende Änderung der Bedingungen

78 Das neue Vergabeverfahren darf schließlich nach § 20 Abs. 2 S. 1 KonzVgV nur dann ohne erneute Konzessionsbekanntmachung eröffnet werden, wenn die ursprünglichen Bedingungen des Konzessionsvertrages nicht grundlegend geändert werden.

79 Zu den **Bedingungen** des Konzessionsvertrages zählen zweifelsfrei zunächst alle Bestandteile der Vergabeunterlagen (§ 16 KonzVgV), die im Zuschlagsfall Bestandteil des Konzessionsvertrages zwischen Konzessionsgeber und Konzessionsnehmer werden. Von den in § 16 S. 2 KonzVgV ausdrücklich erwähnten Bestandteilen der Vergabeunterlagen ist dies neben dem Entwurf der Vertragsbedingungen auch die Leistungsbeschreibung.

80 Eine **grundlegende Änderung** i.S.v. § 20 Abs. 2 S. 1 KonzVgV liegt vor, wenn die Änderung wesentlich i.S.v. § 132 Abs. 1 GWB ist.[70] Die RL 2014/23/EU verwendet zwar in ihrer deutschsprachigen Fassung ebenso wie die KonzVgV die unterschiedlichen Begriffe „grundlegend" in Art. 31 Abs. 5 UAbs. 1 als Maßstab für die Zulässigkeit von Änderungen im neuen Vergabeverfahren ohne erneute Konzessionsbekanntmachung und „wesentlich" in Art. 43 Abs. 1 UAbs. 1 lit. e als Maßstab für die Zulässigkeit von Vertragsänderungen während der Vertragslaufzeit. Diese begriffliche Unterscheidung findet sich aber beispielsweise in der englischsprachigen Übersetzung nicht, die in beiden Fällen den identischen Begriff „substantial" verwendet. Von einer grundlegenden Änderung der Bedingungen ist deshalb auszugehen, wenn auf Grund der geänderten Bedingungen, so sie denn Gegenstand des ursprünglichen Vergabeverfahrens gewesen wären, die eingereichten Angebote als geeignet hätten betrachtet werden können oder andere Bieter als die, die an dem ursprünglichen Verfahren teilgenommen hat-

---

69 Ebenso zur vergleichbaren Vorschrift in § 14 Abs. 4 Nr. 1 VgV *Hirsch/Kaelble*, in: Müller-Wrede, VgV/UVgO, § 14 VgV Rn. 158.
70 Siehe hierzu im Einzelnen *von Engelhardt/Kaelble*, in: Müller-Wrede, GWB-Vergaberecht, § 132 Rn. 7 ff.

ten, Angebote hätten einreichen können.⁷¹ Mit Blick auf die ausdrücklich in § 132 Abs. 1 S. 3 GWB aufgeführten gesetzlichen Regelbeispiele für eine wesentliche Vertragsänderung ist eine grundlegende Änderung der Vertragsbedingungen i.S.v. § 20 Abs. 2 S. 1 KonzVgV außerdem auch dann anzunehmen, wenn die Änderung der Vertragsbedingungen das Interesse weiterer Teilnehmer am Vergabeverfahren geweckt hätte, das wirtschaftliche Gleichgewicht der Konzession (z.B. durch eine höhere Zuzahlung des Konzessionsgebers) zugunsten des Konzessionsnehmers verschoben wird oder der Umfang der Konzession erheblich ausgeweitet wird. Mit Blick auf die gebotene enge Auslegung der Ausnahmetatbestände des § 20 KonzVgV verbleibt damit nur ein vergleichsweise enger Spielraum für die Änderung der Bedingungen des Konzessionsvertrages ohne Verpflichtung zu einer erneuten Konzessionsbekanntmachung.

Fraglich ist, ob zu den „ursprünglichen Bedingungen des Konzessionsvertrages" i.S.v. § 20 Abs. 2 S. 1 KonzVgV außerdem auch solche Bedingungen der Vergabeunterlagen (§ 16 KonzVgV) gehören können, die mit Zuschlagserteilung nicht Vertragsbestandteil werden, namentlich **Eignungs- und Zuschlagskriterien**. Gegen eine solche Auslegung spricht der Wortlaut „Bedingungen des Konzessionsvertrages". Allerdings muss bei der Auslegung dieses Begriffs berücksichtigt werden, dass Auslegungsgegenstand ein Tatbestandsmerkmal ist, welches die Anwendung des Ausnahmetatbestandes in § 20 Abs. 1 S. 1 KonzVgV begrenzt. Eine zu enge Auslegung des Tatbestandsmerkmals läuft daher Gefahr, den Anwendungsbereich der Ausnahmevorschrift insgesamt auszudehnen, was dem erklärten Ziel des Unionsgesetzgebers zuwiderliefe, eine Konzessionsvergabe ohne vorherige Bekanntmachung nur unter sehr außergewöhnlichen Umständen zuzulassen.⁷² Es sprechen deshalb gute Gründe dafür, den Verzicht auf eine Konzessionsbekanntmachung nach § 20 Abs. 2 S. 1 KonzVgV nur zuzulassen, wenn neben den eigentlichen Vertragsbedingungen auch die sonstigen Bedingungen des Vergabeverfahrens (insbesondere die Eignungskriterien) nicht in einer Weise abgeändert werden, die eine Zulassung anderer Bewerber oder Bieter ermöglicht hätte. Nur in derartigen Fällen ist nämlich „von Beginn an klar …, dass eine Veröffentlichung nicht zu mehr Wettbewerb führen wird".⁷³

81

IV. Berichtspflicht

§ 20 Abs. 2 S. 1 KonzVgV sieht schließlich vor, dass der Konzessionsgeber der Europäischen Kommission auf Anforderung einen Verfahrensbericht vorzulegen hat.

82

Die Vorlage des Berichts ist allerdings keine tatbestandliche **Voraussetzung** für den Verzicht auf eine Konzessionsbekanntmachung.⁷⁴ Der Wortlaut von § 20 Abs. 2 S. 1 KonzVgV und der ihm zugrunde liegenden Vorschrift in Art. 31 Abs. 5 UAbs. 1 RL 2014/22/EU legen zwar ein entsprechendes Verständnis nahe. Dieses wäre aber mit dem Regelungsinhalt unvereinbar, wonach ein Bericht nur auf Verlangen der Europäischen Kommission vorzulegen ist. Über ein entsprechendes Verlangen besteht zum Zeitpunkt der Einleitung des neuen Konzessionsvergabeverfahrens aber in aller Regel Ungewissheit, weil die Kommission erst nach vollzogener Konzessionsvergabe durch die Vergabebekanntmachung gemäß § 21 Abs. 1 KonzVgV überhaupt Kenntnis vom Verzicht auf die Konzessionsbekanntmachung erlangt.

83

Regelungen zum **Inhalt** und **Umfang** des vorzulegenden Berichts sind weder der KonzVgV noch der RL 2014/23/EU zu entnehmen. Die hieran zu stellenden Anforderungen ergeben sich daher aus dem Normzweck, der Europäischen Kommission eine Überprüfung der Einhaltung der europäischen Verträge und der auf ihrer Grundlage erlassenen Rechtsvorschriften zu ermöglichen. Der Konzessionsgeber muss die Kommission daher durch seinen Bericht in die Lage versetzen, das Vorliegen der Voraussetzungen für einen Verzicht auf die Konzessionsbekanntmachung nach § 20 Abs. 2 S. 1 KonzVgV zu prüfen. Im Ergebnis sind daher an den

84

---
71 Vgl. EuGH, Urteil v. 4.6.2009 – Rs. C-250/07 (Kommission/Griechenland), Rn. 52 (zu Art. 20 Abs. 2 lit. a RL 93/38/EWG).
72 Erwägungsgrund 51 RL 2014/23/EU.
73 Erwägungsgrund 51 S. 2 RL 2014/23/EU.
74 Ebenso zu § 14 Abs. 5 VgV *Hirsch/Kaelble*, in: Müller-Wrede, VgV/UVgO, § 14 VgV Rn. 305.

Bericht des Konzessionsgebers keine weitergehenden Anforderungen zu stellen als an die – ohnehin notwendige – ordnungsgemäße Dokumentation nach § 6 KonzVgV für den Verzicht auf die Konzessionsbekanntmachung.

V. Notwendigkeit einer Vergabe im Wettbewerb

85 Anders als in den Fällen des § 20 Abs. 1 KonzVgV[75] ist der Konzessionsgeber in Fällen des § 20 Abs. 2 KonzVgV nur zum Verzicht auf eine (erneute) Konzessionsbekanntmachung, aber grundsätzlich nicht zum Verzicht auf eine Vergabe im Wettbewerb unter Beteiligung mehrerer Bewerber bzw. Bieter berechtigt. Die Verpflichtung zur Vergabe im Wettbewerb im Sinne einer Konkurrenz alternativer Anbieter folgt bereits unmittelbar aus § 97 Abs. 1 GWB.[76] Sie wird durch § 13 Abs. 4 S. 2 KonzVgV ausdrücklich dahin konkretisiert, dass die Zahl der zur Teilnahme oder Angebotsabgabe aufgeforderten Bewerber oder Bieter ausreichend hoch sein muss, um Wettbewerb zu gewährleisten.[77] Hieran ist der Konzessionsgeber in den Fällen des § 20 Abs. 2 KonzVgV nicht zwangsläufig gehindert, nur weil sein vorangegangenes Konzessionsvergabeverfahren mangels geeigneter Teilnahmeanträge oder Angebote gescheitert ist.

D. Rechtsschutz

86 § 20 KonzVgV hat insgesamt **unternehmensschützenden Charakter**. Hiervon ausgenommen ist lediglich die Pflicht des Konzessionsgebers zur Vorlage eines Berichts an die Europäische Kommission, deren Erfüllung keine tatbestandliche Voraussetzung für die Zulässigkeit des Verzichts auf die Konzessionsbekanntmachung ist.[78]

87 Liegen die tatbestandlichen Voraussetzungen für den Verzicht auf eine Konzessionsbekanntmachung nach § 20 Abs. 1 oder 2 KonzVgV nicht vor, begründet dies eine **Unwirksamkeit** des geschlossenen Konzessionsvertrages nach § 154 Nr. 4 i.V.m. § 135 Abs. 1 Nr. 2 GWB. Von der Konzessionsvergabe ausgeschlossene Interessenten können diese Unwirksamkeit innerhalb der Fristen des § 154 Nr. 4 i.V.m. § 135 Abs. 2 GWB in einem Nachprüfungsverfahren nach den §§ 155 ff. GWB feststellen lassen.[79]

88 Konzessionsgeber wiederum haben die Möglichkeit, sich gegen eine solche Unwirksamkeit durch Veröffentlichung einer freiwilligen **Ex-ante-Bekanntmachung** nach § 154 Nr. 4 i.V.m. § 135 Abs. 3 GWB abzusichern, wenn sie der Ansicht sind, dass ein Ausnahmetatbestand des § 20 KonzVgV vorliegt.[80] Allerdings ist hierbei zu beachten, dass auch eine Ex-ante-Bekanntmachung nach § 135 Abs. 3 GWB nur dann Schutz gegen einen späteren Nachprüfungsantrag bietet, wenn der Auftrag- bzw. Konzessionsgeber in vertretbarer Weise zu der Ansicht gelangt, dass eine Direktvergabe vergaberechtskonform zulässig sei.[81]

Anlage

Verordnungsbegründung (BR-Drs. 87/16)

Seite 290

§ 20 dient der Umsetzung von Artikel 31 Absatz 4 und 5 der Richtlinie 2014/23/EU, in denen die Voraussetzungen festgelegt worden sind, unter denen Konzessionsgeber auf eine europaweite Bekanntmachung ihrer Konzessionsvergabeabsicht verzichten dürfen. Der Unionsgesetzgeber hebt in Erwägungsgrund 51 der Richtlinie 2014/23/EU hervor, dass angesichts der negativen Auswirkungen

---

75 Siehe oben Rn. 51.
76 *Lux*, in: Müller-Wrede, GWB-Vergaberecht, § 97 Rn. 10.
77 Siehe *Gaus* zu § 13 KonzVgV Rn. 50.
78 Siehe oben Rn. 83.
79 So für einen vergleichbaren Fall im Bereich der öffentlichen Auftragsvergabe OLG Düsseldorf, Beschluss v. 12.7.2017 – VII-Verg 13/17.
80 Siehe hierzu *Gnittke/Hattig*, in: Müller-Wrede, GWB-Vergaberecht, § 135 Rn. 116 ff.
81 OLG Düsseldorf, Beschluss v. 12.7.2017 – VII-Verg 13/17.

auf den Wettbewerb eine Konzessionsvergabe ohne vorherige Veröffentlichung nur unter sehr außergewöhnlichen Umständen zulässig sein sollte.

Zu Absatz 1

Absatz 1 setzt Artikel 31 Absatz 4 der Richtlinie 2014/23/EU um. In dieser Vorschrift werden abschließend die Voraussetzungen aufgeführt, unter denen Konzessionsgeber auf eine europaweite Veröffentlichung der Konzessionsbekanntmachung verzichten dürfen. Die in Absatz 1 Nummer 1 bis 4 festgelegten Sachverhaltskonstellationen, in denen die Bau- oder Dienstleistung objektiv nur von einem bestimmten Unternehmen erbracht werden kann, siehe auch Erwägungsgrund 51 der Richtlinie 2014/23/EU, decken sich mit den in § 14 Absatz 4 Nummer 2 VgV geregelten Fallgruppen, in denen ein Verhandlungsverfahren ohne Teilnahmewettbewerb durchgeführt werden darf. Im Hinblick auf eine unzulässige künstliche Einengung der Parameter der Konzessionsvergabe erläutert der Unionsgesetzgeber ergänzend in Erwägungsgrund 51 der Richtlinie 2014/23/EU, dass das Fehlen der Möglichkeit, die Konzession an einen anderen Wirtschaftsteilnehmer zu vergeben, nicht durch den Konzessionsgeber selbst im Hinblick auf das anstehende Vergabeverfahren herbeigeführt worden sein darf.

Zu Absatz 2

Absatz 2 setzt Artikel 31 Absatz 5 der Richtlinie 2014/23/EU um. In dieser Vorschrift werden abschließend die Voraussetzungen geregelt, unter denen Konzessionsgeber aufgrund eines vorausgegangenen Vergabeverfahrens auf eine erneute europaweite Vergabebekanntmachung verzichten dürfen. Die in § 20 Absatz 2 geregelte Sachverhaltskonstellation deckt sich weitgehend mit dem in § 14 Absatz 4 Nummer 1 VgV geregelten Fall, in dem ein Verhandlungsverfahren ohne Teilnahmewettbewerb durchgeführt werden darf.

§ 21 KonzVgV
Vergabebekanntmachung, Bekanntmachung über Änderungen einer Konzession

(1) Der Konzessionsgeber übermittelt spätestens 48 Tage nach der Vergabe einer Konzession eine Vergabebekanntmachung mit dem Ergebnis des Vergabeverfahrens an das Amt für Veröffentlichungen der Europäischen Union. Die Vergabebekanntmachung wird nach dem Muster gemäß Anhang XXII der Durchführungsverordnung (EU) 2015/1986 erstellt.

(2) Bekanntmachungen über Änderungen einer Konzession gemäß § 154 Nummer 3 in Verbindung mit § 132 Absatz 5 des Gesetzes gegen Wettbewerbsbeschränkungen werden nach dem Muster gemäß Anhang XVII der Durchführungsverordnung (EU) 2015/1986 erstellt.

Übersicht	Rn.
A. Allgemeines	1
I. Unionsrechtlicher Hintergrund	2
II. Vergleichbare Regelungen	3
B. Vergabebekanntmachung (Abs. 1)	4
C. Bekanntmachung über Änderung einer Konzession (Abs. 2)	9
D. Ausnahmen von vollumfänglicher Bekanntmachung	14
E. Rechtsschutz	16
Anlage	
Verordnungsbegründung	
(BR-Drs. 87/16)	

A. Allgemeines

Wie auch § 19 KonzVgV dient § 21 KonzVgV dem Ziel, Transparenz zu schaffen. Die Verpflichtung zur nachträglichen Vergabebekanntmachung bzw. Nachinformation sowie zur Bekanntmachung der Änderung einer Konzession gewährleistet eine sog. Ex-post-Transparenz. Diese Publikationen stellen sicher, dass sich interessierte Unternehmen über den Fortgang und den Abschluss des Vergabeverfahrens informieren können. Auf Grundlage dieser Informationen sind sie – soweit der Inhalt der betreffenden Bekanntmachung reicht – zur Überprüfung in der Lage, ob ihre Rechte hinreichend gewahrt worden sind. Zudem ermöglichen die Bekanntmachungen nach § 21 KonzVgV eine Marktbeobachtung. 1

I. Unionsrechtlicher Hintergrund

In gemeinschaftsrechtlicher Hinsicht dient § 21 KonzVgV der Umsetzung von Art. 32 Abs. 1 S. 1 und Abs. 2 sowie Art. 43 Abs. 1 UAbs. 2 RL 2014/23/EU.[1] Der unionsrechtlich verwendete Begriff „Zuschlagsbekanntmachung" entspricht dem der „Vergabebekanntmachung" nach § 21 KonzVgV. 2

II. Vergleichbare Regelungen

Materiell-rechtlich vergleichbare Vorschriften finden sich in § 39 Abs. 1, 2 und 5 VgV sowie in § 38 Abs. 1, 2 und 5 SektVO. Im Baubereich ist eine vergleichbare Regelung in § 18 EU Abs. 3, 4 VOB/A und § 22 EU Abs. 5 VOB/A sowie in § 18 VS Abs. 3, 4 VOB/A und § 22 VS Abs. 5 VOB/A enthalten. Es fällt dabei auf, dass ausschließlich in den Anwendungsbereichen der KonzVgV und der verteidigungs- und sicherheitsrelevanten Aufträge noch die bislang geltende Frist von 48 Tagen zur Übermittlung der Vergabebekanntmachung an das Amt für Ver- 3

---
[1] Vgl. Verordnungsbegründung zu § 21 Abs. 1 und 2 KonzVgV, BR-Drs. 87/16, 291.

öffentlichung der Europäischen Union normiert ist. In den übrigen Regelungswerken gilt nunmehr insoweit eine verkürzte Frist von nur 30 Tagen. Diese Abweichung ist auf die fehlende Harmonisierung der betreffenden „Sektoren" zurückzuführen und sollte mit der im Sinne einer Angleichung der Regelungsregime für die Zukunft wünschenswerten Überarbeitung der entsprechenden gemeinschaftsrechtlichen Richtlinien behoben werden. Im Übrigen fällt auf, dass § 21 KonzVgV – anders als die Parallelvorschriften – keine Ausnahmen von der Vergabebekanntmachungspflicht formuliert.

B. Vergabebekanntmachung (Abs. 1)

4 § 21 Abs. 1 KonzVgV statuiert einerseits die Pflicht der Konzessionsgeber zur Veröffentlichung einer nachträglichen Vergabebekanntmachung (S. 1) und gibt andererseits durch Verweis auf ein entsprechendes Bekanntmachungsmuster der EU (S. 2) deren Inhalt und Form vor.

5 Mit der Bekanntmachung soll der Konzessionsgeber nach der Vergabe über die **Ergebnisse des Vergabeverfahrens** informieren. Welche Inhalte im Einzelnen zu veröffentlichen sind, wird in § 21 Abs. 1 S. 1 KonzVgV nicht unmittelbar geregelt, ergibt sich allerdings mittelbar durch den im § 21 Abs. 1 S. 2 KonzVgV enthaltenen Verweis auf das betreffende, zwingend zu verwendende gemeinschaftsrechtliche Muster gemäß Anhang XXII VO (EU) 2015/1986.[2] Nach diesem Muster sind etwa erforderlich Angaben zum öffentlichen Auftraggeber/Auftraggeber (Abschnitt I), dem Gegenstand der Beschaffung (Abschnitt II), dem durchgeführten Verfahren (Abschnitt IV), der Vergabe der Konzession (Abschnitt V) (insbesondere Tag der Entscheidung über die Konzessionsvergabe, statistische Angaben zu den Angeboten, Angaben zum erfolgreich aus dem Wettbewerb hervorgegangenen Konzessionär) und gegebenenfalls zu weiteren zusätzlichen verfahrensrechtlichen Angaben (Abschnitt VI). Das Fehlen des Abschnitts III („Rechtliche, wirtschaftliche, finanzielle und technische Angaben") findet seine Ursache darin, dass es sich bei diesen Angaben um Fragen der Eignungsprüfung handelt, die im Zusammenhang mit der Ex-post-Vergabebekanntmachung nach Verfahrensbeendigung keine Rolle mehr spielen. Wählt der Konzessionsgeber ein Vergabeverfahren ohne vorherige Bekanntmachung, so muss er seine Wahl ausführlich begründen (Anhang D zum vorgegebenen Standardformular).

6 In diesem Zusammenhang stellt sich die Frage, inwieweit die mit dem zwingend zu verwendenden Bekanntmachungsmuster abgefragten Angaben vom Konzessionsgeber **verpflichtend** mitzuteilen sind. Diese Frage wird weder durch § 21 KonzVgV noch durch den dieser Vorschrift zu Grunde liegenden Art. 32 Abs. 2 RL 2014/23/EU eindeutig beantwortet. So lässt sich etwa aus der in Art. 32 Abs. 2 RL 2014/23/EU aufgenommenen indikativen Formulierung „enthalten" nicht zweifelsfrei eine Verpflichtung des Konzessionsgebers zur Angabe sämtlicher der in dem Muster vorgegebenen Angaben ableiten. Eine solche dem Grunde nach bestehende auftraggeberseitige Pflicht dürfte sich jedoch aus dem allgemeinen vergaberechtlichen Transparenzgebot jedenfalls insoweit ableiten lassen, als die mit dem Bekanntmachungsmuster abgefragten Informationen als zwingend anzugeben – im Gegensatz dazu etwa „falls zutreffend" – gekennzeichnet sind. Letztlich handelt es sich hierbei vorrangig um eine Frage lediglich dogmatischer Natur, da sich eine Vergabebekanntmachung im Falle der Nichtausfüllung eines Pflichtfeldes nicht an das Amtsblatt der Europäischen Union versenden lässt.

7 § 21 Abs. 1 KonzVgV sieht vor, dass die Bekanntmachung **spätestens 48 Tage** nach der Vergabe einer Konzession, also nach Zuschlagserteilung an das erfolgreich aus dem Wettbewerb hervorgegangene Unternehmen, an das Amt für Veröffentlichung der Europäischen Union übermittelt werden muss. Nach dem Wortlaut des § 21 Abs. 1 S. 1 KonzVgV ist es zur Fristwahrung als ausreichend zu erachten, wenn der Konzessionsgeber die Bekanntmachung an das Amt für Veröffentlichungen der Europäischen Union innerhalb der 48-Tage-Frist abgesen-

---

2 Das entsprechend der Nomenklatur der RL 2014/23/EU nicht als Vergabebekanntmachung, sondern als Zuschlagsbekanntmachung bezeichnete Musterformular kann unter http://simap.ted.eu/documents/10184/99158/DE_F25.pdf heruntergeladen werden.

det hat (**Versendefrist**).³ Auf den Zugang beim Amt für Veröffentlichung der Europäischen Union kommt es dagegen nicht an. Zwar ließe sich an dieser Sichtweise aufgrund des Art. 32 Abs. 1 RL 2014/23/EU zweifeln. Denn dort wird unter Art. 32 Abs. 1 S. 3 RL 2014/23/EU nur für den Sonderfall von sozialen und besonderen Dienstleistungen auf den Versand abgestellt, woraus sich im Umkehrschluss ergeben könnte, dass es in allen anderen Fällen auf den Zugang ankommt. Für eine solche differenzierende Betrachtung in Bezug auf verschiedene Leistungsgegenstände ist insoweit aber kein sachlicher Grund ersichtlich. Nach hier vertretener Auffassung handelt es sich also auch unter Berücksichtigung des Art. 32 Abs. 1 RL 2014/23/EU bei der in § 21 Abs. 1 S. 1 KonzVgV geregelten Frist um eine Versendefrist. Für die **Fristberechnung** gilt nach § 36 KonzVgV die VO (EWG, Euratom) 1182/71. Für die rechtzeitige Übermittlung der Bekanntmachung trägt der Konzessionsgeber die Darlegungs- und Beweislast.

Für die Vergabe von Konzessionen, die **soziale und andere besondere Dienstleistungen** i.S.d. § 153 GWB betreffen, gilt die 48-tägige Versendungsfrist für die Übermittlung einer Vergabebekanntmachung an das Amt für Veröffentlichungen der Europäischen Union gemäß § 22 Abs. 2 S. 1 KonzVgV gleichermaßen. Eine Besonderheit ergibt sich jedoch dahingehend, dass für solche Konzessionen die Vergabebekanntmachungen nach § 22 Abs. 2 S. 2 KonzVgV vierteljährlich zusammengefasst werden dürfen.⁴   8

C. Bekanntmachung über Änderung einer Konzession (Abs. 2)

§ 21 Abs. 2 KonzVgV statuiert die Pflicht des Konzessionsgebers zur Veröffentlichung einer Bekanntmachung einer Konzessionsänderung und gibt dabei Form und Inhalt der Bekanntmachung vor. Die in § 21 Abs. 2 KonzVgV vorgesehene Bekanntmachungspflicht ist insofern neu, als dass die Auftragsänderung vormals nur auf der dazu von der Rechtsprechung des EuGH⁵ entwickelten Grundsätzen basierte.   9

Die Vorschrift betrifft die Fälle der **Konzessionsänderung** im Sinne des § 132 GWB und konkretisiert insofern die in den §§ 154 Nr. 3, 132 Abs. 5 GWB diesbezüglich bereits angelegte Pflicht des Konzessionsgebers, Änderungen nach § 132 Abs. 2 S. 1 Nr. 2 und 3 GWB im Amtsblatt der Europäischen Union bekanntzumachen. Die Bekanntmachungspflicht nach § 21 Abs. 2 KonzVgV greift damit bei einer nach § 132 GWB vergaberechtlich zulässigen Konzessionsänderung ein, wenn zusätzliche Leistungen erforderlich geworden sind, die nicht in den ursprünglichen Vergabeunterlagen vorgesehen waren und ein Wechsel des Konzessionsnehmers aus wirtschaftlichen und technischen Gründen nicht erfolgen kann und mit erheblichen Schwierigkeiten oder beträchtlichen Zusatzkosten für den Konzessionsgeber verbunden wären (§ 132 Abs. 2 S. 1 Nr. 2 GWB) oder Änderungen aufgrund von Umständen erforderlich geworden sind, die der Konzessionsgeber im Rahmen seiner Sorgfaltspflicht nicht vorhersehen konnte und sich aufgrund der Änderung der Gesamtcharakter der Konzession nicht verändert (§ 132 Abs. 2 S. 1 Nr. 3 GWB), wobei in beiden Konstellationen der Preis um nicht mehr als 50 Prozent des Wertes der ursprünglichen Konzession erhöht werden darf (§ 132 Abs. 2 S. 2 GWB).⁶   10

§ 21 Abs. 2 KonzVgV gilt für alle nach § 154 Nr. 3 i.V.m. § 132 Abs. 5 GWB zulässigen Änderungen von Konzessionen während deren Laufzeit. Darunter fallen grundsätzlich alle Änderungen im Sinne des § 132 Abs. 2 S. 1 Nr. 2 und 3 GWB mit der Maßgabe, dass die Einschränkungen der § 132 Abs. 2 S. 2 und 3 GWB nicht für solche Konzessionen gelten, die Tätigkeiten nach § 102 Abs. 2 bis 6 GWB (**Sektorentätigkeiten**) betreffen, und Änderungen im Sinne der **De-minimis-Regelung** des § 132 Abs. 3 Nr. 2 GWB mit der Maßgabe vorgenommen werden können, dass die Obergrenze für Bau- und Dienstleistungen einheitlich 10 Prozent des Wertes der ursprünglichen Konzession beträgt.   11

---
3 So etwa für den VOB-Bereich *Stickler*, in: Kapellmann/Messerschmidt, VOB, § 18 EU VOB/A Rn. 12.
4 Zu den Einzelheiten siehe *Ruff* zu § 22 KonzVgV.
5 EuGH, Urteil v. 19.6.2008 – Rs. C-454/06 (pressetext).
6 Beachte insoweit § 154 Nr. 3 lit. a GWB.

12 In Bezug auf Inhalt und Form der Bekanntmachung verweist § 21 Abs. 2 KonzVgV auf das **Muster** gemäß Anhang XVII VO (EU) 2015/1986.[7]

13 Weder § 21 Abs. 2 KonzVgV noch Art. 43 Abs. 1 UAbs. 2 RL 2014/23/EU noch Art. 72 Abs. 1 RL 2014/24/EU sehen für die Pflicht zur Bekanntmachung eine **Frist** vor. Zwar wird in den Fällen des § 132 GWB kein neues Vergabeverfahren durchgeführt, die Bekanntmachung über die Änderung einer Konzession tritt aber verfahrenssystematisch dennoch an die Stelle der Vergabebekanntmachung. Vor diesem Hintergrund könnte erwogen werden, dass auch in dieser Konstellation in Anlehnung an § 21 Abs. 1 S. 1 KonzVgV eine Frist von maximal 48 Tagen nach (schuldrechtlich) wirksamer Änderung der Konzession gilt.

D. Ausnahmen von vollumfänglicher Bekanntmachung

14 Anders als die Parallelvorschrift des § 39 **VgV** (dort Abs. 6) enthält die KonzVgV in § 21 KonzVgV keine Regelung dazu, dass einzelne Angaben zur Konzession, etwa aus überwiegenden öffentlichen Interessen, nicht publiziert werden müssen. Eine solche Vorgabe ist auch nicht auf Gemeinschaftsebene in der RL 2014/23/EU angelegt.

15 Allerdings erlaubt § 30 Abs. 3 **KonzVgV** im Rahmen der individuellen Information an unterlegene Wettbewerbsteilnehmer nach § 30 Abs. 1 KonzVgV den Verzicht auf die Offenlegung einzelner Angaben, soweit dadurch der Gesetzesvollzug behindert würde, dies dem öffentlichen Interesse auf sonstige Weise zuwiderlaufen, die berechtigten geschäftlichen Interessen von Unternehmen schädigen oder den lauteren Wettbewerb zwischen ihnen beeinträchtigen würde. Unter Zugrundelegung dieser Maßgaben ist davon auszugehen, dass auch und erst recht im Rahmen einer europaweit zu veröffentlichenden Vergabebekanntmachung solche Angaben zurückgehalten werden dürfen, welche im Sinne des § 30 Abs. 3 KonzVgV als sachlich gerechtfertigte Gründe für eine Ausnahme von Transparenzgebot zu erachten sind.[8] Vor diesem Hintergrund bietet es sich für die Praxis an, bereits in den Vergabeunterlagen ausdrücklich darauf hinzuweisen, dass die Vergabebekanntmachung gegebenenfalls unter Berücksichtigung etwaiger Geheimhaltungsinteressen unter Zurückhaltung einzelner Angaben erfolgen wird.

E. Rechtsschutz

16 § 21 KonzVgV kommt grundsätzlich keine **unternehmensschützende Wirkung** zu.[9] Dies ergibt sich daraus, dass die Vorschrift in erster Linie dem öffentlichen Interesse daran dient, zu erfahren, zu welchem Ergebnis die Durchführung des Vergabeverfahrens oder die Änderung der Konzession[10] gelangt ist.[11] Trotz der auch in dieser Vorschrift enthaltenen Umsetzung des allgemeinen Transparenzgrundsatzes im Sinne des § 97 Abs. 1 S. 1 GWB lassen sich aus dieser Bestimmung grundsätzlich keine subjektiven Unternehmensrechte ableiten.

17 Dies gilt nicht nur für Vergabeverfahrensarten, welche mit einer Konzessionsbekanntmachung eingeleitet werden,[12] sondern auch für **Vergabeverfahrensarten ohne vorherige europaweite Bekanntmachung**.[13] Denn auch in Fällen etwa eines Verhandlungsverfahrens ohne vorherigen Teilnahmewettbewerb kann ein sich benachteiligt fühlendes Unternehmen nach § 135 Abs. 2 GWB innerhalb der dort genannten Ausschlussfristen die Feststellung der

---

7 Dieses Formular kann unter http://simap.ted.europa.eu/documents/10184/99158/DE_F20.pdf heruntergeladen werden.
8 Vgl. in diesem Sinne *Wagner/Pott*, in: Heiermann/Zeiss/Summa, Vergaberecht, § 21 KonzVgV Rn. 17.
9 Vgl. OLG Jena, Beschluss v. 16.1.2002 – 6 Verg 7/01 (zur VOF 2000); LG Leipzig, Urteil v. 24.1.2007 – O 6HK O 1866/06 (zur VOL/A 2002); zur entsprechenden VgV-Vorschrift *Rechten*, in: Kulartz/Kus/Marx/Portz/Prieß, VgV, § 39 Rn. 6 ff.; *Conrad*, in: Müller-Wrede, VgV/UVgO, § 39 VgV Rn. 76.
10 So auch *Rechten*, in: Kulartz/Kus/Marx/Portz/Prieß, VgV, § 39 Rn. 9, im Hinblick auf die vergleichbare Regelung des § 39 VgV.
11 *Conrad/Müller-Wrede*, in: Müller-Wrede, VOL/A, § 23 EG Rn.40.
12 So offensichtlich *Rechten*, in: Kulartz/Kus/Marx/Portz/Prieß, VgV, § 39 Rn. 7, im Hinblick auf die vergleichbare Regelung des § 39 VgV.
13 So auch *Conrad*, in: Müller-Wrede, VgV/UVgO, § 39 VgV Rn. 76, zur vergleichbaren VgV-Vorschrift.

Unwirksamkeit bei der zuständigen Vergabekammer beantragen. Mit einer Vergabebekanntmachung oder einer Bekanntmachung über die Änderung einer Konzession nach Maßgabe des § 21 KonzVgV i.V.m. § 135 Abs. 2 S. 2 GWB kann dabei die Frist für die Geltendmachung der Unwirksamkeit gemäß § 135 Abs. 2 S. 2 GWB verkürzt werden.

Anlage

Verordnungsbegründung (BR-Drs. 87/16)

Seite 291

§ 21 dient der Umsetzung der in Artikel 32 der Richtlinie 2014/23/EU geregelten Pflichten zur Bekanntmachung des Ergebnisses des Vergabeverfahrens für Bau- und Dienstleistungskonzessionen. Darüber hinaus wird die Pflicht zur Bekanntmachung über Änderungen von Konzessionen festgelegt.

Zu Absatz 1

Absatz 1 setzt die Vorgaben von Artikel 32 Absatz 1 Satz 1 und Absatz 2 in Verbindung mit Artikel 33 Absatz 1 Unterabsatz 2 der Richtlinie 2014/23/EU zur Vergabebekanntmachung um.

Zu Absatz 2

Absatz 2 setzt Artikel 43 Absatz 1 Unterabsatz 2 in Verbindung mit Artikel 33 Absatz 1 Unterabsatz 2 der Richtlinie 2014/23/EU um. Geregelt wird, wie Änderungen zu Konzessionen, die zwar gemäß § 154 Nummer 3 in Verbindung mit § 132 Absatz 2 Nummer 2 und 3 GWB nicht zum Gegenstand eines neuen Vergabeverfahrens gemacht werden müssen, jedoch gemäß § 132 Absatz 5 europaweit bekanntgegeben werden.

§ 22 KonzVgV
Konzessionen, die soziale und andere besondere Dienstleistungen betreffen

(1) Der Konzessionsgeber teilt seine Absicht, eine Konzession zur Erbringung sozialer Dienstleistungen oder anderer besonderer Dienstleistungen im Sinne des § 153 des Gesetzes gegen Wettbewerbsbeschränkungen zu vergeben, durch eine Vorinformation mit.

(2) Auf Vergabebekanntmachungen ist § 21 Absatz 1 anzuwenden. Der Konzessionsgeber kann Vergabebekanntmachungen vierteljährlich zusammenfassen. In diesem Fall ist die Veröffentlichung der zusammengefassten Bekanntmachungen innerhalb von 48 Tagen nach dem Ende des Quartals zu veranlassen.

(3) Für Bekanntmachungen nach den Absätzen 1 und 2 ist das Muster gemäß Anhang XX der Durchführungsverordnung (EU) 2015/1986 zu verwenden

(4) Auf Bekanntmachungen über Änderungen einer Konzession gemäß § 154 Nummer 3 in Verbindung mit § 132 Absatz 5 des Gesetzes gegen Wettbewerbsbeschränkungen ist § 21 Absatz 2 anzuwenden.

Übersicht	Rn.		Rn.
A. Allgemeines	1	II. Gegenstand (Abschnitt II)	42
I. Unionsrechtlicher Hintergrund	4	1. Umfang der Beschaffung (II.1)	43
II. Vergleichbare Regelungen	6	2. Beschreibung (II.2)	46
B. Vereinfachtes Vergabeverfahren	11	III. Rechtliche, wirtschaftliche, finanzielle und technische Angaben (Abschnitt III)	51
I. Unionsrechtliche Vorgaben	11		
II. Kartellvergaberechtliche Vorgaben	18	IV. Verfahren (Abschnitt IV)	55
C. Bekanntmachung der Vergabeabsicht (Abs. 1)	20	V. Vergabe einer Konzession (Abschnitt V)	58
D. Bekanntmachung von vergebenen Konzessionen (Abs. 2)	25	VI. Weitere Angaben (Abschnitt VI)	61
I. Frist und Form (S. 1)	26	F. Bekanntmachungen von Konzessionsänderungen (Abs. 4)	65
II. Quartalsweise Bündelung (S. 2)	30	G. Rechtsschutz	68
E. Inhalt der Bekanntmachungen (Abs. 3)	33	Anlage Verordnungsbegründung (BR-Drs. 87/16)	
I. Öffentlicher Auftraggeber/Auftraggeber (Abschnitt I)	37		

A. Allgemeines

§ 22 KonzVgV enthält besondere Regelungen für europaweite Bekanntmachungen von Konzessionen, die soziale und andere besondere Dienstleistungen betreffen. Die Vorschrift konkretisiert das Konzessionsvergabeverfahren für die in § 153 GWB genannten sozialen und anderen besonderen Dienstleistungen.   **1**

§ 22 KonzVgV regelt die Anforderungen an die Vergabe von Konzessionen, die soziale und andere besondere Dienstleistungen betreffen, nicht **abschließend**. Neben den besonderen Regelungen des § 22 KonzVgV sind auf solche Konzessionen alle Vorschriften der KonzVgV anzuwenden.[1]   **2**

Gemäß Art. 8 Abs. 1 RL 2014/23/EU greift für Konzessionen zur Erbringung sozialer und anderer besonderer Dienstleistungen, die in Anhang IV RL 2014/23/EU aufgeführt sind, ein **Schwellenwert** in Höhe von 5.548.000 Euro.[2] Im nationalen Recht ergibt sich dieser Schwel-   **3**

---
[1] Verordnungsbegründung zu § 22 KonzVgV, BR-Drs. 87/16, 291.
[2] Zuletzt angepasst durch VO (EU) 2017/2366.

lenwert aufgrund der dynamischen Verweisung auf Art. 8 RL 2014/23/EU aus § 106 Abs. 2 Nr. 4 GWB.

I. Unionsrechtlicher Hintergrund

4   Konzessionsgeber sind verpflichtet, die Vergabe einer Konzession zur Erbringung sozialer und anderer besonderer Dienstleistungen bekannt zu machen. § 22 KonzVgV dient der Umsetzung der in Art. 31 Abs. 3 und Art. 32 RL 2014/23/EU vorgesehenen besonderen Bekanntmachungsvorschriften zu Konzessionen zu sozialen und anderen besonderen Dienstleistungen.

5   § 22 Abs. 1 KonzVgV entspricht Art. 31 Abs. 3 RL 2014/23/EU.[3] § 22 Abs. 2 S. 1 KonzVgV setzt Art. 32 Abs. 1 S. 1 und Abs. 2 i.V.m. Art. 33 Abs. 1 UAbs. 2 RL 2014/23/EU durch Anwendung des § 21 Abs. 1 KonzVgV in nationales Recht um.[4] § 22 Abs. 2 S. 2 und 3 KonzVgV basiert auf Art. 32 Abs. 1 S. 2 i.V.m. Art. 33 Abs. 1 UAbs. 2 RL 2014/23/EU.[5] § 22 Abs. 3 KonzVgV dient der Umsetzung von Art. 33 Abs. 1 RL 2014/23/EU und benennt das zu verwendende Bekanntmachungsformular.[6] § 22 Abs. 4 KonzVgV setzt die Verpflichtung zur Veröffentlichung der Bekanntmachung über Änderungen einer Konzession um, die aus § 154 Nr. 3 GWB i.V.m. § 132 Abs. 5 GWB folgt.

II. Vergleichbare Regelungen

6   Die in § 22 Abs. 1 S. 1 KonzVgV geregelte Bekanntmachungspflicht **vor Auftragsvergabe** entspricht den Regelungen in § 66 Abs. 1 VgV sowie § 39 Abs. 1 SektVO. Dabei unterscheiden sich KonzVgV, VgV und SektVO in den zur Verfügung stehenden Bekanntmachungsarten. Während der Auftraggeber seine Vergabeabsicht im Sektorenbereich mittels einer Auftragsbekanntmachung, einer regelmäßigen nicht verbindlichen Bekanntmachung oder einer Bekanntmachung über das Bestehen eines Qualifizierungssystems mitteilen kann, sieht § 66 VgV im Gegensatz zu § 19 Abs. 1 KonzVgV als Bekanntmachungsarten die Auftragsbekanntmachung bzw. beim Vorliegen bestimmter Voraussetzungen die Vorinformation vor. Im Bereich der Konzessionsvergabe, die soziale und andere besondere Dienstleistungen betrifft, wird der Bekanntmachungspflicht der Vergabeabsicht mit einer Vorinformation entsprochen.

7   Die in § 22 Abs. 2 S. 1 KonzVgV geregelte Bekanntmachungspflicht **nach Auftragsvergabe** entspricht den Regelungen in § 66 Abs. 3 VgV sowie § 39 Abs. 3 SektVO. Sowohl nach KonzVgV als auch nach VgV und SektVO kann der Auftraggeber die Vergabebekanntmachungen quartalsweise bündeln. In diesem Fall fordert die VgV und SektVO die Versendung der Zusammenstellung spätestens 30 Tage nach Quartalsende an das Amt für Veröffentlichungen der Europäischen Union. Die KonzVgV sieht hingegen einen längeren Versendungszeitraum von 48 Tagen nach Quartalsende vor.

8   Die in § 22 Abs. 3 KonzVgV enthaltenen **formalen Anforderungen** an Bekanntmachungen entsprechen § 66 Abs. 4 S. 1 VgV und § 39 Abs. 2 SektVO. Die Vorschriften nehmen allerdings auf unterschiedliche Bekanntmachungsmuster der VO (EU) 2015/1986 Bezug. Dabei bestimmt § 22 Abs. 3 KonzVgV das Muster gemäß Anhang XX, § 66 Abs. 4 S. 1 VgV das Muster gemäß Anhang XVIII sowie § 39 Abs. 2 SektVO das Muster gemäß Anhang XIX als bekanntmachungsmaßgebend.

9   § 22 Abs. 4 KonzVgV regelt die formalen Anforderungen an Bekanntmachungen über **Änderungen einer Konzession**. Eine entsprechende Regelung findet sich in § 39 Abs. 5 VgV sowie § 38 Abs. 5 SektVO.

10 Bekanntmachungspflichten, die gesondert die Vergabe von sozialen und anderen besonderen Dienstleistungen betreffen, finden sich in **VSVgV** und **VOB/A** nicht.

---

[3] Vgl. Verordnungsbegründung zu § 22 Abs. 1 KonzVgV, BR-Drs. 87/16, 292.
[4] Vgl. Verordnungsbegründung zu § 22 Abs. 2 KonzVgV, BR-Drs. 87/16, 292.
[5] Vgl. Verordnungsbegründung zu § 22 Abs. 2 KonzVgV, BR-Drs. 87/16, 292.
[6] Vgl. Verordnungsbegründung zu § 22 Abs. 3 KonzVgV, BR-Drs. 87/16, 292.

B. Vereinfachtes Vergabeverfahren

I. Unionsrechtliche Vorgaben

Art. 19 RL 2014/23/EU sieht für die Vergabe von Konzessionen zur Erbringung sozialer und anderer besonderer Dienstleistungen ein vereinfachtes Vergabeverfahren als besondere Beschaffungsregelung vor (Sonderregime). Dieses vereinfachte Vergabeverfahren zeichnet sich dadurch aus, dass Konzessionsgeber nach der RL 2014/23/EU lediglich verpflichtet sind, durch Vorinformation die beabsichtigte Vergabe[7] sowie die Ergebnisse des Konzessionsvergabeverfahrens europaweit bekannt zu machen.[8] Im Übrigen können Konzessionsgeber die Konzessionsvergabe für soziale und andere besondere Dienstleistungen frei gestalten – unter Beachtung der Grundsätze der Gleichbehandlung, Nichtdiskriminierung, Transparenz und Verhältnismäßigkeit.[9] Insgesamt findet die freie Verfahrensgestaltung ihre Grenze im Umgehungsverbot nach § 14 KonzVgV. Danach darf das Verfahren zur Vergabe einer Konzession nicht in einer Weise ausgestaltet werden, dass es vom Anwendungsbereich des Kartellvergaberechts ausgenommen wird oder bestimmte Unternehmen oder bestimmte Bauleistungen, Lieferungen oder Dienstleistungen auf unzulässige Weise bevorzugt oder benachteiligt werden. 11

Der **Grund** für dieses vereinfachte Vergabeverfahren liegt darin, dass sozialen und anderen besonderen Dienstleistungen als personen- oder ortsgebundene Dienstleistungen zumeist nur eingeschränkt eine grenzüberschreitende Dimension zukommt. Dies gilt insbesondere für bestimmte Dienstleistungen im Sozial-, Gesundheits- und Bildungsbereich.[10] Diese Dienstleistungen werden in einem besonderen Kontext erbracht, der sich aufgrund unterschiedlicher kultureller Traditionen in den einzelnen EU-Mitgliedstaaten stark unterschiedlich darstellt.[11] 12

Die dem Sonderregime unterfallenden **sozialen und anderen besonderen Dienstleistungen** sind im Einzelnen in Anhang IV RL 2014/23/EU aufgeführt. Anhang IV RL 2014/23/EU entspricht Anhang XIV RL 2014/24/EU und Anhang XVII RL 2014/25/EU. Soziale Dienstleistungen gemäß Anhang IV RL 2014/23/EU sind beispielsweise Arbeitsmarktdienstleistungen des SGB II, III und IX. 13

Die europäischen Vorschriften für die Konzessionsvergabe sollen nicht alle Formen öffentlicher Ausgaben abdecken. Die RL 2014/23/EU gilt nicht für die bloße **Finanzierung** – insbesondere durch öffentliche Zuschüsse – von Tätigkeiten, die häufig mit der Verpflichtung verbunden ist, erhaltene Beträge bei nicht bestimmungsgemäßer Verwendung zurückzuzahlen.[12] 14

Keine Konzessionen im Sinne der RL 2014/23/EU sind zudem Regelungen, nach denen **ohne gezielte Auswahl** alle Wirtschaftsteilnehmer, die bestimmte Voraussetzungen erfüllen, zur Wahrnehmung einer bestimmten Aufgabe – ohne irgendeine Selektivität – berechtigt sind. Dies ist beispielsweise bei Kundenwahl- und Dienstleistungsgutscheinsystemen der Fall. Regelungen, die auf einer rechtsgültigen Vereinbarung zwischen der Behörde und den Wirtschaftsteilnehmern beruhen, sind ebenfalls keine Konzessionen. Derartige Systeme beruhen typischerweise auf der Entscheidung einer Behörde, mit der transparente und nichtdiskriminierende Voraussetzungen für den kontinuierlichen Zugang von Wirtschaftsteilnehmern zur 15

---

[7] Art. 31 Abs. 3 RL 2014/23/EU.
[8] Art. 32 RL 2014/23/EU.
[9] Verordnungsbegründung zu § 22 KonzVgV, BR-Drs. 87/16, 291.
[10] Strittig im Bereich der Rettungs- und Krankentransportdienstleistungen. Nach Erwägungsgrund 36 RL 2014/23/EU sollte der Einsatz von Krankenwagen zur Patientenbeförderung nicht von der Richtlinie ausgenommen sein. Für unter die CPV-Referenznummer 85143000-3 fallende Dienstleistungen, die ausschließlich im Einsatz von Krankenwagen zur Patientenbeförderung bestehen, sollte das Sonderregime für soziale und andere besondere Dienstleistungen gelten. Folglich würden auch gemischte Konzessionsverträge für Dienste von Krankenwagen generell unter die Sonderregelung fallen, falls der Wert des Einsatzes von Krankenwagen zur Patientenbeförderung höher wäre als der Wert anderer Rettungsdienste.
[11] Erwägungsgrund 53 RL 2014/23/EU.
[12] Erwägungsgrund 12 RL 2014/23/EU.

Erbringung bestimmter Dienstleistungen (z.B. soziale Dienstleistungen) festgelegt werden, wobei den Kunden die Wahl zwischen den Anbietern freisteht.[13] Aus dem Erwägungsgrund 13 RL 2014/23/EU lässt sich schließen, dass die Zulassung von Dienstleistungserbringern im „sozialhilferechtlichen Dreiecksverhältnis" nicht der RL 2014/23/EU unterfällt. Einfache Zulassungssysteme sind nicht vom Anwendungsbereich der RL 2014/23/EU erfasst. Dies gilt gleichfalls für die Zulassung von Pflegeeinrichtungen, die Feststellung der fachlichen Eignung im Rahmen der Zulassung besonderer Dienste oder besonderer Einrichtungen sowie Verträge mit Vorsorge- oder Rehabilitationseinrichtungen im Rahmen eines Zulassungssystems.[14]

16 Der Unionsgesetzgeber weist in Erwägungsgrund 5 RL 2014/23/EU darauf hin, dass die EU-Mitgliedstaaten durch die RL 2014/23/EU in keiner Weise dazu verpflichtet werden, die Erbringung von Dienstleistungen an Dritte oder nach außen zu vergeben, wenn sie diese Dienstleistungen **selbst erbringen** möchten. Den Mitgliedstaaten und Behörden steht es frei, personenbezogene Dienstleistungen selbst zu erbringen oder soziale Dienstleistungen in einer Weise zu organisieren, die nicht mit der Vergabe von Konzessionen verbunden ist, beispielsweise durch die bloße Finanzierung solcher Dienstleistungen oder durch Erteilung von Lizenzen oder Genehmigungen – ohne Beschränkungen oder Festsetzung von Quoten – für alle Wirtschaftsteilnehmer, die die vom öffentlichen Auftraggeber vorab festgelegten Bedingungen erfüllen. Dies setzt allerdings voraus, dass ein solches System eine ausreichende Bekanntmachung gewährleistet und den Grundsätzen der Transparenz und Nichtdiskriminierung genügt.[15]

17 In Erwägungsgrund 6 RL 2014/23/EU weist der Unionsgesetzgeber zudem darauf hin, dass es den Mitgliedstaaten grundsätzlich freisteht, die Erbringung von gesetzlichen sozialen Dienstleistungen oder anderen Dienstleistungen (z.B Postdienste) entweder als **Dienstleistungen von allgemeinem wirtschaftlichem Interesse** oder als nichtwirtschaftliche Dienstleistungen von allgemeinem Interesse oder als eine Mischung davon zu organisieren. Dienstleistungen im Rahmen der gesetzlichen Sozialversicherung unterliegen nicht dem Anwendungsbereich der RL 2014/23/EU, wenn sie als nichtwirtschaftliche Dienstleistungen von allgemeinem Interesse organisiert sind.[16]

II. Kartellvergaberechtliche Vorgaben

18 § 22 KonzVgV enthält besondere Bekanntmachungsvorschriften für Konzessionen zu sozialen und anderen besonderen Dienstleistungen. Diese – im Einzelnen in Anhang IV RL 2014/23/EU aufgeführten – Dienstleistungen unterliegen einem vereinfachten Konzessionsvergabeverfahren. Neben § 22 KonzVgV sind auf die Vergabe von Konzessionen, die soziale und andere besondere Dienstleistungen betreffen, sämtliche Vorschriften der KonzVgV anzuwenden.[17] Die vollumfängliche Anwendung der KonzVgV soll dem Konzessionsgeber im Bereich sozialer und anderer besonderer Dienstleistungen ein ebenso hohes Maß an Flexibilität bieten, wie dies bei allgemeinen Konzessionen der Fall ist.

19 Konzessionsgeber sind bei der Vergabe von Konzessionen zur Erbringung sozialer und anderer besonderer Dienstleistungen gemäß Art. 3 Abs. 1 RL 2014/23/EU und im Einklang mit der ständigen Rechtsprechung des EuGH zur Beachtung der Grundsätze der **Gleichbehandlung**,

---

13 Erwägungsgrund 13 RL 2014/23/EU. An ein Zulassungsverfahren zu einem Vertragssystem formuliert der EuGH, Urteil v. 2.6.2016 – Rs. C-410/14, Rn. 43 f., allerdings bestimmte Voraussetzungen: Ein solches Verfahren unterliegt, soweit sein Gegenstand ein eindeutiges grenzüberschreitendes Interesse aufweist, den Grundregeln des AEUV, insbesondere den Grundsätzen der Nichtdiskriminierung und der Gleichbehandlung der Wirtschaftsteilnehmer sowie dem sich daraus ergebenden Transparenzgebot, das eine angemessene Bekanntmachung verlangt. Die Mitgliedstaaten verfügen dabei in einer Situation wie der im Ausgangsverfahren in Rede stehenden über einen gewissen Gestaltungsspielraum beim Erlass von Maßnahmen zur Gewährleistung der Beachtung des Grundsatzes der Gleichbehandlung und des Transparenzgebots.
14 Gesetzesbegründung zu § 130 GWB, VergRModG 2016, BT-Drs. 18/6281, 114; Verordnungsbegründung zu § 1 Abs. 1 VgV, BR-Drs. 87/16, 156.
15 Erwägungsgrund 54 RL 2014/23/EU.
16 Anhang IV Fn.1 RL 2014/23/EU, Art. 4 Abs. 2 RL 2014/23/EU.
17 Vgl. Verordnungsbegründung zu § 22 KonzVgV, BR-Drs. 87/16, 291.

Nichtdiskriminierung, Transparenz und Verhältnismäßigkeit verpflichtet. Zur Beachtung dieser Grundsätze müssen nach § 153 GWB auch diejenigen Vorschriften angewendet werden, die für die Vergabe allgemeiner Konzessionen gelten. Grund dafür ist, dass die Vorgaben zum Vergabeverfahren im GWB und der KonzVgV ein hohes Maß an Flexibilität bieten. Diese Flexibilität sollen Konzessionsgeber ebenfalls bei der Vergabe von Konzessionen zur Erbringung sozialer und anderer besonderer Dienstleistungen angemessen nutzen können. Die Basisvorschriften der KonzVgV gewährleisten für Konzessionsvergaben zur Erbringung sozialer und anderer besonderer Dienstleistungen die Vereinbarkeit mit den in Art. 3 Abs. 1 RL 2014/23/EU festgelegten Grundsatzanforderungen. Sie bieten ein Mindestmaß an Einheitlichkeit und Rechtssicherheit im Vergabeverfahren, das Konzessionsgebern und Bietern gleichermaßen zugutekommt. Konzessionsvergaben für soziale und andere besondere Dienstleistungen unterliegen daher gemäß Art. 19 i.V.m. Art. 46, 47 RL 2014/23/EU ebenfalls dem Primärrechtsschutz, so dass die Einhaltung dieser Maßgaben im Nachprüfungsverfahren durch auf Antrag der betroffenen Unternehmen überprüft werden kann.[18]

C. Bekanntmachung der Vergabeabsicht (Abs. 1)

Nach § 22 Abs. 1 KonzVgV muss der Konzessionsgeber seine Absicht, eine Konzession zur Erbringung sozialer oder anderer besonderer Dienstleistungen im Sinne des § 153 GWB zu vergeben, durch eine Vorinformation mitteilen. Die Regelung betrifft die europaweite Bekanntmachung vor der Konzessionsvergabe (Ex-ante-Transparenz). Im Vergabeverfahren dient die Vorinformation der frühzeitigen Information des Marktes über eine beabsichtigte Auftragsvergabe.[19]

Der Konzessionsgeber ist **verpflichtet** die Absicht zur Vergabe der Konzession im Wege einer Vorinformation zu veröffentlichen. Dies folgt in der gebotenen Klarheit nicht bereits aus dem lediglich indikativ gestalteten Wortlaut der Regelung, ergibt sich aber daraus, dass der Verordnungsgeber die prozedurale Vorgehensweise des Konzessionsgebers beschreibt, ohne ihm weitere Handlungsalternativen zu eröffnen. Die Pflicht, eine Vorinformation (und eine Zuschlagsbekanntmachung) für jede Konzession zu veröffentlichen, ist ein geeigneter Weg, um sicherzustellen, dass mögliche Bieter über Geschäftsmöglichkeiten informiert werden und dass alle interessierten Kreise Informationen über die Zahl und Art vergebener Konzessionen erhalten.[20]

Die sozialen und anderen besonderen Dienstleistungen im Sinne des § 153 GWB sind im Einzelnen im Anhang IV RL 2014/23/EU aufgeführt. **Soziale und andere besondere Dienstleistungen** im Sinne von § 153 GWB können sein:

- Dienstleistungen des Gesundheits- und Sozialwesens und zugehörige Dienstleistungen;
- Verwaltungsdienstleistungen im Sozial-, Bildungs- und Gesundheitswesen sowie im kulturellen Bereich;
- Dienstleistungen im Rahmen der gesetzlichen Sozialversicherung;
- Beihilfen, Unterstützungsleistungen und Zuwendungen;
- Sonstige öffentliche und persönliche Dienstleistungen, einschließlich Dienstleistungen von Arbeitnehmervereinigungen, politischen Organisationen, Jugendverbänden und anderen Mitgliederorganisationen;
- Dienstleistungen religiöser Vereinigungen;
- Gaststätten- und Beherbergungsgewerbe;
- Dienstleistungen im juristischen Bereich, die nicht vom Anwendungsbereich der RL 2014/23/EU nach Art. 10 Abs. 8 lit. d ausgeschlossen sind;
- Sonstige Dienstleistungen der Verwaltung und für die öffentliche Verwaltung;

---

18 Gesetzesbegründung zu § 153 GWB, VergRModG 2016, BT-Drs. 18/6281, 132.
19 Vgl. Verordnungsbegründung zu § 38 VgV, BR-Drs. 87/16, 191.
20 Erwägungsgrund 53 RL 2014/23/EU.

- Dienstleistungen für das Gemeinwesen;
- Dienstleistungen für den Strafvollzug, Dienstleistungen im Bereich öffentliche Sicherheit, Rettungsdienste, soweit diese nicht nach Art. 10 Abs. 8 lit. g RL 2014/23/EU vom Anwendungsbereich ausgeschlossen sind;
- Ermittlungs- und Sicherheitsdienstleistungen;
- Internationale Dienstleistungen;
- Postdienste (Post- und Fernmeldedienste, Post- und Kurierdienste, Postdienste im Zusammenhang mit Zeitungen und Zeitschriften, Briefpostdienste, Paketpostdienste, Post-Schalterdienste, Vermietung von Postfächern, Dienste im Zusammenhang mit postlagernden Sendungen, interne Bürobotendienste);
- Sonstige Dienstleistungen (Reifenrunderneuerung, Schmiedearbeiten).[21]

23 Die aufgeführten sozialen und anderen besonderen Dienstleistungen müssen jeweils die genauen Voraussetzungen der im Anhang IV RL 2014/23/EU genannten **Referenznummern** des Common Procurement Vocabulary (CPV-Codes) erfüllen, um vom Anwendungsbereich des Sonderregimes erfasst zu sein. Das vereinfachte Vergabeverfahren für soziale und andere besondere Dienstleistungen verlangt eine enge Auslegung des CPV.

24 Grundsätzlich werden Vergabeverfahren durch eine europaweite öffentliche **Bekanntmachung der Konzessionsvergabeabsicht** nach § 19 Abs. 1 KonzVgV in Gang gesetzt. Eine Ausnahme bildet § 22 Abs. 1 KonzVgV: Im Bereich der Konzessionsvergabe von sozialen oder anderen besonderen Dienstleistungen genügt der Konzessionsgeber seiner Bekanntmachungspflicht durch die Vornahme einer Vorinformation. Einer Konzessionsbekanntmachung im Sinne des § 19 Abs. 1 KonzVgV, die im Rahmen der Vergabe allgemeiner Konzessionen vorzunehmen ist, bedarf es bei Konzessionen, die soziale und andere besondere Dienstleistungen betreffen, nicht.

D. Bekanntmachung von vergebenen Konzessionen (Abs. 2)

25 § 22 Abs. 2 KonzVgV regelt die nachträgliche Bekanntmachung über die Vergabe von Konzessionen zur Erbringung sozialer oder anderer besonderer Dienstleistungen. Die Regelung betrifft die europaweite Bekanntmachung nach erfolgter Konzessionsvergabe (Ex-post-Transparenz).

I. Frist und Form (S. 1)

26 Nach § 22 Abs. 2 S. 1 KonzVgV ist auf Vergabebekanntmachungen § 21 Abs. 1 KonzVgV anzuwenden.

27 Die Anwendung der Maßgaben aus § 21 Abs. 1 KonzVgV ist für den Konzessionsgeber hiernach ausweislich des Wortlauts der Regelung („ist [...] anzuwenden") **verpflichtend**. Dem Konzessionsgeber steht insoweit kein Entscheidungsspielraum zu.

28 Nach § 21 Abs. 1 S. 1 KonzVgV muss der Konzessionsgeber spätestens **48 Tage** nach der Vergabe einer Konzession zur Erbringung sozialer oder anderer besonderer Dienstleistungen eine Vergabebekanntmachung mit dem Ergebnis des Vergabeverfahrens an das Amt für Veröffentlichungen der Europäischen Union übermitteln. Unternehmen können sich somit nach Vergabe der Konzession über das Ergebnis eines Vergabeverfahrens informieren. Für die Fristberechnung ist nach § 36 KonzVgV die VO (EWG, Euratom) 1182/71 anzuwenden.

29 Nach dem Wortlaut von § 22 Abs. 2 S. 1 KonzVgV ist der gesamte Abs. 1 des § 21 KonzVgV anzuwenden. Eine Einschränkung enthält die Regelung nicht, sodass den Buchstaben nach auch S. 2 erfasst ist. Danach wird die Vergabebekanntmachung nach dem **Muster** gemäß Anhang XXII VO (EU) 2015/1986 erstellt. Hierbei handelt es sich indes um eine redaktionelle Un-

---

21 Anhang IV RL 2014/23/EU.

genauigkeit. Denn § 22 Abs. 3 KonzVgV regelt ausdrücklich auch für § 22 Abs. 2 KonzVgV, dass das Muster nach Anhang XX VO (EU) 2015/1986 anzuwenden ist.

II. Quartalsweise Bündelung (S. 2)

Der Konzessionsgeber muss nicht jeder einzelnen Konzessionsvergabe eine entsprechende Bekanntmachung zeitlich unmittelbar folgen lassen. Vielmehr kann der Konzessionsgeber gemäß § 22 Abs. 2 S. 2 KonzVgV Bekanntmachungen über vergebene Konzessionen auch vierteljährlich zusammenfassen. 30

Ausweislich des Wortlauts der Regelung („kann") steht die quartalsweise Bündelung im **Ermessen** des Konzessionsgebers. Dies bestätigen die Verordnungsbegründung[22] und die unionsrechtliche Vorgabe in Art. 32 Abs. 1 S. 2 RL 2014/23/EU, die entsprechend formuliert sind. 31

In diesem Fall ist die Veröffentlichung der zusammengefassten Bekanntmachungen innerhalb von **48 Tagen** nach dem Ende des Quartals zu veranlassen (§ 22 Abs. 2 S. 3 KonzVgV). Die Vorgabe ist ausweislich des Wortlauts der Regelung („ist […] zu veranlassen") zwingend zu beachten. Dem Konzessionsgeber verbleibt mithin kein Entscheidungsspielraum. Für die Fristberechnung ist nach § 36 KonzVgV die VO (EWG, Euratom) 1182/71 anzuwenden. 32

E. Inhalt der Bekanntmachungen (Abs. 3)

Gemäß § 22 Abs. 3 KonzVgV sind die Bekanntmachungen nach § 22 Abs. 1 und 2 KonzVgV nach dem im Anhang XX VO (EU) 2015/1986 enthaltenen Muster zu erstellen. 33

Für Konzessionsgeber ist die Verwendung des Standardformulars für die Vorinformation und die Vergabebekanntmachung ausweislich des Wortlauts der Regelung („ist […] zu verwenden") **verpflichtend**.[23] Dem Konzessionsgeber verbleibt insoweit kein Entscheidungsspielraum. 34

Die Regelung bezieht sich ausdrücklich sowohl auf die **Bekanntmachung** nach § 22 Abs. 1 als auch nach Abs. 2 KonzVgV. Das Muster in Anhang XX VO (EU) 2015/1986 ist daher auf die Vorinformation und die Vergabebekanntmachung anzuwenden. 35

Die geltende Verordnung für Standardformulare zur Veröffentlichung von Bekanntmachungen für öffentliche Aufträge und Konzessionen der Europäischen Union ist die **VO (EU) 2015/1986**. Die Durchführungsverordnung ist in allen ihren Teilen verbindlich und gilt unmittelbar in jedem Mitgliedstaat. Die in der Durchführungsverordnung aufgeführten Standardformulare sind derart abgefasst, dass sie die vergaberechtlichen Anforderungen an Bekanntmachungen grundsätzlich erfüllen. Die Durchführungsverordnung hält 25 Standardformulare für europaweite Bekanntmachungen von Auftrags-/Konzessionsvergaben im Amtsblatt der Europäischen Union bereit. Die Formulare sind in ausgefüllter Form durch den Konzessionsgeber dem Amt für Veröffentlichungen der Europäischen Union zu übermitteln. Die Übermittlung von Bekanntmachungen ist gemäß § 23 Abs. 1 KonzVgV mit elektronischen Mitteln durch den Konzessionsgeber vorzunehmen. Die elektronische Übermittlung der Standardformulare erfolgt mittels der Online-Anwendung eNOTICES oder mittels TED-eSender.[24] Das Muster und die Informationen zur elektronischen Übermittlung von Bekanntmachungen sind unter der Internetadresse http://simap.ted.europa.eu abrufbar. 36

Insgesamt gliedert sich das **Standardformular** Nr. 23 „Soziale und andere besondere Dienstleistungen – Konzessionen" in sechs Abschnitte. In diesen Abschnitten sind Angaben zu Konzessionsgeber (I), Konzessionsgegenstand (II), rechtliche, wirtschaftliche, finanzielle und technische Angaben (III), Verfahren (IV), Vergabe einer Konzession (V) und weitere Angaben (VI) einzutragen. Abschnitt IV wird durch einen „Anhang D4 – Konzession" ergänzt.

---

22 Verordnungsbegründung zu § 22 Abs. 2 KonzVgV, BR-Drs. 87/16, 292.
23 Art. 2 VO (EU) 2015/1986.
24 Art. 6 VO (EU) 2015/1986.

I. Öffentlicher Auftraggeber/Auftraggeber (Abschnitt I)

37 In Abschnitt I des Standardformulars sind Angaben über den Konzessionsgeber zu machen. Konzessionsgeber können gemäß § 101 GWB sowohl öffentliche Auftraggeber als auch Sektorenauftraggeber sein.

38 Die Informationspflicht umfasst in Abschnitt I.1 Angaben zu **Name** und **Kontaktadressen** des Konzessionsgebers: die offizielle Bezeichnung des Konzessionsgebers; dessen nationale Identifikationsnummer (soweit vorhanden); die Postanschrift mit Ort und Postleitzahl; der Mitgliedstaat, in dem der Konzessionsgeber seinen Sitz hat; Kontaktstelle(n); Kontaktdaten wie Telefon, E-Mail, Fax sowie bestehende Internet-Adressen (URL-Hauptadresse, URL-Adresse des Beschafferprofils).

39 Des Weiteren ist in Abschnitt I.3 über die Ausgestaltung der **Kommunikation** im Vergabeverfahren zu informieren. Die Angaben korrespondieren mit §§ 7 ff. KonzVgV und sind ausweislich der amtlichen Fußnote 9 ausschließlich für die Vorinformation nach § 22 Abs. 1 KonzVgV vorgesehen. Sie umfassen die Angabe der Internet-Adresse (URL), unter der die Vergabeunterlagen nach § 17 Abs. 1 KonzVgV für einen uneingeschränkten und vollständigen direkten Zugang gebührenfrei zur Verfügung stehen. Ist der Zugang zu den Unterlagen eingeschränkt, ist die Internet-Adresse (URL) anzugeben, unter der weitere Auskünfte erhältlich sind.[25] Zudem sind Kontaktstellen zu benennen, die weitere allgemeine Auskünfte zur Kommunikation erteilen. Weiterhin muss der Konzessionsgeber angeben, unter welcher Internet-Adresse (URL) bzw. bei welcher Kontaktstelle Teilnahmeanträge oder Angebote einzureichen sind. Ist im Rahmen der elektronischen Kommunikation die Verwendung von Instrumenten und Vorrichtungen erforderlich, die nicht allgemein verfügbar sind, ist die Internet-Adresse (URL) anzugeben, unter der ein uneingeschränkter und vollständiger direkter Zugang zu diesen Instrumenten und Vorrichtungen gebührenfrei möglich ist.

40 Weiterhin hat der Konzessionsgeber in Abschnitt I.4 darüber zu informieren, welcher **Auftraggeberkategorie** er zuzuordnen ist: Ministerium oder sonstige zentral- oder bundesstaatliche Behörde einschließlich regionaler oder lokaler Unterabteilungen; Agentur/Amt auf zentral- oder bundesstaatlicher Ebene; Agentur/Amt auf regionaler oder lokaler Ebene; Regional- oder Kommunalbehörde; Einrichtung des öffentlichen Rechts; Europäische Institution/Agentur oder internationale Organisation sowie andere Kategorien.

41 Ist der Konzessionsgeber ein öffentlicher Auftraggeber, muss er in Abschnitt I.5 seine **Haupttätigkeit(en)** angeben: Allgemeine öffentliche Verwaltung; Verteidigung; Öffentliche Sicherheit und Ordnung; Umwelt; Wirtschaft und Finanzen; Gesundheit; Wohnungswesen und kommunale Einrichtungen; Sozialwesen; Freizeit, Kultur und Religion; Bildung sowie andere Tätigkeiten. Ist der Konzessionsgeber ein Sektorenauftraggeber, muss er in Abschnitt I.6 ebenfalls über seine Haupttätigkeit(en) informieren: Erzeugung, Fortleitung und Abgabe von Gas und Wärme; Strom; Aufsuchung und Gewinnung von Gas und Erdöl; Aufsuchung und Gewinnung von Kohle und anderen festen Brennstoffen; Wasser; Postdienste; Eisenbahndienste; Städtische Eisenbahn-, Straßenbahn-, Oberleitungsbus- oder Busdienste; Hafeneinrichtungen; Flughafenanlagen sowie andere Sektorentätigkeiten.

II. Gegenstand (Abschnitt II)

42 In Abschnitt II des Standardformulars sind Angaben über den Auftrags- bzw. Vertragsgegenstand zu machen.

---

25 Diese Information kann ggf. auch in der Aufforderung zur Abgabe von Angeboten angegeben werden.

1. Umfang der Beschaffung (II.1)

Dies umfasst einerseits Informationen zum Umfang der Beschaffung. Dazu hat der Konzessionsgeber den Vertrag zunächst zu bezeichnen und, falls zutreffend, eine Referenznummer der Bekanntmachung anzugeben. Weiterhin ist der Konzessionsgegenstand einem CPV-Code zuzuordnen. 43

Durch das „Gemeinsame Vokabular für öffentliche Aufträge (Common Procurement Vocabulary – CPV)" lassen sich Auftragsgegenstände eindeutig beschreiben. Das **CPV** ist ein einheitliches Klassifikationssystem für öffentliche Aufträge und wurde mit der VO (EG) 2195/2002 für das öffentliche Auftragswesen eingeführt. Es dient als gemeinsames Referenzsystem, das einheitliche Beschreibungen von Liefer- und Dienstleistungen in allen Amtssprachen der Gemeinschaft enthält, denen für alle Sprachen ein und derselbe alphanumerische Code zugeordnet ist, so dass Sprachbarrieren auf Gemeinschaftsebene abgebaut werden können. Mit dem CPV können auch Leistungen beschrieben werden, die Gegenstand einer Konzession sind. In diesem Fall ist der Konzessionsgegenstand durch einen CPV-Code-Hauptteil und, soweit zutreffend, mit einem CPV-Code-Zusatzteil zu beschreiben. Dem **Hauptteil** liegt eine Baumstruktur mit Codes aus maximal neun Ziffern zugrunde, denen jeweils eine Bezeichnung zugeordnet ist, die auftragsgegenständliche Lieferungen oder Dienstleistungen beschreibt. Der numerische Code umfasst acht Ziffern und ist unterteilt in: Abteilungen, die durch die beiden ersten Ziffern des Codes bezeichnet werden (XX000000-Y); Gruppen, die durch die drei ersten Ziffern des Codes bezeichnet werden (XXX00000-Y); Klassen, die durch die vier ersten Ziffern des Codes bezeichnet werden (XXXX0000-Y); Kategorien, die durch die fünf ersten Ziffern des Codes bezeichnet werden (XXXXX000-Y). Jede der drei letzten Ziffern eines Codes entspricht einer weiteren Präzisierung innerhalb der einzelnen Kategorie. Eine neunte Ziffer dient zur Überprüfung der vorausgehenden Ziffern. Der **Zusatzteil** kann verwendet werden, um die Beschreibung des Konzessionsgegenstandes zu ergänzen. Die Einträge bestehen aus einem alphanumerischen Code und einer zugehörigen Bezeichnung, mit der die Eigenschaften oder die Zweckbestimmung der zu erwerbenden Leistung weiter präzisiert werden können. Der alphanumerische Code umfasst: eine erste Ebene, die aus einem Buchstaben besteht, der einem Abschnitt entspricht; eine zweite Ebene, die aus einem Buchstaben besteht, der einer Gruppe entspricht; eine dritte Ebene, die aus drei Ziffern besteht, die Unterabteilungen entsprechen. Die letzte Ziffer dient zur Überprüfung der vorausgehenden Ziffern.[26] Im Jahr 2008 hat die Europäische Kommission mit der VO (EG) 213/2008 das CPV aktualisiert. Der Schwerpunkt der Aktualisierung lag auf einer rationalisierteren Struktur, die das CPV stärker auf das Produkt und weniger auf das Material ausrichtet. Um das CPV den Standards der elektronischen Vergabe öffentlicher Aufträge anzupassen, wurde zudem ein umfassendes System von 1.000 Attributen geschaffen, die die 9.000 Hauptcodes ergänzen. Die Hauptelemente der Leistungsbeschreibung lassen sich in Ergänzung der geeigneten Codes des Zusatzvokabulars vollständig beschreiben und übersetzen.[27] 44

Neben der Angabe des CPV-Codes ist der Gegenstand der Konzession in Abschnitt II.1.4 kurz zu **beschreiben**. Weiterhin ist der **geschätzte Gesamtwert** (ohne Mehrwertsteuer) des zu vergebenden Vertrages in Abschnitt II.1.5 anzugeben. Die Berechnung des geschätzten Vertragswertes einer Konzession richtet sich nach § 2 KonzVgV. Ebenfalls ist in Abschnitt II.1.6 anzugeben, ob die Konzession in **Lose** aufgeteilt wird. Bei einer Bekanntmachung über eine bereits vergebene Konzession ist ergänzend der **tatsächliche Gesamtwert** der Beschaffung (ohne Mehrwertsteuer) in Abschnitt II.1.7 anzugeben. 45

2. Beschreibung (II.2)

Neben Angaben zum Umfang der Beschaffung ist in Abschnitt II.2 der Konzessionsgegenstand zu beschreiben. Erfolgt eine Aufteilung in Lose, kann die Beschreibung des Konzessionsgegenstandes in beliebiger Anzahl wiederholt werden. Dabei kann der Konzessionsgeber je- 46

---
26 Anhang I VO (EG) 213/2008.
27 Europäische Kommission, Pressemitteilung v. 28.11.2007 – IP/07/1787.

weils die Bezeichnung, die Losnummer, den geschätzten Wert und weitere CPV-Codes angeben.

47 Im Rahmen der Beschreibung des Konzessionsgegenstandes ist in Abschnitt II.2.3 der **Erfüllungsort** der zu erbringenden Dienstleistung anzugeben. Der Hauptort der Ausführung der Dienstleistung ist durch die Angabe eines NUTS-Codes zu benennen. „NUTS" ist eine gemeinsame statistische Klassifikation von Gebietseinheiten, um die Erhebung, Erstellung und Verbreitung harmonisierter Regionalstatistiken in der Europäischen Union zu ermöglichen.[28] Mit der **NUTS-Klassifikation** wird das Wirtschaftsgebiet der EU-Mitgliedstaaten, wie es in der Entscheidung 91/450/EWG festgelegt ist, in Gebietseinheiten unterteilt. Jede Gebietseinheit ist mit einem besonderen Code und einem Namen versehen. Eine NUTS-Klassifikation ist hierarchisch aufgebaut. Sie unterteilt jeden Mitgliedstaat in Gebietseinheiten der NUTS-Ebene 1, die wiederum in Gebietseinheiten der NUTS-Ebene 2 unterteilt werden, die schließlich in Gebietseinheiten der NUTS-Ebene 3 unterteilt werden. Eine bestimmte Gebietseinheit kann jedoch auf mehreren NUTS-Ebenen eingeordnet werden. So lauten beispielsweise die NUTS-Klassifikationen (Code-Name) für das Bundesland Berlin „DE3", die kreisfreie Stadt Potsdam „DE404" sowie den Landkreis Potsdam-Mittelmark „DE40E". In der Bekanntmachung lässt sich mittels der NUTS-Klassifikationen der Hauptorterfüllungsort für die zu erbringende Dienstleistung eindeutig bestimmen.

48 Neben der Angabe des Erfüllungsortes sind in Abschnitt II.2.4 und Abschnitt II.2.6 das Beschaffungsvorhaben zu **beschreiben** sowie die **Laufzeit** der Konzession anzugeben (in Monaten oder Tagen oder Beginn und Ende – Pflichtangabe bei einer Vergabebekanntmachung). Die Schätzung der Laufzeit einer Konzession richtet sich nach § 3 KonzVgV.

49 Steht der Auftrag in Verbindung mit einem Vorhaben und/oder Programm, das aus **Mitteln der Europäischen Union** finanziert wird, hat der Konzessionsgeber dies in Abschnitt II.2.13 zu bestätigen unter Angabe der entsprechenden Projektnummer oder -referenz.

50 Schließlich kann der Konzessionsgeber unter Abschnitt II.2.14 im Rahmen der Beschreibung des Konzessionsgegenstandes **zusätzliche Angaben** machen.

III. Rechtliche, wirtschaftliche, finanzielle und technische Angaben (Abschnitt III)

51 In Abschnitt III des Standardformulars werden rechtliche, wirtschaftliche, finanzielle und technische Angaben abgefragt.

52 Der Konzessionsgeber hat in Abschnitt III.1 über die **Bedingungen der Teilnahme** gemäß § 13 Abs. 1 Nr. 1 KonzVgV am Vergabeverfahren zu informieren. Dies umfasst eine Auflistung und kurze Beschreibung der Teilnahmeregeln und -kriterien.

53 Zudem hat der Konzessionsgeber gegebenenfalls („falls zutreffend") Angaben zu **vorbehaltenen Konzessionen** im Sinne von § 118 GWB zu machen. Dies umfasst die Information, ob die Konzession geschützten Werkstätten und Wirtschaftsteilnehmern vorbehalten ist, deren Ziel die soziale und berufliche Integration von Menschen mit Behinderungen oder von benachteiligten Personen ist. Ebenso hat der Konzessionsgeber anzugeben, ob die Konzessionsausführung auf Programme für geschützte Beschäftigungsverhältnisse beschränkt ist.

54 Weiterhin hat der Konzessionsgeber in Abschnitt III.2 darüber zu informieren, ob die Konzession **besonderen Bedingungen** unterliegt (falls zutreffend). Ist die Erbringung der Dienstleistung einem besonderen Berufsstand vorbehalten, ist auf die einschlägige Rechts- oder Verwaltungsvorschrift zu verweisen. Falls zutreffend, fragt das Formular auch Angaben zu den Ausführungsbedingungen der Konzession im Sinne von § 152 Abs. 4 GWB sowie zum Personal (Name, Qualifikation), das für die Konzessionsausführung verantwortlich ist, ab.

---

28 Vgl. Erwägungsgrund 2 VO (EG) 1059/2003.

IV. Verfahren (Abschnitt IV)

In Abschnitt IV des Standardformulars werden Angaben zum Vergabeverfahren abgefragt. **55**

Der Konzessionsgeber hat in Abschnitt IV.1.1 die **Verfahrensart** der Konzessionsvergabe zu benennen. Diese Angabe ist ausweislich der amtlichen Fußnote 10 nur für die Vergabebekanntmachung nach § 22 Abs. 2 KonzVgV auszufüllen. **56**

Weiterhin sind in Abschnitt IV.1.2 die **Hauptmerkmale** des Vergabeverfahrens zu benennen, wie die Zuschlagskriterien und deren Gewichtung. Zudem ist in Abschnitt IV.2.2 der **Schlusstermin** (Tag und Ortszeit) für den Eingang der Teilnahmeanträge oder Angebote einzutragen. Ebenso ist in Abschnitt IV.2.3 über die **Sprache** zu informieren, in der Angebote oder Teilnahmeanträge eingereicht werden können (die Angabe mehrerer Sprachen ist möglich). Die Angaben zu Hauptmerkmalen und Sprache sind nach der amtlichen Fußnote 9 ausschließlich in die Vorinformation nach § 22 Abs. 1 KonzVgV aufzunehmen. **57**

V. Vergabe einer Konzession (Abschnitt V)

In Abschnitt V des Standardformulars werden Angaben zur Konzessionsvergabe abgefragt. Dieser Abschnitt ist ausweislich der amtlichen Fußnote 10 nur für die Vergabebekanntmachung nach § 22 Abs. 2 KonzVgV auszufüllen. **58**

Dies umfasst folgende **Angaben**: Losnummer (falls zutreffend), Bezeichnung der Konzession, Tag der Entscheidung über die Konzessionsvergabe, Anzahl der eingegangenen Angebote sowie Name und Anschrift des Konzessionärs, zu dessen Gunsten der Zuschlag erteilt wurde. Weiterhin sind in Abschnitt V.2.4 Angaben zum Wert der Konzession und zu den wesentlichen Finanzierungsbedingungen (ohne Mehrwertsteuer) zu machen. Dies betrifft Informationen zum ursprünglich veranschlagten Gesamtwert der Konzession/des Loses; zum tatsächlichen Gesamtwert der Konzession/des Loses; zu Einnahmen aus der Zahlung von Gebühren und Geldbußen durch die Nutzer sowie zu Prämien, Zahlungen und sonstige vom Konzessionsgeber gewährte finanzielle Vorteile (falls zutreffend). **59**

Der Konzessionsgeber hat in Abschnitt V.1 auch darüber zu informieren, wenn das Vergabeverfahren erfolglos **ohne Zuschlagserteilung** verlaufen ist. Dies ist der Fall, wenn keine Angebote/Teilnahmeanträge eingegangen sind bzw. alle abgelehnt wurden oder das Verfahren aus sonstigen Gründen beendet wurde. **60**

VI. Weitere Angaben (Abschnitt VI)

In Abschnitt VI des Standardformulars werden abschließend noch weitere Angaben zur Auftragsvergabe abgefragt. **61**

Dies betrifft in Abschnitt VI.2 optionale Angaben zu **elektronischen Arbeitsabläufen**, z.B. ob eine elektronische Rechnungsstellung akzeptiert wird und/oder die Zahlung elektronisch erfolgt. Bei Bedarf können zudem zusätzliche Angaben gemacht werden. Die Angaben sind nach der amtlichen Fußnote 9 ausschließlich in die Vorinformation nach § 22 Abs. 1 KonzVgV aufzunehmen. **62**

Weiterhin hat der Konzessionsgeber in Abschnitt VI.4 Angaben zum **Rechtsbehelfsverfahren** und **Nachprüfungsverfahren** zu machen, wie die Anschrift der zuständigen Vergabekammer. Zudem sind die Fristen für die Einlegung von Rechtsbehelfen nach § 160 Abs. 3 GWB anzugeben. **63**

Abschließend ist in Abschnitt VI.5 der **Tag der Absendung** der Bekanntmachung im Standardformular einzutragen. Dies erfolgt bei der elektronischen Erstellung und Übermittlung des Bekanntmachungsformulars automatisiert. Als Nachweis der Veröffentlichung dient nach § 23 Abs. 2 KonzVgV die Bestätigung des Eingangs der Bekanntmachung und der Veröffentlichung der übermittelten Information, die der Konzessionsgeber vom Amt für Veröffentlichungen der Europäischen Union erhält. **64**

F. Bekanntmachungen von Konzessionsänderungen (Abs. 4)

65 § 22 Abs. 4 KonzVgV regelt die Verpflichtung zur Veröffentlichung der Bekanntmachung über Änderungen einer Konzession zur Erbringung sozialer oder anderer besonderer Dienstleistungen. Danach ist auf Bekanntmachungen über Konzessionsänderungen gemäß § 154 Nr. 3 i.V.m. § 132 Abs. 5 GWB die Vorschrift des § 21 Abs. 2 KonzVgV anzuwenden.

66 Gemäß § 132 Abs. 5 GWB sind Änderungen zu Konzessionen, die zwar gemäß § 154 Nr. 3 i.V.m. § 132 Abs. 2 Nr. 2 und 3 GWB nicht zum Gegenstand eines neuen Vergabeverfahrens gemacht werden müssen, trotzdem europaweit bekannt zu machen. Änderungen können etwa die Aspekte von Rechteübertragung, Zahlung, finanzielle Vorteile jedweder Art betreffen. Nach **§ 21 Abs. 2 KonzVgV** sind entsprechende Bekanntmachungen über Änderungen einer Konzession zur Erbringung sozialer oder anderer besonderer Dienstleistungen nach dem Muster gemäß Anhang XVII VO (EU) 2015/1986 zu erstellen.[29]

67 Hierbei handelt es sich nach dem Wortlaut („ist [...] anzuwenden") um eine **zwingende Vorgabe**. Dies bestätigt die Verordnungsbegründung[30] („Verpflichtung"). Dem Konzessionsgeber verbleibt insoweit kein Spielraum.

G. Rechtsschutz

68 § 22 KonzVgV ist Ausdruck des im Vergaberecht geltenden Transparenzgrundsatzes und dient der Sicherstellung eines diskriminierungsfreien Wettbewerbs.

69 Der Pflicht des Konzessionsgebers, eine **beabsichtigte Konzessionsvergabe** mittels einer Vorinformation nach § 22 Abs. 1 KonzVgV bekannt zu machen, kommt eine unternehmensschützende Wirkung im Sinne von § 97 Abs. 6 GWB zu. Denn die Bekanntmachung der Vergabeabsicht stellt die Publizität sicher und gewährleistet, dass potenzielle Konzessionsnehmer von der bevorstehenden Konzessionsvergabe erfahren und ihr Interesse bekunden können.[31] Das Absehen von einer gebotenen europaweiten Bekanntmachung ist als einer der schwerwiegendsten Vergaberechtsverstöße überhaupt anzusehen.[32] Hinter dem Erfordernis einer europaweiten Ausschreibung bei Erreichen oder Überschreiten des Schwellenwertes steht der Gedanke, dass ein umfassender Wettbewerb im Bereich der öffentlichen Vergabe sichergestellt werden soll und insbesondere ein freier Marktzugang für ausländische Bieter gewährleistet werden muss. Das Unterlassen einer gebotenen europaweiten Ausschreibung verstößt daher gegen das Wettbewerbsprinzip.[33] Insofern ist die in § 22 Abs. 1 KonzVgV geregelte Bekanntmachungspflicht der Vergabeabsicht bieterschützend. Bieter haben grundsätzlich einen subjektiven Rechtsanspruch auf Einhaltung der Bekanntmachungspflicht durch den öffentlichen Auftraggeber oder Sektorenauftraggeber als Konzessionsgeber. Nach § 154 Nr. 4 i.V.m. § 135 Abs. 1 GWB ist eine Konzessionsvergabe von Anfang an unwirksam, wenn der Konzessionsgeber diese ohne vorherige Veröffentlichung der beabsichtigten Konzessionsvergabe im Amtsblatt der Europäischen Union vergeben hat. Die Unwirksamkeit muss dabei innerhalb einer bestimmten Frist nach § 135 Abs. 2 GWB festgestellt werden.

70 § 22 Abs. 2 S. 1 KonzVgV regelt die Bekanntmachungspflicht des Konzessionsgebers nach **erfolgter Konzessionsvergabe**. Die Regelung dient dem öffentlichen Interesse zu erfahren, mit welchem Ergebnis das Vergabeverfahren beendet wurde. Aus der nachträglichen Bekanntmachungspflicht lassen sich keine subjektiven Rechte ableiten. § 22 Abs. 2 S. 1 KonzVgV ist nicht unternehmensschützend im Sinne von § 97 Abs. 6 GWB.[34]

71 § 22 Abs. 3 KonzVgV legt den **Inhalt der Bekanntmachungen** durch Verweis auf das Muster gemäß Anhang XX VO (EU) 2015/1986 fest. Die Verwendung von Mustern in Form von

---

29 Für Einzelheiten siehe *Hofmann* zu § 21 KonzVgV Rn. 9 ff.
30 Verordnungsbegründung zu § 22 Abs. 4 KonzVgV, BR-Drs. 87/16, 292.
31 Zur öffentlichen Auftragsvergabe vgl. OLG Jena, Beschluss v. 9.9.2010 – 9 Verg 4/10.
32 *Schwabe*, in: Müller-Wrede, VOL/A, § 15 EG Rn. 195 m.w.N.
33 Vgl. VK Rheinland-Pfalz, Beschluss v. 7.5.2007 – VK 10/07.
34 Vgl. LG Leipzig, Urteil v. 24.1.2007 – 6 HKO 1866/06 (zu § 28a VOL/A).

Standardformularen bewirkt eine einheitliche Information der Unternehmen über geplante Vergabeverfahren und dient damit zugleich der Transparenz und Gleichbehandlung im Vergabeverfahren. Insofern entfaltet § 22 Abs. 3 KonzVgV unternehmensschützende Wirkung im Sinne von § 97 Abs. 6 GWB. Unternehmen haben grundsätzlich einen subjektiven Rechtsanspruch auf Einhaltung der inhaltlichen Publizitätsanforderungen des § 22 Abs. 3 KonzVgV. Dies gilt gleichfalls für Bekanntmachungen über die Änderungen einer Konzession gemäß § 22 Abs. 4 KonzVgV.

Anlage

Verordnungsbegründung (BR-Drs. 87/16)

Seite 291

§ 22 dient der Umsetzung der in Artikel 31 Absatz 3 und Artikel 32 der Richtlinie 2014/23/EU vorgesehenen besonderen Bekanntmachungsvorschriften zu Konzessionen zu sozialen und anderen besonderen Dienstleistungen.

Artikel 19 der Richtlinie 2014/23/EU unterstellt die Vergabe von Konzessionen zur Erbringung sozialer und anderer besonderer Dienstleistungen besonderen Bekanntmachungspflichten und dem vergaberechtlichen Nachprüfungsverfahren. Im Übrigen können Konzessionsgeber die Konzessionsvergabe für soziale und andere besondere Dienstleistungen frei gestalten, sind allerdings gemäß Artikel 3 Absatz 1 der Richtlinie 2014/23/EU und im Einklang mit der ständigen Rechtsprechung des Europäischen Gerichtshofes auch zur Beachtung der Grundsätze der Gleichbehandlung, Nichtdiskriminierung, Transparenz und Verhältnismäßigkeit verpflichtet.

Bereits auf Ebene des Gesetzes gegen Wettbewerbsbeschränkungen ist durch § 153 angeordnet, dass zur Beachtung dieser Grundsätze auch diejenigen Regelungen angewendet werden müssen, die für die Vergabe allgemeiner Konzessionen gelten. So bestimmt § 153 GWB, dass §§ 151 und 152 GWB Anwendung finden. Ebenso gelten über § 154 GWB einige weitere Vorschriften über das Vergabeverfahren. Grund dafür ist, dass die im Gesetz gegen Wettbewerbsbeschränkungen und dieser Verordnung enthaltenen Vorgaben zum Vergabeverfahren ein hohes Maß an Flexibilität bieten, das Konzessionsgeber auch für die Vergabe von Konzessionen, die soziale und andere besondere Dienstleistungen betreffen, angemessen nutzen können. Umgekehrt gewährleisten die Basisvorschriften dieser Verordnung auch für Konzessionen, die soziale und andere besondere Dienstleistungen betreffen, die Vereinbarkeit mit den in Artikel 3 Absatz 1 der Richtlinie 2014/23/EU festgelegten Grundsatzanforderungen und bieten ein Mindestmaß an Einheitlichkeit und Rechtssicherheit im Vergabeverfahren, das Konzessionsgebern und Bietern gleichermaßen zugute kommt. Dies gilt namentlich im Hinblick auf die Überprüfung des Vergabeverfahren im Nachprüfungsverfahren gemäß Artikel 46 und 47 der Richtlinie 2014/23/EU.

§ 22 regelt daher die besonderen Vorschriften für die Bekanntmachungen von Konzessionen, die soziale und andere besondere Dienstleistungen betreffen, welche auch in der Richtlinie 2014/23/EU speziell geregelt sind. Daneben sind auf Konzessionen, die soziale und andere besondere Dienstleistungen umfassen, alle Vorschriften dieser Verordnung anzuwenden.

Zu Absatz 1

Seite 292

Absatz 1 setzt Artikel 31 Absatz 3 der Richtlinie 2014/23/EU um, dem zufolge Konzessionsgeber die Absicht zur Vergabe einer Konzession zur Erbringung sozialer und anderer besonderer Dienstleistungen durch Veröffentlichung einer Vorinformation bekannt geben.

Zu Absatz 2

Absatz 2 Satz 1 setzt die Vorgaben zur Veröffentlichung der Vergabebekanntmachung zu Konzessionen, die soziale und andere besondere Dienstleistungen betreffen, gemäß Artikel 32 Absatz 1 Satz 1 und Absatz 2 in Verbindung mit Artikel 33 Absatz 1 Unterabsatz 2 der Richtlinie 2014/23/EU durch Anwendung des § 21 Absatz 1 um.

Absatz 2 Satz 2 und 3 setzt die Vorgaben des Artikel 32 Absatz 1 Satz 2 in Verbindung mit Artikel 33 Absatz 1 Unterabsatz 2 der Richtlinie 2014/23/EU zur Vergabebekanntmachung um, denen zufolge Konzessionsgeber die Vergabebekanntmachungen zu Konzessionen, die soziale und andere besonderen Dienstleistungen betreffen, vierteljährlich zusammenfassen können.

Zu Absatz 3

Absatz 3 verweist für Konzessionsbekanntmachungen und Vergabebekanntmachungen aufgrund Artikel 33 Absatz 1 der Richtlinie 2014/23/EU auf das Muster gemäß Anhang XX der Durchführungsverordnung (EU) Nr. 2015/1986.

Zu Absatz 4

Absatz 4 setzt die Verpflichtung zur Veröffentlichung der Bekanntmachung über Änderungen einer Konzession um, die aus § 154 Nummer 3 GWB in Verbindung mit § 132 Absatz 5 GWB folgt. Änderungen zu Konzessionen, die zwar gemäß § 154 Nummer 3 in Verbindung mit § 132 Absatz 2 Nummer 2 und 3 GWB nicht zum Gegenstand eines neuen Vergabeverfahrens gemacht werden müssen, sind gemäß § 132 Absatz 5 GWB europaweit bekannt zu machen.

§ 23 KonzVgV
Form und Modalitäten der Veröffentlichung von Bekanntmachungen

(1) Konzessionsbekanntmachungen, Vorinformationen, Vergabebekanntmachungen und Bekanntmachungen zu Änderungen einer Konzession (Bekanntmachungen) sind dem Amt für Veröffentlichungen der Europäischen Union mit elektronischen Mitteln zu übermitteln.

(2) Als Nachweis der Veröffentlichung dient die Bestätigung des Eingangs der Bekanntmachung und der Veröffentlichung der übermittelten Information, die der Konzessionsgeber vom Amt für Veröffentlichungen der Europäischen Union erhält.

(3) Bekanntmachungen dürfen frühestens 48 Stunden nach der Bestätigung des Amtes für Veröffentlichungen der Europäischen Union über die Veröffentlichung der übermittelten Informationen auf nationaler Ebene veröffentlicht werden. Die Veröffentlichung darf nur die Angaben enthalten, die in der an das Amt für Veröffentlichungen der Europäischen Union übermittelten Bekanntmachung enthalten sind. In der nationalen Bekanntmachung ist das Datum der Übermittlung an das Amt für Veröffentlichungen der Europäischen Union anzugeben.

Übersicht	Rn.		Rn.
A. Allgemeines	1	II. Wartefrist (S. 1)	21
I. Unionsrechtlicher Hintergrund	3	III. Inhalt von Parallelbekanntmachungen (S. 2)	24
II. Vergleichbare Regelungen	5	IV. Angabe des Einreichungsdatums der EU-Bekanntmachung (S. 3)	26
III. Anwendungsbereich	6	V. Individuelle Ansprache einzelner Unternehmen	27
B. Übermittlung mit elektronischen Mitteln (Abs. 1)	7	E. Freiwillige Bekanntmachungen	32
C. Nachweis der Veröffentlichung (Abs. 2)	13	F. Rechtsschutz	33
D. Bekanntmachungen auf nationaler Ebene (Abs. 3)	17	Anlage Verordnungsbegründung (BR-Drs. 87/16)	
I. Veröffentlichung auf nationaler Ebene	18		

A. Allgemeines

§ 23 KonzVgV enthält einheitliche Verfahrensvorschriften, die für alle Arten von Bekanntmachungen gelten. § 23 Abs. 1 KonzVgV enthält hierzu eine Legaldefinition, wonach der Begriff „Bekanntmachungen" zusammenfassend Konzessionsbekanntmachungen, Vorinformationen, Vergabebekanntmachungen und Bekanntmachungen zu Änderungen einer Konzession umfasst. Die Vorschrift hat allein das Prozedere der Erstellung und Veröffentlichung von Bekanntmachungen zum Gegenstand. Sie besagt dagegen nichts zu notwendigen Bekanntmachungsinhalten. 1

Die KonzVgV trennt damit die Vorschriften zu den einzelnen Bekanntmachungsarten und ihren Anwendungsfällen (§§ 19, 21 und 22 KonzVgV) von den eher technischen Vorschriften zum Veröffentlichungsprozess. Dies entspricht der **Regelungssystematik** der RL 2014/23/EU und ist wegen des identischen Prozederes für alle Bekanntmachungsarten regelungssystematisch nachvollziehbar, zumal es der Grundintention des Normgebers entspricht, für Konzessionsvergaben ein einfaches und unbürokratisches Regelwerk zu schaffen.[1] 2

---

[1] Verordnungsbegründung zur KonzVgV, BR-Drs. 87/16, 150, unter Verweis auf Erwägungsgrund 2 RL 2014/23/EU.

I. Unionsrechtlicher Hintergrund

3 § 23 KonzVgV setzt Art. 33 Abs. 2 S. 1 und 2 sowie Art. 33 Abs. 4 **RL 2014/23/EU** in nationales Recht um. Dabei dient § 23 Abs. 1 KonzVgV der Umsetzung von Art. 33 Abs. 2 S. 1 RL 2014/23/EU und § 23 Abs. 2 KonzVgV der Umsetzung von Art. 33 Abs. 2 S. 2 RL 2014/23/EU.[2] Unterschiede zwischen Richtlinien- und Verordnungswortlaut sind dabei rein sprachlich-redaktioneller Natur. § 23 Abs. 3 KonzVgV dient der Umsetzung von Art. 33 Abs. 4 RL 2014/23/EU,[3] weicht aber in einem wesentlichen Punkt (Beginn der Wartefrist für nationale Bekanntmachungen) vom Richtlinienwortlaut ab.[4]

4 **Nicht** in nationales Recht **umgesetzt** wurden Art. 33 Abs. 1 UAbs. 2, Abs. 2 S. 3 und 4 sowie Abs. 3 RL 2014/23/EU. Eine Übernahme in nationales Recht war entbehrlich, da sich diese Vorschriften nicht an die Konzessionsgeber, sondern unmittelbar an die Kommission (Art. 33 Abs. 1 UAbs. 2 RL 2014/23/EU) bzw. das Amt für Veröffentlichungen der Europäischen Union (Art. 33 Abs. 2 S. 3 und 4 sowie Abs. 3 RL 2014/23/EU) richten, die unmittelbar und ausschließlich dem Unionsrecht unterliegen. So regelt Art. 33 Abs. 1 UAbs. 2 RL 2014/23/EU die Festlegung von Standardformularen durch die Kommission. Art. 33 Abs. 2 S. 3 und 4 RL 2014/23/EU schreibt vor, dass Bekanntmachungen spätestens fünf Tage nach ihrer Übermittlung veröffentlicht werden müssen und die Kosten hierfür zulasten der Union gehen. Art. 33 Abs. 3 RL 2014/23/EU sieht vor, dass Bekanntmachungen nur in der bzw. den vom Konzessionsgeber gewählten Amtssprache(n) vollständig veröffentlicht werden und nur diese Sprachfassung(en) verbindlich ist bzw. sind, während in den übrigen Amtssprachen der Europäischen Union jeweils nur eine Zusammenfassung der wichtigsten Bestandteile der Union veröffentlicht wird.

II. Vergleichbare Regelungen

5 VgV und SektVO enthalten jeweils in § 40 Vorschriften zum Bekanntmachungsprozedere, die ebenfalls einheitlich für alle Bekanntmachungsarten gelten und inhaltlich weitgehend mit § 23 KonzVgV übereinstimmen, im Detail aber einige Abweichungen aufweisen, die im Folgenden jeweils aufgezeigt werden. Dagegen fehlt eine vergleichbare Norm in VSVgV und VOB/A, die stattdessen die Bekanntmachungsarten und deren jeweilige Veröffentlichung in spezifischen Einzelnormen gemeinsam normieren (vgl. §§ 17, 18 und 35 VSVgV sowie §§ 12 EU, 18 EU Abs. 3 und 22 EU Abs. 5 VOB/A). Die gleiche Regelungssystematik findet sich in der UVgO mit getrennten Regelungen für die Veröffentlichung von Auftragsbekanntmachungen in § 28 Abs. 1 UVgO und von Vergabebekanntmachungen in § 30 Abs. 1 S. 1 UVgO.

III. Anwendungsbereich

6 § 23 KonzVgV gilt nach der ausdrücklichen Legaldefinition in Abs. 1 für alle Bekanntmachungen, und zwar im Einzelnen für

- Konzessionsbekanntmachungen nach § 19 KonzVgV,
- Vorinformationen, die in der KonzVgV nur für Konzessionen über soziale und andere besondere Dienstleistungen vorgesehen sind (§ 22 Abs. 1 KonzVgV),
- Vergabebekanntmachungen nach § 21 Abs. 1 KonzVgV sowie
- Bekanntmachungen über Änderungen einer Konzession gemäß § 154 Nr. 3 i.V.m. § 132 Abs. 5 GWB und § 21 Abs. 2 KonzVgV.

---

2 Verordnungsbegründung zu § 23 Abs. 1 und 2 KonzVgV, BR-Drs. 87/16, 292.
3 Verordnungsbegründung zu § 23 Abs. 3 KonzVgV, BR-Drs. 87/16, 292 f.
4 Siehe dazu unten Rn. 22.

B. Übermittlung mit elektronischen Mitteln (Abs. 1)

Bekanntmachungen sind nach § 23 Abs. 1 KonzVgV mit elektronischen Mitteln an das Amt für Veröffentlichungen der Europäischen Union zu übermitteln.

Konzessionsgeber sind nach dem ausdrücklichen Wortlaut der Regelung („sind […] zu übermitteln") hierzu **verpflichtet**. Die Regelung eröffnet dem Konzessionsgeber keinen Entscheidungsspielraum hinsichtlich der Übermittlungsart oder des Übermittlungsadressaten.

Die Vorschrift gilt ausnahmslos. Ein **Verzicht** auf die Verwendung elektronischer Mittel zur Einreichung der Bekanntmachung in Ausnahmefällen ist – anders als etwa in § 17 Abs. 2 KonzVgV für die Bereitstellung der Vergabeunterlagen – nicht vorgesehen. Es ist auch nicht ersichtlich, dass für einen solchen Verzicht ein Bedürfnis bestünde. Die Veröffentlichung der Bekanntmachung richtet sich gerade an einen unbegrenzten Adressatenkreis. Sicherheits- oder Datenschutzgründe, die einer elektronischen Übermittlung der Bekanntmachungsinhalte an das Amt für Veröffentlichungen der Europäischen Union entgegenstehen könnten, scheiden damit von vornherein aus; entsprechend sensible Inhalte kann der Konzessionsgeber ggf. vom Bekanntmachungstext – anders als von den Vergabeunterlagen – ausnehmen.

Die Pflicht zur Übermittlung der Bekanntmachungen mit elektronischen Mitteln wird auch ausdrücklich nicht von der **Übergangsregelung** des § 34 KonzVgV erfasst. Das Bekanntmachungsprozedere folgt daher bereits ab Inkrafttreten der KonzVgV konsequent dem Grundgedanken der elektronischen Vergabe.

Der in § 23 Abs. 1 KonzVgV verwendete Begriff **„elektronische Mittel"** ist in § 7 Abs. 1 KonzVgV legal definiert und umfasst alle „Geräte und Programme für die elektronische Datenübermittlung". Dies würde prinzipiell auch eine Übermittlung per E-Mail einschließen. Für die Einreichung von Bekanntmachungen sind aber die entsprechenden Bekanntmachungsmuster gemäß der VO (EU) 2015/1986 zu verwenden (vgl. §§ 19 Abs. 2, 21 Abs. 1 und 2 sowie 22 Abs. 3 KonzVgV). Art. 6 VO (EU) 2015/1986 sieht als Einreichungsformen nur die Online-Anwendung eNotices sowie die ebenfalls vollelektronische Einrichtung TED eSender vor. Andere Einreichungsformen – auch elektronische – wie beispielsweise E-Mail oder Telefax scheiden damit aus.

Die Online-Anwendung **eNotices**[5] stellt das Amt für Veröffentlichung der Europäischen Union für die elektronische Einreichung von Bekanntmachungen auf der Internetplattform SIMAP (système d'information pour les marchés publics) bereit. Die Anwendung ermöglicht Nutzern einen kostenlosen und technisch niederschwelligen Zugang zur Erstellung und Einreichung von Bekanntmachungen für Konzessionsvergaben. Sie ist aber eine reine Bekanntmachungsplattform, die keine weitergehende Abwicklung des Vergabeverfahrens ermöglicht. Für die elektronische Bereitstellung der Vergabeunterlagen oder die elektronische Einreichung von Teilnahmeanträgen und Angeboten bleibt der Konzessionsgeber also auf andere Systeme angewiesen. Mit dem Fortschreiten der E-Vergabe setzen sich daher zunehmend umfassende Vergabemanagementsysteme bzw. Vergabeplattformen kommerzieller Anbieter durch, die über eine entsprechende Datenschnittstelle an das TED-eSender-System[6] angebunden sind und so ebenfalls die elektronische Erstellung und Einreichung der Bekanntmachungen im XML-Format ermöglichen.

C. Nachweis der Veröffentlichung (Abs. 2)

§ 23 Abs. 2 KonzVgV regelt die Nachweisführung des Konzessionsgebers über die Veröffentlichung der jeweiligen Bekanntmachung. Nach der Vorschrift dient als Nachweis der Veröffentlichung die Bestätigung des Eingangs der Bekanntmachung und der Veröffentlichung der übermittelten Information, die der Konzessionsgeber vom Amt für Veröffentlichungen der Europäischen Union erhält.

---

5 http://simap.europa.eu/enotices.
6 Siehe http://simap.ted.europa.eu/web/simap/sending-electronic-notices.

14 Die Vorschrift beschränkt sich dabei auf die Regelung, wie die Nachweisführung zu erfolgen hat, und setzt das Bestehen einer entsprechenden **Nachweisverpflichtung** des Konzessionsgebers voraus. Eine ausdrückliche Anordnung der Nachweispflicht, wie sie beispielsweise § 40 Abs. 1 S. 2 VgV enthält, findet sich in § 23 KonzVgV nicht. Allein die Pflicht des Konzessionsgebers zur fortlaufenden Dokumentation des Vergabeverfahrens (§ 6 Abs. 1 KonzVgV) umfasst aber auch die Verpflichtung zur Dokumentation der jeweiligen Bekanntmachungen.

15 Dabei muss der Konzessionsgeber auch den genauen **Tag** der Einreichung der Bekanntmachung nachweisen können, um die Einhaltung der an diesen Tag anknüpfenden Fristenregelungen zu belegen. Dies gilt sowohl für die Konzessionsbekanntmachung, deren Einreichung die Mindestfrist von 30 Kalendertagen für den Eingang von Teilnahmeanträgen (§ 27 Abs. 3 KonzVgV) auslöst, als auch für Vergabebekanntmachungen, die innerhalb von 48 Kalendertagen ab Vergabe der Konzession eingereicht werden müssen (§ 21 Abs. 1 S. 1 KonzVgV).

16 Als alleiniges **Mittel** der Nachweisführung dient nach § 23 Abs. 2 KonzVgV die Bestätigung des Eingangs der Bekanntmachung und der Veröffentlichung der übermittelten Information, die der Konzessionsgeber vom Amt für Veröffentlichungen der Europäischen Union erhält. Der Wortlaut der Vorschrift suggeriert, dass sowohl der Eingang der Bekanntmachung als auch deren Veröffentlichung Gegenstand ein und derselben Bestätigung durch das Amt für Veröffentlichungen der Europäischen Union sind. Tatsächlich erteilt das Amt unmittelbar nach Einreichung der Bekanntmachung eine Bestätigung für deren Eingang – bei Verwendung von eNotices per E-Mail – und später eine separate Bestätigung für deren Veröffentlichung. Richtigerweise ist davon auszugehen, dass die letztgenannte Bestätigung des Amtes für Veröffentlichungen der Europäischen Union maßgeblich für die Nachweisführung gemäß § 23 Abs. 2 KonzVgV ist. Dafür spricht bereits der Regelungszusammenhang: Gegenstand der Vorschrift ist der Nachweis der Veröffentlichung. Auch der Richtlinienwortlaut in Art. 33 Abs. 2 S. 2 RL 2014/23/EU bestätigt dieses Verständnis. Zwar suggeriert auch diese Vorschrift in der deutschen Textfassung („*eine* Bestätigung des Erhalts der Bekanntmachung und der Veröffentlichung der übermittelten Informationen") – anders als etwa in der allgemeiner formulierten englischen Textfassung („confirmation of the receipt of the notice and of the publication of the information") –, dass es sich bei den faktisch getrennten Bestätigungen um eine einheitliche Bestätigung handelt. Im Richtlinientext wird aber ausdrücklich darauf hingewiesen, dass in der fraglichen Bestätigung das Datum der Veröffentlichung angegeben ist. Dieses Datum wird aber erst in der vom Amt für Veröffentlichungen der Europäischen Union erteilten *Bestätigung über die Veröffentlichung* der eingereichten Bekanntmachung angegeben; in der vorhergehenden Bestätigung über den Eingang der Bekanntmachung findet sich noch keine Angabe des Veröffentlichungsdatums, welches zum Zeitpunkt dieser Bestätigung auch noch gar nicht genau feststeht. Maßgeblich für den Nachweis gemäß § 23 Abs. 2 KonzVgV ist damit allein die vom Amt für Veröffentlichungen der Europäischen Union an den Konzessionsgeber übermittelte Bestätigung für die Veröffentlichung der eingereichten Informationen. Inhaltlich unterscheidet sich § 23 Abs. 2 KonzVgV damit trotz des abweichenden Wortlautes nicht von den insoweit eindeutiger formulierten Parallelvorschriften in § 40 Abs. 2 S. 2 VgV und § 40 Abs. 2 S. 2 SektVO.

D. Bekanntmachungen auf nationaler Ebene (Abs. 3)

17 Bekanntmachungen zu EU-weiten Vergabeverfahren werden in der Praxis häufig zusätzlich auf nationaler Ebene, etwa in Tageszeitungen oder einschlägigen Fachzeitschriften, veröffentlicht. § 23 Abs. 3 KonzVgV trifft hierzu nähere Regelungen, die einerseits die Zulässigkeit derartiger Bekanntmachungen ausdrücklich verdeutlichen, diese aber andererseits an die Einhaltung zeitlicher und inhaltlicher Bedingungen knüpfen, um eine Bevorzugung regionaler oder nationaler Unternehmen zu unterbinden. Die Vorschrift konkretisiert damit das Gleichbehandlungsgebot des § 97 Abs. 2 GWB.

I. Veröffentlichung auf nationaler Ebene

§ 23 Abs. 3 KonzVgV trifft Regelungen für Bekanntmachungen auf „nationaler Ebene", ohne diesen **Begriff** näher zu definieren. Dies schafft in Zeiten einer fortschreitenden Digitalisierung der Medienlandschaft unnötige Rechtsunsicherheit. Wurden Parallelbekanntmachungen zur EU-Bekanntmachung früher hauptsächlich in Printmedien veröffentlicht, herrschen mittlerweile Online-Veröffentlichungen über öffentliche oder kommerzielle Internetplattformen oder die eigene Internetpräsenz öffentlicher Auftrag- und Konzessionsgeber vor. Auch derartige Veröffentlichungen im World Wide Web als Bekanntmachungen auf „nationaler Ebene" anzusehen, erscheint zunächst befremdlich. 18

Richtigerweise wird man nach dem **Regelungszweck** des § 23 Abs. 3 KonzVgV allerdings jede Bekanntmachung außerhalb des hierfür eigens von der Europäischen Union geschaffenen Veröffentlichungssystems TED („Tenders Electronic Daily")[7] als Bekanntmachung auf nationaler Ebene ansehen müssen.[8] TED stellt für sämtliche Bekanntmachungen zumindest wesentliche Basisinformationen in allen Amtssprachen der Union zu Verfügung. Vor allem aber bietet es für interessierte Unternehmen als einzige Veröffentlichungsplattform einen sicheren Überblick über sämtliche Bekanntmachungen aus allen Mitgliedstaaten der Union. Andere Veröffentlichungsmedien sind – auch wenn sie ihr Informationsangebot über das Internet de facto für Nutzer weltweit zur Verfügung stellen – in der Regel nur in einer Sprache oder in einigen wenigen Sprachen verfügbar, richten sich häufig gezielt oder zumindest schwerpunktmäßig an Nutzer in bestimmten Staaten und verfügen jedenfalls nicht über eine vergleichbare Durchdringung des Binnenmarktes für öffentliche Aufträge und Konzessionen wie TED. 19

Letztlich ist aber jede Veröffentlichung, die nicht für eine mit TED vergleichbare unionsweite Verbreitung und Marktdurchdringung Gewähr bietet, als eine Bekanntmachung unterhalb der Ebene der Europäischen Union und damit als Bekanntmachung auf „nationaler Ebene" i.S.v. § 23 Abs. 3 KonzVgV anzusehen. Dies widerspricht auch nicht dem **Wortlaut** der Vorschrift, denn der Begriff „nationale Ebene" ist keineswegs zwangsläufig gleichbedeutend mit „in einer einzigen Nation". Auch Bekanntmachungen, die in mehreren Mitgliedstaaten veröffentlicht werden, bleiben Bekanntmachungen auf nationaler Ebene, wenn ihnen die für TED typische unionsweite Medienöffentlichkeit fehlt, die letztlich über die reine Abrufbarkeit des Bekanntmachungstextes hinausgeht und voraussetzt, dass sich die Veröffentlichung gezielt über ein in allen Mitgliedstaaten gleichermaßen wahrgenommenes Medium an Interessenten aus dem gesamten Binnenmarkt wendet. 20

II. Wartefrist (S. 1)

§ 23 Abs. 3 S. 1 KonzVgV erlegt Konzessionsgebern eine zwingende Wartefrist von 48 Stunden für die Veröffentlichung in anderen Medien auf. 21

Diese Wartefrist beginnt nach dem ausdrücklichen Wortlaut der Vorschrift noch nicht mit der Einreichung der Bekanntmachung durch den Konzessionsgeber und – anders als in § 40 Abs. 3 S. 1 VgV für öffentliche Aufträge und in § 40 Abs. 3 S. 1 SektVO für Sektorenaufträge geregelt – auch noch nicht mit der Bestätigung des Amtes für Veröffentlichungen der Europäischen Union über den Eingang der Bekanntmachung, sondern erst mit Zugang der Bestätigung über die **Veröffentlichung** der übermittelten Informationen. Dieser Unterschied zwischen den Regelungen von KonzVgV einerseits und VgV sowie SektVO andererseits beruht *nicht* auf einem entsprechenden Unterschied im Richtlinienwortlaut. Art. 33 Abs. 4 S. 1 RL 2014/23/EU lässt Bekanntmachungen auf nationaler Ebene auch im Konzessionsbereich bereits 48 Stunden nach der Bestätigung des Amtes für Veröffentlichungen der Europäischen Union über den *Eingang* der Bekanntmachung zu. § 23 Abs. 3 S. 1 KonzVgV setzt diese Richt- 22

---
[7] http://ted.europa.eu.
[8] Im Ergebnis ebenso zur Parallelvorschrift in § 40 Abs. 3 VgV: *Rechten*, in: Kulartz/Kus/Marx/Portz/Prieß, VgV, § 40 Rn. 13 (Veröffentlichung „in anderen Medien als in TED").

linienbestimmung aber nicht wortlautgetreu um, sondern verlängert die Wartefrist, indem sie diese ausdrücklich erst mit der amtlichen Bestätigung über die Veröffentlichung der übermittelten Informationen in Gang setzt. Die Verordnungsbegründung[9] enthält keinen Hinweis darauf, warum der nationale Verordnungsgeber den Richtlinienwortlaut nicht übernommen hat, sondern spricht lediglich von einer Umsetzung der Richtlinie. Es deutet deshalb nichts darauf hin, dass der Verordnungsgeber die Regelung im Vergleich zur Richtlinie bewusst verschärfen wollte. Vielmehr legt die ebenso lapidare wie falsche Aussage in der Verordnungsbegründung, die Richtlinie umzusetzen, den Schluss nahe, dass es sich um einen redaktionellen Fehler handelt. Möglicherweise wurde dieser redaktionelle Fehler auch durch die fehlende Unterscheidung zwischen den faktisch getrennten Bestätigungen über den Eingang der Bekanntmachung einerseits und über die Veröffentlichung der eingereichten Informationen andererseits mitverursacht. Bis zu einer Korrektur dieses mutmaßlichen Redaktionsfehlers durch den Verordnungsgeber ist aber nach dem unmissverständlichen Wortlaut der Vorschrift davon auszugehen, dass die 48-stündige Wartefrist des § 23 Abs. 3 S. 1 KonzVgV erst durch die Bestätigung des Amtes für Veröffentlichungen der Europäischen Union über die Veröffentlichung der eingereichten Bekanntmachung in Gang gesetzt wird.

23 Die **Berechnung** der Frist richtet sich gemäß § 36 KonzVgV nach der VO (EWG, Euratom) 1182/71. Nach Art. 3 Abs. 1 UAbs. 1 und Abs. 2 lit. a VO (EWG, Euratom) 1182/71 beginnt die Frist am Anfang der ersten Stunde nach dem Zugang der Veröffentlichungsbestätigung. Sie endet gemäß Art. 3 Abs. 2 lit. a VO (EWG, Euratom) 1182/71 mit Ablauf der letzten Stunde der Frist. Unerheblich ist nach Art. 3 Abs. 3 VO (EWG, Euratom) 1182/71, ob die Frist Feiertage, Sonntage oder Sonnabende umfasst.

III. Inhalt von Parallelbekanntmachungen (S. 2)

24 § 23 Abs. 3 S. 2 KonzVgV schreibt vor, dass nationale Parallelbekanntmachungen nur die Informationen enthalten dürfen, die zuvor bereits mit der Bekanntmachung beim Amt für Veröffentlichungen der Europäischen Union zur Veröffentlichung eingereicht wurden. Dies soll vermeiden, dass Konzessionsgeber den Adressaten nationaler Bekanntmachungen gezielt oder ggf. auch unbewusst einen Informationsvorsprung verschaffen. Eindeutig untersagt sind damit nationale Bekanntmachungen, die mehr Informationen enthalten als die über TED veröffentlichte EU-Bekanntmachung.

25 Ob § 23 Abs. 3 S. 2 KonzVgV auch Bekanntmachungen auf nationaler Ebene mit **verkürztem Inhalt** verbieten will, ist zumindest unklar. Derartige Kurzbekanntmachungen sind gerade bei Verwendung kostenpflichtiger Medien wie etwa von Tageszeitungen – keine Seltenheit. Dem Konzessionsgeber ist hierbei – ebenso wie bei vermeintlich rein sprachlichen Abweichungen – gleichwohl zur Vorsicht zu raten, da auch verkürzte oder sprachlich veränderte Bekanntmachungsinhalte zu einem unterschiedlichen Verständnis der Bekanntmachungstexte und damit zur Diskriminierung bestimmter Bewerberkreise führen können. Rechtlich unbedenklich sind allerdings Kurzbekanntmachungen, die ausdrücklich als solche kenntlich gemacht sind und auf den Volltext der Bekanntmachung in TED verweisen, etwa über einen entsprechenden Internetlink.

IV. Angabe des Einreichungsdatums der EU-Bekanntmachung (S. 3)

26 Nach § 23 Abs. 3 S. 3 KonzVgV muss der Konzessionsgeber in Parallelbekanntmachungen ausdrücklich das Datum der Übermittlung der EU-weiten Bekanntmachung an das Amt für Veröffentlichungen der Europäischen Union angeben. Konzessionsgeber sollen so zusätzlich von einer vorzeitigen Veröffentlichung nationaler Bekanntmachungen abgehalten werden. Darüber hinaus erleichtert die Kenntnis des Einreichungsdatums es den Lesern nationaler Bekanntmachungen, gezielt die EU-Bekanntmachung in TED zu recherchieren. Schließlich kann die Kenntnis des Einreichungsdatums auch von Bedeutung sein, um Interessenten ein eigenes

---

[9] Verordnungsbegründung zu § 23 Abs. 3 KonzVgV, BR-Drs. 87/16, 292.

Urteil über die Angemessenheit der Eingangsfrist für Teilnahmeanträge (§ 27 KonzVgV) zu ermöglichen.

V. Individuelle Ansprache einzelner Unternehmen

Nicht vom Wortlaut des § 23 Abs. 3 KonzVgV erfasst ist die individuelle Ansprache einzelner Unternehmen mit dem Ziel, sie auf ein Konzessionsvergabeverfahren hinzuweisen. Solche individuellen Hinweise sind keine auf nationaler Ebene veröffentlichten Bekanntmachungen im Sinne der Vorschrift, weil sie sich – anders als Bekanntmachungen – nicht an einen unbestimmten und grundsätzlich unbegrenzten Adressatenkreis richten, sondern individuell an ganz bestimmte einzelne Adressaten.

27

Individuelle Hinweise an einzelne Unternehmen sind weder in der KonzVgV noch in den sonstigen vergaberechtlichen Regelwerken der VgV, UVgO[10], VOB/A oder SektVO **geregelt**. Ihre Zulässigkeit ist deshalb an den allgemeinen Vergabegrundsätzen des § 97 GWB zu messen.

28

Die gezielte Ansprache einzelner Unternehmen mit dem Ziel, diese auf ein beabsichtigtes oder laufendes Vergabeverfahren hinzuweisen, berührt insbesondere den **Gleichbehandlungsgrundsatz** gemäß § 97 Abs. 2 GWB. Erhält ein Unternehmen durch einen individuellen Hinweis des Konzessionsgebers Informationen, die andere Teilnehmer am Vergabeverfahren nicht erhalten, oder erhält es bestimmte Informationen zu einem früheren Zeitpunkt als die übrigen Teilnehmer, ist eine Verletzung des Gleichbehandlungsgrundsatzes evident. Insoweit kann der Rechtsgedanke des § 23 Abs. 3 KonzVgV im Wege eines Erst-recht-Schlusses auf individuelle Hinweise ausgedehnt werden: Was dem Konzessionsgeber bei der Veröffentlichung nationaler Parallelbekanntmachungen untersagt ist, ist ihm im Rahmen individueller Hinweise erst recht verboten.

29

Damit verbleibt allenfalls die Möglichkeit individueller Hinweise auf eine **bereits veröffentlichte Bekanntmachung** ohne weitergehende Informationen. Auch solche Hinweise sind prinzipiell geeignet, die angesprochenen Unternehmen zu bevorteilen, etwa wenn ein Unternehmen mangels entsprechender Verfolgung der Veröffentlichungen in TED auf das Vergabeverfahren sonst nicht aufmerksam geworden wäre. Es stellt sich aber die Frage, ob hierdurch Rechte anderer Bieter verletzt werden. Hierfür ist nichts ersichtlich. Unternehmen, die sich am Vergabeverfahren beteiligt haben, könnten zwar einwenden, dass sich durch die individuelle Ansprache anderer Unternehmen der Wettbewerb um Teilnehmer erweitert hat, die ansonsten möglicherweise am Vergabeverfahren nicht teilgenommen hätten. Die Herstellung eines möglichst intensiven Wettbewerbs ist aber gerade das Ziel des Vergaberechts, wie schon die besondere Prominenz des Wettbewerbsgrundsatzes in § 97 Abs. 1 S. 1 GWB zeigt. Umgekehrt werden Unternehmen, die vom Vergabeverfahren mangels Recherche der aktuellen Bekanntmachungen im TED keine Kenntnis erlangt und sich deshalb nicht beteiligt haben, in der Regel nicht geltend machen können, dass der Konzessionsgeber auch ihnen einen individuellen Hinweis auf die Bekanntmachung hätte geben müssen. Eine Ausnahme könnte hier allerdings gelten, wenn ein Unternehmen sein konkretes Interesse an bestimmten Konzessionsvergaben beim Konzessionsgeber hinterlegt hat; entscheidet sich der Konzessionsgeber in einem solchen Fall, interessierte Unternehmen auf eine veröffentlichte Bekanntmachung gesondert aufmerksam zu machen, muss er alle Unternehmen, um deren Interesse er weiß, auch gleich behandeln.

30

Im **Ergebnis** sind individuelle Hinweise an Unternehmen zulässig, wenn sie erst nach Veröffentlichung der Bekanntmachung gegeben werden und sich darauf beschränken, das Unternehmen auf die Bekanntmachung hinzuweisen, ohne weitergehende Informationen mitzuteilen. Soweit darüber hinaus teilweise vertreten wird, dass individuelle Hinweise nur dann mit dem Wettbewerbsgrundsatz vereinbar sind, wenn mehrere Unternehmen angesprochen werden,[11] ist hierfür kein Grund ersichtlich. Zur Schaffung eines ausreichenden Wettbewerbs ge-

31

---

10 Siehe hierzu *Schwabe/Henzel*, in: Müller-Wrede, VgV/UVgO, § 28 UVgO Rn. 43.
11 So zur UVgO *Schwabe/Henzel*, in: Müller-Wrede, VgV/UVgO, § 28 UVgO Rn. 45.

mäß § 97 Abs. 1 GWB ist die Veröffentlichung der Bekanntmachung selbst erforderlich, aber auch ausreichend. Individuelle Hinweise an möglicherweise interessierte Unternehmen können den Wettbewerb allenfalls erweitern, und zwar gerade dann, wenn der Konzessionsgeber von einem beschränkten Interessentenkreis ausgehen muss und sicherstellen will, dass ihm bekannte Interessenten auch tatsächlich auf die Bekanntmachung aufmerksam werden. Allgemein ist Konzessionsgebern anzuraten, von individuellen Hinweisen allenfalls zurückhaltend Gebrauch zu machen, auch um das weitere Verfahren nicht mit dem möglichen Eindruck zu belasten, er strebe gezielt eine Konzessionsvergabe an ein von ihm individuell angesprochenes Unternehmen an.

E. Freiwillige Bekanntmachungen

32 Nicht in das Konzessionsvergaberecht übernommen wurde die jeweils in § 40 Abs. 4 VgV und SektVO ausdrücklich vorgesehene Befugnis, auch freiwillige Bekanntmachungen (insbesondere Bekanntmachungen im Unterschwellenbereich) zur Veröffentlichung an das Amt für Veröffentlichungen der Europäischen Union zu übermitteln. Eine entsprechende Regelung fehlt bereits in der RL 2014/23/EU. Ob dies auf einer bewussten Entscheidung des Richtliniengebers beruht, derartige freiwillige Bekanntmachungen bei Konzessionsvergaben nicht zu gestatten, oder ob der Verzicht auf eine solche Regelung lediglich auf der Grundentscheidung des Normgebers für ein einfaches und unbürokratisches Regelwerk beruht, kann mangels entsprechender Erläuterungen des Normgebers nur gemutmaßt werden. Gerade die letztere bereits vom Richtliniengeber in Erwägungsgrund 2 RL 2014/23/EU klar zum Ausdruck gebrachte Intention, Konzessionsvergaben möglichst unbürokratisch regeln zu wollen, spricht aber eher gegen ein bewusstes Verbot freiwilliger Bekanntmachungen bei Konzessionsvergaben. Letztlich liefe ein solches Verbot auch dem Transparenzgrundsatz (Art. 3 Abs. 2 RL 2014/23/EU, § 97 Abs. 1 S. 1 GWB) zuwider. Es ist daher auch im Konzessionsbereich von der Möglichkeit freiwilliger Bekanntmachungen auszugehen, die in der Praxis auch bereits durchaus üblich sind.

F. Rechtsschutz

33 § 23 KonzVgV hat teilweise unternehmensschützenden Charakter im Sinne von § 97 Abs. 6 GWB:

Die Verpflichtung nach § 23 **Abs. 1** KonzVgV zur Einreichung von Bekanntmachungen an das Amt für Veröffentlichungen der Europäischen Union mit elektronischen Mitteln ist unternehmensschützend.[12] Dies gilt sowohl für die Einreichungspflicht als solche als auch für die Verpflichtung zur Verwendung elektronischer Mittel. Ein transparentes und alle (potenziellen) Bieter gleich behandelndes Vergabeverfahren ist nur sichergestellt, wenn der Konzessionsgeber die Bekanntmachungsinhalte dem Amt für Veröffentlichungen der Europäischen Union in einer Form zur Verfügung stellt, die diesem eine vollständige und zügige Bearbeitung und Veröffentlichung der Bekanntmachungen ermöglicht.

§ 23 **Abs. 2** KonzVgV ist nicht unternehmensschützend.[13] Die Regelung enthält eine bloße Ordnungsvorschrift zum Mittel der Nachweisführung über die Veröffentlichung von Bekanntmachungen und setzt das Bestehen einer entsprechenden (unternehmensschützenden) Nachweispflicht voraus, ohne eine solche Pflicht anzuordnen.[14]

§ 23 **Abs. 3** KonzVgV ist wiederum unternehmensschützend, weil er die Gleichbehandlung in- und ausländischer Unternehmen sicherstellen soll.[15]

---

12 Ebenso zur Parallelvorschrift in § 40 Abs. 1 S. 1 VgV: *Rechten*, in: Kulartz/Kus/Marx/Portz/Prieß, VgV, § 40 Rn. 4; *Schwabe* in: Müller-Wrede, VgV/UVgO, § 40 VgV Rn. 39.
13 Ebenso zur Parallelvorschrift in § 40 Abs. 1 S. 1 VgV: *Rechten* in: Kulartz/Kus/Marx/Portz/Prieß, VgV, § 40 Rn. 4; *Schwabe*, in: Müller-Wrede, VgV/UVgO, § 40 VgV Rn. 39.
14 Siehe dazu oben Rn. 14.
15 Ebenso zur Parallelvorschrift in § 40 Abs. 1 S. 1 VgV: *Schwabe*, in: Müller-Wrede, VgV/UVgO, § 40 VgV Rn. 39.

Anlage

Verordnungsbegründung (BR-Drs. 87/16)

Seite 292

§ 23 dient der Umsetzung von Artikel 33 der Richtlinie 2014/23/EU und regelt die Form und Modalitäten der Veröffentlichung von Konzessionsbekanntmachungen, Vorinformationen, Vergabebekanntmachungen und Änderungsbekanntmachungen. Gemäß Artikel 31 der Richtlinie 2014/23/EU („Konzessionsbekanntmachungen") umfasst der Begriff der „Konzessionsbekanntmachungen" sowohl die Konzessionsbekanntmachung im Sinne des Artikel 31 Absatz 2 für allgemeine Konzessionen als auch die Bekanntmachung durch Vorinformation im Sinne des Artikel 31 Absatz 3 für Konzessionen, die soziale und andere besondere Dienstleistungen umfassen. Zur Klarstellung greift der Wortlaut des § 23 ausdrücklich den Begriff der „Vorinformationen" auf.

Zu Absatz 1

Absatz 1 setzt die Vorgaben des Artikel 33 Absatz 2 Satz 1 der Richtlinie 2014/23/EU um, denen zufolge die europaweite Veröffentlichung der Bekanntmachungen durch das Amt für Veröffentlichungen der Europäischen Union erfolgt.

Zu Absatz 2

Absatz 2 setzt die Vorgaben des Artikels 33 Absatz 2 Satz 2 der Richtlinie 2014/23/EU zum Nachweis des Konzessionsgebers über die europaweite Veröffentlichung durch das Amt für Veröffentlichungen der Europäischen Union um.

Zu Absatz 3

Absatz 3 setzt Artikel 33 Absatz 4 der Richtlinie 2014/23/EU um. Auf nationaler Ebene dürfen Bekanntmachungen frühestens 48 Stunden nach der Bestätigung des Amtes für Veröffentlichungen der Europäischen Union über die Veröffentlichung der übermittelten Informationen veröffentlicht werden. Diese nationalen Veröffentlichungen enthalten das Datum der Übermittlung an das Amt für Veröffentlichungen der Europäischen Union und im Übrigen nur die Angaben, die in der an das Amt für Veröffentlichungen der Europäischen Union übermittelten Be-

Seite 293

kanntmachung enthalten sind. Mit Blick auf § 40 Absatz 3 VgV, der Artikel 52 Absatz 1 der Richtlinie 2014/24/EU umsetzt, wurde die Vorschrift des Absatzes 3 auf Bekanntmachungen zu Änderungen von Konzessionen erweitert, die zwar gemäß § 154 Nummer 3 in Verbindung mit § 132 Absatz 2 Nummer 2 und 3 GWB nicht zum Gegenstand eines neuen Vergabeverfahrens gemacht werden müssen, jedoch gemäß § 132 Absatz 5 GWB europaweit bekanntgegeben werden. In der Sache sollen im Hinblick auf das Gleichbehandlungsgebot und Diskriminierungsverbot (Artikel 3 Absatz 1 der Richtlinie 2014/23/EU) für Änderungsbekanntmachungen auf nationaler Ebene dieselben Voraussetzungen wie für Bekanntmachungen greifen. Hinsichtlich der Erweiterung des Absatzes 3 um die Vorinformation gemäß Artikel 31 Absatz 3 der Richtlinie 2014/23/EU siehe die Begründung zu § 23 oben.

Verordnung über die Vergabe von Konzessionen

(Konzessionsvergabeverordnung – KonzVgV)

Abschnitt 2
Vergabeverfahren

Unterabschnitt 4
Auswahlverfahren und Zuschlag

§ 24 KonzVgV
Rechtsform von Unternehmen und Bietergemeinschaften

(1) Bewerber oder Bieter, die gemäß den Rechtsvorschriften des Staats, in dem sie niedergelassen sind, zur Erbringung der betreffenden Leistung berechtigt sind, dürfen nicht allein deshalb zurückgewiesen werden, weil sie gemäß den deutschen Rechtsvorschriften eine natürliche oder juristische Person sein müssten. Juristische Personen können verpflichtet werden, in ihrem Antrag auf Teilnahme oder in ihrem Angebot die Namen und die berufliche Befähigung der Personen anzugeben, die für die Durchführung des Konzessionsvertrags als verantwortlich vorgesehen sind.

(2) Bewerber- und Bietergemeinschaften sind wie Einzelbewerber und -bieter zu behandeln. Der Konzessionsgeber darf nicht verlangen, dass Gruppen von Unternehmen eine bestimmte Rechtsform haben müssen, um einen Antrag auf Teilnahme zu stellen oder ein Angebot abzugeben. Sofern erforderlich kann der Konzessionsgeber in den Vergabeunterlagen Bedingungen festlegen, wie Gruppen von Unternehmen die Eignungskriterien zu erfüllen und die Konzession auszuführen haben; solche Bedingungen müssen durch sachliche Gründe gerechtfertigt und angemessen sein.

(3) Unbeschadet des Absatzes 2 kann der Konzessionsgeber verlangen, dass eine Bietergemeinschaft nach Zuschlagserteilung eine bestimmte Rechtsform annimmt, soweit dies für die ordnungsgemäße Durchführung der Konzession erforderlich ist.

Übersicht	Rn.		Rn.
A. Allgemeines	1	1. Bestimmungen zu Verfahrensmodalitäten	30
I. Regelungszweck	1		
II. Unionsrechtlicher Hintergrund	4	2. Zuordnung von Eignung und Leistung	34
III. Vergleichbare Regelungen	6	3. Ersetzungsverlangen	36
B. Verbot der Rechtsformdiskriminierung (Abs. 1 S. 1)	8	4. Regeln für Bestandsänderungen	37
C. Benennung der Verantwortlichen (Abs. 1 S. 2)	11	5. Einschränkung der gruppeninternen Eignungsleihe?	40
D. Gleichbehandlung gemeinschaftlicher Bewerber (Abs. 2)	14	6. Gruppenspezifische Ausführungsbedingungen	41
I. Begriffe der Bewerber- und Bietergemeinschaft	16	E. Rechtsform von Bietergemeinschaften (Abs. 2 S. 2, Abs. 3)	43
II. Gleichbehandlung (S. 1)	19	F. Rechtsschutz	50
III. Rechtliche Grenzen der Bildung und Beteiligung von Bietergemeinschaften	20	I. Unternehmensschützende Wirkung	50
1. Kartellrecht	21	II. Rügen und Nachprüfungsanträge von Bewerber- und Bietergemeinschaften	51
2. Geheimwettbewerb und Mehrfachbeteiligung	24	Anlage	
IV. Gruppenspezifische Bedingungen für Eignung und Ausführung (S. 3)	26	Verordnungsbegründung (BR-Drs. 87/16)	

A. Allgemeines

I. Regelungszweck

Die Vorschrift dient insgesamt der Verbreiterung des **Wettbewerbs**. Sie soll ermöglichen, dass auch Gruppen von Wirtschaftsteilnehmern sich um Konzessionen bewerben bzw. darauf bieten können, und zwar ohne sachlich nicht gerechtfertigte Nachteile gegenüber Einzelbewerbern und grundsätzlich ohne Rücksicht auf die Rechtsform solcher Gruppen während des Vergabeverfahrens. Es vergrößert das potentielle Bewerberfeld, wenn auch Unternehmen, 1 welche allein nicht die Anforderungen an die Eignung erfüllen und/oder ein wirtschaftlich erfolgversprechendes Angebot abgeben könnten, sich durch die Beteiligung an einer gemeinschaftlichen Bewerbung bzw. einem gemeinschaftlichen Angebot zusammen um die Konzession bemühen können. Die Regelung steht damit in einem Zusammenhang zur Möglichkeit der Eignungsleihe nach § 25 Abs. 3 KonzVgV. Denn die Bildung einer Bewerbergemeinschaft bzw. Bietergemeinschaft ist eine herkömmliche – allerdings nicht die einzige – Form, in welcher ein Unternehmen sich der Kapazitäten anderer Unternehmen bedienen kann, um erfolgreich auf einen öffentlichen Auftrag bieten zu können.

2 Aus der Sicht der Vergabestelle bzw. des Konzessionsgebers können sich aus der im Interesse des Wettbewerbs erwünschten Möglichkeit zur Verfahrensbeteiligung von Gruppen von Wirtschaftsteilnehmern spezifische **Risiken** ergeben. Diese können sowohl die Vergabephase betreffen (etwa die Zurechnung von Eignungsnachweisen) als auch die Durchführung des Vertrages (etwa die Haftung für Leistungsstörungen oder Schäden). Die Vorschrift regelt daher Möglichkeiten und Maßstäbe für den Konzessionsgeber, spezifisch an kollektive Bewerber/Bieter gerichtete Anforderungen zu stellen.

3 Schließlich soll die Vorschrift **Diskriminierungen** ausländischer Wirtschaftsteilnehmer aufgrund von inländischen Anforderungen an die Rechtsform eines Konzessionärs ausschließen.

II. Unionsrechtlicher Hintergrund

4 Die Vorschrift dient der Umsetzung von Art. 26 **RL 2014/23/EU**.[1] Diese Vorschrift wiederum stellt keine Besonderheit des Konzessionsvergaberechts dar, sondern findet für das allgemeine Auftragsvergaberecht in Art. 19 RL 2014/24/EU und für das Sektorenvergaberecht in Art. 37 RL 2014/25/EU praktisch deckungsgleiche Entsprechungen. In Bezug auf die genannten Bereiche des Vergaberechts handelt es sich auch nicht um Neuerungen, enthielten doch sowohl die außer Kraft getretene Vergabekoordinierungsrichtlinie 2004/18/EG (dort Art. 4) als auch die gleichfalls außer Kraft getretene Sektorenkoordinierungsrichtlinie 2004/17/EG (Art. 11 Abs. 1 und 2) inhaltlich entsprechende Vorschriften.

5 Neu im **deutschen Recht** ist indessen nicht nur die ausdrückliche Erstreckung derartiger Regelungen auf die Konzessionsvergabe infolge der Einführung der RL 2014/23/EU, sondern auch die Methodik der Umsetzung. Entsprechend der generellen Absicht des Verordnungsgebers zu einer Eins-zu-eins-Umsetzung des Richtlinienrechts orientieren sich Aufbau und Inhalt von § 24 KonzVgV sehr eng an der Richtlinienvorschrift.[2] Hinzugesetzt wurde vom Verordnungsgeber in § 24 Abs. 2 S. 1 KonzVgV das aus dem deutschen Vergaberecht altbekannte Gebot, Bewerber- und Bietergemeinschaften wie Einzelbewerber und -bieter zu behandeln. Nicht unmittelbar am Wortlaut der Richtlinie orientiert ist ferner, dass die in § 24 Abs. 2 S. 3 KonzVgV genannten Bedingungen sich auch auf die Ausführung von Konzessionen beziehen. Art. 26 Abs. 2 UAbs. 2 S. 1 RL 2014/23/EU bezieht sich nämlich seinem Wortlaut nach nur auf Eignungsanforderungen. Jedoch lässt sich aus Art. 26 Abs. 2 UAbs. 2 S. 3 der Richtlinie erschließen, dass auch besondere Ausführungsbedingungen für Gruppen von Wirtschaftsteilnehmern möglich sind, soweit diese durch objektive Gründe gerechtfertigt und angemessen sind. Die Umsetzung ist daher richtlinienkonform.

III. Vergleichbare Regelungen

6 Inhaltlich deckungsgleiche Regelungen enthalten für das allgemeine Vergaberecht im Anwendungsbereich des Teil 4 GWB § 43 **VgV** und für das Sektorenvergaberecht § 50 **SektVO**. Für die Auftragsvergabe in den Bereichen Verteidigung und Sicherheit ist auf § 21 Abs. 4 und 5 **VSVgV** zu verweisen. Spruchpraxis und Literatur zu diesen Vorschriften können daher zur Auslegung von § 24 KonzVgV mit herangezogen werden.

---

[1] Vgl. Verordnungsbegründung zu § 24 KonzVgV, BR-Drs. 87/16, 293.
[2] Im allgemeinen Vergaberecht vor dem Inkrafttreten des VergRModG 2016 war § 6 EG Abs. 1 und 2 VOL/A der damaligen europarechtlichen Vorgabe am nächsten nachgebildet.

Betreffend die Vergabe von **Bauleistungen** fehlt aufgrund des bedauerlicherweise abweichenden Regelungskonzepts der VOB/A-EU eine vergleichbar geschlossene Umsetzung von Art. 19 RL 2014/24/EU. Der – wie gesagt nicht unmittelbar aus der Richtlinie übernommene – § 24 Abs. 2 S. 1 KonzVgV findet eine Entsprechung in § 6 EU Abs. 3 Nr. 2 S. 1 VOB/A. Ein Gegenstück zu § 24 Abs. 3 KonzVgV bildet der an die vorgenannte Vorschrift anschließende § 6 EU Abs. 3 Nr. 2 S. 2 VOB/A, der das Verlangen nach der Annahme einer bestimmten Rechtsform für den Fall der Auftragserteilung regelt. Freilich folgt daraus im Gegenschluss bereits der Regelungsinhalt von § 24 Abs. 2 S. 2 KonzVgV, dass eine bestimmte Rechtsform nicht bereits für Teilnahmeanträge und Angebote verlangt werden darf. Die in § 24 Abs. 1 S. 2 KonzVgV sowie den Parallelvorschriften der anderen Vergabeverordnungen vorgesehene Möglichkeit, juristische Personen zur Angabe von Namen und beruflicher Befähigung der für die Durchführung des jeweiligen Vertrags verantwortlichen Personen zu verpflichten, sah der Normgeber der VOB/A möglicherweise als durch § 6a EU Nr. 3 lit. e VOB/A funktional hinreichend abgebildet an, weil nach dieser Vorschrift bei Bauvergaben Studiennachweise und Bescheinigungen über die berufliche Befähigung der Führungskräfte des Unternehmens generell (nicht nur bei juristischen Personen) als Eignungsnachweise gefordert werden können. Im Hinblick auf § 24 Abs. 1 S. 1 KonzVgV und seine Parallelvorschriften in den Vergabeverordnungen lässt sich mit guten Gründen vertreten, dass es bei Bauvergaben ohnehin keine Fälle geben wird, in denen deutsche Rechtsvorschriften die Eigenschaft entweder einer natürlichen oder einer juristischen Person vorschreiben.

B. Verbot der Rechtsformdiskriminierung (Abs. 1 S. 1)

Ausdruck des letztgenannten Gedankens ist § 24 Abs. 1 S. 1 KonzVgV. Dieser und die ihm zugrunde liegende Richtlinienvorschrift von Art. 26 Abs. 1 **RL 2014/23/EU** sind unionsrechtlich vor dem Hintergrund der Grundfreiheiten und hier insbesondere des Prinzips der gegenseitigen Anerkennung bzw. des Herkunftslandprinzips zu sehen, welches vom EuGH im Cassis-de-Dijon-Urteil konturiert wurde.[3] Die Regelung greift zwar über das EU-Recht insoweit hinaus, als sie (anders als Art. 26 Abs. 1 RL 2014/23/EU) nicht auf Unternehmen aus anderen Mitgliedstaaten beschränkt ist, sondern jedes ausländische Unternehmen erfasst.[4] Das ist deshalb gut hinnehmbar, weil sie das Herkunftslandprinzip im Rahmen von Konzessionsvergabeverfahren nur im Hinblick auf einen recht speziellen Aspekt durchsetzt, nämlich bezogen auf die Rechtsform des Anbieters. Soweit es nicht um die Frage der Rechtsform geht, bleibt es bei den übergeordneten Regeln und Prinzipien des Unionsrechts, insbesondere beim Diskriminierungsverbot. Im Hinblick auf diese Rechtsform stellt § 24 Abs. 1 S. 1 KonzVgV zugleich ein spezielles Differenzierungsverbot im Rahmen des allgemeinen Gleichbehandlungsgebots von § 97 Abs. 2 GWB dar.

Ist ein Unternehmen nach den Rechtsvorschriften seines Niederlassungsstaates zur Erbringung der betreffenden Leistung **berechtigt**, so folgt somit nicht allein aus § 24 Abs. 1 S. 1 KonzVgV, dass es auch in Deutschland hierzu generell zugelassen ist. Jedoch folgt aus dieser Berechtigung, die Leistungen im Niederlassungsstaat zu erbringen, dass eine Bewerbung oder ein Angebot im Rahmen eines von einem deutschen Konzessionsgeber durchgeführten Konzessionsvergabeverfahrens nicht allein im Hinblick auf die Rechtsform des Unternehmens (entweder als natürliche oder als juristische Person) ausgeschlossen werden darf. Auch darf in dieser Konstellation bei einem ausländischen Einzelbewerber nicht verlangt werden, dass dieser nach Zuschlagserteilung eine Form der jeweils anderen Art annimmt – dies begrenzt m. E. auch die Befugnis nach § 24 Abs. 3 KonzVgV, die im Übrigen auf den Fall der Vergabe an Bietergemeinschaften beschränkt ist.

Aufgrund ihres engen Anwendungsbereichs wird die **praktische Bedeutung** der Regelung gering bleiben. Das deutsche Recht knüpft die Befugnis zur Erbringung einer bestimmten Leis-

---

3 EuGH, Urteil v. 20.2.1979 – Rs. C-120/78 (Cassis de Dijon), Rn.14.
4 Vgl. zur entsprechenden Regelung in § 43 Abs. 1 S. 1 VgV etwa *Hausmann/von Hoff*, in: Kulartz/Kus/Marx/Portz/Prieß, VgV, § 43 Rn. 3; *Maaser-Siemers*, in: Müller-Wrede, VgV/UVgO, § 43 VgV Rn. 18.

tung nur sehr selten an eine spezifische Rechtsform. Als Beispiel wird gern die Regelung von § 44 Abs. 3 BHO und der entsprechenden haushaltsrechtlichen Vorschriften der Länder angeführt, wonach die Beleihung mit Verwaltungsaufgaben auf dem Gebiet der Zuwendungen die Rechtsform einer juristischen Person des Privatrechts voraussetzt.[5] Bei einem ausländischen Bewerber um eine Konzession für solche Tätigkeiten dürfte diese Rechtsformanforderung nicht gestellt werden. Handelt es sich um einen Bewerber aus einem anderen EU-Mitgliedstaat, könnte der Normkonflikt durch eine unionsrechtskonforme Auslegung der haushaltsrechtlichen Vorschrift aufgelöst werden. Bei Drittstaatenangehörigen ist dieser Weg versperrt, da § 24 Abs. 1 S. 1 KonzVgV wie gesagt weiter reicht als das unionsrechtliche Vorbild. Bei Drittstaatenangehörigen wäre im Einzelfall anhand der Kollisionsregeln des nationalen Rechts zu ermitteln, ob sich § 24 Abs. 1 S. 1 KonzVgV gegen das Rechtsformerfordernis durchsetzt. Das könnte etwa der Fall sein, wenn dieses Erfordernis bloß landesrechtlich begründet ist,[6] nicht aber, soweit es den – gegenüber der KonzVgV höheren – Rang eines Bundesgesetzes hat.

C. Benennung der Verantwortlichen (Abs. 1 S. 2)

11 Nach § 24 Abs. 1 S. 2 KonzVgV können juristische Personen verpflichtet werden, in ihrem Antrag auf Teilnahme oder in ihrem Angebot die Namen und die berufliche Befähigung der Personen anzugeben, die für die Durchführung des Konzessionsvertrags als verantwortlich vorgesehen sind. Hiermit soll dem Interesse des Konzessionsgebers an der Kenntnis der für die Durchführung des Vertrages verantwortlichen Menschen Rechnung getragen werden.

12 Die Regelung ist eine alte Bekannte aus dem **bisherigen allgemeinen Auftragsvergaberecht** der EU (vgl. Art. 4 Abs. 1 UAbs. 2 RL 2004/18/EG) und dem entsprechenden Formularfeld in den EU-Bekanntmachungsformularen.

13 Dass diese Befugnis nur im Hinblick auf Bewerbungen **juristischer Personen** geregelt ist, beruht wohl auf der Annahme, dass in diesen Fällen die personellen Strukturen tendenziell weniger transparent sind. Das muss nicht richtig sein; auch einzelkaufmännisch geführte Unternehmen können große und komplexe personelle Strukturen aufweisen.[7] Jedoch dürfte es dem Konzessionsgeber freistehen, die Forderung nach Namens- und Qualifikationsangaben für die tatsächlich Leistungsverantwortlichen generell als Eignungsnachweis zur beruflichen bzw. technischen Leistungsfähigkeit zu verlangen (vgl. für das allgemeine Auftragsvergaberecht § 46 Abs. 3 Nr. 2 und 6 VgV bzw. § 6a EU Nr. 3 lit. b und e VOB/A).

D. Gleichbehandlung gemeinschaftlicher Bewerber (Abs. 2)

14 § 24 Abs. 2 S. 1 KonzVgV verlangt eine Gleichbehandlung von Bewerber- und Bietergemeinschaften mit Einzelbewerbern und -bietern. § 24 Abs. 2 S. 3 KonzVgV erlaubt dem Konzessionsgeber jedoch die speziell an Gruppen von Unternehmen gerichtete Festlegung von Bedingungen für Eignungskriterien und Ausführungsbedingungen. § 24 Abs. 2 S. 2 KonzVgV verbietet es, bestimmte Anforderungen an die Rechtsform bereits für Teilnahmeantrag oder Angebot zu stellen (was hier im Zusammenhang mit der Regelung von § 24 Abs. 3 KonzVgV kommentiert wird).

15 Diese Regelungen sind Ausprägungen des **Gleichbehandlungsgrundsatzes** aus § 97 Abs. 2 GWB.[8] Sie dienen zudem der Verbreiterung des Wettbewerbs, insbesondere der Verbesserung

---

5 Vgl. *Hausmann/Kern*, in: Kulartz/Marx/Portz/Prieß, VOL/A, § 6 EG Rn. 4; *Maaser-Siemers*, in: Müller-Wrede, VgV/UVgO, § 43 VgV Rn. 20 mit Fn. 14; vgl. zu einem derartigen Fall KG, Beschluss v. 4.7.2002 – KartVerg 8/02. Als weiteres Beispiel kann die Regelung von § 8 Abs. 2 VAG genannt werden, wonach (inländische) Versicherungsunternehmen eine bestimmte Rechtsform als juristische Person haben müssen.
6 Vgl. Art. 31 GG – ohne, dass hier näher diskutiert werden könnte, ist davon auszugehen, dass die Regelung von § 24 Abs. 1 S. 1 KonzVgV auch insoweit von der konkurrierenden Gesetzgebungskompetenz des Bundes für das Vergaberecht getragen wird.
7 Die frühere VOF enthielt in § 4 Abs. 3 eine generelle Verpflichtung zu diesen Angaben für alle Bewerber.
8 Vgl. nur *Werner*, in: Willenbruch/Wieddekind, Vergaberecht, § 6 VOL/A Rn. 2.

des Zugangs von kleineren (und ggf. mittleren) Unternehmen zu größeren oder komplexeren öffentlichen Aufträgen, die ohne die Möglichkeit gemeinschaftlicher Bewerbungen und Angebote großen Unternehmen vorbehalten bleiben müssten. Dieser auch aus Sicht der Konzessionsgeber begrüßenswerten tendenziellen Erweiterung des Marktes stehen für die Konzessionsgeber spezifische Probleme im Rahmen des Vergabeverfahrens und der Durchführung der Konzession gegenüber. Das beginnt damit, dass die Bildung einer Bietergemeinschaft im Einzelfall auch ein Instrument zur Verengung des Wettbewerbs sein kann, nämlich durch die Bildung eines wettbewerbswidrigen und verbotenen Kartells. Es setzt sich fort beim erhöhten Prüfungsaufwand für Teilnahmeanträge, wenn im Rahmen einer Bewerbung mehrere Unternehmen etwa auf Ausschlussgründe zu prüfen sind, und reicht bis zum Erfordernis besonderer Regelungen für die Haftung im Vertragsvollzug. Diesem Spannungsverhältnis versuchen die Regelungen Rechnung zu tragen.

I. Begriffe der Bewerber- und Bietergemeinschaft

Die in § 24 Abs. 2 S. 1 KonzVgV verwendeten **Begriffe** der Bewerber- und Bietergemeinschaften sind gesetzlich nicht definiert. Sie lassen sich als Zusammenschlüsse mehrerer Unternehmen zur gemeinschaftlichen Bewerbung bzw. Abgabe eines Angebots mit dem Ziel beschreiben, den Vertrag (hier in der Form einer Konzession), der Gegenstand des Vergabeverfahrens ist, gemeinschaftlich zu erhalten und auszuführen.[9] Die beiden Begriffe unterscheiden sich somit nicht nach dem Ziel der Gemeinschaft, sondern nach dem Verfahrensstadium: Erst in der Angebotsphase, nicht bereits während eines Teilnahmewettbewerbs lässt sich von einer Bietergemeinschaft sprechen. Aus § 24 Abs. 2 S. 2 KonzVgV lässt sich rückschließen, dass der dort verwendete Begriff der „Gruppen von Unternehmen"[10] als Oberbegriff gelten kann.

16

Mitglieder solcher „Gruppen von Unternehmen" sind normalerweise nicht solche, die im Auftragsfall nur als Unterauftragnehmer vorgesehen sind, da sie den Auftrag bzw. die Konzession eben nicht selbst erhalten wollen. Anders kann das zu beurteilen sein, wenn aufgrund von § 24 Abs. 3 KonzVgV vorgesehen ist, dass im Falle der Auftragserteilung eine eigenständige juristische Person für die Auftragsdurchführung errichtet wird (Projektgesellschaft), die von den Unternehmen der ursprünglichen Bietergemeinschaft getragen wird und dann an diese Unternehmen (oder die Bietergemeinschaft) Unteraufträge erteilt. Darauf ist unten zurückzukommen.

17

Nach deutschem **Zivilrecht** sind Bewerber- und Bietergemeinschaften, jedenfalls wenn sie für den Einzelfall eingegangen werden, typischerweise als Gesellschaften bürgerlichen Rechts (GbR) im Sinne der §§ 705 ff. BGB einzuordnen.[11] Hierbei handelt es sich nicht um eine Rechtsformvorgabe im Sinne von § 24 Abs. 3 KonzVgV, sondern diese Einordnung ergibt sich gleichsam „automatisch" aus dem Inhalt der einer solchen Gemeinschaft zugrunde liegenden Vereinbarung zwischen ihren Mitgliedern: Gemeinsamer Zweck der Vereinbarung ist der Erhalt und im Erfolgsfall auch die Ausführung des Auftrags bzw. der Konzession. Die Beiträge der Gesellschafter unterscheiden sich je nach der Phase dieses Lebenszyklus: Im Vergabeverfahren geht es um das Zusammenwirken bei der Erstellung des Teilnahmeantrags bzw. des Angebots und ggf. bei dessen Verhandlung. Ausgerichtet ist das darauf, nach dem Erhalt des Zuschlags – dann als „Arbeitsgemeinschaft" – den Auftrag bzw. die Konzession gemeinschaftlich durchzuführen. Typischerweise sind die Beiträge der Gesellschafter in dieser Phase komplementär im Sinne einer arbeitsteiligen Bewältigung der Aufgabe in verschiedenen fachlichen Bereichen (vertikale Arbeitsteilung). Jedoch kann es auch sein, dass mehrere Gesellschafter im gleichen Leistungsspektrum (horizontal) zusammenarbeiten.

18

---

9 Vgl. *Gabriel*, in: Gabriel/Krohn/Neun, Handbuch Vergaberecht, § 17 Rn. 1
10 Art. 26 Abs. 2 RL 2014/23/EU spricht noch etwas allgemeiner von „Gruppen von Wirtschaftsteilnehmern".
11 Vgl. etwa OLG Celle, Beschluss v. 5.9.2007 – 13 Verg 9/07; *Planker*, in: Kapellmann/Messerschmidt, VOB, § 13 VOB/A Rn. 44; *Gabriel*, in: Gabriel/Krohn/Neun, Handbuch Vergaberecht, § 17 Rn. 13; für OHG-Eigenschaft der ARGE dagegen *Joussen*, BauR 1999, 1063. Vgl. zur Thematik *Kapellmann*, in: Kapellmann/Messerschmidt, VOB, Anhang VOB/B Rn. 119 ff.

II. Gleichbehandlung (S. 1)

19 § 24 Abs. 2 S. 1 KonzVgV verlangt grundlegend, dass Bewerber- und Bietergemeinschaften wie Einzelbewerber und -bieter zu behandeln sind. Die Vorschrift kleidet damit die Aussage von Art. 26 Abs. 2 S. 1 RL 2014/23/EU, wonach „Gruppen von Wirtschaftsteilnehmern, einschließlich befristeter Zusammenschlüsse", an Konzessionsvergabeverfahren teilnehmen können, in eine schon traditionelle Formulierung des deutschen Vergaberechts (vgl. nur § 6 Abs. 1 S. 1 VOL/A). Unzulässig wäre es demnach, wenn ein Konzessionsgeber nur Einzelbewerber zu einem Konzessionsvergabeverfahren zulassen würde, Gruppen von Unternehmen hingegen nicht. Ebenso unzulässig wäre es etwa, die Zahl der an einer Bewerber- oder Bietergemeinschaft beteiligten Unternehmen zu limitieren. Den Mehraufwand, den die Beteiligung von Bietergemeinschaften für den Konzessionsgeber möglicherweise mit sich bringt, muss er hinnehmen.

III. Rechtliche Grenzen der Bildung und Beteiligung von Bietergemeinschaften

20 Allerdings folgt aus § 24 Abs. 2 S. 1 KonzVgV nicht, dass der Konzessionsgeber Bietergemeinschaften in jeder Hinsicht fiktiv als Einzelbieter zu behandeln hätte und gleichsam seine Augen vor der spezifischen Situation eines kollektiven Angebots zu verschließen hätte. Bildung und Beteiligung von Bietergemeinschaften an Konzessionsvergabeverfahren unterliegen vielmehr rechtlichen Grenzen, die sich aus den allgemeinen vergaberechtlichen Vorschriften, aber auch aus anderen Rechtsbereichen ergeben können.

1. Kartellrecht

21 Insbesondere privilegiert die Regelung Bietergemeinschaften nicht in dem Sinne, dass allgemeine rechtliche Grenzen für Zusammenschlüsse von Unternehmen nur deshalb nicht gelten würden, weil der Zusammenschluss auf ein gemeinschaftliches Angebot in einem Konzessionsvergabeverfahren gerichtet ist. Grundsätzlich kann die Bildung einer Bewerber- oder Bietergemeinschaft gegen das Kartellverbot von § 1 GWB verstoßen. Anhaltspunkte hierfür können sich ergeben, wenn an einer Bietergemeinschaft Unternehmen beteiligt sind, die normalerweise in einem Wettbewerbsverhältnis zueinander stehen, insbesondere in der gleichen Branche und auf der gleichen Marktstufe tätig sind.

22 Im allgemeinen Auftragsvergaberecht ist die Spruchpraxis ausgehend vom Urteil **„Bauvorhaben Schramberg"** des BGH[12] lange der Linie gefolgt, dass die Bildung einer Bietergemeinschaft zwischen solchen Unternehmen nur dann kartellrechtswidrig und verboten sei, wenn sie zum einen geeignet sei, die Marktverhältnisse spürbar zu beeinflussen, und wenn zum anderen der Beitritt zur Bietergemeinschaft für zumindest eines der beteiligten Unternehmen keine im Rahmen zweckmäßigen und kaufmännisch vernünftigen Handelns liegende Entscheidung darstelle. Darauf, ob eines der beteiligten Unternehmen nach seinen technischen und wirtschaftlichen Kapazitäten den Auftrag auch allein ausführen könnte, kommt es nach dieser Linie nicht an; vielmehr können danach auch Synergieeffekte oder der Gesichtspunkt der Risikostreuung legitime Gesichtspunkte sein.[13] Dem steht eine restriktive Linie der Rechtsprechung des **KG**[14] und des **OLG Düsseldorf**[15] gegenüber, wonach eine Bietergemeinschaft unter Beteiligung konkurrierender Unternehmen nur zulässig sein soll, wenn keines der daran beteiligten Unternehmen objektiv für sich zu einer Teilnahme an der Ausschreibung mit einem eigenständigen Angebot aufgrund seiner betrieblichen oder geschäftlichen Verhältnisse (z.B. mit Blick auf Kapazitäten, technische Einrichtungen und/oder fachliche Kenntnisse) in der Lage wäre und erst der Zusammenschluss zu einer Bietergemeinschaft die Unternehmen in

---

12 BGH, Urteil v. 13.12.1983 – KRB 3/83.
13 Vgl. etwa OLG Brandenburg, Beschluss v. 16.2.2013 – Verg W 1/12; OLG Frankfurt, Beschluss v. 27.6.2003 – 11 Verg 2/03. Vgl. zum Ganzen *Gabriel*, in: Gabriel/Krohn/Neun, Handbuch Vergaberecht, § 17 Rn. 28 ff.
14 KG, Beschluss v. 24.10.2013 – Verg 11/13; Beschluss v. 21.12.2009 – 2 Verg 11/09.
15 OLG Düsseldorf, Beschluss v. 9.11.2011 – VII-Verg 35/10; Beschluss v. 11.11.2011 – VII-Verg 92/11; Beschluss v. 17.2.2014 – VII-Verg 2/14.

die Lage versetzt, sich am Vergabeverfahren zu beteiligen.[16] Dies ist allerdings streitig geblieben[17]. Das OLG Düsseldorf hat in der Folge seine Linie zunächst in prozeduraler Hinsicht dadurch etwas relativiert, dass es einen Ausschluss ohne vorherige Anhörung der Unternehmen zu den Gründen der Zusammenarbeit beanstandet hat.[18] In der Folge hat sich das OLG Düsseldorf auch inhaltlich von seiner restriktiven Linie gelöst und zweckmäßige und kaufmännisch vernünftige Erwägungen für die zulässige Bildung einer Bietergemeinschaft ausreichen lassen.[19] Das ist zu begrüßen, denn die restriktive Linie überzeugt nicht. Sie verdeckt nicht nur methodisch die Abweichung von der früheren weiteren Auffassung hinter Formelkompromissen und missachtet damit prozedural die Vorlagepflicht nach § 179 Abs. 2 S. 1 GWB (bzw. damals § 124 Abs. 2 S. 1 GWB a.F.). Sie überfrachtet auch in der Sache die Vergabestellen und Nachprüfungsinstanzen mit schwierigen kartellrechtlichen Prüfungsanforderungen. Die Anknüpfung an (für Außenstehende schwer zu ermittelnde) „objektive" Kapazitätsmerkmale führt letztlich zu einer Bevormundung der Unternehmer durch – in der Regel kaufmännisch nicht bewanderte – Richter.

Nach Inkrafttreten des **VergRModG 2016** ist zu erwarten, dass dieser Streit aus Sicht der Konzessionsgeber an Brisanz einbüßt. Nach § 154 Nr. 2 i.V.m. § 124 Abs. 1 Nr. 4 GWB muss der Konzessionsgeber für den Abschluss einer wettbewerbsbeschränkenden Vereinbarung zum einen nur noch über „hinreichende Anhaltspunkte" verfügen, so dass ein erfolgter Ausschluss nachträglich womöglich schwerer zu erschüttern ist. Wie hoch der Grad der Gewissheit sein muss, ist allerdings noch nicht abschließend geklärt. Das OLG Düsseldorf setzt die Schwelle vergleichsweise hoch an und verlangt, dass über den Kartellverstoß *„nahezu Gewissheit besteht"*; es hat offen gelassen, ob der Vergabestelle diesbezüglich ein Beurteilungsspielraum zusteht.[20] Jedenfalls im Fall des Absehens von einem Ausschluss hat das OLG Düsseldorf in seiner neueren Spruchpraxis eine von der Vergabestelle verlangte Darlegung der Bietergemeinschaft zu den Gründen für ihre Bildung ausreichen lassen und klargestellt, dass die Vergabestelle keine kartellrechtlichen Ermittlungen anstellen muss.[21] Zum anderen stellt der Tatbestand nur noch einen fakultativen Ausschlussgrund dar, so dass der Konzessionsgeber von einem solchen auch absehen und somit die oben genannte restriktive Linie auf der Ermessensebene überwinden kann – dazu ist zu raten. Aus Sicht von Unternehmen, die einen Zusammenschluss zu einer Bietergemeinschaft erwägen, stellen diese Subjektivierungen freilich keinen Gewinn an Rechtssicherheit dar.

2. Geheimwettbewerb und Mehrfachbeteiligung

§ 24 Abs. 2 S. 1 KonzVgV stellt auch keine Privilegierung von Bewerber- bzw. Bietergemeinschaften im Hinblick auf andere Vorschriften über das Vergabeverfahren oder gar einen Dispens von solchen dar. Das gilt auch in Bezug auf den Wettbewerbsgrundsatz (§ 97 Abs. 1 S. 1 GWB) selbst. Dieser wird vergaberechtlich grundsätzlich als **Geheimwettbewerb** in dem Sinne verstanden, dass jeder Bieter sein Angebot in Unkenntnis des Inhalts konkurrierender Angebote abzugeben hat.[22] Vor diesem Hintergrund wird eine so genannte **Mehrfachbeteiligung** eines Unternehmens zum einen als Mitglied einer Bietergemeinschaft und zum anderen als Einzelbieter am Wettbewerb um dieselben Leistungen traditionell ohne weiteres als unzulässiges wettbewerbsbeschränkendes Verhalten und damit als (nach bisherigem Recht:

---

16 Der Tendenz nach ähnlich OLG Schleswig, Beschluss v. 15.4.2014 – 1 Verg 4/13.
17 Vgl. OLG Brandenburg, Beschluss v. 16.2.2012 – Verg W 1/12; VK Sachsen, Beschluss v. 23.5.2014 – 1/SVK/011-14. Das OLG Karlsruhe, Beschluss v. 5.11.2014 – 15 Verg 6/14, ließ den Streit mit der Erwägung offen, dass jedenfalls ein mehr als unerheblicher Marktanteil der beteiligten Unternehmen vorauszusetzen sei.
18 OLG Düsseldorf, Beschluss v. 17.12.2014 – VII-Verg 22/14
19 OLG Düsseldorf, Beschluss v. 8.6.2016 – VII-Verg 3/16; vgl. auch OLG Celle, Beschluss v. 8.7.2016 – VII-Verg 13 Verg 2/16; OLG Saarbrücken, Beschluss v. 27.6.2016 – 1 Verg 2/16; vgl. auch OLG Düsseldorf, Beschluss v. 17.1.2018 – VII-Verg 39/17.
20 OLG Düsseldorf, Beschluss v. 17.1.2018 – VII-Verg 39/17.
21 OLG Düsseldorf, Beschluss v. 17.1.2018 – VII-Verg 39/17.
22 Vgl. etwa OLG München, Beschluss v. 17.1.2011 – Verg 2/11; OLG Düsseldorf, Beschluss v. 16.9.2003 – VII-Verg 52/03; *Weiner*, in: Gabriel/Krohn/Neun, Handbuch Vergaberecht, § 1 Rn. 26.

zwingender) Ausschlussgrund angesehen.[23] Anderes konnte nur bei Bewerbungen auf verschiedene Lose gelten, nach einigen Judikaten auch in anderen speziellen Konstellationen.[24]

25 Jedoch hat der EuGH im Urteil „Serrantoni" einen **pauschalen Ausschluss** solcher Doppelbewerbungen für unzulässig erachtet; vielmehr müsse der Bietergemeinschaft oder den betroffenen Unternehmen die Möglichkeit zum Nachweis eingeräumt werden, dass „ihre Angebote völlig unabhängig voneinander formuliert worden sind und folglich eine Gefahr einer Beeinflussung des Wettbewerbs unter Bietern nicht besteht".[25] Dieser Entscheidung lässt sich sowohl entnehmen, dass der Geheimwettbewerb nach europäischem Recht grundsätzlich schützenswert ist, als auch, dass es auf dessen tatsächliche Beeinträchtigung ankommt. Entsprechendes gilt, wenn ein Mitglied einer Bietergemeinschaft nicht zugleich als Bieter, sondern als Nachunternehmer eines Einzelbieters (oder einer anderen Bietergemeinschaft) auftritt: Dies ist nicht per se unzulässig, sehr wohl aber, wenn das Unternehmen aufgrund seiner Position als Unterauftragnehmer Kenntnis von dem Angebot oder gar maßgeblich steuernden Einfluss auf den Angebotsinhalt des anderen Bieters erlangt.[26] Es empfiehlt sich daher, bereits in die Bekanntmachung Regelungen über eine Anhörungsmöglichkeit und eine Nachweispflicht der betroffenen Unternehmen für solche Fallgestaltungen aufzunehmen.

IV. Gruppenspezifische Bedingungen für Eignung und Ausführung (S. 3)

26 Nach § 24 Abs. 2 S. 3 KonzVgV kann der Konzessionsgeber in den Vergabeunterlagen Bedingungen festlegen, wie Gruppen von Unternehmen die Eignungskriterien zu erfüllen und die Konzession auszuführen haben. Das gilt nur, sofern dies erforderlich und durch sachliche Gründe gerechtfertigt und angemessen ist.

27 Diese Regelung setzt zum einen Art. 26 Abs. 2 UAbs. 2 **RL 2014/23/EU** um, allerdings ohne von der dort eröffneten Möglichkeit Gebrauch zu machen, dass der Mitgliedstaat „Standardbedingungen" für die Erfüllung der Anforderungen festlegt. Da die Richtlinienvorschrift ausdrücklich nur die Modalitäten der Erfüllung von Eignungskriterien betrifft, beruft sich der Verordnungsgeber für die erweiternde Umsetzung im Hinblick auf Ausführungsbedingungen auf den Erwägungsgrund 9 RL 2014/23/EU, der auch dieses Element anspricht.[27]

28 Die Regelung von § 24 Abs. 2 S. 3 KonzVgV kennt keinen direkten Vorläufer im **bisherigen allgemeinen Auftragsvergaberecht** – die Festlegung derartiger Bedingungen war jedoch dort schon bislang verbreitet.

29 Trifft der Konzessionsgeber hinsichtlich der Eignungsprüfung für Gruppen von Unternehmen keine ausdrückliche Bestimmung, so ist von Folgendem auszugehen: Geprüft wird die **Eignung** der – einem Einzelbewerber bzw. -bieter gleichzusetzenden – Bewerber- bzw. Bietergemeinschaft selbst. Jedoch ist praktisch auf die Eignung der darin zusammengeschlossenen Unternehmen abzustellen, welche die Konzession ja tatsächlich arbeitsteilig ausführen. Deren Eignung ist der Bewerber- bzw. Bietergemeinschaft zuzurechnen.[28] Ob dies schon daraus folgt, dass die Bewerber- bzw. Bietergemeinschaft nach dem obigen Grundsatz wie ein Bewerber bzw. Bieter, also als Einheit, zu behandeln ist[29] oder sich aus dem Grundsatz der

---

23 Vgl. OLG München, Beschluss v. 17.1.2011 – Verg 2/11; OLG Düsseldorf, Beschluss v. 16.11.2010 – VII-Verg 50/10; Beschluss v. 13.9.2004 – W 24/04 (Kart); Beschluss v. 16.9.2003 – VII-Verg 52/03; zur Darstellung vgl. *Gabriel*, in: Gabriel/Krohn/Neun, Handbuch Vergaberecht, § 17 Rn. 44 ff.
24 Vgl. zu den Fällen angeblich fehlender „echter Konkurrenz" etwa die (problematischen) Entscheidungen OLG München, Beschluss v. 28.4.2006 – Verg 6/06; OLG Düsseldorf, Beschluss v. 28.5.2003 – VII-Verg 8/03; einschränkend dazu aber auch OLG Düsseldorf, Beschluss v. 16.9.2003 – VII-Verg 52/03. Kritisch z.B. *Leinemann*, VergabeR 2003, 693.
25 EuGH, Urteil v. 23.12.2009 – Rs. C-376/08 (Serrantoni).
26 Vgl. KG, Beschluss v. 13.3.2008 – 2 Verg 18/07; OLG Düsseldorf, Beschluss v. 13.4.2006 – VII-Verg 10/06; VK Schleswig-Holstein, Beschluss v. 17.8.2008 – VK-SH 10/08. Ähnlich ist die Lage hinsichtlich der Beteiligung konzernverbundener Unternehmen am Vergabeverfahren, vgl. EuGH, Urteil v. 19.5.2009 – Rs. C-538/07 (Assitur), was freilich keine Frage der Bietergemeinschaft ist.
27 Vgl. Verordnungsbegründung zu § 24 Abs. 2 KonzVgV, BR-Drs. 87/16, 293.
28 Vgl. *Gabriel*, in: Gabriel/Krohn/Neun, Handbuch Vergaberecht, § 17 Rn. 17 f.
29 So OLG Naumburg, Beschluss v. 30.4.2007 – 1 Verg 1/07.

Gleichbehandlung mit Einzelbewerbern bzw. -bietern oder aus der Möglichkeit der Eignungsleihe (§ 25 Abs. 3 KonzVgV) ergibt[30], mag offen bleiben. Im Grundsatz gilt jedenfalls: Das Nichtvorliegen von Ausschlussgründen (nach alter Diktion und Rechtslage: die Zuverlässigkeit) ist für jedes Mitglied der Gruppe gesondert und einzeln nachzuweisen – ein zwingender Ausschlussgrund bei einem Mitglied reißt die ganze Gruppe mit sich.[31] Im Hinblick auf die Eignungsmerkmale der wirtschaftlichen, finanziellen, technischen und beruflichen Leistungsfähigkeit (jetzt § 122 Abs. 2 GWB) genügt es hingegen, wenn sich die vorgelegten Nachweise gegenseitig so ergänzen, dass insgesamt die Eignung (wie bei einem Einzelbewerber bzw. -bieter) gegeben ist.[32] Diese kumulative Betrachtung reflektiert gerade den (unter kartellrechtlichem Blickwinkel) idealen Fall der Bewerber- bzw. Bietergemeinschaft, dass keines der Unternehmen alleine die Eignungskriterien erfüllen würde.

1. Bestimmungen zu Verfahrensmodalitäten

§ 24 Abs. 2 S. 3 KonzVgV gestattet dem Konzessionsgeber Vorgaben hinsichtlich der Art und Weise („wie") der Erfüllung der Eignungskriterien durch Gruppen von Unternehmen und betont dabei – als Konkretisierung von § 97 Abs. 1 S. 2 GWB – den Grundsatz der Verhältnismäßigkeit in allen drei Elementen: Die Vorgabe muss überhaupt auf einen rechtfertigenden sachlichen Grund gestützt werden können, erforderlich und angemessen sein.

30

Als **Beispiele** für Vorgaben erwähnen die Begründung des Verordnungsentwurfs[33] und Erwägungsgrund 9 RL 2014/23/EU „die Ernennung eines gemeinsamen Vertreters oder eines federführenden Gesellschafters für die Zwecke des Vergabeverfahrens oder die Vorlage von Informationen über die Zusammensetzung der Gruppe". Systematisch betrifft nur der letztgenannte Aspekt Modalitäten der Eignungsprüfung, während die ersten beiden administrative Fragen der Verfahrensführung und ggf. den Nachweis der Identität der Bietergemeinschaft als solcher zum Gegenstand haben.

31

Hier geht es insbesondere um Regelungen, welche die Vorlage einer **Bietergemeinschaftserklärung** und/oder einer schriftlichen (bzw. künftig: in elektronischer Form abgegebenen) **Vollmacht** für einen bevollmächtigten Vertreter der Bietergemeinschaft verlangen. Ohne diesbezügliche Vorgabe bestimmt sich die Form der Angebotsabgabe durch eine Bietergemeinschaft nach allgemeinen zivilrechtlichen Grundsätzen. So kann ein Angebot entweder von allen Mitgliedern (je nach den Formvorgaben schriftlich oder elektronisch) unterzeichnet sein oder aber auch von einem Bevollmächtigten. Ob im letztgenannten Fall auch ohne besondere Regelung in den Vergabeunterlagen ein Nachweis der Bevollmächtigung erforderlich ist, war zum bisherigen Recht streitig.[34] Eine solche Forderung lässt sich jedoch nicht auf zivilrechtliche Regelungen stützen und richtigerweise auch nicht auf pauschale Formulierungen in Vergabeunterlagen wie der Forderung nach einer „rechtsverbindlichen" Unterschrift – da ein Bevollmächtigter auch ohne schriftliche Vollmacht wirksam und verbindlich vertreten kann.[35] Der Konzessionsgeber tut in jedem Fall gut daran, explizite Regelungen zu dieser Frage zu treffen. Grundsätzlich bietet sich eine Übernahme der Regelungen von § 53 Abs. 9 VgV bzw. § 13 EU Abs. 5 VOB/A an, die allerdings die Frage des Vollmachtsnachweises für die Angebotslegung nicht regeln – insoweit könnte ergänzt werden, dass ein Vollmachtsnachweis auf Anforderung zu liefern ist. Bewerber und Bieter tun mangels entsprechender Regelungen natürlich gut daran, einen Vollmachtsnachweis ungefragt mitzuliefern.

32

Eine **Unverhältnismäßigkeit** wird sich im Hinblick auf diese Beispiele wohl nur ergeben können, wenn sehr weitgehende Informationen verlangt werden, etwa hinsichtlich aller Einzel-

33

---

30 So *Gabriel*, in: Gabriel/Krohn/Neun, Handbuch Vergaberecht, § 17 Rn. 17 f.
31 Vorbehaltlich einer Ersetzungsregelung, vgl. unten Rn. 36.
32 Vgl. zum Auftragsvergaberecht OLG Naumburg, Beschluss v. 30.4.2007 – 1 Verg 1/07; OLG Düsseldorf, Beschluss v. 31.7.2007 – VII-Verg 25/07; vgl. auch *Gabriel*, in: Gabriel/Krohn/Neun, Handbuch Vergaberecht, § 17 Rn. 17 f.
33 Vgl. Verordnungsbegründung zu § 24 Abs. 2 KonzVgV, BR-Drs. 87/16, 293.
34 Dafür etwa *Planker*, in: Kapellmann/Messerschmidt, VOB, § 13 VOB/A Rn. 47; dagegen *Gabriel*, in: Gabriel/Krohn/Neun, Handbuch Vergaberecht, § 17 Rn. 22 ff.
35 BGH, Urteil v. 20.11.2012 – X ZR 108/10.

heiten eines komplexen Bietergemeinschaftsvertrages, wenn es dafür nicht im Einzelfall besondere Gründe gibt.

2. Zuordnung von Eignung und Leistung

34 Grundsätzlich unproblematisch ist es auch, wenn der Konzessionsgeber die oben skizzierten Grundsätze zur Auswirkung von Ausschlussgründen und zur kumulativen Eignungsprüfung in der Konzessionsbekanntmachung bzw. den Vergabeunterlagen explizit und ausdifferenziert. Dies ist zur Klarstellung ohnehin zu empfehlen.

35 Über eine Klarstellung hinausgehen würde es, wenn der Konzessionsgeber verlangte, dass dasjenige Mitglied einer Bietergemeinschaft, welches in bestimmter Hinsicht die Eignung der Gruppe nachweist (beispielsweise durch ein Referenzprojekt), im Auftragsfall die insoweit **relevanten Leistungen auch erbringt**, wie das im allgemeinen Auftragsvergaberecht durch § 47 Abs. 1 S. 3 i.V.m. Abs. 4 VgV für den Fall der Eignungsleihe geregelt ist. In Betracht kommt das etwa bei einer Konzession, die verschiedene Leistungsbereiche umfasst (z.B. Investitionen, Bauleistungen und Gebäudebetrieb), wenn verlangt wird, dass eine Bietergemeinschaft für jeden Leistungsbereich ein verantwortliches Unternehmen benennt, auf welches die Eignungsprüfung vorrangig bezogen wird. Unberührt davon bleibt freilich die Möglichkeit, dass dieses Unternehmen sich seinerseits wiederum auf fremde Kapazitäten außerhalb der Bietergemeinschaft (z.B. Nachunternehmer) im Rahmen einer Eignungsleihe nach § 25 Abs. 3 KonzVgV beruft. Derartige Regelungen dürften sich jedenfalls bei einigermaßen komplexen Konzessionen schon im Hinblick auf das zitierte Vorbild bei der Eignungsleihe im allgemeinen Auftragsvergaberecht als verhältnismäßig erweisen.

3. Ersetzungsverlangen

36 Fraglich ist, ob § 24 Abs. 2 S. 3 KonzVgV dem Konzessionsgeber auch die Befugnis gibt, selbst Regelungen wie die im allgemeinen Auftragsvergaberecht für die Eignungsleihe auch in Bezug auf Bietergemeinschaften in § 47 Abs. 2 S. 3 und 4 i.V.m. Abs. 4 VgV vorhandene zu treffen, also praktisch vorzuschreiben, dass die Bietergemeinschaft einzelne Mitglieder, für die ein Ausschlussgrund vorliegt oder ein für dieses selbst erforderliches Eignungsmerkmal fehlt, innerhalb einer bestimmten Frist zu ersetzen hat. Auf den ersten Blick könnte man dagegen argumentieren, dass es sich hier um einen Eingriff in privatrechtliche Vereinbarungen unter den Mitgliedern der Bietergemeinschaft handelt, für die es einer rechtlichen Grundlage bedürfte. Bei Lichte besehen wirkt sich eine solche Regelung jedoch nur zu Gunsten der betroffenen Gruppe aus, weil sie im Falle einer erfolgreichen Ersetzung den von dem Mangel nicht betroffenen Mitgliedern die weitere Beteiligung am Verfahren ermöglicht. Benachteiligt werden können zwar konkurrierende Bewerber oder Bieter. Da dies vom Verordnungsgeber (und vom Richtliniengeber[36]) sogar im strengeren allgemeinen Auftragsvergaberecht hingenommen wird, wird man eine Ersetzungsregelung im Konzessionsvergaberecht, wo der Wettbewerbsgrundsatz weniger formal ausgeprägt ist, jedoch nicht verwerfen können.

4. Regeln für Bestandsänderungen

37 Geht es bei dem vorgenannten Aspekt um eine vom Konzessionsgeber initiierte Änderung im Bestand einer Gruppe von Unternehmen, so könnte man darüber hinaus auch den Umgang mit vom Bewerber bzw. Bieter selbst initiierten Bestandsänderungen seiner Gruppe zum Gegenstand von Regelungen nach § 24 Abs. 2 S. 3 KonzVgV machen. Das gilt jedenfalls dann, wenn bzw. insoweit man Wechsel in der Zusammensetzung einer Bewerber- oder Bietergemeinschaft für eine Frage der Eignungsprüfung und nicht eine (unzulässige) Veränderung des Angebotsinhalts erachtet.

38 Diesbezüglich ist die Lage zum allgemeinen Auftragsvergaberecht streitig, wobei einerseits nach dem Zeitpunkt einer Änderung in der Zusammensetzung einer Bietergemeinschaft und

---

36 Vgl. Art. 63 Abs. 2 RL 2014/24/EU.

in diesem Zusammenhang auch nach der Verfahrensart, anderseits danach zu differenzieren ist, ob die Änderung die rechtliche **Identität** der Gruppe berührt oder nicht. Einigkeit besteht wohl darin, dass Änderungen in der rechtlichen Identität eines Bewerbers oder Bieters nach Abgabe der Bewerbung bzw. des Angebots unzulässig sind, soweit nicht eine gesetzliche Rechtsnachfolge vorliegt.[37] Nur Personen, die sich auch beworben haben, dürfen als solche am Vergabeverfahren beteiligt werden; der Zuschlag kann und darf als Annahmeerklärung nur auf das Angebot eines zur Abgabe aufgeforderten Bieters ergehen (Grundsatz der Bieteridentität).[38] Das bloße Ausscheiden eines Mitglieds einer Bietergemeinschaft (oder dessen Auswechslung) führt jedoch nicht notwendig zu einer solchen Identitätsänderung. Geht man von der regelhaften Rechtsform einer GbR aus,[39] so ist diese selbst aufgrund der von der Rechtsprechung anerkannten Rechtsfähigkeit der Außen-GbR im Rechtssinne Bieterin. Die Kündigung eines Gesellschafters führt zwar im gesetzlichen Regelfall zur Auflösung, nicht aber, wenn eine vertragliche Fortsetzungsklausel besteht. Unvermeidlich ist eine Identitätsänderung im Falle des Ausscheidens des vorletzten Mitglieds, wenn die Bietergemeinschaft also nicht fortgesetzt werden kann.[40]

39 Unterhalb der Schwelle einer Identitätsänderung ordnete das OLG Celle eine Änderung im Mitgliederbestand als Frage der erneuten **Eignungsprüfung** ein[41], während das OLG Düsseldorf jedenfalls für die Zeit nach Ablauf der Angebotsfrist im offenen Verfahren die Auffassung vertrat, dass auch die Zusammensetzung einer Bietergemeinschaft zum Inhalt des Angebots zu zählen sei und eine Änderung daher zum Ausschluss führen müsse[42]. Allerdings hat das OLG Düsseldorf diese Auffassung für Verhandlungsverfahren wegen der dort zulässigen Änderung des Angebotsinhalts relativiert.[43] Welches Schicksal diese strenge Sichtweise im allgemeinen Auftragsvergaberecht nimmt, nachdem nunmehr der Auftraggeber auch in verhandlungsfeindlichen Verfahrensarten die Änderung der Zusammensetzung einer Bietergemeinschaft unter Umständen sogar verlangen kann (vgl. nochmals § 47 Abs. 2 S. 3 und 4 i.V.m. Abs. 4 VgV), bleibt abzuwarten. Im Konzessionsvergaberecht werden Verhandlungen über die (ersten) Angebote im Regelfall möglich sein. Auch und gerade deshalb tut der Konzessionsgeber gut daran, Regeln und Grenzen für die nachträgliche Änderung der Zusammensetzung einer Gruppe von Unternehmen im Vergabeverfahren festzulegen. Am sinnvollsten geschieht dies in der Weise, dass der Zeitpunkt des Ablaufs der Bewerbungsfrist (oder, wenn damit übereinstimmend, der Angebotsfrist) für den Eintritt der grundsätzlichen Bindung an die Zusammensetzung definiert wird und eine spätere Änderung (unterhalb der Schwelle einer Identitätsänderung) abhängig von einer erneuten Eignungsprüfung in das Verfahrensermessen des Konzessionsgebers gestellt wird. Bewerber und Bieter tun gut daran, sich abzeichnende Änderungen frühzeitig mit dem Konzessionsgeber zu erörtern.

5. Einschränkung der gruppeninternen Eignungsleihe?

40 Betreffen die vorstehenden Aspekte eine gewisse Erleichterung für Bietergemeinschaften, so fragt sich umgekehrt, ob die Befugnis des Konzessionsgebers so weit geht, Abweichungen vom Grundsatz der kumulativen Eignungsprüfung festzulegen und die Anforderungen dadurch zu verschärfen, dass die gegenseitige Berufung der Mitglieder der Gruppe auf die Eignungsmerkmale der jeweils anderen eingeschränkt wird. Ein Beispiel könnte sein, wenn für jedes Mitglied der Gruppe in wirtschaftlicher Hinsicht ein bestimmter Mindestumsatz oder in technischer Hinsicht eine eigene Referenz verlangt wird. Betrachtet man die Möglichkeit zur

---

37 Vgl. etwa *Gabriel*, in: Gabriel/Krohn/Neun, Handbuch Vergaberecht, § 17 Rn. 74 ff.
38 Vgl. etwa OLG Dresden, Beschluss v. 10.8.2011 – WVerg 0006/11; OLG Karlsruhe, Beschluss v. 15.10.2008 – 15 Verg 9/08.
39 Siehe oben Rn. 18.
40 Vgl. OLG Karlsruhe, Beschluss v. 15.10.2008 – 15 Verg 9/08; OLG Düsseldorf, Beschluss v. 24.5.2005 – VII-Verg 28/05.
41 Vgl. OLG Celle, Beschluss v. 3.12.2009 – 13 Verg 14/09; Beschluss v. 5.9.2007 – 13 Verg 9/07.
42 Vgl. z.B. OLG Düsseldorf, Beschluss v. 26.1.2005 – VII-Verg 45/04. Dass das nationale Recht eine Änderung der Zusammensetzung einer Bietergemeinschaft nach Angebotsabgabe verbieten darf, hatte der EuGH, Urteil v. 23.1.2003 – Rs C-57/01 (Makedoniko Metro), ausgesprochen.
43 Vgl. OLG Düsseldorf, Beschluss v. 3.8.2011 – VII-Verg 16/11.

kumulativen Erfüllung der Eignungskriterien bei einer Bietergemeinschaft als Fall der Eignungsleihe im Sinne von § 25 Abs. 3 KonzVgV, so würde eine solche Anforderung mit der genannten Regelung kollidieren, sie also einschränken. Daher könnte man gegen die Zulässigkeit anführen, dass § 25 Abs. 3 KonzVgV unbedingt formuliert ist und in seinem S. 2 selbst eine (scheinbare) Ausnahme regelt. Andererseits gewinnen die in § 24 Abs. 2 S. 3 KonzVgV enthaltenen Appelle an die Verhältnismäßigkeit eigenständige Bedeutung erst, wenn Regelungen möglich sind, die den Normalfall einschränken. Auch wenn derartige Regelungen daher grundsätzlich denkbar erscheinen, werden die Anforderungen nicht nur unter dem Gesichtspunkt der Verhältnismäßigkeit hoch sein, sondern auch unter dem übergreifenden Aspekt der Gleichbehandlung mit Einzelbietern. Man würde dann auch an einen Einzelbieter, der sich auf Kapazitäten Dritter beruft, entsprechende Anforderungen stellen müssen. Zudem dürfen solche Regelungen die Möglichkeit der Eignungsleihe bzw. kumulativen Eignungsbetrachtung nicht vollständig ausschließen.

6. Gruppenspezifische Ausführungsbedingungen

41 Regelungen des Konzessionsgebers betreffend die Ausführung einer Konzession durch eine Bietergemeinschaft können etwa die Benennung eines bevollmächtigten Vertreters für die Ausführungsphase betreffen, aber auch Haftungsmodalitäten.

42 Die schon nach dem bisherigen Auftragsvergaberecht häufige Forderung nach einer **gesamtschuldnerischen Haftung** der Mitglieder von Bietergemeinschaften lässt sich hier verorten, wenn man darin nicht schon die Annahme einer bestimmten Rechtsform im Sinne von § 24 Abs. 3 KonzVgV sieht, so dass die Zulässigkeit der Forderung sich nach der letztgenannten Vorschrift richten würde – mit demselben Ergebnis, dass es wesentlich auf die Erforderlichkeit für die Durchführung des Vertrages ankommt. Dem Konzessionsgeber ist zur Vorsicht vor einer gedankenlosen Übernahme der Standardformulierung von einer gesamtschuldnerischen Haftung jedenfalls in solchen Fällen zu raten, in denen verschiedene Leistungsbereiche beispielsweise von Freiberuflern betroffen sind (was im Anwendungsbereich der KonzVgV freilich selten bleiben wird). Hier kann eine solche Forderung zu versicherungsrechtlichen und ggf. auch steuerrechtlichen Problemen für Anbieter führen, was den Markt unnötig verengen würde.[44] In derartigen Fällen bietet es sich an, in den Vertragsbedingungen eine gesamtschuldnerische Haftung auszuschließen.

E. Rechtsform von Bietergemeinschaften (Abs. 2 S. 2, Abs. 3)

43 § 24 Abs. 2 S. 2 KonzVgV untersagt es dem Konzessionsgeber zu verlangen, dass Gruppen von Unternehmen eine bestimmte Rechtsform haben müssen, um einen Teilnahmeantrag zu stellen oder ein Angebot abzugeben. Nach § 24 Abs. 3 KonzVgV kann der Konzessionsgeber jedoch verlangen, dass eine Bietergemeinschaft nach Zuschlagserteilung eine bestimmte Rechtsform annimmt, soweit dies für die ordnungsgemäße Durchführung der Konzession erforderlich ist.

44 Diese im Zusammenhang zu sehenden Formulierungen sind zwar besonders klar gefasst, inhaltlich allerdings „alte Bekannte" aus dem **bisherigen allgemeinen Auftragsvergaberecht** (vgl. etwa § 6 EG Abs. 6 VOB/A 2012, Art. 4 Abs. 2 RL 2004/18/EG).

45 Ausgehend davon, dass eine Bewerber- und anschließende Bietergemeinschaft (mindestens) eine **GbR** darstellt,[45] die sich als solche unter der Bezeichnung einer Arbeitsgemeinschaft auch nach Zuschlagserteilung fortsetzt, ist den Bedürfnissen des Konzessionsgebers hinsichtlich einer bestimmten Rechtsform in der Regel schon „automatisch" hinreichend Rechnung getragen. Das gilt insbesondere hinsichtlich der von der öffentlichen Hand normalerweise als erforderlich angesehenen gesamtschuldnerischen Haftung der Mitglieder der Bietergemeinschaft.

---

44 Unempfindlich gegen solche Besorgnisse im Bereich des Auftragsvergaberechts OLG Jena, Beschluss v. 6.6.2007 – 9 Verg 3/07; zu Recht kritisch *Schweer/Tugendreich*, NZBau 2007, 769.
45 Vgl. oben Rn. 18.

Seit der Anerkennung der Rechtsfähigkeit der GbR in der Rechtsprechung wird davon ausgegangen, dass die Gesellschafter einer GbR analog § 128 HGB akzessorisch und gesamtschuldnerisch für die Schulden der Gesellschaft haften. Es ist daher eine einigermaßen theoretische Frage, ob die typische Forderung nach einer gesamtschuldnerischen Haftung die Forderung einer besonderen Rechtsform darstellt.[46]

Insbesondere bei besonders **komplexen** und **langlaufenden Verträgen** wie öffentlich-privaten Partnerschaften können sowohl der Auftraggeber bzw. Konzessionsgeber als auch die Auftragnehmerseite jedoch ein Interesse daran haben, dass Vertragspartner der öffentlichen Hand eine speziell hierfür bereitgestellte juristische Person wird, insbesondere eine Projektgesellschaft als Einzweckgesellschaft, deren Gesellschafter häufig alle oder jedenfalls einige Mitglieder der ursprünglichen Bietergemeinschaft sind, welche die Gesellschaft mit einem bestimmten Kapital ausstatten. Aus Sicht der Bieter dient dies der Haftungsabschirmung, aus Sicht der öffentlichen Hand einer gewissen Abschirmung gegenüber Risiken aus sonstigen Geschäftstätigkeiten der Bieter. Im Zusammenhang mit einer Projektfinanzierung kann es sich zudem um ein Erfordernis aus Sicht der Fremdkapitalgeber handeln. Vor dem Erlass der Vergabekoordinierungsrichtlinie 2004/18/EG hatte es sich bei einigen Auftraggebern eingebürgert, in solchen Fällen von vornherein die Bewerbung oder zumindest das Angebot durch eine speziell dafür gegründete Gesellschaft zu verlangen, um dem Grundsatz der Bieteridentität über das gesamte Vergabeverfahren Rechnung tragen zu können. Dies führt naturgemäß zu einem erheblichen – und für alle Bieter außer dem späteren Zuschlagsempfänger nutzlosen – Aufwand für die Bereitstellung von Einzweckgesellschaften. Dieser Praxis schoben die Vorläufer der hier kommentierten Regelung einen Riegel vor, und dies gilt nunmehr ausdrücklich auch für die Konzessionsvergabe. Dabei ist und bleibt es selbstverständlich möglich, dass sich eine (rechtzeitig gegründete) Einzweckgesellschaft von vornherein als Bewerberin oder Bieterin am Vergabeverfahren beteiligt und sich auf die Leistungsfähigkeit ihrer Gesellschafter nach Maßgabe von § 25 Abs. 3 KonzVgV beruft. Der Konzessionsgeber darf das aber nach § 24 Abs. 2 S. 2 KonzVgV nicht fordern. 46

Fordern darf der Konzessionsgeber die Annahme einer bestimmten Rechtsform demgegenüber für die Zeit **nach Zuschlagserteilung**, soweit dies für die ordnungsgemäße Durchführung der Konzession erforderlich ist. Ob man die Forderung nach einer gesamtschuldnerischen Haftung hierunter oder unter § 24 Abs. 2 S. 3 KonzVgV subsumiert,[47] ist für praktische Zwecke unerheblich. In aller Regel (sofern nicht ausnahmsweise berufsrechtliche oder versicherungstechnische Aspekte die Forderung als unverhältnismäßig erscheinen lassen) wird sich dieses Erfordernis mit dem Interesse des Konzessionsgebers rechtfertigen lassen, etwaige Haftungsansprüche ohne Rücksicht auf ihm nicht bekannte Vereinbarungen im Innenverhältnis der Mitglieder der Bietergemeinschaft durchsetzen zu können. Demgegenüber wird sich die Forderung nach der Installation einer Projektgesellschaft als Einzweckgesellschaft nur bei sehr komplexen und/oder langandauernden Konzessionsverträgen, wie gesagt etwa im Bereich öffentlich-privater Partnerschaften, begründen lassen, weil damit naturgemäß ein zusätzlicher administrativer Aufwand für die erfolgreiche Bietergemeinschaft einhergeht. 47

Nach dem Wortlaut von § 24 Abs. 3 KonzVgV kann die Annahme einer solchen Rechtsform nur für die Zeit „nach" Zuschlagserteilung verlangt werden. Der Wortlaut schließt somit streng genommen aus, dass bereits der Zuschlag z.B. einer Projektgesellschaft erteilt wird, die nicht von Anfang an am Vergabeverfahren beteiligt war. Da eine GbR ihre Rechtsform nicht nach Umwandlungsrecht identitätswahrend z.B. in eine GmbH wechseln kann (vgl. § 191 Abs. 1 UmwG), läuft der Wortlaut der Regelung auf eine nachträgliche **Vertragsübernahme** der soeben erhaltenen Konzession durch die Projektgesellschaft hinaus. Wird eine solche Vertragsübernahme in den Vergabeunterlagen und Vertragsbedingungen von vornherein und präzise festgelegt (Grundlage ist ja eine Forderung des Konzessionsgebers), so wird die nachträgliche Änderung vergaberechtlich nach § 132 Abs. 2 S. 1 Nr. 4 lit. a GWB i.V.m. § 154 Nr. 3 48

---

46 Siehe oben Rn. 42.
47 Vgl. oben Rn. 42.

GWB zulässig sein. Mit dieser Vorgehensweise wird zwar dem Grundsatz der Bieteridentität[48] vollumfänglich Rechnung getragen. Sie entspricht allerdings nicht stets praktischen Bedürfnissen. Denn zumindest für kurze Zeit ist dann Vertragspartner die Bietergemeinschaft selbst, was gerade bei sehr bedeutsamen Konzessionen auf erhebliche Vorbehalte bei den Bietern gerade wegen der nicht abgeschirmten und gesamtschuldnerischen Haftung stoßen kann. Dem mag man durch Vertragsklauseln zur schuldrechtlich rückwirkenden Freistellung der Unternehmen der ursprünglichen Bietergemeinschaft Rechnung tragen. Jedoch sollte es bei zweckentsprechender Auslegung der Vorschrift auch möglich sein, den Vertragsschluss unmittelbar mit der Bietergemeinschaft in ihrer neuen Rechtsform, konkret also mit der Projektgesellschaft, vorzunehmen, wenn dies durch die Verfahrensregeln transparent angekündigt wurde.

49 Zu weit geht es demgegenüber, wenn aus Regelungen wie § 24 Abs. 3 KonzVgV (bzw. ihren Vorbildern im allgemeinen Auftragsvergaberecht) in der Literatur gefolgert wird, dass Bietergemeinschaften sich auch unabhängig von entsprechenden Vorgaben des Auftraggebers eine Rechtsform geben dürften, die von derjenigen bei Angebotsabgabe abweicht und dem Grundsatz der Bieteridentität diesbezüglich der Boden entzogen sei.[49] Für eine **eigenmächtige Änderung** der Identität des Konzessionsnehmers nach der Zuschlagserteilung ist schon vertragsrechtlich kein Raum, da eine solche Vertragsübernahme der Zustimmung des Vertragspartners (also des Konzessionsgebers) bedürfte. Ist sie nicht im Sinne einer klar definierten Optionsklausel im Vertrag vorgesehen, scheitert dies außerdem an der vergaberechtlichen Unzulässigkeit einer Auswechslung des Konzessionsnehmers (§ 132 Abs. 1 S. 3 Nr. 4 GWB). Für den Zeitraum vor der Zuschlagserteilung enthalten Regelungen wie § 24 Abs. 3 KonzVgV nach ihrem ausdrücklichen Wortlaut demgegenüber gerade keine Ausnahme vom Grundsatz der Bieteridentität, schon gar nicht ohne entsprechende Forderung des Konzessionsgebers. Eine Vorverlegung der Annahme der von ihm geforderten Rechtsform auf einen Zeitpunkt vor der Zuschlagserteilung ist wie ausgeführt allenfalls aufgrund von transparenten vom Konzessionsgeber aufgestellten Verfahrensregeln denkbar.

F. Rechtsschutz

I. Unternehmensschützende Wirkung

50 Im Rahmen des nunmehr für die Konzessionsvergabe generell eröffneten Nachprüfungsverfahrens vor den Vergabekammern (§ 155 GWB) sind die Regelungen von § 24 KonzVgV grundsätzlich als unternehmensschützend im Sinne von § 97 Abs. 6 GWB anzusehen. Das gilt zunächst natürlich für die explizit dem Konzessionsgeber auferlegten Verbote (etwa § 24 Abs. 1 S. 1 oder Abs. 2 S. 2 KonzVgV) und Gebote (§ 24 Abs. 2 S. 1 KonzVgV). Es gilt aber nicht minder hinsichtlich der Beachtung derjenigen Grenzen, die den durch die Vorschrift dem Konzessionsgeber eingeräumten Befugnissen gezogen sind, also etwa den Grundsatz der Erforderlichkeit in § 24 Abs. 2 S. 3 und Abs. 3 KonzVgV. Bei alledem betrifft der Schutz typischerweise denjenigen Bewerber oder Bieter, der in einer besonderen Rechtsform wie der einer Bewerber- bzw. Bietergemeinschaft auftritt. Ein Schutz konkurrierender Bewerber oder Bieter kommt etwa in Betracht, wenn der Konzessionsgeber zulasten von Einzelbewerbern bzw. -bietern gegen den Gleichbehandlungsgrundsatz aus § 24 Abs. 2 S. 1 KonzVgV verstößt, indem er z.B. verkennt, dass bei einer Bietergemeinschaft Ausschlussgründe für jedes einzelne daran beteiligte Unternehmen zu prüfen sind.

---

[48] Siehe oben Rn. 38.
[49] So *Hausmann/von Hoff*, in: Kulartz/Kus/Marx/Portz/Prieß, VgV, § 43 Rn. 38.

II. Rügen und Nachprüfungsanträge von Bewerber- und Bietergemeinschaften

Sowohl im Hinblick auf die Rügeobliegenheiten vor Einreichung eines Nachprüfungsantrags (§ 160 Abs. 3 GWB) als auch im Hinblick auf die Antragsbefugnis für die Stellung eines solchen Nachprüfungsantrags (§ 160 Abs. 2 GWB) gilt zunächst einmal, dass die Bewerber- oder Bietergemeinschaft als solche eine Rüge erheben und einen Nachprüfungsantrag stellen kann – ebenso, wie sie als solche am Vergabeverfahren beteiligt ist, ist sie im Nachprüfungsverfahren selbst beteiligungsfähig; sie selbst ist das „Unternehmen" im Sinne von § 160 Abs. 2 GWB.[50] Fraglich kann jedoch sein, inwieweit Handlungen einzelner Mitglieder der Gruppe von Unternehmen dieser zuzurechnen sind bzw. inwieweit einzelne Mitglieder Rechte der ganzen Gruppe geltend machen können.

Unproblematisch ist es, wenn das einzelne Mitglied als Vertreter der Gruppe aufgrund einer diesbezüglichen **Vollmacht** handelt. Ausgehend vom Rechtsgedanken von § 164 Abs. 1 S. 2 BGB ist es rechtlich nicht zwingend, dass das Handeln ausdrücklich im Namen der Bewerber- bzw. Bietergemeinschaft erfolgt (wobei das natürlich unbedingt zu empfehlen ist), sondern es genügt, wenn sich dies aus den Umständen ergibt. So wurde eine von einem Mitglied einer Bietergemeinschaft erhobene Rüge dieser zugerechnet, weil eine Bietergemeinschaftserklärung vorlag, die das Mitglied zur Vertretung gegenüber dem Auftraggeber ermächtigte.[51] Nicht zugerechnet wird eine Rüge allerdings, wenn sie vor Bildung der Bietergemeinschaft durch ein (oder mehrere) Mitglieder erhoben wurde, hier ist nach der Spruchpraxis eine erneute Rüge nötig.[52] Konsequenterweise kommt es für die Rechtzeitigkeit der Rüge auf die Kenntnis der Bietergemeinschaft selbst an. Die Rügefrist kann frühestens mit der Bildung der Bietergemeinschaft beginnen, wobei keine Obliegenheit zu einem möglichst frühen Zusammenschluss bestehen soll.[53]

Dementsprechend muss auch ein **Nachprüfungsantrag** grundsätzlich von der gesamten Bewerber-/Bietergemeinschaft gestellt werden – oder in deren Namen von einem bevollmächtigten Mitglied. Ein einzelnes Mitglied ist grundsätzlich nicht antragsbefugt, weil es nicht den Zuschlag an sich selbst erstrebt.[54] Zum einen kann allerdings ein von einem Mitglied eingereichter Antrag konkludent im Namen der Gemeinschaft erhoben sein. Zum anderen hat das OLG Düsseldorf insoweit auch die Figur einer gewillkürten Prozessstandschaft anerkannt, also die Zulässigkeit der Geltendmachung fremder Rechte in eigenem Namen.[55] Da die Spruchpraxis insoweit ein anerkennenswertes Interesse des jeweiligen Mitglieds für das Handeln im eigenen Namen voraussetzt sowie eine ausdrückliche Ermächtigung zur Verfahrensführung verlangt, also eine allgemeine Bietergemeinschaftserklärung nicht ausreichen lässt,[56] ist die Prozessstandschaft nur sehr eingeschränkt tauglich, um einem versehentlich im eigenen Namen eines Mitglieds eingereichten Nachprüfungsantrag zur Zulässigkeit zu verhelfen. Neuerdings hat die VK Bund allerdings unter Hinweis auf Erfordernisse eines effektiven Rechtsschutzes eine „nachträgliche Offenlegung" der „Bevollmächtigung" als Ermächtigung ausreichen lassen.[57] Aus Bietersicht ist daher zu empfehlen, Rüge und Nachprüfungsantrag immer ausdrücklich im Namen der Bietergemeinschaft und vorsorglich auch mit ausdrücklicher Vollmachtsurkunde zu erheben.

---

50 Vgl. etwa OLG Düsseldorf, Beschluss v. 18.11.2009 – VII-Verg 19/09; OLG Schleswig, Beschluss v. 13.4.2006 – 1 (6) Verg 10/05; vgl. auch EuGH, Urteil v. 8.9.2005 – Rs. C-129/04 (Espace Trianon).
51 VK Nordbayern, Beschluss v. 12.10.2006 – 21.VK-3194-25/06.
52 Vgl. VK Baden-Württemberg, Beschluss v. 13.10.2005 – 1 VK 59/05; VK Sachsen, Beschluss v. 24.5.2007 – 1/SVK/029-07 (anders, wenn die Vergabestelle bereits endgültig erklärt hatte, nicht abhelfen zu wollen); offen lassend OLG Karlsruhe, Beschluss v. 16.11.2016 – 15 Verg 5/16.
53 Vgl. OLG Karlsruhe, Beschluss v. 16.11.2016 – 15 Verg 5/16.
54 Vgl. nur OLG Düsseldorf, Beschluss v. 30.3.2005 – VII-Verg 101/04. Zur Zulässigkeit einer solchen nationalen Rechtslage EuGH, Urteil v. 4.10.2007 – Rs. C-492/06 (Consorzio Elisoccorso San Raffaele); Urteil v. 8.9.2005 – Rs. C-129/04 (Espace Trianon).
55 OLG Düsseldorf, Beschluss v. 30.3.2005 – VII-Verg 101/04; Beschluss v. 18.11.2009 – VII-Verg 19/09.
56 Vgl. VK Bund, Beschluss v. 29.9.2006 – VK 2-97/06.
57 VK Bund, Beschluss v. 3.2.2017 – VK 2 – 139/16.

Anlage

Verordnungsbegründung (BR-Drs. 87/16)

Seite 293

§ 24 dient der Umsetzung von Artikel 26 der Richtlinie 2014/23/EU.

Zu Absatz 1

Absatz 1 setzt Artikel 26 Absatz 1 der Richtlinie 2014/23/EU um.

Zu Absatz 2

Absatz 2 setzt Artikel 26 Absatz 2 der Richtlinie 2014/23/EU um. Weitere Bedingungen für die Teilnahme von Gruppen von Wirtschaftsteilnehmern, die für Einzelteilnehmer nicht gelten, darf der Konzessionsgeber nach Erwägungsgrund 9 der Richtlinie 2014/23/EU festlegen, soweit diese durch objektive Gründe gerechtfertigt sind, wie beispielsweise die Ernennung eines gemeinsamen Vertreters oder eines federführenden Gesellschafters für die Zwecke des Vergabeverfahrens oder die Vorlage von Informationen über die Zusammensetzung der Gruppe.

Zu Absatz 3

Absatz 3 setzt Artikel 26 Absatz 3 der Richtlinie 2014/23/EU um. Der Unionsgesetzgeber stellt in Erwägungsgrund 9 der Richtlinie 2014/23/EU klar, dass eine bestimmte Rechtsform für Gruppen von Wirtschaftsteilnehmern nicht als Voraussetzung für die Teilnahme am Vergabeverfahren gestellt werden darf, sondern – soweit dies erforderlich ist, etwa wenn eine gesamtschuldnerische Haftung verlangt wird –, eine bestimmte Rechtsform nur vorgeschrieben werden darf, wenn einer solchen Gruppe der Zuschlag erteilt wird.

§ 25 KonzVgV
Anforderungen an die Auswahl geeigneter Unternehmen; Eignungsleihe

(1) Der Konzessionsgeber legt die Eignungskriterien gemäß § 152 Absatz 2 in Verbindung mit § 122 des Gesetzes gegen Wettbewerbsbeschränkungen fest und gibt die Eignungskriterien in der Konzessionsbekanntmachung an. Ist eine Konzessionsbekanntmachung gemäß § 20 nicht erforderlich, sind die Eignungskriterien in die Vergabeunterlagen aufzunehmen.

(2) Die Eignungskriterien müssen nichtdiskriminierend sein und dem Zweck dienen

1. sicherzustellen, dass der Konzessionsnehmer zur Durchführung der Konzession in Anbetracht des Konzessionsgegenstands fähig ist, sowie
2. den Wettbewerb zu gewährleisten.

(3) Zur Erfüllung der Eignungskriterien darf ein Unternehmen Kapazitäten anderer Unternehmen einbeziehen, unabhängig davon, welche rechtlichen Beziehungen zwischen ihm und diesen Unternehmen bestehen. Hinsichtlich der finanziellen Leistungsfähigkeit kann der Konzessionsgeber verlangen, dass die Unternehmen gemeinschaftlich für die Vertragsdurchführung haften.

Übersicht	Rn.		Rn.
A. Allgemeines	1	V. Diskriminierungsverbot	37
I. Unionsrechtlicher Hintergrund	4	VI. Zweckbindungsklauseln	42
II. Vergleichbare Regelungen	7	D. Transparenz der Eignungskriterien (Abs. 1 S. 1 Hs. 2 und S. 2)	46
B. Eignung und Eignungskriterien (Abs. 1 S. 1)	11	I. Transparenz von Unterkriterien und Bewertungsmethodik	48
I. Begriffliches	11	II. Medien der Transparenz	50
II. Unternehmensbezug	13	E. Eignungsleihe (Abs. 3)	54
III. Abgrenzung zu Zuschlagskriterien	14	I. Abgrenzung zur Vergabe von Unteraufträgen	57
IV. Beispiele für Eignungskriterien	16	II. Eignungsleihe als Bewerber- bzw. Bieterrecht (S. 1)	59
V. Eignungskriterien und Mindestanforderungen	17	III. Schranken und Bedingungen der Eignungsleihe	62
VI. Eignungskriterien als Auswahlkriterien	20	1. Eignungsleihe zur Fachkunde	63
1. Anlass: Begrenzung der Bewerberzahl	20	2. Selbstausführungsgebot (un-)zulässig	64
2. Eignungskriterien als objektive nichtdiskriminierende Kriterien	22	3. Gemeinsame Haftung (S. 2)	66
C. Inhaltliche Schranken für Eignungskriterien (Abs. 2)	26	IV. Verfügbarkeitsnachweis	69
I. Spielraum des Konzessionsgebers	27	V. Eignungsprüfung des benannten Drittunternehmens	73
II. Kategorien der Eignungskriterien	28	VI. Ersetzung des Drittunternehmens	74
III. Bezug zum Konzessionsgegenstand	31	F. Rechtsschutz	76
IV. Verhältnismäßigkeit	32	Anlage Verordnungsbegründung (BR-Drs. 87/16)	
1. Wertungen des allgemeinen Auftragsvergaberechts	35		
2. Eignungsniveau und Newcomer	36		

A. Allgemeines

1 Konzessionen dürfen nur an geeignete Unternehmen vergeben werden. Dies ergibt sich nicht nur aus § 13 Abs. 1 Nr. 1 KonzVgV, sondern höherrangig aus § 152 Abs. 2 GWB. § 25 KonzVgV enthält in Abs. 1 und 2 Vorgaben für die Festlegung der inhaltlichen Anforderungen an die Eignung. In Abs. 3 wird der spezielle Aspekt der Eignungsleihe geregelt.

2 **Hauptzwecke** der Regelung sind, den Konzessionsgeber (1) zur Festlegung von Eignungskriterien und (2) zu deren transparenter Bekanntmachung zu verpflichten sowie (3) Grenzen und Vorgaben für die Festlegung der Eignungskriterien zu definieren. Ferner wird in § 25 Abs. 3 KonzVgV die Zulässigkeit der Eignungsleihe geregelt. Ein besonderes Anliegen ist dem Verordnungsgeber dabei die deutliche Unterscheidung zwischen einerseits der inhaltlichen Festlegung von **Eignungskriterien**, die Regelungsgegenstand von § 25 KonzVgV ist, und andererseits der Festlegung der Förmlichkeiten der Eignungsprüfung durch **Belege**, die nicht hier, sondern in § 26 KonzVgV behandelt wird. In Art. 38 Abs. 1 RL 2014/23/EU als der europarechtlichen Grundlage der Vorschrift werden diese Aspekte nämlich nicht in ähnlicher Weise getrennt behandelt (anders wiederum die Auftragsvergaberichtlinie, vgl. Art. 58 und 60 RL 2014/24/EU). Zu begrüßen ist die deutliche Unterscheidung allemal, um den Konzessionsgebern vor Augen zu führen, dass die Definition der Eignungsanforderungen in inhaltlicher Hinsicht von den Anforderungen an die Belege hierfür zu unterscheiden ist.

3 Kennzeichnend für die Regelung der Eignungskriterien in § 25 KonzVgV ist die im Verhältnis zum allgemeinen Auftragsvergaberecht deutlich **geringere Regelungsdichte**. Es handelt sich um einen derjenigen Punkte, bei denen der Normgeber bemüht war, seine Liberalität im Hinblick auf die Konzessionsvergabe zu demonstrieren. Im praktischen Ergebnis dürften die Unterschiede zu den Anforderungen im allgemeinen Auftragsvergaberecht allerdings eher bescheiden ausfallen. Zum einen ergeben sich wesentliche gleichgelagerte Maßstäbe ohnehin aus dem übergeordneten Gesetzesrecht. Zum anderen dürften (und sollten) Konzessionsgeber sich, solange das geschriebene Konzessionsvergaberecht noch jung ist, eher zur sicheren Seite hin an den im Auftragsvergaberecht geltenden Regelungen orientieren als den Umkehrschluss zu ziehen, dass im Auftragsvergaberecht nicht erlaubte Anforderungen im Konzessionsvergaberecht mangels konkreter Regelung erlaubt seien.

I. Unionsrechtlicher Hintergrund

4 Die Vorschrift soll Art. 38 Abs. 1 und 2 RL 2014/23/EU umsetzen, allerdings nur im Hinblick auf die Festlegung der Eignungskriterien und im Zusammenwirken mit § 152 Abs. 2 i.V.m. § 122 GWB.[1] Art. 38 RL 2014/23/EU ist „Auswahl und qualitative Bewertung der Bewerber" betitelt und enthält beispielsweise umfangreiche Regelungen zu Ausschlussgründen. Art. 38 Abs. 1 RL 2014/23/EU behandelt die „Teilnahmebedingungen" (vgl. auch Art. 37 Abs. 1 lit. b RL 2014/23/EU), allerdings nur „hinsichtlich der beruflichen und fachlichen Befähigung sowie der finanziellen und wirtschaftlichen Leistungsfähigkeit". Wie in der Regierungsbegründung zum Entwurf der KonzVgV richtig hervorgehoben wird,[2] lässt sich aus Anhang V Nr. 7 der Richtlinie entnehmen, dass in der Richtlinie zu den Teilnahmebedingungen neben den Eignungskriterien noch weitere Aspekte gerechnet werden, nämlich mindestens auch Vorbehalte hinsichtlich der Ausführung der Konzession durch einen bestimmten Berufsstand oder durch geschützte Werkstätten oder im Rahmen von Programmen für geschützte Beschäftigungsverhältnisse. Dementsprechend unterscheidet § 13 Abs. 1 Nr. 1 KonzVgV zwischen Eignungskriterien und weiteren Teilnahmebedingungen. § 25 KonzVgV betrifft nur die Eignungskriterien. Die Möglichkeit zur Beschränkung einer Konzessionsvergabe auf geschützte Werkstätten oder Programme für geschützte Beschäftigungsverhältnisse ergibt sich demgegenüber aus § 154 Nr. 1 i.V.m. § 118 GWB.

---

1 Vgl. Verordnungsbegründung zu § 25 KonzVgV, BR-Drs. 87/16, 293.
2 Verordnungsbegründung zu § 25 KonzVgV, BR-Drs. 87/16, 293.

Art. 38 Abs. 1 RL 2014/23/EU trennt dabei nicht so strikt wie die KonzVgV zwischen der Festlegung von **Eignungskriterien** und der **Prüfung** von deren Erfüllung anhand von Eigenerklärungen und Nachweisen. Vielmehr behandelt Art. 38 Abs. 1 S. 1 Hs. 1 RL 2014/23/EU die Prüfung der Erfüllung, der 2. Halbsatz von Art. 38 Abs. 1 S. 1 RL 2014/23/EU die Diskriminierungsfreiheit und Verhältnismäßigkeit der Anforderungen. Art. 38 Abs. 1 S. 2 RL 2014/23/EU hat die in § 25 Abs. 2 KonzVgV genannten weiteren Vorgaben zum Gegenstand.

Die Umsetzung der Richtlinie erfolgt teilweise durch Bezugnahmen und Verweisungen. Dass die Eignungskriterien sich im Sinne von Art. 38 Abs. 1 S. 1 Hs. 1 RL 2014/23/EU nur auf die berufliche und fachliche Befähigung und die finanzielle und wirtschaftliche Leistungsfähigkeit **beziehen** (dürfen), ergibt sich aus den höherrangigen Vorschriften von § 152 Abs. 2 i.V.m. § 122 Abs. 2 GWB, auf die in § 25 Abs. 1 S. 1 KonzVgV (deklaratorisch) verwiesen wird. Die in Art. 38 Abs. 1 RL 2014/23/EU gleich mehrfach betonten Aspekte der Verhältnismäßigkeit der Anforderungen und ihres Zusammenhangs mit dem Auftragsgegenstand sind in § 122 Abs. 4 GWB geregelt.

II. Vergleichbare Regelungen

In der für die Vergabe öffentlicher Liefer- und Dienstleistungsaufträge im allgemeinen Auftragsvergaberecht maßgeblichen **VgV** ist das Thema der Anforderungen an Unternehmen und deren Eignung in Abschnitt 2 Unterabschnitt 5, also den §§ 42 ff. VgV, geregelt. Wie oben schon erwähnt,[3] ist die Regelungsdichte dort deutlich höher, was auf die entsprechend höhere Regelungsdichte in der Auftragsvergaberichtlinie 2014/24/EU (dort Art. 57 ff.) zurückgeht. So werden mögliche Mindestanforderungen an die wirtschaftliche und finanzielle Leistungsfähigkeit in § 45 VgV deutlich detaillierter behandelt. Ein systematischer Unterschied besteht weiterhin darin, dass in der Vergabeverordnung die Regelungen hinsichtlich der Belege für die Eignung jeweils im selben Paragrafen wie die inhaltlichen Anforderungen behandelt werden. Ein ausdrückliches Gegenstück zu § 25 Abs. 2 Nr. 1 und 2 KonzVgV fehlt in der VgV, weil auch die RL 2014/24/EU ein solches nicht kennt.

Für die Vergabe öffentlicher **Bauaufträge** im Anwendungsbereich des Kartellvergaberechts entspricht § 6 EU Abs. 1 und 2 VOB/A thematisch dem § 25 Abs. 1 und 2 KonzVgV, verfolgt allerdings eine andere Regelungstechnik: Die VOB/A wiederholt an dieser Stelle weitgehend den Wortlaut von § 122 GWB, statt auf ihn zu verweisen. Zulässige Eignungsnachweise und deren Erbringung werden wie in der Konzessionsvergabeverordnung gesondert behandelt, und zwar in § 6a EU VOB/A und § 6b EU VOB/A. Die Eignungsleihe ist in § 6d EU VOB/A unter der Überschrift „Kapazitäten anderer Unternehmen" geregelt. Ein ausdrückliches Gegenstück zu § 25 Abs. 2 Nr. 1 und 2 KonzVgV ist auch in der VOB/A konsequenterweise nicht vorhanden.

In der **VSVgV** werden allgemeine Anforderungen an die Eignung in § 21 Abs. 1 geregelt, und zwar unter Bezugnahme auf § 122 GWB. Von Eignungskriterien ist – da die Verordnung auf der älteren RL 2009/81/EG beruht – nicht explizit die Rede. Jedoch werden in § 21 Abs. 2 VSVgV die Möglichkeiten zur Definition von Mindestanforderungen an die Eignung geregelt. Die Eignungsleihe ist in wirtschaftlicher/finanzieller Hinsicht in § 26 Abs. 3 VSVgV, in fachlicher/technischer Hinsicht in § 27 Abs. 4 VSVgV geregelt.

Ein abweichendes Regelungskonzept verfolgt die **SektVO**. Von Eignungskriterien ist in ihr nur verstreut die Rede (§ 18 Abs. 1 S. 5, § 20 Abs. 4 S. 1, § 21 Abs. 5, § 22 Abs. 3 S. 2, § 47 Abs. 2 S. 1, § 50 Abs. 2 S. 2, § 61 Abs. 2 SektVO), während die „Anforderungen an die Unternehmen" in Abschnitt 2 Unterabschnitt 5 über Grundsätze für die „Auswahl der Teilnehmer" (§ 45 Abs. 1 SektVO) und vor allem „objektive und nichtdiskriminierende Kriterien" (§ 46 SektVO) gesteuert werden. Dies beruht darauf, dass § 142 Nr. 1 GWB den Sektorenauftraggebern ausdrücklich abweichend von § 122 Abs. 1 und 2 GWB gestattet, die Unternehmen „anhand objektiver Kriterien" auszuwählen. Dies wiederum ist vor dem Hintergrund zu sehen,

---

3 Siehe Rn. 3.

dass die Sektorenvergaberichtlinie 2014/25/EU ebenfalls mit diesen Begrifflichkeiten operiert, wobei die in Art. 78 RL 2014/25/EU genannten „objektiven Vorschriften und Kriterien für den Ausschluss und die Auswahl von Bietern oder Bewerbern" gerade unter der Überschrift „Eignungskriterien" stehen. Sie sind jedoch – anders als etwa in Art. 58 Abs. 1 RL 2014/24/EU und in Art. 38 Abs. 1 RL 2014/23/EU – nicht auf die Elemente der Befähigung zur Berufsausübung, der wirtschaftlichen und finanziellen sowie der technischen und beruflichen Leistungsfähigkeit beschränkt. Dementsprechend ist der Spielraum für die Festlegung von Auswahlkriterien bei der Vergabe von Sektorenaufträgen formal größer als bei der Vergabe von Konzessionen. Da die KonzVgV auch auf Sektorenauftraggeber Anwendung findet, die Konzessionen vergeben (vgl. § 101 GWB, § 1 KonzVgV), leuchtet das systematisch nicht unmittelbar ein. Dies ist aber europarechtlich bedingt. Praktisch sind die Unterschiede weitgehend zu vernachlässigen, da andere diskriminierungsfreie außer eignungsbezogenen Aspekten für die Auswahl ohnehin schwerlich in Betracht kommen.

B. Eignung und Eignungskriterien (Abs. 1 S. 1)

I. Begriffliches

11 Nach § 25 Abs. 1 S. 1 KonzVgV legt der Konzessionsgeber die Eignungskriterien gemäß § 152 Abs. 2 i.V.m. § 122 GWB fest und gibt die Eignungskriterien in der Konzessionsbekanntmachung an. Diese Verpflichtungen knüpfen, wie schon ausgeführt,[4] eng an die gesetzliche Regelung zur Eignung und zu Eignungskriterien von § 122 GWB an, die über die Verweisung in § 152 Abs. 2 GWB auch für die Konzessionsvergabe gilt, aber vorrangig an der Systematik der Auftragsvergaberichtlinie 2014/24/EU orientiert ist. Der Begriff der **Eignung** wird in § 122 Abs. 1 GWB durch die Begriffe der Fachkunde und der Leistungsfähigkeit definiert. Es fehlen das traditionell dritte Element dieser Aufzählung, die Zuverlässigkeit (vgl. etwa im Unterschwellenbereich § 6a VOB/A, § 6 Abs. 3 VOL/A) und das 2009 in § 97 Abs. 4 GWB a.F. aufgenommene fremdkörperhafte Element der Gesetzestreue. Zuverlässigkeit und Gesetzestreue gehen vielmehr im Nichtvorliegen von Ausschlussgründen nach den §§ 123 und 124 GWB auf, was insbesondere der Systematik von Art. 57 und 58 RL 2014/24/EU entspricht.[5] Ausschlussgründe sind (nunmehr) gesetzlich abschließend geregelt, sie unterliegen nicht der Festlegung durch den Konzessionsgeber nach § 25 KonzVgV.

12 Die traditionellen Begriffe der **Fachkunde** und **Leistungsfähigkeit** werden nach dem Willen des Gesetzgebers in § 122 GWB „vollständig durch die in Abs. 2 aufgeführten drei Kategorien ausgefüllt"[6], also (1) die Befähigung und Erlaubnis zur Berufsausübung, (2) die wirtschaftliche und finanzielle Leistungsfähigkeit und (3) die technische und berufliche Leistungsfähigkeit, die in § 122 Abs. 2 S. 2 GWB – in wörtlicher Übernahme von Art. 58 Abs. 1 S. 1 RL 2014/24/EU – als Bezugspunkte der Eignungskriterien genannt sind. Die begriffliche Brücke dazu bildet § 122 Abs. 2 S. 1 GWB. Dort wird nämlich ein Unternehmen abweichend von der im vorhergehenden Absatz erst gegebenen Legaldefinition nicht etwa dann als geeignet definiert, wenn es fachkundig und leistungsfähig ist, sondern „wenn es die durch den öffentlichen Auftraggeber im Einzelnen zur ordnungsgemäßen Ausführung des öffentlichen Auftrags festgelegten Kriterien (Eignungskriterien) erfüllt". Diese wiederum dürfen dann ausschließlich die eben genannten drei Kategorien betreffen. Insgesamt erscheint also die Bezugnahme auf Fachkunde und Leistungsfähigkeit in § 122 Abs. 1 GWB eher als Verbeugung vor der Tradition (und dem Vergaberecht im Unterschwellenbereich); diese Begriffe weisen ansonsten nur noch erläuternden Charakter auf. Stattdessen steht der Konzessionsgeber vor der Aufgabe, die Eignungskriterien selbst konkret festzulegen.

---

4 Siehe oben Rn. 6.
5 Vgl. dazu die Gesetzesbegründung zu § 122 Abs. 1 GWB, VergRModG 2016, BT-Drs. 18/6281, 100 f.
6 Gesetzesbegründung zu § 122 Abs. 1 GWB, VergRModG 2016, BT-Drs. 18/6281, 100 f.

II. Unternehmensbezug

Eignungskriterien sind nach der Definition in § 122 Abs. 2 S. 1 GWB die zur ordnungsgemäßen Ausführung des öffentlichen Auftrags festgelegten Kriterien. Diese Formulierung lädt zumindest auf den ersten Blick zu einer Verwechslung mit Ausführungsbedingungen im Sinne von § 128 Abs. 2 i.V.m. § 152 Abs. 4 GWB ein, also mit den besonderen Bedingungen für die Ausführung eines Auftrags, die jedes Unternehmen, welches den Zuschlag erhält, gleichermaßen während der Abwicklung erfüllen muss, etwa besondere Anforderungen an die Umweltverträglichkeit der bei der Ausführung des Auftrags bzw. der Konzession eingesetzten Mittel. Dass dies in § 122 Abs. 2 S. 1 GWB nicht gemeint ist, wird aus dem Inhalt der im nachfolgenden Satz genannten Kategorien deutlich, die sich allesamt nicht auf die Auftragsausführung, sondern auf die Qualifikation der Bewerber bzw. Bieter beziehen. Im Zusammenhang mit der Konzessionsvergabe wird auch aus § 25 Abs. 2 Nr. 1 KonzVgV deutlich, dass Eignungskriterien der Beurteilung des Bewerbers bzw. Bieters selbst dienen, weil sie nur die Frage betreffen dürfen, ob der (künftige) Konzessionsnehmer zur Durchführung der Konzession in Anbetracht ihres Gegenstands „fähig ist". Richtigerweise geht es also um die zur Sicherstellung einer ordnungsgemäßen Ausführung des Auftrags bzw. der Konzession festgelegten Anforderungen an die Befähigung und Erlaubnis zur Berufsausübung, die wirtschaftliche und finanzielle Leistungsfähigkeit und die technische und berufliche Leistungsfähigkeit.

13

III. Abgrenzung zu Zuschlagskriterien

Ebenso wie von Ausführungsbedingungen sind Eignungskriterien von den Zuschlagskriterien im Sinne von § 31 KonzVgV und § 152 Abs. 3 GWB zu unterscheiden. **Zuschlagskriterien** dienen, wie sich aus § 13 Abs. 1 KonzVgV ergibt, der Entscheidung über die Vergabe und müssen, wie es in § 152 Abs. 3 S. 1 GWB heißt, sicherstellen, dass die Angebote unter wirksamen Wettbewerbsbedingungen bewertet werden, sodass ein wirtschaftlicher Gesamtvorteil für den Konzessionsgeber ermittelt werden kann. Zuschlagskriterien dienen somit dem Vergleich der Angebote im Hinblick auf ihre Wirtschaftlichkeit. Demgegenüber sind **Eignungskriterien** unternehmensbezogen. Sie müssen sich ohne Berücksichtigung des konkreten Inhalts des jeweiligen Angebots beurteilen lassen, wie besonders in zweistufigen Verfahrensgestaltungen deutlich wird: Die Beurteilung der Eignung erfolgt hier, bevor Angebote überhaupt vorliegen. Als „Kontrollfrage" für die Einordnung als Eignungskriterium kann somit dienen, ob ein Merkmal unabhängig vom konkreten Angebotsinhalt beurteilt werden kann. Bei Eignungskriterien geht es um Eigenschaften, die dem jeweiligen Unternehmen als solchem anhaften, also auch ohne Angebot vorhanden sind. Zuschlagskriterien können demgegenüber nur im Hinblick auf ein konkretes Angebot beurteilt werden. Dieser Abgrenzung steht nicht entgegen, dass Eignungskriterien gemäß § 122 Abs. 4 S. 1 i.V.m. § 152 Abs. 2 GWB mit dem Konzessionsgegenstand in Verbindung stehen müssen. Denn dies besagt nur, dass die Fähigkeiten eines Unternehmens naturgemäß in Bezug auf unterschiedliche Leistungen unterschiedlich sein werden und der Konzessionsgeber die Eignungskriterien auf dem Konzessionsgegenstand entsprechende Leistungen beziehen muss (wie auch in § 25 Abs. 2 Nr. 1 KonzVgV geregelt).

14

Diese im Vergaberecht traditionelle **Unterscheidung**[7] zwischen der unternehmensbezogenen Eignungsbewertung und dem angebotsbezogenen Vergleich anhand der Zuschlagskriterien wird somit gesetzessystematisch auch in der getrennten Behandlung in § 25 und § 31 KonzVgV deutlich – ebenso wie die Konzessionsvergaberichtlinie in Art. 38 und 41 entsprechend differenziert. Die Unterscheidung ist begrifflich unabhängig von der Frage, inwieweit Eignungsmerkmale auch als Zuschlagskriterien herangezogen werden dürfen. Im allgemeinen Auftragsvergaberecht wurde dies traditionell verneint.[8] In seiner jüngeren Rechtsprechung er-

15

---

[7] Vgl. nur EuGH, Urteil v. 24.1.2008 – Rs. C-532/06 (Lianakis), Rn. 27 ff. (zur RL 92/50/EWG); Urteil v. 20.9.1998 – Rs. C-31/87 (Beentjes), Rn. 17 ff. (zur RL 71/305/EWG); *Ziekow*, in: Ziekow/Völlink, Vergaberecht, § 122 GWB Rn. 15.
[8] EuGH, Urteil v. 24.1.2008 – Rs. C-532/06 (Lianakis), Rn. 27 ff. m.w.N.

kannte der EuGH allerdings schon zum alten Richtlinienrecht der RL 2004/18/EG als zulässig an, bei der Zuschlagsentscheidung „die Qualität der von den Bietern für die Ausführung des Auftrags konkret vorgeschlagenen Teams unter Berücksichtigung der Zusammensetzung des jeweiligen Teams sowie der Erfahrung und des beruflichen Werdegangs der betroffenen Personen" zu bewerten.[9] Die Auftragsvergaberichtlinie 2014/24/EU legitimiert das in ihrem Art. 67 Abs. 2 UAbs. 1 lit. b unter bestimmten Voraussetzungen ausdrücklich. Wie dies bei der – liberaler geregelten – Konzessionsvergabe zu behandeln ist, ist im Rahmen von § 31 KonzVgV zu diskutieren.[10] Jedenfalls dürfen nicht umgekehrt angebotsbezogene Zuschlagskriterien als Maßstäbe der Eignung herangezogen werden, wie sich aus § 25 Abs. 2 Nr. 1 KonzVgV (und aus § 122 Abs. 2 S. 2 i.V.m. § 152 Abs. 2 GWB) ergibt.

IV. Beispiele für Eignungskriterien

16 Ebenso wenig wie die Konzessionsvergaberichtlinie 2014/23/EU enthält die KonzVgV konkrete Aufzählungen möglicher Eignungskriterien. Orientierung bietet jedoch ein Blick in die entsprechenden Vorschriften der VgV (§§ 44 ff.) bzw. der VOB/A (§ 6a EU). Als Beispiel für die Kategorie der Befähigung und Erlaubnis zur Berufsausübung (§ 122 Abs. 2 S. 2 Nr. 1 GWB) kann die Eintragung in ein Berufs- oder Handelsregister angeführt werden (vgl. § 44 Abs. 1 VgV, § 6a EU Nr. 1 VOB/A). Im Hinblick auf die wirtschaftliche und finanzielle Leistungsfähigkeit (§ 122 Abs. 2 S. 2 Nr. 2 GWB) kann als beispielhaftes Eignungskriterium der Jahresumsatz für vergleichbare Leistungen angeführt werden (vgl. § 6a EU Nr. 2 lit. c VOB/A), aber auch die Forderung nach dem Bestehen einer Berufs- oder Betriebshaftpflichtversicherung „in bestimmter geeigneter Höhe" (vgl. § 45 Abs. 1 S. 2 Nr. 3 VgV) oder „Informationen über die Bilanzen der Bewerber oder Bieter", unter Umständen auch das daraus ersichtliche „Verhältnis zwischen Vermögen und Verbindlichkeiten" (vgl. § 45 Abs. 1 S. 2 Nr. 2 VgV). Aus dem Bereich der technischen und beruflichen Leistungsfähigkeit (§ 122 Abs. 2 S. 2 Nr. 3 GWB) ist das wichtigste Beispiel sicherlich die Vorlage „geeigneter Referenzen" über früher ausgeführte Aufträge bzw. Konzessionen (vgl. § 46 Abs. 3 Nr. 1 VgV bzw. § 6a EU Nr. 3 lit. a VOB/A). Weitere Beispiele wären etwa die Beschreibung der technischen Ausrüstung und der Maßnahmen zur Qualitätssicherung (§ 46 Abs. 3 Nr. 3 VgV), aber auch Studien- und Ausbildungsnachweise für den Inhaber oder die Führungskräfte des Unternehmens (§ 46 Abs. 3 Nr. 6 VgV). Zu beachten ist bei diesen Formulierungen, dass es hier inhaltlich um die Merkmale der Eignung geht, nicht um die konkrete Form von deren Beleg durch Unterlagen. Dies ist vielmehr Regelungsgegenstand von § 26 KonzVgV.

V. Eignungskriterien und Mindestanforderungen

17 Die vorstehend aufgeführten Beispiele sollten bereits deutlich machen, dass Eignungskriterien eine unterschiedliche **Struktur** aufweisen können. Sie können zum einen quantitativ oder qualitativ zu bewerten sein, sie können zum anderen entweder zweiwertig im Sinne eines Ja/Nein-Kriteriums – eine bestimmte technische Ausstattung ist vorhanden oder nicht vorhanden – oder aber graduierbar, d.h. in unterschiedlichen Maßen erfüllbar – wie der Jahresumsatz –, sein. Dabei können logisch graduierbare Merkmale durch bestimmte Einschränkungen in Ja/Nein-Kriterien überführt oder damit verbunden werden, beispielsweise, wenn ein bestimmter Mindestumsatz pro Jahr verlangt wird. Eignungskriterien in der Form von Ja/Nein-Kriterien laufen auf Mindestanforderungen an die Eignung hinaus, jedenfalls wenn sie deutlich als solche formuliert sind.

18 Die Eignung dem Grunde nach ist als Ja/Nein-Kriterium in dem Sinne konzipiert, dass sie entweder gegeben oder nicht gegeben ist. Dies ergibt sich schon aus der Formulierung von § 122

---

9 EuGH, Urteil v. 26.3.2015 – Rs. 601/13 (Ambisig), Rn. 35, zu der dem umgehend folgenden deutschen Spruchpraxis vgl. OLG Düsseldorf, Beschluss v. 28.4.2015 – VII-Verg 35/14; Beschluss v. 21.10.2015 – VII-28/14.
10 Siehe daher *Müller-Wrede* zu § 31 KonzVgV Rn. 61 ff.

Abs. 1 GWB. Ein **„Mehr an Eignung"**[11] mag für nachgelagerte Bewertungen eine Rolle spielen – etwa nach Maßgabe der Wertung von Art. 67 Abs. 2 UAbs. 1 lit. b RL 2014/24/EU unter Umständen für die Zuschlagskriterien. Die Feststellung, ob ein Unternehmen dem Grunde nach geeignet ist, ist gleichwohl zweiwertig im Sinne einer Ja/Nein-Entscheidung.

§ 122 Abs. 2 S. 1 GWB könnte seiner Formulierung nach weiter den Eindruck erwecken, dass dies auch für die Eignungskriterien gilt. Eignungskriterien wären dann letztlich stets Mindestanforderungen. Dass dies nicht generell richtig sein kann, ergibt sich für das allgemeine Auftragsvergaberecht schon aus Art. 58 Abs. 5 RL 2014/24/EU, wo es heißt, dass die öffentlichen Auftraggeber „die zu erfüllenden Eignungskriterien, die in Form von Mindestanforderungen an die Leistungsfähigkeit ausgedrückt werden können, zusammen mit den geeigneten Nachweisen" anzugeben haben – denn daraus folgt, dass Eignungskriterien eben nicht als Mindestanforderungen ausgedrückt werden müssen. Für den Bereich der Konzessionsvergabe lässt sich Entsprechendes dem Anhang V RL 2014/23/EU entnehmen, der in Nr. 7 lit. c als Inhalt der Bekanntmachung „ggf. Nennung und kurze Beschreibung der Eignungskriterien; etwaige einzuhaltende Mindeststandards, Angabe der Informationserfordernisse (Eigenerklärungen, Unterlagen)" unterscheidet und damit deutlich macht, dass Eignungskriterien und Mindestanforderungen verschiedene Kategorien sind.[12] Art. 37 Abs. 1 S. 1 RL 2014/23/EU unterscheidet zwischen den vom Bieter zu erfüllenden Mindestanforderungen (lit. a) und den Teilnahmebedingungen gemäß Art. 38 Abs. 1 (lit. b), wobei sich die Mindestanforderungen nach S. 2 allerdings auf das Angebot selbst beziehen. Dass Eignungskriterien als solche **graduierbar** sein können, ergibt sich für das allgemeine Auftragsvergaberecht schließlich auch aus § 51 Abs. 1 S. 2 VgV, worauf unten[13] zurückzukommen ist. Im Ergebnis ist angesichts dessen davon auszugehen, dass Eignungskriterien nicht stets die Form von strikten Mindestanforderungen aufweisen müssen, sondern auch als graduierbare Merkmale ohne fixen Schwellenwert formuliert sein können, so dass sie einer wertenden Beurteilung darauf, ob die Eignung im Hinblick auf dieses Kriterium zu bejahen ist oder nicht, zugänglich sind.[14] Demnach könnte beispielsweise auch der Jahresumsatz des Unternehmens für vergleichbare Leistungen ohne feste Vorgabe eines Mindestumsatzes als Eignungskriterium herangezogen werden. Die Aufstellung von Mindestanforderungen hat zwar unbestreitbar den Vorteil größerer Transparenz, verlangt aber vom Konzessionsgeber größere Marktkenntnis und weiterreichende Vorfestlegungen (zu inhaltlichen Grenzen solcher Anforderungen noch unten). Es ist nicht ersichtlich, dass der europäische Richtliniengeber oder der deutsche Normgeber die Konzessionsgeber zwingen wollten, entweder in Bezug auf ein Eignungskriterium Mindestanforderungen aufzustellen oder aber auf das Kriterium ganz zu verzichten. Vielmehr machen die eben angeführten normativen Belege das Gegenteil deutlich.

VI. Eignungskriterien als Auswahlkriterien

1. Anlass: Begrenzung der Bewerberzahl

Nach § 12 Abs. 2 S. 1 KonzVgV kann das Konzessionsvergabeverfahren ein- oder **mehrstufig** durchgeführt werden. Gemäß § 12 Abs. 1 S. 2 KonzVgV kann der Konzessionsgeber das Verfahren an den Vorschriften der VgV zum Ablauf des Verhandlungsverfahrens mit Teilnahmewettbewerb ausrichten. Das Konzessionsvergabeverfahren kann somit einen Teilnahmewettbewerb umfassen, der dazu dient, die Teilnehmer für die zweite Stufe des Verfahrens, ins-

---

11 Vgl. ablehnend zu einer solchen Kategorie u.a. BGH, Urteil v. 8.9.1998 – X ZR 109/96, nunmehr weitgehend überholt durch die in der vorstehenden Fn. genannte Spruchpraxis. Vgl. zum „Mehr an Eignung" im Rahmen von Auswahlkriterien noch unten Rn. 23 f.
12 Dem folgt das durch die VO (EU) 1986/2015 für die Konzessionsbekanntmachung eingeführte Standardformular 24, welches unter den Abschnitten III.1.2 und III.1.3 jeweils deutlich zwischen der Auflistung der Eignungskriterien, der Angabe der erforderlichen Informationen und Dokumente und „möglicherweise geforderten Mindeststandards" differenziert.
13 Siehe unten Rn. 22 ff.
14 Dies entspricht der herrschenden Auffassung zum bisherigen Vergaberecht, vgl. VK Bund, Beschluss v. 23.12.2013 – VK 1-105/13; Beschluss v. 18.1.2013 – VK 1-139/12; Beschluss v. 4.10.2012 – VK 2-86/12; a.A. etwa VK Baden-Württemberg, Beschluss v. 28.8.2014 – 1 VK 38/14.

besondere beim Verhandlungsverfahren (oder eine auf die ausgewählten Teilnehmer beschränkte Ausschreibung), auszuwählen. Die Eignungsprüfung findet dann der Einholung von Angeboten vorgelagert, nämlich im Teilnahmewettbewerb, statt (vgl. nur § 17 Abs. 1 bis 4 VgV). In dieser Fallkonstellation wird der Konzessionsgeber häufig ein Interesse daran haben, nicht mit allen Teilnehmern, die sich nach Maßgabe der Eignungskriterien dem Grunde nach als geeignet erweisen, das Verfahren fortsetzen zu müssen – schon zur Begrenzung des Verfahrensaufwands, denn es kann sich ja um eine sehr große Zahl handeln. Dies führt zu dem Bedürfnis nach einer weiteren Auslese, die systematisch zwischen der Beurteilung der Eignung dem Grunde nach und der späteren Wertung der Angebote anhand der Zuschlagskriterien liegt – sie findet wie die Prüfung der Eignung bereits vor der Aufforderung zur Abgabe von Angeboten statt, geht aber über die Beurteilung des Bewerbers als dem Grunde nach geeignet oder nicht geeignet hinaus.

21 Die KonzVgV kennt in § 13 Abs. 4 eine **ausdrückliche Regelung** zu einer solchen Begrenzung der „Zahl der Bewerber oder Angebote", die auf Art. 37 Abs. 3 RL 2014/24/EU beruht. Diese Regelung umfasst damit auch eine Reduktion der Zahl der Bewerber, die zur Abgabe eines Angebots aufgefordert werden, wie sie im allgemeinen Auftragsvergaberecht auf der Grundlage von Art. 65 RL 2014/24/EU in § 51 VgV und in § 3b EU Abs. 2 Nr. 3 und Abs. 3 Nr. 3 VOB/A vorgesehen ist. Außerdem folgt die Möglichkeit dazu aus der Befugnis des Konzessionsgebers, das Vergabeverfahren frei zu gestalten (§ 12 Abs. 1 S. 1 KonzVgV, vgl. auch Art. 30 Abs. 1 RL 2014/23/EU). Neben der ausdrücklichen Ermächtigungsgrundlage in § 13 Abs. 4 KonzVgV findet sich eine weitere Grundlage zumindest für eine Verfahrensart in § 12 Abs. 1 S. 2 KonzVgV, gibt diese Regelung dem Konzessionsgeber doch ausdrücklich die Befugnis, das Verfahren an den Vorschriften der Vergabeverordnung zum Ablauf des Verhandlungsverfahrens mit Teilnahmewettbewerb auszurichten. Zu diesen zählen nämlich auch § 17 Abs. 4 S. 2 VgV und § 51 VgV.

2. Eignungskriterien als objektive nichtdiskriminierende Kriterien

22 Hinsichtlich der Maßstäbe für die Begrenzung der Zahl der Bewerber verlangt § 13 Abs. 4 KonzVgV in wörtlicher Übereinstimmung mit Art. 37 Abs. 3 RL 2014/23/EU, dass „dies anhand objektiver Kriterien und auf transparente Weise" geschieht. Nicht nur aufgrund von § 12 Abs. 1 S. 2 KonzVgV bietet es sich an, dass der Konzessionsgeber sich insoweit an den Regelungen für das **allgemeine Auftragsvergaberecht** orientiert. Dort spricht Art. 65 Abs. 2 RL 2014/24/EU – insoweit in wörtlicher Übereinstimmung mit der Vorgängervorschrift von Art. 44 Abs. 3 S. 2 RL 2004/18/EG – davon, dass die Auftraggeber „die von ihnen vorgesehenen objektiven und nichtdiskriminierenden Kriterien oder Vorschriften" in der Bekanntmachung angeben (sowie die Mindestzahl und ggf. Höchstzahl der Teilnehmer). Konkreter heißt es in § 51 Abs. 1 S. 2 VgV, dass der öffentliche Auftraggeber „die von ihm vorgesehenen objektiven und nichtdiskriminierenden Eignungskriterien für die Begrenzung der Zahl, die vorgesehene Mindestzahl und ggf. auch die Höchstzahl der einzuladenden Bewerber" in der Bekanntmachung angibt. In der Begründung zum Regierungsentwurf heißt es dazu: „Die für die Begrenzung der Zahl der Bewerber vom öffentlichen Auftraggeber festgelegten Kriterien müssen objektiv und nichtdiskriminierend sein. Es handelt sich dabei um Eignungskriterien, die vom öffentlichen Auftraggeber im Sinne eines ‚Mehr an Eignung' festgelegt werden, beispielsweise bezüglich der Qualität der vorzulegenden Referenzen."[15]

23 Diese Eingrenzung der „objektiven und nichtdiskriminierenden" Auswahlkriterien im Sinne von Art. 65 RL 2014/24/EU auf Eignungskriterien erscheint **unionsrechtskonform**, da Eignungskriterien jedenfalls eine Teilklasse der denkbaren Auswahlkriterien darstellen – wenn sie mit dieser Klasse nicht sogar identisch sind, weil nicht eignungsbezogene, aber objektive und nichtdiskriminierende Auswahlkriterien im Rahmen eines Teilnahmewettbewerbs schwerlich denkbar sind. An Eignungskriterien sollten sich daher auch Konzessionsgeber bei der Anwendung von § 13 Abs. 4 KonzVgV orientieren. Dabei zeigt der Rückgriff des Verordnungsgebers

---

15 Verordnungsbegründung zu § 51 VgV, BR-Drs. 87/16, 203 f.

auf Eignungskriterien ebenso wie die in der Begründung zum Ausdruck kommende Vorstellung eines an dieser Stelle relevanten „Mehr an Eignung" sehr deutlich, dass zumindest in diesem Zusammenhang unterschiedliche Erfüllungsgrade von Eignungskriterien eine tragende Rolle spielen.[16] Das belegt abermals, dass Eignungskriterien begrifflich nicht auf Ja/Nein-Kriterien beschränkt sind.

Betrachtet man **beispielhaft** das oben schon erwähnte Eignungskriterium des Jahresumsatzes des Bewerbers für vergleichbare Leistungen (vgl. nochmals § 6a EU Nr. 2 lit. c VOB/A), so kann dieses nach alledem in dreifacher Weise zum Tragen kommen: Erstens kann das Kriterium des Jahresumsatzes als „schlichtes" Eignungskriterium zur Beurteilung der Eignung dem Grunde nach gewürdigt werden, ohne dass der Konzessionsgeber von vornherein einen bestimmten Mindestwert definiert. Alternativ dazu kann zweitens aber eben auch eine bestimmte Höhe des Jahresumsatzes als Mindestanforderung (in der Terminologie des Richtlinienrechts: Mindeststandard) definiert werden, sodass die Unterschreitung zwingend zum Ausschluss des Bewerbers führt. Drittens kann der Umsatz als Eignungskriterium für die Begrenzung der Zahl der Bewerber herangezogen werden, indem (unter anderem) die Umsätze verschiedener dem Grunde nach geeigneter Bewerber miteinander verglichen und (typischerweise in einem Punktesystem) bewertet werden. Letzteres gilt unabhängig davon, ob für die Beurteilung der Eignung dem Grunde nach ein bestimmter Mindestumsatz verlangt wurde; ist das erfolgt, ist die vergleichende Bewertung im Rahmen der Auswahl unter den dem Grunde nach geeigneten Bewerbern naturgemäß auf den Mindestumsatz überschreitende Angaben eingeengt. **24**

Entsprechende Differenzierungen lassen sich auch für andere Eignungskriterien anstellen, beispielsweise für die in der Begründung zum Regierungsentwurf zu § 51 VgV angeführte Qualität von Referenzen. Dem entspricht es, dass in aller Regel nicht nur ein Eignungskriterium zur Begrenzung der Zahl der zur Angebotsaufforderung aufzufordernden dem Grunde nach geeigneten Bewerber herangezogen wird (wie auch schon die Verwendung des Plurals in § 51 Abs. 1 S. 2 VgV und in Art. 65 RL 2014/24/EU nahelegt). Dies wiederum führt zu der Notwendigkeit, die zu diesem Zweck verwendeten Eignungskriterien relativ zueinander zu **gewichten** und zu **bewerten**. Typischerweise sind Gewichtung und Bewertungsregeln Gegenstand einer „Auswahlmatrix" oder „Bewertungsmatrix". Wie die vorstehend aufgezeigte Systematik deutlich macht, kann eine solche Matrix aber erst und nur dort zum Einsatz kommen, wo es um den Vergleich verschiedener Bewerbungen im Hinblick auf Eignungskriterien geht. Dies ist nicht bei der Beurteilung der Eignung dem Grunde nach der Fall, weil dort jede Bewerbung für sich an den Eignungskriterien des Konzessionsgebers zu messen ist, unabhängig davon, ob und in welchem Maße andere Bewerbungen die Kriterien erfüllen. Zudem ist bei dieser Bewertung, wie aus § 122 Abs. 2 S. 1 GWB ersichtlich, maßgeblich, dass alle Eignungskriterien (hinreichend) erfüllt werden, sodass die Nichterfüllung eines Kriteriums nicht durch die Übererfüllung eines anderen kompensiert werden kann. Die Feststellung der Eignung dem Grunde nach ist im Ergebnis eine Ja/Nein-Entscheidung. Ein „Mehr" (oder „Weniger") an Eignung im Verhältnis zu anderen Bewerbungen spielt erst oberhalb der Schwelle der Feststellung der Eignung dem Grunde nach und dieser nachgelagert eine Rolle, eben dort, wo es um die Begrenzung der Zahl der einzuladenden geeigneten Bewerber geht. **25**

C. Inhaltliche Schranken für Eignungskriterien (Abs. 2)

§ 25 Abs. 2 KonzVgV behandelt inhaltliche Schranken der Festlegung von Eignungskriterien und dient damit der Umsetzung von Art. 38 Abs. 1 S. 2 RL 2014/23/EU.[17] Eine ausdrückliche Umsetzung ist an dieser Stelle allerdings nur erfolgt, soweit die Richtlinienvorschrift nicht schon inhaltlich durch die übergeordneten gesetzlichen Vorschriften abgebildet ist. Soweit nämlich Art. 38 Abs. 1 S. 2 RL 2014/23/EU einen Bezug der Teilnahmebedingungen zum Kon- **26**

---

16 Vgl. zum bisherigen Recht etwa *Braun*, in: Gabriel/Krohn/Neun, Handbuch des Vergaberechts, § 28 Rn. 32; *Ziekow*, in: Ziekow/Völlink, Vergaberecht, § 97 GWB Rn. 92.
17 Vgl. Verordnungsbegründung zu § 25 Abs. 2 KonzVgV, BR-Drs. 87/16, 294.

zessionsgegenstand und ein angemessenes Verhältnis zu ihm vorschreibt, ergibt sich dies bereits aus § 152 Abs. 2 i.V.m. § 122 Abs. 4 S. 1 GWB. § 25 Abs. 1 S. 1 KonzVgV verweist deklaratorisch auf diese Vorschriften.

I. Spielraum des Konzessionsgebers

27 Von Schranken lässt sich bei diesen Vorschriften deshalb sprechen, weil der Konzessionsgeber bei der Festlegung von Eignungskriterien grundsätzlich nach eigener Beurteilung und eigenem Ermessen handeln kann, sofern er eben diese rechtlichen Schranken beachtet. Dies ist zum allgemeinen Auftragsvergaberecht anerkannt[18] und ergibt sich für die Konzessionsvergabe normativ aus dem Grundsatz der freien Gestaltung des Vergabeverfahrens (§ 12 Abs. 1 S. 1 KonzVgV bzw. Art. 30 Abs. 1 RL 2014/23/EU). Ebenso wie bei der Eignungsbeurteilung selbst genießt der Konzessionsgeber bei der Festlegung der Eignungskriterien einen Einschätzungs- und Wertungsspielraum, der von den Nachprüfungsinstanzen respektiert und nach allgemeinen Grundsätzen nur im Allgemeinen und nur auf Grenzüberschreitungen kontrolliert wird, insbesondere darauf, ob der Konzessionsgeber von einem falschen Sachverhalt ausgegangen ist, sachwidrige Erwägungen angestellt oder allgemeine Bewertungsgrundsätze missachtet hat.[19] Es ist nicht zu erwarten, dass dies im Bereich der Konzessionsvergabe künftig grundsätzlich anders beurteilt werden wird. Dieser Spielraum ist auch bei der Anwendung der nachfolgend dargestellten Schranken zu bedenken, soweit diese auf eine wertende Beurteilung abzielen, wie insbesondere die Forderung nach der Verhältnismäßigkeit. Freilich ist der Umfang des dem Konzessionsgeber zuzuerkennenden Spielraums nicht starr, sondern seinerseits abwägend in Bezug auf die Bedeutung der auf dem Spiele stehenden Rechte, den Sachbereich und die Erkenntnismöglichkeiten bei der Nachprüfung zu bestimmen.[20] Je eher eine Festlegung des Konzessionsgebers mit tragenden vergaberechtlichen Grundsätzen kollidieren kann, insbesondere im Hinblick auf Nichtdiskriminierung, Transparenz und Wettbewerb, desto genauer wird die Nachprüfungsinstanz „hinschauen", statt sich auf eine Evidenz- oder Vertretbarkeitskontrolle zu beschränken. Zu unterscheiden ist dieser „Festlegungsspielraum" dabei noch von dem Beurteilungsspielraum bei der Durchführung der Eignungsprüfung.[21]

II. Kategorien der Eignungskriterien

28 Als erste gesetzliche Schranke für die Festlegung von Eignungskriterien lässt sich verstehen, dass Eignungskriterien gemäß § 122 Abs. 2 S. 2 GWB ausschließlich die dort genannten **Kategorien** der Befähigung und Erlaubnis zur Berufsausübung, der wirtschaftlichen und finanziellen sowie der technischen und beruflichen Leistungsfähigkeit betreffen dürfen, sich also als Konkretisierung dieser Bezugspunkte darstellen muss.

29 Diese gesetzlichen Kategorien sind als **abschließend** zu verstehen, der Konzessionsgeber darf sich keine weiteren ausdenken.

30 Anders ist das hinsichtlich der konkreten, diese Kategorien ausfüllenden **Eignungskriterien**: Im allgemeinen Auftragsvergaberecht finden sich Kataloge möglicher konkreter Eignungskriterien oder zumindest damit korrespondierender Nachweise/Belege, die hinsichtlich der wirtschaftlichen und finanziellen Leistungsfähigkeit nur regelhaft (vgl. § 6a EU Nr. 2 VOB/A, § 45 Abs. 1, Abs. 3 VgV), im Bereich der technischen und beruflichen Leistungsfähigkeit sogar abschließend (vgl. § 6a EU Nr. 3 VOB/A, § 46 Abs. 3 VgV) ausgestaltet sind. Der Verordnungsgeber begründet dies damit, dass eine entsprechende Unterscheidung in Art. 60 Abs. 3 bzw. 4

---

[18] Vgl. etwa OLG Düsseldorf, Beschluss v. 5.10.2005 – VII-Verg 55/05; *Opitz*, in: Burgi/Dreher, Vergaberecht, § 122 GWB Rn. 50; *Hausmann/von Hoff*, in: Kulartz/Kus/Portz/Prieß, GWB-, Vergaberecht, § 122 GWB Rn. 15; *Gnittke/Hattig*, in: Müller-Wrede, GWB-Vergaberecht, § 122 GWB Rn. 25.
[19] Vgl. OLG Düsseldorf, Beschluss v. 5.10.2005 – VII-Verg 55/05; *Opitz*, in: Dreher/Motzke, Vergaberecht, 2. Aufl., § 97 Abs. 4 GWB Rn. 325.
[20] Vgl. zu der strukturell parallelen Problematik von Spielräumen des Gesetzgebers grundlegend BVerfG, Urteil v. 1.3.1979 – 1 BvR 532/77 u.a., BVerfGE 50, 290, 330 ff.
[21] Vgl. zu diesem § 26 KonzVgV Rn. 25 ff.

RL 2014/24/EU getroffen werde[22] – wobei diese streng genommen nicht die Kriterien selbst, sondern die Nachweise dafür betrifft. Die Konzessionsvergaberichtlinie kennt eine solche Unterscheidung nicht, da sie keine spezielle Vorschrift zu den möglichen Nachweisen enthält. Deshalb gibt es im Bereich der Konzessionsvergabe keinen von vornherein begrenzten Katalog von technischen oder sonstigen Eignungskriterien, weder als regelhafte noch als abschließende Aufzählung. Die Begrenzungen aus dem allgemeinen Auftragsvergaberecht können nicht auf das Konzessionsvergaberecht übertragen werden, da der Richtliniengeber dieses bewusst liberaler gestaltet hat. Der Konzessionsgeber kann sich also auch andere Eignungskriterien als die in den genannten Katalogen aufgeführten „ausdenken", muss sich dabei aber zum einen in den Kategorien von § 122 Abs. 2 S. 2 GWB bewegen, zum anderen innerhalb der weiteren inhaltlichen Schranken des Gesetzes und der KonzVgV.

III. Bezug zum Konzessionsgegenstand

Eine solche Anforderung für jedes Eignungskriterium ist nach § 152 Abs. 2 i.V.m. § 122 Abs. 4 S. 1 GWB, dass es in Verbindung mit dem Konzessionsgegenstand steht, also einen sachlichen Bezug zu diesem aufweist. So steht beispielsweise bei der Vergabe einer Baukonzession für einen Straßentunnel das Kriterium des Jahresumsatzes für Bauleistungen in einem sachlichen Bezug zum Gegenstand der Konzession. Demgegenüber würde das Kriterium des Jahresumsatzes für Personenbeförderungsleistungen keinen sachlichen Bezug aufweisen, da die Personenbeförderung nicht Gegenstand der Konzession ist.

31

IV. Verhältnismäßigkeit

Aus den genannten Vorschriften und übergeordnet auch aus § 97 Abs. 1 S. 2 GWB ergibt sich als nächste inhaltliche Schranke für die Festlegung von Eignungskriterien der Grundsatz der **Verhältnismäßigkeit**, hier bezogen auf das Verhältnis zwischen Eignungsanforderung und Konzessionsgegenstand. Das bedeutet, dass die Eignungsanforderungen relativ auf den Konzessionsgegenstand nicht überzogen sein dürfen.

32

Das Erfordernis der Verhältnismäßigkeit der Eignungsanforderungen ist aus dem **bisherigen Vergaberecht** bekannt (etwa aus Art. 44 Abs. 2 UAbs. 2 RL 2004/18/EG).[23] Der EuGH sprach in etwas anderem Zusammenhang zum alten Richtlinienrecht davon, dass die Anforderungen „einen konkreten Hinweis" auf die Leistungsfähigkeit ermöglichen müssten, ohne jedoch über das hierzu „vernünftigerweise erforderliche Maß hinauszugehen".[24]

33

Die Eignungskriterien müssen **geeignet**, **erforderlich** und **angemessen** sein, um Fachkunde und Leistungsfähigkeit zur ordnungsgemäßen Ausführung der Konzession (§ 152 Abs. 2 i.V.m. § 122 Abs. 1, Abs. 2 S. 1 GWB) festzustellen. Dies überschneidet sich weitgehend mit der Anforderung von § 25 Abs. 2 Nr. 1 KonzVgV, was nicht verwunderlich ist, da Art. 38 Abs. 1 RL 2014/23/EU den Topos des angemessenen Verhältnisses gleich zweifach aufgreift, einmal in S. 1 in Bezug auf den Konzessionsgegenstand, einmal in S. 2 in Bezug auf die in § 25 Abs. 2 Nr. 1 und 2 KonzVgV umgesetzten Aspekte. Es fällt schwer, inhaltliche Unterschiede bei der Beurteilung der Verhältnismäßigkeit in Bezug auf diese Punkte auszumachen. Der erste Teilgrundsatz des Verhältnismäßigkeitsgrundsatzes, also der Aspekt der "Eignung des Eignungskriteriums", dürfte in der vorstehend behandelten Forderung nach dem Bezug zum Konzessionsgegenstand praktisch aufgehen. Die Erforderlichkeit als zweiter Teilaspekt der Verhältnismäßigkeit kann einem Eignungskriterium fehlen, wenn auch bei dessen Nichterfüllung die Fähigkeit des künftigen Konzessionsnehmers zur ordnungsgemäßen Durchführung der Konzession nicht ernstlich infrage gestellt werden kann. Ein Beispiel wäre etwa die Forderung nach einer Zertifizierung des Bewerbers als Entsorgungsfachbetrieb für den Umgang mit gefährlichen Abfällen, wenn die Konzession nur die Einsammlung von Alttextilien betrifft. Die

34

---
22 Vgl. Verordnungsbegründung zu § 46 VgV, BR-Drs. 87/16, 199.
23 Vgl. nur *Opitz*, in: Dreher/Motzke, Vergaberecht, 2. Aufl., § 97 Abs. 4 GWB Rn. 25.
24 EuGH, Urteil v. 18.10.2012 – Rs. C-218/11 (Hochtief Ungarn), Rn. 28.

Angemessenheit als dritter Teilaspekt könnte fehlen, wenn einem Eignungskriterium zwar ein Prognosewert im Hinblick auf die Fähigkeiten des Bewerbers durchaus zukommt, die Forderung aber angesichts der Bedeutung des Konzessionsgegenstands in der Abwägung klar und eindeutig überzogen ist. Das könnte etwa der Fall sein, wenn für eine technisch einfach zu erbringende Konzession eine sehr hohe Zahl oder technisch sehr anspruchsvolle Referenzprojekte als Eignungskriterium gefordert werden.

1. Wertungen des allgemeinen Auftragsvergaberechts

35 Dies führt zu der Frage, ob bestimmte Einschränkungen, die im allgemeinen Auftragsvergaberecht insbesondere im Hinblick auf Mindestanforderungen an Eignungskriterien gelten, auch für die Konzessionsvergabe entsprechend heranzuziehen sind. Dabei geht es um Regelungen wie § 45 Abs. 2 VgV bzw. § 6a EU Nr. 2 lit. c Abs. 2 S. 1 VOB/A, welche – in Umsetzung von Art. 58 Abs. 3 UAbs. 2 RL 2014/24/EU – die Forderung nach einem Mindestumsatz im Regelfall auf das Zweifache des geschätzten Auftragswerts begrenzen. Da das Fehlen einer entsprechenden Regelung in der Konzessionsvergaberichtlinie und der KonzVgV nicht als planwidrig einzuschätzen ist, sondern als Ausdruck der beabsichtigten geringeren Regelungsdichte bzw. größeren Liberalität, scheidet eine Analogie methodisch aus. Jedoch kann diese Begrenzung durchaus als Konkretisierung der übergeordneten gesetzlichen Forderung nach einem angemessenen Verhältnis zwischen Eignungskriterium und Auftragsgegenstand gelten, zumal die genannten Regelungen in begründeten Ausnahmefällen strengere Anforderungen erlauben. Mit anderen Worten: Auch im Bereich der Konzessionsvergabe wird sich eine strengere (höhere) Mindestanforderung an den Jahresumsatz nur ausnahmsweise rechtfertigen lassen, etwa wenn die Konzession im Verhältnis zum Vertragswert mit besonders hohen wirtschaftlichen Risiken belastet ist.

2. Eignungsniveau und Newcomer

36 Insbesondere im Zusammenhang mit der Anforderung der Verhältnismäßigkeit ist der oben[25] schon erwähnte Spielraum des Konzessionsgebers bei der Festlegung von Eignungskriterien zu berücksichtigen. Grundsätzlich ist es Sache des Konzessionsgebers, das geforderte Eignungsniveau festzulegen,[26] solange er sich dabei vom Gedanken der Verhältnismäßigkeit leiten lässt. Soweit es durch den Gegenstand der Konzession gerechtfertigt ist, darf er auch ein überdurchschnittliches Eignungsniveau verlangen, auch wenn dies nur von relativ wenigen Unternehmen erfüllt wird. Insbesondere bei wirtschaftlich und/oder technisch anspruchsvollen Konzessionen muss der Konzessionsgeber sich nicht am Interesse von Unternehmen orientieren, neu in einen Markt einzutreten („Newcomer").[27] Eine Erschwerung des Marktzutritts nimmt das Vergaberecht im Interesse der Gewährleistung einer ordnungsgemäßen Durchführung des Vertrages ersichtlich in Kauf. Das gilt auch bei Konzessionsvergaben. Zwar handelt der Konzessionär grundsätzlich auf eigenes wirtschaftliches Risiko. Gleichwohl ist es Wesensmerkmal einer Konzession im vergaberechtlichem Sinn, dass der Konzessionsgeber ein eigenes Beschaffungsinteresse verfolgt und deshalb auch ein eigenes Interesse an der ordnungsgemäßen Ausführung der Konzession hat, wie von Art. 38 Abs. 1 RL 2014/23/EU mit seiner Bezugnahme auf die Eignungsprüfung vorausgesetzt wird. Der Umstand, dass der Konzessionär typischerweise „sein Geld mit Dritten verdient", schmälert die Verantwortung des Konzessionsgebers nicht, eher im Gegenteil. Gerade deshalb, weil es bei der Festlegung des geforderten Eignungsniveaus um eine Abwägung zwischen der Ermöglichung eines breiten Wettbewerbs und der Gewährleistung einer ordnungsgemäßen Ausführung des Vertrags geht, ist dem Konzessionsgeber ein Spielraum zuzuerkennen.

---

25 Siehe oben Rn. 27.
26 Vgl. etwa OLG Koblenz, Beschluss v. 13.6.2012 – 1 Verg/12; *Opitz*, in: Burgi/Dreher, Vergaberecht, § 122 GWB Rn. 50.
27 Vgl. zum Auftragsvergaberecht etwa OLG Frankfurt, Beschluss v. 19.12.2006 – 11 Verg 7/06; OLG Düsseldorf, Beschluss v. 16.11.2011 – VII-Verg 60/11; Beschluss v. 2.1.2006 – VII-Verg 93/05; Beschluss v. 5.10.2005 – VII-Verg 55/05; *Otting*, VergabeR 2016, 316 f.; vgl. einschränkend im Einzelfall aber auch OLG Schleswig, Beschluss v. 25.1.2013 – 1 Verg 6/12.

V. Diskriminierungsverbot

Nach § 25 Abs. 2 KonzVgV müssen Eignungskriterien nichtdiskriminierend sein. Diese Übernahme aus Art. 38 Abs. 1 S. 1 RL 2014/23/EU hat in der Systematik des innerstaatlichen Vergaberechts eher deklaratorischen und erinnernden Charakter, weil sich das Diskriminierungsverbot auch für Konzessionsvergaben übergeordnet aus § 97 Abs. 2 GWB ergibt. Unionsrechtlich sind insoweit das besondere Diskriminierungsverbot aus Gründen der Staatsangehörigkeit (Art. 18 Abs. 1 AEUV) sowie die Grundfreiheiten als Hintergrund der Regelung bei der Auslegung zu beachten.

Jedes Eignungskriterium führt zu einer Ungleichbehandlung der es erfüllenden und der es nicht erfüllenden Unternehmen. Eine Diskriminierung liegt nur vor, soweit die Ungleichbehandlung nicht **sachlich gerechtfertigt** ist. Das Erfordernis der sachlichen Rechtfertigung führt zu einer Überschneidung zwischen dem Diskriminierungsverbot und den vorstehend behandelten Geboten des Bezugs zum Konzessionsgegenstand und der Verhältnismäßigkeit. Ein Kriterium, welches in einem verhältnismäßigen Bezug zum Konzessionsgegenstand steht, wird die Vermutung der sachlichen Rechtfertigung einer Ungleichbehandlung für sich haben. Die eigenständige Bedeutung des Diskriminierungsverbots besteht aber darin, dass gerade auch die Ungleichbehandlung einer Rechtfertigung bedarf, also in die Abwägung einzustellen ist. Dies gilt vor dem unionsrechtlichen Hintergrund insbesondere, soweit die Anforderung eine Ungleichbehandlung zwischen in- und ausländischen Unternehmen impliziert, sei sie unmittelbar oder mittelbar-faktisch.

Freilich sind selbst die **Grundfreiheiten** nicht schrankenlos gewährleistet; Einschränkungen sind aus zwingenden Gründen des Allgemeininteresses möglich, wenn sie ihrerseits verhältnismäßig sind und nichtdiskriminierend angewandt werden.[28] Erst recht bedeuten sie nicht, dass der Konzessionsgeber jeden faktischen vorfindlichen Nachteil ausländischer Bewerber oder Bieter seinerseits kompensieren muss. So ist es zulässig, als Verfahrens- und Vertragssprache nur Deutsch zu akzeptieren (vgl. nur § 19 Abs. 2 KonzVgV i.V.m. Abschnitt IV.2.4 des Bekanntmachungsformulars). Auch muss der Konzessionsgeber nicht allein deshalb auf ein Eignungskriterium verzichten, beispielsweise das Verbot einer Unterbilanz, nur weil dieses in den Rechtsordnungen der Mitgliedstaaten unterschiedlich ausgestaltet ist.[29] Allerdings wird dem ausländischen Bewerber zu gestatten sein, einen aus der Divergenz der Rechtsordnungen folgenden Nachteil zu überwinden (je nach Einzelfall etwa durch Vorlage anderer Belege, vgl. etwa § 45 Abs. 5 oder § 48 Abs. 6 VgV).

Typische diskriminierende Eignungskriterien sind solche, die an eine **Ortsansässigkeit** oder maximale Entfernung des Sitzes oder einer Niederlassung vom Leistungsort anknüpfen.[30] Dies ist auch über ausdrückliche Verbotsregelungen wie § 6 EU Abs. 3 Nr. 1 VOB/A hinaus grundsätzlich unzulässig, da sich eine solche Einschränkung kaum jemals gegenüber dem Ziel eines unionsweiten Wettbewerbs und gegenüber den Grundfreiheiten rechtfertigen lassen wird.[31] Zwar besteht häufig ein legitimes Interesse des Konzessionsgebers daran, dass während der Durchführung des Vertrages eine bestimmte Reaktionszeit eingehalten wird oder aus anderen Gründen ein ortsnaher Ansprechpartner vorhanden ist. Dem kann jedoch als milderes Mittel durch eine entsprechende Ausführungsbedingung, wonach während der Vertragslaufzeit – also nach der Zuschlagserteilung – eine entsprechende Verfügbarkeit zu gewährleisten ist (sei es durch die Einrichtung einer Niederlassung oder die Erteilung eines Unterauftrags an einen lokalen Partner) unter besserer Berücksichtigung des Wettbewerbsprinzips Rechnung getragen werden.[32]

---

28 Vgl. nur EuGH, Urteil v. 27.10.2005 – Rs. C-234/03 (Insalud), Rn. 25.
29 Vgl. EuGH, Urteil v. 18.10.2012 – Rs. C-218/11 (Hochtief Ungarn), Rn. 31.
30 Vgl. *Braun*, in: Gabriel/Krohn/Neun, Handbuch Vergaberecht, § 15 Rn. 12.
31 Instruktiv dazu die Begründung des EuGH im Urteil v. 27.10.2005 – Rs. C-234/03 (Insalud), Rn. 33 ff.; vgl. ferner etwa EuGH, Urteil v. 9.9.2010 – Rs. C-64/08 (Engelmann), Rn. 34 ff.; EuG, Urteil v. 29.5.2013 – Rs. T-384/10 (Spanien/Kommission), Rn. 119 (aus formellen Gründen aufgehoben vom EuGH, Urteil v. 22.10.2014 – Rs. C-429/13 P); OLG Jena, Beschluss v. 16.7.2007 – 9 Verg 4/07.
32 EuGH, Urteil v. 27.10.2005 – Rs. C-234/03 (Insalud), Rn. 43 ff.

41 Als diskriminierend beanstandet wurde vom erstinstanzlichen EuG auch die Regelung, wonach nur **Referenzen** gewertet wurden, die im betreffenden Mitgliedstaat erbracht wurden.[33] Andererseits könnte es je nach der Art des Auftrags und den Umständen des Einzelfalls in Betracht kommen, Erfahrungen beim Umgang mit den Behörden des fraglichen Mitgliedstaates zu verlangen, wenn es darauf für die Durchführung in spezifischer Weise ankommt, etwa bei einer Konzession zur Verwaltung von Fördermitteln.

VI. Zweckbindungsklauseln

42 § 25 Abs. 2 KonzVgV schreibt neben dem Diskriminierungsverbot vor, dass die Eignungskriterien dem Zweck dienen müssen, sicherzustellen, dass der Konzessionsnehmer zur Durchführung der Konzession in Anbetracht des Konzessionsgegenstandes fähig ist (Nr. 1), sowie den Wettbewerb zu gewährleisten (Nr. 2).

43 Dies stellt eine sprachlich ungenaue Umsetzung einer Formulierung aus Art. 38 Abs. 1 S. 2 **RL 2014/23/EU** dar. Dort heißt es nämlich, die Teilnahmebedingungen müssten „in Bezug und angemessenem Verhältnis zu der Notwendigkeit, die Fähigkeit des Konzessionsnehmers, die Konzession in Anbetracht des Konzessionsgegenstands durchzuführen, sicherzustellen, und dem Zweck, echten Wettbewerb zu garantieren, stehen." Diese Formulierung wiederum weicht in ihrem Sinngehalt um eine Nuance etwa von der englischen Sprachfassung ab. Diese lautet: "The conditions for participation shall be related and proportionate to the need to ensure the ability of the concessionaire to perform the concession, taking into account the subject-matter of the concession and the purpose of entering genuine competition."

44 Beide Richtlinienformulierungen verdeutlichen zunächst, dass es an dieser Stelle um den Grundsatz der Verhältnismäßigkeit geht. Man könnte daher vertreten, dass die ausdrückliche Übernahme in § 25 Abs. 2 KonzVgV neben den gesetzlichen Regelungen von § 152 Abs. 2 i.V.m. § 122 Abs. 4 S. 1 und § 122 Abs. 2 GWB praktisch keine eigenständige Funktion erfüllen kann, da auf gesetzlicher Ebene sowohl der Verhältnismäßigkeitsgrundsatz als auch der erforderliche Bezug von Eignungskriterien auf die Fähigkeit zur Durchführung der Konzession bereits geregelt ist. Immerhin verdeutlicht § 25 Abs. 2 KonzVgV noch einmal, welches die legitimen **Zwecke** sind, die bei der Beurteilung der Verhältnismäßigkeit von Eignungskriterien zu berücksichtigen sind. Zwar fällt es angesichts der für die Umsetzung gewählten Formulierung zunächst etwas schwer, sich vorzustellen, wie ein Eignungskriterium für sich betrachtet jeweils dem Zweck dienen soll, im Sinne von § 25 Abs. 2 Nr. 2 KonzVgV den Wettbewerb zu gewährleisten. Jedoch wird aus den Formulierungen der Richtlinie klar, dass es bei den unter § 25 Abs. 2 Nr. 1 und 2 KonzVgV genannten Aspekten letztlich um widerstreitende Abwägungsgesichtspunkte geht, die bei der Aufstellung der Eignungskriterien in ein angemessenes Verhältnis zu bringen sind: Die Eignungskriterien müssen einerseits streng genug sein, um die Leistungsfähigkeit des Konzessionärs zu gewährleisten. Andererseits dürfen sie nicht so hoch angesetzt sein, dass kein echter Wettbewerb mehr entstehen kann, weil nur noch ganz wenige oder gar nur ein Unternehmen sie erfüllen können. Dass es um Gesichtspunkte einer Abwägung geht, wird insbesondere aus der englischen Sprachfassung deutlich. Damit thematisiert die Zweckbindungsklausel von § 25 Abs. 2 Nr. 1 und 2 KonzVgV Aspekte, die sich auch schon im Rahmen der nach den vorgenannten gesetzlichen Vorschriften erforderlichen Verhältnismäßigkeitsprüfung ergeben und in diesem Zusammenhang auch schon angesprochen wurden: Eignungskriterien müssen zwar wirksam, dürfen aber nicht überzogen sein. Dass sie Newcomer ausschließen, ist zwar hinzunehmen, aber im Interesse des Wettbewerbs nur soweit, wie nach der Beurteilung des Auftraggebers im Interesse der Leistungsfähigkeit des künftigen Vertragspartners erforderlich.[34]

45 Die ausdrückliche Erwähnung dieser Gesichtspunkte hat angesichts der gesetzlichen Regelung zwar vor allem einen heuristischen Wert, weil sie dem Rechtsanwender die maßgeb-

---

[33] EuG, Urteil v. 29.5.2013 – Rs. T-384/10 (Spanien/Kommission), Rn. 119 (aus formellen Gründen aufgehoben vom EuGH, Urteil v. 22.10.2014 – Rs. C-429/13 P).
[34] Vgl. oben Rn. 32 ff.

lichen Gesichtspunkte auch auf Verordnungsebene vor Augen führt. Darüber hinaus erinnert § 25 Abs. 2 Nr. 2 KonzVgV aber durchaus auch an die **Wettbewerbsfunktion** von Eignungskriterien. Die Festlegung zu niedriger Anforderungen hinsichtlich der Eignungskriterien nivelliert die Unterschiede zwischen in Bezug auf den Gegenstand der Konzession leistungsfähigen und nicht leistungsfähigen Unternehmen. Sie behandelt Ungleiches gleich, was zwar keine augenfällige Diskriminierung darstellen mag, aber gleichwohl – und auch im unionsrechtlichen Sinne – einen Verstoß gegen den allgemeineren Grundsatz der Gleichbehandlung aus § 97 Abs. 2 GWB darstellen kann.[35] Auch insoweit ist freilich der oben behandelte[36] erhebliche Spielraum des Konzessionsgebers bei der Festlegung von Eignungskriterien zu beachten.

D. Transparenz der Eignungskriterien (Abs. 1 S. 1 Hs. 2 und S. 2)

Nach § 25 Abs. 1 S. 2 Hs. 2 KonzVgV gibt der Konzessionsgeber die Eignungskriterien in der Konzessionsbekanntmachung an. Ist eine Konzessionsbekanntmachung in den Fällen von § 20 KonzVgV nicht erforderlich, sind nach § 25 Abs. 1 S. 2 KonzVgV die Eignungskriterien in die Vergabeunterlagen aufzunehmen. Diese Vorschriften verlangen somit eine Ex-ante-Transparenz hinsichtlich der festgelegten Eignungskriterien.

46

Die erstgenannte Vorschrift lässt sich auf Art. 37 Abs. 2 lit. b RL 2014/23/EU zurückführen; für die zweitgenannte gibt es kein unmittelbares Vorbild in der **Richtlinie**. Die damit beabsichtigte Klarstellung[37] ist unionsrechtlich jedoch alles andere als riskant. Vielmehr entspricht es sowohl der Rechtslage zum bisherigen Richtlinienvergaberecht[38] als auch der auf die Grundsätze der Gleichbehandlung und der Transparenz gestützten Rechtsprechung zum Auftragsvergaberecht, dass die Eignungskriterien transparent zu machen sind, soweit sie festgelegt waren.[39]

47

I. Transparenz von Unterkriterien und Bewertungsmethodik

Die Transparenzverpflichtung bezieht sich dabei nicht nur auf die Benennung der Eignungskriterien (oberste Ebene) als solche, sondern auch auf (etwaige) **Unterkriterien**. Darüber hinaus kann in Bezug auf solche Eignungskriterien, die zur Begrenzung der Zahl der einzuladenden Bewerber entsprechend § 51 VgV verwendet werden,[40] auch für die vorgesehene Gewichtung verschiedener Kriterien und die Bewertungsregeln nichts anderes gelten. Die Rechtsprechung des EuGH war bislang insoweit allerdings nur auf den Fall konzentriert, dass Kriterien oder Unterkriterien zum Zeitpunkt der Bekanntmachung zwar festgelegt waren, aber nicht veröffentlicht wurden.[41] Hinzu trat später eine Rechtsprechung des EuGH, welche eine nachträgliche Bildung von Unterkriterien u.a. von der kaum je zu erfüllenden Voraussetzung abhängig machte, dass diese die Angebotsabgabe nicht hätten beeinflussen können, wenn sie bekannt gemacht worden wären.[42] Diese Rechtsprechung bezog sich zwar auf Zuschlagskriterien. Von Teilen der deutschen Spruchpraxis wurde sie jedoch auch auf die Wertungsmatrix für Auswahlkriterien erstreckt.[43] Das ist zwar streitig[44] und vielleicht auch nicht herrschende Auffassung, aber sachlich richtig, da eine logisch zwingende Abgrenzung von Eignungskrite-

48

---

35 Vgl. allgemein nur *Dörr*, in: Burgi/Dreher, Vergaberecht, § 97 Abs. 2 GWB Rn. 13.
36 Siehe oben Rn. 27.
37 Vgl. Verordnungsbegründung zu § 25 Abs. 1 KonzVgV, BR-Drs. 87/16, 294.
38 Vgl. schon Erwägungsgrund 39 RL 2004/18/EG.
39 Vgl. etwa EuGH, Urteil v. 22.11.2009 – Rs. C-199/07 (Kommission/Griechenland), Rn. 37; Urteil v. 16.12.2008 – Rs. C-213/07 (Michaniki), Rn. 44 f.; Urteil v. 12.12.2002 – Rs. C-470/99 (Universale Bau), Rn. 93.
40 Vgl. dazu oben Rn. 22 ff.
41 Vgl. EuGH, Urteil v. 12.12.2002 – Rs. C-470/99 (Universale Bau), Rn. 93 ff.; vgl. auch OLG München, Beschluss v. 28.4.2006 – Verg 6/06; OLG Düsseldorf, Beschluss v. 29.10.2003 – VII-Verg 43/03.
42 Vgl. EuGH, Urteil v. 24.1.2008 – Rs. C-532/06 (Lianakis), Rn. 43 f.; Urteil v. 24.11.2005 – Rs. C-331/04 (ATI EAC), Rn. 31.
43 Vgl. namentlich die VK Sachsen, Beschluss v. 24.3.2011 – 1/SVK/005/11; vgl. ferner VK Nordbayern, Beschluss v. 24.5.2013 – 21.VK-3194-17/13.
44 Ablehnend etwa VK Thüringen, Beschluss v. 24.11.2010 – 250-4004.20-4381/2010-009-NDH; vgl. ferner etwa *Voppel/Osenbrück/Bubert*, VgV, § 51 Rn. 7 m.w.N.

49 rien, Unterkriterien und Bewertungsmethoden kaum möglich ist und diese Aspekte sowie die Gewichtung aus Bewerberperspektive und für die Transparenz der Entscheidung ebenso bedeutsam sind wie die (Haupt-)Kriterien selbst. Nachträgliche Änderungen können im Ergebnis die ursprünglichen Kriterien manipulieren.

49 Schon die bisherige Vergabekoordinierungsrichtlinie verlangte im Hinblick auf die Auswahlkriterien die Angabe der „Kriterien oder Vorschriften" in der Bekanntmachung (Art. 44 Abs. 3 S. 2 RL 2004/18/EG), und das ist auch in Art. 65 Abs. 2 RL 2014/24/EU so geregelt. Als Vorschriften in diesem Sinne lassen sich auch **Bewertungsvorschriften** verstehen. Für die Konzessionsvergabe verlangt § 13 Abs. 4 KonzVgV in Übereinstimmung mit Art. 37 Abs. 3 RL 2014/23/EU ausdrücklich nicht nur, dass die Begrenzung anhand objektiver Kriterien, sondern auch, dass sie „in transparenter Weise" geschieht. Zu einer solchen Transparenz gehört aber auch, dass die Methode der Begrenzung und damit auch die Methode der Bewertung der Kriterien von vornherein für alle interessierten Unternehmen zu erkennen sind.

II. Medien der Transparenz

50 Verwirklicht wird die erforderliche Transparenz im Regelfall von § 25 Abs. 1 S. 1 Hs. 2 KonzVgV durch entsprechende Angaben in der Konzessionsbekanntmachung. Hinsichtlich der Eignungskriterien sieht das durch Anhang XXI VO (EU) 2015/1986 eingeführte Standardformular entsprechende Rubriken unter den Abschnitten III.1.2 und III.1.3 vor.

51 Die dort enthaltene Möglichkeit, auf die Auftragsunterlagen zu **verweisen**, entspricht nicht dem Wortlaut von § 25 Abs. 1 S. 1 KonzVgV. Außerdem ist die Verweisungsmöglichkeit auch im Hinblick auf die Regelungen von Art. 37 Abs. 2 lit. a und Art. 38 Abs. 1 RL 3014/23/EU problematisch, die beide auf die Konzessionsbekanntmachung selbst abstellen. Ob man sie angesichts des Umstands, dass die Kommission die Möglichkeit in der Durchführungsverordnung gleichwohl vorgesehen hat, entgegen dem Wortlaut auch von § 25 Abs. 1 S. 1 KonzVgV nutzen kann, ist zu bezweifeln. Empfehlenswert ist das jedenfalls in zweistufig ausgestalteten Konzessionsvergabeverfahren (also solchen mit einem Teilnahmewettbewerb) nicht.[45]

52 Ist eine Konzessionsbekanntmachung nach **§ 20 KonzVgV** nicht erforderlich, sind die Eignungskriterien gemäß § 25 Abs. 1 S. 2 KonzVgV in die Vergabeunterlagen aufzunehmen. Dabei können die von § 20 KonzVgV geregelten Fallgestaltungen durchaus Einfluss auf den Inhalt der Eignungskriterien haben. Besteht etwa eine Alleinstellung eines Unternehmens im Sinne von § 20 Abs. 1 KonzVgV, wäre es nicht zielführend, anspruchsvolle Eignungskriterien zu formulieren, die am Ende von dem einzig in Betracht kommenden Bieter gar nicht erfüllt werden.

53 Das Formular enthält im Gegensatz zur Auftragsbekanntmachung im allgemeinen Auftragsvergaberecht (Anhang II VO (EU) 2015/1986, dort unter Abschnitt II.2.9) keine Rubrik für die Angaben zur **Beschränkung der Zahl der Teilnehmer** aufgrund von Eignungskriterien. Der Konzessionsgeber kann für die Angabe dieser Kriterien – und nach hier vertretener Auffassung auch ihrer Gewichtung und der Bewertungsmethodik – jedoch auf Abschnitt VI.3 (Zusätzliche Angaben) zurückgreifen.

E. Eignungsleihe (Abs. 3)

54 § 25 Abs. 3 KonzVgV ermöglicht die Einbindung von Drittunternehmen zur Erfüllung der Eignungskriterien. Wenn das sich um die Konzession bewerbende Unternehmen selbst die Eignungsanforderungen nicht erfüllt, kann es seinen Eignungsmangel durch den Rückgriff auf Kapazitäten eines Drittunternehmens ausgleichen, wobei der Konzessionsgeber hinsichtlich der finanziellen Leistungsfähigkeit die gemeinschaftliche Haftung des Drittunternehmens für die Vertragsdurchführung verlangen kann.

---

45 Vgl. zur Problematik VK Südbayern, Beschluss v. 5.6.2018 – Z3-3-3194-1-12-04/18 m.w.N.; *Summa*, in: Heiermann/Zeiss/Summa, Vergaberecht, § 122 GWB Rn. 54.1 ff.

Die Vorschrift setzt die **unionsrechtliche Vorgabe** in Art. 38 Abs. 2 S. 1 und 3 RL 2014/23/EU um.[46] Anders als bei der Vergabe von **öffentlichen Aufträgen** in § 47 VgV und § 6d EU VOB/A und im Sektorenbereich in § 47 SektVO wird die Eignungsleihe bei der Vergabe von Konzessionen in § 25 Abs. 3 KonzVgV nur rudimentär geregelt. 55

Die in Art. 38 Abs. 2 S. 2 RL 2014/23/EU geregelte Vorlage eines **Verfügbarkeitsnachweises** über die Kapazitäten des Drittunternehmens wird – in konsequenter Unterscheidung zwischen Eignungskriterien und Eignungsbelegen[47] – in § 26 Abs. 3 KonzVgV umgesetzt. 56

I. Abgrenzung zur Vergabe von Unteraufträgen

Die schlichte Übertragung von Leistungsteilen auf einen Unterauftragnehmer ist von § 25 Abs. 3 KonzVgV nicht erfasst. Der **Unterauftragnehmer** erbringt seinen Leistungsteil im Auftrag und auf Rechnung des Konzessionsnehmers, ohne dass dabei ein Vertragsverhältnis zum Konzessionsgeber entsteht. Zwar bedient sich der Konzessionsnehmer auch in diesem Fall eines anderen Unternehmens, jedoch nicht zur Erfüllung der Eignungskriterien, sondern zur Ausführung der konzessionsgegenständlichen Leistungen. Die von § 25 Abs. 3 KonzVgV erfasste Eignungsleihe ist daher vom in § 33 KonzVgV geregelten Einsatz von Unterauftragnehmern zu unterscheiden.[48] 57

Da Bewerber oder Bieter einen Unterauftragnehmer häufig nicht einzig zum Zwecke der Leistungserbringung einbinden, sondern auch, um fehlende Kapazitäten zur Erfüllung der Eignungskriterien auszugleichen, kann die Eignungsleihe mit dem Einsatz eines Unterauftragnehmers **zusammenfallen**.[49] Diesen (Regel-)Fall bildet § 33 Abs. 1 S. 3 KonzVgV ab und stellt klar, dass in dieser Konstellation neben den Vorschriften über die Unterauftragsvergabe (§ 33 KonzVgV) auch die Vorschriften über die Eignungsleihe (§ 25 Abs. 3 KonzVgV) anzuwenden sind. 58

II. Eignungsleihe als Bewerber- bzw. Bieterrecht (S. 1)

Bewerber bzw. Bieter haben das Recht, sich zur Erfüllung der vom Konzessionsgeber gemäß § 25 Abs. 2 KonzVgV festgelegten Eignungskriterien der Kapazitäten von Drittunternehmen zu bedienen. Diese Möglichkeit zur Eignungsleihe besteht universell sowohl zur Erfüllung von Anforderungen an die finanzielle als auch an die technische Leistungsfähigkeit. Dies ergibt sich unmittelbar aus dem Wortlaut von § 25 Abs. 3 KonzVgV, der ohne Einschränkungen auf die „Erfüllung der Eignungskriterien" rekurriert und zudem das Institut der Eignungsleihe als Recht des sich um die Konzession bewerbenden Unternehmens durch die Formulierung „darf […] einbeziehen" betont. 59

Ein Nachweis über das Nichtvorliegen von **Ausschlussgründen** nach §§ 123 und 124 GWB kann hingegen nicht durch die Inanspruchnahme eines Drittunternehmens erbracht werden. Dieser Nachweis dient nämlich nicht „zur Erfüllung der Eignungskriterien", die gemäß § 152 Abs. 2, § 122 Abs. 2 GWB unabhängig vom Nichtvorliegen von Ausschlussgründen festzulegen sind.[50] Gleiches gilt für die Eintragung des Unternehmens in ein **Handels- oder Berufsregister**. Hat der Konzessionsgeber zum Nachweis hierüber einen entsprechenden Registerauszug gefordert, handelt es sich um einen persönlich zu erbringenden Nachweis, der nicht im Wege der Eignungsleihe durch die Eintragung eines anderen Unternehmens in dem fraglichen Register ersetzt werden kann.[51] 60

Gemäß § 25 Abs. 3 S. 1 Hs. 2 KonzVgV besteht die Möglichkeit zur Eignungsleihe unabhängig davon, welche rechtlichen Beziehungen zwischen dem sich um die Konzession bewerbenden 61

---

46 Vgl. Verordnungsbegründung zu § 25 Abs. 3 KonzVgV, BR-Drs. 87/16, 294.
47 Siehe oben Rn. 2.
48 Siehe näher zur Abgrenzung *Conrad* zu § 33 KonzVgV Rn. 21.
49 Vgl. *Conrad*, VergabeR 2012, 15 (20).
50 Siehe oben Rn. 11.
51 VK Bund, Beschluss v. 30.09.2016 – VK 1-86/16.

Unternehmen und dem Drittunternehmen bestehen. Die insoweit mit Art. 38 Abs. 2 S. 1 Hs. 2 RL 2014/23/EU im Wortlaut übereinstimmende Regelung ist auf die Rechtsprechung des EuGH[52] zurückzuführen. Der Konzessionsgeber darf also keine Vorgabe zur **Rechtsnatur** der zum Drittunternehmen bestehenden Beziehungen machen, z. B. keine gesellschaftsrechtliche Verknüpfung mit dem künftigen Konzessionsnehmer verlangen. Dies bedeutet jedoch nicht, dass der Konzessionsgeber die Validität der rechtlichen Beziehungen zum Drittunternehmen überhaupt nicht prüfen dürfte. Die Eignungskriterien, zu deren Erfüllung sich das um die Konzession bewerbende Unternehmen eines Drittunternehmens bedient, haben gemäß § 25 Abs. 2 Nr. 1 KonzVgV insbesondere sicherzustellen, dass der Konzessionsnehmer zur Durchführung der Konzession in Anbetracht des Konzessionsgegenstands fähig ist – und über die Dauer der Konzession auch fähig bleibt. Deshalb kann der Konzessionsgeber gemäß § 26 Abs. 3 KonzVgV auch den Nachweis verlangen, dass die zur Erfüllung der Eignungskriterien erforderlichen Drittmittel „während der gesamten Konzessionslaufzeit" zur Verfügung stehen werden.[53]

III. Schranken und Bedingungen der Eignungsleihe

62 Im Gegensatz zu § 47 Abs. 5 VgV, § 47 Abs. 5 SektVO und § 6d EU Abs. 4 VOB/A enthält die KonzVgV keine Vorschrift, auf deren Grundlage der Konzessionsgeber die Selbstausführung der konzessionsgegenständlichen Leistungen verlangen darf, was in diesem Umfang zugleich die Möglichkeit der Eignungsleihe beschneiden würde.[54] Ebenso wenig existiert eine Regelung wie die in den §§ 47 Abs. 1 S. 3 VgV, 47 Abs. 1 S. 3 SektVO und 6d EU Abs. 1 S. 3 VOB/A, nach der die Eignungsleihe zur Fachkunde auf Unterauftragnehmer beschränkt ist. Korrespondierend zu den Vorschriften über die (öffentliche) Auftragsvergabe kann die Inanspruchnahme der finanziellen Leistungsfähigkeit eines Drittunternehmens vom Konzessionsgeber allerdings unter die Bedingung gestellt werden, dass das Drittunternehmen gemeinsam mit dem Konzessionsnehmer für die Vertragsdurchführung haftet (§ 25 Abs. 3 S. 2 KonzVgV).

1. Eignungsleihe zur Fachkunde

63 Auch wenn nach dem Wortlaut von § 25 Abs. 3 KonzVgV eine Eignungsleihe zur Fachkunde – namentlich zu den vom Konzessionsgeber gemäß § 25 Abs. 2 KonzVgV festgelegten Eignungskriterien betreffend die erforderliche berufliche Leistungsfähigkeit, insbesondere die einschlägige berufliche Erfahrung – nicht an das Vorliegen von weiteren Voraussetzungen geknüpft ist, besteht diese Möglichkeit zur Inanspruchnahme der Fähigkeiten Dritter nicht schrankenlos. Der EuGH hat bereits zu Art. 47 Abs. 2, 48 Abs. 3 der früheren Vergabekoordinierungsrichtlinie 2004/18/EG entschieden, dass das dort dem Wortlaut nach ebenfalls uneingeschränkte Recht zur Eignungsleihe „bei Vorliegen außergewöhnlicher Umstände" eingeschränkt werden kann.[55] Wenn sich nach der Eigenart eines bestimmten Vertrags und der mit ihm verfolgten Zwecke die Kapazitäten, über die ein Drittunternehmen verfügt und die für die Vertragsdurchführung erforderlich sind, nicht für eine Übertragung auf den Bieter eignen, kann sich dieser Bieter nur dann auf die betreffenden Kapazitäten stützen, wenn das Drittunternehmen unmittelbar und persönlich an der Ausführung beteiligt ist.[56] Verlangt also die konkrete Ausführung der konzessionsgegenständlichen Leistungen das Tätigwerden erfahrenen Personals und hat der Konzessionsgeber zum Nachweis hierfür die Vorlage entsprechender Referenzen verlangt, kann er die Möglichkeit zur Eignungsleihe insoweit einschränken, dass die betreffenden Leistungen vom zur Erfüllung der Eignungskriterien in Anspruch genommenen Drittunternehmen nach Vertragsschluss auch tatsächlich ausgeführt werden.

---

52 Vgl. EuGH, Urteil v. 2.12.1999 – Rs. C-176/98 (Holst Italia), Rn. 31.
53 Zu den hieraus resultierenden Anforderungen an den Verfügbarkeitsnachweis siehe unten Rn. 69.
54 Siehe hierzu *Stoye/Brugger*, in: Müller-Wrede, VgV/UVgO, § 47 VgV Rn. 15 ff.
55 EuGH, Urteil v. 10.10.2013 – Rs. C-94/12 (Swm Costruzioni 2), Rn. 36.
56 EuGH, Urteil v. 7.4.2016 – Rs. C 324/14 (Partner Apelski Dariusz), Rn. 41.

2. Selbstausführungsgebot (un-)zulässig

Anders als die „Parallelvorschriften" der §§ 47 VgV, 47 SektVO und 6d VOB/A enthält § 25 Abs. 3 **KonzVgV** keine Regelung, die es dem Konzessionsgeber erlaubt, vom Konzessionsnehmer die Selbstausführung der konzessionsgegenständlichen Leistungen zu verlangen. Dies ist auch kein Redaktionsversehen, denn die zugrunde liegende RL 2014/23/EU enthält ebenfalls keine Regelung zur Selbstausführung; hingegen gestatten Art. 63 Abs. 2 RL 2014/24/EU dem öffentlichen Auftraggeber und Art. 79 Abs. 3 RL 2014/25/EU dem Sektorenauftraggeber, für bestimmte kritische Aufgaben die Selbstausführung durch den Vertragspartner vorzuschreiben. 64

Aus der grundsätzlichen Zulassung der Eignungsleihe folgt daher, dass dem Konzessionsgeber die **Befugnis** zur Vorgabe eines Selbstausführungsgebots oder von Selbstausführungsquoten nicht zukommt.[57] Anders als bei der Eignungsleihe zur Fachkunde ist die Selbstausführung von Leistungsteilen durch den Konzessionsnehmer zur Sicherstellung einer ordnungsgemäßen Vertragsdurchführung jedenfalls nicht erforderlich. Ein durch den Konzessionsgeber festgelegtes Selbstausführungsgebot verstößt mithin gegen den Grundsatz der Verhältnismäßigkeit.[58] Zwar hat der EuGH für einen Fall außerhalb des Anwendungsbereichs der Vergaberichtlinien (Unterschwellenvergabe) ein partielles Selbstausführungsgebot nicht per se für unzulässig gehalten, wenn es ein legitimes Ziel des Allgemeininteresses – namentlich die ordnungsgemäße Vertragsdurchführung – verfolgt und den Verhältnismäßigkeitsgrundsatz wahrt.[59] Der Gerichtshof hat allerdings auch klargestellt, dass regelmäßig mildere Mittel zu wählen sind, etwa die Verpflichtung der Bieter zur konkreten Benennung des vorgesehenen Nachunternehmereinsatzes und dessen konsequente Prüfung im Vergabeverfahren.[60] Genau diese Konzeption verfolgen § 33 KonzVgV und die zugrunde liegende Richtlinienvorschrift des Art. 42 RL 2014/23/EU. 65

3. Gemeinsame Haftung (S. 2)

Um sicherzustellen, dass die finanziellen Kapazitäten des in Anspruch genommenen Drittunternehmens tatsächlich zur Verfügung stehen, kann der Konzessionsgeber gemäß § 25 Abs. 3 S. 2 KonzVgV dessen gemeinschaftliche Haftung mit dem Konzessionsnehmer für die Vertragsdurchführung verlangen. Diese Gestaltungsmöglichkeit steht dem Konzessionsgeber nach dem klaren Wortlaut allein im Hinblick auf die erforderliche finanzielle Leistungsfähigkeit zur Verfügung, nicht jedoch im Falle der Eignungsleihe zur Erfüllung der sonstigen vom Konzessionsgeber festgelegten Eignungskriterien. 66

Die Vorschrift eröffnet dem Konzessionsgeber ein **Ermessen**, ob er die gemeinschaftliche Haftung verlangt. Dieses Ermessen muss er bereits im Zuge der Vorbereitung des Vergabeverfahrens ausüben und seine Erwägungen in Bezug auf den konkreten Konzessionsgegenstand dokumentieren. Entscheidet er sich nämlich für die gemeinschaftliche Haftung, muss er sowohl diese Vorgabe als auch die zum Beleg hierfür beizubringenden Unterlagen grundsätzlich in der Konzessionsbekanntmachung angeben. Ist eine Konzessionsbekanntmachung im Ausnahmefall des § 20 KonzVgV nicht erforderlich, sind diese Informationen in die Vergabeunterlagen aufzunehmen (vgl. §§ 25 Abs. 1, 26 Abs. 2 KonzVgV). 67

Die Möglichkeit einer gemeinschaftlichen Haftung kann bemerkenswert weit gehen. Die Rechtsprechung ließ zwar schon bislang nicht die bloße Verfügbarkeitserklärung des die finanziellen Kapazitäten beisteuernden Dritten genügen, sondern verlangte eine harte Patronatserklärung oder Vergleichbares.[61] Die hieraus resultierende Einstandsverpflichtung des Dritten war allerdings auf die finanziellen Verpflichtungen bezogen. Nach § 25 Abs. 3 S. 2 KonzVgV kann der Konzessionsgeber hingegen die gemeinschaftliche Haftung des Dritten 68

---

57 *Conrad* zu § 33 KonzVgV Rn. 25; a.A. *Müller-Wrede* zu § 31 KonzVgV Rn. 59.
58 Siehe hierzu oben Rn. 32 ff.
59 EuGH, Urteil v. 5.4.2017 – Rs. C-298/15 (Borta), Rn. 51.
60 EuGH, Urteil v. 5.4.2017 – Rs. C-298/15 (Borta), Rn. 57.
61 Vgl. OLG München, Beschluss v. 17.9.2015 – Verg 3/15; VK Bund, Beschluss v. 13.12.2013 – VK 1-109/13.

"für die **Vertragsdurchführung**" verlangen. Der Wortlaut ließe also zu, dass etwa eine vorfinanzierende Bank nicht nur für die finanziellen Lücken einzustehen hätte, sondern unmittelbar die Vertragserfüllung, z. B. den Betrieb eines Freizeitbades auf dem hierfür überlassenen Gelände[62], schuldet. Dieses – absurd anmutende – Ergebnis ist bereits im zugrunde liegenden Richtlinientext angelegt, hätte vom Verordnungsgeber aber durchaus korrigiert werden können.

IV. Verfügbarkeitsnachweis

69 Nach § 26 Abs. 3 KonzVgV „können" Konzessionsgeber im Falle der Eignungsleihe den Nachweis verlangen, dass die zur Erfüllung der Eignungskriterien erforderlichen Mittel während der gesamten Konzessionslaufzeit zur Verfügung stehen werden. Nach dem Wortlaut der Vorschrift steht es zwar im **Ermessen** des Konzessionsgebers, ob er diesen Verfügbarkeitsnachweis verlangt. Allerdings sieht die zugrunde liegende Richtlinienvorschrift des Art. 38 Abs. 2 S. 2 RL 2014/23/EU den Verfügbarkeitsnachweis obligatorisch vor, weshalb zur Sicherstellung einer unionsrechtskonformen Richtlinienumsetzung das nach dem Wortlaut von § 26 Abs. 3 KonzVgV eingeräumte Ermessen des Konzessionsgebers stets auf null reduziert ist.[63] Dass die vom Wortlaut des § 26 Abs. 3 KonzVgV eingeräumte Ermessensbefugnis des Konzessionsgebers auf einem Redaktionsversehen beruht, folgt auch aus § 25 Abs. 2 Nr. 1 KonzVgV. Danach „müssen" die Eignungskriterien, zu deren Erfüllung sich das um die Konzession bewerbende Unternehmen eines Drittunternehmens bedient, „sicherstellen", dass der Konzessionsnehmer zur Durchführung der Konzession fähig ist. Diese Fähigkeit zur Ausführung der konzessionsgegenständlichen Leistungen ist im Falle der Eignungsleihe nur dann sichergestellt, wenn die Verfügbarkeit über die hierfür erforderlichen Drittmittel während der gesamten Konzessionslaufzeit nachgewiesen ist.

70 Hieraus folgt zugleich, dass es bei Vorlage und Prüfung des einzureichenden Verfügbarkeitsnachweises nicht um das bloße Abhaken von ausgefüllten Formularen gehen darf. Eine unsubstantiierte, pauschal lediglich den Wortlaut von § 26 Abs. 3 KonzVgV wiedergebende Eigenerklärung des Drittunternehmens genügt sicher nicht. Insoweit hat auch der EuGH das Erfordernis einer echten Nachweisführung betont und den Bietern ein Berufen auf Drittkapazitäten, nur „um rein formal die verlangten Voraussetzungen zu erfüllen", abgesprochen.[64] **Inhaltlich** muss aus dem beizubringenden Verfügbarkeitsnachweis also deutlich und belastbar hervorgehen, dass das Drittunternehmen dem sich um die Konzession bewerbenden Unternehmen in verbindlicher Weise seine Kapazitäten über die gesamte Dauer der Konzession zur Verfügung stellt.

71 Hinsichtlich der konkreten **Anforderungen** an den Verfügbarkeitsnachweis ist der Konzessionsgeber allerdings nicht frei. Vielmehr regelt Art. 38 Abs. 2 S. 2 RL 2014/23/EU, dass der Bewerber/Bieter den Nachweis beispielsweise durch eine diesbezügliche Zusage des betreffenden Drittunternehmens führen kann. Zur inhaltlich gleichlautenden Regelung der früheren Vergabekoordinierungsrichtlinie 2004/18/EG hat der EuGH hieraus eine Wahlfreiheit der Bewerber/Bieter hinsichtlich der Art und Weise des Verfügbarkeitsnachweises abgeleitet.[65] Eine die Nachweismöglichkeiten von vorneherein beschränkende Teilnahmebedingung ist dem Konzessionsgeber damit verwehrt. Entscheidend ist allein, dass der Verfügbarkeitsnachweis dem Niveau einer verbindlichen Zusage entspricht.[66] Diese Verfügbarkeit kann aber in jeder denkbaren Form nachgewiesen werden. Mithin steht es dem sich um die Konzession bewerbenden Unternehmen frei, auf welche Art und Weise es diesen Nachweis führt.[67] Aller-

---

62 Vgl. OLG Düsseldorf, Beschluss v. 13.12.2017 – 27 U 25/17.
63 *Stolz*, in: Ziekow/Völlink, Vergaberecht, § 26 KonzVgV, Rn. 3; *Raabe* zu § 26 KonzVgV Rn. 47.
64 EuGH, Urteil v. 7.4.2016 – Rs. C-324/14 (Partner Apelski Dariusz), Rn. 37 f.
65 EuGH, Urteil v. 14.1.2016 – Rs. C-234/14 (Ostas celtnieks), Rn. 28 ff.
66 Vgl. OLG Celle, Beschluss v. 9.4.2009 – 13 Verg 7/08; OLG München, Beschluss v. 6.11.2006 – Verg 7/16.
67 In diesem Sinne bereits VK Münster, Beschluss v. 28.8.2007 – VK 14/07 und 15/07.

dings sollte der Konzessionsgeber bereits in der Konzessionsbekanntmachung regeln, zu welchem Zeitpunkt ein hinreichender Verfügbarkeitsnachweis vorzulegen ist.[68]

Im Ergebnis hat der Konzessionsgeber die schwierige Aufgabe, den Nachweis einer validen Verfügbarkeit der erforderlichen Drittkapazitäten während der gesamten Konzessionslaufzeit zu gewährleisten, den sich um die Konzession bewerbenden Unternehmen zugleich aber die Wahl über die Mittel der Nachweisführung zu überlassen. Zur Vermeidung sowohl von unbeherrschbaren Eignungslücken als auch von unnötigen Angebotsausschlüssen wird sich der Konzessionsgeber womöglich auf ein gewisses Aufklärungsprozedere einlassen (müssen). Die **Vergabepraxis** wird zeigen, ob dieser Spagat gelingen kann.

V. Eignungsprüfung des benannten Drittunternehmens

Im Gegensatz zu § 47 Abs. 2 S. 1 VgV, § 47 Abs. 2 S. 1 SektVO und § 6d EU Abs. 1 S. 4 VOB/A enthält die KonzVgV keine ausdrückliche Prüfungspflicht des Konzessionsgebers, ob das zur Erfüllung der Eignungskriterien in Anspruch genommene Drittunternehmen eben diese Eignungskriterien erfüllt und für dieses Unternehmen keine Ausschlussgründe vorliegen. Dennoch ergibt sich diese Prüfungspflicht des Konzessionsgebers unmittelbar aus der Logik einer Eignungsprüfung, die diesen Namen verdient. Soweit die Kapazitäten eines Drittunternehmens zur Erfüllung der Eignungskriterien einbezogen werden, liegt auf der Hand, dass sich die Eignungsprüfung des Konzessionsgebers gemäß § 26 Abs. 1 KonzVgV in diesem Umfang auf das Drittunternehmen erstrecken muss. Da das Drittunternehmen insoweit zur Erfüllung der Eignungskriterien an die Stelle des Bewerbers bzw. Bieters tritt, wäre die Eignungsprüfung nach einhelliger Rechtsprechung unvollendet,[69] wenn lediglich die Eignung des sich um die Konzession bewerbenden Unternehmens zum Gegenstand der Prüfung gemacht würde. Insoweit hatte es der EuGH nicht nur gestattet, den Einsatz eines Drittunternehmens zu verbieten, deren Leistungsfähigkeit nicht geprüft werden konnte.[70] Der Gerichtshof legt dem Auftraggeber vielmehr eine umfassende Prüfungspflicht hinsichtlich der Drittkapazitäten auf und akzeptiert insbesondere keine Eignungsvermutung.[71] Diese Rechtsprechung lässt sich ohne Weiteres auf Konzessionsvergaben übertragen, denn der Konzessionsgeber verfolgt per definitionem ein eigenes Beschaffungsinteresse, mithin ein Interesse an einer ordnungsgemäßen Vertragsdurchführung durch geeignete Unternehmen.

VI. Ersetzung des Drittunternehmens

Die KonzVgV enthält jedoch keinen Handlungsbefehl für den Fall, dass das zur Erfüllung der Eignungskriterien vom Bewerber oder Bieter in Anspruch genommene Drittunternehmen seinerseits die betreffenden Eignungskriterien nicht erfüllt und/oder dieses Drittunternehmen einem zwingenden oder fakultativen Ausschlussgrund gemäß §§ 123, 124 GWB unterliegt. Die Vorschriften über die (öffentliche) Auftragsvergabe lösen diesen Fall mit einer Ersetzungspflicht bei Nichterfüllen des betreffenden Eignungskriteriums oder bei Vorliegen eines zwingenden Ausschlussgrundes bzw. mit der Möglichkeit des Auftraggebers, die Ersetzung des Drittunternehmens zu verlangen (vgl. § 47 Abs. 2 Satz 3 bis 5 VgV, § 6d EU Abs. 1 S. 4 bis 6 VOB/A).[72]

Allerdings schreiben die **Verfahrensgarantien** in § 13 Abs. 1 Nr. 1 und 2 KonzVgV vor, dass eine Konzessionsvergabe ausschließlich an einen solchen Bieter erfolgen darf, der die festgelegten Eignungskriterien erfüllt und für keine Ausschlussgründe vorliegen; dazu korrespondiert die entsprechende Prüfungspflicht des Konzessionsgebers gemäß § 26 Abs. 1 KonzVgV. Aus diesen Anforderungen folgt ein Gleichklang mit den Regelungen der (öffentlichen) Auftragsvergabe insoweit, dass der Konzessionsgeber die Ersetzung des „defizitären"

---

68 *Raabe* zu § 26 KonzVgV Rn. 48.
69 Vgl. OLG München, Beschluss v. 22.1.2009 – Verg 26/08; OLG Düsseldorf, Beschluss v. 28.6.2006 – VII-Verg 18/06.
70 Vgl. EuGH, Urteil v. 14.7.2016 – Rs. C-406/14 (Wroclaw), Rn. 34.
71 Vgl. EuGH, Urteil v. 14.1.2016 – Rs. C-234/14 (Ostas celtnieks), Rn. 26 f.
72 Siehe hierzu *Stoye/Brugger*, in: Müller-Wrede, VgV/UVgO, § 47 Rn. 36 ff.

Drittunternehmens verlangen kann bzw. muss, wenn er das sich um die Konzession bewerbende Unternehmen wegen seiner „defizitären" Eignungsleihe nicht insgesamt vom Vergabeverfahren ausschließen will. Zwar kann der Konzessionsgeber gemäß § 12 Abs. 1 S. 1 KonzVgV das Vergabeverfahren grundsätzlich frei ausgestalten und deshalb durchaus – transparent in der Konzessionsbekanntmachung (§ 13 Abs. 2 Nr. 1 KonzVgV) – festlegen, dass die Inanspruchnahme eines Drittunternehmens, das die festgelegten Eignungskriterien nicht erfüllt oder für das Ausschlussgründe vorliegen, nicht zur Ersetzung dieses Drittunternehmens führt, sondern unmittelbar den Ausschluss des sich um die Konzession bewerbenden Unternehmens bewirkt. Zur Vermeidung unnötiger Ausschlüsse von im Übrigen vorteilhaften Angeboten sollte der Konzessionsgeber von dieser unmittelbaren Ausschlussfolge allerdings nur restriktiv Gebrauch machen.

F. Rechtsschutz

76 Im Rahmen des nunmehr für die Konzessionsvergabe generell eröffneten Nachprüfungsverfahrens vor den Vergabekammern (§ 155 GWB) sind die Regelungen von § 25 KonzVgV grundsätzlich als **unternehmensschützend** im Sinne von § 97 Abs. 6 GWB anzusehen. Alle Regelungsinhalte dieser Vorschrift sind als Bestimmungen über das Vergabeverfahren im Sinne von § 97 Abs. 6 GWB anzusehen. Dies gilt auch und erst recht für die in § 25 Abs. 1 S. 1 KonzVgV angesprochenen Regelungen von § 152 Abs. 2 i.V.m. § 122 GWB. Dementsprechend könnte ein Unternehmen es etwa beanstanden, wenn der Konzessionsgeber überhaupt keine (oder zu schwache bzw. „niedrige") Eignungskriterien festgelegt oder in der Konzessionsbekanntmachung angegeben hat.[73] Denn damit würde notwendigerweise die Vorschrift von § 122 Abs. 1 GWB verletzt, da nicht sichergestellt werden könnte, dass die Konzession nur an ein geeignetes Unternehmen vergeben würde. Unternehmen haben Anspruch darauf, sich nur mit geeigneten Konkurrenten im Wettbewerb messen zu müssen.[74] Im Vordergrund wird in der Praxis freilich eher der umgekehrte Fall stehen, dass ein Unternehmen nicht „zu niedrige", sondern „zu hohe" bzw. „falsche" Eignungsanforderungen beanstandet. Die Vorschriften über Schranken bei der Festlegung von Eignungskriterien sind bieterschützend, insbesondere im Hinblick auf die zulässigen Kategorien von Eignungskriterien (§ 122 Abs. 2 S. 2 GWB), das Diskriminierungsverbot (§ 25 Abs. 2 KonzVgV) und das Gebot der Verhältnismäßigkeit (§ 122 Abs. 4 GWB, aber auch § 25 Abs. 2 Nr. 1 und Nr. 2 KonzVgV). Praktische Grenzen findet der Unternehmensschutz gerade in den letztgenannten Fällen allerdings im Beurteilungs- und Ermessensspielraum des Konzessionsgebers.

77 Für die Behandlung der Frage, inwieweit ein Verstoß gegen § 25 KonzVgV aufgrund der Bekanntmachung erkennbar im Sinne von § 160 Abs. 3 S. 1 Nr. 2 GWB ist und damit einer **Rüge** innerhalb der Bewerbungs- bzw. Angebotsfrist bedarf, gelten die allgemeinen Maßstäbe. Nach der Rechtsprechung des EuGH kommt es insoweit stets darauf an, ob ein durchschnittlich fachkundiger Bieter, der die übliche Sorgfalt anwendet, den fraglichen Verstoß hätte nachvollziehen können müssen.[75] Im Einzelnen wird auf die entsprechenden Kommentierungen zu dieser Vorschrift verwiesen. Die in der bisherigen Spruchpraxis nicht einheitlich behandelte Frage nach der Erkennbarkeit einer (nach den bisherigen Maßstäben) unzulässigen Vermengung von Eignungs- und Zuschlagskriterien[76] ist im Rahmen von § 31 KonzVgV zu erörtern.

---

[73] Vgl. zum bisherigen Recht etwa VK Südbayern, Beschluss v. 5.12.2013 – Z3-3-3194-1-38-10/13; Beschluss v. 12.9.2013 – Z3-3-3194-1-21-08/13.
[74] Vgl. etwa VK Schleswig-Holstein, Beschluss v. 2.12.2014 – VK-SH 19/14.
[75] Vgl. EuGH, Urteil v. 12.3.2015 – Rs. C-538/13 (eViglio), Rn. 52 ff.; vgl. auch OLG Düsseldorf, Beschluss v. 21.10.2015 – VII-Verg 28/14. Die deutsche Rechtsprechung zu diesen Maßstäben unterscheidet sich in Nuancen, vgl. etwa einerseits OLG Düsseldorf, Beschluss v. 4.2.2013 – VII-Verg 31/12 (ins Auge fallende und nach einer allgemeinen Überzeugung der Vergabepraxis bestehende Rechtsverstöße), andererseits OLG Karlsruhe, Beschluss v. 5.11.2014 – 15 Verg 6/14 (Erkennbarkeit, wenn die Problematik seit langer Zeit Gegenstand breit geführter Diskussionen und Hinweise ist).
[76] Vgl. OLG München, Beschluss v. 25.7.2013 – Verg 7/13; OLG Karlsruhe, Beschluss v. 31.12.2012 – 15 Verg 10/12.

Anlage

Verordnungsbegründung (BR-Drs. 87/16)

Seite 293

§ 25 dient der Umsetzung der Vorgaben des Artikels 38 Absatz 1 und 2 der Richtlinie 2014/23/EU mit Blick auf die Festlegung der Eignungskriterien zur Auswahl geeigneter Unternehmen und der Konkretisierung von § 152 Absatz 2 GWB in Verbindung mit § 122 GWB. Die Konzessionsvergabeverordnung unterscheidet zwischen der Festlegung der Eignungskriterien in § 25 und den Belegen für die Eignung und das Nichtvorliegen von Ausschlussgründen in § 26.

Auch der Unionsgesetzgeber hebt in Erwägungsgrund 63 der Richtlinie 2014/23/EU hervor, dass die Auswahl angemessener, nichtdiskriminierender und gerechter Eignungskriterien und ihre Anwendung auf die Wirtschaftsteilnehmer entscheidend ist für den tatsächlichen Zugang zu den mit Konzessionen verbundenen wirtschaftlichen Möglichkeiten und daher festgelegt werden sollte, dass sich die Eignungskriterien ausschließlich auf die berufliche und fachliche Befähigung und die finanzielle und wirtschaftliche Leistungsfähigkeit der Wirtschaftsteilnehmer beziehen und im Bezug zum Konzessionsgegenstand stehen sollten.

Dagegen umfasst der in Artikel 38 der Richtlinie 2014/23/EU verwendete Begriff der „Teilnahmebedingungen" gemäß dem nicht abschließenden Katalog in Anhang V Nummer 7 Buchstabe a) bis c) der Richtlinie 2014/23/EU auch weitere Anforderungen, die Konzessionsgeber an Bewerber oder Bieter im Vergabeverfahren stellen können. Dazu gehören neben der Erfüllung der

Seite 294

Eignungskriterien (Buchstabe c) die Möglichkeit, die Konzession geschützten Werkstätten vorzubehalten oder die Ausführung nur im Rahmen von Programmen für geschützten Beschäftigungsverhältnisse vorzusehen (Buchstabe a) oder die Erbringung der Dienstleistung aufgrund von Rechts- und Verwaltungsvorschriften einem bestimmten Berufsstand vorzubehalten (Buchstabe b).

Zu Absatz 1

Absatz 1 Satz 1 setzt Artikel 38 Absatz 1 der Richtlinie 2014/23/EU mit Blick auf die Festlegung der Eignungskriterien durch Konzessionsgeber um. Konzessionsgeber sind verpflichtet, durch Eignungskriterien die konkreten Anforderungen im Hinblick auf die in § 152 Absatz 2 in Verbindung mit § 122 Absatz 2 GWB abschließend zugelassenen drei Eignungskategorien (Befähigung und Erlaubnis zur Berufsausübung, wirtschaftliche und finanzielle Leistungsfähigkeit, technische und berufliche Leistungsfähigkeit) festzulegen. Im Wortlaut des Artikel 38 Absatz 1 wird der Oberbegriff der Teilnahmebedingungen verwendet. Für die Praxis kommt den Eignungsanforderungen als Unterfall der Teilnahmebedingungen gemäß Anhang V, Nummer 7 Buchstabe c), eine besondere Bedeutung zu. Darüber hinaus greift Absatz 1 Satz 1 aus Gründen der Klarstellung mit Blick auf die Eignungskriterien die Anforderung des Artikel 37 Absatz 2 Buchstabe a) der Richtlinie 2014/23/EU auf, dem zufolge die Teilnahmebedingungen in der Konzessionsbekanntmachung aufzunehmen sind. Ebenfalls aus Gründen der Klarstellung regelt Absatz 1 Satz 2, dass die Eignungskriterien in die Vergabeunterlagen aufzunehmen sind, wenn eine Konzessionsbekanntmachung gemäß § 20 nicht erforderlich ist.

Zu Absatz 2

Absatz 2 setzt die Inhalte des Artikel 38 Absatz 1 Satz 2 der Richtlinie 2014/23/EU um. Die Eignungsanforderungen müssen „in Bezug und angemessenem Verhältnis zu der Notwendigkeit, die Fähigkeit des Konzessionsnehmers, die Konzession in Anbetracht des Konzessionsgegenstands durchzuführen, sicherzustellen, und dem Zweck, echten Wettbewerb zu garantieren, stehen". Der Wortlaut des Absatzes 2 Nummer 2 („den Wettbewerb zu gewährleisten") wurde an § 51 Absatz 2 VgV und § 13 Absatz 4 dieser Verordnung ausgerichtet. Ergänzend weist der Unionsgesetzgeber in Artikel 38 Absatz 1 Satz 2 der Richtlinie 2014/23/EU darauf hin, dass die Festlegung der Eignungskriterien im Einklang mit den Grundsätzen der Nichtdiskriminierung und Verhältnismäßigkeit stehen müssen. Diese Anforderung wurde bereits in § 152 Absatz 2 in Verbindung mit § 122 Absatz 4 Satz 1 GWB aufgenommen.

Zu Absatz 3

Absatz 3 Satz 1 und 2 setzt Artikel 38 Absatz 2 Satz 1 und 3 der Richtlinie 2014/23/EU um. Wenn ein Unternehmen die festgelegten Eignungskriterien alleine nicht erfüllen kann, kann es Kapazitäten anderer Unternehmen einbeziehen und damit im Rahmen der Eignungsprüfung beispielsweise eine ausreichende finanzielle Leistungsfähigkeit sicherstellen (Eignungsleihe). Dabei hat der Konzessionsgeber die Möglichkeit, vorzuschreiben, dass die Unternehmen gemeinschaftlich für die Vertragsdurchführung haften.

§ 26 KonzVgV
Beleg für die Eignung und das Nichtvorliegen von Ausschlussgründen

(1) Der Konzessionsgeber prüft die Eignung und das Nichtvorliegen von Ausschlussgründen aufgrund der Vorlage von Eigenerklärungen oder von Nachweisen.

(2) In der Konzessionsbekanntmachung ist anzugeben, mit welchen Unterlagen Unternehmen die Eignung und das Nichtvorliegen von Ausschlussgründen zu belegen haben. Ist eine Konzessionsbekanntmachung gemäß § 20 nicht erforderlich, sind diese Angaben in die Vergabeunterlagen aufzunehmen.

(3) Bei Einbeziehung von Kapazitäten anderer Unternehmen gemäß § 25 Absatz 3 können Konzessionsgeber den Nachweis verlangen, dass die zur Erfüllung der Eignungskriterien erforderlichen Mittel während der gesamten Konzessionslaufzeit zur Verfügung stehen werden.

Übersicht

	Rn.
A. Allgemeines	1
I. Regelungszweck	1
II. Unionsrechtlicher Hintergrund	3
III. Vergleichbare Regelungen	5
B. Prüfungspflicht und Mittel (Abs. 1)	10
I. Gegenstand der Prüfung	10
II. Eigenerklärungen und Nachweise als Mittel der Prüfung	14
1. Eigenerklärungen	16
2. Nachweise	17
3. Kombinationen	18
4. Andere Mittel der Eignungsprüfung	19
III. Durchführung der Eignungsbewertung, Beurteilungsspielraum	22
1. Formelle und materielle Eignungsprüfung	22
2. Beurteilungsspielraum	25
IV. Insbesondere: Formell fehlerhafte Unterlagen	28
C. Konkrete Unterlagen und ihre Transparenz (Abs. 2)	31
I. Konkret erforderliche Unterlagen	31
1. Festlegung durch den Konzessionsgeber	31
2. Ermessensspielraum	33
3. Verhältnismäßigkeit	34
II. Transparenz	39
D. Verfügbarkeitsnachweis bei Eignungsleihe (Abs. 3)	43
I. Eignungsprüfung bezüglich des Dritten als Vorfrage	44
II. Verhältnismäßigkeit	47
III. Maßstab der Verfügbarkeitsprüfung	49
E. Rechtsschutz	53
Anlage Verordnungsbegründung (BR-Drs. 87/16)	

A. Allgemeines

I. Regelungszweck

Während § 25 KonzVgV die inhaltlichen Anforderungen an die Eignung von Bietern und Bewerbern auf eine Konzession betrifft, adressiert § 26 KonzVgV die formelle und prozedurale Seite der Prüfung dieser Eignung, spricht aber auch die Prüfung hinsichtlich des Nichtvorliegens von Ausschlussgründen an. Die Ausschlussgründe selbst sind nicht in der KonzVgV geregelt, sondern ergeben sich unmittelbar aus dem Gesetz (§ 154 Nr. 2 i.V.m. §§ 123 bis 126 GWB). 1

Die Regelung gibt in § 26 Abs. 1 KonzVgV vor, dass und auf welcher Grundlage der Konzessionsgeber die Eignung und das Nichtvorliegen von Ausschlussgründen zu prüfen hat. § 26 Abs. 2 KonzVgV behandelt die Festlegung der einzureichenden Unterlagen und die diesbezügliche Transparenz. § 26 Abs. 3 KonzVgV schließlich erlaubt den Konzessionsgebern die Anforderung von Verfügbarkeitsnachweisen im Falle der Eignungsleihe nach § 25 Abs. 3 KonzVgV. 2

II. Unionsrechtlicher Hintergrund

3 § 26 KonzVgV dient der Umsetzung von Art. 38 Abs. 1 S. 1 **RL 2014/23/EU** hinsichtlich der Prüfung der Eignung sowie im Hinblick auf die diesbezüglichen Belege. Die Verordnungsbegründung[1] erwähnt insoweit nur den letzteren Aspekt, verkennt dabei in allerdings unschädlicher Weise, dass die eigentliche Verpflichtung des Konzessionsgebers zur Prüfung der Eignung, die sich aus Art. 38 Abs. 1 S. 1 RL 2014/23/EU ergibt, ebenfalls hierhin (und nicht in § 25 KonzVgV) übernommen wurde, wobei sich diese Verpflichtung streng genommen auch schon aus § 152 Abs. 2 i.V.m. § 122 Abs. 1 GWB entnehmen lässt. Die Regelung der Belege hinsichtlich des Nichtvorliegens von Ausschlussgründen, die in der Verordnungsbegründung gleichfalls als Umsetzung von Art. 38 Abs. 1 S. 1 RL 2014/23/EU erwähnt wird, ist in der Richtlinie nicht an dieser Stelle verortet, sondern Art. 38 Abs. 5 bis 8 RL 2014/23/EU zuzuordnen. Durch § 26 Abs. 3 KonzVgV wird außerdem im Hinblick auf die Forderung von Verfügbarkeitsnachweisen Art. 38 Abs. 2 S. 2 RL 2014/23/EU umgesetzt.

4 Das von der **Verordnung** verfolgte Konzept einer möglichst strikten Unterscheidung zwischen der inhaltlichen Festlegung von Eignungskriterien in § 25 KonzVgV und der gesonderten Regelung der formellen bzw. prozeduralen Aspekte in § 26 KonzVgV findet sich in der RL 2014/23/EU so nicht, ist damit aber auch nicht unvereinbar und im Interesse größerer Klarheit zu begrüßen.

III. Vergleichbare Regelungen

5 In der für die Vergabe öffentlicher Liefer- und Dienstleistungsaufträge im allgemeinen Auftragsvergaberecht maßgeblichen **VgV** ist das Thema der Anforderungen an Unternehmen und deren Eignung in Abschnitt 2 Unterabschnitt 5, also den §§ 42 ff. VgV, geregelt. Wie in der hiesigen Kommentierung zu § 25 KonzVgV schon erwähnt, ist die Regelungsdichte dort deutlich höher, was auf die entsprechend höhere Regelungsdichte in der Auftragsvergaberichtlinie 2014/24/EU (dort Art. 57 ff.) zurückgeht. Eine parallele Verpflichtung zur Überprüfung der Eignung und des Nichtvorliegens von Ausschlussgründen findet sich – unter Hervorhebung der Prüfung von Maßnahmen zur Selbstreinigung – in § 42 VgV. Diese Vorschrift regelt in Abs. 2 und 3 auch den Zeitpunkt der Prüfung im Ablauf des Vergabeverfahrens. Dass eine solche Regelung in § 26 KonzVgV fehlt, ist vor dem Hintergrund der (wenigstens der Form nach) liberaleren Ausgestaltung des Konzessionsvergabeverfahrens zu sehen. Die VgV enthält in § 45 Abs. 4 einen Katalog der Unterlagen, die vom öffentlichen Auftraggeber in der Regel zum Nachweis der wirtschaftlichen und finanziellen Leistungsfähigkeit verlangt werden können. In § 46 Abs. 3 VgV findet sich ein entsprechender – dort abschließender – Katalog für den Nachweis der technischen und beruflichen Leistungsfähigkeit. Solche Kataloge fehlen in der KonzVgV, da auch die RL 2014/23/EU sie im Unterschied zur Auftragsvergaberichtlinie 2014/24/EU nicht kennt. Auch hierin manifestiert sich die größere Gestaltungsfreiheit bei der Eignungsprüfung im Bereich der Konzessionsvergabe.[2]

6 In **§ 49 VgV** findet sich eine Regelung, welche die gleiche Überschrift trägt wie der hier kommentierte § 26 KonzVgV, aber deutlich detaillierter ist. Geregelt werden der grundsätzliche Vorrang von Eigenerklärungen (§ 48 Abs. 2 VgV) sowie die grundsätzliche Auswahl von Nachweisen aus dem System e-Certis. § 48 Abs. 3 VgV bestimmt ferner, dass der Auftraggeber als vorläufigen Beleg der Eignung und des Nichtvorliegens von Ausschlussgründen die Vorlage einer „Einheitlichen Europäischen Eigenerklärung" nach § 50 VgV zu akzeptieren hat. Auch eine solche Regelung fehlt in der KonzVgV – konsequenterweise, da die Regelung über die Einheitliche Europäische Eigenerklärung in Art. 59 RL 2014/24/EU in der Konzessionsvergaberichtlinie kein Gegenstück findet. § 48 Abs. 4 bis 6 VgV enthalten ferner detaillierte Regelungen zu den Belegen für das Nichtvorliegen von Ausschlussgründen, etwa die Verpflichtung zur Anerkennung von Auszügen aus dem Bundeszentralregister oder sonst einschlägigen Re-

---

1 Vgl. Verordnungsbegründung zu § 26 KonzVgV, BR-Drs. 87/16, 294.
2 Vgl. § 25 KonzVgV Rn. 27; vgl. ferner etwa *Stolz*, in: Ziekow/Völlink, Vergaberecht, § 26 KonzVgV Rn. 1.

gistern. Solche Regelungen gibt es in der KonzVgV nicht. Ebenso wenig wurden Regelungen zu Präqualifikationssystemen aufgenommen – die Zulässigkeit des Verweises auf eine Präqualifikation ergibt sich jedoch aus § 152 Abs. 2 i.V.m. § 122 Abs. 3 GWB.

Da **Abschnitt 2 VOB/A** wie die VgV der Umsetzung der Auftragsvergaberichtlinie 2014/24/EU dient, regelt sie die Belege zur Eignungsprüfung in § 6a EU VOB/A ebenfalls anders als die KonzVgV durch Kataloge. In § 6b EU VOB/A findet sich zudem noch eine gesonderte Regelung zu Mitteln und Verfahren der Nachweisführung. Diese betrifft Präqualifikationssysteme, die Akzeptanz der Einheitlichen Europäischen Eigenerklärung und die Bestätigung von vorläufigen Belegen durch Nachweise der Bieter in der engeren Wahl sowie schließlich den Rückgriff auf das Informationssystem e-Certis hinsichtlich der Art von Nachweisen. 7

In der auf der nunmehr ältesten Vergaberichtlinie 2009/81/EG beruhenden **VSVgV** werden allgemeine inhaltliche Anforderungen an die Eignung in § 21 Abs. 1 VSVgV geregelt; allgemeine Vorgaben zum Nachweis der Eignung einschließlich recht detaillierter Verfahrensregeln sind in § 22 VSVgV zusammengeführt. Die §§ 23 bis 27 VSVgV enthalten – im Unterschied zur KonzVgV – detaillierte Regelungen zu Ausschlussgründen und zu den „Nachweisen" der Eignung. Die VSVgV unterscheidet zwar in § 22 Abs. 2 VSVgV zwischen Eigenerklärungen – sie definiert diesen Begriff sogar – und Nachweisen, verwendet den Begriff der Nachweise dann aber doch wieder als Oberbegriff auch für Erklärungen des Unternehmens (vgl. etwa § 26 Abs. 1 Nr. 3 VSVgV). 8

Ein vergleichbar geschlossenes System der Regelung der Eignungsprüfung und der diesbezüglichen Belege wie die VSVgV kennt die **SektVO** nicht. Dies beruht auf ihrem abweichenden Regelungskonzept.[3] Die SektVO enthält keine Kataloge zu Belegen der Eignung. Dass der Sektorenauftraggeber solche fordern kann, ergibt sich nicht nur daraus, dass er die Auswahl der Teilnehmer (§ 45 Abs. 1 SektVO) durch objektive und nichtdiskriminierende Kriterien (§ 46 SektVO) steuern muss, sondern auch aus der Möglichkeit, „unternehmensbezogene Unterlagen, insbesondere Eigenerklärungen, Angaben, Bescheinigungen oder sonstige Nachweise" nachzufordern (§ 51 Abs. 2 SektVO). 9

B. Prüfungspflicht und Mittel (Abs. 1)

I. Gegenstand der Prüfung

Wie eingangs schon erwähnt, statuiert § 26 Abs. 1 KonzVgV eine Verpflichtung des Konzessionsgebers zur Prüfung der Eignung und des Nichtvorliegens von Ausschlussgründen. Dies entspricht im Hinblick auf die Eignungsprüfung Art. 38 Abs. 1 S. 1 RL 2014/23/EU. Ohne die Regelung dieses Absatzes wäre diesbezüglich auf die Verfahrensgarantie von § 13 Abs. 1 Nr. 1 KonzVgV und weiter auf § 152 Abs. 2 i.V.m. § 122 sowie auf § 154 Nr. 2 i.V.m. den §§ 123 bis 126 GWB zurückzugreifen, denen sich ein Normbefehl zur Prüfung, wenn auch nur implizit, entnehmen lässt. 10

Gegenstand dieser Prüfung ist zum einen die Eignung derjenigen **Unternehmen**, die sich um eine Konzession bewerben bzw. darauf bieten. Dass es in persönlicher Hinsicht um diese Unternehmen geht, sagt die Regelung nicht ausdrücklich, es ergibt sich jedoch aus dem Zusammenhang. 11

In sachlicher Hinsicht geht es zum einen um die **„formelle" Prüfung** der Eigenerklärungen und Nachweise, also um die formelle Vollständigkeit und Korrektheit eingereichter Unterlagen. Zum anderen und vor allem geht es aber auch um die **„materielle" Prüfung**, also die sachliche Feststellung der Eignung. Dies ergibt sich schon aus dem Wortlaut, demzufolge die Eignung „aufgrund" von Eigenerklärungen oder von Nachweisen zu prüfen ist – Art. 38 Abs. 1 S. 1 RL 2014/23/EU spricht von einer Prüfung der Teilnahmebedingungen „anhand" von Eigenerklärungen usw. Diese Unterscheidung entspricht der zum Auftragsvergaberecht 12

---

3 Auf dieses wurde schon in § 25 KonzVgV Rn. 10 verwiesen.

verfolgten Systematik[4] und ist auf die Konzessionsvergabe zu übertragen. Der Begriff der Eignung ist nicht in § 26 KonzVgV definiert, sondern in § 122 Abs. 1 GWB.[5] Daraus ergibt sich auch, dass der Begriff der Eignung durch Eignungskriterien ausgefüllt wird, die gemäß der letztgenannten Vorschrift vom Konzessionsgeber festzulegen sind. Somit ist Gegenstand der Eignungsprüfung im Sinne von § 26 Abs. 1 KonzVgV konkret die Prüfung der Erfüllung der vom Konzessionsgeber selbst festgelegten Eignungskriterien. § 26 KonzVgV steht also in einem unmittelbaren Zusammenhang mit der ihm vorangehenden Vorschrift.

13 Anders als § 25 KonzVgV betrifft § 26 KonzVgV indes nicht ausschließlich die Prüfung der Eignung. Wie zu § 25 KonzVgV schon erläutert, enthält der Begriff der Eignung nach der Systematik des GWB 2016 und seines untergesetzlichen Regelwerks nicht mehr das traditionelle Element der Zuverlässigkeit. Dieses ist vielmehr im – wenig glücklich formulierten – „Nichtvorliegen von **Ausschlussgründen**" aufgegangen. Die Ausschlussgründe sind auch für die Konzessionsvergabe gesetzlich geregelt (vgl. nochmals § 154 Nr. 2 i.V.m. §§ 123 bis 126 GWB), und zwar abschließend.[6] Sie unterliegen nicht der Festlegung durch den Konzessionsgeber nach § 25 KonzVgV. Spielräume des Konzessionsgebers ergeben sich im Hinblick auf Ausschlussgründe nicht in Bezug auf deren Festlegung, sehr wohl aber hinsichtlich der Entscheidung über die Rechtsfolgen, nämlich insoweit, wie Ausschlussgründe nicht zwingend, sondern fakultativ sind. Das betrifft die in § 124 GWB genannten Ausschlussgründe. Für die Konzessionsvergabe durch Sektorenauftraggeber, die nicht zugleich öffentliche Auftraggeber sind (§ 101 Abs. 1 Nr. 3 i.V.m. § 100 Abs. 1 Nr. 2 GWB), modifiziert § 154 Nr. 2 lit. a GWB zudem die zwingenden Ausschlussgründe von § 123 GWB hinsichtlich der Rechtsfolge zu fakultativen Ausschlussgründen. Hinzu tritt mit § 154 Nr. 2 lit. b GWB ein spezieller, gleichfalls fakultativer Ausschlussgrund mangelnder Vertrauenswürdigkeit bei Konzessionen in den Bereichen Verteidigung und Sicherheit. Bei fakultativen Ausschlussgründen genießt der Konzessionsgeber – zusätzlich zu einem je nach dem Inhalt des Ausschlussgrundes ggf. bestehenden Beurteilungsspielraum hinsichtlich der Tatbestandsvoraussetzungen – einen Ermessensspielraum auf der Rechtsfolgenseite. Dies zeigt übrigens, dass sich entgegen dem Wortlaut von § 26 Abs. 1 KonzVgV die Tätigkeit des Konzessionsgebers nicht allein auf das **Prüfen** des „Nichtvorliegens" von Ausschlussgründen beschränken kann, sondern in dem Fall, dass fakultative Ausschlussgründe vorliegen, noch eine Ermessensentscheidung hinsichtlich des Ausschlusses erforderlich ist.[7] Die Lage unterscheidet sich bei der Konzessionsvergabe insoweit nicht von derjenigen bei der Auftragsvergabe.

II. Eigenerklärungen und Nachweise als Mittel der Prüfung

14 Der Konzessionsgeber prüft die vorgenannten Umstände nach § 26 Abs. 1 KonzVgV „aufgrund der Vorlage von Eigenerklärungen oder von Nachweisen".

15 Mittel und Grundlage der Prüfung sind also diese **„Unterlagen"**. Dass „Unterlagen" der Oberbegriff für Eigenerklärungen und Nachweise sein soll, ergibt sich aus § 26 Abs. 2 KonzVgV, und auch § 48 Abs. 1 VgV folgt dieser begrifflichen Systematik (zählt allerdings „Eigenerklärungen, Angaben, Bescheinigungen und sonstige Nachweise" auf). Demgegenüber ist der in der Überschrift von § 26 KonzVgV genannte **„Beleg"** – wie die Verwendung des Singulars indiziert – offenbar nicht in dem Sinne gemeint, dass die Eigenerklärungen und Nachweise „Belege" sind, sondern auf das Belegen der Eignung und des Nichtvorliegens von Ausschlussgründen insgesamt als Tätigkeit bezogen (vgl. die Verwendung in § 26 Abs. 2 S. 1 KonzVgV).

---

4 Vgl. nur OLG Celle, Beschluss v. 8.9.2011 – 13 Verg 4/11; Beschluss v. 13.12.2007 – 13 Verg 10/07; VK Bund, Beschluss v. 17.2.2014 – VK12/14; *Gnittke/Hattig*, in: Müller-Wrede, GWB-Vergaberecht, § 122 Rn. 116; *Hövelberndt*, in: Müller-Wrede, VgV/UVgO, § 42 VgV Rn. 14 ff.; *Weyand*, Vergaberecht, § 97 GWB Rn. 847 ff. m.w.N.
5 Hierzu wird auf die Kommentierung zu § 25 KonzVgV verwiesen.
6 Vgl. zum früheren Vergaberecht entsprechend EuGH, Urteil v. 15.7.2010 – Rs. C-74/09 (Berlaymont), Rn. 43; Urteil v. 10.5.2009 – Rs. C-538/07 (Assitur), Rn. 20 f.; Urteil v. 16.12.2008 – Rs. C-213/07 (Michaniki) Rn. 37 ff.
7 Die diesbezüglichen Einzelheiten sind den Kommentierungen zu den gesetzlichen Ausschlussgründen zu entnehmen; vgl. etwa *Opitz*, in: Burgi/Dreher, Vergaberecht, § 124 GWB Rn. 14 ff.; *Stolz*, in: Ziekow/Völlink, Vergaberecht, § 124 GWB Rn. 2 ff.

1. Eigenerklärungen

Im Hinblick auf den hier verwendeten Begriff der Eigenerklärung verweist die Begründung des Verordnungsentwurfs auf die Definition in § 22 Abs. 2 S. 1 VSVgV.[8] In dieser Vorschrift ist davon die Rede, dass Bewerber oder Bieter „ihre Eignung durch die Vorlage einer Erklärung belegen" können, „dass sie die vom Auftraggeber verlangten Eignungskriterien erfüllen und die festgelegten Nachweise auf Aufforderung unverzüglich beibringen können (Eigenerklärung)". Der Verweis hierauf in der Begründung ist nicht nur aus systematischen Gründen überraschend, weil die VSVgV eine gleichrangige, aber recht spezielle Verordnung ist, sondern auch deswegen, weil der Begriff der Eigenerklärung im Vergaberecht seit langem geläufig ist, und zwar ohne dass er als eine umfassende oder gar pauschale Erklärung verstanden würde und zudem den Inhalt hätte, dass zu den erklärten Aussagen stets auch festgelegte Nachweise auf Aufforderung unverzüglich beigebracht werden können. Auch Art. 38 Abs. 1 RL 2014/23/2014 spricht ohne Definition schlicht und im Plural von „Eigenerklärungen" (bzw. „self-declarations" in der englischen und „déclarations sur l'honneur" in der französischen Sprachfassung). Gemeint ist also schlicht eine vom jeweiligen Unternehmen selbst ausgestellte verbindliche Erklärung über die Erfüllung des jeweiligen Eignungskriteriums, beispielsweise eine Erklärung über den durchschnittlichen jährlichen Umsatz oder eine Erklärung über die technische Ausstattung. Hinsichtlich der Form der Ausstellung und Übermittlung der Erklärung gelten die allgemeinen Regelungen von § 28 KonzVgV. Daher muss der Konzessionsgeber es im Rahmen dieser Vorschriften selbst festlegen, wenn er besondere Formanforderungen stellt (etwa eine eigenhändige Unterschrift bzw. qualifizierte elektronische Signatur).

16

2. Nachweise

Alternativ zu Eigenerklärungen spricht § 26 Abs. 1 KonzVgV von Nachweisen. Art. 38 Abs. 1 S. 1 RL 2014/43/EU spricht von „Eigenerklärungen oder Referenzen, die als Nachweis einzureichen sind". In der Begründung des Verordnungsentwurfs wird insoweit postuliert, der Begriff der „Referenzen" sei in diesem Zusammenhang auch im Vergleich mit anderen Sprachfassungen weit auszulegen und umfasse beispielsweise auch die Vorlage eines Führungszeugnisses.[9] In der Tat spricht die Systematik der Richtlinie – so ist in Art. 38 Abs. 7 lit. g beispielsweise die Rede von den „erforderlichen Unterlagen zur Belegung dieser Auskünfte" – dafür, dass an dieser Stelle nicht nur Referenzen im Sinne der deutschen vergaberechtlichen Terminologie, also Angaben zu bereits erbrachten vergleichbaren Leistungen, gemeint sind. Daher ist es als zutreffende und Missverständnisse vermeidende Umsetzung zu betrachten, dass der Verordnungsgeber in § 26 Abs. 1 KonzVgV allgemein von „Nachweisen" spricht. Referenzen im Sinne der herkömmlichen deutschen Terminologie sind davon, wie im Entwurf der Verordnungsbegründung betont wird, umfasst. Zu den Nachweisen wird man auch eine Bescheinigung über die Teilnahme an einem Präqualifizierungssystem zu rechnen haben. Obgleich die KonzVgV solche nicht erwähnt, ist aufgrund des Verweises von § 152 Abs. 2 GWB auf § 122 GWB davon auszugehen, dass § 122 Abs. 3 GWB den Eignungsnachweis durch eine Teilnahme an einem solchen System auch bei der Konzessionsvergabe zulässt.[10]

17

3. Kombinationen

Nach dem Wortlaut der Norm erfolgt die Prüfung aufgrund der Vorlage von Eigenerklärungen „oder" von Nachweisen. Dies ist nicht im Sinne von sich gegenseitig ausschließenden Alternativen zu verstehen. So ist es möglich, dass der Konzessionsgeber im Hinblick auf bestimmte Eignungskriterien auf eine Eigenerklärung abstellt, im Hinblick auf andere oder auf das Nichtvorliegen eines bestimmten Ausschlussgrundes einen Nachweis verlangt. Dies richtet sich nach den gemäß § 26 Abs. 2 KonzVgV vom Konzessionsgeber (im Regelfall in der Konzessionsbekanntmachung) transparent gemachten Anforderungen. Ebenso ist es denkbar, dass

18

---

8 Verordnungsbegründung zu § 26 Abs. 1 KonzVgV, BR-Drs. 87/16, 294 f.
9 Verordnungsbegründung zu § 26 Abs. 1 KonzVgV, BR-Drs. 87/16, 295.
10 Vgl. *Goldbrunner*, VergabeR 2016, 365 (379).

der Konzessionsgeber sich von vornherein vorbehält, dass eine zunächst abgegebene Eigenerklärung von den in die engere Wahl kommenden Unternehmen (oder auch nur vom Bestbieter) durch einen Nachweis zu unterlegen ist. Diese Möglichkeit besteht im Bereich der Konzessionsvergabe zwar nicht schon aufgrund einer ausdrücklichen Regelung in der KonzVgV. Jedoch ist es als zulässig (und wohl auch zweckmäßig) zu erachten, wenn der Konzessionsgeber eine entsprechende Verfahrensregel in die Bekanntmachung aufnimmt. Denn auch im Bereich des allgemeinen Auftragsvergaberechts ist ein solches Vorgehen zulässig (vgl. § 6b EU Abs. 2 S. 3 VOB/A, § 50 Abs. 2 VgV). Im Sinne der größeren Gestaltungsfreiheit im Bereich der Konzessionsvergabe ist eine solche Nachforderung von Nachweisen zu Eigenerklärungen (anders als bei der Anwendung der Einheitlichen Europäischen Eigenerklärung) indes nicht zwingend.

4. Andere Mittel der Eignungsprüfung

19 Angesichts der Formulierung von § 26 Abs. 1 KonzVgV fragt sich, ob die Vorlage von Eigenerklärungen oder von Nachweisen das exklusive Mittel der Eignungsprüfung ist oder ob der Konzessionsgeber sich daneben auch noch auf andere Kenntnisse stützen darf, beispielsweise auf **eigene Erkundigungen** zu vorgelegten Referenzen. Diese Frage ist uneingeschränkt zu bejahen. Der Konzessionsgeber ist zwar grundsätzlich nicht verpflichtet, den Inhalt von Eigenerklärungen oder Nachweisen durch eigene Ermittlungen zu überprüfen.[11] Eigene Ermittlungen sind ihm aber auch nicht untersagt. Dies ergibt sich im Hinblick auf Ausschlussgründe schon daraus, dass die Konzessionsvergaberichtlinie in Art. 38 RL 2014/23/EU an verschiedenen Stellen auf die „Kenntnis" (z.B. Art. 38 Abs. 5) des Konzessionsgebers oder darauf abstellt, dass dieser den Tatbestand eines Ausschlussgrundes „in jeder geeigneten Weise" nachweisen kann (z.B. Art. 38 Abs. 7 lit. a). Für die Eignungsprüfung gilt im Ergebnis nichts anderes.

20 So kann der Konzessionsgeber etwa eigene Auskünfte bei den vom Bewerber bzw. Bieter angegebenen Auftraggebern von **Referenzprojekten** einholen. Auch eigene Erfahrungen des jeweiligen Konzessionsgebers mit den Leistungen des Unternehmens bei vorangegangenen Aufträgen/Konzessionen können herangezogen werden, um etwa die technische und berufliche Leistungsfähigkeit zu beurteilen. Freilich darf es sich dabei nicht nur um vereinzelte oder untergeordnete Mängel oder gar pauschale Beurteilungen handeln.[12] Im Hinblick auf negative Vorerfahrungen ist nunmehr der spezielle Ausschlussgrund von § 154 Nr. 2 GWB i.V.m. § 124 Nr. 7 GWB vorrangig, so dass es darauf ankommt, ob Pflichtverletzungen zu einer dort genannten Sanktion geführt haben.

21 Eine **Verpflichtung zur Überprüfung** der Richtigkeit eingereichter Eigenerklärungen oder auch Nachweise besteht für den Konzessionsgeber dann (und nur dann), wenn er Anlass hat, ihre Richtigkeit oder die Eignung selbst in Frage zu stellen.[13] Der Umfang der Ermittlungspflicht ist aber auf dasjenige beschränkt, was unter den Gegebenheiten eines auf seinen raschen Abschluss angelegten Vergabeverfahrens erwartet werden darf.[14] Wenn der Konzessionsgeber seine Eignungsbeurteilung auf eigene Ermittlungen – seien diese nun erforderlich gewesen oder „freiwillig" erfolgt – stützen will, muss er, da jede Eignungsbeurteilung auf einer gesicherten Tatsachengrundlage zu beruhen hat, diese dokumentieren.[15] Der Konzessionsgeber darf sich insbesondere zulasten des Bewerbers oder Bieters nicht auf bloße Gerüchte stützen; andererseits muss die Ermittlung nicht die Qualität einer gerichtsähnlichen Beweiserhebung aufweisen.[16] Vom Konzessionsgeber nach Zeitpunkt und Inhalt schriftlich dokumentierte telefonische Auskünfte können eine hinreichende Grundlage sein.

---

11 Vgl. zum Auftragsvergaberecht OLG München, Beschluss v. 5.10.2012 – Verg 15/12; OLG Düsseldorf, Beschluss v. 9.11.2011 – VII-Verg 35/11; *Braun*, in: Gabriel/Krohn/Neun, Handbuch Vergaberecht, § 30 Rn. 25; *Hövelberndt*, in: Müller-Wrede, VgV/UVgO, § 42 VgV Rn. 47; *Weyand*, Vergaberecht, § 97 GWB Rn. 850 ff. m.w.N.
12 Vgl. OLG Frankfurt, Beschluss v. 24.2.2009 – 11 Verg 19/08.
13 Vgl. zum bisherigen Recht OLG Celle, Beschluss v. 13.12.2007 – 13 Verg 10/07.
14 Vgl. etwa VK Bund, Beschluss v. 8.11.2012 – VK 1-115/12.
15 Vgl. etwa OLG Koblenz, Beschluss v. 15.10.2009 – 1 Verg 9/09.
16 Vgl. KG, Beschluss v. 27.11.2008 – 2 Verg 4/08; *Summa*, in: Heiermann/Zeiss/Summa, Vergaberecht, § 6a VOB/A Rn. 16; Tendenziell strenger etwa OLG Frankfurt, Beschluss v. 24.2.2009 – 11 Verg 19/08.

III. Durchführung der Eignungsbewertung, Beurteilungsspielraum

1. Formelle und materielle Eignungsprüfung

Wie schon erwähnt, erfolgt die Eignungsprüfung in **verschiedenen Schritten**: Zunächst erfolgt die formelle Eignungsprüfung im Hinblick darauf, ob die vom Konzessionsgeber verlangten Unterlagen formal korrekt eingereicht wurden. Das betrifft die Vollständigkeit, die geforderte Form (etwa Unterschrift bzw. Signatur) und natürlich auch die Rechtzeitigkeit der Einreichung. Die materielle Eignungsprüfung betrifft den inhaltlichen Abgleich zwischen dem jeweiligen Eignungskriterium bzw. gesetzlichen Ausschlussgrund und den betreffend die Erfüllung bzw. das Nichtvorliegen eingereichten oder vorhandenen Informationen zum geprüften Unternehmen. Wenn man auf der Ebene der materiellen Prüfung oder auch auf beiden Ebenen noch zwischen der Eignung und den Ausschlussgründen unterscheidet, ergeben sich sogar drei bzw. vier Prüfungsschritte. Hinzu kommt ggf. noch die hiervon wiederum zu unterscheidende Begrenzung der Zahl der Bewerber nach § 13 Abs. 4 KonzVgV auf der Grundlage von Eignungskriterien in einer Funktion als Auswahlkriterien, die hier nicht zu behandeln ist.[17]

22

Die **Struktur der materiellen Eignungsprüfung** unterscheidet sich danach, ob es sich bei dem jeweiligen Eignungskriterium um ein Ja/Nein-Kriterium handelt oder um eine graduierbare Eigenschaft, für die keine strikte Mindestanforderung vorgegeben ist.[18] Zumindest im zweiten Fall wird eine wertende Beurteilung erforderlich, ob das aus den Unterlagen ersichtliche Maß der Erfüllung des Kriteriums hinreichend ist. Rechnet man die Prüfung der Erfüllung von inhaltlichen Mindestanforderungen der formellen Seite der Eignungsprüfung zu[19], lässt sich sagen, dass eine wertende Beurteilung bei der materiellen Eignungsprüfung generell erforderlich ist.

23

Traditionell wird betont, dass es sich bei der Eignungsprüfung nicht um ein streng schematisiertes, sondern um ein weitgehend formloses Verfahren handele, in dessen Rahmen der Auftraggeber relativ frei in der Art und Weise der Durchführung sei.[20] In diesen Zusammenhang gehört es auch, dass dem Auftraggeber – und das wird für den Konzessionsgeber genauso gelten – im Rahmen der materiellen Eignungsprüfung ein **Beurteilungsspielraum** hinsichtlich der Feststellung der Eignung anhand der Eignungskriterien zuerkannt wird, da es sich um eine Prognose handelt.[21]

24

2. Beurteilungsspielraum

Soweit eine solche wertende materielle Eignungsbeurteilung erforderlich ist, hat dies zur Folge, dass sich die **Nachprüfung** der Entscheidung des Auftraggebers bzw. Konzessionsgebers darauf beschränkt, ob er seinen Beurteilungsspielraum fehlerhaft gehandhabt hat, während es den Nachprüfungsinstanzen nicht zukommt, ihre eigene Bewertung und Beurteilung an die Stelle von derjenigen des Konzessionsgebers zu setzen.[22] Geprüft wird lediglich, „ob das vorgeschriebene Verfahren eingehalten worden ist, ob der Auftraggeber die von ihm selbst aufgestellten Bewertungsvorgaben beachtet hat, der zugrunde gelegte Sachverhalt vollständig und zutreffend ermittelt worden ist, keine sachwidrigen Erwägungen angestellt worden sind und nicht gegen allgemeine Bewertungsgrundsätze verstoßen worden ist."[23]

25

---

17 Vgl. dazu § 25 KonzVgV Rn. 20 ff.
18 Vgl. dazu § 25 KonzVgV Rn. 17 ff.
19 So wohl *Weyand*, Vergaberecht, § 97 GWB Rn. 849/1.
20 *Braun*, in: Gabriel/Krohn/Neun, Handbuch Vergaberecht, § 30 Rn. 24 m.w.N.
21 Vgl. nur OLG Celle, Beschluss v. 11.6.2015 – 13 Verg 4/15; OLG Düsseldorf, Beschluss v. 25.4.2012 – VII-Verg 61/11; *Gnittke/Hattig*, in: Müller-Wrede, GWB-Vergaberecht, § 122 Rn. 115; *Hövelberndt*, in: Müller-Wrede, VgV/UVgO, § 42 VgV Rn. 48.
22 Vgl. statt aller OLG Celle, Beschluss v. 11.6.2015 – 13 Verg 4/15; OLG Schleswig, Beschluss v. 30.4.2015 – 1 Verg 7/14; OLG Düsseldorf, Beschluss v. 25.4.2012 – VII-Verg 61/11; OLG Frankfurt, Beschluss v. 30.3.2004 – 11 Verg 5/04.
23 OLG Frankfurt, Beschluss v. 24.2.2009 – 11 Verg 19/08. Zahlreiche weitere Nachweise bei *Weyand*, Vergaberecht, § 97 GWB Rn. 716.

26 Wie die Aufzählung deutlich macht, ist dieser Maßstab aus Sicht der Vergabestelle keineswegs ein anspruchsloser. So kann zumindest nach einer Auffassung bereits ein Beurteilungsfehler im Hinblick auf einen von mehreren zu Lasten eines Bieters herangezogenen Umstand gerade deshalb dazu führen, dass das Vergabeverfahren zur erneuten Eignungsbeurteilung durch den Konzessionsgeber zurückzusetzen ist, weil die Nachprüfungsinstanz sich nicht befugt sieht, eine eigene Eignungsbeurteilung dazu vorzunehmen, ob die verbleibenden weiteren Gründe noch tragen.[24] Dies macht deutlich, welche hohe Bedeutung einer guten **Dokumentation** nicht nur bezüglich der formellen, sondern auch der materiellen Seite der Eignungsprüfung zukommt. So sollte darin ausdrücklich festgehalten werden, welche Umstände die positive oder negative Eignungsbeurteilung jeweils „selbstständig" tragen (also unabhängig davon, ob die jeweils übrigen Umstände „durchstehen").

27 Aus dem wertenden Prognosecharakter der Eignungsbeurteilung ergibt sich auch, dass der Konzessionsgeber an eine einmal getroffene Beurteilung der materiellen Eignung für den weiteren Verlauf desselben Konzessionsvergabeverfahrens grundsätzlich **gebunden** ist.[25] Diese Bindung ist allerdings nicht grenzenlos. Sie gilt nicht, wenn sich im Nachhinein eine geänderte Sachlage oder neue Erkenntnisse einstellen.[26] Auch ist dem Konzessionsgeber nach allgemeinen Regeln eine Korrektur von Rechtsfehlern möglich.[27] Dies alles bedeutet jedoch wiederum nicht, dass beispielsweise fehlende Unterlagen, die zur Verneinung der Eignung eines Bieters führten, von diesem ungefragt nachgereicht werden könnten und dann vom Konzessionsgeber berücksichtigt werden müssten oder auch nur dürften.[28] Hierfür gelten vielmehr die nachfolgenden Regeln.

IV. Insbesondere: Formell fehlerhafte Unterlagen

28 Eine im bisherigen Vergaberecht praktisch besonders relevante und streitanfällige Problematik ist der Umgang mit unvollständigen oder sonst formell fehlerhaften Eigenerklärungen und Nachweisen. Ausgangspunkt ist, dass derartige Mängel bereits in der formellen Prüfung dazu führen, dass das Unternehmen nicht weiter zu berücksichtigen ist, weil es seine Eignung schon formell nicht nachweisen konnte. Treten die formellen Mängel hinsichtlich der Eignungsunterlagen (in einstufigen Verfahrensarten) in einem Angebot auf, so ist zudem ein Ausschlussgrund von der Wertung verwirklicht (vgl. jetzt etwa § 57 Abs. 1 Nr. 1 und 2 VgV oder § 16 EU Nr. 2 und 3 VOB/A).

29 In den einzelnen Vergabeordnungen durchaus unterschiedlich geregelt und von der Rechtsprechung auch unterschiedlich gehandhabt war insbesondere die Frage, ob, in welchen Verfahrensarten und unter welchen Voraussetzungen die Vergabestelle fehlende oder formell fehlerhafte Unterlagen beim jeweiligen Unternehmen nachfordern darf.[29] Im **allgemeinen Auftragsvergaberecht** für Liefer- und Dienstleistungsaufträge enthält nunmehr § 56 Abs. 2 VgV eine (begrüßenswerte) allgemeine Regelung dazu. Der öffentliche Auftraggeber kann danach den Bewerber oder Bieter unter Einhaltung der Grundsätze der Transparenz und der Gleichbehandlung auffordern, fehlende, unvollständige oder fehlerhafte unternehmensbezogene Unterlagen, insbesondere Eigenerklärungen, Angaben, Bescheinigungen oder sonstige Nachweise, nachzureichen, zu vervollständigen oder zu korrigieren oder fehlende oder unvollständige leistungsbezogene Unterlagen nachzureichen oder zu vervollständigen. Der öffentli-

---

24 So OLG Koblenz, Beschluss v. 25.2.2015 – 1 Verg 5/14. A.A. *Weyand*, Vergaberecht, § 97 GWB Rn. Rn. 715.
25 Vgl. zum Auftragsvergaberecht etwa OLG Jena, Beschluss v. 16.9.2013 – 9 Verg 3/13; vgl. auch *Braun*, in: Gabriel/Krohn/Neun, Handbuch Vergaberecht, § 30 Rn. 36.
26 Vgl. etwa OLG Brandenburg, Beschluss v. 21.8.2008 – Verg 13/08; OLG Düsseldorf, Beschluss v. 9.6.2010 – VII-Verg 14/10.
27 Vgl. OLG Jena, Beschluss v. 16.9.2013 – 9 Verg 3/13.
28 Das gilt auch im Konzessionsvergaberecht genauso wie zum (bisherigen) Auftragsvergaberecht, dazu etwa VK Bund, Beschluss v. 25.1.2013 – VK 3-2/13, und ist von der sogleich zu diskutierenden Frage der Nachforderung durch den Konzessionsgeber zu unterscheiden.
29 Vgl. dazu allg. etwa *Summa*, in: Heiermann/Zeiss, Vergaberecht, 4. Aufl., § 97 GWB Rn. 163 f., aus der Rechtsprechung etwa EuGH, Urteil v. 10.10.2013 – Rs. C-336/12 (Manova); OLG Dresden, Beschluss v. 21.2.2012 – Verg 1/12; OLG Düsseldorf, Beschluss v. 17.3.2011 – VII-Verg 56/10.

che Auftraggeber ist berechtigt, in der Auftragsbekanntmachung oder den Vergabeunterlagen festzulegen, dass er keine Unterlagen nachfordern wird. Ausgeschlossen ist nach § 65 Abs. 3 VgV die Nachforderung solcher leistungsbezogener Unterlagen, welche die Wirtschaftlichkeitsbewertung anhand der Zuschlagskriterien betreffen (mit Ausnahme gewisser Preisangaben).[30]

Die **KonzVgV** kennt keine ausdrückliche Regelung zur Nachforderung von Unterlagen. Daher ist es dem Konzessionsgeber überlassen und für die Praxis zu empfehlen, selbst eine Regelung zu dieser Frage in der Konzessionsbekanntmachung (oder ggf. in den Vergabeunterlagen) zu treffen. Dabei ist es nicht als Verstoß gegen die allgemeinen Grundsätze aus § 12 KonzVgV und die Verfahrensgarantien aus § 13 KonzVgV anzusehen, wenn der Konzessionsgeber die Regelung von § 56 Abs. 2 S. 1 VgV übernimmt bzw. auf deren entsprechende Anwendung verweist. Dies folgt nicht nur aus der Überlegung, dass dann, wenn eine solche Regelung im strengeren allgemeinen Auftragsvergaberecht zulässig ist, dies erst recht im weniger strengen Konzessionsvergaberecht zu gelten hat, sondern auch aus der in § 12 Abs. 1 S. 2 KonzVgV dem Konzessionsgeber ausdrücklich eingeräumten Befugnis, das Verfahren an den Vorschriften der Vergabeverordnung zum Ablauf des Verhandlungsverfahrens mit Teilnahmewettbewerb auszurichten. Davon wird auch § 56 Abs. 2 VgV umfasst. Aus den gleichen Gründen wird es dem Konzessionsgeber auch möglich sein, von vornherein festzulegen, dass er keine Unterlagen nachfordern wird. Die gegenüber einer solchen Vorfestlegung teilweise skeptische Rechtsprechung zum bisherigen Recht[31] ist aus den vorgenannten Gründen der Vorbildwirkung und von § 12 Abs. 1 S. 2 KonzVgV auch für die Konzessionsvergabe als nicht mehr relevant anzusehen.

30

C. Konkrete Unterlagen und ihre Transparenz (Abs. 2)

I. Konkret erforderliche Unterlagen

1. Festlegung durch den Konzessionsgeber

Wie sich aus § 26 Abs. 2 S. 1 KonzVgV ergibt, ist es das Recht und die Pflicht des Konzessionsgebers festzulegen, mit welchen Unterlagen Unternehmen die Eignung und das Nichtvorliegen von Ausschlussgründen zu belegen haben. Bei der Wahrnehmung ist die vom Verordnungsgeber getroffene begriffliche Unterscheidung zwischen inhaltlichen Eignungskriterien und den Unterlagen zur Prüfung dieser Eignungskriterien ebenso zu beachten wie der inhaltliche Zusammenhang zwischen diesen beiden Ebenen.

31

Die inhaltlichen **Eignungskriterien** sind nach Maßgabe von § 25 Abs. 1 KonzVgV und der dort genannten gesetzlichen Bestimmungen und unter Beachtung der Schranken von § 25 Abs. 2 KonzVgV und § 152 Abs. 2 i.V.m. § 122 Abs. 4 S. 1GWB festzulegen. Davon begrifflich zu unterscheiden ist die Festlegung der zum Beleg vorzulegenden **Unterlagen**. So könnte beispielsweise als inhaltliches Eignungskriterium der durchschnittliche Jahresumsatz der letzten drei Geschäftsjahre (insgesamt oder für vergleichbare Leistungen oder beides) festgelegt sein – wobei möglicherweise (aber nicht zwingend) inhaltlich noch ein Mindestumsatz verlangt sein könnte.[32] Hinsichtlich der zum Beleg dieses Eignungskriteriums vorzulegenden Unterlagen könnte dann beispielsweise entweder festgelegt werden, dass eine Eigenerklärung einzureichen ist oder aber eine diesbezügliche Bestätigung eines Wirtschaftsprüfers oder die Bilanzen der letzten drei Geschäftsjahre. Das gemäß § 19 Abs. 2 KonzVgV zu verwendende Formular für die Konzessionsbekanntmachung unterscheidet diese Ebenen unter Abschnitt III.1.2 mit den Worten „Auflistung und kurze Beschreibung der Eignungskriterien, An-

32

---

30 Unterschiede zwischen den Auftragsarten verbleiben: Eine – bedauerlicherweise – weniger differenzierte, nur auf Angebote bezogene und mit zwingender Rechtsfolge versehene Nachforderungsregelung enthält für Bauaufträge §16a EU VOB/A.
31 Vgl. OLG Düsseldorf, Beschluss v. 7.8.2013 – VII-Verg 15/13; Beschluss v. 28.11.2012 – VII-Verg 8/12; für die Zulässigkeit VK Bund, Beschluss v. 8.7.2011 – VK 1-75/11.
32 Vgl. dazu nochmals § 25 KonzVgV Rn. 17 ff.

gabe der erforderlichen Informationen und Dokumente" sowie „möglicherweise geforderte Mindeststandards". Dieser Systematik ist bei der Ausfüllung des Formulars zu folgen.

2. Ermessensspielraum

33   Traditionell wird betont, dass der Vergabestelle bei der Festlegung der einzureichenden Unterlagen zur Eignung ein erheblicher Ermessensspielraum zukommt, der nur durch das Erfordernis eines sachlichen Zusammenhangs mit dem jeweiligen Auftragsgegenstand eingeschränkt sei (vgl. etwa früher § 7 EG Abs. 1 S. 1 VOL/A und § 6 Abs. 3 S. 1 VOL/A).[33] Bei der Fortschreibung dieser Sichtweise ist jedoch zu beachten, dass sie sich auf eine Rechtslage bezieht, in welcher nicht wie nunmehr und insbesondere in §§ 25 und 26 KonzVgV zwischen der Festlegung inhaltlicher Eignungskriterien und der erforderlichen Unterlagen unterschieden wurde. Diese Unterscheidung bringt es mit sich, dass auch der genannte Spielraum gleichsam aufgeteilt erscheint: Hinsichtlich der Festlegung der Eignungskriterien richtet sich seine Reichweite nach den durch § 152 Abs. 2 i.V.m. § 122 GWB sowie durch § 25 KonzVgV gezogenen Grenzen.[34] Ist dieser Spielraum vom Konzessionsgeber ausgeübt, so verbleibt ihm zwar noch ein Spielraum bei der Festlegung der zur Prüfung des jeweiligen Eignungskriteriums einzureichenden Unterlagen. Jedoch ist er durch die Festlegung der Eignungskriterien vorgeprägt und begrenzt. Aus diesem Grund war es auch systematisch korrekt, dass der Verordnungsgeber in § 26 Abs. 2 S. 1 KonzVgV nicht (erneut) auf ein Erfordernis des Sachzusammenhangs mit dem Konzessionsgegenstand verwiesen hat.

3. Verhältnismäßigkeit

34   Stattdessen ist erforderlich, dass ein sachlicher **Zusammenhang** zwischen den verlangten Unterlagen und den festgelegten Eignungskriterien besteht. Denn ansonsten würde der gesetzliche Verhältnismäßigkeitsgrundsatz verletzt, der sich hinsichtlich der Nachweise selbst wohl nicht aus dem nur die Kriterien betreffenden § 122 Abs. 4 GWB, jedenfalls aber aus § 97 Abs. 1 S. 2 GWB ergibt.

35   Die vom Konzessionsgeber festgelegten Unterlagen müssen demnach **geeignet** und **erforderlich** sein, um die Erfüllung des jeweiligen Eignungskriteriums zu prüfen, und zu diesem sowie zur Bedeutung des Konzessionsgegenstands auch im Hinblick auf den zur Beschaffung der Unterlagen für die Unternehmen erforderlichen Aufwand noch in einem **angemessenen** Verhältnis stehen. Entsprechendes gilt für die Unterlagen, die in Bezug auf das Nichtvorliegen von Ausschlussgründen festgelegt werden.

36   Ein **„ungeeigneter Eignungsnachweis"** wäre etwa die Forderung nach der Vorlage einer Bilanz zum Nachweis von konkreten Umsätzen für vergleichbare Leistungen einer speziellen Art, die in der Bilanz gar nicht gesondert ausgewiesen werden. Unter diesem Gesichtspunkt können aber auch Beschränkungen hinsichtlich der Zahl möglicher Eignungsnachweise rechtswidrig sein, weil sie die Basis für die Eignungsprüfung unzulässig verengen. Dies hat (zum allgemeinen Auftragsvergaberecht) das OLG Düsseldorf für eine Beschränkung auf maximal drei einzureichende Referenzen beanstandet.[35] Derartige Beschränkungen sind nach hiesiger Auffassung nur zulässig, wenn die Grenze so hoch angesetzt wird, dass kein nivellierender Effekt zwischen objektiv hinsichtlich der Eignung unterschiedlich zu beurteilenden Unternehmen mehr zu besorgen ist, der Konzessionsgeber also davon ausgehen darf, dass die Angabe weiterer Referenzen der Eignung „nichts mehr hinzufügen kann", auch dann nicht, wenn die Referenzen qualitativ unterschiedlich sind. Dies bedarf einer sorgfältigen Abwägung und deren Dokumentation.

37   Am Maßstab der Verhältnismäßigkeit ist auch die Frage zu messen, welche **Art von Unterlagen** der Konzessionsgeber fordert. Naturgemäß sind Eigenerklärungen einerseits leichter zu beschaffen, verursachen also weniger Verfahrensaufwand bei den Unternehmen, andererseits

---

33 Vgl. etwa *Wagner-Cardenal*, in: Dieckmann/Scharf/Wagner-Cardenal, VOL/A, § 7 EG Rn. 23 m.w.N.
34 Vgl. dazu § 25 KonzVgV Rn. 26 ff.
35 OLG Düsseldorf, Beschluss v. 12.9.2012 – VII-Verg 108/11.

in manchen Fällen von geringerer Verlässlichkeit. Einen generellen Grundsatz, dass vorrangig Eigenerklärungen zu fordern sind, kennt die KonzVgV im Gegensatz zu § 48 Abs. 2 VgV nicht. Gleichwohl dürfte eine Parallelwertung zumindest in dem Sinne zulässig sein, dass der Konzessionsgeber sich grundsätzlich auf Eigenerklärungen beschränken und verlassen darf. Im Interesse der Vermeidung formeller Vergabefehler auf Bieterseite ebenso wie im Interesse eines breiten Wettbewerbs ist das im Zweifel auch zu empfehlen. Abzuwarten bleibt, inwieweit dieser Spielraum künftig durch die Erstreckung spezialgesetzlicher Vorschriften, nach denen Eignungsnachweise zwingend gefordert werden müssen, insbesondere im Bereich der Zahlung von Sozialversicherungsbeiträgen (vgl. etwa § 7 Tariftreue- und Vergabegesetz Schleswig-Holstein), auf die Konzessionsvergabe eingeengt wird.

Hinsichtlich der konkret zu fordernden Unterlagen kann sich der Konzessionsgeber (ohne dazu verpflichtet zu sein) gut an den detaillierteren Regelungen der **VgV** orientieren. Das gilt etwa für den in § 46 Abs. 3 VgV aufgeführten Katalog von Unterlagen. Eine inhaltliche Übernahme von dort vorgesehenen Unterlagen wird dem Grunde nach nicht rechtswidrig sein. Zu berücksichtigen ist allerdings zum einen, dass auch im Bereich der Auftragsvergabe Unterlagen nur im Rahmen der Verhältnismäßigkeit gemäß § 97 Abs. 1 S. 2 GWB gefordert werden können, insbesondere abhängig von der Art der zu vergebenden Leistungen. Zum anderen hat dieser Katalog für die Konzessionsvergabe keine abschließende Wirkung. Entsprechendes gilt für die Unterlagen, die in der VgV hinsichtlich des Nichtvorliegens von Ausschlussgründen vorgesehen sind, etwa eines Auszugs aus dem Bundeszentralregister (vgl. § 48 Abs. 4 VgV). Gerade insoweit ist allerdings stets zu überlegen, ob nicht eine Eigenerklärung ausreichend ist.

38

II. Transparenz

Aus § 26 Abs. 2 S. 1 KonzVgV ergibt sich, dass der Konzessionsgeber die von ihm geforderten Nachweise für die Eignung und das Nichtvorliegen von Ausschlussgründen in der Konzessionsbekanntmachung anzugeben hat. Dieses Transparenzerfordernis ist (auch) für die Konzessionsvergabe nahezu selbstverständlich[36], da die Unternehmen naturgemäß wissen müssen, welche Unterlagen sie einzureichen haben. Gleichwohl ist die Regelung sinnvoll, da sie klarstellt, dass die Mitteilung der einzureichenden Unterlagen gerade in der Konzessionsbekanntmachung zu erfolgen hat, also nicht etwa in einem ergänzenden Memorandum oder abzurufenden Antragsformularen.

39

Dabei sind die Unterlagen in der Konzessionsbekanntmachung im **Klartext** zu benennen. Ein Verweis auf Rechtsvorschriften, in denen die Unterlagen aufgeführt sind, scheidet jedenfalls im Bereich der Konzessionsvergabe nicht nur angesichts des klaren Wortlauts von § 26 Abs. 2 S. 1 KonzVgV, sondern auch deshalb aus, weil es hier wie gesagt keine entsprechenden Kataloge gibt. Abgesehen davon sind derartige Pauschalverweise auf innerstaatliche Rechtsvorschriften schon unter dem Gesichtspunkt hinreichender Eindeutigkeit problematisch.[37]

40

Einzutragen sind die geforderten Unterlagen zur Eignung im Hinblick auf die **wirtschaftliche und finanzielle Leistungsfähigkeit** unter Abschnitt III.1.2 des nach § 19 Abs. 2 KonzVgV zu verwendenden Bekanntmachungsformulars, im Hinblick auf die **technische und berufliche Leistungsfähigkeit** unter Abschnitt III.1.3. Die dort jeweils vorgesehene Möglichkeit, hinsichtlich der Eignungskriterien pauschal auf die Auftragsunterlagen zu verweisen, kann angesichts des Wortlauts von § 26 Abs. 2 S. 1 KonzVgV in Bezug auf die Unterlagen nicht genutzt werden.[38] Sie ist ohnehin problematisch.[39] Verweise zur Konkretisierung (aus Platzgründen) sind aber als zulässig anzusehen. Im Hinblick auf die Unterlagen betreffend das Nichtvorliegen von Ausschlussgründen gibt es keine ausdrücklich so bezeichnete Rubrik. Zweckmäßig dürfte die Verortung in Abschnitt III.1.1 des Formulars sein.

41

---
36 Vgl. zum bisherigen Recht beispielhaft OLG Jena, Beschluss v. 21.9.2009 – 9 Verg 7/09 m.w.N.
37 Vgl. etwa VK Sachsen, Beschluss v. 24.3.2011 – 1/SVK/005-11.
38 A.A. *Stolz*, in: Ziekow/Völlink, Vergaberecht, § 26 KonzVgV Rn. 2.
39 Vgl. § 25 KonzVgV Rn. 51.

42 Ist eine Konzessionsbekanntmachung nach **§ 20 KonzVgV** nicht erforderlich, sind die Angaben gemäß § 26 Abs. 2 S. 2 KonzVgV in die Vergabeunterlagen aufzunehmen. Das findet in Art. 38 RL 2014/23/EU keine Entsprechung und ist insoweit eine etwas überschießende Umsetzung. Die Formulierung von Nachweisanforderungen hat in diesen Fällen freilich auch nur Sinn, soweit die Fallgestaltung von § 20 KonzVgV nicht schon die Eignung voraussetzt. Zu berücksichtigen ist in Fällen einer Alleinstellung nach § 20 Abs. 1 KonzVgV ferner, dass es hier u.U. gerechtfertigt sein kann, aus dem Vorliegen eines Ausschlussgrundes die Konsequenz eines Ausschlusses zu ziehen (vgl. § 154 Nr. 2 i.V.m. § 123 Abs. 5 GWB).

D. Verfügbarkeitsnachweis bei Eignungsleihe (Abs. 3)

43 Nach § 26 Abs. 3 KonzVgV können Konzessionsgeber bei Einbeziehung von Kapazitäten anderer Unternehmen gemäß § 25 Abs. 3 KonzVgV den Nachweis verlangen, dass die zur Erfüllung der Eignungskriterien erforderlichen Mittel während der gesamten Konzessionslaufzeit zur Verfügung stehen werden. Diese Vorschrift regelt damit einen Aspekt, der den Nachweis der Eignung mittelbar in einer besonderen Fallkonstellation betrifft. Sie dient der Umsetzung von Art. 38 Abs. 2 S. 2 RL 2014/23/EU im Hinblick auf den Verfügbarkeitsnachweis.[40]

I. Eignungsprüfung bezüglich des Dritten als Vorfrage

44 Es geht nach dem Wortlaut vorliegend allerdings nicht unmittelbar darum, die Eignung derjenigen Unternehmen, auf deren Kapazitäten sich der Bewerber oder Bieter gemäß § 25 Abs. 3 KonzVgV beruft, nachzuweisen, also für diese beispielsweise Erklärungen zum Nichtvorliegen von Ausschlussgründen, zu Umsätzen usw. vorzulegen. Vielmehr geht es um den Nachweis, dass die Kapazitäten des seine Eignung an den Bewerber oder Bieter verleihenden Dritten dem Bewerber bzw. Bieter im Auftragsfall auch über die gesamte Konzessionslaufzeit zur Verfügung stehen, also den Verfügbarkeitsnachweis. Zwischen dem Nachweis der Eignung des Dritten und dem Nachweis seiner Verfügbarkeit ist zu unterscheiden.[41]

45 Freilich stellt die Benennung eines verfügbaren und geeigneten Dritten im Hinblick auf den Bewerber bzw. Bieter selbst eine **Voraussetzung der Eignungsfeststellung** dar. Daher muss auch der Dritte, etwa ein Nachunternehmer, seinerseits für die Erbringung der ihm zugedachten Leistungen geeignet sein und es dürfen in Bezug auf ihn keine Ausschlussgründe vorliegen oder richtiger: kein Ausschluss notwendig oder nach dem Ermessen des Konzessionsgebers ausgesprochen sein. Mit anderen Worten: Ein Bewerber oder Bieter kann das Instrument der Eignungsleihe nach § 25 Abs. 3 KonzVgV nicht dazu nutzen, die Eignungsprüfung im Hinblick auf die dem Dritten zugedachten Leistungsbereiche zu umgehen. Vielmehr dient umgekehrt die Einbindung des Dritten dazu, die Eignung des Bewerbers oder Bieters „herzustellen", nämlich dessen eigene Defizite durch die Kapazitäten des Dritten zu kompensieren. Daher sind auch für den Dritten – bezogen auf dessen Leistungsbereich – die in der Konzessionsbekanntmachung geforderten Unterlagen in Bezug auf Ausschlussgründe und Eignung zu erbringen. Empfehlenswert ist, dies und den Umfang der Unterlagen in der Konzessionsbekanntmachung explizit zu regeln.

46 Für das allgemeine Auftragsvergaberecht schreiben § 47 Abs. 2 VgV und § 6d EU Abs. 1 UAbs. 4 VOB/A eine solche Eignungsprüfung in Umsetzung von Art. 63 Abs. 1 UAbs. 2 RL 2014/24/EU nunmehr explizit vor. In diesem Zusammenhang wird in § 47 Abs. 2 S. 3 ff. VgV und in § 6d EU Abs. 1 UAbs. 4 VOB/A – was ein auf der genannten Richtlinienregelung beruhendes Novum ist – auch eine Befugnis, teils sogar Verpflichtung des öffentlichen Auftraggebers geregelt, dem jeweiligen Bewerber oder Bieter die **Ersetzung** des nicht geeigneten Dritten innerhalb einer bestimmten Frist vorzuschreiben. Eine solche Regelung gibt es im

---

40 Vgl. Verordnungsbegründung zu § 26 Abs. 3 KonzVgV, BR-Drs. 87/16, 295.
41 Vgl. VK Düsseldorf, Beschluss v. 26.6.2007 – VK-18/2007-B; OLG Schleswig, Beschluss v. 30.5.2012 – 1 Verg 2/12; *Hausmann/Kern*, in: Kulartz/Kus/Marx/Portz/Prieß, VgV, § 47 Rn. 10; *Stoye/Brugger*, in: Müller-Wrede, VgV/UVgO, § 47 VgV Rn. 32 ff.; vgl. auch schon EuGH, Urteil v. 18.12.1997 – Rs. C-5/97 (Ballast Nedam II), Rn. 13.

Bereich des Konzessionsvergaberechts nicht. Daher erscheint es zumindest erlaubt, wenn der Konzessionsgeber die mangelnde Eignung des Dritten zum Anlass nimmt, die Bewerbung bzw. das Angebot des sich auf ihn berufenden Unternehmens auszuschließen. Eine entsprechende Anwendung der Regelung von § 47 Abs. 2 VgV zumindest im Sinne der Einräumung einer Befugnis, die Ersetzung zu verlangen, ist aber möglich, wenn dies in der Konzessionsbekanntmachung transparent gemacht wurde.

II. Verhältnismäßigkeit

Während die Prüfung der Eignung als solche gemäß § 26 Abs. 1 KonzVgV für den Konzessionsgeber obligatorisch ist, regelt § 26 Abs. 3 KonzVgV, dass ein **Verfügbarkeitsnachweis** verlangt werden kann. Diese Prüfung ist nach dem Wortlaut somit fakultativ ausgestaltet. Das Erfordernis eines Verfügbarkeitsnachweises im Fall der Eignungsleihe geht im allgemeinen Vergaberecht historisch auf die Ballast-Nedam-Rechtsprechung des EuGH zurück[42] und ist längst in allen Vergaberichtlinien geregelt. Art. 38 Abs. 2 S. 2 RL 2014/23/EU sieht den Verfügbarkeitsnachweis dabei obligatorisch vor. Die deutsche Regelung bedarf daher einer unionsrechtskonformen Reduktion im Sinne einer Verpflichtung zum Verfügbarkeitsnachweis.[43] Dass die deutsche Umsetzung dies fakultativ gestaltet, könnte darauf zurückzuführen sein, dass in der Rechtsprechung eine (vor allem frühzeitige) Forderung nach einer durchgängigen Einreichung von Nachunternehmererklärungen für eine Vielzahl von Nachunternehmern als im Einzelfall unverhältnismäßig betrachtet wurde.[44] Dies hängt jedoch von den Umständen des Einzelfalls ab, etwa der Zahl der betroffenen Dritten.[45] Zudem ging es dabei nicht konkret um Fälle der Eignungsleihe. Bedarf ein Bewerber oder Bieter zum Nachweis seiner Eignung der Berufung auf Dritte, kann der Nachweis von deren Verfügbarkeit nicht wegen Unzumutbarkeit verweigert werden, da die Eignungsprüfung sonst leer liefe.[46] Das kann bei der Konzessionsvergabe nicht anders sein als im Auftragsvergaberecht, wo der Verfügbarkeitsnachweis auch im nationalen Recht explizit obligatorisch ist (vgl. § 47 Abs. 1 VgV, § 6d EU Abs. 1 S. 2 VOB/A).

47

Im Hinblick auf die Zumutbarkeit spielt wie angedeutet auch die Frage des **Zeitpunkts** der Vorlage eine Rolle. Insoweit ist zunächst anzumerken, dass selbst im Auftragsvergaberecht nach der bisherigen Rechtsprechung die Forderung nach einem Verfügbarkeitsnachweis nicht bereits in der Bekanntmachung enthalten sein muss.[47] Dies entspricht auch dem Wortlaut und der Systematik von § 26 Abs. 2 und 3 KonzVgV. Gleichwohl ist es im Interesse der Transparenz zu empfehlen, bereits zum Zeitpunkt der Konzessionsbekanntmachung zumindest in den Vergabeunterlagen zu regeln, dass und zu welchem Zeitpunkt ein Verfügbarkeitsnachweis gefordert werden soll. Im Falle der Durchführung eines Teilnahmewettbewerbs empfiehlt es sich, den Nachweis mit der Bewerbung zu verlangen. Gerade dann jedoch, wenn demgegenüber wegen der Besorgnis einer unverhältnismäßigen Belastung der Unternehmen vorgesehen werden sollte, dass ein Verfügbarkeitsnachweis erst nach Abschluss eines Teilnahmewettbewerbs von dem oder den Unternehmen in der engeren Wahl[48] oder gar erst vom vorgesehenen Zuschlagsempfänger gefordert werden soll. Denn insoweit würde der Grundsatz des Abschlusses der Eignungsprüfung mit dem Teilnahmewettbewerb zeitlich durchbrochen – was auch der Grund dafür ist, dass dieses Vorgehen aus Sicht der Vergabestelle praktisch nicht empfehlenswert ist.

48

---

42 Vgl. EuGH, Urteil v. 14.4.1994 – Rs. C-389/92 (Ballast Nedam I), Rn. 17; Urteil v. 18.12.1997 – Rs. C-5/97 (Ballast Nedam II), Rn. 13; vgl. auch Urteil v. 2.12.1999 – Rs. C-176/98 (Holst Italia), Rn. 28.
43 *Stolz*, in: Ziekow/Völlink, Vergaberecht, § 26 KonzVgV Rn. 3.
44 Vgl. BGH, Urteil v. 10.6.2008 – X ZR 78/07.
45 Vgl. BGH, Urteil v. 3.4.2012 – X ZR 130/10.
46 Vgl. *Hausmann/Kern*, in: Kulartz/Kus/Marx/Portz/Prieß, VgV, § 47 Rn. 8.
47 Vgl. nur OLG München, Beschluss v. 6.11.2006 – Verg 17/06 m.w.N. Dagegen zum früheren Recht aufgrund der Einordnung als Eignungsnachweis offenbar *Müller-Wrede*, in: Müller-Wrede, VOL/A, § 7 EG Rn. 137. Zum Streit um diese Einordnung vgl. etwa *Stoye/Brugger*, in: Müller-Wrede, VgV/UVgO, § 47 VgV Rn. 28.
48 Eine hierin gehende Regelung des vormaligen § 6 EG Abs. 8 S. 3 VOB/A 2012 wurde nicht ins neue Recht übernommen.

III. Maßstab der Verfügbarkeitsprüfung

49 Im Hinblick auf den **Inhalt** des Verfügbarkeitsnachweises geht der Maßstab von § 26 Abs. 3 KonzVgV dahin, dass die zur Erfüllung der Eignungskriterien erforderlichen Mittel während der gesamten Konzessionslaufzeit zur Verfügung stehen werden. Diese Formulierung folgt grundsätzlich derjenigen von Art. 38 Abs. 2 S. 2 RL 2014/23/EU. Allerdings wird dort nur auf die „hierzu" erforderlichen Mittel abgestellt, wobei sich dies nicht so klar wie in der deutschen Umsetzung auf die Erfüllung der Eignungskriterien bzw. Teilnahmebedingungen bezieht. Da Art. 38 Abs. 2 RL 2014/23/EU jedoch die Einbeziehung von Leistungen anderer Unternehmen zur Erfüllung der Teilnahmebedingungen behandelt, ist die Umsetzung insoweit als sinngemäß richtig zu qualifizieren. Der Bezugspunkt der Erfüllung der Eignungskriterien ist dabei jedoch nicht in dem Sinne zu verstehen, dass es nur um Mindestanforderungen bzw. Ja/Nein-Kriterien geht. So kann die Berufung auf die Leistungsfähigkeit Dritter beispielsweise auch die Zahl der bei der Bewertung zu berücksichtigenden Referenzprojekte betreffen. Das kann insbesondere bei der Verwendung von Eignungskriterien als Auswahlkriterien im Sinne von § 13 Abs. 4 KonzVgV zum Tragen kommen.[49]

50 In **zeitlicher Hinsicht** hat sich der Verfügbarkeitsnachweis auf die gesamte Konzessionslaufzeit zu beziehen. Gerade bei langlaufenden Dienstleistungskonzessionen kann dies die Bewerber bzw. Bieter vor erhebliche Herausforderungen stellen, wenn sie Nachunternehmer über sehr lange Zeiträume binden müssen. Der Maßstab ist aber durch Art. 38 Abs. 2 S. 2 RL 2014/23/EU unverrückbar vorgegeben. Auch dieser Effekt sollte bei der Schätzung der angemessenen Laufzeit von Konzessionen nach § 3 KonzVgV berücksichtigt werden.

51 Hinsichtlich der **Art und Weise** des Verfügbarkeitsnachweises nennt § 46 Abs. 3 KonzVgV keine Beispiele. Art. 38 Abs. 2 S. 2 RL 2014/23/EU formuliert insoweit, dass der Bieter bzw. Bewerber „beispielsweise eine diesbezügliche Zusage der betreffenden Unternehmen vorlegt". In der Regierungsbegründung des Verordnungsentwurfs ist ganz ähnlich davon die Rede, der Nachweis könne „insbesondere durch die Vorlage einer entsprechenden Zusage der betreffenden Unternehmen erfolgen".[50] Für das Auftragsvergaberecht spricht Art. 63 Abs. 1 UAbs. 1 S. 3 RL 2014/24/EU von „diesbezüglichen verpflichtenden Zusagen". Diese Formulierung wurde in § 6d EU Abs. 1 UAbs. 2 VOB/A für die Vergabe von Bauaufträgen wörtlich umgesetzt, während für Liefer- und Dienstleistungsaufträge in § 47 Abs. 1 S. 1 VgV in Übereinstimmung mit der bisherigen Terminologie des deutschen Vergaberechts auf „eine entsprechende Verpflichtungserklärung" abgestellt wird.

52 Ob dies, insbesondere das Fehlen des Attributs **„verpflichtend"** in Art. 38 Abs. 2 S. 2 RL 2014/23/EU im Vergleich zur entsprechenden Formulierung in Art. 63 Abs. 1 UAbs. 1 S. 3 RL 2014/24/EU, einen sachlichen Unterschied hinsichtlich der Anforderungen begründet, ist zu bezweifeln. Insbesondere ist im Rahmen der Eignungsleihe bei der Konzessionsvergabe nicht davon auszugehen, dass eine unverbindliche Inaussichtstellung der Kapazitäten durch den Dritten ausreichend wäre. Dies läge schon jenseits der Wortlautgrenze des Wortes „Zusage". Daher kann auch im Rahmen der Konzessionsvergabe als Verfügbarkeitsnachweis eine verbindliche Zusage des Dritten gefordert werden. Typisch ist etwa eine Formulierung wie die, die im Vergabehandbuch des Bundes für Bauaufträge formularmäßig für eine „Verpflichtungserklärung anderer Unternehmen" vorgesehen ist: „Wir verpflichten uns, im Falle der Auftragsvergabe an den oben genannten Bieter diesem mit den erforderlichen Kapazitäten unseres Unternehmens für die nachfolgenden Leistungsbereiche zur Verfügung zu stehen."[51] Sollte der Konzessionsgeber, wie es nunmehr in bestimmten Fällen möglich ist, gemäß § 25 Abs. 3 S. 2 KonzVgV allerdings eine gesamtschuldnerische Haftung des Dritten mit dem Bieter bzw. Bewerber verlangen, wäre die Formulierung entsprechend zu erweitern.[52]

---

49 Vgl. § 25 KonzVgV Rn. 20 ff.
50 Verordnungsbegründung zu § 26 Abs. 3 KonzVgV, BR-Drs. 87/16, 295.
51 VHB Bund, Ausgabe 2017, Formblatt 236.
52 Auch dazu enthält das vorgenannte Formblatt eine Formulierungshilfe.

E. Rechtsschutz

Im Rahmen des nunmehr für die Konzessionsvergabe generell eröffneten Nachprüfungsverfahrens vor den Vergabekammern (§ 155 GWB) sind die Regelungen von § 26 KonzVgV grundsätzlich als **unternehmensschützend** im Sinne von § 97 Abs. 6 GWB anzusehen. Alle Regelungsinhalte dieser Vorschrift sind als Bestimmungen über das Vergabeverfahren im Sinne von § 97 Abs. 6 GWB anzusehen. Freilich findet die Effektivität dieses Rechtsschutzes ihre Grenzen an den **Spielräumen**, die dem Konzessionsgeber im Hinblick auf die Anwendung der Vorschriften von § 26 KonzVgV zustehen, da die Nachprüfungsinstanzen diese Spielräume zu respektieren haben und nur auf entsprechende Beurteilungs- bzw. Ermessensfehler kontrollieren können, wie oben[53] ausgeführt. 53

In diesen Grenzen könnte ein Bewerber oder Bieter beispielsweise beanstanden, dass die gemäß § 26 **Abs. 1** KonzVgV vorgeschriebene Eignungsprüfung im Hinblick auf den vorgesehenen Zuschlagsempfänger der Konzession gar nicht oder nicht ordnungsgemäß erfolgt sei und sich bei ordnungsgemäßer Prüfung der Zuschlagsempfänger als ungeeignet oder auszuschließen erwiesen hätte. Umgekehrt könnte er beanstanden, selbst zu Unrecht als ungeeignet qualifiziert worden zu sein, etwa weil Referenzen zu Unrecht als nicht vergleichbar gewertet worden seien oder weil der Konzessionsgeber sich auf ungesicherte Gerüchte über mangelnde Vertragstreue des Unternehmens gestützt habe. 54

Beanstandet werden könnte als Verstoß gegen § 26 **Abs. 2** KonzVgV ferner etwa, wenn der Konzessionsgeber unverhältnismäßige Anforderungen an die einzureichenden Unterlagen gestellt hätte. In derartigen Fällen wird der rechtzeitigen Beachtung der Rügeobliegenheit aus § 160 Abs. 3 S. 1 Nr. 1 und 2 GWB besondere Bedeutung zukommen. Denkbar wäre außerdem die Beanstandung von Verstößen gegen das Transparenzerfordernis. Auch unverhältnismäßige Anforderungen an den Umfang oder den Zeitpunkt der Vorlage von Verfügbarkeitsnachweisen gemäß § 26 **Abs. 3** KonzVgV könnten zum Gegenstand eines Nachprüfungsverfahrens gemacht werden. 55

Anlage

Verordnungsbegründung (BR-Drs. 87/16)

Seite 294

§ 26 dient der Umsetzung von Artikel 38 Absatz 1 und Absatz 2 Satz 2 der Richtlinie 2014/23/EU im Hinblick auf die Belege für die Erfüllung der Eignungskriterien und das Nichtvorliegen von Ausschlussgründen. Diese Verordnung unterscheidet zwischen der Festlegung der Eignungskriterien in § 25 und den Belegen für die Eignung und das Nichtvorliegen von Ausschlussgründen in § 26.

Zu Absatz 1

Absatz 1 setzt Artikel 38 Absatz 1 Satz 1 der Richtlinien 2014/23/EU im Hinblick auf die zugelassenen Belege für die Erfüllung der Eignungskriterien und das Nichtvorliegen von Ausschlussgründen um. Artikel 38 Absatz 1 Satz 1 sieht vor, dass Konzessionsgeber die Prüfung anhand von Eigenerklärungen oder Referenzen, die als Nachweis einzureichen sind, vornehmen. Gemäß § 22 Absatz 2 Satz 1 VSVgV ist unter einer solchen Eigenerklärung zu verstehen,

Seite 295

dass Bewerber oder Bieter ihre Eignung durch die Vorlage einer Erklärung belegen, dass sie die vom Konzessionsgeber verlangten Eignungskriterien erfüllen und die festgelegten Nachweise auf Aufforderung unverzüglich beibringen können. Im Sinne der deutschen Sprachfassung ist der Begriff der „Referenzen", die als Nachweis einzureichen sind, auch im Vergleich mit der englischen („reference or references to be submitted as proof") und französischen Sprachfassung („la ou les références à présenter comme preuve") weit auszulegen und umfasst zum Beispiel auch die Vorlage eines Füh-

---

53 Vgl. Rn. 23, 31.

rungszeugnisses aus dem Bundeszentralregister. Auf dieser Grundlage wird in Absatz 1 anstelle der Formulierung „Referenzen, die als Nachweis einzureichen sind" der Oberbegriff der „Nachweise" verwendet, der inhaltlich auch Referenzen umfasst.

Zu Absatz 2
Absatz 2 setzt Artikel 38 Absatz 1 Satz 1 der Richtlinie 2014/23/EU im Hinblick auf die Konzessionsbekanntmachung um. Die Anforderungen zur Erfüllung der Teilnahmebedingungen im Sinne des Artikels 38 Absatz 1 der Richtlinie 2014/23/EU sind grundsätzlich in der Konzessionsbekanntmachung anzugeben und umfassen auch die Unterlagen, mit denen Unternehmen ihre Eignung und das Nichtvorliegen von Ausschlussgründen zu belegen haben. Dabei ist zu beachten, das die Richtlinie 2014/23/EU unter den Oberbegriff der Teilnahmebedingungen die Eignungskriterien fasst, siehe Anhang V, Nummer 7 Buchstabe c).

Zu Absatz 3
Absatz 3 setzt Artikel 38 Absatz 2 Satz 2 um, wonach bei der Inanspruchnahme der Kapazitäten anderer Unternehmen durch den Bewerber oder Bieter zur Erfüllung der Eignungskriterien dieser dem Konzessionsgeber nachweisen muss, dass die erforderlichen Mittel während der gesamten Laufzeit der Konzession zur Verfügung stehen werden. Dies kann insbesondere durch die Vorlage einer entsprechenden Zusage der betreffenden Unternehmen erfolgen.

§ 27 KonzVgV
Fristen für den Eingang von Teilnahmeanträgen und Angeboten

(1) Der Konzessionsgeber berücksichtigt bei der Festsetzung von Fristen insbesondere die Komplexität der Konzession und die Zeit, die für die Einreichung der Teilnahmeanträge und für die Ausarbeitung der Angebote erforderlich ist.

(2) Auf ausreichend lange Fristen ist insbesondere zu achten, wenn eine Ortsbesichtigung oder eine persönliche Einsichtnahme in nicht übermittelte Anlagen zu den Vergabeunterlagen vor Ort erforderlich ist.

(3) Die Mindestfrist für den Eingang von Teilnahmeanträgen mit oder ohne Angebot beträgt 30 Tage ab dem Tag nach der Übermittlung der Konzessionsbekanntmachung.

(4) Findet das Verfahren in mehreren Stufen statt, beträgt die Mindestfrist für den Eingang von Erstangeboten 22 Tage ab dem Tag nach der Aufforderung zur Angebotsabgabe. Der Konzessionsgeber kann die Frist für den Eingang von Angeboten um fünf Tage verkürzen, wenn diese mit elektronischen Mitteln eingereicht werden.

Übersicht

	Rn.		Rn.
A. Allgemeines	1	a) Klarstellungen und Korrekturen	35
I. Unionsrechtlicher Hintergrund	2	b) Zusätzliche Informationen	38
II. Vergleichbare Regelungen	5	II. Frist für Erstangebote (Abs. 4 S. 1)	41
B. Ausreichend lange Fristen	11	III. Verkürzung der Mindestfristen (Abs. 4 S. 2)	44
I. Ausschlussfrist	13	IV. Zuschlags- und Bindefrist	49
II. Festsetzung von Fristen (Abs. 1)	16	V. Änderung und Zurückziehen von Angeboten	56
III. Fristen bei Besichtigung und Einsichtnahmen vor Ort (Abs. 2)	20	D. Rechtsschutz	57
C. Mindestfristen	23	Anlage	
I. Teilnahme- und Angebotsfrist (Abs. 3)	23	Verordnungsbegründung (BR-Drs. 87/16)	
1. Fristberechnung	29		
2. Nachträgliche Fristverlängerung	32		

A. Allgemeines

In § 27 KonzVgV werden Anforderungen zur Fristsetzung für den Eingang von Teilnahmeanträgen und Angeboten normiert. Die Regelung des § 27 KonzVgV schließt systematisch an die Regelung in § 13 KonzVgV und § 19 KonzVgV an. Gemäß § 13 Abs. 3 KonzVgV übermittelt der Konzessionsgeber den Teilnehmern an einem Vergabeverfahren einen Organisations- und Zeitplan einschließlich eines unverbindlichen Schlusstermins. Der Termin für die Einreichung der Bewerbungen oder den Eingang der Angebote muss zudem nach § 19 Abs. 2 KonzVgV zwingend in der Bekanntmachung angegeben werden.   1

I. Unionsrechtlicher Hintergrund

Mit § 27 KonzVgV wird Art. 39 RL 2014/23/EU weitestgehend in nationales Recht umgesetzt.   2

Die Formulierung in § 27 **Abs. 1** KonzVgV findet sich nahezu wortgleich in Abs. 1 des Art. 39 RL 2014/23/EU. Die Regelung in § 27 **Abs. 2** KonzVgV setzt Art. 39 Abs. 2 RL 2014/23/EU um. Allerdings müssen die Fristen bei erforderlicher Ortsbesichtigung oder Einsichtnahme in Unterlagen vor Ort nach der Regelung in der Richtlinie zwingend länger sein als die normierten Mindestfristen. Eine entsprechende Pflicht zur Verlängerung der Mindestfristen findet sich in § 27 KonzVgV demgegenüber nicht.   3

4 § 27 **Abs. 3** und **Abs. 4 S. 1** KonzVgV beruhen auf Art. 39 Abs. 3 und 4 RL 2014/23/EU. Anders als § 27 KonzVgV enthält die RL 2014/23/EU allerdings in Art. 39 noch einen separaten **Abs. 5**, wonach eine Fristverkürzung um fünf Tage möglich ist, wenn die Einreichung von Angeboten mit elektronischen Mittel akzeptiert wird. Eine vergleichbare Regelung hat der deutsche Gesetzgeber als S. 2 in § 27 Abs. 4 KonzVgV aufgenommen.

II. Vergleichbare Regelungen

5 Die Anforderungen an die Fristsetzungen sind vergleichbar mit den Regelungen in der VgV, SektVO und VOB/A. Die Fristenbestimmungen in den anderen Vergabeverordnungen und der VOB/A orientieren sich jeweils an den Vergabearten und dem Ablauf des Verfahrens. Diese Systematik konnte in der KonzVgV nicht übernommen werden, da das Verfahren zur Vergabe von Konzessionen nach § 12 KonzVgV frei ausgestaltet werden darf.

6 Sowohl VgV und SektVO als auch die VOB/A sehen für die Angebotsfrist bei einem offenen Verfahren mindestens 35 Tage und für die Einreichung von Teilnahmeanträgen mindestens 30 Tage vor. In einem zweistufigen Verfahren beträgt die Frist zur Angebotseinreichung jeweils mindestens 30 Tage bzw. 10 Tage im Falle einer Vergabe nach SektVO. Die Mindestfristen zur Einreichung von Teilnahmeanträgen sind damit identisch mit der Regelung in § 27 **Abs. 3** KonzVgV. Demgegenüber ist die in § 27 Abs. 3 KonzVgV normierte Angebotsfrist bei einem einstufigen Verfahren mit lediglich 30 Tagen kürzer. Gleiches gilt im Vergleich zur VgV und VOB/A für die Mindestfrist zur Angebotsabgabe nach vorangegangenem Teilnahmewettbewerb mit nur 22 Tagen.

7 Die in § 27 **Abs. 4 S. 2** KonzVgV vorgesehene Möglichkeit der Fristverkürzung bei Zulassung von elektronischer Einreichung findet sich in gleicher Weise in § 15 Abs. 4, § 16 Abs. 8, § 17 Abs. 9 VgV und § 10a EU Abs. 4 und § 10b EU Abs. 4 VOB/A. Auch die SektVO sieht für das offene Verfahren die entsprechende Möglichkeit der Fristverkürzung vor.

8 Anders als § 20 Abs. 3 VgV, § 16 Abs. 3 SektVO und § 10 Abs. 6 VOB/A sieht § 27 KonzVgV keine Verpflichtung zur Verlängerung der Angebotsfristen für die Fälle vor, in denen **zusätzliche Informationen** trotz rechtzeitiger Anforderung durch ein Unternehmen nicht spätestens sechs bzw. vier Tage vor Ablauf der Frist zur Verfügung gestellt werden oder wesentliche Änderungen an den Vergabeunterlagen vorgenommen werden.

9 Inhaltsgleiche Regelungen zu § 27 **Abs. 1** KonzVgV finden sich sowohl in § 20 Abs. 1 VgV und § 16 Abs. 1 SektVO als auch in § 10 EU Abs. 1 VOB/A.

10 Ähnliche Regelungen wie in § 27 **Abs. 2** KonzVgV zur Berücksichtigung erforderlicher Ortsbesichtigungen und Einsichtnahmen in Unterlagen vor Ort enthalten auch § 20 Abs. 2 VgV und § 16 Abs. 2 SektVO. In der VOB/A normiert demgegenüber § 10 EU Abs. 2 eine Verpflichtung, wonach die Fristen in diesem Fall zwingend länger als die Mindestfristen sein müssen. Die VOB/A greift hier als einzige die Verpflichtung aus Art. 39 Abs. 2 RL 2014/23/EU auf.

B. Ausreichend lange Fristen

11 Im Vergabeverfahren stellen die vom Konzessionsgeber gesetzten Fristen jeweils Meilensteine dar, die für den Verfahrensablauf von zentraler Bedeutung sind. Die Fristenbestimmungen in § 27 KonzVgV bilden den vom Konzessionsgeber bei der Festlegung der Teilnahme- und Angebotsfristen einzuhaltenden Rahmen. Durch die Festlegung von Fristen für die Einreichung von Teilnahmeanträgen und Angeboten wird insbesondere dem **Gleichbehandlungsgrundsatz** aus § 97 Abs. 2 GWB Rechnung getragen, indem allen Bewerbern und Bietern die gleiche Zeit für die Erstellung der Teilnahmeanträge und Angebote eingeräumt wird.

12 Darüber hinaus gewährleistet die Fristenregelung auch einen fairen europaweiten **Wettbewerb**. Durch die Normierung von Mindestfristen wird verhindert, dass ein Konzessionsgeber durch sehr kurze Fristen einen in einem anderen Mitgliedstaat ansässigen Wirtschaftsteilnehmer von der Teilnahme ausschließen kann.

I. Ausschlussfrist

Werden die Regelungen des § 27 KonzVgV vom Konzessionsgeber bei der Festlegung der Fristen berücksichtigt, handelt es sich bei den vom Konzessionsgeber vorgegebenen Teilnahme- und Angebotsfristen stets um Ausschlussfristen.[1] Der Teilnahmeantrag bzw. das Angebot muss sich zum Zeitpunkt des Fristablaufs an dem vom Konzessionsgeber vorgegebenen Ort (Gebäude, Zimmer) befinden. Entscheidend ist in jedem Fall, dass der Teilnahmeantrag bzw. das Angebot tatsächlich vor Ablauf der Frist den Herrschaftsbereich des teilnehmenden Unternehmens verlassen hat.[2]

13

Die strenge Einhaltung der festgelegten Fristen gebietet sich bereits nach dem Grundsatz des fairen **Wettbewerbs** und dem **Gleichheitsgrundsatz**. Ein Bewerber oder Bieter, der die Frist überschreitet, verschafft sich einen Wettbewerbsvorteil, da ihm mehr Zeit zur Bearbeitung des Teilnahmeantrags oder Angebots zur Verfügung steht als einem Konkurrenten, der die Frist wahrt. Zudem kann ein Bieter bei der Überschreitung der Angebotsfrist kurzfristig veränderte wirtschaftliche Rahmenbedingungen berücksichtigen, während seinem Konkurrenten dies nicht mehr möglich ist. Aufgrund dessen gebietet es sich, für alle Teilnehmer eines Vergabeverfahrens die gleichen Fristen vorzusehen und Überschreitungen zugunsten eines Bieters zu unterbinden.[3]

14

Versäumt ein Bewerber oder Bieter die vom Konzessionsgeber gesetzte Frist, so muss dies regelmäßig zum **Ausschluss** des Unternehmens führen. Das Risiko, dass der Teilnahmeantrag bzw. das Angebot rechtzeitig ankommt, trägt allein der Bewerber bzw. Bieter, sofern nicht ganz außergewöhnliche Umstände hinzutreten, die in die Sphäre der Vergabestelle fallen.[4] Insbesondere Unwägbarkeiten im Postlauf oder technische Probleme bei der elektronischen Übermittlung gehen zu Lasten des teilnehmenden Unternehmens.

15

II. Festsetzung von Fristen (Abs. 1)

Der Konzessionsgeber legt – unter Beachtung der Mindestfristen in § 27 Abs. 3 und Abs. 4 S. 1 KonzVgV – die Frist zur Einreichung der Teilnahmeanträge und Angebote nach pflichtgemäßem Ermessen fest.[5] Nach § 27 Abs. 1 KonzVgV berücksichtigt der Konzessionsgeber bei der Festsetzung von Fristen insbesondere die Komplexität der Konzession und die Zeit, die für die Einreichung der Teilnahmeanträge und für die Ausarbeitung der Angebote erforderlich ist.

16

Die Regelung stellt eine allgemeine **Orientierungshilfe** dar und findet sowohl auf die Festlegung von Teilnahme- als auch von Angebotsfristen Anwendung. Die Teilnahme- und Angebotsfristen sind vom Konzessionsgeber ausreichend lang zu bemessen. § 27 Abs. 1 KonzVgV bildet den Maßstab für die Ermittlung des im Einzelfall gebotenen Zeitrahmens für die Einreichung der Teilnahmeanträge bzw. Angebote und macht deutlich, dass dieser besonders stark von der Komplexität der Konzession abhängt.

17

§ 27 KonzVgV normiert lediglich **Mindestfristen**. Diese müssen mit Blick auf die Komplexität der Konzession und den Umfang der Antrags- bzw. Angebotserstellung auf ihre Angemessenheit überprüft und im Einzelfall entsprechend verlängert werden. Für die Bestimmung einer **angemessenen Frist** sind deshalb die Art, der Umfang und die Schwierigkeit der zu vergebenen Konzession heranzuziehen. Als ein Indiz kann hierbei auch der geschätzte Vertragswert dienen, der jedoch nicht allein ausschlaggebend für die Komplexität der Konzession ist.[6] Zu berücksichtigen ist des Weiteren, in welchem Umfang der Konzessionsgeber vom Bieter neben der Bearbeitung der Angebotsunterlagen die Erstellung von Konzeptionen, Berechnun-

18

---

1 Vgl. OLG Naumburg, Beschluss v. 18.8.2011 – 2 Verg 3/11; OLG Jena, Beschluss v. 22.4.2004 – 6 Verg 2/04; *Schubert*, in: Willenbruch/Wieddekind, Vergaberecht, § 20 VgV Rn. 7.
2 OLG Koblenz, Beschluss v. 20.2.2009 – 1 Verg 1/09.
3 OLG Jena, Beschluss v. 22.4.2004 – 6 Verg 2/04.
4 Vgl. *Noch*, Vergaberecht kompakt, Kapitel B, Rn. 901.
5 Vgl. *Rechten*, in: Kulartz/KusMarx/Portz/Prieß, VgV, § 20 Rn. 13.
6 Vgl. *Schubert*, in: Willenbruch/Wieddekind, Vergaberecht, § 20 VgV Rn. 10.

gen oder anderer Unterlagen verlangt.[7] Die Aufzählung in § 27 Abs. 1 KonzVgV ist allerdings nicht abschließend („insbesondere"), sodass im Einzelfall weitere Aspekte bei der Fristsetzung berücksichtigt werden müssen.

19   Ferner ist zu beachten, dass auch Unternehmen aus anderen **Mitgliedstaaten** die Gelegenheit erhalten müssen, eine fundierte Einschätzung vornehmen und ein Angebot oder einen Teilnahmeantrag erstellen zu können. Denn der Konzessionsgeber hat dem Grundsatz des freien Dienstleistungsverkehrs und dem Diskriminierungsverbot Rechnung zu tragen. Diese Grundsätze sollen die Interessen der Wirtschaftsteilnehmer schützen, die dem in einem anderen Mitgliedstaat ansässigen Auftraggeber Waren oder Dienstleistungen anbieten möchten.[8]

III. Fristen bei Besichtigung und Einsichtnahmen vor Ort (Abs. 2)

20   Auf ausreichend lange Fristen ist gemäß § 27 Abs. 2 KonzVgV insbesondere zu achten, wenn eine Ortsbesichtigung oder eine persönliche Einsichtnahme in nicht übermittelte Anlagen zu den Vergabeunterlagen vor Ort erforderlich ist. § 27 Abs. 2 KonzVgV normiert damit einen speziellen Fall, der bei der Berechnung angemessener Fristen zu berücksichtigen ist, und konkretisiert damit den Grundsatz des § 27 Abs. 1 KonzVgV noch einmal, wonach die erforderliche Zeit für die Angebotserstellung in die Fristberechnung einfließen muss.[9] Ob im Einzelfall eine Ortsbesichtigung oder persönliche Einsichtnahme vor Ort erforderlich ist, entscheidet der Konzessionsgeber. Dies hängt maßgeblich von dem Gegenstand der Konzession ab.

21   Nach seinem Wortlaut enthält § 27 Abs. 2 KonzVgV lediglich die Verpflichtung zur Berücksichtigung des besonderen Umstands einer Ortsbesichtigung bzw. Einsichtnahme vor Ort. Eine **Verpflichtung** zur Verlängerung der Mindestfristen sieht die KonzVgV hier ausdrücklich nicht vor. Der Begründung zur KonzVgV kann allerdings entnommen werden, dass die Fristen bei einer erforderlichen Besichtigung oder Einsichtnahme in Unterlagen vor Ort in jedem Fall länger sein müssen als die Mindestfristen gemäß § 27 Abs. 3 und Abs. 4 S. 1 KonzVgV.[10] Dies entspricht den Vorgaben des Art. 39 Abs. 2 RL 2014/23/EU, welcher mit § 27 Abs. 2 KonzVgV umgesetzt werden sollte. Insofern ist die Regelung europarechtskonform dahingehend auszulegen, dass die Frist im Falle einer erforderlichen Ortsbesichtigung oder Einsichtnahme in Unterlagen vor Ort zwingend länger sein muss als die normierten Mindestfristen und das Ermessen des Konzessionsgebers bei der Bemessung der Fristen im Fall des § 27 Abs. 2 KonzVgV dahingehend reduziert ist.

22   Wie lange die **Frist** bei erforderlicher Ortsbesichtigung oder Einsichtnahme in Unterlagen vor Ort bemessen sein muss, gibt die KonzVgV nicht vor. In § 27 Abs. 2 KonzVgV heißt es lediglich, dass in diesen Fällen insbesondere auf ausreichend lange Fristen zu achten ist. Der unionsrechtlichen Vorgabe in Art. 39 Abs. 2 RL 2014/23/EU ist zu entnehmen, dass die Fristen für den Eingang von Teilnahmeanträgen oder den Eingang von Angeboten so festzusetzen sind, dass alle betroffenen Wirtschaftsteilnehmer von allen Informationen, die für die Erstellung von Teilnahmeanträgen oder Angeboten notwendig sind, Kenntnis nehmen können. Bei der Fristsetzung muss sich an den Umständen des Einzelfalls orientiert werden. Dabei sind insbesondere der notwendige Umfang der Einsichtnahme in nicht übersandte Unterlagen oder der Ortsbesichtigung zu berücksichtigen sowie der Zeitpunkt, zu dem sie zur Verfügung stehen bzw. durchgeführt werden.[11] Der Bieter muss nach der Einsicht bzw. Ortsbesichtigung noch ausreichend Zeit haben, die gewonnenen Informationen in sein Angebot einzuarbeiten und eine entsprechende Preiskalkulation vorzunehmen.

---

7   Vgl. *Schubert*, in: Willenbruch/Wieddekind, Vergaberecht, § 20 VgV Rn. 10.
8   EuG, Urteil v. 20.5.2010 – Rs. T-258/06, Rn. 122 unter Verweis u.a. auf EuGH, Urteil v. 12.12.2002 – Rs. C-470/99 (Universale-Bau), Rn. 51; Urteil v. 3.10.2000 – Rs. C-380/98 (University of Cambridge), Rn. 16.
9   Vgl. *Horn*, in: Müller-Wrede, VgV/UVgO, § 20 VgV Rn. 22; *Noch*, Vergaberecht kompakt, Rn. 1031.
10 Verordnungsbegründung zu § 27 Abs. 2 KonzVgV, BR-Drs. 87/16, 295.
11 Vgl. *Horn*, in: Müller-Wrede, VgV/UVgO, § 20 VgV Rn. 21.

C. Mindestfristen

I. Teilnahme- und Angebotsfrist (Abs. 3)

§ 27 Abs. 3 KonzVgV normiert sowohl die Frist zur Einreichung der Teilnahmeanträge ohne Angebote bei einem zweistufigen Verfahren als auch die Frist für die Einreichung von Teilnahmeanträgen mit Angeboten, welches der Angebotsfrist bei einem einstufigen Verfahren entspricht. Die Mindestfrist beträgt jeweils 30 Tage ab dem Tag nach der Übermittlung der Konzessionsbekanntmachung.

Als **Mindestfrist** stellt dies die untere Grenze für die vom Konzessionsgeber festzusetzende tatsächliche Frist dar. Diese muss sich wiederum entsprechend § 27 Abs. 1 KonzVgV an der Komplexität der Konzession sowie der erforderlichen Zeit für die Einreichung der Teilnahmeanträge und Ausarbeitung der Angebote orientieren.

Mit der **Übermittlung** der Konzessionsbekanntmachung ist die Übersendung der Konzessionsbekanntmachung nach § 19 KonzVgV an das Amt für Veröffentlichungen der Europäischen Union gemeint. Die Frist beginnt damit nicht erst, wenn der interessierte Wirtschaftsteilnehmer Kenntnis von der Ausschreibung erlangt hat. Dieser Zeitpunkt würde sich nicht eindeutig bestimmen lassen, da nicht alle Interessenten die Konzessionsbekanntmachung und die Vergabeunterlagen zum gleichen Zeitpunkt wahrnehmen. Entscheidend ist deshalb allein der Zeitpunkt der Absendung der Konzessionsbekanntmachung. Denn nur dieser Zeitpunkt kann vom Konzessionsgeber selbst genau bestimmt und dokumentiert werden. Aufgrund dessen kommt es auch nicht auf den Zeitpunkt der tatsächlichen Veröffentlichung der Konzessionsbekanntmachung an.[12]

Nach § 27 Abs. 3 KonzVgV wird die Frist gerechnet **„ab dem Tag nach der Übermittlung der Konzessionsbekanntmachung"**, während es in Art. 39 Abs. 3 RL 2014/23/EU „ab dem Tag der Übermittlung" heißt. Eine abweichende Regelung des Fristenbeginns ist vom deutschen Verordnungsgeber damit jedoch offensichtlich nicht beabsichtigt gewesen, denn in diesem Fall wäre ein entsprechender Hinweis in der Verordnungsbegründung zu erwarten gewesen. Auch die Regelungen zu Fristen in der VgV und SektVO weichen in gleicher Weise ohne nähere Begründung von den jeweiligen Richtlinien ab.[13] Es ist deshalb vielmehr davon auszugehen, dass der Zeitpunkt für den Beginn der Fristenberechnung präzisiert werden sollte.

Bei der Ermittlung der angemessenen Frist für die Einreichung von Teilnahmeanträgen und Angeboten muss berücksichtigt werden, dass die Zeit zwischen dem Zeitpunkt der **Absendung** der Bekanntmachung und dem Zeitpunkt der **Veröffentlichung**, zu dem interessierte Unternehmen erstmal die Möglichkeit haben, von der Ausschreibung zu erfahren, den Unternehmen nicht zur Bearbeitung ihrer Teilnahmeanträge und Angebote zur Verfügung stehen. Tatsächlich stehen den Unternehmen unter Berücksichtigung der Vorbereitungszeit für die Veröffentlichung der Konzessionsbekanntmachung nach deren Absendung einige Tage weniger für die Bearbeitung zur Verfügung.[14]

Eine Angebotsfrist ist **unangemessen kurz**, wenn die Zeit für die Bieter nicht ausreicht, um ihre Angebote bearbeiten und einreichen zu können.[15] Bei der Bemessung der Frist sind deshalb kalendarische Besonderheiten wie Ostern, Weihnachten oder der Jahreswechsel zu berücksichtigen. Das OLG Düsseldorf[16] hat hierzu ausgeführt, dass die Mindestfrist gleichwohl unangemessen kurz ist, wenn – wie im zu entscheidenden Fall – nicht nur die Weihnachtsfeiertage und der Jahreswechsel in diese Frist fallen, sondern darüber hinaus auch der Berater für eine Woche urlaubsbedingt nicht erreichbar ist, weil sich dadurch die einem Bieter für die Ausarbeitung eines Angebots tatsächlich zur Verfügung stehende Zeit auf einen Umfang re-

---
12 Vgl. *Rechten*, in: Kulartz/Kus/Marx/Portz/Prieß, VgV, § 17 Rn. 4.
13 Z.B. § 15 Abs. 2 VgV, § 14 Abs. 2 SektVO.
14 Vgl. *Rechten*, in: Kulartz/Kus/Marx/Portz/Prieß, VgV, § 17 Rn. 4; *Hirsch/Kaelble*, in: Müller-Wrede, VgV/UVgO, § 17 VgV Rn 110.
15 Vgl. OLG Düsseldorf, Beschluss v. 19.6.2013 – VII-Verg 4/13.
16 OLG Düsseldorf, Beschluss v. 19.6.2013 – VII-Verg 4/13.

duziert, der den hier erforderlichen umfangreichen logistischen und planerischen Vorbereitungen für die Erstellung und Abgabe eines Angebots nicht gerecht wird.

1. Fristberechnung

29 Die **Berechnung** der Frist erfolgt gemäß § 36 KonzVgV nach der VO (EWG, Euratom) 1182/71. Ist für den Anfang einer nach Tagen bemessenen Frist der Zeitpunkt maßgeblich, in welchem ein Ereignis eintritt oder eine Handlung vorgenommen wird, so wird bei der Berechnung dieser Frist der Tag nicht mitgerechnet, in den das Ereignis oder die Handlung fällt, Art. 3 Abs. 1 UAbs. 2 VO (EWG, Euratom) 1182/71. Nach Art. 3 Abs. 2 lit. b VO (EWG, Euratom) 1182/71 beginnt eine nach Tagen bemessene Frist am Anfang der ersten Stunde des ersten Tages (mithin um 0:00 Uhr) und endet mit Ablauf der letzten Stunde des letzten Tages (mithin um 24:00 Uhr) der Frist. Zu beachten ist dies insbesondere, wenn die Angebotsfrist nicht um Mitternacht, sondern im Laufe des Tages enden soll. Sofern lediglich die Mindestfrist nach § 27 Abs. 3 KonzVgV vorgesehen wird, darf die Frist damit erst im Laufe des 31. Tages enden. Andernfalls würde die Frist unzulässigerweise verkürzt.

30 Aus Art. 3 Abs. 3 VO (EWG, Euratom) 1182/71 ergibt sich, dass mit dem Begriff **„Tage"** in § 27 KonzVgV Kalendertage gemeint sind, denn nach dieser Vorschrift umfasst die Frist auch Feiertage, Sonntag und Sonnabende, soweit diese nicht ausdrücklich ausgenommen oder die Frist nach Arbeitstagen bemessen ist. Fällt der letzte Tag der Frist auf einen Feiertag, Sonntag oder Sonnabend, so endet die Frist nach Art. 3 Abs. 4 VO (EWG, Euratom) 1182/71 mit Ablauf der letzten Stunde des folgenden Arbeitstages.

31 Wird keine genaue **Uhrzeit** bei der Bestimmung der Angebotsfrist angegeben, endet die Frist um 24:00 Uhr des für die Einreichung der Angebote bestimmten Tages. In diesem Fall ist z.B. durch einen Nachtbriefkasten mit Zeitschaltuhr sicherzustellen, dass nur Angebote in die Wertung einfließen, die tatsächlich vor Mitternacht abgegeben worden sind.

2. Nachträgliche Fristverlängerung

32 Anders als **§ 20 Abs. 3 VgV** enthält § 27 KonzVgV keine Regelung dazu, wann die Angebotsfrist während des laufenden Vergabeverfahrens verlängert werden muss bzw. kann. Nach § 20 Abs. 3 S. 1 VgV sind die Angebotsfristen zu verlängern,

1. wenn zusätzliche Informationen trotz rechtzeitiger Anforderung durch ein Unternehmen nicht spätestens sechs Tage vor Ablauf der Angebotsfrist zur Verfügung gestellt werden oder
2. wenn der öffentliche Auftraggeber wesentliche Änderungen an den Vergabeunterlagen vornimmt.

Auch ohne ausdrückliche Regelung ist bei der Vergabe von Konzessionen eine nachträgliche Verlängerung der Teilnahme- bzw. Angebotsfrist in zulässiger Weise möglich und in bestimmten Fällen geboten. Dies ergibt sich bereits aus den in § 97 Abs. 1 und 2 GWB normierten Grundprinzipien. Insbesondere zur Gewährleistung eines effektiven Wettbewerbs muss eine Fristverlängerung zulässig sein und im Einzelfall erfolgen.

33 Eine nachträgliche Fristverlängerung muss allen Bewerbern und Bietern in **gleicher Weise** gewährt werden. Auch müssen alle Teilnehmer am Verfahren über die Fristverschiebung in gleicher Weise und zum gleichen Zeitpunkt informiert werden. Wird die Angebots- oder Teilnahmefrist verlängert, müssen die Angaben in der Konzessionsbekanntmachung durch eine entsprechende Mitteilung korrigiert werden.

34 Eine Fristverlängerung wird immer dann angezeigt sein, wenn die ursprünglich festgelegte Frist durch zwischenzeitlich eingetretene **Umstände** nicht mehr ausreicht, um ordnungsgemäße Angebote zu erstellen. Eine Fristverlängerung darf allerdings nicht willkürlich erfolgen. Allein um einen bestimmten Bieter die Einhaltung der Frist zu ermöglichen, darf diese z.B. nicht verlängert werden. Dies würde einen Verstoß gegen das Umgehungsverbot aus § 14 KonzVgV, wonach das Verfahren zur Vergabe einer Konzession nicht in einer Weise ausgestal-

tet werden darf, dass bestimmte Unternehmen auf unzulässige Weise bevorzugt oder benachteiligt werden, darstellen.

a) Klarstellungen und Korrekturen

In Anlehnung an § 20 Abs. 3 S. 1 VgV ist eine Verlängerung der gesetzten Fristen erforderlich, wenn **Klarstellungen** und **Korrekturen** in den Vergabeunterlagen erforderlich werden und den Bewerbern bzw. Bietern nicht mehr ausreichend Zeit bleibt, diese bei der Erstellung ihres Teilnahmeantrags bzw. bei der Angebotserstellung zu berücksichtigen. 35

Wird der Konzessionsgeber durch Fragen der teilnehmenden Unternehmen auf Defizite und Unklarheiten in den Vergabeunterlagen hingewiesen, muss der Konzessionsgeber entsprechende Klarstellungen und Korrekturen in den Vergabeunterlagen vornehmen. Erkannte Defizite oder Fehler sind in jedem **Stand des Vergabeverfahrens** zu korrigieren, sodass es keine Rolle spielt, wie kurzfristig die Frage vor dem Ablauf der Angebotsfrist eingeht. Falls die Klarstellung oder Korrektur dazu führt, dass die Unternehmen mehr Zeit benötigen, um den Teilnahmeantrag bzw. das Angebot auf die neuen Informationen auszurichten, ist die Frist zur Einreichung entsprechend zu verlängern.[17] 36

Die Fristverlängerung muss in einem **angemessenen Verhältnis** zur Bedeutung der Information oder Änderung stehen und gewährleisten, dass alle Bewerber und Bieter auch unter Berücksichtigung der zusätzlichen Informationen und Änderungen eine angemessene und ausreichende Zeit für die Bearbeitung der Teilnahmeanträge und Angebote zur Verfügung steht. Die erforderliche Fristverlängerung ist abhängig vom Umfang der Informationen und Änderungen sowie vom Zeitpunkt, zu dem sie erfolgt. Die Verlängerung muss sich an den jeweiligen Umständen des Einzelfalls orientieren. Auf eine Fristverlängerung kann verzichtet werden, wenn die Klarstellung oder Korrektur für die Erstellung des Teilnahmeantrags oder Angebots unerheblich ist oder nicht rechtzeitig gefordert wurde. 37

b) Zusätzliche Informationen

Nach § 18 KonzVgV erteilt der Konzessionsgeber allen beteiligten Unternehmen spätestens sechs Tage vor dem Schlusstermin für den Eingang der Angebote zusätzliche Auskünfte zu den Vergabeunterlagen, sofern die Unternehmen diese zusätzlichen Auskünfte rechtzeitig angefordert haben. Eine Fristverlängerung ist deshalb auch regelmäßig erforderlich, wenn der Konzessionsgeber nicht in der Lage ist, rechtzeitig angeforderte Auskünfte so schnell zu erteilen, dass die teilnehmenden Unternehmen diese Informationen noch bei der Erstellung der Teilnahmeanträge bzw. Angebote berücksichtigen können. Handelt es sich allerdings lediglich um Informationen, die für die Angebotserstellung nicht relevant sind, kann von einer Fristverlängerung abgesehen werden. 38

Fraglich ist, wann Auskünfte **rechtzeitig** angefordert worden sind. Hierzu enthält § 27 KonzVgV keine Regelung. Bewerber und Bieter müssen nicht unverzüglich die Auskünfte anfordern. Allerdings kann von den teilnehmenden Unternehmen gefordert werden, dass sie dem Konzessionsgeber ausreichend Zeit einräumen, um die Anfrage so rechtzeitig vor Ablauf der Frist beantworten zu können, dass alle teilnehmenden Unternehmen die Informationen noch bei der Angebotserstellung berücksichtigen können. In Anlehnung an die Regelung in § 20 Abs. 3 S. 1 Nr. 1 VgV und mit Blick auf die Regelung in § 18 KonzVgV ist dies der Fall, wenn die zusätzlichen Auskünfte spätestens sieben Tage vor Ablauf der Angebotsfrist angefordert werden.[18] Sofern es sich um umfangreiche oder komplexe Anfragen handelt, muss die Zeit entsprechend verlängert werden. Dem Konzessionsgeber steht es aber selbstverständlich frei, auch kurz vor Ablauf der Frist Anfragen zu beantworten. Eine Pflicht zur Beantwortung auch kurz vor Ablauf der Frist gestellter Fragen besteht dagegen – wie oben ausgeführt[19] – 39

---

17 Vgl. VK Bund, Beschluss v. 28.1.2017 – VK 2-129/16.
18 Vgl. *Horn*, in: Müller-Wrede, VgV/UVgO, § 20 VgV Rn. 30.
19 Siehe oben Rn. 36.

nur dann, wenn es sich um Klarstellungen und Korrekturen von Defiziten und Fehlern in den Vergabeunterlagen handelt.[20]

40 Da der Konzessionsgeber nach § 12 Abs. 1 KonzVgV das Verfahren zur Vergabe der Konzession grundsätzlich frei gestalten kann, steht es ihm auch frei, entsprechende **Fristen für die Erteilung** von Auskünften festzulegen und auf diese Weise eine Verzögerung im Verfahren zu verhindern. Dem Konzessionsgeber steht als Herr des Verfahrens die Möglichkeit offen, klare Regeln für Bewerber- und Bieterfragen vorzugeben.[21] Bei der Fristsetzung ist allerdings zu beachten, dass den teilnehmenden Unternehmen ausreichend Zeit bleiben muss, um die Vergabeunterlagen zu sichten und mit der Erstellung des Teilnahmeantrags oder des Angebots zu beginnen, da das Bedürfnis nach weitergehenden Informationen regelmäßig erst bei einer eingehenderen Beschäftigung mit den Vergabeunterlagen auftritt. Gleichzeitig erfüllt eine solche Frist nur dann ihren Zweck, wenn sie dem Konzessionsgeber eine Beantwortung der Fragen ohne Verzögerung im Verfahren ermöglicht. Das Interesse der teilnehmenden Unternehmen, möglichst lange ergänzende Informationen anfordern zu können, und das Interesse des Konzessionsgebers an einem zügigen Verfahrensablauf sind entsprechend gegeneinander abzuwägen. Legt der Konzessionsgeber eine Frist für zusätzliche Auskünfte fest, muss diese Frist den Unternehmen mindestens in den Vergabeunterlagen mitgeteilt werden. Denn den Unternehmen muss die Möglichkeit gegeben werden, sich auf den Verfahrensablauf und die zu beachtenden Fristen rechtzeitig einzustellen. Dies ergibt sich bereits aus § 13 Abs. 3 S. 1 KonzVgV der den Konzessionsgeber verpflichtet, den Verfahrensteilnehmern einen Organisations- und Zeitplan zu übermitteln. Ob die Festlegung einer Frist zur Anforderung zusätzlicher Auskünfte zielführend ist, ist je nach Einzelfall zu beurteilen. Zum einen werden Verzögerungen im Verfahren verhindert, zum anderen werden Bewerber und Bieter durch die Festlegung einer solchen Frist davon abgehalten, Fragen zu stellen, die sachdienlich sein und im Interesse des Konzessionsgebers eine Konkretisierung oder Korrektur der Vergabeunterlagen ermöglichen können.

II. Frist für Erstangebote (Abs. 4 S. 1)

41 Während § 27 Abs. 3 KonzVgV die Mindestfrist für die Einreichung von Angeboten bei einem einstufigen Verfahren regelt, enthält § 27 Abs. 4 S. 1 KonzVgV eine Mindestfrist für die Einreichung von Erstangeboten nach erfolgtem Teilnahmewettbewerb bei einem mehrstufigen Verfahren.[22] Diese Frist beträgt lediglich 22 Tage ab dem Tag nach der Aufforderung zur Angebotsabgabe. Auch hierbei handelt es sich um eine Mindestfrist.[23]

42 Während § 27 Abs. 4 S. 1 KonzVgV den **Fristbeginn** auf den Tag „nach der Aufforderung zur Angebotsabgabe" festlegt, heißt es in Art. 39 Abs. 4 RL 2014/23/EU „ab dem Tag der Aufforderung zur Angebotsabgabe". Wie mit der Regelung in § 27 Abs. 3 KonzVgV ist jedoch auch hier keine abweichende Regelung des Fristenbeginns vom deutschen Verordnungsgeber beabsichtigt gewesen. Es ist deshalb vielmehr davon auszugehen, dass der Zeitpunkt für den Beginn der Fristenberechnung präzisiert werden sollte.[24]

43 Die Mindestfrist von 22 Tagen gilt allerdings nur bei der Abgabe von **Erstangeboten**, das heißt, wenn vom Bieter bislang noch keine Angebote in dem jeweiligen Verfahren ausgearbeitet wurden. Bei der erstmaligen Erstellung der Angebote soll den Bietern ausreichend Zeit zur Verfügung stehen, um die Angebote ordnungsgemäß und wettbewerbsfähig zu erstellen. Wird den Bietern im Laufe des Verfahrens Gelegenheit gegeben, ihre bereits vorgelegten Angebote zu überarbeiten, so ist für die Erstellung von Folgeangeboten zwar eine angemessene Frist zu gewähren, jedoch muss diese nicht zwingend mindestens 22 Tage betragen. Bei der Bemessung der Frist kann vielmehr berücksichtigt werden, dass die Bieter mit den Vergabeun-

---

20 Vgl. VK Bund, Beschluss v. 28.1.2017 – VK 2-129/16.
21 Vgl. OLG Saarbrücken, Beschluss v. 18.5.2016 – 1 Verg 1/16.
22 Vgl. § 12 Abs. 2 S. 1 KonzVgV.
23 Auf die Ausführungen unter Rn. 23 ff. kann daher verwiesen werden.
24 Vgl. auch die Ausführungen unter Rn. 26.

terlagen bereits vertraut sind und die vorhandenen Angebote in der Regel lediglich überarbeitet werden.[25]

III. Verkürzung der Mindestfristen (Abs. 4 S. 2)

Nach § 27 Abs. 4 S. 2 KonzVgV kann der Konzessionsgeber die Frist für den Eingang von Angeboten um fünf Tage verkürzen, wenn diese mit elektronischen Mitteln eingereicht werden. **44**

Die Einreichung mit elektronischen Mitteln stellt nach § 28 Abs. 1 KonzVgV den **Regelfall** dar. Nach § 7 Abs. 1 KonzVgV sind elektronische Mittel Geräte und Programme für die elektronische Datenübermittlung.[26] Ausnahmen von der Übermittlung mithilfe elektronischer Mittel sind nur in den in § 28 Abs. 2 und 4 KonzVgV geregelten Fällen zulässig. Diesen wird mit dem letzten Halbsatz in § 27 Abs. 4 S. 2 KonzVgV Rechnung getragen.[27] **45**

Die Formulierung, wonach der Konzessionsgeber die Frist **verkürzen „kann"**, ist unpräzise. Denn mit der Regelung in § 27 Abs. 4 S. 2 KonzVgV wird die Mindestfrist für die Einreichung der Erstangebote aus § 27 Abs. 4 S. 1 KonzVgV von 22 auf 17 Tage herabgesetzt. Dem Konzessionsgeber eröffnet sich dadurch die Möglichkeit, für den Eingang von Erstangeboten lediglich eine Frist von 17 Tagen vorzusehen. Es handelt sich allerdings weiterhin um eine Mindestfrist, die insbesondere in Abhängigkeit von der Komplexität der Konzession sowie der von den Bietern benötigten Zeit für die Ausarbeitung der Angebote zu verlängern ist. **46**

Durch die systematische Stellung der Regelung in § 27 Abs. 4 S. 2 KonzVgV und den Wortlaut entsteht der Eindruck, dass eine Verkürzung der Frist nur bezüglich der Angebotsfrist in einem **mehrstufigen Verfahren** (§ 27 Abs. 4 S. 1 KonzVgV) möglich ist. Ausweislich der Verordnungsbegründung soll mit § 27 Abs. 4 KonzVgV allerdings Art. 39 Abs. 4 und 5 RL 2014/23/EU umgesetzt werden.[28] Abs. 5 des Art. 39 RL 2014/23/EU enthält die Regelung des § 27 Abs. 4 S. 2 KonzVgV. In der Richtlinie findet sich damit die Regelung des S. 2 in einem separaten Absatz. In europarechtskonformer Auslegung muss deshalb § 27 Abs. 4 S. 2 KonzVgV auch für die Angebotsfrist nach § 27 Abs. 3 KonzVgV in einem einstufigen Verfahren gelten.[29] **47**

Fraglich ist, ob eine Fristverkürzung auch bezüglich der Einreichung von **Teilnahmeanträgen** in einem mehrstufigen Verfahren möglich ist. Nach § 27 Abs. 3 KonzVgV gilt hierfür die gleiche Mindestfrist wie für die Abgabe von Angeboten in einem einstufigen Verfahren. Allerdings sprechen sowohl § 27 Abs. 4 S. 2 KonzVgV als auch Art. 39 Abs. 5 RL 2014/23/EU lediglich von der „Frist für den Eingang von Angeboten". Die Teilnahmefrist bleibt jeweils unerwähnt. Dies spricht dafür, eine Verkürzung nur im Falle der Einreichung von Angeboten, nicht aber bei Einreichung von Teilnahmeanträgen anzunehmen. Im Hinblick darauf, dass § 28 Abs. 1 KonzVgV sowohl die Übermittlung von Teilnahmeanträgen als auch Angeboten mit elektronischen Mitteln vorsieht, erscheint dies im Ergebnis nicht stringent. Allerdings normiert auch die VgV beim nicht offenen Verfahren und Verhandlungsverfahren lediglich die Möglichkeit einer Verkürzung der Angebotsfrist, nicht aber der Teilnahmefrist im Falle einer elektronischen Übermittlung der Angebote.[30] Danach ist davon auszugehen, dass der Gesetzgeber die Möglichkeit der Fristverkürzung nur bei Angeboten, nicht jedoch bei Teilnahmeanträgen regeln wollte. **48**

IV. Zuschlags- und Bindefrist

Die **Zuschlags-** und **Bindefrist** ist der Zeitraum, den der Konzessionsgeber für die Prüfung und Wertung der Angebote sowie die Erteilung des Zuschlags auf das wirtschaftlichste Ange- **49**

---

25 Vgl. *Hirsch/Kaelble*, in: Müller-Wrede, VgV/UVgO, § 17 VgV Rn 117.
26 Siehe für Einzelheiten *Grünhagen* zu § 7 KonzVgV.
27 Vgl. Verordnungsbegründung zu § 27 Abs. 4 KonzVgV, BR-Drs. 97/16, 295.
28 Verordnungsbegründung zu § 27 Abs. 4 KonzVgV, BR-Drs. 87/16, 295.
29 *Goldbrunner*, VergabeR 2016, 365 (380).
30 Vgl. § 16 Abs. 8 und § 17 Abs. 9 VgV.

bot benötigt. Während die Zuschlags- und Bindefrist noch nicht ablaufen ist, kann der Konzessionsgeber ohne weitere Zustimmung des Bieters dessen Angebot durch Zuschlagserteilung annehmen. Der Bieter ist bis zum Ablauf der Frist an den Inhalt seines Angebots gebunden.[31]

50 Die **KonzVgV** enthält – genau wie die VgV – keine Regelungen zur Zuschlags- und Bindefrist. Gleichwohl ist diese Frist aus zivilrechtlicher Sicht weiterhin erforderlich.[32] Auch wenn der Konzessionsgeber das Verfahren gemäß § 12 Abs. 1 KonzVgV frei gestalten darf, müssen schlussendlich bindende und damit annahmefähige Angebote der Bieter vorliegen.

51 Die Zuschlags- und Bindefrist wird vom Konzessionsgeber einseitig **festgelegt**. Sie ist so kurz wie möglich zu bemessen, da der Bieter innerhalb dieser Zeitspanne an sein Angebot gebunden ist und jederzeit mit der Auftragserteilung durch Zuschlag rechnen muss. Die Frist muss für alle Bieter in gleicher Weise festgesetzt und entsprechend bekannt gegeben werden, um die Vergleichbarkeit der Angebote sowie die Transparenz des Verfahrens sicherzustellen. Die bekannt gegebene Frist muss vom Konzessionsgeber allerdings nicht ausgenutzt werden. Vielmehr ist es im Interesse aller am Verfahren Beteiligten, dieses so schnell wie möglich zum Abschluss zu bringen.[33]

52 Bei einem **mehrstufigen Verfahren** muss eine Zuschlags- und Bindefrist erst dann festgelegt werden, wenn Bieter verbindliche Angebot einreichen müssen, auf die bereits ohne weitere Verhandlungen der Zuschlag erteilt werden kann. Solange lediglich indikative Angebot einzureichen sind, die Grundlage weiterer Verhandlungen sind, ist die Festlegung einer Zuschlags- und Bindefrist nicht angezeigt, da die vorgelegten Angebote nicht verbindlich sind und damit der Bieter an diese ohnehin nicht gebunden ist.

53 Aus zivilrechtlicher Sicht stellt die Zuschlags- und Bindefrist eine **Annahmefrist** des Bieters im Sinne des § 148 BGB dar. Diese Frist wird zwar vom Konzessionsgeber vorgegeben, allerdings nimmt der Bieter sie entsprechend in sein Angebot auf. Wird das Angebot innerhalb der Frist angenommen, führt dies zum Abschluss des Vertrages.[34]

54 Erteilt der Konzessionsgeber erst **nach Ablauf** der Zuschlags- und Bindefrist den Zuschlag auf ein Angebot des Bieters, stellt dies nach § 150 Abs. 1 BGB ein neues Angebot des Konzessionsgebers zu den ursprünglichen Konditionen des Bieters an diesen dar. Der Vertrag kommt in diesem Fall erst zustande, wenn der Bieter wiederum das Angebot des Konzessionsgebers annimmt.[35]

55 Eine **Verlängerung** der Zuschlags- und Bindefrist ist grundsätzlich möglich, wenn der Verfahrensablauf dazu führt, dass eine Zuschlagserteilung innerhalb der zuvor festgesetzten Frist nicht möglich ist. Allerdings kann die Zuschlags- und Bindefrist – mit Blick auf die zivilrechtliche Wirkung – nicht einseitig vom Konzessionsgeber verlängert werden. Vielmehr ist hierfür die Zustimmung des jeweiligen Bieters erforderlich.[36] Lehnt ein Bieter die Verlängerung der Bindefrist ab, ist sein Angebot im weiteren Verfahren nicht weiter zu berücksichtigen. Eine Zuschlagserteilung auf ein Angebot, bei dem die Zustimmung zur Bindefristverlängerung nicht erteilt worden ist, stellt wiederum ein neues Angebot des Konzessionsgebers nach § 150 Abs. 1 BGB dar, dass der Annahme durch den Bieter bedarf.[37]

V. Änderung und Zurückziehen von Angeboten

56 Wird das Konzessionsvergabeverfahren nach § 12 Abs. 1 S. 2 KonzVgV in Anlehnung an ein Verhandlungsverfahren mit Teilnahmeantrag nach den Regelungen der VgV durchgeführt, sind Änderungen an den Angeboten und auch ein Zurückziehen von Angeboten ohne weite-

---

31 Vgl. hierzu *Rechten*, in: Kulartz/Kus/Marx/Portz/Prieß, VgV, § 20 Rn. 48 und 51.
32 Vgl. *Rechten*, in: Kulartz/Kus/Marx/Portz/Prieß, VgV, § 20 Rn. 46.
33 Vgl. hierzu *Rechten*, in: Kulartz/Kus/Marx/Portz/Prieß, VgV, § 20 Rn. 48.
34 Vgl. *Rechten*, in: Kulartz/Kus/Marx/Portz/Prieß, VgV, § 20 Rn. 49.
35 Vgl. *Rechten*, in: Kulartz/Kus/Marx/Portz/Prieß, VgV, § 20 Rn. 50.
36 Vgl. *Rechten*, in: Kulartz/Kus/Marx/Portz/Prieß, VgV, § 20 Rn. 66.
37 Vgl. *Rechten*, in: Kulartz/Kus/Marx/Portz/Prieß, VgV, § 20 Rn. 68.

res möglich, solange noch keine verbindlichen Angebote vorliegen, auf die der Zuschlag erteilt werden kann. Einmal eingereichte verbindliche Angebote können nur bis zum Ablauf der Einreichungsfrist geändert oder zurückgezogen werden.[38] Nach Ablauf der Einreichungsfrist muss sich der Bieter an sein Angebot bis zum Ablauf der Zuschlags- und Bindefrist festhalten lassen. Die Änderung oder das Zurückziehen des Angebots stellt eine Willenserklärung im Sinne des § 130 Abs. 1 S. 2 BGB dar, die dem Konzessionsgeber rechtzeitig vor Ablauf der Einreichungsfrist zugegangen sein muss.[39]

D. Rechtsschutz

§ 27 KonzVgV hat **unternehmensschützenden Charakter**, sodass sich Unternehmen über § 97 Abs. 6 GWB auf die Einhaltung der Norm berufen können. § 27 KonzVgV soll allen interessierten Unternehmen die gleichen Bedingungen für die Teilnahme am Verfahren eröffnen und die Benachteiligung einzelner Unternehmen verhindern. Der Konzessionsgeber ist deshalb verpflichtet, zum einen allen interessierten Unternehmen die gleiche Frist für die Bewerbung oder Erstellung der Angebote zu gewähren und zum anderen ausreichend lange Fristen zu gewähren, die es den Unternehmen ermöglichen, ordnungsgemäße Teilnahmeanträge oder Angebot zu erstellen. Diese Pflicht zur ausreichenden Fristgewährung ergibt sich bereits aus dem in § 97 Abs. 2 GWB normierten Gleichbehandlungsgrundsatz und dem Grundsatz der Diskriminierungsfreiheit.

57

Die **Unterschreitung der Mindestfrist**, ohne dass dies nach § 27 Abs. 4 S. 2 KonzVgV gerechtfertigt ist, stellt einen Vergaberechtsverstoß dar, der entsprechend gerügt und im Rahmen eines Nachprüfungsverfahrens geltend gemacht werden kann.[40] Gleiches gilt, wenn der Konzessionsgeber lediglich die Mindestfristen vorgegeben hat, obwohl aufgrund der Umstände eine **längere Angebotsfrist angemessen** gewesen wäre. Denn auch, wenn der Konzessionsgeber bei der Gestaltung des Verfahrens zur Vergabe der Konzession frei ist (§ 12 Abs. 1 S. 1 KonzVgV), besteht diese Freiheit nur nach Maßgabe der KonzVgV.

58

Anlage

Verordnungsbegründung (BR-Drs. 87/16)

Seite 295

§ 27 dient der Umsetzung von Artikel 39 der Richtlinie 2014/23/EU im Hinblick auf die Anforderungen zur Fristsetzung für den Eingang von Teilnahmeanträgen und Angeboten.

Zu Absatz 1

Absatz 1 setzt Artikel 39 Absatz 1 der Richtlinie 2014/23/EU um. In Artikel 39 Absatz 1 wird ausdrücklich klargestellt, dass bei der Fristsetzung für den Eingang von Teilnahmeanträgen und Angeboten die Mindestfristen des Artikels 39 zu beachten sind, die in Absatz 3 und Absatz 4 Satz 1 dieser Verordnung umgesetzt wurden.

Zu Absatz 2

Absatz 2 setzt Artikel 39 Absatz 2 der Richtlinie 2014/23/EU um. In Artikel 39 Absatz 2 wird ausdrücklich klargestellt, dass die Fristsetzung in jedem Fall länger sein muss als die Mindestfristen gemäß Artikel 39 Absatz 3 und 4, umgesetzt in Absatz 3 und Absatz 4 Satz 1 dieser Verordnung.

Zu Absatz 3

Absatz 3 setzt Artikel 39 Absatz 3 der Richtlinie 2014/23/EU um.

---

38 Vgl. *Rechten*, in: Kulartz/Kus/Marx/Portz/Prieß, VgV, § 20 Rn. 76.
39 Vgl. *Rechten*, in: Kulartz/Kus/Marx/Portz/Prieß, VgV, § 20 Rn. 75.
40 Vgl. OLG Düsseldorf, Beschluss v. 19.6.2013 – VII-Verg 4/13.

Zu Absatz 4
Absatz 4 setzt Artikel 39 Absatz 4 und 5 der Richtlinie 2014/23/EU um. Nach § 28 hat die Einreichung von Angeboten grundsätzlich mit elektronischen Mitteln zu erfolgen. Der Wortlaut des Absatzes 4 Satz 2 („wenn…eingereicht werden") berücksichtigt, dass Ausnahmen von der Einreichung von Angeboten mit elektronischen Mitteln gemäß § 28 Absatz 2 und 4 zulässig sind.

§ 28 KonzVgV
Form und Übermittlung der Teilnahmeanträge und Angebote

(1) Bewerber oder Bieter übermitteln ihre Teilnahmeanträge und Angebote grundsätzlich in Textform nach § 126b des Bürgerlichen Gesetzbuchs mithilfe elektronischer Mittel.

(2) Der Konzessionsgeber ist nicht verpflichtet, die Einreichung von Teilnahmeanträgen und Angeboten mithilfe elektronischer Mittel zu verlangen, wenn auf die zur Einreichung erforderlichen elektronischen Mittel einer der in § 17 Absatz 2 genannten Gründe zutrifft oder wenn zugleich physische oder maßstabsgetreue Modelle einzureichen sind, die nicht elektronisch übermittelt werden können. In diesen Fällen erfolgt die Kommunikation auf dem Postweg oder auf einem anderen geeigneten Weg oder in Kombination von postalischem oder einem anderen geeigneten Weg und der Verwendung elektronischer Mittel. Der Konzessionsgeber gibt im Vergabevermerk die Gründe an, warum die Angebote mithilfe anderer als elektronischer Mittel eingereicht werden können.

(3) Der Konzessionsgeber prüft, ob zu übermittelnde Daten erhöhte Anforderungen an die Sicherheit der Datenübermittlung stellen. Soweit es erforderlich ist, kann der Konzessionsgeber verlangen, dass Teilnahmeanträge und Angebote zu versehen sind mit

1. einer fortgeschrittenen elektronischen Signatur,
2. einer qualifizierten elektronischen Signatur,
3. einem fortgeschrittenen elektronischen Siegel oder
4. einem qualifizierten elektronischen Siegel.

(4) Der Konzessionsgeber kann festlegen, dass Angebote mithilfe anderer als elektronischer Mittel einzureichen sind, wenn sie besonders schutzwürdige Daten enthalten, die bei Verwendung allgemein verfügbarer oder alternativer elektronischer Mittel nicht angemessen geschützt werden können. Der Konzessionsgeber gibt im Vergabevermerk die Gründe an, warum er die Einreichung der Angebote mithilfe anderer als elektronischer Mittel für erforderlich hält.

Übersicht

	Rn.
A. Allgemeines	1
I. Unionsrechtlicher Hintergrund	4
II. Vergleichbare Regelungen	6
B. Elektronische Übermittlung von Teilnahmeanträgen und Angeboten (Abs. 1)	7
I. Sachlicher Anwendungsbereich	7
II. Übermittlung in Textform	8
III. Übermittlung mithilfe elektronischer Mittel	15
IV. Zeitpunkt	17
C. Ausnahmen von der elektronischen Übermittlung (Abs. 2)	18
I. Sachlicher Anwendungsbereich	18
II. Ausnahmen	19
1. Gründe nach § 17 Abs. 2 KonzVgV	20
2. Tatsächliche Gründe	24
III. Kommunikation in Bezug auf die Ausnahmen	25
IV. Vergabevermerk	28
D. Erhöhte Anforderungen und elektronische Signaturen sowie Siegel (Abs. 3)	33
I. Anwendungsbereich	34
II. Erhöhte Anforderungen an die Sicherheit (S. 1)	36
III. Elektronische Signaturen und Siegel (S. 2)	38
1. Elektronische Signaturen (Nr. 1 und 2)	43
2. Elektronische Siegel (Nr. 3 und 4)	50
E. Ausnahme von der elektronischen Übermittlung wegen besonders schutzwürdiger Daten (Abs. 4)	54
I. Sachlicher Anwendungsbereich	56
II. Besonders schutzwürdige Daten	58
III. Vergabevermerk	62
F. Rechtsschutz	63
Anlage Verordnungsbegründung (BR-Drs. 87/16)	

A. Allgemeines

1 § 28 KonzVgV stellt die Transparenz des Vergabeverfahrens, die Gleichbehandlung der Teilnehmer und die Vertraulichkeit bezüglich der von Bewerbern und Bietern eingereichten Dokumente sicher.

2 In § 28 KonzVgV sind Regelungen über die **Form** und **Übermittlung** der Teilnahmeanträge und Angebote enthalten. § 28 Abs. 1 KonzVgV normiert den Grundsatz, dass Teilnahmeanträge und Angebote in Textform mithilfe elektronischer Mittel zu versenden sind. § 28 Abs 2 KonzVgV enthält Ausnahmen von der elektronischen Übermittlung und zeigt alternative Übermittlungsformen auf. Die Verwendung elektronischer Signaturen und Siegel lässt § 28 Abs. 3 KonzVgV zu. Eine weitere Ausnahme von der elektronischen Übermittlung enthält § 28 Abs. 4 KonzVgV.

3 Die Bestimmungen konkretisieren den Grundsatz der **elektronischen Kommunikation** in Vergabeverfahren, der in § 97 Abs. 5 GWB normiert ist.[1] Die Umstellung auf die elektronische Kommunikation, die auch die Abgabe von Teilnahmeanträgen und Angeboten umfasst, ist zwingend,[2] wobei für das Inkrafttreten gemäß § 34 KonzVgV eine Übergangsfrist bis zum 18. Oktober 2018 besteht.

I. Unionsrechtlicher Hintergrund

4 Die Grundlage für die Regelungen in § 28 Abs. 1 bis 4 KonzVgV über die elektronische Kommunikation ist Art. 29 Abs. 1 UAbs. 2 RL 2014/23/EU. Außer in den Fällen, in denen nach Art. 33 Abs. 2 und Art. 34 RL 2014/23/EU die Verwendung elektronischer Mittel verbindlich vorgeschrieben ist – bei der Übermittlung und Veröffentlichung von Bekanntmachungen und der Bereitstellung der Vergabeunterlagen – lässt Art. 29 Abs. 1 UAbs. 1 RL 2014/23/EU den Mitgliedstaaten oder den Konzessionsgebern die **Wahlfreiheit** zwischen verschiedenen Kommunikationsmitteln, die im Einzelnen aufgelistet sind. Art. 29 Abs. 1 UAbs. 2 RL 2014/23/EU regelt, dass die Mitgliedstaaten die elektronische Kommunikation stattdessen auch für die gesamte Konzessionsvergabe verbindlich vorschreiben können. Von dieser Möglichkeit hat der Bundesgesetzgeber Gebrauch gemacht. Nach den RL 2014/24/EU und 2014/25/EU war die elektronische Kommunikation ohnehin zwingend umzusetzen, so dass es nicht sinnvoll gewesen wäre, uneinheitliche Regelungen zu treffen. Im Übrigen hat sich der Bundesgesetzgeber von der Überlegung leiten lassen, dass elektronische Informations- und Kommunikationsmittel Effizienz, Schnelligkeit und Transparenz der Konzessionsvergabeverfahren steigern und die Möglichkeiten von Wirtschaftsteilnehmern zur Teilnahme an Konzessionsvergabeverfahren im gesamten Binnenmarkt stark verbessern können.[3]

5 Soweit die **elektronische Kommunikation** in § 28 KonzVgV geregelt ist, basiert dies auf der Grundlage des Art. 29 Abs. 2 UAbs. 2 RL 2014/23/EU. Danach müssen Konzessionsgeber beim Austausch und bei der Speicherung von Informationen die Integrität der Daten und die Vertraulichkeit der Teilnahmeanträge und der Angebote gewährleisten. Sie dürfen den Inhalt der Teilnahmeanträge und der Angebote erst nach Ablauf der Frist für ihre Einreichung prüfen. Die Ausnahmen von der elektronischen Übermittlung, die in § 28 KonzVgV normiert sind, sind denen angepasst worden, die nach der VgV und der SektVO zugelassen sind, um auch diesbezüglich einheitliche Vorgaben zu gewährleisten. Soweit § 28 KonzVgV für die Einreichung von Teilnahmeanträgen und Angeboten andere Mittel als elektronische zulässt, ist die Grundlage Art. 29 Abs. 1 UAbs. 1 RL 2014/23/EU.

---

1 Vgl. Gesetzesbegründung zu § 97 Abs. 5 GWB, VergRModG 2016, BT-Drs. 18/6281, 69, wonach die Ausgestaltung des Grundsatzes der elektronischen Kommunikation in den Verordnungen erfolgt, die auf der Grundlage des § 113 S. 2 Nr. 4 GWB erlassen werden (u.a. die KonzVgV).
2 Vgl. Gesetzesbegründung zu § 97 Abs. 5 GWB, VergRModG 2016, BT-Drs. 18/6281, 68.
3 Vgl. Erwägungsgrund 74 RL 2014/23/EU.

II. Vergleichbare Regelungen

Vergleichbare Regelungen enthalten § 53 VgV, die §§ 43, 44 SektVO, § 19 VSVgV sowie die §§ 11 EU Abs. 5 und 13 EU Abs. 1 Nr. 1 VOB/A.

B. Elektronische Übermittlung von Teilnahmeanträgen und Angeboten (Abs. 1)

I. Sachlicher Anwendungsbereich

§ 29 Abs. 1 KonzVgV betrifft ausschließlich die Übermittlung von Teilnahmeanträgen und Angeboten. Teilnahmeanträge sind Bewerbungen von Unternehmen, die bei einem mehrstufigen, mindestens zweistufigen Vergabeverfahren i. S. d. § 12 Abs. 1 und 2 KonzVgV nach Aufforderung des Konzessionsgebers übermittelt werden. Mit den Teilnahmeanträgen werden die von dem Konzessionsgeber geforderten Informationen für die Prüfung der Eignung übersandt. Angebote sind förmliche Angebote von Bietern in einem Vergabeverfahren.

II. Übermittlung in Textform

Die Übermittlung erfolgt nach § 28 Abs. 1 KonzVgV grundsätzlich in **Textform** nach § 126b BGB. Textform setzt voraus, dass eine lesbare Erklärung, in der die Person des Erklärenden genannt ist, auf einem dauerhaften Datenträger abgegeben wird.

Ein dauerhafter **Datenträger** ist gemäß § 126b S. 2 BGB jedes Medium, das es dem Empfänger ermöglicht, eine auf dem Datenträger befindliche an ihn persönlich gerichtete Erklärung so aufzubewahren oder zu speichern, dass sie ihm während eines für ihren Zweck angemessenen Zeitraums zugänglich ist und geeignet ist, die Erklärung unverändert wiederzugeben.

Die Erklärung muss in Schriftzeichen **lesbar** abgegeben werden.[4] Auch eine Erklärung in einem elektronischen Dokument, die mit Hilfe von Anzeigeprogrammen lesbar ist, entspricht den Anforderungen der Textform. Akustische Erklärungen erfüllen dagegen nicht die Voraussetzung der Lesbarkeit, so z.B. die Nachricht auf einer Voice-Box bzw. einem Anrufbeantworter oder auf einem Datenträger in einer Datei.[5]

Die Nennung der Person des **Erklärenden** in der Erklärung erfordert die Angabe der Identität desjenigen, dem die Erklärung zugerechnet werden soll.[6] Entscheidend ist die Erkennbarkeit der Person, die die Erklärung in eigener Verantwortung abgibt.[7] Einer Unterschrift bedarf es nicht.

Geeignete Datenträger sind neben Urkunden auch **elektronische Speichermedien**, sofern die gespeicherten Daten mit Hilfe von Anwendungsprogrammen (in Schriftzeichen) lesbar sind und die Datenträger geeignet sind, die Erklärung dauerhaft festzuhalten.[8] In Betracht kommt deshalb insbesondere auch die elektronische Erstellung und Übermittlung z.B. per Computerfax oder E-Mail.[9] Entscheidend ist, dass die Übermittlung es dem Empfänger erlaubt, die an ihn persönlich gerichtete Information so zu speichern, dass ihr Inhalt und ihre Zugänglichkeit während einer angemessenen Dauer, die sich nach den Umständen des Einzelfalls richtet, nicht verändert werden kann und hierdurch die Möglichkeit ihrer originalgetreuen Wiedergabe gegeben ist.[10]

Mit dem Textformerfordernis nach § 126b BGB normiert der Verordnungsgeber zum einen eine Erleichterung gegenüber der Schriftform. Denn hier liegt ein typischer Fall für die Text-

---

[4] Vgl. *Wendtland*, in: Bamberger/Roth/Hau/Poseck, BGB, § 126b Rn. 3.
[5] Vgl. *Junker*, in: Herberger/Martinek/Rüßmann/Weth, BGB, § 126b Rn. 24.
[6] Vgl. *Junker*, in: Herberger/Martinek/Rüßmann/Weth, BGB, § 126b Rn. 17.
[7] Vgl. *Einsele*, in: Säcker/Rixecker/Oetker/Limperg, BGB, § 126b Rn. 7.
[8] Vgl. *Einsele*, in: Säcker/Rixecker/Oetker/Limperg, BGB, § 126b Rn. 4.
[9] Vgl. *Wendtland*, in: Bamberger/Roth/Hau/Poseck, BGB, § 126b Rn. 8.
[10] Vgl. BGH, Urteil v. 15.5.2014 – III ZR 368/13, NJW 2014, 2857 (2858).

form vor, da die **Informations-** und **Dokumentationsfunktion** im Verhältnis zur Beweisfunktion überwiegt und die Warnfunktion für den Erklärenden keine oder nur eine untergeordnete Rolle spielt.[11] Zum anderen ist gerade die Textform notwendig und essenziell, um die Übermittlung der Teilnahmeanträge und Angebote mit elektronischen Mitteln zu ermöglichen bzw. zu unterstützen.

14 Dass die Übermittlung „**grundsätzlich**" in Textform vorzunehmen ist, schließt andere Formen nicht aus. In Frage kommt auch die elektronische Signierung von Dokumenten, die explizit in § 28 Abs. 3 KonzVgV zugelassen ist.

III. Übermittlung mithilfe elektronischer Mittel

15 § 28 Abs. 1 KonzVgV enthält den Grundsatz, dass die Übermittlung von Teilnahmeanträgen und Angeboten elektronisch erfolgt. Nachdem der Bundesgesetzgeber sich für die Einführung der elektronischen Kommunikation im Rahmen der gesamten Konzessionsvergabe entschieden hat und § 97 Abs. 5 GWB auch für Konzessionsvergaben gilt[12], ist mit § 28 Abs. 1 KonzVgV eine diesbezügliche Regelung ausschließlich für Teilnahmeanträge und Angebote geschaffen worden.

16 Die Übermittlung der Teilnahmeanträge und Angebote erfolgt nach § 28 Abs. 1 KonzVgV mithilfe **elektronischer Mittel.** Die Anforderungen, die an die elektronischen Mittel gestellt werden, regelt § 8 KonzVgV. Diese müssen nach § 28 Abs. 1 KonzVgV gewährleisten, dass der Eingangszeitpunkt exakt zu bestimmen ist und kein vorfristiger Zugriff auf die empfangenen Daten möglich ist. Der Termin für den erstmaligen Zugriff auf die empfangenen Daten darf nur von den Berechtigten festgelegt oder geändert werden können. Ausschließlich diese Berechtigten dürfen Zugriff auf die empfangenen Daten oder auf einen Teil davon haben und nur die Berechtigten dürfen nach dem festgesetzten Zeitpunkt Dritten Zugriff auf die empfangenen Daten einräumen. Empfangene Daten dürfen nicht an Unberechtigte übermittelt werden und Verstöße oder versuchte Verstöße gegen die Anforderungen müssen eindeutig festgestellt werden können. Damit wird sichergestellt, dass der Grundsatz des Geheimwettbewerbs und darüber hinaus die Bedingungen, die der Konzessionsgeber für das Vergabeverfahren festgelegt hat, eingehalten werden. § 8 Abs. 2 KonzVgV schreibt darüber hinaus vor, dass die von dem Konzessionsgeber eingesetzten Mittel für den Empfang der Dokumente über eine einheitliche Datenaustauschschnittstelle verfügen müssen und die jeweils geltenden Interoperabilitäts- und Sicherheitsstandards der Informationstechnik zu verwenden sind.

IV. Zeitpunkt

17 Aufgrund der Übergangsbestimmungen in § 34 KonzVgV sind die Regelungen des § 28 Abs. 1 KonzVgV für Konzessionsgeber ab dem 18. Oktober 2018 verbindlich. Die Verwendung elektronischer Mittel ist in anderen Fällen bereits seit Inkrafttreten der Vergabeverordnung (18. April 2016) vorgeschrieben. Dies gilt für die Übersendung und die Veröffentlichung der Bekanntmachung und die Bereitstellung der Vergabeunterlagen.

C. Ausnahmen von der elektronischen Übermittlung (Abs. 2)

I. Sachlicher Anwendungsbereich

18 § 28 Abs. 2 KonzVgV statuiert Ausnahmen von der Pflicht zur elektronischen Übermittlung. Die Ausnahmen beziehen sich auf die Einreichung von Teilnahmeanträgen und Angeboten bei dem Konzessionsgeber durch Unternehmen.

---

11 Vgl. Gesetzesbegründung, FormAnpG, BT-Drs. 14/4987, 19.
12 Vgl. Rn. 3.

II. Ausnahmen

Nach § 28 Abs. 2 S. 1 KonzVgV ist der Konzessionsgeber beim Vorliegen von zwei Ausnahmetatbeständen nicht verpflichtet, die Einreichung von Angeboten mithilfe elektronischer Mittel zu verlangen. Bei dem ersten Ausnahmetatbestand handelt es sich um eine Freistellung durch eine Regelung der KonzVgV (§ 17 Abs. 2), bei dem zweiten um einen Dispens aus tatsächlichen Gründen. In diesen Fällen wird die grundsätzliche Obliegenheit des Konzessionsgebers, die Übermittlung von Angeboten durch Bieter ausschließlich mit elektronischen Mitteln zuzulassen, aufgehoben. **19**

1. Gründe nach § 17 Abs. 2 KonzVgV

Die Verpflichtung, die Einreichung von Teilnahmeanträgen und Angebote mithilfe elektronischer Mittel zu verlangen, entfällt, wenn auf die zur Einreichung erforderlichen elektronischen Mittel einer der in § 17 Abs. 2 KonzVgV genannten Gründe zutrifft. **20**

Die Vorschrift beruht auf der **unionsrechtlichen Vorgabe** in Art. 34 Abs. 2 RL 2014/23/EU. **21**

Für das Vorliegen der **Gründe** müssen jeweils hinreichend belastbare Umstände sprechen. Da der Konzessionsgeber schon in der Konzessionsbekanntmachung oder in den Vergabeunterlagen angibt, welche Mittel für die Übermittlung der Teilnahmeanträge und Angebote zu verwenden sind, muss er bereits zu diesem Zeitpunkt unter Berücksichtigung des konkreten Vergabeverfahrens prüfen, ob derartige begründete Umstände gegeben sind. **22**

Eine Übermittlung mit anderen als elektronischen Mitteln ist zunächst aus **außergewöhnlichen Sicherheitsgründen** zugelassen. Anknüpfungspunkt sind die elektronischen Möglichkeiten, nicht der generelle oder spezifische Inhalt der zu übermittelnden Angebote. Entscheidend ist, ob und gegebenenfalls warum die in dem konkreten Fall vorliegenden Gründe die Authentizität oder Integrität der Daten gefährden könnten. Es muss sich dabei um außergewöhnliche, über das normale Maß hinausgehende Gründe handeln. Ferner können **technische Gründe** die Ausnahme rechtfertigen. Derartige Gründe können z.B. vorhanden sein, wenn die erforderlichen elektronischen Mittel die Verwendung von Bürogeräten voraussetzen, die dem Konzessionsgeber nicht allgemein zur Verfügung stehen. Dieses sind beispielsweise Großformatdrucker oder Plotter, die nicht zu der Büroausstattung des Konzessionsgebers gehören.[13] Schließlich kann die elektronische Übermittlung durch eine andere Übermittlungsform aufgrund der besonderen **Sensibilität von Handelsinformationen**, die eines sehr hohen Datenschutzniveaus bedürfen, ersetzt werden. Der Begriff der Handelsinformationen bezieht sich auf den Inhalt der Teilnahmeanträge und Angebote der Unternehmen. Darunter sind Betriebsgeheimnisse zu subsumieren. Die reguläre elektronische Übermittlung darf das erforderliche Niveau für den Schutz dieser Daten nicht gewährleisten. **23**

2. Tatsächliche Gründe

Die weitere Fallgruppe, die die Verpflichtung zur Verwendung elektronischer Mittel bei der Zusendung der Angebote entfallen lässt, erfasst tatsächliche Gründe. Diese liegen nach § 28 Abs. 2 S. 1 KonzVgV vor, wenn zugleich physische oder maßstabsgetreue Modelle einzureichen sind, die nicht elektronisch übermittelt werden können. Hier muss der Bestandteil des Angebots im Original übergeben werden; er kann nicht von dem Konzessionsgeber reproduziert werden. **24**

III. Kommunikation in Bezug auf die Ausnahmen

Beim Vorliegen eines Ausnahmetatbestandes erfolgt die Kommunikation gemäß § 28 Abs. 2 S. 2 KonzVgV auf dem Postweg oder auf einem anderen geeigneten Weg oder in Kombination von postalischem und einem anderen geeigneten Weg und der Verwendung elektronischer Mittel. **25**

---

13 Vgl. Verordnungsbegründung zu § 28 Abs. 2 KonzVgV, BR-Drs. 87/16, 296, 196, 206.

26 Der Konzessionsgeber gibt die Art des Kommunikationsmittels vor. Er hat insofern ein **Wahlrecht**. In der Begründung zu den Parallelvorschriften in der VgV (§§ 41 Abs. 2 und § 53 Abs. 2) hat der Verordnungsgeber klargestellt, dass andere als elektronische Mittel ausschließlich für jene Bestandteile der Teilnahmeanträge und Angebote verwendet werden, die ausdrücklich unter die Ausnahmetatbestände fallen.[14] Wegen der umfassenden Einführung der elektronischen Kommunikation einerseits und der unterschiedslosen Behandlung aller Vergaben andererseits ist dieser Grundsatz auch auf Konzessionsvergaben zu übertragen. Damit ist das Ermessen des Konzessionsgebers in Bezug auf sein Wahlrecht der einzusetzenden Kommunikationsmittel insoweit eingeschränkt.

27 Die Kommunikation kann bei Vorliegen der Ausnahmetatbestände auf dem **Postweg**, also durch Versendung des Angebots bzw. der nicht elektronisch übermittelbaren Angebotsteile, erfolgen. Ein **anderer geeigneter Weg** ist die persönliche Übergabe durch den Bieter, dessen Beauftragten oder einen Dritten bei dem Konzessionsgeber. Daneben sind sämtliche Kombinationsmöglichkeiten, auch solche unter Einbeziehung von elektronischen Mitteln, möglich, wobei letztere gewählt werden müssen, wenn die Ausnahmetatbestände sich nicht auf alle Teile der Angebote beziehen.

IV. Vergabevermerk

28 § 28 Abs. 2 S. 3 KonzVgV normiert, dass der Konzessionsgeber im Vergabevermerk die Gründe angibt, warum die Angebote mithilfe anderer als elektronischer Mittel eingereicht werden können.

29 **§ 6 Abs. 2 KonzVgV** regelt die Pflicht zur Fertigung eines Vergabevermerks und dessen Mindestinhalt. Nach § 6 Abs. 2 Nr. 6 KonzVgV gehören zu dem Mindestinhalt auch die Gründe für die Verwendung anderer als elektronischer Mittel für die Einreichung der Angebote. Der Vergabevermerk ist spätestens nach Abschluss des Vergabeverfahrens und Veröffentlichung der Vergabebekanntmachung zu fertigen.[15]

30 Die KonzVgV unterscheidet zwischen Vergabevermerk und **Dokumentation**. Die Dokumentation ist nach § 6 Abs. 1 KonzVgV von Beginn des Vergabeverfahrens fortlaufend in Textform nach § 126b BGB zu erstellen, soweit dies für die Begründung von Entscheidungen auf jeder Stufe des Vergabeverfahrens erforderlich ist. Ausdrücklich wird als ein Beispiel für die Aufnahme in die Dokumentation die Kommunikation mit Unternehmen genannt. Unabhängig von diesem Beispiel sind eine Abweichung von der grundsätzlichen elektronischen Kommunikation und die dafür vorliegenden Gründe als relevante Entscheidungen in dem Vergabeverfahren in die Dokumentation aufzunehmen.

31 Das bedeutet, dass über § 28 Abs. 2 S. 3 KonzVgV hinaus die **Gründe**, warum die Teilnahmeanträge und Angebote (bzw. Teile davon) mithilfe anderer als elektronischer Mittel eingereicht werden können, nicht nur in den Vergabevermerk, sondern auch in der Dokumentation aufzunehmen sind. Die zeitlich aktuellere Aufnahme in die Dokumentation ist im Hinblick auf den Transparenzgrundsatz und insbesondere auch wegen etwaiger Nachprüfungsverfahren verbindlich.

32 In den Vergabevermerk und in die Dokumentation sind gleichermaßen konkrete, auf den Einzelfall bezogene **Angaben** aufzunehmen. Die Begründung für den Ausnahmetatbestand darf also nicht abstrakt oder nur durch Wiedergabe des Verordnungstextes erfolgen. Vielmehr bedarf es einer Erläuterung, aufgrund welcher Tatsachen und Überlegungen der Konzessionsgeber eine Ausnahme von dem Grundsatz der elektronischen Kommunikation in dem vorliegenden Vergabeverfahren gemacht hat.

---

14 Vgl. Verordnungsbegründung zu § 41 Abs. 2 und § 53 Abs. 2 VgV, BR-Drs. 87/16, 196, 206.
15 Vgl. Verordnungsbegründung zu § 8 Abs. 2 VgV, BR-Drs. 87/16, 162.

D. Erhöhte Anforderungen und elektronische Signaturen sowie Siegel (Abs. 3)

Nach § 28 Abs. 3 KonzVgV prüft der Konzessionsgeber im Einzelfall, ob die zu übermittelnden Daten erhöhte Anforderungen an die Sicherheit stellen und kann – soweit erforderlich – verlangen, dass Interessensbekundungen, Interessensbestätigungen, Teilnahmeanträge und Angebote mit einer fortgeschrittenen oder qualifizierten elektronischen Signatur oder einem fortgeschrittenen oder qualifizierten elektronischen Siegel zu versehen sind. 33

I. Anwendungsbereich

§ 28 Abs. 3 KonzVgV betrifft ausschließlich die Übermittlung von Teilnahmeanträgen und Angeboten. 34

Ausschließlich in der Begründung zu der Verordnung – nicht in der Verordnung selbst – stellt der Verordnungsgeber klar, dass es den Konzessionsgebern frei steht, ihre **Zuschlagserklärungen** mit fortgeschrittenen elektronischen Signaturen oder mit fortgeschrittenen elektronischen Signaturen, die auf einem qualifizierten Zertifikat beruhen, zu versehen, soweit dies die Kenntnisnahme des Erklärungsinhaltes durch die Bieter nicht beeinträchtigt.[16] Entsprechendes muss für die Verwendung von elektronischen Siegeln gelten. 35

II. Erhöhte Anforderungen an die Sicherheit (S. 1)

Nach § 28 Abs. 3 S. 1 KonzVgV prüft der Konzessionsgeber bei jedem Vergabeverfahren, ob zu übermittelnde Daten erhöhte Anforderungen an die Sicherheit der Datenübermittlung stellen. 36

Der Konzessionsgeber legt das für die elektronischen Kommunikationsmittel in den verschiedenen Phasen des jeweiligen Vergabeverfahrens erforderliche Sicherheitsniveau fest; dieses Niveau steht im Verhältnis zu den verbundenen Risiken. Demnach muss der Konzessionsgeber das Sicherheitsniveau bestimmen, dem Daten genügen müssen, die in direktem Zusammenhang mit der Einreichung von Teilnahmeanträgen und Angeboten gesendet, empfangen, weitergeleitet oder gespeichert werden.[17] Die Festlegung des Sicherheitsniveaus muss das Ergebnis einer in dem jeweiligen Einzelfall vorzunehmenden **Verhältnismäßigkeitsprüfung** zwischen den zur Sicherung einer richtigen und zuverlässigen Authentifizierung der Datenquelle und der Unversehrtheit der Daten erforderlichen Maßnahmen einerseits und den von nicht berechtigten Datenquellen stammenden und/oder von fehlerhaften Daten ausgehenden Gefahren andererseits sein.[18] In der Begründung zu der KonzVgV führt der Verordnungsgeber Beispiele an: Danach wird das Sicherheitsniveau, dem eine E-Mail genügen muss, die ein Unternehmen an einen Konzessionsgeber sendet, um sich nach dessen Postanschrift zu erkundigen, deutlich niedriger einzuschätzen sein als das Sicherheitsniveau, dem das von einem Unternehmen eingereichte Angebot genügen muss. In gleicher Weise kann das Ergebnis einer Einzelfallabwägung sein, dass bei der erneuten Einreichung elektronischer Kataloge oder bei der Einreichung von Angeboten im Rahmen von Kleinstwettbewerben bei einer Rahmenvereinbarung oder beim Abruf von Vergabeunterlagen nur ein niedriges Sicherheitsniveau zu gewährleisten ist.[19] 37

III. Elektronische Signaturen und Siegel (S. 2)

Kommt der Konzessionsgeber nach der Verhältnismäßigkeitsprüfung des Einzelfalls zu dem Ergebnis, dass die zu übermittelnden Daten erhöhte Anforderungen an die Sicherheit stellen, 38

---

16 Vgl. Verordnungsbegründung zu § 28 Abs. 3 KonzVgV, BR-Drs. 87/16, 296, 207.
17 Vgl. Verordnungsbegründung zu § 28 Abs. 3 KonzVgV, BR-Drs. 87/16, 296, 207.
18 Vgl. Verordnungsbegründung zu § 28 Abs. 3 KonzVgV, BR-Drs. 87/16, 296, 207.
19 Vgl. Verordnungsbegründung zu § 28 Abs. 3 KonzVgV, BR-Drs. 87/16, 296, 207.

verlangt er nach § 28 Abs. 3 S. 2 KonzVgV, dass Teilnahmeanträge und Angebote mit einer fortgeschrittenen elektronischen Signatur oder einer qualifizierten elektronischen Signatur bzw. einem fortgeschrittenen elektronischen Siegel oder einem qualifizierten elektronischen Siegel zu versehen sind.

39 Die RL 2014/23/EU und damit auch die KonzVgV verzichten auf die zwingende Vorgabe, dass Teilnahmeanträge und Angebote mit einer elektronischen Signatur oder einem elektronischen Siegel zu versehen sind. Vielmehr wird die Nutzung elektronischer Signaturen oder elektronischer Siegel ausweislich des Wortlauts („können") in das **Ermessen** der Konzessionsgeber gestellt.[20] Der Grund sind Interoperabilitätsprobleme, die zwischen den Mitgliedstaaten bestehen.[21] Das Sicherheitsniveau für die Datenübermittlung wird somit nicht EU-weit einheitlich vorgegeben, sondern national bzw. vom jeweiligen Konzessionsgeber innerhalb eines Rahmenkonzepts bestimmt.[22]

40 Das bisher geltende SigG, auf das § 28 Abs. 3 KonzVgV vor seiner am 29.7.2017 in Kraft getretenen Änderung[23] Bezug nahm, ist, ebenso wie die SigV, aufgehoben worden. Ergänzend zu der **VO (EU) 910/2014** gilt das neue **VDG**. Während es Ziel der VO (EU) 910/2014 ist, einen umfassenden, sektorenübergreifenden EU-Rahmen zu schaffen, um sichere, vertrauenswürdige und nahtlose elektronische Transaktionen zwischen Unternehmen, Bürgern und öffentlichen Verwaltungen grenzüberschreitend in der gesamten EU zu ermöglichen,[24] nimmt das neue VDG Präzisierungen vor oder macht von Regelungsoptionen der VO (EU) 910/2014 Gebrauch. Das VDG orientiert sich weitgehend an vergleichbaren Vorschriften des SigG.[25] Mit der für elektronische Signaturen und Siegel zugrunde zu legenden, unmittelbar geltenden VO (EU) 910/2014 sollen Hindernisse bei der grenzüberschreitenden Nutzung von elektronischen Identifizierungsdiensten überwunden werden.[26] Die Verordnung soll keinen Eingriff in die in den Mitgliedstaaten bestehenden elektronischen Identitätsmanagementsysteme und zugehörigen Infrastrukturen darstellen, sondern vielmehr gewährleisten, dass beim Zugang zu Online-Diensten, die von den Mitgliedstaaten grenzüberschreitend angeboten werden, eine sichere elektronische Identifizierung und Authentifizierung möglich ist.[27]

41 Art. 25 Abs. 3 VO (EU) 910/2014 normiert, dass eine qualifizierte elektronische Signatur, die auf einem in einem Mitgliedstaat ausgestellten qualifizierten Zertifikat beruht, in allen **anderen Mitgliedstaaten** als qualifizierte elektronische Signatur anerkannt wird.[28] Im Rahmen eines Vergabeverfahrens entspricht dies dem Grundsatz der Gleichbehandlung der Wirtschaftsteilnehmer. Eine Diskriminierung von Unternehmen aus anderen Mitgliedstaaten der Europäischen Union aufgrund der Verwendung anderer als deutscher elektronischer Signaturen und qualifizierter Zertifikate ist nicht zulässig.[29]

42 Die VO (EU) 910/2014 sieht in Art. 51 **Übergangsmaßnahmen** vor, die auch für elektronisch signierte Dokumente in Vergabeverfahren relevant sind. So gelten beispielsweise nach Art. 51 Abs. 2 der Verordnung qualifizierte Zertifikate, die gemäß der RL 1999/93/EG für natürliche Personen ausgestellt worden sind, bis zu ihrem Ablauf als qualifizierte Zertifikate für elektronische Signaturen gemäß der Verordnung. Im Übrigen hebt Art. 50 VO (EU) 910/2014 die RL 1999/93/EG auf.

---

20 Vgl. auch die insoweit entsprechend formulierte Verordnungsbegründung zu § 28 Abs. 3 KonzVgV, BR-Drs. 87/16, 264.
21 Vgl. *Jaeger*, NZBau 2014, 259 (262).
22 Vgl. *Schäfer*, NZBau 2015, 131 (135).
23 Art. 10 eIDAS-Durchführungsgesetz.
24 Vgl. Gesetzentwurf der Bundesregierung, eIDAS-Durchführungsgesetz, BT-Drs. 18/12494, 1.
25 Vgl. Gesetzentwurf der Bundesregierung, eIDAS-Durchführungsgesetz, BT-Drs. 18/12494, 2.
26 Vgl. *Schäfer*, NZBau 2015, 131 (138).
27 Vgl. Erwägungsgrund 12 VO (EU) 910/2014.
28 Vgl. dazu auch *Zielke*, VergabeR 2015, 273 (274 f.).
29 Vgl. Verordnungsbegründung zu § 28 Abs. 3 KonzVgV, BR-Drs. 87/16, 296, 207.

1. Elektronische Signaturen (Nr. 1 und 2)

Nach § 28 Abs. 1 S. 2 Nr. 1 und 2 KonzVgV kann der Konzessionsgeber entweder verlangen, dass eine fortgeschrittene elektronische Signatur oder eine qualifizierte elektronische Signatur zu verwenden ist. 43

Gemäß Art. 3 Nr. 10 VO (EU) 910/2014 (eIDAS-Verordnung) sind **elektronische Signaturen** Daten in elektronischer Form, die anderen elektronischen Daten beigefügt oder logisch mit ihnen verknüpft sind und die der Unterzeichner zum Unterzeichnen verwendet. Elektronische Signaturen sind – anders als elektronische Siegel – für natürliche Personen vorgesehen. 44

Eine **fortgeschrittene elektronische Signatur** ist nach Art. 3 Nr. 11 VO (EU) 910/2014 eine Signatur, die die Anforderungen des Art. 26 VO (EU) 910/2014 erfüllt. Danach ist eine fortgeschrittene elektronische Signatur eindeutig dem Unterzeichner zugeordnet. Ferner ermöglicht sie die Identifizierung des Unterzeichners. Die Signatur wird unter Verwendung elektronischer Signaturerstellungsdaten erstellt, die der Unterzeichner mit einem hohen Maß an Vertrauen unter seiner alleinigen Kontrolle verwenden kann. Schließlich ist sie so mit den auf diese Weise unterzeichneten Daten verbunden, dass eine nachträgliche Veränderung der Daten erkannt werden kann. 45

Eine **qualifizierte elektronische Signatur** ist nach Art. 3 Nr. 12 VO (EU) 910/2014 eine fortgeschrittene elektronische Signatur, die von einer qualifizierten elektronischen Signaturerstellungseinheit erstellt wurde und auf einem qualifizierten Zertifikat für elektronische Signaturen beruht. Die qualifizierte elektronische Signaturerstellungseinheit muss nach Art. 3 Nr. 23 VO (EU) 910/2014 den Anforderungen des Anhang II VO (EU) 910/2014 entsprechen. Diese Anforderungen an Technik und Verfahren sind Mindeststandards zur Gewährleistung der Vertraulichkeit, der Einmaligkeit der zum Erstellen der elektronischen Signatur verwendeten elektronischen Signaturerstellungsdaten, der Sicherheit und des Schutzes gegen Fälschung und unrechtmäßiger Verwendung durch Dritte. 46

Anhang II VO (EU) 910/2014 legt darüber hinaus fest, dass das Erzeugen oder Verwalten von elektronischen Signaturerstellungsdaten im Namen eines Unterzeichners nur von einem **qualifizierten Vertrauensdiensteanbieter** durchgeführt werden darf. Nach Art. 3 Nr. 19 VO (EU) 910/2014 ist ein Vertrauensdiensteanbieter eine natürliche oder juristische Person, die einen oder mehrere Vertrauensdienste als qualifizierter oder nicht qualifizierter Vertrauensdiensteanbieter erbringt. Ein qualifizierter Vertrauensdiensteanbieter ist gemäß Art. 3 Nr. 20 VO (EU) 910/2014 ein Vertrauensdiensteanbieter, der einen oder mehrere qualifizierte Vertrauensdienste erbringt und dem von der Aufsichtsstelle der Status eines qualifizierten Anbieters verliehen wurde. 47

Ein **qualifiziertes Zertifikat** für elektronische Signaturen ist nach Art. 3 Nr. 15 VO (EU) 910/2014 ein von einem qualifizierten Vertrauensdiensteanbieter ausgestelltes Zertifikat für elektronische Signaturen, das die Anforderungen des Anhang I erfüllt. Danach muss das Zertifikat bestimmte Mindestangaben enthalten. Dazu gehören u. a. der Name des Unterzeichners und elektronische Signaturvalidierungsdaten. 48

Nur die qualifizierte elektronische Signatur ist der **Schriftform** gleichgestellt. Dies ergibt sich aus §§ 126 Abs. 3, 126a BGB. Durch Art. 1 Nr. 2 FormAnpG wurde § 126 BGB um einen Abs. 3 ergänzt, wonach die schriftliche Form durch die elektronische ersetzt werden kann, wenn sich aus dem Gesetz nichts anderes ergibt. Gemäß dem durch Art. 1 Nr. 3 FormAnpG eingeführten § 126a BGB wird die gesetzlich vorgeschriebene schriftliche Form durch die elektronische Form ersetzt, wenn der Aussteller der Erklärung seinen Namen hinzufügt und das elektronische Dokument mit einer qualifizierten elektronischen Signatur nach dem Signaturgesetz versieht. Auch Art. 25 Abs. 2 VO (EU) 910/2014 regelt, dass eine qualifizierte elektronische Signatur die gleiche Rechtswirkung wie eine handschriftliche Unterschrift hat. Die Wahloption zwischen qualifizierter elektronischer Signatur und fortgeschrittener elektronischer Signatur soll der Erleichterung der elektronischen Angebotsabgabe dienen.[30] 49

---

30 Vgl. *Roßnagel/Paul*, NZBau 2007, 74 (76).

2. Elektronische Siegel (Nr. 3 und 4)

50 Nach § 28 Abs. 3 S. 2 Nr. 3 und 4 KonzVgV kann der Konzessionsgeber entweder verlangen, dass ein fortgeschrittenes elektronisches Siegel oder ein qualifiziertes elektronisches Siegel zu verwenden ist.

51 Gemäß Art. 3 Nr. 25 VO (EU) 910/2014 sind **elektronische Siegel** Daten in elektronischer Form, die anderen Daten in elektronischer Form beigefügt oder logisch mit ihnen verbunden werden, um deren Ursprung und Unversehrtheit sicherzustellen. Elektronische Siegel sind – anders als elektronisch Signaturen – für juristische Personen vorgesehen.

52 Ein **fortgeschrittenes elektronisches Siegel** ist nach Art. 3 Nr. 26 VO (EU) 910/2014 ein Siegel, das die Voraussetzungen des Art. 36 erfüllt. Diese Voraussetzungen entsprechen denjenigen, die eine fortgeschrittene elektronische Signatur erfüllen muss, wobei sie sich auf den „Siegelersteller" anstelle des „Unterzeichners" beziehen.

53 Ein **qualifiziertes elektronisches Siegel** ist nach Art. 3 Nr. 27 VO (EU) 910/2014 ein fortgeschrittenes elektronisches Siegel, das von einer qualifizierten elektronischen Siegelerstellungseinheit erstellt wird und auf einem qualifizierten Zertifikat für elektronische Siegel beruht. Es entspricht somit in seinen Voraussetzungen einer qualifizierten elektronischen Signatur.

E. Ausnahme von der elektronischen Übermittlung wegen besonders schutzwürdiger Daten (Abs. 4)

54 § 28 Abs. 4 KonzVgV enthält neben der Regelung des § 28 Abs. 2 KonzVgV eine weitere Ausnahme von der Pflicht zur elektronischen Übermittlung. Der Konzessionsgeber kann bei Vorliegen eines Ausnahmetatbestands im Sinne des § 28 Abs. 4 S. 1 KonzVgV bestimmen, dass Angebote mit anderen als elektronischen Mitteln eingereicht werden.

55 Wie sich aus dem Wortlaut ergibt, handelt es sich um eine **Ermessensvorschrift**. Sie setzt voraus, dass der Konzessionsgeber pflichtgemäß abzuwägen hat, ob und inwieweit Gründe nach § 28 Abs. 4 S. 1 KonzVgV vorliegen und – wenn das der Fall ist –, ob diese es rechtfertigen, von der elektronischen Übermittlung abzusehen.

I. Sachlicher Anwendungsbereich

56 Die Vorschrift bezieht sich nur auf die Einreichung von **Angeboten**. Sind nur Teile des Angebots von der Regelung des § 28 Abs. 4 S. 1 KonzVgV erfasst, entfällt der Vorrang der elektronischen Kommunikation ausschließlich für diese Teile.[31]

57 Die **alternativen Kommunikationsmittel** sind in § 28 Abs. 4 KonzVgV nicht genannt. In analoger Anwendung des § 28 Abs. 2 S. 2 KonzVgV erfolgt die Einreichung der Angebote bzw. relevanten Angebotsteile, auf die die Ausnahmeregelung zutrifft, auf dem Postweg oder auf einem anderen geeigneten Weg oder in Kombination von postalischem und einem anderen geeigneten Weg und der Verwendung elektronischer Mittel. Der Konzessionsgeber gibt die Art des Kommunikationsweges an. Er hat insofern ein Wahlrecht.

II. Besonders schutzwürdige Daten

58 Der Grundsatz der elektronischen Übermittlung von Angeboten wird durchbrochen, wenn sie besonders schutzwürdige Daten enthalten, die bei Verwendung allgemein verfügbarer oder alternativer elektronischer Mittel nicht angemessen geschützt werden können.

59 Der Ausnahmetatbestand ist demjenigen des § 17 Abs. 2 KonzVgV ähnlich, der auf die besondere Sensibilität von Handelsinformationen abstellt, die eines sehr hohen Datenschutzniveaus bedürfen. Die **Tatbestandsvoraussetzung** des § 28 Abs. 4 S. 1 KonzVgV ist jedoch offener formuliert; im Ergebnis sind jedoch die Unterschiede marginal. Auch hier ist zu bedenken,

---

31 Vgl. dazu Verordnungsbegründung zu § 28 Abs. 4 KonzVgV, BR-Drs. 87/16, 296, 207.

dass Angebote grundsätzlich schutzwürdige Daten enthalten, die vor der Kenntnisnahme und dem Zugriff Nichtberechtigter zu schützen sind. Besonders schutzwürdige Daten müssen daher über die allgemein üblichen Inhalte eines Angebots hinausgehen. Besonders schutzwürdig sind z.B. solche Daten, die insbesondere technische oder handelsbezogene Betriebs- oder Geschäftsgeheimnisse[32] eines Bieters betreffen oder solche, die entweder für den Bieter oder für den Konzessionsgeber besonders sensibel sind.[33]

Da der Konzessionsgeber bereits in der Konzessionsbekanntmachung oder den Vergabeunterlagen die Kommunikationsmittel angibt, muss er vor Einleitung des Vergabeverfahrens eine **Prognose** darüber stellen, ob die Angebote besonders schutzwürdige Daten enthalten könnten und eine Ausnahme von der elektronischen Übermittlung gerechtfertigt sein könnte. Grundlage dieser Prognose ist das konkrete Vergabeverfahren. Es genügt keine pauschale Bewertung. Vielmehr muss der Konzessionsgeber die besonderen Umstände des Einzelfalls berücksichtigen, so insbesondere den Gegenstand der Konzession und die sonstigen individuellen Umstände, die auf eine besondere Schutzwürdigkeit der Daten hindeuten. 60

Darüber hinaus muss der Konzessionsgeber individuelle Überlegungen dazu anstellen, warum die als besonders schutzwürdig erachteten Daten mithilfe **allgemein verfügbarerer oder alternativer elektronischer Mittel** i.S.d. §§ 9 und 10 nicht angemessen geschützt werden können. Insofern kommt es darauf an, ob die Authentizität und Integrität der Daten gefährdet sein könnte. 61

III. Vergabevermerk

Nach § 28 Abs. 4 S. 2 KonzVgV gibt der Konzessionsgeber im Vergabevermerk die Gründe an, warum er die Einreichung der Angebote mithilfe anderer als elektronischer Mittel für erforderlich hält. Diesbezüglich gelten die gleichen Überlegungen wie im Fall des Ausnahmetatbestands nach § 17 Abs. 2 KonzVgV. Im Ergebnis sind daher die Gründe nicht nur im Vergabevermerk, sondern auch in der Dokumentation aufzunehmen.[34] 62

F. Rechtsschutz

§ 28 KonzVgV ist unternehmensschützend i.S.d. § 97 Abs. 6 GWB. Soweit § 28 Abs. 2, 3 und 4 KonzVgV auf außergewöhnliche Sicherheitsgründe und erhöhte Anforderungen an die Sicherheit bei der elektronischen Übermittlung der Daten bzw. auf besonders schutzwürdige Daten in den Angeboten abstellen, tragen diese Bestimmungen dem Geheimwettbewerb Rechnung und beugen Manipulationen vor. Damit werden die Gleichbehandlung der Unternehmen und die Transparenz der Vergabeverfahren gewährleistet. 63

Anlage

Verordnungsbegründung (BR-Drs. 87/16)

Seite 296

Auf der Grundlage der grundsätzlichen Verpflichtung zur Verwendung elektronischer Kommunikationsmittel gemäß § 8 dieser Verordnung gibt § 28 folgerichtig auch die grundsätzliche Verpflichtung zur elektronischen Übermittlung von Teilnahmeanträgen und Angeboten vor. Vorbild ist die Umsetzung von Artikel 22 der Richtlinie 2014/24/EU in § 53 VgV. Die Übergangsvorschrift gemäß § 34 dieser Verordnung ist zu beachten.

---

32 Vgl. dazu Art. 34 Abs. 2 RL 2014/23/EU.
33 Vgl. dazu auch *Oberndörfer/Lehmann*, BB 2015, 1027 (1029).
34 Vgl. Rn. 28 ff.

Zu Absatz 1

Gemäß Absatz 1 haben Bewerber und Bieter ihre Angebote und Teilnahmeanträge mittels elektronischer Mittel in Textform nach § 126b BGB einzureichen. Die Vorschrift richtet sich am Vorbild des § 53 Absatz 1 VgV aus. Siehe im Einzelnen die Begründung zu § 53 Absatz 1 VgV.

Zu Absatz 2

Absatz 2 deckt sich mit der Umsetzung von Artikel 22 Unterabsatz 2 und 3 der Richtlinie 2014/24/EU in § 53 Absatz 2 VgV. Siehe im Einzelnen die Begründung zu § 53 Absatz 2 VgV.

Zu Absatz 3

Absatz 3 deckt sich mit der Umsetzung von Artikel 22 Absatz 6 Unterabsatz 1 Buchstabe b und c und Unterabsatz 2 der Richtlinie 2014/24/EU in § 53 Absatz 3 VgV. Siehe im Einzelnen die Begründung zu § 53 Absatz 3 VgV.

Zu Absatz 4

Absatz 4 deckt sich mit der Umsetzung von Artikel 22 Absatz 1 Unterabsatz 4 der Richtlinie 2014/24/EU in § 53 Absatz 4 VgV. Siehe im Einzelnen die Begründung zu § 53 Absatz 4 der VgV.

§ 29 KonzVgV
Prüfung und Aufbewahrung der ungeöffneten Teilnahmeanträge und Angebote

Der Konzessionsgeber prüft den Inhalt der Teilnahmeanträge und Angebote erst nach Ablauf der Frist für ihre Einreichung. Bei der Aufbewahrung der ungeöffneten Teilnahmeanträge und Angebote sind die Integrität und die Vertraulichkeit der Daten zu gewährleisten.

Übersicht

	Rn.
A. Allgemeines	1
I. Unionsrechtlicher Hintergrund	2
II. Vergleichbare Regelungen	4
B. Prüfung nach Ablauf der Einreichungsfrist (S. 1)	6
I. Kennzeichnung durch Bewerber und Bieter	8
1. Per Post oder direkt übermittelte Teilnahmeanträge und Angebote	10
2. Elektronisch eingereichte Teilnahmeanträge und Angebote	12
II. Kennzeichnung durch den Konzessionsgeber	16
III. Öffnung der Teilnahmeanträge und Angebote	18
IV. Prüfung der Teilnahmeanträge und Angebote	25
1. Nicht form- und fristgerecht eingegangene Teilnahmeanträge und Angebote	30
2. Fehlende Unterlagen	34
3. Nicht zweifelsfreie Änderungen an Eintragungen	38
4. Änderungen oder Ergänzungen an den Vergabeunterlagen	40
C. Integrität und Vertraulichkeit (S. 2)	42
D. Rechtsschutz	47
Anlage Verordnungsbegründung (BR-Drs. 87/16)	

A. Allgemeines

§ 29 KonzVgV richtet sich allein an den Konzessionsgeber und regelt den Umgang mit eingegangenen Teilnahmeanträgen und Angeboten. Der Konzessionsgeber wird angewiesen, diese bis zum Ablauf der Frist für deren Einreichung ungeöffnet aufzubewahren und vertraulich zu behandeln. § 29 KonzVgV gibt zudem den Zeitpunkt vor, wann mit der Prüfung der Teilnahmeanträge und Angebote frühestens begonnen werden darf. Die Vorschrift enthält damit eine der wenigen Vorgaben der KonzVgV für die Durchführung des Konzessionsvergabeverfahrens. Denn grundsätzlich ist der Konzessionsgeber bei der Gestaltung des Verfahrens zur Vergabe frei (§ 12 Abs. 1 KonzVgV).   **1**

I. Unionsrechtlicher Hintergrund

Mit § 29 KonzVgV wird ausweislich der Verordnungsbegründung[1] Art. 29 Abs. 2 UAbs. 2 RL 2014/23/EU in nationales Recht umgesetzt. § 29 S. 1 KonzVgV entspricht dem S. 2 des Art. 29 Abs. 2 UAbs. 2 RL 2014/23/EU, während § 29 S. 2 KonzVgV sich inhaltlich auf Art. 29 Abs. 2 UAbs. 2 S. 1 RL 2014/23/EU bezieht.[2]   **2**

Art. 29 Abs. 2 UAbs. 2 S. 1 RL 2014/23/EU verpflichtet die Konzessionsgeber allgemein bei der gesamten Kommunikation sowie beim Austausch und der Speicherung von Informationen, die Integrität der Daten und die Vertraulichkeit der Teilnahmeanträge und Angebote zu gewährleisten. Nahezu wortgleich ist Art. 29 Abs. 2 UAbs. 2 S. 1 RL 2014/23/EU in § 4 Abs. 2 S. 1 KonzVgV umgesetzt worden. Dieser normiert ebenfalls als allgemeine Bestimmung im ersten Abschnitt der KonzVgV die Verpflichtung zur Wahrung der Integrität und **Vertraulichkeit** für das gesamte Vergabeverfahren und ist damit auch für den Zeitraum zwischen Abgabe   **3**

---
1 Verordnungsbegründung zu § 29 KonzVgV, BR-Drs. 87/16, 296.
2 Vgl. Verordnungsbegründung zu § 29 KonzVgV, BR-Drs. 87/16, 296.

der Teilnahmeanträge und Angebote und deren Öffnung bzw. Prüfung maßgeblich. § 29 S. 2 KonzVgV regelt dies noch einmal ausdrücklich für die Aufbewahrung der ungeöffneten Teilnahmeanträge und Angebote.

II. Vergleichbare Regelungen

4   Eine zu § 29 **S. 1** KonzVgV vergleichbare Regelung findet sich in § 55 Abs. 1 VgV und § 40 Abs. 1 UVgO, wonach der öffentliche Auftraggeber erst nach Ablauf der entsprechenden Frist vom Inhalt der Interessensbestätigungen, Teilnahmeanträge und Angebote Kenntnis nehmen darf. Eine entsprechende Regelung existiert in der VOB/A, der VSVgV und der SektVO dagegen nicht.

5   Darüber hinaus ist § 13 EU Abs. 1 Nr. 2 S. 1 VOB/A mit § 29 **S. 2** KonzVgV vergleichbar. Auch dort wird der Auftraggeber dazu verpflichtet, die Datenintegrität und die Vertraulichkeit der Angebote zu gewährleisten. Inhaltlich in die gleiche Richtung wie § 29 S. 2 KonzVgV zielt § 54 VgV und § 39 UVgO, wonach Interessensbekundungen, Interessensbestätigungen, Teilnahmeanträge und Angebote bis zum Öffnungstermin verschlüsselt aufzubewahren bzw. unter Verschluss zu halten sind.[3] Eine vergleichbare Regelung findet sich auch in § 14 EU Abs. 1 VOB/A und in § 30 Abs. 1 VSVgV, die die Aufbewahrungspflicht jedoch nur für Angebote und nicht für Teilnahmeanträge bestimmen. In der SektVO gibt es demgegenüber keine vergleichbare Regelung.

B. Prüfung nach Ablauf der Einreichungsfrist (S. 1)

6   Gemäß § 29 S. 1 KonzVgV prüft der Konzessionsgeber den Inhalt der Teilnahmeanträge und Angebote erst nach Ablauf der Frist für ihre Einreichung. Der Konzessionsgeber wird damit zunächst einmal verpflichtet, Teilnahmeanträge und Angebote bis zum Ablauf der Frist für ihre Einreichung ungeöffnet zu lassen. Die Prüfung des Inhalts und damit deren Kenntnisnahme erfolgt erst nach Ablauf der Einreichungsfrist. Der Inhalt der Teilnahmeanträge und Angebote im Sinne des § 29 S. 1 KonzVgV bezieht sich lediglich auf deren Bestandteile, die der Vertraulichkeit und somit der Verschlüsselung bzw. dem Verschluss unterliegen. Dies umfasst den eigentlichen Teilnahmeantrag und das Angebot einschließlich aller Anlagen, jedoch nicht den bloßen Absender oder etwaige getrennt eingereichte Anschreiben.[4] Bis zum Fristablauf ist nach § 29 S. 2 KonzVgV darüber hinaus die Integrität und Vertraulichkeit der Daten zu gewährleisten.

7   Anders als § 54 VgV und § 14 EU Abs. 1 VOB/A unterscheidet die KonzVgV nicht zwischen in **Papierform** eingegangenen und **elektronisch** eingereichten Teilnahmeanträgen und Angeboten. Es wird lediglich von „ungeöffneten" Teilnahmeanträgen und Angeboten gesprochen. Von dieser Regelung umfasst sind allerdings sowohl die in Papierform als auch die in elektronischer Form eingereichten Anträge und Angebote, denn nach § 28 Abs. 1 KonzVgV stellt die Übermittlung der Teilnahmeanträge und Angebote in Textform mithilfe elektronischer Mittel den Regelfall dar. Zudem ist in beiden Fällen der Schutz vor Einsichtnahme durch unbefugte Dritte bzw. der Schutz vor vorzeitiger Einsichtnahme durch den Konzessionsgeber zu gewährleisten.

I. Kennzeichnung durch Bewerber und Bieter

8   Der Konzessionsgeber muss – mangels konkreter Regelung in der KonzVgV – in den Vergabeunterlagen Vorgaben für die teilnehmenden Unternehmen zur Form und Kennzeichnung der Teilnahmeanträge und Angebote aufnehmen. Letzteres dient dazu, sicherzustellen, dass die Teilnahmeanträge und Angebote erst nach Ablauf der Einreichungsfrist eingesehen werden. Nur wenn niemand – auch nicht der Konzessionsgeber – Kenntnis vom Inhalt der Angebote

---

3 Auf die Regelung verweist auch die Verordnungsbegründung zu § 29 KonzVgV, BR-Drs. 87/16, 296.
4 Vgl. *Schnelle*, in: Müller-Wrede, VgV/UVgO, § 55 VgV Rn. 17.

hat, kann gewährleistet werden, dass auch die Bieter keine Kenntnis erlangen. Dies ist für einen echten Wettbewerb zwingend erforderlich. Denn nur wenn jeder Bieter sein Angebot in Unkenntnis der Angebote, Angebotsgrundlagen und -kalkulationen seiner Mitbewerber erstellt, ist ein Wettbewerb möglich.[5]

1. Per Post oder direkt übermittelte Teilnahmeanträge und Angebote

9

Während § 53 Abs. 5 VgV ausdrücklich regelt, dass auf dem Postweg oder direkt übermittelte Teilnahmeanträge und Angebote in einem verschlossenen Umschlag einzureichen und als solche zu kennzeichnen sind, findet sich in der KonzVgV keine vergleichbare Regelung. Um einen fairen Wettbewerb zu ermöglichen und sicherzustellen, dass die Teilnahmeanträge und Angebote entsprechend § 29 S. 1 KonzVgV auch tatsächlich bis zum Ablauf der Einreichungsfrist ungeöffnet bleiben, sind die Bewerber und Bieter bereits in den Vergabeunterlagen dazu zu verpflichten, die Teilnahmeanträge und Angebote (von außen) als solche gut sichtbar zu **kennzeichnen**. Nur so kann verhindert werden, dass sie mit der übrigen Post bei dem Konzessionsgeber geöffnet werden.[6]

Die Teilnahmeanträge und Angebote sind in einem **verschlossenen Umschlag oder Behältnis** einzureichen, das sich nicht ohne Beschädigung öffnen lässt, damit kein Dritter vor Ablauf der Einreichungsfrist Kenntnis vom Inhalt nehmen kann. Als verschlossen ist ein Behältnis anzusehen, wenn es mit Vorkehrungen versehen ist, die der Kenntnisnahme ein deutliches Hindernis bereiten.[7] Allein das Zusammenfalten oder Einstecken einer Lasche des Briefumschlags reicht nicht aus. Erforderlich ist, dass bei der Submission überprüft werden kann, ob das Behältnis tatsächlich nicht zuvor geöffnet wurde. Es ist Aufgabe des Bewerbers bzw. Bieters, eine entsprechend geeignete Verpackungsart zu wählen.[8]

10

Der Konzessionsgeber muss nach § 29 KonzVgV seine **interne Organisation** so ausgestalten, dass per Post oder Boten eingehende Teilnahmeanträge und Angebote unverzüglich an den Ort der Aufbewahrung weitergeleitet werden, ohne dass mit dem Verfahren nicht befasste Personen Zugang erhalten. Wird ein Umschlag versehentlich geöffnet, ist dieser unverzüglich wieder zu verschließen und die versehentliche Öffnung zu vermerken.[9]

11

2. Elektronisch eingereichte Teilnahmeanträge und Angebote

§ 29 KonzVgV gilt nicht nur für die in Papierform eingereichten Teilnahmeanträge und Angebote, sondern in gleicher Weise auch für elektronisch eingereichte Teilnahmeanträge und Angebote, insbesondere da diese Form der Übermittlung den Regelfall darstellt (§ 28 Abs. 1 KonzVgV).

12

Insofern muss durch entsprechende **technische Vorkehrungen** auch hier sichergestellt werden, dass die Teilnahmeanträge und Angebote nicht vor Ablauf der Einreichungsfrist eingesehen werden können. Diesbezüglich ist auf § 8 KonzVgV zu verweisen, der die technischen Anforderungen an die verwendeten elektronischen Mittel bestimmt. Diese müssen unter anderem gewährleisten, dass die Uhrzeit und der Tag des Empfangs genau zu bestimmen sind, kein vorfristiger Zugriff auf die empfangenen Daten möglich ist und nur die Berechtigten Zugriff auf die empfangenen Daten erhalten.[10]

13

Die Vertraulichkeit der Daten kann zudem sichergestellt werden, indem der Konzessionsgeber eine fortgeschrittene oder eine qualifizierte elektronische **Signatur** vorschreibt.[11] Darüber hi-

14

---

5 OLG Celle, Beschluss v. 21.1.2016 – 13 Verg 8/15 (zur VOL/A).
6 Vgl. *Dittmann*, in: Kulartz/Marx/Portz/Prieß: VOB/A, § 13 EG Rn. 40; *Verfürth*, in: Kulartz/Kus/Marx/Portz/Prieß, VgV, § 53 Rn. 50 f.; *Lausen*, in: Müller-Wrede, VgV/UVgO, § 53 VgV Rn. 93.
7 VK Niedersachsen, Beschluss v. 23.3.2012 – VgK-06/2012 (zur VOL/A); Beschluss v. 20.8.2002 – 203-VgK-12/2002 (zur VOL/A); *Verfürth*, in: Kulartz/Kus/Marx/Portz/Prieß, VgV, § 53 Rn. 50.
8 VK Rheinland-Pfalz, Beschluss v. 18.10.2010 – VK 2-32/10 (zur VOL/A); VK Niedersachsen, Beschluss v. 20.8.2002 – 203-VgK-12/2002 (zur VOL/A).
9 Vgl. *Marx*, in: Kulartz/Marx/Portz/Prieß, VgV, § 55 Rn. 17; *Verfürth*, in: Kulartz/Kus/Marx/Portz/Prieß, VgV, § 54 Rn. 21; *Schnelle*, in: Müller-Wrede, VgV/UVgO, § 54 VgV Rn. 25.
10 Vgl. § 8 Abs. 1 KonzVgV.
11 Vgl. auch § 28 Abs. 3 KonzVgV.

naus verhindert eine **Verschlüsselung** der Angebote die unbefugte Einsichtnahme durch Dritte.[12] Der Konzessionsgeber hat in diesem Fall dem Bieter gemäß § 9 Abs. 3 Nr. 3 KonzVgV alle notwendigen Informationen über die verwendeten Verschlüsselungsverfahren zur Verfügung zu stellen.

15 Ordnungsgemäß verschlüsselte, aber **versehentlich** eingesehene Teilnahmeanträge oder Angebote sind unverzüglich wieder zu verschlüsseln und die versehentliche Öffnung ist zu vermerken.[13]

II. Kennzeichnung durch den Konzessionsgeber

16 Bei **elektronisch** übermittelten Teilnahmeanträgen und Angeboten ist – wie in § 8 Abs. 1 Nr. 1 KonzVgV vorgesehen – ein elektronischer Eingangsvermerk erforderlich, aus dem sich der Tag und die Uhrzeit des Datenempfangs genau entnehmen lässt. Auf diese Weise kann später festgestellt werden, welche Teilnahmeanträge und Angebote fristgerecht eingegangen sind und damit im weiteren Verfahren berücksichtigt werden.

17 Alle **postalisch** oder **direkt** übermittelten Teilnahmeanträge und Angebote sind mit einem Eingangsvermerk zu versehen. Aus diesem muss sich das Datum und die Uhrzeit ergeben, zu der das Angebot eingegangen ist. Im Eingangsvermerk muss zudem vermerkt sein, wer die Sendung beim Konzessionsgeber entgegengenommen hat. Der Eingangsvermerk ist auf dem jeweiligen Umschlag anzubringen.[14]

III. Öffnung der Teilnahmeanträge und Angebote

18 § 29 KonzVgV ist zu entnehmen, dass die Öffnung und Prüfung der Teilnahmeanträge und Angebote erst nach Fristablauf erfolgen darf. Die Öffnung der Teilnahmeanträge und Angebote bildet die Schnittstelle zwischen dem Ende der Teilnahme- bzw. Angebotsfrist und dem Beginn der Prüfung und damit der Bindefrist.[15] Für die Durchführung der Öffnung enthält die KonzVgV keine konkreten Vorgaben.

19 Gemäß § 12 Abs. 1 KonzVgV ist der Konzessionsgeber bei der Verfahrensgestaltung grundsätzlich frei; er kann das Verfahren allerdings an den Vorschriften der VgV ausrichten. Für die Öffnung der Angebote empfiehlt sich daher eine Orientierung an **§ 55 VgV**. Auch dort wird – wie in § 29 S. 1 KonzVgV – normiert, dass der Auftraggeber erst nach Ablauf der entsprechenden Frist vom Inhalt der Interessenbestätigungen, Teilnahmeanträge und Angebote Kenntnis nehmen darf. Für die Öffnung der Angebote schreibt § 55 Abs. 2 VgV vor, dass diese von mindestens zwei Vertretern des öffentlichen Auftraggebers gemeinsam an einem Termin unverzüglich nach Ablauf der Angebotsfrist durchzuführen ist. Bieter sind nach § 55 Abs. 2 VgV zur Angebotsöffnung nicht zugelassen.

20 Zur Vermeidung des Vorwurfs einer manipulativen Wertung der Teilnahmeanträge und Angebote sollten auch im Falle einer Konzessionsvergabe nach der KonzVgV mindestens zwei Vertreter des Konzessionsgebers gemeinsam die Öffnung durchführen.[16] Die Einhaltung des **Vieraugenprinzips** hat zentrale Bedeutung, um ein faires und transparentes Verfahren sicherzustellen und nachweisen zu können.[17]

21 Um die Vertraulichkeit der Inhalte der Teilnahmeanträge und der Angebotsinhalte auch nach der Öffnung weiter zu gewährleisten und damit dem Grundsatz des § 4 KonzVgV Rechnung zu tragen, ist die Öffnung der Teilnahmeanträge und Angebote – in Anlehnung an Verfahren

---

12 *Verfürth*, in: Kulartz/Kus/Marx/Portz/Prieß, VgV, § 54 Rn. 12.
13 Vgl. *Marx*, in: Kulartz/Kus/Marx/Portz/Prieß, VgV, § 55 Rn. 17.
14 Vgl. *Verfürth*, in: Kulartz/Kus/Marx/Portz/Prieß, VgV, § 54 Rn. 18; *Schnelle*, in: Müller-Wrede, VgV/UVgO, § 54 VgV Rn. 28.
15 *Marx*, in: Kulartz/Kus/Marx/Portz/Prieß, VgV, § 55 Rn. 1.
16 *Marx*, in: Kulartz/Kus/Marx/Portz/Prieß, VgV, § 55 Rn. 8.
17 VK Arnsberg, Beschluss v. 10.3.2008 – VK 05/08 (zur VOL/A).

nach der VgV – **nicht öffentlich** durchzuführen. Auch hier gilt es, die Geschäftsgeheimnisse der Bewerber und Bieter zu schützen.[18]

Geöffnet werden alle **ordnungsgemäß eingegangenen** Teilnahmeanträge bzw. Angebote, das heißt solche, die bis zum Ablauf der Einreichungsfrist bei der für den Eingang zuständigen Stelle in einem verschlossenen Umschlag bzw. verschlüsselt eingereicht worden sind.[19] Diese Stelle muss vom Konzessionsgeber mindestens in den Vergabeunterlagen eindeutig bezeichnet werden. 22

Zu **Beginn der Öffnung** ist festzustellen, ob die vorliegenden Teilnahmeanträge und Angebote fristgerecht bei der zuständigen Stelle eingegangen sind.[20] Außerdem ist vor Beginn der eigentlichen Öffnung zu prüfen, ob alle Teilnahmeanträge und Angebote ordnungsgemäß verschlossen bzw. bei elektronischen Angeboten verschlüsselt gewesen sind.[21] 23

Zu Dokumentations- und Beweiszwecken ist nach § 6 Abs. 1 S. 2 KonzVgV über die Öffnung der Teilnahmeanträge und Angebote eine **Niederschrift** anzufertigen. 24

IV. Prüfung der Teilnahmeanträge und Angebote

§ 29 S. 1 KonzVgV bestimmt den **Zeitpunkt**, ab dem der Konzessionsgeber die Teilnahmeanträge und Angebote prüfen und damit einsehen darf. Maßgeblich ist der Ablauf der Teilnahme- bzw. Angebotsfrist. Dieser Zeitpunkt wird vom Konzessionsgeber unter Berücksichtigung der Vorgaben des § 27 KonzVgV festgelegt.[22] 25

§ 29 S. 1 KonzVgV regelt lediglich den Zeitpunkt, ab dem mit der Prüfung begonnen werden darf. Welche **Prüfungsschritte** nach der Öffnung vom Konzessionsgeber durchzuführen sind, lässt sich wiederum § 13 Abs. 1 Nr. 1 und 2 KonzVgV entnehmen.[23] Danach ist zu prüfen, ob die Eignungskriterien und weitere Teilnahmebedingungen sowie die ggf. festgelegten Mindestanforderungen erfüllt werden. Ferner dürfen keine Ausschlussgründe gemäß § 154 Nr. 2 i.V.m. §§ 123 und 124 GWB vorliegen. Sind die Bedingungen des § 13 Abs. 1 KonzVgV nicht erfüllt, ist das Angebot auszuschließen. 26

Eine Regelung zu zwingenden **formalen Ausschlussgründen** – vergleichbar mit § 57 Abs. 1 VgV – ist in der KonzVgV nicht enthalten. Aus dem Gleichbehandlungsgrundsatz des § 97 Abs. 2 GWB ergibt sich jedoch, dass auch bei einer Konzessionsvergabe die vom Konzessionsgeber aufgestellten formalen Anforderungen an die Teilnahmeanträge und Angebote zwingend einzuhalten sind. Andernfalls besteht die Gefahr, dass nicht vergleichbare Teilnahmeanträge und Angebote eingereicht werden und der Konzessionsgeber einzelne Bewerber oder Bieter bevorzugen kann, indem er z.B. auf formale Anforderungen im Nachhinein verzichtet. 27

Da der Konzessionsgeber nach § 12 Abs. 1 S. 1 KonzVgV bei der Gestaltung des Vergabeverfahrens grundsätzlich frei ist, muss besonderer Wert auf die Ausgestaltung der **Vergabeunterlagen** gelegt werden, um schlussendlich wertbare, vergleichbare Teilnahmeanträge und Angebote zu erhalten. Die vom Bewerber bzw. Bieter einzuhaltenden Formanforderungen sind in den Vergabeunterlagen eindeutig vorzugeben. Andernfalls kann ein Ausschluss eines Teilnahmeantrags oder Angebots nicht auf einen Verstoß gegen Formanforderungen gestützt werden. Auch die einzuhaltenden **Fristen** sind in Übereinstimmung mit den Bestimmungen des § 27 KonzVgV festzulegen und den Verfahrensteilnehmern mitzuteilen. 28

An die vom Konzessionsgeber aufgestellten Verfahrensbedingungen ist dieser während des gesamten Verfahrens **gebunden**. Insbesondere darf der Konzessionsgeber nicht nach der Einreichungsfrist von seinen Vorgaben abweichen, um einzelnen Bewerbern oder Bietern die Teilnahme am weiteren Verfahren noch zu ermöglichen. 29

---

18 *Marx*, in: Kulartz/Kus/Marx/Portz/Prieß, VgV, § 55 Rn. 9.
19 Vgl. *Marx*, in: Kulartz/Kus/Marx/Portz/Prieß, VgV, § 55 Rn. 16.
20 Siehe hierzu unten Rn. 31.
21 Vgl. *Marx*, in: Kulartz/Kus/Marx/Portz/Prieß, VgV, § 55 Rn. 16.
22 Auf die Kommentierung zu § 27 KonzVgV wird verwiesen.
23 Siehe für Einzelheiten *Gaus* zu § 13 KonzVgV Rn. 13 ff.

1. Nicht form- und fristgerecht eingegangene Teilnahmeanträge und Angebote

30 Mit Blick auf die Grundsätze der **Transparenz** und **Gleichbehandlung** in § 97 GWB sind deshalb nicht form- oder fristgerechte Teilnahmeanträge und Angebote von der Wertung auszuschließen. Ansonsten könnten sich einzelne Bewerber oder Bieter dadurch einen Vorteil verschaffen, dass sie Formvorgaben für Teilnahmeanträge und Angebote bewusst missachten oder ihnen mehr Zeit für die Angebotserstellung zur Verfügung steht, sodass sie beispielsweise kurzfristige Entwicklungen der wirtschaftlichen Rahmenbedingungen in ihrem Angebot berücksichtigen können.[24]

31 Maßgeblich für den **fristgerechten Eingang** des Teilnahmeantrags oder Angebots ist die vom Konzessionsgeber festgelegt Einreichungsfrist und nicht der Zeitpunkt der tatsächlichen Angebotsöffnung. Teilnahmeanträge und Angebote sind fristgerecht eingegangen, wenn sie bis zum Ablauf der Frist derart in den Machtbereich des Konzessionsgebers gelangt sind, dass unter normen Umständen mit der Kenntniserlangung durch den Konzessionsgeber zu rechnen ist.[25] Grundsätzlich ist es Sache des Bewerbers bzw. Bieters, den rechtzeitigen Zugang des Teilnahmeantrags bzw. Angebots bei der zuständigen Stelle sicherzustellen. Er trägt deshalb auch das Risiko des Postlaufs oder technischer Probleme bei der elektronischen Übermittlung.

32 Die zu wahrende Frist sowie die Form der Teilnahmeanträge bzw. Angebote und der Ort der Einreichung müssen **verbindlich** und **eindeutig** vorgegeben worden sein, um einen Ausschluss nicht frist- oder formgerechter Angebote zu rechtfertigen. Ob dies der Fall ist, muss aus Sicht eines objektiven und verständigen Bewerbers bzw. Bieters nach den §§ 133, 157 BGB beurteilt werden.[26]

33 Ein Ausschluss des Teilnahmeantrags oder Angebotes scheidet darüber hinaus in jedem Fall aus, wenn der Bewerber oder Bieter den Formmangel oder die Verspätung nicht zu **vertreten** hat.[27] Zur Beurteilung kann auf die Grundsätze der §§ 276 ff. BGB zurückgegriffen werden.[28]

2. Fehlende Unterlagen

34 Von der Wertung **auszuschließen** sind zudem Teilnahmeanträge und Angebote, die nicht die geforderten Unterlagen enthalten. Dies folgt wiederum aus dem Gleichbehandlungsgrundsatz des § 97 Abs. 2 GWB.[29] Nur so kann sichergestellt werden, dass lediglich solche Angebote in die Wertung einbezogen werden, die in jeder Hinsicht vergleichbar sind.

35 **Nicht enthalten** sind Unterlagen, die nicht oder nur unvollständig Teil der eingereichten Unterlagen sind oder nicht den Anforderungen des Konzessionsgebers entsprechen.[30] Ein Ausschluss hat allerdings nicht bereits dann zwingend zu erfolgen, wenn der Bewerber oder Bieter nicht das geforderte Formblatt verwandt hat, sich die geforderten Angaben aber dem Teilnahmeantrag oder Angebot ohne Weiteres entnehmen lassen. Der Konzessionsgeber ist jedoch nicht verpflichtet, Teilnahmeanträge und Angebote auf die geforderten Unterlagen und Angaben hin zu durchsuchen, soweit ihm dies – insbesondere mit Blick auf eine zügige Verfahrensabwicklung – nicht zumutbar ist.[31]

36 Ein Ausschluss wegen fehlender Unterlagen ist jedoch nur dann gerechtfertigt, wenn der Konzessionsgeber die jeweiligen Unterlagen **berechtigterweise** und **wirksam** gefordert hat. Es muss für die Bewerber und Bieter eindeutig erkennbar sein, welche Unterlagen in welcher

---

[24] OLG Jena, Beschluss v. 22.4.2004 – 6 Verg 2/04 (zur VOL/A); vgl. *Dittmann*, in: Kulartz/Kus/Marx/Portz/Prieß, VgV, § 57 Rn. 13; *Soudry*, in: Müller-Wrede, VgV/UVgO, § 57 VgV Rn. 39.
[25] OLG Celle, Beschluss v. 7.6.2007 – 13 Verg 5/07 (zur VOL/A); vgl. *Soudry*, in: Müller-Wrede, VgV/UVgO, § 57 VgV Rn. 44.
[26] OLG Brandenburg, Beschluss v. 19.1.2009 – Verg W 2/09 (zur VOL/A).
[27] Vgl. § 57 Abs. 1 Nr. 1 Hs. 2 VgV
[28] Vgl. *Soudry*, in: Müller-Wrede, VgV/UVgO, § 57 VgV Rn. 49.
[29] BGH, Urteil v. 7.6.2005 – X ZR 19/02 (zur VOB/A); vgl. *Soudry*, in: Müller-Wrede, VgV/UVgO, § 57 VgV Rn. 55.
[30] Vgl. *Soudry*, in: Müller-Wrede, VgV/UVgO, § 57 VgV Rn. 67.
[31] Vgl. *Soudry*, in: Müller-Wrede, VgV/UVgO, § 57 VgV Rn. 68.

Form, mit welchem Inhalt und zu welchem Zeitpunkt zwingend einzureichen sind.[32] Dies gilt insbesondere auch für die geforderten Preisangaben. Fehlen ordnungsgemäß geforderte Preisangaben, ist das Angebot auszuschließen, da eine Wertung nach Maßgabe des Gleichbehandlungs- und des Transparenzgrundsatzes nur möglich ist, wenn alle Angebote die geforderten Preisangaben enthalten.[33] Dass Anforderungen des Konzessionsgebers auslegungsbedürftig sind, steht der Eindeutigkeit der Anforderungen nicht entgegen. Maßgeblich für die Auslegung ist der objektive Empfängerhorizont der potenziellen Bieter.[34] Zur Anforderung von Unterlagen ist der Konzessionsgeber zudem nur berechtigt, wenn das Verlangen nicht gegen gesetzliche Vorgaben verstößt und keine vergabefremden Erwägungen dahinterstehen.[35] Darüber hinaus darf die Forderung des Konzessionsgebers den Bewerber bzw. Bieter nicht in unzumutbarer Weise belasten.[36]

Ob der Konzessionsgeber im Übrigen fehlende oder unvollständige Unterlagen in Anlehnung an § 56 Abs. 2 VgV **nachfordert** oder fehlerhafte unternehmensbezogene Unterlagen **korrigieren** lässt, ist eine Frage der Verfahrensgestaltung, in der der Konzessionsgeber frei ist. Aufgrund der hohen praktischen Relevanz ist es zu empfehlen, sich durch Regelungen in den Vergabeunterlagen eine Nachforderung fehlender oder unvollständiger Unterlagen sowie die Gewährung einer Korrekturmöglichkeit bei unternehmensbezogenen Unterlagen zumindest vorzubehalten und nach Eingang der Teilnahmeanträge und Angebote in Ausübung eines pflichtgemäßen Ermessens über die Gewährung einer Nachforderung bzw. einer Korrektur zu entscheiden. Dabei ist der Grundsatz der Transparenz und Gleichbehandlung zu wahren. Werden also unternehmens- und leistungsbezogene Unterlagen von einem Bewerber oder Bieter nachgefordert bzw. dürfen unternehmensbezogene Angaben korrigiert werden, muss auch bei allen anderen Bewerbern oder Bietern in gleicher Weise verfahren werden. Zu beachten ist, dass eine Korrektur von Angaben nur bei unternehmensbezogenen Angaben erfolgen darf, da andernfalls eine nachträgliche inhaltliche Änderung des Teilnahmeantrags bzw. Angebots möglich wäre, die gegen die vergaberechtlichen Grundsätze verstoßen würde. Eine Nachforderung von leistungsbezogenen Unterlagen, die die Wirtschaftlichkeitsbewertung der Angebote betreffen, ist in Anlehnung an § 56 Abs. 3 VgV ausgeschlossen, es sei denn, es handelt sich dabei um Preisangaben zu unwesentlichen Einzelpositionen, die die Wertungsreihenfolge und den Wettbewerb nicht beeinträchtigen. 37

3. Nicht zweifelsfreie Änderungen an Eintragungen

Nimmt der Bewerber oder Bieter nicht zweifelsfreie Änderungen an seinen Eintragungen vor, muss dies ebenfalls zu einem Angebotsausschluss führen, da andernfalls die **Vergleichbarkeit** der Teilnahmeanträge und Angebote nicht mehr sichergestellt ist.[37] Zudem kann nur auf diese Weise verhindert werden, dass sich ein Bewerber oder Bieter durch mehrdeutige Änderungen an den Eintragungen nicht festlegt und sich so die Möglichkeit eröffnet, Unklarheiten zu seinen Gunsten auszulegen oder sich nach Vertragsabschluss auf die aus seiner Sicht günstigste Lesart zu berufen. 38

Nicht zweifelsfrei sind Änderung an Eintragungen, wenn die Korrekturen oder Ergänzungen am ursprünglichen Angebotsinhalt nicht eindeutig erkennen lassen, welchen Erklärungsgehalt ihnen zukommen soll oder von wem sie stammen.[38] Maßstab der Auslegung ist, wie ein mit den Umständen vertrauter Dritter in der Lage des Konzessionsgebers den Teilnahmeantrag bzw. das Angebot nach Treu und Glauben mit Rücksicht auf die Verkehrssitte verste- 39

---

32 BGH, Urteil v. 3.4.2012 – X ZR 130/10 (zur VOB/A); OLG Düsseldorf, Beschluss v. 26.3.2012 – VII-Verg 4/12 (zur VOL/A); OLG Naumburg, Beschluss v. 29.1.2009 – 1 Verg 10/08 (zur VOL/A); vgl. *Dittmann*, in: Kulartz/Kus/Marx/Portz/Prieß, VgV, § 56 Rn. 20 ff.; *Soudry*, in: Müller-Wrede, VgV/UVgO, § 57 VgV Rn. 59 ff.
33 BGH, Beschluss v. 18.5.2004 – X ZB 7/04 (zur VOB/A).
34 BGH, Urteil v. 3.4.2012 – X ZR 130/1 (zur VOB/A); Urteil v. 10.6.2008 – X ZR 78/07 (zur VOB/A).
35 Vgl. *Soudry*, in: Müller-Wrede, VgV/UVgO, § 57 VgV Rn. 64.
36 BGH, Urteil v. 18.9.2007 – X ZR 89/04 (zur VOB/A); OLG Düsseldorf, Beschluss v. 9.7.2012 – VII-Verg 18/12.
37 Vgl. *Dittmann*, in: Kulartz/Kus/Marx/Portz/Prieß, VgV, § 57 Rn. 36; *Soudry*, in: Müller-Wrede, VgV/UVgO, § 57 VgV Rn. 77.
38 Vgl. *Soudry*, in: Müller-Wrede, VgV/UVgO, § 57 VgV Rn. 79 f.

hen durfte und musste.[39] Liegt offensichtlich eine Unklarheit vor, kann der Konzessionsgeber zur Aufklärung verpflichtet sein, solange die Aufklärung im Ergebnis nicht zu einer Änderung des Teilnahmeantrags oder Angebots führt.[40]

4. Änderungen oder Ergänzungen an den Vergabeunterlagen

40 Auch zu möglichen Änderungen oder Ergänzungen an den Vergabeunterlagen durch den Bewerber bzw. Bieter enthält die KonzVgV keine eindeutige Regelung. Nach § 20 Abs. 2 Nr. 1 lit. b und Nr. 2 KonzVgV ist ein Angebot ungeeignet, wenn es ohne wesentliche Abänderungen den in den Vergabeunterlagen genannten Bedürfnissen und Anforderungen des Konzessionsgebers offensichtlich nicht entsprechen kann. Daraus folgt, dass Angebote, die lediglich **unwesentliche Abänderungen** erfordern, um den Anforderungen des Konzessionsgebers zu entsprechen, gewertet werden dürfen.[41]

41 In die gleiche Richtung zielt auch die Regelung in § 15 Abs. 4 KonzVgV. Danach darf ein Angebot nicht mit der Begründung abgelehnt werden, dass die angebotenen Bau- oder Dienstleistungen nicht den in der Leistungsbeschreibung genannten technischen und funktionellen Anforderungen entsprechen, wenn der Bieter in seinem Angebot mit geeigneten Mitteln nachgewiesen hat, dass die von ihm vorgeschlagenen Lösungen diese Anforderungen in **gleichwertiger Weise** erfüllen. Insofern sieht die KonzVgV – anders als § 57 Abs. 1 Hs. 2 Nr. 4 VgV – gerade keinen unmittelbaren Ausschluss des Angebotes bei Änderungen oder Ergänzungen an den Vergabeunterlagen vor. Vielmehr sind Angebote, die die Anforderungen zwar nicht in der Art und Weise wie von dem Konzessionsgeber gefordert, aber in anderer gleichwertiger Weise erfüllen, grundsätzlich zugelassen.[42]

C. Integrität und Vertraulichkeit (S. 2)

42 Nach § 29 S. 2 KonzVgV sind die Integrität und die Vertraulichkeit der Daten bei der Aufbewahrung der ungeöffneten Teilnahmeanträge und Angebote zu gewährleisten. Bereits in § 4 Abs. 1 KonzVgV ist normiert, dass der Konzessionsgeber keine von den Unternehmen übermittelten und von diesen als vertraulich gekennzeichneten Informationen weitergeben darf. Dazu gehören insbesondere Betriebs- und Geschäftsgeheimnisse und die vertraulichen Aspekte der Angebote einschließlich ihrer Anlagen. § 4 Abs. 2 KonzVgV verpflichtet den Konzessionsgeber allgemein, bei der gesamten Kommunikation sowie beim Austausch und bei der Speicherung von Informationen die Integrität der Daten sowie die Vertraulichkeit der Teilnahmeanträge und Angebote einschließlich ihrer Anlagen zu gewährleisten. Insofern bekräftigt § 29 S. 2 KonzVgV die allgemein geltende Pflicht des Konzessionsgebers aus § 4 KonzVgV noch einmal explizit hinsichtlich der ungeöffneten Teilnahmeanträge und Angebote für den Zeitraum zwischen der tatsächlichen Einreichung und dem Ablauf der Einreichungsfrist.[43]

43 Nach dem klaren Wortlaut der Regelung („sind […] zu gewährleisten") ist der Konzessionsgeber zur Gewährleistung der Vertraulichkeit und Integrität **verpflichtet**. Dies entspricht der unionsrechtlichen Vorgabe der Regelung in Art. 29 Abs. 2 UAbs. 2 S. 1 RL 2014/23/EU, nach welcher die Auftraggeber die Integrität und Vertraulichkeit gewährleisten „müssen".

44 Unter der **Integrität** der Daten wird die Unverfälschtheit bzw. Unverletzlichkeit der übermittelten Informationen verstanden. Insbesondere sind die Daten vor der nachträglichen Veränderung, Löschung oder sonstigen unbefugten Nutzung zu schützen. Der Konzessionsgeber ist verpflichtet, zur Sicherstellung der Integrität der Teilnahmeanträge und Angebote sämtliche

---

39 OLG Düsseldorf, Beschluss v. 13.8.2008 – VII-Verg 42/07 (zur VOL/A).
40 EuGH, Urteil v. 7.4.2016 – Rs. C-314/14 (Partner Apelski Dariusz), Rn. 63 f.; OLG Düsseldorf, Beschluss v. 13.8.2008 – VII-Verg 42/07 (zur VOL/A).
41 Vgl. *Goldbrunner*, VergabeR 2016, 365 (381).
42 Vgl. *Goldbrunner*, VergabeR 2016, 365 (381).
43 Siehe für Einzelheiten *Rommelfanger* zu § 4 KonzVgV.

Einwirkungsmöglichkeiten auf die Anträge und Angebote auszuschließen sowie Maßnahmen, die dem Schutz vor vorzeitiger Öffnung dienen, zu ergreifen.[44]

Die Gewährung der **Vertraulichkeit** der übermittelten Daten dient zum einen dem Schutz des Bewerbers bzw. Bieters davor, dass Einzelheiten seines Teilnahmeantrags bzw. Angebots weitergegeben werden. Jeder Verfahrensteilnehmer hat ein legitimes Interesse an der Wahrung seiner im Verfahren dem Konzessionsgeber bekannt gegebenen Daten, da diese oftmals Geschäftsgeheimnisse darstellen und eine Preisgabe die Chancen des Teilnehmers im laufenden, aber auch in kommenden Vergabeverfahren schwächen würden.[45] Der im Übrigen im Verfahren geltende Transparenzgrundsatz des § 97 Abs. 1 S. 1 GWB muss an dieser Stelle daher zurücktreten. Zum anderen dient die Vertraulichkeit einem ordnungsgemäßen Wettbewerb. Um dem Wettbewerbsgrundsatz des § 97 Abs. 1 S. 1 GWB gerecht zu werden, ist bei der Durchführung des Vergabeverfahrens die Geheimhaltung sicherzustellen. Ein unverfälschter Wettbewerb kann nur dann erfolgen, wenn kein Bieter sein Angebot in Kenntnis des Angebots eines anderen Bieters erstellen oder bis zum Ablauf der Einreichungsfrist noch anpassen kann.[46] Gleiches gilt für Teilnahmeanträge. Deshalb ist die Wahrung der Vertraulichkeit für den ordnungsgemäßen Verfahrensablauf unverzichtbar. Das Verfahren muss derart ausgestaltet werden, dass die Geheimhaltung gegenüber unbefugten Dritten, insbesondere anderen Bewerbern bzw. Bietern, sichergestellt wird und auch die Vergabestelle selbst vom Inhalt der Teilnahmeanträge und Angebote erst nach Ablauf der Einreichungsfrist Kenntnis erlangt.[47] Letzteres ergibt sich bereits unmittelbar aus § 29 S. 1 KonzVgV.

45

Anders als § 53 VgV und § 13 EU VOB/A enthält § 29 KonzVgV keine weitergehenden Vorschriften dazu, welche **Maßnahmen** vom Konzessionsgeber getroffen werden sollen, um die Integrität und Vertraulichkeit der Daten bei der Aufbewahrung der ungeöffneten Teilnahmeanträge und Angebote zu gewährleisten. Da der Konzessionsgeber nach § 12 Abs. 1 S. 1 KonzVgV bei der Gestaltung des Vergabeverfahrens grundsätzlich frei ist, muss er selbst hier entsprechende Maßnahmen vorsehen. Die Gewährleistung der Integrität und Vertraulichkeit bei der Aufbewahrung der ungeöffneten Teilnahmeanträge und Angebote bedeutet insbesondere deren Schutz vor Zugriffen Dritter. In Papierform eingegangene Teilnahmeanträge und Angebote sind deshalb an einem sicheren Ort aufzubewahren, zu dem nur diejenigen Personen Zugang haben, die mit der Durchführung des Vergabeverfahrens befasst sind. Es empfiehlt sich hier ein abschließbarer Schrank oder Raum.[48] Bei elektronisch übermittelten Teilnahmeanträgen und Angeboten muss der Schutz vor Zugriffen Dritter durch entsprechende technische Vorkehrung sichergestellt werden.

46

D. Rechtsschutz

Die Regelungen in § 29 KonzVgV dienen den Interessen der Bewerber und Bieter. Der Verschluss der Teilnahmeanträge und Angebote bis zum Ablauf der Einreichungsfrist sowie deren vertrauliche Behandlung gewährleisten den Geheimwettbewerb und beugen Manipulationen vor. Hierdurch werden ein transparentes Verfahren und ein fairer Wettbewerb ermöglicht, bei dem alle Bewerber und Bieter gleich behandelt werden.[49] Aufgrund dessen entfaltet § 29 KonzVgV **unternehmensschützenden Charakter** im Sinne von § 97 Abs. 6 GWB.

47

---

44 Vgl. *Dittmann*, in: Kulartz/Marx/Portz/Prieß, VOB/A, § 13 EG Rn. 32 f.
45 EuGH, Urteil v. 14.2.2008 – Rs. C-450/06 (Varec), Rn. 35.
46 OLG München, Beschluss v. 11.8.2008 – Verg 16/08 (zur VOB/A); OLG Düsseldorf, Beschluss v. 27.7.2006 – VII-Verg 23/06 (zur VOL/A).
47 Vgl. *Dittmann*, in: Kulartz/Marx/Portz/Prieß, VOB/A, § 13 EG Rn. 34.
48 Vgl. *Schnelle*, in: Müller-Wrede, VgV/UVgO, § 54 VgV Rn. 33.
49 Vgl. *Marx*, in: Kulartz/Marx/Portz/Prieß, VOB/A, § 14 Rn. 17.

48 Darüber hinaus macht sich der Konzessionsgeber wegen eines Verschuldens bei Vertragsverhandlungen (culpa in contrahendo) **schadensersatzpflichtig**, wenn er seiner Sorgfaltspflicht zur ordnungsgemäßen Verwahrung der ungeöffneten Angebote nicht nachkommt und dem jeweiligen Bieter konkret ein Schaden entstanden ist.[50]

Anlage

Verordnungsbegründung (BR-Drs. 87/16)

Seite 296

§ 29 dient der Umsetzung von Artikel 29 Absatz 2 Unterabsatz 2 der Richtlinie 2014/23/EU. § 29 Satz 1 setzt Artikel 29 Absatz 2 Unterabsatz 2 Satz 2 der Richtlinie 2014/23/EU. Artikel 29 Absatz 2 Unterabsatz 2 Satz 1 der Richtlinie 2014/23/EU wird im Hinblick auf die Gewährleistung der Integrität der Daten und der Vertraulichkeit bei der Aufbewahrung der Teilnahmeanträge und Angebote in § 29 Satz 2 umgesetzt. Vergleiche § 54 VgV, der Artikel 22 Absatz 3 der Richtlinie 2014/24/EU umsetzt.

---

50 Vgl. *Marx*, in: Kulartz/Marx/Portz/Prieß, VOB/A, § 14 Rn. 17; *Schnelle*, in: Müller-Wrede, VgV/UVgO, § 54 VgV Rn. 37.

§ 30 KonzVgV
Unterrichtung der Bewerber oder Bieter

(1) Unbeschadet § 134 des Gesetzes gegen Wettbewerbsbeschränkungen unterrichtet der Konzessionsgeber alle Bewerber oder Bieter unverzüglich über die Entscheidungen hinsichtlich des Zuschlags, einschließlich des Namens des erfolgreichen Bieters, der Gründe für die Ablehnung ihrer Teilnahmeanträge oder Angebote sowie die Gründe für eine Entscheidung, Konzessionen, für die eine Konzessionsbekanntmachung veröffentlicht wurde, nicht zu vergeben oder das Verfahren neu einzuleiten.

(2) Auf Anfrage der Betroffenen in Textform gemäß § 126b des Bürgerlichen Gesetzbuchs unterrichtet der Konzessionsgeber unverzüglich, in jedem Fall binnen 15 Tagen, jeden Bieter, der ein ordnungsgemäßes Angebot eingereicht hat, über die Merkmale und relativen Vorteile des ausgewählten Angebots.

(3) Der Konzessionsgeber kann beschließen, bestimmte in Absatz 1 genannte Angaben zur Konzession nicht mitzuteilen, soweit die Offenlegung dieser Angaben
1. den Gesetzesvollzug behindern,
2. dem öffentlichen Interesse auf sonstige Weise zuwiderlaufen,
3. die berechtigten geschäftlichen Interessen von Unternehmen schädigen oder den lauteren Wettbewerb zwischen ihnen beeinträchtigen

würde.

Übersicht	Rn.		Rn.
A. Allgemeines	1	III. Form für den Antrag	58
I. Unionsrechtlicher Hintergrund	3	IV. Form der Information	59
II. Vergleichbare Regelungen	6	V. Frist für den Antrag	60
III. Sinn und Zweck der Regelung	13	VI. Frist für die Erteilung der Information	62
B. Information von Amts wegen (Abs. 1)	16	D. Ausnahmen von der Informationspflicht (Abs. 3)	66
I. Verpflichteter	21	I. Behinderung des Gesetzesvollzugs (Nr. 1)	73
II. Adressat der Information	23		
1. Bieter	24	II. Öffentlichen Interessen auf sonstige Weise zuwiderlaufend (Nr. 2)	75
2. Bewerber	30		
III. Inhalt der Information	33	III. Schädigung von berechtigten geschäftlichen Interessen oder Beeinträchtigung des lauteren Wettbewerbs (Nr. 3)	76
1. Zuschlagsentscheidung und Name des obsiegenden Unternehmens	33		
2. Gründe für die Ablehnung	35		
3. Entscheidung zur Nichtvergabe oder Neueinleitung	39	E. Rechtsschutz	79
4. Geplanter Zeitpunkt des Vertragsschlusses	44	I. Informationsanspruch	79
IV. Frist für die Informationserteilung	45	II. Verletzung der Informationspflicht	81
V. Form der Informationserteilung	46	III. Entscheidung zur Aufhebung	84
C. Erweiterte Informationspflicht auf Antrag (Abs. 2)	48	Anlage Verordnungsbegründung (BR-Drs. 87/16)	
I. Antragsberechtigte	52		
II. Inhalt der Information	56		

A. Allgemeines

Mit Erlass der RL 2014/23/EU im Jahre 2014 und der grundlegenden Änderung des Rechts der Konzessionsvergabe auch auf nationaler Ebene wurde die Unterrichtung der Bewerber und Bieter im Rahmen von Konzessionsvergaben an die neue Ausgestaltung, die in den weiteren 1

Vergabeverordnungen neu gestaltet wurde, angepasst. § 30 KonzVgV dient der Umsetzung des Art. 40 RL 2014/23/EU und entspricht den Vorgaben vollumfänglich. Nach dem Vorbild der RL 2014/23/EU differenziert § 30 KonzVgV zwischen denjenigen Informationspflichten, die sich allein aus der Entscheidung für ein Angebot als das beste ergeben, und denjenigen, die nur auf Anfrage in Textform nach § 126b BGB mitgeteilt werden müssen. Die Informationspflicht des Konzessionsgebers besteht unabhängig von der Informationspflicht gemäß § 134 GWB[1], wie der Gesetzestext mit dem Wortlaut „unbeschadet des § 134 GWB" klarstellend formuliert.

2 Das bedeutet, dass die Wartefrist des § 134 GWB parallel zu beachten ist. Auch ist neben der Informationspflicht gemäß der jeweiligen Verordnung eine **Vorabinformation** gemäß § 134 GWB zu versenden. Wenn die Vorabinformation alle Vorgaben des § 134 GWB sowie der jeweiligen Ergänzungsregelung aus der für die Vergabe geltenden Verordnungsregelung enthält, bedarf es nur einer Information. Maßgeblich ist die Erfüllung aller gesetzlichen und verordnungsrechtlichen Vorgaben.[2]

I. Unionsrechtlicher Hintergrund

3 Vor der Umsetzung der **RL 2014/23/EU** in deutsches Recht wurden Konzessionen nicht einheitlich vergeben. Erst durch die Umsetzung der Richtlinie wurde ein einheitlicher Rechtsrahmen für die Konzessionsvergabe etabliert. Die Ausgestaltung folgt dabei in vielen Aspekten dem Modus, der nach der Reform nun auch für die Vergabe von Lieferungen, Dienstleistungen oder Bauleistungen gilt. Basierend auf den RL 2014/23/EU, RL 2014/24/EU und RL 2014/25/EU wurde im Zuge der Umsetzung in das deutsche Recht die Informationspflicht im Oberschwellenbereich für alle gesetzlich geregelten Vergaben mit einem einheitlichen Modus versehen.[3] § 30 KonzVgV setzt Art. 40 RL 2014/23/EU in deutsches Recht um.[4]

4 Abweichend von Art. 40 Abs. 1 RL 2014/23/EU verwendet § 30 Abs. 1 und 2 KonzVgV die Formulierung **„unverzüglich"** zur Angabe des Zeitpunktes, zu dem alle Bewerber und Bieter über die Auswahlentscheidung zu unterrichten sind. Der Wortlaut der Richtlinie gibt vor, die Unterrichtung „so bald wie möglich" (UAbs. 1) bzw. „so schnell wie möglich" (UAbs. 2) vorzunehmen. Im Ergebnis weicht der Regelungsgehalt nicht ab, da der Begriff der „Unverzüglichkeit" im deutschen Recht „ohne schuldhaftes Zögern" bedeutet, d.h. ein Handeln so bald bzw. so schnell als möglich.

5 Das Erfordernis, dass ein **Antrag** auf weitergehende Informationen gemäß Art. 40 Abs. 1 UAbs. 2 RL 2014/23/EU schriftlich erfolgen soll, konkretisierte der deutsche Gesetzgeber. Es gelten die Vorgaben des § 126b BGB für die Erfüllung der Textform.

II. Vergleichbare Regelungen

6 Die weiteren deutschen Vergabeverordnungen enthalten in § 62 VgV, § 56 SektVO, §§ 19 EU Abs. 1 bis 4, 17 EU Abs. 2 VOB/A sowie § 36 VSVgV mit § 30 KonzVgV vergleichbare Regelungen.

7 Abweichend von § 30 Abs. 1 KonzVgV sieht § 19 EU Abs. 1 VOB/A nicht vor, **alle Bewerber und Bieter** zu unterrichten. Die verpflichtende Mitteilung muss danach nur gegenüber Bewerbern, die bis zu diesem Zeitpunkt noch nicht abgelehnt wurden, sowie Bietern, deren Angebote ausgeschlossen wurden, und solchen, deren Angebote unterlegen sind, erfolgen.

8 Weiter gibt § 19 EU VOB/A im Text teilweise Anforderungen des § 134 GWB wieder. So stellt § 19 EU Abs. 2 VOB/A klar, dass die Information auch den **frühesten Zeitpunkt des Vertragsschlusses** beinhalten muss, und gibt die Vorgaben zur Wartefrist gemäß § 134 GWB

---

1 Vgl. Verordnungsbegründung zu § 30 KonzVgV, BR-Drs. 87/16, 296.
2 Vgl. *Conrad*, in: Müller-Wrede, VgV/UVgO, § 62 VgV Rn. 20 und 40.
3 Art. 40 RL 2014/23/EU, Art. 55 RL 2014/24/EU, Art 75 RL 2014/23/EU.
4 Vgl. Verordnungsbegründung zu § 30 KonzVgV, BR-Drs. 87/16, 296.

wieder. Der Wortlaut des § 19 EU Abs. 3 VOB/A ist eine Wiedergabe des § 134 Abs. 3 S. 1 GWB. In § 30 KonzVgV wird auf die Wiedergabe der Regelungsgehalte des § 134 GWB verzichtet. Stattdessen stellt die Norm am Anfang klar, dass die Pflichten aus § 30 KonzVgV „unbeschadet des § 134 GWB" gelten, mithin parallel dazu.

Der **Umfang der Information** ist in den anderen Vergabeverordnungen und der VOB/A nicht deckungsgleich. So sehen § 19 EU Abs. 4 VOB/A und § 36 VSVgV keine Information über die Gründe für die Ablehnung des jeweiligen Angebotes vor. Die Anforderung des § 62 Abs. 1 VgV, dass die Information auch Angaben für die Entscheidung über die Zulassung zur Teilnahme an einem dynamischen Beschaffungssystem enthalten muss, findet sich nur in der vergleichbaren Regelung des § 56 Abs. 1 SektVO. Soweit es die Vergabe von Konzessionen betrifft, hat der deutsche Verordnungsgeber den Wortlaut der RL 2014/23/EU übernommen und sieht die Unterrichtung aller Bieter vor, die ein ordnungsgemäßes Angebot abgegeben haben (§ 30 Abs. 1 KonzVgV). Auch § 19 EU Abs. 1 VOB/A nimmt diese Unterscheidung nach Bietern, die ein ordnungsgemäßes, und solchen, die kein ordnungsgemäßes Angebot abgegeben haben, vor. Für die Informationspflicht für Vergaben öffentlicher Aufträge, verteidigungs- und sicherheitsspezifischer öffentlicher Aufträge sowie Auftragsvergaben durch Sektorenauftraggeber sieht der Verordnungsgeber diese Unterscheidung nicht vor. Nach § 62 Abs. 1 VgV, § 56 Abs. 1 SektVO und § 36 Abs. 1 VSVgV sind alle Bieter, somit alle am Verfahren Beteiligten, die überhaupt ein Angebot abgegeben haben, zu unterrichten. **9**

Allen Vorschriften gemeinsam ist es, dass den Verfahrensbeteiligten ein Anspruch auf weitergehende Information auf **Antrag** zusteht. § 30 Abs. 2 KonzVgV, § 62 Abs. 2 VgV, § 56 Abs. 2 SektVO, § 36 Abs. 2 VSVgV sowie § 19 EU Abs. 4 VOB/A gewähren sämtlich die Antragsberechtigung dem Bieter wie auch dem Bewerber. Dabei hat der Antrag schriftlich zu erfolgen. Die einzuhaltende Textform bestimmt sich für Konzessionsvergaben und die Vergabe öffentlicher Aufträge gemäß § 126b BGB (§ 30 Abs. 2 KonzVgV, § 62 Abs. 2 VgV). § 56 Abs. 2 SektVO sowie § 19 EU Abs. 4 VOB/A benennen den § 126b BGB nicht ausdrücklich, wohl aber das Erfordernis der Textform. Demnach kann keine Schriftform verlangt werden. Der Antrag kann formungebunden erfolgen. § 36 Abs. 2 VSVgV verlangt einen schriftlichen Antrag. **10**

Die **Aufhebung** des Verfahrens löst gemäß § 30 Abs. 1 KonzVgV ebenfalls die verpflichtende Information gegenüber allen Bewerbern und Bietern aus, soweit eine Konzessionsbekanntmachung veröffentlicht wurde. Vergleichbare Regelungen sind § 36 Abs. 1 VSVgV und § 17 EU Abs. 2 Nr. 1 VOB/A, die eine Information in jedem Fall der Aufhebung vorsehen. Dabei verlangt § 17 EU Abs. 1 Nr. 1 VOB/A zusätzlich, dass die Information in Textform erfolgt. § 62 Abs. 1 S. 2 VgV sowie § 56 Abs. 1 S. 2 SektVO schränken die Pflicht zur Information im Falle einer Aufhebung auf solche Vergabeverfahren ein, bei denen eine Auftragsbekanntmachung oder Vorabinformation veröffentlicht wurde. **11**

Vergleichbar mit der **Ausnahmeregelung** des § 30 Abs. 3 KonzVgV sind § 62 Abs. 3 VgV, § 56 Abs. 3 VgV, § 36 Abs. 2 VSVgV sowie § 19 EU Abs. 4 S. 2 i.V.m. § 17 EU Abs. 2 VOB/A. **12**

III. Sinn und Zweck der Regelung

Im Zuge der Regelung der Konzessionsvergabe durch ein standardisiertes Vergaberechtsregime lehnte sich der Gesetzgeber stark an die anerkannten Vorgehensweisen des bisherigen Vergaberechts an, immer geleitet durch die Grundsätze des Vergaberechts: Wettbewerbsgrundsatz, Transparenzgebot und Diskriminierungsverbot. Auch die Pflicht zur Information über die beabsichtigte Auftragsvergabe resultiert hieraus, sodass sich die Anwendung der Norm nicht ohne die Einbeziehung dieser Grundsätze denken lässt. **13**

Die Information ist zu erteilen, d.h., dem Konzessionsgeber steht kein Entschließungsermessen zu. Sie dient der Transparenz und Nachvollziehbarkeit der getroffenen Entscheidung und ermöglicht die rechtsstaatlich zu gewährleistende **Überprüfungsmöglichkeit**.[5] Die Information ist für die am Verfahren beteiligten Bieter den wesentlichen Auslöser für den Schutz ihrer **14**

---
5 EuGH, Urteil v. 28.10.1999 – Rs. C-81/98 (Alcatel), Rn. 43.

individuellen Rechte. Nur durch diese Informationspflicht der Konzessionsgeber ist es für ihn möglich, neben der Antwort auf die Frage, wer die Konzession erhält, auch erkennen zu können, auf welchen Überlegungen diese Entscheidung basiert. Diese Kenntnis ist Voraussetzung für einen effektiven Rechtsschutz zugunsten der unterlegenen Bieter. Denn es sind gerade diese Informationen zu den Gründen für die Entscheidung, die es überhaupt ermöglichen, Anhaltspunkte für eine gegebenenfalls fehlerhafte Vergabe und somit rechtliche Anknüpfungspunkte für eine Rüge bzw. die Einleitung eines Überprüfungsverfahrens erkennen zu können.

15 Damit ist die Pflicht nach § 30 KonzVgV in besonderem Maße eine Transparenzpflicht. Sie wurde zweistufig ausgestaltet. Auf einer ersten Stufe erfolgt die Herstellung der Transparenz der Vergabeentscheidung durch eine Information, welche die wesentlichen Angaben zur beabsichtigten Vergabe enthält: den Namen des obsiegenden Bieters und die wesentlichen Gründe für die Auswahlentscheidung. Der Aufwand dieser Information ist überschaubar und dient als zeitlicher Beginn eines Prozesses, in dem der unterlegene Bieter entscheidet, ob er gegen die Entscheidung vorgehen möchte, und sofern er dies in Betracht zieht, inwieweit der Inhalt dieser ersten Information ausreichend ist. Die Norm gesteht ihm zusätzlich einen weitergehenden Auskunftsanspruch für den Fall zu, dass der unterlegene Bieter aus seiner Sicht für ein abschließendes Verständnis der Entscheidung weitergehende Informationen benötigt. Dabei dient die zweistufige Ausgestaltung dem sachgerechten Interessensausgleich zwischen der Vergabestelle, der kein unnötiger Aufwand aufgebürdet werden soll, und dem unterlegenen Bieter, dem für die Nachvollziehbarkeit der Entscheidung der Vergabestelle eine nachvollziehbare Begründung zusteht.[6] Damit kann die Gewährung des Auskunftsanspruches auch der Förderung des **Rechtsfriedens** dienen. So mag die Akzeptanz des unterlegenen Bieters aus vielfältig möglichen Gründen allein durch die erste Information (noch) nicht erreicht werden. Eine genauere Auseinandersetzung des unterlegenen Bieters mit der Vergabeentscheidung auf Basis einer breiteren Informationsbasis kann dagegen die Erkenntnis reifen lassen, dass die Entscheidung für das Angebot eines Wettbewerbers korrekt, mindestens vertretbar ist. Letztlich entspricht es der Erfahrung aller Beteiligten am **Wettbewerb**, dass nicht jede Konzession gewonnen werden kann. Ein Unterliegen im Verfahren stellt somit nicht notwendigerweise ein hartes Ergebnis dar; dies gilt selbstverständlich nur, soweit die Konzessionsvergabe rechtmäßig erfolgte. Somit dient die durch § 30 KonzVgV konkretisierte Transparenzanforderung nicht allein der Einleitung von Rechtsmitteln gegen das Verfahren. Die Information gegenüber den unterlegenen Bietern offenbart die Anforderungen, welche an ein obsiegendes Angebot bei der jeweiligen Konzessionsvergabe zu stellen sind, und hilft den unterlegenen Bietern zu erkennen, ob individuelle Defizite bestehen, die im Zuge der fortgesetzten wettbewerblichen Tätigkeit beseitigt werden sollten. Die Norm schützt mithin auch die Funktionsfähigkeit eines gesunden Wettbewerbs.

B. Information von Amts wegen (Abs. 1)

16 Den Konzessionsgeber trifft nach § 30 Abs. 1 KonzVgV die Pflicht, alle Bewerber und alle Bieter unaufgefordert in den folgenden Fällen zu unterrichten:
- Entscheidung hinsichtlich des Zuschlags,
- Entscheidung, eine Konzession, für die eine Konzessionsbekanntmachung veröffentlicht wurde, nicht zu vergeben,
- Entscheidung, das Verfahren neu einzuleiten.

17 Die **Pflicht** des Konzessionsgebers, die Entscheidung, zum Zweck der Überprüfbarkeit derselben, gegenüber den am Verfahren beteiligten Bewerbern und Bietern zu kommunizieren, ergibt sich bereits aus dem Grundsatz der Transparenz (§ 97 Abs. 1 S. 1 GWB). Es besteht zudem gemäß § 97 Abs. 6 GWB ein Anspruch auf die Einhaltung der Verfahrensregeln, der faktisch nur dann durchsetzbar ist, wenn diesem eine Informationspflicht des Konzessionsgebers zu

---

6 Erwägungsgrund 6 RL 89/665/EWG.

den im Verfahren getroffenen Entscheidung und der Begründung hierfür gegenübersteht.[7] Die Norm des § 30 Abs. 1 KonzVgV formuliert daher hinsichtlich der Informationspflicht feststellend („unterrichtet").

Für alle drei Fälle benennt die Norm die **Entscheidung** als Anknüpfungspunkt. Es kommt daher nicht darauf an, ob sich das Verfahren in einem bestimmten Stadium des Verfahrensablaufs befindet. Maßgeblich ist, ob eine der relevanten Entscheidungen getroffen wurde. Ist dies erfolgt, muss die Mitteilung an die Adressaten der Information gemäß § 30 Abs. 1 KonzVgV unverzüglich erfolgen.

Bemerkenswert ist, dass die Norm zum einen den Bewerber als Adressaten nennt, gleichzeitig die Entscheidung über die **Eignung**, die verfahrensbedingt zeitlich von der Entscheidung hinsichtlich des Zuschlags abweichen kann, nicht als Anwendungsfall des § 30 Abs. 1 KonzVgV nennt. Dabei kann die Norm nicht dahingehend ausgelegt werden, dass auch diese Entscheidung aus Gründen der Transparenz und damit nach Sinn und Zweck der Norm einen Anwendungsfall darstellt. Die Aufzählung der Anwendungsfälle ist abschließend. Die Norm enthält keine sprachlichen Hinweise, die ein anderes Verständnis rechtfertigen. Sie dient dem Schutz der am Verfahren beteiligten Bewerber und Bieter davor, dass eine abschließende Entscheidung, welche die Adressaten dauerhaft von der Auftragserteilung ausschließen kann, ohne deren Kenntnis erfolgt. Zudem schützt die Norm die Adressaten davor, dass die jeweilige Entscheidung vollzogen werden kann, bevor diese dahingehend geprüft werden konnte, ob sie angreifbar bzw. rechtswidrig ist.

Ein **Bewerber** ist gegen einen unrechtmäßigen Ausschluss aus dem Verfahren geschützt, indem er die Entscheidung über den Ausschluss gesondert angreifen kann. Nur wenn er zum Zeitpunkt der für die Informationspflicht nach § 30 Abs. 1 KonzVgV relevanten Entscheidungen noch nicht endgültig ausgeschlossen ist, bedarf er eines Schutzes. Dies gewährleistet die Norm, indem auch der Bewerber als Adressat benannt ist.

I. Verpflichteter

Zur Information verpflichtet ist der **Konzessionsgeber**, denn er ist „Herr der Informationen" über die Inhalte aller Angebote sowie über die Details der abschließenden Auswertung, welche die Basis der Zuschlagsentscheidung ist. Damit ist es der Konzessionsgeber, der über diejenigen Informationen verfügt, welche gegenüber Bietern und Bewerben im Zuge der Information nach § 30 Abs. 1 bzw. 2 KonzVgV mitzuteilen sind.

Weicht die **Vergabestelle** von der Person des Konzessionsgebers ab, weil dieser zur Wahrung der Objektivität des Verfahrens die Durchführung des Konzessionsvergabeverfahrens auf einen geeigneten Berater bzw. Dienstleister übertragen hat, ist die Information durch die Vergabestelle vorzubereiten. Ist die (externe) Vergabestelle bevollmächtigt, im Namen des Konzessionsgebers aufzutreten, kann die Information durch die Vergabestelle versendet werden. Dabei ist stets zu beachten, dass der Konzessionsgeber sich das Handeln der Vergabestelle zu eigen machen muss.

II. Adressat der Information

Adressat der Informationspflicht gemäß § 30 Abs. 1 KonzVgV sind alle Bewerber sowie Bieter.

1. Bieter

Adressat der Informationspflicht sind „alle Bieter". **Bieter** sind nach der Begriffsbestimmung in Art. 5 Nr. 4 RL 2014/23/EU diejenigen Wirtschaftsteilnehmer, die an dem Konzessionsvergabeverfahren durch Abgabe eines Angebotes teilgenommen haben.[8] Damit sind grundsätzlich auch diejenigen Bieter umfasst, die lediglich ein unverbindliches („indikatives") Angebot ab-

---
7 Vgl. *Braun*, in: Ziekow/Völlink, Vergaberecht, § 134 GWB Rn. 36.
8 So auch die Rechtsprechung, z.B. OLG Naumburg, Beschluss v. 3.9.2009 – 1 Verg 4/09, 1. Leitsatz.

25 Bieter, die im Laufe des Konzessionsvergabeverfahrens von ihrer Teilnahme **zurückgetreten** sind, sind nicht Adressat im Sinne des § 30 Abs. 1 KonzVgV. Die Information soll dem unterlegenen Bieter die Möglichkeit eröffnen, von der beabsichtigten Nichtberücksichtigung seines Angebotes zu erfahren und, sofern er die Entscheidung für fehlerhaft hält, die Entscheidung zu rügen sowie ggf. ein Nachprüfungsverfahren einzuleiten. Damit soll er davor geschützt werden, dass durch einen unangekündigten Zuschlag Fakten geschaffen werden, die ihn dauerhaft von der Auftragsvergabe ausschließen. Ist er allerdings vor Abschluss des Verfahrens von seiner Absicht, den Auftrag zu übernehmen, zurückgetreten, existiert kein schützenswertes Interesse dieses Bieters mehr.[10]

26 Soweit im Verlauf des Konzessionsvergabeverfahrens der Bieterkreis sukzessive eingegrenzt und somit Bieter **ausgeschlossen** wurden, ist die Ausschlussentscheidung überprüfbar. Dies gilt ebenfalls für den Ausschluss eines Bieters aus anderen Gründen. Geht der ausgeschlossene Bieter gegen diese Entscheidung vor und ist über die Rechtmäßigkeit des Ausschlusses bis zum Zeitpunkt der Informationspflicht noch nicht abschließend entschieden, bleibt er Adressat im Sinne des § 30 Abs. 1 KonzVgV. Denn unterstellt, der Ausschluss war nicht rechtmäßig, besteht zugunsten dieses Bieters ein schutzwürdiges Interesse, seine Chancen auf die Auftragsvergabe weiterhin zu wahren. Damit ist ihm durch die Information nach §§ 30 KonzVgV, 134 GWB die Zuschlagsabsicht anzuzeigen, um ihm die Möglichkeit zu geben, seine Rechte rechtzeitig zu wahren, indem er neben der Entscheidung über seinen Ausschluss ggf. auch die Frage der korrekten Zuschlagsentscheidung zur Überprüfung stellen kann. Nach dem Wortlaut der Norm in Verbindung mit der Begriffsbestimmung gemäß Art. 5 Nr. 4 RL 2014/23/EU ist er auch als ausgeschlossener Bieter Adressat der Information nach § 30 Abs. 1 KonzVgV.

27 Da § 30 Abs. 1 KonzVgV ausweislich des Wortlauts alle Bieter umfasst, ist auch der Bieter, auf dessen Angebot **zugeschlagen** werden soll, Adressat der Norm. Die Formulierung der Norm weicht insoweit von der Formulierung der Pflicht zur Vorabinformation – „die Bieter, deren Angebote nicht berücksichtigt werden sollen" - nach § 134 Abs. 1 S. 1 GWB ab. Dies ist konsequent, da § 30 Abs. 1 KonzVgV nicht allein die Fälle der Information über die Auswahl des besten Angebotes erfasst, sondern mit der weiteren Pflicht zur Informationserteilung für die Fälle der Entscheidung die Konzession nicht zu vergeben oder das Verfahren neu einzuleiten, darüber hinausgeht. In den letztgenannten Fällen haben alle Bieter ein Interesse die Rechtmäßigkeit der Entscheidung überprüfen zu können, wofür der Informationsanspruch elementar ist. Zudem hat auch ein Unternehmen, dessen Angebot ausgewählt wurde, einen Anspruch auf die Einhaltung der rechtlichen Vorgaben für das Verfahren (§ 97 Abs. 6 GWB). Ob diese eingehalten wurden, kann es nur anhand der Mitteilung nach § 30 Abs. 1 KonzVgV erkennen.

28 Nach § 24 KonzVgV ist auch die Bewerbung von **Bietergemeinschaften** zulässig. Sie sind gemäß § 24 Abs. 2 S. 1 KonzVgV wie Einzelbieter zu behandeln, sodass auch Bietergemeinschaften Adressat im Sinne des § 30 Abs. 1 KonzVgV sind. Dabei kann der weitergehende Informationsanspruch gemäß § 30 Abs. 2 KonzVgV nur von der Gesamtheit der Bietergemeinschaft geltend gemacht werden.

29 Da Unternehmen, die im Rahmen der **Eignungsleihe** im Sinne von § 25 Abs. 3 KonzVgV herangezogen werden, sich nicht selbst bewerben und kein eigenständiges Angebot abgeben, sind sie nicht vom Adressatenkreis des § 30 KonzVgV erfasst. Dies gilt ebenso für **Unterauftragnehmer**, da diese im Gegensatz zu Mitgliedern einer Bietergemeinschaft, sich ebenfalls nicht selbst bewerben oder ein eigenständiges Angebot abgeben.

---

9 *Gnittke/Hattig*, in: Müller-Wrede, GWB-Vergaberecht, § 134 Rn. 43.
10 *Maimann*, in: Kulartz/Kus/Portz/Prieß, GWB-Vergaberecht, § 134 Rn. 14.

2. Bewerber

Adressat der Unterrichtungspflicht nach dem Wortlaut des § 30 Abs. 1 KonzVgV sind auch „alle **Bewerber**". Die Begriffsbestimmung des Art. 5 Nr. 3 RL 2014/23/EU definiert Bewerber als Wirtschafteilnehmer, die sich um eine Aufforderung zur Teilnahme an einem Konzessionsvergabeverfahren beworben oder eine solche Aufforderung erhalten haben. Bewerber sind alle diejenigen Unternehmen, die in dem konkreten Angebotsverfahren angestrebt haben, zur Abgabe eines Angebotes aufgefordert zu werden. Davon erfasst sind auch diejenigen Unternehmen, die an einem gegebenenfalls durchgeführten Teilnahmewettbewerb mit dem Ziel teilgenommen haben, im zeitlich nachfolgenden Angebotsverfahren zur Abgabe eines Angebotes aufgefordert zu werden. 30

Demnach gelten auch solche Unternehmen als Bewerber, die eine **Aufforderung zur Teilnahme** erhalten haben, selbst wenn sie nicht selbst ein Interesse daran bekundet haben. Zu fragen ist, ob sie auch dann zu unterrichten sind, wenn sie auf die Aufforderung nicht reagiert haben. Dies ist abzulehnen, da zugunsten eines Wirtschaftsteilnehmers, der auf eine Aufforderung zur Teilnahme an einem Konzessionsvergabeverfahren nicht reagiert, indem er die Frist für den Teilnahmeantrag verstreichen lässt, kein schützenswertes Interesse angenommen werden kann. Geschützt werden sollen durch die Informationspflicht des § 30 KonzVgV solche Wirtschaftsteilnehmer, die ein Interesse an einer konkreten Konzession haben und dieses aktiv durch Teilnahme am Konzessionsvergabeverfahren verfolgen. Eine Ausweitung auf weitere Wirtschaftsteilnehmer birgt die nicht interessensgerechte Gefahr in sich, dass ein solcher ohne Absicht, die Konzession zu erlangen, zum Schaden aller anderen Verfahrensbeteiligten den Abschluss des Verfahrens hinauszögern könnte. Daher ist eine Anwendung auf Wirtschaftsteilnehmer, die auf eine Aufforderung zur Teilnahme am Verfahren nicht reagieren, von der Norm nicht gedeckt. 31

Nach § 24 KonzVgV ist auch die Bewerbung von **Bewerbergemeinschaften** zulässig. Sie sind gemäß § 24 Abs. 2 S. 1 KonzVgV wie Einzelbewerber zu behandeln, sodass auch Bewerbergemeinschaften Adressat im Sinne des § 30 Abs. 1 KonzVgV sind. 32

III. Inhalt der Information

1. Zuschlagsentscheidung und Name des obsiegenden Unternehmens

Die Auswahl des besten Angebotes ist Basis für die **Zuschlagsentscheidung** nach § 127 Abs. 1 GWB. Mithin kommt es auf den Zeitpunkt an, zu dem die Auswertung aller vorliegenden Angebote abgeschlossen ist. Denn dann steht das beste Angebot, gemessen an den, dem Vergabeverfahren zugrunde liegenden, Kriterien, fest. In der Entscheidung hinsichtlich des Zuschlages ist der Konzessionsgeber dann nicht mehr frei. Ein Zuschlag auf ein niederrangiges Angebot kommt aus vergaberechtlicher Sicht nicht in Betracht. 33

§ 30 Abs. 1 KonzVgV normiert, dass der Konzessionsgeber in der Mitteilung den **Namen** des erfolgreichen Bieters benennen muss. Der Name des obsiegenden Bieters ist für den unterlegenen Bieter eine der Informationen, die er benötigt, um die Entscheidung überprüfen zu können. Ob das ausgewählte Unternehmen über die abgeforderte Eignung verfügt und die abgeforderten Qualifikationen sowie Angebotsinhalte üblicherweise anbietet, ist Gegenstand der Überprüfung. Inwieweit berechtigte Zweifel daran bestehen, kann ein unterlegener Bieter nur bei Kenntnis über die Person des obsiegenden Bieters beurteilen. Dabei ist es unschädlich, wenn der Name bezüglich der Rechtsform ungenau ist, z.B. statt „GmbH & Co. KG" lediglich die Angabe „GmbH & Co." übernommen wird. Wesentlich ist, ob der obsiegende Bieter eindeutig identifiziert werden kann.[11] Problematisch kann dies sein, wenn ein Konzernunternehmen ausgewählt wird, welches über eine überwiegende Namensgleichheit mit verbundenen Unternehmen verfügt. In einem solchen Fall kann die eindeutige Identifizierung ggf. nicht erfolgen. Die Information ist dann unstreitig fehlerhaft, wenn die Namensungenauigkeit auf ein 34

---

11 OLG Jena, Beschluss v. 24.9.2014 – 2 Verg 3/14, juris Rn. 23.

anderes tatsächlich existierendes Unternehmen hinweist. Die Information soll die Identifizierung des obsiegenden Bieters ermöglichen, da nur dann Gründe, die in der Person des Bieters liegen, geltend gemacht werden können. Ist die Namensnennung nur unter Angabe von Zusätzen wie Rechtsform, Sitz oder Anschrift als eindeutig anzusehen, bedarf es der Angabe dieser zusätzlichen Informationen. Die Identifizierung des Bieters darf nicht verhindert oder erschwert werden. Daher sind im Rahmen der Information bei Kaufleuten stets die Firma gemäß § 17 HGB und bei natürlichen Personen der Name gemäß § 12 BGB mitzuteilen – gegebenenfalls zusätzlich zur Firma. Da die Unterscheidungskraft der Firma gemäß § 30 HGB örtlich begrenzt ist, ist unter Umständen die Anschrift des vorgesehenen Zuschlagsempfängers offen zu legen.[12]

2. Gründe für die Ablehnung

35   Nach § 30 Abs. 1 KonzVgV hat der Konzessionsgeber in der Mitteilung über die Gründe für die Ablehnung der Teilnahmeanträge oder Angebote zu informieren.

36   Aus dem Wortlaut der Vorschrift („**Gründe**") lässt sich schließen, dass der Konzessionsgeber seiner Pflicht nur vollumfänglich nachkommt, soweit er sämtliche Gründe für die Ablehnung darlegt.[13] Vor der Vergaberechtsreform 2016 war im Vergaberecht bis 2009 (§ 13 VgV a.F.; mit Vergaberechtsreform 2009 ersetzt durch § 101a GWB a.F.) geregelt, dass „der Grund" für die Auswahlentscheidung anzugeben sei. Dies wird durch die Verwendung des Wortes „Gründe" (ab 2009 durch § 101a Abs. 1 S. 1 GWB a.F. schon so verwendet), mithin die Verwendung der Mehrzahl, für die Vergabe von Konzessionen dahingehend geregelt, dass die Angabe eines Grundes nicht ausreichen soll, sondern mehrere Gründe angegeben werden müssen. Anders sah dies vormals das OLG Düsseldorf[14]. Danach war es ausreichend, einen Grund zu benennen, wenn dieser der ausschlaggebende war. Für diese Handhabung ist im Rahmen von Konzessionsvergaben – angesichts des Wortlauts – kein Raum.

37   Der konkrete **Umfang** der Information richtete sich nach deren Zielrichtung, mithin der Gewährleistung der Nachprüfbarkeit und Nachvollziehbarkeit der getroffenen Entscheidung.[15] Alle Informationen, die ein Bewerber oder Bieter benötigt, um eine wirksame Nachprüfung zu beantragen, sind aufzunehmen.[16] Abhängig von der Komplexität des Verfahrens und der Anzahl der Gründe, welche zur mitzuteilenden Entscheidung führten, ist der konkrete Umfang anhand der Umstände des Einzelfalles zu bestimmen. Der Umfang der Begründung hängt dabei auch von dem konkreten Grad der Komplexität des Auftrages ab. Für das Verständnis des Bieters, warum sein Angebot nicht obsiegt hat, bedarf es dabei wohl der Erläuterung, wie sich die einzelnen Angebotsbestandteile des individuellen Angebotes auf die letztlich erfolgte Gesamtbewertung ausgewirkt haben. Ein bloßer Hinweis darauf, dass das Angebot nicht das wirtschaftlichste gewesen sei und dass das wirtschaftlichste Angebot den Zuschlag erhalten sollte oder sonstige Leerformeln, genügen der Informationspflicht nicht.[17]

38   Sollte im Einzelfall indes **nur ein Grund** für die Nichtberücksichtigung des Antrags oder des Angebotes bestehen, ist auch nur dieser aufzuführen.[18] Dass bei einer Konzessionsvergabe nur ein Grund ausschlaggebend ist, ist indes kaum denkbar. Neben dem Entgelt werden regelmäßig auch eine Reihe von Qualitäts- und Durchführungsanforderungen zum Gegenstand des Konzessionsvergabeverfahrens gemacht. Im Regelfall wird der obsiegende Bieter sich bei einer Mehrzahl der Kriterien gegenüber dem Wettbewerb durchgesetzt haben. Ist tatsächlich allein ein Kriterium und damit nur ein Grund für die Auswahl des obsiegenden Angebots ent-

---

12 Vgl. *Conrad*, in: Gabriel/Krohn/Neun, Handbuch Vergaberecht, § 32 Rn. 35.
13 *Gnittke/Hattig*, in: Müller-Wrede, GWB-Vergaberecht, § 134 Rn. 67 m.w.N.
14 OLG Düsseldorf, Beschluss v. 6.8.2001 – Verg 28/01
15 Vgl. *Maimann*, in: Kulartz/Kus/Portz/Prieß, GWB-Vergaberecht, § 134 Rn. 26.
16 VK Bund, Beschluss v. 30.7.2013 – VK 3-61/13; *Sang*, in: Willenbruch/Wieddekind, Vergaberecht, § 30 KonzVgV Rn. 3.
17 Vgl. OLG Celle, Beschluss v. 12.5.2016 – 13 Verg 10/15; VK Südbayern, Beschuss. v. 9.5.2016 – Z3-3-3194-1-10-03/16; VK Rheinland-Pfalz, Beschluss v. 10.10.2014 – VK 1-25/14.
18 Beschlussempfehlung und Bericht des Ausschusses für Wirtschaft und Technologie, VergRModG 2009, BT-Drs. 16/11428, 33.

scheidend, kann dies Zweifel an der Auswertung auslösen. Dem unterlegenen Bieter steht es frei, dann die weitergehenden Informationen gemäß § 30 Abs. 2 KonzVgV zu beantragen.

3. Entscheidung zur Nichtvergabe oder Neueinleitung

Die Mitteilung nach § 30 Abs. 1 KonzVgV muss auch dann erfolgen, wenn der Konzessionsgeber nach der Bekanntgabe der Konzessionsvergabe entscheidet, die Konzession letztlich nicht im laufenden Verfahren zu vergeben, und somit das Verfahren aufhebt. In diesem Fall muss die Information die Gründe umfassen, die für die Entscheidung, eine Konzession nicht zu vergeben, ausschlaggebend waren. 39

Ist aufgrund der Ausnahmen des § 20 Abs. 1 KonzVgV von der Veröffentlichung einer **Konzessionsbekanntmachung** abgesehen worden, liegt keine Wettbewerbssituation vor. Daher bedarf es in diesen Fällen keiner Information. Deren Wirkung ginge ins Leere, da die Unterrichtung zur Nichtvergabe oder Neueinleitung Beteiligte an einem vorhandenen Wettbewerb darüber informieren soll, dass entweder der Auftrag nicht länger in den Wettbewerb oder dieser erneut in den Wettbewerb gestellt wird. Liegt keine Wettbewerbssituation vor, erübrigt sich die Adressierung desselben. 40

Eine Entscheidung über die **Nichtvergabe** ist dabei allein nach Veröffentlichung der Konzessionsbekanntmachung mitzuteilen. Denn hierdurch wird das Verfahren begonnen. Für den Beginn eines Vergabeverfahrens im materiellen Sinne müssen dabei zwei Voraussetzungen kumulativ vorliegen: Die Entscheidung, den Bedarf durch Beschaffung am Markt zu decken, und das Treffen zweckbestimmter äußerlich wahrnehmbarer Anstalten, den Auftragnehmer mit dem Ziel des Vertragsschlusses auszuwählen.[19] Eine Entscheidung über das Absehen der Vergabe einer Konzession noch während der Vorbereitung des Vergabeverfahrens ist Teil der Vorbereitungshandlungen, auf welche die verfahrensbezogenen Vorschriften, zu denen auch § 30 KonzVgV gehört, keine Anwendung findet. 41

Die **Aufhebung** ist ein der Entscheidung zur Nichtvergabe innewohnender Reflex. Trifft die Vergabestelle die Entscheidung, die Konzession nicht vergeben zu wollen, ist die Fortführung des Verfahrens unsinnig. Zudem tritt diese Entscheidung nur dann wirksam nach außen, wenn die Aufhebung des Verfahrens gegenüber den am Verfahren beteiligten Bewerbern und Bietern kommuniziert wird. Anderenfalls dürften die Bewerber und Bieter weiterhin auf die anstehende Vergabe vertrauen, welche durch die Konzessionsbekanntmachung in Aussicht gestellt wurde. Im Vertrauen auf die Vergabe getätigte Aufwendungen der Bieter und Bewerber könnten zudem einen Schadensersatzanspruch auslösen, wenn die Vergabestelle die Entscheidung über die Nichtvergabe nicht unverzüglich kommuniziert. Die Aufhebung, als Folge der Entscheidung zur Nichtvergabe, ist gemäß § 32 KonzVgV **rechtmäßig**, wenn kein Angebot eingegangen ist, welches den Bedingungen entspricht (§ 32 Abs. 1 S. 1 Nr. 1 KonzVgV), z.B. weil die Angebote sämtlich nicht die Mindestanforderungen erfüllen oder gar keine Angebote eingehen. Weitere zulässige Gründe sind, dass sich die Grundlage des Vergabeverfahrens wesentlich geändert hat (§ 32 Abs. 1 S. 1 Nr. 2 KonzVgV), kein wirtschaftliches Ergebnis erzielt wurde (§ 32 Abs. 1 S. 1 Nr. 3 KonzVgV), andere schwerwiegende Gründe bestehen (§ 32 Abs. 1 S. 1 Nr. 4 KonzVgV) oder sonst ein sachlicher Grund vorliegt, der die Aufhebung des Verfahrens rechtfertigt. Damit ermöglicht die Information die Nachvollziehbarkeit der Entscheidung sowie die Überprüfbarkeit, inwiefern die Aufhebung zulässig ist. Abhängig von dessen Zulässigkeit bzw. abhängig vom konkreten Aufhebungsgrund kann den Bewerbern und Bietern ein Schadensersatzanspruch in Höhe des mit dem Verfahren verbundenen Aufwandes zustehen[20]. Dabei ist zu beachten, dass der Konzessionsgeber keinem Kontrahierungszwang unterliegt.[21] Da ein Unternehmen allerdings gemäß § 97 Abs. 6 GWB einen Anspruch darauf hat, dass der Konzessionsgeber die Bestimmungen über das Vergabeverfahren einhält, kann er – im Wege eines Antrags auf Feststellung, dass er durch die Aufhebung in 42

---

19 OLG Naumburg, Beschluss v. 17.3.2017 – 7 Verg 8/16, Rn. 45; VK Rheinland-Pfalz, Beschluss v. 11.12.2017 – VK"2-29/17.
20 VK Bund, Beschluss v. 14.8.2017 – VK 1-75/17.
21 OLG Düsseldorf, Beschluss v. 16.10.2013 – VII-Verg 16/13, Rn. 31.

43 Ein weiterer Auslöser für die Pflicht zur Information nach § 30 Abs. 1 KonzVgV ist die Entscheidung des Konzessionsgebers, das Verfahren **neu einzuleiten**. Die Gründe hierfür sind gegenüber allen Bewerbern und Bietern darzulegen. Dabei dient die Information der notwendigen Kenntnis von der Neueinleitung, welche der Wirtschaftsteilnehmer benötigt, damit er prüfen kann, ob er sich erneut um die Konzession bewerben will. Die Gründe für die Neueinleitung können sich aus z.B. aus der Einleitung eines **Nachprüfungsverfahrens** ergeben, wenn dieses zum Ergebnis führte, dass das Verfahren neu einzuleiten ist. Die Einleitung des Nachprüfungsverfahrens an sich löst die Informationspflicht noch nicht aus. Erst nach Abschluss des Nachprüfungsverfahrens steht fest, inwieweit ggf. Bedarf für eine Neueinleitung des Verfahrens besteht. Letztlich ist es denkbar, dass der Bewerber oder Bieter, der das Verfahren angreift im Nachprüfungsverfahren unterliegt. Dann besteht kein Grund, die weiteren Bewerber und Bieter hierüber zu informieren. Sie sind ausreichend durch ihr eigenes, subjektives Recht zur Einleitung eines Nachprüfungsverfahrens geschützt. Obsiegt der angreifende Bewerber bzw. Bieter, ist die Vergabestelle verpflichtet, alle am Verfahren beteiligten Bewerber bzw. Bieter weiterhin gleich zu behandeln. Dies schließt auch mit ein, dass eine ggf. notwendig werdende neue Angebotswertung eine erneute Informationspflicht auslöst. Die richtige Art und Weise der Unterrichtung ist dann die Information gemäß § 30 Abs. 1 KonzVgV über die Entscheidung hinsichtlich des Zuschlags, da eine neue Entscheidung getroffen wurde. Maßgeblich für die Bewerber und Bieter ist dabei die Kenntnis der (neuen) Gründe. Sollte ein Nachprüfungsverfahren im Ergebnis zu einer Zurückversetzung in einen vorherigen Stand führen, werden die beteiligten Bewerber und Bieter hierüber im Wege einer Bieterinformation informiert. Dabei handelt es sich nicht um eine Neueinleitung, sondern um die Fortsetzung des bisherigen Verfahrens, weswegen der Anwendungsbereich des § 30 Abs. 1 KonzVgV nicht eröffnet ist. Der Wortlaut nennt als Auslöser allein die Neueinleitung. Fraglich ist, welche Vorgänge neben einer autonomen Entscheidung der Vergabestelle darunter zu subsumieren sind. Erfolgt die **Kündigung** eines vergebenen Vertrages und ist derselbe Vertrag daraufhin für den verbleibenden Konzessionszeitraum neu auszuschreiben, kann dies wohl als Neueinleitung angesehen werden. Denn es handelt sich im beschriebenen Fall um denselben Konzessionsgegenstand. Anders ist dies wohl zu werten, wenn der Konzessionsgegenstand nicht gleich ist, wie es bei **Konzessionserweiterungen** der Fall ist. Denn dann handelt es sich nicht um eine Neueinleitung im Sinne einer erneuten Vergabe, sondern einer „Ersteinleitung" eines Vergabeverfahrens aufgrund eines neuen Beschaffungsbedarfs, der in der Vergangenheit nicht bestanden hat. Die Norm in ihrer Anwendung dahingehend auszudehnen, dass auch De-facto-Vergaben oder Interimsvergaben erfasst sein sollen, ist weder in der Norm noch in der Gesetzesbegründung oder der maßgeblichen RL 2014/23/EU angelegt.

4. Geplanter Zeitpunkt des Vertragsschlusses

44 Da die Regelung des § 30 Abs. 1 KonzVgV unbeschadet des § 134 GWB gilt, ist es zur Vermeidung eines doppelten Schriftverkehrs sinnvoll, die inhaltlichen Anforderungen des § 134 GWB in das Schreiben gemäß § 30 KonzVgV mit aufzunehmen. Damit nutzt der Konzessionsgeber seinen Gestaltungsspielraum als Herr des Verfahrens aus. Wenn er sich dafür entscheidet, ist zusätzlich der voraussichtliche/frühestmögliche Zeitpunkt des Vertragsschlusses in die Information gemäß § 30 KonzVgV aufzunehmen. Eine Pflicht hierzu besteht im Rahmen der Informationspflicht des § 30 KonzVgV allerdings nicht.

IV. Frist für die Informationserteilung

45 Die Mitteilung hat nach dem Wortlaut der Norm unverzüglich zu erfolgen. Der Begriff „unverzüglich" ist insoweit an § 62 Abs. 1 VgV ausgerichtet. Ausgangspunkt ist der Abschluss der

---

22 BGH, Beschluss v. 20.3.2014 – X ZB 18/13, Rn. 26.

Auswertung, da ab deren Abschluss der obsiegende Bieter feststeht. Unter unverzüglich ist dabei ein Handeln ohne schuldhaftes Zögern gemäß der Legaldefinition des § 121 Abs. 1 S. 1 BGB zu verstehen.[23] Da die Vergabestelle nur eine bereits getroffene Entscheidung mitteilen muss, sind für ein unverzügliches Handeln regelmäßig nur wenige Tage anzusetzen. Anders kann dies zu beurteilen sein, wenn der Umfang der Gründe durch den individuellen Umfang der Vergabekriterien oder eine besondere Situation zu einem erhöhten Aufwand für die Darlegung der entscheidenden Gründe führt. Ein gewisser Zeitraum, um den konkreten Entwurf der Information abzufassen, ist dem Konzessionsgeber zuzugestehen.[24] Dem Konzessionsgeber wird man die Möglichkeit, die Mitteilung auch juristisch abzustimmen, nicht durch eine zu kurze Frist abschneiden können. Es ist im Einzelfall unter Berücksichtigung der Interessen der Bewerber bzw. Bieter und des Konzessionsgebers zu entscheiden, welche zeitliche Dimension die Anforderung einer unverzüglichen Information hat.

V. Form der Informationserteilung

Aus der Tatsache, dass zwar für den Antrag des Betroffenen nach § 30 Abs. 2 KonzVgV die Textform vorgeschrieben ist, diese Vorgabe für die Information gegenüber Bewerbern und Bietern nicht aufgenommen wurde, kann geschlossen werden, dass der Konzessionsgeber generell in jeder **Form** (mündlich, fernmündlich, schriftlich) den Bewerber oder Bieter informieren kann. Allein aus Gründen der Nachweisbarkeit sollte die Vergabestelle dennoch darauf achten, dass die Mitteilungen gemäß § 30 Abs. 1 und 2 KonzVgV stets dokumentiert erfolgen. **46**

Darüber hinaus ist die Vergabestelle gemäß § 6 Abs. 1 KonzVgV zur fortlaufenden **Dokumentation** des Vergabeverfahrens in Textform nach § 126b BGB verpflichtet, soweit dies zur Begründung von Entscheidungen auf jeder Stufe des Vergabeverfahrens erforderlich ist. Ausdrücklich benennt § 6 Abs. 1 S. 2 KonzVgV u.a. als Mindestinhalte dieser Dokumentation die Kommunikation mit den Unternehmen sowie die Gründe für Auswahlentscheidungen und Zuschlag. Soweit also die Vergabestelle die Bewerber und die Bieter mündlich oder fernmündlich unterrichtet, ist dies in Textform nach § 126b BGB in der Verfahrensdokumentation festzuhalten. Die Information nach § 30 Abs. 1 KonzVgV erfolgt daher in der Praxis üblicherweise per E-Mail oder Fax, um diese Dokumentation zu gewährleisten. **47**

C. Erweiterte Informationspflicht auf Antrag (Abs. 2)

Betroffene können nach § 30 Abs. 2 KonzVgV auf Anfrage weitergehende Informationen zu der mitgeteilten Entscheidung erhalten. Inhalt der zu gewährenden Information sind die Merkmale und relativen Vorteile des ausgewählten Angebots. Der Inhalt der Auskunftspflicht wird dabei durch § 30 Abs. 3 begrenzt. Dabei ist die Mitteilung nur dann möglich, wenn ein obsiegendes Angebot ausgewählt wurde. Ist das Verfahren nicht bis zu diesem Punkt geführt worden und stattdessen die Aufhebung des Verfahrens mitgeteilt worden, geht der Informationsanspruch gemäß § 30 Abs. 2 KonzVgV ins Leere. **48**

Die Mitteilung ist, sofern ein Antrag vorliegt, **verpflichtend**. Der Verordnungsgeber formuliert feststellend („unterrichtet"), wie schon in Bezug auf die Information nach § 30 Abs. 1 KonzVgV, denn auch die weitergehende Information dient der Gewährleistung des Transparenzgebotes.[25] **49**

Welchen **Inhalt** die Anfrage haben muss, geht aus dem Normtext nicht hervor. Mindestens kann erwartet werden, dass der Betroffene die Anfrage ausreichend deutlich formuliert, dass **50**

---

23 OLG Rostock, Beschluss v. 20.10.2010 – 17 Verg 5/10, openjur Rn. 80; *Gnittke/Hattig*, in: Müller-Wrede, GWB-Vergaberecht, § 134 Rn. 84.
24 Vgl. OLG Oldenburg, Urteil v. 30.10.2003 – 8 U 136/03, openjur Rn. 25; *Maimann*, in: Kulartz/Kus/Portz/Prieß, GWB-Vergaberecht, § 134 Rn. 36.
25 Vgl. auch die Kommentierung oben unter Rn. 15.

dem Konzessionsgeber klar sein muss, dass eine Mitteilung gemäß § 30 Abs. 2 KonzVgV verlangt wird.

51 Aufgrund des Inhalts der zu gewährenden Information kann eine Anfrage vor Abschluss der Auswahl des besten Angebotes nicht beantwortet werden. Sollte ein Betroffener dennoch **vor Abschluss der Auswahlentscheidung** eine Anfrage stellen, ist der Informationsanspruch mit Verweis auf die objektive Unmöglichkeit der Informationserteilung abzulehnen.

I. Antragsberechtigte

52 Antragsberechtigt ist jeder Betroffene. Eine Definition des Begriffs **„Betroffener"** enthält Art. 5 RL 2014/23/EU nicht. In Art. 2a Abs. 2 UAbs. 2 RL 89/665/EWG[26] findet sich eine Definition dahingehend, dass „Betroffene" solche Bieter sind, die nicht endgültig ausgeschlossen worden sind. Als endgültig ausgeschlossen gilt ein Bieter, wenn ihm der Ausschluss mitgeteilt wurde und dieser von der Vergabekammer als rechtmäßig anerkannt wurde oder wenn kein Nachprüfungsverfahren mehr möglich ist.[27]

53 **Bewerber** gelten nach Art. 2a Abs. 2 UAbs. 2 RL 89/665/EWG[28] als betroffen, wenn der Auftraggeber ihnen keine Information über die Ablehnung ihrer Bewerbung zur Verfügung gestellt hat, bevor die Mitteilung der Zuschlagserteilung an die betroffenen Bieter gegangen ist. Da der Wortlaut des § 30 Abs. 2 KonzVgV nicht von „betroffenen Bietern" spricht, scheinen Bewerber daher von dem Begriff „Betroffener" ebenso erfasst. Jedoch erhält die Information gemäß § 30 Abs. 2 KonzVgV nur der Bieter, der ein ordnungsgemäßes Angebot abgegeben hat. Ein Antrag eines Bewerbers ginge somit ins Leere, da er keinen Informationsanspruch hat. Eine Gesamtbetrachtung zeigt, dass Sinn und Zweck des § 30 Abs. 2 KonzVgV nicht die weitergehende Information des Bewerbers über den Informationsanspruch nach § 30 Abs. 1 KonzVgV hinaus ist, sondern allein dem Bieter, der ein ordnungsgemäßes Angebot abgegeben hat, weitergehende Informationen zur Wahrung seiner subjektiven Interessen zustehen sollen. Dabei ist nach dem Wortlaut der Norm auf Anfrage der Betroffenen in Textform jeder Bieter, „der ein ordnungsgemäßes Angebot eingereicht hat, über die Merkmale und relativen Vorteile des ausgewählten Angebots" durch den Konzessionsgeber zu unterrichten (§ 30 Abs. 2 KonzVgV).

54 Hat sich eine **Bietergemeinschaft** am Verfahren beteiligt, kann der weitergehende Informationsanspruch gemäß § 30 Abs. 2 KonzVgV nur von der Gesamtheit der Bietergemeinschaft geltend gemacht werden.

55 Anspruch auf die Information nach § 30 Abs. 2 KonzVgV haben nur solche Bieter, die ein **ordnungsgemäßes Angebot** abgegeben haben. Unter einem ordnungsgemäßen Angebot ist ein Angebot zu verstehen, das gemäß den Vorgaben im Verfahren erstellt, d.h. vollständig und wertbar ist. Bieter, die aufgrund dessen, dass ihr Angebot nicht ordnungsgemäß erstellt wurde, vom weiteren Verfahren ausgeschlossen werden, können gegen diese Entscheidung, welche Ihnen mitzuteilen ist, gesondert vorgehen. Will der Konzessionsgeber die Information gemäß § 30 Abs. 2 KonzVgV nicht erteilen, weil er das Angebot des Antragstellers für nicht ordnungsgemäß hält, wird er den Mangel begründen müssen, da ihn ansonsten die Informationspflicht trifft. Diese Anknüpfung an die Voraussetzung des ordnungsgemäßen Angebots ist konsequent, da die Informationen über die Merkmale und relativen Vorteile des ausgewählten Angebotes dazu dienen sollen, ggf. erfolgte Fehleinschätzungen seitens der Vergabestelle aufzudecken. Dabei haben nur Bieter, welche ein ordnungsgemäßes Angebot abgegeben haben, die Möglichkeit, solche Fehleinschätzungen bzw. Auswertungs- und Gewichtungsfehler als kausal für ihr Unterliegen im Verfahren und somit als Grundlage für einen wirksamen Angriff des Verfahrens geltend zu machen. Die Information nach § 30 Abs. 2 KonzVgV dient, wie auch die verpflichtende Information nach § 30 Abs. 1 KonzVgV, der Transparenz mit dem Ziel,

---

26 Zuletzt geändert durch RL 2007/66/EG.
27 *Gnittke/Hattig*, in: Müller-Wrede, GWB-Vergaberecht, § 134 Rn. 41.
28 Zuletzt geändert durch RL 2007/66/EG.

dass der am Verfahren Beteiligte die Informationen erhält, die er benötigt, um ggf. fehlerhaft getroffene Entscheidungen wirksam angreifen zu können. Ist der Bieter bereits unabhängig von der Auswertung der Angebote auszuschließen, weil sein Angebot nicht ordnungsgemäß war, hat er kein schützenswertes Interesse, dass die Offenlegung weitergehender Informationen ihm gegenüber rechtfertigt. Daher erhält ein Bieter, der nicht aufgrund des Auswertungsergebnisses unterliegt, wie auch der Bewerber, der den Bieterstatus nicht erreicht, keine Information gemäß § 30 Abs. 2 KonzVgV. Denn sofern ein Bieter, der kein ordnungsgemäßes Angebot eingereicht hat, die gegen ihn gerichtete Entscheidung angreifen will, wird er dies auf andere Informationen stützen (fehlerhafte Eignungsprüfung, Unterlassen der Nachforderung von Unterlagen, fehlende Transparenz der Anforderungen o.Ä.).

II. Inhalt der Information

Die Information muss Angaben über die Merkmale und zu den relativen Vorteilen des ausgewählten Angebotes machen. Die Verwendung des Plurals **„Merkmale"** zeigt an, dass hier mehrere Merkmale zu nennen sind. Die Angaben müssen aussagekräftig sein, mithin vollständig, damit für den antragstellenden Bieter die Nachvollziehbarkeit der Entscheidung gegeben ist. Die Anzahl der zu nennenden Merkmale richtet sich nach der Komplexität der Vergabe sowie den konkreten Gründen für die Auswahlentscheidung im Einzelfall. **56**

Es ist für die Nachvollziehbarkeit des Unterliegens notwendig, dass der unterlegene Bieter erkennen kann, an welcher Stelle das ausgewählte Angebot im Vergleich zu seinem Angebot als besser eingeschätzt wurde.[29] Letztlich handelt es sich bei der Darstellung der **relativen Vorteile** mithin um die Darlegung der Auswertung, wobei ein direkter Vergleich zwischen dem Angebot des antragstellenden Bieters und dem ausgewählten Angebot vorzunehmen ist. Damit ist nicht die gesamte Auswertung, bezogen auf alle eingegangenen Angebote, und alle bewertungsrelevanten Kriterien offenzulegen.[30] Die konkret zu erteilenden Informationen hängen daher davon ab, unter Anwendung welcher Bewertungsmethodik die Auswertung erfolgte. Dabei dürfte es nicht genügen, abstrakt auf eine bessere Erfüllung des Kriteriums durch das ausgewählte Angebot zu verweisen, da dadurch die Nachvollziehbarkeit der Bewertung nicht erreicht werden kann. Für die Geltendmachung der subjektiven Rechte des einzelnen Bieters bedarf es allein der eingegrenzten, ihn betreffenden Informationen aus der Auswertungsdokumentation. Wie der Begriff „relative Vorteile" im Verhältnis zu den wesentlichen Gründen steht, die im Rahmen der verpflichtenden Information zu benennen sind, muss im Einzelfall bestimmt werden. Da es sich bei dem Anspruch nach § 30 Abs. 2 KonzVgV um einen weitergehenden Anspruch handelt, müssen die Angaben über das hinausgehen, was die Vergabestelle bereits mit der Mitteilung nach § 30 Abs. 1 KonzVgV mitgeteilt hat. **57**

III. Form für den Antrag

Der betroffene Bieter muss seinen Antrag „in Textform" stellen. Maßstab ist § 126b BGB. Der Begriff „Textform" umfasst danach jede durch Schriftzeichen verkörperte Willenserklärung, mithin „schriftlich" ohne die zusätzliche Anforderung der eigenhändigen Namensunterschrift oder notariellen Beglaubigung, wie es die Schriftform nach § 126 BGB fordern würde. Der Begriff „schriftlich" umfasst sowohl handschriftliche als auch am Computer hergestellte oder vervielfältigte Urkunden. Zulässig sind neben dem Postbrief danach E-Mail und Telefax.[31] Mündliche oder telefonische Mitteilungen sind ausgeschlossen. **58**

---

29 Vgl. *Sang*, in: Willenbruch/Wieddekind, Vergaberecht, § 30 KonzVgV Rn. 8.
30 Die Rechtsprechung lehnt daher zu Recht die Weitergabe von Einzelheiten der Konkurrenzangebote ab, vgl. VK Sachsen, Beschluss v. 30.8.2011 – 1/SVK/028-11.
31 *Gnittke/Hattig*, in: Müller-Wrede, GWB-Vergaberecht, § 134 Rn. 81; *Ahrens*, in: Prütting/Wegen/Weinreich, BGB, § 126b Rn. 4; *Sang*, in: Willenbruch/Wieddekind, Vergaberecht, § 30 KonzVgV Rn. 7.

IV. Form der Information

59 Für die Information, welche auf Antrag des Betroffenen bereitzustellen ist, gibt der Verordnungstext keine Form vor. Die Norm des § 7 Abs. 1 KonzVgV, wonach der Konzessionsgeber und die Unternehmen grundsätzlich „Geräte und Programme für die elektronische Datenübermittlung (elektronische Mittel)" verwenden, ist keine Muss-Vorschrift, so dass Abweichungen möglich sind. Daher kann diese grundsätzlich sowohl mündlich, fernmündlich als auch schriftlich erfolgen. Aufgrund der Vorgaben des § 6 KonzVgV zur Dokumentation des Vergabeverfahrens ist es notwendig, die Kommunikation mit den Unternehmen in Textform gemäß § 126b BGB festzuhalten. Danach sind ggf. in anderer Form bereitgestellte Informationen für die Dokumentation in Textform zu erfassen. Daher ist es empfehlenswert, die Textform, auch ohne zwingende Vorgabe, für die Information gemäß § 30 Abs. 2 KonzVgV zu verwenden.

V. Frist für den Antrag

60 Eine Frist, bis zu welcher der Antrag des Betroffenen **eingehen** muss, um den Anspruch auf die Angaben über die Merkmale und relativen Vorteile des ausgewählten Angebots zu erhalten, ist nicht geregelt. Allein die Reaktionsfrist der Vergabestelle ist mit maximal 15 Tagen vorgegeben. Daher kann der betroffene Bieter diesen Antrag sowohl nach erfolgtem Zuschlag stellen wie auch nach Einreichung eines Rechtsmittels zur Verhinderung des Zuschlags.

61 Die **Reaktionsfrist** von 15 Tagen ermöglicht es einem betroffenen Bieter meist nicht, bei Zweifeln an der Rechtmäßigkeit der im Zuge einer Information gemäß § 30 Abs. 1 KonzVgV mitgeteilten Entscheidung die ergänzenden Informationen vor Ablauf der Wartefrist nach § 134 GWB zu erhalten. Denn zunächst prüft der Adressat regelmäßig die Information gemäß § 30 Abs. 1 KonzVgV, bevor weitere Schritte eingeleitet werden. Zudem kann die Wartefrist des § 134 GWB auf 10 Tage verkürzt werden, was den Regelfall darstellt. In der Praxis ist damit zu rechnen, dass die Information gemäß § 30 Abs. 2 KonzVgV überwiegend nach Ablauf der Wartefrist noch während der 15-tägigen Reaktionsfrist beim Betroffenen eintrifft. Ob und wann er die Informationen anfordert, wird daher davon abhängen, ob diese nötig sind, um einen angenommenen Rechtsverstoß bei der Vergabe zu belegen oder nicht.

VI. Frist für die Erteilung der Information

62 Die Information ist unverzüglich, in jedem Fall innerhalb von 15 Kalendertagen (maximale Reaktionsfrist) zu erteilen.

63 Die Mitteilung hat nach dem Wortlaut der Norm unverzüglich zu erfolgen. Der Begriff **„unverzüglich"** ist insoweit an § 62 Abs. 2 VgV ausgerichtet.[32] Ausgangspunkt ist der Abschluss der Auswertung, da ab deren Abschluss der obsiegende Bieter feststeht. Unter unverzüglich ist dabei ein Handeln ohne schuldhaftes Zögern gemäß der Legaldefinition des § 121 Abs. 1 S. 1 BGB zu verstehen.[33]

64 Da die Norm als bieterschützend auszulegen ist, kommt es für die Einhaltung der 15-Tages-Frist auf den **Zugang** beim Bieter an, nicht auf den Zeitpunkt der Versendung.[34] Zugegangen ist die Erklärung, sobald sie derart in den Machtbereich des Empfängers gelangt ist, dass die Möglichkeit der Kenntnisnahme besteht und unter gewöhnlichen Verhältnissen mit einer Kenntnisnahme zu rechnen ist.[35] Da es sich um eine formbedürftige Erklärung handelt, gilt die Erklärung nur als zugegangen, wenn sie in der richtigen Form übermittelt wird.[36]

---

[32] Vgl. Verordnungsbegründung zu § 30 Abs. 3 KonzVgV, BR-Drs. 87/16, 296.
[33] OLG Rostock, Beschluss v. 20.10.2010 – 17 Verg 5/10, openjur Rn. 80; *Gnittke/Hattig*, in: Müller-Wrede, GWB-Vergaberecht, § 134 Rn. 84.
[34] *Conrad*, in: Müller-Wrede, VgV/UVgO, § 62 VgV Rn. 57.
[35] *Ahrens*, in: Prütting/Wegen/Weinreich, BGB, § 130 Rn. 8.
[36] *Ahrens*, in: Prütting/Wegen/Weinreich, BGB, § 130 Rn. 8.

Die **Berechnung** der Frist erfolgt nach § 36 KonzVgV. Hiernach sind die Bestimmungen der VO (EWG, Euratom) 1182/71 maßgeblich. Folglich beginnt die Frist gemäß Art. 3 Abs. 1 UAbs. 2 VO (EWG, Euratom) 1182/71 mit dem Tag nach Eingang des Antrags. Das Fristende ist nach Art. 3 Abs. 2 lit. b VO (EWG, Euratom) 1182/71 der Ablauf des 15. Tages. Fällt das Fristende auf einen Samstag, Sonntag oder Feiertag, so endet die Frist gemäß Art. 3 Abs. 4 UAbs. 1 VO (EWG, Euratom) 1182/17 mit Ablauf des nächsten Arbeitstages. Arbeitstage sind dabei nach Art. 2 Abs. 2 VO (EWG, Euratom) 1182/17 alle Tage außer Feiertage, Sonntage und Samstage.   65

D. Ausnahmen von der Informationspflicht (Abs. 3)

Nach § 30 Abs. 3 KonzVgV kann der Konzessionsgeber unter bestimmten Voraussetzungen beschließen, einzelne in § 30 Abs. 1 KonzVgV genannte Angaben zur Konzession nicht mitzuteilen.   66

Dabei handelt es sich um Ausnahmetatbestände, deren Vorliegen durch die Vergabestelle zu prüfen ist. Sofern sie Informationen, welche im Rahmen der Information gemäß § 30 Abs. 1 KonzVgV zu übermitteln sind, aufgrund eines der Ausnahmetatbestände nicht zur Verfügung stellt, ist sie **begründungspflichtig**. Dies ist insbesondere in Bezug auf die Feststellung, ob ein Betriebs- oder Geschäftsgeheimnis vorliegt, problematisch.[37]   67

Das Vorliegen eines Ausnahmetatbestandes oder mehrerer Ausnahmetatbestände hinsichtlich **einzelner Informationen** entbindet den Konzessionsgeber nicht davon, den Bewerbern bzw. Bietern diejenigen Informationen mitzuteilen, die nicht unter die Ausnahmeregelung fallen und insbesondere nicht von der Mitteilung in Gänze.[38]   68

Die Entscheidung des Konzessionsgebers über die Anwendung der Ausnahmefälle liegt gemäß der Formulierung der Norm „kann […] beschließen" in dessen **Ermessen**. Dabei kann sich dies zu einer Pflicht zur Zurückhaltung der Informationen, mithin zu einer Ermessenreduzierung auf null, verdichten.[39] Da die Ausnahmetatbestände die berechtigten Interessen der Beteiligten in den benannten Fällen schützen sollen, bedarf es einer Abwägung der Interessen, insbesondere zwischen dem Interesse des Wettbewerbsschutzes und des jeweils durch den Ausnahmefall geschützten Interesses.   69

Die Ausnahmetatbestände des § 30 Abs. 3 KonzVgV sind **abschließend** und **eng auszulegen**. Über die in § 30 Abs. 3 KonzVgV geregelten Fälle hinaus ist der Konzessionsgeber daher nicht berechtigt, auf die Mitteilung der Informationen zu verzichten. Denn die Norm dient der Durchsetzung des für einen effektiven Rechtschutz zwingend notwendigen Informationsanspruches zu Gunsten der am Verfahren beteiligten Bewerber und Bieter, welcher Grundlage für eine wirksame Überprüfbarkeit der Auswahlentscheidung des Konzessionsgebers ist. Eine weite Auslegung der Ausnahmetatbestände widerspricht daher der Zielsetzung der Norm. Der Konzessionsgeber ist „Herrscher über die Gesamtheit der für die Auswahlentscheidung relevanten Informationen". Denn letztlich haben Bewerber und Bieter faktisch keine andere Möglichkeit, die relevanten Informationen zu erhalten, wenn die Mitteilung derselben abgelehnt wird. Dies würde eine erhebliche Schwächung des effektiven Rechtsschutzes darstellen. Daher ist es sachgerecht, dass er nur im Falle entgegenstehender Interesse von besonderer Bedeutung, auf die Mitteilung der nachgefragten Informationen verzichten darf. Welche dies sind, hat der Gesetzgeber in Umsetzung der RL 2014/23/EU[40] konkret und damit abschließend bestimmt,   70

Die in § 30 Abs. 3 Nr. 1 bis 3 KonzVgV geregelten Ausnahmetatbestände stehen ausweislich des Wortlauts („oder") in einem **Alternativverhältnis** zueinander. Der Konzessionsgeber ist daher schon dann berechtigt, auf die Mitteilung von Informationen zu verzichten, wenn einer   71

---

37 Siehe auch Rn. 78.
38 *Gnittke/Hattig*, in: Müller-Wrede, GWB-Vergaberecht, § 134 Rn. 116.
39 *Maimann*, in: Kulartz/Portz/Prieß, GWB-Vergaberecht, § 134 Rn. 61; *Gnittke/Hattig*, in: Müller-Wrede, GWB-Vergaberecht, § 134 Rn. 113.
40 Art. 40 Abs. 2 RL 2014/23/EU

der Ausnahmetatbestände einschlägig ist. Die Fallgruppen sind allgemein formuliert und daher kaum trennscharf voneinander abzugrenzen.[41] Eine Abgrenzung ist aber auch nicht erforderlich, da die Rechtsfolge für alle in § 30 Abs. 3 Nr. 1 bis 3 KonzVgV genannten Ausnahmetatbestände dieselbe ist.

72 Nach dem Wortlaut der Norm ist der Konzessionsgeber nicht zu einem vollständigen Mitteilungsverzicht berechtigt. Vielmehr sind nur solche Angaben nicht preiszugeben, welche im Anwendungsfall der Ausnahmeregelung liegen. Es handelt sich damit um einen **Teilverzicht** der Herausgabe von Informationen. Welche Informationen zurückhaltungsbedürftig sind, ist im jeweiligen Einzelfall durch den Konzessionsgeber zu beurteilen. Ihm steht diesbezüglich – unter Berücksichtigung des Informations- und Rechtsschutzinteresses des unterliegenden Bieters – ein Ermessensspielraum zu.[42]

I. Behinderung des Gesetzesvollzugs (Nr. 1)

73 In Fällen, in welchen die Offenlegung der Informationen nach § 30 Abs. 1 KonzVgV den Gesetzesvollzug behindern würde, kann der Konzessionsgeber nach § 30 Abs. 3 Nr. 1 KonzVgV beschließen, diese nicht mitzuteilen.

74 Eine Offenlegung von Angaben, die den **Gesetzesvollzug behindern** würden, kann immer dann angenommen werden, wenn es sich um Angaben handelt, deren Weitergabe gesetzlich verboten ist. Dies trifft beispielsweise auf Informationen zu, deren Offenlegung die Funktionsfähigkeit staatlicher Einrichtungen beeinträchtigen könnte, zu. Als weitere relevante Regelungsbereiche sind das Kartellrecht (GWB), Urheberrecht (UrhG), Wettbewerbsrecht (UWG) oder das Datenschutzrecht (BDSG, DSGVO) anzunehmen.[43]

II. Öffentlichen Interessen auf sonstige Weise zuwiderlaufend (Nr. 2)

75 Nach § 30 Abs. 3 Nr. 2 KonzVgV kann der Konzessionsgeber auf die Mitteilung von Angaben nach § 30 Abs. 1 KonzVgV verzichten, soweit die Offenlegung dieser Angaben dem öffentlichen Interesse auf sonstige Weise zuwiderläuft. Dieser Ausschlussgrund kommt beispielsweise dann zum Tragen, wenn Verteidigungs- und Sicherheitsinteressen betroffen sind und die Mitteilung der Informationen diesen zuwiderlaufen.[44]

III. Schädigung von berechtigten geschäftlichen Interessen oder Beeinträchtigung des lauteren Wettbewerbs (Nr. 3)

76 Nach § 30 Abs. 3 Nr. 3 KonzVgV kann der Konzessionsgeber auf die Mitteilung von Angaben nach § 30 Abs. 1 KonzVgV verzichten, soweit die Offenlegung dieser Angaben die berechtigten geschäftlichen Interessen von Unternehmen schädigen oder den lauteren Wettbewerb zwischen ihnen beeinträchtigen würde.

77 Das ist bei einem berechtigten **Geheimhaltungsinteresse** des Unternehmens der Fall. Sensible Preisabsprachen, individuell auf den Konzessionsgeber zugeschnittene Konzepte oder andere Betriebs- und Geschäftsgeheimnisse sowie Informationen, die einen Rückschluss auf die Kalkulation und Geschäftsstrategie des erfolgreichen Bieters zulassen, sind hiervon erfasst.[45] Ein Geschäfts- oder Betriebsgeheimnis ist anzunehmen, wenn es sich um eine im Zusammenhang mit einem Geschäftsbetrieb stehende nicht offenkundige, sondern nur einem begrenzten Personenkreis bekannte Tatsache handelt, an deren Geheimhaltung der Unternehmensinhaber ein berechtigtes wirtschaftliches Interesse hat und die nach seinem bekundeten oder doch erkennbaren Willen auch geheim bleiben soll.[46] Für die Annahme eines Be-

---

41 *Gnittke/Hattig*, in: Müller-Wrede, GWB-Vergaberecht, § 134 Rn. 116.
42 Vgl. *Sang*, in: Willenbruch/Wieddekind, Vergaberecht, § 30 KonzVgV Rn. 9.
43 Ähnlich *Gnittke/Hattig*, in: Müller-Wrede, GWB-Vergaberecht, § 134 Rn. 119.
44 Vgl. *Maimann*, in: Kulartz/Kus/Portz/Prieß, GWB-Vergaberecht, § 134 Rn. 58.
45 Vgl. *Maimann*, in: Kulartz/Kus/Portz/Prieß, GWB-Vergaberecht, § 134 Rn. 59.
46 *Köhler*, in: Köhler/Bornkamm, UWG, § 17 Rn. 4

triebs- oder Geschäftsgeheimnisses müssen vier Voraussetzungen erfüllt sein: (1) Zusammenhang mit einem Geschäftsbetrieb, (2) fehlende Offenkundigkeit, (3) Geheimhaltungsinteresse und (4) Geheimhaltungswille.[47] Der Zusammenhang mit dem Geschäftsbetrieb des Bieters ist im Regelfall gegeben, wenn es sich um Bestandteile des Angebotes handelt. Ebenso ist die fehlende Offenkundigkeit regelmäßig gegeben, da es dem Vergabeverfahren immanent ist, dass die Inhalte des Angebotes eben nicht offenkundig, d.h. allgemein bekannt oder doch leicht zugänglich, sind. Dabei schadet die Kenntnis eines, wenn auch unter Umständen größeren, Personenkreises nicht, wenn dieser begrenzt ist und der Personenkreis zur Geheimhaltung verpflichtet ist.[48] Aufgrund des Gebots des Geheimwettbewerbs trifft dies auf alle Personen, die auf Seiten des Konzessionsgebers in einem Konzessionsvergabeverfahren tätig werden, zu. Das Geheimhaltungsinteresse ist nur anzunehmen, wenn die mitzuteilende Information für die Wettbewerbsfähigkeit des Unternehmens von Bedeutung ist, ihr Bekanntwerden also den fremden Wettbewerber fördern oder die eigene Wettbewerbsfähigkeit schwächen kann. Hinzukommen muss der Geheimhaltungswille des Unternehmens, der für Betriebsinterna offenkundig ist und nicht gesondert erklärt werden muss. Zu anderweitigen Informationen bedarf es der Erklärung des Geheimhaltungswillens durch das Unternehmen bzw. muss dieser durch dessen Handeln eindeutig erkennbar sein.[49]

Die Feststellung, welche Aspekte des Angebotes als Geschäfts- oder Betriebsgeheimnisse zu qualifizieren sind, hat für die im Rahmen der Anwendung des Ausnahmefalls des § 30 Abs. 3 Nr. 3 KonzVgV notwendige Ermessensentscheidung durch die **Vergabestelle** zu erfolgen. Da die Voraussetzungen, welche für die Annahme von Geschäfts- oder Betriebsgeheimnissen erfüllt sein müssen, auch subjektive, durch die Willensbildung des Bewerbers bzw. Bieters bestimmte Aspekte, umfassen, wird es der Vergabestelle regelmäßig schwer fallen, diese Feststellung zu treffen. Daher ist die Aufforderung der Vergabestelle an die Bewerber bzw. Bieter im Rahmen der Anforderung von Teilnahmeanträgen bzw. Angeboten, Geschäfts- und Betriebsgeheimnisse für die Vergabestelle zu kennzeichnen, eine weitgehend etablierte Vorgehensweise. Ein solches Vorgehen befreit die Vergabestelle jedoch nicht davon, bei Aspekten, die offensichtlich Geschäfts- oder Betriebsgeheimnisse darstellen, eigenständig die Weitergabe der Information zu prüfen und gegebenenfalls im Rahmen einer pflichtgemäß erfolgten Ermessensentscheidung zu verweigern. In Zweifelsfällen sollte der ausgewählte Bieter vor Weitergabe der Information zur Stellungnahme aufgefordert werden, um das Risiko eines Schadensersatzanspruches des ausgewählten Bieters zu vermeiden. Unabhängig von der Stellungnahme des ausgewählten Bieters bedarf es immer einer eigenen Entscheidung der Vergabestelle als Adressatin des § 30 KonzVgV. Kann die Informationserteilung zu Wettbewerbshandlungen der unterlegenen Bewerber bzw. Bieter führen, welche den Wettbewerb zum Nachteil der Mitbewerber, insbesondere des ausgewählten Bieters, nicht unerheblich beeinträchtigen, ist im Sinne der pflichtgemäßen Ermessensentscheidung von der Weitergabe der Informationen abzusehen.[50]

78

E. Rechtsschutz

I. Informationsanspruch

Der Informationsanspruch nach § 30 Abs. 1 KonzVgV als auch nach § 30 Abs. 2 KonzVgV ist ein **subjektives Recht** des Bewerbers oder Bieters im Sinne des § 97 Abs. 6 GWB. In diesem Zusammenhang ist zum einen die Definition des Bewerbers im Sinne dieser Vorschrift zu beachten, die auch den Interessenten umfasst.[51] Darüber hinaus ist gemäß Art. 1 Abs. 1 RL 89/665/EWG[52] für die Vergabe von Konzessionen der Anwendungsbereich der RL

79

---

47 *Köhler*, in: Köhler/Bornkamm, UWG, § 17 Rn. 4
48 Vgl. *Köhler*, in: Köhler/Bornkamm, UWG, § 17 Rn. 7a.
49 Vgl. *Maimann*, in: Kulartz/Kus/Portz/Prieß, GWB-Vergaberecht, § 134 Rn. 59.
50 *Maimann*, in: Kulartz/Kus/Portz/Prieß, GWB-Vergaberecht, § 134 Rn. 60.
51 Siehe oben Rn. 30.
52 Zuletzt geändert durch RL 2014/23/EU.

89/665/EWG eröffnet. Die Mitgliedstaaten haben danach sicherzustellen, dass ein Nachprüfungsverfahren zumindest jeder Person zur Verfügung steht, die ein Interesse an einem bestimmten Auftrag hat oder hatte und der durch einen behaupteten Verstoß ein Schaden entstanden ist oder zu entstehen droht.[53] Der Anspruch kann eigenständig geltend gemacht werden. Dabei hat der Bewerber oder Bieter nur ein Recht auf pflichtgemäße Ermessensausübung. Einsprüche gegen die Entscheidung, welche durch die Information mitgeteilt wird, sind abhängig von der Art und Weise des sich daraus ergebenden Verstoßes geltend zu machen. Auch kann der Verstoß gegen die Informationspflicht gemäß § 30 KonzVgV nur dann geltend gemacht werden, wenn der Informationsanspruch noch vor Zuschlag erfüllt werden kann. Anderenfalls ist – vor dem Hintergrund der Funktion des Primärrechtsschutzes, einen drohenden Schaden abzuwenden – eine Geltendmachung nicht mehr möglich.

80 Es stellt sich die Frage, inwieweit ein Nachprüfungsantrag allein auf das **Unterlassen der Informationserteilung** bzw. auf eine **fehlerhafte Informationserteilung** gestützt werden kann. Die Funktion der Information ist die Gewährleistung von Transparenz. Dies wiederum dient der Gewährleistung von Rechtsschutz, da der Adressat der Information durch dieselbe in die Lage versetzt wird, die mitgeteilte Entscheidung in tatsächlicher Hinsicht zu überprüfen. Dabei bedarf es für den Erfolg des Nachprüfungsverfahrens neben dem Verstoß gegen die Informationspflicht stets eines (weiteren) vergaberechtlichen Fehlverhaltens des Konzessionsgebers.[54] In diesem Sinne entschied die VK Rheinland-Pfalz, dass die Rüge der unzureichenden Vorabinformation unzulässig sei, wenn der Zuschlag an den rügenden Bieter aus anderem Grund nicht erteilt werde dürfe, da dann kein Rechtsschutzbedürfnis vorliege.[55]

II. Verletzung der Informationspflicht

81 Die Verletzung der Informationspflicht begründet auf Seiten des betroffenen Bewerbers oder Bieters zunächst die Pflicht zur **Rüge** zeitnah nach Kenntnis des Verstoßes. Wird der Rüge durch eine ergänzte und umfassende Information, welche den Vorgaben des § 30 KonzVgV entspricht, abgeholfen, kann ein erfolgreiches Nachprüfungsverfahren nicht mehr auf die (ursprünglich) rechtswidrige Information gestützt werden, denn der Schutzzweck der Norm ist durch die nachträgliche Information erfüllt.[56]

82 Der Konzessionsgeber ist zudem auch im Falle eines anhängigen Nachprüfungsverfahrens nicht gehindert, Versäumtes **nachzuholen** bzw. eine unvollständige Prüfung zu wiederholen und das Ergebnis in das laufende Verfahren einzuführen[57], so dass die Heilung der Verletzung der Informationspflicht auch im anhängigen Nachprüfungsverfahren möglich ist. Allerdings führt eine Heilung der Verletzung der Informationspflicht erst im Nachprüfungsverfahren zur Kostentragungspflicht des Konzessionsgebers.[58] Dies ist gemäß § 182 Abs. 3 S. 3 GWB, wonach die Kosten dem Beteiligten auferlegt werden können, welcher diese durch sein Verschulden, hier die verspätete Heilung einer fehlerhaften oder unterbliebenen Information im Sinne des § 30 KonzVgV, verursacht hat.

83 Erfüllt der Konzessionsgeber die Informationspflicht nicht, kann der Bewerber oder Bieter einen **Schadensersatzanspruch** aus Verschulden bei Vertragsschluss gemäß §§ 241 Abs. 2, 311 Abs. 2 Nr. 1, 280 Abs. 1 BGB, geltend machen. Daneben kommt ein deliktischer Anspruch in Frage, wenn durch die Verletzung der Schutznorm des § 30 KonzVgV ein Schaden auf Seiten des Bewerbers oder Bieters herbeigeführt wurde.[59] Dabei obliegt dem Bewerber oder Bieter in beiden Fällen die Beweislast, die Kausalität der unterbliebenen Information für den geltend gemachten Schaden zu beweisen. Es reicht daher nicht das Unterbleiben der

---

53 Art. 1 Abs. 2 RL 89/665/EWG zuletzt geändert durch RL 2007/66/EG; *Braun*, in: Ziekow/Völlink, Vergaberecht, § 134 Rn. 36.
54 *Gnittke/Hattig*, in: Müller-Wrede, GWB-Vergaberecht, § 134 Rn.123.
55 VK Rheinland-Pfalz, Beschluss v. 10.10.2014 – VK 1-25/14.
56 Vgl. OLG Celle, Beschluss v. 12.5.2016 – 13 Verg 10/15, Rn. 48.
57 OLG Koblenz, Beschluss v. 25.9.2012 – 1 Verg 5/12, Rn. 12.
58 OLG Düsseldorf, Beschluss v. 1.10.2012 – VII-Verg 25/12; VK Bund, Beschluss v. 11.6.2012 – VK 3-51/12.
59 BGH, Urteil v. 9.6.2011 – X ZR 143/10, amtlicher Leitsatz.

Information an sich. Das Unterlassen muss gleichzeitig auch die Geltendmachung eines Verstoßes gegen das Vergaberecht verursacht haben, wobei das dann eingeleitete Verfahren wohl zu einem Obsiegen des Bewerbers oder Bieters geführt hätte. Hätte der Bewerber oder Bieter bei erfolgter Information keine Aussicht auf einen erfolgreichen Angriff der Entscheidung gehabt, besteht kein Schaden des Wirtschaftsteilnehmers. Er muss stets damit rechnen, Bewerbungskosten aufzuwenden, ohne den Auftrag zu erhalten.

III. Entscheidung zur Aufhebung

Bevor eine Vergabestelle entscheidet, das Verfahren aufzuheben, hat sie zu prüfen, ob mögliche Alternativen zur Aufhebung des Vergabeverfahrens existieren und insbesondere zu prüfen, ob der zu beachtende Grundsatz der Verhältnismäßigkeit nicht weniger einschneidende Maßnahmen als die Aufhebung des Verfahrens insgesamt gerechtfertigt oder gefordert hätte.[60] Da die Bieter zumeist umfangreiche Angebotsunterlagen erstellt und hohen Aufwand in die Beteiligung am Verfahren investiert haben, geht das Interesse des Bieters im Falle der dennoch erfolgenden Entscheidung zur Aufhebung teilweise dahin, dass die Aufhebung der Aufhebung erreicht werden soll. Dies ist jedoch nur in Ausnahmefällen denkbar. In der Rechtsprechung sind wenige Ausnahmen anerkannt, unter denen eine Aufhebung aufzuheben und das ursprüngliche Vergabeverfahren fortzuführen ist. Dies sind das Fehlen eines sachlichen Grundes oder die Scheinaufhebung zu dem Zweck, einen Bieter gezielt zu diskriminieren.[61] Trifft keiner dieser Sonderfälle zu, kann der betroffene Bieter lediglich die Feststellung der Rechtswidrigkeit der Aufhebungsentscheidung verbunden mit der Geltendmachung eines Schadens in Höhe der für die Angebotserstellung entstandenen Kosten erreichen.[62]

84

Anlage

Verordnungsbegründung (BR-Drs. 87/16)

Seite 296

§ 30 dient der Umsetzung von Artikel 40 der RL 2014/23/EU. Nach dem Vorbild der Richtlinie wird im Hinblick auf die Unterrichtungspflichten des Konzessionsgebers nach den von sich aus mitzuteilenden Informationen und denjenigen unterschieden, die nur auf Anfrage in Textform nach § 126b BGB mitgeteilt werden müssen. Die Mitteilungspflicht besteht unabhängig von der Informationspflicht nach § 134 GWB.

Zu Absatz 1
Absatz 1 setzt Artikel 40 Absatz 1 Unterabsatz 1 der Richtlinie 2014/23/EU um.

Zu Absatz 2
Absatz 2 setzt Artikel 40 Absatz 1 Unterabsatz 2 der Richtlinie 2014/23/EU um und betrifft die Information, die der Konzessionsgeber nur auf Anfrage in Textform nach § 126b hinsichtlich der Merkmale und relativen Vorteile des ausgewählten Angebotes an die unterlegenen Bieter zu geben hat.

Zu Absatz 3
Absatz 3 setzt Artikel 40 Absatz 2 der Richtlinie 2014/23/EU um. Der Wortlaut („unverzüglich") ist an § 62 Absatz 1 VgV ausgerichtet.

---

60 VK Baden-Württemberg, Beschluss v. 25.10.2016 – 1 VK 45/16, Rn. 76.
61 BGH, Beschluss v. 20.3.32014 – X ZB 18/13, Rn. 27; OLG Düsseldorf, Beschluss v. 27.6.2012 – VII-Verg 6/12; VK Bund, Beschluss v. 2.8.2017 – VK 1-75/17.
62 VK Bund, Beschluss v. 14.8.2017 – VK 1-75/17.

§ 31 KonzVgV
Zuschlagskriterien

(1) Die Zuschlagskriterien nach § 152 Absatz 3 des Gesetzes gegen Wettbewerbsbeschränkungen sind in absteigender Rangfolge anzugeben.

(2) Enthält ein Angebot eine innovative Lösung mit außergewöhnlich hoher funktioneller Leistungsfähigkeit, die der Konzessionsgeber nicht vorhersehen konnte, kann die Reihenfolge der Zuschlagskriterien entsprechend geändert werden. In diesem Fall hat der Konzessionsgeber die Bieter über die geänderte Reihenfolge der Zuschlagskriterien zu unterrichten und unter Wahrung der Mindestfrist nach § 27 Absatz 4 Satz 1 eine neue Aufforderung zur Angebotsabgabe zu veröffentlichen. Wurden die Zuschlagskriterien zu demselben Zeitpunkt wie die Konzessionsbekanntmachung veröffentlicht, ist eine neue Konzessionsbekanntmachung unter Wahrung der Mindestfrist gemäß § 27 Absatz 3 zu veröffentlichen.

(3) Der Konzessionsgeber überprüft nach § 152 Absatz 3 des Gesetzes gegen Wettbewerbsbeschränkungen, ob die Angebote die Zuschlagskriterien tatsächlich erfüllen.

Übersicht

	Rn.
A. Allgemeines	1
I. Unionsrechtlicher Hintergrund	3
II. Vergleichbare Regelungen	4
B. Zuschlagskriterien	7
I. Abgrenzungsfragen	13
1. Eignungskriterien	13
a) Bisherige Rechtsprechung zum Auftragsvergaberecht	14
b) Übertragbarkeit der Rechtsprechung auf das Konzessionsvergaberecht	19
2. Ausschlussgründe	20
3. Ausführungsbedingungen und Merkmale des Konzessionsgegenstands	22
II. Wirtschaftlicher Gesamtvorteil	24
1. Grundlegende Anforderungen	25
2. Berücksichtigung von Preis oder Kosten	29
III. Anforderungen an die Zuschlagskriterien	36
1. Objektivität der Kriterien	37
2. Wirksame Wettbewerbsbedingungen	38
3. Verbindung mit dem Konzessionsgegenstand	43
4. Keine uneingeschränkte Wahlfreiheit	47
IV. Qualitative, umweltbezogene oder soziale Belange	51
V. Einzelfälle	56
1. Ästhetik	56
2. Örtliche Nähe	57
3. Bekannt und bewährt	58
4. Eigenleistungsanteil des Bieters	59
5. Organisation, Qualifikation und Erfahrung des Personals	61
VI. Beschreibung	64
C. Angabe in absteigender Rangfolge (Abs. 1)	69
D. Änderung der Rangfolge (Abs. 2)	75
I. Änderungsbefugnis (S. 1)	75
II. Unterrichtungs- und Veröffentlichungspflichten (S. 2 und 3)	85
1. Unterrichtungspflicht	87
2. Veröffentlichung neuer Aufforderung zur Angebotsabgabe	90
3. Veröffentlichung neuer Konzessionsbekanntmachung	94
E. Überprüfung und Wertung der Angebote	101
I. Überprüfung der Angebote (Abs. 3)	103
II. Wertung der Angebote	109
III. Mitwirkung des Konzessionsgebers an der Zuschlagsentscheidung	113
F. Zuschlagserteilung	115
G. Rechtsschutz	122
Anlage Verordnungsbegründung (BR-Drs. 87/16)	

A. Allgemeines

1 § 31 KonzVgV regelt die Anforderungen an die Gewichtung der Zuschlagskriterien (Abs. 1 und 2) und die Überprüfung der Angebote im Hinblick auf die Zuschlagskriterien (Abs. 3). Anders als die Normüberschrift suggeriert, trifft § 31 KonzVgV keine Regelungen zu den Zuschlagskriterien an sich. Diese befinden sich in § 152 Abs. 3 GWB.

2 § 31 KonzVgV ergänzt die Regelungen zur Zuschlagserteilung in § 152 Abs. 3 **GWB**. Nach der Verordnungsbegründung[1] sind nur die „wesentlichen Vorschriften" in § 152 Abs. 3 GWB untergebracht worden. Die in § 31 Abs. 1 und 2 KonzVgV behandelte Gewichtung der Zuschlagskriterien ist hiernach nicht zu den „wesentlichen Vorschriften" zu zählen, denn diese wird anders als im Auftragsvergaberecht (dort § 127 Abs. 5, § 142, § 147 GWB) vollständig auf Verordnungsebene reguliert. Diese gesetzgeberische Wertung mag fragwürdig sein, die vollkommene Regelung der Gewichtungsfrage auf einer Ebene ist aber konsequent.

I. Unionsrechtlicher Hintergrund

3 § 31 Abs. 1 KonzVgV dient der Umsetzung von Art. 41 Abs. 3 UAbs. 1 RL 2014/23/EU.[2] § 31 Abs. 2 S. 1 KonzVgV basiert auf Art. 41 Abs. 3 UAbs. 2 S. 1 RL 2014/23/EU.[3] § 31 Abs. 2 S. 2 KonzVgV beruht auf Art. 41 Abs. 3 UAbs. 2 S. 2 RL 2014/23/EU.[4] § 31 Abs. 2 S. 3 KonzVgV transformiert Art. 41 Abs. 3 UAbs. 2 S. 2 RL 2014/23/EU in deutsches Recht.[5] § 31 Abs. 3 KonzVgV hat sein unionsrechtliches Vorbild in Art. 41 Abs. 2 UAbs. 3 RL 2014/23/EU.[6]

II. Vergleichbare Regelungen

4 § 31 **Abs. 1** KonzVgV verlangt, dass die Zuschlagskriterien in absteigender Rangfolge bekanntgegeben werden. Die Vorschriften über die Vergabe öffentlicher Aufträge (§ 58 Abs. 3 S. 1 und 2 VgV, § 52 Abs. 3 S. 1 und 2 SektVO, § 43 Abs. 6 S. 1 und 2 UVgO) fordern hingegen grundsätzlich die Angabe einer konkreten Gewichtung oder Gewichtungsspanne. Einzig in Situationen, in denen dies aus objektiven Gründen nicht möglich ist, können Auftraggeber die Kriterien lediglich in absteigender Rangfolge angeben (§ 58 Abs. 3 S. 3 VgV, § 52 Abs. 3 S. 3 SektVO, § 43 Abs. 6 S. 3 UVgO). In der VOB/A setzen § 16d EU Abs. 2 Nr. 2 und § 16d VS Abs. 2 S. 1 zwar voraus, dass der Auftraggeber die Zuschlagskriterien gewichtet hat, eine ausdrückliche Anordnung zur Gewichtung enthält das Regelwerk selbst hingegen nicht. Sie dürfte sich erst durch die Bezugnahme von § 12 EU Abs. 3 Nr. 2 S. 1 und § 12 VS Abs. 3 Nr. 1 VOB/A auf Anhang V Teil C RL 2014/24/EU bzw. die einschlägigen Standardformulare ergeben, die grundsätzliche eine Gewichtungsangabe vorsehen.

5 Die Regelung des § 31 **Abs. 2** KonzVgV, die es dem Konzessionsgeber ermöglicht, unter bestimmten Umständen die Reihenfolge und somit die Gewichtung der Zuschlagskriterien zu verändern, ist ein vergaberechtliches Novum. Es gibt keine vergleichbare Vorschrift.

6 Die in § 31 **Abs. 3** KonzVgV geregelte Verpflichtung zur Überprüfung der Angebote im Hinblick auf die Zuschlagskriterien hat kein Äquivalent in den anderen Vergabeverordnungen. Allerdings wird eine solche Verpflichtung in § 127 Abs. 4 S. 1 GWB und § 16d EU Abs. 2 Nr. 3 VOB/A vorausgesetzt.

---

1 Verordnungsbegründung zu § 31 KonzVgV, BR-Drs. 87/16, 297.
2 Verordnungsbegründung zu § 31 Abs. 1 KonzVgV, BR-Drs. 87/16, 297.
3 Verordnungsbegründung zu § 31 Abs. 2 KonzVgV, BR-Drs. 87/16, 297.
4 Verordnungsbegründung zu § 31 Abs. 2 KonzVgV, BR-Drs. 87/16, 297.
5 Verordnungsbegründung zu § 31 Abs. 2 KonzVgV, BR-Drs. 87/16, 297.
6 Verordnungsbegründung zu § 31 Abs. 3 KonzVgV, BR-Drs. 87/16, 297.

B. Zuschlagskriterien

Zuschlagskriterien sind alle Kriterien, mit denen der Zielerfüllungsgrad der Angebote bestimmt werden soll und anhand derer die Angebote untereinander verglichen werden können.[7] Bei **Unterkriterien** handelt es sich um Kriterien, welche die eigentlichen Zuschlagskriterien genauer ausformen und präziser darstellen, worauf es dem Konzessionsgeber im Einzelnen ankommt.[8] Sie sind gewissermaßen eine *„Auslegungshilfe"* und damit nicht mit den Zuschlagskriterien selbst gleichzusetzen.[9] Dies findet Rückhalt in der Rechtsprechung des EuGH[10], die sowohl in Terminologie als auch in den rechtlichen Maßstäben zwischen Zuschlags- und Unterkriterien unterscheidet. Schließlich sind weder dem Normwortlaut noch der Verordnungsbegründung[11] Anhaltspunkte dafür zu entnehmen, dass der Begriff der Zuschlagskriterien auch denjenigen der Unterkriterien für sich einnehmen solle. Aus dem Wesen der Unterkriterien, die Zuschlagskriterien näher auszugestalten, folgt allerdings, dass die materiellen Anforderungen an Zuschlagskriterien auch für die Unterkriterien als deren Untergliederungen gelten. 7

Die **Anforderungen** an die Zuschlagskriterien regelt § 31 KonzVgV nicht. Sie ergeben sich aus § 152 Abs. 3 GWB. Danach müssen die Zuschlagskriterien 8

- sicherstellen, dass die Angebote unter wirksamen Wettbewerbsbedingungen bewertet werden, sodass ein wirtschaftlicher Gesamtvorteil für den Konzessionsgeber ermittelt werden kann (S. 2),
- mit dem Konzessionsgegenstand in Verbindung stehen,
- gewährleisten, dass der Konzessionsgeber keine uneingeschränkte Wahlfreiheit erhält (S. 3) und
- mit einer Beschreibung einhergehen, die eine wirksame Überprüfung der von den Bietern übermittelten Informationen gestatten, damit bewertet werden kann, ob und inwieweit die Angebote die Zuschlagskriterien erfüllen (S. 4).

Bei der Auswahl der Zuschlagskriterien steht dem Konzessionsgeber ein **Ermessensspielraum** zu, der durch die Nachprüfungsinstanzen nur begrenzt dahingehend überprüfbar ist, ob ein falscher Sachverhalt zugrunde gelegt wurde, allgemein gültige Bewertungsmaßstäbe eingehalten wurden, eine Ungleichbehandlung erfolgt ist, Willkür vorliegt oder sachfremde Erwägungen ausschlaggebend waren.[12] 9

§ 152 GWB und § 31 KonzVgV treffen keine Vorgaben darüber, ob die Zuschlagskriterien eine **graduelle Bewertung** zulassen müssen. Der Konzessionsgeber kann die Erfüllung eines Zuschlagskriteriums daher auch von einer Ja/Nein-Entscheidung abhängig machen, ohne anhand weiter Qualitätsmerkmale abzustufen.[13] 10

Eine bestimmte **Wertgrenze**, ab der bestimmte Zuschlagskriterien zum Tragen kommen dürfen, enthalten die vergaberechtlichen Bestimmungen des GWB und der KonzVgV nicht. Der Konzessionsgeber ist daher bei der Festlegung der Zuschlagskriterien grundsätzlich unabhängig vom berechneten Vertragswert. Dies gilt auch für die Festlegung besonders anspruchs- 11

---

7 VK Bund, Beschluss v. 30.10.2009 – VK 2-180/09.
8 OLG München, Beschluss v. 22.1.2016 – Verg 13/15; OLG Frankfurt, Beschluss vom 9.3.2015 – 11 W 47/14 (Kart); Beschluss v. 28.5.2013 – 11 Verg 6/13; OLG Düsseldorf, Beschluss v. 27.3.2013 – VII-Verg 53/12; VK Hessen, Beschluss v. 15.6.2016 – 69d-VK-37/2014; VK Brandenburg, Beschluss v. 26.2.2013 – VK 46/12; VK Berlin, Beschluss v. 30.11.2012 – VK-B1-30/12; VK Baden-Württemberg, Beschluss v. 19.4.2011 – 1 VK 14/11.
9 So auch VK Niedersachsen, Beschluss v. 27.1.2017 – VgK-49/2016.
10 Vgl. zuletzt EuGH, Urteil v. 14.7.2016 – Rs. C-6/15 (Dimarso), Rn. 26.
11 Verordnungsbegründung zu § 52 SektVO, BR-Drs. 87/16, 269 ff.
12 Vgl. OLG Düsseldorf, Beschluss v. 8.2.2017 – Verg 31/16, VergabeR 2013, 71 (74); VK Niedersachsen, Beschluss v. 26.11.2012 – VgK-40/2012; Gesetzesbegründung zu § 127 Abs. 1 GWB, VergRModG 2016, BT-Drs. 18/6281, 112.
13 A.A. wohl *Mohr*, EuZA 2017, 23 (37).

voller – etwa umweltbezogener, sozialer oder personalbezogener – Zuschlagskriterien, die unter Umständen einen gewissen Investitionsaufwand aufseiten der Unternehmen erfordern. Im Einzelfall kann dies dazu führen, dass die Beteiligung am Vergabeverfahren für nur wenige Unternehmen lukrativ ist, was die Verhältnismäßigkeit des Kriteriums in Frage stellen kann.

12 Nicht unter den Begriff der Zuschlagskriterien fallen auch Kriterien, die für die Auflösung einer **Pattsituation** herangezogen werden. Eine solche Pattsituation kann durch eine Losentscheidung gelöst werden, wie sie für die Entscheidung im Teilnahmewettbewerb bei der Vergabe von Architekten- und Ingenieurleistungen ausdrücklich in § 75 Abs. 6 VgV vorgesehen ist.[14] Eine solche Vorgehensweise verstößt nicht gegen das Willkürverbot,[15] denn es handelt sich nicht um eine sachfremde Erwägung, die in den Vergabeprozess eingeführt wird, sondern eine Verfahrensmodalität.[16] Möglich ist auch, dass der Konzessionsgeber ein Entscheidungskriterium (auch Joker-Kriterium) festlegt. Ein solches Kriterium gibt dann bei der Gleichwertigkeit der Angebote den Ausschlag. Hierbei kann es sich um ein Zuschlagskriterium handeln, das bei der Angebotswertung bereits herangezogen wurde. Zwingend ist dies allerdings nicht. Der Konzessionsgeber kann auch ein Kriterium entwickeln, das ausschließlich im Falle der Patt-Situation greift.

I. Abgrenzungsfragen

1. Eignungskriterien

13 Die Bezugspunkte von Eignungs- und Zuschlagskriterien sind verschieden. Die Zuschlagskriterien dienen nach § 152 Abs. 2 S. 1 GWB der Bewertung der Angebote und Ermittlung des wirtschaftlichen Gesamtvorteils. Demgegenüber erfolgt die Prüfung der Eignung der Unternehmen nach §§ 152 Nr. 2, 122 Abs. 2 S. 1 GWB anhand der Eignungskriterien. Die Eignungskriterien dienen der Beurteilung, ob das Unternehmen eine ordnungsgemäße Auftragsausführung erwarten lässt. Die Zuschlagskriterien werden hingegen zur Bestimmung des wirtschaftlichsten Angebots herangezogen. Aspekte, die der Unternehmensauswahl zuzuordnen sind, können allerdings zugleich eine besondere Qualität der Auftragsausführung erwarten lassen und aus diesem Grunde bei der Ermittlung des wirtschaftlichen Gesamtvorteils eine Rolle spielen. In der Rechtsprechung firmiert diese Erscheinung unter „Vermischung von Eignungs- und Zuschlagskriterien".[17] Tatsächlich geht es hier nicht um die Abgrenzung der Eignungskriterien auf der einen und Zuschlagskriterien auf der anderen Seite, denn faktisch wird diese Abgrenzung durch die Festlegung des Konzessionsgebers im jeweiligen Einzelfall vorgenommen. Die Problematik zielt vielmehr auf die Beurteilung der Zulässigkeit von Zuschlagskriterien, die Aspekte der Eignung beinhalten.

a) Bisherige Rechtsprechung zum Auftragsvergaberecht

14 Gemäß der **Rechtsprechung** zum allgemeinen Auftragsvergaberecht nach der Rechtslage vor Inkrafttreten des VergRModG 2016 und der VergRModVO war die Festlegung von Zuschlagskriterien, die im Wesentlichen die Eignung des Unternehmens betreffen, unzulässig. Diese Rechtsprechung stützte sich auf diejenige des EuGH in der Rechtssache „Lianakis",[18] die noch zur RL 92/50/EWG erging. Sie wird aber auch auf die neue Rechtslage im Auftragsvergaberecht übertragen.[19] Hiernach sind Zuschlagskriterien in diesem Zusammenhang nur zuläs-

---

14 Vgl. OLG Brandenburg, Urteil v. 24.4.2012 – 6 W 149/11; VK Nordbayern, Beschluss v. 24.10.2007 – 21.VK-3194-38/07.
15 Vgl. OLG Brandenburg, Urteil v. 24.4.2012 – 6 W 149/11.
16 Siehe zu Losverfahren auch *Braun* zu CsgG Rn. 118 und GewO Rn. 94.
17 Siehe etwa OLG Düsseldorf, Beschluss v. 11.7.2018 – Verg 24/18; OLG Frankfurt, Beschluss v. 14.5.2018 – 11 Verg 4/18.
18 EuGH, Urteil v. 24.1.2008 – Rs. C-532/06 (Lianakis), Rn. 28 ff.
19 Vgl. OLG Koblenz, Beschluss v. 10.07.2018 – Verg 1/8; OLG München, Beschluss v. 13.3.2017 – Verg 15/16; VK Brandenburg, Beschluss v. 23.2.2018 – VK 1/18; VK Baden-Württemberg, Beschluss v. 22.12.2016 – 1 VK 50/16.

sig, soweit sie unwesentlich die Eignung der Bieter betreffen. Dies gelte nach der bisherigen Rechtsprechung etwa nicht für

- „Erfahrung" des Unternehmens,[20]
- „Unternehmenskennwerte",[21]
- „Referenzen" des Unternehmens,[22]
- „Lagerkapazität",[23]
- „personelle oder sachliche Ausstattung",[24]
- „Mitarbeiterqualifikation"[25] und
- „Gesamtumsatz".[26]

Ob ein Kriterium als Eignungs- oder als Zuschlagskriterium anzusehen ist, hängt unter Zugrundelegung der bisherigen Rechtsprechung[27] davon ab, ob das Kriterium **schwerpunktmäßig** mit der Beurteilung der fachlichen Eignung der Bieter für die Ausführung des betreffenden Auftrags oder mit der Ermittlung des wirtschaftlichsten Angebots zusammenhängt. Dabei ist darauf abzustellen, ob sich der in Rede stehende Wertungsaspekt in seinem wesentlichen Kern bzw. hinsichtlich seines Bewertungsschwerpunkts auf Angaben stützen soll, die nur für die konkrete Konzession Bedeutung erlangten, oder auf Angaben zu den generellen Fähigkeiten und Fertigkeiten des Bieters.[28] Wo dieser Schwerpunkt zu verorten ist, muss im Einzelfall durch eine tatsächliche Würdigung auf Grundlage der Vergabeunterlagen erfolgen.[29] Sofern die Anforderungen erkennen lassen, dass der Auftraggeber vorrangig nicht die Eignung des Bieters abfragen und bewerten will, sondern das von ihm für die konkrete Leistung aufgestellte Konzept und damit die jeweils angebotene Leistung im Auge hat, liegt der Schwerpunkt bei der Ermittlung des wirtschaftlichsten Angebots.[30] Das konkrete Kriterium muss sich daher auf die Auftragsausführung beziehen.[31]

15

Nicht schädlich ist es hingegen, wenn bestimmte Eignungskriterien (z.B. personelle Ausstattung) in den Zuschlagskriterien **ausführungsbezogen umgesetzt** werden (z.B. Personaleinsatzkonzept).[32] Die bloße Manifestierung bestimmter Unternehmensmerkmale in den Zuschlagskriterien führt nicht dazu, dass diese Kriterien als Zuschlagskriterien suspendiert sind. Gewissermaßen führt dies dazu, dass sich der Schwerpunkt auf die Ermittlung des wirtschaftlichsten Angebots verlagert. Dies gilt auch dann, wenn sich die ausführungsbezogene Umset-

16

---

20 EuGH, Urteil v. 12.11.2009 – Rs. C-199/07 (Kommission/Griechenland), Rn. 56; OLG Düsseldorf, Beschluss v. 10.9.2009 – VII-Verg 12/09, VergabeR 2010, 83 (90); VK Baden-Württemberg, Beschluss v. 9.12.2014 – 1 VK 51/14.
21 OLG Düsseldorf, Beschluss v. 21.5.2008 – VII-Verg 19/08, NZBau 2009, 67 (70); zu Umsatzzahlen VK Niedersachsen, Beschluss v. 9.10.2015 – VgK-39/2015.
22 EuGH, Urteil v. 19.6.2003 – Rs. C-315/01 (GAT), Rn. 67; OLG Karlsruhe, Beschluss v. 20.7.2011 – 15 Verg 6/11; OLG München, Beschluss v. 29.7.2010 – Verg 9/10; OLG Düsseldorf, Beschluss v. 28.4.2008 – VII-Verg 1/08; VK Brandenburg, Beschluss v. 23.2.2018 – VK 1/18; VK Südbayern, Beschluss v. 2.1.2018 – Z3-3-3194-1-47-08/17.
23 VK Münster, Beschluss v 21.8.2003 – VK 18/03.
24 EuGH, Urteil v. 12.11.2009 – Rs. C-199/07 (Kommission/Griechenland), Rn. 56; Urteil v. 24.1.2008 – Rs. C-532/06 (Lianakis), Rn. 32; OLG Düsseldorf, Beschluss v. 28.4.2008 – Verg 1/08; VK Bund, Beschluss v. 9.10.2008 – VK 1-123/08; VK Münster, Beschluss v. 21.8.2003 – VK 18/03.
25 VK Baden-Württemberg, Beschluss v. 12.4.2011 – 1 VK 13/11.
26 VK Niedersachsen, Beschluss v. 9.10.2015 – VgK - 39/2015.
27 EuGH, Urteil v. 12.11.2009 – Rs. C-199/07 (Kommission/Griechenland), Rn. 54; Urteil v. 24.1.2008 – Rs. C-532/06 (Lianakis), Rn. 29; OLG Naumburg, Beschluss v. 12.4.2012 – 2 Verg 1/12; OLG Celle, Beschluss v. 12.1.2012 – 13 Verg 9/11, VergabeR 2012, 510; VK Baden-Württemberg, Beschluss v. 9.12.2014 – 1 VK 51/14.
28 OLG Frankfurt, Beschluss v. 28.5.2013 – 11 Verg 6/13; OLG Naumburg, Beschluss v. 12.4.2012 – 2 Verg 1/12; VK Sachsen, Beschluss v. 30.8.2017 – 1/SVK/015-17.
29 OLG Naumburg, Beschluss v. 12.4.2012 – 2 Verg 1/12; OLG Celle, Beschluss v. 12.1.2012 – 13 Verg 9/11.
30 Vgl. OLG Celle, Beschluss v. 12.1.2012 – 13 Verg 9/11; VK Südbayern, Beschluss v. 3.5.2016 – Z3-3-3194-1-61-12/15.
31 OLG Düsseldorf, Beschluss v. 15.6.2016 – VII-Verg 49/15.
32 Vgl. OLG Frankfurt, Beschluss v. 28.5.2013 – 11 Verg 6/13; OLG Düsseldorf, Beschluss v. 21.5.2008 – VII-Verg 19/08; Beschluss v. 5.5.2008 – VII-Verg 5/08; siehe hierzu auch *Egger*, NZBau 2004, 582 (586); *Gröning*, NZBau 2003, 86 (91).

zung auf Eignungskriterien bezieht, die im konkreten Verfahren festgelegt wurden.[33] Eine unzulässige Doppelverwertung liegt hierin nicht, da die Prüfungsgegenstände verschieden sind.

17 Die Zulässigkeitsanforderungen bestimmen sich nach **materiellen Faktoren**. Nicht entscheidend ist daher, wie der Auftraggeber die Kriterien in der Auftragsbekanntmachung oder den Vergabeunterlagen eingeordnet hat.[34] Allein maßgeblich ist der materielle Inhalt der Kriterien. Andernfalls läge es im Belieben des Auftraggebers, bestimmte Kriterien als Eignungs- oder Zuschlagskriterien festzulegen und so die jeweils geltenden rechtlichen Maßstäbe zu umgehen.

18 Die Differenzierung **überzeugt nicht**. Sofern ein Kriterium Einfluss auf die Wirtschaftlichkeit der Auftragsausführung hat, muss es dem Auftraggeber mangels entgegenstehender Regelung gestattet sein, dieses Kriterium als Zuschlagskriterium einzusetzen. Es ist kein Bedürfnis dafür ersichtlich, Zuschlagskriterien, die – wenn auch nur geringen, jedenfalls aber keinen wesentlichen – Einfluss auf die Qualität der Auftragsausführung haben, auszuscheiden. Zudem dürfte dies auch nicht dem gesetzgeberischen Willen entsprechen. § 11 Abs. 5 S. 2 VOF sah die Trennung von Eignungs- und Zuschlagskriterien noch ausdrücklich vor. Eine entsprechende Regelung wurde mit dem VergRModG 2016 und der VergRModVO nicht ins neue Recht übernommen. Sie ergibt sich auch nicht daraus, dass § 127 Abs. 3 S. 1 GWB verlangt, dass die Zuschlagskriterien mit dem Auftragsgegenstand in Verbindung stehen müssen, denn eine solche Verbindung ist auch für die Eignungskriterien vorausgesetzt. Es spricht daher viel dafür, dass sich der Gesetzgeber der Rechtsprechung nicht hat anschließen wollen.

b) Übertragbarkeit der Rechtsprechung auf das Konzessionsvergaberecht

19 Die Rechtsprechung zum Verbot der Vermischung von Eignungs- und Zuschlagskriterien ist auf das Konzessionsvergaberecht nicht übertragbar. Die KonzVgV enthält keine Regelung, die eine solche Trennung von Eignungs- und Zuschlagskriterien vorschreibt. Anhaltspunkte dafür, dass die bisherige Rechtsprechung zum Auftragsvergaberecht auch für das Konzessionsvergaberecht gelten soll, lassen sich weder den Gesetzes- bzw. Verordnungsmaterialien entnehmen. Angesichts der Prominenz der Problematik ist es ausgeschlossen, das Schweigen des Gesetzgebers als Zustimmung zu dieser Rechtsprechung zu werten. Für das Konzessionsvergaberecht, das dem Auftraggeber gegenüber dem Auftragsvergaberecht einen größeren Gestaltungsspielraum zugesteht, liegt eine Adaption dieser Rechtsprechung angesichts anderslautender Anhaltspunkte daher fern.[35]

2. Ausschlussgründe

20 Unter Zugrundelegung der bisherigen Rechtsprechung zur Trennung von Eignungs- und Zuschlagskriterien dürfte sich aus dem zuvor Gesagten zugleich ergeben, dass die – schwerpunktmäßig ebenfalls der Unternehmensauswahl zuzuordnenden – **fakultativen** und **zwingenden Ausschlussgründe** nach § 154 Nr. 2, §§ 123, 124 GWB einer Wertungsentscheidung im Hinblick auf den wirtschaftlichen Gesamtvorteil nicht zugänglich sind. In den konzessionsvergaberechtlichen Bestimmungen dürfte sich auch dies allerdings nicht abbilden lassen. Ein ausdrückliches Verbot, Gesichtspunkte der §§ 123, 124 GWB in der Angebotswertung zu berücksichtigen, enthält das Konzessionsvergaberecht nicht. Für die zwingenden Ausschlussgründe nach § 123 GWB scheidet eine Berücksichtigung auf Ebene der Angebotswertung aus, da der Konzessionsgeber bei Vorliegen eines zwingenden Ausschlussgrundes ohnehin verpflichtet ist, das Unternehmen vom Vergabeverfahren auszuschließen. Im Falle von § 123 Abs. 5 GWB sowie bei Vorliegen eines fakultativen Ausschlussgrundes verbleibt dem Konzessionsgeber jedoch ein Entscheidungsspielraum, sodass eine graduelle Berücksichtigung der „Zuverlässigkeit" auf der Ebene der Angebotswertung nicht von vornherein ausscheidet. Erforderlich ist jedoch nach § 152 Abs. 3 S. 1 GWB, dass die Zuschlagskriterien die Ermittlung des wirtschaftlichen Gesamtvorteils ermöglichen. Ein Mehr an Zuverlässigkeit muss hiernach also auch ein Mehr an Wirtschaftlichkeit bedeuten, um bei der Angebotswertung

---

33 Vgl. OLG Frankfurt, Beschluss v. 28.5.2013 – 11 Verg 6/13.
34 Vgl. OLG Celle, Beschluss v. 12.1.2012 – 13 Verg 9/11.
35 Vgl. auch *Kruse*, Vergabe von Konzessionen, S. 170.

berücksichtigt werden zu können. Dies dürfte regelmäßig zu bejahen sein. Denn die Erwartung einer nicht vertragsgerechten Konzessionsausführung kann sich angesichts der damit verbundenen Konsequenzen durchaus als wirtschaftlich weniger werthaltig darstellen.

Anderes gilt für **formelle Ausschlussgründe** (z.B. frist- und formgerechter Eingang), die in der KonzVgV nicht positivgeregelt sind, sich aber aus dem Gleichbehandlungsgrundsatz nach § 97 Abs. 2 GWB ergeben können.[36] Der Konzessionsgeber muss diese Ausschlussgründe auf der Ebene der Angebotsprüfung abschließend würdigen. Eine darüber hinausgehende Berücksichtigung – gewissermaßen ein „Mehr an Form- oder Fristentreue" – als Zuschlagskriterium scheidet aus, da es hierfür am Bezug zur Konzessionsausführung fehlt. Daher ist etwa ein Zuschlagskriterium „Abgabe aller geforderten Nachweise und Erklärungen" unzulässig.[37]

3. Ausführungsbedingungen und Merkmale des Konzessionsgegenstands

Wenige Schwierigkeiten bereitet die Abgrenzung der Zuschlagskriterien zu den Ausführungsbedingungen. **Ausführungsbedingungen** sind nach der Legaldefinition in § 128 Abs. 2 S. 1 GWB besondere Bedingungen für die Ausführung einer Konzession. Anders als die Zuschlagskriterien enthalten die Ausführungsbedingungen solche Bedingungen, die vom späteren Konzessionsnehmer bei der Konzessionsausführung zwingend zu beachten sind. Solche Bedingungen können nicht als Zuschlagskriterien festgelegt werden, da sie eine wirtschaftliche Differenzierung der Angebote gerade nicht zulassen. Es ist dem Konzessionsgeber gleichwohl nicht verwehrt, bestimmte Eigenschaften im Sinne einer Mindestanforderung als Ausführungsbedingung festzulegen und darüber hinausgehende Qualitäten im Rahmen der Angebotswertung zu berücksichtigen.[38]

Dies gilt auch für die **Merkmale des Konzessionsgegenstands**, die der Konzessionsgeber nach § 15 Abs. 1 S. 1 KonzVgV in Form von technischen oder funktionellen Anforderungen beschreibt. Auch hierbei handelt es sich um Anforderungen, die der spätere Auftragnehmer zwingend berücksichtigen muss und die daher nicht für die Angebotswertung disponibel sind. Der Konzessionsgeber ist jedoch auch hier nicht daran gehindert, über diese Anforderungen hinausgehende Qualitäten in der Angebotswertung zu berücksichtigen.

II. Wirtschaftlicher Gesamtvorteil

Die Zuschlagskriterien sollen gemäß § 152 Abs. 3 GWB sicherstellen, dass die Angebote unter Wettbewerbsbedingungen bewertet werden, so dass ein wirtschaftlicher Gesamtvorteil für den Konzessionsgeber ermittelt werden kann.

1. Grundlegende Anforderungen

Was unter einem wirtschaftlichen Gesamtvorteil zu verstehen ist, teilen die maßgeblichen Bestimmungen des GWB und der KonzVgV nicht mit. Der Terminus geht auf Art. 41 Abs. 1 RL 2014/23/EU zurück und unterscheidet sich von der in § 127 Abs. 1 S. 1 GWB verwendeten Formulierung, nach welcher der Zuschlag auf das **wirtschaftlichste Angebot** erteilt wird.[39] Gemäß § 127 Abs. 1 S. 2 GWB bestimmt sich dieses nach dem besten Preis-Leistungs-Verhältnis. Diese unterschiedliche Gestaltung des Zuschlagsmaßstabes im Konzessionsvergaberecht und im Auftragsvergaberecht ist konsequent: Im Rahmen der Konzessionsvergabe erhält der Konzessionsnehmer gemäß § 105 Abs. 1 GWB nicht immer eine (zusätzliche) Geldzahlung als Gegenleistung. Es wäre in diesen Fällen unmöglich, das beste Preis-Leistungs-Verhältnis im Sinne des § 127 Abs. 2 S. 1 GWB zu ermitteln, weil gar kein „Preis" vorliegt. Die Gegenleistung des Konzessionsgebers besteht in diesen Konstellationen einzig darin, dem Konzessionsnehmer ein Nutzungsrecht am Konzessionsgegenstand einzuräumen,

---

36 Siehe *Micus-Zurheide* zu § 29 KonzVgV Rn. 30 ff.
37 VK Nordbayern, Beschluss v. 27.6.2003 – 320.VK-3194-20/03; siehe auch OLG Düsseldorf, Beschluss v. 14.1.2009 – VII-Verg 59/08, zu „Plausibilität des Angebots".
38 Vgl. VK Bund, Beschluss v. 5.4.2018 – VK 1-17/18.
39 Vgl. Gesetzesbegründung zu § 152 Abs. 3 GWB, VergRModG 2016, BT-Drs. 18/6281, 131.

26 ohne dass darüber hinaus ein Zuschuss gewährt wird. Entscheidend für den Zuschlag ist somit zum einen, welches Angebot die Zuschlagskriterien am besten realisiert. Der Unterschied dazu, den Zuschlag aufgrund des besten Preis-Leistungs-Verhältnisses zu vergeben, liegt in dieser Hinsicht einzig darin, dass der Preis nicht zwingend zu berücksichtigen ist.[40]

26 Der Gesamtvorteil muss **wirtschaftlich** sein. Der Begriff ist nicht im Sinne einer Einzelwirtschaftlichkeit zu verstehen. Nach Erwägungsgrund 73 RL 2014/23/EU können auch „nicht rein wirtschaftliche Faktoren" berücksichtigt werden. Dies belegt auch § 152 Abs. 3 S. 3 GWB, wonach die Zuschlagskriterien auch umweltbezogene oder soziale Belange umfassen können.

27 Darüber hinaus hat der Gesamtvorteil für den **Konzessionsgeber** zu bestehen. Aus Erwägungsgrund 73 RL 2014/23/EU folgt, dass auch solche Kriterien zugelassen sind, die „aus der Sicht des […] Auftraggebers den Wert eines Angebots beeinflussen". Maßgeblich ist daher nicht, dass ein messbarer wirtschaftlicher Vorteil beim Konzessionsgeber eintritt. Es genügt vielmehr, dass das Angebot die Beschaffungsziele des Konzessionsgebers verwirklicht. Der Vorteil kann dabei auch bei den Nutzern der Leistung eintreten.[41]

28 Anhand welcher **Anzahl an Zuschlagskriterien** der Konzessionsgeber den wirtschaftlichen Gesamtvorteil bestimmt, gibt das Konzessionsvergaberecht nicht vor.[42] Die Bestimmung der Anzahl steht im Ermessen des Konzessionsgebers. Nichts anderes folgt daraus, dass § 152 Abs. 3 S. 1 GWB den Plural („objektiver Kriterien") wählt. Dies hat allein sprachliche Gründe. Anhaltspunkte dafür, dass der Gesetzgeber hiermit eine inhaltliche Anforderung verbunden hat, sind nicht ersichtlich.

2. Berücksichtigung von Preis oder Kosten

29 Es ist möglich, dass auch im Rahmen der Konzessionsvergabe der **„Preis"** als Zuschlagskriterium verwendet wird. Der Wortlaut des § 152 Abs. 3 S. 3 GWB, demzufolge Zuschlagskriterien „qualitative, umweltbezogene oder soziale Belange umfassen" können, steht dem nicht entgegen: Es handelt sich nicht um eine abschließende Aufzählung.[43] Die Norm setzt gemäß der Gesetzesbegründung[44] Art. 41 Abs. 2 UAbs. 1 S. 2 RL 2014/23/EU um. Nach dieser unionsrechtlichen Vorgabe können „unter anderem" ökologische, soziale und innovationsbezogene Kriterien gewählt werden, sofern die weiteren Anforderungen an Zuschlagskriterien gewahrt werden. Eine nationalrechtliche Ausgestaltung, die von vornherein nur bestimmte Kriterien abschließend aufzählt, würde hiermit kollidieren. Aus der Gesetzesbegründung ergeben sich indes keine Anhaltspunkte dafür, dass der Gesetzgeber die Regelung in Art. 41 Abs. 2 UAbs. 1 S. 2 RL 2014/23/EU habe abweichend umsetzen wollen. Zweifelhaft ist es, dies mit dem Grundsatz der freien Verfahrensgestaltung nach § 151 S. 3 GWB zu begründen.[45] Diese Vorschrift gestattet dem Konzessionsgeber, innerhalb der national- und unionsrechtlichen Grenzen das Verfahren frei auszugestalten. Es ist zirkelschlüssig, aus dieser Gestaltungsfreiheit auf die Grenzen der selbigen zu schließen: Wenn der Wortlaut des § 152 Abs. 3 S. 3 GWB dergestalt zu verstehen wäre, dass er nur die genannten Zuschlagskriterien zulässt, so wäre das eine Grenze der Ausgestaltungsfreiheit. Aufgrund des Umstandes, dass innerhalb dieser Grenze Gestaltungsfreiheit besteht, kann die Grenze nicht verschoben werden.

30 Ein denkbarer **Anknüpfungspunkt** für den Preis ergibt sich durch die in § 105 Abs. 1 GWB vorgesehene Möglichkeit des Konzessionsgebers, den Konzessionsnehmer zu bezuschussen: Es könnte ein Zuschlagskriterium gebildet werden, das auf die Höhe des Zuschusses abstellt.[46]

---

[40] Vgl. *Tugendreich/Heller*, in: Müller-Wrede, GWB-Vergaberecht, § 152 Rn. 48.
[41] *Burgi/Wolff*, in: Burgi/Dreher, Vergaberecht, § 152 GWB Rn. 23; *Tugendreich/Heller*, in: Müller-Wrede, GWB-Vergaberecht, § 152 Rn. 48; *Rafii*, in: Reidt/Stickler/Glahs, Vergaberecht, § 152 GWB Rn. 15.
[42] *Rafii*, in: Reidt/Stickler/Glahs, Vergaberecht, § 152 GWB Rn. 15.
[43] *Tugendreich/Heller*, in: Müller-Wrede, GWB-Vergaberecht, § 152 Rn. 60; *Rafii*, in: Reidt/Stickler/Glahs, Vergaberecht, § 152 GWB Rn. 15; *Braun*, in: Soudry/Hettich, Das neue Vergaberecht, S. 195.
[44] Gesetzesbegründung zu § 152 Abs. 3 GWB, VergRModG 2016, BT-Drs. 18/6281, 131.
[45] So aber *Tugendreich/Heller*, in: Müller-Wrede, GWB-Vergaberecht, § 152 Rn. 59.
[46] *Burgi/Wolff*, in: Burgi/Dreher, Vergaberecht, § 152 GWB Rn. 28; *Dicks*, in: Kulartz/Kus/Portz/Prieß, GWB-Vergaberecht, § 152 Rn. 13; *Kruse*, Vergabe von Konzessionen, S. 161.

Die Bieter müssten dann in ihren Angeboten einen Vorschlag für die Höhe des Zuschusses unterbreiten – den „Preis". Denkbar ist es mangels normativer Einschränkungen auch, an die Höhe des Nutzungsentgelts[47] oder an ein vom Konzessionsnehmer an den Konzessionsgeber zu entrichtendes Konzessionsentgelt anzuknüpfen.[48]

31 Anders als § 58 Abs. 2 S. 2 VgV, § 52 Abs. 2 S. 2 SektVO, § 43 Abs. 2 S. 2 UVgO und § 16d EU Abs. 2 Nr. 1 S. 3 VOB/A trifft das Konzessionsvergaberecht keine ausdrückliche Regelung darüber, ob auch die **Kosten** als Zuschlagskriterium festgelegt werden können. Hieraus ist indes mitnichten zu schließen, dass dem Konzessionsgeber die Festlegung der Kosten als Zuschlagskriterium untersagt ist. Auftraggeber verfügen im Konzessionsvergaberecht über größere Gestaltungsspielräume als im Auftragsvergaberecht. Mangels entgegenstehender Regelungen ist daher davon auszugehen, dass die Festlegung der Kosten als Zuschlagskriterien von dieser Gestaltungsfreiheit gedeckt ist.[49]

32 Der Preis oder die Kosten können das einzige Zuschlagskriterium sein (sog. Niedrigstpreis- oder **Nur-Preis-Vergabe** bzw. Niedrigstkosten- oder Nur-Kosten-Vergabe).[50] Zwar fehlt es in der KonzVgV an einer § 58 Abs. 2 S. 2 VgV und § 52 Abs. 2 S. 2 SektVO vergleichbaren Regelung. Dies rechtfertigt jedoch nicht die Annahme, im Konzessionsvergaberecht sei die Nur-Preis- bzw. Nur-Kosten-Vergabe unzulässig. Vielmehr greift insoweit die Gestaltungsfreiheit des Konzessionsgebers bei der Festlegung der Zuschlagskriterien. Normative Einschränkungen, wie sie in § 19 Abs. 7 S. 2 VgV, § 18 Abs. 7 S. 2 SektVO und § 3b EU Abs. 5 Nr. 6 S. 1 VOB/A enthalten sind, kennt das Konzessionsvergaberecht nicht. Dies rechtfertigt den Umkehrschluss. Von der Möglichkeit zur Nur-Preis- bzw. Nur-Kosten-Vergabe dürfte jedoch angesichts der Komplexität von Konzessionsverträgen eher selten Gebrauch gemacht werden.[51] Die Rechtsprechung zum Auftragsvergaberecht[52], wonach der Preis nur dann einziges Zuschlagskriterium sein kann, wenn die zu vergebende Leistung hinreichend genau definiert und nicht lediglich **funktional** beschrieben ist, kann auf das Konzessionsvergaberecht nicht übertragen werden.[53] Dies hätte zur Folge, dass die Nur-Preis- bzw. Nur-Kosten-Vergabe im Konzessionsvergaberecht regelmäßig ausgeschlossen ist, da sich Konzessionsvergaben in der Regel dadurch auszeichnen, dass dem Konzessionsnehmer ein Gestaltungsspielraum bei der Ausführung der Leistungen verbleibt.[54] Ein solch weitgehender Ausschluss muss sich aber in den gesetzlichen Grundlagen widerspiegeln. Dies ist jedoch nicht der Fall. Anders als im Auftragsvergaberecht[55] finden sich für das Konzessionsvergaberecht noch nicht einmal Ansatzpunkte für diese Einschränkung in der Gesetzesbegründung.

33 Zulässig ist die Nur-Preis- bzw. Nur-Kosten-Vergabe auch, wenn **Nebenangebote** zugelassen oder vorgeschrieben sind. Im Auftragsvergaberecht ist dies in § 35 Abs. 2 S. 3 VgV, § 33 Abs. 3 S. 2 SektVO und § 8 EU Abs. 2 Nr. 6 VOB/A ausdrücklich vorgesehen. Eine solche Regelung fehlt zwar im Konzessionsvergaberecht. Dies ist jedoch nicht dahin zu verstehen, dass die Nur-Preis- bzw. Nur-Kosten-Vergabe daher bei der Zulassung von Nebenangeboten ausgeschlossen ist. Insoweit greift vielmehr die Gestaltungsfreiheit des Konzessionsgebers bei der Festle-

---

47 *Dicks*, in: Kulartz/Kus/Portz/Prieß, GWB-Vergaberecht, § 152 Rn. 13; *Kruse*, Vergabe von Konzessionen, S. 161; einschränkend hingegen *Burgi/Wolff*, in: Burgi/Dreher, Vergaberecht, § 152 GWB Rn. 31 f.
48 *Kruse*, Vergabe von Konzessionen, S. 161.
49 So auch *Kruse*, Vergabe von Konzessionen, S. 166.
50 Vgl. auch Europäische Kommission, Memo v. 15.1.2014 – 14/19, Directive of the European Parliament and the Council on the Award of Concession Contracts – Frequently Asked Questions, Frage 14; *Dicks*, in: Kulartz/Kus/Portz/Prieß, GWB-Vergaberecht, § 152 Rn. 13; *Tugendreich/Heller*, in: Müller-Wrede, GWB-Vergaberecht, § 152 Rn. 61; *Rafii*, in: Reidt/Stickler/Glahs, Vergaberecht, § 152 GWB Rn. 21; *Kruse*, Vergabe von Konzessionen, S. 164; zweifelnd hingegen *Haak/Sang*, in: Willenbruch/Wieddekind, Vergaberecht, § 152 GWB Rn. 2; a.A. *Siegel*, in: Ziekow/Völlink, Vergaberecht, § 152 GWB Rn. 9 Fn. 26.
51 Europäische Kommission, Memo v. 15.1.2014 – 14/19, Directive of the European Parliament and the Council on the Award of Concession Contracts – Frequently Asked Questions, Frage 14.
52 OLG Düsseldorf, Beschluss v. 27.6.2018 – VII-Verg 59/17; VK Niedersachsen, Beschluss v. 12.06.2015 – VgK-17/2015.
53 A.A. *Dicks*, in: Kulartz/Kus/Portz/Prieß, GWB-Vergaberecht, § 152 Rn. 13.
54 Vgl. *Traupel* zu § 15 KonzVgV Rn. 15.
55 Siehe Gesetzesbegründung zu § 127 Abs. 1 GWB, VergRModG 2016, BT-Drs. 18/6281, 111.

gung der Zuschlagskriterien. Die Rechtsprechung des BGH[56] steht dem nicht entgegen. Hiernach ist eine wettbewerbskonforme Wertung der Nebenangebote nicht gewährleistet, wenn für den Zuschlag allein der Preis maßgeblich sein soll, ohne Regelungen darüber zu treffen, wie Nebenangebote im Verhältnis zu der als Hauptangebot vorgesehenen Ausführung zu werten sind. Diese zum Auftragsvergaberecht nach alter Rechtslage ergangene Rechtsprechung kann auf das Konzessionsvergaberecht nicht übertragen werden.[57] In der aktuellen Gesetzeslage findet sie keinen Widerhall. Vielmehr hat der Gesetzgeber diese Rechtsprechung durch die Regelungen in § 35 Abs. 2 S. 3 VgV und § 33 Abs. 3 S. 2 SektVO ausdrücklich abgelehnt und für das Konzessionsvergaberecht aufgrund der ohnehin größeren Gestaltungsfreiheit des Konzessionsgebers schon nicht für regelungsbedürftig erachtet.

34 Konzessionsgeber können auch **Festpreise** oder Festkosten festlegen, sodass der Angebotswettbewerb allein unter leistungsbezogenen Zuschlagskriterien stattfindet. Das Auftragsvergaberecht sieht dies in § 58 Abs. 2 S. 3 VgV, § 52 Abs. 2 S. 3 SektVO und § 16d EU Abs. 2 Nr. 4 VOB/A ausdrücklich vor. Das Konzessionsvergaberecht enthält hierzu keine Regelungen. Dies rechtfertigt jedoch nicht die Annahme, dem Konzessionsgeber sei die Festlegung von Festpreisen oder Festkosten verwehrt. Sie unterfällt vielmehr der Gestaltungsfreiheit des Konzessionsgebers bei der Festlegung der Zuschlagskriterien. Die Bestimmung einer solchen Obergrenze kann sich auf die Zuschüsse des Konzessionsgebers oder das Konzessionsentgelt des Konzessionsnehmers beziehen.[58] Zulässig ist sie aber auch bezüglich der Nutzungsentgelte. Die damit einhergehende Beschränkung der Kalkulationsfreiheit aufseiten der Bieter ist von dem Gestaltungsrecht des Konzessionsgebers gedeckt.[59]

35 Eine **Verpflichtung** zur Berücksichtigung des Preises oder der Kosten besteht nicht.[60] Denn § 152 Abs. 3 GWB verlangt gerade nicht die Ermittlung des besten Preis-Leistungs-Verhältnisses. Auch enthält das Konzessionsvergaberecht – anders als das Auftragsvergaberecht in § 58 Abs. 2 S. 2 VgV, § 52 Abs. 2 S. 2 SektVO und § 16d EU Abs. 2 Nr. 1 S. 4 VOB/A – keine Regelung, wonach der Preis oder die Kosten zu berücksichtigen sind.

III. Anforderungen an die Zuschlagskriterien

36 Die Zuschlagskriterien müssen die aus der höherrangigen Regelung in § 152 Abs. 3 S. 1 bis 3 GWB enthaltenen Anforderungen erfüllen.

1. Objektivität der Kriterien

37 Bei den Zuschlagskriterien muss es sich gemäß § 152 Abs. 3 S. 1 GWB um objektive Kriterien handeln. Subjektive Kriterien, durch welche die Wirtschaftlichkeitsbewertung der Angebote nicht anhand tatsächlicher Eigenschaften getroffen werden kann, sind daher nicht zulässig. Insoweit bestehen Überschneidungen mit der Anforderung aus § 152 Abs. 3 S. 3 GWB, wonach die Zuschlagskriterien dem Konzessionsgeber keine uneingeschränkte Wahlfreiheit einräumen dürfen.

2. Wirksame Wettbewerbsbedingungen

38 Erforderlich ist, dass die Zuschlagskriterien gemäß § 152 Abs. 3 S. 1 GWB sicherstellen, dass die Angebote unter wirksamen Wettbewerbsbedingungen bewertet werden.

39 Der Begriff des **Wettbewerbs** entspricht demjenigen des § 97 Abs. 1 GWB. Danach ist mit Wettbewerb die Konkurrenz alternativer Anbieter zu verstehen.[61] Dieser Wettbewerb muss

---

[56] BGH, Beschluss v. 7.1.2014 – X ZB 15/13.
[57] A.A. *Kruse*, Vergabe von Konzessionen, S. 172 f.
[58] *Kruse*, Vergabe von Konzessionen, S. 165.
[59] Vgl. zu Kalkulationsvorgaben im Auftragsvergaberecht VK Sachsen-Anhalt, Beschluss v. 9.10.2017 – 2 VK LSA 13/17; VK Bund, Beschluss v. 3.5.2017 – VK 2-38/17; kritisch hingegen *Kruse*, Vergabe von Konzessionen, S. 165.
[60] *Tugendreich/Heller*, in: Müller-Wrede, GWB-Vergaberecht, § 152 Rn. 48; *Rafii*, in: Reidt/Stickler/Glahs, Vergaberecht, § 152 GWB Rn. 15.
[61] *Lux*, in: Müller-Wrede, GWB-Vergaberecht, § 97 Rn. 10

zudem **wirksam** sein. Die Zuschlagskriterien gewährleisten die Möglichkeit eines wirksamen Wettbewerbs, wenn der Wettbewerbsgrundsatz nicht lediglich formal, sondern auch materiell gewährleistet ist. Die Zuschlagskriterien müssen daher dahingehend festgelegt sein, dass sie das Verfahren für alle potentiellen Bieter öffnen und den Wettbewerb nicht einschränken, soweit eine Einschränkung nicht durch sachliche Gründe gerechtfertigt ist. Dabei sind nicht die individuellen Verhältnisse eines jeden Bieters zu berücksichtigen. Maßgeblich ist vielmehr, dass es Unternehmen der betroffenen Branche möglich ist, sich am Vergabeverfahren zu beteiligen.[62]

Voraussetzung für einen wirksamen Angebotswettbewerb ist, dass die Zuschlagskriterien **diskriminierungsfrei** sind.[63] Der Konzessionsgeber muss die Zuschlagskriterien daher in der Weise festlegen, dass sie nicht ohne sachlichen Grund zu einer Ungleichbehandlung anderer Unternehmen führen. Eine diskriminierende Festlegung der Zuschlagskriterien liegt nicht nur dann vor, wenn die Zuschlagskriterien unmittelbar an ein diskriminierendes Merkmal anknüpfen (offene Diskriminierung, z.B. Staatsangehörigkeit). Sie ist auch gegeben, wenn die Diskriminierung sich mittelbar (versteckte Diskriminierung) aus dem Kriterium ergibt.[64] Die diskriminierungsfreie Festlegung der Zuschlagskriterien steht insbesondere bei Kriterien zur Ortsnähe[65] und zur Selbstausführung[66] in Frage. 40

Problematisch sind in diesem Zusammenhang solche Zuschlagskriterien, die an bestimmte **wettbewerbliche Strukturen** anknüpfen, z.B. Bestandsnetz bei Mobilfunkdienstleistungen. Hiermit ist zwangsläufig eine Benachteiligung derjenigen Unternehmen verbunden, die nicht über die entsprechende Strukturen verfügen. Nach der Rechtsprechung zum Auftragsvergaberecht[67], die auf das Konzessionsvergaberecht übertragbar sein dürfte, sind solche strukturellen Vorteile unschädlich. Den Auftraggeber treffe keine Pflicht zur Nivellierung der Wettbewerbsvorteile. Es sei dem Auftraggeber jedoch auch nicht verwehrt, solche Vorteile zu nivellieren.[68] Dies gehe zwar mit einer Benachteiligung für den betroffenen Bieter einher, erweitere aber zugleich den Wettbewerb und sei daher vom Bestimmungsrecht des Auftraggebers gedeckt. 41

Der Grundsatz der **Produktneutralität** als Ausprägung des Diskriminierungsverbots ist auch bei der Festlegung und Bestimmung der Zuschlagskriterien zu beachten. Die Bewertung darf daher grundsätzlich nicht darauf ausgerichtet werden, dass nur eine bestimmte Leistung in Betracht kommt und alle abweichenden Angebote chancenlos sind. 42

3. Verbindung mit dem Konzessionsgegenstand

Die Zuschlagskriterien müssen nach § 152 Abs. 3 S. 2 GWB mit dem Konzessionsgegenstand in Verbindung stehen. 43

Es ist nicht erforderlich, dass sich die Zuschlagskriterien auf Elemente beziehen, die materiell Bestandteil des Konzessionsgegenstandes sind.[69] Eine Verbindung zum Konzessionsgegenstand besteht auch, wenn ein **mittelbarer Bezug** zur Leistung vorliegt. Zwar enthält § 152 GWB keine § 127 Abs. 4 S. 1 GWB entsprechende Regelung. Jedoch ergibt sich aus der Verordnungsbegründung[70] sowie den darin in Bezug genommenen Erwägungsgrund 64 RL 2014/23/EU, dass diese Maßstäbe auch im Konzessionsvergaberecht gelten.[71] Danach ist es Konzessionsgebern gestattet, von Zuschlagskriterien Gebrauch zu machen, welche die zu erbringenden Bau- oder Dienstleistungen in jeder Hinsicht und in jeder Phase ihres Lebens- 44

---

[62] Vgl. VK Bund, Beschluss v. 5.4.2018 – VK 1-17/18.
[63] EuGH, Urteil v. 10.5.2012 – C-368/10 (Max Havelaar), Rn. 87.
[64] Vgl. EuGH, Urteil v. 27.10.2005 – Rs. C-234/03, Rn. 36.
[65] Siehe hierzu unten Rn. 57.
[66] Siehe hierzu unten Rn. 59 f.
[67] VK Südbayern, Beschluss v. 9.5.2018 – Z3-3-3194-1-08-03/18; VK Bund, Beschluss v. 24.9.2014 – VK 2-67/14; siehe allerdings für die Vergabe nach EnWG LG Frankfurt, Urteil v. 26.09.2013 – 2-03 O 217/12.
[68] VK Südbayern, Beschluss v. 9.5.2018 – Z3-3-3194-1-08-03/18.
[69] Verordnungsbegründung zu § 31 KonzVgV, BR-Drs. 87/16, 297; Erwägungsgrund 64 RL 2014/23/EU.
[70] Verordnungsbegründung zu § 31 KonzVgV, BR-Drs. 87/16, 297.
[71] Im Ergebnis auch *Dicks*, in: Kulartz/Kus/Portz/Prieß, GWB-Vergaberecht, § 152 Rn. 11.

zyklus von der Gewinnung der Rohstoffe für die Ware bis zur Entsorgung des Produkts betreffen. Hierzu gehören auch Faktoren, die mit dem konkreten Prozess der Erzeugung, Bereitstellung oder Handel mit der betreffenden Bau- oder Dienstleistung oder einem konkreten Prozess in einer späteren Phase ihres Lebenszyklus zusammenhängen. Hierunter fällt beispielsweise, dass die konzessionsgegenständlichen Dienstleistungen unter Zuhilfenahme energieeffizienter Maschinen oder Verwendung von fair gehandelten Waren erbracht werden.[72] Auch Abfallminimierung oder Ressourceneffizienz bei der Ausführung der Leistungen können als Zuschlagskriterien gewählt werden.[73]

45 Nicht ausreichend für eine Verbindung ist, dass das Kriterium in den Konzessionsbekanntmachung oder den Vergabeunterlagen genannt ist.[74] Eine solche **formale Verbindung** genügt nicht. Sie wäre nicht geeignet, den Konzessionsgeber daran zu hindern, sachfremde Erwägungen in die Angebotswertung einzubringen. Gerade dies aber ist der Sinn und Zweck der Regelung.

46 Ausgeschlossen bleibt es auch nach neuer Rechtslage, Zuschlagskriterien bezüglich der allgemeinen **Unternehmenspolitik** festzulegen. Denn hierbei handelt es sich nicht um einen Faktor, der die konkrete Leistung charakterisiert, sondern sich ausschließlich auf das Unternehmen an sich bezieht. Konzessionsgebern bleibt es daher verwehrt, im Rahmen der Angebotswertung von den Bietern eine bestimmte Politik der sozialen oder ökologischen Verantwortung zu verlangen.

4. Keine uneingeschränkte Wahlfreiheit

47 Die Zuschlagskriterien dürfen dem Konzessionsgeber nach § 152 Abs. 3 S. 2 GWB keine uneingeschränkte Wahlfreiheit einräumen. Die Regelung dient dem Transparenzgebot aus § 97 Abs. 1 S. 1 GWB.

48 Fraglich ist, unter welchen Bedingungen die Wahlfreiheit als **uneingeschränkt** anzusehen ist. Dies ist jedenfalls dann nicht der Fall, wenn sie eingeschränkt ist. Die Einschränkung kann durch die Mitteilung der Zuschlagskriterien nach § 13 Abs. 2 Nr. 2 KonzVgV eintreten. An diese Zuschlagskriterien ist der Konzessionsgeber gebunden und insoweit in seiner Wahlfreiheit eingeschränkt. Die Regelung trifft indes keine Vorgaben über einen bestimmten Grad der Einschränkung. Die Wahlfreiheit kann hiernach folglich bereits dann als eingeschränkt angesehen werden, wenn sich der Konzessionsgeber überhaupt auf einen bestimmten Aspekt, zum Beispiel „Qualität" oder „Umweltfreundlichkeit" der Leistung, festgelegt hat. Dies dürfte nach dem Sinn und Zweck der Regelung indes nicht ausreichen. Die Zuschlagskriterien dürften hiernach vielmehr so zu konturieren sein, dass überraschende Zuschlagsentscheidungen ausgeschlossen sind. Dies nimmt die Verwendung ausfüllungsbedürftiger Begriffe zwar nicht aus. Für die Unternehmen muss aber erkennbar sein, auf welche inhaltlichen Aspekte es dem Konzessionsgeber für die Zuschlagsentscheidung ankommt. Für das Auftragsvergaberecht hat die Rechtsprechung dies etwa für die Kriterien „Bestmögliche Erfüllung der Anforderungen"[75] oder „Qualität"[76] abgelehnt, wenn diesen keine weiterführenden Erklärungen beigefügt waren.

49 Ob diese abstrakte Erwartungshaltung des Konzessionsgebers erkennbar ist, richtet sich nach den **marktindividuellen Maßstäben**.[77] Auch allgemein gehaltene Kriterien können daher zulässig sein, wenn vorausgesetzt werden kann, dass Unternehmen aus der angesprochenen Branche über Grundkenntnisse verfügen, die es ihnen ermöglichen zu erkennen, worauf es dem Konzessionsgeber ankommt.[78]

---

72 Erwägungsgrund 64 RL 2014/23/EU.
73 Erwägungsgrund 64 RL 2014/23/EU.
74 Vgl. *Opitz*, VergabeR 2004, 421 (429).
75 Vgl. VK Niedersachsen, Beschluss v. 26.11.2012 – VgK-40/2012.
76 Vgl. VK Baden-Württemberg, Beschluss v. 21.11.2011 – 1 VK37/01; VK Südbayern, Beschluss v. 21.4.2004 – 24-04/04.
77 Vgl. OLG Celle, Beschluss v. 19.3.2015 – 13 Verg 1/15.
78 Vgl. OLG Celle, Beschluss v. 19.3.2015 – 13 Verg 1/15.

Eine trennscharfe Zuordnung einzelner wertungsrelevanter Aspekte zu dem einen wie dem anderen Zuschlagskriterium wird häufig nicht möglich sein. Die Mehrfachberücksichtigung bei inhaltlichen **Überschneidungen** der Zuschlagskriterien ist daher nicht zu beanstanden.[79] Dies gilt jedenfalls insoweit, wie die einzelnen Gesichtspunkte dadurch nicht ein unangemessenes Übergewicht erhalten. Die inhaltlichen Überlappungen stellen lediglich erhöhte Anforderungen an die Angebotswertung, weil Widersprüche bei der Beurteilung sich überschneidender Kriterien zu vermeiden sind.[80]

50

IV. Qualitative, umweltbezogene oder soziale Belange

Nach § 152 Abs. 3 S. 3 GWB können die Zuschlagskriterien qualitative, umweltbezogene oder soziale Belange umfassen. Der Umstand, dass es nunmehr explizit zulässig ist, diese sogenannten Sekundärzwecke zu berücksichtigen, stärkt die Konzessionsvergabe als politisch-strategisches Instrument.[81] Übergeordnete politische Ziele sozialer und ökologischer Art können en passant mit der Beschaffung verfolgt werden. Die Konsequenz hiervon ist jedoch, dass der in § 97 Abs. 1 S. 2 GWB normierte Grundsatz der wirtschaftlichen und sparsamen Haushaltsführung an Bedeutung verliert. Schließlich steigt die finanzielle Belastung, umso mehr strategisch-politische Ziele parallel verfolgt werden.[82]

51

Die Aufzählung der Belange in § 152 Abs. 3 S. 3 GWB ist nicht **abschließend**.[83] Der Wortlaut der Regelung enthält zwar keinen öffnenden Zusatz (z.B. „insbesondere"), wie er sich etwa in § 113 S. 2 GWB finden lässt. Er steht einer solchen Auslegung aber auch nicht entgegen, denn § 152 Abs. 3 S. 3 GWB kann vor dem Hintergrund der Regelung in § 152 Abs. 3 S. 2 GWB dahingehend als lediglich klarstellend qualifiziert werden, dass auch Sekundärzwecke auf der Ebene der Angebotswertung berücksichtigt werden können. Es entspricht auch dem gesetzgeberischen Willen, von einer nicht abschließenden Aufzählung auszugehen. Ausweislich der Gesetzesbegründung zu § 152 Abs. 3 GWB[84] soll die Regelung die unionsrechtliche Bestimmung in Art. 41 Abs. 2 UAbs. 1 S. 2 RL 2014/23/EU umsetzen. Diese Bestimmung regelt die Belange ausdrücklich („unter anderem") nicht abschließend. Die Gesetzesbegründung enthält keine Anhaltspunkte dafür, dass der Gesetzgeber hiervon hat abweichen wollen.

52

Nach der unionsrechtlichen Vorgabe in Art. 41 Abs. 2 UAbs. 1 S. 2 RL 2014/23/EU können die Zuschlagskriterien neben ökologischen und sozialen auch **innovationsbezogene Kriterien** enthalten. § 152 Abs. 3 S. 3 GWB nennt diesen Belang hingegen nicht. Dies führt indes nicht dazu, dass innovationsbezogene Belange bei der Wirtschaftlichkeitswertung der Angebote außer Betracht zu bleiben haben. Innovationsbezogene Eigenschaften können Einfluss auf die Qualität einer Leistung haben und daher als qualitativer Belang einzuordnen sein. Zudem können aufgrund des nicht abschließenden Charakters von § 152 Abs. 3 S. 3 GWB auch andere als die genannten Belange berücksichtigt werden.

53

Soziale und **umweltbezogene Belange** können beispielsweise[85] durch folgende Zuschlagskriterien berücksichtigt werden:

54

- Beschäftigung von Langzeitarbeitslosen
- Umsetzung von Ausbildungsmaßnahmen für Arbeitslose oder Jugendliche
- Soziale Integration von benachteiligten Personen oder Angehörigen sozial schwacher Gruppen
- Schutz der Gesundheit der am Prozess der Konzessionsausführung beteiligten Arbeitskräfte

---

79 Vgl. OLG Düsseldorf, Beschluss v. 30.4.2003 – Verg 64/02.
80 Vgl. OLG Düsseldorf, Beschluss v. 30.4.2003 – Verg 64/02.
81 *Braun*, in: Soudry/Hettich, Das neue Vergaberecht, S. 183.
82 *Tugendreich/Heller*, in: Müller-Wrede, GWB-Vergaberecht, § 152 Rn. 57; *Braun*, in: Soudry/Hettich, Das neue Vergaberecht, S. 183.
83 Siehe auch oben Rn. 29.
84 Gesetzesbegründung zu § 152 Abs. 3 GWB, VergRModG 2016, BT-Drs. 18/6281, 131.
85 Erwägungsgründe 64 ff. RL 2014/23/EU.

- Maßnahmen zur Förderung der Gleichstellung von Frauen und Männern
- Verstärkte Beteiligung der Frauen am Erwerbsleben
- Vereinbarkeit von Arbeit und Privatleben
- Einhaltung der ILO-Kernarbeitsnormen
- Verwendung fair gehandelter Waren während der Konzessionsausführung
- Erfordernis, Unterauftragnehmern einen Mindestpreis und/oder einen Preisaufschlag zu zahlen
- Erbringung der Konzession unter Zuhilfenahme energieeffizienter Maschinen
- Maßnahmen zur Abfallminimierung oder Ressourceneffizienz
- Maßnahmen, die den Umwelt- oder Tierschutz begünstigen

55 Diese Zuschlagskriterien müssen jedoch mit dem **Konzessionsgegenstand** in Verbindung stehen. Es wäre beispielsweise unzulässig, darauf abzustellen, ob das Unternehmen insgesamt bestimmte Integrationsziele erreicht. Es darf nur auf Mitarbeiter bzw. Betriebsvorgänge abgestellt werden, die an der Bau- bzw. Dienstleistung beteiligt sind.[86] So ist es beispielsweise ein zulässiges Zuschlagskriterium, dass die Bauleistung unter Zuhilfenahme energieeffizienter Maschinen erbracht wird. Unzulässig wäre es hingegen, darauf abzustellen, welcher Gesamtanteil der Maschinen des Unternehmens energieeffizient ist. Unternehmen, die überwiegend für die öffentliche Hand tätig sind, werden jedoch auch durch diese konzessionsbezogenen Zuschlagskriterien dazu bewegt, ihre gesamte Firmenpolitik an die sozialen bzw. ökologischen Vorgaben anzupassen. Hierdurch wird es ihnen leichter fallen, bei künftigen Konzessionen den Zuschlag zu erlangen. Das wiederum übt wettbewerblichen Druck auf andere Unternehmen aus, denen ohne Adaption faktisch der Zugriff auf Konzessionen versperrt wird, weil die angepassten Unternehmen besser die Zuschlagskriterien erfüllen. Insgesamt wird somit der gesamte Markt in Bezug auf die gewählten sozialen und umweltbezogene Belange beeinflusst, obwohl sich die Zuschlagskriterien immer nur auf einzelne Konzessionen beziehen.[87]

V. Einzelfälle

1. Ästhetik

56 Wie Auftraggeber im Auftragsvergaberecht (§ 58 Abs. 2 S. 2 Nr. 1 VgV, § 52 Abs. 2 S. 2 Nr. 1 SektVO, § 43 Abs. 2 S. 2 Nr. 1 UVgO) sind auch Konzessionsgeber berechtigt, die Ästhetik als Zuschlagskriterium festzulegen. Die Ästhetik ist notwendigerweise von subjektiven Vorstellungen geprägt. Dies steht der Zulässigkeit des Kriteriums jedoch nicht entgegen.[88] Im Hinblick auf die Anforderung nach § 152 Abs. 3 S. 2 GWB, wonach die Zuschlagskriterien dem Konzessionsgeber keine uneingeschränkte Wahlfreiheit einräumen dürfen, dürfte es indes erforderlich sein, die Festlegung eines Zuschlagskriteriums der Ästhetik zu objektivieren. So kann zumindest abstrakt die Stilrichtung und grobe Farb- und Formgestaltung vorgegeben werden. Der Subjektivität der Entscheidung kann zudem dadurch begegnet werden, dass die Bewertung durch mehrere Entscheidungsträger vorgenommen wird.

2. Örtliche Nähe

57 Für bestimmte Leistungen kann aus Sicht des Konzessionsgebers die räumliche Nähe der Niederlassung des Bieters von Vorteil sein. Hierbei ist zu unterscheiden. Während die Ortsansässigkeit und die Ortsnähe Kriterien für eine bestimmte räumliche Entfernung zum Unternehmenssitz bzw. einer Zweigstelle bilden, wird mit örtlicher Präsenz ein zeitlich befristeter Aufenthalt oder die örtliche Verfügbarkeit des Unternehmens bezeichnet.[89] Ob diese Kriterien

---

86 Vgl. Erwägungsgrund 66 RL 2014/23/EU.
87 Vgl. *Braun*, in: Soudry/Hettich, Das neue Vergaberecht, S. 184.
88 Vgl. OLG Brandenburg, Beschluss v. 27.7.2007 – Verg W 5/07; siehe auch *Braun* zu GewO Rn. 68.
89 Vgl. *Müller-Wrede*, VergabeR 2005, 32 (33).

vergaberechtlich zulässig sind, ist im jeweiligen Einzelfall zu beantworten.[90] Entscheidend ist, ob ein sachlicher Grund für die Ungleichbehandlung gegenüber ortsfremden Unternehmen besteht und ob diese wettbewerbliche Einschränkung gerechtfertigt ist. Für eine begünstigende Berücksichtigung von ortsansässigen oder ortsnahen Unternehmen in der Angebotswertung ist dies regelmäßig nur schwer darstellbar.[91] Hingegen kann die Berücksichtigung der örtlichen Präsenz während der Auftragsausführung eher gerechtfertigt sein.[92] Teile der verwaltungsgerichtlichen Rechtsprechung[93] haben für gewerberechtliche Konzessionen eine „stärkere Identifizierung der Gemeindebürger" mit den lokalen Anbietern als zulässig angesehen.[94] Es ist allerdings zweifelhaft, ob diese Rechtsprechung den vergaberechtlichen Anforderungen standhält.[95]

3. Bekannt und bewährt

Das Zuschlagskriterium „bekannt und bewährt" begünstigt denjenigen, der dem Konzessionsgeber aus einem früheren Auftrags- oder Konzessionsverhältnis bekannt ist und sich im Zusammenhang damit bewährt hat. Es liegt auf der Hand, dass ein solches Kriterium im Hinblick auf die vergaberechtlichen Grundsätze problematisch ist, als es die hieraus erwachsende Benachteiligung der übrigen Bieter zementiert. Sofern dieses Kriterium – wie in § 13 Abs. 3 PBefG[96] – nicht bereits positivrechtlich festgelegt ist, lässt die verwaltungsgerichtliche Rechtsprechung[97] es zumindest als Jokerkriterium zu. Die vergaberechtliche Rechtsprechung zum Auftragsvergaberecht nach der alten Rechtslage[98] lehnt es hingegen weithin mit der Begründung ab, dass das Kriterium auf die Prüfung der Zuverlässigkeit des Unternehmens abziele und es sich daher um ein Eignungskriterium handele.[99] Nach neuer Rechtslage wird sich die Abgrenzungsfrage allerdings im Hinblick auf die Ausschlussgründe nach §§ 123, 124 GWB beziehen, in denen das Eignungskriterium der Zuverlässigkeit aufgegangen ist. Nach hier vertretener Auffassung[100] ist die Berücksichtigung von Gesichtspunkten der Zuverlässigkeit in der Angebotswertung jedenfalls nicht ausgeschlossen, wenn diese Einfluss auf die Wirtschaftlichkeit der Konzessionsausführung haben.

58

4. Eigenleistungsanteil des Bieters

Das europäische und deutsche Vergaberecht missbilligen grundsätzlich Vorgaben an einen Bieter, wonach dieser einen Auftrag selbst auszuführen hat und nicht an einen Unterauftragnehmer im Sinne von § 33 KonzVgV vergeben darf. Nach der Rechtsprechung zum Auftragsvergaberecht nach alter Rechtslage[101] war eine solche Vorgabe nur im **Ausnahmefall** zulässig, wenn der Auftrag Arbeiten umfasst, *„die aufgrund ihrer Besonderheiten eine bestimmte Kapazität erfordern, die sich durch die Zusammenfassung kleinerer Kapazitäten mehrerer Wirtschaftsteilnehmer möglicherweise nicht erlangen lässt."* Im Auftragsvergaberecht greifen § 47 Abs. 5 VgV und § 47 Abs. 5 SektVO diese Rechtsprechung auf. Nach diesen Regelungen kann der Auftraggeber vorschreiben, dass bestimmte kritische Aufgaben bei Dienstleistungsaufträgen oder kritische Verlege- oder Installationsarbeiten im Zusammenhang mit einem Lie-

59

---

90 Siehe zum Kriterium der Ortsansässigkeit auch *Braun* zu GewO Rn. 78 ff. und RDG Rn. 63.
91 Vgl. BayObLG, Beschluss v. 20.12.1999 – Verg 8/99, NZBau 2000, 259 (261); VK Bund, Beschluss v. 23.7.2015 – VK 1-55/15; VK Baden-Württemberg, Beschluss v. 10.1.2011 – 1 VK 69/10, ZfBR 2011, 709 (714); VK Sachsen, Beschluss v. 31.1.2007 – 1/SVK/124-06; Beschluss v. 2.7.2003 – 1/SVK/062-03; Beschluss v. 19.11.2001 – 1/SVK/119-01; Beschluss v. 18.7.2003 – 1 VK30/03; VK Rheinland-Pfalz, Beschluss v. 23.5.2000 – VK 7/00.
92 Vgl. OLG Koblenz, Beschluss v. 20.04.2016 – Verg 1/16; OLG Naumburg, Beschluss v. 12.4.2012 – 2 Verg 1/12; VK Baden-Württemberg, Beschluss v. 14.11.2013 – 1 VK 37/13; VK Sachsen, Beschluss v. 5.12.2011 – 1/SVK/043-11; Beschluss v. 31.1.2007 – 1/SVK/124-06; *Müller-Wrede*, VergabeR 2005, 32 (37).
93 VG Bayreuth, Beschluss v. 12.4.2017 – B 5 S 17.168.
94 Ablehnend hingegen OVG Nordrhein-Westfalen, Beschluss v. 24.7.2015 – 4 B 709/15.
95 So auch *Braun* zu GewO Rn. 79.
96 Vgl. BVerwG, Urteil v. 12.12.2013 – 3 C 31.12; OVG Nordrhein-Westfalen, Beschluss v. 18.1.2017 – 13 A 30/16.
97 VGH Mannheim, Urteil. v. 27.2.2006 – 6 S 1508/04; VG Köln, Beschluss v. 22.10.2012 – 1 L 1072/12.
98 BGH, Urteil v. 16.10.2001 – X ZR 100/99; KG, Beschluss v. 24.5.2007 – 2 Verg 10 / 07; VK Rheinland-Pfalz, Beschluss v. 23.5.2012 – VK 2-11/12.
99 Siehe auch *Braun* zu GewO Rn. 76.
100 Siehe oben Rn. 20.
101 EuGH, Urteil v. 10.10.2013 – Rs. C-94/12 (Swm Costruzioni), Rn. 35.

ferauftrag direkt vom Bieter selbst oder im Fall einer Bietergemeinschaft von einem Teilnehmer der Bietergemeinschaft ausgeführt werden müssen. Für das Konzessionsvergaberecht fehlt es zwar an einer entsprechenden Regelung. Jedoch dürfte auch hier die Festlegung der Selbstausführung zulässig sein, wenn dies durch einen sachlichen Grund zu rechtfertigen ist, was namentlich in den Fällen des § 47 Abs. 5 VgV und § 47 Abs. 5 SektVO angenommen werden kann. Denn das Konzessionsvergaberecht will gegenüber dem Auftragsvergaberecht für den Auftraggeber keine strengeren Maßstäbe aufstellen. Gründe dafür, hiervon für die Anordnung der Selbstausführung abzuweichen, sind nicht ersichtlich.[102]

60 Unter diesen Bedingungen ist auch die Festlegung eines Eigenleistungsanteils als **Zuschlagskriterium** zulässig.[103] Wenn der Konzessionsgeber eine zwingend zu beachtende Anforderung zur Selbstausführung festlegen kann, muss es ihm als „milderes Mittel" erlaubt sein, einen höheren Grad der Selbstausführung als Zuschlagskriterium zu berücksichtigen. Erforderlich ist allerdings, dass ein solches Kriterium sich auf die Wirtschaftlichkeit der Auftragsausführung auszuwirken in der Lage ist.

5. Organisation, Qualifikation und Erfahrung des Personals

61 Im **Auftragsvergaberecht** sehen § 58 Abs. 2 S. 2 Nr. 2 VgV, § 52 Abs. 2 S. 2 Nr. 2 SektVO sowie § 43 Abs. 2 S. 2 Nr. 2 UVgO ausdrücklich vor, dass die Organisation, Qualifikation und Erfahrung des mit der Ausführung des Auftrags betrauten Personals bei der Ermittlung des wirtschaftlichsten Angebots berücksichtigt werden können, wenn die Qualität des eingesetzten Personals erheblichen Einfluss auf das Niveau der Auftragsausführung haben kann. Eine entsprechende Sonderregelung enthält die **KonzVgV** hingegen nicht. Hieraus im Umkehrschluss zu folgern, im Rahmen des Konzessionsvergaberechts seien solche personalbezogenen Zuschlagskriterien ausgeschlossen, liegt angesichts der gesetzgeberischen Konzeption fern. Das Konzessionsvergaberecht will dem Auftraggeber gegenüber dem Auftragsvergaberecht gerade größere Spielräume einräumen. Vor diesem Hintergrund sind die Organisation, Qualifikation und Erfahrung des mit der Ausführung des Auftrags vorgesehenen Personals auch im Anwendungsbereich der KonzVgV als Zuschlagskriterien zulässig.[104]

62 Die Anforderungen aus § 58 Abs. 2 S. 2 Nr. 2 VgV, § 52 Abs. 2 S. 2 Nr. 2 SektVO und § 43 Abs. 2 S. 2 Nr. 2 UVgO sind mangels entsprechender Regelung in der KonzVgV nicht übertragbar. Es ist daher nicht erforderlich, dass die Qualität des eingesetzten Personals erheblichen Einfluss auf das Niveau der Auftragsausführung haben kann. Personalbezogene Zuschlagskriterien sind vielmehr nach den allgemeinen **Voraussetzungen** zulässig. Erforderlich ist hiernach insbesondere, dass sich die personalbezogenen Zuschlagskriterien auf das für die Auftragsausführung vorgesehene Personal beziehen, also nicht die personelle Ausstattung des Bieters im Allgemeinen abgefragt wird, die Gegenstand der Eignungsprüfung ist. Erforderlich ist zudem, dass sich die Kriterien auf die Qualität der Auftragsausführung auswirken. Nicht erforderlich ist, dass dieser Einfluss erheblich ist.

63 Der Konzessionsgeber kann die Angaben über das mit der Ausführung betraute Personal sowie entsprechende Unterlagen mit **Angebotsabgabe** verlangen.[105] Andernfalls ist die nach § 152 Abs. 3 S. 3 GWB vorgesehene Überprüfung und Bewertung lückenhaft. Denn eine objektive und transparente Bewertung der Angebote setzt voraus, dass der Konzessionsgeber in der Lage ist, anhand der von den Bietern gelieferten Angaben und Unterlagen effektiv zu überprüfen, ob ihre Angebote die Zuschlagskriterien erfüllen.[106] Daher kann der Konzessionsgeber die Angabe des konkreten Personals nicht erst von den Bietern verlangen, deren Angebote in die engere Wahl gelangt sind. Welche Angebote sich in der engeren Wahl befinden,

---

102 Anders hingegen *Stoye/Brugger* zu § 25 KonzVgV Rn. 64 f.
103 Vgl. zur alten Rechtslage im Auftragsvergaberecht OLG Celle, Urteil v. 23.2.2016 – 13 U 148/15; offengelassen VK Bund, Beschluss v. 30.8.2013 – VK 2-70/13.
104 Zurückhaltend hingegen *Dicks*, in: Kulartz/Kus/Portz/Prieß, GWB-Vergaberecht, § 152 Rn. 12.
105 A.A. zu § 4 Abs. 2 S. 2 VgV a.F. OLG Düsseldorf, Beschluss v. 17.12.2014 – VII-Verg 22/14; VK Niedersachsen, Beschluss v. 9.10.2015 – VgK-39/2015.
106 Vgl. EuGH, Urteil v. 4.12.2003 – Rs. C-448/01 (Wienstrom), Rn. 50.

wäre gerade erst durch eine umfassende Bewertung der Angebote zu ermitteln. Die Forderung der Angabe des vorgesehenen Personals mit Angebotsabgabe ist auch nicht unzumutbar, da die Unternehmen die erforderlichen personellen Kapazitäten – sofern sie hierüber nicht schon verfügen – durch Vorverträge oder andere vertragliche Gestaltungen unter dem Vorbehalt der Auftragserteilung binden können.

VI. Beschreibung

Gemäß § 152 Abs. 3 S. 4 GWB müssen die Zuschlagskriterien mit einer Beschreibung einhergehen, die eine wirksame Überprüfung der von den Bietern übermittelten Informationen gestattet, damit bewertet werden kann, ob und inwieweit die Angebote die Zuschlagskriterien erfüllen.

64

Die **unionsrechtliche Grundlage** der Regelung ist in Art. 41 Abs. 2 UAbs. 2 RL 2014/23/EU zu finden.[107] Entgegen der Gesetzesbegründung[108] und Teilen des Schrifttums[109] liegt der Regelung nicht Art. 41 Abs. 2 UAbs. 3 RL 2014/23/EU zugrunde. Diese Bestimmung sieht eine Verpflichtung des Konzessionsgebers zur Überprüfung vor, ob die Angebote die Zuschlagskriterien tatsächlich erfüllen. Diese Verpflichtung wird von § 152 Abs. 3 S. 4 GWB jedoch nicht geregelt, sondern vorausgesetzt. Die entsprechende Umsetzungsregelung ist vielmehr in § 31 Abs. 3 KonzVgV zu finden. Dies wird durch die entsprechende Verordnungsbegründung[110] bestätigt.

65

Die **Beschreibung** enthält die Anforderungen an den Beleg der vom Bieter übermittelten Informationen.[111] Aus dem Wortlaut der Regelung geht dies nicht klar hervor. Dieser verlangt lediglich eine Beschreibung, ohne dass hieraus klar abzulesen ist, was überhaupt beschrieben werden soll. Der Regelungsgehalt wird erst unter Heranziehung der unionsrechtlichen Bestimmung in Art. 41 Abs. 2 UAbs. 2 RL 2014/23/EU erkennbar, die ausweislich der Gesetzesbegründung[112] mit § 152 Abs. 3 S. 4 GWB umgesetzt werden soll. Nach Art. 41 Abs. 2 UAbs. 2 RL 2014/23/EU müssen die Kriterien mit „Anforderungen verbunden sein, die eine wirksame Überprüfung der vom Bieter übermittelten Informationen ermöglichen". Erwägungsgrund 73 RL 2014/23/EU spricht anstelle von „Anforderungen" von „Vorgaben", ohne dass hiermit eine inhaltliche Abweichung verbunden ist. Bezugspunkt der „Anforderungen" bzw. „Vorgaben" sind also die zu übermittelnden Informationen. § 152 Abs. 3 S. 4 GWB regelt nicht die Beschreibung der Zuschlagskriterien selbst.[113] Das Erfordernis einer konturierten Darstellung der Zuschlagskriterien folgt bereits aus der Anforderung nach § 152 Abs. 3 S. 2 GWB, wonach die Zuschlagskriterien dem Konzessionsgeber keine uneingeschränkte Wahlfreiheit einräumen dürfen.

66

Hinsichtlich der Beschreibung trifft § 152 Abs. 3 S. 4 GWB keine formellen und materiellen **Vorgaben**. Die in der Beschreibung formulierten Anforderungen müssen allerdings eine wirksame Überprüfung der von den Bietern übermittelten Informationen gestatten, damit bewertet werden kann, ob und inwieweit die Angebote die Zuschlagskriterien erfüllen. Über diese Zweckbindung hinaus steht dem Konzessionsgeber ein Ermessensspielraum darüber zu, welche Anforderungen an die zu übermittelnden Informationen bestehen. Sonderregelungen sind für das Auftragsvergaberecht in § 58 Abs. 4 VgV, § 52 Abs. 4 SektVO und § 43 Abs. 7 UVgO enthalten. Entsprechende Regelungen bestehen in der KonzVgV nicht. Auch einen Vorrang der Eigenerklärung, wie er in § 48 Abs. 2 S. 1 VgV für das allgemeine Auftragsvergabe-

67

---

107 Gesetzesbegründung zu § 152 Abs. 3 GWB, VergRModG 2016, BT-Drs. 18/6281, 131.
108 Gesetzesbegründung zu § 152 Abs. 3 GWB, VergRModG 2016, BT-Drs. 18/6281, 131.
109 *Rafii*, in: Reidt/Stickler/Glahs, Vergaberecht, § 152 GWB Rn. 29; *Siegel*, in: Ziekow/Völlink, Vergaberecht, § 152 GWB Rn. 12.
110 Verordnungsbegründung zu § 31 Abs. 3 KonzVgV, BR-Drs. 87/16, 297.
111 So auch *Rafii*, in: Reidt/Stickler/Glahs, Vergaberecht, § 152 GWB Rn. 29.
112 Gesetzesbegründung zu § 152 Abs. 3 GWB, VergRModG 2016, BT-Drs. 18/6281, 131.
113 So aber *Tugendreich/Heller*, in: Müller-Wrede, GWB-Vergaberecht, § 152 Rn. 63 f.; *Siegel*, in: Ziekow/Völlink, Vergaberecht, § 152 GWB Rn. 12; wohl auch *Wagner*, in: Heiermann/Zeiss/Summa, Vergaberecht, § 152 GWB Rn. 27; *Haak/Sang*, in: Willenbruch/Wieddekind, Vergaberecht, § 152 GWB Rn. 3.

recht geregelt ist, kennt das Konzessionsvergaberecht nicht. Einschränkungen können sich im Einzelfall allenfalls aus den Grundsätzen des Wettbewerbs und der Verhältnismäßigkeit ergeben.

68 Keine Vorgaben trifft § 152 Abs. 3 S. 4 GWB zur **Veröffentlichung** der Beschreibung. Die Vorschrift regelt allein, dass die Zuschlagskriterien „mit einer Beschreibung einhergehen" müssen, ohne vorzugeben, dass diese Beschreibung auch den Bietern zur Kenntnis zu geben ist. Eine Veröffentlichungspflicht ergibt sich aus der Regelung, die allein sicherstellen will, dass die Bewertung der Angebote sachlich und nachprüfbar vollzogen wird, nicht. Für eine solche Pflicht könnte zwar sprechen, dass der Verordnungsgeber mit dem Begriff „einhergehen" eine umfassende formale Gleichstellung der Beschreibung mit den Zuschlagskriterien selbst beabsichtigte mit der Folge, dass auch die Beschreibung der Zuschlagskriterien den Anforderungen nach § 13 Abs. 2 Nr. 2 KonzVgV unterliegt. Eine solch weitgehende Interpretation hätte indes gegen sich, dass der Verordnungsgeber in § 13 Abs. 2 Nr. 2 KonzVgV eine entsprechende Regelung ohne Weiteres hätte treffen können und § 127 Abs. 5 GWB von § 154 GWB gerade nicht für anwendbar erklärt wird. Keinen Aufschluss hierüber gibt die Gesetzesbegründung zu § 152 Abs. 3 S. 4 GWB[114], wonach die Regelung die unionsrechtlichen Vorgaben „im Wortlaut des § 127 Absatz 5 [GWB]" umsetzt. Tatsächlich findet sich der Wortlaut von § 127 Abs. 5 GWB in § 152 Abs. 3 S. 4 GWB an keiner Stelle wieder. Auch wenn keine normativen Vorgaben für die Veröffentlichung der Beschreibung bestehen, ergibt sich aus dem Grundsatz der Transparenz nach § 97 Abs. 1 S. 1 GWB, dass die Beschreibung den Unternehmen jedenfalls zum Zeitpunkt der Angebotserstellung vorliegen muss, da ihnen andernfalls nicht klar sein kann, welche Anforderungen der Konzessionsgeber überhaupt an die zu übermittelnden Informationen stellt.

C. Angabe in absteigender Rangfolge (Abs. 1)

69 Die Zuschlagskriterien nach § 152 Abs. 3 GWB sind gemäß § 31 Abs. 1 KonzVgV in absteigender Rangfolge anzugeben.

70 Der Konzessionsgeber ist nach dem klaren Wortlaut der Regelung („sind [...] anzugeben") zur Angabe **verpflichtet**. Dies bestätigt die Verordnungsbegründung („Bekanntmachungspflichten").[115] Nichts anderes folgt aus der unionsrechtlichen Grundlage der Regelung in Art. 41 Abs. 3 UAbs. 1 RL 2014/23/EU. Die dortige indikative Formulierung ist insoweit zwar sprachlich weniger eindeutig, aus dem Fehlen von Handlungsalternativen und der prozeduralen Darstellungsweise folgt indes, dass dem Konzessionsgeber auch unionsrechtlich kein Handlungsspielraum eingeräumt sein soll.

71 § 31 Abs. 1 KonzVgV regelt – anders als die Verordnungsbegründung dies suggeriert[116] – nicht die Bekanntgabe der **Zuschlagskriterien** selbst. Insoweit gilt § 13 Abs. 2 Nr. 2 KonzVgV. Danach sind die Zuschlagskriterien in der Konzessionsbekanntmachung, der Aufforderung zur Angebotsabgabe oder in anderen Vergabeunterlagen anzugeben. Dies ergibt sich auch aus § 19 Abs. 2 KonzVgV i.V.m. Abschnitt II.2.5 Anhang XXI VO 2015/1986, wonach die Angabe im Standardformular zur Konzessionsbekanntmachung nur vorgesehen ist, wenn die Kriterien nicht bereits in den Ausschreibungsunterlagen oder der Aufforderung zur Angebotsabgabe oder Verhandlung angegeben sind, und wird durch die Verordnungsbegründung[117] bestätigt.

72 Nach § 31 Abs. 1 KonzVgV sind die Zuschlagskriterien in absteigender Rangfolge anzugeben. Anders als § 58 Abs. 3 VgV, § 52 Abs. 3 SektVO und § 43 Abs. 6 UVgO regelt § 31 Abs. 1 KonzVgV nicht ausdrücklich, in welcher **Form** und zu welchem **Zeitpunkt** die relative Be-

---

114 Gesetzesbegründung zu § 152 Abs. 3 GWB, BT-Drs. 18/6281, 131.
115 Vgl. Verordnungsbegründung zu § 31 Abs. 1 KonzVgV, BR-Drs. 87/16, 297.
116 Vgl. Verordnungsbegründung zu § 31 Abs. 1 KonzVgV, BR-Drs. 87/16, 297: „Absatz 1 setzt die Bekanntmachungspflichten zu den Zuschlagskriterien um."
117 Verordnungsbegründung zu § 31 Abs. 1 KonzVgV, BR-Drs. 87/16, 297: „Zuschlagskriterien sind [...] in die Konzessionsbekanntmachung aufzunehmen, soweit nicht in anderen Vergabeunterlagen genannt."

deutung der Zuschlagskriterien bekanntzugeben ist. Dies könnte dahingehend verstanden werden, dass der Konzessionsgeber insoweit über einen größeren Freiraum verfügen soll. Die entspricht jedoch nicht dem verordnungsgeberischen Willen. Nach der Verordnungsbegründung[118] sind die Zuschlagskriterien „in absteigender Reihenfolge […] in die Konzessionsbekanntmachung aufzunehmen, soweit nicht in den Vergabeunterlagen genannt". § 31 Abs. 1 KonzVgV ist daher als ergänzende Regelung zu § 13 Abs. 2 Nr. 2 KonzVgV zu lesen. Unabhängig hiervon kann sich eine Verpflichtung zur Angabe der Rangfolge in der Konzessionsbekanntmachung oder den Vergabeunterlagen aus § 19 Abs. 2 KonzVgV i.V.m. Abschnitt II.2.5 Anhang XXI VO 2015/1986 ergeben.

Der Konzessionsgeber muss die Zuschlagskriterien in **absteigender Rangfolge** angeben. Auch folgt aus dem Begriff „absteigend", dass die Anordnung nicht aufsteigend sein darf. Aus dem Begriff „Rang" folgt, dass für die Anordnung der Zuschlagskriterien deren jeweilige Bedeutung für die Wirtschaftlichkeitswertung maßgeblich ist. Nicht zulässig ist daher eine andere, etwa alphabetische Sortierung. Nichts anderes folgt aus der unionsrechtlichen Vorgabe in Art. 41 Abs. 3 UAbs. 1 RL 2014/23/EU, die eine „absteigende Reihenfolge ihrer Bedeutung" verlangt und damit nur im Wortlaut, nicht aber inhaltlich abweicht.

73

Nicht geklärt ist bislang, ob die Regelung des § 31 Abs. 1 KonzVgV den Konzessionsgeber davon entbindet, den Zuschlagskriterien einen **konkreten Gewichtungswert** zuzuschreiben. Das Europäische Parlament ist überzeugt, dass eine derartige Gewichtung nicht notwendig und angesichts „der notwendigen Flexibilität ungeeignet" ist.[119] Teile des Schrifttums[120] halten es grundsätzlich hingegen für unionsrechtswidrig, auf die Gewichtung zu verzichten. Der unionsprimärrechtliche Transparenzgrundsatz verlange eine Gewichtung der Zuschlagskriterien und entsprechende Bekanntgabe. Die sekundärrechtliche Bestimmung in Art. 41 Abs. 3 RL 2014/23/EU könne unionales Primärrecht nicht aushebeln. Dies überdehnt indes die Anforderungen, die aus dem primärrechtlichen Transparenzgebot folgen.[121] Aus dem Gebot ergibt sich für die Ex-ante-Transparenz, dass die Verfahrens- und Vergaberegeln bekannt, klar und verständlich sein müssen.[122] Diese Ausgestaltung des Transparenzgebotes soll willkürliche Entscheidungen des Konzessionsgebers ausschließen; außerdem sollen die interessierten Unternehmen die Vergabemodalitäten verstehen und sie in gleicher Weise auslegen können.[123] Willkürliche Entscheidungen des Konzessionsgebers können hierdurch nicht vollständig ausgeschlossen, sondern lediglich erschwert werden. § 31 Abs. 1 KonzVgV erreicht dies nicht so umfänglich wie vergleichbare Vorschriften,[124] aber immer noch ausreichend. Der Konzessionsgeber ist schließlich nicht in der Gewichtung der Zuschlagskriterien frei, sondern an die festgelegte Rangfolge gebunden. Darüber hinausgehende Anforderungen sind aus dem primärrechtlichen Transparenzgebot nicht abzuleiten.[125]

74

D. Änderung der Rangfolge (Abs. 2)

I. Änderungsbefugnis (S. 1)

§ 31 Abs. 2 S. 1 KonzVgV ermöglicht es dem Konzessionsgeber, die vor der Angebotsaufforderung bekanntgegebene Reihenfolge der Zuschlagskriterien zu verändern, nachdem ein Angebot eingegangen ist, das eine innovative Lösung mit außergewöhnlich hoher Leistungsfähigkeit enthält. Hierdurch soll der Konzessionsgeber in die Lage versetzt werden, den durch diese innovative Lösung eröffnenden neuen Möglichkeiten bei der Angebotswertung Rech-

75

---

118 Verordnungsbegründung zu § 31 Abs. 1 KonzVgV, BR-Drs. 87/16, 297.
119 Europäisches Parlament, Plenarsitzungsdokument v. 1.12.2013 (A7-0030/2013), S. 170.
120 *Tugendreich/Heller*, in: Müller-Wrede, GWB-Vergaberecht, § 152 Rn. 72; *Steck*, in: Ziekow/Völlink, Vergaberecht, § 31 KonzVgV Rn. 4.
121 Im Ergebnis ablehnend auch *Wagner/Pott*, in: Heiermann/Zeiss/Summa, Vergaberecht, § 31 KonzVgV Rn. 15.
122 EuGH, Urteil v. 29.4.2004 – Rs. C-496/99 P (Succhi die Frutta), Slg. 2004, I-3801, Rn. 111.
123 EuGH, Urteil v. 29.4.2004 – Rs. C-496/99 P (Succhi die Frutta), Slg. 2004, I-3801, Rn. 111.
124 Siehe oben Rn. 4.
125 So auch *Burgi/Wolff*, in: Burgi/Dreher, Vergaberecht, § 152 GWB Rn. 34.

nung zu tragen.¹²⁶ Im Zusammenhang mit der Verpflichtung zur Eröffnung der Möglichkeit einer erneuten Angebotsabgabe nach § 31 Abs. 2 S. 2 und 3 KonzVgV stellt die Vorschrift einen gesetzlich geregelten Fall der Rückversetzung des Verfahrens dar.¹²⁷

76 Ausweislich des Wortlauts der Bestimmung („kann") steht es im **Ermessen** des Konzessionsgebers, ob er von der Möglichkeit zur Änderung der Reihenfolge Gebrauch macht. Dies bestätigt die Verordnungsbegründung, nach welcher der Konzessionsgeber die Gewichtung ändern „darf". Eine Verpflichtung zur Änderung der Reihenfolge besteht folglich nicht, wenn die Voraussetzungen des § 31 Abs. 2 S. 1 KonzVgV vorliegen. Es handelt sich um eine reine Befugnisnorm.

77 Systematisch ist § 31 Abs. 2 S. 1 KonzVgV als **Ausnahmevorschrift** einzuordnen. Dies bestätigen die Verordnungsbegründung¹²⁸ („ausnahmsweisen") und Erwägungsgrund 73 RL 2014/23/EU („in Ausnahmefällen"). Eine restriktive Auslegung der Regelung ist gleichwohl nicht angezeigt. Dies wäre nur dann der Fall, wenn zu befürchten stünde, dass eine extensive Auslegung zur Umkehr des Regel-Ausnahme-Verhältnisses führen würde. Angesichts der hohen Anforderungen der Vorschrift („außergewöhnlich hoher Leistungsfähigkeit") ist dies allerdings ausgeschlossen.

78 Anders als § 31 Abs. 1 KonzVgV spricht § 31 Abs. 2 S. 1 KonzVgV nicht von der Änderung der Rangfolge, sondern der Änderung der **Reihenfolge**. Hierbei handelt es sich lediglich um eine redaktionelle Ungenauigkeit, gemeint ist dasselbe. Die unionsrechtlichen Vorgabe in Art. 41 Abs. 3 RL 2014/23/EU spricht einheitlich von der „Reihenfolge". Es sind keine Anhaltspunkte dafür ersichtlich, dass der Verordnungsgeber von den unionsrechtlichen Bestimmungen abweichen wollte.

79 Weder dem GWB noch der KonzVgV ist zu entnehmen, was unter einer **„innovativen Lösung"** zu verstehen ist. Eine Definition findet sich jedoch in Art. 5 Nr. 13 RL 2014/23/EU, die auch für das deutsche Recht herangezogen werden kann. Danach ist Innovation die Einführung von neuen oder deutlich verbesserten Waren, Dienstleistungen oder Verfahren, einschließlich – aber nicht beschränkt auf – Produktions-, Bau- oder Konstruktionsverfahren, einer neuen Vermarktungsmethode oder eines neuen Organisationsverfahrens in Bezug auf Geschäftspraktiken, Abläufe am Arbeitsplatz oder externe Beziehungen, unter anderem mit dem Zweck, zur Meisterung gesellschaftlicher Herausforderungen beizutragen oder die Strategie Europa 2020 zu unterstützen.

80 Hierüber hinaus ist erforderlich, dass die Lösung eine **außergewöhnlich hohe funktionelle Leistungsfähigkeit** auszeichnet. Die Leistungsfähigkeit muss daher nicht nur hoch sein, sondern darüber hinaus auch außergewöhnlich hoch, das heißt, sie muss über das gewöhnliche Maß einer hohen Leistungsfähigkeit hinausgehen. Was unter funktioneller Leistungsfähigkeit zu verstehen ist, wird von den vergaberechtlichen Bestimmungen indes nicht definiert. Nach der herkömmlichen vergaberechtlichen Terminologie und Systematik ist der Begriff der Leistungsfähigkeit unternehmensbezogen zu verstehen, vgl. § 122 Abs. 1 und Abs. 2 S. 3 GWB, § 25 Abs. 3 S. 2 KonzVgV. Hiervon weicht § 31 Abs. 2 S. 1 KonzVgV ab, der auf die Leistungsfähigkeit des Angebots abstellt und ein Mehr oder Weniger an Leistungsfähigkeit der Angebote voraussetzt. Dabei kommt es anders als bei der Eignungsprüfung nach §§ 154 Nr. 2, 122 Abs. 2 S. 2 GWB nicht auf die wirtschaftliche, finanzielle, technische oder berufliche Leistungsfähigkeit, sondern die funktionelle Leistungsfähigkeit an. Die funktionelle Leistungsfähigkeit betrifft den Wert des Angebots im Hinblick auf das vom Konzessionsgeber beabsichtigte Beschaffungsziel. Der Sache nach handelt es sich um die aus dem allgemeinen Auftragsvergaberecht bekannte „Zweckmäßigkeit" des Angebots, die dort als Zuschlagskriterium Verwendung findet, vgl. § 58 Abs. 2 S. 2 Nr. 1 VgV, § 52 Abs. 2 S. 2 Nr. 1 SektVO, § 43 Abs. 2 S. 2 Nr. 1 UVgO. Die innovative Lösung muss also in besonderer Weise als zweckmäßig erscheinen.

---

126 Vgl. Erwägungsgrund 73 RL 2014/23/EU.
127 *Steck*, in: Ziekow/Völlink, Vergaberecht, § 31 KonzVgV Rn. 7.
128 Verordnungsbegründung zu § 31 Abs. 2 KonzVgV, BR-Drs. 87/16, 297.

Der Konzessionsgeber verfügt angesichts seiner größeren Sachnähe und seines größeren Sachverstandes über einen **Beurteilungsspielraum**, ob eine Lösung eine außergewöhnlich hohe funktionelle Leistungsfähigkeit aufweist.[129] Von den Nachprüfungsinstanzen kann die Feststellung des Konzessionsgebers daher nur dahingehend überprüft werden, ob der Konzessionsgeber von einem zutreffend und vollständig ermittelten Sachverhalt ausgegangen ist und allgemeine Wertungsgrundsätze beachtet hat sowie keine sachwidrigen Erwägungen in die Wertung eingeflossen sind.[130]

81

Voraussetzung ist weiterhin, dass das Angebot eine innovative Lösung mit außergewöhnlich hoher funktioneller Leistungsfähigkeit enthält, die der Konzessionsgeber **nicht vorhersehen konnte**. Die Regelung greift daher nicht schon dann, wenn der Konzessionsgeber die Lösung nicht vorhersah, sondern wenn sie für ihn auch nicht vorhersehbar war. Erforderlich ist hierfür, dass der Konzessionsgeber die üblicherweise erforderliche Sorgfalt aufgewandt hat. In der Verordnungsbegründung[131] findet sich die aus der unionsrechtlichen Vorgabe in Art. 41 Abs. 3 UAbs. 2 RL 2014/23/EU übernommene ergänzende Formulierung, dass der Konzessionsgeber die Lösung „bei aller Umsicht" nicht hat vorhersehen können, ohne hiermit den Sorgfaltsmaßstab zu verschärfen. Wie sich aus dem Wortlaut der Regelung sowie der insoweit gleichlautenden Verordnungsbegründung ergibt („der Konzessionsgeber"), kommt es nicht darauf an, dass die Lösung für jedermann unvorhersehbar ist, sondern ob der Konzessionsgeber mit seinen individuellen Fähigkeiten und Kenntnissen die Lösung vorhersehen konnte. In aller Regel ist dies zu verneinen, denn das Vorliegen einer „außergewöhnlichen" Lösung indiziert bereits, dass der Konzessionsgeber die Lösung nicht vorhersehen konnte. Von dem Konzessionsgeber kann nicht erwartet werden, solche Lösungen zu antizipieren.

82

§ 31 Abs. 2 S. 1 KonzVgV berechtigt den Konzessionsgeber dazu, die **Reihenfolge** der Zuschlagskriterien zu ändern. Die Regelung erlaubt nicht, dass der Konzessionsgeber die Zuschlagskriterien selbst verändert. Mit der Bekanntgabe der Zuschlagskriterien nach § 13 Abs. 2 Nr. 2 KonzVgV sind die Zuschlagskriterien der Disposition des Konzessionsgebers grundsätzlich entzogen.

83

Nach Art. 41 Abs. 3 UAbs. 3 RL 2014/23/EU darf die Änderung der Reihenfolge nicht zu **Diskriminierung** führen. § 31 KonzVgV enthält eine solche Vorgabe jedoch nicht. Hieraus ist mitnichten zu schließen, dass der Konzessionsgeber sich nach nationalem Recht nicht an das Diskriminierungsverbot bei der Änderung der Rangfolge zu halten hätte. Vielmehr folgt dieses Verbot aus dem in § 97 Abs. 2 GWB zum allgemeinen Grundsatz der Vergabe erhobenen Gleichbehandlungsgebot, das bei sämtlichen Verfahrensentscheidungen zu beachten ist. Die Änderung der Rangfolge ist zwar stets mit einer Begünstigung für den Bieter, der die innovative Lösung angeboten hat, und einer Benachteiligung der übrigen Bieter verbunden. Hierin liegt im Grundsatz jedoch keine Diskriminierung, da diese Ungleichbehandlung gesetzlich gestattet ist.[132] Nur sofern das Maß der Änderung über das hinausgeht, was von § 31 Abs. 2 S. 1 KonzVgV gerechtfertigt ist, kommt eine Diskriminierung in Betracht.

84

II. Unterrichtungs- und Veröffentlichungspflichten (S. 2 und 3)

Macht der Konzessionsgeber von der Befugnis in § 31 Abs. 2 S. 1 KonzVgV Gebrauch, hat er die Bieter über die geänderte Reihenfolge der Zuschlagskriterien zu unterrichten und unter Wahrung der Mindestfrist nach § 27 Abs. 4 S. 1 KonzVgV eine neue Aufforderung zur Angebotsabgabe zu veröffentlichen.

85

Ausweislich des Wortlauts der Regelung („hat [...] zu unterrichten und [...] zu veröffentlichen", „ist [...] zu veröffentlichen") ist der Konzessionsgeber zur Unterrichtung und Neuveröffentlichung der Aufforderung zur Angebotsabgabe bzw. Konzessionsbekanntmachung

86

---

129 So auch *Steck*, in: Ziekow/Völlink, Vergaberecht, § 31 KonzVgV Rn. 6.
130 Vgl. etwa OLG Düsseldorf, Beschluss v. 27.6.2018 – VII-Verg 4/18.
131 Verordnungsbegründung zu § 31 Abs. 2 KonzVgV, BR-Drs. 87/16, 297.
132 So aber *Schröder*, NZBau 2015, 351 (354).

verpflichtet.[133] Dies entspricht auch der unionsrechtlichen Vorgabe. Der lediglich indikativ formulierte Art. 41 Abs. 3 UAbs. 2 S. 2 und 3 RL 2014/23/EU ist insoweit zwar sprachlich weniger eindeutig, aus dem Fehlen von Handlungsalternativen und der prozeduralen Darstellungsweise folgt indes, dass dem Konzessionsgeber auch unionsrechtlich kein Handlungsspielraum eingeräumt sein soll.

1. Unterrichtungspflicht

87 Die Regelung verlangt vom Konzessionsgeber die Unterrichtung der Bieter über die geänderte Reihenfolge der Zuschlagskriterien.

88 Eine bestimmte **Form** für die Unterrichtung der Bieter gibt § 31 Abs. 2 S. 2 KonzVgV indes nicht vor. Ob die Unterrichtung mündlich erfolgen kann, erscheint vor dem Hintergrund von § 7 Abs. 2 KonzVgV fraglich. Hiernach ist die mündliche Kommunikation bezüglich der Vergabeunterlagen ausgeschlossen. Jedenfalls in dem Fall, dass die Zuschlagskriterien in der Konzessionsbekanntmachung angegeben sind, dürfte das Verbot des § 7 Abs. 2 KonzVgV nicht greifen. Konzessionsgebern ist es aufgrund der sich hieraus ergebenden günstigeren Beweislage aber ohnehin anzuraten, die Unterrichtung zumindest in Textform vorzunehmen. Mangels entgegenstehender Vorgabe kann der Konzessionsgeber die geänderte Reihenfolge auch in der neuen Aufforderung zur Angebotsabgabe mitteilen und hierdurch seine Unterrichtungspflicht erfüllen. § 31 KonzVgV enthält keine Vorgabe dahingehend, dass die Unterrichtung in einem gesonderten Dokument erfolgen muss. Sie kann daher auch gemeinsam mit der Aufforderung zur Angebotsabgabe erfolgen.

89 **Gegenstand** der Unterrichtung ist die geänderte Reihenfolge der Zuschlagskriterien. Der Konzessionsgeber hat die Bieter also nicht allein darüber zu benachrichtigen, *dass* er die Reihenfolge geändert hat. Nach dem Wortlaut der Regelung („über") hat er auch die geänderte Reihenfolge mitzuteilen. Darüber hinausgehende Mitteilungspflichten, etwa aus welchem Grund die Änderung erfolgt ist oder um welche außergewöhnliche innovative Lösung es sich handelt, bestehen mangels normativer Vorgabe hingegen nicht.

2. Veröffentlichung neuer Aufforderung zur Angebotsabgabe

90 Der Konzessionsgeber ist nach § 31 Abs. 2 S. 2 KonzVgV verpflichtet, eine neue Aufforderung zur Angebotsabgabe zu veröffentlichen.

91 Nach dem Wortlaut der Regelung („und") stehen die Verpflichtung zur **Unterrichtung** und zur Veröffentlichung einer neuen Aufforderung zur Angebotsabgabe in § 31 Abs. 2 KonzVgV nebeneinander. Dies entspricht auch den Erläuterungen in der Verordnungsbegründung[134] und der unionsrechtlichen Vorgabe in Art. 41 Abs. 3 UAbs. 2 S. 2 RL 2014/23/EU. Der Konzessionsgeber ist daher nicht dadurch von der Verpflichtung der Aufforderung zur Angebotsabgabe befreit, dass er die Bieter unterrichtet hat – und umgekehrt.

92 Die Regelung verlangt eine „neue" Aufforderung zur Angebotsabgabe. Dies setzt voraus, dass bereits eine **„alte" Aufforderung zur Angebotsabgabe** veröffentlicht wurde. Keine Aufforderung zur Angebotsabgabe ist eine solche, die mittels einer Konzessionsbekanntmachung oder in demselben Zeitpunkt wie diese veröffentlicht wurde. In diesem Fall greift die Sonderregelung in § 31 Abs. 2 S. 3 KonzVgV. Auch eine Aufforderung zur Verhandlung genügt nicht, da die Aufforderung zur Verhandlung nicht mit einer Aufforderung zur Angebotsabgabe gleichzusetzen ist.

93 Die Aufforderung zur Angebotsabgabe hat unter Wahrung der **Mindestfrist** nach § 27 Abs. 4 S. 1 KonzVgV zu erfolgen. Nach der Regelung beträgt die Mindestfrist für den Eingang von Erstangeboten 22 Tage ab dem Tag nach der Aufforderung zur Angebotsabgabe. Die Fristberechnung erfolgt nach § 36 KonzVgV.

---

133 Vgl. auch die entsprechenden Formulierungen zu § 31 Abs. 2 S. 1 und 2 KonzVgV in der Verordnungsbegründung, BR-Drs. 87/16, 297.
134 Verordnungsbegründung zu § 31 Abs. 2 KonzVgV, BR-Drs. 87/16, 297.

3. Veröffentlichung neuer Konzessionsbekanntmachung

Wurden die Zuschlagskriterien zu demselben Zeitpunkt wie die Konzessionsbekanntmachung veröffentlicht, ist nach § 31 Abs. 2 S. 3 KonzVgV eine neue Konzessionsbekanntmachung unter Wahrung der Mindestfrist gemäß § 27 Abs. 3 KonzVgV zu veröffentlichen.

Die Regelung verlangt, dass die Zuschlagskriterien zu demselben **Zeitpunkt** wie die Konzessionsbekanntmachung veröffentlicht wurden. Damit erfasst sie die Fälle, in denen die Zuschlagskriterien in der Konzessionsbekanntmachung angegeben sind, als auch diejenigen, in denen die Zuschlagskriterien in den Vergabeunterlagen enthalten sind, die mit der Konzessionsbekanntmachung nach § 17 Abs. 1 KonzVgV bereitgestellt wurden. Ausgeschlossen ist die Vorschrift hiernach in der Regel in Verfahren mit Teilnahmewettbewerb.

Die Regelung greift nur, wenn die **Zuschlagskriterien** in demselben Zeitpunkt wie die Konzessionsbekanntmachung veröffentlicht wurden. Sie stellt damit nicht auf den Zeitpunkt der Veröffentlichung der Reihenfolge der Zuschlagskriterien ab. Dies verwundert deshalb, als es § 31 Abs. 2 KonzVgV gerade um die Veröffentlichung der Reihenfolge geht. Diese redaktionelle Ungenauigkeit ist aber folgenlos, da die Veröffentlichung der Reihenfolge der Zuschlagskriterien nach hiesiger Auffassung[135] zusammen mit der Veröffentlichung der Zuschlagskriterien zu geschehen hat.

Liegen die Voraussetzungen von § 31 Abs. 2 S. 2 KonzVgV vor, muss der Konzessionsgeber eine **neue Konzessionsbekanntmachung** veröffentlichen. Eine neue Aufforderung zur Angebotsabgabe, wie sie im Falle von § 31 Abs. 2 S. 2 KonzVgV vorgesehen ist, genügt daher nicht.

Greift § 31 Abs. 2 S. 3 KonzVgV, ist über die Veröffentlichung einer neuen Konzessionsbekanntmachung hinaus eine **neue Aufforderung zur Angebotsabgabe** an die bereits beteiligten Unternehmen nicht notwendig. Denn § 31 Abs. 2 S. 3 KonzVgV ist lex specialis zu § 31 Abs. 2 S. 2 KonzVgV. Dies folgt nicht eindeutig aus der systematischen und syntaktischen Stellung der Regelungen. Es entspricht aber dem Willen des Richtliniengebers. Nach Erwägungsgrund 73 RL 2014/23/EU soll eine neue Aufforderung zur Angebotsabgabe „oder" eine neue Konzessionsbekanntmachung veröffentlicht werden. Es sind keine Anhaltspunkte dafür ersichtlich, dass der Verordnungsgeber vom Willen des Richtliniengebers abweichen wollte. Für dieses Verhältnis spricht auch der Sinn und Zweck von § 31 Abs. 2 S. 3 KonzVgV. Erfolgt eine neue Konzessionsbekanntmachung ist bereits das nach den vergaberechtlichen Vorschriften höchste Maß an Verfahrenstransparenz hergestellt. Die Aufforderung zur Angebotsabgabe ist als Minus enthalten.

Die **Unterrichtspflicht** im Sinne des § 31 Abs. 2 S. 2 KonzVgV besteht auch im Falle des § 31 Abs. 2 S. 3 KonzVgV. Nach dieser Regelung ist eine neue Konzessionsbekanntmachung zu veröffentlichen, wenn die Zuschlagskriterien zu demselben Zeitpunkt wie die Konzessionsbekanntmachung veröffentlicht wurden. Eine Verpflichtung zur Unterrichtung über die geänderte Reihenfolge statuiert die Regelung nicht ausdrücklich. Auch syntaktisch ist sie nicht zwingend an § 31 Abs. 2 S. 3 KonzVgV geknüpft. Sinn und Zweck der Regelung ist allerdings, den Bietern die Möglichkeit einzuräumen, ihre Angebote auf Grundlage der geänderten Reihenfolge zu überarbeiten. Dieser Zweck kann nur erreicht werden, wenn die Bieter über die geänderte Reihenfolge auch in Kenntnis gesetzt werden.

Die Veröffentlichung einer erneuten Konzessionsbekanntmachung hat unter Wahrung der **Mindestfrist** nach § 27 Abs. 3 KonzVgV zu erfolgen. Nach der Regelung beträgt die Mindestfrist für den Eingang von Teilnahmeanträgen mit oder ohne Angebot 30 Tage ab dem Tag nach der Übermittlung der Konzessionsbekanntmachung. Die Fristberechnung erfolgt nach § 36 KonzVgV.

---

[135] Siehe oben Rn. 72.

E. Überprüfung und Wertung der Angebote

101 Die Überprüfung der Angebote im Hinblick auf die Zuschlagskriterien regelt § 31 Abs. 3 KonzVgV. Die Wertung der Angebote ist hingegen ungeregelt.

102 Dies gilt auch für die **Prüfungsreihenfolge**. Die KonzVgV sieht auch keine § 42 Abs. 3 VgV entsprechende Regelung vor, wonach die Angebotsprüfung vor der Eignungsprüfung erfolgen kann. Im Konzessionsvergaberecht darf jedoch nichts anderes gelten. Aufgrund der Gestaltungsfreiheit nach § 12 Abs. 1 S. 1 KonzVgV kann der Konzessionsgeber mangels entgegenstehender Regelungen in der KonzVgV die Prüfungsfolge frei festlegen.[136]

I. Überprüfung der Angebote (Abs. 3)

103 Gemäß § 31 Abs. 3 KonzVgV überprüft der Konzessionsgeber nach § 152 Abs. 3 GWB, ob die Angebote die Zuschlagskriterien tatsächlich erfüllen.

104 Die Regelung setzt die **unionsrechtliche Vorgabe** in Art. 41 Abs. 2 UAbs. 3 RL 2014/23/EU um.[137]

105 Bei der Regelung handelt es sich um eine **zwingende Vorgabe**. Der indikativ gehaltene Normwortlaut lässt dies zwar nicht in der gebotenen Klarheit erkennen. Aus dem Grundsatz der Wirtschaftlichkeit in § 97 Abs. 1 S. 2 GWB folgt indes, dass die Angebote zu überprüfen sind, da andernfalls ein wirksamer Wirtschaftsvergleich nicht gewährleistet ist.

106 Was § 31 Abs. 3 KonzVgV mit der **Überprüfung** der Angebote meint, ergibt sich nicht ohne Weiteres aus der Vorschrift. § 152 Abs. 3 S. 4 GWB differenziert zwischen der Bewertung der Angebote, ob und inwieweit diese die Zuschlagskriterien erfüllen, und – gewissermaßen der Vorstufe – der Überprüfung der Informationen, anhand derer die Bewertung stattzufinden hat. Diese beiden Vorgänge vermengt § 31 Abs. 3 KonzVgV, indem er nicht die Überprüfung der zur Bewertung übermittelten Informationen verlangt, sondern die Überprüfung, ob die Angebote die Zuschlagskriterien tatsächlich erfüllen. Dabei sprechen die Begriffe „Überprüfung" und „tatsächlich" dafür, dass eine Verifizierung erfolgen soll und nicht bereits eine Bewertung der Angebote. Dies findet Rückhalt darin, dass die Regelung nicht eine Überprüfung dahingehend verlangt, „inwieweit" die Angebote die Zuschlagskriterien erfüllen, wie sie nach § 152 Abs. 3 S. 4 GWB für die Bewertung erforderlich ist. § 31 Abs. 3 KonzVgV ist daher im Sinne des § 152 Abs. 3 S. 4 GWB so zu lesen, dass der Konzessionsgeber die übermittelten Informationen zu überprüfen hat.[138]

107 Nicht auf den ersten Blick verständlich ist der Verweis von § 31 Abs. 3 KonzVgV auf § 152 Abs. 3 GWB. Der Wortlaut des § 31 Abs. 3 KonzVgV erweckt den Eindruck, **§ 152 Abs. 3 GWB** enthalte ein besonderes Verfahren, um zu überprüfen, ob die Angebote die Zuschlagskriterien erfüllen. Klare Verfahrensanforderungen ergeben sich aus § 152 Abs. 3 GWB indes nicht. Der Verweis dürfte aber dahingehend zu verstehen sein, dass insbesondere die in § 152 Abs. 3 S. 4 GWB geregelten Anforderungen auf das Prüfungsverfahren übertragen werden. Dies ermöglicht zum einen die Präzisierung des Prüfungsgegenstandes auf die vom Bieter übermittelten Informationen, zum anderen die Ableitung der Voraussetzung einer „wirksamen" Überprüfung, was in § 31 Abs. 3 KonzVgV bereits dadurch zum Ausdruck kommt, dass die „tatsächliche" Erfüllung der Zuschlagskriterien Bezugspunkt ist. Eher fern liegt die Annahme, dass sich der Regelungsgehalt des Verweises darin erschöpft, die Überprüfung nur derjenigen Zuschlagskriterien zu verlangen, welche die Anforderungen nach § 152 Abs. 3 GWB einhalten.[139] Dieses Ergebnis ist schon syntaktisch und systematisch schwer zu begründen, da § 31 Abs. 3 KonzVgV anders als § 31 Abs. 1 KonzVgV nicht von den „Zuschlagskriterien nach § 152 Absatz 3 des Gesetzes gegen Wettbewerbsbeschränkungen" spricht, sondern den Verweis auf § 152 Abs. 3 GWB klar auf den Überprüfungsvorgang bezieht.

---

136 Vgl. auch *Kruse*, Vergabe von Konzessionen, S. 169.
137 Verordnungsbegründung zu § 31 Abs. 3 KonzVgV, BR-Drs. 87/16, 297.
138 So wohl auch *Steck*, in: Ziekow/Völlink, Vergaberecht, § 31 KonzVgV Rn. 8 f.
139 So aber *Wagner/Pott*, in: Heiermann/Zeiss/Summa, Vergaberecht, § 31 KonzVgV Rn. 23.

Keine Regelung trifft § 31 Abs. 3 KonzVgV darüber, zu welchem **Zeitpunkt** die Überprüfung der Zuschlagskriterien zu erfolgen hat. Für die Beantwortung dieser Frage ist § 29 S. 1 KonzVgV heranzuziehen, wonach der Konzessionsgeber den Inhalt der Angebote erst nach Ablauf der Angebotsfrist prüft.[140] Eine Prüffrist sehen die Regelungen – anders als etwa § 48 Abs. 11 SektVO – nicht vor. 108

II. Wertung der Angebote

Dem Konzessionsgeber steht bei der Wertung der Angebote ebenso wie dem Auftraggeber im Auftragsvergaberecht ein **Beurteilungsspielraum** zu, der von den Nachprüfungsinstanzen nur daraufhin überprüft werden kann, ob das vorgeschriebene Verfahren eingehalten worden ist, ob der Konzessionsgeber die von ihm selbst aufgestellten Bewertungsvorgaben beachtet hat, der zugrunde liegende Sachverhalt vollständig und zutreffend ermittelt worden ist, keine sachwidrigen Erwägungen angestellt worden sind und nicht gegen allgemeine Bewertungsgrundsätze verstoßen worden ist.[141] 109

Der Konzessionsgeber bewertet die Angebote ausschließlich anhand der **Zuschlagskriterien**, die er den Unternehmen zuvor nach § 13 Abs. 2 Nr. 2 KonzVgV bekanntgegeben hat. Für das Auftragsvergaberecht wird dies von § 127 Abs. 1 S. 2 GWB ausdrücklich klargestellt („vorgegebenen"). Im Konzessionsvergaberecht tritt dies nicht einer solchen Klarheit hervor, ergibt sich allerdings aus dem Gedanken der Selbstbindung des Konzessionsgebers an die bekanntgegebenen Zuschlagskriterien. Hieraus folgt, dass der Konzessionsgeber nicht solche Zuschlagskriterien für die Überprüfung der Angebote heranziehen darf, die er nicht in der Konzessionsbekanntmachung oder den Vergabeunterlagen angegeben hat.[142] Mit ihrer Bekanntgabe sind die Zuschlagskriterien und die Gewichtungskoeffizienten der Disposition des Konzessionsgebers entzogen. Maßgebend sind ausschließlich die dem Bieter kommunizierten Kriterien in der mitgeteilten Gewichtung. Es ist dem Konzessionsgeber verwehrt, nach der Bekanntgabe neue – wenn auch möglicherweise sachdienliche – Aspekte, die nicht unter die bekanntgegebenen Zuschlagskriterien zu fassen sind, in die Wertung einzustellen.[143] 110

Der Konzessionsgeber muss die Angebotswertung nach § 6 Abs. 1 S. 2 KonzVgV **dokumentieren**. Die Entscheidung über die Zuschlagserteilung muss nach der Rechtsprechung zum Auftragsvergaberecht[144] in der Weise ausreichend dokumentiert sein, dass nachvollziehbar ist, welche konkreten qualitativen Eigenschaften der Angebote mit welchem Gewicht in die Bewertung eingegangen sind. Die Dokumentation dient dem Ziel, die Entscheidungen der Vergabestelle transparent und sowohl für die Nachprüfungsinstanzen als auch für die Unternehmen überprüfbar zu machen.[145] Je größer der Spielraum des Konzessionsgebers bei der Angebotswertung sei, desto genauer sei daher seine Entscheidung zu dokumentieren, um eine ausreichende Nachvollziehbarkeit der Zuschlagsentscheidung zu ermöglichen.[146] Welche Maßstäbe an die Begründungstiefe anzulegen sind, wird in der Rechtsprechung zum Auftragsvergaberecht uneinheitlich beantwortet. Teilweise[147] wird es als ausreichend angesehen, 111

---

140 Abweichend *Wagner/Pott*, in: Heiermann/Zeiss/Summa, Vergaberecht, § 31 KonzVgV Rn. 23, wonach § 29 KonzVgV allein die formale Angebotsprüfung betrifft, was sich im Wortlaut der Regelung („Inhalt") indes nicht abbilden lässt.
141 Vgl. BGH, Urteil v. 6.2.2002 – X ZR 185/99; OLG Koblenz, Beschluss v. 2.10.2012 – 1 Verg 4/12; OLG Celle, Beschluss v. 12.1.2013 – 13 Verg 8/11; OLG München, Beschluss v. 7.4.2011 – Verg 5/11; OLG Düsseldorf, Beschluss v. 27.7.2005 – VII-Verg 108/04; OLG Jena, Beschluss v. 13.10.1999 – 6 Verg 1/99; VK Westfalen, Beschluss v. 29.11.2017 – VK 1-33/17; VK Südbayern, Beschluss v. 4.9.2017 – Z3-3-3194-1-31-06/17; VK Bund, Beschluss v. 30.8.2013 – VK 2-70/13.
142 Vgl. Gesetzesbegründung zu § 127 Abs. 5 GWB, BT-Drs. 18/6281, 113; EuGH, Urteil v. 12.12.2002 – Rs. C-470/99 (Universale-Bau), Rn. 99; OLG München, Beschluss v. 21.5.2010 – Verg 02/10; OLG Düsseldorf, Beschluss v. 22.12.2010 – VII-Verg 40/10, ZfBR 2011, 388 (391); Beschluss v. 23.1.2008 – VII-Verg 31/07.
143 Vgl. EuGH, Urteil v. 24.11.2005 – Rs. C-331/04 (ATI EAC), Rn. 32; BGH, Urteil v. 3.6.2004 – X ZR 30/03, VergabeR 2004, 604 (605).
144 Vgl. BGH, Beschluss v. 4.4.2017 – X ZB 3/17; VK Nordbayern, Beschluss v. 14.12.2017 – RMF-SG21-3194-02-14; VK Bund, Beschluss v. 19.6.2017 – VK 1-57/17.
145 Vgl. OLG Düsseldorf, Beschluss v. 14.8.2003 – VII-Verg 46/03.
146 Vgl. VK Südbayern, Beschluss v. 19.1.2017 – Z3-3-3194-1-47-11/16.
147 OLG München, Beschluss v. 2.11.2012 – Verg 26/12; VK Bund, Beschluss v. 12.8.2008 – VK 3-110/08.

die konkrete Punktzahl unter Darlegung des hiermit verbundenen Erfüllungsgrades anzugeben. Andere[148] sehen ein Begründungserfordernis überhaupt nur dort, wo gravierende Abweichungen in der Bewertung der Angebote bestehen. Nach der wohl überwiegenden Rechtsprechung ist es zumindest erforderlich, in verbalisierter (Kurz-)Form die Gründe dafür darzustellen, warum ein Angebot eine bestimmte Punktzahl erhalten hat.[149]

III. Mitwirkung des Konzessionsgebers an der Zuschlagsentscheidung

112　Nach den Regelungen zum **Auftragsvergaberecht** in § 58 Abs. 5 VgV und § 43 Abs. 8 UVgO sollen an der Entscheidung über den Zuschlag in der Regel mindestens zwei Vertreter des öffentlichen Auftraggebers mitwirken. Die Regelung etabliert das „Vier-Augen-Prinzip" bei der Zuschlagsentscheidung. Es soll nach der Verordnungsbegründung zu § 58 Abs. 5 VgV[150] unsachgemäße Erwägungen oder Eigeninteressen der Entscheidungsperson, welche die Vergabeentscheidung beeinflussen, verhindern.

113　Die **KonzVgV** enthält eine entsprechende Regelung nicht. Es ist nicht davon auszugehen, dass diese „Regelungslücke" planwidrig ist. Eine analoge Anwendung auf die KonzVgV scheidet daher aus. Aus den Verordnungsmaterialien geht nicht hervor, aus welchem Grund der Verordnungsgeber auf die Übernahme dieser Regelung in die KonzVgV verzichtet hat. Die Entscheidung dürfte vor dem Hintergrund zu sehen sein, das Konzessionsvergaberecht gegenüber dem Auftragsvergaberecht weniger reglementieren zu wollen. Im Hinblick auf das Vier-Augen-Prinzip überrascht dies allerdings, da § 58 Abs. 5 VgV ausweislich der Verordnungsbegründung[151] der Verhinderung unsachgemäßer Erwägungen und der Verwirklichung von Eigeninteressen – mithin einem elementaren Anliegen – erklärt. Dennoch ist die verordnungsgeberische Entscheidung zu akzeptieren. Der Konzessionsgeber ist daher nicht verpflichtet, die Mitwirkung von mindestens zwei Vertretern des Konzessionsgebers sicherzustellen. Auch die Grundsätze der Vergabe in § 97 Abs. 1 und 2 GWB zwingen hierzu nicht. Sie fordern die Transparenz und Gleichbehandlung des Vergabeverfahrens. Welche Maßnahme der Konzessionsgeber zur Sicherstellung dieser Maßstäbe ergreift, liegt allerdings in seinem Ermessen.

114　Nach der Rechtsprechung zum Auftragsvergaberecht[152] ist der Auftraggeber nicht berechtigt, die Zuschlagsentscheidung vollständig auf einen **Dritten** zu übertragen. Dritte dürften den Auftraggeber lediglich „*unterstützen*". Der Auftraggeber müsse die Entscheidung über den Zuschlag aber „*eigenverantwortlich*" fällen. Hierfür soll es allerdings genügen, dass der Auftraggeber den Zuschlagsvorschlag eines Dritten genehmigt.[153] Für das Auftragsvergaberecht lässt sich dies in § 127 Abs. 1 S. 2 GWB abbilden. Danach ist Grundlage für die Zuschlagserteilung eine Bewertung „des öffentlichen Auftraggebers". Für das Konzessionsvergaberecht fehlt es zwar an einer entsprechenden Regelung. Aus der Gesetzesbegründung zu § 152 Abs. 3 GWB[154] folgt jedoch, dass für das Konzessionsvergaberecht nichts anderes gelten soll. Denn dort heißt es ausdrücklich, dass der „Konzessionsgeber [...] bewertet, welches der Angebote die Zuschlagskriterien am besten realisiert".

F. Zuschlagserteilung

115　Die Zuschlagserteilung beendet das Vergabeverfahren. Den Konzessionsgeber treffen danach vergaberechtlich lediglich Dokumentationspflichten nach § 6 KonzVgV, Vertraulichkeitspflich-

---

148　VK Münster, Beschluss v. 28.11.2008 – VK 19/08.
149　Vgl. VK Bund, Beschluss v. 29.12.2017 – VK 2-146/17; VK Hessen, Beschluss v. 8.2.2016 – 69d VK-35/2015; VK Sachsen, Beschluss v. 6.11.2015 – 1/SVK/024-15.
150　Verordnungsbegründung zu § 58 Abs. 5 VgV, BR-Drs. 87/16, 214.
151　Verordnungsbegründung zu § 58 Abs. 5 VgV, BR-Drs. 87/16, 214.
152　OLG Frankfurt, Beschluss v. 3.5.2018 – 11 Verg 5/18; OLG München, Beschluss v. 29.9.2009 – Verg 12/09; VK Sachsen, Beschluss v. 28.8.2013 – 1/SVK/026-13; VK Südbayern, Beschluss v. 21.7.2005 – 30-06/05.
153　OLG Frankfurt, Beschluss v. 3.5.2018 – 11 Verg 5/18; OLG München, Beschluss v. 29.9.2009 – Verg 12/09.
154　Gesetzesbegründung zu § 152 Abs. 3 GWB, VergRModG 2016, BT-Drs. 18/6281, 131.

ten nach § 4 Abs. 2 S. 2 KonzVgV, Bekanntmachungspflichten nach § 21 KonzVgV, Mitteilungspflichten nach § 30 Abs. 2 KonzVgV und Datenübermittlungspflichten nach § 2 Abs. 1 VergStatVO.

Mit der Zuschlagserteilung kommt zwischen dem Konzessionsgeber und dem Zuschlagsbieter ein **Vertragsverhältnis** zustande, das sich nach den zivilrechtlichen Vorschriften bestimmt. Der Zuschlag bemisst sich allein nach privatrechtlichen Maßstäben, er stellt keinen Verwaltungsakt im Sinne von § 35 VwVfG dar.[155] Das durch den Bieter eingereichte Angebot wird durch den Zuschlag vom Konzessionsgeber angenommen. Es kommt damit ein Vertrag zwischen dem erfolgreichen Bieter und dem Konzessionsgeber im Sinne der §§ 145 ff. BGB zustande, sofern die Annahme innerhalb der Bindefrist erfolgt. **116**

Bei der Zuschlagserklärung handelt es sich um eine empfangsbedürftige **Willenserklärung** im Sinne von §§ 145 ff. BGB.[156] Daraus folgt, dass es zu deren Wirksamkeit des Zugangs beim Bieter bedarf, § 130 BGB. Das Verfahren ist daher nicht schon mit Absendung des Zuschlags beendet, sondern erst in dem Zeitpunkt, in dem dieser dem erfolgreichen Bieter zugegangen ist. Eine solche Erklärung kann zudem an Willensmängeln leiden. Der Bieter kann dann seine Erklärung nach §§ 119 ff. BGB anfechten mit der Folge, dass die Erklärung nichtig ist und es einer erneuten Zuschlagserklärung für die Zuschlagserteilung bedarf.[157] **117**

Erfolgt der Zuschlag unter Erweiterung, Einschränkung oder sonstiger **Änderung** des Angebots,[158] so liegt nach § 150 Abs. 2 BGB im Zuschlag nicht die Annahme des Angebots, sondern die Ablehnung des Angebots verbunden mit einem neuen Angebot.[159] Erklärt sich der Bieter mit den Änderungen einverstanden, liegt hierin die Annahme des Angebots. Erteilt der Konzessionsgeber erst nach **Ablauf der Bindefrist** den Zuschlag, gilt die Zuschlagserteilung nach § 150 Abs. 1 BGB als neuer Antrag des Konzessionsgebers.[160] Der Bieter kann dieses „neue" Angebot annehmen, muss es aber nicht. **118**

Anders als etwa § 21 EG Abs. 2 und 3 VOL/A sieht die KonzVgV keine bestimmte **Form** der Zuschlagserteilung vor. Maßgeblich sind daher die grundlegenden Bestimmungen in § 7 KonzVgV. Eine mündliche Zuschlagserteilung ist nach § 7 Abs. 2 KonzVgV ausgeschlossen, da die Zuschlagserteilung die „Angebote" betrifft. Dem dürfte nicht entgegenstehen, dass die Regelung von den Angeboten in der Mehrzahl spricht, die Zuschlagserteilung indes nur auf ein Angebot erfolgt.[161] Eine solche strenge Auslegung hätte zur Folge, dass der Konzessionsgeber auch in Verfahren, in denen nur ein Angebot eingereicht wurde, von der Verpflichtung zur elektronischen Kommunikation freigestellt würde. Anhaltspunkte für eine solche weitgehende Privilegierung sind weder der KonzVgV noch der entsprechenden Verordnungsbegründung zu entnehmen. Über § 7 Abs. 2 KonzVgV hinaus bestehen keine Vorgaben.[162] Die Zuschlagserteilung kann daher auch in Textform im Sinne von § 126b BGB erfolgen. **119**

Auf die Zuschlagserteilung besteht für die Bieter gemäß § 32 Abs. 1 S. 2 KonzVgV grundsätzlich kein **Anspruch**. Eine Ausnahme besteht nach der Rechtsprechung zum Auftragsvergaberecht[163], die auf das Konzessionsvergaberecht übertragbar ist, für den Fall, dass der Auftrag- **120**

---

155 Vgl. VK Sachsen, Beschluss v. 8.7.2004 – 1/SVK/044-04.
156 Vgl. BVerwG, Beschluss v. 2.5.2007 – 6 B 10/07, VergabeR 2007, 337 (338).
157 Vgl. OLG Karlsruhe, Beschluss v. 11.11.2011 – 15 Verg 11/11; VK Rheinland-Pfalz, Beschluss v. 26.1.2012 – VK 1-43/11; VK Hessen, Beschluss v. 18.3.2002 – 69d-VK 03/2002.
158 Voraussetzung ist indes, dass die Änderung vergaberechtlich zulässig ist. Dies kann insbesondere mit Blick auf das in § 15 Abs. 5 S. 2 und § 16 Abs. 9 VgV geregelte Verhandlungsverbot problematisch sein.
159 Vgl. OLG Brandenburg, Urteil v. 15.12.2016 – 12 U 179/15; OLG Naumburg, Beschluss v. 16.10.2007 – 1 Verg 6/07; VK Westfalen, Beschluss v. 12.3.2015 – VK 1-05/15; VK Sachsen, Beschluss v. 12.6.2003 – 1/SVK/054-03.
160 Vgl. OLG Düsseldorf, Beschluss vom 9.12.2008 – VII-Verg 70/08; OLG Dresden, Beschluss v. 28.7.2011 – WVerg 0005/11; OLG München, Beschluss v. 23.6.2009 – Verg 8/09; OLG Frankfurt, Beschluss v. 5.8.2003 – 11 Verg 1/02; VK Sachsen, Beschluss v. 15.3.2016 – 1/SVK/045-15; VK Bund, Beschluss v. 5.4.2013 – VK 3-14/13; VK Brandenburg, Beschluss v. 19.7.2012 – VK 20/12; VK Südbayern, Beschluss v. 19.1.2009 – Z3-3-3194-1-39-11/08; VK Nordbayern, Beschluss v. 24.1.2008 – 21.VK-3194-52/07; VK Hessen, Beschluss v. 1.10.2008 – 69d-VK-45/2008; VK Schleswig-Holstein, Beschluss v. 10.10.2007 – VK-SH 20/07.
161 A.A. *von Wietersheim*, in: Müller-Wrede, SektVO, § 51 Rn. 54 (für das Sektorenvergaberecht).
162 Vgl. Verordnungsbegründung zu § 53 Abs. 3 VgV, BR-Drs. 87/16, 207.
163 BGH, Beschluss v. 20.3.2014 – X ZB 18/13; OLG Celle, Beschluss v. 10.3.2016 – 13 Verg 5/15; OLG Brandenburg, Beschluss v. 12.1.2016 – Verg W 4/15.

geber die Aufhebungsmöglichkeit in rechtlich zu missbilligender Weise dazu einsetzt, durch die Aufhebung die formalen Voraussetzungen dafür zu schaffen, den Auftrag außerhalb des eingeleiteten Vergabeverfahrens an einen bestimmten Bieter oder unter anderen Voraussetzungen bzw. in einem anderen Bieterkreis vergeben zu können.[164]

121 § 31 KonzVgV und § 152 GWB erklären nicht, welches **Subjekt** den Zuschlag zu erteilen hat. Mangels einer gesetzlichen Anordnung ist der Konzessionsgeber nicht verpflichtet, den Zuschlag selbst zu erteilen. Er kann hiermit einen Dritten, etwa ein Projektsteuerungsbüro oder einen anderen Auftraggeber, beauftragen. Hierbei handelt es sich um eine bloße Unterstützungsleistung. Die vergaberechtliche Verantwortlichkeit des Konzessionsgebers für die Durchführung des Vergabeverfahrens bleibt hierdurch unberührt.

G. Rechtsschutz

122 § 31 Abs. 1 und 3 KonzVgV sind unternehmensschützend im Sinne des § 97 Abs. 6 GWB. Bezüglich § 31 Abs. 2 KonzVgV ist zu differenzieren. Die Vorschrift räumt in Verbindung mit § 97 Abs. 6 GWB Bietern, die eine innovative Lösung anbieten, keinen Anspruch ein, der darauf gerichtet ist, dass die Reihenfolge der Zuschlagskriterien verändert wird. Diese Möglichkeit des Konzessionsgebers soll in keiner Weise Interessen des Bieters schützen. Vielmehr soll die Vorschrift ermöglichen, die Strategie Europa 2020 nach dem Ermessen des Konzessionsgebers zu fördern.[165] Diesem Ziel wäre nicht gedient, wenn Bieter einen Anspruch auf eine wettbewerbs- und transparenzbelastende Maßnahme hätten. Demgegenüber besteht ein subjektives Recht der Bieter, die keine innovative Lösung anbieten, darauf, dass der Konzessionsgeber von § 31 Abs. 2 KonzVgV nur Gebraucht macht, wenn die Voraussetzungen tatsächlich vorliegen.

Anlage

Verordnungsbegründung (BR-Drs. 87/16)

Seite 297

§ 31 setzt die Inhalte des Artikels 41 der Richtlinie 2014/23/EU um, die nicht als wesentliche Vorschriften in § 152 Absatz 3 GWB überführt worden sind. Der Unionsgesetzgeber hebt in Erwägungsgrund 64 der Richtlinie 2014/23/EU im Hinblick auf die bessere Einbeziehung sozialer und ökologischer Aspekte hervor, dass es Konzessionsgebern gestattet sein sollte, von Zuschlagskriterien Gebrauch zu machen, welche die zu erbringenden Bau- oder Dienstleistungen in jeder Hinsicht und in jeder Phase ihres Lebenszyklus von der Gewinnung der Rohstoffe für die Ware bis zur Entsorgung des Produkts betreffen; hierzu gehören nach dem Erwägungsgrund 62 der Richtlinie 2014/23/EU auch Faktoren, die mit dem konkreten Prozess der Erzeugung, Bereitstellung oder Handel mit der betreffenden Bau- oder Dienstleistungen oder einem konkreten Prozess in einer späteren Phase ihres Lebenszyklus zusammenhängen, auch wenn derartige Faktoren kein materieller Bestandteil der Leistungen sind. In diesem Zusammenhang hebt der Unionsgesetzgeber insbesondere die Energieeffizienz und die Verwendung von fair gehandelten Waren als zulässige Zuschlagskriterien hervor.

Zu Absatz 1

Absatz 1 setzt die Bekanntmachungspflichten zu den Zuschlagskriterien um. Zuschlagskriterien sind in absteigender Rangfolge nach Artikel 41 Absatz 3 Unterabsatz 1 und Anhang V Nummer 9 der Richtlinie 2014/23/EU in die Konzessionsbekanntmachung aufzunehmen, soweit nicht in anderen Vergabeunterlagen genannt.

---

164 Siehe zum Ganzen *Lischka* zu § 32 KonzVgV Rn. 63 ff.
165 Vgl. Art. 5 Nr. 13 RL 2014/23/EU.

Zu Absatz 2

Absatz 2 setzt die Vorgaben des Artikel 41 Absatz 3 Unterabsatz 2 und 3 der Richtlinie 2014/23/EU zur ausnahmsweisen Änderung der Reihenfolge der Zuschlagskriterien um. Für den Fall des Eingangs eines Angebots, das eine innovative Lösung mit einer außergewöhnlich hohen funktionellen Leistungsfähigkeit umfasst, darf die Gewichtung der Zuschlagskriterien nach Absatz 1 ausnahmsweise geändert werden. Voraussetzung dafür ist, dass der Konzessionsgeber die angebotene innovative Lösung bei aller Umsicht nicht vorhersehen konnte. Wird die Reihenfolge der Zuschlagskriterien im Nachhinein geändert, sind die Verfahrensteilnehmer über die geänderte Gewichtung zu unterrichten und unter Einhaltung der Mindestfristen nach §

27 Absatz 4 Satz 1 erneut zur Angebotsabgabe aufzufordern. Wurden die Zuschlagskriterien zu demselben Zeitpunkt wie die Konzessionsbekanntmachung veröffentlicht, so veröffentlicht der Konzessionsgeber unter Einhaltung der Mindestfristen nach § 27 Absatz 3 eine neue Konzessionsbekanntmachung.

Zu Absatz 3

Absatz 3 setzt Artikel 41 Absatz 2 Unterabsatz 3 der Richtlinie 2014/23/EU um.

§ 32 KonzVgV
Aufhebung von Vergabeverfahren

Der Konzessionsgeber ist berechtigt, ein Vergabeverfahren ganz oder teilweise aufzuheben, wenn
1. kein Angebot eingegangen ist, das den Bedingungen entspricht,
2. sich die Grundlage des Vergabeverfahrens wesentlich geändert hat,
3. kein wirtschaftliches Ergebnis erzielt wurde oder
4. andere schwerwiegende Gründe bestehen.

Im Übrigen ist der Konzessionsgeber grundsätzlich nicht verpflichtet, den Zuschlag zu erteilen.

(2) Der Konzessionsgeber teilt den Bewerbern oder Bietern nach Aufhebung des Vergabeverfahrens unverzüglich die Gründe für seine Entscheidung mit, auf die Vergabe einer Konzession zu verzichten oder das Verfahren erneut einzuleiten. Auf Antrag teilt er ihnen dies in Textform nach § 126b des Bürgerlichen Gesetzbuchs mit.

Übersicht

	Rn.		Rn.
A. Allgemeines	1	E. Wirksamkeit der Aufhebung	49
I. Unionsrechtlicher Hintergrund	3	F. Transparenzpflichten (Abs. 2)	50
II. Vergleichbare Regelungen	6	I. Interne Aufhebungsentscheidung	51
B. Anwendungsbereich	8	II. Dokumentation	52
C. Aufhebungsgründe (Abs. 1)	9	III. Mitteilung an die Bewerber oder Bieter	53
I. Jederzeitige Aufhebungsmöglichkeit (S. 2)	9	1. Mitteilung über die Aufhebung	57
II. Ermessen des Konzessionsgebers	11	2. Beabsichtigte Einleitung eines neuen Vergabeverfahrens	59
III. Aufhebungsgründe (S. 1)	13	G. Rechtsschutz	62
1. Kein den Bedingungen entsprechendes Angebot (Nr. 1)	16	I. Aufhebung der Aufhebung	63
		1. Prüfungsmaßstab	64
2. Wesentliche Änderung der Grundlagen des Vergabeverfahrens (Nr. 2)	21	2. Antragsbefugnis	67
		3. Rügeobliegenheit	68
3. Kein wirtschaftliches Ergebnis (Nr. 3)	29	4. Fortbestehender Vergabewille und kein sachlicher Grund	71
4. Andere schwerwiegende Gründe (Nr. 4)	32	5. Entscheidung der Nachprüfungsinstanzen	75
a) Auslegungsmaßstäbe	33	II. Aufhebung des Vergabeverfahrens	76
b) Wettbewerbsprinzip und schwerwiegender Grund	35	III. Sekundärrechtsschutz	78
c) Weitere Beispiele	38	IV. Bewerber- und bieterschützender Charakter	80
D. Teilaufhebung	42	Anlage	
I. Teilaufhebungsgründe	45	Verordnungsbegründung	
II. Folgen einer Teilaufhebung für die Rechtsschutzeröffnung	46	(BR-Drs. 87/16)	

A. Allgemeines

Ein Konzessionsgeber kann grundsätzlich jederzeit auf die Vergabe einer Konzession verzichten. Die **Rechtmäßigkeitsanforderungen** an einen derartigen Verzicht richten sich zunächst nach den allgemeinen Grundsätzen des Vergaberechts, insbesondere dem Gleichbehandlungs- und dem Transparenzgrundsatz. Die europäischen Richtlinienvorgaben sehen dabei nur die Möglichkeit der Aufhebung eines Vergabeverfahrens vor (vgl. Art. 40 Abs. 1 RL 2014/23/EU), enthalten aber im Übrigen keine Vorgaben hinsichtlich der Aufhebungsvoraussetzungen. Allerdings hat der Verordnungsgeber auf der Grundlage der Ermächtigung des

§ 113 S. 2 Nr. 6 GWB darüber hinausgehende Rechtmäßigkeitsanforderungen für die Aufhebung aufgestellt. Diese gesteigerten Rechtsbindungen sind in § 32 KonzVgV geregelt. Dabei hat sich der Verordnungsgeber entschieden, den Inhalt des § 63 VgV in die KonzVgV zu übernehmen und damit die Rechtmäßigkeit der Aufhebung vom Vorliegen eines der dort geregelten Aufhebungsgründe abhängig zu machen.[1] Durch diese Vorgehensweise will der Verordnungsgeber Konzessionsgebern sowie Bewerbern und Bietern für das Vergabeverfahren eine gleichermaßen interessengerechte Lösung bieten.[2] Entspricht eine Aufhebung den in § 32 KonzVgV festgelegten Rechtmäßigkeitsanforderungen nicht, so kann sich der Konzessionsgeber schadensersatzpflichtig machen oder in eng begrenzten Ausnahmefällen auch zur Fortführung des aufgehobenen Vergabeverfahrens verpflichtet werden.

2   Die **Aufhebungsgründe**, bei deren Vorliegen ein Vergabeverfahren ganz oder teilweise rechtmäßig aufgehoben werden kann, werden von § 32 Abs. 1 KonzVgV bestimmt. Die im Zusammenhang mit einer Aufhebung zu beachtenden **Mitteilungspflichten** regelt § 32 Abs. 2 KonzVgV.

I. Unionsrechtlicher Hintergrund

3   Ebenso wie die RL 2014/24/EU zu klassischen Auftragsvergaben enthält auch die RL 2014/23/EU über die Konzessionsvergabe keine Vorgaben hinsichtlich der denkbaren **Gründe**, um auf die Vergabe einer Konzession verzichten zu können. Zwar hat das Europäische Parlament im Laufe des Gesetzgebungsverfahrens zu einer Vorgängerrichtlinie vorgeschlagen, dass ein Vergabeverfahren nur aufgehoben werden dürfe, wenn kein Angebot eingegangen ist, das den Ausschreibungsbedingungen entspricht, oder andere schwerwiegende Gründe bestehen, die nicht im Verantwortungsbereich des Auftraggebers liegen.[3] Dieser Vorschlag konnte jedoch nicht durchgesetzt werden. Die Kommission war der Auffassung, dass der Vorschlag die Möglichkeiten zur Beendigung eines Vergabeverfahrens vor Zuschlagserteilung unverhältnismäßig einschränke. Insbesondere sei in diesem Fall keine Möglichkeit vorgesehen, dass ein Vergabeverfahren wegen eines Verstoßes gegen Gemeinschaftsrecht vorzeitig beendet werden könne. Zudem müsse der Auftraggeber im Laufe eines Vergabeverfahrens auf viele unterschiedliche Situationen reagieren können, sodass die Gründe zur vorzeitigen Beendigung eines Vergabeverfahrens in der Richtlinie nicht erschöpfend aufgelistet werden dürften.[4] So hat auch der EuGH entschieden, dass der Verzicht auf die Vergabe eines Auftrags nach den Richtlinienvorgaben nicht auf Ausnahmefälle oder das Vorliegen schwerwiegender Gründe beschränkt ist.[5]

4   Obwohl die materiellen Voraussetzungen für eine Aufhebung nicht ausdrücklich in den Richtlinienvorgaben geregelt sind, sind jedoch unabhängig von den Voraussetzungen des nationalen Rechts im Rahmen eines Verzichts auf die Konzessionsvergabe insbesondere die aus dem Primärrecht und den Richtlinien folgenden allgemeinen **Grundsätze** zu beachten.[6] Zudem folgt aus der aufgezeigten Zuordnung zu den Regelungen des Gemeinschaftsrechts auch die auf Art. 1 Abs. 1 RL 89/665/EWG beruhende Verpflichtung der Mitgliedstaaten, für den Ver-

---

1   Angesichts dieser im Wesentlichen wortgleichen Übernahme von § 63 VgV wird in den nachfolgenden Fußnoten jeweils auf Rechtsprechung Bezug genommen, die zu § 63 VgV bzw. den ebenfalls vergleichbaren Vorgängerregelungen in VOL/A und VOB/A ergangen und auf § 32 KonzVgV übertragbar ist.
2   Vgl. Verordnungsbegründung zu § 32 KonzVgV, BR-Drs. 87/16, 297.
3   Europäisches Parlament, Ausschuss für Recht und Binnenmarkt, Bericht über den Vorschlag für eine Richtlinie des Europäischen Parlaments und des Rates über die Koordinierung der Verfahren zur Vergabe öffentlicher Lieferaufträge, Dienstleistungsaufträge und Bauaufträge – A5-0378/2001, Änderungsantrag 72.
4   Europäische Kommission, Geänderter Vorschlag für eine Richtlinie des Europäischen Parlaments und des Rates über die Koordinierung der Verfahren zur Vergabe öffentlicher Lieferaufträge, Dienstleistungsaufträge und Bauaufträge – KOM(2002) 236 endg., S. 51.
5   EuGH, Urteil v. 11.12.2014 – Rs. C-440/13 (Croce Amica One Italia); Urteil v. 16.9.1999 – Rs. C-27/98 (Metalmeccanica), NZBau 2000, 153.
6   EuGH, Urteil v. 18.6.2002 – Rs. C-92/00 (Hospital Ingenieure), VergabeR 2002, 361.

zicht auf die Vergabe einer Konzession wirksame Nachprüfungsmöglichkeiten bereitzustellen.[7]

Allerdings finden sich in Art. 40 Abs. 1 RL 2014/23/EU europarechtliche Vorgaben für die in § 32 Abs. 2 KonzVgV geregelte **Mitteilungspflicht**. Diese Richtlinienbestimmung legt eine schnellstmöglich zu erfüllende Mitteilungspflicht gegenüber Bewerbern oder Bietern im Falle der Nichtvergabe einer ausgeschriebenen Konzession fest. Durch diese Mitteilungspflicht soll eine bewusste Manipulation verhindert sowie eine Nachprüfung einer Verzichtsentscheidung gewährleistet werden.[8] Dabei geht allerdings die Umsetzung in § 32 Abs. 2 KonzVgV über die Richtlinienvorgaben insoweit hinaus, als Art. 40 Abs. 1 RL 2014/23/EU eine Mitteilungspflicht nur für Aufträge vorsieht, die zuvor bekannt gemacht worden sind. § 32 Abs. 2 KonzVgV sieht darüber hinaus eine Mitteilungspflicht auch für Verfahren ohne Konzessionsbekanntmachung vor.[9]

II. Vergleichbare Regelungen

Die **VgV** enthält mit ihrem § 63 eine § 32 KonzVgV entsprechende Regelung. Auch die Aufhebungsgründe der **VOB/A** entsprechen im Wesentlichen den Gründen des § 32 KonzVgV. Die KonzVgV sieht mit § 32 Abs. 1 S. 1 Nr. 3 zwar einen in der VOB/A nicht ausdrücklich normierten Aufhebungsgrund für den Fall vor, dass im Vergabeverfahren kein wirtschaftliches Ergebnis erzielt wurde. Gewichtige Unterschiede in der Sache ergeben sich auch hier nicht, da die in der KonzVgV unter § 32 Abs. 1 S. 1 Nr. 3 fallenden Gründe im Rahmen der VOB/A unter „andere schwerwiegende Gründe" gemäß § 17 EU Abs. 1 Nr. 3 VOB/A subsumiert werden können. Die in § 32 Abs. 1 S. 1 KonzVgV geregelte Teilaufhebungsmöglichkeit sieht die VOB/A dagegen nicht ausdrücklich vor. Auch § 37 **VSVgV** sowie § 48 **UVgO** entsprechen im Wesentlichen § 32 KonzVgV.

Die **SektVO** sieht in § 57 dagegen keine Aufhebungsgründe vor. Die Rechtmäßigkeit eines Verzichts ist für Sektorenauftraggeber daher anders als für klassische Auftraggeber in der VgV und VOB/A und auch anders als für Konzessionsgeber nicht von dem Vorliegen eines Aufhebungsgrundes abhängig. Vielmehr richten sich die Rechtmäßigkeitsanforderungen an einen derartigen Verzicht nach den allgemeinen Grundsätzen des Vergaberechts, insbesondere dem Gleichbehandlungs- und dem Transparenzgrundsatz.

B. Anwendungsbereich

§ 32 KonzVgV verpflichtet den Konzessionsgeber zu einer Aufhebung für den Fall, dass während eines laufenden Vergabeverfahrens für eine der KonzVgV unterfallende Konzession eine Zuschlagserteilung nicht mehr erfolgen soll. Ein Auslaufenlassen des Vergabeverfahrens, also ein Untätigbleiben des Konzessionsgebers, ist rechtswidrig.[10] Ansonsten könnte der Konzessionsgeber die normierten Aufhebungsgründe umgehen.[11] Alle zur Anwendung der KonzVgV verpflichteten Konzessionsgeber unterliegen den bei einer Aufhebung zu beachtenden Rechtsbindungen des § 32 KonzVgV. In zeitlicher Hinsicht muss der Konzessionsgeber ab dem Zeitpunkt der ersten nach außen gerichteten Einleitung des Vergabeverfahrens eine Aufhebung vornehmen. Daher ist der Konzessionsgeber im Rahmen von Vergabeverfahren mit Konzessionsbekanntmachung bzw. Vorinformation nach § 22 KonzVgV ab dem Zeitpunkt der Veröffentlichung zur Aufhebung verpflichtet. Im Rahmen von Vergabeverfahren ohne Kon-

---

[7] EuGH, Urteil v. 11.12.2014 – Rs. C-440/13 (Croce Amica One Italia); Urteil v. 2.6.2005 – Rs. C-15/04 (Koppensteiner), VergabeR 2005, 472; Urteil v. 18.6.2002 – Rs. C-92/00 (Hospital Ingenieure), VergabeR 2002, 361.
[8] Vgl. Europäische Kommission, Geänderter Vorschlag für eine Richtlinie des Europäischen Parlaments und des Rates über die Koordinierung der Verfahren zur Vergabe öffentlicher Lieferaufträge, Dienstleistungsaufträge und Bauaufträge – KOM(2002) 236 endg., S. 52.
[9] Vgl. hierzu die Verordnungsbegründung zu § 63 Abs. 2 VgV, BR-Drs. 87/16, 217, unter Hinweis auf die ebenso hohe Schutzbedürftigkeit eines Verfahrensteilnehmers in Verfahren ohne Teilnahmewettbewerb.
[10] Vgl. m.w.N. *Jasper/Soudry*, in: Dreher/Motzke, Vergaberecht, 2. Aufl., § 17 VOB/A Rn. 4; *Kaelble*, ZfBR 2003, 657.
[11] Vgl. *Ruhland*, in: Pünder/Schellenberg, Vergaberecht, § 17 VOB/A Rn. 7; siehe zum Sonderfall des § 177 GWB unten unter Rn. 58.

zessionsbekanntmachung ist demgegenüber eine Aufhebung ab dem Zeitpunkt erforderlich, in dem ein Bewerber durch den Konzessionsgeber zielgerichtet über die Einleitung des Vergabeverfahrens informiert wurde. Da das Vergabeverfahren durch den Ablauf der Zuschlags- und Bindefrist nicht beendet wird, ist eine Aufhebung auch noch nach deren Ablauf vorzunehmen.

C. Aufhebungsgründe (Abs. 1)

I. Jederzeitige Aufhebungsmöglichkeit (S. 2)

9 § 32 Abs. 1 KonzVgV regelt die Voraussetzungen, unter denen die jederzeit bestehende Möglichkeit des Konzessionsgebers zu einer Aufhebung des Vergabeverfahrens rechtmäßig ausgeübt werden kann. Hieraus folgt jedoch nicht, dass im Falle eines nicht mehr fortbestehenden Vergabewillens des Konzessionsgebers eine rechtswidrige Aufhebung von den Nachprüfungsinstanzen wieder aufgehoben werden kann. Denn ein Konzessionsgeber ist aufgrund eines einmal eingeleiteten Vergabeverfahrens nicht zur Zuschlagserteilung verpflichtet.[12] Das hat der Verordnungsgeber ausdrücklich in § 32 Abs. 1 S. 2 KonzVgV klargestellt. Daher kann der Konzessionsgeber grundsätzlich jederzeit auf die Vergabe einer Konzession verzichten. Dies gilt unabhängig davon, ob die in § 32 Abs. 1 S. 1 KonzVgV normierten Aufhebungsgründe erfüllt sind. Denn obwohl § 32 KonzVgV eine von den allgemeinen zivilrechtlichen Grundsätzen der Vertragsanbahnung abweichende Regelung enthält, besteht kein Kontrahierungszwang für den Konzessionsgeber.[13] Vielmehr bleibt es dem Konzessionsgeber grundsätzlich unbenommen, von einem Beschaffungsvorhaben auch dann Abstand zu nehmen, wenn dafür kein vergaberechtlich anerkannter Aufhebungsgrund vorliegt. Dies folgt daraus, dass die Bewerber und Bieter zwar einen Anspruch darauf haben, dass der Konzessionsgeber die Bestimmungen über das Vergabeverfahren gemäß § 97 Abs. 6 GWB einhält, aber nicht darauf, dass er die Konzession auch erteilt und demgemäß die Vergabestelle das Vergabeverfahren mit der Erteilung des Zuschlags abschließt.[14]

10 Daher ist auch die Vergabekammer im Falle des nicht mehr fortbestehenden Vergabewillens nicht zur **Aufhebung einer rechtswidrigen Aufhebung** berechtigt.[15] Trotz eines Verstoßes gegen § 32 KonzVgV bleibt der Bewerber oder Bieter in diesem Fall auf die Geltendmachung von Schadensersatzansprüchen beschränkt. Lediglich dann, wenn der Konzessionsgeber nach einer rechtswidrigen Aufhebung seinen Vergabewillen aufrechterhält, erlangen die rechtlichen Bindungen des § 32 KonzVgV auch für eine Geltendmachung im Wege des Primärrechtsschutzes Bedeutung. Ein Anspruch auf Weiterführung des Vergabeverfahrens kann dabei nur ausnahmsweise in Betracht kommen, etwa dann, wenn der Konzessionsgeber die Möglichkeit, ein Vergabeverfahren aufzuheben, in rechtlich zu missbilligender Weise dazu einsetzt, durch die Aufhebung die formalen Voraussetzungen dafür zu schaffen, die Konzession außerhalb des eingeleiteten Vergabeverfahrens an einen bestimmten Bieter oder unter anderen Voraussetzungen bzw. in einem anderen Bieterkreis vergeben zu können.[16] Das folgt aus der Vertragsfreiheit, die auch für im Wege öffentlicher Ausschreibungen vergebene Aufträge gilt. Notwendige Voraussetzung für eine vollständige oder auch nur teilweise Aufhebung einer Ausschreibung ist daher lediglich, dass der Konzessionsgeber für seine Aufhebungsentscheidung einen sachlichen Grund hat, sodass eine Diskriminierung einzelner Be-

---

12 BGH, Beschluss v. 18.2.2003 – X ZB 43/02 (VOB/A), VergabeR 2003, 313; Urteil v. 5.11.2002 – X ZR 232/00 (VOB/A), VergabeR 2003, 163; OLG Koblenz, Beschluss v. 23.12.2003 – 1 Verg 8/03 (VOB/A), VergabeR 2004, 244; OLG Düsseldorf, Beschluss v. 19.11.2003 – VII-Verg 59/03 (VOL/A), ZfBR 2004, 202; OLG Celle, Beschluss v. 22.5.2003 – 13 Verg 9/03 (VOL/A), VergabeR 2003, 455.
13 BGH, Beschluss v. 20.3.2014 – X ZB 18/13 (VOB/A); Urteil v. 16.12.2003 – X ZR 282/02 (VOL/A), VergabeR 2004, 480; Beschluss v. 18.2.2003 – X ZB 43/02 (VOB/A), VergabeR 2003, 313; *Conrad*, in: Gabriel/Krohn/Neun, Handbuch Vergaberecht, § 33 Rn. 14; siehe aus der Rechtsprechung der Vergabesenate etwa auch OLG München, Beschluss v. 31.10.2012 – Verg 19/12 (VOB/A).
14 BGH, Beschluss v. 20.3.2014 – X ZB 18/13 (VOB/A); Urteil v. 5.11.2002 – X ZR 232/00 (VOB/A).
15 BGH, Beschluss v. 18.2.2003 – X ZB 43/02 (VOB/A), VergabeR 2003, 313; vgl. hierzu im Einzelnen Rn. 63 ff.
16 BGH, Beschluss v. 20.3.2014 – X ZB 18/13 (VOB/A); OLG Celle, Beschluss v. 10.3.2016 – 13 Verg 5/15 (VOB/A).

werber und Bieter ausgeschlossen und seine Entscheidung nicht willkürlich ist oder nur zum Schein erfolgt.[17]

II. Ermessen des Konzessionsgebers

Die Aufhebung eines Vergabeverfahrens steht bereits ausweislich des Wortlauts des § 32 Abs. 1 S. 1 KonzVgV im Ermessen des Konzessionsgebers.[18] Korrespondierend hat ein Bewerber oder Bieter auch nur einen Anspruch auf ermessensfehlerfreie Entscheidung des Konzessionsgebers über die Vornahme einer Aufhebung.

Das Ermessen des Konzessionsgebers kann sich jedoch **auf null reduzieren**.[19] Dies ist der Fall, wenn neben der Aufhebung keine weitere rechtmäßige Handlungsmöglichkeit des Konzessionsgebers besteht.[20] Eine Ermessensreduzierung auf null kommt demnach insbesondere dann in Betracht, wenn das Vergabeverfahren nicht mehr rechtmäßig durchgeführt werden kann und insbesondere eine Korrektur im Verfahren nicht möglich ist.[21]

III. Aufhebungsgründe (S. 1)

Ist der Anwendungsbereich des § 32 KonzVgV eröffnet, ist die Aufhebung eines Vergabeverfahrens nur bei Vorliegen mindestens eines der in § 32 Abs. 1 S. 1 KonzVgV abschließend aufgezählten[22] Gründe rechtmäßig. Die Darlegungs- und Beweislast für das Vorliegen eines Aufhebungsgrundes trägt der Konzessionsgeber.[23] Die Aufhebung kann auf mehrere Aufhebungsgründe gestützt werden.[24] Aufgrund des Auffangcharakters des § 32 Abs. 1 S. 1 Nr. 4 KonzVgV ist jedoch zunächst zu prüfen, ob ein Aufhebungsgrund gemäß § 32 Abs. 1 S. 1 Nr. 1 bis 3 KonzVgV vorliegt.

Aus dem Vorliegen ausdrücklich normierter Aufhebungsgründe gemäß § 32 Abs. 1 S. 1 KonzVgV folgt, dass eine Verfahrensbeendigung durch Aufhebung den **Ausnahmefall** bilden soll. Ansonsten hätte es der Einführung von Aufhebungsgründen nicht bedurft. Zwar muss bei der Auslegung auch berücksichtigt werden, dass der Konzessionsgeber gemäß § 151 GWB innerhalb der Vorgaben der KonzVgV das Vergabeverfahren frei ausgestalten kann und daher über weite Spielräume bei dessen Durchführung verfügt. Allerdings trägt § 32 Abs. 1 S. 1 KonzVgV mit den dort geregelten Aufhebungsgründen dem Vertrauen der Bewerber und Bieter darauf Rechnung, dass das Vergabeverfahren normalerweise durch Erteilung des Zuschlags endet und dadurch eine Amortisationschance für ihre Aufwendungen durch den Zuschlag besteht. Da sich der Verordnungsgeber zu einer Übernahme von § 63 VgV in die

---

17 OLG Düsseldorf, Beschluss v. 12.1.2015 – VII-Verg 29/14 (VOB/A).
18 Vgl. BGH, Urteil v. 25.11.1992 – VIII ZR 170/91 (VOB/A), BauR 1993, 214; OLG München, Beschluss v. 6.12.2012 – Verg 25/12 (VOB/A); OLG Celle, Beschluss v. 10.6.2010 – Verg 18/09 (VOB/A); OLG Düsseldorf, Beschluss v. 4.7.2005 – VII-Verg 35/05 (VOB/A); OLG Koblenz, Beschluss v. 23.12.2003 – 1 Verg 8/03 (VOB/A), VergabeR 2004, 244; OLG Bremen, Beschluss v. 17.3.2003 – Verg 2/2003 (VOB/A).
19 KG, Beschluss v. 21.12.2009 – 2 Verg 11/09 (VOL/A); VergabeR 2010, 501; OLG Celle, Beschluss v. 17.7.2009 – 13 Verg 3/09 (VOL/A); OLG Dresden, Beschluss v. 6.6.2002 – WVerg 5/02 (VOB/A), VergabeR 2003, 64; *Laumann*, in: Dieckmann/Scharf/Wagner-Cardenal, VOL/A, § 20 EG Rn. 13.
20 OLG Schleswig, Beschluss v. 15.4.2011 – 1 Verg 10/10, NZBau 2011, 586; OLG Celle, Beschluss v. 17.7.2009 – 13 Verg 3/09 (VOL/A); Beschluss v. 22.5.2008 – 13 Verg 1/08 (VOL/A); OLG Koblenz, Beschluss v. 8.12.2008 – 1 Verg 4/08 (VOL/A); OLG Bremen, Beschluss v. 17.3.2003 – Verg 2/2003 (VOB/A); OLG Dresden, Beschluss v. 6.6.2002 – WVerg 5/02 (VOB/A), VergabeR 2003, 64.
21 OLG Schleswig, Beschluss v. 20.3.2008 – 1 Verg 6/07; OLG Naumburg, Beschluss v. 26.10.2005 – 1 Verg 12/05 (VOB/A), VergabeR 2006, 209; OLG Jena, Beschluss v. 20.6.2005 – 9 Verg 3/05 (VOB/A), VergabeR 2005, 492; OLG Bremen, Beschluss v. 17.3.2003 – Verg 2/2003 (VOB/A).
22 VK Sachsen, Beschluss v. 18.6.2009 – 1/SVK/017-09 (VOB/A); *Laumann*, in: Dieckmann/Scharf/Wagner-Cardenal, VOL/A, § 20 EG Rn. 17; *Portz*, in: Kulartz/Marx/Portz/Prieß, VOL/A, § 17 EG Rn. 14; *Conrad*, in: Gabriel/Krohn/Neun, Handbuch Vergaberecht, § 33 Rn. 66.
23 KG, Beschluss v. 17.10.2013 – Verg 9/13 (VOB/A); OLG Karlsruhe, Beschluss v. 27.7.2009 – 15 Verg 3/09 (VOB/A), VergabeR 2010, 96; OLG Düsseldorf, Beschluss v. 3.1.2005 – VII-Verg 72/04 (VOL/A); *Conrad*, in: Gabriel/Krohn/Neun, Handbuch Vergaberecht, § 33 Rn. 20 f.
24 OLG Koblenz, Beschluss v. 10.4.2003 – 1 Verg 1/03 (VOL/A), VergabeR 2003, 448; VK Sachsen, Beschluss v. 7.1.2008 – 1/SVK/077-07 (VOL/A).

KonzVgV entschieden hat, wird § 32 Abs. 1 S. 1 KonzVgV trotz der weiten Spielräume des Konzessionsgebers ebenso wie § 63 Abs. 1 VgV eng auszulegen sein.[25]

15 Die Voraussetzungen eines Aufhebungsgrundes können regelmäßig dann nicht erfüllt sein, wenn der zur Aufhebung führende Umstand vom Konzessionsgeber **schuldhaft herbeigeführt** worden ist.[26] Demnach berechtigen grundsätzlich nur nachträgliche, nicht vorhersehbare Umstände oder solche anfänglichen Umstände, die der Konzessionsgeber im Zeitpunkt der Einleitung des Vergabeverfahrens auch bei pflichtgemäßer Sorgfalt nicht hätte erkennen können, zu einer rechtmäßigen Aufhebung.[27]

1. Kein den Bedingungen entsprechendes Angebot (Nr. 1)

16 Ein Aufhebungsgrund gemäß § 32 Abs. 1 S. 1 Nr. 1 KonzVgV liegt dann vor, wenn kein den Bedingungen entsprechendes Angebot eingegangen ist.

17 Der Begriff der **Bedingungen** wird in der KonzVgV nicht legal definiert. Die Angebote entsprechen nach hier vertretener Auffassung dann nicht den Bedingungen, wenn sie alle nicht wertbar sind. Denn in diesem Fall kann der mit der Ausschreibung angestrebte Zweck, die Konzessionserteilung, nicht mehr erreicht werden.

18 Liegt **kein wertbares Angebot** mehr vor, so ist der Konzessionsgeber gleichwohl nicht zur Aufhebung verpflichtet, da alleine die Erfüllung der Voraussetzungen des § 32 Abs. 1 S. 1 Nr. 1 KonzVgV noch nicht zu einer Ermessensreduzierung auf null führen kann.[28] Der Annahme einer Ermessensreduzierung steht bereits die Normsystematik entgegen. Könnte schon das Fehlen eines wertbaren Angebots eine Ermessensreduzierung auf null begründen, läge im Falle des § 32 Abs. 1 S. 1 Nr. 1 KonzVgV immer eine Ermessensreduzierung auf null vor, obwohl § 32 Abs. 1 S. 1 KonzVgV die Aufhebung in das Ermessen des Konzessionsgebers stellt.[29] Zudem stehen dem Konzessionsgeber etwa durch das Nachfordern von Unterlagen von allen Bewerbern oder Bietern Handlungsmöglichkeiten offen, die zum Vorliegen eines oder mehrerer wertbarer Angebote führen können. Daher kann im Rahmen des § 32 Abs. 1 S. 1 Nr. 1 KonzVgV eine Ermessensreduzierung auf null erst dann vorliegen, wenn dem Konzessionsgeber keine Handlungsmöglichkeit mehr offensteht, die zum Vorliegen wenigstens eines wertbaren Angebots führen kann.[30]

19 Eine Aufhebung gemäß § 32 Abs. 1 S. 1 Nr. 1 KonzVgV ist nach dessen eindeutigem Wortlaut dann nicht möglich, wenn zumindest **ein wertbares Angebot** vorliegt.[31] Zwar hat der EuGH eine Regelung des österreichischen Rechts als europarechtskonform gewertet, nach der eine Aufhebung bei Vorliegen nur eines wertbaren Angebots zulässig ist. Denn aufgrund des ein-

---

25 Vgl. für enge Auslegung im Rahmen von § 63 VgV: BGH, Urteil v. 20.11.2012 – X ZR 108/10 (VOB/A); Urteil v. 8.9.1998 – X ZR 48/97 (VOB/A), NJW 1998, 3636; OLG Celle, Beschluss v. 13.1.2011 – 13 Verg 15/10 (VOB/A), VergabeR 2011, 531; *Laumann*, in: Dieckmann/Scharf/Wagner-Cardenal, VOL/A, § 20 EG Rn. 17; *Bauer*, in: Heiermann/Riedl/Rusam, VOB, § 17 VOB/A Rn. 8; *Glahs*, in: Kapellmann/Messerschmidt, VOB, § 17 VOB/A Rn. 12; siehe näher zur Ableitung der engen Auslegung *Conrad*, in: Gabriel/Krohn/Neun, Handbuch Vergaberecht, § 33 Rn. 19.
26 BGH, Urteil v. 5.11.2002 – X ZR 232/00 (VOB/A), VergabeR 2003, 163; OLG München, Beschluss v. 28.8.2012 – Verg 11/12 (VOB/A); OLG Düsseldorf, Beschluss v. 10.11.2010 – VII-Verg 28/10 (VOB/A), VergabeR 2011, 519; Beschluss v. 8.7.2009 – VII-Verg 13/09 (VOL/A); Beschluss v. 8.3.2005 – VII-Verg 40/04 (VOL/A).
27 BGH, Urteil v. 5.11.2002 – X ZR 232/00 (VOB/A), VergabeR 2003, 163; Urteil v. 8.9.1998 – X ZR 48/97 (VOB/A), NJW 1998, 3636; OLG Düsseldorf, Beschluss v. 16.11.2010 – VII-Verg 50/10 (VOB/A); Beschluss v. 8.3.2005 – VII-Verg 40/04 (VOL/A); OLG Frankfurt, Beschluss v. 2.3.2007 – 11 Verg 14/06 (VOL/A); *Laumann*, in: Dieckmann/Scharf/Wagner-Cardenal, VOL/A, § 20 EG Rn. 18; *Conrad*, in: Gabriel/Krohn/Neun, Handbuch Vergaberecht, § 33 Rn. 29; a.A. *Glahs*, in: Kapellmann/Messerschmidt, VOB, § 17 VOB/A Rn. 11.
28 OLG Düsseldorf, Beschluss v. 27.5.2013 – VII-Verg 9/13 (VOB/A); OLG Celle, Beschluss v. 10.6.2010 – 13 Verg 18/09 (VOB/A); OLG Jena, Beschluss v. 20.6.2005 – 9 Verg 3/05 (VOB/A), VergabeR 2005, 492; *Franke/Kollewe*, in: Franke/Kemper/Zanner/Grünhagen, VOB, § 17 VOB/A Rn. 22.
29 OLG München, Beschluss v. 29.3.2007 – Verg 2/07 (VOB/A); OLG Jena, Beschluss v. 20.6.2005 – 9 Verg 3/05 (VOB/A), VergabeR 2005, 492; siehe auch BGH, Beschluss v. 26.9.2006 – X ZB 14/06 (VOL/A); OLG Naumburg, Beschluss v. 26.10.2005 – 1 Verg 12/05 (VOB/A).
30 Vgl. VK Brandenburg, Beschluss v. 15.11.2005 – 2 VK 64/05 (VOB/A).
31 Vgl. OLG Koblenz, Beschluss v. 23.12.2003 – 1 Verg 8/03 (VOB/A), VergabeR 2004, 244; VK Niedersachsen, Beschluss v. 24.10.2008 – VgK-35/2008 (VOL/A); VK Schleswig-Holstein, Beschluss v. 24.10.2003 – VK-SH 24/03 (VOL/A); *Jasper/Soudry*, in: Dreher/Motzke, Vergaberecht, 2. Aufl., § 17 VOB/A Rn. 21; *Conrad*, in: Gabriel/Krohn/Neun, Handbuch Vergaberecht, § 33 Rn. 26.

zig wertbaren Angebots liege auch eine verringerte Wettbewerbsintensität vor.[32] Eine europarechtskonforme Auslegung des § 32 Abs. 1 S. 1 Nr. 1 KonzVgV dahin gehend, dass auch bei Vorliegen nur eines wertbaren Angebots eine Aufhebungsmöglichkeit besteht, ist jedoch ungeachtet dessen Wortlautgrenze nicht erforderlich. Denn eine verringerte Wettbewerbsintensität kann bei der Prüfung des Vorliegens eines schwerwiegenden Grundes im Sinne des § 32 Abs. 1 S. 1 Nr. 4 KonzVgV berücksichtigt werden.[33]

Die Aufhebung eines Vergabeverfahrens gemäß § 32 Abs. 1 S. 1 Nr. 1 KonzVgV ist nur möglich, wenn **Angebote eingegangen** sind. Soweit im Rahmen eines vorgeschalteten Teilnahmewettbewerbs mangels verbliebener Teilnehmer am Vergabeverfahren kein Angebot abgegeben werden konnte, entspricht dies zwar der von § 32 Abs. 1 S. 1 Nr. 1 KonzVgV geregelten Interessenlage. Aufgrund des eindeutigen Wortlauts des § 32 Abs. 1 S. 1 Nr. 1 KonzVgV, wonach eine Aufhebung möglich ist, „wenn kein Angebot eingegangen ist, das den Bedingungen entspricht", welche also das Vorliegen von Angeboten voraussetzt, ist diese Regelung gleichwohl nicht anwendbar. Das Fehlen von Teilnehmern muss daher im Rahmen des schwerwiegenden Grundes gemäß § 32 Abs. 1 S. 1 Nr. 4 KonzVgV berücksichtigt werden.[34] 20

2. Wesentliche Änderung der Grundlagen des Vergabeverfahrens (Nr. 2)

Ein weiterer Aufhebungsgrund ist gemäß § 32 Abs. 1 S. 1 Nr. 2 KonzVgV dann erfüllt, wenn sich die Grundlagen des Vergabeverfahrens wesentlich geändert haben. 21

Eine **wesentliche Änderung** der Grundlagen des Vergabeverfahrens im Sinne des § 32 Abs. 1 S. 1 Nr. 2 KonzVgV liegt vor, wenn die Bezuschlagung eines Angebots wegen nachträglich aufgetretener rechtlicher, technischer oder wirtschaftlicher Schwierigkeiten für den Konzessionsgeber objektiv sinnlos oder unzumutbar wäre.[35] Die zu der Annahme einer wesentlichen Änderung der Grundlagen führende Sinnlosigkeit bzw. Unzumutbarkeit ist im Wege einer umfassenden Interessenabwägung im Einzelfall zu ermitteln. Hierbei ist mit zunehmender Dauer des Vergabeverfahrens das Vertrauen der Bewerber oder Bieter in den Verfahrensabschluss durch Zuschlagserteilung auch zunehmend stärker zu gewichten.[36] Im Wesentlichen kommt eine Aufhebung gemäß § 32 Abs. 1 S. 1 Nr. 2 KonzVgV dabei insbesondere dann in Betracht, wenn die Erfüllung des zu vergebenden Vertrags nachträglich unmöglich wird, sich der Beschaffungsbedarf nachträglich wesentlich ändert oder die Vergabeunterlagen wesentlich geändert werden müssen.[37] 22

Dabei können allerdings nur nicht vom Konzessionsgeber **schuldhaft herbeigeführte Umstände** eine Aufhebungsmöglichkeit gemäß § 32 Abs. 1 S. 1 Nr. 2 KonzVgV begründen.[38] Demnach berechtigen grundsätzlich nur nachträgliche, nicht vorhersehbare Umstände oder solche anfänglichen Umstände, die der Konzessionsgeber im Zeitpunkt der Einleitung des Ver- 23

---

32 EuGH, Urteil v. 16.9.1999 – Rs. C-27/98 (Metalmeccanica), NZBau 2000, 153; siehe auch EuGH, Urteil v. 11.12.2014 – Rs. C-440/13 (Croce Amica One Italia).
33 Vgl. hierzu unten Rn. 36; siehe aber auch OLG Koblenz, Beschluss v. 23.12.2003 – 1 Verg 8/03 (VOB/A), VergabeR 2004, 244, wonach für eine Aufhebungsmöglichkeit bei nur einem verbliebenen Angebot keine Norm vorhanden sei. *Portz*, in: Kulartz/Marx/Portz/Prieß, VOL/A, § 17 EG Rn. 25, nimmt jedoch insoweit eine Aufhebungsmöglichkeit entsprechend § 32 Abs. 1 S. 1 Nr. 3 KonzVgV an.
34 A.A. *Conrad*, in: Gabriel/Krohn/Neun, Handbuch Vergaberecht, § 33 Rn. 24.
35 Vgl. OLG Düsseldorf, Beschluss v. 3.1.2005 – VII-Verg 72/04 (VOL/A); OLG Köln, Urteil v. 18.6.2010 – 19 U 98/09 (VOB/A); VK Bund, Beschluss v. 8.2.2011 – VK 2-134/10 (VOL/A); *Laumann*, in: Dieckmann/Scharf/Wagner-Cardenal, VOL/A, § 20 EG Rn. 23; *Conrad*, in: Gabriel/Krohn/Neun, Handbuch Vergaberecht, § 33 Rn. 29; siehe auch: OLG München, Beschluss v. 4.4.2013 – Verg 4/13 (VOB/A); OLG München, Beschluss v. 6.12.2012 – Verg 25/12 (VOB/A), eine „ganz entscheidende Abänderung der bisherigen Absicht zur Leistungserbringung" fordernd; sowie OLG Düsseldorf, Beschluss v. 4.7.2005 – VII-Verg 35/05 (VOB/A), die Notwendigkeit einer „*entscheidenden Abänderung*" des Beschaffungsgegenstandes anführend.
36 BayObLG, Beschluss v. 15.7.2002 – Verg 15/02 (VOB/A), VergabeR 2002, 534.
37 *Conrad*, in: Gabriel/Krohn/Neun, Handbuch Vergaberecht, § 33 Rn. 30 f.
38 BGH, Urteil v. 8.9.1998 – X ZR 99/96 (VOB/A), NJW 1998, 3640; OLG München, Beschluss v. 6.12.2012 – Verg 25/12 (VOB/A); OLG Köln, Urteil v. 18.6.2010 – 19 U 98/09 (VOB/A); OLG Düsseldorf, Beschluss v. 26.1.2005 – VII-Verg 45/04 (VOB/A); Beschluss v. 3.1.2005 – VII-Verg 72/04 (VOL/A); VK Bund, Beschluss v. 15.6.2004 – VK 2-40/03 (VOL/A); *Portz*, in: Kulartz/Marx/Portz/Prieß, VOL/A, § 17 EG Rn. 27.

24 Eine **Fehlerhaftigkeit der Leistungsbeschreibung** (§ 15 KonzVgV) kann grundsätzlich nicht zur Aufhebung wegen einer wesentlichen Änderung der Grundlagen der Vergabeverfahren berechtigen. Denn eine Aufhebung gemäß § 32 Abs. 1 S. 1 Nr. 2 KonzVgV ist bereits dann ausgeschlossen, wenn der Konzessionsgeber die Fehlerhaftigkeit der Leistungsbeschreibung verschuldet hat. Gerade dies wird aufgrund der über § 278 BGB erfolgenden Zurechnung von Fehlern Dritter, die der Konzessionsgeber mit der Erstellung der Leistungsbeschreibung beauftragt hat,[40] regelmäßig der Fall sein. Lediglich dann, wenn die Leistungsbeschreibung infolge nicht vorhersehbarer Umstände fehlerhaft geworden ist, ist auch eine rechtmäßige Aufhebung gemäß § 32 Abs. 1 S. 1 Nr. 2 KonzVgV nicht gänzlich ausgeschlossen.[41] Eine infolge unvorhersehbarer Umstände aufgetretene Fehlerhaftigkeit der Leistungsbeschreibung führt jedoch dann nicht zu einer wesentlichen Änderung der Grundlagen der Ausschreibung gemäß § 32 Abs. 1 S. 1 Nr. 2 KonzVgV, wenn die betroffenen Teile der Leistungsbeschreibung lediglich untergeordnete Bedeutung haben.[42]

Vor diesem einleitenden Absatz steht:

gabeverfahrens auch bei pflichtgemäßer Sorgfalt nicht hätte erkennen können, zur Aufhebung wegen einer wesentlichen Änderung der Vergabeverfahren.[39]

25 Inhaltlich **unklare** Angaben in den Vergabeunterlagen und der Leistungsbeschreibung sowie **unterschiedliche Angaben** in der Konzessionsbekanntmachung und den Vergabeunterlagen bzw. der Leistungsbeschreibung berechtigen dagegen regelmäßig nicht zu einer Aufhebung gemäß § 32 Abs. 1 S. 1 Nr. 2 KonzVgV, da sich derartige Fehler unter Anwendung der gebotenen Sorgfalt grundsätzlich vermeiden lassen.[43]

26 Eine Aufhebung gemäß § 32 Abs. 1 S. 1 Nr. 2 KonzVgV infolge des Vorliegens **rechtlicher Gründe** kommt etwa im Falle nachträglich aufgetretener, nicht vorhersehbarer Verbote oder Beschränkungen in Betracht, welche der Durchführung der ausgeschriebenen Konzession entgegenstehen.[44]

27 **Technische Gründe** können etwa bei nicht vorhersehbarem Bekanntwerden neuer Technologien, die über gewöhnliche technische Verbesserungen hinausgehen, zu einer rechtmäßigen Aufhebung gemäß § 32 Abs. 1 S. 1 Nr. 2 KonzVgV berechtigen.[45]

28 Nachträgliche, nicht vorhersehbare zeitliche **Verzögerungen** des Vergabeverfahrens oder **Änderungen der Ausführungsfristen** können zu einer Aufhebung gemäß § 32 Abs. 1 S. 1 Nr. 2 KonzVgV berechtigen, wenn eine Anpassung der Angebote im Hinblick auf den Ausführungszeitraum nicht in Betracht kommt.[46] Dies wird zumindest dann der Fall sein, wenn der ursprünglich vorgesehene Ausführungszeitraum einem Fixgeschäftscharakter gleichkommt.[47] Zeitliche Verzögerungen des Vergabeverfahrens infolge eines Nachprüfungsverfahrens können dagegen grundsätzlich nicht zu einer Aufhebung gemäß § 32 Abs. 1 S. 1 Nr. 2 KonzVgV berechtigen. Denn derartige Verzögerungen sind in den Ablauf und die Dauer eines Vergabeverfahrens von vornherein einzuplanen.[48]

---

39 Vgl. OLG Düsseldorf, Beschluss v. 3.1.2005 – VII-Verg 72/04 (VOL/A); *Conrad*, in: Gabriel/Krohn/Neun, Handbuch Vergaberecht, § 33 Rn. 29.
40 Vgl. BGH, Urteil v. 8.9.1998 – X ZR 99/96 (VOB/A), NJW 1998, 3640.
41 OLG Düsseldorf, Beschluss v. 8.3.2005 – VII-Verg 40/04 (VOL/A).
42 In diesem Sinne bei einer Fehlerhaftigkeit von fünf Positionen eines 110 Positionen umfassenden Leistungsverzeichnisses VK Magdeburg, Beschluss v. 2.4.2001 – VK-OFD LSA-03/01 (VOB/A).
43 Vgl. BGH, Urteil v. 20.11.2012 – X ZR 108/10 (VOB/A); OLG Düsseldorf, Beschluss v. 3.1.2005 – VII-Verg 72/04 (VOL/A).
44 *Jasper/Soudry*, in: Dreher/Motzke, Vergaberecht, 2. Aufl., § 17 VOB/A Rn. 28; *Conrad*, in: Gabriel/Krohn/Neun, Handbuch Vergaberecht, § 33 Rn. 34; *Portz*, in: Leupertz/von Wietersheim, VOB, § 17 VOB/A Rn. 26.
45 *Fett*, in: Müller-Wrede, VOL/A, 1. Aufl., § 26 Rn. 37.
46 BayObLG, Beschluss v. 15.7.2002 – Verg 15/02 (VOB/A), VergabeR 2002, 534.
47 BayObLG, Beschluss v. 15.7.2002 – Verg 15/02 (VOB/A), VergabeR 2002, 534; darüber hinausgehend eine Aufhebungsmöglichkeit bei Vorliegen von Wettbewerbsverzerrungen andeutend KG, Beschluss v. 13.8.2002 – KartVerg 8/02 (VOL/A).
48 Vgl. OLG Jena, Beschluss v. 24.10.2003 – 6 Verg 9/03 (VOB/A); VK Baden-Württemberg, Beschluss v. 12.7.2004 – 1 VK 38/04 (VOL/A).

3. Kein wirtschaftliches Ergebnis (Nr. 3)

Ein Vergabeverfahren kann gemäß § 32 Abs. 1 S. 1 Nr. 3 KonzVgV aufgehoben werden, wenn kein wirtschaftliches Ergebnis erzielt worden ist.

29

Angesichts der dem Konzessionsgeber bei der Beurteilung der **Wirtschaftlichkeit** zustehenden Beurteilungsspielräume[49] muss jedoch zur Vermeidung von Manipulationsgefahren eine nicht nur unerhebliche Unwirtschaftlichkeit vorliegen.[50] Prüfungsmaßstab ist dabei, ob das Ergebnis des Vergabeverfahrens gemäß § 152 Abs. 3 GWB einen wirtschaftlichen Gesamtvorteil für den Konzessionsgeber bietet und von einer vertretbaren Schätzung des Konzessionsgebers abweicht.[51] Da der Begriff des wirtschaftlichen Gesamtvorteils allerdings bislang weder im unionalen noch im Gesetzgebungsverfahren auf Bundesebene klare Konturen erlangt hat,[52] dürfte eine Aufhebung wegen fehlenden wirtschaftlichen Ergebnisses zunächst noch von einigen Unsicherheiten begleitet sein. Entscheidend wird es jedenfalls darauf ankommen, dass die Bestimmung des wirtschaftlichen Gesamtvorteils auf der Grundlage eines oder mehrerer Zuschlagskriterien zu erfolgen hat.[53] Dabei wird insbesondere ein etwaiger verfehlter finanzieller Nutzen für den privaten Endnutzer als Bezugspunkt einer Aufhebung wegen fehlenden wirtschaftlichen Ergebnisses in Betracht kommen, wenn dieser Nutzen als Zuschlagskriterium vorgesehen war. Soweit der Konzessionsgeber seine Aufhebungsentscheidung auf eine Schätzung des finanziellen Nutzens stützt, so ist eine solche Schätzung unter Berücksichtigung ihres notwendigen Prognosecharakters dann mit der gebotenen Sorgfalt erstellt, wenn sie unter Berücksichtigung vorhersehbarer Kostenentwicklungen zeitnah alle bereits bei ihrer Ausarbeitung erkennbaren Daten in einer den konkreten Umständen des geplanten Vergabeverfahrens angemessenen und methodisch vertretbaren Weise berücksichtigt.[54] An nachträgliche Veränderungen der der Kostenschätzung zugrunde liegenden Umstände muss eine Anpassung erfolgen.[55] Unterstützend können aktuelle – den Bietern aber unbekannte – Preise bei vergleichbaren Projekten hinzugezogen werden.[56] In Zweifelsfällen wird sich zudem die Einholung eines entsprechenden Marktgutachtens empfehlen.

30

Auch **preisliche Abstände** der Angebote untereinander im Hinblick auf den finanziellen Nutzen für die privaten Endnutzer können einen Anhaltspunkt für eine Unwirtschaftlichkeit bieten.[57] Denn in diesem Fall steht dem Konzessionsgeber ein unmittelbar wettbewerblich gebildeter Preis zur Verfügung. Gleichwohl wird im jeweiligen Einzelfall zu prüfen sein, ob der herangezogene Vergleichspreis, etwa weil das Angebot wegen kalkulationserheblicher Angebotsmängel ausgeschlossen wurde,[58] nicht zum Vergleich geeignet ist. Darüber hinaus kann nicht schon jedes Vorliegen eines wirtschaftlicheren, aber nicht zuschlagsfähigen Angebots zur Aufhebung wegen Unwirtschaftlichkeit berechtigen. Denn Bestandteil des vergaberechtlichen Wettbewerbs ist auch der Wettbewerb um ordnungsgemäß erstellte Angebote. Daher müssen neben dem preislichen Abstand zum nicht zuschlagsfähigen Angebot noch weitere

31

---

49 Vgl. hierzu näher *Conrad*, in: Gabriel/Krohn/Neun, Handbuch Vergaberecht, § 33 Rn. 45.
50 OLG Frankfurt, Beschluss v. 14.5.2013 – 11 Verg 4/13 (VOL/A).
51 *Wagner/Pott*, in: Heiermann/Zeiss/Summa, Vergaberecht, § 32 KonzVgV Rn. 2.
52 *Burgi/Wolff*, in: Burgi/Dreher, Vergaberecht, § 152 GWB Rn. 23.
53 *Rafii*, in: Reidt/Stickler/Glahs, Vergaberecht, § 152 GWB Rn. 15.
54 BGH, Urteil v. 5.11.2002 – X ZR 232/00 (VOB/A), VergabeR 2003, 163; Urteil v. 8.9.1998 – X ZR 99/96 (VOB/A), NJW 1998, 3640; OLG Celle, Beschluss v. 13.1.2011 – 13 Verg 15/10 (VOB/A), VergabeR 2011, 531; OLG Koblenz, Beschluss v. 15.1.2007 – 12 U 1016/05 (VOB/A).
55 VK Baden-Württemberg, Beschluss v. 28.10.2008 – 1 VK 39/08 (VOL/A); VK Bund, Beschluss v. 11.6.2008 – VK 1-63/08 (VOL/A).
56 Vgl. OLG Karlsruhe, Beschluss v. 27.7.2009 – 15 Verg 3/09 (VOB/A), VergabeR 2010, 96; KG, Beschluss v. 12.9.2005 – 2 Verg 14/05 (VOL/A); *Laumann*, in: Dieckmann/Scharf/Wagner-Cardenal, VOL/A, § 20 EG Rn. 27; siehe auch BGH, Urteil v. 20.11.2012 – X ZR 108/10 (VOB/A).
57 In diesem Sinne für Angebotspreise bei klassischen Auftragsvergaben: OLG Celle, Beschluss v. 10.3.2016 – 13 Verg 5/15 (VOB/A); OLG Düsseldorf, Beschluss v. 31.10.2007 – VII-Verg 24/07 (VOL/A); OLG Karlsruhe, Beschluss v. 27.7.2009 – 15 Verg 3/09 (VOB/A), VergabeR 2010, 96 für Preise in einem anschließenden Verhandlungsverfahren; a.A. VK Schleswig-Holstein, Beschluss v. 14.9.2005 – VK-SH 21/05; offengelassen von VK Darmstadt, Beschluss v. 28.2.2006 – 69d-VK-02/2006 (VOL/A).
58 OLG Düsseldorf, Beschluss v. 31.10.2007 – VII-Verg 24/07 (VOL/A); OLG Koblenz, Beschluss v. 23.12.2003 – 1 Verg 8/03 (VOB/A), VergabeR 2004, 244.

Indizien für ein unwirtschaftliches Ergebnis vorliegen – etwa ein besonders großer preislicher Abstand zu mehreren Angeboten.[59]

4. Andere schwerwiegende Gründe (Nr. 4)

32 Die Vorschrift des § 32 Abs. 1 S. 1 Nr. 4 KonzVgV normiert mit der Bezugnahme auf andere schwerwiegende Gründe einen generalklauselartigen Auffangtatbestand für weitere Gründe, die eine Aufhebung des Vergabeverfahrens rechtfertigen können.

a) Auslegungsmaßstäbe

33 Eine Aufhebung aufgrund des Vorliegens schwerwiegender Gründe kommt nur in Ausnahmefällen in Betracht. Dies gebietet der Vertrauensschutz für die Bewerber und Bieter, die sich in der Erwartung der Verfahrensbeendigung durch Zuschlag am Verfahren beteiligt und Aufwendungen für die Verfahrensteilnahme getätigt haben.[60] Daher sind **strenge Anforderungen** an das Vorliegen von „anderen schwerwiegenden Gründen" zu stellen.[61] Demnach können nur solche „schwerwiegenden Gründe" die Voraussetzungen des § 32 Abs. 1 S. 1 Nr. 4 KonzVgV erfüllen, deren Gewicht den in § 32 Abs. 1 S. 1 Nr. 1 bis 3 KonzVgV aufgeführten Aufhebungsgründen gleichkommt.[62] Voraussetzung einer Aufhebung gemäß § 32 Abs. 1 S. 1 Nr. 4 KonzVgV ist also, dass die bisherige Vergabeabsicht des Konzessionsgebers durch den Umstand entscheidend beeinflusst wird.[63] Zur Feststellung eines schwerwiegenden Grundes ist eine Interessenabwägung im jeweiligen Einzelfall durchzuführen.[64] Eine Aufhebung ist hierbei bereits dann unzulässig, wenn ein milderes, gleich geeignetes Mittel in Betracht kommt.[65]

34 Auch im Rahmen dieses Aufhebungsgrundes berechtigen nur nachträgliche, **nicht vorhersehbare Umstände** oder solche anfänglichen Umstände, die der Konzessionsgeber im Zeitpunkt der Einleitung des Vergabeverfahrens auch bei pflichtgemäßer Sorgfalt nicht hätte erkennen können, zur Aufhebung.[66]

b) Wettbewerbsprinzip und schwerwiegender Grund

35 Das Wettbewerbsprinzip kann eine Aufhebung aus einem schwerwiegenden Grund ermöglichen.

36 Dies kommt etwa dann in Betracht, wenn **nur ein Angebot** eingegangen ist.[67] Zwar kann alleine das Vorliegen nur eines wertbaren Angebots noch keine Aufhebung rechtfertigen, da § 32 Abs. 1 S. 1 Nr. 1 KonzVgV eine Aufhebung nur für den Fall zulässt, dass kein wertbares Angebot vorliegt, und § 32 Abs. 1 S. 1 Nr. 4 KonzVgV einen ebenso gewichtigen Grund wie

---

59 Zum Ganzen *Conrad*, in: Gabriel/Krohn/Neun, Handbuch Vergaberecht, § 33 Rn. 48.
60 OLG Düsseldorf, Beschluss v. 19.11.2003 – VII-Verg 59/03 (VOL/A), ZfBR 2004, 202.
61 Vgl. BGH, Beschluss v. 20.3.2014 – X ZB 18/13 (VOB/A); OLG München, Beschluss v. 4.4.2013 – Verg 4/13 (VOB/A); OLG Celle, Beschluss v. 13.1.2011 – 13 Verg 15/10 (VOB/A), VergabeR 2011, 531; OLG München, Beschluss v. 27.1.2006 – Verg 01/06 (VOL/A); OLG Düsseldorf, Beschluss v. 26.1.2005 – VII-Verg 45/04 (VOB/A); OLG Naumburg, Beschluss v. 13.5.2003 – 1 Verg 2/03 (VOL/A), VergabeR 2003, 588.
62 Vgl. OLG Düsseldorf, Beschluss v. 13.12.2006 – VII-Verg 54/06 (VOB/A); OLG München, Beschluss v. 27.1.2006 – Verg 01/06 (VOL/A); BayObLG, Beschluss v. 17.2.2005 – Verg 27/04 (VOL/A).
63 OLG Celle, Beschluss v. 10.3.2016 – 13 Verg 5/15 (VOB/A); OLG Düsseldorf, Beschluss v. 3.1.2005 – VII-Verg 72/04 (VOL/A).
64 BGH, Beschluss v. 20.3.2014 – X ZB 18/13 (VOB/A); Urteil v. 20.11.2012 – X ZR 108/10 (VOB/A); Urteil v. 12.6.2001 – X ZR 150/99 (VOL/A), NZBau 2001, 637; OLG Düsseldorf, Beschluss v. 13.12.2006 – VII-Verg 54/06 (VOB/A); Beschluss v. 3.1.2005 – VII-Verg 72/04 (VOL/A); *Jasper/Soudry*, in: Dreher/Motzke, Vergaberecht, 2. Aufl., § 17 VOB/A Rn. 32; *Glahs*, in: Kapellmann/Messerschmidt, VOB, § 17 VOB/A Rn. 19.
65 OLG Düsseldorf, Beschluss v. 19.11.2003 – VII-Verg 59/03 (VOL/A), ZfBR 2004, 202.
66 BGH, Urteil v. 5.11.2002 – X ZR 232/00 (VOB/A), VergabeR 2003, 163; Urteil v. 8.9.1998 – X ZR 48/97 (VOB/A), NJW 1998, 3636; OLG Celle, Beschluss v. 13.1.2011 – 13 Verg 15/10 (VOB/A), VergabeR 2011, 531; OLG Düsseldorf, Beschluss v. 8.7.2009 – VII-Verg 13/09 (VOB/A); Beschluss v. 8.3.2005 – VII-Verg 40/04 (VOL/A); siehe auch VK Bund, Beschluss v. 15.9.2008 – VK 2-91/08; *Conrad*, in: Gabriel/Krohn/Neun, Handbuch Vergaberecht, § 33 Rn. 51; a.A. VK Bund, Beschluss v. 11.10.2010 – VK3-96/10 (VOL/A); *Portz*, in: Kulartz/Marx/Portz/Prieß, VOL/A, § 17 EG Rn. 40, wonach das Vorliegen eines schwerwiegenden Grundes ohne Rücksicht auf *„Verschuldensgesichtspunkte"* ausgelegt werden solle.
67 Vgl. auch VK Niedersachsen, Beschluss v. 24.10.2008 – VgK-35/2008.

in den Aufhebungsgründen gemäß § 32 Abs. 1 S. 1 Nr. 1 bis 3 KonzVgV fordert. Ist jedoch nur ein Angebot eingegangen und boten sich dem Konzessionsgeber deshalb keine Vergleichsmöglichkeiten, besteht die Möglichkeit, dass der auch von den europarechtlichen Vorgaben bezweckte Wettbewerb nicht in ausreichendem Umfang erreicht wurde[68] und damit auch die durch das Vergaberecht bezweckte wirtschaftliche Mittelverwendung gefährdet ist. Soweit konkrete Anhaltspunkte dafür bestehen, dass aufgrund besonderer Marktumstände im Falle einer Neuausschreibung mit hoher Wahrscheinlichkeit aufgrund einer Erhöhung der Anzahl der Angebote auch eine Erhöhung der Wettbewerbsintensität eintreten wird, kann daher nach hier vertretener Auffassung eine Aufhebung erfolgen.[69] Eine Aufhebung gemäß § 32 Abs. 1 S. 1 Nr. 4 KonzVgV wird jedoch angesichts der hieran zu stellenden strengen Anforderungen dann nicht mehr rechtmäßig erfolgen können, wenn mehrere Angebote eingegangen sind oder nach der Prüfung der Angebote nur eines in der Wertung verbleibt.[70]

Im Zusammenhang mit dem Wettbewerbsprinzip ist auch die Frage nach einer Aufhebungsmöglichkeit mit dem **Ablauf der Zuschlagsfrist** zu beantworten. Nach Ablauf der Zuschlags- und Bindefrist kann der Vertrag mit dem Zuschlag als neuem Angebot geschlossen werden, welches der Annahme durch den Bieter bedarf. Insofern ist der mit dem Vergabeverfahren angestrebte Vertragsschluss noch möglich, sodass eine Aufhebung grundsätzlich nicht in Betracht kommt.[71] Lehnen jedoch alle Bieter eine Annahme des Zuschlags ab, kann das Vergabeverfahren nicht mehr beendet werden, sodass ein schwerwiegender Grund vorliegt.[72] Ein schwerwiegender Grund infolge des Ablaufs der Zuschlags- und Bindefrist kann jedoch auch dann vorliegen, wenn die Annahme eines neuen Angebots des Konzessionsgebers durch den für die Zuschlagserteilung vorgesehenen Bieter abgelehnt wird. Denn in diesem Fall ist nicht gewiss, ob die weiteren Bieter ein Angebot des Konzessionsgebers annehmen werden. Aufgrund der aus den damit verbundenen Zufälligkeiten resultierenden Wettbewerbsverzerrungen kann in diesem Fall eine Aufhebung erfolgen.[73] Eine rechtmäßige Aufhebung wird hierbei jedoch nur dann möglich sein, wenn der Konzessionsgeber den zeitlichen Ablauf des Vergabeverfahrens und die mögliche Verzögerung durch Nachprüfungsverfahren ordnungsgemäß ermittelt hat. 37

c) Weitere Beispiele

Die Annahme eines schwerwiegenden Grundes ist grundsätzlich dann ausgeschlossen, wenn der Konzessionsgeber während des Vergabeverfahrens **Vergaberechtsverstöße** begangen hat.[74] Ein Vergaberechtsverstoß kann jedoch dann ausnahmsweise einen zur Aufhebung berechtigenden schwerwiegenden Grund darstellen, wenn die Durchführung des Verfahrens oder die Vergabe der Konzession infolge der Mängel ausgeschlossen ist[75] und der Vergabe- 38

---

68 Vgl. EuGH, Urteil v. 16.9.1999 – Rs. C-27/98 (Metalmeccanica), NZBau 2000, 153.
69 Vgl. OLG Frankfurt, Beschluss v. 5.8.2003 – 11 Verg 1/02 (VOL/A), VergabeR 2003, 725 bzgl. einer Aufhebung im Falle des Auslaufens der Bindefrist unter Hinweis auf das Wettbewerbsprinzip; siehe aber OLG Koblenz, Beschluss v. 23.12.2003 – 1 Verg 8/03 (VOB/A), VergabeR 2004, 244, wonach das deutsche Vergaberecht keine Norm kenne, nach der die Aufhebung der Ausschreibung zulässig wäre, wenn nur ein einziges wertungsfähiges Angebot vorliege.
70 Vgl. auch VK Niedersachsen, Beschluss v. 24.10.2008 – VgK-35/2008 (VOL/A); anders dagegen, wenn nach einem Teilnahmewettbewerb nur ein Bewerber verbleibt und ihm bekannt ist, dass keine Konkurrenz mehr besteht, VK Bund, Beschluss v. 4.6.2010 – VK 2-32/10 (VOL/A).
71 OLG Jena, Beschluss v. 30.10.2006 – 9 Verg 4/06 (VOL/A), VergabeR 2007, 118; OLG Naumburg, Beschluss v. 13.10.2006 – 1 Verg 6/06 (VOB/A), VergabeR 2007, 125.
72 Vgl. BayObLG, Beschluss v. 12.9.2000 – Verg 4/00 (VOB/A), VergabeR 2001, 65; siehe auch VK Nordbayern, Beschluss v. 19.11.2008 – 21.VK-3194-50/08 (VOB/A). Eine Aufhebung gemäß § 32 Abs. 1 S. 1 Nr. 1 KonzVgV ist in diesem Fall nicht möglich, da keine Angebote mehr vorhanden sind.
73 OLG Frankfurt, Beschluss v. 5.8.2003 – 11 Verg 1/02 (VOL/A), VergabeR 2003, 725; ebenfalls Aufhebungsmöglichkeiten infolge Wettbewerbsverzerrungen andeutend KG, Beschluss v. 13.8.2002 – KartVerg 8/02 (VOL/A); a.A. BayObLG, Beschluss v. 12.9.2000 – Verg 4/00 (VOB/A), VergabeR 2001, 65.
74 BGH, Urteil v. 12.6.2001 – X ZR 150/99 (VOL/A), VergabeR 2001, 293; OLG Frankfurt, Beschluss v. 4.8.2015 – 11 Verg 4/15 (VOB/A).
75 BGH, Beschluss v. 20.3.2014 – X ZB 18/13 (VOB/A); Urteil v. 12.6.2001 – X ZR 150/99 (VOL/A), VergabeR 2001, 293; OLG Schleswig, Beschluss v. 15.4.2011 – 1 Verg 10/10, NZBau 2011, 586.

rechtsverstoß nicht schuldhaft vom Konzessionsgeber herbeigeführt worden ist.[76] Voraussetzung hierfür ist, dass im Wege einer Interessenabwägung im Einzelfall festgestellt werden kann, dass eine Fortführung mit der Bindung an Recht und Gesetz nicht vereinbar wäre und den Bewerbern oder Bietern deshalb eine Rücksichtnahme zugemutet werden kann.[77]

39 Ein schwerwiegender Grund kann nicht darin liegen, dass der Konzessionsgeber beschließt, von dem Beschaffungsvorhaben **endgültig Abstand zu nehmen**.[78] Zwar kann in derartigen Fällen aufgrund des entfallenen Vergabewillens keine Aufhebung der Aufhebung im Wege des Primärrechtsschutzes erreicht werden.[79] Wird jedoch in derartigen Fällen gleichzeitig der Aufhebungsgrund des § 32 Abs. 1 S. 1 Nr. 4 KonzVgV bejaht, würde ohne die erforderliche Abwägung mit dem Vertrauensschutz auch die Durchsetzung denkbarer Schadensersatzansprüche der Bewerber oder Bieter erschwert.

40 Ein schwerwiegender Grund im Sinne des § 32 Abs. 1 S. 1 Nr. 4 KonzVgV liegt vor, wenn im Vergabeverfahren keine Angebote abgegeben werden konnten, weil im Zeitpunkt der vorgesehenen Angebotsabgabe **keine Bewerber mehr** am Vergabeverfahren teilgenommen haben. Denn eine Vergabe der ausgeschriebenen Konzession kann dann nicht mehr erfolgen. Dieser Fall ist auch als ebenso schwerwiegend wie die in § 32 Abs. 1 S. 1 Nr. 1 bis 3 KonzVgV geregelten Gründe anzusehen, da das Vorliegen keines Angebots dem Aufhebungsgrund des § 32 Abs. 1 S. 1 Nr. 1 KonzVgV entspricht, in dem zwar Angebote vorliegen, diese aber sämtlich nicht den Ausschreibungsbedingungen entsprechen.

41 **Weitere Beispiele**, bei deren nicht vorhersehbarem Vorliegen eine Aufhebung gemäß § 32 Abs. 1 S. 1 Nr. 4 KonzVgV in Betracht kommt, sind insbesondere:

- Änderungen der politischen oder militärischen Verhältnisse;[80]
- Änderungen der Vermögensverhältnisse des Konzessionsgebers, etwa infolge eines Insolvenzverfahrens;[81]
- Änderungen der persönlichen Verhältnisse des Konzessionsgebers, etwa infolge einer Sitzverlegung.[82]

D. Teilaufhebung

42 § 32 Abs. 1 S. 1 KonzVgV lässt neben der Aufhebung des gesamten Vergabeverfahrens auch eine Teilaufhebung eines Vergabeverfahrens zu.

43 Die Möglichkeit der Teilaufhebung ist anders als etwa zuvor noch in § 20 EG VOL/A a.F. nicht mehr auf den Fall einer **Losvergabe** beschränkt. Daher wird sich die Frage stellen, welcher Anwendungsbereich dieser Regelung zukommt. Sicher ist jedenfalls, dass eine Teilaufhebung in Bezug auf einzelne Lose im Falle einer Losvergabe möglich ist. Klärungsbedürftig wird dagegen sein, ob damit auch sonstige Veränderungen am Verfahrensgegenstand oder Verfahrensstand den Aufhebungsschranken des § 32 KonzVgV unterfallen. Denkbar erscheint das jedenfalls im Fall einer Teilaufhebung von Leistungspositionen[83] oder einer Zurückversetzung des Vergabeverfahrens in einen früheren Stand.[84]

---

76 OLG Naumburg, Beschluss v. 23.12.2014 – 2 Verg 5/14 (VOB/A); OLG München, Beschluss v. 4.4.2013 – Verg 4/13 (VOB/A); VK Bund, Beschluss v. 29.8.2011 – VK1-105/11 (VOL/A); a.A., eine rechtmäßige Aufhebung auch bei schuldhafter Verursachung andeutend, OLG Schleswig, Beschluss v. 9.3.2010 – 1-Verg 4/09 (VOL/A); VK Bund, Beschluss v. 11.12.2008 – VK 2-76/08 (VOL/A); Conrad, in: Gabriel/Krohn/Neun, Handbuch Vergaberecht, § 33 Rn. 54.
77 BGH, Urteil v. 12.6.2001 – X ZR 150/99 (VOL/A), VergabeR 2001, 293; OLG Frankfurt, Beschluss v. 2.3.2007 – 11 Verg 14/06 (VOB/A); OLG Dresden, Beschluss v. 28.3.2006 – WVerg 0004/06 (VOB/A); OLG München, Beschluss v. 27.1.2006 – Verg 1/06 (VOL/A); OLG Koblenz, Beschluss v. 10.4.2003 – 1 Verg 1/03 (VOL/A), VergabeR 2003, 448.
78 A.A. OLG Düsseldorf, Beschluss v. 26.1.2005 – VII-Verg 45/04 (VOB/A).
79 BGH, Beschluss v. 18.2.2003 – X ZB 43/02 (VOB/A), VergabeR 2003, 313 (316); siehe hierzu eingehend Rn. 63 ff.
80 Vgl. OLG Zweibrücken, Urteil v. 1.2.1994 – 8 U 96/93, BauR 1995, 95.
81 Portz, in: Leupertz/von Wietersheim, VOB, § 17 VOB/A Rn. 53.
82 Portz, in: Leupertz/von Wietersheim, VOB, § 17 VOB/A Rn. 33.
83 Vgl. bzgl. einer Teilaufhebung im Rahmen der VOB/A VK Sachsen, Beschluss v. 29.7.2002 – 1/SVK/069-02 (VOB/A).
84 Vgl. OLG Düsseldorf, Beschluss v. 12.1.2015 – VII-Verg 29/14 (VOB/A).

Der Konzessionsgeber kann bei Vorliegen der Voraussetzungen sowohl für eine Aufhebung des gesamten Vergabeverfahrens als auch für eine Teilaufhebung grundsätzlich zwischen beiden Möglichkeiten wählen. Im Rahmen der hierbei erforderlichen **Ermessensausübung** sind insbesondere die wirtschaftlichen Folgen einer Aufhebung des gesamten Vergabeverfahrens und einer Teilaufhebung zu ermitteln und abzuwägen.[85] Zusätzlich sind auch die Interessen der Bewerber oder Bieter in diese Abwägung einzustellen. So können insbesondere die Bieter, die für andere als die aufzuhebenden Lose Angebote abgegeben haben, durch eine Aufhebung des gesamten Vergabeverfahrens der Amortisationschance ihrer Aufwendungen durch Zuschlag verlustig gehen.[86] Soweit ein neues Vergabeverfahren nach einer Teilaufhebung voraussichtlich auch noch zu wirtschaftlicheren Ergebnissen als nach einer Vollaufhebung ein neues Vergabeverfahren führen würde, wären die Grenzen des Ermessens des Konzessionsgebers im Falle einer Aufhebung des gesamten Vergabeverfahrens überschritten.[87]

44

I. Teilaufhebungsgründe

Eine Teilaufhebung kann dann rechtmäßig erfolgen, wenn die Voraussetzungen der Aufhebungsgründe vorliegen. Soweit die Voraussetzungen der Aufhebungsgründe des § 32 Abs. 1 S. 1 Nr. 1 bis 3 KonzVgV für die Teilaufhebung nicht vorliegen, ist zur Feststellung eines schwerwiegenden Grundes im Sinne des § 32 Abs. 1 S. 1 Nr. 4 KonzVgV auch bei der Teilaufhebung eine Interessenabwägung im jeweiligen Einzelfall durchzuführen.[88] Eine Aufhebung ist hierbei bereits dann unzulässig, wenn ein milderes, gleich geeignetes Mittel in Betracht kommt.[89]

45

II. Folgen einer Teilaufhebung für die Rechtsschutzeröffnung

Eine Teilaufhebung eines Vergabeverfahrens oberhalb der Schwellenwerte führt nicht zum **Unterschreiten des Schwellenwertes für die verbliebenen Lose**, auch wenn diese isoliert betrachtet die Schwellenwerte nicht erreichen.[90] Denn eine Neuberechnung des Vertragswerts nach der Teilaufhebung würde nicht mehr gewährleisten, dass die Berechnung des Vertragswerts nach objektiven Kriterien erfolgt. Vielmehr bestünde infolge des bereits eingeleiteten Vergabeverfahrens die Möglichkeit, dass die Berechnung wettbewerbswidrigen Einflüssen ausgesetzt ist.[91] Das nach der Teilaufhebung verbliebene Vergabeverfahren ist daher nach den für Aufträge oberhalb der Schwellenwerte anwendbaren Regelungen fortzuführen. Zur Nachprüfung der Einhaltung dieser Regelungen steht den Bewerbern und Bietern das Nachprüfungsverfahren aufgrund des Überschreitens des Schwellenwertes offen.

46

Für die Nachprüfung der Teilaufhebung eines Vergabeverfahrens steht den Bewerbern und Bietern der vergaberechtliche Rechtsschutz auch dann offen, wenn zwar das ursprüngliche Vergabeverfahren, nicht aber der **aufgehobene Teil die Schwellenwerte erreicht**.[92] Denn der insoweit maßgebliche Nachprüfungsgegenstand ist auf die Fortführung des ursprünglichen Vergabeverfahrens gerichtet, mithin auf einen oberhalb der Schwellenwerte liegenden Konzessionsgegenstand.

47

Leitet der Konzessionsgeber für den teilaufgehobenen Konzessionsgegenstand ein **neues Vergabeverfahren** ein, so ist dagegen der Vertragswert nur anhand des teilaufgehobenen

48

---

85 Vgl. auch KG, Beschluss v. 12.9.2005 – 2 Verg 14/05 (VOL/A).
86 Vgl. VK Sachsen, Beschluss v. 29.7.2002 – 1/SVK/069-02 (VOB/A).
87 Siehe auch die Teilaufhebung als milderes Mittel andeutend VK Baden-Württemberg, Beschluss v 28.10.2008 – 1 VK 39/08; VK Sachsen, Beschluss v. 14.3.2007 – 1/SVK/006-07; Beschluss v. 17.7.2002 – 1/SVK/069-02; VK Südbayern, Beschluss v. 20.7.2002 – 27-06/02.
88 Vgl. bezüglich § 32 Abs. 1 S. 1 Nr. 4 KonzVgV BGH, Urteil v. 12.6.2001 – X ZR 150/99 (VOB/A), NZBau 2001, 637; OLG Düsseldorf, Beschluss v. 3.1.2005 – VII-Verg 72/04 (VOL/A), und insgesamt die Kommentierung der Aufhebungsgründe.
89 Vgl. bezüglich § 32 Abs. 1 S. 1 Nr. 4 KonzVgV OLG Düsseldorf, Beschluss v. 19.11.2003 – VII-Verg 59/03 (VOL/A), ZfBR 2004, 202; *Laumann*, in: Dieckmann/Scharf/Wagner-Cardenal, VOL/A, § 20 EG Rn. 15.
90 VK Bund, Beschluss v. 27.8.2002 – VK 2-60/02 (VOL/A).
91 Vgl. OLG Düsseldorf, Beschluss v. 8.5.2002 – Verg 5/02 (VOL/A), VergabeR 2002, 665.
92 Siehe hinsichtlich der Rechtsschutzmöglichkeiten Rn. 63 ff.

Konzessionsgegenstandes zu ermitteln.[93] Denn das neue Vergabeverfahren stellt ein eigenständiges Vergabeverfahren dar, für welches demnach auch ein eigenständiger Vertragswert zu ermitteln ist. Dem kann auch nicht entgegengehalten werden, dass der Konzessionsgeber auf diesem Wege den vergaberechtlichen Rechtsschutz selbst ausschließen könne.[94] Denn bei der Einleitung des neuen Vergabeverfahrens ist das Umgehungsverbot des § 2 Abs. 2 KonzVgV zu beachten. Liegt der Vertragswert der aufgehobenen Lose oberhalb des Schwellenwertes und ändert der Konzessionsgeber bei der Einleitung des neuen Vergabeverfahrens über die aufgehobenen Lose den Konzessionsgegenstand der aufgehobenen Lose ohne sachlichen Grund so ab, dass der Schwellenwert unterschritten wird, ist diese Unterschreitung des Schwellenwerts gemäß § 2 Abs. 2 KonzVgV unbeachtlich.[95]

E. Wirksamkeit der Aufhebung

49 Die interne Aufhebungsentscheidung wird mit Ausnahme einer Scheinaufhebung in dem Zeitpunkt wirksam, in dem die Bekanntgabe bzw. Mitteilung über die Aufhebung erstmalig zielgerichtet[96] zur Kenntnis der Bieter gelangt.[97] Demnach tritt die Außenwirksamkeit mit der Mitteilung der Aufhebung an die Verfahrensteilnehmer ein. Die Wirksamkeit der Aufhebung liegt grundsätzlich unabhängig davon vor, ob die Aufhebung rechtmäßig oder rechtswidrig erfolgt ist.[98] Die wirksame, aber rechtswidrige Aufhebung kann durch den Konzessionsgeber selbst wieder aufgehoben und das Verfahren fortgeführt werden.[99] Zudem kann die rechtswidrige Aufhebung bei fortbestehendem Vergabewillen des Konzessionsgebers und Fehlen eines sachlichen Grundes durch die Nachprüfungsinstanzen aufgehoben werden.[100]

F. Transparenzpflichten (Abs. 2)

50 Die im Zusammenhang mit einer Aufhebung zu beachtenden Transparenzpflichten bestimmt die Regelung des § 32 Abs. 2 KonzVgV.

I. Interne Aufhebungsentscheidung

51 Sobald der Konzessionsgeber sein Ermessen dahin gehend ausgeübt hat, das Vergabeverfahren aufzuheben, bzw. sobald eine entsprechende Verpflichtung infolge einer Ermessensreduzierung auf null entsteht, muss er in unmittelbarem zeitlichen Zusammenhang die Entscheidung über die Aufhebung treffen.[101] Denn der Konzessionsgeber ist verpflichtet, die Bewerber oder Bieter vor weiteren Aufwendungen durch das Vorhalten der Sach- und Personalmittel zu bewahren.

II. Dokumentation

52 Die Anforderungen an die Dokumentation bestimmt § 6 Abs. 2 Nr. 6 KonzVgV. Demnach muss der Konzessionsgeber im Vergabevermerk die Aufhebungsentscheidung unter Angabe

---

93 VK Münster, Beschluss v. 17.1.2002 – VK 23/01 (VOL/A).
94 A.A. für den Fall einer teilweisen Abwicklung eines Auftrags vor Neuausschreibung KG, Beschluss v. 7.11.2001 – KartVerg 8/01 (VOL/A), VergabeR 2002, 95.
95 Vgl. OLG Düsseldorf, Beschluss v. 25.3.2002 – VII-Verg 5/02 (VOL/A), ZfBR 2002, 514.
96 VK Brandenburg, Beschluss v. 30.7.2002 – VK 38/02 (VOL/A).
97 OLG Düsseldorf, Beschluss v. 28.2.2002 – VII-Verg 37/01 (VOL/A), VergabeR 2002, 378; Beschluss v. 15.3.2000 – Verg 4/00 (VOL/A), NZBau 2000, 306; *Bauer*, in: Heiermann/Riedl/Rusam, VOB, § 17 VOB/A Rn. 7; wohl auch OLG Naumburg, Beschluss v. 13.5.2003 – 1 Verg 2/03 (VOL/A), VergabeR 2003, 588; offengelassen von *Conrad*, in: Gabriel/Krohn/Neun, Handbuch Vergaberecht, § 33 Rn. 4.
98 OLG München, Beschluss v. 28.8.2012 – Verg 11/12 (VOB/A); *Conrad*, in: Gabriel/Krohn/Neun, Handbuch Vergaberecht, § 33 Rn. 6.
99 BGH, Beschluss v. 18.2.2003 – X ZB 43/02 (VOB/A), VergabeR 2003, 313; OLG Bremen, Beschluss v. 7.1.2003 – Verg 2/02 (VOB/A), VergabeR 2003, 175; a.A. VK Brandenburg, Beschluss v. 17.9.2002 – VK 50/02 (VOL/A).
100 Siehe hierzu im Einzelnen Rn. 63 ff.
101 *Franke/Kollewe*, in: Franke/Kemper/Zanner/Grünhagen, VOB, § 17 VOB/A Rn. 52.

von Gründen dokumentieren. Da die Dokumentationspflicht des § 6 Abs. 2 Nr. 6 KonzVgV dem Transparenzgrundsatz dient, sind die Gründe für die Aufhebung einzelfallbezogen in den Vergabevermerk aufzunehmen.

III. Mitteilung an die Bewerber oder Bieter

Ferner besteht für den Konzessionsgeber angesichts des eindeutigen Wortlauts von § 32 Abs. 2 KonzVgV eine antragsunabhängige Pflicht, allen **Bewerbern** und **Bietern** unverzüglich eine begründete Mitteilung über den Verzicht oder die Einleitung eines neuen Vergabeverfahrens zu erteilen. Diese Mitteilung wird angesichts des weiten Wortlauts auch gegenüber solchen Bewerbern und Bietern zu erfüllen sein, die im Zeitpunkt der Aufhebungsentscheidung bereits vom Vergabeverfahren ausgeschlossen waren.

53

Die dabei nach § 32 Abs. 2 S. 2 KonzVgV auf Antrag eines Bewerbers oder Bieters erforderliche **Textform** verlangt gemäß § 126b BGB eine lesbare Erklärung auf einem dauerhaften Datenträger, in der die Person des Erklärenden genannt ist. Daher kann die Mitteilung neben Brief oder Fax auch per E-Mail erfolgen.

54

Die beiden in § 32 Abs. 2 KonzVgV enthaltenen Mitteilungspflichten über den Verzicht und die Einleitung eines neuen Vergabeverfahrens stehen ausweislich des Wortlauts in einem **Alternativverhältnis**. Allerdings setzt die Einleitung eines neuen Vergabeverfahrens und damit auch die diesbezügliche Mitteilung (Hs. 2) den Verzicht auf die Konzessionsvergabe im Rahmen des vorangegangenen Vergabeverfahrens voraus. Demnach muss die Mitteilung über die Einleitung eines neuen Vergabeverfahrens gemäß § 32 Abs. 2 Hs. 2 KonzVgV zwingend auch die Gründe für den Verzicht auf die Konzessionsvergabe des vorangegangenen Vergabeverfahrens enthalten. Daraus folgt wiederum, dass die isolierte Mitteilungspflicht über den Verzicht gemäß § 32 Abs. 2 S. 1 Hs. 1 KonzVgV nur dann Anwendung finden kann, wenn keine Einleitung eines neuen Vergabeverfahrens beabsichtigt ist, mithin der Vergabewille des Konzessionsgebers entfallen ist.

55

Die in **§ 134 GWB** vorgesehene Informationspflicht ist ausweislich des eindeutigen Wortlauts nicht im Falle einer Aufhebung zu beachten. Eine analoge Anwendung ist ungeachtet ihrer fehlenden Erforderlichkeit bereits mangels planwidriger Regelungslücke nicht zulässig.[102]

56

1. Mitteilung über die Aufhebung

Die in § 32 Abs. 2 KonzVgV geforderte Bekanntgabe der **Gründe** für die Aufhebung muss die Bewerber und Bieter in die Lage versetzen, die Rechtmäßigkeit der Aufhebung nachzuvollziehen.[103] Denn nur in diesem Fall kann die Effektivität des Rechtsschutzes gewährleistet werden. Formelhafte Begründungen oder die Wiedergabe der gesetzlichen Aufhebungsgründe reichen mit Ausnahme des § 32 Abs. 1 S. 1 Nr. 1 KonzVgV[104] nicht aus.[105] Gleichwohl ist eine Aufzählung aller Aufhebungsgründe und eine ausführliche Darstellung aller Tatsachen nicht erforderlich. Entscheidend ist, dass zumindest die tragenden Gesichtspunkte für die Aufhebung aufgeführt werden.[106]

57

Die Mitteilung ist **unverzüglich** nach der internen Aufhebungsentscheidung, also ohne schuldhaftes Zögern (§ 121 BGB), zu erteilen, um die Bewerber und Bieter vor weiteren Aufwendungen durch das Vorhalten der Sach- und Personalmittel zu bewahren.[107] Bei der Bestimmung des hierfür erforderlichen Zeitraums ist zu berücksichtigen, dass zu diesem Zeitpunkt zwar die interne Aufhebungsentscheidung bereits getroffen sein, gleichwohl noch

58

---

102 Vgl. VK Hamburg, Beschluss v. 25.7.2002 – VgK FB 1/02 (VOL/A); *Wegmann*, NZBau 2001, 475.
103 VK Brandenburg, Beschluss v. 30.7.2002 – VK 38/02 (VOL/A).
104 Vgl. *Hausmann/Mestwerdt*, in: Prieß/Hausmann/Kulartz, Formularbuch Vergaberecht, A.II.21. Anm. 2.
105 OLG Frankfurt, Beschluss v. 28.6.2005 – 11 Verg 21/04 (VOL/A); VK Düsseldorf, Beschluss v. 5.2.2001 – VK-26/2000-L (VOL/A).
106 OLG Koblenz, Beschluss v. 10.4.2003 – 1 Verg 1/03 (VOL/A), VergabeR 2003, 448.
107 OLG Frankfurt, Beschluss v. 5.8.2003 – 11 Verg 1/02 (VOL/A), VergabeR 2003, 725; VK Schleswig-Holstein, Beschluss v. 24.10.2003 – VK-SH 24/03 (VOL/A); *Franke/Kollewe*, in: Franke/Kemper/Zanner/Grünhagen, VOB, § 17 VOB/A Rn. 54.

keine schriftlich ausformulierte Begründung vorliegen muss. Dem Konzessionsgeber ist also eine angemessene Begründungszeit einzuräumen, zumal der Verordnungsgeber anders als in § 30 KonzVgV keine Höchstfrist vorgesehen hat. Hierbei wird abhängig vom Umfang und der Schwierigkeit der sich im Zusammenhang mit der Aufhebung stellenden Fragen allerdings regelmäßig eine Höchstgrenze von sieben Tagen anzusetzen sein.[108] Eine Mitteilungspflicht entsteht auch dann, wenn der Konzessionsgeber deshalb auf die Vergabe einer Konzession zu verzichten hat, weil das Vergabefahren gemäß § 177 GWB als beendet gilt.[109]

2. Beabsichtigte Einleitung eines neuen Vergabeverfahrens

59 Die Mitteilung über die beabsichtigte Einleitung eines neuen Vergabeverfahrens ist ebenfalls **unverzüglich** zu erteilen. Auch hier wird eine Höchstgrenze von sieben Tagen anzusetzen sein. Da § 32 Abs. 2 S. 1 KonzVgV eine Mitteilungspflicht lediglich an die beabsichtigte Einleitung eines neuen Vergabeverfahrens knüpft, ist für deren Bestehen unerheblich, ob und in welcher Form das neue Vergabeverfahren bekannt gemacht werden soll.[110]

60 Soweit die Absicht zur Einleitung eines neuen Vergabeverfahrens erst entsteht, nachdem die Bewerber und Bieter gemäß § 32 Abs. 2 S. 1 Hs. 1 KonzVgV nur über den Verzicht informiert worden sind, müssen die Bewerber und Bieter des vorangegangenen Verfahrens in erweiternder Auslegung des § 32 Abs. 2 S. 1 Hs. 2 KonzVgV auch noch **nachträglich** unverzüglich über die Einleitung eines neuen Vergabeverfahrens gesondert informiert werden.[111] Ansonsten könnte der Konzessionsgeber die Mitteilungspflicht des § 32 Abs. 2 S. 1 Hs. 2 KonzVgV durch eine zeitlich gestaffelte Vorgehensweise umgehen.

61 Zur Vermeidung von Umgehungsgefahren ist die Mitteilungspflicht über die beabsichtigte Einleitung eines neuen Vergabeverfahrens gemäß § 32 Abs. 2 S. 1 Hs. 2 KonzVgV grundsätzlich unabhängig von etwaigen beabsichtigten **Veränderungen des Konzessionsgegenstandes** zu erfüllen. Lediglich dann, wenn das neu einzuleitende Verfahren bei wirtschaftlicher Betrachtungsweise kein erneutes, sondern ein anderes Vergabeverfahren darstellt, entfällt die Mitteilungspflicht.

G. Rechtsschutz

62 Hat ein Konzessionsgeber ein Vergabeverfahren oberhalb der Schwellenwerte rechtswidrig aufgehoben, kann ein Verfahrensteilnehmer eine Aufhebung der Aufhebung im vergaberechtlichen Nachprüfungsverfahren erstreiten. Ebenso kann ein Verfahrensteilnehmer das entgegengesetzte Rechtsschutzziel, die Aufhebung eines Vergabeverfahrens, anstreben. Zudem besteht die Möglichkeit der gerichtlichen Geltendmachung von Schadensersatzansprüchen im Falle einer rechtswidrigen Aufhebung.

I. Aufhebung der Aufhebung

63 Die Aufhebung der Aufhebung bzw. Einstellung kann im vergaberechtlichen Nachprüfungsverfahren erreicht werden.[112] Demnach können Bewerber oder Bieter ein Vergabenachprüfungsverfahren mit dem Antrag, die Aufhebung der Aufhebung anzuordnen, anstrengen. Ein derartiges Nachprüfungsverfahren wird jedoch aufgrund einer Verknüpfung der diesbezüglichen Anordnungsbefugnis der Nachprüfungsinstanzen mit einem fortbestehenden Vergabewillen des Konzessionsgebers nur in Ausnahmefällen zu einer Aufhebung der Aufhebung füh-

---

108 Vgl. auch OLG Frankfurt, Beschluss v. 28.6.2005 – 11 Verg 21/04 (VOL/A), wonach „etwa eine Woche" noch unverzüglich sei; vgl. auch *Fett*, in: Willenbruch/Wieddekind, Vergaberecht, § 63 VgV Rn. 102. Die von *Franke/Kollewe*, in: Franke/Kemper/Zanner/Grünhagen, VOB, § 17 VOB/A Rn. 54, angeführte Höchstgrenze von zwei bis drei Tagen wird daher zu niedrig angesetzt sein.
109 *Laumann*, in: Dieckmann/Scharf/Wagner-Cardenal, VOL/A, § 20 EG Rn. 43.
110 Vgl. *Franke/Kollewe*, in: Franke/Kemper/Zanner/Grünhagen, VOB, § 17 VOB/A Rn. 57.
111 Vgl. *Franke/Kollewe*, in: Franke/Kemper/Zanner/Grünhagen, VOB, § 17 VOB/A Rn. 56.
112 BGH, Beschluss v. 18.2.2003 – X ZB 43/02 (VOB/A), VergabeR 2003, 313 (314 ff.).

ren können.¹¹³ Denn aus dem Grundsatz der Vertragsfreiheit folgt, dass die Nachprüfungsinstanzen keine Anordnung treffen dürfen, die für einen Konzessionsgeber, der eine Konzession nicht mehr erteilen will, einen Zwang bedeutet, sich vertraglich zu binden. Deshalb kann eine Aufhebung der Aufhebung nur erfolgen, wenn der Konzessionsgeber die Vergabe der Konzession weiterhin beabsichtigt und ihm auch keine sachlichen Gründe für eine Aufhebung zur Seite stehen.¹¹⁴ Ein Anspruch auf Weiterführung des Vergabeverfahrens kann dabei nur ausnahmsweise in Betracht kommen, etwa dann, wenn der Konzessionsgeber die Möglichkeit, ein Vergabeverfahren aufzuheben, in rechtlich zu missbilligender Weise dazu einsetzt, durch die Aufhebung die formalen Voraussetzungen dafür zu schaffen, die Konzession außerhalb des eingeleiteten Vergabeverfahrens an einen bestimmten Bieter oder unter anderen Voraussetzungen bzw. in einem anderen Bieterkreis vergeben zu können.¹¹⁵

1. Prüfungsmaßstab

Prüfungsmaßstab ist gemäß § 97 Abs. 6 GWB die Vorschrift des § 32 KonzVgV. Denn den Regelungen des § 32 KonzVgV kommt bewerber- und bieterschützender Charakter zu.¹¹⁶   **64**

Demnach kann im Falle einer Aufhebung im Anwendungsbereich des § 32 KonzVgV überprüft werden, ob die Aufhebung von einem der in § 32 Abs. 1 KonzVgV normierten Gründe gedeckt und die Ermessensausübung rechtmäßig erfolgt ist. Hierbei sind die **Tatbestandsvoraussetzungen** der Aufhebungsgründe voll und die **Ermessensausübung** des Konzessionsgebers nur eingeschränkt überprüfbar. Die Nachprüfungsinstanzen prüfen daher nur, ob die Vergabestelle überhaupt ihr Ermessen ausgeübt (Ermessensnichtgebrauch) oder ob sie das vorgeschriebene Verfahren nicht eingehalten hat, von einem nicht zutreffenden oder unvollständig ermittelten Sachverhalt ausgegangen ist, sachwidrige Erwägungen in die Wertung mit eingeflossen sind oder der Beurteilungsmaßstab nicht zutreffend angewandt worden ist (Ermessensfehlgebrauch).¹¹⁷   **65**

Der Prüfungsmaßstab ist hierbei nicht auf die in den Mitteilungen an die Verfahrensteilnehmer genannten **Aufhebungsgründe** beschränkt.¹¹⁸ Dies wäre nicht mit dem im Nachprüfungsverfahren anwendbaren Untersuchungsgrundsatz vereinbar. Vielmehr sind nach hier vertretener Auffassung auch erst während eines Nachprüfungsverfahrens dokumentierte Gründe für die Aufhebungsentscheidung des Konzessionsgebers berücksichtigungsfähig.¹¹⁹ Ansonsten wäre ein Beschluss der Nachprüfungsinstanzen gegenstandslos, wenn der Konzessionsgeber unmittelbar im Anschluss eines Nachprüfungsverfahrens eine rechtmäßige Aufhebung vornehmen könnte.   **66**

---

113 Vgl. die Zusammenfassung bei *Müller-Wrede*, VergabeR 2003, 318; näher hierzu Rn. 71 ff.
114 BGH, Beschluss v. 18.2.2003 – X ZB 43/02 (VOB/A), VergabeR 2003, 313; OLG Jena, Beschluss v. 18.5.2009 – 9 Verg 4/09 (VOL/A); OLG Düsseldorf, Beschluss v. 31.10.2007 – VII-Verg 24/07 (VOL/A); OLG Koblenz, Beschluss v. 23.12.2003 – 1 Verg 8/03 (VOB/A); OLG Düsseldorf, Beschluss v. 19.11.2003 – VII-Verg 59/03 (VOL/A), ZfBR 2004, 202; OLG Celle, Beschluss v. 22.5.2003 – 13 Verg 9/03 (VOL/A), VergabeR 2003, 455; OLG Brandenburg, Beschluss v. 1.4.2003 –Verg W 14/02 (VOL/A); siehe hierzu näher Rn. 71 ff.
115 BGH, Beschluss v. 20.3.2014 – X ZB 18/13 (VOB/A); OLG Celle, Beschluss v. 10.3.2016 – 13 Verg 5/15 (VOB/A).
116 Vgl. hierzu unten Rn. 80.
117 OLG Karlsruhe, Beschluss v. 27.9.2013 – 15 Verg 3/13 (VOB/A); OLG München, Beschluss v. 4.4.2013 – Verg 4/13 (VOB/A); Beschluss v. 6.12.2012 – Verg 25/12 (VOB/A); Beschluss v. 31.10.2012 – Verg 19/12 (VOB/A).
118 OLG Düsseldorf, Beschluss v. 8.6.2011 – VII-Verg 55/10 (VOB/A), NZBau 2011, 699; OLG Celle, Beschluss v. 13.1.2011 – 13 Verg 15/10 (VOB/A), VergabeR 2011, 531; OLG Koblenz, Beschluss v. 10.4.2003 – 1 Verg 1/03 (VOL/A), VergabeR 2003, 448.
119 Siehe auch, allerdings im Ergebnis offenlassend BGH, Beschluss v. 8.2.2011 – X ZB 4/10 (VOL/A), NZBau 2011, 175, wonach eine Wiederholung des vom Dokumentationsmangel betroffenen Verfahrensabschnitts dann angeordnet werden solle, wenn zu besorgen ist, dass die Berücksichtigung der nachgeschobenen Dokumentation lediglich im Nachprüfungsverfahren nicht ausreichen könnte, um eine wettbewerbskonforme Auftragserteilung zu gewährleisten; in diesem Sinne auch für eine Aufhebungsentscheidung VK Rheinland-Pfalz, Beschluss v. 6.2.2013 – VK 1-35/12 (VOB/A); siehe auch OLG Celle, Beschluss v. 10.3.2016 – 13 Verg 5/15 (VOB/A); OLG Koblenz, Beschluss v. 10.4.2003 – 1 Verg 1/03 (VOL/A), VergabeR 2003, 448; diese Frage jedoch offenlassend OLG Koblenz, Beschluss v. 23.12.2003 – 1 Verg 8/03 (VOL/A), VergabeR 2004, 244; siehe aber eine nachträgliche Heilung von Dokumentationsmängeln nicht zulassend OLG Celle, Beschluss v.11.2.2010 – 13 Verg 16/09 (VOB/A).

2. Antragsbefugnis

67 Die Antragsbefugnis gemäß § 160 Abs. 2 GWB ist dann gegeben, wenn der Antragsteller ohne die Aufhebung eine Chance auf Zuschlagserteilung gehabt hätte. Hieran sind keine strengen Anforderungen zu stellen;[120] die Antragsbefugnis fehlt einem Antragsteller daher regelmäßig nur dann, wenn eine Rechtsbeeinträchtigung offensichtlich nicht gegeben ist.[121] Die Antragsbefugnis für einen gegen eine Aufhebung gerichteten Nachprüfungsantrag ist jedoch dann zu verneinen, wenn die interne Aufhebungsentscheidung zwar bevorsteht, jedoch noch nicht getroffen wurde.[122]

3. Rügeobliegenheit

68 Auch gegenüber einer Aufhebung besteht eine Rügeobliegenheit des Bewerbers oder Bieters.[123] Denn der Konzessionsgeber kann eine Aufhebung einseitig wieder rückgängig machen,[124] sodass Sinn und Zweck der vergaberechtlichen Rügeobliegenheit, dem Konzessionsgeber eine Korrektur zu ermöglichen, einschlägig ist. Demnach ist ein Nachprüfungsantrag unzulässig, sobald vermeintliche Vergaberechtsverstöße bei der Aufhebung nicht unverzüglich gerügt werden.

69 Diese Rügeobliegenheit kann bereits **vor der Außenwirksamkeit** der Aufhebung infolge zielgerichteter Kundgabe entstehen. Denn § 160 Abs. 3 GWB stellt alleine auf die Kenntnis des Unternehmens von einem Verstoß gegen Vergabevorschriften ab. Folglich besteht die Rügeobliegenheit ab dem Zeitpunkt, in dem das Unternehmen sichere Kenntnis einer bereits getroffenen rechtswidrigen Aufhebungsentscheidung des Konzessionsgebers erlangt.

70 Neben der Rüge der Aufhebung fordert die Rechtsprechung teilweise auch eine Rüge gegenüber einem neu eingeleiteten Vergabeverfahren (**doppelte Rügeobliegenheit**).[125] Bleibe diese Rüge erfolglos, müsse der Bieter ein zweites Nachprüfungsverfahren gegen das neu eingeleitete Vergabeverfahren anstrengen. Daher fehle das Rechtsschutzinteresse eines Bieters, der nicht auch eine Rüge gegenüber einem neu eingeleiteten Vergabeverfahren erhebt. Ansonsten könne der Konzessionsgeber durch die Zuschlagerteilung im Rahmen des neu eingeleiteten Vergabeverfahrens die angestrebte Aufhebung der Aufhebung gegenstandslos machen. Dagegen spricht jedoch, dass die Aufhebung der Aufhebung durch eine Zuschlagserteilung in einem neuen Vergabeverfahren nicht gegenstandslos wird. Denn der Konzessionsgeber ist nicht gehindert, die Konzession zweimal mit der Folge von Schadensersatzansprüchen zu erteilen.[126] Eine doppelte Rügeobliegenheit besteht daher nach hier vertretener Auffassung nicht.

---

[120] BVerfG, Beschluss v. 29.7.2004 – 2 BvR 2248/03, VergabeR 2004, 597.
[121] OLG München, Beschluss v. 6.12.2012 – Verg 25/12 (VOB/A); Beschluss v. 23.12.2010 – Verg 21/10 (VOB/A), VergabeR 2011, 525; siehe auch VK Niedersachsen, Beschluss v. 27.1.2005 – 203-VgK-57/2004 (VOL/A).
[122] OLG Naumburg, Beschluss v. 13.5.2003 – 1 Verg 2/03 (VOL/A), VergabeR 2003, 588; siehe auch: OLG Brandenburg, Beschluss v. 19.12.2002 – Verg W 9/02 (VOL/A), VergabeR 2003, 168, welches jedoch die Möglichkeit eines „Hineinwachsens" in die Zulässigkeit aufgrund einer späteren Aufhebungsentscheidung annimmt.
[123] OLG Brandenburg, Beschluss v. 19.12.2002 – Verg W 9/02 (VOL/A), VergabeR 2003, 168; a.A. VK Brandenburg, Beschluss v. 17.9.2002 – VK 50/02 (VOL/A); siehe allerdings EuGH, Urteil v. 28.1.2010 – Rs. C-406/08 (Uniplex).
[124] BGH, Beschluss v. 18.2.2003 – X ZB 43/02 (VOB/A), VergabeR 2003, 313; OLG Bremen, Beschluss v. 7.1.2003 – Verg 2/02 (VOB/A), VergabeR 2003, 175.
[125] OLG Koblenz, Beschluss v. 10.4.2003 – 1 Verg 1/03 (VOL/A), VergabeR 2003, 448; VK Sachsen, Beschluss v. 10.5.2006 – 1/SVK/037-06; VK Berlin, Beschluss v. 15.7.2004 – VK-B2-30/04 (VOB/A); offengelassen von VK Brandenburg, Beschluss v. 14.12.2007 – VK 50/07; VK Rheinland-Pfalz, Beschluss v. 10.10.2003 – VK 19/03 (VOB/A); *Laumann*, in: Dieckmann/Scharf/Wagner-Cardenal, VOL/A, § 20 EG Rn. 55; wie hier *Conrad*, in: Gabriel/Krohn/Neun, Handbuch Vergaberecht, § 33 Rn. 96.
[126] OLG Naumburg, Beschluss v. 17.5.2006 – 1 Verg 3/06 (VOF); VK Sachsen, Beschluss v. 11.12.2009 – 1/SVK/054-09 (VOB/A).

4. Fortbestehender Vergabewille und kein sachlicher Grund

Die Vergabekammer kann eine Aufhebung der Aufhebung nur anordnen, wenn der Vergabewille des Konzessionsgebers fortbesteht.[127] Ansonsten würde die Vergabekammer gegenüber einem nicht mehr zur Konzessionserteilung bereiten Konzessionsgeber einen Zwang zum Zuschlag begründen. Dieser ist jedoch aufgrund der Konzessionsgebern zustehenden Privatautonomie nicht von der Anordnungsbefugnis der Vergabekammer gedeckt.[128] Der Vergabewille besteht nicht fort, wenn der Konzessionsgeber endgültig von dem ausgeschriebenen Vorhaben Abstand nimmt.[129]

71

Leitet der Konzessionsgeber in nahem zeitlichem Zusammenhang mit der Aufhebung ein **neues Vergabeverfahren** ohne eine Veränderung des Konzessionsgegenstandes ein, so besteht der Vergabewille fort.[130] Ändert der Konzessionsgeber im Rahmen eines nach einer Aufhebung eingeleiteten neuen Vergabeverfahrens jedoch den Konzessionsgegenstand ab, ist zu ermitteln, in welchem Umfang eine wirtschaftliche Vergleichbarkeit des aufgehobenen und des neuen Vergabeverfahrens besteht.[131] Hierbei sind sowohl die Art als auch der Umfang der jeweils ausgeschriebenen Leistungen zu berücksichtigen. Unterstützend können hierbei auch die aus den Änderungen des Konzessionsgegenstandes folgenden Einflüsse auf die Kosten verglichen werden.[132] Können bei diesem Vergleich **Änderungen** zwischen beiden Konzessionsgegenständen festgestellt werden, so indiziert eine erhebliche Abänderung der Art oder des Umfangs der Leistung einen nicht mehr fortbestehenden Vergabewillen, sodass in diesem Fall eine Aufhebung der Aufhebung nicht möglich ist.[133] Liegen dagegen bis auf geringe Veränderungen etwa einzelner Positionen des Leistungsverzeichnisses, die keine erheblichen Auswirkungen auf die Preisgestaltung haben, keine weiteren Änderungen gegenüber dem aufgehobenen Vergabeverfahren vor, so ist ein fortbestehender Vergabewille indiziert.

72

Ein fortbestehender Vergabewille kann auch dadurch indiziert werden, dass der Konzessionsgeber **fehlerhaft** davon ausgeht, zur Aufhebung des Vergabeverfahrens verpflichtet gewesen zu sein.[134] Auch im Falle einer **Scheinaufhebung** besteht der Vergabewille fort. Denn die Annahme einer Scheinaufhebung setzt voraus, dass der Konzessionsgeber die Vergabe der Konzession weiterhin beabsichtigt. Lässt der Konzessionsgeber dagegen nach einer Aufhebung die Leistungen im Wege der **In-House-Vergabe** erbringen, so besteht mangels vergabepflichtiger Konzessionserteilung auch kein fortbestehender Vergabewille.[135]

73

Darüber hinaus ist eine Aufhebung der Aufhebung jedoch nur dann gerechtfertigt, wenn zudem auch kein **sachlich gerechtfertigter Grund** für die Aufhebung vorliegt. Deshalb ist auch bei fortbestehender Vergabeabsicht eine Aufhebung der Aufhebung dann nicht anzu-

74

---

127 BGH, Beschluss v. 20.3.2014 – X ZB 18/13 (VOB/A); Beschluss v. 18.2.2003 – X ZB 43/02 (VOB/A), VergabeR 2003, 313; OLG Frankfurt, Beschluss v. 3.7.2013 – 11 Verg 11/13; OLG München, Beschluss v. 31.10.2012 – Verg 19/12 (VOB/A); OLG Jena, Beschluss v. 18.5.2009 – 9 Verg 4/09 (VOL/A); OLG Düsseldorf, Beschluss v. 31.10.2007 – VII-Verg 24/07 (VOL/A); Beschluss v. 19.11.2003 – VII-Verg 59/03 (VOL/A), ZfBR 2004, 202; OLG Koblenz, Beschluss v. 23.12.2003 – 1 Verg 8/03 (VOB/A); OLG Celle, Beschluss v. 22.5.2003 – 13 Verg 9/03 (VOL/A), VergabeR 2003, 455; OLG Brandenburg, Beschluss v. 1.4.2003 – Verg W 14/02 (VOL/A).
128 BGH, Beschluss v. 20.3.2014 – X ZB 18/13 (VOB/A); Beschluss v. 18.2.2003 – X ZB 43/02 (VOB/A), VergabeR 2003, 313; OLG Koblenz, Beschluss v. 23.12.2003 – 1 Verg 8/03 (VOB/A), VergabeR 2004, 244; OLG Düsseldorf, Beschluss v. 19.11.2003 – VII-Verg 59/03 (VOL/A), ZfBR 2004, 202; OLG Celle, Beschluss v. 22.5.2003 – 13 Verg 9/03 (VOL/A), VergabeR 2003, 455.
129 OLG Düsseldorf, Beschluss v. 3.1.2005 – VII-Verg 72/04 (VOL/A); OLG Dresden, Beschluss v. 10.7.2003 – WVerg 15/02 (VOB/A); Scharen, NZBau 2003, 585.
130 VK Rheinland-Pfalz, Beschluss v. 10.10.2003 – VK 19/03 (VOB/A); Conrad, in: Gabriel/Krohn/Neun, Handbuch Vergaberecht, § 33 Rn. 94.
131 Vgl. BGH, Urteil v. 16.12.2003 – X ZR 282/02 (VOL/A), VergabeR 2004, 480; OLG Dresden, Beschluss v. 10.7.2003 – WVerg 15/02 (VOB/A); VK Schleswig-Holstein, Beschluss v. 4.2.2008 – VK-SH 28/07 (VOB/A).
132 A.A. Conrad, in: Gabriel/Krohn/Neun, Handbuch Vergaberecht, § 33 Rn. 94, bereits kleinere Änderungen am Verfahrensgegenstand allgemein als gewichtiges Indiz für die Aufgabe des Vergabewillens ansehend.
133 In diesem Sinne bei einer erheblichen Erhöhung des ausgeschriebenen Bedarfs und einem daraus folgenden großen Einfluss auf die Preisgestaltung OLG Celle, Beschluss v. 22.5.2003 – 13 Verg 9/03 (VOL/A), VergabeR 2003, 455.
134 BGH, Beschluss v. 18.2.2003 – X ZB 43/02 (VOB/A), VergabeR 2003, 313; Scharen, NZBau 2003, 585, etwa weil der Konzessionsgeber der irrigen Annahme war, dass kein wertbares Angebot vorliege.
135 OLG Brandenburg, Beschluss v. 1.4.2003 – Verg W 14/02 (VOL/A).

ordnen, wenn sachliche Gründe für die Aufhebung vorliegen.[136] Denn andernfalls wäre der Konzessionsgeber gezwungen, eine so nicht mehr gewollte Konzessionsvergabe durchzuführen. Auch dies stünde im Widerspruch zu der dem Konzessionsgeber zustehenden Vertragsfreiheit. Als sachlicher Grund kommt etwa in Betracht, dass der Konzessionsgeber andernfalls eine nicht seinen Anforderungen genügende Leistung beschaffen würde[137] oder die Korrektur eines Vergaberechtsverstoßes im Wege der Neuausschreibung vorgenommen werden soll. Ein sachlicher Grund fehlt dagegen etwa dann, wenn der Konzessionsgeber eine Scheinaufhebung vorgenommen hat.[138] Eine Scheinaufhebung liegt insbesondere vor, wenn der Konzessionsgeber unter Missbrauch seiner Gestaltungsmöglichkeiten nur den Schein einer Aufhebung gesetzt hat, mit dessen Hilfe er dem ihm genehmen Bieter, obwohl dieser nicht das wirtschaftlichste Angebot abgegeben hat, die Konzession zuschieben will.[139] Eine Aufhebung der Aufhebung kommt daher nur dann in Betracht, wenn die Aufhebung in rechtlich zu missbilligender Weise dazu eingesetzt wird, die formalen Voraussetzungen dafür zu schaffen, die Konzession außerhalb des eingeleiteten Vergabeverfahrens an einen bestimmten Bieter oder unter anderen Voraussetzungen bzw. in einem anderen Bieterkreis vergeben zu können.[140]

5. Entscheidung der Nachprüfungsinstanzen

75 Ein Antrag auf Aufhebung der Aufhebung ist begründet, wenn die Aufhebung rechtswidrig erfolgt ist. Hat der Konzessionsgeber die Aufhebungsentscheidung ermessensfehlerhaft getroffen, ist nur ein entsprechender Bescheidungsausspruch der Nachprüfungsinstanzen möglich. Im Ergebnis führt eine entsprechende Entscheidung der Nachprüfungsinstanzen regelmäßig dazu, dass das Vergabeverfahren ab dem Zeitpunkt, zu dem es zu Unrecht aufgehoben worden ist, fortzuführen ist.[141]

II. Aufhebung des Vergabeverfahrens

76 Neben auf eine Aufhebung der Aufhebung gerichteten Nachprüfungsanträgen sind auch solche möglich, deren Ziel eine Aufhebung des Vergabeverfahrens ist. Erforderlich hierfür ist, dass der Konzessionsgeber zu einer Aufhebung **verpflichtet** wäre, also eine Ermessensreduzierung auf null vorliegt.[142] Andernfalls – insbesondere bei der Möglichkeit einer Korrektur des Vergaberechtsverstoßes im Verfahren[143] – verbleibt allein der Ausspruch, dass dem Konzessionsgeber die Zuschlagserteilung untersagt wird.[144]

77 Die **Antragsbefugnis** gemäß § 160 Abs. 2 GWB liegt für einen derartigen Nachprüfungsantrag auf Aufhebung nur dann vor, wenn über die Aufhebung hinausgehend das Interesse an

---

136 OLG Düsseldorf, Beschluss v. 8.6.2011 – VII-Verg 55/10 (VOB/A), NZBau 2011, 699; Beschluss v. 10.11.2010 – VII-Verg 28/10 (VOB/A), VergabeR 2011, 519; Beschluss v. 8.7.2009 – VII-Verg 13/09 (VOL/A); Beschluss v. 31.10.2007 – VII-Verg 24/07 (VOL/A); Beschluss v. 16.2.2005 – VII-Verg 72/04 (VOL/A); *Portz*, in: Kulartz/Marx/Portz/Prieß, VOL/A, § 17 EG Rn. 12; *Glahs*, in: Kapellmann/Messerschmidt, VOB, § 17 VOB/A Rn. 25; a.A. *Conrad*, in: Gabriel/Krohn/Neun, Handbuch Vergaberecht, § 33 Rn. 90.
137 OLG Düsseldorf, Beschluss v. 16.2.2005 – VII-Verg 72/04 (VOL/A); VK Niedersachsen, Beschluss v. 21.6.2011 – VgK 18/2011 (VOB/A).
138 OLG Düsseldorf, Beschluss v. 8.7.2009 – VII-Verg 13/09 (VOL/A, die Scheinaufhebung als zweite Fallgruppe neben dem Fehlen eines sachlichen Grundes anführend); Beschluss v. 19.11.2003 – VII-Verg 59/03 (VOL/A), ZfBR 2004, 202; Beschluss v. 15.3.2000 – VII-Verg 4/00 (VOL/A), NZBau 2000, 306.
139 Vgl. OLG München, Beschluss v. 12.7.2005 – Verg 08/05 (VOL/A); OLG Düsseldorf, Beschluss v. 19.11.2003 – VII-Verg 59/03 (VOL/A), ZfBR 2004, 202; Beschluss v. 15.3.2000 – VII-Verg 4/00 (VOL/A), NZBau 2000, 306; VK Bund, Beschluss v. 13.10.2004 – VK 2-151/04 (VOL/A).
140 BGH, Beschluss v. 20.3.2014 – X ZB 18/13 (VOB/A). Dieser Maßstab geht damit auch über die schon europarechtlich unzulässige Beschränkung des Rechtsschutzes auf die Willkürkontrolle hinaus; vgl. zu diesem Maßstab EuGH, Urteil v. 11.12.2014 – Rs. C-440/13 (Croce Amica One Italia).
141 OLG München, Beschluss v. 23.12.2010 – Verg 21/10 (VOB/A), VergabeR 2011, 525.
142 OLG Brandenburg, Beschluss v. 28.8.2012 – Verg W 19/11; KG, Beschluss v. 18.3.2010 – 2 Verg 12/09 (VOL/A); Beschluss v. 21.12.2009 – 2 Verg 11/09 (VOL/A); VergabeR 2010, 501; OLG Rostock, Beschluss v. 6.3.2009 – 17 Verg 1/09 (VOL/A); OLG Dresden, Beschluss v. 28.3.2006 – WVerg 0004/06 (VOB/A); OLG Düsseldorf, Beschluss v. 4.7.2005 – VII-Verg 35/05 (VOB/A); OLG Naumburg, Beschluss v. 17.2.2004 – 1 Verg 15/03 (VOL/A), VergabeR 2004, 634.
143 OLG Schleswig, Beschluss v. 15.4.2011 – 1 Verg 10/10, NZBau 2011, 586.
144 BGH, Beschluss v. 10.11.2009 – X ZB 8/09 (VOL/A), NZBau 2010, 124.; OLG Koblenz, Beschluss v. 4.2.2009 – 1 Verg 4/08 (VOB/A).

der Konzession dadurch dargelegt wird, dass der Antragsteller sich an einem neuen Vergabeverfahren beteiligen wird.[145] Hierfür ist nicht erforderlich, dass der Antragsteller darlegt, wie das Angebot im Falle der Durchführung eines rechtmäßigen Vergabeverfahrens ausgestaltet gewesen wäre.[146] Die Antragsbefugnis fehlt demnach einem Unternehmen, wenn über die begehrte Aufhebung hinaus keine Interessen an einer Konzessionserteilung dargelegt werden.[147] Denn in diesem Fall besteht das einzige Interesse des Antragstellers in der Verhinderung der Durchführung eines Vergabeverfahrens. Der gemäß § 160 Abs. 2 GWB für die Antragsbefugnis erforderliche drohende Schaden liegt wiederum regelmäßig dann vor, wenn das eingeleitete Vergabeverfahren nicht durch Zuschlag beendet werden darf und zur Bedarfsdeckung eine Neuausschreibung in Betracht kommt.[148]

III. Sekundärrechtsschutz

Neben den Primärrechtsschutzmöglichkeiten können einem Teilnehmer eines aufgehobenen Vergabeverfahrens auch Schadensersatzansprüche gegen den Konzessionsgeber zustehen. Dafür steht mit **§ 181 GWB** eine eigenständige vergaberechtliche Grundlage für Schadensersatzansprüche zur Verfügung. Daneben kommen Schadensersatzansprüche insbesondere aus **culpa in contrahendo** (§ 280 Abs. 1 BGB i.V.m. § 311 Abs. 2 BGB) in Betracht. Im Gegensatz zu einem Anspruch aus culpa in contrahendo fordert § 181 GWB kein Verschulden des Konzessionsgebers. Allerdings gewährt § 181 GWB nur einen Ersatzanspruch in Höhe des negativen Interesses, wohingegen der Anspruch aus culpa in contrahendo auch den entgangenen Gewinn umfassen kann.

78

Zentrale Voraussetzung eines Schadensersatzanspruches ist sowohl gemäß § 181 GWB als auch aus culpa in contrahendo die **Rechtswidrigkeit** der Aufhebung. Dies ist dann der Fall, wenn die Aufhebung gegen die Vorgaben des § 32 KonzVgV verstößt. Ein Ersatz des entgangenen Gewinns setzt zudem voraus, dass dem Bieter bei ordnungsgemäßem Verlauf des Vergabeverfahrens der Zuschlag hätte erteilt werden müssen und dass die ausgeschriebene oder eine dieser wirtschaftlich gleichzusetzende Konzession vergeben worden ist.[149]

79

IV. Bewerber- und bieterschützender Charakter

Eine Aufhebung ist nur bei Vorliegen eines der in § 32 **Abs. 1** KonzVgV abschließend festgelegten Gründe rechtmäßig. Diese Aufhebungsgründe dienen neben dem Schutz der Bewerber und Bieter vor einer nutzlosen Erstellung zeit- und kostenintensiver Teilnahmeanträge und Angebote auch der Diskriminierungsabwehr und damit der Gleichbehandlung. § 32 Abs. 1 KonzVgV hat daher bewerber- und bieterschützenden Charakter im Sinne von § 97 Abs. 6 GWB.[150]

80

---

145 OLG Jena, Beschluss v. 24.10.2002 – 6 Verg 5/02 (VOL/A), ZfBR 2003, 180; BayObLG, Beschluss v. 15.7.2002 – Verg 15/02 (VOB/A), VergabeR 2002, 534.
146 BVerfG, Beschluss v. 29.7.2004 – 2 BvR 2248/03, VergabeR 2004, 597.
147 In diesem Sinne OLG Brandenburg, Beschluss v. 5.10.2004 – VergW 12/04 (VOL/A), VergabeR 2005, 138. In dem dieser Entscheidung zugrunde liegenden Sachverhalt ging der Antragsteller davon aus, dass er bereits in einem vorangegangenen Vergabeverfahren einen wirksamen Zuschlag erhalten habe.
148 BGH, Beschluss v. 10.11.2009 – X ZB 8/09 (VOL/A), NZBau 2010, 124, für den Fall einer unzutreffenden Wahl des Verhandlungsverfahrens statt eines offenen Verfahrens; OLG Brandenburg, Beschluss v. 28.8.2012 – Verg W 19/11; für den Fall eines auf Neuausschreibung im Verhandlungsverfahren statt im offenen Verfahren zielenden Nachprüfungsantrags hingegen ablehnend, aber im Ergebnis offenlassend OLG Brandenburg, Beschluss v. 27.3.2012 – Verg W 13/11, VergabeR 2012, 648.
149 BGH, Urteil v. 15.1.2013 – X ZR 155/10 (VOB/A); Urteil v. 20.11.2012 – X ZR 108/10 (VOB/A); Urteil v. 26.1.2010 – X ZR 86/08, VergabeR 2010, 855; Urteil v. 8.9.1998 – X ZR 48/97, NJW 1998, 3636.
150 Vgl. BGH, Beschluss v. 18.2.2003 – X ZB 43/02 (VOB/A), VergabeR 2003, 313; OLG Celle, Beschluss v. 10.3.2016 – 13 Verg 5/15; OLG Koblenz, Beschluss v. 23.12.2003 – 1 Verg 8/03 (VOB/A), VergabeR 2004, 244; BayObLG, Beschluss v. 15.7.2002 – Verg 15/02 (VOB/A), VergabeR 2002, 534; *Laumann*, in: Dieckmann/Scharf/Wagner-Cardenal, VOL/A, § 20 EG Rn. 46; *Scharen*, NZBau 2003, 585.

81 Die Mitteilungspflichten des § 32 **Abs. 2** KonzVgV sichern als Ausprägung des Transparenzgrundsatzes die Einhaltung der bei einer Aufhebung zu beachtenden rechtlichen Bindungen. Demnach kommt auch ihnen bewerber- und bieterschützender Charakter im Sinne von § 97 Abs. 6 GWB zu.[151] Der zusätzliche Nachweis eines Gleichbehandlungsverstoßes ist insoweit nicht erforderlich.

Anlage

Verordnungsbegründung (BR-Drs. 87/16)

Seite 297

§ 32 übernimmt den Inhalt des § 63 VgV zu den Voraussetzungen der Aufhebung eines Vergabeverfahrens in diese Verordnung, um Konzessionsgebern sowie Bewerbern und Bietern für das Vergabeverfahren eine gleichermaßen interessengerechte Lösung zu bieten. Die Möglichkeit der Aufhebung eines Vergabeverfahrens wird von Artikel 40 Absatz 1 Unterabsatz 1 der Richtlinie 2014/23/EU vorausgesetzt.

---

151 So auch *Jasper/Seidel*, in: Dreher/Motzke, Vergaberecht, 2. Aufl., § 30 SektVO Rn. 3.

Verordnung über die Vergabe von Konzessionen

(Konzessionsvergabeverordnung – KonzVgV)

Abschnitt 3
Ausführung der Konzession

§ 33 KonzVgV
Vergabe von Unteraufträgen

(1) Der Konzessionsgeber kann Unternehmen in der Konzessionsbekanntmachung oder den Vergabeunterlagen auffordern, bei Angebotsabgabe die Teile der Konzession, die sie im Wege der Unterauftragsvergabe an Dritte zu vergeben beabsichtigen, sowie, falls zumutbar, die vorgesehenen Unterauftragnehmer zu benennen. Vor Zuschlagserteilung kann der Konzessionsgeber von den Bietern, deren Angebote in die engere Wahl kommen, verlangen, die Unterauftragnehmer zu benennen und nachzuweisen, dass ihnen die erforderlichen Mittel dieser Unterauftragnehmer zur Verfügung stehen. Wenn ein Bewerber oder Bieter die Vergabe eines Teils der Konzession an einen Dritten im Wege der Unterauftragsvergabe beabsichtigt und sich zugleich im Hinblick auf seine Leistungsfähigkeit auf die Kapazitäten dieses Dritten beruft, ist auch § 25 Absatz 3 anzuwenden.

(2) Die Haftung des Hauptauftragnehmers gegenüber dem Konzessionsgeber bleibt von Absatz 1 unberührt.

(3) Der Konzessionsnehmer einer Baukonzession, der im Rahmen dieser Baukonzession Aufträge an Dritte vergibt, deren Gegenstand die Erbringung von Bauleistungen im Sinne des § 103 Absatz 3 des Gesetzes gegen Wettbewerbsbeschränkungen ist, hat in der Regel Teil B der Vergabe- und Vertragsordnung für Bauleistungen, die Allgemeinen Vertragsbedingungen für die Ausführung von Bauleistungen, und Teil C der Vergabe und Vertragsordnung für Bauleistungen, die Allgemeinen Technischen Vertragsbedingungen für Bauleistungen, zum Vertragsgegenstand zu machen.

(4) Im Falle von Baukonzessionen und in Bezug auf Dienstleistungen, die in der Einrichtung des Konzessionsgebers unter dessen direkter Aufsicht zu erbringen sind, schreibt der Konzessionsgeber dem Konzessionsnehmer in den Vertragsbedingungen vor, dass dieser spätestens bei Beginn der Durchführung der Konzession die Namen, die Kontaktdaten und die gesetzlichen Vertreter der Unterauftragnehmer mitteilt und dass jede im Rahmen der Durchführung der Konzession eintretende Änderung auf der Ebene der Unterauftragnehmer mitzuteilen ist. Der Konzessionsgeber kann die Mitteilungspflichten auch als Vertragsbedingungen für die Vergabe von Dienstleistungskonzessionen vorsehen, bei denen die Dienstleistungen nicht in der Einrichtung des Konzessionsgebers unter dessen direkter Aufsicht zu erbringen sind. Des Weiteren können die Mitteilungspflichten auch auf Lieferanten, die bei Bau- oder Dienstleistungskonzessionen beteiligt sind, sowie auf weitere Stufen in der Kette der Unterauftragnehmer ausgeweitet werden.

(5) Für Unterauftragnehmer aller Stufen ist § 152 Absatz 4 in Verbindung mit § 128 Absatz 1 des Gesetzes gegen Wettbewerbsbeschränkungen anzuwenden.

(6) Der Konzessionsgeber überprüft vor der Erteilung des Zuschlags, ob Gründe für den Ausschluss von Unterauftragnehmern vorliegen. Bei Vorliegen zwingender Ausschlussgründe verlangt der Konzessionsgeber, dass der Unterauftragnehmer ersetzt wird, bei Vorliegen fakultativer Ausschlussgründe kann der Konzessionsgeber verlangen, dass der Unterauftragnehmer ersetzt wird. Der Konzessionsgeber kann dem Bewerber oder Bieter dafür eine Frist setzen.

Übersicht

	Rn.
A. Allgemeines	1
I. Unionsrechtlicher Hintergrund	5
II. Vergleichbare Regelungen	13
B. Regelungsbereich	18
C. Zulässigkeit der Untervergabe	24
D. Angaben und Nachweise (Abs. 1)	26
I. Benennung der weiterzureichenden Konzessionsteile und der vorgesehenen Unterauftragnehmer mit dem Angebot (S. 1)	27
II. Benennung der Unterauftragnehmer und Nachweis der Verfügbarkeit vor dem Zuschlag (S. 2)	33
III. Zusammenfallen von Unterauftragnehmereinsatz und Eignungsleihe (S. 3)	39
E. Haftung des Konzessionsnehmers (Abs. 2)	42
F. Verpflichtung zur Vereinbarung der VOB/B und der VOB/C (Abs. 3)	43

G. Besondere Mitteilungspflichten (Abs. 4) 48
  I. Baukonzessionen und Dienstleistungen, die in der Einrichtung des Konzessionsgebers unter seiner unmittelbaren Aufsicht zu erbringen sind (S. 1) 49
  II. Vergabe sonstiger Dienstleistungskonzessionen (S. 2) 55
  III. Lieferanten und weitere Stufen in der Kette der Unterauftragnehmer (S. 3) 57
H. Anwendung von § 152 Abs. 4 i.V.m. § 128 Abs. 1 GWB (Abs. 5) 60
I. Ausschlussgründe (Abs. 6) 62
  I. Prüfungspflicht (S. 1) 63
  II. Ersetzungsverlangen (S. 2) 67
  III. Frist (S. 3) 70
J. Rechtsschutz 74
Anlage
Verordnungsbegründung (BR-Drs. 87/16)

A. Allgemeines

1 § 33 KonzVgV enthält Bestimmungen über die Einbindung von Unterauftragnehmern im Zusammenhang mit der Vergabe einer Konzession. Anders als es die amtliche Überschrift des Abschnitts 3 der KonzVgV[1] nahelegt, regelt die Vorschrift nicht unmittelbar die Ausführung der Konzession, sondern betrifft ebenso wie die übrigen Vorschriften der KonzVgV das Verfahren zur Vergabe der Konzession und gibt vor, welche Maßnahmen in diesem Verfahren mit Blick auf die Einbindung von Unterauftragnehmern durch die Bewerber, die Bieter und den späteren Konzessionsnehmer zu treffen sind. Das entspricht dem Regelungsgegenstand der KonzVgV im Übrigen, der sich in Übereinstimmung mit der Verordnungsermächtigung in § 113 S. 1 und S. 2 Nr. 2 GWB darauf beschränkt, das Verfahren für die Vergabe von Konzessionen zu regeln (§ 1 KonzVgV). Adressat von § 33 KonzVgV ist daher nicht der Konzessionsnehmer, sondern der Konzessionsgeber, der bei der Vergabe der Konzession die in § 33 KonzVgV enthaltenen Vorgaben zu beachten hat.

2 § 33 KonzVgV kennt ebenso wie die weiteren Bestimmungen der KonzVgV, die im Zuge der Vergaberechtsreform 2014/2016 neu geschaffen wurden, keinen unmittelbaren **Vorgänger**, da mit der Vergaberechtsreform 2014/2016 zum ersten Mal eigene Regelungen für das Recht der Konzessionsvergabe formuliert wurden.[2] Auch die VOL/A enthielt keine umfassende Regelung über die Einbindung von Unterauftragnehmern, sondern sah lediglich in § 11 EG Abs. 5 VOL/A vor, dass öffentliche Auftraggeber bei der Auftragsvergabe Unternehmen, die nicht ihrerseits selbst öffentliche Auftraggeber sind, dazu verpflichten mussten, bei der Vergabe von Unteraufträgen die Regeln über die Berücksichtigung mittelständischer Interessen (§ 2 EG Abs. 2 VOL/A) einzuhalten.[3]

3 Die Bestimmungen über die Vergabe von Unteraufträgen in § 33 KonzVgV tragen zunächst dem **Interesse des Konzessionsgebers** an Information darüber, welche Drittunternehmen in die Ausführung der Konzession eingebunden werden, Rechnung.[4] Darüber hinaus soll durch die Einführung von Prüf- und Ablehnungsrechten des Konzessionsgebers ermöglicht werden, vergaberechtliche Anforderungen, die der Konzessionsnehmer erfüllen muss, auch auf Unterauftragnehmer zu erstrecken.[5]

4 Insgesamt stellt die Öffnung der Konzessionsvergabe für die Einbindung von Unterauftragnehmern eine Maßnahme zur **Erweiterung des Bieterkreises** dar. Denn die Auslagerung von Leistungsteilen auf dritte Unternehmen kann es denjenigen Bewerbern und Bietern, die mit eigenen Kräften nicht in der Lage wären, eine Konzession zu bewältigen, erst ermöglichen, sich an einem Verfahren zur Vergabe einer Konzession zu beteiligen. Die Öffnung von Konzessionen für Unterauftragnehmer dient daher auch der Berücksichtigung mittelständi-

---
1 Vgl. auch die Überschrift des Titels III RL 2014/23/EU: *"Vorschriften für die Durchführung von Konzessionen"*.
2 Dazu im Überblick u.a. *Neun/Otting*, EuZW 2014, 446 (452); *Siegel*, NVwZ 2016, 1672.
3 Zur Rechtslage unter Geltung der VOL/A 2006 *Plauth*, in: Müller-Wrede, VgV/UVgO, § 36 VgV Rn. 2.
4 Erwägungsgrund 72 RL 2014/23/EU; siehe dazu etwa OLG Dresden, Beschluss v. 8.5.2013 – Verg 1/13.
5 Erwägungsgrund 72 RL 2014/23/EU.

scher Interessen (§ 97 Abs. 4 S. 1 GWB).[6] Im früheren Richtlinienrecht teilte Erwägungsgrund 32 RL 2004/18/EG dementsprechend mit, dass Bestimmungen über Unteraufträge vorgesehen werden sollen, um den Zugang von kleinen und mittleren Unternehmen zu öffentlichen Aufträgen zu fördern.[7] Auch wenn dieser Erwägungsgrund im Zuge der Vergaberechtsreform 2014/2016 entfallen ist, bleibt die Aussage in der Sache weiterhin zutreffend.

I. Unionsrechtlicher Hintergrund

§ 33 KonzVgV dient im Wesentlichen der Umsetzung von Art. 42 RL 2014/23/EU.[8] § 33 KonzVgV folgt daher in weiten Teilen den unionsrechtlichen Vorgaben.

§ 33 **Abs. 1** KonzVgV setzt Art. 42 Abs. 2 S. 1 RL 2014/23/EU um.[9] Nach den Vorgaben des Richtlinienrechts kann der Konzessionsgeber verpflichtet werden, von den Bewerbern und Bietern zu verlangen, in ihren Angeboten den Teil der Konzession, den sie im Wege von Unteraufträgen an Dritte zu vergeben gedenken, und gegebenenfalls die dafür vorgesehenen Unterauftragnehmer anzugeben. Den Mitgliedstaaten wird dabei die Entscheidung überlassen, ob sie den Konzessionsgebern aufgeben, dass eine entsprechende Vorgabe zwingend zu machen ist. § 33 Abs. 1 KonzVgV setzt dies dahingehend um, dass es bei der Wahlfreiheit des Konzessionsgebers verbleibt. Für den Zeitpunkt der Information des Konzessionsgebers sieht § 33 Abs. 1 KonzVgV unter Ausdifferenzierung der richtlinienrechtlichen Grundlage eine gestufte Regelung vor. Nach ihr können bei Angebotsabgabe nur Angaben zu den von der Untervergabe betroffenen Konzessionsteilen und, falls zumutbar, zu der Identität der vorgesehenen Unterauftragnehmer angefordert werden (§ 33 Abs. 1 S. 1 KonzVgV). Nur von den Bietern, deren Angebote in die engere Wahl kommen, kann vor dem Zuschlag unabhängig von der Frage der Zumutbarkeit die Benennung der Unterauftragnehmer und die Vorlage von Verfügbarkeitsnachweisen verlangt werden (§ 33 Abs. 1 S. 2 KonzVgV). Die letztgenannte Vorgabe in § 33 Abs. 1 S. 2 KonzVgV, nach der von den Bietern, deren Angebote in die engere Wahl kommen, über die bloße Benennung der Unterauftragnehmer hinaus die Vorlage eines Verfügbarkeitsnachweises verlangt werden kann, findet ebenso wie der in § 33 Abs. 1 S. 3 KonzVgV enthaltene Verweis auf die Bestimmungen über die Eignungsleihe keine Entsprechung im Richtlinienrecht.

§ 33 **Abs. 2** KonzVgV, wonach die Haftung des Konzessionsnehmers gegenüber dem Konzessionsgeber von den Pflichten nach § 33 Abs. 1 KonzVgV unberührt bleibt, entspricht Art. 42 Abs. 2 S. 2 RL 2014/23/EU.[10]

§ 33 **Abs. 3** KonzVgV verpflichtet den Konzessionsnehmer einer Baukonzession, bei der Vergabe von Unteraufträgen in der Regel die VOB/B und VOB/C anzuwenden, und hat keine Grundlage im Unionsrecht.

Die Bestimmungen in § 33 **Abs. 4** KonzVgV betreffen die Verpflichtung des Konzessionsgebers, dem Konzessionsnehmer in den Vertragsbedingungen vorzugeben, dass er spätestens bei Beginn der Durchführung der Konzession Angaben zur Identität der Unterauftragnehmer zu machen und den Konzessionsgeber über spätere Änderungen auf der Ebene der Unterauftragnehmer zu unterrichten hat, falls eine Baukonzession vergeben wird oder eine Konzession über Dienstleistungen, die in der Einrichtung des Konzessionsgebers unter dessen unmittelbarer Aufsicht zu erbringen sind. Dies setzt Art. 42 Abs. 3 UAbs. 1 RL 2014/23/EU um.[11] Die im Richtlinienrecht enthaltene Einschränkung, nach der die Informationspflicht des Konzessionsnehmers spätestens bei Beginn der Konzessionsdurchführung nur dann besteht, soweit die entsprechenden Informationen dem Konzessionsnehmer zu diesem Zeitpunkt bekannt sind, findet keine Entsprechung im deutschen Verordnungsrecht. Darin dürfte allerdings kein Um-

---

6 *Gabriel*, in: Gabriel/Krohn/Neun, Handbuch Vergaberecht, § 18 Rn. 2.
7 Nahezu wortgleich Erwägungsgrund 43 RL 2004/17/EG.
8 Verordnungsbegründung zu § 33 KonzVgV, BR-Drs. 87/16, 297.
9 Verordnungsbegründung zu § 33 Abs. 1 KonzVgV, BR-Drs. 87/16, 298.
10 Verordnungsbegründung zu § 33 Abs. 2 KonzVgV, BR-Drs. 87/16, 298.
11 Verordnungsbegründung zu § 33 Abs. 4 KonzVgV, BR-Drs. 87/16, 298.

setzungsdefizit des Verordnungsgebers liegen, da auch die in § 33 Abs. 4 S. 1 KonzVgV normierte Mitteilungspflicht bei Beginn der Konzessionsdurchführung nur für diejenigen Unterauftragnehmer gilt, deren Identität zu diesem Zeitpunkt bereits feststeht. Denn aus der ebenfalls in § 33 Abs. 4 S. 1 KonzVgV normierten Pflicht des Konzessionsnehmers, spätere Änderungen hinsichtlich des Einsatzes von Unterauftragnehmern mitzuteilen, lässt sich schließen, dass auch ein nachträglicher Einsatz von Unterauftragnehmern zulässig sein kann.[12] Für § 33 Abs. 4 S. 1 KonzVgV ergibt sich daraus die ungeschriebene Einschränkung, dass nachträgliche Änderungen auf der Ebene der Unterauftragnehmer selbstverständlich nicht bereits bei Beginn der Konzessionsdurchführung mitgeteilt werden müssen. § 33 Abs. 4 S. 2 und 3 KonzVgV schließlich, wonach der Konzessionsgeber die Mitteilungspflichten auch auf die Vergabe von Dienstleistungskonzessionen, bei denen die Dienstleistungen nicht in der Einrichtung des Konzessionsgebers unter seiner unmittelbaren Aufsicht zu erbringen sind, auf Lieferanten, die an der Konzession beteiligt sind, und auf weitere Stufen in der Unterauftragnehmerkette erstrecken kann, setzt Art. 42 Abs. 3 UAbs. 4 lit. a und b RL 2014/23/EU um.

10 § 33 **Abs. 5** KonzVgV bestimmt, dass § 152 Abs. 4 i.V.m. § 128 Abs. 1 GWB auf Unterauftragnehmer aller Stufen anzuwenden ist. Nach der Vorstellung des Verordnungsgebers soll damit Art. 42 Abs. 1 RL 2014/23/EU umgesetzt werden.[13] Tatsächlich sieht § 128 Abs. 1 GWB aber lediglich die allgemeine Verpflichtung von Unternehmen vor, bei der Ausführung der Konzession alle für sie geltenden rechtlichen Verpflichtungen einzuhalten.[14] Art. 42 Abs. 1 RL 2014/23/EU bezieht sich hingegen auf geeignete Maßnahmen der zuständigen nationalen Behörden und ist daher nur insoweit mit § 33 Abs. 5 KonzVgV deckungsgleich, als beide Bestimmungen sicherstellen wollen, dass die in Art. 30 Abs. 3 RL 2014/23/EU genannten umwelt-, sozial- und arbeitsrechtlichen Verpflichtungen auch von Unterauftragnehmern eingehalten werden. Hingegen wurde der in Art. 42 Abs. 1 RL 2014/23/EU enthaltene Verweis auf bestehende Überwachungszuständigkeiten und -aufgaben nicht in § 33 Abs. 5 KonzVgV übernommen. Da dieser Verweis aber nur deklaratorischer Natur ist,[15] liegt darin kein Umsetzungsdefizit.

11 § 33 **Abs. 6** KonzVgV verpflichtet den Konzessionsgeber, vor dem Zuschlag das Vorliegen von Ausschlussgründen in der Person des Unterauftragnehmers zu prüfen und bei Vorliegen zwingender Ausschlussgründe seine Ersetzung zu verlangen. Bei Vorliegen fakultativer Ausschlussgründe steht das Ersetzungsverlangen in der Entscheidungsfreiheit des Konzessionsgebers. Dies geht zurück auf Art. 42 Abs. 4 lit. b RL 2014/23/EU,[16] wobei der Verordnungsgeber von der im Richtlinienrecht angelegten Wahlfreiheit dahingehend Gebrauch gemacht hat, dass die Prüfung auf das Vorliegen von Ausschlussgründen den Konzessionsgebern zwingend vorgegeben wird. Dass der Konzessionsgeber dem jeweiligen Bewerber oder Bieter eine Frist für die Ersetzung des Unterauftragnehmers setzen kann (§ 33 Abs. 6 S. 3 KonzVgV), beruht nicht auf einer Vorgabe des Richtlinienrechts.[17]

12 Darüber hinaus enthält das Richtlinienrecht in Art. 42 Abs. 4 lit. a und Abs. 5 RL 2014/23/EU die Möglichkeit der Mitgliedstaaten, die **gemeinsame Haftung** von Konzessionsnehmer und Unterauftragnehmer sowie generell strengere Haftungsregeln vorzusehen. Von dieser Möglichkeit hat der Verordnungsgeber der KonzVgV keinen Gebrauch gemacht. Ohnehin wäre die Regelung von Haftungsfragen aufgrund der begrenzten Reichweite der Verordnungsermächtigung in § 113 S. 1 und S. 2 Nr. 2 GWB auf die an den Konzessionsgeber gerichtete Verpflichtung beschränkt, bestimmte Vertragsbedingungen zu verwenden, die eine entsprechende Haftung vorsehen.[18] Die Haftung richtet sich damit nach den allgemeinen Grundsätzen.[19] Im

---

12 Vgl. hierzu *Plauth*, in: Müller-Wrede, VgV/UVgO, § 36 VgV Rn. 10.
13 Verordnungsbegründung zu § 33 Abs. 5 KonzVgV, BR-Drs. 87/16, 298.
14 Zur Bedeutung der Regelung *Pfohl*, in: Müller-Wrede, Vergaberecht, § 128 Rn. 5.
15 Vgl. Erwägungsgrund 72 RL 2014/23/EU.
16 Verordnungsbegründung zu § 33 Abs. 6 KonzVgV, BR-Drs. 87/16, 298.
17 Vgl. zu § 36 VgV *Plauth*, in: Müller-Wrede, VgV/UVgO, § 36 VgV Rn. 12.
18 Vgl. § 47 Abs. 3 VgV für den Fall der Eignungsleihe.
19 Siehe Rn. 42.

Rahmen der allgemeinen Grenzen ist der Konzessionsgeber frei darin, strengere Haftungsregeln vorzusehen; falls er dies tut, sind sie vergaberechtlich insbesondere am Maßstab der Zumutbarkeit[20] zu messen.

II. Vergleichbare Regelungen

§ 33 KonzVgV entspricht weitgehend der Parallelregelung in § 36 **VgV**. Der Verordnungsgeber hat beide Regelungen bewusst ähnlich gehalten.[21] Ein inhaltlicher Unterschied, der über die Anpassungen hinausgeht, die auf Grund der unterschiedlichen Regelungszusammenhänge erforderlich werden, besteht lediglich insoweit, als die Vorgabe für Baukonzessionen in § 33 Abs. 3 KonzVgV keine Entsprechung in § 36 VgV findet, da die Norm gemäß § 2 VgV nicht für die Vergabe von Bauaufträgen gilt.[22]

13

Die **VOB/A** enthält keine Regelung über die Einbindung von Unterauftragnehmern, deren Inhalt mit § 33 KonzVgV vergleichbar wäre. Allerdings sieht § 4 Abs. 8 Nr. 3 VOB/B vor, dass der Auftragnehmer dem Auftraggeber die Nachunternehmer und deren Nachunternehmer ohne Aufforderung spätestens bis zum Leistungsbeginn des Nachunternehmers mit Namen, gesetzlichen Vertretern und Kontaktdaten bekannt zu geben hat. Zudem hat der Auftragnehmer auf Verlangen des Auftraggebers für seine Nachunternehmer Erklärungen und Nachweise zur Eignung vorzulegen. Das Bauvergabe- und -vertragsrecht bleibt damit in der Regelungsdichte deutlich hinter den Parallelregelungen in der VgV und in der KonzVgV zurück, und zwar auch für Baukonzessionen, für die im Geltungsbereich des Abschnitt 1 VOB/A gemäß § 23 Abs. 2 VOB/A die §§ 1 bis 22 VOB/A sinngemäß anzuwenden sind. Im Ergebnis dürfte das aber nur geringe Folgen haben.[23]

14

§ 34 **SektVO** wiederum entspricht mit den dem Regelungszusammenhang geschuldeten Unterschieden der Parallelbestimmung in § 33 KonzVgV. Es fehlt allerdings eine § 33 Abs. 1 S. 2 KonzVgV entsprechende Klarstellung der Heranziehung der Bestimmungen über die Eignungsleihe, falls Untervergabe und Eignungsleihe zusammenfallen. Auch enthält § 34 SektVO keine mit § 33 Abs. 3 KonzVgV entsprechende Bestimmung über die Verpflichtung zur Vereinbarung der VOB/B und der VOB/C.

15

Sonderregelungen zum Einsatz von Unterauftragnehmern, die keine Entsprechung in § 33 KonzVgV kennen, finden sich ferner in den §§ 4 Abs. 2, 9 und 38 bis 41 **VSVgV**. Sie enthalten weitreichende Bestimmungen insbesondere zur Verpflichtung, Angaben zur Untervergabe bereits mit dem Angebot zu machen (§ 9 Abs. 1 S. 1 VSVgV), zur Vorgabe einer Untervergabequote (§ 9 Abs. 2 S. 1 i.V.m. Abs. 3 Nr. 1 VSVgV), zur Möglichkeit des Auftraggebers, das Verfahren zur Untervergabe zu bestimmen (§ 9 Abs. 2 S. 1 i.V.m. Abs. 3 Nr. 2 und §§ 38 bis 41 VSVgV), und zur Ablehnungsbefugnis des Auftraggebers (§ 9 Abs. 5 S. 1 VSVgV).[24] Sie erklären sich aus den Besonderheiten der Vergabe im Verteidigungs- und Sicherheitsbereich, insbesondere dem Willen des Richtliniengebers, den öffentlichen Auftraggebern eine rechtlich unbedenkliche Alternative zu den in der Praxis gebräuchlichen, aus rechtlicher Sicht aber häufig zweifelhaften Kompensationsgeschäften zu geben.[25]

16

§ 26 **UVgO** schließlich ist § 36 VgV und damit auch § 33 KonzVgV nachgebildet[26] und enthält überwiegend inhaltsgleiche Bestimmungen wie die Parallelregelungen. Wesentliche Unterschiede bestehen allerdings darin, dass im Anwendungsbereich der UVgO eine Prüfung von Ausschlussgründen hinsichtlich der Unterauftragnehmer nicht zwingend ist[27] (§ 26 Abs. 5 UVgO) und dass der Auftraggeber die Befugnis hat, die Selbstausführung vorzuschreiben und

17

---

20 Dazu u.a. *Krohn*, in: Gabriel/Krohn/Neun, Handbuch Vergaberecht, § 19 Rn. 44.
21 Verordnungsbegründung zu § 33 KonzVgV, BR-Drs. 87/16, 298.
22 Verordnungsbegründung zu § 33 KonzVgV, BR-Drs. 87/16, 298.
23 Dazu und zu den Hintergründen *Plauth*, in: Müller-Wrede, VgV/UVgO, § 36 VgV Rn. 13.
24 Dazu im Einzelnen *Conrad*, in: Gabriel/Krohn/Neun, Handbuch Vergaberecht, § 58 Rn. 36 ff.
25 *Conrad*, in: Gabriel/Krohn/Neun, Handbuch Vergaberecht, § 58 Rn. 37.
26 *Dicks*, in: Kulartz/Röwekamp/Portz/Prieß, UVgO, § 26 Rn. 1 f.
27 Ähnlich *Dicks*, in: Kulartz/Röwekamp/Portz/Prieß, UVgO, § 26 Rn. 17.

damit den Einsatz von Unterauftragnehmern ganz oder zum Teil auszuschließen[28] (§ 26 Abs. 6 UVgO). Für Konzessionsvergaben gilt § 26 UVgO nicht, was aus der Bestimmung des Anwendungsbereichs der UVgO in § 1 Abs. 1 UVgO folgt.[29]

B. Regelungsbereich

18 § 33 KonzVgV trifft bestimmte Vorgaben für die Einbindung Dritter als Unterauftragnehmer. Zentrales Tatbestandsmerkmal der Regelung sind daher die Begriffe des **Unterauftrags** und des **Unterauftragnehmers**. Die KonzVgV definiert diese Begriffe nicht. Auch im sonstigen Vergaberecht sind die Begriffe nicht näher bestimmt. Lediglich § 4 Abs. 2 VSVgV enthält eine für den Anwendungsbereich der VSVgV geltende Begriffsbestimmung, die einen Unterauftrag als einen zwischen einem erfolgreichen Bieter und einem oder mehreren Unternehmen geschlossenen entgeltlichen Vertrag über die Ausführung des betreffenden Auftrags oder von Teilen des Auftrags definiert.[30] In systematischer Hinsicht ist das Fehlen einer allgemeinen vergaberechtlichen Definition des Unterauftrags nachvollziehbar. Denn der Begriff des Unterauftrags ist nach seiner Herkunft ein schuldrechtlicher Begriff, dessen typischer Anwendungsbereich im Werkvertragsrecht liegt. Unterauftragnehmer ist nach diesem ein am Werkvertrag zwischen Unternehmer und Besteller nicht beteiligter Dritter, dem der Unternehmer Teile der vertraglich geschuldeten Leistung überträgt.[31] Für das Vergaberecht wird üblicherweise an dieses werkvertragliche Begriffsverständnis angeknüpft. Unterauftragnehmer im vergaberechtlichen Sinne sind damit diejenigen Dritten, die nicht Partei des zu vergebenden Vertrages werden, aber aufgrund eines Vertragsverhältnisses mit dem Auftragnehmer für diesen Teile der zu vergebenden Leistung erbringen.[32]

19 Aus vergaberechtlicher Sicht besteht kein inhaltlicher Unterschied zwischen dem Begriff des Unterauftragnehmers, dem eher[33] im Bereich der VOB gebräuchlichen Begriff des **Nachunternehmers**[34] und dem Begriff des **Subunternehmers**.[35]

20 Keine Unterauftragnehmer sind damit **Lieferanten**[36] des Konzessionsnehmers oder Unternehmen, die lediglich Hilfeleistungen erbringen, die den Konzessionsnehmer in die Lage ver-

---

28 Dazu *Dicks,* in: Kulartz/Röwekamp/Portz/Prieß, UVgO, § 26 Rn. 20.
29 *Müller-Wrede,* in: Müller-Wrede, VgV/UVgO, § 1 UVgO Rn. 12.
30 Dazu *Conrad,* in: Gabriel/Krohn/Neun, Handbuch Vergaberecht, § 58 Rn. 38 ff.
31 *Busche,* in: Säcker/Rixecker/Oetker/Limperg, BGB, § 631 Rn. 36; *Junghenn,* in: Ganten/Jansen/Voit, VOB, § 4 Abs. 8 VOB/B Rn. 1.
32 OLG München, Beschluss v. 12.10.2012 – Verg 16/12; OLG Düsseldorf, Beschluss v. 27.10.2010 – VII-Verg 47/10; OLG München, Beschluss v. 10.9.2009 – Verg 10/09; OLG Naumburg, Beschluss v. 2.7.2009 – 1 Verg 2/09; OLG Naumburg, Beschluss v. 4.9.2008 – 1 Verg 4/08; OLG Düsseldorf, Beschluss v. 28.4.2008 – VII-Verg 1/08; OLG Celle, Beschluss v. 5.7.2007 – 13 Verg 8/07; OLG Naumburg, Beschluss v. 26.1.2005 – 1 Verg 21/04; VK Niedersachsen, Beschluss v. 30.1.2009 – VgK-54/08; VK Bund, Beschluss v. 26.5.2008 – VK 2-49/08; VK Sachsen, Beschluss v. 20.4.2006 – 1/SVK/029-06; VK Bund, Beschluss v. 13.10.2004 – VK 3-194/04; *Gabriel,* in: Gabriel/Krohn/Neun, Handbuch Vergaberecht, § 18 Rn. 8; *von Rinteln,* in: Kapellmann/Messerschmidt, VOB, § 8 VOB/A Rn. 40; *Dicks,* in: Kulartz/Kus/Marx/Portz/Prieß, VgV, § 36 Rn. 2; *Plauth,* in: Müller-Wrede, VgV/UVgO, § 36 VgV Rn. 16; *Ritzek-Seidl,* in: Pünder/Schellenberg, Vergaberecht, § 8 VOB/A Rn. 17; *Voppel/Osenbrück/Bubert,* VgV, § 36 Rn. 3; *Amelung,* ZfBR 2013, 337; *Burgi,* NZBau 2010, 593 (594 f.); *Conrad,* VergabeR 2012, 15 (18); siehe ferner § 4 Abs. 8 Nr. 1 S. 1 und 2 VOB/B, § 4 Nr. 4 S. 1 VOL/B.
33 Der Sprachgebrauch der VOB ist nicht einheitlich; siehe einerseits § 8 Abs. 2 Nr. 2 VOB/A, § 8a Abs. 4 Nr. 1 lit. c VOB/A, § 4 Abs. 8 VOB/B und § 8 Abs. 5 VOB/B, andererseits § 8 EU Abs. 2 Nr. 2 VOB/A und § 22 EU Abs. 2 S. 1 Nr. 1 lit. c VOB/A.
34 Zur zivilrechtlich gelegentlich vorgenommenen Differenzierung zwischen Nach- und Subunternehmer BGH, Urteil v. 21.10.1999 – VII ZR 185/98; *Busche,* in: Säcker/Rixecker/Oetker/Limperg, BGB, § 631 Rn. 45; Nachunternehmer in diesem besonderen Sinne ist derjenige Unternehmer, dessen Werkleistungen auf der Vorleistung eines anderen (Vorunternehmer) aufbauen.
35 *Gabriel,* in: Gabriel/Krohn/Neun, Handbuch Vergaberecht, § 18 Rn. 8; *Dicks,* in: Kulartz/Kus/Marx/Portz/Prieß, VgV, § 36 Rn. 2.
36 Vgl. auch § 33 Abs. 4 S. 3 KonzVgV.

setzen, die vertragsgegenständliche Leistung zu erbringen.[37] Maßgeblich für die Abgrenzung zwischen derartigen Leistungsgehilfen und Unterauftragnehmern ist der Inhalt der Leistungsbeschreibung (§ 15 KonzVgV). Denn anhand der den Konzessionsnehmer treffenden Leistungspflichten ist zu beantworten, welche Tätigkeiten als Übernahme von Leistungsteilen einzustufen sind und dadurch den jeweiligen Unternehmer zum Unterauftragnehmer machen. Es fällt damit weitgehend in die Gestaltungsmacht des Konzessionsgebers, mittels der Leistungsbeschreibung zu bestimmen, in welchem Maße die Einbindung von Drittunternehmen den Vorgaben über den Unterauftragnehmereinsatz unterfällt.[38]

Darüber hinaus ist die Vergabe von Unteraufträgen von der **Eignungsleihe** abzugrenzen.[39] Eignungsgeber sind diejenigen Unternehmen, auf deren Kapazitäten der Bieter oder Bewerber zurückgreift, um die vom Konzessionsgeber verlangten Eignungsanforderungen zu erfüllen.[40] § 25 Abs. 3 KonzVgV erlaubt die Eignungsleihe und macht hierfür nähere Vorgaben. Zwar kann es sich bei Drittunternehmen, auf die sich ein Bieter oder Bewerber zum Zwecke der Eignungsleihe beruft, gleichzeitig um Unterauftragnehmer handeln, sodass beide Formen der Einbeziehung zusammenfallen.[41] In der Praxis ist das häufig der Fall.[42] Zwingend ist es jedoch nicht. Bereits aus der tatbestandlichen Weite von § 25 Abs. 3 S. 1 KonzVgV, die sämtliche Eignungskriterien umfasst, folgt, dass die Einbindung Dritter im Wege der Eignungsleihe möglich ist, ohne dass der Dritte in jedem Fall[43] einen Leistungsteil als Unterauftragnehmer übernehmen muss. Im Richtlinienrecht ist diese Unterscheidung in der klaren Trennung zwischen den Vorgaben für die Eignungsleihe (Art. 38 Abs. 2 RL 2014/23/EU) und für die Einbindung von Unterauftragnehmern (Art. 42 RL 2014/23/EU) ebenfalls angelegt. § 33 Abs. 1 S. 3 KonzVgV stellt zudem klar, dass die in § 25 Abs. 3 KonzVgV enthaltenen Bestimmungen über die Eignungsleihe ergänzend anzuwenden sind, wenn ein Dritter gleichzeitig als Unterauftragnehmer und als Eignungsgeber eingebunden werden soll.

21

Unerheblich für die Einordnung eines Unternehmers als Unterauftragnehmer ist ferner, ob es sich bei dem Unternehmer um ein mit dem Bieter oder Bewerber **verbundenes Unternehmen** i.S.v. § 36 Abs. 2 S. 1 GWB handelt. Zwar wurde früher vereinzelt zwischen verbundenen Unternehmen und Unterauftragnehmern unterschieden mit der Folge, dass verbundene Unternehmen keine Unterauftragnehmer darstellen sollten.[44] Diese Sichtweise hat jedoch zu Recht keine Gefolgschaft gefunden. Die in § 33 KonzVgV enthaltenen Bestimmungen über die Einbindung von Unterauftragnehmern knüpfen an den jeweiligen Unternehmer an, d.h. an diejenige natürliche oder juristische Person, die entweder als Konzessionsnehmer Vertragspartner des Konzessionsgebers wird oder als Unterauftragnehmer nicht unmittelbar mit dem Konzessionsgeber vertraglich verbunden ist. Auf wirtschaftliche Verbindungen zwischen dem Konzessionsgeber und den übrigen an der Leistungserbringung Beteiligten kommt es hierfür nicht an.[45] Zutreffend geht daher inzwischen die ganz überwiegende Auffassung davon aus,

22

---

37 OLG Düsseldorf, Beschluss v. 25.6.2014 – VII-Verg 38/13; OLG München, Beschluss v. 12.10.2012 – Verg 16/12; Beschluss v. 10.9.2010 – Verg 10/09; ; OLG Naumburg, Beschluss v. 4.9.2008 – 1 Verg 4/08; OLG Dresden, Beschluss v. 25.4.2006 – 20 U 467/06; OLG Naumburg, Beschluss v. 26.1.2005 – 1 Verg 21/04; OLG Schleswig, Urteil v. 5.2.2004 – 6 U 23/03; VK Bund, Beschluss v. 6.6.2016 – VK 1-30/16; VK Schleswig-Holstein, Beschluss v. 7.7.2009 – VK-SH 05/09; VK Niedersachsen, Beschluss v. 30.1.2009 – VgK-54/08; VK Sachsen, Beschluss v. 20.4.2006 – 1/SVK/029-06; VK Bund, Beschluss v. 13.10.2004 – VK 3-194/04; *Opitz*, in: Burgi/Dreher, Vergaberecht, Band 1, § 122 GWB Rn. 41; *Gabriel*, in: Gabriel/Krohn/Neun, Handbuch Vergaberecht, § 18 Rn. 17; *von Rintelen*, in: Kapellmann/Messerschmidt, VOB, § 8 VOB/A Rn. 40; *Dicks*, in: Kulartz/Kus/Marx/Portz/Prieß, VgV, § 36 Rn. 2; *Plauth*, in: Müller-Wrede, VgV/UVgO, § 36 VgV Rn. 18; *Amelung*, ZfBR 2013, 337; *Burgi*, NZBau, 2010, 593 (595); *Conrad*, VergabeR 2012, 15 (19 f.).
38 *Conrad*, VergabeR 2012, 15 (19); zustimmend *Gabriel*, in: Gabriel/Krohn/Neun, Handbuch Vergaberecht, § 18 Rn. 18.
39 Zur Unterscheidung OLG Düsseldorf, Beschluss v. 25.6.2014 – VII-Verg 38/13; Beschluss v. 30.6.2010 – VII-Verg 13/10; *Conrad*, VergabeR 2012, 15; *Rosenkötter/Bary*, NZBau 2012, 486.
40 *Conrad*, VergabeR 2012, 15 (20).
41 *Conrad*, VergabeR 2012, 15 (21 f.).
42 *Gabriel*, in: Gabriel/Krohn/Neun, Handbuch Vergaberecht, § 18 Rn. 15; *Voppel/Osenbrück/Bubert*, VgV, § 36 Rn. 5.
43 Zu Einschränkungen EuGH, Urteil v. 7.4.2016 – Rs. C-324/14 (Partner Apelski Dariusz), Rn. 41.
44 OLG München, Beschluss v. 29.11.2007 – Verg 13/07; Beschluss v. 29.3.2007 – Verg 2/07; offengelassen von *Opitz*, in: Eschenbruch/Opitz, SektVO, § 8 Rn. 34.
45 Vgl. für die Eignungsleihe im Bereich der VgV § 47 Abs. 1 S. 2 VgV.

dass auch verbundene Unternehmen Unterauftragnehmer im vergaberechtlichen Sinne sein können.⁴⁶

23 Fraglich ist schließlich, ob nur diejenigen Unternehmen als Unterauftragnehmer im vergaberechtlichen Sinne anzusehen sind, die auf Grund eines unmittelbaren Vertragsverhältnisses mit dem Konzessionsnehmer verbunden sind, oder ob darüber hinaus auch die Unterauftragnehmer auf den **nachgelagerten Ebenen**, d. h. Unterauftragnehmer der Unterauftragnehmer und alle weiteren Unternehmen einer Unterauftragnehmerkette, von § 33 KonzVgV erfasst werden. Die erstgenannte Ansicht wird teilweise mit dem Hinweis auf den Wortlaut von § 36 Abs. 3 S. 3 VgV (§ 33 Abs. 4 S. 3 KonzVgV) und von § 36 Abs. 4 VgV (§ 33 Abs. 5 KonzVgV) vertreten.⁴⁷ Tatsächlich ist der Wortlaut der genannten Normen aber nicht eindeutig. Vielmehr zeigt insbesondere § 33 Abs. 5 KonzVgV, dass auch Unter-Unterauftragnehmer und Unterauftragnehmer auf weiteren nachgelagerten Ebenen begrifflich als Unterauftragnehmer verstanden werden. Eine an Sinn und Zweck von § 33 KonzVgV orientierte Auslegung gebietet es, die Bestimmungen insgesamt auf Unterauftragnehmer aller Ebenen zu erstrecken.⁴⁸ Das Informationsbedürfnis des Konzessionsgebers und das Erfordernis der Eignung aller in die Leistungserbringung eingebundenen Unternehmen⁴⁹ machen nicht auf der ersten Stufe der Unterauftragnehmer Halt.⁵⁰

C. Zulässigkeit der Untervergabe

24 § 33 KonzVgV enthält lediglich Regelungen darüber, wie zu verfahren ist, wenn der Konzessionsgeber die Einbindung von Unterauftragnehmern zulässt. Hingegen kann der Vorschrift keine ausdrückliche oder mittelbare Aussage darüber entnommen werden, ob der Konzessionsgeber die Untervergabe **zulassen** muss oder in welchen Fällen er sie einschränken kann.⁵¹ Für ein solches Verständnis spricht bereits der Zweck der § 33 KonzVgV zugrunde liegenden Richtlinienbestimmung in Art. 42 RL 2014/23/EU, der im Wesentlichen darauf gerichtet ist, bei der Übertragung der geschuldeten Leistungen auf einen Unterauftragnehmer das Informationsbedürfnis des Konzessionsgebers zu wahren, die Anwendung umwelt-, sozial- und arbeitsrechtlicher Vorschriften zu sichern und gegebenenfalls die Anwendbarkeit von Ausschlussgründen auf Unterauftragnehmer zu erstrecken.⁵² Nicht zum Regelungsgehalt von § 33 KonzVgV gehört hingegen die grundsätzliche Aussage über das Ob der Einbindung von Unterauftragnehmern.

25 Daraus folgt jedoch nicht, dass es im Belieben des Konzessionsgebers stünde, die Untervergabe zuzulassen oder nicht. Vielmehr folgt aus der grundsätzlichen Zulassung der Eignungsleihe (§ 25 Abs. 3 KonzVgV), dass die Vorgabe eines **Selbstausführungsgebots** oder von Selbstausführungsquoten vergaberechtlich unzulässig ist:⁵³ Wem erlaubt ist, sich der Kapazitäten anderer zu bedienen, dem kann nicht gleichzeitig auferlegt werden, alles selbst zu machen.⁵⁴ Dementsprechend war die grundsätzliche Zulässigkeit der Einbindung von Drittunternehmen bereits anerkannt, bevor § 33 KonzVgV und Art. 42 RL 2014/23/EU im Zuge der Vergaberechtsreform 2014/2016 ausdrückliche Bestimmungen über die Untervergabe getroffen

---

46 OLG München, Beschluss v. 15.3.2012 – Verg 2/12; zur Eignungsleihe: OLG Düsseldorf, Beschluss v. 30.6.2010 – VII-Verg 13/10; Beschluss v. 20.10.2008 – VII-Verg 41/08; *Gabriel*, in: Gabriel/Krohn/Neun, Handbuch Vergaberecht, § 18 Rn. 10; *Glahs*, in: Kapellmann/Messerschmidt, VOB, § 6b VOB/A Rn. 16; *Dicks*, in: Kulartz/Kus/Marx/Portz/Prieß, VgV, § 36 Rn. 2; *Plauth*, in: Müller-Wrede, VgV/UVgO, § 36 VgV Rn. 22.
47 *Plauth*, in: Müller-Wrede, VgV/UVgO, § 36 VgV Rn. 21 (zu § 36 VgV).
48 *Dicks*, in: Kulartz/Kus/Marx/Portz/Prieß, VgV, § 36 Rn. 2 (zu § 36 VgV); vor Umsetzung der Vergaberechtsreform 2014/2016 bereits OLG Düsseldorf, Beschluss v. 28.4.2008 – VII-Verg 1/08; siehe auch *Amelung*, ZfBR 2013, 337 (338).
49 Dazu Rn. 62 ff.
50 In diese Richtung. auch *Dicks*, in: Kulartz/Kus/Marx/Portz/Prieß, VgV, § 36 Rn. 13; *Dittmann*, in: Kulartz/Kus/Marx/Portz/Prieß, VgV, § 57 Rn. 107.
51 A.A. *Plauth*, in: Müller-Wrede, VgV/UVgO, § 36 VgV Rn. 23 (zu § 36 VgV).
52 Erwägungsgrund 72 RL 2014/23/EU.
53 Vgl. aber § 26 Abs. 6 UVgO für den Anwendungsbereich der UVgO.
54 *Conrad*, VergabeR 2012, 15 (16).

haben.⁵⁵ Daher ist auch die Frage, ob der Konzessionsgeber in Ausnahmefällen die Leistungserbringung durch den Konzessionsnehmer selbst verlangen darf, vorrangig unter dem Gesichtspunkt der Eignungsleihe zu beantworten.⁵⁶ § 25 Abs. 3 KonzVgV schränkt freilich die Zulässigkeit der Eignungsleihe anders als § 47 Abs. 5 VgV nicht ein.

D. Angaben und Nachweise (Abs. 1)

§ 33 Abs. 1 KonzVgV bestimmt, welche Angaben und Nachweise der Konzessionsgeber im Vergabeverfahren über den Einsatz von Unterauftragnehmern verlangen kann. Die Vorschrift unterscheidet zwischen Angaben, die bereits bei der Angebotsabgabe verlangt werden können (S. 1), und solchen Angaben und Nachweisen, die der Konzessionsgeber erst unmittelbar vor dem Zuschlag verlangen darf (S. 2). Zudem stellt § 33 Abs. 1 KonzVgV klar (S. 3), dass bei einem Zusammenfallen von Unterauftragnehmereinsatz und Eignungsleihe auch § 25 Abs. 3 KonzVgV anwendbar ist.

26

I. Benennung der weiterzureichenden Konzessionsteile und der vorgesehenen Unterauftragnehmer mit dem Angebot (S. 1)

§ 33 Abs. 1 S. 1 KonzVgV erlaubt es dem Konzessionsgeber, die Unternehmen in der Konzessionsbekanntmachung oder in den Vergabeunterlagen dazu aufzufordern, bei der Angebotsabgabe diejenigen Teile der Konzession, die sie im Wege der Unterauftragsvergabe an Dritte zu vergeben beabsichtigen, sowie, falls zumutbar, die vorgesehenen Unterauftragnehmer zu benennen.

27

Der Wortlaut der Vorschrift stellt das Verlangen nach entsprechenden Informationen in die **Wahlfreiheit** des Konzessionsgebers.⁵⁷ Der Verordnungsgeber hat von der in Art. 42 Abs. 2 S. 1 RL 2014/23/EU vorgesehenen Möglichkeit, den Konzessionsgeber hierzu zu verpflichten, keinen Gebrauch gemacht. Dem Konzessionsgeber steht es daher frei zu entscheiden, ob er die von der Vorschrift erfassten Angaben bereits mit den Angeboten einholen will.⁵⁸ Entscheidet sich der Konzessionsgeber dafür, bereits im Stadium der Angebotsabgabe entsprechende Angaben zu verlangen, so muss er die Aufforderung in die Konzessionsbekanntmachung (§ 19 KonzVgV) oder in die Vergabeunterlagen (§ 16 KonzVgV) aufnehmen. Ob er für die Aufforderung die Konzessionsbekanntmachung oder die Vergabeunterlagen oder beides wählt, liegt ebenfalls in der Entscheidungsfreiheit des Konzessionsgebers.⁵⁹

28

Hingegen ist eine Verpflichtung der Bewerber und Bieter, die weiterzureichenden Konzessionsteile und die vorgesehenen Unterauftragnehmer zu einem früheren Zeitpunkt als bei Angebotsabgabe zu benennen, nach Wortlaut und Systematik von § 33 Abs. 1 KonzVgV nicht zulässig. Dies wirft die Frage auf, wie bei einer Vergabe mit einem vorgeschalteten **Teilnahmewettbewerb** mit dem Problem umzugehen ist, dass der Teilnahmewettbewerb der Prüfung der Eignung der Bewerber und damit auch ihrer Unterauftragnehmer⁶⁰ dient, gleichzeitig aber bei Zeitpunkt der Einreichung der Teilnahmeanträge die Identität der Unterauftragnehmer noch nicht bekannt ist, da § 33 Abs. 1 KonzVgV ein dahingehendes Informationsverlangen nicht gestattet. Da das Konzessionsvergaberecht anders als das allgemeine Vergaberecht (§ 119 Abs. 1 GWB, §§ 14 ff. VgV) keine in ihrem Ablauf definierten Ver-

29

---

55 Unter anderem EuGH, Urteil v. 14.7.2016 – Rs. C-406/14 (Wrocław – Miasto na prawach powiatu), Rn. 33; Urteil v. 18.3.2004 – Rs. C-314/01 (Siemens und ARGE Telekom), Rn. 43; Urteil v. 2.12.1999 – Rs. C-176/98 (Holst Italia), Rn. 29; Urteil v. 18.12.1997 – Rs. C-5/97 (Ballast Nedam Groep NV II), Rn. 10; Urteil v. 14.4.1994 – Rs. C-389/92 (Ballast Nedam Groep NV I), Rn. 13; *Gabriel*, in: Gabriel/Krohn/Neun, Handbuch Vergaberecht, § 18 Rn. 43 f.; *Pauly*, VergabeR 2005, 312; *Schneevogl*, NZBau 2004, 418; *Stoye*, NZBau 2004, 648.
56 Dazu *Stoye/Brugger*, VergabeR 2015, 647.
57 Siehe auch Verordnungsbegründung zu § 33 Abs. 1 KonzVgV, BR-Drs. 87/16, 298.
58 *Plauth*, in: Müller-Wrede, VgV/UVgO, § 36 VgV Rn. 28 (zu § 36 VgV).
59 Vgl. auch Art. 33 Abs. 2 S. 1 RL 2014/23/EU, wonach die Aufforderung in den Konzessionsunterlagen vorzunehmen ist. Zu den Konzessionsunterlagen gehören sowohl die Bekanntmachung als auch die Vergabeunterlagen (Art. 5 Nr. 12 RL 2014/23/EU).
60 Zur Erstreckung der Eignungsprüfung auf die Unterauftragnehmer Rn. 63 ff.

fahrensarten kennt, stellt sich diese Frage zwar nicht mit derselben Schärfe wie im allgemeinen Vergaberecht, das zwingend eine Eignungsprüfung im Teilnahmewettbewerb verlangt (z.B. gemäß § 16 Abs. 1 S. 3, § 17 Abs. 1 S. 3 VgV). Im Bereich der Konzessionsvergabe kann die Frage allerdings gleichwohl dann erheblich werden, wenn der Konzessionsgeber von der ihm zustehenden Freiheit zur Verfahrensgestaltung (§ 12 Abs. 1 KonzVgV) dahingehend Gebrauch macht, dass er wie bei einem Verfahren mit Teilnahmewettbewerb eine vorgeschaltete Eignungsprüfung durchführt. § 12 Abs. 1 S. 2 KonzVgV erlaubt eine solche Anlehnung an die Verfahrensarten des allgemeinen Vergaberechts ausdrücklich. Im Anwendungsbereich der VgV ist die Frage umstritten: Mit Verweis etwa auf den Wortlaut von § 36 Abs. 1 S. 1 VgV wird es teilweise als unzulässig betrachtet, bereits im Teilnahmewettbewerb Angaben über die Untervergabe von Leistungsteilen zu verlangen.[61] Andere Stimmen hingegen halten es für zulässig, schon mit dem Teilnahmeantrag Angaben über eine vorgesehene Untervergabe zu verlangen, weil nur dadurch eine abschließende Eignungsprüfung möglich sei.[62] Richtigerweise ist bei der Durchführung eines Teilnahmewettbewerbs oder einer anderen daran ausgerichteten Verfahrensgestaltung mit vorgezogener Eignungsprüfung danach zu unterscheiden, ob sich der Bewerber auf den jeweiligen Unterauftragnehmer auch zum Nachweis seiner Eignung gemäß § 25 Abs. 3 KonzVgV beruft. Ist dies der Fall, so muss es dem Konzessionsgeber möglich sein, die in § 33 Abs. 1 S. 1 KonzVgV genannten Angaben zu den weiterzureichenden Auftragsteilen und zur Identität der vorgesehenen Unterauftragnehmer bereits im Teilnahmewettbewerb zu verlangen, und zwar ohne dass es auf das in § 33 Abs. 1 S. 1 KonzVgV genannte zusätzliche Kriterium der Zumutbarkeit ankäme. Anderenfalls wäre es nicht möglich, im Teilnahmewettbewerb die Eignung des jeweiligen Bewerbers zu beurteilen. Dem entspricht es, dass § 47 Abs. 2 S. 1 VgV für das allgemeine Vergaberecht die Prüfung der Eignungsgeber auf ihre Eignung und das Nichtvorliegen von Ausschlussgründen im Rahmen der allgemeinen Eignungsprüfung und damit bereits im Teilnahmewettbewerb vorsieht.[63] Anders hingegen verhält es sich, wenn der Unterauftragnehmer nicht zugleich dem Bewerber gemäß § 25 Abs. 3 KonzVgV die erforderliche Eignung vermittelt. In diesem Fall besteht kein zwingender Grund, bereits im Teilnahmewettbewerb den Unterauftragnehmer in die Eignungsprüfung einzubeziehen. Zwar muss auch der Unterauftragnehmer geeignet sein, soweit dies für die von ihm übernommenen Leistungsteile erforderlich ist.[64] Allerdings muss diese Prüfung nicht in jedem Fall im Teilnahmewettbewerb oder in einer vergleichbaren der Angebotsabgabe vorgeschalteten Phase des Vergabeverfahrens stattfinden. Vielmehr lässt die mangelnde Eignung eines Unterauftragnehmers die Eignung des Bewerbers oder Bieters selbst unberührt und zwingt ihn lediglich dazu, den von der Untervergabe betroffenen Leistungsteil entweder selbst auszuführen oder den ungeeigneten Unterauftragnehmer durch einen geeigneten Unterauftragnehmer zu ersetzen (§ 33 Abs. 6 KonzVgV). Gelingt dies dem Bieter nicht, kommt sein Angebot nicht für den Zuschlag in Betracht. § 33 Abs. 6 KonzVgV verdeutlicht, dass eine solche Feststellung auch erst kurz vor dem Zuschlag getroffen werden kann. Auch wenn es praktischer sein mag, darüber bereits in einem früheren Stadium des Vergabeverfahrens Klarheit zu haben, ist eine solche zeitlich nach hinten verlagerte Prüfung nach der in § 33 Abs. 6 KonzVgV zum Ausdruck kommenden Wertung hinzunehmen.[65]

30 Anzugeben sind bei einer Aufforderung gemäß § 33 Abs. 1 S. 1 KonzVgV zunächst diejenigen **Teile der Konzession**, die im Wege der Unterauftragsvergabe an Dritte vergeben werden sollen. Dies verlangt eine hinreichend genaue Bezeichnung desjenigen Konzessionsteils, der von der Untervergabe umfasst sein soll. Der Konzessionsgeber muss in die Situation versetzt werden, eindeutig erkennen zu können, welcher Teil der Konzession nicht vom Bieter selbst ausgeführt werden soll.[66]

---

61 *Plauth*, in: Müller-Wrede, VgV/UVgO, § 36 VgV Rn. 34.
62 *Opitz*, in: Burgi/Dreher, Vergaberecht, Band 1, § 122 GWB Rn. 45; für die Eignungsleihe VK Bund, Beschluss v. 9.8.2017 – VK 1-77/17.
63 *Voppel/Osenbrück/Bubert*, VgV, § 47 Rn. 13.
64 Dazu Rn. 63 ff.
65 Vgl. auch für den Anwendungsbereich der VgV die beschränkte Erklärungspflicht in § 46 Abs. 3 Nr. 10 VgV.
66 *Plauth*, in: Müller-Wrede, VgV/UVgO, § 36 VgV Rn. 32 (zu § 36 VgV).

31 Die Verpflichtung der Bieter, mit der Angebotsabgabe die vorgesehenen Unterauftragnehmer namentlich zu benennen, steht unter dem Vorbehalt der **Zumutbarkeit**. Das Zumutbarkeitskriterium geht zurück auf die Rechtsprechung des Bundesgerichtshofs.[67] Hiernach kann es die Bieter in unzumutbarer Weise belasten, wenn sie sich bereits mit dem Angebot verbindlich auf die Identität der Unterauftragnehmer festlegen müssen. Denn eine solche Verpflichtung hat insbesondere zur Folge, dass sich die Bieter bereits mit der Angebotsabgabe von den vorgesehenen Unterauftragnehmern die Leistungserbringung bindend zusagen lassen müssen, obgleich zu diesem Zeitpunkt noch ungewiss ist, ob das jeweilige Angebot überhaupt für einen Zuschlag in Betracht kommt.[68] Gleichzeitig sind die Vorteile, die dem Auftraggeber dadurch erwachsen, dass er von der Identität der vorgesehenen Unterauftragnehmer bereits bei der Angebotsöffnung und nicht erst zu einem späteren Zeitpunkt im Vergabeverfahren Kenntnis erlangt, in vielen Fällen überschaubar gering.

32 Diese **Umstände** sind auch bei der Beantwortung der Frage, wann das in § 33 Abs. 1 S. 1 KonzVgV normierte Kriterium der Zumutbarkeit erfüllt ist, zu berücksichtigen. Maßgeblich ist damit stets eine Betrachtung der im Einzelfall betroffenen Interessen des Konzessionsgebers einerseits und der Bieter andererseits.[69] Von Bedeutung kann beispielsweise sein, in welchem Ausmaß der spätere Konzessionsnehmer voraussichtlich Unterauftragnehmer einbinden wird. Ist mit einem umfangreichen Einsatz von Unterauftragnehmern zu rechnen, kann es die Bieter eher belasten, bereits mit der Angebotsabgabe die Identität der Unterauftragnehmer anzugeben, als bei einer wenig komplexen Leistung, die voraussichtlich nur in untergeordnetem Umfang den Einsatz von Unterauftragnehmern erfordert.[70] Daneben kann es auch eine Rolle spielen, ob eine umfangreiche Eignungsprüfung der Unterauftragnehmer erforderlich ist und ob die Rahmenbedingungen des Vergabeverfahrens, etwa in zeitlicher Hinsicht, eine Prüfung des Unterauftragnehmereinsatzes bereits unmittelbar nach der Angebotsöffnung erfordern.[71]

II. Benennung der Unterauftragnehmer und Nachweis der Verfügbarkeit vor dem Zuschlag (S. 2)

33 § 33 Abs. 1 S. 2 KonzVgV knüpft an § 33 Abs. 1 S. 1 KonzVgV an und ermächtigt den Konzessionsgeber, vor dem Zuschlag von den Bietern, deren Angebote in die engere Wahl kommen, zu verlangen, die Unterauftragnehmer zu benennen und nachzuweisen, dass ihnen die erforderlichen Mittel dieser Unterauftragnehmer zur Verfügung stehen. Anders als die Informationspflicht nach § 33 Abs. 1 S. 1 KonzVgV steht dies nicht mehr unter dem Vorbehalt der Zumutbarkeit. Die Regelung dient dazu, dem Konzessionsgeber zu ermöglichen, die in § 33 Abs. 5 KonzVgV vorgesehene Überprüfung des Unterauftragnehmers vornehmen zu können.[72] Dies ist nur dann möglich, wenn der Konzessionsgeber die Identität der Unterauftragnehmer kennt.

34 Im Unterschied zu § 33 Abs. 1 S. 1 KonzVgV bezieht sich § 33 Abs. 1 S. 2 KonzVgV in Anwendung des Verhältnismäßigkeitsgrundsatzes (§ 97 Abs. 1 S. 2 GWB)[73] nur auf solche Bieter, deren Angebote in die **engere Wahl** kommen. Die KonzVgV bestimmt nicht näher, welche Angebote das sind. Für den Bereich der VOB/A regeln § 16d Abs. 1 Nr. 3, § 16d EU Abs. 1 Nr. 3 und § 16d VS Abs. 1 Nr. 3 VOB/A übereinstimmend, dass diejenigen Angebote in die engere Wahl kommen, die unter Berücksichtigung eines rationellen Baubetriebes und sparsamer Wirtschaftsführung eine einwandfreie Ausführung einschließlich Haftung für Mängelansprüche erwarten lassen. Ungeachtet der Ausrichtung dieser Kriterien auf die Besonderheiten der

---

67 BGH, Urteil v. 3.4.2012 – X ZR 130/10; Urteil v. 10.6.2008 – X ZR 78/07; siehe auch OLG München, Beschluss v. 22.1.2009 – Verg 26/08; OLG Celle, Beschluss v. 2.10.2008 – 13 Verg 4/08.
68 BGH, Urteil v. 10.6.2008 – X ZR 78/07; *Dicks*, in: Kulartz/Kus/Marx/Portz/Prieß, VgV, § 36 Rn. 5.
69 *Gabriel*, in: Gabriel/Krohn/Neun, Handbuch Vergaberecht, § 18 Rn. 35 f.; *Werner*, in: Willenbruch/Wieddekind, Vergaberecht, § 36 VgV Rn. 1 (zu § 36 VgV); *Amelung*, ZfBR 2013, 337 (339).
70 BGH, Urteil v. 3.4.2012 – X ZR 130/10.
71 *Plauth*, in: Müller-Wrede, VgV/UVgO, § 36 VgV Rn. 36 (zu § 36 VgV).
72 Verordnungsbegründung zu § 33 Abs. 1 KonzVgV, BR-Drs. 87/16, 298.
73 Verordnungsbegründung zu § 33 Abs. 1 KonzVgV, BR-Drs. 87/16, 298.

Bauvergabe geht aus der systematischen Stellung dieser Bestimmungen hervor, dass die engere Wahl den letzten Schritt im Rahmen der Prüfung und Wertung der Angebote bezeichnet. In die engere Wahl gelangen mithin diejenigen Angebote, die in jeder Hinsicht zuschlagsfähig sind und unter denen der Auftraggeber unter Anwendung der Zuschlagskriterien das wirtschaftlichste Angebot auswählt.[74] Diese Grundsätze lassen sich auf das Verfahren zur Konzessionsvergabe übertragen. In die engere Wahl i.S.v. § 33 Abs. 1 S. 2 KonzVgV kommen daher diejenigen Angebote, unter denen der Konzessionsgeber unter Anwendung der Zuschlagskriterien gemäß § 31 KonzVgV die Zuschlagsentscheidung trifft. Das sind insbesondere die Angebote derjenigen Bieter, die die Eignungsprüfung (§ 26 KonzVgV) erfolgreich absolviert haben. Ob daneben noch weitere Schritte zu durchlaufen sind, bevor ein Angebot in die engere Wahl kommt, hängt im Wesentlichen davon ab, wie der Konzessionsgeber das Verfahren gestaltet.

35 Darüber hinaus unterscheidet sich § 33 Abs. 1 S. 2 KonzVgV auch insoweit von § 33 Abs. 1 S. 1 KonzVgV, als nicht lediglich die **vorgesehenen** Unterauftragnehmer, sondern die Unterauftragnehmer ohne eine entsprechende Einschränkung mitzuteilen sind.[75] Daraus muss jedoch nicht zwingend folgen, dass mit der Mitteilung eine verbindliche Festlegung auf die benannten Unterauftragnehmer verbunden wäre und dass Änderungen im Unterauftragnehmereinsatz zwischen der Mitteilung und dem Zuschlag unzulässig wären.[76] Denn da die engen Vorgaben der VgV über die nachträgliche Änderung des Angebotsinhalts[77] im Verfahren über die Konzessionsvergabe nicht gelten, hat es der Konzessionsgeber in der Hand, im Rahmen der ihm zukommenden Gestaltungsfreiheit und insbesondere unter Beachtung der Vergabegrundsätze aus § 97 GWB die nachträgliche Änderung von Angaben zum Unterauftragnehmereinsatz zuzulassen.[78]

36 Auch die Frage, ob der Konzessionsgeber Bietern, die die gemäß § 33 Abs. 1 S. 2 KonzVgV geforderten Angaben und Nachweise **nicht oder nicht vollständig** vorlegen, die Möglichkeit zur Nachreichung einräumt, obliegt innerhalb dieses Rahmens seiner Gestaltungsbefugnis.

37 Ein weiterer Unterschied zwischen § 33 Abs. 1 S. 2 KonzVgV und § 33 Abs. 1 S. 1 KonzVgV besteht darin, dass der Konzessionsgeber nach § 33 Abs. 1 S. 2 KonzVgV nicht nur die Benennung der vorgesehenen Unterauftragnehmer, sondern auch einen Nachweis darüber, dass dem Bieter die erforderlichen Mittel dieser Unterauftragnehmer zur Verfügung stehen, verlangen kann. Ein solcher **Verfügbarkeitsnachweis** kann insbesondere mittels einer Verpflichtungserklärung des jeweiligen Unterauftragnehmers erbracht werden.[79] Ebenso wie im Rahmen von § 47 Abs. 1 S. 1 VgV kommen aber auch andere Nachweismittel in Betracht, beispielsweise die Vorlage eines entsprechenden Vertrages.[80]

38 Auf Rechtsfolgenseite bestimmt § 33 Abs. 1 S. 2 KonzVgV, dass der Konzessionsgeber die Benennung der Unterauftragnehmer und den Nachweis der Verfügbarkeit ihrer Mittel verlangen kann. Ihm kommt daher ein **Entscheidungsspielraum** darüber zu, ob er ein entsprechendes Verlangen äußert. Da § 33 Abs. 6 KonzVgV den Konzessionsgeber aber zur Prüfung der Unterauftragnehmer auf einen möglichen Ausschluss verpflichtet, wird der Konzessionsgeber jedenfalls hinsichtlich des späteren Konzessionsnehmers in aller Regel gehalten sein, jedenfalls Angaben zur Person der Unterauftragnehmer zu verlangen.[81]

---

74 Siehe auch § 16d Abs. 1 Nr. 3 S. 2 VOB/A: „Unter diesen Angeboten [...]."
75 Vgl. dazu die Formulierung in Art. 42 Abs. 2 S. 1 RL 2014/23/EU: „Die gegebenenfalls vorgeschlagenen Unterauftragnehmer"; und dazu Conrad, in: Gabriel/Krohn/Neun, Handbuch Vergaberecht, § 58 Rn. 43.
76 So für § 36 VgV *Plauth*, in: Müller-Wrede, VgV/UVgO, § 36 VgV Rn. 42.
77 Dazu insbesondere § 56 VgV.
78 Vgl. für § 36 VgV auch *Dicks*, in: Kulartz/Kus/Marx/Portz/Prieß, VgV, § 36 Rn. 15 mit Fn. 19.
79 Verordnungsbegründung zu § 33 Abs. 1 KonzVgV, BR-Drs. 87/16, 298.
80 *Dicks*, in: Kulartz/Kus/Marx/Portz/Prieß, VgV, § 36 Rn. 8; *Plauth*, in: Müller-Wrede, VgV/UVgO, § 36 VgV Rn. 39 (jeweils zu § 36 VgV).
81 Ähnlich *Plauth*, in: Müller-Wrede, VgV/UVgO, § 36 VgV Rn. 43 (zu § 36 VgV).

III. Zusammenfallen von Unterauftragnehmereinsatz und Eignungsleihe (S. 3)

§ 33 Abs. 1 S. 3 KonzVgV stellt klar, dass die in § 25 Abs. 3 KonzVgV enthaltenen Bestimmungen über die Eignungsleihe ergänzend anzuwenden sind, wenn ein Dritter gleichzeitig als Unterauftragnehmer und als Eignungsgeber eingebunden werden soll. **39**

Es besteht also kein **Vorrang** entweder von § 33 KonzVgV oder von § 25 Abs. 3 KonzVgV; vielmehr sind beide Regelungen gleichrangig heranzuziehen. Daraus folgt insbesondere, dass jedenfalls der Einsatz von Unterauftragnehmern, die auch mit dem Zweck der Eignungsleihe eingebunden werden, grundsätzlich nicht unterbunden werden kann (§ 25 Abs. 3 Satz 1 KonzVgV).[82] **40**

Seinem Wortlaut nach gilt § 33 Abs. 1 S. 3 KonzVgV nur für die Einbindung von Eignungsgebern im Hinblick auf deren **Leistungsfähigkeit**. Das bleibt hinter § 25 Abs. 3 S. 1 KonzVgV, wonach die Eignungsleihe im Grundsatz hinsichtlich aller Eignungskriterien möglich ist,[83] zurück. Da § 33 Abs. 1 S. 3 KonzVgV lediglich eine klarstellende Funktion zukommt, bleibt diese Inkongruenz aber folgenlos. Ohnehin erscheint trotz der weiten Fassung von § 25 Abs. 3 S. 1 KonzVgV zweifelhaft, ob hinsichtlich der Befähigung und Erlaubnis zur Berufsausübung (§ 152 Abs. 2 i.V.m. § 122 Abs. 2 Nr. 1 GWB) eine Eignungsleihe überhaupt zulässig sein kann.[84] **41**

E. Haftung des Konzessionsnehmers (Abs. 2)

§ 33 Abs. 2 KonzVgV bestimmt, dass die Haftung des Hauptauftragnehmers, d.h. des Konzessionsnehmers, gegenüber dem Konzessionsgeber von den Bestimmungen in § 33 Abs. 1 KonzVgV unberührt bleibt. Aus schuldrechtlicher Sicht ist das eine Selbstverständlichkeit. Es hat mithin bei den allgemeinen schuldrechtlichen Grundsätzen, nach denen eine vertragliche Haftung, insbesondere für Pflichtverletzungen, nur innerhalb der jeweiligen Vertragsbeziehung besteht, sein Bewenden. Auf der Grundlage des Konzessionsvertrages kann der Konzessionsnehmer freilich auch für das Verschulden des Unterauftragnehmers einstehen müssen (§ 278 BGB).[85] Umgekehrt kann nach den allgemeinen Regeln aber im Einzelfall auch der Unterauftragnehmer gegenüber dem Konzessionsgeber haftpflichtig werden, beispielsweise auf deliktischer Grundlage. **42**

F. Verpflichtung zur Vereinbarung der VOB/B und der VOB/C (Abs. 3)

§ 33 Abs. 3 KonzVgV bestimmt, dass der Konzessionsnehmer einer Baukonzession, der im Rahmen dieser Konzession Bauaufträge an Dritte vergibt, in der Regel die VOB/B und die VOB/C zum Vertragsgegenstand zu machen hat. Adressat der Norm ist allerdings nicht der Konzessionsnehmer, sondern der Konzessionsgeber; er hat durch eine entsprechende vertragliche Gestaltung der Konzession sicherzustellen, dass die Pflicht nach § 33 Abs. 3 KonzVgV dem Konzessionsnehmer auferlegt wird. **43**

Anwendbar ist die Regelung immer dann, wenn ein **Baukonzessionär** im Rahmen der Baukonzession Bauaufträge i.S.v. § 103 Abs. 3 GWB an Dritte vergibt. Auf die Vergabe von Liefer- und Dienstleistungsaufträgen i.S.v. § 103 Abs. 2 und 4 GWB findet sie keine Anwendung. Durch die Regelung soll erreicht werden, dass auf den nachgelagerten Vertragsstufen die VOB/B und die VOB/C vereinbart werden. Für die Baukonzession selbst besteht hingegen keine Pflicht, die VOB/B und die VOB/C zum Vertragsinhalt zu machen. **44**

§ 33 Abs. 3 KonzVgV hat keine Grundlage im Unionsrecht . Die Regelung übernimmt die vor Umsetzung der **Vergaberechtsreform** 2014/2016 geltende Rechtslage, in der eine entspre- **45**

---

82 Siehe auch Rn. 25.
83 Siehe auch Art. 38 Abs. 2 S. 1 RL 2014/23/EU.
84 Vgl. *Stoye/Brugger*, in: Müller-Wrede, VgV/UVgO, § 47 VgV Rn. 7.
85 *Dicks*, in: Kulartz/Kus/Marx/Portz/Prieß, VgV, § 36 Rn. 11; *Plauth*, in: Müller-Wrede, VgV/UVgO, § 36 VgV Rn. 48; *Voppel/Osenbrück/Bubert*, VgV, § 36 Rn. 23 (jeweils zu § 36 VgV).

chende Verpflichtung für die nachgelagerten Vertragsstufen aus § 22 EG Abs. 2 Nr. 1 S. 1 i.V.m. § 8 Abs. 3 VOB/A 2012 folgte.[86]

46 Der Konzessionsgeber ist nach dem Wortlaut von § 33 Abs. 3 KonzVgV **verpflichtet**, in der Regel die genannten Vertragsbedingungen zum Vertragsgegenstand zu machen. Da die Norm die frühere Regelung in § 22 EG Abs. 2 Nr. 1 S. 1 i.V.m. § 8 Abs. 3 VOB/A 2012 übernimmt, spricht einiges dafür, sich hinsichtlich der Abweichungsbefugnis des Konzessionsgebers an den Regelungen in § 8a Abs. 2 bis 4 und § 8a EU Abs. 2 bis 4 VOB/A auszurichten.

47 Für den **Unterauftragnehmer**, der vertraglich an die VOB/B gebunden ist, ergibt sich aus § 4 Abs. 8 Nr. 2 VOB/B wiederum die Pflicht, bei der Weitergabe von Bauleistungen seinerseits die VOB/B und die VOB/C zum Vertragsinhalt zu machen.

G. Besondere Mitteilungspflichten (Abs. 4)

48 § 33 Abs. 4 KonzVgV enthält besondere Mitteilungspflichten, die Angaben zur Person der Unterauftragnehmer betreffen.

I. Baukonzessionen und Dienstleistungen, die in der Einrichtung des Konzessionsgebers unter seiner unmittelbaren Aufsicht zu erbringen sind (S. 1)

49 § 33 Abs. 4 S. 1 KonzVgV sieht zunächst eine Mitteilungspflicht im Falle von Baukonzessionen und in Bezug auf Dienstleistungen, die in der Einrichtung des Konzessionsgebers unter seiner unmittelbaren Aufsicht zu erbringen sind, vor. Liegt einer dieser Fälle vor, hat der Konzessionsgeber dem Konzessionsnehmer in den Vertragsbedingungen vorzuschreiben, dass der Konzessionsnehmer spätestens bei Beginn der Durchführung der Konzession die Namen, die Kontaktdaten und die gesetzlichen Vertreter der Unterauftragnehmer mitteilt und dass jede im Rahmen der Durchführung der Konzession eintretende Änderung auf der Ebene der Unterauftragnehmer mitzuteilen ist.

50 Die Regelung gilt für **Baukonzessionen** (§ 105 Abs. 1 Nr. 1 GWB) und für **Dienstleistungskonzessionen** (§ 105 Abs. 1 Nr. 2 GWB), wobei bei Dienstleistungskonzessionen die zusätzliche Voraussetzung erfüllt sein muss, dass die Dienstleistungen in der Einrichtung des Konzessionsgebers unter seiner unmittelbaren Aufsicht zu erbringen sind. Für Baukonzessionen gilt das einschränkende Kriterium der Leistungserbringung in der Einrichtung des Konzessionsgebers unter seiner Aufsicht nicht. Obwohl der Wortlaut von § 33 Abs. 4 S. 1 KonzVgV auch eine andere Deutung zuließe, ergibt sich diese Lesart der Norm jedenfalls aus den Überlegungen des Richtliniengebers in Erwägungsgrund 72 RL 2014/23/EU. Hiernach soll die Regelung eine gewisse Transparenz gewährleisten, damit der Konzessionsgeber weiß, wer auf der Baustelle tätig ist (Tatbestandsvariante der Baukonzession) oder wer Dienstleistungen in öffentlichen Gebäuden wie Rathäusern, städtischen Schulen, Sporteinrichtungen, Häfen oder Straßen erbringt (Tatbestandsvariante der Dienstleistungskonzession in der Einrichtung des Konzessionsgebers unter seiner unmittelbaren Aufsicht). Aus den dort genannten Beispielen ergibt sich zugleich, dass das Tatbestandsmerkmal der **Einrichtung des Konzessionsgebers** in einem weiten Sinne zu verstehen ist. Es wird gleichzeitig begrenzt durch das weitere Tatbestandsmerkmal der **unmittelbaren Aufsicht**, durch die klargestellt wird, dass eine nur mittelbare Aufsicht, wie sie etwa aus der Wahrnehmung vertraglicher Rechte herrührt, nicht genügt.

51 Ist der Anwendungsbereich von § 33 Abs. 4 S. 1 KonzVgV eröffnet, ist der Konzessionsgeber **verpflichtet**, mit dem Konzessionsnehmer eine entsprechende Informationspflicht in den Vertragsbedingungen zu vereinbaren. Die Norm richtet sich damit zunächst allein an den Konzessionsgeber, der für eine entsprechende vertragliche Umsetzung Sorge zu tragen hat. Der Sache nach entspricht dies der in § 4 Abs. 8 Nr. 3 S. 1 VOB/B enthaltenen vertraglichen Regelung.

---

[86] Verordnungsbegründung zu § 33 Abs. 1 KonzVgV, BR-Drs. 87/16, 298.

Aus der Vorgabe, dass die Mitteilungspflicht vertraglich vereinbart werden muss, folgt, dass eine solche Mitteilungspflicht lediglich für den **Zeitraum** ab dem Zuschlag begründet werden kann. Denn erst ab diesem Zeitpunkt ist der Konzessionsnehmer vertraglich gebunden. Dem Konzessionsgeber ist es daher verwehrt, die Mitteilungspflicht nach § 33 Abs. 4 S. 1 KonzVgV als Bieterpflicht im Vergabeverfahren auszugestalten und in den Zeitraum vor dem Zuschlag vorzuverlegen.[87] Dies schließt es freilich nicht aus, dass der Konzessionsgeber in Übereinstimmung mit § 33 Abs. 1 KonzVgV die dort vorgesehenen Angaben und Nachweise im Vergabeverfahren verlangt.

Gegenstand der Mitteilungspflicht nach § 33 Abs. 4 S. 1 KonzVgV ist zunächst der Name des Unterauftragnehmers, womit bei Kaufleuten die Firma gemeint ist (§ 17 Abs. 1 HGB).[88] Darüber hinaus sind die Kontaktdaten des Unterauftragnehmers zu nennen, wozu mindestens eine zustellungsfähige Anschrift gehört, um dem Konzessionsgeber die Kontaktaufnahme mit dem Unterauftragnehmer zu ermöglichen. Daneben sind auch die gesetzlichen Vertreter zu nennen, was allerdings nur für juristische Personen von Bedeutung ist. Schließlich umfasst die Mitteilungspflicht auch jede im Rahmen der Durchführung der Konzession eintretende Änderung auf der Ebene der Unterauftragnehmer. Gemeint sind damit Änderungen, die die Identität der Unterauftragnehmer und ihren jeweils übernommenen Leistungsteil betreffen.

Insgesamt beschreibt § 33 Abs. 4 S. 1 KonzVgV lediglich **Mindestanforderungen**, die der Konzessionsgeber vertraglich vereinbaren muss. Hingegen verbietet es § 33 Abs. 4 S. 1 KonzVgV nicht, dass der Konzessionsgeber weitergehende vertragliche Bestimmungen über den Einsatz von Unterauftragnehmern vorsieht. Insbesondere die Vereinbarung eines Zustimmungsvorbehalts für den nachträglichen, d.h. nicht schon mit dem Zuschlag vereinbarten Einsatz oder den nachträglichen Austausch von Unterauftragnehmern ist in der Regel sinnvoll,[89] schon um es dem Konzessionsgeber zu ermöglichen, die Eignung der nachträglich hinzutretenden Unterauftragnehmer und die vergaberechtliche Zulässigkeit des Unterauftragnehmerwechsels[90] zu prüfen.

II. Vergabe sonstiger Dienstleistungskonzessionen (S. 2)

Gemäß § 33 Abs. 4 S. 2 KonzVgV kann der Konzessionsgeber die Mitteilungspflichten nach § 33 Abs. 4 S. 1 KonzVgV auch als Vertragsbedingungen für die Vergabe sonstiger Dienstleistungskonzessionen vorsehen, bei denen die Dienstleistungen nicht in der Einrichtung des Konzessionsgebers und unter seiner unmittelbaren Aufsicht zu erbringen sind. Ebenso wie § 33 Abs. 4 S. 3 KonzVgV regelt die Vorschrift eine Selbstverständlichkeit, da es dem Konzessionsgeber ohnehin im Rahmen der allgemeinen Grenzen freisteht, entsprechende Mitteilungspflichten vertraglich vorzusehen.

Eine solche Vorgabe ist nach dem Wortlaut der Regelung nicht **verpflichtend**, sodass dem Konzessionsgeber die Entscheidung obliegt, ob er von der ihm eingeräumten Möglichkeit Gebrauch macht. Art. 42 Abs. 3 UAbs. 4 lit. a RL 2014/23/EU hätte es dem Verordnungsgeber auch erlaubt, dem Konzessionsgeber die Vereinbarung entsprechender Mitteilungspflichten zwingend vorzugeben.

III. Lieferanten und weitere Stufen in der Kette der Unterauftragnehmer (S. 3)

Gemäß § 33 Abs. 4 S. 3 KonzVgV kann der Konzessionsgeber die Mitteilungspflichten nach § 33 Abs. 4 S. 1 KonzVgV auch auf Lieferanten, die an einer Bau- oder Dienstleistungskonzession beteiligt sind, und auf weitere Stufen in der Kette der Unterauftragnehmer erstrecken.

---

87 Zutreffend *Plauth,* in: Müller-Wrede, VgV/UVgO, § 36 VgV Rn. 54; a.A. *Dicks,* in: Kulartz/Kus/Marx/Portz/Prieß, VgV, § 36 Rn. 13 (jeweils zu § 36 VgV).
88 Vgl. auch § 7 Abs. 3 S. 1 KonzVgV: „Angabe einer eindeutigen Unternehmensbezeichnung".
89 Vgl. § 4 Abs. 8 VOB/B, § 4 Nr. 4 VOL/B.
90 § 154 Nr. 3 i.V.m. § 132 GWB; dazu insbesondere EuGH, Urteil v. 13.4.2010 – Rs. C-91/08 (Wall AG), Rn. 39; *Hausmann/Queisner,* NZBau 2016, 619 (623).

58 Unter den Begriff der **Lieferanten** fallen insbesondere diejenigen Unternehmen, die keine Unterauftragnehmer des Konzessionsnehmers sind, aber dem Konzessionsnehmer Waren liefern, die dieser im Rahmen der Ausführung der Konzession einsetzt.

59 Wie sich aus dem Wortlaut der Regelung ergibt, liegt es im **Entscheidungsspielraum** des Konzessionsgebers, ob er die Mitteilungspflichten solchermaßen ausweitet. Der Verordnungsgeber hat auch hier von der in Art. 42 Abs. 3 UAbs. 4 lit. a und b RL 2014/23/EU vorgesehenen Möglichkeit, den Konzessionsgeber zu einer entsprechenden Vertragsgestaltung zu verpflichten, keinen Gebrauch gemacht.

H. Anwendung von § 152 Abs. 4 i.V.m. § 128 Abs. 1 GWB (Abs. 5)

60 Gemäß § 33 Abs. 5 KonzVgV ist für Unterauftragnehmer aller Stufen § 152 Abs. 4 i.V.m. § 128 Abs. 1 KonzVgV anzuwenden.

61 **§ 128 Abs. 1 GWB** bestimmt, dass Unternehmen bei der Ausführung von öffentlichen Aufträgen bzw. Konzessionen alle für sie geltenden rechtlichen Verpflichtungen zu beachten haben, insbesondere Steuern, Abgaben und Sozialversicherungsbeiträge zu entrichten haben und die Bestimmungen des Arbeitsschutzes und des geltenden Lohn- und Tarifrechts anzuwenden haben. Maßgeblich dabei sind die am Ort der Leistungserbringung geltenden rechtlichen Verpflichtungen, unabhängig davon, an welchem Ort der Konzessionsgeber seinen Sitz hat.[91] § 128 Abs. 1 GWB verweist damit nur auf eine ohnehin bestehende Pflicht.[92] Auch sehen weder § 33 Abs. 5 KonzVgV noch § 128 Abs. 1 GWB eine Sanktion für den Fall vor, dass ein Unterauftragnehmer gegen eine der in § 128 Abs. 1 GWB genannten Pflichten verstößt. Insoweit bleibt es bei den im jeweiligen Fachrecht vorgesehenen Maßnahmen, die von den jeweils zuständigen Behörden ergriffen werden können.[93] § 33 Abs. 5 KonzVgV kann allerdings als zusätzliche, über die allgemeine Vertragsfreiheit hinausgehende Rechtfertigung dafür dienen, dass der Konzessionsgeber vertragliche Regelungen vorsieht, die die Einhaltung der in § 128 Abs. 1 GWB genannten Pflichten durch die Unterauftragnehmer sicherstellen sollen.[94]

I. Ausschlussgründe (Abs. 6)

62 § 33 Abs. 6 KonzVgV regelt, wie mit dem Vorliegen von Ausschlussgründen in der Person eines Unterauftragnehmers umzugehen ist.

I. Prüfungspflicht (S. 1)

63 Gemäß § 33 Abs. 6 S. 1 KonzVgV prüft der Konzessionsgeber vor dem Zuschlag, ob Gründe für den Ausschluss eines Unterauftragnehmers vorliegen. Die Prüfung ist zwingend, wie sich aus dem Wortlaut der Norm ergibt.[95] Ermöglicht wird die Prüfung durch die Auskunfts- und Nachweispflicht nach § 33 Abs. 1 S. 1 und 2 KonzVgV. Aus der Ausgestaltung der Auskunfts- und Nachweispflicht im konkreten Vergabeverfahren folgt auch der Zeitpunkt der Prüfung.

64 Was Gegenstand der Prüfung nach § 33 Abs. 1 S. 1 KonzVgV ist, lässt sich dem Wortlaut der Verordnung nicht mit letzter Gewissheit entnehmen. Die Bezugnahme auf Gründe für den Ausschluss von Unterauftragnehmern legt nahe, dass es sich dabei lediglich um **Ausschlussgründe** i.S.v. § 154 Nr. 2 i.V.m. §§ 123 und 124 GWB handelt, nicht jedoch um die Eignung i.S.v. § 152 Abs. 2 i.V.m. § 122 GWB. Für ein solches Verständnis spricht auch Art. 42 Abs. 4 lit. b RL 2014/23/EU, wo auf die in Art. 38 Abs. 4 bis 10 RL 2014/23/EU genannten Gründe für den Ausschluss von Wirtschaftsteilnehmern, d.h. die in umgesetzten Ausschlussregeln, Bezug

---

[91] Vgl. die Begründung zum Entwurf des VergRModG 2016, BT-Drs. 18/6281, S. 113; *Hövelberndt*, in: Reidt/Stickler/Glahs, Vergaberecht, § 128 Rn. 21.
[92] *Wiedemann*, in: Kulartz/Kus/Portz/Prieß, GWB-Vergaberecht, § 128 Rn. 4.
[93] Siehe dazu Erwägungsgrund 72 RL 2014/23/EU.
[94] Vgl. *Wiedemann*, in: Kulartz/Kus/Portz/Prieß, GWB-Vergaberecht, § 128 Rn. 4.
[95] *Plauth*, in: Müller-Wrede, VgV/UVgO, § 36 VgV Rn. 70 (zu § 36 VgV).

genommen wird. Für die insoweit vergleichbare Rechtslage unter der VgV wird teilweise angenommen, dass von bloßen Unterauftragnehmern, die nicht zugleich Eignungsgeber im Sinne von § 47 Abs. 1 S. 1 VgV sind, keine Eignungsnachweise verlangt werden dürfen und eine Eignungsprüfung nicht stattfindet.[96] Bei einem solchen Verständnis beschränkt sich die Prüfung nach § 31 Abs. 1 S. 1 KonzVgV darauf, ob Unterauftragnehmer nach Maßgabe von § 154 Nr. 2 i.V.m. §§ 123 bis 126 GWB ausgeschlossen werden müssen. Ihre Eignung ist dann keine Voraussetzung für ihre Einbindung und bleibt ungeprüft.

Diese Sichtweise überzeugt freilich nicht. Konzessionen dürfen nur an geeignete Unternehmen vergeben werden (§ 152 Abs. 2 i.V.m. § 122 GWB; § 25 Abs. 1, § 26 Abs. 1 KonzVgV). Bereits daraus folgt, dass an Unterauftragnehmer dieselben Anforderungen hinsichtlich der **Eignung** wie an den Konzessionsnehmer selbst gestellt werden müssen. Das gilt auch dann, wenn nicht gleichzeitig ein Fall der Eignungsleihe vorliegt. Eingeschränkt wird dies lediglich dadurch, dass sich die von dem Unterauftragnehmer geforderte Eignung lediglich auf diejenigen Eignungskriterien erstreckt, die sich auf den von ihm übernommenen Leistungsteil beziehen.[97] Sähe man dies anders und ließe man auch die Einbindung ungeeigneter Unterauftragnehmer zu, wäre das Erfordernis der Eignung des Konzessionsnehmers beim Einsatz von Unterauftragnehmern überflüssig, weil die Konzession dann ganz oder in Teilen auch von ungeeigneten Unternehmen ausgeführt werden könnte. Zudem könnten die Eignungsanforderungen dann mit Leichtigkeit umgangen werden. Vor der Umsetzung der Vergaberechtsreform 2014/2016 war daher anerkannt, dass Unterauftragnehmer hinsichtlich des von ihnen zu übernehmenden Leistungsteils dieselben Eignungsanforderungen wie der Auftragnehmer erfüllen müssen, und zwar unabhängig davon, ob sie gleichzeitig zum Zwecke der Eignungsleihe eingesetzt werden.[98] Der Verordnungsgeber selbst ist bei der Abfassung der insoweit gleichlautenden Parallelvorschrift in § 36 Abs. 5 S. 1 VgV davon ausgegangen, dass der öffentliche Auftraggeber neben den Ausschlussgründen nach den §§ 123 und 124 GWB auch die Eignung des Unterauftragnehmers zu prüfen hat.[99] Auch der Richtliniengeber hält es für geboten, dass dann, wenn das nationale Recht eine Prüfung der Unterauftragnehmer vorsieht, die Kohärenz der für den Konzessionsnehmer geltenden Anforderungen mit den für den Unterauftragnehmer maßgeblichen Kriterien hergestellt wird.[100] Zu Recht verlangt daher die überwiegende Auffassung, dass Unterauftragnehmer auch geeignet sein müssen und dass ihre Eignung Bestandteil der Prüfung nach § 33 Abs. 6 S. 1 KonzVgV ist.[101] Der Wortlaut von § 33 Abs. 6 S. 1 KonzVgV steht einer solchen Sichtweise nicht entgegen, da das Tatbestandsmerkmal der Gründe für den Ausschluss von Unterauftragnehmern begrifflich auch die mangelnde Eignung als einen Ausschlussgrund im weiteren Sinne umfassen kann.[102] Die inhaltlichen Anforderungen an die Eignung des Unterauftragnehmers müssen damit den Anforderungen entsprechen, die an die Eignung des Konzessionsnehmers gestellt werden.[103] Maßgeblich sind folglich die gemäß § 25 Abs. 1 und 2 KonzVgV vom Konzessionsgeber in der Konzessionsbekanntmachung oder den Vergabeunterlagen genannten Eignungskriterien. Hinsichtlich der Prüfung der Eignung gilt § 26 Abs. 1 und 2 KonzVgV entsprechend;[104] die Eignung der Unterauftragnehmer und das Nichtvorliegen von Ausschlussgründen in ihrer Per-

---

96 VK Bund, Beschluss v. 28.9.2017 – VK 1-93/17; *Voppel/Osenbrück/Bubert*, VgV, § 36 Rn. 21 (jeweils zu § 36 VgV).
97 Zu dieser Einschränkung *Gabriel*, in: Gabriel/Krohn/Neun, Handbuch Vergaberecht, § 18 Rn. 38.
98 OLG München, Beschluss v. 9.8.2012 – Verg 10/12; OLG Düsseldorf, Beschluss v. 16.11.2011 – VII-Verg 60/11; Beschluss v. 22.12.2004 – VII-Verg 81/04.
99 Verordnungsbegründung zu § 36 Abs. 5 VgV, BR-Drs. 87/16, 190.
100 Erwägungsgrund 72 RL 2014/23/EU.
101 VK Nordbayern, Beschluss v. 28.11.2016, 21.VK-3194-35/16 (zur VOB/A-EU); *Opitz*, in: Burgi/Dreher, Vergaberecht, Band 1, § 122 GWB Rn. 40; *Gabriel*, in: Gabriel/Krohn/Neun, Handbuch Vergaberecht, § 18 Rn. 37; *Dicks*, in: Kulartz/Kus/Marx/Portz/Prieß, VgV, § 36 Rn. 9 (zu § 36 VgV); *Plauth*, in: Müller-Wrede, VgV/UVgO, § 36 VgV Rn. 71 (zu § 36); vgl. auch VK Bund, Beschluss v. 29.9.2016 – VK 2-93/16, sowie *Dittmann*, in: Kulartz/Kus/Marx/Portz/Prieß, VgV, § 57 Rn. 107.
102 *Plauth*, in: Müller-Wrede, VgV/UVgO, § 36 VgV Rn. 71 (zu § 36 VgV).
103 OLG Düsseldorf, Beschluss v. 16.11.2011 – VII-Verg 60/11; *Gabriel*, in: Gabriel/Krohn/Neun, Handbuch Vergaberecht, § 18 Rn. 37 f.; *Dicks*, in: Kulartz/Kus/Marx/Portz/Prieß, VgV, § 36 Rn. 9 (zu § 36 VgV); *Plauth*, in: Müller-Wrede, VgV/UVgO, § 36 VgV Rn. 72 (zu § 36 VgV).
104 Vgl. *Dicks*, in: Kulartz/Kus/Marx/Portz/Prieß, VgV, § 36 Rn. 9, 15 (zu § 36 VgV).

son sind anhand der vom Konzessionsgeber in der Konzessionsbekanntmachung oder den Vergabeunterlagen genannten Unterlagen zu belegen.

66   Bei der Frage, zu welchem Zeitpunkt die auf die Unterauftragnehmer bezogenen **Unterlagen** zur Prüfung der Eignung und des Nichtvorliegens von Ausschlussgründen nach § 33 Abs. 6 S. 1 KonzVgV verlangt werden dürfen, ist die aus § 33 Abs. 1 S. 1 und 2 KonzVgV folgende Wertung zu beachten.[105] Bereits mit der Angebotsabgabe dürfen derartige Unterlagen daher nur verlangt werden, wenn dies zumutbar ist, soweit nicht ein Fall der Eignungsleihe vorliegt.[106] Unmittelbar vor dem Zuschlag darf jedoch von denjenigen Bietern, deren Angebote in die engere Wahl kommen und die deswegen gemäß § 33 Abs. 1 S. 2 KonzVgV zur Benennung der Unterauftragnehmer und zur Vorlage von Verfügbarkeitsnachweisen verpflichtet werden können, auch die Vorlage entsprechender Unterlagen zur Prüfung der Eignung der Unterauftragnehmer und der Verwirklichung von Ausschlussgründen verlangt werden. Aus der Anlehnung an § 33 Abs. 1 S. 1 und 2 KonzVgV folgt auch, dass eine solche Vorlagepflicht nur nach Aufforderung durch den Konzessionsgeber besteht.

II. Ersetzungsverlangen (S. 2)

67   Liegt ein Ausschlussgrund in der Person des Unterauftragnehmers vor, so verlangt der Konzessionsgeber gemäß § 33 Abs. 6 S. 2 KonzVgV zwingend, dass der Unterauftragnehmer ersetzt wird, falls es sich um einen **zwingenden Ausschlussgrund** i.S.v. § 154 Nr. 2 i.V.m. § 123 GWB handelt Der jeweilige Bewerber oder Bieter muss also in die Lage versetzt werden, durch Auswechseln des Unterauftragnehmers das in der Person des Unterauftragnehmers bestehende Defizit zu beheben. § 33 Abs. 6 S. 2 KonzVgV ist ferner auch dann anzuwenden, wenn die Prüfung nach § 33 Abs. 6 S. 1 KonzVgV ergibt, dass der Unterauftragnehmer die **Eignungsanforderungen** nicht erfüllt. In diesem Fall ist ebenso wie beim verpflichtenden Ausschluss ungeeigneter Bewerber oder Bieter (§ 152 Abs. 2 i.V.m. § 122 GWB) das Ersetzungsverlangen zwingend.[107]

68   Handelt es sich lediglich um einen **fakultativen Ausschlussgrund** i.S.v. § 154 Nr. 2 i.V.m. § 124 GWB, kann der Konzessionsgeber die Ersetzung des Unterauftragnehmers verlangen. Ausgehend von dem Kohärenzgebot[108] hat sich die Frage, wann bei dem Vorliegen lediglich eines fakultativen Ausschlussgrundes von der Ersetzungsbefugnis Gebrauch gemacht werden kann, nach denselben Kriterien wie die Entscheidung über den Ausschluss eines Bewerbers oder Bieters nach § 124 GWB zu richten. Es ist daher eine Prognose darüber zu treffen, ob aufgrund der Erfüllung eines Ausschlusstatbestandes die Zuverlässigkeit[109] des jeweiligen Unternehmens zu verneinen ist oder ob anzunehmen ist, dass es dennoch die von ihm zu übernehmende Leistung in jeder Hinsicht ordnungsgemäß ausführen wird.[110]

69   Selbstverständlich sind bei der Anwendung der Ausschlussgründe auf Unterauftragnehmer die Bestimmungen über die **Selbstreinigung** (§ 154 Nr. 2 i.V.m. § 125 GWB) und über den zulässigen **Zeitraum** für Ausschlüsse (§ 154 Nr. 2 i.V.m. § 126 GWB) zu beachten.

III. Frist (S. 3)

70   Gemäß § 33 Abs. 6 S. 3 KonzVgV kann der Konzessionsgeber dem Bewerber oder Bieter für Ersetzung des Unterauftragnehmers eine Frist setzen. Die Regelung dient im Wesentlichen der Klarstellung, dass eine zeitliche Vorgabe für die Erfüllung des Ersetzungsverlangens zulässig ist.

---

105   Allgemein *Gabriel*, in: Gabriel/Krohn/Neun, Handbuch Vergaberecht, § 18 Rn. 39.
106   Siehe bereits oben Rn. 29.
107   Im Ergebnis ebenso *Plauth*, in: Müller-Wrede, VgV/UVgO, § 36 VgV Rn. 77 (zu § 36 VgV).
108   Erwägungsgrund 72 RL 2014/23/EU.
109   Zur Bedeutung dieses Begriffs nach der Umsetzung der Vergaberechtsreform 2014/2016 *Dicks*, in: Kulartz/Kus/Marx/Portz/Prieß, VgV, § 36 VgV Rn. 16 mit Fn. 21.
110   Begründung zum Entwurf des VergRModG 2016, BT-Drs. 18/6281, S. 104; *Hausmann/von Hoff*, in: Kulartz/Kus/Portz/Prieß, GWB-Vergaberecht, § 124 Rn. 70.

Die Frist muss **angemessen** sein,[111] was sich bereits aus dem Verhältnismäßigkeitsgrundsatz (§ 97 Abs. 1 S. 2 GWB) ergibt. Bei der Bemessung der Frist ist insbesondere zu berücksichtigen, dass die nachträgliche Einbindung neuer Vertragspartner den Bewerber oder Bieter im Einzelfall vor spürbare Herausforderungen stellen kann. Mit der Nachreichung von Unterlagen nach § 56 Abs. 4 VgV ist das nur begrenzt vergleichbar.[112] Gleichwohl rechtfertigen es das Interesse des Konzessionsgebers und der übrigen Bewerber oder Bieter an einem raschen Abschluss des Vergabeverfahrens, dem betroffenen Unternehmen auch größere Anstrengungen abzuverlangen. 71

Wenn der Bewerber oder Bieter die Fristsetzung zum Anlass nimmt, zur **Selbstausführung** überzugehen, und den ursprünglich dem untauglichen Unterauftragnehmer zugewiesenen Konzessionsteil selbst übernehmen will, ist dies bei wertender Betrachtung nicht anders zu beurteilen als die Benennung eines neuen Unterauftragnehmers und daher zulässig.[113] 72

Vor dem Hintergrund der Verfahrensfreiheit der Konzessionsvergabe (§ 12 Abs. 1 KonzVgV) liegt es in der Hand des Konzessionsgebers, welche Folgen er an das **Versäumen** einer nach § 33 Abs. 6 S. 3 KonzVgV gesetzten Frist knüpft. Auch kann er festlegen, ob er Unternehmen, die einen als untauglich befundenen Unterauftragnehmer durch einen anderen, sich im Zuge der Prüfung ebenfalls als untauglich erweisenden Unterauftragnehmer ersetzen, eine weitere Chance zur Nachbesserung gibt.[114] Die Anforderungen an die Nachforderung von Unterlagen aus § 56 Abs. 2 bis 4 VgV gelten hierfür nicht, solange der Konzessionsgeber nicht selbst entsprechende Festlegungen für das Verfahren trifft. Gelingt es dem Bewerber oder Bieter trotz eines Ersetzungsverlangens des Konzessionsgebers hingegen endgültig nicht, für den betroffenen Konzessionsteil einen tauglichen Unterauftragnehmer zu benennen oder selbst an die Stelle des ursprünglich vorgesehenen Unterauftragnehmers zu treten, kommt der Bewerber oder Bieter für einen Zuschlag nicht in Betracht.[115] 73

J. Rechtsschutz

Trotz der missverständlichen Überschrift des Abschnitt 3 KonzVgV („Ausführung der Konzession")[116] regelt § 33 KonzVgV die vom Konzessionsgeber im Vergabeverfahren zu beachtenden Pflichten hinsichtlich der Einbindung von Unterauftragnehmern und gehört daher nach Inhalt und Systematik zu den Bestimmungen über das Verfahren bei der Vergabe von Konzessionen[117]. § 33 KonzVgV enthält damit **Bestimmungen über das Vergabeverfahren** i.S.v. § 97 Abs. 6 GWB. Unternehmen haben deshalb ein subjektives Recht auf Einhaltung dieser Bestimmungen und können dieses Recht nach Maßgabe des Verfahrensrechts insbesondere in einem Nachprüfungsverfahren nach den §§ 155 ff. GWB durchsetzen.[118] 74

Bewerber und Bieter können einen **Nachprüfungsantrag** insbesondere darauf stützen, dass Maßnahmen des Konzessionsgebers mit Blick auf die Einbindung von Unterauftragnehmern nicht mit § 33 KonzVgV in Einklang stehen, beispielsweise indem in Abweichung von § 33 Abs. 1 S. 1 KonzVgV unzumutbare Vorgaben an die Benennung von Unterauftragnehmern gemacht werden oder indem in Abweichung von § 33 Abs. 6 KonzVgV keine ordnungsgemäße Prüfung der Unterauftragnehmer stattfindet. 75

Hingegen hat der **Unterauftragnehmer** selbst häufig keine Möglichkeit, die ordnungsgemäße Anwendung von § 33 KonzVgV unmittelbar durchzusetzen, insbesondere unberechtigte Ersetzungsverlangen nach § 33 Abs. 6 S. 2 KonzVgV abzuwehren. Der Unterauftragnehmer hat kein eigenes Interesse an der Konzession i.S.v. § 160 Abs. 2 S. 1 GWB, sodass ihm 76

---
111 *Plauth,* in: Müller-Wrede, VgV/UVgO, § 36 VgV Rn. 82 (zu § 36 VgV).
112 Anders *Plauth,* in: Müller-Wrede, VgV/UVgO, § 36 VgV Rn. 82 (zu § 36 VgV).
113 *Dicks,* in: Kulartz/Kus/Marx/Portz/Prieß, VgV, § 36 VgV Rn. 17 (zu § 36 VgV).
114 Vgl. auch für das allgemeine Vergaberecht die Verordnungsbegründung zu § 47 Abs. 2 VgV, BR-Drs. 87/16, 201.
115 *Dicks,* in: Kulartz/Kus/Marx/Portz/Prieß, VgV, § 36 Rn. 17; *Plauth,* in: Müller-Wrede, VgV/UVgO, § 36 VgV Rn. 83 (jeweils zu § 36 VgV).
116 Vgl. die Überschrift von Titel III RL 2014/23/EU: „Vorschriften für die Durchführung von Konzessionen".
117 Siehe auch § 1 KonzVgV.
118 Differenzierend *Voppel/Osenbrück/Bubert,* VgV, § 36 Rn. 25 (zu § 36 VgV).

die für ein Nachprüfungsverfahren erforderliche Antragsbefugnis fehlt.[119] Auch ist der Unterauftragnehmer nach überwiegender Auffassung nicht Träger des subjektiven Rechts auf Einhaltung der Verfahrensbestimmungen nach § 97 Abs. 6 GWB.[120] Sekundäransprüche, die an die Verletzung eines solchen Rechts geknüpft sind, bestehen daher in der Person des Unterauftragnehmers nicht. Dem Unterauftragnehmer verbleibt mithin lediglich der aus allgemeinen Bestimmungen folgende Schutz seiner unternehmerischen Tätigkeit. Dazu können beispielsweise § 826 BGB, das Recht am eingerichteten und ausgeübten Gewerbebetrieb und die kartellrechtlichen Missbrauchsvorschriften gehören, sofern deren jeweilige Voraussetzungen im Einzelfall erfüllt sind. Darüber hinaus kann der Bewerber oder Bieter selbstverständlich im Verhältnis zum Unterauftragnehmer ausdrücklich oder konkludent die vertragliche Pflicht übernehmen, unberechtigte Ersetzungsverlangen des Konzessionsgebers mittels eines Nachprüfungsantrags abzuwehren.

Anlage

Verordnungsbegründung (BR-Drs. 87/16)

Seite 297

§ 33 dient im Wesentlichen der Umsetzung von Artikel 42 der Richtlinie 2014/23/EU. Im Rahmen der Unterauftragsvergabe wird der gesamte oder ein Teil des Auftrags auf eine dritte Person übertragen. Die Unterauftragsvergabe ist von der Eignungsleihe nach § 25 Absatz 3 zu unterscheiden, bei der sich ein Unternehmen auf Kapazitäten Dritter berufen kann, ohne dass diese zugleich als Nachunternehmer mit einem Teil der Leistungserbringung beauftragt werden

Seite 298

müssen. Der Wortlaut der Vorschrift ist an der Umsetzung des Artikels 71 der Richtlinie 2014/24/EU in § 36 VgV ausgerichtet, wobei zu berücksichtigen ist, dass der Wortlaut des § 36 VgV gemäß § 2 VgV die Frage der Unterauftragsvergabe bei der Vergabe von Bauaufträgen nicht regelt.

Zu Absatz 1

Absatz 1 setzt Artikel 42 Absatz 2 Satz 1 der Richtlinie 2014/23/EU um und orientiert sich am Wortlaut von § 36 Absatz 1 VgV, der Artikel 71 Absatz 2 der Richtlinie 2014/24/EU umsetzt. Gemäß § 33 Absatz 1 Satz 1 können Konzessionsgeber die Unternehmen in der Konzessionsbekanntmachung oder den Vergabeunterlagen dazu auffordern, bei Angebotsabgabe den Auftragsteil, den sie an Dritte zu vergeben gedenken, sowie die vorgesehenen Nachunternehmer anzugeben, sofern ihnen dies im Zeitpunkt der Angebotsabgabe bereits zumutbar ist. § 33 Absatz 1 Satz 2 trägt dem Umstand Rechnung, dass Konzessionsgeber die in Absatz 5 geregelte Überprüfung des Nachunternehmers nur dann vornehmen können, wenn ihnen dieser vor Zuschlagserteilung genannt wurde und ihm die entsprechenden Nachweise, wie beispielsweise die Verpflichtungserklärung des Nachunternehmers gegenüber dem Hauptauftragnehmer, vorliegen. Das Verlangen des Konzessionsgebers ist unter Berücksichtigung der Verhältnismäßigkeit jedoch auf solche Unternehmen beschränkt, die in die engere Auswahlentscheidung kommen.

Zu Absatz 2

Absatz 2 setzt Artikel 42 Absatz 2 Satz 2 der Richtlinie 2014/23/EU um, dem zufolge klargestellt wird, dass die Haftung des Hauptauftragnehmers gegenüber dem Konzessionsgeber von Absatz 1 unberührt bleibt. Der Wortlaut orientiert sich an § 36 Absatz 2 VgV, der Artikel 71 Absatz 4 der Richtlinie 2014/24/EU umsetzt.

---

119 OLG Düsseldorf, Beschluss v. 5.11.2014 – VII-Verg 20/14; *Möllenkamp,* in: Kulartz/Kus/Portz/Prieß, GWB-Vergaberecht, § 160 Rn. 48; *Reidt,* in: Reidt/Stickler/Glahs, Vergaberecht, § 160 Rn. 24; jeweils m.w.N.
120 *Möllenkamp,* in: Kulartz/Kus/Portz/Prieß, GWB-Vergaberecht, § 160 Rn. 48; *Reidt,* in: Reidt/Stickler/Glahs, Vergaberecht, § 160 GWB Rn. 24.

Zu Absatz 3

Absatz 3 richtet sich im Hinblick auf die grundsätzliche Vorgabe der Vergabe- und Vertragsordnung für Bauleistungen (VOB) Teil B Allgemeine Vertragsbedingungen für die Ausführung von Bauleistungen (VOB/B) und Allgemeine Technische Vertragsbedingungen für Bauleistungen (VOB/C) für den Unterauftragnehmer einer Baukonzession an dem bisherigen § 22 Absatz 2 Nummer 1 in Verbindung mit § 8 Absatz 3 der Vergabe- und Vertragsordnung für Bauleistungen (VOB/A-EG) aus. Diese Verordnung umfasst auch die Verfahrensregeln zu Baukonzessionen, die bislang in § 22 EG VOB/A geregelt waren.

Zu Absatz 4

Absatz 4 setzt Artikel 42 Absatz 3 Unterabsatz 1 und 2 der Richtlinie 2014/23/EU um und orientiert sich am Wortlaut von § 36 Absatz 3 VgV, der Artikel 71 Absatz 5 der Richtlinie 2014/24/EU umsetzt.

Zu Absatz 5

Absatz 5 setzt Artikel 42 Absatz 1 der Richtlinie 2014/23/EU um und orientiert sich am Wortlaut von § 36 Absatz 4 VgV, der Artikel 71 Absatz 1 und 6 der Richtlinie 2014/24/EU umsetzt.

Zu Absatz 6

Absatz 6 setzt Artikel 42 Absatz 4 Buchstabe b) der Richtlinie 2014/23/EU um und orientiert sich am Wortlaut von § 36 Absatz 5 VgV.

Verordnung über die Vergabe von Konzessionen

(Konzessionsvergabeverordnung – KonzVgV)

Abschnitt 4
Übergangs- und Schlussbestimmungen

§ 34 KonzVgV
Übergangsbestimmung für die elektronische Kommunikation und elektronische Übermittlung von Teilnahmeanträgen und Angeboten

Abweichend von § 28 Absatz 1 kann der Konzessionsgeber bis zum 18. Oktober 2018 die Übermittlung der Teilnahmeanträge und Angebote auch auf dem Postweg, einem anderen geeigneten Weg, Fax oder durch die Kombination dieser Mittel verlangen. Dasselbe gilt für die sonstige Kommunikation im Sinne des § 7 Absatz 1, soweit sie nicht die Übermittlung von Bekanntmachungen gemäß § 23 und die Bereitstellung der Vergabeunterlagen gemäß § 17 betrifft.

Übersicht	Rn.
A. Allgemeines	1
I. Unionsrechtlicher Hintergrund	3
II. Vergleichbare Regelungen	5
B. Übermittlung von Bekanntmachungen und Bereitstellung der Vergabeunterlagen	7
C. Übermittlung der Teilnahmeanträge und Angebote sowie sonstige Kommunikation	8
D. Rechtsschutz	12

Anlage
   Verordnungsbegründung
   (BR-Drs. 87/16)

A. Allgemeines

§ 7 Abs. 1 KonzVgV und § 97 Abs. 5 GWB verpflichten sowohl den Konzessionsgeber als auch die am Vergabeverfahren teilnehmenden Unternehmen, für das Senden, Empfangen, Weiterleiten und Speichern von Daten im Vergabeverfahren elektronische Mittel zu verwenden. Die Umstellung auf die **elektronische Kommunikation** ist zwingend. Durch die Nutzung elektronischer Kommunikationsmittel kann Erwägungsgrund 74 RL 2014/23/EU zufolge die Konzessionsbekanntmachung erheblich vereinfacht werden und die Effizienz und Transparenz der Vergabeverfahren gesteigert werden. Außerdem würden so die Möglichkeiten von Wirtschaftsteilnehmern zur Teilnahme an Vergabeverfahren im gesamten Binnenmarkt stark verbessert. 1

In § 34 KonzVgV wird eine **Übergangsbestimmung** für die Einführung der elektronischen Kommunikation bis zum 18. Oktober 2018 formuliert. Danach sind Konzessionsgeber nicht verpflichtet, die Übermittlung von Teilnahmeanträgen und Angeboten mithilfe elektronischer Mittel gemäß § 28 Abs. 1 KonzVgV zu fordern und für die sonstige Kommunikation im Vergabeverfahren elektronische Mittel zu nutzen (§ 7 Abs. 1 KonzVgV). Davon ausgenommen sind die Übermittlung von Bekanntmachungen gemäß § 23 KonzVgV und die Bereitstellung der Vergabeunterlagen gemäß § 17 KonzVgV, die bereits jetzt mithilfe elektronischer Mittel erfolgen müssen. 2

I. Unionsrechtlicher Hintergrund

Auf europarechtlicher Ebene ist die **Kommunikation** im Vergabeverfahren in Art. 29 RL 2014/23/EU geregelt. Anders als für die Vergabe öffentlicher Aufträge nach der VgV und die Vergabe öffentlicher Aufträge im Sektorenbereich ist die Verwendung elektronischer Mittel für die Konzessionsvergabe nicht verpflichtend vorgeschrieben. Die Bundesregierung hat sich jedoch im Sinne einer effizienten Abwicklung des Vergabeverfahrens und einheitlicher Vorgaben für die Vergabe öffentlicher Aufträge und Konzessionen entschlossen, den Grund- 3 satz der elektronischen Kommunikation entsprechend Art. 22 RL 2014/24/EU in nationales Recht zu überführen.[1]

4 Entsprechend wurde durch § 34 KonzVgV auch die **Umsetzungsfrist** aus Art. 90 Abs. 2 UAbs. 1 und 3 RL 2014/24/EU übernommen. Die Umsetzungsfrist des Art. 90 Abs. 2 RL 2014/24/EU wird dabei voll ausgeschöpft.

II. Vergleichbare Regelungen

5 In § 81 **VgV**, § 64 **SektVO**, § 23 **EU VOB/A** und § 38 Abs. 2 und 3 **UVgO** sind mit § 34 KonzVgV vergleichbare Übergangsregelungen enthalten. Diese enthalten aber zusätzlich eine abweichende Übergangsregelung für zentrale Beschaffungsstellen i.S.d. § 120 Abs. 4 S. 1 GWB. Für diese endete die Übergangsfrist bereits am 18. April 2017.

6 In der **VSVgV** und in Abschnitt 1 und 3 **VOB/A** und der **VOL/A**, gibt es – in Ermangelung einer Verpflichtung zur elektronischen Kommunikation im Vergabeverfahren – keine Übergangsregelungen für die Einführung der elektronischen Kommunikation.

B. Übermittlung von Bekanntmachungen und Bereitstellung der Vergabeunterlagen

7 Die Kommunikation durch den Konzessionsgeber gegenüber den Unternehmen muss bereits jetzt bezüglich zweier Aspekte grundsätzlich vollständig mithilfe elektronischer Mittel erfolgen. Das betrifft die Veröffentlichung von EU-weiten Bekanntmachungen und die Bereitstellung der Vergabeunterlagen (einschließlich Zusatzinformationen zu den Vergabeunterlagen). EU-weite Bekanntmachungen dürfen nur noch elektronisch beim Amt für Veröffentlichungen der Europäischen Union eingereicht werden (§ 23 Abs. 1 KonzVgV). Die Bekanntmachungen müssen zwingend eine Internetadresse enthalten, unter der sämtliche Vergabeunterlagen unentgeltlich, uneingeschränkt und vollständig direkt mithilfe von Informations- und Kommunikationstechnik (IKT) abgerufen werden können, sofern keine spezielle Ausnahme eingreift (§ 17 KonzVgV).

C. Übermittlung der Teilnahmeanträge und Angebote sowie sonstige Kommunikation

8 Bezüglich der Kommunikation, die nicht die Übermittlung von Bekanntmachungen und die Bereitstellung der Vergabeunterlagen betrifft, besteht eine Übergangssituation. Diese Kommunikation muss der Konzessionsgeber nach § 34 KonzVgV bis spätestens 18. Oktober 2018 vollständig IKT-basiert ausgestalten.

9 Hinsichtlich der Regelungen zur Kommunikation der Unternehmen, die sich an einem Vergabeverfahren beteiligen oder beteiligen wollen, gegenüber dem Konzessionsgeber bestehen generell **Übergangsfristen**. Gemäß § 28 KonzVgV haben die Unternehmen ihre Teilnahmeanträge und Angebote mithilfe elektronischer Mittel zu übermitteln. Nach § 34 KonzVgV kann jedoch bis spätestens 18. Oktober 2018 von dieser Regelung abgewichen werden. Bis zum Ende der Umsetzungsfristen dürfen die Konzessionsgeber die Übermittlung von Angeboten und Teilnahmeanträgen auch auf dem Postweg, einem anderen geeigneten Weg, per Fax oder durch eine Kombination dieser Mittel verlangen. Dies gilt auch für die sonstige Kommunikation im Sinne des § 7 Abs. 1 KonzVgV.

10 **Während der Übergangssituation** kann der Konzessionsgeber also außer für Bekanntmachungen und die Bereitstellung der Vergabeunterlagen die Nutzung verschiedener Kommunikationswege vorschreiben. Je nachdem wie der Konzessionsgeber die sukzessive Einführung der elektronischen Kommunikation gestaltet, kann, gegebenenfalls auch parallel, die Kom-

---

[1] Verordnungsbegründung zu § 7 KonzVgV, BR-Drs. 87/16, 282.

munikation schriftlich (d.h. per Post und direkt), per Fax, elektronisch oder durch eine Kombination aus den genannten Kommunikationsformen erfolgen. Je nach gewählter Kommunikationsart finden die entsprechenden Formvorschriften Anwendung.

Nach Ablauf der Übergangsfristen hat die gesamte Kommunikation mithilfe elektronischer Mittel zu erfolgen, solange keine gesetzliche Ausnahme eingreift. 11

D. Rechtsschutz

§ 34 KonzVgV ist kein Instrument zum **Schutz der Unternehmen**, sondern eröffnet dem Konzessionsgeber während der Übergangsfrist hinsichtlich der im Vergabeverfahren zum Einsatz kommenden Kommunikationsmittel eine Wahlmöglichkeit. Lediglich die Festlegung, welche Kommunikationsmittel im Vergabeverfahren verwendet werden dürfen, muss aufgrund des Gleichbehandlungsgrundsatzes aus § 97 Abs. 2 GWB für alle Unternehmen gleich sein. Auch dürfen keine anderen als die in § 34 KonzVgV benannten Kommunikationswege festgelegt werden. 12

Aus § 34 KonzVgV ergibt sich auch kein **Anspruch** darauf, dass elektronische Mittel während der Übergangsfrist vom Konzessionsgeber nicht verwendet werden. § 34 KonzVgV gibt dem Konzessionsgeber nur das Recht, bis zum 18. Oktober 2018 auf die Verwendung von elektronischen Kommunikationsmitteln zu verzichten. 13

Anlage

Verordnungsbegründung (BR-Drs. 87/16)

Seite 298

Die Übergangsbestimmung in § 34 räumt Konzessionsgebern die Möglichkeit ein, bis längstens zum 18. Oktober 2018 nicht die Einreichung von Angeboten und Teilnahmeanträgen mithilfe elektronischer Mittel zu verlangen. Auch im Hinblick auf die sonstige Kommunikation können

Seite 299

Konzessionsgeber bis längstens zum 18. Oktober 2018 auf andere als elektronische Mittel zurückgreifen, sofern nicht die elektronische Veröffentlichung der Bekanntmachungen oder die elektronische Bereitstellung der Vergabeunterlagen betroffen ist. Die Konzessionsgeber haben während des Übergangszeitraumes die Wahl zwischen dem Postweg, einem anderen geeigneten Weg, Fax oder einer Kombination dieser Mittel. Ein anderer geeigneter Weg ist zum Beispiel der unmittelbare Kontakt zwischen Konzessionsgebern und Wirtschaftsteilnehmern. Konzessionsgeber, die von der Möglichkeit zum Aufschub keinen Gebrauch machen, können sowohl die Entgegennahme von Angeboten und Teilnahmeanträgen als auch die sonstige Kommunikation bereits ab dem 18. April 2016 auf die grundsätzliche Verwendung elektronischer Mittel gemäß den Vorschriften dieser Verordnung umstellen.

§ 35 KonzVgV
Elektronische Kommunikation durch Auslandsdienststellen

Auslandsdienststellen sind bei der Vergabe von Konzessionen nicht verpflichtet, elektronische Mittel nach den §§ 7 bis 11 und 28 dieser Verordnung anzuwenden.

Übersicht	Rn.
A. Allgemeines	1
I. Unionsrechtlicher Hintergrund	2
II. Vergleichbare Regelungen	4
B. Kommunikation durch Auslandsdienststellen	6
C. Rechtsschutz	12
Anlage	
Verordnungsbegründung	
(BR-Drs. 87/16)	

A. Allgemeines

§ 7 Abs. 1 KonzVgV verpflichtet die Konzessionsgeber, für das Senden, Empfangen, Weiterleiten und Speichern von Daten elektronische Mittel zu verwenden. In § 35 KonzVgV wird damit ein Ausnahmetatbestand von der Pflicht zur elektronische Kommunikation formuliert. Danach sind Auslandsdienststellen von Konzessionsgebern nicht verpflichtet, für die gesamte Kommunikation im Vergabeverfahren elektronische Mittel zu nutzen (wie in den §§ 7 bis 11 KonzVgV vorgeschrieben) und die Einreichung von Teilnahmeanträgen und Angeboten mithilfe elektronischer Mittel zu fordern (wie in § 28 KonzVgV vorgeschrieben). 1

I. Unionsrechtlicher Hintergrund

§ 35 KonzVgV beruht nicht auf europarechtlichen Vorgaben. Auf europäischer Ebene ist die **Kommunikation** im Vergabeverfahren in Art. 29 RL 2014/23/EU geregelt. Anders als für die Vergabe öffentlicher Aufträge nach der VgV und die Vergabe öffentlicher Aufträge im Sektorenbereich ist die Verwendung elektronischer Mittel für die Konzessionsvergabe sowieso nicht verpflichtend vorgeschrieben. Die Bundesregierung hat sich jedoch im Sinne einer effizienten Abwicklung des Vergabeverfahrens und einheitlicher Vorgaben für die Vergabe öffentlicher Aufträge und Konzessionen entschlossen, den Grundsatz der elektronischen Kommunikation entsprechend Art. 22 RL 2014/24/EU in nationales Recht zu überführen.[1] 2

Da die elektronische Konzessionsvergabe und auch die entsprechenden Ausnahmetatbestände europarechtlich nicht verbindlich vorgeschrieben sind, stand es dem deutschen Verordnungsgeber auch frei, eigene **Ausnahmen** von der Verpflichtung zur Kommunikation mithilfe elektronischer Mittel festzulegen, hier also die Ausnahme für Auslandsdienststellen. 3

II. Vergleichbare Regelungen

In der **VgV**, der **SektVO** und der **VOB/A – EU** sind keine § 35 KonzVgV entsprechenden Regelungen enthalten. Für diese Verordnungen sind die Ausnahmetatbestände von der Verpflichtung zur Kommunikation mithilfe elektronischer Mittel bereits auf europäischer Ebene festgelegt. Eine Ausnahme für die Auslandsdienststellen der Auftraggeber ist europarechtlich nicht vorgesehen und wurde daher auch nicht in die jeweiligen Vergabeordnungen aufgenommen. 4

---

1 Verordnungsbegründung zu § 7 KonzVgV, BR-Drs. 87/16, 282.

5 In der **VSVgV** und im Bereich von Abschnitt 1 und 3 **VOB/A** und der **VOL/A** gibt es – in Ermangelung einer Verpflichtung zur elektronischen Kommunikation im Vergabeverfahren – keine mit § 35 KonzVgV vergleichbaren Regelungen. Eine vergleichbare Regelung enthält die **UVgO** in § 53.

B. Kommunikation durch Auslandsdienststellen

6 § 35 KonzVgV sieht eine Ausnahme von der Pflicht zur elektronischen Kommunikation (§ 7 Abs. 1 KonzVgV) in Verfahren zur Vergabe von Konzessionen durch **Auslandsdienststellen** von Konzessionsgebern vor. Da sich die Möglichkeiten zur elektronischen Kommunikation von Auslandsdienststellen weltweit je nach Dienstort technisch stark unterscheiden können, weil teilweise nur eine Satelliten-Verbindung möglich ist, unterliegen Vergabeverfahren durch Auslandsdienststellen von Konzessionsgebern nicht der Pflicht zur elektronischen Kommunikation. Dieser Ausnahmeregelung unterfallen zum Beispiel die Auslandsvertretungen der Bundesrepublik Deutschland im Zuständigkeitsbereich des Auswärtigen Amtes oder außerhalb Deutschlands stationierte Einheiten der Bundeswehr.[2]

7 In der Verordnungsbegründung ist zwar formuliert, dass „Bewerber und Bieter in Vergabeverfahren durch Auslandsdienststellen **nicht verpflichtet** [sind], Teilnahmeanträge und Angebote elektronisch einzureichen".[3] Aus dieser unglücklichen Formulierung lässt sich jedoch nicht herauslesen, dass die Bewerber und Bieter einen Anspruch darauf hätten, dass elektronische Mittel von den Auslandsdienststellen der Konzessionsgeber nicht verwendet werden. Aus dem Wortlaut der Norm selbst – „Auslandsdienststellen sind bei der Vergabe von Konzessionen nicht verpflichtet" – geht hervor, dass sich die Befreiung von der Verpflichtung zur elektronischen Kommunikation lediglich auf die Auslandsdienststellen der Konzessionsgeber bezieht. Die an einem Vergabeverfahren teilnehmenden Unternehmen haben diejenigen Kommunikationsmittel zu verwenden, die der Konzessionsgeber vorgibt.

8 Die elektronische Veröffentlichung der **Bekanntmachungen** gemäß § 23 Abs. 1 KonzVgV und die Bereitstellung der **Vergabeunterlagen** gemäß § 17 KonzVgV sind aber nicht von dem Ausnahmetatbestand des § 35 KonzVgV erfasst.[4] Die Veröffentlichung der Bekanntmachung und die Bereitstellung der Vergabeunterlagen haben auch bei der Kommunikation durch Auslandsdienststellen der Konzessionsgeber elektronisch zu erfolgen.

9 Die Auslandsdienststellen können nach der Begründung zur KonzVgV für alle Mitteilungen und für den gesamten Kommunikations- und Informationsaustausch – auch für die Einreichung von Angeboten und Teilnahmeanträgen – sämtliche der in Art. 29 Abs. 1 RL 2014/23/EU genannten **Kommunikationsmittel** nutzen:[5]

a) Elektronische Mittel,

b) Post oder Fax,

c) mündliche Mitteilung, auch telefonisch, bei Mitteilungen, die keine wesentlichen Elemente eines Konzessionsvergabeverfahrens betreffen, sofern der Inhalt der mündlichen Mittteilung auf einem dauerhaften Datenträger hinreichend dokumentiert wird,

d) persönliche Abgabe gegen Empfangsbestätigung.

Dabei kann der Konzessionsgeber eines oder mehrere der genannten Kommunikationsmittel wählen.

10 Auch die gewählten nicht elektronischen Kommunikationsmittel müssen natürlich die in Art. 29 Abs. 2 RL 2014/24/EU festgelegten **Anforderungen** erfüllen. Die gewählten Kommunikationsmittel müssen allgemein verfügbar sein und dürfen nicht diskriminierend wirken und nicht dazu führen, dass der Zugang der Unternehmen zum Konzessionsvergabeverfahren be-

---

2 Verordnungsbegründung zu § 35 KonzVgV, BR-Drs. 87/16, 299.
3 Verordnungsbegründung zu § 35 KonzVgV, BR-Drs. 87/16, 299.
4 So auch ausdrücklich die Verordnungsbegründung zu § 35 KonzVgV, BR-Drs. 87/16, 299.
5 Verordnungsbegründung zu § 35 KonzVgV, BR-Drs. 87/16, 299.

schränkt wird. Die Integrität der Daten und die Vertraulichkeit der Teilnahmeanträge und der Angebote sind auch hier vom Konzessionsgeber zu gewährleisten.

Es ist denkbar, dass Konzessionsgeber mit einer Auslandsdienststelle die Regelung des § 35 KonzVgV zur **Umgehung** der Verpflichtung zur elektronischen Kommunikation die gesamte Kommunikation in Vergabeverfahren generell über ihre Auslandsdienststellen laufen lassen. Dies würde aber gegen die grundsätzliche Pflicht zur Nutzung elektronischer Mittel für die Kommunikation aus § 97 Abs. 5 GWB und den §§ 7 ff. KonzVgV verstoßen. Daher sollte für die Kommunikation über Auslandsdienststellen des Konzessionsgebers zumindest ein sachlicher Zusammenhang des Beschaffungsgegenstandes mit der Auslandsdienststelle vorliegen.

C. Rechtsschutz

§ 35 KonzVgV ist kein Instrument zum Schutz der Unternehmen, sondern eröffnet dem Konzessionsgeber hinsichtlich der im Vergabeverfahren zum Einsatz kommenden Kommunikationsmittel eine Wahlmöglichkeit. Lediglich die Festlegung, welche Kommunikationsmittel im Vergabeverfahren verwendet werden dürfen, muss aufgrund des Gleichbehandlungsgrundsatzes aus § 97 Abs. 2 GWB für alle Unternehmen gleich sein. Aus § 35 KonzVgV ergibt sich auch kein Anspruch darauf, dass elektronische Mittel von den Auslandsdienststellen der Konzessionsgeber nicht verwendet werden. § 35 KonzVgV gibt den Auslandsdienststellen der Konzessionsgeber nur das Recht, auf die Verwendung von elektronischen Kommunikationsmitteln zu verzichten.

Anlage

Verordnungsbegründung (BR-Drs. 87/16)

Seite 299

§ 35 sieht im Einklang mit Artikel 29 Absatz 1 Unterabsatz 1 der Richtlinie 2014/23/EU eine Ausnahme von der Pflicht zur elektronischen Kommunikation in Verfahren zur Vergabe von Konzessionen durch Auslandsdienststellen von Konzessionsgebern vor. Da sich die Möglichkeiten zur elektronischen Kommunikation von Auslandsdienststellen weltweit je nach Dienstort technisch stark unterscheiden können, weil teilweise nur Satelliten-Verbindung möglich ist, unterliegen Vergabeverfahren durch Auslandsdienststellen von Konzessionsgebern nicht der Pflicht zur elektronischen Kommunikation. Diese Auslandsdienststellen können für alle Mitteilungen und für den gesamten Kommunikations- und Informationsaustausch statt der elektronischen Mittel sämtliche der in Artikel 29 Absatz 1 Unterabsatz 1 der Richtlinie 2014/23/EU genannten Kommunikationsmittel nutzen, wie zum Beispiel Post oder Fax (Buchstabe b) oder die mündliche Mitteilung, sofern der Inhalt der mündlichen Mitteilung auf einem dauerhaften Datenträger hinreichend dokumentiert wird (Buchstabe c). Darüber hinaus sind Bewerber und Bieter in Vergabeverfahren durch Auslandsdienststellen nicht verpflichtet, Teilnahmeanträge und Angebote elektronisch einzureichen. Dieser Ausnahmeregelung unterfallen zum Beispiel die Auslandsvertretungen der Bundesrepublik Deutschland im Zuständigkeitsbereich des Auswärtigen Amtes oder außerhalb Deutschlands stationierte Einheiten der Bundeswehr. Im Ergebnis beschränken sich die Pflichten zur elektronischen Kommunikation bei der Vergabe von Konzessionen durch Auslandsdienststellen von Konzessionsgebern auf die elektronische Veröffentlichung der Bekanntmachungen gemäß §§ 19 bis 23 und die elektronische Verfügbarkeit der Vergabeunterlagen gemäß § 17 dieser Verordnung.

§ 36 KonzVgV
Fristberechnung

Die Berechnung der in dieser Verordnung geregelten Fristen bestimmt sich nach der Verordnung (EWG, Euratom) Nr. 1182/71 des Rates vom 3. Juni 1971 zur Festlegung der Regeln für die Fristen, Daten und Termine (ABl. L 124 vom 8.6.1971, S. 1).

Übersicht	Rn.
A. Allgemeines	1
I. Unionsrechtlicher Hintergrund	2
II. Vergleichbare Regelungen	3
B. Fristberechnung nach VO (EWG/Euratom) 1182/17	4
C. Rechtsschutz	9
Anlage	
Verordnungsbegründung	
(BR-Drs. 87/16)	

A. Allgemeines

§ 36 KonzVgV enthält die zentrale Regelung zur Fristberechnung. Die Vorschrift selbst enthält allerdings keine konkreten Vorgaben, sondern verweist hierzu auf die VO (EWG, Euratom) 1182/71. **1**

I. Unionsrechtlicher Hintergrund

Vorgaben für die Fristberechnung finden sich in den RL 2014/23/EU, 2014/24/EU und 2014/25/EU, die jedoch aus Sicht des deutschen Verordnungsgebers verunglückt sind.[1] Das dürfte darauf zurückzuführen sein, dass der Normtext der Vergaberichtlinien jedenfalls vordergründig den Anschein erweckt, für den Fristbeginn komme es auf den Tag des Ereignisses an. In der Vorschrift zur Angebotsfrist im offenen Verfahren in Art. 27 Abs. 1 RL 2014/24/EU heißt es beispielsweise, dass diese „35 Tage, gerechnet ab dem Tag der Absendung der Auftragsbekanntmachung", beträgt. Zugleich weist Erwägungsgrund 106 RL 2014/24/EU auf die Anwendbarkeit der VO (EWG, Euratom) 1182/71 hin, nach der es gerade auf den Tag nach dem Ereignis ankommt. Diesen Widerspruch hat der deutsche Verordnungsgeber aufgelöst. Die einzelnen Fristenregelungen stellen auf den Tag nach dem Ereignis ab („Tag nach der Absendung der Auftragsbekanntmachung"). Zusätzlich wird auf die VO (EWG, Euratom) 1182/71 verwiesen, die ihrerseits den Tag nach dem Ereignis für maßgeblich erklärt. **2**

II. Vergleichbare Regelungen

Dem § 36 KonzVgV entsprechende Verweisungen sind in § 65 SektVO und § 82 VgV enthalten. Für Bauleistungen finden sich Vorschriften zum Fristbeginn in den §§ 16a, 16a EU, 19 Abs. 2, 19 EU Abs. 2, 19 Abs. 2 VS VOB/A. Die Normen stellen für den Fristbeginn auf den Tag nach dem Ereignis ab. Die Fristenregelungen des fast unveränderten § 20 VSVgV stellen auf den Tag des Ereignisses ab, wobei es sich um die gleiche missverständliche Regelung handeln dürfte, die auch Gegenstand der RL 2014/23/EU, 2014/24/EU und 2014/25/EU sind. § 54 Abs. 2 UVgO verweist für die Berechnung der im Rahmen dieser Verfahrensordnung festgelegten Fristen auf §§ 186 bis 193 BGB. **3**

---

1 Vgl. Verordnungsbegründung zu § 82 VgV, BR-Drs. 87/16, 227 f., und zu § 65 SektVO, BR-Drs. 87/16, 276.

B. Fristberechnung nach VO (EWG/Euratom) 1182/17

4 § 36 KonzVgV hat klarstellende Funktion.[2] Die Regelung verweist auf die vergleichsweise betagte VO (EWG) 1182/71 und lässt den Verordnungsgeber die Frage beantworten, wie sich die Fristen der KonzVgV berechnen.

5 Der **Anwendungsbereich** der Verordnung erstreckt sich, soweit nichts anderes bestimmt ist, nach Art. 1 VO (EWG) 1182/71 auf Rechtsakte, die der Rat und die Kommission auf Grund des Vertrages zur Gründung der Europäischen Wirtschaftsgemeinschaft, nunmehr AEUV, oder des Vertrages zur Gründung der Europäischen Atomgemeinschaft erlassen haben bzw. erlassen werden. Aufgrund des Anwendungsbefehls in § 36 KonzVgV gelten die Bestimmungen der Verordnung für alle im Rahmen eines nach Maßgabe der KonzVgV durchgeführten Vergabeverfahren, insbesondere für Fristen nach § 3 Abs. 2, § 6 Abs. 3, § 18, § 21, § 27, § 30 Abs. 2 KonzVgV.

6 Nach Art. 3 Abs. 3 (EWG) 1182/71 sind Fristen grundsätzlich nach **Kalendertagen** zu berechnen, wenn nicht ausdrücklich etwas anderes geregelt ist.

7 Ferner wird der Begriff des **Arbeitstages** legaldefiniert. Arbeitstage sind nach Art. 2 Abs. 2 VO (EWG, Euratom) 1182/71 alle Tage außer Feiertage, Sonntage und Sonnabende. Der Begriff ist damit weiter als der des Werktages i.S.d. § 193 BGB. **Feiertage** sind die im Staat des Konzessionsgebers geltenden Feiertage nach Art. 2 Abs. 2 VO (EWG, Euratom) 1182/71.

8 Hinsichtlich **Fristbeginn** und **Fristende** ist Art. 3 VO (EWG, Euratom) 1182/71 zu beachten. Nach Art. 3 Abs. 1 UAbs. 2 VO (EWG, Euratom) 1182/71 beginnt der Lauf einer nach Tagen, Wochen, Monaten oder Jahren bemessenen Frist erst am Tag nach einem bestimmten Ereignis (z.B. Absendung der Bekanntmachung). § 3 Abs. 2 lit. c VO (EWG, Euratom) 1182/71 bestimmt dabei, dass eine nach Wochen, Monaten oder Jahren bemessene Frist am Anfang der ersten Stunde des ersten Tages der Frist beginnt und mit Ablauf der letzten Stunde des Tages der letzten Woche, des letzten Monats oder des letzten Jahres, der dieselbe Bezeichnung oder dieselbe Zahl wie Tag des Fristbeginns trägt, endet. Fehlt bei einer nach Monaten oder Jahren bemessenen Frist im letzten Monat der für den Ablauf maßgebende Tag, so endet die Frist mit Ablauf der letzten Stunde des letzten Tages dieses Monats. Die Regelung zum Fristbeginn ist insoweit mit § 187 Abs. 1 BGB vergleichbar. Fällt das Ende einer solchen Frist auf einen Tag, der ausnahmsweise kein Arbeitstag ist, so endet die Frist nach Art. 3 Abs. 4 UAbs. 1 VO (EWG, Euratom) 1182/71 mit Ablauf des Folgetages, 24:00 Uhr. Das entspricht § 188 Abs. 2 BGB. Hat der Konzessionsgeber eine Uhrzeit für den Fristablauf festgelegt, so findet – obwohl dort nichts ausdrückliches dazu geregelt ist – Art. 3 Abs. 2 lit. a VO (EWG, Euratom) 1182/71 Anwendung. Daher endet die Frist auch erst mit Ablauf der vorgegebenen Uhrzeit.

C. Rechtsschutz

9 Fristenregelungen sind unternehmensschützend im Sinne von § 97 Abs. 6 GWB. Gleiches gilt auch für deren Berechnung. Wird die Fristberechnung auf eine andere Weise vollzogen als von § 36 KonzVgV vorgesehen und führt dies zu einer Unterschreitung der normativ vorgesehenen Mindestfristen oder zu sonstigen unangemessenen Fristen, so kann dies gerügt und im Wege eines Nachprüfungsverfahrens angegriffen werden.

---

2 Vgl. Verordnungsbegründung zu § 36 KonzVgV, BR-Drs. 87/16, 299.

Anlage

Verordnungsbegründung (BR-Drs. 87/16)

Seite 299

§ 36 stellt klar, dass die Berechnung von Fristen nach der Verordnung EWG Nr. 1182/71 des Rates vom 3. Juni 1971 zur Festlegung der Regeln für die Fristen, Daten und Termine zu erfolgen hat.

Verordnung zur Statistik über die Vergabe öffentlicher Aufträge und Konzessionen

(Vergabestatistikverordnung – VergStatVO)

in der Fassung der Bekanntmachung vom 12. April 2016 (BGBl. I S. 624)

Einleitung

Übersicht	Rn.
A. Allgemeines	1
B. Unionsrechtliche Grundlagen und nationale Umsetzung	3
I. Unionsrechtliche Vorgaben	3
II. Struktur der Erfassung von vergabestatistischen Daten vor der Vergaberechtsmodernisierung	6
III. Nationale Umsetzung und verfassungsrechtliche Bedenken	9
C. Inkrafttreten und Evaluation	14
D. Rechtsschutz	16

A. Allgemeines

Die Einführung einer eigenständigen Verordnung zur Statistik[1] über die Vergabe öffentlicher Aufträge und Konzessionen (VergStatVO) durch Art. 4 VergRModVO ist eine der großen Neuerungen der **Vergaberechtsnovelle 2016**. Sie geht zurück auf die Governance-Regelungen der Europäischen Richtlinientrias[2] über die Berichterstattung und statistische Informationen, die ihrerseits Ausfluss des plurilateralen Genfer Beschaffungsübereinkommens (Government Procurement Agreement) der Welthandelsorganisation[3] sind.

    1

Die vergaberechtlichen Statistikpflichten gelten dabei ihrem **Sinn und Zweck** nach seit jeher als Grundlage für die gemeinsame Marktpolitik und Liberalisierung der Märkte zwischen den Vertragsstaaten der Welthandelsorganisation[4] sowie insbesondere auf der europäischen Ebene der Überprüfung der Wirksamkeit der durch die Vergaberichtlinien implementierten Marktöffnungs-[5] und nunmehr verstärkt auch der vergabespezifischen Lenkungsmechanismen in Form der Verfolgung von sogenannten strategischen Zielen der Nachhaltigkeit, Innovation und der Mittelstandsförderung.[6] Zugleich soll die VergStatVO erstmals den Rechtsrahmen für die Einführung einer zentralen und flächendeckenden Erhebung von statistischen Vergabedaten und ihre Auswertung auf nationaler Ebene bereiten, die über die Erfüllung von spezifisch vergaberechtlichen Vorgaben auch dem Informationsbedürfnis von Bund, Ländern und Kommunen, aber auch der Wirtschaft zu dienen bestimmt ist.[7] Damit wird der Vergabestatistik durch den Verordnungsgeber die Funktion eines zentralen Monitoringinstruments für das staatliche Einkaufsverhalten beigemessen.

    2

---

1 Der Begriff der Statistik im heutigen Verständnis wird unter anderem auf Gottfried Achenwall (1719–1772) zurückgeführt. Er geht zurück auf das italienische Wort statista, was übersetzt Staatsmann bedeutet; vgl. zum Ganzen auch *Dorer/Mainusch/Tubies*, BStatG, Einleitung Rn. 1 ff.
2 RL 2014/23/EU, RL 2014/24/EU und RL 2014/25/EU. Eine entsprechende Regelung ist ebenfalls in der RL 2009/81/EG enthalten.
3 ABl. EU Nr. L 68 v. 7.3.2014, 4 ff.; Originaltext: GPA/113 v. 2.4.2012 (12-1744); zum Ganzen siehe *Dreher*, in: Immenga/Mestmäcker, Wettbewerbsrecht, Vor 97 ff. GWB Rn. 206 ff.
4 So insbesondere mit Blick auf die Auswirkungen der Schwellenwerte auf den Binnenmarkt, vgl. Erwägungsgrund 139 RL 2014/25/EU, Erwägungsgrund 84 RL 2014/23/EU sowie Art. 53 RL 2014/23/EU.
5 Bundesministerium für Wirtschaft und Arbeit, Leitfaden zu den gesetzlichen Statistikpflichten im öffentlichen Auftragswesen v. 27.1.2003 – I B 3 - 26 00 98, S. 1; siehe dazu auch *Hailbronner/Kau*, NZBau 2006, 16, 18 f.
6 Siehe Bundeskabinett, Beschluss v. 7.1.2015 – Eckpunkte zur Reform des Vergaberechts, Nr. 11; Gesetzesbegründung zu § 114 Abs. 2 S. 1 GWB, VergRModG 2016, BT-Drs. 18/6281, 91.
7 Vgl. Bundeskabinett, Beschluss v. 7.1.2015 – Eckpunkte zur Reform des Vergaberechts, Nr. 11; Gesetzesbegründung zu § 114 Abs. 2 S. 1 GWB, VergRModG 2016, BT-Drs. 18/6281, 56, 91; siehe auch Kienbaum Management Consultants GmbH, 1. Zwischenbericht Statistik der öffentlichen Beschaffung in Deutschland – Grundlagen und Methodik (I C 4 – 80 14 34/45), die darüber hinausgehende Funktionen von Vergabestatistiken bei der Steuerung von Ressourcenplanung, Effizienzsteigerung, Korruptionsbekämpfung und politischer Rechenschaft gegenüber Bürgern sieht, S. 29 bis 31. Siehe auch die Kommentierungen zu §§ 6 und 7 VergStatVO.

B. Unionsrechtliche Grundlagen und nationale Umsetzung

I. Unionsrechtliche Vorgaben

3 Ihre europarechtliche Grundlage finden die Statistikpflichten für den Bereich der Vergabe durch öffentliche Auftraggeber in Art. 85 RL 2014/24/EU sowie für den Bereich der Vergabe durch Sektorenauftraggeber in Art. 101 RL 2014/25/EU.[8]

4 Anders als noch in den **Vorgängerregelungen** der Art. 75 RL 2004/18/EG und Art. 67 RL 2004/17/EG, die gleichsam die (aktive) Übermittlung von jährlich erhobenen statistischen Daten für vergebene Aufträge gefordert haben, wird dort nunmehr zwischen primären statistischen Berichtspflichten der Mitgliedstaaten für den Bereich der Unterschwellenvergaben in Art. 85 Abs. 2 RL 2014/24/EU und Art. 101 Abs. 2 RL 2014/25/EU[9] sowie passiven Verpflichtungen gemäß Art. 85 Abs. 1 S. 2 RL 2014/24/EU und Art. 101 Abs. 1 UAbs. 2 RL 2014/25/EU zur Übermittlung von zusätzlichen Informationen auf Anforderung der Europäischen Kommission für den Fall unterschieden, dass die Qualität und Vollständigkeit der auf der Grundlage der Vergaberichtlinien veröffentlichten Bekanntmachungen eigens durch die Kommission erhobenen statistischen Vergabedaten unzureichend sein sollte. Dieser Paradigmenwechsel steht dabei im Interesse der Verwaltungsvereinfachung und soll eine Entlastung der Mitgliedstaaten bei der Erfüllung ihrer statistischen Pflichten bewirken.[10]

5 Für den Bereich der **Konzessionsvergabe** gemäß RL 2014/23/EU fehlt hingegen eine originäre unionsrechtliche Statistikverpflichtung der Mitgliedstaaten. Die Berichtspflichten der Mitgliedstaaten sind in diesem Bereich auf die Vorlage eines Überwachungsberichts zu den häufigsten Ursachen einer mangelhaften Anwendung der Vorschriften für die Konzessionsvergabe gemäß Art. 53 UAbs. 4 i.V.m. Art. 45 Abs. 3 RL 2014/23/EU beschränkt.

II. Struktur der Erfassung von vergabestatistischen Daten vor der Vergaberechtsmodernisierung

6 Vor der umfassenden Vergaberechtsmodernisierung im Jahr 2016 enthielt **§ 127 Nr. 8 GWB a.F.** die gesetzliche Verordnungsermächtigung zur Regelung der Übermittlung von Informationen durch die (Sektoren-)Auftraggeber an das Bundesministerium für Wirtschaft und Technologie[11] zur Erfüllung der Verpflichtungen aus den Richtlinien des Rates der Europäischen Union. Diese ist durch die im Detail unterschiedlich ausgestalteten Regelungen des § 17 VgV a.F. für öffentliche Auftraggeber, entsprechende Regelungen des § 33 SektVO 2009 für die Vergabe von Aufträgen im Bereich der Sektoren und § 44 VSVgV a.F. für Auftraggeber im Bereich der Verteidigung und Sicherheit auf der Verordnungsebene partikular umgesetzt worden.

7 Auf Grundlage dieser Einzelbestimmungen ist die elektronische Übermittlung (per E-Mail) von Vergabedaten nach Maßgabe der hierzu durch das Bundesministerium für Wirtschaft und Energie regulär veröffentlichten Vordrucke in Form von Gesamtaufstellungen der obersten Bundesbehörden und vergleichbaren Bundeseinrichtungen für das jeweilige Ressort sowie den Wirtschaftsministerien der Länder für das jeweilige Bundesland im Wege einer **dezentra-**

---

8 Entsprechende Regelungen werden für den spezifischen Bereich der Verteidigung und Sicherheit in Art. 65 und 66 RL 2009/81/EG getroffen.
9 Diese Übermittlungspflicht besteht alle drei Jahre beginnend mit dem 18. April 2017 und umfasst die Angabe des geschätzten Gesamtwerts solcher Beschaffungen im betreffenden Zeitraum, wobei die Schätzung sich auf Daten stützen kann, die gemäß nationalen Veröffentlichungsvorschriften verfügbar sind, oder auf stichprobenartige Schätzungen; vgl. auch Art. 65 RL 2009/81/EG für den spezifischen Bereich der Verteidigung und Sicherheit.
10 So ausdrücklich nunmehr Erwägungsgrund 127 RL 2014/24/EU und Erwägungsgrund 133 RL 2014/25/EU.
11 Durch Ziff. I Nr. 1 des Organisationserlasses der Bundeskanzlerin v. 17.12.2013, BGBl. I S. 4310, umbenannt in Bundesministerium für Wirtschaft und Energie.

len Erfassung[12] und auf der Grundlage unterschiedlicher Regelungen in den jeweiligen Bundesländern[13] erfolgt. Auf Basis der so zusammengetragenen Einzeldaten wurde sodann durch das Bundesministerium für Wirtschaft und Energie eine bundesweite Gesamtstatistik zur Übermittlung an die Europäische Kommission generiert.[14]

Die Novellierung der Vergaberichtlinien im Jahr 2014 durch die europäischen Normsetzungsorgane ist zum Anlass genommen worden, die Voraussetzungen für eine umfassende, systematische **zentrale Bundesvergabestatistik** mit automatisierten Auswertungsmöglichkeiten zu schaffen.[15] Zur Vorbereitung dieses Bestrebens hat das Bundesministerium für Wirtschaft und Energie ein Forschungsvorhaben zur Einführung einer elektronischen Vergabestatistik bei der Kienbaum Management Consultants GmbH in Auftrag gegeben, das die Grundlage für die künftige Statistik der öffentlichen Beschaffung bilden soll[16] und auch die Vorbereitung eines IT-technischen Umsetzungsmodells zur Erhebung und Auswertung von Informationen zur öffentlichen Beschaffung in Deutschland umfasst.[17] Bei der konkreten Konzeption der Umsetzung des Projektes „Bundesweite Vergabestatistik" wird das Bundesministerium für Wirtschaft und Energie durch die]init[AG unterstützt.[18] Damit dürften auch zugleich alle bisherigen Versuche als gescheitert angesehen werden, valide Aussagen zum Beschaffungsvolumen der öffentlichen Hand und ihrer gesamtwirtschaftlichen Bedeutung auf Grundlage von empirischen Erhebungen in Form von Stichproben und Untersuchungen zu gewinnen.[19]

III. Nationale Umsetzung und verfassungsrechtliche Bedenken

Ihre **Ermächtigungsgrundlage** findet die VergStatVO nunmehr in § 114 Abs. 2 S. 4 GWB, wo die wesentlichen Rahmenvorgaben für den Inhalt der Statistikpflichten von Auftraggebern oberhalb (§ 114 Abs. 2 S. 2 GWB) sowie unterhalb der Schwellenwerte (§ 114 Abs. 2 S. 3 GWB) getroffen werden.

---

12 Vgl. Bundesministerium für Wirtschaft und Energie, Leitfaden zu den gesetzlichen Statistikpflichten im öffentlichen Auftragswesen gemäß RL 2004/18/EG und RL 2009/81/EG für das Berichtsjahr 2015 vom Dezember 2015 – I B 6 - 26 00 98, S. 2; siehe zudem Allgemeinverfügungen des Bundesministeriums für Wirtschaft und Energie zur Erhebung von Daten der kalenderjährlich vergebenen Aufträge, z.B. für Sektorenauftraggeber für das Kalenderjahr 2015 (I B 6 - 26 05 14/2 v. 14.12.2015, BAnz. AT 24.12.2015, B1) sowie im Bereich der Verteidigung und Sicherheit für das Kalenderjahr 2015 (I B 6 - 07 19 21 v. 14.12.2015, BAnz. AT 31.12.2015, B1).
13 Vgl. etwa Ziff. 2.1 des Gemeinsamen Runderlasses zum öffentlichen Auftragswesen (Vergabeerlass) des Hessischen Ministeriums für Wirtschaft, Energie, Verkehr und Landesentwicklung vom 2.12.2015 (Hess. StAnz. 52/2015, 1377), zuletzt geändert durch den Erlass v. 28.8.2017 (Hess. StAnz. 37/2017, 882); Ziff. 3.4 der Verwaltungsvorschrift des rheinland-pfälzischen Ministeriums für Wirtschaft, Klimaschutz, Energie und Landesplanung, des Ministeriums des Innern, für Sport und Infrastruktur, des Ministeriums der Finanzen und des Ministeriums der Justiz und für Verbraucherschutz v. 24.4.2014 (40 5 – 00006 Ref. 8203), MinBl. 2014, S. 48 ff.
14 Eine Übersicht der jährlichen statistischen Meldungen für die zurückliegenden Jahre ab 2000 kann auf der Homepage des Bundesministeriums für Wirtschaft und Energie unter http://www.bmwi.de/Redaktion/DE/Textsammlungen/Wirtschaft/eu-statistik.html eingesehen werden, abgerufen am 23.4.2018.
15 Bundeskabinett, Beschluss v. 7.1.2015 – Eckpunkte zur Reform des Vergaberechts, Nr. 11.
16 Angestrebt wird dabei auch eine Qualitätssicherung und Fungibilität der erhobenen Daten im Rahmen von harmonisierten und möglichst arbeitseffizienten Meldeprozessen; siehe 1. Zwischenbericht zum Forschungsvorhaben „Statistik der öffentlichen Beschaffung in Deutschland – Grundlagen und Methodik", das darüber hinausgehende Funktionen der Vergabestatistik bei der Steuerung von Ressourcenplanung, Effizienzsteigerung, Korruptionsbekämpfung und politischer Rechenschaft gegenüber Bürgern identifiziert, S. 32, 70 ff.
17 Forschungsvorhaben der Kienbaum Management Consultants GmbH „Statistik der öffentlichen Beschaffung in Deutschland – Grundlagen und Methodik".
18 Bundesministerium für Wirtschaft und Energie, Mitteilung vom 21.8.2017 (Projektvorstellung: Bundesweite Vergabestatistik), abrufbar unter http://www.bmwi.de/Redaktion/DE/Artikel/Wirtschaft/vergabestatistik.html, abgerufen am 23.4.2018.
19 So hatte das Bundesministerium für Wirtschaft und Energie vor dem Hintergrund der Bestrebungen zur Reform des Vergaberechtsschutzes bereits im Jahr 2011 aufgrund einer durchgeführten Ausschreibung einen Auftrag zur Durchführung der Studie „Statistische Daten im öffentlichen Beschaffungswesen" an die Bietergemeinschaft bestehend aus der Ramboll Management Consulting GmbH und dem Ausschreibungsdienstanbieter subreport Verlag Schwabe GmbH erteilt; siehe auch Begründung zu § 114 Abs. 2 GWB, VergRModG 2016, BT-Drs. 18/6281, 91, die von stark schwankenden Angaben zum Gesamtbeschaffungsvolumen zwischen 160 und 360 Milliarden Euro und einem geschätzten Anteil am Bruttosozialprodukt zwischen 5,9 und 13,2 % spricht.

10 Dabei stützt der Bundesgesetzgeber seine **Gesetzgebungskompetenz** ausweislich der Gesetzesbegründung nicht nur hinsichtlich der Vergabe von Aufträgen oberhalb der EU-Schwellenwerte, sondern auch hinsichtlich der Einbeziehung von Unterschwellenvergaben gleichermaßen auf Art. 73 Abs. 1 Nr. 11 GG,[20] der dem Bund eine ausschließliche Gesetzgebungszuständigkeit für Statistiken für Bundeszwecke einräumt. Es handelt sich dabei um einen autarken Kompetenztitel, der losgelöst von der Sachgesetzgebungszuständigkeit die Grundlage für eine *„methodische Erhebung und Sammlung, Aufbereitung und Darstellung sowie Auswertung von Daten und Fakten"*[21] durch den Bund bildet.

11 Die Analyse der Gesetzesbegründung offenbart dabei zwei zentrale **Begründungsansätze**: Zum einen sei die Erhebung der Vergabedaten unabhängig vom Erreichen der Schwellenwerte eine notwendige Voraussetzung zur Erfüllung der nach Maßgabe der Vergaberichtlinien bestehenden Berichtspflichten durch die Bundesrepublik Deutschland.[22] Zum anderen diene diese dem Ziel, eine zuverlässige Berechnung der gesamtstaatlichen Ausgaben zum Zwecke von gesetzgeberischen und strategischen Entscheidungen und der Investitionsplanung zu ermöglichen.[23]

12 Dies begegnet mit Blick auf die verfassungsrechtliche Einschränkung des Art. 73 Abs. 1 Nr. 11 GG, wonach lediglich Statistiken für Bundeszwecke erfasst werden, hinsichtlich der Einbeziehung der Unterschwellenvergaben **verfassungsrechtlichen Bedenken**. Denn diese verfassungsrechtliche Einschränkung fordert, dass die Erhebung von Statistiken der Bewältigung von Bundesaufgaben dient, d.h. diese mindestens in den Tätigkeitsbereich der Bundesregierung fallen, den Bereich der Gesetzgebungs- oder Verwaltungskompetenzen des Bundes respektive seine Planungszuständigkeiten betreffen.[24] Nach überkommenem deutschem Verständnis ist das Vergaberecht unterhalb der Schwellenwerte als reines Haushaltsrecht der jeweiligen Körperschaft zu qualifizieren.[25] Damit verbundene gesetzgeberische und strategische Entscheidungen, so insbesondere zur Berücksichtigung von ökologischen oder sozialen Aspekten, der Grundsatzes der Wirtschaftlichkeit und Sparsamkeit sowie die Investitionsplanung betreffen ausschließlich Länderinteressen und dienen damit gerade nicht wie vom Kompetenztitel des Art. 73 Abs. 1 Nr. 11 GG vorausgesetzt der Bewältigung von Bundesaufgaben. Die Erhebung dieser statistischen Daten fällt mithin in die Kompetenz der Länder.

13 Auch die vom Gesetzgeber zur Begründung herangezogene **unionsrechtliche Indikation** für einen derartigen Eingriff in die Landeshoheit hat indessen nicht bestanden. Denn ausweislich Art. 85 Abs. 2 S. 2 RL 2014/24/EU sowie der entsprechenden Bestimmung in Art. 101 Abs. 2 S. 2 RL 2014/25/EU ist für die Mitgliedstaaten lediglich eine Pflicht zur Mitteilung zum geschätzten Gesamtwert aller Beschaffungen unterhalb der maßgeblichen Schwellenwerte vorgesehen, die etwa auf Daten aus nationalen Veröffentlichungen oder gar stichprobenartige Schätzungen zurückgeführt werden können. Eine Durchbrechung des föderativen Grundverständnisses rechtfertigt dies nach der hier vertretenen Auffassung nicht.

C. Inkrafttreten und Evaluation

14 Gemäß Art. 7 Abs. 3 S. 1 VergRModVO[26] tritt die VergStatVO am 18.4.2016 zunächst nur mit § 8 und den dort geregelten eingeschränkten Statistikpflichten der öffentlichen Auftraggeber

---

20 Vgl. Begründung zu § 114 Abs. 2 GWB, VergRModG 2016, BT-Drs. 18/6281, 91.
21 *Seiler*, in: Epping/Hillgruber, GG, Art. 73 Rn. 53; *Uhle*, in: Maunz/Dürig, GG, Art. 73 Rn. 257 m.w.N.
22 Gesetzesbegründung zu § 114 Abs. 2 GWB, VergRModG 2016, BT-Drs. 18/6281, 91.
23 Gesetzesbegründung zu § 114 Abs. 2 GWB, VergRModG 2016, BT-Drs. 18/6281, 91.
24 BVerfG, Urteil v. 15.12.1983 – 1 BvR 209/83, 1 BvR 269/83, 1 BvR 362/83, 1 BvR 420/83, 1 BvR 440/83, 1 BvR 484/83, BVerfGE 65, 1 ff. Rz. 139; *Uhle*, in: Maunz/Dürig, GG, Art. 73 Rn. 261 m.w.N.
25 Vgl. etwa *Summa*, in: Heiermann/Zeiss/Summa, Vergaberecht, Einleitung Rn. 7 ff.; *Ziekow*, in: Ziekow/Völlink, Vergaberecht, 2. Aufl., Einl. GWB Rn. 21 ff.
26 Art. 7 Abs. 3 VergRModVO lautet wie folgt: „Artikel 4 § 8 tritt am 18. April 2016 in Kraft. Sobald sichergestellt ist, dass die Voraussetzungen für eine elektronische Datenübermittlung gegeben sind, gibt das Bundesministerium für Wirtschaft und Energie dies mindestens drei Monate vorab im Bundesanzeiger bekannt. Die übrigen Bestimmungen des Artikels 4 treten drei Monate nach dieser Bekanntmachung in Kraft."

in Kraft.²⁷ Das Inkrafttreten der Bestimmungen der §§ 1 bis 7 VergStatVO ist an die Implementierung der hierzu erforderlichen IT-Systemvoraussetzungen zur Erhebung und Übermittlung von Vergabedaten geknüpft. Hintergrund dieses **gestuften Inkraftsetzungsverfahrens** ist das erklärte Ziel des Verordnungsgebers, die verpflichteten Auftraggeber mit Blick auf den Umfang der im Einzelnen zu übermittelnden Daten nicht mit organisatorischem Mehraufwand zu belasten.²⁸ Sobald diese Voraussetzungen geschaffen sind, gibt das Bundesministerium für Wirtschaft und Energie dies mindestens drei Monate vorab im Bundesanzeiger bekannt. §§ 1 bis 7 VergStatVO treten drei Monate nach dieser Bekanntmachung in Kraft.

Die Bundesregierung beabsichtigt eine (begleitende) **Evaluation** der Auswirkungen der Einführung der VergStatVO innerhalb eines sechsjährigen Zeitraums nach Inkrafttreten der VergRModVO.²⁹

15

D. Rechtsschutz

Die (formelle) Verpflichtung zur Erhebung und Übermittlung von Vergabedaten trifft die öffentliche Hand im Verhältnis zum BMWi außerhalb der Bestimmungen zum materiellen Vergabeverfahren.³⁰ Es handelt sich damit nicht um unternehmensschützende Bestimmungen im Sinne des § 97 Abs. 6 GWB.³¹ Eine Verletzung der Verpflichtung zur Übermittlung von Vergabedaten kann deshalb nicht im Wege eines Nachprüfungsverfahrens oder dem für Verstöße gegen vergaberechtliche Bestimmungen entsprechend unterhalb der EU-Schwellenwerte eröffneten Rechtsweges von Unternehmen beanstandet werden.

16

---

27 Siehe dazu die Kommentierung zu § 8 VergStatVO.
28 Verordnungsbegründung, BR-Drs. 87/16, 313. Dies dürfte vor allem im Unterschwellenbereich angesichts der Regelungen des § 4 Abs. 1 VergStatVO ein „frommer Wunsch" bleiben, vgl. auch § 5 VergStatVO Rn. 6 ff. zu den tatsächlichen Rahmenbedingungen der beabsichtigten Realisierung der Datenübermittlung.
29 Verordnungsbegründung, BR-Drs. 87/16, 155, und Stellungnahme des Nationalen Normenkontrollrates gem. § 6 Abs. 1 NKRG, VergRModVO, BR-Drs. 87/16, 4, wobei sich der Evaluationszeitraum ausweislich der Verordnungsbegründung an der für die E-Vergabe in den Richtlinien vorgesehenen verlängerten Umsetzungsfrist orientiert.
30 In diesem Sinne auch zum bisherigen Recht *Gnittke/Hattig*, in: Müller-Wrede, SektVO, 1. Aufl., § 33 Rn. 1; *Mentzinis*, in: Pünder/Schellenberg, Vergaberecht, § 17 VgV Rn. 1 und § 44 VSVgV Rn. 4; *Weyand*, Vergaberecht, § 17 VgV Rn. 2.
31 So bereits zur bisherigen Rechtslage *Liebschwager*, in: Dreher/Motzke, Vergaberecht, 2. Aufl., § 33 SektVO Rn. 8; *Niedergöker*, in: Dreher/Motzke, Vergaberecht, 2. Aufl., § 17 VgV Rn. 13; *Kues*, in: Leinemann/Kirch, VSVgV, § 44 Rn. 12; *Gnittke/Hattig*, in: Müller-Wrede, SektVO, 1. Aufl., § 33 Rn. 16; *Mentzinis*, in: Pünder/Schellenberg, Vergaberecht, § 17 VgV Rn. 1 und § 44 VSVgV Rn. 4; *Schubert*, in: Willenbruch/Wieddekind, Vergaberecht, 3. Aufl., § 17 VgV Rn. 1; *Debus*, in: Ziekow/Völlink, Vergaberecht, 2. Aufl., § 33 SektVO Rn. 7; *Greb*, in: Ziekow/Völlink, Vergaberecht, 2. Aufl., § 17 VgV Rn. 5.

§ 1 VergStatVO
Anwendungsbereich

Diese Verordnung regelt die Pflichten der Auftraggeber im Sinne von § 98 des Gesetzes gegen Wettbewerbsbeschränkungen zur Übermittlung der in den §§ 3 und 4 aufgeführten Daten an das Bundesministerium für Wirtschaft und Energie. Das Bundesministerium für Wirtschaft und Energie ist berechtigt, diese Daten auszuwerten, zu speichern und nach Maßgabe dieser Verordnung zu Auswertungszwecken an Dritte zu übermitteln.

Übersicht	Rn.
A. Allgemeines	1
B. Persönlicher Anwendungsbereich (S. 1)	2
C. Inhalt der Verpflichtung	8
D. Zuständigkeit des Bundesministeriums für Wirtschaft und Energie (S. 2)	9
E. Rechtsschutz	12
Anlage	
Verordnungsbegründung	
(BR-Drs. 87/16)	

A. Allgemeines

§ 1 VergStatVO konstituiert in seinem S. 1 eine eigenständige Statistikverpflichtung der öffentlichen Hand und legt zugleich den persönlichen Anwendungsbereich dieser fest, während sich in §§ 2 bis 4 VergStatVO dezidierte Regelungen zur Gewinnung von statistischen Daten respektive in §§ 5 bis 7 VergStatVO prozedurale Bestimmungen zur Übermittlung, Auswertung und Veröffentlichung sowie die Zugangsvoraussetzungen zu den bundesweit erhobenen Vergabedaten wiederfinden. S. 2 reglementiert die Befugnisse des Bundesministeriums für Wirtschaft und Energie als Adressat der zu übermittelnden Vergabedaten.

1

B. Persönlicher Anwendungsbereich (S. 1)

Der persönliche Anwendungsbereich der VergStatVO wird gemäß S. 1 für alle **Auftraggeber** im Sinne des § 98 GWB, d.h. öffentliche Auftraggeber gemäß § 99 GWB sowie Sektorenauftraggeber und Konzessionsgeber gemäß §§ 100 und 101 GWB, eröffnet, ohne dass es dabei zugleich auf die Eröffnung des sachlichen Anwendungsbereichs des strengen Kartellvergaberechts der §§ 97 ff. GWB und insbesondere das Erreichen oder Überschreiten der jeweils geltenden EU-Schwellenwerte ankäme.[1] Diese bilden die Grundgesamtheit der vergabestatistischen Erfassung. Das Vorliegen der Auftraggebereigenschaft im Sinne des § 98 GWB ist folglich das konstituierende Merkmal der Statistikverpflichtung.[2]

2

Das **Erreichen** oder **Überschreiten der Schwellenwerte** spielt nach der Konzeption des § 2 VergStatVO – im Rahmen einer mehrstufigen Zuordnung von persönlichen und sachlichen Identifikationsmerkmalen – hingegen lediglich für den Umfang der zu übermittelnden Vergabedaten eine Rolle. Zudem beschränkt § 2 Abs. 2 VergStatVO den weiten persönlichen Anwendungsbereich der VergStatVO für Unterschwellenvergaben auf öffentliche Auftraggeber gemäß § 99 GWB mit der Folge, dass insbesondere Konzessionsgeber insoweit keine unmittelbaren statistischen Pflichten treffen.[3]

3

---

1 Gesetzesbegründung zu § 114 Abs. 2 GWB, VergRModG 2016, BT-Drs. 18/6281, 91.
2 Auch im Falle der Übertragung der Beschaffungstätigkeit durch einen (Sektoren-)Auftraggeber auf eine zentrale Beschaffungsstelle im Sinne des § 120 Abs. 4 GWB verbleibt es bei den originären statistischen Verpflichtungen des (Sektoren-)Auftraggebers. Die konkrete Durchführung der statistischen Meldung wird jedoch im Regelfall im Rahmen des damit verbundenen Auftrages durch die zentrale Beschaffungsstelle für den Auftraggeber erfolgen.
3 Vgl. Kommentierung zu § 2 VergStatVO.

4	Der persönliche Anwendungsbereich ist zunächst für **öffentliche Auftraggeber** im Sinne des § 99 GWB eröffnet. Erfasst werden nach dem Wortlaut der Bestimmung damit neben den klassischen Auftraggebern (also Gebietskörperschaften und deren Sondervermögen) auch sogenannte funktionale Auftraggeber, d.h. juristische Personen des öffentlichen oder des privaten Rechts, die zu dem besonderen Zweck gegründet wurden, im Allgemeininteresse liegende Aufgaben nicht gewerblicher Art zu erfüllen, sofern sie von Gebietskörperschaften überwiegend finanziert werden, diesen die Leitung der Aufsicht unterliegt oder sie mehr als die Hälfte der Mitglieder der Geschäftsführung oder zur Aufsicht berufenen Organe bestimmen (vgl. § 99 Nr. 2 GWB). Ferner erfasst werden auch sogenannte auftragsbezogene Auftraggeber wegen überwiegender staatlicher Subventionierung gemäß § 99 Nr. 4 GWB.
5	In den subjektiven Anwendungsbereich der VergStatVO fallen auch **Sektorenauftraggeber** gemäß § 100 GWB. Hierbei handelt es sich um öffentliche Auftraggeber nach § 99 Nr. 1 bis 3 GWB sowie natürliche oder juristische Personen des privaten Rechts, die unter den in § 100 Abs. 1 Nr. 2 GWB genannten Voraussetzungen eine besondere sogenannte Sektorentätigkeit wahrnehmen, soweit sie einen öffentlichen Auftrag zum Zweck der Ausübung dieser Tätigkeit vergeben. Dazu rechnen Tätigkeiten in den Bereichen Wasser, Elektrizität, Gas und Wärme, Verkehr, Häfen und Flughäfen sowie fossile Brennstoffe, vgl. § 102 GWB.
6	Schließlich wird durch § 1 S. 1 VergStatVO der persönliche Anwendungsbereich auf **Konzessionsgeber** gemäß § 101 GWB erweitert. Der durch das VergRModG 2016 neu geschaffene Begriff hat die Vergabe von Konzessionen durch öffentliche Auftraggeber gemäß § 99 Nr. 1 bis 3 GWB oder Sektorenauftraggeber zum Gegenstand. Dabei handelt es sich – in Abgrenzung zu öffentlichen Aufträgen – um entgeltliche Verträge, mit denen ein oder mehrere Konzessionsgeber ein oder mehrere Unternehmen mit der Erbringung von Bauleistungen (Baukonzessionen) oder mit der Erbringung und der Verwaltung von Dienstleistungen, die nicht in der Erbringung von Bauleistungen bestehen, betrauen (Dienstleistungskonzessionen), wobei die Gegenleistung entweder allein in dem Recht zur Nutzung des Bauwerks respektive Verwertung der Dienstleistungen oder in diesem Recht zuzüglich einer Zahlung besteht, vgl. § 105 GWB.
7	Die VergStatVO legt damit der Bestimmung des persönlichen Anwendungsbereichs ein **wettbewerbsrechtliches Verständnis** des Auftraggeberbegriffs zugrunde.[4]

C. Inhalt der Verpflichtung

8	§ 1 S. 1 VergStatVO verpflichtet die Auftraggeber zur Übermittlung von Daten, d.h. zur Weitergabe von gespeicherten oder durch Datenverarbeitung gewonnenen Daten.[5] Nähere Bestimmungen zum Inhalt dieser Daten finden sich in §§ 3 und 4 VergStatVO. Die konkreten Rahmenbedingungen der prozeduralen Datenübermittlung werden in § 5 VergStatVO näher geregelt.

D. Zuständigkeit des Bundesministeriums für Wirtschaft und Energie (S. 2)

9	Einheitlicher Adressat der Übermittlungsverpflichtung für alle (Sektoren-)Auftraggeber und Konzessionsgeber und damit Empfänger der Vergabedaten im Sinne des § 3 Abs. 8 S. 1 BDSG

---

4 Angesichts der Reichweite der damit ausgelösten Übermittlungsverpflichtungen außerhalb des sachlichen Anwendungsbereichs des Kartellvergaberechts kann dies mit dem aufgrund der tradierten Zweiteilung des deutschen Vergaberechts unterhalb der Schwellenwerte geltenden haushaltsrechtlichen Ansatz im Widerspruch stehen. Denn der persönliche Anwendungsbefehl vergaberechtlicher Bestimmungen im Unterschwellenbereich fällt je nach einschlägiger haushaltsrechtlichen Regelungen im Einzelfall deutlich enger aus als der im Oberschwellen geltende kartellrechtliche Auftraggeberbegriff (z.B. § 1 Abs. 1 Hessisches Vergabe- und Tariftreuegesetz (HVTG), wonach kommunale Eigengesellschaften nicht öffentliche Auftraggeber im Sinne der landesrechtlichen Bestimmungen sind), mit der Folge, dass die vergaberechtliche Bindung einerseits und die durch die VergStatVO implementierten Statistikpflichten andererseits unzweckmäßig auseinanderfallen können. Siehe hierzu *Peshteryanu*, in: Müller-Wrede, VgV/UVgO, § 2 VergStatVO Rn. 9 ff.

5 Vgl. zum Begriff der Datenübermittlung § 3 Abs. 4 Nr. 3 BDSG

ist – wie auch schon in den Vorgängerregelungen in § 17 VgV a.F., § 33 SektVO 2009 und § 44 VSVgV a.F. – das Bundesministerium für Wirtschaft und Energie.

Zuständig **innerhalb** des Bundesministeriums für Wirtschaft und Energie ist das Referat I B 6 „Öffentliche Aufträge; Vergabeprüfstelle; Immobilienwirtschaft". 10

Das Referat I B 6 ist berechtigt, die übermittelten Daten statistisch **auszuwerten**, zu **speichern**[6] und unter Beachtung der in §§ 6 und 7 VergStatVO aufgestellten Rahmenbedingungen zu Auswertungszwecken **an Dritte** zu überlassen. Damit bleibt auch weiterhin das Bundesministerium für Wirtschaft und Energie „Herr der Vergabestatistikdaten".[7] 11

E. Rechtsschutz

§ 1 VergStatVO bestimmt den persönlichen Anwendungsbereich der dem eigentlichen Vergabeverfahren nachgelagerten statistischen Pflichten der Auftraggeber. Die Norm hat lediglich Ordnungscharakter. Auf die Einhaltung der Verpflichtungen aus § 1 VergStatVO haben die Unternehmen keinen Anspruch.[8] 12

Anlage

Verordnungsbegründung (BR-Drs. 87/16)

Seite 300

§ 1 beschreibt den Sinn und Zweck dieser Verordnung und fasst die wesentlichen Inhalte zusammen.

---

6 Nach Maßgabe der Legaldefinition des § 3 Abs. 4 Nr. 1 BDSG ist Speichern das Erfassen, Aufnehmen oder Aufbewahren von Daten auf einem Datenträger zum Zweck ihrer Verarbeitung oder Nutzung.
7 Vgl. Stellungnahme des Nationalen Normenkontrollrates gem. § 6 Abs. 1 NKRG, BR-Drs. 87/16, 3.
8 Vgl. Einleitung VergStatVO Rn. 16.

§ 2 VergStatVO
Umfang der Datenübermittlung

(1) Auftraggeber übermitteln bei Vergabe eines öffentlichen Auftrags nach § 103 Absatz 1 des Gesetzes gegen Wettbewerbsbeschränkungen oder einer Konzession nach § 105 des Gesetzes gegen Wettbewerbsbeschränkungen bei Erreichen oder Überschreiten der gemäß § 106 des Gesetzes gegen Wettbewerbsbeschränkungen festgelegten Schwellenwerte die in § 3 Absatz 1 bis 8 genannten Daten an das Bundesministerium für Wirtschaft und Energie.

(2) Öffentliche Auftraggeber im Sinne des § 99 des Gesetzes gegen Wettbewerbsbeschränkungen übermitteln bei Vergabe eines öffentlichen Auftrags die in § 4 aufgeführten Daten an das Bundesministerium für Wirtschaft und Energie, wenn
1. der Auftragswert ohne Umsatzsteuer 25 000 Euro überschreitet,
2. der Auftragswert den geltenden Schwellenwert gemäß § 106 des Gesetzes gegen Wettbewerbsbeschränkungen unterschreitet und
3. der Auftrag im Übrigen unter die Regelungen des Teils 4 des Gesetzes gegen Wettbewerbsbeschränkungen fallen würde.

(3) Die vorstehenden Pflichten gelten nicht bei der Vergabe öffentlicher Aufträge und Konzessionen durch Auslandsdienststellen von Auftraggebern.

Übersicht Rn.
A. Allgemeines 1
B. Umfang der Datenübermittlung oberhalb der Schwellenwerte (Abs. 1) 2
C. Verpflichtung zur Datenübermittlung unterhalb der Schwellenwerte (Abs. 2) ... 6
D. Vergabe durch Auslandsdienststellen (Abs. 3) 7
E. Rechtsschutz 8
Anlage
    Verordnungsbegründung
    (BR-Drs. 87/16)

A. Allgemeines

§ 2 VergStatVO präzisiert zusammen mit den §§ 3 und 4 VergStatVO die in § 114 Abs. 2 GWB enthaltenen differenzierten Rahmenvorgaben zur Übermittlungsverpflichtung sowie den konkreten Umfang der Erhebung von Vergabedaten auf Verordnungsebene. Letzterer bestimmt sich anhand von persönlichen (Art des Auftraggebers) und sachlichen Identifikationsmerkmalen (Art des Auftrages, Vergaben im Ober- oder Unterschwellenbereich). 1

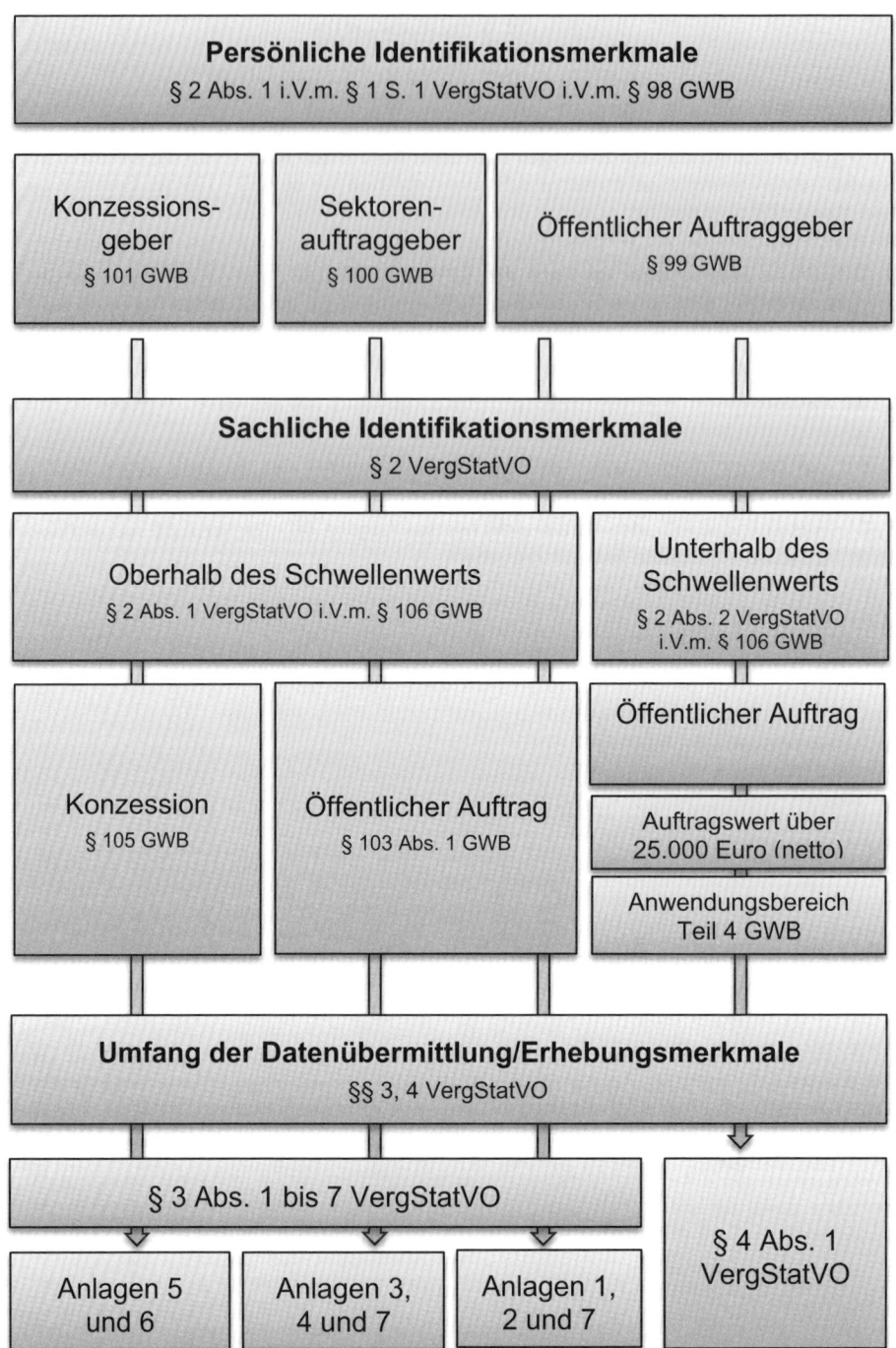

Überblick Erhebung von Vergabedaten

B. Umfang der Datenübermittlung oberhalb der Schwellenwerte (Abs. 1)

In sachlicher Hinsicht setzt § 2 Abs. 1 VergStatVO die Vergabe eines öffentlichen Auftrages gemäß § 103 Abs. 1 GWB oder einer Konzession nach Maßgabe des § 105 GWB bei Erreichen oder Überschreiten der gemäß § 106 GWB jeweils einschlägigen **Schwellenwerte** voraus. Das Vorliegen dieser Merkmale richtet sich dabei ausschließlich nach Maßgabe der materiellen Bestimmungen des Teil 4 GWB. 2

Anders als § 2 Abs. 2 Nr. 3 VergStatVO enthält Abs. 1 des § 2 VergStatVO keine ausdrückliche Einschränkung dahin gehend, dass öffentliche Aufträge oder Konzessionen ab Erreichen der Schwellenwerte auch im Übrigen unter die Regelungen des **Teil 4 GWB** fallen müssen. Damit wird ein konstitutives Verständnis nahegelegt, sodass Auftraggeber im Rahmen der Auftragserteilung von öffentlichen Aufträgen und Konzessionen zwar ausnahmsweise nach §§ 107 bis 109 GWB, §§ 116, 117 GWB, §§ 137 bis 140 GWB, § 145 GWB sowie §§ 149 und 150 GWB nicht den Bestimmungen des Teil 4 GWB und der Pflicht zur Durchführung eines förmlichen Vergabeverfahrens unterworfen sein können, jedoch nicht zugleich auch von den statistischen Pflichten befreit wären.[1] Dies erscheint unzweckmäßig. Ob dabei der Passus „bei Vergabe" hier anknüpfend an die Regelung des § 119 Abs. 1 GWB vorzugswürdiger Weise einschränkend dahingehend verstanden werden muss, dass ausschließlich die im Rahmen von förmlichen Verfahrensarten, d.h. im offenen Verfahren, im nicht offenen Verfahren, im Verhandlungsverfahren, im wettbewerblichen Dialog oder im Wege der Innovationspartnerschaft, erfolgende Vergabe von öffentlichen Aufträgen gemeint ist, bleibt nicht zuletzt vor dem Hintergrund der inhomogenen Begriffsverwendung innerhalb des GWB offen.[2] Vor diesem Hintergrund wäre es wünschenswert, wenn der Verordnungsgeber bis zum Inkrafttreten der §§ 1 bis 7 VergStatVO für eine entsprechende Klarstellung sorgen würde. 3

Unabhängig davon ist stets eine genau Prüfung durch den Auftraggeber angezeigt, ob es sich bei dem Gegenstand der Vergabe im Einzelfall auch tatsächlich um einen öffentlichen Auftrag oder eine Konzession handelt. So wird etwa in den Fällen der sogenannten **echten In-House-Geschäfte**, bei denen die Beschaffung einer Leistung im Wege der „Beauftragung" einer rechtlich unselbstständigen Einheit (etwa Eigenbetrieb, Dienststelle oder Abteilung) erfolgt, das Vorliegen eines öffentlichen Auftrages oder einer Konzession abzulehnen sein: Kennzeichnend dafür ist, dass das Handeln den Rechtskreis des jeweiligen öffentlich-rechtlichen Subjekts nicht überschreitet und es deshalb schon an einer Außenwirkung fehlt.[3] Da es in diesen Fällen bereits an einer vertraglichen Beziehung im Rechtssinne mangelt, liegt kein öffentlicher Auftrag vor.[4] Auf die nunmehr ausdrücklich in § 108 GWB aufgenommene Ausnahme für öffentlich-öffentliche Zusammenarbeit, die tatbestandlich an die Vergabe eines öffentli- 4

---

[1] Nicht eindeutig ist insoweit die Verordnungsbegründung zu § 2 Abs. 12 VergStatVO, wo es ausdrücklich heißt: „In Absatz 1 wird der Anwendungsbereich der Verordnung für den Oberschwellenbereich, in dem der Teil 4 des GWB anzuwenden ist, geregelt", vgl. BR-Drs. 87/16, 300.
[2] Vgl. etwa § 107 Abs. 1 GWB: „Dieser Teil ist nicht anzuwenden auf die Vergabe von öffentlichen Aufträgen und Konzessionen [...]".
[3] Zum Begriff vgl. jeweils *Erps*, Kommunale Kooperationsfreiheit und europäisches Vergaberecht, S. 213; *Kohout*, Kartellvergaberecht und interkommunale Kooperation, S. 124 f.; *Siebler*, Privilegierung der Public-Public-Partnerships im europäischen Vergaberecht, S. 203. Im Gegensatz zu sog. echten In-House-Vergaben, die sich in einer klassischen Eigenleistung des öffentlichen Auftraggebers erschöpfen (z.B. Erledigung durch einen Eigenbetrieb), handelt es sich bei einer Quasi-In-House-Vergabe nur um eine solche an eine vom Auftraggeber getrennte Einrichtung mit Rechtspersönlichkeit, vgl. Generalanwältin Stix-Hackl, Schlussanträge v. 23. 9.2004 – Rs. C-26/03 (Stadt Halle und RPL Lochau), Slg. I-1, Rn. 49; Schlussanträge v. 12.1.2006 – Rs. C-340/04 (Carbotermo und Consorzio Alisei), Rn. 1, 15; s. hierzu auch Generalanwältin Kokott, Schlussanträge v. 1.3.2005 – Rs. C-458/07 (Parking Brixen), Slg. I-8585, Rn. 2, die terminologisch abweichend zwischen einem In-house-Geschäft im engeren und im weiteren Sinne unterscheidet. Von einer „quasihausinternen Aufgabenerledigung" spricht hingegen Generalanwältin Trstenjak, Schlussanträge v. 4.6.2008 – Rs. C-324/07 (Coditel Brabant), Slg. I-8457, Rn. 46, 51.
[4] EuGH, Urteil v. 11.1.2005 – Rs. C-26/03 (Stadt Halle und RPL Lochau), Slg. I-1, Rn. 48; *Ziekow*, in: Ziekow/Völlink, Vergaberecht, § 108 GWB Rn. 8.

chen Auftrages anknüpft, kommt es damit nicht an. Eine Verpflichtung zur Übermittlung von statistischen Informationen besteht in diesen Fällen nicht.[5]

5   Liegen die Voraussetzungen des § 2 Abs. 1 VergStatVO vor, bestimmt sich der konkrete **Umfang** der jeweils zu übermittelnden statistischen Erhebungsmerkmale[6] nach Maßgabe des § 3 VergStatVO i.V.m. Anlagen 1 bis 7 VergStatVO.[7]

C. Verpflichtung zur Datenübermittlung unterhalb der Schwellenwerte (Abs. 2)

6   § 2 Abs. 2 VergStatVO regelt zusammen mit § 4 VergStatVO den (stark begrenzten) Umfang der zu übermittelnden Vergabedaten bei der Vergabe von öffentlichen Aufträgen, die den jeweils geltenden Schwellenwert gemäß § 106 GWB unterschreiten (vgl. Nr. 2). Erfasst wird dabei lediglich die Vergabe von öffentlichen Aufträgen durch einen öffentlichen Auftraggeber gemäß § 99 GWB, so dass § 2 Abs. 2 VergStatVO für die Vergabe von Konzessionen durch Konzessionsgeber unterhalb der einschlägigen Schwellenwerte ohne Relevanz ist.[8]

D. Vergabe durch Auslandsdienststellen (Abs. 3)

7   Nach § 2 Abs. 3 VergStatVO sind aus Praktikabilitätserwägungen im Ausland belegene Dienststellen von Auftraggebern bei der Vergabe öffentlicher Aufträge und Konzessionen von den Statistikpflichten nach § 2 Abs. 1 und 2 VergStatVO freigestellt.

E. Rechtsschutz

8   § 2 i.V.m. §§ 3 und 4 VergStatVO bestimmen den Umfang der durch die Auftraggeber zu übermittelnden Vergabedaten. Sie haben keine unternehmensschützende Bedeutung im Sinne des § 97 Abs. 6 GWB.[9] Ihre Einhaltung kann daher von Bietern/Bewerbern respektive sonstigen Wirtschaftsteilnehmern nicht im Wege des primärrechtlichen Rechtsschutzes begehrt werden.

Anlage

Verordnungsbegründung (BR-Drs. 87/16)

Seite 300

Es werden die differenzierten Vorgaben des § 114 Absatz 2 GWB zum Anwendungsbereich umgesetzt. In § 2 wird folglich danach differenziert, ob die Vergabe dem sogenannten Oberschwellenbereich oder dem Unterschwellenbereich zuzuordnen ist.

Zu Absatz 1

In Absatz 1 wird der Anwendungsbereich der Verordnung für den Oberschwellenbereich, in dem der Teil 4 des GWB anzuwenden ist, geregelt. Es werden die Vorgaben des § 114 Absatz 2 GWB umgesetzt, sodass die Verordnung von allen Auftraggebern im Sinne des § 98 GWB bei der Vergabe öffentlicher Aufträge und Konzessionen anzuwenden ist.

---

5 Gleiches gilt im Ergebnis auch bei Abschluss von Arbeitsverträgen, die nach Maßgabe des § 107 Abs. 1 Nr. 3 GWB allgemein aus dem Anwendungsbereich des Teil 4 GWB herausgenommen werden. Dieser Bestimmung kann lediglich deklaratorische Bedeutung beigemessen werden, da es bei Arbeitsverträgen bereits an dem für die Annahme eines öffentlichen Auftrages notwendigen Vertrag „mit einem Unternehmen" fehlt, vgl. *Ziekow*, in: Ziekow/Völlink, Vergaberecht, § 107 GWB Rn. 34.
6 Bei den Erhebungsmerkmalen handelt es sich um statistische Sachinformationen, vgl. *Dorer/Mainusch/Tubies*, BStatG, § 10 Rn. 2.
7 Siehe hierzu die Kommentierung zu § 3 VergStatVO.
8 Vgl. Verordnungsbegründung zu § 2 Abs. 2 VergStatVO, BR-Drs. 87/16, 300. Zu den Anwendungsbereichsvoraussetzungen der Statistikverpflichtungen im Unterschwellenbereich im Einzelnen siehe *Peshteryanu*, in: Müller-Wrede, VgV/UVgO, § 2 VergStatVO Rn. 9 ff.
9 Vgl. Einleitung VergStatVO Rn. 16.

Zu Absatz 2

Der Anwendungsbereich dieser Verordnung bestimmt sich bei der Vergabe öffentlicher Aufträge danach, ob bei Nichterreichen der Schwellenwerte des § 106 GWB die Voraussetzungen für die Anwendung der Regelungen des GWB vorliegen würden. Das heißt, öffentliche Auftraggeber im Sinne des § 99 GWB haben bei der Vergabe eines öffentlichen Auftrags im Sinne des § 103 GWB die in § 4 aufgeführten Daten an das Bundesministerium für Wirtschaft und Energie zu übermitteln. Diese hypothetische Betrachtung im Hinblick auf die Anwendbarkeit des Oberschwellenrechts stimmt mit den Vorgaben der Richtlinien in Artikel 85 Absatz 2 Richtlinie 2014/24/EU überein.

Auf Vergaben durch Sektorenauftraggeber zum Zwecke einer Sektorentätigkeit und auf Konzessionsgeber findet diese Vorschrift keine Anwendung.

Zudem wird in Absatz 2 der Anwendungsbereich für den Unterschwellenbereich durch eine Bagatellgrenze von 25 000 € nach unten begrenzt. In Bezug auf Vergaben mit einem Auftragswert unterhalb dieser Bagatellgrenze sind keinerlei Daten an das Bundesministerium für Wirtschaft und Energie zu übermitteln. Damit wird den Vorgaben des § 114 Absatz 2 Satz 3 GWB Rechnung getragen.

Zu Absatz 3

Dienststellen öffentlicher Auftraggeber, die im Ausland belegen sind, unterliegen aus Praktikabilitätserwägungen heraus nicht der Pflicht zur Übermittlung statistischer Daten zu öffentlichen Auftragsvergaben an das Bundesministerium für Wirtschaft und Energie. Dieser Ausnahmeregelung unterfallen zum Beispiel die Auslandsvertretungen der Bundesrepublik Deutschland im Zuständigkeitsbereich des Auswärtigen Amtes oder außerhalb Deutschlands stationierte Einheiten der Bundeswehr.

§ 3 VergStatVO
Daten bei Aufträgen oberhalb der Schwellenwerte

(1) Bei der Vergabe öffentlicher Aufträge durch öffentliche Auftraggeber umfasst die Pflicht zur Übermittlung nach § 2 Absatz 1 die Daten gemäß Anlage 1.

(2) Bei der Vergabe öffentlicher Aufträge über soziale und andere besondere Dienstleistungen nach Anhang XIV der Richtlinie 2014/24/EU des Europäischen Parlaments und des Rates vom 26. Februar 2014 über die öffentliche Auftragsvergabe und zur Aufhebung der Richtlinie 2004/18/EG (ABl. L 94 vom 28.3.2014, S. 65) durch öffentliche Auftraggeber umfasst die Pflicht zur Übermittlung die Daten gemäß Anlage 2.

(3) Bei der Vergabe öffentlicher Aufträge durch Sektorenauftraggeber nach § 100 des Gesetzes gegen Wettbewerbsbeschränkungen zum Zweck der Ausübung einer Sektorentätigkeit nach § 102 des Gesetzes gegen Wettbewerbsbeschränkungen umfasst die Pflicht zur Übermittlungspflicht die Daten gemäß Anlage 3.

(4) Bei der Vergabe öffentlicher Aufträge über soziale und andere besondere Dienstleistungen nach Anhang XVII der Richtlinie 2014/25/EU des Europäischen Parlaments und des Rates vom 26. Februar 2014 über die Vergabe von Aufträgen durch Auftraggeber im Bereich der Wasser-, Energie- und Verkehrsversorgung sowie der Postdienste und zur Aufhebung der Richtlinie 2004/17/EG (ABl. L 94 vom 28.3.2014, S. 243) durch Sektorenauftraggeber zum Zweck der Ausübung einer Sektorentätigkeit umfasst die Pflicht zur Übermittlung die Daten gemäß Anlage 4.

(5) Bei der Vergabe von Konzessionen durch Konzessionsgeber nach § 101 des Gesetzes gegen Wettbewerbsbeschränkungen umfasst die Pflicht zur Übermittlung die Daten gemäß Anlage 5.

(6) Bei der Vergabe von Konzessionen über soziale und andere besondere Dienstleistungen nach Anhang IV der Richtlinie 2014/23/EU des Europäischen Parlaments und des Rates vom 26. Februar 2014 über die Konzessionsvergabe (ABl. L 94 vom 28.3.2014, S. 1) durch Konzessionsgeber umfasst die Pflicht zur Übermittlung die Daten gemäß Anlage 6.

(7) Bei der Vergabe verteidigungs- oder sicherheitsspezifischer öffentlicher Aufträge nach § 104 des Gesetzes gegen Wettbewerbsbeschränkungen durch öffentliche Auftraggeber und Sektorenauftraggeber umfasst die Pflicht zur Übermittlung die Daten gemäß Anlage 7.

(8) Verlangen die Standardformulare gemäß den Anhängen III, VI, XV, XVIII, XIX, XX und XXII der Durchführungsverordnung (EU) 2015/1986 der Kommission vom 11. November 2015 zur Einführung von Standardformularen für die Veröffentlichung von Vergabebekanntmachungen für öffentliche Aufträge und zur Aufhebung der Durchführungsverordnung (EU) Nr. 842/2011 (ABl. L 296 vom 12.11.2015, S. 1) in der jeweils geltenden Fassung, auf deren Grundlage die in den Absätzen 1 bis 7 aufgeführten Daten an das Bundesministerium für Wirtschaft und Energie übermittelt werden, in Zukunft weitergehende Angaben zur Nachhaltigkeit der Auftragsvergabe, sind diese Angaben ebenfalls an das Bundesministerium für Wirtschaft und Energie zu übermitteln.

(9) Sofern Auftraggeber freiwillig weitere Daten zur statistischen Auswertung an das Bundesministerium für Wirtschaft und Energie übermitteln, sind die §§ 5 und 6 auch für diese Daten anzuwenden.

Übersicht

	Rn.		Rn.
A. Allgemeines	1	F. Freiwillige Übermittlung weiterer Vergabedaten (Abs. 9)	19
B. Vergabe von Konzessionen durch Konzessionsgeber (Abs. 5)	4	G. Rechtsschutz	20
C. Konzessionen betreffend soziale und andere besondere Dienstleistungen (Abs. 6)	12	Anlagen Verordnungsbegründung (BR-Drs. 87/16)	
D. Vergabe öffentlicher Aufträge (Abs. 1 bis 4 und Abs. 7)	15	Anlage 5 (zu § 3 Absatz 5) Anlage 6 (zu § 3 Absatz 6)	
E. Öffnungsklausel (Abs. 8)	17		

A. Allgemeines

1 § 3 VergStatVO i.V.m. Anlagen 1 bis 7 VergStatVO enthält in Ausführung des durch § 114 Abs. 2 S. 2 GWB vorgegebenen Rechtsrahmens die Bestimmungen zum Umfang der jeweils von den Auftraggebern zu übermittelnden Vergabedaten.

2 **Strukturell** wird dabei jeweils nach der Vergabe durch öffentliche Auftraggeber (Abs. 1, 2 und 7), Sektorenauftraggeber zum Zwecke der Wahrnehmung einer Sektorentätigkeit (Abs. 3, 4 und 7) und Konzessionsgeber (Abs. 5 und 6) respektive Art des vergebenen öffentlichen Auftrages nach regulärem Auftrag (Abs. 1 und 3), Aufträgen über soziale und andere besondere Dienstleistungen (Abs. 2 und 4), verteidigungs- oder sicherheitsspezifischer Auftrag (Abs. 7) und Konzessionen (Abs. 5 und 6) unterschieden.

3 Die Festlegung der im Einzelnen erfassten **statistischen Erhebungsmerkmale** (sog. Indikatorensets) erfolgt in Anlehnung an die Standardbekanntmachungsformulare der VO (EU) 2015/1986. Damit wird nicht zuletzt der Vorgabe des § 114 Abs. 2 S. 2 GWB Rechnung getragen, wonach maximal die in den Bekanntmachungen über vergebene öffentliche Aufträge und Konzessionen enthaltenen Daten umfasst werden sollen.

B. Vergabe von Konzessionen durch Konzessionsgeber (Abs. 5)

4 Die Verpflichtung zur Übermittlung von Daten an das Bundesministerium für Wirtschaft und Energie[1] durch den Konzessionsgeber nach Zuschlagserteilung im Rahmen der Vergabe von Konzessionen nach der KonzVgV umfasst gemäß Anlage 5 VergStatVO in Übereinstimmung mit den Vorgaben des Art. 32 Abs. 2 RL 2014/23/EU i.V.m. Anhang VII RL 2014/23/EU und Anhang XXII VO (EU) 2015/1986 „Zuschlagsbekanntmachung – Konzessionen; Ergebnisses des Vergabeverfahrens" die nachfolgend dargestellten Erhebungsmerkmale.

5 Nach Anlage 5 Nr. 1 und 2 VergStatVO sind Angaben über den **Konzessionsgeber** zu machen:

- Postleitzahl des Konzessionsgebers oder der Vergabestelle einschließlich einer funktionalen, nicht personenbezogenen E-Mail-Adresse.

6 Anlage 5 Nr. 3 bis 8 VergStatVO sieht Angaben über den **Beschaffungsgegenstand** vor:
- CPV-Code[2];
- Art des Auftrages (Bau- oder Dienstleistungskonzession gemäß § 105 GWB);
- bei Veröffentlichung durch einen Konzessionsgeber nach § 101 Abs. 1 Nr. 1 GWB: Art des öffentlichen Auftraggebers;
- Aufteilung in Lose (vgl. § 97 Abs. 4 GWB);
- Gesamtbeschaffungswert (bei Losen: für alle Lose);
- Zuschlagskriterien einschließlich der Angaben zu qualitativen, umweltbezogenen oder sozialen Kriterien im Sinne des § 152 Abs. 3 GWB i.V.m. § 31 KonzVgV.[3]

7 Anlage 5 Nr. 9 und 10 VergStatVO sieht Angaben über das **Verfahren** vor:
- gewählte Verfahrensart (vgl. § 119 GWB i.V.m. § 12 KonzVgV) einschließlich der etwaigen Begründung der Konzessionsvergabe ohne vorherige Veröffentlichung einer Konzessionsbekanntmachung im Supplement zum Amtsblatt der Europäischen Union gemäß Anhang D4;
- frühere Bekanntmachungen zum betreffenden Verfahren (z.B. Konzessionsbekanntmachung).

---

1 Zu den für die Übermittlung geltenden Rahmenbedingungen siehe die Kommentierung zu § 5 VergStatVO.
2 Common Procurement Vocabulary gemäß Verordnung (EG) Nr. 213/2008 der Kommission vom 28.1.2007 zur Änderung der Verordnung (EG) Nr. 2195/2002 des Europäischen Parlaments und des Rates über das Gemeinsame Vokabular für öffentliche Aufträge (CPV) und der Vergaberichtlinien des Europäischen Parlaments und des Rates 2004/17/EG und 2004/18/EG im Hinblick auf die Überarbeitung des Vokabulars, EU-ABl. L 74/1 ff. v. 15.3.2008.
3 Vgl. Verordnungsbegründung zu § 3 Abs. 5 VergStatVO, BR-Drs. 87/16, 301.

Angaben über die **Konzessionsvergabe** sind gemäß Anlage 5 Nr. 11 bis 17 VergStatVO zu treffen bezüglich: **8**

- Tag der Entscheidung über Konzessionsvergabe (Zuschlagserteilung);
- umfangreiche Angaben zu den Angeboten (Anzahl der eingegangenen Angebote, Anzahl der eingegangenen Angebote von kleinen und mittleren Unternehmen (KMU)[4], Anzahl der eingegangenen Angebote aus anderen EU-Mitgliedstaaten sowie Anzahl der eingegangenen elektronischen Angebote);
- Angabe zum Herkunftsland (Sitz) des erfolgreichen Wirtschaftsteilnehmers einschließlich der Angabe zu seiner Eigenschaft als KMU, nicht hingegen Name und Anschrift des Wirtschaftsteilnehmers.

Während die meisten der zu übermittelnden Daten sich bereits aus der vorangehenden **Konzessionsbekanntmachung** selbst ergeben, bedarf es im Rahmen der Vergabebekanntmachung und zugleich auch zur Vervollständigung des Datensatzes nach § 3 Abs. 5 VergStatVO noch einiger weitergehender Angaben des Konzessionsgebers bezüglich der erfolgten Konzessionsvergabe. **9**

In der Praxis nicht unerhebliche Schwierigkeiten kann dabei die Angabe betreffend die Anzahl der Angebote von sog. **KMU-Unternehmen** bereiten. Nach der Definition in Art. 2 Abs. 1 der Empfehlung der Europäischen Kommission (2003/361/EG)[5] handelt es sich dabei um Unternehmen, die weniger als 250 Personen beschäftigen und entweder einen Jahresumsatz von höchstens 50 Mio. Euro erzielen oder eine Jahresbilanzsumme 43 Mio. Euro nicht überschreiten. Die hierzu regelmäßig im Rahmen der Vergabeverfahren auf der Grundlage von §§ 25 f. KonzVgV eingeholten Belege und Eigenerklärungen des Bieters zu seiner wirtschaftlichen und technischen Leistungsfähigkeit erlauben dem Konzessionsgeber dabei häufig lediglich eine unvollkommene rechtliche Bewertung, da diese in aller Regel schon keine Angaben zu den nach Maßgabe des Art. 3 Abs. 1 der Empfehlung der Europäischen Kommission (2003/361/EG) bei der Bestimmung der für den Schwellenwert relevanten Daten zu Partnerunternehmen und verbundenen Unternehmen oder der Beteiligung der öffentlichen Hand[6] enthalten. Aus Sicht des Konzessionsgebers wird es daher ratsam sein, die Einordnung als KMU-Unternehmen bereits frühzeitig im Rahmen einer standardisierten Eigenerklärung des Bewerbers/Bieters zur Eignung abzufragen. **10**

Nicht erfasst von der Übermittlungsverpflichtung werden die Veröffentlichungen über **Konzessionsänderungen** gemäß §§ 132 Abs. 5, 154 Nr. 3 GWB i.V.m. § 21 Abs. 2 KonzVgV, wie aus dem fehlenden Verweis auf den Anhang XVII VO (EU) 2015/1986 in Anlage 5 VergStatVO folgt. **11**

C. Konzessionen betreffend soziale und andere besondere Dienstleistungen (Abs. 6)

§ 3 Abs. 6 VergStatVO enthält gegenüber § 3 Abs. 5 VergStatVO eine Sonderregelung für den Bereich der Vergabe von Konzessionen für soziale und andere besondere Dienstleistungen gemäß § 22 KonzVgV i.V.m. Anhang IV RL 2014/23/EU durch den Konzessionsgeber. **12**

In diesem Bereich umfasst die Pflicht zur Datenübermittlung die in Anlage 6 VergStatVO genannten **Daten**. Mit Ausnahme der Angaben zur Art des Auftrages entsprechen die Erhebungsmerkmale für die statistische Datenerhebung gemäß Anlage 6 VergStatVO den Erhebungsvorgaben für die Vergabe von Konzessionen gemäß § 3 Abs. 5 VergStatVO. **13**

---

4 Vgl. Definition in Europäische Kommission, Empfehlung der Kommission v. 6. Mai 2003 betreffend die Definition der Kleinstunternehmen sowie der kleinen und mittleren Unternehmen – 2003/361/EG, ABl. EU L 124/36.
5 Europäische Kommission, Empfehlung der Kommission v. 6. Mai 2003 betreffend die Definition der Kleinstunternehmen sowie der kleinen und mittleren Unternehmen – 2003/361/EG, ABl. EU L 124/36.
6 Zum Begriff siehe Europäische Kommission, der Empfehlung der Kommission vom 6. Mai 2003 betreffend die Definition der Kleinstunternehmen sowie der kleinen und mittleren Unternehmen – 2003/361/EG, ABl. EU L 124/36, Art. 3 Abs. 2 und 3, sowie Benutzerleitfaden zur Definition von KMU, S. 15 ff.

14 Einer **Einschränkung** bedarf es dabei mit Blick auf die Anlage 6 Nr. 7 VergStatVO, wo die Angabe der Zuschlagskriterien gemäß Abschnitt II.2.5 laut Anhang XX VO (EU) 2015/1986 gefordert wird, da diese Angabe gemäß Art. 32 Abs. 2 i.V.m. Anhang VIII RL 2014/23/EU sowie Anhang XX VO 2015/1986 nicht vorgesehen ist. Damit wird der durch § 114 Abs. 2 S. 2 GWB gesetzte Rechtsrahmen überschritten.

D. Vergabe öffentlicher Aufträge (Abs. 1 bis 4 und Abs. 7)

15 Außerhalb des Anwendungsbereichs der KonzVgV bestimmt sich der jeweilige Umfang der Übermittlungsverpflichtung von Vergabedaten an das Bundesministerium für Wirtschaft und Energie bei der

- Vergabe von öffentlichen Aufträgen durch öffentliche Auftraggeber im Anwendungsbereich der VgV nach § 3 Abs. 1 und 2 VergStatVO i.V.m. Anlage 1 und 2 VergStatVO,
- Vergabe von Aufträgen durch Sektorenauftraggeber im Anwendungsbereich der SektVO nach § 3 Abs. 3 und 4 VergStatVO i.V.m. Anlage 3 und 4 VergStatVO
- sowie bei der Vergabe verteidigungs- und sicherheitsspezifischer öffentlicher Aufträge durch öffentliche Auftraggeber oder Sektorenauftraggeber im Anwendungsbereich der VSVgV oder VOB-VS nach § 3 Abs. 7 VergStatVO i.V.m. Anlage 7 VergStatVO.

16 Der **Aufbau** der Anlagen 1 bis 4 sowie 7 VergStatVO entspricht demjenigen zur Anlage 5 VergStatVO für die Vergaben im Anwendungsbereich der KonzVgV,[7] wobei festzustellen ist, dass bedingt durch die Besonderheiten der jeweils anzuwendenden Verordnungen es zu Abweichungen bei den einzelnen Erhebungsmerkmalen kommen kann. So kann beispielsweise im Anwendungsbereich der VSVgV hinsichtlich der Auftragsvergabe auf die Angaben zur KMU-Eigenschaft verzichtet werden.

E. Öffnungsklausel (Abs. 8)

17 § 3 Abs. 8 VergStatVO enthält eine dynamische Öffnungsklausel zur Erweiterung der Erhebungsmerkmale in Bezug auf Nachhaltigkeitsindikatoren der Auftragsvergabe für den Fall der entsprechenden Anpassung der Standardbekanntmachungsformulare in Anhang III, VI, XV, XVIII, XIX, XX und XXII VO (EU) 2015/1986 durch die Europäische Kommission.

18 Der gesetzlich nicht definierte Begriff der **Nachhaltigkeit** wird dabei seit der Vergaberechtsmodernisierung als Sammelbegriff für strategische Ziele der öffentlichen Hand verwendet, die vormals auch als „vergabefremde Ziele" bezeichnet wurden. Hierunter fallen mindestens die in § 97 Abs. 3 GWB genannten Aspekte der Qualität, Innovation sowie soziale und umweltbezogene Aspekte, ohne dass jedoch insoweit von einer abschließenden Aufzählung auszugehen wäre.[8] Derzeit sind in den Standardbekanntmachungsformularen der Europäischen Union lediglich Angaben zur Anwendung von „nachhaltigen" Zuschlagskriterien vorgesehen (vgl. Anlage 5 Nr. 8 VergStatVO, Anlage 6 Nr. 7 VergStatVO). Da nach dem vergaberechtlichen Regelungskanon die Beachtung von Nachhaltigkeitsaspekten in allen Phasen eines Vergabeverfahrens möglich ist,[9] sind hier – wenn auch nicht ohne Mehrbelastung der Konzessionsgeber – deutliche Erweiterungen der Übermittlungsverpflichtungen denkbar. Die Regelung des § 3 Abs. 8 VergStatVO betont damit abermals die besondere Zwecksetzung der Vergabestatistik im Rahmen der Überwachung von strategischen Lenkungsmechanismen.[10]

---

7 Siehe Rn. 5 ff.
8 Vgl. zum Begriff Gesetzesbegründung zum VergRModG, BT-Drs. 18/6281, 57.
9 Vgl. etwa § 15 KonzVgV (Beachtung von Nachhaltigkeitsaspekten in der Leistungsbeschreibung), § 128 GWB (Nachhaltigkeitsaspekte in den Ausführungsbedingungen zum Auftrag).
10 Siehe Bundeskabinett, Beschluss v. 7.1.2015 – Eckpunkte der Reform des Vergaberechts, Nr. 11; Gesetzesbegründung zu § 114 Abs. 2 GWB, VergRModG 2016, BT-Drs. 18/6281, 91; vgl. auch Verordnungsbegründung zu § 3 Abs. 8 VergStatVO, BR-Drs. 87/16, 302.

F. Freiwillige Übermittlung weiterer Vergabedaten (Abs. 9)

§ 3 Abs. 9 VergStatVO sieht für Auftraggeber, mithin auch Konzessionsgeber nach § 101 GWB, die Möglichkeit vor, im Rahmen der technischen Möglichkeiten der geschaffenen Vergabestatistik-Werkzeuge[11] über die nach Maßgabe der in § 3 Abs. 1 bis 7 VergStatVO geforderten Vergabedaten hinaus freiwillig weitere Daten zum Zwecke der Auswertung an das Bundesministerium für Wirtschaft und Energie zu übermitteln. §§ 5 und 6 VergStatVO gelten nach § 3 Abs. 9 VergStatVO auch für die Übermittlung dieser Daten.

19

G. Rechtsschutz

Die Regelung des § 3 VergStatVO richtet sich ausschließlich an die Konzessionsgeber.[12] Sie hat keinen unternehmensschützenden Charakter im Sinne von § 97 Abs. 6 GWB.

20

Anlagen

Verordnungsbegründung (BR-Drs. 87/16)

Seite 300

Hierin wird – auch unter Bezugnahme auf die Anlagen – geregelt, welche Daten in Bezug auf Vergaben oberhalb der Schwellenwerte von den Auftraggebern an das Bundesministerium für Wirtschaft und Energie zu übermitteln sind. Entsprechend der Vorgabe des § 114 Absatz 2 des GWB wird in §§ 3 und 4 zwischen dem Ober- und dem Unterschwellenbereich differenziert.

Für den Oberschwellenbereich beschränkt § 114 Absatz 2 GWB die zu übermittelnden Daten auf die Daten, die in der jeweils einschlägigen Vergabe- und Zuschlagsbekanntmachung an das

Seite 301

Amt für Veröffentlichungen der Europäischen Union zu übermitteln sind. Nach der Gesetzesbegründung soll es sich zudem lediglich um eine Teilmenge handeln. Die in § 3 abschließend genannten Daten ergeben sich aus dem von Kienbaum im Rahmen des Forschungsprojekts Statistik der öffentlichen Beschaffung in Deutschland – Grundlagen und Methodik für den Oberschwellenbereich entwickelten Indikatorenset. Die Absätze 1 bis 7 führen für die verschiedenen Vergaberegime gesondert auf, welche Daten zu übermitteln sind. Dabei richtet sich der genaue Inhalt und Umfang der Übermittlungspflicht nach den Vorgaben für die jeweils in den Absätzen 1 bis 9 aufgeführten Daten, die sich aus Artikel 31, 32 und den Anhängen V und VII der Richtlinie 2014/23/EU, Artikel 50 Absatz 1, 75 Absatz 2 und dem Anhang V Teile D und J der Richtlinie 2014/24/EU, Artikel 70 Absatz 1, 92 Absatz 3 und den Anhängen XII, XVIII Teil D der Richtlinie 2014/25/EU, Artikel 30 Absatz 3 und dem Anhang IV der Richtlinie 2009/81/EG und den ergänzenden Vorgaben in der Durchführungsverordnung (EU) Nr. 2015/1086 ergeben.

Zu Absatz 1

In Absatz 1 ist festgelegt, welche Daten bei Auftragsvergaben oberhalb der Schwellenwerte durch öffentliche Auftraggeber an das Bundesministerium für Wirtschaft und Energie zu übermitteln sind.

Die Angaben zu den Zuschlagskriterien Name und Gewichtung der Qualitäts- oder der Kostenkriterien umfassen auch Angaben zu qualitativen, umweltbezogenen, sozialen und innovativen Kriterien im Sinne von § 58 Absatz 2 der Vergabeverordnung.

---

11 Unabhängig davon können auch weitergehende Auswertungen von Vergabedaten aufgrund im Einzelfall getroffener Vereinbarungen vorgenommen werden, vgl. Verordnungsbegründung zu § 3 Abs. 9 VergStatVO, BR-Drs. 87/16, 302.
12 Vgl. Einleitung VergStatVO Rn. 16; siehe auch § 2 VergStatVO Rn. 8.

Zu Absatz 2

In Absatz 2 ist festgelegt, welche Daten bei der Vergabe öffentlicher Aufträge über soziale und andere besondere Dienstleistungen oberhalb der Schwellenwerte durch öffentliche Auftraggeber an das Bundesministerium für Wirtschaft und Energie zu übermitteln sind.

Zu Absatz 3

In Absatz 3 ist festgelegt, welche Daten bei Auftragsvergaben oberhalb der Schwellenwerte durch Sektorenauftraggeber an das Bundesministerium für Wirtschaft und Energie zu übermitteln sind.

Die Angaben zu den Zuschlagskriterien Name und Gewichtung der Qualitäts- oder der Kostenkriterien umfassen auch Angaben zu qualitativen, innovativen, umweltbezogenen oder sozialen Kriterien im Sinne von § 52 Absatz 2 der Sektorenverordnung.

Zu Absatz 4

In Absatz 4 ist festgelegt, welche Daten bei der Vergabe öffentlicher Aufträge über soziale und besondere Dienstleistungen oberhalb der Schwellenwerte durch Sektorenauftraggeber an das Bundesministerium für Wirtschaft und Energie zu übermitteln sind.

Zu Absatz 5

In Absatz 5 ist festgelegt, welche Daten bei Konzessionsvergaben oberhalb der Schwellenwerte durch Konzessionsgeber an das Bundesministerium für Wirtschaft und Energie zu übermitteln sind.

Die Angaben zu den Zuschlagskriterien, umfassen auch Angaben zu qualitativen, umweltbezogenen oder sozialen Kriterien im Sinne von § 152 Absatz 3 GWB und § 31 KonzVgV.

Zu Absatz 6

In Absatz 6 ist festgelegt, welche Daten bei der Vergabe von Konzessionen über soziale und andere besondere Dienstleistungen oberhalb der Schwellenwerte durch Konzessionsgeber an das Bundesministerium für Wirtschaft und Energie zu übermitteln sind.

Zu Absatz 7

In Absatz 7 ist festgelegt, welche Daten bei der Vergabe verteidigungs- oder sicherheitsspezifischer öffentlicher Aufträge, die in den Anwendungsbereich der Richtlinie 2009/81/EG fallen,

Seite 302

oberhalb der Schwellenwerte durch öffentliche Auftraggeber und Sektorenauftraggeber an das Bundesministerium für Wirtschaft und Energie zu übermitteln sind.

Die Angaben zu Name und Gewichtung der Kriterien zur Ermittlung des wirtschaftlich günstigsten Angebotes umfassen auch Aspekte im Sinne von § 34 Absatz 3 der Vergabeverordnung Verteidigung und Sicherheit wie zum Beispiel Qualität, Lebenszykluskosten oder Umwelteigenschaften.

Zu Absatz 8

Absatz 8 betrifft eine mögliche Ausweitung der zu übermittelnden Daten, um die Berücksichtigung von Nachhaltigkeitsindikatoren im Vergabeverfahren vollständig erfassen und auswerten zu können. Das ist im Hinblick auf die Nutzung der strategischen Möglichkeiten des Vergaberechts von besonderer Bedeutung.

Zu Absatz 9

Absatz 9 eröffnet Auftrag- und Konzessionsgebern die Möglichkeit, über die in den Absätzen 1 bis 7 aufgeführten Daten sowie gegebenenfalls über eine zukünftige Verpflichtung aus § 3 Absatz 8 hinaus freiwillig weitere Daten zu Auftragsvergaben zum Zwecke der statistischen Auswertung an das Bundesministerium für Wirtschaft und Energie zu übermitteln.

Eine Auswertung freiwillig übermittelter Vergabedaten kann ausschließlich im Rahmen dessen durchgeführt werden, was die zu schaffende elektronische Vergabestatistik an Auswertungsmöglichkeiten zur Verfügung stellt. Darüber hinausgehende beziehungsweise davon abweichende Auswertungen können nur aufgrund jeweils bilateral zu treffender Vereinbarungen vorgenommen werden.

Die freiwillige Datenübermittlung richtet sich nach den §§ 5 und 6 dieser Verordnung.

Anlage 5 (zu § 3 Absatz 5)

Daten, die durch Konzessionsgeber nach Vergabe einer Konzession an das Bundesministerium für Wirtschaft und Energie zu übermitteln sind

Lfd Nr.	Bezeichnung lt. Anhang XXII zur Durchführungsverordnung (EU) 2015/1986	Bemerkung
1	Abschnitt I: Öffentlicher Auftraggeber/Auftraggeber I.1) Name und Adressen Postleitzahl	Postleitzahl des Sitzes des Konzessionsgebers bzw. der Dienststelle/Vergabestelle.
2	Abschnitt I: Öffentlicher Auftraggeber/Auftraggeber I.1) Name und Adressen E-Mail	Angabe einer funktionalen, nicht personenbezogenen E-Mail-Adresse des Konzessionsgebers.
3	Abschnitt II: Gegenstand II.1) Umfang der Beschaffung II.1.2) CPV-Code Hauptteil CPV-Code Zusatzteil	CPV = Common Procurement Vocabulary-Nomenklatur (gemeinsames Vokabular für öffentliche Aufträge)
4	Abschnitt II: Gegenstand II.1) Umfang der Beschaffung II.1.3) Art des Auftrags • Bauauftrag • Dienstleistungen	
5	Abschnitt I: Öffentlicher Auftraggeber I.4) Art des öffentlichen Auftraggebers • Ministerium oder sonstige zentral- oder bundesstaatliche Behörde einschließlich regionaler oder lokaler Unterabteilungen • Agentur/Amt auf zentral- oder bundesstaatlicher Ebene • Regional- oder Kommunalbehörde • Agentur/Amt auf regionaler oder lokaler Ebene • Einrichtung des öffentlichen Rechts • Europäische Institution/Agentur oder internationale Organisation • anderer öffentlicher Auftraggeber	Bei Veröffentlichung der Bekanntmachung durch einen Konzessionsgeber gem. § 101 Absatz Nummer 1 GWB(öffentlicher Auftraggeber, der eine Konzession vergibt).
6	Abschnitt II: Gegenstand II.1) Umfang der Beschaffung II.1.6) Angaben zu den Losen Aufteilung des Auftrags in Lose • ja • nein	

Lfd Nr.	Bezeichnung lt. Anhang XXII zur Durchführungsverordnung (EU) 2015/1986	Bemerkung
7	Abschnitt II: Gegenstand II.1) Umfang der Beschaffung II.1.7) Gesamtwert der Beschaffung (ohne MwSt.) Wert	
8	Abschnitt II: Gegenstand II.2) Beschreibung II.2.5) Zuschlagskriterien	Die Angaben zu den Zuschlagskriterien umfassen auch Angaben zu qualitativen, umweltbezogenen oder sozialen Kriterien im Sinne von § 152 Absatz 3 GWB und § 31 KonzVgV.
9	Abschnitt IV: Verfahren IV.1) Beschreibung IV.1.1) Verfahrensart • Vergabeverfahren mit vorheriger Veröffentlichung einer Konzessionsbekanntmachung • Vergabeverfahren ohne vorherige Veröffentlichung einer Konzessionsbekanntmachung	
10	Abschnitt IV: Verfahren IV.2) Verwaltungsangaben IV.2.1) Frühere Bekanntmachung zu diesem Verfahren Bekanntmachungsnummer im ABl.	
11	Abschnitt V: Vergabe einer Konzession V.2) Vergabe einer Konzession V.2.1) Tag der Entscheidung über die Konzessionsvergabe (TT/MM/JJJJ)	
12	Abschnitt V: Vergabe einer Konzession V.2) Vergabe einer Konzession V.2.2) Angaben zu den Angeboten Anzahl der eingegangenen Angebote	
13	Abschnitt V: Vergabe einer Konzession V.2) Vergabe einer Konzession V.2.2) Angaben zu den Angeboten Anzahl der eingegangenen Angebote von KMU	Anzahl der eingegangenen Angebote von kleinen oder mittleren Unternehmen gemäß der Definition in der Empfehlung 2003/361/EC der Kommission vom 6. Mai 2003 betreffend die Definition der Kleinstunternehmen sowie der kleinen und mittleren Unternehmen (ABl. L 124 vom 20.5.2003, S. 36).
14	Abschnitt V: Vergabe einer Konzession V.2) Vergabe einer Konzession V.2.2) Angaben zu den Angeboten Anzahl der eingegangenen Angebote von Bietern aus anderen EU-Mitgliedstaaten	

Anlage 6

Lfd Nr.	Bezeichnung lt. Anhang XXII zur Durchführungsverordnung (EU) 2015/1986	Bemerkung
15	Abschnitt V: Vergabe einer Konzession V.2) Vergabe einer Konzession V.2.2) Angaben zu den Angeboten Anzahl der elektronisch eingegangenen Angebote	
16	Abschnitt V: Vergabe einer Konzession V.2) Vergabe einer Konzession V.2.3) Name und Anschrift des Konzessionärs Der Konzessionär ist ein KMU • ja • nein	Konzessionär = Konzessionsnehmer
17	Abschnitt V: Vergabe einer Konzession V.2) Vergabe einer Konzession V.2.3) Name und Anschrift des Konzessionärs Land	Staat, in dem der Konzessionär seinen Sitz hat.
18	Anhang D4 – Konzession Begründung der Konzessionsvergabe ohne vorherige Konzessionsbekanntmachung im Amtsblatt der Europäischen Union (ABl. S)	Begründung Konzessionsvergabe ohne vorherige Bekanntmachung (Nummer 8 [13] „Vergabeverfahren ohne vorherige Veröffentlichung einer Konzessionsbekanntmachung") entsprechend der in Anhang D4 aufgeführten Fallgruppen.

Anlage 6 (zu § 3 Absatz 6)

Daten, die durch Konzessionsgeber nach Vergabe einer Konzession über soziale und andere besondere Dienstleistungen nach Anhang XIV der Richtlinie 2014/23/EU an das Bundesministerium für Wirtschaft und Energie zu übermitteln sind

Lfd Nr.	Bezeichnung lt. Anhang XX zur Durchführungsverordnung (EU) 2015/1986	Bemerkung
1	Abschnitt I: Öffentlicher Auftraggeber/Auftraggeber I.1) Name und Adressen Postleitzahl	Postleitzahl des Sitzes des Konzessionsgebers bzw. der Dienststelle/Vergabestelle.
2	Abschnitt I: Öffentlicher Auftraggeber/Auftraggeber I.1) Name und Adressen E-Mail	Angabe einer funktionalen, nicht personenbezogenen E-Mail-Adresse des Konzessionsgebers.
3	Abschnitt I: Öffentlicher Auftraggeber I.4) Art des öffentlichen Auftraggebers • Ministerium oder sonstige zentral- oder bundesstaatliche Behörde einschließlich regionaler oder lokaler Unterabteilungen • Agentur/Amt auf zentral- oder bundesstaatlicher Ebene	Bei Veröffentlichung der Bekanntmachung durch einen Konzessionsgeber gem. § 101 Absatz Nummer 1 GWB (öffentlicher Auftraggeber, der eine Konzession vergibt).

---

13 Anmerkung *Peshteryanu*: Gemeint sein dürfte lfd. Nr. 9 der Anlage 5.

§ 3 VergStatVO — Anlage 6

Lfd Nr.	Bezeichnung lt. Anhang XX zur Durchführungsverordnung (EU) 2015/1986	Bemerkung
	• Regional- oder Kommunalbehörde • Agentur/Amt auf regionaler oder lokaler Ebene • Einrichtung des öffentlichen Rechts • Europäische Institution/Agentur oder internationale Organisation • anderer öffentlicher Auftraggeber	
4	Abschnitt II: Gegenstand II.1) Umfang der Beschaffung II.1.2) CPV-Code Hauptteil CPV-Code Zusatzteil	CPV = Common Procurement Vocabulary-Nomenklatur (gemeinsames Vokabular für öffentliche Aufträge)
5	Abschnitt II: Gegenstand II.1) Umfang der Beschaffung II.1.6) Angaben zu den Losen Aufteilung des Auftrags in Lose • ja • nein	
6	Abschnitt II: Gegenstand II.1) Umfang der Beschaffung II.1.7) Gesamtwert der Beschaffung (ohne MwSt.) Wert	
7	Abschnitt II: Gegenstand II.2) Beschreibung II.2.5) Zuschlagskriterien	Die Angaben zu den Zuschlagskriterien umfassen auch Angaben zu qualitativen, umweltbezogenen oder sozialen Kriterien im Sinne von § 152 Absatz 3 GWB und § 31 KonzVgV.
8	Abschnitt IV: Verfahren IV.1) Beschreibung IV.1.1) Verfahrensart • Vergabeverfahren mit vorheriger Veröffentlichung einer Konzessionsbekanntmachung • Vergabeverfahren ohne vorherige Veröffentlichung einer Konzessionsbekanntmachung	
9	Abschnitt IV: Verfahren IV.2) Verwaltungsangaben IV.2.1) Frühere Bekanntmachung zu diesem Verfahren Bekanntmachungsnummer im ABl.	
10	Abschnitt V: Vergabe einer Konzession V.2) Vergabe einer Konzession V.2.1) Tag der Entscheidung über die Konzessionsvergabe (TT/MM/JJJJ)	

Lfd Nr.	Bezeichnung lt. Anhang XX zur Durchführungsverordnung (EU) 2015/1986	Bemerkung
11	Abschnitt V: Vergabe einer Konzession V.2) Vergabe einer Konzession V.2.2) Angaben zu den Angeboten Anzahl der eingegangenen Angebote	
12	Abschnitt V: Vergabe einer Konzession V.2) Vergabe einer Konzession V.2.2) Angaben zu den Angeboten Anzahl der eingegangenen Angebote von KMU	Anzahl der eingegangenen Angebote von kleinen oder mittleren Unternehmen gemäß der Definition in der Empfehlung 2003/361/EC der Kommission vom 6. Mai 2003 betreffend die Definition der Kleinstunternehmen sowie der kleinen und mittleren Unternehmen (ABl. L 124 vom 20.5.2003, S. 36).
13	Abschnitt V: Vergabe einer Konzession V.2) Vergabe einer Konzession V.2.2) Angaben zu den Angeboten Anzahl der eingegangenen Angebote von Bietern aus anderen EU-Mitgliedstaaten	
14	Abschnitt V: Vergabe einer Konzession V.2) Vergabe einer Konzession V.2.2) Angaben zu den Angeboten Anzahl der elektronisch eingegangenen Angebote	
15	Abschnitt V: Vergabe einer Konzession V.2) Vergabe einer Konzession V.2.3) Name und Anschrift des Konzessionärs Der Konzessionär ist ein KMU • ja • nein	Konzessionär = Konzessionsnehmer
16	Abschnitt V: Vergabe einer Konzession V.2) Vergabe einer Konzession V.2.3) Name und Anschrift des Konzessionärs Land	Staat, in dem der Konzessionär seinen Sitz hat.
17	Anhang D4 – Konzession Begründung der Konzessionsvergabe ohne vorherige Konzessionsbekanntmachung im Amtsblatt der Europäischen Union (ABl. S)	Begründung Konzessionsvergabe ohne vorherige Bekanntmachung (Nummer 8 „Vergabeverfahren ohne vorherige Veröffentlichung einer Konzessionsbekanntmachung") entsprechend der in Anhang D4 aufgeführten Fallgruppen.

§ 4 VergStatVO
Daten bei Aufträgen unterhalb der Schwellenwerte

(1) In den Fällen des § 2 Absatz 2 umfasst die Pflicht zur Übermittlung die folgenden Daten:
1. Postleitzahl des öffentlichen Auftraggebers,
2. E-Mail-Adresse des öffentlichen Auftraggebers,
3. die Verfahrensart, differenziert nach:
    a) öffentlicher Ausschreibung,
    b) beschränkter Ausschreibung und
    c) freihändiger Vergabe,
    d) sonstige Verfahrensart,
4. Auftragswert ohne Mehrwertsteuer,
5. Art und Menge der Leistung, sofern quantifizierbar.

(2) Sofern Auftraggeber freiwillig weitere Daten zur statistischen Auswertung an das Bundesministerium für Wirtschaft und Energie übermitteln, sind die §§ 5 und 6 auch für diese Daten anzuwenden.

Übersicht	Rn.
A. Allgemeines	1
B. Fehlende Relevanz für Konzessionsgeber bei der Vergabe von Konzessionen	2
C. Freiwillige Übermittlung (Abs. 2)	3
D. Rechtsschutz	7
Anlage Verordnungsbegründung (BR-Drs. 87/16)	

A. Allgemeines

§ 4 Abs. 1 VergStatVO regelt in Umsetzung der Vorgaben des § 114 Abs. 2 S. 3 GWB den Umfang der zu übermittelnden Vergabedaten für öffentliche Auftraggeber nach § 99 GWB im Rahmen der Vergabe von Aufträgen unterhalb der jeweils nach Maßgabe des § 106 GWB maßgeblichen EU-Schwellenwerte. Gegenüber den dezidierten Vorgaben des § 3 VergStatVO sieht § 4 Abs. 1 VergStatVO dabei lediglich einen stark zurückgenommenen Satz von übermittlungspflichtigen Erhebungsmerkmalen vor. 1

B. Fehlende Relevanz für Konzessionsgeber bei der Vergabe von Konzessionen

Da der persönliche **Anwendungsbereich** der VergStatVO unterhalb der Schwellenwerte gemäß § 2 Abs. 2 VergStatVO auf öffentliche Auftraggeber im Sinne des § 99 GWB bei der Vergabe von öffentlichen Aufträgen reduziert ist, bleibt die Regelung für Konzessionsgeber bei der Vergabe von Konzessionen nach § 105 GWB ohne Relevanz.[1] Das gilt auch für Baukonzessionsvergaben gemäß § 23 VOB/A. Die damit angeordnete Privilegierung entspricht vollumfänglich der materiellen Rechtslage. Grundsätzlich denkbar ist es jedoch, dass – etwa zur Vorbereitung von gesetzgeberischen Entscheidungen oder Evaluierungszwecken – die Anwendung des § 4 Abs. 1 VergStatVO für Konzessionsgeber anderweitig angeordnet wird. Dies kann etwa durch bundes- oder landesrechtliche Vorschriften oder im Rahmen von Förderbedingungen erfolgen. 2

---
1 Siehe § 2 VergStatVO Rn. 7.

C. Freiwillige Übermittlung (Abs. 2)

3 § 4 Abs. 2 VergStatVO eröffnet für Auftraggeber unterhalb der Schwellenwerte die Möglichkeit, im Rahmen des technisch Möglichen[2] über die nach Maßgabe des § 4 Abs. 1 VergStatVO geforderten Vergabedaten hinaus freiwillig weitere Daten zum Zwecke der Auswertung an das Bundesministerium für Wirtschaft und Energie zu übermitteln.

4 Da es sich insoweit um eine freiwillige Übermittlungsmöglichkeit handelt, kann nach der hier vertretenen Lesart die Regelung wegen der insoweit gewählten offenen Formulierung dahingehend verstanden werden, dass alle **Auftraggeber** im Sinne des § 98 GWB, mithin auch Konzessionsgeber bei der Vergabe von Konzessionen, hiervon Gebrauch machen können, wobei aus Praktikabilitätsgründen auch eine Übermittlung der in § 4 Abs. 1 VergStatVO genannten Daten umfasst sein muss.[3]

5 Diese Möglichkeit dürfte gerade für die ansonsten von den Übermittlungspflichten im Unterschwellenbereich nach §§ 2 Abs. 2, 4 Abs. 1 VergStatVO befreiten Konzessionsgeber in der **Praxis** gegenüber der freiwilligen Übermittlungsmöglichkeit nach § 3 Abs. 9 VergStatVO eine höhere Praxisrelevanz aufweisen. Als Beweggrund für eine solche freiwillige Übermittlung von Vergabedaten zur Auswertung durch das Statistische Bundesamt kommt insbesondere eine umfassende Selbstevaluation der betroffenen (Sektoren-)Auftraggeber in Betracht. Angesichts des mit der Übermittlung verbundenen Aufwands dürfte die freiwillige Übermittlung von Vergabedaten durch Konzessionsgeber jedoch eine Ausnahme bleiben.

6 § 4 Abs. 2 VergStatVO ordnet einheitlich die Geltung der §§ 5 und 6 VergStatVO auch für die **Übermittlung** dieser Vergabedaten an.

D. Rechtsschutz

7 § 4 VergStatVO richtet sich ausschließlich an Auftraggeber.[4] Er hat keinen unternehmensschützenden Charakter im Sinne des § 97 Abs. 6 GWB.

Anlage

Verordnungsbegründung (BR-Drs. 87/16)

Seite 302

Zu Absatz 1

Für den Unterschwellenbereich werden in § 114 Absatz 2 GWB Vorgaben im Hinblick auf die zu übermittelnden Daten gemacht. Entsprechend sind nach Absatz 1 lediglich die Verfahrensart, der Wert des erfolgreichen Angebots sowie die Art und Menge der Leistungen, sofern es sich um quantifizierbare Leistungen handelt, anzugeben.

Eine Mengenangabe ist nur bei solchen Lieferungen und Leistungen zu übermitteln, die eindeutig der Stückzahl nach quantifizierbar sind. Abhängig von der jeweils vergebenen Leistung ist bei der Mengenangabe auf einzelne Liefer- und Leistungseinheiten, zum Beispiel bei Kraftfahrzeugen oder Rechentechnik, oder auf handelsübliche Abpackungen, zum Beispiel bei Büroverbrauchsmaterial oder Sanitär- und Reinigungsbedarf, abzustellen. Schüttgüter oder andere Liefergegenstände, die nach Gewichts- oder Volumeneinheiten bemessen werden (zum Beispiel in Kilogramm, Tonnen oder Kubikmetern), sind nicht der Menge nach anzugeben, sondern als eine Lieferung zu werten. Dasselbe gilt für Liefergegenstände, die zwar eindeutig der Stückzahl nach quantifizierbar sind, jedoch ausschließlich zum Zweck der dauerhaften Verbindung mit einem Bauwerk erworben werden, zum Beispiel Elektroinstallationsmaterial, Fenster, Stahlträger oder Türen. Vergebene Bau- und Dienstleistun-

---

[2] Unabhängig davon können auch weiter gehende Auswertungen von Vergabedaten aufgrund im Einzelfall getroffener Vereinbarungen vorgenommen werden, vgl. Verordnungsbegründung zu § 4 Abs. 2 VergStatVO, BR-Drs. 87/16, 303.
[3] Siehe Verordnungsbegründung zu § 4 Abs. 2 VergStatVO BR-Drs. 87/17, 303.
[4] Vgl. Einleitung VergStatVO Rn. 16; siehe auch § 2 VergStatVO Rn. 9.

gen sind jeweils als eine Leistung zu werten. Wertungsmaßstab ist hierbei das jeweils konkret in Bezug genommene Bauobjekt beziehungsweise die jeweilige Art der Dienstleistung.

Da im Unterschwellenbereich aufgrund der geringeren Formstrenge auch weitere, weniger förmlich durchgeführte Vergabeverfahren angewendet werden oder teils weder Bundes- noch Landesvergaberegelungen zur Anwendung kommen (was z.B. zu Direktvergaben führen kann), enthält Absatz 1 Nummer 3 Buchstabe d hierfür einen Auffangtatbestand.

Im Rahmen der Übermittlung werden zudem die Postleitzahl sowie eine nichtpersonenbezogene E-Mail-Adresse der Vergabestelle erfasst. Diese werden in § 6 lediglich als Hilfsmerkmale für die statistische Auswertung kategorisiert.

Seite 303

Zu Absatz 2

Absatz 2 eröffnet Auftrag- und Konzessionsgebern auch für den Unterschwellenbereich die Möglichkeit, über die in Absatz 1 aufgeführten Daten hinaus freiwillig weitere Daten zu Auftragsvergaben zum Zwecke der statistischen Auswertung an das Bundesministerium für Wirtschaft und Energie zu übermitteln.

Eine Auswertung freiwillig übermittelter Vergabedaten kann ausschließlich im Rahmen dessen durchgeführt werden, was die zu schaffende elektronische Vergabestatistik an Auswertungsmöglichkeiten zur Verfügung stellt. Darüber hinausgehende bzw. davon abweichende Auswertungen können nur aufgrund jeweils bilateral zu treffender Vereinbarungen vorgenommen werden.

Die freiwillige Datenübermittlung richtet sich nach den §§ 5 und 6 dieser Verordnung.

§ 5 VergStatVO
Datenübermittlung

Die Daten werden im Rahmen des jeweiligen Vergabeverfahrens nach Zuschlagserteilung an das Bundesministerium für Wirtschaft und Energie übermittelt. Das Bundesministerium für Wirtschaft und Energie regelt die Art und Weise der Datenübermittlung durch Allgemeinverfügung. Die Allgemeinverfügung wird im Bundesanzeiger bekanntgemacht. Bei der Übermittlung der Daten ist sicherzustellen, dass

1. sie verschlüsselt stattfindet,
2. die dem jeweiligen Stand der Technik entsprechenden Maßnahmen getroffen werden, um den Datenschutz und die Datensicherheit zu gewährleisten, insbesondere im Hinblick auf die Vertraulichkeit und die Unversehrtheit der Daten, und
3. die nach Bundes- oder Landesrecht zuständigen Datenschutzaufsichtsbehörden die Möglichkeit zur Einsicht in die Protokolldaten betreffend die Übermittlung der Daten haben.

Übersicht	Rn.
A. Allgemeines	1
B. Maßgeblicher Zeitpunkt (S. 1)	2
C. Art und Weise (S. 2 und S. 3)	4
D. Anforderungen (S. 4)	5
E. Rechtsschutz	11
Anlage Verordnungsbegründung (BR-Drs. 87/16)	

A. Allgemeines

§ 5 VergStatVO enthält die allgemeinen Anforderungen an die Übermittlung der statistischen Vergabedaten durch die in § 1 S. 1 VergStatVO verpflichteten Auftraggeber an das Bundesministerium für Wirtschaft und Energie. Die zur Umsetzung der angestrebten vollelektronischen Datenübermittlung erforderlichen IT-seitigen Voraussetzungen sind gegenwärtig noch nicht geschaffen. Ihre Implementierung ist zugleich auch Voraussetzung für das Inkrafttreten der Bestimmungen der §§ 1 bis 7 VergStatVO.[1]

B. Maßgeblicher Zeitpunkt (S. 1)

Nach dem Wortlaut des § 5 S. 1 VergStatVO werden die gemäß §§ 3 und 4 VergStatVO zu erhebenden Daten im Rahmen des jeweiligen Vergabeverfahrens **nach Zuschlagserteilung** übermittelt. In materieller Hinsicht wird das Vergabeverfahren durch den wirksam erteilten Zuschlag beendet.[2] Die einschränkende Formulierung „im Rahmen des jeweiligen Vergabeverfahrens" dürfte damit in dem Sinne zu verstehen sein, dass die Übermittlung von Vergabedaten durch den Auftraggeber im zeitlichen Zusammenhang mit der Beendigung des Vergabeverfahrens durch Zuschlagserteilung erfolgen muss.[3]

Dieser Zeitpunkt wird für den Bereich der **Konzessionsvergabe** durch die insoweit geltende materielle Bestimmung des § 21 Abs. 1 KonzVgV konkretisiert, wonach die Vergabebekannt-

---
[1] Vgl. Art. 7 Abs. 3 VergRModVO; siehe auch Einleitung VergStatVO Rn. 14.
[2] Vgl. § 168 Abs. 2 S. 1 GWB; zum Begriff siehe Horn/Hofmann, in: Burgi/Dreher, Vergaberecht, § 155 GWB Rn. 11.
[3] Bereits nach bisheriger Rechtslage handelte es sich bei der Melde- und Berichtsverpflichtung um eine dem eigentlichen Vergabeverfahren nachgelagerte Verpflichtung, vgl. Gnittke/Hattig, in: Müller-Wrede, SektVO, 1. Aufl., § 33 Rn. 1; Mentzinis, in: Pünder/Schellenberg, Vergaberecht, § 17 VgV Rn. 1; Weyand, Vergaberecht, Stand: 26.11.2012, § 17 VgV Rn. 2; Schubert, in: Willenbruch/Wieddekind, Vergaberecht, 3. Aufl., § 17 VgV Rn. 1.

machung spätestens 48 Tage nach der Vergabe einer Konzession zu erfolgen hat. Bei der Vergabe von Konzessionen, die soziale und andere besondere Dienstleistungen betreffen, ermöglicht § 22 Abs. 2 S. 2 KonzVgV demgegenüber eine quartalsweise Bündelung der Veröffentlichung über vergebene Konzessionen mit der Folge, dass hierfür eine abweichende Veröffentlichungsfrist von 48 Tagen nach dem jeweiligen Quartalsende besteht.

C. Art und Weise (S. 2 und S. 3)

4 Die Regelung der Art und Weise der Datenübermittlung hat nach § 5 S. 2 VergStatVO durch das Bundesministerium für Wirtschaft und Energie im Wege einer adressatenbezogenen Allgemeinverfügung zu erfolgen. Diese Allgemeinverfügung wird nach § 5 S. 3 VergStatVO im Bundesanzeiger bekanntgemacht.[4]

D. Anforderungen (S. 4)

5 § 5 S. 4 VergStatVO statuiert die Anforderungen an die künftige Implementierung der Datenübermittlung.

6 Bedingt durch die unterschiedlichen tatsächlichen und rechtlichen Rahmenbedingungen wird eine differenzierte **technologische Umsetzung** im Oberschwellen- und Unterschwellenbereich durch das federführende Bundesministerium für Wirtschaft und Energie avisiert. So soll im Bereich von Oberschwellenvergaben die Datenübermittlung im Rahmen eines vollautomatisierten elektronischen Verfahrens durch Auslesen der in den Vergabebekanntmachungen eingegebenen Daten erfolgen, ohne dass ein weiteres Zutun des Auftraggebers erforderlich wäre.[5]

7 § 5 S. 4 VergStatVO normiert bestimmte, kumulativ zu erfüllende **Mindestanforderungen** an die Datenübermittlung sowie datenschutzrechtlichen Rahmenbedingungen, denen im Rahmen der Realisierung der zu erstellenden IT-Lösung respektive der Anknüpfung an die bereits bestehenden Lösungen Rechnung zu tragen sein wird.

8 Gemäß § 5 S. 4 Nr. 1 VergStatVO hat die Übermittlung der Vergabedaten verschlüsselt stattzufinden. Die **Verschlüsselung** dient dabei als Vorkehrung gegenüber dem Zugriff von Unbefugten auf die Daten und damit den Geheimhaltungsinteressen der Auftraggeber. Sie muss über ein spürbares Erschwernis des Datenzugangs hinausgehen.[6]

9 Ferner sieht § 5 S. 4 Nr. 2 VergStatVO eine ergebnisorientierte Verpflichtung der verantwortlichen Stelle sowie der von dieser eingesetzten Datenverarbeiter vor[7], die dem jeweiligen Stand der Technik entsprechenden Maßnahmen zur Gewährleistung des **Datenschutzes** und der **Datensicherheit**, insbesondere im Hinblick auf die Vertraulichkeit und die Unversehrtheit der Daten, zu ergreifen. Dies dient im besonderen Maße der Akzeptanz der Auftraggeber. Konkrete Vorgaben hinsichtlich der technischen oder organisatorischen Maßnahmen enthält die Bestimmung dabei nicht. Die VergStatVO spricht insoweit lediglich von „entsprechenden Maßnahmen". Was konkret unter diesen Maßnahmen zu verstehen sein kann, erschließt sich durch einen Blick auf die Anlage zu § 9 S. 1 BDSG, die einen nicht abschließenden Maßnahmenkatalog zum Datenschutz enthält. Die gewählten Maßnahmen müssen zudem den dynamischen Standards der Informationssicherheit angemessen Rechnung tragen.

---

[4] Entsprechende Allgemeinverfügungen sind in der Vergangenheit etwa auf der Grundlage von § 33 Abs. 4 SektVO 2009 (vgl. etwa Bundesministerium für Wirtschaft und Energie, Allgemeinverfügung zur Erhebung der im Kalenderjahr 2015 vergebenen Aufträge von Auftraggebern nach § 98 Nummer 1 bis 4 des Gesetzes gegen Wettbewerbsbeschränkungen (GWB) im Bereich des Verkehrs, der Trinkwasserversorgung und der Energieversorgung vom 14.12.2015, BAnz AT 24.12.2015 B1) und § 44 Abs. 5 VSVgV a.F (vgl. Bundesministerium für Wirtschaft und Energie, Allgemeinverfügung zur Erhebung der im Kalenderjahr 2015 vergebenen Aufträge von Auftraggebern nach § 98 des Gesetzes gegen Wettbewerbsbeschränkungen (GWB) im Bereich Verteidigung und Sicherheit vom 14.12.2015, BAnz AT 31.12.2015 B1) bekannt gemacht worden.
[5] Vgl. Verordnungsbegründung, BR-Drs. 87/16, 152, 303.
[6] Weiterführend dazu *Weller*, AnwZert ITR 23/2016 Anm. 2.
[7] *Karg*, in: Wolff/Brink, Datenschutzrecht, § 9 BDSG Rn. 23, 61.

Schließlich hat das Bundesministerium für Wirtschaft und Energie gemäß § 5 S. 4 Nr. 3 VergStatVO sicherzustellen, dass die nach Bundes- und Landesrecht zuständigen Datenschutzaufsichtsbehörden die Möglichkeit zur **Einsicht in die Protokolldaten** der Übermittlung haben. Die Gewährleistung der Revisionsfähigkeit dient im Sinne der Transparenz zugleich als Nachweis über die Umsetzung und Einhaltung der Vorgaben der Datensicherheit.[8]

E. Rechtsschutz

Im Gegensatz zu den Bestimmungen betreffend das Sicherheitsniveau sowie die Anforderungen an die elektronischen Mittel im Vergabeverfahren, erschöpft sich der Zweck des **§ 5 VergStatVO** und der darin geregelten (Mindest-)Vorgaben für den Datenschutz der übermittelten Daten in sich selbst. Vor diesem Hintergrund ist der Regelung des § 5 VergStatVO keine unternehmensschützende Wirkung im Sinne des § 97 Abs. 6 GWB beizumessen. Davon unberührt bleibt die Einhaltung datenschutzrechtlicher Vorschriften, deren Überprüfung sich nach den hierfür geltenden Bestimmungen richtet.

Soweit vom Bundesministerium der Wirtschaft und Energie nach § 5 S. 2 VergStatVO erlassen, ist die, die Art und Weise der Datenübermittlung regelnde **Allgemeinverfügung** – bezogen auf ihren Regelungsgehalt – nach allgemeinen Grundsätzen der VwGO mit Widerspruch und Klage anfechtbar.

Anlage

Verordnungsbegründung (BR-Drs. 87/16)

Seite 303

In § 5 werden die Grundsätze der Datenübermittlung an das Bundesministerium für Wirtschaft und Energie geregelt. Die Datenübermittlung soll elektronisch erfolgen. Bei Oberschwellenvergaben soll ein vollautomatisiertes Verfahren eingeführt werden, indem die Daten aus den entsprechenden Bekanntmachungsformularen ausgelesen werden, sodass den Auftraggebern durch die Datenübermittlung kein zusätzlicher Erfüllungsaufwand entsteht. Im Unterschwellenbereich soll zusätzlicher Aufwand ebenfalls weitestgehend vermieden werden durch ein auf die Bedürfnisse der Auftraggeber abgestimmtes elektronisches Verfahren, das den Auftraggebern sowohl mittels einer webbasierten Eingabemaske als auch über Schnittstellen zu bereits existierenden kommunalen, Landes- und Bundesvergabeplattformen die Übermittlung der in § 4 aufgeführten Daten an das Bundesministerium für Wirtschaft und Energie ermöglicht.

Die Vorschrift normiert außerdem die bei der Übermittlung von Vergabedaten sicherzustellenden erforderlichen datenschutzrechtlichen Rahmenbedingungen und ist Ausfluss entsprechender Verpflichtungen, wie sie auch § 9 des Bundesdatenschutzgesetzes und die korrespondierenden Regelungen in den Datenschutzgesetzen der Länder vorsehen. Insbesondere werden die Vertraulichkeit und Unversehrtheit der zu übermittelnden Daten über vergebene Aufträge und Konzessionen herausgestellt, auf die im Rahmen der organisatorischen und technischen Maßnahmen in gesteigertem Maße Rücksicht zu nehmen ist. Das Bundesministerium für Wirtschaft und Energie ist außerdem verpflichtet, dem zuständigen Datenschutzbeauftragten des Bundes beziehungsweise Landes zum Zwecke der Datenschutzkontrolle Einsichtnahme zu ermöglichen.

---

8 *Karg*, in: Wolff/Brink, Datenschutzrecht, § 9 BDSG Rn. 48.

§ 6 VergStatVO
Statistische Aufbereitung und Übermittlung der Daten; Veröffentlichung statistischer Auswertungen

(1) Das Bundesministerium für Wirtschaft und Energie leitet alle ihm von den Auftraggebern übermittelten Daten des Berichtsjahres jeweils zu Beginn des Folgejahres zu Zwecken der statistischen Aufbereitung an das Statistische Bundesamt weiter. Das Statistische Bundesamt erstellt spätestens drei Monate nach Übermittlung der Daten durch das Bundesministerium für Wirtschaft und Energie eine Vergabestatistik.

(2) Das Statistische Bundesamt ist mit Einwilligung des Bundesministeriums für Wirtschaft und Energie berechtigt, aus den aufbereiteten Daten statistische Ergebnisse für allgemeine Zwecke abzuleiten und zu veröffentlichen. Soweit Auftraggeber nach den Standardformularen gemäß den Anhängen III, VI, XV, XVIII, XIX, XX und XXII der Durchführungsverordnung (EU) 2015/1986 erklären müssen, ob sie der Veröffentlichung bestimmter Daten zustimmen, darf das Statistische Bundesamt diese Daten nur mit Zustimmung der Auftraggeber veröffentlichen. In aggregierter Form können solche Daten ohne Zustimmung veröffentlicht werden. Die Möglichkeit, Daten, deren Veröffentlichung der Zustimmung bedarf, einem bestimmten vergebenen öffentlichen Auftrag oder einer bestimmten vergebenen Konzession zuzuordnen, ist bei einer Veröffentlichung in aggregierter Form auszuschließen.

(3) Das Bundesministerium für Wirtschaft und Energie ist berechtigt, zur Erfüllung der Berichtspflichten der Bundesrepublik Deutschland, die sich aus den Richtlinien 2014/23/EU, 2014/24/EU, 2014/25/EU und der Richtlinie 2009/81/EG des Europäischen Parlaments und des Rates vom 13. Juli 2009 über die Koordinierung der Verfahren zur Vergabe bestimmter Bau-, Liefer- und Dienstleistungsaufträge in den Bereichen Verteidigung und Sicherheit und zur Änderung der Richtlinien 2004/17/EG und 2004/18/EG (ABl. L 216 vom 20.8.2009, S. 76) gegenüber der Europäischen Kommission ergeben, die gesammelten Daten sowie die statistische Auswertung ganz oder in Teilen an die Europäische Kommission zu übermitteln.

(4) Das Bundesministerium für Wirtschaft und Energie stellt Auftraggebern die für die Analyse und Planung ihres Beschaffungsverhaltens erforderlichen eigenen Daten sowie, in aggregierter Form, weitere Daten und statistische Auswertungen zur Verfügung. Die Übermittlung muss gemäß § 5 Satz 4 erfolgen. Das Bundesministerium für Wirtschaft und Energie kann das Statistische Bundesamt gegen Kostenerstattung mit dieser Aufgabe betrauen.

(5) Im Falle eines kurzfristigen Informationsbedarfs zum Zweck der Vorbereitung und Begründung anstehender Entscheidungen oberster Bundes- oder Landesbehörden darf auf Antrag einer solchen Behörde eine statistische Auswertung durchgeführt und an die ersuchende Behörde übermittelt werden. Die Übermittlung muss gemäß § 5 Satz 4 erfolgen. Das Bundesministerium für Wirtschaft und Energie kann das Statistische Bundesamt mit der gewünschten Auswertung gegen Kostenerstattung beauftragen.

(6) Bundes-, Landes- und Kommunalbehörden können vom Bundesministerium für Wirtschaft und Energie alle Daten anfordern, die ihrem örtlichen und sachlichen Zuständigkeitsbereich zuzurechnen sind. Die Übermittlung muss gemäß § 5 Satz 4 erfolgen.

(7) Das Bundesministerium für Wirtschaft und Energie stellt den statistischen Landesämtern auf deren Antrag die ihren jeweiligen Erhebungsbereich betreffenden und vorhandenen Daten für die gesonderte Aufbereitung auf regionaler und auf Landesebene zur Verfügung.

Übersicht	Rn.		Rn.
A. Allgemeines	1	I. Veröffentlichung statistischer Ergebnisse (S. 1)	10
B. Erstellung der Vergabestatistik durch das Statistische Bundesamt (Abs. 1)	4	II. Zustimmungserfordernis (S. 2 bis 4)	14
C. Veröffentlichung der Vergabestatistik (Abs. 2)	10	D. Übermittlung an die Europäische Kommission (Abs. 3)	18

E.	Übermittlung von statistischen Daten und Auswertungen an Auftraggeber und sonstige öffentliche Stellen (Abs. 4 bis 7) 19	III.	Statistische Daten für Bundes-, Landes- und Kommunalbehörden (Abs. 6) 32
I.	Datenübermittlung an Auftraggeber (Abs. 4) 21	IV.	Zugangsansprüche der statistischen Landesämter (Abs. 7) 36
II.	Kurzfristiger Informationsbedarf von obersten Bundes- und Landesbehörden (Abs. 5) 27	F.	Rechtsschutz 39
		Anlage Verordnungsbegründung (BR-Drs. 87/16)	

A. Allgemeines

1 § 6 VergStatVO kommt zusammen mit § 7 VergStatVO, der die Datenübermittlung für die wissenschaftliche Forschung regelt, eine Schlüsselfunktion bei der Nutzbarmachung der gemäß §§ 1 bis 4 VergStatVO erhobenen Vergabedaten zu.

2 § 6 **Abs. 1 und 2** VergStatVO enthalten dabei dem Grundsatz der fachlichen Konzentration statistischer Arbeiten beim Statistischen Bundesamt[1] folgend eine entsprechende Aufgabenzuweisung und halten Vorgaben für die Veröffentlichung von statistischen Ergebnissen bereit. § 6 **Abs. 3** VergStatVO ermächtigt das Bundesministerium für Wirtschaft und Energie, Vergabedaten oder ihre statistischen Auswertungen zum Zwecke der Erfüllung von europarechtlichen Berichtspflichten an die Europäische Kommission zu übermitteln. **Abs. 4 bis 7** des § 6 VergStatVO enthalten ferner dezidierte Zugangsregelungen zu den Vergabedaten und/oder ihren statistischen Auswertungen für Auftraggeber, Bundes-, Landes- und Kommunalbehörden sowie die statistischen Landesämter.

3 Von den Zugangsregelungen der §§ 6 und 7 VergStatVO abzugrenzen sind dabei die in verschiedenen Rechtsgrundlagen außerhalb der vergaberechtlichen Bestimmungen verankerten **sonstigen Auskunftsansprüche**, wie etwa Auskunftsansprüche nach den Informationsfreiheitsgesetzen des Bundes und der Länder oder den Landespressegesetzen. Diese können im Einzelfall auch Auskunftsansprüche über Auftragsvergaben gegen den jeweiligen Auftraggeber umfassen.[2]

B. Erstellung der Vergabestatistik durch das Statistische Bundesamt (Abs. 1)

4 Die auf der Basis der §§ 1 bis 4 VergStatVO bundesweit gewonnenen und beim Bundesministerium für Wirtschaft und Energie gesammelten Vergabedaten bilden noch keine Vergabestatistik. § 6 Abs. 1 S. 1 VergStatVO sieht daher im Sinne einer ausschließlichen Aufgabenzuweisung vor, dass diese durch das Bundesministerium für Wirtschaft und Energie zu statistischen Auswertungszwecken an das Statistische Bundesamt in Wiesbaden übermittelt werden.[3]

5 Obschon ein ausdrücklicher Verweis fehlt, dürfte auch für die **Datenübermittlung** an das Statistische Bundesamt mindestens das in § 5 S. 4 VergStatVO festgelegte Datenschutzniveau sicherzustellen sein.

6 **Grundlage** der Aufgabenwahrnehmung durch das Statistische Bundesamt bildet § 3 Abs. 1 Nr. 9 i.V.m. § 8 BStatG,[4] wonach das Statistische Bundesamt im Auftrag der obersten Bundesbehörden Statistiken zur Aufbereitung von Daten aus Verwaltungsvollzug erstellen kann. Damit wird konsequent der besonderen Sachnähe und der fachlichen Kompetenz des Statistischen Bundesamtes Rechnung getragen.[5]

---

1 *Dorer/Mainusch/Tubies*, BStatG, § 8 Rn. 2.
2 Instruktiv dazu *Glahs*, NZBau 2014, 75 ff.; siehe auch *Spannowsky*, ZfBR 2017, 112 ff.; siehe zu Zugangsrechten zu ausschreibungsbezogenen Bekanntmachungen BVerwG, Urteil v. 14.4.2016 – 7 C 12/14.
3 Verordnungsbegründung zu § 6 Abs. 1 VergStatVO, BR-Drs. 87/16, 303.
4 Vgl. Gesetzesbegründung zu § 114 Abs. 2 GWB, VergRModG 2016, BT-Drs. 18/6281, 91.
5 *Dorer/Mainusch/Tubies*, BStatG, § 2 Rn. 13.

Nach Maßgabe des § 1 BStatG, das auch als das „Grundgesetz der amtlichen Statistik" bezeichnet wird,[6] ist das Statistische Bundesamt im Rahmen seiner Aufgabenwahrnehmung im besonderen Maße den Grundsätzen der **Neutralität, Objektivität** und **fachlicher Unabhängigkeit** verpflichtet und nicht an fachliche Weisungen gebunden.[7] Damit ist das Statistische Bundesamt insbesondere bei der Wahl der zu verwendenden Verfahren, Definitionen und Methoden frei, ohne politischen Vorgaben oder denjenigen der Wirtschaft ausgesetzt zu sein.[8]

Die Übermittlung der Daten erfolgt **zweckgebunden** für Zwecke der statistischen Aufbereitung in Form einer (Bundes-)Vergabestatistik.

Für die Erstellung der Vergabestatistik bestimmt § 6 Abs. 1 S. 2 VergStatVO eine **Frist** von drei Monaten ab Übermittlung der Daten durch das Bundesministerium für Wirtschaft und Energie vor. Da die Erstellung der Vergabestatistik außerhalb der materiellen Bestimmungen zum Vergaberecht erfolgt, finden die innerhalb der jeweils anwendbaren Verordnungen enthaltenen Bestimmungen zur Fristberechnung wie etwa § 36 KonzVgV keine Anwendung. Für die Berechnung der Frist ist mit Blick auf die Einordnung der Rechtsqualität der statistischen Tätigkeit der Erstellung der Bundesvergabestatistik[9] § 31 VwVfG analog heranzuziehen, der seinerseits die §§ 187 bis 193 BGB für anwendbar erklärt.[10] Die Drei-Monats-Frist beginnt am Tag nach der Übermittlung der Daten durch das Bundesministerium für Wirtschaft und Energie (§ 187 Abs. 1 BGB) und endet mit Ablauf desjenigen Tages, der durch seine Bezeichnung dem Tag entspricht, an dem die Frist begonnen hat (§ 188 Abs. 2 BGB).

C. Veröffentlichung der Vergabestatistik (Abs. 2)

I. Veröffentlichung statistischer Ergebnisse (S. 1)

§ 6 Abs. 2 S. 1 VergStatVO eröffnet dem Statistischen Bundesamt mit Einwilligung des Bundesministeriums für Wirtschaft und Energie die Möglichkeit zur Veröffentlichung von statistischen Ergebnissen.

Dies **bezweckt** die Herstellung der informationellen Zugangsgleichheit und Nutzung der aus der statistischen Erhebung gewonnenen Ergebnisse durch die Gesellschaft und Wirtschaft,[11] während für den Bund, die Länder und Kommunen sowie Wissenschaft spezielle und inhaltlich weitergehende Zugangsregelungen zu den Vergabedaten in § 6 Abs. 4 bis 7 und § 7 VergStatVO enthalten sind.

Gegenstand der Veröffentlichung sind die für allgemeine Zwecke abgeleiteten statistischen Ergebnisse. Dabei handelt es sich um eine Zusammenfassung von Einzelergebnissen,[12] die von den anlassbezogenen statistischen Auswertungen gemäß § 6 Abs. 4 (Statistikbedarf von Auftraggebern für Analyse und Planung ihres Beschaffungsverhaltens) und Abs. 5 (kurzfristiger Informationsbedarf zur Entscheidungsvorbereitung von Bundesbehörden) VergStatVO abzugrenzen sind. Die Veröffentlichung der Bundesstatistik erfolgt regelmäßig auf der Seite des Statistischen Bundesamtes www.destatis.de. Sie ist eine schlicht-hoheitliche Maßnahme.[13]

Eine **Frist** für die Veröffentlichung der nach Maßgabe von § 6 Abs. 1 VergStatVO erstellten Vergabestatistik sieht § 6 Abs. 2 VergStatVO nicht vor.

---

6 *Dorer/Mainusch/Tubies*, BStatG, Vorbemerkung vor § 1 Rn. 6.
7 *Dorer/Mainusch/Tubies*, BStatG, § 2 Rn. 4.
8 Instruktiv dazu Art. 1 VO (EG) 223/2009.
9 Vgl. dazu Rn. 12.
10 Zur analogen Heranziehung für schlicht-hoheitliche Tätigkeit siehe *Kopp/Ramsauer*, VwVfG, 14. Aufl., Einf. I Rn. 71, § 9 Rn. 4e; *Kallerhoff*, in: Stelkens/Bonk/Sachs, VwVfG, § 31 Rn. 3.
11 *Dorer/Mainusch/Tubies*, BStatG, § 1 Rn. 22, § 8 Rn. 8; siehe zu Motiven des Normsetzungsverfahrens Einleitung VergStatVO Rn. 2, siehe auch Gesetzesbegründung, Gesetz zur Änderung des BStatG und anderer Statistikgesetze, BT-Drs. 18/7561, 15 f.
12 *Dorer/Mainusch/Tubies*, BStatG, § 16 Rn. 27.
13 *Dorer/Mainusch/Tubies*, BStatG, § 1 Rn. 14, § 3 Rn. 6.

II. Zustimmungserfordernis (S. 2 bis 4)

14 § 6 Abs. 2 S. 2 bis 4 VergStatVO tragen dem Umstand Rechnung, dass Auftraggeber im Rahmen der Herstellung der Ex-post-Transparenz der Veröffentlichung einzelner Angaben **widersprechen** können, indem sie von dem entsprechenden Zustimmungsvorbehalt keinen Gebrauch machen.[14]

15 Die Regelung ist dabei von denjenigen **materiell-rechtlichen Bestimmungen** abzugrenzen, die ausnahmsweise die Unterdrückung einzelner Angaben in den Vergabebekanntmachungen (etwa zum Schutze von berechtigten geschäftlichen Interessen) vorsehen.[15]

16 Die Veröffentlichung der betreffenden Daten im Rahmen der statistischen Ergebnisse bedarf nach § 6 Abs. 2 S. 2 VergStatVO in der Folge der **Zustimmung** des Auftraggebers.

17 Ohne diese Zustimmung darf die Veröffentlichung nach § 6 Abs. 2 S. 3 VergStatVO ausschließlich in **aggregierter Form** erfolgen, d.h. in einer zusammengefassten Weise, sodass der Betroffene nicht aus der Gruppe individualisierbar respektive bestimmbar ist.[16] Da die Veröffentlichung von statistischen Ergebnissen grundsätzlich in Form einer Zusammenfassung von Einzelergebnissen erfolgt,[17] dürfte der Anwendungsbereich der Regelung a priori stark beschränkt sein. Ausschlaggebend dürfte damit im Ergebnis das Zustimmungserfordernis letztlich nur für sogenannte Dominanzfälle sein, bei denen aufgrund einer konkret bestehenden „Dominanz" des Auftraggebers oder von Wirtschaftsteilnehmern aufgrund der im Einzelfall gewählten Darstellung (z.B. regional eingegrenzter Bereich) Rückschlüsse auf den Beschaffungsvorgang möglich sind.[18]

D. Übermittlung an die Europäische Kommission (Abs. 3)

18 § 6 Abs. 3 VergStatVO schafft auf nationaler Ebene die Rechtsgrundlage für die Erfüllung von aktiven Statistik- und passiven Berichtspflichten[19] durch das Bundesministerium für Wirtschaft und Energie gegenüber der Europäischen Kommission im Rahmen der statistischen Verpflichtungen aus den RL 2014/23/EU, 2014/24/EU, 2014/25/EU sowie der RL 2009/81/EG. Übermittelt werden können abhängig von der Reichweite der jeweils zu erfüllenden Verpflichtung ganz oder in Teilen die gesammelten Vergabedaten und/oder ihre statistischen Auswertungen.

E. Übermittlung von statistischen Daten und Auswertungen an Auftraggeber und sonstige öffentliche Stellen (Abs. 4 bis 7)

19 § 6 VergStatVO soll mit Abs. 4 bis 7 den vielfältigen und zugleich kaum überschaubaren[20] Informationsbedürfnissen der Länder, Kommunen, Auftraggeber und obersten Bundes- oder Landesbehörden einschließlich der Statistikämter der Länder durch die Implementierung eines eigenständigen informationellen Zugangsrechts Rechnung tragen.

20 Die jeweiligen Bestimmungen weisen dabei sowohl hinsichtlich der Voraussetzungen als auch der Reichweite der Informationsgewährung unterschiedliche Anforderungen auf. Allen gemeinsam ist dabei, dass der Informationszugangsanspruch sich gegen das Bundesministerium

---

14 Gegenwärtig betrifft dies vor allem das Standardbekanntmachungsformular „Bekanntmachung vergebener Aufträge – Sektoren" gemäß Anhang VI VO (EU) 2015/1986. Konkret kann hier der Veröffentlichung der Angaben zum Gegenstand der Beschaffung, zu den Zuschlagskriterien, Angaben zu den Angeboten sowie Angaben zum erfolgreichen Wirtschaftsteilnehmer widersprochen werden.
15 Vgl. § 39 Abs. 6 VgV; siehe auch § 18 EU Abs. 3 Nr. 5 VOB/A; § 18 VS Abs. 3 Nr. 3 VOB/A; § 38 Abs. 6 SektVO.
16 *Gola/Schomerus*, BDSG, § 30 Rn. 1; *Waldenspuhl/Frohriep/Neises-Klinger/Lang*, in: Praxis der Kommunalverwaltung, DSG M-V, Stand: Mai 2015, Abschnitt 1, Ziff. 1.4.1.
17 *Dorer/Mainusch/Tubies*, BStatG, § 16 Rn. 27.
18 *Dorer/Mainusch/Tubies*, BStatG, § 16 Rn. 27.
19 Siehe dazu Einleitung VergStatVO Rn. 3 f.
20 Siehe kritische Stellungnahme zur vergleichbaren Regelung der BStatG *Grohmann*, Zum Gesetz über die Statistik für Bundeszwecke, S. 215.

für Wirtschaft und Energie als **„Herr der Vergabestatistikdaten"**[21] richtet. Dieses entscheidet im Wege einer gebundenen Entscheidung, ohne dass eine weitere Interessenabwägung stattfindet, wie es etwa bei Informationszugangsansprüchen im Rahmen der wissenschaftlichen Forschung gemäß § 7 VergStatVO vorgesehen ist.

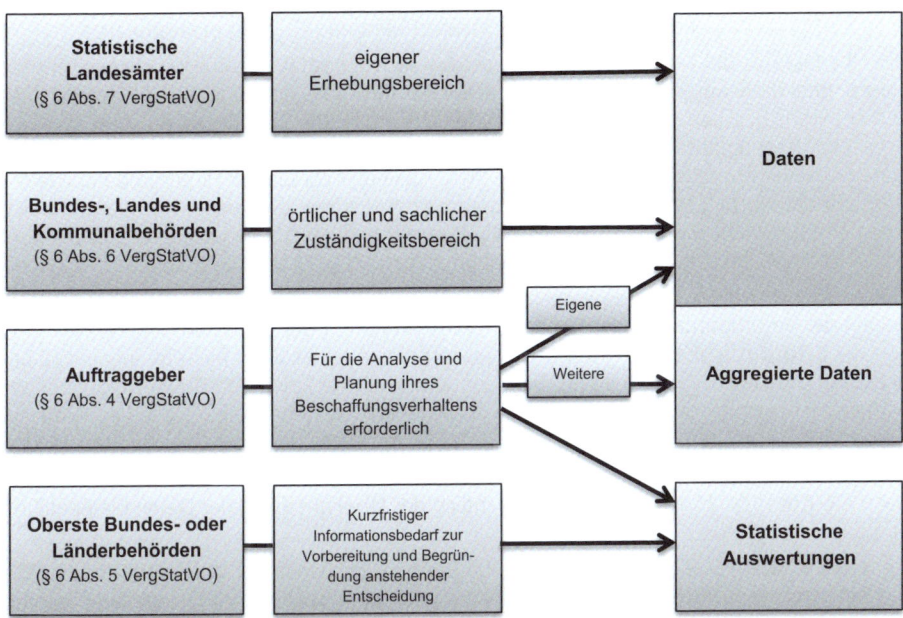

Überblick Zugangsansprüche zu Vergabedaten

I. Datenübermittlung an Auftraggeber (Abs. 4)

§ 6 Abs. 4 VergStatVO eröffnet in **persönlicher Hinsicht** Auftraggebern die Möglichkeit, zum Zwecke der Analyse und Planung ihres Beschaffungsverhaltens die dort im Einzelnen bezeichneten Daten oder statistische Auswertungen durch das Bundesministerium für Wirtschaft und Energie zur Verfügung gestellt zu bekommen. Der dabei verwendete Begriff des Auftraggebers rekurriert nach seinem Wortlaut auf die Bestimmung des § 98 GWB und korrespondiert damit in seiner Reichweite mit § 1 S. 1 VergStatVO.[22] Erfasst werden demnach neben den öffentlichen Auftraggebern im Sinne des § 99 GWB auch Sektorenauftraggeber gemäß § 100 GWB sowie Konzessionsgeber im Sinne des § 101 GWB. Ob dieser weite, durch sein funktionales Verständnis geprägte Begriff den Kreis der Datenübermittlungsempfänger geeignet einzugrenzen vermag, bleibt dabei freilich fraglich.[23] Erfasst würden danach etwa auch staatlicherseits subventionierte Auftraggeber nach Maßgabe des § 99 Nr. 4 GWB, deren Auftraggebereigenschaft nur im Einzelfall und auftragsbezogen begründet wird.[24]

21

In sachlicher Hinsicht gewährt § 6 Abs. 4 S. 1 VergStatVO einen inhaltlich **abgestuften Zugang** zu den vom Auftraggeber angeforderten Vergabedaten: Während die übermittelten

22

---

21 Vgl. Stellungnahme des Nationalen Normenkontrollrates gem. § 6 Abs. 1 NKRG, VergRModVO, BR-Drs. 87/16, 323.
22 Vgl. Verordnungsbegründung zu § 6 Abs. 4 VergStatVO, BR-Drs. 87/16, 304.
23 Vgl. insoweit zur kritischen Bewertung des persönlichen Anwendungsbereichs der VergStatVO Einleitung VergStatVO Rn. 6, vgl. dazu auch *Peshteryanu*, in: Müller-Wrede, VgV/UVgO, § 2 VergStatVO Rn. 15.
24 Soweit in der Verordnungsbegründung zu § 6 Abs, 4 VergStatVO ausdrücklich lediglich auf öffentliche Auftraggeber und Sektorenauftraggeber verwiesen wird, schließt es einen Auskunftsanspruch der Konzessionsgeber nicht aus, da diese nach § 101 Abs. 1 GWB (zugleich) öffentliche Auftraggeber (Nr. 1) oder Sektorenauftraggeber (Nr. 2 und 3) sind, vgl. BR-Drs. 87/16, 304.

eigenen Vergabedaten als solche zur Verfügung zu stellen sind, können weitere Daten (mithin Vergabedaten anderer Auftraggeber) lediglich in aggregierter Form[25] und in Form von statistischen Auswertungen[26] erlangt werden.[27] Diese Einschränkung soll im besonderen Maße dem Statistikgeheimnis Rechnung tragen, das über den reinen Schutz von personenbezogenen Daten nach den einschlägigen Datenschutzgesetzen auch zugunsten von Personen des öffentlichen Rechts im Rahmen der statistischen Datenverwendung Geltung beansprucht.[28]

23 Die Überlassung der Vergabedaten an die Auftraggeber setzt in tatbestandlicher Hinsicht voraus, dass diese ausschließlich für Zwecke der **Analyse** (des bisherigen) und **Planung** ihres (zukünftigen) Beschaffungsverhaltens erforderlich sind. Hinter der Regelung steht das Ziel, eine zukunftsorientierte Optimierung des Einkaufsverhaltens der öffentlichen Hand durch die Zurverfügungstellung von Vergabedaten sicherzustellen.[29] Vor diesem Hintergrund dürfte der Wortlaut der Norm („und") dahin gehend ausgelegt werden, dass der Anwendungsbereich jedenfalls auf solche Auftraggeber beschränkt sein soll, die nicht ausschließlich vorhabenbezogen (so etwa bei subventionierten Maßnahmen gemäß § 99 Nr. 4 GWB) die Auftraggebereigenschaft erlangen.

24 Soweit der Verordnungstext des § 6 Abs. 4 VergStatVO auf der Tatbestandsebene weiterhin von der **Erforderlichkeit** spricht, dürfte dies respektive seiner Ratio nicht als inhaltliche Begrenzung des Datenumfangs als solchen, sondern im Sinne einer – an die Auftraggeber gerichteten – Zweckbindung der übermittelten Daten zu verstehen sein.[30] Insoweit führt § 6 Abs. 4 VergStatVO zu einer Durchbrechung des Grundsatzes der Trennung von Statistik und Verwaltung.[31]

25 Nach § 6 Abs. 4 S. 2 VergStatVO gilt hinsichtlich der **Übermittlung** der Daten die Regelung in § 5 S. 4 VergStatVO.

26 Gemäß § 6 Abs. 4 S. 3 VergStatVO kann das Bundesministerium für Wirtschaft und Energie das **Statistische Bundesamt** gegen Kostenerstattung mit der Zurverfügungstellung der Vergabedaten nach § 6 Abs. 4 S. 1 VergStatVO (dauerhaft) betrauen.

II. Kurzfristiger Informationsbedarf von obersten Bundes- und Landesbehörden (Abs. 5)

27 Gemäß § 6 Abs. 5 VergStatVO darf das Bundesministerium für Wirtschaft und Energie auf Antrag von obersten Bundes- und Landesbehörden, mithin Bundes- oder Landesministerien, bei kurzfristig auftretendem Informationsbedarf zum Zwecke der Vorbereitung und Begründung anstehender aktueller Rechtsetzungsvorhaben oder politischer Entscheidungen – quasi außer der Reihe und anlassbezogen – statistische „Ad-hoc"-Auswertungen durchführen und an diese übermitteln.[32]

28 Ein derart **kurzfristiger Informationsbedarf** dürfte immer dann anzunehmen sein, wenn ein Zuwarten auf die Veröffentlichung der regulären Vergabestatistik dem Informationsbegehren nicht angemessen Rechnung trägt.

29 Um nicht zuletzt die Verwendung zum Zwecke der Dienst- oder Rechtsaufsicht oder Einzelfallentscheidungen auszuschließen, ist die Übermittlung der **(Einzel-)Vergabedaten** – anders

---

25 Zum Begriff vgl. Rn. 15.
26 Grundsätzlich begrenzt auf die in der noch zu schaffenden elektronischen Vergabestatistik vorhandenen Auswertungsmöglichkeiten, vgl. Verordnungsbegründung zu § 6 Abs. 4 VergStatVO, BR-Drs. 87/16, 304.
27 Vgl. Verordnungsbegründung zu § 6 Abs. 4 VergStatVO, BR-Drs. 87/16, 304.
28 *Dorer/Mainusch/Tubies*, BStatG, § 16 Rn. 6; siehe dazu auch § 7 VergStatVO Rn. 2.
29 Vgl. Verordnungsbegründung zu § 6 Abs. 4 VergStatVO, BR-Drs. 87/16, 304.
30 Anders hingegen die Regelung des § 7 Abs. 1 VergStatVO, der einen Datenzugangsanspruch gewährt, „soweit" diese für die Durchführung einer Forschungsarbeit erforderlich sind, vgl. auch § 7 VergStatVO Rn. 11 f.
31 Dies ist in Ansehung des weiten persönlichen Anwendungsbereichs der Norm nicht unkritisch zu bewerten, da vor allem im Bereich der privatrechtlich verfassten Auftraggeber, so insbesondere bei Sektorenauftraggebern, die Zurverfügungstellung von Vergabedaten im Einzelfall auch wettbewerbsgefährdend wirken kann.
32 Vgl. Verordnungsbegründung zu § 6 Abs. 5 VergStatVO, BR-Drs. 87/16, 304; siehe auch *Dorer/Mainusch/Tubies*, BStatG, Vorbemerkung vor § 7 Rn. 2.

als nach § 6 Abs. 4 und 6 VergStatVO – nicht vorgesehen.[33] Zudem soll ausweislich der Verordnungsbegründung das Auskunftsverlangen auf Fälle „von erheblicher, im Einzelnen zu belegender Bedeutung" beschränkt sein,[34] wobei für die Bewertung der Erheblichkeit der anfordernden Behörde insoweit ein eigener Beurteilungsspielraum zuzubilligen sein wird.

Nach § 6 Abs. 5 S. 2 VergStatVO gilt hinsichtlich der **Übermittlung** der Daten die Regelung in § 5 S. 4 VergStatVO.[35]

30

Nach § 6 Abs. 5 S. 3 VergStatVO kann das Bundesministerium für Wirtschaft und Energie das **Statistische Bundesamt** gegen Kostenerstattung mit der Erstellung der gewünschten Auswertung beauftragen. Dabei handelt es sich um eine Dienstleistung des Statistischen Bundesamtes.[36]

31

III. Statistische Daten für Bundes-, Landes- und Kommunalbehörden (Abs. 6)

§ 6 Abs. 6 VergStatVO verpflichtet das Bundesministerium für Wirtschaft und Energie ohne weitere Voraussetzungen zur Übermittlung aller Daten an die Bundes-, Landes- und Kommunalbehörden, die ihrem örtlichen und sachlichen Zuständigkeitsbereich zuzurechnen sind.

32

Zur Bestimmung des **Zuständigkeitsbereichs** ist dabei maßgeblich auf die gesetzliche Aufgabenzuweisung abzustellen.

33

Für die **Übermittlung** der Daten gilt nach § 6 Abs. 6 S. 2 VergStatVO auch insoweit § 5 S. 4 VergStatVO.

34

Zur Erleichterung der Handhabung des Datenzugangs ist darüber hinaus beabsichtigt, den obersten Bundesbehörden und den Ländern die Möglichkeit einzuräumen, ein ständiges **Nutzerkonto** für den elektronischen Zugriff auf die Vergabedaten aus ihrem jeweiligen Zuständigkeitsbereich vom Bundesministerium für Wirtschaft und Energie anzufordern.[37]

35

IV. Zugangsansprüche der statistischen Landesämter (Abs. 7)

Um den statistischen Bedürfnissen der jeweiligen Bundesländer angemessen Rechnung zu tragen,[38] sieht § 6 Abs. 7 VergStatVO eine Verpflichtung des Bundesministerium für Wirtschaft und Energie vor, auf Anforderung den statistischen Landesämtern zum Zwecke der Erfüllung ihrer gesetzlichen Aufgaben im Zusammenhang mit der Sonderaufbereitung auf regionaler oder Landesebene die ihren jeweiligen Erhebungsbereich betreffenden und vorhandenen Daten ohne weitere Voraussetzungen zu übermitteln.

36

Auskunftsberechtigt sind ausschließlich die derzeit vierzehn statistischen Landesämter. Nicht auskunftsberechtigt sind demnach sonstige, im Rahmen ihrer gesetzlichen Verpflichtung statistikführende Stellen wie z.B. die Deutsche Bundesbank.

37

Vom Übermittlungsanspruch umfasst sind dabei alle im jeweiligen Erhebungsbereich auf der Grundlage der §§ 1 bis 4 VergStatVO erhobenen und vorhandenen **Vergabedaten**. Hinsichtlich der Bestimmung derselben ist auf die jeweiligen Landesbestimmungen abzustellen.

38

---

33 Vgl. Verordnungsbegründung zu § 6 Abs. 5 VergStatVO, BR-Drs. 87/16, 304.
34 Vgl. Verordnungsbegründung zu § 6 Abs. 5 VergStatVO, BR-Drs. 87/16, 304.
35 Vgl. § 5 VergStatVO Rn. 5 ff.
36 *Dorer/Mainusch/Tubies*, BStatG, § 3 Rn. 13.
37 Verordnungsbegründung, BR-Drs. 87/16, 143 f.
38 *Dorer/Mainusch/Tubies*, BStatG, § 16 Rn. 33.

F. Rechtsschutz

39 Ebenso wie die übrigen Bestimmungen der VergStatVO stehen die in § 6 VergStatVO statuierten Auskunftsansprüche von Auftraggebern, Bundes-, Landes- und Kommunalbehörden sowie Landesämtern außerhalb der materiellen Bestimmungen des Vergaberechts.[39] Für ihre Durchsetzung ist mit Blick auf die Rechtsnatur der zugrundeliegenden Norm der Verwaltungsrechtsweg nach § 40 VwGO eröffnet.

Anlage

Verordnungsbegründung (BR-Drs. 87/16)

Seite 303

§ 6 eröffnet unter anderem die Möglichkeit, die gesammelten Daten an das Statistische Bundesamt zu Auswertungszwecken zu übergeben. In diesem Zusammenhang werden die verschiedenen Auswertungs-, Veröffentlichungs- und Datenbereitstellungsmöglichkeiten geregelt.

Zu Absatz 1

Alle von den Auftraggebern an das Bundesministerium für Wirtschaft und Energie übermittelten Vergabedaten eines Kalenderjahres werden spätestens zum Beginn des folgenden Kalenderjahres an das Statistische Bundesamt weitergeleitet. Das Statistische Bundesamt wertet diese Vergabedaten nach vorgegebenen Kriterien aus und erstellt innerhalb von drei Monaten nach Übermittlung der Daten durch das Bundesministerium für Wirtschaft und Energie aus den übermittelten Vergabedaten eine Vergabestatistik. Diese Vergabestatistik soll bis spätestens 30. April jedes Kalenderjahres vorliegen.

Zu Absatz 2

Seite 304

Willigt das Bundesministerium für Wirtschaft und Energie ein, so kann das Statistische Bundesamt aus der von ihm erstellten Bundesvergabestatistik Ergebnisse für allgemeine, über das öffentliche Auftragswesen hinausgehende Zwecke ableiten und diese Ergebnisse veröffentlichen.

Mit der Veröffentlichung einiger Daten durch das Amt für Veröffentlichungen der Europäischen Union oder durch die Europäische Kommission müssen die Auftraggeber gemäß Durchführungsverordnung (EU) Nr. 2015/1086 ausdrücklich einverstanden sein. Solche Daten dürfen durch das Statistische Bundesamt ebenfalls nur mit Zustimmung des jeweiligen Auftraggebers veröffentlicht werden. Ausgenommen hiervon ist allerdings eine Veröffentlichung von Einzeldaten in aggregierter Form, sodass eine individuelle Zuordnung ausgeschlossen ist.

Zu Absatz 3

Diese Vorschrift ermöglicht es dem Bundesministerium für Wirtschaft und Energie, seiner Verpflichtung aus den Richtlinien 2014/23/EU, 2014/24/EU, 2014/25/EU und 2009/81/EG zur Übermittlung statistischer Daten sowie von statistischen Berichten zu Auftragsvergaben an die Europäische Kommission nachzukommen.

Zu Absatz 4

Öffentliche Auftraggeber und Sektorenauftraggeber erhalten auf Anforderung vom Bundesministerium für Wirtschaft und Energie all jene Daten, die sie vor dem Zeitpunkt der Anforderung an das Bundesministerium für Wirtschaft und Energie übermittelt haben und die sie für die Auswertung und Planung ihres Einkaufsverhaltens benötigen. In ausschließlich aggregierter Form haben öffentliche Auftraggeber und Sektorenauftraggeber auch Anspruch auf Vergabedaten, die sie nicht selbst übermittelt haben. Außerdem können öffentliche Auftraggeber und Sektorenauftraggeber statistische Auswertungen der von ihnen übermittelten Vergabedaten anfordern, wobei solche Auswertungen ausschließlich im Rahmen dessen durchgeführt werden, was die zu schaffende elektronische Vergabestatistik an Auswertungsmöglichkeiten zur Verfügung stellt. Darüber hinausgehende beziehungs-

---

39 Siehe dazu Einleitung VergStatVO Rn. 16.

weise davon abweichende Auswertungen können nur aufgrund jeweils bilateral zu treffender Vereinbarungen vorgenommen werden.

Das Statistische Bundesamt kann öffentlichen Auftraggebern und Sektorenauftraggebern ebenfalls die oben genannten Daten zur Verfügung stellen.

Zu Absatz 5

Die gespeicherten Vergabedaten dürfen auf Ersuchen einer obersten Bundes- oder Landesbehörde auch abweichend von Absatz 1 ausgewertet und die Auswertungsergebnisse, nicht jedoch die diesen zugrunde liegenden Einzeldaten, an die ersuchende Behörde übermittelt werden. Um die von Absatz 1 abweichende Auswertung darf ausschließlich für Zwecke der Vorbereitung und Begründung aktueller Rechtsetzungsvorhaben oder politischer Entscheidungen von erheblicher, im Einzelnen zu belegender Bedeutung ersucht werden.

Zu Absatz 6

Insbesondere bei den Ländern, aber auch bei den Bundesressorts besteht immer wieder zu eigenen Zwecken Bedarf an Vergabedaten im jeweiligen Geschäfts- und Aufsichtsbereich. Mithilfe dieser Daten können zum Beispiel regionalspezifische Auswertungen erstellt werden, die für Erfüllung einer Vielzahl von Aufgaben genutzt werden können.

Den Bundes-, Landes- und Kommunalbehörden wird daher ein umfassender Zugriff auf die ihrem jeweiligen Zuständigkeitsbereich zuzurechnenden Einzeldaten eingeräumt. Sie können diese vom Bundesministerium für Wirtschaft und Energie anfordern.

Zu Absatz 7

Ebenso können die statistischen Landesämter vom Bundesministerium für Wirtschaft und Energie Daten zur Erfüllung ihrer hoheitlichen Aufgaben anfordern.

§ 7 VergStatVO
Datenübermittlung für die wissenschaftliche Forschung

(1) Die nach den §§ 3 und 4 an das Bundesministerium für Wirtschaft und Energie übermittelten Daten dürfen in anonymisierter Form an Hochschulen und andere Einrichtungen, die wissenschaftliche Forschung betreiben, übermittelt werden, soweit

1. dies für die Durchführung wissenschaftlicher Forschungsarbeiten erforderlich ist und
2. das öffentliche Interesse an der Forschungsarbeit das schutzwürdige Interesse an der Geheimhaltung der Auftraggeber überwiegt.

(2) Abweichend von Absatz 1 werden statt der Daten Auskünfte in Form statistischer Auswertungen übermittelt, sofern auf diese Weise der Zweck der Forschungsarbeit erreicht werden kann und die Erstellung der statistischen Auswertungen keinen unverhältnismäßigen Aufwand erfordert.

(3) Die übermittelten Daten sind vor der unbefugten Kenntnisnahme durch Dritte zu schützen. Die Übermittlung muss gemäß § 5 Satz 4 erfolgen.

(4) Ist der Empfänger eine nichtöffentliche Stelle, gilt § 38 des Bundesdatenschutzgesetzes mit der Maßgabe, dass die Aufsichtsbehörde die Ausführung der Vorschriften über den Datenschutz auch dann überwacht, wenn keine hinreichenden Anhaltspunkte für eine Verletzung dieser Vorschriften vorliegen oder wenn die Daten nicht in Dateien verarbeitet werden.

Übersicht	Rn.		Rn.
A. Allgemeines	1	C. Auskunftserteilung in Form statistischer Auswertungen (Abs. 2)	17
B. Übermittlung von Daten zu Forschungszwecken (Abs. 1)	3	D. Anforderungen an die Datenübermittlung (Abs. 3 und 4)	19
I. Anspruchsberechtigte Einrichtungen der wissenschaftlichen Forschung (Hs. 1)	5	I. Allgemeine Anforderungen zum Datenschutz (Abs. 3)	19
II. Voraussetzungen für den Auskunftsanspruch (Hs. 2)	9	II. Besondere Anforderungen bei Übermittlung an nicht-öffentliche Stellen (Abs. 4)	23
1. Erforderlichkeit für die Durchführung wissenschaftlicher Forschungsarbeiten (Nr. 1)	11	E. Rechtschutz	26
2. Interessenabwägung (Nr. 2)	14	Anlage Verordnungsbegründung (BR-Drs. 87/16)	
III. Entscheidung des Bundesministeriums für Wirtschaft und Energie	16		

A. Allgemeines

§ 7 VergStatVO sieht die Möglichkeit vor, die nach Maßgabe der §§ 3 und 4 VergStatVO erlangten Daten in anonymisierter Form zum Zwecke der unabhängigen wissenschaftlichen Forschung staatlichen oder privaten Forschungseinrichtungen zur Verfügung zu stellen. 1

Diese den allgemeinen Datenschutzbestimmungen vorgehende bereichsspezifische Wissenschaftsklausel[1] soll in Ermangelung eines selbstständigen verfassungsunmittelbaren Auskunftsanspruchs[2] dem berechtigten **Anliegen der Wissenschaft** Rechnung tragen. Sie steht dabei naturgemäß im Spannungsverhältnis zu dem dem Statistikwesen immanenten Grund- 2

---

[1] Zum Begriff Dorer/Mainusch/Tubies, BStatG, § 16 Rn. 50; vergleichbare Regelungen finden sich in Bundes- oder Datenschutzgesetzen der Länder sowie in zahlreichen bereichsspezifischen Klauseln etwa in § 16 BStatG, § 66 Abs. 1 PStG, § 42a BZRG, § 38 StVG, § 476 StPO, § 150b GewO oder § 29 BKAG; siehe auch Art. 23 VO (EG) 223/2009.
[2] BVerwG, Beschluss v. 9.10.1985 – 7 B 188/85, NJW 1986, 1277.

satz der Geheimhaltung,[3] der auch zugunsten von juristischen Personen des öffentlichen und privaten Rechts sowie Gebietskörperschaften Anwendung findet.[4]

B. Übermittlung von Daten zu Forschungszwecken (Abs. 1)

3   § 7 Abs. 1 VergStatVO ermöglicht unter den dort bezeichneten Voraussetzungen einen privilegierten Zugang von Forschungseinrichtungen zu den nach Maßgabe der §§ 3 und 4 VergStatVO erhobenen Vergabedaten der öffentlichen Hand.

4   Die Zurverfügungstellung erfolgt dabei in faktisch **anonymisierter Form**, d.h. derart verändert, dass die Einzelangaben nicht mehr oder nur mit einem unverhältnismäßig großen Aufwand an Zeit, Kosten und Arbeitskraft einem bestimmten Auftraggeber zugeordnet werden können.[5]

I. Anspruchsberechtigte Einrichtungen der wissenschaftlichen Forschung (Hs. 1)

5   Empfänger der Daten können zunächst **Hochschulen** sein. In Anlehnung an die Legaldefinition des HRG sind darunter Universitäten, pädagogische Hochschulen, Kunsthochschulen, Fachhochschulen und sonstige Einrichtungen des Bildungswesens, die nach Maßgabe des jeweiligen Landes- oder Bundesrechts staatlich anerkannt sind, zu verstehen.

6   Neben den Hochschulen berechtigt sind auch **andere Einrichtungen**, so z.B. privat organisierte Forschungseinrichtungen im Rahmen von Eigen- oder Auftragsforschung.[6] Dies folgt nicht zuletzt aus § 7 Abs. 4 VergStatVO, der voraussetzt, dass Empfänger der übermittelten Daten auch eine nicht-öffentliche Stelle sein kann.

7   Einschränkend bestimmt § 7 Abs. 1 Hs. 1 VergStatVO insoweit, dass anspruchsberechtigt jedoch nur solche anderen Einrichtungen sind, die **wissenschaftliche Forschung** betreiben. Hier wird der besondere Forschungsbezug der Datenweitergabe evident. Die Bestimmung rekurriert dabei auf den Begriff der wissenschaftlichen Betätigung im Sinne des Art. 5 Abs. 1 S. 3 GG.[7] Darunter ist jede Tätigkeit zu verstehen, die nach Inhalt und Form als ernsthafter, planmäßiger Versuch zur Ermittlung der Wahrheit anzusehen ist.[8] Der Forschung wesensimmanent ist, dass sie (ungeachtet ihrer Finanzierung) frei von Fremdbestimmung und Zensur ist.[9]

8   Der **Forschende** selbst gehört nicht zum Kreis der Anspruchsberechtigten.[10]

II. Voraussetzungen für den Auskunftsanspruch (Hs. 2)

9   § 7 Abs. 1 Hs. 2 VergStatVO regelt die anspruchsbegründenden Voraussetzungen für die Übermittlung der Daten. Sie ist danach zulässig, soweit dies für die Durchführung wissenschaftlicher Forschungsarbeiten erforderlich ist und das öffentliche Interesse an der Forschungsarbeit das schutzwürdige Interesse an der Geheimhaltung der Auftraggeber überwiegt.

---

3   Vgl. dazu BVerfG, Urteil v. 15.12.1983 – 1 BvR 209/83, 1 BvR 484/83, 1 BvR 440/83, 1 BvR 420/83, 1 BvR 362/83, 1 BvR 269/83 (Volkszählung), BVerfGE 65, 1 ff.
4   *Dorer/Mainusch/Tubies*, BStatG, Vorbemerkung vor § 1 Rn. 7, § 16 Rn. 6, 14.
5   Vgl. hierzu Legaldefinition des § 3 Abs. 6 BDSG.
6   *Gola/Schomerus*, BDSG, § 40 Rn. 7. Ein Beispiel bildet das Max-Planck-Institut oder Ifo-Institut – Leibniz-Institut für Wirtschaftsforschung an der Universität München e.V., siehe dazu auch *Hölder*, Zum Gesetz über die Statistik für Bundeszwecke, S. 151.
7   Vgl. zu § 150b GewO *Kirchesch*, in: Pielow, Gewerberecht, § 150b GewO Rn. 7; GewO *Ennuschat*, in: Tettinger/Wank/Ennuschat, GewO, § 150b Rn. 5.
8   BVerfG, Beschluss v. 31.5.1995 – 1 BvR 1379, 2 BvR 1413/94, NVwZ 1996, 709; Beschluss v. 1.3.1978 – 1 BvR 333/75, 1 BvR 174/75, 1 BvR 178/75, 1 BvR 191/75, BVerfGE 47, 327 (367); Urteil v. 29.5.1973 – 1 BvR 424/71, 325/72, BVerfGE 35, 79 (113); VGH München, Beschluss v. 21.2.2003 – 4 CS 03.462, NJW 2003, 1618.
9   *Dorer/Mainusch/Tubies*, BStatG, § 16 Rn. 6, 57; *Gola/Schomerus*, BDSG, § 40 Rn. 7.
10 *Gola/Schomerus*, BDSG, § 40 Rn. 7; vgl. zu § 476 StPO *Graalmann-Scheerer*, NStZ, 2005, 434 (435).

Die Voraussetzungen müssen nach dem Wortlaut der Vorschrift („und") **kumulativ** vorliegen.[11] 10

1. Erforderlichkeit für die Durchführung wissenschaftlicher Forschungsarbeiten (Nr. 1)

Die Übermittlung von Vergabedaten muss nach § 7 Abs. 1 Hs. 2 Nr. 1 VergStatVO zur Durchführung der konkreten wissenschaftlichen Forschungsarbeit erforderlich sein. 11

Bei dem Begriff der **wissenschaftlichen Forschungsarbeit** handelt es sich um einen gerichtlich voll überprüfbaren[12] unbestimmten Rechtsbegriff, der unter Berücksichtigung der Umstände des Einzelfalls und in Ansehung des konkreten Forschungsvorhabens, das auch Promotions- und Habilitationsvorhaben umfasst,[13] zu konkretisieren ist. Eine wissenschaftliche Zweckbindung wird regelmäßig dann nicht anzunehmen sein, wenn das Vorhaben überwiegend wirtschaftliche Interessen verfolgt, so z.B. im Falle der Markt- und Meinungsforschung von Marketingabteilungen.[14] 12

Die Übermittlung der Daten muss zudem **erforderlich** sein, d.h., sie muss konkret notwendig sein, den Erfolg des Forschungsvorhabens zu befördern.[15] Maßgeblich für die Beurteilung der Erforderlichkeit ist dabei der durch die Forschungseinrichtung gestellte Antrag, der den Inhalt und die Form des Forschungsvorhabens einschließlich des Forschungsziels wie auch die methodische Vorgehensweise konkret zu bezeichnen hat.[16] Darüber hinaus ist dezidiert darzulegen, warum das Forschungsziel einen Rückgriff auf die durch das Bundesministerium für Wirtschaft und Energie gesammelten Vergabedaten unabdingbar macht und insbesondere die Zurverfügungstellung von statistischen Auswertungen nach § 7 Abs. 2 VergStatVO nicht ausreichend ist.[17] Der so formulierte Antrag definiert den Maßstab der Erforderlichkeitsprüfung.[18] Dabei dürfte dem Bundesministerium für Wirtschaft und Energie eine inhaltliche Auseinandersetzung mit dem beschriebenen Forschungsansatz verwehrt sein, soweit dieser ein grundsätzlich methodisches Vorgehen erkennen lässt. Zu beachten ist ferner, dass ausweislich des Wortlauts des § 7 Abs. 1 VergStatVO („soweit") neben der grundsätzlichen Nützlichkeit auch der Umfang der zu übermittelnden Datensätze im Einzelnen zu bewerten ist. 13

2. Interessenabwägung (Nr. 2)

Die ferner nach § 7 Abs. 1 Hs. 2 Nr. 2 VergStatVO erforderliche **Interessenabwägung** zwischen dem öffentlichen Interesse an der Forschungsarbeit und dem Geheimhaltungsinteresse der Auftraggeber hat im Lichte des Art. 5 Abs. 3 GG zu erfolgen. Ein öffentliches Interesse an der Forschungsarbeit wird dabei im Schrifttum[19] angenommen, *„wenn ein Gemeinschaftsinteresse des Staates, der Gesellschaft und der Wissenschaft an dem Forschungsvorhaben sowie am denkbaren Ergebnis einschließlich der möglicherweise daraus im Interesse der Gesellschaft zu ziehenden Konsequenzen gegeben ist"*. In diesem Zusammenhang kann auf die in der Begründung der VergRModVO[20] explizit herausgestellten grundsätzlichen Erkenntnisse für ge- 14

---

11 Vgl. auch die Verordnungsbegründung zu § 7 Abs. 1 VergStatVO, BR-Drs. 87/16, 305.
12 BVerfG, Beschluss v. 29.5.2002 – 2 BvR 723/99, NVwZ 2002, 1368; Beschluss v. 9.7.2002 – 2 BvQ 25/02, NVwZ 2002, 1367; Beschluss v. 16.12.1992 – 1 BvR 167/87, DVBl. 1993, 485; Beschluss v. 17.4.1991 – 1 BvR 419/81, 1 BvR 213/83, NJW 1991, 2005; BVerwG, Urteil v. 29.8.2001 – 6 C 4/01, NVwZ 2002, 341; Urteil v. 21.1.1999 – 3 C 9-98, NJW 1999, 2056; Urteil v. 21.12.1995 – 3 C 24/94, NVwZ 1997, 179; Urteil v. 25.11.1993 – 3 C 38/91, BVerwGE 94, 307.
13 Vgl. OLG Hamm, Beschluss v. 28.11.1995 – 1 VAs 38/94, JR 1997, 170; zu § 150b GewO *Kirchesch*, in: Pielow, Gewerberecht, § 150b GewO Rn. 6; *Ennuschat*, in: Tettinger/Wank/Ennuschat, GewO, § 150b Rn. 7. Zu beachten ist jedoch, dass sowohl Doktorand als auch Habilitant als natürliche Person nicht empfangsberechtigt sind, vgl. *Graalmann-Scheerer*, NStZ 2005, 434 (435).
14 Vgl. LG Bielefeld, Beschluss v. 19.4.2001 – 25 T 87/01, StAnz. 2002, 44; *Gola/Schomerus*, BDSG, § 40 Rn. 8 f.; *Rhein*, PStG, § 66 Rn. 4.
15 *Rhein*, PStG, § 66 Rn. 5.
16 Ein umfassender Überblick zu den Anforderungen an die Darlegung findet sich bei *Graalmann-Scheerer*, NStZ 2005, 434.
17 Siehe hierzu Rn. 17 f.
18 *Gola/Schomerus*, BDSG, § 40 Rn. 7a.
19 Vgl. zu § 476 StPO *Graalmann-Scheerer*, NStZ 2005, 434 (436).
20 Verordnungsbegründung zu § 7 Abs. 1 VergStatVO, BR-Drs. 87/16, 305.

setzgeberische, politische, behördliche Interessen oder Interessen von Vergabestellen abgestellt werden, ohne dass es sich hierbei um einen abschließenden Katalog handelt. Eine Inhalts- oder Themenkontrolle ist dem Bundesministerium für Wirtschaft und Energie bei seiner Entscheidung verwehrt.[21]

15   Einen konkreten Maßstab, wann demgegenüber dem **Geheimhaltungsinteresse** Vorzug zu gewähren ist, definiert der Normgeber nicht. Zu beachten ist, dass anders als in vergleichbaren Regelungen – etwa in § 476 StPO oder § 150b GewO – gerade kein erheblich überwiegendes Interesse gefordert wird. Dieser Umstand legt es nahe, dass der Verordnungsgeber im Unterschied zu anderen Regelungsgebieten keinen grundsätzlichen Vorrang von Geheimschutzinteressen der Auftraggeber statuieren wollte, mithin beide Interessen sich a posteriori gleichrangig gegenüberstehen. Da zudem § 7 Abs. 1 VergStatVO im Unterschied zu den vergleichbaren gesetzlichen Regelungen lediglich die Übermittlung anonymisierter Daten vorsieht, dürfte damit bei Vorliegen der übrigen Tatbestandsvoraussetzungen das Überwiegen des öffentlichen Interesses an der Forschungsarbeit regelmäßig zu bejahen sein.[22]

III. Entscheidung des Bundesministeriums für Wirtschaft und Energie

16   Über das Vorliegen dieser Voraussetzungen hat das Bundesministerium für Wirtschaft und Energie als übermittelnde Stelle im Wege einer ermessensgebundenen Entscheidung zu befinden. Die anschließende Übermittlung der Daten erfolgt zweckgebunden für das konkrete Forschungsvorhaben. Eine Weitergabe innerhalb der Forschungseinrichtung außerhalb des konkreten Forschungszweckes ist nicht statthaft.

C. Auskunftserteilung in Form statistischer Auswertungen (Abs. 2)

17   Abweichend von § 7 Abs. 1 VergStatVO kann gemäß § 7 Abs. 2 VergStatVO die Übermittlung der nach Maßgabe der §§ 3 und 4 VergStatVO erhobenen Vergabedaten durch Auskunftserteilung in Form einer statistischen Auswertung ersetzt werden, soweit (kumulativ) der Forschungszweck dies erlaubt, die Erstellung der statistischen Auswertungen keinen unverhältnismäßigen Aufwand an Zeit, Kosten, Arbeitskraft oder sonstigen Ressourcen beim Bundesministerium für Wirtschaft und Energie verursacht. Da § 7 Abs. 2 VergStatVO nur den Gegenstand der Übermittlung betrifft (Auswertung statt Daten) müssen zugleich die übrigen Voraussetzungen des § 7 Abs. 1 VergStatVO vorliegen.

18   Ob der durch die Auskunftserteilung zu erwartende Aufwand **unverhältnismäßig** im Sinne der Norm ist, ist im Einzelfall unter Berücksichtigung des besonderen Stellenwerts der wissenschaftlichen Betätigung im Sinne von Art. 5 Abs. 3 S. 1 GG und in Ansehung des durch den Antrag des Berechtigten dargelegten Erkenntnisgewinns zu beurteilen.[23] Es handelt sich um einen unbestimmten Rechtsbegriff, der einer gerichtlichen Überprüfung zugänglich ist.[24]

---

21 Vgl. zu § 476 StPO *Graalmann-Scheerer*, NStZ 2005, 434 (436).
22 In diesem Sinne wohl auch zu § 105b GewO *Ennuschat*, in: Tettinger/Wank/Ennuschat, GewO, § 105b Rn. 12; a.A. wohl *Badura*, Zum Gesetz über die Statistik für Bundeszwecke, S. 113.
23 *Dorer/Mainusch/Tubies*, BStatG, § 16 Rn. 60.
24 BVerfG, Beschluss v. 29.5.2002 – 2 BvR 723/99, NVwZ 2002, 1368; Beschluss v. 9.7.2002 – 2 BvQ 25/02, NVwZ 2002, 1367; Beschluss v. 16.12.1992 – 1 BvR 167/87, DVBl. 1993, 485; Beschluss v. 17.4.1991 – 1 BvR 419/81, 1 BvR 213/83, NJW 1991, 2005; BVerwG, Urteil v. 29.8.2001 – 6 C 4/01, NVwZ 2002, 341; BVerwG, Urteil v. 21.12.1995 – 3 C 24/94, NVwZ 1997, 179; BVerwG, Urteil v. 21.1.1999 – 3 C 9-98, NJW 1999, 2056; Urteil v. 25.11.1993 – 3 C 38/91, BVerwGE 94, 307.

D. Anforderungen an die Datenübermittlung (Abs. 3 und 4)

I. Allgemeine Anforderungen zum Datenschutz (Abs. 3)

Gemäß § 7 Abs. 3 S. 1 VergStatVO sind die übermittelten Daten gegen unbefugte Kenntnisnahme durch **Dritte,** d.h. nicht mit dem konkreten Forschungsvorhaben befassten Personen,[25] zu schützen. 19

Adressat dieser Bestimmung ist die nach Maßgabe von § 7 Abs. 1 und 2 VergStatVO begünstigte Forschungseinrichtung. 20

Die Forschungseinrichtung hat in organisatorischer, räumlicher, technischer und personeller Hinsicht geeignete **Vorkehrungen** zu treffen, um sicherzustellen, dass die übermittelten Vergabedaten ausschließlich im Rahmen ihrer Zweckbindung für das konkret benannte Forschungsvorhaben verwendet werden. Hierzu können unter anderem Maßnahmen wie Einrichtung separater zugangsgeschützter Datenbanken einschließlich der Protokollierung der Zuteilung von Benutzeridentifikationsdaten, Abgabe von Geheimhaltungsverpflichtungserklärungen und Angaben zu Datenschutzbeauftragten gehören.[26] Ein entsprechendes umfassendes und individuelles Datenschutzkonzept der Forschungseinrichtung sollte bereits im Rahmen der Antragstellung vorgelegt werden. 21

Nach § 7 Abs. 3 S. 2 VergStatVO gilt für die **Übermittlung** der Daten durch das Bundesministerium für Wirtschaft und Energie die Regelung in § 5 S. 4 VergStatVO. 22

II. Besondere Anforderungen bei Übermittlung an nicht-öffentliche Stellen (Abs. 4)

§ 7 Abs. 4 VergStatVO bestimmt für Auskunftsersuchen von nicht-öffentlichen Stellen konsequent die Geltung des § 38 BDSG und ordnet – darüber hinausgehend – zur effektiven Kontrolle der Datensicherheit eine nicht anlassbezogene Aufsicht der zuständigen Behörden an. 23

Nicht-öffentliche Stellen sind nach Maßgabe der Legaldefinition des § 2 Abs. 4 BDSG natürliche und juristische Personen, Gesellschaften und andere Personenvereinigungen in privater Organisationsform, soweit sie nicht dem Bund oder den Ländern zuzurechnen sind und keine hoheitliche Aufgabe der öffentlichen Verwaltung wahrnehmen. Hierzu rechnen insbesondere Hochschulen in privater Trägerschaft.[27] 24

Die gemäß § 7 Abs. 4 VergStatVO angeordnete **Überwachungstätigkeit** der Aufsichtsbehörden erfolgt dabei von Amts wegen und setzt nach dem ausdrücklichen Wortlaut in Erweiterung des § 38 BDSG auf Tatbestandsebene weder eine elektronische Datenverarbeitung der zur Verfügung gestellten Vergabedaten noch konkrete Anhaltspunkte für einen rechtswidrigen Vorgang mit den Daten voraus. 25

E. Rechtschutz

Die Entscheidung des Bundesministeriums für Wirtschaft und Energie über den Antrag auf Datenübermittlung für wissenschaftliche Zwecke ist eine Maßnahme mit Außenwirkung und damit ein Verwaltungsakt nach Maßgabe des § 35 VwVfG und als solcher nach allgemeinen Grundsätzen der VwGO mit Widerspruch und Klage anfechtbar.[28] 26

---

25 *Ambs*, Erbs/Kohlhaas, Strafrechtliche Nebengesetze, § 150b GewO Rn. 8.
26 Eine instruktive Darstellung findet sich bei *Graalmann-Scheerer*, NStZ 2005, 435 (438 f.).
27 Verordnungsbegründung zu § 7 Abs. 4 VergStatVO, BR-Drs. 87/16, 305.
28 Vgl. zur Verwaltungsaktqualität *Tettinger*, in: Tettinger/Wank, GewO, 7. Aufl., § 150b Rn. 14; siehe auch *Windoffer*, in: Mann/Sennekamp/Uechtritz, VwVfG, § 35 Rn. 63, 103; *Stelkens*, in: Stelkens/Bonk/Sachs, VwVfG, § 35 Rn. 102.

Anlage

Verordnungsbegründung (BR-Drs. 87/16)

Seite 305

Die Vorschrift eröffnet die Möglichkeit, Daten über vergebene Aufträge und Konzessionen an Fachhochschulen, Hochschulen, Universitäten und wissenschaftliche Forschungseinrichtungen zu übermitteln.

Zu Absatz 1

Qualitätsgesicherte Daten stellen in allen Wissenschaftsdisziplinen einen Grundpfeiler wissenschaftlichen Forschens dar. Sie ermöglichen und stützen wissenschaftliche Erkenntnisse und erleichtern das Ziehen von Querverbindungen über Schlüssen über Fachgebietsgrenzen hinweg. Sie werden ebenso für die Grundlagenforschung benötigt wie für beschreibende Studien und Gutachten. Wissenschaftlich fundierte Forschungsergebnisse können einen wesentlichen Impuls zur Weiterentwicklung des öffentlichen Beschaffungswesens liefern. Derzeit sind solche Forschungsergebnisse auf deduktiv-abstrakt gewonnene theoretische Erkenntnisse beschränkt. Wollen Gesetzgeber, Politik, Behörden und Vergabestellen jedoch Ergebnisse nutzen, welche real ablaufende Sachverhalte abbilden, ist ein Rückgriff auf empirische Daten unabdingbar. Nur so ist es möglich, relevante Gestaltungsempfehlungen zur öffentlichen Beschaffung zu liefern. Bislang kann die Forschung einzig auf Befragungen zurückgreifen, welche den wissenschaftlichen Gütekriterien der Repräsentativität und Validität nicht genügen. Eine Vergabestatistik bietet die Chance, anwendungsorientierte Forschung auf valider Datenbasis durchzuführen, ohne die Anonymität der Daten zu verletzen. Daher räumt die Vorschrift Hochschulen und wissenschaftlichen Forschungseinrichtungen den Zugriff auf die an das Bundesministerium für Wirtschaft und Energie übermittelten Daten zu vergebenen Aufträgen und Konzessionen ein, wenn diese Daten für die wissenschaftliche Forschung erforderlich sind. Voraussetzung für die Datenübermittlung an Hochschulen und wissenschaftliche Forschungseinrichtung ist sowohl die Anonymisierung der Daten als auch ein Überwiegen des öffentlichen Interesses an der konkreten Forschungsarbeit im Vergleich mit dem schutzwürdigen Interesse der Aufträge und Konzessionen vergebenden Stellen an der Geheimhaltung der Vergabedaten.

Zu Absatz 2

Von der Übermittlung von Vergabedaten an Hochschulen und wissenschaftliche Forschungseinrichtungen kann nach dieser Vorschrift abgesehen werden, wenn der zu angestrebte Forschungszweck auch dadurch erreicht werden kann, dass das Bundesministerium für Wirtschaft und Energie in begrenztem Umfang Auskünfte zu vergebenen Aufträgen und Konzessionen erteilt.

Zu Absatz 3

Die Vorschrift regelt, dass unbefugte Dritte keine Kenntnis von den übermittelten, anonymisierten Vergabedaten erhalten dürfen. Darüber hinaus wird festgelegt, dass die Bestimmungen des § 5 Satz 4 Nummer 1 bis 3 bei der Übermittlung der Daten einzuhalten sind.

Zu Absatz 4

Die Vorschrift erklärt § 38 des Bundesdatenschutzgesetzes für anwendbar, wonach bei Vorliegen der dort genannten Voraussetzungen die nach § 38 Absatz 6 des Bundesdatenschutzgesetzes zu bestimmenden Aufsichtsbehörden die Ausführung von § 7 kontrollieren, wenn es sich bei einer Hochschule oder sonstigen wissenschaftlichen Forschungseinrichtung, an die Vergabedaten übermittelt werden, um eine nichtöffentliche Stelle handelt. Eine nichtöffentliche Stelle kann zum Beispiel eine Hochschule in privater Trägerschaft sein.

§ 8 VergStatVO
Übergangsregelung

(1) Solange die §§ 1 bis 6 nicht in Kraft getreten sind, übermitteln die Auftraggeber dem Bundesministerium für Wirtschaft und Energie für vergebene Aufträge, die der Vergabeverordnung unterliegen, eine jährliche statistische Aufstellung der jeweils im Vorjahr vergebenen Aufträge, und zwar getrennt nach öffentlichen Liefer-, Dienstleistungs- und Bauaufträgen. Für jeden Auftraggeber enthält die statistische Aufstellung mindestens die Zahl und den Wert der vergebenen Aufträge. Die Daten werden, soweit möglich, wie folgt aufgeschlüsselt:

1. nach den jeweiligen Vergabeverfahren,
2. nach Waren, Dienstleistungen und Bauarbeiten gemäß den Kategorien der Common Procurement Vocabulary-Nomenklatur,
3. nach der Staatszugehörigkeit des Bieters, an den der Auftrag vergeben wurde.

(2) Die statistischen Aufstellungen im Sinne des Absatzes 1 für oberste und obere Bundesbehörden und für vergleichbare Bundeseinrichtungen enthalten auch den geschätzten Gesamtwert der Aufträge unterhalb der Schwellenwerte.

(3) Solange die §§ 1 bis 6 nicht in Kraft getreten sind, übermitteln die Sektorenauftraggeber dem Bundesministerium für Wirtschaft und Energie für vergebene Aufträge, die der Sektorenverordnung unterliegen, eine jährliche Aufstellung der jeweils im Vorjahr vergebenen Aufträge, und zwar getrennt nach öffentlichen Liefer-, Dienstleistungs- und Bauaufträgen. Für jeden Sektorenauftraggeber enthält die statistische Aufstellung mindestens die Zahl und den Wert der vergebenen Aufträge. Die Sätze 1 und 2 gelten nicht für Auftraggeber der Bereiche Gas- und Wärmeversorgung und Eisenbahnverkehr, ausgenommen Schnellbahnen. In den anderen Sektorenbereichen entfallen Angaben über Dienstleistungsaufträge.

(4) Die Sektorenauftraggeber übermitteln dem Bundesministerium für Wirtschaft und Energie auch den Gesamtwert der vergebenen Aufträge unterhalb der Schwellenwerte, die ohne eine Schwellenwertfestlegung von der Datenübermittlungspflicht erfasst wären. Aufträge von geringem Wert können aus Gründen der Vereinfachung unberücksichtigt bleiben.

(5) Solange die §§ 1 bis 6 nicht in Kraft getreten sind, übermitteln die öffentlichen Auftraggeber und Sektorenauftraggeber dem Bundesministerium für Wirtschaft und Energie für vergebene Aufträge, die der Vergabeverordnung für die Bereiche Verteidigung und Sicherheit unterliegen, eine jährliche Aufstellung der jeweils im Vorjahr vergebenen Aufträge, und zwar getrennt nach öffentlichen Liefer-, Dienstleistungs- und Bauaufträgen. Für jeden Auftraggeber enthält die statistische Aufstellung mindestens die Zahl und den Wert der vergebenen Aufträge. Die Daten werden, soweit möglich, wie folgt aufgeschlüsselt:

1. nach den jeweiligen Vergabeverfahren,
2. nach Waren, Dienstleistungen und Bauarbeiten gemäß den Kategorien der Common Procurement Vocabulary-Nomenklatur,
3. nach der Staatszugehörigkeit des Bieters, an den der Auftrag vergeben wurde.

(6) Das Bundesministerium für Wirtschaft und Energie setzt jeweils durch Allgemeinverfügung fest, in welcher Form die statistischen Angaben zu übermitteln sind. Die Allgemeinverfügung wird im Bundesanzeiger bekannt gemacht.

Übersicht	Rn.
A. Allgemeines und Rechtsschutz	1
B. Fehlende Bedeutung der Übergangsvorschriften für Konzessionsvergaben	2
Anlage Verordnungsbegründung (BR-Drs. 87/16)	

A. Allgemeines und Rechtsschutz

1 Zur Sicherstellung der Kontinuität der Erhebung von Vergabedaten bis zum Inkrafttreten der §§ 1 bis 7 VergStatVO gemäß Art. 7 Abs. 3 VergRModVO[1] sieht § 8 VergStatVO die intertemporale Anwendung der bisherigen Melde- und Berichtspflichten für Auftraggeber vor, indem er den Regelungsgehalt der entsprechenden Normen der bisher geltenden Vergabeordnungen sowie der VgV aufgreift.[2] Wie auch schon in der Vergangenheit, wird dabei die Form der von den Auftraggebern jeweils zu übermittelnden statistischen Angaben nach Maßgabe des § 8 Abs. 6 S. 1 VergStatVO durch das Bundesministerium für Wirtschaft und Energie im Wege einer adressatenbezogenen Allgemeinverfügung gemäß § 35 S. 2 Alt. 1 VwVfG festgelegt.[3] Diese ist – bezogen auf ihren Regelungsgehalt – nach allgemeinen Grundsätzen der VwGO mit Widerspruch und Klage anfechtbar.[4]

B. Fehlende Bedeutung der Übergangsvorschriften für Konzessionsvergaben

2 Systematisch unterscheidet § 8 VergStatVO zwischen Berichtspflichten für Auftraggeber bei der Vergabe von öffentlichen Aufträgen im Anwendungsbereich der VgV nach Abs. 1 und Abs. 2, für Sektorenauftraggeber bei der Vergabe von Aufträgen nach der SektVO gemäß Abs. 3 und Abs. 4 sowie für Vergabe von Aufträgen im Bereich Verteidigung und Sicherheit (VSVgV) durch (Sektoren-)Auftraggeber nach Abs. 5. Für die Vergabe von Konzessionen durch Konzessionsgeber ist die Übergangsregelung des § 8 VergStatVO, die stets an die Vergabe eines Auftrags anknüpft, ohne Relevanz.

Anlage

Verordnungsbegründung (BR-Drs. 87/16)

Seite 305

Die Melde- und Berichtspflichten der bisherigen § 17 der Vergabeverordnung, § 33 der Sektorenverordnung und § 44 der Vergabeverordnung für die Bereiche Verteidigung und Sicherheit gelten über den 18. April 2016 hinaus bis zum Inkrafttreten der §§ 1 bis 5 gemäß § 6 Satz 2 fort. Zwar gelten die statistischen Verpflichtungen der Richtlinien 2004/17/EG und 2004/18/EG nicht mehr. Allerdings folgen Berichts- und Statistikpflichten aus den Richtlinien 2014/23/EU, 2014/24/EU, 2014/25/EU. Hiernach sind insbesondere Daten erforderlich, um im April 2017 die ersten Berichte an die Kommission übermitteln zu können. Des Weiteren gelten die Berichts-

Seite 306

und Statistikpflichten der Richtlinie 2009/81/EG fort. Daher müssen auch im Übergangszeitraum, also bis zum Inkrafttreten der §§ 1 bis 6, das an die erfolgreiche Ausschreibung, Vergabe und Implementierung des hierfür erforderlichen elektronischen Programmes geknüpft ist, weiterhin Vergabedaten gesammelt werden. Da den Auftraggebern nicht zugemutet werden soll, die in den §§ 3 und 4 aufgeführten Daten händisch an das Bundesministerium für Wirtschaft und Energie zu übermitteln und hierdurch die Berichtspflichten des § 2 zu erfüllen, sollen die bisherigen Verpflichtungen übergangs-

---

1 Siehe Einleitung VergStatVO Rn. 14.
2 Vgl. Verordnungsbegründung zu § 8 VergStatVO, BR-Drs. 87/16, 305.
3 So zuletzt durch Bundesministerium für Wirtschaft und Energie, Allgemeinverfügung zur Erhebung der im Kalenderjahr 2017 vergebenen Aufträge von Auftraggebern nach § 100 des Gesetzes gegen Wettbewerbsbeschränkungen (GWB) im Bereich des Verkehrs, der Trinkwasserversorgung und der Energieversorgung vom 08.01.2018, BAnz AT 22.01.2018 B2. Siehe auch Bundesministerium für Wirtschaft und Energie, Allgemeinverfügung zur Erhebung der im Kalenderjahr 2017 vergebenen Aufträge von Auftraggebern im Sinne des § 99 des Gesetzes gegen Wettbewerbsbeschränkungen (GWB) vom 08.01.2018, BAnz AT 23.01.2018 B1, sowie Allgemeinverfügung zur Erhebung der im Kalenderjahr 2017 vergebenen Aufträge von Auftraggebern nach den §§ 99 und 100 des Gesetzes gegen Wettbewerbsbeschränkungen (GWB) im Bereich Verteidigung und Sicherheit vom 08.01.2018, BAnz AT 22.01.2018 B1.
4 Siehe auch Einleitung VergStatVO Rn. 16.

weise fortgelten. Hierdurch wird für den Übergangszeitraum auf ein bewährtes System zurückgegriffen und ein nicht tragbarer Erfüllungsaufwand für die Auftraggeber vermieden

Zu Absatz 1

Die Vorschrift regelt die Melde- und Berichtspflichten der Auftraggeber, sofern diese ein Vergabeverfahren, das nach den Vorschriften der Vergabeverordnung durchgeführt wird, zwischen dem 1. Januar 2015 und dem Zeitpunkt des Inkrafttretens der §§ 1 bis 6 mit der Entscheidung über den Zuschlag abschließen. Sie entspricht im Wesentlichen dem § 17 Absatz 1 und 2 der Vergabeverordnung in der Fassung vom 11. Februar 2003 (BGBl. I S. 169), zuletzt geändert durch Artikel 1 der Siebten Änderungsverordnung vom 15.10.2013 (BGBl. I S. 3584), und führt diese bis zum Inkrafttreten der §§ 1 bis 5 fort.

Zu Absatz 2

Die Vorschrift entspricht § 17 Absatz 5 1. Halbsatz der Vergabeverordnung in der Fassung vom 11. Februar 2003 (BGBl. I S. 169), zuletzt geändert durch Artikel 1 der Siebten Änderungsverordnung vom 15.10.2013 (BGBl. I S. 3584), und führt diese bis zum Inkrafttreten der §§ 1 bis 6 fort.

Zu Absatz 3

Die Vorschrift regelt die Melde- und Berichtspflichten der Sektorenauftraggeber, sofern diese ein Vergabeverfahren, das nach den Vorschriften der Sektorenverordnung durchgeführt wird, zwischen dem 1. Januar 2015 und dem Zeitpunkt des Inkrafttretens der §§ 1 bis 6 mit der Entscheidung über den Zuschlag abschließen. Sie entspricht im Wesentlichen dem § 33 Absatz 1 der Sektorenverordnung in der Fassung vom 23. September 2009 (BGBl. I S. 3110), zuletzt geändert durch Artikel 7 des Gesetzes zur Neuregelung des gesetzlichen Messwesens vom 25.7.2013 (BGBl. I S. 2722), und führt diese bis zum Inkrafttreten der §§ 1 bis 6 fort.

Zu Absatz 4

Die Vorschrift entspricht § 33 Absatz 2 der Sektorenverordnung in der Fassung vom 23. September 2009 (BGBl. I S. 3110), zuletzt geändert durch Artikel 7 des Gesetzes zur Neuregelung des gesetzlichen Messwesens vom 25.7.2013 (BGBl. I S. 2722), und führt diese bis zum Inkrafttreten der §§ 1 bis 6 fort.

Zu Absatz 5

Die Vorschrift regelt die Melde- und Berichtspflichten der öffentlichen Auftraggeber und Sektorenauftraggeber, sofern diese ein Vergabeverfahren, das nach den Vorschriften der Vergabeverordnung Verteidigung und Sicherheit durchgeführt wird, zwischen dem 1. Januar 2015 und dem Zeitpunkt des Inkrafttretens der §§ 1 bis 6 mit der Entscheidung über den Zuschlag abschließen. Sie entspricht im Wesentlichen dem § 44 Absätze 1 und der Vergabeverordnung Verteidigung und Sicherheit in der Fassung vom 12. Juli 2012 (BGBl. I S. 1509), zuletzt geändert durch Artikel 8 des Gesetzes zur Neuregelung des gesetzlichen Messwesens vom 25.7.2013 (BGBl. I S. 2722), und führt diese bis zum Inkrafttreten der §§ 1 bis 5 fort.

Zu Absatz 6

Die Vorschrift entspricht im Wesentlichen § 33 Absatz 4 der Sektorenverordnung in der Fassung vom 23. September 2009 (BGBl. I S. 3110), zuletzt geändert durch Artikel 7 des Gesetzes zur Neuregelung des gesetzlichen Messwesens vom 25.7.2013 (BGBl. I S. 2722), sowie § 44 Absatz 5 der Vergabeverordnung Verteidigung und Sicherheit in der Fassung vom 12. Juli 2012 (BGBl. I S. 1509), zuletzt geändert durch Artikel 8 des Gesetzes zur Neuregelung des gesetzli-

chen Messwesens vom 25.7.2013 (BGBl. I S. 2722), und führt diese für alle Verpflichtungen der Absätze 1 bis 5 bis zum Inkrafttreten der §§ 1 bis 6 fort

Sonderregelungen

AGVO/NGA-RR – Breitbandkonzessionen
BADV – Bodenabfertigungskonzessionen
CsgG – Carsharing-Konzessionen
EnWG – Strom- und Gaskonzessionen
GewO – Gewerbekonzessionen
GlüStV – Glücksspielkonzessionen
RDG – Rettungsdienstkonzessionen
SGB – Sozialrechtliche Konzessionen
VO (EG) 1370/2007 – ÖPNV-Konzessionen
VOB/A – Baukonzessionen unterhalb der Schwellenwerte

Sonderregelungen

AGVO/NGA-RR – Breitbandkonzessionen

AGVO/NGA-RR – Breitbandkonzessionen

Artikel 52 AGVO
Beihilfen für Breitbandinfrastrukturen

(1) Investitionsbeihilfen für den Ausbau der Breitbandversorgung sind im Sinne des Artikels 107 Absatz 3 AEUV mit dem Binnenmarkt vereinbar und von der Anmeldepflicht nach Artikel 108 Absatz 3 AEUV freigestellt, sofern die in diesem Artikel und in Kapitel I festgelegten Voraussetzungen erfüllt sind.

(2) Die beihilfefähigen Kosten sind

a) die Investitionskosten für den Ausbau passiver Breitbandinfrastruktur,
b) die Investitionskosten für Baumaßnahmen im Breitbandbereich,
c) die Investitionskosten für den Ausbau der Netze für die Breitbandgrundversorgung und
d) die Investitionskosten für den Ausbau von Zugangsnetzen der nächsten Generation (Next Generation Access – NGA)

(3) Die Investition muss in einem Gebiet getätigt werden, in dem keine Infrastruktur derselben Kategorie (Breitbandgrundversorgung oder NGA) vorhanden ist und in den drei Jahren nach der Veröffentlichung der geplanten Beihilfemaßname unter Marktbedingungen voraussichtlich auch nicht aufgebaut wird; dies muss im Rahmen einer öffentlichen Konsultation überprüft werden.

(4) Die Beihilfen müssen auf der Grundlage eines offenen, transparenten und diskriminierungsfreien wettbewerblichen Auswahlverfahrens unter Wahrung des Grundsatzes der Technologieneutralität gewährt werden.

(5) Der Netzbetreiber muss zu fairen und diskriminierungsfreien Bedingungen einen möglichst umfassenden Zugang zu den aktiven und passiven Infrastrukturen auf Vorleistungsebene im Sinne des Artikels 2 Nummer 139 einschließlich einer physischen Entbündelung im Falle von NGA-Netzen gewähren. Dieser Zugang zur Vorleistungsebene ist für mindestens sieben Jahre zu gewähren, während das Recht auf Zugang zu Leerrohren und Masten unbefristet bestehen muss. Im Falle staatlicher Beihilfen für die Finanzierung der Verlegung von Leerrohren müssen diese groß genug für mehrere Kabelnetze sein und auf verschiedene Netztopologien ausgelegt sein.

(6) Die Preise für den Zugang auf Vorleistungsebene müssen sich auf die Preisfestsetzungsgrundsätze der nationalen Regulierungsbehörde und auf Benchmarks stützen, die in vergleichbaren, wettbewerbsintensiveren Gebieten des Mitgliedstaats beziehungsweise der Union gelten, wobei die dem Netzbetreiber gewährten Beihilfen zu berücksichtigen sind. Die nationale Regulierungsbehörde wird zu den Zugangsbedingungen (einschließlich Preisen) sowie bei Streitigkeiten zwischen den Zugangsinteressenten und dem Betreiber der geförderten Infrastruktur konsultiert.

(7) Für Beihilfen über 10 Mio. EUR richten die Mitgliedstaaten einen Überwachungs- und Rückforderungsmechanismus ein.

§ 5 NGA-RR
Offenes und transparentes Auswahlverfahren zur Bereitstellung von passiven Infrastrukturen einschließlich Kabel, wie unbeschaltete Glasfaser und Ausführung von Tiefbauleistungen (Sachbeihilfe nach § 3 Absatz 1 Buchstabe b))

(1) Die Bereitstellung der nach § 3 Absatz 1 Buchstabe b) zur Verfügung gestellten Infrastruktur muss die NGA-Netzfähigkeit im Sinne von § 2 erreichen.

(2) Die nach diesem Verfahren ausgebauten Leerrohre müssen für mehrere Kabelnetze und darüber hinaus sowohl für Point-to-Point- als auch für Point-to-Multipoint-Lösungen ausgelegt sein.

(3) Die öffentliche Hand muss die in § 3 Absatz 1 Buchstabe b genannten Beihilfegegenstände in einem offenen und transparenten Verfahren ausschreiben. Die Veröffentlichung der Ausschreibung sowie des Ergebnisses muss auf dem zentralen Portal des Bundes www.breitbandausschreibungen.de erfolgen. Im Rahmen ihrer Angebote haben Bieter vorhandene Infrastrukturen weitestgehend in die Ausbauplanung einzubeziehen.

(4) Die Bestimmungen des Haushalts- und Vergaberechts sind zu beachten, die Ausschreibungen müssen mit dem Geist und den Grundsätzen der EU-Vergaberichtlinien in Einklang stehen.

(5) Die Auswahlkriterien und deren Gewichtung sind vorab zu veröffentlichen und müssen anbieter- und technologieneutral formuliert werden. Dem Endkunden muss es überlassen bleiben, selber eine Setup-Box zwischen

Breitbandanschluss und dem Computer auszuwählen. Er darf nicht verpflichtet werden, ein unternehmensspezifisches Gerät einzusetzen. Die Technologieneutralität bezieht sich auf alle Teile des Netzes.

(6) Die Angebote der Betreiber müssen mindestens die folgenden Angaben umfassen:
- Angaben zur Zuverlässigkeit und Hochwertigkeit (z.B. Langlebigkeit, Upgrade-Fähigkeit und auch Zahl der Anschlüsse) der technischen Lösungen (NGA-Netzfähigkeit),
- Angaben zur Höhe der Zahlung für die Nutzung der passiven Infrastrukturen (einschließlich Kabel, wie unbeschaltete Glasfaser),
- die Verpflichtung zur Herstellung eines offenen und diskriminierungsfreien Zugangs (auf Vorleistungsebene) und Angaben zur geplanten Art und Weise der Erfüllung dieser Verpflichtung einschließlich indikativer Angabe möglicher Vorleistungspreise,
- Angaben zu Ort, Art und Umfang der erforderlichen Leistungen einschließlich einer Quantifizierung der hierfür voraussichtlich anzusetzenden Kosten.

Anbieter von Breitbandinfrastrukturen im Sinne von § 3 Absatz 2, Satz 2 müssen sich im Angebot verpflichten, uneingeschränkt einen offenen und diskriminierungsfreien Zugang zur errichteten Infrastruktur zu gewährleisten und diese Verpflichtung an den Betreiber des Netzes weiterzugeben.

(7) Die Höhe der Kosten kann durch ein externes Gutachten überprüft werden, beispielsweise, wenn die Teilnahme am Auswahlverfahren gering ist.

(8) Sollten sich weniger als drei Betreiber am Wettbewerb beteiligen, können externe Rechnungsprüfer damit beauftragt werden, die vorgelegten Angebote zu prüfen oder die Wirtschaftlichkeitslücke selber zu schätzen und bei diesbezüglichen Verhandlungen zwischen der Gemeinde und dem Bieter zu vermitteln. Die Rolle des Rechnungsprüfers muss auf Verlangen das Breitbandkompetenzzentrum des Landes oder ein anderer unabhängiger externer Rechnungsprüfer wahrnehmen. Die Unabhängigkeit des externen Rechnungsprüfers muss auf Verlangen der öffentlichen Hand von diesem bestätigt werden.

§ 6 NGA-RR
Auswahlverfahren zur Schließung einer Wirtschaftlichkeitslücke

(1) Als ergänzende bzw. als ausschließlich Maßnahme kann die Schließung einer Wirtschaftlichkeitslücke durch Fördermaßnahmen nach § 3 Absatz 1 a) vorgenommen werden. Eine Wirtschaftlichkeitslücke ist dabei definiert als Differenz zwischen dem Barwert aller Einnahmen und dem Barwert aller Kosten des Netzaufbaus und -betriebs. Die Wirtschaftlichkeitslücke gilt als einmaliger Zuschuss für einen durchgehenden Betrieb über sieben Jahre. Eine mehrfache Zuwendung zur Schließung einer Wirtschaftlichkeitslücke zur Erreichung desselben Verwendungszwecks ist ausgeschlossen.

(2) Die Angebote der Betreiber müssen dabei ergänzend zu § 5 Absatz 6 mindestens die folgenden indikativen Angaben umfassen:
- Informationen zur zu errichtenden NGA-Breitbandinfrastruktur,
- die für Netzaufbau und -betrieb kalkulierten Kosten, einschließlich der Kosten der Finanzierung,
- vorhandenes und erwartetes Kundenpotenzial und das daraus abzuleitende Umsatzpotenzial,
- erwartete Einnahmen aus der Vermarktung von Vorleistungsprodukten,
- nach Zuschlag und Umsetzung angebotene Dienste sowie Erstproduktangebote.

(3) § 5 gilt entsprechend.

§ 7 NGA-RR
Auswahlkriterien und Verpflichtungen des ausgewählten Anbieters

(1) Im Rahmen der Verfahren nach §§ 5 und 6 ist derjenige Bieter auszuwählen, der das für die jeweilige Förderart wirtschaftlichste Angebot abgegeben hat bzw. bei ansonsten vergleichbaren Konditionen den höchsten Betrag für die Nutzung der passiven Infrastrukturen (einschließlich Kabel, wie unbeschaltete Glasfaser) der öffentlichen Hand zu zahlen bereit ist, sofern hierfür kein behördlich vorgegebener Preis existiert. Die ausschreibende Behörde wählt auf der Grundlage objektiver Ausschreibungskriterien den besten Bieter aus.

(2) Der ausgewählte Bieter muss verpflichtet werden, im geförderten Netz einen offenen und diskriminierungsfreien Zugang zu den errichteten Infrastrukturen auf Vorleistungsebene zu gewährleisten, insbesondere Zugang zu Leerrohren sowie zum Kabelverzweiger, Zugang zur unbeschalteten Glasfaser, Bitstromzugang sowie vollständig entbündelter Zugang zur Teilnehmeranschlussleitung. In Fällen, in denen die Gewährleistung eines physisch entbündelten Zugangs zur Teilnehmeranschlussleitung nicht realisierbar ist, muss stattdessen übergangsweise ein gleichwertiges virtuelles Zugangsprodukt bereitgestellt werden. Dieses virtuelle Zugangsprodukt oder – Produkte müssen die Kriterien, die im Erläuternden Memorandum der Empfehlung für Relevante Märkte

aufgeführt und erörtert sind, erfüllen. Dies wird durch eine separate Anmeldung dieses virtuellen Zugangsprodukts oder – Produkte bei der EU-Kommission geprüft.

(3) Der effektive Zugang auf Vorleistungsebene soll so früh wie möglich vor Inbetriebnahme des Netzes für mindestens sieben Jahre und für passive Infrastruktur (einschließlich Kabel, wie unbeschaltete Glasfaser) für unlimitierte Dauer gewährt werden. Falls der Netzbetreiber auch Endkundendienste anbietet, sollte der Zugang möglichst sechs Monate vor Markteinführung gewährleistet sein mit dem Ziel, ein zeitgleiches Angebot auch durch den oder die anderen Anbieter zu ermöglichen.

(4) Im Falle einer Förderung müssen im gesamten geförderten Netz dieselben Zugangsbedingungen gelten, auch in den Teilen des Netzes, in denen bestehende Infrastruktur genutzt wurde. Art, Umfang und Bedingungen der im Zielgebiet bereits zur Verfügung stehenden Zugangsprodukte dürfen im Rahmen der Maßnahme nicht beeinträchtigt werden. Die Verpflichtung zur Zugangsgewährung muss unabhängig von Veränderungen bei den Eigentumsverhältnissen, der Verwaltung oder dem Betrieb der geförderten Infrastruktur durchsetzbar sein. Der Beihilfeempfänger ist zu verpflichten, diese Verpflichtung auf Rechtsnachfolger zu übertragen.

(5) Die Vorleistungspreise für den Zugang zum geförderten Netz sollten sich an den Vorleistungspreisen orientieren, die in wettbewerbsintensiven Regionen für gleiche oder vergleichbare Zugangsleistungen verlangt werden bzw. an den Vorleistungspreisen, die von der Bundesnetzagentur für gleiche oder vergleichbare Zugangsleistungen festgelegt oder genehmigt worden sind. Der endgültige Entwurf der Vereinbarung zwischen dem Betreiber und der öffentlichen Hand ist der Bundesnetzagentur vor Abschluss schriftlich und vollständig zur Kenntnis zu geben. Sofern die Bundesnetzagentur nicht innerhalb von acht Wochen ab Zugang Stellung nimmt, kann der Vertrag geschlossen werden. Die Produkte und Vorleistungspreise sind an das Breitbandbüro des Bundes zu melden und werden auf www.breitbandausschreibungen.de veröffentlicht.

(6) Für den Fall, dass Zugangsprodukte nachgefragt werden, für die keine Preisfestsetzung gemäß Absatz 5 gegeben ist, sind die Vorleistungspreise zwischen dem Betreiber und dem Zugangsnachfrager zu vereinbaren. Im Falle der Nichteinigung ist die öffentliche Hand angewiesen, die Festsetzung der Vorleistungspreise vorzunehmen. Hierzu ist die Bundesnetzagentur zu konsultieren, die innerhalb von vier Wochen im Rahmen einer Stellungnahme bindende Vorschläge zur Festsetzung der Vorleistungspreise unterbreitet.

(7) Im Sinne der Richtlinie zur Kostenreduzierung beim Ausbau von Hochgeschwindigkeitsnetzen, muss die geförderte Infrastruktur Zukunft-sicher sein; physische Charakteristika müssen so gestaltet werden, dass sie mehreren Wettbewerbern die Möglichkeit ermöglichen, ihre aktiven und passiven Netzelemente an die bestehende Infrastruktur anzuschließen.

Übersicht	Rn.
A. Allgemeines	1
I. Ausschreibungsmodelle im Breitbandbereich	4
II. Breitbandkonzessionen als Dienstleistungskonzessionen i.S.v. § 105 GWB	9
1. Betriebsrisiko	12
2. Beschaffungsvorgang	16
3. Abgrenzung zur Baukonzession	19
B. Rechtlicher Rahmen für die Vergabe von Breitbandkonzessionen	22
I. Zuständigkeit der Verwaltungsgerichtsbarkeit außerhalb des Kartellvergaberechts	23
II. Zuständigkeit der Vergabekammer oberhalb der Schwellenwerte	25
1. Die Bereichsausnahme nach § 149 Nr. 8 GWB	27
a) Einschlägige telekommunikationsrechtliche Definitionen	28
b) Reichweite der Bereichsausnahme im Hinblick auf die verschiedenen Ausschreibungsmodelle	30
aa) Restriktives Verständnis	31
bb) Extensives Verständnis	34
2. Ergebnis: Bereichsausnahme für Breitbandkonzessionsausschreibungen	38
C. Regeln für das Auswahlverfahren	40
I. Allgemeine Vergabegrundsätze	42
1. Transparenzgrundsatz	44
2. Gleichbehandlungsgebot	50
3. Wettbewerbsgrundsatz	53
4. Verhältnismäßigkeitsgrundsatz	56
II. Bereichsspezifische Vorgaben	57
1. Vorgaben der AGVO und NGA-RR	60
a) Anwendungsvoraussetzungen für Breitbandbeihilfen	61
b) Markterkundungsverfahren und Festlegung der „weißen Flecken"	65
aa) Durchführung des Markterkundungsverfahrens	66

bb) Nachmeldungen von Eigenausbauabsichten 68	aa) Inhalt und Umfang 90
cc) Selbstverpflichtung zum Nahbereichsausbau 72	bb) Einschränkungen 93
	f) Besonderheiten der Vectoring-Technologie im Kontext des Wettbewerbs und des diskriminierungsfreien Zugangs zum Netz ... 97
c) Bekanntgabe der Ausschreibung und Einreichung der Angebotsunterlagen 75	2. Vorgaben der KonzVgV als ergänzender Leitfaden 103
d) Auswahlkriterien und Verpflichtungen 78	D. Rechtsschutz 112
aa) Offener und diskriminierungsfreier Zugang zum geförderten Netz 81	I. Bewerbungsverfahrensanspruch 114
	II. Materielle Grundlagen für die Rechtsdurchsetzung 116
bb) Gewährung eines virtuellen Zugangsprodukts bei Vectoring 82	III. Ordnungsgemäße Ausübung des Verteilungsermessens 120
cc) Sonstige Verpflichtungen, zukunftssichere Errichtung des Netzes 86	E. Zusammenfassung 123
e) Grundsatz der Technologieneutralität 89	

A. Allgemeines

1 Eine leistungsfähige Breitbandinfrastruktur gehört heutzutage ebenso zur Attraktivität und Wettbewerbsfähigkeit einer Kommune wie eine gute Verkehrsanbindung oder eine entsprechende schulische oder medizinische Versorgung. Gerade für eine wettbewerbsfähige Wirtschaft sind schnelle Internetanbindungen unerlässlich.[1] Demgemäß hat die Bundesregierung ihre „Digitale Agenda 2014 – 2017" veröffentlicht, um den weiteren Breitbandausbau voranzutreiben,[2] und hat die Erlöse aus der Ende Mai 2015 durchgeführten Frequenzversteigerung im 700-Megahertz-Bereich für Investitionen im Breitbandausbau eingesetzt (sog. „Digitale Dividende II").[3] Um diese Mittel auch an ausbauwillige Kommunen, Landkreise und Kommunalunternehmen auszahlen zu können, hat der Bund am 22. Oktober 2015 die Richtlinie „Förderung zur Unterstützung des Breitbandausbaus in der Bundesrepublik Deutschland" („Förderrichtlinie des Bundes") erlassen.[4] Im Rahmen der **Breitbandstrategie** der Bundesregierung wird angestrebt, eine flächendeckende Versorgung des Landes mit hochleistungsfähigen Breitbandanschlüssen und damit den schnellen Aufbau von Netzen der nächsten Generation – Next Generation Access (NGA)-Netzen – als wichtige Voraussetzungen für wirtschaftliches Wachstum und steigenden Wohlstand zu gewährleisten.[5] Wegen der zahlreichen Anträge auf Fördermittel hat die Bundesregierung die Fördersumme zwischenzeitlich auf insgesamt gut vier Milliarden Euro erhöht.[6] Ergänzt werden diese Mittel durch Fördermittel, die teils

---

1 Vgl. Landtag von Baden-Württemberg, Antrag der Fraktion Grüne und Stellungnahme des Ministeriums für Ländlichen Raum und Verbraucherschutz, Breitbandstrategie des Landes Baden-Württemberg, LT-Drs. 15/5641, 1; vgl. z.B. OLG Karlsruhe, Beschluss v. 14.11.2014 – 15 Verg 10/14; VG Freiburg, Urteil v. 29.11.2016 – 3 K 2814/14, *Bludovsky*, BWGZ 2014, 916.
2 Bundesministerium für Wirtschaft und Energie/Bundesministerium des Innern/Bundesministerium für Verkehr und digitale Infrastruktur, Digitale Agenda 2014 – 2017, https://www.bmwi.de/Redaktion/DE/Publikationen/Digitale-Welt/digitale-agenda-legislaturbericht.html.
3 Vgl. zur Frequenzversteigerung: Bundesnetzagentur, Pressemitteilung v. 22.4.2015, http://www.bundesnetzagentur.de/cln_1412/SharedDocs/Pressemitteilungen/DE/2015/150422_Frequenzversteigerung.html;jsessionid=3643B24861E749608B597E76BD5A5D11.
4 Bundesministerium für Verkehr und digitale Infrastruktur, Richtlinie „Förderung zur Unterstützung des Breitbandausbaus in der Bundesrepublik Deutschland" vom 22. Oktober 2015, BAnz AT 18.11.2015 B5, S. 1; aktuell gültig ist 1. Novelle vom 3.7.2018, abrufbar mit allen Nebenbestimmungen unter https://www.bmvi.de/SharedDocs/DE/Anlage/Digitales/foerderrichtlinie-breitbandausbau.pdf.
5 Im Hinblick auf den Hintergrund des Ausbaus von NGA-Netzen *Kirchner*, MMR 2013, 22.
6 Bundesministerium für Verkehr und digitale Infrastruktur, Von der digitalen in die Gigabit-Gesellschaft, http://www.bmvi.de/DE/Themen/Digitales/Breitbandausbau/Breitband-kompakt/breitband-kompakt.html; https://www.digitale-agenda.de/Webs/DA/DE/Home/home_node.html.

aus den allgemeinen europäischen Förderprogrammen[7] stammen, teils aus eigenen Förderprogrammen der Länder oder aus speziellen auf Ergänzung der Mittel aus der Förderrichtlinie des Bundes ausgerichteten Kofinanzierungsprogrammen der Länder.[8]

In den Bundesländern werden – ebenso wie auf den Ebenen von Europäischer Union einerseits und Bund andererseits – **unterschiedliche Strategien** zur Ankurbelung des Breitbandausbaus verfolgt. Eine Strategie ist die Förderung durch Zuwendungen an einen Netzbetreiber zur Schließung der Wirtschaftlichkeitslücke.[9] Hierbei erhält ein Netzbetreiber einen festgelegten Betrag und rüstet damit – über das für ihn betriebswirtschaftlich sinnvolle Maß hinaus – die eigene Infrastruktur soweit auf, dass die von der Kommune ausgeschriebene Breitbandversorgung erreicht wird. Dabei handelt es sich beihilferechtlich um das Auswahlverfahren zur Schließung von Wirtschaftlichkeitslücken gemäß § 6 NGA-RR. Andere Länder setzen demgegenüber auf das sogenannte Betreibermodell. Das bedeutet, dass der Aufbau der kommunalen Breitband-Infrastruktur von der Kommune in Eigenregie übernommen wird.[10] In diesem Fall kommt beihilferechtlich das Auswahlverfahren zur Bereitstellung von passiven Infrastrukturen gemäß § 5 NGA-RR zur Anwendung. Nach der Förderrichtlinie des Bundes werden beide Modelle unterstützt und gefördert. Der Breitbandausbau ist damit durch eine Dualität der Ausschreibungsmodelle gekennzeichnet.

Der für diese Auswahlverfahren maßgebliche **beihilferechtliche Rechtsrahmen** setzt sich europarechtlich aus der AGVO[11] und bundesrechtlich aus den Regelungen der NGA-RR zusammen. Zudem sind die Bestimmungen des **Vergaberechts** in den Auswahlverfahren gemäß § 5 Abs. 4 NGA-RR bzw. § 6 Abs. 3 i.V.m. § 5 Abs. 4 NGA-RR zu beachten, wonach diese mit dem Geist und den Grundsätzen der EU-Vergaberichtlinien in Einklang stehend durchgeführt werden müssen. Auch die Fördermittelbedingungen des Bundes und der Länder verweisen insoweit stets auf das Vergaberecht und die Einhaltung seiner Grundsätze.[12] Auch wenn in der Praxis der Umsetzung der Breitbandprojekte die sehr detaillierten Regelungen insbesondere der Förderrichtlinie des Bundes die Diskussionen bestimmen, liegt der Schwerpunkt der Betrachtung hier in den beihilferechtlichen Vorgaben, weil diese zum einen höherrangig im Vergleich zum Zuwendungsrecht sind und zum anderen die Fördermittelbedingungen auf diesem Beihilferecht fußen.

I. Ausschreibungsmodelle im Breitbandbereich

Da bei der Vergabe von Breitbandkonzessionen verschiedene Ausschreibungsvarianten möglich sind, ist zunächst zu klären, was vom Konzessionsgeber beschafft wird und ob die Auswahlverfahren nach den §§ 5 und 6 NGA-RR überhaupt als GWB-Verfahren zur Vergabe von Konzessionen eingestuft werden können. Die Verwendung des Begriffes der (Dienstleistungs-)Konzession indiziert nicht direkt eine GWB-Dienstleistungskonzession, sondern bedarf einer Einzelfallprüfung.[13]

Im Rahmen beider **Ausschreibungsmodelle** (Wirtschaftlichkeitslücken- oder Betreibermodell) geht es der öffentlichen Hand um verschiedene Leistungen, die miteinander in unmittelbarer Beziehung stehen: zum einen um Beihilfen zum Ausbau von NGA-Netzen und zum anderen um die Berechtigung, das sodann aufgebaute Breitbandnetz zu betreiben und die aus

---

7 Zum Beispiel Europäischer Fonds für regionale Entwicklung (EFRE) oder Europäischer Landwirtschaftsfonds für die Entwicklung des ländlichen Raums (ELER).
8 Eine Übersicht über die geltenden Förderprogramme findet sich auf dem Breitbandausschreibungsportal des Bundes unter https://www.breitbandausschreibungen.de/foerderprogs.
9 Zum Beispiel Bayern: Richtlinie zur Förderung des Aufbaus von Hochgeschwindigkeitsnetzen im Freistaat Bayern (Breitbandrichtlinie – BbR) vom 10.7.2014 – 75-O 1903-001-24929/14.
10 Zum Beispiel Baden-Württemberg: Antrag der Fraktion Grüne und Stellungnahme des Ministeriums für Ländlichen Raum und Verbraucherschutz, Breitbandstrategie des Landes Baden-Württemberg, LT-Drs. 15/5641, 3.
11 Vgl. *Freund/Bary*, MMR 2015, 230.
12 Vgl. z.B. Ziff. 5.3 der Förderrichtlinie des Bundes sowie Nr. 3 der Allgemeinen Nebenbestimmungen für Zuwendungen zur Projektförderung an Gebietskörperschaften und Zusammenschlüsse von Gebietskörperschaften (ANBest-Gk).
13 Vgl. z.B. VK Südbayern, Beschluss v. 27.5.2015 – Z3-3-3194-1-15-03/15.

6 Bei der Vergabe von Finanzmitteln im Rahmen des Auswahlverfahrens nach § 6 NGA-RR handelt es sich um den Fall der **„Wirtschaftlichkeitslückenschließung"** nach § 3 Abs. 1 lit. a NGA-RR. Hierbei beauftragt die jeweilige Kommune, in deren Gebiet ein Ausbau des NGA-Netzes stattfinden soll, einen privaten Telekommunikationsanbieter mit dem Aufbau einer passiven Breitband-Infrastruktur.[15] Dabei werden zumindest bei einem festnetzgebundenen Ausbau nebst anderem Leerrohre und Glasfaserkabel verlegt sowie Multifunktionsgehäuse gebaut oder jedenfalls angeschlossen. Der private Telekommunikationsanbieter stellt im Anschluss auch die aktive Technik für den Netzbetrieb und betreibt langfristig das Netz. Die aktive Technik umfasst alle Komponenten mit eigener Stromversorgung, die für das Empfangen und Senden von Signalen benötigt werden.[16] Hierzu gehören unter anderem Switches, Router und Access Points (Basisstationen für funkbasierte Datenübertragung).[17] Das Netz steht in dieser Konstellation im Eigentum des privaten Anbieters. Für den Fall, dass sich die Investitionskosten durch die voraussichtlichen Einkünfte des Netzbetriebs nicht decken lassen, gewährt die Kommune einmalig eine Beihilfe in Form eines Zuschusses, um die Wirtschaftlichkeitslücke zu schließen (Wirtschaftlichkeitslückenmodell).[18]

dem Betrieb stammenden Erlöse zu verwerten. Im Hinblick auf die Beihilfen handelt es sich gemäß § 2 Abs. 1 S. 1 NGA-RR entweder um Finanzmittel (nicht rückzahlbare Zuschüsse, öffentlich bezuschusste Gewährung von Darlehen einschließlich Nachrangdarlehen sowie Bürgschaften der öffentlichen Hand zur Absicherung von Darlehen) oder um Sachmittel (Bereitstellung von Tiefbauleistungen bzw. passiver Infrastruktur einschließlich Kabel wie unbeschaltete Glasfaserkabel).[14]

7 Bei der Vergabe von Sachmitteln im Rahmen des Auswahlverfahrens nach § 5 NGA-RR handelt es sich dagegen um den Fall des **„Betreibermodells"** nach § 3 Abs. 1 lit. b NGA-RR. In dieser Konstellation errichtet die Kommune die passive Infrastruktur für das NGA-Netz selbst und finanziert den Ausbau in eigener Regie.[19] Dabei verbleibt das passive Netz in ihrem Eigentum.[20] Die passive Infrastruktur umfasst die Kabelkanäle, Leerrohre, Funkmasten und eventuell notwendige Gebäude, Transportmedien für die Datenübertragung (z.B. Glasfaser in unbeschaltetem Zustand) oder TV-Kabel sowie Kopplungsgeräte, optische Verteilergestelle (Kabelverteiler, Netzverteiler), Spleißkassetten, Patch Panels und Abschlusselemente.[21] Zumeist sorgt die Kommune auch für die Instandhaltung des passiven Netzes. Allerdings ist es auch in dieser Konstellation erforderlich, dass ein Diensteanbieter gefunden wird, der die aktive Technik stellt und das Netz aktiv betreibt. Hierzu wählt die Kommune einen Diensteanbieter aus, dem die passive Infrastruktur miet-/pachtweise überlassen wird – verbunden mit der vertraglichen Verpflichtung zur Erbringung von Telekommunikationsdienstleistungen.[22] Die Refinanzierung der Investitionsaufwände der Kommune erfolgt über diese Überlassung an den privaten Betreiber. Dieser wiederum finanziert sich aus den Einkünften, die er mit dem so überlassenen Netz erzielt (Betreibermodell).[23]

8 Obwohl § 2 Abs. 1 S. 2 NGA-RR eine **Kumulation** von Finanz- und Sachmitteln für zulässig erklärt, treten die genannten Konstellationen in der Praxis häufig wie beschrieben auf und können demgemäß als die beiden Unterkategorien von Breitbandkonzessionsausschreibungen festgehalten werden. Eine Unterstützung dieser Beihilfegewährung von den Kommunen

---

14 Vgl. zum weiten Begriffsverständnis der Beihilfe auch *Kleve/Gayger*, NVwZ 2018, 273 (274).
15 *Horn*, VergabeR 2013, 337.
16 Niedersächsisches Ministerium für Wirtschaft, Arbeit und Verkehr, Handlungsempfehlungen für NGA-Projekte von Kommunen auf Grundlage der AGVO, S. 7.
17 Niedersächsisches Ministerium für Wirtschaft, Arbeit und Verkehr, Handlungsempfehlungen für NGA-Projekte von Kommunen auf Grundlage der AGVO, S. 7.
18 *Horn*, VergabeR 2013, 337.
19 *Horn*, VergabeR 2013, 337.
20 *Horn*, VergabeR 2013, 337 (338).
21 Niedersächsisches Ministerium für Wirtschaft, Arbeit und Verkehr, Handlungsempfehlungen für NGA-Projekte von Kommunen auf Grundlage der AGVO, S. 6.
22 *Horn*, VergabeR 2013, 337 (338).
23 *Horn*, VergabeR 2013, 337 (338).

an die privaten Netzbetreiber durch Fördermittel des Bundes (und der Länder) ist in beiden Fällen möglich.

II. Breitbandkonzessionen als Dienstleistungskonzessionen i.S.v. § 105 GWB

Dienstleistungskonzessionen werden im GWB gesetzlich definiert. Diese sind gemäß § 105 Abs. 1 Nr. 2 GWB entgeltliche Verträge, mit denen ein oder mehrere Konzessionsgeber ein oder mehrere Unternehmen mit der Erbringung und der Verwaltung von Dienstleistungen betrauen, die nicht in der Erbringung von Bauleistungen nach § 105 Abs. 1 Nr. 1 GWB bestehen. Dabei besteht die Gegenleistung entweder allein in dem Recht zur Verwertung der Dienstleistungen oder in diesem Recht zuzüglich einer Zahlung.[24] Mit diesen Definitionen hat der deutsche Gesetzgeber die Vorgaben der Konzessionsvergaberichtlinie in Art. 5 Nr. 1 lit. a und b RL 2014/23/EU umgesetzt.

Der wesentliche Unterschied zwischen der Vergabe eines Auftrages und der Vergabe einer Konzession besteht auch im Rahmen von Breitbandausschreibungen in dem **Zahlungsweg** und der **Risikotragung** bei der Vergütung bzw. Refinanzierung. Während die Vergütung bei der Vergabe eines Auftrages unmittelbar durch den Auftraggeber an den Auftragnehmer erfolgt – ohne jegliches Risiko für den Auftragnehmer jenseits seiner Angebotskalkulation für den Preis –, besteht die Vergütung bei der Konzession ausschließlich aus dem Recht des Konzessionärs zur Verwertung der zu vergebenden Dienstleistung evtl. zuzüglich der Zahlung einer bestimmten Summe.[25] Der Konzessionär muss damit das Verwertungsrisiko tragen, das vom Gesetz in § 105 Abs. 2 GWB als „Betriebsrisiko" definiert wird. Bei der Vergabe einer Breitbandkonzession erhält der private Betreiber das Recht, das jeweilige NGA-Netz aktiv zu betreiben und dafür Entgelte von den Endnutzern zu erheben.[26]

Ferner ist zu beachten, dass die Vergabe einer Konzession stets in der Form eines entgeltlichen **Vertrages** zwischen Konzessionsgeber und Konzessionsnehmer erfolgen muss, vgl. § 105 Abs. 1 GWB. Auf den Rechtscharakter des Vertrages als ein öffentlich-rechtlich oder zivilrechtlich geprägtes Rechtsverhältnis kommt es aus vergaberechtlicher Sicht nicht an. Das Konzessionsvergaberecht unterscheidet somit nicht zwischen privatrechtlichen und öffentlich-rechtlichen Verträgen.[27] Lediglich die Handlungsform des Verwaltungsakts ist bei der Konzessionsvergabe unzulässig, sodass eine einseitige hoheitliche Regelung keine Konzessionsvergabe ist.[28] Eine Vereinbarung ist dann kein Vertrag, wenn sie in Wirklichkeit ein einseitiger Verwaltungsakt ist, der eine Verpflichtung allein für den Auftragnehmer vorsieht und der deutlich von den normalen Bedingungen eines kommerziellen Angebotes abweicht. Wesentliches Kriterium für das Vorliegen eines Vertrages ist die Existenz eines gewissen Maßes an Spielraum für den Auftragnehmer bei der Ausgestaltung der Auftragsbedingungen.[29]

1. Betriebsrisiko

Das Vorliegen einer Konzession schließt – auch im Bereich der Breitbandkonzessionen – zwingend die Übertragung eines **Betriebsrisikos** wirtschaftlicher Art vom Konzessionsgeber auf den privaten Betreiber als Konzessionsnehmer ein.[30] Ein Betriebsrisiko wird als das Risiko, den Unwägbarkeiten des Marktes[31] ausgesetzt zu sein, verstanden, wobei es sich gemäß § 105

---

24 Zum Begriff der Dienstleistungskonzession *Siegel*, VergabeR 2015, 265 (267); siehe auch *Braun* zu § 1 KonzVgV Rn. 44.
25 EuGH, Urteil v. 10.11.2011 – Rs. C-348/10 (Norma-A), Rn. 41 ff.; Urteil v. 10.3.2011 – Rs. C-274/09 (Stadler), Rn. 26; OLG Naumburg, Beschluss v. 15.4.2016 – 7 Verg 1/16; OLG Jena, Beschluss v. 22.7.2015 – 2 Verg 2/15; *Opitz*, NVwZ 2014, 753.
26 *Horn*, VergabeR 2013, 337 (340).
27 BGH, Beschluss v. 1.12.2008 – X ZB 31/08, Rn. 17; OLG Naumburg, Beschluss v. 22.12.2011 – 2 Verg 10/11B.
28 *Braun*, in: Müller-Wrede, GWB-Vergaberecht, § 105 Rn. 21 ff; siehe auch *ders*. zu § 1 KonzVgV Rn. 54 ff.
29 Vgl. OVG Magdeburg, Beschluss v. 22.2.2012 – 3 L 259/10.
30 OLG Karlsruhe, Beschluss v. 14.11.2014 – 15 Verg 10/14; VK Baden-Württemberg, Beschluss v. 25.7.2014 – 1 VK 29/14; VG Freiburg, Urteil v. 29.11.2016 – 3 K 2814/14
31 OLG Naumburg, Beschluss v. 15.4.2016 – 7 Verg 1/16, m.w.N. zu den einzelnen konkreten Ausprägungen des Betriebsrisikos.

Abs. 2 S. 3 GWB um ein Nachfrage- oder ein Angebotsrisiko oder um beides zugleich handeln kann.[32] Nachfragerisiko ist das Risiko der tatsächlichen Nachfrage nach den Dienstleistungen, die Gegenstand des Vertrages sind. Angebotsrisiko ist das mit der Erbringung der Dienstleistungen, die Gegenstand des Vertrages sind, verbundene Risiko, insbesondere das Risiko, dass die bereitgestellten Dienstleistungen nicht der Nachfrage entsprechen. Dies schließt die Möglichkeit ein, dass die Investitionsaufwendungen und die Kosten für die Erbringung der Dienstleistungen unter normalen Betriebsbedingungen nicht wieder erwirtschaftet werden können, auch wenn ein Teil des Risikos bei dem Konzessionsgeber verbleibt.[33] Erforderlich ist, dass der Konzessionsnehmer zumindest einen wesentlichen Teil des Betriebsrisikos übernimmt.[34] Dies ist insofern relevant, als die Konzession erst anhand des Merkmals des Betriebsrisikos präzise vom Öffentlichen Auftrag gemäß § 103 Abs. 1 GWB abgegrenzt werden kann.[35] Zur Einschätzung des Betriebsrisikos ist daher der Nettogegenwartswert aller Investitionen, Kosten und Einkünfte des Konzessionsnehmers in kohärenter und einheitlicher Weise heranzuziehen.[36]

13   **Nicht ausschlaggebend** sind für die Einstufung als Konzession allerdings solche Risiken, die sich aus einer mangelhaften Betriebsführung bzw. aus Beurteilungsfehlern des Wirtschaftsteilnehmers ergeben, sowie solche, die im Zusammenhang mit vertraglichen Ausfällen des Wirtschaftsteilnehmers oder Fällen höherer Gewalt stehen.[37] Solche Risiken wohnen jedem Vertrag inne und sind daher kein spezifisches „Betriebsrisiko". Das Betriebsrisiko bei einer Breitbandkonzession muss substanziell sein, damit die Konturen der Dienstleistungskonzession gemäß § 105 GWB nicht völlig verwässert werden.

14   Bei Breitbandausschreibungen liegt in der Regel eine **Dreieckssituation** vor: Auf der einen Seite ist die Kommune, deren Ziel die möglichst rasche flächendeckende Versorgung der Bevölkerung mit einem (NGA-)Breitbandnetz ist. Auf der anderen Seite ist das Telekommunikationsunternehmen, das diese Aufgabe erfüllen soll; die Refinanzierung für das Unternehmen liegt jedoch bei den Kunden als dritter Säule, die die Leistung des Telekommunikationsunternehmens in Anspruch nehmen. Je mehr Kunden die Leistungen des Telekommunikationsunternehmens tatsächlich in Anspruch nehmen, desto geringer kann die zu zahlende Wirtschaftlichkeits- oder auch Deckungslücke ausfallen. Da die Refinanzierung durch Kundenanschlüsse letztlich nicht sicher vorhergesagt werden kann, werden in der Regel (gemäß Art. 52 Abs. 7 AGVO und § 9 Abs. 3 NGA-RR bei Beihilfen über zehn Millionen Euro zwingend) Überwachungs- und Rückforderungsmechanismen eingeführt, nach denen die Beihilfe (anteilig) zurückzuzahlen ist, wenn sich die Anschlussraten der Kunden positiver entwickeln als ursprünglich angenommen, sodass das Telekommunikationsunternehmen also eine höhere Refinanzierung erreicht. Einen ähnlichen Rückforderungsmechanismus enthält auch die Förderrichtlinie des Bundes.[38] In der Regel wird die in Aussicht gestellte Beihilfe damit jedenfalls eine Dienstleistungskonzession betreffen.[39] Im Bereich der Vergaben von Breitbandkonzessionen erhalten die privaten Betreiber somit das Recht, das jeweilige NGA-Netz aktiv zu betreiben und dafür Entgelte von den Endnutzern sowie den Vorleistungskunden zu erheben, und sie haben die damit zusammenhängenden wirtschaftlichen Risiken zu tragen.[40] Nach der Errichtung des Breitbandnetzes ist es ihre Aufgabe, ausreichend Kunden zu gewinnen, welche mit ihnen entsprechende Verträge abschließen.[41]

---

32 Zur Abgrenzung der Dienstleistungskonzession vom Dienstleistungsauftrag *Mösinger,* NZBau 2015, 545.
33 Erwägungsgrund 18 RL 2014/23/EU.
34 Vgl. z.B. OLG Naumburg, Beschluss v. 15.4.2016 – 7 Verg 1/16; OLG Frankfurt, Beschluss v. 10.11.2015 – 11 Verg 8/15; OVG Lüneburg, Urteil v. 19.2.2015 – 7 LC 63/13; OLG Naumburg, Beschluss v. 22.12.2011 – 2 Verg 10/11; *Braun,* VergabeR 2014, 324; *ders.* VergabeR 2011, 199.
35 *Diemon-Wies,* VergabeR 2016, 162 (164).
36 Erwägungsgrund 20 RL 2014/23/EU.
37 Erwägungsgrund 20 RL 2014/23/EU; vgl. *Kulartz,* in: Kulartz/Kus/Portz/Prieß, GWB-Vergaberecht, § 105 Rn. 32.
38 Ziff. 8.G der Förderrichtlinie des Bundes.
39 VK Baden-Württemberg, Beschluss v. 25.7.2014 – 1 VK 29/14 mit Hinweis auf: BGH, Beschluss v. 8.2.2011 – X ZB 4/10, S. 21; OLG München Beschluss v. 25.3.2011 – Verg 4/11; OLG Karlsruhe Beschluss v. 6.2.2013 – 15 Verg 11/12; OLG Düsseldorf Beschluss v. 28.3.2012 – VII-Verg 37/11.
40 *Horn,* VergabeR 2013, 337 (340).
41 OLG Karlsruhe, Beschluss v. 14.11.2014 – 15 Verg 10/14; OLG München, Beschluss v. 25.3.2011 – Verg 4/11; VK Südbayern, Beschluss v. 27.5.2015 – Z3-3-3194-1-15-03/15.

Voraussetzung ist bei Breitbandausschreibungen auch, dass die in den Ausschreibungen enthaltenen finanziellen und sachlichen **Beihilfen** bzw. Fördermittel nicht dazu führen, dass das Betriebsrisiko des privaten Betreibers auf null sinkt.[42] Je nach Höhe des Ausgleichs kann dies dazu führen, dass kein Betriebsrisiko mehr existiert. Dies hätte zur Folge, dass dann anstatt einer Konzession ein öffentlicher Auftrag gemäß § 103 Abs. 1 GWB vorläge.[43] Das Betriebsrisiko wird durch die Gewährung der Zuschüsse allerdings in der Regel nicht vollständig ausgeglichen, wenn es bei der Zahlung bei einer einmaligen Anschubfinanzierung bleibt, wie sie in den Regularien auch vorgesehen ist.[44] Solange der Zuschuss zum Ausbau und Betrieb des NGA-Netzes nicht so konzipiert ist, dass ein Bieter bei Abgabe des Angebots mit einer wirtschaftlich risikolosen Auftragsdurchführung rechnen konnte, bleibt ein ausreichendes Amortisationsrisiko bestehen.[45] Als eindeutige Grenze darf der Ausgleich jedenfalls nicht über einen reinen Zuschuss hinausgehen.[46] Ob dieses Maß überschritten worden ist, hängt insbesondere von den auf dem relevanten Markt vorliegenden Marktbedingungen – konkret: dem Risiko der Konkurrenz durch andere Wirtschaftsteilnehmer – ab.[47] Quantitativ kommt es hinsichtlich der Beurteilung des Betriebsrisikos im Ergebnis nicht auf die Höhe des übernommenen Risikos an, sondern auf die quotale Verteilung zwischen Konzessionsgeber und Konzessionär. Es ist darauf abzustellen, dass der Konzessionär zu einem maßgeblichen Teil dasjenige Risiko übernimmt, dem sich der Konzessionsgeber ausgesetzt sähe, wenn er die betreffende Tätigkeit selbst ausüben würde.[48] Hierbei ist allerdings zu beachten, dass der Konzessionsgeber nicht mehr Risiken übertragen kann, als er selbst trägt. So ist es unschädlich, wenn dem Breitbandkonzessionär bloß ein beschränktes Amortisationsrisiko übertragen wird, weil bereits das Risiko der Kommune als Konzessionsgeber begrenzt war (z.B. infolge von Fördermitteln des Bundes oder des Landes, die sie selbst hätte in Anspruch nehmen können).[49] Eindeutig nicht mehr gegeben wäre das Betriebsrisiko hingegen bei Ausgleichszahlungen, welche wiederkehrende Verluste ausgleichen sollen.[50] Damit gilt: Je größer die Finanzierungslücke beim Bieter ist, desto eher kann eine Konzession angenommen werden.[51]

2. Beschaffungsvorgang

Ein weiteres Tatbestandsmerkmal auch der Breitbandkonzession ist neben dem Übergang des Betriebsrisikos, dass ihr ein „öffentlicher Beschaffungsvorgang" zugunsten des Konzessionsgebers zugrunde liegt.[52]

Ein **Beschaffungsvorgang** ist immer dann gegeben, wenn dem Konzessionsgeber die Leistung entweder unmittelbar zugutekommt oder ihn zumindest mittelbar bei der Erfüllung der ihm obliegenden Aufgaben unterstützt.[53] Dabei muss die Beschaffung dem Konzessionsgeber nicht „körperlich" zugutekommen.[54] Er beschafft sich nicht nur dann eine Leistung, wenn sie ihm „irgendwie" wirtschaftlich zugutekommt – sondern auch dann, wenn er mit der Leistung

---

42 OLG Karlsruhe, Beschluss v. 14.11.2014 – 15 Verg 10/14; *Horn*, VergabeR 2013, 337 (340).
43 VK Westfalen, Beschluss v. 25.1.2018 – VK 1-43/17.
44 OLG Karlsruhe, Beschluss v. 14.11.2014 – 15 Verg 10/14; OLG München, Beschluss v. 25.3.2011 – Verg 4/11; VK Südbayern, Beschluss v. 27.5.2015 – Z3-3-3194-1-15-03/15.
45 OLG Karlsruhe, Beschluss v. 14.11.2014 – 15 Verg 10/14; VK Südbayern, Beschluss v. 27.5.2015 – Z3-3-3194-1-15-03/15; vgl. *Braun*, in: Müller-Wrede, GWB-Vergaberecht, § 105 Rn. 51 ff.
46 Vgl. VK Westfalen, Beschluss v. 25.1.2018 – VK 1-43/17 m. Anm. *Braun*, VPR 2018, 101; *Diemon-Wies/Hesse*, NZBau 2012, 341 (344).
47 EuGH, Urteil v. 10.3.2011 – Rs. C-274/09 (Stadler), Rn. 37.; OLG Karlsruhe, Beschluss v. 14.11.2014 – 15 Verg 10/14; vgl. *Braun*, in: Müller-Wrede, GWB-Vergaberecht, § 105 Rn. 63 ff.
48 EuGH, Urteil v. 10.9.2009 – Rs. C-206/08 (Eurawasser), Rn. 70 ff.; OLG Karlsruhe, Beschluss v. 14.11.2014 – 15 Verg 10/14; OLG München, Beschluss v. 25.3.2011 – Verg 4/11; VK Südbayern, Beschluss v. 27.5.2015 – Z3-3-3194-1-15-03/15.
49 OLG München, Beschluss v. 25.3.2011 – Verg 4/11; VK Südbayern, Beschluss v. 27.5.2015 – Z3-3-3194-1-15-03/15.
50 VK Südbayern, Beschluss v. 27.5.2015 – Z3-3-3194-1-15-03/15; vgl. *Kulartz*, in: Kulartz/Kus/Portz/Prieß, GWB-Vergaberecht, § 105 Rn. 24.
51 VK Westfalen, Beschluss v. 25.1.2018 – VK 1-43/17 m. Anm. *Braun*, VPR 2018, 101.
52 Erwägungsgründe 1, 11 RL 2014/23/EU; VK Nordbayern, Beschluss v. 19.1.2011 – 21.VK-3194-48/10; *Braun*, in: Müller-Wrede, GWB-Vergaberecht, § 105 Rn. 77 ff.; siehe auch *ders.* zu § 1 KonzVgV Rn. 59 ff.
53 OLG München, Beschluss v. 25.3.2011 – Verg 4/11.
54 OLG München, Beschluss v. 25.3.2011 – Verg 4/11.

ihm obliegende Pflichten gegenüber der Bevölkerung erfüllt.[55] Abstrakt betrachtet muss der Konzessionsgeber einen Nutzen aus der Tätigkeit des Konzessionärs ziehen können. Umgekehrt weisen Bereiche, bei denen der Konzessionsgeber nicht einmal mittelbar einen Nutzen aus der Tätigkeit des Konzessionärs ziehen kann, keinen Beschaffungsvorgang auf und sind demgemäß vollständig vergaberechtsfrei.[56] Im Bereich der öffentlichen Daseinsvorsorge erbringt der Konzessionsnehmer eine Leistung, zu deren Erfüllung der Konzessionsgeber verfassungsrechtlich oder einfach-gesetzlich verpflichtet ist. Mit der Delegierung solcher Aufgaben an den Konzessionsnehmer erspart sich der Konzessionsgeber die Durchführung dieser Aufgaben und kann die ihm zur Verfügung stehenden Ressourcen für anderweitige Aufgaben verwenden. Damit zieht er jedenfalls mittelbar einen Nutzen aus der Leistungserbringung durch den Konzessionär und vollzieht daher einen öffentlichen Beschaffungsvorgang.

18 Die Versorgung des Raumes mit **Breitbandnetzen** ist eine Maßnahme der Verbesserung der Infrastruktur, die nicht nur den ansässigen Privatleuten, sondern auch den Wirtschaftsunternehmen zugutekommt.[57] Daher gibt es für Gewerbegebiete auch ein Sonderprogramm im Rahmen der Förderrichtlinie des Bundes mit besonders hohen Bandbreitenzielen.[58] Das Ziel des Ausbaus der NGA-Netze ist die flächendeckende Versorgung von unterversorgten Gebieten mit leistungsfähigen Breitbandanschlüssen, damit eine ungleiche Versorgung zwischen strukturschwachen und strukturstarken Gebieten vermieden wird.[59] Da die heutige Kommunikation ganz entscheidend auf einer leistungsfähigen und schnellen Datenübertragung beruht, ist die Sicherstellung einer derartigen Kommunikationsmöglichkeit heute als Teil der Daseinsvorsorge anzusehen.[60] Dies wird auch durch Art. 87f GG bestätigt, wonach die Versorgung der Bevölkerung mit flächendeckender Telekommunikation Teil der Daseinsvorsorge ist. Eine bessere Breitbandversorgung kommt dem Konzessionsgeber unmittelbar zugute, weil die eigene Region wirtschaftlich gestärkt wird. Dies gilt umso mehr, als das Breitbandnetz nicht nur der Information oder Kommunikation mittels Internet dient, sondern auch der Telefonie und der Fernsehübertragung.[61] Infolgedessen handelt es sich bei der Vergabe von Breitbandkonzessionen um einen Akt der öffentlichen Daseinsvorsorge, der dem Konzessionsgeber dient, und folglich um einen öffentlichen Beschaffungsvorgang.[62]

3. Abgrenzung zur Baukonzession

19 Die Dienstleistungskonzession ist von der Baukonzession abzugrenzen.[63] Im Rahmen des Auswahlverfahrens zur **Schließung einer Wirtschaftlichkeitslücke** gemäß § 6 NGA-RR könnte zunächst angenommen werden, dass die Suche nach einem privaten Telekommunikationsanbieter, der die passive und aktive Breitband-Infrastruktur errichtet/ausbaut und betreibt, als die Vergabe einer Baukonzession einzustufen ist. Dafür spräche, dass der private Anbieter das passive Netz selbst ausbaut und sich sodann über den Betrieb des Netzes durch Drittnutzer refinanziert. Zu beachten ist aber, dass bei Einstufung einer Konstellation als Bau- oder Dienstleistungskonzession präzise auf den Schwerpunkt der zu erbringenden Tätigkeit abzustellen ist.[64] Dieser liegt nämlich auch im Falle des Ausbaus durch den privaten Anbieter trotz der baulichen Maßnahmen auf dem Betrieb des Netzes – konkret der langfristigen Erbringung von Endkunden- und Vorleistungsprodukten mit Hilfe der zu stellenden aktiven Technik. Der Ausbau ist eine einmalige Maßnahme, der aktive Betrieb des Netzes erfolgt aber kontinuierlich mit langfristiger Perspektive. Der Schwerpunkt läge nur dann auf der Baumaßnahme, wenn

---

55 OLG München, Beschluss v. 25.3.2011 – Verg 4/11.
56 Vgl. OLG München, Beschluss v. 22.1.2012 – Verg 17/11.
57 OLG München, Beschluss v. 25.3.2011 – Verg 4/11.
58 Ziff. 5 der Förderrichtlinie des Bundes: „Sonderprogramm Gewerbegebiete zur Förderung der Breitbandanbindung von Industrie- und Gewerbegebieten sowie Häfen mit mind. 1 GBit/s (symmetrisch)".
59 OLG München, Beschluss v. 25.3.2011 – Verg 4/11.
60 OLG Karlsruhe, Beschluss v. 14.11.2014 – 15 Verg 10/14; OLG München, Beschluss v. 25.3.2011 – Verg 4/11; vgl. *Holznagel/Beine*, MMR 2015, 567 (569); *Kühling/Biendl*, DÖV 2012, 409 (414).
61 OLG München, Beschluss v. 25.3.2011 – Verg 4/11.
62 OLG Karlsruhe, Beschluss v. 14.11.2014 – 15 Verg 10/14.
63 Vgl. VK Westfalen, Beschluss v. 25.1.2018 – VK 1-43/17 mit noch weitergehender Abgrenzung zum Bauauftrag.
64 Vgl. § 110 Abs. 1 GWB.

der aktive Betrieb des Netzes nur eine untergeordnete Rolle einnähme. Dies wäre beispielsweise dann der Fall, wenn der Betrieb nur kurzfristig erfolgen und schon nach kurzer Zeit auf einen anderen Betreiber übergehen soll. Dies wird aber in der Praxis kaum jemals der Fall sein, zumal beihilfe- und auch fördermittelrechtlich ein Betrieb über mindestens sieben Jahre vorgegeben ist (§ 6 Abs. 1 S. 3 NGA-RR). Damit liegt aber der Schwerpunkt auf der Erbringung der aktiven Dienstleistungen – in Übereinstimmung mit den Zielen des Konzessionsgebers.

Im Hinblick auf den Fall des kommunalen Eigenausbaus des Breitbandnetzes (**Betreibermodell**) ist dies umso deutlicher der Fall: In dieser Konstellation sucht die Kommune von vornherein einen aktiven Diensteanbieter und erbringt die baulichen Maßnahmen selbst oder im Rahmen der Ausschreibung eines „ganz normalen" Tiefbauauftrags. Im Rahmen dieser Konstellation handelt es sich bei der Suche nach dem Diensteanbieter ohne Weiteres um die Vergabe einer Dienstleistungskonzession.

In beiden Fällen muss, um von einer Konzession im Sinne von § 105 GWB sprechen zu können, das wirtschaftliche **Risiko** auf den privaten Netzbetreiber übergehen, was angesichts dessen Drittnutzerfinanzierung aber typischerweise gegeben ist.[65] Wenn in den Fällen der §§ 5 und 6 NGA-RR Dienstleistungskonzessionen vergeben werden, handelt es sich dabei um ein Verfahren zur Vergabe von „Breitbandkonzessionen".

B. Rechtlicher Rahmen für die Vergabe von Breitbandkonzessionen

Der rechtliche Rahmen der Breitbandkonzessionsvergabe hängt von der Natur der zu vergebenen Leistung ab. Die Frage des Rechtsweges schlägt auf die Art und Weise der tatsächlichen Durchführung des Auswahlverfahrens durch. Je nach dem welcher Beschaffungsaspekt im Vordergrund steht, hat dies Konsequenzen für die materielle Durchführung des Vergabeverfahrens.

I. Zuständigkeit der Verwaltungsgerichtsbarkeit außerhalb des Kartellvergaberechts

Im Bereich außerhalb des Kartellvergaberechts ist dem erfolglosen Bewerber oder Bieter der Gang zu den Vergabekammern gemäß §§ 154, 155 GWB versperrt. Der Rechtsschutz des Bewerbers oder Bieters vollzieht sich stattdessen im Rahmen der ordentlichen Gerichtsbarkeit gemäß § 13 GVG oder der Verwaltungsgerichtsbarkeit gemäß § 40 Abs. 1 S. 1 VwGO. Die Zuständigkeit dieser Gerichtsbarkeiten hängt davon ab, welche **Rechtsnatur** der der Breitbandkonzession zugrunde liegende Vertrag hat. Handelt es sich um einen privatrechtlichen Vertrag zwischen Konzessionsnehmer und der Kommune, so ist der ordentliche Rechtsweg einschlägig. Handelt es sich stattdessen um einen öffentlich-rechtlichen Vertrag i.S.d. §§ 54 ff. VwVfG, so ist das Verwaltungsgericht zuständig. Im Falle eines gemischten Vertrages, der sowohl privatrechtliche als auch öffentlich-rechtliche Gesichtspunkte in sich vereint, ist auf den Schwerpunkt des gesamten Vertragswerkes abzustellen.[66]

Zur Qualifikation als **öffentlich-rechtlicher Vertrag** reicht es gleichwohl nicht aus, wenn durch den Vertrag bloß im Allgemeininteresse liegende Aufgaben erfüllt werden. Maßgeblich für die Bestimmung der Rechtsnatur des Konzessionsvertrages ist nicht das Ziel der Aufgabenerfüllung, sondern die dafür gewählte Rechtsform. Wenn die Ziele des Konzessionsgebers in der Erfüllung von Daseinsvorsorgezielen liegen, ist mit der gewählten Rechtsform des öffentlich-rechtlichen Vertrages außerhalb des förmlichen Vergaberechts von einer Zuständigkeit der Verwaltungsgerichtsbarkeit auszugehen.[67] Die Entscheidung über die Zuerkennung von öffentlichen Leistungen wie Beihilfen ist im Hinblick auf die verfolgten öffentlichen Zwecke als öffentlich-rechtlich zu qualifizieren, unabhängig davon, in welcher Form die näheren Regeln der Gewährung festgelegt werden. Die Ausschreibungsbedingungen richten sich bei Breit-

---

65 So auch VK Südbayern, Beschluss v. 27.5.2015 – Z3-3194-1-15-03/15; im Ergebnis anders VK Westfalen, Beschluss v. 25.1.2018 – VK 1-43/17 m. Anm. Braun, VPR 2018, 101.
66 Vgl. BVerwG, Urteil v. 11.2.1993 – 4 C 18.91.
67 OLG Karlsruhe, Beschluss v. 14.11.2014 – 15 Verg 10/14; VG Freiburg, Urteil v. 29.11.2016 – 3 K 2814/14

bandkonzessionen nach öffentlich-rechtlichen Richtlinien. In ihrer Ausschreibung formuliert der Breitbandkonzessionsgeber in der Regel einseitige Leistungsanforderungen und Bedingungen.[68] Dies gilt insbesondere dann, wenn das Projekt mit Fördermitteln (des Bundes, der EU oder eines Landes) gefördert wird, weil sodann die Fördermittelbedingungen in der Regel umfassend auf die Telekommunikationsunternehmen als Letztempfänger zu übertragen sind.[69] Das gesamte öffentlich-rechtliche Regime des Zuwendungsrechts ist sodann Bestandteil des Konzessionsvertrages. Der fiskalische Beschaffungsvorgang tritt hinter der öffentlich-rechtlichen Zweckbindung zurück, sodass in der Gesamtschau ein öffentlich-rechtlicher Vertrag vorliegt.

II. Zuständigkeit der Vergabekammer oberhalb der Schwellenwerte

25   Wenn der Anwendungsbereich des Kartellvergaberechts für Breitbandkonzessionen eröffnet ist, könnte dem unterlegenen Bewerber oder Bieter jedoch der Rechtsweg zu den **Vergabekammern** gemäß §§ 154, 155 GWB im Oberschwellenbereich gemäß § 106 Abs. 1, Abs. 2 Nr. 4 GWB i.V.m. Art. 8 Abs. 1 RL 2014/23/EU offen stehen. Es ist daher im Hinblick auf die Durchführung eines Auswahlverfahrens auf der Grundlage der §§ 5 oder 6 NGA-RR von Bedeutung, ob diese Verfahren den erweiterten Vorgaben des Kartellvergaberechts gemäß dem GWB und der KonzVgV unterliegen oder „nur" den beihilferechtlichen Vorgaben der NGA-RR oder der AGVO sowie des europäischen Primär- und nationalen Verfassungsrechts einschließlich der daraus abgeleiteten vergaberechtlichen Grundprinzipien (Wettbewerb, Transparenz, Gleichbehandlung und Verhältnismäßigkeit). Da die fördermittelrechtlichen Vorgaben ebenfalls (wie das Beihilferecht) auf das Vergaberecht allgemein verweisen, bedarf dies hier keiner zusätzlichen Behandlung; die Vorgaben sind letztlich dieselben.

26   Die **Anwendbarkeit des Kartellvergaberechts** auf die Verfahren gemäß §§ 5 f. NGA-RR wird zwar von § 5 Abs. 4 NGA-RR bzw. § 6 Abs. 3 i.V.m. § 5 Abs. 4 NGA-RR nahe gelegt („die Bestimmungen des Vergaberechts sind zu beachten", „die Ausschreibungen müssen mit dem Geist und den Grundsätzen der EU-Vergaberichtlinie in Einklang stehen"), jedoch handelt es sich bei dieser Regelung um keine positive Anordnung der Anwendbarkeit des GWB-Vergaberechts. Die Anwendbarkeit des vergaberechtlichen Rechtsregimes hängt vielmehr davon ab, ob all seine (eigenständigen) Anwendungsvoraussetzungen positiv vorliegen und ob negativ keine Bereichsausnahme des förmlichen Vergaberechts in Bezug auf Breitbandkonzessionen einschlägig ist. Hierbei ist auf die Bereichsausnahmen der RL 2014/23/EU abzustellen, die vom deutschen Gesetzgeber im GWB umgesetzt wurden.

1. Die Bereichsausnahme nach § 149 Nr. 8 GWB

27   Art. 11 RL 2014/23/EU besagt, dass die Konzessionsvergaberichtlinie nicht für Konzessionen gilt, die „hauptsächlich dazu dienen, dem [Konzessionsgeber] die Bereitstellung oder den Betrieb öffentlicher Kommunikationsnetze oder die Bereitstellung eines oder mehrerer elektronischer Kommunikationsdienste für die Öffentlichkeit zu ermöglichen". Entsprechend wurde diese Bereichsausnahme in § 149 Nr. 8 GWB umgesetzt. Nach Art. 11 RL 2014/23/EU ist für die Auslegung der Begriffe des „öffentlichen Kommunikationsnetzes" und des „elektronischen Kommunikationsdienstes" auf die Regelungen der RL 2002/21/EG zurückzugreifen. Die Gesetzesbegründung zu § 149 Nr. 8 GWB verweist darüber hinaus darauf, dass es sich zum Beispiel um öffentliche Kommunikationsnetze im Sinne des § 3 Nr. 16a, 27 TKG oder die Bereitstellung eines oder mehrerer elektronischer Kommunikationsdienste im Sinne des § 3 Nr. 17a, 24 TKG handeln kann.[70] Die Begriffsdefinitionen in dieser Ausnahmevorschrift des GWB speisen sich also aus dem Telekommunikationsrecht.

---

68 OLG Karlsruhe, Beschluss v. 14.11.2014 – 15 Verg 10/14; VG Freiburg, Urteil v. 29.11.2016 – 3 K 2814/14.
69 Vgl. z.B. Ziff. 2 der Besonderen Nebenbestimmungen für die auf der Grundlage der Richtlinie „Förderung zur Unterstützung des Breitbandausbaus in der Bundesrepublik Deutschland" durchgeführten Antrags- und Bewilligungsverfahren, die Umsetzung von Projekten und dazu gewährte Zuwendungen des Bundes („BNBest-Breitband").
70 Gesetzesbegründung zu § 149 Nr. 8 GWB, VergRModG 2016, BT-Drs. 18/6281, 125.

a) Einschlägige telekommunikationsrechtliche Definitionen

Art. 2 lit. d RL 2002/21/EG legt die Definition des **„öffentlichen Kommunikationsnetzes"** und Art. 2 lit. c RL 2002/21/EG die Definition des **„elektronischen Kommunikationsdienstes"** fest. Beim „öffentlichen Kommunikationsnetz" handelt es sich danach um „ein elektronisches Kommunikationsnetz, das ganz oder überwiegend zur Bereitstellung öffentlich zugänglicher elektronischer Kommunikationsdienste dient". Unter „elektronischen Kommunikationsdiensten" versteht die RL 2002/21/EG „gewöhnlich gegen Entgelt erbrachte Dienste, die ganz oder überwiegend in der Übertragung von Signalen über elektronische Kommunikationsnetze bestehen, einschließlich Telekommunikations- und Übertragungsdienste in Rundfunknetzen [...]". Damit verweisen beide Begriffe auf den Begriff des „elektronischen Kommunikationsnetzes", innerhalb dessen elektronische Kommunikationsdienste erbracht werden. Gemäß Art. 2 lit. a RL 2002/21/EG handelt es sich bei „elektronischen Kommunikationsnetzen" um „Übertragungssysteme und ggf. Vermittlungs- und Leitwegeinrichtungen sowie anderweitige Ressourcen, die die Übertragung von Signalen über Kabel, Funk, optische oder andere elektromagnetische Einrichtungen ermöglichen [...]". Diese Begriffe sind auch mit dem Definitionskatalog in § 3 TKG in das deutsche Recht umgesetzt worden, wenngleich mit leichten sprachlichen Abweichungen. Mit dem DigiNetzG wurde in Umsetzung der sog. Kostensenkungsrichtlinie 2014/61/EU ergänzend noch das „digitale Hochgeschwindigkeitsnetz" definiert als „Telekommunikationsnetz, das die Möglichkeit bietet, Datendienste mit Geschwindigkeiten von mindestens 50 Megabit pro Sekunde bereitzustellen" (§ 3 Nr. 7a. TKG).

Breitbandnetze allgemein sind nach der Europäischen Kommission Netze mit einer Datenübertragungsrate von bis zu 24 Mbit/s und darüber hinaus die NGA-Netze ab einer Bandbreite von 24 Mbit/s.[71] Gemäß der Neufassung des TKG durch das DigiNetzG wurde nun also noch das digitale Hochgeschwindigkeitsnetz mit Geschwindigkeiten von mindestens 50 Mbit/s ergänzt. Im Rahmen dieser Netze werden elektronische Signale über Kabel oder Glasfaser optisch oder anderweitig auf elektromagnetischem Wege von einem Nutzer an einen anderen übertragen. Insofern handelt es sich bei Breitbandnetzen bzw. NGA-Netzen um „elektronische Kommunikationsnetze" i.S.d. RL 2002/21/EG. Es handelt sich bei „öffentlichen Kommunikationsnetzen" also um keinen eigenständigen *technischen* Begriff, sondern bloß um einen Unterfall des „elektronischen Kommunikationsnetzes", das ganz oder überwiegend der Bereitstellung öffentlich zugänglicher Telekommunikationsdienste dient, die die Übertragung von Informationen zwischen Netzabschlusspunkten ermöglichen. Damit sind die Breitbandnetze „öffentlich" in diesem Sinne, sodass es sich bei diesen zunächst einmal um „öffentliche Kommunikationsnetze" im Sinne der Ausnahmevorschrift des § 149 Nr. 8 GWB handelt.

b) Reichweite der Bereichsausnahme im Hinblick auf die verschiedenen Ausschreibungsmodelle

Die entscheidende Frage ist daher, ob die Konzessionen, die die öffentliche Hand im Rahmen der Schließung von Wirtschaftlichkeitslücken wie auch im Rahmen der Betreibermodelle vergibt, dazu dienen, dem Konzessionsgeber die Bereitstellung oder den Betrieb dieser öffentlichen Dienste zu ermöglichen, wie es von der Bereichsausnahme des Art. 11 RL 2014/23/EU bzw. des § 149 Nr. 8 GWB gefordert ist.[72] Diese Anforderung lässt sich unter den Gesichtspunkten des Wortlautes und teleologischer Überlegungen unterschiedlich interpretieren.

---

71 *Kühling/Biendl*, DÖV 2012, 409 (411).
72 Die VK Westfalen hat das Vorliegen der Ausnahme in § 149 Nr. 8 GWB in ihrem Beschluss v. 25.1.2018 – VK 1-43/17 deswegen abgelehnt, weil keine Konzession im vergaberechtlichen Sinne vorliege. Mit den weiteren Voraussetzungen der Bereichsausnahme aus § 149 Nr. 8 GWB (oder dem für Aufträge parallel ausgestalteten § 116 Abs. 2 GWB) hat sie sich nicht auseinandergesetzt; allerdings ging es auch nur um einen Kostenbeschluss nach Antragsrücknahme, so dass es nur eine kursorische Begründung war. Vgl. dazu auch die Anmerkung zum Beschluss von *Braun*, VPR 2018, 101.

aa) Restriktives Verständnis

31 Es wird zum einen vertreten, dass Art. 11 RL 2014/23/EU (und mit ihm § 149 Nr. 8 GWB[73]) so zu verstehen ist, dass die Bereichsausnahme nicht umfassend für alle Konzessionsvergaben im Bereich öffentlicher Kommunikationsnetze gilt, sondern nur für solche, die im Rahmen des kommunalen Eigenausbaus und Betriebs des NGA-Netzes vergeben werden (also allenfalls im **Betreibermodell**). Für dieses Verständnis der Norm spricht der Wortlaut, dass „dem" Konzessionsgeber die Bereitstellung bzw. der Betrieb des Netzes durch die Vergabe ermöglicht werden muss. Die Vergabe der Konzession müsste also bezwecken, dass die Bereitstellung bzw. der Betrieb des Netzes gerade durch „den" Konzessionsgeber ermöglicht wird. Eine solche Bereitstellung bzw. ein solcher Betrieb durch den Konzessionsgeber selbst erfolgt nur in der Konstellation des kommunalen Eigenausbaus, wenn die Kommune das Netz in Eigenregie errichtet und damit Eigentümerin des Netzes ist. Konsequent zu Ende gedacht bedeutete dies zugleich, dass die Kommune aber auch das Netz selbst betreiben müsste. Dies wäre in der Praxis aber nur dann der Fall, wenn der Betrieb durch ein eigenes kommunales Unternehmen erfolgen würde. Insofern unterfielen nach diesem Verständnis der Norm nur Inhouse-Vergaben von Konzessionen an kommunale Eigen- oder Regiebetriebe der Bereichsausnahme.[74]

32 Alle **anderen Konzessionsvergaben**, die nicht der Kommune die Bereitstellung und insbesondere den Betrieb des Netzes in eigenem Namen, sondern im Namen und zugunsten des privaten Betreibers bezwecken, würden bei dieser Auslegung nicht der Bereichsausnahme unterfallen und unterlägen vollständig den Vorgaben des Kartellvergaberechts.[75] *Bary* bezieht sich zwar auf die Vorschrift des § 100a Abs. 4 GWB a.F. – deren Regelungsgehalt entspricht der heutigen Bereichsausnahme in der Konzessionsvergaberichtlinie und dieser folgend in § 149 Nr. 8 GWB n.F. Auch seiner Auffassung nach ist hinsichtlich der Bereichsausnahme dahingehend zu differenzieren, ob der Konzessionsgeber die Konzession vergeben will, um sodann das Netz in Eigenregie und in eigenem Eigentum stehend bereitzustellen bzw. zu betreiben oder um das Netz durch andere bereitzustellen bzw. betreiben zu lassen.[76] Als konkreter Anknüpfungspunkt zur Unterscheidung zwischen beiden Konstellationen könnte der Umstand dienen, in wessen Eigentum das Netz errichtet wird und für wessen Namen und Rechnung das Netz (wirtschaftlich) betrieben wird. Die Konsequenz dieser Auffassung im Hinblick auf die Vergabe von Breitbandkonzessionen ist, dass das Auswahlverfahren nach § 5 NGA-RR im Rahmen des Betreibermodells nur dann nicht dem Anwendungsbereich des Kartellvergaberechts unterfällt, soweit die Bereitstellung und der Betrieb des Breitbandnetzes durch den Konzessionsgeber erfolgt. Dann liefe diese Bereichsausnahme aber praktisch leer, weil sie nicht notwendig wäre. Denn Inhouse-Vergaben sind bereits nach § 108 GWB von der Anwendung des Kartellvergaberechts befreit.

33 Teilweise wird unter Verweis auf die Parallelvorschrift des § 116 Abs. 2 GWB für öffentliche Aufträge in Anbetracht der fortgeschrittenen Liberalisierung des Telekommunikationsmarktes auch schlicht darauf verwiesen, dass diese Bereichsausnahme heute einen **engen Anwendungsbereich** haben müsse, z.B. im Falle der Zurverfügungstellung von Sendekapazitäten.[77] Darüber hinaus wird auch vertreten, dass bloße „Hilfsgeschäfte" nicht ausreichen, ebenso wenig wie allein rechtliche Vorgaben, z.B. durch einen Vertrag.[78]

---

73 Insoweit wortgleich mit § 116 Abs. 2 GWB für entsprechende Aufträge.
74 Zum Begriff der „In-House-Vergabe" *Knauff/Badenhausen*, NZBau 2014, 395 (398).
75 In diesem Sinne *Bary*, NZBau 2014, 208 (212).
76 Vgl. *Bary*, NZBau 2014, 208 (212).
77 Vgl. *Willenbruch*, in: Willenbruch/Wieddekind, Vergaberecht, § 149 GWB Rn. 10 und § 116 GWB Rn. 14.
78 Vgl. *Röwekamp*, in: Kulartz/Kus/Portz/Prieß, GWB-Vergaberecht, § 116 Rn. 29 unter Verweis auf die VK Bund, Beschluss v. 2.9.2011 – VK 1-108/11 mit Verweis auf die telekommunikationsrechtlichen Definitionen; ebenso *Goodarzi*, in: Gabriel/Mertens/Prieß/Stein, Vergaberecht, § 116 GWB Rn. 7.

bb) Extensives Verständnis

In den meisten Kommentierungen wird richtigerweise auf die **Zielsetzung** abgestellt, nämlich auf das Bestreben, den Mitgliedstaaten den Ausbau insbesondere der Telekommunikationsnetze sowie der Telekommunikationsdienstleistungen zu erleichtern, indem diese Konzessionen von den verfahrensrechtlichen Vorgaben des Kartellvergaberechts befreit werden. Dies rechtfertige sich aus der Bedeutung von Kommunikationsinfrastruktur und -dienstleistungen für die Daseinsvorsorge und die gesellschaftliche Entwicklung. Auch der Ausbau von Breitbandnetzen oder die Ausweitung von Kabelbreitbanddiensten könne daher unter diese Ausnahme fallen.[79] Allerdings fehlt dann in den meisten Fällen der Schluss, dass diese Norm eines umfassenden Verständnisses bedarf, welches sich im Übrigen in der Praxis der Breitbandausschreibungen auch ganz überwiegend durchgesetzt hat. Die Entscheidung der VK Bund vom 2. September 2011[80] kann im Zusammenhang mit der Ausnahme für die Breitbandkonzessionen nicht herangezogen werden, weil es bei dem zu entscheidenden Sachverhalt um eine völlig andere Konstellation ging, nämlich um das Inbetriebnehmen einer Netzplattform für spezielle Dienste, nicht aber um die Erfüllung eines Daseinsvorsorgeauftrags der öffentlichen Hand zur Ermöglichung der Bereitstellung von Hochgeschwindigkeitsnetzen für die Öffentlichkeit.

34

Dieses notwendige umfassendere Verständnis der Norm ergibt sich aus folgenden Überlegungen: Das Wort **„dem"** könnte zum einen abstrakter und damit weiter verstanden werden, infolgedessen „dem" nicht die Bereitstellung bzw. den Betrieb des Netzes im Eigentum und im unmittelbaren wirtschaftlichen Interesse des Konzessionsgebers beinhaltet, sondern auch die Erfüllung der Aufgaben der Kommune zur öffentlichen Daseinsvorsorge durch externe Dritte. „Dem Konzessionsgeber ... zu ermöglichen" würde danach auch den Umstand erfassen, dass dem Konzessionsgeber durch die Übertragung der Aufgabe der Bereitstellung bzw. des Betriebs des Netzes durch einen privaten Betreiber die Wahrnehmung seiner Pflichten zur Daseinsvorsorge ermöglicht wird. Es würde sich mithin nicht nur um „eigenhändiges Ermöglichen" handeln, sondern darüber hinausgehend auch um „Ermöglichen" mithilfe externer Drittunternehmen. Dies gilt insbesondere im Rahmen der Konzessionsvergabe, da bei dieser bekanntlich immer der Konzessionär die Leistung erbringt und dementsprechend Zugriff hat, nicht der Konzessionsgeber.[81]

35

Für dieses weite Verständnis des „dem Konzessionsgeber ... ermöglichen" spricht des Weiteren, dass der Begriff der **„Bereitstellung"** einen sehr weiten Sinngehalt hat. „Bereitstellung" beinhaltet nicht nur, dass das Netz vorhanden ist, sprich existiert, sondern darüber hinausgehend auch, dass es zur Verfügung steht. Die Bereitstellung des Netzes beinhaltet daher auch den Akt des „zur Verfügung Stellens". Die Verwendung dieses deutlich umfassenderen Begriffs durch den europäischen Gesetzgeber anstelle von Begrifflichkeiten wie beispielsweise der „Errichtung" des Netzes ist ein weiterer Hinweis darauf, dass die Vorschrift nicht eng, sondern extensiv verstanden werden will.

36

Hierfür sprechen des Weiteren **teleologische Erwägungen**: Bei der oben dargelegten „restriktiven" Auslegung würde die Bereichsausnahme im Bereich der Vergabe von Konzessionen außerhalb von In-House-Vergaben keine Anwendung finden. Dabei sind reine In-House-Vergaben gerade im Bereich öffentlicher Kommunikationsnetze und elektronischer Kommunikationsdienste wohl äußerste Ausnahmefälle, da den Kommunen oftmals schon das Know-how zum Betrieb von solchen Netzen fehlt und überdies die Frage zu stellen wäre, ob dieses eigenständige Betreiben dem Auftrag öffentlicher Unternehmen im Sinne des Gemeindewirtschaftsrechts entspricht. Es kommt stattdessen auf externe Telekommunikationsunternehmen an, welche den Betrieb übernehmen. Infolgedessen würde die Bereichsausnahme in der Praxis kaum jemals Anwendung finden und sich dadurch als Regelung ohne relevanten Anwendungsfall darstellen. Eine solche Sinnwidrigkeit wird der europäische Gesetzgeber aber kaum bewusst begangen haben. Alles in allem erscheint es daher überzeugender, die Bereichsaus-

37

---

79 Vgl. z.B. *Germelmann*, in: Burgi/Dreher, Vergaberecht, § 149 GWB Rn. 72.
80 VK Bund, Beschluss v. 2.9.2011 – VK 1-108/11.
81 Vgl. *Tugendreich/Heller*, in: Müller-Wrede, GWB-Vergaberecht, § 149 Rn. 97.

nahme des Art. 11 RL 2014/23/EU bzw. § 149 Nr. 8 GWB auf sämtliche Vergaben von Breitbandkonzessionen ausgedehnt zu verstehen, die der Kommune als Konzessionsgeberin unmittelbar oder mittelbar die Bereitstellung oder den Betrieb von NGA-Netzen für die Öffentlichkeit als Erfüllung ihres Daseinsvorsorgeauftrags ermöglichen. Auf eigentumsrechtliche oder wirtschaftliche Gesichtspunkte ist damit nicht abzustellen.

2. Ergebnis: Bereichsausnahme für Breitbandkonzessionsausschreibungen

38   Dies hat zur Folge, dass aufgrund dieser Bereichsausnahme das **Kartellvergaberecht** für Breitbandkonzessionen (und auch für Breitbandaufträge) vollständig ohne Anwendung bleibt, und zwar sowohl für die Schließung einer Wirtschaftlichkeitslücke als auch für das Betreibermodell. Demgemäß bleibt dem unterlegenen Bewerber oder Bieter in den Auswahlverfahren nach §§ 5 und 6 NGA-RR der Gang zur Vergabekammer gemäß §§ 154, 155 GWB versperrt, zudem findet das GWB samt der KonzVgV keine unmittelbare Anwendung auf solche Auswahlverfahren.

39   Aufgrund der beihilferechtlichen Vorgaben der NGA-RR oder der AGVO sowie des europäischen Primär- und nationalen Verfassungsrechts (sowie der fördermittelrechtlichen Vorgaben) verbleibt es dennoch bei einer Anwendung der aus dem **Primär- und Verfassungsrecht** abgeleiteten vergaberechtlichen Grundprinzipien von Wettbewerb, Transparenz, Gleichbehandlung und Verhältnismäßigkeit, auch wenn das GWB und die KonzVgV nicht unmittelbar gelten. Die Unterschiede im materiellen Verfahren und im Rechtsschutz[82] werden geringer werden, zumal auch für Vergaben unterhalb der Schwellenwerte teilweise eine Vorinformation gefordert wird.[83] Eine andere Frage ist, wie und ab welchem Verfahrensstadium sich Telekommunikationsunternehmen gegen den Erlass von Zuwendungsbescheiden z.B. nach der Förderrichtlinie des Bundes vor Gericht zur Wehr setzen können. Denn hier ist festzuhalten, dass insbesondere die vorläufigen Zuwendungsbescheide zunächst nur zwischen Zuwendungsgeber (in der Regel Bund oder Land) und dem Zuwendungsempfänger (Kommune) Geltung beanspruchen. Damit können sich vermeintlich benachteiligte Telekommunikationsunternehmen nicht gegen die Zuwendungsbescheide und deren Vorgaben für das Auswahlverfahren (unmittelbar) wenden.[84]

C. Regeln für das Auswahlverfahren

40   Die Auswahlverfahren nach §§ 5 und 6 NGA-RR unterliegen prozeduralen **Vorgaben** aus verschiedenen Quellen. Die primären Vorgaben und Anforderungen für die Auswahlverfahren treffen die NGA-RR und die AGVO – wobei die AGVO lediglich die im Verfahren einzuhaltenden Grundsätze aufstellt, während die NGA-RR deutlich ausführlicher zu beachtende Details regelt. Zu beachten ist, dass ein Verfahren entweder nach der AGVO oder nach der NGA-RR durchzuführen ist; es ist nicht so, dass die NGA-RR die AGVO umsetzt oder ergänzt. Sie ist vielmehr eine eigenständige beihilferechtliche und von der Kommission genehmigte Freistellungsregelung. Daneben treffen auch die Regelungen des europäischen Primärrechts (Art. 49 und 56, Art. 18 AEUV) und des nationalen Verfassungsrechts (Art. 12 Abs. 1 i.V.m. Art. 3 Abs. 1 GG) bestimmte Vorgaben im Hinblick auf die Grundsätze des Vergaberechts und deren Konkretisierung, die ergänzend im Verfahren (und im Rechtsschutz des unterlegenen Bewerbers oder Bieters) Geltung beanspruchen.

41   Im Hinblick auf die **Bewertung der Angebote** selbst steht der ausschreibenden Stelle ein weiter Bewertungs- oder Beurteilungsspielraum zu. Die Entscheidung kann vom Gericht nur daraufhin überprüft werden, ob die maßgeblichen Verfahrensvorschriften eingehalten worden sind, der Sachverhalt zutreffend und vollständig ermittelt und berücksichtigt worden ist oder sachfremde Erwägungen eingeflossen bzw. vorgegebene Beurteilungsmaßstäbe verletzt

---

82   Dazu siehe unten unter Rn. 112 ff.
83   OLG Düsseldorf, Urteil v. 13.12.2017 – I-27 U25/17.
84   OVG Berlin-Brandenburg, Beschluss v. 12.2.2018 – OVG 6 S 45.17.

worden sind.[85] Der Konzessionsgeber ist jedoch bei seiner Auswahlentscheidung an die von ihm bekannt gegebenen Zuschlagskriterien und deren Gewichtung gebunden.[86]

I. Allgemeine Vergabegrundsätze

Im Rahmen der Auswahlverfahren zu Breitbandkonzessionen ordnet Art. 52 Abs. 4 AGVO an, dass das Auswahlverfahren offen, transparent, diskriminierungsfrei, wettbewerblich und technologieneutral durchgeführt werden muss. Bei den ersten vier Punkten handelt es sich um die klassischen **Grundprinzipien** des Vergaberechts, die im Rahmen einer den Grundrechtsschutz sichernden Verfahrensgestaltung stets zu beachten sind, unabhängig davon, ob eine Dienstleistungskonzession vorliegt.[87] Obgleich in der NGA-RR bloß die Grundsätze der Offenheit und der Transparenz ausdrücklich benannt werden, so gelten uneingeschränkt alle die auch in der AGVO benannten Grundprinzipien, da sie dem europäischen Primärrecht entspringen. Das europäische Primärrecht spannt den allgemeinen Rahmen auf, innerhalb dessen die NGA-RR als nationale Vorschrift ihre Regelungen aufstellt und die Vorgaben der Grundprinzipien einer Konkretisierung zuführt. Mithin sind auch in den Auswahlverfahren nach den §§ 5 und 6 NGA-RR sämtliche vergaberechtlichen Grundprinzipien zwingend zu beachten. 42

Hierbei ist wiederum zu beachten, dass die Vergabegrundsätze sich auch gegenseitig **begrenzen**. Der Wettbewerbsgrundsatz durchbricht beispielsweise den Gleichbehandlungsgrundsatz dadurch, dass Konzessionsgeber weder berechtigt noch verpflichtet sind, bestehende Wettbewerbsvor- oder -nachteile durch die Gestaltung der Vergabeunterlagen auszugleichen.[88] Auch setzt der Wettbewerbsgrundsatz dem Transparenzgebot Grenzen, denn unverzichtbares Kennzeichen der Vergabe von Konzessionen ist der Geheimwettbewerb.[89] Grundsätzlich besteht die Verpflichtung, die Vergaberegeln einzuhalten, da der Konkurrent klageweise Beihilferückforderungen geltend machen kann.[90] 43

1. Transparenzgrundsatz

Der Transparenzgrundsatz wird sowohl in Art. 52 Abs. 4 AGVO als auch in § 5 Abs. 3 S. 1 NGA-RR und § 6 Abs. 3 NGA-RR für das Verfahren zur Vergabe von Breitbandkonzessionen angeordnet. Gemäß § 5 Abs. 3 S. 2 NGA-RR muss die Ausschreibung auf dem zentralen Portal des Bundes – www.breitbandausschreibungen.de – erfolgen. Die Einhaltung des Transparenzgebotes wird von den Verwaltungsgerichten überprüft.[91] Auch wenn die Zivilgerichte nicht zuständig sind, wird dort die Beachtung der allgemeinen Grundsätze (Gleichbehandlungsgrundsatz und Transparenzgebot) angemahnt.[92] 44

Die **Anforderungen** an die Transparenz des Vergabeverfahrens sind vor dem Hintergrund des europäischen Primärrechts umso höher, je interessanter die Breitbandausschreibung für potenzielle ausländische Bieter ist. Je stärker der binnenmarktrelevante Bezug der Ausschreibung besteht, desto stärker soll die EU-weite Kenntnisnahme ermöglicht werden.[93] Die Frage nach der Binnenmarktrelevanz der jeweiligen Konzessionsvergabe ist stets gesondert nach den Umständen des Einzelfalles zu beantworten.[94] Hierbei spielen Umstände wie Konzessionsgegenstand, der geschätzte Konzessionswert, die Besonderheiten des betroffenen Sektors sowie die 45

---

85 VK Niedersachsen, Beschluss v. 2.3.2016 – VgK-01/2016.
86 VK Niedersachsen, Beschluss v. 2.3.2016 – VgK-01/2016.
87 Vgl. OVG Lüneburg, Urteil v. 20.7.2017 – 7 LB 58/16, Rn. 39.
88 OLG Koblenz, Beschluss v. 5.9.2002 – 1 Verg 2/02.
89 OLG Düsseldorf, Beschluss v. 16.9.2003 – VII-Verg 52/03.
90 VG Freiburg, Urteil v. 29.11.2016 – 3 K 2814/14 m.w.N.
91 OVG Lüneburg, Urteil v. 20.7.2017 – 7 LB 58/16, Rn. 39; VG Freiburg, Urteil v. 29.11.2016 – 3 K 2814/14, Rn. 41.
92 OLG Karlsruhe, Beschluss v. 14.11.2014 – 15 Verg 10/14; OLG München, Beschluss v. 25.3.2011 – Verg 4/11.
93 OLG Saarbrücken, Beschluss v. 29.1.2014 – 1 Verg 3/13.
94 Europäische Kommission, Mitteilung der Kommission zu Auslegungsfragen in Bezug auf das Gemeinschaftsrecht, das für die Vergabe öffentlicher Aufträge gilt, die nicht oder nur teilweise unter die Vergaberichtlinien fallen, ABl. EU 2006/C 179/02, Nr. 1.3.

geographische Lage des Ortes der Leistungserbringung eine wesentliche Rolle.[95] Angesichts dessen reicht die in § 5 Abs. 3 S. 2 NGA-RR angeordnete Bekanntgabe im Internet unter Umständen nicht mehr aus, sodass zusätzlich die europaweite Ausschreibung im Amtsblatt der Europäischen Union erfolgen muss. Die Veröffentlichung im Amtsblatt der Europäischen Union (oder auch auf dem Breitbandausschreibungsportal) führen dabei zu einer Selbstbindung der ausschreibenden Stelle[96] im Hinblick auf Verfahrensvorgaben wie auch auf Eignungs- und Zuschlagskriterien.[97]

46 Der Transparenzgrundsatz gebietet es allgemein, dass die **Bekanntmachung** des Ausschreibungsgegenstandes auf angemessene Art und Weise durchgeführt wird.[98] Gemäß § 5 Abs. 5 S. 1 NGA-RR müssen die Auswahlkriterien und deren Gewichtung in der Ausschreibung mitenthalten sein. § 7 NGA-RR enthält Vorgaben im Hinblick auf den unerlässlichen Inhalt der Auswahlkriterien. Diese Angaben sind bereits im Rahmen der Ausschreibung zu veröffentlichen.[99] Innerhalb der Veröffentlichung sind alle Bedingungen und Modalitäten des Auswahlverfahrens klar, präzise und eindeutig zu formulieren, sodass alle gebührend informierten und mit der üblichen Sorgfalt handelnden Interessenten deren genaue Bedeutung verstehen und sie in gleicher Weise auslegen können.[100] Diese Pflicht zur Präzision des Verfahrens und der Kriterien dient auch der ausschreibenden Stelle: Nur so kann sie hinreichend objektiv überprüfen, ob die Angebote der Bieter die für die betreffende Ausschreibung geltenden Kriterien erfüllen.[101] Eine zu hohe Unbestimmtheit der Auswahlkriterien bzw. der Wertungsmaßstäbe birgt die Gefahr in sich, dass die Bieter nicht mehr angemessen über die Kriterien und Modalitäten informiert werden, auf deren Grundlage das wirtschaftlich günstigste Angebot ermittelt wird. Das hätte aber zur Folge, dass sie vor einer willkürlichen oder diskriminierenden Angebotsbewertung nicht mehr hinreichend geschützt wären.[102]

47 Die Pflicht der ausschreibenden Stelle zur Veröffentlichung der Auswahlkriterien und der Gewichtungsregeln nach § 5 Abs. 1 S. 1 NGA-RR erstreckt sich auf **Unterkriterien** oder **Bewertungsmatrizen** – die bloße Benennung der Zuschlagskriterien genügt der Pflicht zur Offenlegung nicht.[103] Als Unterkriterien oder Hilfskriterien werden Kriterien verstanden, die der Ausfüllung und näheren Bestimmung eines Hauptkriteriums dienen und präziser darstellen, worauf es dem Auftraggeber ankommt.[104] Selbst Unter-Unterkriterien sind – wenn GWB-Vergaberecht zur vollen Anwendung kommt – bekannt zu geben, wenn die Bieter nur so ihr Angebot effektiv ausgestalten können bzw. die vergebende Stelle ein differenziertes Wertungsschema entwickelt hat.[105] Erfolgt die Veröffentlichung der Gewichtungsregeln und der Kriterien bzw. Unterkriterien entgegen § 5 Abs. 5 S. 1 NGA-RR nicht vorab in der förmlichen Bekanntgabe, sondern erst hinterher (insbesondere erst nach Angebotsabgabe), so besteht die Gefahr, dass die maßgeblichen Kriterien so gewählt und gewichtet werden, dass eine an

---

95 Europäische Kommission, Mitteilung der Kommission zu Auslegungsfragen in Bezug auf das Gemeinschaftsrecht, das für die Vergabe öffentlicher Aufträge gilt, die nicht oder nur teilweise unter die Vergaberichtlinien fallen, ABl. EU 2006/C 179/02, Nr. 1.3.
96 Vgl. OVG Lüneburg, Urteil v. 20.7.2047 – 7 LB 58/16, Rn. 39.
97 *Braun*, VergabeR 2014, 324 (329).
98 Vgl. OLG Celle, Urteil v. 23.2.2016 – 13 U 148/15.
99 VK Bund, Beschluss v. 3.3.2015 – VK 1 – 4/15.
100 Zwar nicht spezifisch in Bezug auf Breitbandausschreibungen, aber als allgemeine Ausprägung des Transparenzgrundsatzes: Generalanwältin Kokott, Schlussantrag v. 15.12.2011 – Rs. C-368/10, Rn. 144; OLG Karlsruhe, Urteil v. 3.4.2017 – 6 U 156/16 Kart, Rn. 91; OLG Celle, Urteil v. 23.2.2016 – 13 U 148/15; VGH Kassel, Beschluss v. 16.10.2015 – 8 B 1028/15; OVG Berlin-Brandenburg, Beschluss v. 12.5.2015 – OVG 1 S 102.14.
101 EuGH, Urteil v. 10.5.2012 – Rs. C-386/10 (Kommission/Niederlande), Rn. 87, 109; OLG Celle, Urteil v. 23.2.2016 – 13 U 148/15.
102 VK Bund, Beschluss v. 3.3.2015 – VK 1-4/1; VK Niedersachsen, Beschluss v. 12.6.2015 – VgK-16/2015.
103 OLG Düsseldorf, Beschluss v. 19.6.2013 – Verg 8/13; VK Niedersachsen, Beschluss v. 2.3.2016 – VgK-01/2016; VK Bund, Beschluss v. 3.3.2015 – VK 1-4/1; Beschluss v. 14.10.2013 – VK 2-84/13; vgl. auch OLG Karlsruhe, Urteil v. 3.4.2017 – 6 U 156/16 Kart, Rn. 91, zur Konkretisierung der Kriterien anhand der Ziele des § 1 EnWG.
104 In Bezug auf die Begriffe der Unter- und Hilfskriterien BVerwG, Urteil v. 13.12.2012 – 3 C 32/11; VGH Kassel, Urteil v. 15.10.2014 – 9 C 1276/13.T.
105 OLG Düsseldorf, Beschluss v. 19.6.2013 – Verg 8/13; VK Niedersachsen, Beschluss v. 2.3.2016 – VgK-01/2016; VK Bund, Beschluss v. 3.3.2015 – VK 1-4/1.

ihnen orientierte Prüfung und Bewertung der Angebote zu einem bestimmten gewünschten Ergebnis führt.[106]

Transparenz heißt zugleich Berechenbarkeit der **Auswahlentscheidung**: Die ausschreibende Stelle darf bei der Bewertung keine sachfremden, überraschenden oder unter die Kriterien nicht zu subsumierenden Gesichtspunkte einfließen lassen.[107] Ferner müssen aber nicht nur die für die Entscheidung maßgeblichen Kriterien transparent sein – auch die konkrete Auswahlentscheidung und das Verfahren müssen diesen Erfordernissen genügen.[108] Ein weiterer Aspekt des Transparenzgrundsatzes ist die Verpflichtung der ausschreibenden Stelle, die einzelnen Stufen des Vergabeverfahrens, die Maßnahmen und die Begründung der einzelnen Entscheidungen zu dokumentieren.[109]

48

Als Faustformel kann festgehalten werden, dass die ausschreibende Stelle im Rahmen des gesamten Vergabeverfahrens einen solchermaßen angemessenen Grad von Öffentlichkeit sicherstellen muss, dass die **Nachprüfung** ermöglicht wird, ob das Vergabeverfahren offen, transparent, objektiv, unparteiisch sowie frei von Verfahrensfehlern durchgeführt worden ist.[110] Das gesamte Wertungssystem muss so transparent bekannt gegeben werden, dass kein objektiver Raum mehr für Manipulation und Willkür bei der Bewertung der Angebote verbleibt.[111] Die Erfüllung dieser Vorgaben ist mit Blick auf den weiten Beurteilungs- und Bewertungsspielraum der Vergabestelle von hoher Bedeutung.

49

2. Gleichbehandlungsgebot

Art. 52 Abs. 4 AGVO ordnet des Weiteren an, dass die Auswahlverfahren diskriminierungsfrei durchzuführen sind.[112] Der aus dem EU-Primärrecht entspringende Grundsatz der Diskriminierungsfreiheit beinhaltet zum einen das Diskriminierungsverbot und zum anderen das Gleichbehandlungsgebot in Bezug auf alle Teilnehmer am Auswahlverfahren. Beide Grundsätze stehen sich spiegelbildlich gegenüber. Sie gebieten, dass das Verfahren ergebnisoffen und fair zu führen ist, sodass alle Unternehmen die gleichen Chancen haben.[113] Dies ist nur möglich, wenn alle Entscheidungsträger unparteiisch handeln.[114] Auch müssen die Auswahlkriterien sachgerecht ausgestaltet sein.[115] Die Einhaltung des Gleichbehandlungsgrundsatzes bei der Breitbandkonzessionsvergabe ist unstreitig.[116] Bei der Überprüfung der Vergabe von Fördermitteln hat sich das Gericht in erster Linie darauf zu konzentrieren, ob der Anspruch der potentiellen Zuwendungsempfänger auf Wahrung des Gleichbehandlungsgebots beachtet ist.[117]

50

Das **Diskriminierungsverbot** ist insbesondere in seiner europarechtlichen Dimension mit den Grundfreiheiten (Art 49 und 56 AEUV) und Art. 18 AEUV zu sehen, sodass beispielsweise Zeugnisse und andere Befähigungsnachweise aus anderen Mitgliedstaaten anerkannt werden und die Verfahrensfristen so ausgestaltet werden müssen, dass auch Unternehmen aus anderen Mitgliedstaaten ausreichend Zeit haben, die Konzession zu bewerten und ein Angebot

51

---

106 VK Niedersachsen, Beschluss v. 12.6.2015 – VgK-16/2015.
107 VK Niedersachsen, Beschluss v. 2.3.2016 – VgK-01/2016.
108 Zwar nicht spezifisch in Bezug auf Breitbandausschreibungen, aber als allgemeiner Vergabegrundsatz entsprechend auf solche anwendbar: VGH Kassel, Beschluss v. 28.11.2014 – 8 B 1903/14; VGH Kassel, Beschluss v. 7.10.2014 – 8 B 1686/14; VGH München, Beschluss v. 12.8.2013 – 22 CE 13.970; VG Freiburg, Beschluss v. 11.11.2014 – 4 K 2310/14; Vgl. OVG Berlin-Brandenburg, Beschluss v. 12.5.2015 – OVG 1 S 102.14; VG Oldenburg, Beschluss v. 20.6.2013 – 12 B 5090/13.
109 Vgl. z.B. VK Niedersachsen, Beschluss v. 26.3.2014 – VgK-6/2014.
110 EuGH, Urteil v. 13.10.2005 – Rs. C-458/03 (Parking Brixen), Rn. 49; OLG Celle, Urteil v. 23.2.2016 – 13 U 148/15.
111 OLG Düsseldorf, Beschluss v. 21.10.2015 – VII-Verg 28/14.
112 Ebenso Präambel zur NGA-RR.
113 VK Niedersachsen, Beschluss v. 22.2.2016 – VgK-01/2016; VK Bund, Beschluss v. 3.3.2015 – VK 1-4/15; Beschluss v. 14.10.2013 – VK 2-84/13.
114 VK Niedersachsen, Beschluss v. 2.3.2016 – VgK-01/2016.
115 Zwar nicht spezifisch in Bezug auf Breitbandkonzessionen, dieser allgemeine Grundsatz kann aber entsprechend auf solche Verfahren übertragen werden: VGH Kassel, Beschluss v. 28.11.2014 – 8 B 1903/14; Beschluss v. 7.10.2014 – 8 B 1686/14.
116 OLG Karlsruhe, Beschluss v. 14.11.2014 – 15 Verg 10/14; OLG München, Beschluss v. 25.3.2011 – Verg 4/11.
117 Vgl. VGH Mannheim, Urteil v. 17.10.2017 – 9 S 2244/15 (für FAG-Fördermittel).

zu erstellen.[118] Unternehmen aus anderen Mitgliedstaaten dürfen nicht ohne einen rechtfertigenden Grund anders behandelt werden als inländische Unternehmen. Das Gleichbehandlungsgebot korreliert zudem mit dem Transparenzgebot bei der Offenlegung aller Entscheidungsgrundlagen: Nur wenn alle Unternehmen gleichmäßig Zugang zu diesen haben, unterliegen sie auch einer Gleichbehandlung.[119] Dies entspricht auch dem Gedanken des transparenten Verfahrens.

52 Aus dem Grundsatz des Diskriminierungsverbots lässt sich des Weiteren das Verbot der Berücksichtigung von **Nachermittlungen** ableiten: Die Vergabestelle darf nicht nach Ablauf der Frist für die Einreichung der Bewerbungs- oder Angebotsunterlagen einseitig zu Gunsten einzelner Bewerber bzw. Bieter im Rahmen des Auswahlverfahrens ermitteln und dadurch einzelne Bewerbungen oder Angebote gleichsam nachbessern.[120] Das Prinzip der Diskriminierungsfreiheit soll im Ergebnis der Gefahr der Günstlingswirtschaft oder willkürlichen Entscheidungen begegnen und muss sich daher ebenso wie das Transparenzgebot in der konkreten Verfahrensgestaltung niederschlagen.[121]

3. Wettbewerbsgrundsatz

53 Sowohl die AGVO als auch die NGA-RR statuieren die Anforderung, dass das Auswahlverfahren **offen** (und nach der AGVO: wettbewerblich) durchgeführt werden muss. Der Begriff der „Offenheit" des Verfahrens nimmt zum einen Bezug auf dessen Wettbewerblichkeit: Nur wenn ein Verfahren „offen" im Hinblick auf die Teilnahme einer größeren Anzahl an Unternehmen ausgestaltet ist, kann es auch ein wettbewerbliches Verfahren sein.[122] Eine Wettbewerbsverzerrung begründet die Klagebefugnis des Wettbewerbers.[123] Das Verfahren muss nicht nur „normativ" allen interessierten Unternehmen offen stehen, sondern vielmehr auch faktisch: Die Auswahlkriterien dürfen nicht so beschaffen sein, dass bestimmte Unternehmen nie die Chance haben, am Verfahren zu partizipieren.[124]

54 Die „Offenheit" nimmt des Weiteren aber auch Bezug auf den bereits erörterten Grundsatz der **Diskriminierungsfreiheit**: Nur wenn das Verfahren allen interessierten Unternehmen gegenüber gleich offen steht, sodass diese den gleichen Regeln unterliegen und gleichmäßig behandelt werden, ist das Verfahren wirklich „offen".[125] Offenheit kann sich ferner auf das Ergebnis des Verfahrens beziehen: Das Verfahren muss „ergebnisoffen" durchgeführt werden; auch dies ist eine Frage der Diskriminierungsfreiheit und der Wettbewerblichkeit des Verfahrens. Beiden Grundsätzen wird nicht entsprochen, wenn das Ergebnis des Verfahrens bereits von Anfang an feststeht. Mit „offen" ist allerdings nicht gemeint, dass zwingend ein offenes Verfahren im Sinne des Kartellvergaberechts bzw. der Vergaberichtlinien durchzuführen ist. Dies hat die Kommission in ihrer Mitteilung zum Begriff der staatlichen Beihilfe ausdrücklich klargestellt.[126]

55 Der Grundsatz des **Wettbewerbs** ist in allen Phasen des Auswahlverfahrens zu beachten und gilt für Konzessionsgeber und Unternehmen gleichermaßen.[127] Den Konzessionsgeber verpflichtet der Grundsatz, die Verfahrensvorschriften so anzuwenden, dass ein möglichst wirksamer Bieterwettbewerb um die Konzessionen gewährleistet ist.[128] Ausschreibungen oder Teilnahmebedingungen, die geeignet sind, den Wettbewerb zu umgehen, einzuschränken

---

118 Dörr, in: Burgi/Dreher, Vergaberecht, § 97 Abs. 2 GWB Rn. 11 ff.
119 VK Niedersachsen, Beschluss v. 2.3.2016 – VgK-01/2016; VK Bund, Beschluss v. 3.3.2015 – VK 1-4/15.
120 VK Niedersachsen, Beschluss v. 26.3.2014 – VgK-06/2014.
121 EuGH, Urteil v. 12.3.2015 – Rs. C-538/13 (EVigilo), Rn. 34; Urteil v. 29.4.2004 – Rs. C-496/99 (CAS Succhi di Frutta), Rn. 111.
122 VK Bund, Beschluss v. 4.3.2016 – VK 1-4/16.
123 VG Freiburg, Urteil v. 29.11.2016 – 3 K 2814/14, Rn. 30.
124 VK Bund, Beschluss v. 4.3.2016 – VK 1-4/16; vgl. Dörr, in: Burgi/Dreher, Vergaberecht, § 97 Abs. 1 GWB Rn. 15.
125 VK Niedersachsen, Beschluss v. 26.3.2014 – VgK-06/2014.
126 Europäische Kommission, Bekanntmachung der Kommission zum Begriff der staatlichen Beihilfe im Sinne des Artikels 107 Absatz 1 des Vertrags über die Arbeitsweise der Europäischen Union, ABl. EU 2016/C 262/01, Fn. 146.
127 Dörr, in: Burgi/Dreher, Vergaberecht, § 97 Abs. 1 GWB Rn. 9.
128 Dörr, in: Burgi/Dreher, Vergaberecht, § 97 Abs. 1 GWB Rn. 9.

oder auszuschalten, sind unzulässig.[129] Das Verfahren zur Vergabe von Breitbandkonzessionen befindet sich im Spannungsfeld von genehmigungsfreien Beihilfen und muss dementsprechend insbesondere dem unionsrechtlichen Grundsatz des Wettbewerbs entsprechen. Der Wettbewerbsgrundsatz sorgt dafür, dass die Haushaltsaufwendungen und die potenzielle staatliche Beihilfe möglichst gering gehalten werden können.[130] Der Wettbewerbsgrundsatz statuiert im Allgemeinen die eigenständige Anforderung, wonach in einem wettbewerblichen Verfahren eine möglichst hohe Anzahl an Bietern teilnehmen können soll – eine Begrenzung der Bieterzahl darf stets nur auf Grundlage von sachlich nachvollziehbaren Gründen erfolgen, die zudem von einigem Gewicht sein müssen.[131] Bei der Auswahlentscheidung soll es sich dementsprechend um eine objektive Entscheidung zugunsten des Wettbewerbs handeln.[132] Es ist damit unerlässlich, dass objektive Beurteilungskriterien zur Anwendung kommen,[133] und nicht etwa subjektive Präferenzen und Werturteile ohne sachlich relevanten Bezug. Der Wettbewerbsgrundsatz geht im Ergebnis mit den Grundsätzen der Transparenz und der Gleichbehandlung Hand in Hand – ohne hinreichende Transparenz oder vollständige Gleichbehandlung aller Unternehmen existiert auch kein freier Wettbewerb um die Ausschreibung.

4. Verhältnismäßigkeitsgrundsatz

Jedes verwaltungsrechtliche Auswahlverfahren unterliegt auch dem der Verwaltungstätigkeit immanenten Grundsatz der Verhältnismäßigkeit, der nunmehr auch ausdrücklich in § 97 Abs. 1 S. 2 GWB verankert ist. Danach dürfen alle Anforderungen an die Unternehmen und an das Verfahren nicht übermäßig aufwendig gestaltet werden. Der Aufwand für die Erstellung des Angebots durch den Bieter darf nicht unverhältnismäßig hoch zum Umfang und zur Bedeutung der zu vergebenden Breitbandkonzession ausfallen.[134] Auch muss der Ausschluss eines Unternehmens vom Verfahren unter Einhaltung der Verhältnismäßigkeit erfolgen.[135] Breitbandausbaumaßnahmen finden in einem regulierten Umfeld statt. Dort stellen sich regelmäßig Fragen der Verhältnismäßigkeit.[136]

56

II. Bereichsspezifische Vorgaben

Bereichsspezifische Vorgaben hinsichtlich des Auswahlverfahrens treffen die AGVO und vor allem die NGA-RR.

57

Bei Regelungslücken oder schlichtem Schweigen der NGA-RR zu bestimmten Fragen können die verfahrensrechtlichen Vorgaben der **KonzVgV** zumindest gedanklich als im Sinne eines Vergabeverwaltungsrechtes[137] als Verfahrensrichtschnur herangezogen werden. Obgleich die KonzVgV nur bei Anwendbarkeit des GWB Regelungswirkung entfaltet, ist es angesichts der beihilferechtlichen Dimension von Breitbandausschreibungen ratsam, dass sich die ausschreibende Stelle von den Vorgaben der KonzVgV „leiten" lässt. Es ist zwingend notwendig, dass im Verfahren zur Vergabe von Breitbandkonzessionen die Grundsätze des Vergaberechts eingehalten werden. Anderenfalls sind die Voraussetzungen für eine genehmigungsfreie Beihilfe nicht erfüllt und die Vergabe der in § 5 und § 6 NGA-RR genannten Leistungen ist unionsrechtswidrig bzw. im Wege einer Einzelnotifizierung bei der Kommission genehmigungsbe-

58

---

129 OLG Celle, Beschluss v. 24.5.2007 – 13 Verg 4/07.
130 Vgl. Europäische Kommission, Mitteilung der Kommission – Leitlinien der EU für die Anwendung der Vorschriften über staatliche Beihilfen im Zusammenhang mit dem schnellen Breitbandausbau (in der Fassung der Änderungsmitteilung der Kommission, ABl. EU 2014/C 198/02), ABl. EU 2013/C 25/01 Rn. 78c.
131 *Dörr*, in: Burgi/Dreher, Vergaberecht, § 97 Abs. 1 GWB Rn. 13 ff.
132 Vgl. EuGH, Urteil v. 4.2.2016 – Rs. C-336/14 (Ince), Rn. 55; vgl. VGH Kassel, Urteil v. 15.10.2014 – 9 C 1276/13.T; OVG Münster, Urteil v. 25.11.2011 – 20 D 38/10.AK.
133 Europäische Kommission, Mitteilung der Kommission – Leitlinien der EU für die Anwendung der Vorschriften über staatliche Beihilfen im Zusammenhang mit dem schnellen Breitbandausbau (in der Fassung der Änderungsmitteilung der Kommission, ABl. EU 2014/C 198/02), ABl. EU 2013/C 25/01, Rn. 78c.
134 *Dörr*, in: Burgi/Dreher, Vergaberecht, § 97 Abs. 1 GWB Rn. 53 ff.
135 Generalanwalt Sánchez-Bordona, Schlussanträge v. 30.6.2016 – Rs. C-171/15 (Connexxion Taxi Services), Rn. 57.
136 Vgl. z.B. VG Köln, Urteil v. 17.3.2017 – 9 K 8589/16.
137 Vgl. *Braun*, VergabeR 2014, 324.

dürftig.[138] Insofern bietet es sich an, die Regelungen der KonzVgV als Vorschläge zur Gestaltung des Verfahrens zu betrachten, die analog auf die Vergabe von Breitbandkonzessionen angewendet werden können.

59 Diese **beihilferechtlichen Vorgaben** sind auch stets zu beachten, wenn ein Ausbauprojekt mit Fördermitteln unterstützt wird. Denn zum einen fußen die Fördermittelregelungen auf den Beihilferegelungen und nehmen Bezug darauf (zumeist auf die NGA-RR, teilweise aber auch auf die AGVO). Zum anderen ist das Beihilferecht, das unmittelbarer Ausfluss aus Art. 107 AEUV ist, höherrangig als das (nationale) Fördermittelrecht und geht schon deswegen den Fördermittelregelungen vor. Bei geförderten Projekten sind dennoch zusätzlich die besonderen fördermittelrechtlichen Nebenbestimmungen und Auflagen zu beachten, die jedoch zumeist inhaltliche Vorgaben machen, weniger verfahrensrechtliche. Ein (zumindest allgemeiner) Verweis auf die Einhaltung vergaberechtlicher Vorgaben besteht aber auch in den Fördermittelregelungen.

1. Vorgaben der AGVO und NGA-RR

60 Das Auswahlverfahren gemäß § 5 oder § 6 NGA-RR wird maßgeblich durch die detaillierten Vorgaben der NGA-RR im Übrigen determiniert; die Vorgaben für ein Verfahren nach der AGVO sind weniger detailliert. Beide Vorschriften sind jedoch stets im Lichte der Breitbandleitlinien der Kommission, die den spezifischen beihilferechtlichen Rahmen für Breitbandnetze vorgeben, zu sehen und auszulegen.

a) Anwendungsvoraussetzungen für Breitbandbeihilfen

61 Da es sich bei den Auswahlverfahren gemäß §§ 5 und 6 NGA-RR unmittelbar um die Zulässigkeitsvoraussetzungen für die Vergabe von Beihilfen und „nur" mittelbar um die Vergabe einer Breitbandkonzession im Sinne des Vergaberechts handelt, wird das Recht der Breitbandausschreibungen vom europarechtlichen **Beihilferecht** überlagert und determiniert. Die Vergabe der in den §§ 5 und 6 NGA-RR genannten Beihilfen ist nur dann ohne weitere Notifizierung bei der Europäischen Kommission möglich, wenn sie sämtliche Vorgaben der NGA-RR auch einhalten. Art. 52 Abs. 1 AGVO statuiert hierzu, dass Investitionsbeihilfen für den Ausbau der Breitbandversorgung dann mit dem Binnenmarkt vereinbar und von der Anmeldepflicht nach Art. 108 Abs. 3 AEUV freigestellt sind, wenn die Voraussetzungen des Art. 52 und des Kapitels 1 der AGVO erfüllt sind.[139] Dasselbe gilt für Verfahren, die nach der NGA-RR durchgeführt werden, denn die NGA-RR ist ebenfalls wie auch die AGVO eine Freistellungsvorschrift, deren Vorgaben vollständig einzuhalten sind, damit eine Beihilfe als von vornherein zulässig angesehen wird.

62 Art. 3 Abs. 1 lit. y AGVO ordnet an, dass die AGVO nicht für Beihilfen im Bereich von Breitbandinfrastrukturen gilt, wenn diese den **Schwellenwert** in Höhe von 70 Millionen Euro pro Vorhaben überschreiten. Art. 3 Abs. 2 AGVO stellt hierbei ein Umgehungsverbot auf, wonach dieser Schwellenwert nicht durch eine künstliche Aufspaltung der Beihilferegelungen oder Fördervorhaben umgangen werden darf. Dies muss die ausschreibende Kommune zwingend beachten, wenn sie ein Auswahlverfahren zur Vergabe einer Breitbandkonzession auf der Grundlage der AGVO durchführen will (eine vergleichbare Anwendungsgrenze gibt es in der NGA-RR nicht). Auch müssen die Beihilfen gemäß Art. 5 Abs. 1 AGVO transparent beschaffen sein. Art. 5 Abs. 2 AGVO stellt hierzu eine gesetzliche Fiktion der Transparenz für die in dem Absatz genannten Beihilfen auf. Danach gelten beispielsweise Beihilfen in Form von Zuschüssen und Zinszuschüssen, in Form von Krediten und in Form von Garantien als transparent. Im Rahmen der Ausschreibung hat die Kommune demzufolge darauf zu achten, dass die ausgeschriebenen Finanzmittel unter die Gruppen des Art. 5 Abs. 2 AGVO zu subsumieren sind.

---

138 Vgl. *Kleve/Gayger*, NVwZ 2018, 273 (274).
139 Umfangreich zur AGVO und den Freistellungsvoraussetzungen für Breitbandprojekte *Freund/Bary*, MMR 2015, 230; zur AGVO im Allgemeinen *Soltész*, NJW 2014, 3128.

Darüber hinaus statuiert Art. 6 Abs. 1 AGVO, dass nur diejenigen Beihilfen in den Anwendungsbereich der AGVO fallen, die einen **Anreizeffekt** haben. Vergleichbar zu der Fiktion in Art. 5 stellt auch Art. 6 Abs. 2 AGVO bestimmte Voraussetzungen auf, unter denen gesetzlich angenommen wird, dass eine Beihilfe einen Anreizeffekt aufweist. Gemäß Art. 6 Abs. 2 S. 1 AGVO muss der Beihilfeempfänger hierfür einen schriftlichen Beihilfeantrag in dem betreffenden Mitgliedstaat gestellt haben. Dieser Antrag muss die in Art. 6 Abs. 2 S. 2 lit. a bis lit. e AGVO genannten Punkte enthalten. Unter diese Angaben fallen der Name und die Größe des Unternehmens, die Beschreibung des Vorhabens mit Angabe des Beginns und des Abschlusses, der Standort des Vorhabens, die Kosten sowie die beantragte Art der Beihilfe. Mithin muss der ausgewählte private Betreiber im Anschluss an das Auswahlverfahren diesen Antrag ordnungsgemäß stellen. 63

Diese eher allgemeinen Vorgaben der AGVO sind, da sie letztlich auf die Breitbandleitlinien der Kommission zurückzuführen sind, auch bei der Anwendung der **NGA-RR** auf ein Breitbandprojekt einzuhalten; hier sind allerdings noch die deutlich detaillierteren Regelungen der NGA-RR gerade im Hinblick auf vertragliche Sicherstellungen einzuhalten. 64

b) Markterkundungsverfahren und Festlegung der „weißen Flecken"

Im Rahmen der Ermittlung des Bedarfs muss die ausschreibende Kommune im Vorfeld der Durchführung eines Auswahlverfahrens zur Vergabe von Beihilfen und einer Breitbandkonzession gemäß § 4 Abs. 1 NGA-RR bzw. Art. 52 Abs. 3 AGVO zwingend zunächst ein sog. Markterkundungsverfahren durchführen. Im Rahmen dieses Verfahrens ist zu prüfen und festzustellen, ob im betreffenden Gebiet in den nächsten drei Jahren eine eigenwirtschaftliche Erschließung durch Aufbau eines NGA-Netzes durch Telekommunikationsunternehmen ohne staatliche Unterstützung zu erwarten ist. Eine genehmigungsfreie Beihilfe i.S.v. Art. 52 Abs. 1 AGVO kann gemäß Art. 52 Abs. 3 AGVO (ebenso nach der NGA-RR) nur dann vergeben werden, wenn dies nicht zu erwarten ist. Solche Gebiete werden als „weiße NGA-Flecken" bezeichnet.[140] 65

aa) Durchführung des Markterkundungsverfahrens

Um den Markt hierfür zu „erkunden", hat die Kommune gemäß § 4 Abs. 2 S. 1 NGA-RR auf dem zentralen **Online-Portal** www.breitbandausschreibungen.de eine Zusammenfassung des Erschließungsvorhabens mit einer Beschreibung der im Zielgebiet vorhandenen Breitbandversorgung (einschließlich Mobilfunk) zu veröffentlichen. Sie hat außerdem die Beteiligten zur Stellungnahme aufzufordern. Diese haben der Kommune für das betreffende Gebiet ihre etwaigen Ausbaupläne sowie die eigene und kontrollierte vorhandene Infrastruktur mitzuteilen. Hierbei sollten detaillierte Informationen, unter anderem zu den aktuellen Upload- und Downloadgeschwindigkeiten, abgefragt werden.[141] Detaillierte Breitbandkarten und eingehende Befragungen sorgen neben anderem für ein hohes Maß an Transparenz.[142] Die Unternehmen haben hierfür nach § Abs. 3 S. 1 NGA-RR mindestens vier Wochen Zeit. Die Ergebnisse der Markterkundung werden gemäß § 4 Abs. 4 NGA-RR auf dem oben genannten Online-Portal veröffentlicht. 66

Das **Auswahlverfahren** nach § 5 oder § 6 NGA-RR soll gemäß § 4 Abs. 6 NGA-RR spätestens zwölf Monate nach Beendigung des Markterkundungsverfahrens eingeleitet werden, soweit festgestellt ist, dass keine Erschließung durch private Betreiber über den Markt erfolgen wird. Es muss sich beim jeweiligen Gebiet um „weiße NGA-Flecken" i.S.v. § 2 Abs. 2 NGA-RR handeln, nur diese sind gemäß § 5 Abs. 1 NGA-RR bzw. Art. 52 Abs. 3 AGVO beihilfefähig und 67

---

140 Europäische Kommission, Mitteilung der Kommission – Leitlinien der EU für die Anwendung der Vorschriften über staatliche Beihilfen im Zusammenhang mit dem schnellen Breitbandausbau (in der Fassung der Änderungsmitteilung der Kommission, ABl. EU 2014/C 198/02), ABl. EU 2013/C 25/01, Rn. 75; vgl. auch *Holtmann*, EuZW 2017, 589 (591).
141 Niedersächsisches Ministerium für Wirtschaft, Arbeit und Verkehr, Handlungsempfehlungen für NGA-Projekte von Kommunen auf Grundlage der AGVO, S. 8.
142 Europäische Kommission, Mitteilung der Kommission – Leitlinien der EU für die Anwendung der Vorschriften über staatliche Beihilfen im Zusammenhang mit dem schnellen Breitbandausbau (in der Fassung der Änderungsmitteilung der Kommission, ABl. EU 2014/C 198/02), ABl. EU 2013/C 25/01, Rn. 78b.

damit zulässiger Gegenstand eines Auswahlverfahrens nach den §§ 5 und 6 NGA-RR. Hierbei sollten die Kommunen auch nicht leichtfertig die Eigenausbaumeldungen der Telekommunikationsunternehmen als nicht ausreichend bewerten, um sie letztlich unberücksichtigt zu lassen; vielmehr ist auf eine größere Detaillierung hinzuwirken, wenn denn Meldungen nach Auffassung der Kommune zu unpräzise sein sollten. Anderenfalls riskiert die Kommune die Beihilfewidrigkeit ihres eigenen Projektes, wenn sie die Eigenausbaumeldungen unzulässigerweise ignoriert. Diese Gefahr wird in der Praxis oftmals übersehen.

bb) Nachmeldungen von Eigenausbauabsichten

68 Im Zuge der Genehmigung von Fördermitteln durch Bund und Länder ist in diesem Zusammenhang verstärkt zu beobachten, dass die Jahresfrist zwischen Abschluss der Markterkundung und Beginn der Ausschreibungsverfahren nach den §§ 5 oder 6 NGA-RR schwierig einzuhalten ist. Denn die Markterkundung ist auch Voraussetzung für den Fördermittelantrag, der also erst nach Abschluss der Markterkundung erarbeitet und gestellt werden kann; erst nach der vorläufigen Fördermittelgenehmigung kann das Auswahlverfahren in der Regel richtig starten. Bei den daraus resultierenden langen Verfahrenszeiten ist es häufig dazu gekommen, dass privatwirtschaftliche Unternehmen nach Abschluss der Markterkundungsphase, teils während des laufenden Auswahlverfahrens, Eigenausbauabsichten nachgemeldet haben, weil sie ihre Ausbaupläne aufgrund eines sich permanent ändernden Marktumfeldes zwischenzeitlich aktualisiert oder geändert hatten.

69 Um die Fördermittelprojekte nicht zu gefährden und ein einheitliches Projektgebiet von der Antragstellung bis zum endgültigen Fördermittelbescheid (nach Abschluss der Auswahlverfahren) sicherzustellen, hat der Bund in Ziffer 9.3 seines **Leitfadens zur Förderrichtlinie des Bundes**[143] folgende Regel zur Anerkennung von Eigenausbauabsichten aufgestellt:

„Bekundet ein Unternehmen seinen Ausbauwillen erst *nach* abgeschlossenem Marktkundungsverfahren, so ist dieser Ausbauwille nur bei vertraglicher Verpflichtung des ausbauwilligen Unternehmens und nur dann durch die Gemeinde zwingend zu berücksichtigen, solange noch kein Antrag auf Bundesförderung gestellt wurde. Maßgebend ist hierfür das Datum des Endes der Antragsfrist des jeweiligen Aufrufs."

Diese Praxis ist vom VG Berlin[144] gehalten worden. Die Verwaltungsübung, einen nach Beendigung des Markterkundungsverfahrens, nach Stellung des Förderantrags und nach dem Ende der Antragsfrist des Aufrufs (für Förderanträge) erklärten Ausbauwillen eines Unternehmens bei der Ermittlung weißer Flecken nicht mehr zu berücksichtigen, ist ermessensfehlerfrei. Das Gericht hat allerdings offengelassen, welche Konsequenzen der Beihilfegeber ziehen muss, wenn das Unternehmen das streitgegenständliche Gebiet tatsächlich ausgebaut hat.[145]

70 Ergänzt hat der Bund diese Regel schließlich noch durch eine sog. **Wohlverhaltensvereinbarung** mit der Deutschen Telekom AG als dem größten privatwirtschaftlichen Netzbetreiber in der Bundesrepublik Deutschland.[146] In dieser Vereinbarung verpflichtet sich die Deutsche Telekom AG freiwillig, künftig im Zeitraum bis zur Veröffentlichung der Ergebnisse der jeweiligen Ausschreibung keinen Eigenausbau mehr nachzumelden, wenn eine Meldung im Einzelfall ausnahmsweise nicht im Markterkundungsverfahren erfolgt ist. Vor Abschluss dieser Vereinbarung erfolgte Nachmeldungen können durch die Kommunen ignoriert oder aufgegriffen werden. Die Deutsche Telekom will sich jedenfalls an der Ausschreibung mit einem Angebot über das komplette Fördergebiet beteiligen. Für den Fall, dass sich die Kommune für die

---

143 Bundesministerium für Verkehr und digitale Infrastruktur, Leitfaden zur Umsetzung der Richtlinie „Förderung zur Unterstützung des Breitbandausbaus in der Bundesrepublik Deutschland" (Förderrichtlinie) des BMVI vom 22.10.2015, Version 6 v. 14.7.2017, Ergänzung v. 11.8.2017.
144 VG Berlin, Beschluss v. 23.10.2017 – 26 L 741.17.
145 VG Berlin, Beschluss v. 23.10.2017 – 26 L 741.17.
146 Wohlverhaltensvereinbarung vom 25.1.2017 zwischen dem Bundesministerium für Verkehr und digitale Infrastruktur und der Deutschen Telekom AG besteht hinsichtlich der Meldung eigenwirtschaftlicher Ausbauvorhaben nach Ablauf des Markterkundungsverfahrens (Nachmeldung), abrufbar unter:
https://www.dstgb.de/dstgb/Homepage/Schwerpunkte/Breitbandinfrastruktur/Material/Telekom%20sichert%20Wohlverhalten%20beim%20Breitbandausbau%20zu/Wohlverhaltenserkl%C3%A4rung%20Deutsche%20Telekom%20AG%20und%20BMVI.pdf.

Durchführung des Fördervorhabens entscheidet, wird die Deutsche Telekom erst, nachdem die Ergebnisse der Ausschreibung des Vorhabens veröffentlicht wurden, auf Basis einer ergebnisoffenen Neubewertung über einen eigenwirtschaftlichen Ausbau (also die Umsetzung der Nachmeldungen) entscheiden. Das Bundesministerium für Verkehr und digitale Infrastruktur wird, um Marktverzerrungen auszuschließen, in gleich gelagerten Fällen von anderen Marktteilnehmern die Einhaltung dieser Regelung einfordern. Sollte sich abweichendes Verhalten anderer Marktteilnehmer abzeichnen, welches zu einer Marktverzerrung führen könnte, werden Bundesministerium für Verkehr und digitale Infrastruktur und Deutsche Telekom die bestehende Vereinbarung überprüfen und ggfs. neue Verfahren vereinbaren.

Diese Regelungen, die letztlich einem reibungslosen Ablauf der Förderprojekte dienen und Investitionssicherheit für die Kommunen schaffen sollen, sind unter beihilferechtlichen Gesichtspunkten äußerst fragwürdig: Grundlage einer jeden Beihilfemaßnahme ist immer der bereits beschriebene notwendige Anreizeffekt;[147] zudem sind die Beihilfen nach AGVO und NGA-RR immer nur in weißen Flecken, also dort, wo kein eigenwirtschaftlicher Ausbau erfolgt, zulässig. Aufgrund der Wohlverhaltensverpflichtung wird aber künstlich die Minimierung der weißen Flecken verhindert, sodass tatsächlich für Gebiete, in denen an sich eigenwirtschaftlicher Ausbau erfolgen könnte, Beihilfen gezahlt werden. Noch deutlicher wird dieser **Missstand**, wenn den Kommunen durch einen Leitfaden zu einer Fördervorschrift des Bundes (also letztlich eine nationale Verwaltungsvorschrift) „erlaubt" wird, nachträgliche Eigenausbaumeldungen zu ignorieren, nur weil ein Fördermittelantrag bereits gestellt wurde. Diese nationale Verwaltungsvorschrift soll das unmittelbar aus dem EU-Primärrecht abgeleitete Beihilferecht also offenbar aushebeln. Inwieweit die Europäische Kommission als für die Einhaltung des Beihilferechts zuständige Behörde in die Abfassung dieser Leitlinienvorschrift oder auch der Wohlverhaltensvereinbarung einbezogen wurde, ist nicht bekannt. Tatsache ist aber, dass die Europäische Kommission die Genehmigung der NGA-RR an sich und auch späterer Konkretisierungen sehr ernst genommen hat und in der Regel auch nur mit Änderungen akzeptiert hat. Ob diese beiden nationalen Regelwerke genehmigt wurden oder würden, darf bezweifelt werden.

cc) Selbstverpflichtung zum Nahbereichsausbau

Ein spezieller Bereich ist mittlerweile aus dem Anwendungsbereich für staatliche Beihilfen und für Fördermittel von vornherein ausgenommen, und zwar der sog. **Nahbereich** um die Hauptverteiler. Für diese Bereiche hat die Deutsche Telekom AG sich gegenüber der Bundesnetzagentur einseitig verpflichtet, diese sog. Nahbereiche auszubauen, und zwar mit Bandbreiten bis zu 50 Mbit/s. Diese Ausbauzusage schließt zugleich eine Wettbewerbseinschränkung mit ein, da technologiebedingt in diesen Bereichen der klassische entbündelte Zugang zur Teilnehmeranschlussleitung nicht mehr möglich ist.

Die **Bundesnetzagentur** hatte nach Genehmigung durch die Europäische Kommission ihre entsprechende Regulierungsverfügung erlassen, in der sie die Einschränkung des Wettbewerbs durch die Ausbauverpflichtung der Deutschen Telekom AG einerseits akzeptiert, andererseits durch detaillierte Vorgaben für die alternative Zugangsgewährung wiederum abgemildert hat.[148] Das **VG Köln** hat diese Entscheidung der Bundesnetzagentur bestätigt und dabei ausdrücklich festgehalten, dass der Abschluss eines öffentlich-rechtlichen Vertrages auch im Bereich der Marktregulierung nach §§ 9 ff. TKG nicht von vornherein ausscheide. Die Berücksichtigungsfähigkeit einer Selbstverpflichtung ergebe sich bereits aus § 21 Abs. 1 S. 2 Nr. 7 TKG, wonach bereits auferlegte Verpflichtungen nach dem TKG oder freiwillige Angebote am Markt, die von einem großen Teil des Marktes angenommen werden, bei Regulierungsverfügungen zu beachten sind, wenn diese zur Sicherstellung der in § 2 TKG genannten Regulierungsziele ausreichen. Im konkreten Fall werde durch die einseitig verpflichtend abgegebene Ausbauzusage der Deutschen Telekom AG weder das Regulierungsermessen der Bundesnetzagentur unzulässig eingeschränkt noch werde in Rechte Dritter eingegriffen. Das Tele-

---
147 Vgl. *Holtmann*, EuZW 2017, 589 (592).
148 Bundesnetzagentur, Beschluss v. 1.9.2016 – BK 3g-15/004 (Vectoring-II).

kommunikationsgesetz kenne keinen absoluten Schutz von Belangen des Wettbewerbs in dem Sinne, dass diese Belange von vorneherein keiner Abwägung mit gegenläufigen Regulierungszielen zugänglich wären. Das gelte insbesondere, wenn nach den Feststellungen der Bundesnetzagentur eine Maßnahme zwar beträchtliche Auswirkungen auf den Wettbewerb habe, diese Auswirkungen aber in gewissem Umfang kompensiert werden können (hier: durch das Angebot von Ersatzprodukten).[149]

74 Festzuhalten bleibt daher, dass aufgrund der selbstverpflichtenden Ausbauzusage der Nahbereich um die Hauptverteiler letztlich nicht mehr als **weißer Fleck** einzuordnen ist und daher aus Beihilfe- und Förderprojekten auszuscheiden hat.

c) Bekanntgabe der Ausschreibung und Einreichung der Angebotsunterlagen

75 Die **Bekanntgabe** der Ausschreibung muss gemäß § 5 Abs. 3 S. 1 NGA-RR offen und transparent auf der zentralen Plattform des Bundes – www.breitbandausschreibungen.de – erfolgen. Diese Bekanntgabe muss bereits gemäß § 5 Abs. 5 S. 1 NGA-RR die Auswahlkriterien sowie die Gewichtungsregeln enthalten. Die Kriterien müssen anbieter- und technologieneutral formuliert sein. Im Rahmen dessen hat die Kommune die ihr bekannten bestehenden Infrastrukturen im Zielgebiet (z.B. Backbone-Trassen, Leerrohre, Glasfaserkabel, HVT, KVz, Outdoor-DSLAM, LWL, Türme, Funkmasten, Bahntrassen und Straßen) zu kartographieren und ebenfalls in der Ausschreibung zu veröffentlichen.[150] Hierzu kann sie auch den Infrastrukturatlas der Bundesnetzagentur nutzen. Im Rahmen des Auswahlverfahrens gemäß § 6 NGA-RR (Errichtung des NGA-Netzes durch den privaten Betreiber) hat die Kommune in der Ausschreibung hinsichtlich der NGA-Breitbandinfrastruktur gemäß Art. 52 Abs. 5 S. 3 AGVO bzw. § 5 Abs. 2 NGA-RR mitzuteilen, dass die Leerrohre groß genug für mehrere Kabelnetze und auf verschiedene Netztypologien ausgelegt sein müssen. In der Praxis haben sich folgende drei Leerrohrsysteme als geeignet herausgestellt:

- Verwendung von DN 100 zur Verlegung auf beiden Straßenseiten,
- Verwendung von 3 Stück x PEHD 50 x 4,6 zur Verlegung auf beiden Straßenseiten,
- Verwendung eines bedarfsabhängigen Flatliner- oder Microrohrverbandes zur Verlegung auf beiden Straßenseiten.[151]

Durch die sehr konkreten Vorgaben in den Nebenbestimmungen zu Fördermittelbescheiden des Bundes insbesondere zur Dimensionierung passiver Infrastruktur sowie zum einheitlichen Materialkonzept[152] ist die Auswahl allerdings in vielen Projekten mittlerweile stark eingeschränkt.

76 Die in Bezug auf die Ausschreibung einzureichenden Angebotsunterlagen der Bieter müssen nach § 5 Abs. 6 NGA-RR im **Betreibermodell** als Mindestniveau folgende Angaben beinhalten:

- Angaben zur Zuverlässigkeit und Hochwertigkeit der technischen Lösungen,
- Angaben zur Höhe der Zahlung für die Nutzung der passiven Infrastrukturen,
- die Verpflichtung zur Herstellung eines offenen und diskriminierungsfreien Zugangs auf Vorleistungsebene und zur errichteten Infrastruktur und Angaben zur geplanten Art und Weise der Erfüllung dieser Verpflichtung einschließlich indikativer Angabe möglicher Vorleistungspreise,
- Angaben zu Ort, Art und Umfang der erforderlichen Leistungen einschließlich einer Qualifizierung der hierfür voraussichtlich anzusetzenden Kosten.

---

149 VG Köln, Urteil v. 17.3.2017 – 9 K 8589/16.
150 Niedersächsisches Ministerium für Wirtschaft, Arbeit und Verkehr, Handlungsempfehlungen für NGA-Projekte von Kommunen auf Grundlage der AGVO, S. 10.
151 Niedersächsisches Ministerium für Wirtschaft, Arbeit und Verkehr, Handlungsempfehlungen für NGA-Projekte von Kommunen auf Grundlage der AGVO, S. 12.
152 Abrufbar unter https://www.atenekom.eu/bfp/downloads/.

Im Hinblick auf das Auswahlverfahren nach § 6 NGA-RR müssen die Angebotsunterlagen der Bieter gemäß § 6 Abs. 2 NGA-RR im **Wirtschaftlichkeitslückenmodell** zusätzlich zu den in § 5 Abs. 6 NGA-RR genannten Punkten folgende Angaben beinhalten:

77

- Informationen zur zu errichtenden NGA-Breitbandinfrastruktur,
- die für Netzaufbau und -betrieb kalkulierten Kosten einschließlich der Kosten der Finanzierung,
- vorhandenes und erwartetes Kundenpotenzial und das daraus abzuleitende Umsatzpotenzial,
- erwartete Einnahmen aus der Vermarktung von Vorleistungsprodukten,
- nach Zuschlag und Umsetzung angebotene Dienste sowie Erstproduktangebote.

Neuerdings ist für vom Bund geförderte Projekte überdies eine „Zusicherung zur Einhaltung der Mindestanforderungen" von den Bietern in den Auswahlverfahren zu fordern. In dem Formblatt heißt es ausdrücklich, dass die Zusicherung mit dem Angebot einzureichen sei. Fehle diese oder werde sie verändert, würde das Angebot von der Wertung ausgeschlossen.[153] Der Bund greift also ausdrücklich mit den Bedingungen für die Fördermittel in die Gestaltung der Vergabeunterlagen und -bedingungen für die Auswahlverfahren ein.

d) Auswahlkriterien und Verpflichtungen

Im Hinblick auf die unerlässlichen **Auswahlkriterien** enthält § 7 NGA-RR konkrete Regelungen. Die Zuschlagskriterien müssen gemäß § 7 Abs. 1 S. 2 NGA-RR objektiv ausgestaltet sein. Die Kommune hat im Rahmen der Bekanntgabe der Ausschreibung qualitative Kriterien aufzustellen, anhand derer die Angebote beurteilt werden. Die Zuschlagskriterien können beispielsweise die geografische Abdeckung, die Nachhaltigkeit des technologischen Ansatzes oder die Auswirkungen des Vorhabens auf den Wettbewerb betreffen.[154]

78

Der **Zuschlag** ist gemäß § 7 Abs. 1 S. 1 NGA-RR auf dasjenige Angebot zu erteilen, das in Bezug auf die jeweilige Beihilfeart (Finanz- oder Sachmittel) das wirtschaftlichste ist. Dies ist bei demjenigen Bieter gegeben, der bei vergleichbaren oder sogar identischen Qualitätsbedingungen den niedrigsten Beihilfebetrag beantragt und bei der Gesamtbewertung seines Angebots die meisten Prioritätspunkte erhält.[155] Bei vergleichbaren Konditionen ordnet § 7 Abs. 1 S. 1 NGA-RR ergänzend an, dass derjenige Bieter den Zuschlag erhalten soll, der den höchsten Betrag für die Nutzung der passiven Infrastruktur der Kommune zu zahlen bereit ist. Dieses Kriterium kann freilich nur dann gelten, wenn die passive Infrastruktur im Eigentum der Kommune steht und an den privaten Betreiber vermietet/verpachtet wird. Das Verhältnis der Infrastrukturbetreiber allgemein ist durch das DigiNetzG neu geordnet worden; die Kommunen und kommunalen Unternehmen sind hier einerseits zu mehr Kooperation einschließlich Mitverlegung mit privaten Betreibern verpflichtet, andererseits aber auch berechtigt.[156]

79

§ 7 NGA-RR enthält ferner **Verpflichtungen** des künftigen Betreibers, welche dieser für die Laufzeit der jeweiligen Konzession einzuhalten hat. Diese Verpflichtungen müssen sich im Auswahlverfahren auf der Ebene der Zuschlagskriterien ebenso wie in den vertraglichen Ausführungsverpflichtungen niederschlagen.

80

---

153 Abrufbar unter https://www.atenekom.eu/bfp/downloads/.
154 Europäische Kommission, Mitteilung der Kommission – Leitlinien der EU für die Anwendung der Vorschriften über staatliche Beihilfen im Zusammenhang mit dem schnellen Breitbandausbau (in der Fassung der Änderungsmitteilung der Kommission, ABl. EU 2014/C 198/02), ABl. EU 2013/C 25/01, Rn. 78d.
155 Europäische Kommission, Mitteilung der Kommission – Leitlinien der EU für die Anwendung der Vorschriften über staatliche Beihilfen im Zusammenhang mit dem schnellen Breitbandausbau (in der Fassung der Änderungsmitteilung der Kommission, ABl. EU 2014/C 198/02), ABl. EU 2013/C 25/01, Rn. 78d.
156 Zur Auswirkung des DigiNetzG auf Kommunen und kommunale Unternehmen allgemein siehe *Karrer/Reuße*, BWGZ 2017, 449.

aa) Offener und diskriminierungsfreier Zugang zum geförderten Netz

81 Die Bieter müssen in ihren Angebotsunterlagen gemäß § 7 Abs. 2 S. 1 NGA-RR zunächst **nachweisen**, dass sie im geförderten Netz einen offenen und diskriminierungsfreien Zugang zu den errichteten Infrastrukturen auf Vorleistungsebene gewährleisten werden.[157] Dies gilt insbesondere in Bezug auf den Zugang zu Leerrohren, Kabelverzweigern, unbeschalteten Glasfasern und den Bitstrom. Tabellarisch zusammengefasst müssen die Bieter folgende Zugangsvarianten – abhängig von der jeweils geförderten Infrastruktur – anbieten:[158]

Die konkrete **Ausgestaltung** des Zugangs ist dem Verhältnis zwischen Betreiber und Wettbewerber vorbehalten. Nichtsdestotrotz muss dieses Verhältnis den Anforderungen des § 7 NGA-RR genügen. Nach Auffassung der Bundesnetzagentur umfasst ein nachfragegerechter (mit § 7 Abs. 2 NGA-RR konformer) Bitstromzugang einen Zugang sowohl auf Layer-2- als auch auf Layer-3-Ebene.[159]

bb) Gewährung eines virtuellen Zugangsprodukts bei Vectoring

82 Die Gewährung eines möglichst umfassenden Zugangs zugunsten Dritter zum Netz des privaten Betreibers i.S.v. Art. 52 Abs. 5 S. 1 AGVO ist zwar ein Grundsatz des Breitbandausschreibungsrechts, der gleichwohl aber in der NGA-RR unter bestimmten Umständen **Ausnahmen** erfährt. Dies ist dann der Fall, wenn und solange die Bereitstellung der geförderten Zugangsformen technisch und ökonomisch nicht realisierbar sind. Eine solche Beschränkung des Zugangsanspruchs ist in § 7 Abs. 2 S. 2 NGA-RR insbesondere für den Einsatz von VDSL2-Vectoring an geförderten Kabelverzweigern (KVz) vorgesehen. Der Grund hierfür ist, dass die mit der Vectoring-Technologie realisierbaren Bandbreitengewinne nach dem gegenwärtigen Stand der Technik nur dann erzielt werden können, wenn der technische Zugriff auf die Teilnehmeranschlussleitungen im KVz nur durch einen Netzbetreiber erfolgt. Die Voraussetzung für den Ausschluss des allgemeinen Zugangsanspruchs ist gemäß § 7 Abs. 2 S. 2 und S. 3 NGA-RR, dass der die Beihilfe empfangende Netzbetreiber ein gleichwertiges virtuelles Zugangsprodukt (Virtual Unbundled Local Access – VULA) als Ersatz für den entbündelten Zugang zur Teilnehmeranschlussleistung (TAL) bereitstellt.[160] Dieses Zugangsprodukt muss dabei die Kriterien, die im Erläuternden Memorandum der Empfehlung für relevante Märkte aufgeführt und erörtert sind, erfüllen. Im Falle der beabsichtigten Verwendung der Vectoring-Technologie durch den Bieter ist daher durch diesen nachzuweisen, dass er ein solches von der Europäischen Kommission genehmigtes Zugangsprodukt verwenden wird.[161] Der Ausschluss einer Zugangsvariante kommt insgesamt nur in Frage, wenn die Zugangsgewährung (nach dem jeweiligen Stand der Technik) technisch unmöglich ist.[162] Dies muss durch den Bieter gegenüber der Kommune glaubhaft nachgewiesen werden. Als Unterausnahme statuiert § 7 Abs. 4 S. 2 NGA-RR zudem, dass unabhängig von der Begründung ein Ausschluss nicht dazu führen darf, dass bereits nachgefragte Zugangsvarianten im Ausschreibungsgebiet durch die Beihilfe (durch den Ausbau von Seiten des privaten Betreibers) unmöglich gemacht werden.

83 Aus dem Gebot des § 7 Abs. 2 S. 1 NGA-RR der Gewährung eines offenen und diskriminierungsfreien Zugangs zum Netz lässt sich ableiten, dass dieser Zugang durch interessierte Dritte auch möglichst effektiv nutzbar sein soll. Damit ein Wettbewerber den für seine Nachfrage passenden Netzzugang wählen und auch effektiv nutzen kann, sind daher die **Zugangs-**

---

[157] Europäische Kommission, Mitteilung der Kommission – Leitlinien der EU für die Anwendung der Vorschriften über staatliche Beihilfen im Zusammenhang mit dem schnellen Breitbandausbau (in der Fassung der Änderungsmitteilung der Kommission, ABl. EU 2014/C 198/02), ABl. EU 2013/C 25/01, Rn. 80a.
[158] Bundesnetzagentur, Hinweise zur Gestaltung der Zugangsverpflichtung nach NGA-RR, S. 2.
[159] Bundesnetzagentur, Hinweise zur Gestaltung der Zugangsverpflichtung nach NGA-RR, S. 2.
[160] Für weitergehende Ausführungen zu den Kriterien eines gleichwertigen VULA-Produktes siehe unten Rn. 98 ff.
[161] Mit Entscheidung vom 11.8.2017 (C(2017) 5572 final) hat die Europäische Kommission drei VULA-Produkte genehmigt, und zwar von DNS:NET, von der Deutschen Telekom und von NetCologne.
[162] Bundesnetzagentur, Hinweise zur Gestaltung der Zugangsverpflichtung nach NGA-RR, S. 4.

rechte weitergehend zu konkretisieren. Insbesondere folgende Aspekte sollten diese „erweiterten" Zugangsrechte umfassen:
- Kollokation an den Übergabestandorten sowie ergänzend ein Zutrittsrecht zu den Kollokationsräumen und den Einrichtungen, zu denen Zugang gewährt worden ist,
- Bereitstellung aller Informationen, die für die entsprechenden Zugangsleistungen erforderlich sind, insbesondere Informationen zu technischen Spezifikationen, Netzmerkmalen, Bereitstellungs- und Nutzungsbedingungen sowie über die zu zahlenden Entgelte,
- zeitnahe Bearbeitung von Zugangsnachfragen.[163]

Die Grundsätze der **Offenheit** und der **Diskriminierungsfreiheit** des Zugangs sollen verhindern, dass der ausgewählte Bieter externe Nachfrager untereinander oder zu sich selbst ohne sachlichen Grund unterschiedlich behandelt.[164] Insoweit binden diese Grundsätze nicht nur die öffentliche Hand im Rahmen des Auswahlverfahrens, sondern auch den ausgewählten Netzbetreiber gegenüber externen Drittunternehmen. Die Kommune muss als ausschreibende Stelle im Rahmen ihrer Auswahlkriterien nachvollziehbar überprüfen, ob der auszuwählende Bieter diese Verpflichtungen hinreichend glaubhaft und effektiv zu erfüllen gedenkt. Die „erweiterten" Zugangsrechte können hierbei eine Rolle spielen. 84

Die Bieter haben nach § 7 Abs. 3 NGA-RR weiter nachzuweisen, dass sie den effektiven Zugang auf **Vorleistungsebene** so früh wie möglich vor Inbetriebnahme des Netzes – für mindestens sieben Jahre – gewähren.[165] Im Hinblick auf die passive Infrastruktur (einschließlich Kabel) haben sie den effektiven Zugang sogar für unlimitierte Dauer zu garantieren.[166] Für den Fall, dass der Netzbetreiber auch Endkundendienste anbietet, soll der Zugang bereits sechs Monate vor Markteinführung gewährleistet sein mit dem Ziel, ein zeitgleiches Angebot auch durch den oder die anderen Anbieter zu ermöglichen. 85

cc) Sonstige Verpflichtungen, zukunftssichere Errichtung des Netzes

Zudem haben die Bieter die Verpflichtung gemäß § 7 Abs. 4 NGA-RR einzuhalten, dass der Zugang auf Vorleistungsebene und zur passiven Infrastruktur auch bei **Veränderungen der Eigentumsverhältnisse**, der Verwaltung oder des Betriebs der geförderten Infrastruktur durchsetzbar sein wird. Die Bieter müssen nachweisen, dass sie diese Verpflichtung auf ihren Rechtsnachfolger übertragen werden. Dies ist auch in den Nebenbestimmungen zu den Fördermittelbescheiden im Sinne der Einhaltung der Zweckbindungsfrist von Fördermitteln stets eine wesentliche Grundbedingung. Auch sieht § 7 Abs. 4 S. 1 NGA-RR vor, dass im Falle der Vergabe der Beihilfe dieselben Zugangsbedingungen im gesamten geförderten Netz gelten müssen – auch in den Teilen des Netzes, in denen bestehende Infrastruktur genutzt wurde. Das bedeutet, dass der offene Zugang auch zu solchen Teilen des Netzes zu gewähren ist, die bereits zur Infrastruktur des geförderten Netzbetreibers gehören oder die er für den Aufbau der Infrastruktur angemietet hat/anmietet.[167] Dies gilt unabhängig von der Marktstellung des die Beihilfe erhaltenden Netzbetreibers, auch wenn ansonsten das TKG für Verpflichtungen im Rahmen der Zugangsregulierung eine beträchtliche Marktmacht des betroffenen Netzbetreibers voraussetzt (§ 20 Abs. 1 S. 1 TKG).[168] Aber nur mit einer umfassenden Zugangsverpflichtung für das gesamte Netz kann im geförderten Netz ein effektiver Zugang zu einer 86

---

163 Bundesnetzagentur, Hinweise zur Gestaltung der Zugangsverpflichtung nach NGA-RR, S. 4.
164 Europäische Kommission, Mitteilung der Kommission – Leitlinien der EU für die Anwendung der Vorschriften über staatliche Beihilfen im Zusammenhang mit dem schnellen Breitbandausbau (in der Fassung der Änderungsmitteilung der Kommission, ABl. EU 2014/C 198/02), ABl. EU 2013/C 25/01, Rn. 80b; Bundesnetzagentur, Hinweise zur Gestaltung der Zugangsverpflichtung nach NGA-RR, S. 5.
165 Europäische Kommission, Mitteilung der Kommission – Leitlinien der EU für die Anwendung der Vorschriften über staatliche Beihilfen im Zusammenhang mit dem schnellen Breitbandausbau (in der Fassung der Änderungsmitteilung der Kommission, ABl. EU 2014/C 198/02), ABl. EU 2013/C 25/01, Rn. 80a.
166 Europäische Kommission, Mitteilung der Kommission – Leitlinien der EU für die Anwendung der Vorschriften über staatliche Beihilfen im Zusammenhang mit dem schnellen Breitbandausbau (in der Fassung der Änderungsmitteilung der Kommission, ABl. EU 2014/C 198/02), ABl. EU 2013/C 25/01, Rn. 80a.
167 Bundesnetzagentur, Hinweise zur Gestaltung der Zugangsverpflichtung nach NGA-RR, S. 3.
168 Zu Marktabgrenzung und Marktbeherrschung bei Kabelkanalanlagen vgl. BGH, Urteil v. 24.1.2017 – KZR 2/15.

durchgehenden Verbindung gewährleistet werden.[169] Dieser ist wiederum notwendig, um die mit der Beihilfe einhergehende mögliche Marktverzerrung so gering wie möglich zu halten.

87 Darüber hinaus müssen die Bieter in ihrem Angebot gemäß § 7 Abs. 5 S. 1 NGA-RR nachweisen, dass sich die von ihnen anvisierten **Vorleistungspreise** für den Zugang an denjenigen Vorleistungspreisen orientieren, die in wettbewerbsintensiveren Regionen für gleiche oder vergleichbare Zugangsleistungen verlangt werden. Zum anderen können sich die Vorleistungspreise auch an denjenigen orientieren, die von der Bundesnetzagentur (im Rahmen der Entgeltregulierung nach §§ 27 ff. TKG) für gleiche oder vergleichbare Zugangsleistungen festgelegt oder genehmigt worden sind. Gemäß § 7 Abs. 5 S. 2 NGA-RR muss die endgültige Vereinbarung zwischen der öffentlichen Hand und dem ausgewählten Betreiber (der Konzessionsvertrag) vor Abschluss schriftlich an die Bundesnetzagentur gesendet werden. Sofern die Bundesnetzagentur nicht innerhalb von acht Wochen ab Zugang Stellung nimmt, kann der Vertrag geschlossen werden. Im Falle der Gewährung von Fördermitteln sollte parallel auch noch vor Vertragsschluss (also letztlich vor Zuschlagserteilung) eine Abstimmung mit den Fördermittelgebern erfolgen, da nach Zuschlagserteilung noch der endgültige Zuwendungsbescheid beantragt werden muss. In diesem Rahmen könnte der Fördermittelgeber sonst nachträglich Änderungen verlangen, was vergaberechtlich wiederum genau zu prüfen wäre; hier gilt es, eventuelle geplante Änderungen der Fördermittelgeber vorab in den Vertrag möglichst umfassend zu integrieren. Daher ist in die Zeitplanung der Auswahlverfahren zwingend auch die Abstimmung mit der Bundesnetzagentur einerseits und mit den Fördermittelgebern andererseits einzuplanen.

88 Gemäß der Vorgabe des § 7 Abs. 7 Hs. 2 NGA-RR muss der Bieter schließlich in seinem Konzept nachweisen, dass er (bei eigener Errichtung des NGA-Netzes) das Netz **zukunftssicher** errichtet. Physische Charakteristika müssen so gestaltet werden, dass sie mehreren Wettbewerbern die Möglichkeit geben, ihre aktiven und passiven Netzelemente an die bestehende Infrastruktur anzuschließen. Mit dieser Regelung soll insbesondere verhindert werden, dass die passive Infrastruktur nur insoweit ausgebaut wird, dass Zugangsnachfragen zu dieser aus Kapazitätsgründen abgelehnt werden können.[170] Sofern nicht die Kommune, sondern der private Betreiber die Infrastruktur aufbauen soll, muss daher eine entsprechende Verpflichtung in die Auswahlkriterien bzw. in den Konzessionsvertrag aufgenommen werden.[171] Eine deutliche Regelung in dieser Hinsicht enthält § 5 Abs. 2 NGA-RR, wonach die ausgebauten Leerrohre für mehrere Kabelnetze und darüber hinaus sowohl für Point-to-Point-Lösungen als auch für Point-to-Multipoint-Lösungen ausgelegt sein müssen. Auch die Fördermittelbedingungen setzen eine ausreichende Dimensionierung der neu zu errichtenden Infrastruktur voraus. Andernfalls liegt die Erfüllung der Verpflichtung des § 7 Abs. 7 NGA-RR bei der öffentlichen Hand.

e) Grundsatz der Technologieneutralität

89 Gemäß Art. 52 Abs. 4 AGVO und § 5 Abs. 5 S. 1 NGA-RR ist im Auswahlverfahren der Grundsatz der Technologieneutralität zu wahren. Die NGA-RR verlangt hierzu, dass die Auswahlkriterien technologieneutral bestimmt sein müssen. Dieser beihilferechtliche Grundsatz stellt sich als Fremdkörper im Gefüge des öffentlichen Beschaffungsrechts dar.[172] Das Vergaberecht regelt nicht, was die ausschreibende Stelle beschafft, sondern nur die Art und Weise.[173] Dieser Grundsatz wird durch die Technologieneutralität durchbrochen. Auch das Telekommunikationsrecht selbst verfolgt letztlich keinen echten technologieneutralen Ansatz, insbesondere nicht seit der Neufassung durch das DigiNetzG. § 77d TKG spricht im Rahmen der Mitnutzung öffentlicher Versorgungsnetze zwar noch allgemein von „Komponenten des öffentlichen Versorgungsnetzes" bzw. von „Komponenten digitaler Hochgeschwindigkeitsnetze", auch

---

169 Bundesnetzagentur, Hinweise zur Gestaltung der Zugangsverpflichtung nach NGA-RR, S. 3.
170 Bundesnetzagentur, Hinweise zur Gestaltung der Zugangsverpflichtung nach NGA-RR, S. 3.
171 Bundesnetzagentur, Hinweise zur Gestaltung der Zugangsverpflichtung nach NGA-RR, S. 3.
172 *Braun/Zwetkow*, VergabeR 2015, 521 (529).
173 *Braun/Zwetkow*, VergabeR 2015, 521 (529).

wenn laut Legaldefinition dieser Netze nur auf die zu erzielende Bandbreite abgestellt wird (§ 3 Nr. 7a. TKG). In § 77i Abs. 6 und 7 TKG ist im Rahmen der Mitverlegungspflichten jedoch von „passiven Netzinfrastrukturen sowie Glasfaserkabeln" die Rede. Dies gilt insbesondere für die Pflicht gemäß § 77i Abs. 7 S. 2 TKG, wonach im Rahmen der Erschließung von Neubaugebieten stets sicherzustellen ist, dass geeignete passive Netzinfrastrukturen, ausgestattet mit Glasfaserkabeln, mitverlegt werden.[174]

aa) Inhalt und Umfang

Die **Technologieneutralität** besagt im beihilferechtlichen Kontext von Breitbandausschreibungen, dass im Rahmen der Auswahlverfahren nach den §§ 5 und 6 NGA-RR keine der möglichen Technologien oder Netzplattformen bevorzugt oder ausgeschlossen werden sollen. Sofern zwischen den jeweiligen Technologien im Hinblick auf ihre Funktionalität für die Erreichung der Ziele des Breitbandausbauprogrammes keine signifikanten Unterschiede bestehen, sie also funktional austauschbar sind, dürfen sie nicht unterschiedlich behandelt werden.[175] Der Grundsatz der Technologieneutralität stellt die Vorgabe auf, dass die Bieter berechtigt sein sollen, die Versorgung mit den geforderten Breitbanddiensten unter Nutzung einer (Kombination von) Technologie(n) vorzuschlagen, die sie als am besten geeignet erachten.[176] Zugleich ist aber die Kommune aufgrund ihres weiten Leistungsbestimmungsrechts dazu berechtigt, die am besten geeignete technische Lösung oder einen Technologiemix auf der Grundlage ihrer objektiven Auswahlkriterien auszuwählen. In größeren Zielgebieten kann es sich anbieten, eine universelle Breitbandabdeckung durch eine Kombination verschiedener Technologien zu erreichen.[177]

90

Der Grundsatz der Technologieneutralität ist demnach eine besondere Ausprägung der **Diskriminierungsfreiheit**, die sich auf den technologischen Bereich bezieht. Er gilt gleichermaßen für die Ausgestaltung der Auswahlkriterien, der Gewichtungsregeln, der Verfahrensgestaltung sowie der Bekanntgabe der Veröffentlichung. Die zu diesem Grundsatz der Diskriminierungsfreiheit dargestellten Gesichtspunkte und Regeln[178] sind entsprechend auf den technologischen Bereich anzuwenden.

91

Auch spielt die Technologieneutralität eine wesentliche Rolle im Hinblick auf den effektiven **Wettbewerb** im Breitbandsektor. Die überdurchschnittlich häufige Auswahl einer bestimmten Technologie kann sich wettbewerbsverzerrend auf die Entwicklung und den Markterfolg anderer Technologien auswirken.[179] Aus dem Gebot der Technologieneutralität folgt, dass ein solcher Auswuchs zu vermeiden ist. Die Kommunen haben darauf zu achten, dass sämtlichen Technologien dieselbe Chancengleichheit eingeräumt wird. Ein Abwägungsvorsprung darf sich nicht schon aus den Ausschreibungsunterlagen ergeben.

92

bb) Einschränkungen

Obgleich dieser Grundsatz zunächst vordergründig zu beachten ist, erfährt der Grundsatz der Technologieneutralität aufgrund anderer Ziele des Breitbandausbauprogrammes nichtsdestoweniger gewisse Einschränkungen.

93

Problematisch ist die vollkommen technologieneutrale Ausschreibung immer dann, wenn bei einer solchen Ausschreibung die öffentliche Hand faktisch dazu gezwungen wäre, ihren bisher verwendeten Stand an Technik, den „technischen Status quo" zugunsten einer anbieter-

94

---

174 Vgl. zum Spannungsfeld zwischen Technologieneutralität im Beihilferecht und Mitverlegungspflichten mit Glasfaser auch *Holtmann*, EuZW 2017, 589 (591).
175 *Cornils*, in: Geppert/Schütz, TKG, § 1 Rn. 28.
176 Europäische Kommission, Mitteilung der Kommission – Leitlinien der EU für die Anwendung der Vorschriften über staatliche Beihilfen im Zusammenhang mit dem schnellen Breitbandausbau (in der Fassung der Änderungsmitteilung der Kommission, ABl. EU 2014/C 198/02), ABl. EU 2013/C 25/01, Rn. 78e.
177 Europäische Kommission, Mitteilung der Kommission – Leitlinien der EU für die Anwendung der Vorschriften über staatliche Beihilfen im Zusammenhang mit dem schnellen Breitbandausbau (in der Fassung der Änderungsmitteilung der Kommission, ABl. EU 2014/C 198/02), ABl. EU 2013/C 25/01, Rn. 78e.
178 Siehe hierzu oben Rn. 50 ff.
179 *Cornils*, in: Geppert/Schütz, TKG, § 1 Rn. 29.

und technologieneutralen Ausschreibung aufzugeben.[180] Dies würde dazu führen, dass es unter Verletzung ökologischer und ökonomischer Gesichtspunkte zur Verlegung doppelter oder paralleler Netze kommt. Da der Breitbandausbau vor dem Hintergrund der Beihilfen möglichst wirtschaftlich erfolgen soll,[181] muss in solchen Konstellationen eine Ausnahme gelten. Wenn daher das Ausschreibungsziel, nämlich die Versorgung der Bevölkerung mit einer leistungsfähigen Breitbandversorgung ohne volkswirtschaftlich und ökologisch unsinnige Infrastrukturverdopplungen, nur mit einer Einschränkung der Technologieneutralität einhergeht, dann ist dies auswahlverfahrensrechtlich vom **Leistungsbestimmungsrecht** der ausschreibenden Stelle gedeckt.[182] Dies wird auch dadurch verstärkt, dass gemäß § 4 Abs. 7 NGA-RR zu vermeiden ist, dass der staatliche Eingriff (also die zu gewährende Beihilfe) zu einer Überlagerung bestehender Infrastruktur führt. Die rechtlichen Grenzen des Leistungsbestimmungsrechts sind daher eingehalten, wenn die Bestimmung durch den Konzessionsgegenstand sachlich gerechtfertigt ist, vom Konzessionsgeber dafür nachvollziehbare objektive und konzessionsbezogene Gründe angegeben worden sind und die Bestimmung folglich willkürfrei getroffen worden ist, solche Gründe tatsächlich vorhanden sind und die Bestimmung andere Wirtschaftsteilnehmer nicht diskriminiert.[183] Obgleich dies den Vorgaben der AGVO bzw. der NGA-RR als beihilferechtliche Regelungen zumindest teilweise widerspricht, ist auch das Leistungsbestimmungsrecht der ausschreibenden Stelle primärrechtlich verankert und genießt damit den Vorrang vor der sekundärrechtlichen Verordnung.[184] Die Kommunen haben somit trotz des Erfordernisses der Technologieneutralität einen gewissen Spielraum, bestimmte Technologien mittelbar zu begünstigen.[185] Ergibt die Bedarfsanalyse, dass Bandbreiten von 50 Mbit/s oder mehr in einem bestimmten Gebiet nachgefragt werden und eine entsprechende Unterversorgung besteht, kann die Kommune ein Netz mit Übertragungsraten von 50 Mbit/s (oder auch mehr) ausschreiben.[186] In diesem Fall müssten wohl bestimmte Funk- und auch Kupferlösungen von vornherein ausscheiden.[187]

95 Darüber hinaus sieht auch die Europäische Kommission selbst bestimmte Umstände vor, in denen der Grundsatz der Technologieneutralität nicht uneingeschränkt gelten kann. In Gebieten mit geringer Bevölkerungsdichte, in denen das Breitbandangebot begrenzt ist, oder bei kleinen lokalen Unternehmen kann es sein, dass die Verpflichtung zum Angebot aller Arten von Produkten für den Breitbandzugang die **Investitionskosten** unverhältnismäßig erhöht.[188] In solchen Fällen kann vorgesehen werden, dass Zugangsprodukte, die ursprünglich nicht vorgesehene kostenintensive Eingriffe an der geförderten Infrastruktur erforderlich machen, nur bei hinreichender Nachfrage von Drittbetreibern angeboten werden müssen.[189] Die Nachfrage ist dann als hinreichend anzusehen, wenn der Zugangsinteressierte einen kohärenten Geschäftsplan vorlegt, der die Entwicklung des Produkts für das geförderte Netz rechtfertigt, und noch kein anderer Betreiber ein vergleichbares Netzprodukt in demselben Gebiet zu Preisen anbietet, die den Preisen in dichter besiedelten Gebieten entsprechen.

96 Schließlich kann der Grundsatz der Technologieneutralität eingeschränkt werden, wenn er selbst dem übergeordneten Ziel einer Stärkung des **Wettbewerbes** im Wege steht.[190] Dies kann beispielsweise dadurch der Fall sein, dass eine bestimmte Technologie keinen Netzzugang erlaubt. Technologien wie die GPON- oder Vectoring-Technik ermöglichen zwar den

---

180 *Braun/Zwetkow*, VergabeR 2015, 521 (530).
181 Siehe hierzu § 7 Abs. 1 S. 1 NGA-RR.
182 *Braun/Zwetkow*, VergabeR 2015, 521 (530).
183 *Braun/Zwetkow*, VergabeR 2015, 521 (530).
184 *Braun/Zwetkow*, VergabeR 2015, 521 (530).
185 *Holznagel/Deckers/Schramm*, NVwZ 2010, 1059 (1063).
186 *Holznagel/Deckers/Schramm*, NVwZ 2010, 1059 (1063).
187 *Holznagel/Deckers/Schramm*, NVwZ 2010, 1059 (1063).
188 Europäische Kommission, Mitteilung der Kommission – Leitlinien der EU für die Anwendung der Vorschriften über staatliche Beihilfen im Zusammenhang mit dem schnellen Breitbandausbau (in der Fassung der Änderungsmitteilung der Kommission, ABl. EU 2014/C 198/02), ABl. EU 2013/C 25/01, Rn. 80a.
189 Europäische Kommission, Mitteilung der Kommission – Leitlinien der EU für die Anwendung der Vorschriften über staatliche Beihilfen im Zusammenhang mit dem schnellen Breitbandausbau (in der Fassung der Änderungsmitteilung der Kommission, ABl. EU 2014/C 198/02), ABl. EU 2013/C 25/01, Rn. 80a.
190 *Kliemann/Stehmann*, in: von der Groeben/Schwarze/Hatje, Europäisches Unionsrecht, Art. 107 AEUV Rn. 785.

Wettbewerb auf der Dienstleistungsebene, jedoch nicht auf der vorgelagerten Ebene des Netzes.[191] Gleichwohl könnte es eine Lösung für diesen Zielkonflikt zwischen der Technologieneutralität und dem Grundsatz des freien Netzzugangs geben. Hierfür dürften in den Ausschreibungen Technologien, die keinen Netzwettbewerb ermöglichen, nur dann zugelassen werden, wenn kein Angebot vorliegt, das unter Verwendung einer alternativen Technologie den Zugang auf Netzebene erlaubt.[192] Technologien, die keinen Zugang gewähren können, kämen dann nur in den Gegenden zum Zuge, die für andere Technologien nicht interessant sind oder im Rahmen von Kombinationsprojekten.[193]

f) Besonderheiten der Vectoring-Technologie im Kontext des Wettbewerbs und des diskriminierungsfreien Zugangs zum Netz

Die Technologie des **„VDSL2-Vectoring"** kommt beim Ausbau von FTTC-Netzen („Fiber to the Curb") zur Anwendung. Im Gegensatz zu FTTB- oder FTTH-Netzen[194] wird die Glasfaser-Verbindung nicht bis zum Heim oder Gebäude des Endkunden verlegt, sondern bloß zum nächsten Kabelverzweiger (KVz oder DSLAM).[195] Das letzte Stück zwischen dem KVz und dem Verbraucheranschluss wird mit dem bereits vorhandenen Kupferkabel überbrückt. Durch die hochfrequente Nutzung der Kupferleitungen kommt es allerdings durch entstehende elektromagnetische Wellen zu Störsignalen und Beeinträchtigungen innerhalb der im Kabelbündel benachbarten Kabelstränge. Dies schlägt sich in einem rasanten Verlust der Internet-Geschwindigkeit nieder. Das Vectoring sorgt für einen Ausgleich der elektromagnetischen Störungen zwischen den Leitungen, wodurch die Möglichkeit zum Erhalt der höheren Internet-Geschwindigkeit besteht. Das Vectoring ermöglicht folglich die zeitnahe und relativ kostengünstige Aufrüstung des bestehenden Telekommunikationsnetzes mit Geschwindigkeiten von bis zu 100 Mbit/s.[196]

97

Hierzu müssen die KVz aufgerüstet werden. Durch die Kodierung der Kanäle können Internet-Anbieter das Kabelbündel managen und so Störsignale verhindern und dadurch Beeinträchtigungen in Geschwindigkeit und Verfügbarkeit verringern. Dabei ist es aber erforderlich, dass ein Anbieter die Hoheit über sämtliche Kabelstränge am jeweiligen KVz innehat. Der Nachteil ist dementsprechend, dass andere Betreiber keine eigene Technik mehr an den KVz installieren können.[197] Das Vorleistungsprodukt KVz-TAL (die Teilnehmeranschlussleitung, die nur bis zum Kabelverzweiger reicht) kann dann durch einen anderen Anbieter nicht mehr angeboten werden.[198] Die Folge ist, dass ein FTTC-Ausbau durch einen Wettbewerber des Netzbetreibers dann nicht mehr möglich ist. Dies steht im Widerspruch zur proklamierten Offenheit, Diskriminierungsfreiheit und der Wettbewerblichkeit der AGVO und der NGA-RR im Bereich des Ausbaus von Breitbandnetzen. Wie bereits erwähnt, sieht hierfür das Breitbandausschreibungsrecht in § 7 Abs. 2 S. 2 und 3 NGA-RR eine Lösung vor. Nach diesen Vorschriften muss sich der künftige Netzbetreiber gegenüber der ausschreibenden Stelle verpflichten, dass im Falle der Verwendung der Vectoring-Technik (und des damit einhergehenden Ausschlusses anderer Anbieter am KVz) ein **gleichwertiges virtuelles Zugangsprodukt** (VULA) als Ersatz bereitgestellt wird. Ein VULA-Produkt ist nur dann als vollwertiger Ersatz für den physisch entbündelten Zugang zur TAL anzusehen, wenn das Produkt von seiner Funktionalität und Ausgestaltung her dem klassischen TAL-Zugang gegenüber gleichwertig ist.[199] Würde für einen Zugang mit niedrigeren Anforderungen die Austauschbarkeit bejaht, könnte dies im Endeffekt zu einer faktischen Aushöhlung des Zugangsrechts externer Anbieter und damit zur Schädigung

98

---

191 *Kliemann/Stehmann*, in: von der Groeben/Schwarze/Hatje, Europäisches Unionsrecht, Art. 107 AEUV Rn. 785.
192 *Kliemann/Stehmann*, in: von der Groeben/Schwarze/Hatje, Europäisches Unionsrecht, Art. 107 AEUV Rn. 786.
193 *Kliemann/Stehmann*, in: von der Groeben/Schwarze/Hatje, Europäisches Unionsrecht, Art. 107 AEUV Rn. 786.
194 Fiber to the Building bzw. Fiber to the Home.
195 *Bludovsky*, BWGZ 2014, 916 (917).
196 *Bothe*, BWGZ 2014, 782 (783); *Ruf*, BWGZ 2014, 956 (958).
197 *Ruf*, BWGZ 2014, 918.
198 *Ruf*, BWGZ 2014, 918.
199 Bundesverband Breitbandkommunikation, Konsultation zu VULA-Produkten v. 7.5.2016, S. 3.

des Wettbewerbs führen.[200] Das VULA-Produkt müsste hierfür folgende Merkmale zugunsten der externen Betreiber zwingend erfüllen:

- lokaler Zugang,
- generischer Zugang (Zugang zu den maximalen Bandbreiten),
- Kontrolle über das Übertragungsnetz.[201]

99 Im Hinblick auf das Merkmal des **lokalen Zugangs** ist zu fordern, dass die Übergabe des VULA-Produkts an dem Punkt erfolgt, an dem der physisch entbündelte Zugang zur TAL wegen des Einsatzes von Vectoring-Technik wegfällt bzw. verweigert wird.[202] Dieser Punkt muss sich am KVz selbst befinden, wenn das Ersatzprodukt gleichwertig sein soll. Das Merkmal der **Kontrolle** über das Übertragungsnetz umfasst deutlich mehr, als nur den Status der Anschlussleitung zu jedem Zeitpunkt ablesen zu können. Ziel ist es vielmehr, den externen Anbietern einen möglichst hohen Grad an Produktgestaltungsspielraum und Innovationen einzuräumen.[203] Dieser Spielraum muss funktionell gleichwertig sein zu einem physisch entbündelten Zugang.[204] Der externe Anbieter soll außerdem in die Lage versetzt werden, Kontrolle über die Spezifika des von ihm angebotenen Endproduktes sowie die Gestaltung der unterschiedlichen „Quality of Service-Parameter" auszuüben.[205] Die Möglichkeit, den Zugang für die Kreation eigener Produkte zu nutzen, ist unabdingbare Voraussetzung für die Einordnung des angebotenen Produkts als VULA, da nur so von einer vollwertigen Substitution zur entbündelten TAL ausgegangen werden kann.[206] Dementsprechend sind von einem optimalen VULA-Zugangsprodukt folgende technischen Anforderungen zu erfüllen:

- Unbegrenzte Datenvolumina des einzelnen Anschlusses im Access, da auf der entbündelten TAL auch beliebig viel Volumen transportiert werden kann, ohne die Kosten der TAL zu beeinflussen;
- Priorisierung verschiedener Verkehrsströme gegeneinander auf der VULA;
- Zusammenführung verschiedener VULAs in einer zentralen Kopplung (A 10-NSP), diese müssen quantitativ beliebig skalieren;
- Gewährleistung der Nutzung aller marktüblichen technischen Protokolle in jeder Verkehrsklasse und mit jeder beliebigen Bandbreite;
- Transparente Abbildbarkeit von Triple-Play- und sonstigen Diensten.[207]

100 Gegenwärtig wird eine Vielzahl unterschiedlicher **VULA-Produkte** auf dem Markt angeboten, die aber nicht alle die oben dargelegten Kriterien erfüllen. Ein VULA-Zugangsprodukt, das wesentlich hinter den Anforderungen zurückbleibt, führt zu wettbewerblichen Nachteilen externer Anbieter und zu Vorteilen des KVz-Eigentümers. Eine solche Wettbewerbsverzerrung verletzt den Grundsatz des Wettbewerbs und die Verpflichtung des ausgewählten Bieters, externen Anbietern einen offenen und diskriminierungsfreien Zugang zum Breitbandnetz gemäß § 7 Abs. 2 NGA-RR bzw. Art. 52 Abs. 5 AGVO zu gewähren. Die ausschreibende Kommune ist dementsprechend gut beraten, mittels ihrer Auswahlkriterien sicherzustellen, dass das zur Anwendung kommende VULA-Produkt die oben dargestellten Merkmale erfüllt. Im Hinblick auf die Förderung des Wettbewerbs und der Chancengleichheit auf dem Breitbandmarkt ist daher zu empfehlen, dass für den bundesweiten Ausbau des Breitbandnetzes perspektivisch ein Standard für ein für alle Anwendungsgebiete einsetzbares und zukunftsorientiertes VULA-Produkt definiert wird.

---

200 Bundesverband Breitbandkommunikation, Konsultation zu VULA-Produkten v. 7.5.2016, S. 7.
201 Europäische Kommission, Erläuterungen der Kommission zur Empfehlung vom 9. Oktober 2014 über relevante Produkt- und Dienstmärkte des elektronischen Kommunikationssektors (2014/710/EU) – SWD(2014) 298, Punkt 4.2.2.1.; Bundesverband Breitbandkommunikation, Konsultation zu VULA-Produkten v. 7.5.2016, S. 3; *Plückebaum*, Neue Teilnehmeranschlusstechniken – VULA, S. 6.
202 Bundesverband Breitbandkommunikation, Konsultation zu VULA-Produkten v. 7.5.2016, S. 3.
203 *Plückebaum*, Neue Teilnehmeranschlusstechniken – VULA, S. 7.
204 *Plückebaum*, Neue Teilnehmeranschlusstechniken – VULA, S. 7.
205 Bundesverband Breitbandkommunikation, Konsultation zu VULA-Produkten v. 7.5.2016, S. 4.
206 Bundesverband Breitbandkommunikation, Konsultation zu VULA-Produkten v. 7.5.2016, S. 4.
207 Bundesverband Breitbandkommunikation, Konsultation zu VULA-Produkten v. 7.5.2016, S. 7.

Die ausschreibende Stelle kann jedenfalls über die Wahl der richtigen Kriterien für das anzuwendende VULA-Produkt die Qualität des Wettbewerbs im jeweiligen Fördergebiet maßgeblich steuern und damit fördern. Diese Besonderheiten der Vectoring-Technologie schlagen sich auf die **Durchführung des Verfahrens** nieder. Da die Wahl des richtigen VULA-Produktes von entscheidender Bedeutung für den Wettbewerb im geförderten Gebiet ist, muss die ausschreibende Stelle insbesondere auf die lückenlose Einhaltung der Grundsätze der Offenheit, Transparenz, Wettbewerblichkeit und Technologieneutralität im Verfahren achten, wobei immer die Vorgaben der Kommission zum VULA-Produkt einzuhalten sind. Mit Entscheidung vom 11. August 2017 hat die Europäische Kommission die ersten VULA-Produkte von drei Betreibern (DNS:NET, Deutsche Telekom und NetCologne) im Rahmen von NGA-RR-Projekten genehmigt;[208] mit Entscheidung vom 2. Oktober 2017 hat die Europäische Kommission diese Genehmigung auch für Projekte unter anderen Beihilferegimen (zum Beispiel unter der AGVO) und für andere Beihilfeempfänger sozusagen für allgemeingültig erklärt (solange die technischen Voraussetzungen aus der Entscheidung vom 11. August 2017 eingehalten werden).[209]

101

Eine Hilfestellung ist überdies die unter der Aufsicht der Bundesnetzagentur zu führende **Vectoring-Liste**. Diese Liste enthält zum einen sämtliche Kabelverzweiger, die bereits mit der Vectoring-Technik erschlossen worden sind.[210] Zum anderen werden die beabsichtigten Erschließungen mit Vectoring-Technik aufgelistet und im Falle von kollidierenden Ausbauvorhaben den betroffenen Unternehmen offengelegt.[211] Diese Informationen stehen allen Bietern gleichermaßen offen, sodass zumindest diesbezüglich eintretende Wettbewerbsverzerrungen vermieden werden können.

102

2. Vorgaben der KonzVgV als ergänzender Leitfaden

Da es sich beim Verfahren zur Vergabe von Breitbandkonzessionen um ein Auswahlverfahren im Spannungsfeld des europäischen Beihilferechts handelt und die NGA-RR in Bezug auf das Verfahren selbst wenig bis kaum Aussagen trifft, ist es – wie oben ausgeführt[212] – sinnvoll, die Regelungen der KonzVgV im Rahmen eines Vergabeverwaltungsverfahrens zu nutzen. Die Grundsätze der Transparenz, Diskriminierungsfreiheit, des Wettbewerbs und der Verhältnismäßigkeit kommen dann am besten zur Geltung, wenn die ausschreibende Stelle auch im Hinblick auf das Verfahren gewissen Bindungen und Vorgaben unterliegt, die die Verwirklichung dieser Grundsätze aktiv fördern.

103

Die **Berechnung des Vertragswertes** nach § 2 KonzVgV ist hinsichtlich des Verfahrens zur Vergabe einer Breitbandkonzession unbeachtlich. Obgleich § 3 Abs. 1 S. 1 KonzVgV anordnet, dass die Laufzeit von Konzessionen beschränkt ist, gilt dies nicht für Breitbandkonzessionen. Diese unterliegen nicht dem Anwendungsbereich des Kartellvergaberechts, sodass sie auch nicht den Vorgaben der KonzVgV zwingend entsprechen müssen. Die Kommunen können analog § 3 KonzVgV eine temporär beschränkte Konzession vergeben – müssen es aber nicht. Sollte die Breitbandkonzession aber mit Laufzeitbeschränkung vergeben werden, bietet es sich an, die Regelungen des § 3 KonzVgV analog zu befolgen, wobei die Laufzeit schon unter beihilferechtlichen Gesichtspunkten nicht unter sieben Jahren liegen kann (vgl. Vorgaben zur Zugangsgewährung auf Vorleistungsebene in § 7 Abs. 3 NGA-RR).

104

Für das Breitbandausschreibungsverfahren nützliche Vorgaben enthalten die §§ 4 ff. KonzVgV. § 4 KonzVgV stellt Regeln bezüglich der Wahrung der **Vertraulichkeit** im Verfahren auf. § 5 KonzVgV enthält detaillierte Vorgaben für den Fall von **Interessenkonflikten** und § 6 KonzVgV befasst sich thematisch mit der **Dokumentation** des gesamten Verfahrens. Diese Regelungen dienen der Gewährleistung von Fairness und Chancengleichheit aller Un-

105

---
208 Europäische Kommission, Entscheidung v. 11.8.2017 – C(2017) 5572 final.
209 Europäische Kommission, Mitteilung v. 2.10.2017 – COMP/C4/SK/jfp D(2017) 092515.
210 *Ruf*, BWGZ 2014, 956 (959).
211 *Ruf*, BWGZ 2014, 956 (959).
212 Siehe oben Rn. 58.

ternehmen, sodass es sich nachdrücklich empfiehlt, das Verfahren an diesen Vorschriften auszurichten.

106 Die NGA-RR trifft des Weiteren auch keine Regelungen im Hinblick auf die Art und Weise der **Kommunikation** im Verfahren. Die §§ 7 bis 10 KonzVgV enthalten umfangreiche Vorschriften hierzu und ermöglichen es, die Kommunikation zwischen der Kommune und den Unternehmen zu standardisieren und in gleichmäßige Bahnen zu lenken. § 8 KonzVgV stellt beispielsweise konkrete Anforderungen an die verwendeten elektronischen Mittel; § 9 KonzVgV regelt wiederum den Einsatz solcher Kommunikationsmittel im Verfahren.

107 Neben diesen Vorgaben sind wohl insbesondere die **allgemeinen Verfahrensvorschriften** der §§ 12 ff. KonzVgV für die Ausschreibung von Breitbandkonzessionen interessant. Nach § 12 Abs. 2 S. 1 KonzVgV kann die Kommune das Verfahren ein- oder mehrstufig ausgestalten. Es bietet sich hierbei an, dass die Auswahlverfahren der NGA-RR in Anlehnung an ein Verhandlungsverfahren mit Teilnahmewettbewerb durchgeführt werden: Auf der ersten Stufe werden diejenigen Bewerber ausgeschlossen, die die Eignungskriterien nicht erfüllen, und auf der zweiten Stufe erfolgt erst die eigentliche Auswahl anhand der Zuschlagskriterien, bei der ein oder mehrere Bieter den Zuschlag erhalten (je nach Vertragsgestaltung, insbesondere Losaufteilung). Bei den **Eignungskriterien** handelt es sich in der Regel insbesondere um Kriterien aus den Bereichen Fachkunde und Leistungsfähigkeit im Sinne von § 122 GWB, die ein gewisses Mindestniveau an qualitativer Leistungserbringung durch den Bewerber sicherstellen sollen. Die **Zuschlagskriterien** enthalten dann die eigentlichen, konzessionsrelevanten Kriterien. Typische Beispiele für solche Kriterien im Bereich des Breitbandausbaus können sein:

- Erschließungsgrad im jeweiligen Gebiet,
- Höhe der Endkundenpreise,
- Zuschussbedarf,
- technisches Konzept,
- anvisierter Zeitpunkt der Inbetriebnahme,[213]
- Umsetzung der Verpflichtungen gemäß § 7 NGA-RR.

Die zweistufige Durchführung des Auswahlverfahrens ist zwar zeitaufwendiger, gibt der Kommune aber zugleich eine größere Kontrolle über das Verfahren. § 12 Abs. 3 KonzVgV statuiert daneben eine Konkretisierung des Grundsatzes der Diskriminierungsfreiheit, wonach der Konzessionsgeber die Bieter bei der Weitergabe von Informationen nicht diskriminieren darf.

108 In Bezug auf die Art und Weise der Beschreibung der erwarteten Leistung in den **Vergabeunterlagen** stellt § 15 KonzVgV umfangreiche Vorgaben auf. Die Kommune sollte bei der Gestaltung der Vergabeunterlagen die Regelungen der Norm als Leitfaden benutzen, da die NGA-RR zu dieser Frage keine konkreten Aussagen trifft. Nach § 15 Abs. 2 S. 1 KonzVgV können die Zuschlagskriterien auch strategische Aspekte wie Innovation oder soziale und umweltbezogene Gesichtspunkte aufweisen. Solange die Aufnahme sozialer und umweltbezogener Belange in die relevanten Kriterien nicht den Kriterien und essenziellen Verpflichtungen des künftigen Betreibers nach § 7 NGA-RR zuwiderläuft oder diese tangiert, spricht kein Grundsatz gegen die Berücksichtigung auch solcher Belange. Eine äußerste Grenze der Berücksichtigung sekundärer Belange in den Auswahlkriterien ist aber jedenfalls dann erreicht, wenn das übermäßige Gewichten umweltbezogener oder sozialer Belange dazu führt, dass der Wettbewerbsgrundsatz unangemessen beeinträchtigt wird.[214] § 15 Abs. 3 S. 1 KonzVgV statuiert den Grundsatz der Produktneutralität und ist damit die allgemeinere Variante des Grundsatzes der Technologieneutralität.

109 Im Hinblick auf die Regelungen der KonzVgV zu der **Bekanntmachung** der Ausschreibung gilt Folgendes: Die NGA-RR trifft hierzu vorrangige Regelungen. Breitbandausschreibungen müssen immer gemäß § 5 Abs. 3 S. 2 NGA-RR zumindest auf dem zentralen Online-Portal des

---

213 OLG München, Beschluss v. 25.3.2011 – Verg 4/11.
214 Vgl. *Braun*, in: Müller-Wrede, GWB-Vergaberecht, § 105 Rn. 12.

Bundes erfolgen. Ausnahmen von einer solchen Bekanntmachung i.S.v. § 20 KonzVgV sind daher unzulässig. Andererseits können die in den §§ 21 und 23 KonzVgV getroffenen Modalitäten der Veröffentlichung durchaus zur Anwendung kommen. Ab einem bestimmten Grad der Binnenmarktrelevanz der Ausschreibung muss die Bekanntmachung europaweit erfolgen, und in dem Fall bietet sich die Bekanntgabe über das Amt für Veröffentlichungen der Europäischen Union gemäß § 23 Abs. KonzVgV an. Wichtig ist dabei, dass die verschiedenen dann parallel durchzuführenden Bekanntmachungen widerspruchsfrei sind, da Widersprüche in den Bekanntmachungen oder den Vergabeunterlagen zu Lasten der ausschreibenden Stelle als Verwender gehen.

§ 25 KonzVgV trifft noch Konkretisierungen in Bezug auf die Grundsätze der Diskriminierungsfreiheit und des Wettbewerbs im Rahmen der **Eignungskriterien**. Danach müssen die Eignungskriterien nichtdiskriminierend beschaffen sein und dem Zweck dienen, die Gewährleistung des Wettbewerbs sicherzustellen sowie einen hinreichend fähigen Konzessionsnehmer auszuwählen, der dann auch zur Durchführung der Konzession in der Lage ist. Hinsichtlich der Zuschlagskriterien trifft § 31 Abs. 1 KonzVgV die Anordnung, dass diese in absteigender Rangfolge anzugeben sind.

110

Alles in allem bietet sich also die **Orientierung** des Verfahrens an den Vorgaben der KonzVgV an, um der Kommune wie auch den Unternehmen ein bekanntes Verfahren an die Hand zu geben, das rechtssicher durchgeführt werden kann.

111

D. Rechtsschutz

Rechtsschutz für den unterlegenen Bewerber oder Bieter wird vor den **Verwaltungsgerichten** gewährt, da die Bereichsausnahme eingreift und eine öffentlich-rechtliche Streitigkeit vorliegt, wenn die Vergabekammer und die Vergabesenate nicht zuständig sind.[215] Die Klage beim Verwaltungsgericht ist als kombinierte Anfechtungs- und Verpflichtungsklage statthaft.[216]

112

Das Gebot des effektiven Rechtsschutzes nach Art. 19 Abs. 4 GG garantiert dem Einzelnen einen **Anspruch** auf Gewährung eines möglichst wirkungsvollen Rechtsschutzes.[217] Um dieser Prämisse hinreichend wirkungsvoll Rechnung tragen zu können, begründen Verfahrensverstöße auf dem Gebiet von Vergabe- und Auswahlverfahren (sowohl hinsichtlich der allgemeinen Prinzipien als auch der spezifischen Vorgaben des Fachrechts, sowohl oberhalb als auch unterhalb der Schwellenwerte) anfechtbare Verfahrensfehler.[218] Ein Verfahrensverstoß führt dann zur Annahme einer subjektiven Rechtsverletzung, wenn die verletzte Norm (oder der verletzte Grundsatz) nach dem Wortlaut oder zumindest dem Sinn und Zweck nach eine subjektiv drittschützende Regelung ist.[219] Einschränkend neigt die Verwaltungsgerichtsbarkeit dazu, die gerichtliche Kontrolldichte an den formalen und materiellen Einzelheiten des Fachrechts zu orientieren. Im Fördermittelbereich könne eine zurückhaltende gerichtliche Prüfung angezeigt sein.[220]

113

I. Bewerbungsverfahrensanspruch

Bei der Konkurrenz um Breitbandkonzessionen liegt die typische Situation vor, bei der sich ein unterlegener (oder gar nicht berücksichtigter oder informierter Bewerber oder Bieter) gegen

114

---

215 Vgl. oben Rn. 22 ff.; LG Karlsruhe, Beschluss v. 14.11.2014 – 15 Verg 10/14; a.A. VK Westfalen, Beschluss v. 25.1.2018 – VK 1 43/17, wegen der Annahme eines Bauauftrags, allerdings ohne Auseinandersetzung mit der Bereichsausnahme in § 116 Abs. 2 GWB.
216 VG Freiburg, Urteil v. 29.11.2016 – 3 K 2814/14.
217 VG Frankfurt, Beschluss v. 27.5.2015 – 2 L 3002/14.F; *Enders*, in: Epping/Hillgruber, GG, Art. 19 Rn. 51.
218 Vgl. OVG Berlin-Brandenburg, Beschluss v. 12.5.2015 – OVG 1 S 102.14; vgl. VGH Kassel, Beschluss v. 28.11.2014 – 8 B 1903/14; Beschluss v. 7.10.2014 – 8 B 1686/14; Beschluss v. 28.6.2013 – 8 B 1220/13; VG Frankfurt, Beschluss v. 27.5.2015 – 2 L 3002/14.
219 *Braun*, in: Prieß/Lau/Kratzenberg, Festschrift für Marx, S. 45.
220 VGH Mannheim, Urteil v. 17.10.2017 – 9 S 2244/15.

die Begünstigung des Konkurrenten wendet. Diese Situation wird als Konkurrenten-[221] oder **Konkurrentenverdrängungsklage**[222] bezeichnet, bei der effektiver Rechtsschutz bei der Verletzung subjektiv-öffentlicher und drittschützender Rechte gewährt wird. Bei einem solchen Verfahren zur Nachprüfung einer Vergabeentscheidung handelt es sich nicht um ein objektives Verfahren, sondern um den Schutz subjektiver Bewerber- bzw. Bieterrechte.[223]

115 Ein Antrag auf **vorläufigen Rechtsschutz** eines nicht zutreffend berücksichtigten Bewerbers oder Bieters kann nach den §§ 80a Abs. 3 S. 2, 80 Abs. 5 S. 1 Hs. 2 VwGO statthaft sein. Als Begünstigung ist die Verbesserung der Rechtsposition eines Zuwendungsadressaten zu verstehen, wenn dieser eine streitige Zuwendung erhält.[224] Die Antragsbefugnis folgt aus § 42 Abs. 2 VwGO. Das setzt nur voraus, dass eine Rechtsverletzung der Antragstellerin möglich erscheint, nicht nach jeder Betrachtungsweise ausgeschlossen ist. Zweifelsohne sind die Art. 107 Abs. 1, 108 Abs. 3 S. 3 AEUV drittschützend.[225]

II. Materielle Grundlagen für die Rechtsdurchsetzung

116 Die materiellen Grundlagen für ein ordnungsgemäßes Auswahlverfahren[226] wirken drittschützend für das nicht berücksichtigte Unternehmen. Eine Zuwendung, die nicht der von der Europäischen Kommission genehmigten NGA-RR und den zu ihrer Umsetzung erlassenen weiteren Verwaltungsvorschriften entspricht, verstößt gegen Art. 107 Abs. 1 AEUV und darf nach Art. 108 Abs. 3 S. 3 AEUV zunächst nicht durchgeführt werden.[227]

117 Nach Art. 108 Abs. 3 S. 1 AEUV ist die Kommission von jeder beabsichtigten Einführung oder Umgestaltung von Beihilfen zu **unterrichten**, damit sie deren Vereinbarkeit mit dem Gemeinsamen Markt prüfen kann. Solange die abschließende Entscheidung der Kommission nicht vorliegt, darf die Beihilfe nicht ausgezahlt werden (Art. 108 Abs. 3 S. 3 AEUV – Durchführungsverbot). Die nationalen Gerichte müssen bei einer Verletzung dieses Verbots zugunsten jener Einzelnen, die sich auf die Verletzung berufen können, sämtliche Folgerungen sowohl bezüglich der Gültigkeit der gewährenden Rechtsakte als auch bezüglich der Beitreibung der unter Verletzung dieser Bestimmung gewährten finanziellen Unterstützungen oder eventueller vorläufiger Maßnahmen ziehen.[228]

118 Zugleich statuieren aber Art. 52 Abs. 4 AGVO und § 5 Abs. 3 S. 1, Abs. 4 und Abs. 5 S. 1 NGA-RR die Geltung derselben **Grundsätze** (Transparenz, Gleichbehandlung und Wettbewerb) im Verfahren zur Vergabe von Breitbandkonzessionen. Ferner ist zu berücksichtigen, dass die Vergabe von Breitbandkonzessionen pro Fördergebiet limitiert ist und damit einer gewissen Kontingentierung unterliegt.

119 Bei solchermaßen begrenzten Kapazitäten zur Ausübung eines spezifischen Berufs entfaltet die administrative Verteilungsentscheidung unmittelbar **grundrechtliche Relevanz** als Verteilung von „Freiheitschancen".[229] Aus Art. 12 Abs. 1 GG und Art. 3 Abs. 1 GG ergibt sich damit der Teilhabeanspruch des Unternehmens auf gerechte Beteiligung an vorhandenen, quantitativ begrenzten Berechtigungen zur Berufsausübung.[230] Dieser grundrechtliche Teilhabeanspruch schlägt sich einfach-rechtlich als subjektiv öffentlich-rechtlicher Anspruch des

---

221 BVerwG, Beschluss v. 11.6.2013 – BVerwG 20 F 12.09, Rn. 7.
222 OVG Lüneburg, Beschluss v. 24.9.2013 – 7 MC 85/13; VGH München, Beschluss v. 29.7.2013 – 22 BV 12.2191; VGH München, Beschluss v. 31.5.2016 – M 7 E 16.2303; vgl. zur Begriffsbildung auch: *Wahl/Schütz*, in: Schoch/Schneider/Bier, VwGO, § 42 Rn. 287 ff.
223 VK Bund, Beschluss v. 3.3.2015 – VK 1-4/15.
224 VG Berlin, Beschluss v. 23.10.2017 – 26 L 741.17.
225 VG Berlin, Beschluss v. 23.10.2017 – 26 L 741.17 mit Hinweis auf *Bartosch*, EU-Beihilfenrecht, Art. 8 AEUV Rn. 6.
226 Siehe oben Rn. 40 ff.
227 VG Berlin, Beschluss v. 23.10.2017 – 26 L 741.17 mit Hinweis auf *Bartosch*, EU-Beihilfenrecht, Art. 8 AEUV Rn. 6.
228 VG Freiburg, Urteil v. 29.11.2016 – 3 K 2814/14 m.w.N.
229 *Burgi*, NZBau 2001, 64 (70).
230 Zwar nicht spezifisch in Bezug auf Breitbandkonzessionen, aber als allgemeiner Grundsatz auf solche Verfahren übertragbar: VGH Kassel, Beschluss v. 28.11.2014 – 8 B 1903/14; Beschluss v. 7.10.2014 – 8 B 1686/14; *Ruthig/Storr*, Öffentliches Wirtschaftsrecht, Rn. 109, 378.

Unternehmens auf Durchführung eines verfahrensfehlerfreien Auswahlverfahrens nieder.[231] Fehlerfreiheit bedeutet hierbei, dass das Verfahren transparent, nichtdiskriminierend, gleichbehandelnd, objektiv, verhältnismäßig und wettbewerbsorientiert durchgeführt wird. Bei **Binnenmarktrelevanz** des jeweiligen Vergabeverfahrens gilt aufgrund der Geltung der Grundfreiheiten (Art. 49 und 56 AEUV) und Art. 18 AEUV entsprechend dasselbe.[232]

III. Ordnungsgemäße Ausübung des Verteilungsermessens

Die Behörde muss ihr **Verteilungsermessen** ordnungsgemäß ausgeübt haben. Daneben ist die Behörde bei ihrer Ermessensausübung verpflichtet, im Einzelfall die Entscheidung zu treffen, die dem Sinn der gesetzlichen Regelung am besten entspricht; sie komplettiert ihren Verhaltensmaßstab im Einzelfall in Übereinstimmung mit der gesetzlichen Zielbestimmung und handelt hiernach. Für die Ausübung des Ermessens bildet der Zweck der Ermächtigung die Leitlinie. Die behördliche Entscheidung muss ferner dem Grundsatz der Systemgerechtigkeit genügen. Ein Verteilungsermessen muss daher mit Blick auf die jeweiligen Maßgaben der konkreten gesetzlichen Ermächtigung ausgeübt werden.[233]

120

Alles in allem steht dem nicht ordnungsgemäß berücksichtigten Bewerber oder Bieter daher auch im Bereich der Vergabe von Breitbandkonzessionen auf Grundlage der AGVO oder der NGA-RR ein **subjektiv-öffentlicher Anspruch** darauf zu, dass der bestmögliche Wettbewerber in einem ordnungsgemäßen Verfahren ausgewählt wird.[234] Er hat auch einen Anspruch darauf, dass die gewählte Wertungsmatrix den gesetzlichen Grundlagen entspricht.[235] Den erkannten Verfahrensfehlern kommt eine potenzielle Entscheidungserheblichkeit zu, wenn nicht auszuschließen ist, dass der Konkurrent ohne diese Verfahrensfehler eine Breitbandkonzession erlangt hätte. Damit unterliegt der Bewerber oder Bieter auch im Bereich außerhalb des förmlichen Vergaberechts einem beachtlichen Rechtsschutz. Dessen Kehrseite ist, dass die ausschreibende Stelle diese Grundsätze im Verfahren beachten und tatsächlich zur Geltung bringen muss. Wenn materielle Vorgaben für die Anwendung des einschlägigen Beihilferechts (also konkret der AGVO, der NGA-RR oder einer echten Einzelnotifizierung) nicht vorliegen, hat der Konkurrent eines Beihilfeempfängers einen Anspruch auf verzinste Rückzahlung einer wegen Verstoßes gegen das Durchführungsverbot (Art. 108 Abs. 3 S. 3 AEUV) rechtswidrigen Beihilfe, wenn er von der dadurch hervorgerufenen Wettbewerbsverzerrung betroffen ist. Am Auswahlverfahren für die Gewährung der Beihilfe muss er sich nicht zwingend beteiligt haben.[236]

121

Ferner steht dem Bewerber oder Bieter – wenn eine Konkurrentensituation besteht – aus Art. 3 Abs. 1 GG i.V.m. Art. 20 Abs. 3 GG ein öffentlich-rechtlicher Bewerbungsverfahrensanspruch zur Seite, der es gebietet, zwischen der Bekanntgabe der Auswahlentscheidung und dem Vertragsabschluss mit dem ausgewählten Bewerber oder Bieter einen angemessenen **Zeitraum** von jedenfalls zwei Wochen verstreichen zu lassen, um einen effektiven (Primär-)Rechtsschutz i.S. des Art. 19 Abs. 4 GG in Bezug auf die Auswahlentscheidung zu ermöglichen.[237]

122

---

231 Zwar nicht spezifisch in Bezug auf Breitbandkonzessionen, aber als allgemeiner Grundsatz auf solche Verfahren übertragbar: OVG Lüneburg, Beschluss v. 12.11.2012 – 13 ME 231/12; VGH Mannheim, Urteil v. 1.10.2009 – 6 S 99/09; VG Darmstadt, Beschluss v. 10.9.2015 – 4 L 1180/15.DA; *Braun*, in: Prieß/Lau/Kratzenberg, Festschrift für Marx, S. 45.
232 Zwar in Bezug auf Rettungsdienstkonzessionen, aber als allgemeiner vergaberechtlicher Grundsatz: EuGH, Urteil v. 28.1.2016 – Rs. C-50/14 (CASTA), Rn. 47, 49 m.w.A.; *Braun*, EuZW 2016, 304.
233 VGH Mannheim, Urteil v. 17.10.2017 – 9 S 2244/15.
234 Zwar in Bezug auf Sportwettenkonzessionen, aber Ausdruck eines allgemeinen vergaberechtlichen Grundsatzes: *Braun*, NZBau 2016, 266 (269).
235 Zwar in Bezug auf Sportwettenkonzessionen, aber Ausdruck eines allgemeinen vergaberechtlichen Grundsatzes: *Braun*, NZBau 2016, 266 (269).
236 VG Freiburg, Urteil v. 29.11.2016 – 3 K 2814/14 m.w.N.
237 OLG Düsseldorf, Urteil v. 13.12.2017, I-27 U 25/17; VG Berlin-Brandenburg, Beschluss v. 30.11.2010 – 1 S 107/10; *Braun*, NVwZ 2009, 747.

E. Zusammenfassung

123 Breibandkonzessionen werden insgesamt rechtmäßig nur in einem förmlichen Verfahren unter Berücksichtigung materieller Kriterien der AGVO und NGA-RR vergeben. Gemeinsame Kriterien aller Vergaben sind – wie andere Konzessionsvergaben – der Transparenzgrundsatz, das Gleichbehandlungsgebot, der Wettbewerbsgrundsatz und der Verhältnismäßigkeitsgrundsatz. Die Auswahlentscheidung muss nachvollziehbar, sachlich und objektiv getroffen werden. Die gerichtliche Überprüfung erfolgt vor dem Verwaltungsgericht.

Sonderregelungen

BADV –
Bodenabfertigungskonzessionen

BADV – Bodenabfertigungskonzessionen

§ 7 BADV
Auswahl der Dienstleister und der Selbstabfertiger

In den Fällen des § 3 Abs. 2 bis 5 hat der Flugplatzunternehmer die Vergabe von Dienstleistungen im Amtsblatt der Europäischen Gemeinschaften auszuschreiben. Die Auswahl der Dienstleister erfolgt nach Anhörung des Nutzerausschusses durch den Flugplatzunternehmer, wenn dieser selbst keine gleichartigen Bodenabfertigungsdienste erbringt und kein Unternehmen, das derartige Dienste erbringt, direkt oder indirekt beherrscht und in keiner Weise an einem solchen Unternehmen beteiligt ist. In allen anderen Fällen erfolgt die Auswahl der Dienstleister nach Anhörung des Nutzerausschusses, des Flugplatzunternehmers und des Betriebsrates des Flugplatzunternehmens durch die Luftfahrtbehörde. Diese trifft ihre Entscheidung gegenüber dem Flugplatzunternehmer. Für die Ausschreibung und das Auswahlverfahren gelten die in der Auswahl-Richtlinie (Anlage 2) niedergelegten Grundsätze

Anlage 2 (zu § 7)

Auswahl-Richtlinie des Bundesministeriums für Verkehr und digitale Infrastruktur

1. Grundsätze

(1) Diese Auswahl-Richtlinie ist dann zugrunde zu legen, wenn wegen beschränkter Möglichkeiten der Bodenabfertigung nicht alle interessierten Dienstleister tätig werden können, die Bodenabfertigungsdienstleistungen daher auszuschreiben sind und eine Auswahl unter den Bewerbern zu treffen ist (§ 7 Abs. 1 i.V.m. § 3 Abs. 2 bis 5). Sie kann darüber hinaus dann zugrunde gelegt werden, wenn wegen beschränkter Möglichkeiten der Bodenabfertigung eine Auswahl unter den interessierten Selbstabfertigern zu treffen ist (§ 7 Abs. 3 i.V.m. § 3 Abs. 2 bis 5).

(2) Die Verfahren nach dieser Auswahl-Richtlinie müssen sachgerecht, objektiv, transparent und nichtdiskriminierend durchgeführt werden.

(3) Der Nutzerausschuß und der Betriebsrat des jeweiligen Flugplatzunternehmens sind über den Auswahlentscheid zu unterrichten.

2. Verfahren

2.1. Festlegung der Bodenabfertigungsdienste nach Art und Umfang

(1) Der Flugplatzunternehmer hat die Bodenabfertigungsdienste, die er gemäß § 7 dem Markt der Bodenabfertigungsdienste öffnet, nach Art und Umfang zu bestimmen. Er kann dazu auch Bündelungen von Bodenabfertigungsdiensten, die in Anlage 1 aufgeführt sind, vornehmen, wenn dies betrieblich geboten erscheint oder zur effizienten Nutzung der Abfertigungskapazität notwendig ist.

(2) Der Flugplatzunternehmer kann die Erbringung der einzelnen oder gebündelten Bodenabfertigungsdienste von einzelnen oder allen der folgenden Begrenzungen abhängig machen:

a) Erbringung nur in bestimmten Flugplatzbereichen,
b) Erbringung nur bei Nutzung bestimmter dafür ausgewiesener Abfertigungs- und Geräteabstellflächen,
c) Erbringung einer vorgegebenen Abfertigungsart,
d) Erbringung durch Selbstabfertiger und/oder Dienstleister.

(3) Der Flugplatzunternehmer unterrichtet den Nutzerausschuß und den Betriebsrat des Flugplatzunternehmens über seine nach den Absätzen 1 und 2 getroffene Entscheidung, über die beabsichtigte Bekanntmachung, über die Grundzüge und wesentlichen Inhalte der Bewerbungsunterlage sowie über das von ihm vorgeschlagene Auswahlverfahren mit den maßgeblichen Auswahlkriterien.

2.2 Teilnahmewettbewerb

Der Flugplatzunternehmer hat die nach 2.1 festgelegten Bodenabfertigungsdienste im Amtsblatt der Europäischen Gemeinschaften zu veröffentlichen, so daß es jedem Interessenten ermöglicht wird, sich zu bewerben. Die Veröffentlichung muß enthalten:

a) Name, Anschrift, Telefon-, Telegrafen-, Fernschreib- und Telefax-Nummer des Flugplatzunternehmers und gegebenenfalls des Dienstes, von dem zusätzliche Angaben erlangt werden können,
b) Kurzbeschreibung der Bodenabfertigungsdienste mit den wesentlichen Begrenzungen,
c) möglicher Zeitpunkt der Aufnahme der Abfertigungstätigkeit,
d) angestrebte Vertragsdauer für die Abfertigungstätigkeit,
e) gegebenenfalls Hinweis auf Anforderungskatalog, Pflichtenheft und technische Spezifikationen,

f) Einsendefrist für Bewerbung zur Teilnahme am Auswahlverfahren, Zeitpunkt der Einleitung und geschätzter Zeitpunkt des Abschlusses des Auswahlverfahrens,
g) Angaben darüber, wie das Auswahlverfahren festgelegt ist,
h) Angaben darüber, welche Kriterien maßgeblich für die Auswahl sind,
i) Zuschlagskriterien,
j) sonstige Angaben, wie zum Beispiel Referenzen,
k) Tag der Absendung der Bekanntmachung,
l) Tag des Eingangs der Bekanntmachung beim Amt für amtliche Veröffentlichungen der Europäischen Gemeinschaften.

2.3 Auswahlverfahren

(1) Der Flugplatzunternehmer stellt den geeigneten Bewerbern die Bewerbungsunterlagen zur Verfügung und fordert sie auf, die erforderlichen Nachweise und Angaben innerhalb einer vorgegebenen Frist zu übermitteln.

(2) Die Bewerbungsunterlagen müssen neben den Angaben gemäß 2.1 und 2.2 auch Angaben darüber enthalten,
a) wie das Auswahlverfahren festgelegt ist und
b) welche Kriterien maßgeblich für die Auswahl sind,
c) Erbringung eines vorgegebenen Abfertigungsaufkommens oder -aufkommensanteils,
d) im Pflichtenheft nach § 8 Abs. 2 möglicherweise verbindlich vorgegebene technische und betriebliche Qualitätsanforderungen, wie etwa zur Einhaltung der Minimum Connecting Time.

(3) Die Bewertung und die Entscheidung über den Ausschluss nicht geeigneter Bewerber erfolgt in den Fällen, in denen der Flugplatzunternehmer selbst gleichartige Bodenabfertigungsdienste erbringt oder ein Unternehmen, das derartige Dienste erbringt, direkt oder indirekt beherrscht oder an einem solchen Unternehmen beteiligt ist, durch die Luftfahrtbehörde. Nicht geeignete Bewerber sind von ihrem Ausschluß zu unterrichten. Als nicht geeignet sind Bewerber anzusehen, die den Kriterien, die bereits in der Vorinformation veröffentlicht sind, nicht genügen oder die offensichtlich nicht die erforderliche Abfertigungsleistung erbringen können oder wollen.

(4) In den Fällen, in denen der Flugplatzunternehmer selbst keine gleichartigen Bodenabfertigungsdienste erbringt und kein Unternehmen, das derartige Dienst erbringt, direkt oder indirekt beherrscht und in keiner Weise an einem solchen Unternehmen beteiligt ist, öffnet der Flugplatzunternehmer nach Ablauf der Bewerbungsfrist die eingegangenen Bewerbungen und stellt eine Liste der Bewerber mit eingereichten Unterlagen zusammen. Ein Vertreter des Nutzerausschusses und ein Vertreter des Betriebsrates des Flugplatzunternehmens sind zu der Öffnung zugelassen. Diese haben jedoch keinen Anspruch auf Einsicht in die Bewerbungsunterlagen. Der Flugplatzunternehmer bewertet die Bewerbungen anhand der vorher festgelegten maßgeblichen Bewertungskriterien. Der Nutzerausschuß ist anzuhören. Der Flugplatzunternehmer stellt die Auswahl fest und begründet seine Auswahlentscheidung. Die Auswahlentscheidung ist dem Nutzerausschuß und dem Betriebsrat des Flugplatzunternehmens bekanntzugeben.

(5) In den Fällen, in denen der Flugplatzunternehmer selbst gleichartige Bodenabfertigungsdienste erbringt oder ein Unternehmen, das derartige Dienste erbringt, direkt oder indirekt beherrscht oder an einem solchen Unternehmen beteiligt ist, öffnet die Luftfahrtbehörde nach Ablauf der Bewerbungsfrist die eingegangenen Bewerbungen und stellt eine Liste der Bewerber mit eingereichten Unterlagen zusammen. Ein Vertreter des Flughafenunternehmers, ein Vertreter des Nutzerausschusses und ein Vertreter des Betriebsrates des Flugplatzunternehmens sind zu der Öffnung zuzulassen. Diese haben jedoch keinen Anspruch auf Einsicht in die Bewerbungsunterlagen. Die Luftfahrtbehörde bewertet die Bewerbungen anhand der vorher festgelegten maßgeblichen Bewertungskriterien und trifft nach Anhörung des Nutzerausschusses, des Flugplatzunternehmers und des Betriebsrates des Flugplatzunternehmens die Auswahlentscheidung. Die Auswahlentscheidung ist dem Nutzerausschuß, dem Flugplatzunternehmer sowie den Bewerbern bekanntzugeben.

Übersicht	Rn.		Rn.
A. Allgemeines	1	2. Gleichbehandlungsgebot	44
I. Wesen der Bodenabfertigungskonzession	6	3. Wettbewerbsgrundsatz	48
		4. Verhältnismäßigkeitsgrundsatz	51
II. Anwendbarkeit des GWB-Vergaberechts	9	5. Äquivalenzprinzip	52
		II. Anforderungen der KonzVgV an die Bodenabfertigungskonzessionsvergabe	55
1. Betriebsrisiko	9		
2. Beschaffungsvorgang	14		
3. Bereichsausnahme	19	III. Bereichsspezifische Vorgaben der BADV	64
4. Handlungsform: Vertrag oder Verwaltungsakt	23	1. Zweistufiges Verfahren	65
5. Vorrang der BADV	25	2. Voten der anzuhörenden Stellen als Zuschlagskriterium	71
III. Konzessionsgeber	26	3. Grundsatz der Sachgerechtigkeit	76
1. Luftfahrtbehörde	28	4. Laufzeit der Konzession	84
2. Flugplatzunternehmer	29	C. Rechtsschutz	85
a) Sektorenauftraggeber aufgrund besonderer oder ausschließlicher Rechte	30	I. Rechtsnatur der Beauftragung	87
		II. Oberhalb der Schwellenwerte	91
b) Sektorenauftraggeber aufgrund Beherrschung	31	III. Unterhalb der Schwellenwerte und bei Anfechtung von Verwaltungsakten	96
c) Vergabe zum Zweck der Ausübung dieser Tätigkeit	32	1. Gerichtliche Zuständigkeit	97
B. Regelungen für das Auswahlverfahren	34	2. Öffentliches Vollzugsinteresse	98
		3. Beurteilungs- und Bewertungsspielraum	100
I. Allgemeine Vergabegrundsätze	36	4. Prüfungstiefe	102
1. Transparenzgrundsatz	37	D. Zusammenfassung und Ausblick	107

A. Allgemeines

Wenn Dritte mit der Durchführung von Bodenabfertigungsleistungen beauftragt werden, dann besteht eine Verpflichtung zur Durchführung eines Auswahlverfahrens. Bei Bodenabfertigungsdienstleistungen haben Flugplatzunternehmer gemäß § 3 Abs. 1 BADV die Erbringung von Bodenabfertigungsdienstleistungen i.S.v. § 2 Nr. 4 BADV auf Flugplätzen durch Selbstabfertiger i.S.v. § 2 Nr. 6 BADV und Dienstleister i.S.v. § 2 Nr. 5 BADV zu ermöglichen. Auch wenn trotz Marktöffnung Bodenabfertigungsdienste überwiegend in der Hand von flughafeneigenen Anbietern sind, ist dennoch ein Trend zur privaten Abfertigung zu verzeichnen. Mit diesen Auswahlverfahren sind Marktverschiebungen zu beobachten, die gerichtlich überprüft werden.[1]

Wenn wegen beschränkter Möglichkeiten der Bodenabfertigung am jeweiligen Flugplatz nicht alle interessierten Dienstleister zur Durchführung von Bodenabfertigungsdienstleistungen zugelassen werden können, ist die **Vergabe** von solchen Dienstleistungen gemäß § 7 Abs. 1 i.V.m. § 3 Abs. 2 bis 5 BADV auszuschreiben und ein Auswahlverfahren unter den Bewerbern durchzuführen. Nach § 3 Abs. 2 bis 5 BADV haben Flughäfen für die in diesen Absätzen genannten Bodenabfertigungsdienstleistungen grundsätzlich mehrere Dienstleister zuzulassen, wenn nicht der Ausschlussgrund des § 3 Abs. 4 S. 1 BADV eingreift. Es muss also ein wettbewerbliches Verfahren durchgeführt werden, welches als verwaltungsrechtliches Auswahlverfahren oder als unionsrechtskonformes Vergabeverfahren ausgestaltet werden kann.

---

[1] Vgl. VGH Kassel, Beschluss v. 24.10.2017 – 9 B 1789/17.T; BayVGH, Beschluss v. 8.5.2017 – 8 CS 17.432; ausführlich *Kämper/Brüggemann/Bothe*, NZBau 2017, 8.

3   Das Auswahlverfahren unterliegt nach der hier vertretenen Auffassung den förmlichen Vorgaben des **Kartellvergaberechts**, wenn folgende Voraussetzungen erfüllt sind:
- Beim Vergabegegenstand muss es sich um eine Dienstleistungskonzession gemäß § 105 Abs. 1 Nr. 2 und Abs. 2 GWB handeln,
- der Schwellenwert muss gemäß Art. 1 Abs. 1 i.V.m. Art. 8 Abs. 1 RL 2014/23/EU und § 106 Abs. 2 Nr. 4 GWB erreicht sein,
- bei der vergebenden Stelle muss es sich um einen Konzessionsgeber gemäß § 101 Abs. 1 Nr. 1 bis 3 GWB handeln,
- die zu vergebende Konzession darf nicht in eine der zahlreichen Bereichsausnahmen gemäß §§ 107 ff. GWB fallen.

Wenn der Gegenstand der Bodenabfertigungskonzession dem Kartellvergaberecht unterfällt, ist das Auswahlverfahren als förmliches Kartellvergabeverfahren (GWB, KonzVgV) durchzuführen. Nach der gegenteiligen Auffassung ist wegen des grundsätzlichen Ausschlusses des Vergaberechts stets ein ordnungsgemäßes verwaltungsrechtliches Auswahlverfahren durchzuführen ist.[2]

4   In der hier vertretenen Auffassung kommt es zu einer Gemengelage aus den Vorgaben des Kartellvergaberechts und der **BADV**. Im Grundsatz gelten die spezielleren Regelungen der BADV, welche die grundlegenden Weichenstellungen für das Vergabeverfahren treffen, vorrangig. Bei Regelungslücken ist auf die weitergehenden Vorgaben des Kartellvergaberechts zurückzugreifen. Das gilt auch im Falle der Konkretisierungsbedürftigkeit von Regelungen der BADV, freilich nur dann, wenn das Kartellvergaberecht für die jeweilige Regelung eine weitergehende Konkretisierung bereithält. Bei einer inhaltlichen Normenkollision gehen die Vorgaben der BADV vor, wenn diese die spezielleren bzw. sachnäheren Regelungen enthalten und damit leges speciales sind. Bei der gegenteiligen Auffassung[3] sind die Ergebnisse des Auswahlverfahrens nicht so unterschiedlich, da vergleichbare Grundprinzipien im Auswahlverfahren herangezogen werden.[4]

5   Anders gestaltet sich dies beim **Nichterreichen des Schwellenwertes**. In dem Fall ist der Anwendungsbereich des förmlichen Kartellvergaberechts nicht eröffnet. Anders als bei anderen Konzessionsvergabeverfahren trifft aber das bereichsspezifische Fachrecht der BADV zahlreiche eigene Vorgaben in Hinblick auf die Ausgestaltung und Durchführung des Auswahlverfahrens. Obgleich die Regelungen nicht den Umfang und die Regelungsdichte des Kartellvergaberechts erreichen, legen sie dennoch klare Leitlinien für das Auswahlverfahren fest, die von der Rechtsprechung weiter ausgeformt werden. Sie statuieren unter anderem eigene Vorgaben in Hinblick auf die Bekanntmachung der Ausschreibung und nach hiesiger Auffassung die Geltung der Grundsätze des Vergaberechts. Der im Unterschwellenbereich bei Binnenmarktrelevanz übliche Rückgriff auf die Vorgaben des europäischen Primärrechts und des nationalen Verfassungsrechts ist damit nicht zwingend erforderlich. Wenn die Anwendung des Vergaberechts abgelehnt wird, dann greifen die diese Grundsätze bei binnenmarktrelevanten Vergaben auch bei einem BADV-Auswahlverfahren ein.

I. Wesen der Bodenabfertigungskonzession

6   Bei der Ausschreibung von Bodenabfertigungsdienstleistungen kann es sich mithin entweder um die Vergabe eines öffentlichen Konzessionsauftrages oder eines öffentlich-rechtlichen Konzessionsverwaltungsaktes handeln. Die Rechtsprechung verwendet durchgängig den Begriff der **Konzession**, ohne allerdings damit eine Konzession im Sinne des GWB oder KonzVgV zu meinen.[5] Es kann sich zudem um einen zivilrechtlichen oder um einen öffentlich-

---

2 BayVGH, Beschluss v. 6.6.2018 – 8 ZB 17.2076, mit Hinweis auf: *Reidt*, in: Grabherr/Reidt/Wysk, LuftVG, § 19c Rn. 43 ff. m.w.N.
3 VGH München, Beschluss v. 6.6.2018 – 8 ZB 17.2076.
4 Siehe unten Rn. 34 ff.
5 Vgl. z.B. BayVGH, Urteil v. 8.5.2017 – 8 CS 17.432, Rn. 44, 89; OLG Düsseldorf, Urteil v. 27.4.2011 – U (Kart) 10/11; OVG Münster, Urteil. v. 17.6.2016 – 20 D 95/13; BayVGH, Beschluss v. 8.12.2016 – 8 A 16.40043.

rechtlichen Vorgang handeln, der Beschaffungselemente enthalten kann, aber nicht muss.[6] Im Hinblick auf die Natur des Beschaffungsvorganges hat mithin eine Einzelfallprüfung stattzufinden, die sich einer schematischen Überprüfung entzieht. Gegen einen öffentlichen Auftrag ohne Konzessionsbezug spricht, dass die Bodenabfertigungsdienste für die Nutzer der Flughäfen (Fluggesellschaften) erbracht und vergütet werden. Es handelt sich mithin zunächst um eine „Beschaffung" der Nutzer, nicht aber für den Konzessionsgeber.[7]

Neben dem Vergaberecht sind auch unionsrechtliche Vorschriften des **Beihilferechts** zu beachten. Nach ständiger Rechtsprechung der Unionsgerichte dienen die meisten Flughafeninfrastrukturen der entgeltlichen Erbringung von Flughafendienstleistungen für Luftverkehrsgesellschaften; diese Dienstleistungen sind als wirtschaftliche Tätigkeiten einzustufen, so dass ihre Finanzierung unter die Beihilfevorschriften fällt. Auch wenn eine Infrastruktur für nichtluftverkehrsbezogene kommerzielle Dienste für andere Nutzer bestimmt ist, fallen die entsprechenden staatlichen Zuwendungen unter die Beihilfevorschriften. Auch daraus können sich unionsrechtliche Auswahlverpflichtungen ergeben.[8] Diese Ausschreibungspflichten nähern sich weitgehend den vergaberechtlichen Ausschreibungspflichten oberhalb der Schwellenwerte an.

7

Verwaltungsgerichte sehen in der Dienstleisterauswahl den Charakter einer bloßen **Auswahlentscheidung**.[9] Dies werde nicht zuletzt daran deutlich, dass gemäß § 7 Abs. 1 S. 2 BADV grundsätzlich der Flugplatzunternehmer die Dienstleister auswähle. Nur wenn dieser selbst gleichartige Bodenabfertigungsdienste erbringe oder ein Unternehmen, das derartige Dienste erbringt, direkt oder indirekt beherrsche, oder in anderer Weise an einem solchen Unternehmen beteiligt sei, treffe die Luftfahrtbehörde diese Entscheidung (§ 7 Abs. 1 Satz 3 BADV). Aufgrund des zivilrechtlich ausgestalteten Verhältnisses zwischen Flugplatzunternehmer und Unternehmern könne diese Auswahlentscheidung nur vor den Zivilgerichten angefochten werden.[10] Daraus werde ebenfalls ersichtlich, dass den Kern eines Rechtsstreits um die Auswahlentscheidung im Sinn der BADV eine vergaberechtliche Streitigkeit bilde und keine hoheitliche Entscheidung, die den Betrieb eines Verkehrsflughafens unmittelbar ausgestalte.[11] Dem Auswahlentscheid komme ohne weiteres Verwaltungsaktqualität zu, wenn denn der Bescheid unmittelbar darauf gerichtet ist, die Gestattung zur Erbringung betreffender Bodenabfertigungsdiensten zu erteilen, und zwar mit Wirkung gegenüber jedermann.[12]

8

II. Anwendbarkeit des GWB-Vergaberechts

1. Betriebsrisiko

Das Vorliegen einer Dienstleistungskonzession schließt – auch im Bereich der Bodenabfertigungskonzessionen – zwingend die Übertragung eines Betriebsrisikos wirtschaftlicher Art auf den Konzessionsnehmer ein.[13]

9

Ein **Betriebsrisiko** wird als das Risiko, den Unwägbarkeiten des Marktes[14] ausgesetzt zu sein, verstanden, wobei es sich gemäß § 105 Abs. 2 S. 3 GWB um ein Nachfrage- oder ein Angebotsrisiko oder um beides zugleich handeln kann. Nachfragerisiko ist das Risiko der tatsächlichen Nachfrage nach den Dienstleistungen, die Gegenstand des Vertrags sind. Angebotsrisiko ist das mit der Erbringung der Dienstleistungen, die Gegenstand des Vertrags sind, verbun-

10

---

6 BayVGH, Beschluss v. 8.12.2016 – 8 A 16.40043.
7 Vgl. *Kämper/Brüggemann/Bothe*, NZBau 2017, 8, 9.
8 Europäische Kommission, Mitteilung der Kommission, Bekanntmachung der Kommission zum Begriff der staatlichen Beihilfe im Sinne des Artikels 107 Abs. 1 AEUV, ABl. 2016/C 262/01, Rn. 214 ff mit Hinweis auf die EuGH-Rechtsprechung; vgl. auch *Linke*, NVwZ 2014, 1541.
9 BayVGH, Beschluss v. 8.12.2016 – 8 A 16.40043.
10 BayVGH, Beschluss v. 8.12.2016 – 8 A 16.40043.
11 BayVGH, Beschluss v. 8.12.2016 – 8 A 16.40043.
12 OVG Münster, Urteil v. 17.6.2016 – 20 D 95/13, Rn. 37.
13 OLG Karlsruhe, Beschluss v. 14.11.2014 – 15 Verg 10/14; vgl. § 1 KonzVgV Rn. 66 ff.
14 Vgl. *Braun*, in: Müller-Wrede, GWB-Vergaberecht, § 105 Rn. 48 ff.; OLG Naumburg, Beschluss v. 15.4.2016 – 7 Verg 1/16, m.w.N. zu den einzelnen konkreten Ausprägungen des Betriebsrisikos.

dene Risiko, insbesondere das Risiko, dass die bereitgestellten Dienstleistungen nicht der Nachfrage entsprechen. Dies schließt die Möglichkeit ein, dass die Investitionsaufwendungen und die Kosten für die Erbringung der Dienstleistungen unter normalen Betriebsbedingungen nicht wieder erwirtschaftet werden können, auch wenn ein Teil des Risikos beim Konzessionsgeber verbleibt.[15] Erforderlich ist, dass der Konzessionsnehmer zumindest einen wesentlichen Teil des Betriebsrisikos übernimmt.[16] Dies ist insofern relevant, als die Dienstleistungskonzession erst anhand des Merkmals des Betriebsrisikos präzise vom Dienstleistungsauftrag abgegrenzt werden kann.[17] Zur Einschätzung des Betriebsrisikos ist daher der Nettoauftragswert aller Investitionen, Kosten und Einkünfte des Konzessionsnehmers in kohärenter und einheitlicher Weise heranzuziehen.[18]

11 **Nicht ausschlaggebend** sind für die Einstufung als Konzession allerdings solche Risiken, die sich aus einer mangelhaften Betriebsführung bzw. aus Beurteilungsfehlern des Wirtschaftsteilnehmers ergeben[19] sowie Risiken, die im Zusammenhang mit vertraglichen Ausfällen des Wirtschaftsteilnehmers oder Fällen höherer Gewalt stehen.[20] Solche Risiken wohnen stets jedem Vertrag inne und sind somit kein spezifisches „Betriebsrisiko". Auch bei der Bodenabfertigungskonzession muss die Risikoübertragung substanziell sein, damit die Konturen der Dienstleistungskonzession nicht völlig verwässert werden.

12 Bei **Bodenabfertigungskonzessionen** erhalten die beteiligten Konzessionäre das Recht zur Durchführung von solchen Diensten. Sie finanzieren sich über Entgelte gegenüber den Fluggesellschaften und haben die damit zusammenhängenden wirtschaftlichen Risiken zu tragen.[21] Da Bodenabfertigungsdienste einen erheblichen Teil der Gesamtbetriebskosten der Luftfahrgesellschaft ausmachen,[22] handelt es sich für die Konzessionsnehmer um ein umso lukrativeres Geschäftsfeld. Damit besteht unter Umständen ein reduziertes Amortisationsrisiko zugunsten des Bodenabfertigungskonzessionsnehmers, was aber das Vorliegen einer Dienstleistungskonzession nicht ausschließt.

13 Quantitativ kommt es hinsichtlich der Beurteilung des Betriebsrisikos jedoch nicht auf die Höhe des übernommenen Risikos an, sondern vor allem auf die quotale **Verteilung** zwischen Konzessionsgeber und Konzessionär. Es kommt darauf an, dass der Konzessionsgeber zu einem maßgeblichen Teil dasjenige Risiko übernimmt, dem sich der Konzessionsgeber ausgesetzt sähe, wenn er die betreffende Tätigkeit selbst ausüben würde.[23] Hierbei ist allerdings zu beachten, dass der Konzessionsgeber nicht mehr Risiken übertragen kann, als er selbst trägt. So ist es unschädlich, wenn dem Konzessionär bloß ein beschränktes Amortisationsrisiko übertragen wird, weil bereits das Risiko des Konzessionsgebers begrenzt war.[24] Bei Bodenabfertigungskonzessionen bestehen verschiedene Risiken im operativen Geschäft (z.B. schwankende Nutzungszahlen) und der erweiternden Zulassung von Diensterbringer. In Anlage 5 BADV ist zwar eine Anzahl der Bodenabfertiger festgesetzt. Diese Festlegung hat jedoch rechtlich keinen nach oben hin begrenzenden konstituierenden Charakter.[25] Abfertigungsdienste müssen vom Konzessionsnehmer akquiriert werden, so dass insgesamt von einem Angebots- und Nachfragerisiko gemäß § 105 Abs. 2 S. 3 GWB auszugehen ist.

---

15 Erwägungsgrund 18 RL 2014/23/EU.
16 Vgl. z.B. jüngst OLG Naumburg, Beschluss v. 15.4.2016 – 7 Verg 1/16; OLG Frankfurt, Beschluss v. 10.11.2015 – 11 Verg 8/15; OVG Lüneburg, Urteil v. 19.2.2015 – 7 LC 63/13; OLG Naumburg, Beschluss v. 22.12.2011 – 2 Verg 10/11; *Braun*, VergabeR 2014, 324; *ders.*, VergabeR 2011, 384; *ders.*, NZBau 2011, 400; *ders.*, VergabeR 2011, 199.
17 *Diemon-Wies*, VergabeR 2016, 162 (164).
18 Erwägungsgrund 20 RL 2014/23/EU.
19 EuGH, Urteil v. 10.11.2011 – Rs. C-348/10 (Norma-A), Rn. 48, m.w.A.; Urteil v. 10.3.2011 – Rs. C-274/09 (Stadler), Rn. 38; *Kraus*, VergabeR 2012, 164 (171).
20 Erwägungsgrund 20 RL 2014/23/EU.
21 *Dornhauser*, NVwZ 2010, 931 (935); vgl. *Kämper/Brüggemann/Bothe*, NZBau 2017, 9 (10).
22 *Neumann*, NVwZ 2004, 60.
23 EuGH, Urteil v. 10.9.2009 – Rs. C-206/08 (Eurawasser), Rn. 70 ff.
24 *Ziekow*, in: Ziekow/Völlink, Vergaberecht, § 99 GWB Rn. 196b.
25 Antwort der Landesregierung auf die Kleine Anfrage, Flughafen Düsseldorf und die Bodenabfertigungsdienst-Verordnung, NRW LT-Drs. 16/11156.

2. Beschaffungsvorgang

14 Es ist umstritten, ob dabei ein Beschaffungsvorgang i.S. des GWB vorliegt. Wenn ein Beschaffungsvorgang nicht vorliegen würde, würde keine Konzession gemäß § 101 GWB vorliegen. Das förmliche Vergaberecht wäre nicht anwendbar.[26] Dem Wesen der Bodenabfertigungskonzession entspricht es, dass ihr ein **Beschaffungsvorgang** zugunsten des Konzessionsgebers zugrunde liegt.[27] Ein solcher Vorgang ist immer dann gegeben, wenn dem Konzessionsgeber die Leistung entweder unmittelbar zugutekommt oder ihn zumindest mittelbar bei der Erfüllung der ihm obliegenden Aufgaben und gesetzlichen Pflichten unterstützt.[28] Insofern muss die Beschaffung dem Konzessionsgeber nicht „körperlich" zugutekommen.[29] Der Konzessionsgeber beschafft sich nicht nur dann eine Leistung, wenn sie ihm „irgendwie" wirtschaftlich zugutekommt, sondern auch dann, wenn er mit der Leistung ihm obliegende Pflichten gegenüber der Bevölkerung erfüllt.[30] Ohne Beschaffungsbezug liegt lediglich eine Genehmigung zur Wirtschaftsausübung für ein bestimmtes Gebiet, z.B. durch einen Pachtvertrag, vor.[31] Im Ergebnis muss der Konzessionsgeber einen Nutzen aus der Tätigkeit des Konzessionärs ziehen können. Umgekehrt weisen Bereiche, bei denen nicht einmal mittelbar der Auftraggeber einen Nutzen aus der Tätigkeit des Konzessionärs ziehen kann, keinen Beschaffungsvorgang auf und sind demgemäß vollständig vergabefrei.[32]

15 Nicht der Ausschreibung unterliegen auch die **Auswahl von Flächen**. Gemäß Art. 16 Abs. 2 RL 96/67/EG hat der betreffende Betreiber die sich aus dieser Bestimmung ergebenden Vorgaben einzuhalten, wonach die für Bodenabfertigungsdienste verfügbaren Flächen des Flughafens unter den verschiedenen Dienstleistern und unter den verschiedenen Selbstabfertigern – einschließlich der Neubewerber –, nach sachgerechten, objektiven, transparenten und nicht diskriminierenden Regeln und Kriterien aufzuteilen sind, soweit dies für die Wahrung ihrer Rechte und zur Gewährleistung eines wirksamen und lauteren Wettbewerbs erforderlich ist, ohne dass er jedoch zur vorherigen Ausschreibung verpflichtet wäre.[33]

16 Gegen das Vorliegen eines Beschaffungsvorgangs wird vorgetragen, dass das Recht, die Dienstleistungen zu erbringen, dem Unternehmen allein aus wettbewerblichen Gründen eingeräumt werde. Es handele sich nicht um eine **Vergütung** (Gegenleistung) für die Erbringung von Dienstleistungen, die gegenüber dem Auftraggeber erbracht würde. Der Bodenabfertiger erbringe seine Leistungen allein gegenüber den Nutzern und werde von diesen vergütet. Damit fehle der auch bei einer Konzession erforderliche Beschaffungscharakter bzw. die Erfüllung einer dem Auftraggeber obliegenden Aufgabe der Daseinsvorsorge.[34] Auch die Dienstleistungskonzession sei nichts anderes als ein Beschaffungszwecken dienender öffentlicher Auftrag, der allein deshalb anders bezeichnet wird, weil es eine Besonderheit bei der Gegenleistung des Auftraggebers (= Konzessionsgebers) gibt. Zwar sei der Begriff „Konzession" vom lateinischen Verb „concedere" (= erlauben) abgeleitet. Dies dürfe aber nicht zur falschen Schlussfolgerung verleiten, immer dann, wenn der Staat oder einer seiner zahlreichen Ableger einem Unternehmen eine wirtschaftliche Betätigung erlaubt, läge eine Konzession im Sinne des Vergaberechts vor. Der Auftraggeber hätte dem Bodenabfertiger zwar erlaubt, einen Hangar wirtschaftlich zu nutzen. Damit verfolge der Flughafenbetreiber aber nicht den Zweck, irgendeinen eigenen Bedarf zu decken. Auch beauftrage er den Bodenabfertiger nicht zugleich mit Erbringung und Verwaltung einer Dienstleistung, deren wirtschaftliche Verwertung origi-

---

26 In diesem Sinne: *Kämper/Brüggemann/Bothe*, NZBau 2017, 9 (10); vgl. auch das obiter dictum in OVG Münster, Urteil v. 17.6.2016 – 20 D 95/13, Rn. 59.
27 Vgl. ausführlich *Braun*, in: Müller-Wrede, GWB-Vergaberecht, § 105 Rn. 76 ff; Erwägungsgründe 1 und 11 RL 2014/23/EU; VK Nordbayern, Beschluss v. 19.1.2011 – 21.VK-3194-48/10; a.A. *Summa*, IBR 2017, 634.
28 OLG München, Beschluss v. 25.3.2011 – Verg 4/11.
29 OLG München, Beschluss v. 25.3.2011 – Verg 4/11.
30 OLG München, Beschluss v. 25.3.2011 – Verg 4/11.
31 EuGH, Urteil v. 14.7.2016 – C-458/14 und C-67/15 (Promoimpresa), Rn. 47; siehe auch § 1 KonzVgV Rn. 96.
32 Vgl. OLG München, Beschluss v. 22.1.2012 – Verg 17/11.
33 EuGH, Urteil v. 13.7.2017 – Rs. C-701/15 (Malpensa).
34 *Kämper/Brüggemann/Bothe*, NZBau 2017, 9 (10); vgl. auch *Summa*, IBR 2017, 634.

när ihm als Auftraggeber zustünde, aufgrund seiner Erlaubnis aber vom Bodenabfertiger zu Geld gemacht werden dürfe.[35]

17 Trotz dieser Erwägungen sprechen mehr Gründe für das Vorliegen eines Beschaffungsvorganges. Der Begriff der Bodenabfertigungsdienstleistungen umfasst gemäß Anlage 1 BADV eine große Anzahl an unterschiedlichen Tätigkeiten, die für das ordnungsgemäße Funktionieren des Luftfahrtbetriebes unerlässlich sind. Die Erbringung solcher Dienstleistungen hat damit eine **Schlüsselfunktion** im Rahmen eines funktionsgerecht arbeitenden Flughafens. Durch die Auslagerung dieser Aufgaben auf ein Drittunternehmen erspart sich der Flugplatzunternehmer selbst die eigenhändige Durchführung dieser wichtigen und zugleich umfangreichen Aufgaben. Hieraus zieht er einen unmittelbaren Vorteil. Obgleich die Luftfahrtbehörde als Verwaltungseinheit keinen wirtschaftlichen Vorteil aus der Vergabe einer Bodenabfertigungskonzession zieht, erfüllt sie dennoch dadurch mittelbar ihre gesetzliche Aufgabe, für die reibungslose Abwicklung des Luftfahrtverkehrs Sorge zu tragen. Dementsprechend vollziehen beide Vergabeeinheiten bei der Vergabe einer Bodenabfertigungskonzession einen Beschaffungsvorgang, weil der Betrieb eines Flughafens ohne die Bodenabfertigungsarbeiten nicht stattfinden könnte. Von einem Beschaffungsbedarf ist also auszugehen. Die Gegenansicht verengt den Konzessionsbegriff zu stark.

18 Gegen die Herausnahme der Bodenabfertigungskonzession aus dem Vergaberecht spricht zudem, dass es der europäische Gesetzgeber nicht für notwendig erachtet hat, die **RL 96/67/EG** – anders als etwa für die VO (EG) 1370/2007 bezüglich Ausschreibung von öffentlichen Personenverkehrsdiensten auf Schiene und Straße – explizit vom Anwendungsbereich der RL 2014/23/EU auszunehmen.[36] Die Unterschiede im Meinungsstreit spielen primär für den Rechtsweg (Vergabekammer oder Verwaltungsgerichtsbarkeit) eine Rolle.[37] Auf Grund der vergleichbaren Interessenlage liegt es aus Sicht der Verfasser durchaus nahe, das BADV-Auswahlverfahren weiter an das Vergaberechtsregime anzunähern, in dem Grundsätze der Gleichbehandlung, des Wettbewerbes, der Verhältnismäßigkeit und der Transparenz, der Sachgerechtigkeit anwenden.[38] In der Sache selbst treffen die Verwaltungsgerichte inhaltlich vergleichbare Überprüfungsentscheidungen wie die Nachprüfungsinstanzen. Die Analyse der verwaltungsgerichtlichen Entscheidungen zeigt auf, dass die Berücksichtigung der o.g. Grundsätze zu vergleichbaren Wertungen führen.

3. Bereichsausnahme

19 Fraglich ist, ob die Vergabe von Konzessionen über die Erbringung von Bodenabfertigungsdienstleistungen einer der zahlreichen Bereichsausnahmen der RL 2014/23/EU bzw. des GWB zuzuordnen ist.

20 Laut Art. 10 Abs. 3 RL 2014/23/EU ist der Bereich der genehmigungsbedürftigen **Luftverkehrsdienste** nach Art. 3 VO (EG) 1008/2008 vom Anwendungsbereich der Konzessionsrichtlinie 2014/23/EU von vornherein ausgenommen. Luftverkehrsdienste auf Grundlage der Erteilung einer Betriebsgenehmigung im Sinne des Art. 3 Abs. 1 VO (EG) 1008/2008 beinhalten die flugtechnische Beförderung von Fluggästen, Post und/oder Waren im gewerblichen Luftverkehr. Tatbestandlich bezieht sich Art. 3 Abs. 1 VO (EG) 1008/2008 auf den Begriff des „Flugdienstes" des Art. 2 Nr. 4 VO (EG) 1008/2008.

21 Bei **Bodenabfertigungsdienstleistungen** werden zum Teil auch Tätigkeiten während eines Fluges erbracht – so zum Beispiel die Betreuung von Fluggästen während des Transits gemäß Anlage 1 Ziff. 2 BADV. Allerdings steht bei diesen Tätigkeiten nicht die Erbringung der Flugleistung selbst im Mittelpunkt, sondern bloß ergänzende bzw. unterstützende Tätigkeiten während des Fluges. Um „flugtechnische Beförderung" im eigentlichen Sinne handelt es sich bei den Tätigkeiten von Bodenabfertigungsdienstleistern somit nicht, weshalb die Bereichsaus-

---

35 Vgl. ausführlich *Braun*, in: Müller-Wrede, GWB-Vergaberecht, § 105 Rn. 76 ff.; Erwägungsgründe 1 und 11 RL 2014/23/EU; VK Nordbayern, Beschluss v. 19.1.2011 – 21.VK-3194-48/10; a.A. *Summa*, IBR 2017, 634.
36 A.A. *Kämper/Brüggemann/Bothe*, NZBau 2017, 9 (10).
37 Siehe unten Rn. 85 ff.
38 A.A. *Kämper/Brüggemann/Bothe*, NZBau 2017, 9 (10).

nahme des Art. 10 Abs. 3 RL 2014/23/EU für diese nicht einschlägig ist. Entsprechendes gilt für die deutsche Umsetzungsnorm des § 149 Nr. 12 GWB, der den Regelungsgehalt des Art. 10 Abs. 3 RL 2014/23/EU unmittelbar umsetzt.

Mangels Anwendbarkeit der Bereichsausnahme unterfallen Konzessionsauftragsvergaben von Bodenabfertigungsdiensten im Ergebnis dem förmlichen Kartellvergaberecht und damit beim Erreichen oder Überschreiten des **Schwellenwertes** gemäß § 106 Abs. 1 und Abs. 2 Nr. 4 GWB i.V.m. Art. 8 Abs. 1 RL 2014/23/EU dem vergaberechtlichen Nachprüfungsverfahren nach den §§ 155, 156 GWB. Dieser Schwellenwert wird von der Kommission gemäß Art. 9 Abs. 1 RL 2014/23/EU alle zwei Jahre überprüft und erforderlichenfalls angepasst. Das Bundesministerium für Wirtschaft und Energie gibt den geltenden Schwellenwert gemäß § 106 Abs. 3 GWB unverzüglich – nach Veröffentlichung im Amtsblatt der Europäischen Union – im Bundesanzeiger bekannt.

4. Handlungsform: Vertrag oder Verwaltungsakt

Die Konzessionsgeber haben die Wahlfreiheit bezüglich der Beauftragungsform. Eine Beauftragung kann durch Vertrag oder Verwaltungsakt erfolgen.

Die Zuständigkeit der Verwaltungsgerichte ist gegeben, wenn kein Konzessionsvertrag, sondern wenn ein **Verwaltungsakt** angegriffen wird.[39] Die Feststellung der Zuständigkeit fällt i.d.R. kurz und prägnant dahingehend aus, dass es sich bei der streitgegenständlichen Auswahlentscheidung um einen begünstigenden Verwaltungsakt handele, der auch gegenüber einem Dritten als nicht-berücksichtigter Mitbewerberin, die dadurch zudem die von ihr auf der Grundlage von befristeten und an die Rechtskraft dieser Auswahlentscheidung geknüpften Gestattungsverträgen innegehaltene Rechtsposition verliert, belastend wirkt. Der Antrag ist deshalb nach § 80a Abs. 1 Nr. 1 und Abs. 3 VwGO statthaft.[40] Keine Konzession gemäß § 105 Abs. 1 GWB liegt bei einseitigem Verwaltungsakt gemäß § 35 VwVfG durch einen Konzessionsgeber vor. Bereits vor dem Beginn einer Konzessionsvergabe kann der Konzessionsgeber Einfluss auf die gerichtliche Überprüfbarkeit – auch nach der RL 2014/23/EU – nehmen. Ein entgeltlicher Vertrag i.S.d. § 105 Abs. 1 GWB liegt nicht vor, wenn die Vergabe durch einseitigen Verwaltungsakt hoheitlich verfügt wird.[41] Dadurch wird die Zuständigkeit der Verwaltungsgerichtsbarkeit auftragswertunabhängig begründet.[42] Bei Verwaltungsakten fehlt auch der Beschaffungsakt, der ein wesentlicher Bestandteil einer vertraglichen Einkaufshandlung ist. Eine Vereinbarung ist dann kein (öffentlich-rechtlicher) Vertrag gemäß § 54 VwVfG, wenn sie in Wirklichkeit ein einseitiger Verwaltungsakt ist, der eine Verpflichtung allein für den Konzessionsnehmer vorsieht und der deutlich von den üblichen Bedingungen eines kommerziellen Angebotes abweicht.[43] Wesentliches Kriterium für das Vorliegen eines Vertrages ist ein gewisser Spielraum für den Konzessionsnehmer bei der Ausgestaltung der Konzessionsbedingungen.[44] Diese Spaltung des Rechtsweges ist vom Gesetzgeber gewollt, sodass sie hinzunehmen ist. Die Rechtsprechung geht pragmatisch mit der Rechtswegspaltung um, in dem verwaltungsgerichtliche Entscheidungen auf vergaberechtliche Erwägungen zurückgreifen und umgekehrt.

---

39 OVG Münster, Urteil v. 17.6.2016 – 20 D 95/13; vgl. allgemein *Müller*, NVwZ 2016, 266, a.A. BayVGH, Beschluss v. 8.5.2017 – 8 CS 17.432, mit Hinweis auf *Reidt*, in: Grabherr/Reidt/Wysk, LuftVG, § 19c Rn. 43 ff.
40 VGH Kassel, Beschluss v. 24.10.2017 – 9 B 1789/17.T.
41 *Braun*, in: Müller-Wrede, GWB-Vergaberecht, § 105 Rn. 21 ff.; siehe auch § 1 KonzVgV Rn. 54 ff.
42 Vgl. ausführlich: *Braun*, in: Prieß/Lau/Kratzenberg, Festschrift für Marx, 39; *ders.*, VergabeR 2014, 324 ff.; vgl. *Müller*, NVwZ 2016, 255; vgl. z.B. OVG Münster, Urteil v. 17.6.2016 – 20 D 95/13, Rn. 37; OVG Sachsen-Anhalt, Urteil v. 22.2.2012 – 3 L 259/10.
43 *Wollenschläger*, Burgi/Dreher, Vergaberecht, § 105 GWB Rn. 42 ff.; vgl. *Braun*, in: Müller-Wrede, GWB-Vergaberecht, § 105 Rn. 22.
44 *Braun*, Vergaberecht 2014, 324 (326).

5. Vorrang der BADV

25 Diverse Stimmen gehen davon unzutreffend aus, dass auf Grund der spezielleren Regelung der BADV die Anwendbarkeit des Vergaberechtes ausgeschlossen sein soll.[45] Für die Anwendbarkeit des Vergaberechts spricht zunächst die Subsumtion unter die Bestimmungen §§ 101, 105 GWB. Mit der RL 96/87/EG hat der europäische Gesetzgeber die Märkte für Bodenabfertigungsdienste geöffnet. Die Umsetzung erfolgte mit Gesetz vom 11. November 1997, auf dem die BADV beruht.[46] Wenn die speziellere Regelung der BADV das Vergaberecht hätte aushebeln sollen, dann hätte der Gesetz- und Verordnungsgeber eine Bereichsausnahme schaffen können. Soweit von der Verwaltungsgerichtsbarkeit wird, kann dies nicht überzeugen.[47] Eine derartige Bereichsausnahme liegt nicht vor, so dass – trotz speziellerer Regelung – das Vergaberecht anwendbar bleibt, wenn eine Dienstleistungskonzession durch Vertrag gemäß § 105 GWB vergeben wird, was im Einzelfall zu prüfen ist.

III. Konzessionsgeber

26 Vergaberechtliche Konzessionen werden durch Konzessionsgeber vergeben. Voraussetzung für die Erteilung einer Konzession ist neben dem tatbestandlichen Vorliegen einer Konzession im Sinne des § 105 Abs. 1 Nr. 2 GWB als Ausschreibungsgegenstand auch die Eigenschaft des Auftraggebers als **„Konzessionsgeber"** im Sinne des § 101 Abs. 1 GWB. Die Eigenschaft als Konzessionsgeber kann nur gegeben sein, wenn es sich bei der ausschreibenden Stelle gemäß § 101 Abs. 1 Nr. 1 GWB um einen öffentlichen Auftraggeber im Sinne von § 99 Nr. 1 bis 3 GWB oder gemäß § 101 Abs. 1 Nr. 2 und 3 GWB um einen Sektorenauftraggeber im Sinne von § 100 Abs. 1 Nr. 1 oder 2 GWB handelt.[48]

27 Im Bereich der Vergabe von Bodenabfertigungskonzessionen kommen zwei Stellen als **ausschreibende Einheiten** in Betracht. Gemäß § 7 Abs. 1 S. 2 BADV werden die Dienstleister durch den Flugplatzunternehmer ausgewählt, wenn er selbst keine gleichartigen Bodenabfertigungsdienstleistungen erbringt und auch kein Unternehmen beherrscht oder an einem solchen beteiligt ist, dass solche Dienste erbringt.[49] Nach § 7 Abs. 1 S. 3 BADV erfolgt die Auswahl jedoch durch die zuständige Luftfahrtbehörde im Sinne des § 2 Nr. 2 BADV, wenn die Voraussetzungen des § 7 Abs. 1 S. 2 BADV im jeweiligen Fall nicht gegeben sind. In zweiter Reihe ist damit die Luftfahrtbehörde als ausschreibende Stelle zuständig.

1. Luftfahrtbehörde

28 Bei der Luftfahrtbehörde handelt es sich um eine unselbstständige Verwaltungseinheit, die gemäß dem Rechtsträgerprinzip (vgl. § 78 VwGO) einer Gebietskörperschaft des öffentlichen Rechts als Rechtsträger angehört. Infolgedessen handelt es sich bei der Luftfahrtbehörde als unselbstständiger Bestandteil einer Gebietskörperschaft unproblematisch um einen öffentlichen Auftraggeber im Sinne des § 99 Nr. 1 GWB und damit bei Vergabe einer Konzession um einen Konzessionsgeber im Sinne des § 101 Abs. 1 Nr. 1 GWB.

2. Flugplatzunternehmer

29 Fraglich ist, wie der Flugplatzunternehmer als ausschreibende Stelle einzuordnen ist. Es spricht viel dafür, dass er Flugplatzunternehmer nur als Sektorenauftraggeber in Erscheinung treten

---

45 So z.B. *Opitz*, in: Kulartz/Kus/Portz/Prieß, GWB-Vergaberecht, § 102 Rn. 48 m.w.N.; *Boldt/Luft*, VergabeR 2015, 759 (761); in diesem Sinne auch BayVGH, Beschluss v. 8.5.2017 – 8 CS 17.432, mit Hinweis auf *Reidt*, in: Grabherr/Reidt/Wysk, LuftVG, § 19c Rn. 43 ff.
46 *Opitz*, in: Kulartz/Kus/Portz/Prieß, GWB-Vergaberecht, § 102 Rn. 48 m.w.N.
47 BayVGH, Beschluss v. 6.6.2018 – 8 ZB 17.2076.
48 Vgl. ausführlich *Braun*, in: Müller-Wrede, GWB-Vergaberecht, § 101 Rn. 6 ff.
49 Vgl. Antwort der Bundesregierung, Fragen zur Lizenzvergabe für Drittabfertiger in Deutschland, BT-Drs. 18/8007.

kann.⁵⁰ Sektorenauftraggeber werden aber durch die Vergabe von Konzessionen zu Konzessionsgebern.⁵¹

a) Sektorenauftraggeber aufgrund besonderer oder ausschließlicher Rechte

Der Flugplatzunternehmer könnte Sektorenauftraggeber aufgrund besonderer oder ausschließlicher Rechte sein. Hierzu müsste er gemäß § 100 Abs. 1 Nr. 2 a GWB eine juristische Person des privaten Rechts sein, die eine Sektorentätigkeit gemäß § 102 GWB ausübt, die er nach § 100 Abs. 1 Nr. 2 lit. a GWB auf der Grundlage von besonderen oder ausschließlichen Rechten ausübt, die hoheitlich gewährt wurden. Als Sektorentätigkeit wäre hierbei allein eine Tätigkeit im Bereich Flughäfen nach § 102 Abs. 5 GWB einschlägig. Eine solche Sektorentätigkeit umfasst die Tätigkeit, Flughäfen für Luftfahrtverkehrsunternehmen bereitzustellen. Bei der „Bereitstellung" handelt es sich um Tätigkeiten, die mit der Errichtung und Unterhaltung der für den Verkehr erforderlichen Infrastruktur zusammenhängen.⁵²

30

b) Sektorenauftraggeber aufgrund Beherrschung

Ferner könnte der Flugplatzunternehmer ein Sektorenauftraggeber nach § 100 Abs. 1 Nr. 2 lit. b GWB sein, wenn er die Sektorentätigkeit gemäß § 102 Abs. 5 GWB ausübt und öffentliche Auftraggeber gemäß § 99 Nr. 1 bis 3 GWB auf das Unternehmen einzeln oder gemeinsam einen beherrschenden Einfluss ausüben. Denkbar ist hier die Konstellation, dass der Flugplatzunternehmer eine juristische Person des Privatrechts ist, die von einem Bundesland als öffentlicher Auftraggeber i.S.d. § 99 Nr. 1 GWB vollständig oder zumindest mehrheitlich beherrscht wird. Es muss sich bei dem Flugplatzunternehmer zusammenfassend entweder um ein privates Unternehmen, welches den Flughafen aufgrund einer öffentlich-rechtlichen Lizenz betreibt, oder um ein öffentliches Unternehmen handeln.

31

c) Vergabe zum Zweck der Ausübung dieser Tätigkeit

Um Konzessionsgeber im Sinne des § 101 Abs. 1 Nr. 3 GWB sein zu können, müssen Flugplatzunternehmer als Sektorenauftraggeber gemäß § 100 Abs. 1 Nr. 2 lit. a oder b GWB die Bodenabfertigungsdienstleistung als Konzession zusätzlich zum Zweck der Ausübung ihrer Tätigkeit vergeben. Dementsprechend müssen Bodenabfertigungsdienstleister ihre konzessionsgemäße Tätigkeit im Rahmen der Tätigkeit „Bereitstellung eines Flughafens für Luftfahrtverkehrsunternehmen" des Flugplatzunternehmers erbringen.

32

Der Begriff der **Bodenabfertigungsdienstleistungen** umfasst gemäß Anlage 1 BADV eine große Anzahl von unterschiedlichen Tätigkeiten, die für das ordnungsgemäße Funktionieren des Luftfahrtbetriebes unerlässlich sind. Die Erbringung solcher Dienstleistungen hat damit eine Schlüsselfunktion für das funktionsgerechte Arbeiten eines Flughafens. Zwar ist die Durchführung von Bodenabfertigungsdienstleistungen bloß ein Ausschnitt aus der Gesamttätigkeit „Bereitstellung eines Flughafens für Luftfahrtverkehrsunternehmen". Jedoch ist dieser Aufgabenbereich angesichts der Bedeutung der Tätigkeiten für die Funktionsfähigkeit des Flughafens unerlässlich und damit wesentlich.⁵³ Ein „Bereitstellen" eines Flughafens ohne Bodenabfertigungsdienstleistungen ist nicht möglich. Dementsprechend handelt es sich bei der Durchführung von Bodenabfertigungsdiensten neben der Bereitstellung der notwendigen baulichen Anlagen um die Bereitstellung der Infrastruktur eines Flughafens im weiteren Sinne. Damit geht ein wesentlicher Aspekt der Tätigkeit der Bereitstellung des Flughafens auf den Konzessionsnehmer über, was für die Erfüllung der Voraussetzung der Vergabe „zum Zweck der Ausübung dieser Tätigkeit" gemäß § 101 Abs. 1 Nr. 2 und 3 GWB ausreicht. Bei Vorliegen dieser Voraussetzungen wird auch der Flugplatzunternehmer zum Konzessionsgeber im Sinne des § 101 Abs. 1 Nr. 2 oder 3 GWB.

33

---

50 Vgl. auch *Boldt/Luft*, VergabeR 2015, 759.
51 Vgl. § 1 KonzVgV Rn. 33 ff.
52 Vgl. EuGH, Urteil v. 11.7.1991 – Rs. C-247/89 (Kommission/Portugal), Rn. 37.
53 Vgl. VGH Kassel, Beschluss v. 24.10.2017 – 9 B 1789/17.T.

B. Regelungen für das Auswahlverfahren

34 Bodenabfertigungskonzession können nicht frei, sondern müssen in einem strukturierten Verfahren vergeben werden. § 7 Abs. 1 i.V.m. § 3 Abs. 2 bis Abs. 5 BADV ordnet die Durchführung eines **Auswahlverfahrens** an, wenn aus Kapazitätsgründen nicht alle interessierten Dienstleister zur Durchführung von Bodenabfertigungsdienstleistungen zugelassen werden können.

35 Dem Bodenabfertigungskonzessionsgeber kommt sowohl bei der Bestimmung und Gewichtung der Zuschlagskriterien, als auch bei der Auswahlentscheidung selbst ein weiter **Beurteilungs- und Bewertungsspielraum** zu.[54] Damit ist die Entscheidung gerichtlich nur eingeschränkt dahingehend überprüfbar, ob sie gegen die geltenden Verfahrensbestimmungen verstößt oder den ihr eingeräumten Beurteilungsspielraum überschritten hat, indem sie von unzutreffenden Tatsachen ausgegangen ist, sachfremde Erwägungen angestellt oder sich nicht an den von ihr aufgestellten Beurteilungsmaßstab und die allgemeinen Grundsätze der Sachgerechtigkeit, Transparenz und Nichtdiskriminierung gehalten hat.[55] Die genaue Prüfung dieser Grundsätze in seinen einzelnen Ausprägungen führt dazu, dass die materielle Prüfungsdichte stetig zunimmt.

I. Allgemeine Vergabegrundsätze

36 Im Gegensatz zu vielen fachrechtlichen Regelungen zu Konzessionsvergaben ordnet die BADV bereits selbst die Geltung der Grundsätze des Vergabeverwaltungsrechts im Auswahlverfahren an. So statuiert § 7 Abs. 1 S. 5 BADV i.V.m. Anlage 2 Nr. 1 Abs. 2 BADV, dass das Auswahlverfahren sachgerecht, objektiv, transparent und nichtdiskriminierend durchgeführt werden muss. Ergänzend wird die Geltung dieser Grundsätze im vergaberechtlichen Oberschwellenbereich durch § 97 Abs. 6 GWB und im Unterschwellenbereich durch die Vorgaben des europäischen Primärrechts (gemäß Art. 49, 56 AEUV und Art. 18 AEUV bei Binnenmarktrelevanz) sowie durch den grundrechtlichen Teilhabeanspruch der Unternehmen aus Art. 12 Abs. 1 i.V.m. Art. 3 Abs. 1 GG angeordnet (bei fehlender Binnenmarktrelevanz). Die materiell-rechtlichen Vorgaben für das Auswahlverfahren nach der RL 96/67/EG und der BADV erschöpfen sich nämlich im Wesentlichen darin, dass es sachgerecht, objektiv, transparent und nichtdiskriminierend durchgeführt werden muss (Art. 11 Abs. 1 lit. a RL 96/67/EG sowie § 7 Abs. 1 Satz 5 i.V.m. Anlage 2 Abs. 2 Nr. 1 BADV).[56] Die Stellung des Teilnehmers vermittelt diesem ein Recht auf die Durchführung eines ordnungsgemäßen und fairen Auswahlverfahrens. Die gilt gerade auch in Bezug auf die angefochtene Auswahlentscheidung und den im Zusammenhang damit stehenden vermuteten Verstoß gegen das Ausschreibungserfordernis.[57]

1. Transparenzgrundsatz

37 Die Geltung des Transparenzgrundsatzes wird von der BADV als so wesentlich eingestuft, dass grundsätzlich jede Konzessionsvergabe in den Fällen des § 3 Abs. 2 bis 5 BADV gemäß § 7 Abs. 1 S. 1 BADV im **Amtsblatt** der Europäischen Union auszuschreiben ist. Dies könnte als Indiz dafür gesehen werden, dass in der Regel bei einer Bodenabfertigungskonzession von einer Binnenmarktrelevanz auszugehen ist. Ein Verfahren, welches nicht allen Interessenten offensteht, ist rechtswidrig.[58] Eine nachträgliche Relativierung ist jedenfalls nach Öffnung der Bewerbungen nicht möglich und wäre letztlich nicht weniger gravierend wie eine nachträgli-

---

54 BVerwG, Urteil v. 13.12.2012 – 3 C 32/11; BGH, Urteil v. 16.10.2001 – X ZR 100/99; OVG Hamburg, Beschluss v. 16.8.2013 – 1 Es 2/13; BayVGH, Beschluss v. 8.5.2017 – 8 CS 17.432; Beschluss v. 25.2.2010 – 8 AS 10.40000; VGH Kassel, Beschluss v. 24.10.2017 – 9 B 1789/17.T.
55 BVerwG, Urteil v. 13.12.2012 – 3 C 32/11; vgl. allgemein BVerwG, Urteil v. 16.5.2007 – 3 C 8/06; VGH Kassel, Urteil v. 15.10.2014 – 9 C 1276/13; OVG Hamburg, Beschluss v. 16.8.2013 – 1 Es 2/13; OVG Münster, Urteil v. 17.6.2016 – 20 D 95/13.
56 BayVGH, Beschluss v. 6.6.2018 – 8 ZB 17.2076; VGH Kassel, Beschluss v. 24.10.2017 – 9 B 1789/17.T.
57 OVG Münster, Urteil v. 17.6.2016 – 20 D 95/13.
58 EuGH, Urteil v. 11.9.2014 – Rs. C-277/13, Rn. 49.

che Veränderung der inhaltlichen Auswahlkriterien Vielmehr ist im Interesse der Vergleichbarkeit der Wettbewerber und der Neutralitätspflicht der Luftfahrtbehörde gerade auch bei derartigen – von den Bewerbungsunterlagen selbst zwingend festgelegten – „Formalien" eine strenge Handhabung geboten.[59]

Innerhalb der Bekanntmachung sind alle **Bedingungen** und **Modalitäten** des Vergabeverfahrens klar, präzise und eindeutig zu formulieren, sodass alle gebührend informierten und mit der üblichen Sorgfalt handelnden Interessenten deren genaue Bedeutung verstehen und sie in gleicher Weise auslegen können.[60] Diese Pflicht zur Präzision dient auch der vergebenden Stelle: Nur so kann sie hinreichend objektiv überprüfen, ob die Angebote der Bewerber die für den betreffenden Auftrag geltenden Kriterien erfüllen.[61] Eine zu hohe Unbestimmtheit der Zuschlagskriterien bzw. der Wertungsmaßstäbe trägt die Gefahr in sich, dass die Bewerber nicht mehr angemessen über die Kriterien und Modalitäten informiert werden, auf deren Grundlage das wirtschaftlich günstigste Angebot ermittelt wird. Das hätte aber zur Folge, dass sie vor einer willkürlichen oder diskriminierenden Angebotsbewertung nicht mehr hinreichend geschützt wären.[62]

38

Zudem hat die vergebende Stelle alle **Entscheidungskriterien** angemessen zu veröffentlichen. Nur unter vorbehaltloser und rechtzeitiger Offenlegung aller entscheidungsrelevanten Kriterien und Gesichtspunkte kann eine diskriminierungsfreie und damit willkürfreie Teilnahme aller Bewerber am Vergabeverfahren gewährleistet werden.[63] Diese Mitteilungspflicht gilt ohne Ausnahme auch für Unterkriterien, Gewichtungsregeln oder Bewertungsmatrizen – die bloße Benennung der Zuschlagskriterien genügt der Pflicht zur Offenlegung nicht.[64] Als Unterkriterien oder Hilfskriterien werden Kriterien verstanden, die der Ausfüllung und näheren Bestimmung eines Hauptkriteriums dienen und präziser darstellen, worauf es dem Auftraggeber ankommt.[65] Bei Bodenabfertigungsvergaben sind Unter-Unterkriterien bekannt zu geben, wenn die Bewerber nur so ihre Angebote effektiv ausgestalten können bzw. die vergebende Stelle ein differenziertes Wertungsschema entwickelt hat.[66] Gänzlich unzulässig ist, wenn die Unterkriterien erst nach der Öffnung der Bewerbungsunterlagen festgelegt und gewichtet werden.[67] Bodenabfertigungsvergaben sind sehr streitanfällig und werden politisch kritisiert.[68] Auswahlgerechtigkeit wird durch eine differenzierte und umgesetzte Auswahlmatrix erzielt. Dabei kann durch den verhältnismäßigen Einsatz von strategischen Auswahlzielen auch eine erhöhte gesellschaftliche Akzeptanz – soweit erforderlich – erzielt werden. Nach hier vertretener Auffassung müssen die Kriterien, Unterkriterien und Gewichtungsregeln bereits in den Ausschreibungsunterlagen enthalten sein. Die Grenze der freien Bestimmbarkeit wird vom BGH bei Vergaben außerhalb des förmlichen Kartellvergaberechts deutlich beim Willkürverbot gezogen: Wäre es dem Auftraggeber gestattet, bei der Angebotswertung die relevanten Gesichtspunkte frei zu bestimmen, bestünde die Gefahr einer willkürlichen Aus-

39

---

59 VG München, Beschluss v. 14.2.2017 – M 24 S 16.5635.
60 BVerwG, Beschluss v. 18.3.2016 – 3 B 16/15; OVG Münster, Urteil v. 17.6.2016 – 20 D 95/1; *Kämper/Brüggemann/Bothe*, NZBau 2017, 10.
61 EuGH, Urteil v. 10.5.2012 – Rs. C-386/10 (Kommission/Niederlande), Rn. 87 und 109; OLG Celle, Urteil v. 23.2.2016 – 13 U 148/15; VGH Kassel, Urteil v. 15.10.2014 – 9 C 1276/13.T.
62 OLG Celle, Urteil v. 23.2.2016 – 13 U 148/15; VGH Hessen, Urteil v. 15.10.2014 – 9 C 1276/13.T; OLG Düsseldorf, Beschluss v. 19.6.2013 – VII-Verg 8/13.
63 Vgl. BGH, Urteil v. 17.12.2013 – KZR 65/12; VGH Kassel, Urteil v. 15.10.2014 – 9 C 1276/13.
64 BVerwG, Beschluss v. 18.3.2016 – 3 B 16/15; VGH Kassel, Urteil v. 15.10.2014 – 9 C 1276/13; OLG Düsseldorf, Beschluss v. 19.6.2013 – VII-Verg 8/13; vgl. *Liebler*, jurisPR-BVerwG 2/2017, Anm. 1; a.A. BayVGH, Beschluss v. 8.5.2017 – 8 CS 17.432, juris Rn. 88.
65 BVerwG, Urteil v. 13.12.2012 – 3 C 32/11; VGH Kassel, Urteil v. 15.10.2014 – 9 C 1276/13.T; a.A. BayVGH, Beschluss v. 8.5.2017 – 8 CS 17.432, juris Rn. 88.
66 Vgl. BVerwG, Beschluss v. 18.3.2016 – 3 B 16/15; OLG Düsseldorf, Beschluss v. 19.6.2013 – VII-Verg 8/13; vgl. *Liebler*, jurisPR-BVerwG 2/2017, Anm. 1.
67 Vgl. VG München, Beschluss v. 14.2.2017 – M 24 S 16.5635; *Liebler*, jurisPR-BVerwG 2/2017, Anm. 1.
68 Vgl. Entschließungsantrag zu der dritten Beratung des Gesetzentwurfs der Bundesregierung, Fünfzehntes Gesetz zur Änderung des Luftverkehrsgesetzes, BT-Drs. 18/8108; Antwort der Bundesregierung, Liberalisierung der Märkte der Bodenabfertigungsdienste an deutschen Flughäfen und ihre Auswirkungen auf Arbeits- und Sozialstandards, BT-Drs. 18/13158.

wahl.[69] Die Verwaltungsrechtsprechung erkennt an, dass bei nachträglich erfolgender Festlegung der Kriterien und deren Gewichtung die Gefahr besteht, dass die maßgeblichen Kriterien so gewählt und gewichtet werden, dass ein gewünschtes Ergebnis erzielt wird.[70] Dies würde zu einer Ungleichbehandlung unter den Bewerbern führen.[71] Bei Bodenabfertigungsauswahlverfahren wird daher eine nachträgliche Festlegung der Kriterien durchgängig unzulässig sein.

40 Die Kriterien und Gewichtungsregeln müssen bereits **vor Öffnung** der eingesandten Bewerbungsunterlagen vollständig und umfassend aufgestellt worden sein.[72] Angesichts des Transparenz- und Gleichbehandlungsgrundsatzes ist es aber nur konsequent zu fordern, dass die Kriterien und Gewichtungsregeln noch früher, bei der Veröffentlichung der Ausschreibungsunterlagen, aufgestellt und bekannt gegeben werden. Abgesehen hiervon müssen nicht nur die für die Entscheidung maßgeblichen Kriterien transparent sein – auch die konkrete Auswahlentscheidung muss diesen Erfordernissen genügen.[73]

41 Groß sind die Unterschiede zwischen den Gerichtszweigen im Hinblick auf den gewährten Rechtsschutzumfang letztlich nicht. Die Verwaltungsgerichtsbarkeit kritisiert Auswahlverfahren, bei denen nicht eindeutig ein **Anfangs-** und **Endzeitpunkt** festgelegt worden ist. Eine derartige Ausschreibung bildet keine hinreichende Grundlage für die Bewerberauswahl für einen davon abweichenden Zeitraum, insbesondere nicht für einen darüberhinausgehenden Zeitpunkt.[74]

42 Konzessionsgeber müssen im Rahmen des gesamten Verfahrens einen angemessenen **Grad von Öffentlichkeit** sicherstellen. Dies bedeutet nicht, dass bei der Öffnung der Angebote Bewerber anwesend sein dürften, da diesbezüglich der Vertraulichkeitsgrundsatz gilt. Öffentlichkeit bedeutet in diesem Zusammenhang, dass die Nachprüfung ermöglicht wird, ob das Konzessionsvergabeverfahren transparent, sachgerecht, objektiv und diskriminierungsfrei sowie frei von Verfahrensfehlern durchgeführt worden ist.[75] Die Anforderungen an die Transparenz des Konzessionsauswahlverfahrens sind vor dem Hintergrund des Primärrechts hierbei umso höher, je interessanter die Teilnahme an der Veranstaltung für potenzielle ausländische Bewerber ist.[76] Da hier eine Verpflichtung zur Bekanntmachung gemäß § 3 Abs. 2 bis 5, § 7 Abs. 1 S. 1 BADV im Amtsblatt der Europäischen Union besteht, ist von der letztgenannten Tatsache dem Grunde nach stets auszugehen.

43 Daher lässt sich festhalten, dass das **gesamte Wertungssystem** so transparent bekannt zu geben ist, dass kein objektiver Raum mehr für Manipulation und Willkür bei der Bewertung der Angebote verbleibt.[77] Die Erfüllung dieser Vorgaben ist mit Blick auf den weiten Beurteilungs- und Bewertungsspielraum des Konzessionsgebers von hoher Bedeutung.[78] Beides korrespondiert miteinander. Die Freiheiten bei dem Beurteilungs- und Bewertungsspielraum des Konzessionsgebers wird durch die Verpflichtung zur Transparenz und Dokumentation der Wertungsentscheidung begrenzt. Verletzungen des Transparenzgebotes und der Dokumentationsverpflichtung der Wertungsentscheidung führen zu anfechtbaren Wertungsentscheidungen.

---

69 BGH, Beschluss v. 10.5.2016 – X ZR 66/15, Rn. 14.
70 BVerwG, Beschluss v. 18.3.2016 – 3 B 16/15; Urteil v. 13.12.2012 – 3 C 32/11; VGH Kassel, Urteil v. 15.10.2014 – 9 C 1276/13.T.
71 BVerwG, Beschluss v. 18.3.2016 – 3 B 16/15; Urteil v. 13.12.2012 – 3 C 32/11; VGH Kassel, Urteil v. 15.10.2014 – 9 C 1276/13.T.
72 BVerwG, Beschluss v. 18.3.2016 – 3 B 16/15; VGH Kassel, Urteil v. 15.10.2014 – 9 C 1276/13.T.
73 VGH Kassel, Urteil v. 15.10.2014 – 9 C 1276/13.T; BayVGH, Beschluss v. 12.8.2013 – 22 CE 13.970;
74 OVG Münster, Urteil v. 17.06.2016 – 20 D 95/13, Rn. 84.
75 EuGH, Urteil v. 13.10.2005 – Rs. C-458/03 (Parking Brixen), Rn. 49; OLG Celle, Urteil v. 23.2.2016 – 13 U 148/15.
76 *Dornhauser*, NVwZ 2010, 931, (936).
77 OLG Düsseldorf, Beschluss v. 21.10.2015 – VII-Verg 28/14.
78 VGH Kassel, Urteil v. 15.10.2014 – 9 C 1276/13.

2. Gleichbehandlungsgebot

Die Grundsätze des Gleichbehandlungsgebots und des Diskriminierungsverbots stehen sich spiegelbildlich gegenüber und gehören zu den zentralen Grundsätzen des Auswahlverfahrens.[79] Diese Grundprinzipien sollen den „gesunden und effektiven" Wettbewerb fördern[80] und gebieten daher, dass die Verfahren ergebnisoffen geführt werden, sodass alle Bewerber die gleichen Chancen haben.[81] Dies ist nur möglich, wenn alle Entscheidungsträger unparteiisch handeln[82] und die Angebote aller Bewerber den gleichen Bedingungen unterworfen sind.[83] Jeder Bewerber muss eine faire Chance erhalten, nach Maßgabe der für die spezifische Konzession wesentlichen Kriterien und des vorgesehenen Verfahrens berücksichtigt zu werden.[84]

44

Der Grundsatz der Gleichbehandlung setzt voraus, dass die Angebote aller Wettbewerber den gleichen **Bedingungen** unterworfen sind. Maßgeblich sind insofern die von der Luftfahrtbehörde aufgestellten Bewertungskriterien. Sie stellen die Verbindung her zwischen der Ausschreibung und der Auswahlentscheidung, der sie gemäß Anlage 2 Nr. 2.3 Abs. 5 S. 4 BADV zugrunde gelegt werden müssen. Diese Kriterien sind so klar, präzise und eindeutig zu formulieren, dass alle gebührend informierten und mit der üblichen Sorgfalt handelnden Interessenten (aus Sicht des objektiven Empfängerhorizonts) deren genaue Bedeutung verstehen und sie in gleicher Weise auslegen können.[85]

45

Das Diskriminierungsverbot ist zudem insbesondere in seiner **europarechtlichen Dimension** mit den Grundfreiheiten und Art. 18 AEUV zu sehen, sodass beispielsweise Zeugnisse und andere Befähigungsnachweise aus anderen Mitgliedstaaten anerkannt werden und die Verfahrensfristen so ausgestaltet werden müssen, dass auch Unternehmen aus anderen Mitgliedstaaten ausreichend Zeit haben, die Konzession zu bewerten und ein Angebot zu erstellen.[86] Das Gleichbehandlungsgebot korreliert mit dem Transparenzgebot vor allem bei der rechtzeitigen Offenlegung aller Entscheidungsgrundlagen: Nur wenn alle Bewerber Zugang zu diesen haben, sind beide Grundsätze gewahrt.[87] Auch der Gleichbehandlungsgrundsatz verlangt von der ausschreibenden Stelle, dass die konkrete Gewichtung der Eignungs- und Zuschlagskriterien vor Einreichung der Angebote bekannt gegeben wird.[88]

46

Aus dem Grundsatz des Diskriminierungsverbots lässt sich des Weiteren das Verbot der Berücksichtigung von **Nachermittlungen** ableiten: Die Konzessionsvergabestelle darf nicht nach Ablauf der Frist für die Einreichung der Unterlagen einseitig zu Gunsten einzelner Bewerber im Rahmen des Auswahlverfahrens ermitteln und dadurch einzelne Bewerbungen gleichsam nachbessern.[89] Das Gleichbehandlungsgebot soll im Ergebnis der Gefahr der Günstlingswirtschaft oder der willkürlichen Entscheidungen begegnen und muss sich daher ebenso wie das Transparenzgebot in der konkreten Verfahrensgestaltung niederschlagen.[90] Das bedeutet, dass sowohl die Eignungs- und Zuschlagskriterien als auch das Auswahlverfahren dem Grundsatz der Gleichbehandlung entsprechen müssen.

47

---

79 BayVGH, Beschluss v. 6.6.2018 – 8 ZB 17.2076.
80 BayVGH, Beschluss v. 6.6.2018 – 8 ZB 17.2076; VGH Kassel, Urteil v. 15.10.2014 – 9 C 1276/13.T; *Kämper/Brüggemann/Bothe*, NZBau 2017, 10.
81 VGH Kassel, Urteil v. 15.10.2014 – 9 C 1276/13.T; *Prieß/Simonis*, NZBau 2015, 731 (734).
82 *Prieß/Simonis*, NZBau 2015, 731 (734).
83 VGH Kassel, Urteil v. 15.10.2014 – 9 C 1276/13.T.
84 VG Darmstadt, Beschluss v. 10.9.2015 – 4 L 1180/15.DA.
85 BayVGH, Beschluss v. 8.5.2017 – 8 CS 17.432, juris Rn. 17.
86 *Prieß/Simonis*, NZBau 2015, 731 (734).
87 EuGH, Urteil v. 24.1.2008 – Rs. C-532/06, Rn. 44; BVerwG, Beschluss v. 18.3.2016 – 3 B 16/15; Urteil v. 13.12.2012 – 3 C 32/11; VGH Kassel, Urteil v. 15.10.2014 – 9 C 1276/13.T; OVG Münster, Urteil v. 25.1.2011 – 20 D 38/10.AK.
88 Vgl. BVerwG, Beschluss v. 18.3.2016 – 3 B 16/15; VGH Kassel, Urteil v. 15.10.2014 – 9 C 1276/13.T; VG Darmstadt, Beschluss v. 10.9.2015 – 4 L 1180/15.DA.
89 BVerwG, Urteil v. 13.12.2012 – 3 C 32/11.
90 EuGH, Urteil v. 4.2.2016 – Rs. C-336/14, Rn. 87; Urteil v. 12.3.2015 – Rs. C-538/13, Rn. 34; Urteil v. 5.12.2013 – Rs. C-561/12, Rn. 36; VGH Kassel, Urteil v. 15.10.2014 – 9 C 1276/13.T.

3. Wettbewerbsgrundsatz

48 Der Wettbewerbsgrundsatz statuiert die eigenständige Anforderung, wonach in einem wettbewerblichen Verfahren eine möglichst hohe Anzahl an Bewerbern teilnehmen kann – eine Begrenzung der Bewerberzahl darf stets nur auf Grundlage von **sachlich nachvollziehbaren Gründen** erfolgen, die zudem von einigem Gewicht sein müssen.[91] Bei der Auswahlentscheidung soll es sich dementsprechend um eine objektive Entscheidung zugunsten des Wettbewerbs handeln.[92] Subjektive Präferenzen und Werturteile ohne sachlichen Bezug sind demgemäß unzulässig. Der Wettbewerbsgrundsatz geht mit den Grundsätzen der Transparenz und der Gleichbehandlung Hand in Hand – ohne hinreichende Transparenz oder vollständige Gleichbehandlung aller Bewerber existiert auch kein freier Wettbewerb um die Ausschreibung.

49 Eine Begrenzung erfährt der Wettbewerbsgrundsatz allerdings fachrechtlich durch die **BADV**: Nach § 3 Abs. 4 S. 1 BADV kann die Zahl der zu erteilenden Dienstleistungsaufträge bzw. -konzessionen für die in § 3 Abs. 2 BADV genannten Dienstleistungen auf einen Bewerber beschränkt werden, wenn besondere Platz- oder Kapazitätsgründe diese Beschränkung erfordern.

50 Die Realisierung des Wettbewerbsgrundsatzes zeigt sich auch bei der Anordnung der **sofortigen Vollziehung** eines begünstigen Verwaltungsaktes. Die Vollziehung der positiven Entscheidung liegt im öffentlichen Interesse an der von der Auswahlentscheidung bezweckten Marktöffnung. Das Unionsrecht fordert in Gestalt der RL 96/67/EG nicht nur Wettbewerb auf dem Gebiet der Bodenabfertigungsdienste auf Flughäfen durch die Tätigkeit eines weiteren Anbieters neben dem Flughafenbetreiber, sondern auch die Marktöffnung und damit die Möglichkeit zum Wechsel dieses weiteren Anbieters. Dies ergibt sich schon aus der zeitlichen Beschränkung der Lizenzen nach § 7 Abs. 4 BADV, womit ausdrücklich der Wechsel des Anbieters im Sinne eines ständigen Wettbewerbs vorgesehen wird. Diesem Grundsatz der Marktöffnung stünde es aber entgegen, wenn von einer nicht offensichtlich rechtswidrigen Auswahlentscheidung bei Anfechtung dieser Entscheidung durch den bisherigen Erbringer von Bodenabfertigungsdienstleistungen stets auf in der Regel nicht absehbare Zeit nur deshalb kein Gebrauch gemacht werden könnte, weil die Beibehaltung des bisherigen Anbieters gewährleistet, dass keine Störungen im Betriebsablauf durch einen Wechsel zu erwarten sind.[93] Art. 11 Abs. 1 lit. b RL 96/67/EG verlangt nämlich nicht nur, dass das Auswahlverfahren jedem Interessenten offensteht, sondern auch die Durchsetzung dieses Prinzips und damit grundsätzlich auch einen Anbieterwechsel. Dies wird dadurch bestärkt, dass nach Erwägungsgrund 23 RL 67/96/EG die Mitgliedstaaten zwar weiterhin das Recht haben, die für ein reibungsloses Funktionieren der Flughafeneinrichtungen notwendigen Vorschriften zu erlassen und durchzusetzen. Diese dürfen aber nicht dazu führen, dass der Marktzugang oder die Ausübung der Selbstabfertigung de facto stärker eingeschränkt wird, als nach der RL 96/67/EG zulässig ist. Deshalb muss auch dieses Recht unter Beachtung der Grundsätze der Objektivität, der Transparenz und der Nichtdiskriminierung ausgeübt werden. Dass weder die RL 96/67EG noch die Vorschriften der BADV eine Regelung für den Übergang vorsehen, darf nach diesen Grundsätzen jedenfalls nicht dazu führen, dass stets der bisherige Anbieter von Bodenabfertigungsdienstleistungen in einer etwa entstehenden Übergangszeit – wie bei einem gerichtlichen Verfahren zur Überprüfung der Auswahlentscheidung – weiter diese Leistungen erbringt, auch wenn er nicht Begünstigter der Auswahlentscheidung ist und dem auch sonst keine dringenden öffentlichen Interessen entgegenstehen.[94]

---

[91] *Kämper/Brüggemann/Bothe*, NZBau 2017, 10; *Prieß/Simonis*, NZBau 2015, 731 (735).
[92] Vgl. EuGH, Urteil v. 4.2.2016 – Rs. C-336/14, Rn. 55; vgl. VGH Kassel, Urteil v. 15.10.2014 – 9 C 1276/13.T; OVG Münster, Urteil v. 25.11.2011 – 20 D 38/10.AK.
[93] *VGH Kassel*, Beschluss v. 24.10.2017 – 9 B 1789/17.T.
[94] *VGH Kassel*, Beschluss v. 24.10.2017 – 9 B 1789/17.T.

4. Verhältnismäßigkeitsgrundsatz

Jedes Bodenabfertigungskonzessionsverfahren unterliegt auch dem der Verwaltungstätigkeit immanenten Grundsatz der Verhältnismäßigkeit.[95] Danach dürfen alle Anforderungen an die Bewerber und an das Verfahren nicht übermäßig aufwändig gestaltet werden. Der Aufwand für die Erstellung des Angebots durch den Bewerber darf nicht unverhältnismäßig hoch zum Umfang und zur Bedeutung der Konzession ausfallen.[96] Oberhalb der Schwellenwerte ergibt sich das Prinzip aus § 97 Abs. 1 S. 2 GWB.

51

5. Äquivalenzprinzip

Das Auswahlverfahren unterliegt auch dem Äquivalenzprinzip. Nach dem sowohl im Unionsrecht als auch in den nationalen Rechtsordnungen anerkannten Grundsatz der Rechtskraft sollen zur Gewährleistung des Rechtsfriedens und der Beständigkeit rechtlicher Beziehungen sowie einer geordneten Rechtspflege die nach Ausschöpfung des Rechtswegs oder nach Ablauf der entsprechende Rechtsmittelfrist unanfechtbar gewordenen Gerichtsentscheidungen nicht mehr in Frage gestellt werden können.[97]

52

Nach dem unionsrechtlichen Grundsatz der nationalen Verfahrensautonomie ist es jedoch Sache der **innerstaatlichen Rechtsordnungen** der Mitgliedsstaaten, die Modalitäten der Umsetzung des Grundsatzes der Rechtskraft festzulegen. Diese Modalitäten dürfen allerdings nicht ungünstiger sein als die, die bei ähnlichen internen Sachverhalten gelten (Grundsatz der Äquivalenz), und nicht so ausgestaltet sein, dass sie die Ausübung der Rechte, die die Rechtsordnung der Europäischen Union einräumt, praktisch unmöglich machen oder übermäßig erschweren (Grundsatz der Effektivität).[98] Der Grundsatz der Äquivalenz ist beachtet, wenn rechtlichen Kriterien für die Annahme einer einheitlichen untrennbaren (Auswahl-) Entscheidung und die rechtlichen Folgerungen auch für gleich oder ähnlich gelagerte, (rein) innerstaatliche Sachverhalte zum Tragen kommen.

53

Die Regelungen der **BADV** entsprechen dem Äquivalenzgrundsatz.[99] Die Mitgliedstaaten haben zwar das Recht, den Beschäftigten von Unternehmen, die Bodenabfertigungsdienste erbringen, ein angemessenes Niveau sozialer Sicherheit zu gewährleisten. Diese Befugnis verleiht den Mitgliedstaaten aber keine unbegrenzte Regelungszuständigkeit, die in einer Art und Weise ausgeübt werden darf, die die praktische Wirksamkeit und die Ziele der Richtlinie beeinträchtigt.

54

II. Anforderungen der KonzVgV an die Bodenabfertigungskonzessionsvergabe

Im Oberschwellenbereich nach § 106 Abs. 1 und Abs. 2 Nr. 4 GWB sind nach der hier vertretenen Auffassung gemäß § 1 KonzVgV im Falle der Vergabe einer Bodenabfertigungskonzession die Vorschriften der KonzVgV ergänzend neben der BADV auf das Vergabeverfahren anzuwenden (sofern es vorliegt). Als lex generalis trifft die KonzVgV allgemeine Aussagen in Hinblick auf die Verfahrensgestaltung – dies aber mit höherer Regelungsdichte als die BADV. Bei Regelungslücken in der BADV oder zur Konkretisierung der allgemeinen Grundsätze ist auf die weitergehenden Regelungen der KonzVgV zurückzugreifen, sofern diese Vorschriften nicht mit den fachrechtlichen Besonderheiten der BADV kollidieren und damit unanwendbar bleiben.

55

Die Grundregeln zur Wahrung der **Vertraulichkeit** im Verfahren stellt § 4 KonzVgV auf, die zur Vermeidung von **Interessenkonflikten** § 5 KonzVgV. Nach § 6 Abs. 1 S. 1 KonzVgV hat der Konzessionsgeber das Vergabeverfahren während des gesamten Verfahrens in Textform gemäß § 126b BGB zu **dokumentieren**, soweit dies für die Begründung von Entscheidungen

56

---

95 Vgl. BVerwG, Beschluss v. 18.3.2016 – 3 B 16/15.
96 Vgl. *Prieß/Simonis*, NZBau 2015, 731 (735).
97 OVG Münster, Urteil v. 17.6.2016 – 20 D 95/13.
98 OVG Münster, Urteil v. 17.6.2016 – 20 D 95/13, Rn. 57, mit Hinweis auf EuGH, Urteil v. 3.9. 2009 – Rs. C-2/08 (Fallimento Olimpiclub), Slg 2009, I-7501, m. w. N.
99 OVG Münster, Urteil v. 17.6.2016 – 20 D 95/13, Rn. 58.

erforderlich ist. Der Mindestinhalt von Vermerken wird in § 6 Abs. 2 KonzVgV aufgelistet. Grundregeln für die **Kommunikation** im Konzessionsvergabeverfahren stellen die §§ 7 bis 11 KonzVgV auf.

57 Die **Beschreibung der zu vergebenden Leistung** ist in § 15 KonzVgV geregelt. Hierbei ist zu beachten, dass Anlage 2 Nr. 2.2 BADV ebenfalls Voraussetzungen aufstellt, was die Beschreibung der zu vergebenden Leistung betrifft. Die Vorgaben der BADV gehen hierbei vor, auf § 15 KonzVgV ist nur bei Regelungslücken zurückzugreifen oder wenn die KonzVgV weitergehende bzw. detailliertere Regelungen vorsieht. Auf den allgemeinen Grundsatz, dass die Leistungsbeschreibung nach den § 152 Abs. 1 GWB i.V.m. § 121 Abs. 1 und 3 GWB in einer nichtdiskriminierenden Weise zu erfolgen hat, kann jedenfalls zurückgegriffen werden.

58 Eine herausgehobene Stellung im Konzessionsvergabeverfahren genießt das in § 14 KonzVgV statuierte **Umgehungsverbot**. Das Verfahren darf danach nicht in einer Weise ausgestaltet werden, dass es vom Anwendungsbereich des Kartellvergaberechts ausgenommen wird oder bestimmte Unternehmen oder bestimmte Bauleistungen, Lieferungen oder Dienstleistungen auf unzulässige Weise bevorzugt oder benachteiligt werden. Dies betrifft die Konzeption des gesamten Verfahrens einschließlich der Berechnung des Schwellenwertes. § 14 KonzVgV stellt im Ergebnis eine äußere Grenze bezüglich des rechtlich Zulässigen in Hinblick auf das weite Leistungsbestimmungsrecht der ausschreibenden Stelle auf.

59 **Bekanntmachungen** sind im förmlichen Vergabeverfahren von elementarer Bedeutung und müssen stets dem Grundsatz der Transparenz sowie im Konkreten den spezifischen Vorgaben der §§ 19 bis 23 KonzVgV genügen.

60 In Hinblick auf die **Eignungskriterien** macht Anlage 3 BADV umfangreiche Vorgaben, die von der ausschreibenden Stelle zu berücksichtigen sind. Anlage 3 BADV geht damit als lex specialis den allgemeiner gehaltenen Regelungen des § 25 KonzVgV i.V.m. § 152 Abs. 2 i.V.m. § 122 GWB vor. Selbstverständlich bleibt es aber beim Grundsatz des § 25 Abs. 2 KonzVgV, dass die Eignungskriterien derart bestimmt sein müssen, dass sie dem Gleichbehandlungs- und Wettbewerbsgrundsatz hinreichend Rechnung tragen. Sie dürfen weder unmittelbar noch mittelbar potenzielle Teilnehmer diskriminieren noch so unverhältnismäßig hohe Hürden aufstellen, dass dadurch die Zahl der Bewerber in ungerechtfertigter Weise beschränkt wird.[100] Freilich bleibt die Beschränkung des Wettbewerbsgrundsatzes im Rahmen des § 3 Abs. 4 S. 1 BADV zulässig.

61 In Bezug auf die **Zuschlagskriterien** trifft § 7 Abs. 3 S. 1 BADV allein die Vorgaben, dass diese sachgerecht, objektiv, transparent und nichtdiskriminierend beschaffen sein müssen. Hierüber hinausgehend sieht das Kartellvergaberecht umfangreiche Regelungen in § 31 KonzVgV sowie in § 152 Abs. 3 GWB vor. Infolgedessen gilt: Zwar müssen die Zuschlagskriterien den Grundsätzen des § 7 Abs. 3 S. 1 BADV entsprechen – darüber hinaus sollten sie aber insbesondere den detaillierteren Anforderungen des § 152 GWB samt § 31 KonzVgV genügen. § 31 KonzVgV trifft ergänzend neben § 152 Abs. 3 GWB Vorgaben in Bezug auf die Angabe der Rangfolge der Kriterien und Regeln für die Änderung der Rangfolge während eines laufenden Verfahrens.

62 In Hinblick auf die **Fristen** und die **Form** der einzureichenden Teilnahmeanträge und Angebote stellen schlussendlich die §§ 27 und 28 KonzVgV bestimmte Mindestanforderungen.

63 **Weitere Regelungen** für das Konzessionsvergabeverfahren trifft das GWB noch in § 151 GWB und insbesondere in § 152 GWB. Über § 154 GWB werden bestimmte Vorschriften des Auftragsvergaberechts analog für das Konzessionsvergaberecht für anwendbar erklärt.

III. Bereichsspezifische Vorgaben der BADV

64 Die BADV enthält eigene Vorgaben hinsichtlich der Durchführung des Auswahlverfahrens, die teilweise von den Vorgaben des förmlichen Kartellvergaberechts abweichen. Insbesondere ist

---

[100] Vgl. *Prieß/Simonis*, NZBau 2015, 731 (735).

auf den Grundsatz der Sachgerechtigkeit hinzuweisen, welcher zusätzliche, eigene Anforderungen an das Vergabeverfahren von Bodenabfertigungskonzessionen stellt.

1. Zweistufiges Verfahren

Bodenabfertigungsleistungen werden in einem zweistufigen Verfahren vergeben.[101] Die erste Stufe ist die Veröffentlichung und Teilnahmewettbewerb. Die Geltung des Transparenzgrundsatzes wird von der BADV als so wesentlich eingestuft, dass grundsätzlich jede Konzessionsvergabe in den Fällen des § 3 Abs. 2 bis 5 BADV gemäß § 7 Abs. 1 S. 1 BADV im **Amtsblatt der Europäischen Union** auszuschreiben ist. Hierzu wird bestimmt, dass im Rahmen der Veröffentlichung unter anderem Angaben dazu gemacht werden müssen, welche **Kriterien** (als Eignungskriterien) maßgeblich für die Auswahl (Anlage 2 Nr. 2.2 lit. h BADV) und für den Zuschlag sind (Anlage 2 Nr. 2.2 lit. i BADV).[102]

Das Auswahlverfahren der BADV ist **zweistufig** ausgestaltet. Gemäß Anlage 2 Nr. 2.2 und Nr. 2.3 BADV ist zunächst ein Teilnahmewettbewerb durchzuführen, in dessen Rahmen die grundlegende Eignung der Bewerber festzustellen ist. Dabei haben diese ihre fachliche Eignung, finanzielle Leistungsfähigkeit sowie Zuverlässigkeit nachzuweisen.[103] Die eigentliche Auswahl trifft die ausschreibende Stelle erst auf der zweiten Stufe des Verfahrens – dem Auswahlverfahren im engen Sinne. Detaillierte Regelungen zum Ablauf des Teilnahmewettbewerbs enthält Nr. 2.2 und zum Auswahlverfahren Nr. 2.3 der Anlage 2 BADV.

Im Übrigen enthält die BADV noch folgende (für ein Auswahlverfahren relevante) Vorgaben: Der **Anwendungsbereich** der Regelungen der BADV ist für ein Konzessionsauswahlverfahren eröffnet, wenn die Voraussetzungen des § 1 BADV im konkreten Fall erfüllt sind. In § 2 BADV werden sodann bestimmte Begrifflichkeiten gesetzlich definiert, wie beispielsweise der „Flugplatz", der „Nutzer" oder die „Bodenabfertigungsdienste". Nähere Bestimmungen zum Begriff der „Bodenabfertigungsdienste" treffen § 3 BADV sowie die Anlage 1 BADV. In Anlage 1 werden abschließend alle Tätigkeiten aufgezählt, die vom Begriff der „Bodenabfertigungsdienste" umfasst werden.

§ 7 BADV ist die zentrale Norm für das **Auswahlverfahren**, in deren Rahmen die Grundzüge des Auswahlverfahrens festgelegt werden. Diese Grundsätze werden in der Anlage 2 BADV konkretisiert und mit weitergehenden Vorgaben erweitert. § 8 BADV trifft Regelungen in Hinblick auf **„Anforderungskriterien"**, die im Wettbewerb als Eignungskriterien zum Zuge kommen. § 8 Abs. 1 BADV verweist auf die Anlage 3 BADV, welche detaillierte Regelungen in Hinblick auf diese Eignungskriterien enthält. § 8 Abs. 3 S. 1 BADV statuiert, dass die Eignungskriterien im Auswahlverfahren sachgerecht, objektiv, transparent und nichtdiskriminierend angewendet werden müssen. § 7 und § 8 BADV führen in der Gesamtschau dazu, dass durch die detaillierten Vorgaben auch ein verwaltungsrechtliches Auswahlverfahren einem vergaberechtlichen Konzessionsauswahlverfahren stets immer mehr angleichen werden.

Im Nachgang zum durchgeführten Auswahlverfahren ordnet Anlage 3 Nr. 2 Teil B BADV die Einhaltung bestimmter Standards in Bezug auf den **Betrieb** und den **Einsatz** der Mitarbeiter durch den erfolgreichen Bewerber an. Ferner trifft § 9 BADV gewisse Vorgaben in Bezug auf die Art und Weise des **Zugangs** des erfolgreichen Bewerbers zum Flugplatz.

Im Rahmen der BADV erfolgt eine konkrete **Limitierung** der zu vergebenden Durchführungsrechte. Anlage 5 BADV macht Vorgaben für die dort genannten Flughäfen, wobei Bezug genommen wird auf die einzelnen Tätigkeiten der Sparte „Bodenabfertigungsdienste" und auf die Erbringung durch Selbst- und Drittabfertiger. Bei den in der Anlage 5 BADV genannten Flughäfen handelt es sich um: Frankfurt am Main, München, Düsseldorf, Berlin-Tegel, Hamburg, Stuttgart, Köln-Bonn, Hannover, Nürnberg, Leipzig, Berlin-Schönefeld, Dresden, Bremen und Münster-Osnabrück. Die Zahl der zu vergebenden Berechtigungen zur Durchfüh-

---

101 BayVGH, Beschluss v. 6.6.2018 – 8 ZB 17.2076.
102 Vgl. allgemein *Kämper/Brüggemann/Bothe*, NZBau 2017, 11 ff.
103 BVerwG, Beschluss v. 18.3.2016 – 3 B 16.15; Urteil v. 13.12.2012 – 3 C 32/11; BayVGH, Beschluss v. 8.5.2017 – 8 CS 17.432, juris Rn. 14.

rung von Bodenabfertigungsdiensten ist somit nicht in das Ermessen der ausschreibenden Stelle gestellt, sondern durch Verordnung vorgegeben. Die Anzahl der Lizenzen ist nicht statisch. Seit 1997 sind verschiedene Änderungen in der Anlage vorgenommen worden.[104] Sinn und Zweck der Richtlinie ist auf eine Marktöffnung im Bereich der Bodenabfertigungsdienste gerichtet, indem die Anzahl von Drittabfertigern auf Flughäfen erhöht werden soll. Insofern dient die Anlage 5 BADV dazu, die Mindestzahl von „2" zu sichern und zudem transparent die tatsächlichen Verhältnisse darzustellen.[105]

2. Voten der anzuhörenden Stellen als Zuschlagskriterium

71 Im Verfahren zur Vergabe von Bodenabfertigungskonzessionen besteht die Besonderheit, dass nach § 7 Abs. 1 S. 2 und 3 BADV bestimmte Stellen Voten in Hinblick auf die Auswahl des Konzessionsnehmers abgeben dürfen. Wenn die Auswahlentscheidung vom Flugplatzunternehmer zu treffen ist, muss gemäß § 7 Abs. 1 S. 2 BADV der Nutzerausschuss angehört werden. Wenn diese Entscheidung von der zuständigen Luftfahrtbehörde zu treffen ist, müssen gemäß § 7 Abs. 1 S. 3 BADV neben dem Nutzerausschuss zusätzlich der Flugplatzunternehmer und dessen Betriebsrat angehört werden.

72 Die äußerungsberechtigten Stellen sind zwingend anzuhören – ihre Voten sind aber nicht zwingend zu übernehmen. Um die Grundsätze der **Objektivität** und **Sachgerechtigkeit** nicht zu verletzen, muss es bei der Auswertung der Voten allein auf die Sachgründe ankommen, die hinter der geäußerten Akzeptanz oder Ablehnung eines Bewerbers stehen.[106] Subjektive Urteile und Auffassungen, die keinen objektiven Bezugspunkt haben, dürfen nicht als Kriterien herangezogen werden.[107]

73 Die zuständige Vergabestelle ist zu einer „blinden" **Übernahme** der Voten weder verpflichtet noch auch nur berechtigt – sie hat vielmehr ihre eigene Entscheidung, allein auf die Grundsätze des Vergaberechts – Sachgerechtigkeit, Objektivität, Transparenz und Nichtdiskriminierung – gestützt, zu treffen.[108] Dabei kann sie das Gewicht der abgegebenen Voten als Zuschlagskriterium im Rahmen ihres weiten Beurteilungs- und Bewertungsspielraumes ihren eigenen Präferenzen gemäß gewichten.[109]

74 Einschränkend dürfen die Voten allerdings nicht als **eigenständiges Kriterium** herangezogen werden, sondern bloß im Rahmen derjenigen Kriterien, auf die sich die Voten sachlich beziehen.[110] Andernfalls bestünde eine auswahlrechtlich unzulässige Doppelberücksichtigung.[111]

75 Bei der **Gewichtung** der Voten ist auf das Abstimmungsergebnis, das Abstimmungsverhalten und die konkreten Mehrheitsverhältnisse innerhalb der anzuhörenden Stellen abzustellen.[112]

3. Grundsatz der Sachgerechtigkeit

76 Eine weitere fachrechtliche Besonderheit der BADV ist die Geltung des Grundsatzes der „sachgerechten" Auswahlentscheidung gemäß Anlage 2 Nr. 1 Abs. 2 BADV. Der **Grundsatz der Sachgerechtigkeit** erfordert im Allgemeinen, dass bestehende Beurteilungs- und Ermessensspielräume objektiv und frei von persönlichen Ansichten, Meinungen und Präferenzen der Entscheidungsträger ausgeübt werden.[113] Sachfremde Erwägungen dürfen in die Aus-

---

104 Vgl. Antwort der Bundesregierung, Fragen zur Lizenzvergabe für Drittabfertiger in Deutschland, BT-Drs. 18/8007.
105 Vgl. Antwort der Bundesregierung, Fragen zur Lizenzvergabe für Drittabfertiger in Deutschland, BT-Drs. 18/8007.
106 BVerwG, Urteil v. 13.12.2012 – 3 C 32/11.
107 OVG Münster, Urteil v. 25.1.2011 – 20 D 38/10.AK.
108 BVerwG, Urteil v. 13.12.2012 – 3 C 32/11.
109 BVerwG, Urteil v. 13.12.2012 – 3 C 32/11.
110 BVerwG, Urteil v. 13.12.2012 – 3 C 32/11; OVG Münster, Urteil v. 25.1.2011 – 20 D 38/10.AK.
111 BVerwG, Urteil v. 13.12.2012 – 3 C 32/11; VGH Kassel, Urteil v. 15.10.2014 – 9 C 1276/13.T.
112 BVerwG, Urteil v. 13.12.2012 – 3 C 32/11; OVG Münster, Urteil v. 17.6.2016 – 20 D 95/13, Rn. 41, 88.
113 BayVGH, Beschluss v. 6.6.2018 – 8 ZB 17.2076; VGH Kassel, Beschluss v. 24.10.2017 – 9 B 1789/17.T; OVG Münster, Urteil v. 17.6.2016 – 20 D 95/13, Rn. 41, 88; Beschluss v. 2.7.2010 – 4 B 643/10.

wahlentscheidung nicht mit hineinfließen, subjektive Erwägungen dürfen jedenfalls den sachlich gebotenen Rahmen nicht überschreiten.[114]

Eine **gerichtliche Überprüfung** der Auswahlentscheidung ist nach verwaltungsrechtlicher Auffassung darauf beschränkt, ob die Behörde gegen die geltenden Verfahrensbestimmungen verstoßen hat oder den ihr eingeräumten Spielraum überschritten hat. Dies ist der Fall, wenn sie von unzutreffenden Tatsachen ausgegangen ist, sachfremde Erwägungen angestellt hat oder sich nicht an den von ihr aufgestellten Beurteilungsmaßstab und an die allgemeinen Grundsätze der Sachgerechtigkeit, Transparenz und Nichtdiskriminierung.[115] Je nach Tiefe der Angriffe des unterlegenen Bewerbers gehen die Nachprüfungsinstanzen tief in die materielle Prüfung hinein. Die Wertungen des Konzessionsgebers müssen einer objektiven Prüfung eines verständigen Beurteilers standhalten.

Zudem verpflichtet der Grundsatz der Sachgerechtigkeit die Vergabestelle dazu, bei der Auswertung der eingereichten Bewerbungsunterlagen mit hinreichender Sorgfalt, Präzision und einer in sich kohärenten **Methodik** vorzugehen.[116] Die Prüfungsmethodik ist kohärent, wenn alle Angebote nach derselben Methodik untersucht und bewertet werden. Zudem muss die Prüfungsmethode logisch in sich geschlossen und widerspruchsfrei sein, sie darf nicht gegen allgemeine Denkgesetze oder allgemein gültige Wertmaßstäbe verstoßen.[117] Darüber hinaus muss die Prüfungsmethodik geeignet sein, etwaige Unplausibilitäten aus den Angeboten herauszufiltern.[118] Ferner erfordert ein sachgerechtes Verfahren, dass keine unrichtigen Sachverhaltsannahmen oder sachlich nicht haltbare Vergleiche zwischen den Angaben unterschiedlicher Bewerber angestellt werden.[119]

Obgleich die Vergabestelle die **Zuschlagskriterien** im Rahmen ihres Beurteilungsspielraumes autonom bestimmen kann, ist gleichwohl die Sachgerechtigkeit hierfür die äußerste Grenze:[120] Die Hilfskriterien müssen zum einen zum Hauptkriterium einen hinreichenden Bezug aufweisen,[121] zum anderen ist es der ausschreibenden Stelle untersagt, im Rahmen der Auswahlentscheidung 50 % oder mehr der zu erreichenden Gesamtpunkte für Kriterien zu vergeben, die bereits im Teilnahmewettbewerb als Eignungskriterien abschließend geprüft worden sind.[122]

Zweifelhaft erscheint, die Heranziehung des Kriteriums der durchschnittlichen **Dauer der Betriebszugehörigkeit** nicht zu beanstanden. Sie verstößt gegen das Verbot einer diskriminierenden Auswahl (§ 7 BADV).[123] Eine durchschnittlich hohe oder niedrige Dauer der Betriebszugehörigkeit sagt nichts darüber aus, wie geeignet ein Konzessionsnehmer für die Erbringung der Bodenabfertigungsdienstleistungen oder wie sachgerecht die Vorgaben der BADV umgesetzt werden.

Eine Verpflichtung in der Ausschreibung, das Personal des vorherigen Dienstleisters zu übernehmen, benachteiligt rechtswidrig den potenziellen neuen Konkurrenten gegenüber den bereits tätigen Unternehmen.[124] Dieser Grundsatz gilt sowohl für ein vergabe- als auch ein verwaltungsrechtliches Auswahlverfahren. Ob und inwieweit ein **Betriebsübergang** und damit die gesetzliche Verpflichtung zur Personalübernahme besteht, ergibt sich aus den allgemeinen Regelungen und bedarf daher nicht einer speziellen Vorgabe in den Ausschreibungsunterlagen.

Darüberhinausgehend erfährt der Grundsatz der Sachgerechtigkeit noch eine weitere wichtige Funktion in Bezug auf die Steuerung der Auswahlentscheidung. Der Maßstab der Sach-

---

114 Vgl. BVerwG, Urteil v. 13.12.2012 – 3 C 32/11.
115 BayVGH, Beschluss v. 8.8.2017 – 8 CS 17.432, juris Rn. 16.
116 BVerwG, Urteil v. 13.12.2012 – 3 C 32/11.
117 VG München, Beschluss v. 31.5.2016 – M 7 E 16.2303.
118 OVG Münster, Urteil v. 25.1.2011 – 20 D 38/10.AK.
119 OVG Hamburg, Beschluss v. 16.8.2013 – 1 Es 2/13.
120 Vgl. VG München, Urteil v. 19.5.2015 – M 16 K 14.3255.
121 BVerwG, Urteil v. 13.12.2012 – 3 C 32/11; VGH Kassel, Urteil v. 15.10.2014 – 9 C 1276/13.
122 VGH Hessen, Urteil v. 15.10.2014 – 9 C 1276/13.
123 A.A. BayVGH, Beschluss v. 8.5.2017 – 8 CS 17.432, juris Rn. 108.
124 EuGH, Urteil v. 11.9.2014 – Rs. C-277/13, Rn. 49, 55.

gerechtigkeit bestimmt die Steuerung der in der Auswahlentscheidung vorzunehmenden **Prüfungstiefe und -intensität**. Dies schlägt sich beispielsweise in der Weise nieder, dass ein Zuschlagskriterium mit tendenziell geringerer Aussagekraft in Bezug auf das Hauptkriterium eher mit geringerer Prüfungsintensität und -tiefe untersucht werden darf als ein Kriterium mit tendenziell höherer Aussagekraft.[125] Entsprechend verhält es sich mit offensichtlichen Unterschieden zwischen einzelnen Bewerbungen, die für die Bewertung des jeweiligen Kriteriums keine maßgebliche Bedeutung haben: Die prüfende Stelle verhält sich nur sachgerecht, wenn Unterschiede nicht mehr weiter aufklärt, die nicht für die Auswahlentscheidung kausal sind.[126]

83 Angesichts dessen lässt sich im **Ergebnis** festhalten, dass der Grundsatz der Sachgerechtigkeit zum einen dem Beurteilungsspielraum der ausschreibenden Stelle bezüglich der Aufstellung von Zuschlagskriterien äußere Grenzen setzt; zum anderen steuert er das Prüfungsraster der zuständigen Stelle in Hinblick auf Weite und Tiefe. Je nach den Umständen des Einzelfalles erfährt es eine feinere oder gröbere Justierung, wobei die Grundsätze allgemeinen Grundsätze der Transparenz, der Gleichbehandlung, des Wettbewerbes, der Verhältnismäßigkeit und des Äquivalenzprinzips nicht durchbrochen werden dürfen.

4. Laufzeit der Konzession

84 Mit der Auswahlentscheidung ist notwendigerweise zugleich darüber zu befinden, für welchen Zeitraum der Dienstleister ausgewählt wird. Diesbezüglich wird der Entscheidungsspielraum der zuständigen Stelle durch die von Art. 11 Abs. 1 lit. d RL 96/67/EG und § 7 Abs. 4 BADV bestimmte Auswahlhöchstfrist von sieben Jahren begrenzt. Aufgrund der notwendigen Verbindung der Auswahlentscheidung mit der Bemessung ihrer Geltungsdauer bildet beides rechtlich in Anbetracht des Entscheidungsspielraums der auswählenden Stelle eine untrennbare Einheit. Dies schließt eine gerichtliche Teilaufhebung der Auswahlentscheidung im vorgenannten Sinne aus.[127]

C. Rechtsschutz

85 Effektiver Rechtsschutz wird für unterlegene Konzessionsbewerber sowohl vor den Verwaltungsgerichten als auch vor den Vergabekammern gewährt. Diejenigen, die von der Zuständigkeit der Verwaltungsgerichtsbarkeit ausgehen, beklagen die lange Zeitdauer der Verfahren.[128] Das Gebot des effektiven Rechtsschutzes nach Art. 19 Abs. 4 GG garantiert dem Einzelnen einen Anspruch auf Gewährung eines möglichst wirkungsvollen Rechtsschutzes.[129] Dies gilt als verfassungsrechtliche Vorgabe auch im Bereich der Vergabe von Bodenabfertigungskonzessionen nach der BADV und führt zu einer Verpflichtung zu schnellen Rechtsschutz. Dieser sollte von der Verwaltungsgerichtsbarkeit auch gewährleistet werden können.[130]

86 Um der Prämisse des Art. 19 Abs. 4 GG hinreichend wirkungsvoll Rechnung zu tragen, begründen **Verfahrensverstöße** in einem Auswahl- bzw. Vergabeverfahren (sowohl hinsichtlich der allgemeinen Prinzipien als auch der spezifischen Vorgaben des jeweiligen Fachrechts, sowohl oberhalb als auch unterhalb der Schwellenwerte) stets Verfahrensfehler, die zur Aufhebung des angegriffenen Verfahrens führen. Ein Verfahrensverstoß führt automatisch zur Annahme einer subjektiven Rechtsverletzung, wenn die verletzte Norm (oder der verletzte Grundsatz) nach dem Wortlaut oder nach zumindest dem Sinn und Zweck eine subjektiv drittschützende Regelung ist.[131] Dementsprechend muss sich der Verfahrensfehler nicht konkret auf das Verfahrensergebnis ausgewirkt haben – eine Ergebniskausalität ist nicht erforderlich.

---

125 OVG Münster, Urteil v. 25.1.2011 – 20 D 38/10.AK.
126 Nicht differenzierend OVG Münster, Urteil v. 25.1.2011 – 20 D 38/10.AK.
127 OVG Münster, Urteil v. 17.6.2016 – 20 D 95/13, Rn. 91; a.A. *Kämper/Brüggemann/Bothe*, NZBau 2017, 8 (9).
128 *Kämper/Brüggemann/Bothe*, NZBau 2017, 8, 9.
129 *Enders*, in: Epping/Hillgruber, GG, Art. 19 Rn. 51.
130 Vgl. für Rettungsdienstvergaben *Bühs*, EuZW 2017, 804; *ders.*, DÖV 2017, 995; *ders.*, VR 2016, 115.
131 *Braun*, in: Prieß/Lau/Kratzenberg, Festschrift für Marx, 39 (45).

Das Abstellen auf eine nachweisbare Ergebniskausalität[132] würde den effektiven Rechtsschutz der Unternehmen unzumutbar aushöhlen und ihn im Ergebnis seiner verfassungsrechtlich garantierten Wirkung unter Umständen zur Gänze berauben.

I. Rechtsnatur der Beauftragung

In Hinblick auf die Vergabe von Bodenabfertigungskonzessionen besteht die Besonderheit, dass das Auswahlverfahren auch im Bereich **unterhalb der Schwellenwerte** des GWB durch die Vorgaben der BADV samt Anlagen weitgehend formalisiert ist. Auch unterhalb der Schwellenwerte gewähren Verwaltungsgerichte subjektiv-öffentlichen Rechtsschutz.

87

Die Zuständigkeit der Gerichtsbarkeit unterhalb der Schwellenwerte ist gespalten und hängt davon ab, welche **Rechtsnatur** der der Bodenabfertigungsdienstleistung zugrundeliegende Beauftragung hat. Wird die Bodenabfertigungskonzession als privatrechtlicher Vertrag ausgestaltet, so ist der ordentliche Rechtsweg nach § 13 GVG eröffnet. Kommt dem Konzessionsvertrag hingegen eine öffentlich-rechtliche Natur gemäß §§ 54 ff. VwVfG zu oder wird ein Verwaltungsakte erlassen, so ist die Verwaltungsgerichtsbarkeit gemäß § 40 Abs. 1 S. 1 VwGO für den Rechtsstreit zuständig.[133] Viele Streitigkeiten werden, wenn sich der Konzessionsgeber entschließt, einen Verwaltungsakt zur Auswahlentscheidung zu erlassen, von der Verwaltungsgerichtsbarkeit entschieden werden.

88

Im Falle eines **gemischten Vertrages**, der sowohl privatrechtliche als auch öffentlich-rechtliche Gesichtspunkte in sich vereint, ist auf den Schwerpunkt des gesamten Vertragswerkes abzustellen.[134] Zur Qualifikation als öffentlich-rechtlicher Vertrag reicht es gleichwohl nicht aus, wenn durch den Vertrag bloß im Allgemeininteresse liegende Aufgaben erfüllt werden. Wenn sich das staatliche Handeln in den Bahnen des öffentlichen Rechts vollzieht, ist die Zuständigkeit der Verwaltungsgerichtsbarkeit gegeben. Sind die Teilnahmebestimmungen hingegen privatrechtlich ausgestaltet, so ist mit der Zwei-Stufen-Theorie zu differenzieren: Soweit die Zulassung als solche (das Ob, erste Stufe) in Streit steht, ist der Verwaltungsrechtsweg eröffnet.

89

Bei Zuständigkeit des Verwaltungsgerichtes kann der unterlegene Bewerber eine kombinierte **Anfechtungs-** und **Verpflichtungsklage** erheben (vgl. § 42 Abs. 1 VwGO), da das Rechtsschutzbegehren zum einen auf die Aufhebung eines Verwaltungsaktes, zum anderen auf den Erlass eines (neuen) Verwaltungsaktes gerichtet sein dürfte.[135] Nicht zutreffend dürfte sein, die Verwaltungsgerichte als weniger streng als die Vergabekammern anzusehen. Die Entscheidungen nähern sich, gerade was den Umfang des materiellen Prüfungskanons betrifft, immer mehr an.[136]

90

II. Oberhalb der Schwellenwerte

Oberhalb des Schwellenwertes hat der Konzessionsnehmer gemäß § 97 Abs. 6 GWB, § 106 Abs. 1 und Abs. 2 Nr. 4 GWB einen **Anspruch** auf Einhaltung der Grundsätze des Vergabeverfahrens – der Transparenz, der Gleichbehandlung/Nichtdiskriminierung, des Wettbewerbs und der Verhältnismäßigkeit[137] (einschließlich ihrer Konkretisierungen durch die Rechtsprechung sowie im GWB und der VgV bzw. KonzVgV). Ergänzt wird dieser Anspruch fachrechtlich durch die Vorschrift des § 7 Abs. 3 S. 1 BADV, welche ebenfalls die Geltung der vergaberechtlichen Grundsätze statuiert. Nach der hier vertretenen Auffassung wird der Anspruch vor der Vergabekammer durchgesetzt, wobei die Verwaltungsgerichtsbarkeit vergleichbare Rechtsschutzdichte gewährt.[138]

91

---

132 So das BVerwG, Urteil v. 18.3.2016 – 3 B 16.15; VGH Kassel, Urteil v. 15.10.2014 – 9 C 1276/13.
133 OVG Münster, Urteil v. 17.6.2016 – 20 D 95/13.AK.
134 Vgl. BVerwG, Urteil v. 11.2.1993 – 4 C 18.91.
135 *Kämper/Brüggemann/Bothe*, NZBau 2017, 9 (10).
136 Vgl. z.B. zuletzt OVG Münster, Urteil v. 17.6.2016 – 20 D 95/13.
137 Siehe oben Rn. 36 ff.
138 OVG Münster, Urteil v. 17.6.2016 – 20 D 95/13.AK.

92 Der Anspruch aus § 97 Abs. 6 GWB bewirkt, dass die verfahrensbestimmenden **unternehmensschützenden Vorschriften** aus dem GWB und der KonzVgV (sowie der BADV) einen subjektiven öffentlich-rechtlichen Anspruch der Unternehmen unter anderem auf Nachprüfung der Vergabeentscheidung entfalten, wenn das Bodenabfertigungskonzessionsvergabeverfahren nicht diesen Vorschriften und den Vergabegrundsätzen entsprechend durchgeführt wird.

93 Die Vorschriften des GWB, der KonzVgV und der BADV bedingen nicht nur eine objektivrechtliche Verpflichtung des Konzessionsgebers,[139] das Vergabeverfahren fehlerfrei durchzuführen, sondern begründen zugleich das **subjektiv-öffentliche Recht** der Teilnehmer, tatsächlich Berücksichtigung in einem fehlerfreien Verfahren zu finden.[140] Jeder interessierte Wirtschaftsteilnehmer muss hiernach eine faire Chance erhalten, nach Maßgabe der für die spezifische Konzession wesentlichen Kriterien und des vorgesehenen Verfahrens Berücksichtigung zu finden. Dieser allgemeine Grundsatz wird in der allgemeinen Verwaltungspraxis, dies zeigen die Veröffentlichungen im Tenders Electronic Daily auch umgesetzt.

94 Wenn ein Konzessionsgeber diese Verpflichtungen verletzt, können sich unterlegene Bewerber dagegen gerichtlich wehren. Interessierte Wirtschaftsteilnehmer können sich gegen vermutete **De-Facto-Konzessionsvergaben** zur Wehr setzen. Das Konzessionsvergabeverfahren darf gemäß § 14 KonzVgV nicht in einer Weise ausgestaltet werden, dass es vom Kartellvergaberecht ausgenommen wird oder bestimmte Unternehmen oder bestimmte Bauleistungen, Lieferungen oder Dienstleistungen auf unzulässige Weise bevorzugt oder benachteiligt werden. Diese Regelung ist umfassend drittschützend.[141]

95 Die Einhaltung der Vorschriften des GWB und der KonzVgV sind im vergaberechtlichen **Nachprüfungsverfahren** vor den Vergabekammern gemäß §§ 155, 156 GWB überprüfbar.[142] Für das Vorliegen von Ausnahmetatbeständen, Ausnahmesituationen und allen Tatsachen, die nicht zur Anwendung des Vergaberechts führen, trifft den Konzessionsgeber die Darlegungs- und Beweislast.[143] Den Konzessionsgeber trifft allgemein die Darlegungs- und Beweislast für Tatsachen, die für ihn günstig sind.[144]

III. Unterhalb der Schwellenwerte und bei Anfechtung von Verwaltungsakten

96 Im Bereich unterhalb der Schwellenwerte des GWB und bei der Anfechtung von Verwaltungsakten ist das förmliche Kartellvergaberecht nicht auf das Auswahlverfahren anzuwenden. Die Verwaltungsgerichtsbarkeit neigt dazu, eine umfassende Überprüfbarkeit durch die Verwaltungsgerichte gegeben.[145] Nach ständiger verwaltungsrechtlicher Rechtsprechung kommt den zuständigen Stellen in Auswahlverfahren gemäß § 7 i.V.m. Anlage 2 BADV, vor allem bei der Bestimmung und Gewichtung der Zuschlagskriterien sowie bei der Auswahlentscheidung selbst, ein Beurteilungs- und Bewertungsspielraum zu.

1. Gerichtliche Zuständigkeit

97 Der Verwaltungsgerichtshof bzw. das Oberverwaltungsgericht sind gemäß § 48 Abs. 1 S. 1 Nr. 6 VwGO für Streitigkeiten betreffend den Erlass der Auswahlentscheidung nach § 7 BADV durch die zuständige Luftfahrtbehörde und damit für diesen Eilantrag zuständig. Die Erbringung von Bodenabfertigungsdiensten ist einen wesentlichen Bestandteil des Betriebs eines Verkehrsflughafens. Für diese Zuständigkeit spricht zudem, dass die reibungslose Bodenabfer-

---

139 So der ausdrücklich VGH Kassel, Urteil v. 23.2.2011 – 5 K 128/08.KS.
140 BVerwG, Beschluss v. 18.3.2016 – 3 B 16/15; vgl. BayVGH, Urteil v. 22.7.2015 – 22 B 15.620; Beschluss v. 12.8.2013 – 22 CE 13.970; *Braun*, in: Prieß/Lau/Kratzenberg, Festschrift für Marx, 39 (45).
141 Verordnungsbegründung zu § 14 KonzVgV, BT-Drs. 18/7318, 259.
142 Vgl. zu den §§ 155 ff. GWB ausführlich *Diemon-Wies*, in: Müller-Wrede, GWB-Vergaberecht, §§ 155 ff.
143 Vgl. OLG Celle, Beschluss v. 10.3.2016 – 13 Verg 5/1, Rn. 21; KG, Beschluss v. 27.1.2015 – Verg 9/14.
144 Vgl. OLG Düsseldorf, Beschluss v. 30.4.2003 – VII-Verg 61/02; OLG Naumburg, Urteil v. 23.12.2014 – 2 U 74/14; VK Baden-Württemberg, Beschluss v. 13.11.2013 – 1 VK 38/13.
145 BayVGH, Beschluss v. 8.5.2017 – 8 CS 17.432, mit Hinweis auf *Reidt*, in: Grabherr/Reidt/Wysk, LuftVG, § 19c Rn. 43 ff.

tigung von erheblicher Bedeutung für den Betrieb des Flughafens und damit für die Betriebspflicht nach § 45 LuftVZO ist. Schließlich spricht neben der Zuständigkeit der Luftfahrtbehörde für die Auswahlentscheidung und dem Zusammenhang mit luftverkehrsrechtlichen Sicherheitsbestimmungen auch die wirtschaftliche Bedeutung der Streitigkeit für die erstinstanzliche Zuständigkeit des Oberverwaltungsgerichts/Verwaltungsgerichtshofs.[146]

2. Öffentliches Vollzugsinteresse

98 Im Hinblick auf die problematisch lange Dauer verwaltungsgerichtlicher Verfahren ist das öffentliche Vollzugsinteresse einer positiven Beauftragung von erheblichem Interesse. Im Fall eines mehrpoligen Verwaltungsrechtsverhältnisses ist wegen der im Vordergrund stehenden privaten Interessen der durch den angegriffenen Verwaltungsakt Begünstigten einerseits und der belasteten Beteiligten andererseits ein besonderes, über den Erlass des angegriffenen Verwaltungsakts zur Anordnung der sofortigen Vollziehung ein hinausgehendes öffentliches **Vollzugsinteresse** nicht notwendige Voraussetzung. Dieses kann vielmehr schon bei einem überwiegenden privaten Interesse angeordnet werden. Da sich bei Konstellationen dieser Art nicht allein das öffentliche Vollzugsinteresse und das private Interesse an einer Beibehaltung des Status quo gegenüberstehen, muss eine vorläufige gerichtliche Regelung auch das Interesse der durch den Verwaltungsakt begünstigten Antragstellerin an der Beibehaltung der ihr eingeräumten Rechtsposition berücksichtigen.[147]

99 Da das Interesse des Zuschlagsdestinärs nicht von vornherein weniger gewichtig ist als das Aufschubinteresse des klagenden Vertragsinhabers, sind bei der zu treffenden Interessenabwägung zwischen den betroffenen privaten und öffentlichen Interessen vor allem die erkennbaren **Erfolgsaussichten** der jeweiligen Klage von Bedeutung. Bei der darüber im Rahmen der summarischen Prüfung zu treffenden Ermessensentscheidung ist das Gericht nicht an die von der Behörde angeführten Gründe gebunden. Sind die Erfolgsaussichten der Klage als offen zu betrachten – etwa, weil wegen der besonderen Dringlichkeit oder der Komplexität der Rechtsfragen keine Abschätzung über die Erfolgsaussichten der Klage getroffen werden kann –, sind allein die einander gegenüberstehenden Interessen zu gewichten.[148]

3. Beurteilungs- und Bewertungsspielraum

100 Bei der gerichtlichen Überprüfung ist zu beachten, dass den zuständigen Stellen im zweistufig angelegten Auswahlverfahren nach der BADV sowohl bei der Bestimmung und Gewichtung der Zuschlagskriterien als auch bei der Auswahlentscheidung selbst ein Beurteilungs- und Bewertungsspielraum zukommt. Die materiell-rechtlichen Vorgaben für das Auswahlverfahren erschöpfen sich nach der Verwaltungsrechtsprechung im Wesentlichen darin, dass es sachgerecht, objektiv, transparent und nichtdiskriminierend durchgeführt werden muss (Art. 11 Abs. 1 lit. a RL 96/67/EG sowie § 7 Abs. 1 S. 5 i.V.m. Anlage 2 Nr. 1 Abs. 2 Anlage 2 BADV).[149]

101 Die **gerichtliche Überprüfung** der Auswahlentscheidung ist nach dieser Auffassung auf die Prüfung beschränkt, ob die Behörde gegen die geltenden Verfahrensbestimmungen verstoßen oder den ihr eingeräumten Beurteilungsspielraum überschritten hat, indem sie von unzutreffenden Tatsachen ausgegangen ist, sachfremde Erwägungen angestellt oder sich nicht an den von ihr aufgestellten Beurteilungsmaßstab und die allgemeinen Grundsätze der Sachgerechtigkeit, Transparenz und Nichtdiskriminierung gehalten hat.[150] Diese Vorgaben entsprechen der üblichen verwaltungsgerichtlichen Dogmatik, die in Verbindung mit dem Grundsatz der Sachgerechtigkeit zu zutreffenden Bewertungen kommt. Der Maßstab der Sachgerechtig-

---

146 VGH Kassel, Beschluss v. 24.10.2017 – 9 B 1789/17.T.
147 VGH Kassel, Beschluss v. 24.10.2017 – 9 B 1789/17.T.
148 VGH Kassel, Beschluss v. 24.10.2017 – 9 B 1789/17.T.
149 BayVGH, Beschluss v. 6.6.2018 – 8 ZB 17.2076; Beschluss v. 8.5.2017 – 8 CS 17.432, juris Rn. 16; VGH Kassel, Beschluss v. 24.10.2017 – 9 B 1789/17.T; siehe oben Rn. 34 ff.
150 BayVGH, Beschluss v. 6.6.2018 – 8 ZB 17.2076; Beschluss v. 8.5.2017 – 8 CS 17.432, juris Rn. 16; VGH Kassel, Beschluss v. 24.10.2017 – 9 B 1789/17.T.

keit bestimmt – wie dargelegt[151] – die Steuerung der in der Auswahlentscheidung vorzunehmenden Prüfungstiefe und -intensität.[152]

4. Prüfungstiefe

102 Der materielle Rahmen gibt die formelle Prüfungstiefe und -intensität vor. Gerichtliche Entscheidungen, die zu abweichenden Kriteriensystemen ergangen sind, können ebenfalls nicht ohne Weiteres herangezogen werden.[153] Eine Verletzung eines unterlegenen Bewerbers in eigenen Rechten liegt jedoch nicht schon bei jedem Verfahrensfehler vor. Vielmehr ist erforderlich, dass dieser Mangel für die Auswahlentscheidung kausal und erheblich ist.[154]

103 Nichtsdestoweniger trifft die BADV Vorgaben in Hinblick auf die Durchführung des Auswahlverfahrens, die Geltung der Grundsätze des Vergaberechts sowie auf die anzuwendenden Eignungskriterien. Da Anlage 2 Nr. 1 Abs. 2 BADV die Geltung der **vergaberechtlichen Grundsätze** im Auswahlverfahren anordnet, gilt ein umfassendes subjektiv öffentliches Rechtsschutzsystem. Die Verwaltungsgerichtsbarkeit leitet den Rechtsschutz aus Art. 12 Abs. 1, Art. 3 Abs. 1 GG und §§ 7, 8 BADV i.V.m. Art. 6, 11, 14 und 21 RL 96/67/EG ab. Danach haben die Bewerber Anspruch auf ein ordnungsgemäßes und faires, d. h. insbesondere sachgerechtes, objektives, transparentes und nichtdiskriminierendes Auswahlverfahren.[155]

104 Dies gilt umso mehr, als die Vergabe von Berechtigungen zur Durchführung von Bodenabfertigungsdiensten für bestimmte Flughäfen in Anlage 5 BADV und im Übrigen für alle anderen Flughäfen im Rahmen der Regelungen des § 3 BADV limitiert und damit **kontingentiert** ist. Bei solchermaßen begrenzten Kapazitäten zur Ausübung eines spezifischen Berufs wie bei der Vergabe von Bodenabfertigungskonzessionen entfaltet die administrative Verteilungsentscheidung unmittelbar grundrechtliche Relevanz als Verteilung von „Freiheitschancen".[156]

105 Art. 12 Abs. 1, Art. 3 Abs. 1 GG, §§ 7, 8 BADV i. V. m. Art. 6, 11, 14 und 21 RL 96/67/EG sind unternehmensschützend. Konzessionsgeber haben ein sachgerechtes, objektives, transparentes und nichtdiskriminierendes **Auswahlverfahren** durchzuführen.[157] Dieser grundrechtliche Teilhabeanspruch schlägt sich einfach-rechtlich als subjektiv öffentlich-rechtlicher Anspruch des Unternehmens auf Durchführung eines verfahrensfehlerfreien Auswahlverfahrens nieder.[158] Fehlerfreiheit bedeutet hierbei, dass das Verfahren transparent, nichtdiskriminierend, gleichbehandelnd, objektiv, verhältnismäßig und wettbewerbsorientiert durchgeführt wird. Auswahlverfahren im vorgenannten Sinne ist das gesamte auf Vorbereitung und den Erlass der Auswahlentscheidung gerichtete Verfahren einschließlich des Erlasses der Auswahlentscheidung selbst. Es umfasst auch die bezüglich der Vergabe solcher Dienstleistungen nach Art. 11 Abs. 1 lit. b RL 96/67/EG, § 7 Abs. 1 S. 1 und 5 i. V. m. Anlage 2 Nr. 2.2 S. 1 BADV vorgeschriebene Ausschreibung im Amtsblatt der Europäischen Union. Die Ausschreibung ist eine wesentliche Voraussetzung für ein transparentes, nichtdiskriminierendes und damit ordnungsgemäßes und faires Auswahlverfahren.[159]

106 Ferner steht dem Bewerber auch im Unterschwellenbereich aus Art. 3 Abs. 1 GG i. V.m. Art. 20 Abs. 3 GG ein öffentlich-rechtlicher **Bewerbungsverfahrensanspruch** zur Seite, der es gebietet, zwischen der Bekanntgabe der Auswahlentscheidung und dem Vertragsabschluss mit dem ausgewählten Bewerber einen angemessenen Zeitraum von jedenfalls zwei Wochen verstreichen zu lassen, um einen effektiven (Primär-)Rechtsschutz i. S. d. Art. 19 Abs. 4 GG in

---

151 Siehe oben Rn. 82.
152 OVG Münster, Urteil v. 25.1.2011 – 20 D 38/10.AK.
153 BayVGH, Beschluss v. 6.6.2018 - 8 ZB 17.2076; Beschluss v. 8.5.2017 – 8 CS 17.432.
154 BayVGH, Beschluss v. 6.6.2018 - 8 ZB 17.2076; Beschluss v. 8.5.2017 – 8 CS 17.432.
155 BayVGH, Beschluss v. 8.5.2017 – 8 CS 17.432, OVG Münster, Urteil v. 17.6.2016 – 20 D 95/13, Rn. 40.
156 *Burgi*, NZBau 2001, 64 (70).
157 OVG Münster, Urteil v. 17.6.2016 – 20 D 95/13, Rn. 40.
158 OVG Lüneburg, Beschluss v. 12.11.2012 – 13 ME 231/12; VGH Mannheim, Urteil v. 1.10.2009 – 6 S 99/09; VG Darmstadt, Beschluss v. 10.9.2015 – 4 L 1180/15.DA; *Braun*, in: Prieß/Lau/Kratzenberg, Festschrift für Marx, 39 (45).
159 OVG Münster, Urteil v. 17.6.2016 – 20 D 95/13, Rn. 41.

Bezug auf die Auswahlentscheidung zu ermöglichen.[160] Diejenigen, die von einem verwaltungsrechtlichen Rechtsschutz ausgehen, schlagen die Angleichung des vergabe- und verwaltungsrechtlichen Rechtsschutzes vor.[161]

D. Zusammenfassung und Ausblick

Bodenabfertigungskonzessionen werden rechtmäßig nur in einem förmlichen Verfahren unter Berücksichtigung des Transparenz-, Wettbewerbs- und Verhältnismäßigkeitsgrundsatzes sowie des Gleichbehandlungs- und Äquivalenzprinzips vergeben. Für die zu sichernden Verfahrensgrundsätze spielt es keine große Rolle (mehr), ob die Überprüfung vor den Vergabekammern oder den Verwaltungsgerichten stattfindet. Die Auswahlentscheidung muss in einem formell ordnungsgemäßen Verfahren stets nachvollziehbar, sachgerecht und objektiv getroffen werden.

107

---

160 Vgl. für eine Unterschwellenvergabe OLG Düsseldorf, Urteil v. 13.12.2017 – I-27 U 25/17; OVG Berlin-Brandenburg, Beschluss v. 30.11.2010 – 1 S 107/10; *Braun*, NVwZ 2009, 747.
161 Ausführlich *Kämper/Brüggemann/Bothe*, NZBau 2017, 9 (13 f.).

Sonderregelungen

CsgG – Carsharing-Konzessionen

CsgG – Carsharing-Konzessionen

§ 5 CsgG
Sondernutzung öffentlichen Straßenraums

(1) Unbeschadet der sonstigen straßenrechtlichen Bestimmungen zur Sondernutzung an Bundesfernstraßen kann die nach Landesrecht zuständige Behörde zum Zwecke der Nutzung als Stellflächen für stationsbasierte Carsharingfahrzeuge dazu geeignete Flächen einer Ortsdurchfahrt im Zuge einer Bundesstraße bestimmen. Ist die nach Landesrecht zuständige Behörde nicht der Straßenbaulastträger, darf sie die Flächen nur mit Zustimmung der Straßenbaubehörde bestimmen. Die Flächen sind so zu bestimmen, dass die Funktion der Bundesstraße und die Belange des öffentlichen Personennahverkehrs nicht beeinträchtigt werden sowie die Anforderungen an die Sicherheit und Leichtigkeit des Verkehrs gewahrt sind.

(2) Die Flächen sind von der nach Landesrecht zuständigen Behörde im Wege eines diskriminierungsfreien und transparenten Auswahlverfahrens einem Carsharinganbieter nach Maßgabe der folgenden Vorschriften zum Zwecke der Nutzung für stationsbasierte Carsharingfahrzeuge für einen Zeitraum von längstens acht Jahren zur Verfügung zu stellen (Sondernutzungserlaubnis). Absatz 1 Satz 2 gilt entsprechend. Nach Ablauf der Geltungsdauer der Sondernutzungserlaubnis ist eine Verlängerung oder Neuerteilung nur nach Durchführung eines erneuten Auswahlverfahrens nach Satz 1 möglich. Das Verfahren nach Satz 1 kann für einzelne Flächen getrennt durchgeführt werden.

(3) In dem Auswahlverfahren nach Maßgabe der Absätze 5 bis 7 wird die Sondernutzung der nach Absatz 1 ausgewählten Flächen einem geeigneten und zuverlässigen Carsharinganbieter erlaubt. Geeignet ist ein Carsharinganbieter, der die nach Absatz 4 festgelegten Anforderungen an die von ihnen im Rahmen der Sondernutzung zu erbringende Leistung (Eignungskriterien) erfüllt. Unzuverlässig ist ein Carsharinganbieter, der bei der Erbringung von Carsharingdienstleistungen wiederholt in schwerwiegender Weise gegen Pflichten aus der Straßenverkehrs-Zulassungs-Ordnung verstoßen hat sowie in den in § 123 des Gesetzes gegen Wettbewerbsbeschränkungen genannten Fällen. Erfüllen mehrere Carsharinganbieter die Anforderungen des Satzes 1, ist durch Los zu entscheiden.

(4) Das Bundesministerium für Verkehr und digitale Infrastruktur, das Bundesministerium für Wirtschaft und Energie und das Bundesministerium für Umwelt, Naturschutz, Bau und Reaktorsicherheit werden ermächtigt, gemeinsam durch Rechtsverordnung mit Zustimmung des Bundesrates die Eignungskriterien festzulegen und an den aktuellen Stand der Technik anzupassen. Die Eignungskriterien sind mit dem Ziel festzulegen, dass sie geeignet sind, durch die von dem jeweiligen Carsharinganbieter angebotene Leistung

1. zu einer Verringerung des motorisierten Individualverkehrs, insbesondere durch eine Vernetzung mit dem öffentlichen Personennahverkehr, und
2. zu einer Entlastung von straßenverkehrsbedingten Luftschadstoffen, insbesondere durch das Vorhalten elektrisch betriebener Fahrzeuge im Sinne des Elektromobilitätsgesetzes,

am besten beizutragen. Bis zum erstmaligen Inkrafttreten einer Rechtsverordnung nach Satz 1 bestimmen sich die Eignungskriterien nach der Anlage.

(5) Die Bekanntmachung über das vorgesehene Auswahlverfahren muss allen interessierten Unternehmen kostenfrei und ohne Registrierung zugänglich sein. Sie ist auf der Internetseite www.bund.de und nach Maßgabe des Rechts der Europäischen Union im Amtsblatt der Europäischen Union zu veröffentlichen. Die Bekanntmachung muss alle für die Teilnahme an dem Auswahlverfahren erforderlichen Informationen enthalten, insbesondere Informationen über den vorgesehenen Ablauf des Auswahlverfahrens, Anforderungen an die Übermittlung von Unterlagen sowie die Eignungskriterien. Sie muss zudem die vorgesehene Dauer der Sondernutzung enthalten. Fristen sind angemessen zu setzen. Das Auswahlverfahren ist von Beginn an fortlaufend zu dokumentieren. Alle wesentlichen Entscheidungen sind zu begründen.

(6) Die Frist für die Erteilung der Sondernutzungserlaubnis im Rahmen des Auswahlverfahrens nach Absatz 2 beträgt drei Monate. Die Frist beginnt mit Ablauf der Einreichungsfrist. Sie kann einmal verlängert werden, wenn dies wegen der Schwierigkeit der Angelegenheit gerechtfertigt ist. Die Fristverlängerung ist zu begründen und rechtzeitig allen teilnehmenden Anbietern mitzuteilen. Das Verfahren kann auch über eine einheitliche Stelle nach § 71a des Verwaltungsverfahrensgesetzes abgewickelt werden.

(7) Die nach Landesrecht zuständige Behörde hat jeden nicht berücksichtigten Bewerber unverzüglich in dem jeweils ablehnenden Bescheid über die Gründe für seine Nichtberücksichtigung sowie über den Namen des ausgewählten Bewerbers zu unterrichten. Die nach Landesrecht zuständige Behörde hat bei ihren Entscheidungen das Benehmen mit dem für die Aufstellung des Nahverkehrsplans zuständigen Aufgabenträger im Sinne des § 8 Absatz 3 des Personenbeförderungsgesetzes herzustellen.

(8) Eine nach den vorstehenden Absätzen erteilte Sondernutzungserlaubnis kann auch die Befugnis verleihen, dass der Sondernutzungsberechtigte geeignete bauliche Vorrichtungen für das Sperren der Fläche für Nichtbevorrechtigte anbringen kann. Der Sondernutzungsberechtigte hat sich bei dem Anbringen geeigneter Fachunternehmen zu bedienen.

(9) § 8 Absatz 1 Satz 1 und 6 und Absatz 2, 2a, 3, 7a und 8 des Bundesfernstraßengesetzes gilt entsprechend.

Anlage (zu § 5 Absatz 4 Satz 3 CsgG) Eignungskriterien

Teil 1 Allgemeine Anforderungen an das Angebot und die Fahrzeugflotte

1.1 Carsharinganbieter gewähren im Rahmen der vorhandenen Kapazität grundsätzlich jeder volljährigen Person mit einer für das entsprechende Kraftfahrzeug gültigen und vorgelegten Fahrerlaubnis diskriminierungsfrei eine Teilnahmeberechtigung. Einschränkungen hinsichtlich der Dauer des Besitzes der Fahrerlaubnis, des Mindestalters sowie einer Bonitätsprüfung sind möglich.

1.2 Carsharinganbieter bieten ihren Kunden folgenden Mindestleistungsumfang:

1.2.1 Die Fahrzeugbuchung, -abholung und -rückgabe ist an 24 Stunden täglich möglich.

1.2.2 Kurzzeitnutzungen ab einer Stunde sind möglich, der Stundentarif darf 20 Prozent des Tagespreises nicht überschreiten.

1.2.3 Die Berücksichtigung von Freikilometern ist mit Ausnahme der Wege für die Tank- und Batteriebeladung, der Fahrzeugpflege oder für Maßnahmen der Kundenbindung oder der Kundengewinnung nicht zulässig. Die Betriebsmittelkosten je Kilometer müssen über den marktüblichen Energiekosten (Kraftstoff und Strom) liegen.

1.2.4 Die Wartung der Fahrzeuge wird regelmäßig, entsprechend den Herstellerempfehlungen durchgeführt.

1.2.5 Den Kunden sollen Informationen über umweltschonende und lärmarme Fahrweise für die Fahrer und Fahrerinnen zur Verfügung gestellt werden, in dem Carsharinganbieter mittels ihrer Internetseite oder auf anderen geeigneten Informationsmaterialien auf die Möglichkeit von Schulungen zur umweltschonenden Fahrweise (etwa von Fahrschulen oder anderen Anbietern) hinweisen.

1.2.6 Inhabern von Dauer- oder Vergünstigungskarten des öffentlichen Personenverkehrs (z. B. für Besitzer von Ermäßigungskarten oder Dauerkartenbesitzer des öffentlichen Personennahverkehrs) sollen Vergünstigungen gewährt werden, sofern die Anbieter dieser Karten kein eigenes Carsharingangebot betreiben.

1.3 Carsharinganbieter mit Fahrzeugflotten bis zu fünf Fahrzeugen weisen mindestens zehn registrierte Fahrberechtigte pro Fahrzeug auf und solche mit einem Angebot von mehr als fünf Fahrzeugen mindestens 15 registrierte Fahrberechtigte pro Fahrzeug. Als Fahrzeugflotte gilt die Gesamtheit der Fahrzeuge des jeweiligen Anbieters in der jeweiligen Gemeinde. Davon ausgenommen sind solche Anbieter, die mit einem entsprechenden Angebot erstmalig in der jeweiligen Gemeinde tätig werden wollen.

1.4 Der Carsharinganbieter informiert im Falle der Nutzung elektrisch betriebener Fahrzeuge in geeigneter Weise (insbesondere über allgemeine Verbraucherinformationen, Internet, seine Allgemeinen Geschäftsbedingungen) – soweit verfügbar – über die Standorte der für das Carsharingfahrzeug geeigneten Ladestationen, die Art der Stromversorgung an diesen Ladestationen und die Herkunft der bezogenen Elektrizität. Dafür benennt er den Anbieter und den Stromtarif.

1.5 Soweit der Schutz geistigen Eigentums sowie von Betriebs- oder Geschäftsgeheimnissen nicht entgegenstehen, sollen zum Zwecke der Förderung der Multimodalität Daten bezüglich des Status von Carsharingfahrzeugen freigegeben werden. Personenbezogene Daten dürfen nicht freigegeben werden.

Teil 2

Nachweise

Der Carsharinganbieter kann die Einhaltung der Anforderungen gemäß den Nummern 1.2.5, 1.2.6 und 1.4 durch die Vorlage der Vertragsbedingungen, Tarife (einschließlich Vergünstigungen für Besitzer von Ermäßigungskarten oder Dauerkartenbesitzer des öffentlichen Personenverkehrs) und seiner Kundeninformation (insbesondere über allgemeine Verbraucherinformationen, den Internetauftritt oder die Allgemeinen Geschäftsbedingungen) über umweltschonende und lärmarme Fahrweise und Angebote für Schulungen nachweisen.

Teil 3

Abweichungsmöglichkeit

Die nach Landesrecht zuständige Behörde kann, soweit ihr Zuständigkeitsbereich nicht mehr als 50 000 Einwohner umfasst, in ihren Auswahlverfahren von einzelnen Anforderungen abweichen, wenn dies aufgrund besonderer örtlicher Umstände gerechtfertigt ist und ein Interessenbekundungsverfahren ergeben hat, dass andernfalls kein Carsharinganbieter einen Antrag stellt. Dies ist näher zu begründen.

Übersicht

	Rn.
A. Allgemeines	1
I. Gesetzgebungskompetenz	11
1. Begrenzung auf Ortsdurchfahrten an Bundesstraßen	12
2. Landesrechtlicher Regelungsbedarf	15
3. Satzungsrechtliche Regelungsbefugnis	25
II. Vergabe einer Sondernutzungserlaubnis	27
III. Handlungsform: Vertrag oder Verwaltungsakt	32
IV. Überlagerungen	38
1. GWB-Vergaberecht: Carsharingkonzession als Dienstleistungskonzession i.S.v. § 105 GWB	38
a) Betriebsrisiko	42
b) Beschaffungsvorgang und Platzmangel	43
2. Beleihungsrecht	46
3. Dienstleistungsrichtlinie	49
4. Beihilferecht	53
5. Kartellrecht	57
B. Regelungen für das Auswahlverfahren	59
I. Allgemeine Grundsätze	62
1. Ordnungsgemäße Sachverhaltsermittlung	63
2. Transparenzgrundsatz	66
3. Gleichbehandlungsgebot	69
4. Wettbewerbsgrundsatz und Berufsfreiheit	74
5. Verhältnismäßigkeitsgrundsatz	78
6. Nachvollziehbarkeit, Sachlichkeit und Dokumentation der Entscheidungen	81
7. Prioritätsprinzip?	84
II. Bereichsspezifische Vorgaben des CsgG	85
1. Auswahl des Ortes	86
2. Interessenbekundungsverfahren	91
3. Beteiligung Dritter	93
4. Bekanntmachungsverpflichtungen	98
a) Bekanntmachung	99
b) Vorabinformation	101
5. Eignungs- und Zuverlässigkeitsprüfung	103
6. Befristung und sonstige Nebenbestimmungen	108
7. Bearbeitungsfristen	111
8. Barrierefreies Verfahren	112
9. Auswahl des besten Bewerbers	113
10. Zuständige Behörde	119
11. Dokumentation	121
12. Vertragsüberwachungen	123
III. Regelungen des FStrG	124
IV. Landesregelungen	132
1. Baden-Württemberg	136
2. Bayern	141
3. Berlin	151
4. Brandenburg	164
5. Bremen	171
6. Hamburg	180
7. Hessen	187
8. Mecklenburg-Vorpommern	194
9. Niedersachsen	201
10. Nordrhein-Westfalen	208
11. Rheinland-Pfalz	216
12. Saarland	223
13. Sachsen	229
14. Sachsen-Anhalt	237
15. Schleswig-Holstein	244
16. Thüringen	251
C. Rechtsschutz	258
I. Verwaltungsrechtlicher Rechtsschutz	262
1. Bewerbungsverfahrensanspruch	265
2. Kausalität des Rechtsverstoßes	267
3. Prozessuale Fragen	268
4. Klagerecht	274
II. Vergaberechtlicher Rechtsschutz	279
III. Kartellrechtlicher Rechtsschutz	285
D. Zusammenfassung und Ausblick	286

A. Allgemeines

1 Unter Carsharing wird allgemein eine organisierte und gemeinschaftliche Nutzung von Kraftfahrzeugen verstanden.[1] Dafür werden u.a. öffentliche Straßenflächen benötigt, die privilegiert von den zuständigen Behörden zur Verfügung gestellt werden sollen. Bund, Länder und Kommunen haben großes politisches Interesse an der Einräumung solcher Vorrangstellungen. Mit dem CsgG verfolgt die Bundesregierung das Ziel, das Carsharing auf Bundesstraßen zu fördern.[2] Mit dem CsgG sollen Ermächtigungsgrundlagen für die Einführung einer Kennzeichnung von privilegierten Fahrzeugen sowie für die Einführung von Bevorrechtigungen für Carsharingfahrzeuge und Carsharinganbieter geschaffen werden.

2 Die Idee des Carsharing entwickelte sich verstärkt seit den 1980er Jahren.[3] Momentan bietet eine große Anzahl von Anbietern Carsharingdienstleistungen an, denen eine steigende Anzahl von Nutzern gegenübersteht. Das Modell wird u.a. von der Bundesregierung als förderungsfähig und -würdig angesehen, sodass als vorläufiger Endpunkt der Entwicklung das Carsharingmodell kodifiziert wurde. Carsharing gehört zu der sogenannten partizipativen **Wirtschaft**. In den fünf größten Bereichen der partizipativen Wirtschaft (Peer-to-Peer-Finanzierung, Online-Stellenvermittlung, Peer-to-Peer-Wohnungsvermittlung, Carsharing und Musikvideo-Streaming) könnten die weltweit erzielten Einnahmen von derzeit rund 13 Milliarden Euro auf 300 Milliarden Euro im Jahr 2025 ansteigen. Jeder dritte europäische Verbraucher gibt an, dass er sich verstärkt an der partizipativen Wirtschaft beteiligen wird.[4] Es ist also davon auszugehen, dass in der gesamten Bundesrepublik der Bedarf an ausgewiesenen Carsharingplätzen zunehmen wird.

3 Ob und inwieweit **Länder** eigene Carsharinggesetze erlassen werden, ist offen.[5] Die Vergabe- und Auswahlpraxis ist derzeit sehr heterogen.[6] Nach hiesiger Auffassung reichen die bestehenden landesrechtlichen Regelungen aus, um ein ordnungsgemäßes Verteilungsverfahren für Carsharingplätze durchzuführen.[7]

4 Eine Carsharingkonzession ist nur dann begrifflich eine **Konzession** im materiellen Sinne gemäß § 105 GWB, wenn ein Konzessionsgeber gemäß § 101 GWB oberhalb der Schwellenwerte nach § 106 GWB einen materiellen Konzessionsvertrag (§ 105 GWB) vergibt.[8] Dann wird von einer Konzession im engeren Sinn gesprochen. Wenn die Carsharingkonzession z.B. durch Verwaltungsakt vergeben wird und kein Vertrag abgeschlossen wird, liegt – mangels eines Vertragsverhältnisses – auch keine Konzession gemäß § 105 GWB vor.[9] In diesem Zusammenhang wird von einer Konzession im weiteren Sinn gesprochen. Insgesamt bezieht sich die Carsharingkonzession terminologisch auf alle Arten der CsgG-Genehmigung gemäß § 5 Abs. 7 S. 1 CsgG. Denkbar ist auch, dass neben dem Verwaltungsakt gemäß § 5 Abs. 7 S. 1 CsgG zur Erteilung einer Sondernutzungserlaubnis als Dienstleistungskonzession auch ein Vertrag[10] abgeschlossen wird. Wenn die vertraglichen Regelungen dann insgesamt prägend sind, kann – bei Erreichen oder Überschreiten der Schwellenwerte nach § 106 GWB – von einer Dienstleistungskonzession im engeren Sinn ausgegangen werden.[11]

---

1 Vgl. z.B. Stadt Tübingen, Beschlussvorlage v. 30.6.2017 – Z. 31.02.01, nachzulesen unter https://www.tuebingen.de.
2 Gesetzesbegründung, BT-Drs. 18/11285, 1.
3 Entwicklung nachzulesen unter: http://www.zeit.de/mobilitaet/2014-04/carsharing-international; https://de.wikipedia.org/wiki/Carsharing; https://www.carsharing-news.de/carsharing-geschichte; https://carsharing.de/alles-ueber-carsharing/ist-carsharing/geschichte.
4 Europäische Kommission, Mitteilung der Kommission an das Europäische Parlament, den Rat, den Europäischen Wirtschafts- und Sozialausschuss und den Ausschuss der Regionen, Den Binnenmarkt weiter ausbauen: mehr Chancen für die Menschen und die Unternehmen – COM(2015) 550 final, S. 5.
5 Siehe dazu unten Rn. 132 ff.
6 Vgl. nur die allgemeinen Übersichten unter https://carsharing.de/alles-ueber-carsharing/carsharing-zahlen.
7 Siehe dazu unten Rn. 59 ff.
8 Siehe dazu unten Rn. 32 ff. und 38 ff.; wie z.B. auch bei den Glücksspielkonzessionen, siehe GlüStV Rn. 15 ff.
9 Vgl. § 1 KonzVgV Rn. 54 ff.
10 Vgl. z.B. VK Sachsen-Anhalt, Beschluss v. 27.3.2017 – 3 VK LSA 04/17.
11 Siehe unten Rn. 27 ff., 32 ff.

Carsharing ist eine von vielen wirtschaftlichen Unternehmungen auf öffentlichen Straßen, Wegen und Plätzen.[12] Unternehmen nutzen diese Bereiche nicht nur herkömmlich zum Transport von Waren und Dienstleistungen zum „Verkehr", sondern auch als Orte der eigentlichen Wertschöpfung.[13] Zu dieser Wertschöpfungskette gehören neben dem Carsharing auch Foodtrucks, Bierbikes,[14] Fahrräder mit aufgebrachten Werbetafeln[15] oder Altkleidersammelcontainer.[16] Für Diskutanten, Demonstranten, Straßenkünstler[17] und religiöse Gruppen[18] sind öffentliche Flächen – wie auch für die Carsharer – Orte der Grundrechtsausübung. Anders als Letztere stehen sie freilich im Wettbewerb untereinander, weswegen die Erteilung von Sondernutzungen eine **Verteilungsfrage** mit einer zusätzlichen Dimension ist.[19] Das Carsharinggesetz will für eine gerechte, transparente Verteilung der Flächen unter Berücksichtigung der verschiedenen Interessen unter Berücksichtigung des ressourcenschonenden Ansatzes des Gesetzes sorgen.

Es gibt zwei **Carsharingmodelle**: das stationsabhängige Carsharing und das stationsunabhängige sogenannte Freefloating-Modell.[20] Das stationsabhängige Carsharing sieht bestimmte örtlich festgelegte Abhol- und Rückgabestellen vor und ist im CsgG geregelt. Bei dem „Freefloating-Modell" wird das Fahrzeug ohne Rücksicht auf bestimmte Abhol- oder Rückgabestellen vom Nutzer wie ein privater Pkw oder Mietwagen auf der Straße abgestellt.[21] Das Gesetz präferiert kein Modell, sondern schafft insgesamt die Möglichkeit der Bevorzugung des Carsharings auf Bundesstraßen.

Wenn genügend Plätze für den stationsgebundenen Carsharingbetrieb zur Verfügung stehen, dann ist die Frage des förmlichen Verteilungsverwaltungsverfahrens nicht von Dringlichkeit. Die Bewerber müssen dennoch zumindest die Eignungskriterien erfüllen.[22] Wenn aber ein Bewerberüberhang vorhanden ist, soll nach Auffassung des Gesetzgebers die Frage des Verteilungsverfahrens dadurch gelöst werden, dass die Carsharingplätze mittels eines – so die Stellungnahme des Normenkontrollrates im Gesetzgebungsverfahren – **„Vergabeverfahrens"** zugeteilt werden sollen.[23] Das Gesetz enthält insoweit eine gewisse Widersprüchlichkeit, weil eine Sondernutzung durch Bescheid gemäß § 5 Abs. 7 S. 1 CsgG erlaubt werden soll, was Teil 4 GWB ausschließt.[24] Andererseits verweist der Gesetzgeber in § 5 Abs. 3 S. 3 CsgG auf § 123 GWB und nimmt somit klar auf das Vergaberecht Bezug. Die Klärung, ob materielles Vergaberecht anzuwenden ist, hat mithin im Einzelfall zu erfolgen.[25]

Es findet – unabhängig von der Frage, ob Teil 4 GWB anzuwenden ist – ein zweistufiges **Auswahlverfahren** statt. Zunächst werden die Stellplätze gemäß § 5 Abs. 1 S. 1 CsgG ausgesucht und dann gemäß § 5 Abs. 2 und 3 CsgG das Unternehmen. Insgesamt ist das CsgG-Verfahren dem „üblichen" förmlichen Vergabeverfahren nachgebildet. Daraus entsteht – selbst nach Auffassung des Gesetzgebers – ein erheblicher Erfüllungsaufwand sowohl für die Unternehmen als auch für die betroffenen Behörden. Dieser Erfüllungsaufwand wird durch zwei Effekte hervorgerufen. Zum einen werden künftig Stellflächen im öffentlichen Straßenraum im Rahmen eines wettbewerblichen Verfahrens an die Carsharinganbieter vergeben. Zum anderen kommt der Schulungs- und Prozessanpassungsaufwand für die Umstellung der Vergabeverfahren für Stellflächen neu hinzukommender Städte und Gemeinden, die bislang kein stationsbasiertes Carsharingangebot hatten, hinzu.[26]

---

12 Vgl. *Hartwig/Sterniczuk*, NVwZ 2016, 1375; *Braun*, NVwZ 2009, 747; siehe auch die Kommentierung zur GewO.
13 *Burgi*, NVwZ 2017, 257.
14 BVerwG, Beschluss v. 28.8.2012 – 3 B 8/12; VG Hamburg, Urteil v. 20.3.2015 – 11 K 3273/13.
15 VG Neustadt an der Weinstraße, Beschluss v. 30.1.2018 – 4 L 10/18.
16 OVG Münster, Urteil v. 7.4.2017 – 11 A 2068/14; *Bühs*, LKV 2018, 49.
17 Vgl. z.B. OVG Münster, Beschluss v. 24.8.2017 – 11 B 938/17.
18 Vgl. z.B. OVG Koblenz, Urteil v. 30.11.2015 – 1 A 10341/15, juris Rn. 30.
19 *Burgi*, NVwZ 2017, 257.
20 *Brenner*, SVR 2017, 361; *Wüstenberg*, EWeRK 2017, 185.
21 *Brenner*, SVR 2017, 361; *Wüstenberg*, EWeRK 2017, 185.
22 Vgl. unten Rn. 103 ff.
23 Stellungnahme des Nationalen Normenkontrollrates gem. § 6 Absatz 1 NKRG, CsgG, BT-Drs. 18/11285, 42.
24 Vgl. § 1 KonzVgV Rn. 64.
25 Vgl. unten Rn. 32 ff., 38 ff.
26 Gesetzesbegründung, BT-Drs. 18/11285, 30.

9 Die transparente Verteilung der Verkehrsflächen ist für den Gesetzgeber ein zentrales Anliegen. Transparente Auswahlregelungen trifft § 5 CsgG unter der Überschrift **„Sondernutzung öffentlichen Straßenraums"**. Unbeschadet der sonstigen straßenrechtlichen Bestimmungen zur Sondernutzung an Bundesfernstraßen kann gemäß § 5 Abs. 1 S. 1 CsgG die nach Landesrecht zuständige Behörde zum Zwecke der Nutzung als Stellflächen für stationsbasierte Carsharingfahrzeuge dazu geeignete Flächen einer Ortsdurchfahrt im Zuge einer Bundesstraße bestimmen.

10 Bei der Nutzung öffentlicher Verkehrsflächen sind neben den **Interessen** der Carsharingbetreiber und Carsharingnutzer weitere Interessen zu berücksichtigen. Die Flächen sind gemäß § 5 Abs. 1 S. 3 CsgG so zu bestimmen, dass die Funktion der Bundesstraße und die Belange des öffentlichen Personennahverkehrs nicht beeinträchtigt werden sowie die Anforderungen an die Sicherheit und Leichtigkeit des Verkehrs gewahrt sind.[27] Die auswählende Behörde hat also im ersten Schritt eine sorgfältige Standortwahl zu treffen. Im Anschluss daran wird das Unternehmen ausgewählt.

I. Gesetzgebungskompetenz

11 Für das Straßen- und Wegerecht hat der Bund lediglich eine auf Regelungen zu den Bundesfernstraßen beschränkte Gesetzgebungskompetenz.[28] Die übrigen Straßen unterliegen der ausschließlichen Gesetzgebungskompetenz der Länder. Daher können entsprechende Regelungen auch nur innerhalb der jeweiligen Kompetenzen getroffen werden. Mit dem CsgG werden daher zunächst nur Regelungen zur Sondernutzung an Bundesstraßen getroffen.[29]

1. Begrenzung auf Ortsdurchfahrten an Bundesstraßen

12 Aus Kompetenzgründen kann das CsgG nur die Vergabe von Stellflächen in Ortsdurchfahrten an Bundesstraßen (2 Prozent vom gesamten Straßennetz der 284 Städte und Gemeinden) regeln.[30]

13 Der Bund kann eine entsprechende Regelung nur im Rahmen seiner Gesetzgebungskompetenz treffen. Es ist zu erwarten, dass **außerhalb der Ortsdurchfahrt** der Bundesstraßen keine entsprechenden Stellflächen auf Bundesfernstraßen benötigt werden. Die Zulässigkeit für die Sondernutzung der übrigen Straßen unterfällt der ausschließlichen Gesetzgebungskompetenz der Länder.[31]

14 Offen sind auch Regelungen hinsichtlich der **Verkehrszeichen**. Im Gesetzgebungsverfahren hat der Bundesrat die Bundesregierung gebeten, zeitnah Regelungen vorzulegen, die eine Vereinfachung und Stärkung der Nutzung von Carsharing in Städten und Gemeinden zum Ziel haben. Dafür ist es aus Sicht des Bundesrates insbesondere notwendig, eine rechtssichere und den Praxiserfordernissen entsprechende Ausweisungsmöglichkeit von Carsharing-Stellplätzen im öffentlichen Straßenraum mit einem an die Ausweisung von Taxi-Halteständen angelehnten Verkehrszeichen vorzusehen.[32]

2. Landesrechtlicher Regelungsbedarf

15 Den Ländern obliegt es nach Auffassung des Bundesgesetzgebers, entsprechende Regelungen für in ihrer Hoheit liegende Straßen zu treffen. Der Bund hat in Abstimmung mit den Ländern – soweit möglich – die Regelungen für die Vergabe so gestaltet, dass die Länder diese Regelungen in gleicher Weise übernehmen und somit ein bundeseinheitliches Vergabeverfah-

---

27 Siehe unten Rn. 86 ff.
28 Gesetzesbegründung zu § 5 CsgG, BT-Drs. 18/11285, 35.
29 Gesetzesbegründung zu § 5 CsgG, BT-Drs. 18/11285, 36.
30 Stellungnahme des Nationalen Normenkontrollrates gem. § 6 Absatz NRKG, CsgG, BT-Drs. 18/11285, 43.
31 Gesetzesbegründung zu § 5 CsgG, BT-Drs. 18/11285, 36 f.
32 Bundesrat, Beschluss des Bundesrates, Entschließung des Bundesrates für verbesserte Bedingungen des Angebots von Car-Sharing in Städten und Gemeinden durch gesetzliche Maßnahmen, BR-Drs. 553/13 (Beschluss).

ren angeboten werden kann. Inwieweit die Länder dem folgen, liegt in deren Entscheidung.[33] Die Länder prüfen derzeit diese Frage.[34] Die Frage ist für jedes Land gesondert zu beantworten, da die Landesrechtsprechung nicht einheitlich ist.

Die landesrechtlichen **straßenrechtlichen Regelungen** reichen nach hiesiger Auffassung für ein kommunales Auswahlverfahren aus, wenn die Auswahlkriterien durch den Konzessionsgeber näher konkretisiert werden. Eine andere Auffassung würde dazu führen, dass für jeden Sondernutzungsbereich (z.B. auch Altkleidercontainer) ein eigenes Auswahlsystem geschaffen werden müsste.[35] Für Berlin hat das OVG z.B. festgehalten, dass der Erteilung einer Sondernutzungserlaubnis auch straßenferne öffentliche Interessen wie der Klimaschutz entgegengehalten werden können.[36] In Berlin reicht nach dieser Rechtsprechung die bestehende landesrechtliche Ermächtigungsgrundlage auf jeden Fall aus, um ein Carsharingauswahlverfahren durchzuführen. 16

Zu berücksichtigen ist allerdings zunächst, dass das Sondernutzungsrecht bisher im Grundsatz als wirtschafts- und wettbewerbsneutral angesehen wurde.[37] Diese Wirtschafts- und **Wettbewerbsneutralität** würde eine Bestenauslese[38] verhindern und damit ein Ziel des CsgG unerreichbar machen. Aus der „Wettbewerbsneutralität des Straßenrechts" könnte geschlossen werden, dass die bisherigen Landesgesetze nicht ausreichen, um ein Auswahlverfahren durchzuführen.[39] Der Straßenbaulastträger sei bei der Ausübung seines Ermessens hinsichtlich der Vergabe von Sondernutzungserlaubnissen ausschließlich auf solche Ordnungskriterien beschränkt, die in einem sachlichen Zusammenhang mit der Straße stehen, also z.B. auf verkehrliche Gesichtspunkte oder den Schutz des Straßenbildes vor Verschandelung und Verschmutzung.[40] 17

Der **bayerische Gesetz- und Verordnungsgesetzgeber** tendiert in diese Richtung. Eine explizite Regelung von Sondernutzungserlaubnissen für stationsbasierte Carsharing-Angebote sei aus mehreren Gründen erforderlich: Zum einen sei längere Zeit umstritten gewesen, ob ein solches Modell als straßenrechtliche Sondernutzung einzustufen sei. Zum anderen bedürfe es eines gesetzgeberischen Tätigwerdens, um den Spielraum für eine Ermessensausübung der Gemeinde bei der Auswahl von Carsharing-Anbietern auf Kriterien zu erweitern, die über einen sog. Straßenbezug hinausgehen würden. Darüber hinaus werde von Teilen der Rechtsprechung vertreten, dass den bestehenden Sondernutzungsregeln bei gleichartigen Nutzungsinteressen auf derselben Straßenfläche gerade keine Ausgleichs- und Verteilungsfunktion zukomme.[41] Mit der Schaffung von exklusiven Carsharing-Flächen im öffentlichen Straßenraum werde aktiv eine Konkurrenzlage hergestellt.[42] Für den bayerischen Weg spricht, dass er Rechtssicherheit schafft und ein Auswahlverfahren nicht mit Diskussionen über die Rechtswirksamkeit der Rechtsgrundlage infiziert wird. Die neue Vorschrift des Art. 18a BayStrWG solle der Bewältigung dieses Komplexes dienen und das Verfahren grundsätzlich anleiten. Nach ständiger Rechtsprechung könnten als Grundlage für die Erteilung straßenrechtlicher Sondernutzungserlaubnisse nur Kriterien herangezogen werden, die einen sachlichen Bezug zur Straße aufwiesen. Die Behörde habe sich bei der Ermessensausübung am Zweck der gesetzlichen Ermächtigungsgrundlage zu orientieren. Neben den Belangen in Art. 18 Abs. 2 BayStrWG kämen z. B. auch baugestalterische oder städtebauliche Belange in 18

---

33 Gesetzesbegründung zu § 5 CsgG, BT-Drs. 18/11285, 36.
34 Siehe unten Rn. 132 ff., vgl. z.B. die Erläuterungen im Gesetzentwurf der Staatsregierung zur Förderung des stationsbasierten Carsharing in Bayern, Bayern LT-Drs. 17/21734.
35 *Bühs*, LKV 2018, 48.
36 OVG Berlin-Brandenburg, Urteil v. 3.11. 2011 – OVG 1 B 65/10.
37 Vgl. z.B. VerfGH Bayern, Entscheidung v. 16.5.2011 – Vf. 73-VI/10; OVG Münster, Urteil v. 7.4.2017 – 11 A 2068/14; VG Gelsenkirchen, Urteil v. 19.7.2017 – 14 K 2467/11; VG Greifswald, Urteil v. 6.4.2017 – 6 A 1245/14.
38 Siehe unten Rn. 113 ff.
39 *Burgi*, NVwZ 2017, 258 (262); vgl. auch Gesetzentwurf der Staatsregierung zur Förderung des stationsbasierten Carsharing in Bayern, Bayern LT-Drs. 17/21734.
40 VG Greifswald, Urteil v. 6.4.2017 – 6 A 1245/14.
41 Gesetzesbegründung zu BayStrWG, Gesetzentwurf der Staatsregierung zur Förderung des stationsbasierten Carsharing in Bayern, Bayern LT-Drs. 17/21734, 4, mit Hinweis auf BayVGH, Urteil v. 23.7.2009 – 8 B 08.3282.
42 Gesetzesbegründung zu BayStrWG, Gesetzentwurf der Staatsregierung zur Förderung des stationsbasierten Carsharing in Bayern, Bayern LT-Drs. 17/21734, 4.

Betracht, sofern sie Straßenbezug hätten.[43] Wenn diese Auffassung zutreffend wäre, wären alle Carsharingmodelle, die Bevorrechtigungen im Bereich der Sondernutzung gewähren, mangels Rechtsgrundlage rechtlich angreifbar.

19 Zwar besteht nach der **strengen Auffassung**, die eine Wettbewerbsneutralität der Straßen- und Wegegesetze annimmt, bereits jetzt die Möglichkeit, Carsharing-Stationen außerhalb gewidmeter Straßen zu betreiben, etwa auf privaten Parkflächen. Demgegenüber bietet das Modell einer Sondernutzung die Möglichkeit, straßenverkehrsrechtlich durchsetzbare Beschilderungen zum Ausschluss anderer Verkehrsteilnehmer anzuordnen, sofern die einschlägigen straßenverkehrsrechtlichen Regelungen vorliegen.[44]

20 Gegen eine einschränkende Auslegung der bereits bestehenden straßenrechtlichen Befugnisse spricht aber, dass das Carsharing einen unmittelbaren sachlichen **Bezug zur Straße** hat, auch wenn die Erteilung einer Sondernutzungserlaubnis durch die jeweils zuständige „Straßenbaubehörde" erfolgt.[45] Es wird zutreffend eine Trendwende zur Berücksichtigung wirtschaftlicher Belange bei der Erteilung von Sondernutzungserlaubnissen in der Rechtsprechung erkannt.[46] Es entspricht ständiger Rechtsprechung, dass der zu beurteilende Verkehrsvorgang nur dann innerhalb des Widmungszwecks „zum Verkehr" und damit innerhalb des Gemeingebrauchs der öffentlichen Wege liegt, wenn dabei der Verkehrsvorgang – gleich, ob fließend oder ruhend – im Vordergrund steht. Das ist dann nicht der Fall, wenn die öffentliche Straße durch ein Fortbewegungsmittel ausschließlich oder überwiegend zu anderen Zwecken als zur Fortbewegung in Anspruch genommen und dieses dadurch zu einer auf eine Straße aufgebrachten verkehrsfremden „Sache" – nicht anders als jeder beliebige sonstige Gegenstand – wird. Derartige Vorgänge fallen bereits aus der Widmung zum Verkehr und damit aus dem einschlägigen Gemeingebrauch heraus, da sie nicht „zum Verkehr" geschehen.[47] Die Carsharingfahrzeuge werden im Rahmen einer gemeinschaftlichen Straßenraumnutzung genau zum vorgesehenen Zweck genutzt. Durch die Verteilung eines Fahrzeuges auf mehrere Nutzer wird der Straßenraum ressourcenschonender genutzt; das führt zu einer Entlastung für die Allgemeinheit. Die Bezeichnung „Straßenbaubehörde" könnte zunächst indizieren, dass dieser Behörde keine allumfassende Kompetenz für sämtliche Rechtsgebiete und Belange des Carsharingauswahlverfahrens zugewiesen sein könnte. Mithin wäre nach dieser Auffassung offen, ob und wie die „Straßenbaubehörde" weitere Aspekte, insbesondere des Wettbewerbes, berücksichtigen kann.[48] Nach hiesiger Auffassung ist die Straßenbaubehörde in der Lage, konzentriert auch andere Sachbereiche in die zu treffende Auswahlentscheidung einzubeziehen. Die zusätzlichen Kenntnisse wird sich die Behörde aneignen können.

21 Für eine Regelungskompetenz der Straßenbaubehörden spricht, dass sich Normverständnisse und Nutzungsbedürfnisse wandeln können. Dieses **wandelnde Normverständnis** führt zu einem Bedeutungszuwachs der Sondernutzungserlaubnisse. Nach hiesiger Auffassung ist die Straßenbaubehörde in der Lage, die unterschiedlichen Nutzungskonflikte im Rahmen der landesrechtlichen Regelungen ordnungsgemäß abzuwägen und eine Auswahlentscheidung zu treffen, da der straßenrechtliche Bezug (u.a. „Leichtigkeit und Sicherheit des Verkehrs") ein zentrales Anliegen bleibt. Diese Grundsätze wären auch von anderen Behörden zu beachten, sodass die bisherige Zuständigkeit gewahrt bleiben kann.

22 Die Orientierung an der in ständiger Rechtsprechung entwickelten Formulierung, dass lediglich solche Aspekte, die einen *„sachlichen Bezug zur Straße"* haben, Teil des Entscheidungsprogramms über die Sondernutzungserlaubnis sein können, führt nur dazu, dass **wirtschaftliche Belange** zwar hineinspielen können, unmittelbar aber jedenfalls nicht ohne Weiteres

---

43 Gesetzesbegründung zu BayStrWG, Gesetzentwurf der Staatsregierung zur Förderung des stationsbasierten Carsharing in Bayern, Bayern LT-Drs. 17/21734, 6, mit Hinweis auf BayVGH, Beschluss v. 5.12.2011 – 8 ZB 11.1748.
44 Gesetzesbegründung zu BayStrWG, Gesetzentwurf der Staatsregierung zur Förderung des stationsbasierten Carsharing in Bayern, Bayern LT-Drs. 17/21734, 4.
45 *Burgi*, NVwZ 2017, 258 (263).
46 *Hartwig/Sterniczuk*, NVwZ 2016, 1375, (1377).
47 VG Hamburg, Urteil v. 20.3.2015 – 11 K 3271/13 m.w.N.
48 *Burgi*, NVwZ 2017, 258 (261).

erfasst sind.⁴⁹ Diese Erweiterung erscheint aber möglich, da zentrale straßenrechtliche Belange gewahrt bleiben und die Straßenbaubehörden die entsprechenden Ermessenerwägungen anstellen können. Die Ermessensentscheidung muss sich zwar an straßenbezogenen Gesichtspunkten orientieren, darf allerdings nicht aus dem Blick verlieren, dass die Nutzung der Straße selten Selbstzweck ist.⁵⁰ Sie hat eine dienende Funktion für die politischen, künstlerischen, gewerblichen, privaten oder anderen Betätigungen, die ihrerseits grundrechtlich geschützt sein können.⁵¹ Das Prüfungsprogramm bei Carsharingkonzessionen befindet sich noch im straßenrechtlichen Kontext.

Bereits heute lässt das StrGBW nach Auffassung der Landesregierung **Baden-Württemberg** zu, die angeführten Nutzervorteile auf dem Wege der Einziehung öffentlicher Verkehrsfläche zuzuteilen.⁵² Derzeit werde vom Land Baden-Württemberg geprüft, ob eine Änderung des Straßengesetzes des Landes vorgenommen werden soll, um die Regelungen zu vereinheitlichen. Das Verkehrsministerium plane, für Carsharing-Stellplätze an Landes-, Kreis- und Gemeindestraßen in Baden-Württemberg die rechtliche Grundlage an das Bundesrecht anzugleichen, um die Potenziale des Carsharings voll ausschöpfen zu können.⁵³ Auch die Landesregierung von Sachsen-Anhalt führt aus, dass sich derzeit aufgrund der Regelungen des Carsharinggesetzes kein Änderungsbedarf an Landesgesetzen ergeben würde.⁵⁴

Insgesamt ist also nicht davon auszugehen, dass es weiterer Gesetze zur Normierung eines gesonderten CsgG-Auswahlverfahrens bedarf. Rechtssystematisch kann für das Auswahlverfahren ohne Weiteres auf die allgemeinen Grundsätze der KonzVgV (auch ggf. analog) zurückgegriffen werden, um bestehende Verteilungs- und Nutzungskonflikte zu lösen.

3. Satzungsrechtliche Regelungsbefugnis

Alle Landesstraßengesetze enthalten **Satzungs-Ermächtigungen** für die Regelung und Erhebung eigener Gebühren für die Sondernutzungen auf Straßen, die im Zuständigkeitsbereich der Kommunen liegen.⁵⁵ Da die Nutzung der kommunalen Straßen eine Angelegenheit der kommunalen Selbstverwaltung ist, könnten die Modalitäten des Auswahlverfahrens durch kommunale Satzung geregelt werden. Ob dies praktikabel ist, ist offen. Für eine satzungsrechtliche Regelung spricht, dass unterschiedliche Nutzungsinteressen in einem strukturierten Prozess abgewogen werden können. Im Rahmen der Bauleitplanung sowie durch städtebauliche oder privatrechtliche Verträge kann im Einzelfall die Ausweisung oder Festsetzung von Flächen erfolgen.⁵⁶ Die Durchführung eines individuellen Auswahlverfahrens alle acht Jahre, gegebenenfalls verbunden mit einer vorherigen Markterkundung oder einem Interessenbekundungsverfahren,⁵⁷ und dann die Erstellung von auf die konkrete Situation zugeschnitten Ausschreibungsunterlagen erscheint sachgerechter, um individuelle und aktuelle Verteilungsfragen zu lösen.

Die Zulässigkeit von **CsgG-Satzungen** ist weiterhin noch nicht abschließend beantwortet. Sondernutzungsregelungen können – so z.B. der bayerische Gesetzgeber – bisher auch schon durch kommunale Satzungen konkretisiert werden – etwa für Verkaufsflächen in Fußgängerzonen oder für Freischankflächen. Sondernutzungserlaubnisse kommen auch für stationäre Carsharingangebote in Betracht. Inwieweit die Gestaltung etwa eines angemessenen Verfahrens durch die Kommunen selbst erfolgen könnte und sollte, ist Gegenstand aktueller landes-

---

49 *Burgi*, NVwZ 2017, 258 (261).
50 OVG Lüneburg, Urteil v. 20.7.2017 – 7 LB 58/16.
51 OVG Lüneburg, Urteil v. 20.7.2017 – 7 LB 58/16.
52 Landtag Baden-Württemberg, Antrag und Stellungnahme, Status quo Carsharing in Baden-Württemberg, Baden-Württemberg LT-Drs. 16/2887.
53 Landtag Baden-Württemberg, Antrag und Stellungnahme, Status quo Carsharing in Baden-Württemberg, Baden-Württemberg LT-Drs. 16/2887.
54 Antwort der Landesregierung auf eine Kleine Anfrage zur schriftlichen Beantwortung, Carsharing in Sachsen-Anhalt – KA 7/959, Sachsen-Anhalt LT-Drs. 7/1708.
55 Siehe unten Rn. 134.
56 Vgl. z.B. *Müller/Rau/Reutter/Vogel*, Carsharing für die Region Frankfurt RheinMain, S. 45, 64 ff.
57 Siehe dazu unten Rn. 91 ff.

rechtlicher Prüfungen, z.B. in Bayern.[58] Nach hiesiger Auffassung ist der Erlass von Carsharingsondernutzungssatzungen ebenso wie von Carsharingsondernutzungserlaubnissen auf Grund der bestehenden landesrechtlichen Straßen- und Wegegesetze möglich.

II. Vergabe einer Sondernutzungserlaubnis

27 Es handelt sich nach dem gesetzgeberischen Willen bei dem CsgG-Auswahlverfahren um die Vergabe einer Sondernutzungserlaubnis. **Sondernutzung** bedeutet, dass der Carsharinganbieter das ausschließliche Nutzungsrecht an den ihm zugewiesenen Grundstücks-/Stellflächen erhält. Er kann alle anderen Verkehrsteilnehmer von der Nutzung der von der Zuweisung umfassten Flächen ausschließen. Die Sondernutzung wird in allen Landesgesetzen negativ von dem Gemeingebrauch abgegrenzt. Es gibt bislang keine positiven gesetzlichen Definitionen von Sondernutzungsarten.[59] Durch das Institut der Sondernutzungserlaubnis soll sichergestellt werden, dass die für die Ordnung der Benutzung der Straße zuständige Behörde nicht nur Kenntnis von Ort, Zeitdauer und Umfang der Sondernutzung erhält, sondern auch von vornherein erkennbare Störungen verhindern oder in zumutbaren Grenzen halten und bei Kollision von Rechtsgütern verschiedener Rechtsgutsträger einen Interessenausgleich schaffen kann. Der Gesetzgeber hat Sondernutzungen generell für zulässig erachtet, aber zugleich der zuständigen Behörde die Befugnis verliehen, im Einzelfall, insbesondere aus Gründen der Sicherheit und Leichtigkeit des Verkehrs, die Erlaubnis zu versagen.[60]

28 Die **Reservierung von Flächen** des öffentlichen Straßenraumes für einzelne Gewerbetreibende ist gemäß § 5 Abs. 1 S. 1 CsgG eine wegerechtliche Sondernutzung, da der Gemeingebrauch an den betroffenen Flächen ausgeschlossen wird. Nicht das Parken der Kunden, das selbst grundsätzlich ein gemeingebräuchliches Verkehrsverhalten ist, ist insoweit ausschlaggebend, sondern die Verlagerung der Gewerbefläche in den öffentlichen Verkehrsraum.[61] Nach § 5 CsgG wird beim stationsbasierten Carsharing einem bestimmten Unternehmen und dessen Kunden die Nutzung des öffentlichen Straßenraums unter Ausschluss aller anderen Verkehrsteilnehmer zur Verfügung gestellt. Diese bundesrechtlich definierte Sichtweise dürfte auch für landesrechtliche Sondernutzungsverhältnisse maßgeblich sein.

29 Diesen Umstand ändert auch nicht die Tatsache, dass grundsätzlich jedermann **Vertragspartner** dieses Carsharinganbieters werden kann. Bevorrechtigt wird ausschließlich der spezifische Anbieter unter Ausschluss anderer Carsharinganbieter sowie aller anderen Verkehrsteilnehmer, die nicht Vertragspartner der Auswahlbehörde sind. Der Bundesgesetzgeber hat sich für diesen Weg entschieden, obwohl im Vorfeld viele andere Varianten diskutiert worden sind.[62]

30 § 5 CsgG ist eine Modifikation der straßenrechtlichen Gebrauchsbestimmung, indem einem bestimmten Unternehmen ein Sondernutzungsrecht an einem Teil der betroffenen Straße eingeräumt wird. Ob und inwieweit eine **Teileinziehung** vorliegt, wird nicht einheitlich beantwortet. Eine Einziehung des Verkehrsraums kommt nach zutreffender Auffassung als Alternative nicht in Betracht, weil in diesem Fall auf dem Privatgelände keine amtliche Beschilderung angeordnet werden dürfte, die sich auf den Verkehr auswirkt. Denn es würde sich dann nicht mehr um eine öffentliche Verkehrsfläche – auch nicht um eine tatsächlich öffentliche – handeln, weil sie nur dem einen Carsharinganbieter offenstünde.[63] Diese Auffassung wird vom Land Bremen geteilt.[64] Es kann sich – nach einer anderen Auffassung – bei der im CsgG enthaltenen Ermächtigung um eine straßenrechtliche Teileinziehung, verbunden mit der Bewilligung einer straßenrechtlichen Sondernutzung, handeln. Sondernutzungstatbestände unterfallen nicht der straßenverkehrsrechtlichen Kompetenz nach Art. 74 Abs. 1 Nr. 22 GG.[65] Die

---

58 Siehe unten Rn. 132 ff.
59 Siehe unten Rn. 132 ff.
60 *Rhein/Zitzen*, NJOZ 2013, 1161 (1162).
61 Gesetzesbegründung zu § 5 CsgG, BT-Drs. 18/11285, 35.
62 Vgl. z.B. *Müller/Rau/Reutter/Vogel*, Carsharing für die Region Frankfurt RheinMain, S. 45, 64 ff.
63 Gesetzesbegründung zu § 5 CsgG, BT-Drs. 18/11285, 36.
64 Entwurf (Stand: 27.2.2018) eines Landes-Carsharinggesetzes (BremLCsgG), S. 8.
65 *Brenner*, SVR 2017, 361 (364).

bestehenden Vorschriften im Bundes- und Landesrecht ermöglichen es den Gemeinden zwar bereits, Sondernutzungserlaubnisse zu erteilen, mit dem stationsbasierten Carsharing ist jedoch eine neue Nutzungsmöglichkeit aufgekommen, die eine systematische Konkurrenzsituation von Anbietern um Flächen schafft.[66]

Das Sondernutzungsrecht ist ein **sonstiges Recht** i.S.d. § 823 Abs. 2 BGB, § 1004 BGB analog, Art. 14 GG. Eine Einschränkung dieses Rechts besteht nach § 5 Abs. 9 CsgG, § 8 Abs. 8 FStrG, wonach der Erlaubnisnehmer gegen den Träger der Straßenbaulast bei Widerruf oder Sperrung, Änderung oder Einziehung der Straße keinen Ersatzanspruch hat.[67] Während das Recht zum Gemeingebrauch öffentlicher Sachen nicht den Schutz des § 823 Abs. 1 BGB genießt, sind durch Vertrag oder Verwaltungsakt begründete Sondernutzungsbefugnisse an öffentlichen Straßen als sonstiges Recht i.S.d. § 823 Abs. 1 BGB geschützt.[68]

III. Handlungsform: Vertrag oder Verwaltungsakt

Die Einräumung des Rechts zur Sondernutzung kann unstreitig durch einen öffentlich-rechtlichen Vertrag (§ 54 VwVfG) erfolgen.[69] Bei vertraglichen Regelungen greift das Konzessionsvergaberecht ein, während bei einer Erteilung eines einseitigen Verwaltungsakts gemäß § 35 VwVfG keine Dienstleistungskonzession gemäß § 105 Abs. 1 GWB gegeben ist.[70] Fraglich ist, ob durch eine durch Bescheid zu erteilende Sondernutzungserlaubnis das Vergaberecht „abgewählt" werden kann. Bereits vor dem Beginn einer Konzessionsvergabe kann der Konzessionsgeber Einfluss auf die gerichtliche Überprüfbarkeit – auch nach der RL 2014/23/EU – nehmen. Ein entgeltlicher Vertrag i.S.d. § 105 Abs. 1 GWB liegt nicht vor, wenn der Konzessionsgeber die Konzession durch einseitigen Verwaltungsakt hoheitlich verfügt.[71] Wenn es nicht um eine vom Auftraggeber festgelegte Erbringung von Dienstleistungen, sondern um die Genehmigung zur Ausübung einer wirtschaftlichen Tätigkeit in einem im öffentlichen Eigentum stehenden Gebiet geht, dann fallen diese „Konzessionen" (auch wenn sie so benannt werden) nicht in die Kategorie der GWB-Dienstleistungskonzessionen i.e.S.[72]

Das **CsgG** sieht die Erteilung von Verwaltungsakten zunächst vor. Die nach Landesrecht zuständige Behörde hat gemäß § 5 Abs. 7 S. 1 CsgG jeden nicht berücksichtigten Bewerber unverzüglich in dem jeweils ablehnenden Bescheid über die Gründe für seine Nichtberücksichtigung sowie über den Namen des ausgewählten Bewerbers zu unterrichten. Die nach Landesrecht zuständige Behörde hat gemäß § 5 Abs. 7 S. 2 CsgG bei ihren Entscheidungen das Benehmen mit dem für die Aufstellung des Nahverkehrsplans zuständigen Aufgabenträger im Sinne des § 8 Abs. 3 PersBefG herzustellen. Das spricht für einseitige Regelungen gemäß § 35 VwVfG ohne Verhandlungscharakter. Für eine verwaltungsrechtliche Regelung spricht auch, dass nach § 5 CsgG beim stationsbasierten Carsharing die Nutzung des öffentlichen Straßenraums einem bestimmten Unternehmen und dessen Kunden unter Ausschluss aller anderen Verkehrsteilnehmer zur Verfügung gestellt wird. Damit wird für diesen Bereich der Gemeingebrauch an der Straße ausgeschlossen.

Auch der Umstand, dass grundsätzlich jedermann **Vertragspartner** dieses Carsharinganbieters werden kann, ändert an diesem Umstand nichts, denn bevorrechtigt wird ausschließlich das spezifische Unternehmen selbst unter Ausschluss anderer Carsharinganbieter sowie aller anderen Verkehrsteilnehmer, die nicht Vertragspartner sind. Für dieses spezielle Unternehmen wird – unabhängig davon, dass der Parkvorgang der Kunden selbst grundsätzlich ein gemein-

---

[66] Gesetzesbegründung zu BayStrWG, Gesetzentwurf der Staatsregierung zur Förderung des stationsbasierten Carsharing in Bayern, Bayern LT-Drs. 17/21734, 1.
[67] *Wüstenberg*, EWeRK 2017, 185 (189).
[68] *Wagner*, in: Säcker/Rixecker/Oetker/Limperg, BGB, § 823 Rn. 270 ff.
[69] OVG Münster, Urteil v. 8.12.2017 – 11 A 566/13, juris Rn. 49.
[70] Vgl. § 1 KonzVgV Rn. 54 ff.
[71] *Braun*, in: Müller-Wrede, GWB-Vergaberecht, § 105 Rn. 21 ff.; siehe auch RDG Rn. 21.
[72] EuGH, Urteil v. 14.7.2016 – Verb. Rs. C-458/14 und C-67/15 (Promoimpresa).

35 Obwohl das CsgG klar von Bescheiden spricht (der unterlegene Bewerber wird auch durch Bescheid gemäß § 5 Abs. 7 S. 1 CsgG informiert), spricht die Gesetzesbegründung von **Vertragsüberwachung**.[74] Das CsgG regelt zwar den Bescheiderlass gegenüber dem abgelehnten Bewerber, nicht aber, wie der ausgewählte Bewerber informiert werden soll. Denkbar wäre auch hier ein Bescheid, wobei davon auszugehen ist, dass der Gesetzgeber dies auch so geregelt hätte, wenn er es so gewollt hätte.

36 Denkbar wäre auch, dass neben der Sondernutzungserlaubnis ein (öffentlich-rechtlicher) Vertrag zwischen der auswählenden Behörde und dem Carsharingunternehmen geschlossen wird. **Sondernutzungsverträge** sind z.B. im Bereich der Werbenutzungsverträge gängige Praxis.[75] Die auswählende Behörde hat also das Recht, neben einem Verwaltungsakt auch einen öffentlich-rechtlichen Sondernutzungsvertrag abzuschließen. Die Zuschlagsentscheidung wäre dann ggf. eine Verfahrenshandlung gemäß § 44a VwGO. Damit bleibt festzuhalten, dass neben der zu erteilenden Sondernutzungserlaubnis auch ein (öffentlich-rechtlicher) Vertrag geschlossen werden kann.

37 Zu berücksichtigen ist auch, dass die **Vertragsbedingungen** des Carsharinganbieters gegenüber dem Nutzer dem Zivilrecht zuzuordnen sind. Dem Carsharinganbieter wird ermöglicht, die Einhaltung von Anforderungen im Verfahren durch die Vorlage von Vertragsbedingungen nachzuweisen.[76] Rechtsstreitigkeiten aus diesem Bereich wären von der ordentlichen Gerichtsbarkeit zu klären.

IV. Überlagerungen

1. GWB-Vergaberecht: Carsharingkonzession als Dienstleistungskonzession i.S.v. § 105 GWB

38 Bei der Carsharingkonzession ist – wie dargelegt[77] – von einem engen und einem weiten Begriffsverständnis auszugehen. Eine Carsharingkonzession im engeren Sinn ist nur die GWB-Konzession. Diese kann hier vorliegen, weil neben dem Sondernutzungsbescheid auch ein (öffentlich-rechtlicher) Vertrag abgeschlossen werden kann. Das OLG Hamburg[78] hat festgestellt, dass es sich bei der Erlaubnis zum Betrieb einer Spielbank i.S.d. HmbSpielbG um eine Konzession i.S.d. § 105 Abs. 1 Nr. 2 GWB handelt, die dem Vergaberecht unterfällt. Auf die konkrete rechtliche Ausgestaltung der Konzessionserteilung komme es dabei nicht an. Erforderlich sei nur, dass der Erteilung der Konzession eine ausgehandelte Vereinbarung zwischen erteilender Stelle und Konzessionsnehmer zugrunde liege.[79] Für diese Sicht spricht, dass Umgehungstatbestände ausgeschlossen werden. Wenn eine bestimmende vertragliche Regelung vorliegt, dann greift das Vergaberegime schon aus dem Gesichtspunkt des Umgehungsverbotes aus § 14 KonzVgV ein.

39 Für eine Carsharingkonzession im engeren Sinne müssen folgende **Voraussetzungen** verbindlich erfüllt sein:

- Beim Vergabegegenstand muss es sich um eine Dienstleistungskonzession gemäß § 105 Abs. 1 Nr. 2, Abs. 2 GWB handeln (kein Verwaltungsakt);
- der Schwellenwert muss gemäß Art. 1 Abs. 1 i.V.m. Art. 8 Abs. 1 RL 2014/23/EU und § 106 Abs. 2 Nr. 4 GWB erreicht sein,

---

73 Gesetzesbegründung zu § 5 CsgG, BT-Drs. 18/11285, 35.
74 Gesetzesbegründung, BT-Drs. 18/11285, 28.
75 *Sauthoff*, in: Johlen/Oerder, Anwaltshandbuch Verwaltungsrecht, Das Mandat im Straßenrecht, Rn. 73 ff.
76 Gesetzesbegründung, BT-Drs. 18/11285, 15.
77 Siehe oben Rn. 4.
78 OLG Hamburg, Beschluss v. 1.11.2017 – 1 Verg 2/17.
79 Vgl. GlüStV Rn. 15 ff.

- bei der vergebenden Stelle muss es sich um einen Konzessionsgeber gemäß § 101 Abs. 1 Nr. 1 bis 3 GWB handeln,
- es muss ein Beschaffungsvorgang i.S.d. § 105 Abs. 1 Nr. 2 GWB vorliegen.[80]

Nur wenn diese Voraussetzungen erfüllt sind, ist das CsgG-Auswahlverfahren als förmliches Vergabeverfahren gemäß den detaillierten Vorgaben des GWB, der KonzVgV und des Fachrechts durchzuführen.

Grundsätzlich würde hierzu gelten: Das förmliche Vergaberecht als höheres Bundesrecht (Art. 31 GG) trifft die grundlegenden Aussagen über die Art und Weise der Durchführung des Konzessionsvergabeverfahrens. Die bereichsspezifischen Regelungen des CsgG sind **leges speciales** und überlagern bzw. verdrängen deswegen die allgemeinen vergaberechtlichen Regelungen, wenn diese den Eigenheiten des Sondernutzungsrechtes nicht entsprechend Rechnung tragen oder ihnen offen zuwiderlaufen. **40**

Die Entscheidung des OLG Hamburg[81] kann insoweit auf CsgG-Konzessionen übertragen werden, wenn ein zivilrechtlicher **Beschaffungsvorgang** vorliegt und die Schwellenwerte überschritten sind. Konzessionen liegen nach der Vorstellung des europäischen Gesetzgebers stets nur dann vor, wenn der der Konzessionsvergabe zugrunde liegende entgeltliche Vertrag wechselseitig bindende Verpflichtungen enthält.[82] Bei den detaillierten verbindlichen Vorgaben des CsgG für die Unternehmen können wechselseitige Verpflichtungen bestehen. **41**

a) Betriebsrisiko

Das Vorliegen einer Dienstleistungskonzession i.e.S. schließt – auch im Bereich der Carsharingkonzessionen – zwingend die Übertragung eines Betriebsrisikos wirtschaftlicher Art gemäß § 105 Abs. 2 GWB auf den Konzessionsnehmer ein.[83] Als Betriebsrisiko wird das Risiko, den Unwägbarkeiten des Marktes[84] ausgesetzt zu sein, verstanden, wobei es sich gemäß § 105 Abs. 2 S. 3 GWB um ein Nachfrage- oder ein Angebotsrisiko oder um beides zugleich handeln kann. Nachfragerisiko ist das Risiko der tatsächlichen Nachfrage nach den Dienstleistungen, die Gegenstand des Vertrags sind. Angebotsrisiko ist das mit der Erbringung der Dienstleistungen, die Gegenstand des Vertrags sind, verbundene Risiko, insbesondere das Risiko, dass die bereitgestellten Dienstleistungen nicht der Nachfrage entsprechen. Dies schließt die Möglichkeit ein, dass die Investitionsaufwendungen und die Kosten für die Erbringung der Dienstleistungen unter normalen Betriebsbedingungen nicht wieder erwirtschaftet werden können, auch wenn ein Teil des Risikos bei den öffentlichen Auftraggebern verbleibt.[85] Nach diesen allgemeinen Vorgaben ist der Carsharingunternehmer ein Konzessionär, weil die zuständige Behörde nur eine bevorrechtigte Fläche zur Verfügung stellt. Die Einnahmen erzielt das Unternehmen durch seine Kunden und nicht durch die zuständige Behörde. **42**

b) Beschaffungsvorgang und Platzmangel

Eine Konzession i.e.S. muss immer einen **Beschaffungsbezug** haben. Ohne Beschaffungsbezug liegt lediglich eine Genehmigung zur Wirtschaftsausübung für ein bestimmtes Gebiet, z.B. durch einen Pachtvertrag, vor.[86] Sachlich betrachtet ist mithin bei Vorliegen eines Beschaffungstatbestandes sowohl die Durchführung eines Verfahrens zwecks Erteilung einer Sondernutzungserlaubnis als auch die Durchführung eines Vergabeverfahrens erforderlich, wenn ein Vertrag abgeschlossen werden würde.[87] Der Konzessionsgeber beschafft sich nicht nur dann eine Leistung, wenn die Leistung ihm „irgendwie" wirtschaftlich zugutekommt, sondern **43**

---

80 Vgl. *Braun*, in: Müller-Wrede, GWB-Vergaberecht, § 105 Rn. 77 ff.; siehe auch § 1 KonzVgV Rn. 41 ff.
81 OLG Hamburg, Beschluss v. 1.11.2017 – 1 Verg 2/17; kritisch *Müller*, NVwZ 2016, 266 (268).
82 Erwägungsgrund 14 RL 2014/23/EU.
83 Vgl. § 1 KonzVgV Rn. 66 ff.; OLG Karlsruhe, Beschluss v. 14.11.2014 – 15 Verg 10/14.
84 OLG Naumburg, Beschluss v. 15.4.2016 – 7 Verg 1/16 m.w.N. zu den einzelnen konkreten Ausprägungen des Betriebsrisikos.
85 Erwägungsgrund 18 RL 2014/23/EU.
86 Vgl. § 1 KonzVgV Rn. 95 ff.; EuGH, Urteil v. 16.7.2016 – Verb. Rs. C-458/14 und C-67/15 (Promoimpresa), Rn. 47; *Burgi*, NVwZ 2017, 257 (259).
87 Vgl. *Burgi*, NVwZ 2017, 257 (260).

auch dann, wenn er mit der Leistung die ihm gegenüber der Bevölkerung obliegenden Pflichten erfüllt. Dies ist typischerweise bei den Aufgaben der öffentlichen Daseinsvorsorge der Fall – der Konzessionsgeber „beschafft" sich auch dann Leistungen, wenn er mittels der Konzessionsvergabe die ihm obliegende Daseinsvorsorge sicherstellt.[88]

44 **Carsharingunternehmen** erbringen Dienstleistungen für die zuständigen Behörden. Die Carsharinganbieter sollen Aufgaben erfüllen, die im Interesse der auswählenden Behörde liegen können. Den Kunden der Carsharingunternehmen sollen z.B. Informationen über umweltschonende und lärmarme Fahrweise für die Fahrer und Fahrerinnen zur Verfügung gestellt werden, indem Carsharinganbieter mittels ihrer Internetseite oder auf anderen geeigneten Informationsmaterialien auf die Möglichkeit von Schulungen zur umweltschonenden Fahrweise (etwa von Fahrschulen oder anderen Anbietern) hinweisen. Inhabern von Dauer- oder Vergünstigungskarten des öffentlichen Personenverkehrs sollen Vergünstigungen gewährt werden, sofern die Anbieter dieser Karten kein eigenes Carsharingangebot betreiben.[89] Die zuständigen Behörden beschaffen für die Bevölkerung ein nachhaltiges Mobilitätsangebot. Da mehrere Nutzerinnen und Nutzer sich ein Carsharingfahrzeug teilen, kann es gerade in innerstädtischen Quartieren langfristig zu einer Reduzierung des Flächenbedarfs für das Parken und damit zu einer qualitativen Verbesserung im Wohnumfeld kommen. Durch die Vorhaltung von speziellen Parkplätzen für Carsharingfahrzeuge kann zudem gleichzeitig der Parksuchverkehr im innerstädtischen Bereich reduziert werden. Ein Entlastungseffekt des öffentlichen Raumes durch eine verminderte Anzahl von Fahrzeugen wird angestrebt. Dies kann bestenfalls auch dazu führen, Parkraum insgesamt reduzieren zu können, um die frei werdenden Flächen einer anderen städtebaulichen Nutzung zuzuführen.[90]

45 Wenn diese Vorgaben umgesetzt werden, wird das Ziel von **Konzessionsverträgen**, d.h. die Beschaffung von Bau- oder Dienstleistungen durch Vergabe von Konzessionen zugunsten der öffentlichen Hand, erreicht.[91] Hierbei soll den Konzessionsgebern stets der Nutzen der betreffenden Bau- oder Dienstleistung zustehen.[92] Dies ist grundsätzlich immer dann gegeben, wenn dem Konzessionsgeber die Leistung unmittelbar zugutekommt.[93] Durch die klaren Zielvorgaben des CsgG ist davon auszugehen. Es ist zudem möglich, dass die zuständigen Behörden für sich selbst als Nutzer von Behördenfahrzeugen auch das Carsharing entdecken. Dann ist unzweifelhaft auch in diesem Bereich ein Beschaffungsbedarf gegeben. Da aber auch Leistungen, die der zuständigen Behörde bloß mittelbar – beispielsweise bei der Erfüllung der ihr obliegenden Aufgaben – zugutekommen, dem Begriff der Beschaffung unterfallen,[94] liegt ein Beschaffungsvorgang vor. Ein Beschaffungsvorgang liegt schon bei allein mittelbarem Nutzen des Konzessionsgebers vor. Insbesondere muss die Beschaffung dem Konzessionsgeber nicht „körperlich" zugutekommen.[95] Davon ist beim CsgG durch die vielfältigen Zielvorgaben, die das Carsharingunternehmen für die zuständige Behörde anbieten muss, auszugehen. Die zuständige Behörde beschafft also im Sinne des § 105 GWB Dienstleistungen von den Carsharingunternehmen.

2. Beleihungsrecht

46 Denkbar ist, dass das Carsharingunternehmen beliehen wird.[96] Dies sind die Überlegungen des **bayerischen Gesetzgebers**.[97] Die Befugnis zur Beleihung kommunaler Unternehmen im

---

88 Vgl. § 1 KonzVgV Rn. 99 ff.
89 Anlage Teil 1 Nr. 1.2.6 CsgG; Gesetzesbegründung, BT-Drs. 18/11285, 15.
90 Gesetzesbegründung, BT-Drs. 18/11285, 16.
91 Erwägungsgrund 1, 11 RL 2014/23/EU; vgl. umfassend Müller, NVwZ 2016, 266; siehe ausführlich § 1 KonzVgV Rn. 59 ff.
92 Erwägungsgrund 11 RL 2014/23/EU.
93 OLG München, Beschluss v. 25.3.2011 – Verg 4/11.
94 OLG München, Beschluss v. 25.3.2011 – Verg 4/11; VK Nordbayern, Beschluss v. 19.1.2011 – 21.VK-3194-48/10; Opitz, NVwZ 2014, 753 (757).
95 OLG München, Beschluss v. 25.3.2011 – Verg 4/11.
96 Braun, NZBau 2007, 691.
97 Gesetzesbegründung zu § 18a Abs. 1 BayStrWG, Gesetzentwurf der Staatsregierung zur Förderung des stationsbasierten Carsharing in Bayern, Bayern LT-Drs. 17/21734, 5.

Sinne von Art. 86 Nr. 3, 92 BayGO trage dem praktischen Bedürfnis Rechnung, dass Gemeinden sich solcher Unternehmen bedienen wollten, um verschiedene Leistungen aus einer Hand anbieten zu können. Dazu gehöre z. B. die Kombination mit Leihfahrradsystemen oder die Entwicklung IT-gestützter Verfahren. Die Gemeinden hätten dabei sicherzustellen, dass sowohl die Beleihung als auch das durch das beliehene Unternehmen durchgeführte Verfahren allen rechtlichen Anforderungen genüge. Dazu gehöre auch die Prüfung einer etwaigen Konkurrenzsituation des kommunalen Unternehmens zu Anbietern aus der freien Wirtschaft.[98]

Eine Beleihung ist gerade **nicht verfahrensfrei** möglich, wie sich schon aus den Erwägungen des bayerischen Gesetzgebers ergibt.[99] Die Verleihung einer Beleihung entbindet nicht von der Durchführung eines förmlichen verwaltungsrechtlichen Auswahlverfahrens.[100] Eine Beleihung bringt aber zusätzliche Rechtsverpflichtungen mit sich. Wenn der Aufgabenträger staatliche Aufgaben an Dritte delegieren sollte, wird Art. 33 Abs. 4 GG berührt, weil die mit Leitungsfunktionen Betrauten demokratisch legitimiert sein müssen. Dabei ist in Art. 33 Abs. 4 GG auch ein subjektives Recht zu sehen, da die Kontinuität der hoheitlichen Staatsfunktionen gesichert werden soll.[101]

47

Nach Art. 33 Abs. 4 GG ist die Ausübung hoheitsrechtlicher Befugnisse als ständige Aufgabe in der Regel Angehörigen des öffentlichen Dienstes zu übertragen, die in einem öffentlich-rechtlichen Dienst- und Treueverhältnis stehen. Es steht dem Gesetzgeber (weitgehend) frei, den bisher von privaten Unternehmen erbrachten Carsharingdienst als **staatliche Aufgabe** zu definieren. Wenn dies tatsächlich gewollt ist, greift Art. 33 Abs. 4 GG ein. Dieser regelt nicht nur die Wahrnehmung hoheitlicher Aufgaben durch öffentliche Träger, sondern beansprucht Geltung auch für den Fall der Übertragung solcher Aufgaben auf Private.[102] Der Einsatz von Beleihungen sollte daher gründlich geprüft werden.[103]

48

3. Dienstleistungsrichtlinie

Selbst wenn ein CsgG-Auswahlverfahren nach dem förmlichen Vergaberecht nicht stattzufinden hat, können weitere Regeln eingreifen. Die Verweise in der CsgG-Gesetzesbegründung sprechen dafür, dass das Auswahlverfahren bei Binnenmarktrelevanz von der **Dienstleistungsrichtlinie** 2006/123/EG betroffen sein könnte.[104] Aus der Dienstleistungsrichtlinie kann subjektiv-öffentlicher Rechtsschutz für Unternehmen folgen.[105] Das BVerwG[106] hat die Frage der Anwendbarkeit der Dienstleistungsrichtlinie offengelassen. Unter Berücksichtigung der EuGH-Rechtsprechung[107] dürfte von einer Anwendbarkeit bei binnenmarktrelevanten Konzessionsverwaltungsakten auszugehen sein.

49

Die Dienstleistungsrichtlinie gilt grundsätzlich für alle Antrags-, Genehmigungs- und Auswahlverfahren auf allen Ebenen der Verwaltung. Vor diesem Hintergrund gibt die Dienstleistungsrichtlinie vor, dass das Auswahlverfahren für die Beauftragung zur Erbringung von Carsharingdienstleistungen den **Grundsätzen** von Wettbewerb, Transparenz und Gleichbehandlung genügen muss (vgl. insbesondere Vorgaben in Art. 10 RL 2006/123/EG). Die Dienstleistungsrichtlinie ist allerdings gegenüber den **Vergaberichtlinien** nachrangig. Maßgebend ist – bei einer Konkurrenzsituation – die speziellere Vergaberichtlinie, wie es sich insbesondere aus Art. 1 RL 2006/123/EG ergibt.

50

---

98 Gesetzesbegründung zu § 18a Abs. 1 BayStrWG, Gesetzentwurf der Staatsregierung zur Förderung des stationsbasierten Carsharing in Bayern, Bayern LT-Drs. 17/21734, 5.
99 Gesetzentwurf der Staatsregierung zur Förderung des stationsbasierten Carsharing in Bayern, Bayern LT-Drs. 17/21734, 3.
100 *Braun*, NZBau 2007, 691.
101 Vgl. *Hense*, in: Epping/Hillgruber, GG, Art. 33 Rn. 27 m.w.N.
102 Vgl. BVerfG, Urteil v. 18.1.2012 – 2 BvR 133/10, Rn. 135.
103 Vgl. ausführlich RDG Rn. 40 ff.
104 Gesetzesbegründung zu §§ 4, 5 CsgG, BT-Drs. 18/11285, 34, 38.
105 Vgl. VG Köln, Beschluss v. 21.3.2012 – 18 L 158/12.
106 BVerwG, Beschluss v. 30.5.2013 – 4 B 3.13.
107 EuGH, Urteil v. 14.7.2016 – Verb. Rs. C-458/14 und C-67/15 (Promoimpresa).

51 Die **Fristenregelung** sowie die Regelung über die **Abwicklung** über eine einheitliche Stelle gemäß §§ 71a bis 71e VwVfG in § 5 Abs. 6 CsgG dient der Umsetzung von Art. 6 und Art. 13 Abs. 3 RL 2006/123/EG. Durch die Möglichkeit der Abwicklung des Auswahlverfahrens über eine einheitliche Stelle werden dem Antragsteller eine weitere Zugangsmöglichkeit zum Verfahren und zugleich eine elektronische Verfahrensabwicklung ermöglicht. Das Verfahren über eine einheitliche Stelle gemäß §§ 71a bis 71e VwVfG wurde in Umsetzung der Dienstleistungsrichtlinie durch das 4. VwVfÄndG[108] neu eingeführt, das am 18.12.2008 in Kraft getreten ist. Die einheitliche Stelle nimmt Anzeigen, Anträge, Willenserklärungen und Unterlagen entgegen und leitet sie unverzüglich an die zuständigen Behörden weiter.[109]

52 Auch aus der Dienstleistungsrichtlinie 2006/123/EG folgt effektiver **Rechtsschutz** für unterlegene Bewerber.[110] Deren Vorgaben sind nach zutreffender Auffassung bereits jetzt schon unmittelbar anwendbar.[111] Aus den Bestimmungen des Art. 9 RL 2006/123/EG ergeben sich Vorgaben für die Auswahl von Genehmigungen.[112] Voraussetzung ist aber, dass es sich nicht nur um einen innerstaatlichen Sachverhalt handelt, von dem aber im Hinblick auf die oftmals eher kleinteiligen Nutzungsbegehren zur Wirtschaftsteilnahme auf öffentlichen Straßen vielfach nicht auszugehen sein dürfte.[113] Es muss im Einzelfall ein eindeutiges grenzüberschreitendes Interesse festgestellt werden.[114] Die auswählende Behörde muss ein entsprechendes Prüfprogramm entwickeln.

4. Beihilferecht

53 Auch beihilferechtliche Fragestellungen sind bei dem CsgG-Auswahlverfahren zu berücksichtigen. Für Landesstraßen werden derzeit Bedarf und Umfang einer landesrechtlichen Regelung geprüft, wobei dabei – so der bayerische Gesetzgeber – auch europarechtliche Anforderungen – etwa aus dem Beihilfenrecht und der RL 2015/1535 – zu berücksichtigen seien.[115] Nach Art. 107 Abs. 1 AEUV sind staatliche oder aus staatlichen Mitteln gewährte Beihilfen gleich welcher Art, die durch die Begünstigung bestimmter Unternehmen oder Produktionszweige den Wettbewerb verfälschen oder zu verfälschen drohen, mit dem Binnenmarkt unvereinbar, soweit sie den Handel zwischen Mitgliedstaaten beeinträchtigen.[116]

54 In **Bayern** wird im Gesetzgebungsverfahren[117] hervorgehoben, dass sich die Bemessung von Sondernutzungsgebühren im Allgemeinen neben der Beeinträchtigung des Gemeingebrauchs auch am Maß des wirtschaftlichen Vorteils der Sondernutzung bemessen könne. Die Gemeinde habe bei der Bemessung der Gebühr sicherzustellen, dass dem Carsharinganbieter keine unzulässige Beihilfe im Sinne der Art. 107, 108 AEUV gewährt werde. Die Gebühr werde daher mindestens dem wirtschaftlichen Vorteil des Erlaubnisnehmers entsprechen müssen.[118] Richtig an den bayerischen Erwägungen ist, dass eine Beihilfe nicht nur positive Leistungen wie etwa Subventionen umfasst, sondern auch Maßnahmen, die diesen nach Art und Wirkung gleichstehen.[119] Ob und inwieweit eine Begünstigung eine Beihilfe im Sinne von Art. 107 AEUV ist, wäre im Einzelfall zu prüfen und bei der Feststellung eines wirtschaftlichen Vorteils auch zu bejahen. Ausgeschlossen ist das Vorliegen einer Beihilfe nicht, da den Carsha-

---

108 Viertes Gesetz zur Änderung verwaltungsverfahrensrechtlicher Vorschriften (4. VwVfÄndG) vom 11. Dezember 2008, BGBl. I S. 2418.
109 EuGH, Urteil v. 14.7.2016 – Verb. Rs. C-458/14, C-67/15 (Promoimpresa), Rn. 47.
110 Vgl. VG Köln, Beschluss v. 21.3.2012 – 18 L 158/12.
111 Offengelassen bei BVerwG, Beschluss v. 30.5.2013 – 4 B 3.13.
112 Vgl. *Abromeit/Droste*, DÖV 2013, 133; *Lemor/Haake*, EuZW 2009, 65; *Neun/Otting*, EuZW 2013, 529.
113 *Burgi*, NVwZ 2017, 258 (262).
114 Vgl. z.B. für Rettungsdienstkonzessionen RDG Rn. 28.
115 Bayerischer Landtag, Antwort des Staatsministeriums des Innern, für Bau und Verkehr auf eine schriftliche Anfrage, Bayern LT-Drs. 17/18715.
116 Vgl. BFH, Urteil v. 27.11.2013 – I R 17/12, Rn. 48, mit Verweis auf EuGH, Urteil v. 18.7.2007 – Rs. C-119/05 (Lucchini); Urteil v. 18.7.2013 – Rs. C-6/12 (P Oy).
117 Vgl. Gesetzesbegründung zu § 22a S. 1 BayStrWG, Gesetzentwurf der Staatsregierung zur Förderung des stationsbasierten Carsharing in Bayern, Bayern LT-Drs. 17/21734, 6.
118 Gesetzesbegründung zu § 22a S. 1 BayStrWG, Gesetzentwurf der Staatsregierung zur Förderung des stationsbasierten Carsharing in Bayern, Bayern LT-Drs. 17/21734, 6.
119 Vgl. *Pfannkuch*, NZBau 2015, 743; *Püstow/Meiners*, EuZW 2016, 325.

ringunternehmen straßenrechtliche Bevorzugungen im Sinne einer alleinigen Exklusivität bezogen auf einen Stellplatz erteilt werden.

§ 5 CsgG sehe – so der **Bundesgesetzgeber**[120] – vor, dass stationsgebundenen Carsharinganbietern Stellflächen in Ortsdurchfahrten von Bundesstraßen zur Sondernutzung im Rahmen eines näher beschriebenen Auswahlverfahrens gewährt werden können. Dies sei keine Beihilfe im Sinne von Art. 107 AEUV. Eine Beihilfe käme allenfalls dann in Betracht, wenn hierdurch dem betroffenen Carsharinganbieter ein wirtschaftlicher Vorteil gleich welcher Art eingeräumt würde, ohne dass hierfür der Marktwert als Gegenleistung gewährt werde. Dies sei zu verneinen. § 5 CsgG selbst räume dem betroffenen Carsharinganbieter keinen wirtschaftlichen Vorteil unter Marktwert ein. Zu berücksichtigen ist aber, dass dem Anbieter Bevorrechtigungen gewährt werden. Zu denken wäre daran, dass die Anbieter für die Bevorrechtigungen Zahlungen an den Konzessionsgeber leisten, damit den Carsharingunternehmen kein Vorteil unter Marktwert gewährt wird.

55

Wenn der Konzessionsgeber ein **wettbewerbliches Verfahren** in dem vorgenannten Sinne durchführt, sind allerdings keine beihilferechtlichen Probleme zu erwarten. In diesem Zusammenhang kann auf die Bekanntmachung der Kommission zum Begriff der staatlichen Beihilfe im Sinne des Art. 107 AEUV verwiesen werden.[121] Wenn ein Ausschreibungsverfahren dergestalt wettbewerblich ist, dass alle interessierten und qualifizierten Unternehmen teilnehmen können, ist die zuständige Behörde auf der richtigen Seite.

56

5. Kartellrecht

Je nach den Umständen des Einzelfalls können auch kartellrechtliche Fragestellungen eine Rolle spielen. Ein **Verstoß** gegen das wettbewerbsrechtliche Verbot des Missbrauchs einer marktbeherrschenden Stellung (Art. 106 Abs. 1 i.V.m. Art. 102 AEUV) kann auch dann vorliegen, wenn der Staat mit der Übertragung von Sonderrechten auf bestimmte Unternehmen die Struktur des Marktes durch die Schaffung ungleicher Wettbewerbsbedingungen beeinträchtigt, indem eine Lage geschaffen wird, die es diesen Unternehmen ermöglicht, ihre beherrschende Stellung – beispielsweise durch Behinderung neuer Markteintritte – aufrechtzuerhalten oder zu stärken oder auf einen anderen Markt auszudehnen; dabei ist der Nachweis einer tatsächlich missbräuchlichen Verhaltensweise dieser Unternehmen nicht erforderlich. Eine hiernach unzulässige Verfälschung des Wettbewerbs ist insbesondere dann gegeben, wenn eine juristische Person sowohl Wirtschaftsteilnehmer ist als auch an der Genehmigung von Anträgen von Wettbewerbern mitwirkt, ohne dass diese Befugnis einer Beschränkung, Bindung und Kontrolle unterliegt.[122] Dieser Fall kann eintreten, wenn Carsharingplätze ohne Auswahlverfahren vergeben werden.

57

Es könnten Erwägungen wie bei der Ausschreibung von Strom- und Gasnetzen angestellt werden.[123] Auch dort bestehen markbeherrschende Stellungen der öffentlichen Hand. Das **GWB** geht von einem funktionalen Unternehmensbegriff aus, nach dem grundsätzlich jede Person und jeder Verband, der sich im geschäftlichen Verkehr, das heißt wirtschaftlich betätigt, als Unternehmen im kartellrechtlichen Sinn anzusehen ist. Dementsprechend können auch Körperschaften des öffentlichen Rechts Unternehmen im Sinne des Kartellrechts sein, wenn und soweit sie wirtschaftlich tätig sind und die Leistungsbeziehungen zu ihren Abnehmern privatrechtlich ausgestaltet sind. Ist die Leistungsbeziehung dagegen öffentlich-rechtlich ausgestaltet, ist die Körperschaft dem Anwendungsbereich des GWB grundsätzlich entzogen.[124] Nur der Bund, die Länder oder die Kommunen können straßenrechtliche Sondernutzungserlaubnisse erteilen. Wie in der zum „Stromnetz Berkenthin"[125] vom BGH gefällten Ent-

58

---

120 Gesetzesbegründung, BT-Drs. 18/11285, 21.
121 Vgl. *Braun*, EuZW 2006, 683.
122 Vgl. OVG Lüneburg, Urteil v. 15.2.2018 – 7 LB 71/17.
123 Vgl. *Jung/Kräber* zu EnWG; *Braun*, NZBau 2015, 355; vgl. auch VG Berlin, Urteil v. 30.6.2017 – VG 4 K 16.15.
124 OLG Düsseldorf, Beschluss v. 24.2.2014 – VI-2 Kart 4/12.
125 BGH, Urteil v. 17.12.2013 – KZR 66/12; Urteil v. 17.12. 2013 – KZR 65/12 (Stromnetz Heiligenhafen); OLG Celle, Urteil v. 17.3.2016 – 13 U 141/15 (Kart).

scheidung könnten – bei vergleichbaren Kontingentierungen – aus kartellrechtlichen Erwägungen Verpflichtungen erwachsen. Die Gemeinden als marktbeherrschende Anbieter der Wegenutzungsrechte könnten in ihrem Gebiet dem kartellrechtlichen Diskriminierungsverbot des § 19 Abs. 2 Nr. 1 GWB unterworfen sein, was im Einzelfall zu prüfen wäre.[126]

B. Regelungen für das Auswahlverfahren

59 Gegenwärtig gibt es nach Auffassung des Bundesgesetzgebers im deutschen Recht keine Ermächtigungsgrundlagen für eine Parkbevorrechtigung und Parkgebührenbefreiung oder -erleichterung für das Carsharing im öffentlichen Verkehrsraum. Dies soll mit dem CsgG auf Bundesebene geändert werden. Im Wesentlichen soll es Kommunen ermöglicht werden, Anbietern von stationsgebundenen und stationsunabhängigen Carsharingfahrzeugen entsprechend gekennzeichnete Parkflächen für die alleinige Nutzung zur Verfügung zu stellen und darüber hinaus Parkgebühren ermäßigen oder gar erlassen zu können. Im Falle der Kapazitätserschöpfung muss der Konzessionsgeber eine Auswahl unter den vorhandenen Bewerbern treffen.

60 Die Flächen sind gemäß § 5 Abs. 2 S. 1 CsgG von der nach Landesrecht zuständigen Behörde im Wege eines diskriminierungsfreien und transparenten **Auswahlverfahrens** einem Carsharinganbieter zum Zwecke der Nutzung für stationsbasierte Carsharingfahrzeuge für einen Zeitraum von längstens acht Jahren zur Verfügung zu stellen (Sondernutzungserlaubnis). Gemäß § 5 Abs. 2 S. 3 und 4 CsgG ist nach Ablauf der Geltungsdauer der Sondernutzungserlaubnis eine Verlängerung oder Neuerteilung nur nach Durchführung eines erneuten Auswahlverfahrens nach § 5 Abs. 2 S. 1 CsgG möglich. Das Verfahren nach § 5 Abs. 2 S. 1 CsgG kann gemäß § 5 Abs. 2 S. 3 CsgG für einzelne Flächen getrennt durchgeführt werden.

61 Die CsgG-Privilegierungen setzen die Herstellung des **Benehmens** zwischen der zuständigen Landesbehörde und dem für die Aufstellung des Nahverkehrsplans zuständigen Aufgabenträger sowie ein diskriminierungsfreies und transparentes Auswahlverfahren voraus, an dem sich die Carsharinganbieter beteiligen können, soweit sie auch stationsbasierte Angebote bereithalten oder bereitzuhalten beabsichtigen. Hervorzuheben ist, dass es jedem Unternehmen, das bislang nur stationsunabhängige Angebote unterbreitet hat, freisteht, zusätzlich stationsbasierte Angebote zu machen, um von dieser Möglichkeit zu profitieren. Die Herstellung des Benehmens zwischen der zuständigen Landesbehörde und dem Aufgabenträger im Sinne des § 8 Abs. 3 PBefG soll es ermöglichen, das Carsharing verkehrsplanerisch in den sog. Umweltverbund aus öffentlichem Personennahverkehr (einschließlich Taxiverkehr), Rad- und Fußverkehr zu integrieren. Zu denken ist bei der Auswahl geeigneter Standorte insbesondere an solche in der Nähe von Bahnhöfen des Fernverkehrs oder zentralen Umsteigebahnhöfen des Nahverkehrs, die sich für die Bereithaltung zusätzlicher Angebote zum Carsharing oder auch zum Fahrradverleih eignen.[127]

I. Allgemeine Grundsätze

62 Das allgemeine Vergabeverwaltungsrecht wird von allgemeinen Grundsätzen beherrscht, die für alle Verteilungsverwaltungsverfahren gleichermaßen gelten.[128] Für straßenrechtliche Sondernutzungsverteilungsverfahren hat die verwaltungsrechtliche Rechtsprechung bereits Auswahlkriterien entwickelt, wobei der bisherige Grundsatz war, dass das Sondernutzungsrecht im Grundsatz wirtschafts- und wettbewerbsneutral ist.[129] Die bisherigen allgemeinen Grundsätze werden durch die Normen des CsgG einfachgesetzlich konkretisiert. Sie folgen zudem auch aus höherrangigem Recht. Eine Besprechung der Grundprinzipien ist bezogen auf das

---

126 Vgl. OLG Stuttgart, Urteil v. 19.11.2015 – 2 U 60/15 für eine Energiekonzession; OLG Schleswig, Urteil v. 8.4.2015 – 6 U 54/06 (verneint für eine Flughafenbetreiberin im norddeutschen Raum).
127 Gesetzesbegründung zu § 5 CsgG, BT-Drs. 18/11285, 36.
128 Vgl. § 1 KonzVgV Rn. 127 ff.
129 OVG Münster, Urteil v. 7.4.2017 – 11 A 2068/14.

CsgG-Auswahlverfahren sinnvoll, weil jedes fachspezifische Auswahlverfahren den allgemeinen Prinzipien des Verteilungsverwaltungsverfahrens eine spezifische Ausprägung gibt.

1. Ordnungsgemäße Sachverhaltsermittlung

Jedem rechtmäßigen Auswahlverfahren geht stets eine ordnungsgemäße Sachverhaltsermittlung voraus. Da Schutzzweck der Erlaubnis für die Sondernutzung an Straßengelände auch das öffentlich-rechtliche Bedürfnis sein kann, zeitlich und örtlich gegenläufige Interessen verschiedener Straßenbenutzer (Verteilungs- und Ausgleichsfunktion) auszugleichen, kann im Rahmen der Erteilung von Sondernutzungserlaubnissen beim Zusammentreffen solcher gegenläufigen Interessen verschiedener Straßenbenutzer bezogen auf dieselbe Straßenfläche auch ein entsprechender Interessensausgleich erforderlich werden. Soweit als Schutzzweck auch das öffentlich-rechtliche Bedürfnis des Ausgleichs gegenläufiger Nutzungsinteressen genannt wird, sind damit nicht nur unterschiedliche Nutzungen verschiedener Straßenbenutzer, sondern auch gleichartige Nutzungen verschiedener Straßenbenutzer gemeint.[130] Die unterschiedlichen Interessen sind daher zu Beginn eines Auswahlverfahrens umfassend zu ermitteln.

63

Die Ausübung pflichtgemäßen Ermessens im Rahmen der Entscheidung über die Erteilung einer Sondernutzungserlaubnis verlangt, dass die Behörde in den ihr obliegenden Abwägungsvorgang nicht allein die gegen, sondern auch die für eine Erlaubniserteilung sprechenden **Erwägungen** einbezieht.[131] Die Nutzungsinteressen des Straßenraums sind heterogener geworden. Damit die unterschiedlichen Nutzungsinteressen erkannt und ordnungsgemäß abgewogen werden können, muss eine Sachverhaltsermittlung vorgenommen werden. Dies muss die Ausgleichs- und Verteilungsfunktion der Sondernutzungserlaubnis berücksichtigen. Die Ermittlung der gegenseitigen Belange durch die Erlaubnisbehörde ist für die betroffenen Unternehmen auf jeden Fall und für Dritte im Einzelfall drittschützend.[132]

64

Die Nichterteilung einer begehrten Sondernutzungserlaubnis kann die **Berufsfreiheit** des Unternehmens i.S. der Berufsausübungsfreiheit berühren. Regelungen zur Berufsausübung sind zulässig, wenn sie durch hinreichende Gründe des gemeinen Wohls gerechtfertigt sind, wenn das gewählte Mittel zur Erreichung des verfolgten Zwecks geeignet und auch erforderlich ist und wenn bei der Gesamtabwägung zwischen der Schwere des Eingriffs und dem Gewicht der ihn rechtfertigenden Gründe die Grenze der Zumutbarkeit noch gewahrt ist. Dieser Gesichtspunkt ist mit anderen Erwägungen abzuwägen, er ist nicht vorrangig.[133]

65

2. Transparenzgrundsatz

Der Transparenzgrundsatz ist für das CsgG-Verfahren von zentraler Bedeutung. Die Sondernutzungsflächen sind einem Carsharinganbieter zum Zwecke der Nutzung für stationsbasierte Carsharingfahrzeuge gemäß § 5 Abs. 2 S. 1 CsgG im Wege eines transparenten Auswahlverfahrens für einen Zeitraum von längstens acht Jahren zur Verfügung zu stellen. Um sich für öffentliche Verkehrsflächen zu bewerben, müssen sich stationsgebundene Carsharing-Anbieter mit dem Vergabeverfahren (diskriminierungsfreies und transparentes Auswahlverfahren zur Vergabe von Stellflächen) vertraut machen.[134] Transparenz bedeutet nicht nur die Nachvollziehbarkeit der Auswahlentscheidung, sondern auch die vorherige und nachvollziehbare Ausarbeitung der Ausschreibungskriterien in Umsetzung der gesetzgeberischen Ziele des CsgG-Auswahlverfahrens.

66

Bei einer Einordnung der Erteilung der Sondernutzungserlaubnis als Dienstleistungskonzession sind insbesondere die **Grundsätze** der Gleichbehandlung, der Nichtdiskriminierung und der Transparenz anzuwenden. Selbst wenn man nicht zu dem Ergebnis kommen würde, dass eine Dienstleistungskonzession vorliegt, bliebe bei der Ermessensausübung nach den Landes-

67

---

130 OVG Münster, Urteil v. 7.4.2017 – 11 A 2068/14.
131 OVG Lüneburg, Urteil v. 20.7.2017 – 7 LB 58/16.
132 Siehe unten Rn. 274 ff.
133 VG Hamburg, Urteil v. 12.10.2016 – 17 K 1105/16.
134 Stellungnahme des Nationalen Normenkontrollrates gem. § 6 Absatz 1 NKRG, CsgG, BT-Drs. 18/11285, 43.

straßengesetzen eine Bindung an die genannten Prinzipien bestehen. Für eine grundrechtssichernde Verfahrensgestaltung müssen die Entscheidungskriterien danach so rechtzeitig bekannt gegeben werden, dass sich potenzielle Antragsteller darauf einstellen können.[135]

68 Das Verfahren muss so gestaltet sein, dass in regelmäßigen **zeitlichen Abständen** auch neue Anbieter eine Chance auf eine Privilegierung ihrer Fahrzeuge haben. Die Dauer der erteilten Sondernutzungserlaubnis darf daher acht Jahre nicht überschreiten. Sofern eine Fläche nach Ablauf der Sondernutzungsdauer weiterhin für stationsbasiertes Carsharing zur Verfügung gestellt werden soll, ist entweder eine Verlängerung oder Neuerteilung der Erlaubnis zur Sondernutzung notwendig. Als Grundlage hierfür ist wiederum ein Verfahren gemäß § 5 Abs. 2 S. 1 CsgG durchzuführen.[136] Ziel der Transparenz ist die Auswahl des geeigneten Bewerbers.[137]

3. Gleichbehandlungsgebot

69 Hat sich die auswählende Behörde für eine Vergabe ihrer Stellplätze (gegen Entgelt) entschieden, muss sie bei der Auswahl des Dienstleisters die Grundsätze der Gleichbehandlung, Nichtdiskriminierung und Transparenz beachten.[138] Aus dem Gleichheitsgebot des Art. 3 Abs. 1 GG bzw. dem aus dem Rechtsstaatsgebot des Art. 20 Abs. 3 GG abgeleiteten rechtsstaatlichen Vertrauensschutzprinzip folgt, dass eine seitens der Behörde ausgeübte Verwaltungspraxis in der Vergangenheit zu einer Ermessensbindung gegenüber dem Bürger führt, von der in vergleichbaren Fällen nicht willkürlich abgewichen werden darf.[139] Der allgemeine Gleichbehandlungsgrundsatz ist in Art. 3 Abs. 1 GG verankert und das Gebot eines transparenten und vorhersehbaren Verfahrensablaufs folgt aus dem rechtsstaatlichen Gebot eines fairen (Verwaltungs-)Verfahrens. Das Recht auf ein faires Verfahren zählt zu den wesentlichen Grundsätzen eines rechtsstaatlichen Verfahrens.[140]

70 Das **Diskriminierungsverbot** wird im CsgG ausdrücklich betont. Die Flächen sind vermittels Sondernutzungserlaubnis gemäß § 5 Abs. 2 S. 1 CsgG im Wege eines diskriminierungsfreien Auswahlverfahrens einem Carsharinganbieter zum Zwecke der Nutzung für stationsbasierte Carsharingfahrzeuge für einen Zeitraum von längstens acht Jahren zur Verfügung zu stellen. Die Diskriminierungsfreiheit ist sowohl von den Behörden als auch von den Unternehmen zwingend umzusetzen. Der Gesetzgeber rechnet diesbezüglich mit erheblichem Erfüllungsaufwand.[141]

71 Der **Gleichheitssatz** des Art. 3 Abs. 1 GG untersagt es, gleich liegende Sachverhalte, die aus der Natur der Sache und unter dem Gesichtspunkt der Gerechtigkeit eine gleichartige Regelung erfordern, ungleich zu behandeln. Aus dem Gleichheitssatz kann eine Selbstbindung der Verwaltung folgen; hat die Verwaltung ihr Ermessen bislang nach einem bestimmten Muster – rechtmäßig – ausgeübt, darf sie davon in einem Einzelfall ohne besondere sachliche Rechtfertigung nicht abgehen.[142] Im Rahmen der Ermessensausübung liegt ein Ermessensfehlgebrauch vor, wenn die Behörde eine ihr Ermessen bindende Verwaltungspraxis im Einzelfall unter Verstoß gegen Art. 3 Abs. 1 GG nicht beachtet.[143] Eine unterschiedliche Behandlung kann an einem prominenten Ort mit einem Gestaltungskonzept begründet werden.[144]

72 Das Gleichbehandlungsgebot ist – ebenso wie das Transparenzgebot gemäß § 5 Abs. 2 S. 1 CsgG – **anspruchsbegründend**. Dies ergibt sich auch aus der grundrechtlichen Relevanz des Auswahlverfahrens. Aus Art. 12 i.V.m. Art. 3 Abs. 1 GG folgt ein Recht darauf, dass innerhalb eines bestehenden Bestandes eine gerechte Verteilung erfolgt. Es ist durch das CsgG ein Teil-

---

135 OVG Lüneburg, Urteil v. 19.2.2015 – 7 LC 63/13.
136 Gesetzesbegründung zu § 5 CsgG, BT-Drs. 18/11285, 37.
137 Gesetzesbegründung zu § 5 CsgG, BT-Drs. 18/11285, 37.
138 OVG Lüneburg, Urteil v. 20.7.2017 – 7 LB 58/16.
139 VG Mainz, Urteil v. 12.7.2017 – 3 K 1256/16.MZ, juris Rn. 29.
140 VG Düsseldorf, Beschluss v. 8.6.2016 – 3 L 1142/16, juris Rn. 8.
141 Gesetzesbegründung, BT-Drs. 18/11285, 25 f., 28.
142 VG Neustadt an der Weinstraße, Urteil v. 11.9.2015 – 4 K 179/15.NW.
143 OVG Lüneburg, Urteil v. 20.7.2017 – 7 LB 58/16, juris Rn. 39.
144 VG Hamburg, Urteil v. 12.10.2016 – 17 K 1105/16.

haberecht entstanden, das darauf gerichtet ist, im Rahmen der Erteilung von Sondernutzungserlaubnissen eine faire Chance auf deren Erhalt zu bekommen.[145] Daraus folgt aber nicht, dass keinerlei Differenzierungen möglich sind, insbesondere wenn Sachgründe vorliegen.[146]

Auch die **Nutzer** dürfen nicht diskriminiert werden. Carsharinganbieter gewähren gemäß Anlage Teil 1 Nr. 1.1 CsgG im Rahmen der vorhandenen Kapazität grundsätzlich jeder volljährigen Person mit einer für das entsprechende Kraftfahrzeug gültigen und vorgelegten Fahrerlaubnis diskriminierungsfrei eine Teilnahmeberechtigung. Diese Vorschriften betreffen die Verfahrensausgestaltung. Davon zu trennen ist, ob und inwieweit aus diesen Bestimmungen Drittschutz folgt.[147]

4. Wettbewerbsgrundsatz und Berufsfreiheit

Neu ist der **Wettbewerbsgrundsatz** im CsgG, dem der bisherige Grundsatz der Wettbewerbsneutralität des Straßenrechts gegenübersteht.[148] Schon die Tatsache, dass gemäß § 5 Abs. 2 S. 1 CsgG ein diskriminierungsfreies und transparentes Auswahlverfahren stattzufinden hat, zeigt die Bedeutung des Wettbewerbsprinzips. Das ausgewählte Unternehmen soll gemäß § 5 Abs. 4 S. 1 CsgG „am besten dazu beitragen", die Gesetzesziele umzusetzen. Dadurch wird deutlich, dass nicht irgendein Unternehmen das Auswahlverfahren gewinnen soll, sondern nur dasjenige, das am besten dazu beiträgt, dass die CsgG-Auswahlziele erfüllt werden. Jedes strukturierte Auswahlverfahren mit einem derartigen Zielfokus führt zu einer wettbewerblichen Situation. Der Wettbewerbsgedanke wird auch dadurch realisiert, dass die Sondernutzungserlaubnisse nicht ewig, sondern nur zeitlich befristet erteilt werden (§ 5 Abs. 2 S. 2 CsgG). Es gibt also keine ewigen Beauftragungen, was zu wettbewerblichen Verhältnissen bei Beauftragungsbeendigung führen wird.

Der Betrieb eines Carsharingunternehmens berührt den Schutzbereich des Art. 12 Abs. 1 GG in Form der **Freiheit der Berufsausübung**. Dieses Freiheitsrecht kann sich in Ausnahmefällen zu einem Teilhabeanspruch – hier auf Erteilung der Erlaubnis – verdichten. Dies ist der Fall, wenn der Gebrauch der Freiheit nur in dieser Form möglich ist, also mit der Erlaubnis steht oder fällt. Dabei ist aber zu beachten, dass Beschränkungen der Berufsausübungsfreiheit aus vernünftigen Erwägungen des Allgemeinwohls zulässig sind. Dazu zählt auch das System der Sondernutzungserlaubnisse für die Vergabe von Nutzungen auf öffentlichem, dem Verkehr gewidmeten Straßenraum. Das „knappe Gut des öffentlichen Straßenraums", welches in Innenstädten faktisch nicht vermehrbar ist, kann aber nur durch die Vergabe oder Versagung einer Sondernutzungserlaubnis sinnvoll bewirtschaftet werden.[149] Ein Carsharingunternehmen kann seine Tätigkeit nur im Straßenraum durchführen. Zwar ist denkbar, dass Carsharingfahrzeuge auch auf privatem Grund abgestellt werden, aber dies ist schon eine sehr starke Einschränkung der wirtschaftlichen Betätigung.

Bei der Vergabe von **CsgG-Stellplätzen** gilt der Wettbewerbsgrundsatz, der allerdings mit anderen Kriterien im Wege einer ordnungsgemäßen Sachverhaltsermittlung abzuwägen ist. Die Bedeutung des Wettbewerbsgrundsatzes wird schon dadurch deutlich, dass § 5 Abs. 3 S. 3 CsgG auf § 123 GWB verweist. Öffentliche Aufträge und Konzessionen werden gemäß § 97 Abs. 1 S. 1 GWB im Wettbewerb und im Wege transparenter Verfahren vergeben. § 123 GWB dient auch der Umsetzung des Wettbewerbsgrundsatzes des § 97 Abs. 1 S. 1 GWB.

Durch die Beteiligung des **Bundesministeriums** für Wirtschaft und Energie und des Bundesministeriums für Umwelt, Naturschutz, Bau und Reaktorsicherheit wird sichergestellt, dass auch bei der Schaffung von Privilegien für Carsharingfahrzeuge im Straßenverkehrsrecht As-

---

145 Burgi, NVwZ 2017, 258 (263).
146 VG Mainz, Urteil v. 12.7.2017 – 3 K 1256/16.MZ, juris Rn. 29.
147 Vgl. unten Rn. 274 ff.
148 Siehe auch oben Rn. 17; VerfGH Bayern, Entscheidung v. 16.5.2011 – Vf. 73-VI/10; OVG Münster, Urteil v. 7.4.2017 – 11 A 2068/14; VG Gelsenkirchen, Urteil v. 19.7.2017 – 14 K 2467/11; VG Greifswald, Urteil v. 6.4.2017 – 6 A 1245/14.
149 Vgl. VG Neustadt an der Weinstraße, Urteil v. 11.9.2015 – 4 K 179/15.NW.

pekte des Wettbewerbsrechts und des Umwelt- und Klimaschutzes ausreichend berücksichtigt werden.[150] Das bedeutet, dass sich die Auswahlbehörde über eine Reihen- und Rangfolge der Auswahlkriterien Gedanken machen muss. Ein Auswahlverfahren ohne konkretisierte Kriterien wäre rechtswidrig.

5. Verhältnismäßigkeitsgrundsatz

78 Jedes Verteilungsvergabeverfahren unterliegt auch dem jeder Verwaltungstätigkeit immanenten Grundsatz der Verhältnismäßigkeit bei Grundrechtsrelevanz.[151] Der Aufwand für die Erstellung des Angebots durch den Bewerber darf gemessen am Umfang und der Bedeutung des Auftrags nicht unverhältnismäßig hoch ausfallen.[152] Ein Verstoß gegen den Äquivalenzgrundsatz als gebührenrechtliche Ausprägung des Verhältnismäßigkeitsgrundsatzes kann dann vorliegen, wenn die Sondernutzungsgebühr zu einer generellen Unwirtschaftlichkeit von Carsharing im öffentlichen Straßenraum führen würde.[153]

79 Der Verhältnismäßigkeitsgrundsatz kann bei der **Versagung der Sondernutzungserlaubnis** eine Rolle spielen, wenn die Versagung der Sondernutzungserlaubnis nicht außer Verhältnis zu dem angestrebten Zweck steht. Dies kann der Fall sein, wenn durch die zu erteilende Sondernutzungserlaubnis das Erscheinungsbild einer erneuerten Promenade zwar nicht massiv, aber doch spürbar beeinträchtigt wird. Zudem hat niemand einen Anspruch darauf, sein Gewerbe auf einer für den Verkehr bestimmten Straße auszuüben.[154]

80 **Oberhalb der Schwellenwerte** ist der Verhältnismäßigkeitsgrundsatz in § 97 Abs. 1 S. 2 GWB normiert. Ein Ausschluss kann trotz erfüllten Ausschlusstatbestandes unterbleiben, wenn der Grundsatz der Verhältnismäßigkeit oder das öffentliche Interesse die Vergabe des Auftrags an den betroffenen Bewerber erfordern.[155]

6. Nachvollziehbarkeit, Sachlichkeit und Dokumentation der Entscheidungen

81 Die Grundsätze der Nachvollziehbarkeit, Sachlichkeit und Objektivität sind von der vergebenen Stelle sowohl oberhalb als auch unterhalb der Schwellenwerte zu beachten.[156] Konkretisiert werden diese allgemeinen Grundsätze in § 5 Abs. 5 S. 5 und 6 CsgG. Die Kriterien objektiv, sachgerecht und nachvollziehbar können synonym verwandt werden.

82 Das Auswahlverfahren ist gemäß § 5 Abs. 5 S. 5 CsgG von Beginn an fortlaufend zu **dokumentieren**. Alle wesentlichen Entscheidungen sind nach § 5 Abs. 5 S. 6 CsgG zu begründen. Diese Verpflichtungen sind drittschützend. Werden diese verletzt, so kann sich das betroffene Unternehmen auf die Rechtsverletzung berufen.

83 Das Prinzip der **Sachgerechtigkeit** verpflichtet die auswählende Behörde dazu, bei der Auswertung der eingereichten Bewerbungsunterlagen mit hinreichender Sorgfalt, Präzision und einer in sich kohärenten Methodik vorzugehen.[157] Eine kohärente Prüfungsmethodik liegt vor, wenn alle Angebote nach derselben Methodik untersucht und bewertet werden. Zudem muss diese logisch in sich geschlossen und widerspruchsfrei sein. Es darf nicht gegen allgemeine Denkgesetze oder allgemein gültige Wertmaßstäbe verstoßen werden.[158]

---

150 Gesetzesbegründung, BT-Drs. 18/11285, 18, 19.
151 Vgl. OVG Lüneburg, Urteil v. 19.2.2015 – 7 LC 63/13.
152 Vgl. VGH München, Urteil v. 22.7.2015 – 22 B 15.620.
153 Vgl. VGH Kassel, Beschluss v. 22.2.2017 – 5 B 2343/16.
154 VG Hamburg, Urteil v. 12.10.2016 – 17 K 1105/16.
155 Vgl. *Burgi*, NZBau 2014, 595 zum Ausschluss und Vergabesperre als Rechtsfolgen von Unzuverlässigkeit.
156 Vgl. allgemein zum Primär- und Sekundärrechtsschutz außerhalb des Nachprüfungsverfahrens, § 1 KonzVgV Rn. 162 ff.
157 BVerwG, Urteil v. 13.12.2012 – 3 C 32/11.
158 Vgl. VG München, Beschluss v. 31.5.2016 – M 7 E 16.2303.

7. Prioritätsprinzip?

Bisher galt im Verhältnis zu anderen Sondernutzungserlaubnissen im Wesentlichen das überkommene Rechtsprinzip: „Wer zuerst zur Mühle kommt, der soll zuerst mahlen" (Prioritätsprinzip).[159] Sind Anträge bezogen auf ein- und dieselbe Straßenfläche in zeitlicher Hinsicht nacheinander gestellt, kann das Prioritätsprinzip ein legitimes Auswahlkriterium sein, wenn andere, im konkreten Fall bessere Kriterien nicht zur Verfügung stehen.[160] Dieser Maßstab war früher sicherlich – im Hinblick auf die Wettbewerbsneutralität des Straßenrechts – sachgerecht.[161] Bei den heute bestehenden sehr unterschiedlichen Nutzungsinteressen des Straßenraums und der Einführung des Wettbewerbsprinzips wird dieser Auswahlmaßstab nur noch in seltenen Ausnahmefällen sachgerecht sein.

84

II. Bereichsspezifische Vorgaben des CsgG

Das CsgG-Auswahlverfahren ist ein spezielles fachrechtliches Auswahlverfahren, welches in den Grundzügen an das KonzVgV-Verfahren angelehnt ist, auch wenn dieses in der Gesetzesbegründung nicht ausdrücklich benannt wurde. Bei dem Auswahlverfahren sind folgende Schritte aus dem CsgG zu beachten:

85

1. Auswahl des Ortes

Der erste Schritt im Auswahlverfahren ist stets die Auswahl des Ortes, an dem vorab reservierbare Fahrzeuge und örtlich festgelegte Abhol- oder Rückgabestellen (§ 2 Nr. 4 CsgG) festgelegt werden. Bei der Flächenauswahl sind Konflikte mit der Funktion der Straße, den Belangen des öffentlichen Personennahverkehrs (ÖPNV) und den Anforderungen an Sicherheit und Leichtigkeit des Verkehrs zu vermeiden. Wie die Auswahl konkret gestaltet wird, bleibt den Gemeinden nach Maßgabe des CsgG überlassen.[162] Eine umfassende Sachverhaltsermittlung bleibt dennoch unabdingbar,[163] weil sich die Frage stellt, warum an dieser Stelle Taxihalteplätze nicht eingerichtet werden.[164]

86

Die Vergabe einer Sondernutzungserlaubnis zeichnet insbesondere eine **Ausgleichs-** und **Verteilungsfunktion** aus. Das behördliche Kontrollverfahren der Sondernutzungserlaubnis ist ein mit Grundrechten zu vereinbarendes, den Anforderungen des Verhältnismäßigkeitsgrundsatzes standhaltendes Mittel, um die verschiedenen grundrechtlich geschützten Belange der Straßenbenutzer in Einklang zu bringen. Dies trägt der Erkenntnis Rechnung, dass die Inanspruchnahme öffentlichen Straßenraums durch verschiedene Betätigungen zu lösungsbedürftigen Konflikten mit anderen Straßenbenutzungen führen kann, insbesondere mit der gemeingebräuchlichen Verkehrsteilnahme, mit dem Anliegergebrauch des Grundeigentümers, aber auch im Verhältnis zu dem um denselben Standort konkurrierenden Dritten.[165]

87

Bei der Auswahl des Ortes müssen die Anforderungen an die **Sicherheit** und **Leichtigkeit** des gemeingebräuchlichen Verkehrs gewahrt sein. Der Oberbegriff der Sicherheit und Leichtigkeit des Verkehrs hat zum Ziel, dass kein Verkehrsteilnehmer gefährdet (Sicherheit) oder mehr als nach den Umständen unvermeidlich behindert oder belästigt wird (Leichtigkeit). Die Sicherheit hat also die Abwendung von Gefahren für den Verkehr und von diesem, die Leichtigkeit den möglichst ungehinderten Verkehrsfluss im Blick.[166] Eine begrenzte Einschränkung des ruhenden Verkehrs durch die Einräumung von Sondernutzungserlaubnissen für stations-

88

---

159 VerfGH Bayern, Entscheidung v. 16.5.2011 – Vf. 73-VI/10; *Hartwig/Sterniczuk*, NVwZ 2016, 1375 (1377).
160 OVG Münster, Urteil v. 7.4.2017 – 11 A 2068/14.
161 So ausdrücklich VerfGH Bayern, Entscheidung v. 16.5.2011 – Vf. 73-VI/10.
162 So auch die Gesetzesbegründung zu § 18a BayStrWG, Gesetzentwurf der Staatsregierung zur Förderung des stationsbasierten Carsharing in Bayern, Bayern LT-Drs. 17/21734, 5.
163 Siehe oben Rn. 63 ff.
164 Vgl. *Wüstenberg*, KommJur 2016, 289.
165 Vgl. OVG Münster, Beschluss v. 24.8.2017 – 11 B 938/17, juris Rn. 14.
166 VG Mainz, Urteil v. 12.7.2017 – 3 K 1256/16.MZ, juris Rn. 24.

basierte Carsharinganbieter auf Parkflächen innerhalb der Ortsdurchfahrten von Bundesfernstraßen ist jedoch hinzunehmen und im Sinne des Gesetzes.[167]

89 Auch der Schutz des **historischen Stadtbildes** kann – ebenso wie städtebauliche Belange (Schutz eines bestimmten Straßen- oder Ortsbilds) – berücksichtigt werden.[168] Des Weiteren setzt die Berücksichtigung entsprechender Belange voraus, dass ihnen ein konkretes, vom Gemeinderat beschlossenes Gestaltungskonzept der Gemeinde zugrunde liegt, welches dem in den Blick genommenen Bereich – etwa in Bezug auf Bereiche der Gemeinde – ein spezifisches „Flair" verleihen soll. Einer Festlegung in Satzungsform bedarf es hierzu indessen nicht; ausreichend sind verwaltungsinterne Richtlinien.[169] Erforderlich bleibt aber die Befassung des Gemeinderates, weil es sich regelmäßig nicht mehr um ein Geschäft der laufenden Verwaltung handeln dürfte.

90 Stationsbasierte Angebote sind im besonderen Maße in der Lage, als Ergänzung des **Umweltverbunds** zu dienen. Diese können längerfristig für einen bestimmten Ort vorausgebucht werden. Damit bieten sie die Chance zu einer verlässlichen Mobilitätsplanung, ähnlich dem Fahrplan für Haltestellen im ÖPNV. Carsharing kann grundsätzlich zur Emissionsminderung, zur Flächenentlastung und zur multimodalen Verkehrsmittelwahl beitragen. Bei der Auswahl geeigneter Standorte und der Integration des Carsharings in den sogenannten Umweltverbund ist das Taxigewerbe, etwa in Form von klassischen Taxiständen insbesondere in der Nähe von Haltestellen des ÖPNV, Bus- oder Bahnhöfen, angemessen zu berücksichtigen. Eine Förderung des Carsharings an solchen Standorten darf nicht zulasten des Taxigewerbes gehen.[170] Auch diesbezüglich hat eine ordnungsgemäße Sachverhaltsermittlung stattzufinden.

2. Interessenbekundungsverfahren

91 Ausdrücklich kann ein Interessenbekundungsverfahren Teil des Auswahlverfahrens sein, um zuvor den Sachverhalt bezüglich der unterschiedlichen Anlieger- und Nutzungsinteressen und den bestehenden Markt zu ermitteln. Sofern daraufhin nur ein Anbieter zur Auswahl steht bzw. eine bestimmte Anzahl von Anbietern, die sämtlich eine Sondernutzungserlaubnis erhalten sollen, kann der **Auswahlprozess** für die zuständigen Behörden vereinfacht werden.[171] In welcher Form und inwieweit das Verfahren vereinfacht werden kann, wäre im Einzelfall zu klären. Zu einer Direktvergabe unter Ausschaltung jeglichen Wettbewerbs ohne eine Veröffentlichung kann es allerdings nicht kommen.

92 Gemeinden mit nicht mehr als 50.000 Einwohnern können in ihren Auswahlverfahren von einzelnen **Auswahlkriterien** abweichen, wenn dies aufgrund besonderer örtlicher Umstände gerechtfertigt ist und ein Interessenbekundungsverfahren ergeben hat, dass andernfalls kein Carsharinganbieter einen Antrag stellt. Dies wäre von der zuständigen Behörde näher zu begründen.[172]

3. Beteiligung Dritter

93 An dem Carsharingauswahlverfahren sind auch Dritte zwingend zu beteiligen. Neben den interessierten Unternehmen sind auf alle Fälle auch Anlieger, Taxikonzessionäre, ÖPNV-Anbieter und die zuständige Behörde für den Nahverkehr zu beteiligen.[173] Es geht um die Lösung von Nutzungs- und Zielkonflikten, die mit der Auswahl des Carsharingplatzes und des Unternehmens verbunden sind. Auf jeder Stufe des Auswahlverfahrens können Konflikte auftauchen, die erkannt und im Sinne einer Zielerfüllung abgewogen werden müssen.

---

167 Gesetzesbegründung zu § 5 CsgG, BT-Drs. 18/11285, 36.
168 VG München, Beschluss v. 21.9.2016 – M 2 S 16.2952, juris Rn. 36.
169 VG Mainz, Urteil v. 12.7.2017 – 3 K 1256/16.MZ, juris Rn. 26.
170 Gesetzesbegründung zu § 5 CsgG, BT-Drs. 18/11285, 37, vgl. unten zu den Klagerechten Rn. 275 ff.
171 Gesetzesbegründung zu § 5 CsgG, BT-Drs. 18/11285, 37; in diesem Sinne auch der Entwurf (Stand: 27.02.2018) eines Landes-Carsharinggesetzes (BremLCsgG), S. 10.
172 Gesetzesbegründung, BT-Drs. 18/11285, 15; auch Anlage Teil 3 CsgG.
173 Zu den Klagerechten siehe unten Rn. 274 ff.

Fraglich ist auch, ob **Carsharingnutzern** subjektiv-öffentliche Beteiligungsrechte zustehen. Dafür könnte sprechen, dass auch die Nutzer nicht diskriminiert werden dürfen. Carsharinganbieter gewähren gemäß Anlage Teil 1 Nr. 1.1 CsgG im Rahmen der vorhandenen Kapazität grundsätzlich jeder volljährigen Person mit einer für das entsprechende Kraftfahrzeug gültigen und vorgelegten Fahrerlaubnis diskriminierungsfrei eine Teilnahmeberechtigung. Dagegen spricht aber, dass ihre Interessen nur mittelbar betroffen sind. Carsharingnutzer könnten u.U. direkt gegen das Carsharingunternehmen vorgehen, sodass den Nutzern in dem Verfahren keine subjektiven Rechte einzuräumen sind. 94

Fraglich ist auch, ob gewerbetreibende **Anlieger** beteiligt werden müssen. Diese jedoch sind nur mittelbar-faktisch betroffen. Ihr „Anliegerrecht" berechtigt sie nicht zur Abwehr von wirtschaftlichen Betätigungen auf der Straße. Jenseits des unproblematischen Anbringens von Hinweisschildern ist die unmittelbare wirtschaftliche Nutzung des Straßenraums nicht Teil des sogenannten Anliegergebrauchs.[174] 95

Taxikonzessionären und **ÖPNV-Betreibern** stehen als mittelbar Betroffenen ebenfalls keine subjektiv-öffentlichen Beteiligungsrechte zu.[175] Dies schließt aber die Anhörung dieser Gruppen im Verfahren nicht aus. 96

Die Privilegierungen der Carsharinganbieter setzen die Herstellung des Benehmens zwischen der zuständigen Landesbehörde und dem für die Aufstellung des Nahverkehrsplans zuständigen **Aufgabenträger** sowie ein diskriminierungsfreies und transparentes Auswahlverfahren voraus, an dem sich die Carsharinganbieter beteiligen können, soweit sie auch stationsbasierte Angebote bereithalten oder bereitzuhalten beabsichtigen.[176] Dies führt nicht zu subjektiv öffentlichen Beteiligungsrechten der Aufgabenträger, da nur ein Benehmen erforderlich ist. 97

4. Bekanntmachungsverpflichtungen

Es gibt zwei vorherige Bekanntmachungsverpflichtungen: vor dem Auswahlverfahren und vor der Zuschlagsentscheidung. Beide Verpflichtungen sind von der auswählenden Behörde zwingend zu beachten. Sie sind zudem drittschützend. 98

a) Bekanntmachung

Die Bekanntmachung über das vorgesehene Auswahlverfahren muss gemäß § 5 Abs. 5 S. 1 **CsgG** allen interessierten Unternehmen kostenfrei und ohne Registrierung zugänglich sein. Sie ist gemäß § 5 Abs. 5 S. 2 CsgG auf der Internetseite www.bund.de und nach Maßgabe des Rechts der Europäischen Union im Amtsblatt der Europäischen Union zu veröffentlichen. Die Bekanntmachung muss gemäß § 5 Abs. 5 S. 3 CsgG alle für die Teilnahme an dem Auswahlverfahren erforderlichen Informationen enthalten, insbesondere Informationen über den vorgesehenen Ablauf des Auswahlverfahrens, Anforderungen an die Übermittlung von Unterlagen sowie die Eignungskriterien. Sie muss gemäß § 5 Abs. 5 S. 4 CsgG zudem die vorgesehene Dauer der Sondernutzung enthalten. Fristen sind gemäß § 5 Abs. 5 S. 5 CsgG angemessen zu setzen. Angemessen ist ein unbestimmter Rechtsbegriff, der im Kontext des CsgG auszulegen ist. Bei der Fristensetzung ist zu berücksichtigen, dass das Verfahren von den Bewerbern in einer ordnungsgemäßen Form durchgeführt werden kann. 99

Auch für **kommunale Verfahren**, die nicht dem bundesrechtlichen CsgG-Verfahren unterliegen, gibt es die Verpflichtung zur angemessenen Fristensetzung und vorherigen Bekanntmachung. Im Falle der Kapazitätserschöpfung muss z.B. ein Marktveranstalter eine Auswahl unter den vorhandenen Bewerbern treffen. Offen ist dabei, wie konkret und differenziert die vorherigen Bekanntmachungen sein müssen.[177] Als Grundsatz bleibt aber festzuhalten, dass eine Bekanntmachung so konkret sein muss, dass sich für das Carsharingunternehmen schon aus 100

---

174 *Burgi*, NVwZ 2017, 257.
175 Vgl. *Wüstenberg*, EWeRK 2017, 185 (186, 190).
176 Gesetzesbegründung zu § 5 CsgG, BT-Drs. 18/11285, 36.
177 Offengelassen z.B. bei VGH Mannheim, Beschluss v. 22.11.2016 – 6 S 2207/16; vgl. auch § 1 KonzVgV Rn. 134 ff.

dem Bekanntmachungstext erkennen lassen muss, ob sich eine Bewerbung für das Unternehmen lohnt. Zu einer den Grundrechtsschutz (Art. 3 Abs. 1, 14 Abs. 1 GG) sichernden Verfahrensgestaltung gehört, unabhängig davon, ob eine Dienstleistungskonzession vorliegt, dass behördliche Auswahlkriterien den Bewerbern so rechtzeitig bekannt gegeben werden, dass sie sich darauf einstellen können und Chancengleichheit gewährleistet ist, da auch im Rahmen der Ermessensausübung nach Landesstraßengesetz eine entsprechende Bindung besteht.[178]

b) Vorabinformation

101   Die nach Landesrecht zuständige Behörde hat gemäß § 5 Abs. 7 S. 1 **CsgG** jeden nicht berücksichtigten Bewerber unverzüglich in einem ablehnenden Bescheid über die Gründe für seine Nichtberücksichtigung sowie über den Namen des ausgewählten Bewerbers zu unterrichten. Aus § 5 Abs. 7 S. 1 CsgG folgt die vorherige Informationspflicht vor Verbescheidung des begünstigten Unternehmens nicht. Grundsätzlich sind bezüglich der Information zwei Modelle denkbar. Die vergaberechtliche Lösung der vorherigen Information zur Erlangung vorbeugenden Rechtsschutzes oder die verwaltungsrechtliche Lösung der nachträglichen Information mit nachträglichem Rechtsschutzes. Zielführend und allumfassend rechtsschutzgewährend ist nur die Lösung der vorherigen Information.

102   Das im Auswahlverfahren unterlegene Carsharingunternehmen ist vor einer endgültigen Zuschlagsentscheidung zugunsten des ausgewählten Bestbieters mit einer Frist von zwei Wochen vorher zu informieren, damit es um effektiven Rechtsschutz nachsuchen kann. Der **Bewerbungsverfahrensanspruch** gebietet es, vor Vertragsabschluss (oder Beauftragungsverwaltungsakt) mit dem ausgewählten Unternehmen auch außerhalb des förmlichen CsgG-Auswahlverfahren einen angemessenen Zeitraum von jedenfalls zwei Wochen verstreichen zu lassen, um einen effektiven (Primär-)Rechtsschutz i.S. des Art. 19 Abs. 4 GG in Bezug auf die Auswahlentscheidung zu ermöglichen.[179] Dieser Gedanke greift auch bei den hier vorliegenden Verteilungsvergabeakten betreffend die Carsharing-Konzessionen auf kommunalen und Landesstraßen ein. Damit bleibt festzuhalten, dass eine nur nachträgliche Information nicht ausreichend ist. Diese ist rechtswidrig und führt zu einer erfolgreichen Anfechtung des Auswahlverfahrens.

5. Eignungs- und Zuverlässigkeitsprüfung

103   Das CsgG-Auswahlverfahren setzt eine Eignungsprüfung voraus und ist auch in diesem Punkt dem üblichen Vergabeverfahren nachgebildet. Die Eignungskriterien ergeben sich aus § 5 Abs. 3 S. 2 CsgG.[180] Geeignet ist gemäß § 5 Abs. 3 S. 2 CsgG ein Carsharinganbieter, der die nach § 5 Abs. 4 CsgG festgelegten Anforderungen an die von ihm im Rahmen der Sondernutzung zu erbringende Leistung (Eignungskriterien) erfüllt. Das Carsharingunternehmen trifft die Verpflichtung, ordnungsgemäße Unterlagen zur Prüfung des Antrages einzureichen.[181]

104   Der Carsharinganbieter muss **zuverlässig** sein, wobei das CsgG die Unzuverlässigkeit von Unternehmen in den Vordergrund stellt. Unzuverlässig ist gemäß § 5 Abs. 3 S. 3 CsgG ein Carsharinganbieter, der bei der Erbringung von Carsharingdienstleistungen wiederholt in schwerwiegender Weise gegen Pflichten aus der StVO verstoßen hat sowie in den in § 123 GWB genannten Fällen. Die zwingenden Ausschlussgründe des § 123 Abs. 1 GWB verweisen auf verschiedene schwere Straftaten. Besonders hingewiesen ist für das CsgG-Auswahlverfahren aber auf die Bestimmungen der § 123 Abs. 3 bis 5 GWB. Das Verhalten einer rechtskräftig verurteilten Person ist einem Unternehmen zuzurechnen, wenn diese Person als für die Leitung des Unternehmens Verantwortlicher gehandelt hat. Dazu gehört auch die Überwachung

---

178 OVG Lüneburg, Urteil v. 20.7.2017 – 7 LB 58/16, juris Rn. 39.
179 OVG Berlin-Brandenburg Beschluss v. 30.11.2010 – 1 S 107/10; OLG Düsseldorf, Urteil v. 13.12.2017 – I-27 U 25/17; *Braun*, NVwZ 2009, 747; siehe auch § 1 KonzVgV Rn. 172 ff.
180 *Wüstenberg*, EWeRK 2017, 185 (188).
181 Vgl. BayVgH, Beschluss v. 15.12.2017 – 8 ZB 16.2117, juris Rn. 11.

der Geschäftsführung oder die sonstige Ausübung von Kontrollbefugnissen in leitender Stellung.

105 Öffentliche Auftraggeber schließen gemäß § 123 Abs. 4 S. 1 GWB ein Unternehmen zu jedem Zeitpunkt des Vergabeverfahrens von der Teilnahme an einem Vergabeverfahren aus, wenn gemäß § 123 Abs. 4 S. 1 Nr. 1 GWB das Unternehmen seinen Verpflichtungen zur Zahlung von **Steuern**, **Abgaben** oder **Beiträgen** zur Sozialversicherung nicht nachgekommen ist und dies durch eine rechtskräftige Gerichts- oder bestandskräftige Verwaltungsentscheidung festgestellt wurde oder gemäß § 123 Abs. 4 S. 1 Nr. 2 GWB die öffentlichen Auftraggeber auf sonstige geeignete Weise die Verletzung einer Verpflichtung nach § 123 Abs. 4 Nr. 1 GWB nachweisen können. § 123 Abs. 4 S. 1 GWB ist gemäß § 123 Abs. 4 S. 2 GWB nicht anzuwenden, wenn das Unternehmen seinen Verpflichtungen dadurch nachgekommen ist, dass es die Zahlung vorgenommen oder sich zur Zahlung der Steuern, Abgaben und Beiträge zur Sozialversicherung einschließlich Zinsen, Säumnis- und Strafzuschlägen verpflichtet hat.

106 Von einem Ausschluss nach § 123 Abs. 1 GWB kann gemäß § 123 Abs. 4 S. 3 GWB **abgesehen** werden, wenn dies aus zwingenden Gründen des öffentlichen Interesses geboten ist. Von einem Ausschluss nach § 123 Abs. 4 S. 1 GWB kann gemäß § 123 Abs. 5 S. 1 GWB abgesehen werden, wenn dies ebenfalls aus zwingenden Gründen des öffentlichen Interesses geboten ist oder ein Ausschluss offensichtlich unverhältnismäßig wäre. Die vergebende Stelle muss also das Prüfprogramm des § 123 GWB durchlaufen und sich in der vergaberechtlichen Systematik auskennen.

107 Die Auswahlkriterien wie die Vernetzung mit dem öffentlichen Personennahverkehr und die Elektromobilität tragen der umweltpolitischen Ausrichtung des CsgG Rechnung. Das Bundesministerium für Verkehr und digitale Infrastruktur, das Bundesministerium für Wirtschaft und Energie und das Bundesministerium für Umwelt, Naturschutz, Bau und Reaktorsicherheit werden in § 5 Abs. 4 CsgG zudem ermächtigt, gemeinsam durch **Rechtsverordnung** mit Zustimmung des Bundesrats die Mindestanforderungen an die von den Carsharinganbietern im Rahmen der Sondernutzung zu erbringende Leistung festzulegen und an den aktuellen Stand der Technik anzupassen. Bis zum Inkrafttreten der Rechtsverordnung nach § 5 Abs. 4 S. 1 CsgG ergeben sich die Kriterien für die Eignung von Carsharinganbietern aus der Anlage CsgG. Sofern in einem Gemeindegebiet sowohl stationsbasierte als auch stationsunabhängige Carsharingangebote bestehen, soll bei der Auswahl der Flächen ein ausgewogenes Verhältnis beider Angebotsformen berücksichtigt werden.[182] Diese Vorgaben können dem Unternehmen durch Auflagen in der Sondernutzungserlaubnis oder in dem öffentlich-rechtlichen Vertrag auferlegt werden.

6. Befristung und sonstige Nebenbestimmungen

108 Die Sondernutzungserlaubnisse sind zeitlich zu **befristen**.[183] Die Sondernutzung ist gemäß § 5 Abs. 2 S. 1, Abs. 9 CsgG, § 8 Abs. 2 S. 1 FStrG auf maximal acht Jahre zu befristen. Sie kann gemäß § 5 Abs. 8, 9 CsgG, § 8 Abs. 2 S. 2 FStrG mit Bedingungen und Auflagen verbunden werden. Eine Verlängerung ist im Wege eines neuen Auswahlverfahrens gemäß § 5 Abs. 2 S. 3 CsgG möglich.

109 Einheitlich gehen die Landesstraßengesetze auch davon aus, dass die Erlaubnis nur **befristet** oder auf **Widerruf** erteilt werden darf. Nach allgemeiner Rechtslage (bei Ermessensentscheidungen) und nach allen Landesstraßengesetzen können die Erlaubnisse mit **Bedingungen** und **Auflagen** versehen werden. Explizit geregelte Belange, die bei der Antragsbearbeitung berücksichtigt werden müssen, sind die öffentliche Sicherheit und Ordnung, dabei insbesondere die Sicherheit und Leichtigkeit des Verkehrs. Dies gilt auch für das CsgG-Verfahren.

110 **Bauliche Vorrichtungen** (Schranken, Klappbügel u.a.) müssen den Anforderungen der Sicherheit und Ordnung sowie den anerkannten Regeln der Technik genügen (§ 5 Abs. 9 CsgG, § 8 Abs. 2 a 1 FStrG, § 5 Abs. 8 S. 2 CsgG). Eine nach § 5 Abs. 1 bis 7 CsgG erteilte Sondernut-

---
182 Gesetzesbegründung zu § 5 CsgG, BT-Drs. 18/11285, 38.
183 Vgl. allgemein zu dem zeitlichen Grundsatz der Befristung: § 1 KonzVgV Rn. 168 ff.

zungserlaubnis kann gemäß § 5 Abs. 8 S. 1 CsgG auch die Befugnis verleihen, dass der Sondernutzungsberechtigte geeignete bauliche Vorrichtungen für das Sperren der Fläche für Nichtbevorrechtigte anbringen kann. Der Sondernutzungsberechtigte hat sich bei dem Anbringen geeigneter Fachunternehmen zu bedienen. Entsprechend § 5 Abs. 9 CsgG gelten § 8 Abs. 1 S. 1 und 6, Abs. 2 bis 3, Abs. 7a und 8 FStrG.[184]

7. Bearbeitungsfristen

111 Das CsgG legt Bearbeitungsfristen fest. Die Frist für die Erteilung der Sondernutzungserlaubnis nach § 5 Abs. 2 CsgG beträgt gemäß § 5 Abs. 6 S. 1 CsgG drei Monate. Sie beginnt gemäß § 5 Abs. 6 S. 2 CsgG mit Ablauf der Einreichungsfrist zu laufen. Sie kann gemäß § 5 Abs. 6 S. 3 CsgG einmal verlängert werden, wenn dies wegen der Schwierigkeit der Angelegenheit gerechtfertigt ist. Die Fristverlängerung ist gemäß § 5 Abs. 6 S. 4 CsgG zu begründen und rechtzeitig allen teilnehmenden Anbietern mitzuteilen. Das Verfahren kann gemäß § 5 Abs. 6 S. 5 CsgG auch über eine einheitliche Stelle nach § 71a VwVfG abgewickelt werden.

8. Barrierefreies Verfahren

112 Das CsgG-Auswahlverfahren hat barrierefrei zu erfolgen. Die Behörde hat das Auswahlverfahren allen interessierten Unternehmen mitzuteilen, und zwar kostenfrei und ohne Registrierung gemäß § 5 Abs. 5 S. 1 CsgG. Diese Regelung betrifft – ebenso wie Vorschriften über die Kommunikation gemäß § 7 ff. KonzVgV – auch den Wettbewerb und wirkt damit drittschützend.

9. Auswahl des besten Bewerbers

113 Der Eignungsprüfung folgt die Auswahlentscheidung zugunsten des Unternehmens, welches die Auswahlvoraussetzungen am besten erfüllt. Diese Auswahlprüfung wird – sprachlich ungenau – in der Anlage CsgG als Eignungsprüfung nach Eignungskriterien benannt. Weil die Anzahl der Stellflächen begrenzt ist und stets nur ein Fahrzeug auf einem Stellplatz stehen kann, muss die knappe Ressource Stellplatz dahingehend genutzt werden, den oder die am besten geeigneten Anbieter zu finden. Die Gesamtheit der Flächen gemäß § 5 Abs. 1 S. 1 CsgG muss dabei nicht allein einem Anbieter zur Verfügung gestellt werden. Die Sondernutzungserlaubnis für einzelne Stellflächen (Stellplatz) kann indes nur jeweils einem Anbieter gewährt werden.[185] Weil jeweils nur ein Anbieter auf einem Stellplatz stehen kann, besteht eine Konkurrentenverdrängungssituation genau für diesen Stellplatz. Gerade weil das Kontingent begrenzt ist, darf nur der am besten geeignete Bewerber auf den jeweiligen Stellplatz zugelassen werden.

114 Damit gewinnt das Verteilungsverfahren der straßenrechtlichen Sondernutzung eine neue Komponente. Das Sondernutzungsrecht wurde bisher im Grundsatz als wirtschafts- und wettbewerbsneutral angesehen.[186] Subjektive Regelungen sollten nicht möglich sein. Drittschutz wurde nicht gewährt.[187] Diese Auffassung ist durch das CsgG-Auswahlverfahren überholt worden, weil das Carsharingmodell gerade auf einem **drittschützenden Bestenauswahlverfahren** beruht. Richtig an der bisherigen Rechtsprechung bleibt noch, dass Auswahlgründe weder die Gemeinnützigkeit einzelner Unternehmer noch der im Marktrecht entwickelte Grundsatz „bekannt und bewährt" sein können.[188]

115 Die Auswahlkriterien sind gemäß § 5 Abs. 4 CsgG mit dem Ziel festzulegen, dass sie geeignet sind, durch die von dem jeweiligen Carsharinganbieter angebotene Leistung erstens zu einer Verringerung des motorisierten Individualverkehrs, insbesondere durch eine Vernetzung mit dem öffentlichen Personennahverkehr, und zweitens zu einer Entlastung von straßenver-

---

184 Vgl. *Wüstenberg*, EWeRK 2017, 185 (189).
185 Gesetzesbegründung zu § 5 CsgG, BT-Drs. 18/11285, 37.
186 OVG Münster, Urteil v. 7.4.2017 – 11 A 2068/14.
187 OVG Münster, Urteil v. 7.4.2017 – 11 A 2068/14.
188 OVG Münster, Urteil v. 7.4.2017 – 11 A 2068/14.

kehrsbedingten Luftschadstoffen, insbesondere durch das Vorhalten elektrisch betriebener Fahrzeuge im Sinne des Elektromobilitätsgesetzes, am besten beizutragen. Durch die Wortwahl „am besten beizutragen" wird deutlich, dass nicht irgendein Anbieter das Auswahlverfahren gewinnen soll, sondern nur der derjenige, der am besten dazu beiträgt, dass die **Auswahlziele** erfüllt werden.[189] Der unterlege Bewerber hat einen subjektiv-öffentlichen Anspruch darauf, dass nur derjenige, der die Kriterien am besten erfüllt, auch ausgewählt wird. Aus der Formulierung folgen daher subjektiv-öffentliche Rechtspositionen des unterlegenen Unternehmens darauf, dass die zuständige Behörde ein Verfahren durchführt, das genau diesem Anspruch gerecht wird.

116 Einen richtigen Ansatz wählt der bayerische Gesetzgeber: Ob die Kriterien als **Eignungskriterien** wie in § 5 CsgG oder als **Ausschluss-** oder **Auswahlkriterien** herangezogen werden, bleibt der Regelung durch gemeindliche Satzung überlassen. Maßstab ist dabei immer Art. 18a Abs. 1 S. 1 BayStrWG. Das Auswahlverfahren muss transparent und diskriminierungsfrei erfolgen. Je nach Gestaltung der Auswahl kann die Formulierung von Auflagen in der Erlaubnis geboten sein, um die Einhaltung der gewählten Kriterien auch nach der Erteilung der Erlaubnis zu sichern.[190]

117 In ganz seltenen Fällen könnte es zu einer **Ermessenreduzierung** auf null und damit zu einer Genehmigungspflicht kommen. Das behördliche Ermessen ist auf null reduziert, wenn die für die Erteilung der Sondernutzungserlaubnis sprechenden Umstände derart überwiegen, dass nur die Erteilung der Erlaubnis rechtmäßig sein kann. Dies ist etwa dann der Fall, wenn der Sondernutzungserlaubnis entgegenstehende straßenrechtlich relevante Gesichtspunkte nicht ersichtlich sind, mithin kein straßenrechtlicher Bezug besteht. Ferner kommt eine Ermessensreduzierung auf null in Fällen der Selbstbindung der Verwaltung in Betracht, insbesondere wenn die Behörde ihr Ermessen durch eine bestimmte Verwaltungspraxis in der Vergangenheit gebunden hat. Schließlich kann sich eine Reduktion des Ermessens auf null im Einzelfall auch daraus ergeben, dass sich die zur Verfügung stehenden Entscheidungsmöglichkeiten deshalb verringern, weil alle übrigen zu unzulässigen, weil unverhältnismäßigen oder unzumutbaren Ergebnissen führen.[191] Gegen einen Zulassungsanspruch spricht vor allem das Leistungsbestimmungsrecht des Konzessionsgebers. Eine Aufhebung eines Konzessionsvergabeverfahrens ist jederzeit möglich. Auch wenn die Aufhebungsentscheidung der Nachprüfung unterliegt, folgt daraus nicht, dass der Auftraggeber nach einer rechtswidrigen Aufhebungsentscheidung verpflichtet wäre, das Vergabeverfahren zu Ende zu führen und den Zuschlag zu erteilen. Es gibt also selbst bei einer rechtswidrigen Aufhebung des Vergabeverfahrens keinen Zwang zum Vertragsschluss.[192]

118 Das CsgG ermöglicht die Durchführung eines **Losverfahrens**. Erfüllen mehrere Carsharinganbieter die Anforderungen des § 5 Abs. 3 S. 1 CsgG, ist gemäß § 5 Abs. 3 S. 4 CsgG durch Los zu entscheiden. Während vergaberechtlich das Losverfahren kritisch gesehen wurde,[193] ist es bei verwaltungsrechtlichen Auswahlverfahren anerkannt.[194] Die Nachteile des Losverfahrens liegen auf der Hand, da der Zufall über die Wahl des Unternehmens entscheidet. Finden die Nutzer bzw. Nutzerinnen die Carsharingangebote unattraktiv, werden die Nutzerzahlen perspektivisch zurückgehen und die Gesetzesziele werden nicht umgesetzt. Rechtsfehlerhaft ist es, ein Losverfahren als zwingend vorzusehen.[195]

---

189 In diesem Sinne auch: Entwurf (Stand: 27.02.2018) eines Landes-Carsharinggesetzes (BremLCsgG), S. 8.
190 Gesetzesbegründung zu § 18a Abs. 2 BayStrWG, Gesetzentwurf der Staatsregierung zur Förderung des stationsbasierten Carsharing in Bayern, Bayern LT-Drs. 17/21734, 6.
191 VG Mainz, Urteil v. 12.7.2017 – 3 K 1256/16.MZ, juris Rn. 22.
192 Vgl. auch § 1 KonzVgV Rn. 175 f.; *Antweiler*, in: Burgi/Dreher, Vergaberecht, § 168 GWB Rn. 41 ff.
193 Vgl. *Weyand*, Vergaberecht, § 97 GWB, Rn. 1540 ff.
194 Vgl. GewO Rn. 94.
195 *Wüstenberg*, EWeRK 2017, 185 (190).

10. Zuständige Behörde

119 Welche Behörde zuständig ist, richtet sich nach Landesrecht. Bei der Stelle der „Verwaltung", die eine Sondernutzung initiieren möchte, wird es sich zumeist um die jeweilige Gemeinde handeln, bei der zugleich typischerweise (entweder als Straßenbaulastträger oder weil es sich um die Ortsdurchfahrt einer Bundesstraße handelt; vgl. § 8 Abs. 1 S. 2 FStrG) die Zuständigkeit für die Erteilung der Sondernutzungserlaubnis liegt.[196]

120 Umstritten ist, ob die **kommunalen Gremien** die Verteilungsentscheidung treffen können. Auch in Großstädten ist es Aufgabe des Gemeinderates, die Grundsätze festzulegen, nach denen Sondernutzungserlaubnisse zu politischen und kommerziellen Betätigungen im Einzelfall vergeben werden.[197] Die Vergabe von Sondernutzungserlaubnissen im Carsharingbereich obliegt also regelmäßig – auch in Großstädten – dem Gemeinderat.[198] Es ist auch – so das VG Hamburg – nicht zu beanstanden, dass das Gestaltungskonzept der Beklagten durch das Bezirksamt festgelegt wurde. Insbesondere ist die Beteiligung der Bezirksversammlung nicht notwendig gewesen. Zwar habe der Verwaltungsgerichtshof Baden-Württemberg zum baden-württembergischen Recht entschieden, dass ein Gestaltungskonzept für eine Fußgängerzone, welches die Erteilung von Sondernutzungserlaubnissen regelt, durch den Gemeinderat beschlossen werden muss. Diese Entscheidung könne auf die hamburgische Rechtslage indes nicht übertragen werden. Denn während der Gemeinderat nach baden-württembergischem Recht grundsätzlich über alle Angelegenheiten der Gemeinde entscheidet, soweit nicht der Bürgermeister kraft Gesetzes zuständig ist oder ihm der Gemeinderat bestimmte Angelegenheiten überträgt, habe die Bezirksversammlung entsprechende Rechte nicht.[199]

11. Dokumentation

121 Das Auswahlverfahren ist nach § 5 Abs. 5 S. 5 **CsgG** von Beginn an fortlaufend zu dokumentieren. Alle wesentlichen Entscheidungen sind gemäß § 5 Abs. 5 S. 6 CsgG zu begründen. Diese Verpflichtungen sind drittschützend. Werden sie verletzt, kann sich das betroffene Unternehmen auf diese Rechtsverletzung berufen.

122 Dokumentationsverpflichtungen bestehen oberhalb und unterhalb der **Schwellenwerte**. Oberhalb der Schwellenwerte ergibt sich die Pflicht aus § 6 KonzVgV und unterhalb der Schwellenwerte aus § 5 Abs. 5 S. 4 und 5 CsgG. Das Auswahlverfahren ist gemäß § 5 Abs. 5 S. 5 CsgG von Beginn an fortlaufend zu dokumentieren. Alle wesentlichen Entscheidungen sind gemäß § 5 Abs. 5 S. 5 CsgG zu begründen. Die Pflicht zur Dokumentation der wesentlichen Gründen wird nur rechtmäßig in einer nachvollziehbaren Begründung erfolgen können. Gerade bei Verteilungsentscheidungen der öffentlichen Hand bestehen enge Grenzen für die nachträgliche Begründung und Ergänzung der bereits getroffenen Auswahl. Die Unternehmen haben ein subjektiv öffentlich-rechtlichen Anspruch auf diese Dokumentation, weil das CsgG in § 5 Abs. 5 S. 4 und 5 CsgG ausdrücklich normiert.

12. Vertragsüberwachungen

123 Die ausgewählten Unternehmen sind zu überwachen. Dies sieht auch der Gesetzgeber so. Für die Behörden kommt zu der Bearbeitung des Vergabeverfahrens noch die Vertragsüberwachung hinzu. Nach Auskunft von zwei Straßenbaubehörden wird von einem Gesamtzeitaufwand von rund 18 Werktagen (9.000 Minuten = 150 Stunden) ausgegangen. Bei rechnerisch 12,8 Stationen ergibt das einen jährlichen Erfüllungsaufwand von 95.000 Euro (150 h x 49,45 Euro/h x 12,8).[200]

---

[196] Vgl. *Burgi*, NVwZ 2017, 258 (260).
[197] VG Trier, Urteil v. 8.12.2014 – 6 K 410/14.TR, juris Rn. 43.
[198] Vgl. OVG Magdeburg, Beschluss v. 24.5.2017 – 3 L 201/16 (für eine Rettungsdienstvergabe).
[199] VG Hamburg Urteil v. 12.10.2016 – 17 K 1105/16 mit Hinweis auf die Entscheidungsrechte der Bezirksversammlung nach § 19 HmbBezVG; VGH Baden-Württemberg, Urteil v. 9.12.1999 – 5 S 2051/98, juris Rn. 46 und mit Hinweis auf § 24 Abs. 1 S. 2 BW GemO.
[200] Stellungnahme des Nationalen Normenkontrollrates gem. § 6 Absatz 1 NKRG, CsgG, BT-Drs. 18/11285, 44.

III. Regelungen des FStrG

Das CsgG verweist in § 5 Abs. 9 auf § 8 Abs. 1 S. 1 und 6, Abs. 2 bis 3, Abs. 7a und 8 FStrG gelten entsprechend. Eine Ausschreibung nach dem CsgG ist nur unter Berücksichtigung des FStrG möglich. Das FStrG enthält zur Sondernutzung folgende Vorgaben: **124**

Die Benutzung der Bundesfernstraßen über den Gemeingebrauch hinaus ist gemäß § 8 Abs. 1 S. 1 FStrG eine **Sondernutzung**. Sie bedarf gemäß § 8 Abs. 1 S. 2 FStrG der Erlaubnis der Straßenbaubehörde, in Ortsdurchfahrten der Erlaubnis der Gemeinde. Soweit die Gemeinde nicht Trägerin der Straßenbaulast ist, darf sie die Erlaubnis nur mit Zustimmung der Straßenbaubehörde erteilen. Die Gemeinde kann durch Satzung bestimmte Sondernutzungen in den Ortsdurchfahrten von der Erlaubnis befreien und die Ausübung regeln. Soweit die Gemeinde nicht Trägerin der Straßenbaulast ist, bedarf die Satzung der Zustimmung der obersten Landesstraßenbaubehörde. Eine Erlaubnis soll nicht erteilt werden, wenn **behinderte Menschen** durch die Sondernutzung in der Ausübung des Gemeingebrauchs erheblich beeinträchtigt würden. **125**

Die Erlaubnis darf gemäß § 8 Abs. 2 FStrG nur **auf Zeit** oder **Widerruf** erteilt werden. Sie kann mit **Bedingungen** und **Auflagen** verbunden werden. Soweit die Gemeinde nicht Trägerin der Straßenbaulast ist, hat sie eine widerruflich erteilte Erlaubnis zu widerrufen, wenn die Straßenbaubehörde dies aus Gründen des Straßenbaus oder der Sicherheit oder Leichtigkeit des Verkehrs verlangt, was auch das CsgG vorsieht. **126**

Nach § 8 Abs. 2a FStrG hat der Erlaubnisnehmer **Anlagen** so zu errichten und zu unterhalten, dass sie den Anforderungen der Sicherheit und Ordnung sowie den anerkannten Regeln der Technik genügen. Arbeiten an der Straße bedürfen der Zustimmung der Straßenbaubehörde. Der Erlaubnisnehmer hat auf Verlangen der für die Erlaubnis zuständigen Behörde die Anlagen auf seine Kosten zu ändern und alle Kosten zu ersetzen, die dem Träger der Straßenbaulast durch die Sondernutzung entstehen. Hierfür kann der Träger der Straßenbaulast angemessene Vorschüsse und Sicherheiten verlangen. **127**

Wird eine Bundesfernstraße ohne die erforderliche Erlaubnis benutzt oder kommt der Erlaubnisnehmer seinen Verpflichtungen nicht nach, so kann die für die Erteilung der Erlaubnis zuständige Behörde gemäß § 8 Abs. 7a S. 1 FStrG die erforderlichen Maßnahmen zur **Beendigung** der Benutzung oder zur **Erfüllung der Auflagen** anordnen. Sind solche Anordnungen nicht oder nur unter unverhältnismäßigem Aufwand möglich oder nicht erfolgversprechend, so kann sie den rechtswidrigen Zustand gemäß § 8 Abs. 7a S. 2 FStrG auf Kosten des Pflichtigen beseitigen oder beseitigen lassen. **128**

Der Erlaubnisnehmer hat gemäß § 8 Abs. 2 FStrG gegen den Träger der Straßenbaulast keinen **Ersatzanspruch** bei Widerruf oder bei Sperrung, Änderung oder Einziehung der Straße. Dies bedeutet, dass der CsgG-Konzessionär keinen Anspruch auf endgültige Durchführung des Verfahrens hat. Dies entspricht der Möglichkeit der Aufhebung von Verfahren im Vergabeverfahren. Eine Schadensersatzpflicht ist dadurch nicht ausgeschlossen. **129**

Unwiderrufliche Nutzungsrechte, die von früher her bestehen, können gemäß § 8 Abs. 9 FStrG zur Sicherheit oder Leichtigkeit des Verkehrs durch Enteignung aufgehoben werden. § 19 FStrG gilt gemäß § 8 Abs. 9 S. 2 FStrG entsprechend. **130**

Die Einräumung von Rechten zur **Benutzung des Eigentums** der Bundesfernstraßen richtet sich gemäß § 8 Abs. 10 FStrG nach bürgerlichem Recht, wenn sie den Gemeingebrauch nicht beeinträchtigt, wobei eine Beeinträchtigung von nur kurzer Dauer für Zwecke der öffentlichen Versorgung außer Betracht bleibt. **131**

IV. Landesregelungen

Das Parken von Carsharing-Fahrzeugen auf anbieterbezogenen spezifisch zugewiesenen Parkplätzen im öffentlichen Straßenraum ist nach allen Landesstraßengesetzen der straßenrechtlichen **Sondernutzung** zuzuordnen. Jedes Land hat spezifische Regelungen zur Sonder- **132**

133 Alle Landesstraßengesetze sehen vor, dass eine Sondernutzung nur nach einer förmlichen **Genehmigung** möglich ist. Einheitlich gehen die Landesstraßengesetze davon aus, dass die Erlaubnis nur befristet oder auf Widerruf erteilt werden darf.

134 Nach allen Landesstraßengesetzen bestehen **Satzungsermächtigungen** für die Regelung und Erhebung eigener Gebühren für die Sondernutzungen auf Straßen, die im Zuständigkeitsbereich der Kommunen liegen. Bei der zulässigen Erhebung von Gebühren ist der Äquivalenzgrundsatz zu beachten.[201]

135 In allen Landesgesetzen ist geregelt, dass die **Verkehrszeichen** und **-einrichtungen** sowie **Verkehrsanlagen** aller Art als Zubehör zur Straße gehören. Damit könnte jede Beschilderung nach § 45 StVO (also alle StVO-Schilder und -Zeichen und -Anlagen) zur Kennzeichnung von Carsharingplätzen verwendet werden.

1. Baden-Württemberg

136 In Baden-Württemberg ist die **Sondernutzung** im StrG BW geregelt. In diesem Bundesland sind sowohl Anbieter für stationsbasiertes als auch Freefloating-Carsharing vertreten. Generell nimmt das Land Baden-Württemberg in Deutschland eine Vorreiterrolle bezüglich der Anzahl von Städten mit Carsharing und der Verfügbarkeit von Carsharing-Fahrzeugen in diesen Städten ein. In dem vom Bundesverband CarSharing erstellten bundesweiten Städteranking nehmen Karlsruhe und Stuttgart die ersten beiden Plätze ein.[202]

137 Die Benutzung einer Straße über den Gemeingebrauch hinaus (Sondernutzung) bedarf gemäß § 16 Abs. 1 S. 1 StrG BW der **Erlaubnis**. Eine Erlaubnis soll gemäß § 16 Abs. 1 S. 3 StrG BW nicht erteilt werden, wenn Menschen mit **Behinderungen** durch die Sondernutzung in der Ausübung des Gemeingebrauchs erheblich beeinträchtigt würden. Diese Vorgabe ist als gesonderter Punkt bei dem CsgG-Auswahlverfahren zu beachten. Sie ist auch in § 8 Abs. 1 S. 5 FStrG genannt.

138 Über die Erteilung der Erlaubnis nach § 16 Abs. 1 StrG BW entscheidet die Straßenbaubehörde gemäß § 16 Abs. 2 S. 1 StrG BW nach pflichtgemäßem **Ermessen**. Ist Träger der Straßenbaulast eine Person des bürgerlichen Rechts, so wird die Erlaubnis von der Straßenaufsichtsbehörde erteilt; diese hat den Träger der Straßenbaulast zu hören. Entsprechend dem Zweck des § 16 Abs. 2 S. 1 StrG BW erfasst das Ermessensprogramm dieser Vorschrift in erster Linie nur spezifisch straßenrechtliche Erwägungen im Hinblick auf die mit der beabsichtigten Sondernutzung verbundene Beeinträchtigung des widmungsgemäßen Gemeingebrauchs. Andere Erwägungen halten sich nur dann im Rahmen des § 16 Abs. 2 S. 1 StrG BW, wenn sie (noch) einen sachlichen Bezug zur Straße haben; dies gilt beispielsweise für städtebauliche oder baugestalterische Aspekte (Schutz eines bestimmten Straßen- oder Platzbildes), die auf einem konkreten gemeindlichen Gestaltungskonzept beruhen. Ordnungs-, gewerbe- oder gaststättenrechtliche Gesichtspunkte dürften dagegen nicht hierzu gehören.[203] Da ein Carsharingverfahren (noch) einen sachlichen Bezug zur Straße hat, wäre ein landesrechtliches Carsharingauswahlverfahren nach dieser Rechtsprechung möglich.[204]

139 Die erforderliche Erlaubnis liegt im Ergebnis immer in der **Zuständigkeit** der jeweiligen Kommune. Gemäß § 16 Abs. 7 StrG BW können die Gemeinden sogar durch Satzung bestimmen, dass in ihrem Gemeindegebiet bestimmte Sondernutzungsarten keiner Erlaubnis nach § 16 Abs. 1 S. 1 StrG BW bedürfen.

140 Die Erhebung von **Sondernutzungsgebühren** ist ebenfalls den Gemeinden übertragen, inkl. der entsprechenden Kompetenz zum Erlass und der Änderung der entsprechenden Gebüh-

---

201 VGH Kassel, Beschluss v. 22.2.2017 – 5 B 2343/16, siehe oben Rn. 78.
202 Antrag und Stellungnahme, Status quo Carsharing in Baden-Württemberg, Baden-Württemberg LT-Drs. 16/2887, 2.
203 VGH Mannheim, Beschluss v. 29.3.2017 – 5 S 522/17.
204 Siehe dazu auch oben Rn. 15 ff.

rensatzung. Dies betrifft alle kommunalen Straßen und die Ortsdurchfahrten. Hier müssten entsprechende Regelungen für die Gebühren getroffen werden, die gemäß § 19 Abs. 2 S. 3 StrG BW, § 8 Abs. 3 FStrG nach Art und Ausmaß der Einwirkung auf die Straße und dem wirtschaftlichen Interesse des Gebührenschuldners bemessen und gestaffelt werden müssten.

2. Bayern

Für stationsbasiertes Carsharing sollen nach § 5 CsgG exklusive Flächen im Straßenraum für einzelne Anbieter reserviert werden können. Diese straßenrechtliche Regelung konnte der Bund nach Auffassung des bayerischen Gesetzgebers im Rahmen seiner Kompetenz lediglich für Bundesfernstraßen und deren Ortsdurchfahrten treffen. Für sonstige Straßen gilt Landesrecht, in Bayern das BayStrWG. Vorschriften zum Sondernutzungsrecht existieren mit Art. 18 ff. BayStrWG bereits. **141**

In Art 18 BayStrWG ist die Sondernutzung nach öffentlichem Recht geregelt. Die Benutzung der Straßen über den Gemeingebrauch hinaus (Sondernutzung) bedarf gemäß Art. 18 Abs. 1 S. 1 BayStrWG der **Erlaubnis** der Straßenbaubehörde, in Ortsdurchfahrten der Erlaubnis der Gemeinde, wenn durch die Benutzung der Gemeingebrauch beeinträchtigt werden kann. Soweit die Gemeinde nicht Trägerin der Straßenbaulast ist, darf sie die Erlaubnis nur mit Zustimmung der Straßenbaubehörde erteilen. **142**

In Bayern soll eine zusätzliche **gesonderte Regelung** mit Art. 18a BayStrWG geschaffen werden:[205] **143**

> Art. 18a Sondernutzung für stationsbasiertes Carsharing
>
> (1) Unbeschadet der sonstigen straßenrechtlichen Bestimmungen zur Sondernutzung kann die Gemeinde Flächen auf öffentlichen Straßen für stationsbasiertes Carsharing bestimmen und im Wege eines diskriminierungsfreien und transparenten Auswahlverfahrens einem Carsharinganbieter für einen Zeitraum von längstens acht Jahren zur Verfügung stellen. Das Auswahlverfahren ist öffentlich bekanntzumachen und kann auch durch ein von der Gemeinde damit beliehenes kommunales Unternehmen erfolgen. Die §§ 2, 5 Abs. 1 Satz 3, Abs. 2 Satz 3 und 4, Abs. 6 Satz 5 des Carsharinggesetzes gelten mit der Maßgabe entsprechend, dass sich Verweise auf das Bayerische Verwaltungsverfahrensgesetz (BayVwVfG) beziehen. Art. 18 gilt mit der Maßgabe entsprechend, dass die Sondernutzungserlaubnis nicht auf Widerruf erteilt werden darf.
>
> (2) Die Erteilung der Sondernutzungserlaubnis kann auch davon abhängig gemacht werden, dass der Erlaubnisnehmer umweltbezogene oder solche Kriterien erfüllt, die einer Verringerung des motorisierten Individualverkehrs besonders dienlich sind.

Die Regelung ist nach der Begründung zum Gesetzesentwurf[206] der Vorschrift des § 5 CsgG angenähert. Durch den den bayerischen Gemeinden im Straßenrecht eröffneten weiten Spielraum zu eigenständigen Regelungen durch Satzungen könne sich die Vorschrift aber auf Mindestanforderungen und begrenzte Verweisungen beschränken. Die Regelung sei auf Gemeinden ausgerichtet, da hier der Bedarf bestehe. Nachdem Ortsdurchfahrten von Kreis- und Staatsstraßen auch erfasst würden, die freien Strecken dieser Straßen für Carsharing jedoch nicht interessant seien, würden staatliche Stellen und Landkreise nicht adressiert. Die Bundesregelung habe sich dementsprechend auch allein auf die Ortsdurchfahrten von Bundesstraßen beschränkt.[207]

Die Vorschrift stelle insgesamt klar, dass es sich bei der exklusiven Nutzung von Parkflächen im öffentlichen Straßenraum für Carsharing-Angebote um einen Fall der straßenrechtlichen **Sondernutzung** handeln würde. Dem liege eine Verlagerung von Betriebsflächen des jeweili- **144**

---

205 Gesetzentwurf der Staatsregierung zur Förderung des stationsbasierten Carsharing in Bayern, Bayern LT-Drs. 17/21734, 3.
206 Gesetzesbegründung zu Art. 18a BayStrWG, Gesetzentwurf der Staatsregierung zur Förderung des stationsbasierten Carsharing in Bayern, Bayern LT-Drs. 17/21734, 4.
207 Gesetzesbegründung zu BayStrWG, Gesetzentwurf der Staatsregierung zur Förderung des stationsbasierten Carsharing in Bayern, Bayern LT-Drs. 17/21734, 4.

gen Anbieters in den Straßenraum zugrunde, die dann von den Kunden/Nutzern in Anspruch genommen würden. Unmittelbar Begünstigter sei der Carsharinganbieter, nicht der Nutzer des Fahrzeugs.[208] Diese Erwägungen sind zutreffend und gelten für alle Carsharingkonzessionen in Deutschland.

145 Das **Verfahren** zur Einrichtung von Carsharing-Stationen sei zweistufig nach der Bestimmung von Flächen und einem Erlaubnisverfahren aufgebaut. Die bayerische Vorschrift greife in Art. 18a Abs. 1 S. 1 BayStrWG sowohl § 5 Abs. 1 als auch Abs. 2 CsgG auf. Die Gemeinde habe vorab Flächen zu bestimmen, die sie für geeignet befinde, um für stationsbasiertes Carsharing nutzbar gemacht zu werden. Es handele sich dabei um Flächen auf öffentlichen Straßen, über die die örtlich zuständige Gemeinde jeweils alleine oder mit Zustimmung der Straßenbaubehörde disponieren könne. In der Regel werde es sich dabei um Ortsdurchfahrten von Staats- und Kreisstraßen und um Gemeindestraßen handeln.[209] Die Gemeinden könnten für die vorab bestimmten Flächen Sondernutzungserlaubnisse erteilen. Insoweit handele es sich um eine Modifikation der bestehenden Vorgaben aus Art. 18 BayStrWG. Die Vorgabe zur Durchführung eines diskriminierungsfreien und transparenten Auswahlverfahrens stelle die bereits geltende Rechtslage klar. Eine Abweichung durch **Satzung** sei nicht möglich.[210] Damit werden in anderen Ländern bestehende satzungsrechtliche Möglichkeiten eingeschränkt.

146 Die Erlaubnis sei zwingend zu **befristen**. Aus Gründen der Praktikabilität werde ein Zeitraum von maximal acht Jahren parallel zu § 5 Abs. 2 S. 1 CsgG vorgeschrieben. Die Gemeinden könnten kürzere Zeiträume vorsehen. Die Beschränkung der Verweisung in Art. 18a Abs. 1 S. 4 BayStrWG stelle sicher, dass eine unbefristete, aber widerrufliche Erlaubnis aus Gründen der Rechtssicherheit für Anbieter und Gemeinden nicht in Betracht kommen würde. Durch eine befristete Nutzungsmöglichkeit werde ein wirksamer Wettbewerb sichergestellt. Die Sondernutzungserlaubnis könne über die Verweisung in Art. 18a Abs. 1 S. 3 BayStrWG auf § 5 Abs. 2 S. 4 CsgG flexibel für einzelne, mehrere oder alle der nach Abs. 2 ausgewählten Flächen erteilt werden. Auf diese Weise könnten etwa auch Pakete gebildet werden.[211]

147 Die geplanten Regelungen fügen sich ohne Weiteres in die bestehenden Regelungen ein. Gemäß Art. 18 Abs. 2a S. 1 BayStrWG können für Sondernutzungen **Sondernutzungsgebühren** erhoben werden. Sie stehen in Ortsdurchfahrten den Gemeinden, im Übrigen dem Träger der Straßenbaulast zu. Das Staatsministerium des Innern, für Bau und Verkehr regelt die Erhebung und Höhe der Sondernutzungsgebühren durch Rechtsverordnung, soweit sie dem Freistaat Bayern als Träger der Straßenbaulast zustehen. Die Landkreise und Gemeinden können dies gemäß Art 18 Abs. 2a S. 4 BayStrWG durch Satzung regeln, soweit ihnen die Sondernutzungsgebühren zustehen. Für die Bemessung der Sondernutzungsgebühren sind gemäß Art. 2a S. 5 BayStrWG, § 8 Abs. 3 FStrG Art und Ausmaß der Einwirkung auf die Straße und den Gemeingebrauch sowie das wirtschaftliche Interesse des Gebührenschuldners zu berücksichtigen.

148 Der Erlaubnisnehmer hat dem Träger der Straßenbaulast nach Art. 18 Abs. 3 BayStrWG alle **Kosten** zu ersetzen, die diesem durch die Sondernutzung zusätzlich entstehen. Hierfür kann der Träger der Straßenbaulast angemessene Vorschüsse und Sicherheiten verlangen.

149 Nach Art. 18 Abs. 4 BayStrWG ist der Erlaubnisnehmer verpflichtet, die **Sondernutzungsanlagen** nach den bestehenden gesetzlichen Vorschriften und allgemein anerkannten Regeln der Technik zu errichten und zu unterhalten.

150 Wechselt der **Träger der Straßenbaulast**, so bleibt gemäß Art. 18 Abs. 5 BayStrWG eine nach Art. 18 Absatz 1 BayStrWG erteilte Erlaubnis bestehen. Der Erlaubnisnehmer hat gemäß

---

208 Gesetzesbegründung zu Art. 18a Abs. 1 BayStrWG, Gesetzentwurf der Staatsregierung zur Förderung des stationsbasierten Carsharing in Bayern, Bayern LT-Drs. 17/21734, 5.
209 Gesetzesbegründung zu BayStrWG, Gesetzentwurf der Staatsregierung zur Förderung des stationsbasierten Carsharing in Bayern, Bayern LT-Drs. 17/21734, 4.
210 Gesetzesbegründung zu Art. 18a Abs. 1 BayStrWG, Gesetzentwurf der Staatsregierung zur Förderung des stationsbasierten Carsharing in Bayern, Bayern LT-Drs. 17/21734, 5.
211 Gesetzesbegründung zu Art. 18a Abs. 1 BayStrWG, Gesetzentwurf der Staatsregierung zur Förderung des stationsbasierten Carsharing in Bayern, Bayern LT-Drs. 17/21734, 5.

Art. 18 Abs. 6 BayStrWG bei Sperrung, Änderung, Umstufung oder Einziehung der Straße keinen Ersatzanspruch gegen den Träger der Straßenbaulast.

3. Berlin

In Berlin ist der Gemeingebrauch im BerlStrG geregelt. Das Genehmigungsverfahren für Carsharing-Stellplätze im öffentlichen Straßenraum liegt in Berlin in der Zuständigkeit der Bezirksverwaltungen. Stand 25. November 2017 wurden in Berlin 161 Stellplätze an 103 Standorten für Carsharing ausgewiesen. Schon 2003 hat das OVG Berlin festgehalten, dass die differenzierende Verwaltungspraxis der Berliner Straßenverkehrsbehörde bei der Ausstellung von Bewohnerparkausweisen zwischen privatem und gewerblichem Carsharing rechtlich nicht zu beanstanden sei.[212]

151

Der Berliner Senat billigte am 20.2.2018 den Entwurf für ein bundesweit erstes **Mobilitätsgesetz**.[213] Noch ist das Gesetz nicht vollständig. Es soll noch durch Regelungen speziell für Fußgänger, zu „Intelligenter Mobilität" (Carsharing, autonomes Fahren) sowie um ein Konzept zum Wirtschaftsverkehr ergänzt werden.[214] Neu ist, dass geteilte Mobilität („Sharing") definiert wird. Geteilte Mobilität („Sharing") ist gemäß § 2 Abs. 3 S. 1 Nr. 1 Berliner Mobilitätsgesetz die privat organisierte oder durch Dritte vermittelte Nutzung von Fahrzeugen durch mehrere Personen unterschiedlicher Haushalte, ohne dass durch die nutzenden Personen Eigentumsrechte an dem Fahrzeug erworben werden müssten, und gemäß § 2 Abs. 3 S. 1 Nr. 1 Berliner Mobilitätsgesetz die private oder durch Dritte vermittelte Bildung von Fahrgemeinschaften nicht gewerblicher Art, die für die beförderten Personen unentgeltlich sind oder für die von den beförderten Personen ein Entgelt bis zur Grenze der Betriebskosten der Fahrt im Sinne des § 1 Abs. 2 Nr. 1 PBefG erhoben wird.

152

In Berlin werden Stellplatzflächen für Carsharing im Rahmen der **Teileinziehung** gemäß § 4 BerlStrG zur Verfügung gestellt. Mit der Teileinziehung wird die Benutzung von Stellflächen auf öffentlichem Straßenland nur noch Unternehmen gestattet, die die wechselseitige Nutzung von Kfz unter mehreren Verkehrsteilnehmenden ermöglichen; das können alle oder (schwieriger) einzelne Carsharing-Unternehmen sein. Eine Beschränkung kann wahlweise oder kumulativ auf bestimmte Benutzungsarten, Benutzungszwecke oder Benutzerkreise nach § 3 Abs. 1 S. 2 Berliner Mobilitätsgesetz erfolgen. Im Gegensatz zur Sondernutzung können die so zur Verfügung gestellten Flächen von allen genutzt werden. Kosten im Rahmen der Teileinziehung entstehen nicht.[215] Erforderlich für eine Teileinziehung sind überwiegende Gründe des öffentlichen Wohls. Das kann mit dem CsgG und dem Carsharing-Gedanken bejaht werden. Sie erfolgt als Verwaltungsakt in Form einer Allgemeinverfügung und muss unter Anhörung der Straßenverkehrsbehörde (Bezirke) erfolgen und im Amtsblatt für Berlin bekanntgemacht werden. Weiterhin können Stellplätze als Sondernutzungsart gemäß § 11 BerlStrG zugunsten von einzelnen Antragstellern ausgewiesen werden. Gemäß § 11 Abs. 2 BerlStrG können der Erteilung einer Sondernutzungserlaubnis auch straßenferne öffentliche Interessen wie der Klimaschutz entgegengehalten werden.[216] Nach dieser Rechtsprechung können ohne Weiteres dann Carsharingkonzessionsauswahlverfahren nach dem Berliner Straßengesetz durchgeführt werden.

153

In § 11 BerlStrG ist die **Sondernutzung** nach öffentlichem Recht geregelt. Gemäß § 11 Abs. 1 BerlStrG ist jeder Gebrauch der öffentlichen Straßen, der über den Gemeingebrauch hinausgeht, eine Sondernutzung und bedarf unbeschadet sonstiger Vorschriften der Erlaubnis der Straßenbaubehörde. Das OVG berücksichtigt auch Klimaschutzinteressen und nicht ausschließlich straßenrechtliche Erwägungen bei der Erteilung von Sondernutzungserlaubnis-

154

---

212 OVG Berlin, Urteil v. 21.5.2003 – 1 B 1.02.
213 Entwurf des Berliner Mobilitätsgesetzes zur Vorlage beim Berliner Senat, Stand: 12.12.2017.
214 Abrufbar in beck-online unter becklink 2009122.
215 Abgeordnetenhaus Berlin, Schriftliche Anfrage und Antwort, Car Sharing in Berlin, Berlin LT-Drs. 18/12848.
216 OVG Berlin-Brandenburg, Urteil v. 3.11.2011 – OVG 1 B 65/10.

sen.[217] Das Carsharingmodell soll gemäß § 1 CsgG zum Umwelt- und Klimaschutz beitragen. Im Umkehrschluss zum obengenannten Urteil ergibt sich, dass Sondernutzungserlaubnissen für Carsharingplätze keine Hindernisse im Weg stehen sollten.

155 Die Erlaubnis nach § 11 Abs. 1 BerlStrG soll gemäß § 11 Abs. 2 BerlStrG in der Regel erteilt werden, wenn überwiegende öffentliche Interessen der Sondernutzung nicht entgegenstehen oder ihnen durch Nebenbestimmungen zur Erlaubnis entsprochen werden kann. Die Erlaubnis soll gemäß § 11 Abs. 2 S. 2 BerlStrG versagt werden, wenn **behinderte Menschen** durch die Sondernutzung in der Ausübung des Gemeingebrauchs erheblich beeinträchtigt würden. Dies ist eine Gemeinsamkeit mit der Regelung in § 16 Abs. 1 S. 3 StrG BW und § 8 Abs. 1 S. 5 FStrG. Über die Erlaubnis ist gemäß § 11 Abs. 2 S. 3 BerlStrG, außer in den Fällen des § 11 Abs. 3 BerlStrG, innerhalb eines Monats nach Eingang des vollständigen Antrags bei der zuständigen Behörde zu entscheiden. Kann die Prüfung des Antrags in dieser Zeit nicht abgeschlossen werden, ist die Frist durch Mitteilung an den Antragsteller um einen Monat zu verlängern.

156 Die Erlaubnis gilt gemäß § 11 Abs. 2 S. 5 BerlStrG als widerruflich erteilt, wenn nicht innerhalb der Frist entschieden wird. Diese **Genehmigungsfiktion** in § 11 Abs. 2 S. 5 BerlStrG ist eine Besonderheit. Sie eröffnet wohlgesonnenen bürokratiearmen Verwaltungen/Bezirksämtern Möglichkeiten. Allerdings ist die Frage, welche Antragsunterlagen erforderlich sind, natürlich bei einem neuen Verwaltungsgegenstand noch nicht geregelt. Das könnte man aber auf Behördenebene unterhalb von Rechtsvorschriften in Verwaltungsrichtlinien definieren. Und die fingierte Genehmigung muss dann natürlich auch von der Behörde umgesetzt werden (mit Beschilderung usw.). Das ist also nur dann ein gangbarer Weg, wenn alle Beteiligten an einem Strang ziehen und eine schnelle unbürokratische Lösung gewünscht ist.

157 Die Erlaubnis soll gemäß § 11 Abs. 4 S. 1 BerlStrG entweder unbefristet auf Widerruf oder **befristet**, auch mehrjährig, mit oder ohne Widerrufsvorbehalt erteilt werden. **Bedingungen**, **Auflagen** und Auflagenvorbehalte sind nach § 11 Abs. 4 S. 2 BerlStrG zulässig. Die Erteilung der Erlaubnis kann nach § 11 Abs. 4 S. 3 BerlStrG erforderlichenfalls von der Leistung einer **Sicherheit** abhängig gemacht werden. Die Erlaubnis darf nach § 11 Abs. 4 S. 4 BerlStrG nur mit Zustimmung der Straßenbaubehörde **übertragen** werden.

158 Nach § 11 Abs. 5 S. 1 BerlStrG gilt für den **Widerruf** der Erlaubnis § 11 Abs. 2 BerlStrG entsprechend. Unbeschadet der Vorschriften über den Widerruf von Verwaltungsakten kann die Erlaubnis nach § 11 Abs. 5 S. 2 BerlStrG widerrufen werden, wenn die für die Sondernutzung zu entrichtenden Gebühren trotz Fälligkeit und Mahnung nicht oder nicht vollständig entrichtet werden. Im Falle des Widerrufs sowie bei der Beeinträchtigung der Sondernutzung durch Sperrung oder Änderung der Straße, durch Straßenschäden oder Straßenbaumaßnahmen oder bei Einziehung der Straße hat der Erlaubnisnehmer gemäß § 11 Abs. 5 S. 3 BerlStrG keinen Anspruch auf Entschädigung.

159 Nach Beendigung der Sondernutzung oder Erlöschen der Erlaubnis hat der Erlaubnisnehmer gemäß § 11 Abs. 6 S. 1 BerlStrG unverzüglich etwa vorhandene **Anlagen** zu beseitigen. Der ordnungsgemäße Zustand der Straße wird nach § 11 Abs. 6 S. 2 BerlStrG durch den Träger der Straßenbaulast wiederhergestellt. Die Aufwendungen dafür sind gemäß § 11 Abs. 6 S. 3 BerlStrG von dem Erlaubnisnehmer zu erstatten. Der Erstattungsbetrag ist nach § 11 Abs. 6 S. 4 BerlStrG durch Verwaltungsakt festzusetzen.

160 Der Sondernutzer hat dem Träger der Straßenbaulast gemäß § 11 Abs. 7 BerlStrG die **Kosten** zu erstatten, die diesem durch die Sondernutzung zusätzlich erwachsen. Für Sondernutzungen können gemäß § 11 Abs. 9 BerlStrG **Sondernutzungsgebühren** erhoben werden. Bei ihrer Bemessung sind Art, Umfang und Dauer sowie der wirtschaftliche Vorteil der Sondernutzung zu berücksichtigen.

---

[217] OVG Berlin-Brandenburg, Urteil v. 3.11.2011 – OVG 1 B 65.10, NVwZ-RR 2012, 217: Sondernutzungserlaubnis für einen Heizpilz im Vorgarten einer Gaststätte.

Gemäß § 11 Abs. 10 BerlStrG bleiben bei Sondernutzungen öffentlichen Straßenlandes, das nicht Eigentum Berlins ist, die **Rechte des Eigentümers** unberührt. Dazu gehört auch das Recht, für Sondernutzungen Entgelte erheben zu können.

Bestehende Sondernutzungen unterliegen gemäß § 11 Abs. 12 BerlStrG mit dem Inkrafttreten der Art. I und III Zweites Gesetz zur Rechtsvereinfachung und Entbürokratisierung[218] dem Gebührenrecht des § 11 Abs. 9 BerlStrG in Verbindung mit der Rechtsverordnung nach § 27 Abs. 2 BerlStrG. Bis zum Erlass der die Sondernutzungsgebühren festsetzenden Bescheide, bei befristeten Sondernutzungen bis zum Ablauf der Frist, gelten die auf Grund der bisherigen Rechtslage geschlossenen Entgeltvereinbarungen übergangsweise fort. Bei unwiderruflich oder unbefristet erlaubten Sondernutzungen, für die eine privatrechtliche Entgeltvereinbarung in unveränderbarer Höhe besteht, dürfen Gebührenbescheide die vereinbarte Entgelthöhe nicht überschreiten. Soweit Entgelte für eine Sondernutzung bereits vollständig entrichtet sind (Ablösung), können Gebühren nicht mehr erhoben werden. Mit dem Zweiten Gesetz zur Rechtsvereinfachung und Entbürokratisierung habe der Gesetzgeber die Sondernutzung öffentlichen Straßenlandes für Private erleichtert und eine wirtschaftsfreundlichere Genehmigungspraxis angestoßen.[219]

Widerspruch und Anfechtungsklage eines Dritten gegen eine Sondernutzungserlaubnis haben gemäß § 11 Abs. 13 BerlStrG keine **aufschiebende Wirkung**.

4. Brandenburg

In § 18 BbgStrG ist die **Sondernutzung** geregelt. Diese regelt nach der bisherigen Rechtsprechung allein die über den Gemeingebrauch an der Straße hinausgehende Benutzung.[220] Der gesetzliche Erlaubnisvorbehalt für eine straßen- und wegerechtliche Sondernutzung soll eine Nutzung der betroffenen Straßen und Wege sicherstellen, die den Widmungszweck, insbesondere den Gemeingebrauch, nicht wesentlich beeinträchtigt. Damit dient das präventive Verbot mit Erlaubnisvorbehalt in erster Linie der Sicherheit und Leichtigkeit des Straßenverkehrs, so wie ihn die Widmung der öffentlichen Sache zulässt. Der Erlaubnisvorbehalt erfüllt damit eine Verteilungs- und Ausgleichsfunktion; zeitlich und örtlich gegenläufige Interessen verschiedener Straßenbenutzer sollen ausgeglichen werden.[221]

Die Benutzung der Straße über den Gemeingebrauch hinaus ist gemäß § 18 Abs. 1 S. 1 BbgStrG Sondernutzung. Sie bedarf nach § 18 Abs. 1 S. 2 BbgStrG der **Erlaubnis** der Straßenbaubehörde, in Ortsdurchfahrten der Erlaubnis der Gemeinde. Soweit die Gemeinde nicht Trägerin der Straßenbaulast ist, darf sie gemäß § 18 Abs. 1 S. 3 BbgStrG die Erlaubnis nur mit Zustimmung der Straßenbaubehörde erteilen. Die Gemeinde kann nach § 18 Abs. 1 S. 4 BbgStrG durch Satzung bestimmte Sondernutzungen in den Ortsdurchfahrten und in den Gemeindestraßen von der Erlaubnispflicht befreien und die Ausübung regeln. Soweit die Gemeinde nicht Trägerin der Straßenbaulast ist, bedarf nach § 18 Abs. 1 S. 4 BbgStrG die Satzung der Zustimmung der Straßenbaubehörde. In allen relevanten Fällen liegt die erforderliche Erlaubnis somit gemäß § 18 Abs. 1 i.V.m. § 46 und § 9 BbgStrG in der Zuständigkeit der jeweiligen Kommune.

Über die Erteilung der Erlaubnis nach § 18 Abs. 1 BbgStrg ist nach pflichtgemäßem **Ermessen** zu entscheiden. Soweit die Gemeinde nicht Trägerin der Straßenbaulast ist, hat sie eine widerruflich erteilte Erlaubnis zu widerrufen, wenn die Straßenbaubehörde dies nach pflichtgemäßem Ermessen verlangt. Neben der Sicherheit und Leichtigkeit des Verkehrs im engeren Sinne können nach allgemeiner Auffassung zwar auch sonstige Ordnungsgesichtspunkte in das Ermessen eingestellt werden. Diese müssen jedoch in einem sachlichen Zusammenhang mit der Straße und ihrem Widmungszweck stehen. Als derartige Schutzzwecke werden z.B. die Vermeidung der Verschmutzung und Verschandelung der Straße, der Schutz des Ortsbildes als

---

218 Zweites Gesetz zur Rechtsvereinfachung und Entbürokratisierung vom 14. Dezember 2005, GVBl. S. 754.
219 OVG Berlin-Brandenburg, Urteil v. 3.11.2011 – OVG 1 B 65.10, Rn. 8 und 21, NVwZ-RR 2012, 217: Sondernutzungserlaubnis für einen Heizpilz im Vorgarten einer Gaststätte.
220 OVG Berlin-Brandenburg, Beschluss v. 30.11.2010 – 1 S 107/10.
221 VG Frankfurt (Oder), Urteil v. 17.2.2015 – 1 K 1145/13, juris Rn. 39.

berücksichtigungsfähiger städtebaulicher bzw. baugestalterischer Belang oder der Schutz der Straßenanlieger vor Störungen durch die Benutzung der Straße angesehen. Damit hat die für die Erteilung der Sondernutzungserlaubnis zuständige Behörde nach ganz überwiegender Auffassung, der auch des VG Frankfurt (Oder) folgt, kein „freies Ermessen", das sie zur Berücksichtigung sonstiger – und sei es auch nach Maßgabe anderer Gesetze schutzwürdiger – Belange ermächtigt.[222] Der gegenteiligen Ansicht des OVG Berlin-Brandenburg sei ausdrücklich nicht zu folgen.[223] Nach dieser Rechtsprechung würde das BbgStrG nicht ausreichen, um Carsharingplätze vergeben zu können. Die gegenteilige Auffassung des OVG Berlin, das die Ablehnung der Erteilung einer Sondernutzungserlaubnis unter der Geltung des früheren Berliner Straßengesetzes „aus jedem sachlichen Gesichtspunkt" für zulässig hielt, ist zwar vom OVG Berlin-Brandenburg für Berlin übernommen worden, aber nur unter ausdrücklicher Betonung der besonderen Ausgestaltung des Berliner Landesrechts und der besonderen Verwaltungsstruktur.

167 Gemäß § 18 Abs. 7 BbgStrG werden sonstige nach **öffentlichem Recht** erforderliche Genehmigungen, Erlaubnisse oder Bewilligungen durch die Sondernutzungserlaubnis nicht ersetzt. **Wechselt** der Träger der Straßenbaulast, so bleibt gemäß § 18 Abs. 6 BbgStrG eine nach § 18 Abs. 1 BbgStrG erteilte Erlaubnis bestehen. Die Erlaubnis darf nach § 18 Abs. 2 S. 1 BbgStrG nur **auf Zeit** oder **Widerruf** erteilt werden. Sie kann gemäß § 18 Abs. 2 S. 2 BbgStrG mit **Bedingungen** versehen und mit **Auflagen** verbunden werden.

168 Der Erlaubnisnehmer hat gemäß § 18 Abs. 3 BbgStrG gegen den Träger der Straßenbaulast keinen **Ersatzanspruch** bei Widerruf der Erlaubnis oder bei Sperrung, Änderung oder Einziehung der Straße.

169 Der Erlaubnisnehmer hat **Anlagen** gemäß § 18 Abs. 4 S. 1 BbgStrG so zu errichten und zu unterhalten, dass sie den Anforderungen der Sicherheit und Ordnung sowie den anerkannten Regeln der Technik genügen. Arbeiten an der Straße bedürfen gemäß § 18 Abs. 4 S. 2 BbgStrG der Zustimmung der Straßenbaubehörde. Nach § 18 Abs. 5 BbgStrG hat der Erlaubnisnehmer auf Verlangen der für die Erlaubnis zuständigen Behörde die Anlagen auf seine Kosten zu ändern und alle Kosten zu ersetzen, die dem Träger der Straßenbaulast durch die Sondernutzung entstehen. Hierfür kann der Träger der Straßenbaulast angemessene Vorschüsse und Sicherheiten verlangen. Beim Erlöschen oder beim Widerruf der Erlaubnis sowie bei der Einziehung der Straße hat der Erlaubnisnehmer auf Verlangen der Straßenbaubehörde innerhalb einer angemessenen Frist die Anlagen zu entfernen oder den benutzten Straßenteil in einen ordnungsgemäßen Zustand zu versetzen.

170 Die Erhebung von **Sondernutzungsgebühren** ist nach § 21 BbgStrG ebenfalls in allen relevanten Fällen den Gemeinden übertragen, inkl. der entsprechenden Kompetenz zum Erlass und der Änderung der entsprechenden Gebührensatzung.

5. Bremen

171 Die **Sondernutzung** ist in § 18 BremLStrG geregelt. Gemäß § 18 Abs. 1 S. 1 BremLstrG bedarf der Gebrauch der Straße über den Gemeingebrauch hinaus (Sondernutzung) der Erlaubnis.

172 Die erforderliche **Sondernutzungserlaubnis** liegt nach § 18 Abs. 4 BremLStrG in der Zuständigkeit der Ortspolizeibehörde, mit Zustimmungserfordernissen seitens des Trägers der Straßenbaulast oder des Unterhaltungsverpflichteten gemäß § 18 Abs. 4 S. 3 BremLStrG. Begründet die Sondernutzung eine dauerhafte bauliche Veränderung der Straße, entscheidet die Straßenbaubehörde über die Erteilung der Erlaubnis. Die Erlaubnis ist zu versagen, wenn die Sondernutzung die Sicherheit oder Leichtigkeit des Verkehrs oder straßen- oder städtebauliche oder andere öffentliche Belange beeinträchtigen würde oder ihr Gründe der öffentlichen

---

[222] VG Frankfurt (Oder), Urteil v. 17.2.2015 – 1 K 1145/13, juris Rn. 39 f.
[223] VG Frankfurt (Oder), Urteil v. 17.2.2015 – 1 K 1145/13, juris Rn. 39, 41 mit Hinweis auf OVG Berlin, Urteil v. 23.9.1987 – 1 B 81.86; Beschluss v. 23.5.1991 – 1 B 49.90; Beschluss v. 16.8.2000 – OVG 1 S 5.00; OVG Berlin-Brandenburg, Urteil v. 3.11.2011 – OVG 1 B 65.1.

Sicherheit oder Ordnung entgegenstehen. Versagungsgründe für die Sondernutzungserlaubnis können sich insbesondere aus Erwägungen der Sicherheit und Leichtigkeit des Verkehrs, aus straßenbaulichen oder städtebaulichen Belangen oder anderen öffentlichen Belangen sowie aus Gründen der öffentlichen Sicherheit und Ordnung ergeben.[224] Die Gemeinden haben das Recht, bestimmte Sondernutzungen von der Erlaubnispflicht zu befreien und ihre Ausübung zu regeln; dies jeweils durch Ortsgesetz gemäß § 18 Abs. 9 BremLStrG.

Eine Erlaubnis soll gemäß § 18 Abs. 1 S. 2 BremLStrG nicht erteilt werden, wenn **behinderte Menschen** durch die Sondernutzung in der Ausübung des Gemeingebrauchs erheblich beeinträchtigt werden. Dies ist eine Gemeinsamkeit mit § 11 Abs. 2 S. 2 BerlStrG, § 16 Abs. 1 S. 3 StrG BW und § 8 Abs. 1 S. 5 FStrG. Wenn eine Ausschreibung stattgefunden hat, sind nach Auffassung des VG Bremen Ausschließlichkeitsklauseln möglich.[225] **173**

Wechselt der Träger der Straßenbaulast gemäß § 18 Abs. 7 BremLStrG, so bleibt eine gemäß § 18 Abs. 1 BremLStrG erteilte Erlaubnis bestehen. Die Erlaubnis kann gemäß § 18 Abs. 4 S. 2 BremLStrG unter **Bedingungen** und mit **Auflagen** erteilt werden. **174**

Bremen plant auch ein Landes-**Carsharinggesetz**.[226] Nachdem der Bund mit dem Carsharinggesetz erstmals eine klare Rechtsgrundlage dafür geschaffen habe, dass Carsharinganbietern Stellflächen in den Ortsdurchfahrten der Bundesstraßen zur Verfügung gestellt werden könnten, erweitere dieser Gesetzentwurf das stationsbasierte Carsharing auf das nachgeordnete Straßennetz im Land Bremen. Carsharinganbietern mit stationsbasierten Angeboten könnten dann öffentliche Stellflächen im kommunalen Netz als Abhol- und Rückgabeflächen für Carsharingfahrzeuge zur Sondernutzung zur Verfügung gestellt werden.[227] Gemäß § 3 Abs. 8 BremLCsgG-E hat der ausgewählte Carsharinganbieter auf der Stellfläche dauerhaft ein Carsharingfahrzeug zur Nutzung anzubieten (Betriebspflicht). Kommt er dieser Betriebspflicht nicht nach, können die ihm von der Gemeinde erteilten Sondernutzungserlaubnisse widerrufen werden. Mit dieser Auflage einer Betriebspflicht, die es so im CsgG nicht gibt, setzt Bremen ein Kriterium fest, unter dem eine Sondernutzungserlaubnis widerrufen werden kann. Das Landes-Carsharinggesetz entspricht im Wesentlichen den Regelungen des CsgG, sodass auf die allgemeinen Ausführungen zum CsgG verwiesen werden kann. Bremen konkretisiert also die Sondernutzungsregelung des CsgG im BremLCsgG. **175**

Nach § 18 Abs. 5 S. 1 BremLStrG hat der Erlaubnisnehmer dem Träger der Straßenbaulast alle **Kosten** zu ersetzen, die diesem durch die Sondernutzung zusätzlich entstehen. Hierfür können gemäß § 18 Abs. 5 S. 2 BremLStrG angemessene Vorschüsse und Sicherheiten verlangt werden. **176**

Der Erlaubnisnehmer ist gemäß § 18 Abs. 6 S. 1 BremLStrG verpflichtet, die mit der Sondernutzung verbundenen **Anlagen** nach den gesetzlichen Vorschriften und den anerkannten Regeln der Technik zu errichten und zu unterhalten. Er hat nach § 18 Abs. 6 S. 2 BremLStrG auf Verlangen die Anlagen auf seine Kosten zu ändern. **177**

Bei Widerruf der Erlaubnis oder bei Sperrung, Änderung oder Entwidmung der Straße steht dem Erlaubnisnehmer gemäß § 18 Abs. 8 BremLStrG kein **Ersatzanspruch** gegen den Träger der Straßenbaulast zu. **178**

Die Erhebung eines **finanziellen Ausgleichs** nach § 18 Abs. 10 BremLStrG ist durch die Gemeinden möglich, nach dem BremGebBeitrG. Hier müssten entsprechende Regelungen für die Gebühren getroffen werden, die nach dem wirtschaftlichen Wert der Sondernutzung bemessen werden sollen, § 18 Abs. 10 BremLStrG. **179**

---

224 VG Bremen, Urteil v. 1.9.2016 – 5 K 2508/15.
225 VG Bremen, Urteil v. 18.3.2015 – 1 K 480/11, juris Rn. 29.
226 Entwurf (Stand: 27.2.2018) eines Landes-Carsharinggesetzes (BremLCsgG).
227 Entwurf (Stand: 27.2.2018) eines Landes-Carsharinggesetzes (BremLCsgG), 8.

6. Hamburg

180 Die **Sondernutzung** ist in § 19 HWG geregelt. Gemäß § 19 Abs. 1 S. 2 HWG bedarf sie der Erlaubnis der Wegeaufsichtsbehörde. Ein Anspruch auf die Erlaubnis oder auf eine erneute Erteilung der Erlaubnis besteht nicht. Die über den Gemeingebrauch im Sinne des § 7 Abs. 1 FStrG hinausgehende Benutzung der Straße wird vom Bundesgesetzgeber nicht geregelt. Nach einhelliger Auffassung der Rechtsprechung und der Kommentare zu Art. 74 Nr. 22 GG ist es allein dem Landesgesetzgeber vorbehalten zu bestimmen, in welchem Umfang er die über den Gemeingebrauch hinausgehende Benutzung einer Straße als Sondernutzung zulassen will.[228]

181 Nach § 19 Abs. 1 S. 4 HWG kann die **Sondernutzungserlaubnis** erteilt werden, wenn erstens die Sicherheit des Verkehrs nicht eingeschränkt und die Leichtigkeit des Verkehrs nicht unverhältnismäßig beeinträchtigt wird, zweitens der Gemeingebrauch entweder nicht unverhältnismäßig eingeschränkt oder nicht für unverhältnismäßige Dauer ausgeschlossen wird und drittens insbesondere Wegebestandteile, Maßnahmen der Wegebaulast, die Umgebung oder die Umwelt, städtebauliche oder sonstige öffentliche Belange einschließlich der Erzielung von öffentlichen Einnahmen auf Grund der Wegenutzung und die öffentlichen oder privaten Rechte Dritter nicht unverhältnismäßig beeinträchtigt werden. Die zuständige Behörde kann die Erteilung einer Sondernutzungserlaubnis mit der Begründung ablehnen, das Aufstellen von Warenauslagen wirke sich negativ auf das Erscheinungsbild der erneuerten Elbpromenade aus. Sie hat sich damit auf städtebauliche bzw. stadtgestalterische Gründe berufen. Dies ist ihr nach § 19 Abs. 1 S. 4 Nr. 3 HWG ausdrücklich gestattet.[229] Nach dieser Rechtsprechung können weitere Erwägungen (über rein straßenrechtliche Punkte) in die Ermessensentscheidung aufgenommen werden. Ein gesondertes Carsharinggesetz für Hamburg wäre mithin nicht notwendig.

182 Der Senat hat das Recht, durch Rechtsverordnung zu bestimmen, dass Sondernutzungen allgemein oder in bestimmten Teilen Hamburgs **erlaubnisfrei** sind, § 19 Abs. 7 HWG. Das Verfahren zur Erlaubnis von Sondernutzungen kann nach § 19 Abs. 2a HWG i.V.m. §§ 71a bis 71e HmbVwVfG über den Einheitlichen Ansprechpartner Hamburg abgewickelt werden.

183 Die Erhebung von **Sondernutzungsgebühren** ist nach dem GebG i.V.m. der dazu erlassenen Gebührenverordnung gemäß § 19 Abs. 3 HWG möglich, ebenso die Vereinbarung eines Entgelts im Fall eines öffentlich-rechtlichen Vertrags.

184 Die Erlaubnis darf gemäß § 19 Abs. 4 HWG auch **widerrufen** werden, wenn die für die Sondernutzungen zu entrichtenden Gebühren trotz Fälligkeit und Mahnung nicht oder nicht vollständig entrichtet werden.

185 Der Senat oder die Wegebehörde mit Zustimmung des Senats können gemäß § 19 Abs. 5 HWG die Sondernutzung auch durch **öffentlich-rechtlichen Vertrag** regeln.

186 Nach § 19 Abs. 6 HWG kann die Umlegungsstelle bei **Umlegungen** nach den Vorschriften des Kapitel 1 Teil 4 BauGB mit Zustimmung des Senats oder der von ihm bestimmten Behörde Sondernutzungen einräumen und dabei von den Bestimmungen der § 19 Abs. 2 bis 4 HWG abweichen, soweit dies für die planungsgemäße Nutzung geboten ist.

7. Hessen

187 Die erforderliche **Sondernutzungserlaubnis** liegt nach § 16 Abs. 1 HStrG in der Zuständigkeit der Straßenbaubehörde (= für Gemeinden der Gemeindevorstand, § 46 Abs. 3 HStrG).[230] Das Entscheidungsprogramm bei der Erteilung einer Sondernutzungserlaubnis nach § 16 HStrG umfasst nur straßenrechtliche Belange, nicht dagegen sonstige Auswirkungen der Son-

---

[228] OVG Hamburg, Beschluss v. 6.2.2017 – 5 Bf 163/16.
[229] VG Hamburg, Urteil v. 12.10.2016 – 17 K 1105/16.
[230] Vgl. für Taxiplätze *Wüstenberg*, KommJur 2016, 289.

dernutzung. Das VG Gießen schließt sich ausdrücklich der Rechtsprechung des BayVGH an.[231] Nach dieser Rechtsprechung wäre für Hessen ein gesondertes Carsharinggesetz notwendig.

188 Das in § 16 Abs. 1 S. 1 i.V.m. § 14 HStrG vorgegebene Entscheidungsprogramm der Straßenbaubehörde, das der Erteilung einer **Sondernutzungserlaubnis** zugrunde liegt, stellt auf eine Benutzung der Straßenverkehrsfläche ab, die nicht mehr gemeingebräuchlich ist, weil sie nicht vorwiegend zu Zwecken des Verkehrs erfolgt. Da der Straße als Verkehrsfläche eine wichtige Mittlerfunktion zukommt, soll die Behörde durch das in § 16 Abs. 1 S. 1 HStrG enthaltene Verbot mit Erlaubnisvorbehalt in die Lage versetzt werden zu prüfen, ob und gegebenenfalls inwieweit eine abweichende Nutzung der Verkehrsfläche noch mit den Belangen des Straßenrechts vereinbar ist. Es geht also um die Frage, ob die straßenfremde Nutzung mit den Belangen der Sicherheit und Leichtigkeit der Verkehrsteilnehmer vereinbar und insoweit gemeinverträglich ist. Im Entscheidungsprogramm nicht enthalten ist das Interesse des Anliegers, etwaig vorhandene öffentliche oder private Stellplätze aufrechtzuerhalten, da Schutzzweck der Norm allein das öffentliche Interesse an einem störungsfreien Verkehr ist.[232] Die Grenze des Entscheidungsprogramms der Sondernutzungserlaubnis liegt ferner dort, wo es nicht mehr um die Nutzung der Straßenverkehrsfläche geht, sondern um die Nutzung der auf ihr aufgestellten oder in sonstiger Weise aufgebrachten Anlagen oder Sachen gestritten wird. Die Nutzung solcher Anlagen oder Sachen interessiert unter dem Blickwinkel des Rechts der Sondernutzungserlaubnis nur, soweit es um die Auswirkungen dieser Nutzung auf die konkrete Straßenverkehrsfläche und die Verkehrsteilnehmer geht. Unmittelbare oder mittelbare Auswirkungen der im Rahmen der erteilten Sondernutzungserlaubnis auf der Straße aufgestellten Gegenstände, namentlich durch diese hervorgerufene Immissionen, die Anlieger oder sonstige Dritte belästigen oder schädigen können, sind vielmehr nach dem insoweit geltenden Fachrecht zu beurteilen und mit den dort gegebenen Rechtsbehelfen abzuwehren.[233]

189 **Wechselt** der Träger der Straßenbaulast, so bleibt gemäß § 16 Abs. 5 HStrG eine gemäß § 16 Abs. 1 HStrG erteilte Erlaubnis bestehen. Die Erlaubnis darf nur **auf Zeit** oder auf **Widerruf** erteilt werden. **Bedingungen** und **Auflagen** für die Erlaubniserteilung sind nach § 16 Abs. 2 S. 2 HStrG zulässig. Eine auf Zeit erteilte Erlaubnis kann nach § 16 Abs. 2 S. 3 HStrG widerrufen werden, wenn es das Wohl der Allgemeinheit erfordert.

190 Gemäß § 16 Abs. 1 HStrG soll die Erlaubnis nicht erteilt werden, wenn **behinderte Menschen** durch die Sondernutzung in der Ausübung des Gemeingebrauchs erheblich beeinträchtigt würden. Die gleiche Auflage findet man auch in § 11 Abs. 2 S. 2 BerlStrG, § 16 Abs. 1 S. 3 StrG BW, § 18 Abs. 1 S. 2 BremLStrG und § 8 Abs. 1 S. 5 FStrG.

191 Der Erlaubnisnehmer hat dem Träger der Straßenbaulast gemäß § 16 Abs. 3 HStrG alle **Kosten** zu ersetzen, die diesem durch die Sondernutzung zusätzlich entstehen. Hierfür kann der Träger der Straßenbaulast angemessene Vorschüsse und Sicherheiten verlangen.

192 Bauliche **Anlagen** auf den Sondernutzungsflächen sind zulässig, was sich aus § 16 Abs. 4 HStrG ergibt, weil dort die Zulässigkeit der Errichtung, die Anforderungen und die Zustimmungspflicht der Straßenbaubehörde für Arbeiten an der Straße geregelt sind.

193 Der Erlaubnisnehmer hat gemäß § 16 Abs. 6 HStrG keinen **Ersatzanspruch** bei Widerruf der Sondernutzungserlaubnis oder bei Sperrung, Änderung oder Einziehung der öffentlichen Straße.

8. Mecklenburg-Vorpommern

194 In § 22 StrWG-MV ist die Sondernutzung geregelt. Die Sondernutzung bedarf nach §§ 22 Abs. 1, 14 StrWG-MV der **Erlaubnis** des Trägers der Straßenbaulast, also der jeweiligen Kommune. Die Einbeziehung anderer Sachmaterien in die Regelungen einer Satzung nach § 24

---

231 VG Gießen, Beschluss v. 27.1.2014 – 4 L 2766/13, mit Hinweis auf BayVGH, Urteil v. 23.7.2009 – 8 B 08.3282 (zu Art. 18 BayStrWG), bestätigt durch BVerwG, Beschluss v. 20.4.2010 – 3 B 80/09, nachgehend BVerfG, Beschluss v. 26.5.2011 – 1 BvR 1452/10.
232 VG Gießen, Beschluss v. 27.1.2014 – 4 L 2766/1.
233 VG Gießen, Beschluss v. 27.1.2014 – 4 L 2766/1.

Abs. 1 StrWG-MV ist unzulässig, wenn diese keinen straßenrechtlichen Bezug aufweisen.[234] Die nach dem Landesrecht Mecklenburg-Vorpommerns zuständige Behörde darf eine solche Erlaubnis bisher nur aus spezifisch straßenrechtlichen Erwägungen versagen. Das Erlaubnisverfahren soll nur sicherstellen, dass von vornherein für die Ordnung der Benutzung der Straße erkennbare Störungen verhindert oder in zumutbaren Grenzen gehalten werden und bei der Kollision von Rechtsgütern verschiedener Rechtsträger ein Interessenausgleich geschaffen wird.[235] Bei einer engen Interpretation dieser Rechtsprechung wäre eine gesonderte gesetzliche Regelung entgegen der hier vertretenen Ansicht bei der Ausweisung von Carsharingplätzen notwendig.[236]

195 Der Straßenbaulastträger ist bei der Ausübung seines **Ermessens** hinsichtlich der Vergabe von Sondernutzungserlaubnissen ausschließlich auf solche Ordnungskriterien beschränkt, die in einem sachlichen Zusammenhang mit der Straße stehen, also z.B. auf verkehrliche Gesichtspunkte oder den Schutz des Straßenbildes vor Verschandelung und Verschmutzung.[237] Neben der Wahrung der Sicherheit und Leichtigkeit des Verkehrs sowie eines einwandfreien Straßenzustandes seien darüber hinaus alle Ermessensgesichtspunkte von Bedeutung, die einen sachlichen Bezug zur Straße, ihrem Umfeld, ihrer Funktion oder ihrem Widmungszweck haben, um so dem öffentlich-rechtlichen Bedürfnis Rechnung zu tragen, zeitlich und örtlich gegenläufige Interessen verschiedener Straßenbenutzer auszugleichen. Allerdings können auch städteplanerische und baupflegerische Belange in die Ermessenserwägungen einbezogen werden.[238] Würde diese Rechtsprechung eng interpretiert werden, könnte – entgegen der hier vertretenen Ansicht[239] – eine gesonderte landesrechtliche Regelung notwendig sein.

196 Für die Erlaubnis können nach § 22 Abs. 1 S. 3 StrWG-MV **Bedingungen** und **Auflagen** festgesetzt werden. Sonstige nach **öffentlichem Recht** erforderliche Genehmigungen, Erlaubnisse oder Bewilligungen werden durch die Sondernutzungserlaubnis gemäß § 22 Abs. 4 StrWG-MV nicht ersetzt. Durch den **Wechsel** des Trägers der Straßenbaulast wird gemäß § 22 Abs. 5 StrWG-MV eine nach § 22 Abs. 1 StrWG-MV erteilte Erlaubnis nicht berührt.

197 Der Erlaubnisnehmer hat dem Träger der Straßenbaulast gemäß § 22 Abs. 2 S. 1 StrWG-MV alle **Kosten** zu ersetzen, die diesem durch die Sondernutzung zusätzlich entstehen. Hierfür kann der Träger der Straßenbaulast nach § 22 Abs. 2 S. 2 StrWG-MV angemessene Vorschüsse und Sicherheiten verlangen.

198 Gemäß § 22 Abs. 3 S. 1 StrWG-MV ist der Erlaubnisnehmer verpflichtet, mit der Sondernutzung verbundene **Anlagen** nach den gesetzlichen Vorschriften und anerkannten Regeln der Technik zu errichten und zu unterhalten. Beim Erlöschen oder beim Widerruf der Erlaubnis sowie bei der Einziehung der Straße hat der Erlaubnisnehmer auf Verlangen des Trägers der Straßenbaulast nach § 22 Abs. 3 S. 2 StrWG-MV innerhalb einer angemessenen Frist die Anlagen auf seine Kosten zu entfernen und den benutzten Straßenteil in einen ordnungsgemäßen Zustand zu versetzen.

199 Nach § 22 Abs. 6 StrWG-MV hat der Erlaubnisnehmer gegen den Träger der Straßenbaulast keinen **Ersatzanspruch** bei Widerruf oder bei Sperrung, Änderung oder Einziehung der Straße.

200 Gemäß § 28 Abs. 1 und 2 StrWG-MV können für die Sondernutzungen **Gebühren** erhoben werden, die der Gemeinde zustehen. Die Gemeinden und Landkreise regeln gemäß § 28 Abs. 4 StrWG-MV die Erhebung von Sondernutzungsgebühren durch Satzung. Hier müssten entsprechende Regelungen für die Gebühren getroffen werden, die nach Art und Ausmaß der Einwirkung auf die Straße und dem wirtschaftlichen Interesse des Nutzungsberechtigten bemessen werden müssen, § 28 Abs. 4 StrWG-MV, § 8 Abs. 3 FStrG.

---

234 OVG Greifswald, Urteil v. 7.3.2017 – 1 K 17/14, juris Rn. 20.
235 OVG Greifswald, Urteil v. 7.3.2017 – 1 K 17/14, juris Rn. 20; Beschluss v. 29.9.2016 – 1 M 435/16.
236 Siehe oben Rn. 15 ff.
237 OVG Greifswald, Urteil v. 7.3.2017 – 1 K 17/14, juris Rn. 16; VG Greifswald, Urteil v. 6.4.2017 – 6 A 1245/14.
238 VG Greifswald, Urteil v. 6.4.2017 – 6 A 1245/14.
239 Siehe oben Rn. 15 ff.

9. Niedersachsen

Die erforderliche **Sondernutzungserlaubnis** liegt nach den §§ 18 Abs. 1, 48 NStrG in der Zuständigkeit der jeweiligen Kommune als Trägerin der Straßenbaulast. Gemäß § 18 Abs. 1 S. 4 NStrG kann die Gemeinde durch Satzung bestimmte Sondernutzungen in den Ortsdurchfahrten und in Gemeindestraßen von der Erlaubnis befreien und die Ausübung regeln. Vom Gemeingebrauch abzugrenzen ist der Sondergebrauch, der insbesondere verkehrsfremde Nutzungen der Straße meint (vgl. § 14 Abs. 1 S. 3 NStrG) und nach § 18 NStrG erlaubnispflichtig ist. Spezielle Regelungen für den Anliegergebrauch, der nicht jedermann i.S.v. § 14 Abs. 1 S. 1 NStrG zusteht, sondern nur dem Straßenanlieger spezifische Rechte im Zusammenhang mit der Nutzung seines Grundstücks eröffnet und die gerade nicht jeder Straßennutzer für sich in Anspruch nehmen kann, fehlen im Niedersächsischen Straßengesetz weitgehend.[240] Nach dieser Rechtsprechung wäre ein gesondertes Carsharinggesetz nicht notwendig, auch wenn das VG Göttingen auf die strenge Rechtsprechung des BayVGH verweist, was den Erlass eines Landesgesetzes notwendig machen würde.[241]

201

Es besteht kein Rechtsanspruch auf die Auszeichnung von Carsharingflächen im öffentlichen Straßenraum. Vielmehr steht die Erteilung der Sondernutzungserlaubnis nach § 18 Abs. 1 S. 2 NStrG im pflichtgemäßen **Ermessen** der Behörde, wie sich schon daraus ergibt, dass § 18 Abs. 1 S. 2 NStrG den Träger der Straßenbaulast zu ihrer Erteilung berechtigt, aber nicht verpflichtet. Die verwaltungsgerichtliche Kontrolle beschränkt sich daher auf die Prüfung, ob die Ablehnung der Sondernutzungserlaubnis rechtswidrig war, weil die gesetzlichen Grenzen des Ermessens überschritten sind oder von dem Ermessen in einer dem Zweck der Ermächtigung nicht entsprechenden Weise Gebrauch gemacht worden ist (§ 114 S. 1 VwGO).[242]

202

Die Erlaubnis kann nach § 18 Abs. 2 NStrG mit **Bedingungen** und **Auflagen** verbunden werden. Das der Behörde bei der Erteilung von Sondernutzungserlaubnissen eingeräumte Ermessen ist entsprechend dem Zweck des § 18 Abs. 1 NStrG auszuüben (§ 40 VwVfG). Das dort geregelte präventive Verbot mit Erlaubnisvorbehalt dient dazu, der Behörde bei der Entscheidung über die Zulassung der beantragten Sondernutzung einen Ausgleich der gegenläufigen Interessen der verschiedenen Straßennutzer und Anlieger zu ermöglichen.[243]

203

Der Erlaubnisnehmer hat gemäß § 18 Abs. 3 NStrG bei Widerruf der Erlaubnis oder bei Sperrung, Änderung oder Einziehung der Straße keinen **Ersatzanspruch** gegen den Träger der Straßenbaulast.

204

Nach § 18 Abs. 4 NStrG hat der Erlaubnisnehmer **Anlagen** so zu errichten und zu unterhalten, dass sie den Anforderungen der Sicherheit und Ordnung sowie den anerkannten Regeln der Technik genügen. Arbeiten an der Straße bedürfen der Zustimmung des Trägers der Straßenbaulast. Der Erlaubnisnehmer hat auf Verlangen der für die Erlaubnis zuständigen Behörde gemäß § 18 Abs. 4 S. 3 NStrG die Anlagen auf seine Kosten zu ändern und alle Kosten zu ersetzen, die dem Träger der Straßenbaulast durch die Sondernutzung entstehen. Hierfür kann der Träger der Straßenbaulast angemessene Vorschüsse und Sicherheiten verlangen.

205

Sonstige nach **öffentlichem Recht** erforderliche Genehmigungen, Erlaubnisse oder Bewilligungen werden gemäß § 18 Abs. 5 NStrG durch die Sondernutzungserlaubnis nicht ersetzt.

206

Die Erhebung von **Sondernutzungsgebühren** ist nach § 21 S. 1 NStrG zulässig, die entsprechende Kompetenz der Gemeinden zum Erlass der entsprechenden Gebührensatzung regelt § 21 S. 4 NStrG. Hier müssten entsprechende Regelungen für die Gebühren getroffen werden, die nach Art und Ausmaß der Einwirkung auf die Straße bemessen werden müssen (§ 21 S. 6 NStrG); das wirtschaftliche Interesse des Nutzungsberechtigten kann gemäß § 21 S. 6 NStrG, § 8 Abs. 3 FStrG berücksichtigt werden.

207

---

[240] OVG Lüneburg, Urteil v. 18.7.2012 – 7 LB 29/11.
[241] VG Göttingen, Urteil v. 26.6.2014 – 1 A 126/13, juris Rn. 13, mit Hinweis auf BayVGH, Urteil v. 23.7.2009 – 8 B 08.3282, Rn. 35 ff.
[242] OVG Lüneburg, Urteil v. 20.7.2017 – 7 LB 58/16 (für Alttextilcontainer).
[243] OVG Lüneburg, Urteil v. 20.7.2017 – 7 LB 58/16.

10. Nordrhein-Westfalen

208 Rechtsgrundlage für die Erteilung von Sondernutzungserlaubnissen ist § 18 Abs. 1 S. 2 StrWG NRW. Danach bedarf die Benutzung öffentlicher Straßen über den Gemeingebrauch hinaus (**Sondernutzung**) der Erlaubnis der Straßenbaubehörde.[244] Die erforderliche Erlaubnis liegt nach §§ 18 Abs. 1, 56 StrWG NRW in der Zuständigkeit der jeweiligen Kommune als Straßenbaubehörde. Soweit die Gemeinde nicht Träger der Straßenbaulast ist, darf sie die Erlaubnis nur mit Zustimmung der Straßenbaubehörde erteilen. Das Sondernutzungserlaubnisrecht ist nach ständiger Rechtsprechung des OVG Nordrhein-Westfalen im Grundsatz wirtschafts- und wettbewerbsneutral.[245]

209 Entsprechend dem Zweck des § 18 Abs. 2 StrWG NRW hat sich die behördliche **Ermessensausübung** an Gründen zu orientieren, die einen sachlichen Bezug zur Straße haben. Zu diesen Gründen zählen insbesondere ein einwandfreier Straßenzustand (Schutz des Straßengrundes und des Zubehörs), die Sicherheit und Leichtigkeit des Verkehrs, der Ausgleich zeitlich und örtlich gegenläufiger Interessen verschiedener Straßenbenutzer und Straßenanlieger (etwa Schutz vor Abgasen, Lärm oder sonstigen Störungen) oder Belange des Straßen- und Stadtbildes, d.h. baugestalterische oder städtebauliche Vorstellungen mit Bezug zur Straße (Vermeidung einer „Übermöblierung" des öffentlichen Straßenraumes, Schutz eines bestimmten Straßen- oder Platzbildes und Ähnliches).[246] Nach dieser Rechtsprechung können auch über rein straßenrechtlichen Erwägungen hinausgehende Gründe für die Erteilung einer Sondernutzungserlaubnis herangezogen werden. Danach könnten Carsharingkonzessionen auf Grund der bestehenden Rechtslage erteilt werden.

210 Eine Erlaubnis soll gemäß § 18 Abs. 1 S. 2 StrWG NRW nicht erteilt werden, wenn **Menschen mit Behinderung** durch die Sondernutzung in der Ausübung des Gemeingebrauchs erheblich beeinträchtigt werden. Diese Auflage sehen auch § 11 Abs. 2 S. 2 BerlStrG, § 16 Abs. 1 S. 3 StrG BW, § 18 Abs. 1 S. 2 BremLStrG, § 16 Abs. 1 S. 2 HStrG und § 8 Abs. 1 S. 5 FStrG vor.

211 Auch (bauliche) **Anlagen** auf den Sondernutzungsflächen sind zulässig, was sich aus § 18 Abs. 3 StrWG NRW ergibt, weil dort die Zulässigkeit der Errichtung, die Anforderungen, Zustimmungs- und Kostentragungspflichten u.a. geregelt sind. Nach § 18 Abs. 4 StrWG NRW ist der Erlaubnisnehmer verpflichtet, die mit der Sondernutzung verbundenen Anlagen nach den bestehenden gesetzlichen Vorschriften und anerkannten Regeln der Technik zu errichten und zu unterhalten. Arbeiten an der Straße bedürfen der Zustimmung der Straßenbaubehörde. Beim Erlöschen oder beim Widerruf der Erlaubnis sowie bei der Einziehung der Straße hat der Erlaubnisnehmer auf Verlangen der Straßenbaubehörde innerhalb einer angemessenen Frist die Anlagen zu entfernen und den benutzten Straßenteil in einen ordnungsgemäßen Zustand zu versetzen.

212 **Wechselt** der Träger der Straßenbaulast, so bleibt gemäß § 18 Abs. 5 StrWG NRW eine nach § 18 Abs. 1 StrWG erteilte Erlaubnis bestehen.

213 Der Erlaubnisnehmer hat gemäß § 18 Abs. 6 StrWG NRW gegen den Träger der Straßenbaulast keinen **Ersatzanspruch** bei Widerruf der Erlaubnis oder bei Sperrung, Änderung oder Einziehung der Straße.

214 Sonstige nach **öffentlichem Recht** erforderliche Genehmigungen, Erlaubnisse oder Bewilligungen werden gemäß § 18 Abs. 7 StrWG NRW durch die Sondernutzungserlaubnis nicht ersetzt.

215 Die Erhebung von **Sondernutzungsgebühren** ist nach § 19a Abs. 1 StrWG NRW zulässig, die entsprechende Kompetenz der Gemeinden zum Erlass der entsprechenden Gebührensatzung regelt § 19a Abs. 2 StrWG NRW. Hier müssten entsprechende Regelungen für die Ge-

---

[244] OVG Münster, Urteil v. 8.12.2017 – 11 A 566/13, juris Rn. 37; VG Köln, Urteil v. 16.12.2016 – 18 K 1752/15, juris Rn. 36.
[245] OVG Münster, Beschluss v. 1.7.2014 – 11 A 1081/12; Urteil v. 7.4.2017 – 11 A 2068/14.
[246] OVG Münster, Urteil v. 7.4.2017 – 11 A 2068/14.

bühren getroffen werden, die nach Art und Ausmaß der Einwirkung auf die Straße und dem wirtschaftlichen Interesse des Gebührenschuldners gemäß § 19a Abs. 2 StrWG NRW, § 8 Abs. 3 FStrG bemessen werden müssen.

11. Rheinland-Pfalz

In Rheinland-Pfalz liegt die erforderliche Erlaubnis nach § 41 Abs. 1 und § 49 LStrG in der Zuständigkeit der jeweiligen Kommune als Straßenbaubehörde. Sie entscheidet darüber gemäß § 41 Abs. 1 S. 2 LStrG im Benehmen mit dem Träger der Straßenbaulast. Eine **Sondernutzung** liegt immer dann vor, wenn der Rahmen des Gemeingebrauchs überschritten wird. Der Gemeingebrauch umfasst die Nutzung der öffentlichen Straße zum Verkehr im weitesten Sinne. Wird die Straße nicht zum Verkehr, sondern zu gewerblichen Zwecken genutzt, liegt eine Sondernutzung vor.[247] Bei der Entscheidung über die Erteilung einer Sondernutzungserlaubnis darf neben wegerechtlichen Belangen im engeren Sinne auch auf andere Gesichtspunkte abgestellt werden, sofern sie mit der Straße und ihrem Widmungszweck (noch) in einem hinreichend engen sachlichen Zusammenhang stehen.[248] Nach dieser Rechtsprechung können auch über rein straßenrechtlichen Erwägungen hinausgehende Gründe für die Erteilung einer Sondernutzungserlaubnis herangezogen werden. Danach könnten Carsharingkonzessionen auf Grund der bestehenden Rechtslage erteilt werden. 216

Die Erlaubnis soll gemäß § 41 Abs. 2 S. 2 LStrG nicht erteilt werden, wenn **Kinder**, **Personen mit Kleinkindern** oder **behinderte** oder **alte Menschen** durch die Sondernutzung in der Ausübung des Gemeingebrauchs erheblich beeinträchtigt würden. Diese Auflage sehen auch § 11 Abs. 2 S. 2 BerlStrG, § 16 Abs. 1 S. 3 StrG BW, § 18 Abs. 1 S. 2 BremLStrG, § 16 Abs. 1 S. 2 HStrG, § 18 Abs. 1 S. 2 StrWG NRW und § 8 Abs. 1 S. 5 FStrG vor. 217

Wechselt der Träger der Straßenbaulast, so bleibt gemäß § 41 Abs. 5 LStrG eine gemäß § 41 Abs. 1 LStrG erteilte Erlaubnis bestehen. 218

Der Erlaubnisnehmer hat dem Träger der Straßenbaulast gemäß § 41 Abs. 3 S. 1 LStrG alle **Kosten** zu ersetzen, die diesem durch die Sondernutzung entstehen. 219

Nach § 41 Abs. 4 LStrG hat der Erlaubnisnehmer die in Ausübung der Sondernutzung herzustellenden **Anlagen** so zu errichten und zu unterhalten, dass sie den gesetzlichen Vorschriften, den Anforderungen der Sicherheit und Ordnung sowie den anerkannten Regeln der Technik genügen. Er hat nach § 41 Abs. 3 S. 2 LStrG auf Verlangen der Straßenbaubehörde die Anlagen auf seine Kosten zu ändern. 220

Der Erlaubnisnehmer hat, wenn die Erlaubnis auf Widerruf erteilt ist, gegen den Träger der Straßenbaulast keinen **Ersatz-** oder **Entschädigungsanspruch** gemäß § 41 Abs. 6 LStrG bei Widerruf der Erlaubnis oder bei Sperrung, Änderung oder Einziehung der Straße. 221

Die Erhebung von **Sondernutzungsgebühren** ist nach § 47 Abs. 1 LStrG zulässig, die entsprechende Kompetenz der Gemeinden zum Erlass der entsprechenden Gebührensatzung regelt § 47 Abs. 4 LStrG. Hier müssten entsprechende Regelungen für die Gebühren getroffen werden, die nach Art und Ausmaß der Einwirkung auf die Straße und nach dem wirtschaftlichen Interesse des Gebührenschuldners gemäß § 47 Abs. 5 LStrG, § 8 Abs. 3 FStrG bemessen werden müssen. 222

12. Saarland

Die erforderliche **Erlaubnis** liegt nach den § 18 Abs. 1 und § 56 SStrG in der Zuständigkeit der jeweiligen Kommune als Straßenbaubehörde. Nach der Legaldefinition des Gemeingebrauchs in § 14 Abs. 1 S. 1 SStrG ist der Gebrauch der öffentlichen Straßen jedermann im Rahmen der Widmung und der Straßenverkehrsvorschriften innerhalb der verkehrsüblichen Grenzen gestattet. Gewidmet sind öffentliche Straßen, Wege und Plätze zu Verkehrszwecken, d.h. 223

---
247 VG Neustadt an der Weinstraße, Beschluss v. 30.1.2018 – 4 L 10/18.NW.
248 VG Mainz, Urteil v. 12.7.2017 – 3 K 1256/16.MZ, juris Rn. 26; VG Koblenz, Urteil v. 23.1.2014 – 1 K 961/13.KO, juris Rn. 34 m.w.N.

zum Fahrzeug- bzw. Fußgängerverkehr.[249] Eine auf Zeit erteilte Erlaubnis kann vor Ablauf der Zeit aus Gründen des Wohls der Allgemeinheit widerrufen werden.

224 Allgemein wird angenommen, dass die Behörde über den Antrag auf Erteilung einer Sondernutzungserlaubnis unter Berücksichtigung des Zwecks der Erlaubnispflicht, der in dem öffentlich-rechtlichen Bedürfnis zu sehen ist, zeitlich und örtlich gegenläufige Interessen verschiedener Straßenbenutzer auszugleichen, nach pflichtgemäßem **Ermessen** zu entscheiden hat.[250] Dementsprechend ist bei der Entscheidung über die Erteilung einer Sondernutzungserlaubnis eine Abwägung vorzunehmen zwischen den Interessen desjenigen, der die in Rede stehende Sondernutzung ausüben will, und den möglicherweise entgegenstehenden straßenrechtlichen Gesichtspunkten.[251] Diese Rechtsprechung lässt einen größeren Spielraum für Erwägungen der zuständigen Behörden, sodass die vorhandenen Regelungen des SStrG ausreichen könnten, um ein Carsharingauswahlverfahren durchführen zu können.

225 Der **Wechsel** der Straßenbaulast lässt die Erlaubnis gemäß § 18 Abs. 5 SStrG unberührt. Für die Erlaubnis können gemäß § 18 Abs. 2 S. 2 SStrG, soweit erforderlich auch nachträglich, **Bedingungen** und **Auflagen** festgesetzt werden.

226 Die Erhebung von **Sondernutzungsgebühren** ist nach § 18 Abs. 3 SStrG zulässig, die entsprechende Kompetenz der Gemeinden zum Erlass der entsprechenden Gebührensatzung ist nicht ausdrücklich geregelt. Die Gebührenregelungen müssen Art und Ausmaß der Einwirkung auf die Straße und den Gemeingebrauch und das wirtschaftliche Interesse des Gebührenschuldners gemäß § 18 Abs. 3 SStrG, § 8 Abs. 3 FStrG bei der Bemessung berücksichtigen.

227 Der Erlaubnisnehmer hat **Anlagen** gemäß § 18 Abs. 4 S. 1 SStrG so zu errichten und zu unterhalten, dass sie den Anforderungen der Sicherheit und Ordnung sowie den anerkannten Regeln der Technik genügen. Der Erlaubnisnehmer hat gemäß § 18 Abs. 4 S. 3 SStrG auf Verlangen der für die Erlaubnis zuständigen Behörde die Anlagen auf seine **Kosten** zu ändern und alle Kosten zu ersetzen, die dem Träger der Straßenbaulast durch die Sondernutzung entstehen.

228 Gemäß § 18 Abs. 6 SStrG hat der Erlaubnisnehmer bei Widerruf der Erlaubnis oder bei Sperrung, Änderung oder Einziehung der Straße keinen **Ersatzanspruch** gegen den Träger der Straßenbaulast.

13. Sachsen

229 Nach § 14 Abs. 1 S. 1 SächsStrG ist der Gebrauch der öffentlichen Straße jedermann im Rahmen der Widmung und der verkehrsrechtlichen Vorschriften gestattet (Gemeingebrauch). Die Benutzung der Straße über den Gemeingebrauch hinaus ist **Sondernutzung** und bedarf der Erlaubnis der Straßenbaubehörde (§ 18 Abs. 1 S. 1 und 2 SächsStrG). Neben dem Gemeingebrauch, der Sondernutzung sowie der sonstigen Benutzung (§ 23 Abs. 1 SächsStrG) von öffentlichen Straßen gewährleistet das SächsStrG einen gesetzlich nicht ausdrücklich geregelten erlaubnisfreien Anliegergebrauch, der z. T. als Sonderform des Gemeingebrauchs angesehen und auch als „gesteigerter" Gemeingebrauch bezeichnet wird.[252] Die erforderliche Sondernutzungserlaubnis liegt nach §§ 18 Abs. 1 und 47 SächsStrG in der Zuständigkeit der jeweiligen Kommune als Straßenbaubehörde. Die Gemeinde kann durch Satzung gemäß § 18 Abs. 1 S. 4 SächsStrG bestimmte Sondernutzungen in den Ortsdurchfahrten und in Gemeindestraßen von der Erlaubnispflicht befreien und die Ausübung regeln. Soweit die Gemeinde nicht Träger der Straßenbaulast ist, bedarf die Satzung der Zustimmung der oberen besonderen Straßenaufsichtsbehörde.

230 Das OVG Bautzen teilt nicht die Auffassung, dass bei einer Sondernutzungsversagung ein notwendiger straßenrechtlicher Bezug i.d.R. nur und erst dann vorliegt, wenn konkrete Anhaltspunkte dafür vorliegen würden, dass der betreffende Antragsteller sich nicht an etwaige mit

---

249 VG Saarland, Beschluss v. 19.7.2013 – 10 L 861/13, juris Rn. 17.
250 OVG Saarland, Beschluss v. 22.2.2017 – 1 D 166/17, juris Rn. 24.
251 OVG Saarland, Beschluss v. 22.2.2017 – 1 D 166/17, juris Rn. 28.
252 OVG Bautzen, Urteil v. 18.1.2018 – 3 A 647/16, juris Rn. 26.

der Sondernutzungserlaubnis verbundene Auflagen oder Bedingungen halten werde.[253] Da nach dieser Rechtsprechung bei der Erteilung oder Versagung von straßenrechtlichen Sondernutzungserlaubnissen weitergehende Erwägungen eine Rolle spielen können, kann nach dieser Rechtsprechung nach dem SächsStrG ein **Carsharingauswahlverfahren** durchgeführt werden.

Gemäß § 18 Abs. 2 S. 2 SächsStrG kann die Erlaubnis mit **Bedingungen** und **Auflagen** verbunden werden. Ein gemäß § 18 Abs. 2 SächsStrG geschlossener Vertrag hat dann Bestand, wenn er nicht nur aufgrund wirtschaftlicher Erwägungen, sondern aufgrund straßenrechtlicher Aspekte geschlossen worden ist.[254] 231

Der Erlaubnisnehmer hat gemäß § 18 Abs. 3 SächsStrG gegen den Träger der Straßenbaulast keinen **Ersatzanspruch** bei Widerruf der Erlaubnis oder bei Sperrung, Änderung oder Einziehung der Straße. 232

Nach § 18 Abs. 4 SächsStrG hat der Erlaubnisnehmer **Anlagen** so zu errichten und zu unterhalten, dass sie den Anforderungen der Sicherheit und Ordnung sowie den anerkannten Regeln der Technik genügen. Der Erlaubnisnehmer hat auf Verlangen der für die Erlaubnis zuständigen Behörde die Anlagen auf seine **Kosten** zu ändern und alle Kosten zu ersetzen, die dem Träger der Straßenbaulast durch die Sondernutzung entstehen. 233

Wechselt der Träger der Straßenbaulast, so bleibt gemäß § 18 Abs. 5 SächsStrG eine nach Absatz 1 erteilte Erlaubnis bestehen. 234

Gemäß § 18 Abs. 6 SächsStrG werden sonstige nach **öffentlichem Recht** erforderliche Genehmigungen, Erlaubnisse oder Bewilligungen durch die Sondernutzungserlaubnis nicht ersetzt. 235

Die Erhebung von **Sondernutzungsgebühren** ist nach § 21 Abs. 1 SächsStrG zulässig, die entsprechende Kompetenz der Gemeinden zum Erlass der entsprechenden Gebührensatzung ist in § 21 Abs. 2 SächsStrG geregelt. Die Gebührenregelungen müssen Art und Ausmaß der Einwirkung auf die Straße und den Gemeingebrauch und das wirtschaftliche Interesse des Gebührenschuldners gemäß § 21 Abs. 1 SächsStrG, § 8 Abs. 3 FStrG bei der Bemessung berücksichtigen. Auch (bauliche) **Anlagen** auf den Sondernutzungsflächen sind zulässig, was sich aus § 18 Abs. 4 SächsStrG ergibt, weil dort die Zulässigkeit der Errichtung, die Anforderungen, Zustimmungs- und Kostentragungspflichten u.a. geregelt sind. 236

14. Sachsen-Anhalt

Die Benutzung einer Straße über den Gemeingebrauch hinaus ist nach § 18 Abs. 1 S. 1 StrG LSA **Sondernutzung**. Sie bedarf gemäß § 18 Abs. 1 S. 2 SDtrG LSA der Erlaubnis der Straßenbaubehörde, in Ortsdurchfahrten der Erlaubnis der Gemeinde. §§ 18 Abs. 1, 42 Abs. 1 S. 1 und 49 Abs. 2 Nr. 1 StrG LSA in der Zuständigkeit der jeweiligen Kommune als Straßenbaubehörde Soweit die Gemeinde nicht Träger der Straßenbaulast ist, darf sie die Erlaubnis nach § 18 Abs. 1 S. 3 StrG LSA nur mit Zustimmung der Straßenbaubehörde erteilen. Eine besondere Ermächtigung beinhaltet § 50 Abs. 1 Nr. 1 StrG LSA wonach die Gemeinden durch Satzung die Ortsdurchfahrten und die Gemeindestraßen von dem Erfordernis einer Sondernutzungserlaubnis befreien und deren Ausübung regeln dürfen, ohne Zustimmung, wenn die Gemeinde, wie fast immer, Träger der Straßenbaulast ist. 237

Die Erteilung einer Sondernutzungserlaubnis steht nach § 18 Abs. 1 S. 2 StrG LSA im **Ermessen** der Behörde, hier der Beklagten als der nach den §§ 18 Abs. 1, 42 Abs. 2 StrG LSA zuständigen Straßenbaulastträgerin. Das ergibt sich auch daraus, dass § 18 Abs. 1 S. 2 StrG LSA keine tatbestandlichen Voraussetzungen für die Erteilung der Sondernutzungserlaubnis vorsieht.[255] Das Verfahren auf Erteilung einer Sondernutzungserlaubnis soll sicherstellen, dass die Behörde vollständige Kenntnis von Ort und Umfang der beabsichtigten Straßennutzung er- 238

---

253 OVG Bautzen, Urteil v. 18.1.2018 – 3 A 772/16, juris Rn. 19, mit Hinweis auf OVG Nordrhein-Westfalen, Urteil v. 16.6.2015 – 11 A 1131/13, juris Rn. 44, 77.
254 VG Leipzig, Urteil v. 23.9.2015 – 1 K 913/13, juris Rn. 33.
255 VG Halle, Urteil v. 21.9.2015 – 6 A 249/13, juris Rn. 36.

hält, damit sie von vornherein erkennbare Störungen verhindern oder in zumutbaren Grenzen halten sowie die unterschiedlichen und teilweise gegenläufigen Nutzungsabsichten der Straßennutzer ausgleichen kann. Für ihre Entscheidung muss die Behörde dementsprechend die betroffenen Interessen gegeneinander abwägen. Zu berücksichtigen hat sie dabei insbesondere das Interesse des Antragstellers an der Durchführung des Vorhabens und die öffentlichen Belange, deren Schutz der zuständigen Behörde anvertraut ist. Da das präventive Verbot mit Erlaubnisvorbehalt in § 18 StrG LSA in erster Linie der Sicherheit und Leichtigkeit des Straßenverkehrs dient, darf die Behörde ihrer Ermessensentscheidung insoweit nur Gesichtspunkte zugrunde legen, die einen sachlichen Bezug zur Straße haben. Dazu gehören die Sicherheit und Leichtigkeit des Verkehrs, die Aufrechterhaltung eines störungsfreien Gemeingebrauchs, der Schutz der Straßenanlieger vor Störungen und der Schutz der Straßensubstanz, aber auch alle anderen Gesichtspunkte, die noch in engem Zusammenhang mit dem Widmungszweck der Straße stehen, wie etwa auch denkmalschutzrechtliche Belange.[256]

239 Nach der vorgenannten Auffassung können die bestehenden landesrechtlichen Regelungen genutzt werden, um Carsharingauswahlverfahren durchzuführen. Die Landesregierung begrüßt das **CsgG** und ermuntert die Landkreise und Gemeinden, dieses zur Förderung des Carsharings zu nutzen.[257]

240 Der Erlaubnisnehmer hat gemäß § 18 Abs. 3 StrG LSA gegen den Erlaubnisgeber keinen **Ersatzanspruch** bei Widerruf der Erlaubnis oder bei Sperrung, Änderung oder Einziehung der Straße.

241 Nach § 18 Abs. 4 S. 1 StrG LSA hat der Erlaubnisnehmer **Anlagen** so zu errichten und zu unterhalten, dass sie den Anforderungen der Sicherheit und Ordnung sowie den anerkannten Regeln der Technik genügen. Der Erlaubnisnehmer hat gemäß § 18 Abs. 4 S. 3 StrG LSA auf Verlangen der für die Erlaubnis zuständigen Behörde erstens die Anlagen zu ändern und zweitens den benutzten Straßenteil in einen ordnungsgemäßen Zustand zu versetzen. Die **Kosten** hierfür trägt nach § 18 Abs. 4 S. 2 StrG LSA der Erlaubnisnehmer. Er hat dem Träger der Straßenbaulast alle Kosten zu ersetzen, die diesem durch die Sondernutzung entstehen. Hierfür kann der Träger der Straßenbaulast angemessene Vorschüsse und Sicherheiten verlangen.

242 **Wechselt** der Träger der Straßenbaulast, so bleibt gemäß § 18 Abs. 5 StrG LSA eine nach § 18 Abs. 1 StrG LSA erteilte Erlaubnis bestehen. Sonstige nach **öffentlichem Recht** erforderliche Genehmigungen, Erlaubnisse oder Bewilligungen werden gemäß § 18 Abs. 6 StrG LSA durch die Sondernutzungserlaubnis nicht ersetzt. Sie kann gemäß § 18 Abs. 2 S. 2 StrG LSA mit **Bedingungen** und **Auflagen** verbunden werden.

243 Die Erhebung von **Sondernutzungsgebühren** ist nach § 21 StrG LSA zulässig, die entsprechende Kompetenz der Gemeinden zum Erlass der entsprechenden Gebührensatzung ist in § 50 Abs. 2 StrG LSA geregelt.

15. Schleswig-Holstein

244 Die Benutzung der öffentlichen Straßen über den Gemeingebrauch hinaus (**Sondernutzung**) bedarf gemäß § 21 Abs. 1 S. 1 StrWG der Erlaubnis des Trägers der Straßenbaulast, bei Landesstraßen und bei Kreisstraßen in der Verwaltung des Landes der Erlaubnis der unteren Straßenbaubehörde. Die erforderliche Sondernutzungserlaubnis liegt nach den §§ 21 Abs. 1, 13 StrWG in der Zuständigkeit der jeweiligen Kommune als Straßenbaulastträger. Nach der Rechtsprechung des OVG Schleswig können auch straßenrechtliche Verstöße und Verstöße gegen die private Eigentumsordnung geeignet sein, Bedenken gegen die Zuverlässigkeit zum Erhalt einer Sondernutzungserlaubnis zu begründen, sofern sie in unmittelbarem Zusammenhang mit der Durchführung einer angezeigten Sammlung begangen wurden.[258] Nach dieser

---

256 VG Halle, Urteil v. 21.9.2015 – 6 A 249/13, juris Rn. 33.
257 Antwort der Landesregierung auf eine Kleine Anfrage zur schriftlichen Beantwortung, Carsharing in Sachsen-Anhalt – KA 7/959, Sachsen-Anhalt LT-Drs. 7/1708.
258 OVG Schleswig, Urteil v. 22.12.2016 – 4 LB 20/15, juris Rn. 37.

Rechtsprechung reichen die Bestimmungen des StrWG aus, um ein Carsharingauswahlverfahren durchführen zu können.

Die Erhebung von **Sondernutzungsgebühren** ist nach § 26 Abs. 1 StrWG zulässig, die entsprechende Kompetenz der Gemeinden zum Erlass der entsprechenden Gebührensatzung ist in § 26 Abs. 5 StrWG geregelt. 245

Gemäß § 21 Abs. 1 S. 4 StrWG können **Bedingungen** und **Auflagen** für die Erlaubnis festgesetzt werden. Eine Auflage kann auch bezwecken, Belastungen der Umwelt, die mit der Ausübung einer Sondernutzung verbunden sein können, zu vermeiden oder gering zu halten. Gemäß § 21 Abs. 4 StrWG wird eine nach § 21 Abs. 1 StrWG erteilte Erlaubnis durch den **Wechsel** des Trägers der Straßenbaulast nicht berührt. 246

Die Erlaubnisnehmerin oder der Erlaubnisnehmer hat dem Träger der Straßenbaulast gemäß § 21 Abs. 2 StrWG alle **Kosten** zu ersetzen, die diesem durch die Sondernutzung zusätzlich entstehen. Hierfür kann der Träger der Straßenbaulast angemessene Vorschüsse und Sicherheiten verlangen. 247

Nach § 21 Abs. 3 S. 1 StrWG ist die Erlaubnisnehmerin oder der Erlaubnisnehmer verpflichtet, mit der Sondernutzung verbundene **Anlagen** nach den gesetzlichen Vorschriften und anerkannten Regeln der Technik zu errichten und zu unterhalten. Beim Erlöschen oder beim Widerruf der Erlaubnis sowie bei der Einziehung der Straße hat die Erlaubnisnehmerin oder der Erlaubnisnehmer gemäß § 21 Abs. 3 S. 2 StrWG auf Verlangen des Trägers der Straßenbaulast innerhalb einer angemessenen Frist die Anlagen auf ihre oder seine Kosten zu entfernen und den benutzten Straßenteil in einen ordnungsgemäßen Zustand zu versetzen. 248

Die Erlaubnisnehmerin oder der Erlaubnisnehmer hat gegen den Träger der Straßenbaulast gemäß § 21 Abs. 5 StrWG keinen **Ersatzanspruch** bei Widerruf oder bei Sperrung, Änderung oder Einziehung der Straße. 249

Ist nach den Vorschriften des **Straßenverkehrsrechts** eine Erlaubnis für eine übermäßige Straßenbenutzung oder eine Ausnahmegenehmigung gemäß § 21 Abs. 6 StrWG erforderlich, so bedarf es keiner Erlaubnis nach § 21 Abs. 1 StrWG. Vor ihrer Entscheidung hat die hierfür zuständige Behörde die sonst für die Sondernutzungserlaubnis zuständige Behörde zu hören. Die von dieser geforderten Bedingungen, Auflagen und Sondernutzungsgebühren sind der Antragstellerin oder dem Antragsteller in der Erlaubnis oder Ausnahmegenehmigung aufzuerlegen. 250

16. Thüringen

Die Sondernutzung ist in § 18 ThürStrG geregelt. Die notwendige **Sondernutzungserlaubnis** liegt gemäß den §§ 18 Abs. 1, 43 Abs. 1 S. 3 und 47 Abs. 2 ThürStrG in der Zuständigkeit der jeweiligen Kommune als Straßenbaubehörde. Soweit die Gemeinde nicht Träger der Straßenbaulast ist, darf sie gemäß § 18 Abs. 1 S. 3 ThürStrG die Erlaubnis nur mit Zustimmung der Straßenbaubehörde erteilen. Die Gemeinde kann durch Satzung bestimmte Sondernutzungen in den Ortsdurchfahrten und in den Gemeindestraßen von der Erlaubnispflicht befreien und die Ausübung regeln. Soweit die Gemeinde nicht Träger der Straßenbaulast ist, bedarf die Satzung der Zustimmung der oberen Straßenbaubehörde. Rechtsprechung zu der Frage Wettbewerbsneutralität ist in Thüringen – soweit ersichtlich – nicht ergangen. Aus allgemeinen Erwägungen heraus ist daher nicht von der Notwendigkeit einer eigenen gesetzlichen Regelung auszugehen.[259] 251

Der Erlaubnisnehmer hat gemäß § 18 Abs. 3 ThürStrG gegen den Träger der Straßenbaulast keinen **Ersatzanspruch** bei Widerruf der Erlaubnis oder bei Sperrung, Änderung oder Einziehung der Straße. 252

Auch (bauliche) **Anlagen** auf den Sondernutzungsflächen sind zulässig, was sich aus § 18 Abs. 4 ThürStrG ergibt, weil dort die Zulässigkeit der Errichtung, die Anforderungen, Zustimmungs- und Kostentragungspflichten u.a. geregelt sind. 253

---

[259] Siehe oben Rn. 15 ff.

254 **Wechselt** der Träger der Straßenbaulast, so bleibt gemäß § 18 Abs. 5 ThürStrG eine nach § 18 Abs. 1 ThürStrG erteilte Erlaubnis bestehen. Sonstige nach **öffentlichem Recht** erforderliche Genehmigungen, Erlaubnisse oder Bewilligungen werden gemäß § 18 Abs. 6 ThürStrG durch die Sondernutzungserlaubnis nicht ersetzt.

255 **Unwiderrufliche Nutzungsrechte**, die von früher her bestehen, können zur Sicherheit oder Leichtigkeit des Verkehrs gemäß § 18 Abs. 7 S. 1 ThürStrG durch Vereinbarung mit dem Berechtigten gegen angemessene Entschädigung oder bei Nichteinigung durch Enteignung aufgehoben werden. § 42 ThürStrG (Enteignung) gilt nach § 18 Abs. 2 S. 2 ThürStrG entsprechend.

256 Die Erhebung von **Sondernutzungsgebühren** ist nach § 21 Abs. 1 ThürStrG zulässig, die entsprechende Kompetenz der Gemeinden zum Erlass der entsprechenden Gebührensatzung ist in § 21 Abs. 2 ThürStrG geregelt. Für Sondernutzungen können gemäß § 21 Abs. 1 ThürStrG Sondernutzungsgebühren erhoben werden. Sie stehen in Ortsdurchfahrten den Gemeinden, im Übrigen dem Träger der Straßenbaulast zu. Bei Bemessung der Gebühren sind Art und Ausmaß der Einwirkung auf die Straße und der Gemeingebrauch sowie das wirtschaftliche Interesse des Gebührenschuldners gemäß § 21 Abs. 1 ThürStrG, § 8 Abs. 3 FStrG zu berücksichtigen.

257 Das für Straßenbau zuständige **Ministerium** wird gemäß § 21 Abs. 2 ThürStrG ermächtigt, im Einvernehmen mit dem für Finanzen zuständigen Ministerium die Erhebung und die Höhe der Sondernutzungsgebühren, soweit sie dem Land als Träger der Baulast zustehen, zu regeln.

C. Rechtsschutz

258 Die bisherige Rechtsprechung hat Drittschutz gegen erteilte Sondernutzungserlaubnisse abgelehnt. Beeinträchtigende Auswirkungen der Sondernutzung könnten von Dritten allein nach dem einschlägigen Fachrecht (Baurecht, Immissionsschutzrecht, Ordnungsrecht, Polizeirecht, Umweltrecht) abgewehrt werden.[260] Daran wird nicht mehr festgehalten werden können. Es ist das Ziel des CsgG, ein wettbewerbliches Verfahren durchzuführen, da das ausgewählte Unternehmen gemäß § 5 Abs. 4 S. 1 CsgG „am besten" dazu beitragen soll, die Gesetzesziele umzusetzen.[261] Effektiver Rechtsschutz soll auch dazu dienen, diese Ziele durchzusetzen. Eine erteilte Carsharingkonzession kann stets von einem Dritten angefochten werden. Es stellt sich nur die Frage, von wem in welchem Umfang drittschützende Rechte geltend gemacht werden können.

259 CsgG-Verträge könnten dem öffentlichen Recht zuzuordnen sein. Entscheidend für die Zuordnung ist der **Vertragsgegenstand**. CsgG-Verträge können damit dem Privatrecht zuzuordnen sein, wenn der zivilrechtliche Beschaffungsgegenstand im Vordergrund steht. Da hier Sondernutzungserlaubnisse im Fokus stehen, ist dies nicht der Fall. Für eine andere Sicht könnte nur sprechen, wenn der zivilrechtliche Nutzungsfokus im Vordergrund stehen würde.

260 Unabhängig davon: Für alle Rechtsbereiche gilt das Gebot des **effektiven Rechtsschutzes** nach Art. 19 Abs. 4 GG. Dieses garantiert dem Einzelnen einen Anspruch auf Gewährung eines möglichst wirkungsvollen Rechtsschutzes.[262] Um dieser Prämisse hinreichend wirkungsvoll Rechnung tragen zu können, begründen Verfahrensverstöße auf dem Gebiet des Vergaberechts (sowohl hinsichtlich der allgemeinen Prinzipien als auch der spezifischen Vorgaben des Fachrechts, sowohl oberhalb als auch unterhalb der Schwellenwerte) stets anfechtbare Verfahrensfehler. Ein Verfahrensverstoß führt zur Annahme einer subjektiven Rechtsverletzung, wenn die verletzte Norm (oder der verletzte Grundsatz) nach dem Wortlaut oder zumindest dem Sinn und Zweck nach eine subjektiv drittschützende Regelung ist.[263]

---

260 Vgl. z.B. VG Gießen, Beschluss v. 27.1.2014 – 4 L 2766/13.
261 Siehe oben Rn. 74 ff., 113 ff.
262 *Enders*, in: Epping/Hillgruber, GG, Art. 19 Rn. 51.
263 *Braun*, in: Prieß/Lau/Kratzenberg, Festschrift für Marx, 39 (45).

261 Bei der Konkurrenz um Standplätze liegt die typische Situation vor, bei der sich ein unterlegener (oder gar nicht berücksichtigter oder informierter Bewerber) gegen die Begünstigung des Konkurrenten wendet. Diese Situation wird als **Konkurrentenklage**[264] oder Konkurrentenverdrängungsklage[265] bezeichnet, in deren Rahmen der effektive Rechtsschutz bei der Verletzung subjektiv-öffentlicher und drittschützender Rechte gewährt wird.

I. Verwaltungsrechtlicher Rechtsschutz

262 Die CsgG-Konzessionen werden gegenüber dem unterlegenen Bewerber gemäß § 5 Abs. 7 S. 1 CsgG als Verwaltungsakt erlassen, sodass der **Verwaltungsrechtsweg** gemäß § 40 Abs. 1 S. 1 VwGO gegeben ist. Der Rechtsweg zum Verwaltungsgericht bestimmt sich im Rahmen der Vergabe von CsgG-Konzessionen nach der Rechtsnatur des Teilnahmeverhältnisses, die sich aus dem Rechtscharakter der Auswahlbestimmungen ergibt.[266] Wenn sich das staatliche Handeln in den Bahnen des öffentlichen Rechts durch Verwaltungsakt vollzieht, ist – wenn der Schwellenwert nicht überschritten ist und zusätzlich kein Vertrag abgeschlossen wurde – die Zuständigkeit der Verwaltungsgerichtsbarkeit gegeben.[267] Die Sondernutzungserlaubnis wird auf Grund einer landesrechtlichen Ermessensentscheidung erteilt. Das der Behörde eingeräumte Ermessen ist entsprechend dem Zweck der Vorschrift unter Einhaltung der gesetzlichen Grenzen, insbesondere des Gebots der Gleichbehandlung (Art. 3 Abs. 1 GG), auszuüben (§ 40 VwVfG). Die gerichtliche Kontrolle der Ermessensentscheidung beschränkt sich auf die Einhaltung dieses rechtlichen Rahmens (§ 114 S. 1 VwGO). Dabei sind im verwaltungsgerichtlichen Verfahren zulässig nachgeschobene Ermessenserwägungen i.S.v. § 114 S. 2 VwGO vom Gericht zu berücksichtigen.[268]

263 Sind die Teilnahmebestimmungen – z.B. auf Gemeindeebene – hingegen privatrechtlich ausgestaltet, so ist mit der **Zwei-Stufen-Theorie** zu differenzieren: Soweit die Zulassung als solche (das „Ob", erste Stufe) in Streit steht, ist der Verwaltungsrechtsweg eröffnet.[269] Wenn in einem Schreiben einem erfolgreichen CsgG-Konzessionsnehmer „verbindlich" mitgeteilt wird, dass er den Zuschlag erhalten habe und damit eine konkrete Einzelfallregelung im Sinne des § 35 VwVfG getroffen wird, die ausdrücklich auf unmittelbare Rechtswirkung nach außen gerichtet ist und an die sich weitere Verwaltungsakte (sicherheitsrechtliche Genehmigungen, Ausnahmegenehmigung nach einer städtischen Grünanlagensatzung etc.) anschließen sollen, dann ist der Verwaltungsrechtsweg gegeben.[270] Dies gilt insbesondere dann, wenn der Abschluss eines zivilrechtlichen Vertrags nicht vorgesehen ist.

264 Streitigkeiten aus einem **Carsharingvertrag**, der auf der Bereitschaft einer Behörde, diese Nutzungsmöglichkeit gegen Entgelt zu vergeben, basiert, gehören vor die ordentliche Gerichtsbarkeit.[271]

1. Bewerbungsverfahrensanspruch

265 **Straßenrechtliche Sondernutzungserteilungsverfahren** haben nach bisheriger Rechtsprechung der Verwaltungsgerichte regelmäßig keinen Drittschutz gewährt.[272] An dieser Rechtsprechung wird – gerade im Hinblick auf das CsgG-Auswahlverfahren – nicht mehr fest-

---

264 BVerwG, Beschluss v. 11.6.2013 – BVerwG 20 F 12.09, Rn. 7.
265 VGH München, Beschluss v. 29.7.2013 – 22 BV 12.2191; OVG Lüneburg, Beschluss v. 24.9.2013 – 7 MC 85/13; VG München, Beschluss v. 31.5.2016 – M 7 E 16.2303; vgl. zur Begriffsbildung auch *Wahl/Schütz*, in: Schoch/Schneider/Bier, VwGO, § 42 Rn. 287 ff.
266 VG München, Beschluss v. 31.5.2016 – M 7 E 16.2303; *Braun*, in: Prieß/Lau/Kratzenberg, Festschrift für Marx, 39 (43).
267 Vgl. VG Freiburg, Beschluss v. 11.11.2014 – 4 K 2310/14; VG Gießen, Beschluss v. 7.1.2014 – 8 L 2511/13.GI; VG Hannover, Beschluss v. 18.10.2012 – 7 B 5189/12; VG Neustadt an der Weinstraße, Urteil v. 16.12.2010 – 4 K 939/10.NW; *Goldbrunner*, VergabeR 2016, 365 (384).
268 OVG Münster, Urteil v. 7.4.2017 – 11 A 2068/14.
269 Vgl. VG Stuttgart, Beschluss v. 11.7.2006 – 4 K 2292/06.
270 VG München, Beschluss v. 31.5.2016 – M 7 E 16.2303; *Müller*, NvwZ 2016, 266 (270).
271 Vgl. OLG Bremen, Beschluss v. 4.11.2014 – 5 W 53/14, juris Rn. 13.
272 OVG Münster, Urteil v. 7.4.2017 – 11 A 2068/14.

gehalten werden können. Dem unterlegenen Unternehmen steht in dem hier maßgeblichen Bereich aus Art. 3 Abs. 1 GG i.V.m. Art. 20 Abs. 3 GG ein öffentlich-rechtlicher Bewerbungsverfahrensanspruch zur Seite.[273]

266 Den Nutzungsinteressen der konkurrierenden Wettbewerber kommt nach der **Schutznormtheorie** auch ein individual- bzw. drittschützender Charakter zu.[274] Der Bewerbungsverfahrensanspruch gebietet es, vor dem Vertragsabschluss mit dem ausgewählten Unternehmen einen angemessenen Zeitraum von jedenfalls zwei Wochen verstreichen zu lassen, um einen effektiven (Primär-)Rechtsschutz i.S.d. Art. 19 Abs. 4 GG in Bezug auf die Auswahlentscheidung zu ermöglichen.[275] Dieser Gedanke für Verwaltungsakte greift auch bei den hier vorliegenden Verteilungsvergabeakten betreffend die Carsharingkonzessionen auf kommunalen und Landesstraßen ein.

2. Kausalität des Rechtsverstoßes

267 Es muss eine Kausalität zwischen Rechtsverstoß und Fehler vorliegen.[276] Diese ist gegeben, wenn es ernsthaft möglich erscheint, dass der Unterlegene bei rechtsfehlerfreiem Verlauf anstelle des Begünstigten ausgewählt und bestellt worden wäre.[277] Eine ordnungsgemäße Ermessensausübung setzt zunächst voraus, dass der der Entscheidung zugrundeliegende Sachverhalt vollständig und zutreffend ermittelt wird und alle wesentlichen Umstände berücksichtigt werden. Im Rahmen der Ermessenausübung liegt ein Ermessensfehlgebrauch vor, wenn die Behörde eine ihr Ermessen bindende ständige Verwaltungspraxis im Einzelfall unter Verstoß gegen Art. 3 Abs. 1 GG nicht beachtet. Die verwaltungsrechtliche Rechtsprechung ist bei der Kausalität zugunsten der Behörde eher großzügig. Für die Rechtmäßigkeit einer Ermessensentscheidung genügt es daher grundsätzlich, wenn bei einer auf mehrere Gründe gestützten Ermessensentscheidung nur einer der herangezogenen Gründe sie trägt, es sei denn, dass nach dem Ermessen der Behörde nur alle Gründe zusammen die Entscheidung rechtfertigen sollen.[278]

3. Prozessuale Fragen

268 Rechtsschutz bei den Verwaltungsgerichten wird bei der hier vorliegenden Streitkonstellation durch kombinierte **Anfechtungs-** und **Verpflichtungsklage** gewährt.[279] Zum Zwecke der nach Art. 19 Abs. 4 GG gebotenen Gewährung eines effektiven Eilrechtsschutzes ist anerkannt, dass bei Veranstaltungen nach § 70 GewO nicht nur der (strikte) Anspruch auf Zulassung, sondern auch der – regelmäßig in Betracht kommende – Anspruch auf Neubescheidung des Zulassungsantrags als zulässiger Gegenstand einer einstweiligen Anordnung anzusehen ist.[280]

269 Die Rechtsstreitigkeiten werden größtenteils im **Eilverfahren** nach § 123 VwGO ausgetragen.[281] Der Anordnungsgrund ist angesichts des drohenden Zeitablaufs und der daraus resultierenden Dringlichkeit in der Regel unproblematisch.[282] Im einstweiligen Rechtsschutzverfahren kann ein Verwaltungsgericht nach § 123 Abs. 1 VwGO auf Antrag eine einstweilige Anordnung in Bezug auf den Streitgegenstand treffen, wenn die Gefahr besteht, dass durch eine Veränderung des bestehenden Zustands die Verwirklichung eines Rechts des Antragstellers vereitelt oder wesentlich erschwert werden könnte, oder auch, wenn es zur Regelung, vor allem bei dauernden Rechtsverhältnissen, nötig erscheint, um wesentliche Nachteile für den

---

273 Für einen Anspruch direkt aus dem CsgG *Wüstenberg*, EWeRK 2017, 185 (189).
274 Vgl. *Burgi*, NVwZ 2017, 258 (264).
275 OVG Berlin-Brandenburg, Beschluss v. 30.11.2010 – 1 S 107/10; OLG Düsseldorf, Urteil v. 13.12.2017 – I-27 U 25/17; vgl. *Braun*, NVwZ 2009, 747.
276 OVG Hamburg, Beschluss v. 16.8.2013 – 1 Es 2/13; VG Regensburg, Urteil v. 2.10.2014 – RO 5 K 14.640.
277 VGH München, Urteil v. 22.4.2013 – 22 BV 12.1728, Rn. 55.
278 OVG Münster, Urteil v. 7.4.2017 – 11 A 2068/14.
279 VGH München, Urteil v. 22.4.2013 – 22 BV 12.1728.
280 VG Aachen, Beschluss v. 6.6.2017 – 3 L 198/17, juris Rn. 9.
281 Vgl. z.B. VG Bremen, Beschluss v. 28.9.2017 – 5 V 2406/17; VG Regensburg, Beschluss v. 14.11.2017 – RN 5 E 17.1855.
282 Vgl. *Schoch*, NVwZ 2016, 257 (265) m.w.N.

Antragsteller abzuwenden. Nach § 123 Abs. 3 VwGO i.V.m. § 920 Abs. 2 ZPO i.V.m. § 294 Abs. 1 ZPO sind dabei sowohl ein Anordnungsanspruch, d.h. der materielle Anspruch, für den der Antragsteller vorläufigen Rechtsschutz sucht, als auch ein Anordnungsgrund, der insbesondere durch die Eilbedürftigkeit einer vorläufigen Regelung begründet wird, glaubhaft zu machen.

Es besteht ein **Anordnungsgrund**, wenn eine besondere Eilbedürftigkeit wegen des kurz bevorstehenden Veranstaltungszeitraums zu bejahen ist.[283] Eilanträge auf Erlass einer Regelungsanordnung (§ 123 Abs. 1 S. 2 VwGO) sind geboten. Das Verbot, die Hauptsache vorwegzunehmen, ist schon wegen Art. 19 Abs. 4 GG obsolet.[284] Das Rechtsschutzinteresse ergibt sich aus der Wiederholungsgefahr; denn bei den Konzessionsnehmern handelt es sich oftmals um Anspruchsteller wie z.B. Schausteller, die regelmäßigen Zugang zu der gemeindlichen öffentlichen Einrichtung begehren.[285] Es ist anerkannt, dass vorbeugender Rechtsschutz ausnahmsweise dann gewährt werden kann, wenn ein qualifiziertes, das heißt gerade auf die Inanspruchnahme vorbeugenden Rechtsschutzes gerichtetes Rechtsschutzinteresse vorliegt und der Betroffene nicht in zumutbarer Weise auf den als grundsätzlich angemessen und ausreichend angesehenen nachträglichen Rechtsschutz verwiesen werden kann.[286]

270

In jedem verwaltungsrechtlichen Auswahlverfahren stellt sich die Frage der **Akteneinsicht** der unterlegenen Bewerber ebenso wie die nach der schriftlichen Fixierung der Auswahlüberlegungen.[287] Nach § 99 Abs. 1 S. 1 VwGO sind Behörden im Verwaltungsrechtsstreit zur Vorlage von Urkunden oder Akten und zu Auskünften verpflichtet. Wenn aber das Bekanntwerden des Inhalts der Akten dem Wohl des Bundes oder eines deutschen Landes Nachteile bereiten würde oder wenn die Vorgänge nach einem Gesetz oder ihrem Wesen nach geheim gehalten werden müssen, kann die zuständige oberste Aufsichtsbehörde gemäß § 99 Abs. 1 S. 2 VwGO die Vorlage der Akten verweigern.

271

Bei **Betriebs-** und **Geschäftsgeheimnissen** handelt es sich um Vorgänge, die im Sinne des § 99 Abs. 1 S. 2 VwGO ihrem Wesen nach geheim zu halten sind. Als Betriebs- und Geschäftsgeheimnisse werden alle auf ein Unternehmen bezogenen Tatsachen, Umstände und Vorgänge verstanden, die nicht offenkundig sind. Betriebsgeheimnisse umfassen im Wesentlichen technisches Wissen; Geschäftsgeheimnisse betreffen vornehmlich kaufmännisches Wissen. Ein Geschäfts- oder Betriebsgeheimnis setzt neben dem Mangel an Offenkundigkeit der zugrundeliegenden Informationen ein berechtigtes Interesse des Unternehmens an dessen Nichtverbreitung voraus. Ein solches Interesse besteht, wenn die Offenlegung der Informationen geeignet ist, den Marktkonkurrenten exklusives technisches oder kaufmännisches Wissen zugänglich zu machen.[288] Die Entscheidung über die Gewährung von Akteneinsicht ist danach grundsätzlich eine behördliche Verfahrenshandlung, die nur zusammen mit der im jeweiligen Verfahren ergehenden Sachentscheidung angefochten und im Rahmen dieses Rechtsbehelfs inzident überprüft werden kann. Jedoch ist bei der Auslegung und Anwendung von § 44a VwGO die verfassungsrechtliche Garantie des effektiven Rechtsschutzes (Art. 19 Abs. 4 GG) zu berücksichtigen; der Ausschluss einer (selbstständigen) gerichtlichen Überprüfung von Verfahrenshandlungen darf für die Rechtsuchenden nicht zu unzumutbaren Nachteilen führen, die in einem späteren Prozess (über die Sachentscheidung) nicht mehr vollständig zu beseitigen sind. Im Einzelfall kann deshalb aus Gründen des effektiven Rechtsschutzes auch die selbstständige gerichtliche Durchsetzung eines Nebenanspruchs in Betracht kommen.[289] Der Umstand, dass eine Aufsichtsbehörde in ihrer Sperrerklärung auf eine differenzierte und nachvollziehbare Begründung verzichtet und die zurückgehaltenen Unterlagen

272

---

283 VG München, Beschluss v. 31.5.2016 – M 7 E 16.2303.
284 Vgl. *Schoch*, NVwZ 2016, 257 (265) m.w.N.; VG Oldenburg, Beschluss v. 22.7.2015 – 12 B 1778/15.
285 Vgl. *Schoch*, NVwZ 2016, 257 (265) m.w.N.
286 OVG Münster, Beschluss v. 20.7.2016 – 4 B 690/16.
287 *Braun*, VergabeR 2014, 324.
288 BVerwG, Beschluss v. 11.6.2010 – BVerwG 20 F 12.09.
289 BVerwG, Beschluss v. 20.11.2012 – 1 WB 4/12.

pauschal als geheimhaltungsbedürftig angesehen hat, weist zugleich auf einen Ermessensfehler i.S.d. § 99 Abs. 1 S. 2 VwGO hin.[290]

273 Der vom Konzessionsgeber ausgewählte Bestbieter ist notwendig **beizuladen** (§ 65 Abs. 2 VwGO), da er aufgrund des Erhalts des Zuschlags für die Veranstaltung an dem streitigen Rechtsverhältnis derart beteiligt ist, dass die Entscheidung auch ihm gegenüber nur einheitlich ergehen kann.[291]

4. Klagerecht

274 Jedem unterlegenen Bewerber im Auswahlverfahren steht unstreitig ein Klagerecht zu.[292]

275 Fraglich ist, ob **Anliegern** Klagerechte zustehen. Dass dies keine theoretische Frage ist, ergibt sich z.B. aus der Verdrängung des Wochenmarktes Gustav-Falke-Straße/Schlump durch weitere Ausweisung von Carsharing-Flächen.[293] Da Schutzgut der Erlaubnispflicht die Straße schlechthin ist, d.h. nicht nur in ihrer verkehrlichen Funktion, können der Sondernutzung auch Ordnungsgesichtspunkte nicht-verkehrlicher Art entgegenstehen, die allerdings in einem sachlichen Zusammenhang zu der Straße stehen, mithin straßenbezogener Art sein müssen. Sind keine konkreten Gefahren für die Sicherheit und Leichtigkeit des Verkehrs oder Störungen des Straßenumfeldes zu gewärtigen, ist das Ermessen der Straßenbaubehörde gleichwohl nicht stets so eingeschränkt, dass die begehrte Erlaubnis zu erteilen wäre.[294] Das Recht der Allgemeinheit, die Straßen innerhalb des Gemeingebrauchs jederzeit nach Belieben benutzen zu können, das in seinem Kerngehalt der grundrechtlichen Gewährleistung der Art. 2 Abs. 1, 3 Abs. 1 und 14 Abs. 1 GG unterliegt, ist in jedem Fall zu beachten und bei der gebotenen Abwägung der gegenseitigen Belange den für die Sondernutzung angeführten Interessen gegenüberzustellen. Demgemäß kommt eine Ermessensreduzierung auf null und damit ein Anspruch auf die Erlaubnis auch bei Fehlen der Gefahr konkreter Verkehrsbehinderungen oder Störungen des Straßenumfeldes nur dann in Betracht, wenn das Interesse des Sondernutzers so gewichtig ist, dass es gegenüber dem stets zu beachtenden Recht der Allgemeinheit auf uneingeschränkten Gemeingebrauch überwiegt.[295] Jene gewerbetreibenden Anlieger sind nur mittelbar-faktisch betroffen, ihr „Anliegerrecht" berechtigt sie nicht zur Abwehr von wirtschaftlichen Betätigungen auf der Straße und jenseits des unproblematischen Anbringens von Hinweisschildern, allenfalls von Warenautomaten, ist die unmittelbare wirtschaftliche Nutzung des Straßenraums nicht Teil des sogenannten Anliegergebrauchs.[296] Die Erteilung von Sondernutzungserlaubnissen kommt nur dann drittschützende Wirkung zu, wenn Nachbar- bzw. Anliegerinteressen unmittelbar betroffen sind.[297]

276 **Taxikonzessionären** und **ÖPNV-Betreibern** stehen als mittelbar Betroffenen ebenfalls keine Klagerechte zu.[298]

277 Fraglich ist auch, ob **Nutzern** Klagerechte zustehen. Dafür könnte sprechen, dass auch die Nutzer nicht diskriminiert werden dürfen. Carsharinganbieter gewähren gemäß Anlage Teil 1 Nr. 1.1 CsgG im Rahmen der vorhandenen Kapazität grundsätzlich jeder volljährigen Person mit einer für das entsprechende Kraftfahrzeug gültigen und vorgelegten Fahrerlaubnis diskriminierungsfrei eine Teilnahmeberechtigung.

278 Die Privilegierungen der Carsharinganbieter setzen die Herstellung des Benehmens zwischen der zuständigen Landesbehörde und dem für die Aufstellung des Nahverkehrsplans zuständigen **Aufgabenträger** sowie ein diskriminierungsfreies und transparentes Auswahlverfahren

---

290 BVerwG, Beschluss v. 11.6.2010 – BVerwG 20 F 12.09, Rn. 9.
291 VG München, Beschluss v. 31.5.2016 – M 7 E 16.2303.
292 *Wüstenberg*, EWeRK 2017, 185 (189).
293 Schriftliche Kleine Anfrage und Antwort des Senats, Verdrängung des Wochenmarktes Gustav-Falke-Straße/Schlump durch weitere Ausweisung von Carsharing-Flächen, Hamburg LT-Drs. 21/9032.
294 VG Gelsenkirchen, Urteil v. 19.7.2017 – 14 K 2467/11, juris Rn. 67.
295 VG Gelsenkirchen, Urteil v. 19.7.2017 – 14 K 2467/11, juris Rn. 67.
296 *Burgi*, NVwZ 2017, 257.
297 Vgl. VG Gelsenkirchen, Urteil v. 19.7.2017 – 14 K 2467/11, juris Rn. 78; in diesem Sinne auch VG Gießen, Beschluss v. 27.1.2014 – 4 L 2766/13.
298 Vgl. *Wüstenberg*, EWeRK 2017, 185 (186, 190).

voraus, an dem sich die Carsharinganbieter beteiligen können, soweit sie auch stationsbasierte Angebote bereithalten oder bereitzuhalten beabsichtigen.[299] Dies führt nicht zu Klagerechten, da nur ein Benehmen erforderlich ist.

II. Vergaberechtlicher Rechtsschutz

Für Streitigkeiten oberhalb der Schwellenwerte hinsichtlich einer CsgG-Konzession wären wegen der Sonderzuweisung in den §§ 155, 156 Abs. 1 GWB ausschließlich die Vergabekammern zuständig, wenn der Konzessionsgeber durch einen **Konzessionsvertrag** und nicht primär durch **Verwaltungsakt** oder **Beleihung** handelt. Damit ist eine Klage gegen den Konzessionsgeber im Rahmen des ordentlichen oder des Verwaltungsrechtswegs unzulässig, wenn sich ein Konzessionsvertrag hinter einem Konzessionsverwaltungsakt verstecken würde und dieser inhaltlich maßgeblich ist. Das OLG Hamburg[300] hat festgestellt, dass es sich bei der Erlaubnis zum Betrieb einer Spielbank i.S.d. Hamburger Spielbankgesetzes um eine Konzession i.S.d. § 105 Abs. 1 Nr. 2 GWB handelt, die dem Vergaberecht unterfällt. Auf die konkrete rechtliche Ausgestaltung der Konzessionserteilung komme es dabei nicht an. Erforderlich sei nur, dass der Erteilung der Konzession eine ausgehandelte Vereinbarung zwischen erteilender Stelle und Konzessionsnehmer zugrunde liege. Wenn vertragliche Regelungen im Vordergrund stehen (was im Einzelfall festzustellen wäre), dann bleibt nach dieser Auffassung bei Überschreiten der Schwellenwerte nur der Weg zu den Nachprüfungsinstanzen.

279

Der jeweils geltende **Schwellenwert** für die Konzessionsvergabe ergibt sich aus § 106 Abs. 1, Abs. 2 Nr. 4 GWB i.V.m. Art. 8 Abs. 1 RL 2014/23/EU. Der Schwellenwert wird von der Kommission gemäß Art. 9 Abs. 1 RL 2014/23/EU alle zwei Jahre überprüft und erforderlichenfalls angepasst. Das Bundesministerium für Wirtschaft und Energie gibt den geltenden Schwellenwert gemäß § 106 Abs. 3 GWB unverzüglich nach Veröffentlichung im Amtsblatt der Europäischen Union im Bundesanzeiger bekannt.

280

Die **Berechnung** des geschätzten Vertragswerts ergibt sich aus § 2 KonzVgV. Carsharing ist in vielen Kommunen kleinteilig. Auch wenn gemäß § 2 Abs. 4 KonzVgV eine objektive und eher zusammenrechnende Betrachtung stattzufinden hat, dürfte im Hinblick auf die Kommunengröße der hohe Schwellenwert für Kommunen eher selten überschritten sein. Unterhalb der Schwellenwerte ist die Dienstleistungskonzession landesrechtlich und auch nicht in der UVgO geregelt. In den meisten Fällen dürfte es daher bei einem verwaltungsrechtlichen Auswahlverfahren ohne Anwendung vergaberechtlicher Regelungen bleiben.

281

Oberhalb des Schwellenwertes haben Unternehmen gemäß den §§ 97 Abs. 6, 106 Abs. 1, Abs. 2 Nr. 4 GWB einen Anspruch auf Einhaltung der Grundsätze der Transparenz, der Gleichbehandlung/Nichtdiskriminierung, des Wettbewerbs, der Verhältnismäßigkeit und der Objektivität gemäß § 152 Abs. 3 S. 1 GWB. Der Anspruch aus § 97 Abs. 6 GWB bewirkt, dass die verfahrensbestimmenden drittschützenden Vorschriften aus dem GWB und der KonzVgV **einen subjektiven öffentlich-rechtlichen Anspruch** der Unternehmen unter anderem auf Nachprüfung der Vergabeentscheidung entfalten, wenn das Konzessionsvergabeverfahren nicht diesen Vorgaben und den Vergabegrundsätzen entsprechend durchgeführt wird.[301] Die Vorschriften des GWB und der KonzVgV postulieren nicht nur eine objektiv-rechtliche Verpflichtung des Konzessionsgebers,[302] das Vergabeverfahren fehlerfrei durchzuführen, sondern zugleich das subjektiv-öffentliche Recht der Unternehmen, tatsächlich Berücksichtigung in einem fehlerfreien Verfahren zu finden.[303] Jedes interessierte Unternehmen muss hiernach eine faire Chance erhalten, nach Maßgabe der für den spezifischen Auftrag wesentlichen Kri-

282

---

299 Gesetzesbegründung zu § 5 CsgG, BT-Drs. 18/11285, 36.
300 OLG Hamburg, Beschluss v. 1.11.2017 – 1 Verg 2/17; vgl. GlüStV Rn. 15 ff.
301 Vgl. § 1 KonzVgV Rn. 107 ff.
302 So VGH Kassel, Urteil v. 23.2.2011 – 5 K 128/08.KS.
303 VGH Kassel, Beschluss v. 16.10.2015 – 8 B 1028/15, dieser bezieht sich zwar auf § 4b Abs. 1 S. 1 GlüStV, der Gedanke kann aber entsprechend auf jede Vorschrift übertragen werden, die sich auf die Geltung der vergaberechtlichen Grundsätze bezieht; VGH München, Urteil v. 22.7.2015 – 22 B 15.620; Beschluss v. 12.8.2013 – 22 CE 13.970; *Braun*, in: Prieß/Lau/Kratzenberg, Festschrift für Marx, 39 (45).

terien und des vorgesehenen Verfahrens Berücksichtigung zu finden. Wenn ein Konzessionsgeber diese Pflicht verletzt, können sich unterlegene Bewerber und Bieter dagegen gerichtlich wehren.

283 Erhebliche Relevanz entwickelt diese Rechtsprechung, wenn die zuständige Behörde von einem Auswahlverfahren absieht oder zeitlich befristete Carsharingkonzessionen schlicht ohne ein **förmliches Auswahlverfahren** weiterlaufen lässt. Interessierte Wirtschaftsteilnehmer können sich gegen vermutete De-facto-Carsharingkonzessionsvergabeverfahren zur Wehr setzen. Das Carsharingkonzessionsvergabeverfahren darf gemäß § 14 KonzVgV nicht in einer Weise ausgestaltet werden, dass es vom Kartellvergaberecht ausgenommen wird oder bestimmte Unternehmen oder bestimmte Bauleistungen, Lieferungen oder Dienstleistungen auf unzulässige Weise bevorzugt oder benachteiligt werden. Diese Regelung ist umfassend drittschützend.[304]

284 Die Einhaltung der Vorschriften des **GWB**, der **KonzVgV** und des **CsgG** (soweit anspruchsbegründend) sind im vergaberechtlichen Nachprüfungsverfahren vor den Vergabekammern gemäß §§ 155, 156 GWB überprüfbar. Für das Vorliegen von Ausnahmetatbeständen, Ausnahmesituationen und allen Tatsachen, die nicht zur Anwendung des Vergaberechts führen, trifft den Konzessionsgeber die Darlegungs- und Beweislast.[305] Den Konzessionsgeber trifft allgemein die Darlegungs- und Beweislast für Tatsachen, die für ihn günstig sind.[306]

III. Kartellrechtlicher Rechtsschutz

285 Wenn kartellrechtliche Ansprüche geltend gemacht werden, dann könnten die ordentliche Gerichtsbarkeit und die Kartellsenate der Oberlandesgerichte zuständig sein. Dies wäre der Fall, wenn geltend gemacht würde, dass die Gemeinden als marktbeherrschende Anbieter der Wegenutzungsrechte in ihrem Gebiet entgegen dem kartellrechtlichen Diskriminierungsverbot des § 19 Abs. 2 Nr. 1 GWB eine Auswahl durchführen würden.[307]

D. Zusammenfassung und Ausblick

286 Carsharingkonzessionen werden nur in einem förmlichen Vergabeverwaltungsverfahren unter Berücksichtigung materieller Kriterien vergeben. Die materiellen Kriterien werden für Bundesstraßen nach den Vorgaben des CsgG definiert. Die Verfahrensregeln und die materiellen Auswahlregeln sind – was im Einzelfall zu prüfen ist – drittschützend formuliert. Das Carsharingauswahlverfahren ist gerade nicht wettbewerbsneutral ausgestaltet.

287 Für **kommunale und Landestraßen** haben die auswählenden Behörden bei der Erteilung einer Sondernutzungserlaubnis ihr pflichtgemäßes Ermessen zu beachten. Die bestehenden landesrechtlichen Regelungen reichen nach der hier vertretenen Auffassung zur Durchführung eines ordnungsgemäßen Auswahlverfahrens aus. Verschiedene Länder führen vorsorglich ein eigenes Gesetz ein, was zur Rechtssicherheit beitragen kann. Vorbildlich ist die bayerische Regelung.

288 Da es sich um ein kontingentiertes Recht handelt (auf einem Stellplatz kann jeweils nur ein Fahrzeug eines Unternehmens stehen), ist stets ein strukturiertes **Auswahlverfahren** durchzuführen. Wenn ein rein verwaltungsrechtliches Auswahlverfahren mit Erlass eines Bescheides (ohne eine vertragliche Komponente) durchgeführt wird, dann sind die Verwaltungsgerichte zur Überprüfung berufen. Eine vorherige Information mit Rechtsschutzgewährung ist stets notwendig.

---

304 Verordnungsbegründung zu § 14 KonzVgV, BR-Drs. 87/16, 288.
305 Vgl. OLG Celle, Beschluss v. 10.3.2016 – 13 Verg 5/1, Rn. 21; KG, Beschluss v. 27.1.2015 – Verg 9/14.
306 Vgl. OLG Düsseldorf, Beschluss v. 30.4.2003 – VII-Verg 61/02; OLG Naumburg, Urteil v. 23.12.2014 – 2 U 74/14, VK Baden-Württemberg, Beschluss v. 13.11.2013 – 1 VK 38/13.
307 Vgl. OLG Stuttgart, Urteil v. 19.11.2015 – 2 U 60/15 (für eine Energiekonzession).

Sonderregelungen

EnWG – Strom- und Gaskonzessionen

EnWG – Strom- und Gaskonzessionen

§ 1 EnWG
Zweck und Ziele des Gesetzes

(1) Zweck des Gesetzes ist eine möglichst sichere, preisgünstige, verbraucherfreundliche, effiziente und umweltverträgliche leitungsgebundene Versorgung der Allgemeinheit mit Elektrizität und Gas, die zunehmend auf erneuerbaren Energien beruht.

[…]

§ 46 EnWG
Wegenutzungsverträge

(1) Gemeinden haben ihre öffentlichen Verkehrswege für die Verlegung und den Betrieb von Leitungen, einschließlich Fernwirkleitungen zur Netzsteuerung und Zubehör, zur unmittelbaren Versorgung von Letztverbrauchern im Gemeindegebiet diskriminierungsfrei durch Vertrag zur Verfügung zu stellen. Unbeschadet ihrer Verpflichtungen nach Satz 1 können die Gemeinden den Abschluss von Verträgen ablehnen, solange das Energieversorgungsunternehmen die Zahlung von Konzessionsabgaben in Höhe der Höchstsätze nach § 48 Absatz 2 verweigert und eine Einigung über die Höhe der Konzessionsabgaben noch nicht erzielt ist.

(2) Verträge von Energieversorgungsunternehmen mit Gemeinden über die Nutzung öffentlicher Verkehrswege für die Verlegung und den Betrieb von Leitungen, die zu einem Energieversorgungsnetz der allgemeinen Versorgung im Gemeindegebiet gehören, dürfen höchstens für eine Laufzeit von 20 Jahren abgeschlossen werden. Werden solche Verträge nach ihrem Ablauf nicht verlängert, so ist der bisher Nutzungsberechtigte verpflichtet, seine für den Betrieb der Netze der allgemeinen Versorgung im Gemeindegebiet notwendigen Verteilungsanlagen dem neuen Energieversorgungsunternehmen gegen Zahlung einer wirtschaftlich angemessenen Vergütung zu übereignen. Das neue Energieversorgungsunternehmen kann statt der Übereignung verlangen, dass ihm der Besitz hieran eingeräumt wird. Für die wirtschaftlich angemessene Vergütung ist der sich nach den zu erzielenden Erlösen bemessende objektivierte Ertragswert des Energieversorgungsnetzes maßgeblich. Die Möglichkeit zur Einigung auf eine anderweitig basierte Vergütung bleibt unberührt.

(3) Die Gemeinden machen spätestens zwei Jahre vor Ablauf von Verträgen nach Absatz 2 das Vertragsende und einen ausdrücklichen Hinweis auf die nach § 46a von der Gemeinde in geeigneter Form zu veröffentlichenden Daten sowie den Ort der Veröffentlichung durch Veröffentlichung im Bundesanzeiger bekannt. Wenn im Gemeindegebiet mehr als 100 000 Kunden unmittelbar oder mittelbar an das Versorgungsnetz angeschlossen sind, hat die Bekanntmachung zusätzlich im Amtsblatt der Europäischen Union zu erfolgen. Beabsichtigen Gemeinden eine Verlängerung von Verträgen nach Absatz 2 vor Ablauf der Vertragslaufzeit, so sind die bestehenden Verträge zu beenden und die vorzeitige Beendigung sowie das Vertragsende nach Maßgabe der Sätze 1 und 2 öffentlich bekannt zu geben.

(4) Die Gemeinde ist bei der Auswahl des Unternehmens den Zielen des § 1 Absatz 1 verpflichtet. Unter Wahrung netzwirtschaftlicher Anforderungen, insbesondere der Versorgungssicherheit und der Kosteneffizienz, können auch Angelegenheiten der örtlichen Gemeinschaft berücksichtigt werden. Bei der Gewichtung der einzelnen Auswahlkriterien ist die Gemeinde berechtigt, den Anforderungen des jeweiligen Netzgebietes Rechnung zu tragen. Die Gemeinde hat jedem Unternehmen, das innerhalb einer von der Gemeinde in der Bekanntmachung nach Absatz 3 Satz 1 oder 3 gesetzten Frist von mindestens drei Kalendermonaten ein Interesse an der Nutzung der öffentlichen Verkehrswege bekundet, die Auswahlkriterien und deren Gewichtung in Textform mitzuteilen.

(5) Die Gemeinde hat die Unternehmen, deren Angebote nicht angenommen werden sollen, über die Gründe der vorgesehenen Ablehnung ihres Angebots und über den frühesten Zeitpunkt des beabsichtigten Vertragsschlusses in Textform zu informieren. Die Gemeinde macht bei Neuabschluss oder Verlängerung von Verträgen nach Absatz 2 ihre Entscheidung unter Angabe der maßgeblichen Gründe öffentlich bekannt.

(6) Die Absätze 2 bis 5 finden für Eigenbetriebe der Gemeinden entsprechende Anwendung.

(7) Die Aufgaben und Zuständigkeiten der Kartellbehörden nach dem Gesetz gegen Wettbewerbsbeschränkungen bleiben unberührt.

§ 46a EnWG
Auskunftsanspruch der Gemeinde

Der bisherige Nutzungsberechtigte ist verpflichtet, der Gemeinde spätestens ein Jahr vor Bekanntmachung der Gemeinde nach § 46 Absatz 3 diejenigen Informationen über die technische und wirtschaftliche Situation des Netzes zur Verfügung zu stellen, die für eine Bewertung des Netzes im Rahmen einer Bewerbung um den Abschluss eines Vertrages nach § 46 Absatz 2 Satz 1 erforderlich sind. Zu den Informationen über die wirtschaftliche Situation des Netzes gehören insbesondere

1. die im Zeitpunkt der Errichtung der Verteilungsanlagen jeweils erstmalig aktivierten Anschaffungs- und Herstellungskosten gemäß § 255 des Handelsgesetzbuchs,
2. das Jahr der Aktivierung der Verteilungsanlagen,
3. die jeweils in Anwendung gebrachten betriebsgewöhnlichen Nutzungsdauern und
4. die jeweiligen kalkulatorischen Restwerte und Nutzungsdauern laut den betreffenden Bescheiden der jeweiligen Regulierungsbehörde.

Die Bundesnetzagentur kann im Einvernehmen mit dem Bundeskartellamt Entscheidungen über den Umfang und das Format der zur Verfügung zu stellenden Daten durch Festlegung gegenüber den Energieversorgungsunternehmen treffen.

§ 47 EnWG
Rügeobliegenheit, Präklusion

(1) Jedes beteiligte Unternehmen kann eine Rechtsverletzung durch Nichtbeachtung der Grundsätze eines transparenten und diskriminierungsfreien Verfahrens nach § 46 Absatz 1 bis 4 nur geltend machen, soweit es diese nach Maßgabe von Absatz 2 gerügt hat. Die Rüge ist in Textform gegenüber der Gemeinde zu erklären und zu begründen.

(2) Rechtsverletzungen, die aufgrund einer Bekanntmachung nach § 46 Absatz 3 erkennbar sind, sind innerhalb der Frist aus § 46 Absatz 4 Satz 4 zu rügen. Rechtsverletzungen, die aus der Mitteilung nach § 46 Absatz 4 Satz 4 erkennbar sind, sind innerhalb von 15 Kalendertagen ab deren Zugang zu rügen. Rechtsverletzungen im Rahmen der Auswahlentscheidung, die aus der Information nach § 46 Absatz 5 Satz 1 erkennbar sind, sind innerhalb von 30 Kalendertagen ab deren Zugang zu rügen. Erfolgt eine Akteneinsicht nach Absatz 3, beginnt die Frist nach Satz 3 für den Antragsteller erneut ab dem ersten Tag, an dem die Gemeinde die Akten zur Einsichtnahme bereitgestellt hat.

(3) Zur Vorbereitung einer Rüge nach Absatz 2 Satz 3 hat die Gemeinde jedem beteiligten Unternehmen auf Antrag Einsicht in die Akten zu gewähren und auf dessen Kosten Ausfertigungen, Auszüge oder Abschriften zu erteilen. Der Antrag auf Akteneinsicht ist in Textform innerhalb einer Woche ab Zugang der Information nach § 46 Absatz 5 Satz 1 zu stellen. Die Gemeinde hat die Einsicht in die Unterlagen zu versagen, soweit dies zur Wahrung von Betriebs- oder Geschäftsgeheimnissen geboten ist.

(4) Hilft die Gemeinde der Rüge nicht ab, so hat sie das rügende Unternehmen hierüber in Textform zu informieren und ihre Entscheidung zu begründen.

(5) Beteiligte Unternehmen können gerügte Rechtsverletzungen, denen die Gemeinde nicht abhilft, nur innerhalb von 15 Kalendertagen ab Zugang der Information nach Absatz 4 vor den ordentlichen Gerichten geltend machen. Es gelten die Vorschriften der Zivilprozessordnung über das Verfahren auf Erlass einer einstweiligen Verfügung. Ein Verfügungsgrund braucht nicht glaubhaft gemacht zu werden.

(6) Ein Vertrag nach § 46 Absatz 2 darf erst nach Ablauf der Fristen aus Absatz 2 Satz 3 und Absatz 5 Satz 1 geschlossen werden.

Übersicht

	Rn.
A. Ausschreibungspflicht von Strom- und Gaskonzessionen	1
I. Begriff der Strom- und Gaskonzession (§ 46 Abs. 1 und 2 EnWG)	1
1. Einfache Wegenutzungsverträge	2
2. Qualifizierte Wegenutzungsverträge	3
II. Einordnung als Dienstleistungskonzession im Sinne von § 105 GWB	5
III. Schwellenwert und Laufzeiten	10
IV. In-House-Vergaben	12
B. Verfahrensgestaltung	13
I. Anzuwendende Verfahrensvorschriften	13
II. Verfahrensart	16
1. Grundsatz der freien Verfahrensgestaltung	16
2. Unzulässigkeit eines offenen Verfahrens	17
3. Kommunikation und Dokumentation	21
III. Zurverfügungstellung der Netzdaten (§ 46a EnWG)	22
1. Gewährleistung eines „level playing field"	23

2. Adressat des Auskunftsanspruchs	24
3. Zeitpunkt der Zurverfügungstellung	25
4. Umfang der Zurverfügungstellung	28
5. Verhältnis zu vertraglichem Auskunftsanspruch	32
IV. Verfahrenseinleitende Bekanntmachung (§ 46 Abs. 3 EnWG)	33
1. Gleichlauf der Bekanntmachung bei regulärer und vorzeitiger Beendigung	34
2. Medium	35
3. Inhalt	37
4. Zeitpunkt der Veröffentlichung	39
5. Interessenbekundungsfrist	41
V. Verfahrensunterlagen, insbesondere Mitteilung von Kriterien und Gewichtung (§ 46 Abs. 4 S. 4 EnWG)	43
1. Zeitpunkt der Mitteilung	43
2. Gestaltungsmöglichkeiten der Mitteilung	44
3. Form der Mitteilung	47
4. Angebotsfrist	48
VI. Kriteriengestaltung	50
1. Eignungskriterien	51
2. Mindestanforderungen	55
3. Zuschlagskriterien (§ 46 Abs. 4 S. 1 bis 3 EnWG)	57
a) Vorrangigkeit der Berücksichtigung der § 1 EnWG-Ziele	61
b) Besondere Bedeutung der Versorgungssicherheit und der Kosteneffizienz	63
c) Angelegenheiten der örtlichen Gemeinschaft	66
d) Anforderungen des jeweiligen Netzgebietes	71
4. Angebotswertung	72
VII. Vorabinformation (§ 46 Abs. 5 S. 1 EnWG)	75
1. Adressat	76
2. Inhalt	77
3. Form	79
4. Frist	80
5. Frühester Zeitpunkt des Vertragsschlusses	81
VIII. Verfahrensabschließende Bekanntmachung (§ 46 Abs. 5 S. 2 EnWG)	86
1. Anwendungsbereich	87
2. Medium	88
3. Inhalt	90
4. Zeitpunkt der Veröffentlichung	92
C. Rügeregime und Rechtsschutz	94
I. Rügeregime (§ 47 Abs. 1 bis 3 EnWG)	97
1. Präklusion (Abs. 1 S. 1)	97
2. Form und Inhalt (Abs. 1 S. 2)	100
a) Form	101
b) Begründung	103
3. Rügefristen (Abs. 2 S. 1 bis 3)	105
a) Rechtsverletzungen, die aufgrund einer Bekanntmachung erkennbar sind (S. 1)	105
b) Rechtsverletzungen, die aus der Mitteilung der Kriterien und deren Gewichtung erkennbar sind (S. 2)	109
c) Rechtsverletzungen im Rahmen der Auswahlentscheidung, die aus der Vorabinformation erkennbar sind (S. 3)	111
4. Akteneinsicht (Abs. 2 S. 4, Abs. 3)	113
a) Zeitpunkt der Entstehung des Akteneinsichtsrechts	117
b) Antragsberechtigung	118
c) Frist für die Antragstellung	119
d) Frist zur Bereitstellung der Akten	122
e) Verlängerung der Rügefrist	123
f) Kosten	124
g) Wahrung von Betriebs- und Geschäftsgeheimnissen	125
II. Rechtsschutz (§ 47 Abs. 4 und 5 EnWG)	128
1. Mitteilung der Nichtabhilfe als Anknüpfungspunkt des Rechtsschutzes (Abs. 4)	128
a) Zeitpunkt der Mitteilung	130
b) Adressat	132
c) Form und Begründung	133
2. Rechtsschutz gegen die Nichtabhilfe (Abs. 5)	136
a) Rechtsweg	138
b) Klageberechtigung	140
c) Klagefrist	141
d) Wert des Streitgegenstands	142
e) Vertragssperre	143

A. Ausschreibungspflicht von Strom- und Gaskonzessionen

I. Begriff der Strom- und Gaskonzession (§ 46 Abs. 1 und 2 EnWG)

1 Was unter einer Strom- bzw. Gaskonzession zu verstehen ist, wird in § 46 Abs. 1 und 2 EnWG normiert. Dabei ist zwischen den einfachen Wegenutzungsverträgen nach § 46 Abs. 1 EnWG und den qualifizierten Wegenutzungsverträgen nach § 46 Abs. 2 S. 1 EnWG zu unterscheiden.

1. Einfache Wegenutzungsverträge

2 Nach § 46 Abs. 1 EnWG haben Gemeinden „ihre öffentlichen Verkehrswege für die Verlegung und den Betrieb von Leitungen, einschließlich Fernwirkleitungen zur Netzsteuerung und Zubehör, zur unmittelbaren Versorgung von Letztverbrauchern im Gemeindegebiet diskriminierungsfrei durch Vertrag zur Verfügung zu stellen". Insoweit handelt es sich hier um die diskriminierungsfreie Erteilung von leitungsbezogenen Wegerechten, z.B. für die Verlegung und den Betrieb einer Direktleitung.[1]

2. Qualifizierte Wegenutzungsverträge

3 Im Vergleich hierzu ist in § 46 Abs. 2 S. 1 EnWG der Abschluss von Verträgen zwischen „Energieversorgungsunternehmen mit Gemeinden über die Nutzung öffentlicher Verkehrswege für die Verlegung und den Betrieb von Leitungen, die zu einem Energieversorgungsnetz der allgemeinen Versorgung im Gemeindegebiet gehören" normiert. Demnach geht es – anders als bei einfachen Wegenutzungsverträgen – um den Abschluss eines gebietsbezogenen Wegenutzungsvertrages.

4 Da anders als bei den Verträgen nach § 46 Abs. 2 S. 1 EnWG die Gemeinde im Falle des § 46 Abs. 1 EnWG nicht Nachfrager einer Dienstleistung für die Allgemeinheit ist[2], sondern die Versorger um den Abschluss eines einfachen Wegenutzungsvertrages zwecks leitungsgebundener Versorgung bitten, kann die **Ausschreibungspflicht** nur Verträge nach § 46 Abs. 2 S. 1 EnWG treffen. Allerdings müssen Gemeinden Verträge nach § 46 Abs. 1 EnWG grundsätzlich diskriminierungsfrei abschließen und können den Vertragsschluss nur aus Gründen der Nichtdiskriminierung oder insbesondere bei Verweigerung der Zahlung der höchstzulässigen Konzessionsabgabe durch den Energieversorger ablehnen. Insoweit beziehen sich die nachfolgenden Ausführungen ausschließlich auf die qualifizierten Wegenutzungsverträge nach § 46 Abs. 2 S. 1 EnWG.

II. Einordnung als Dienstleistungskonzession im Sinne von § 105 GWB

5 Inwieweit sich die Merkmale der qualifizierten Wegenutzung unter den Begriff einer Dienstleistungskonzession gemäß § 105 GWB subsumieren lassen, ist **umstritten** und bislang nicht abschließend geklärt. Der Gesetzgeber geht in den Gesetzesmaterialien zur EnWG-Novelle 2017[3], aber auch in der Gesetzesbegründung zur GWB-Novelle 2016[4] unter Bezugnahme auf den Erwägungsgrund 16 RL 2014/23/EU davon aus, dass es sich bei qualifizierten Wegenutzungsverträgen nach § 46 Abs. 2 S. 1 EnWG nicht um Dienstleistungskonzessionen im Sinne von § 105 GWB handelt. Eine konkrete Begründung dieser Rechtsauffassung erfolgt jedoch nicht. Gleiches gilt auch im Hinblick auf den Gemeinsamen Leitfaden von Bundesnetzagentur

---

1 Danner/Theobald, Energierecht, § 46 EnWG, Rn. 20, 31; Wrede, in: Lau, Vergabe von Energienetzen, S. 49 f.
2 Zur Frage der Gemeinde als Nachfrager vgl. BGH, Urteil v. 17.12.2013 – KZR 66/12, Rn. 48.
3 Gesetzesbegründung, Gesetz zur Änderung der Vorschriften zur Vergabe von Wegenutzungsrechten zur leitungsgebundenen Energieversorgung, BT-Drs. 18/8184, 10.
4 Gesetzesbegründung zu § 105 Abs. 1 GWB, VergRModG 2016, BT-Drs. 18/6281, 76.

und Bundeskartellamt[5] und Teile der Literatur[6]. Jüngst hat das VG Berlin im Falle der Vergabe einer Fernwärmekonzession die Einordnung als Dienstleistungskonzession abgelehnt, da der Wegerechtsinhaber mit dem Wegerecht nicht mit dem Betrieb eines Fernwärmenetzes betraut werde.[7] Einzelne Stimmen in der Literatur[8] lehnen das Vorliegen einer Dienstleistungskonzession entsprechend der Argumentation des VG Berlin ab, da das Beschaffungselement fehle. Es werde keine öffentlich-rechtliche Versorgungs- oder Anschlusspflicht der Gemeinde auf den Netzbetreiber übertragen. Diese ergebe sich aus dem Gesetz und nicht aus dem Konzessionsvertrag. Damit würde der Netzbetreiber in Erfüllung seiner eigenen gesetzlichen Verpflichtung tätig. Würde man dieser Rechtsauffassung folgen, wäre neben den §§ 46 ff. EnWG das GWB-Vergaberecht nicht anwendbar. Es wäre nach den Regelungen der §§ 46 ff. EnWG ein diskriminierungsfreies Verfahren durchzuführen. Die Regelungen der §§ 46 ff. EnWG wurden zwar im Wege der Novelle zum 3. Februar 2017 verbessert, bieten aber weiterhin nicht das Maß an Rechtssicherheit, das durch Anwendung eines langjährigen Systems des GWB-Vergaberechts herbeigeführt werden könnte. Mit anderen Teilen der Literatur[9] – und dem OLG Düsseldorf[10] folgend – wird aus nachfolgenden Erwägungen das Vorliegen einer Dienstleistungskonzession bei der Einordnung von qualifizierten Wegenutzungsverträgen nach § 46 Abs. 2 S. 1 EnWG bejaht.

Der BGH hat festgestellt, dass Gemeinden am Markt als Nachfrager für den Bedarf nach einem sicheren und preisgünstigen Netzbetrieb im Gemeindegebiet auftreten.[11] Mit der Erteilung des Wegerechts wird das Energieversorgungsunternehmen zum Netzbetrieb berechtigt und verpflichtet und übernimmt insoweit im Auftrag der Gemeinde eine Aufgabe der örtlichen Daseinsvorsorge[12] (Bau, Betrieb und Unterhaltung des im Gemeindegebiet befindlichen Energienetzes). Soweit die Gemeinde keinen Interessenten für den Netzbetrieb hätte, müsste sie die Aufgabe der örtlichen Daseinsvorsorge selber erfüllen.[13] Die Gemeinde beschafft daher eine **Dienstleistung**, und zwar die des Netzbetriebes.[14]

6

Mit dem Wegerecht erhält das Energieversorgungsunternehmen zugleich das Recht, den damit einhergehenden Netzbetrieb wirtschaftlich zu **verwerten**. Die wirtschaftliche Verwertung des eingeräumten Rechts besteht in der Vereinnahmung der Netzentgelte von den Netznutzern.[15]

7

Zwar handelt es sich beim Strom- und Gasnetzbetrieb um ein Monopol, allerdings verändert sich der Energiemarkt zu einem dezentralen Markt, der zunehmend auf erneuerbaren Energien beruht und in dem zunehmend Speicher- und Quartierslösungen umgesetzt werden. Insoweit ist ein Nachfragerisiko zu bejahen.[16] Auch trägt der Netzbetreiber das **Risiko** möglicher Insolvenzen der Netznutzer und damit das Risiko, mögliche Erlöse nicht vereinnahmen zu

8

---

5 Bundeskartellamt/Bundesnetzagentur, Gemeinsamer Leitfaden von Bundeskartellamt und Bundesnetzagentur zur Vergabe von Strom- und Gaskonzessionen und zum Wechsel des Konzessionsnehmers, Rn. 14.
6 *Dieck-Bogatzke,* in: Pünder/Schellenberg, Vergaberecht, § 116 GWB Rn. 15; *Graef/Faasch,* NZBau 2014, 548; *Schwab/Giesemann,* VergabeR 2014, 351 (366); *Weiß,* EnWZ 2014, 435 (435).
7 VG Berlin, Urteil v. 30.6.2017 – VG 4 K 16.15, Rn. 112.
8 *Wegner,* in: Säcker, Energierecht, § 146 EnWG Rn. 116 (Fn. 34); *Moser/Schnabel,* ew 2008, 20 (22 f.).
9 *Braun,* NZBau 2015, 355 (357); *Byok,* RdE 2008, 268; *Donhauser/Hölzlwimmer,* VergabeR 2015, 143; *Donhauser/Hölzlwimmer,* VergabeR 2015, 509 (516); *Dörr,* in: Burgi/Dreher, Vergaberecht, Einl. GWB Rn. 88 f.; *Hofmann/Zimmermann,* NZBau 2016, 71; *Jung,* Stadt und Gemeinde 2016, 403 (404 f.); *Kupfer,* NVwZ 2017, 428 (433); *Opitz,* NVwZ 2014, 753 (757); *Theobald/Wolkenhauer,* DÖV 2016, 724 (730); *Wagner/Pfohl,* ZfBR 2014, 745 (747); *Weiß,* NVwZ 2014, 1415 (1419); Unterrichtung durch die Bundesregierung, Sondergutachten der Monopolkommission gemäß § 62 Absatz 1 des Energiewirtschaftsgesetzes, BT-Drs. 17/7181, 28.
10 OLG Düsseldorf, Urteil v. 15.7.2015 – VI-2 Kart 1/15 (V), Rn. 70; a. A. OLG Brandenburg, Urteil v. 22.8.2017 – 6 U 1/17 Kart, Rn. 120.
11 BGH, Urteil v. 17.12.2013 – KZR 66/12, Rn. 48.
12 Zur Aufgabe der örtlichen Daseinsvorsorge: BVerwG, Urteil v. 18.5.1995 – 7 C 58.94; *Donhauser/Hölzlwimmer,* VergabeR 2015, 509 (517); *Fischer/Wolf/Embacher,* RdE 2012, 274 (277); *Hellermann,* Örtliche Daseinsvorsorge und gemeindliche Selbstverwaltung, S. 283; *Templin,* Recht der Konzessionsverträge, S. 255.
13 Hierzu *Templin,* Recht der Konzessionsverträge, S. 255.
14 Vgl. *Donhauser/Hölzlwimmer,* VergabeR 2015, 509 (511 f.); *Hofmann/Zimmermann,* NZBau 2016, 71 (73); *Jung,* Stadt und Gemeinde 2016, 403 (404 f.); *Reimann,* in: Lau, Vergabe von Energienetzen, S. 122 ff.
15 *Reimann,* in: Lau, Vergabe von Energienetzen, S. 129.
16 Vgl. *Jung,* Stadt und Gemeinde 2016, 403 (405).

können.[17] Auch das dem Netzbetrieb zugrunde liegende System der Anreizregulierung ändert nichts an der Übernahme des Betriebsrisikos, da der Netzbetreiber nur durch Abbau von Ineffizienzen eine Erhöhung der Renditen erzielt.[18]

9 Der so oft in Bezug genommene **Erwägungsgrund 16 RL 2014/23/EU** kann nicht herangezogen werden, um dem Anwendungsbereich des § 105 GWB zu entgehen.[19] Bei dem Erwägungsgrund 16 RL 2014/23/EU handelt es sich nicht um eine Ausnahmevorschrift mit Regelungscharakter, sondern um eine der nationalen Gesetzgebung vergleichbare Gesetzesbegründung, die der Auslegung dient.[20] Anders als im Bereich der Wasserkonzessionen hat der europäische Gesetzgeber zudem auf einen ausdrücklichen Ausnahmetatbestand für Strom- und Gaskonzessionen verzichtet. Vielmehr ist dem Erwägungsgrund 16 RL 2014/23/EU zu entnehmen, dass derartige Vereinbarungen, die „den Erwerb von Dienstleistungen durch den öffentlichen Auftraggeber oder den Auftraggeber für sich selbst oder für Endnutzer vorsehen", durchaus als Konzessionen im Sinne der Richtlinie eingeordnet werden können. Auch aus der Historie der Richtliniengesetzgebung folgt, dass der europäische Gesetzgeber Konzessionen nach § 46 Abs. 2 S. 1 EnWG nicht aus dem Anwendungsbereich der RL 2014/23/EU herausnehmen wollte. Der Bundesrat forderte neben einer Ausnahme für Wasserkonzessionen auch eine Ausnahme für Wegenutzungsverträge im Energiebereich.[21] Tatsächlich umgesetzt wurde aber lediglich die Ausnahme für den Wasserbereich mit einem eigenen Ausnahmetatbestand.[22]

III. Schwellenwert und Laufzeiten

10 Der aktuelle **Schwellenwert** für Konzessionen nach § 106 Abs. 2 Nr. 4 GWB liegt bei 5.548.000 Euro netto. Nach § 106 Abs. 1 GWB i.V.m. § 2 Abs. 3 KonzVgV ist der voraussichtliche Gesamtumsatz ohne Umsatzsteuer, den der Konzessionsnehmer während der Vertragslaufzeit erzielt, zugrunde zu legen. Insoweit gilt es zu prognostizieren, welchen Gesamtumsatz ohne Umsatzsteuer das Energieversorgungsunternehmen mit dem Netzbetrieb über die Laufzeit der Konzession erzielt.

11 Für die Berechnung eines prognostizierten Gesamtumsatzes ohne Umsatzsteuer ist die **Laufzeit** des Konzessionsvertrages von besonderer Bedeutung. § 46 Abs. 2 S. 1 EnWG sieht für Konzessionsverträge eine Höchstlaufzeit von zwanzig Jahren vor. § 3 Abs. 1 S. 1 KonzVgV sieht eine beschränkte Laufzeit von Konzessionen vor. § 3 Abs. 2 S. 1 KonzVgV verlangt aber, dass Konzessionen mit einer Laufzeit von über fünf Jahren nicht länger laufen dürfen als für einen Zeitraum, innerhalb dessen der Konzessionsnehmer nach vernünftigem Ermessen die Investitionsaufwendungen für die Erbringung der Dienstleitung zuzüglich einer Rendite auf das investierte Kapital unter Berücksichtigung der für die Verwirklichung der spezifischen Vertragsziele notwendigen Investitionen wieder erwirtschaften kann. Dabei sind sowohl die zu Anfang als auch die während der Laufzeit der Konzessionen vorzunehmenden Investitionen zu berücksichtigen, vgl. § 3 Abs. 2 S. 2 KonzVgV. Bei Strom- und Gaskonzessionen ist eine Höchstlaufzeit von zwanzig Jahren aufgrund der mit dem Netzerwerb und dem Netzbetrieb verbundenen Investitionskosten möglich. Auch wenn der EnWG-Gesetzgeber damals die Regelung des § 3 Abs. 2 S. 1 KonzVgV nicht kennen konnte, ist davon auszugehen, dass er bei Festlegung der Höchstlaufzeit von 20 Jahren für den „Wettbewerb um das Netz" auch Investitionsaufwendungen des Netzbetreibers berücksichtigt hat. In der Regel wird der Gesamtumsatz des Netzbetreibers (ohne Umsatzsteuer) über eine Laufzeit von zwanzig Jahren den aktuell geltenden Schwellenwert für Konzessionsvergaben übersteigen.

---

17 Hierzu auch *Reimann*, in: Lau, Vergabe von Energienetzen, S. 130.
18 *Jung*, Stadt und Gemeinde 2016, 403 (405); *Mohr*, RdE 2016, 269 (276); *Reimann*, in: Lau, Vergabe von Energienetzen, S. 130.
19 Zum Erwägungsgrund 16 RL 2014/23/EU z.B. VG Berlin, Urteil v. 30.6.2017 – VG 4 K 16.15, Rn 112.
20 EuGH, Urteil v. 2.4.2009 – Rs. C-134/08 (Tyson Parketthandel).
21 Vgl. Stellungnahme des Bundesrates v. 30.3.2012 zum Vorschlag für eine Richtlinie des Europäischen Parlaments und des Rates über die Konzessionsvergabe, COM (2011) 897 final, Ratsdokument 18960/11, BR-Drs. 874/11, Nr. 11 und Nr. 14.
22 Vgl. Art. 12 RL 2014/23/EU bzw. § 149 Nr. 9 lit. a GWB.

IV. In-House-Vergaben

Die Konzessionsvergaberichtlinie regelt die Möglichkeit einer In-House-Vergabe, vgl. Art. 17 RL 2014/23/EU, welche der nationale Gesetzgeber in § 108 GWB umgesetzt hat. Danach können Gemeinden bei Vorliegen der normierten Voraussetzungen einen Auftrag ohne Ausschreibung vergeben. Den Mitgliedstaaten bleibt es aber unbenommen, bei der Umsetzung der Richtlinien zugunsten des Wettbewerbes strengere Regelungen zu treffen[23] bzw. auf Ausnahmetatbestände zu verzichten oder diese einzuschränken. Insoweit kann man den Regelungen in den §§ 46 ff. EnWG, trotz der Bestrebungen im Gesetzgebungsverfahren eine In-House-Vergabe vorzusehen[24], eine Aussage dahingehend entnehmen, dass eine In-House-Vergabe bei der Vergabe von Strom- und Gaskonzessionen im Sinne von § 46 Abs. 2 EnWG nicht möglich sein soll. Anders gewendet dürften die §§ 46 ff. EnWG – insbesondere unter Beachtung der Gesetzgebungshistorie – als Spezialregelung die Anwendbarkeit des § 108 GWB in europarechtskonformer und wettbewerbsfördernder Weise ausschließen. Bezogen auf Strom- und Gaskonzessionsvergaben ist höchstrichterlich durch den BGH entschieden, dass Gemeinden auch bei einer Übertragung an einen Eigenbetrieb das Diskriminierungsverbot nach § 46 Abs. 1 EnWG zu berücksichtigen haben und insoweit In-House-Vergaben ausgeschlossen sind.[25] § 46 Abs. 6 EnWG ordnet ausdrücklich die Anwendung von § 46 Abs. 2 bis 5 EnWG und damit die Verfahrensregeln auch für Eigenbetriebe an.

B. Verfahrensgestaltung

I. Anzuwendende Verfahrensvorschriften

Bei der Vergabe von Strom- und Gaskonzessionen im Sinne von § 46 Abs. 2 EnWG sind vorrangig die speziellen kürzlich umfassend novellierten und am 3. Februar 2017 in Kraft getretenen Regelungen der §§ 46 ff. EnWG zu beachten. Vor dem Hintergrund der obigen Ausführungen sind darüber hinaus bei Vorliegen aller weiteren Voraussetzungen (z.B. auch ein Erreichen/Überschreiten des maßgeblichen Schwellenwertes im Sinne des § 106 GWB) die §§ 148 bis 153 GWB, die sonstigen Vorschriften des Teil 4 GWB nach Maßgabe des § 154 GWB sowie die KonzVgV zu berücksichtigen.

Ausgangspunkt der Vergabe von Strom- und Gaskonzessionen sind zunächst die Regelungen der §§ 46 ff. EnWG. Diese sind nicht nur eine Spezialregelung gegenüber den (ebenfalls anwendbaren) allgemeinen Missbrauchsregelungen (§§ 19, 20 GWB) zur Begrenzung der Marktmacht der Gemeinde als Anbieter des Wegenutzungsrechts, sondern sind zugleich als – wenn auch vom nationalen Gesetzgeber nicht intendierte – Konkretisierung des für die Vergabe von Dienstleistungskonzessionen anzuwendenden Kartellvergaberechts anzusehen. Zuvorderst ist daher auf die §§ 46 ff. EnWG und die dazu bzw. zu den Vorgängernormen ergangene Rechtsprechung abzustellen. Enthalten die §§ 46 ff. EnWG keine speziellen Regelungen, ist auf das Kartellvergaberecht für die Vergabe von Dienstleistungskonzessionen, insbesondere auf die KonzVgV, zurückzugreifen.

Soweit sich die §§ 46 ff. EnWG und das europäische Kartellvergaberecht nicht decken oder gar widersprechen, stellt sich im Einzelfall die Frage nach der anzuwendenden Rechtsnorm. In einem solchen Fall ist zu beachten, dass nach der Rechtsprechung nationale Abweichungen vom europäischen Vergaberecht grundsätzlich zulässig sind, wenn sie zu strengeren Vergabemaßstäben als dem europäischen Mindeststandard führen.[26] Dies bedeutet für **Kollisions-**

---

23 Vgl. VGH Mannheim, Beschluss v. 22.8.2013 – 1 S 1047/13, Rn. 27, ZNER 2014, 305.
24 Energienetze zurück in die öffentliche Hand – Rechtssicherheit bei der Rekommunalisierung schaffen, Antrag der Abgeordneten Caren Lay, Eva Bulling-Schröter, Kerstin Kassner, Dr. Dietmar Bartsch, Herbert Behrens, Karin Binder, Heidrun Bluhm, Roland Claus, Sabine Leidig, Ralph Lenkert, Michael Leutert, Dr. Gesine Lötzsch, Thomas Lutze, Dr. Kirsten Tackmann, Hubertus Zdebel und der Fraktion DIE LINKE, BT-Drs. 18/4323, 1 ff.
25 BGH, Urteil v. 17.12.2013 – KZR 65/12, Rn. 34; vgl. hierzu auch OLG Stuttgart, Urteil v. 19.11.2015 – U 60/15; BKartA, Beschluss v. 30.11.2012 – B8-101/11, Rn. 69.
26 VGH Mannheim, Beschluss v. 22.8.2013 – 1 S 1047/13, Rn. 27, ZNER 2014, 305.

fälle, dass die §§ 46 ff. EnWG anzuwenden sind, sofern sie zu strengeren Vorgaben bzw. einem höheren Schutzniveau zugunsten des Wettbewerbs führen als insbesondere in den RL 2014/23/EU, 2014/24/EU, 2014/25/EU und 2007/66/EG vorgegeben und durch den nationalen Gesetzgeber umgesetzt.

II. Verfahrensart

1. Grundsatz der freien Verfahrensgestaltung

16 Die §§ 46 ff. EnWG schreiben für die Vergabe von Strom- und Gaskonzessionen im Sinne von § 46 Abs. 2 EnWG keine konkrete Verfahrensart vor, sodass die Gemeinde im Sinne von § 151 S. 3 GWB i.V.m. § 12 Abs. 1 S. 1 KonzVgV bei der Wahl der Verfahrensart grundsätzlich frei ist. Insbesondere kann sie das Verfahren gemäß § 12 Abs. 1 S. 2 KonzVgV – wie in der bisherigen Praxis üblich – als Verhandlungsverfahren mit Teilnahmewettbewerb durchführen.

2. Unzulässigkeit eines offenen Verfahrens

17 Zwar kann das Verfahren nach § 12 Abs. 2 S. 1 KonzVgV nicht nur zweistufig, sondern auch einstufig, d.h. als offenes Verfahren ausgestaltet werden, allerdings erfährt diese Gestaltungsfreiheit durch die spezielleren Regelungen der §§ 46 ff. EnWG mit den im Folgenden erörterten Erwägungen eine – zulässige – Einschränkung dahingehend, dass ein offenes Verfahren, d.h. eine Aufforderung zur Abgabe von Angeboten bereits in der verfahrenseinleitenden Bekanntmachung, nicht möglich ist. Zwar enthalten die §§ 46 ff. EnWG insoweit keine ausdrückliche Vorgabe, dass das Vergabeverfahren mehrstufig auszugestalten ist, allerdings folgt dies bei näherer Betrachtung zum einen aus § 46 Abs. 4 S. 4 EnWG und zum anderen aus der Systematik der §§ 46, 47 EnWG.

18 **§ 46 Abs. 4 S. 4 EnWG** lautet wie folgt:

> „Die Gemeinde hat jedem Unternehmen, das innerhalb einer von der Gemeinde in der Bekanntmachung […] gesetzten Frist […] ein Interesse an der Nutzung der öffentlichen Verkehrswege bekundet, die Auswahlkriterien und deren Gewichtung in Textform mitzuteilen."

Daraus lässt sich entnehmen, dass der Gesetzgeber von einer schrittweisen Abfolge – Bekanntmachung durch die Gemeinde (Schritt 1), Interessenbekundung durch das Unternehmen auf die Bekanntmachung hin (Schritt 2) und Mitteilung der Kriterien nebst Gewichtung (Schritt 3) – ausgeht. Insbesondere folgt aus § 46 Abs. 4 S. 4 EnWG, dass die Bekanntmachung und die Mitteilung der Kriterien nebst Gewichtung zwei voneinander unabhängige Vorgänge sind, die zeitlich getrennt aufeinanderfolgen, wobei das Bindeglied die Interessenbekundung ist. Dies steht einem Verständnis dahingehend, dass in der Bekanntmachung bereits eine Angebotsabfrage stattfindet, entgegen. So kann man die Formulierung „jedem Unternehmen, das […] Interesse bekundet hat" nur dahingehend verstehen, dass nur den Unternehmen, die ihr Interesse bekundet haben, die „Auswahlkriterien und deren Gewichtung" mitzuteilen sind, d.h. eine Mitteilung gegenüber der Allgemeinheit gerade nicht erfolgen soll. Da § 46 Abs. 4 S. 4 EnWG nur von „Auswahlkriterien" spricht und damit Zuschlagskriterien meint, sind die Eignungskriterien hingegen nicht umfasst, sodass deren Mitteilung schon in der Bekanntmachung nicht ausgeschlossen ist. Nimmt man § 46 Abs. 4 S. 4 EnWG in Bezug auf die Begrifflichkeit „Mitteilung" beim Wort, spricht dies für eine von der Gemeinde als Vergabestelle auf den (einzelnen) Bewerber hin gerichtete aktive (Zurverfügungstellungs-)Handlung in Bezug auf die Kriterien nebst Gewichtung, was sich ebenfalls mit der Einstellung der Bekanntmachung im Bekanntmachungsmedium kaum vereinbaren ließe. In diesem Sinne steht in den Gesetzesmaterialien:

„Den Zeitpunkt der Übermittlung der Auswahlkriterien und deren Gewichtung von der Gemeinde an das jeweilige Unternehmen regelt die Vorschrift nicht."[27]

Auch dies deutet darauf hin, dass der Gesetzgeber von einer individuellen Mitteilung der Kriterien und der Gewichtung zeitlich nachgelagert zur Bekanntmachung ausgeht. Auch führt der Gesetzgeber in den Gesetzesmaterialien aus:

„In der Regel wird die Gemeinde abwarten, bis alle Interessenbekundungen eingegangen sind, und die Informationen anschließend zeitgleich an alle Bewerber versenden."[28]

Auch der **systematische Aufbau** der Rügeobliegenheiten bestätigt die vorstehenden Ausführungen. So hält der Gesetzgeber schlussendlich in den Gesetzesmaterialien fest:

„[§ 47] Absatz 2 [EnWG] sieht zeitlich abgestufte Rügeobliegenheiten vor"[29]

und unterstreicht damit die in Wortlaut und Systematik von § 47 Abs. 2 EnWG angelegte zeitliche Staffelung insbesondere von Bekanntmachung und Mitteilung der Kriterien nebst Gewichtung.

Vor diesem Hintergrund ist das Verfahren zumindest **zweistufig** anzulegen, d.h., zunächst erfolgt eine Interessenbekundung mit Eignungsprüfung (Teilnahmewettbewerb) und daran anschließend die Angebotsaufforderung, sodass durch die §§ 46 ff. EnWG als die die KonzVgV für die Vergabe von Strom- und Gaskonzessionen grundsätzlich konkretisierenden Vorschriften eine Aufforderung zur Abgabe von (indikativen oder gar verbindlichen) Angeboten bereits im Rahmen der Bekanntmachung ausgeschlossen ist. Nicht reglementiert ist hingegen der weitere Verfahrensgang, d.h., ob vor den verbindlichen Angeboten ein oder mehrere indikative Angebote abverlangt werden und zwischen den Angeboten eine Verhandlungsrunde mit den Bietern stattfindet. Allein eine Aufforderung zu Angebotsabgabe mit der Bekanntmachung ist ausgeschlossen.

3. Kommunikation und Dokumentation

Mangels entsprechender Regelungen in den §§ 46 ff. EnWG sind für die Kommunikation die Vorgaben der §§ 7 ff. KonzVgV – bis zum 18. Oktober 2018 unter Berücksichtigung der Übergangsregelung in § 34 KonzVgV – zu beachten. Bezüglich der Dokumentation und der Vergabevermerke ist § 6 KonzVgV zu berücksichtigen.

III. Zurverfügungstellung der Netzdaten (§ 46a EnWG)

Bezüglich der Datenabfrage und -bereitstellung ist die Vorschrift des § 46a EnWG heranzuziehen. Danach ist der bisherige Nutzungsberechtigte verpflichtet, der Gemeinde spätestens ein Jahr vor der Bekanntmachung diejenigen Informationen über die technische und wirtschaftliche Situation des Netzes zur Verfügung zu stellen, die für eine Bewertung des Netzes im Rahmen einer Bewerbung um den Abschluss eines qualifizierten Wegenutzungsvertrages erforderlich sind.

1. Gewährleistung eines „level playing field"

Um das Verfahren zur Vergabe der Strom- bzw. Gaskonzession transparent und diskriminierungsfrei durchführen zu können, muss die Gemeinde die auf ihre Anfrage vom Bestandskonzessionär erhaltenen Netzdaten den an der Teilnahme am Verfahren interessierten Unternehmen zur Verfügung stellen. Diese bilden dann eine wesentliche Grundlage für die Entschei-

---

[27] Gesetzesbegründung zu § 46 Abs. 4 S. 4 EnWG, Gesetz zur Änderung der Vorschriften zur Vergabe von Wegenutzungsrechten zur leitungsgebundenen Energieversorgung, BT-Drs. 18/8184, 15. Unterstreichung durch die Verfasser.

[28] Gesetzesbegründung zu § 46 Abs. 4 S. 4 EnWG, Gesetz zur Änderung der Vorschriften zur Vergabe von Wegenutzungsrechten zur leitungsgebundenen Energieversorgung, BT-Drs. 18/8184, 15. Unterstreichung durch die Verfasser.

[29] Gesetzesbegründung zu § 47 Abs. 2 EnWG, Gesetz zur Änderung der Vorschriften zur Vergabe von Wegenutzungsrechten zur leitungsgebundenen Energieversorgung, BT-Drs. 18/8184, 16.

dung von Unternehmen, am Verfahren teilzunehmen, da erst hierdurch auch eine Bewertung des Netzes und damit eine Abschätzung der voraussichtlichen Übernahmekosten für das Netz ermöglicht wird.[30] Die Daten dienen darüber hinaus auch der Gewährleistung eines „level playing field" zwischen dem Bestandskonzessionär und den sonstigen teilnehmenden Unternehmen, da sie nicht nur für die Teilnahmeentscheidung, sondern auch für die Angebotslegung, z.B. in Bezug auf Kriterien zur Investitionsplanung, Instandhaltungsplanung, etc. Bedeutung erlangen können.

2. Adressat des Auskunftsanspruchs

24 Adressat des gesetzlichen Auskunftsanspruchs nach § 46a EnWG ist der bisherige Nutzungsberechtigte, d.h. der Bestandskonzessionär. Insoweit besteht der Anspruch im Verhältnis der Vertragspartner des auslaufenden Konzessionsvertrages. Eine vom Bundesrat angeregte ausdrückliche Erweiterung des Adressatenkreises auch auf den Eigentümer des Energieversorgungsnetzes[31] wurde im weiteren Gesetzgebungsverfahren verworfen[32]. Insoweit muss der Nutzungsberechtigte im Falle eines Auseinanderfallens von Konzession und Eigentum als Adressat der Datenherausgabepflicht entsprechende Vorkehrungen zur Erfüllung seiner gesetzlichen Verpflichtung treffen.

3. Zeitpunkt der Zurverfügungstellung

25 Ausweislich des § 46a S. 1 EnWG sind die Netzdaten spätestens ein Jahr vor Bekanntmachung, in Zusammenschau mit § 46 Abs. 3 S. 1 EnWG also spätestens drei Jahre vor Vertragsende, herauszugeben.

26 Durch die Formulierung **„spätestens"** wird klargestellt, dass eine frühere Abfrage seitens der Gemeinde möglich ist. Allerdings ist eine Aufforderung zur Datenübermittlung erst im unmittelbaren zeitlichen Vorfeld der Einleitung des Konzessionierungsverfahrens empfehlenswert, um mit größtmöglicher Aktualität der Netzdaten ins Verfahren zu gehen.

27 Im Anwendungsbereich des Kartellvergaberechts dürfte sich die **Fristberechnung** in entsprechender Anwendung des § 36 KonzVgV nach der VO (EWG, Euratom) 1182/71 richten. Sofern das Kartellvergaberecht nicht einschlägig ist, dürfte für die Berechnung der Frist auf die Grundsätze der §§ 187 ff. BGB zurückzugreifen sein.

4. Umfang der Zurverfügungstellung

28 Die Gemeinde hat gegen den Nutzungsberechtigten einen Anspruch auf Bereitstellung derjenigen technischen und wirtschaftlichen Netzdaten, die für eine Bewertung des Netzes im Rahmen einer Bewerbung um den Abschluss eines Strom- bzw. Gaskonzessionsvertrages **erforderlich** sind. Mit Blick auf die Zielsetzung in Gestalt der Gewährleistung eines „level playing field" ist das Merkmal der Erforderlichkeit eher weit auszulegen.

29 Zur Abschätzung der voraussichtlichen Netzübernahmekosten zur Entscheidung des Unternehmens über die Teilnahme und zur Angebotslegung sind vor dem Hintergrund des Systems der Anreizregulierung im Hinblick auf die Verteilungsanlagen insbesondere die historischen Anschaffungs- und Herstellungskosten gemäß § 255 HGB, das Jahr der Aktivierung, die betriebsgewöhnlichen Nutzungsdauern sowie die jeweiligen kalkulatorischen Restwerte und Nutzungsdauern laut den betreffenden Bescheiden der jeweiligen Regulierungsbehörde von Bedeutung.[33] Daher hat der Gesetzgeber die vorgenannten Daten als von dem Nutzungsberechtigten zur Verfügung zu stellende wirtschaftliche Informationen zum Versorgungsnetz in

---

30 Vgl. Gesetzesbegründung zu § 46a EnWG, Gesetz zur Änderung der Vorschriften zur Vergabe von Wegenutzungsrechten zur leitungsgebundenen Energieversorgung, BT-Drs. 18/8184, 16.
31 Stellungnahme des Bundesrates zu § 46a S. 1 EnWG, Gesetz zur Änderung der Vorschriften zur Vergabe von Wegenutzungsrechten zur leitungsgebundenen Energieversorgung, BT-Drs. 18/8184, 20 f.
32 Vgl. Gegenäußerung der Bundesregierung, Gesetz zur Änderung der Vorschriften zur Vergabe von Wegenutzungsrechten zur leitungsgebundenen Energieversorgung, BT-Drs. 18/8184, 27.
33 Gesetzesbegründung zu § 46a EnWG, Gesetz zur Änderung der Vorschriften zur Vergabe von Wegenutzungsrechten zur leitungsgebundenen Energieversorgung, BT-Drs. 18/8184, 16.

den nicht abschließenden („insbesondere") **Beispielkatalog** des § 46a S. 2 EnWG aufgenommen und damit im Grundsatz die Rechtsprechung des BGH[34] zum Umfang der herauszugebenden kalkulatorischen Netzdaten kodifiziert.

Konkretere **(Mindest-)Vorgaben** zu den herauszugebenden Informationen zur technischen Situation des Netzes hat der Gesetzgeber nicht in § 46a EnWG aufgenommen. Allerdings ist die Herausgabe der technischen Daten in der bisherigen Praxis weniger streitbefangen.

30

Zwar betont der Gesetzgeber in den Gesetzesmaterialien, dass der Gemeinsame **Leitfaden** von Bundeskartellamt und Bundesnetzagentur zur Vergabe von Strom- und Gaskonzessionen und zum Wechsel des Konzessionsnehmers[35] praxisrelevante Beispiele nennt, allerdings ist dieser – soweit er im Hinblick auf die wirtschaftlichen Daten über den Katalog des § 46a S. 2 EnWG hinausgeht – als unverbindlicher Leitfaden nicht verpflichtend. Insoweit bedürfte es schon einer Feststellung im Sinne von § 46a S. 3 EnWG durch die Bundesnetzagentur im Einvernehmen mit dem Bundeskartellamt, von der bisher allerdings kein Gebrauch gemacht wurde. Dennoch ist der Gemeinde im Interesse des Wettbewerbs und mit Blick auf die effektive Schaffung eines „level playing field" zu raten, die Netzdaten vom Umfang her nach dem jeweils aktuellen Leitfaden abzufragen.

31

5. Verhältnis zu vertraglichem Auskunftsanspruch

Neben dem gesetzlichen Anspruch nach § 46a EnWG besteht – abgesehen von einem als Nebenpflicht aus dem Bestandskonzessionsvertrag abzuleitenden Informationsanspruch – in vielen Fällen auch ein konkret im Bestandskonzessionsvertrag geregelter Anspruch der Gemeinde auf Herausgabe von technischen und wirtschaftlichen Netzdaten.

32

IV. Verfahrenseinleitende Bekanntmachung (§ 46 Abs. 3 EnWG)

Im Hinblick auf die verfahrenseinleitende Bekanntmachung enthalten sowohl § 46 EnWG als auch die KonzVgV Regelungen, die sich teilweise ergänzen, die zum Teil aber auch voneinander abweichen und insoweit in Einklang gebracht werden müssen.

33

1. Gleichlauf der Bekanntmachung bei regulärer und vorzeitiger Beendigung

Sowohl im Falle des regulären Endes eines Konzessionsvertrages (vgl. § 46 Abs. 3 S. 1 EnWG) als auch im Falle der vorzeitigen Beendigung eines Konzessionsvertrages (vgl. § 46 Abs. 3 S. 3 EnWG) hat eine Bekanntmachung zu erfolgen. [36]

34

2. Medium

Nach § 46 Abs. 3 S. 1 **EnWG** ist die verfahrenseinleitende Bekanntmachung im Bundesanzeiger zu veröffentlichen. Darüber hinaus ist diese nach § 46 Abs. 3 S. 2 EnWG zusätzlich im Amtsblatt der Europäischen Union zu veröffentlichen, wenn im Gemeindegebiet mittelbar oder unmittelbar mehr als 100.000 Kunden an das Versorgungsnetz angeschlossen sind.

35

Hingegen sieht § 19 **KonzVgV** in Umsetzung der RL 2014/23/EU zwingend eine verfahreneröffnende Bekanntmachung im Amtsblatt der Europäischen Union vor und ermöglicht zusätzlich eine Bekanntmachung im Bundesanzeiger, wobei diese nur Angaben enthalten darf, die in der Bekanntmachung im Amtsblatt der Europäischen Union enthalten sind. Die Bekanntmachung im Bundesanzeiger darf frühestens 48 Stunden nach der Bestätigung durch das Amt für Veröffentlichungen der Europäischen Union und unter Angabe des Datums der Übermittlung an das Amt für Veröffentlichungen der Europäischen Union veröffentlicht werden (vgl. § 23 Abs. 3 KonzVgV). Vor diesem Hintergrund ist zur Gewährleistung des nach dem Europarecht vorgesehenen Mindestniveaus (vgl. Art. 31 und 33 RL 2014/23/EU) für den Fall, dass der

36

---

34 BGH, Urteil v. 14.4.2015 – EnZR 11/14, NVwZ-RR 2015, 670.
35 Bundeskartellamt/Bundesnetzagentur, Gemeinsamer Leitfaden von Bundeskartellamt und Bundesnetzagentur zur Vergabe von Strom- und Gaskonzessionen und zum Wechsel des Konzessionsnehmers, insbesondere Rn. 38 ff.
36 Vgl. hierzu auch BGH, Urteil v. 18.11.2014 – EnZR 33/13.

geschätzte Vertragswert den EU-Schwellenwert erreicht oder überschreitet, in jedem Fall eine Bekanntmachung im Amtsblatt der Europäischen Union zu veröffentlichen, und zwar auch dann, wenn im jeweiligen Gemeindegebiet mittelbar oder unmittelbar nicht mehr als 100.000 Kunden an das Versorgungsnetz angeschlossen sind. Des Weiteren muss auch unter Beachtung der Vorgaben des § 23 Abs. 3 KonzVgV eine Veröffentlichung der Bekanntmachung im Bundesanzeiger erfolgen, um der Vorgabe des § 46 Abs. 3 S. 1 EnWG Rechnung zu tragen.

3. Inhalt

37 Gemäß § 46 Abs. 3 S. 1 **EnWG** ist in der Bekanntmachung das Vertragsende des auslaufenden Strom- bzw. Gaskonzessionsvertrages zu nennen und ein ausdrücklicher Hinweis auf die nach § 46a EnWG von der Gemeinde in geeigneter Form zu veröffentlichenden Daten sowie der Ort der Veröffentlichung aufzunehmen.

38 Sofern der geschätzte Vertragswert den EU-Schwellenwert erreicht oder überschreitet, sind für die Bekanntmachung im Amtsblatt der Europäischen Union und sinnvollerweise deckungsgleich für die nationale Bekanntmachung im Bundesanzeiger über die aus § 46 Abs. 3 S. 1 EnWG folgenden Angaben hinaus die aus der **KonzVgV** (insbesondere aus den §§ 19, 13, 25 und 26) folgenden Vorgaben zu beachten.

4. Zeitpunkt der Veröffentlichung

39 Nach § 46 Abs. 3 S. 1 EnWG muss die verfahrenseinleitende Bekanntmachung mindestens zwei Jahre vor Ablauf bzw. Beendigung des Konzessionsvertrages erfolgen. Diese konkretisierende Vorgabe muss auch für den Fall, dass der geschätzte Vertragswert den EU-Schwellenwert erreicht oder überschreitet, beachtet werden.

40 Ist der Anwendungsbereich des Kartellvergaberechts eröffnet, dürfte sich die **Fristberechnung** in entsprechender Anwendung des § 36 KonzVgV nach der VO (EWG, Euratom) 1182/71 richten. Sofern das Kartellvergaberecht nicht einschlägig ist, dürfte für die Berechnung der Frist auf die Grundsätze der §§ 187 ff. BGB zurückzugreifen sein.

5. Interessenbekundungsfrist

41 Aus § 46 Abs. 4 S. 4 **EnWG** ergibt sich, dass die Interessenbekundungsfrist mindestens drei Monate betragen muss. Die Drei-Monats-Frist wurde nunmehr ausdrücklich für alle Fälle von verfahrenseinleitenden Bekanntmachungen, d.h. bei Auslaufen des Konzessionsvertrages (vgl. § 46 Abs. 4 S. 4 EnWG) wie auch bei vorzeitiger Verlängerung eines Konzessionsvertrages (vgl. § 46 Abs. 3 S. 3 EnWG), ausdrücklich und einheitlich normiert.

42 Dagegen ist die aus § 27 Abs. 3 **KonzVgV** folgende Mindestfrist von 30 Tagen ab Absendung der Bekanntmachung an das Amt für Veröffentlichungen der Europäischen Union deutlich kürzer. Mit Blick darauf, dass die 30-Tage-Frist des § 27 Abs. 3 KonzVgV eine Mindestfrist ist, also überschritten werden kann, ist auch in Fällen, in denen der geschätzte Vertragswert den EU-Schwellenwert erreicht oder überschreitet, über § 46 EnWG als wettbewerbsfreundliche Spezialregelung eine Interessenbekundungsfrist von mindestens drei Monaten vorzusehen. Nicht zuletzt auch, um potenziellen Bewerbern für die Entscheidung über eine konkrete Interessenbekundung ausreichend Zeit zu gewähren, hat der Gesetzgeber eine Mindestfrist von drei Monaten vorgesehen.[37] Diese bieter- und wettbewerbsschützende Vorschrift muss daher eingehalten werden.

---

[37] Gesetzesbegründung zu § 46 Abs. 4 S. 4 EnWG, Gesetz zur Änderung der Vorschriften zur Vergabe von Wegenutzungsrechten zur leitungsgebundenen Energieversorgung, BT-Drs. 18/8184, 15.

V. Verfahrensunterlagen, insbesondere Mitteilung von Kriterien und Gewichtung (§ 46 Abs. 4 S. 4 EnWG)

1. Zeitpunkt der Mitteilung

Gemäß § 17 Abs. 1 KonzVgV müssen die Vergabeunterlagen, zu denen nach § 16 KonzVgV insbesondere die Leistungsbeschreibung, der Entwurf der Vertragsbedingungen, die Vorlage für die Einreichung von Unterlagen sowie die Informationen über allgemeingültige Verpflichtungen, aber auch die Auswahlkriterien und deren Gewichtung zählen, spätestens mit der Aufforderung zur Angebotsabgabe zugänglich gemacht werden. Nach § 46 Abs. 4 S. 4 EnWG hat die Gemeinde allen Unternehmen, die auf die Bekanntmachung hin ihr Interesse bekundet haben, die Auswahlkriterien und deren Gewichtung mitzuteilen, wobei ein konkreter Zeitpunkt für die Übermittlung in § 46 EnWG nicht geregelt wird, in jedem Fall in diesem aber vorausgesetzt wird, dass die Auswahlkriterien und deren Gewichtung – nebst sonstigen erforderlichen Angaben – spätestens mit der Aufforderung zur Angebotsabgabe mitgeteilt werden. Da in den §§ 46 ff. EnWG mit Ausnahme des § 46 Abs. 4 S. 4 EnWG zur Mitteilung der Auswahlkriterien und deren Gewichtung keine Regelung zu den Verfahrensunterlagen enthalten ist, ist insoweit zunächst auf die Vorschrift des § 17 Abs. 1 KonzVgV zurückzugreifen. Aus § 17 Abs. 1 KonzVgV ergibt sich ebenso wie zumindest denklogisch aus der Vorschrift des § 46 Abs. 4 S. 4 EnWG, dass die Kriterien und deren Gewichtung spätestens mit der Angebotsaufforderung mitzuteilen sind. Allerdings eröffnet die bei der Vergabe von Strom- und Gaskonzessionen speziellere Vorschrift des § 46 Abs. 4 S. 4 EnWG im Hinblick auf die Mitteilung der Kriterien(-gewichtung) die im Folgenden erörterten Gestaltungsmöglichkeiten.

43

2. Gestaltungsmöglichkeiten der Mitteilung

Vor dem Hintergrund des § 46 Abs. 4 S. 4 EnWG hat die Gemeinde zunächst die Möglichkeit, die Mitteilung der Kriterien nebst deren Gewichtung jeweils unmittelbar nach der Interessenbekundung gegenüber dem jeweiligen das Interesse bekundenden Unternehmen zu versenden. Des Weiteren kann die Gemeinde auch den Ablauf der Interessenbekundungsfrist abwarten und im Anschluss allen Unternehmen, die innerhalb der Frist ihr Interesse bekundet haben – und die geeignet sind –, zeitgleich die Mitteilung der Kriterien und deren Gewichtung zukommen lassen.

44

Im ersten Fall entsteht durch die **individuelle Mitteilung** unmittelbar im Anschluss an die Interessenbekundung mehr Aufwand und die Rügefrist im Sinne von § 47 Abs. 2 S. 2 EnWG läuft unternehmensindividuell. In dieser Vorgehensweise ist auch keine Diskriminierung zu sehen, da die Bekanntmachung zeitgleich allen Unternehmen zugänglich ist und insoweit ab diesem Zeitpunkt allen Unternehmen auch Interessenbekundungen möglich sind. Auch der Gesetzgeber geht ausweislich der Gesetzesmaterialien davon aus, dass beide vorgenannten Gestaltungsvarianten möglich sind.[38]

45

Die zweitgenannte Gestaltungsmöglichkeit ist durch den **zeitgleichen Versand** übersichtlicher und gewährleistet einen einheitlichen Rügefristenlauf. Da die §§ 46 ff. EnWG insoweit keine Aussage treffen und das Schutzniveau des Kartellvergaberechts dadurch nicht tangiert wird, hat die Gemeinde für den Fall des zeitgleichen Versandes nach Ablauf der Interessenbekundungsfrist ferner die Wahl, ob sie die Kriterien samt Gewichtung in der Aufforderung zur Abgabe eines Angebots mitteilt oder ob sie die Mitteilung vorab und losgelöst von einer Angebotsaufforderung versendet. Zwar ist die zweite Variante mit zusätzlichem Zeitaufwand im Verfahrensgang verbunden, allerdings bietet sie die Möglichkeit, erst nach rügelosem Ablauf der Rügefrist bzw. nach Abhilfe von Rügen zur Abgabe von Angeboten aufzufordern.

46

---

[38] Gesetzesbegründung zu § 46 Abs. 4 S. 4 EnWG, Gesetz zur Änderung der Vorschriften zur Vergabe von Wegenutzungsrechten zur leitungsgebundenen Energieversorgung, BT-Drs. 18/8184, 15: „In der Regel wird die Gemeinde abwarten, bis alle Interessensbekundungen eingegangen sind, und die Informationen anschließend zeitgleich an alle Bewerber versenden."

3. Form der Mitteilung

47 Die Kriterien und deren Gewichtung sind ausweislich § 46 Abs. 4 S. 4 EnWG in Textform mitzuteilen. Damit ist die Textform im Sinne des § 126b BGB gemeint. Danach muss eine lesbare Erklärung, in der die Person des Erklärenden genannt ist, auf einem dauerhaften Datenträger abgegeben werden. Insoweit genügt die Mitteilung per E-Mail oder Fax.

4. Angebotsfrist

48 § 46 **EnWG** normiert keine (Mindest-)Frist für die Angebotsabgabe, sodass auf die entsprechenden Regelungen der KonzVgV zurückzugreifen ist. Insoweit hat die Gemeinde nach § 27 Abs. 1 **KonzVgV** bei der Festsetzung von Fristen insbesondere die Komplexität der Konzessionen und die Zeit, die für die Ausarbeitung des Angebots erforderlich ist, zu berücksichtigen. Soweit in § 27 Abs. 3 KonzVgV eine Mindestfrist von 30 Tagen ab dem Tag der Übermittlung der Bekanntmachung an das Amt für Veröffentlichungen der Europäischen Union vorgesehen ist, spielt diese Frist im Zusammenhang mit Vergaben von Strom- und Gaskonzessionen im Sinne von § 46 Abs. 2 EnWG keine Rolle, weil die Konzeption der §§ 46 ff. EnWG einer dafür vorausgesetzten Aufforderung zur Abgabe des Angebots bereits mit der Bekanntmachung entgegensteht. Vielmehr ist mit Blick auf die erforderliche Mehrstufigkeit auf § 27 Abs. 4 KonzVgV abzustellen, wonach die Mindestfrist für den Eingang von Erstangeboten 22 Tage ab dem Tag der Aufforderung zur Angebotsabgabe beträgt, wobei die Möglichkeit der Verkürzung auf 17 Tage bei elektronischer Einreichung der Angebote besteht. Werden – wie in der Praxis üblich – zunächst indikative, also unverbindliche Angebote abgefragt, so gilt § 27 Abs. 4 KonzVgV mit seiner Mindestfrist nur für diese (§ 27 Abs. 4 S. 1 KonzVgV: „Erstangeboten"). Für die weiteren indikativen bzw. verbindlichen Angebote wäre dann auf die allgemeine Vorschrift des § 27 Abs. 1 KonzVgV zurückzugreifen.

49 Praxistipp: In der **Praxis** dürfte die Gemeinde allerdings mit Blick auf Komplexität und Umfang sowohl der Verfahrensunterlagen als auch der Angebotserstellung bei reinen Konzessionierungsverfahren mit einer Frist für die Abgabe von indikativen bzw. verbindlichen Angeboten von vier Wochen in der Regel auf der sicheren Seite sein. Insoweit dürfte die Ausreizung der Mindestfristen regelmäßig – auch im Sinne eines Eingangs gut ausgearbeiteter Angebote – nicht angezeigt sein.

VI. Kriteriengestaltung

50 Aus § 13 Abs. 1 KonzVgV folgt, dass die Konzessionen auf der Grundlage der von der Gemeinde gemäß § 31 KonzVgV i.V.m. § 152 Abs. 3 GWB festgelegten Zuschlagskriterien, für deren Ausgestaltung aus § 46 Abs. 4 S. 1 bis 3 EnWG konkretisierende Vorgaben für Strom- und Gaskonzessionen im Sinne von § 46 Abs. 2 EnWG zu entnehmen sind, vergeben werden, sofern zusätzlich der Bieter die von der Gemeinde festgelegten Eignungskriterien und weiteren Teilnahmebedingungen sowie die gegebenenfalls festgelegten Mindestanforderungen erfüllt und er nicht nach den einschlägigen Regelungen des Kartellvergaberechts von der Teilnahme am Vergabeverfahren ausgeschlossen ist. Zunächst sind die in § 13 KonzVgV als Zuschlagsvoraussetzungen angesprochenen Zuschlagskriterien, Eignungskriterien und Mindestanforderungen zu unterscheiden.

1. Eignungskriterien

51 In den §§ 46 ff. EnWG finden sich keine Vorgaben für Eignungskriterien, sodass auf die **kartellvergaberechtlichen Regelungen** zurückzugreifen ist. Insoweit ergibt sich aus § 152 Abs. 2 GWB, dass Konzessionen nur an geeignete Unternehmen im Sinne des § 122 GWB vergeben werden, mithin zwingend eine Eignungsprüfung zu erfolgen hat. Nach § 122 Abs. 2 S. 1 GWB in Zusammenschau mit § 25 Abs. 2 Nr. 1 KonzVgV ist ein Unternehmen geeignet, wenn es die durch den Konzessionsgeber im Einzelnen zur ordnungsgemäßen Durchführung der Konzession festgelegten Eignungskriterien erfüllt, wobei diese gemäß § 122 Abs. 2 S. 2 GWB ausschließlich die Befähigung und Erlaubnis zur Berufsausübung, die wirtschaftliche und finanzielle Leistungsfähigkeit sowie die technische und berufliche Leistungsfähigkeit betreffen dürfen und nach § 122 Abs. 4 GWB mit dem Konzessionsgegenstand in Verbindung und zu diesem in einem angemessenen Verhältnis stehen müssen. Ferner müssen sie gemäß § 25 Abs. 2 KonzVgV nichtdiskriminierend sein und neben der Sicherstellung der Konzessionsdurchführung der Gewährleistung des Wettbewerbs dienen. Eine Regelung zu Eignungsleihe enthält § 25 Abs. 3 KonzVgV.

Vor dem Hintergrund des zuvor skizzierten Rechtsrahmens muss die Gemeinde durch die Aufstellung von einheitlichen, durch alle Teilnehmer zu erfüllenden Eignungskriterien sicherstellen, dass die Unternehmen jeweils befähigt und sowohl zum dauerhaften Betrieb als auch zur Übernahme des Netzes technisch-beruflich und wirtschaftlich finanziell jeweils in der Lage sind.[39] Die Gemeinde muss im Rahmen einer **Prognoseentscheidung**, der ein kommunaler Beurteilungsspielraum zugrunde liegt, feststellen, ob die Unternehmen über die personelle, technische und wirtschaftliche Leistungsfähigkeit verfügen und damit überhaupt als Konzessionär in Frage kommen.[40]

52

Dabei hat die Gemeinde das Recht, die vorzulegenden **Eignungsnachweise** eigenverantwortlich festzulegen.[41] Eine Genehmigung nach § 4 EnWG darf hingegen nicht bereits im Rahmen der Eignungsprüfung verlangt werden. Diese muss erst im Zeitpunkt der Vertragsausführung vorliegen.[42]

53

Ausweislich § 25 Abs. 1 S. 1 KonzVgV sind die Eignungskriterien in der verfahrenseinleitenden **Bekanntmachung** mitzuteilen. Der frühestmögliche Mitteilungszeitpunkt gewährleistet dabei zum einen, dass die Interessenten bereits der Bekanntmachung entnehmen können, welche Voraussetzungen sie erfüllen müssen, und zum anderen, dass die Gemeinde bereits vor der Aufforderung zur Abgabe von Angeboten und der Durchführung etwaiger Verhandlungsgespräche die Eignung prüfen und nur noch die geeigneten Unternehmen im Verfahren einbeziehen kann.

54

2. Mindestanforderungen

Im Sinne von § 13 Abs. 1 Nr. 1 **KonzVgV** kann die Gemeinde Mindestanforderungen aufstellen. Dies sind Anforderungen, die von den Unternehmen im Rahmen ihrer Angebote zwingend erfüllt werden müssen.[43]

55

Nicht abschließend geklärt ist, welche Mindestanforderungen die Gemeinde im Zusammenhang mit der Ausschreibung von **Strom- und Gaskonzessionen** im Sinne von § 46 Abs. 2 EnWG an die Bieter zulässigerweise stellen dürfen. Dem BGH zufolge kann die Gemeinde den Konzessionsvertragsabschluss dann ablehnen, wenn die Bieter nicht die Zahlung der höchstzulässigen Konzessionsabgaben anbieten.[44] Das bedeutet, dass die Verpflichtung zur Zahlung der höchstzulässigen Konzessionsabgaben über die Laufzeit des Konzessionsvertrages zur Mindestanforderung erklärt werden kann. In diesem Sinne wird auch die Zusicherung der Bezahlung des höchstzulässigen Kommunalrabatts über die gesamte Vertragslaufzeit für zulässig gehalten.[45] Ferner ist eine reguläre Vertragslaufzeit von zwanzig Jahren als Mindestanforderung zulässig. Zudem kann die Gemeinde Einflussmöglichkeiten auf den Netzbetrieb, die sie für unverzichtbar erachtet, im Rahmen der Leistungsbeschreibung für alle Angebote verbindlich vorgeben.[46] Darüber hinaus ist auch die fixe Vorgabe eines Konzessionsvertrages im Rahmen des Konzessionierungsverfahrens möglich, soweit die Kommune bei der Vertragsge-

56

---

39 Zur Pflicht der Kommunen zur Durchführung einer Eignungsprüfung bei Strom- und Gaskonzessionsvergaben auch OLG Düsseldorf, Beschluss v. 17.4.2014 – VI-2 Kart 2/13 (V).
40 Vgl. zu den Anforderungen an die Eignungsprüfung im Rahmen von Konzessionierungsverfahren auch OLG Düsseldorf, Beschluss v. 17. 4.2014 – VI-Kart 2/13 (V).
41 OLG Düsseldorf, Urteil v. 17.4.2014 – VI-2 Kart 2/13 (V).
42 OLG Düsseldorf, Urteil v. 17.4.2014 – VI-2 Kart 2/13 (V).
43 EuGH, Urteil v. 5.12.2013 – Rs. C-561/12 (Nordecon).
44 BGH, Urteil v. 17.12.2013 – KZR 66/12, Rn. 12.
45 Vgl. etwa *Meyer-Hetling/Wolkenhauer*, in: Lau, Vergabe von Energienetzen, S. 90.
46 BGH, Urteil v. 17.12.2013 – KZR 66/12, Rn. 12.

staltung keine missbräuchlichen oder wettbewerbswidrigen Regelungen aufnimmt und Verhandlungen hierzu im Rahmen der indikativen Angebotsaufforderung zulässt.

3. Zuschlagskriterien (§ 46 Abs. 4 S. 1 bis 3 EnWG)

57 Grundsätzlich ergibt sich aus dem **Kartellvergaberecht** (vgl. §§ 13 Abs. 1, 31 KonzVgV, § 152 Abs. 3 GWB), dass die Konzession auf der Grundlage der vom Konzessionsgeber festgelegten Zuschlagskriterien vergeben wird. Die Kriterien müssen ausweislich § 152 Abs. 3 S. 1 GWB objektiv sein und sicherstellen, dass die Angebote unter wirksamen Wettbewerbsbedingungen bewertet werden, sodass ein wirtschaftlicher Gesamtvorteil[47] für den Konzessionsgeber ermittelt werden kann. Die Zuschlagskriterien müssen mit dem Konzessionsgegenstand in Verbindung stehen und dürfen dem Konzessionsgeber keine uneingeschränkte Wahlfreiheit einräumen (§ 152 Abs. 3 S. 3 GWB). Aus § 31 Abs. 1 KonzVgV folgt, dass die Zuschlagskriterien in absteigender Rangfolge anzugeben sind. Gemäß § 152 Abs. 3 S. 4 GWB müssen die Zuschlagskriterien mit einer Beschreibung einhergehen, die eine wirksame Überprüfung der von den Bietern übermittelten Informationen gestattet, damit bewertet werden kann, ob und inwieweit die Angebote die Zuschlagskriterien erfüllen.[48] Hierzu kann auch die Bildung von Unterkriterien erforderlich sein,[49] wobei keine Verpflichtung zur Bildung von Unterkriterien besteht.

58 Besondere Bedeutung entfalten im Zusammenhang mit der Vergabe von Strom- und Gaskonzessionen im Sinne von § 46 Abs. 2 EnWG die in § 46 Abs. 4 S. 1 bis 3 **EnWG** enthaltenen Konkretisierungen der vorgenannten Vorschriften des Kartellvergaberechts vor allem im Hinblick auf die inhaltlich-thematische Ausgestaltung der Zuschlagskriterien sowie deren Gewichtung. Diese sind auch bei Einschlägigkeit des Kartellvergaberechts als speziellere und konkretisierende Vorschriften im Hinblick auf die Kriteriengestaltung zu berücksichtigen. § 46 Abs. 4 S. 1 bis 3 EnWG lautet nunmehr wie folgt:

> „Die Gemeinde ist bei der Auswahl des Unternehmens den Zielen des § 1 Abs. 1 EnWG verpflichtet. Unter Wahrung netzwirtschaftlicher Anforderungen, insbesondere der Versorgungssicherheit und der Kosteneffizienz, können auch Angelegenheiten der örtlichen Gemeinschaft berücksichtigt werden. Bei der Gewichtung der einzelnen Auswahlkriterien ist die Gemeinde berechtigt, den Anforderungen des jeweiligen Netzgebietes Rechnung zu tragen."

Über § 46 Abs. 4 S. 1 EnWG wird den Gemeinden aufgegeben, bei der Vergabe von Strom- und Gaskonzessionen die Gestaltung der Zuschlagskriterien an den Zielen des § 1 Abs. 1 EnWG auszurichten und dadurch sicherzustellen, dass der zukünftige Netzbetrieb möglichst sicher, preisgünstig, effizient, verbraucherfreundlich und umweltverträglich sowie zunehmend auf erneuerbaren Energien beruhend erfolgt. Eine Verpflichtung der Gemeinde, bei der Auswahl die Ziele des § 1 EnWG zu berücksichtigen, wurde bereits im EnWG 2011 entsprechend verankert. Nach der Grundsatzentscheidung des BGH vom 17. Dezember 2013[50] war diese Aufnahme ins EnWG 2011 allerdings nur klarstellend, sodass die Ziele des § 1 EnWG auch bereits vor der EnWG-Novelle 2011 seitens der Gemeinde bei der Aufstellung und Gewichtung der Zuschlagskriterien für Strom- und Gaskonzessionen zu berücksichtigen waren. Da die vorherige Verweisung auf § 1 EnWG insgesamt ungenau war und auch mit dem neuen Strommarktgesetz ein neuer § 1 Absatz 4 EnWG eingeführt wurde, der im Rahmen des § 46 EnWG keine Rolle spielen kann, wird nunmehr konkret auf die Ziele des § 1 *Abs. 1* EnWG ver-

---

47 Nicht zwingend monetär zu verstehen.
48 Hierzu auch OLG Düsseldorf, Beschluss v. 17.4.2014 – VI-2 Kart 2/13 (V); LG Köln, Urteil v. 6.8.2014 – 90 O 35/14. Zur Gewichtung von Unter-Unterkriterien siehe LG Stuttgart, Beschluss v. 21.11.2014 – 11 O 280/14.
49 Vgl. OLG Düsseldorf, Beschluss v. 15.7.2015 – VI-2 Kart 1/15 (V); LG Potsdam, Urteil 9.12.2013 – 2 O 320/11; Bundeskartellamt/Bundesnetzagentur, Gemeinsamer Leitfaden von Bundeskartellamt und Bundesnetzagentur zur Vergabe von Strom- und Gaskonzessionen und zum Wechsel des Konzessionsnehmers, Rn. 33.
50 BGH, Urteil v. 17.12.2013 – KZR 66/12.

wiesen.[51] Bezüglich der Ziele des § 1 Abs. 1 EnWG führt der Gesetzgeber in den Gesetzesmaterialien aus:

> „Diese sind Versorgungssicherheit, Preisgünstigkeit, Verbraucherfreundlichkeit, Effizienz, Umweltverträglichkeit sowie die zunehmend auf erneuerbaren Energien basierende Energieversorgung."[52]

Dies verdeutlicht, dass der Gesetzgeber von sechs Zielen ausgeht und dabei der „zunehmend auf erneuerbaren Energien beruhenden Energieversorgung" eigenständige Bedeutung beimisst. Allerdings dürfte dies in der praktischen Anwendung unerheblich sein, weil auch der Gesetzgeber erkennt, dass

> „[…] diese Ziele teilweise schwer voneinander abzugrenzen sind, da sie mehreren Zielen des § 1 EnWG zugeordnet werden können. Eine klare Trennung durch den Gesetzgeber ist hier nicht möglich, ist in der Praxis aber auch nicht zwingend erforderlich. Wichtig ist, dass die Ziele des § 1 Absatz 1 EnWG als Kriterien von der Gemeinde sachgerecht zugeordnet und bewertet werden. Jedes dieser Ziele hat in die konkrete Auswahlentscheidung einzufließen."[53]

Aus den Sätzen 1 bis 3 des § 46 Abs. 4 EnWG folgt, dass der Gemeinde bei der Aufstellung und Gewichtung der Zuschlagskriterien – unter Beachtung der zuvor skizzierten Grenzen – ein **Entscheidungsspielraum** zusteht. Dieser wird auch in den Gesetzesmaterialien gleich mehrfach betont.[54] Dieser Spielraum wird allerdings bei der willkürlichen Mindergewichtung einzelner Ziele des § 1 Abs. 1 EnWG überschritten.[55]

59

Die **Abgrenzung** von Kriterien ist mitunter schwierig bis teilweise kaum möglich, da es diverse Überschneidungen gibt und dadurch die Zuordnung vom Blickwinkel abhängig ist.[56] Soweit der Gesetzgeber allerdings ausführt, dass eine klare Trennung in der Praxis nicht zwingend erforderlich ist, ist diese Aussage zumindest mit Blick auf die besondere Gewichtung der Versorgungssicherheit und der Kosteneffizienz zu relativieren. Insoweit dürfte für die Zuordnung auf den Schwerpunkt des Kriteriums unter Berücksichtigung aller Umstände des jeweiligen Einzelfalls, insbesondere einer Beschreibung in etwaigen Erläuterungen, abzustellen sein. Die von der Gemeinde vorgenommene Einordnung dürfte dabei ein Indiz, aber nicht entscheidend sein. Im Ergebnis kommt es auf die schwerpunktmäßige Zielsetzung aus Sicht des objektiven Empfängerhorizonts an.

60

a) Vorrangigkeit der Berücksichtigung der § 1 EnWG-Ziele

Im Ergebnis sind die Ziele des § 1 Abs. 1 EnWG bei der Gestaltung und Gewichtung der Kriterien gegenüber den sonstigen Kriterien, zu denen, wie § 46 Abs. 4 S. 2 EnWG nunmehr ausdrücklich klarstellt, die Angelegenheiten der örtlichen Gemeinschaft gehören, weiterhin im Sinne der Grundsatzentscheidung des BGH[57] **vorrangig** zu berücksichtigen. Zwar wurde die insoweit seitens des BGH verwendete Begrifflichkeit „vorrangig" nicht in den Wortlaut von § 46 Abs. 4 EnWG überführt. Allerdings folgt dies bereits aus der (systematischen) Gestaltung der ersten beiden Sätze des § 46 Abs. 4 EnWG. Dabei stellt § 46 Abs. 4 S. 1 EnWG die Grundregel auf, dass die Gemeinde den Zielen des § 1 Abs. 1 EnWG verpflichtet ist. Unter Wahrung der netzwirtschaftlichen Anforderungen nach § 46 Abs. 4 S. 1 i.V.m. § 1 Abs. 1 EnWG können

61

---

51 Gesetzesbegründung zu § 46 Abs. 4 S. 1 EnWG, Gesetz zur Änderung der Vorschriften zur Vergabe von Wegenutzungsrechten zur leitungsgebundenen Energieversorgung, BT-Drs. 18/8184, 13.
52 Gesetzesbegründung zu § 46 Abs. 4 S. 1 EnWG, Gesetz zur Änderung der Vorschriften zur Vergabe von Wegenutzungsrechten zur leitungsgebundenen Energieversorgung, BT-Drs. 18/8184, 13.
53 Gesetzesbegründung zu § 46 Abs. 4 S. 1 EnWG, Gesetz zur Änderung der Vorschriften zur Vergabe von Wegenutzungsrechten zur leitungsgebundenen Energieversorgung, BT-Drs. 18/8184, 13.
54 Vgl. nur in Gesetzesbegründung zu § 46 Abs. 4 S. 1 und 3 EnWG, Gesetz zur Änderung der Vorschriften zur Vergabe von Wegenutzungsrechten zur leitungsgebundenen Energieversorgung, BT-Drs. 18/8184, 13, 15.
55 BGH, Urteil v. 17.12.2013 – KZR 66/12.
56 So auch Gesetzesbegründung zu § 46 Abs. 4 S. 1 EnWG, Gesetz zur Änderung der Vorschriften zur Vergabe von Wegenutzungsrechten zur leitungsgebundenen Energieversorgung, BT-Drs. 18/8184, 13.
57 BGH, Urteil v. 17.12.2013 – KZR 66/12.

gemäß § 46 Abs. 4 S. 2 EnWG „auch" Angelegenheiten der örtlichen Gemeinschaft berücksichtigt werden. In diesem Sinne führt auch der Gesetzgeber aus:

> „Im Ergebnis wird [durch § 46 Abs. 4 S. 2 EnWG] klargestellt, dass im Rahmen der Aufstellung und Bewertung der Auswahlkriterien die Ziele des § 1 Absatz 1 EnWG heranzuziehen sind, kommunale Belange, sofern die Gemeinde dies für erforderlich erachtet, aber berücksichtigt werden können."[58]

Der Befund, dass die Ziele des § 1 Abs. 1 EnWG bei der Gestaltung und Gewichtung der Zuschlagskriterien vorrangig zu berücksichtigen sind, wird auch dadurch gestützt, dass es ausgewiesenes Ziel des Gesetzgebers ist, mit § 46 Abs. 4 S. 1 EnWG

> „im Hinblick auf die Berücksichtigung energiewirtschaftlicher Kriterien die bestehende Rechtslage [zu] bestätigen".[59]

In diesem Zusammenhang ist ferner zu beachten, dass der Gesetzgeber von der Vorgabe eines konkreten Kriterienkatalogs Abstand genommen hat, da dies die Gefahr berge, in Anbetracht der mittlerweile hierzu ergangenen Rechtsprechung neue Rechtsunsicherheit zu schaffen. Daher sei es sachgerecht, die Konkretisierung der einzelnen Ziele des § 1 Abs. 1 EnWG durch die Praxis und die Auslegung durch die Rechtsprechung weiterhin zuzulassen.[60] Dies zeigt, dass der Gesetzgeber insbesondere den durch die Rechtsprechung geprägten Status quo hinsichtlich der Kriteriengestaltung und der vorrangigen Berücksichtigung der Ziele des § 1 Abs. 1 EnWG gänzlich unangetastet lassen wollte. Dies gilt umso mehr, als der Gesetzgeber zu § 46 Abs. 4 S. 1 EnWG anmerkt, dass dessen Vorgaben im Spannungsfeld zur in Art. 28 Abs. 2 GG garantierten kommunalen Selbstverwaltung stünden und daher die BGH-Rechtsprechung, d.h. insbesondere die Grundsatzentscheidung des BGH vom 17. Dezember 2013[61], abgebildet werde, nach der die Vergabe von Wegenutzungsrechten sich an den Zielen des § 1 Abs. 1 EnWG orientieren müsse, Angelegenheiten der örtlichen Gemeinschaft aber auch Berücksichtigung finden dürften.[62]

62 Die nach dem Vorgesagten weiterhin zu beachtende, aus dem Grundsatzurteil des BGH[63] folgende Vorgabe zur vorrangigen Berücksichtigung der im § 1 Abs. 1 festgelegten EnWG-Kriterien bedeutet, dass die Kriterien zu den Zielen des § 1 Abs. 1 EnWG zusammengenommen mit über 50 % **gewichtet** werden müssen.[64] Dieses Verständnis von Vorrangigkeit wird zwar von einzelnen Literaturstimmen bestritten[65], von der Folgerechtsprechung[66] zu der Grundsatzentscheidung des BGH[67] und in den Behördenleitfäden[68] jedoch bestätigt. Eine Pflicht zur Gewichtung der Kriterien des § 1 Abs. 1 EnWG mit mindestens 70 % oder gar zu deren aus-

---

58 Gesetzesbegründung zu § 46 Abs. 4 S. 2 EnWG, Gesetz zur Änderung der Vorschriften zur Vergabe von Wegenutzungsrechten zur leitungsgebundenen Energieversorgung, BT-Drs. 18/8184, 15.
59 Gesetzesbegründung zu § 46 Abs. 4 S. 1 EnWG, Gesetz zur Änderung der Vorschriften zur Vergabe von Wegenutzungsrechten zur leitungsgebundenen Energieversorgung, BT-Drs. 18/8184, 13.
60 Gesetzesbegründung zu § 46 Abs. 4 S. 1 EnWG, Gesetz zur Änderung der Vorschriften zur Vergabe von Wegenutzungsrechten zur leitungsgebundenen Energieversorgung, BT-Drs. 18/8184, 13.
61 BGH, Urteil v. 17.12.2013 – KZR 66/12.
62 Gesetzesbegründung zu § 46 Abs. 4 S. 2 EnWG, Gesetz zur Änderung der Vorschriften zur Vergabe von Wegenutzungsrechten zur leitungsgebundenen Energieversorgung, BT-Drs. 18/8184, 14, aber auch 26.
63 BGH, Urteil v. 17.12.2013 – KZR 66/12.
64 So insbesondere *Theobald*, RdE 2015, 161. Vgl. insoweit auch *Meyer-Hetling/Wolkenhauer*, in: Lau, Vergabe von Energienetzen, S. 92, die allerdings eine „*Gewichtung von mindestens 50 %*" befürworten, was genau genommen nur „Gleichrangigkeit", aber keine „Vorrangigkeit" zur Folge hätte.
65 *Säcker*, RdE 2015, 1; *Schulz-Gardyan*, N&R 2014, 172.
66 LG Dortmund, Urteil v. 2.4.2015 – 13 O 71/14 (Kart): „*Sämtliche Zielvorgaben des § 1 EnWG sind bei den Auswahlkriterien zu berücksichtigen und dies vorrangig und damit mit mehr als 50 %.*"; OLG Karlsruhe, Urteil v. 26.3.2014 – 6 U 68/13 (Kart); LG Leipzig, Urteil v. 17.6.2015 – 05 O 1339/15: „*Als Mindestanforderung kann der Rechtsprechung des Bundesgerichtshofs entnommen werden, dass die Ziele nach § 1 EnWG mit mehr als 50 % zu gewichten sind, um als „vorrangig" bewertet zu gelten.*"; OLG Celle, Urteil v. 17.3.2016 – 13 U 141/15 (Kart).
67 BGH, Urteil v. 17.12.2013 – KZR 66/12.
68 Bundeskartellamt/Bundesnetzagentur, Gemeinsamer Leitfaden von Bundeskartellamt und Bundesnetzagentur zur Vergabe von Strom- und Gaskonzessionen und zum Wechsel des Konzessionsnehmers, Rn. 32; Hinweise der Niedersächsischen Landeskartellbehörde zur Durchführung eines wettbewerblichen Konzessionsvergabeverfahrens nach § 46 EnWG, 16.6.2015.

schließlichen Berücksichtigung[69] kann aus der BGH-Rechtsprechung nicht gefolgert werden.[70] Einer zwingenden Berücksichtigung der EnWG-Ziele des § 1 Abs. 1 mit mehr als 70 % steht insbesondere der Umstand entgegen, dass nach der Rechtsprechung des BGH viele Kriterien außerhalb der Ziele des § 1 Abs. 1 EnWG zulässig sind, so etwa die fiskalischen Interessen an der Konzessionsabgabe, die Endschaftsregelungen, die Kaufpreisregelung, die Vertragslaufzeit, die Auskunftsansprüche und sonstige im Einklang mit § 3 KAV stehende Nebenleistungen, und diese Kriterien auch in angemessener Weise bei der Kriteriengestaltung Berücksichtigung finden können müssen.[71]

b) Besondere Bedeutung der Versorgungssicherheit und der Kosteneffizienz

63 Zwar hat der Gesetzgeber bewusst auf eine strikte gesetzliche Vorgabe, wie die einzelnen Ziele des § 1 Abs. 1 EnWG in konkrete Auswahlkriterien umzuwandeln sind, im Rahmen der Gesetzesnovelle verzichtet, insoweit aber auf die Rechtsprechung [72] verwiesen und den weiten Entscheidungsspielraum der Gemeinde betont. Ebenso hat der Gesetzgeber sich gegen eine gesetzliche Vorgabe der Gewichtung der einzelnen Kriterien entschieden, stellt aber ausweislich der Gesetzesmaterialien durch die Formulierung in § 46 Abs. 4 S. 2 EnWG „unter Wahrung netzwirtschaftlicher Anforderungen, insbesondere der Versorgungssicherheit und der Kosteneffizienz" die besondere Bedeutung der Versorgungssicherheit und der Kosteneffizienz für die Allgemeinheit heraus.[73] Der Gesetzgeber führt weiter aus, dass die

> „berücksichtigungsfähigen kommunalen Belange […] nicht im Widerspruch zu den in § 1 Absatz 1 EnWG genannten netzwirtschaftlichen Anforderungen und insbesondere den zentralen Zielen der Versorgungssicherheit und der Kosteneffizienz stehen"[74]

dürfen. Als Begründung ist den Gesetzesmaterialien zu entnehmen, dass diese Ziele im Hinblick auf die anstehenden Investitionen in den Netzausbau und die damit verbundenen Auswirkungen auf die von den Kunden zu tragenden Netznutzungsentgelte für alle Rechtsetzungsvorhaben zur Energiewende grundsätzliche Bedeutung haben.[75] Mit der besonderen Bedeutung der beiden genannten Ziele geht das Erfordernis einer entsprechend höheren Bepunktung im Verhältnis zu den anderen Zielen des § 1 Abs. 1 EnWG und eine der besonderen Bedeutung Rechnung tragende höhere Gewichtung gemessen an der Gesamtpunktzahl einher.

64 Der **Versorgungssicherheit** hat der BGH bereits in seiner Grundsatzentscheidung vom 17. Dezember 2013[76] fundamentale Bedeutung eingeräumt, der bei der Aufstellung des Kriterienkatalogs angemessen Rechnung getragen werden muss. Im entschiedenen Fall hielt der BGH die vorgesehene Gewichtung des Kriteriums der Netzsicherheit mit 5,88 % für zu niedrig und verwies insoweit beispielhaft und unter Hinweis, dass er keine verbindliche Vorgabe darstellt, auf den Musterkriterienkatalog der Energiekartellbehörde Baden-Württemberg, in welchem die Netzsicherheit mit 25 % gewichtet war. Mit Blick darauf, dass § 46 EnWG insoweit keinerlei Gewichtungshinweise enthält, aber durch die Novelle die bestehende Rechtslage aufrechterhalten werden soll, ist die Versorgungssicherheit zumindest in Richtung der vom

---

69 So das OLG Stuttgart, Beschluss v. 7.11.2013 – 201 Kart 1/13, allerdings vor dem Grundsatzurteil des BGH, Urteil v. 17.12.2013 – KZR 66/12.
70 LG Leipzig, Urteil v. 17.6.2015 – 05 O 1339/15: „Für eine strenge Interpretation […], nach der die Ziele des § 1 EnWG mit mindestens 70 % zu gewichten sind, ergibt sich aus den Ausführungen des Bundesgerichtshofs keine Stütze."
71 Meyer-Hetling/Wolkenhauer, in: Lau, Vergabe von Energienetzen, S. 92 f.
72 BGH, Urteil v. 17.12.2013 – KZR 66/12, Rn. 48; OLG Celle, Urteil v. 17.3.2016 – 13 U 141/15 (Kart).
73 Gesetzesbegründung zu § 46 Abs. 4 S. 1 EnWG, Gesetz zur Änderung der Vorschriften zur Vergabe von Wegenutzungsrechten zur leitungsgebundenen Energieversorgung, BT-Drs. 18/8184, 13. Vgl. zur Effizienz insbesondere auch OLG Schleswig-Holstein, Urteil v. 19.9.2017 – 16 U 68/17, und OLG Dresden, Urteil v. 29.11.2016 – U 1/16 Kart.
74 Gesetzesbegründung zu § 46 Abs. 4 S. 2 EnWG, Gesetz zur Änderung der Vorschriften zur Vergabe von Wegenutzungsrechten zur leitungsgebundenen Energieversorgung, BT-Drs. 18/8184, 15.
75 Gegenäußerung der Bundesregierung, Gesetz zur Änderung der Vorschriften zur Vergabe von Wegenutzungsrechten zur leitungsgebundenen Energieversorgung, BT-Drs. 18/8184, 26.
76 BGH, Urteil v. 17.12.2013 – KZR 66/12.

65 BGH mittelbar in Bezug genommenen 25 % zu gewichten.[77] Daher ist in der Praxis eine Gewichtung der Netzsicherheit mit mindestens 20 % anzuraten.[78]

65 Erst durch die Novelle wurde – neben der Versorgungssicherheit in Anknüpfung an die zuvor skizzierte BGH-Rechtsprechung [79] – die **Kosteneffizienz** als zweites § 1 Abs. 1 EnWG-Ziel von besonderer Bedeutung festgeschrieben. Auch insoweit ist vom Erfordernis einer entsprechend höheren Gewichtung auszugehen, wobei bezüglich der Kosteneffizienz keine Rechtsprechung zur Gewichtung ersichtlich ist. Daher ist in der Praxis zu empfehlen, die Kosteneffizienz einer der Versorgungssicherheit entsprechenden Gewichtung zuzuführen. Im Ergebnis dürfte die Kosteneffizienz als belastbares Vergangenheitsmoment für eine in die Zukunft gerichtete Prognose der Netzentgelte[80] und damit als Vehikel für die Preisgünstigkeit zu verstehen sein.[81] Davon – im Einzelfall allerdings mitunter schwierig – abzugrenzen ist die Energieeffizienz, die sich durch die Abfrage von Konzepten, unter anderem zur Minimierung der Verlustenergie, bewerten lässt.[82]

c) Angelegenheiten der örtlichen Gemeinschaft

66 Auch wenn der Gesetzgeber von der Vorgabe eines konkreten Kriterienkatalogs bewusst abgesehen hat [83], hat er nunmehr in § 46 Abs. 4 S. 2 EnWG herausgestellt, dass auch Angelegenheiten der örtlichen Gemeinschaft bei der Gestaltung und Gewichtung der Kriterien berücksichtigt werden können.

67 **Hintergrund** der Klarstellung ist, dass die Vorgabe des § 46 Abs. 4 S. 1 EnWG zur Berücksichtigung der Ziele des § 1 Abs. 1 EnWG im Spannungsfeld zum in Art. 28 Abs. 2 GG garantierten Recht der Kommune auf kommunale Selbstverwaltung steht und der Gesetzgeber dieses durch die Abbildung der ergangenen BGH-Rechtsprechung im Wortlaut auflösen wollte.[84]

68 Durch die Formulierung **„können"** wird auch klargestellt, dass die Angelegenheiten der örtlichen Gemeinschaft bei der Kriterienaufstellung nicht zwingend berücksichtigt werden müssen. Daher ist auch eine Verfahrensgestaltung mit hundertprozentiger Berücksichtigung der EnWG-Kriterien nach § 1 und unter Verzicht auf eine Abänderungsmöglichkeit eines Konzessionsvertrages, der seinerseits keine missbräuchliche Ausnutzung der marktbeherrschenden Stellung der Gemeinde beinhaltet, mit den Vorgaben des § 46 EnWG vereinbar.

69 Auch bei den Kriterien zur Berücksichtigung der Angelegenheiten der örtlichen Gemeinschaft müssen die **kartellvergaberechtlichen Vorgaben** eingehalten werden, insbesondere müssen die Kriterien objektiv ausgestaltet sein und einen sachlichen Zusammenhang mit dem zu vergebenden Wegenutzungsrecht aufweisen, d.h., sie müssen die Netzebene und nicht die Erzeugungs- oder Vertriebsebene[85] betreffen.[86] Darüber hinaus dürfen sie nicht gegen das Nebenleistungsverbot in § 3 KAV verstoßen, auch wenn ein Verstoß nicht zwingend die Gesamtnichtigkeit des Konzessionsvertrages nach sich zieht.[87]

---

77 Für eine Mindestgewichtung von 25 % der Netzsicherheit: OLG Stuttgart, Urteil v. 19.11.2015 – 2 U 60/15. Für eine unzureichende Gewichtung bei 15 %: LG Dortmund, Urteil v. 29.4.2015 – 10 O 90/14 [Kart].
78 So auch LG Dortmund, Urteil v. 29.4.2015 – 10 O 90/14 [Kart].
79 BGH, Urteil v. 17.12.2013 – KZR 66/12.
80 Zur Bedeutung der Netznutzungsentgelte im Rahmen der Auswahlentscheidung: OLG Frankfurt, Urteil v. 3.11.2017 – 11 U 51/17; OLG Düsseldorf, Urteil v. 23.12.2015 – VI-2 U (Kart) 4/15; Beschluss v. 15.7.2015 – VI-2 Kart 1/15 (V); LG Dortmund, Urteil v. 29.4.2015 – 10 O 90/14 [Kart]; LG Köln, Urteil v. 6.8.2014 – 90 O 35/14.
81 Vgl. Gesetzesbegründung zu § 46 Abs. 4 S. 1 EnWG und Gegenäußerung der Bundesregierung, Gesetz zur Änderung der Vorschriften zur Vergabe von Wegenutzungsrechten zur leitungsgebundenen Energieversorgung, BT-Drs. 18/8184, 14, 26.
82 Vgl. Gesetzesbegründung zu § 46 Abs. 4 S. 1 EnWG, Gesetz zur Änderung der Vorschriften zur Vergabe von Wegenutzungsrechten zur leitungsgebundenen Energieversorgung, BT-Drs. 18/8184, 14.
83 Gesetzesbegründung zu § 46 Abs. 4 S. 1 EnWG, Gesetz zur Änderung der Vorschriften zur Vergabe von Wegenutzungsrechten zur leitungsgebundenen Energieversorgung, BT-Drs. 18/8184, 13.
84 Gesetzesbegründung zu § 46 Abs. 4 S. 2 EnWG, Gesetz zur Änderung der Vorschriften zur Vergabe von Wegenutzungsrechten zur leitungsgebundenen Energieversorgung, BT-Drs. 18/8184, 14.
85 Hierzu auch OLG Düsseldorf, Beschluss v. 15.7.2015 – VI-2 Kart 1/15 (V).
86 Vgl. auch Gesetzesbegründung zu § 46 Abs. 4 EnWG, Gesetz zur Änderung der Vorschriften zur Vergabe von Wegenutzungsrechten zur leitungsgebundenen Energieversorgung, BT-Drs. 18/8184, 13.
87 BGH, Urteil v. 7.10.2014 – EnZR 86/13.

Als nicht abschließende **Beispiele** („insbesondere") führt der Gesetzgeber in den Gesetzes- 70
materialien als solche Angelegenheiten der örtlichen Gemeinschaft auf:
- Modelle, die eine bessere Koordinierung von Baumaßnahmen mit weiteren Sparten (z.B. Wasserleitungen) ermöglichen,
- Vertragslaufzeit (vgl. auch § 46 Abs. 2 S. 1 EnWG) und
- Zahlung der höchstmöglichen Konzessionsabgabe nach der KAV (vgl. auch § 2 KAV).

Darüber hinaus hat der BGH – über die beiden vorherig zuletzt genannten Kriterien hinaus – in seiner Grundsatzentscheidung „Stromnetz Berkenthin", die im dort zugrunde liegenden Verfahren verwendeten Kriterien
- „Gemeinderabatt" (vgl. auch § 3 Abs. 1 S. 1 Nr. 1 KAV),
- „Abschlagszahlungen",
- „Folgekostenübernahme",
- „Endschaftsbestimmung",
- „Kaufpreisregelung",
- „Auskunftsansprüche" und „Rechtsnachfolge"

für zulässig erachtet.[88]

d) Anforderungen des jeweiligen Netzgebietes

Durch die Einfügung von § 46 Abs. 4 S. 3 EnWG wird die Berechtigung der Gemeinde zum 71
Ausdruck gebracht, bei der Gewichtung der einzelnen Auswahlkriterien die Anforderungen des jeweiligen Netzgebietes zu berücksichtigen. Dadurch kann die Gemeinde den netzbetrieblichen Herausforderungen vor Ort Rechnung tragen. Dem liegt die zutreffende Erkenntnis zugrunde, dass die örtlichen Netzbetriebsverhältnisse und die daraus folgenden Herausforderungen je nach Typisierung des Netzgebietes stark divergieren können und die Gemeinde durch einen entsprechenden Entscheidungsspielraum in die Lage versetzt werden muss, diese im Rahmen der Kriteriengewichtung angemessen einzupreisen.[89]

4. Angebotswertung

Die §§ 46 ff. EnWG machen keine **Vorgaben** hinsichtlich der Methode für die Bewertung der 72
Angebote. Ebenso enthalten weder das nationale Kartellvergaberecht noch die einschlägigen europarechtlichen Richtlinien Vorgaben im Hinblick auf die Festlegung der Auswertungssystematik.

Im Zusammenhang mit der Wahl und Ausgestaltung der Bewertungsmethodik sind zunächst 73
die Gebote der **Transparenz** und der **Diskriminierungsfreiheit** zu beachten.[90] Dementsprechend erkennt auch die Rechtsprechung einen Entscheidungsspielraum der Gemeinde an, welche Bewertungsmethode sie für geeignet hält und auswählt, solange sie nachvollziehbar und vertretbar ist.[91] Dies stellt auch der Gesetzgeber in den Gesetzesmaterialien nochmals heraus.[92]

Als **Auswertungsmethode** kommen daher in Strom- und Gaskonzessionierungsverfahren 74
grundsätzlich die absolute und die relative Bewertungsmethode in Betracht. Bei der absoluten

---

88 BGH, Urteil v. 17.12.2013 – KZR 66/12, Rn. 52; OLG Celle, Urteil v. 17.3.2016 – 13 U 141/15 (Kart).
89 Vgl. Gesetzesbegründung zu § 46 Abs. 4 S. 3 EnWG, Gesetz zur Änderung der Vorschriften zur Vergabe von Wegenutzungsrechten zur leitungsgebundenen Energieversorgung, BT-Drs. 18/8184, 15.
90 Vgl. insoweit die konzessionsvergaberechtliche Rechtsprechung: OLG Celle, Urteil v. 17.3.2016 – 13 U 141/15 (Kart); OLG Stuttgart, Urteil v. 19.11.2015 – 2 U 60/15; LG Leipzig, Urteil v. 17.6.2015 – 05 O 1339/15; LG Stuttgart, Beschluss v. 21.11.2014 – 11 O 180/14; vgl. auch OLG Düsseldorf, Beschluss v. 9.4.2014 – VII-Verg 36/13. Vgl. dazu bereits ausführlicher *Jung/Kafka*, in: Lau, Vergabe von Energienetzen, S. 104.
91 OLG Celle, Beschluss v. 17.3.2016 – 13 U 141/15; vgl. auch OLG Düsseldorf, Beschluss v. 27.5.2015 – VII-Verg 2/15.
92 Gegenäußerung der Bundesregierung, Gesetz zur Änderung der Vorschriften zur Vergabe von Wegenutzungsrechten zur leitungsgebundenen Energieversorgung, BT-Drs. 18/8184, 27.

Bewertungsmethode werden die Ansätze für die Verteilung der Punkte nicht an das beste Angebot angeknüpft, sondern die Punkteverteilung steht in einer abgestuften Punkteverteilung für den jeweiligen Erfüllungsgrad fest. Bei der relativen Bewertungsmethode wird jedem einzelnen Zuschlagskriterium eine maximal zu erreichende Höchstpunktzahl zugeordnet. Das im Vergleich beste Angebot erhält die volle Punktzahl, während alle anderen Angebote einen im Vergleich proportionalen Abschlag erhalten. Soweit das OLG Stuttgart[93] in seiner Entscheidung die relative Bewertungsmethode im Zusammenhang mit Strom- und Gaskonzessionierungsverfahren für unzulässig erklärt, verkennt es zunächst, dass es sich insoweit um eine im formalen Vergaberecht anerkannte und durch die vergaberechtliche Rechtsprechung bestätigte Bewertungsmethode handelt.[94] Ferner übersieht das OLG Stuttgart, dass es gerade im Rahmen des auch von den Behörden anerkannten Konzeptwettbewerbs[95] nicht Aufgabe der Kommune sein kann, im Vorfeld zu definieren, was sie als bestes Konzept erachtet, da sie dieses dann im Vorfeld selbst erarbeiten müsste.[96] Daher ist – wie mittlerweile auch obergerichtlich für Konzessionierungsverfahren im Strom- und Gasbereich anerkannt – auch die relative Bewertungsmethode zulässig.[97] Mit Blick darauf, dass die vorherige Aufstellung eines konkreten Maßstabs für die Erreichung der Ziele des § 1 Abs. 1 EnWG – etwa ein konkretes Maximum an Versorgungssicherheit oder Umweltverträglichkeit – durch die konzessionsgebende Gemeinde kaum machbar bis unmöglich sein dürfte und die Gemeinde daher in der Regel ein Interesse an einem Konzeptwettbewerb hat, dürfte die relative Bewertungsmethode auch die sachgerechtere Methode sein.[98]

VII. Vorabinformation (§ 46 Abs. 5 S. 1 EnWG)

75 In Anknüpfung an die Rechtsprechung des BGH [99] hat der Gesetzgeber nunmehr in § 46 Abs. 5 S. 1 EnWG eine an § 134 GWB angelehnte Vorschrift zur Vorabinformation aufgenommen. Dabei weisen der neu geschaffene § 46 Abs. 5 S. 1 EnWG und der über § 154 Nr. 4 GWB auch auf die Vergabe von Dienstleistungskonzessionen im Sinne von § 105 GWB anwendbare § 134 GWB zunächst viele Gemeinsamkeiten auf, aber auch Unterschiede, die es in Einklang zu bringen gilt.

1. Adressat

76 Adressat sind zunächst die Unternehmen bzw. Bieter, deren Angebote nicht angenommen werden sollen, mithin die Unterlegenen.

2. Inhalt

77 In der Vorabinformation sind den Unterlegenen die **Gründe** der vorgesehenen Ablehnung bzw. Nichtberücksichtigung ihres Angebots mitzuteilen. Aus einer Zusammenschau von § 46 Abs. 5 S. 1 EnWG und § 46 Abs. 5 S. 2 EnWG, der bei der verfahrensabschließenden Bekanntmachung die Angabe der „maßgeblichen Gründe" verlangt, ergibt sich zunächst, dass eine weitergehende Begründung der vorgesehenen Entscheidung erfolgen muss und nicht nur grobe Eckpunkte der Entscheidung ausreichen. Auf der anderen Seite folgt aus der Existenz des neu in § 47 Abs. 3 EnWG für die Phase nach der Vorabinformation geschaffenen Akten-

---

93 OLG Stuttgart, Urteil v. 19.11.2015 – 2 U 60/15.
94 OLG Naumburg, Beschluss v. 12.4.2012 – 2 Verg 1/12; OLG Düsseldorf, Beschluss v. 3.3.2010 – VII-Verg 48/09; Bundeskartellamt, Beschluss v. 21.10.2014 – VK 2-81/141.
95 Vgl. Bundeskartellamt/Bundesnetzagentur, Gemeinsamer Leitfaden von Bundeskartellamt und Bundesnetzagentur zur Vergabe von Strom- und Gaskonzessionen und zum Wechsel des Konzessionsnehmers, Rn. 33; Kriterienkatalog in dem Hinweispapier der Landeskartellbehörde für Energie des Landes Schleswig-Holstein; Hinweis der Niedersächsischen Landeskartellbehörde zur Durchführung eines wettbewerblichen Konzessionsvergabeverfahrens nach § 46 EnWG, Stand: 16.6.2015, S. 9.
96 *Weyand*, Vergaberecht, § 97 GWB Rn. 1514; *Jung/Kafka*, in: Lau, Vergabe von Energienetzen, S. 109.
97 OLG Schleswig, Urteil v. 13.7.2017 – 16 U 32/17 Kart; OLG Celle, Urteil v. 17.3.2016 – 13 U 1414/15 (Kart); LG Mannheim, Urteil v. 2.9.2016 – 22 O 20/16; LG Leipzig, Urteil v. 17.6.2015 – 05 O 1339/15; OLG Karlsruhe, Urteil v. 3.4.2017 – 6 U 151/16 Kart.
98 OLG Celle, Urteil v. 17.3.2016 – 13 U 141/15 (Kart); *Jung/Kafka*, in: Lau, Vergabe von Energienetzen, S. 107.
99 BGH, Urteil v. 17.12.2013 – KZR 66/12.

einsichtsrechts für die Unterlegenen, dass die Anforderungen an die Begründungstiefe auch nicht überspannt werden dürfen, insbesondere keine Mitteilung der Gründe bis ins letzte Detail erwartet werden kann.

Zwar wird in § 46 Abs. 5 S. 1 EnWG nicht die Mitteilung des Namens des **Obsiegenden** gefordert, die Pflicht zur entsprechenden Mitteilung folgt dann aber – für die Fälle, in denen der Anwendungsbereich des Kartellvergaberechts eröffnet ist – aus § 134 Abs. 1 GWB, der dies explizit vorsieht („Namen des Unternehmens, dessen Angebot angenommen werden soll"). Denn die Pflicht zur Mitteilung des Namens des erfolgreichen Bieters folgt aus Art. 40 Abs. 1 UAbs. 1 RL 2014/23/EU. Diesem europarechtlich vorgegebenen Mindeststandard muss auch bei der Vergabe von Strom- und Gaskonzessionen im Sinne von § 46 Abs. 2 EnWG Rechnung getragen werden.

78

3. Form

Für die Vorabinformation wird die Textform im Sinne des § 126b BGB verlangt. Danach muss eine lesbare Erklärung, in der die Person des Erklärenden genannt ist, auf einem dauerhaften Datenträger abgegeben werden. Insoweit sind Vorabinformationen per E-Mail oder Fax ausreichend.

79

4. Frist

Zwar wird in § 46 Abs. 5 S. 1 EnWG nicht die Unverzüglichkeit der Übermittlung der Vorabinformation normiert, diese ist aber – für die Fälle der Anwendbarkeit des Kartellvergaberechts – aufgrund der Vorgabe „so bald wie möglich" in Art. 40 Abs. 1 UAbs. 1 RL 2014/23/EU aus § 134 Abs. 1 GWB zu entnehmen, sodass die Gemeinde nach der Fassung des Ratsbeschlusses über die Vergabe des Konzessionsvertrages gehalten ist, die Information ohne schuldhaftes Zögern (vgl. § 121 Abs. 1 S. 1 BGB) zu versenden. Dabei ist der Gemeinde aber mit Blick auf den Inhalt der Vorabinformationsschreiben, insbesondere die Gründe, und in Abhängigkeit von der Anzahl der zu Informierenden ein Zeitfenster von mehreren Tagen zuzubilligen. Insoweit ist auch zu beachten, dass ohne Zugang der Vorabinformation bei den Unterlegenen die Präklusionsfrist nicht zu laufen beginnt. Daher dürfte zum einen die Kommune an einer möglichst zeitigen Versendung der Vorabinformation interessiert sein und zum anderen den Unterlegenen mit Blick auf die vorher nicht in Gang gesetzte Rügefrist grundsätzlich kein Nachteil entstehen.

80

5. Frühester Zeitpunkt des Vertragsschlusses

Während aus § 46 Abs. 5 Abs. 1 i.V.m. § 47 Abs. 6 i.V.m. § 47 Abs. 2 S. 3 **EnWG** eine Mindestwartefrist bis zum Vertragsschluss von 30 Kalendertagen folgt, sieht § 134 Abs. 1 **GWB** in Umsetzung der entsprechenden europarechtlichen Vorgaben (vgl. Art. 46 Nr. 1 lit. a RL 2014/23/EU) eine kürzere Mindestwartefrist bis zum Vertragsabschluss vor, nämlich grundsätzlich 15 Kalendertage nach § 134 Abs. 1 S. 1 GWB und bei elektronischer Übermittlung oder Versendung per Fax in § 134 Abs. 1 S. 2 GWB eine Möglichkeit zur Verkürzung auf 10 Kalendertage. Mit Blick darauf, dass es sich insbesondere auch in § 134 Abs. 1 GWB um Mindestfristen handelt und § 46 Abs. 5 S. 1 EnWG zugunsten der Bieter und unter Berücksichtigung des Umfangs und der Komplexität von Strom- und Gaskonzessionierungsverfahren eine längere Frist vorsieht, ist auf die Mindestfrist von 30 Kalendertagen aus der insoweit spezielleren Vorschrift des § 46 Abs. 5 S. 1 EnWG abzustellen.

81

Nach § 47 Abs. 6 i.V.m. § 47 Abs. 2 S. 3 EnWG ist der Zugang der Vorabinformation beim Unterlegenen maßgeblich für den **Beginn des Fristlaufs**. Hingegen stellt § 134 Abs. 2 S. 3 GWB auf den auf die Absendung folgenden Tag ab. Zunächst bleibt festzuhalten, dass sich durch die Abstellung auf den Folgetag bei § 134 Abs. 2 S. 3 GWB kein um einen Tag verzögerter Fristenlauf gegenüber demjenigen nach § 47 Abs. 6 i.V.m. § 47 Abs. 2 S. 3 EnWG ergibt. Denn § 134 Abs. 2 S. 3 GWB entspricht bereits der Regelung des § 187 Abs. 1 BGB, wonach, wenn für den Lauf einer Frist ein Ereignis oder ein in den Lauf eines Tages fallender Zeitpunkt maßgebend ist, bei der Berechnung der Frist der Tag, in welchen das Ereignis oder der Zeit-

82

punkt fällt, ohnehin nicht mitgerechnet wird. Bei § 47 Abs. 6 i.V.m. § 47 Abs. 2 S. 3 EnWG ist hingegen der Rechtsgedanke aus § 187 Abs. 1 BGB heranzuziehen, sodass auch hier die Frist erst am Tag nach Zugang beginnt. Somit besteht der Unterschied zwischen den Regelungen allein im Anknüpfungspunkt für den Fristbeginn, also der Absendung bei § 134 Abs. 2 S. 3 GWB einerseits und dem Zugang bei § 47 Abs. 6 i.V.m. § 47 Abs. 2 S. 3 EnWG andererseits. Die Regelung des § 134 Abs. 2 S. 3 GWB setzt die jüngst nochmals in Art. 40 Abs. 1 UAbs. 1 RL 2014/23/EU wiederholte Vorgabe „Absendung" als europarechtlich geforderten Mindeststandard um. Allerdings ist das Abstellen auf den Zugang in § 47 Abs. 6 i.V.m. § 47 Abs. 2 S. 3 EnWG als zulässige Verschärfung durch den nationalen Gesetzgeber einzuordnen, da zugunsten der Bieter der Anknüpfungspunkt mit dem Zugang eher in deren Sphäre verlagert wird. Darüber hinaus findet für den Fall der Versendung der Vorabinformation per Brief, solange dieser mit Blick auf die §§ 7 ff., 34 KonzVgV noch zulässig ist, durch den regulären Postlauf nochmals eine Ausweitung der Frist gegenüber dem Anknüpfen an die bloße Absendung im Kartellvergaberecht statt. Insoweit ist – abgesehen von einer elektronischen Kommunikation im Sinne der §§ 7 ff. KonzVgV – mit Blick auf die alsbaldige Auslösung des Fristenlaufs eher eine Versendung per E-Mail oder Fax zu empfehlen. Die Unterscheidung zwischen Absendung und Zugang wird weitgehend bedeutungslos, wenn die Kommunikation im Sinne der §§ 7 ff. KonzVgV – spätestens ab dem 18. Oktober 2018 – elektronisch erfolgt.

83 In der Vorabinformation ist auch der früheste Zeitpunkt des (beabsichtigten) **Vertragsschlusses** anzugeben. Aus § 47 Abs. 6 i.V.m. § 47 Abs. 2 S. 3 EnWG folgt, dass der Vertragsschluss frühestens 30 Tage ab Zugang der am spätesten zugehenden Vorabinformation geschlossen werden darf. Die 30-Tage-Frist Die entsprechende Frist, ggf. mit Sicherheitszuschlag für einen etwaigen Postlauf, ist in der Vorabinformation zu nennen.

84 Erfolgt eine **Akteneinsicht** im Sinne von § 47 Abs. 3 EnWG, beginnt die entsprechende Frist für den Antragsteller auf Akteneinsicht nach § 47 Abs. 2 S. 4 EnWG erneut an dem ersten Tag, an dem die Gemeinde die Akten zu Einsichtnahme bereitgestellt hat; und für den Fall einer gerügten Rechtsverletzung durch ein beteiligtes Unternehmen, dem die Gemeinde nicht abhilft, ist zusätzlich die 15-tägige Frist ab Zugang der Nichtabhilfe gemäß § 47 Abs. 5 S. 1 EnWG zu beachten, wobei die beiden vorgenannten „Fristverlängerungen" nicht bei der Angabe des frühestmöglichen Zeitpunkts im Vorabinformationsschreiben zu berücksichtigen sind. Insoweit wird auch weder in den §§ 46 ff. EnWG noch in der KonzVgV eine erneute Information an die (anderen) Unternehmen mit korrigierter Mindestfrist verlangt.

85 Die **„Vertragssperre"** nach § 47 Abs. 6 EnWG dürfte wegen der mit § 134 Abs. 2 GWB vergleichbaren Formulierung und der damit verfolgten Rechtsschutzfunktion als zeitlich befristetes gesetzliches Verbot im Sinne von § 134 BGB einzustufen sein.

VIII. Verfahrensabschließende Bekanntmachung (§ 46 Abs. 5 S. 2 EnWG)

86 Im Hinblick auf die verfahrensabschließende Bekanntmachung sind sowohl dem § 46 EnWG als auch der KonzVgV Regelungen zu entnehmen, die mitunter in Übereinstimmung gebracht werden müssen.

1. Anwendungsbereich

87 Während § 46 Abs. 3 S. 6 EnWG a.F. eine verfahrensabschließende Bekanntmachung nur verlangte, sofern sich mehrere Unternehmen beworben hatten, mithin ein wettbewerbliches Verfahren stattgefunden hatte, sieht § 46 Abs. 5 S. 2 EnWG nunmehr aus Gründen der Transparenz [100] stets eine Veröffentlichung bei Neuabschluss oder Verlängerung eines Konzessionsvertrages vor, auch wenn der Vertragspartner der einzige Interessent war.

---

100 Vgl. Gesetzesbegründung zu § 46 Abs. 5 EnWG, Gesetz zur Änderung der Vorschriften zur Vergabe von Wegenutzungsrechten zur leitungsgebundenen Energieversorgung, BT-Drs. 18/8184, 15.

2. Medium

Nach § 46 Abs. 5 S. 2 **EnWG** macht die Gemeinde aus Gründen der Transparenz[101] den Neuabschluss oder die Verlängerung eines Strom- und Gaskonzessionsvertrages „öffentlich bekannt". Insoweit wird im Gesetz – im Gegensatz zur verfahrenseinleitenden Bekanntmachung im Sinne des § 46 Abs. 3 S. 1 und 2 EnWG – kein Medium für die Veröffentlichung vorgegeben. Ein solcher Hinweis lässt sich auch nicht aus den Gesetzesmaterialien entnehmen. Vor diesem Hintergrund ist grundsätzlich eine Veröffentlichung spiegelbildlich zur verfahrenseinleitenden Bekanntmachung anzuraten.

Sofern der Anwendungsbereich des Kartellvergaberechts eröffnet ist, ist § 21 **KonzVgV** zu beachten, wonach die verfahrensabschließende Bekanntmachung zwingend im Amtsblatt der Europäischen Union zu erfolgen hat. Im Sinne einer spiegelbildlichen Vorgehensweise zur verfahrenseinleitenden Bekanntmachung sollte für den Fall, dass der geschätzte Vertragswert den EU-Schwellenwert erreicht oder überschreitet, eine Veröffentlichung der verfahrensabschließenden Bekanntmachung sowohl im Amtsblatt der Europäischen Union als auch im Bundesanzeiger erfolgen.

3. Inhalt

Nach § 46 Abs. 5 S. 2 **EnWG** sind neben der Entscheidung die „maßgeblichen Gründe" anzugeben. Mit Blick darauf, dass den unterlegenen Bietern bereits im Rahmen der Vorabinformation im Sinne von § 46 Abs. 5 S. 1 EnWG die Gründe der Entscheidung mitgeteilt werden und sie nunmehr auch gemäß § 47 Abs. 3 EnWG ein Recht zur Akteneinsicht haben, sowie unter Berücksichtigung des Umstands, dass mit Blick auf die Zielsetzung der Schaffung von Transparenz eher die Allgemeinheit als die (unterlegenen) Bieter im Fokus der Regelung stehen, dürfen die Anforderungen an die „maßgeblichen Gründe" nicht überspannt werden, sodass insoweit eine Angabe der tragenden Erwägungen ausreicht. Hingegen ist eine verfahrensabschließende Bekanntmachung, die sich in der formelhaften Wendung, dass das Unternehmen nach dem Angebot die im Vergleich beste Gewährleistung der Ziele des § 1 Abs. 1 EnWG erwarten lässt, nicht ausreichend, sondern es sind zumindest einige Sätze zur Konkretisierung und Untermauerung der entsprechenden Aussage erforderlich.

Im Falle der Anwendbarkeit des Kartellvergaberechts folgt aus § 21 **KonzVgV**, dass das entsprechende EU-Muster für die Bekanntmachung im Amtsblatt der Europäischen Union zu verwenden ist, wobei sich insoweit wieder zum einen eine Übertragung der nach dem EU-Muster erforderlichen Angaben in die nationale Bekanntmachung und zum anderen ein Transfer der maßgeblichen Gründe in die EU-Bekanntmachung empfiehlt.

4. Zeitpunkt der Veröffentlichung

§ 46 Abs. 5 S. 1 **EnWG** geht nur denklogisch vom Vorliegen einer Entscheidung über die Konzessionsvergabe aus, ohne jedoch ein konkretes Zeitfenster für die Veröffentlichung der verfahrensabschließenden Bekanntmachung zu nennen.

Hingegen ist die verfahrensabschließende Bekanntmachung § 21 Abs. 1 S. 1 **KonzVgV** zufolge spätestens 48 Tage nach der Vergabe der Konzession an das Amtsblatt der Europäischen Union zu übermitteln. Insoweit ist die Bekanntmachung – zumindest in den Anwendungsfällen des Kartellvergaberechts – unter Einhaltung der Frist des § 21 Abs. 1 S. 1 KonzVgV an das Amtsblatt der Europäischen Union abzusenden und unter Wahrung der entsprechenden Frist auch im Bundesanzeiger zu veröffentlichen.

---

[101] Vgl. Gesetzesbegründung zu § 46 Abs. 5 EnWG, Gesetz zur Änderung der Vorschriften zur Vergabe von Wegenutzungsrechten zur leitungsgebundenen Energieversorgung, BT-Drs. 18/8184, 15.

C. Rügeregime und Rechtsschutz

94 Mit der EnWG-Novelle 2017 wurde mit der Zielsetzung, mehr Rechtssicherheit für alle am Verfahren Beteiligten zu schaffen, ein neues Rüge- und Rechtsschutzregime implementiert.

95 Die **Rügeobliegenheiten** nach § 160 Abs. 3 S. 1 GWB gelten nach § 155 GWB auch für den vergaberechtlichen Rechtsschutz bei der Vergabe von Dienstleistungskonzessionen. Die Rügevorschriften des § 47 EnWG sind vergleichbar mit dem GWB-Rügeregime, gehen zum Teil aber auch darüber hinaus.

96 Wesentliche Abweichung zwischen dem neuen EnWG-Konzessionsrecht und dem GWB-Vergaberecht ist der unterschiedliche **Rechtsschutz**, denn das Kartellvergaberecht erklärt die Vergabekammern und Vergabesenate für zuständig, während nach § 47 Abs. 5 EnWG der ordentliche Rechtsweg eröffnet wird.

I. Rügeregime (§ 47 Abs. 1 bis 3 EnWG)

1. Präklusion (Abs. 1 S. 1)

97 Gemäß § 47 Abs. 1 S. 1 EnWG kann ein am Verfahren beteiligtes Unternehmen eine Rechtsverletzung durch Nichtbeachtung der Grundsätze eines transparenten und diskriminierungsfreien Verfahrens nach § 46 Abs. 1 bis 4 EnWG nur geltend machen, soweit es die Rechtsverletzung unter Beachtung des § 47 Abs. 2 EnWG gerügt hat.

98 **Ziel** dieser neu eingeführten Vorschrift ist eine Verhinderung von „Rügen auf Vorrat" und die Schaffung von mehr Rechtssicherheit. Soweit die beteiligten Unternehmen nicht innerhalb der normierten Fristen rügen, führt dies zu einer Präklusion, wonach zu einem späteren Zeitpunkt, z.B. im Rechtsschutzverfahren, nicht mehr auf mögliche Verstöße der Gemeinden abgestellt werden kann. Dies soll insbesondere die Praxis vieler Bestandskonzessionäre, dass Verstöße im Verfahren erst Jahre später im Rahmen von streitigen Netzübernahmen vorgetragen werden, um die Netzübernahme zu verzögern bzw. zu verhindern, entschärfen.[102]

99 Problematisch ist die **Reichweite** der Präklusionswirkung. Insoweit stellt sich die Frage, ob diese auch das Stadium eines Rechtsstreits zwischen dem Neukonzessionär und dem Bestandskonzessionär erfasst. Der Wortlaut ist diesbezüglich nicht eindeutig. Zwar enthält er keine Einschränkung auf das Stadium des Konzessionierungsverfahrens, aber er spricht nur von Geltendmachung von Rechtsverletzungen.[103] Für eine Präklusionswirkung auch im Rahmen eines späteren Netzübernahmeverfahrens spricht die Zielsetzung der Novellierung. Durch diese sollte ausweislich der Gesetzesmaterialien durch die Auferlegung der Rügeobliegenheit vermieden werden, „dass Verfahrensfehler noch Jahre nach der Entscheidung erstmals geltend gemacht werden und sich der neue Wegenutzungsinhaber sowie die Gemeinde in einem fortdauernden Schwebezustand der Rechtsunsicherheit befinden".[104] Äußerst fraglich ist jedoch, ob die Präklusionswirkung den Bestandskonzessionär auch dann erfasst, wenn dieser selber **nicht am Vergabeverfahren teilgenommen** hat. In diesem Sinne wollte der Bundesrat § 47 EnWG – mit dem Fall im Hinterkopf, dass sich der bisherige Eigentümer selber nicht am Verfahren beteiligt – über die bisherigen Nutzungsberechtigten hinaus ausdrücklich auch auf Eigentümer erstrecken.[105] Diese Bestrebung wurde allerdings im weiteren Gesetzgebungsprozess verworfen, da eine Rügeobliegenheit eines Dritten, der sich nicht selbst am Verfahren beteiligt hat, nur schwerlich mit der Geltendmachung eigener subjektiver Rechte be-

---

[102] Gesetzesbegründung, Gesetz zur Änderung der Vorschriften zur Vergabe von Wegenutzungsrechten zur leitungsgebundenen Energieversorgung, BT-Drs. 18/8184, 10.
[103] So *Donhauser/Kraus*, in: Lau, Vergabe von Energienetzen, S. 163.
[104] Gesetzesbegründung, Gesetz zur Änderung der Vorschriften zur Vergabe von Wegenutzungsrechten zur leitungsgebundenen Energieversorgung, BT-Drs. 18/8184, 9.
[105] Stellungnahme des Bundesrates zu § 47 Abs. 7 EnWG, Gesetz zur Änderung der Vorschriften zur Vergabe von Wegenutzungsrechten zur leitungsgebundenen Energieversorgung, BT-Drs. 18/8184, 23 f.

gründbar sei.[106] Neben dem Wortlaut des § 47 Abs. 1 S. 1 EnWG, der nur die am Verfahren beteiligten Unternehmen in Bezug nimmt („jedes beteiligte Unternehmen"), und der auf Verfahrensfehler begrenzten Konzeption („Rechtsverletzung durch die Nichtbeachtung eines transparenten und diskriminierungsfreien Verfahrens nach § 46 Abs. 1 bis 4 EnWG") spricht auch die Überlegung, dass ein nicht am Verfahren beteiligter Eigentümer, der auch nicht zur Teilnahme am Verfahren verpflichtet ist oder dazu verpflichtet werden kann, dafür, dass dieser nicht mit dem Vortrag von Verfahrensfehlern im anschließenden Netzübernahmeverfahren präkludiert sein kann. Dem steht jedoch das Argument gegenüber, dass sich auch der Eigentümer, wie jeder Marktteilnehmer, am Verfahren hätte beteiligen können.

2. Form und Inhalt (Abs. 1 S. 2)

Nach § 47 Abs. 1 S. 2 EnWG muss die Rüge gegenüber der Gemeinde in Textform erklärt und begründet werden.   **100**

a) Form

Die in § 47 Abs. 1 S. 2 **EnWG** benannte Textform richtet sich nach § 126b BGB. Danach muss eine lesbare Erklärung, in der die Person des Erklärenden genannt ist, auf einem dauerhaften Datenträger abgegeben werden. Insoweit sind Rügen per E-Mail oder Fax ausreichend.   **101**

In § 160 Abs. 3 **GWB** hingegen wird keine bestimmte Form vorgegeben. Danach sind sogar mündliche und fernmündliche Rügen zulässig.[107] Insoweit liegt hier eine Diskrepanz zwischen § 47 Abs. 1 S. 2 EnWG und § 160 Abs. 3 GWB vor. Die Rechtsmittelrichtlinie 2007/66/EG, die nach Art. 46 und 47 RL 2014/23/EU auch auf Konzessionen Anwendung findet, sieht in Art. 1 Abs. 4 vor, dass die Mitgliedstaaten verlangen können, „dass die Person, die ein Nachprüfungsverfahren anzustrengen beabsichtigt, den öffentlichen Auftraggeber über den behaupteten Verstoß und die beabsichtigte Nachprüfung unterrichtet". In welcher Form die Unterrichtung zu erfolgen hat, wird seitens des Richtliniengesetzgebers nicht vorgegeben. Insoweit werden die europäischen Richtlinienvorgaben durch § 47 Abs. 1 S. 2 EnWG eingeschränkt, sodass auch eine Unterrichtung im Sinne der Rechtsmittelrichtlinie 2007/66/EG ausreichen dürfte. In der Praxis ist aber die Einhaltung der Textform zu empfehlen, um insbesondere einen Beleg für die eingelegte Rüge in der Hand zu haben.   **102**

b) Begründung

Die Begründung einer Rüge wird lediglich in § 47 Abs. 1 S. 2 **EnWG** gefordert.   **103**

Einer ausdrücklichen Begründung bedarf es nach § 160 **GWB** nicht. Nach der Rechtsprechung[108] zu der Vorgängernorm von § 160 GWB muss eine Rüge aber ausreichend substanziiert sein. Die Rechtsmittelrichtlinie 2007/66/EG sieht allerdings nur vor, dass der öffentliche Auftraggeber über einen behaupteten Verstoß „unterrichtet" wird. Eine Begründung wird nicht verlangt. Insoweit stellt das Begründungserfordernis nach § 47 Abs. 1 S. 2 EnWG eine zusätzliche Hürde gegenüber dem grundsätzlich anzuwendenden Kartellvergaberecht auf. Diese ist geeignet, Unternehmen von der Geltendmachung von Rechtsverletzungen abzuhalten. Insoweit werden die europarechtlichen Vorgaben zuungunsten der Unternehmen in unzulässiger Weise verschärft. Im Ergebnis dürfte damit eine Begründung der Rüge seitens des beteiligten Unternehmens zwar für die wirksame Geltendmachung einer Rechtsverletzung gegenüber der Gemeinde nicht zwingend erforderlich, aber dennoch sinnvoll sein, um die Rechtsverletzung aus Unternehmenssicht klar zu umreißen und das Begehren klar herauszustellen und um bestmöglich für die Umsetzung des Begehrens durch die Gemeinde zu werben, d.h., alle denkbaren Aspekte vollumfänglich aufzuzeigen, mit denen sich die Gemeinde mit Blick auf die (Nicht-)Abhilfe beschäftigen muss.   **104**

---

106 Gegenäußerung der Bundesregierung, Gesetz zur Änderung der Vorschriften zur Vergabe von Wegenutzungsrechten zur leitungsgebundenen Energieversorgung, BT-Drs. 18/8184, 29.
107 *Wiese*, in: Kulartz/Kus/Portz/Prieß, GWB-Vergaberecht, § 160 Rn. 174.
108 OLG Dresden, Beschluss v. 17.8.2001 – WVerg 5/01; OLG Brandenburg, Beschluss v. 11.5.2000 – Verg 1/00.

3. Rügefristen (Abs. 2 S. 1 bis 3)

a) Rechtsverletzungen, die aufgrund einer Bekanntmachung erkennbar sind (S. 1)

105 Nach § 47 Abs. 2 S. 1 EnWG sind Rechtsverletzungen, die aufgrund einer Bekanntmachung nach § 46 Abs. 3 EnWG, d.h. einer verfahrenseinleitenden Bekanntmachung, erkennbar sind, innerhalb der Frist aus § 46 Abs. 4 S. 4 EnWG, mithin innerhalb der Interessenbekundungsfrist von mindestens drei Kalendermonaten, zu rügen. Die Vorschrift ist vergleichbar mit § 160 Abs. 3 S. 1 Nr. 2 GWB, wonach Verstöße gegen Vergabevorschriften, die aufgrund der Bekanntmachung erkennbar sind, spätestens bis zum Ablauf der in der Bekanntmachung benannten Frist zur Bewerbung oder zur Angebotsabgabe gegenüber dem Auftraggeber gerügt werden müssen.

106 Solange die Bekanntmachungsfrist läuft, müssen Rechtsverletzungen, die in derselben angelegt sind, gerügt werden, ansonsten ist das Unternehmen mit dem entsprechenden Vorbringen **präkludiert**. Insoweit haben die Gemeinden es ein Stück weit in der Hand, ob sie lediglich die Mindestfrist von drei Monaten einhalten oder die Bekanntmachungsfrist und damit auch die Rügefrist länger laufen lassen.

107 Zu den „aufgrund einer Bekanntmachung" **erkennbaren Rechtsverletzungen** zählen – etwa neben unsachgemäßen Eignungskriterien und eines unterhalb der Mindestfrist liegenden Zeitrahmens für die Interessenbekundung – insbesondere auch die nach § 46a EnWG von der Gemeinde in geeigneter Form und in auskömmlichen Umfang zu veröffentlichenden Daten. Insoweit sollten die Unternehmen darauf bedacht sein, möglichst frühzeitig in die Netzdaten Einsicht zu nehmen, insbesondere das Prozedere einer Geheimhaltungsvereinbarung möglichst frühzeitig und zügig zu durchlaufen, um eine Unvollständigkeit oder Fehlerhaftigkeit der Datengrundlage noch innerhalb der Frist des § 47 Abs. 2 S. 1 EnWG rügen zu können. Soweit die Zugänglichmachung der Daten unverhältnismäßig verzögert wird, dürfte seitens der beteiligten Unternehmen ein Antrag auf Verlängerung der Interessenbekundungsfrist aussichtsreich sein.

108 Einer ausdrücklichen Rüge bedarf es nicht, soweit eine **EU-Bekanntmachung vollständig unterblieben** ist. Mangels einschlägiger Regelung im EnWG ist auf das Kartellvergaberecht zurückzugreifen, wobei sich aus § 160 Abs. 3 S. 2 GWB ergibt, dass es einer Rüge nicht bedarf, wenn es im Sinne von § 135 Abs. 1 Nr. 2 GWB an einer EU-Bekanntmachung gemäß § 135 Abs. 1 Nr. 2 GWB fehlt.

b) Rechtsverletzungen, die aus der Mitteilung der Kriterien und deren Gewichtung erkennbar sind (S. 2)

109 Nach § 47 Abs. 2 S. 2 **EnWG** sind Rechtsverletzungen, die aus der Mitteilung nach § 46 Abs. 4 S. 4 EnWG folgen, d.h. der Mitteilung, die mindestens die Auswahlkriterien und deren Gewichtung enthält, also im Regelfall die Vergabeunterlagen, innerhalb von 15 Kalendertagen ab deren Zugang zu rügen.

110 § 47 Abs. 2 S. 2 EnWG weist konzeptionelle Ähnlichkeit mit § 160 Abs. 3 S. 1 Nr. 3 **GWB** auf, wonach Verstöße gegen Vergabevorschriften, die erst in den Vergabeunterlagen erkennbar sind, spätestens bis zum Ablauf der Frist zur Bewerbung oder zur Angebotsabgabe gegenüber dem Auftraggeber gerügt werden müssen. Zwar führt die kürzere Frist nach § 47 Abs. 2 S. 2 EnWG zu einer Einengung der Rügemöglichkeit bzw. zu einer Vorverlegung der Präklusionswirkung zuungunsten der beteiligten Unternehmen. Da die Rechtsmittelrichtlinie 2007/66/EG insoweit aber keine näheren Vorgaben macht, ist die im Bereich von Strom- und Gaskonzessionsvergaben vorgenommene Verkürzung der Frist grundsätzlich zulässig. Allerdings bezieht sich die Frist nach § 47 Abs. 2 S. 2 EnWG dem Wortlaut nach lediglich auf die Mitteilung der Auswahlkriterien und deren Gewichtung. Da diese nach § 46 Abs. 4 S. 4 EnWG auch vor und losgelöst von den übrigen Vergabeunterlagen (z. B. allgemeine Bieterinformationen, Vertragsbedingungen) mitgeteilt werden können, muss im Hinblick auf die Mitteilung der übrigen Vergabeunterlagen auf die Frist aus § 160 Abs. 3 S. 1 Nr. 3 GWB zurückgegriffen werden. Auch im Hinblick auf die übrigen Vergabeunterlagen können insoweit nach § 160 3 S. 1 Nr. 3 GWB

Verfahrensverstöße gerügt werden, wohingegen § 47 Abs. 2 S. 2 EnWG einschränkend lediglich auf die Auswahlkriterien und der Gewichtung Bezug nimmt.

c) Rechtsverletzungen im Rahmen der Auswahlentscheidung, die aus der Vorabinformation erkennbar sind (S. 3)

Nach § 47 Abs. 2 S. 3 **EnWG** sind Rechtsverletzungen im Rahmen der Auswahlentscheidung, die aus der Information nach § 46 Abs. 5 S. 1 EnWG, mithin der Vorabinformation, erkennbar sind, innerhalb von 30 Kalendertagen ab deren Zugang zu rügen. 111

Auch hier wurde eine ähnliche Konzeption wie die des § 160 Abs. 3 S. 1 Nr. 1 **GWB** (i.V.m. § 134 Abs. 2 GWB) gewählt. Anders als im GWB sieht § 47 Abs. 2 S. 3 EnWG eine Rügefrist von 30 Kalendertagen vor. Der Gesetzgeber hat insoweit eine längere Frist gewählt, um unterlegenen Unternehmen ausreichend Zeit für die Vorbereitung einer Rüge zu gewähren. Auch abweichend von der GWB-Konzeption beginnt die Frist – für die Bieter günstiger – ab Zugang des Informationsschreibens, während es im Kartellvergaberecht nicht auf den Zugang, sondern auf die Absendung ankommt. Insoweit sollte auf eine verbindliche Dokumentation des Zugangs von Informationsschreiben geachtet werden. 112

4. Akteneinsicht (Abs. 2 S. 4, Abs. 3)

In § 47 Abs. 3 EnWG hat der Gesetzgeber eine neue Regelung zur Akteneinsicht aufgenommen. § 47 Abs. 3 EnWG sieht vor, dass die Gemeinde jedem beteiligten Unternehmen auf Antrag Einsicht in die Akten zu gewähren und auf dessen Kosten Ausfertigungen, Auszüge oder Abschriften zu erteilen hat (S. 1), wobei der Antrag in Textform und binnen einer Woche ab Zugang der Vorabinformation nach § 46 Abs. 5 S. 1 EnWG zu stellen ist (S. 2) und die Gemeinde die Einsicht in die Unterlagen zu versagen hat, soweit dies zur Wahrung von Betriebs- und Geschäftsgeheimnissen geboten ist (S. 3). 113

Mit dem Anspruch der beteiligten Unternehmen auf Akteneinsicht nach Erhalt der Vorabinformation verfolgt der Gesetzgeber das **Ziel**, diesen die Möglichkeit zur Erlangung der Kenntnis aller Rechtsverletzungen vor Präklusion zu gewähren. Dieser Anspruch ist auch die folgerichtige Konsequenz der Rechtswegwahl des Gesetzgebers durch Festlegung des einstweiligen Verfügungsverfahrens vor den ordentlichen Gerichten. Im Gegensatz zum vergaberechtlichen Amtsermittlungsgrundsatz gilt vor den Zivilgerichten der Beibringungsgrundsatz. Daraus folgt eine Darlegungs- und Beweislast der Unternehmen, die erst durch das Akteneinsichtsrecht erfüllt werden kann. 114

Die Gemeinde „hat" ausweislich § 47 Abs. 3 S. 1 EnWG jedem beteiligten Unternehmen auf Antrag Einsicht in die Akten zu gewähren, d.h., es besteht kein **Ausschließungsermessen**, sondern – vorbehaltlich § 47 Abs. 3 S. 3 EnWG zu Betriebs- und Geschäftsgeheimnissen – die Gemeinde muss Akteneinsicht gewähren. 115

Gemäß § 47 Abs. 3 S. 1 EnWG ist „Einsicht in die Akten zu **gewähren**", sodass bereits der weit gefasste Wortlaut sowohl eine Einsicht in die Papierakten als auch eine Zurverfügungstellung auf elektronischem Wege ermöglicht, wobei der Gesetzgeber letzteren Weg der Zugänglichmachung explizit auch im Blick hatte.[109] 116

a) Zeitpunkt der Entstehung des Akteneinsichtsrechts

Ein Anspruch auf Akteneinsicht besteht wegen der konkreten Verweisung in § 47 Abs. 3 S. 1 EnWG auf § 47 Abs. 2 S. 3 EnWG nicht bei Rügen von aus der Bekanntmachung oder den Verfahrensunterlagen erkennbaren Rechtsverletzungen, sodass nur ein Recht auf Akteneinsicht im fortgeschrittenen Verfahrensstadium und nicht zu jeder Zeit im Verfahren normiert wird. 117

---

109 Vgl. Gesetzesbegründung zu § 47 Abs. 3 EnWG, Gesetz zur Änderung der Vorschriften zur Vergabe von Wegenutzungsrechten zur leitungsgebundenen Energieversorgung, BT-Drs. 18/8184, 17.

b) Antragsberechtigung

118 Auch wenn der Wortlaut von § 47 Abs. 3 S. 1 EnWG, der von „jedem beteiligten Unternehmen" spricht, zunächst nahelegt, dass alle am Verfahren beteiligten Unternehmen ein Akteneinsichtsrecht haben, wird aus dem systematischen Zusammenhang und der Anknüpfung an den Erhalt einer Vorabinformation (vgl. § 47 Abs. 3 S. 1 i.V.m. § 47 Abs. 2 S. 3 i.V.m. § 46 Abs. 5 S. 1 EnWG) und dem auf die „Vorbereitung einer Rüge" bzw. zumindest mittelbar einer späteren Klage gerichteten Sinn und Zweck der Vorschrift sowie den Gesetzesmaterialien[110] deutlich, dass nur denjenigen Unternehmen, deren Angebot nicht angenommen werden soll – sprich der Unterlegene bzw. die Unterlegenen – auf Antrag Akteneinsicht zu gewähren ist.

c) Frist für die Antragstellung

119 Anders als bei den anderen Vorschriften des neuen Regimes muss nach dem Wortlaut des Gesetzes der Antrag binnen einer Woche ab Zugang der Vorabinformation „gestellt" werden.

120 Das Gesetz verhält sich bei der Antragsfrist nicht dazu, ob es für den **Fristbeginn** auf die „Absendung" oder den „Zugang" des Antrages ankommt. Allerdings wird wohl der Gesetzessystematik folgend auch hier konsequenterweise der Zugang des Antrages maßgeblich sein, zumindest sollte das Unternehmen – bis zu einer abschließenden Klärung dieser Fragestellung – aus Gründen der Vorsicht einen Zugang innerhalb der Frist sicherstellen, um nicht zu riskieren, dass es seinen Anspruch auf Akteneinsicht wegen Verfristung verliert.

121 Ist der Anwendungsbereich des Kartellvergaberechts eröffnet, dürfte sich die **Fristberechnung** in entsprechender Anwendung des § 36 KonzVgV nach der VO (EWG, Euratom) 1182/71 richten. Sofern das Kartellvergaberecht nicht einschlägig ist, dürfte für die Berechnung der Frist auf die Grundsätze der §§ 187 ff. BGB zurückzugreifen sein.

d) Frist zur Bereitstellung der Akten

122 Für die Gemeinde ist in § 47 Abs. 3 EnWG keine Frist zur Bereitstellung der Verfahrensakten vorgesehen. Der Verzicht auf eine Frist ist auch sinnvoll, da die Gemeinde auch dem Gebot zur Wahrung von Betriebs- und Geschäftsgeheimnissen (vgl. § 47 Abs. 3 S. 3 EnWG) Rechnung tragen muss. Darüber hinaus hat die Gemeinde ein eigenes Interesse am Abschluss des Verfahrens und insoweit an der Einleitung der „zweiten" – der Akteneinsicht nachgelagerten – Rügefrist.

e) Verlängerung der Rügefrist

123 Erfolgt auf Antrag eines Unternehmens Einsicht in die Verfahrensakte, beginnt gemäß § 47 Abs. 2 S. 4 EnWG die Rügefrist von 30 Kalendertagen erneut ab dem ersten Tag, an dem die Gemeinde die Akten zur Einsichtnahme bereitgestellt hat. Der erneute Fristbeginn mit Bereitstellung der Akten dient dazu, Fristabläufe durch Verzögerung der Bereitstellung von Akten zu verhindern.

f) Kosten

124 Aus einem Umkehrschluss aus § 47 Abs. 3 S. 1 a.E. EnWG folgt, dass grundsätzlich die Gemeinde die Kosten für die Gewährung der Einsicht in die Akten trägt. Lediglich Kosten, die im Zusammenhang mit einer möglicherweise vom unterlegenen Unternehmen geforderten Vervielfältigung („Ausfertigungen, Auszüge oder Abschriften") entstanden sind, sind nach § 47 Abs. 3 S. 1 EnWG vom anfragenden Unternehmen zu tragen. Dabei ist die Vorschrift dahingehend zu verstehen, dass die tatsächlich angefallenen Kosten zu erstatten sind. Mangels

---

110 Vgl. Gesetzesbegründung zu § 47 Abs. 3 EnWG, Gesetz zur Änderung der Vorschriften zur Vergabe von Wegenutzungsrechten zur leitungsgebundenen Energieversorgung, BT-Drs. 18/8184, 17: „Eine Rügeobliegenheit in Bezug auf die von der Gemeinde getroffene Auswahlentscheidung setzt voraus, dass dem unterlegenen Bewerber zügig Informationen über sämtliche Tatsachen zugänglich gemacht werden, die eine Verletzung in seinen Rechten begründen könnten."

entsprechender Einschränkung im Wortlaut („auf dessen Kosten") dürften nicht nur Sachkosten, sondern auch Personalkosten erstattungsfähig sein.

g) Wahrung von Betriebs- und Geschäftsgeheimnissen

Nach § 47 Abs. 3 S. 3 **EnWG** hat die Gemeinde die Einsicht zu versagen, soweit dies zur Wahrung von Betriebs- und Geschäftsgeheimnissen geboten ist. **125**

Die Regelung des § 47 Abs. 3 S. 3 EnWG ist von ihrer Konzeption her vergleichbar mit § 165 Abs. 2 **GWB**, wonach die Einsicht in die Unterlagen zu versagen ist, soweit dies aus wichtigen Gründen, insbesondere des Geheimschutzes oder zur Wahrung von Betriebs- oder Geschäftsgeheimnissen, geboten ist. Allerdings fehlt in § 47 Abs. 3 S. 3 EnWG gemessen am Kartellvergaberecht zum einen der nicht abschließende Charakter des „wichtigen Grundes", der auch weitere Einschränkungen zulässt, und zum anderen die Anerkennung des Geheimschutzes als entsprechender Grund für eine Einschränkung.[111] § 165 Abs. 2 GWB ist zuungunsten des Akteinsicht beantragenden Unternehmens enger gefasst. Mit Blick auf die anderen Bieter, die vom Geheimschutz und Schutz der Geschäfts- und Betriebsgeheimnisse betroffen sind, ist § 165 Abs. 2 GWB sicherlich im Vergleich zu § 47 Abs. 3 EnWG weiter gefasst. Da insoweit ein Ausgleich zwischen verschiedenen Bieterinteressen stattfinden muss, bleibt abzuwarten, ob § 47 Abs. 3 EnWG insbesondere durch Rechtsfortbildung durch § 165 Abs. 2 GWB überlagert werden wird. **126**

Mit der Überlegung, dass auch ein künftiger Wettbewerb zu schützen ist, kann man auch argumentieren, dass der **Geheimschutz** gewahrt werden muss. So hat auch der Bundesrat im Gesetzgebungsverfahren in seiner Stellungnahme zu dem Regierungsentwurf – insbesondere mit dem Argument, dass ansonsten nicht nur neue verbindliche Angebote, sondern wegen zu befürchtender Wettbewerbsverfälschung auch neue indikative Angebote eingeholt werden müssten – die Ergänzung des § 47 Abs. 3 S. 3 EnWG um den Schutz des Geheimwettbewerbs angeregt.[112] Dieser Vorschlag wurde allerdings nicht aufgegriffen, vielmehr hat sich die Bundesregierung in ihrer Gegenäußerung auf den Standpunkt gestellt, dass eine Rüge auf die Vorabinformation hin voraussetze, dass das unterlegene Unternehmen die Qualität der Bewerbungen vergleichen könne und ansonsten das Akteneinsichtsrecht inhaltlich nahezu leerlaufe.[113] Insoweit lässt der tatsächliche Umfang des Akteinsichtsrechts noch einige Fragen offen. **127**

II. Rechtsschutz (§ 47 Abs. 4 und 5 EnWG)

1. Mitteilung der Nichtabhilfe als Anknüpfungspunkt des Rechtsschutzes (Abs. 4)

Aus § 47 Abs. 4 i.V.m. Abs. 5 **EnWG** ergibt sich, dass der Anknüpfungspunkt für den Rechtsschutz die Nichtabhilfe durch die Gemeinde ist. Hilft die Gemeinde der Rüge nicht ab, so hat sie gemäß § 47 Abs. 4 EnWG das rügende Unternehmen hierüber in Textform zu informieren und ihre Entscheidung zu begründen. Zwar ist die Nichtabhilfe auch rudimentär in § 160 Abs. 3 S. 1 Nr. 4 **GWB** geregelt, allerdings ist im Kartellvergaberecht nur eine „Mitteilung des Auftraggebers, einer Rüge nicht abhelfen zu wollen", ohne Formvorgaben und vor allem ohne Begründungserfordernis angesprochen, sodass § 47 Abs. 4 EnWG insoweit zugunsten des rügenden Unternehmens weiter geht und daher als Spezialvorschrift bei Strom- und Gaskonzessionierungsverfahren anzuwenden ist. **128**

Aus dem Wortlaut von § 47 Abs. 4 EnWG („hat") sowie aus dem systematischen Zusammenwirken von § 47 Abs. 5 S. 1, Abs. 4, 2 und 6 EnWG folgt, dass die Gemeinde – spätestens im Nachgang zu einer Rüge innerhalb der Frist des § 47 Abs. 2 S. 3 bzw. 4 EnWG – zur Mitteilung **129**

---

111 Zu den wichtigen Gründen einer Versagung vgl. *Kus*, in: Kulartz/Kus/Portz/Prieß, GWB- Vergaberecht, § 165 Rn. 45 ff.
112 Stellungnahme des Bundesrates zu § 47 Abs. 3 S. 3 EnWG, Gesetz zur Änderung der Vorschriften zur Vergabe von Wegenutzungsrechten zur leitungsgebundenen Energieversorgung, BT-Drs. 18/8184, 21.
113 Gegenäußerung der Bundesregierung, Gesetz zur Änderung der Vorschriften zur Vergabe von Wegenutzungsrechten zur leitungsgebundenen Energieversorgung, BT-Drs. 18/8184, 27 f.

der Nichtabhilfe **verpflichtet** ist. Schlussendlich folgt dies aus § 47 Abs. 6 EnWG, soweit dieser verlangt, dass der Konzessionsvertrag im Sinne von § 46 Abs. 2 EnWG erst dann abgeschlossen werden darf, wenn die Fristen aus § 47 Abs. 2 S. 3 (bzw. 4) „und Abs. 5 S. 1" EnWG abgelaufen sind und § 47 Abs. 5 S. 1 EnWG für den Lauf der Antrags- bzw. Klagefrist gerügte Rechtsverletzungen, „denen die Gemeinde nicht abhilft", voraussetzt. Zusammengefasst bestimmt die Gemeinde über das „Wann" einer Nichtabhilfe, aber nicht über das „Ob".

a) Zeitpunkt der Mitteilung

130 Nach den Vorstellungen des Gesetzgebers hat es die Gemeinde selbst in der Hand, den Zeitpunkt der Mitteilung zu wählen und somit den Beginn der sich hieran anschließenden 15-tägigen Frist nach § 47 Abs. 5 EnWG, beginnend mit dem Zugang der Nichtabhilfe, zur Geltendmachung von gerügten Rechtsverletzungen vor den ordentlichen Gerichten zu steuern.[114] So hat die Gemeinde etwa die Möglichkeit, im Rahmen der Mitteilung der Auswahlkriterien nebst Gewichtung im Sinne von § 46 Abs. 4 S. 4 EnWG erst zuzuwarten, ob mehrere Unternehmen fristgerecht eine entsprechende Rüge erheben, um dann gesammelt über eine (Nicht-)Abhilfe zu entscheiden.[115]

131 Folge der Notwendigkeit einer formellen Nichtabhilfe ist, dass die Gemeinde den Zeitpunkt, in dem **Rechtsschutz** seitens der Bieter gesucht werden kann, frei gestalten kann. Dies bedeutet für die Bieter, dass sie, sofern auf ihre Rüge zunächst keine Nichtabhilfe erfolgt, keine Möglichkeit haben, Rechtsschutz in Anspruch zu nehmen, sondern zunächst weiter am Verfahren teilnehmen müssen, um dann nach dem Erhalt der Nichtabhilfe Rechtsschutz in Anspruch zu nehmen. Mithin ist eine frühestmögliche Klärung von kritischen Fragen nicht zwingend sichergestellt. Allerdings dürfte der Gemeinde, um sich nicht gegebenenfalls Schadensersatzansprüchen der Bieter auszusetzen, daran gelegen sein, Rügen möglichst zeitnah aufzugreifen bzw. ihnen formell nicht abzuhelfen und diese im Sinne der gestaffelten Rügeobliegenheiten nach § 47 Abs. 2 S. 1 bis 3 EnWG abgeschichtet zu behandeln. Dadurch wird das Risiko verringert, das Verfahren weit zurückversetzen oder gänzlich wiederholen zu müssen.

b) Adressat

132 Adressat der Mitteilung über die Nichtabhilfe ist ausweislich § 47 Abs. 4 EnWG nur das rügende Unternehmen. Im Gegensatz etwa zur Beantwortung von Bieterfragen durch die Gemeinde ist die Entscheidung über die Nichtabhilfe also nicht gegenüber allen Bietern publik zu machen, sondern bleibt im Verhältnis zwischen Rügendem und Gemeinde, es sei denn, im Rahmen der Abhilfe einer Rüge werden Informationen erteilt, die die Angebotslegung für alle Unternehmen gleichermaßen betrifft.

c) Form und Begründung

133 § 47 Abs. 4 EnWG schreibt für die Mitteilung der Nichtabhilfe die **Textform** vor. Danach muss eine lesbare Erklärung, in der die Person des Erklärenden genannt ist, auf einem dauerhaften Datenträger abgegeben werden. Insoweit ist die Mitteilung per E-Mail oder Fax ausreichend.

134 Die Gemeinde muss nach § 47 Abs. 4 EnWG bei der Nichtabhilfe ihre Entscheidung **begründen**. Durch die Begründung möchte der Gesetzgeber eine Auseinandersetzung der Gemeinde mit sämtlichen gerügten Rechtsverstößen erreichen.[116] Ferner sorgt das Begründungserfordernis auch für einen Erkenntnisgewinn auf Seiten des rügenden Unternehmens. Die durch das Begründungserfordernis erzwungene Auseinandersetzung der Gemeinde mit sämtlichen gerügten Rechtsverstößen kann zu einer Klärung der strittigen Rechtsfragen in einem frühen Verfahrensstadium führen.

---

114 Gesetzesbegründung zu § 47 Abs. 4 EnWG, Gesetz zur Änderung der Vorschriften zur Vergabe von Wegenutzungsrechten zur leitungsgebundenen Energieversorgung, BT-Drs. 18/8184, 17.
115 Gesetzesbegründung zu § 47 Abs. 4 EnWG, Gesetz zur Änderung der Vorschriften zur Vergabe von Wegenutzungsrechten zur leitungsgebundenen Energieversorgung, BT-Drs. 18/8184, 17.
116 Gesetzesbegründung zu § 47 Abs. 4 EnWG, Gesetz zur Änderung der Vorschriften zur Vergabe von Wegenutzungsrechten zur leitungsgebundenen Energieversorgung, BT-Drs. 18/8184, 17.

Soweit die Bundesregierung[117] im Rahmen des Gesetzgebungsverfahrens (bezogen auf den Vorschlag des Bundesrates,[118] klarzustellen, dass die Gemeinde im Rahmen des neuen Präklusionsregimes bis zum Ende des Verfahrens warten kann, bis sie die Nichtabhilfemitteilungen versendet) ausführt, dass für diese Klarstellung kein Bedürfnis bestehe, weil der Gesetzesentwurf die Gemeinde insoweit in zeitlicher Hinsicht nicht einschränke und sie daher alle Nichtabhilfemitteilungen auch gebündelt am Ende des Verfahrens versenden könne, um „eingeschobene" Gerichtsverfahren herbeizuführen, setzt dies das Verständnis voraus, dass es für die Geltendmachung von Rechtsschutz zwingend einer vorherigen Nichtabhilfemitteilung bedarf.[119] Insoweit könnte man daran denken, dass eine **konkludente Nichtabhilfe**, etwa die Abforderung von Angeboten auf der Grundlage eines gerügten, aber auf die Rüge hin unverändert gelassenen Kriterienkatalogs, ausreicht. Dagegen sprechen allerdings zunächst das Textformerfordernis und das Begründungserfordernis aus § 47 Abs. 4 EnWG, die verlangen, dass die Gemeinde unter Bezugnahme auf die Rüge formell und mit einer Begründung eine Abhilfe auf die Rüge hin ablehnt, was sich mit einer konkludenten Nichtabhilfe nicht vereinbaren lässt. Ferner ist zu beachten, dass der Zugang der Nichtabhilfe die Antrags- bzw. Klagefrist nach § 47 Abs. 5 S. 1 EnWG auslöst. Insoweit ist ein eindeutiger und als solcher eindeutig für den rügenden Bieter erkennbarer Akt der Nichtabhilfe zum einen für die Fristberechnung erforderlich und zum anderen zur Rechtfertigung, dass der Kläger nach Ablauf der Frist keine Klagemöglichkeit mehr hat.

135

2. Rechtsschutz gegen die Nichtabhilfe (Abs. 5)

Nach § 47 Abs. 5 S. 1 EnWG können beteiligte Unternehmen gerügte Rechtsverletzungen, denen die Gemeinde nicht abhilft, nur innerhalb von 15 Kalendertagen ab Zugang der Information nach § 47 Abs. 4 EnWG, mithin der Nichtabhilfemitteilung, vor den ordentlichen Gerichten geltend machen (S. 1), wobei die Vorschriften der ZPO über das Verfahren auf Erlass einer einstweiligen Verfügung, also die §§ 916 ff. ZPO, gelten (S. 2) und ein Verfügungsgrund nicht glaubhaft gemacht werden muss (S. 3).

136

Gemäß § 46 Abs. 7 EnWG bleiben die Aufgaben und Zuständigkeiten der **Kartellbehörden** nach dem GWB unberührt. Dies bedeutet, dass – parallel zum Rechtsschutz im zuvor skizzierten Sinne – auch ein kartellbehördliches Einschreiten im Sinne der §§ 54 ff. GWB in Betracht kommt. In Betracht kommt z. B. ein Beseitigungs- und Unterlassungsanspruch nach § 33 GWB. Die Gemeinde ist Adressatin der Unterlassungsverpflichtung nach § 33 GWB. Als Gemeinde handelt sie beim Abschluss von Konzessionsverträgen als Unternehmen im Sinne des Kartellrechts. Ihr kommt dabei eine marktbeherrschende Stellung i. S. d. § 18 GWB zu. Sachlich relevanter Markt ist das Angebot von Wegenutzungsrechten zur Verlegung und zum Betrieb von Leitungen, die zum Netz der allgemeinen Versorgung mit Energie gehören. Der relevante Markt ist örtlich auf das Gemeindegebiet der Gemeinde beschränkt. Er umfasst sämtliche Wege, die sich für die Verlegung und den Betrieb von Leitungen zur unmittelbaren Versorgung von Letztverbrauchern im Gemeindegebiet eignen. Dieser Markt ist gleichartigen Unternehmen auch üblicherweise zugänglich. Denn der Zugang zum Wegenutzungsrecht ist dadurch eröffnet, dass die Gemeinde aufgrund der Bekanntmachungspflichten nach § 46 Abs. 3 EnWG fremde Unternehmen dazu aufzufordern hat, sich im Wettbewerb um die Konzession zu bewerben.[120]

137

---

[117] Vgl. Gegenäußerung der Bundesregierung, Gesetz zur Änderung der Vorschriften zur Vergabe von Wegenutzungsrechten zur leitungsgebundenen Energieversorgung, BT-Drs. 18/8184, 28.
[118] Vgl. Stellungnahme des Bundesrates zu § 47 Abs. 4 S. 2 EnWG, Gesetz zur Änderung der Vorschriften zur Vergabe von Wegenutzungsrechten zur leitungsgebundenen Energieversorgung, BT-Drs- 18/8184, 22.
[119] So die Bundesregierung in ihrer Gegenäußerung, BT-Drs. 18/8184, 28: „Ohne die Mitteilung der Nichtabhilfe beginnt die Frist zur gerichtlichen Geltendmachung nicht zu laufen."
[120] OLG Brandenburg, Urteil v. 22.8.2017 – 6 U 1/17 Kart; Urteil v. 19.7.2016 – Kart U 1/15 Rn. 43; OLG Stuttgart, Urteil v. 5.1.2017 – 2 U 66/16.

a) Rechtsweg

138 § 47 Abs. 5 S. 1 EnWG verweist für den Rechtsschutz bei Strom- und Gaskonzessionierungsverfahren auf die **ordentlichen Gerichte**. Dort ist mit Blick auf § 47 Abs. 5 S. 2 EnWG, der klarstellt, dass für das Verfahren die Vorschriften der §§ 916 ff. ZPO gelten, der Erlass einer einstweiligen Verfügung zu beantragen, um die Fortsetzung des Verfahrens oder einen bereits drohenden Vertragsschluss zu verhindern, bevor nicht die konkret gerügte rechtswidrige Verfahrenshandlung aufgehoben und durch eine rechtmäßige Verfahrenshandlung ersetzt wurde. Im Rahmen des Antrags auf Erlass einer einstweiligen Verfügung braucht nach § 47 Abs. 5 S. 3 EnWG ein Verfügungsgrund in Form einer Rechtsgefährdung nicht glaubhaft gemacht werden, weil er sich schon aus der ansonsten eintretenden Präklusion ergibt.[121] Allerdings ist zu beachten, dass ggf. parallel zum Verfahren über den Erlass einer einstweiligen Verfügung ein Hauptsacheverfahren geführt wird bzw. geführt werden muss (vgl. § 926 Abs. 1 i.V.m. § 936 ZPO). Insoweit kommt dann grundsätzlich die ZPO zum Tragen und nicht lediglich die §§ 916 ff. ZPO. Ausschließlich zuständig ist gemäß § 102 Abs. 1 EnWG das Landgericht in Zivilsachen.[122]

139 Für Dienstleistungskonzessionen gilt grundsätzlich der **kartellvergaberechtliche Rechtsschutz** nach §§ 155 ff. GWB. Dieser basiert auf der Rechtsmittelrichtlinie 2007/66/EG, wurde aber durch den nationalen Gesetzgeber weiter konkretisiert. Der Gesetzgeber hat für Strom- und Gaskonzessionen nach § 47 Abs. 5 EnWG den Rechtsweg zu den ordentlichen Gerichten vorgesehen. Grundsätzlich kann der nationale Gesetzgeber unter Beachtung der Mindestvorgaben der Rechtsmittelrichtlinie 2007/66/EG den Rechtsweg näher konkretisieren. So bleibt es ihm auch unter Wahrung der Vorgaben der Rechtsmittelrichtlinie 2007/66/EG unbenommen, einen von den §§ 155 ff. GWB abweichenden Rechtsweg festzulegen.[123] Die Vorgaben der Rechtsmittelrichtlinie 2007/66/EG sind bei der Novelle der §§ 46 ff. EnWG weitestgehend umgesetzt. Soweit in der Literatur[124] das Fehlen eines Zuschlagsverbotes bemängelt wird, ist zunächst darauf zu verweisen, dass der Erlass einer einstweiligen Verfügung grundsätzlich einem Zuschlagsverbot entspricht. Soweit es um Einzelfälle geht, die sich zwischen dem Ablauf der 15 Kalendertage nach § 47 Abs. 5 S. 1 EnWG und dem Erlass der einstweiligen Verfügung bewegen, hat der betroffene Richter auch die Möglichkeit, vorläufige Anordnungen für diesen Zeitraum zu treffen.

b) Klageberechtigung

140 Die Möglichkeit, Rechtsschutz im Sinne von § 47 Abs. 5 EnWG in Anspruch zu nehmen, haben die am Verfahren beteiligten Unternehmen. Insoweit ist – anders als beim Akteneinsichtsrecht nach § 47 Abs. 3 EnWG – auch der Obsiegende erfasst, diesem fehlt lediglich die Möglichkeit, in Anknüpfung an die Vorabinformation zu rügen und zu klagen.

c) Klagefrist

141 Die Frist für die Klage beträgt gemäß § 47 Abs. 5 S. 1 EnWG 15 Kalendertage ab Zugang der ordnungsgemäßen, d.h. (mindestens) in Textform verfassten und begründeten Nichtabhilfemitteilung beim jeweiligen Unternehmen. Die Regelung ist vergleichbar mit § 160 Abs. 3 S. 1 GWB. Für die Berechnung der Frist ist auf § 222 Abs. 1 ZPO abzustellen.

---

121 Gesetzesbegründung zu § 47 Abs. 5 EnWG, Gesetz zur Änderung der Vorschriften zur Vergabe von Wegenutzungsrechten zur leitungsgebundenen Energieversorgung, BT-Drs. 18/8184, 17.
122 Vgl. auch Gesetzesbegründung zu § 47 Abs. 5 EnWG, Gesetz zur Änderung der Vorschriften zur Vergabe von Wegenutzungsrechten zur leitungsgebundenen Energieversorgung, BT-Drs. 18/8184, 17.
123 *Donhauser/Kraus*, in: Lau, Vergabe von Energienetzen, S. 164.
124 *Donhauser/Kraus*, in: Lau, Vergabe von Energienetzen, S. 163 f.

d) Wert des Streitgegenstands

Der Wert des Streitgegenstandes beträgt über die Einfügung einer neuen Nr. 4 in § 53 GKG auf Vorschlag des Ausschusses für Wirtschaft und Energie[125] höchstens 100.000 Euro, sodass die Kosten eines entsprechenden Verfahrens gedeckelt sind.

142

e) Vertragssperre

Nach § 47 Abs. 6 EnWG darf ein Vertrag nach § 46 Abs. 2 EnWG, d.h. ein qualifizierter Wegenutzungsvertrag, erst nach Ablauf der Fristen aus § 47 Abs. 2 S. 3 EnWG, also der Rügefrist bezüglich der Vorabinformation, und § 47 Abs. 5 S. 1 EnWG, sprich der Antrags- bzw. Klagefrist nach Nichtabhilfe, geschlossen werden. Insoweit handelt es sich um ein gesetzliches Verbot im Sinne von § 134 BGB. Der Vertrag ist nichtig, sofern er geschlossen wird, obwohl von den am Verfahren Beteiligten noch Rügen erhoben werden können bzw. bevor nicht allen erhobenen Rügen abgeholfen wurde und die sich an die Nichtabhilfe anschließende Klagefrist ohne Antrag auf Erlass einer einstweiligen Verfügung verstrichen ist. Sofern auf einen fristgerechten Antrag hin vom ordentlichen Gericht eine einstweilige Verfügung erlassen wird, stellt diese selbst das Verbot zum Vertragsschluss dar.[126]

143

---

125 Beschlussempfehlung und Bericht des Ausschusses für Wirtschaft und Energie, Gesetz zur Änderung der Vorschriften zur Vergabe von Wegenutzungsrechten zur leitungsgebundenen Energieversorgung, BT-Drs. 18/10503, 3 ff.
126 Gegenäußerung der Bundesregierung, Gesetz zur Änderung der Vorschriften zur Vergabe von Wegenutzungsrechten zur leitungsgebundenen Energieversorgung, BT-Drs. 18/8184, 29.

Sonderregelungen

GewO – Gewerbekonzessionen

GewO – Gewerbekonzessionen

§ 60b GewO
Volksfest

(1) Ein Volksfest ist eine im allgemeinen regelmäßig wiederkehrende, zeitlich begrenzte Veranstaltung, auf der eine Vielzahl von Anbietern unterhaltende Tätigkeiten im Sinne des § 55 Abs. 1 Nr. 2 ausübt und Waren feilbietet, die üblicherweise auf Veranstaltungen dieser Art angeboten werden.

(2) § 68a Satz 1 erster Halbsatz und Satz 2, § 69 Abs. 1 und 2 sowie die §§ 69a bis 71a finden entsprechende Anwendung; jedoch bleiben die §§ 55 bis 60a und 60c bis 61a sowie 71b unberührt.

[…]

§ 64 GewO
Messe

(1) Eine Messe ist eine zeitlich begrenzte, im allgemeinen regelmäßig wiederkehrende Veranstaltung, auf der eine Vielzahl von Ausstellern das wesentliche Angebot eines oder mehrerer Wirtschaftszweige ausstellt und überwiegend nach Muster an gewerbliche Wiederverkäufer, gewerbliche Verbraucher oder Großabnehmer vertreibt.

(2) Der Veranstalter kann in beschränktem Umfang an einzelnen Tagen während bestimmter Öffnungszeiten Letztverbraucher zum Kauf zulassen.

§ 65 GewO
Ausstellung

Eine Ausstellung ist eine zeitlich begrenzte Veranstaltung, auf der eine Vielzahl von Ausstellern ein repräsentatives Angebot eines oder mehrerer Wirtschaftszweige oder Wirtschaftsgebiete ausstellt und vertreibt oder über dieses Angebot zum Zweck der Absatzförderung informiert.

§ 66 GewO
Großmarkt

Ein Großmarkt ist eine Veranstaltung, auf der eine Vielzahl von Anbietern bestimmte Waren oder Waren aller Art im wesentlichen an gewerbliche Wiederverkäufer, gewerbliche Verbraucher oder Großabnehmer vertreibt.

§ 67 GewO
Wochenmarkt

(1) Ein Wochenmarkt ist eine regelmäßig wiederkehrende, zeitlich begrenzte Veranstaltung, auf der eine Vielzahl von Anbietern eine oder mehrere der folgenden Warenarten feilbietet:

1. Lebensmittel im Sinne des § 2 Absatz 2 des Lebensmittel- und Futtermittelgesetzbuchs mit Ausnahme alkoholischer Getränke; zugelassen sind alkoholische Getränke, soweit sie aus selbstgewonnenen Erzeugnissen des Weinbaus, der Landwirtschaft oder des Obst- und Gartenbaus hergestellt wurden; der Zukauf von Alkohol zur Herstellung von Likören und Geisten aus Obst, Pflanzen und anderen landwirtschaftlichen Ausgangserzeugnissen, bei denen die Ausgangsstoffe nicht selbst vergoren werden, durch den Urproduzenten ist zulässig;
2. Produkte des Obst- und Gartenbaus, der Land- und Forstwirtschaft und der Fischerei;
3. rohe Naturerzeugnisse mit Ausnahme des größeren Viehs.

(2) Die Landesregierungen können zur Anpassung des Wochenmarkts an die wirtschaftliche Entwicklung und die örtlichen Bedürfnisse der Verbraucher durch Rechtsverordnung bestimmen, dass über Absatz 1 hinaus bestimmte Waren des täglichen Bedarfs auf allen oder bestimmten Wochenmärkten feilgeboten werden dürfen.

§ 68 GewO
Spezialmarkt und Jahrmarkt

(1) Ein Spezialmarkt ist eine im allgemeinen regelmäßig in größeren Zeitabständen wiederkehrende, zeitlich begrenzte Veranstaltung, auf der eine Vielzahl von Anbietern bestimmte Waren feilbietet.

(2) Ein Jahrmarkt ist eine im allgemeinen regelmäßig in größeren Zeitabständen wiederkehrende, zeitlich begrenzte Veranstaltung, auf der eine Vielzahl von Anbietern Waren aller Art feilbietet.

(3) Auf einem Spezialmarkt oder Jahrmarkt können auch Tätigkeiten im Sinne des § 60b Abs. 1 ausgeübt werden; die §§ 55 bis 60a und 60c bis 61a bleiben unberührt.
[…]

§ 70 GewO
Recht zur Teilnahme an einer Veranstaltung

(1) Jedermann, der dem Teilnehmerkreis der festgesetzten Veranstaltung angehört, ist nach Maßgabe der für alle Veranstaltungsteilnehmer geltenden Bestimmungen zur Teilnahme an der Veranstaltung berechtigt.

(2) Der Veranstalter kann, wenn es für die Erreichung des Veranstaltungszwecks erforderlich ist, die Veranstaltung auf bestimmte Ausstellergruppen, Anbietergruppen und Besuchergruppen beschränken, soweit dadurch gleichartige Unternehmen nicht ohne sachlich gerechtfertigten Grund unmittelbar oder mittelbar unterschiedlich behandelt werden.

(3) Der Veranstalter kann aus sachlich gerechtfertigten Gründen, insbesondere wenn der zur Verfügung stehende Platz nicht ausreicht, einzelne Aussteller, Anbieter oder Besucher von der Teilnahme ausschließen.

Übersicht

	Rn.			Rn.
A. Allgemeines	1		e) Erreichbarkeit, Kontrolle und Sicherheit	84
I. Zulassung zu Veranstaltungen und Privatisierung von Aufgaben	5		f) Soziale Kriterien	86
			g) Weitere Kriterien	88
II. Begriff der Gewerbekonzession	7		4. Formelle Auswahlkriterien	90
1. Betriebsrisiko	11		a) Doppelbewerbung	91
2. Beschaffungsvorgang und Platzmangel	13		b) Prioritätssystem	92
			c) Lossystem oder rollierende Systeme	93
B. Regelungen für das Auswahlverfahren	20		d) Einhaltung der Fristen	96
I. Anspruchsberechtigung	22		e) Besonderheiten des Wochenmarktes	97
II. Allgemeine Vergabegrundsätze	25			
1. Transparenzgrundsatz	29		5. Sachliche Abwägung der Kriterien	98
2. Gleichbehandlungsgebot	34			
3. Wettbewerbsgrundsatz	38		IV. Anforderungen der KonzVgV	100
4. Verhältnismäßigkeitsgrundsatz	43		V. Kommunalrechtliche Vorgaben	107
5. Nachvollziehbarkeit, Sachlichkeit und Objektivität der Entscheidungen	44		VI. Bekanntmachungsverpflichtungen	110
			VII. Dokumentation	113
6. Vorabinformation	46		C. Rechtsschutz	118
III. Auswahlkriterien	48		I. Verwaltungsrechtlicher Rechtsschutz	120
1. Beschränkung auf bestimmte Aussteller- und Anbietergruppen	50		1. Kapazitätserschöpfung und Rechtschutz	125
2. Ausschluss einzelner Aussteller/Anbieter	53		2. Bewerbungsverfahrensanspruch	126
3. Materielle Auswahlkriterien	56		3. Kausalität des Rechtsverstoßes	128
a) Attraktivität	63		4. Prozessuale Fragen	131
b) „Bekannt und bewährt"	72		II. Vergaberechtlicher Rechtsschutz	136
c) Ortsansässigkeit	78			
d) Beitrag zur historisch gewachsenen Tradition	81		D. Zusammenfassung und Ausblick	141

A. Allgemeines

Volksfeste, Messen und Märkte leben von der Popularität des jeweiligen konkreten Angebots. Damit ein solches bestmöglich erreicht wird, führen die Veranstalter eine Vielzahl von unterschiedlich strukturierten Auswahlverfahren durch. Vor dem Erlass der KonzVgV war primär die GewO der Maßstab für ein ordnungsgemäßes Auswahlverfahren. Die GewO sieht eine Vielzahl von Veranstaltungen vor, die entweder gemäß § 69 Abs. 1 GewO festgesetzt oder als gemeindliche Einrichtungen i.S.d. Gemeindeordnungen der Länder betrieben werden können. Das formelle Konzessionsvergaberecht der KonzVgV mit den allgemeinen Grundsätzen gemäß § 97 Abs. 1 und 2 GWB gewinnt jedoch immer mehr Einfluss.

Bei der Veranstaltung kann es sich um ein Volksfest, eine Messe, eine Ausstellung, einen Großmarkt, einen Wochenmarkt oder einen Spezial- und Jahrmarkt nach den §§ 60b Abs. 1, 64 Abs. 1, 65, 66, 67 Abs. 1 sowie § 68 Abs. 1 und 2 GewO handeln. Im Rahmen der Durchführung solcher Veranstaltungen ist die Beteiligung Privater gängige Praxis. Entweder geht es um die öffentlich-rechtliche Übertragung des Rechtes zur Durchführung der Veranstaltung oder um die Vergabe eines Standplatzes durch einen öffentlich-rechtlichen Veranstalter. Hierbei wird eine beschränkte Anzahl an Durchführungsrechten oder Standplätzen vergeben, sodass es sich bei der Entscheidung zur Zulassung privater Dritter zu einer Veranstaltung um die Verteilung kontingentierter Rechte handelt. Damit liegt die typische Situation eines **Verteilungsverwaltungsverfahrens** vor. Im Rahmen einer staatlichen Entscheidung zur Verteilung in Knappheitssituationen mit Relevanz zur Berufsausübung wandelt sich der grundlegende marktrechtliche Zulassungsanspruch aus § 70 Abs. 1 GewO in den verfassungsrechtlichen Anspruch auf Teilhabe an einem transparenten und diskriminierungsfreien Vergabeverfahren aus Art. 12 Abs. 1 GG i.V.m. Art. 3 Abs. 1 GG um.[1] Der als Marktplatz genutzte öffentliche Raum wird heute als sogenanntes Mehrzweckinstitut und auch als ein Wettbewerbsraum angesehen.[2] Dies hebt die Bedeutung des Berufsfreiheitsgrundrechts aus Art. 12 Abs. 1 GG als Teilhaberecht hervor. Es geht insbesondere bei großvolumigen Gewerbekonzessionen kein Weg an den an unionsrechtlichen Vorgaben des Wettbewerbes, der Transparenz, der Gleichberechtigung und Verhältnismäßigkeit vorbei. Rechtliche Konsequenz ist aber auch bei geringen finanziellen Volumen die Notwendigkeit der Herstellung von Verteilungsgerechtigkeit bei knappen staatlichen Ressourcen.[3]

Dementsprechend hat der Konzessionsgeber gemäß § 101 GWB ein öffentlich-rechtliches Auswahlverfahren **oberhalb der Schwellenwerte** durchzuführen, wenn ein öffentlicher Auftrag gemäß §§ 105, 115 GWB vergeben wird und kein Verwaltungsakt erlassen wird.[4] Auch unterhalb der Schwellenwerte ist der Konzessionsgeber daran gehindert, eine Direktvergabe oder -beauftragung ohne vorheriges Verfahren zu vollziehen, wenn Konzessionsnehmer aus dem EU-Binnenmarkt interessiert sein könnten. Das Auswahlverfahren muss hierbei bei Binnenmarktrelevanz unions- und immer auch grundrechtlichen Vorgaben genügen.[5] Insbesondere ist es stets transparent und nichtdiskriminierend zu gestalten. Die Auswahlentscheidung ist nach einer vorher veröffentlichen Vorgabe und Anwendung von Auswahlkriterien nachvollziehbar durchzuführen[6] und den unterlegenen Bewerbern oder Bietern vorab bekanntzumachen.[7] Sie kann nur durch die vergebende Körperschaft selbst getroffen werden.[8] Nach der Rechtsprechung des BVerwG kann sich die Kommune ihrer Entscheidungsverant-

---

1 *Ruthig/Storr*, Öffentliches Wirtschaftsrecht, Rn. 109, 378.
2 Vgl. *Burgi*, NVwZ 2017, 257 (265), für den öffentlichen Raum der Straße.
3 Vgl. *Burgi*, NVwZ 2017, 257 (265).
4 Vgl. *Braun*, NVwZ 2009, 747 (748); siehe auch § 1 KonzVgV Rn. 54 ff.
5 Vgl. VG München, Beschluss v. 31.5.2016 – M 7 E 16.2303; VG Darmstadt, Beschluss v. 10.9.2015 – 4 L 1180/15.DA; VG Wiesbaden, Teilurteil v. 19.12.2013 – 5 K 1244/12.WI.
6 Vgl. OVG Nordrhein-Westfalen, Beschluss v. 28.2.2013 – 4 A 500/10; VG Freiburg, Beschluss v. 11.11.2014 – 4 K 2310/14; *Dornhauser*, NVwZ 2010, 931 (934).
7 Vgl. für eine Unterschwellenvergabe OLG Düsseldorf, Urteil v. 13.12.2017 – I-27 U 25/17; siehe auch unten Rn. 47.
8 VG Stuttgart, Urteil v. 10.3.2008 – 4 K 4507/07; Beschluss v. 11.7.2006 – 4 K 2292/06.

wortung nicht dadurch entledigen, dass sie die Durchführung eines Volksfestes oder einer Marktveranstaltung zur Gänze materiell privatisiert.[9]

4 Der kommunale Veranstalter hat ein Auswahlverfahren mit vorheriger Ausschreibung,[10] Bekanntgabe der beabsichtigten Vergabekriterien und des Auswahlergebnisses für die unterlegenen Bewerber oder Bieter durchzuführen.[11] Obgleich der Anwendungsbereich des europäischen Kartellvergaberechts mangels Erreichen des Schwellenwertes nach Art. 8 Abs. 1 RL 2014/23/EU i.V.m. § 106 Abs. 1, Abs. 2 Nr. 4 GWB in der Regel nicht eröffnet ist, unterliegen Kommunen nichtsdestoweniger bei der Vergabe von Gewerbekonzessionen im Falle der **Binnenmarktrelevanz** Verfahrensvorgaben, die aus dem Primärrecht folgen.[12] Ohne Binnenmarktrelevanz unterhalb der Schwellenwerte sind die Auswahlverfahren nach der GewO unter Berücksichtigung der einschlägigen Grundrechte (Art. 3, 12 GG) durchzuführen.

I. Zulassung zu Veranstaltungen und Privatisierung von Aufgaben

5 Die Vergabe von Durchführungsrechten und Standplätzen kann entweder durch Verwaltungsakt, durch öffentlichen Auftrag oder durch eine Konzessionsvergabe erfolgen. In der Regel werden die Rechte gegen zum Teil erhebliche Entgelte eingeräumt. Auf festgesetzten Veranstaltungen erhalten die Privaten das Recht, ihre angebotenen Dienstleistungen selbst zu verwerten und dadurch sich selbst durch potenziell sehr hohe Einnahmen zu finanzieren.[13] Bei der Vergabe von Konzessionen zum Betrieb von Standplätzen erhalten die Marktbeschicker als Konzessionsnehmer jeweils das Recht, einen Standplatz für die Dauer der Veranstaltung einzunehmen und dort ihre Waren und Dienstleistungen anzubieten. Bei der Vergabe eines Durchführungsrechts wird dem Konzessionsnehmer dagegen das Recht übertragen, die Veranstaltung durchzuführen und Standplatzvergütungen von den Marktbeschickern zu erheben. Begrifflich handelt es sich bei diesen Konzessionen um „Gewerbekonzessionen" im engeren Sinn gemäß § 105 GWB, wenn zudem die Schwellenwerte überschritten sind.[14]

6 Bei der Übertragung des Durchführungsrechts auf einen privaten Veranstalter handelt es sich um einen Akt der **Aufgabenprivatisierung**. Diese kann im Bereich von Messen, Märkten und Volksfesten auf zwei Ebenen geschehen: der der formellen und der der funktionellen Privatisierung. Bei der formellen Privatisierung wird die Veranstaltungszuständigkeit auf eine kommunale Eigengesellschaft übertragen, sodass die Kommune weiterhin gänzlich zuständig bleibt.[15] Bei der funktionellen Privatisierung verbleibt die Kommune zwar in einer „Gewährleistungsverantwortung", gleichwohl geht die Wahrnehmung der Aufgabenerfüllung auf eine natürliche oder juristische Person des Privatrechts über.[16] Aufgrund ihrer Gewährleistungsverantwortung muss sich die Gemeinde in diesem Fall effektive Kontroll- und Einwirkungsrechte auf den privaten Veranstalter vorbehalten.[17] Insbesondere muss die Entscheidungskompetenz bezüglich der Auswahl der Marktbeschicker beim öffentlichen Veranstalter verbleiben. Dies gilt zum einen aufgrund der Zweistufentheorie, sofern die Veranstaltung als kommunale Einrichtung betrieben wird.[18] Gleiches Ergebnis muss aber angesichts der Wer-

---

9 BVerwG, Urteil v. 27.5.2009 – 8 C 10/08; ebenso VGH München, Beschluss v. 21.12.2012 – 4 ZB 11.2496; VGH Kassel, Urteil v. 4.3.2010 – 8 A 2613/09; VG Kassel, Urteil v. 6.10.2017 – 5 K 939/13. KS; VG Wiesbaden, Urteil v. 25.11.2011 – 7 K 239/11.WI.
10 EuGH, Urteil v. 13.10.2005 – Rs. C-458/03 (Parking Brixen), Rn. 50 ff.; VG Köln, Urteil v. 16.10.2008 – 1 K 4507/08; *Braun*, NVwZ 2009, 747 (748).
11 OLG Düsseldorf, Urteil v. 13.12.2017 – I-27 U 25/17
12 Vgl. EuGH, Urteil v. 16.7.2016 – Verb Rs. C-458/14 und C-67/15 (Promoimpresa); Urteil v. 16.4.2015 – Rs. C-278/14 (SC Enterprise Focused Solutions), Rn. 16; EuG, Urteil v. 29.5.2013 – Rs. T-384/10 (Königreich Spanien/Europäische Kommission), Rn. 110; OVG Nordrhein-Westfalen, Beschluss v. 28.2.2013 – 4 A 500/10; OLG Celle, Urteil v. 23.2.2016 – 13 U 148/15; VG Hamburg, Beschluss v. 20.9.2012 – 11 E 1658/12.
13 *Braun*, NVwZ 2009, 747.
14 Ausführlich hierzu unten Rn. 8 ff.
15 VGH Kassel, Urteil v. 4.3.2010 – 8 A 2613/09; *Ruthig/Storr*, Öffentliches Wirtschaftsrecht, Rn. 606.
16 VGH Kassel, Urteil v. 4.3.2010 – 8 A 2613/09; *Ruthig/Storr*, Öffentliches Wirtschaftsrecht, Rn. 609.
17 VGH Kassel, Urteil v. 4.3.2010 – 8 A 2613/09.
18 VGH Kassel, Urteil v. 4.3.2010 – 8 A 2613/09; VG Gießen, Beschluss v. 7.1.2014 – 8 L 2511/13.GI; VG Stuttgart, Entscheidung v. 11.7.2006 – 4 K 2292/06.

tungen des Art. 12 Abs. 1 i.V.m. Art. 3 Abs. 1 GG und des Art. 20 Abs. 3 GG auch bei Durchführung einer gemäß § 69 Abs. 1 GewO festgesetzten Veranstaltung gelten.[19] Die Kommune verbleibt in ihrer gesetzmäßigen Verantwortung gegenüber den Marktbeschickern und kann sich daher nicht ihrer Verpflichtungen infolge einer funktionellen Privatisierung entledigen.

II. Begriff der Gewerbekonzession

Konzessionsverträge kommen in der Rechtspraxis in sehr unterschiedlicher Ausgestaltung vor, wobei der Konzessionsbegriff klärungsbedürftig ist. In einem gewerberechtlichen Sinne werden Konzessionen als Gestattungen definiert.[20] Der Begriff der Gewerbekonzession wurde bisher teilweise in der (älteren) Rechtsprechung verwandt, auch wenn nicht in dem hier thematisierten Zusammenhang des transparenten wettbewerblichen Konzessionsauswahlverfahrens.[21] Der **Begriff** der Gewerbekonzession im engeren Sinn umfasst nach dem hier vertretenen Verständnis die Konzessionen nach der GewO, welche die Merkmale der Dienstleistungskonzession nach dem GWB und der KonzVgV umfassen. Wenn diese Merkmale erfüllt sind, dann liegt – auch unterhalb der Schwellenwerte – eine Gewerbekonzession im weiteren Sinn vor, selbst wenn diesbezüglich durch die Nichtanwendbarkeit der KonzVgV und des GWB andere Auswahlregeln zu beachten sind. Eine Gewerbekonzession im weiteren Sinn liegt vor, wenn die Konzession durch Verwaltungsakt vergeben wird, also die Regeln der KonzVgV nicht eingreifen.

Die Regeln der GewO sind – wenn eine Gewerbekonzession i.e.S. vorliegt – im Rahmen der neu erlassenen KonzVgV (und bei Binnenmarktrelevanz an den unionsrechtlichen Primärrechten) zu interpretieren. Eine Gewerbekonzession ist immer ein Fall des § 105 Abs. 1 Nr. 2 GWB, eine Baukonzession gemäß § 105 Abs. 1 Nr. 1 GWB scheidet per se aus. Eine Gewerbekonzession ist immer gemäß § 105 Abs. 1 Nr. 2 GWB ein entgeltlicher Vertrag, mit dem ein oder mehrere Konzessionsgeber ein oder mehrere Unternehmen mit der Erbringung und der Verwaltung von Dienstleistungen betrauen, die nicht in der Erbringung von Bauleistungen nach § 105 Abs. 1 Nr. 1 GWB bestehen (**Dienstleistungskonzession**); dabei besteht die Gegenleistung entweder allein in dem Recht zur Verwertung der Dienstleistungen oder in diesem Recht zuzüglich einer Zahlung.[22]

Der wesentliche Unterschied zwischen dem Dienstleistungsauftrag und der Konzession besteht auch im Rahmen der GewO in dem Zahlungsweg und der Risikotragung bei der Vergütung. In Abgrenzung zur Vergabe öffentlicher Aufträge geht gemäß § 105 Abs. 2 S. 1 GWB bei der Vergabe einer Dienstleistungskonzession das **Betriebsrisiko** für die Verwertung der Dienstleistungen auf den Konzessionsnehmer über. Dies ist gemäß § 105 Abs. 2 S. 1 Nr. 1 GWB der Fall, wenn unter normalen Betriebsbedingungen nicht gewährleistet ist, dass die Investitionsaufwendungen durch die Erbringung der Dienstleistungen wieder erwirtschaftet werden können, und gemäß § 105 Abs. 2 S. 1 Nr. 2 GWB der Konzessionsnehmer den Unwägbarkeiten des Marktes tatsächlich ausgesetzt ist, sodass potenzielle geschätzte Verluste des Konzessionsnehmers nicht vernachlässigbar sind. Das Betriebsrisiko kann auch bei der Gewerbekonzession gemäß § 105 Abs. 2 S. 3 GWB ein Nachfrage- oder Angebotsrisiko sein. Während die Vergütung bei Vergabe eines Auftrages unmittelbar durch den Auftraggeber – ohne jegliches Risiko – an den Auftragnehmer erfolgt, besteht die Vergütung bei der Konzession ausschließlich aus dem Recht des Konzessionärs zur Verwertung der zu vergebenden Dienstleistung, eventuell zuzüglich der Zahlung einer bestimmten Summe.[23]

---
19 Jedenfalls so im Ergebnis VGH Kassel, Urteil v. 4.3.2010 – 8 A 2613/09; VG Gießen, Beschluss v. 7.1.2014 – 8 L 2511/13.GI.
20 Vgl. *Bonk/Neumann/Siegel*, in: Stelkens/Bonk/Sachs, VwVfG, § 54 Rn. 159.
21 Vgl. z.B. BGH, Urteil v. 2.9.2009 – I ZR 91/06; Urteil v. 21.10.1992 – XII ZR 118/91; BVerwG, Urteil v. 6.11.1959 – BVerwG I C 204/58; BayObLG, Urteil v. 21.2.1957 – RReg. 1 Z 221/5; VG Neustadt an der Weinstraße, Beschluss v. 14.2008 – 4 L 1584/07.NW.
22 Vgl. *Ziekow*, in: Ziekow/Völlink, Vergaberecht, § 105 GWB Rn. 4; siehe auch § 1 KonzVgV Rn. 41 ff.
23 So auch die bisherige Rechtsprechung: EuGH, Urteil v. 10.11.2011 – Rs. C-348/10 (Norma-A), Rn. 41 ff.; Urteil v. 10.3.2011 – Rs. C-274/09 (Stadler), Rn. 26; OLG Naumburg, Beschluss v. 15.4.2016 – 7 Verg 1/16; OLG Jena, Beschluss v. 22.7.2015 – 2 Verg 2/15; vgl. auch *Opitz*, NVwZ 2014, 753; siehe auch § 1 KonzVgV Rn. 49 ff.

10 Ferner ist zu beachten, dass die Vergabe einer Konzession stets in der Form eines **Vertrages** zwischen Konzessionsgeber und Konzessionsnehmer erfolgen muss.[24] Auf den Rechtscharakter des Vertrages als öffentlich-rechtlich oder zivilrechtlich geprägtes Rechtsverhältnis kommt es aus vergaberechtlicher Sicht nicht an. Das Konzessionsvergaberecht unterscheidet nicht zwischen privatrechtlichen und öffentlich-rechtlichen Verträgen.[25] Lediglich die Handlungsform des Verwaltungsakts ist bei der Konzessionsvergabe unzulässig, sodass eine einseitige hoheitliche Regelung keine Gewerbekonzessionsvergabe ist. Eine Vereinbarung ist dann kein Vertrag, wenn sie in Wirklichkeit ein einseitiger Verwaltungsakt ist, der eine Verpflichtung allein für den Auftragnehmer vorsieht und der deutlich von den normalen Bedingungen eines kommerziellen Angebotes abweicht. Wesentliches Kriterium für das Vorliegen eines Vertrages ist die Existenz eines gewissen Maßes an Spielraum für den Auftragnehmer bei der Ausgestaltung der Auftragsbedingungen.[26] Der Konzessionsgeber hat die Wahl: wenn der die Auswahlentscheidung durch Verwaltungsakt trifft, dann greift das GWB-Vergaberecht nicht ein. Dieses Vorgehen ist bis zur Grenze des § 14 KonzVgV (Umgehungsverbot) rechtlich möglich. Das Verfahren zur Vergabe einer Konzession darf gem. § 14 KonzVgV nicht in einer Weise ausgestaltet werden, dass es vom Anwendungsbereich des Teil 4 GWB ausgenommen wird oder bestimmte Unternehmen oder bestimmte Bauleistungen, Lieferungen oder Dienstleistungen auf unzulässige Weise bevorzugt oder benachteiligt werden. Die Verletzung dieser Grenze ist im Einzelfall zu prüfen, wobei die erlaubte Rechtsformwahl des Verwaltungsaktes kein Verstoß gegen § 14 KonzVgV ist.

1. Betriebsrisiko

11 Das Vorliegen einer Dienstleistungskonzession i.e.S. schließt – auch im Bereich der Gewerbekonzessionen – zwingend die Übertragung eines **Betriebsrisikos** wirtschaftlicher Art gemäß § 105 Abs. 2 GWB auf den Konzessionsnehmer ein.[27] Als Betriebsrisiko wird das Risiko, den Unwägbarkeiten des Marktes[28] ausgesetzt zu sein, verstanden, wobei es sich gemäß § 105 Abs. 2 S. 3 GWB um ein Nachfrage- oder ein Angebotsrisiko oder um beides zugleich handeln kann. Nachfragerisiko ist das Risiko der tatsächlichen Nachfrage nach den Dienstleistungen, die Gegenstand des Vertrags sind. Angebotsrisiko ist das mit der Erbringung der Dienstleistungen, die Gegenstand des Vertrags sind, verbundene Risiko, insbesondere das Risiko, dass die bereitgestellten Dienstleistungen nicht der Nachfrage entsprechen. Dies schließt die Möglichkeit ein, dass die Investitionsaufwendungen und die Kosten für die Erbringung der Dienstleistungen unter normalen Betriebsbedingungen nicht wieder erwirtschaftet werden können, auch wenn ein Teil des Risikos bei den Auftraggebern verbleibt.[29] **Erforderlich** ist, dass der Konzessionsnehmer zumindest einen wesentlichen Teil des Betriebsrisikos übernimmt.[30] Dies ist insofern relevant, als die Dienstleistungskonzession erst anhand des Merkmals des Betriebsrisikos präzise vom Dienstleistungsauftrag abgegrenzt werden kann.[31] Zur Einschätzung des Betriebsrisikos ist der Nettogegenwartswert aller Investitionen, Kosten und Einkünfte des Konzessionsnehmers in kohärenter und einheitlicher Weise heranzuziehen.[32] **Nicht ausschlaggebend** sind für die Einstufung als Gewerbekonzession i.e.S. allerdings solche Risiken, die sich aus einer mangelhaften Betriebsführung bzw. aus Beurteilungsfehlern des Wirt-

---

[24] *Müller*, NVwZ 2016, 266 (266).
[25] BGH, Beschluss v. 1.12.2008 – X ZB 31/08, Rn. 17; OLG Naumburg, Beschluss v. 22.12.2011 – 2 Verg 10/11B.
[26] OVG Magdeburg, Beschluss v. 23.8.2016 – 1 L 30/16; Beschluss v. 22.2.2012 – 3 L 259/10; siehe auch § 1 KonzVgV Rn. 54 ff.
[27] OLG Karlsruhe, Beschluss v. 14.11.2014 – 15 Verg 10/14.
[28] OLG Naumburg, Beschluss v. 15.4.2016 – 7 Verg 1/16 m.w.N. zu den einzelnen konkreten Ausprägungen des Betriebsrisikos.
[29] Erwägungsgrund 18 RL 2014/23/EU.
[30] Vgl. z.B. jüngst OLG Naumburg, Beschluss v. 15.4.2016 – 7 Verg 1/16; Beschluss v. 22.12.2011 – 2 Verg 10/11; OLG Frankfurt, Beschluss v. 10.11.2015 – 11 Verg 8/15; OVG Lüneburg, Urteil v. 19.2.2015 – 7 LC 63/13; *Braun*, VergabeR 2014, 324; *ders.*, VergabeR 2011, 384; *ders.*, NZBau 2011, 400; *ders.*, VergabeR 2011, 199.
[31] *Diemon-Wies*, VergabeR 2016, 162 (164).
[32] Erwägungsgrund 20 RL 2014/23/EU.

schaftsteilnehmers ergeben,[33] sowie die, die im Zusammenhang mit vertraglichen Ausfällen des Wirtschaftsteilnehmers oder Fällen höherer Gewalt stehen.[34] Solche Risiken wohnen stets jedem Vertrag inne und sind daher kein spezifisches „Betriebsrisiko".[35] Das Betriebsrisiko muss substanziell sein, damit die Konturen der Gewerbekonzession nicht völlig verwässert werden.

Im Bereich der Konzessionsvergaben auf **Veranstaltungen** und **Märkten** erhalten die beteiligten Privaten das Recht zum Anbieten von Waren und Vergnügungen (bei der Standplatzvergabe) oder das Recht zur Durchführung von solchen Veranstaltungen. Sie finanzieren sich über die Einnahmen aus deren Vermarktung und haben die damit zusammenhängenden wirtschaftlichen Risiken zu tragen.[36] Zwar besteht aufgrund der hohen Attraktivität von Volksfesten und Märkten häufig kein sonderlich hohes Amortisationsrisiko.[37] Quantitativ kommt es hinsichtlich der Beurteilung des Betriebsrisikos jedoch nicht auf die Höhe des übernommenen Risikos an, sondern insbesondere auf die quotale Verteilung zwischen Konzessionsgeber und Konzessionär. Es kommt darauf an, dass der Konzessionär zu einem maßgeblichen Teil dasjenige Risiko übernimmt, dem sich der Konzessionsgeber ausgesetzt sähe, wenn er die betreffende Tätigkeit selbst ausüben würde.[38] Hierbei ist allerdings zu beachten, dass der Konzessionsgeber nicht mehr Risiken übertragen kann, als er selbst trägt. So ist es unschädlich, wenn dem Gewerbekonzessionär bloß ein beschränktes Amortisationsrisiko übertragen wird, weil bereits das Risiko des Konzessionsgebers begrenzt war.[39] Marktbetreiber übernehmen in der Regel keine finanziellen Risiken der Standbetreiber. Im Ergebnis bleibt damit festzuhalten, dass bei Gewerbekonzessionen in der Regel von einen von dem Unternehmen zu tragenden Nachfrage- oder Angebotsrisiko gemäß § 105 Abs. 2 S. 2 GWB auszugehen ist.

2. Beschaffungsvorgang und Platzmangel

Eine Gewerbekonzession i.e.S. muss immer einen Beschaffungsbezug haben. Ohne Beschaffungsbezug liegt lediglich eine Genehmigung zur Wirtschaftsausübung für ein bestimmtes Gebiet, z.B. durch einen Pachtvertrag, vor.[40] Nach § 70 Abs. 3 GewO kann der Veranstalter aus sachlich gerechtfertigten Gründen, insbesondere wenn der zur Verfügung stehende Platz nicht ausreicht, einzelne Aussteller, Anbieter oder Besucher von der Teilnahme ausschließen. Diese Bestimmung war für die bisherige verwaltungsgerichtliche Rechtsprechung der Ausgangspunkt, Kriterien für ein materielles Auswahlverfahren zu entwickeln, zumal der „Platzmangel" im Rahmen der öffentlichen Aufgabe (Daseinsvorsorge) bestmöglich verwaltet werden muss.

Liegt **Platzmangel** vor, muss der Veranstalter eine Auswahl unter den Bewerbern oder Bietern treffen, wobei ihm, wie sich aus dem Wortlaut des § 70 Abs. 3 GewO ergibt, ein Ermessensspielraum zusteht, der insbesondere die Festlegung der Auswahlkriterien bei einem Bewerber- oder Bieterüberhang sowie die Gewichtung zwischen mehreren Kriterien einschließt.[41] „Platzmangel" setzt zunächst voraus, dass der vorhandene Platz tatsächlich erschöpft, d.h. bei sachgerechter Gestaltung das potenzielle Platzangebot voll ausgenutzt ist.[42] Sagen bereits zugelassene Aussteller ihre Teilnahme ab, muss der frei gewordene Raum unter den abgewiesenen Bewerbern oder Bietern – gegebenenfalls nach erneuter Auswahl – verteilt werden. Handelt es sich um eine festgesetzte Veranstaltung, ist rechtlicher Anknüpfungspunkt für den geltend gemachten Anspruch § 70 Abs. 1 GewO. Danach ist jedermann, der

---

33 EuGH, Urteil v. 10.11.2011 – Rs. C-348/10 (Norma-A), Rn. 48 m.w.A.; Urteil v. 10.3.2011 – Rs. C-274/09 (Stadler), Rn. 38; *Kraus*, VergabeR 2012, 164 (171).
34 Erwägungsgrund 20 RL 2014/23/EU.
35 *Mestwerdt/Stanko*, VergabeR 2017, 348 (352).
36 *Dornhäuser*, NVwZ 2010, 931 (935).
37 *Dornhäuser*, NVwZ 2010, 931 (935).
38 EuGH, Urteil v. 10.9.2009 – Rs. C-206/08 (Eurawasser), Rn. 70 ff.; *Kulartz*, in: Kulartz/Marx/Portz/Prieß, VOB/A, § 22 Rn. 6.
39 *Ziekow*, in: Ziekow/Völlink, Vergaberecht, § 105 GWB Rn. 25.
40 EuGH, Urteil v. 16.7.2016 – Verb. Rs. C-458/14 und C-67/15 (Promoimpresa), Rn. 47.
41 VG Freiburg, Beschluss v. 7.11.2017 – 4 K 8618/17, juris Rn. 12.
42 Vgl. VG Köln, Beschluss v. 22.10.2012 – 1 L 1072/12.

dem Teilnehmerkreis der festgesetzten Veranstaltung angehört, nach Maßgabe der für alle Teilnehmer geltenden Bestimmungen zur Teilnahme an der Veranstaltung berechtigt. Dieser Anspruch wird gemäß § 70 Abs. 3 GewO unter anderem dadurch eingeschränkt, dass der Veranstalter aus sachlich gerechtfertigten Gründen, insbesondere wenn der zur Verfügung stehende Platz nicht ausreicht, einzelne Aussteller, Anbieter oder Besucher von der Teilnahme ausschließen darf. Erfolgt der Ausschluss wegen Platzmangels, muss der zwischen den Unternehmen angelegte Verteilungsmaßstab sachlich gerechtfertigt sein. Was sachlich gerechtfertigt ist, bestimmt sich nach dem allgemeinen Gleichheitssatz unter Berücksichtigung des Lebenssachverhalts, in dessen Rahmen das Ermessen ausgeübt wird. Danach ist ein Auswahlverfahren nicht zu beanstanden, das jedem interessierten Unternehmen die gleiche Zulassungschance einräumt. Der durch § 70 Abs. 1 GewO vermittelte Zulassungsanspruch des einzelnen Teilnehmers wandelt sich folglich ein einen Anspruch auf ermessensfehlerfreie Entscheidung.[43]

15 Nach zutreffender Auffassung haben die Aussteller **keinen Anspruch** auf Erweiterung bestehender oder Schaffung neuer Kapazitäten.[44] Ein solcher leitet sich weder aus Art. 12 Abs. 1 GG noch aus § 70 GewO oder den kommunalrechtlichen Vorschriften ab. Vielmehr liegt die Größe der Veranstaltung im Gestaltungsbereich des Veranstalters. Dem Veranstalter wird für die Festlegung des für die Veranstaltung verfügbaren Platzes, die gestalterische Ausrichtung des Marktes insgesamt, die Brancheneinteilung und deren Ausdifferenzierung im Einzelnen (einschließlich der Zahl der jeweils zur Verfügung gestellten Standplätze) und die konkrete Auswahlentscheidung im Falle eines Bewerber- oder Bieterüberhangs eine weite Ausgestaltungsbefugnis eingeräumt. Diese umfasst insbesondere die Festlegung des räumlichen Umfangs des Fests und des gewünschten Gesamtbilds. Sie konkretisiert sich in der Befugnis, die Art der darzustellenden Attraktionen zu bestimmen, gleichartige Angebote zur Vermeidung eines einförmigen Erscheinungsbilds der Zahl nach zu begrenzen und überzählige Bewerber oder Bieter abzulehnen, soweit dies zur Erreichung des Zwecks einer attraktiven Ausgestaltung oder aus Platzmangel erforderlich ist. Dazu können auch Größenbeschränkungen bestimmt werden.[45]

16 Ein öffentlicher **Beschaffungsvorgang** zugunsten des Konzessionsgebers liegt vor, wenn dem Konzessionsgeber die Leistung entweder unmittelbar zugutekommt oder ihn zumindest mittelbar bei der Erfüllung der ihm obliegenden Aufgaben unterstützt.[46] Dabei muss die Beschaffung dem Konzessionsgeber nicht „körperlich" zugutekommen.[47] Er beschafft sich daher nicht nur dann eine Leistung, wenn sie ihm „irgendwie" wirtschaftlich zugutekommt, sondern auch dann, wenn er mit der Leistung ihm obliegende Pflichten gegenüber der Bevölkerung erfüllt.[48] Im Ergebnis muss der Konzessionsgeber einen Nutzen aus der Tätigkeit des Konzessionärs ziehen können.[49] Umgekehrt weisen Bereiche, in denen der Konzessionsgeber nicht einmal mittelbar einen Nutzen aus der Tätigkeit des Konzessionärs ziehen kann, keinen Beschaffungsvorgang auf und sind demgemäß vollständig vergabefrei.[50] Im Bereich der öffentlichen Daseinsvorsorge erbringt der Konzessionsnehmer eine Leistung, zu deren Erfüllung der Konzessionsgeber verfassungsrechtlich oder einfach-gesetzlich verpflichtet ist. Konzessionsvergaben in diesem Bereich enthalten mithin immer einen öffentlichen Beschaffungsvorgang.[51] Zahlreiche Städte[52] werben mit den „bunten Bildern des Hauptmarktes", dem Christkindlmarkt, der alljährlich hunderttausend Besucher begeistert. Die Märkte dienen zentral der Selbstdarstellung der betroffenen Städte und dienen zugleich der Daseinsvorsorge der Bevölkerung.

---

43 VG Magdeburg, Beschluss v. 5.10.2017 – 3 B 214/17.
44 Vgl. BayVGH, Beschluss v. 9.1.2003 – 22 ZB 02.2984; Beschluss v. 11.9.1981 – 4 CE 81 A. 1921.
45 VG Ansbach, Urteil v. 26.8.2014 – AN 4 K 14.00386.
46 OLG München, Beschluss v. 25.3.2011 – Verg 4/11; vgl. auch § 1 KonzVgV Rn. 59 ff.
47 OLG München, Beschluss v. 25.3.2011 – Verg 4/11.
48 OLG München, Beschluss v. 25.3.2011 – Verg 4/11.
49 *Goldbrunner*, VergabeR 2016, 365 (366).
50 Vgl. OLG München, Beschluss v. 22.1.2012 – Verg 17/11.
51 *Goldbrunner*, VergabeR 2016, 365 (366).
52 Exemplarisch z.B. Nürnberg unter: www.tourismus.nuernberg.de.

Beim Begriff der öffentlichen **Daseinsvorsorge** handelt es sich zunächst um einen politischen Leitbegriff bzw. eine soziologische Dimension, nicht jedoch primär um einen Rechtsbegriff.[53] Im Grunde genommen dreht sich die Daseinsvorsorge um die öffentliche Leistungsverwaltung. Typische Beispiele hierfür sind Verkehrsdienstleistungen, Wasser-, Gas- und Stromversorgung, Abfall- und Abwasserentsorgung, stationäre Krankenversorgung, Bildungs- und Kultureinrichtungen sowie Kommunikationsnetze. Abstrakt betrachtet handelt es sich bei der Daseinsvorsorge um die Bereitstellung wichtiger Lebensgrundlagen für die Einwohner einer Kommune.[54] Allerdings ist der Begriff der „Lebensgrundlagen" nicht restriktiv i.S.v. Leistungen zu verstehen, deren Erbringung für das Leben der Gemeindeeinwohner unerlässlich ist, sondern geht darüber hinaus. Bei den Tätigkeiten im Rahmen der Daseinsvorsorge handelt es sich vielmehr um Bestandteile der Selbstverwaltungsaufgaben der Kommunen aus Art. 28 Abs. 2 S. 1 GG.[55] Die Daseinsvorsorge betrifft in ihrem kompletten Umfang Tätigkeiten, die ihre Wurzeln in den Angelegenheiten der örtlichen Gemeinschaft haben und im allgemeinen Interesse liegende Leistungen beinhalten.

17

Nach der Rechtsprechung handelt es sich bei der Durchführung von Märkten, Volksfesten und sonstigen **Veranstaltungen** mit kulturellem, sozialem und traditionsbildendem Charakter um Leistungen der Daseinsvorsorge.[56] Die Durchführung solcher Veranstaltungen diene der Wahrung des örtlichen Zusammengehörigkeitsgefühls unter den Gemeindebürgern, der Tradition sowie der religiösen und historischen ortsbezogenen Gebräuche.[57] Damit liegt – wie dargelegt – auch im Bereich der Daseinsvorsorge ein Beschaffungsvorgang zugunsten des Gewerbekonzessionsgebers vor. Unter Heranziehung eines weiten Daseinsvorsorgebegriffs können aber auch Veranstaltungen mit weniger kulturellem oder sozialem Charakter durchaus in die Kategorie der Daseinsvorsorge fallen, solange sie jedenfalls einen deutlichen Bezug zu den Selbstverwaltungsaufgaben der Kommune haben. So soll ein Wochenmarkt in einer Innenstadt durchaus dem Bereich der öffentlichen Daseinsvorsorge unterfallen, wenn er dem Zweck der kommunalen Wirtschaftsförderung und der Belebung des Innenstadthandels dient.[58] Damit ist selbst die Verfolgung von wirtschaftlichen Zwecken mittels eines Marktes oder einer Veranstaltung unschädlich, solange neben diesem Zweck ein zusätzlicher im Allgemeininteresse liegender Zweck (mit-)verfolgt wird. Soweit dieser Zweck seine Wurzeln in den Bedürfnissen der örtlichen Gemeinschaft findet, handelt es sich bei seiner Verfolgung um die Wahrnehmung einer Aufgabe der Selbstverwaltung. Allerdings liegt nicht in einer offenen Gestattung ein Beschaffungsvorgang im Sinne des § 105 GWB.[59] Nur wenn eine **verbindliche Leistungspflicht** des Leistungserbringers vorliegt, dann liegt ein Beschaffungsvorgang vor.[60] Wenn sich der Leistungserbringer von einem Markt freiwillig zurückziehen und die Erbringung der Dienstleistung nach Belieben einstellen kann, kann von einer effektiven Gewährleistung der öffentlichen Daseinsvorsorge und damit von einem „Nutzen" für den Konzessionsgeber er nicht mehr gesprochen werden. Es muss mithin eine durchsetzbare Leistungspflicht bestehen, um die Vergabe einer Konzession anzunehmen.[61]

18

Bei der bloßen Erteilung von **Sondernutzungserlaubnissen** liegt zunächst kein Beschaffungsakt vor.[62] Für einen Gewerbekonzessionsbeschaffungsakt gemäß § 105 GWB muss eine Betriebspflicht vorliegen. Die Betriebspflicht ergibt sich durch den Platzmangel. Wird die Betriebspflicht nicht erfüllt, dann erhält ein anderer Bewerber den Platz, der dann die Betriebspflicht erfüllt. Die Verpflichtung zum Betrieb muss allerdings ausdrücklich geregelt sein.

19

---

53 *Schink*, NVwZ 2002, 129 (132).
54 *Tettinger*, in: von Mangoldt/Klein/Starck, GG, Art. 28 Abs. 2 Rn. 208.
55 *Schink*, NVwZ 2002, 129.
56 BVerwG, Urteil v. 27.5.2009 – 8 C 10/08; VGH Kassel, Urteil v. 4.3.2010 – 8 A 2613/09; Urteil v. 17.4.2008 – 8 UE 1263/07; VG Gießen, Beschluss v. 7.1.2014 – 8 L 2511/13.GI.336.
57 BVerwG, Urteil v. 27.5.2009 – 8 C 10/08.
58 Vgl. OVG Berlin-Brandenburg, Beschluss v. 30.11.2010 – OVG 1 S 107/10; OVG Magdeburg, Urteil v. 19.5.2005 – 1 L 40/04.
59 Siehe auch § 1 KonzVgV Rn. 63.
60 Erwägungsgrund 14 RL 2014/23/EU; *Mösinger*, NZBau 2015, 545 (546); siehe auch § 1 KonzVgV Rn. 63.
61 Erwägungsgrund 14 RL 2014/23/EU; vgl. VG Freiburg, Urteil v. 29.11.2017 – 1 K 2506/15, juris Rn. 68, 59.
62 VG Berlin, Urteil v. 30.6.2017 – 4 K 16.15, juris Rn. 125.

Wenn ein Markt oder eine Veranstaltung dem Bereich der öffentlichen Daseinsvorsorge zugeordnet werden kann und eine Betriebspflicht durch Platzmangel vorliegt, ist die Vergabe von Durchführungsrechten oder Standplätzen ein Beschaffungsvorgang. Weil der Platzmangel regelmäßig eine Betriebspflicht indiziert, ist von einer Gewerbekonzession i.e.S. auszugehen, wenn eine Beauftragung durch öffentlichen Auftrag gemäß §§ 105, 115 GWB erfolgt.

B. Regelungen für das Auswahlverfahren

20 Im Falle der Kapazitätserschöpfung muss der Konzessionsgeber eine Auswahl unter den vorhandenen Bewerbern oder Bietern treffen. Dies gilt sowohl für die Vergabe des Rechts zur Durchführung einer Veranstaltung als auch des Rechts zum Betrieb eines Standplatzes auf dem Markt. Das Auswahlverfahren muss oberhalb der Schwellenwerte primär den Anforderungen aus dem GWB, KonzVgV und dem GewO und unterhalb der Schwellenwerte (oder bei Auswahl durch Verwaltungsakt) den von der Rechtsprechung aus dem europäischen Primärrecht (bei Binnenmarktrelevanz) und der GewO entwickelten Vorgaben genügen.[63]

21 Die Regelungen der GewO geben dem Gewerbekonzessionsauswahlverfahren ein **spezielles Gepräge**, sodass diese Vergabeverfahren unterhalb der Schwellenwerte sich formell und materiell an einem Verteilungsverwaltungsverfahren knapper Güter orientieren. Die Rechtsprechung hat eine ausdifferenzierte Kasuistik entwickelt, um bestehende Verteilungskonflikte sachgerecht zu lösen. Die Rechtsprechung kann stringent in die allgemeinen Prinzipien des Verteilungsverwaltungsverfahren integriert werden, ohne dass Systembrüche entstehen. Auch sind die materiellen Unterschiede der GWB-Konzessionsvergabe i.e.S. und der Konzessionsvergabe i.w.S. nicht so gravierend, dass es zu grundsätzlich unterschiedlichen Auswahlergebnissen kommen würde. Die Unterschiede liegen in der Rechtsschutzdichte und in der Bewertung der Zulässigkeit materieller Kriterien (z.B. „bekannt und bewährt").[64]

I. Anspruchsberechtigung

22 In Hinblick auf die bereichsspezifischen Vorgaben der GewO ist zunächst Folgendes zu beachten: Ein Markt oder eine ähnliche Veranstaltung kann entweder als **Veranstaltung** i.S.d. Gewerberechts gemäß § 69 Abs. 1 S. 1 GewO festgesetzt oder als kommunale **Einrichtung** i.S.d. Kommunalrechts „betrieben" werden. Bei der Festsetzung als Markt i.S.d. der GewO statuiert § 70 GewO als Fachrecht eigene Vorgaben in Hinblick auf die Festsetzung des Teilnehmerkreises, den Zulassungsanspruch der Teilnehmer sowie auf etwaige Ausschlussgründe von Teilnehmern von der Veranstaltung.[65] Im Rahmen des § 70 GewO gilt die „Marktfreiheit". Im Gegensatz hierzu legen die Gemeindeordnungen aller Bundesländer eine Bevorzugung ortsansässiger Gewerbetreibender, wenn der Markt oder die Veranstaltung als kommunale Einrichtung „betrieben" wird, fest.[66] Bestimmt wird jeweilige Verfahren zunächst von folgenden Determinanten:

- Anspruchsberechtigt sind Einwohner, Grundstückseigentümer und juristische Personen sowie nicht rechtsfähige Personenvereinigungen;
- Anspruchsgegenstand ist die Benutzung öffentlicher Einrichtungen der Gemeinde;
- Anspruchsverpflichtet ist die Gemeinde;
- Anspruchsgrenzen sind nach Maßgabe des geltenden Rechts zu ermitteln;
- Anspruchsbedingungen sind (im Sinne des allgemeinen Gleichheitssatzes) nach gleichen Grundsätzen zu statuieren.[67]

---

63 Vgl. OVG Nordrhein-Westfalen, Beschluss v. 28.2.2013 – 4 A 500/10; vgl. *Siegel*, NVwZ 2016, 1672 (1673 f.).
64 Zu dem Kriterium siehe unten Rn. 72 ff.
65 Vgl. *Hilderscheid*, GewArch 2016, 49 (49 f.).
66 Beispielsweise Art. 21 Abs. 1 S. 1 BayGO, § 10 Abs. 2 S. 1 BW GemO, § 10 Abs. 2 SächsGemO.
67 Vgl. *Schoch*, NWvZ 2016, 257.

In diese Vorgaben ist das **Konzessionsvergaberecht** eingedrungen und hat zu einer partiellen Erweiterung der Anspruchsberechtigung geführt.[68] In der Konsequenz führt dies zu einer Formalisierung des Auswahlprozesses. Das Gewerbekonzessionsauswahlverfahren unterliegt den förmlichen Vorgaben des Kartellvergaberechts, wenn folgende Voraussetzungen erfüllt sind:

23

- Beim Vergabegegenstand muss es sich um eine Dienstleistungskonzession gemäß § 105 Abs. 1 Nr. 2 und Abs. 2 GWB handeln,
- der Schwellenwert muss gemäß Art. 1 Abs. 1 i.V.m. Art. 8 Abs. 1 RL 2014/23/EU und § 106 Abs. 2 Nr. 4 GWB erreicht sein,
- bei der vergebenden Stelle muss es sich um einen Konzessionsgeber gemäß § 101 Abs. 1 Nr. 1 bis 3 GWB handeln,
- die zu vergebende Konzession darf nicht in eine der zahlreichen Bereichsausnahmen gemäß §§ 107 ff. GWB fallen.

Eine Bereichsausnahme ist bei Konzessionsvergaben bezüglich eines Marktes oder einer ähnlichen Veranstaltung jedoch regelmäßig ausgeschlossen, da für diesen Bereich keine **Ausnahmen** existieren. Denkbar wären allenfalls Ausnahmen bei öffentlich-öffentlicher Zusammenarbeit gemäß § 108 GWB. Für diese Ausnahmen wäre der Gewerbekonzessionsgeber darlegungs- und beweispflichtig.[69]

Wenn der Konzessionsgegenstand dem Kartellvergaberecht unterfällt, ist das **Auswahlverfahren** als förmliches GWB- und KonzVgV-Vergabeverfahren durchzuführen. Zudem sind die fachspezifischen Besonderheiten der GewO und der jeweiligen Landesgemeindeordnungen zu beachten. Grundsätzlich gilt hierzu: Das förmliche Vergaberecht als höheres Bundesrecht (Art. 31 GG) trifft die grundlegenden Aussagen der Art und Weise des Konzessionsvergabeverfahrens. Die bereichsspezifischen Regelungen des Fachrechts sind aber leges speciales und überlagern bzw. verdrängen deswegen die allgemeinen vergaberechtlichen Regelungen.[70] Dies gilt insbesondere dann, wenn der Markt oder die Veranstaltung als kommunale Einrichtung i.S.d. GewO betrieben werden. Die Regeln des GWB und der KonzVgV gehen also oberhalb der Schwellenwerte den Bestimmungen der GewO und der Landesgemeindeordnungen vor.

24

II. Allgemeine Vergabegrundsätze

Im **Oberschwellenbereich** statuieren § 97 Abs. 1 und 2 GWB die Geltung der allgemeinen Prinzipien des Vergaberechts – Transparenz, Gleichbehandlung/ Nichtdiskriminierung, Verhältnismäßigkeit, Wettbewerb und Objektivität (§ 153 Abs. 3 S. 1 GWB) – im jeweiligen Auswahlverfahren zu Standplätzen oder Durchführungsrechten.

25

Im **Unterschwellenbereich** oder bei Erlass eines **Verwaltungsaktes** kann § 97 GWB nicht herangezogen werden. Ein Bewerber oder Bieter, der im Auswahlverfahren unterlegen ist und hiergegen mit Rechtsbehelfen vorgeht, kann nach Art. 3 Abs. 1 GG auch unterhalb der Schwellenwerte grundsätzlich verlangen, in Übereinstimmung mit einer tatsächlichen und rechtskonformen Verwaltungsübung behandelt zu werden.[71] Nicht zutreffend ist es allerdings, von einer völligen Rechtsgleichheit oberhalb und unterhalb der Schellenwerte auszugehen. Es bestehen auch (noch) Unterschiede zwischen einem Verteilungsverwaltungsverfahren, welches mit dem Erlass eines Verwaltungsaktes endet, und einem EU-Vergabeverfahren, wobei die Angleichung stetig durch die Rechtsprechung vorangetrieben wird, wenn z.B. unterhalb der Schwellenwerte eine Vorinformationspflicht – außerhalb der gesetzlichen Regelungen – aus den allgemeinen Vorgaben hergeleitet wird.[72] Ist der Zuschlag auf das wirt-

26

---

68 Vgl. *Schoch*, NWvZ 2016, 257 (262).
69 *Ziekow*, in: Ziekow/Völlink, Vergaberecht, § 108 GWB Rn. 4.
70 Vgl. *Schoch*, NVwZ 2016, 257 (258).
71 OVG Bautzen, Beschluss v. 26.11.2013 – 3 B 494/13.
72 Vgl. für eine Unterschwellenvergabe OLG Düsseldorf, Urteil v. 13.12.2017 – I-27 U 25/17.

schaftlichste Angebot zu erteilen, bedarf es z.B. im Unterschwellenbereich auch bei der Zulassung von Nebenangeboten nicht in jedem Fall der Festlegung von Kriterien zur Angebotswertung. Dies ist vielmehr nur dann der Fall, wenn ohne ausdrücklich formulierte Wertungskriterien das wirtschaftlichste Angebot nicht nach transparenten und willkürfreien Gesichtspunkten bestimmt werden kann.[73] Es hängt von den Umständen des Einzelfalles, insbesondere vom Gegenstand des ausgeschriebenen Auftrags und der Detailliertheit des Leistungsverzeichnisses ab, ob und inwieweit es der vorherigen Festsetzung von Wertungskriterien bedarf, die dann aus Transparenzgründen auch bekanntzumachen sind.[74] Da es ein spezielles Gewerbekonzessionsvergaberecht nicht gibt, kann im Gegenschluss daraus aber nicht entnommen werden, dass unterhalb der Schwellenwerte keinerlei vergaberechtliche Grundprinzipien anzuwenden sind.

27 Die Grundsätze des Konzessionsrechts gemäß § 97 Abs. 1 und 2 GWB sind vollumfänglich auch bei **binnenmarktrelevanten Vergabeverfahren** unterhalb des Schwellenwertes anwendbar.[75] Bei binnenmarktrelevanten Auswahlverfahren sind die unionsrechtlichen Primärrechte, die den vergaberechtlichen Normierungen im Wesentlichen entsprechen, anwendbar.[76] Im Falle der Binnenmarktrelevanz eines Konzessionsverfahrens sind die Grundfreiheiten gemäß Art. 49 und 56 AEUV sowie das Diskriminierungsverbot des Art. 18 AEUV mit ihren prozeduralen Vorgaben zu beachten.[77] Aus diesen primärrechtlichen Vorgaben wird die Geltung der oben genannten allgemeinen Prinzipien des Vergaberechts abgeleitet.[78] Binnenmarktrelevanz liegt dabei vor, wenn am konkreten Auftrag ein grenzüberschreitendes Interesse besteht.[79] Die Voraussetzungen für das Vorliegen eines solchen Interesses sind stets einzelfallabhängig zu beurteilen. Maßgebliche Faktoren sind der Auftragsgegenstand, der geschätzte Auftragswert, die Besonderheiten des betreffenden Sektors (Größe und Struktur des Marktes, wirtschaftliche Gepflogenheiten usw.) sowie die geografische Lage des Orts der Leistungserbringung.[80] Bestimmender Faktor soll gleichwohl der Auftragswert sein.[81] Im Bereich der Durchführung von Märkten, Messen und Volksfesten wird die Binnenmarktrelevanz angesichts der finanziellen Bedeutung solcher Veranstaltungen häufig gegeben sein.[82]

28 In allen anderen Fällen **ohne jegliche Binnenmarktrelevanz** ordnet der Teilhabeanspruch des potenziellen Bieters aus Art. 12 Abs. 1 GG i.V.m. Art. 3 Abs. 1 GG eine Verfahrensgestaltung an, welche einer gerechten Beteiligung an vorhandenen quantitativ begrenzten Berechtigungen zur Berufsausübung hinreichend Rechnung trägt.[83] Die Entscheidung, an welchen Bieter sie den Zuschlag erteilt, hat die Behörde nach pflichtgemäßem Ermessen vorzunehmen. Ein Bewerber oder Bieter hat ein subjektiv-öffentliches Recht auf fehlerfreie Ausübung des Auswahlermessens, d.h. darauf, dass die Auswahlentscheidung nach sachlichen Kriterien und

---

73 Vgl. für einen Submissionsfall BGH, Beschluss v. 10.5.2016 – X ZR 66/15.
74 BGH, Beschluss v. 10.5.2016 – X ZR 66/15, Rn. 15.
75 EuGH, Urteil v. 5.4.2017 – Rs. C-298/15 (Borta); VG Kassel, Urteil v. 6.10.2017 – 5 K 939/13.KS; *Goldbrunner*, VergabeR 2016, 365.
76 VG Kassel, Urteil v. 6.10.2017, 5 K 939/13.KS.
77 Vgl. *Byok*, NJW 2017, 1519 (1522).
78 Überwiegend in Bezug auf das Transparenzgebot, aber die Aussagen können entsprechend auf die anderen aus dem Transparenzgebot abzuleitenden Grundprinzipien übertragen werden, vgl. EuGH, Urteil v. 14.11.2013 – Rs. C-221/12 (Belgacom), Rn. 28 ff.; Urteil v. 10.3.2011 – Rs. C-274/09 (Stadler), Rn. 24 ff.; Rn. 40 f.; Urteil v. 3.6.2010 – Rs. C-258/08 (Ladbrokes Betting & Gaming und Ladbrokes International), Rn. 33; Urteil v. 18.6.2002 – Rs. C-92/00 (HI), Rn. 47; Urteil v. 13.4.2010 – Rs. C-91/08 (Wall); Urteil v. 7.12.2000 – Rs. C-324/98 (Telaustria); *Braun*, EuZW 2016, 304 (305); *ders.*, VergabeR 2014, 324 (330 f.); *ders.*, EuZW 2012, 451 (452); *ders.*, NZBau 2011, 400 (401 f.); *Deling*, NZBau 2012, 17; *Prieß/Simonis*, NZBau 2015, 731 (734 ff.); siehe auch § 1 KonzVgV Rn. 127 ff.
79 Vgl. OLG Celle, Urteil v. 10.3.2016 – 13 U 148/15; *Braun*, NZBau 2016, 266 (288); *Prieß/Simonis*, NZBau 2015, 731 (732); *Vavra*, VergabeR 2013, 384.
80 Europäische Kommission, Mitteilung der Kommission zu Auslegungsfragen in Bezug auf das Gemeinschaftsrecht, das für die Vergabe öffentlicher Aufträge gilt, die nicht oder nur teilweise unter die Vergaberichtlinien fallen, ABl. 2006/C 179/02, Nr. 1.3.
81 VG Köln, Urteil v. 16.10.2008 – 1 K 4507/08.
82 In diese Richtung tendierend VG Hamburg, Beschluss v. 20.9.2012 – 11 E 1658/12.
83 *Schwarz*, GewArch 2015, 225 (227); VG Oldenburg, Beschluss v. 22.7.2015 – 12 B 1778/15.

unter Berücksichtigung des Gleichheitsgrundsatzes getroffen wird.[84] Ein eindeutiges grenzüberschreitendes Interesse kann nicht hypothetisch aus bestimmten Gegebenheiten abgeleitet werden, die – abstrakt betrachtet – für ein solches Interesse sprechen könnten, sondern muss sich positiv aus einer konkreten Beurteilung der Umstände des fraglichen Auftrags ergeben.[85] Die nationale Rechtsprechung ist bei der Feststellung von Binnenmarktrelevanz heterogen, wobei immer eine Einzelfallprüfung und gegebenenfalls eine Beweisaufnahme durchzuführen ist.[86]

1. Transparenzgrundsatz

Der Transparenzgrundsatz ist für jede Gewerbekonzessionsvergabe von elementarer Bedeutung. Kriterien, von denen sich der Veranstalter bei Ausübung seiner Ausschlussbefugnis nach § 70 Abs. 3 GewO leiten lässt, dürfen insbesondere keinen diskriminierenden Charakter haben, sie müssen hinreichend transparent und nachvollziehbar sein.[87] Der Transparenzgrundsatz gilt umfassend, ungeachtet dessen, ob er sich aus dem europäischen Primärrecht oder dem Grundgesetz herleitet.[88] Er gebietet es, dass die Bekanntmachung des Konzessionsgegenstandes auf angemessene Art und Weise durchgeführt wird.[89] Die verfahrensrechtlichen Anforderungen an die Auswahl Anspruchsberechtigter bei knappen Ressourcen werden von der Verwaltungsrechtsprechung immer intensiver überprüft. Nicht nur die Entscheidungskriterien, sondern auch der konkrete Auswahlvorgang – oberhalb und unterhalb der Schwellenwerte – müssen transparent und nachvollziehbar sein.[90] Daran fehlt es, wenn der Konzessionsgeber die Auswahlentscheidung auf nicht nachprüfbare Tatsachengrundlagen und in den Akten nicht dokumentiertes Verwaltungswissen stützt.[91] 29

Innerhalb der Bekanntmachung sind alle **Bedingungen** und **Modalitäten** des Vergabeverfahrens klar, präzise und eindeutig zu formulieren, sodass alle gebührend informierten und mit der üblichen Sorgfalt handelnden Interessenten deren genaue Bedeutung verstehen und sie in gleicher Weise auslegen können.[92] Diese Pflicht zur Präzision dient auch der vergebenden Stelle: Nur so kann sie hinreichend objektiv überprüfen, ob die Angebote der Bieter die für den betreffenden Auftrag geltenden Kriterien erfüllen.[93] Eine zu hohe Unbestimmtheit der Zuschlagskriterien bzw. der Wertungsmaßstäbe birgt die Gefahr in sich, dass die Bieter nicht mehr angemessen über die Kriterien und Modalitäten informiert werden, auf deren Grundlage das wirtschaftlich günstigste Angebot ermittelt wird. Das hätte aber zur Folge, dass sie vor einer willkürlichen oder diskriminierenden Angebotsbewertung nicht mehr hinreichend geschützt wären.[94] 30

Zudem hat die vergebende Stelle alle **Entscheidungskriterien** angemessen vorab zu veröffentlichen. Nur unter vorbehaltloser und rechtzeitiger Offenlegung aller entscheidungsrelevanten Kriterien und Gesichtspunkte kann eine diskriminierungsfreie und damit willkürfreie Teilnahme aller Unternehmen am Vergabeverfahren gewährleistet werden.[95] Diese Mitteilungspflicht gilt auch für Unterkriterien, Gewichtungsregeln oder Bewertungsmatrizen – die 31

---

84 VGH München, Beschluss v. 28.7.2015 – 22 ZB 14.1261; 22 ZB 14.1262; VG München, Beschluss v. 31.5.2016 – M 7 E 16.2303 m.w.N.; *Wormit*, JuS 2017, 641 (646).
85 VG Ansbach, Beschluss v. 8.12.2017 – AN 14 E 17.02475, mit Hinweis auf EuGH, Urteil v. 6.10.2016 – Rs. C-318/15 (Tecnoedi Construzioni).
86 Vgl. die Binnenmarktrelevanz bejahend OVG Nordrhein-Westfalen, Beschluss v. 28.2.2013 – 4 A 500/10.
87 OVG Bautzen, Beschluss v. 26.11.2013 – 3 B 494/13; VG Aachen, Beschluss v. 6.6.2017 – 3 L 198/17; VG Mainz, Beschluss v. 19.9.2015 – 3 L 745/15.MZ; VG Freiburg, Beschluss v. 7.11.2017 – 4 K 8618/17; vgl. *Schoch*, NVwZ 2016, 257 (265).
88 VG Hamburg, Beschluss v. 20.9.2012 – 11 E 1658/1; vgl. OVG Lüneburg, Beschluss v. 11.8.2015 – 7 ME 58/15; VG Oldenburg, Beschluss v. 29.5.2014 – 12 B 1652/14.
89 Vgl. OVG Münster, Beschluss v. 24.7.2015 – 4 B 709/15; VG Hamburg, Beschluss v. 20.9.2012 – 11 E 1658/1; *Donhauser*, NVwZ 2010, 931 (936).
90 OVG Münster, Urteil v. 15.5.2017 – 4 A 1504/15.
91 Vgl *Schoch*, NVwZ 2016, 257 (265) m.w.N.
92 OLG Celle, Urteil v. 23.2.2016 – 13 U 148/15.
93 EuGH, Urteil v. 10.5.2012 – Rs. C-386/10 (Kommission/Niederlande), Rn. 87, 109; OLG Celle, Urteil v. 23.2.2016 – 13 U 148/15.
94 OLG Celle, Urteil v. 23.2.2016 – 13 U 148/15; OLG Düsseldorf, Beschluss v. 19.6.2013 – VII-Verg 8/13.
95 Vgl. BGH Urteil v. 17.12.2013 – KZR 65/12; VGH Kassel, Urteil v. 15.10.2014 – 9 C 1276/13.

bloße Benennung der Zuschlagskriterien genügt der Pflicht zur Offenlegung nicht.[96] Als Unterkriterien oder Hilfskriterien werden Kriterien verstanden, die der Ausfüllung und näheren Bestimmung eines Hauptkriteriums dienen und präziser darstellen, worauf es dem Auftraggeber ankommt.[97] Selbst Unter-Unterkriterien sind bekannt zu geben, wenn die Bieter nur so ihr Angebot effektiv ausgestalten können bzw. die vergebende Stelle ein differenziertes Wertungsschema entwickelt hat.[98] Wichtig ist bezüglich der Bekanntgabe von Unterkriterien und Gewichtungsregeln, dass diese bereits in der Bekanntgabe der Ausschreibung einer Gewerbekonzession mit enthalten sein müssen.[99] Bei diesen Vorgaben muss der Verhältnismäßigkeitsgrundsatz im Auge behalten werden.[100] Für kleinere lokale Veranstaltungen dürfte es unverhältnismäßig sein, ein bis ins letzte ausdifferenzierte Wertungsmatrix mit Unter-Unterkriterien vorzugeben. Je attraktiver eine Veranstaltung ist (hoch bis zur Binnenmarktrelevanz), desto stärker dürften die Vorgaben werden. Erfolgt die Festlegung der Unterkriterien und deren Gewichtung erst im Zeitpunkt der Öffnung und Sichtung der eingesandten Angebote, so besteht die Gefahr, dass die maßgeblichen Kriterien so gewählt und gewichtet werden, dass eine an ihnen orientierte Prüfung und Bewertung der Angebote zu einem bestimmten gewünschten Ergebnis und damit zu einer Ungleichbehandlung unter den Bietern führt.[101] Eine derartige Praxis verstößt klar gegen die Grundsätze der Gleichbehandlung und Transparenz.[102] Ferner müssen aber nicht nur die für die Entscheidung maßgeblichen Kriterien transparent sein – auch die konkrete Auswahlentscheidung muss diesen Erfordernissen genügen.[103] Die Konzessionsgeber müssen sich vorab strukturierte Gedanken zur Verfahrensdurchführung machen.

32 Als Faustformel kann festgehalten werden, dass die vergebende Stelle im Rahmen des gesamten Vergabeverfahrens einen solchermaßen angemessenen Grad von Öffentlichkeit sicherstellen muss, dass die **Nachprüfung** ermöglicht wird, ob das Vergabeverfahren transparent, sachgerecht, objektiv und diskriminierungsfrei sowie frei von Verfahrensfehlern durchgeführt worden ist.[104] Die Anforderungen an die Transparenz des Vergabeverfahrens sind vor dem Hintergrund des Primärrechts hierbei umso höher, je interessanter die Teilnahme an der Veranstaltung für potenzielle ausländische Bieter ist.[105] Je stärker der binnenmarktrelevante Bezug der Veranstaltung besteht, desto stärker soll die EU-weite Kenntnisnahme ermöglicht werden.[106] Dies bedeutet zwar nicht, dass jede Konzessionsvergabe (wie im Oberschwellenbereich) europaweit im Amtsblatt der Europäischen Union auszuschreiben ist – eine Bekanntgabe im Internet oder einer überregionaler Zeitung ist jedoch geboten.[107]

33 **Zusammenfassend** lässt sich festhalten, dass das gesamte Wertungssystem so transparent bekannt zu geben ist, dass kein objektiver Raum mehr für Manipulation und Willkür bei der Bewertung der Angebote verbleibt.[108] Die Erfüllung dieser Vorgaben ist mit Blick auf den weiten Beurteilungs- und Bewertungsspielraum der Vergabestelle von hoher Bedeutung.[109] Die Grenze der freien Bestimmbarkeit wird vom BGH beim Willkürverbot bei Vergaben außerhalb des förmlichen Kartellvergaberechts deutlich gezogen: Wäre es dem Konzessionsgeber gestattet, bei der Angebotswertung die relevanten Gesichtspunkte frei zu bestimmen, bestünde

---

96 OLG Düsseldorf, Beschluss v. 19.6.2013 – VII-Verg 8/13; vgl. aber BGH, Beschluss v. 10.5.2016 – X ZR 66/15 (einzelfallabhängig, aber aus Transparenzgründen gegebenenfalls doch notwendig).
97 BVerwG, Urteil v. 13.12.2012 – 3 C 32/11; VGH Kassel, Urteil v. 15.10.2014 – 9 C 1276/13.T.
98 OLG Düsseldorf, Beschluss v. 19.6.2013 – VII-Verg 8/13.
99 OVG Münster, Beschluss v. 15.5.2017 – 4 A 1504/15.
100 Vgl. unten Rn. 43.
101 OVG Münster, Beschluss v. 15.5.2017 – 4A 1504/15; VG Freiburg, Beschluss v. 11.11.2014 – 4 K 2310/14; VG Bremen, Beschluss v. 2.10.2012 – 5 V 1215/12; a.A. VG Würzburg, Urteil v. 24.5.2017 – W 6 K 17.166 (auch nachträgliche Festlegung möglich).
102 EuGH, Urteil v. 24.1.2008 – Rs. C-532/06 (Lianakis), Rn. 44; BVerwG, Beschluss v. 18.3.2016 – 3 B 16/15.
103 VGH München, Beschluss v. 12.8.2013 – 22 CE 13.970; VG Freiburg, Beschluss v. 11.11.2014 – 4 K 2310/14; VG Oldenburg, Beschluss v. 20.6.2013 – 12 B 5090/13.
104 EuGH, Urteil v. 13.10.2005 – Rs. C-458/03 (Parking Brixen), Rn. 49; OLG Celle, Urteil v. 23.2.2016 – 13 U 148/15.
105 *Donhauser*, NVwZ 2010, 931 (936).
106 *Donhauser*, NVwZ 2010, 931 (937).
107 *Donhauser*, NVwZ 2010, 931 (936).
108 Vgl. OLG Düsseldorf, Beschluss v. 21.10.2015 – VII-Verg 28/14; VG Freiburg, Beschluss v. 7.11.2017 – 4 K 8618/17.
109 VGH Kassel, Urteil v. 15.10.2014 – 9 C 1276/13.

die Gefahr einer willkürlichen Auswahl.[110] Die Gewerbekonzessionsvergabe i.w.S. könnte also im Rahmen eine Verteilungsverwaltungsverfahren an der KonzVgV orientiert werden, um ein rechtmäßig strukturiertes Verfahren durchzuführen.

2. Gleichbehandlungsgebot

Die Kommune als Gewerbekonzessionsgeber verfügt über ein Organisationsermessen, welches sie im Rahmen höherrangigen Rechts (insbesondere: Gleichheitssatz) ausübt.[111] Auch das Gleichbehandlungsgebot gilt bei Gewerbekonzessionen umfassend, ungeachtet dessen, ob der Grundsatz sich aus dem europäischen Primärrecht oder dem GG herleitet.[112] Der allgemeine Gleichbehandlungsgrundsatz ist in Art. 3 Abs. 1 GG verankert; das Gebot eines transparenten und vorhersehbaren Verfahrensablaufs folgt aus dem rechtsstaatlichen Gebot eines fairen (Verwaltungs-)Verfahrens.[113] Ungeachtet der Frage der Binnenmarktrelevanz bei der Vergabe der Veranstaltung eines Weihnachtsmarktes, ergeben sich aus nationalem Recht dieselben Anforderungen wie aus dem Europarecht. Der allgemeine Gleichbehandlungsgrundsatz ist in Art. 3 Abs. 1 GG verankert und das Gebot eines transparenten und vorhersehbaren Verfahrensablaufs folgt aus dem rechtsstaatlichen Gebot eines fairen (Verwaltungs-)Verfahrens.[114]

34

Der staatlichen Stelle, die eine Konzession vergibt, ist es verwehrt, das Verfahren oder die Kriterien der Vergabe **willkürlich** zu bestimmen. Darüber hinaus kann die tatsächliche Vergabepraxis zu einer **Selbstbindung** der Verwaltung führen. Jeder Bewerber oder Bieter muss eine faire Chance erhalten, nach Maßgabe der für die spezifische Konzession wesentlichen Kriterien und des vorgesehenen Verfahrens berücksichtigt zu werden. Insofern verfügt jeder Bewerber oder Bieter über ein subjektives Recht aus Art. 3 Abs. 1 GG. Werden im Interesse einer transparenten und rechtssicheren Auswahl Ausschreibungsbedingungen öffentlich bekannt gemacht, führt dies über Art. 3 Abs. 1 GG zu einer Selbstbindung der Verwaltung und vermittelt den einzelnen Bewerbern und Bietern einen Anspruch auf Gleichbehandlung und Einhaltung der verlautbarten Bedingungen.[115] Diese Selbstbindung führt zu subjektiven Verfahrensrechten des unterlegenen Unternehmens: Dieses hat einen Anspruch darauf, dass der Konzessionsgeber die selbst gesetzten Regeln einhält. Soweit dies nicht der Fall war, hat der Konzessionsgeber unter Einhaltung der selbst gesetzten Verfahrensregeln das Verfahren zu wiederholen.

35

Das Diskriminierungsverbot ist zudem insbesondere in seiner europarechtlichen Dimension mit den Grundfreiheiten und Art. 18 AEUV zu sehen, sodass beispielsweise Zeugnisse und andere **Befähigungsnachweise** aus anderen Mitgliedstaaten anerkannt werden und die **Verfahrensfristen** so ausgestaltet werden müssen, dass auch Unternehmen aus anderen Mitgliedstaaten ausreichend Zeit haben, die Konzession zu bewerten und ein Angebot zu erstellen.[116] Das Gleichbehandlungsgebot korreliert mit dem Transparenzgebot vor allem bei der Offenlegung aller Entscheidungsgrundlagen: Nur wenn alle interessierten Unternehmen Zugang zu diesen haben, sind beide Grundsätze gewahrt.[117]

36

Aus dem Grundsatz des Diskriminierungsverbots lässt sich des Weiteren das Verbot der Berücksichtigung von **Nachermittlungen** ableiten: Die Vergabestelle darf nach Ablauf der Frist für die Einreichung der Unterlagen nicht einseitig zugunsten einzelner Bewerber oder Bieter im Rahmen des Auswahlverfahrens ermitteln und dadurch einzelne Bewerbungen gleichsam nachbessern.[118] Das Gleichbehandlungsgebot soll im Ergebnis der Gefahr der Günstlingswirtschaft oder willkürlicher Entscheidungen begegnen und muss sich daher ebenso wie das

37

---

110 BGH, Beschluss v. 10.5.2016 – X ZR 66/15, Rn. 14.
111 *Schoch*, NVwZ 2016, 258 (260).
112 Vgl. OVG Münster, Beschluss v. 24.7.2015 – 4 B 709/15; VG Hamburg, Beschluss v. 20.9.2012 – 11 E 1658/1.
113 VG Hamburg, Beschluss v. 20.9.2012 – 11 E 1658/1.
114 VG Hamburg, Beschluss v. 20.9.2012 – 11 E 1658/1.
115 OVG Münster Beschluss v. 20.7.2016 – 4 B 690/16 m.w.N.
116 *Prieß/Simonis*, NZBau 2015, 731 (734).
117 Vgl. VGH Kassel, Urteil v. 15.10.2014 – 9 C 1276/13.
118 BVerwG, Urteil v. 13.12.2012 – 3 C 32/11.

Transparenzgebot in der konkreten Verfahrensgestaltung niederschlagen.[119] Selbst gesetzte Fristen sind einzuhalten. Nach einer verstrichenen Frist darf eine Bewerbung nicht mehr zugelassen werden.[120] Dementsprechend gebietet das Gleichbehandlungsgebot, bei öffentlichen Ausschreibungen für gewerberechtliche Marktfestsetzungen nur diejenigen Angebote zu werten, die die zwingend **geforderten Erklärungen** enthalten und insoweit miteinander **vergleichbar** sind, sowie keinesfalls einem einzelnen Bieter die Möglichkeit zu geben, in seinem Angebot hiervon **abzuweichen**.[121]

3. Wettbewerbsgrundsatz

38 Bei der Vergabe von Gewerbekonzessionen gilt der Wettbewerbsgrundsatz im Rahmen des **wirtschaftlichen Gesamtvorteils** für den Gewerbekonzessionsgeber. Der wirtschaftliche Gesamtvorteil ist ein Begriff, der sich nur in der Erwägungsgrund 73 und Art. 41 Abs. 1 RL 2014/23/EU und nicht in der deutschen Umsetzung (GWB, KonzVgV) findet. Der Begriff ist dennoch sinnvoll, weil der das Wesen der Gewerbekonzession zutreffend kennzeichnet: In der Regel findet kein primärer Wettbewerb um die höchste Konzessionszahlung oder Konzessionsabgabe statt. Im Wettbewerb geht es meistens um die Attraktivität des Veranstaltungskonzeptes. Strategische Wettbewerbskriterien stehen also im Vordergrund.

39 Der **Wettbewerbsgrundsatz** statuiert die eigenständige Anforderung, dass an einem wettbewerblichen Verfahren eine möglichst hohe Anzahl von Bietern teilnehmen können soll. Eine Begrenzung der Bieterzahl darf stets nur auf Grundlage von sachlich nachvollziehbaren Gründen erfolgen, die zudem von einigem Gewicht sein müssen.[122] Der Wettbewerbsgrundsatz spielt im Hinblick auf das Ziel des Vergaberechts, eine möglichst wirtschaftliche Beschaffung für den Auftraggeber zu ermöglichen, eine wichtige Rolle.[123]

40 Bei der Vergabe einer **Gewerbekonzession** im Zusammenhang mit einem Jahrmarkt, Volksfest oder einer sonstigen Veranstaltung gilt dieser Grundsatz allerdings nicht im primären Sinne einer „wirtschaftlichen Beschaffung", sondern wird von den Besonderheiten des Marktrechts überlagert. Dies deckt sich mit § 152 Abs. 3 S. 1 GWB. Der Konzessionszuschlag wird gemäß § 152 Abs. 3 S. 1 GWB auf der Grundlage objektiver Kriterien erteilt, die sicherstellen, dass die Angebote unter wirksamen Wettbewerbsbedingungen bewertet werden, sodass ein wirtschaftlicher Gesamtvorteil für den Konzessionsgeber ermittelt werden kann. In der Gesetzesbegründung wird zwischen dem wirtschaftlich günstigsten Angebot und dem wirtschaftlichen Gesamtvorteil unterschieden.[124] Diese Auswahlstandards können auch nicht rein wirtschaftliche Faktoren berücksichtigen, die aus der Sicht des Konzessionsgebers den Wert eines Angebots beeinflussen und es ihm ermöglichen, einen wirtschaftlichen Gesamtvorteil zu ermitteln.[125] Der wirtschaftliche Gesamtvorteil ist also sehr viel umfassender als das wirtschaftlich günstigste Angebot und kann auch strategische Auswahlkriterien, wie z.B. Attraktivität des Marktes, mit umfassen.

41 Bei der Durchführung von **Märkten** und **Veranstaltungen** verfolgt die Körperschaft nicht einen möglichst preiswerten Einkauf, sondern die Erbringung einer Leistung der kulturellen und sozialen Daseinsvorsorge für die Gemeindeeinwohner.[126] Dabei soll die Veranstaltung nicht möglichst „preiswert", sondern für die Besucher möglichst „attraktiv" durchgeführt

---

119 EuGH, Urteil v. 4.5.2017 – Rs. C-387/14 (Esaprojekt), Rn. 36; Urteil v. 5.4.2017 – Rs. C-298/15 (Borta), Rn. 68; Urteil v. 2.6.2016 – Rs. C-27/15 (Pizzo), Rn. 36; Urteil v. 12.3.2015 – Rs. C-538/13 (EVigilo), Rn. 34; Urteil v. 6.11.2014 – Rs. C-42/13 (Cartiera dell"Adda), Rn. 44; Urteil v. 29.4.2004 – Rs. C-496/99 (CAS Succhi di Frutta), Rn. 111.
120 VG Magdeburg, Beschluss v.5.10.2017 – 3 B 214/17.
121 OVG Münster Beschluss v. 20.7.2016 – 4 B 690/16 m.w.N.
122 *Prieß/Simonis*, NZBau 2015, 731 (735).
123 Vgl. VK Bund, Beschluss v. 4.3.2016 – VK 1-4/16; VK Sachsen-Anhalt, Beschluss v. 15.1.2016 – 3 VK LSA 77/15; Beschluss v. 10.9.2015 – 2 VK LSA 06/15.
124 Vgl. Gesetzesbegründung zu § 152 Abs. 3 GWB, VergRModG 2016, BT-Drs. 18/6281, 131.
125 Vgl. Erwägungsgrund 73 RL 2014/23/EU.
126 BVerwG, Urteil v. 27.5.2009 – 8 C 10/08; VGH Kassel, Urteil v. 4.3.2010 – 8 A 2613/09; Urteil v. 17.4.2008 – 8 UE 1263/07; VG Gießen, Beschluss v. 7.1.2014 – 8 L 2511/13.Gl.

werden.[127] Gerade bei Volksfesten (§ 60b GewO) darf der Attraktivität des einzelnen Unternehmens dementsprechend besondere Bedeutung beigemessen werden. Insoweit ist dem Veranstalter von Volksfesten ein weiter Gestaltungs- und/oder Ermessensspielraum zuzubilligen, der sich nicht nur oder nur vorrangig am Wettbewerb, sondern wesentlich auch an den Ausprägungen des jeweiligen Gestaltungswillens zu orientieren hat.[128]

§ 70 Abs. 2 GewO räumt dem Veranstalter das Recht ein, das **Veranstaltungskonzept** autonom nach eigenem Ermessen zu bestimmen und den in Frage kommenden Teilnehmerkreis entsprechend zu erweitern oder zu begrenzen. Nur derjenige Bieter kann von vornherein für das Auswahlverfahren überhaupt in Frage kommen, der mit seinem Angebot unter die Konzeption der Veranstaltung fällt. Die Konsequenz dessen ist, dass der Bieter erst innerhalb des Rahmens zur Geltung kommt, den der Veranstalter durch seine Veranstaltungskonzeption i.S.d. § 70 Abs. 2 GewO aufgespannt hat. Innerhalb dieses Rahmens gilt der Wettbewerbsgrundsatz wiederum vollumfänglich, sodass innerhalb der Gruppe der abstrakt in Frage kommenden Teilnehmer möglichst viele Bieter am Auswahlverfahren zu beteiligen sind. Hierbei entfaltet der Wettbewerbsgrundsatz seine verfahrensbestimmende, drittschützende Wirkung[129] im Sinne eines wirtschaftlichen Gesamtvorteils für den Gewerbekonzessionsgeber.

4. Verhältnismäßigkeitsgrundsatz

Jedes Konzessionsvergabeverfahren unterliegt auch dem jeder Verwaltungstätigkeit immanenten Grundsatz der Verhältnismäßigkeit. Danach dürfen alle Anforderungen an die Konzessionsnehmer und an das Verfahren nicht übermäßig aufwendig gestaltet werden.[130] Der Aufwand für die Erstellung des Angebots durch den Bieter darf nicht unverhältnismäßig hoch zum Umfang und zur Bedeutung des Auftrags ausfallen.[131] Oberhalb der Schwellenwerte ist der Verhältnismäßigkeitsgrundsatz in § 97 Abs. 1 S. 2 GWB normiert. Ein Ausschluss kann trotz erfülltem Ausschlusstatbestand unterbleiben, wenn der Grundsatz der Verhältnismäßigkeit oder das öffentliche Interesse die Vergabe des Auftrags an den betroffenen Bieter erfordern.[132] Der Verhältnismäßigkeitsgrundsatz spielt dort eine Rolle, wo es um den Vollzug kommunalen Handelns geht. Die differenzierteste Wertungsmatrix nützt nichts, wenn die selbst gesetzten Regelungen nicht tatsächlich umgesetzt werden. Die Gestaltungsvorstellungen des Konzessionsgebers zum Marktgeschehen müssen – nach einem strukturierten Auswahlprozess – auch durchgesetzt werden. Einfaches und sachgerechtes Verwaltungshandeln kann dem Verhältnismäßigkeitsgrundsatz entsprechen, wenn es den bekanntgemachten Zielen entspricht.

5. Nachvollziehbarkeit, Sachlichkeit und Objektivität der Entscheidungen

Nachvollziehbarkeit, Sachlichkeit und Objektivität sind vom Konzessionsgeber sowohl oberhalb als auch unterhalb der Schwellenwerte zu beachten.[133] Nicht nur die **Kriterien**, von denen sich eine Behörde bei Entscheidungen nach § 70 Abs. 3 GewO leiten lässt, müssen transparent und nachvollziehbar sein. Auch der konkrete **Auswahlvorgang** selbst muss diesen Erfordernissen genügen.[134] Das Erfordernis einer transparenten und sachgerechten Auswahlentscheidung verlangt, dass der Bewerber oder Bieter über das Vergabeverfahren,

---

127 Die Attraktivität ist das Hauptkriterium des Auswahlverfahrens: VGH München, Beschluss v. 28.7.2015 – 22 ZB 14.1261, 22 ZB 14.1262; Beschluss v. 12.8.2013 – 22 CE 13.970; VG Mainz, Beschluss v. 18.9.2015 – 3 L 745/15.MZ; VG Ansbach, Urteil v. 26.8.2014 – AN 4 K 14.00386; VG Regensburg, Beschluss v. 23.4.2013 – RO 5 E 13.536.
128 VGH München, Beschluss v. 28.7.2015 – 22 ZB 14.1262; OVG Bautzen, Beschluss v. 26.11.2013 – 3 B 494/13; OVG Münster, Beschluss v. 2.7.2010 – 4 B 643/10; vgl. VG München, Beschluss v. 31.5.2016 – M 7 E 16.2303; VG Aachen, Beschluss v. 20.7.2015 – 3 L 328/15; VG Gelsenkirchen, Beschluss v. 6.5.2014 – 7 L 512/14.
129 VG Stuttgart, Urteil v. 9.6.2011 – 4 K 3176/11.
130 *Prieß/Simonis*, NZBau 2015, 731 (735).
131 VGH München, Urteil v. 22.7.2015 – 22 B 15.620.
132 Vgl. *Burgi* NZBau 2014, 595, zum Ausschluss und Vergabesperre als Rechtsfolgen von Unzuverlässigkeit
133 Vgl. VG Freiburg, Beschluss v. 7.11.2017 – 4 K 8618/17, juris Rn. 12.
134 OVG Münster, Beschluss v. 24.7.2015 – 4 B 709/15; vgl. OVG Münster, Beschluss v. 24.7.2017 – 4 B 869/17; OVG Bautzen, Beschluss v. 26.11.2013 – 3 B 494/13; VG München, Beschluss v. 31.5.2016 – M 7 E 16.2303; VG Ansbach, Urteil v. 26.8.2014 – AN 4 K 14.01058; VG Oldenburg, Beschluss v. 29.7.2014 – 12 B 1652/14.

welches in den Vollzugshinweisen zu den Vergaberichtlinien des Konzessionsgebers über die Zulassung zum Markt festgelegt ist, informiert wird, um die Bewertung seiner eigenen Bewerbung bzw. seines Angebots nachvollziehen zu können. Er muss durch die Begründung des ablehnenden Bescheids außerdem (zumindest) erfahren, mit welchen Abständen (innerhalb der Rangreihung der Bewerber sowie nach Punkten) er in der betroffenen Unterkategorie hinter dem letzten erfolgreichen Bieter zurückliegt und aus welchen wesentlichen Gründen ihm gerade dieser Konkurrent vorgezogen wurde. Ansonsten kann er nämlich weder nachvollziehen, weshalb seine Bewerbung bzw. sein Angebot abgelehnt wurde, noch beurteilen, ob und bei welchem Mitbewerber eine Konkurrentenverdrängungsklage am ehesten Erfolg versprechen könnte.[135]

45 Oberhalb der Schwellenwerte wird der **Konzessionszuschlag** gemäß § 153 Abs. 3 S. 1 GWB auf der Grundlage objektiver Kriterien erteilt, die sicherstellen, dass die Angebote unter wirksamen Wettbewerbsbedingungen bewertet werden, sodass ein wirtschaftlicher Gesamtvorteil für den Konzessionsgeber ermittelt werden kann. Die Zuschlagskriterien müssen gemäß § 153 Abs. 3 S. 4 GWB mit einer Beschreibung einhergehen, die eine wirksame Überprüfung der von den Bietern übermittelten Informationen gestattet, damit bewertet werden kann, ob und inwieweit die Angebote die Zuschlagskriterien erfüllen. Dieser objektive Ansatz prägt das gesamte KonzVgV-Auswahlverfahren. Auf subjektive Vorstellungen des Konzessionsgebers (z.B. im Rahmen des Kriteriums der Attraktivität) kann nur dann abgestellt werden, wenn diese entsprechend sachlich objektiviert werden. Die objektiven Kriterien sind nach umfassender Sachverhaltsermittlung festzustellen.

6. Vorabinformation

46 In allen Bereichen **oberhalb der Schwellenwerte** besteht gemäß §§ 134, 135 GWB eine Verpflichtung zur vorherigen Information der unterlegenen Bewerber und Bieter. Eine Vertragsnichtigkeit eines abgeschlossenen Gewerbekonzessionsvertrages resultiert daraus, dass der Konzessionsgeber die nicht berücksichtigen Bewerber und Bieter weder über den beabsichtigten Vertragsschluss informiert noch im Anschluss hieran eine angemessene Wartefrist eingehalten hat.

47 Es sprechen gewichtige Gründe dafür, auch im **Unterschwellenbereich** die Einhaltung einer Informations- und Wartepflicht durch den Konzessionsgeber zu verlangen.[136] Nach der Rechtsprechung des EuG[137] fordern die gemeinsamen Verfassungen der Mitgliedsstaaten und die Konvention zum Schutz der Menschenrechte und Grundfreiheiten einen effektiven und vollständigen Schutz gegen Willkür des Konzessionsgebers. Dieser vollständige Rechtsschutz verlangt, sämtliche Bieter vor Abschluss eines Vertrages von der Zuschlagsentscheidung zu unterrichten. Ein vollständiger Rechtsschutz verlangt auch, dass zwischen der Unterrichtung abgelehnter Bieter und der Unterzeichnung des Vertrags eine angemessene Frist liegt, innerhalb der für den Bieter ein vorläufiger Schutz gewährt werden kann, wenn er für die volle Wirksamkeit der Entscheidung in der Sache erforderlich ist. Im nationalen Recht ist dies ebenfalls bereits in einigen Rechtsgebieten anerkannt. Schon vor Einführung der entsprechenden gesetzlichen Bestimmungen war nach der Rechtsprechung des BVerwG bei Beamten- und Richterbeförderungen die Informations- und Wartepflicht zu beachten.[138] Zur Vergabe von Wochenmarktveranstaltungen hat das OVG Berlin-Brandenburg entschieden, dass effektiver Primärrechtsschutz es gebietet, mindestens zwei Wochen nach Information der Bieter über den Ausgang des Auswahlverfahrens abzuwarten, bevor mit dem ausgewählten Bieter der Vertrag geschlossen wird.[139]

---

135 Vgl. OVG Lüneburg, Beschluss v. 11.8.2015 – 7 ME 58/15.
136 OLG Düsseldorf, Urteil v. 13.12.2017 – I-27 U 25/17, mit Hinweis auf OVG Berlin-Brandenburg, Beschluss v. 30.11.2010 – OVG 1 S 107.10.
137 OLG Düsseldorf, Urteil v. 13.12.2017 – I-27 U 25/17, mit Hinweis auf EuG, Urteil v. 20.09.2011 – Rs. T-461/08.
138 OLG Düsseldorf, Urteil v. 13.12.2017 – I-27 U 25/17, mit Hinweis auf BVerwG, Urteil v. 4.11.2010 – 2 C 16/09.
139 OLG Düsseldorf, Urteil v. 13.12.2017 – I-27 U 25/17, mit Hinweis auf OVG Berlin-Brandenburg, Beschluss v. 30.11.2010 – OVG 1 S 107.10.

III. Auswahlkriterien

48 Die Rechtsprechung hat sowohl für die Vergabe eines Durchführungsrechtes an einen privaten Dritten als auch in Bezug auf das Auswahlverfahren innerhalb der Gruppe der Marktbeschicker verschiedene materielle und in der Regel zielführende Auswahlkriterien entwickelt. Bei Letzteren steht § 70 GewO mit seinen Regelungen im Zentrum der Erwägungen des öffentlichen Veranstalters. Wird ein Markt gemäß § 69 Abs. 1 S. 1 GewO festgesetzt, so hat jeder Bieter, der zum Teilnehmerkreis i.S.d. § 70 Abs. 1 GewO der festgesetzten Veranstaltung gehört, gemäß dem Grundsatz der Markfreiheit einen Anspruch auf Teilnahme. Ein Ausschluss ist dann nur aus sachlichen Gründen möglich.

49 § 70 Abs. 2 GewO statuiert das Recht des Veranstalters, die **Grundkonzeption** des Marktes oder der Veranstaltung (als Veranstaltungszweck) zu bestimmen und im Zuge dessen die Veranstaltung auf bestimmte Ausstellergruppen, Anbietergruppen und Besuchergruppen zu beschränken. Der Veranstalter hat hierbei einen weiten Beurteilungs- und Gestaltungsspielraum. Zudem hat der Veranstalter gemäß § 70 Abs. 3 GewO ein **Ausschlussrecht** gegenüber einzelnen Teilnehmern, insbesondere wenn der vorhandene Platz nicht ausreicht, um sämtliche interessierte Unternehmen zuzulassen, die der Veranstaltungskonzeption entsprechen. Mit diesen Möglichkeiten, bestimmte Unternehmen auszuschließen, korreliert die Auswahlentscheidung des Veranstalters. Insbesondere bei Platzmangel (und bei Bewerber- oder Bieterüberhang) ist das hier fokussierte Auswahlverfahren in Hinblick auf die Standplatzvergabe durchzuführen.[140]

1. Beschränkung auf bestimmte Aussteller- und Anbietergruppen

50 § 70 Abs. 2 GewO ermöglicht es dem Veranstalter, wenn es für die Erreichung des Veranstaltungszwecks erforderlich ist, die Veranstaltung auf bestimmte Aussteller-, Anbieter- und Besuchergruppen zu beschränken, soweit dadurch gleichartige Unternehmen nicht ohne sachlich gerechtfertigten Grund unmittelbar oder mittelbar unterschiedlich behandelt werden. Beschränkungen nach § 70 Abs. 2 GewO dürfen der Festsetzung nicht widersprechen, also nicht etwa auf einem Umweg das Warensortiment verkleinern.

51 Die Beschränkung muss **geeignet** und zur Erreichung des Veranstaltungszwecks **erforderlich** sein, was in vollem Umfang gerichtlich überprüfbar ist.[141] Die Erforderlichkeit kann sich insbesondere aus wirtschaftlichen Erwägungen ergeben oder der Schärfung des Veranstaltungsprofils dienen. Dient etwa eine Kunst- und Antiquitätenmesse speziell der Förderung des nicht versteigernden Kunsthandels, kann der Ausschluss versteigernder Kunsthändler erforderlich sein.[142] Der Ausschluss von China-Imbissen und orientalischen Dönerständen von einem traditionellen Weihnachtsmarkt kann sich als erforderlich erweisen, um das Veranstaltungsprofil gegenüber sonstigen Märkten zu schärfen.

52 Eine Beschränkung nach § 70 Abs. 2 GewO ist aber nur zulässig, soweit dadurch gleichartige Unternehmen nicht ohne sachlich gerechtfertigten Grund **unterschiedlich behandelt** werden. Die Gleichartigkeit beurteilt sich dabei nach der wirtschaftlichen Funktion des betroffenen Unternehmens, bezogen auf die jeweilige Veranstaltung. Gleichartig können auf Anbieterseite einer internationalen Baumaschinen-Messe in- und ausländische Hersteller, Importeure oder Handelsvertreter von Herstellern sein.[143] Jede Ungleichbehandlung ist rechtfertigungsbedürftig, unabhängig davon, ob sie sich unmittelbar oder nur mittelbar auswirkt. Rechtswidrig ist sie aber nur dann, wenn sie u.a. gegen die allgemeinen festgelegten Kriterien des Auswahlverfahrens und gegen Prinzipien des Gewerbekonzessionsverfahrens verstößt.

---

140 Vgl. VG Bremen, Beschluss v. 28.9.2017 – 5 V 2406/17.
141 Vgl. *Braun*, NVwZ 2009, 747 (749).
142 OLG München, Urteil v. 13.10.1988 – U (K) 3912/88.
143 Vgl. *Braun*, NVwZ 2009, 747 (749).

2. Ausschluss einzelner Aussteller/Anbieter

53 § 70 Abs. 3 GewO räumt dem Konzessionsgeber die Befugnis ein, einzelne Anbieter, Aussteller oder Besucher aus bestimmten sachlich gerechtfertigten Gründen von der Veranstaltung auszuschließen.[144] Daneben kann die zuständige Behörde nach § 70a Abs. 1 GewO einzelnen Ausstellern oder Anbietern (nicht Besuchern) die Teilnahme untersagen.[145] Zumeist wird der Ausschluss bereits im Vorfeld der Veranstaltung erfolgen. Möglich ist aber auch ein Ausschluss während der Veranstaltung, z.B. wenn ein Aussteller in erheblicher Weise gegen die Teilnahmebestimmungen verstößt.[146]

54 Dabei handelt es sich für Anbieter und Aussteller um eine gemäß Art. 12 Abs. 1 GG zulässige **Berufsausübungsregelung**, da die Einschränkung auf dem Gemeinwohlinteresse an dem ordnungsgemäßen Ablauf der Veranstaltung basiert. Ein Verstoß gegen das verfassungsrechtliche Bestimmtheitsgebot liegt darin nicht, da der unbestimmte Rechtsbegriff „sachlich gerechtfertigte Gründe" im Wege der Auslegung bestimmbar und durch langjährige Rechtsprechungspraxis auch bestimmt worden ist.[147]

55 Nach § 70 Abs. 3 GewO kann der Veranstalter, insbesondere wenn der zur Verfügung stehende Platz nicht ausreicht, einzelne Aussteller, Anbieter oder Besucher von der Teilnahme ausschließen. **„Platzmangel"** setzt zunächst voraus, dass der vorhandene Platz tatsächlich erschöpft ist, d.h. bei sachgerechter Gestaltung das potenzielle Platzangebot voll ausgenutzt ist.[148] Maßgeblicher Zeitpunkt ist der des Marktbeginns.[149] Sagen bereits zugelassene Aussteller ihre Teilnahme ab, so muss der frei gewordene Raum unter den abgewiesenen Bewerbern bzw. Bietern – gegebenenfalls nach erneuter Auswahl – verteilt werden. Nach zutreffender Auffassung haben die Aussteller keinen Anspruch auf Erweiterung bestehender oder Schaffung neuer Kapazitäten.[150] Ein solcher leitet sich weder aus Art. 12 Abs. 1 GG noch aus § 70 GewO oder den kommunalrechtlichen Vorschriften ab. Vielmehr liegt die Größe der Veranstaltung im Gestaltungsbereich des Veranstalters. An rechtliche Grenzen stößt dieser Gestaltungsspielraum erst, wo die insgesamt verfügbare Verkaufsfläche ohne besonderen Grund auf so wenige Stände verteilt wird, dass Neubewerber selbst auf längere Sicht faktisch ausgeschlossen bleiben.[151]

3. Materielle Auswahlkriterien

56 Die GewO nennt keine Kriterien für die Auswahlentscheidung bezüglich der Standplatzvergabe auf einem festgesetzten Markt. In Praxis und Rechtsprechung haben sich aber diverse Kriterien herausgebildet, die teils nicht ohne Weiteres mit den Grundsätzen des Vergaberechts konform sind und dementsprechend stark umstritten sind.

57 Die Auswahlentscheidung orientiert sich an der vom Veranstalter gewählten **Veranstaltungskonzeption**.[152] Diese gibt vor, welche Arten von Angeboten der Veranstalter in welcher Anzahl will und welche Beschränkungen bestehen. Mit dem Veranstaltungskonzept wird der Ablauf der konkret bevorstehenden Veranstaltung geplant. Die Arten der gewünschten Anbietergruppen werden unter Attraktivitätsgesichtspunkten ausgewählt und ihnen werden Flächen(-kontingente) zugeordnet.[153] Neben sicherheitsrechtlichen Belangen (Flucht- und Rettungswege) wird die räumliche Verteilung der Anbietergruppen auf dem Festplatz durch Aspekte gegenseitiger Verträglichkeit und optimaler Raumausnutzung gesteuert.[154] Darüber hinaus sind Entgelte für die Anbieter festzusetzen und Verfahrensregelungen (Anmeldefrist,

---

144 VG Lüneburg, Urteil v. 17.9.2003 – 5 A 265/02.
145 VGH Kassel, Beschluss v. 11.11.1992 – 8 TH 1983/82.
146 Vgl. *Braun*, NVwZ 2009, 747 (749).
147 Vgl. *Braun*, NVwZ 2009, 747 (749).
148 Vgl. VG Köln, Beschluss v. 22.10.2012 – 1 L 1072/12.
149 VG Ansbach, Urteil v. 31.3.1983 – 4 K 81 A.1555.
150 Vgl. VGH München, Beschluss v. 9.1.2003 – 22 ZB 02.2984; Beschluss v. 11.9.1981 – 4 CE 81 A. 1921.
151 Vgl. VGH München, Beschluss v. 9.1.2003 – 22 ZB 02.2984.
152 VG Freiburg Beschluss v. 11.11.2014 – 4 K 2310/14.
153 VGH München, Urteil v. 31.3.2003 – 4 B 00.2823.
154 VGH München, Urteil v. 31.3.2003 – 4 B 00.2823.

notwendige Antragsunterlagen) zu treffen. Auf dieser Stufe werden die abstrakten Zulassungskriterien formuliert, nach denen die konkrete Vergabe im Falle konkurrierender Bewerbungen um nicht für alle Bewerber oder Bieter ausreichende Flächenkontingente zu entscheiden ist.[155]

Der Veranstalter hat einen weiten **Gestaltungsspielraum** hinsichtlich der Veranstaltungskonzeption, der gerichtlich nur eingeschränkt überprüfbar ist.[156] Da diese Gewichtung subjektive Elemente enthält und letztlich das Ergebnis höchstpersönlicher Wertungen ist, die Gerichte ferner nur ihre eigenen – nicht notwendig richtigeren – Einschätzungen an die Stelle derjenigen des Veranstalters setzen könnten, steht ihm insoweit ein Spielraum zu, der in der Rechtsprechung – ohne nennenswerten sachlichen Unterschied – als „Gestaltungs- und Ermessensspielraum", als „Auswahlermessen", als „Einschätzungsprärogative" oder als „Beurteilungsspielraum" bezeichnet wird.[157] Die gerichtliche Kontrolle beschränkt sich insofern darauf, ob die Beurteilung aufgrund zutreffender Tatsachen erfolgt ist, ob nicht gegen Denkgesetze oder allgemein gültige Wertmaßstäbe verstoßen wurde, ob in die Entscheidung sachwidrige Erwägungen eingeflossen sind und sie frei von Verfahrensfehlern ergangen ist.[158] Gerade weil hier der Rechtsschutz nicht durch eine umfassende gerichtliche Kontrolle der Anwendung der Auswahlkriterien sichergestellt werden kann, sondern nur durch die Kontrolle der Ausfüllung von Spielräumen, kommt der Transparenz und der Dokumentation des Auswahlverfahrens entscheidende Bedeutung zu.[159]

58

Der zwischen den Unternehmen angelegte Verteilungsmaßstab muss dabei **sachlich gerechtfertigt** sein. Was sachlich gerechtfertigt ist, bestimmt sich nach dem allgemeinen Gleichheitssatz unter Berücksichtigung des Lebenssachverhalts, in dessen Rahmen das Ermessen ausgeübt wird.[160] Insbesondere bei Veranstaltungen mit Volksfestcharakter, bei denen es in erster Linie um die Außendarstellung des Veranstalters, die Schaffung eines Anreizes für Besucher und damit letztlich um Attraktivität geht, bedarf eine sachgerechte Auswahl notwendigerweise eines weiten Gestaltungs- und Ermessensspielraumes.[161] Der Veranstalter muss das von ihm entwickelte Konzept auch tatsächlich umsetzen können, sodass er sich nicht vorrangig am Wettbewerb zu orientieren hat, sondern an den Ausprägungen seines eigenen Gestaltungswillens.

59

Es ist rechtlich nicht zu beanstanden (in der Regel dürfte dies sogar zwingend geboten sein), wenn der Veranstalter für die Bewertung der Attraktivität der Stände einen **Kriterienkatalog** entwickelt. Allerdings ist es erforderlich, dass er seine Bewertungsentscheidungen auf einer hinreichend ermittelten Tatsachengrundlage trifft. Es ist notwendig, dass die wesentlichen Tatsachen, auf deren Grundlage er seine konkrete Auswahlentscheidung trifft, sich aus den Akten ergeben. Die Unternehmen müssen sich durch eine rechtzeitige Veröffentlichung der maßgeblichen Bewertungskriterien auf die wesentlichen Auswahlkriterien einrichten können. Zumindest sind entsprechende Anforderungen im Bewerbungsformular notwendig, die Angaben zu den vom Veranstalter als relevant angesehenen Punkten enthalten.[162]

60

Auf der einen Seite hat sich der Ermessens- und Gestaltungsspielraum des Veranstalters umso mehr an der **Marktfreiheit** zu orientieren, je mehr sich die jeweilige Veranstaltung im „reinen" Marktgeschehen erschöpft (Präsentation, Verkauf oder Austausch von Waren, insbesondere bei Messen und Verkaufsmärkten). In derartigen Fällen hat die Auswahlentscheidung die Marktfreiheit positiv zu erhalten und die Teilnahme so vieler Unternehmen wie möglich zu erreichen. Auf der anderen Seite kann sich die Bindung der Auswahlentscheidung an die Marktfreiheit auch lockern, je mehr sich die jeweilige Veranstaltung von dem entfernt, was typi-

61

---

155 VGH München, Urteil v. 31.3.2003 – 4 B 00.2823.
156 VGH München, Beschluss v. 28.7.2015 – 22 ZB 14.1261, 22 ZB 14.1262.
157 VGH München, Beschluss v. 28.7.2015 – 22 ZB 14.1261, 22 ZB 14.1262 m.w.N.; VG Aachen, Beschluss v. 6.6.2017 – 3 L 198/17.
158 VGH München, Beschluss v. 28.7.2015 – 22 ZB 14.1261; 22 ZB 14.1262 m.w.N.
159 VGH München, Urteil v. 22.7.2015 – 22 B 15.620.
160 BVerwG, Beschluss v. 4.10.2005 – 6 B 63.05.
161 VG Freiburg, Beschluss v. 11.11.2015 – 4 K 2310/14.
162 VG Freiburg, Beschluss v. 11.11.2014 – 4 K 2310/14.

scherweise den freien Warenverkehr ausmacht, und stattdessen thematisch einen spezielleren Charakter aufweist.

62 Nicht nur die Auswahlkriterien, von denen sich eine Behörde bei der Auswahlentscheidung leiten lässt, müssen transparent und nachvollziehbar sein. Auch der konkrete **Auswahlvorgang** selbst muss diesen Erfordernissen genügen. Dies ist besonders bedeutsam bei einem Auswahlkriterium wie der Attraktivität, bei dem die Gewichtung einzelner Merkmale subjektive Elemente enthält und letztlich das Ergebnis höchstpersönlicher Wertungen ist. Je stärker höchstpersönliche Wertungen den Auswahlvorgang beeinflussen, desto höher werden die Dokumentationsverpflichtungen des Konzessionsgebers.[163] Insgesamt muss der Veranstalter seine getroffenen Entscheidungen für einen objektiven Dritten nachvollziehbar begründen. Nur in diesem Fall handelt der Konzessionsgeber sachgerecht.

a) Attraktivität

63 Das wichtigste materielle Auswahlkriterium hinsichtlich der Vergabe von Standplätzen ist das der **„Attraktivität"** eines Standes.[164] Dieses Kriterium hat eine hohe Sachbezogenheit[165] und soll vermeintlich sowohl ein inhaltlich sachgerechtes als auch faires Auswahlergebnis unter den Bietern gewährleisten. Das Kriterium der Attraktivität verspricht zudem wirtschaftliche Dynamik – „attraktiv" können auch Innovationen und Neuheiten sein. Zudem haben es bei der Attraktivität alle Bieter in der Hand, die Attraktivität ihres eigenen Angebotes durch bauliche oder sonstige Änderungen zu erhöhen.[166] Mit diesen Vorteilen ist die Hoffnung der öffentlichen Veranstalter verbunden, allein durch die Anwendung des Kriteriums der Attraktivität eine unproblematische Auswahlentscheidung treffen zu können.

64 Vollkommen unproblematisch ist das Kriterium der Attraktivität jedoch nicht. So sachgerecht das Abstellen auf das Kriterium der Attraktivität als rein inhaltliches Kriterium zu sein scheint, so offen ist zugleich, anhand welchen **Maßstabes** zu beurteilen wäre, welches Angebot im Vergleich zu anderen „attraktiver" ist. Anknüpfungspunkte hinsichtlich der Attraktivität könnten die äußere Gestaltung des Standes[167] nach ästhetischen Gesichtspunkten sein, zugleich aber auch die Person des Standinhabers oder des Anbieters.[168] Ferner ist die Frage nach der Beurteilung der Attraktivität eines Standes letzten Endes eine subjektive Einschätzung und damit das Ergebnis höchstpersönlicher Wertungen.[169] Zudem haben sich in bestimmten Bereichen, etwa bei Fahrgeschäften, bestimmte Standards entwickelt, die es schwer machen, das attraktivere Angebot herauszufinden.[170] Schlussendlich kommt es bei der Attraktivität eines Angebots zusätzlich auf das Urteil der Besucher an.[171] Angesichts dessen wird dem öffentlichen Veranstalter hinsichtlich des Kriteriums der Attraktivität ein Bewertungs- bzw. Beurteilungsspielraum zugestanden.[172]

65 Die **gerichtliche Kontrolle** beschränkt sich im Rahmen dieses Beurteilungsspielraumes darauf, ob die Beurteilung aufgrund zutreffender Tatsachen erfolgt ist, ob nicht gegen Denkgesetze oder allgemein gültige Wertmaßstäbe verstoßen worden ist, ob keine sachwidrigen Er-

---

163 Siehe unten Rn. 113 ff.
164 Vgl. etwa OVG Bautzen, Beschluss v. 26.11.2013 – 3 B 494/13; OVG Lüneburg, Urteil v. 16.5.2012 – 7 LB 52/11; OVG Münster, Beschluss v. 2.7.2010 – 4 B 643/10; VG Aachen, Beschluss v. 6.6.2017 – 3 L 198/17; VG Mainz, Beschluss v. 21.9.2015 – 3 L 745/15.MZ; VG Münster, Beschluss v. 30.7.2015 – 9 L 862/15; VG Gelsenkirchen, Urteil v. 3.6.2015 – 7 K 1571/15; VG Freiburg, Beschluss v. 11.11.2014 – 4 K 2310/14; VG Köln, Beschluss v. 22.10.2012 – 1 L 1072/12; VG Hamburg, Beschluss v. 20.9.2012 – 11 E 1658/12.
165 *Heitsch*, GewArch 2004, 225 (228).
166 VG Gelsenkirchen, Beschluss v. 6.5.2014 – 7 L 512/14.
167 Vgl. VG Aachen, Beschluss v. 20.7.2015 – 3 L 328/15; VG Lüneburg, Urteil v. 17.9.2003 – 5 A 265/02 (für Autoskooter: Größe, Beleuchtung, neu/älter, Lautstärke, sichere Anlage für die Benutzer, Kasse, Erscheinungsbild).
168 Z.B. Branchenführer; vgl. *Wirth*, Marktverkehr, Marktfestsetzung, Marktfreiheit, S. 200.
169 VG Bayreuth, Beschluss v. 12.4.2017 – B 5 S 17.168, juris Rn. 28; VG Gelsenkirchen, Beschluss v. 6.5.2014 – 7 L 512/14.
170 *Ruthig/Storr*, Öffentliches Wirtschaftsrecht, Rn. 382.
171 *Ruthig/Storr*, Öffentliches Wirtschaftsrecht, Rn. 382.
172 VGH München, Beschluss v. 28.7.2015 – 22 ZB 14.1262; OVG Bautzen, Beschluss v. 26.11.2013 – 3 B 494/13; OVG Münster, Beschluss v. 2.7.2010 – 4 B 643/10; vgl. VG München, Beschluss v. 31.5.2016 – M 7 E 16.2303; VG Aachen, Beschluss v. 20.7.2015 – 3 L 328/15; VG Gelsenkirchen, Beschluss v. 6.5.2014 – 7 L 512/14.

wägungen angestellt worden sind und ob keine Verfahrensfehler gemacht wurden.[173] Der dem Veranstalter eröffnete Beurteilungsspielraum schließt zudem – innerhalb dieser Grenzen – auch die Befugnis ein, zwischen mehreren für die Attraktivität bedeutsamen Merkmalen – mögen die Unterschiede auch geringfügig sein – zu gewichten.[174] Des Weiteren ist gerichtlich überprüfbar, ob der Veranstalter überhaupt ein nachvollziehbares, plausibles Konzept für die Auswahl der Angebote entwickelt und sich an dieses Konzept auch tatsächlich gehalten hat.[175] Nicht zutreffend ist, dass das Wertungskriterium optischer Gesamteindruck Ausfluss der gerichtlich nicht nachprüfbaren Ausgestaltungsbefugnis der Gemeinde ist. Es ist zu oberflächlich anzunehmen, dass dieses Kriterium nicht objektiv überprüfbar sei.[176] Überprüft werden kann, ob ästhetische Vorgaben konkret genug beschrieben werden, um überprüft werden können. Ästhetische Vorgaben bei der Präsentation von Lebensmitteln in Marktständen können überprüft werden. Ebenso kann überprüft werden, ob Farbzusammenstellungen eines Standes ein geschlossenes ästhetisches Bild liefern. Es kann überprüft werden, ob der Konzessionsgeber gegen Denkgesetze oder allgemein gültige Wertmaßstäbe verstoßen hat, ob keine sachwidrigen Erwägungen angestellt worden sind und ob keine Verfahrensfehler gemacht wurden. Weiterhin kann der Konzessionsgeber Leitlinien für den Markt geben: Bei einem „Erntemarkt" oder „Weihnachten" werden z.B. nur Produkte als attraktiv bewertet, die das Thema „Ernte" oder „Weihnachten" in ansprechender Weise aufnehmen. Die Frage der Ästhetik muss dabei einzelfallbezogen im soziokulturellen Kontext beantwortet werden, was aber die gerichtliche Überprüfbarkeit auf die Grenzen des Auswahlermessens gerade nicht ausschließt. So begegnet z.B. die Festlegung von Unterkategorien „reiner Glühweinstand" und „gemischtes Warenangebot" keinen Bedenken.[177]

Richtigerweise ist der **Bezugspunkt** für das Kriterium der Attraktivität das Veranstaltungskonzept sowie der jeweilige Betrieb.[178] Ergänzend kann auf die Person des Anbieters abgestellt werden. Für eine sachgerechte Anwendung des Kriteriums der „Attraktivität" muss der Veranstalter ein nachvollziehbares, plausibles Konzept entwickeln und sich auch tatsächlich daran halten.[179] Aus diesem Konzept lässt sich erst überhaupt die Bewertung von Geschäften und sonstigen Angeboten ableiten.[180] Im Rahmen dieses Konzepts muss der Veranstalter für die einzelnen Angebotsgruppen Vorgaben treffen in Hinblick auf die Anzahl der auszuwählenden Betriebe, auf das jeweilige Flächenkontingent und auf die konkrete Positionierung auf dem Veranstaltungsplatz.[181] Beispiele für volksfest-typische Angebotsgruppen sind Fahr- und Belustigungsgeschäfte, Ausspielungen, Automatengeschäfte, Schießbuden, Imbissstände, Bierzelte, Süßwarenstände und Luftballonverkäufer.[182] Wichtig ist, dass der Veranstalter für alle vorgesehenen Angebotsgruppen vorab Kriterien entwickelt, um anhand dieser die Attraktivität zu beurteilen.[183] In Hinblick auf die Aufstellung der Unter-Kriterien für die Bemessung der Attraktivität hat der öffentliche Veranstalter wiederum einen weiten Ermessensspielraum.[184] Prominente Beispiele für solche Kriterien sind (je nach Art des Geschäfts):

- der technische Aufwand,
- der technische Standard,
- besondere Effekte,
- die äußere (ästhetische) Gestaltung des Geschäfts und des Angebots,
- das dargebotene Belustigungsprogramm,

---

173 OVG Münster, Beschluss v. 2.7.2010 – 4 B 643/10.
174 OVG Münster, Beschluss v. 2.7.2010 – 4 B 643/10; VG Aachen, Beschluss v. 20.7.2015 – 3 L 328/15.
175 VG Regensburg, Beschluss v. 23.4.2013 – RO 5 E 13.536.
176 VG Bayreuth, Beschluss v. 12.4.2017 – B 5 S 17.168.
177 VG Freiburg, Beschluss v. 7.11.2017 – 4 K 8618/17, juris Rn. 30.
178 *Heitsch*, GewArch 2004, 225 (228).
179 *Heitsch*, GewArch 2004, 225 (229).
180 VG Münster, Beschluss v. 30.7.2015 – 9 L 862/15.
181 *Heitsch*, GewArch 2004, 225 (229).
182 *Heitsch*, GewArch 2004, 225 (229).
183 *Heitsch*, GewArch 2004, 225 (229).
184 VG Gelsenkirchen, Urteil v. 3.6.2015 – 7 K 1571/15.

- das Alter der Anlage,
- eine besondere Anziehungskraft des Angebots,
- das Warensortiment,[185]
- bestimmte Neuheiten,[186]
- „familiengerechte faire" Preisgestaltung,[187]
- Platzbedarf,
- Beitrag zur Tradition der Veranstaltung,
- Umweltfreundlichkeit[188] sowie
- Behindertengerechtigkeit.[189]

67 Das Kriterium der **„Anziehungskraft"** des Angebots kann die Wirkung und Anziehungskraft des Angebots auf den Volksfestbesucher, insbesondere in Hinblick auf Qualität, Güte, Vielfalt, Besonderheit des Angebots, angemessene Preisgestaltung sowie sonstige Familien- und Verbraucherfreundlichkeit beinhalten.[190] Aber auch die Aspekte Seltenheit, Beliebtheit sowie Exklusivität des Geschäfts fallen unter dieses Kriterium.[191] Unter das Kriterium des **„Beitrages zur Tradition"** fällt der Gesichtspunkt, dass das Geschäft in besonderer Weise zur Identität der Veranstaltung beiträgt.[192] Wenn dieses Kriterium primär einen diskriminierenden Charakter gegen Newcomer hat, ist es rechtswidrig.

68 Das Kriterium der optischen Gestaltung der Außenfassade umfasst alle Aspekte, die unter das Schlagwort **„Ästhetik"** fallen. Der Gesichtspunkt der Ästhetik birgt das Problem, dass eine objektivierte Bewertung zwar möglich, aber insgesamt schwieriger ist, da das ästhetische Empfinden letzten Endes Ausdruck subjektiver und damit höchstpersönlicher Wertung ist.[193] Dementsprechend nimmt das Kriterium der Ästhetik eine Sonderstellung innerhalb der Unter-Kriterien des Kriteriums der Attraktivität ein. Es ist angesichts des verstärkten subjektiven Elements in der Bewertung eine besondere Sorgfalt auf die Prüfungs- und Bewertungsmethoden und die Gewichtung dieses Kriteriums zu legen.[194] Das Kriterium der Ästhetik sollte unter Einschaltung eines mehrköpfigen Gremiums[195] sowie unter Heranziehung einer differenzierten, objektiven, präzisen und mit Unter- sowie Unter-Unterkriterien versehenen Wertungsmatrix bewertet werden.[196] Nur wenn der subjektive Beurteilungsspielraum des Veranstalters durch objektiv messbare, eindeutige Vorgaben „eingehegt" wird und einem vorher bekannt gegebenen Leitfaden unterliegt, ist gewährleistet, dass keine willkürliche und damit unter Umständen diskriminierende Entscheidung getroffen wird. Der Aspekt der Ästhetik umfasst konkret alle Gesichtspunkte, die für die äußere Gestaltung des Geschäfts von Bedeutung sind, so beispielsweise die Beleuchtung, die Dekoration, die Präsentation des Geschäfts,[197] die Bemalung, die ästhetische Gestaltung der Einrichtung, Detailreichtum der Bemalung/Gestaltung sowie die thematische Übereinstimmung mit dem Charakter der Veranstaltung.[198] Sofern der Veranstalter mit Schulnoten arbeitet, sollte der jeweilige Erfüllungsgrad bei den gestellten Anforderungen vorab bekannt gegeben werden.[199]

---

185 *Heitsch*, GewArch 2004, 225 (229).
186 VG Münster, Beschluss v. 30.7.2015 – 9 L 862/15.
187 VGH München, Beschluss v. 28.7.2015 – 22 ZB 14.1262.
188 VG Oldenburg, Beschluss v. 22.7.2015 – 12 B 1778/15.
189 VG Gelsenkirchen, Urteil v. 3.6.2015 – 7 K 1571/15.
190 VG Oldenburg, Beschluss v. 22.7.2015 – 12 B 1778/15.
191 VG Regensburg, Urteil v. 17.4.2014 – RO 5 k 13.334.
192 VG Oldenburg, Beschluss v. 22.7.2015 – 12 B 1778/15.
193 VK Sachsen, Beschluss v. 28.8.2013 – 1/SVK/026-13.
194 *Wiedemann*, in: Kulartz/Marx/Portz/Prieß, VOL/A, § 16 Rn. 298.
195 *Wiedemann*, in: Kulartz/Marx/Portz/Prieß, VOL/A, § 16 Rn. 298; *Opitz*, in: Dreher/Motzke, Vergaberecht, 2. Aufl., § 16 VOB/A Rn. 352.
196 VK Sachsen, Beschluss v. 28.8.2013 – 1/SVK/026-13; vgl. OLG Brandenburg, Beschluss v. 27.3.2012 – Verg W 13/11.
197 VG Regensburg, Urteil v. 17.4.2014 – RO 5 k 13.334.
198 VG Gelsenkirchen, Urteil v. 3.6.2015 – 7 K 1571/15.
199 Vgl. OLG Düsseldorf, Beschluss v. 15.6.2016 – VII-Verg 49/15.

Der Veranstalter darf auf ein ausgewogenes **Waren- und Leistungsangebot** bzw. eine **optimale räumliche Auslastung** achten. Die Grenze der zulässigen Ermessensausübung ist erst dann überschritten, wenn der Konzessionsgeber bei seiner Bewertung die Höhe oder Größe z.B. eines Fahrgeschäftes gar nicht berücksichtigt oder aber gängige, branchenübliche Einteilungen völlig außer Acht lässt und Räder berücksichtigt, die nach dem Stand der Technik wegen ihrer Größe schlechthin nicht mehr als geeignet für die geplante Veranstaltung angesehen werden können.[200] Erforderlich ist, dass das Attraktivitätsurteil auf sachlichen Kriterien beruht. Als Unterkriterien kommen Ausgewogenheit, Vielseitigkeit und Sicherung eines konstanten Qualitätsniveaus[201] in Frage. Ein Rechtsgrundsatz, dass nur oder vorrangig nach der Attraktivität, Neuartigkeit oder Vielseitigkeit gleichartiger Angebote ausgewählt werden dürfe, besteht nicht, wenngleich derartige Kriterien ebenfalls Gesichtspunkte einer sachgerechten Auswahlentscheidung sind.[202]

69

Ebenso wie bei der Standplatzvergabe ist das Kriterium der Attraktivität des Veranstaltungskonzepts eines der wichtigsten Kriterien bei der Vergabe eines **Durchführungsrechts**. Der Veranstalter kann allgemein auf das im Konzept angestrebte attraktive, niveauvolle Sortimentsangebot, Pläne zur optisch ansprechenden Gestaltung der Veranstaltung,[203] auf Neuheiten, Innovationen, Versicherungsnachweise, den anvisierten technischen Standard sowie des Weiteren auf Behindertengerechtigkeit und Umweltfreundlichkeit der vorgesehenen Angebote abstellen.[204] Unter „Attraktivität" fallen zudem Gesichtspunkte wie die Gewährleistung des Bieters für eine gute Zusammenarbeit mit den Marktbeschickern sowie die Sicherstellung des Marktzugangs für örtliche Kleinhändler.[205]

70

Ein weiteres Kriterium bei der Durchführung des Marktes durch private Dritte ergibt sich aus dem Gesichtspunkt, dass ein Markt oder eine Veranstaltung durch diese ebenso qualitativ hochwertig und sicher durchgeführt werden muss, wie es **bei eigener Durchführung** durch den öffentlichen Veranstalter der Fall wäre. Da die öffentliche Hand in Hinblick auf die Durchführung von Veranstaltungen mit Daseinsvorsorgecharakter einem materiellen Privatisierungsverbot unterliegt,[206] muss sie jedenfalls im Rahmen einer funktionellen Privatisierung weiterhin gewährleisten, dass der Markt bzw. die Veranstaltung bei privater Durchführung nicht mit wesentlich minderer Qualität durchgeführt werden.[207]

71

b) „Bekannt und bewährt"

Kaum ein Kriterium ist so umstritten wie das Merkmal „bekannt und bewährt", wobei der Konflikt zwischen Newcomern und bisherigen Inhabern der Rechte offen auf der Hand liegt.[208] Das Merkmal ist an die Person des Alt- bzw. Stammbeschickers gebunden[209] und erlaubt im Rahmen des „bewährt" auch die Berücksichtigung früherer Schwierigkeiten bei der Marktabwicklung unterhalb der Schwelle der Unzuverlässigkeit[210], nicht aber von punktuellen Ereignissen minderer Gewichtigkeit wie einer bloßen lautstarken Auseinandersetzung mit Kollegen.[211]

72

Nach **zutreffender Auffassung** darf dieses Merkmal allenfalls noch ergänzend herangezogen werden.[212] Die Eigenschaften „bekannt und bewährt" und „attraktiv" können nicht dazu

73

---

200 VG Gelsenkirchen, Urteil v. 3.6.2015 – 7 K 1571/15.
201 OVG Bautzen, Beschluss v. 22.5.2005 – 3 B 576/04.
202 BVerwG, Beschluss v. 4.10.2005 – 6 B 63.05.
203 VG Halle, Urteil v. 27.8.2010 – 4 A 15/10.
204 Ausführlich zum Auswahlkriterium der „Attraktivität" unter Rn. 63 ff.
205 VG Halle, Urteil v. 27.8.2010 – 4 A 15/10.
206 BVerwG, Urteil v. 27.5.2009 – 8 C 10/08; ebenso VGH München, Beschluss v. 21.12.2012 – 4 ZB 11.2496; VGH Kassel, Urteil v. 4.3.2010 – 8 A 2613/09; VG Gießen, Beschluss v. 7.1.2014 – 8 L 2511/13.GI.
207 In Bezug auf Grenzen der Privatisierung und der damit einhergehenden Gewährleistungsverantwortung: vgl. VGH Kassel, Urteil v. 4.3.2010 – 8 A 2613/09; vgl. VG Wiesbaden, Urteil v. 25.11.2011 – 7 K 239/11.WI.
208 VG Neustadt an der Weinstraße, Urteil v. 16.12.2010 – 4 K 939/10.NW; vgl. VG Würzburg, Urteil v. 24.5.2017 – W 6 K 17.166.
209 VG Münster, Beschluss v. 30.7.2015 – 9 L 862/15; OVG Bautzen, Beschluss v. 22.5.2005 – 3 B 576/04.
210 VGH Mannheim, Urteil v. 30.4.1991 – 14 S 1277/89.
211 VG Würzburg, Urteil v. 26.3.2003 – W 6 K 02.628.
212 Vgl. *Schwarz*, GewArch 2015, 289 (291).

führen, den Ermessensspielraum der Gemeinde dahingehend einzuengen, dass keine andere Entscheidung in der Sache ermessensfehlerfrei wäre. Eine strikte und kontinuierliche Abstützung der Auswahl auf das Kriterium „bekannt und bewährt" würde dazu führen, dass der Kreis der Marktbeschicker zementiert wird und Neubewerber praktisch keine Teilnahmechancen haben.[213] Eine Privilegierung von Stammbeschickern kann nach zutreffender Ansicht nicht eingeklagt werden.[214]

74 „Bekannt und bewährt" soll einer Ansicht nach bloß als **Indiz** für die persönliche Integrität bzw. Zuverlässigkeit des Unternehmens sowie als Hinweis auf die Attraktivität und Anerkennung seines Geschäfts herangezogen werden.[215] Ebenso wird dieses Kriterium auch in der Rechtsprechung (mit Blick auf Art. 12 Abs. 1 GG) mit wachsender Ablehnung betrachtet.[216] Dies betrifft insbesondere die Anwendung als allein entscheidendes Merkmal.[217] Eine strikte und kontinuierliche Zugrundelegung dürfte dementsprechend nicht dazu führen, dass der Kreis der Marktbeschicker zementiert und Neubewerber pauschal mit einem Wettbewerbsnachteil gegenüber ihren alteingesessenen Konkurrenten versehen würden.[218] Neubewerbern muss daher in einem erkennbaren zeitlichen Turnus eine reale Zulassungschance eröffnet werden.[219] Die kreative Spielart dieses Auswahlmaßstabes ist die Kategorie „Akzeptanz bei Anwohnerinnen und Anwohnern im Stadtviertel".[220]

75 In Teilen der Rechtsprechung ist das „bekannt und bewährt" derzeit noch als **Hilfskriterium** anerkannt.[221] Dem Altbewerber soll danach ein „Prüfungsvorsprung" eingeräumt werden,[222] den er aber verliert, wenn der Marktstand des Konkurrenten „moderner und attraktiver" ist.[223] Anderen Stimmen nach soll sogar schon diese „abgemilderte" Form des „bekannt und bewährt" unzulässig sein, da der Neubewerber bei vergleichbarer Attraktivität seines Angebotes noch immer keine Chance auf Zulassung hätte.[224] Dies gilt umso mehr, je mehr objektive Anhaltspunkte fehlen, um die höhere Attraktivität festzustellen.[225] Im Bereich des Vergaberechtes ist das Auswahlkriterium „bekannt und bewährt" sogar zur Gänze unzulässig.[226]

76 Das Kriterium „bekannt und bewährt" stellt im Grundsatz auf das allgemeine gewerberechtliche Eignungskriterium der **Zuverlässigkeit** ab. Dieses soll als Maßstab dafür fungieren, wie rechtstreu sich ein Unternehmen in der Vergangenheit verhalten hat. Grundlage der Bewertung sind dabei Erfahrungen im Zusammenhang mit früheren Veranstaltungen oder mit vom Unternehmen betriebenen Gewerben, etwa Gaststätten.[227] Konzessionsrechtlich erscheint dieses Merkmal wegen der darin liegenden Vermischung von Eignungs- und Zuschlagskriterien problematisch. Dies gilt um mehr, als mit diesem Kriterium die Rechtstreue eines Unternehmens geprüft werden soll.[228] Darüber hinaus ist fraglich, ab wann ein Unternehmen als „bekannt und bewährt" zu gelten hat. Denn hierfür lassen sich keine allgemeingültigen Aussagen treffen. Vielmehr hängt es zum einen von der Länge der Zeit ab, während derer ein Schausteller auf einer Veranstaltung präsent war, zum anderen von der prägenden Kraft, mit der sein Betrieb in der Erinnerung der Besucher haften geblieben ist, und von der Zeit, bis zu

---

213 VG Darmstadt, Beschluss v. 29.6.2016 – 3 L 1154/16.
214 Vgl. VG Bremen, Beschluss v. 28.9.2017 – 5 V 2406/17.
215 *Schönleiter*, in: Landmann/Rohmer, GewO, § 70 Rn. 21 f.
216 Vgl. OVG Münster, Beschluss v. 24.7.2015 – 4 B 709/15.
217 Vgl. OVG Münster, Beschluss v. 24.7.2015 – 4 B 709/15.
218 VGH München, Urteil v. 25.2.2013 – 22 B 11.2587; VG Würzburg, Urteil v. 26.11.2008 – W 2 K 08.1003; *Schwarz*, GewArch 2015, 289 (291).
219 OVG Lüneburg, Urteil v. 16.5.2012 – 7 LB 52/11; VG Würzburg, Gerichtsbescheid v. 23.3.2010 – W 2 K 10.17.
220 VG München, Beschluss v. 31.5.2016 – M 7 E 16.2303.
221 VGH Mannheim, Urteil. v. 27.2.2006 – 6 S 1508/04; VG Köln, Beschluss v. 22.10.2012 – 1 L 1072/12.
222 VG Köln, Urteil. v. 16.10.2008 – 1 K 4507/08.
223 Vgl. VG Köln, Beschluss v. 22.10.2012 – 1 L 1072/12; VG Gießen, Beschluss v. 20.10.2008 – 8 L 3803/08 Gl.
224 OVG Lüneburg, Urteil v. 16.5.2012 – 7 LB 52/11.
225 VGH Mannheim, Urteil. v. 22.8.1984 – 6 S 1045/84.
226 BGH, Urteil v. 16.10.2011 – X ZR 100/99; VK Sachsen, Beschluss v. 10.4.2002 – 1/SVK/23-02G.
227 VG München, Beschluss v. 31.5.2016 – M 7 E 16.2303.
228 VG München, Beschluss v. 31.5.2016 – M 7 E 16.2303.

der der Veranstalter nicht mehr den Vorwurf befürchten muss, er trage nicht für Abwechslung und Innovationen bei der Zusammensetzung des Beschickerkreises Sorge.[229]

Angesichts dessen bleibt festzuhalten, dass ein Auswahlsystem sich nicht – insbesondere nicht überwiegend – auf bekannte und bewährte Beschicker beschränken darf, sondern auch Neubewerbern eine reale Zulassungschance eröffnen muss. Dies erfordert, dass sämtliche Altbewerber mit dem Risiko verminderter Zulassungschancen durch Neubewerber belastet werden. Zudem darf eine solche Verteilung nicht nach freiem Ermessen erfolgen, sondern nach Kriterien, die für jedes interessierte Unternehmen voraussehbar eine reale Zulassungschance eröffnen.[230] Insofern ist das Kriterium des „bekannt und bewährt" – wenn überhaupt – nur in einer untergeordneten Form bei der Auswahlentscheidung einsetzbar. Der Stammbeschicker soll dementsprechend höchstens einen **„Prüfungsvorsprung"** im Hinblick auf seine persönliche Integrität sowie die Anerkennung seines Geschäfts für sich beanspruchen.[231] Dies bedeutet hierbei lediglich, dass dem Veranstalter die Zuverlässigkeit des Stammbeschickers positiv bekannt ist.[232] Im Umkehrschluss darf er gleichwohl nicht die übrigen Unternehmen mit einem pauschalen Verdacht der Unzuverlässigkeit belegen, sondern muss von deren persönlicher Integrität ausgehen, solange ihm nichts Gegenteiliges bekannt ist.[233] Eine hierüber hinausgehende, unverhältnismäßige Anwendung dieses Kriterium führt zu einem diskriminierenden und damit rechtswidrigen Auswahlverfahren.

c) Ortsansässigkeit

Ein weiteres durch Platzmangel begründetes Auswahlkriterium ist die Ortsansässigkeit eines Marktbeschickers. Ähnlich umstritten wie das Kriterium des „bekannt und bewährt" fällt auch die rechtliche Beurteilung des Kriteriums der **„Ortsansässigkeit"** aus. In der bisherigen Vergabepraxis der Kommunen ist das Kriterium gleichwohl nach wie vor verbreitet – außerdem ist es im Rahmen von „öffentlichen Einrichtungen" nach der Gemeindeordnung sogar gesetzlich vorgesehen.[234] Daher sei das Kriterium „lokaler Bezug" nicht willkürlich. Zwar würden damit nur Unternehmen mit Wohnsitz oder Hauptsitz der Gesellschaft im Gemeindegebiet begünstigt. Dafür würden sachliche Gründe wie die stärkere Identifizierung der Gemeindebürger mit umliegenden Gastronomiebetrieben sprechen.[235]

Angesichts der Vorgaben des **Unionsrechts** erscheint es aber fragwürdig, wie dieses Kriterium mit dem europarechtlichen Grundsatz der Nichtdiskriminierung gemäß Art. 18 Abs. 1 AEUV i.V.m. Art. 56 AEUV in Einklang zu bringen ist. Einer Ansicht nach ist es mit den Grundsätzen der Markt- und Wettbewerbsfreiheit schlechterdings unvereinbar.[236] Aus Sicht der Gewerbefreiheit und des europäischen Binnenmarktes dürfe es keinen Unterschied machen, an welchem Ort der Gewerbetreibende seinen Sitz hat.[237] Dem ist insoweit zuzustimmen, als eine Beschränkung des Benutzerkreises in einem Spannungsverhältnis zu den Grundsätzen der Transparenz und Gleichbehandlung des Primärrechts steht. Nach Ansicht des BVerwG ist das Kriterium der Ortsverbundenheit und der Beteiligung an den Gemeindelasten ein ausreichender Ungleichbehandlungsgrund, was den Bereich kommunaler Kultur- und Bildungspolitik betrifft.[238] Ebenso hat auch der EuGH anerkannt, dass eine Ungleichbehandlung von Einheimischen und Ortsfremden auch bei Binnenmarktbezug im Grundsatz durchaus gerechtfertigt sein kann.[239]

---

229 VGH München, Beschluss v. 28.7.2015 – 22 ZB 14.1261, 22 ZB 14.1262.
230 VG Gießen, Beschluss v. 8.3.2006 – 8 G 245/06.
231 *Braun*, NVwZ 2009, 747 (751); *Schwarz*, GewArch 2015, 289 (291).
232 *Schwarz*, GewArch 2015, 289 (291).
233 *Schwarz*, GewArch 2015, 289 (291).
234 *Donhauser*, NVwZ 2010, 931 (936).
235 VG Bayreuth, Beschluss v. 12.4.2017 – B 5 S 17.168, Rn. 28.
236 OVG Münster, Beschluss v. 24.7.2015 – 4 B 709/15; VG Münster, Beschluss v. 23.9.2014 – 9 L 617/14; *Schwarz*, GewArch 2015, 289 (291).
237 *Schwarz*, GewArch 2015, 289 (291).
238 BVerwG, Beschluss v. 30.1.1997 – 8 NB 2/96.
239 EuGH, Urteil v. 5.3.2002 – Verb. Rs. C-515/99, C-519/99 bis C-524/99, Rn. 33.

80 Es sind jedenfalls **hohe Anforderungen** an eine zulässige Vergabe aufgrund der Ortsansässigkeit zu stellen. Die isolierte Vergabe an Ortsansässige muss ein im Allgemeininteresse liegendes Ziel verfolgen und dabei strikt den Grundsatz der Verhältnismäßigkeit beachten. Wie beim Merkmal des „bekannt und bewährt" kann das Merkmal der „Ortsansässigkeit" bei einer gemäß § 69 Abs. 1 S. 1 GewO festgesetzten Veranstaltung somit allenfalls ergänzend als „Prüfungsvorsprung" und auch nur für einen räumlich eng umgrenzten Bereich der Veranstaltung herangezogen werden.

d) Beitrag zur historisch gewachsenen Tradition

81 Ein weiteres zulässiges Auswahlkriterium ist der Aspekt des Beitrages des privaten Veranstalters zur **historisch gewachsenen Tradition**.[240] Innerhalb dieses Kriteriums wird berücksichtigt, inwiefern der private Veranstalter mittels seines Veranstaltungskonzepts dafür Sorge tragen will, dass die historisch gewachsene Tradition der jeweiligen Veranstaltung auch künftig erhalten bleibt und gestärkt wird. Abgestellt werden kann dabei innerhalb des Konzeptes auf die Angebotsgruppen, auf die Anzahl der auszuwählenden Betriebe und die äußere, optische Gestaltung der gesamten Veranstaltung. Weist die Veranstaltung traditionell ein bestimmtes Grundthema auf oder beherbergt sie typischerweise bestimmte Angebote oder Warensortimente, so muss der Veranstalter in seinem Konzept deutlich machen, wie er auch für die Zukunft das Vorhandensein dieser Angebote sichern will.

82 Obgleich der Veranstalter einen weiten Ermessensspielraum hinsichtlich des Veranstaltungskonzepts hat, muss das Konzept zugleich aber innerhalb des angesprochenen Teilnehmerkreises offen für alle interessierten Unternehmen sein – auch für **Neubewerber**. Dementsprechend unzulässig wäre es angesichts der Rechtsprechung zum Kriterium „bekannt und bewährt", wenn das Konzept des Bieters sich darin erschöpfen würde, dass er die bisher zum Zug gekommenen Marktbeschicker weiterhin zulassen möchte.[241] Stattdessen muss das Konzept des Bieters schlüssig darstellen, wie er die historisch gewachsene Tradition der Veranstaltung beibehalten will, ohne zugleich aber gegen die Grundsätze der Marktfreiheit und der Gleichbehandlung zu verstoßen.

83 Dieses Auswahlkriterium kann einschränkend aber nur bei solchen **Veranstaltungen** zum Zuge kommen, die ihrem Zweck nach tatsächlich auf die Bewahrung von historisch gewachsener Tradition ausgerichtet sind. Dementsprechend ist es bei Volksfesten und Jahrmärkten anwendbar, die von Unterhaltungsangeboten und einem geselligen Beisammensein geprägt sind.[242] Im Rahmen der Vergabe des Durchführungsrechts eines Wochenmarktes wiederum ist dies nicht der Fall. Solche Märkte dienen nicht einem gesellschaftlichen, traditionellen oder kulturellen Zweck, sondern der kontinuierlichen Versorgung der Bevölkerung mit Lebensmitteln.[243] Solche Märkte sind im Gegensatz zu den exzeptionellen Volksfesten und Jahrmärkten häufig durchgeführte Veranstaltungen, die in den Alltag der Bürger integriert sind.[244]

e) Erreichbarkeit, Kontrolle und Sicherheit

84 Innerhalb des Kriteriums der **Erreichbarkeit** und **Kontrolle** ist im Rahmen des Veranstaltungskonzepts des Bieters zu untersuchen, inwiefern dieser eine tatsächliche Präsenz vor Ort während der Marktzeiten gewährleisten will. Der Bieter muss dabei gewisse Vorkehrungen treffen, aufgrund derer er sowohl für die Standplatzbetreiber als auch für die ausschreibende Kommune jedenfalls zu den Marktzeiten ohne größeren Aufwand zu erreichen ist. Auch muss der Bieter im Rahmen seines Konzepts darlegen, mit welchen Vorkehrungen und Anordnungen er den reibungslosen organisatorischen und technischen Ablauf der Veranstaltung garantieren und für die effektive Einhaltung der sicherheitsrechtlichen Bestimmungen Sorge tragen will.[245] Der Bieter muss im Rahmen seines Konzepts darlegen, dass der von ihm eingesetzte

---

240 OVG Sachsen-Anhalt, Urteil v. 17.2.2011 – 2 L 126/09.
241 OVG Sachsen-Anhalt, Urteil v. 17.2.2011 – 2 L 126/09.
242 *Schwarz*, GewArch 2015, 289 (290).
243 *Schwarz*, GewArch 2015, 289 (290).
244 *Schwarz*, GewArch 2015, 289 (290).
245 VGH München, Urteil v. 31.3.2003 – 4 B 00.2823.

Marktmeister tatsächlich auf die Einhaltung der Marktordnung achtet, er die einzelnen Marktteilnehmer zur Erfüllung ihrer Pflichten anhält und dass der Veranstaltungsplatz nach Beendigung des Marktes ordnungsgemäß gereinigt wird.[246] Bei dem zulässigen Bewertungskriterium „Durchführung" geht es dabei darum, wie der Bieter beabsichtigt, sein Geschäft zu betreiben", während sich das Kriterium „bekannt und bewährt" darauf bezieht, ob der Bieter „erfahren" ist in Hinblick auf die „bisherige Vertragserfüllung".[247]

Sicherheitsrechtliche Bestimmungen sind typischerweise solche des Brandschutzes, der Lebensmittelkontrolle, der Schankwirtschaft sowie der technischen Schutzbestimmungen betreffend Anlagen und Gerätschaften in Hinblick auf die Funktionssicherheit und den Wartungsstand. Des Weiteren kann berücksichtigt werden, wie hoch der Aufwand der Kommune ausfällt, die Einhaltung dieser Pflichten durch den Bieter effektiv zu kontrollieren und tatsächlich durchzusetzen. Hierbei kann geprüft werden, inwieweit der Bieter mit seinem Konzept den Kontrollpflichten der Kommune entgegenkommt.

85

f) Soziale Kriterien

Bei Jahrmärkten, Volksfesten und sonstigen Märkten mit Daseinsvorsorge-Charakter handelt es sich um Veranstaltungen mit sozialem und kulturellem Hintergrund. Entsprechende Veranstaltungen sollen auch **sozial schwächeren Gemeindeeinwohnern** offenstehen.[248] Bei der Vergabe des Rechts zur Durchführung einer solchen Veranstaltung stellt sich die Frage, ob dieser Charakter bei einem gewinnorientiert handelnden privaten Veranstalter noch gewahrt bleibt. Eine an maximaler Gewinnerzielung orientierte Standvergütung des Veranstalters wird wohl von den Marktbeschickern auf die Besucher abgewälzt.[249] Die Kommune muss daher Sorge dafür tragen, dass dies nicht geschieht und das Angebot desjenigen Bieters den Zuschlag erhält, der einen moderaten und wirtschaftlich angemessenen Finanzierungs- und Vergütungsplan vorlegt.[250] Aus dem Plan muss ersichtlich sein, dass das Preisniveau der Veranstaltung auf einer auch für soziale schwächere Gemeindeeinwohner erschwinglichen Höhe verbleibt.[251]

86

Die Ausgestaltung und Anwendung eines sozialen Kriteriums erfährt allerdings dadurch eine Schranke, dass soziale Gesichtspunkte bei der Vergabe von Durchführungsrechten nicht zu einem „Totschlag"-Argument werden dürfen, das jede weitere Abwägung verhindert.[252] Soziale Gesichtspunkte sollten als Kriterium vielmehr nur als äußere Grenze der **Abwägung** herangezogen werden, sodass sie erst bei konkreten Zweifeln an der wirtschaftlichen Angemessenheit des Finanzierungsplans des Bieters in den Vordergrund rücken.[253] Der bloße Verweis auf die Gewinnerzielungsabsicht eines privaten Veranstalters reicht als Versagungsgrund nicht aus. Der Vergütungsanspruch des Veranstalters ergibt sich hierbei aus § 71 GewO.

87

g) Weitere Kriterien

Ein Konzessionsgeber überschreitet bei der Bewertung des Kriteriums „umweltgerechter Betrieb" seinen Bewertungsspielraum in rechtswidriger Weise, wenn mit der Angabe von drei verschiedenen Stromanschlusswerten keine geeignete Tatsachengrundlage für eine Bewertung vorlegt.[254] Der Maßstab der „Familienfreundlichkeit" ist rechtmäßig, wenn er z.B. an die gemäßigtere oder dynamischere Fahrweise von Achterbahnen anknüpft.[255]

88

Als weiteres Kriterium kann auch das Merkmal der **Zuverlässigkeit** herangezogen werden. Es ist trotz der bestehenden Marktfreiheit gerade Sinn des Erlaubniserfordernisses, die Stand-

89

---

246 OVG Sachsen-Anhalt, Urteil v. 17.2.2011 – 2 L 126/09.
247 VG Regensburg, Beschluss v. 14.11.2017 – RN 5 E 17.1855, juris Rn. 49.
248 *Schwarz*, GewArch 2015, 289 (290).
249 OVG Sachsen-Anhalt, Urteil v. 17.2.2011 – 2 L 126/09.
250 OVG Sachsen-Anhalt, Urteil v. 17.2.2011 – 2 L 126/09.
251 OVG Sachsen-Anhalt, Urteil v. 17.2.2011 – 2 L 126/09.
252 *Schwarz*, GewArch 2015, 289 (290).
253 *Schwarz*, GewArch 2015, 289 (290).
254 VG Regensburg, Urteil v. 2.10.2014 – RO 5 K 14.640.
255 OVG Lüneburg, Beschluss v. 5.9.2014 – 7 LA 75/13.

plätze nach Maßgabe der für alle Veranstaltungsteilnehmer geltenden Bestimmungen zu vergeben, zu denen das Erfordernis der Zuverlässigkeit gehört. Mit nicht ausgeräumten Zweifeln an der Zuverlässigkeit eines Unternehmens sind Gefahren für das Gemeinwohl verbunden. Dabei kann nach der Art der in Rede stehenden Regelverstöße und verbleibender Restunsicherheiten ein Gewicht zukommen, das in einem angemessenen Verhältnis zu der Schwere des damit verbundenen Grundrechtseingriffs steht.[256]

4. Formelle Auswahlkriterien

90 Gewerbekonzessionen werden in einem strukturierten Verfahren vergeben. Neben den materiellen Auswahlkriterien werden daher auch formelle Kriterien angewandt. Rein formelle Ansätze sind problematisch, da sie mit den Grundsätzen des Konzessionsrechts schwer vereinbar erscheinen. Rein formelle Kriterien besitzen wenig Sachbezogenheit, sodass der Veranstalter über die formellen Kriterien überhaupt keinen Einfluss auf die inhaltliche Qualität und Attraktivität der angebotenen Waren und Vergnügungen nehmen kann, wenn er nicht zuvor die Eignungskriterien verbindlich und hoch angesetzt hat. Wegen dieser fehlenden Sachbezogenheit können formelle Kriterien allenfalls als ergänzende Maßstäbe bei der Auswahl zwischen materiell gleichwertigen Bewerbungen und Angeboten angewandt werden, sofern es sich nicht um Mindeststandards handelt.[257]

a) Doppelbewerbung

91 Die Ablehnung einer Doppelbewerbung, d.h. der Zweitbewerbung, wenn der Teilnehmer bereits mit einem anderen Stand zugelassen ist, begegnet grundsätzlich keinen Bedenken, sofern die Zulassungsanträge tatsächlich von ein und derselben Person stammen.[258] Nicht sachgerecht ist angesichts der Wertungsvorgabe des Art. 6 Abs. 1 GG eine ablehnende Auswahlentscheidung, die sich daran orientiert, dass bereits der Ehegatte an der Veranstaltung teilnimmt.[259] Zwingend ist ein Ausschluss von Doppelbewerbungen aber nicht. Sachgerecht kann also auch ein Bieter mit zwei – attraktiveren – Ständen zugelassen und ein anderer wegen des unattraktiveren Angebotes abgelehnt werden.[260]

b) Prioritätssystem

92 Als sachgerechtes Kriterium wird die zeitliche Reihenfolge der Anmeldungen gebilligt.[261] Dieses Auswahlkriterium hat den Vorteil der Wertneutralität und Willkürfreiheit, verlangt aber besonders sorgfältige Regelungen der Einzelheiten des Anmeldeverfahrens und sichert zudem in keiner Weise die Attraktivität einer Veranstaltung. Wird es als alleiniges Kriterium eingesetzt, erscheinen sachgerechte Teilnahmeentscheidungen kaum wahrscheinlich.[262]

c) Lossystem oder rollierende Systeme

93 Losverfahren[263] oder rollierende Systeme[264] sind grundsätzlich zulässig. Ob und inwieweit diese Auswahlkriterien sachgerechte Ergebnisse erbringen können, erscheint zumindest zweifelhaft. Zu verlangen ist zumindest, dass vor dem Losverfahren alle Bewerber oder Bieter eine stringente Eignungsprüfung durchlaufen, so dass der Konzessionsgeber sicher sein kann, dass nur geeignete Konzessionsnehmer den Dienstleistungsauftrag durchführen.

94 Es ist offensichtlich, dass das **Losverfahren** das – vom Verfahren „bekannt und bewährt" abgesehen – für die Verwaltung am schnellsten und leichtesten zu handhabende Verfahren ist.

---

256 OVG Nordrhein-Westfalen, Beschluss v. 2.11.2017 – 4 B 891/17, juris Rn. 52.
257 *Heitsch*, GewArch 2004, 225 (229).
258 *Braun*, NVwZ 2009, 747 (751).
259 BVerwG, Urteil v. 17.2.1984 – 4 C 70/80.
260 VG Gelsenkirchen, Beschluss v. 9.3.1988 – 15 L 259/88.
261 Windhundverfahren oder Prioritätssystem: VGH München, Beschluss v. 11.9.1981 – Nr. 4 CE 81 A. 1921; vgl. auch Gesetzesbegründung zu § 70 GewO, Gesetz zur Änderung des Titels IV der Gewerbeordnung, BT-Drs. 7/3859, 16.
262 *Braun*, NVwZ 2009, 747 (751).
263 OVG Lüneburg, Urteil v. 16.6.2005 – 7 LC 201/03; VG Münster, Beschluss v. 30.7.2015 – 9 L 862/15.
264 VG Lüneburg, Urteil v. 17.9.2003 – 5 A 265/02.

Es lässt den Ermittlungsaufwand vollständig entfallen und reduziert den Begründungsaufwand für die Nichtzulassungsbescheide stark.[265] Die Nachteile des Losverfahrens liegen auf der Hand, da der Zufall über den Teilnehmer entscheidet. Finden die Besucher die Stände bzw. den ganzen Markt unattraktiv, werden die Besucherzahlen perspektivisch zurückgehen. Bei unzureichendem Umsatz werden sich wiederum (insbesondere attraktive) Beschicker nicht mehr um einen Stand auf dem Markt bewerben.

Das **rollierende System** ist nur sachgerecht und damit anwendbar, wenn die Veranstaltungen in kurzen Zeitabständen wiederkehren und Bewerbungen im Wesentlichen immer von denselben Beschickern eingehen.[266] Liegt dagegen eine starke Fluktuation im Bewerberkreis vor, so ist das rollierende System nicht anwendbar.[267] Zudem vermag auch das rollierende System als formelles Kriterium in keiner Weise die Attraktivität einer Veranstaltung zu sichern.[268]

d) Einhaltung der Fristen

Von den Bewerbern und Bietern kann die Einhaltung der Fristen verlangt werden. Ist der Bewerber oder Bieter bereits infolge der Einreichung unvollständiger Bewerbungs- bzw. Angebotsunterlagen vom Auswahlverfahren ausgeschlossen, kommt es auf seine übrigen Einwendungen zur fehlenden Transparenz des Auswahlverfahrens, insbesondere der Gründe für die getroffene Auswahlentscheidung, nicht an. Ein Konzessionsgeber ist an die von ihm satzungsmäßig aufgestellten Anforderungen an den Mindestinhalt von Bewerbungen und Angeboten für das jeweilige Auswahlverfahren gebunden. Nur so ist sichergestellt, dass ein für alle Bewerber oder Bieter einheitliches, vorher festgelegtes Verfahren auch eingehalten wird. Dementsprechend ist der Konzessionsgeber daran gehindert, Bewerber oder Bieter in das Auswahlverfahren einzubeziehen, die ihre Bewerbung bzw. ihr Angebot nicht innerhalb der festgelegten Frist mit dem erforderlichen Inhalt eingereicht haben.[269]

e) Besonderheiten des Wochenmarktes

Zwischen in kurzen Zeitabständen stattfindenden Wochen- oder Großmärkten und anderen Märkten und Veranstaltungen bestehen gewisse Unterschiede. Bei einer solchen Wiederholungshäufigkeit muss der Veranstalter sicherstellen können, dass die Kontinuität der Durchführung und des Warenangebots auf solchen Märkten stets gewahrt bleibt. Ein gleichbleibendes Warenangebot für die Abnehmer und eine stetige Nachfrage für den Anbieter sollen gewährleistet werden.[270] Insofern ist es anerkannt, dass für solche Märkte auch Dauerstandplätze zulässigerweise vergeben werden können.[271] Freilich ist auch das nicht schrankenlos möglich, da nichtsdestotrotz auch in diesem Rahmen der grundrechtliche Teilhabeanspruch samt Wettbewerbsgrundsatz gültig ist. Neubewerber dürfen daher durch die Vergabe von Dauerstandplätzen nicht dauerhaft ausgeschlossen bleiben. Anerkannte Kompromisse hierzu sind die Vergabe von mengenmäßig beschränkten Dauerstandplätzen, zeitlich limitierten Dauerstandplätzen oder die Anwendung eines langfristig rollierenden Systems.[272] In diesem Zusammenhang könnte an die zeitliche Beschränkung auf fünf Jahre gemäß § 5 Abs. 2 KonzVgV als regelmäßiger Maßstab gedacht werden.

---

265 OVG Lüneburg, Urteil v. 16.6.2005 – 7 LC 201/03, vgl. allgemein zur Zuverlässigkeit OVG Münster, Beschluss v. 2.11.2017 – 4 B 891/17.
266 *Heitsch*, GewArch 2004, 225 (229).
267 *Heitsch*, GewArch 2004, 225 (229).
268 *Schwarz*, GewArch 2015, 289 (292).
269 VG Magdeburg, Beschluss v. 5.10.2017 – 3 B 214/17, mit Hinweis auf OVG Lüneburg, Beschluss v. 27.7.2016 – 7 ME 81/16.
270 *Schönleiter*, in: Landmann/Rohmer, GewO, § 70 Rn. 25.
271 *Schönleiter*, in: Landmann/Rohmer, GewO, § 70 Rn. 25.
272 *Schönleiter*, in: Landmann/Rohmer, GewO, § 70 Rn. 25.

5. Sachliche Abwägung der Kriterien

98 Alles in allem erfordert ein sachgerechtes Auswahlverfahren für gewöhnlich die Kombination mehrerer unterschiedlicher Kriterientypen, da das Abstellen auf ein einziges Kriterium oftmals zu einem unzweckmäßigen, wenn nicht gar rechtswidrigen Auswahlergebnis führt. Grundsätzlich empfiehlt sich eine **Kombination** mehrerer Kriterien: In einem ersten Schritt erfolgt eine Reduzierung der Bewerber- oder Bieterzahl durch detailliert aufgelistete sach- und personenbezogene (materielle) Kriterien entsprechend den nachfolgend genannten Grundlagen.[273] Hierfür empfiehlt sich vor allem das Kriterium der „Attraktivität". In einem zweiten Schritt kann dann in Hinblick auf die verbliebenen Bieter das rollierende System oder das Losverfahren angewendet werden, um den Bieterüberhang zu beseitigen. Bei verschieden Kriterien wird die Erstellung einer strukturierten Wertungsmatrix zielführend sein.

99 Bei **sachbezogenen Kriterien** wird darauf abgestellt, ob das konkrete Angebot nach seiner Art zu dem Veranstaltungskonzept passt bzw. welches im Fall konkurrierender Bewerbungen besser damit harmoniert.[274] Bei **personenbezogenen Kriterien** wie der Leistungsfähigkeit und Zuverlässigkeit wird bewertet bzw. verglichen, inwiefern die Bewerber oder Bieter Gewähr dafür bieten, Sicherheitsstandards einzuhalten und dadurch einen ungestörten Veranstaltungsablauf zu garantieren, um zum Gelingen der Veranstaltung zur Realisierung des Veranstaltungskonzepts beizutragen.[275]

IV. Anforderungen der KonzVgV

100 Nunmehr werden die Gewerbekonzessionsvergaben oberhalb der Schwellenwerte auch an den Vorgaben der KonzVgV gemessen werden müssen. Im Oberschwellenbereich sind gemäß § 106 Abs. 1, Abs. 2 Nr. 4 GWB, § 1 KonzVgV die Vorschriften der KonzVgV ergänzend[276] auf das dann durchzuführende förmliche Gewerbekonzessionsvergabeverfahren im weiteren Sinne anzuwenden. Als höherrangiges Recht trifft die KonzVgV allgemeine Aussagen in Hinblick auf die mögliche Verfahrensgestaltung durch den öffentlichen Veranstalter.

101 Die Grundregeln zur Wahrung der **Vertraulichkeit** im Verfahren stellt § 4 KonzVgV auf, zur Vermeidung von **Interessenkonflikten** ist § 5 KonzVgV zu beachten. Nach § 6 Abs. 1 S. 1 KonzVgV hat der Konzessionsgeber das Vergabeverfahren während des gesamten Verfahrens in Textform gemäß § 126b BGB zu **dokumentieren**, soweit dies für die Begründung von Entscheidungen erforderlich ist. Der Mindestinhalt von Vermerken bestimmt sich nach § 6 Abs. 2 KonzVgV. Grundregeln für die **Kommunikation** im Konzessionsvergabeverfahren stellen die §§ 7 bis 11 KonzVgV auf.

102 Die **Beschreibung** der zu vergebenden Leistung hat den Vorgaben des § 15 KonzVgV zu genügen. Sie hat nach § 152 Abs. 1 GWB i.V.m. § 121 Abs. 1 und 3 GWB in einer nichtdiskriminierenden Weise zu erfolgen, sodass allen interessierten Unternehmen im Binnenmarkt die gleichen Zugangschancen ermöglicht werden.[277] Die Leistungsbeschreibung darf nicht gemäß § 15 Abs. 3 KonzVgV u.a. bestimmte Produktionen, Erzeugnisse oder Dienstleistungen bevorzugen – es sei denn, eine Bevorzugung wäre durch den Konzessionsgegenstand gerechtfertigt.

103 Eine herausgehobene Stellung im Konzessionsvergabeverfahren genießt das in § 14 KonzVgV statuierte **Umgehungsverbot**. Das Verfahren darf danach nicht in einer Weise ausgestaltet werden, dass es vom Kartellvergaberecht ausgenommen wird oder bestimmte Unternehmen oder bestimmte Bauleistungen, Lieferungen oder Dienstleistungen auf unzulässige Weise bevorzugt oder benachteiligt werden. Dies betrifft die Konzeption des gesamten Verfahrens einschließlich der Berechnung des Schwellenwertes.[278] § 14 KonzVgV stellt im Ergebnis eine

---

273 VGH München, Urteil v. 31.3.2003 – 4 B 00.2823.
274 VGH München, Urteil v. 31.3.2003 – 4 B 00.2823.
275 VGH München, Urteil v. 31.3.2003 – 4 B 00.2823.
276 Vgl. *Siegel*, in: Ziekow/Völlink, Vergaberecht, Einl. KonzVgV Rn. 4.
277 Vgl. *Trutzel*, in: Ziekow/Völlink, Vergaberecht, § 121 GWB Rn. 2.
278 Verordnungsbegründung zu § 14 KonzVgV, BR-Drs. 87/16, 288.

äußere Grenze bezüglich des rechtlich Zulässigen in Hinblick auf das weite Leistungsbestimmungsrecht der ausschreibenden Stelle auf. Bekanntmachungen sind im förmlichen Vergabeverfahren von elementarer Bedeutung und müssen stets dem Grundsatz der Transparenz sowie im Konkreten den spezifischen Vorgaben der §§ 19 bis 23 KonzVgV genügen.

Die **Eignungskriterien** legt der Veranstalter als Konzessionsgeber gemäß § 25 Abs. 1 KonzVgV nach den Vorgaben des § 152 Abs. 2 i.V.m. § 122 GWB fest und gibt sie in der Konzessionsbekanntmachung an. § 25 Abs. 2 KonzVgV statuiert ferner, dass die Eignungskriterien derart bestimmt sein müssen, dass sie dem Gleichbehandlungs- und Wettbewerbsgrundsatz hinreichend Rechnung tragen. Wie bereits erwähnt, gilt der Grundsatz des Wettbewerbs im Bereich der Vergabe von Gewerbekonzessionen nicht unbegrenzt, sondern entfaltet seine Wirkung nur innerhalb bestimmter Schranken. Die Besonderheiten des Marktrechts sowie die Eigenschaft von Volksfesten, Wochenmärkten und sonstigen Veranstaltungen dieser Art als Leistung der Daseinsvorsorge bewirken, dass bei der Vergabe nicht eine möglichst breite Beteiligung von Bietern zur Ermittlung des wirtschaftlichsten Angebots ausschlaggebend ist, sondern die (aus der Sicht der Gemeindeeinwohner) Ermittlung des möglichst attraktiven Angebots. Der Wettbewerbsgrundsatz kommt infolgedessen erst innerhalb des Rahmens zur Geltung, den der Veranstalter mittels seines Veranstaltungskonzepts gemäß § 70 Abs. 2 GewO aufspannt. § 25 Abs. 2 KonzVgV ist daher nur auf diejenigen Bieter anzuwenden, die mit ihrem Angebot abstrakt zum vorgesehenen Teilnehmerkreis gehören.

104

In Bezug auf die **Zuschlagskriterien** gilt Folgendes: Das förmliche Kartellvergaberecht bestimmt in § 31 KonzVgV und in § 152 Abs. 3 S. 1 GWB Vorgaben für die inhaltliche Ausgestaltung der Zuschlagskriterien. Gemäß § 152 Abs. 3 S. 2 GWB müssen die Zuschlagskriterien mit dem Konzessionsgegenstand (Durchführungsrecht oder Standplatzbetriebsrecht) in Verbindung stehen. Eine uneingeschränkte Geltung können die Regelungen des § 152 GWB im Bereich der Gewerbekonzessionsvergaben gleichwohl nicht beanspruchen. Da sich das „Beschaffungsziel" einer Gewerbekonzessionsvergabe von dem eines gewöhnlichen Konzessionsvergabeverfahrens wesentlich unterscheidet, sind die Zuschlagskriterien nicht vordergründig (wie in § 152 Abs. 3 GWB angeordnet) an wirtschaftlichen Gesichtspunkten auszurichten, sondern an qualitativen Maßstäben hinsichtlich der „Attraktivität" einer Veranstaltung. Infolgedessen sind die in der marktrechtlichen Praxis entwickelten Auswahlkriterien vorrangig zur Anwendung zu bringen. Ergänzend stellt § 31 KonzVgV Regeln in Bezug auf die Angabe der Rangfolge der Kriterien und die Änderung der Rangfolge während eines laufenden Verfahrens auf, die wiederum uneingeschränkt zur Anwendung kommen.

105

In Hinblick auf die **Fristen** und die **Form** der einzureichenden Teilnahmeanträge und Angebote treffen schlussendlich die §§ 27 und 28 KonzVgV bestimmte Mindestanforderungen. Ergänzende Regelungen für das Verfahren trifft das GWB noch in § 151 GWB und insbesondere in § 152 GWB.

106

V. Kommunalrechtliche Vorgaben

Wenn die Kommune sich dafür entscheidet, einen Markt oder eine Veranstaltung als kommunale Einrichtung nach der jeweiligen Gemeindeordnung zu betreiben, so gilt ein wesentlicher Unterschied für das Auswahlverfahren im Vergleich zu einer nach § 69 GewO festgesetzten Veranstaltung. Während die Vergabe von Konzessionen bei festgesetzten Märkten stets diskriminierungsfrei zu erfolgen hat und eine Auswahl unter dem Gesichtspunkt der „Ortsansässigkeit" zumindest nur sehr eingeschränkt möglich ist, räumen die Gemeindeordnungen aller Bundesländer den Gemeindebürgern und bestimmten gleichgestellten Gewerbetreibenden bzw. juristischen Personen einen Bevorzugungsanspruch in Hinblick auf kommunale Einrichtungen ein.[279] Obgleich § 70 GewO den Grundsatz der Marktfreiheit statuiert, wird diese Regelung von den kommunalrechtlichen Vorschriften überlagert, wenn tatbestandlich eine „kommunale Einrichtung" gegeben ist. Insgesamt erscheint aber die Befassung des Gemein-

107

---

279 Beispielsweise Art. 21 Abs. 1 S. 1 BayGO, § 10 Abs. 2 S. 1 BW GemO, § 10 Abs. 2 SächsGemO.

desrates erforderlich, wenn grundlegende Vorgaben für einen örtlich wichtigen Markt getroffen werden. Städtische Gesellschaften dürfen nur vorbereitend tätig werden und nicht die Entscheidung der kommunalen Gremien ersetzen.[280]

108 Die Annahme einer kommunalen Einrichtung erscheint vor dem bereits dargestellten **primär- und verfassungsrechtlichen Hintergrund** problematisch, weil dann die Gemeinde bei Märkten und Veranstaltungen gegenüber ortsfremden Bewerbern oder Bietern faktisch nur auf das Kriterium der „Ortsansässigkeit" setzen könnte. Wie aber bereits weiter oben erläutert,[281] ist das Merkmal der Ortsansässigkeit nicht per se ausgeschlossen. Zwar befindet sich das Merkmal im Spannungsfeld mit den Grundsätzen der Gleichbehandlung und des Wettbewerbs, jedoch soll nach der Rechtsprechung des BVerwG die kommunalrechtliche Bevorzugung von Einheimischen gegenüber Ortsfremden aus Gründen der Beteiligung an Gemeindelasten gerechtfertigt sein.[282] Ähnlich hat der EuGH geurteilt, sodass eine Differenzierung zwischen Ortsfremden und Einheimischen auch bei Binnenmarktrelevanz gerechtfertigt sein kann.[283] Mithin greift der Ausschluss Ortsfremder nach der Gemeindeordnung zwar in höherrangiges Recht ein, soll aber hinreichend gerechtfertigt und damit zulässig sein. Konsequenz dieser Regelung ist, dass sich die Gemeinde weithin auf das Kriterium der „Ortsansässigkeit" stützen kann. Ob sich die Gemeinde mit dem Kriterium der „Ortsansässigkeit" im Hinblick auf die ansonsten allgemein favorisierte „Attraktivität" der Veranstaltung wirklich den Vorgaben der Gemeindeordnung zum Wohl aller Einwohner nachkommt, wird an dieser Stelle bezweifelt. Ohne eine sachgerechte Abwägung der betroffenen Interessen dürfte die Auswahlentscheidung jedenfalls rechtswidrig sein.

109 Abgesehen davon gelten aber die allgemeinen **Grundsätze für das Auswahlverfahren**. Auch wenn die Gemeinde den Markt oder die Veranstaltung als kommunale Einrichtung betreibt, muss sie ein transparentes, nichtdiskriminierendes und objektives Auswahlverfahren unter den in Frage kommenden Unternehmen durchführen. Eine auswahllose kommunale örtliche Direktvergabe ohne Berücksichtigung der einzelnen Unternehmensinteressen ist auch bei Geltung des Kommunalrechts nicht möglich. Je nach Erreichen des Schwellenwertes sind insbesondere die Vorschriften des förmlichen Kartellvergaberechts, jedenfalls aber die Grundsätze des Vergaberechts zu beachten.

VI. Bekanntmachungsverpflichtungen

110 Im Falle der Kapazitätserschöpfung muss der Veranstalter eine Auswahl unter den vorhandenen Bewerbern oder Bietern treffen. Mit Blick auf die mit dem Auswahlverfahren und der Auswahlentscheidung verbundene erhebliche Unionsrechts- und Grundrechtsrelevanz für die interessierten Anbieter, die nur begrenzte gerichtliche Kontrolle im Rahmen des § 70 Abs. 3 GewO und die Notwendigkeit der Gewährleistung effektiven Rechtsschutzes nach Art. 19 Abs. 4 GG ist es geboten, das **Vergabeverfahren** und die **Auswahlkriterien** für Standplätze in ihren wesentlichen Grundsätzen in gemeindlichen Richtlinien und damit im Vorfeld der Entscheidung nach außen sichtbar zu regeln.[284] Das aus der Grundrechtsrelevanz des Verfahrens folgende Transparenzgebot gebietet es gerade, dass sich interessierte Unternehmen an dem Vergabesystem orientieren können und es damit nicht vom Zufall abhängt, ob den Anforderungen entsprochen wird oder nicht. Gerade vor dem Hintergrund, wenn die konkrete Entscheidung über die Bewertung der Angebote anhand der einzelnen Kriterien naturgemäß in hohem Maße von subjektiven Wertungen abhängig und einer gerichtlichen Überprüfung damit nur eingeschränkt zugänglich, spricht vieles dafür, dass die Bieter, sei es durch eine rechtzeitige Veröffentlichung der maßgeblichen Bewertungskriterien und ihrer Gewichtung, sei es

---

280 Vgl. VG Freiburg, Beschluss v. 7.11.2017 – 4 K 8618/17, juris Rn. 28.
281 Siehe oben Rn. 78 ff.
282 BVerwG, Beschluss v. 30.1.1997 – 8 NB 2/96.
283 EuGH, Urteil v. 5.3.2002 – Verb. Rs. C-515/99, C-519/99 bis C-524/99, Rn. 33.
284 VG Freiburg, Beschluss v. 7.11.2017 – 4 K 8618/17, juris Rn. 32; Beschluss v. 11.11.2014 – 4 K 2310/14; Beschluss v. 7.11.2017 – 4 K 8618/17, juris Rn. 32; weniger verpflichtend OVG Lüneburg, Beschluss v. 5.9.2014 – 7 LA 75/1.

zumindest durch entsprechende Anforderungen im Bewerbungsformular, die Möglichkeit bekommen, Angaben zu den von der Behörde als relevant angesehenen Punkten zu machen und sich mit ihrem Angebot damit auf die von der Behörde für wesentlich erachteten Kriterien und deren Gewichtung auszurichten.[285]

Die behördlichen Vergaberichtlinien müssen transparent sein und durch Richtlinien oder Satzung der Gemeindevertretung so rechtzeitig bekannt gegeben werden, dass die interessierten Unternehmen sich darauf einstellen können.[286] Die **Anforderungen** an die Transparenz des Vergabeverfahrens sind vor dem Hintergrund des Primärrechts hierbei umso höher, je interessanter die Teilnahme an der Veranstaltung für potenzielle ausländische Bieter ist.[287] Zuerst orientiert sich die Auswahl an der vom Veranstalter gewählten Veranstaltungskonzeption.[288] Diese gibt vor, welche Arten von Angeboten der Veranstalter in welcher Anzahl erhalten möchte und welche Beschränkungen bestehen, z.B. ob auf einer Messe nur Damenoberbekleidung oder auch Miederwaren Gegenstand der Veranstaltung sein sollen.[289]

111

Offen ist, wie **konkret** und **differenziert** die vorherigen Bekanntmachungen sein müssen.[290] Nach einer unzutreffenden Auffassung macht die Gesamt- und Platzkonzeption einer größeren Veranstaltung es schon aus praktischen Gründen nicht möglich, jedes Detail vorab festzulegen und für künftige potenzielle Bieter vorhersehbar zu machen. Es reiche aus, wenn ein Maßstab existiere, an dem sich die konzeptionellen Regelungen vorhersehbar zu orientieren hätten.[291] Nicht erforderlich sei weiter, dass die konkreten Angebotssegmente und die ihnen jeweils zugeordnete Zahl an Standplätzen bereits im Vorfeld feststehen müssten.[292] Richtigerweise ist im Falle eines Bewerber- oder Bieterüberhangs eine Auswahlentscheidung nur dann sachlich gerechtfertigt, wenn sie auf der Grundlage eines für alle Bewerber und Bieter einheitlichen, willkürfreien, nachvollziehbaren und vorher festgelegten Verfahrens erfolgt.

112

VII. Dokumentation

Dokumentationsverpflichtungen bestehen oberhalb und unterhalb der Schwellenwerte. Oberhalb der Schwellenwerte ergibt sich die Pflicht aus § 6 KonzVgV und unterhalb der Schwellenwerte aus allgemeinen Erwägungen. Gerade bei Verteilungsentscheidungen der öffentlichen Hand bestehen enge Grenzen für die nachträgliche Begründung und Ergänzung der bereits getroffenen Auswahl. Das gilt umso mehr, wenn eine Marktveranstaltung aufgrund ihrer Größenordnung und Lage eine grenzüberschreitende Bedeutung besitzt, wie etwa die Bewerbungen von Geschäften mit Sitz im benachbarten EU-Ausland zeigen. Damit folgt eine strikte Verpflichtung zur Transparenz bei der Auswahlentscheidung zusätzlich auch aus dem Unionsrecht, welches im Interesse der Nichtdiskriminierung der Unternehmen aus den anderen EU-Mitgliedstaaten die Gefahr willkürlicher Entscheidungen öffentlicher Stellen von vornherein ausschließen will.[293]

113

Die einer Konkurrentenstreitigkeit üblicherweise zugrunde liegende Konfliktsituation und die subjektiv-öffentlichen Rechte der unterlegenen Bewerber und Bieter verpflichten den Konzessionsgeber, die seiner Entscheidung zu Grunde liegenden wesentlichen Auswahlerwägungen schriftlich zu **dokumentieren**. Nur durch eine schriftliche Fixierung der wesentlichen Auswahlerwägungen – deren Kenntnis sich der unterlegene Bewerber oder Bieter gegebenenfalls durch Akteneinsicht verschaffen kann – wird der unterlegene Bewerber oder Bieter in die Lage versetzt, sachgerecht darüber befinden zu können, ob er die Entscheidung der Behörde hinnehmen soll oder ob Anhaltspunkte für einen Verstoß gegen den Anspruch auf faire und

114

---

285 VG Freiburg, Beschluss v. 7.11.2017 – 4 K 8618/17, juris Rn. 34.
286 VG Darmstadt, Beschluss v. 29.6.2016 – 3 L 1154/16.
287 *Donhauser*, NVwZ 2010, 931 (936).
288 VG Freiburg, Beschluss v. 11.11.2014 – 4 K 2310/14.
289 *Schmitz*, GewArch 1977, 76 (77).
290 Offengelassen z.B. bei VGH Mannheim, Beschluss v. 22.11.2016 – 6 S 2207/16.
291 OVG Lüneburg, Beschluss v. 5.9.2014 – 7 LA 75/1.
292 VG Freiburg, Beschluss v. 11.11.2014 – 4 K 2310/14.
293 VG Ansbach, Urteil v. 26.8.2014 – AN 4 K 14.00386.

chancengleiche Behandlung seiner Bewerbung bestehen und er gerichtlichen Rechtsschutz in Anspruch nehmen will. Darüber hinaus eröffnet erst die Dokumentation der maßgeblichen Erwägungen dem Gericht die Möglichkeit, die angegriffene Entscheidung eigenständig nachzuvollziehen. Schließlich stellt die schriftliche Dokumentation der Auswahlerwägungen sicher, dass die Bewertungsgrundlagen der entscheidenden Stelle vollständig zur Kenntnis gelangt sind; sie erweist sich damit als verfahrensbegleitende Absicherung der Einhaltung der materiellen Rechte.[294]

115 Mit der schriftlichen Dokumentation werden diejenigen **Auswahlerwägungen** fixiert, die der anschließenden Kontrolle im außergerichtlichen und gerichtlichen Beschwerdeverfahren zu Grunde zu legen sind. Eine Nachholung fehlender oder eine nachträgliche Auswechslung der die Auswahlentscheidung tragenden Gründe ist im gerichtlichen Verfahren nicht zulässig. Für den effektiven Rechtsschutz des unterlegenen Unternehmens ist es deshalb erforderlich, aber auch genügend, dass es Einsicht in die die konkret angegriffene Auswahlentscheidung tragenden Erwägungen erhält, wie sie z.B. in einem Auswahlvermerk zusammengefasst und dokumentiert sind; nur diese Gründe können die Rechtmäßigkeit der Auswahlentscheidung stützen und nur diese Gründe muss das unterlegene Unternehmen gegebenenfalls zur Nachprüfung in einem Rechtsbehelfsverfahren stellen. Dagegen hat das unterlegene Unternehmen keinen Anspruch darauf, dass ihm darüber hinausgehende Informationen und Unterlagen, die nicht Bestandteil der Auswahldokumentation sind, zugänglich gemacht werden, wie z.B. interne vorbereitende oder erläuternde Vermerke.[295]

116 Stellt die Behörde im Rahmen dieser Auswahlentscheidung jedoch auf **Gegebenheiten aus früheren Märkten** ab, so macht sie sich Verwaltungswissen aufgrund vergangener Märkte zu eigen. Wenn der Konzessionsgeber jedoch solches Verwaltungswissen verwerten und damit zur Grundlage der Auswahlentscheidung machen will, hat die Behörde das bei ihrer Bewertungsentscheidung in angemessener Weise zu dokumentieren und damit auch objektiv nachprüfbar zu machen.[296] Damit diese (eingeschränkte) gerichtliche Kontrolle in der Praxis nicht leerläuft, sondern dem einzelnen Marktbeschicker entsprechend Art. 19 Abs. 4 GG effektiver Rechtsschutz gegen seine Nichtzulassung gewährt werden kann, bedarf es einer behördlichen Darlegung der für die konkrete Auswahlentscheidung maßgeblichen Gründe. Andernfalls ist das Handeln des Veranstalters weder für den unterlegenen Marktbeschicker nachvollziehbar noch auf sein Rechtsschutzersuchen hin gerichtlich überprüfbar. Der Veranstalter muss daher die Gesichtspunkte, die aus seiner Sicht das Maß der Attraktivität des Geschäftes bestimmen, hinreichend offenlegen.[297]

117 Eine **fehlende Dokumentation** des Verwaltungswissens macht die ganze Auswahlentscheidung intransparent und auch eine gerichtliche Nachprüfung nahezu unmöglich. Angesichts der Grundrechtsrelevanz der Auswahlentscheidung und der Rechtsschutzgarantie des Art. 19 Abs. 4 GG führt diese Vorgehensweise zur Rechtswidrigkeit der Ablehnungsbescheide der unterlegenen Unternehmen.[298]

C. Rechtsschutz

118 Gewerbekonzessionsverträge können sowohl dem Öffentlichen Recht als auch dem Privatrecht zuzuordnen sein. Entscheidend für die Zuordnung ist der Vertragsgegenstand. Gewerbekonzessionsverträge können damit dem Privatrecht zuzuordnen sein.[299] Für alle Rechtsbereiche gilt das Gebot des effektiven Rechtsschutzes nach Art. 19 Abs. 4 GG. Dieses garantiert dem Einzelnen einen **Anspruch** auf Gewährung eines möglichst wirkungsvollen Rechtsschutzes.[300] Um dieser Prämisse hinreichend wirkungsvoll Rechnung tragen zu können, begründen

---

294 Vgl. BVerwG, Beschluss v. 20.11.2012 – 1 WB 4/12.
295 BVerwG, Beschluss v. 20.11.2012 – 1 WB 4/12.
296 VG Ansbach, Urteil v. 26.8.2014 – AN 4 K 14.00386.
297 VG Aachen, Beschluss v. 6.6.2017 – 3 L 198/17.
298 VG Ansbach, Urteil v. 26.8.2014 – AN 4 K 14.00386.
299 Vgl. *Bonk/Neumann/Siegel*, in: Stelkens/Bonk/Sachs, VwVfG, § 54 Rn. 159.
300 *Enders*, in: Epping/Hillgruber, GG, Art. 19 Rn. 51.

Verfahrensverstöße auf dem Gebiet des Vergaberechts (sowohl hinsichtlich der allgemeinen Prinzipien als auch der spezifischen Vorgaben des Fachrechts, sowohl oberhalb als auch unterhalb der Schwellenwerte) stets anfechtbare Verfahrensfehler. Ein Verfahrensverstoß führt zur Annahme einer subjektiven Rechtsverletzung, wenn die verletzte Norm (oder der verletzte Grundsatz) nach dem Wortlaut oder zumindest dem Sinn und Zweck nach eine subjektiv drittschützende Regelung ist.[301] Für das öffentliche Recht gilt – wenn keine Ausnahme eingreift – der Grundsatz des nachrangigen Rechtsschutzes. Für den Rechtsschutzsuchenden ist daher stets der Blick auf das jeweils geltende Rechtschutzsystem entscheidend.

Bei der **Konkurrenz um Standplätze** liegt die typische Situation vor, bei der sich ein unterlegener (oder gar nicht berücksichtigter oder informierter Bewerber oder Bieter) gegen die Begünstigung des Konkurrenten wendet. Diese Situation wird als Konkurrenten-[302] oder Konkurrentenverdrängungsklage[303] bezeichnet, in deren Rahmen der effektive Rechtsschutz bei der Verletzung subjektiv-öffentlicher und drittschützender Rechte gewährt wird.

119

I. Verwaltungsrechtlicher Rechtsschutz

Dem erfolglosen Bewerber oder Bieter stehen im Bereich unterhalb der Schwellenwerte gleich zwei Rechtswege offen, um den begehrten Vertrag noch schließen zu können. Er kann sowohl den ordentlichen Rechtsweg nach § 13 GVG als auch den Verwaltungsrechtsweg gemäß § 40 Abs. 1 S. 1 VwGO beschreiten.

120

Der Rechtsweg zum **Verwaltungsgericht** bestimmt sich im Rahmen der Vergabe von Gewerbekonzessionen nach der Rechtsnatur des Teilnahmeverhältnisses, die sich aus dem Rechtscharakter der Auswahlbestimmungen ergibt.[304] Der Konzessionsgeber hat ein Wahlrecht, wie er die Teilnahme an der Veranstaltung organisieren will. Wenn sich das staatliche Handeln in den Bahnen des öffentlichen Rechts durch Verwaltungsakt vollzieht, ist die Zuständigkeit der Verwaltungsgerichtsbarkeit gegeben.[305]

121

Sind die Teilnahmebestimmungen hingegen privatrechtlich ausgestaltet, so ist mit der **Zwei-Stufen-Theorie** zu differenzieren: Soweit die Zulassung als solche (das „Ob", erste Stufe) in Streit steht, ist der Verwaltungsrechtsweg eröffnet.[306] Wenn in einem Schreiben einem erfolgreichen Gewerbekonzessionsnehmer „verbindlich" mitgeteilt wird, dass er den Zuschlag erhalten habe und damit eine konkrete Einzelfallregelung im Sinne des § 35 VwVfG getroffen wird, die ausdrücklich auf unmittelbare Rechtswirkung nach außen gerichtet ist und an die sich weitere Verwaltungsakte (sicherheitsrechtliche Genehmigungen, Ausnahmegenehmigung nach einer städtischen Grünanlagensatzung etc.) anschließen sollen, dann ist der Verwaltungsrechtsweg gegeben.[307] Dies gilt insbesondere dann, wenn der Abschluss eines zivilrechtlichen Vertrags nicht vorgesehen ist.

122

Die konkrete Ausgestaltung der Rechtsbeziehungen während des Ablaufs der Veranstaltung bzw. des Marktes (das „Wie", zweite Stufe) beurteilt sich dagegen nach Privatrecht.[308] In dem Fall ist bei der Vergabe einer Gewerbekonzession in den Formen des Privatrechts die **ordentliche Gerichtsbarkeit** unterhalb der EU-Schwellenwerte zuständig. Bei Erlass eines Gewerbekonzessionsverwaltungsaktes ist – unabhängig vom Schwellenwert – stets die Verwaltungs-

123

---

301 *Braun,* in: Prieß/Lau/Kratzenberg, Festschrift für Marx, S. 45.
302 BVerwG, Beschluss v. 11.6.2013 – BVerwG 20 F 12.09, Rn. 7.
303 OVG Lüneburg, Beschluss v. 24.9.2013 – 7 MC 85/13; VGH München, Beschluss v. 29.7.2013 – 22 BV 12.2191; VG München, Beschluss v. 31.5.2016 – M 7 E 16.2303; vgl. zur Begriffsbildung auch *Wahl/Schütz,* in: Schoch/Schneider/Bier, VwGO, § 42 Rn. 287 ff.
304 VG München, Beschluss v. 31.5.2016 – M 7 E 16.2303; *Braun,* in: Prieß/Lau/Kratzenberg, Festschrift für Marx, S. 43.
305 Vgl. VG Freiburg, Beschluss v. 11.11.2014 – 4 K 2310/14; VG Gießen, Beschluss v. 7.1.2014 – 8 L 2511/13.GI; VG Hannover, Beschluss v. 18.10.2012 – 7 B 5189/12; VG Neustadt an der Weinstraße, Urteil v. 16.12.2010 – 4 K 939/10.NW; *Goldbrunner,* VergabeR 2016, 365 (384).
306 Vgl. VG Stuttgart, Beschluss v. 11.7.2006 – 4 K 2292/06; *Ruthig/Storr,* Öffentliches Wirtschaftsrecht, Rn. 811.
307 VG München, Beschluss v. 31.5.2016 – M 7 E 16.2303; *Müller,* NvwZ 2016, 266 (270).
308 *Braun,* in: Prieß/Lau/Kratzenberg, Festschrift für Marx, S. 43.

gerichtsbarkeit zuständig.[309] Unterhalb der Schwellenwerte gelten die Vorgaben des förmlichen Kartellvergaberechts nicht für das verwaltungsrechtliche Auswahlverfahren, auch wenn dieses durch einen öffentlich-rechtlichen Vertrag abgeschlossen werden sollte. Auch bei der Vergabe durch Verwaltungsakt gelten die vergaberechtlichen Regelungen nicht.

124 In Hinblick auf Konzessionsvergaben bei Märkten und ähnlichen Veranstaltungen gibt es Ansichten, wonach sich **nicht am Auswahlverfahren beteiligte Unternehmen** nicht auf drittschützende wettbewerbsrechtliche Grundsätze berufen können.[310] Das Gleichbehandlungsgebot des Art. 3 Abs. 1 GG schütze nach dieser Ansicht nicht die wohlberechtigten subjektiven Interessen der am Vergabeverfahren teilnehmenden oder interessierten Unternehmen am Erhalt des Auftrags, sondern sei vielmehr nur eine objektive Verpflichtung des Staates, alle Unternehmen im Rahmen eines Vergabeverfahrens gerecht und damit nach den gleichen Grundsätzen zu behandeln.[311] Die etwaige Chance eines einzelnen Unternehmens, in einem neuen Vergabeverfahren zum Zuge zu kommen, gehöre danach nicht zum Schutzbereich des Art. 3 Abs. 1 GG. Dieser Sicht ist allerdings entgegenzuhalten, dass sie die Bedeutung der verfassungsrechtlichen Vorgaben des Art. 12 Abs. 1 i.V.m. Art. 3 Abs. 1 GG sowie des Art. 19 Abs. 4 GG für das Auswahlverfahren grundlegend verkennt.

1. Kapazitätserschöpfung und Rechtschutz

Bei der Vergabe von Gewerbekonzessionen trifft häufig der Fall der Kapazitätserschöpfung auf. Dies tritt z.B. ein, wenn die auswählende Behörde den für den Betrieb eines Autoscooters in Betracht kommenden Standplatz bereits an einen Dritten vergeben hat. Der Gesichtspunkt der Kapazitätserschöpfung rechtfertigt aber nicht die Versagung effektiven einstweiligen Rechtsschutzes.[312] Bei begrenzten Kapazitäten zur Ausübung eines spezifischen Berufs wie bei kontingentierten Dienstleistungskonzessionen auf einem Markt, einem Volksfest oder einer ähnlichen Veranstaltung entfaltet die administrative Verteilungsentscheidung unmittelbar grundrechtliche Relevanz als Verteilung von „Freiheitschancen".[313] Aus Art. 12 Abs. 1 GG und Art. 3 Abs. 1 GG ergibt sich der Teilhabeanspruch des Unternehmens auf gerechte Beteiligung an vorhandenen, quantitativ begrenzten Berechtigungen zur Berufsausübung.[314] Dieser grundrechtliche Teilhabeanspruch schlägt sich einfach-rechtlich als subjektiv öffentlich-rechtlicher Anspruch des Unternehmens auf Durchführung eines verfahrensfehlerfreien Auswahlverfahrens nieder.[315]

125 Ein solches liegt aber in letzter Konsequenz erst dann vor, wenn die bereits genannten Grundsätze des Vergabeverfahrens ebenso im **unterschwelligen Bereich** auf verwaltungsrechtliche Auswahlverfahren passgenau übertragen werden. Infolgedessen entfaltet der Teilhabeanspruch gemäß Art. 12 Abs. 1 GG i.V.m. Art. 3 Abs. 1 GG i.V.m. den vergaberechtlichen Grundsätzen nicht nur eine objektiv-rechtliche Verpflichtung des Staates,[316] das Vergabeverfahren fehlerfrei durchzuführen, sondern zugleich das subjektiv-öffentliche Recht der Teilnehmer, tatsächlich Berücksichtigung in einem fehlerfreien Verfahren zu finden.[317] Fehlerfreiheit bedeutet hierbei, dass das Verfahren transparent, nichtdiskriminierend, gleichbehandelnd, objektiv, verhältnismäßig und wettbewerbsorientiert durchgeführt wird. Bestimmte Mindestanforde-

---

309 Vgl. OVG Magdeburg, Beschluss v. 22.2.2012 – 3 L 259/10.
310 VGH Kassel, Urteil v. 23.2.2011 – 5 K 1218/08.KS; VG Wiesbaden, Teilurteil v. 19.12.2013 – 5 K 1244/12.WI.
311 VGH Kassel, Beschluss v. 23.7.2012 – 8 B 2244/11.
312 VG Magdeburg, Beschluss v. 5.10.2017 – 3 B 214/17, mit Hinweis auf BVerfG, Beschluss v. 15.82002 – 1 BvR 1790/00.
313 *Burgi*, NZBau 2001, 64 (70).
314 *Ruthig/Storr*, Öffentliches Wirtschaftsrecht, Rn. 109, 378; vgl. *Kingreen/Poscher*, Grundrechte Staatsrecht II, Rn. 956.
315 OVG Lüneburg, Beschluss v. 12.11.2012 – 13 ME 231/12; VGH Mannheim, Urteil v. 1.10.2009 – 6 S 99/09; VG Darmstadt, Beschluss v. 10.9.2015 – 4 L 1180/15.DA; *Braun*, in: Prieß/Lau/Kratzenberg, Festschrift für Marx, S. 45.
316 So VGH Kassel, Urteil v. 23.2.2011 – 5 K 128/08.KS.
317 VGH Kassel, Beschluss v. 16.10.2015 – 8 B 1028/15, dieser bezieht sich zwar auf § 4b Abs. 1 S. 1 GlüStV, der Gedanke kann aber entsprechend auf jedes Vergabe- und Auswahlverfahren übertragen werden; VGH München, Urteil v. 22.7.2015 – 22 B 15.620; Beschluss v. 12.8.2013 – 22 CE 13.970; *Braun*, in: Prieß/Lau/Kratzenberg, Festschrift für Marx, S. 45.

rungen müssen folglich auch im Bereich unterhalb der Schwellenwerte eingehalten werden.[318] Ein anderes Ergebnis würde die Anforderungen des Gebotes des effektiven Rechtsschutzes gemäß Art. 19 Abs. 4 GG grundlegend verkennen.[319] Bei Binnenmarktrelevanz des jeweiligen Vergabeverfahrens gilt aufgrund der Geltung der Grundfreiheiten (Art. 49 und 56 AEUV) und Art. 18 AEUV entsprechend dasselbe.[320]

2. Bewerbungsverfahrensanspruch

Effektiver Rechtsschutz wird vor den Verwaltungsgerichten regelmäßig im einstweiligen Rechtsschutz gewährt. Dem unterlegenen Bewerber oder Bieter steht gerade im Unterschwellenbereich aus Art. 3 Abs. 1 i. V.m. Art. 20 Abs. 3 GG ein öffentlich-rechtlicher Bewerbungsverfahrensanspruch zur Seite, der es gebietet, zwischen der Bekanntgabe der Auswahlentscheidung und dem Vertragsabschluss mit dem ausgewählten Unternehmen einen angemessenen Zeitraum von jedenfalls zwei Wochen verstreichen zu lassen, um einen effektiven (Primär-)Rechtsschutz im Sinne des Art. 19 Abs. 4 GG in Bezug auf die Auswahlentscheidung zu ermöglichen.[321] Insbesondere die allgemeinen Vergabekriterien wirken drittschützend. Die Verwaltungsgerichtsbarkeit neigt dazu, die Hürden zur Darlegung des Anordnungsanspruches zu hoch zu legen.[322]

126

Der **Prüfungsumfang** des Gerichts ist aufgrund des bestehenden Einschätzungsspielraums der Behörde lediglich auf ein pflichtgemäßes Verwaltungshandeln dahingehend zu überprüfen, ob die Bewertung nachvollziehbar und schlüssig erfolgte, d.h., ob die Beurteilung auf Basis zutreffender Tatsachen erfolgt ist, ob gegen Denkgesetze oder allgemein gültige Wertmaßstäbe verstoßen worden ist, ob sachwidrige Erwägungen angestellt oder ob Verfahrensfehler gemacht worden sind. Das Verwaltungshandeln der auswählenden Behörde muss dabei transparent und nachvollziehbar sein und zwar sowohl im Hinblick auf die Kriterien, von denen sich die Behörde bei der Auswahlentscheidung leiten lässt, als auch im Hinblick auf den konkreten Auswahlvorgang selbst.[323] In diesem Zusammenhang ist zunächst darauf hinzuweisen, dass der effektive Primärrechtsschutz es nach dem OVG Berlin-Brandenburg gebietet, mindestens zwei Wochen nach Information der Bewerber oder Bieter über den Ausgang des Auswahlverfahrens abzuwarten, ehe mit dem ausgewählten Bieter der Vertrag abgeschlossen wird.[324]

127

3. Kausalität des Rechtsverstoßes

Es muss eine **Kausalität** zwischen Rechtsverstoß und Fehler vorliegen.[325] Diese ist gegeben, wenn es ernsthaft möglich erscheint, dass der Unterlegene bei rechtsfehlerfreiem Verlauf anstelle des Begünstigten ausgewählt und bestellt worden wäre.[326]

128

Nach materiellem Recht aber sind die Gerichte der Verwaltungsgerichtsbarkeit nicht gehindert, die fehlende Kausalität eines Bewertungsfehlers dann zu berücksichtigen, wenn die „Alternativlosigkeit" der Bewertung ohne Übergriff in einen der Behörde zustehenden Beurteilungsspielraum festgestellt werden kann, weil sich aufzeigen lässt, dass auf der Grundlage der von ihr aufgestellten Kriterien und in konsequenter Anwendung der von ihr vorgenommenen Bewertungen von Rechts wegen nur ein bestimmtes Ergebnis in Betracht kommt.[327] Richtiger-

129

---
318 VG Darmstadt, Beschluss v. 10.9.2015 – 4 L 1180/15.DA.
319 Vgl. BVerfG, Beschluss v. 29.7.2004 – 2 BvR 2248/03; VG Wiesbaden, Beschluss v. 8.6.2015 – 5 L 1433/14.WI.
320 EuGH, Urteil v. 28.1.2016 – Rs. C-50/14 (CASTA), Rn. 47, 49 m.w.A.; *Braun*, EuZW 2016, 304; *Prieß/Simonis*, NZBau 2015, 731 (732).
321 OLG Düsseldorf, Urteil v. 13.12.2017, I-27 U 25/17; OVG Berlin-Brandenburg Beschluss v. 30.11.2010 – 1 S 107/10; *Braun*, NVwZ 2009, 747.
322 Vgl. OVG Nordrhein-Westfalen, Beschluss v. 2.11.2017 – 4 B 891/17.
323 VG München, Beschluss v. 31.5.2016 – M 7 E 16.2303 m.w.N.
324 Vgl. OLG Düsseldorf, Urteil v. 13.12.2017 – I-27 U 25/17; OVG Berlin-Brandenburg, Beschluss v. 30.11.2010 – OVG 1 S 107.10, OVG 1 S 107/10;.
325 OVG Hamburg, Beschluss v. 16.8.2013 – 1 Es 2/13; VG Freiburg, Beschluss v. 7.11.2017 – 4 K 8618/17, juris Rn. 36; VG Regensburg, Urteil v. 2.10.2014 – RO 5 K 14.640.
326 VGH München, Urteil v. 22.4.2013 – 22 BV 12.1728, Rn. 55.
327 VGH München, Beschluss v. 12.8.2013 – 22 CE 13.970, Rn. 47.

weise kann nicht ein minimaler, nicht kausaler Fehler zu einer Aufhebung einer Konzessionsvergabeentscheidung führen. Es reicht aber aus, wenn der Fehler **Einfluss auf die Konzessionsvergabeentscheidung** gehabt haben könnte. Diesbezüglich ist zwischen formellen und materiellen Fehlern zu trennen. Fehler im formellen Bereich (wie z.B. nicht richtig gezogene Lose) dürften stets die Kausalität zwischen Rechtsverstoß und Fehler begründen.

130 Bei Fehlern im **materiellen Bereich** ist eine Einzelfallprüfung notwendig, wobei die Last der Entlastungsbeweisführung beim Konzessionsgeber liegt. Er muss dann darlegen, dass der Fehler nicht kausal für das Auswahlergebnis gewesen ist, also der Punktabstand so groß ist, dass ein anderes Ergebnis nicht in Frage kommt. Wenn ein Kläger nur an vierter Stelle steht (und damit an aussichtsloser Stelle liegt), dann ist i.d.R. eine Rechtsverletzung nicht gegeben.[328] Es ist damit nicht ersichtlich, dass der Kläger im Vergleich zum ausgewählten Mitbieter so benachteiligt wäre, dass er einen Anspruch auf eine erneute Bescheidung über seinen Zulassungsanspruch hätte. Selbst wenn und soweit in einzelnen Unterpunkten Verfahrens- oder Bewertungsfehler erfolgt sein sollten, fehlt diesen jedenfalls die erforderliche Kausalität, sodass die Nichtzulassung des Klägers im Ergebnis nicht zu beanstanden ist. Wenn der Kläger ohnehin nicht zu den am besten platzierten Bietern gehörte, haben sich die Fehler jedenfalls nicht zu seinen Lasten ausgewirkt.[329] Der Kläger muss also für eine erfolgreiche Klage geltend machen, dass er alle vor ihm liegenden Bieter verdrängen kann.

4. Prozessuale Fragen

131 Rechtsschutz bei den Verwaltungsgerichten wird bei der hier vorliegenden Streitkonstellation durch kombinierte **Anfechtungs- und Verpflichtungsklage** gewährt.[330] Zum Zwecke der nach Art. 19 Abs. 4 GG gebotenen Gewährung eines effektiven Eilrechtsschutzes ist anerkannt, dass bei Veranstaltungen nach § 70 GewO nicht nur der (strikte) Anspruch auf Zulassung, sondern auch der – regelmäßig in Betracht kommende – Anspruch auf Neubescheidung des Zulassungsantrags als zulässiger Gegenstand einer einstweiligen Anordnung anzusehen ist.[331]

132 Die Rechtsstreitigkeiten werden größtenteils im **Eilverfahren** nach § 123 VwGO ausgetragen.[332] Ferner sind auch Anträge, die auf ein schlichthoheitliches Handeln des Veranstalters zielen, gemäß § 123 Abs. 1 VwGO statthaft. Dies gilt auch für den mit dem Hilfsantrag geltend gemachten Anspruch auf Neubescheidung, dem der materielle Anspruch des Antragstellers auf ermessensfehlerfreie Entscheidung zugrunde liegt; hierbei handelt es sich um einen im Wege einer einstweiligen Anordnung sicherbaren Anspruch.[333] Der Anordnungsgrund ist angesichts des drohenden Zeitablaufs und der daraus resultierenden Dringlichkeit in der Regel unproblematisch.[334] Im einstweiligen Rechtsschutzverfahren kann ein Verwaltungsgericht nach § 123 Abs. 1 VwGO auf Antrag eine einstweilige Anordnung in Bezug auf den Streitgegenstand treffen, wenn die Gefahr besteht, dass durch eine Veränderung des bestehenden Zustands die Verwirklichung eines Rechts des Antragstellers vereitelt oder wesentlich erschwert werden könnte, oder auch zur Regelung, vor allem bei dauernden Rechtsverhältnissen, nötig erscheint, um wesentliche Nachteile für den Antragsteller abzuwenden. Nach § 123 Abs. 3 VwGO i.V.m. § 920 Abs. 2 ZPO sind dabei sowohl ein Anordnungsanspruch, d.h. der materielle Anspruch, für den der Antragsteller vorläufigen Rechtsschutz sucht, als auch ein Anordnungsgrund, der insbesondere durch die Eilbedürftigkeit einer vorläufigen Regelung begründet wird, i.V.m. § 294 Abs. 1 ZPO glaubhaft zu machen. Es besteht ein **Anordnungsgrund**, wenn eine besondere Eilbedürftigkeit wegen des kurz bevorstehenden Veranstal-

---

328 VG Würzburg, Urteil v. 24.5.2017 – W 6 K 17.166.
329 VG Würzburg, Urteil v. 24.5.2017 – W 6 K 17.166.
330 VGH München, Urteil v. 22.4.2013 – 22 BV 12.1728.
331 VG Aachen, Beschluss v. 6.6.2017 – 3 L 198/17, juris Rn. 9.
332 Vgl. z.B. VG Regensburg, Beschluss v. 14.11.2017 – RN 5 E 17.1855; VG Bremen, Beschluss v. 28.9.2017 – 5 V 2406/17.
333 VG Freiburg, Beschluss v. 7.11.2017 – 4 K 8618/17.
334 Vgl. VG Freiburg, Beschluss v. 7.11.2017 – 4 K 8618/17; vgl. *Schoch*, NVwZ 2016, 257 (265) m.w.N.

tungszeitraums zu bejahen ist.[335] Eilanträge auf Erlass einer Regelungsanordnung (§ 123 Abs. 1 S. 2 VwGO) sind häufig erfolgreich; das Verbot, die Hauptsache vorwegzunehmen, ist nach zutreffender Auffassung schon wegen Art. 19 Abs. 4 GG obsolet.[336] Das Rechtsschutzinteresse ergibt sich aus der Wiederholungsgefahr; denn bei den Konzessionsnehmern handelt es sich oftmals um Anspruchsteller wie z.B. Schausteller, die regelmäßigen Zugang zu der gemeindlichen öffentlichen Einrichtung begehren.[337] Es ist höchstrichterlich geklärt, dass vorbeugender Rechtsschutz ausnahmsweise dann gewährt werden kann, wenn ein qualifiziertes, das heißt gerade auf die Inanspruchnahme vorbeugenden Rechtsschutzes gerichtetes Rechtsschutzinteresse vorliegt und der Betroffene nicht zumutbarerweise auf den als grundsätzlich angemessen und ausreichend angesehenen nachträglichen Rechtsschutz verwiesen werden kann.[338] In diesem Zusammenhang kann auf die Parallele zum **Beamtenrecht** verwiesen werden. Das BVerwG hat im Kontext der Beamtenernennungen zutreffend und ausführlich dargelegt, dass die Rechtsbeständigkeit einer Beamtenernennung nur dann mit dem Grundsatz des effektiven Rechtsschutzes vereinbar ist, wenn unterlegene Bewerber ihren Bewerbungsverfahrensanspruch vor der Ernennung in der grundrechtlich gebotenen Weise gerichtlich geltend machen können.[339] Es muss sichergestellt sein, dass ein unterlegener Bewerber die Auswahlentscheidung des Dienstherrn vor der Ernennung in einem gerichtlichen Verfahren überprüfen lassen kann, das den inhaltlichen Anforderungen des Art. 19 Abs. 4 GG genügt. Hierfür hat sich eine Praxis der Verwaltungsgerichte herausgebildet, die den gerichtlichen Rechtsschutz in den Zeitraum zwischen der Auswahlentscheidung und der Ernennung verlagert. Ein unterlegener Bewerber ist zur Durchsetzung seines Bewerbungsverfahrensanspruchs darauf verwiesen, eine einstweilige Anordnung nach § 123 VwGO zu beantragen, durch die dem Dienstherrn die Ernennung des ausgewählten Bewerbers untersagt wird. Der Dienstherr darf den ausgewählten Bewerber erst ernennen, wenn feststeht, dass der Antrag auf Erlass einer einstweiligen Anordnung keinen Erfolg hat.

133 Bei der durch § 70 Abs. 3 GewO eröffneten **Ausschlussbefugnis** ist dem Veranstalter ein gerichtlich nur beschränkt überprüfbarer Einschätzungs- und Entscheidungsspielraum eingeräumt. Sofern dieser Spielraum nicht in der rechtlich gebotenen Weise ausgeübt worden ist, kann der Anspruch auf ermessensfehlerfreie Entscheidung im Wege einer einstweiligen Anordnung nach § 123 Abs. 1 VwGO geltend gemacht werden, wenn noch genügend Zeit besteht, den Zulassungsantrag erneut zu bescheiden.[340] Wenn das Verwaltungsgericht die von dem Konzessionsgeber vorgenommene Bewertung in einigen Punkten für nicht sachgerecht oder nachvollziehbar hält, ist die Auswahlentscheidung ermessensfehlerhaft bzw. von ihm nachzubessern.[341]

134 In jedem verwaltungsrechtlichen Auswahlverfahren stellt sich die Frage der **Akteneinsicht** der unterlegenen Bewerber ebenso wie nach der schriftlichen Fixierung der Auswahlüberlegungen.[342] Nach § 99 Abs. 1 S. 1 VwGO sind Behörden im Verwaltungsrechtsstreit zur Vorlage von Urkunden oder Akten und zu Auskünften verpflichtet. Wenn aber das Bekanntwerden des Inhalts der Akten dem Wohl des Bundes oder eines deutschen Landes Nachteile bereiten würde oder wenn die Vorgänge nach einem Gesetz oder ihrem Wesen nach geheim gehalten werden müssen, kann die zuständige oberste Aufsichtsbehörde gemäß § 99 Abs. 1 S. 2 VwGO die Vorlage der Akten verweigern. Bei **Betriebs- und Geschäftsgeheimnissen** handelt es sich um Vorgänge, die im Sinne des § 99 Abs. 1 S. 2 VwGO ihrem Wesen nach geheim zu halten sind. Als Betriebs- und Geschäftsgeheimnisse werden alle auf ein Unternehmen bezogenen Tatsachen, Umstände und Vorgänge verstanden, die nicht offenkundig sind. Betriebsgeheimnisse umfassen im Wesentlichen technisches Wissen; Geschäftsgeheimnisse be-

---

335 VG München, Beschluss v. 31.5.2016 – M 7 E 16.2303.
336 Vgl. *Schoch*, NVwZ 2016, 257 (265) m.w.N.; VG Oldenburg, Beschluss v. 22.7.2015 – 12 B 1778/15.
337 Vgl. *Schoch*, NVwZ 2016, 257 (265) m.w.N.
338 OVG Münster Beschluss v. 20.7.2016 – 4 B 690/16.
339 Vgl. BVerwG, Urteil v. 4.11.2010 – 2 C 16/09, Rn. 31.
340 OVG Münster, Beschluss v. 24.7.2015 – 4 B 709/15.
341 VG München, Beschluss v. 31.5.2016 – M 7 E 16.2303.
342 *Braun*, VergabeR 2014, 324.

treffen vornehmlich kaufmännisches Wissen. Ein Geschäfts- oder Betriebsgeheimnis setzt neben dem Mangel an Offenkundigkeit der zugrunde liegenden Informationen ein berechtigtes Interesse des Unternehmens an dessen Nichtverbreitung voraus. Ein solches Interesse besteht, wenn die Offenlegung der Informationen geeignet ist, den Marktkonkurrenten exklusives technisches oder kaufmännisches Wissen zugänglich zu machen.[343] Die Entscheidung über die Gewährung von Akteneinsicht ist danach grundsätzlich eine **behördliche Verfahrenshandlung**, die nur zusammen mit der im jeweiligen Verfahren ergehenden Sachentscheidung angefochten und im Rahmen dieses Rechtsbehelfs inzident überprüft werden kann. Allerdings ist bei der Auslegung und Anwendung von § 44a VwGO die verfassungsrechtliche Garantie des effektiven Rechtsschutzes (Art. 19 Abs. 4 GG) zu berücksichtigen; der Ausschluss einer (selbstständigen) gerichtlichen Überprüfung von Verfahrenshandlungen darf für die Rechtsuchenden nicht zu unzumutbaren Nachteilen führen, die in einem späteren Prozess (über die Sachentscheidung) nicht mehr vollständig zu beseitigen sind. Im Einzelfall kann deshalb aus Gründen des effektiven Rechtsschutzes auch die selbstständige gerichtliche Durchsetzung eines Nebenanspruchs in Betracht kommen.[344] Der Umstand, dass eine Aufsichtsbehörde in ihrer Sperrerklärung auf eine differenzierte und nachvollziehbare Begründung verzichtet und die zurückgehaltenen Unterlagen pauschal als geheimhaltungsbedürftig angesehen hat, weist zugleich auf einen Ermessensfehler i.S.d. § 99 Abs. 1 S. 2 VwGO hin.[345]

135 Der vom Konzessionsgeber ausgewählte Bestbieter ist notwendig **beizuladen** (§ 65 Abs. 2 VwGO), da er aufgrund des Erhalts des Zuschlags für die Veranstaltung an dem streitigen Rechtsverhältnis derart beteiligt ist, dass die Entscheidung auch ihm gegenüber nur einheitlich ergehen kann.[346]

II. Vergaberechtlicher Rechtsschutz

136 Für Streitigkeiten oberhalb der Schwellenwerte hinsichtlich einer Gewerbekonzession sind wegen der **Sonderzuweisung** in den §§ 155, 156 Abs. 1 GWB ausschließlich die Vergabekammern zuständig, wenn der Konzessionsgeber durch Konzession und nicht durch Verwaltungsakt handelt. Damit ist eine Klage gegen den Konzessionsgeber im Rahmen des ordentlichen oder des Verwaltungsrechtswegs unzulässig.

137 Der jeweils geltende **Schwellenwert** ergibt sich für Konzessionen gemäß § 106 Abs. 1, Abs. 2 Nr. 4 GWB aus Art. 8 Abs. 1 RL 2014/23/EU. Dieser Schwellenwert wird von der Kommission gemäß Art. 9 Abs. 1 RL 2014/23/EU alle zwei Jahre überprüft und erforderlichenfalls angepasst. Das Bundesministerium für Wirtschaft und Energie gibt den geltenden Schwellenwert gemäß § 106 Abs. 3 GWB unverzüglich, nach Veröffentlichung im Amtsblatt der Europäischen Union, im Bundesanzeiger bekannt. Die Berechnung des geschätzten Vertragswerts ergibt sich aus § 2 KonzVgV. Im Hinblick auf die erhebliche Höhe des Schwellenwertes dürfte die größte Anzahl der zu vergebenden Gewerbekonzessionen unterhalb der Schwellenwerte vergeben werden.

138 Oberhalb des Schwellenwertes haben Unternehmen gemäß §§ 97 Abs. 6, 106 Abs. 1, Abs. 2 Nr. 4 GWB einen **Anspruch** auf Einhaltung der Grundsätze der Transparenz, der Gleichbehandlung/Nichtdiskriminierung, des Wettbewerbs, der Verhältnismäßigkeit und der Objektivität gemäß § 152 Abs. 3 S. 1 GWB. Der Anspruch aus § 97 Abs. 6 GWB bewirkt, dass die verfahrensbestimmenden drittschützenden Vorschriften aus dem GWB und der KonzVgV einen subjektiven öffentlich-rechtlichen Anspruch der Unternehmen unter anderem auf Nachprüfung der Vergabeentscheidung entfalten, wenn das Konzessionsvergabeverfahren nicht diesen Vorgaben und den Vergabegrundsätzen entsprechend durchgeführt wird.

---

343 BVerwG, Beschluss v. 11.6.2010 – BVerwG 20 F 12.09.
344 BVerwG, Beschluss v. 20.11.2012 – 1 WB 4/12.
345 BVerwG, Beschluss v. 11.6.2010 – BVerwG 20 F 12.09, Rn. 9.
346 VG München, Beschluss v. 31.5.2016 – M 7 E 16.2303.

Die Vorschriften des GWB und der KonzVgV postulieren nicht nur eine objektiv-rechtliche Verpflichtung des Konzessionsgebers,[347] das Vergabeverfahren fehlerfrei durchzuführen, sondern zugleich das **subjektiv-öffentliche Recht** der Unternehmen, tatsächlich Berücksichtigung in einem fehlerfreien Verfahren zu finden.[348] Jedes interessierte Unternehmen muss hiernach eine faire Chance erhalten, nach Maßgabe der für den spezifischen Auftrag wesentlichen Kriterien und des vorgesehenen Verfahrens Berücksichtigung zu finden. Wenn ein Gewerbekonzessionsgeber diese Pflicht verletzt, können sich unterlegene Bewerber und Bieter dagegen gerichtlich wehren. Interessierte Wirtschaftsteilnehmer können sich gegen vermutete De-facto-Gewerbekonzessionsvergabeverfahren zur Wehr setzen. Das Gewerbekonzessionsvergabeverfahren darf gemäß § 14 KonzVgV nicht in einer Weise ausgestaltet werden, dass es vom Kartellvergaberecht ausgenommen wird oder bestimmte Unternehmen oder bestimmte Bauleistungen, Lieferungen oder Dienstleistungen auf unzulässige Weise bevorzugt oder benachteiligt werden. Diese Regelung ist umfassend drittschützend.[349]

139

Die Einhaltung der Vorschriften des GWB und der KonzVgV sind im vergaberechtlichen **Nachprüfungsverfahren** vor den Vergabekammern gemäß §§ 155, 156 GWB überprüfbar. Für das Vorliegen von Ausnahmetatbeständen, Ausnahmesituationen und allen Tatsachen, die nicht zur Anwendung des Vergaberechts führen, trifft den Konzessionsgeber die Darlegungs- und Beweislast.[350] Den Konzessionsgeber trifft allgemein die Darlegungs- und Beweislast für Tatsachen, die für ihn günstig sind.[351]

140

D. Zusammenfassung und Ausblick

Gewerbekonzessionsvergaben werden rechtmäßig nur in einem förmlichen Verfahren unter Berücksichtigung materieller Kriterien vergeben. Derzeit unterscheiden sich die Konzessionsvergaben **unterhalb und oberhalb der Schwellenwerte** noch im Detail. Gemeinsame Kriterien aller Vergaben sind der Transparenzgrundsatz, das Gleichbehandlungsgebot und der Verhältnismäßigkeitsgrundsatz. Die Auswahlentscheidung muss nachvollziehbar, sachlich und objektiv getroffen werden. Unterschiedlich ist der Drittschutz oberhalb und unterhalb der Schwellenwerte ausgestaltet.

141

Die Frage des Rechtswegs (Verwaltungs- oder ordentliche (Vergabe-)gerichtsbarkeit) spielt für die materiellen Auswahlkriterien – fast – keine Rolle mehr, wobei historisch gewachsene Kriterien bei den Verwaltungsgerichten bisher noch auf eine größere Zustimmung getroffen sind. Die **Auswahlverfahren** (oberhalb und unterhalb der Schwellenwerte) werden sich materiell angleichen, weil die Grundprinzipien der Auswahlprinzipien vergleichbar sind. Angleichend wirken werden hier sowohl das Unionsrecht, welches auf jegliche Form des Verteilungsverwaltungsverfahrens anzuwenden sein wird, als auch die Erkenntnis, dass der öffentliche Marktraum bei Bewerber- oder Bieterüberhang stets einem geregelten Verteilungsverwaltungsverfahren unterworfen werden muss.

142

---

347 So VGH Kassel, Urteil v. 23.2.2011 – 5 K 128/08.KS.
348 VGH Kassel, Beschluss v. 16.10.2015 – 8 B 1028/15, dieser bezieht sich zwar auf § 4b Abs. 1 S. 1 GlüStV, der Gedanke kann aber entsprechend auf jede Vorschrift übertragen werden, die sich auf die Geltung der vergaberechtlichen Grundsätze bezieht; VGH München, Urteil v. 22.7.2015 – 22 B 15.620; Beschluss v. 12.8.2013 – 22 CE 13.970; *Braun*, in: Prieß/Lau/Kratzenberg, Festschrift für Marx, S. 45.
349 Verordnungsbegründung zu § 14 KonzVgV, BR-Drs. 87/16, 288.
350 Vgl. OLG Celle, Beschluss v. 10.3.2016 – 13 Verg 5/1, Rn. 21; KG, Beschluss v. 27.1.2015 – Verg 9/14.
351 Vgl. OLG Naumburg, Urteil v. 23.12.2014 – 2 U 74/14; OLG Düsseldorf, Beschluss v. 30.4.2003 – VII-Verg 61/02; VK Baden-Württemberg, Beschluss v. 13.11.2013 – 1 VK 38/13.

Sonderregelungen

GlüStV – Glücksspielkonzessionen

GlüStV – Glücksspielkonzessionen

§ 4a GlüStV
Konzessionen

(1) Soweit § 10 Abs. 6, insbesondere im Rahmen einer zeitlich befristeten Experimentierklausel für Sportwetten, nicht anwendbar ist, dürfen die dort den Veranstaltern nach § 10 Abs. 2 und 3 vorbehaltenen Glücksspiele nur mit einer Konzession veranstaltet werden. § 4 Abs. 1 Satz 2 ist entsprechend anzuwenden.

(2) Die Konzession wird für alle Länder von der zuständigen Behörde für eine in der Bekanntmachung (§ 4b Abs. 1) festzulegende Dauer erteilt. Auf die Erteilung der Konzession besteht kein Rechtsanspruch.

(3) Die Zahl der Konzessionen ist zur Erreichung der Ziele des § 1 zu beschränken. Sie kann aufgrund von Ergebnissen der Evaluierung sowie einer wissenschaftlichen Untersuchung oder der Bewertung des Fachbeirats entsprechend § 9 Abs. 5 durch einen Beschluss der Ministerpräsidentenkonferenz mit mindestens 13 Stimmen festgelegt, erhöht oder gesenkt werden, um die Erreichung der Ziele des § 1 besser zu gewährleisten.

(4) Die Konzession darf nur erteilt werden, wenn

1. (erweiterte Zuverlässigkeit)
   a) die Inhaber- und Beteiligungsverhältnisse beim Konzessionsnehmer vollständig offengelegt sind; bei Personengesellschaften sind die Identität und die Adressen aller Gesellschafter, Anteilseigner oder sonstiger Kapitalgeber, bei juristischen Personen des Privatrechts von solchen, die mehr als fünf v.H. des Grundkapitals halten oder mehr als fünf v.H. der Stimmrechte ausüben, sowie generell alle Treuhandverhältnisse anzugeben
   b) der Konzessionsnehmer und die von ihm beauftragten verantwortlichen Personen die für die Veranstaltung öffentlicher Glücksspiele erforderliche Zuverlässigkeit und Sachkunde besitzen und die Gewähr dafür bieten, dass die Veranstaltung ordnungsgemäß und für die Spieler sowie die Erlaubnisbehörde nachvollziehbar durchgeführt wird; bei juristischen Personen und Personengesellschaften müssen alle vertretungsbefugten Personen die Voraussetzungen der Zuverlässigkeit und Sachkunde besitzen
   c) die rechtmäßige Herkunft der für die Veranstaltung öffentlicher Glücksspiele erforderlichen Mittel dargelegt ist

2. (Leistungsfähigkeit)
   d) der Konzessionsnehmer über genügend Eigenmittel für eine dauerhafte Geschäftstätigkeit verfügt und zugleich Gewähr für ein einwandfreies Geschäftsverhalten bietet
   e) die Wirtschaftlichkeit des beabsichtigten Glücksspielangebots unter Berücksichtigung der Abgaben dargelegt ist
   f) die erforderlichen Sicherheitsleistungen vorbereitet und die zum weitergehenden Schutz der Spieler notwendigen Versicherungen abgeschlossen sind

3. (Transparenz und Sicherheit des Glücksspiels)
   g) die Transparenz des Betriebs sichergestellt sowie gewährleistet ist, dass eine Überwachung des Vertriebsnetzes jederzeit möglich ist und nicht durch Dritte oder am Betrieb Beteiligte vereitelt werden kann
   h) der Konzessionsnehmer einen Sitz in einem Mitgliedstaat der Europäischen Union oder einem Vertragsstaat des Abkommens über den Europäischen Wirtschaftsraum hat
   i) der Konzessionsnehmer, sofern er über keinen Sitz im Inland verfügt, der zuständigen Behörde einen Empfangs- und Vertretungsbevollmächtigten im Inland benennt, der die Zuverlässigkeit im Sinne von Nummer 1 Buchst. b besitzt
   j) bei Angeboten im Internet auf der obersten Stufe eine Internetdomäne „.de" errichtet ist
   k) der Konzessionsnehmer für alle Spiel- und Zahlungsvorgänge in Deutschland eine eigene Buchführung einrichtet und spielbezogene Zahlungsvorgänge über ein Konto im Inland oder bei einem in einem Mitgliedstaat der Europäischen Union beheimateten Kreditinstitut abwickelt
   l) der Konzessionsnehmer Schnittstellen zur Prüfung aller Spielvorgänge in Echtzeit zur Verfügung stellt und
   m) gewährleistet ist, dass vom Spieler eingezahlte Beträge unmittelbar nach Eingang der Zahlung beim Erlaubnisinhaber auf dem Spielkonto gutgeschrieben werden, ein etwaiges Guthaben dem Spieler auf Wunsch jederzeit ausgezahlt wird, die auf den Spielkonten deponierten Kundengelder vom sonstigen Vermögen getrennt verwaltet und nicht zum Risikoausgleich verwendet werden, sowie das gesamte Kundenguthaben jederzeit durch liquide Mittel gedeckt ist.

§ 4 b GlüStV
Konzessionsverfahren, Auswahlkriterien

(1) Die Konzession wird nach Aufruf zur Bewerbung und Durchführung eines transparenten, diskriminierungsfreien Auswahlverfahrens erteilt. Die Bekanntmachung ist im Amtsblatt der Europäischen Union mit einer angemessenen Frist für die Einreichung von Bewerbungen zu veröffentlichen.

(2) Die Bewerbung bedarf der Schriftform. Sie muss alle Angaben, Auskünfte, Nachweise und Unterlagen in deutscher Sprache enthalten, die in der Bekanntmachung bezeichnet sind, welche für die Prüfung der Voraussetzungen nach § 4 a Abs. 4 erforderlich sind und die Auswahl nach Absatz 5 ermöglichen. Dazu gehören insbesondere:

1. eine Darstellung der unmittelbaren und mittelbaren Beteiligungen sowie der Kapital- und Stimmrechtsverhältnisse bei dem Bewerber und den mit ihm im Sinne des Aktiengesetzes verbundenen Unternehmen sowie Angaben über Angehörige im Sinne des § 15 Abgabenordnung unter den Beteiligten; gleiches gilt für Vertreter der Person oder Personengesellschaft oder des Mitglieds eines Organs einer juristischen Person. Daneben sind der Gesellschaftsvertrag und die satzungsrechtlichen Bestimmungen des Bewerbers sowie Vereinbarungen, die zwischen an dem Bewerber unmittelbar oder mittelbar Beteiligten bestehen und sich auf die Veranstaltung von Glücksspielen beziehen, vorzulegen,
2. eine Darstellung der Maßnahmen zur Gewährleistung der öffentlichen Sicherheit und Ordnung und der sonstigen öffentlichen Belange unter besonderer Berücksichtigung der IT- und Datensicherheit (Sicherheitskonzept),
3. ein Sozialkonzept einschließlich der Maßnahmen zur Sicherstellung des Ausschlusses minderjähriger und gesperrter Spieler,
4. eine Darstellung der Wirtschaftlichkeit unter Berücksichtigung der Abgabenpflichten (Wirtschaftlichkeitskonzept),
5. eine Erklärung der Übernahme der Kosten für die Überprüfung des Sicherheits-, Sozial- und Wirtschaftlichkeitskonzepts und, soweit erforderlich, sonstiger Unterlagen durch einen von der zuständigen Behörde beigezogenen Sachverständigen oder Wirtschaftsprüfer,
6. eine Verpflichtungserklärung des Bewerbers, weder selbst noch durch verbundene Unternehmen unerlaubtes Glücksspiel in Deutschland zu veranstalten oder zu vermitteln und
7. eine Erklärung des Bewerbers, dass die vorgelegten Unterlagen und Angaben vollständig sind.

Nachweise und Unterlagen aus einem anderen Mitgliedstaat der Europäischen Union oder einem anderen Vertragsstaat des Abkommens über den Europäischen Wirtschaftsraum stehen inländischen Nachweisen und Unterlagen gleich, wenn aus ihnen hervorgeht, dass die Anforderungen der in Satz 2 genannten Voraussetzungen erfüllt sind. Die Unterlagen sind auf Kosten des Antragstellers in beglaubigter Kopie und beglaubigter deutscher Übersetzung vorzulegen.

(3) Die zuständige Behörde kann die Bewerber zur Prüfung der in Absatz 2 Satz 2 genannten Voraussetzungen unter Fristsetzung zur Ergänzung und zur Vorlage weiterer Angaben, Nachweise und Unterlagen in deutscher Sprache auffordern. Sie ist befugt, Erkenntnisse der Sicherheitsbehörden des Bundes und der Länder, insbesondere zu den Voraussetzungen nach § 4 a Abs. 4 Satz 1 Nr. 1 Buchst. c, abzufragen. Ist für die Prüfung im Konzessionsverfahren ein Sachverhalt bedeutsam, der sich auf Vorgänge außerhalb des Geltungsbereiches dieses Staatsvertrages bezieht, so hat der Bewerber diesen Sachverhalt aufzuklären und die erforderlichen Beweismittel zu beschaffen. Er hat dabei alle für ihn bestehenden rechtlichen und tatsächlichen Möglichkeiten auszuschöpfen. Der Bewerber kann sich nicht darauf berufen, dass er Sachverhalte nicht aufklären oder Beweismittel nicht beschaffen kann, wenn er sich nach Lage des Falles bei der Gestaltung seiner Verhältnisse die Möglichkeit dazu hätte beschaffen oder einräumen lassen können.

(4) Die im Rahmen des Konzessionsverfahrens Auskunfts- und Vorlagepflichtigen haben jede Änderung der maßgeblichen Umstände nach Bewerbung unverzüglich der zuständigen Behörde mitzuteilen und geplante Veränderungen von Beteiligungsverhältnissen oder sonstigen Einflüssen während des Konzessionsverfahrens der zuständigen Behörde schriftlich anzuzeigen.

(5) Die Auswahl unter mehreren geeigneten Bewerbern ist insbesondere danach zu treffen, welcher Bewerber nach Beurteilung der zuständigen Behörde am besten geeignet ist,
1. bei der Veranstaltung von öffentlichen Glücksspielen die Erreichung der Ziele des § 1, insbesondere den Schutz der Spieler und der Jugendlichen, zu gewährleisten,
2. weitgehende Informations-, Einwirkungs- und Kontrollbefugnisse der zuständigen Behörden sicherzustellen,
3. seine nachhaltige finanzielle Leistungsfähigkeit nachzuweisen,
4. einen wirtschaftlichen Betrieb zu gewährleisten und
5. eine Erfüllung der Abgabenpflichten zu gewährleisten.

§ 4c GlüStV
Konzessionserteilung

(1) Die Konzession wird schriftlich erteilt. Sie darf nur nach Zustimmung der zuständigen Behörde einem Dritten übertragen oder zur Ausübung überlassen werden.

(2) In der Konzession sind die Inhalts- und Nebenbestimmungen festzulegen, die zur dauernden Sicherstellung der Konzessionsvoraussetzungen sowie zur Einhaltung und Überwachung der nach diesem Staatsvertrag bestehenden und im Angebot übernommenen Pflichten erforderlich sind.

(3) Die Erteilung der Konzession setzt voraus, dass der Konzessionsnehmer zur Sicherstellung von Auszahlungsansprüchen der Spieler und von staatlichen Zahlungsansprüchen eine Sicherheitsleistung in Form einer unbefristeten selbstschuldnerischen Bankbürgschaft eines Kreditinstituts mit Sitz in der Europäischen Union oder in einem Vertragsstaat des Abkommens über den Europäischen Wirtschaftsraum erbringt. Die Sicherheitsleistung beläuft sich auf fünf Millionen Euro. Sie kann von der Behörde, die die Konzession erteilt, bis zur Höhe des zu erwartenden Durchschnittsumsatzes zweier Wochen, maximal auf 25 Millionen Euro, erhöht werden.

Übersicht

	Rn.
A. Allgemeines	1
I. Allgemeiner Begriff der Glücksspielkonzession	11
II. Glücksspielkonzession als Dienstleistungskonzession i.S.v. § 105 GWB	15
1. Beschaffungsvorgang	19
2. Handlungsform: Vertrag oder Verwaltungsakt	27
3. Betriebsrisiko	30
4. Bereichsausnahme?	33
III. Konzessionsgeber	45
B. Regelungen für das Auswahlverfahren	48
I. Zulässigkeit der Kontingentierung	50
II. Allgemeine Vergabegrundsätze	64
1. Transparenzgrundsatz	70
2. Gleichbehandlungsgebot	81
3. Wettbewerbsgrundsatz versus Suchtprävention	86
4. Verhältnismäßigkeitsgrundsatz	90
5. Vertrauens- und Bestandsschutz?	95
6. Kohärenzgrundsatz	98
7. Zeitliche Befristung	104
8. Verteilungsermessen	106
III. Bereichsspezifische Vorgaben des GlüStV	112
1. Grundlegende Anforderungen	116
2. Eignungskriterien	133
a) Allgemeine Eignungskriterien	134
b) Besondere Anforderungen in Bezug auf Sportwetten	138
3. Auswahl nach Sachkriterien	148
C. Rechtsschutz	161
I. Verwaltungsrechtlicher Rechtsschutz	163
1. Bewerbungsverfahrensanspruch	165
2. Kausalität des Rechtsverstoßes	168
3. Prozessuale Fragen	170
4. Untersagungsverfügungen	175
II. Vergaberechtlicher Rechtsschutz	178
D. Zusammenfassung und Ausblick	182

A. Allgemeines

Die Welt hat sich im Bereich des Glücksspiels erheblich geändert. Im vergangenen Jahrhundert hatte das OVG Hamburg im Zusammenhang mit einer Glücksspielkonzession noch festgestellt, dass niemand einen Anspruch darauf habe, dass ihm oder einem Dritten ein Verhalten erlaubt werde, das nach Auffassung des Gesetzgebers sozial schädlich und bedenklich sei.[1] Die öffentliche Veranstaltung liege insofern anders als bei den ebenfalls konzessionspflichtigen Gewerben der Pfandleiher und Gastwirte, wobei die Erwägungen des Gerichts nicht dadurch entkräftet werden, dass gegenwärtig ein großer Teil der Bevölkerung Fußballwetten abschließe. Es handele sich nicht darum, wie das Verhalten des einzelnen Spielers zu beurteilen sei, sondern darum, welche Bewertung die Tätigkeit des Unternehmers verdiene. 1

Die negative Sicht auf Glücksspielunternehmer hat sich seit diesem Zeitpunkt erheblich – zumindest in Deutschland – gewandelt. Die moralische Bewertung der Firmen ist heute für eine 2

---

[1] OVG Hamburg, Urteil v. 13.6.1952 – OVG Bf. II 58/51, VerwRspr 1953, 604.

Konzessionsvergabe irrelevant. Es ist aber darauf hinzuweisen, dass die Regelung der Glücksspiele zu den Bereichen gehört, in denen beträchtliche sittliche, religiöse und kulturelle Unterschiede zwischen den Mitgliedstaaten bestehen. In Ermangelung einer diesbezüglichen Harmonisierung durch die Europäische Union ist es Sache der einzelnen Mitgliedstaaten, in diesen Bereichen im Einklang mit ihrer eigenen Wertordnung zu beurteilen, welche Erfordernisse sich aus dem Schutz der betroffenen Interessen ergeben.[2] Sportwetten und Glücksspiel haben sich zu einem sehr großen und internationalen **Geschäft** entwickelt. Die Gesamtumsätze auf den legalen deutschen Glücks- und Gewinnspielmärkten lagen im Jahre 2010 bei 31,5 Milliarden Euro.[3] Die Umsätze in der Geldspielgerätewirtschaft betrugen im Jahre 2014 6,530 Milliarden Euro und steigerten sich im Folgejahr auf 6,715 Milliarden Euro.[4] Ebenso erfuhren die Wetteinsätze auf dem Sportwettenmarkt eine signifikante Steigerung. Während diese im Jahr 2014 noch bei 4,51 Milliarden Euro lagen, kletterte dieser Wert 2015 auf 4,81 Milliarden Euro und erreichte bereits in der ersten Hälfte des Jahres 2016 den Wert von 5,12 Milliarden Euro.[5] Damit überschritt die Höhe der Wetteinsätze auf dem Sportwettenmarkt erstmalig die Fünf-Milliarden-Marke.[6] Diese Daten veranschaulichen exemplarisch, dass es sich bei der Glücksspielbranche um einen dynamisch wachsenden und somit lukrativen Markt handelt. Entsprechend groß ist auf der einen Seite der Wille der Wirtschaftsteilnehmer, auf dem Markt Fuß zu fassen, während auf der anderen Seite der politische Kompromiss schwer zu erzielen ist.[7] Darüber hinaus ist zu beobachten, dass Casinobetreiber gegen verschärfte Regeln nachhaltig gerichtlich vorgehen.[8]

3 Eine Erlaubnis für die Veranstaltung von Sportwetten kann derzeit nur im Wege einer Konzession erlangt werden (§ 10a i.V.m. § 4a ff. GlüStV).[9] Offen ist, wie die **Auswahlentscheidung** für Sportwetten zukünftig vorzunehmen ist, nachdem durch das Land Hessen durchgeführten bundesweiten Auswahlverfahren als durchgängig gescheitert anzusehen ist.[10] Die Rechtsprechung stellt fest, dass auch auf absehbare Zeit ein unionsrechtskonformes Erlaubnisverfahren nicht zur Verfügung stehen wird, weil derzeit nicht heilbare im vorangegangenen Verfahren bestanden.[11] Ob und inwieweit ein Zulassungsanspruch besteht, ist umstritten. Ein Teil der Verwaltungsgerichtsbarkeit[12] befürwortet eine Zulassung tenoriert wie folgt:

1. „Es wird festgestellt, dass das Fehlen einer Erlaubnis nach §§ 4, 13 Abs. 2 AG GlüStV NRW die Klägerin bis zu einer Änderung der Sach- und Rechtslage, insbesondere solange private Anbieter tatsächlich keine Konzessionen nach § 10a Abs. 2 GlüStV erlangen können und deshalb Vermittlungserlaubnisse in NRW nicht erteilt werden, nicht daran hindert, Sportwetten mit feststehenden Gewinnquoten an im EU-Ausland – mit Ausnahme der Isle of Man – konzessionierte Sportwettenveranstalter zu vermitteln."[13]

2. „Es wird im Wege der einstweiligen Anordnung festgestellt, dass zwischen den Beteiligten kein Rechtsverhältnis besteht, wonach der Antragsgegner berechtigt ist, den Erlass einer Untersagungsverfügung und/oder die Einleitung eines Ordnungswidrigkeitenverfahrens

---

2 EuGH, Urteil v. 28.2.2018 – Rs. C-3/17 (Sporting Odds), Rn. 20.
3 *Möschel*, EuZW 2013, 252 (253).
4 *Vieweg*, Wirtschaftsentwicklung Unterhaltungsautomaten 2015 und Ausblick 2016, S. 29.
5 Goldmedia 2016, Studie: Wetteinsätze auf dem deutschen Sportwettenmakt 2012-2016; vgl. https://de.statista.com/statistik/daten/studie/557955/umfrage/wetteinsaetze-auf-dem-deutschen-sportwettenmarkt/
6 Goldmedia 2016, Studie: Wetteinsätze auf dem deutschen Sportwettenmakt 2012–2016.
7 Neuer Glücksspielstaatsvertrag vor dem Aus – Kiel stimmt nicht zu (Meldung vom 25.9.2017, becklink 2007900, beck-online); vgl. z.B. die Gesetzentwürfe in Hamburg, LT-Drs. 21/10487, im Saarland, LT-Drs. 16/97, und in Thüringen, LT-Drs. 6/4654.
8 Klagewelle wegen Unmuts der Glücksspielbranche aufgrund verschärfter Casino-Regeln (Meldung vom 20.9.2017, becklink 2007840, beck-online).
9 VGH München, Urteil v. 8.3.2018 – 10 B 15.994.
10 Vgl. z.B. VG Wiesbaden, Urteil v. 31.10.2016 – 5 K 1388/14.WI; vgl. auch Hessischer Landtag, Dringlicher Antrag der Fraktionen der CDU und BÜNDNIS 90/DIE GRÜNEN betreffend Scheitern des Zweiten Glücksspieländerungsstaatsvertrags, Hessen LT-Drs. 19/5769.
11 OVG Münster, Urteil v. 23.1.2017 – 4 A 3244/06; VGH München, Urteil v. 8.3.2018 – 10 B 15.994; Urteil v. 8.3.2018 – 10 B 15.990.
12 VG Magdeburg, Urteil v. 20.6.2017 – 3 A 151/16.
13 OVG Münster, Urteil v. 23.1.2017 – 4 A 3244/06.

gegenüber der Antragstellerin von deren Teilnahme an dem vom Antragsgegner ab dem 29. August 2016 eröffneten Verfahren zur Erteilung von „Duldungen" abhängig zu mache."[14]

3. „Der Beklagte wird verpflichtet, der Klägerin eine für 7 Jahre gültige Konzession zur Veranstaltung von Sportwetten zu erteilen."[15]

Andere Verwaltungsgerichte lehnen eine Zulassung ab.[16] Das Auswahlverfahren darf nicht regellos, unbeschränkt und ohne Grenzen ablaufen. Das **BVerfG** hat festgestellt, dass der Gesetzgeber die Bewältigung der vielgestaltigen Auswahlkonstellationen anhand sachgerechter Kriterien den zuständigen Behörden überlassen kann, da eine ausdrückliche gesetzliche Regelung soweit ersichtlich nur ein geringes Mehr an Bestimmtheit und Rechtsklarheit schaffen könnte.[17] Soweit das behördliche Auswahlverfahren im Einzelfall den genannten Rahmen nicht beachtet oder sonst individuellen Rechtspositionen der Bewerber nicht zureichend Rechnung trägt, steht ihnen verwaltungsgerichtlicher und – gegebenenfalls nach Rechtswegerschöpfung – auch verfassungsgerichtlicher Rechtsschutz offen.[18] Dieser Gedanke lässt sich auch auf das Glücksspielauswahlkonzessionsverfahren übertragen. Ein reguliertes Auswahlverfahren ist nach diesen Maßgaben auch für die Vergabe von Glücksspielkonzessionen ohne Weiteres möglich, wenn die Behörde nach sachgerecht begründeten Kriterien folgerichtig handelt.[19] Es muss aber in einem absehbaren Zeitraum zu einem gesetzlichen normierten Verfahren kommen. Wenn der Gesetzgeber untätig bleibt oder die Länder sich nicht auf ein gemeinsames Verfahren einigen, dann werden das Zulassungsverfahren und die Untersagungsverfügungen gänzlich auf die Verwaltungsgerichte übertragen.[20]

4

Für das Zulassungsverfahren kann weiterhin auf die grundsätzlichen Regelungen des **GlüStV** zurückgegriffen werden. Nach § 2 Abs. 1 GlüStV regeln die Bundesländer auf Grundlage des GlüStV die Veranstaltung, Durchführung und Vermittlung von öffentlichen Glücksspielen. Der GlüStV ist damit (neben den Landesglücksspielgesetzen) die einschlägige rechtliche Grundlage für die Regulierung des Glücksspielmarktes. Dieser wird nach der Konzeption des GlüStV in folgende Kategorien eingeteilt: Lotterien mit geringerem Gefährdungspotential, kleine Lotterien, gewerbliche Spielvermittlungen, Spielbanken, Sportwetten, Lotterien mit planmäßigem Jackpot, Spielhallen, Pferdewetten und Gewinnspiele im Rundfunk.

5

§ 4 Abs. 1 S. 1 GlüStV ordnet allgemein an, dass öffentliche Glücksspiele i.S.v. § 3 Abs. 2 GlüStV nur mit **Erlaubnis** der zuständigen Behörde veranstaltet werden dürfen. Diese allgemeine glücksspielrechtliche Erlaubnis erfährt im Speziellen eine konzessionsrechtliche Ausgestaltung, wenn der Anwendungsbereich der §§ 4a bis 4e GlüStV eröffnet ist. Der Anwendungsbereich des Konzessionsverfahrens ist in § 4a Abs. 1 S. 1 GlüStV geregelt. Insbesondere ist das Konzessionsverfahren vor der Durchführung von Sportwetten durch private Anbieter (siehe hierzu § 10a Abs. 2 GlüStV) durchzuführen. Aus § 4 Abs. 1 S. 1 GlüStV folgt kein allgemeiner Zulassungsanspruch.[21]

6

Wenn Wirtschaftsteilnehmer Glücksspiele aus dieser Kategorie veranstalten wollen, müssen sie gemäß § 4a Abs. 1 S. 1 GlüStV Inhaber einer **Konzession** sein. Nach § 4b Abs. 1 S. 1 GlüStV wird die Konzession nach Aufruf zur Bewerbung und Durchführung eines transparenten und diskriminierungsfreien Auswahlverfahrens erteilt. Dementsprechend unterliegt die öffentliche Hand der Verpflichtung, solche Auswahlverfahren in Bezug auf die Vergabe von Konzessionen in den unterschiedlichen konzessionsbedürftigen Sparten des Glücksspiels durchzuführen. Auf Grundlage des Glücksspielstaatsvertrages sind Konzessionsvergabever-

7

---

14 VGH Kassel, Beschluss v. 29.5.2017 – 8 B 2744/16.
15 VG Wiesbaden, Urteil v. 31.10.2016 – 5 K 1388/14.WI.
16 VGH München, Urteil v. 8.3.2018 – 10 B 15.994; Urteil v. 8.3.2018 – 10 B 15.990.
17 BVerfG, Beschluss v. 7.3.2017 – 1 BvR 1314/12, Rn. 185.
18 BVerfG, Beschluss v. 7.3.2017 – 1 BvR 1314/12, Rn. 186 (für Spielhallenbewerber).
19 VGH München, Urteil v. 14.11.2017 – 9 B 17.271.
20 Vgl. Thomas Wüpper & dpa, Spielhallen-Betreiber fürchten Schließungen – und klagen gegen Glücksspielgesetz, http://www.badische-zeitung.de/deutschland-1/die-zocker-branche-wehrt-sich--153791586.html, abgerufen am 24.6.2018.
21 VGH München, Urteil v. 8.3.2018 – 10 B 15.994.

8   Da die **Zahl** der zu vergebenden Konzessionen gemäß § 4a Abs. 3 S. 1 GlüStV limitiert (gewesen) und das wirtschaftliche Interesse der Gewerbetreibenden wiederum ungebrochen hoch ist, finden Zulassungsstreitigkeiten statt. Die zahlenmäßige Begrenzung gemäß § 10a Abs. 3 GlüStV auf 20 Konzessionen ist gescheitert.[22] Dennoch stellt sich weiter die Frage nach einer (zukünftigen) Regulierung. Auf der ersten Stufe des Konzessionsvergabeverfahrens hatten sich nicht weniger als 75 Interessenten beworben.[23] Es ist nicht absehbar, dass es zukünftig weniger Bewerber sein werden. Eine völlige Freigabe der Konzessionen ist im Hinblick auf die mit dem Glücksspiel verbundenen Gefahren nicht zielführend. Hierbei ist zu berücksichtigen, dass die Gestaltungsfreiheit des Normgebers dann besonders groß ist, wenn die Vorschriften dazu dienen sollen, auf einem neuen Sachgebiet die Erfahrungen zu sammeln, die später die Grundlage für dauerhafte normative Entscheidungen bilden sollen.

9   Um ein solches Versuchsgesetz handelt es sich auch bei der **„Experimentierklausel"** des § 10a GlüStV. Mit dieser auf sieben Jahre befristeten Regelung wollen die am Glücksspielstaatsvertrag beteiligten Länder erstmals erproben und durch die begleitende Evaluierung (§ 32 GlüStV) genauer ermitteln, ob sich die Ziele des § 1 GlüStV mit der begrenzten Freigabe des Sportwettenmarkts besser als mit der früheren Monopolregelung erreichen lassen. Schon um sich die Option offenzuhalten, bei einem Fehlschlagen des Versuchs zu restriktiveren Regelungen zurückzukehren, sollte zunächst die Zahl der zu vergebenden Konzessionen eng begrenzt werden. Die insoweit vorhandenen wirtschaftlichen Interessen der privaten Anbieter und Vermittler sollten zurückgestellt werden.[24]

10 Die Konzessionsvergabe für **Sportwetten** ist wegen des derzeit gescheiterten Versuchs einer Kontingentierung und der zugleich erheblichen wirtschaftlichen Bedeutung der zu vergebenden Genehmigung weiter besonders streitträchtig. Die Frage, nach welchen Kriterien ein rechtmäßiges Auswahlverfahren zu bewerten ist, stellt sich mithin umso mehr, wenn eine Begrenzung der Zahl der zu vergebenden Sportwettenkonzessionen und der zu erteilenden Erlaubnisse für Vermittlungsstellen zur Erreichung eines besonders wichtigen Gemeinwohlziels geeignet und erforderlich sein sollte.[25] Auch wenn eine größere Liberalisierung im Glücksspielbereich eingetreten ist, so bleibt dennoch festzuhalten, dass dem Staat der vollständige Kontrollverlust in diesem Bereich nicht gut zu Gesicht steht, da unstreitig mit dem Glücksspiel Gefahren verbunden sind. Regulierende Auswahlverfahren bleiben mithin notwendig. Fraglich ist nur, nach welchen Regeln sie stattzufinden haben. Die Dienstleistung der Sportwettenanbieter wird derzeit erbracht. Die gerichtliche Ablehnung eines Zulassungsanspruches ohne gesetzliche Grundlage ist dennoch konsequent und richtig,[26] zeigt aber nur die Notwendigkeit der gesetzlichen Tätigkeit in diesem Bereich auf. Sollte es zu keiner gesetzlichen Regelung kommen, dann werden die Behörden und die Gerichte die jeweilige Situation vor Ort im Einzelfall an Hand der hier aufgezeigten Grundsätze klären müssen.

I. Allgemeiner Begriff der Glücksspielkonzession

11 Der Begriff der Glücksspielkonzession umfasst keine eigenständige Kategorie von Konzessionen im materiellen Sinne gemäß § 105 GWB, sondern bezieht sich terminologisch auf alle Arten der glücksspielrechtlichen Genehmigung. Der glücksspielrechtliche Konzessionsbegriff ist älter als der vergaberechtliche gemäß § 105 GWB. „Vergabegegenstand" im Sinne des GlüStV ist eine Dienstleistungskonzession im weiteren Sinne. Es handelt sich bei dieser Kon-

---

22 Vgl. nur VG Wiesbaden, Urteil v. 31.10.2016 – 5 K 1388/14.WI.
23 VG Wiesbaden, Urteil v. 15.4.2016 – 5 K 1431/14.WI.
24 VerfGH Bayern, Entscheidung v. 25.9.2015 – Vf. 9-VII/13, Vf. 4/VII/14, Vf. 10/VII/14, Rn. 185
25 VerfGH Bayern, Entscheidung v. 25.9.2015 – Vf. 9-VII/13, Vf. 4/VII/14, Vf. 10/VII/14, Rn. 177.
26 VGH München, Urteil v. 8.3.2018 – 10 B 15.990.

zession nicht um eine GWB-Dienstleistungskonzession im engeren Sinn.[27] Die Glücksspielkonzession i.w.S. ist primär eine öffentlich-rechtliche Gestattung. Die Vermittlung von Sportwetten ist keine generell verbotene Tätigkeit, sie ist nach § 14 GewO gewerberechtlich anzuzeigen und nach § 15 Abs. 1 GewO zu bescheinigen. Die im Rahmen des Anzeigeverfahrens bei allen Gewerben zu erteilende Bescheinigung ersetzt nicht eine gegebenenfalls erforderliche Erlaubnis. Eine Prüfung, ob der Gewerbetreibende zur Ausübung des Gewerbes berechtigt ist, findet nicht statt.[28]

In der verwaltungsrechtlichen **Rechtsprechung** wird nicht zwischen der GWB-Dienstleistungskonzession oder der Verwaltungsaktkonzession unterschieden.[29] So hebt der EuGH – ohne Differenzierung – hervor, dass öffentliche Stellen, die Konzessionen vergeben, das Transparenzgebot beachten müssen. Auch wenn dieses Transparenzgebot, das bei binnenmarktrelevanten Konzessionen eingreift, nicht unbedingt eine Ausschreibung vorschreibt, verpflichtet es doch die konzessionserteilende Stelle, zugunsten der potenziellen Bewerber einen angemessenen Grad an Öffentlichkeit sicherzustellen, der eine Öffnung der Dienstleistungskonzessionen für den Wettbewerb und die Nachprüfung ermöglicht, ob die Vergabeverfahren unparteiisch durchgeführt worden sind.[30] Da sich die Vergaberegeln zwischen Dienstleistungskonzessionen im weiteren und im engeren Sinne immer mehr angleichen, wiegt die fehlende Differenzierung in der Rechtsprechung nicht allzu schwer. Sie ist aber notwendig, wenn es um die Frage des zutreffenden Rechtsweges handelt. **12**

Wenn die Glücksspielkonzession im Rahmen eines wechselseitig bindenden, einvernehmlich ausgehandelten **Vertrages** „erteilt" wird, würde es sich um eine Dienstleistungskonzession im Sinne der Konzessionsvergaberichtlinie 2014/23/EU handeln, wenn die Tatbestandsmerkmale der Dienstleistungskonzession erfüllt wären. Der Begriff der Dienstleistungskonzession wird von der Konzessionsvergaberichtlinie in Art. 5 S. 1 Nr. 1 lit. b RL 2014/23/EU definiert. Sie wird in dieser Vorschrift als ein entgeltlicher, schriftlich geschlossener Vertrag definiert, mit dem ein oder mehrere öffentliche Auftraggeber oder (andere) Auftraggeber einen oder mehrere Wirtschaftsteilnehmer mit der Erbringung und der Verwaltung von Dienstleistungen betrauen, die nicht in der Erbringung von Bauleistungen nach Art. 5 S. 1 Nr. 1 lit. a RL 2014/23/EU bestehen.[31] Im Wesentlichen hat der deutsche Gesetzgeber diese Definition in § 105 Abs. 1 Nr. 2 GWB übernommen. Statt „ein oder mehrere Unternehmen" spricht die RL 2014/23/EU von „einem oder mehreren Wirtschaftsteilnehmern", statt von „Konzessionsgeber" spricht die Richtlinie von „öffentlichen Auftraggebern oder Auftraggebern". Inhaltliche Änderungen sind damit aber nicht verbunden. **13**

Der wesentliche Unterschied zwischen dem Dienstleistungsauftrag und der GWB-Dienstleistungskonzession besteht in dem **Zahlungsweg** und der **Risikotragung** bei der Vergütung. Während die Vergütung bei der Vergabe eines Auftrages unmittelbar durch den Auftraggeber – ohne jegliches Risiko – an den Auftragnehmer erfolgt, besteht die Vergütung bei der Konzession ausschließlich aus dem Recht des Konzessionärs zur Verwertung der zu vergebenden Dienstleistung, eventuell zuzüglich der Zahlung einer bestimmten Summe.[32] Der Konzessionär muss damit zugleich das Verwertungsrisiko tragen, das vom Gesetz in § 105 Abs. 2 GWB als „Betriebsrisiko" definiert wird. **14**

---

27 Eine Dienstleistungskonzession im engeren Sinn ist eine GWB-Konzession, während der Begriff Dienstleistungskonzession alle Konzessionen, auch die verwaltungsrechtliche Konzession ohne Beschaffungsbezug mit umfassen kann; anders für eine Spielbankenkonzession: OLG Hamburg, Beschluss v. 1.11.2017 – 1 Verg 2/17.
28 Vgl. Landtag von Sachsen-Anhalt, Antwort der Landesregierung auf eine Kleine Anfrage zur schriftlichen Beantwortung, Vermittlung von Sportwetten in Wettvermittlungsstellen in Sachsen-Anhalt, Sachsen Anhalt LT-Drs. 7/2428, mit Hinweis auf *Landmann/Rohmer*, GewO, § 15 Rn. 2.
29 OVG Berlin-Brandenburg, Beschluss v. 12.5.2015 – OVG 1 S 102/14.
30 EuGH Urteil v. 22.6.2017 – Rs. C-49/16 (Unibet), Rn. 41.
31 Vgl. Erwägungsgrund 1 RL 2014/23/EU; VK Hamburg, Beschluss v. 31.7.2017 – VgK FB 3/17.
32 Vgl. ausführlich § 1 KonzVgV Rn. 49 ff., siehe auch *von Donat/Plauth*, VergabeR 2018, 42 (43).

II. Glücksspielkonzession als Dienstleistungskonzession i.S.v. § 105 GWB

15 Das Konzessionsvergaberecht findet nur bei einem vertragsrechtlichen Beschaffungsvorgang verbindliche Anwendung, wenn – wovon hier aber ausgegangen wird – keine Bereichsausnahme vorliegt. Abgesehen davon, dass keine Bereichsausnahme gegeben sein darf, müssen folgende Voraussetzungen verbindlich erfüllt sein:

- beim Vergabegegenstand muss es sich um eine Dienstleistungskonzession gemäß § 105 Abs. 1 Nr. 2 und Abs. 2 GWB handeln (kein Verwaltungsakt),
- der Schwellenwert muss gemäß § 106 Abs. 2 Nr. 4 GWB i.V.m. Art. 8 Abs. 1 RL 2014/23/EU erreicht sein,
- bei der vergebenden Stelle muss es sich um einen Konzessionsgeber gemäß § 101 Abs. 1 Nr. 1 bis 3 GWB handeln,
- der Konzessionsgegenstand darf nicht in die Bereichsausnahme des § 149 Nr. 10 GWB (Lotteriedienstleistungen) fallen,
- es muss ein Beschaffungsvorgang i.S.d. § 105 Abs. 1 Nr. 2 GWB vorliegen.[33]

Nur wenn diese Voraussetzungen erfüllt sind, ist das glücksspielrechtliche Auswahlverfahren als förmliches Vergabeverfahren gemäß den detaillierten Vorgaben des GWB, der KonzVgV und des Fachrechts durchzuführen.

16 Grundsätzlich würde hierzu gelten: das förmliche Vergaberecht als höheres Bundesrecht (Art. 31 GG) trifft die grundlegenden Aussagen über die Art und Weise der Durchführung des Konzessionsvergabeverfahrens. Die **bereichsspezifischen Regelungen** des Glücksspielrechts sind aber leges speciales und überlagern bzw. verdrängen deswegen die allgemeinen vergaberechtlichen Regelungen, wenn diese den Eigenheiten des Glücksspielrechts nicht entsprechend Rechnung tragen oder ihnen offen zuwiderlaufen.

17 Wenn die zuständige Behörde die „Konzession" als **Verwaltungsakt** einseitig-hoheitlich vergibt, ist das Vergaberecht nicht anwendbar.[34] In diesem Fall bleibt das Kartellvergaberecht selbst bei Erreichen des Schwellenwertes mangels Vergabe einer Dienstleistungskonzession des GWB im engeren Sinn stets unanwendbar, weil eine vertragliche Beschaffung nicht vorliegt, die notwendige Voraussetzung für das Eingreifen des GWB-Vergaberechts ist.

18 Nach der **hier vertretenen Auffassung** spricht mehr dafür, Glücksspielkonzessionen nicht als Konzessionen im Sinne der RL 2014/23/EU oder von § 105 Abs. 1 Nr. 2 GWB anzusehen.[35] Das OLG Hamburg[36] hat festgestellt, dass bei der Erlaubnis zum Betrieb einer Spielbank i.S.d. HmbSpielbG es sich um eine Konzession i.S.d. § 105 Abs. 1 Nr. 2 GWB, die dem Vergaberecht unterfällt. Auf die konkrete rechtliche Ausgestaltung der Konzessionserteilung komme es dabei nicht an. Erforderlich sei nur, dass der Erteilung der Konzession eine ausgehandelte Vereinbarung zwischen erteilender Stelle und Konzessionsnehmer zugrunde liege. Die Entscheidung ist – bezogen – auf das HmbSpielbG zutreffend, weil dort eine vertragliche Regelung und kein Verwaltungsakt vorlag. Weiterhin sind die angestellten Erwägungen der Konzessionierung von Spielhallen nicht auf die Konzessionierung einer Spielbank übertragbar, da sich nicht nur in der Art ihres Betriebs unterscheiden, sondern auch erheblich voneinander abweichenden Regelungen unterliegen.[37] Für die allgemeine Rechtsfrage, ob Glücksspielkonzession als Konzession i.S.d. RL 2014/23/EU oder von § 105 Abs. 1 Nr. 2 GWB anzusehen ist, ist die Entscheidung des OLG Hamburg nicht abschließend.[38]

---

33 Vgl. *Braun*, in Müller-Wrede, GWB-Vergaberecht, § 105 Rn. 77 ff.; siehe auch § 1 KonzVgV Rn. 59 ff.
34 Ausführlich § 1 KonzVgV Rn. 54 ff.
35 In diesem Sinne auch OVG Münster, Beschluss v. 8.6.2017 – 4 B 307/17; siehe ausführlich unten Rn. 19 ff.
36 OLG Hamburg, Beschluss v. 1.11.2017 – 1 Verg 2/17, mit Anmerkung *von Donat/Plauth*, VergabeR 2018, 42.
37 OLG Hamburg, Beschluss v. 1.11.2017 – 1 Verg 2/17 mit Anmerkung *von Donat/Plauth*, VergabeR 2018, 42.
38 A.A. *von Donat/Plauth*, VergabeR 2018, 42.

1. Beschaffungsvorgang

Neben den grundsätzlich geforderten Merkmalen des „Übergangs des Betriebsrisikos" und der Vollziehung eines „Beschaffungsvorgangs" wird in den Erwägungsgründen der Konzessionsrichtlinie 2014/23/EU klargestellt, dass bestimmte Handlungen der Mitgliedstaaten, wie die Erteilung von Genehmigungen oder Lizenzen, in deren Folge sich der Wirtschaftsteilnehmer nach Erteilung der Berechtigung auch wieder eigenmächtig von der Dienstleistungserbringung zurückziehen kann, nicht als Konzessionen i.S.d. RL 2014/23/EU anzusehen sind.[39] Vielmehr wäre für solche Auswahlverfahren die RL 2006/123/EG anwendbar.[40] Konzessionen lägen nach der Vorstellung des europäischen Gesetzgebers stets nur dann vor, wenn der der Konzessionsvergabe zugrundeliegende, entgeltliche Vertrag wechselseitig bindende Verpflichtungen enthalte.[41] Gerade Letzteres fehlt bei der Glücksspielkonzession.[42] Der Glücksspielkonzessionsnehmer kann seine erlaubte Tätigkeit einstellen, ohne vertragsbrüchig zu werden.[43] Nicht überzeugend ist, aus der „Lukrativität des Betriebes" eine quasi freiwillige Betriebspflicht ableiten zu wollen.[44] Die Aufgabe der Voraussetzung des Merkmales „Betriebspflicht" würde zu einer vollständigen Verwässerung des Merkmales „Beschaffungsvorganges" zur Definition der Dienstleistungskonzession führen und ist daher abzulehnen.

19

Das Ziel von Konzessionsverträgen ist die **Beschaffung** von Bau- oder Dienstleistungen durch Vergabe von Konzessionen zugunsten der öffentlichen Hand.[45] Hierbei soll den Konzessionsgebern stets der Nutzen der betreffenden Bau- oder Dienstleistung zustehen.[46] Dies ist grundsätzlich immer dann gegeben, wenn dem Konzessionsgeber die Leistung unmittelbar zugutekommt.[47] Aber auch Leistungen, die ihm bloß mittelbar – beispielsweise bei der Erfüllung der ihm obliegenden Aufgaben – zugutekommen, unterfallen dem Begriff der Beschaffung.[48] Insofern liegt ein Beschaffungsvorgang auch bei allein mittelbarem Nutzen des Konzessionsgebers vor. Insbesondere muss die Beschaffung dem Konzessionsgeber nicht „körperlich" zugutekommen.[49]

20

Die Vergabe von **Glücksspielkonzessionen** ist nach diesen Vorgaben nicht als Beschaffung anzusehen, auch nicht als indirekte Beschaffung.[50] Eine andere Sicht würde den Beschaffungsbegriff verwässern. Bei der Erteilung einer glücksspielrechtlichen Erlaubnis nach § 24 GlüStV handelt es sich nicht um eine entgeltliche wechselseitig bindende Verpflichtung, mit der ein Betreiber mit der Erbringung von Dienstleistungen betraut wird. Ein schriftlich geschlossener Vertrag liegt nicht vor. Vielmehr beschränkt sich die Behörde durch die Erlaubniserteilung auf eine reine einseitige Gestattung für die Ausübung einer Wirtschaftstätigkeit, die durch ordnungsrechtliche Anforderungen im Sinne der Suchtprävention näher eingeschränkt wird und aus deren Erbringung sich der Wirtschaftsteilnehmer von sich aus zurückziehen darf. Es fehlt nach Auffassung des OVG Münster an dem erforderlichen Beschaffungsvorgang, weil der Betrieb dem Erlaubnisgeber nicht unmittelbar wirtschaftlich zu Gute kommt.[51] Auch wenn der Begriff des unmittelbaren wirtschaftlichen Zugutekommens zu eng ist, so ist zutreffend, dass die Auswahlbehörde die ordnungsrechtlichen Anforderungen im Sinne der Suchtprävention in den Vordergrund stellt. Die Beschaffung dieser Leistungen zur Befriedigung des

21

---

39 Erwägungsgrund 14 RL 2014/23/EU; vgl. § 1 KonzVgV Rn. 63 f.
40 Erwägungsgrund 14 RL 2014/23/EU; RL 2006/123/EG.
41 Erwägungsgrund 14 RL 2014/23/EU.
42 OVG Münster, Beschluss v. 8.6.2017 – 4 B 307/17, VG Cottbus, Beschluss v. 2.10.2017 – 3 L 424/17, mit Hinweis auf Erwägungsgründe 11 ff., 14 f. RL 2014/23/EU.
43 OVG Münster, Beschluss v. 8.6.2017 – 4 B 307/17.
44 *von Donat/Plauth*, VergabeR 2018, 42 (44).
45 Erwägungsgründe 1, 11 RL 2014/23/EU; vgl. umfassend *Müller*, NVwZ 2016, 266; ausführlich § 1 KonzVgV Rn. 59 ff.
46 Erwägungsgrund 11 RL 2014/23/EU.
47 OLG München, Beschluss v. 25.3.2011 – Verg 4/11.
48 OLG München, Beschluss v. 25.3.2011 – Verg 4/11; VK Nordbayern, Beschluss v. 19.1.2011 – 21.VK-3194-48/10; *Opitz*, NVwZ 2014, 753 (757).
49 OLG München, Beschluss v. 25.3.2011 – Verg 4/11.
50 *von Donat/Plauth*, VergabeR 2018, 42 (43).
51 OVG Münster, Beschluss v. 8.6.2017 – 4 B 307/17, VG Cottbus, Beschluss v. 2.10.2017 – 3 L 424/17, mit Hinweis auf Erwägungsgründe 11 ff., 14 f. RL 2014/23/EU.

Bedarfs sei – so die Gegenansicht – vergleichbar mit der Beschaffung von Rettungsdienstleistungen oder ähnlichem, denn diese diene ebenfalls der Versorgung der Bevölkerung mit für die öffentliche Gefahrenabwehr notwendigen Leistungen. Da die Länder und Kommunen keine eigenen Spielbanken oder Spielhallen betreiben, könne dieser Bedarf nur durch die Vergabe von Konzessionen gedeckt werden.[52] Es mag eine interessante Idee sein, Rettungsdienst- und Glücksspielkonzessionen als vergleichbar anzusehen, aber der Rettungsdienst dient dem elementar wichtigen Gemeinschaftsgut der Gesundheitsfürsorge, wohingegen Glücksspiel Sucht auslösen kann und weder geduldet noch gefördert werden muss. Es geht nicht um die Beschaffung von Glücksspiel im Sinne von „Brot und Spiele" für das Volk. Im Bereich von Messen und Märkten kann dies wieder anders aussehen.[53]

22 Ein Beschaffungsbedarf wird in der Rechtsprechung auch für die Auswahlentscheidung im Bereich von **Spielhallen** verneint. Indem die Staatsvertragsparteien das ordnungsrechtliche Ziel verfolgt haben, ein ausreichendes Angebot an Glücksspiel sicherzustellen und den Bedarf der Bevölkerung in legale Bahnen zu lenken, haben sie im Bereich der Spielhallen den privaten Betreibern in einem ordnungsrechtlich für vertretbar gehaltenen Rahmen ein eigennütziges Betätigungsfeld belassen, ohne das entsprechende Angebot erstmals als eigene staatliche Aufgabe zu begreifen. Es ging ihnen nicht um eine „Verstaatlichung" des Glücksspielangebots in Spielhallen verbunden mit einer Beschaffung bei privaten Anbietern. Dies ergibt sich auch nicht aus dem Landesrecht.[54] Soweit das Land danach unter anderem die Sicherstellung eines ausreichenden Glücksspielangebots, die Suchtprävention und -forschung sowie die Glücksspielaufsicht als öffentliche Aufgabe den örtlichen Ordnungsbehörden überträgt, wird klar, dass diese öffentlichen Aufgaben dem Ordnungsrecht zugeordnet sind, was z.B. in § 2 BbgGlüAG festgelegt wird.[55]

23 Dem **Gesetz** lässt sich auch nicht entnehmen, dass den Erlaubnisnehmern im Sinne eines entgeltlichen gegenseitigen Beschaffungsvertrags eine Verpflichtung zum Betrieb ihrer Spielhallen auferlegt werden sollte. Es steht ihnen frei, ohne dass sie sich „vertragsbrüchig" machen, den erlaubten Betrieb jederzeit zu beenden.[56] Für Hamburg haben sowohl die VK als auch das OLG erkannt,[57] dass der Konzessionsgeber ein öffentliches Interesse daran habe, eine Schließung der Spielbank zum Ende der laufenden Betriebserlaubnis zu vermeiden, weil eine Schließung dazu führen würde, dass die im öffentlichen Interesse liegende Regulierung des Glücksspielbetriebs und der zur Suchtprävention notwendige Schutz der Spieler ohne eine öffentliche Spielbank nicht im erforderlichen Umfang gewährleistet werden könnte. Diese Gedanken sind für eine Spielbank im Land zutreffend, aber nicht für die Vielzahl der Glücksspielanbieter in Deutschland. Jegliche freiwillige Anbieterschließung würde vom Markt aufgefangen werden. Laut aktuellen Studien gibt es in Deutschland derzeit 133 (illegale) Sportwettseiten. Dies entspricht in etwa auch der Zahl der an einer Konzession interessierten Unternehmen. Steuern werden bereits von rund 80 Unternehmen alleine an das Finanzamt Frankfurt III entrichtet.[58]

24 Dennoch könnten für einen Beschaffungsvorgang bei der Glücksspielkonzessionsvergabe folgende Erwägungen sprechen: Richtig ist zwar, dass es sich bei der Veranstaltung und Durchführung von Glücksspiel aufgrund der Ziele des § 1 GlüStV gemäß § 10 Abs. 1 S. 1 GlüStV um eine ordnungsrechtliche Aufgabe der öffentlichen Hand handelt. Die Länder haben nach dieser Vorschrift die Aufgabe, ein ausreichendes Glücksspielangebot sicherzustellen. Mittels der Vergabe von Glücksspielkonzessionen delegiert die öffentliche Hand diese Aufgabe an private Dritte. Obwohl sie hierbei keinen eigenen unmittelbaren wirtschaftlichen oder sonstigen Vorteil erlangt, erspart sie sich die Aufgabendurchführung und erfährt dadurch bei der Erfüllung ihrer gesetzlichen Aufgaben eine Unterstützung durch private Dritte. Damit zieht sie aus der

---

52 *von Donat/Plauth*, VergabeR 2018, 42 (44).
53 Vgl. GewO Rn. 13 ff.
54 Wie z.B. § 2 Abs. 1, § 7, § 8, § 14 BbgGlüAG, § 1 Abs. 2 AG GlüStV NRW.
55 OVG Münster, Beschluss v. 8.6.2017 – 4 B 307/17; VG Cottbus, Beschluss v. 2.10.2017 – 3 L 424/17.
56 OVG Münster, Beschluss v. 8.6.2017 – 4 B 307/17.
57 OLG Hamburg, Beschluss v. 1.11.2017 – 1 Verg 2/17; VK Hamburg, Beschluss v. 31.7.2017 – VgK FB 3/17.
58 Hessischer Landtag, Dringlicher Antrag der Fraktionen der CDU und BÜNDNIS 90/DIE GRÜNEN betreffend Scheitern des Zweiten Glücksspieländerungsstaatsvertrags, Hessen LT-Drs. 19/5769.

Glücksspielkonzessionsvergabe einen **mittelbaren Nutzen** und „beschafft" sich im Ergebnis die Erbringung dieser Dienstleistung durch einen anderen Akteur. Sie vollzieht daher bei der Vergabe von Glücksspielkonzessionen zumindest einen mittelbaren Beschaffungsvorgang.[59]

Einen Beschaffungsakt haben die VK und das OLG Hamburg für eine **Spielbankenkonzession** angenommen.[60] Vom Vorliegen eines Beschaffungsvorgangs sei immer dann auszugehen, wenn der Auftraggeber sich Dritter zur Erfüllung ihm obliegender Aufgaben, etwa aufgrund öffentlich-rechtlicher Aufgabenzuweisung, von Sicherstellungs- und Gewährleistungspflichten im Bereich von Daseinsvorsorge und Gefahrenabwehr, bediene. In solchen Fällen scheide eine rechtsförmliche Qualifizierung als Genehmigungs-, Erlaubnis- oder Verwaltungsakt nach gemeinschaftsrechtlichen Maßstäben aus. Das möge anders zu beurteilen sein, wenn ausnahmslos jeder Wirtschaftsteilnehmer, der die zuvor festgelegten Eignungskriterien erfülle, unbeschränkt und ohne Festlegung einer Quote oder anderer objektiver Zulassungsbeschränkungen eine entsprechende Genehmigung erhalten würde. Die sei bei der Hamburger Spielbankenkonzession nicht der Fall.[61] Für einen lokal begrenzten Markt ist die Auffassung richtig. Nachdem die Begrenzung auf 20 Lizenzen nicht mehr besteht, kann von einer nachhaltigen Zulassungsbeschränkung nicht mehr ausgegangen werden. Auch das Verfahren auf Erteilung einer Spielhallenlizenz ist ein ganz anderes als das auf Vergabe einer Konzession zum Betrieb einer Spielbank: Um die Erlaubnis zum Betrieb einer Spielhalle kann nach § 33c Abs. 2 GewO jederzeit jeder Unternehmer nachsuchen, der die Voraussetzungen dieser Norm erfüllt; wird ihm die Lizenz erteilt, ist es seine Sache, ob er davon Gebrauch macht oder nicht. Anders als bei konzessionierten Spielbanken, deren Anzahl durch die Landesgesetzgeber weitgehend beschränkt ist, betreiben das Gewerbe des Unterhaltens einer Spielhalle in der Regel viele Lizenznehmer nebeneinander, jeder für sich auf eigene Rechnung. Daher wird die Erteilung einer Erlaubnis zum Betrieb einer Spielhalle kaum je mit einer Verpflichtung zu deren Betrieb wird verbunden werden müssen. Schon aus diesem Grund stellt sich die in der Entscheidung des OVG Münster[62] problematisierte Frage der Anwendung des Vergaberechts für die Konzessionierung des Betriebs einer Spielhalle unter ganz anderen Vorzeichen als die der Konzessionierung einer Spielbank.[63] Wenn die Erteilung einer glücksspielrechtlichen Erlaubnis jedoch mit der Verpflichtung zum Betrieb verbunden sein sollte, dann dürfte von einem Beschaffungsvorgang auszugehen sein.

Für eine Beschaffung könnte auch sprechen, dass **räumliche Beschränkungen** vorliegen, sodass Konzessionen mit Ausschließlichkeitsrechten vergeben werden.[64] Wenn Sportwetten weiterhin kontingentiert werden sollten, könnte dies in Richtung Beschaffungsbezug zeigen. Letztlich lassen sich räumliche Beschränkungen nicht völlig durchsetzen. So steht einer Kontingentierung bei Spielhallen entgegen, dass insoweit lediglich die Spielhallenstandorte verknappt werden, wie dies in den einzelnen Kommunen auch etwa im Wege der Bauleitplanung möglich ist. Dies schließt nicht aus, dass Spielhallenbetreiber erforderlichenfalls auf andere Standorte ausweichen können, an denen eine geringere Konzentration von Spielhallen besteht und ihre Errichtung auch bauplanungsrechtlich zulässig ist. Es gibt keine Anhaltspunkte dafür, dass Spielhallen dort nicht wirtschaftlich betrieben werden können oder es absehbar zu einer Erschöpfung der Standortkapazität für Spielhallen im gesamten Geltungsbereich der betreffenden Regelungen und damit zu einer faktischen Kontingentierung kommen könnte.[65] Wenn diese Gedanken auf Glücksspielkonzessionen übertragen werden, bedeutet dies, dass Anbieter ihre Dienstleistung sogar in der ganzen Gemeinschaft anbieten können. Beschränkungen innerhalb des Gebietes der Bundesrepublik Deutschland führen auch nicht dazu, dass

---

59 Vgl. *Müller*, NVwZ 2016, 266 (267) (Spielbankkonzession als GWB-Dienstleistungskonzession).
60 OLG Hamburg, Beschluss v. 1.11.2017 – 1 Verg 2/17 mit Anmerkung *von Donat/Plauth*, VergabeR 2018, 42; VK Hamburg, Beschluss v. 31.7.2017 – VgK FB 3/17.
61 VK Hamburg, Beschluss v. 31.7.2017 – VgK FB 3/17.
62 OVG Münster, Beschluss v. 8.6.2017 – 4 B 307/17, VG Cottbus, Beschluss v. 2.10.2017 – 3 L 424/17, mit Hinweis auf Erwägungsgründe 11 ff., 14 f. RL 2014/23/EU.
63 VK Hamburg, Beschluss v. 31.7.2017 – VgK FB 3/17.
64 Vgl. OVG Münster, Beschluss v. 8.6.2017 – 4 B 307/17 mit Hinweis auf eine gutachtliche Stellungnahme der Sozietät Müller-Wrede & Partner Rechtsanwälte vom 24. April 2017.
65 Vgl. OVG Münster, Beschluss v. 8.6.2017 – 4 B 307/17.

z.B. ein Internetangebot – bezogen auf die gesamte Europäische Union – nicht mehr wirtschaftlich betrieben werden können. Dies würde gegen einen Beschaffungsvorgang sprechen.

2. Handlungsform: Vertrag oder Verwaltungsakt

27 Dies knüpft an die Überlegung an, dass die Vergabe einer Konzession stets in der Form eines **Vertrages** zwischen Konzessionsgeber und Konzessionsnehmer erfolgen muss.[66] Wenn ein Vertrag vorliegt, dann kann auch eine Dienstleistungskonzession bejaht werden. Die Erteilung der Erlaubnis zum Betrieb einer Spielbank erfüllt die Voraussetzungen der Konzessionsvergaberichtlinie 2014/23/EU und des § 105 GWB. Die Konzessionierung der Spielbank nach hamburgischem Recht ist insbesondere ein „Vertrag" im Sinne von § 105 GWB. Es handelt sich dabei um mehr als um eine schlicht durch Verwaltungsakt ergehende Erlaubnis.[67] Der Begriff des Vertrages im vergaberechtlichen Sinn ist aber nicht identisch mit dem Begriff des Vertrages im deutschen bürgerlichen Recht. Ein diesem gegenüber erweiterter Begriffsinhalt ist schon deswegen angezeigt, weil anderenfalls eine Umgehung der vergaberechtlichen Vorschriften durch eine entsprechende Organisation des Beschaffungswesens drohen würde. Daher kommt es nicht auf die nationalrechtliche Zuordnung der rechtlichen Ausgestaltung an, sondern darauf, ob und dass der Erteilung der Konzession eine ausgehandelte Vereinbarung zwischen erteilender Stelle und Konzessionsnehmer zugrunde liegt. Auch die schon bestehende Konzession der Spielbank umfasst neben der im Wege des Verwaltungsakts erteilten Spielbankerlaubnis eine die Einzelheiten des Betriebs der Spielbank regelnde Abrede.[68] Auf den **Rechtscharakter** des Vertrages als ein öffentlich-rechtlich oder zivilrechtlich geprägtes Rechtsverhältnis kommt es hierbei nicht an. Das Konzessionsvergaberecht unterscheidet insoweit nicht zwischen privatrechtlichen und öffentlich-rechtlichen Verträgen.[69]

28 Lediglich die Handlungsform des **Verwaltungsakts** gemäß § 35 VwVfG ist bei der Konzessionsvergabe unzulässig, da es sich dabei nicht um einen wechselseitig bindenden Vertrag, sondern um eine einseitige hoheitliche Regelung handelt.[70] Eine Vereinbarung ist dann kein Vertrag, wenn sie in Wirklichkeit ein einseitiger Verwaltungsakt gemäß § 35 VwVfG ist, der eine Verpflichtung allein für den Auftragnehmer vorsieht und der deutlich von den normalen Bedingungen eines kommerziellen Angebotes abweicht. Wesentliches Kriterium für das Vorliegen eines Vertrages ist die Existenz eines gewissen Maßes an Spielraum für den Auftragnehmer bei der Ausgestaltung der Auftragsbedingungen.[71]

29 Nach § 4c Abs. 1 S. 1 **GlüStV** wird die Konzession schriftlich „erteilt". Diese Wortwahl erinnert an die Erteilung einer Genehmigung (als Verwaltungsakt). Ein Verwaltungsakt ist gemäß § 35 S. 1 VwVfG jede Verfügung, Entscheidung oder andere hoheitliche Maßnahme, die eine Behörde zur Regelung eines Einzelfalls auf dem Gebiet des öffentlichen Rechts trifft und die auf unmittelbare Rechtswirkung nach außen gerichtet ist. § 4c Abs. 1 S. 1 GlüStV hat damit die Konnotation des einseitig Hoheitlichen – im Gegensatz zu einer zweiseitig einvernehmlichen Regelung von Vertragspartnern auf Augenhöhe. Andererseits schließt der Wortlaut des § 4c Abs. 1 S. 1 GlüStV den Abschluss eines Vertrages nicht direkt aus. Der Begriff „erteilt" könnte im weiten, funktionell verstandenen Sinne auch den Abschluss eines Vertrages beinhalten. Zudem spricht aber § 4c Abs. 2 GlüStV von der Festlegung von „Inhalts- und Nebenbestimmungen", die der Sicherstellung der Einhaltung der Vergabevoraussetzungen und weiterer Pflichten dienen sollen. Der Begriff der „Nebenbestimmungen" findet seine Wurzeln in der

---

[66] Vgl. *von Donat/Plauth*, VergabeR 2018, 42 (44); Erwägungsgrund 11 RL 2014/23/EU; siehe auch § 1 KonzVgV Rn. 54 ff.
[67] OLG Hamburg, Beschluss v. 1.11.2017 – 1 Verg 2/17 mit Anmerkung *von Donat/Plauth*, VergabeR 2018, 42 (44); VK Hamburg, Beschluss v. 31.7.2017 – VgK FB 3/17.
[68] OLG Hamburg, Beschluss v. 1.11.2017 – 1 Verg 2/17 mit Anmerkung *von Donat/Plauth*, VergabeR 2018, 42 (44); VK Hamburg, Beschluss v. 31.7.2017 – VgK FB 3/17.
[69] BGH, Beschluss v. 1.12.2008 – X ZB 31/08, Rn. 17; OLG Naumburg, Beschluss v. 22.12.2011 – 2 Verg 10/11B.
[70] Vgl. Erwägungsgrund 14 RL 2014/23/EU.
[71] Vgl. OVG Magdeburg, Beschluss v. 22.2.2012 – 3 L 259/10.

Dogmatik des Verwaltungsaktes. All dies spricht für den Erlass eines Verwaltungsaktes und nicht für den Abschluss eines öffentlich-rechtlichen Vertrages.

3. Betriebsrisiko

Gegen das Vorliegen einer Dienstleistungskonzession spricht nicht das Erfordernis eines **Betriebsrisikos**.[72] Das Vorliegen einer Dienstleistungskonzession i.S.d. § 105 Abs. 1 Nr. 2 GWB schließt – auch im Bereich der Glücksspielkonzessionen i.e.S. – gemäß § 105 Abs. 2 GWB zwingend die Übertragung eines Betriebsrisikos wirtschaftlicher Art auf den Konzessionsnehmer ein.[73] Ein Betriebsrisiko wird als das Risiko, den Unwägbarkeiten des Marktes ausgesetzt zu sein, verstanden, wobei es sich gemäß § 105 Abs. 2 S. 3 GWB um ein Nachfrage- oder ein Angebotsrisiko oder um beides zugleich handeln kann. Nachfragerisiko ist das Risiko der tatsächlichen Nachfrage nach den Dienstleistungen, die Gegenstand des Vertrags sind. Angebotsrisiko ist das mit der Erbringung der Dienstleistungen, die Gegenstand des Vertrags sind, verbundene Risiko, insbesondere das Risiko, dass die bereitgestellten Dienstleistungen nicht der Nachfrage entsprechen. Dies schließt die Möglichkeit ein, dass die Investitionsaufwendungen und die Kosten für die Erbringung der Dienstleistungen unter normalen Betriebsbedingungen nicht wieder erwirtschaftet werden können, auch wenn ein Teil des Risikos bei den Auftraggebern verbleibt.[74] Nicht ausschlaggebend für die Einstufung als Konzession sind allerdings solche Risiken, die sich aus einer mangelhaften Betriebsführung bzw. aus Beurteilungsfehlern des Wirtschaftsteilnehmers ergeben sowie im Zusammenhang mit vertraglichen Ausfällen des Wirtschaftsteilnehmers oder Fällen höherer Gewalt stehen.[75]

30

Im Bereich der Vergabe von **Glücksspielkonzessionen** erhalten die Konzessionsnehmer gemäß § 4a Abs. 1 S. 1 GlüStV das Recht, das grundsätzlich der öffentlichen Hand vorbehaltene Glücksspiel zu veranstalten und sich aus den Einnahmen zu finanzieren. Sie haben dabei das Risiko der Amortisation ihrer Investitionen und Betriebskosten als „wirtschaftliches Risiko" zu tragen. Zwar besteht aufgrund der hohen Attraktivität des Glücksspielmarktes kaum ein nennenswertes Amortisationsrisiko.[76] Quantitativ kommt es hinsichtlich der Beurteilung des Betriebsrisikos jedoch nicht auf die Höhe des übernommenen Risikos an, sondern vielmehr auf die quotale Verteilung zwischen Konzessionsgeber und Konzessionär. Es kommt darauf an, dass der Konzessionär zu einem maßgeblichen Teil dasjenige Risiko übernimmt, dem sich der Konzessionsgeber ausgesetzt sähe, wenn er die betreffende Tätigkeit selbst ausüben würde.[77]

31

Hierbei ist allerdings zu beachten, dass der Konzessionsgeber nicht mehr Risiken übertragen kann, als er selbst trägt. So ist es unschädlich, wenn dem Glücksspielkonzessionär nur ein **beschränktes Amortisationsrisiko** übertragen wird, weil bereits das Risiko des Konzessionsgebers stark begrenzt war. Jedenfalls kann vom Übergang des Betriebsrisikos ausgegangen werden, wenn ein „spekulatives" Element hinsichtlich der Investitionen und Kosten beim Konzessionär verbleibt.[78] Wenn der Konzessionär hingegen seine Kosten so vorhersehbar kalkulieren kann, dass er kein Verlustrisiko, sondern bloß ein Erlösrisiko trägt, ist dieses vernachlässigbar und stellt damit kein Betriebsrisiko dar.[79] Obgleich es sich beim Glücksspielmarkt um eine dynamisch wachsende Branche handelt, existiert zugunsten des einzelnen Glücksspielbetreibers keine Garantie, dass dieser immer mit einer Amortisation seiner Ausgaben rechnen kann. Ein abstraktes Verlustrisiko und damit ein spekulatives Element ist auch diesem marktwirtschaftlichen Bereich immanent, was für die Anforderungen an das Merkmal des „Betriebsrisikos" letztendlich ausreichend ist.

32

---

72 Bejaht für die Spielbankenkonzession: VK Hamburg, Beschluss v. 31.7.2017 – VgK FB 3/17.
73 OLG Karlsruhe, Beschluss v. 14.11.2014 – 15 Verg 10/14.
74 Erwägungsgrund 18 RL 2014/23/EU.
75 Vgl. ausführlich § 1 KonzVgV Rn. 66 ff.
76 Vgl. etwa *Vieweg*, Wirtschaftsentwicklung Unterhaltungsautomaten 2015 und Ausblick 2016, S. 29.
77 EuGH, Urteil v. 10.9.2009 – Rs. C-206/08 (Eurawasser), Rn. 70 ff.
78 *Bultmann*, NVwZ 2011, 72 (74); *Opitz*, NVwZ 2014, 753 (756).
79 *Bultmann*, NVwZ 2011, 72 (74).

4. Bereichsausnahme?

33 Ob und inwieweit eine Bereichsausnahme eingreift ist umstritten.[80] Das GWB-Vergaberecht ist auch nicht anwendbar, wenn eine Bereichsausnahme vorliegt. Wenn das Rechtsregime des Vergaberechts für Glücksspielkonzessionen nicht gilt, ist dem unterlegenen Bewerber der Weg zu den Vergabekammern nach §§ 154, 155 GWB versperrt.

34 Art. 10 Abs. 8 RL 2014/23/EU sieht eine Bereichsausnahme für **Lotteriedienstleistungen** gemäß der CPV-Nummer 92351100-7 vor. Diese Regelung wurde eins zu eins vom deutschen Gesetzgeber in § 149 Nr. 10 GWB übernommen. Damit fallen Lotteriedienstleistungen i.S.d. § 3 Abs. 3 S. 1 GlüStV aus dem Regelungsbereich der RL 2014/23/EU bzw. des förmlichen Kartellvergaberechts heraus, wenn die Vorschrift wörtlich interpretiert wird.[81]

35 Teilweise wird aber angenommen, dass sich die Bereichsausnahme auch auf **weitere glücksspielrechtliche Veranstaltungen** erstreckt, wie beispielsweise auf Sportwetten i.s.v. §§ 3 Abs. 1 S. 4 GlüStV.[82] Dafür könnte auch sprechen, dass § 312g Nr. 12 BGB Wett- und Lotteriedienstleistungen in einer Auflistung zusammenfasst. Danach zeichnen sich die betroffenen Dienstleistungen durch ihr spekulatives Element aus. In beiden Formen erhält der Verbraucher als Gegenleistung für seinen Einsatz eine Gewinnchance und dass zu einem bestimmten Zeitpunkt – mit Ziehung der Gewinne, Durchführung des Spiels, Bekanntwerden des bewetteten Ergebnisses usw. – entweder der Anspruch auf den Gewinn entsteht oder aber sich das Geschäft für den Verbraucher als Verlustgeschäft herausstellt.[83]

36 Dagegen könnten der **Wortlaut** der Norm und die **CPV-Nummern** sprechen. Mit der Nennung der konkreten CPV-Nummer hat der europäische Gesetzgeber klargestellt, dass die Bereichsausnahme nicht extensiv, sondern restriktiv und damit bloß auf Lotteriedienstleistungen bezogen ist. Sportwettenkonzessionen oder andere Glücksspielformen können nicht unter den Begriff der Lotteriedienstleistungen subsumiert werden, da sie allein schon begrifflich in anderen Kategorien einzuordnen sind. So sind Sportwetten offensichtlich in die Kategorie der „Dienstleistungen des Spiel- und Wettbetriebs" gemäß CPV-Nummer 92350000-9 sowie die Kategorie der „Dienstleistungen von Spiel- und Wetteinrichtungen" gemäß CPV-Nummer 923510000-6 einzuordnen. Hätte der europäische Gesetzgeber den Bereich der Sportwetten ebenfalls vom Regelungsbereich der Konzessionsvergaberichtlinie ausnehmen wollen, so hätte er den Regelungsgegenstand der Sportwetten ebenso konkret unter Angabe der einschlägigen CPV-Nummer nennen müssen. Dies gilt mit § 149 Nr. 10 GWB gleichfalls für den deutschen Gesetzgeber.

37 Der EuGH hat wiederholt – auch nach Inkrafttreten der Konzessionsvergaberichtlinie 2014/23/EU – entschieden, dass die Regelung der Glücksspiele zu den Bereichen gehört, in denen beträchtliche sittliche, religiöse und kulturelle Unterschiede zwischen den Mitgliedstaaten bestehen. Wegen einer fehlenden **Harmonisierung** des betreffenden Gebiets durch die Union ist es Sache der einzelnen Mitgliedstaaten, in diesen Bereichen im Einklang mit ihrer eigenen Wertordnung zu beurteilen, welche Erfordernisse sich aus dem Schutz der betroffenen Interessen ergeben. Sie verfügen bei der Bestimmung des ihnen am geeignetsten erscheinenden Niveaus des Schutzes der Verbraucher und der Sozialordnung über ein weites Ermessen.[84] Dies würde dafür sprechen, die Glücksspielkonzessionen der Bereichsausnahme unterfallend anzusehen. Für die Bereichsausnahme wird weiter geltend gemacht, dass der Glücksspielbereich weiterhin insgesamt nicht europarechtlich harmonisiert ist.[85]

---

80 Bejahend OVG Münster, Beschluss v. 8.6.2017 – 4 B 307/17; verneinend OLG Hamburg, Beschluss v. 1.11.2017 – 1 Verg 2/17 mit Anmerkung *von Donat/Plauth*, VergabeR 2018, 42.
81 Vgl. *Germelmann*, in: Burgi/Dreher, Vergaberecht, § 149 GWB Rn. 94 ff.; *Fandry*, in: Kulartz/Kus/Portz/Prieß, GWB-Vergaberecht, § 149 Rn. 11; *Tugendreich/Heller*, in: Müller-Wrede, GWB-Vergaberecht, § 149 Rn. 132.
82 Generalanwalt Maciej Szpunar, Schlussanträge v. 22.10.2015 – Rs. C-336/14 (Ince), Rn. 71; VGH Kassel, Beschluss v. 16.10.2015 – 8 B 1028/15; Beschluss v. 28.6.2013 – 8 B 1220/13; VG Wiesbaden, Beschluss v. 8.6.2015 – 5 L 1433/14.WI; *Willenbruch*, in: Willenbruch/Wieddekind, Vergaberecht, § 129 GWB Rn. 12.
83 Vgl. *Wendehorst*, in: Säcker/Rixecker/Oetker/Limperg, BGB, § 312g Rn. 52.
84 OVG Münster, Beschluss v. 8.6.2017 – 4 B 307/17 m.w.N.
85 OVG Münster, Beschluss v. 8.6.2017 – 4 B 307/17.

Das OLG Hamburg hat keine Bereichsausnahme erkannt.[86] Es stellt – ohne den Begriff der Bereichsausnahme zu verwenden – auf das **öffentliche Interesse** der Vergabe ab und stellt fest, dass der Betrieb einer Spielbank im öffentlichen Interesse liege.[87] Woran ein öffentliches Interesse bestehe und auf welchem Wege dessen Wahrung verfolgt wird, definieren die Staaten der Europäischen Union nach Art. 2 RL 2014/23/EU in eigener Verantwortung. Nach deutschem Recht beschränke sich das öffentliche Interesse an einer Kontrolle des Glücksspielwesens und insbesondere an dem Betrieb von Spielbanken nicht darauf, dass der (Bundes-)Gesetzgeber das Betreiben von Glücksspielen in § 284 StGB von einer vorherigen öffentlich-rechtlichen Erlaubnis abhängig gemacht habe. Das öffentliche Interesse gehe vielmehr weiter, nämlich dahin, von staatlicher Seite Sorge dafür zu tragen, dass unter staatlicher Aufsicht ein Betrieb von Glücksspielen stattfinde, um so den – als gegeben hinzunehmenden – Spieltrieb von Kreisen der Bevölkerung nicht zu unterdrücken und durch eine solche Unterdrückung glücksspielwillige und durch eine Spielsucht gefährdete Personen in die schwer zu kontrollierende Illegalität zu treiben, sondern den Spieltrieb zu kanalisieren.[88]

Das OVG Münster sieht die Bereichsausnahme § 149 Nr. 10 GWB für Glücksspielkonzessionen als einschlägig an.[89] Auch nach **Erwägungsgrund 35 RL 2014/23/EU** sollte die Richtlinie das Recht der Mitgliedstaaten nicht beschränken, im Einklang mit dem Unionsrecht zu entscheiden, auf welche Weise – einschließlich durch Genehmigungen – der Spiel- und Wettbetrieb organisiert und kontrolliert wird. Im Anschluss an diese allgemeine Erläuterung bezogen auf das ganze Spiel- und Wettrecht finden sich Ausführungen zum Ausschluss von Konzessionen für den Lotteriebetrieb vom Anwendungsbereich der Richtlinie mit der ergänzenden Begründung. Es müsse den Mitgliedstaaten möglich bleiben, aufgrund ihrer Verpflichtungen zum Schutz der öffentlichen und sozialen Ordnung den Bereich Spieltätigkeiten auf nationaler Ebene zu regeln; insoweit könne kein wettbewerbliches Verfahren zur Anwendung kommen.[90] Dieser Gedanke ist insoweit nicht ganz von der Hand zu weisen, dass gemäß § 97 Abs. 1 S. 1 GWB schon der Wettbewerbsgrundsatz für ein vergaberechtliches Konzessionsauswahlverfahren gilt. Die Verfahrensfreiheiten der KonzVgV sind aber unter Berücksichtigung der strategischen Kriterien so gestaltet, dass der Konzessionsgeber auch unter Einhaltung wettbewerblicher Grundsätze eine Konzessionsvergabe gestalten kann, die den Schutz der Verbraucher und der Sozialordnung und ordnungsrechtliche Gesichtspunkte der Suchtprävention respektiert.

Dass die Erteilung einer Erlaubnis zum Betrieb eines Glücksspiels ein Vorgang von öffentlichem Interesse sei, der dem Vergaberecht unterliegen könne, stehe letztlich außer Zweifel, weil sich dies aus der Konzessionsvergaberichtlinie 2014/23/EU ergeben würde. Nach deren Erwägungsgrund 35 solle diese Richtlinie das **Recht der Mitgliedstaaten** nicht beschränken, auf welche Weise – einschließlich durch Genehmigungen – der Spiel- und Wettbetrieb organisiert und kontrolliert werde. Allerdings stehe schon diese Einschränkung des Geltungsbereichs ausdrücklich unter dem Vorbehalt, dass eine solche Entscheidung eines Mitgliedstaates nur „im Einklang mit dem Unionsrecht" getroffen werden dürfte. Besonders hervorgehoben werde dann aber insbesondere, dass es deshalb „angezeigt" sei, „Konzessionen für den Betrieb von Lotterien aus dem Anwendungsbereich dieser Richtlinie auszuschließen, die ein Mitgliedstaat einem Wirtschaftsteilnehmer auf der Grundlage eines ausschließlichen Rechts mittels eines nicht veröffentlichten Verfahrens nach nationalen Rechts- oder veröffentlichten Verwaltungsvorschriften […] gewährt hat."[91]

Damit, dass der Richtliniengesetzgeber nur den Betrieb von Lotterien aus dem Anwendungsbereich der Konzessionsvergaberichtlinie ausgenommen haben wolle, bringe er eindeutig zum Ausdruck, dass Glücksspiele sonstiger Art grundsätzlich in den Anwendungsbereich der

---

86 OLG Hamburg, Beschluss v. 1.11.2017 – 1 Verg 2/17 mit Anmerkung *von Donat/Plauth*, VergabeR 2018, 42 (44).
87 OLG Hamburg, Beschluss v. 1.11.2017 – 1 Verg 2/17 mit Anmerkung *von Donat/Plauth*, VergabeR 2018, 42 (44).
88 OLG Hamburg, Beschluss v. 1.11.2017 – 1 Verg 2/17 mit Anmerkung *von Donat/Plauth*, VergabeR 2018, 42 (44).
89 OVG Münster, Beschluss v. 8.6.2017 – 4 B 307/17.
90 OVG Münster, Beschluss v. 8.6.2017 – 4 B 307/17.
91 OLG Hamburg, Beschluss v. 1.11.2017 – 1 Verg 2/17 mit Anmerkung *von Donat/Plauth*, VergabeR 2018, 42 (44).

Konzessionsvergaberichtlinie fallen; hätte das nicht so sein sollen, wäre die Statuierung dieses **besonderen Ausnahmetatbestandes** – der zudem in dem Erwägungsgrund 35 RL 2014/23/EU noch näher ausgeführt und begründet wird – schlicht überflüssig gewesen.[92] Das Wortlautargument des OLG Hamburg spricht auf gegen eine Bereichsausnahme für Glücksspiele nach dem GlüStV, weil diese schon sprachlich keine Lotterien sind.

42 Sofern befürchtet werde, dass die Einbeziehung von Regelungen des Glücksspielbetriebes in das Vergaberecht zu einer **übermäßigen Erweiterung** des Anwendungsbereichs der Regelungen des Vergaberechts führen könnte, sei diese Befürchtung schon deshalb unbegründet, weil die sich aus dem Vergaberecht ergebenden Einschränkungen staatlichen Handelns erst dann zur Anwendung kommen, wenn eine staatliche Entscheidung über die Erlaubnis eines Glücksspielbetriebs – über das Vorliegen eines öffentlichen Interesses hinaus – auch den weiteren Voraussetzungen der Konzessionsvergaberichtlinie bzw., in Deutschland, des § 105 GWB unterfallen würde.[93]

43 Diese Sichtweise stehe mit der **Rechtsprechung des EuGH** nicht in Widerspruch. In einem Urteil vom 8. September 2016[94] hat der Gerichtshof zwar ausgeführt, dass die Vergabe von Glücksspiellizenzen nur insoweit europarechtlichen Schranken unterliege, als sie EU-ausländische Anbieter nicht benachteiligen dürfe. Dieses Urteil habe indessen den Betrieb eines Büros zur Annahme von Sportwetten betroffen, nicht die Konzessionierung einer Spielbank, und sie erging zwar zeitlich nach dem Erlass der Konzessionsvergaberichtlinie.[95]

44 Wenn keine Bereichsausnahme vorliegen würde, müsste das Verfahren zur Vergabe von Glücksspielkonzessionen nach der KonzVgV durchgeführt werden. Nach **hiesiger Auffassung** sprechen jedoch mehr Gründe für das Eingreifen der Bereichsausnahmen, da die Ausnahmeregelung in diesem Fall eher weit ausgelegt werden sollte. Zudem hat keine europarechtliche Harmonisierung dieses Rechtsgebietes stattgefunden. Die Lösung für eine Auswahlentscheidung kann die Durchführung eines Verteilungsverwaltungsverfahrens sein. Die Situation ist vergleichbar mit einer staatlichen Entscheidung zur Verteilung von Knappheitssituationen.[96] Es bietet sich insgesamt die die Durchführung eines strukturierten Vergabeverwaltungsverfahrens an.[97] Für eine umfassende verwaltungsrechtliche Lösung spricht auch die Notwendigkeit der Untersagungsverfügungen, wenn die Konzessionsnehmer allgemeine Auflagen nicht einhalten.[98] Würde die Erteilung und Untersagung getrennt, dann würden zusammenhängende Bereiche unnötig auseinander gerissen.

III. Konzessionsgeber

45 Glücksspielwetten werden durch den Konzessionsgeber vergeben, wobei sich dieser Begriff in der verwaltungsrechtlichen Rechtsprechung (noch) nicht durchgesetzt hat.[99]

46 Nach § 9a Abs. 1 S. 1 Nr. 3 GlüStV ist die **Glücksspielaufsichtsbehörde** des Landes Hessen für die Erteilung der Konzessionen nach § 4a Abs. 1 S. 1 GlüStV gemäß § 4a Abs. 2 S. 1 GlüStV länderübergreifend zuständig. Die hierfür zuständige Behörde ist aufgrund des Beschlusses der hessischen Landesregierung nach Art. 104 Abs. 2 Landesverfassung Hessen das Hessische Ministerium des Innern und für Sport.

47 Nach dem GlüStV trifft das **Glücksspielkollegium** die maßgeblichen Beschlüsse, entscheidet verbindlich über Konzessionen, Erlaubnisse, die zulässige Werbung und Maßnahmen der

---

[92] OLG Hamburg, Beschluss v. 1.11.2017 – 1 Verg 2/17, mit Hinweis auf OVG Münster, Beschluss v. 8.6.2017 – 4 B 307/17, Rn. 79 ff.
[93] OLG Hamburg, Beschluss v. 1.11.2017 – 1 Verg 2/17, mit Hinweis auf OVG Münster, Beschluss v. 8.6.2017 – 4 B 307/17, Rn. 79 ff.
[94] EuGH, Urteil v. 8.9.2016 – Rs. C-225/15 (Politanò), Rn. 38 ff.
[95] OLG Hamburg, Beschluss v. 1.11.2017 – 1 Verg 2/17 mit Hinweis auf OVG Münster, Beschluss v. 8.6.2017 – 4 B 307/17, Rn. 79 ff.
[96] Vgl. ausführlich *Wollenschläger*, Verteilungsverfahren, S. 674.
[97] Vgl. OVG Lüneburg, Beschluss v. 12.11.2012 – 13 ME 231/12.
[98] Siehe unten Rn. 175 ff.
[99] Anders schon OLG Hamburg, Beschluss v. 1.11.2017 – 1 Verg 2/17.

Glücksspielaufsicht. Es besteht aus Mitgliedern, die von den Ländern entsandt werden. Die Verfahren sind nicht öffentlich. Gegenüber dem Bürger tritt das Kollegium nicht unmittelbar auf. Nach außen handelt je nach Entscheidung eine Glücksspielaufsichtsbehörde eines Bundeslandes mit Wirkung für alle Länder. Die Beschlüsse des Kollegiums sind für die handelnden Landesbehörden bindend. Die im Glücksspielstaatsvertrag erfolgte Zuweisung von Entscheidungsbefugnissen an das Kollegium ist – in den Worten des VGH Kassel – *„mit dem Bundesstaatsprinzip und dem Demokratieprinzip des Grundgesetzes nicht vereinbar"*.[100] Die Reform des Glücksspielrechtes wird ergeben, wer als Konzessionsgeber für die Glücksspielkonzessionen auftreten kann. Letztlich handelt es sich um eine organisationsrechtliche Fragestellung, die hier nicht abschließend erörtert werden kann.

B. Regelungen für das Auswahlverfahren

Das Auswahlverfahren kann trotz der Umsetzungsschwierigkeiten nicht völlig unreguliert bleiben, auch wenn das bisherige Verfahren möglicherweise verfassungswidrig ist.[101] Wenn z.B. eine bisherige zahlenmäßige Begrenzung auf 200 Wettvermittlungsstellen in Hamburg aufgehoben und durch ein qualitatives Erlaubnismodell ersetzt wird,[102] dann werden sich die Fragen nach den Regelungen für ein materielles Auswahlverfahren weiter stellen. Ob das z.B. in Hamburg vorgesehene Losverfahren Bestand haben wird, wird sich zeigen.[103] 48

Schrankenlos ist eine Kontingentierung oder ein qualitatives Erlaubnismodell nicht durchzusetzen. Maßstab für jegliche Regulierung ist zunächst der **AEUV**. Art. 56 AEUV verlangt die Abschaffung aller Beschränkungen des freien Dienstleistungsverkehrs – selbst, wenn sie unterschiedslos für inländische Dienstleistende wie für solche aus den anderen Mitgliedstaaten gelten –, sofern sie geeignet sind, die Tätigkeiten des Dienstleistenden, der in einem anderen Mitgliedstaat ansässig ist, in dem er rechtmäßig ähnliche Dienstleistungen erbringt, zu unterbinden, zu behindern oder weniger attraktiv zu machen.[104] Der Gerichtshof hat insoweit bereits entschieden, dass nationale Rechtsvorschriften, die die Veranstaltung von Glücksspielen ohne vorab erteilte behördliche Erlaubnis verbieten, eine Beschränkung des in Art. 56 AEUV verbürgten freien Dienstleistungsverkehrs darstellen.[105] Damit bleibt zunächst festzuhalten, dass ein generelles Verbot in diesem Sinne mit Unionsrecht nicht vereinbar ist. Es stellt sich mithin die Frage, wie ein unionsrechtskonformes Auswahlverfahren durchgeführt werden kann. 49

I. Zulässigkeit der Kontingentierung

Nach der hier vertretenen Auffassung steht den Konzessionsgebern die Möglichkeit zur Kontingentierung oder die Einführung eines qualitativen Erlaubnismodells offen. Zwar kann bereits der Genehmigungsvorbehalt für Tätigkeiten im Glücksspielbereich eine Beschränkung der Niederlassungsfreiheit (Art. 49 AEUV) und des freien Dienstleistungsverkehrs (Art. 56 AEUV) sein. Ein Eingriff kann aber auch nach Art. 62 i.V.m. Art. 51 und 52 AEUV aus Gründen der öffentlichen Ordnung, Sicherheit oder Gesundheit zulässig oder aus zwingenden Gründen des Allgemeininteresses gerechtfertigt sein. Dazu gehören Ziele des Verbraucherschutzes, der Betrugsvorbeugung, der Vermeidung von Anreizen für die Bürger zu überhöhten Ausgaben für das Spielen und der Verhütung von Störungen der sozialen Ordnung im Allgemeinen. 50

Der EuGH hat dazu wiederholt entschieden, dass die Regelung der Glücksspiele zu den Bereichen gehört, in denen beträchtliche sittliche, religiöse und kulturelle Unterschiede zwischen 51

---

100 Vgl. VGH Kassel, Beschluss v. 16.10.2015 – 8 B 1028/15, NVwZ 2016, 171; ausführlich *Kirchhof*, NVwZ 2016, 124.
101 OVG Münster, Urteil v. 23.1.2017 – 4 A 3244/06.
102 Gesetzesbegründung zu § 8 HmbGlüÄndStVAG, Drittes Gesetz zur Neuregelung des Glücksspielwesens, Hamburg LT-Drs. 21/10487, 14.
103 Vgl. § 8 Abs. 3 HmbGlüÄndStVAG: *Jarass*, NVwZ 2017, 273; bejahend für Niedersachsen OVG Lüneburg, Beschluss v. 23.4.2018 – 11 ME 552/17, juris Rn. 20 ff.
104 EuGH, Urteil v. 22.6.2017 – Rs. C-49/16 (Unibet), Rn. 32.
105 EuGH, Urteil v. 22.6.2017 – Rs. C-49/16 (Unibet), Rn. 33.

den Mitgliedstaaten bestehen. In Ermangelung einer **Harmonisierung** des betreffenden Gebiets ist es deshalb Sache der einzelnen Mitgliedstaaten, in diesen Bereichen im Einklang mit ihrer eigenen Wertordnung zu beurteilen, welche Erfordernisse sich aus dem Schutz der betroffenen Interessen ergeben.[106] Im Rahmen mit dem AEUV vereinbarer Rechtsvorschriften obliegt die Wahl der Bedingungen für die Organisation und die Kontrolle der in der Veranstaltung von und der Teilnahme an Glücks- oder Geldspielen bestehenden Tätigkeiten den nationalen Behörden im Rahmen ihres Ermessens.[107]

52 Die **Limitierung** der Zahl der Anbieter ist ein aus dem Glücksspielrecht vieler Mitgliedstaaten der Europäischen Union bekanntes Instrument, das vom EuGH ausdrücklich für zulässig erklärt worden ist.[108] Sowohl das Ziel, die Gelegenheit zum Spiel zu vermindern, als auch das Ziel, die im Glücksspielsektor tätigen Wirtschaftsteilnehmer einer Kontrolle zu unterwerfen und damit Straftaten vorzubeugen, kann eine zahlenmäßige Begrenzung von Konzessionen rechtfertigen.[109] Gemäß § 10a Abs. 5 GlüStV besteht weiterhin die Pflicht, zur Erreichung der Ziele des § 1 GlüStV nur begrenzt. Diese Vorgabe wird weiter zu beachten sein.

53 Es besteht **keine Verpflichtung zur Zulassung einer unbeschränkten Anzahl** von Glücksspielkonzessionen, wenngleich derzeit Konzessionsnehmer klageweise unbeschränkt in der Anzahl zugelassen werden.[110] Die Einführung eines qualitativen Erlaubnismodells ist möglich.[111] Im Hinblick auf die mehrfach gescheiterten Regelungsbemühungen erscheint es fraglich, ob zeitnah eine gesetzliche Neuregelung kommt.

54 In Abkehr vom bisherigen Konzessionsmodell soll in Hamburg für die Dauer der **Experimentierphase** für die Veranstaltung von Sportwetten ein Erlaubnisverfahren ohne zahlenmäßige Begrenzung eingeführt werden. Die 35 Bewerberinnen und Bewerber, die im bisherigen vom Land Hessen durchgeführten Konzessionsverfahren die Mindestanforderungen erfüllt haben, erhalten vorläufige gesetzliche Erlaubnisse für die Veranstaltung von Sportwetten. Die Experimentierphase für Sportwetten wird mindestens bis zum Auslaufen des GlüStV am 30. Juni 2021 verlängert. Die Übergangsvorschrift des § 29 Abs. 1 S. 3 GlüStV, nach welcher den staatlichen Anbietern erlaubt wurde, bis ein Jahr nach Erteilung der Konzessionen Sportwetten zu veranstalten und zu vermitteln, wird aufgehoben.[112] Dieses für Hamburg gewählte Modell könnte durchaus Vorbildwirkung für die weitere Regelung in Deutschland haben.

55 Eine Einschränkung der Zahl ist aus den Gründen der **Suchtprävention** möglich, wenn die Ziele des GlüStV unionsrechtskonform umgesetzt werden. Selbst wenn eine unbestimmte Anzahl von Glücksspielkonzessionen zugelassen wird, sind die allgemeinen Auswahlgrundsätze zu beachten. Die gesetzlichen Regelungen in Deutschland werden auch den Anforderungen des Gerichtshofs der Europäischen Union an die staatliche Bekämpfung der Spielsucht im nicht monopolisierten Bereich gerecht.[113] Dies bedeutet aber nicht, dass diese Vorgaben auf Dauer nicht erreicht werden können.

56 Zu berücksichtigen ist bei einem zukünftigen Regelwerk, dass die Beschränkung des freien Dienstleistungsverkehrs und der Niederlassungsfreiheit der Unionsrechtsordnung (Art. 56, 49 AEUV) nur dann gerechtfertigt ist, wenn die restriktive Maßnahme einem **zwingenden Grund des Allgemeininteresses** wie dem Schutz der Verbraucher und der Sozialordnung (einschließlich der Bekämpfung der Spielsucht), der Betrugsvorbeugung oder der Vermeidung von Anreizen für die Bürger zu übermäßigen Ausgaben für das Spielen entspricht und geeignet ist, die Verwirklichung dieses Ziels dadurch zu gewährleisten, dass sie dazu beiträgt, die

---

106 VerfGH Bayern, Entscheidung v. 25.9.2015 – Vf. 9-VII/13, Vf. 4/VII/14, Vf. 10/VII/14, Rn. 167, mit Hinweis auf EuGH, Urteil v. 8.9.2010 – Rs. C-46/08 (Carmen Media).
107 EuGH, Urteil v. 28.2.2018 – Rs. C-3/17 (Sporting Odds), Rn. 21.
108 VerfGH Bayern, Entscheidung v. 25.9.2015 – Vf. 9-VII/1, Vf. 4/VII/1, Vf. 10/VII/14, Rn. 167, mit Hinweis auf EuGH, Urteil v. 22.10.2014 – Rs. C-344/13 (Blanco).
109 VerfGH Bayern, Entscheidung v. 25.9.2015 – Vf. 9-VII/13, Vf. 4/VII/14, Vf. 10/VII/14, Rn. 167.
110 VG Wiesbaden, Urteil v. 31.10.2016 – 5 K 1388/14.WI, juris Rn. 52.
111 Vgl. oben Rn. 50 ff.
112 Vgl. Gesetzesbegründung, Drittes Gesetz zur Neuregelung des Glücksspielwesens, Hamburg LT-Drs. 21/10487, 12.
113 OVG Münster, Beschluss v. 8.6.2017 – 4 B 307/17.

Gelegenheiten zum Spiel zu verringern und die Tätigkeiten im Glücksspiel in kohärenter und systematischer Weise zu begrenzen. Diese Anforderungen gelten nicht nur für die Rechtfertigung staatlicher Glücksspielmonopole, sondern für die Rechtfertigung von Einschränkungen der Dienstleistungsfreiheit allgemein.[114]

Privaten Wettanbietern steht derzeit, selbst wenn sie entsprechende Anträge stellen, landesweit de facto kein europarechtskonformes Erlaubnisverfahren offen.[115] Vor diesem Hintergrund haben sich die Länder inzwischen darauf verständigt, dass während des laufenden Konzessionsverfahrens die Wettveranstalter, die sich am Konzessionsverfahren beteiligt und dort die Mindestanforderungen erfüllt haben, formlos geduldet werden, soweit sie die Anforderungen des Abschnitts III der Leitlinien zum Vollzug im Bereich Sportwetten während des laufenden Konzessionsverfahrens einhalten, und dass diesen Konzessionsbewerbern ab Inkrafttreten des Zweiten Änderungsstaatsvertrages im Wege einer Übergangsregelung vorläufig die Tätigkeit erlaubt werden soll.[116] Das Duldungsverfahren ist aber auch umstritten.[117] Ob und inwieweit eine bundeseinheitliche Regelung gefunden wird, ist derzeit völlig offen.[118] Aus den Duldungen allein folgt jedenfalls kein Anspruch auf Zulassung.[119] 57

Die grenzüberschreitende Veranstaltung und Vermittlung von Sportwetten ist eine von der **Dienstleistungsfreiheit** erfasste wirtschaftliche Betätigung.[120] Die einen grenzüberschreitenden Bezug aufweisende Veranstaltung von Sportwetten durch Anbieter ist als wirtschaftliche Betätigung von deren Dienstleistungsfreiheit nach Art. 56 AEUV gedeckt.[121] Sofern der Staat in Teilbereichen des Glücksspielmarktes auch eigene fiskalische Interessen verfolgt und die Glücksspielformen potenziell in Konkurrenz zueinander stehen, müssen staatliche Maßnahmen auf die Bekämpfung der Spielsucht ausgerichtet sein.[122] Ferner ist es Sache jedes Mitgliedstaats, zu beurteilen, ob es im Zusammenhang mit den von ihm verfolgten legitimen Zielen erforderlich ist, Tätigkeiten, die die Veranstaltung von Glücksspielen betreffen, vollständig oder teilweise zu verbieten, oder ob es genügt, sie zu beschränken und zu diesem Zweck mehr oder weniger strenge Kontrollformen vorzusehen, wobei die Notwendigkeit und die Verhältnismäßigkeit der erlassenen Maßnahmen allein im Hinblick auf die verfolgten Ziele und das von den betreffenden nationalen Stellen angestrebte Schutzniveau zu beurteilen sind.[123] 58

Die Ausübung dieser Grundfreiheit durch Anbieter ist derzeit nicht beschränkt. Die im kodifizierten mitgliedstaatlichen Recht vorgesehenen **Beschränkungen** des grundsätzlich geltenden Sportwettenmonopols wie auch das für eine Experimentierphase geschaffene und vom Hessischen Ministerium des Innern und Sport durchgeführte Konzessionsvergabeverfahren sind unionsrechtswidrig. Die vom Land Hessen ab Ende August 2016 eröffnete Möglichkeit, Duldungen im Bereich Sportwetten zu erlangen, genügt den unionsrechtlichen Anforderungen an ein für einen Übergangszeitraum geltendes vorläufiges Zulassungsverfahren nicht, welches möglicherweise eine weitere Anwendbarkeit des Erlaubnisvorbehalts des § 4 Abs. 1 GlüStV rechtfertigen könnte.[124] 59

Dieser Rechtsprechung folgt ausdrücklich das OVG Nordrhein-Westfalen, wonach das in der ursprünglichen Bekanntmachung[125] genannte maßgebliche **Auswahlkriterium** des „wirtschaftlich günstigsten Angebots" rechtlich nicht maßgeblich sein kann und deshalb durchschnittlich fachkundige Bewerber missverständlich und unzutreffend über die wesentlichen 60

---

114 OVG Münster, Beschluss v. 8.6.2017 – 4 B 307/17.
115 OVG Münster, Beschluss v. 8.6.2017 – 4 B 307/17; VGH Kassel, Beschluss v. 29.5.2017 – 8 B 2744/16.
116 OVG Saarland, Beschluss v. 18.5.2017 – 1 B 165/17, juris Rn. 36.
117 VGH Kassel, Beschluss v. 29.5.2017 – 8 B 2744/16.
118 Neuer Glücksspielstaatsvertrag vor dem Aus – Kiel stimmt nicht zu (Meldung vom 25.9.2017, becklink 2007900, beck-online); vgl. auch die Gesetzentwürfe in Hamburg, LT-Drs. 21/10487, im Saarland, LT-Drs. 16/97, und in Thüringen, LT-Drs. 6/4654.
119 VGH München, Urteil v. 8.3.2018 – 10 B 15.994.
120 VGH München, Urteil v. 8.3.2018 – 10 B 15.994.
121 VGH Kassel, Beschluss v. 29.5.2017 – 8 B 2744/16.
122 Vgl. BVerfG, Beschluss v. 7.3.2017 – 1 BvR 1314/12.
123 EuGH, Urteil v. 22.6.2017 – Rs. C-49/16 (Unibet), Rn. 37.
124 Vgl. BVerfG, Beschluss v. 7.3.2017 – 1 BvR 1314/12.
125 Bekanntmachung vom 8.8.2012 (ABl./S. 2012/S. 151-253153).

Entscheidungsmaßstäbe informiert. Das in der Bekanntmachung genannte Zuschlagskriterium war als Grundlage für eine rechtlich tragfähige Entscheidung nach § 4b Abs. 5 GlüStV nicht geeignet. Für die Vergabeentscheidung maßgeblich ist danach allein, welcher Bewerber am Ende des Auswahlverfahrens nach Beurteilung der Behörde „am besten geeignet ist", die unter § 4b Abs. 5 Nr. 1 bis 5 GlüStV. der Vorschrift aufgeführten Anforderungen zu erfüllen. Diese wiederum sind ausgerichtet am Bestreben des Gesetzgebers, die Berufs- und gegebenenfalls die Dienstleistungsfreiheit im Interesse des Allgemeinwohls einzuschränken und nur eine begrenzte Marktöffnung herbeizuführen. Ziel der Konzessionsvergabe ist nicht die Eröffnung eines Wettbewerbs, um das für den Auftraggeber „preisweerteste" oder „wirtschaftlich günstigste" Angebot zu ermitteln, sondern die ordnungsrechtlich motivierte Regulierung des Sportwettenmarktes zur Erprobung, ob durch die Vergabe einer begrenzten Anzahl von Konzessionen an Private eine bessere Erreichung der Ziele des § 1 GlüStV, insbesondere auch bei der Bekämpfung des in der Evaluierung festgestellten Schwarzmarktes, erreicht werden kann.[126]

61 Unionsrechtlich bedarf ein Verteilungsverwaltungsverfahren zwar nicht zwingend einer **Kodifizierung**. Ein in einer Übergangsphase anwendbares Verfahren zur Erlangung einer vorläufigen Zulassung muss indes im Hinblick auf die in Rede stehende Beschränkung der Dienstleistungsfreiheit dem privaten Marktteilnehmer rechtssicher den (vorläufigen) Zugang zum Markt eröffnen. Dies setzt unionsrechtlich jedenfalls eine hinreichend präzise Festlegung der Zulassungsvoraussetzungen sowie deren im Voraus erfolgte öffentliche Bekanntmachung und die dadurch bewirkte Transparenz eines gesetzlich gerade nicht vorgesehenen Verfahrens der vorläufigen Zulassung voraus.[127] Auch aus der möglichen Verletzung der Dienstleistungsfreiheit folgt indes kein Zuteilungsanspruch einer Glücksspielkonzession.[128]

62 Glücksspielkonzessionen unterliegen – sofern nicht die Anwendung des Vergaberechts angenommen wird – nur den allgemeinen **Grundregeln der Verträge**, insbesondere Art. 56 AEUV, dem Gleichbehandlungsgrundsatz, dem Verbot der Diskriminierung aus Gründen der Staatsangehörigkeit und dem daraus folgenden Transparenzgebot. Die Einführung eines Systems der vorherigen behördlichen Genehmigung für das Angebot bestimmter Arten von Glücksspielen muss auf objektiven und nichtdiskriminierenden Kriterien beruhen, die im Voraus bekannt sind, damit dem Ermessen der nationalen Behörden Grenzen gesetzt werden, die seine missbräuchliche Ausübung verhindern.[129] Das Unionsrecht verlangt selbst bei Rechtswidrigkeit des Monopols keine – und erst recht keine sofortige – Öffnung des Marktes für alle Anbieter ohne präventive Kontrolle. Vielmehr steht es dem Mitgliedstaat frei, das Monopol zu reformieren oder sich für eine Liberalisierung des Marktzugangs zu entscheiden. In der Zwischenzeit ist er lediglich verpflichtet, Erlaubnisanträge privater Anbieter nach unionsrechtskonformen Maßstäben zu prüfen und zu bescheiden. Einen Anspruch auf Duldung einer unerlaubten Tätigkeit vermittelt das Unionsrecht auch bei Unanwendbarkeit der Monopolregelung nicht.[130]

63 Damit bleibt festzuhalten, dass trotz der fehlenden unionsrechtskonformen Erlaubnisverfahren eine unbegrenzte Zulassung von Glücksspielkonzessionen rechtlich nicht geboten ist. Bei der Verteilung der Genehmigungen bietet sich die Durchführung eines **Vergabeverwaltungsverfahrens** an. Die rechtliche Anerkennung eines zeitlichen und sachlichen Lückenschlusses durch Konstruktion eines „Vergabeverwaltungsrechts" in Gestalt eines geordneten verwaltungsrechtlichen Auswahlverfahrens, in dem aus dem Vergaberecht entnommene Strukturen – insbesondere formelle Ausschlussfristen – implementiert werden, ist damit rechtlich zulässig, wenn nicht sogar geboten. Würde man demgegenüber eine solche Vorgehensweise derzeit mangels ausdrücklicher gesetzlicher Regelung für nicht möglich halten bzw. die

---

126 OVG Münster, Urteil v. 23.1.2017 – 4 A 3244/06, mit Hinweis auf VGH Hessen, Beschluss v. 16.10.2015 – 8 B 1028/15.
127 VGH Kassel, Beschluss v. 29.5.2017 – 8 B 2744/16.
128 VGH München, Urteil v. 8.3.2018 – 10 B 15.994; Urteil v. 8.3.2018 – 10 B 15.990.
129 OVG Münster, Urteil v. 23.1.2017 – 4 A 3244/06.
130 OVG Saarland, Beschluss v. 19.5.2017 – 1 B 164/17, juris Rn. 11; OVG Lüneburg, Beschluss v. 8.5.2017 – 11 LA 24/16, juris Rn. 34.

zulässigerweise heranzuziehenden Verfahrensabläufe insgesamt ausschließlich auf die Regelungen des VwVfG reduzieren, wäre ein Zustand gegeben, der nach Auffassung der Verwaltungsrechtsprechung rechtlich bedenklich wäre.[131] Ein Vergabeverwaltungsverfahren könnte nach den Regeln des KonzVgV erfolgen.[132]

II. Allgemeine Vergabegrundsätze

Die Rechtsprechung hat allgemeine Vergabegrundsätze konkretisiert. Bei Auswahlentscheidungen muss der Gesetzgeber selbst die Voraussetzungen bestimmen, unter denen der Zugang zu eröffnen oder zu versagen ist, und er muss ein rechtsstaatliches Verfahren bereitstellen, in dem hierüber zu entscheiden ist. Aus der Zusammenschau mit dem Bestimmtheitsgrundsatz ergibt sich, dass die gesetzliche Regelung desto detaillierter ausfallen muss, je intensiver die Auswirkungen auf die Grundrechtsausübung der Betroffenen sind. Die erforderlichen Vorgaben müssen sich dabei nicht ohne Weiteres aus dem Wortlaut des Gesetzes ergeben; vielmehr genügt es, dass sie sich mit Hilfe allgemeiner Auslegungsgrundsätze erschließen lassen, insbesondere aus dem Zweck, dem Sinnzusammenhang und der Vorgeschichte der Regelung.[133]

64

Die Regelungen des GlüStV, wonach Sportwetten von privaten Anbietern nur aufgrund einer Konzession veranstaltet werden dürfen, greifen in das Grundrecht der **Berufsfreiheit** ein. Auch Gesellschaften mit Sitz in der Gemeinschaft können sich mit Erfolg auf Art. 12 Abs. 1 GG berufen, weil die unionsrechtlichen Grundfreiheiten und das allgemeine Diskriminierungsverbot aus Art. 18 AEUV die in Art. 12 Abs. 1 GG vorgesehene Beschränkung der Grundrechtsgewährleistung auf „Deutsche" zurückdrängen. Denn für sie ist jedenfalls die Berufsfreiheit gemäß Art. 2 Abs. 1 GG gewährleistet. Auch ausländische juristische Personen mit Sitz in den EU-Mitgliedsstaaten können Träger materieller Grundrechte des Grundgesetzes sein.[134] Die Eingriffe in das Grundrecht der Berufsfreiheit können nicht verfahrensregelfrei erfolgen, so dass Regelvorgaben der Konzessionsgeber zwingend notwendig sind.

65

Nach der Rechtsprechung lassen sich die wesentlichen Parameter der **Auswahlentscheidung** in Konkurrenzsituationen zwischen Bestandsspielhallen dem Gesetz noch in hinreichendem Maße entnehmen. Insbesondere kann zur Konturierung der Auswahlkriterien zunächst auf die Regelung zur Härtefallbefreiung nach § 29 Abs. 4 S. 4 GlüStV zurückgegriffen werden. Die ohnehin geforderte Berücksichtigung der grundrechtlich geschützten Positionen der Konzessionsbewerber gebietet auch ohne ausdrückliche gesetzliche Präzisierung, dass die zuständigen Behörden sich eines Verteilmechanismus bedienen, der die bestmögliche Ausschöpfung der Kontingente in dem relevanten Gebiet ermöglicht. Das gilt auch, sofern bei der erforderlichen Auswahlentscheidung zusätzlich Erlaubnisanträge neu in den Markt eintretender Bewerber einzubeziehen sind, wobei grundrechtsrelevante Positionen der bisherigen Konzessionsnehmer zu berücksichtigen bleiben. Dazu zählt etwa auch die Amortisierbarkeit von Investitionen.[135] Ein Neubewerber kann einen Antrag auf Befreiung nach dem Landesglücksspielgesetzt stellen. Eine „Auswahlentscheidung" unter Einbeziehung der Neubewerber findet insoweit nicht statt.[136]

66

Die grenzüberschreitende Veranstaltung von (Sport-)Wetten ist eine von der Dienstleistungsfreiheit erfasste wirtschaftliche Betätigung. Auch unterschiedslos für EU-Ausländer und Staatsangehörige des Mitgliedstaates geltende und damit nichtdiskriminierende Beschränkungen dieser Grundfreiheit wie sie ein mitgliedstaatliches Glücksspielmonopol oder ein Erlaubnisvorbehalt darstellen, bedürfen der **Rechtfertigung**. Den anerkannten (ungeschriebe-

67

---

131 Vgl. OVG Lüneburg, Beschluss v. 12.11.2012 – 13 ME 231/12.
132 Vgl. OVG Lüneburg, Beschluss v. 12.11.2012 – 13 ME 231/12 (für eine Rettungsdienstvergabe).
133 OVG Lüneburg, Beschluss v. 23.4.2018 – 11 ME 552/17, juris Rn. 23, mit Hinweis auf BVerfG, Beschluss v. 7.3.2017 – 1 BvR 1314/12, 1 BvR 1630/12, 1 BvR 1694/13, 1 BvR 1874/13, juris Rn. 182 m.w.N.
134 VGH Kassel, Beschluss v. 16.10.2015 – 8 B 1028/15.
135 Vgl. OVG Münster, Beschluss v. 8.6.2017 – 4 B 307/17 (für Spielhallenbetreiber); siehe auch OVG Hamburg, Beschluss v. 5.6.2018 – 4 Bs 28/18, juris Rn. 63.
136 VGH Baden-Württemberg, Beschluss v. 16.4.2018 – 6 S 2250/17, juris Rn. 10.

nen) Rechtfertigungsgrund der zwingenden Gründe des Allgemeinwohls können im Bereich des mitgliedstaatlichen Glücksspielrechts vornehmlich mitgliedstaatliche Regelungen erfüllen, die auf Suchtprävention und/oder Kriminalprävention abzielen. Eine unionsrechtlich gerechtfertigte Beschränkung der Dienstleistungsfreiheit durch entsprechende mitgliedstaatliche Regelungen setzt im Rahmen der Prüfung des Verhältnismäßigkeitsgrundsatzes als Schranken-Schranke die Eignung der getroffenen Regelungen zur jeweiligen Zweckerreichung voraus.[137]

68 Es bleibt den Ländern unbenommen, im Rahmen der verfassungsrechtlichen Bindungen den zuständigen Behörden selbst im Wege der Gesetz- oder Verordnungsgebung oder auch mittels Verwaltungsvorschriften detailliertere **Kriterien** für die Bewältigung von Konkurrenzsituationen an die Hand zu geben oder die Zulassung insgesamt zu regeln.[138] Der Gesetzgeber muss jedoch tätig werden. Eine Übergangsregelung in Gestalt von Duldungen im Glücksspielbereich ist nicht unionsrechtskonform. Dies folgt zunächst daraus, dass es ausgehend vom Empfängerhorizont auch unabhängig von der in den Merkblättern gewählten Begrifflichkeit der Duldung nicht um die Eröffnung eines rechtlich abgesicherten Marktzugangs, sondern um die Vermeidung repressiver Maßnahmen der Glücksspielaufsicht geht.[139]

69 Allein die Tatsache, dass auf die Erteilung der Erlaubnis kein **Rechtsanspruch** besteht, führt auch nach der EuGH-Rechtsprechung noch nicht dazu, dass eine Erlaubnisregelung unionsrechtswidrig ist. Allerdings darf eine Erlaubnisregelung keine Ermessensausübung der nationalen Behörden rechtfertigen, die geeignet ist, den Bestimmungen des Unionsrechts ihre praktische Wirksamkeit zu nehmen. Daher muss ein System der vorherigen behördlichen Erlaubnis, um trotz des Eingriffs in eine solche Grundfreiheit gerechtfertigt zu sein, auf objektiven, nichtdiskriminierenden und im Voraus bekannten Kriterien beruhen, die der Ermessensausübung durch die nationalen Behörden Grenzen setzen, damit diese nicht willkürlich erfolgt. Zudem muss jedem, der von einer auf einem solchen Eingriff beruhenden einschränkenden Maßnahme betroffen ist, ein effektiver gerichtlicher Rechtsbehelf offenstehen.[140]

1. Transparenzgrundsatz

70 Der Transparenzgrundsatz ist im glücksspielrechtlichen Auswahlverfahren das zentrale Kriterium. Der Konzessionsgeber ist verpflichtet, vorab die Kriterien seiner Auswahlentscheidung bekannt zu geben, da er nur so die Bewältigung der vielgestaltigen Auswahlkonstellationen ordnungsgemäß sicherstellen kann. Das für Private eröffnete **Erlaubnisverfahren** muss transparent, diskriminierungsfrei und gleichheitsgerecht ausgestaltet sein oder praktiziert werden. Das unionsrechtliche Transparenzgebot verlangt, dass die Eröffnung des Erlaubnisverfahrens und die Erlaubnisvoraussetzungen in einer Weise öffentlich bekannt gemacht werden, die potenziellen privaten Veranstaltern oder Vermittlern von Sportwetten die Kenntnisnahme ermöglicht.[141]

71 Die Verpflichtung zur **Transparenz** soll u. a. die Gefahr willkürlicher Entscheidungen des Auftraggebers ausschließen.[142] Damit der behördlichen Ermessensausübung zum Schutz vor willkürlichen Entscheidungen hinreichende Grenzen gesetzt werden, muss ein System der vorherigen behördlichen Genehmigung zudem auf objektiven, nichtdiskriminierenden und im Voraus bekannten Kriterien beruhen.[143] Diese müssen dem Ermessen der nationalen Behörden Grenzen setzen und die missbräuchliche Ermessensausübung der Konzessionsgeber verhindern.[144]

72 Nach dem EuGH setzt eine Glücksspielvergabe, die dem Transparenzgebot genügt, nicht zwingend eine **Ausschreibung** voraus. Dennoch verpflichtet das Transparenzgebot die kon-

---

137 VGH Kassel, Beschluss v. 29.5.2017 – 8 B 2744/16.
138 BVerfG, Beschluss v. 7.3.2017 – 1 BvR 1314/12, Rn. 186.
139 VGH Kassel, Beschluss v. 16.10.2015 – 8 B 1028/15.
140 OVG Hamburg, Urteil v. 22.6.2017 – 4 Bf 160/14, juris Rn. 119; VGH München, Urteil v. 8.3.2018 – 10 B 15.990, mit Hinweis auf EuGH, Urteil v. 4.2.2016 – Rs. C-336/14 (Ince), juris Rn. 52 f.
141 BVerwG, Urteil v. 15.6.2016 – 8 C 5/15, juris Rn. 27.
142 OVG Münster, Beschluss v. 8.6.2017 – 4 B 307/17.
143 OVG Münster, Beschluss v. 8.6.2017 – 4 B 307/17.
144 EuGH, Urteil v. 22.6.2017 – Rs. C-49/16 (Unibet), Rn. 41.

zessionserteilende Stelle, zugunsten der potenziellen Bewerber einen angemessenen Grad an Öffentlichkeit sicherzustellen, der eine Öffnung der Dienstleistungskonzessionen für den Wettbewerb und die Nachprüfung ermöglicht, ob die Vergabeverfahren unparteiisch durchgeführt worden sind.[145] Diese Vorgabe dürfte in der Regel nur durch ein ordnungsgemäßes Vergabeverwaltungsverfahren mit vorheriger TED-Veröffentlichung im EU-Veröffentlichungsorgan erfüllt sein.

Die unionsrechtlichen Gebote der Rechtssicherheit und der Transparenz verlangen, dass das Regelungsziel und das zugehörige Verfahren in hinreichender **Bestimmtheit** öffentlich bekannt gemacht werden. Denn nur so wird ein Regime gewährleistet, in dem private Anbieter tatsächlich einen rechtlich abgesicherten Zugang zum Wettmarkt erhalten. Dies gilt umso mehr, wenn das kodifizierte Recht einen entsprechenden Marktzugang bislang ganz oder weitgehend verwehrt hat.[146] Auch genügt eine bloße Mitteilung auf der Internetseite des Regierungspräsidiums Darmstadt und die Verlinkung dieser Seite mit den Internetseiten des Hessischen Ministeriums des Innern und für Sport sowie der Regierungspräsidien Kassel und Gießen nicht dem Transparenzgebot, das eine öffentliche Bekanntmachung erfordert, die potenziellen privaten Veranstaltern und Vermittlern von Sportwetten die Kenntnisnahme zuverlässig ermöglicht.[147]

73

Wählt der Gesetzgeber ein System der vorherigen behördlichen Genehmigung, so muss dieses auf objektiven und nichtdiskriminierenden Kriterien beruhen, die im Voraus bekannt sind. Dabei sind die Grundregeln der Verträge, insbesondere Art. 56 AEUV, der Gleichbehandlungsgrundsatz, das Verbot der Diskriminierung und das daraus folgende Transparenzgebot zu beachten.[148] Die Ausschreibung ist gemäß § 4b Abs. 1 S. 2 GlüStV im **Amtsblatt der Europäischen Union** mit angemessener Frist für die Einreichung der Bewerbungen zu veröffentlichen.[149] Die Veröffentlichung im Amtsblatt der Europäischen Union führt dabei zu einer Selbstbindung.[150]

74

Gerade das **Abweichen** von Veröffentlichung und Gesetzestext hat bei der durchgeführten bundesweiten Ausschreibung durch das Land Hessen dazu geführt, dass die Ausschreibung aus dem Jahr 2012 als rechtswidrig angesehen wurde. Soweit ersichtlich, soll aber die Ausschreibung nicht wiederholt werden. Bei einer beschränkten Vergabe muss das Verfahren transparent, diskriminierungsfrei und gleichheitsgerecht ausgestaltet werden. Es muss auf objektiven Kriterien beruhen, die im Voraus bekannt gemacht werden. Problematisch ist, wenn Bewerber trotz wesentlicher Änderungen der Bedingungen für die Konzessionserteilung nicht zugelassen werden. Vertragsentwürfe sind rechtzeitig unter Berücksichtigung des Transparenzgebotes zu überarbeiten.[151]

75

Innerhalb der Bekanntmachung sind alle **Bedingungen und Modalitäten des Vergabeverfahrens** klar, präzise und eindeutig zu formulieren, sodass alle gebührend informierten und mit der üblichen Sorgfalt handelnden Interessenten deren genaue Bedeutung verstehen und sie in gleicher Weise auslegen können.[152] Diese Pflicht zur Präzision dient auch der ausschreibenden Stelle: Nur so kann sie hinreichend objektiv überprüfen, ob die Angebote der Bewerber die für den betreffenden Auftrag geltenden Kriterien erfüllen.[153] Daher kann der Auffassung des OVG Nordrhein-Westfalen nicht gefolgt werden, wonach ein allgemein im Internet

76

---

145 EuGH, Urteil v. 22.6.2017 – Rs. C-49/16 (Unibet), Rn. 42.
146 VGH Kassel, Beschluss v. 16.10.2015 – 8 B 1028/15; vgl. auch OVG Saarland, Beschluss v. 18.5.2017 – 1 B 165/17, juris Rn. 34.
147 VGH Kassel, Beschluss v. 16.10.2015 – 8 B 1028/15.
148 Vgl. VG Wiesbaden, Urteil v. 15.4.2016 – 5 K 1431/14.WI, Rn. 51, 52; VG Saarland, Urteil v. 5.11.2015 – 6 K 207/15.
149 Vgl. BVerwG, Urteil v. 15.6.2016 – 8 C 5.15; OVG Berlin-Brandenburg, Beschluss v. 12.5.2015 – OVG 1 S 102/14.
150 Braun, NZBau 2016, 266 (269); ders., VergabeR 2014, 324 (329).
151 Vgl. OVG Münster Urteil v. 23.1.2017 – 4 A 3244/06.
152 VGH Kassel, Beschluss v. 16.10.2015 – 8 B 1028/15; OVG Berlin-Brandenburg, Beschluss v. 12.5.2015 – OVG 1 S 102.14; VG Frankfurt, Beschluss v. 27.5.2015 – 2 L 3002/14.F; vgl. OVG Berlin-Brandenburg, Beschluss v. 12.5.2015 – OVG 1 S 102.14.
153 EuGH, Urteil v. 10.5.2012 – Rs. C-386/10 (Kommission/Niederlande), Rn. 87, 109; OLG Celle, Urteil v. 23.2.2016 – 13 U 148/15.

aufrufbarer ministerialer Erlass in Verbindung mit einem Aufforderungsschreiben ausreichend sei.[154]

77 Richtig ist, dass die Verwaltung nach innerstaatlichem Recht den europarechtlichen Transparenzanforderungen auch dadurch zusätzlich entsprechen kann, dass sie durch **Verwaltungsvorschriften** im Interesse einer einheitlichen Verwaltungspraxis Entscheidungsmaßstäbe im Sinne gesetzlicher Regelungen im Detail näher konkretisiert und bekannt macht.[155] Diese Konkretisierung ersetzt aber nicht die transparente Veröffentlichung und die konkrete Festlegung der Auswahlkriterien für den Einzelfall. Nur so kann sichergestellt werden, dass der konkrete Auswahlvorgang mit höherrangigem Recht vereinbar ist.

78 Zudem hat die vergebende Stelle alle **Entscheidungskriterien** angemessen vorab zu veröffentlichen. Nur unter vorbehaltloser und rechtzeitiger Offenlegung aller entscheidungsrelevanten Kriterien und Gesichtspunkte kann eine diskriminierungsfreie und damit willkürfreie Teilnahme aller Bewerber am Vergabeverfahren gewährleistet werden.[156] Wichtig ist bezüglich der Bekanntgabe von Unterkriterien und Gewichtungsregeln, dass diese bereits in der Bekanntgabe der Ausschreibung einer Glücksspielkonzession mitenthalten sind.[157] Werden die Unterkriterien und ihre Gewichtung erst im Zeitpunkt der Öffnung und Sichtung der eingesandten Angebote festgelegt, besteht die Gefahr, dass die maßgeblichen Kriterien so gewählt und gewichtet werden, dass eine an ihnen orientierte Prüfung und Bewertung der Angebote zu einem bestimmten gewünschten Ergebnis und damit zu einer Ungleichbehandlung unter den Bewerbern führt.[158] Eine derartige Praxis verstößt gegen den Grundsatz der Gleichbehandlung und der Transparenz.[159] Ferner müssen aber nicht nur die für die Entscheidung maßgeblichen Kriterien transparent sein – auch die konkrete Auswahlentscheidung und das Verfahren müssen diesen Erfordernissen genügen.[160]

79 Es ist dennoch zumindest im Vorfeld des Vergabeverfahrens nur ein **„angemessener Grad an Öffentlichkeit"** herzustellen, der eine Öffnung der Dienstleistungskonzessionen für den Wettbewerb und die Nachprüfung ermöglicht, ob das Vergabeverfahren unparteiisch durchgeführt worden ist.[161] Nach einer Auffassung brauchen bei Ankündigung der beabsichtigten Konzessionsvergabe auf der Ebene der ersten Verfahrensstufe noch nicht alle Einzelheiten der späteren Auswahlentscheidung benannt zu werden. Näherer Angaben zum Inhalt der Konzepte und zu Maßstäben für Ergänzungsverlangen bedarf es nach einer weiten Auffassung noch nicht.[162] Als Faustformel kann festgehalten werden, dass die vergebende Stelle im Rahmen des gesamten Vergabeverfahrens einen solchermaßen angemessenen Grad von Öffentlichkeit sicherstellen muss, dass die Nachprüfung ermöglicht wird, ob das Vergabeverfahren transparent, sachgerecht, objektiv, unparteiisch sowie frei von Verfahrensfehlern durchgeführt worden ist.[163] Die Erfüllung dieser Vorgaben ist mit Blick auf den weiten Beurteilungs- und Bewertungsspielraum der Vergabestelle von hoher Bedeutung.[164]

---

154 OVG Münster, Beschluss v. 8.6.2017 – 4 B 307/17.
155 OVG Münster, Beschluss v. 8.6.2017 – 4 B 307/17.
156 EuGH, Urteil v. 22.1.2015 – Rs. C-463/13 (Stanley), Rn. 38; vgl. BGH, Urteil v. 17.12.2013 – KZR 65/12; VGH Kassel, Urteil v. 15.10.2014 – 9 C 1276/13; VG Frankfurt, Beschluss v. 27.5.2015 – 2 L 3002/14.F.
157 VGH Kassel, Beschluss v. 16.10.2015 – 8 B 1028/15; vgl. OVG Berlin-Brandenburg, Beschluss v. 12.5.2015 – OVG 1 S 102.14; VGH München, Beschluss v. 6.5.2015 – 10 CS 14.2669; VG Wiesbaden, Beschluss v. 8.6.2015 – 5 L 1433/14.WI; Beschluss v. 5 L 1438/14.WI.
158 VG Frankfurt, Beschluss v. 27.5.2015 – 2 L 3002/14.F; VG Freiburg, Beschluss v. 11.11.2014 – 4 K 2310/14.
159 EuGH, Urteil v. 24.1.2008 – Rs. C-532/06 (Lianakis), Rn. 44; BVerwG, Beschluss v. 18.3.2016 – 3 B 16/15.
160 VGH Kassel, Beschluss v. 28.11.2014 – 8 B 1903/14; Beschluss v. 7.10.2014 – 8 B 1686/14; VGH München, Beschluss v. 12.8.2013 – 22 CE 13.970; VG Freiburg, Beschluss v. 11.11.2014 – 4 K 2310/14; vgl. OVG Berlin-Brandenburg, Beschluss v. 12.5.2015 – OVG 1 S 102.14; VG Oldenburg, Beschluss v. 20.6.2013 – 12 B 5090/13; Braun, NZBau 2016, 266 (269).
161 Vgl. OVG Berlin-Brandenburg, Beschluss v. 12.5.2015 – OVG 1 S 102/14.
162 Vgl. OVG Berlin-Brandenburg, Beschluss v. 12.5.2015 – OVG 1 S 102/14.
163 EuGH, Urteil v. 13.10.2005 – Rs. C-458/03 (Parking Brixen), Rn. 49; OLG Celle, Urteil v. 23.2.2016 – 13 U 148/15; OVG Berlin-Brandenburg, Beschluss v. 12.5.2015 – OVG 1 S 102.14; VGH Kassel, Beschluss v. 28.11.2014 – 8 B 1903/14; vgl. VGH Kassel, Beschluss v. 7.10.2014 – 8 B 1686/14.
164 VGH Kassel, Urteil v. 15.10.2014 – 9 C 1276/13.

Je weiter dieser Spielraum ist, desto förmlicher sind die Vorgaben im Hinblick auf die vorherige Veröffentlichung. Ein Verteilungsverfahren **ohne** vorherige umfassende transparente **Veröffentlichung** im EU-Veröffentlichungsorgan TED ist rechtswidrig und verletzt nicht berücksichtigte Unternehmen in ihrem subjektiv-öffentlichen Recht auf ein transparentes Verfahren. Ein Vergabesystem von Konzessionen und Erlaubnissen für die Veranstaltung von Glücksspielen muss auf objektiven und nicht diskriminierenden Kriterien beruhen, die im Voraus bekannt gemacht wurden.[165] Dadurch wird dem behördlichen Auswahlermessen Grenzen gesetzt, so dass eine missbräuchliche Ausübung verhindert wird.

2. Gleichbehandlungsgebot

Nach der ständigen EuGH-Rechtsprechung muss eine Auswahlverfahren auf objektiven und nicht diskriminierenden Kriterien beruhen.[166] Die Grundsätze des Gleichbehandlungsgebots und des Diskriminierungsverbots stehen sich spiegelbildlich gegenüber. Sie gebieten, das Verfahren ergebnisoffen und fair zu führen, sodass alle Bewerber die gleichen Chancen haben.[167] Auch müssen die Auswahlkriterien sachgerecht ausgestaltet sein.[168] § 4b Abs. 1 S. 1 GlüStV sieht bereits fachrechtlich die Geltung dieses Grundsatzes vor. Das Gleichbehandlungsgebot korreliert mit dem Transparenzgebot vor allem bei der Offenlegung aller Entscheidungsgrundlagen: Nur wenn alle Unternehmen Zugang zu diesen haben, sind beide Grundsätze gewahrt.[169] Dennoch kann der Gesetzgeber Antragsfristen setzen und ein einheitliches Antragsverfahren vorschreiben.[170]

Das Transparenzgebot geht mit dem **Gleichheitssatz** einher. Im Wesentlichen soll gewährleistet werden, dass alle interessierten Wirtschaftsteilnehmer die Entscheidung über die Teilnahme an Ausschreibungen auf der Grundlage sämtlicher einschlägiger Informationen treffen können und die Gefahr von Günstlingswirtschaft und Willkür seitens der Vergabestelle ausgeschlossen ist. Es verlangt, dass alle Bedingungen und Modalitäten des Vergabeverfahrens klar, genau und eindeutig formuliert sind, sodass zum einen alle durchschnittlich fachkundigen Unternehmen bei Anwendung der üblichen Sorgfalt die genaue Bedeutung dieser Informationen verstehen und sie in gleicher Weise auslegen können und zum anderen dem Ermessen der konzessionserteilenden Stelle Grenzen gesetzt werden und diese tatsächlich überprüfen kann, ob die Gebote der Bewerber die für das betreffende Verfahren geltenden Kriterien erfüllen.[171]

Aus dem Grundsatz des Diskriminierungsverbots lässt sich des Weiteren das Verbot der Berücksichtigung von **Nachermittlungen** ableiten: Die Vergabestelle darf nicht nach Ablauf der Frist für die Einreichung der Unterlagen einseitig zugunsten einzelner Bewerber im Rahmen des Auswahlverfahrens ermitteln und dadurch einzelne Bewerbungen gleichsam nachbessern.[172] Das Gleichbehandlungsgebot soll im Ergebnis der Gefahr der Günstlingswirtschaft oder willkürlicher Entscheidungen begegnen und muss sich daher ebenso wie das Transparenzgebot in der konkreten Verfahrensgestaltung niederschlagen.[173]

Die Verwaltung ist allgemein verpflichtet, nach **sachgerecht begründeten Kriterien** folgerichtig zu handeln. Dies gilt insbesondere auch für ordnungsbehördliches Einschreiten gegen eine Vielzahl vergleichbarer Tatbestände, führt allerdings nicht zu einem Gebot „flächendeckenden" Vorgehens. Allgemein gelten danach die Grundsätze der Selbstbindung der Verwaltung, die eine sachlich unbegründete Abweichung von einer bisher geübten Praxis im Einzel-

---

165 Vgl. EuGH, Urteil v. 28.2.2018 – Rs. C-3/17 (Sporting Odds).
166 EuGH, Urteil v. 28.2.2018 – Rs. C-3/17 (Sporting Odds), Rn. 38, mit Hinweis auf EuGH, Urteil v. 22.6.2017 – Rs. C-49/16 (Unibet), Rn. 41.
167 Vgl. OVG Berlin-Brandenburg, Beschluss v. 12.5.2015 – OVG 1 S 102/14; VGH Kassel, Beschluss v. 28.11.2014 – 8 B 1903/14; VG Saarland, Urteil v. 5.11.2015 – 6 K 207/15.
168 VGH Kassel, Beschluss v. 28.11.2014 – 8 B 1903/14; Beschluss v. 7.10.2014 – 8 B 1686/14.
169 Vgl. VGH Kassel, Urteil v. 15.10.2014 – 9 C 1276/13.
170 OVG Hamburg, Beschluss v. 5.6.2018 – 4 Bs 28/18.
171 EuGH, Urteil v. 22.6.2017 – Rs. C-49/16 (Unibet), Rn. 46.
172 BVerwG, Urteil v. 13.12.2012 – 3 C 32/11.
173 EuGH, Urteil v. 12.3.2015 – Rs. C-538/13 (EVigilo), Rn. 34; Urteil v. 29.4.2004 – Rs. C-496/99 (CAS Succhi di Frutta), Rn. 111.

fall verbieten, nicht jedoch deren generelle Änderung für die Zukunft. Die Selbstbindung tritt nach Art. 3 Abs. 1 GG aufgrund einer ständigen gleichmäßigen Übung der Verwaltungspraxis ein.[174] Die Selbstbindung tritt allerdings nicht in einem materiell rechtswidrigen Bereich ein.

85 Untersagungsverfügungen unterliegen auch dem Gleichbehandlungsgebot. Das für das Glücksspielwesen in Bayern zuständige Bayerische Staatsministerium des Innern, für Bau und Verkehr hat vor dem Hintergrund der Entscheidung des VGH Bayern[175] darauf hingewiesen, dass der **Vollzug** beim Vorgehen gegen die unerlaubte (Sport-)Wettvermittlung schrittweise aufgebaut werden müsse. Bis zur Erteilung der Sportwettkonzessionen erscheine es nicht erfolgversprechend, die Veranstaltung und Vermittlung von Sportwetten allein aufgrund formeller Illegalität zu untersagen. Jedenfalls verletzt es den Gleichheitssatz, wenn die ausschließlich der Wahrung des glücksspielrechtlichen Erlaubnisvorbehalts in § 10a Abs. 5 S. 2 i.V.m. § 4 Abs. 1 GlüStV dienende und zugleich allein auf die formelle Illegalität der Wettvermittlung abstellende bauaufsichtliche Nutzungsuntersagungsverfügung ohne sachlichen Grund aufrecht erhalten bleibt, während in gleichgelagerten glücksspielrechtlichen Fällen nicht allein wegen formell fehlender glücksspielrechtlicher Vermittlungserlaubnis gegen die unerlaubte Veranstaltung und Vermittlung von Sportwetten vorgegangen wurde bzw. wird.[176]

3. Wettbewerbsgrundsatz versus Suchtprävention

86 Der Wettbewerbsgrundsatz steht bei der Vergabe von Glücksspielkonzessionen nicht im Vordergrund, weil der ordnungsrechtliche Rahmen überwiegt. Die Annahme des Gesetzgebers, dass die Errichtung eines staatlichen Wettmonopols ein geeignetes Mittel ist, die mit dem Wetten verbundenen Gefahren zu bekämpfen, ist im Grundsatz nicht zu beanstanden. Dies gilt auch für die Annahme, dass eine Marktöffnung auf Grund des dann entstehenden Wettbewerbs zu einer erheblichen Ausweitung von Wettangeboten und diese Ausweitung schließlich zu einer Zunahme von problematischem und suchtbeeinflusstem Verhalten führen würde.[177] Spielsuchtprävention ist ein legitimes Ziel, wenn damit der Spieltrieb von Verbrauchern kohärent in kontrollierte legale Bereiche gelenkt wird.[178]

87 Die gemeinschaftsrechtlichen Wettbewerbsvorschriften sind jedoch dann nicht anwendbar, wenn – wie bei den Regelungen in Deutschland – ein Mitgliedstaat in Ausübung öffentlicher Gewalt zur **Wahrung öffentlicher Interessen** und nicht in erster Linie zu wirtschaftlichen Zwecken tätig wird. Denn solche Tätigkeiten üben die Mitgliedstaaten in Wahrnehmung öffentlicher Befugnisse aus; es sind daher keine wirtschaftlichen Tätigkeiten im Sinne der Art. 101 ff. AEUV. Die Nichtanwendbarkeit der Vorschriften des Unionskartellrechts erfasst in solchen Fällen auch die mit der Ausübung der Hoheitsbefugnisse nicht trennbar zusammenhängenden Tätigkeiten, wie z.B. die Erhebung von Gebühren.[179] Nach diesen Maßgaben sind die wettbewerbsrechtlichen Vorschriften bei einem Glücksspielkonzessionsvergabeverfahren anwendbar: Das staatliche Handeln – das staatsvertraglich angelegte, durch Landesgesetz umgesetzte und durch Verwaltungsakte konkretisierte Erlaubnissystem – ist in erster Linie ordnungspolitisch und nicht wettbewerbsrechtlich motiviert.[180]

88 Auch aus dem Vergaberecht ergibt sich keine Verpflichtung zur Ausschreibung des **„wirtschaftlich günstigsten Angebots"** im Glücksspielbereich. Der EuGH[181] hat wiederholt entschieden, dass die Regelung der Glücksspiele zu den Bereichen gehört, in denen beträchtliche sittliche, religiöse und kulturelle Unterschiede zwischen den Mitgliedstaaten bestehen. Wegen einer fehlenden Harmonisierung des betreffenden Gebiets durch die Gemeinschaft ist es Sache der einzelnen Mitgliedstaaten, in diesen Bereichen im Einklang mit ihrer eigenen Wertord-

---

174 VGH Bayern, Urteil v. 14.11.2017 – 9 B 17.271.
175 VGH Bayern, Urteil v. 14.11.2017 – 9 B 17.271 m.w.N.
176 VGH Bayern, Urteil v. 14.11.2017 – 9 B 17.271 m.w.N.
177 Vgl. BVerfG, Urteil v. 28.3.2006 – 1 BvR 1054/01; auch *Braun*, NZBau 2016, 266 (268).
178 EuGH, Urteil v. 28.2.2018 – Rs. C-3/17 (Sporting Odds), Rn. 29.
179 OVG Hamburg, Urteil v. 22.6.2017 – 4 Bf 160/14, juris Rn. 134.
180 OVG Hamburg, Urteil v. 22.6.2017 – 4 Bf 160/14, juris Rn. 135.
181 EuGH, Urteil v. 28.2.2018 – Rs. C-3/17 (Sporting Odds), Rn. 20.

nung zu beurteilen, welche Erfordernisse sich aus dem Schutz der betroffenen Interessen ergeben.[182]

Wettbewerbliche Gesichtspunkte sind – trotz des ordnungsrechtlichen Überbaus – nicht völlig unbeachtlich. Bei einer wettbewerblichen Auswahlentscheidung (so sie denn getroffen wird) soll es sich dementsprechend um eine objektive Entscheidung zugunsten des Wettbewerbs handeln.[183] Subjektive Präferenzen und Werturteile ohne sachlichen Bezug sind demgemäß unzulässig. Der Wettbewerbsgrundsatz geht mit den Grundsätzen der Transparenz und der Gleichbehandlung Hand in Hand – ohne hinreichende Transparenz oder vollständige Gleichbehandlung aller Bewerber existiert auch kein freier Wettbewerb um die Ausschreibung. Die Verschaffung eines ungerechtfertigten Wettbewerbsvorteils durch rechtswidrige Nichtzulassung zum Konzessionsmarkt ist nicht rechtmäßig.[184]

89

4. Verhältnismäßigkeitsgrundsatz

Auch wenn feststeht, dass Glücksspiele über das Internet, verglichen mit den herkömmlichen Glücksspielmärkten, wegen des fehlenden unmittelbaren Kontakts zwischen dem Verbraucher und dem Anbieter anders geartete und größere Gefahren in sich bergen, dass die Verbraucher eventuell von den Anbietern betrogen werden, muss eine Auswahlregel dem Grundsatz der Verhältnismäßigkeit entsprechen.[185] Jedes Auswahlverfahren und jede Beschränkung der Tätigkeitsausübung unterliegt auch dem der Verwaltungstätigkeit immanenten Grundsatz der Verhältnismäßigkeit.[186] Die Ermessensausübung muss Grundsatz der Verhältnismäßigkeit entsprechen. Dieser erfordert, dass das staatliche Verhalten zur Erreichung eines legitimen Zwecks geeignet, erforderlich und angemessen ist.[187] Aus einer ständigen EuGH-Rechtsprechung folgt, dass von den Mitgliedstaaten auferlegte Beschränkungen dem Grundsatz der Verhältnismäßigkeit genügen müssen und dass eine nationale Regelung nur dann geeignet ist, die Verwirklichung des geltend gemachten Ziels zu gewährleisten, wenn die eingesetzten Mittel kohärent und systematisch sind.[188]

90

Wenn die Ausübung einer wirtschaftlichen Tätigkeit vom Erhalt einer Konzession abhängig gemacht wird und mehrere Tatbestände des Konzessionsentzugs geregelt sind, ist dies eine Beschränkung der durch den AEUV garantierten Freiheiten. Solche Beschränkungen können zugelassen werden oder durch **zwingende Gründe des Allgemeininteresses** gerechtfertigt sein, sofern sie den Anforderungen der Rechtsprechung des Gerichtshofs hinsichtlich ihrer Verhältnismäßigkeit entsprechen. Der EuGH hat insoweit eine Reihe von zwingenden Gründen des Allgemeininteresses anerkannt, wie die Ziele des Verbraucherschutzes, der Betrugsvorbeugung, der Vermeidung von Anreizen für die Bürger zu überhöhten Ausgaben für das Spielen und die Verhütung von Störungen der sozialen Ordnung im Allgemeinen.[189]

91

Der Konzessionsgeber muss eine kohärente, verhältnismäßige **Verwaltungspraxis** haben. Der Vollzug von Verwaltungsakten und die vorherige Auswahlentscheidung müssen kohärent sein. Solange eine Vollzugspraxis kohärent ist, kann ein Konzessionsgeber auch nicht mit dem Einwand Erfolg haben, eine vollständige Untersagung sei deswegen nicht unverhältnismäßig, weil eingeschränkte Untersagungsverfügungen nur schwer und mit hohem Verwaltungsaufwand zu kontrollieren seien.[190]

92

---

182 OVG Münster, Urteil v. 23.1.2017 – 4 A 3244/06.
183 Vgl. EuGH, Urteil v. 4.2.2016 – Rs. C-336/14 (Ince), Rn. 55; VGH Kassel, Urteil v. 15.10.2014 – 9 C 1276/13.T; OVG Münster, Urteil v. 25.11.2011 – 20 D 38/10.AK.
184 Vgl. EuGH, Urteil v. 16.2.2012 – Rs. C-72/10, C-77/10 (Costa und Cifone); VG Wiesbaden, Urteil v. 15.4.2016 – 5 K 1431/14.WI, Rn. 50 f.
185 EuGH, Urteil v. 28.2.2018 – Rs. C-3/17 (Sporting Odds), Rn. 41 m.w.N.
186 Vgl. VG Wiesbaden, Urteil v. 15.4.2016 – 5 K 1431/14.WI, Rn. 51, 52; VG Saarland, Urteil v. 5.11.2015 – 6 K 207/15.
187 VGH Bayern, Urteil v. 14.11.2017 – 9 B 17.271, mit Hinweis auf *Grzeszick*, in: Maunz/Dürig, GG, Art. 20 Rn. 110 m.w.N.
188 EuGH, Urteil v. 22.6.2017 – Rs. C-49/16 (Unibet), Rn. 40.
189 Vgl. EuGH, Urteil v. 22.1.2015 – Rs. C-463/13 (Stanley), Rn. 53; Urteil v. 16.2.2012 – Rs. C-72/10, C-77/10 (Costa und Cifone), Rn. 72 f.
190 Vgl. OVG Nordrhein-Westfalen, Beschluss v. 9.6.2016 – 4 B 860/15.

93 Umstritten ist, ob und inwieweit ein **Losverfahren** im Vergabeverwaltungsverfahren durchgeführt werden kann. Allgemein lässt sich festhalten, dass es eine Reihe von Gründen gibt, die – mit unterschiedlichem Gewicht – den Einsatz des Losverfahrens grundrechtlich legitimieren können. Greifen sie aber nicht, wie das vielfach der Fall ist, stehen die Grundrechte einer Auswahl durch das Los entgegen, jedenfalls wenn sie in gewichtiger Weise beeinträchtigt werden.[191] In Hamburg[192] soll das vorgesehene Losverfahren vermeiden, dass Konzessionsnehmer begünstigt werden, die besonders viele Anträge auf Wettvermittlung stellen, da jede Konzessionsnehmerin oder jeder Konzessionsnehmer erst einen weiteren Standort erhält, sobald alle sich bewerbenden Sportwettveranstalterinnen oder Sportwettveranstalter im Losverfahren mit einem Standort berücksichtigt wurden.

94 Eine **Loslimitierung** kann sachgerecht sein, um Risiken für den Konzessionsgeber zu reduzieren. Hier ist aber zu berücksichtigen, dass es um die Umsetzung der gesetzgeberischen Ziele u.a. im Rahmen der Suchtprävention geht. Wenn ein Konzessionsnehmer die Ziele besonders gut umsetzt und dadurch viele Genehmigungen bekommen kann, dann ist dies das Ergebnis des Auswahlverfahrens und hinzunehmen. Eine Verteilung auf viele Anbieter bei Reduzierung der Erreichung des gesetzgeberischen Ziels durch Zurücksetzung geeigneter Bewerber erscheint nicht unproblematisch.

5. Vertrauens- und Bestandsschutz?

95 Offen ist, wie weit der **Vertrauensschutz** im Glücksspielkonzessionsauswahlverfahren reicht. Die Besonderheiten des Glücksspiel- und dabei insbesondere auch des Spielhallensektors haben zunächst zur Folge, dass der Grundsatz des Vertrauensschutzes einen Schutz getätigter Investitionen nicht in gleichem Maße verlangt wie in anderen Wirtschaftsbereichen.[193] Der EuGH betont den Grundsatz des Vertrauensschutzes unter einem anderen Gesichtspunkt. Darüber hinaus gebietet der Grundsatz der Rechtssicherheit, von dem sich der Grundsatz des Vertrauensschutzes ableitet, unter anderem, dass Rechtsvorschriften – vor allem dann, wenn sie nachteilige Folgen für Einzelne und Unternehmen haben können – klar, bestimmt und in ihren Auswirkungen vorhersehbar sein müssen.[194]

96 Es ist aber zu berücksichtigen, dass das fehlende ordnungsrechtliche Einschreiten gegen den Betrieb von Wettvermittlungsstellen in den letzten Jahren keinen **Bestandsschutz** begründet hat.[195] Durch das Losverfahren in Hamburg soll erreicht werden, dass alle antragsberechtigten Sportwettveranstalter gleichermaßen Standorte zur Wettvermittlung erhalten werden. Der Aspekt einer optimalen Ausschöpfung der Standortkapazität, der in Teilen der Rechtsprechung im Zusammenhang mit Standorten von Spielhallen thematisiert wurde, werde – so der Hamburger Gesetzgeber – dabei vom Interesse einer fairen Verteilung der Wettvermittlungsmöglichkeiten zwischen den Sportwettveranstaltern überlagert. Dies sei auch nicht zu beanstanden, da die Idee der optimalen Ausschöpfung der Standortkapazität auf dem Aspekt des Bestandsschutzes fuße, der vorliegend nicht zum Tragen komme, da es bisher in Hamburg keine erlaubten Wettvermittlungsstellen gäben würde. Ziel der Regelung sei vielmehr, allen berechtigten Unternehmen und Marktteilnehmern überhaupt erstmal den Zugang zum Wettvermittlungsmarkt in Hamburg zu eröffnen. Eine optimale Verteilung könne sich sodann in der Folgezeit durch die Neueröffnung beziehungsweise Schließung bestehender Wettvermittlungsstellen ergeben.[196]

97 Das **Verhalten der Behörden** ist ambivalent. Während auf der eine Seite festgestellt wird, dass förmliche Duldung z.B. in Sachsen-Anhalt nicht erfolgt, wird auf der anderen Seite

---

191 Vgl. *Jarass*, NVwZ 2017, 273; a.A. Losverfahren bejahend OVG Lüneburg, Beschluss v. 23.4.2018 – 11 ME 552/17, juris Rn. 20 ff.
192 Vgl. § 8 Abs. 3 HmbGlüÄndStVAG.
193 BVerfG, Beschluss v. 7.3.2017 – 1 BvR 1314/1, Rn. 106.
194 EuGH, Urteil v. 22.6.2017 – Rs. C-49/16 (Unibet), Rn. 42.
195 Vgl. Gesetzesbegründung zu § 8 Abs. 12 HmbGlüÄndStVAG, Hamburg LT-Drs. 21/10487, 20.
196 Vgl. Gesetzesbegründung zu § 8 Abs. 13 HmbGlüÄndStVAG, Hamburg LT-Drs. 21/10487, 21, mit Hinweis auf VG Oldenburg, Urteil v. 24.5.2017 – 7 B 2896/17; vgl. auch OVG Hamburg, Beschluss v. 5.6.2018 – 4 Bs 28/18; vgl. für das Losverfahren OVG Lüneburg, Beschluss v. 23.4.2018 – 11 ME 552/17, juris Rn. 20 ff.

schlicht festgestellt, dass in Sachsen-Anhalt derzeit an insgesamt elf Standorten Sportwetten in Wettvermittlungsstellen (davon zwei Standorte in Räumlichkeiten von Buchmachern) vermittelt werden.[197] Aufgrund verwaltungsgerichtlicher Rechtsprechung sei – so die Landesregierung – ein Vorgehen gegen die bekannten Wettvermittlungsstellen allein wegen der formal fehlenden Konzession bzw. Erlaubnis nicht möglich, da Sportwettkonzessionen wegen anhängiger Gerichtsverfahren in dem für die Konzessionserteilung zuständigen Bundesland Hessen weiterhin nicht erteilt werden dürfen. Solange sich diese Rechtslage nicht ändert, dürften private Anbieter (Veranstalter) daher weiterhin Sportwetten mit feststehenden Gewinnquoten an im EU-Ausland konzessionierte Sportwettveranstalter vermitteln, ohne über eine glücksspielrechtliche Erlaubnis zu verfügen. Wenn es schon keine förmliche Duldung ist, dann ist es eine faktische Duldung, aus der nach einem längeren Zeitraum durchaus Bestandsschutz erwachsen könnte.

6. Kohärenzgrundsatz

Das Sportwettenkonzessionierungsverfahren ist vom Kohärenzgrundsatz geprägt.[198] Dazu gehört im Hinblick auf den tatsächlichen Normvollzug die kohärente Verfolgung des gesetzgeberischen Ziels der Suchtprävention. Wenn es daran fehlt, dann liegt ein Verstoß gegen den Kohärenzgrundsatz vor.[199] **98**

Dies bedeutet aber nicht, dass jegliche einschränkende Reglung im Bereich der Glücksspielkonzessionen nicht erlaubt ist. Der **Kohärenzgrundsatz** erfordert, dass der Mitgliedstaat die von ihm mit der Glücksspielregulierung jeweils angestrebten Ziele sowohl im Hinblick auf den geschaffenen rechtlichen Rahmen (Normebene) als auch tatsächlich (faktischer Normvollzug) in kohärenter Weise zu erreichen sucht.[200] **99**

Das Ziel, die Spielsucht zu bekämpfen und den Spieltrieb von Verbrauchern in kontrollierte legale Bereiche zu lenken, ist zunächst legitim,[201] es muss aber kohärent sein.[202] Das Ziel wird nur dann in kohärenter Weise verfolgt, wenn der Monopolträger durchgängig darauf verzichtet, die **Wettbereitschaft** zu fördern. Die Werbung der Monopolträger muss deshalb maßvoll sein und eine Marktbeeinflussung darstellen, die die Verbraucher zu den genehmigten Spieltätigkeiten lenkt. Denn es geht allein darum, Kunden aus der Illegalität in die Legalität zu locken, nicht hingegen darum, sie zum Glücksspiel zu verlocken. Das bedeutet, dass die Werbung nicht zum Wetten auffordern, anreizen oder ermuntern darf, sondern sich auf die Information und Aufklärung über die Art und Weise legaler Wettmöglichkeiten zu beschränken hat. Eine Politik der kontrollierten Expansion von Glücksspieltätigkeiten kann jedoch nur dann als kohärent angesehen werden, wenn zum einen die mit dem Spielen verbundenen kriminellen und betrügerischen Tätigkeiten und zum anderen die Spielsucht ein Problem sind und eine Ausweitung der zugelassenen und regulierten Tätigkeiten geeignet war, diesem Problem abzuhelfen.[203] **100**

Dem widersprechen **Werbemaßnahmen**, die von einem noch nicht zum Wetten entschlossenen durchschnittlichen Empfänger der Botschaft als Motivation zum Wetten zu verstehen sind. Insbesondere darf die Anziehungskraft des Wettspiels nicht durch zugkräftige Werbebotschaften erhöht werden, die bedeutende Gewinne in Aussicht stellen. Ausgeschlossen sind damit auch stimulierende Verknüpfungen informativer Hinweise mit der Ankündigung von Sonderausschüttungen oder anderen höheren oder zusätzlichen Gewinnchancen. Auch eine Aufmachung, die etwa durch befristete Angebote Entscheidungsdruck auslösen kann, **101**

---

197 Landtag Sachsen-Anhalt, Antwort der Landesregierung auf eine Kleine Anfrage zur schriftlichen Beantwortung, Vermittlung von Sportwetten in Wettvermittlungsstellen in Sachsen-Anhalt, Sachsen-Anhalt LT-Drs. 7/2428.
198 EuGH, Urteil v. 28.2.2018 – Rs. C-3/17 (Sporting Odds), Rn. 31.
199 VGH Kassel, Beschluss v. 29.5.2017 – 8 B 2744/16.
200 VGH Kassel, Beschluss v. 29.5.2017 – 8 B 2744/16.
201 EuGH, Urteil v. 28.2.2018 – Rs. C-3/17 (Sporting Odds), Rn. 29.
202 EuGH, Urteil v. 28.2.2018 – Rs. C-3/17 (Sporting Odds), Rn. 31.
203 EuGH, Urteil v. 28.2.2018 – Rs. C-3/17 (Sporting Odds), Rn. 31.

ist nicht erlaubt. Diesen Anforderungen wird die Werbepraxis der Länder als Monopolträger (weiterhin) nicht gerecht.[204]

102 Die danach von einem Mitgliedstaat geforderte konzeptionell und in der Durchführung stimmige Zielverfolgung, insbesondere die Vermeidung von Widersprüchen bei Normsetzung und Normvollzug, betrifft sowohl den einzelnen Glücksspielsektor (**Binnenkohärenz**) als auch die Gesamtheit der Glücksspielsektoren (**Gesamtkohärenz**). Unterschiede in der Glücksspielregulierung in einem Mitgliedstaat, die sich aus dessen bundesstaatlicher Struktur ergeben, sind im Hinblick auf das Bekenntnis der Europäischen Union zur Achtung der jeweiligen nationalen Identität der Mitgliedstaaten (Art. 4 Abs. 2 S. 1 AEUV) hinzunehmen, solange sie nicht die Gesamtkohärenz im Mitgliedstaat konterkarieren. Entscheidet sich ein Mitgliedstaat für ein Erlaubnissystem, so sind als weitere Schranken die Gebote der Transparenz, der Gleichbehandlung und der Rechtssicherheit rechtlich wie tatsächlich zu wahren.[205]

103 Wenn diese Grundsätze eingehalten werden, dann ist die Durchführung von kohärenten Vergabeverwaltungsverfahren auch im Bereich der **Glücksspielkonzessionen** möglich. Zielführend dürfte in diesem Zusammenhang die Durchführung eines Vergabeverwaltungsverfahrens unter analoger Anwendung der KonzVgV sein.[206]

7. Zeitliche Befristung

104 Eine zeitliche Beschränkung der Laufzeit von Konzessionen begegnet grundsätzlich keinen rechtlichen **Bedenken**. Dies kann der Dienstleistungsfreiheit insoweit dienen, als sie Neubewerbern nach gewissen Zeitabläufen eine Marktzugangschance einräumt. Über eine Begrenzung der Laufzeit von Konzessionen hat der EuGH – soweit ersichtlich – bislang nicht entschieden. Zwar stellt eine Limitierung der Geltungsdauer von Konzessionen eine Beschränkung der zugelassenen Wirtschaftsteilnehmer bei der Ausübung der Dienstleistungs- und Niederlassungsfreiheit dar, diese ist aber gerechtfertigt, wenn sie auf alle Bewerber gleichmäßig angewandt wird und geeignet ist, den Allgemeinwohlzielen zu dienen. Auch Art. 18 Abs. 1 RL 2014/23/EU sieht eine Beschränkung der Laufzeit von Konzessionen vor.[207] Auch hier zeigt sich, dass die Durchführung eines Vergabekonzessionsverwaltungsverfahrens an Hand der KonzVgV zielführend ist.[208]

105 In den Schutzbereich von Art. 12 Abs. 1 GG wird eingegriffen, wenn eine Antragstellerin lediglich eine **eingeschränkte Vermittlungserlaubnis** erhält. Dieser Eingriff erweist sich jedoch als gerechtfertigt, wenn die Regelungen der §§ 4 Abs. 5, 9 Abs. 4 GlüStV eingehalten werden.[209]

8. Verteilungsermessen

106 Bei der Wahl der Bedingungen für die Organisation und die Kontrolle der in der Veranstaltung von und der Teilnahme an Glücks- oder Geldspielen haben die Auswahlbehörden ein Ermessen.[210] Aus der ständigen EuGH-Rechtsprechung ergibt sich, dass ein System von Konzessionen und Erlaubnissen für die Veranstaltung von Glücksspielen auf objektiven und nicht diskriminierenden Kriterien beruhen muss, die im Voraus bekannt sind, so dass dem Ermessen der nationalen Behörden Grenzen gesetzt werden, die seine missbräuchliche Ausübung verhindern.[211]

107 Wie in Verteilungsverwaltungsverfahren üblich, kommt dem Konzessionsgeber sowohl bei der Bestimmung und Gewichtung der Zuschlagskriterien als auch bei der Auswahlentschei-

---

204 VGH Kassel, Beschluss v. 29.5.2017 – 8 B 2744/16.
205 VGH Kassel, Beschluss v. 29.5.2017 – 8 B 2744/16.
206 Vgl. OVG Lüneburg, Beschluss v. 12.11.2012 – 13 ME 231/12 (für Rettungsdienstleistungen).
207 Vgl. VG Wiesbaden, Urteil v. 15.4.2016 – 5 K 1431/14.WI, Rn. 51 f.
208 Vgl. OVG Lüneburg, Beschluss v. 12.11.2012 – 13 ME 231/12 (für Rettungsdienstleistungen).
209 OVG Hamburg, Urteil v. 22.6.2017 – 4 Bf 160/14, juris Rn. 81.
210 EuGH, Urteil v. 28.2.2018 – Rs. C-3/17 (Sporting Odds), Rn. 21.
211 EuGH, Urteil v. 28.2.2018 – Rs. C-3/17 (Sporting Odds), Rn. 38, mit Hinweis auf EuGH, Urteil v. 22.6.2017 – Rs. C-49/16 (Unibet), Rn. 41.

dung selbst ein weiter Beurteilungs- und **Bewertungsspielraum** zu.[212] Damit ist seine Entscheidung gerichtlich nur eingeschränkt dahingehend überprüfbar, ob er gegen die geltenden Verfahrensbestimmungen verstoßen oder den ihm eingeräumten Beurteilungsspielraum überschritten hat, indem er von unzutreffenden Tatsachen ausgegangen ist, sachfremde Erwägungen angestellt oder sich nicht an den von ihm aufgestellten Beurteilungsmaßstab und die allgemeinen Grundsätze der Transparenz und der Nichtdiskriminierung gehalten hat.[213]

Bei der hier maßgeblichen Glücksspielkonzessionsvergabe werden vielgestaltige Auswahlkonstellationen bewältigt.[214] Bei der Bestimmung der **Auswahlparameter** gebietet es die ohnehin geforderte Berücksichtigung der grundrechtlich geschützten Positionen der Bewerber auch ohne ausdrückliche gesetzliche Bestimmung, dass die zuständigen Konzessionsgeber sich eines Verteilmechanismus bedienen, der die bestmögliche Ausschöpfung der zu vergebenden Kontingente in dem relevanten Gebiet ermöglicht.[215]

108

Vergabeverwaltungsverfahren werden durch Art. 12 Abs. 1 GG geformt. Art. 12 Abs. 1 GG umfasst nach ständiger Rechtsprechung neben dem Recht der freien Berufsausübung auch das Recht, einen Beruf frei zu wählen. Unter Beruf ist dabei jede auf Erwerb gerichtete Tätigkeit zu verstehen, die auf Dauer angelegt ist und der Schaffung und Aufrechterhaltung einer Lebensgrundlage dient. Der Schutz der Berufsfreiheit ist nicht auf traditionell oder gesetzlich fixierte Berufsbilder beschränkt, sondern erfasst auch Berufe, die aufgrund der fortschreitenden technischen, sozialen oder wirtschaftlichen Entwicklung neu entstanden sind.[216] In das durch Art. 12 Abs. 1 GG garantierte einheitliche Grundrecht der **Berufsfreiheit** darf nur auf gesetzlicher Grundlage und unter Beachtung des Grundsatzes der Verhältnismäßigkeit eingegriffen werden. Der Eingriff muss zur Erreichung eines legitimen Eingriffsziels geeignet sein und darf nicht weitergehen, als es die Gemeinwohlbelange erfordern; ferner müssen Eingriffszweck und Eingriffsintensität in einem angemessenen Verhältnis stehen. An objektive Berufszugangsregelungen sind dabei grundsätzlich gesteigerte Anforderungen zu stellen.[217]

109

Die Bekämpfung der Spiel- und Wettsucht und weiterer negativer Begleiterscheinungen des Spiel- und Wettbetriebs sind **legitime Ziele** für die Berufsfreiheit einschränkende Regelungen. Es gelten allerdings besondere Anforderungen, sofern der Staat zugleich auf Teilen des Spielmarktes selbst wirtschaftend tätig ist. So verlangt ein beim Staat monopolisiertes Sportwettenangebot eine konsequente Ausgestaltung der Maßnahmen zur Vermeidung und Abwehr von Spielsucht und problematischem Spielverhalten, da fiskalische Erwägungen des Staates solche Einschränkungen der Berufsfreiheit nicht tragen können.[218]

110

Wenn der Konzessionsgeber keine ausreichende Konkretisierung der gegensätzlichen Rechtsgüter vornimmt, neigt die Verwaltungsgerichtsbarkeit zu gerichtlichen Sanktionen. Wenn Monopolträger systematisch unzulässige Werbung betreiben, kann darin ein Verfahrensverstoß liegen.[219] Bei der **Glücksspielkonzessionsvergabe** sind bei der Bewältigung der vielgestaltigen Auswahlkonstellationen diese Punkte zwingend zu berücksichtigen. Dann kann ein gemeinschaftskonformes Auswahlverfahren, z.B. nach den Vorgaben der KonzVgV, rechtssicher durchgeführt werden.

111

III. Bereichsspezifische Vorgaben des GlüStV

Der GlüStV macht – soweit derzeit zulässig – detaillierte Vorgaben in Bezug auf den Gang des Auswahlverfahrens sowie die Eignungs- und Zuschlagskriterien. Der Staatsvertrag kann nach

112

---

212 BVerwG, Urteil v. 13.12.2012 – 3 C 32/11; BGH, Urteil v. 16.10.2001 – X ZR 100/99; OVG Hamburg, Beschluss v. 16.8.2013 – 1 Es 2/13; VGH München, Beschluss v. 25.2.2010 – 8 AS 10.40000.
213 BVerwG, Urteil v. 13.12.2012 – 3 C 32/11; vgl. dazu allgemein BVerwG, Urteil v. 16.5.2007 – 3 C 8/06; VGH Kassel, Urteil v. 15.10.2014 – 9 C 1276/13; OVG Hamburg, Beschluss v. 16.8.2013 – 1 Es 2/13.
214 BVerfG, Beschluss v. 7.3.2017 – 1 BvR 1314/12, Rn. 185.
215 BVerfG, Beschluss v. 7.3.2017 – 1 BvR 1314/12, Rn. 185 (für Spielhallen).
216 BVerfG, Beschluss v. 7.3.2017 – 1 BvR 1314/12, Rn. 120.
217 BVerfG, Beschluss v. 7.3.2017 – 1 BvR 1314/12, Rn. 122.
218 BVerfG, Beschluss v. 7.3.2017 – 1 BvR 1314/12, Rn. 122 ff.
219 VGH Kassel, Beschluss v. 29.5.2017 – 8 B 2744/16.

allgemeiner Auffassung jedoch weiterhin nicht umgesetzt werden, weil die hessischen Verwaltungsgerichte die Erteilung der Konzessionen bis zu einer zeitlich nicht abschätzbaren Entscheidung in der Hauptsache aufgeschoben haben.[220]

113 Die dazu notwendigen **Änderungen** des Konzessionsverfahrens erschöpfen sich in folgenden Punkten:

- Die Kontingentierung der Sportwettenkonzessionen wird für die Dauer der Experimentierphase aufgehoben; ein Auswahlverfahren (§ 4b Abs. 5 GlüStV) ist nicht mehr erforderlich.
- Durch eine Übergangsregelung wird ab Inkrafttreten des Zweiten Änderungsstaatsvertrages allen Bewerbern im Konzessionsverfahren, die im laufenden Verfahren die Mindestanforderungen erfüllt haben, vorläufig die Tätigkeit erlaubt.
- Zudem werden die bisher in der Zuständigkeit des Landes Hessen liegenden Aufgaben dem Wunsch Hessens entsprechend auf ein anderes Land übertragen.

114 Bei der **Behördenorganisation** bleibt es für das Konzessionsverfahren bei der ländereinheitlichen Entscheidung. Das ländereinheitliche Verfahren vermeidet ein Nebeneinander von 16 Erlaubnissen für jedes einzelne Land, das weder sachgerecht noch den Anbietern oder der Öffentlichkeit zu vermitteln wäre. Es erfordert jeweils die Übertragung von Aufgaben und die Mitwirkung aller Länder an der Entscheidung.[221] Die geplanten Regelungen sehen vor, dass 35 Konzessionsbewerber, die nach Prüfung durch das Hessische Ministerium des Innern und für Sport die Mindestanforderungen erfüllt haben, vorläufig zugelassen werden.

115 Das auf der Grundlage der §§ 1, 9 Abs. 2 S. 2 HGlüG, § 10a i.V.m. §§ 4a ff. GlüStV 2012 vom Hessischen Ministerium des Innern und für Sport durchgeführte Konzessionsvergabeverfahren führt zu einer nicht gerechtfertigten Beschränkung der Dienstleistungsfreiheit der jeweiligen Antragsteller. Denn in seiner konkreten Ausgestaltung verletzt dieses Konzessionsvergabeverfahren das auch unionsrechtlich fundierte **Transparenzgebot**. Die unzutreffende Angabe des für die Vergabe der Konzessionen maßgeblichen Auswahlkriteriums in der Ausschreibung sowie die mit den Vorgaben des GlüStV nicht in Einklang stehende Gewichtung von Auswahlkriterien belegen, dass nicht alle Bedingungen und Modalitäten des Konzessionsvergabeverfahrens so klar, genau und eindeutig formuliert sind, dass alle durchschnittlich fachkundigen Unternehmen bei Anwendung der üblichen Sorgfalt die genaue Bedeutung dieser Information verstehen und sie in gleicher Weise auslegen können.[222]

1. Grundlegende Anforderungen

116 Auch wenn auf absehbare Zeit ein unionsrechtskonformes Erlaubnisverfahren nicht zur Verfügung stehen wird,[223] so bedeutet dies nicht, dass auf Dauer das Zulassungsverfahren regellos sein wird. Es bedeutet zudem auch nicht, dass es einen unbegrenzten Zulassungsanspruch besteht.[224] Einen Zulassungsanspruch gibt es auch nicht im Hinblick auf die Unionsrechtswidrigkeit gestoppten Konzessionsvergabeverfahrens wie auch des im Übrigen geltenden kodifizierten staatlichen Sportwettenmonopols.[225]

117 Unionsrechtlich bedarf ein solches (Übergangs-)Verfahren zwar nicht zwingend einer **Kodifizierung**. Ein in einer Übergangsphase anwendbares Verfahren zur Erlangung einer vorläufigen Zulassung muss indes im Hinblick auf die in Rede stehende Beschränkung der Dienstleistungsfreiheit dem privaten Marktteilnehmer rechtssicher den (vorläufigen) Zugang zum Markt eröffnen. Dies setzt unionsrechtlich jedenfalls eine hinreichend präzise Festlegung der Zulassungsvoraussetzungen sowie deren im Voraus erfolgte öffentliche Bekanntmachung und die

---

220 Vgl. Erläuterungen, Zweiter Glücksspieländerungsstaatsvertrag, Hamburg LT-Drs. 21/10487, 5 m.w.N.
221 Vgl. Erläuterungen, Zweiter Glücksspieländerungsstaatsvertrag, Hamburg LT-Drs. 21/10487, 5 m.w.N.
222 VGH Kassel, Beschluss v. 29.5.2017 – 8 B 2744/16.
223 OVG Münster, Urteil v. 23.1.2017 – 4 A 3244/06.
224 VGH München, Urteil v. 8.3.2018 – 10 B 15.990; Urteil v. 8.3.2018 – 10 B 15.994.
225 VGH Kassel, Beschluss v. 29.5.2017 – 8 B 2744/16; VGH München, Urteil v. 8.3.2018 – 10 B 15.990; Urteil v. 8.3.2018 – 10 B 15.994; a.A. VG Magdeburg, Urteil v. 20.6.2017 – 3 A 151/16.

dadurch bewirkte Transparenz eines gesetzlich gerade nicht vorgesehenen Verfahrens der vorläufigen Zulassung voraus.[226]

Die **Konzessionsrichtlinie** 2014/23/EU ist bei dem Erlass von Verwaltungsakten nicht anwendbar. Sie kann aber dennoch als Anhaltspunkt herangezogen werden,[227] weil die KonzVgV ein zielgerichtetes Konfliktlösungsmodell für die Bewältigung der vielgestaltigen Auswahlkonstellationen[228] liefert.[229]

118

Zu berücksichtigen sind bei dem hier maßgeblichen Auswahlbereich die spezifischen **Besonderheiten** des Glücksspielrechtes. Die Bekämpfung und Prävention von Glücksspielsucht ist als überragend wichtiges Gemeinwohlziel anerkannt, weil Spielsucht zu schwerwiegenden Folgen für die Betroffenen selbst, ihre Familien und die Gemeinschaft führen kann.[230]

119

Das glücksspielrechtliche Auswahlverfahren ist in zwei **Stufen** durchzuführen: Auf der ersten Stufe werden diejenigen Bewerber aussortiert, die die Eignungskriterien nicht erfüllen, und erst auf der zweiten Stufe erfolgt anhand der Zuschlagskriterien die eigentliche Auswahl, bei der ein oder mehrere Bewerber den Zuschlag erhalten.[231]

120

Mangels gesetzlicher Normierung obliegt es den für die Erteilung der glücksspielrechtlichen Erlaubnisse zuständigen Kommunen, diesem Maßstab gerecht werdende Auswahlkriterien **transparent** im Voraus festzulegen und in einem ordnungsgemäßen Auswahlverfahren anzuwenden. Den Kommunen kommt hierbei ein gewisser Gestaltungsspielraum zu, der gerichtlich nur auf die Anwendung offensichtlich sachwidriger bzw. unvertretbarer Kriterien überprüft werden kann. Im Rahmen ihres Gestaltungsspielraums müssen die Kommunen allerdings die gesetzgeberischen Ziele (Verhinderung und Bekämpfung der Glücksspielsucht, Schaffung einer geeigneten Alternative zum unerlaubten Glücksspiel und Unterbindung des unerlaubten Glücksspiels, Jugend- und Spielerschutz, Sicherstellung der ordnungsgemäßen Durchführung des Glücksspiels) und die grundrechtlichen Positionen der Spielhallenbetreiber zum Ausgleich bringen. Ein singuläres Auswahlkriterium dürfte daher nicht in Betracht kommen. Bei der Festlegung der Auswahlkriterien kann zudem deren Praktikabilität und Umsetzbarkeit im behördlichen Verfahren mit in den Blick genommen werden.[232]

121

Mögliche **Auswahlkriterien** können unter anderem beispielsweise die in den „Verbindlichen Ausführungsbestimmungen zu § 2 Abs. 2 Hessisches Spielhallengesetz" genannten Aspekte „Qualität der Betriebsführung", „Abstand zu Jugendeinrichtungen", „Umfeld des Spielhallenstandorts", „Alter des Spielhallenstandorts", „Planungsrechtliche Zielsetzungen der Gemeinde" und „Berücksichtigung nur eines Standorts des Betreibers in der Kommune" sein, wobei das ebenfalls darin enthaltene beispielhafte Wägungsschema eine Möglichkeit sein kann, die festgelegten Auswahlkriterien in ein Verhältnis zu setzen.[233]

122

Auf Grund der fehlenden gesetzlichen Vorgaben kann an die entsprechende Anwendung der **KonzVgV**-Regeln gedacht werden: § 4 KonzVgV stellt Grundregeln zur Wahrung der Vertraulichkeit im Verfahren auf, zur Vermeidung von Interessenkonflikten gilt § 5 KonzVgV. Nach § 6 Abs. 1 S. 1 KonzVgV hat der Konzessionsgeber das Vergabeverfahren während des gesamten Verfahrens in Textform gemäß § 126b BGB zu dokumentieren, soweit dies für die Begründung von Entscheidungen erforderlich ist. Der Mindestinhalt von Vermerken bestimmt sich nach § 6 Abs. 2 KonzVgV. Grundregeln für die Kommunikation im Konzessionsvergabeverfahren stellen die §§ 7 bis 11 KonzVgV auf.

123

---

226 VGH Kassel, Beschluss v. 29.5.2017 – 8 B 2744/16.
227 BVerfG, Beschluss v. 7.3.2017 – 1 BvR 1314/12, Rn. 185.
228 Vgl. VG Wiesbaden, Urteil v. 15.4.2016 – 5 K 1431/14.WI, Rn. 58 f.
229 Vgl. OVG Lüneburg, Beschluss v. 12.11.2012 – 13 ME 231/12 (für Rettungsdienstleistungen).
230 OVG Münster, Beschluss v. 8.6.2017 – 4 B 307/17; vgl. auch EuGH, Urteil v. 28.2.2018 – Rs. C-3/17 (Sporting Odds), Rn. 29, 31.
231 VGH Kassel, Beschluss v. 16.10.2015 – 8 B 1028/15; VG Wiesbaden, Urteil v. 15.4.2016 – 5 K 1431/14.WI; Beschluss v. 10.6.2015 – 5 L 1438/14.WI; Beschluss v. 8.6.2015 – 5 L 1433/14.WI; Beschluss v. 16.4.2015 – 5 L 1448/14.WI; *Braun*, NZBau 2016, 266.
232 VG Osnabrück, Urteil v. 17.5.2017 – 1 A 294/16, juris Rn. 36.
233 VG Osnabrück, Urteil v. 17.5.2017 – 1 A 294/16, juris Rn. 36 (für Spielhallen).

124 Auch hinsichtlich der **Beschreibung** der zu vergebenden Konzession bilden die Regelungen des Kartellvergaberechts mangels entsprechender Vorgaben des GlüStV die maßgebliche Richtschnur für den Konzessionsgeber. Danach hat die Beschreibung der zu vergebenden Leistung den Vorgaben des § 15 KonzVgV zu genügen. Sie hat nach § 152 Abs. 1 i.V.m. § 121 Abs. 1 und 3 GWB in einer nichtdiskriminierenden Weise zu erfolgen, sodass allen interessierten Unternehmen im Binnenmarkt die gleichen Zugangschancen eröffnet werden. Mit der Leistungsbeschreibung dürfen gemäß § 15 Abs. 3 KonzVgV unter anderem nicht bestimmte Produktionen, Erzeugnisse oder Dienstleistungen bevorzugt werden – es sei denn, eine Bevorzugung wäre durch den Konzessionsgegenstand selbst gerechtfertigt. In Bezug auf die Vergabeunterlagen treffen die §§ 16 bis 18 KonzVgV bestimmte Vorgaben.

125 Eine herausgehobene Stellung im Konzessionsvergabeverfahren genießt das in § 14 KonzVgV statuierte **Umgehungsverbot**. Das Verfahren darf danach nicht in einer Weise ausgestaltet werden, dass es rechtsmissbräuchlich dem Anwendungsbereich des Kartellvergaberechts entzogen wird oder bestimmte Unternehmen, Bauleistungen, Lieferungen oder Dienstleistungen auf unzulässige Weise bevorzugt oder benachteiligt werden. Dies betrifft die Konzeption des gesamten Verfahrens, insbesondere die Berechnung des Schwellenwertes (vgl. hierzu § 2 Abs. 2 KonzVgV). Das Umgehungsverbot geht hier mit dem Kohärenzgrundsatz Hand in Hand. Er erfordert, dass der Mitgliedstaat die von ihm mit der Glücksspielregulierung jeweils angestrebten Ziele sowohl im Hinblick auf den geschaffenen rechtlichen Rahmen (Normebene) als auch tatsächlich (faktischer Normvollzug) in kohärenter Weise zu erreichen sucht.[234]

126 In Bezug auf die **Bekanntmachung** der Vergabe von Glücksspielkonzessionen gilt der bereits erwähnte § 4b Abs. 1 S. 2 GlüStV, wonach die Bekanntmachung der Vergabe im Amtsblatt der Europäischen Union zu veröffentlichen ist. § 4b Abs. 1 S. 2 GlüStV geht damit als „strengere" Vorschrift gegenüber § 19 KonzVgV vor. Aufgrund der Besonderheiten des Glücksspielmarktes werden die Voraussetzungen des § 20 KonzVgV (Ausnahmen von der Konzessionsbekanntmachung) wohl nie erfüllt sein, sodass es stets bei einer Bekanntmachungspflicht der ausschreibenden Stelle bleibt.

127 Die **Eignungskriterien** werden vom Konzessionsgeber in Beachtung des § 4a Abs. 4 S. 1 Nr. 1 bis 3 GlüStV aufgestellt. Diese Vorschrift verdrängt damit als spezielleres Fachrecht die allgemeineren Vorgaben des § 25 Abs. 1 KonzVgV und damit des § 152 Abs. 2 i.V.m. § 122 Abs. 1 und 3 GWB. Mangels einer entsprechenden glücksspielrechtlichen Vorschrift kommen jedoch die Vorgaben des § 25 Abs. 2 KonzVgV zur Geltung, wonach die Eignungskriterien nichtdiskriminierend beschaffen sein und dem Zweck dienen müssen, die Gewährleistung des Wettbewerbs sicherzustellen sowie einen hinreichend fähigen Konzessionsnehmer auszuwählen, der dann auch zur Durchführung der Konzession in der Lage ist. § 25 Abs. 2 KonzVgV konkretisiert mithin die Grundsätze des Wettbewerbs und der Nichtdiskriminierung hinsichtlich der Eignungskriterien.

128 Ferner trifft das Glücksspielrecht auch bezüglich der **Zuschlagskriterien** in § 4b Abs. 5 Nr. 1 bis 5 GlüStV bereichsspezifische Regelungen. § 4b Abs. 5 GlüStV besagt dabei, dass die Auswahl insbesondere anhand der dort genannten Kriterien getroffen werden muss. Insofern ist es dem Konzessionsgeber unbenommen, neben den in § 4b Abs. 5 GlüStV aufgezählten fachspezifischen Kriterien weitere aufzustellen. Im Kartellvergaberecht machen § 31 KonzVgV sowie § 152 Abs. 3 GWB Aussagen in Bezug auf Zuschlagskriterien. § 31 KonzVgV stellt im Wesentlichen die Forderung auf, dass die Zuschlagskriterien in absteigender Rangfolge angegeben werden müssen. § 152 Abs. 3 GWB enthält für das glücksspielrechtliche Auswahlverfahren insofern relevante Aussagen, als die Kriterien gemäß § 152 Abs. 3 S. 1 GWB objektiv bestimmt sein, gemäß § 152 Abs. 3 S. 2 GWB mit dem Konzessionsgegenstand in Verbindung stehen müssen und dem Konzessionsgeber keine uneingeschränkte Wahlfreiheit einräumen dürfen.

129 § 152 Abs. 3 S. 3 GWB gibt dem Konzessionsgeber die Befugnis, im Rahmen von Zuschlagskriterien auch qualitative, **umweltbezogene** oder **soziale Belange** und Aspekte mit zu be-

---

234 VGH Kassel, Beschluss v. 29.5.2017 – 8 B 2744/16; siehe oben Rn. 98 ff.

rücksichtigen. Dies gilt zunächst uneingeschränkt für ein GWB-Konzessionsvergabeverfahren. Es ist fraglich, inwieweit dieser Grundsatz auch auf das glücksspielrechtliche Konzessionsvergabeverfahren übertragen werden kann. Grundsätzlich spricht wenig gegen die Mitberücksichtigung von umweltbezogenen oder sozialen Belangen im Rahmen eines solchen Verfahrens. Wichtig ist hierbei aber, dass die Zuschlagskriterien immer primär auf die Verwirklichung und Sicherung der Ziele des § 1 S. 1 Nr. 1 bis 5 GlüStV ausgerichtet sein müssen, und demgemäß anderweitige, nicht originär glücksspielrechtliche Belange nur sekundär und entsprechend abgeschwächt zum Zuge kommen dürfen.

Eine äußerste Grenze zur **Gewichtung** anderweitiger Aspekte ist spätestens dann erreicht, wenn der zu hoch gewichtete umweltbezogene oder sozialbezogene Belang das Erreichen eines der in § 1 GlüStV genannten Ziele gefährdet, wenn nicht gar offen behindert. Das primäre Regelungsziel des Glücksspielrechts ist eben nicht die möglichst wirtschaftliche Beschaffung, sondern die sichere Veranstaltung und Durchführung eines ausreichenden Glücksspielangebots.[235] Entsprechendes gilt in Bezug auf die Grundsätze des Vergaberechts – umweltbezogene oder soziale Belange als Zuschlagskriterien dürfen nicht dazu führen, dass beispielsweise der Wettbewerbsgrundsatz unangemessen beeinträchtigt wird. **130**

Des Weiteren stellt der GlüStV in § 4b Abs. 2 umfangreiche Anforderungen an die Form und den Inhalt der **Bewerbungsunterlagen** von Seiten der Bewerber. Die Unterlagen müssen gemäß § 4b Abs. 2 S. 1 GlüStV in der Schriftform eingereicht werden. Sie müssen gemäß § 4b Abs. 2 S. 2 GlüStV sämtliche Angaben enthalten, die erforderlich sind, um überprüfen zu können, ob der jeweilige Bewerber die Eignungs- und Zuschlagskriterien erfüllt. Hierbei müssen die Bewerber insbesondere Angaben zu den in § 4b Abs. 2 S. 3 Nr. 1 bis 7 GlüStV genannten Punkten machen. **131**

Schlussendlich enthalten die §§ 27 und 28 KonzVgV ergänzende Bestimmungen zu den **Fristen** und der **Form** der einzureichenden Unterlagen und Angebote. Die Vorgaben dieser Vorschriften gelten uneingeschränkt, sofern sich aus dem GlüStV nicht etwas anderes ergibt. **132**

2. Eignungskriterien

Das Glücksspielrecht macht konkrete Aussagen in Bezug auf die zwingend von den Bewerbern zu erfüllenden Eignungskriterien. Dabei bezieht es sich zwar auf teilweise vergleichbare Kategorien wie das Kartellvergaberecht gemäß § 152 Abs. 2 i.V.m. § 122 GWB – Zuverlässigkeit, Leistungsfähigkeit und Sicherheit – zugleich präzisiert es aber die einzelnen Kategorien durch konkrete Unterpunkte. Im Rahmen der Zuverlässigkeit haben die Bewerber unter anderem gemäß § 4a Abs. 4 S. 1 Nr. 1 GlüStV nachzuweisen, dass die Inhaber- und Beteiligungsverhältnisse beim Konzessionsnehmer (als Personengesellschaft oder Körperschaft des Privatrechts) vollständig offengelegt worden sind und dass der Konzessionsnehmer und die von ihm beauftragten verantwortlichen Personen die für die Veranstaltung öffentlicher Glücksspiele erforderliche Zuverlässigkeit und Sachkunde besitzen. Auch müssen sie die rechtmäßige Herkunft der für die Veranstaltung öffentlicher Glücksspiele erforderlichen Mittel darlegen. **133**

a) Allgemeine Eignungskriterien

Nach § 4a Abs. 4 S. 1 Nr. 2 GlüStV haben die Bewerber weiterhin ihre **Leistungsfähigkeit** nachzuweisen. Es muss aufgezeigt werden, dass der Konzessionsnehmer über genügend (finanzielle) Eigenmittel verfügt und zugleich die Gewähr für ein einwandfreies Geschäftsgebaren bietet. Zweitens müssen die Bewerber darlegen, dass das von ihnen beabsichtigte Glücksspielangebot unter Berücksichtigung der Abgaben (dauerhaft) wirtschaftlich betrieben werden kann; zudem muss nachgewiesen werden, dass die erforderlichen Sicherheitsleistungen vorbereitet und die zum weitergehenden Schutz der Spieler notwendigen Versicherungen abgeschlossen sind. Auch das Landesrecht kann konkreten Vorgaben für den Antrag auf Erteilung einer Erlaubnis vorgeben. Die bei Antragstellung geforderten Angaben sowie vorzulegenden Unterlagen dienen einerseits dazu, die Zuverlässigkeit der Antragsteller für den Be- **134**

---

235 *Braun*, NZBau 2016, 266 (269).

trieb der Wettvermittlungsstelle zu überprüfen und andererseits dazu, sicherzustellen, dass die glücksspielrechtlichen Anforderungen, insbesondere der Spieler- und Jugendschutz, eingehalten werden.[236]

135 In Hinblick auf die Kategorie der **Transparenz** und **Sicherheit** des Glücksspiels stellt § 4a Abs. 4 S. 1 Nr. 3 GlüStV die Anforderungen auf, dass die Transparenz des Betriebs stets sichergestellt ist und dabei gewährleistet wird, dass eine Überwachung des Vertriebsnetzes jederzeit möglich ist und nicht durch Dritte oder am Betrieb Beteiligte vereitelt werden kann. Der Konzessionsnehmer muss zudem seinen Sitz in einem Mitgliedstaat der Europäischen Union oder einem Vertragsstaat des Abkommens über den Europäischen Wirtschaftsraum haben. Darüber hinaus muss der Konzessionsnehmer für alle Spiel- und Zahlungsvorgänge in Deutschland eine eigene Buchführung einrichten und spielbezogene Zahlungsvorgänge über ein Konto im Inland oder bei einem in einem Mitgliedstaat der Europäischen Union beheimateten Kreditinstitut abwickeln.

136 Schließlich muss der Bewerber durch sein **Geschäftskonzept** nachweisen, dass gewährleistet wird, dass von den Spielern eingezahlte Beträge unmittelbar nach Eingang der Zahlung beim Erlaubnisinhaber auf dem Spielkonto gutgeschrieben werden, ein etwaiges Guthaben dem Spieler auf Wunsch jederzeit ausgezahlt wird, die auf den Spielkonten deponierten Kundengelder vom sonstigen Vermögen getrennt verwaltet und nicht zum Risikoausgleich verwendet werden und schlussendlich das gesamte Kundenguthaben jederzeit durch liquide Mittel gedeckt ist.

137 Die Vorgaben beziehen sich alle auf das **Ziel des Glücksspielrechts**, der Bevölkerung ein sicheres und ausreichendes Angebot an Glücksspielen zu garantieren. Infolgedessen sind die Eignungskriterien des § 4a Abs. 4 S. 1 GlüStV stets im Lichte der Ziele des § 1 GlüStV auszulegen. Die Eignungskriterien des § 4a Abs. 4 GlüStV sind gemäß dem Wortlaut „darf nur erteilt werden, wenn" als Mindestniveau anzusehen und dürfen dementsprechend um weitere Kriterien ergänzt werden, die einen hinreichenden Bezug zu den Zielen des § 1 GlüStV aufweisen. Ein Weniger an Eignungskriterien aufzustellen, ist angesichts des Wortlautes des § 4a Abs. 4 GlüStV indes nicht möglich.

b) Besondere Anforderungen in Bezug auf Sportwetten

138 § 4a Abs. 4 S. 1 GWB enthält keinen direkten Verweis auf die besonderen Vorschriften von **Abschnitt 3 bis 5 GlüStV**. Diese Abschnitte beinhalten zusätzlich zu den allgemeinen Vorschriften der ersten beiden Abschnitte besondere Vorgaben in Hinblick auf die einzelnen Formen des Glücksspiels, wie beispielsweise auf die Durchführung von Lotterien und Sportwetten. Es handelt sich dabei unter anderem um Vorgaben hinsichtlich der zulässigen Art und Weise der Durchführung der jeweiligen Glücksspielform. § 4c Abs. 2 GlüStV besagt aber, dass die im GlüStV enthaltenen Pflichten während der Dauer der Konzessionsausübung (von Seiten des Konzessionsnehmers) eingehalten werden müssen. Damit wird der Konzessionsgeber jedoch schon im Rahmen der Prüfung der Eignung der Bewerber untersuchen müssen, ob deren Angebot zusätzlich zu den Voraussetzungen des § 4a Abs. 4 S. 1 GlüStV auch die besonderen Durchführungsvoraussetzungen der jeweils in Frage stehenden Glücksspielform einhält. Wenn dies bereits abstrakt nicht gegeben ist, kann der Bewerber auch nicht mehr zur zweiten Stufe des Auswahlverfahrens zugelassen werden. Mithin handelt es sich bei diesen Durchführungsvoraussetzungen um Eignungskriterien im weiten Sinne.

139 § 21 GlüStV regelt die **Voraussetzungen**, unter denen Sportwetten durchgeführt werden dürfen. Diese beziehen sich auf die Modalitäten der Veranstaltung und Vermittlung dieser Art des Glücksspiels. Eine Konkretisierung erfährt § 21 GlüStV zudem durch die „Leitlinien zum Vollzug im Bereich Sportwetten während des laufenden Konzessionsverfahrens" vom 28. Januar 2016. Diese enthalten konkrete Definitionen zu den in § 21 GlüStV verwandten Begriffen und könnten daher zur Normkonkretisierung herangezogen werden, wenn nicht ein

---

236 Vgl. Gesetzesbegründung zu § 8 Abs. 3 HmbGlüÄndStVAG, Drittes Gesetz zur Neuregelung des Glücksspielwesens, Hamburg LT-Drs. 21/10487, 15.

strukturelles Vollzugsdefizit bestehen würde.[237] Unabhängig vom Fehlen der formellen Erlaubnis und des nicht abgeschlossenen Konzessionsverfahrens müssen – insbesondere im Interesse des Jugend- und Spielerschutzes und zur Vorbeugung von Gefahren für die Integrität des sportlichen Wettbewerbs – die materiellen Vorgaben des Ersten GlüÄndStV und des SächsGlüStVAG erfüllt werden. Um dies zu gewährleisten und Klarheit für alle Beteiligten zu schaffen, haben sich die obersten Glücksspielaufsichtsbehörden der Länder auf „Leitlinien zum Vollzug im Bereich Sportwetten während des laufenden Konzessionsverfahrens" geeinigt.[238]

§ 21 Abs. 1 S. 1 GlüStV legt zunächst fest, dass Sportwetten als Kombinations- oder Einzelwetten auf den Ausgang von Sportereignissen oder Abschnitten von Sportereignissen durchgeführt werden können. Andere **Gestaltungsformen** von Sportwetten sind dementsprechend mangels Erwähnung nicht zugelassen. Nach wie vor ausgeschlossen sind damit alle Ereigniswetten (beispielsweise nächstes Foul usw.), die in besonderem Maße von Einzelnen manipulierbar sind.[239] Unter „Sportereignissen" ist einerseits jede einzelne Sportveranstaltung, andererseits aber auch die Gesamtheit mehrerer miteinander verbundener Einzelveranstaltungen derselben oder verschiedener Sportarten zu einem bestimmten Wettbewerb zu verstehen.[240] Der Begriff „Abschnitt" ist sportartbezogen nach den einschlägigen Regeln des Sports zu definieren, also als ein nach den Regeln des jeweiligen sportlichen Wettbewerbs gebildeter Teil.[241]

140

§ 21 Abs. 1 GlüStV verwendet den Begriff des **„Ausgangs"** als zulässigen Bezugspunkt von Sportwetten. Hiervon zu unterscheiden ist der **„Vorgang"** als Bezugspunkt einer unzulässigen Ereigniswette i.S.v. § 21 Abs. 4 GlüStV. Wetten auf den Ausgang beziehen sich auf das Ergebnis der Sportveranstaltung und auf Vorgänge, die sich im Ergebnis unmittelbar niederschlagen, sich aus diesem herleiten lassen oder sich auf andere leistungsrelevante Merkmale des Ergebnisses der Sportveranstaltung beziehen.[242] Entscheidendes Kriterium für die Abgrenzung zum bloßen Vorgang (Ereignis) ist damit ein Ergebniszusammenhang, also eine Ergebnisbezogenheit. Die Erlaubnisfähigkeit der streitgegenständlichen Wetten unterliegt der Einzelfallprüfung.[243]

141

Ein Vorgang als **„Ereignis"**, das sich nicht im Ergebnis niederschlägt, sich nicht aus diesem ableiten lässt und auch keinen leistungsrelevanten Bezug zum Ergebnis hat, scheidet als zulässiger Bezugspunkt einer Sportwette hingegen aus.[244] Konkret sind damit Wetten auf gelbe Karten, Einwürfe, Fouls, den nächsten Strafstoß und Platzverweise unzulässige Wettgegenstände, da diesen Vorgängen die Ergebnisbezogenheit bzw. der Ergebniszusammenhang fehlt.[245] Die Leitlinien zum Vollzug sehen außerdem vor, dass Wetten auf Sportveranstaltungen, an denen ausschließlich oder überwiegend Amateure teilnehmen, unzulässig sind, soweit es sich dabei nicht um international bedeutsame sportliche Großereignisse handelt.[246] Ebenso werden Wetten auf Sportveranstaltungen, an denen ausschließlich oder überwiegend Minderjährige teilnehmen, für unzulässig erklärt.[247]

142

---

237 Leitlinien zum Vollzug im Bereich Sportwetten während des laufenden Konzessionsverfahrens v. 28.1.2016; OVG Münster, Beschluss v. 9.6.2016 – 4 B 1437/15; vgl. Gesetzesbegründung zu § 8 Abs. 12 HmbGlüÄndStVAG, Hamburg LT-Drs. 21/10487, 20; a.A. OVG Saarland, Beschluss v. 12.6.2016 – 1 B 199/15; VG Hannover, Urteil v. 15.3.2017 – 10 A 4456/16.
238 Vgl. Ausführungen des Freistaates Sachsen vom 20.2.2017, https://www.lds.sachsen.de/gluecksspiel/?ID=12284&art_param=822, abgerufen am 23.6.2018.
239 Begründung zu § 21 Abs. 1 GlüStV, Saarland LT-Drs. 15/15, 136.
240 Leitlinien zum Vollzug im Bereich Sportwetten während des laufenden Konzessionsverfahrens v. 28.1.2016, S. 2.
241 Leitlinien zum Vollzug im Bereich Sportwetten während des laufenden Konzessionsverfahrens v. 28.1.2016, S. 2.
242 Leitlinien zum Vollzug im Bereich Sportwetten während des laufenden Konzessionsverfahrens vom 28.1.2016, S. 2.
243 Vgl. VG Augsburg, Urteil v. 8.5.2018 – 8 K 17.1666.
244 Leitlinien zum Vollzug im Bereich Sportwetten während des laufenden Konzessionsverfahrens v. 28.1.2016, S. 2. Die Leitlinien lösen aber nicht das Problem des Vollzugsdefizits: OVG Münster, Beschluss v. 9.6.2016 – 4 B 1437/15.
245 Leitlinien zum Vollzug im Bereich Sportwetten während des laufenden Konzessionsverfahrens v. 28.1.2016, S. 2.
246 Leitlinien zum Vollzug im Bereich Sportwetten während des laufenden Konzessionsverfahrens v. 28.1.2016, S. 2.
247 Leitlinien zum Vollzug im Bereich Sportwetten während des laufenden Konzessionsverfahrens v. 28.1.2016, S. 2.

143 § 21 Abs. 2 GlüStV stellt ein **Trennungsgebot** auf. Danach dürfen Sportwetten nicht in einem Gebäude oder Gebäudekomplex veranstaltet oder vermittelt werden, in dem sich eine Spielhalle oder eine Spielbank befinden. Das Verbot dient der Vermeidung der übermäßigen Ausnutzung des Spielbetriebs und damit der Sicherstellung einer Suchtprävention.[248]

144 Weitere umfangreiche Vorgaben macht § 21 Abs. 3 GlüStV. Nach dessen S. 1 muss die Veranstaltung von Sportwetten zum einen organisatorisch, rechtlich, wirtschaftlich und personell von der **Veranstaltung** oder Organisation von Sportereignissen und zum anderen vom **Betrieb** von Einrichtungen, in denen Sportveranstaltungen stattfinden getrennt sein. S. 2 enthält ferner ein Verbot der Veranstaltung und Vermittlung von Sportwetten durch die darin genannten Personen. Mit dieser Regelung soll der Integrität des Sports bei der Veranstaltung und Vermittlung von Sportwetten Rechnung getragen werden.[249] Die Trennung von Wettanbietern und Sportveranstaltern bleibt damit aufrechterhalten.[250]

145 Schließlich statuieren Abs. 4 S. 1 und 2 des § 21 GlüStV Verbote in Hinsicht auf die Verknüpfung der **Übertragung** von Sportereignissen mit der **Veranstaltung** von Sportwetten sowie auf Wetten während eines laufenden Sportereignisses. Live-Sportwetten während des laufenden Sportereignisses sind hingegen nach § 21 Abs. 4 S. 3 GlüStV zulässig. § 21 Abs. 5 S. 1 GlüStV ordnet zuletzt an, dass gesperrte Spieler an den Wetten nicht teilnehmen dürfen und stellt in § 21 Abs. 5 S. 2 GlüStV bestimmte Anforderungen in Bezug auf die Durchsetzung des **Teilnahmeverbots** auf. Wetten auf das erste oder nächste Tor, Wetten auf den Torschützen und Wetten auf Verlängerung und Elfmeterschießen sind nach § 21 Abs. 4 GlüStV unzulässige nicht erlaubnisfähige Live- und Ereigniswetten.[251]

146 Weitergehende Zulässigkeitsvoraussetzungen stellt § 10a Abs. 4 S. 2 i.V.m. § 4 Abs. 5 Nr. 1 bis 5 GlüStV in Hinblick auf die Durchführung von Sportwetten im **Internet** auf. Wenn die Konzessionsnehmer die Sportwetten im Internet veranstalten wollen, muss der Konzessionsgeber diese Anforderungen im Auswahlverfahren im Rahmen der Eignungs- bzw. spätestens der Zuschlagskriterien ebenfalls berücksichtigen.

147 Bei den Regelungen des § 21 GlüStV handelt es sich insgesamt um Konkretisierungen der allgemeinen **Ziele des § 1 GlüStV**. Bewerber, deren Angebote mit diesen Vorgaben nicht konform gehen, sind bereits im Vorfeld als unzuverlässig und damit ungeeignet anzusehen, eine Sportwettenkonzession zu erhalten. Gegen Bewerber, die sich nicht ernsthaft um eine Konzession bemühen, kann im Rahmen einer Untersagungsverfügung vorgegangen werden. Es ist demnach nicht willkürlich, aus den wenigen Anbietern, die im Fernsehen Werbung für Poker oder Casino machen, gegen eine Klägerin vorzugehen, die sich selbst nicht ernsthaft um eine Konzession bemüht hat.[252]

3. Auswahl nach Sachkriterien

148 Die Auswahlentscheidung und der Zuschlag haben nach Sachkriterien zu erfolgen, wenn ein Auswahlverfahren stattfindet. Dieses muss durchgeführt werden, weil eine Marktregulierung nur durch Untersagungsverfügungen nicht sachgerecht ist.

149 Eine Glücksspielkonzessionsvergabe muss anhand **sachgerechter Auswahlkriterien** vorgenommen werden, die eine Bewältigung der vielgestaltigen Auswahlkonstellationen ermöglichen.[253] Es ist zunächst Aufgabe des Konzessionsgebers im Rahmen seines Gestaltungsspielraums, vorab transparente Auswahlkriterien festzulegen und im Falle einer Konkurrenzsituation den Bewerbern mitzuteilen.[254]

150 Das Glücksspielrecht zählt in § 4b Abs. 5 Nr. 1 bis 5 **GlüStV** die Zuschlagskriterien auf, anhand derer auf der zweiten Stufe des Auswahlverfahrens „insbesondere" zu beurteilen ist, welcher

---

248 Begründung zu § 21 Abs. 2 GlüStV, Saarland LT-Drs. 15/15, 136.
249 Begründung zu § 21 Abs. 3 GlüStV, Saarland LT-Drs. 15/15, 137.
250 Begründung zu § 21 Abs. 3 GlüStV, Saarland LT-Drs. 15/15, 137.
251 VG Hannover, Beschluss v. 7.3.2017 – 10 B 3761/16.
252 VG Regensburg, Urteil v. 10.11.2016 – RO 5 K 16.853, Rn. 86.
253 BVerfG, Beschluss v. 7.3.2017 – 1 BvR 1314/12, Rn. 185.
254 VG Osnabrück, Urteil v. 17.5.2017 – 1 A 294/16, juris Rn. 45.

Bewerber die Konzession erhalten soll. Nach der genannten Vorschrift soll derjenige Bewerber den Zuschlag erhalten, der am besten geeignet ist, bei der Veranstaltung von öffentlichen Glücksspielen die Verwirklichung der Ziele des § 1 GlüStV zu gewährleisten, weitgehende Informations-, Einwirkungs- und Kontrollbefugnisse der zuständigen Behörden sicherzustellen, seine nachhaltige finanzielle Leistungsfähigkeit nachzuweisen sowie einen wirtschaftlichen Betrieb und die Erfüllung aller Abgabenpflichten zu gewährleisten.

Aus dem Wort „insbesondere" folgt, dass die Aufzählung der Kriterien in § 4b Abs. 5 GlüStV **nicht abschließend** ist – der Konzessionsgeber kann weitere Kriterien aufstellen. Diesen darf allerdings kein höheres oder gleich hohes **Gewicht** bei der Bewertung der Angebote zuteilwerden, sondern nur ein geringeres. Die Anforderungen des § 4b Abs. 5 Nr. 3 bis 5 GlüStV beziehen sich im Wesentlichen auf die Eignungskriterien, während § 4b Abs. 5 Nr. 1 und 2 GlüStV die maßgeblichen Zuschlagskriterien festlegen, wobei die gesetzliche Reihenfolge zugleich die Rangfolge der Kriterien angibt.[255] Das gewichtigste Zuschlagskriterium ist danach das des § 4b Abs. 5 Nr. 1 GlüStV, die Erreichung der Ziele des § 1 GlüStV.[256] Hierbei muss die ausschreibende Stelle beachten, dass die Gewichtung der einzelnen Kriterien in den Ausschreibungsunterlagen der gesetzlichen Rangfolge und damit der gesetzlichen Gewichtung nicht zuwiderlaufen darf.[257]

151

Eine Auswahl, die nicht nach **Sachkriterien** erfolgt, ist rechtswidrig. Allein der Blick auf § 4b Abs. 5 GlüStV, der bei der Konzessionsvergabe insbesondere für Sportwetten die Auswahl unter mehreren geeigneten Bewerbern nach Eignung zur Gewährleistung bestimmter Sachkriterien vorschreibt, zeigt, dass der Gesetzgeber grundsätzlich von der Möglichkeit ausgeht, die Auswahl unter mehreren Bewerbern für das Betreiben von Glücksspielen nach Sachkriterien zu treffen. Zugleich wird durch diese Vorschrift deutlich, dass der Gesetzgeber in Hinblick auf die Auswahl unter mehreren geeigneten Betreibern nicht annimmt, dass alle Bewerber, die die gesetzlichen Erteilungsvoraussetzungen erfüllen, „auf einem Niveau stehen" und daher die Qualität der Erfüllung der Erteilungsvoraussetzungen nicht als Auswahlkriterium herangezogen werden kann.[258]

152

Um das Erfüllen der Zuschlagskriterien nachweisen zu können, muss der Bewerber in seinen Bewerbungsunterlagen hinreichende **Angaben** zu den in § 4b Abs. 2 S. 3 Nr. 1 bis 7 GlüStV genannten Punkten machen. Zum einen müssen Bewerber ihr Sicherheitskonzept unter Darbietung möglichst umfangreicher und präziser Angaben einreichen. Aus diesem Konzept muss sich schlüssig und plausibel ergeben, welche Maßnahmen der Bewerber zu ergreifen gewillt ist, um die öffentliche Sicherheit und Ordnung und die Einhaltung der sonstigen öffentlichen Belange (unter besonderer Berücksichtigung der IT- und Datensicherheit) während der Durchführung des Glücksspielangebots zu gewährleisten. Diese Angaben sind ein unverzichtbarer Bestandteil ganzheitlicher Informationssicherheit, die neben dem technischen Schutz vor IT-Angriffen auch den sicheren Umgang mit Daten berücksichtigt.[259]

153

Als grundlegende Schutzziele gelten dabei im nationalen wie internationalen Kontext **Vertraulichkeit**, **Verfügbarkeit** und **Integrität** von Daten.[260] Konkret bedeutet das, dass vertrauliche Kundendaten zu jedem Zeitpunkt vor unbefugter und unnötiger Veröffentlichung, Verwendung und Weitergabe zu schützen sind, beim Betrieb von Informationssystemen Verschlüsselungsmechanismen, Zugriffskontrollen und Virenschutzprogramme zu verwenden und alle relevanten Daten regelmäßig zu sichern sind, um dadurch eine Datenwiederherstellung zu garantieren.[261] Vor diesem Hintergrund sollen nach Vorstellung des Gesetzgebers Sicherheitsmaßnahmen implementiert werden, die sich an internationalen Standards wie der ISO-2700X-Reihe, COBIT oder PCI-DSS orientieren.[262]

154

---

255 Begründung zu § 4b Abs. 2 bis 5 GlüStV, Saarland LT-Drs. 15/15, 125.
256 VGH Kassel, Beschluss v. 16.10.2015 – 8 B 1028/15.
257 VGH Kassel, Beschluss v. 16.10.2015 – 8 B 1028/15.
258 VG Osnabrück, Urteil v. 17.5.2017 – 1 A 294/16, juris Rn. 38.
259 Begründung zu § 4b Abs. 2 bis 5 GlüStV, Saarland LT-Drs. 15/15, 125.
260 Begründung zu § 4b Abs. 2 bis 5 GlüStV, Saarland LT-Drs. 15/15, 125.
261 Begründung zu § 4b Abs. 2 bis 5 GlüStV, Saarland LT-Drs. 15/15, 125.
262 Begründung zu § 4b Abs. 2 bis 5 GlüStV, Saarland LT-Drs. 15/15, 125.

155 Weiterhin muss der Bewerber im Rahmen eines **Sozialkonzepts** unter anderem nachweisen, welche Maßnahmen er zur Sicherstellung des Ausschlusses minderjähriger und gesperrter Spieler konkret ergreifen will. Auch muss ein **Wirtschaftlichkeitskonzept** aufgestellt werden, in dem der Bewerber darlegt, inwiefern das von ihm beabsichtigte Angebot konkret Aussicht auf einen wirtschaftlichen Betrieb hat – dabei sind die Abgabenpflichten umfassend zu berücksichtigen.

156 In Hinblick auf die Pflicht des Konzessionsnehmers, die Erreichung der Ziele des § 1 GlüStV zu gewährleisten, muss sich aus der Gesamtschau aller eingereichten Unterlagen und Konzepte positiv ergeben, dass der jeweilige Bewerber zweifellos hierzu in der Lage ist. Hierbei muss das Konzept **geeignet** sein, alle Ziele des Glücksspielrechts zu erreichen. Etwaige Zweifel daran gehen zu Lasten des Bewerbers. Hierbei ist aber zu beachten, dass der Konzessionsgeber jeden Bewerber im aktuellen Verfahren objektiv beurteilen muss. Etwaige negative oder positive Erfahrungen aus der Vergangenheit dürfen sich nicht auf die gegenwärtige Beurteilung des Angebots auswirken; ein Auswahlkriterium wie „bekannt und bewährt" ist im Rahmen der Vergabe von Glücksspielkonzessionen gleichheitswidrig und damit nicht anwendbar.

157 Nach der Rechtsprechung lassen sich die wesentlichen Parameter der Auswahlentscheidung in Konkurrenzsituationen zwischen **Bestandsspielhallen** dem Gesetz noch in hinreichendem Maße entnehmen. Insbesondere kann zur Konturierung der Auswahlkriterien zunächst auf die Regelung zur Härtefallbefreiung nach § 29 Abs. 4 S. 4 GlüStV zurückgegriffen werden.[263]

158 Das gilt auch, sofern bei der erforderlichen Auswahlentscheidung zusätzliche Erlaubnisanträge **neu in den Markt eintretender Bewerber** einzubeziehen sind, wobei grundrechtsrelevante Positionen der Betreiber von Bestandsspielhallen zu berücksichtigen bleiben. Dazu zählt etwa auch die Amortisierbarkeit von Investitionen. Zudem ergibt sich aus dem Gesamtzusammenhang der Regelung in § 29 Abs. 4 S. 4 GlüStV, dass auch bereits bei der Auswahlentscheidung die mit der Neuregelung verfolgten Ziele des § 1 GlüStV zu beachten sind und bei Bestandsspielhallen überdies der Zeitpunkt der Erteilung der Erlaubnis gemäß § 33i GewO zu berücksichtigen ist.[264]

159 Unabhängig davon: Da bei der Vergabe einer Glücksspielkonzession die Erreichung und Verwirklichung der Ziele des Glücksspielrechts im Vordergrund steht, schlagen sich diese unmittelbar in den Eignungs- und Zuschlagskriterien nieder. Diese unmittelbare **zielbedingte Determinierung** des glücksspielrechtlichen Auswahlverfahrens erfordert deshalb, dass die Ziele von den Beteiligten möglichst konkret und präzise erfasst und verstanden werden. Das Besondere am glücksspielrechtlichen Konzessionsvergabeverfahren ist die Tatsache, dass im Glücksspielrecht – wie in kaum einem anderen vergaberechtlichen Fachrecht – umfangreiche und zugleich sehr spezifische Ziele festgelegt sind, die das Auswahlverfahren in eine bestimmte Richtung lenken. Dabei durchdringt der ordnungsrechtliche Gedanke der Abwehr von Gefahren für die öffentliche Sicherheit und Ordnung die einzelnen Ziele des § 1 GlüStV. Entsprechend müssen sich die im Verfahren zum Zuge kommenden Auswahlkriterien (Eignungs- und Zuschlagskriterien) nicht primär am Gedanken der Wirtschaftlichkeit oder der Attraktivität ausrichten, sondern gemäß § 4b Abs. 5 Nr. 1 i.V.m. § 1 S. 1 Nr. 1 bis 5 GlüStV am Ziel der glücksspielspezifischen Gefahrenabwehr.

160 Insbesondere die gesetzgeberischen Ziele des § 1 S. 1 Nr. 1, 3 und 4 GlüStV (Verhinderung und Bekämpfung der Glücksspielsucht, Jugend- und Spielerschutz, Sicherstellung der ordnungsgemäßen Durchführung des Glücksspiels) lassen auch **betreiberbezogene Erwägungen** zu, da deren Umsetzung maßgeblich von der Qualität der Betriebsführung abhängt. Beispielsweise sind betriebsbezogene Ordnungswidrigkeiten- oder Jugendschutzverfahren gegen den Spielhallenbetreiber ebenso wie Beanstandungen im Rahmen von Vor-Ort-Kontrollen in Be-

---

263 OVG Münster, Beschluss v. 8.6.2017 – 4 B 307/17.
264 OVG Münster, Beschluss v. 8.6.2017 – 4 B 307/17; vgl. auch OVG Hamburg, Beschluss v. 5.6.2018 – 4 Bs 28/18.

zug auf dessen Betriebsführung durchaus geeignet, das Erreichen dieser Ziele zu überprüfen.[265]

C. Rechtsschutz

Effektiver Rechtschutz wird bei Glücksspielkonzessionen vor den Verwaltungsgerichten gewährt. Das Gebot des effektiven Rechtsschutzes nach Art. 19 Abs. 4 GG garantiert dem Einzelnen einen Anspruch auf Gewährung eines möglichst wirkungsvollen Rechtsschutzes.[266] Um dieser Prämisse hinreichend wirkungsvoll Rechnung tragen zu können, begründen Verfahrensverstöße auf dem Gebiet von Vergabe- und Auswahlverfahren (sowohl hinsichtlich der allgemeinen Prinzipien als auch der spezifischen Vorgaben des Fachrechts, sowohl oberhalb als auch unterhalb der Schwellenwerte) anfechtbare Verfahrensfehler.[267] Ein Verfahrensverstoß führt dann zur Annahme einer subjektiven Rechtsverletzung, wenn die verletzte Norm (oder der verletzte Grundsatz) nach dem Wortlaut oder zumindest dem Sinn und Zweck nach eine subjektiv drittschützende Regelung ist.[268]

161

Bei der Konkurrenz um Glücksspielkonzessionen liegt die typische Situation vor, bei der sich ein unterlegener (oder gar nicht berücksichtigter oder informierter Bewerber) gegen die Begünstigung des Konkurrenten wendet (wenn eine Kontingentierung stattfindet). Diese Situation wird dann als Konkurrenten-[269] oder **Konkurrentenverdrängungsklage**[270] bezeichnet, bei der effektiver Rechtsschutz bei der Verletzung subjektiv-öffentlicher und drittschützender Rechte gewährt wird.

162

I. Verwaltungsrechtlicher Rechtsschutz

Die regelmäßige Zuständigkeit der Verwaltungsgerichtsbarkeit für die Überprüfung der Auswahlverfahren ist anzunehmen. Der erfolglose Bewerber bezüglich einer Glücksspielkonzession könnte den ordentlichen Rechtsweg nach § 13 GVG oder den Verwaltungsrechtsweg nach § 40 Abs. 1 S. 1 VwGO beschreiten – je nachdem, welche **Rechtsnatur** der der Glücksspielkonzession zugrunde liegende Vertrag hat. In der Regel wird es sich um einen öffentlich-rechtlichen Vertrag i.S.d. §§ 54 ff. VwVfG oder um einen Verwaltungsakt gemäß § 35 VwVfG handeln, sodass die Verwaltungsgerichtsbarkeit zuständig ist.[271] Wenn die Auswahlentscheidung als ordnungsrechtliche Genehmigung vergeben wird, handelt es sich bei dem Vergabeakt um eine hoheitliche Maßnahme auf dem Gebiet des Sicherheitsrechts und damit des öffentlichen Rechts.[272] Auch in diesem Fall ist nur der Verwaltungsrechtsweg gemäß § 40 Abs. 1 S. 1 VwGO eröffnet.[273] Der Anspruch auf Neuverbescheidung eines Antrags auf Erteilung einer Vermittlungserlaubnis ist im Wege einer Bescheidungsklage nach § 113 Abs. 5 Satz 2 VwGO geltend zu machen.[274] Da die Bescheidungsklage ein Minus zur Verpflichtungsklage ist, ist dementsprechend ihr Streitgegenstand der prozessuale Anspruch auf Neubescheidung des Erlaubnisantrags. Die gerichtliche Prüfung beschränkt sich dabei nicht auf die Frage, ob ein Anspruch auf Neubescheidung besteht, sondern erstreckt sich gegebenenfalls auch auf

163

---

265 VG Osnabrück, Urteil v. 17.5.2017 – 1 A 294/16, juris Rn. 38; vgl. auch OVG Bautzen, Beschluss v. 5.6.2018 – 3 B 323/17.
266 VG Frankfurt, Beschluss v. 27.5.2015 – 2 L 3002/14.F; *Enders*, in: Epping/Hillgruber, GG, Art. 19 Rn. 51.
267 Vgl. OVG Berlin-Brandenburg, Beschluss v. 12.5.2015 – OVG 1 S 102.14; VGH Kassel, Beschluss v. 28.11.2014 – 8 B 1903/14; Beschluss v. 7.10.2014 – 8 B 1686/14; Beschluss v. 28.6.2013 – 8 B 1220/13; VG Frankfurt, Beschluss v. 27.5.2015 – 2 L 3002/14.F.
268 *Braun*, in: Prieß/Lau/Kratzenberg, Festschrift für Marx, 39 (45).
269 BVerwG, Beschluss v. 11.6.2013 – BVerwG 20 F 12.09, Rn. 7.
270 VGH München, Beschluss v. 29.7.2013 – 22 BV 12.2191; OVG Lüneburg, Beschluss v. 24.9.2013 – 7 MC 85/13; VG München, Beschluss v. 31.5.2016 – M 7 E 16.2303; vgl. zur Begriffsbildung auch: *Wahl/Schütz*, in: Schoch/Schneider/Bier, VwGO, § 42 Rn. 287 ff.
271 Begründung zu § 4b Abs. 1 GlüStV, Saarland LT-Drs. 15/15, 124.
272 Begründung zu § 4b Abs. 1 GlüStV, Saarland LT-Drs. 15/15, 124.
273 Vgl. z.B. VG Regensburg, Urteil v. 28.2.2013 – RO 5 K 12.1196.
274 VGH München, Urteil v. 8.3.2018 – 10 B 15.994.

164 Die verwaltungsrechtliche **Rechtsprechung** geht davon aus, dass der Verwaltungsrechtsweg und nicht die Zuständigkeit der Nachprüfungsinstanzen – mangels eines vergaberechtlichen Beschaffungsvorgangs – gegeben ist.[276] Bei der Ordnungsverwaltung (Gefahrenabwehr) im Bereich des Glücksspiels handelt es sich um einen wesentlichen Bestandteil der Länderverwaltung.[277] Soweit das behördliche Auswahlverfahren im Einzelfall den gesteckten Rahmen nicht beachtet oder ansonsten individuellen Rechtspositionen der Spielhallenbetreiber nicht zureichend Rechnung trägt, steht – so abschließend der Hinweis des BVerfG – den unterlegenen Bewerbern verwaltungsgerichtlicher und – gegebenenfalls nach Rechtswegerschöpfung – auch verfassungsgerichtlicher Rechtsschutz zu.[278] Auch wenn dieser Satz in der Entscheidung des BVerfG nicht tragend gewesen ist, so ist die einhellige Auffassung in der Rechtsprechung, dass Rechtsschutz bei den Verwaltungsgerichten gewährt wird. Soweit das behördliche Auswahlverfahren im Einzelfall den rechtlich geschützten Rahmen nicht beachtet oder sonstigen individuellen Rechtspositionen der Antragsteller nicht zureichend Rechnung trägt, steht ihnen verwaltungsgerichtlicher und – gegebenenfalls nach Rechtswegerschöpfung – auch verfassungsgerichtlicher Rechtsschutz offen.[279]

1. Bewerbungsverfahrensanspruch

165 Ein allgemeiner Zulassungsanspruch nach dem gescheiterten bundesweiten Bewerbungsverfahren besteht nicht.[280] Die Bewerber haben zwar Anspruch auf ein transparentes, diskriminierungsfreies und ihre europarechtlich garantierte Dienstleistungsfreiheit (Art. 56 AEUV) wahrendes Konzessionierungsverfahren. Wenn die Bewerberin alle Voraussetzungen für die Erteilung einer Konzession erfüllt, muss der Bewerberin eine solche derzeit auch erteilt werden.[281] Dies setzt aber voraus, dass das Zulassungsverfahren geregelt ist, was derzeit nicht der Fall ist. Wenn die Vergabe von Glücksspielkonzessionen nach § 4a Abs. 3 S. 1 GlüStV generell rechtswidrig kontingentiert ist, ist dennoch – wie dargelegt – nicht die generelle, schrankenlose Zulassung aller Bewerber zulässig.[282] Wenn aber die Kapazitäten zur Ausübung eines spezifischen Berufs wie bei der Vergabe von Glücksspielkonzessionen begrenzt sein sollten, entfaltet die administrative Verteilungsentscheidung unmittelbar grundrechtliche Relevanz als Verteilung von „Freiheitschancen".[283] Wenn zwischen zwei Wettvermittlungsstellen ein fußläufiger Abstand von 500 Metern einzuhalten ist,[284] dann ergeben sich aus der räumlichen Beschränkung per se Verteilungsfragen, die in einem geordneten Verfahren zu lösen sein werden.

166 Aus Art. 12 Abs. 1 und Art. 3 Abs. 1 GG könnte sich ein **Teilhabeanspruch** des Unternehmens auf gerechte Beteiligung an vorhandenen, quantitativ begrenzten Berechtigungen zur Berufsausübung ergeben.[285] Zwar wird durch die §§ 4 Abs. 5, 9 Abs. 4 GlüStV, wonach Lotterien im Internet nur mit behördlicher Erlaubnis vermittelt werden dürfen, auf die kein Rechtsanspruch besteht, und die entsprechende Erlaubnis befristet und widerruflich sowie unter Umständen mit Nebenbestimmungen versehen nur für das Gebiet des jeweiligen Landes erteilt wird, in das – der Bewerberin als juristische Person nach Art. 19 Abs. 3 GG zustehende –

---

275 VGH München, Urteil v. 8.3.2018 – 10 B 15.994.
276 OVG Münster, Beschluss v. 8.6.2017 – 4 B 307/17, VG Cottbus, Beschluss v. 2.10.2017 – 3 L 424/17, mit Hinweis auf Erwägungsgründe 11 ff., 14 f. RL 2014/23/EU, siehe oben Rn. 19 ff.; vgl. auch BVerfG, Beschluss v. 7.3.2017 – 1 BvR 1314/12, Rn. 186 (verwaltungsrechtlicher Rechtsschutz für Spielhallenbewerber); a.A. OLG Hamburg, Beschluss v. 1.11.2017 – 1 Verg 2/17, mit Anmerkung *von Donat/Plauth*, VergabeR 2018, 42.
277 VGH Kassel, Beschluss v. 5.11.2015 – 8 B 1015/15.
278 BVerfG, Beschluss v. 7.3.2017 – 1 BvR 1314/12, Rn. 185 (für Spielhallenbewerber).
279 BVerfG, Beschluss v. 7.3.2017 – 1 BvR 1314/12, Rn. 186.
280 VGH München, Urteil v. 8.3.2018 – 10 B 15.994; Urteil v. 8.3.2018 – 10 B 15.990.
281 VG Wiesbaden, Urteil v. 15.4.2016 – 5 K 1431/14.WI.
282 VGH München, Urteil v. 8.3.2018 – 10 B 15.994; Urteil v. 8.3.2018 – 10 B 15.990; a.A. VG Magdeburg, Urteil v. 20.6.2017 – 3 A 151/16.
283 *Burgi*, NZBau 2001, 64 (70).
284 Vgl. § 8 Abs. 6 S. 1 HmbGlüÄndStVAG.
285 VGH Kassel, Beschluss v. 28.11.2014 – 8 B 1903/14; Beschluss v. 7.10.2014 – 8 B 1686/14.

Freiheitsrecht aus Art. 12 Abs. 1 GG eingegriffen. Dabei gewährt Art. 12 Abs. 1 GG jedoch keinen Anspruch auf beruflichen Erfolg im Rahmen einer wettbewerblich strukturierten Ordnung.[286] Unmittelbar aus Grundrechten, insbesondere dem Grundrecht der Berufs- und Gewerbefreiheit nach Art. 12 Abs. 1 GG, ergibt sich nach zutreffender Auffassung ein Zulassungsanspruch nicht. Denn die primäre Gewährleistungsdimension der Grundrechte und auch des Art. 12 GG liegt in der Funktion als subjektive Rechte zur Abwehr gegen die jeweilige private Sphäre bzw. Freiheit gerichteter hoheitlicher Eingriffe; ein Recht bzw. Anspruch auf freien Zugang zum Sportwettenmarkt für private Anbieter und Vermittler wird dadurch nicht begründet.[287]

Der Vorrang des **Unionsrechts** geht nicht so weit, dass den Wettvermittlern ein Erlaubnisverfahren außerhalb der bestehenden gesetzlichen Regelungen und der vom Gesetzgeber vorgesehenen Konzeption eines bundeseinheitlichen Verfahrens zur Prüfung der Erlaubnisfähigkeit des Wettangebots zur Verfügung gestellt werden muss. Dies würde auch den unionsrechtlichen Anforderungen an ein Erlaubnisverfahren zum Marktzugang widersprechen. Ein unionsrechtskonformes System einer vorherigen behördlichen Genehmigung erfordert eine hinreichend präzise Festlegung der Zulassungsvoraussetzungen und deren Bekanntmachung im Voraus.[288]

2. Kausalität des Rechtsverstoßes

Es muss eine Kausalität zwischen dem Rechtsverstoß und dem Fehler vorliegen. Der grundrechtliche Teilhabeanspruch schlägt sich einfach-rechtlich als subjektiv öffentlich-rechtlicher Anspruch des Unternehmens auf Durchführung eines verfahrensfehlerfreien Auswahlverfahrens nieder.[289] Fehlerfreiheit bedeutet hierbei, dass das Verfahren transparent, nichtdiskriminierend, gleichbehandelnd, objektiv, verhältnismäßig und wettbewerbsorientiert durchgeführt wird. Bei Binnenmarktrelevanz des jeweiligen Vergabeverfahrens gilt aufgrund der Geltung der Grundfreiheiten und des Art. 18 AEUV entsprechend dasselbe.[290]

Der nicht berücksichtigte Konkurrent hat einen Anspruch darauf, dass der bestmögliche Mitbewerber in einem ordnungsgemäßen Verfahren ausgewählt wird, wenn diesbezügliche gesetzliche Regelungen vorhanden sind.[291] Er hat auch einen Anspruch darauf, dass die gewählte Wertungsmatrix den gesetzlichen Grundlagen entspricht.[292] Den erkannten Verfahrensfehlern kommt eine potenzielle **Entscheidungserheblichkeit** zu, wenn nicht auszuschließen ist, dass der Konkurrent ohne diese Verfahrensfehler einen Platz im aufgehobenen ersten bundesweiten Auswahlverfahren in der Gruppe der 20 ausgewählten Bewerber (für Sportwettenkonzessionen) eingenommen hätte.[293] Auch wenn die Beschränkung auf 20 Konzessionen jetzt weggefallen ist, bleibt die potenzielle Entscheidungserheblichkeit für erkannte Verfahrensfehler erhalten, weil der Konzessionsnehmer einen subjektiv-öffentlichen Anspruch auf ein verfahrensfehlerfreies Verfahren hat, wenn der Aspekt einer optimalen Ausschöpfung der Standortkapazität den Gesichtspunkt einer fairen Verteilung der Wettvermittlungsmöglichkeiten zwischen den Sportwettveranstaltern überlagert.[294] Dann haben die Bewerber einen Anspruch gegen den Konzessionsgeber, dass das Verfahren zu einer optimalen Ausschöpfung der Standortkapazität in einem grundrechtssichernden Verfahren erfolgt.

---

286 OVG Hamburg, Urteil v. 22.6.2017 – 4 Bf 160/14, juris Rn. 81.
287 VGH München, Urteil v. 8.3.2018 – 10 B 15.994; Urteil v. 8.3.2018 – 10 B 15.990; a.A. VG Magdeburg, Urteil v. 20.6.2017 – 3 A 151/16.
288 VGH München, Urteil v. 8.3.2018 – 10 B 15.994.
289 OVG Lüneburg, Beschluss v. 12.11.2012 – 13 ME 231/12; VGH Mannheim, Urteil v. 1.10.2009 – 6 S 99/09; VG Darmstadt, Beschluss v. 10.9.2015 – 4 L 1180/15.DA; *Braun*, in: Prieß/Lau/Kratzenberg, Festschrift für Marx, 39 (45); *ders.*, NZBau 2016, 266 (269).
290 EuGH, Urteil v. 28.1.2016 – Rs. C-50/14 (CASTA), Rn. 47, 49 m.w.A. *Braun*, EuZW 2016, 304; *Prieß/Simonis*, NZBau 2015, 731 (732).
291 *Braun*, NZBau 2016, 266 (269).
292 *Braun*, NZBau 2016, 266 (269).
293 *Braun*, NZBau 2016, 266 (269).
294 Vgl. Gesetzesbegründung zu § 8 Abs. 3 HmbGlüÄndStVAG, Hamburg LT-Drs. 21/10487, 21.

3. Prozessuale Fragen

170 Der Rechtsschutz nicht berücksichtigter Bewerber wird zunächst im **einstweiligen Rechtsschutzverfahren** über § 123 VwGO gewährt. Die VwGO sieht gegen Verwaltungsakte allerdings grundsätzlich nur nachträglichen Rechtsschutz vor, sodass ein Antragsteller in der Regel erst nach Erlass eines Verwaltungsaktes in zulässiger Weise um verwaltungsgerichtlichen Eilrechtsschutz nachsuchen kann. In Ausnahmefällen, in denen nachgelagerter Rechtsschutz gegen Verwaltungsakte nicht oder nicht in ausreichendem Maße wirksam ist, kommt wegen der Garantie effektiven Rechtsschutzes nach Art. 19 Abs. 4 GG jedoch der Erlass einer einstweiligen Anordnung nach § 123 VwGO in Betracht.[295] Erst wenn und soweit das behördliche Auswahlverfahren im Einzelfall den genannten Rahmen nicht beachtet oder sonst individuellen Rechtspositionen der Spielhallenbetreiber nicht zureichend Rechnung trägt, steht denn Bewerbern verwaltungsgerichtlicher Rechtsschutz offen.[296] Im **Hauptsacheverfahren** kommt ein Anspruch des Klägers auf Neubescheidung (§ 113 Abs. 5 S. 2 VwGO) im Rahmen einer Bescheidungsklage in Betracht.[297]

171 Nach § 123 Abs. 1 S. 2 VwGO sind **einstweilige Anordnungen** zur Regelung eines vorläufigen Zustands in Bezug auf ein streitiges Rechtsverhältnis zulässig, wenn diese Regelung, vor allem bei dauernden Rechtsverhältnissen, um wesentliche Nachteile abzuwenden oder drohende Gewalt zu verhindern oder aus anderen Gründen nötig erscheint. Dies ist dann der Fall, wenn ein Erfolg in der Hauptsache überwiegend wahrscheinlich ist, also wenn die begehrte Konzession nach Durchführung eines wettbewerbsoffenen, transparenten und dem Publizitätserfordernis entsprechenden Verfahrens auf der Grundlage von im Voraus festgelegten und bekannt gegebenen objektiven Auswahl- und Zuschlagskriterien dem Antragsteller hätte erteilt werden müssen. Der Antrag gemäß § 123 Abs. 1 S. 2 VwGO dient im Zusammenhang mit streitigen Auswahlentscheidungen nur dazu, den effektiven Rechtsschutz im Hauptsacheverfahren zu sichern.[298]

172 Der Gewährung vorbeugenden Rechtsschutzes steht die **Verwaltungsgerichtsbarkeit** durchgängig ablehnend gegenüber.[299] Denn der verwaltungsgerichtliche Rechtsschutz ist grundsätzlich nicht vorbeugend konzipiert. Um den Grundsatz der Gewaltenteilung und das der Verwaltung zugewiesene Handlungsfeld nicht übermäßig und „anlasslos" zu beeinträchtigen, setzt die den Gerichten übertragene Kontrollfunktion gegen Maßnahmen der Behörden grundsätzlich erst nachgelagert ein. Die Inanspruchnahme gerichtlichen Rechtsschutzes erfordert daher regelmäßig den Erlass einer Maßnahme, der nachfolgend Gegenstand gerichtlicher Überprüfung ist. Vorbeugender Rechtsschutz gegen erwartete oder befürchtete Entscheidungen der Verwaltung ist daher grundsätzlich unzulässig. Etwas anderes gilt nur dann, wenn dem Betroffenen ein weiteres Zuwarten, ob und wie die Behörde tätig werden wird, nicht zugemutet werden kann und daher ein schutzwürdiges Interesse an einer alsbaldigen gerichtlichen Klärung besteht.[300]

173 Die in den an unterlegene wie erfolgreiche Bewerber um die Erteilung einer Sportwettenkonzession ergangenen **Vorabinformationen** enthaltene Mitteilung über die Rangfolge der Bewerbungen und die bevorstehende Konzessionserteilung ist kein Verwaltungsakt. Eine dagegen gerichtete Anfechtungsklage ist nicht statthaft.[301] Diese Auffassung dürfte aber nach der Durchführung eines Vergabeverwaltungsverfahrens nicht mehr zutreffend sein. Wenn die Information – vergleichbar der Regelung des § 134 GWB – den Abschluss eines Vertrages nach Wartefrist vorbereiten soll, dann ist eine Anfechtbarkeit gegeben. Alternativ wäre daran zu denken, dass der Konzessionsgeber eine Wartefrist von zwei Wochen vor Erlass eines Verwal-

---

295 VGH Kassel, Beschluss v. 16.10.2015 – 8 B 1028/15.
296 OVG Münster, Beschluss v. 8.6.2017 – 4 B 307/17 m.w.N.
297 VGH München, Urteil v. 8.3.2018 – 10 B 15.990.
298 Vgl. OVG Münster, Beschluss v. 8.6.2017 – 4 B 307/17.
299 Vgl. nur OVG Münster, Beschluss v. 8.6.2017 – 4 B 307/17.
300 Vgl. nur OVG Münster, Beschluss v. 8.6.2017 – 4 B 307/17 m.w.N.
301 VG Berlin, Urteil v. 21.10.2016 – 4 K 2.16.

tungsaktes vorsieht, damit der unterlegene Bewerber um einstweiligen Rechtsschutz nachsuchen kann.

Der Antrag ist als Antrag auf Erlass einer **Sicherungsanordnung** gemäß § 123 Abs. 1 S. 1 VwGO statthaft, wenn die unterlegene Bewerberin mit der gerichtlichen Anordnung zumindest die Sicherung des bestehenden Zustandes in dem Sinne begehrt, dass der Antragsgegner verpflichtet werden soll, die Erteilung von Sportwettenkonzessionen unter Ausschluss der Antragstellerin zu unterlassen. Dieser Verpflichtung könnte der Antragsgegner zwar unter Umständen auch durch die Erteilung einer Konzession an die Antragstellerin und mithin durch eine Erweiterung ihrer Rechtsposition nachkommen. Er genügt ihr jedoch bereits durch bloße Zurückstellung der Konzessionserteilung insgesamt und mithin durch Beibehaltung des Status quo.[302]

4. Untersagungsverfügungen

Auch wenn das Auswahlverfahren derzeit nicht mit höherrangigem Recht vereinbar ist, so bleiben weiter Untersagungsverfügungen möglich.[303] Eine Verbotsverfügung kann zwar nicht auf die formelle Illegalität wegen Fehlens der erforderlichen Erlaubnis gestützt werden.[304] Wenn der Untersagungstatbestand aber z.B. mit dem Verstoß gegen das Trennungsgebot des § 20 Abs. 1 S. 2 Nr. 5 lit. c BW LGlüG begründet wird, ist dies rechtmäßig.[305]

Das allein auf der Grundlage des Nichtvorliegens einer förmlichen glücksspielrechtlichen Vermittlungserlaubnis ausgeübte **Entschließungsermessen** des Landratsamts zum Erlass der angefochtenen bauaufsichtlichen Nutzungsuntersagungsverfügung überschreitet die von der Behörde zu beachtenden gesetzlichen Grenzen des Ermessens, weil die Ermessensausübung gegen den aus dem Rechtsstaatsprinzip folgenden Grundsatz der Verhältnismäßigkeit sowie gegen den Gleichheitssatz nach Art. 3 Abs. 1 GG verstößt.[306] In der Rechtsprechung des BVerwG ist geklärt, dass eine glücksspielrechtliche Untersagungsverfügung zur Gefahrenabwehr nicht erforderlich und damit unverhältnismäßig ist, wenn die formell illegale Tätigkeit die materiellen Erlaubnisvoraussetzungen – mit Ausnahme der möglicherweise rechtswidrigen Monopolvorschriften – erfüllt und dies für die Untersagungsbehörde im Zeitpunkt ihrer Entscheidung offensichtlich, d.h. ohne weitere Prüfung erkennbar war.[307]

Angesichts von rechtlichen und tatsächlichen Unklarheiten des sich in Umsetzung befindlichen Konzessionssystems sind bislang – soweit ersichtlich – noch keine Konzessionen an **private Sportwetten-Veranstalter** erteilt worden.[308] In Bayern wurden die Behörden deshalb zuletzt mit Schreiben des Bayerischen Staatsministerium des Innern, für Bau und Verkehr vom 5. August 2016[309] darauf hingewiesen, dass bei Wahrung der Rahmenbedingungen der Leitlinien vom 28. Januar 2016[310] Sportwettenveranstaltungen während des laufenden Konzessionierungsverfahrens geduldet werden. Weiter ist danach beabsichtigt, für duldungsfähige Wettvermittlungsstellen dieser Sportveranstalter formelle Duldungsbescheide zu erlassen und gegen alle unerlaubten, nichtgeduldeten Wettvermittlungsstellen aufsichtlich vorzugehen. Antragsteller für den Erlass der Duldungsbescheide sollen die Sportwettenveranstalter sein, nicht die Inhaber der Wettvermittlungsstellen. Fest steht jedenfalls, dass der Kläger aus Gründen, die er nicht zu vertreten hat, außerstande war und außerstande ist, die von ihm in der

---

302 VG Hamburg, Beschluss v. 29.6.2015 – 4 E 4214/14.
303 VGH Baden-Württemberg, Beschluss v. 20.2.2017 – 6 S 916/16, juris Rn. 5; OVG Lüneburg, Beschluss v. 12.4.2018 – 11 LA 501/17; VG Augsburg, Urteil v. 8.5.2018 – 8 K 17.1666; VG Freiburg, Urteil v. 26.4.2018 – 9 K 4546/16.
304 Vgl. Landtag von Sachsen-Anhalt, Antwort der Landesregierung auf eine Kleine Anfrage zur schriftlichen Beantwortung, Vermittlung von Sportwetten in Wettvermittlungsstellen in Sachsen-Anhalt, Sachsen-Anhalt LT-Drs. 7/2428.
305 VGH Baden-Württemberg, Beschluss v. 20.2.2017 – 6 S 916/16, juris Rn. 5.
306 VGH Bayern, Urteil v. 14.11.2017 – 9 B 17.271.
307 VGH Bayern, Urteil v. 14.11.2017 – 9 B 17.271, mit Hinweis auf BVerwG, Urteil v. 16.5.2013 – 8 C 14.12.
308 VGH Bayern, Urteil v. 14.11.2017 – 9 B 17.271, mit Hinweis auf *Deiseroth/Eggert*, GewArch 2017, 89 m.w.N.
309 Bayerisches Staatsministerium des Innern, für Bau und Verkehr – StMI-IA4-2167-5-9 und IA4-2161-2-71; vgl. VG Augsburg, Urteil v. 8.5.2018 – 8 K 17.1666.
310 Leitlinien zum Vollzug im Bereich Sportwetten während des laufenden Konzessionsverfahrens v. 28.1.2016.

Nebenbestimmung zur Baugenehmigung geforderte glücksspielrechtliche Vermittlungserlaubnis zu erlangen. Die gleichwohl allein wegen Nichtvorliegens einer Vermittlungserlaubnis erlassene und aufrechterhaltene Nutzungsuntersagungsverfügung ist deshalb unangemessen.[311]

II. Vergaberechtlicher Rechtsschutz

178 Oberhalb der Schwellenwerte ist der Vergaberechtsweg nur bei Vergabe einer beschaffenden GWB-Dienstleistungskonzession zuständig. Es muss ein Beschaffungsvorgang vorliegen, an dem es bei der Vergabe von Glücksspielkonzessionen regelmäßig fehlen dürfte.[312] Wenn aber ein vergaberechtlich relevanter Beschaffungsvorgang vorliegen sollte, sind folgende Grundsätze zu beachten:

179 Im Anwendungsbereich des Kartellvergaberechts statuiert § 97 Abs. 6 GWB den **Anspruch** der Unternehmen auf Einhaltung der Grundsätze des Vergaberechts im Vergabeverfahren. Im kartellvergaberechtlichen Konzessionsverfahren gelten nicht nur die Grundsätze der Transparenz und der Gleichbehandlung bzw. Nichtdiskriminierung, sondern auch die des Wettbewerbs und der Verhältnismäßigkeit.[313] Der Anspruch aus § 97 Abs. 6 GWB bewirkt, dass die verfahrensbestimmenden unternehmensschützenden Vorschriften aus dem GWB, der KonzVgV und dem GlüStV einen subjektiven öffentlich-rechtlichen Anspruch der Unternehmen unter anderem auf Nachprüfung der Vergabeentscheidung entfalten, wenn das Konzessionsvergabeverfahren nicht diesen Vorgaben und den Vergabegrundsätzen entsprechend durchgeführt wird.

180 Die Vorschriften des GWB, der KonzVgV und des GlüStV postulieren nicht nur eine objektivrechtliche Verpflichtung des Konzessionsgebers,[314] das Vergabeverfahren fehlerfrei durchzuführen – sondern zugleich das **subjektiv-öffentliche Recht** der potenziellen Konzessionsnehmer, tatsächlich Berücksichtigung in einem fehlerfreien Verfahren zu finden.[315] Jeder interessierte Unternehmer muss hiernach eine faire Chance erhalten, nach Maßgabe der für den spezifischen Auftrag wesentlichen Kriterien und des vorgesehenen Verfahrens Berücksichtigung zu finden. Wenn der Glücksspielkonzessionsgeber diese Pflicht verletzt, können sich unterlegene Bewerber dagegen gerichtlich wehren.

181 Interessierte Wirtschaftsteilnehmer können sich gegen vermutete **De-facto-Konzessionsvergaben** zur Wehr setzen.[316] Das Konzessionsvergabeverfahren darf entsprechend § 14 KonzVgV nicht in einer Weise ausgestaltet werden, dass es rechtsmissbräuchlich vom Anwendungsbereich des Kartellvergaberechts ausgenommen wird oder bestimmte Unternehmen oder bestimmte Bauleistungen, Lieferungen oder Dienstleistungen auf unzulässige Weise bevorzugt oder benachteiligt werden. Diese Regelung ist umfassend drittschützend.[317]

D. Zusammenfassung und Ausblick

182 Sportwettenkonzessionen werden rechtmäßig nur in einem förmlichen Verteilungsverfahren unter Berücksichtigung materieller Kriterien vergeben. Der Gesetzgeber kann die Bewältigung der vielgestaltigen Auswahlkonstellationen anhand sachgerechter Kriterien den zustän-

---

311 VGH Bayern, Urteil v. 14.11.2017 – 9 B 17.271.
312 Streitig: OLG Hamburg, Beschluss v. 1.11.2017 – 1 Verg 2/17, mit Anmerkung *von Donat/Plauth*, VergabeR 2018, 42; siehe hierzu ausführlich oben Rn. 19 ff.
313 Siehe hierzu ausführlich oben Rn. 64 ff.
314 So der VGH Kassel, Urteil v. 23.2.2011 – 5 K 128/08.KS.
315 VGH Kassel, Beschluss v. 16.10.2015 – 8 B 1028/15, dieser bezieht sich zwar auf § 4b Abs. 1 S. 1 GlüStV, der Gedanke kann aber entsprechend auf jede Vorschrift übertragen werden, die sich auf die Geltung der vergaberechtlichen Grundsätze bezieht; VGH München, Urteil v. 22.7.2015 – 22 B 15.620; VGH München, Beschluss v. 12.8.2013 – 22 CE 13.970; *Braun,* in: Prieß/Lau/Kratzenberg, Festschrift für Marx, 39 (45).
316 Für eine Spielbankenkonzession OLG Hamburg, Beschluss v. 1.11.2017 – 1 Verg 2/17; VK Hamburg, Beschluss v. 31.7.2017 – VgK FB 3/17.
317 Verordnungsbegründung zu § 14 KonzVgV, BR-Drs. 87/16, 288.

digen Behörden überlassen.[318] Soweit das behördliche **Auswahlverfahren** im Einzelfall den genannten Rahmen nicht beachtet oder sonstigen individuellen Rechtspositionen der Antragsteller nicht zureichend Rechnung trägt, steht ihnen verwaltungsgerichtlicher und – gegebenenfalls nach Rechtswegerschöpfung – auch verfassungsgerichtlicher Rechtsschutz offen.[319] Die Konzessionsgeber haben ein transparentes und vorab bekanntzumachendes Auswahlverfahren durchzuführen, welches diesen Vorgaben gerecht wird.

Gemeinsame Kriterien aller Vergaben sind neben den speziellen Fachgesetzen auf Bundes- und Landesebene der Transparenzgrundsatz, das Gleichbehandlungsgebot und der Verhältnismäßigkeitsgrundsatz. Die Auswahlentscheidung muss nachvollziehbar, sachlich und objektiv getroffen werden. Die Frage des Rechtswegs ist entschieden: Weil der Beschaffungsbezug und die Verpflichtung zum Betrieb fehlt, ist der Verwaltungsrechtsweg gegeben. Ein Anspruch auf Zulassung gibt es nicht, sondern nur darauf, dass ein gemeinschaftskonforme Zulassungsverfahren durchgeführt wird. Untersagungsverfügungen sind weiterhin im Rahmen des Verhältnismäßigkeitsgebotes z.B aus Gründen der Suchtprävention möglich. **183**

Soweit aber – aus welchen Gründen auch immer – eine Kontingentierung oder ein Auswahlverfahren nach qualitativen Kriterien beabsichtigt wird, muss ein strukturiertes **Auswahlverfahren** durchgeführt werden, welches sich sinnvollerweise an der KonzVgV zu orientieren haben wird. Selbst wenn ein Verfahren ohne Orientierung an der KonzVgV durchgeführt wird, werden sich die materiellen Auswahlkriterien zwischen einem KonzVgV- und einem Glücksspielverfahren durch die Vorgaben des Gemeinschaftsrechtes weiter angleichen. **184**

---

318 BVerfG, Beschluss v. 7.3.2017 – 1 BvR 1314/12, Rn. 185.
319 BVerfG, Beschluss v. 7.3.2017 – 1 BvR 1314/12, Rn. 186.

Sonderregelungen

RDG – Rettungsdienstkonzessionen

RDG – Rettungsdienstkonzessionen

Übersicht

	Rn.
A. Allgemeines	1
B. Heterogene Beauftragungs- und Auswahlmöglichkeiten	6
I. Kontingentierte Rettungsdienstrechte	8
II. Rettungsdienstbeauftragungen	10
1. Form der Beauftragung	12
2. Abgrenzung des Auftrages von der Konzession	14
3. Beschaffungsvorgang und Betrauungsakt	21
4. Abgrenzung zur Rahmenvereinbarung	24
III. Rettungsdienstkonzessionen außerhalb des förmlichen Vergaberechts	26
1. Rettungsdienstkonzessionen ohne Binnenmarktrelevanz	27
2. Rettungsdienstkonzessionen mit Binnenmarktrelevanz	28
3. Verfassungsrechtliche Vorgaben	29
4. Vorgaben des Beihilferechts	31
5. Vorgaben des unionsrechtlichen Äquivalenzprinzips	35
6. Vorgaben der Dienstleistungsrichtlinie	37
7. Vorgaben für die Beleihung	40
C. Regelungen für das Auswahlverfahren	43
I. Grundlegende Anforderungen	46
1. Transparenzgrundsatz	47
2. Gleichbehandlungsgebot	55
3. Wettbewerbsgrundsatz	60
4. Verhältnismäßigkeitsgrundsatz	67
5. Grundsatz des Geheimwettbewerbs	68
6. Grundsatz der Sachgerechtigkeit	71
7. Grundsatz der zeitlichen Befristung	72
8. Bekanntmachungsverpflichtungen	74
9. Bildung von Fachlosen	77
10. Eignungs- und Zuschlagskriterien, Ausführungsbedingungen	81
a) Großschadenslage und Sonderbedarf	85
b) Verfügbarkeit von Leistungsreserven vor Ort	92
c) Personalausstattung und Betriebsübergang	95
11. Dokumentation	99
II. Kommunalrechtliche Vorgaben	100
III. Landesrechtliche Vorgaben	102
1. Baden-Württemberg	107
2. Bayern	115
3. Berlin	121
4. Brandenburg	127
5. Bremen	132
6. Hamburg	138
7. Hessen	145
8. Mecklenburg-Vorpommern	153
9. Niedersachsen	160
10. Nordrhein-Westfalen	166
11. Rheinland-Pfalz	175
12. Saarland	182
13. Sachsen	189
14. Sachsen-Anhalt	198
15. Schleswig-Holstein	204
16. Thüringen	211
D. Rechtsschutz	218
I. Abgrenzungsfragen zur gerichtlichen Zuständigkeit	220
1. Ausschreibungspflicht während des Vorlageverfahrens	221
2. Sonderfall Luftrettungsleistungen	222
3. Vergabe an gemeinnützige, solidarische Organisationen?	223
4. Gemischte Leistungen	228
II. Verwaltungsrechtliche Sonderfragen	230
1. Rechtsschutzinteresse und vorbeugender Rechtsschutz	232
2. Hängebeschluss	237
3. Rechtsnatur der Vorabinformation	241
4. Vollzugsfolgenbeseitigung	244
5. Anordnungsanspruch	245
6. Anordnungsgrund	248
E. Ausblick	249

A. Allgemeines

1 Im Rettungsdienst[1] dominierten früher gewachsene Strukturen, die auch in den Gesetzen festgelegt wurden. In Niedersachsen konnte z.B. ein Anbieter von Leistungen des Rettungsdienstes, der nicht zu den „gewachsenen Strukturen" des Rettungsdienstes im Rettungsdienstbereich gehörte, die gerichtliche Aufhebung der deswegen zu seinen Ungunsten ausgegangenen Auswahlentscheidung des kommunalen Trägers nicht mit der Berufung auf das Auswahlkriterium der „Vielfalt der Anbieter" erreichen.[2] Der Markt war zwischen den etablierten Hilfsorganisationen, der Feuerwehr sowie wenigen kommunalen und privaten Anbietern ziemlich fest aufgeteilt.

2 Das hergebrachte System der Direktvergabe unter klassischer Bevorzugung der Hilfsorganisationen wurde bis zur Entscheidung des BGH vom 1. Dezember 2008[3] durch zumeist nicht bekannt gemachte verwaltungsrechtliche Direktbeauftragungen oder durch Nichtkündigung bestehender Verträge aufrechterhalten. Dann folgte eine wettbewerbliche Phase, die durch die Einführung der sogenannten **Bereichsausnahme** gemäß § 107 Abs. 1 Nr. 4 GWB wieder beendet sein sollte. Ob dies aber auch so erreicht werden wird, ist offen. Keine der Vorschriften des neuen deutschen Vergaberechts ist in ihrer Auslegung und Wirksamkeit so umstritten wie die Vorschrift zur Bereichsausnahme im Rettungsdienst. Das OLG Düsseldorf hat die entscheidenden Fragen dem EuGH vorgelegt.[4] Die streitigen Rechtsfragen können mit zwischenzeitlich sehr ausführlich ausgetauschten Argumenten unterschiedlich beantwortet werden. Nach hiesiger Auffassung sprechen gewichtigere Gründe dafür, dass die Bereichsausnahme deutscher Prägung keinen Bestand haben wird.[5] Sie beginnen bei der systematischen Auslegung und gehen über die Frage, ob und inwieweit Bundesrecht über die Auslegung des EU-Rechts entscheiden kann.[6] Das wird aber der EuGH zu entscheiden haben.

3 Bei der Vergabe von Rettungsdienstkonzessionen sind mithin mehrere in sich verwobene **Fragestellungen** zu unterscheiden: Unterliegen Rettungsdienstleistungen (die sich auch aufteilen in Rettungs-, einfache und qualifizierte Krankentransport- und Luftrettungsdienstleistungen[7]) dem förmlichen GWB-Vergaberecht? Weiterhin: Welchen inhaltlichen Anforderungen unterliegt das Auswahlverfahren, wenn das förmliche Konzessionsvergaberecht Anwendung findet? Wenn die Anwendung des förmlichen Konzessionsvergaberechts abgelehnt wird: Welchen Regeln sind Rettungsdienstkonzessionen dann, ggf. im binnenmarktrelevanten Bereich, unterworfen? Wenn das Konzessionsvergaberecht anwendbar sein sollte, stellt sich die Frage, welchen Regeln die Rettungsdienstkonzessionsvergabe unterhalb der Schwellenwerte unterliegt? Die Darstellung erfordert auch eine Abgrenzung zu den verschiedenen Ausschreibungsmodellen (Submission versus Konzession, Vergabepflicht versus Bereichsausnahme, fiskalisches Handeln versus Verwaltungsakt, nationale Grundrechte versus europäische Grundfreiheiten).

4 Gegenstand der Ausarbeitung ist daher die Frage: Was werden die **Konsequenzen** aus der EuGH-Entscheidung[8] sein? Wenn Krankentransport- und Rettungsdienstleistungen nach den GWB-Vergaberegeln vergeben werden (also die Bereichsausnahme nicht eingreift), werden

---

1 Der Begriff des Rettungsdienstes wird in der Kommentierung als Oberbegriff verwandt. Er umfasst Leistungen des Rettungsdienstes, des Krankentransportes, der Luftrettung, des Intensivtransportes sowie des erweiterten Rettungsdienstes (Massenanfall von Verletzten). Soweit es auf die konkrete Leistung ankommt (z.B. nach der CPV-Nr.), wird dies erläutert.
2 OVG Lüneburg, Urteil v. 15.6.1994 – 7 K 1713/93.
3 BGH, Beschluss v. 1.12.2008 – X ZB 32/08.
4 OLG Düsseldorf, Beschluss v. 12.6.2017 – VII-Verg 34/16 (Rettungsdienst Solingen). Das Verfahren wird unter dem Aktenzeichen C-465/17 geführt.
5 Vgl. zum derzeitigen Diskussionsstand VK Baden-Württemberg, Beschluss v. 26.3.2018 – 1 VK 56/17; *Braun*, VergabeR 2018, 34; *Bühs*, EuZW 2017, 804; *ders.*, VR 2016, 115; *ders.*, DÖV 2017, 995; *ders.*, NVwZ 2017, 440; *Davis/Ebersperger*, BayVBl 2017, 583; *Esch/Burtoft*, VergabeR 2017, 131; *Jäger*, ZWeR 2016, 205; *ders.*, NZBau 2018, 14.
6 Vgl. *Braun*, VergabeR 2018, 34 m.w.N.
7 Für Luftrettungsdienstleistungen verneinend VK Baden-Württemberg, Beschluss v. 26.3.2018 – 1 VK 56/17, siehe auch unten Rn. 222.
8 Rs. C-465/17 (Falck).

sich keine großen Änderungen ergeben. Gemäß § 130 Abs. 1 GWB stehen dem öffentlichen Auftraggeber bei der Vergabe von öffentlichen Aufträgen über soziale und andere besondere Dienstleistungen im Sinne des Anhang XIV RL 2014/24/EU sämtliche Verfahrensarten des § 119 GWB offen. Ein öffentlicher Auftraggeber kann somit frei wählen zwischen einem offenen Verfahren oder einem Verhandlungsverfahren mit Teilnahmewettbewerb oder einer anderen Verfahrensart. Auch wenn das GWB-Vergaberecht nicht anwendbar wäre, wenn z.B. die Bereichsausnahme eingreifen würde, wenn der Schwellenwert nicht überschritten ist oder eine Betrauung durch Verwaltungsakt erfolgt, kann und wird die Vergabe nicht regelfrei erfolgen. Dann wird zu prüfen sein, ob die Grundsätze des Primärrechtes zur Überprüfung der Auswahlentscheidungen verwandt werden.[9]

Der Bundesgesetzgeber ist im Bereich des Rettungsdienstes den unterschiedlichsten Erwartungen vonseiten der Hilfsorganisationen, gewerblicher Firmen, der Arbeitnehmer, der Träger des Rettungsdienstes sowie deren Kostenträgern und natürlich auch von Seiten des **Landes** als Verantwortlicher für die Daseinsvorsorge (insbesondere Katastrophenschutz) ausgesetzt. Daher überrascht es nicht, dass auch landesgesetzliche Novellierungen in diesem Bereich sehr umstritten sind.[10]

B. Heterogene Beauftragungs- und Auswahlmöglichkeiten

Im Bereich der Rettungsdienstleistungen sehen alle Landesrettungsdienstgesetze die Möglichkeit vor, die Erbringung von „Regel"-Rettungsdienstleistungen (Notfallrettung, qualifizierter Krankentransport) auch an privatwirtschaftliche Drittunternehmen zu delegieren.[11] Die landesrechtlichen Vorgaben sind sehr unterschiedlich ausgestaltet. Sie reichen von Vorschriften in Ländern, die noch an der Bereichsausnahme festhalten (z.B. Baden-Württemberg), zu solchen Ländern, die ein wettbewerbliches und transparentes Verfahren bevorzugen (z.B. Sachsen). Es besteht zudem keine einheitliche Linie dahingehend, ob Rettungsdienstkonzessionen oder Rettungsdienstaufträge vergeben werden. In einzelnen Bundesländern sind beide Modelle möglich.

Dennoch bildet sich ein einheitliches Verteilungsverfahrensrecht heraus, das sich an den Geboten des Vergabe- und Verteilungsverwaltungsverfahrens orientiert: Transparenz, Gleichbehandlung, Wettbewerb und Verhältnismäßigkeit. Die Ausprägung dieser **Grundsätze** ist (noch) sehr unterschiedlich. Wenn es eine Bereichsausnahme geben sollte, wären diese Verfahrensgrundsätze auf die Organisationen innerhalb der Gruppe der Bereichsausnahme begrenzt. Niemand vertritt die Auffassung, dass, wenn es eine Bereichsausnahme geben sollte, innerhalb der jeweiligen Gruppe ein Auswahlverfahren willkürlich ablaufen sollte.

I. Kontingentierte Rettungsdienstrechte

In Deutschland sind Rettungsdienstvergaben – teilweise im Gegensatz zu Krankentransportleistungen – kontingentiert. Die Kontingentierung betrifft Vergaben oberhalb und unterhalb der Schwellenwerte. Es handelt sich mithin um einen streng begrenzten Markt.[12] Da bei der Erbringung von Rettungsdienstleistungen nur ein reglementierter Bedarf besteht, handelt es sich bei der Erbringung dieser Leistungen durch Dritte um ein sogenanntes **„kontingentiertes Recht"**. Es ist nämlich bei Rettungsdienstleistungskonzessionen zu beachten, dass der Markt für diese durch den Bedarf der Rettungsdienstträger begrenzt ist. Ist der durch die Bereichspläne vorgesehene Bedarf gedeckt, kommt die Erteilung weiterer Konzessionen nicht in Betracht. Der Marktzutritt für neue Anbieter ist mithin unmöglich. Damit unterscheidet sich der Markt für Rettungsdienstkonzessionen maßgeblich von anderen Konzessionsarten. So

---

9 VG Kassel, Urteil v. 6.10.2017 – 5 K 939/13.KS.
10 Vgl. für das sächsische Gesetzgebungsverfahren *Braun*, SächsVBl. 2012, 221; für Baden-Württemberg: VK Baden-Württemberg, Beschluss v. 26.3.2018 — 1 VK 56/17.
11 Siehe unten Rn. 102 ff.
12 VG Kassel, Urteil v. 6.10.2017 – 5 K 939/13.

9 können beispielsweise Spielhallenkonzessionen grundsätzlich immer auch an neue Interessenten vergeben werden, weil die Anzahl der Spielhallen nicht von vornherein begrenzt ist.[13] Aufgrund des Teilhabeanspruchs der Unternehmen auf gerechte Beteiligung an vorhandenen Kapazitäten aus Art. 12 Abs. 1 und Art. 3 Abs. 1 GG in einer kontingentierten Situation darf die öffentliche Hand nicht schlicht eine Direktvergabe vollziehen, sondern muss eine Auswahl unter mehreren geeigneten Unternehmen (Konkurrenten) im Rahmen eines verwaltungsrechtlichen **Auswahlverfahrens** treffen.[14] Mit dieser Pflicht der öffentlichen Hand korrespondiert zugleich der Anspruch des Unternehmens auf Durchführung eines solchen Verfahrens – und zwar objektiv und frei von Verfahrensfehlern. Wie intensiv und in welcher Form dieses überprüft wird, ist die Frage des jeweiligen Rechtsschutzes. Es gibt jedoch keine Entscheidung eines Aufgabenträgers, die nicht einer gerichtlichen Überprüfung unterzogen werden kann. Das ergibt sich schon aus Art. 19 Abs. 4 GG.

II. Rettungsdienstbeauftragungen

10 Eine Beauftragung Dritter zur Durchführung von Rettungsdienstleistungen ist ein entgeltlicher Vertrag, der in der Regel im Auftragsbereich oberhalb der Schwellenwerte zu vergeben sein wird. Rettungsdienstkonzessionen werden regelmäßig unterhalb der Schwellenwerte vergeben, sodass in diesem Bereich öffentlich-rechtliche Verträge vergeben werden, die von den Verwaltungsgerichten überprüft werden.[15] Damit liegt nicht der Schwerpunkt im fiskalischen Einkauf, sondern in der öffentlich-rechtlichen Sicherstellung unter Berücksichtigung der Sicherstellung des überragend wichtigen Gutes der Gesundheitsfürsorge. Die Verteilungsentscheidung auf der ersten Stufe unterliegt nicht nur deshalb dem öffentlichen Recht, weil sie durch die öffentlich-rechtlichen Bindungen unterliegende Verwaltung bzw. einen öffentlichen Auftraggeber getroffen wird, sondern auch deshalb, weil – und insofern – sie auch inhaltlich öffentliche (Gemeinwohl-) Gesichtspunkte berücksichtigen darf bzw. muss, die sich nicht in einer bloßen Wettbewerbsperspektive erschöpfen.[16]

11 Aufgrund des großen finanziellen Volumens[17] sind die binnenmarktrelevanten Verträge oder Verwaltungsakte nach dem sogenannten **Auftrags-, Konzessions-** oder **Verwaltungsaktmodell** nur nach vorheriger europaweiter Ausschreibung zu vergeben. In dem ersten Fall erfolgt die Vergütung unmittelbar durch den Auftraggeber („Auftragsmodell", Vertrag gemäß § 103 Abs. 1 GWB bei Überschreiten der Schwellenwerte), im zweiten Fall durch die Erhebung von Entgelten durch den Konzessionsnehmer bei den Patienten oder den Krankenkassen („Konzessionsmodell", Konzessionsvertrag gemäß § 105 Abs. 1 Nr. 2 GWB bei Überschreiten der Schwellenwerte).[18] Die dritte Variante ist die ebenfalls mögliche Handlungsform des Verwaltungsaktes gemäß § 35 VwVfG.[19]

1. Form der Beauftragung

12 Bei der Form hat der Aufgabenträger die Wahlfreiheit, die ihm das jeweilige Landesgesetz gibt. **Konzessionsverträge** werden oberhalb der Schwellenwerte schriftlich geschlossen, was sich schon aus Art. 5 Nr. 1 UAbs. 1 lit. a und b RL 2014/23/EU ergibt. Der Begriff der „Schriftlichkeit" wird in Art. 5 Nr. 6 RL 2014/23/EU definiert. Diese Definition sieht unter anderem „eine aus Wörtern oder Ziffern bestehende Darstellung" vor, „die gelesen, reproduziert und mitgeteilt werden kann". Eine Unterschrift bzw. Signatur wird nicht vorausgesetzt. Auch wenn ein Schriftformerfordernis für öffentliche Aufträge gemäß § 103 GWB nicht besteht,

---

13 VG Kassel, Urteil v. 6.10.2017 – 5 K 939/13.
14 *Braun*, in: Prieß/Lau/Kratzenberg, Festschrift für Marx, 39 (45); *ders.*, NZBau 2016, 266; *ders.*, VergabeR 2014, 324 (328); *ders.*, NZBau 2011, 400.
15 VG Ansbach, Beschluss v. 10.8.2018 – AN 14 E 18.00200; Beschluss v. 8.12.2017 – AN 14 E 17.02475; VG Schleswig, Urteil v. 14.11.2017 – 3 A 14/17.
16 Vgl. *Keller/Hellstern*, NZBau 2018, 323 (327).
17 Vgl. jüngst VG Kassel, Urteil v. 6.10.2017 – 5 K 939/13.KS.
18 EuGH, Urteil v. 29.4.2010 – Rs. C-160/08, Rn. 23; VGH Hessen, Beschluss v. 23.7.2012 – 8 B 2244/11.
19 Vgl. § 1 KonzVgV Rn. 54 ff.

gibt es Einzelheiten der Formanforderungen an die Abgabe und Übermittlung von Angeboten sowie die Zuschlagserteilung in den §§ 28, 30 KonzVgV.[20] Unterhalb der Schwellenwerte bestehen keine förmlichen vergaberechtlichen Vorschriften zur Form. Die Tatsache, dass es sich um Mittel Dritter handelt, die der Leistungserbringer für seine Leistung erhält, dürften aber den mündlichen Vertrag als ausgeschlossen erscheinen lassen.

Öffentliche Aufträge und Konzessionen, die nicht durch einen Vertrag zustande kommen, können per Genehmigung in Form eines **Verwaltungsaktes** i.S.v. § 35 S. 1 VwVfG vergeben werden.[21] Ein Verwaltungsakt kann gemäß § 37 Abs. 2 S. 1 VwVfG schriftlich, elektronisch, mündlich oder in anderer Weise erlassen werden. Ein mündlicher Verwaltungsakt ist gemäß § 37 Abs. 2 S. 2 VwVfG schriftlich oder elektronisch zu bestätigen, wenn hieran ein berechtigtes Interesse besteht und der Betroffene dies unverzüglich verlangt. Ein elektronischer Verwaltungsakt ist gemäß § 37 Abs. 2 S. 3 VwVfG unter denselben Voraussetzungen schriftlich zu bestätigen. Wenn neben dem Betrauungsverwaltungsakt noch ein Vertrag geschlossen wird, könnte das vertragliche Element überwiegen und die Vergabekammer könnten zuständig sein. Der Begriff des Vertrages im vergaberechtlichen Sinn ist nach Auffassung des OLG Hamburg nicht identisch mit dem Begriff des Vertrages im deutschen bürgerlichen Recht.[22]

2. Abgrenzung des Auftrages von der Konzession

Eine Abgrenzung zwischen Auftrag und Konzession ist im Hinblick auf die sehr unterschiedlichen Schwellenwerte notwendig. Der für Konzessionen maßgebliche Schwellenwert beträgt gemäß Art. 8 Abs. 1 RL 2014/23/EU und der VO (EU) 2017/2366 derzeit 5.548.000 Euro. Bei der Durchführung von Rettungsdiensten durch Dritte erbringen diese eine Dienstleistung. Wenn das Konzessionsmodell gewählt wird, handelt es sich bei der zu vergebenden Konzession stets um eine Dienstleistungskonzession i.S.d. § 105 Abs. 1 Nr. 2 GWB. Wenn entweder ausdrücklich im Landesgesetz von einer Konzession die Rede ist oder das Betriebsrisiko übertragen wird, ist regelmäßig von einer Dienstleistungskonzession auszugehen.[23]

Die **Dienstleistungskonzession** wird in Art. 5 Nr. 1 lit. b RL 2014/23/EU als ein entgeltlicher, schriftlich geschlossener Vertrag definiert, mit dem ein oder mehrere öffentliche Auftraggeber oder Auftraggeber einen oder mehrere Wirtschaftsteilnehmer mit der Erbringung und der Verwaltung von Dienstleistungen betrauen, die nicht in der Erbringung von Bauleistungen nach Art. 5 S. 1 Nr. 1 lit. a RL 2014/23/EU bestehen.[24] Die Gegenleistung besteht entweder allein in dem Recht zur Verwertung der vertragsgegenständlichen Dienstleistungen oder in diesem Recht zuzüglich einer Zahlung.[25]

In Hinblick auf die konkrete Form der Vergabe der Rettungsdienstkonzession ist zu beachten, dass ihre Ausgestaltung stets in der Form eines Vertrages zwischen Konzessionsgeber und Konzessionsnehmer erfolgen muss. Auf den **Rechtscharakter des Vertrages** als ein öffentlich-rechtlich oder zivilrechtlich geprägtes Rechtsverhältnis kommt es aus vergaberechtlicher Sicht nicht an. Das Konzessionsvergaberecht unterscheidet nicht zwischen privatrechtlichen und öffentlich-rechtlichen Verträgen.[26] Lediglich die Handlungsform des Verwaltungsakts ist bei der Konzessionsvergabe unzulässig, sodass eine einseitige hoheitliche Regelung keine Konzessionsvergabe ist.

Das Vorliegen einer Dienstleistungskonzession schließt – auch bei der Rettungsdienstkonzession – die Übertragung eines Betriebsrisikos wirtschaftlicher Art auf den Konzessionsnehmer

---

20 Vgl. *Ziekow*, in: Ziekow/Völlink, Vergaberecht, § 103 GWB Rn. 37 mit Hinweis auf §§ 53, 62 VgV.
21 Ausführlich *Braun*, in: Müller-Wrede, GWB-Vergaberecht, § 105 Rn. 21 f.; siehe auch Erwägungsgrund 14 RL 2014/23/EU.
22 OLG Hamburg, Beschluss v. 1.11.2017 – 1 Verg 2/17.
23 Vgl. zur Abgrenzung *Amelung/Janson*, NZBau 2016, 23 (26); *Müller*, NVwZ 2016, 266 (268 f.).
24 Vgl. § 1 KonzVgV Rn. 44.
25 Vgl. Erwägungsgrund 1 RL 2014/23/EU.
26 BGH, Beschluss v. 1.12.2008 – X ZB 31/08, Rn. 17; OLG Naumburg, Beschluss v. 22.12.2011 – 2 Verg 10/11B.

ein.[27] Das **Betriebsrisiko** wird als das Risiko, den Unwägbarkeiten des Marktes[28] ausgesetzt zu sein, verstanden, wobei es sich gemäß § 105 Abs. 2 S. 3 GWB um ein Nachfrage- oder ein Angebotsrisiko oder um beides zugleich handeln kann. Nachfragerisiko ist das Risiko der tatsächlichen Nachfrage nach den Dienstleistungen, die Gegenstand des Vertrags sind. Angebotsrisiko ist das mit der Erbringung der Dienstleistungen, die Gegenstand des Vertrags sind, verbundene Risiko, insbesondere das Risiko, dass die bereitgestellten Dienstleistungen nicht der Nachfrage entsprechen.[29]

18 Im Bereich der **Rettungsdienstleistungen** erhält der Rettungsdienstleister das Entgelt für die Durchführung seiner Aufgaben von den jeweiligen Sozialversicherungsträgern. Aufgrund der gesetzlichen Einstandspflicht des Sozialversicherungsträgers erscheint das Betriebsrisiko des Rettungsdienstleisters auf den ersten Blick auf null reduziert. Bei genauerer Betrachtung ist dies aber ungenau: Die Sozialversicherungsträger legen mit Blick auf ihre gesetzlichen Pflichten Wert darauf, dass die Benutzungsentgelte der Rettungsdienstleister möglichst niedrig bleiben – damit läuft der Rettungsdienstleister Gefahr, dass diese Entgelte nicht ausreichen werden, um seine Betriebsausgaben zu decken.[30] Auch unterliegt die Nachfrage nach Rettungsdienstleistungen gewissen Schwankungen; dadurch kann der Dienstleister in eine Verlustsituation geraten, die er nur durch eine Vorfinanzierung aus eigenen Mitteln bewältigen kann.[31] Schlussendlich ist der Rettungsdienstleister in einem bestimmten Maß dem Risiko des Ausfalls der Schuldner der Benutzungsentgelte ausgesetzt.[32] Zwar ist die überwiegende Mehrzahl der Dienstleistungsnutzer über die Sozialversicherungsträger versichert, aber bei einem nicht unerheblichen Teil der Nutzer handelt es sich um Nichtversicherte oder Privatversicherte.[33] Das Bonitätsrisiko trägt bei diesen der Rettungsdienstleister.[34]

19 Ein **reduziertes Betriebsrisiko** ist aber in Hinblick auf die Bejahung der Rettungsdienstleistung als Konzession i.S.d § 105 GWB tatbestandlich unschädlich. Quantitativ muss das wirtschaftliche Risiko des Konzessionärs nicht hoch sein – es kommt vielmehr auf die Anteilsverteilung der Risiken zwischen Konzessionsgeber und -nehmer an. Der Konzessionsnehmer muss zu einem maßgeblichen Teil dasjenige Risiko übernehmen, dem sich der Auftraggeber ausgesetzt sähe, wenn er die betreffende Tätigkeit selbst ausüben würde.[35] Wenn das Betriebsrisiko im Bereich der Rettungsdienstleistungen grundsätzlich aufgrund der Natur der Tätigkeit gering ist, so ist es unschädlich, wenn der Konzessionär bloß ein geringes Risiko übernimmt.

20 Ein weiterer (wenngleich formeller) Aspekt ist im Bereich der Rettungsdienstleistungen die Frage, wer Gläubiger der **Benutzungsentgelte** ist: der Auftraggeber (dann in der Regel Auftrag) oder der Dritte (dann in der Regel Konzession).[36]

3. Beschaffungsvorgang und Betrauungsakt

21 Keine Konzession gemäß § 105 Abs. 1 GWB liegt bei einer Vergabe durch einseitigen **Verwaltungsakt** gemäß § 35 VwVfG durch eine Behörde vor.[37] Bereits vor dem Beginn einer Konzessionsvergabe kann der Konzessionsgeber Einfluss auf die gerichtliche Überprüfbarkeit – auch nach der RL 2014/23/EU – nehmen. Ein entgeltlicher Vertrag i.S.d. § 105 Abs. 1 GWB liegt nicht vor, wenn der Konzessionsgeber die Konzession durch einseitigen Verwaltungsakt ho-

---

27 OLG Jena, Beschluss v. 22.7.2015 – 2 Verg 2/15; VGH Hessen, Beschluss v. 23.7.2012 – 8 B 2244/11; VG Bayreuth, Urteil v. 11.12.2012 – B 1 K 12.445; VG Frankfurt, Beschluss v. 4.11.2011 – 5 L 2864/11.F.
28 Erwägungsgrund 18 RL 2014/23/EU; OLG Naumburg, Beschluss v. 15.4.2016 – 7 Verg 1/16 m.w.N. zu den einzelnen konkreten Ausprägungen des Betriebsrisikos.
29 Siehe für weitere Einzelheiten § 1 KonzVgV Rn. 66 ff.
30 EuGH, Urteil v. 10.3.2011 – Rs. C-274/09 (Stadler), Rn. 40.
31 EuGH, Urteil v. 10.3.2011 – Rs. C-274/09 (Stadler), Rn. 43; OLG Jena, Beschluss v. 22.7.2015 – 2 Verg 2/15.
32 OLG Jena, Beschluss v. 22.7.2015 – 2 Verg 2/15; in diesem Sinne auch VK Baden-Württemberg, Beschluss v. 26.3.2018 – 1 VK 56/17.
33 EuGH, Urteil v. 10.3.2011 – Rs. C-274/09 (Stadler), Rn. 46.
34 EuGH, Urteil v. 10.3.2011 – Rs. C-274/09 (Stadler), Rn. 48; vgl. OLG Jena, Beschluss v. 22.7.2015 – 2 Verg 2/15.
35 EuGH, Urteil v. 10.9.2009 – Rs. C-206/08 (Eurawasser), Rn. 70 ff.; *Kulartz*, in: Kulartz/Marx/Portz/Prieß, VOB/A, § 22 Rn. 6.
36 OLG Jena, Beschluss v. 22.7.2015 – 2 Verg 2/15.
37 Vgl. § 1 KonzVgV Rn. 54 ff.

heitlich verfügt.[38] Dadurch wird zwar die Zuständigkeit der Verwaltungsgerichtsbarkeit auftragswertunabhängig begründet,[39] eine Konzession liegt – mangels Vertrags – aber nicht vor. Wenn es nicht um eine vom Auftraggeber festgelegte Erbringung von Dienstleistungen, sondern um die Genehmigung zur Ausübung einer wirtschaftlichen Tätigkeit in einem im öffentlichen Eigentum stehenden Gebiet geht, dann fallen diese „Konzessionen" (wenn sie so benannt werden) nicht in die Kategorie der Dienstleistungskonzessionen.[40]

Wesen der rettungsdienstlichen Beauftragung ist zudem, dass ihr ein öffentlicher **Beschaffungsvorgang** zugunsten des Konzessionsgebers zugrunde liegt.[41] Ein solcher Vorgang ist immer dann gegeben, wenn dem Auftraggeber die Leistung entweder unmittelbar zugutekommt oder ihn mittelbar bei der Erfüllung der ihm obliegenden Aufgaben unterstützt.[42] Dabei muss die Beschaffung dem Auftraggeber nicht „körperlich" zugutekommen.[43] Er beschafft sich daher nicht nur dann eine Leistung, wenn sie ihm „irgendwie" wirtschaftlich zugutekommt, sondern auch dann, wenn er mit der Leistung ihm obliegende Pflichten gegenüber der Bevölkerung erfüllt.[44]

22

Dies ist im Bereich der öffentlichen Daseinsvorsorge regelmäßig gegeben.[45] Bei der Erbringung von **Rettungsdienstleistungen** handelt es sich um einen Teil der elementaren Gesundheitsfürsorge, die bereits angesichts der Wertungen des Grundrechts auf körperliche Unversehrtheit gemäß Art. 2 Abs. 2 S. 1 GG grundsätzlich als Teil der öffentlichen Daseinsvorsorge gilt.

23

4. Abgrenzung zur Rahmenvereinbarung

Die Rettungsdienstkonzession muss von der **Rahmenvereinbarung** abgegrenzt werden. Rahmenvereinbarungen sind gemäß § 103 Abs. 5 S. 1 GWB Vereinbarungen zwischen einem oder mehreren öffentlichen Auftraggebern oder Sektorenauftraggebern und einem oder mehreren Unternehmen, die dazu dienen, die Bedingungen für die öffentlichen Aufträge, die während eines bestimmten Zeitraums vergeben werden sollen, festzulegen, insbesondere in Bezug auf den Preis. Rahmenvereinbarungen sind keine Dienstleistungskonzessionen, wobei die Abgrenzungslinie wie folgt läuft: Der Konzessionär verfügt kraft des ihm übertragenen Nutzungsrechts typischerweise über ein Maß an wirtschaftlicher Freiheit, welches es ihm ermöglicht, die „Bedingungen zur Nutzung dieses Rechts zu bestimmen". Zugleich trägt er die mit der Nutzung des Rechts verbundenen Risiken. Demgegenüber setzt eine Rahmenvereinbarung dem bzw. den einbezogenen Unternehmen insoweit Grenzen, als die festgelegten Bedingungen über die gesamte Vertragslaufzeit hinweg eingehalten werden müssen.[46] Den Grad an wirtschaftlicher Entscheidungsfreiheit und, damit korrelierend, den Grad der Übernahme des Betriebsrisikos hat der Europäische Gerichtshof als entscheidendes Kriterium bei der Abgrenzung der Dienstleistungskonzession von der Rahmenvereinbarung bestimmt.[47]

24

Bei **Rettungsdienstleistungen** handelt es sich um einen stark reglementierten Bereich der Daseinsvorsorge, was gegen ein genügendes Maß an wirtschaftlicher Freiheit sprechen könnte, die aber Voraussetzung für eine Dienstleistungskonzession ist. Eine schematische Festlegung ist nicht möglich, da es auf die konkrete vertragliche Regelung ankommt. Es ist mithin eine Einzelfallprüfung durchzuführen.

25

---

38 *Braun*, in: Müller-Wrede, GWB-Vergaberecht, § 105 Rn. 21 ff.
39 Vgl. ausführlich *Braun*, in: Prieß/Lau/Kratzenberg, Festschrift für Marx, 39; *ders.*, VergabeR 2014, 324 ff.; vgl. OVG Sachsen-Anhalt, Urteil v. 22.2.2012 – 3 L 259/10; *Müller*, NVwZ 2016, 255.
40 EuGH, Urteil v. 14.7.2016 – Verb. Rs. C-458/14 und C-67/15 (Promoimpresa); siehe auch § 1 KonzVgV Rn. 54 ff. sowie oben Rn. 13.
41 Erwägungsgründe 1 und 11 RL 2014/23/EU.
42 VGH, Hessen, Beschluss v. 23.7.2012 – 8 B 2244/11.
43 Zwar nicht spezifisch in Bezug auf Rettungsdienstausschreibungen, aber die Ausführungen sind auf alle Vergabeverfahren entsprechen übertragbar: OLG München, Beschluss v. 25.3.2011 – Verg 4/11.
44 Zwar nicht spezifisch in Bezug auf Rettungsdienstausschreibungen, aber die Ausführungen sind auf alle Vergabeverfahren entsprechen übertragbar: OLG München, Beschluss v. 25.3.2011 – Verg 4/11.
45 Vgl. § 1 KonzVgV Rn. 99 ff.
46 EuGH, Urteil v. 10.9.2009 – Rs. C-206/08 (Eurawasser), Rn. 56 ff.
47 Ausdrücklich z.B. Erwägungsgrund 7 RL 2014/23/EU.

III. Rettungsdienstkonzessionen außerhalb des förmlichen Vergaberechts

26 Für Konzessionsvergaben außerhalb des förmlichen Vergaberechts und ohne Binnenmarktrelevanz existieren weder aus dem einfachen Gesetzesrecht (GWB, KonzVgV) noch dem europäischen Primärrecht förmliche Vergabevorgaben für die Durchführung des Verfahrens bzw. die Ausgestaltung des Rechtsschutzes der Unternehmen. Verfahrensvorgaben können sich aus Bundes- und Landesrecht ergeben, das häufig einfachgesetzliche Verfahrensvorgaben enthält.

1. Rettungsdienstkonzessionen ohne Binnenmarktrelevanz

27 Rettungsdienstkonzessionen ohne Binnenmarktrelevanz werden landesrechtlich z.B. in Bayern im Rahmen eines Verwaltungsverfahrens vergeben.[48] Sofern landesgesetzliche Vorgaben zum Rettungsdienst fehlen, trifft gleichwohl der verfassungsrechtliche Teilhabeanspruch der Unternehmen aus Art. 12 Abs. 1 i.V.m. Art. 3 Abs. 1 GG zwingend zu beachtende Aussagen zur Verfahrensgestaltung, sofern die zu vergebende Konzession durch staatliche Konzessionsgeber – wie es bei den Rettungsdienstkonzessionen stets der Fall ist[49] – streng kontingentiert ist.[50] Damit entfaltet der Teilhabeanspruch gemäß Art. 12 Abs. 1 GG i.V.m. Art. 3 Abs. 1 GG i.V.m. den vergaberechtlichen Grundsätzen nicht nur eine objektiv-rechtliche Verpflichtung des Staates, das Vergabeverfahren fehlerfrei durchzuführen, sondern zugleich das subjektiv-öffentliche Recht der Teilnehmer, tatsächlich Berücksichtigung in einem fehlerfreien Verfahren zu finden.

2. Rettungsdienstkonzessionen mit Binnenmarktrelevanz

28 Binnenmarktrelevante Rettungsdienstkonzessionen sind unzweifelhaft unionsrechtskonform auszuschreiben.[51] Ein grenzüberschreitendes Interesse ist jüngst für eine Ausschreibung im Landkreis Hersfeld-Rotenburg bejaht worden.[52] Die Rechtswidrigkeit einer verwaltungsrechtlichen rettungsdienstlichen Vergabe folge bereits daraus, dass vor der Vergabe eine öffentliche Bekanntmachung hätte erfolgen müssen. Eine Pflicht zur vorhergehenden öffentlichen Bekanntmachung folge aus dem europäischen Primärrecht, in dessen Licht das Landesrettungsdienstrecht auszulegen sei bzw. das diese Vorschriften überforme. Wenn ein eindeutiges grenzüberschreitendes Interesse an den Konzessionen bestehe, sei der Konzessionsgeber gehalten, die aus dem Transparenzgebot resultierenden Vorgaben zu beachten. Dabei beinhalte die Transparenzpflicht, dass zugunsten der potenziellen Bieter ein angemessener Grad an Öffentlichkeit sicherzustellen sei, der die Dienstleistungskonzession dem Wettbewerb öffne und die Nachprüfung ermögliche, ob die „Vergabeverfahren" unparteiisch durchgeführt worden seien. Daraus folge die Verpflichtung des Konzessionsgebers, den potenziell Interessierten den Zugang zu angemessenen Informationen über die Konzession zu ermöglichen, um diese in die Lage zu versetzen, gegebenenfalls ihr Interesse an der Erteilung der Konzession zu bekunden. Dies habe durch eine wahrnehmbare und öffentliche Bekanntmachung zu erfolgen.

3. Verfassungsrechtliche Vorgaben

29 Zudem müssen strategische Zuschlagskriterien den Anforderungen des Grundrechts der Bieter auf **Berufsausübungsfreiheit** aus Art. 12 Abs. 1 GG genügen. Ebenso wie bei den Grundfreiheiten stellen strategische Zuschlagskriterien auch einen Eingriff in die Berufsfreiheit nach Art. 12 Abs. 1 GG dar, wenn aufgrund des jeweiligen Zuschlagskriteriums nur noch freiwillige Hilfsorganisationen ausgewählt und private Rettungsdienstleister dadurch faktisch von der Ausübung dieses Berufes ausgeschlossen werden. Je nachdem, auf welcher Stufe der

---

48 Siehe unten Rn. 115, vgl. auch VG Ansbach, Beschluss v. 10.8.2018 – AN 14 E 18.00200; Beschluss v. 8.12.2017 – AN 14 E 17.02475.
49 VG Kassel, Urteil v. 6.10.2017 – 5 K 939/13.
50 Vgl. zu den allgemeinen Grundsätzen § 1 KonzVgV Rn. 126 ff.; siehe auch unten Rn. 46 ff.
51 Vgl. zu den allgemeinen Grundsätzen: § 1 KonzVgV Rn. 126 ff.; siehe auch unten Rn. 46 ff.
52 Vgl. VG Kassel, Urteil v. 6.10.2017 – 5 K 939/17.

Eingriff i.S.d. Dreistufen-Lehre zu verorten ist, müssen mehr oder weniger gewichtige Rechtfertigungsgründe für den Eingriff vorliegen. Bei einer faktischen Berufsausübungshinderung handelt es sich um einen Eingriff auf der höchsten Stufe – um eine objektive Berufszugangsvoraussetzung. Beschränkungen der Berufsfreiheit durch objektive Berufszugangsvoraussetzungen sind im Allgemeinen nur zur Abwehr nachweisbarer oder höchstwahrscheinlich schwerer Gefahren für ein überragend wichtiges Gemeinschaftsgut gerechtfertigt.[53] Bei objektiven Berufszugangsvoraussetzungen hat die vom Gesetzgeber getroffene Einschätzung der Gefahrenlage und des Grades der Wahrscheinlichkeit eines Schadenseintritts im Rahmen der verfassungsrechtlichen Prüfung besonderes Gewicht.[54] Von den Vorstellungen über die Möglichkeit eines gefahrbringenden Verlaufs des Geschehens, die der Gesetzgeber im Rahmen seines Einschätzungsspielraums entwickelt hat, kann jedoch dann nicht mehr ausgegangen werden, wenn sie in einem Maße wirtschaftlichen Gesetzen oder praktischer Erfahrung widersprechen, dass sie vernünftigerweise keine Grundlage für gesetzgeberische Maßnahmen abgeben können.[55] In vielfacher Hinsicht wird dementsprechend geltend gemacht, dass Ausschreibungen den Rettungsdienst insgesamt gefährden.[56] Dieser Vorwurf ist aber durch empirische Untersuchungen der Kostenträger widerlegt worden.[57] Zudem ist ihr mit der Entscheidung des BayVerfGH vom 24. Mai 2012 vollends der Boden entzogen worden.[58] Demgemäß läge in Hinblick auf private Rettungsdienstleister kein Rechtfertigungsgrund i.S.d. objektiven Berufszugangsvoraussetzung vor. Als dessen Folge darf das strategische Zuschlagskriterium im Einzelfall nicht so angesetzt sein, dass es von privaten Rettungsdienstleistern faktisch nicht erfüllt werden kann. Eine solche Regelung könnte einen verfassungswidrigen Eingriff in die Berufsfreiheit der Bieter bedeuten.

30 Zuletzt dürfen strategische Kriterien auch nicht gegen die Vorgaben des allgemeinen **Gleichheitssatzes** nach Art. 3 Abs. 1 GG verstoßen. Durch die Verwendung eines strategischen Kriteriums werden diejenigen Bieter, die das Kriterium erfüllen, jedenfalls anders behandelt als diejenigen, die „nur" fachkundig, leistungsfähig oder zuverlässig sind.[59] Eine Ungleichbehandlung ist nach der sog. „neuen Formel" des BVerfG aber gerechtfertigt, wenn „Unterschiede von solcher Art und von solchem Gewicht vorliegen, dass sie die ungleiche Behandlung rechtfertigen."[60] Im Ergebnis ist eine Verhältnismäßigkeitsprüfung durchzuführen. Danach müssen strategische Kriterien auf legitime externe Ziele bezogen sein, sie dürfen zu deren Verwirklichung nicht gänzlich ungeeignet sein und das Maß der Ungleichbehandlung muss möglichst gering sein.[61] In Anlehnung zu dem zu Art. 12 Abs. 1 GG Gesagten darf das strategische Kriterium daher auch angesichts der Wertungen des Art. 3 Abs. 1 GG nicht dergestalt im jeweiligen Einzelfall ausgestaltet sein, dass dadurch private Rettungsdienstleister gegenüber freiwilligen Hilfsorganisationen faktisch vom Wettbewerb ausgeschlossen werden.

---

53 BVerfG, Beschluss v. 8.6.2010 – 1 BvR 2011, 2959/07; Urteil v. 24.4.1991 – 1 BvR 1341/90; Urteil v. 11.6.1958 – 1 BvR 596/56.
54 BVerfG, Beschluss v. 8.6.2010 – 1 BvR 2011, 2959/07.
55 BVerfG, Beschluss v. 8.6.2010 – 1 BvR 2011, 2959/07.
56 So zuletzt z.B. Erklärung von Staatsministerin Margit Conrad (Rheinland-Pfalz) zu den Punkten 27 und 28 der Tagesordnung, Bundesrat, Plenarprotokoll 895, S. 176 ff., Anlage 18.
57 Kassenstellungnahme v. 25.04.2012, Präsentation: In vier Rettungsdienstbereichen wurden erfolgreiche Vergabeverfahren durchgeführt. Dabei wurden Leistungen für 18 Lose neu vergeben (in 17 Losen behaupteten sich regionale Hilfsorganisationen, in 11 Losen blieben die Leistungserbringer unverändert, in nur einem Los erhielt ein neuer Anbieter einen Zuschlag). Die Vergütung ist stabil geblieben und die Qualität der Leistungserbringung erfolgt weiterhin auf sehr hohem Niveau.
58 BayVerfGH, Urteil v. 24.5.2012 – Vf. 1-VII-10.
59 Burgi, NZBau 2001, 64 (69).
60 Siehe etwa BVerfG, Beschluss v. 7.10.1980 – 1 BvL 50, 89/79, 1 BvR 240/79; Beschluss v. 18.11.1986 – 1 BvL 29/83.
61 Burgi, NZBau 2001, 64 (70).

4. Vorgaben des Beihilferechts

31 Vorgaben des Beihilferechts sind im Wirkungsbereich des Art. 107 Abs. 1 AEUV zu beachten. Vorgaben des Beihilferechtes sind drittschützend und von Konzessionsgebern gerade im Verwaltungsvergabeverfahren zu beachten.[62] Nach Art. 107 Abs. 1 AEUV sind staatliche oder aus staatlichen Mitteln gewährte Beihilfen gleich welcher Art, die durch die Begünstigung bestimmter Unternehmen oder Produktionszweige den Wettbewerb verfälschen oder zu verfälschen drohen, mit dem Binnenmarkt unvereinbar, soweit sie den Handel zwischen Mitgliedstaaten beeinträchtigen.[63] Eine Beihilfe umfasst nicht nur positive Leistungen wie etwa Subventionen, sondern auch Maßnahmen, die diesen nach Art und Wirkung gleichstehen.[64]

32 Gemäß Art. 106 **AEUV** dürfen die Mitgliedstaaten in Bezug auf öffentliche Unternehmen und auf Unternehmen, denen sie besondere oder ausschließliche Rechte gewähren, keine den Verträgen und insbesondere den Art. 18 und 101 bis 109 AEUV widersprechende Maßnahmen treffen oder beibehalten; für Unternehmen, die mit Dienstleistungen von allgemeinem wirtschaftlichen Interesse betraut sind, gelten die Vorschriften der Verträge, insbesondere die Wettbewerbsregeln, soweit die Anwendung dieser Vorschriften nicht die Erfüllung der ihnen übertragenen besonderen Aufgabe rechtlich oder tatsächlich verhindert. Verboten ist nach Art. 102 AEUV insbesondere die missbräuchliche Aussetzung einer beherrschenden Stellung auf dem Binnenmarkt oder auf einem wesentlichen Teil desselben durch einen oder mehrere Unternehmen, soweit dies dazu führen kann, den Handel zwischen den Mitgliedstaaten zu beeinträchtigen. Gemäß Art. 107 Abs. 1 AEUV sind – soweit in den Verträgen nichts anderes bestimmt ist – staatliche oder aus staatlichen Mitteln gewährte Beihilfen gleich welcher Art, die durch die Begünstigung bestimmter Unternehmen oder Produktionszweige den Wettbewerb verfälschen oder zu verfälschen drohen, mit dem Binnenmarkt unvereinbar, soweit sie den Handel zwischen Mitgliedstaaten beeinträchtigen.[65] Insofern kann auf die Bekanntmachung der Kommission zum Begriff der staatlichen Beihilfe im Sinne des Art. 107 Abs. 1 AEUV[66] verwiesen werden. Gerade die Vorgabe unter Nr. 90 – „Das Ausschreibungsverfahren muss wettbewerblich sein, damit alle interessierten und qualifizierten Bieter teilnehmen können." – ist zu beachten. Das Beihilferecht geht – als Primärrecht aus Art. 107 AEUV – dem sekundärrechtlichen Vergaberecht vor.[67]

33 **Rettungsdienst** ist beihilferechtlich nicht privilegiert.[68] Die Kommission hat in einem Freistellungsbeschluss Voraussetzungen festgelegt, bei deren Vorliegen staatliche Beihilfen, die bestimmten mit der Erbringung von Dienstleistungen von allgemeinem wirtschaftlichem Interesse betrauten Unternehmen als Ausgleich gewährt werden, als mit dem Binnenmarkt vereinbar angesehen werden und demzufolge von der Anmeldepflicht nach Art. 108 Abs. 3 AEUV befreit sind.[69] Rettungsdienstleistungen fallen jedoch nicht in den Anwendungsbereich des Freistellungsbeschlusses, der in Art. 2 des Beschlusses definiert ist. Die Erbringer von Rettungsdienstleistungen sind als Unternehmen im Sinne des Art. 107 AEUV anzusehen. Rettungsdienstleistungen sind zudem Dienstleistungen von allgemeinem wirtschaftlichem Interesse. Für die Vergabe solcher Dienstleistungen gilt nach der Altmark-Trans-Rechtsprechung des EuGH ein Ausschreibungsverfahren grundsätzlich als bevorzugte Methode.[70] Daher liegt

---

62 Vgl. zum Prüfungsumfang der Verwaltungsgerichtsbarkeit VG Schleswig, Urteil v. 14.11.2017 – 3 A 14/17.
63 Vgl. BFH, Urteil v. 27.11.2013 – I R 17/12, Rn. 48, mit Verweis auf EuGH, Urteil v. 18.7.2007 – Rs. C-119/05 (Lucchini) und Urteil v. 18.7.2013 – Rs. C-6/12 (P Oy).
64 Vgl. *Pfannkuch*, NZBau 2015, 743; *Püstow/Meiners*, EuZW 2016, 325.
65 VG Schleswig, Urteil. v. 14.11.2017 – 3 A 14/17.
66 Europäische Kommission, Bekanntmachung der Kommission zum Begriff der staatlichen Beihilfe im Sinne des Art. 107 Absatz 1 des Vertrags über die Arbeitsweise der Europäischen Union, ABl. EU 2016/C 262/01.
67 A.A. VG Schleswig, Urteil v. 14.11.2017 – 3 A 14/17: *„Vielmehr markiert die Richtlinie 2014/24/EU den Rahmen des unionsrechtlich Möglichen."*
68 Offengelassen VG Schleswig, Urteil v. 14.11.2017 – 3 A 14/17.
69 Vgl. Beschluss der Kommission über die Anwendung von Art. 106 Abs. 2 des Vertrags über die Arbeitsweise der Europäischen Union auf staatliche Beihilfen in Form von Ausgleichsleistungen zu Gunsten bestimmter Unternehmen, die mit der Erbringung von Dienstleistungen von allgemeinem wirtschaftlichen Interesse betraut sind, ABl. EU 2012/L 7/03.
70 EuGH, Urteil v. 24.7.2003 – Rs. C-280/00 (Altmark-Trans).

schon in der Bevorzugung der örtlichen Hilfsorganisationen und der Begrenzung des Teilnehmerkreises an einer Ausschreibung ein Beihilfeelement. Eine solche Vorgehensweise verstößt gegen die gemeinschaftsrechtliche Pflicht zur effektiven Umsetzung von Richtlinien (Art. 288 Abs. 3 AEUV) und gegen die Grundfreiheiten des AEUV (insbesondere Art. 34 ff., Art. 56 ff. AEUV). Im Übrigen geht der BGH seit 2003 in ständiger Rechtsprechung davon aus, dass Verträge, die gegen das EU-primärrechtliche Durchführungsverbot des Art. 108 Abs. 3 S. 3 AEUV verstoßen, gemäß § 134 BGB nichtig sind.[71] Wenn aber Verstöße gegen Art. 108 Abs. 3 S. 3 AEUV zur Nichtigkeit eines Vertrages gemäß § 134 BGB führen, muss diese Rechtsfolge bei Verstößen gegen Art. 49 und 56 AEUV erst recht eintreten. Grund dafür ist, dass gerade bei Dauerschuldverhältnissen nur die Nichtigkeit des Vertrages den Weg zu einer Neuausschreibung und damit zu einer Beseitigung der rechtswidrigen Wettbewerbsverzerrung eröffnet.

Eine funktionale **Privatisierung** (Beitritt zu einer kommunalen Gesellschaft bei einer kommunalen Rettungsdienstgesellschaft) verstößt nicht gegen Primärrecht der Europäischen Union und auch nicht gegen das Diskriminierungsverbot (Art. 18 AEUV), die Niederlassungsfreiheit (Art. 49 AEUV) und die Dienstleistungsfreiheit (Art. 56 AEUV), wenn dabei die vergaberechtlichen Vorgaben des GWB eingehalten werden.[72]

5. Vorgaben des unionsrechtlichen Äquivalenzprinzips

Das rettungsdienstliche Auswahlverfahren unterliegt auch dem unionsrechtlichen Äquivalenzprinzip. Nach dem sowohl im Unionsrecht als auch in den nationalen Rechtsordnungen anerkannten Grundsatz der Rechtskraft sollen zur Gewährleistung des Rechtsfriedens und der Beständigkeit rechtlicher Beziehungen sowie einer geordneten Rechtspflege die nach Ausschöpfung des Rechtswegs oder nach Ablauf der entsprechenden Rechtsmittelfrist unanfechtbar gewordenen Gerichtsentscheidungen nicht mehr in Frage gestellt werden können. Nach dem unionsrechtlichen Grundsatz der nationalen Verfahrensautonomie ist es jedoch Sache der innerstaatlichen Rechtsordnungen der Mitgliedstaaten, die Modalitäten der Umsetzung des Grundsatzes der Rechtskraft festzulegen. Diese Modalitäten dürfen allerdings nicht ungünstiger sein als die, die bei ähnlichen internen Sachverhalten gelten (Grundsatz der Äquivalenz), und nicht so ausgestaltet sein, dass sie die Ausübung der Rechte, die die Rechtsordnung der Europäischen Union einräumt, praktisch unmöglich machen oder übermäßig erschweren (Grundsatz der Effektivität).[73]

Der **Grundsatz der Äquivalenz** greift ein, wenn rechtliche Kriterien für die Annahme einer einheitlichen untrennbaren (Auswahl-)Entscheidung und die rechtlichen Folgerungen auch für gleich oder ähnlich gelagerte (rein) innerstaatliche Sachverhalte zum Tragen kommen. Die Mitgliedstaaten haben zwar das Recht, den hier maßgeblichen Bereich national zu regeln. Diese Befugnis verleiht den Mitgliedstaaten aber keine unbegrenzte Regelungszuständigkeit, die in einer Art und Weise ausgeübt werden darf, die die praktische Wirksamkeit und die Ziele des AEUV und der daraus folgenden Richtlinien beeinträchtigt.

6. Vorgaben der Dienstleistungsrichtlinie

Wenn binnenmarktrelevante Genehmigungen erteilt werden, dann greifen die Vorgaben der Dienstleistungsrichtlinie 2006/123/EG ein. Ein Konzessionsgeber hat bei der Durchführung eines rettungsdienstlichen Auswahlverfahrens die Vorgaben der RL 2006/123/EG zu beachten. Aus der Dienstleistungsrichtlinie kann subjektiv-öffentlicher Rechtsschutz für Unternehmen folgen.[74] Auch wenn das BVerwG[75] die Frage der Anwendbarkeit offengelassen hat,

---

71 Vgl. BGH, Urteil v. 10.2.2011 – I ZR 136/09, Rn. 21; Urteil v. 5.7.2007 – IX ZR 256/06, Urteil v. 20.1.2004 – XI ZR 53/03; Urteil v. 4.4.2003 – V ZR 314/02.
72 VG Schleswig, Urteil v. 14.11.2017 – 3 A 14/17.
73 Vgl. OVG Münster, Urteil v. 17.6.2016 – 20 D 95/13, Rn. 57, mit Hinweis auf EuGH, Urteil v. 3.9.2009 – Rs. C-2/08 (Fallimento Olimpiclub), Slg 2009, I-7501 m.w.N.
74 Vgl. VG Köln, Beschluss v. 21.3.2012 – 18 L 158/12.
75 BVerwG, Beschluss v. 30.5.2013 – 4 B 3.13.

dürfte mit Blick auf die Entscheidung des EuGH[76] von einer Anwendbarkeit bei binnenmarktrelevanten Konzessionsverwaltungsakten auszugehen sein.

38 Die **Dienstleistungsrichtlinie** 2006/123/EG gilt grundsätzlich für alle Antrags-, Genehmigungs- und Auswahlverfahren auf allen Ebenen der Verwaltung. Vor diesem Hintergrund gibt die Dienstleistungsrichtlinie vor, dass das Auswahlverfahren für die Beauftragung zur Erbringung von Rettungsdienstleistungen den Grundsätzen von Wettbewerb, Transparenz und Gleichbehandlung genügen muss (vgl. insbesondere Vorgaben in Art. 10 RL 2006/123/EG). Gerade wenn es – wie im Falle des Rettungsdienstes – um die Sicherstellung einer überragend wichtigen öffentlichen Aufgabe geht, muss zur Sicherstellung einer effektiven Aufgabenerfüllung eine Kontrolle und Überprüfung der Beauftragung möglich sein und auch stattfinden.[77]

39 Die Dienstleistungsrichtlinie 2006/123/EG ist gegenüber den **Vergaberichtlinien** nachrangig und dann anzuwenden, wenn das förmliche Vergaberecht nicht anzuwenden ist. Maßgebend ist – bei einer Konkurrenzsituation – die speziellere Vergaberichtlinie, wie sich insbesondere aus Art. 1 RL 2006/123/EG ergibt. Danach ist klargestellt, dass die Richtlinie weder die Liberalisierung von Dienstleistungen von allgemeinem wirtschaftlichen Interesse, die öffentlichen oder privaten Einrichtungen vorbehalten sind, noch die Privatisierung öffentlicher Einrichtungen betrifft, die Dienstleistungen erbringen.[78]

7. Vorgaben für die Beleihung

40 Denkbar ist, dass der Konzessionsnehmer beliehen wird, die aber vergabefrei durchgeführt werden kann.[79] Wenn der Aufgabenträger staatliche Aufgaben an Dritte delegieren sollte, dann wird Art. 33 Abs. 4 GG berührt, weil die mit Leitungsfunktionen Betrauten demokratisch legitimiert sein müssen. Dabei ist in Art. 33 Abs. 4 GG auch ein subjektives Recht zu sehen, da die Kontinuität der hoheitlichen Staatsfunktionen gesichert werden soll.[80]

41 Nach Art. 33 Abs. 4 GG ist die Ausübung hoheitsrechtlicher Befugnisse als ständige Aufgabe in der Regel Angehörigen des öffentlichen Dienstes zu übertragen, die in einem öffentlich-rechtlichen Dienst- und Treueverhältnis stehen. Es steht dem Gesetzgeber (weitgehend) frei, den bisher von privaten Unternehmen erbrachten Rettungsdienst als **staatliche Aufgabe** zu definieren, aber dann greift Art. 33 Abs. 4 GG ein. Dieser regelt nicht nur die Wahrnehmung hoheitlicher Aufgaben durch öffentliche Träger, sondern beansprucht Geltung auch für den Fall der Übertragung solcher Aufgaben auf Private.[81] Hinunter bis zur Pflegekraft muss zwar kein Beamter beschäftigt werden,[82] aber Leitungsfunktionen bei den (staatlichen) Leistungserbringern müssen demokratisch legitimiert sein.[83]

42 Eine hoheitliche Entscheidung ist vor dem Hintergrund des **Demokratieprinzips** nach Art. 20 Abs. 2 S. 1 GG nur dann in personeller Hinsicht legitimiert, wenn sich die Bestellung desjenigen, der sie trifft, durch eine ununterbrochene Legitimationskette auf das Staatsvolk zurückführen lässt.[84] Übersetzt auf die Luftrettung (und auch den Rettungsdienst) und die Leistungserbringung bedeutet dies zukünftig: Wenn der Antragsgegner als Bundesland über demokratisch legitimierte Organe verfügt, muss der Leistungserbringer ebenfalls über bestellte Geschäftsführer verfügen, die durch eine ununterbrochene Legitimationskette auf das Staatsvolk zurückgeführt werden können. Es ist rechtswidrig, wenn die Beigeladenen ewiger staatlicher und beliehener Leistungserbringer ohne demokratische Legitimation sind. Derartige Beleihungs- und Beauftragungsverhältnisse sind – auf Grund eines Verstoßes gegen ein gesetzliches Verbot gemäß § 138 BGB – nichtig.

---

76 EuGH, Urteil v. 14.7.2016 – Verb. Rs. C-458/14 und C-67/15 (Promoimpresa).
77 EuGH, Urteil v. 14.7.2016 – Verb. Rs. C-458/14 und C-67/15 (Promoimpresa).
78 VG Schleswig, Urteil v. 14.11.2017 – 3 A 14/17.
79 *Braun*, NZBau 2007, 691.
80 Vgl. *Hense*, in: Epping/Hillgruber, GG, Art. 33 Rn. 27 m.w.N.
81 Vgl. BVerfG, Urteil v. 18.1.2012 – 2 BvR 133/10, Rn. 135.
82 Vgl. BVerfG, Urteil v. 18.1.2012 – 2 BvR 133/10, Rn. 153.
83 Vgl. Gesetzesbegründung, Thüringer Gesetz zur Neuregelung der als Maßregel angeordneten Unterbringung und ähnlicher Unterbringungsmaßnahmen, Thüringen LT-Drs. 5/7580, 35.
84 Vgl. BVerfG, Urteil v. 18.1.2012 – 2 BvR 133/10, Rn. 124.

C. Regelungen für das Auswahlverfahren

Für ein zwingend durchzuführendes Auswahlverfahren gibt es Vorgaben aus verschiedenen Rechtsquellen, die in differenzierter Qualität oberhalb und unterhalb der Schwellenwerte und außerhalb des förmlichen Vergaberechts einzuhalten sind. Oberhalb der Schwellenwerte sind die unten genannten Vorgaben umfassend einzuhalten. Unterhalb der Schwellenwerte und außerhalb des Vergaberechts ist im Hinblick auf den betroffenen Rechtskreis eine Einzelfallprüfung durchzuführen.

43

Die Vergabe einer Dienstleistungskonzession richtet sich, sofern der nach § 106 Abs. 2 Nr. 4 GWB maßgebliche Schwellenwert überschritten ist, nach den Vorschriften der KonzVgV. Im **Oberschwellenbereich** statuieren § 97 Abs. 1 und 2 GWB sowie §§ 12 bis 14 KonzVgV die Geltung der allgemeinen Prinzipien des Vergaberechts – Transparenz, Gleichbehandlung/Nichtdiskriminierung, Objektivität, Wettbewerb – im jeweiligen Vergabeverfahren zu Rettungsdienstleistungskonzessionen. Diese allgemeinen Vorgaben gelten dann, wenn die Bereichsausnahme nicht eingreift.[85]

44

Im Unterschwellenbereich bzw. bei **außerhalb des förmlichen Vergaberechts** können diese Vorschriften nicht direkt herangezogen werden. Zum einen ordnen die Grundsätze des europäischen Primärrechts (Art. 18, 49 und 56 AEUV) bei Binnenmarktrelevanz der jeweiligen Ausschreibung die Geltung der Gebote des Vergaberechts an. Bei Ausschreibungen ohne Binnenmarktrelevanz ordnet der verfassungsrechtliche Teilhabeanspruch der Unternehmen auf gerechte Beteiligung an quantitativ begrenzten Berechtigungen zur Berufsausübung aus Art. 12 Abs. 1 i.V.m. Art. 3 Abs. 1 GG die Geltung der Grundsätze im Verfahren ebenso an.[86]

45

I. Grundlegende Anforderungen

Das Auswahlverfahren ist – bei aller Heterogenität – durch verschiedene allgemeine Prinzipien geprägt.

46

1. Transparenzgrundsatz

Der Transparenzgrundsatz gilt sowohl unterhalb der Schwellenwerten also auch oberhalb und auch außerhalb des förmlichen Vergaberechts. Er verpflichtet den Konzessionsgeber bei jeglichen Verteilungsverwaltungsverfahren, also auch bei der Rettungsdienstkonzessionsvergabe – umfassend zu einem offenen, erkennbaren und nachvollziehbaren Beschaffungsverhalten.[87] Diese Idee durchzieht das gesamte Konzessionierungsverfahren und soll im Wesentlichen die Gefahr einer Günstlingswirtschaft oder willkürlicher Entscheidung des Konzessionsgebers ausschließen. Die Transparenz bezieht sich auf das Beschaffungsvorhaben, die Vertragsunterlagen, auf das Verfahren selbst, auf die Vergabeentscheidung und letztendlich auf die Dokumentation.[88]

47

Die Anforderungen an die Transparenz des Vergabeverfahrens sind vor dem Hintergrund des europäischen Primärrechts umso höher, je interessanter die Rettungsdienstausschreibung für potenzielle ausländische Bieter ist. Je stärker der **binnenmarktrelevante Bezug** der Ausschreibung ist, desto stärker soll die EU-weite Kenntnisnahme ermöglicht werden.[89] Die Frage nach der Binnenmarktrelevanz der jeweiligen Konzessionsvergabe ist stets gesondert nach den Umständen des Einzelfalles zu beantworten.[90] Hierbei spielen Umstände wie der Konzessionsgegenstand, der geschätzte Konzessionswert, die Besonderheiten des betreffenden Sektors sowie die geographische Lage des Ortes der Leistungserbringung eine wesentliche

48

---

85 Vgl. § 1 KonzVgV Rn. 15.
86 Vgl. § 1 KonzVgV Rn. 15, 127.
87 VG Kassel, Urteil v. 6.10.2017 – 5 K 939/13.KS; VG Darmstadt, Beschluss v. 10.9.2015 – 4 L 1180/15.DA.
88 Vgl. § 1 KonzVgV Rn. 134 ff.
89 OLG Saarbrücken, Beschluss v. 29.1.2014 – 1 Verg 3/13; VG Darmstadt, Beschluss v.10.9.2015 – 4 L 1180/15.DA.
90 Europäische Kommission, Mitteilung der Kommission zu Auslegungsfragen in Bezug auf das Gemeinschaftsrecht, das für die Vergabe öffentlicher Aufträge gilt, die nicht oder nur teilweise unter die Vergaberichtlinien fallen v. 1.8.2006, ABl. EU 2006/C 179/02, Nr. 1.3.

Rolle.[91] Eine Transparenzpflicht kann auch durch eine Selbstbindung der öffentlichen Hand erfolgen. So führt z.B. die Veröffentlichung im Amtsblatt der Europäischen Union (oder auch auf TED) zu einer Selbstbindung der ausschreibenden Stelle in Hinblick auf Eignungs- und Zuschlagskriterien.[92]

49 Der Transparenzgrundsatz gebietet es allgemein, dass die Bekanntmachung des Ausschreibungsgegenstandes auf angemessene Art und Weise durchgeführt wird.[93] Dies erfordert zum einen, dass alle Bedingungen und Modalitäten des Auswahlverfahrens klar, präzise und eindeutig formuliert sein müssen, sodass alle gebührend informierten und mit der üblichen Sorgfalt handelnden Interessenten deren genaue Bedeutung verstehen und sie in gleicher Weise auslegen können.[94] Zum anderen müssen alle relevanten **Informationen** wie Auswahlkriterien, gegebenenfalls auch Wertungsmatrizen, Gewichtungsregeln und Ausschlussgründe schon vorab von der Stelle gewählt und in der Bekanntmachung selbst veröffentlicht werden.[95] Ein Verstoß gegen den Transparenzgrundsatz kann vorliegen, wenn eine Behörde in der Ausschreibung angibt, von der Ausnahmevorschrift des § 107 Abs. 1 Nr. 4 GWB Gebrauch zu machen, und damit den Anschein erweckt, den Wettbewerb ausschließlich für freiwillige Hilfsorganisationen zu eröffnen, während sie in Wirklichkeit auch die Beteiligung privater Organisationen zulässt, ohne die anderen potenziellen Bieter darüber in Kenntnis zu setzen.[96]

50 Diese Pflicht zur Präzision des Verfahrens und der Kriterien dient auch der ausschreibenden Stelle: Nur so kann sie hinreichend objektiv – auch kontrollierbar durch eine Nachprüfungsinstanz – **überprüfen**, ob die Angebote der Bieter die für die betreffende Ausschreibung geltenden Kriterien erfüllen.[97] Eine zu große Unbestimmtheit der Auswahlkriterien bzw. der Wertungsmaßstäbe birgt die Gefahr, dass die Bieter nicht mehr angemessen über die Kriterien und Modalitäten informiert werden, auf deren Grundlage das wirtschaftlich günstigste Angebot ermittelt wird.[98] Das hätte aber zur Folge, dass sie vor einer willkürlichen oder diskriminierenden Angebotsbewertung nicht mehr hinreichend geschützt wären.[99]

51 Die Pflicht der ausschreibenden Stelle zur Veröffentlichung der Auswahlkriterien und der Gewichtungsregeln erstreckt sich nach zutreffender Auffassung auf **Unterkriterien** oder **Bewertungsmatrizen** – die bloße Benennung der Zuschlagskriterien genügt der Pflicht zur Offenlegung nicht.[100] Als Unterkriterien oder Hilfskriterien werden Kriterien verstanden, die der Ausfüllung und näheren Bestimmung eines Hauptkriteriums dienen und präziser darstellen, worauf es dem Auftraggeber ankommt.[101] Selbst Unter-Unterkriterien sind bekannt zu geben, wenn die Bieter nur so ihr Angebot effektiv ausgestalten können bzw. wenn die vergebende Stelle ein differenziertes Wertungsschema entwickelt hat.[102] Erfolgt die Veröffentlichung der Gewichtungsregeln und der Kriterien bzw. Unterkriterien nicht vorab in der förmlichen Bekanntgabe, sondern erst nach Einreichung aller Angebote, so besteht die Gefahr, dass

---

91 Europäische Kommission, Mitteilung der Kommission zu Auslegungsfragen in Bezug auf das Gemeinschaftsrecht, das für die Vergabe öffentlicher Aufträge gilt, die nicht oder nur teilweise unter die Vergaberichtlinien fallen v. 1.8.2006, ABl. EU 2006/C 179/02, Nr. 1.3.
92 Vgl. VGH Hessen, Beschluss v. 23.7.2012 – 8 B 2244/11; *Braun*, VergabeR 2014, 324 (329).
93 BayVerfGH, Entscheidung v. 24.5.2012 – Vf. 1-VII-10; vgl. OLG Celle, Urteil v. 23.2.2016 – 13 U 148/15; VG Bayreuth, Urteil v. 11.12.2012 – B 1 K 12.445.
94 Zwar nicht spezifisch in Bezug auf Rettungsdienstausschreibungen, aber als allgemeine Ausprägung des Transparenzgrundsatzes: Generalanwältin Kokott, Schlussantrag v. 15.12.2011 – Rs. C-368/10, Rn. 144; OLG Celle, Urteil v. 23.2.2016 – 13 U 148/15; VK Niedersachsen, Beschluss v. 27.9.2016 – VgK-39/2016; vgl. OLG Celle, Beschluss v. 19.3.2015 – 13 Verg 1/15.
95 OLG Düsseldorf, Beschluss v. 15.6.2016 – VII-Verg 49/15; OLG Celle, Beschluss v. 19.3.2015 – 13 Verg 1/15; VG Darmstadt, Beschluss v. 10.92015 – 4 L 1180/15.DA; vgl. VG Magdeburg, Beschluss v. 30.10.2014 – 1 B 1078/14; VG Bayreuth, Urteil v. 11.12.2012 – B 1 K 12.445; VG Halle, Urteil v. 22.3.2012 – 3 A 157/09 HAL.
96 Vgl. VK Rheinland, Beschluss v. 11.9.2017 – VK D-20/2017 L.
97 EuGH, Urteil v. 10.5.2012 – Rs. C-386/10 (Kommission/Niederlande), Rn. 87, 109; OLG Celle, Urteil v. 23.02.2016 – 13 U 148/15; Beschluss v. 19.3.2015 – 13 Verg 1/15; VK Niedersachsen, Beschluss v. 27.92016 – VgK-39/2016.
98 Vgl. OVG Sachsen-Anhalt, Beschluss v. 18.3.2015 – 3 L 151/12.
99 OLG Celle, Beschluss v. 19.3.2015 – 13 Verg 1/15; vgl. VG Magdeburg, Beschluss v. 30.10.2014 – 1 B 1078/14.
100 OVG Sachsen-Anhalt, Beschluss v. 18.3.2015 – 3 L 151/12; VK Sachsen, Beschluss v. 6.3.2014 – 1/SVK/047-13.
101 In Bezug auf die Begriffe der Unter- und Hilfskriterien: BVerwG, Urteil v. 13.12.2012 – 3 C 32/11; VGH Kassel, Urteil v. 15.10.2014 – 9 C 1276/13.T.
102 OLG Celle, Beschluss v. 19.3.2015 – 13 Verg 1/15.

die maßgeblichen Kriterien so gewählt und gewichtet werden, dass eine an ihnen orientierte Prüfung und Bewertung der Angebote zu einem bestimmten gewünschten Ergebnis führt.[103]

Transparenz heißt zugleich **Berechenbarkeit** der Auswahlentscheidung: Die ausschreibende Stelle darf bei der Bewertung keine sachfremden, überraschenden oder unter die Kriterien nicht zu subsumierenden Gesichtspunkte einfließen lassen.[104]

Ein weiterer Aspekt des Transparenzgrundsatzes ist die Verpflichtung der ausschreibenden Stelle, die einzelnen Stufen des Vergabeverfahrens, die Maßnahmen und die Begründung der einzelnen Entscheidungen zu **dokumentieren**.[105] Obwohl die Dokumentation nicht notwendigerweise in einem zusammenhängenden Vergabevermerk erfolgen muss, ist nichtsdestoweniger erforderlich, dass das Verfahren lückenlos dokumentiert wird.[106] Der Vermerk kann hierbei aus mehreren Teilen bestehen.[107] Es ist nicht ausreichend, wenn der Vermerk etwa erst nach Abschluss des Vergabeverfahrens und Zuschlagserteilung oder gar erst anlässlich einer „drohenden" rechtlichen Überprüfung angefertigt wird.[108] Die Dokumentation muss vielmehr den jeweiligen Stand des Vergabeverfahrens wiedergeben.[109]

Als **Faustformel** kann festgehalten werden, dass die ausschreibende Stelle im Rahmen des gesamten Vergabeverfahrens einen solchermaßen angemessenen Grad von Öffentlichkeit sicherstellen muss, dass die Nachprüfung ermöglicht wird, ob das Vergabeverfahren offen, transparent, objektiv, unparteiisch sowie frei von Verfahrensfehlern durchgeführt worden ist.[110] Das gesamte Wertungssystem muss so transparent bekannt gegeben werden, dass kein objektiver Raum mehr für Manipulation und Willkür bei der Bewertung der Angebote verbleibt.[111] Die Erfüllung dieser Vorgaben ist mit Blick auf den weiten Beurteilungs- und Bewertungsspielraum der Vergabestelle von hoher Bedeutung.

2. Gleichbehandlungsgebot

Der Grundsatz der Diskriminierungsfreiheit beinhaltet zum einen das Diskriminierungsverbot und zum anderen das Gleichbehandlungsgebot in Bezug auf alle Teilnehmer am Auswahlverfahren.[112] Beide Grundsätze stehen sich spiegelbildlich gegenüber. Sie gebieten, dass das Verfahren ergebnisoffen und fair zu führen ist, sodass alle interessierten Unternehmen die gleichen Chancen haben.[113] Dies ist nur möglich, wenn alle Entscheidungsträger unparteiisch handeln.[114] Zudem müssen die Auswahlkriterien sachgerecht und chancengleich ausgestaltet sein.[115] Darüber hinaus erfordert das Gleichbehandlungsgebot, dass sich die ausschreibende Stelle für den Rest der Verfahrensdauer an die einmal von ihr vorab gewählten Verfahrensregeln und Auswahlkriterien hält.[116]

Das **Diskriminierungsverbot** ist insbesondere in seiner europarechtlichen Dimension mit den Grundfreiheiten (Art 49 und 56 AEUV) und Art. 18 AEUV zu sehen, sodass beispielsweise Zeugnisse und andere Befähigungsnachweise aus anderen Mitgliedstaaten anerkannt werden und die Verfahrensfristen so ausgestaltet werden müssen, dass auch Unternehmen aus ande-

---

103 VK Sachsen, Beschluss v. 6.3.2014 – 1/SVK/047-13.
104 Vgl. OLG Celle, Beschluss v. 19.3.2015 – 13 Verg 1/15; VK Niedersachsen, Beschluss v. 27.9.2016 – VgK-39/2016.
105 Zwar nicht in Bezug auf Rettungsdienstausschreibungen, aber als allgemeiner Grundsatz entsprechend anwendbar: VK Niedersachsen, Beschluss v. 26.3.2014 – VgK-6/2014.
106 Vgl. VK Niedersachsen, Beschluss v. 26.3.2014 – VgK-6/2014.
107 Vgl. VK Niedersachsen, Beschluss v. 26.3.2014 – VgK-6/2014.
108 Vgl. OLG Schleswig, Beschluss v. 20.3.2008 – 1 Verg 6/7.
109 VK Niedersachsen, Beschluss v. 26.3.2014 – VgK-6/2014.
110 EuGH, Urteil v. 13.10.2005 – Rs. C-458/03 (Parking Brixen); vgl. OLG Celle, Beschluss v. 19.3.2015 – 13 Verg 1/15; VG Bayreuth, Urteil v. 11.12.2012 – B 1 K 12.445; VG Regensburg, Urteil v. 7.12.2010 – RN 4 K 10.1087.
111 Vgl. OLG Celle, Beschluss v. 19.3.2015 – 13 Verg 1/15.
112 Vgl. OVG Sachsen-Anhalt, Beschluss v. 18.3.2015 – 3 L 151/12; VG Darmstadt, Beschluss v. 10.9.2015 – 4 L 1180/15.DA; vgl. allgemein § 1 KonzVgV Rn. 144 ff.
113 Vgl. OLG Jena, Beschluss v. 22.7.2015 – 2 Verg 2/15; OVG Sachsen-Anhalt, Beschluss v. 18.3.2015 – 3 L 151/12; VGH Hessen, Beschluss v. 23.7.2012 – 8 B 2244/11; VG Darmstadt, Beschluss v. 10.9.2015 – 4 L 1180/15.DA.
114 VG Darmstadt, Beschluss v. 10.9.2015 – 4 L 1180/15.DA.; vgl. VG Regensburg, Urteil v. 7.12.2010 – RN 4 K 10.1087.
115 Vgl. VGH Hessen, Beschluss v. 23.7.2012 – 8 B 2244/11; VG Regensburg, Urteil v. 7.12.2010 – RN 4 K 10.1087.
116 OVG Lüneburg, Beschluss v. 12.11.2012 – 13 ME 231/12.

57 Das **Gleichbehandlungsgebot** korreliert zudem mit dem Transparenzgebot bei der Offenlegung aller Entscheidungsgrundlagen: Nur wenn alle interessierten Unternehmen gleichmäßig Zugang zu diesen haben, unterliegen sie auch einer Gleichbehandlung.[119] Dies entspricht aber auch dem Gedanken des transparenten Verfahrens.

ren Mitgliedstaaten ausreichend Zeit haben, den Auftrag zu bewerten und ein Angebot zu erstellen.[117] Unternehmen aus anderen Mitgliedstaaten dürfen nicht ohne einen rechtfertigenden Grund anders behandelt werden als inländische Unternehmen.[118]

58 Obgleich der Grundsatz des **Geheimwettbewerbs** prinzipiell dem Wettbewerbsgrundsatz entstammt, so hat er auch eine Bedeutung im Rahmen des Gleichbehandlungsgebotes: Nur dann, wenn jeder Anbieter die ausgeschriebenen Leistungen in Unkenntnis der Angebote und Angebotsgrundlagen seiner Konkurrenten offeriert, ist ein echter Wettbewerb – und damit zugleich echte Gleichbehandlung gewährleistet.[120]

59 Aus dem Grundsatz des Diskriminierungsverbots lässt sich des Weiteren das Verbot der Berücksichtigung von **Nachermittlungen** ableiten: Die Vergabestelle darf nicht nach Ablauf der Frist für die Einreichung der Bewerbungsunterlagen und Angebote einseitig zugunsten einzelner Bewerber bzw. Bieter im Rahmen des Auswahlverfahrens ermitteln und dadurch einzelne Bewerbungen gleichsam nachbessern.[121] Das Prinzip der Diskriminierungsfreiheit soll im Ergebnis der Gefahr der Günstlingswirtschaft oder willkürlicher Entscheidungen begegnen und muss sich daher ebenso wie das Transparenzgebot in der konkreten Verfahrensgestaltung niederschlagen.[122]

3. Wettbewerbsgrundsatz

60 Auch und gerade die Konzessionsvergabe von Rettungsdienstleistungen unterliegt dem Wettbewerbsgebot,[123] wobei im allgemeinen Konzessionsrecht der Wettbewerbsgrundsatz stärker ausgeprägt ist.[124] Auch im Bereich der sozialen Dienstleistungen gilt das Wettbewerbsgebot des § 97 Abs. 1 GWB und entfaltet drittschützende Wirkungen. Dies gilt grundsätzlich auch für den hier allgemein betroffenen Bereich der sozialen und besonderen Dienstleistungen im Sinne des Anhang XIV RL 2014/24/EU, zu denen Dienstleistungen der Feuerwehr und Rettungsdienste (CPV-Code 75252000-7) prinzipiell zählen

61 Der Grundsatz des Wettbewerbs ist in allen Phasen des **Auswahlverfahrens** zu beachten und gilt für den Konzessionsgeber und die Unternehmen gleichermaßen. Ausschreibungen oder Teilnahmebedingungen, die geeignet sind, den Wettbewerb zu umgehen, einzuschränken oder auszuschalten, sind unzulässig.[125] Den Konzessionsgeber verpflichtet der Grundsatz, die Verfahrensvorschriften so anzuwenden, dass ein möglichst wirksamer Bieterwettbewerb um die Konzessionen gewährleistet ist.[126] Mithin dürfen die Auswahlkriterien nicht willkürlich[127] und so beschaffen sein, dass bestimmte Unternehmen nie die Chance haben, am Verfahren zu partizipieren.[128]

62 Der Wettbewerbsgrundsatz beinhaltet im Allgemeinen die eigenständige Anforderung, wonach an einem wettbewerblichen Verfahren eine möglichst hohe **Anzahl an Bietern** teilnehmen können soll – eine Begrenzung der Bieterzahl darf stets nur auf Grundlage von sachlich

---

117 Dörr, in: Dreher/Motzke, Vergaberecht, 2. Aufl., § 97 GWB Rn. 10 ff.; Prieß/Simonis, NZBau 2015, 731 (734).
118 VGH Hessen, Beschluss v. 23.7.2012 – 8 B 2244/11; VG Regensburg, Urteil v. 7.12.2010 – RN 4 K 10.1087.
119 VG Regensburg, Urteil v. 7.12.2010 – RN 4 K 10.1087.
120 VGH Hessen, Beschluss v. 23.7.2012 – 8 B 2244/11.
121 Vgl. Dörr, in: Dreher/Motzke, Vergaberecht, 2. Aufl., § 97 GWB Rn. 23.
122 Als allgemeiner Grundsatz auch auf Rettungsdienstausschreibungen entsprechend anwendbar: EuGH, Urteil v. 12.3.2015 – Rs. C-538/13 (EVigilo), Rn. 34; Urteil v. 29.4.2004 – Rs. C-496/99 (CAS Succhi di Frutta), Rn. 111; vgl. VGH Hessen, Beschluss v. 23.7.2012 – 8 B 2244/11.
123 Vgl. VG Kassel, Urteil v. 6.10.2017 – 5 K 939/13.KS.
124 Vgl. § 1 KonzVgV Rn. 151.
125 OLG Celle, Beschluss v. 24.5.2007 – 13 Verg 4/7.
126 Dörr, in: Dreher/Motzke, Vergaberecht, 2. Aufl., § 97 GWB Rn. 6.
127 VGH Hessen, Beschluss v. 23.7.2012 – 8 B 2244/11; VG Darmstadt, Beschluss v. 10.9.2015 – 4 L 1180/15.DA.
128 Vgl. VG Halle, Urteil v. 22.3.2012 – 3 A 157/09 HAL.

nachvollziehbaren Gründen erfolgen, die zudem von einigem Gewicht sein müssen.[129] Bei der Auswahlentscheidung soll es sich dementsprechend um eine objektive Entscheidung zugunsten des Wettbewerbs handeln.[130] Es ist damit unerlässlich, dass objektive Beurteilungskriterien zur Anwendung kommen[131] und nicht etwa subjektive Präferenzen und Werturteile ohne sachlich relevanten Bezug. Der Wettbewerbsgrundsatz geht im Ergebnis mit den Grundsätzen der Transparenz und der Gleichbehandlung Hand in Hand – ohne hinreichende Transparenz oder vollständige Gleichbehandlung aller (potenziellen) Bewerber und Bieter existiert auch kein freier Wettbewerb um die Ausschreibung.

63 Selbst wenn eine Bereichsausnahme eingreifen würde, gäbe es keine rechtmäßige Bevorzugung von bekannten und bewährten örtlichen Hilfsorganisationen. Wettbewerbswidrige Marktabsprachen können von der Vergabekammer überprüft werden. Die Bereichsausnahme ist nichts anderes als eine rechtswidrige Vergabe nach dem Muster **„bekannt und bewährt"**. Die Verwaltungsgerichte dulden Bereichsausnahmen wie z.B. „bekannt und bewährt"[132] oder **„Ortsansässigkeit"** nur in sehr begrenztem Maße.[133] Eine strikte und kontinuierliche Zugrundelegung darf nicht dazu führen, dass der Kreis der Anbieter einer Leistung zementiert und Neubewerber pauschal mit einem Wettbewerbsnachteil gegenüber ihren alteingesessenen Konkurrenten versehen werden.[134] Neubewerbern muss daher in einem erkennbaren zeitlichen Turnus eine reale Zulassungschance eröffnet werden. Dabei genügt es nicht, dass eine Bevorzugung neuer Unternehmer mit besonderer Anziehungskraft vorgesehen ist, weil der Neubewerber bei vergleichbarer Attraktivität seines Angebotes noch immer keine Chance auf Zulassung hat. Dies gilt umso mehr, wenn objektive Anhaltspunkte fehlen, um größere Attraktivität festzustellen. Im Bereich des Vergaberechtes ist die Anwendung des Auswahlkriteriums „bekannt und bewährt" sogar unzulässig.[135]

64 Zudem zeigt die Erfahrung, dass sich Dienstleistungsbereiche besonders dann innovativ entwickeln, wenn sie in einem **Wettbewerb** erbracht werden. Aber auch Bereiche, in denen der Staat zwar noch mitwirkt, sich jedoch auch als Leistungserbringer am Markt behaupten muss, haben gute Entwicklungen genommen. Der Wettbewerb sorgt zudem dafür, dass diese Dienstleistungen zu einem wirtschaftlichen Preis erbracht werden müssen. Unternehmen, die sich im Wettbewerb behaupten müssen, sind ständig bemüht, die Qualität zu steigern und dem Auftraggeber durch ausgereifte Konzepte einen Mehrwert zu bieten, der letztlich den Ausschlag für den Erhalt des Zuschlags geben könnte. Durch die Umsetzung zukunftsorientierter Konzepte wird dann den Herausforderungen von morgen mit den Möglichkeiten von heute begegnet. Eine Festschreibung bestehender Strukturen in Form von Besitzständen führt nicht zu der gewünschten Innovationskraft und wird den Herausforderungen des demografischen Wandels, den gesellschaftlichen Änderungen, den Veränderungen im Gesundheitssystem und letztlich auch der Haushaltslage der öffentlichen Kassen nicht gerecht. Durch Ausschreibungen droht auch keine gefährliche Kommerzialisierung oder ein „Rosinenpicken".[136] Der Auftraggeber hat die Möglichkeit und die Aufgabe, Auswahl- und Zuschlagskriterien zu schaffen, die der Bedeutung der jeweils auszuschreibenden Dienstleistung gerecht werden. Dabei geht es keineswegs nur um den Preis, sondern vielmehr um die Ausgestaltung der inhaltlichen Kriterien nach den Anforderungen, die der jeweiligen Aufgabe entsprechen. Nach-

---

129 Dörr, in: Dreher/Motzke, Vergaberecht, 2. Aufl., § 97 GWB Rn. 4 ff.
130 Vgl. EuGH, Urteil v. 04.02.2016 – Rs. C-336/14, Rn. 55.
131 Leitlinien der Europäischen Kommission v. 26.1.2013, Rn. 78c; BayVerfGH, Entscheidung v. 24.5.2012 – Vf. 1-VII-10; OVG Sachsen-Anhalt, Beschluss v. 18.3.2015 – 3 L 151/12; VG Bayreuth, Urteil v. 11.12.2012 – B 1 K 12.445; VG Regensburg, Urteil v. 7.12.2010 – RN 4 K 10.1087.
132 Vgl. OVG Münster, Beschluss v. 24.7.2015 – 4 B 709/15.
133 Vgl. OVG Münster, Beschluss v. 24.7.2015 – 4 B 709/15; VG Münster, Beschluss v. 23.9.2014 – 9 L 617/14; Schwarz, GewArch 2015, 289 (291).
134 VGH München, Urteil v. 25.2.2013 – 22 B 11.2587; VG Würzburg, Urteil v. 26.11.2008 – W 2 K 08.1003; Schwarz, GewArch 2015, 289 (291).
135 BGH, Urteil v. 16.10.2011 – X ZR 100/99; VK Sachsen, Beschluss v. 10.4.2002 – 1/SVK/23-02G.
136 BayVerfGH, Urteil v. 24.5.2012 – Vf. 1-VII-10; so aber Empfehlungen der Ausschüsse, Vorschlag für eine Richtlinie des Europäischen Parlaments und des Rates über die Konzessionsvergabe, BR-Drs. 874/1/11, Nr. 10.

dem schon der EuGH der Theorie des „Rosinenpickens" nicht gefolgt ist,[137] überrascht es nicht, dass der BayVerfGH dieser auch nicht anhängt.

65 Es gibt in Deutschland traditionell vier Hilfsorganisationen, die den Markt rettungsdienstlicher Leistungen in Deutschland weit überwiegend untereinander aufteilen. Das Deutsche Rote Kreuz spricht in eigenen Presseerklärungen von einem Marktanteil von über 50 %, sodass insgesamt von einem Marktanteil der Hilfsorganisationen von über 80 % auszugehen sein dürfte.[138] Ferner gibt es kommunale Leistungserbringer in unterschiedlichster Ausgestaltung und Privatunternehmen, die entsprechende Leistungen schon seit z.T. 80 Jahren in Deutschland erbringen. Vor dem Krieg gab es Krankenbeförderung ohnehin nur durch Fuhrunternehmern. Die vier Hilfsorganisationen sind in ihren Verbänden in der Regel als eingetragene Vereine und damit ebenfalls privatwirtschaftlich organisiert. Für den Bereich des Rettungsdienstes werden oft Tochtergesellschaften in Form von gemeinnützigen Kapitalgesellschaften gegründet. Das durch die vier Hilfsorganisationen gebildete **Oligopol** kann negative Folgen haben, wenn der Verbraucher eine Leistung erhält, deren Qualität und Innovationskraft begrenzt ist.

66 Am 28. Januar 2011 hatte die **Europäische Kommission** eine öffentliche Konsultation zum öffentlichen Auftragswesen eingeleitet, die unter anderem klären sollte, wie sich ein stärkerer wettbewerbsorientierter Markt für öffentliche Aufträge erreichen ließe. In dem Hintergrundpapier zur Konsultation ist hervorgehoben, dass öffentliche Auftraggeber häufig auf Märkten mit wettbewerbswidrigen Strukturen einkaufen.[139] Auf solchen Märkten kann es schwierig sein, die Ziele der öffentlichen Auftragsvergabe – insbesondere die Gewährleistung eines fairen und wirksamen Wettbewerbs – allein durch Anwendung der Verfahrensregeln der derzeitigen Richtlinien zu erreichen. Wird bei Beschaffungsentscheidungen den Marktstrukturen nicht Rechnung getragen, besteht selbst bei vollständiger Befolgung der Richtlinienbestimmungen die Gefahr, dass wettbewerbswidrige Strukturen verfestigt oder sogar verstärkt werden. Dies gilt insbesondere bei Aufträgen mit hohem Auftragswert und in Sektoren, in denen Behörden die wichtigsten Kunden sind und die private Nachfrage nicht ausreicht, um auf dem Markt ein echtes Gegengewicht zu den Käufen der Behörden zu bilden. Die Kommission betont, dass die öffentlichen Auftraggeber nach Möglichkeit keine Verträge ausschreiben sollten, die nur von einem oder einer geringen Anzahl von Marktakteuren erfüllt werden können, da dadurch oligopolistische Strukturen verfestigt würden und der Markteinstieg neuer Akteure nahezu unmöglich gemacht würde. Im schlimmsten Fall wäre der Auftraggeber an einen beherrschenden Lieferanten gebunden, der Vertragsbedingungen und Preise diktieren könnte. Die Analyse der Kommission beschreibt die Situation auf dem Markt für Rettungsdienstleistungen in der Bundesrepublik Deutschland zutreffend. Der Rettungsdienstmarkt wird traditionell von einer geringen Anzahl von Marktakteuren beherrscht. Das Verhalten der Konzessionsgeber, teilweise gezwungen durch gesetzgeberische Vorgaben wie in Sachsen-Anhalt und Baden-Württemberg,[140] führt dazu, dass das Oligopol weiter verfestigt wird und ein effektiver Wettbewerb in aller Regel nicht stattfindet. Damit wird Innovation zum Wohle der Bevölkerung verhindert, wenn man – richtigerweise – davon ausgeht, dass Wettbewerb zur Innovation führt.

4. Verhältnismäßigkeitsgrundsatz

67 Jedes verwaltungsrechtliche Auswahlverfahren unterliegt auch dem der Verwaltungstätigkeit immanenten Grundsatz der Verhältnismäßigkeit.[141] Um diesem Erfordernis zu entsprechen, muss bei einer Gesamtabwägung zwischen der Schwere des Eingriffs einerseits und dem Gewicht und der Dringlichkeit der ihn rechtfertigenden Gründe andererseits eine gesetzliche Re-

---

137 Generalanwältin Trstenjak, Schlussanträge v. 11.2.2010 – Rs. C-160/08, Rn. 81 ff.
138 Das Bayerische Rote Kreuz beispielsweise führt im Bereich des öffentlichen Rettungsdienstes rund 82 % aller Einsätze durch, vgl. BayVerfGH, Urteil v. 24.5.2012 – Vf. 1-VII-10.
139 Vgl. Europäische Kommission, Grünbuch über die Modernisierung der europäischen Politik im Bereich des öffentlichen Auftragswesens. Wege zu einem effizienteren europäischen Markt für öffentliche Aufträge – KOM (2011) 15/4, S. 34 f.
140 Kritisch VK Baden-Württemberg, Beschluss v. 26.3.2018 – 1 VK 56/17.
141 Vgl. § 1 KonzVgV Rn. 155 ff.

gelung insgesamt die Grenze der Zumutbarkeit noch wahren; die Maßnahme darf also die Betroffenen nicht übermäßig belasten.[142] Die Festlegung von Eignungskriterien gemäß § 122 Abs. 4 S. 1 GWB bei Rettungsdienstkonzessionen steht unter dem strikten Vorbehalt eines angemessenen Verhältnisses zum Auftragsgegenstand.[143] Der Verhältnismäßigkeitsgrundsatz ist bei Binnenmarktrelevanz des Auftrages auch gemeinschaftsrechtlich geboten.[144]

5. Grundsatz des Geheimwettbewerbs

68 Der Grundsatz des Geheimwettbewerbs ist differenziert zu betrachten.[145] Dieser Grundsatz ist zunächst oberhalb der Schwellenwerte im Vergaberecht grundlegend. Die Verpflichtung zur Vertraulichkeit nach § 4 Abs. 1 und 2 KonzVgV trifft den Konzessionsgeber und ist von ihm zwingend und in allen Stadien des Verfahrens zu beachten. Der Grundsatz des Geheimwettbewerbs kann daher auch nicht mit Zustimmung der Bewerber oder Bieter eingeschränkt werden, da er nicht zu ihrer Disposition steht.[146] Die Fahrzeugsammelbeschaffung über Landesgeschäftsstelle des Bayerischen Roten Kreuzes ist daher rechtswidrig.[147] Auch unterhalb der Schwellenwerte und im Bereich des verwaltungsrechtlichen Auswahlverfahrens dürfen sich die Bieter nicht abstimmen, damit unlautere Verhaltensweisen der Bieter nicht entstehen. Die Preise des Wettbewerbs dürfen den beteiligten Unternehmen nicht genannt werden.[148]

69 Ein unverfälschter Bieterwettbewerb kann nur stattfinden, wenn jeder Bieter sein Angebot in Unkenntnis der Angebote, Angebotsgrundlagen und Angebotskalkulationen seiner Mitbieter abgibt.[149] Insofern statuiert der Wettbewerbsgrundsatz auch die Anforderung, dass der **Geheimwettbewerb** im Verfahren sichergestellt wird.[150]

70 Ein häufiges Problem ist die durch die Notwendigkeit des Geheimwettbewerbs ausgelöste unzureichende Aktenvorlage des Konzessionsgebers. Ob die vorenthaltenen Unterlagen tatsächlich geheimhaltungsbedürftig sind, steht zum Zeitpunkt der Vorlageverweigerung nicht fest, sondern müsste im Rahmen eines **„In-camera-Verfahrens"** nach § 99 Abs. 1 S. 2 VwGO geprüft werden, das im Hinblick auf die im einstweiligen Rechtsschutzverfahren besonders hervorgehobene Eilbedürftigkeit regelmäßig ausscheidet.[151] Wenn der Konzessionsgeber sich weigert, die Akten vorzulegen, bleibt er in den streitheblichen Punkten beweisfällig. Nur diese Lösung kommt dem Gedanken eines effektiven Rechtsschutzes nach, da ansonsten der Konzessionsgeber es in der Hand hätte, die gerichtliche Auswahlentscheidung zu unterlaufen. Eine andere Lösung wäre es, das GWB-Prozedere zur Akteneinsicht vorzunehmen. Dies ist aber gesetzlich nicht vorgesehen und würde den Wortlaut von § 99 VwGO sprengen.

6. Grundsatz der Sachgerechtigkeit

71 Der Grundsatz der Sachgerechtigkeit ist von der Verwaltungsgerichtsbarkeit entwickelt worden. Er erfordert im Allgemeinen, dass bestehende Beurteilungs- und Ermessensspielräume objektiv und frei von persönlichen Ansichten, Meinungen und Präferenzen der Entscheidungsträger ausgeübt werden.[152] Sachfremde Erwägungen dürfen in die Auswahlentscheidung nicht mit hineinfließen, subjektive Erwägungen dürfen jedenfalls den sachlich gebotenen Rahmen nicht überschreiten.[153] Bezogen auf eine rettungsdienstliche Konzessionsvergabe bedeutet dies, dass der Konzessionsgeber eine umfassende Sachverhaltsermittlung durchführt und sich z.B. nicht von traditionellen Erwägungen der Leistungserbringung leiten

---

142 BVerfG, Beschluss v. 8.6.2010 – 1 BvR 2011, 2959/07 (Rettungsdienst Sachsen), Rn. 120.
143 Vgl. VK Baden-Württemberg, Beschluss v. 26.3.2018 – 1 VK 56/17.
144 VG Ansbach, Beschluss v. 8.12.2017 – 14 E 17.02475.
145 Vgl. im Allgemeinen § 1 KonzVgV Rn. 159 ff.
146 VK Südbayern, Beschluss v. 24.7.2018 – Z3-3-3194-1-11-10/18.
147 VK Südbayern, Beschluss v. 24.7.2018 – Z3-3-3194-1-11-10/18.
148 VK Südbayern, Beschluss v. 14.2.2017 – Z3-3-3194-1-54-12/16, BeckRS 2017, 124185, Rn. 234.
149 Dörr, in: Dreher/Motzke, Vergaberecht, 2. Aufl., § 97 GWB Rn. 19.
150 VGH Hessen, Beschluss v. 23.7.2012 – 8 B 2244/11.
151 VG Ansbach, Beschluss v. 8.12.2017 – 14 E 17.02475, BeckRS 2017, 137782, Rn. 86.
152 VGH Kassel, Beschluss v. 24.10.2017 – 9 B 1789/17.T; OVG Münster, Urteil v. 17.6.2016 – 20 D 95/13, Rn. 41, 88; Beschluss v. 2.7.2010 – 4 B 643/10; vgl. allgemein § 1 KonzVgV Rn. 163.
153 Vgl. BVerwG, Urteil v. 13.12.2012 – 3 C 32/11.

lässt. Darüberhinausgehend erfährt der Grundsatz der Sachgerechtigkeit noch eine weitere wichtige Funktion in Bezug auf die Steuerung der Auswahlentscheidung. Der Maßstab der Sachgerechtigkeit bestimmt die Steuerung der in der Auswahlentscheidung vorzunehmenden Prüfungstiefe und -intensität. Dies schlägt sich beispielsweise in der Art nieder, dass ein Zuschlagskriterium mit tendenziell geringerer Aussagekraft in Bezug auf das Hauptkriterium eher mit geringerer Prüfungsintensität und -tiefe untersucht werden darf als ein Kriterium mit tendenziell höherer Aussagekraft.[154]

7. Grundsatz der zeitlichen Befristung

72 Jede Konzession ist endlich zu vergeben. Dies ist gemäß § 3 Abs. 1 S. 1 KonzVgV unstreitig für die vergaberechtliche Konzession der Fall.[155] Im öffentlich-rechtlichen Auswahlverfahren ist der Grundsatz der **zeitlichen Befristung** nur sporadisch geregelt.[156] Befristungen gibt es z.B. in Nordrhein-Westfalen und Sachsen.[157] Beauftragungsverträge sind gemäß § 13 Abs. 3 S. 1 RettGNRW schriftlich und nach S. 2 auf maximal fünf Jahre befristet abzuschließen. Die Übertragung soll nach § 31 Abs. 1 S. 1 SächsBRKG im Rahmen eines öffentlich-rechtlichen Vertrages erfolgen, welcher gemäß § 31 Abs. 6 S. 1 SächsBRKG auf sieben Jahre zu befristen ist.[158] Interimsvergaben sind ebenfalls zeitlich zu befristen, wobei eine maximale Frist von zwölf Monaten angemessen erscheint.[159]

73 Zeitlich unbefristete Konzessionen, Verträge und Verwaltungsakte verstoßen – soweit keine spezielle Regelung vorliegt – gegen den **Verhältnismäßigkeitsgrundsatz** und gegen **Art. 12 Abs. 1 GG** (Möglichkeit eines Berufszuganges). Sie verstoßen zudem gegen Unionsrecht, wie der EuGH in einem Verfahren betreffend die automatische Verlängerung von Touristik-Konzessionen ohne Auswahlverfahren festgestellt hat.[160] Unbefristete Konzessionen, Verträge und Verwaltungsakte schotten den Markt rechtswidrig ab und zementieren ungesunde oligopole Marktstrukturen.

8. Bekanntmachungsverpflichtungen

74 Die Verpflichtung zur vorherigen Information besteht schon deswegen, weil es sich bei Rettungsdienstkonzessionen um einen streng begrenzten Markt handelt.[161] Die Verpflichtung zur vorherigen Information hat verschiedene Ebenen.

75 Dies betrifft zum einen die Verpflichtung zur vorherigen **Bekanntmachung** vor einer Ausschreibung. Die Pflicht zur vorherigen Information ober- und unterhalb der Schwellenwerte ist umfassend.[162] Insbesondere bei binnenmarktrelevanten Rettungsdienstvergaben besteht eine umfassende Informationspflicht.[163] Abgeschlossene Verträge sind gemäß § 58 Abs. 1 VwVfG unwirksam, wenn eine vorherige Information gegenüber einem Bewerber oder Bieter auch unterhalb der Schwellenwerte nicht erfolgt ist.[164] Eine Bekanntmachungspflicht folgt auch aus Art. 12 Abs. 1 GG i.V.m. Art. 3 Abs. 1 GG in der Ausprägung als derivatives Teilhaberecht.[165]

---

154 Vgl. OVG Münster, Urteil v. 25.1.2011 – 20 D 38/10.AK.
155 Vgl. § 1 KonzVgV Rn. 168 ff.
156 Vgl. BADV Rn. 84.
157 Vgl. Rn. 167 und 191.
158 Vgl. *Braun*, SächsVBl. 2012, 221; vgl. Gesetzesbegründung zu § 31 SächsBRKG, Gesetz zur Änderung des Sächsischen Gesetzes über den Brandschutz, Rettungsdienst und Katastrophenschutz, Sachsen LT-Drs. 5/8264, 14.
159 VG Ansbach, Beschluss v. 08.122017 – AN 14 E 17.02475, Rn. 104, mit Hinweis auf VK Niedersachsen, Beschluss v. 18.9.2014 – VgK-30/14.
160 EuGH, Urteil v. 14.7.2016 – Verb. Rs. C-458/14 und C-67/15 (Promoimpresa).
161 VG Kassel, Urteil v. 6.10.2017 – 5 K 939/13.
162 Vgl. § 1 KonzVgV Rn. 134 ff.
163 Vgl. VG Kassel, Urteil v. 6.10.2017 – 5 K 939/17.
164 Vgl. OLG Düsseldorf, Urteil v. 13.12.2017 – I-27 U 25/17, mit Hinweis auf OVG Berlin-Brandenburg, Beschluss v. 30.11.2010 – OVG 1 S 107.10.
165 Ausdrücklich offengelassen von VG Kassel, Urteil v. 6.10.2017 – 5 K 939/13.

In diesem Zusammenhang ist darauf hinzuweisen, dass es der effektive Primärrechtsschutz nach der Rechtsprechung des OLG Düsseldorf[166] gebietet, die unterlegenen Bewerber und Bieter über den Ausgang des Auswahlverfahrens zu **informieren** und mindestens zwei Wochen nach der Information abzuwarten, ehe mit dem ausgewählten Bieter der Vertrag abgeschlossen wird.[167]

9. Bildung von Fachlosen

Bei rettungsdienstlichen Konzessionsausschreibungen sollten Fachlose gebildet werden. Diese können auch in gemischten Konzessions- und Submissionslosen in einer Ausschreibung bestehen.

Teilweise wird die **Pflicht** zur Losaufteilung abgelehnt.[168] Angesichts des Wortlauts des § 97 Abs. 4 S. 1 GWB, der nur von öffentlichen Aufträgen, nicht aber von Konzessionen spricht, gilt die Verpflichtung zur Losaufteilung bei Vergaben von Konzessionen nicht. Zwar ist es auch ohne eine explizite Regelung in der RL 2014/23/EU ohne Weiteres zulässig, auch Konzessionen in Lose aufzuteilen (vgl. Art. 8 Abs. 5 und 6 und Anhang V Nr. 4, 5 und 6 RL 2014/23/EU), eine mit § 97 Abs. 4 GWB vergleichbare Verpflichtung hierzu besteht aber nicht. Es ist hierbei zu berücksichtigen, dass bereits im Auftragsbereich § 97 Abs. 4 S. 1 GWB eine nach Art. 46 Abs. 4 RL 2014/24/EU zulässige Ausnahmeregelung von den Unionsregelungen ist, die in Art. 46 Abs. 1 RL 2014/24/EU nur eine Pflicht der öffentlichen Auftraggeber vorsehen, das Unterlassen einer Losaufteilung zu begründen. Hätte der nationale Gesetzgeber eine mit § 97 Abs. 4 S, 1 GWB vergleichbare Verpflichtung zur Losaufteilung auch für den Konzessionsbereich schaffen wollen, hätte er dies eindeutig regeln müssen, wobei zu beachten sei, dass die RL 2014/23/EU keine mit Art. 46 Abs. 4 RL 2014/24/EU vergleichbare Öffnungsklausel für die Mitgliedstaaten enthält. Es ist aus diesem Grund bei der Formulierung des § 97 Abs. 4 S. 1 GWB auch nicht ohne Weiteres von einem Redaktionsversehen des deutschen Gesetzgebers auszugehen. Die Pflicht zur Losaufteilung führt zumindest im Bereich des Submissionsmodelles dazu, dass jeweils ein Los „Einsatz von Krankenwagen zur Transportbeförderung" und „Rettungsdienst" ausgeschrieben werden muss.[169]

Vor der Losbildung hat eine gründliche **Abwägung** stattzufinden.[170] Der Bedarf eines Auftraggebers kann durch Krankentransportkonzessionen oder durch Krankentransportverträge erfüllt werden. Dies alles sind Beauftragungen, die Lose einer Gesamtvergabe sind. Es hat schon deswegen eine Losaufteilung stattzufinden, weil der Krankentransport nicht zu dem institutionellen Begriff des Rettungswesens gehört.[171]

In Hinblick auf die Aufstellung **strategischer Kriterien** ist festzuhalten, dass dem Auftraggeber bei der Wahl der Zuschlagskriterien ein weiter Beurteilungsspielraum zusteht.[172] Äußere Grenzen dieses Beurteilungsspielraumes werden jedoch durch das europäische Primär- und Sekundärrecht sowie das nationale Verfassungsrecht gezogen. Das förmliche Vergaberecht des GWB ist hierbei europarechtlich determiniert, sodass Vorschriften des GWB richtlinienkonform auszulegen sind.

10. Eignungs- und Zuschlagskriterien, Ausführungsbedingungen

Als Durchführender kann – nach allen Landesgesetzen – nur beauftragt werden, wer fachkundig, zuverlässig und leistungsfähig ist, wobei das Eignungsmerkmal „fachkundig" nach

---

166 OLG Düsseldorf, Urteil v. 13.12.2017 – I-27 U 25/17.
167 Vgl. OLG Düsseldorf, Urteil v. 13.12.2017 – I-27 U 25/17; OVG Berlin-Brandenburg, Beschluss v. 30.11.2010 – OVG 1 S 107.10, OVG 1 S 107/10.
168 VK Südbayern, Beschluss v. 24.7.2018 – Z3-3-3194-1-11-10/18.
169 Offengelassen von OLG Naumburg, Beschluss v.14.3.2013 – 2 Verg 8/13.
170 Vgl. OLG Düsseldorf, Beschluss v. 7.3.2012 – VII-Verg 82/11; VK Sachsen, Beschluss v. 26.7.2016 – 1/SVK/014-16.
171 Vgl. BVerwG, Urteil v. 12.3.2015 – 3 C 28/13.
172 EuGH, Urteil v. 24.1.2008 – Rs. C-532/06 (Lianakis), Rn. 29; Urteil v. 4.12.2003 – Rs. C-448/01 (Wienstrom), Rn. 37.

dessen Wortsinn auf die fachliche Eignung verweist.[173] Die Anforderung der Erstellung eines Konzepts „Stärkung des Bevölkerungsschutzes" sowie eines Konzepts „Förderung der Selbsthilfefähigkeit der Bevölkerung" sind unzulässige Eignungskriterien, weil ein Auftragsbezug vorhanden ist.[174] Problematisch ist, dass die saubere Trennung zwischen Eignungs- und Zuschlagskriterien im Rahmen der letzten Vergaberechtsnovellierung eher aufgeheben wurde.[175]

82 Das europäische Vergaberecht unterscheidet systematisch zwischen den Bedingungen für die Teilnahme am Vergabeverfahren, den Bedingungen für die Vergabe des Auftrags und dem vertraglichen Inhalt der zu erbringenden Leistung. Nach Art. 38 Abs. 1 RL 2014/23/EU prüfen die öffentlichen Auftraggeber die Erfüllung der Teilnahmebedingungen hinsichtlich der beruflichen und fachlichen Befähigung sowie der finanziellen und wirtschaftlichen Leistungsfähigkeit der Bewerber oder Bieter anhand von Eigenerklärungen oder Referenzen, die als Nachweis einzureichen sind, gemäß den in der Konzessionsbekanntmachung angegebenen Anforderungen, die nicht diskriminierend sein dürfen und in einem angemessenen Verhältnis zum Konzessionsgegenstand stehen müssen. §§ 152 Abs. 2 i.V.m. 122 Abs. 2 S. 2 GWB regeln demzufolge, dass die **Eignungskriterien** ausschließlich die Befähigung und Erlaubnis zur Berufsausübung, die wirtschaftliche und finanzielle Leistungsfähigkeit sowie die technische und berufliche Leistungsfähigkeit betreffen dürfen.[176] Es erscheint nicht ausgeschlossen, die generelle Befähigung eines Unternehmens, zusätzliche Rettungsmittel für den Sonderbedarf zur Verfügung stellen zu können, als Aspekt der technischen und beruflichen Leistungsfähigkeit zum Gegenstand von Eignungskriterien zu machen. Wenn jedoch sämtliche detailliert geregelten Vertragsinhalte zur Erbringung des Sonderbedarfs zur Mindestanforderung an die Eignung gemacht werden, ist dies unzulässig.[177]

83 Detailliert geregelten **Vertragsinhalte**, die das „Wie" der Erbringung des konkreten Auftrags und nicht die generelle Eignung eines Unternehmens für die Erbringung von Rettungsdienstleistungen einschließlich des Sonderbedarfs betreffen, können nicht zu Mindestanforderungen an die Eignung gemacht werden. Sie betreffen nicht die ausschließlich zulässigen Kriteriengruppen gemäß §§ 152 Abs. 2 i.V.m. 122 Abs. 2 S. 2 GWB, sondern regeln die Leistungserbringung im konkreten Auftrag. Sie sind in der vorliegenden Form nicht unternehmensbezogen, sondern auftragsbezogen und damit keine Eignungskriterien.[178]

84 Schließlich sind von den Eignungsbedingungen noch die **Ausführungsbedingungen** gemäß § 128 GWB zu unterscheiden. Eine präventive Kontrolle, ob ein Bieter besondere Anforderungen an die Ausführung oder gar eine Hauptleistungspflicht erfüllen kann oder nicht, lässt das Vergaberecht nicht zu. §§ 152 Abs. 4 i.V.m. 128 Abs. 2 GWB sehen nicht vor, dass der Konzessionsgeber zum Beleg für die Einhaltung von zusätzlichen Anforderungen (Bedingungen) an die Ausführung im Vergabeverfahren – wie bei Eignungskriterien – von Bietern die Vorlage von Erklärungen oder Nachweisen verlangen darf. Das deutsche und das unionsrechtliche Vergaberecht lassen eine präventive Kontrolle durch den Konzessionsgeber darüber, ob Bieter zusätzliche Anforderungen an die Ausführung einhalten können oder dies wahrscheinlich tun werden, nicht zu. Dies verbietet sich auch deshalb, weil zusätzliche Anforderungen nicht betriebs- oder unternehmensbezogen sind, sondern allein die Auftragsausführung betreffen. Demzufolge kann der Konzessionsgeber die Einhaltung zusätzlicher Anforderungen lediglich bei der Konzessionsausführung überprüfen.[179]

---

173 Vgl. zu Art. 13 Abs. 2 BayRDG VGH München, Beschluss v. 12.4.2016 – 21 CE 15.2559.
174 OLG Düsseldorf, Beschluss v. 15.6.2016 – VII-Verg 49/15.
175 Vgl. allgemein *Burgi*, Vergaberecht, § 16 Rn. 4-6.
176 VK Südbayern, Beschluss v. 24.7.2018 – Z3-3-3194-1-11-10/18.
177 VK Südbayern, Beschluss v. 24.7.2018 – Z3-3-3194-1-11-10/18.
178 VK Südbayern, Beschluss v. 24.7.2018 – Z3-3-3194-1-11-10/18.
179 VK Südbayern, Beschluss v. 24.7.2018 – Z3-3-3194-1-11-10/18.

a) Großschadenslage und Sonderbedarf

85 Landesregelungen wie beispielsweise von Bayern, Nordrhein-Westfalen und Sachsen sehen die Fähigkeit zur Bewältigung von „Großschadenslagen" bzw. „Großschadensereignissen" und die Mitwirkung im Katastrophenschutz der Bieter als bereichsspezifisches Kriterium im Vergabeverfahren vor. **Großschadenslagen** bzw. Großschadensereignissen sind Geschehen, die eine große Anzahl von Menschen oder erhebliche Sachwerte gefährden und zu deren wirksamer Bekämpfung die Kräfte und Mittel der Träger des örtlichen Brandschutzes und des Rettungsdienstes nicht ausreichen, sondern überörtliche oder zentrale Führung und Einsatzmittel erforderlich sind.[180] Die Terminologie ist nicht einheitlich. So spricht z.B. der bayerische Gesetzgeber davon, dass nach Art. 13 Abs. 2 S. 3 BayRDG der Durchführende insbesondere in der Lage sein muss, durch zusätzliches Leistungspotenzial auch Großschadenslagen zu bewältigen. Die nähere Bestimmung des hierdurch ausgelösten Sonderbedarfs ist gemäß Art. 13 Abs. 2 S. 4 BayRDG Gegenstand der Leistungsbeschreibung im Rahmen des Auswahlverfahrens.

86 Unter **Katastrophen** sind insbesondere Naturereignisse oder durch Mensch oder Technik verursachte Ereignisse zu verstehen, die eine Beeinträchtigung oder unmittelbare Gefährdung von Leben oder Gesundheit einer Vielzahl von Menschen, die Beschädigung erheblicher Sachwerte, lebensnotwendiger Unterkünfte sowie die Beeinträchtigung oder unmittelbare Gefährdung der Versorgung der Bevölkerung bedeuten und dabei zugleich erhebliche Störungen oder unmittelbare Gefährdungen der öffentlichen Sicherheit oder Ordnung verursachen, die durch Kräfte der Feuerwehr und des Rettungsdienstes und trotz Nachbarschaftshilfe nicht in angemessener Zeit beseitigt werden können und den Einsatz der Einheiten und Einrichtungen des Katastrophenschutzes unter einheitlicher Führung erfordern.[181]

87 Die Verknüpfung der Fähigkeit zur Bewältigung von Großschadenslagen bzw. der Mitwirkung im Katastrophenschutz mit Leistungen der Notfallrettung und insbesondere Krankentransportleistungen führt vor allem dazu, dass dem zukünftigen Leistungserbringer zwingend ein ihn möglicherweise in erheblichem Maße wirtschaftlich belastendes Zugeständnis abverlangt wird.[182] Die kostenlose Verpflichtung zur Vorhaltung von Ressourcen im Hinblick auf die Mitwirkung bei Großschadensereignissen und im Katastrophenschutz kann nur durch eine auskömmliche **Finanzierung** im Rettungsdienst und Katastrophenschutz sichergestellt werden.[183] Die Konzessionsgeber haben (bisher) kein (eigenes) Geld für die Mitwirkung bei Großschadensereignissen und im Katastrophenschutz ausgegeben, wozu sie aber bei Anwendung des Vergaberechts verpflichtet sind. Dies führt zu einem erheblichen Struktur- und Systemwandel. Vom BGH wurde diese Frage dahingehend zutreffend gelöst, dass die bundesgesetzlichen Bestimmungen des GWB Vorrang genießen.[184] Die Mitwirkung bei Großschadensereignissen und im Katastrophenschutz ist gesondert auszuweisen und zu finanzieren. Eine Mischkalkulation dahingehend, dass der Rettungsdienst die kostenfreie Mitwirkung bei Großschadensereignissen und im Katastrophenschutz finanziert, ist rechtswidrig.[185]

88 Rechtswidrig ist, wenn der Sonderbedarf ein ähnliches, wenn nicht größeres Leistungsvolumen hat, als der ausgeschriebene Regelrettungsdienst und einsatzbezogen, nicht aber vorhaltebezogen vergütet wird, worauf der Konzessionsgeber keinen Einfluss hat. Das hieraus resultierende – an sich konzessionstypische – Risiko für die Konzessionsnehmer, die nicht sicher sein können, dass die einsatzbezogene Vergütung für die Sonderbedarfseinsätze ihre (erheblichen) Vorhaltekosten für die Rettungsmittel des Sonderbedarfs nicht deckt, darf unter Geltung des europäischen Vergaberechts nicht derart groß werden, dass es für private Rettungs-

---

180 Landesrechtliche Definition z.B. in Brandenburg: § 1 Abs. 2 Nr. 1 BbgBKG; vgl. *Iwers*, LKV 2008, 536 (537).
181 Landesrechtliche Definition z.B. in § 1 Abs. 2 Nr. 2 BbgBKG.
182 VK Südbayern, Beschluss v. 24.7.2018 – Z3-3-3194-1-11-10/18.
183 Vgl. z.B. die Aussagen des Deutschen Roten Kreuzes in www.mz-web.de v. 11.5.2010: „Allerdings gebe es für das DRK und die anderen Anbieter des Rettungsdienstes bislang keinen Refinanzierungsanspruch für die Aufwendungen im Katastrophenschutz gegenüber irgendeiner Seite. 'Der Katastrophenschutz ist für uns nur im Zusammenhang mit dem Rettungsdienst zu finanzieren', stellte der Kreisgeschäftsführer klar."
184 BGH, Beschluss v. 1.12.2008 – X ZB 31/08.
185 Vgl. BGH, Beschluss v. 18.5.2004 – X ZB 7/04, NZBau 2004, 457.

dienstbetreiber zu einer faktischen **Marktzutrittsbeschränkung** wird. Die Rechtsprechung des VerfGH Bayern[186], die dies noch als tendenziell hinzunehmen ansah, ist insoweit durch die Rechtsänderungen und die Anwendbarkeit von GWB und KonzVgV partiell überholt. Es bedarf jedenfalls einer eingehenden und dokumentierten Begründung der Leistungsbestimmung, wenn im Zuge der Vergabe eines Rettungsdienststandortes der zugehörige Sonderbedarf derart umfangreich festgelegt wird, dass das entsprechende Risiko nur noch von den großen Hilfsorganisationen getragen werden kann. Dies gilt insbesondere deshalb, weil ein Bieter aufgrund der Vergütungsregelungen .für den Regelrettungsdienst, vom ihm angenommene Vorhaltekosten für die Rettungsmittel des Sonderbedarfs, die nach seiner Kalkulation nicht von der einsatzbezogenen Vergütung für die Sonderbedarfseinsätze abgedeckt werden, nicht ohne weiteres „quersubventionieren" kann.[187]

89 **Strategische Kriterien** dürfen nicht den spezialgesetzlichen Regelungen des europäischen Sekundärrechts widersprechen. Art. 41 Abs. 1 RL 2014/23/EU statuiert hierzu, dass Konzessionen auf Grundlage objektiver Kriterien zu vergeben sind, die den Grundsätzen des Vergaberechts genügen und sicherstellen, dass die Angebote unter wirksamen Wettbewerbsbedingungen bewertet werden. Ferner müssen die Zuschlagskriterien nach Art. 41 Abs. 2 RL 2014/23/EU mit dem Konzessionsgegenstand in Verbindung stehen und dürfen dem Konzessionsgeber keine uneingeschränkte Wahlfreiheit einräumen. Zudem müssen die Kriterien gemäß Art. 41 Abs. 2 UAbs. 1 RL 2014/23/EU mit Anforderungen verbunden sein, die eine wirksame Überprüfung der vom Bieter übermittelten Informationen ermöglichen. Das jeweilige strategische Kriterium muss daher bei seiner Ausgestaltung im konkreten Fall diesen sekundärrechtlichen Vorgaben entsprechen. Einem generellen Ausschluss unterliegen strategische Kriterien jedenfalls nach der RL 2014/23/EU nicht.

90 Im Bereich der Vergabe von Rettungsdienstleistungskonzessionen existieren (je nach **landesrechtlicher Ausgestaltung**) drei bereichsspezifische Zuschlagskriterien: die Fähigkeit der Bieter, bei Großschadenslagen bzw. Großschadensereignissen mitzuwirken, etwaige Anforderungen in Hinblick auf die verfügbaren Leistungsreserven vor Ort sowie Vorgaben zum vorhandenen Personal und Einsatzmittel bei Betriebsübergang. Diese Kriterien gehen über die allgemeinen Eignungskriterien der Zuverlässigkeit, Leistungsfähigkeit und Fachkunde weit hinaus und statuieren spezifischere Anforderungen. Bei ihnen handelt es sich um strategische (Zuschlags-)Kriterien, die weitergehende allgemeinpolitische Aspekte betreffen. Sie galten früher als „vergabefremd" und sollen gute unternehmerische Maßnahmen fördern.[188] Dementsprechend umstritten sind solche strategischen Kriterien jedoch in politischer Hinsicht.[189]

91 Alles in allem ist festzustellen, dass strategische Kriterien nicht grundsätzlich unzulässig sind. Es kommt vielmehr darauf an, dass sie bestimmte Anforderungen erfüllen. Generell müssen strategische Kriterien unter Wahrung des **Transparenzgebotes** ausdrücklich zum Inhalt der Leistungsbeschreibung gemacht werden.[190] Die Kriterien sollen eine unbeschränkte Wahlfreiheit des Konzessionsgebers ausschließen und müssen wirksamen Wettbewerb sicherstellen.[191] Dementsprechend dürfen die durch das strategische Zuschlagskriterium errichteten Hürden nicht so hoch sein, dass dadurch die Zahl der Bieter unangemessen gemindert bzw. eine bestimmte Gruppe von Bietern (private Rettungsdienstleister) komplett ausgeschlossen wird.[192] Zudem müssen sie so hinreichend konkret und bestimmt ausgestaltet sein, dass eine effiziente Überprüfung der Angaben der Bieter möglich wird.[193] Insbesondere müssen sie aber unmittelbar mit dem **Konzessionsgegenstand** zusammenhängen[194] (siehe Art. 41 Abs. 2 RL 2014/23/EU, § 152 Abs. 2, § 122 Abs. 4 S. 1 GWB analog) und in einem angemessenen Ver-

---

186 VerfGH Bayern, Entscheidung v. 24.5.2012 – Vf. 1-VII-10.
187 VK Südbayern, Beschluss v. 24.7.2018 – Z3-3-3194-1-11-10/18.
188 VK Sachsen, Beschluss v. 9.9.2008 – 1/SVK/046/08; Beschluss v. 29.8.2008 – 1/SVK/041/08.
189 Vgl. Braun, KommJur 2010, 1.
190 EuGH, Urteil v. 20.9.1988 – Rs. 31/87 (Beentjes); vgl. VK Sachsen, Beschluss v. 3.3.2009 – 1/SVK/001/09.
191 Erwägungsgrund 73 RL 2014/23/EU.
192 Vgl. VK Südbayern, Beschluss v. 24.7.2018 – Z3-3-3194-1-11-10/18 (für die Festlegung des Sonderbedarfs).
193 Erwägungsgrund 73 RL 2014/23/EU.
194 OLG Düsseldorf, Beschluss v. 15.6.2016 – VII-Verg 49/15.

hältnis zu diesem stehen. Sie dürfen sich daher nur auf Leistungen beziehen, die für den Auftraggeber erbracht werden.[195] „Unmittelbares Zusammenhängen mit dem Konzessionsgegenstand" liegt typischerweise dann vor, wenn das unternehmensbezogene strategische Kriterium einen unmittelbaren Bezug zu der jeweils geschuldeten Leistung, Gegenleistung oder zum Vorgang der Leistungserbringung aufweist.[196] Umgekehrt liegt kein unmittelbarer Zusammenhang vor, wenn sich das strategische unternehmensbezogene Kriterium weder auf die Leistung oder Gegenleistung noch auf die Leistungserbringung als Vorgang bezieht, sondern die allgemeine Personalstruktur, den Sitz oder die Unternehmensabläufe außerhalb der Ausführung der konkreten Konzession betrifft.[197]

b) Verfügbarkeit von Leistungsreserven vor Ort

Detaillierte Forderungen im Hinblick auf Fahrzeuge, Räume, Mitarbeiter und die Verfügbarkeit vor Ort sollen eine effektive Versorgung mit Rettungsdienstleistungen sicherstellen. Die Grenze zwischen zulässigen und überzogenen Forderungen kann schnell überschritten sein, sodass bei unverhältnismäßig hohen Anforderungen auswärtige Anbieter rechtswidrig diskriminiert werden. Selbstverständlich muss der Rettungsdienst auch bei einem Übergang auf einen neuen Konzessionsnehmer problemlos gewährleistet sein. Dem Konzessionsnehmer soll kein ungewöhnliches Wagnis aufgebürdet werden für Umstände und Ereignisse, auf die er keinen Einfluss hat und deren Einwirkung auf die Preise und Fristen er nicht im Voraus abschätzen kann. Inländische und ausländische Unternehmen sind hierbei allerdings gleich zu behandeln. Der Wettbewerb darf insbesondere nicht auf Unternehmen, die in bestimmten Bezirken ansässig sind, beschränkt werden.[198] Sämtliche Vorgaben, die den Markteintritt europäischer Unternehmen (meist faktisch) in den deutschen Markt verhindern sollen, sind evident rechtswidrig. 92

Über dieses Zuschlagskriterium kann nicht gefordert werden, dass der Bieter bereits zum **Zeitpunkt** der Abgabe seines Angebots über das nötige Personal, Material etc. verfügt; vielmehr kann vom Bieter nur die Darlegung verlangt werden, dass er sich für den Fall der Beauftragung die nötigen Mittel verschaffen kann.[199] 93

Eine Berücksichtigung der **„Verfügbarkeit vor Ort"** als Auswahlkriterium darf nur unter Beachtung der Grundsätze der Transparenz, des Wettbewerbs und der Gleichbehandlung erfolgen. Problematisch ist auch die Berücksichtigung **gewachsener Strukturen**.[200] Gerade die Streichung dieser Vorgaben führt bei den etablierten Leistungserbringern zu erheblichem Unbehagen, da sie zutreffend darauf verweisen, dass einmal zerstörte ehrenamtliche Strukturen, wenn überhaupt, nur sehr schwer wiederaufgebaut werden können. Eine Lösung kann nur darin liegen, dass als zulässiges vergaberechtliches Kriterium ein Servicelevel vor Ort definiert wird. Wenn das professionelle Unternehmen ohne ehrenamtliche Strukturen diesen Servicelevel besser erbringt, dann ist dies im Hinblick auf den Schutz der Bevölkerung hinzunehmen. Die tatsächliche Entwicklung im Rettungsdienst zeigt auf, dass eine stetige (technische) Weiterentwicklung stattgefunden hat. Schutzgut ist der Gesundheitsschutz der Bevölkerung und nicht die Existenz des Ehrenamtes. 94

c) Personalausstattung und Betriebsübergang

Da die Erbringung von Rettungsdienstleistungen personalintensiv ist, geht es stets auch um die Frage, mit welchem Personal die Dienstleistung erbracht wird und welche Regelungen zum Personalübergang gelten. 95

---

195 VK Sachsen, Beschluss v. 3.3.2009 – 1/SVK/001/09; *Frenz*, in: Willenbruch/Bischoff, Vergaberecht, 1. Aufl., § 97 GWB Rn. 60 f.
196 *Burgi*, NZBau 2001, 64 (70).
197 *Burgi*, NZBau 2001, 64 (70).
198 Amtliche Erläuterungen (Anhang IV VOL/A) zu § 2 Abs. 1 S. 2 VOL/A.
199 OVG Sachsen-Anhalt, Beschluss v. 2.2.2009 – 3 M 555/08.
200 OLG Rostock, Beschluss v. 8.3.2006 – 17 Verg 16/05; VK Mecklenburg-Vorpommern, Beschluss v. 11.8.2009 – 3 VK 3/09.

96 Dass der Bieter bereits zum **Zeitpunkt** der Abgabe des Angebotes über das für die Konzessionsausführung nötige Personal, Material usw. verfügt, kann von ihm über ein Zuschlagskriterium nicht gefordert werden. Verlangt werden darf nur, dass der Bieter darlegt, sich für den Fall der Beauftragung die nötigen Mittel verschaffen zu können. Der Konzessionsgeber seinerseits darf von den von ihm selbst in der Ausschreibung aufgrund des Gleichbehandlungs- und Transparenzgebotes aufgestellten Anforderungen nicht nachträglich zugunsten eines bestimmten Bieters abweichen.[201] Zum anderen muss man sich vor Augen halten, dass ein Bieter nicht von Anfang an sämtliche technischen und personellen Mittel für eine Konzessionsdurchführung vorhalten muss. Es genügt auch die konkrete und berechtigte Erwartung, dass der Bieter aufgrund seiner technischen, organisatorischen und finanziellen Ausstattung bereit und in der Lage ist, die Konzession auszuführen. Die (personelle) Leistungsfähigkeit darf nach der Rechtsprechung auch im Hinblick auf noch zusätzlich einzustellendes Personal dann bejaht werden, wenn mit hinreichender Wahrscheinlichkeit davon ausgegangen werden kann, dass bei Konzessionsdurchführung die erforderliche Anzahl qualifizierter Mitarbeiter zur Verfügung steht.[202]

97 Problematisch ist es, wenn in den Ausschreibungsunterlagen keinerlei Ausführungen zu dem mit hoher Wahrscheinlichkeit eintretenden **Betriebsübergang** enthalten sind.[203] Der (potenzielle) Bieter muss abschätzen können, was auf ihn zukommt. Grundsätzlich sind durch den Konzessionsgeber Angaben zu einem möglichen Betriebsübergang zu machen und gegebenenfalls entsprechende Ausgleichsregelungen vorzusehen, die das damit einhergehende Risiko ausgleichen.[204] Damit der neue Konzessionsnehmer überhaupt ansatzweise eine entsprechende Kalkulation vornehmen kann, hat er Anspruch auf Übermittlung entsprechender Angaben dazu, insbesondere Angaben zu Durchschnittswerten und weitere Informationen, anhand derer die erforderlichen Werte ermittelt oder abgeleitet werden können.

98 Ein Bieter hat keinen Einfluss auf etwaige persönliche Entscheidungen der **Mitarbeiter** des derzeitigen Vertragsinhabers, sich von ihrem konkreten Arbeitsplatz zurückzuziehen. Tatsächlich ist wenig abschätzbar, ob und gegebenenfalls in welcher Zahl Arbeitnehmer eine Übernahme hinnehmen oder anstreben werden.[205] Dies ist auch abhängig von den Möglichkeiten und der Bereitschaft des bisherigen Konzessionsnehmers, Arbeitnehmer an anderer Stelle seines Unternehmens weiter zu beschäftigen oder neue Arbeitsplätze einzurichten. Ebenso spricht einiges dafür, dass bei den im Rettungswesen tätigen gemeinnützigen Unternehmen aufgrund ihrer religiösen Wurzeln konfessionelle Bindungen der Arbeitnehmer eine Rolle spielen und aus diesem Grund Arbeitnehmer eher geneigt sein können, einer Übernahme des Arbeitsverhältnisses durch einen anderen Arbeitgeber zu widersprechen.[206] Das Ziel des Konzessionsgebers ist aber eine möglichst gute Versorgung der Bevölkerung mit Rettungsdienstleistungen. Es dürfte daher also auch im Interesse des Konzessionsgebers sein, die Risiken, die der neue Konzessionsnehmer gegebenenfalls zu übernehmen in der Lage zu sein hat, möglichst genau zu beschreiben. Nur so ist eine kontinuierliche Leistungserbringung sichergestellt.

11. Dokumentation

99 Dokumentationsverpflichtungen bestehen oberhalb und unterhalb der Schwellenwerte. Oberhalb der Schwellenwerte ergibt sich die Pflicht aus § 6 KonzVgV und unterhalb der Schwellenwerte aus allgemeinen Erwägungen. Gerade bei Verteilungsentscheidungen der öffentlichen Hand bestehen enge Grenzen für die nachträgliche Begründung und Ergänzung der bereits getroffenen Auswahl. Wenn dem Konzessionsgeber eine Panne unterläuft (sämtliche an alle Bewerber adressierte Schreiben werden versehentlich an einen Bewerber übermit-

---

[201] Vgl. OVG Magdeburg, Beschluss v. 2.2.2009 – 3 M 555/08.
[202] OLG Schleswig, Beschluss v. 8.5.2007 – 1 Verg 2/07; VK Sachsen, Beschluss v. 25.8.2010 – 1/SVK/023/10; VK Nordbayern, Beschluss v. 18.9.2008 – 21.VK-3194-43/08.
[203] Vgl. OLG Düsseldorf, Beschluss v. 29.9.2008 – VII-Verg 50/08; ausführlich auch *Ivers*, LKV 2010, 8 (10 ff).
[204] Vgl. OLG Hamburg, Beschluss v. 21.11.2003 – 1 Verg 3/03; VK Sachsen-Anhalt, Beschluss v. 25.1.2011 – 2 VK LSA 13/10; VK Sachsen, Beschluss v. 29.8.2008 – 1/SVK/042/08; VK Bund, Beschluss v. 9.5.2007 – VK 1-26/07.
[205] Vgl. OLG Düsseldorf, Beschluss v. 30.4.2009 – VII-Verg 50/08.
[206] Vgl. OLG Düsseldorf, Beschluss v. 30.4.2009 – VII-Verg 50/08.

telt), dann wird die Bewerberin durch die fehlende – jedenfalls nicht dokumentierte – Aufklärung des Sachverhalts durch den Konzessionsgeber im Nachgang zur verunglückten Versendung in ihren Rechten verletzt.[207]

II. Kommunalrechtliche Vorgaben

Bei der rettungsdienstlichen Konzessionsvorgabe sind kommunalrechtliche Vorgaben zu beachten. Das OVG Magdeburg[208] schlussfolgerte aus der besonderen Bedeutung eines funktionierenden Rettungsdienstes für die Bevölkerung, die in § 12 Abs. 8 RettDG LSA enthaltene Regelung lasse erkennen, dass es sich bei Vergabeentscheidungen im Rettungsdienstbereich nicht um **Geschäfte der laufenden Verwaltung** handele, die in den Zuständigkeitsbereich des Landrats fielen. In der Satzung des Kreistages zum Rettungsdienstbereichsplan habe in dem der Entscheidung zugrunde liegenden Sachverhalt keine Übertragung der eigenverantwortlichen Durchführung des Auswahlverfahrens durch die Kommunalvertretung an den Landrat nach § 45 Abs. 1 S. 1 Alt. 2 KVGLSA gesehen werden können, da es sich vorliegend nicht um eine Hauptsatzung gehandelt habe (§ 66 Abs. 3 S. 1 KVG LSA). Eine derartige Satzung regele zudem nach § 7 Abs. 2 RettDG LSA lediglich Organisation und Struktur des Rettungsdienstes, nicht aber konkrete Anforderungen an die Leistungserbringer. Zwar sei den §§ 12, 13 RettDG LSA zu entnehmen, dass der Gesetzgeber die wesentlichen Auswahlkriterien für eine Genehmigungserteilung habe selbst bestimmen wollen. Daneben verbleibe der Genehmigungsbehörde jedoch ein weitgehender Spielraum hinsichtlich der Bestimmung und Gewichtung weiterer Auswahlkriterien. Somit könne eine Bezugnahme des Rettungsdienstplanes auf die §§ 12, 13 RettDG LSA weder die Entscheidung des Beschlussorgans über die Bestimmung und Gewichtung weiterer Kriterien ersetzen, noch könne diese Entscheidung deshalb als ein Geschäft der laufenden Verwaltung angesehen werden. Durch die der Auswahlentscheidung vorgelagerte Bestimmung der Auswahlkriterien und deren Gewichtung dürfe die gesetzliche **Zuständigkeitsverteilung** der Organe der Kommune (vgl. § 65 Abs. 1 KVG LSA) nicht derart unterlaufen werden, dass sich die Auswahlentscheidung der originär zuständigen Kommunalvertretung faktisch auf die bloße Beurkundung des Auswahlvorgangs reduziere. Wegen der den Kreis der potenziellen Bieter begrenzenden Wirkung der Entscheidung über die Auswahlkriterien und deren Gewichtung und der daraus folgenden Vorwirkung für die spätere Auswahlentscheidung falle somit auch Erstere in die originäre Zuständigkeit der Kommunalvertretung. Ein Verstoß gegen § 65 Abs. 1 KVG LSA liegt somit dann vor, wenn sich die Tätigkeit des Landrats hinsichtlich der Bestimmung und Gewichtung der wesentlichen Auswahlkriterien nicht auf lediglich vorbereitende Handlungen beschränkt. Zum Rechtsschutz führt das Gericht aus, dass der jedem potenziellen Bewerber aus Art. 12 Abs. 1 GG zustehende Bewerbungsverfahrensanspruch schon dann verletzt sei, wenn die Auswahlentscheidung wegen einer Verletzung der Regelungen über die kommunale Zuständigkeitsverteilung verfahrensfehlerbehaftet sei, es sei denn, es könne von vornherein ausgeschlossen werden, „*dass das zuständige Organ eine für den Bewerber günstigere Entscheidung getroffen hätte*", was das Gericht im konkreten Fall nicht annahm.[209]

Die speziellen Vorgaben des § 57 KreisO SH i.V.m § 101 Abs. 1 GO SH für wirtschaftliche Unternehmen von Kommunen sind nach der Auffassung des VG Schleswig nicht einschlägig, da der öffentliche Rettungsdienst kein **wirtschaftliches Unternehmen** im Sinne dieser Vorschrift ist. Ein kommunales Unternehmen ist nur dann als wirtschaftliches Unternehmen anzusehen, wenn es sich um eine Einrichtung oder Anlage der Gemeinde handelt, die auch von einem Privatunternehmen mit der Absicht der Gewinnerzielung betrieben werden könnte.[210] Der öffentliche Rettungsdienst ist gemäß § 1 RDG SH als öffentliche Pflichtaufgabe und hoheitlich ausgestaltet, sodass diese Aufgabe nicht von einem Privatunternehmen mit der Ab-

---

207 Vgl. VK Südbayern, Beschluss v. 24.7.2018 – Z3-3-3194-1-11-10/18 (für die Festlegung des Sonderbedarfs).
208 OVG Magdeburg Beschluss v. 24.5.2017 – 3 L 201/16.
209 Vgl. OVG Magdeburg Beschluss v. 24.5.2017 – 3 L 201/16.
210 VG Schleswig, Urteil v. 14.11.2017 – 3 A 14/17, mit Hinweis auf OVG Schleswig, Urteil v. 11.7.2013 – 2 LB 32/12.

sicht der Gewinnerzielung betrieben werden könnte. Dementsprechend würden die Voraussetzungen von § 101 Abs. 4 GO SH nicht vorliegen, wonach als wirtschaftliche Unternehmen im Sinne des 3. Abschnitt GO SH nicht Einrichtungen gelten, zu denen die Gemeinde gesetzlich verpflichtet ist. Zu beachten sei aber die Vorgabe des § 101 Abs. 4 S. 2 GO SH, wonach die pflichtgemäß betriebenen Einrichtungen nach den Grundsätzen der Wirtschaftlichkeit und Sparsamkeit zu verwalten sind, was allerdings allein öffentlichen Interessen dient und keine subjektiven Rechte privater Dienstleistungsunternehmen begründet.[211] Diese Auffassung verkennt, dass auch soziale Unternehmen gewinnorientiert arbeiten müssen. Das Berufsbild des Rettungsdienstunternehmers hat sich schlicht geändert.

III. Landesrechtliche Vorgaben

102 Jedes Bundesland hat ein eigenes landesrechtliches Rettungsdienstgesetz. Diese landesrechtlichen Vorgaben sind unter Berücksichtigung des Art. 31 GG (Bundesrecht bricht Landesrecht) bei jeglichem rettungsdienstlichen Auswahlverfahren zu berücksichtigen. Alle Landesgesetze regeln – in sehr unterschiedlicher Weise – das Auswahlverfahren betreffend die Leistungserbringer. Dies begegnet zunächst keinen grundlegenden kompetenzrechtlichen Bedenken. Der allgemeine rechtliche Rahmen ergibt sich aus dem Gemeinschafts-, dem Verfassungs-, dem Bundes- sowie dem Landesverfassungsrecht.[212] Die Sicherstellung der rettungsdienstlichen Versorgung der Bevölkerung durch Notfallrettung und arztbegleiteten Patiententransport ist dem Recht der öffentlichen Sicherheit und der allgemeinen vorbeugenden Gefahrenabwehr zuzuordnen. Für den Einsatz von Krankenwagen zur Patientenbeförderung (vgl. insoweit § 107 Abs. 1 Nr. 4 GWB) oder auch für den qualifizierten Krankentransport gilt das nicht. Prägnant formuliert: Alles, was nicht mit Blaulicht fahren darf, gehört zum vorgenannten Bereich.[213] Wer Aufgaben des öffentlichen Rettungsdienstes wahrnimmt und damit zum Rettungsdienst im institutionellen Sinne des § 52 Abs. 3 S. 1 Nr. 4 StVZO gehört, bestimmt sich nach dem jeweiligen Landesrecht.[214] Einschränkungen einer bundesrechtlichen Ausschreibungspflicht auf Landesebene sind mithin für den Bereich des Krankentransportes aus Kompetenzgründen nicht möglich.

103 Der BGH hat in seiner grundlegenden Entscheidung noch zur Vorgängernorm ausgeführt, dass Ausgangspunkt für eine Auslegung – wie stets – der Gesetzeswortlaut sei.[215] Landesrecht kann eine **bundesrechtliche Ausschreibungspflicht** nicht aufheben. Zum Begriff des Rettungsdienstes gehören nach hiesiger Auffassung die „Regel"-Rettungsdienste, die außerhalb des Katastrophenschutzes auf dem Feld der Notfallrettung und des qualifizierten Krankentransportes tätig sind. Als solche sind sie Gegenstand der ausschließlichen Gesetzgebungskompetenz der Länder nach Art. 70 GG. Hieraus ergibt sich allerdings keine Kompetenz des Landesgesetzgebers zur Modifizierung des bundeseinheitlichen Vergaberechts.[216] Wenn das Bundesrecht eine Ausschreibungspflicht vorsieht, kann das Landesrecht nicht davon absehen. Die einzelnen Landesgesetzgeber haben bei ihren gesetzgeberischen Bemühungen zwingend das Bundesrecht zu beachten (Art. 31 GG). Das Vergaberecht oberhalb der Schwellenwerte liegt in der Regelungskompetenz des Bundes, da dieser davon Gebrauch gemacht hat (Art. 74 Abs. 1 Nr. 1, 11 und 16 sowie Art. 109 Abs. 3 GG).

104 Der Landesgesetzgeber kann gleichwohl im Rahmen seiner Zuständigkeit im Bereich des **Brandschutz-** und **Rettungswesens** Regelungen zu den Anforderungen an den Leistungserbringer oder an ein Auswahlverfahren aufstellen, die jedoch die bundesgesetzlichen Regelungen nicht verdrängen können. Soweit nicht das europäische Primär- und Sekundärrecht

---

211 VG Schleswig, Urteil v. 14.11.2017 – 3 A 14/17.
212 Vgl. zuletzt: VK Sachsen, Beschluss v. 31.8.2011 – 1/SVK/030-11, 1-SVK/30/11; vgl. *Braun*, NZBau 2010, 549; *ders*, VergabeR 2011, 384; *ders.*, NZBau 2011, 400; *ders.*, NZBau 2012, 251.
213 Vgl. zur Blaulichtberechtigung für einen qualifizierten Krankentransport BVerwG, Urteil v. 12.3.2015 – 3 C 28/13.
214 Vgl. BVerwG, Urteil v. 12.3.2015 – 3 C 28/13.
215 Vgl. BGH, Beschluss v. 1.2.2008 – X ZB 31/08, Rn. 21.
216 Vgl. BayVerfGH, Urteil v. 24.5.2012 – Vf. 1-VII-10; BGH, Beschluss v. 1.12.2008 – X ZB 31/08; zuletzt OLG Düsseldorf, Beschluss v. 7.3.2012 – VII-Verg 82/11; OLG Naumburg, Beschluss v. 22.12.2011 – 2 Verg 10/11.

zwingende Vorschriften enthalten, ist der nationale Gesetzgeber bei der Ausgestaltung der Vergabevorschriften frei.[217]

105 Die Rettungsdienstgesetze der sechzehn Bundesländer unterscheiden sich neben Regelungsumfang und -dichte vor allem hinsichtlich der Frage, ob in Bezug auf die Übertragung von Rettungsdienstleistungen auf private Unternehmen das **Submissions-** oder **Konzessionsmodell** zur Anwendung kommt. Als dritten Weg haben sich einige Länder wie Bremen oder Thüringen für ein Mischmodell entschieden. Die meisten Rettungsdienstgesetze sehen keine detaillierten Verfahrensregelungen für das durchzuführende Auswahlverfahren vor. Immerhin fallen Bayern, Nordrhein-Westfalen, Sachsen und Sachsen-Anhalt diesbezüglich mit (relativ) hoher Regelungsdichte auf.

106 Die meisten Landesgesetze treffen eine Unterscheidung zwischen dem **Auswahlverfahren** und einem **Genehmigungsverfahren**. Das Auswahlverfahren ist stets dann durchzuführen, wenn der originäre Aufgabenträger die Durchführung von Aufgaben des öffentlichen Rettungsdienstes auf einen dritten Akteur übertragen will, sodass dieser zum Leistungsträger i.S.d. Gesetzes wird. Davon zu unterscheiden ist das gewerberechtliche Genehmigungsverfahren, welches immer dann durchzuführen ist, wenn private Dritte Rettungsdienstleistungen außerhalb des öffentlichen Rettungsdienstes erbringen wollen. Sie bleiben außerhalb des Kreises der „Leistungsträgerschaft" und können oftmals nur eingeschränkt Rettungsdienstleistungen (nur Krankentransporte) erbringen.

1. Baden-Württemberg

107 Gemäß § 1 Abs. 1 BW-RDG umfasst der Bereich des öffentlichen Rettungsdienstes die Notfallrettung und den Krankentransport. Beide Begriffe werden in § 1 Abs. 2 und 3 BW-RDG definiert. Gesetzlicher Aufgabenträger des Rettungsdienstes ist gemäß § 2 Abs. 1 BW-RDG das Innenministerium. In Hinblick auf die Übertragung der Durchführung von Rettungsdienstleistungen differenziert das BW-RDG zwischen der Notfallrettung und dem Krankentransport. Grundsätzlich wird gemäß § 2 Abs. 2 S. 1 BW-RDG die Notfallrettung von den in § 2 Abs. 1 BW-RDG namentlich genannten Einrichtungen wahrgenommen. Gemäß § 2 Abs. 2 S. 2 BW-RDG können aber bei Bedarf auch „andere Stellen" (unter anderem private Drittunternehmen) die Aufgabendurchführung übertragen bekommen. Durch die Aufgabenübertragung werden diese zu Leistungsträgern i.S.d. § 2 Abs. 1 BW-RDG.

108 In diesem Zusammenhang ist darauf hinzuweisen, dass die in § 2 Abs. 1 und 2 BW-RDG verankerte Privilegierung der dort genannten **Hilfsorganisationen** gegen die Verfassung (Art. 12 GG, Art. 3 Abs. 1 GG) verstößt. Die durch das Gesetz vorgesehene Vorrangstellung der Hilfsorganisationen hat für die privaten Rettungsdienstunternehmer die Wirkung einer objektiven Berufszugangsvoraussetzung. Eine solche Hürde ist zur Sicherstellung einer flächendeckenden, effektiven und wirtschaftlichen Versorgung mit rettungsdienstlichen Leistungen nicht erforderlich, da dieses Gesetzesziel auch erreicht werden kann, wenn private Rettungsdienstunternehmer gleichrangig in die Erbringung des Rettungsdienstes einbezogen werden.[218] In der vorgenannten Entscheidung hat der BayVerfGH eine Verletzung der Berufsfreiheit (Art. 12 Abs. 1 GG) durch die Bevorzugung von Hilfsorganisationen bei der Vergabe von Rettungsdienstleistungen bejaht, weil mit einer gesetzlich eingeräumten Vorrangstellung Hürden aufgestellt werden, die dem Einfluss „Dritter" entzogen sind. Gerechtfertigt ist eine derartige objektive Berufswahlbeschränkung nur dann, wenn sie dem Schutz eines überragend wichtigen Gemeinschaftsguts vor schweren und wenigstens höchstwahrscheinlichen Gefahren diene und sie als Mittel zur Abwehr unentbehrlich sei. Hierfür sei aber eine gesetzliche Vorrangstellung der Hilfsorganisationen im Sinne einer objektiven Berufszugangsvoraussetzung weder erforderlich noch mit den heutigen rechtlichen Wertungen im Zusammenhang mit der Vergabe von Rettungsdienstleistungen zu vereinbaren.[219] Die VK Baden-Württemberg hat dem

---

217 Vgl. BVerfG, Beschluss v. 8.6.2010 – 1 BvR 2011, 2959/07; zuletzt VK Sachsen, Beschluss v. 31.8.2011 – 1/SVK/030-11, 1-SVK/30/11.
218 BayVerfGH, Urteil v. 24.5.2012 – Vf. 1-VII-10.
219 Vgl. auch *Davis/Ebersperger*, BayVBl 2017, 583.

Land aufgegeben zu prüfen, ob die landesrechtliche Vorgabe nach § 2 Abs. 1 BW-RDG mit § 107 Abs. 1 Nr. 4 GWB im Einklang stehe. Dies beinhalte auch die Frage, was unter „gemeinnütziger Organisation" zu verstehen sei, welche juristische Person in einem Anerkennungsbescheid genannt werden müsse und in welchem Umfang Unterorganisationen ebenfalls vom Anerkennungsbescheid umfasst würden.[220]

109 Der **Krankentransport** wird nach § 2 Abs. 2 S. 5 BW-RDG von den Leistungsträgern nach § 2 Abs. 1 BW-RDG sowie auf Grundlage einer Genehmigung nach § 15 BW-RDG als Rettungsdienstleistung außerhalb des öffentlichen Rettungsdienstes durchgeführt. Rettungsdienstleistungen außerhalb des öffentlichen Rettungsdienstes müssen sich auf die Erbringung von Krankentransporten beschränken, die Durchführung von **Notfallrettungen** bleibt ausschließlich den Leistungsträgern des öffentlichen Rettungsdienstes vorbehalten. Diese haben damit die Möglichkeit, Notfallrettung und Krankentransport im organisatorischen Verbund durchzuführen.[221] Die Durchführung der Notfallrettung allein durch die Leistungsträger in Form eines Verwaltungsmonopols soll dabei der Wahrung der Qualität und der Wirtschaftlichkeit öffentlicher Rettungsdienstleistungen dienen.[222] Die Leistungsträger nach § 2 Abs. 1 S. 1 BW-RDG sollen insofern eine Sonderstellung innehaben, um in der Notfallrettung eine optimale Versorgung der Notfallpatienten zu gewährleisten.[223] Die baden-württembergische Privilegierung von Hilfsorganisationen im Rettungsdienst verstößt gegen höherrangiges Recht und muss daher novelliert werden.[224]

110 Das vereinfachte Genehmigungsverfahren im Bereich der privaten Krankentransporte soll nach Auffassung des Gesetzgebers wiederum die **Schaffung gleicher Wettbewerbsbedingungen** zwischen den Leistungsträgern und privaten Rettungsdienstunternehmen ermöglichen.[225] Da sowohl die Leistungsträger als auch private Dritte das Genehmigungsverfahren in Hinblick auf die Durchführung von Krankentransporten durchlaufen müssen, soll eine Gleichbehandlung aller Akteure in diesem Bereich gewährleistet werden.[226] Tatsächlich lässt aber die Gesetzeslage eine Gleichbehandlung zwischen den Akteuren insgesamt vermissen: So sollen nach § 2 Abs. 1 S. 1 BW-RDG die privaten Rettungsdienstleister nur bei „Bedarf" die Leistungsträgerschaft bezüglich des öffentlichen Rettungsdienstes übertragen bekommen. Freiwillige Hilfsorganisationen sind nach dem Wortlaut der Norm primär für die Durchführung des öffentlichen Rettungsdienstes verantwortlich, wodurch diese in Hinblick auf das Grundrecht der privaten Rettungsdienstleister auf Berufsfreiheit gemäß Art. 12 Abs. 1 GG bedenklich privilegiert werden.

111 In Hinblick auf die **Finanzierung** erheben die Leistungsträger nach § 28 BW-RDG Benutzungsentgelte, deren Höhe sie mit den gesetzlichen Krankenkassen als Kostenträger vereinbaren. Gläubiger der Nutzungsentgelte ist damit der Dritte, in Baden-Württemberg kommt mithin das Konzessionsmodell zur Anwendung.

112 Der Übertragung von Rettungsdienstleistungen auf Dritte geht ein verwaltungsrechtliches **Auswahlverfahren** voraus. Obgleich das BW-RDG an keiner Stelle ausdrücklich von einem Auswahlverfahren spricht, sorgt die Übertragung dieser Aufgaben auf „andere Stelle[n]" bloß „bei Bedarf" für eine Kontingentierung. Aus der Kontingentierung folgt eine vorherige Veröffentlichungspflicht. Im Bedarfsplan ist auf S. 30 das Auswahlverfahren wie folgt geregelt:

---

220 Vgl. VK Baden-Württemberg, Beschluss v. 26.3.2018 - 1 VK 56/17.
221 Gesetzesbegründung, Gesetz zur Änderung des Gesetzes über den Rettungsdienst, Baden-Württemberg LT-Drs. 12/2871, 17, 28.
222 Gesetzesbegründung, Gesetz zur Änderung des Gesetzes über den Rettungsdienst, Baden-Württemberg LT-Drs. 12/2871, 21, 28.
223 Gesetzesbegründung, Gesetz zur Änderung des Gesetzes über den Rettungsdienst, Baden-Württemberg LT-Drs. 12/2871, 21.
224 VK Baden-Württemberg, Beschluss v. 26.3.2018 – 1 VK 56/17.
225 Gesetzesbegründung, Gesetz zur Änderung des Gesetzes über den Rettungsdienst, Baden-Württemberg LT-Drs. 12/2871, 17, 28.
226 Gesetzesbegründung, Gesetz zur Änderung des Gesetzes über den Rettungsdienst, Baden-Württemberg LT-Drs. 12/2871, 20.

> „Ferner sind die bedarfsgerechten, notwendigen Vorhaltungen für den Berg- und den Wasser-Rettungsdienst Bestandteil des Bereichsplans. Die bestandsgeschützten Kapazitäten der privaten Unternehmer, die Vorhaltungen für den Intensivtransport sowie die Vorhaltungen der Luftrettung sind im Bereichsplan zu berücksichtigen.
> Die Kapazitäten des Krankentransports, auch der privaten Unternehmer, sind in den Bereichsplan nachrichtlich aufzunehmen. Der Bereichsplan ist entsprechend dem vom Landesausschuss für den Rettungsdienst verabschiedeten Musterbereichsplan in der jeweils geltenden Fassung zu gliedern. Sofern zur Einhaltung der Vorgaben der Hilfsfrist eine Erweiterung der Vorhaltungen in der Notfallrettung erforderlich wird, ist allen gesetzlichen Leistungsträgern nach § 2 RDG die Möglichkeit einzuräumen, sich an der Vergabe zu beteiligen."

Aus diesen Vorgaben folgt die Verpflichtung zur Durchführung eines transparenten, wettbewerblichen und auf Gleichbehandlung basierenden Auswahlverfahrens.

113 Bei der Aufgabenübertragung i.S.d. § 2 Abs. 1 und 2 BW-RDG handelt es sich wegen des Konzessionsmodells um die Vergabe einer **Konzession** gemäß § 105 Abs. 1 Nr. 2 GWB. Demgemäß ist das Vergabeverfahren den Grundsätzen des Vergaberechts – Transparenz, Gleichbehandlung/Nichtdiskriminierung, Objektivität und Wettbewerb – entsprechend durchzuführen. Dies folgt im Oberschwellenbereich bereits aus § 97 Abs. 1 und 2 GWB, wenn die Bereichsausnahme nach der Entscheidung des EuGH[227] nicht eingreifen sollte. Im Oberschwellenbereich ist das Auswahlverfahren als förmliches Vergabeverfahren gemäß den prozeduralen Vorgaben des GWB und der KonzVgV durchzuführen, da es keine landesrechtliche Möglichkeit zur Einschränkung des bundeseinheitlichen Vergaberechts gibt. Bei der gewerblichen Tätigkeit des Rettungsdienstunternehmers handelt es sich nämlich um einen eigenständigen Beruf.[228] Denn ein Eingriff in die Berufsfreiheit durch eine objektive Berufszugangsvoraussetzung – wie hier die BW-RDG – kann nur unter zwei Bedingungen Bestand haben: Zum einen muss die Regelung den Schutz eines überragend wichtigen Gemeinschaftsguts bezwecken, dem der Vorrang vor der Freiheit des Einzelnen, im Beruf des Rettungsdienstunternehmers tätig zu werden, einzuräumen ist. Dabei müssen die Gefahren, von denen das Gemeinschaftsgut bedroht ist, schwer sowie nachweisbar oder wenigstens höchstwahrscheinlich sein. Zum anderen muss die angegriffene Regelung als Mittel zur Abwehr dieser Gefahren unentbehrlich sein.[229] Dies ist objektiv nicht der Fall.

114 Die Regelungen zum **Genehmigungsverfahren** bezüglich der Durchführung von Krankentransporten sind in den §§ 15 ff. BW-RDG verortet. Im Falle einer Kontingentierung der Genehmigungen ist entsprechend zur Aufgabenübertragung ein Auswahlverfahren unter den Unternehmen durchzuführen.

2. Bayern

115 In Bayern werden Rettungsdienstkonzessionen vergeben. Zuständig für die Überprüfung ist – jedenfalls unterhalb des Schwellenwerts[230] – die Verwaltungsgerichtsbarkeit.[231] Zum öffentlichen Rettungsdienst gehören nach Art. 2 Abs. 2 und 5 BayRDG unter anderem die Notfallrettung und der Krankentransport. Aufgabenträger des öffentlichen Rettungsdienstes sind nach Art. 4 Abs. 1 S. 1 BayRDG die Landkreise sowie die kreisfreien Gemeinden. Private Unternehmen können nach Art. 13 Abs. 1 S. 1 BayRDG vom Zweckverband für Rettungsdienst und Feuerwehralarmierung mit der bodengebundenen Durchführung von Notfallrettungen, arztbegleitetem Patiententransport und Krankentransport beauftragt werden.

---

227 Rs. C-465/17 (Falck).
228 Vgl. BVerfG, Beschluss v. 8.6.2010 – 1 BvR 2011/07, 1 BvR 2959/07, NVwZ 2010, 1212 (1214), Rn. 86.
229 BayVerfGH, Urteil v. 24.5.2012 – Vf. 1-VII-10.
230 Vgl. VK Südbayern, Beschluss v. 24.7.2018 – Z3-3-3194-1-11-10/18, Beschluss v. 14.2.2017 – Z3-3-3194-1-54-12/16, die eine Bereichsausnahme schon dann ablehnt (mithin eine Zuständigkeit der Vergabekammern oberhalb des Schwellenwertes annimmt), wenn der Auftraggeber den Wettbewerb auch für rein private Anbieter und nicht ausschließlich für freiwillige Hilfsorganisationen öffnet.
231 VG Ansbach, Beschluss v. 8.12.2017 – AN 14 E 17.02475; Beschluss v. 10.4.2018 – AN 14 E 18.00200; Gesetzesbegründung zu Art. 13 BayRDG, Bayern LT-Drs. 15/10391, 17, 42.

116 Nach Art. 21 Abs. 1 BayRDG bedarf der **Genehmigung**, wer Notfallrettung, arztbegleiteten Patiententransport, Krankentransport und Patientenrückholung betreibt. Die Genehmigung wird nur für eine einzelne Genehmigungsleistung, mithin nur für eine der in Art. 21 Abs. 1 BayRDG genannten rettungsdienstlichen Leistungen – hier die Leistung Krankentransport – erteilt (Art. 22 Abs. 1 S. 3 BayRDG). Zur Bestimmung des Genehmigungsinhalts ist auf Art. 2 BayRDG zuzugreifen, denn diese Norm enthält die für alle Vorschriften des Bayerischen Rettungsdienstgesetzes maßgebenden Begriffsbestimmungen. „Krankentransport" und damit Gegenstand der darauf gerichteten Genehmigung ist nach der Definition des Art. 2 Abs. 5 S. 1 BayRDG der Transport von kranken, verletzten oder sonstigen hilfsbedürftigen Personen, die keine Notfallpatienten sind, aber während der Fahrt einer medizinisch fachlichen Betreuung durch nichtärztliches medizinisches Fachpersonal oder der besonderen Einrichtung des Krankenkraftwagens bedürfen oder bei denen solches aufgrund ihres Zustandes zu erwarten ist. Die übrigen Genehmigungsleistungen sind in Art. 2 Abs. 2 (Notfallrettung), Abs. 4 (arztbegleiteter Krankentransport) und Abs. 6 BayRDG (Patientenrückholung) näher bestimmt. Mit der Definition der einzelnen Genehmigungsleistungen ist der jeweilige Genehmigungsinhalt vorgegeben. Dass der Gesetzgeber von einem solchermaßen typisierten Genehmigungsinhalt ausgeht, der einer Beschränkung nicht zugänglich sein soll, zeigt die Bestimmung des Art. 22 Abs. 2 BayRDG. Danach berechtigt die Genehmigung für die Durchführung der Notfallrettung auch zur Durchführung von arztbegleitetem Patiententransport und Krankentransport, die Genehmigung für die Durchführung des arztbegleiteten Patiententransports auch zur Durchführung von Krankentransport.[232]

117 Art. 13 Abs. 5 S. 1 BayRDG bestimmt, dass zwischen dem beauftragten Rettungsdienstleister und dem Zweckverband hierzu ein öffentlich-rechtlicher Vertrag geschlossen wird. Art. 13 BayRDG hatte früher (in der Fassung vom 22. Juli 2008) noch die freiwilligen **Hilfsorganisationen** bei der Vergabe privilegiert und vorrangig in Betracht gezogen.[233] Diese Regelung verstieß aber gegen das Grundrecht der Berufsfreiheit der privaten Unternehmen aus Art. 101 BayVerf und wurde vom BayVerfGH schließlich für nichtig erklärt.[234] Dementsprechend existiert in Art. 13 Abs. 1 BayRDG keine Bevorzugung mehr gegenüber privaten Rettungsdienstleistern.[235] Nach zutreffender Ansicht ist eine Direktvergabe im Regelrettungsdienst in Bayern sowohl europarechtlich kritisch als auch landesverfassungsrechtlich unzulässig.[236] Die Leistungsträger des öffentlichen Rettungsdienstes erheben nach Art. 34 BayRDG die Benutzungsentgelte gegenüber den gesetzlichen Krankenkassen als Kostenträger. Sie sind Gläubiger der Entgelte, womit in Bayern ebenso das Konzessionsmodell zur Anwendung kommt.[237]

118 Das BayRDG macht im Gegensatz zu anderen Landesrettungsdienstgesetzen klare Aussagen in Hinblick auf das der Aufgabenübertragung vorgehende **Auswahlverfahren**. So ist nach Art. 13 Abs. 2 S. 1 BayRDG ein Auswahlverfahren nach pflichtgemäßem Ermessen durchzuführen. Art. 13 Abs. 3 S. 1 und 3 BayRDG ordnet an, dass das Auswahlverfahren den Grundprinzipien des Vergaberechts entsprechend – Transparenz, Objektivität, Wettbewerb sowie Gleichbehandlung – durchgeführt wird. In der Gesetzesbegründung wird hervorgehoben, dass öffentliche Auftraggeber zugunsten der möglichen Bieter einen angemessenen Grad an Öffentlichkeit sicherstellen und die Entscheidung mit nachvollziehbaren Gründen unparteiisch treffen müssen.[238] Art. 13 Abs. 2 S. 2 BayRDG greift somit allgemeine Eignungskriterien auf (Fachkunde, Zuverlässigkeit und Leistungsfähigkeit). Ein besonderes Eignungskriterium statuiert Art. 13 Abs. 2 S. 3 BayRDG mit der Fähigkeit zur Bewältigung von Großschadenslagen durch zusätzliches Leistungspotenzial. Nähere Regelung zu Großschadenslagen trifft Art. 19 BayRDG. Die Zuschlagskriterien sind gemäß Art. 13 Abs. 3 S. 4 BayRDG die Wirtschaftlichkeit und Effektivität der Leistungserbringung. Die Regelungen sind in der vorliegenden Form nicht

---

232 VGH München, Urteil v. 30.5.2017 – 21 BV 16.1731.
233 Vgl. z.B. zuletzt VGH München, Beschluss v. 12.4.2016 – 21 CE 15.2559.
234 BayVerfGH, Entscheidung v. 24.5.2012 – Vf. 1-VII-10.
235 *Davis/Ebersperger*, BayVBl 2017, 583.
236 Vgl. *Davis/Ebersperger*, BayVBl 2017, 583 (589).
237 Vgl. Gesetzesbegründung zu Art. 13 BayRDG, Bayern LT-Drs. 15/10391, 42.
238 Gesetzesbegründung zu Art. 13 BayRDG, Bayern LT-Drs. 15/10391, 42.

unternehmensbezogen, sondern auftragsbezogen und damit keine Eignungskriterien.[239] Daran vermag auch Art. 13 Abs. 2 S. 2 und 3 BayRDG nichts zu ändern, der die Befähigung des Durchführenden zur Bewältigung von Großschadenslagen durch zusätzliches Leistungspotential als Frage der Fachkunde, Zuverlässigkeit und Leistungsfähigkeit sieht. Denn zum einen weist bereits Art. 13 Abs. 2 S. 4 BayRDG zutreffend darauf hin, dass die nähere Bestimmung des Sonderbedarfs Gegenstand der Leistungsbeschreibung im Rahmen des Auswahlverfahrens ist. Entscheidend ist aber, dass Art. 13 Abs. 2 BayRDG als landesrechtliche Norm im Lichte der höherrangigen und später entstandenen Normen des Europarechts (Art. 38 Abs. 1 RL 2014/23/EU) und des Bundesrechts (§§ 152 Abs. 2 i. V.m. 122 Abs. 2 GWB) ausgelegt werden muss.[240]

Bei der Aufgabenübertragung i.S.d. Art. 13 Abs. 1 S. 1 BayRDG handelt es sich wegen des Konzessionsmodells um die Vergabe einer **Konzession** gemäß § 105 Abs. 1 Nr. 2 GWB. Im Oberschwellenbereich ist das Auswahlverfahren als förmliches Vergabeverfahren gemäß den prozeduralen Vorgaben des GWB und der KonzVgV durchzuführen. Unabhängig von der Frage der Binnenmarktrelevanz und Schwellenwerte verpflichtet auch Art. 13 Abs. 3 Satz 1 BayRDG zur Beachtung der Prinzipien von Transparenz, Wettbewerb und Gleichbehandlung bei der Durchführung des Auswahlverfahrens.[241]

119

Die Regelungen zum **Genehmigungsverfahren** bezüglich der Durchführung von Rettungsdienstleistungen außerhalb des öffentlichen Rettungsdienstes sind in den Art. 21 ff. BayRDG verortet. Im Falle der Kontingentierung der Genehmigungen ist entsprechend zur Aufgabenübertragung ein Auswahlverfahren durchzuführen. Die Bestimmungen des BayRDG zum verwaltungsrechtlichen Auswahlverfahren (Art. 13 Abs. 2 bis 4 BayRDG) und zur Regelung des Rechtsverhältnisses durch öffentlich-rechtlichen Vertrag (Art. 13 Abs. 5 BayRDG) legen es nahe, dass das Auswahlverfahren mit einer als Verwaltungsakt (Art. 35 S. 1 BayVwVfG) zu qualifizierenden Entscheidung abschließt. Vorläufiger Rechtsschutz wäre so im Wege des § 80a Abs. 3 S. 2, § 80 Abs. 5 VwGO zu erlangen.[242]

120

3. Berlin

Der Rettungsdienst umfasst in Berlin gemäß § 1 Abs. 1 S. 2 BerRDG die Notfallrettung, den Notfalltransport und den Krankentransport. Aufgabenträger des öffentlichen Rettungsdienstes ist gemäß § 5 Abs. 1 S. 1 BerRDG die Berliner Feuerwehr – allerdings mit der Einschränkung des § 5 Abs. 2 S. 2 BerRDG, dass sie Krankentransportleistungen tatsächlich bloß subsidiär erbringt. Nach § 5 Abs. 1 S. 3 BerRDG kann die Durchführung von Notfallrettungsdiensten auf private Dritte übertragen werden. Diese werden dadurch zu Leistungsträgern. Ähnlich wie das BW-RDG unterscheidet auch das BerRDG zwischen der Erbringung von Notfallrettungsdienstleistungen im Wege der Aufgabenübertragung und der Erbringung von Krankentransportleistungen im Wege der Genehmigung.

121

Bei der Aufgabenübertragung besteht die Bevorzugung freiwilliger **Hilfsorganisationen** insoweit, als gemäß § 5 Abs. 1 S. 4 BerRDG andere private Unternehmen nur dann die Durchführung von Rettungsdienstleistungen übertragen bekommen können, „sofern dafür ein öffentliches Interesse und ein Bedarf bestehen". Es müssen mithin qualifizierte Voraussetzungen vorliegen, damit private Rettungsdienstleister in den Genuss der Aufgabenübertragung gelangen. Mit Blick auf die Rechtsprechung des BayVerfGH zur verfassungsrechtlich unzulässigen Privilegierung von Hilfsorganisationen dürfen die Voraussetzungen nicht extensiv, sondern bloß restriktiv ausgelegt werden.[243] Nach der Rechtsprechung des BVerwG soll ein besonderer Fall dann vorliegen, wenn sich neuer Bedarf in Bezug auf Rettungsdienstleistungen ergibt und die vorhandenen Kräfte zur Deckung des Bedarfs nicht ausreichen.[244] Die Hürde

122

---

239 VK Südbayern, Beschluss v. 24.7.2018 – Z3-3-3194-1-11-10/18.
240 VK Südbayern, Beschluss v. 24.7.2018 – Z3-3-3194-1-11-10/18.
241 VG Ansbach, Beschluss v. 8.12.2017 – AN 14 E 17.02475.
242 Vgl. VGH München, Beschluss v. 12.4.2016 – 21 CE 15.2559, Rn. 25.
243 Vgl. BayVerfGH, Entscheidung v. 24.5.2012 – Vf. 1-VII-10; so auch *Gröning*, NZBau 2015, 690 (693).
244 Vgl. BVerwG, Urteil v. 3.11.1994 – 3 C 17/92; VG Berlin, Urteil v. 25.10.2011 – 21 K 83.10.

123 Die Dienstleistungserbringer erheben für die Notfallrettung nach § 20 BerRDG die Gebühren selbst, Krankentransporte werden in Form privatrechtlicher Entgelte nach § 21 BerRDG abgerechnet. Gläubiger der **Entgelte** ist immer der Leistungsträger bzw. Leistungserbringer, womit Berlin ebenfalls dem Konzessionsmodell folgt.

124 Obgleich das BerRDG an keiner Stelle ausdrücklich von einem **Auswahlverfahren** spricht, sorgt der Wortlaut „die Übertragung dieser Aufgaben auf geeignete private Einrichtungen nur, sofern dafür ein öffentliches Interesse und ein Bedarf bestehen", für eine Kontingentierung. Aufgrund dieser Kontingentierung der zu vergebenden Durchführungsrechte und der damit einhergehenden verfassungsrechtlichen Teilhaberechte der privaten Rettungsdienstleister aus Art. 12 Abs. 1 i.V.m. Art. 3 Abs. 1 GG auf gerechte Beteiligung an quantitativ begrenzten Kapazitäten ist auch ohne direkte Anordnung im BerRDG ein Auswahlverfahren unter den Interessenten durchzuführen. Genuin für das Auswahlverfahren geltende Eignungs- oder Zuschlagskriterien existieren im Berlin RDG nicht. Als Eignungskriterien können aber die Genehmigungsvoraussetzungen des § 13 Abs. 1 Nr. 1 bis 3 BerRDG herangezogen werden. Die Vorschrift stellt auf allgemeine gewerberechtliche Erlaubnisvoraussetzungen wie die Sicherheit und Leistungsfähigkeit des Betriebes, die Zuverlässigkeit des Unternehmens und die fachliche Eignung des Betriebspersonals ab.

125 Bei der Aufgabenübertragung i.S.d. § 5 Abs. 1 und 2 BerRDG handelt es sich wegen des Konzessionsmodells um die Vergabe einer **Konzession** gemäß § 105 Abs. 1 Nr. 2 GWB. Demgemäß ist das Vergabeverfahren den Grundsätzen des Vergaberechts – Transparenz, Gleichbehandlung/Nichtdiskriminierung, Objektivität und Wettbewerb – entsprechend durchzuführen. Dies folgt im Oberschwellenbereich bereits aus § 97 Abs. 1 und 2 GWB. Im Oberschwellenbereich ist das Auswahlverfahren als förmliches Vergabeverfahren gemäß den prozeduralen Vorgaben des GWB und der KonzVgV durchzuführen, wenn die Bereichsausnahme (nach der Entscheidung des EuGH[245]) nicht eingreift.

126 Die Regelungen zum **Genehmigungsverfahren** bezüglich der Durchführung von Rettungsdienstleistungen außerhalb des öffentlichen Rettungsdienstes sind in den §§ 13 ff. BerRDG verortet. Im Falle der Kontingentierung der Genehmigungen ist entsprechend zur Aufgabenübertragung ein faires, wettbewerbliches und transparentes Auswahlverfahren durchzuführen. Das BVerwG[246] vertritt (noch) eine restriktive Linie betreffend den Zulassungswunsch neuer Bewerber. Danach ist in der Rechtsprechung des BVerwG geklärt, dass die Ablehnung eines auf § 5 Abs. 1 S. 3 BerRDG gestützten Antrages eines privaten Krankentransportunternehmens mit Art. 12 Abs. 1 und Art. 3 Abs. 1 GG vereinbar ist, wenn und soweit die Berliner Feuerwehr und die Hilfsorganisationen über die persönlichen und sächlichen Mittel verfügen, um im Sinne von § 2 Abs. 1 BerRDG die bedarfs- und fachgerechte Versorgung der Bevölkerung mit Leistungen der Notfallrettung sicherzustellen. Ob ein besonderer Fall und ein von Feuerwehr sowie Hilfsorganisationen nicht zu deckender Bedarf nach § 5 Abs. 1 S. 3 BerRDG gegeben sind, beurteilt sich anhand der Umstände des Einzelfalls.[247]

4. Brandenburg

127 Nach § 2 Abs. 1 BbgRett umfasst der öffentliche Rettungsdienst in Brandenburg die Notfallrettung, den qualifizierten Krankentransport sowie die Durchführung von Maßnahmen bei Großschadenslagen. Näher definiert werden die Begriffe in § 3 Abs. 2, 3, 4 und 5 BbgRettG. Aufgabenträger des bodengebundenen Rettungsdienstes sind gemäß § 6 Abs. 1 BbgRettG

---

245 Rs. C-465/17 (Falck).
246 BVerwG, Beschluss v. 27.8.2014 – 3 B 1.14.
247 Vgl. BVerwG, Beschluss v. 27.8.2014 – 3 B 1.14.

die Landkreise und kreisfreien Städte. Gemäß § 10 Abs. 1 BbgRettG können Rettungsdienstleistungen unter anderem auf private Dritte übertragen werden. Diese werden dann zu Leistungsträgern. Die Aufgabenübertragung bedarf gemäß § 10 Abs. 4 S. 1 BbgRettG der Schriftform.

Eine Privilegierung von freiwilligen **Hilfsorganisationen** gegenüber privaten Unternehmen erfolgt hinsichtlich der Aufgabenübertragung nicht. **128**

Die Kosten des Rettungsdienstes werden gemäß § 17 BbgRettG von den Aufgabenträgern getragen. Hierfür erheben diese Benutzungsentgelte auf Satzungsgrundlage nach § 17 Abs. 1 S. 1 und 2 BbgRettG. Die Gläubiger der **Entgelte** sind dementsprechend die Aufgabenträger, womit in Brandenburg das Submissionsmodell zur Anwendung kommt. **129**

Direkte Aussagen zum **Auswahlverfahren** unter den privaten Rettungsdienstleistern trifft das BbgRettG nicht. Aufgrund der Kontingentierungswirkung des § 10 Abs. 2 S. 1 BbgRettG („die Aufgaben dürfen nicht übertragen werden, wenn zu erwarten ist, dass das öffentliche Interesse an einem funktionsfähigen Rettungsdienst beeinträchtigt wird") sind die zu vergebenden Durchführungsrechte quantitativ begrenzt. Damit geht der verfassungsrechtliche Teilhabeanspruch der privaten Rettungsdienstleister aus Art. 12 Abs. 1 i.V.m. Art. 3 Abs. 1 GG auf gerechte Beteiligung an quantitativ begrenzten Kapazitäten[248] einher, sodass auch ohne direkte Anordnung im BbgRettG ein Auswahlverfahren unter den Interessenten durchzuführen ist. Die Vorschrift des § 10 Abs. 2 S. 1 BbgRettG soll insbesondere klarstellen, dass fiskalische Erwägungen bei der Übertragung von Rettungsdienstaufgaben auf Private keine Rolle spielen dürfen.[249] Für das Auswahlverfahren geltende Eignungskriterien enthält § 10 Abs. 1 Nr. 1 bis 7 BbgRettG. Zudem muss sich der erfolgreiche Bieter verpflichten, die in § 10 Abs. 3 Nr. 1 bis 5 BbgRettG genannten Anforderungen einzuhalten. Im Auswahlverfahren soll nach dem Willen des Gesetzgebers angemessen berücksichtigt werden, welche Rolle die Hilfsorganisationen bei der Gewährleistung des medizinischen Katastrophenschutzes spielen.[250] Private Rettungsdienstleister sollen danach bei Großschadensereignissen wohl einen adäquaten Ersatz zu den Hilfsorganisationen darstellen und dementsprechend aufgestellt sein. **130**

Bei der Aufgabenübertragung i.S.d. § 10 Abs. 1 S. 1 BbgRettG handelt es sich wegen des Submissionsmodells um die Vergabe eines **Dienstleistungsauftrags** gemäß § 103 Abs. 1 und 4 GWB. Demgemäß ist das Vergabeverfahren den Grundsätzen des Vergaberechts – Transparenz, Gleichbehandlung/Nichtdiskriminierung, Objektivität und Wettbewerb – entsprechend durchzuführen. Dies folgt im Oberschwellenbereich bereits aus § 97 Abs. 1 und 2 GWB. Im Oberschwellenbereich ist das Auswahlverfahren als förmliches Vergabeverfahren gemäß den prozeduralen Vorgaben des GWB und der VgV durchzuführen, wenn die Bereichsausnahme nach der Entscheidung des EuGH[251] nicht eingreifen sollte. **131**

5. Bremen

Aufgabenträger des öffentlichen Rettungsdienstes sind nach § 1 Abs. 2 S. 1 BremHilfG die Stadtgemeinden Bremen und Bremerhaven über ihre Berufsfeuerwehren. **132**

Nach § 27 Abs. 1 S. 2 BremHilfG kann die Durchführung des bodengebundenen Rettungsdienstes (Notfallrettung, qualifizierter Krankentransport) **Hilfsorganisationen** wie dem Arbeiter-Samariter-Bund, dem Deutschen Roten Kreuz, der Johanniter-Unfall-Hilfe und dem Malteser-Hilfsdienst oder einem privaten Unternehmer übertragen werden. Diese werden dann zu Leistungsträgern. Die Übertragung erfolgt nach § 27 Abs. 1 S. 4 BremHilfG im Wege des öffentlich-rechtlichen Vertrages. Eine Privilegierung findet gemäß § 27 Abs. 1 S. 3 BremHilfG zugunsten derjenigen Organisationen statt, die bei der Gefahrenbekämpfung bei Katastrophen im Rettungsdienstbereich mitwirken. Diese sollen danach vorrangig in den Rettungsdienst eingebunden werden. **133**

---

248 Vgl. *Pieroth/Schlink/Kingreen/Poscher*, Grundrechte Staatsrecht II, Rn. 956.
249 Gesetzesbegründung zu § 10 Abs. 2 BbgRettG, Brandenburg LT-Drs. 4/5896, 24.
250 Gesetzesbegründung zu § 10 BbgRettG, Brandenburg LT-Drs. 4/5896, 23.
251 Rs. C-465/17 (Falck).

134 Nach § 58 Abs. 1 und 2 BremHilfG können sowohl das **Submissions-** als auch das **Konzessionsmodell** bei der Beauftragung von privaten Unternehmen zum Zuge kommen. Gläubiger der Entgelte sind dann je nach Ausgestaltung die Aufgaben- oder Leistungsträger. Momentan wird nach dem Submissionsmodell verfahren.

135 Bei ausreichender Abdeckung besteht weder für einzelne Hilfsorganisationen noch für private Unternehmer ein Anspruch auf Einbeziehung in den Rettungsdienst.[252] Aufgrund der Kontingentierung der zu vergebenden Durchführungsrechte und der damit einhergehenden verfassungsrechtlichen Teilhaberechte der privaten Rettungsdienstleister aus Art. 12 Abs. 1 GG i.V.m. Art. 3 Abs. 1 GG auf gerechte Beteiligung an quantitativ begrenzten Kapazitäten[253] ist auch ohne direkte Anordnung im BremHilfG ein **Auswahlverfahren** unter den Interessenten durchzuführen. Genuin für das Auswahlverfahren geltende Eignungs- oder Zuschlagskriterien existieren im BremHilfG nicht. Als Eignungskriterien können aber die Genehmigungsvoraussetzungen des § 34 Abs. 2 Nr. 1 und 2 BremHilfG herangezogen werden. Die Vorschrift stellt auf allgemeine gewerberechtliche Erlaubnisvoraussetzungen wie die Sicherheit und Leistungsfähigkeit des Betriebes, die Zuverlässigkeit des Unternehmens und die fachliche Eignung des Betriebspersonals ab.

136 Bei der Aufgabenübertragung i.S.d. § 27 Abs. 1 BremHilfG handelt es sich wegen des angewandten Submissionsmodells um die Vergabe eines **Dienstleistungsauftrages** gemäß § 103 Abs. 1 und 4 GWB. Demgemäß ist das Vergabeverfahren den Grundsätzen des Vergaberechts – Transparenz, Gleichbehandlung/Nichtdiskriminierung, Objektivität und Wettbewerb – entsprechend durchzuführen. Dies folgt im Oberschwellenbereich bereits aus § 97 Abs. 1 und 2 GWB. Im Oberschwellenbereich ist das Auswahlverfahren als förmliches Vergabeverfahren gemäß den prozeduralen Vorgaben des GWB und der VgV durchzuführen, wenn die Bereichsausnahme (nach einer Entscheidung des EuGH) nicht eingreift.

137 Die Regelungen zum **Genehmigungsverfahren** bezüglich der Durchführung von Rettungsdienstleistungen außerhalb des öffentlichen Rettungsdienstes sind in den §§ 34 ff. BremHilfG verortet. Im Falle der Kontingentierung der Genehmigungen ist entsprechend zur Aufgabenübertragung ein Auswahlverfahren durchzuführen.

6. Hamburg

138 Der öffentliche Rettungsdienst umfasst nach § 1 Abs. 1 HmbRDG die Notfallrettung und den Krankentransport. Beide Begriffe werden in § 3 Abs. 1 und 2 HmbRDG näher definiert. Aufgabenträger des öffentlichen Rettungsdienstes sind nach § 7 S. 1 HmbRDG die „zuständigen Behörden". Nach § 8 S. 1 HmbRDG können private Dritte mit den Aufgaben des öffentlichen Rettungsdienstes betraut werden, die dann Leistungsträger sind.

139 Die Aufgabenübertragung hat gemäß § 7 S. 3 HmbRDG mittels eines öffentlich-rechtlichen **Vertrages** zu erfolgen.

140 Eine diesbezügliche Privilegierung von **Hilfsorganisationen** gegenüber privaten Dritten gibt es im HmbRDG nicht.

141 Die privaten Rettungsdienstleister schließen gemäß § 10a Abs. 2 HmbRDG Vereinbarungen über die **Entgelte** mit den Kostenträgern i.s.v. § 10a Abs. 1 S. 2 HmbRDG ab. Gläubiger der Entgelte ist damit der Dritte als Leistungsträger, womit in Hamburg ebenfalls das Konzessionsmodell Anwendung findet.

142 Direkte Aussagen zum **Auswahlverfahren** unter den privaten Rettungsdienstleistern trifft das HmbRDG nicht. Gleichwohl liegt es in der Natur von Rettungsdienstleistungen, dass diese stets nur bedarfsorientiert erbracht werden und damit die Übertragung von Aufgaben in diesem Bereich grundlegend kontingentiert sind. Aufgrund dieser Kontingentierung und der damit einhergehenden verfassungsrechtlichen Teilhaberechte der privaten Rettungsdienstleister aus Art. 12 Abs. 1 i.V.m. Art. 3 Abs. 1 GG auf gerechte Beteiligung an quantitativ begrenzten

---

[252] Gesetzesbegründung zu § 27 BremHilfG, Bremen LT-Drs. 15/1141, 47.
[253] Vgl. *Pieroth/Schlink/Kingreen/Poscher*, Grundrechte Staatsrecht II, Rn. 956.

Kapazitäten²⁵⁴ ist auch ohne direkte Anordnung im HmbRDG ein Auswahlverfahren unter den Interessenten durchzuführen. Genuin für das Auswahlverfahren geltenden Eignungs- oder Zuschlagskriterien existieren im HmbRDG nicht. Als Eignungskriterien können aber die Genehmigungsvoraussetzungen des § 12 Abs. 1 Nr. 1 bis 4 HmbRDG herangezogen werden. Die Norm greift damit auf allgemeine gewerberechtliche Erlaubnisvoraussetzungen wie die Sicherheit und Leistungsfähigkeit des Betriebes, die Zuverlässigkeit des Unternehmens und die fachliche Eignung des Betriebspersonals zurück.

Bei der Aufgabenübertragung i.S.d. § 8 S. 1 HmbRDG handelt es sich wegen des Konzessionsmodells um die Vergabe einer **Dienstleistungskonzession** gemäß § 105 Abs. 1 Nr. 2 GWB. Demgemäß ist das Vergabeverfahren den Grundsätzen des Vergaberechts – Transparenz, Gleichbehandlung/Nichtdiskriminierung, Objektivität und Wettbewerb – entsprechend durchzuführen. Dies folgt im Oberschwellenbereich bereits aus § 97 Abs. 1 und 2 GWB. Im Oberschwellenbereich ist das Auswahlverfahren als förmliches Vergabeverfahren gemäß den prozeduralen Vorgaben des GWB und der KonzVgV durchzuführen, wenn die Bereichsausnahme (nach einer Entscheidung des EuGH)²⁵⁵ nicht eingreift.

143

Die Regelungen zum **Genehmigungsverfahren** bezüglich der Durchführung von Rettungsdienstleistungen außerhalb des öffentlichen Rettungsdienstes sind in den §§ 11 ff. HmbRDG verortet. Im Falle der Kontingentierung der Genehmigungen ist entsprechend zur Aufgabenübertragung ein Auswahlverfahren durchzuführen.

144

7. Hessen

In Hessen werden Rettungsdienstkonzessionen vergeben.²⁵⁶ Der öffentliche Rettungsdienst umfasst in Hessen nach § 1 S. 2 HRDG insbesondere die Notfallrettung und den Krankentransport. Beide Begriffe werden in § 3 Abs. 2 und 3 HRDG näher definiert. Aufgabenträger des öffentlichen Rettungsdienstes sind gemäß § 5 Abs. 1 S. 1 HRDG die Landkreise und die kreisfreien Städte. Nach § 5 Abs. 2 S. 1 HRDG können private Dritte mit den Aufgaben des öffentlichen Rettungsdienstes betraut werden. Diese werden dann zu Leistungsträgern. Eine Bevorzugung gegenüber privaten Dienstleistern erfahren in Hessen nach § 5 Abs. 2 S. 2 HRDG die im Katastrophenschutz mitwirkenden Hilfsorganisationen oder deren Untergliederungen und Tochtergesellschaften – sie sollen bei der Auswahl vorrangig berücksichtigt werden. Ob und inwieweit diese Vorgaben im Hinblick auf die Vorgaben des Unions- und Verfassungsrechts zu einer Einschränkung des Bewerberkreises führen, muss bezweifelt werden.²⁵⁷

145

Da in Hessen gemäß § 11 Abs. 1 S. 2 HRDG die Beauftragung durch öffentlich-rechtlichen **Vertrag** oder **Verwaltungsakt** erfolgen kann, werden in Hessen **Rettungsdienstkonzessionen** oder **Rettungsdienstsubmissionsverträge** vergeben.

146

Wenn in Hessen eine Rettungsdienstkonzession vergeben wird, muss diese wettbewerblich und transparent vergeben werden.²⁵⁸ Nach zutreffender Auffassung des VG Kassel besteht bei binnenmarktrelevanten Rettungsdienstvergaben eine umfassende Informationspflicht.²⁵⁹ Diese Verpflichtung ergebe sich zwar nicht aus dem HRDG. Eine Pflicht zur vorhergehenden öffentlichen **Bekanntmachung** folge jedoch aus dem europäischen Primärrecht, in dessen Licht § 5 Abs. 2 S. 1 i.V.m. § 11 Abs. 1 HRDG auszulegen sei bzw. das diese Vorschriften überforme.²⁶⁰ Will der Gesetzgeber diese Bekanntmachungspflicht ausschließen, muss er dies explizit regeln. Daran fehlt es. § 5 Abs. 2 S. 1 HRDG enthält eine solche Regelung jedenfalls nicht, weil sich hieraus lediglich eine „vorrangige Berücksichtigung" der im Katastrophenschutz mitwirkenden Hilfsorganisationen ergibt. Diese vorrangige Berücksichtigung ist dabei nicht in dem Sinne zu verstehen, dass auf eine Bekanntmachung, welche das europäische Pri-

147

---
254 Vgl. *Pieroth/Schlink/Kingreen/Poscher*, Grundrechte Staatsrecht II, Rn. 956.
255 Siehe oben Rn. 2.
256 So schon die verwendete Begrifflichkeit in VGH Kassel, Beschluss v. 26.3.1999 – 11 TM 3406/98, juris Rn. 28.
257 Vgl. VG Kassel, Urteil v. 6.10.2017 – 5 K 939/17.
258 VG Kassel, Urteil v. 6.10.2017 – 5 K 939/17; VG Darmstadt, Beschluss v. 10.9.2015 – 4 L 1180/15.DA.
259 Vgl. VG Kassel, Urteil v. 6.10.2017 – 5 K 939/17.
260 Vgl. VG Kassel, Urteil v. 6.10.2017 – 5 K 939/17.

märrecht bei einem eindeutigen grenzüberschreitenden Interesse (wie vorliegend) fordert, verzichtet werden darf. Vielmehr enthält diese Regelung auf der Stufe der zutreffenden Auswahl ermessensverengende Vorgaben dahin gehend, wem die Konzession zu erteilen ist. Der Gesetzgeber hat sich daher – auch vor dem Hintergrund der Rechtsprechung des EuGH zu einer aus dem Primärrecht folgenden Bekanntmachungspflicht – nicht dazu entschlossen, die Direktvergabe zuzulassen.[261]

148 Ziel der Auswahlvorschriften ist es vorrangig, die ausreichende Versorgung der Bevölkerung mit Rettungsleistungen sicherzustellen und für die Übernahme dieser Aufgabe das nach den Vorgaben des HRDG (§§ 5 Abs. 2 S. 4, 15 Abs. 1 HRDG) geeignetste Unternehmen auszuwählen. Deshalb sollen im Katastrophenschutz mitwirkende **Hilfsorganisationen** (§ 5 Abs. 2 S. 2 HRDG) oder sonstige Organisationen, soweit sie die Anerkennung im allgemeinen Katastrophenschutz besitzen (§ 5 Abs. 2 S. 3 HRDG), vorrangig berücksichtigt werden. Es geht mithin vorrangig darum, ein zuverlässiges „Unternehmen" zu finden, das in dem in Rede stehenden Zeitraum die Gewähr für die Sicherstellung dieser für die Allgemeinheit wichtigen Aufgabe bietet. Fragen der Wirtschaftlichkeit des Angebots sind bei der Vergabe einer Dienstleistungskonzession dagegen kein maßgebliches Kriterium, da die öffentliche Hand gerade keine Verpflichtung zur Zahlung eines Entgelts übernimmt, das Betriebsrisiko vielmehr typischerweise beim Bieter liegt. Ziel eines solchen Auswahlverfahrens ist daher in erster Linie die Ermittlung des geeignetsten, nicht des preiswertesten Bieters, wobei die zuständige Behörde allerdings im Hinblick auf § 10 HRDG auch die Preisgestaltung der Anbieter mit in den Blick zu nehmen hat.[262]

149 Die Beauftragung hat gemäß § 11 Abs. 1 S. 2 HRDG durch öffentlich-rechtlichen **Vertrag** oder **Verwaltungsakt** zu erfolgen. Die Beauftragung durch Vertrag hat den Vorteil, dass keine Auflagen erteilt werden müssen, sondern die vom Rettungsdienstträger gewünschten Vorgaben Vertragsbestandteil werden.[263]

150 Die privaten Rettungsdienstleister können gemäß § 10 Abs. 1 S. 1 HRDG im eigenen Namen privatrechtliche Benutzungsentgelte erheben. Die Höhe dieser **Entgelte** verhandeln sie (hier „Leistungserbringer" genannt) nach § 10 Abs. 1 S. 2 HRDG mit den Krankenkassen als Kostenträger (hier: „Leistungsträger" genannt, vgl. § 3 Abs. 11 HRDG). Der Gläubiger dieser Entgelte ist der private Rettungsdienstleister, sodass in Hessen das Konzessionsmodell zur Anwendung kommt. Bei der Berechnung des Vertragswerts für eine Konzessionsvergabe hat das VG Kassel auf eine Entscheidung der VK Südbayern abgestellt.[264] Danach belaufen sich nach Angaben des Bayerischen Staatsministeriums des Innern, Bau und Verkehr vom 2. Januar 2017 die Kosten für den laufenden Dauerbetrieb eines Rettungswagens (bei 24 Stunden pro Tag und 7 Tage die Woche) auf 550.000 Euro bis 610.000 Euro pro Jahr. Das VG Kassel berechnete für den Landkreis für einen Teilbereich den Wert auf 34.000.000 Euro und für einen weiteren Bereich auf 16.750.000 Euro. Diese Berechnungsbeispiele zeigen auf, dass nur in den seltensten Fällen nicht von einer Binnenmarktrelevanz bei einer mehrjährigen Beauftragung auszugehen sein dürfte.

151 Das HRDG trifft keine direkte Aussage zur Kontingentierung des Rechts zur Durchführung von Rettungsdienstleistungen – gleichwohl liegt es in der Natur dieser Tätigkeit, dass Bedarf bloß an einer beschränkten Anzahl von Rettungsdienstleistern besteht. Insofern ist auch in Hessen ein **Auswahlverfahren** durchzuführen. § 11 Abs. 3 S. 1 HRDG ordnet an, dass die Beurteilung der Eignung des Rettungsdienstleisters anhand objektiver und transparenter Kriterien zu erfolgen hat. Das Auswahlverfahren muss den Anforderungen der Grundsätze der Transparenz und Objektivität genügen. Allgemeine Eignungskriterien enthalten die §§ 24 bis 26

---

[261] Vgl. VG Kassel, Urteil v. 6.10.2017 – 5 K 939/17.
[262] Vgl. VG Kassel, Urteil v. 6.10.2017 – 5 K 939/17, mit Hinweis auf HessVerwGH, Beschluss v. 23.7.2012 – 8 B 2244/11, juris Rn. 36.
[263] Gesetzesbegründung, Gesetz für die Neufassung des Hessischen Rettungsdienstgesetzes (HRDG), Hessen LT-Drs. 18/2765, 15.
[264] Vgl. VG Kassel, Urteil v. 6.10.2017 – 5 K 939/13, mit Hinweis auf VK Südbayern, Beschluss v. 14.2.2017 – Z3-3194-1-54-12/16, juris Rn. 231.

HRDG-DVO, zudem werden in § 11 Abs. 3 S. 2 HRDG die besonders gewichtigen Kriterien der Fähigkeit der Unternehmen zur Beteiligung am Katastrophenschutz sowie zur Bewältigung einer Großschadenslage genannt.

Bei der Aufgabenübertragung i.S.d. § 5 Abs. 2 S. 1 HRDG handelt es sich wegen des Konzessionsmodells um die Vergabe einer **Dienstleistungskonzession** gemäß § 105 Abs. 1 Nr. 2 GWB, wenn die Bereichsausnahme nicht eingreift. Demgemäß ist das Vergabeverfahren gemäß den Grundsätzen des Vergaberechts – Transparenz, Gleichbehandlung/Nichtdiskriminierung, Objektivität und Wettbewerb – durchzuführen. Dies folgt im Oberschwellenbereich bereits aus § 97 Abs. 1 und 2 GWB. Im Oberschwellenbereich ist das Auswahlverfahren als förmliches Vergabeverfahren gemäß den prozeduralen Vorgaben des GWB und der KonzVgV durchzuführen, wenn der EuGH die Bereichsausnahme gemäß § 107 Abs. 1 Nr. 4 GWB nicht bestätigt. Selbst wenn dies nicht der Fall sein sollte, so ist nach der zutreffenden Auffassung des VG Kassel aus dem Unionsrecht heraus ein Verfahren durchzuführen, was einem vergaberechtlichen Verfahren weitgehend entspricht.[265] Also: Selbst wenn die Bereichsausnahme bestätigt würde, müsste ein transparentes, wettbewerbliches, diskriminierungsfreies Auswahlverfahren durchgeführt werden, welches zudem vorab veröffentlicht werden muss. Weiterhin verlangt der EuGH, dass dem Freiwilligen lediglich die Kosten erstattet werden können, die er für die geleistete Tätigkeit tatsächlich aufgewandt hat. Auch dies ist in Hessen bei einer geheimen Vergabe nicht gewährleistet. Im Rahmen des in Hessen einschlägigen Konzessionsmodells wird die Vergütung nicht mit dem Konzessionsgeber ausgehandelt, sondern mit den in § 3 Nr. 11 HRDG genannten Leistungserbringern (§ 133 SGB V i.V.m. § 10 Abs. 1 und 2 HRDG) vereinbart. Eine Kostendeckelung auf die tatsächlich entstandenen Kosten ist damit nicht sichergestellt. Es ist vielmehr vom Verhandlungsgeschick der Leistungserbringer abhängig, wer welche Benutzungsentgelte erzielt.[266] Diese Verfahren ist nicht transparent und daher angreifbar.

8. Mecklenburg-Vorpommern

Der Rettungsdienst umfasst nach § 2 Abs. 1 S. 3 RDG M-V die Notfallrettung, den qualifizierten Krankentransport sowie den Intensivtransport. Träger des öffentlichen Rettungsdienstes sind gemäß § 7 Abs. 2 S. 2 RDG M-V die Landkreise und kreisfreien Städte. Nach § 7 Abs. 4 S. 1 Nr. 2 RDG M-V können die Träger des öffentlichen Rettungsdienstes die Durchführung dieser Aufgabe auf private Dienstleister (hier: Leistungserbringer) übertragen.

Eine Privilegierung erfahren in Mecklenburg-Vorpommern die freiwilligen **Hilfsorganisationen** nicht, stattdessen sind diejenigen Bewerber nach § 7 Abs. 4 S. 2 RDG M-V in der Auswahlentscheidung zu bevorzugen, die im Katastrophenschutz mitwirken.

Die Übertragung der Aufgabe auf private Dienstleister soll gemäß § 7 Abs. 5 S. 1 RDG M-V durch öffentlich-rechtlichen **Vertrag** erfolgen.

Die Vertragsparteien hinsichtlich der Benutzungsentgelte sind gemäß § 12 Abs. 2 S. 1 RDG M-V die Träger der Rettungsdienste und die Landesverbände der Sozialleistungsträger, nicht aber die privaten Rettungsdienstleister als Leistungserbringer. Gläubiger der **Entgelte** ist der Aufgabenträger, womit in Mecklenburg-Vorpommern das Submissionsmodell Anwendung findet.

Das RDG M-V erwähnt als eines der wenigen Landesrettungsdienstgesetze direkt das unter den Bewerbern durchzuführende **Auswahlverfahren** in § 7 Abs. 4 S. 2 RDG M-V. In Hinblick auf die Art und Weise der Durchführung der Auswahlentscheidung existiert wiederum keine Regelung. Für das Auswahlverfahren heranziehbare Eignungskriterien enthält § 18 Abs. 1 Nr. 1 bis 6 RDG M-V. Die Vorschrift stellt auf allgemeine gewerberechtliche Erlaubnisvoraussetzungen wie die Sicherheit und Leistungsfähigkeit des Betriebes, die Zuverlässigkeit des Unternehmens und die fachliche Eignung des Betriebspersonals ab. Mittelbar gibt § 7 Abs. 4 S. 2

---
265 Vgl. VG Kassel, Urteil v. 6.10.2017 – 5 K 939/17.
266 Vgl. VG Kassel, Urteil v. 6.10.2017 – 5 K 939/17, mit Hinweis auf EuGH, Urteil v. 28.1.2016 – Rs. C-50/14 (CASTA), juris Rn. 64.

RDG M-V der übertragenden Stelle mit der Bereitschaft und der Fähigkeit des Bieters zur Mitwirkung im Katastrophenschutz ein besonderes Zuschlagskriterium zur Hand.[267] Eine **Kontingentierung** des Rechts zur Durchführung von Rettungsdienstleistungen enthält § 18 Abs. 2 S. 1 und 2 RDG M-V insofern, als Genehmigungen in Hinblick auf Rettungsdienstleistungen nicht zu erteilen sind, wenn hierdurch insbesondere die bedarfsgerechte Vorhaltung und Auslastung im Rettungsdienstbereich beeinträchtigt werden. Dies gilt zwar nach dem Wortlaut der Norm nur für Kranken- und Intensivtransporte außerhalb des öffentlichen Rettungsdienstes, der Gedanke kann aber entsprechend auf den öffentlichen Rettungsdienst als „bedarfsorientierte" Dienstleistung übertragen werden. Obgleich also das RDG M-V bloß von einer „Auswahlentscheidung" spricht, ist damit klar, dass auch in Mecklenburg-Vorpommern ein komplettes Auswahlverfahren durchzuführen ist.

158 Bei der Aufgabenübertragung i.S.d. § 7 Abs. 4 S. 1 Nr. 2 RDG M-V handelt es sich wegen des Submissionsmodells um die Vergabe eines **Dienstleistungsauftrages** gemäß § 103 Abs. 1 und 4 GWB. Demgemäß ist das Vergabeverfahren den Grundsätzen des Vergaberechts – Transparenz, Gleichbehandlung/Nichtdiskriminierung, Objektivität und Wettbewerb – entsprechend durchzuführen. Dies folgt im Oberschwellenbereich bereits aus § 97 Abs. 1 und 2 GWB. Im Oberschwellenbereich ist das Auswahlverfahren als förmliches Vergabeverfahren gemäß den prozeduralen Vorgaben des GWB und der VgV durchzuführen, wenn die Bereichsausnahme (nach einer Entscheidung des EuGH)[268] nicht eingreift.

159 Die Regelungen zum **Genehmigungsverfahren** bezüglich der Durchführung von Rettungsdienstleistungen außerhalb des öffentlichen Rettungsdienstes sind in den §§ 17 ff. RDG M-V verortet. Im Falle der Kontingentierung der Genehmigungen ist entsprechend zur Aufgabenübertragung ein Auswahlverfahren durchzuführen.

9. Niedersachsen

160 Unter den Begriff der öffentlichen Rettungsdienstleistungen fallen gemäß § 2 Abs. 2 S. 1 NRettDG die Notfallrettung, der qualifizierte Krankentransport, der Intensivtransport und die Bewältigung von Großschadensereignissen. Träger des öffentlichen Rettungsdienstes sind nach § 3 Abs. 1 Nr. 2 NRettDG die Landkreise, kreisfreien Städte sowie die Städte Cuxhaven, Göttingen, Hameln und Hildesheim. Nach § 5 Abs. 1 S. 1 NRettDG können die Träger des öffentlichen Rettungsdienstes die Durchführung von Rettungsdienstleistungen auf Dritte (private Dienstleister) übertragen.

161 Ferner erfahren die freiwilligen **Hilfsorganisationen** in Niedersachsen keine Privilegierung.

162 Die Beauftragung kann in Niedersachsen innerhalb eines Rettungsdienstbereiches einheitlich entweder durch Erteilung eines **Dienstleistungsauftrages** oder mehrerer Dienstleistungsaufträge (§ 5 Abs. 2 S. 1 Nr. 1 NRettDG) oder durch die Erteilung einer **Dienstleistungskonzession** oder mehrerer Dienstleistungskonzessionen (§ 5 Abs. 2 S. 1 Nr. 2 NRettDG) erfolgen. Bei Dienstleistungsaufträgen ist – bei Überschreiten der Schwellenwerte – die Vergabekammer zuständig, wenn keine Bereichsausnahme eingreift.[269] Unterhalb der Schwellenwerte sind für die Überprüfung der Rettungsdienstkonzessionen die Verwaltungsgerichte zuständig.[270] Bis zur Gesetzesnovellierung in 2011 galt ausschließlich das Submissionsmodell.[271] Früher wurden in Niedersachsen auch die gewachsenen Strukturen berücksichtigt.[272] Bei der letzten Novelle wurde die Einführung einer Bereichsausnahme erörtert. Mehrere Verbände und Organisationen, wie z. B. der Verband der gesetzlichen Krankenkassen als Kostenträger, die Hilfsorganisationen als Leistungserbringer oder auch der Deutsche Gewerkschaftsbund, ha-

---

267 Gesetzesbegründung zu § 7 Abs. 4 RDG M-V, Mecklenburg-Vorpommern LT-Drs. 6/3324, 43.
268 Siehe oben Rn. 2.
269 OLG Celle, Beschluss v. 11.6.2015, 13 – Verg 4/15; VK Niedersachsen, Beschluss v. 6.9.2016 – VgK 39/2016; Beschluss v. 5.10.2015 – VgK-37/2015.
270 OVG Lüneburg, Beschluss v. 3.2.2016 – 13 LA 79/15.
271 Vgl. Gesetzesbegründung, Gesetz zur Änderung des Niedersächsischen Rettungsdienstegesetzes, Niedersachsen LT-Drs. 16/3826, 4.
272 OVG Lüneburg, Beschluss v. 11.6.2010 – 11 ME 583/09.

ben auf das Erfordernis einer zeitnahen Umsetzung der Bereichsausnahme Bevölkerungsschutz im GWB durch das VergRModG 2016 und den sich daraus eventuell ergebenden weiteren Novellierungsbedarf des NRettDG hingewiesen.[273] Die Gespräche sowohl mit den Beteiligten direkt (Hilfsorganisationen, Kostenträger, kommunale Rettungsdienstträger) als auch im Landesausschuss „Rettungsdienst" haben jedoch vor allem zu dem konsentierten Ergebnis geführt, die jetzige Novelle nicht mit weiteren Forderungen zu überfrachten und damit zeitlich zu verzögern.[274] So werden die mit der Änderung des GWB durch das VergRModG 2016 verbundenen rechtlichen Möglichkeiten auch unter verfassungsrechtlichen Gesichtspunkten eingehend zu prüfen und dann in einer weiteren zeitnahen Novelle gegebenenfalls umzusetzen sein.[275]

163 Das NRettDG erwähnt die Durchführung eines **Auswahlverfahrens** in § 5 Abs. 1 S. 3. In Hinblick auf die Eignungskriterien können die Genehmigungsvoraussetzungen des § 22 NRettDG – Fachkunde, Leistungsfähigkeit, Gesetzestreue und Zuverlässigkeit – entsprechend sowie die Kriterien des § 5 Abs. 1 S. 3 NRettDG – Eignung und Bereitschaft der Bieter zur Mitwirkung am Katastrophenschutz sowie zur Bewältigung von Großschadensereignissen – als Zuschlagskriterien herangezogen werden. Nach Auffassung des Gesetzgebers handelt es sich dabei um einen im engen Sachzusammenhang mit dem Rettungsdienst stehenden Aufgabenbereich.[276] Eine Berücksichtigung „gewachsener Strukturen im Rettungsdienst" scheidet bei der Auswahl jedoch aus.[277] Eine **Kontingentierung** des Rechts zur Durchführung von Rettungsdienstleistungen enthält § 22 Abs. 1 S. 2 NRettDG insofern, als Genehmigungen in Hinblick auf Krankentransporte nicht zu erteilen sind, wenn hierdurch das öffentliche Interesse an einem funktionsfähigen, bedarfsgerechten und wirtschaftlichen Rettungsdienst beeinträchtigt wird. Dies gilt zwar nach dem Wortlaut der Norm nur für Krankentransporte außerhalb des öffentlichen Rettungsdienstes, der Gedanke kann aber entsprechend auf den öffentlichen Rettungsdienst als „bedarfsorientierte" Dienstleistung übertragen werden.

164 § 5 Abs. 3 S. 1 NRettDG, demzufolge Leistungen des Rettungsdienstes geschäftsmäßig nur von Trägern des Rettungsdienstes und Beauftragten erbracht werden dürfen, ist eine objektive **Berufszugangsvoraussetzung**, die an Art. 12 Abs. 1 GG zu messen ist. Beschränkungen der Berufsfreiheit durch objektive Berufszugangsvoraussetzungen sind im Allgemeinen nur zur Abwehr nachweisbarer oder höchstwahrscheinlicher schwerer Gefahren für ein überragend wichtiges Gemeinschaftsgut gerechtfertigt.[278]

165 Die Vorschriften des **Genehmigungsverfahrens** hinsichtlich der Durchführung von Rettungsdienstleistungen außerhalb des öffentlichen Rettungsdienstes sind in den §§ 19 ff. NRettDG verortet. Im Falle der Kontingentierung der Genehmigungen ist entsprechend zur Aufgabenübertragung ein Auswahlverfahren durchzuführen.

10. Nordrhein-Westfalen

166 Der öffentliche Rettungsdienst umfasst gemäß § 2 Abs. 1 Nr. 1 bis 3 RettG NRW die Notfallrettung, den Krankentransport sowie die Bewältigung von Großschadensereignissen. Träger des Rettungsdienstes sind nach § 6 Abs. 1 S. 1 RettG NRW die Kreise und kreisfreien Städte. Gemäß § 13 Abs. 1 RettG NRW kann die Durchführung von rettungsdienstlichen Aufgaben auf anerkannte Hilfsorganisationen und andere Leistungserbringer (private Rettungsdienstleister) übertragen werden.

---

273 Gesetzesbegründung, Gesetz zur Änderung des Niedersächsischen Rettungsdienstegesetzes und der Allgemeinen Gebührenordnung, Niedersachsen LT-Drs. 17/6348, 8.
274 Gesetzesbegründung, Gesetz zur Änderung des Niedersächsischen Rettungsdienstegesetzes und der Allgemeinen Gebührenordnung, Niedersachsen LT-Drs. 17/6348, 8.
275 Gesetzesbegründung, Gesetz zur Änderung des Niedersächsischen Rettungsdienstegesetzes und der Allgemeinen Gebührenordnung, Niedersachsen LT-Drs. 17/6348, 8.
276 Gesetzesbegründung, Gesetz zur Änderung des Niedersächsischen Rettungsdienstegesetzes, Niedersachsen LT-Drs. 16/3826, 8.
277 Gesetzesbegründung, Gesetz zur Änderung des Niedersächsischen Rettungsdienstegesetzes, Niedersachsen LT-Drs. 16/3826, 8.
278 OVG Lüneburg, Beschluss v. 3.2.2016 – 13 LA 79/15, Rn. 10.

167 Die Übertragung der Durchführung von Rettungsdienstleistungen auf private Dienstleister soll gemäß § 13 Abs. 1 RettG NRW durch öffentlich-rechtlichen **Vertrag** erfolgen. Dieser ist nach § 13 Abs. 3 S. 1 RettG NRW schriftlich und nach dessen S. 2 auf maximal fünf Jahre befristet abzuschließen.

168 In Nordrhein-Westfalen werden **Submissionsverträge** (und keine Konzessionen) vergeben, wenn nicht die Bereichsausnahme eingreift, womit dann der Vergaberechtsweg eröffnet ist.[279] Interimsverträge während des laufenden Vorlageverfahrens müssen ausgeschrieben werden und unterliegen der Nachprüfung.

169 Vorgaben zur Bedarfsermittlung hinsichtlich der **Beteiligung Dritter** enthält § 13 Abs. 2 RettG NRW. Der Gesetzgeber spricht von einem fairen Miteinander. Dieser Organisationsform sei es zu verdanken, dass im Rettungsdienst in Nordrhein-Westfalen ein gutes und faires Miteinander von öffentlichem Rettungsdienst, freiwilligen Hilfsorganisationen und privaten Anbietern, vor allem im Bereich der qualifizierten Krankentransporte, praktiziert wird. So bestehe z.B. im Falle von Bedarfsspitzen die Möglichkeit, vom gegenseitigen Miteinander zu profitieren. Der bestehende Wettbewerb gewährleiste im Übrigen einen qualitativ hochwertigen Rettungsdienst in Nordrhein-Westfalen, der sich als wirtschaftlich und effektiv herausgestellt habe.[280]

170 Freiwillige **Hilfsorganisationen** erfahren seit der Gesetzesnovellierung keine Bevorzugung mehr.[281] Teilweise wird von Aufgabenträgern hervorgehoben, dass eine Beteiligung an Leistungen der Notfallrettung mit Privilegien der im Katastrophenschutz mitwirkenden Organisationen gemäß Runderlass des Ministeriums für Gesundheit, Emanzipation, Pflege und Alter des Landes Nordrhein-Westfalen (MGEPA NRW) vom 14. Juni 2016 möglich sei.[282] Dieser Runderlass ist im Zusammenhang mit einem Schreiben des MGEPA NRW vom 23. Juni 2016 der Präsidentin des Landtags Nordrhein-Westfalen zu sehen. Dort ist das Ministerium, wie aus dem Schreiben des MGEPA NRW vom 23. Juni 2016 zu entnehmen ist, eher zurückhaltend im Hinblick auf die Wirkungen des Rundschreibens.[283] Dieser Runderlass habe die bisher geltenden Erlasse zur Thematik aufgehoben, auf die Beachtung der relevanten Regelungen von Bundes- und Landesrecht verwiesen sowie darauf hingewiesen, dass der Landesgesetzgeber die systemische Verzahnung von Notfallrettung, qualifiziertem Krankentransport und Katastrophenschutz mehrfach betont habe und dies angemessen zu berücksichtigen sei. Die weitere verwaltungsseitige Umsetzung obliege nun – so das MGEPA NRW – den Trägern des Rettungsdienstes vor Ort. Aus den Ausführungen des MGEGPA NRW ist also nicht eine (weitere) Bereichsausnahme zu entnehmen, sondern nur der Hinweis auf die bestehenden Regeln, die aber eine Ausschreibungsfreiheit rechtfertigen. Bundesrechtlich existiert eine Ausschreibungspflicht, die landesrechtlich nicht ausgehebelt werden kann (vgl. Art. 31 GG).

171 Die **Kosten** des Rettungsdienstes werden gemäß § 14 Abs. 5 S. 1 RettG NRW von den Trägern des Rettungsdienstes getragen; diese erheben hierfür Benutzungsgebühren nach § 14 Abs. 6 RettG NRW. Gläubiger der Entgelte sind somit die Aufgabenträger, womit auch in Nordrhein-Westfalen als nördlichem Bundesland nach der Novellierung weiterhin das Submissionsmodell Anwendung findet.[284]

172 Das RettG NRW trifft in § 13 Abs. 4 S. 1 RettG NRW eine Aussage zur Kontingentierung der Beteiligung von privaten Rettungsdienstleistern und damit zur Erforderlichkeit der Durchführung eines verwaltungsrechtlichen **Auswahlverfahrens**. § 13 Abs. 2 S. 3 RettG NRW spricht

---

279 OLG Düsseldorf, Beschluss v. 15.6.2016 – VII-Verg 49/15.
280 Gesetzesbegründung, Zweites Gesetz zur Änderung des Rettungsgesetzes NRW, Nordrhein-Westfalen LT-Drs. 16/6088, 31.
281 Gesetzesbegründung, Zweites Gesetz zur Änderung des Rettungsgesetzes NRW, Nordrhein-Westfalen LT-Drs. 16/6088, 17.
282 Ministerium für Gesundheit, Emanzipation, Pflege und Alter des Landes Nordrhein-Westfalen, Runderlass v. 14.6.2016 – 224-G.0375.
283 Ministerium für Gesundheit, Emanzipation, Pflege und Alter des Landes Nordrhein-Westfalen, Schreiben an die Präsidentin des Landtags Nordrhein-Westfalen v. 23.6.2016 – Vorlage 16 /4035.
284 Gesetzesbegründung, Zweites Gesetz zur Änderung des Rettungsgesetzes NRW, Nordrhein-Westfalen LT-Drs. 16/6088, 35.

im Blick hierauf vom „Verfahren" und von einer „Auswahlentscheidung". Nach dem Willen des nordrhein-westfälischen Gesetzgebers handelt es sich im Ergebnis um ein Vergabeverfahren.[285] Originär für die Auswahlentscheidung geltende Eignungskriterien listet § 13 Abs. 3 S. 2 RettG NRW auf. Ferner zählen § 13 Abs. 4 zwingende und Abs. 5 fakultative inhaltliche Regelungen des abzuschließenden Vertrages auf. Als Zuschlagskriterium soll nach § 13 Abs. 2 S. 3 RettG NRW insbesondere die Fähigkeit des Bieters berücksichtigt werden, bei Großschadenslagen i.S.d. § 7 Abs. 4 RettG NRW mitzuwirken.[286] Die differenzierten Anforderungen dieser Vorschriften an potenzielle Leistungserbringer sollen der Qualitätssicherung des Rettungsdienstes dienen.[287] Es soll unter anderem verhindert werden, dass nicht leistungsgerechte Anbieter sich an der Durchführung des Rettungsdienstes beteiligen können.[288] Ergänzend kann bzgl. der Eignungskriterien auf die Genehmigungsvoraussetzungen des § 19 RettG NRW abgestellt werden. Diese gelten gemäß § 17 S. 1 RettG NRW für private Rettungsdienstleister, die keiner Beauftragung i.S.d. § 13 Abs. 1 RettG NRW unterliegen.

Bei der Aufgabenübertragung i.S.d. § 13 Abs. 1 RettG NRW handelt es sich um die Vergabe eines **Dienstleistungsauftrages** i.S.d. § 103 Abs. 1 und 4 GWB. Demgemäß ist das Auswahlverfahren den Grundsätzen des Vergaberechts – Transparenz, Gleichbehandlung/Nichtdiskriminierung, Objektivität und Wettbewerb – entsprechend durchzuführen. Dies folgt im Oberschwellenbereich bereits aus § 97 Abs. 1 und 2 GWB. Im Oberschwellenbereich muss ein förmliches Vergabeverfahren gemäß den prozeduralen Vorgaben des GWB und der VgV durchgeführt werden, wenn die Bereichsausnahme (nach einer Entscheidung des EuGH) nicht eingreift.

173

Die Vorschriften des **Genehmigungsverfahrens** hinsichtlich der Durchführung von Rettungsdienstleistungen außerhalb des öffentlichen Rettungsdienstes sind in den §§ 17 ff. RettG NRW verortet. Im Falle der Kontingentierung der Genehmigungen ist entsprechend zur Aufgabenübertragung ein Auswahlverfahren durchzuführen.

174

11. Rheinland-Pfalz

Der öffentliche Rettungsdienst umfasst gemäß § 1 Abs. 1 S. 2 RettDG-RP die Notfall- und Krankentransporte. Träger der Rettungsdienste sind gemäß § 3 Abs. 1 RettDG-RP das Land, die Landkreise sowie die kreisfreien Städte. Nach § 5 Abs. 1 RettDG-RP übertragen die zuständigen Behörden die Durchführung des Rettungsdienstes den anerkannten Sanitätsorganisationen (freiwillige Hilfsorganisationen) oder einer anderen im Rettungsdienst tätigen Einrichtung – soweit diese in der Lage und bereit sind, einen ständigen Rettungsdienst zu gewährleisten. Auf private Drittunternehmen kann die Durchführung von Rettungsdienstleistungen gemäß § 5 Abs. 3 S. 2 RettDG-RP nur dann übertragen werden, wenn die Sanitätsorganisationen oder Einrichtungen zur Leistungserbringung nicht in der Lage oder nicht bereit sind.

175

Die Übertragung erfolgt gemäß § 5 Abs. 2 S. 1 RettDG-RP in der Form des öffentlich-rechtlichen **Vertrages**.

176

Damit dürfen diese in Rheinland-Pfalz nur subsidiär mit der Erbringung solcher Leistungen beauftragt werden, sodass die **Hilfsorganisationen** einer Privilegierung unterliegen. Eine solche Privilegierung ist grundsätzlich zulässig, allerdings muss sie die verfassungsrechtlichen Grenzen der Berufsfreiheit der privaten Rettungsdienstleister gemäß Art. 12 Abs. 1 GG einhalten.[289] Die Regelung soll aber nach dem Ansinnen des Gesetzgebers dem Interesse privater Rettungsdienstleister bereits insoweit entgegenkommen, als diese in früheren Fassungen des

177

---

285 Vgl. Gesetzesbegründung, Zweites Gesetz zur Änderung des Rettungsgesetzes NRW, ordrhein-Westfalen LT-Drs. 16/6088, 35.
286 Gesetzesbegründung, Zweites Gesetz zur Änderung des Rettungsgesetzes NRW, Nordrhein-Westfalen LT-Drs. 16/6088, 36.
287 Gesetzesbegründung, Zweites Gesetz zur Änderung des Rettungsgesetzes NRW, Nordrhein-Westfalen LT-Drs. 16/6088, 36.
288 Gesetzesbegründung, Zweites Gesetz zur Änderung des Rettungsgesetzes NRW, Nordrhein-Westfalen LT-Drs. 16/6088, 36.
289 Vgl. hierzu BayVerfGH, Entscheidung v. 24.5.2012 – Vf. 1-VII-10.

Gesetzes vollständig von der Aufgabenübertragung ausgeschlossen worden sind.[290] Im selben Atemzug will der Gesetzgeber aber weiterhin die vollständige Öffnung des Rettungsdienstleistungsmarktes zugunsten privater Unternehmen vermeiden.[291] Nichtsdestotrotz geht er davon aus, dass mit den getroffenen Regelungen den Interessen privater Dienstleister angemessen gedient ist.[292]

178 Die Drittbeauftragten erheben gemäß § 12 RettDG-RP **Entgelte** auf Basis von Vereinbarungen auf Verbandsebene, sonst durch Schiedsstellenentscheidung nach § 13 RettDG-RP. In Rheinland-Pfalz kommt ein Mischmodell zur Anwendung, wonach die Übertragung sowohl als Auftragsvergabe (Submission) als auch als Konzessionsvergabe erfolgen kann. Dementsprechend gestaltet sich die Gläubigerstellung bezüglich der Entgelte.

179 Die Durchführung eines verwaltungsrechtlichen **Auswahlverfahrens** bzw. Vergabeverfahrens im Vorfeld zur Übertragung der Durchführung von Rettungsdienstleistungen auf private Dritte wird im RettDG-RP nirgendwo direkt angesprochen bzw. geregelt. Aufgrund der Bevorzugung freiwilliger Hilfsorganisationen (§ 5 Abs. 3 S. 2 RettDG-RP) ist das Recht der privaten Rettungsdienstleister zum Tätigwerden in dem Bereich strikt kontingentiert. Angesichts dessen ist wegen der Rechte der privaten Rettungsdienstleister aus Art. 12 Abs. 1 i.V.m. Art. 3 Abs. 1 GG ein Auswahlverfahren durchzuführen. Genuin für das Auswahlverfahren geltende Kriterien enthält das RettDG-RP aufgrund des gesetzgeberischen Willens nicht. Es wurde bewusst auf die detaillierte Festlegung aller in einem Einzelfall möglichen Varianten verzichtet.[293] Die Aufstellung der Eignungs- und Zuschlagskriterien bleibt damit im pflichtgemäßen Ermessen der Behörde.[294] Nichtsdestotrotz können die für die Genehmigung nach § 14 Abs. 1 S. 1 RettDG-RP geltenden Voraussetzungen in § 18 Abs. 1 RettDG-RP auch für das Auswahlverfahren als Eignungskriterien herangezogen werden.

180 Bei der Aufgabenübertragung i.S.d. § 5 Abs. 3 S. 2 RettDG-RP handelt es sich aufgrund des **Mischmodells** entweder um die Vergabe eines Dienstleistungsauftrages i.S.d. § 103 Abs. 1 und 4 GWB oder einer Dienstleistungskonzession i.S.d. § 105 Abs. 1 Nr. 2 GWB. Demgemäß ist das Auswahlverfahren den Grundsätzen des Vergaberechts – Transparenz, Gleichbehandlung/Nichtdiskriminierung, Objektivität und Wettbewerb – entsprechend durchzuführen. Dies folgt im Oberschwellenbereich bereits aus § 97 Abs. 1 und 2 GWB. Im Oberschwellenbereich muss ein förmliches Vergabeverfahren gemäß den prozeduralen Vorgaben des GWB und der VgV oder KonzVgV durchgeführt werden, wenn die Bereichsausnahme (nach einer Entscheidung des EuGH) nicht eingreift.

181 Die **Genehmigungspflicht** für die Durchführung von Notfall- oder Krankentransporten, ohne beauftragt worden zu sein, ist in § 14 Abs. 1 S. 1 RettDG-RP geregelt. Im Falle der Kontingentierung der Genehmigungen ist entsprechend zur Aufgabenübertragung ein Auswahlverfahren durchzuführen.

12. Saarland

182 Der öffentliche Rettungsdienst umfasst auch im Saarland gemäß § 2 Abs. 1 SRettG die Notfallrettung sowie den Krankentransport. Träger des öffentlichen Rettungsdienstes nach § 5 Abs. 1 SRettG sind die Landkreise sowie der Regionalverband Saarbrücken. Gemäß § 8 Abs. 1

---

290 Gesetzesbegründung zu § 5 Abs. 3 RettDG-RP, Landesgesetz zur Änderung des Brand- und Katastrophenschutzgesetzes (LBKG), des Rettungsdienstgesetzes (RettDG) und anderer Vorschriften, Rheinland-Pfalz LT-Drs. 14/3502, 58.
291 Gesetzesbegründung zu § 5 Abs. 3 RettDG-RP, Landesgesetz zur Änderung des Brand- und Katastrophenschutzgesetzes (LBKG), des Rettungsdienstgesetzes (RettDG) und anderer Vorschriften, Rheinland-Pfalz LT-Drs. 14/3502, 58.
292 Gesetzesbegründung, Landesgesetz zur Änderung des Brand- und Katastrophenschutzgesetzes (LBKG), des Rettungsdienstgesetzes (RettDG) und anderer Vorschriften, Rheinland-Pfalz LT-Drs. 15/1676, 1.
293 Gesetzesbegründung zu § 5 Abs. 3 RettDG-RP, Landesgesetz zur Änderung des Brand- und Katastrophenschutzgesetzes (LBKG), des Rettungsdienstgesetzes (RettDG) und anderer Vorschriften, Rheinland-Pfalz LT-Drs. 14/3502, 58.
294 Gesetzesbegründung zu § 5 Abs. 3 RettDG-RP, Landesgesetz zur Änderung des Brand- und Katastrophenschutzgesetzes (LBKG), des Rettungsdienstgesetzes (RettDG) und anderer Vorschriften, Rheinland-Pfalz LT-Drs. 14/3502, 58.

SRettG überträgt der Rettungszweckverband die Durchführung des Rettungsdienstes nebst freiwilligen Hilfsorganisationen auf Gemeinden oder sonstige Dritte.

Eine Privilegierung der **Hilfsorganisation** erfolgt nach dem SRettG nicht. 183

Eine besondere Form der Aufgabenübertragung wird im Gesetz nicht vorgesehen, sie muss aber nach allgemeinen Grundsätzen mittels eines **Vertrages** erfolgen. 184

Das Land und der Zweckverband finanzieren nach § 9 Abs. 1 S. 1 SRettG 25 % der Kosten durch Zuwendungen. Zwischen dem Zweckverband und den Kostenträgern werden gemäß § 10 Abs. 1 SRettG Leistungsentgelte einheitlich für das Saarland vereinbart. Gläubiger der **Entgelte** ist teilweise der Dritte, teilweise der Zweckverband als Aufgabenträger. Auch im Saarland kommt eine Mischung aus Submissions- und Konzessionsmodell zum Tragen. 185

Die Durchführung eines verwaltungsrechtlichen **Auswahlverfahrens** bzw. Vergabeverfahrens im Vorfeld zur Übertragung der Durchführung von Rettungsdienstleistungen auf private Dritte wird in § 8 Abs. 3 S. 1 SRettG angeordnet, wonach eine öffentliche Ausschreibung durchzuführen ist, wenn die Neu- oder Wiederbesetzung eines Rettungswachenbereichs erforderlich wird. Als Eignungskriterien können die Tatbestandsvoraussetzungen der Genehmigung nach § 16 Abs. 1 SRettDG fungieren. In Hinblick auf die Zuschlagskriterien trifft § 8 Abs. 3 S. 2 SRettDG die Aussage, dass die effektive und wirtschaftliche Leistungserbringung zu berücksichtigen ist. 186

Bei der Aufgabenübertragung i.S.d. § 8 Abs. 1 SRettG handelt es sich aufgrund des **Mischmodells** entweder um die Vergabe eines Dienstleistungsauftrages i.S.d. § 103 Abs. 1 und 4 GWB oder einer Dienstleistungskonzession gemäß § 105 Abs. 1 Nr. 2 GWB. Demgemäß ist das Auswahlverfahren den Grundsätzen des Vergaberechts – Transparenz, Gleichbehandlung/Nichtdiskriminierung, Objektivität und Wettbewerb – entsprechend durchzuführen. Dies folgt im Oberschwellenbereich bereits aus § 97 Abs. 1 und 2 GWB. Im Oberschwellenbereich muss ein förmliches Vergabeverfahren gemäß den prozeduralen Vorgaben des GWB und der VgV oder KonzVgV durchgeführt werden, wenn die Bereichsausnahme (nach einer Entscheidung des EuGH) nicht eingreift. 187

Die **Genehmigungspflicht** für die Durchführung von Notfall- oder Krankentransporten, ohne beauftragt worden zu sein, ist in § 12 Abs. 1 S. 1 SRettDG geregelt. Im Falle der Kontingentierung der Genehmigungen ist entsprechend zur Aufgabenübertragung ein Auswahlverfahren durchzuführen. 188

13. Sachsen

In Sachsen werden oberhalb der Schwellenwerte Dienstleistungsaufträge und nicht Rettungsdienstkonzessionen vergeben.[295] Die seit dem Inkrafttreten des VergRModG am 18. April 2016 geänderten Anforderungen und Vorgaben für die Vergabe von Rettungsdienstleistungen nach § 31 SächsBRKG haben keine Auswirkungen auf die gegenwärtige Situation bei der Erbringung von Rettungsdienstleistungen, deren Qualität oder die Situation der im Rettungsdienst Beschäftigten.[296] Zuständig für die Überprüfung sind die Nachprüfungsinstanzen.[297] Nach § 2 Abs. 2 S. 1 SächsBRKG umfasst der öffentliche Rettungsdienst die Notfallrettung sowie den Krankentransport. Beide Begriffe werden in § 2 Abs. 2 S. 2 und 4 SächsBRKG näher definiert. Aufgabenträger sind gemäß § 3 Nr. 3 SächsBRKG die Rettungszweckverbände sowie diejenigen Landkreise und kreisfreien Städte, die sich nicht zu einem Rettungszweckverband zusammengeschlossen haben. Die Durchführung des Rettungsdienstes kann gemäß § 31 Abs. 1 S. 2 SächsBRKG auf private Rettungsdienstleister übertragen werden. 189

Eine Bevorzugung der **Hilfsorganisationen** gegenüber privaten Dritten sieht das SächsBRKG nicht vor. 190

---

295 Vgl. OVG Bautzen, Beschluss v. 9.2.2016 – 5 B 315/15.
296 Antwort auf den Antrag der Fraktion DIE LINKE, Rettungsdienst im Freistaat Sachsen retten!, Drs. 6/11487, 38-1054/3/19.
297 Vgl. OVG Bautzen, Beschluss v. 9.2.2016 – 5 B 315/15.

191 Die Übertragung soll nach § 31 Abs. 1 S. 1 SächsBRKG im Rahmen eines öffentlich-rechtlichen **Vertrages** erfolgen, welcher gemäß § 31 Abs. 6 S. 1 SächsBRKG auf sieben Jahre zu befristen ist.[298]

192 Die Landkreise vereinbaren gemäß § 32 SächsBRKG Benutzungsentgelte mit den Kostenträgern. Das SächsBRKG entscheidet sich für die Beibehaltung des sogenannten „Submissionsmodells";[299] der Gläubiger der **Entgelte** ist der Aufgabenträger.

193 § 31 Abs. 1 S. 2 und 3 SächsBRKG ordnet im Vorfeld zur Aufgabenübertragung die Durchführung eines förmlichen **Vergabeverfahrens** i.S.d. GWB an. Die Novellierung verfolgt damit die Anpassung der Rechtslage an die Rechtsprechung des EuGH und des BGH.[300] § 31 Abs. 4 SächsBRKG listet dazu die Eignungskriterien auf und § 31 Abs. 5 SächsBRKG enthält die unerlässlichen Zuschlagskriterien. Gemäß § 31 Abs. 5 S. 1 SächsBRKG ist der Zuschlag auf das wirtschaftlichste Angebot zu machen; Kriterien zu dessen Ermittlung sind gemäß S. 2 des § 31 Abs. 5 SächsBRKG insbesondere der Angebotspreis, das Umsetzungskonzept sowie die Mitwirkung im Katastrophenschutz. Das Umsetzungskonzept kann neben dem Preis zu 50 % gewichtet werden und durch zahlreiche Unterkriterien unterlegt werden.[301] Das Zuschlagskriterium „Bereitschaft zur Mitwirkung im Katastrophenschutz" soll der Vernetzung der Bereiche Brandschutz, Rettungsdienst und Katastrophenschutz im Rahmen des Bevölkerungsschutzes Rechnung tragen.[302] In Hinblick auf den Katastrophenschutz ist gemäß dem Wortlaut des § 31 Abs. 4 Nr. 4 SächsBRKG nicht auf die Mitwirkung beim Katastrophenschutz selbst abzustellen, sondern auf die „Eignung", sprich die Bereitschaft. Dementsprechend haben auch Anbieter, die noch nie im Katastrophenschutz mitgewirkt haben, die Möglichkeit, dieses Kriterium zu erfüllen, wenn sie ihre Bereitschaft erklären und personell sowie materiell leistungsfähig sind.[303] Einzelheiten zum Katastrophenschutz sind in den §§ 36 ff. SächsBRKG geregelt. Die Mitwirkung von privaten Dritten im Katastrophenschutz findet ihre Vorgaben in § 40 SächsBRKG.

194 Bei der Aufgabenübertragung i.S.d. 31 Abs. 1 S. 2 SächsBRKG handelt es sich wegen des **Submissionsmodells** um die Vergabe eines Dienstleistungsauftrages i.S.d. § 103 Abs. 1 und 4 GWB. Demgemäß ist das Auswahlverfahren den Grundsätzen des Vergaberechts – Transparenz, Gleichbehandlung/Nichtdiskriminierung, Objektivität und Wettbewerb – entsprechend durchzuführen. Dies folgt im Oberschwellenbereich bereits aus § 97 Abs. 1 und 2 GWB. Im Oberschwellenbereich muss ein förmliches Vergabeverfahren gemäß den prozeduralen Vorgaben des GWB und der VgV durchgeführt werden.

195 Auch bei der Verknüpfung der Mitwirkung beim Katastrophenschutz und Mitwirkung beim Massenanfall von Verletzten, der Einbindung des Ehrenamtes und der Bewältigung von Großschadensereignissen, wofür ein Bedürfnis zur Regelung vorliegt,[304] bestehen Zielkonflikte. Die Bedeutung des **Katastrophenschutzes** und der Bewältigung von **Großschadensereignissen** im Rahmen der durch den Träger des Rettungsdienstes sicherzustellenden allgemeinen Daseinsvorsorge ist auf der einen Seite unbestritten. Auf der anderen Seite besteht beispielsweise gemäß § 32 Abs. 1 S. 2 SächsBRKG die Verpflichtung zur sparsamen und wirtschaftlichen Betriebsführung, durch die ein bedarfsgerechter, leistungsfähiger und wirtschaftlicher Rettungsdienst und eben nicht der Katastrophenschutz zu gewährleisten sind. Der Katastro-

---

298 Vgl. *Braun*, SächsVBl. 2012, 221; Gesetzesbegründung zu § 31 SächsBRKG, Gesetz zur Änderung des Sächsischen Gesetzes über den Brandschutz, Rettungsdienst und Katastrophenschutz, Sachsen LT-Drs. 5/8264, 14.
299 Gesetzesbegründung, Gesetz zur Änderung des Sächsischen Gesetzes über den Brandschutz, Rettungsdienst und Katastrophenschutz, Sachsen LT-Drs. 5/8624, 2.
300 Vgl. Gesetzesbegründung zu § 31 SächsBRKG, Gesetz zur Änderung des Sächsischen Gesetzes über den Brandschutz, Rettungsdienst und Katastrophenschutz, Sachsen LT-Drs. 5/8624, 13.
301 Zu den Unterkriterien: Gesetzesbegründung zu § 31 SächsBRKG, Gesetz zur Änderung des Sächsischen Gesetzes über den Brandschutz, Rettungsdienst und Katastrophenschutz, Sachsen LT-Drs. 5/8624, 14.
302 Gesetzesbegründung zu § 31 SächsBRKG, Gesetz zur Änderung des Sächsischen Gesetzes über den Brandschutz, Rettungsdienst und Katastrophenschutz, Sachsen LT-Drs. 5/8624, 14.
303 Gesetzesbegründung zu § 31 SächsBRKG, Gesetz zur Änderung des Sächsischen Gesetzes über den Brandschutz, Rettungsdienst und Katastrophenschutz, Sachsen LT-Drs. 5/8624, 14.
304 Vgl. Stellungnahme der Arbeitsgemeinschaften der Leiter der Berufsfeuerwehren in der Bundesrepublik Deutschland v. 25.4.2012, S. 2 ff.

phenschutz gehört zur klassischen Daseinsvorsorge und somit nicht in das Leistungsspektrum der gesetzlichen Krankenversicherung. Eine Abgrenzung dieser beiden Systeme muss insbesondere im Hinblick auf die jeweils entstehenden Kosten beibehalten werden.

196 Der Freistaat Sachsen ist gemäß § 3 Nr. 5 SächsBRKG für die zentralen Aufgaben des Brandschutzes, des Katastrophenschutzes und des bodengebundenen Rettungsdienstes verantwortlich. An dieser **Zuständigkeit** ändert sich nichts, sodass der Spielraum bei der organisatorischen Ausgestaltung der Verwaltung durch die Kompetenz- und Organisationsnormen der Art. 82 bis 85 SächsVerf begrenzt wird. Aus dem Normgefüge der Art. 82 bis 85 SächsVerf folgt, dass Mitplanungs-, Mitverwaltungs- und Mitentscheidungsbefugnisse gleich welcher Art im Aufgabenbereich der Kommunen durch die Landesverfassung ausgeschlossen sind, wenn die Verfassung von Sachsen entsprechende Sachkompetenzen nicht übertragen hat.[305]

197 Die derzeitigen Regelungen des SächsBRKG zu den Vergabeverfahren im Rettungsdienst stehen nicht im Widerspruch zu bundes- oder europarechtlichen Vorschriften. Damit ergibt sich kein unmittelbar aus dem Inkrafttreten des **VergRModG 2016** resultierender Novellierungsbedarf des SächsBRKG oder der SächsLRettDPVO. Ein Wechsel vom im bodengebundenen Rettungsdienst geltenden Submissionsmodell zum Konzessionsmodell ist in Folge der Vergaberechtsmodernisierung nicht erforderlich.[306]

14. Sachsen-Anhalt

198 Das Rettungsdienstgesetz in Sachsen-Anhalt ist 2017 novelliert worden. Der öffentliche Rettungsdienst umfasst in Sachsen-Anhalt gemäß § 1 Abs. 2 S. 2 RettDG LSA insbesondere die Notfallrettung und die qualifizierte Patientenbeförderung. Beide Begriffe werden in § 2 Abs. 1 und 3 RettDG LSA präziser definiert. Träger des Rettungsdienstes sind gemäß § 4 Abs. 1 RettDG LSA die Landkreise und die kreisfreien Städte; nach § 4 Abs. 2 RettDG LSA können diese gleichwohl die Aufgabenträgerschaft auf Rettungsdienstzweckverbände übertragen.

199 In § 13 RettDG LSA ist die Auswahl der Leistungserbringer geregelt. In diesem Bundesland werden kontingentierte **Rettungsdienstkonzessionen** vergeben, die von der Verwaltungsgerichtsbarkeit überprüft werden.[307] Rettungsdienstkonzessionen sollen gemäß § 31 Abs. 1 S. 1 RettDG LSA an gemeinnützige Organisationen vergeben werden. Mit der jüngsten Änderung des Gesetzes wird in erster Linie eine Anpassung des Rettungsdienstes an Bundesrecht bezweckt. Gleichzeitig werden materiell-rechtlich Auswahlverfahren von Leistungen des Rettungsdienstes neu geregelt.[308] Sofern die Vergabe nicht unter das EU-Primärrecht (Anwendung des AEUV) fällt, etwa wenn es an der notwendigen Binnenmarktrelevanz mangelt, sollen diese Grundsätze aber auch bei Vergaben von lediglich nationaler Bedeutung Anwendung finden. So hatte das bisher geltende RettDG LSA a.F. in § 13 Abs. 1 bestimmt, dass Genehmigungen nach § 12 RettDG LSA in einem transparenten, fairen und diskriminierungsfreien Auswahlverfahren zu erteilen sind.[309]

200 Jetzt sieht das Landesrecht ein rechtlich problematisches Privileg für **Hilfsorganisationen** vor. Genehmigungen nach § 12 RettDG LSA sollen gemäß § 13 Abs. 1 S. 1 RettDG LSA den gemeinnützigen Organisationen erteilt werden, die gemäß § 12 Abs. 2 RettDG LSA des Katastrophenschutzgesetzes des Landes Sachsen-Anhalt im Katastrophenschutz mitwirken. Die Vorrangstellung der Hilfsorganisationen und die Beschränkung des Auswahlverfahrens habe mit Ausnahme der Kostenträger bei den Beteiligten ausdrückliche Zustimmung gefunden. Das verbleibende gebundene Ermessen der Kommunen bei der Genehmigungserklärung sollte nach Auffassung der kommunalen Spitzenverbände bereits auf Gesetzesebene eindeutig ge-

---

305 Vgl. BVerfG, Urteil v. 20.12.2007 – 2 BvR 2433/04.
306 Antwort auf den Antrag der Fraktion DIE LINKE, Rettungsdienst im Freistaat Sachsen retten!, Drs. 6/11487, 38-1054/3/19.
307 OVG Sachsen-Anhalt, Beschluss v. 18.3.2015 – 3 L 151/12; vgl. auch OLG Naumburg, Beschluss v. 17.6.2016 – 7 Verg 2/16.
308 Gesetzesbegründung, Gesetz zur Änderung des Rettungsdienstgesetzes des Landes Sachsen-Anhalt, Sachsen-Anhalt LT-Drs. 7/1008, 3.
309 Gesetzesbegründung, Gesetz zur Änderung des Rettungsdienstgesetzes des Landes Sachsen-Anhalt, Sachsen-Anhalt LT-Drs. 7/1008, 3.

regelt werden. Dem sei nicht gefolgt worden, um die Reaktion auf Besonderheiten vor Ort zu ermöglichen.[310] In Weiterentwicklung der Grundsätze über den Sonderstatus von Hilfsorganisationen aufgrund ihrer besonderen Verdienste bei der Verwirklichung des Gemeinwohls im sozialen Bereich sowie ihrer Mitwirkung im Katastrophenschutz enthält die Novellierung des Rettungsdienstgesetzes im Verfahren zur Vergabe von Rettungsdienstleistungen eine klare Vorentscheidung zugunsten von Hilfsorganisationen. Konzessionen sollen grundsätzlich an diese Organisationen vergeben werden. Ausnahmen davon sollen aber möglich bleiben. Das ist schon deswegen notwendig, um auch den jeweiligen Besonderheiten des Einzelfalles Rechnung tragen zu können.[311] Die Einführung eines auf Hilfsorganisationen beschränkten Auswahlverfahren ist in Bayern schon aus verfassungsrechtlichen Gründen gescheitert und unterliegt zudem zahlreichen rechtlichen Bedenken. Es ist nicht damit zu rechnen, dass es dauerhaft Bestand haben wird.[312]

201 Der Landesgesetzgeber greift dem Vorlagebeschluss des OLG Düsseldorf vor.[313] Die beiden in RettDG LSA in Bezug genommenen Richtlinien (Vergaberichtlinie 2014/24/EU und Konzessionsrichtlinie 2014/23/EU) haben **Bereichsausnahmen** definiert, bei deren Eingreifen das Vergaberecht keine Anwendung findet. Die Bereichsausnahme kommt zum Tragen, wenn bestimmte Dienstleistungen, welche unter die in § 107 Abs. 1 Nr. 4 GWB gelisteten CPV-Code fallen, Gegenstand eines Auswahlverfahrens werden sollen. Unter diese CPV-Codes fallen auch Leistungen des Rettungsdienstes. Der Gesetzgeber hatte mit der Bereichsausnahme eine Besserstellung der genannten Hilfsorganisationen im Blick, wie sie auch im Katastrophenschutzgesetz des Landes Sachsen-Anhalt genannt sind. Sie haben eine Sonderstellung, weil sie im Zivil- und Katastrophenschutz mitwirken.[314] Die **Bedeutung** der Bereichsausnahme besteht nach Auffassung des Landesgesetzgebers darin, dass in ihrem Geltungsbereich das Vergaberecht keine Anwendung findet. Insoweit verbleibt es bei der bisherigen Rechtslage. Auswahlverfahren sind fair, transparent und diskriminierungsfrei durchzuführen. Mit der Formulierung „Dienstleistungen, die von gemeinnützigen Organisationen erbracht werden", sind Dienstleistungen gemeint, die gemeinhin in Deutschland von (anerkannten) Hilfsorganisationen erbracht werden. Das kann in Sachsen-Anhalt für den Rettungsdienst nahezu flächendeckend bejaht werden.[315] Die Beschränkung des Verfahrens zur Vergabe rettungsdienstlicher Leistungen auf die im Katastrophenschutz mitwirkenden Hilfsorganisationen ist eine konsequente Umsetzung unions- und bundesrechtlicher Vorgaben und eine materiell-rechtliche Weiterentwicklung der Vergabepraxis im Rettungsdienst. Leistungen des Rettungsdienstes sollen grundsätzlich nur noch im Wege eines Auswahlverfahrens zwischen den in Sachsen-Anhalt tätigen Hilfsorganisationen vergeben werden. Die Träger des Rettungsdienstes haben in dem Verfahren einen sehr begrenzten Entscheidungsspielraum. Die Grenzen werden durch die Formulierung „sollen" (gebundenes Ermessen) verdeutlicht.[316] Daraus folgt für den Rettungsdienst im Land Sachsen-Anhalt, dass, abgesehen von Vergabeentscheidungen im Bereich der **Luftrettung**, das Vergaberecht keine Anwendung findet. Bei der Luftrettung besteht insofern eine andere Rechtslage, als hier keine Hilfsorganisation eine Vorrangstellung beanspruchen kann. Keine Hilfsorganisation wirkt derzeit in Bezug auf die Luftrettung im Katastrophenschutz mit.[317] Bei den in das Auswahlverfahren einzubeziehenden Hilfsorganisatio-

---

310 Gesetzesbegründung, Gesetz zur Änderung des Rettungsdienstgesetzes des Landes Sachsen-Anhalt, Sachsen-Anhalt LT-Drs. 7/1008, 6.
311 Gesetzesbegründung, Gesetz zur Änderung des Rettungsdienstgesetzes des Landes Sachsen-Anhalt, Sachsen-Anhalt LT-Drs. 7/1008, 16.
312 BayVerfGH, Urteil v. 24.5.2012 – Vf. 1-VII-10.
313 Vgl. OLG Düsseldorf, Beschluss. v. 12.6.2017 – VII-Verg 34/16 (Falck). Das Verfahren wird unter dem Az. C-465/17 beim EuGH geführt.
314 Gesetzesbegründung, Gesetz zur Änderung des Rettungsdienstgesetzes des Landes Sachsen-Anhalt, Sachsen-Anhalt LT-Drs. 7/1008, 16.
315 Gesetzesbegründung, Gesetz zur Änderung des Rettungsdienstgesetzes des Landes Sachsen-Anhalt, Sachsen-Anhalt LT-Drs. 7/1008, 16.
316 Gesetzesbegründung, Gesetz zur Änderung des Rettungsdienstgesetzes des Landes Sachsen-Anhalt, Sachsen-Anhalt LT-Drs. 7/1008, 18.
317 Gesetzesbegründung, Gesetz zur Änderung des Rettungsdienstgesetzes des Landes Sachsen-Anhalt, Sachsen-Anhalt LT-Drs. 7/1008, 16.

nen muss es sich wirklich um solche handeln, die eine staatliche Anerkennung als Zivilschutz- und Katastrophenschutzorganisationen erfahren haben (vgl. insoweit auch § 107 Abs. 1 Nr. 4 GWB). Derartige Anerkennungen werden im Gleichklang mit dem Gesetz über den Zivilschutz und die Katastrophenhilfe des Bundes (ZSKG) durch das Katastrophenschutzgesetz des Landes Sachsen-Anhalt vergeben. In diesen Vorschriften sind die im Katastrophenschutz (KatSchG LSA) tätigen Hilfsorganisationen allgemein namentlich erwähnt. In § 12 Abs. 2 S. 3 KatSchG LSA heißt es: „Als für die Mitwirkung geeignet gelten insbesondere der Arbeiter-Samariter-Bund, die Deutsche Lebens-Rettungs-Gesellschaft, das Deutsche Rote Kreuz, die Johanniter-Unfall-Hilfe und der Malteser-Hilfsdienst."[318] Die Frage, ob Leistungen tatsächlich von gemeinnützigen, solidarischen Organisationen erbracht werden, wird gerichtlich materiell überprüft.[319] Die reine staatliche Anerkennung reicht nicht aus, da die materiellen Voraussetzungen der bundesrechtlichen Norm des § 107 Abs. 1 Nr. 4 GWB gegeben sein müssen.

202 Ein **Zuschlagskriterium** wird insoweit von § 13 Abs. 5 RettDG LSA genannt, als der Zuschlag demjenigen Bewerber zu erteilen ist, welcher das wirtschaftlichste Angebot vorlegt. Die Wirtschaftlichkeit ist auf der Grundlage der von den Bietern vorgelegten Konzepte zu beurteilen.[320] Bei der Bewertung der angebotenen Leistung soll aber gerade im Bereich des Rettungsdienstes die Qualität eine herausragende Rolle spielen.[321] Dies ist von den Vergabestellen verstärkt zu berücksichtigen. Eine Kontingentierung der zu verleihenden Durchführungsrechte sieht § 12 Abs. 6 bis 8 RettDG LSA vor, da Genehmigungen nur dann zu versagen sind (bzw. widerrufen werden müssen), wenn durch die Genehmigungserteilung das öffentliche Interesse an einem funktionsfähigen Rettungsdienst beeinträchtigt werden kann. Trotz der Einführung der Bereichsausnahme für Hilfsorganisationen sollen weiterhin auch Unternehmen beteiligt werden. Die Entscheidung, ausschließlich und ausnahmslos anerkannte gemeinnützige Organisationen oder Vereinigungen, die im Katastrophenschutz mitwirken, als Leistungserbringer im Rahmen der Konzessionsvergabe zu berücksichtigen, würde an der Lebenswirklichkeit vorbeigehen. Es waren daher Ausnahmekriterien zu entwickeln, bei deren Vorliegen auch andere als die genannten Hilfsorganisationen eine Konzession erhalten können. Es muss sich dabei um überprüfbare, eng begrenzte Ausnahmefälle handeln. Denkbar ist, dass sich im Zuge vorheriger Markterkundung herausstellt, dass mit hoher Wahrscheinlichkeit keine Bewerbungen von Hilfsorganisationen eingehen werden, weil diese für den avisierten Konzessionsbereich nicht zur Verfügung stehen. Gleiches gilt, wenn Hilfsorganisationen etwa bei unterschiedlichen Losen nur für Teile des Vergabebereiches ein Angebot abgeben. In diesem Falle muss eine Vergabe an außerhalb des privilegierten Bieterkreises stehende Unternehmen möglich sein.[322]

203 Anders als viele andere Landesrettungsdienstgesetze trifft das RettDG LSA zudem Aussagen zu den Grundsätzen des durchzuführenden Vergabeverfahrens. Eines **Auswahlverfahrens** bedarf es bei Neukonzessionierung nach Auslaufen einer Altkonzession oder bei Konzessionierung über einen neuen Gegenstand.[323] Nach § 13 Abs. 1 S. 2 RettDG LSA ist das Verfahren den Grundsätzen der Transparenz, der Fairness, der Objektivität und der Gleichbehandlung entsprechend durchzuführen.[324] Trotz der Einführung der Bereichsausahme ist das Auswahlverfahren zwischen den bevorrechtigten Hilfsorganisationen nicht völlig schrankenlos möglich. Angelehnt an die unionsrechtlichen Grundfreiheiten hat bereits der Gesetzgeber des al-

---

318 Gesetzesbegründung, Gesetz zur Änderung des Rettungsdienstgesetzes des Landes Sachsen-Anhalt, Sachsen-Anhalt LT-Drs. 7/1008, 16.
319 VG Kassel, Urteil v. 6.10.2017 – 5 K 939/13, mit Hinweis auf EuGH, Urteil v. 11.12.2014 – Rs. C-113/13 (Spezzino), juris Rn. 65; VK Westfalen, Beschluss v. 21.12.2017 – VK 1 40/17; siehe unten Rn. 223 ff.
320 Gesetzesbegründung zu § 13 Abs. 5 RettDG LSA, Gesetz zur Neuregelung des Rettungswesens, Sachsen-Anhalt LT-Drs. 6/1255, 72.
321 Gesetzesbegründung zu § 13 Abs. 5 RettDG LSA, Gesetz zur Neuregelung des Rettungswesens, Sachsen-Anhalt LT-Drs. 6/1255, 72.
322 Gesetzesbegründung zu § 13 Abs. 1 RettDG LSA, Gesetz zur Änderung des Rettungsdienstgesetzes des Landes Sachsen-Anhalt, Sachsen-Anhalt LT-Drs. 7/1008, 20.
323 Gesetzesbegründung zu § 13 Abs. 1 RettDG LSA, Gesetz zur Neuregelung des Rettungswesens, Sachsen-Anhalt LT-Drs. 6/1255, 68.
324 Die Bedeutung dieser Grundsätze betont auch der Gesetzgeber: Gesetzesbegründung, Gesetz zur Neuregelung des Rettungswesens, Sachsen-Anhalt LT-Drs. 6/1255, 3, 68.

ten Rettungsdienstgesetzes bestimmt, dass Genehmigungen in einem transparenten, fairen und diskriminierungsfreien Auswahlverfahren zu erteilen sind. Das gilt auch weiterhin.[325] In der verwaltungsgerichtlichen Rechtsprechung ist zudem anerkannt, dass Behörden bei der Ausübung ihres Auswahlermessens im Rahmen von Verwaltungsverfahren, welche die Erbringung von auch im öffentlichen Interesse stehenden Leistungen durch Private betreffen, neben den gesetzlichen Auswahlkriterien zugleich den allgemeinen **Gleichbehandlungsgrundsatz** gemäß Art. 3 Abs. 1 GG zu beachten haben und zudem jeder Mitbewerber die faire Chance erhalten muss, nach Maßgabe der gesetzlichen bzw. behördlich festgelegten Kriterien im vorgesehenen Verfahren berücksichtigt zu werden. Darüber hinaus lassen sich – wie zuvor dargelegt – die Verletzung von subjektiv-öffentlichen Rechten im Vergabeverfahren und im Genehmigungsverfahren für die Durchführung des Rettungsdienstes bei einer einheitlichen Entscheidung gemäß § 11 Abs. 3 i.V.m. Abs. 2 Nr. 3 RettDG LSA nicht voneinander trennen.[326]

15. Schleswig-Holstein

204 Der öffentliche Rettungsdienst umfasst gemäß § 1 Abs. 2 RDG-SH die Notfallrettung, den Intensivtransport sowie den Krankentransport. Die Begrifflichkeiten werden in § 2 Abs. 1, 2 und 4 RDG-SH näher definiert. Die Träger des öffentlichen Rettungsdienstes sind gemäß § 3 Abs. 1 die Landkreise sowie die kreisfreien Städte. Nach § 5 Abs. 1 RDG-SH kann die Aufgabendurchführung auf private Dritte übertragen werden. Eine Einschränkung der Handlungsoptionen ist damit nicht verbunden, insbesondere steht diese Gesetzesfassung nicht der Aufgabenübertragung auf z.B. eine eigene GmbH entgegen, denn auch eine solche GmbH wäre eine selbstständige juristische Person, die als Dritte im Sinne von § 5 Abs. 1 RDG-SH bezeichnet werden kann. In der Gesetzesbegründung zum Gesetzentwurf der Landesregierung wird hierzu klargestellt, dass die Regelung über die Möglichkeit der Beauftragung Dritter mit der operativen Durchführung des Rettungsdienstes bestehen bleiben soll.[327]

205 Die Übertragung der Aufgabendurchführung geschieht gemäß § 5 Abs. 2 RDG-SH mittels eines öffentlich-rechtlichen **Vertrages**. In Schleswig-Holstein werden keine Rettungsdienstkonzessionen, sondern öffentlich-rechtliche Submissionsverträge vergeben.[328]

206 Auch in Schleswig-Holstein sieht das Gesetz keine Bevorzugung freiwilliger **Hilfsorganisationen** privaten Anbietern gegenüber vor. Das VG Schleswig ist der unzutreffenden Auffassung, dass das Rettungsdienstgesetz die Rechtsposition interessierter privater Dienstleister bezüglich der Einbeziehung in den öffentlichen Rettungsdienst nur schwach ausgestaltet habe.[329] Es sei zu beachten, dass es beim Rettungsdienst um Aufgaben der Daseinsvorsorge bzw. der Gefahrenabwehr gehe, hinter denen letztlich überragend wichtige Gemeinschaftsgüter (Leben und Gesundheit der Patienten, für die den Staat eine Schutzpflicht aus Art. 2 Abs. 2 GG treffe) stünden. Vor diesem Hintergrund stehe dem Träger des Rettungsdienstes ein weites Ermessen sowohl hinsichtlich der Frage, wie ein Auswahlverfahren gestaltet werde, als auch hinsichtlich der endgültigen Übertragung der Durchführung der Aufgaben des Rettungsdienstes zu. Das VG Schleswig geht davon aus, dass eine Hilfsorganisation bzw. ein sonstiger Anbieter von Leistungen des Rettungsdienstes einen Anspruch darauf habe, dass über seine Bewerbung bzw. den Umgang mit seiner Bewerbung ermessensfehlerfrei entschieden werde. Dieses letztlich aus dem Rechtsstaatsprinzip abzuleitende Recht beinhalte allerdings vor dem Hintergrund des weiten Ermessens des Trägers des Rettungsdienstes kein Recht darauf, auf der ersten Stufe der Entscheidung über die Beauftragung in jedem Fall bereits miteinbezogen zu werden. Vielmehr bestehe auch hinsichtlich der Verfahrensgestaltung ein Ermessen, welches die Möglichkeit einschließe, bereits auf dieser Ebene einzelne Interessenten von der Beteiligung auszuschließen, sofern dies sachlich gerechtfertigt sei.[330] Das VG Schleswig erkennt,

---

325 Gesetzesbegründung, Gesetz zur Änderung des Rettungsdienstgesetzes des Landes Sachsen-Anhalt, Sachsen-Anhalt LT-Drs. 7/1008 v. 15.2.2017, 16.
326 OVG Sachsen-Anhalt, Beschluss v. 18.3.2015 – 3 L 151/12.
327 VG Schleswig, Urteil v. 14.11.2017 – 3 A 14/17.
328 Vgl. OLG Schleswig, Beschluss v. 28.8.2015 – 1 Verg 1/15.
329 VG Schleswig, Urteil v. 14.11.2017 – 3 A 14/17.
330 VG Schleswig, Urteil v. 14.11.2017 – 3 A 14/17.

dass das Thema „Vergabe von Rettungsdienstleistungen" inzwischen durch die Rechtsprechung umfassend fortentwickelt und durch geänderte Rechtsnormen umfassend umgestaltet worden sei, würdigt aber nicht die subjektiv-öffentlichen Rechtspositionen der beteiligten Unternehmen.[331]

Positiv ordnet das RDG-SH nirgendwo die Durchführung eines verwaltungsrechtlichen **Auswahlverfahrens** im Vorfeld zur Aufgabenübertragung unter den Interessenten an. Allerdings sieht § 5 Abs. 2 RDG-SH für die Beauftragung insbesondere die Beachtung des Vergaberechts vor. Aus dem Wortlaut („Beachtung") und der Gesetzesbegründung folgt, dass es sich um eine Rechtsgrundverweisung auf die geltenden Regeln des Vergaberechts im weiteren Sinne handelt; d.h. die bundesrechtlichen und unionsrechtlichen Regeln des Vergaberechts werden nicht erweitert. Die Verwendung des Wortes „insbesondere" lässt darauf schließen, dass der Konzessionsgeber an der regelmäßigen Berücksichtigung nicht vorbeikommen wird. 207

Aufgrund der Kontingentierung der zu vergebenden Durchführungsrechte und der damit einhergehenden verfassungsrechtlichen Teilhaberechte der privaten Rettungsdienstleister aus Art. 12 Abs. 1 i.V.m. Art. 3 Abs. 1 GG ist insofern auch ohne direkte Anordnung im RDG-SH ein **Auswahlverfahren** durchzuführen. Genuin für das Auswahlverfahren geltende Eignungs- oder Zuschlagskriterien enthält das RDG-SH nicht. Allerdings können die Genehmigungsvoraussetzungen des § 22 Abs. 2 Nr. 1 bis 3 RDG-SH zugleich als Eignungskriterien fungieren. Der öffentlich-rechtliche Vertrag zwischen dem Aufgabenträger und dem Dritten ist so zu gestalten, dass die Erfüllung der Eignungs- wie Zuschlagskriterien stets gewährleistet ist.[332] 208

Bei der Aufgabenübertragung i.S.d. § 5 Abs. 2 RDG-SH handelt es sich wegen des **Submissionsmodells** um die Vergabe eines Dienstleistungsauftrages i.S.d. § 103 Abs. 1 und 4 GWB. Demgemäß ist das Auswahlverfahren den Grundsätzen des Vergaberechts – Transparenz, Gleichbehandlung/Nichtdiskriminierung, Objektivität und Wettbewerb – entsprechend durchzuführen. Dies folgt im Oberschwellenbereich bereits aus § 97 Abs. 1 und 2 GWB. Im Oberschwellenbereich muss oberhalb der Schwellenwerte ein förmliches Vergabeverfahren gemäß den prozeduralen Vorgaben des GWB und der VgV durchgeführt werden, wenn die Bereichsausnahme nicht eingreifen würde. 209

Die Regelungen zum **Genehmigungsverfahren** bezüglich der Durchführung von Krankentransporten außerhalb des öffentlichen Rettungsdienstes sind in den §§ 22 ff. RDG-SH verortet. Im Falle der Kontingentierung der Genehmigungen ist entsprechend zur Aufgabenübertragung ein transparentes Auswahlverfahren durchzuführen. Ein Genehmigungsverfahren sehen die §§ 1 Abs. 5, 22 Abs. 1 RDG-SH nur für die Durchführung eines Krankentransportes außerhalb des öffentlichen Rettungsdienstes vor. Eine solche Genehmigung ist nach § 22 Abs. 3 S. 1 RDG-SH zu versagen, wenn zu erwarten ist, dass durch ihren Gebrauch das öffentliche Interesse an einem funktionsfähigen Rettungsdienst beeinträchtigt wird. Mithin ist die Zahl der zu vergebenden Genehmigungen kontingentiert. Bezüglich der Übertragung der Aufgabendurchführung auf private Dritte gilt nichts anderes, da auch dort bei übermäßiger Aufgabenübertragung die Gefahr der Beeinträchtigung der Funktionsfähigkeit des öffentlichen Rettungsdienstes besteht. 210

16. Thüringen

Der öffentliche Rettungsdienst besteht in Thüringen gemäß § 4 Abs. 1 Hs. 1 ThürRettG aus der Notfallrettung und dem Krankentransport. Beide Begriffe werden in § 3 Abs. 3 und 4 ThürRettG definiert. Die Aufgabenträger sind gemäß § 5 Abs. 1 S. 1 ThürRettG die Landkreise und die kreisfreien Städte. Die Übertragung der Aufgabendurchführung auf Dritte ist in § 6 Abs. 1 S. 1 ThürRettG geregelt. 211

---

331 Vgl. oben Rn. 27.
332 Gesetzesbegründung zu § 6 RDG-SH, Gesetz über die Notfallrettung und den Krankentransport, Schleswig-Holstein LT-Drs. 12/1466, 24.

212 Die Übertragung hat nach dieser Vorschrift im Wege eines öffentlich-rechtlichen **Vertrages** zu erfolgen.

213 Eine **Privilegierung** freiwilliger Hilfsorganisationen erfolgt im ThürRettG nicht. Allerdings legt § 6 Abs. 1 S. 4 ThürRettG fest, dass bei der Übertragung der Aufgabendurchführung der Dienstleister bevorzugt werden soll, der im größten Umfang eine personelle Mitwirkung im Katastrophenschutz nach § 6 Abs. 1 S. 3 ThürRettG sicherstellen kann.

214 Die Aufgabenträger tragen gemäß § 18 Abs. 1 ThürRettG die **Kosten** des Rettungsdienstes. Da das ThürRettG keine Festlegung in Hinblick auf die Frage trifft, wer Gläubiger der Benutzungsentgelte ist, kommen sowohl der Aufgabenträger als auch der Durchführende in Betracht. Die Stellung als Gläubiger hängt von der konkreten Vertragsgestaltung ab – in Thüringen gilt damit ein Mischmodell, im Rahmen dessen sowohl Aufträge (Submission) als auch Konzessionen vergeben werden können.[333]

215 § 6 Abs. 1 S. 3 ThürRettG spricht von der „Vergabe der Leistungen des Rettungsdienstes". Das ThürRettG statuiert damit positiv die Durchführung eines **Vergabeverfahrens** unter den Interessenten im Vorfeld zur Aufgabenübertragung. Je nach Höhe des Auftrags- bzw. Vertragswertes ist das förmliche Verfahren nach dem GWB und der VgV/KonzVgV durchzuführen.[334] Genuin für das Vergabeverfahren geltende Eignungskriterien enthält das ThürRettG nicht, jedoch können die Voraussetzungen der Genehmigungserteilung nach § 23 Abs. 2 Nr. 1 bis 5 ThürRettG als Kriterien herhalten. In Hinblick auf Zuschlagskriterien regelt § 6 Abs. 1 S. 3 ThürRettG, dass der Umfang der personellen Mitwirkung im Katastrophenschutz als Kriterium herangezogen werden kann. Obwohl es sich nicht um ein spezifisches vergaberechtliches Kriterium handelt, soll darüber nach Auffassung des Gesetzgebers ein diskriminierungsfreier Wettbewerb in Bezug auf die künftige personelle Mitwirkung in den Katastrophenschutzeinheiten eröffnet werden.[335] Zusätzlich soll über diese vergaberechtliche Verzahnung der Anreiz gesetzt werden, die Gewinnung von zusätzlichen ausgebildeten und geübten ehrenamtlichen Katastrophenschutzhelfern zu verstärken.[336] Jedoch sollte das Kriterium der personellen Mitwirkung im Katastrophenschutz nicht zu mehr als 10 % anteilig im Rahmen des Angebotsvergleichs berücksichtigt werden.[337]

216 In Thüringen können sowohl Rettungsdienstkonzessionen als auch Rettungsdienstsubmissionsverträge vergeben werden.[338] Bei der Aufgabenübertragung i.S.d. § 6 Abs. 1 S. 1 ThürRettG handelt es sich wegen des **Mischmodells** entweder um die Vergabe eines Dienstleistungsauftrages i.S.d. § 103 Abs. 1 und 4 GWB oder einer Konzession gemäß § 105 Abs. 1 GWB. Demgemäß ist das Auswahlverfahren den Grundsätzen des Vergaberechts – Transparenz, Gleichbehandlung/Nichtdiskriminierung, Objektivität und Wettbewerb – entsprechend durchzuführen. Dies folgt im Oberschwellenbereich bereits aus § 97 Abs. 1 und 2 GWB. Im Oberschwellenbereich muss ein förmliches Vergabeverfahren gemäß den prozeduralen Vorgaben des GWB und der VgV oder KonzVgV durchgeführt werden.

217 Die Regelungen zum **Genehmigungsverfahren** bezüglich der Durchführung von Rettungsdienstleistungen außerhalb des öffentlichen Rettungsdienstes sind in den §§ 23 ff. ThürRettG verortet. Im Falle der Kontingentierung der Genehmigungen ist entsprechend zur Aufgabenübertragung ein Auswahlverfahren durchzuführen.

---

[333] Siehe unten Rn. 216.
[334] Gesetzesbegründung zu § 6 ThürRettG a.F., Thüringer Gesetz zur Änderung von Vorschriften im Bereich des Rettungswesens und des Brand- und Katastrophenschutzes, Thüringen LT-Drs. 5/6556, 9 – zwar in Bezug auf die alte Rechtslage, es gilt aber mit der RL 2014/23/EU nichts anderes.
[335] Gesetzesbegründung zu § 6 ThürRettG a.F., Thüringer Gesetz zur Änderung von Vorschriften im Bereich des Rettungswesens und des Brand- und Katastrophenschutzes, Thüringen LT-Drs. 5/6556, 11.
[336] Gesetzesbegründung zu § 6 ThürRettG a.F., Thüringer Gesetz zur Änderung von Vorschriften im Bereich des Rettungswesens und des Brand- und Katastrophenschutzes, Thüringen LT-Drs. 5/6556, 11.
[337] Gesetzesbegründung zu § 6 ThürRettG a.F., Thüringer Gesetz zur Änderung von Vorschriften im Bereich des Rettungswesens und des Brand- und Katastrophenschutzes, Thüringen LT-Drs. 5/6556, 11.
[338] Vgl. OLG Jena, Beschluss v. 22.7.2015 – 2 Verg 2/15.

D. Rechtsschutz

218 Rettungsdienstkonzessionsvergaben können gerichtlich überprüft werden und werden auch gerichtlich überprüft.[339] Die Zuständigkeit ist gespalten: Unterhalb der Schwellenwerte liegt sie beim Verwaltungsgericht (unabhängig von der Bereichsausnahme) und oberhalb bei der Vergabekammer oder beim Verwaltungsgericht (unabhängig von der Bereichsausnahme).[340]

219 **Verwaltungsgerichte** sind zuständig, wenn es sich um eine öffentlich-rechtliche Streitigkeit unterhalb der Schwellenwerte oder außerhalb des förmlichen Vergaberechts handelt, was zu bejahen ist.[341] Die Wahrnehmung der rettungsdienstlichen Aufgaben ist im Einzelfall der hoheitlichen Betätigung zuzurechnen, wenn die Ausschreibung und Beauftragung entsprechend geregelt ist. Die Durchführung rettungsdienstlicher Aufgaben in der Notfallrettung – anders dagegen beim Krankentransport zur Patientenbeförderung – ist eine Aufgabe, die der Daseins- und der Gesundheitsvorsorge, aber auch der Gefahrenabwehr dient und die nicht mit privaten Mitteln, sondern schlicht-hoheitlich in öffentlich-rechtlichen Formen erfüllt wird. Dies gilt nicht nur für die Bereitstellung der zur generellen Gewährleistung der Notfallrettung erforderlichen Infrastruktur, sondern ebenso für die Durchführung des Rettungsdienstes in der Notfallrettung.[342]

I. Abgrenzungsfragen zur gerichtlichen Zuständigkeit

220 Die Frage, ob die Vergabekammern zu einer Sachprüfung oberhalb der Schwellenwerte berufen sind oder nicht, hängt mit der Frage des Eingreifens der Bereichsausnahme zusammen. Ob bei Rettungsdienstleistungen in Hinblick auf die Ausnahmeregelungen des GWB und der Konzessionsvergaberichtlinie 2014/23/EU eine Ausnahme eingreift, ist hochgradig umstritten.[343] Diese Fragen wird der EuGH zu entscheiden haben.[344]

1. Ausschreibungspflicht während des Vorlageverfahrens

221 Während des laufenden EuGH-Vorlageverfahrens müssen die Auftraggeber unionsrechtskonform ausschreiben. Der Vorlagebeschluss des OLG Düsseldorf führte bereits dazu, dass mehrere Vergabenachprüfungsverfahren bis zu einer Entscheidung des EuGH ausgesetzt wurden.[345]

2. Sonderfall Luftrettungsleistungen

222 Für die Überprüfung von Luftrettungsdienstleistungen sind die Vergabekammern zuständig. Luftrettungskonzessionen müssen nach der KonzVgV vergeben werden, wenn der Schwellenwert überschritten ist. Die Vergabe der gegenständlichen Leistungen an Dritte im Bereich der Luftrettung unterliegt nicht der Bereichsausnahme nach § 107 Abs. 1 Nr. 4 GWB. Luftrettungsdienste haben die CPV-Nummer 60443000-5. Diese CPV-Nummer fällt nicht unter die Bereichsausnahme, weil das Teil 4 GWB gemäß § 107 Abs. 1 Nr. 4 GWB nicht auf die Vergabe von Konzessionen zu Dienstleistungen des Katastrophenschutzes, des Zivilschutzes und der Gefahrenabwehr, die von gemeinnützigen Organisationen oder Vereinigungen erbracht wer-

---

339 Vgl. die allgemeinen Ausführungen zu § 1 KonzVgV Rn. 103 ff.
340 VG Ansbach, Beschluss v. 8.12.2017 – AN 14 E 17.02475; VG Schleswig, Urteil v. 14.11.2017 – 3 A 14/17.
341 Vgl. z.B. VG Ansbach, Beschluss v. 10.4.2019 – 14 E 18.00200.
342 Vgl. z.B. *Güntert/Alber/Lottermann*, RDG BW, § 2.
343 Vgl. OLG Düsseldorf, Beschluss v. 12.6.2017 – VII-Verg 34/16; VG Düsseldorf, Beschluss v. 15.92016 – 7 L 2411/16; VK Westfalen, Beschluss v. 15.2.2017 – VK 1-51/16; VK Südbayern, Beschluss v. 14.2.2017 – Z3-3-3194-1-54-12/16; VK Rheinland, Beschluss v. 19.8.2016 – VKD-14/2016-L; *Amelung/Janson*, NZBau 2016, 23; *Antweiler*, VergabeR 2015, 275; *Gröning*, NZBau 2015, 690; *Jaeger*, ZWeR 2016, 205; *Prieß*, NZBau 2015, 343; *Ruthig*, NZBau 2016, 3.
344 Vgl. zum derzeitigen Diskussionsstand *Braun*, VergabeR 2018, 34; *Bühs*, EuZW 2017, 804; *ders.*, VR 2016, 115; *ders.*, DÖV 2017, 995; *ders.*, NVwZ 2017, 440; *Davis/Ebersperger*, BayVBl 2017, 583; *Esch/Burtoft*, VergabeR 2017, 131; *Jaeger*, ZWeR 2016, 205; *ders.*, NZBau 2018, 14.
345 Vgl. VK Rheinland, Beschluss v. 26.10.2017 – VK K 55/17 L; Beschluss v. 10.8.2017 – VK VOL 21/17; Beschluss v. 9.10.2017 – VK VOL 27/17; Beschluss v. 6.7.2017 – VK VOL 11/17.

den und die unter die Referenznummern des CPV 75250000-3, 75251000-0, 75251100-1, 75251110-4, 75251120-7, 75252000-7, 75222000-8, 98113100-9 und 85143000-3 mit Ausnahme des Einsatzes von Krankenwagen zur Patientenbeförderung fallen, anzuwenden ist. § 107 Abs. 1 Nr. 4 GWB benennt Luftrettungsleistungen als CPV-Nummer nicht. Demnach besteht nach zutreffender Auffassung eine Ausschreibungspflicht.[346] Denn anders als bei der bodengebundenen Rettung existiert bei der Luftrettung durch den hohen Grad der Spezialisierung für die Beschäftigten wie Piloten, speziell ausgebildete Ärzte und Sanitäter kein nennenswerter ehrenamtlicher Bereich. Es besteht daher auch keine Veranlassung, die Ausnahmevorschrift des § 107 Abs. 1 Nr. 4 GWB zu überdehnen und auch auf die Luftnotrettung anzuwenden.[347]

3. Vergabe an gemeinnützige, solidarische Organisationen?

223 Die Frage, ob Leistungen tatsächlich von gemeinnützigen, solidarischen Organisationen erbracht werden, wird von den Vergabenachprüfungsinstanzen[348] und auch von den Verwaltungsgerichten[349] überprüft. Es geht im Kern um die Auslegung von § 107 Abs. 1 Nr. 4 GWB. Dies beinhaltet auch die Frage, was unter „gemeinnütziger Organisation" zu verstehen ist und welche juristische Person in einem Anerkennungsbescheid genannt werden muss und in welchem Umfang Unterorganisationen ebenfalls vom Anerkennungsbescheid umfasst werden.[350]

224 Der EuGH hat in seiner **„Spezzino"**-Entscheidung der Direktvergabe von Rettungsdienstleistungen an bestimmte Freiwilligenorganisationen enge Grenzen gesetzt und strenge Anforderungen formuliert, die von den Hilfsorganisationen erfüllt werden müssen.[351] Der hiermit verbundene Eingriff in die Grundfreiheiten des AEUV ist nach der Entscheidung nur gerechtfertigt, wenn eine Direktvergabe an bestimmte Freiwilligenorganisationen *„zu dem sozialen Zweck und zu den Zielen der Solidarität und der Haushaltseffizienz beiträgt, auf denen dieses System beruht"*. Nach dem EuGH müssen die Hilfsorganisationen allerdings auch folgende Anforderungen erfüllen, um einen Eingriff in die Grundfreiheiten zu rechtfertigen:
- Die Freiwilligenorganisationen müssen die – unionsrechtlich zu billigenden – Ziele verfolgen, auf denen eine nationale Direktvergabemöglichkeit beruht.
- Die Freiwilligenorganisationen dürfen mit ihren Tätigkeiten keinen Gewinn erzielen. Es dürfen ausschließlich die tatsächlich entstandenen Kosten erstattet werden.
- Die Freiwilligenorganisationen dürfen nur insoweit auf Erwerbstätige zurückgreifen, wie das für die Aufrechterhaltung ihres geregelten Betriebs erforderlich ist.

Diese Entscheidungen sind zur Rechtslage in Italien ergangen, die eine konkrete Vorschrift der Direktvergabe an Freiwilligenorganisationen vorsieht. Wenn es – wie z.B. in Hessen – daran mangelt, dann ist eine Direktvergabe schon deswegen nicht möglich.[352]

225 Gemäß § 107 Abs. 1 Nr. 4 GWB ist Teil 4 GWB nicht anzuwenden auf die Vergabe von öffentlichen Aufträgen „zu Dienstleistungen des Katastrophenschutzes [...], die von gemeinnützigen Organisationen oder Vereinigungen erbracht werden." Voraussetzung ist also, dass die betroffenen Leistungen (unabhängig von der Frage der Einstufung von Gefahrenabwehr oder Krankentransportleistungen) von gemeinnützigen Organisationen oder Vereinigungen **erbracht** werden müssen. Vor dem Hintergrund der Notwendigkeit der restriktiven Auslegung von Ausnahmen und der Auslegungsmaxime der Grenze des Wortlauts ist es naheliegend, dass die Ausnahme nur dann eingreifen soll, wenn bisher nur gemeinnützige Organisationen die entsprechenden Leistungen erbracht haben. Soweit es bei einer Rettungsdienstvergabe

---

346 VK Baden-Württemberg, Beschluss v. 26.3.2018 – 1 VK 56/17.
347 VK Baden-Württemberg, Beschluss v. 26.3.2018 – 1 VK 56/17.
348 VK Westfalen, Beschluss v. 21.12.2017 – VK 1 40/17.
349 VG Kassel, Urteil v. 6.10.2017 – 5 K 939/13, mit Hinweis auf EuGH, Urteil v. 11.12.2014 – Rs. C-113/13 (Spezzino), Rn. 65.
350 VK Baden-Württemberg, Beschluss v. 26.3.2018 – 1 VK 56/17.
351 Vgl. EuGH, Urteil v. 11.7.2014 – Rs. C-113/13 (Spezzino).
352 VG Kassel, Urteil v. 6.10.2017 – 5 K 939/13.

darauf ankommen sollte, müssten die Fahrten mit dem Krankenwagen in tatsächlicher Hinsicht nach den Vorgaben der Bereichsausnahme aufgegliedert werden. Pauschale Behauptungen reichen für eine Bereichsausnahme nicht aus. Vorhandene Infrastrukturen eines Konzessionsgebers ermöglichen eine solche Differenzierung bislang nicht ohne Weiteres, weil sowohl die Rettungsdienstfahrten, die Fahrten mit dem Krankentransportwagen, bei denen zwingend medizinisches Fachpersonal eingesetzt werden muss, und die Fahrten mit dem Krankentransportwagen, bei denen lediglich hilfsbedürftige Personen befördert werden, bislang nicht voneinander getrennt werden.

226 Für eine Bereichsausnahme müssten die in den CPV-Nummern des § 107 Abs. 1 Nr. 4 GWB genannten Aktivitäten von „gemeinnützigen Organisationen oder Vereinigungen" erbracht werden. Dieser Begriff ist systematisch unter Heranziehung des Art. 77 Abs. 2 RL 2014/24/EU auszulegen.[353] Diese Norm stellt strenge Anforderung an die Einordnung eines Rettungsdienstleisters als **„gemeinnützig"** i.S.d. Art. 10 Abs. 8 lit. g RL 2014/23/EU – herkömmliche Regelrettungsdienstleister werden wohl in der Regel nicht unter diesen Begriff fallen. Die Herausnahme gewöhnlicher Rettungsdienstleister aus der Bereichsausnahme entspricht auch der Intention des europäischen Gesetzgebers: Nach Erwägungsgrund 36 RL 2014/23/EU „soll die Konzessionsrichtlinie nicht für bestimmte von gemeinnützigen Organisationen oder Vereinigungen erbrachte Notfalldienste gelten, da der spezielle Charakter dieser Organisationen nur schwer gewahrt werden könnte". Hinter dieser Erwägung steckt der Gedanke, dass solchen Organisationen der Wettbewerb erspart bleiben soll.[354] Der Gedanke ist fernliegend, weil sich die Hilfsorganisationen seit der BGH-Entscheidung vom 1. Dezember 2008[355] im jahrelangen Wettbewerb erfolgreich bewährt haben. Für jedes Berufen auf die Bereichsausnahme ist darzulegen, dass im vollen Umfang eine gemeinnützige Organisation vorliegt. Dass sich der Wettbewerb unter den Hilfsorganisationen deutlich verschärft hat, zeigt auch eine aktuelle Entscheidung des OLG Düsseldorf, die auf die sofortige Beschwerde einer Hilfsorganisation erging und die Aufhebung des Vergabeverfahrens nach sich zog.[356]

227 Selbst wenn eine Ausschreibungsausnahme für Freiwilligenorganisationen gemäß § 107 Abs. 1 Nr. 4 GWB eingreifen würde, ist nicht ersichtlich, dass tatsächlich die Vergabe an Freiwilligenorganisationen dazu beiträgt, die mit diesen Diensten verbundenen **Kosten** zu beherrschen. Es ist Aufgabe des Konzessionsgebers, schlüssig darzulegen, dass die Beauftragung von Freiwilligenorganisationen dazu beiträgt, die Kosten zu beherrschen. Dies folgt aus dem Umstand, dass sich der Konzessionsgeber auf diesen Umstand als Rechtfertigungsgrund für einen Eingriff in die Grundfreiheiten beruft. Es ist daher durch den Konzessionsgeber, der sich auf die Ausnahme beruft, substanziiert darzulegen, dass die Beauftragung von Hilfsorganisationen zur Kostendämpfung beiträgt. Hinzu kommt, dass eine solche Kostendämpfung auch nicht aufdrängt, da die anerkannten Hilfsorganisationen im Bereich des Rettungsdienstes überwiegend mit hauptamtlich tätigem Personal besetzt sind, was zum einen den hohen Qualifikationsvorgaben an das Personal geschuldet ist und zum anderen den gesetzlichen Vorgaben. Das Verwaltungsgericht ist daher auch nicht aufgrund seiner Amtsermittlungspflicht verpflichtet, diesen Umstand von Amts wegen aufzuklären. Es würde sich hierbei nämlich um eine Ermittlung ins Blaue hinein – zugunsten des Beklagten – handeln.[357]

4. Gemischte Leistungen

228 Selbst wenn eine Bereichsausnahme bestehen würde, könnte eine Ausschreibungspflicht gemäß § 111 Abs. 3 Nr. 5 **GWB** bestehen. Wird ein Gesamtauftrag vergeben, sind gemäß § 111 Abs. 3 Nr. 5 Hs. 1 GWB die Vorschriften des Teil 4 GWB anzuwenden, wenn ein Teil des Auftrags den Vorschriften dieses Teils und ein anderer Teil des Auftrags sonstigen Vorschriften außerhalb dieses Teils unterliegt. Dies gilt gemäß § 111 Abs. 3 Nr. 5 Hs. 2 GWB ungeachtet

---

353 *Amelung/Janson*, NZBau 2016. 23 (26).
354 *Gröning*, NZBau 2015, 690 (693).
355 BGH, Beschluss v. 1.12.2008 – X ZB 31/08.
356 Vgl. OLG Düsseldorf, Beschluss v. 15.6.2016 – VII-Verg 49/15.
357 VG Kassel, Urteil v. 6.10.2017 – 5 K 939/13.

des Wertes des Teils, der sonstigen Vorschriften außerhalb dieses Teils unterliegen würde und ungeachtet ihrer rechtlichen Regelung. Wenn eine Bereichsausnahme eingreifen würde, würde der Rettungsdienst nach (allgemeinen) verwaltungsrechtlichen Grundsätzen eines binnenmarktrelevanten Auftrages vergeben werden, während der Einsatz von Krankenwagen zur Patientenbeförderung dem Vergaberecht unterliegen würde.

229 Entscheidend ist nach diesen Vorschriften, ob die verschiedenen Teile der Aufträge **objektiv trennbar** sind. Ist das – wie bei Rettungsdienstleistungen – regelmäßig der der Fall und werden die Auftragsteile trotzdem gemeinsam vergeben, so sind die Vergaberichtlinien auf den gesamten Auftrag anwendbar. Es gilt die sogenannte „Infektionstheorie". Insofern kommt es auch nicht darauf an, welchen Wert die Teile ausmachen, die nicht unter den Anwendungsbereich der Vergaberichtlinien fallen.[358]

II. Verwaltungsrechtliche Sonderfragen

230 Im Bereich der Rettungsdienstkonzession werden Aufträge regelmäßig unterhalb der Schwellenwerte vergeben. In diesem Bereich sind zur Überprüfung die Verwaltungsgerichte berufen, wobei es in diesem Zusammenhang nicht auf die Bereichsausnahme ankommt.[359] Der Konzessionsgeber handelt in Erfüllung der ihm obliegenden Sicherstellung des Rettungsdienstes. Diese kann – unter bestimmten Voraussetzungen – durch Dritte erfüllt werden. Der hierzu durchzuführende Ausschreibungs- und Auswahlvorgang ist ein hoheitlicher Vorgang, der öffentlich-rechtlichen Normen unterliegt. Der BGH geht sogar davon aus, dass ungeachtet einer konkreten (vertraglichen) Leistungsbeschreibung eine Beauftragung mit der Durchführung von Rettungsdienstleistungen nicht als isolierter Dienstleistungsauftrag bewertet werden könne. Nach dieser Rechtsprechung kommt einem Vertrag, mit dem fast das gesamte Aufgaben- und Kompetenzspektrum des Rettungsdienstes mit Ausnahme der Leitstellen auf einen privaten Dritten übertragen wird, nicht der Charakter eines Dienstleistungsauftrags, sondern vielmehr der Charakter einer öffentlich-rechtlichen Aufgabenübertragung zu.[360] Als solche behält die Übertragung einer hoheitlichen Aufgabe auch dann ihren öffentlich-rechtlichen Charakter, wenn es sich bei dem Beauftragten um eine juristische Person des Privatrechts handelt. Es besteht unterhalb der Schwellenwerte auch keine Sonderzuständigkeit der Vergabekammern (§§ 155 ff. GWB), weil die einschlägigen Schwellenwerte nicht erreicht werden.

231 Der Umstand, dass die Beteiligten auch über **vergaberechtliche Aspekte** streiten, begründet keine Sonderzuweisung an die ordentliche Gerichtsbarkeit nach § 156 Abs. 2 GWB, da es nicht in diesem Sinne um die Vornahme oder Unterlassung einer Handlung „in einem Vergabeverfahren" geht. Zwar ist auch bei der Vergabe von Dienstleistungsaufträgen im Zusammenhang mit dem Rettungsdienst bei Überschreitung des Schwellenwertes eine ausschließliche Zuständigkeit der Vergabekammern in Betracht zu ziehen und zwar auch dann, wenn der Dienstleistungsauftrag durch einen öffentlich-rechtlichen Vertrag erteilt wird.[361] Ein Streit darüber, ob trotz Überschreitung der Schwellenwerte eine Vergabe ohne Ausschreibung zulässig ist, können vom Verwaltungsgericht entschieden werden. Solche Streitigkeiten im Vorfeld einer eventuellen Vergabe sind nicht von den Vergabekammern zu entscheiden. Soweit mit einer Klage wie hier auch nichtvergaberechtliche Regelungen – etwas das europäische Beihilfenrecht – geltend gemacht werden, werden sie ohnehin nicht im vergaberechtlichen Nachprüfungsverfahren geprüft.[362]

---

358 *Prieß*, NZBau 2015, 343 (346).
359 VG Ansbach, Beschluss v. 10.8.2018 – AN 14 E 18.00200; Beschluss v. 8.12.2017 – AN 14 E 17.02475; VG Schleswig, Urteil v. 14.11.2017 – 3 A 14/17.
360 Vgl. BGH, Beschluss v. 17.12.2009 – III ZB 47/09, Rn. 10; OLG Naumburg, Beschluss v. 4.11.2010 – 1 Verg 10/10.
361 VG Schleswig, Urteil v. 14.11.2017 – 3 A 14/17, juris Rn. 73, mit Hinweis auf OVG Bautzen, Beschluss v. 9.2.2016 – 5 B 315/15.
362 VG Schleswig, Urteil v. 14.11.2017 – 3 A 14/17, juris Rn. 73.

1. Rechtsschutzinteresse und vorbeugender Rechtsschutz

Auch bei der Vergabe von Rettungsdienstleistungen dürfte die Gewährung vorbeugenden Rechtsschutzes vor dem Verwaltungsgericht grundsätzlich in Betracht kommen, wenn ein qualifiziertes Rechtsschutzbedürfnis hierfür vorliegt und der Betroffene in nicht zumutbarer Weise auf den als grundsätzlich angemessen und ausreichend angesehenen nachträglichen Rechtsschutz verwiesen werden kann. Letzteres dürfte insbesondere dann anzunehmen sein, wenn der Leistungszeitraum für die zu vergebenden Rettungsdienstleistungen an ein fixes Anfangs- und Enddatum geknüpft ist und nachträglicher Rechtsschutz deshalb - zeitlich bedingt - ganz oder teilweise zu spät käme. Die Gewährung vorbeugenden Rechtsschutzes muss allerdings auch tatsächlich noch möglich sein,[363] was im Hinblick auf die sehr restriktive verwaltungsrechtliche Rechtsprechung zweifelhaft erscheint.[364]

Das Erfordernis eines effektiven Rechtsschutzes ist dann nur gewahrt, wenn der Konzessionsgeber jedem abgelehnten Bewerber oder Bieter auf dessen Antrag eine hinreichende **Begründung** liefert. Nur dann kann dieser unter den bestmöglichen Voraussetzungen von seinem Recht auf effektiven Rechtsschutz Gebrauch machen und in Kenntnis aller Umstände entscheiden, ob es für ihn von Nutzen ist, das zuständige Gericht anzurufen.[365]

Nach zutreffender Auffassung ist im Hinblick auf die Rechtsprechung des EuGH unter dem Gesichtspunkt des Effektivitätsgebots („effet utile") der **Sofortvollzug** von Verwaltungsentscheidungen, die die Marktöffnung bewirken sollen, geboten, wenn andernfalls die praktische Umsetzung einer Richtlinie auf unabsehbare Zeit scheitern könnte und würde, nämlich für den Zeitraum, den die Durchführung eines gerichtlichen Hauptsacheverfahrens einschließlich eines Verfahrens vor dem BVerwG beanspruchen könnte.[366]

Der Statthaftigkeit des Antrags gemäß § 123 VwGO steht auch nicht das Verbot der **Vorwegnahme der Hauptsache** entgegen, da ein Verweis auf das Hauptsacheverfahren oder auf Rechtsschutz allein gegen die zuletzt zu treffende Auswahlentscheidung unzumutbare Nachteile für die Unternehmen bringen würde. Diese ist nämlich in der Gefahr, keinen effektiven Rechtsschutz mehr erlangen zu können.[367]

Als Zwischenergebnis bleibt festzuhalten, dass das unterlegene Unternehme in der Regel einen Anspruch auf effektiven Primärrechtsschutz hat, aus der eine verwaltungsrechtliche Vorinformationspflicht folgt.

2. Hängebeschluss

Soweit für unterschwellige Vergaben nämlich um Rechtsschutz vor dem Ver-waltungsgericht nachgesucht wird, tritt – anders als vor den Vergabekammern – im Fall einer Klageerhebung das Zuschlagsverbot nicht „automatisch" mit Klage-erhebung ein. Daher muss der nicht für den Zuschlag vorgesehene Bieter grundsätzlich einen entsprechenden Beschluss aufgrund eines einstweiligen Rechtsschutzverfahrens erwirken, und zwar gerichtet auf vorläufige Untersagung des angekündigten Zuschlags. Allerdings kommt es teilweise dazu, dass noch vor Erhebung des Antrags auf einstweiligen Rechtsschutz oder aber vor rechtskräftiger Entscheidung des Verwaltungsgerichts der Auftraggeber den Zuschlag erteilt. Dies bedeutet im Prinzip: Der nicht für den Zuschlag vorgesehene Bieter kann in diesem Fall allenfalls nur effektiven Primärrechtsschutz in der ersten Instanz erlangen, und zwar nur im Rahmen des einstweiligen Rechtsschutzverfahrens.

Ein beantragter Hängebeschluss ist in der Regel zulässig und begründet, damit ein **drohender Zuschlag** verhindert. Die Befugnis zum Erlass einer durch die Entscheidung über die beantragte einstweilige Anordnung auflösend bedingte Zwischenregelung (auch Hängebeschluss

---
363 OVG Nordrhein-Westfalen, Beschluss v. 19.1.2017 – 13 B 1163/16.
364 VG Gelsenkirchen, Beschluss v. 14.5.2018 – 7 L 824/18.
365 EuG, Urteil v. 20.9.2011 – Rs. T-461/0
366 Vgl. OVG Lüneburg, Beschluss v. 24.6.1999 – 12 M 2094/99 m.w.N.
367 Vgl. VGH Kassel, Beschluss v. 7.4.2006 – 12 Q 114/06.

oder Zwischenverfügung) ergibt sich unmittelbar aus Art. 19 Abs. 4 GG.[368] Eine Zwischenregelung ist zwingend zu erlassen, wenn zwar aktuell eine abschließende Sachentscheidung noch nicht getroffen werden kann, aber ein spezifisches auf den Erlass der Zwischenregelung bezogenes Sicherungsbedürfnis gegeben ist. Dies kann entstehen, weil zu befürchten ist, dass bis zur endgültigen gerichtlichen Eilentscheidung vollendete Tatsachen geschaffen werden. Diese Gefahr ist regelmäßig gegeben, wenn der Konzessionsgeber zur Unterlassung des Zuschlages aufgefordert worden ist und eine Unterlassung nicht erklärt wurde.

239 Ein Hängebeschluss dient als „Notbremse" zur Überbrückung des Zeitraums zwischen Antragseingang und Entscheidung des Gerichts, damit die Behörde nicht während der Dauer des Verfahrens „unbeirrt mit dem Vollzug fortfahren und vollendete Tatsachen schaffen" kann. Dieses prozessrechtliche Instrument wird gerade im Kontext der Vergabe von **Rettungsdienstleistungen** empfohlen, da sich komplexe Rechtsfragen stellen, die umfassend und fundiert kaum unter Zeitdruck zu entscheiden sind. Für bestimmte Bereiche des besonderen Verwaltungsrechts ist es überdies nicht untypisch, dass quasi eine Verlagerung in das einstweilige Rechtsschutzverfahren stattfindet – wie etwa bei beamtenrechtlichen Streitigkeiten oder dem Versammlungsrecht – trotz des Verbotes der Vorwegnahme der Hauptsache.[369]

240 Schließlich ist noch auf ein möglichen folgenden **Wertungswiderspruch** hinzuweisen. Oberhalb der Schwellenwerte wird effektiver Rechtsschutz bei Rettungsdienstkonzessionen gewährt.[370] Unterhalb der Schwellenwerte ist das Verwaltungsgericht zuständig und zur Rechtsschutzwahrung ebenfalls verpflichtet. Daher ist ein Hängebeschluss regelmäßig zu erlassen, es sein denn, auch nach Vertragsschluss kann sich das unterlegene Unternehmen auf eine schwebende Unwirksamkeit des Vertrages aus § 58 Abs. 1 VwVfG berufen und dies gerichtlich klären lassen.[371]

3. Rechtsnatur der Vorabinformation

241 Offen ist, wie das Vorabinformationsschreiben zu werten ist. Auf der einen Seite wird angenommen, dass es sich bei dieser Vorabinformation um einen Verwaltungsakt handeln könnte. Die Bestimmungen des BayRDG zum verwaltungsrechtlichen Auswahlverfahren und zur Regelung des Rechtsverhältnisses durch öffentlich-rechtlichen Vertrag legen es nahe, dass das Auswahlverfahren mit einer als Verwaltungsakt zu qualifizierenden Entscheidung abschließt. Vorläufiger Rechtsschutz wäre so im Wege des § 80a Abs. 3 S. 2, § 80 Abs. 5 VwGO zu erlangen.[372] Dagegen könnte einzuwenden sein, dass der Begriff des Vertrages im vergaberechtlichen Sinn nicht identisch mit dem Begriff des Vertrages im deutschen bürgerlichen Recht ist. Ein diesem gegenüber erweiterter Begriffsinhalt sei schon deswegen angezeigt, weil anderenfalls eine Umgehung der vergaberechtlichen Vorschriften durch eine entsprechende Organisation des Beschaffungswesens drohen würde. Daher komme es nicht auf die nationalrechtliche Zuordnung der rechtlichen Ausgestaltung an, sondern darauf, ob und dass der Erteilung der Konzession eine ausgehandelte Vereinbarung zwischen erteilender Stelle und Konzessionsnehmer zugrunde liegt.[373] Dann wäre der Rechtsschutz über § 123 VwGO zu gewähren.

242 Durch die Auswahlentscheidung sind alle Bieter inhaltlich gleichermaßen betroffen, weil mit der Auswahl eines Angebots zwangsläufig die Ablehnung der Konkurrenzangebote einhergeht; folglich kann die Auswahlentscheidung in die Rechte der unterlegenen Konkurrenten eingreifen. Vor diesem Hintergrund ergeht – mit der Mitteilung über den Ausgang der Auswahlentscheidung – aus der Sicht des im Auswahlverfahren unterlegenen Bewerbers oder Bieters ein **Ablehnungsbescheid**. Es handelt sich hierbei nicht etwa um eine bloße behör-

---

368 Vgl. OVG Nordrhein-Westfalen, Beschluss v. 19.7.2016 – 7 B 715/16; OVG Lüneburg, Beschluss v. 2.9.2014 – 5 ME 142/14; *Kuhla*, in: Posser/Wolff, VwGO, § 123 Rn. 169 ff.; *Mann*, NWVBl. 2017, 6
369 Vgl. *Bühs*, DÖV 2017, 995.
370 Vgl. VK Südbayern, Beschluss v. 16.3.2017 – Z3-3-3194-1-54-12/16; Beschluss v. 14.2.2017 – Z3-3-3194-1-54-12/16.
371 OVG Lüneburg, Beschluss v. 12.11.2012 – 13 ME 231/12; VG Schleswig, Urteil v. 14.11.2017 – 3 A 14/17, juris Rn. 94.
372 Vgl. VGH München, Beschluss v. 12.4.2016 – 21 CE 15.2559, Rn. 25
373 OLG Hamburg, Beschluss v. 1.11.2017 – 1 Verg 2/17.

deninterne Willensbekundung, die nach § 44a VwGO nicht gesondert angreifbar wäre. Greift die Auswahlentscheidung in Bewerber- bzw. Bieterrechte ein (etwa aus Art. 12, Art. 3 Abs. 1 GG), geht mit ihrer Mitteilung auch eine rechtsbeeinträchtigende Außenwirkung einher. Die Auswahlentscheidung ist demnach ein Verwaltungsakt mit drittbelastender Doppelwirkung.[374] Hiergegen ist die erhobene Anfechtungsklage statthaft. Die Mitteilung der Auswahlentscheidung, früher als „Verwaltungsakt" qualifiziert, ist im Rechtssinne die Bekanntgabe des Verwaltungsakts (§ 41 VwVfG), d. h. der Auswahlentscheidung.[375]

Selbst wenn man davon ausginge, dass in der Mitteilung der Auswahlentscheidung lediglich eine Verfahrenshandlung des Konzessionsgebers zu sehen sei, so muss bei der Auslegung und Anwendung von § 44a VwGO die verfassungsrechtliche Garantie des **effektiven Rechtsschutzes** berücksichtigt werden. Der Ausschluss einer (selbstständigen) gerichtlichen Überprüfung von Verfahrenshandlungen darf für die Rechtsuchenden nicht zu unzumutbaren Nachteilen führen, die in einem späteren Prozess (über die Sachentscheidung) nicht mehr vollständig zu beseitigen sind. Im Einzelfall kann deshalb aus Gründen des effektiven Rechtsschutzes auch die selbstständige gerichtliche Durchsetzung eines Nebenanspruchs in Betracht kommen.[376] Effektiver Rechtsschutz kann hier nur erreicht werden, wenn die drohende Zuschlagserteilung durch einen Hängebeschluss verhindert worden wäre.

4. Vollzugsfolgenbeseitigung

Vollzugsbeseitigung kommt in Betracht, wenn tatsächliches Verhalten rückgängig gemacht werden muss. § 80 Abs. 5 S. 3 VwGO erfasst die Rückgängigmachung bereits vorgenommener Aktivitäten zur Verwirklichung des den Dritten begünstigenden Verwaltungsakts. Infolgedessen ermächtigt § 80 Abs. 5 S. 3 VwGO zu allen gerichtlichen Anordnungen, die zur Sicherung eines wirksamen Hauptsacherechtsschutzes und im Interesse der tatsächlichen Durchsetzung der aufschiebenden Wirkung auf die Rückgängigmachung und Beseitigung von Folgen der Verwirklichung des Verwaltungsakts zielen.[377] Muss zur Erlangung eines wirksamen vorläufigen Rechtsschutzes nach der (Wieder-)Herstellung der aufschiebenden Wirkung wegen der inzwischen erfolgten Vollziehung des Verwaltungsakts die tatsächliche Situation mit der Rechtslage in Übereinstimmung gebracht werden, bietet § 80 Abs. 5 S. 3 VwGO – unabhängig vom materiellen Recht – hierfür die notwendige und ausreichende Rechtsgrundlage. Die zulässigen gerichtlichen Anordnungen treffen nur die Verwaltung. Die beim Verwaltungsakt mit Drittwirkung notwendigen Ergänzungen bietet § 80a Abs. 3 S. 1 i. V. m. Abs. 1 Nr. 2 VwGO.[378] Die Voraussetzungen des § 80 Abs. 5 S. 3 VwGO liegen bei der „voreiligen" Vollziehung eines Verwaltungsakts vor. In einem solchen Fall muss die Aufhebung der Vollziehung grundsätzlich angeordnet werden; zum „Ob" dieser Entscheidung gibt es kein Ermessen. Der Rechtsstaat duldet es nicht, dass die Verwaltung ihr Ziel durch die Schaffung rechtswidriger Fakten (doch noch) erreicht.

5. Anordnungsanspruch

Ein Anordnungsanspruch folgt aus subjektiv-öffentlichen Rechten. Diese können aus den oben genannten Vorgaben für ein Auswahlverfahren folgen.[379] Darüber hinaus ist auszuführen, dass bei begrenzten Kapazitäten zur Ausübung eines spezifischen Berufs wie bei der Vergabe von Rettungsdienstkonzessionen die administrative Verteilungsentscheidung unmittelbar grundrechtliche Relevanz als **Verteilung von „Freiheitschancen" entfaltet**.[380] Aus Art. 12 Abs. 1 und Art. 3 Abs. 1 GG ergibt sich daher der derivative Teilhabeanspruch der Un-

---

374 Vgl. *Schoch*, in: Schoch/Schneider/Bier, VwGO, § 123 Rn. 42e ff. (im Kontext beamtenrechtlicher Auswahlentscheidungen).
375 Vgl. *Schoch*, in: Schoch/Schneider/Bier, VwGO, § 123 Rn. 42e ff. (im Kontext beamtenrechtlicher Auswahlentscheidungen).
376 Vgl. BVerwG, Beschluss v. 20.11.2012 – 1 WB 4/12.
377 Vgl. *Schoch*, in: Schoch/Schneider/Bier, VwGO, § 80 Rn. 341 ff.
378 Vgl. *Schoch*, in: Schoch/Schneider/Bier, VwGO, § 80 Rn. 445 ff.
379 Siehe Rn. 43 ff.
380 *Burgi*, NZBau 2001, 64 (70).

ternehmen auf gerechte Beteiligung an vorhandenen quantitativ begrenzten Kapazitäten.[381] Dieser grundrechtliche Teilhabeanspruch schlägt sich einfach-rechtlich als subjektiv öffentlich-rechtlicher Anspruch der Unternehmen auf Durchführung eines verfahrensfehlerfreien Auswahlverfahrens nieder.[382]

246 Ein solches liegt aber in letzter Konsequenz erst dann vor, wenn die bereits genannten Grundsätze des Vergabeverfahrens auch im **unterschwelligen Bereich** auf verwaltungsrechtliche Auswahlverfahren eins zu eins angewendet werden. Infolgedessen entfaltet der Teilhabeanspruch gemäß Art. 12 Abs. 1 i.V.m. Art. 3 Abs. 1 GG i.V.m. den vergaberechtlichen Grundsätzen nicht nur eine objektiv-rechtliche Verpflichtung des Staates,[383] das Vergabeverfahren fehlerfrei durchzuführen, sondern zugleich das subjektiv-öffentliche Recht der Teilnehmer, tatsächlich Berücksichtigung in einem fehlerfreien Verfahren zu finden.[384] Fehlerfreiheit bedeutet hierbei, dass das Verfahren transparent, nichtdiskriminierend, gleichbehandelnd, objektiv, verhältnismäßig und wettbewerbsorientiert durchgeführt wird. Bestimmte Mindestanforderungen müssen folglich auch im Bereich unterhalb der Schwellenwerte eingehalten werden.[385] Ein anderes Ergebnis würde die Anforderungen des Gebotes des effektiven Rechtsschutzes gemäß Art. 19 Abs. 4 GG grundlegend verkennen.[386] Bei Binnenmarktrelevanz des jeweiligen Vergabeverfahrens gilt aufgrund der Geltung der Grundfreiheiten und Art. 18 AEUV entsprechend dasselbe.[387]

247 Art. 19 Abs. 4 GG garantiert umfassenden Rechtsschutz nur zum Zweck des Schutzes **subjektiver Rechte** und daher nur unter der Voraussetzung, dass die Verletzung einer Rechtsposition geltend gemacht wird, die die Rechtsordnung im Interesse des Einzelnen gewährt; die Verletzung rein wirtschaftlicher Interessen genügt ebenso wenig wie die Verletzung von Rechtssätzen, die lediglich Reflexwirkungen haben, weil in ihnen der Einzelne allein aus Gründen des Interesses der Allgemeinheit begünstigt wird. Eine solche von Art. 19 Abs. 4 GG vorausgesetzte Rechtsposition kann sich aus einem anderen Grundrecht oder grundrechtsgleichen Recht ergeben; sie kann aber auch durch Gesetz begründet sein, wobei der Gesetzgeber bestimmt, unter welchen Voraussetzungen dem Bürger ein Recht zusteht und welchen Inhalt es hat.[388] Ein Eilrechtsschutz kann nicht deswegen ausgehebelt werden, wenn durch knappe Zeitplanung des Konzessionsgeber im Endeffekt zeitlicher Druck entsteht.

6. Anordnungsgrund

248 Wenn es um die vorläufige Regelung eines streitigen Rechtsverhältnisses, also die angestrebte Veränderung des Status quo geht,[389] dann ist der Anordnungsgrund für die Regelungsanordnung gegeben, wenn diese nötig ist, um wesentliche Nachteile abzuwenden oder drohende Gewalt zu verhindern, § 123 Abs. 1 S. 2. VwGO. Die Frage, ob eine vorläufige Regelung „nötig erscheint", ist auf der Grundlage einer Interessenabwägung vorzunehmen. Abzuwägen ist das Interesse des Antragstellers an der begehrten Regelung mit dem Interesse des Antragsgegners an der Beibehaltung des bestehenden Zustands.[390] Zu diesem Zweck ist die Situation, die sich bei Erlass der einstweiligen Anordnung ergibt, mit der zu vergleichen, die sich ergibt,

---

381 *Pieroth/Schlink/Kingreen/Poscher*, Grundrechte Staatsrecht II, Rn. 956.
382 OVG Lüneburg, Beschluss v. 12.11.2012 – 13 ME 231/12; VGH Mannheim, Urteil v. 1.10.2009 – 6 S 99/09; VG Darmstadt, Beschluss v. 10.9.2015 – 4 L 1180/15.DA; *Braun*, in: Prieß/Lau/Kratzenberg, Festschrift für Marx, 39 (45).
383 So VGH Kassel, Urteil v. 23.2.2011 – 5 K 128/08.KS.
384 VGH Kassel, Beschluss v. 16.10.2015 – 8 B 1028/15 – dieser bezieht sich zwar auf § 4b Abs. 1 S. 1 GlüStV, der Gedanke kann aber entsprechend auf jedes Vergabe- und Auswahlverfahren übertragen werden; VGH München, Urteil v. 22.7.2015 – 22 B 15.620; Beschluss v. 12.8.2013 – 22 CE 13.970; *Braun*, in: Prieß/Lau/Kratzenberg, Festschrift für Marx, 39 (45).
385 VG Darmstadt, Beschluss v. 10.9.2015 – 4 L 1180/15.DA.
386 Vgl. stattgebender Kammerbeschluss BVerfG, Beschluss v. 29.7.2004 – 2 BvR 2248/03; VG Wiesbaden, Beschluss v. 8.6.2015 – 5 L 1433/14.WI.
387 EuGH, Urteil v. 28.1.2016 – Rs. C-50/14 (CASTA), Rn. 47, 49 m.w.A. *Braun*, EuZW, 2016, 304; *Prieß/Simonis*, NZBau 2015, 731 (732).
388 BVerfG, Beschluss v. 23.4.2009 – 1 BvR 3424/08.
389 Vgl. VG Kassel, Beschluss v. 15.11.2012 – 1 L 941/12.KS.
390 Vgl. VG Bayreuth, Beschluss v. 12.8.2015 – B 3 E 15.503.

wenn der Antrag zurückgewiesen wird. Wesentliche Nachteile ergeben sich zwar nicht allein aus einem möglichen finanziellen Schaden. Sie liegen vielmehr erst dann vor, wenn die Antragstellerin so langfristig und nachhaltig in seiner wirtschaftlichen Betätigung beeinträchtigt wird, dass die erlittenen Einbußen bei einer späteren Regelung nicht mehr ausgeglichen werden können.[391] Nach einer Ankündigung eines durchzuführenden Vergabeverfahrens ist ein Anordnungsgrund nicht mehr ersichtlich.[392]

E. Ausblick

Was wird passieren, wenn der EuGH[393] die **Bereichsausnahme** deutscher Prägung für rechtmäßig halten sollte? Es dürfte sich nicht viel am jetzigen Rechtszustand ändern, allenfalls werden die Verwaltungsgerichte für die Überprüfung von Rettungsdienstvergaben zuständig sein. Das sog. Vergabeprimärrecht gilt im Falle eines grenzüberschreitenden Interesses auch für diejenigen Dienstleistungen, für welche die Bereichsausnahme greift.

Rettungsdienstkonzessionsvergaben werden rechtmäßig nur in einem förmlichen Verfahren unter Berücksichtigung materieller Kriterien vergeben. Derzeit unterscheiden sich die Konzessionsvergaben unterhalb und oberhalb der Schwellenwerte in den verschiedenen Bundesländern in diversen **Detailfragen**. Gemeinsame Kriterien aller Vergaben sind der Transparenzgrundsatz, das Gleichbehandlungsgebot und der Verhältnismäßigkeitsgrundsatz. Die Auswahlentscheidung muss nachvollziehbar, sachlich und objektiv getroffen werden.

Unterschiedlich ist der **Rechtschutz** oberhalb und unterhalb der Schwellenwerte ausgestaltet. Die Frage des Rechtswegs (Verwaltungs- oder ordentliche (Vergabe-)gerichtsbarkeit) spielt für die materiellen Auswahlkriterien – fast – keine Rolle mehr, wobei historisch gewachsene Kriterien bei den Verwaltungsgerichten bisher noch auf eine größere Zustimmung gestoßen sind. Die Auswahlverfahren (oberhalb und unterhalb der Schwellenwerte) werden sich materiell angleichen, weil die Grundprinzipien der Auswahlentscheidungen vergleichbar sind. Angleichend wirken werden hier sowohl das Gemeinschaftsrecht, welches auf jegliche Form des Verteilungsverwaltungsverfahrens anzuwenden sein wird, als auch die Erkenntnis, dass der öffentliche Marktraum bei Bewerberüberhang stets einem geregelten Verteilungsverwaltungsverfahren unterworfen werden muss.

---

391 Vgl. OVG Bremen, Beschluss v. 25.2.2005 – 1 B 41/05; VG Hamburg, Beschluss v. 15.12.2010 – 15 E 894/10.
392 VG Gelsenkirchen, Beschluss v. 14.5.2018 – 7 L 824/18.
393 Rs. C-465/17 (Falck).

Sonderregelungen

SGB – Sozialrechtliche Konzessionen

SGB –
Sozialrechtliche Konzessionen

§ 6 SGB II
Träger der Grundsicherung für Arbeitsuchende

(1) Träger der Leistungen nach diesem Buch sind:
1. die Bundesagentur für Arbeit (Bundesagentur), soweit Nummer 2 nichts Anderes bestimmt,
2. die kreisfreien Städte und Kreise für die Leistungen nach § 16a, das Arbeitslosengeld II und das Sozialgeld, soweit Arbeitslosengeld II und Sozialgeld für den Bedarf für Unterkunft und Heizung geleistet wird, die Leistungen nach § 24 Absatz 3 Satz 1 Nummer 1 und 2 sowie für die Leistungen nach § 28, soweit durch Landesrecht nicht andere Träger bestimmt sind (kommunale Träger).

Zu ihrer Unterstützung können sie Dritte mit der Wahrnehmung von Aufgaben beauftragen; sie sollen einen Außendienst zur Bekämpfung von Leistungsmissbrauch einrichten.

[…]

§ 45 SGB III
Maßnahmen zur Aktivierung und beruflichen Eingliederung

(1) Ausbildungsuchende, von Arbeitslosigkeit bedrohte Arbeitsuchende und Arbeitslose können bei Teilnahme an Maßnahmen gefördert werden, die ihre berufliche Eingliederung durch
1. Heranführung an den Ausbildungs- und Arbeitsmarkt,
2. Feststellung, Verringerung oder Beseitigung von Vermittlungshemmnissen,
3. Vermittlung in eine versicherungspflichtige Beschäftigung,
4. Heranführung an eine selbständige Tätigkeit oder
5. Stabilisierung einer Beschäftigungsaufnahme

unterstützen (Maßnahmen zur Aktivierung und beruflichen Eingliederung). Für die Aktivierung von Arbeitslosen, deren berufliche Eingliederung auf Grund von schwerwiegenden Vermittlungshemmnissen, insbesondere auf Grund der Dauer ihrer Arbeitslosigkeit, besonders erschwert ist, sollen Maßnahmen gefördert werden, die nach inhaltlicher Ausgestaltung und Dauer den erhöhten Stabilisierungs- und Unterstützungsbedarf der Arbeitslosen berücksichtigen. Versicherungspflichtige Beschäftigungen mit einer Arbeitszeit von mindestens 15 Stunden wöchentlich in einem anderen Mitgliedstaat der Europäischen Union oder einem anderen Vertragsstaat des Abkommens über den Europäischen Wirtschaftsraum sind den versicherungspflichtigen Beschäftigungen nach Satz 1 Nummer 3 gleichgestellt. Die Förderung umfasst die Übernahme der angemessenen Kosten für die Teilnahme, soweit dies für die berufliche Eingliederung notwendig ist. Die Förderung kann auf die Weiterleistung von Arbeitslosengeld beschränkt werden.

[…]

(4) Die Agentur für Arbeit kann der oder dem Berechtigten das Vorliegen der Voraussetzungen für eine Förderung nach Absatz 1 bescheinigen und Maßnahmeziel und -inhalt festlegen (Aktivierungs- und Vermittlungsgutschein). Der Aktivierungs- und Vermittlungsgutschein kann zeitlich befristet sowie regional beschränkt werden. Der Aktivierungs- und Vermittlungsgutschein berechtigt zur Auswahl
1. eines Trägers, der eine dem Maßnahmeziel und -inhalt entsprechende und nach § 179 zugelassene Maßnahme anbietet,
2. eines Trägers, der eine ausschließlich erfolgsbezogen vergütete Arbeitsvermittlung in versicherungspflichtige Beschäftigung anbietet, oder
3. eines Arbeitgebers, der eine dem Maßnahmeziel und -inhalt entsprechende betriebliche Maßnahme von einer Dauer bis zu sechs Wochen anbietet.

Der ausgewählte Träger nach Satz 3 Nummer 1 und der ausgewählte Arbeitgeber nach Satz 3 Nummer 3 haben der Agentur für Arbeit den Aktivierungs- und Vermittlungsgutschein vor Beginn der Maßnahme vorzulegen. Der ausgewählte Träger nach Satz 3 Nummer 2 hat der Agentur für Arbeit den Aktivierungs- und Vermittlungsgutschein nach erstmaligem Vorliegen der Auszahlungsvoraussetzungen vorzulegen.

§ 78a SGB VIII
Anwendungsbereich

(1) Die Regelungen der §§ 78b bis 78g gelten für die Erbringung von
1. Leistungen für Betreuung und Unterkunft in einer sozialpädagogisch begleiteten Wohnform (§ 13 Absatz 3),
2. Leistungen in gemeinsamen Wohnformen für Mütter/Väter und Kinder (§ 19),
3. Leistungen zur Unterstützung bei notwendiger Unterbringung des Kindes oder Jugendlichen zur Erfüllung der Schulpflicht (§ 21 Satz 2),
4. Hilfe zur Erziehung
    a) in einer Tagesgruppe (§ 32),
    b) in einem Heim oder einer sonstigen betreuten Wohnform (§ 34) sowie
    c) in intensiver sozialpädagogischer Einzelbetreuung (§ 35), sofern sie außerhalb der eigenen Familie erfolgt,
    d) in sonstiger teilstationärer oder stationärer Form (§ 27),
5. Eingliederungshilfe für seelisch behinderte Kinder und Jugendliche in
    e) anderen teilstationären Einrichtungen (§ 35a Absatz 2 Nummer 2 Alternative 2),
    f) Einrichtungen über Tag und Nacht sowie sonstigen Wohnformen (§ 35a Absatz 2 Nummer 4),
6. Hilfe für junge Volljährige (§ 41), sofern diese den in den Nummern 4 und 5 genannten Leistungen entspricht, sowie
7. Leistungen zum Unterhalt (§ 39), sofern diese im Zusammenhang mit Leistungen nach den Nummern 4 bis 6 gewährt werden; § 39 Absatz 2 Satz 3 bleibt unberührt.

(2) Landesrecht kann bestimmen, dass die §§ 78b bis 78g auch für andere Leistungen nach diesem Buch sowie für vorläufige Maßnahmen zum Schutz von Kindern und Jugendlichen (§ 42) gelten.

§ 78b SGB VIII
Voraussetzungen für die Übernahme des Leistungsentgelts

(1) Wird die Leistung ganz oder teilweise in einer Einrichtung erbracht, so ist der Träger der öffentlichen Jugendhilfe zur Übernahme des Entgelts gegenüber dem Leistungsberechtigten verpflichtet, wenn mit dem Träger der Einrichtung oder seinem Verband Vereinbarungen über
1. Inhalt, Umfang und Qualität der Leistungsangebote (Leistungsvereinbarung),
2. differenzierte Entgelte für die Leistungsangebote und die betriebsnotwendigen Investitionen (Entgeltvereinbarung) und
3. Grundsätze und Maßstäbe für die Bewertung der Qualität der Leistungsangebote sowie über geeignete Maßnahmen zu ihrer Gewährleistung (Qualitätsentwicklungsvereinbarung)

abgeschlossen worden sind.

(2) Die Vereinbarungen sind mit den Trägern abzuschließen, die unter Berücksichtigung der Grundsätze der Leistungsfähigkeit, Wirtschaftlichkeit und Sparsamkeit zur Erbringung der Leistung geeignet sind. Vereinbarungen über die Erbringung von Hilfe zur Erziehung im Ausland dürfen nur mit solchen Trägern abgeschlossen werden, die
1. anerkannte Träger der Jugendhilfe oder Träger einer erlaubnispflichtigen Einrichtung im Inland sind, in der Hilfe zur Erziehung erbracht wird,
2. mit der Erbringung solcher Hilfen nur Fachkräfte im Sinne des § 72 Absatz 1 betrauen und
3. die Gewähr dafür bieten, dass sie die Rechtsvorschriften des Aufenthaltslandes einhalten und mit den Behörden des Aufenthaltslandes sowie den deutschen Vertretungen im Ausland zusammenarbeiten.

[…]

Übersicht

	Rn.		Rn.
A. Sozialrechtliche Leistungserbringung	1	II. Sozialhilferechtliches Dreiecksverhältnis	16
B. Sozialrechtliches Dreiecksverhältnis	4	III. Sozialrechtliches Dreiecksverhältnis	19
I. Rechtsbeziehungen	4	D. Ausgewählte Bereiche des Sozialrechts	23
II. Wunsch- und Wahlrecht	8	I. Grundsicherung für Arbeitsuchende (SGB II)	23
III. Sozialrechtliche Zulassungssysteme	9	II. Arbeitsförderung (SGB III)	25
IV. Betriebsrisiko	10	III. Kinder- und Jugendhilfe (SGB VIII)	28
C. Dienstleistungskonzessionen im sozialrechtlichen Dreiecksverhältnis	11		
I. Dienstleistungskonzessionen	11		

A. Sozialrechtliche Leistungserbringung

Das Recht des SGB soll der Verwirklichung sozialer Gerechtigkeit und sozialer Sicherheit dienen. Gegenstand der sozialen Rechte sind gemäß § 11 S. 1 SGB I die im SGB vorgesehenen Dienst-, Sach- und Geldleistungen, sog. Sozialleistungen. **Sozialleistungen** lassen sich als Leistungen definieren, die ein Leistungsträger aufgrund sozialrechtlicher Vorschriften erbringt.[1] Dabei verschaffen Geldleistungen dem Empfänger die Freiheit, nach eigener Präferenz die empfangene Zahlung verwenden zu können. Sach- und Dienstleistungen sind demgegenüber bedarfsbezogen und können den individuellen Bedürfnissen des Leistungsberechtigten angepasst werden. Dies gilt vor allem für Dienstleistungen[2], wobei die persönliche und erzieherische Hilfe den Dienstleistungen gemäß § 11 S. 2 SGB I zugerechnet wird.

Die Erbringung sozialrechtlicher Leistungen erfolgt innerhalb eines **Sozialleistungsverhältnisses**. Ein solches Verhältnis ist die Summe der zwischen zwei Rechtssubjekten – dem Leistungsberechtigten und dem Leistungsträger – bestehenden Rechtsbeziehungen, die sich im Zusammenhang mit einem Sozialleistungsanspruch aus dem Sozialrecht ergeben.[3] Beteiligte des Sozialleistungsverhältnisses sind der Sozialleistungsberechtigte (Gläubiger) und der zuständige Sozialleistungsträger als Verwaltungsträger bzw. Träger öffentlicher Gewalt (Schuldner).[4]

Die Erbringung von **Sach- und Dienstleistungen** kann auf zwei Wegen erfolgen. Zum einen kann der Leistungsträger den Leistungsberechtigten die Sozialleistungen selbst zur Verfügung stellen. Der Leistungsaustausch findet zwischen Leistungsträger und Leistungsberechtigten statt. Zum anderen kann der Leistungsträger die Sozialleistungen von Dritten erbringen lassen. In diesem Fall werden die Leistungen nicht vom Leistungsträger, sondern von Dritten, den sog. Leistungserbringern, erbracht. Diese stellen die Sozialleistungen auf Kosten des Leistungsträgers dem Leistungsberechtigten zur Verfügung.[5] Treten Dritte bei der Erbringung von Sozialleistungen hinzu, liegt kein unmittelbares Sozialleistungsverhältnis zwischen Leistungsberechtigten und Leistungsträger mehr vor. In diesem Fall entsteht ein Drittrechtsverhältnis[6]; die Leistungserbringung erfolgt dabei im sog. „sozialrechtlichen Dreiecksverhältnis".

---

[1] *Bley/Kreikebohm/Marschner*, Sozialrecht, Rn. 107 ff.
[2] *von Maydell*, in: von Maydell/Ruland/Becker, Sozialrechtshandbuch, § 1 Rn. 21.
[3] *Bley/Kreikebohm/Marschner*, Sozialrecht, Rn. 58.
[4] *Bley/Kreikebohm/Marschner*, Sozialrecht, Rn. 70 f.
[5] *von Maydell*, in: von Maydell/Ruland/Becker, Sozialrechtshandbuch, § 1 Rn. 22.
[6] *Bley/Kreikebohm/Marschner*, Sozialrecht, Rn. 68.

B. Sozialrechtliches Dreiecksverhältnis

I. Rechtsbeziehungen

4 Im sozialrechtlichen Dreiecksverhältnis erfolgt die Leistungserbringung im Rahmen einer Dreiecksbeziehung zwischen Leistungsberechtigtem, öffentlichem Sozialleistungsträger und Leistungserbringer.

5 Die Rechtsbeziehung zwischen **Leistungsberechtigtem** und öffentlichem **Leistungsträger** bildet die Grundlage des sozialrechtlichen Dreiecksverhältnisses. Der sozialleistungsberechtigte Bürger hat aus dem Sozialrechtsverhältnis heraus einen öffentlich-rechtlichen Leistungsanspruch gegen den Sozialleistungsträger.[7] Der Bürger, der einen Anspruch auf eine bestimmte Sozialleistung hat, muss diese bei dem zuständigen Sozialleistungsträger beantragen. Der Leistungsträger bewilligt die begehrte Leistung dem Leistungsberechtigtem gegenüber durch Verwaltungsakt. In dem Bewilligungsbescheid bestimmt der Leistungsträger den Leistungserbringer und erklärt die Kostenübernahme für die zu erbringende Leistung.[8] Entsprechend dem Sachleistungsprinzip wird die Leistung dem Leistungsberechtigten zur Verfügung gestellt, ohne dass er dafür ein Entgelt entrichten muss.[9] Der Leistungserbringer erhält seine Vergütung zwar vom Empfänger der Sozialleistung, allerdings wird das Entgelt nicht vom leistungsberechtigten Bürger, sondern vom zuständigen Sozialleistungsträger ausgezahlt.[10]

6 Des Weiteren schließen der öffentliche Träger und der Erbringer der Sozialleistung eine Leistungsvereinbarung ab, sog. **Leistungserbringungsverträge**.[11] In diesen allgemeinen Leistungserbringungsverträgen werden Art, Umfang, Qualität, Vergütung und Abrechnung der zu erbringenden Leistung sowie Aspekte der Qualitäts-, Wirtschaftlichkeits- und Wirksamkeitsprüfung geregelt.[12] Bei den Vereinbarungen zwischen Sozialleistungsträgern und Leistungserbringern bzw. deren Verbänden handelt es sich um öffentlich-rechtliche Vereinbarungen.[13] Leistungserbringer im sozialrechtlichen Dreiecksverhältnis sind in der Regel Freie Träger.[14]

7 Der **Leistungsberechtigte** kann sich nach Bewilligung der Leistung an den **Leistungserbringer** wenden, der die Sozialleistung für den Sozialleistungsträger erbringen soll. Mit dem Abschluss eines privatrechtlichen Vertrages zwischen dem leistungsberechtigten Bürger und dem Leistungserbringer wird das Dreiecksverhältnis geschlossen bzw. hergestellt.[15] In diesem Vertrag regelt der Freie Träger als Leistungserbringer mit dem Leistungsberechtigten die konkrete Ausgestaltung der zu erbringenden Sozialleistung. Auf Grundlage dieses Vertrages erbringt der Leistungserbringer für den öffentlichen Leistungsträger die vereinbarte Sozialleistung gegenüber dem sozialleistungsberechtigten Bürger.[16]

II. Wunsch- und Wahlrecht

8 Im sozialrechtlichen Dreiecksverhältnis sind die Wunsch- und Wahlrechte des Leistungsberechtigten von besonderer Bedeutung. Wunsch- und Wahlrechte finden sich in § 33 SGB I, § 5

---

7 Vgl. *Neumann/Nielandt/Philipp*, Erbringung von Sozialleistungen nach Vergaberecht?, S. 21.
8 Vgl. *Neumann/Nielandt/Philipp*, Erbringung von Sozialleistungen nach Vergaberecht?, S. 21; *Nielandt*, RsDE 57, 44 (45).
9 Vgl. *Bieback*, NZS 2007, 505 (506); *Neumann*, VSSR 2005, 211 (214).
10 Vgl. *Nielandt*, RsDE 57, 44 (45).
11 Vgl. *Nielandt*, RsDE 57, 44 (45).
12 Vgl. *Engler*, Die Leistungserbringung in den Sozialgesetzbüchern II, III, VIII und XII im Spannungsverhältnis zum europäischen und nationalen Vergaberecht, S. 24.
13 Vgl. *Brünner*, ArchsozArb 2005, 70 (74).
14 Vgl. *Engler*, Die Leistungserbringung in den Sozialgesetzbüchern II, III, VIII und XII im Spannungsverhältnis zum europäischen und nationalen Vergaberecht, S. 24 m.w.N.
15 Vgl. *Nielandt*, RsDE 57, 44 (45).
16 Vgl. *Engler*, Die Leistungserbringung in den Sozialgesetzbüchern II, III, VIII und XII im Spannungsverhältnis zum europäischen und nationalen Vergaberecht, S. 25.

SGB VIII und § 9 SGB XII. Sie gewährleisten das Recht des Bürgers, an der Gestaltung der Sozialleistung und ihrer Erbringung mitzuwirken. Der Bürger soll selbst über die Art und den Ort der Leistungserbringung sowie den Leistungserbringer entscheiden können.[17] Den Wünschen des Berechtigten oder Verpflichteten soll bei der Ausgestaltung von Rechten und Pflichten entsprochen werden, soweit diese angemessen sind, § 33 S. 2 SGB I. Wunsch- und Wahlrechte sollen es den Sozialleistungsberechtigten erlauben, konfessionell und weltanschaulich geprägten Leistungserbringern ausweichen zu können.[18] Nach § 33 S. 2 SGB I i.V.m. § 37 SGB I erstreckt sich das Wunsch- und Wahlrecht des Leistungsberechtigten auf das gesamte Sozialgesetzbuch, soweit Rechtsvorschriften dem nicht entgegenstehen. In den §§ 5 SGB VIII und 9 Abs. 2 SGB XII wird das Wunsch- und Wahlrecht für die Bereiche der Kinder- und Jugendhilfe sowie Sozialhilfe speziell geregelt, sodass diese spezialgesetzlichen Regelungen dem § 33 S. 2 SGB I in der Anwendung vorgehen. Solche spezialgesetzlichen Regelungen des Wunsch- und Wahlrechts finden sich im SGB II und III nicht. Hier gilt das „allgemeine" Wunsch- und Wahlrecht nach § 33 S. 2 SGB I i.V.m. § 37 SGB I, wobei die Anwendung des § 33 S. 2 SGB I strittig ist.[19]

III. Sozialrechtliche Zulassungssysteme

Mit dem Abschluss von Leistungsvereinbarungen zwischen Leistungsträger und Leistungserbringer wird zugleich über die Zulassung zur Leistungserbringung entschieden.[20] Sind die gesetzlichen Voraussetzungen erfüllt, haben potenzielle Leistungserbringer grundsätzlich einen Anspruch auf eine ermessensfehlerfreie Entscheidung über den Abschluss einer solchen Vereinbarung. Die Verweigerung der Zulassung zur Leistungserbringung wegen Fehlens eines objektiven Bedarfs stellt einen Eingriff in das Grundrecht der Berufsfreiheit nach Art. 12 GG dar, der nur aufgrund einer hinreichend bestimmten gesetzlichen Grundlage gerechtfertigt werden kann. Denn erst mit dem Abschluss einer Leistungsvereinbarung mit Sozialleistungsträgern ist es Leistungserbringern möglich, wirtschaftlich zu existieren.[21] Zudem ist festzustellen, dass Ansprüche auf Sozialleistungen in der Regel nur in vertragsgebundenen Einrichtungen und Diensten realisiert werden können.[22] Folglich sind mit allen geeigneten Leistungserbringern Leistungserbringungsverträge abzuschließen, unabhängig vom Bestehen eines Bedarfs.[23] Bei festgestellter Eignung haben sämtliche potenzielle Leistungserbringer einen Anspruch auf Zulassung zur Leistungserbringung im sozialrechtlichen Dreiecksverhältnis. Die gezielte Auswahl eines bestimmten Leistungserbringers durch den Sozialleistungsträger als Auftraggeber findet in diesem Fall nicht statt.

9

IV. Betriebsrisiko

Auf Grundlage der Leistungsvereinbarung (bzw. des Leistungserbringungsvertrages) verpflichtet sich der Leistungserbringer gegenüber dem Sozialleistungsträger, die Sozialleistung für ihn gegenüber dem Leistungsberechtigten zu erbringen. Dafür erhält der Leistungserbringer als Gegenleistung weder eine Vergütung noch eine Belegungsgarantie. Das Belegungs- bzw. Verwertungsrisiko, das in der ungewissen Auslastung seiner Einrichtung besteht, trägt

10

---

17 Vgl. *Engler*, Die Leistungserbringung in den Sozialgesetzbüchern II, III, VIII und XII im Spannungsverhältnis zum europäischen und nationalen Vergaberecht, S. 25 m.w.N.
18 *Neumann/Nielandt/Philip*, Erbringung von Sozialleistungen nach Vergaberecht?, S. 21 mit Verweis auf BVerfG, Urteil v. 18.7.1967 – 2 BvF 3, 4, 5, 6, 7, 8/62; 2 BvR 139, 140, 334, 335/62, BVerfGE 22, 180 (209).
19 Vgl. *Engler*, Die Leistungserbringung in den Sozialgesetzbüchern II, III, VIII und XII im Spannungsverhältnis zum europäischen und nationalen Vergaberecht, S. 26.
20 *Neumann/Nielandt/Philip*, Erbringung von Sozialleistungen nach Vergaberecht?, S. 22.
21 Zu Rehabilitationsleistungen *Neumann*, VSSR 3/2005, 211 (216).
22 Allerdings gibt es unterschiedlich streng gefasste Öffnungsklauseln, die ausnahmsweise die Erbringung von Leistungen durch nicht zugelassene Träger zulassen. *Neumann/Nielandt/Philip*, Erbringung von Sozialleistungen nach Vergaberecht?, 2004, S. 22; *Engler*, Die Leistungserbringung in den Sozialgesetzbüchern II, III, VIII und XII im Spannungsverhältnis zum europäischen und nationalen Vergaberecht, S. 25.
23 Zu Rehabilitationsleistungen *Neumann*, VSSR 3/2005, 211 (216).

allein der Leistungserbringer.[24] Denn mit dem Abschluss der Leistungsvereinbarung an sich ist keine Belegungsgarantie des Leistungserbringers verbunden. Erst wenn der Leistungsberechtigte einen bestimmten Leistungserbringer ausgewählt hat, werden diesem die Kosten der Leistungserbringung bei Bewilligung durch den Sozialleistungsträger erstattet. Insofern entscheidet nicht der Sozialleistungsträger, sondern der leistungsberechtigte Bürger im Rahmen seines Wunsch- und Wahlrechts, wer die Leistung für ihn erbringen soll.[25] Meiden leistungsberechtigte Bürger über die Geltendmachung ihres Wunsch- und Wahlrechts einen Leistungserbringer oder sind schlichtweg nicht genügend Bürger vorhanden, die die Sozialleistung beanspruchen, realisiert sich das Betriebsrisiko.[26]

C. Dienstleistungskonzessionen im sozialrechtlichen Dreiecksverhältnis

I. Dienstleistungskonzessionen

11 **Konzessionen** sind nach § 105 Abs. 1 GWB entgeltliche Verträge, mit denen ein oder mehrere Konzessionsgeber ein oder mehrere Unternehmen mit der Erbringung von Bauleistungen (Baukonzessionen) oder mit der Erbringung und Verwaltung von Dienstleistungen (Dienstleistungskonzessionen) betrauen.[27]

12 Während der Dienstleistungsauftrag eine Gegenleistung in Geld umfasst, die vom Auftraggeber unmittelbar an den Dienstleistungserbringer gezahlt wird, besteht im Fall einer **Dienstleistungskonzession** die Gegenleistung für die Erbringung der Dienstleistung in dem Recht zur Nutzung der Dienstleistung. Die Ausübung dieses Nutzungsrechts unterliegt dem Betriebsrisiko des Konzessionärs. Das Recht zur Nutzung der Dienstleistung kann sich insbesondere als Entgeltzahlung Dritter auswirken, die Nutzer der betreffenden Dienstleistung sind.[28]

13 In Abgrenzung zur Vergabe öffentlicher Aufträge geht bei der Vergabe einer Dienstleistungskonzession das **Betriebsrisiko** für die Verwertung der Dienstleistung auf den Konzessionsnehmer über, § 105 Abs. 2 S. 1 GWB.[29] Bei einer Konzessionsvergabe trägt insofern allein der Unternehmer das wirtschaftliche Risiko. Der Übergang des Betriebsrisikos auf den Konzessionsnehmer ist das wesentliche Kriterium für die Entscheidung über die Einordnung des jeweiligen Vertrages als Konzessionsvertrag.[30] Ein solches Risiko liegt immer dann vor, wenn zum Zeitpunkt des Vertragsschlusses der Verwertungserfolg der Dienstleistung nicht kalkulierbar ist.[31] Das Betriebsrisiko kann sowohl ein Nachfrage- als auch ein Angebotsrisiko sein, § 105 Abs. 2 S. 3 GWB.

14 Im **sozialrechtlichen Dreiecksverhältnis** erbringt der Leistungserbringer die Sozialleistung gegenüber dem Leistungsberechtigten ohne einen direkten Anspruch auf Zahlung des Entgelts gegenüber dem Sozialleistungsträger. Kostenschuldner ist regelmäßig der leistungsberechtigte Bürger, der gegenüber dem Sozialleistungsträger wiederum einen Erstattungsanspruch hat.[32] Die Entgeltzahlung erfolgt insofern durch einen Dritten, den leistungsberechtigten Bürger.[33] Zudem trägt im sozialrechtlichen Dreiecksverhältnis nicht der Sozialleistungsträger, sondern der Leistungserbringer das Betriebsrisiko seiner angebotenen Leistung. Diese Merkmale führten bisher zu der Annahme, dass Leistungserbringungen im sozialrechtlichen Dreiecksverhältnis als nicht dem Vergaberecht unterliegende Dienstleistungskonzessionen einzuordnen sind.

---

24 Vgl. *Brünner*, ArchsozArb 2005, 70 (75); *Nielandt*, RsDE 57, 44 (47).
25 Vgl. *Nielandt*, RsDE 57, 44 (45).
26 Zu Rehabilitationsleistungen *Neumann*, VSSR 3/2005, 211 (216).
27 Siehe ausführlich dazu *Braun* zu § 1 KonzVgV Rn. 41 ff.
28 Gesetzesbegründung, VergRModG 2016, BT-Drs. 18/6281, 76 f.
29 Siehe ausführlich dazu *Braun* zu § 1 KonzVgV Rn. 66 ff.
30 Gesetzesbegründung zu § 105 Abs. 2 GWB, VergRModG 2016, BT-Drs. 18/6281, 76.
31 Vgl. *Jennert*, NZBau 2005, 131 (134 f.).
32 *Sieper*, in: Hassel/Gurgel/Otto, Sozialrecht, S. 709 Rn. 46.
33 In der Praxis erhält der Leistungserbringer sein Entgelt nicht vom Leistungsberechtigten, sondern vom zuständigen Sozialleistungsträger ausgezahlt.

Bis zum Inkrafttreten des **VergRModG 2016** hielt das Kartellvergaberecht lediglich Regelungen für die Vergabe von Baukonzessionen bereit. Dienstleistungskonzessionen waren von dessen Anwendungsbereich ausgenommen; diese unterlagen lediglich den Anforderungen des EU-Primärrechts (Transparenzgebot, Gleichbehandlungsgebot, Diskriminierungsverbot). Mit der Neuregelung des GWB und der KonzVgV werden nunmehr auch Dienstleistungskonzessionen vom Anwendungsbereich des Kartellvergaberechts erfasst. Dies gilt zugleich für die Vergabe von Konzessionen im Bereich sozialer Dienstleistungen. Für die Vergabe von Konzessionen für soziale Dienstleistungen gilt gemäß § 106 Abs. 2 Nr. 4 GWB i.V.m. Art. 8 RL 2014/23/EU der allgemeine EU-Schwellenwert für Konzessionen i.H.v. 5.548.000 Euro. Mit der Anwendbarkeit von GWB und KonzVgV auf die Vergabe von Dienstleistungskonzessionen stellt sich die Frage, ob auch die Leistungserbringung im sozialrechtlichen Dreiecksverhältnis dem Kartellvergaberecht unterliegt.

15

II. Sozialhilferechtliches Dreiecksverhältnis

Die Begriffe der Bau- und Dienstleistungskonzession sind in § 105 GWB definiert. Im Zusammenhang mit der Definition einer Konzession nach dem GWB nimmt der nationale Gesetzgeber auf die Erwägungsgründe 11 bis 16 RL 2014/23/EU Bezug, in denen verschiedene Negativabgrenzungen zum Konzessionsbegriff aufgeführt sind.[34]

16

Für die Erbringung sozialer Dienstleistungen ist dabei Erwägungsgrund 13 RL 2014/23/EU von Bedeutung. Danach sollen Regelungen, nach denen **ohne gezielte Auswahl** alle Wirtschaftsteilnehmer, die bestimmte Voraussetzungen erfüllen, berechtigt sind, eine bestimmte Aufgabe, wie beispielsweise Kundenwahl- und Dienstleistungsgutscheinsysteme, wahrzunehmen, nicht als Konzessionen gelten. Dies soll auch für Regelungen gelten, die auf einer rechtsgültigen Vereinbarung zwischen der Behörde und den Wirtschaftsteilnehmern beruhen. Denn derartige Systeme beruhen typischerweise auf der Entscheidung einer Behörde, mit der transparente und nichtdiskriminierende Voraussetzungen für den kontinuierlichen Zugang von Wirtschaftsteilnehmern zur Erbringung bestimmter Dienstleistungen – wie soziale Dienstleistungen – festgelegt werden, wobei den Kunden die Wahl zwischen den Anbietern freisteht.[35] Angesprochen ist hier das Wunsch- und Wahlrecht des leistungsberechtigten Bürgers im Rahmen des sozialrechtlichen Dreiecksverhältnisses, wonach nicht der Sozialleistungsträger (Auftraggeber/Konzessionsgeber), sondern vielmehr der Leistungsberechtigte (Bürger) die Auswahlentscheidung über den Leistungserbringer (Auftragnehmer/Konzessionsnehmer) trifft. In diesem Fall mangelt es an einer für das Vorliegen einer Konzession erforderlichen Auswahlentscheidung des Konzessionsgebers über den Leistungserbringer.

17

Der nationale Gesetzgeber kommt in seiner Begründung zu § 105 Abs. 1 GWB entsprechend dem Erwägungsgrund 13 RL 2014/23/EU zu der Schlussfolgerung, dass die Zulassung von Dienstleistungserbringern im **sozialhilferechtlichen Dreiecksverhältnis** nicht der RL 2014/23/EU unterfällt. Gleiches gilt für die Zulassung von **Pflegeeinrichtungen** sowie die Feststellung der fachlichen Eignung im Rahmen der Zulassung **besonderer Dienste** oder **besonderer Einrichtungen**.[36] Das GWB setzt in § 105 den Konzessionsbegriff der RL 2014/23/EU (unter Beachtung der Richtlinienerwägungen) in nationales Recht um. Demzufolge ist davon auszugehen, dass der Gesetzgeber die Zulassung von Dienstleistungserbringern zur Leistungserbringung im sozialhilferechtlichen Dreiecksverhältnis ebenfalls nicht vom Begriff der Dienstleistungskonzession nach § 105 GWB und damit vom Vergaberecht erfasst sieht.

18

---

34 Vgl. Gesetzesbegründung zu § 105 Abs. 1 GWB, VergRModG 2016, BT-Drs. 18/6281, 76.
35 Erwägungsgrund 13 RL 2014/23/EU.
36 Gesetzesbegründung zu § 105 Abs. 1 GWB, VergRModG 2016, BT-Drs. 18/6281, 76.

III. Sozialrechtliches Dreiecksverhältnis

19 Mit der alleinigen Bezugnahme des Gesetzgebers auf das sozialhilferechtliche Dreiecksverhältnis stellt sich die Frage, ob Zulassungssysteme im sozialhilfe- oder generell im sozialrechtlichen Dreiecksverhältnis vom Anwendungsbereich des Kartellvergaberechts ausgenommen sind.

20 Über die Fragestellung, ob sich Leistungserbringer mittels der Durchführung von **einfachen Zulassungssystemen** dem Vergaberecht entziehen können, hat der EuGH in der Rechtssache „Falk Pharma"[37] entschieden. Das OLG Düsseldorf[38] hat den EuGH um die Vorabentscheidung in der Fragestellung gebeten, ob der Begriff des öffentlichen Auftrags nicht mehr erfüllt ist, wenn öffentliche Auftraggeber ein Zulassungsverfahren durchführen, bei dem sie den Auftrag vergeben, ohne einen oder mehrere Wirtschaftsteilnehmer auszuwählen (sog. „Open-House-Modell"). Der EuGH antwortete dahingehend, dass die Auswahl eines Angebots und somit eines Auftragnehmers ein wesentliches Element der öffentlichen Auftragsvergabe und mit dem Begriff des öffentlichen Auftrags untrennbar verbunden ist.[39] Es gehört zu den Merkmalen der Auftragsvergabe, dass der öffentliche Auftraggeber den Wirtschaftsteilnehmer auswählt, von dem er im Wege eines öffentlichen Auftrags die Bauleistungen, Lieferungen und Dienstleistungen erwerben wird, die Gegenstand des Auftrags sind.[40]

21 Erwägungsgrund 13 RL 2014/23/EU weist darauf hin, dass Regelungen, nach denen ohne gezielte Auswahl alle Unternehmen, die bestimmte Voraussetzungen erfüllen, berechtigt sind, eine bestimmte Aufgabe wahrzunehmen, nicht als Konzessionen gelten. Insofern dürfte es ebenfalls zum **Wesensmerkmal einer Konzession** gehören, dass der Konzessionsgeber den Konzessionsnehmer auswählt, der die Leistung für ihn erbringen wird, die Gegenstand der Konzessionsvergabe ist. Aufgrund des Wunsch- und Wahlrechts des Sozialleistungsberechtigten über die Inanspruchnahme des Leistungserbringers kommt dem Sozialleistungsträger im sozialrechtlichen Dreieckverhältnis eine solche selektive Auswahlentscheidung nicht zu. Insofern fehlt es bei der Leistungserbringung im sozialrechtlichen Dreiecksverhältnis an dem Wesensmerkmal der Auswahlentscheidung über den Konzessionsnehmer durch den Konzessionsgeber, sodass in diesen Fällen der Leistungserbringung das Vergaberecht nicht zur Anwendung gelangt. Sozialrechtliche Leistungserbringungen im Rahmen der Rechtsbeziehung zwischen Leistungsträger, Leistungserbringer und Leistungsempfänger unterliegen nicht den Anforderungen eines konzessionsrechtlichen Vergabeverfahrens. Unabhängig davon sind bei der Zulassung von Dienstleistungserbringern im sozialrechtlichen Dreiecksverhältnis die Grundsätze des Primärrechts, insbesondere der Gleichbehandlung, Nichtdiskriminierung und Transparenz, zu beachten.[41]

22 Insgesamt kann die Anwendung des Vergaberechts auf die Leistungserbringung im sog. sozialrechtlichen Dreiecksverhältnis nicht einheitlich beantwortet werden. Sie hängt vielmehr von der Ausgestaltung der **konkreten Rechtsbeziehung** zwischen Leistungsträger, Leistungserbringer und Leistungsempfänger im jeweils anzuwendenden Leistungserbringungsrecht des SGB ab. Die pauschale Ausnahme von Leistungen im sozialrechtlichen Dreiecksverhältnis vom Vergaberecht ist europarechtlich weder möglich noch in der Sache gerechtfertigt. Wenn allerdings dem Leistungsträger bei der Zulassung von Dienstleistungserbringern keine Möglichkeit der Auswahlentscheidung zukommt, unterliegt die Leistungserbringung nicht dem Vergaberecht. So sind beispielsweise nach dem Leistungserbringungsrecht des SGB XII die Träger der Sozialhilfe nicht zu selektiven Verträgen ermächtigt. Vielmehr sind die Träger gehalten, mit allen geeigneten Diensten und Einrichtungen Verträge abzuschließen, ohne dass ihnen eine selektive Auswahlentscheidung zugunsten bestimmter Leistungserbringer zu-

---

37 EuGH, Urteil v. 2.6.2016 – Rs. C-410/14 (Falk Pharma).
38 OLG Düsseldorf, Beschluss v. 13.8.2014 – VII-Verg 13/14.
39 EuGH, Urteil v. 2.6.2016 – Rs. C-410/14 (Falk Pharma), Rn. 38.
40 EuGH, Urteil v. 2.6.2016 – Rs. C-410/14 (Falk Pharma), Rn. 40.
41 EuGH, Urteil v. 2.6.2016 – Rs. C-410/14 (Falk Pharma), Rn. 34.

kommt. In diesen Fällen handelt es sich um einfache Zulassungssysteme, die nicht dem Vergaberecht unterliegen.[42]

D. Ausgewählte Bereiche des Sozialrechts

I. Grundsicherung für Arbeitsuchende (SGB II)

Die Grundsicherung für Arbeitssuchende soll es Leistungsberechtigten ermöglichen, ein Leben zu führen, das der Würde des Menschen entspricht, § 1 Abs. 1 SGB II. Leistungen zur Eingliederung in Arbeit können erbracht werden, soweit sie zur Vermeidung oder Beseitigung, Verkürzung oder Verminderung der Hilfebedürftigkeit für die Eingliederung erforderlich sind, § 3 Abs. 1 S. 1 SGB II.

Nach § 17 Abs. 1 S. 1 SGB II sollen die zuständigen Träger für die Erbringung von Leistungen zur Eingliederung in Arbeit eigene Einrichtungen und Dienste nicht neu schaffen, soweit geeignete Einrichtungen und Dienste Dritter vorhanden sind, ausgebaut oder in Kürze geschaffen werden können. Zuständige Leistungsträger sind die Bundesagentur für Arbeit (BA) sowie zugelassene kommunale Träger (zkT). Diese können zu ihrer Unterstützung Dritte mit der Wahrnehmung von Aufgaben beauftragen, § 6 Abs. 1 S. 2 SGB II. Werden Dritte beauftragt, erfolgt in diesem Fall die Leistungserbringung im Wege der **öffentlichen Auftragsvergabe**. Auftraggeber (BA, zkT) und Auftragnehmer (Dritte) schließen dazu eine Vereinbarung über die Leistungserbringung ab, in der die wesentlichen Leistungsinhalte geregelt sind, wie Inhalt und Umfang der zu erbringenden Leistung und die Vergütung.

II. Arbeitsförderung (SGB III)

Die Arbeitsförderung soll dem Entstehen von Arbeitslosigkeit entgegenwirken, die Dauer der Arbeitslosigkeit verkürzen und den Ausgleich von Angebot und Nachfrage auf dem Ausbildungs- und Arbeitsmarkt unterstützen, § 1 Abs. 1 S. 1 SGB III.

Mögliche Maßnahmen zur Aktivierung und beruflichen Eingliederung benennt § 45 SGB III. Dabei kann die Agentur für Arbeit unter Anwendung des Vergaberechts Träger mit der Durchführung von Maßnahmen nach § 45 Abs. 1 SGB III beauftragen. In diesem Fall erfolgt die Leistungserbringung auf der Grundlage einer **öffentlichen Auftragsvergabe**, wobei der Sozialleistungsträger den Leistungserbringer im Rahmen eines Vergabeverfahrens auswählt. Ein Wunsch- und Wahlrecht des Leistungsberechtigten besteht nicht.

Die Agentur für Arbeit kann allerdings auch dem Leistungsberechtigten das Vorliegen der Voraussetzungen für eine Förderung zur Aktivierung und beruflichen Eingliederung bescheinigen und Maßnahmeziel und -inhalt festlegen (sog. **Aktivierungs- und Vermittlungsgutschein**), § 45 Abs. 4 S. 1 SGB III. Der Aktivierungs- und Vermittlungsgutschein berechtigt den Leistungsberechtigten zur Auswahl eines Trägers, der eine entsprechend nach § 179 SGB III zugelassene Maßnahme oder eine ausschließlich erfolgsbezogen vergütete Arbeitsvermittlung in versicherungspflichtige Beschäftigung anbietet. Ebenso kann der Leistungsberechtigte auf Grundlage des Aktivierungs- und Vermittlungsgutscheins einen Arbeitgeber auswählen, der eine dem Maßnahmeziel und -inhalt entsprechende betriebliche Maßnahme von einer Dauer bis zu sechs Wochen anbietet. Der Leistungsberechtigte hat somit ein Wunsch- und Wahlrecht hinsichtlich des Leistungserbringers, wobei der Vergütungsanspruch des Leistungserbringers erst mit der Einlösung des Aktivierungs- und Vermittlungsgutscheins entsteht. Der Leistungserbringer trägt somit das Betriebsrisiko. Für das Vorliegen einer Dienstleistungskonzession fehlt es allerdings an dem Kriterium der Auswahlentscheidung über den Leistungserbringer durch die Agentur für Arbeit, sodass in diesen Fällen der Leistungserbringung durch Aktivierungs- und Vermittlungsgutscheine das Vergaberecht nicht zur Anwendung gelangt.

---

42 Antwort der Bundesregierung auf eine Kleine Anfrage der Abgeordneten Sabine Zimmermann (Zwickau), Michael Schlecht, Klaus Ernst, weiterer Abgeordneter und der Fraktion DIE LINKE, Nutzung der Freiräume bei der Vergabe von sozialen Dienstleistungen, BT-Drs. 18/6492, 3.

III. Kinder- und Jugendhilfe (SGB VIII)

28 Leistungsverpflichtungen der Kinder- und Jugendhilfe nach dem SGB VIII richten sich an die Träger der öffentlichen Jugendhilfe, § 3 Abs. 2 S. 1 SGB VIII. Erbracht werden die Leistungen der Jugendhilfe sowohl von freien als auch öffentlichen Trägern, § 3 Abs. 2 S. 1 SGB VIII. Die öffentliche Jugendhilfe soll mit der freien Jugendhilfe zum Wohl junger Menschen und ihrer Familien partnerschaftlich zusammenarbeiten, § 4 Abs. 1 S. 1 SGB VIII. Soweit geeignete Einrichtungen, Dienste und Veranstaltungen von anerkannten Trägern der freien Jugendhilfe betrieben werden oder rechtzeitig geschaffen werden können, soll die öffentliche Jugendhilfe von eigenen Maßnahmen absehen; § 4 Abs. 2 SGB VIII. In diesem Fall soll die Leistungserbringung den freien Trägern vorbehalten sein.

29 Öffentliche Träger können mit freien Trägern der Jugendhilfe zur Erbringung bestimmter Leistungen nach § 78a SGB VIII **Vereinbarungen** über Leistungsangebote, Entgelte und Qualitätsentwicklung schließen. Die Vereinbarungen sind mit den Trägern abzuschließen, die unter Berücksichtigung der Grundsätze der Leistungsfähigkeit, Wirtschaftlichkeit und Sparsamkeit zur Erbringung der Leistung geeignet sind, § 78b Abs. 2 S. 1 SGB VIII.

30 Sind diese Voraussetzungen erfüllt, haben freie Träger einen Anspruch auf Zulassung zur Leistungserbringung, sog. sozialrechtliches Zulassungssystem. Die Leistungserbringung vollzieht sich dabei im **sozialrechtlichen Dreiecksverhältnis**. Sind mit einem freien Träger der Einrichtungen oder seinem Verband Leistungs-, Entgelt- und Qualitätsentwicklungsvereinbarungen abgeschlossen worden, ist der Träger der öffentlichen Jugendhilfe zur Übernahme des Entgelts gegenüber dem Leistungsberechtigten verpflichtet, soweit die Leistung ganz oder teilweise in einer Einrichtung erbracht wird, § 78b Abs. 1 SGB VIII. Dabei besteht ein Wunsch- und Wahlrecht der Leistungsberechtigten. Nach § 5 Abs. 1 S. 1 SGB VIII haben die Leistungsberechtigten das Recht, zwischen Einrichtungen und Diensten verschiedener Träger zu wählen und Wünsche hinsichtlich der Gestaltung der Hilfe zu äußern. Insofern wählt nicht der öffentliche Träger, sondern der leistungsberechtigte Bürger den freien Träger als Erbringer der Leistungen nach § 78a SGB VIII aus. Erst wenn der Leistungsberechtigte einen bestimmten freien Träger zur Leistungserbringung auswählt, erhält dieser ein leistungsgerechtes Entgelt auf Grundlage der Entgeltvereinbarung, § 78c Abs. 2 S. 1 SGB VIII. Das Betriebsrisiko liegt somit beim Leistungserbringer, was das Vorliegen einer Konzession nahelegt. Allerdings fehlt es bei der Leistungserbringung in der Kinder- und Jugendhilfe nach § 78a SGB VIII aufgrund des Wunsch- und Wahlrechts an dem Wesensmerkmal der Auswahlentscheidung über den Konzessionsnehmer durch den Konzessionsgeber, sodass in diesen Fällen der Leistungserbringung das Vergaberecht nicht zur Anwendung gelangt.

Sonderregelungen

VO (EG) 1370/2007 – ÖPNV-Konzessionen

VO (EG) 1370/2007 – ÖPNV-Konzessionen

Artikel 1 VO (EG) 1370/2007
Zweck und Anwendungsbereich

(1) Zweck dieser Verordnung ist es, festzulegen, wie die zuständigen Behörden unter Einhaltung des Gemeinschaftsrechts im Bereich des öffentlichen Personenverkehrs tätig werden können, um die Erbringung von Dienstleistungen von allgemeinem Interesse zu gewährleisten, die unter anderem zahlreicher, sicherer, höherwertig oder preisgünstiger sind als diejenigen, die das freie Spiel des Marktes ermöglicht hätte.

Hierzu wird in dieser Verordnung festgelegt, unter welchen Bedingungen die zuständigen Behörden den Betreibern eines öffentlichen Dienstes eine Ausgleichsleistung für die ihnen durch die Erfüllung der gemeinwirtschaftlichen Verpflichtungen verursachten Kosten und/oder ausschließliche Rechte im Gegenzug für die Erfüllung solcher Verpflichtungen gewähren, wenn sie ihnen gemeinwirtschaftliche Verpflichtungen auferlegen oder entsprechende Aufträge vergeben.

(2) Diese Verordnung gilt für den innerstaatlichen und grenzüberschreitenden Personenverkehr mit der Eisenbahn und andere Arten des Schienenverkehrs sowie auf der Straße, mit Ausnahme von Verkehrsdiensten, die hauptsächlich aus Gründen historischen Interesses oder zu touristischen Zwecken betrieben werden. Die Mitgliedstaaten können diese Verordnung auf den öffentlichen Personenverkehr auf Binnenschifffahrtswegen und, unbeschadet der Verordnung (EWG) Nr. 3577/92 des Rates vom 7. Dezember 1992 zur Anwendung des Grundsatzes des freien Dienstleistungsverkehrs auf den Seeverkehr zwischen den Mitgliedstaaten (Seekabotage), auf das Meer innerhalb der Hoheitsgewässer anwenden.

Vorbehaltlich der Zustimmung der zuständigen Behörden der Mitgliedstaaten, in deren Hoheitsgebiet die Dienstleistungen erbracht werden, dürfen sich gemeinwirtschaftliche Verpflichtungen auf öffentliche Verkehrsdienste auf grenzüberschreitender Ebene erstrecken, einschließlich jener, die örtliche und regionale Verkehrsbedürfnisse erfüllen.

[…]

Artikel 2 VO (EG) 1370/2007
Begriffsbestimmungen

Im Sinne dieser Verordnung bezeichnet der Ausdruck

[…]

e) „gemeinwirtschaftliche Verpflichtung" eine von der zuständigen Behörde festgelegte oder bestimmte Anforderung im Hinblick auf die Sicherstellung von im allgemeinen Interesse liegenden öffentlichen Personenverkehrsdiensten, die der Betreiber unter Berücksichtigung seines eigenen wirtschaftlichen Interesses nicht oder nicht im gleichen Umfang oder nicht zu den gleichen Bedingungen ohne Gegenleistung übernommen hätte;

[…]

h) „Direktvergabe" die Vergabe eines öffentlichen Dienstleistungsauftrags an einen bestimmten Betreiber eines öffentlichen Dienstes ohne Durchführung eines vorherigen wettbewerblichen Vergabeverfahrens;

i) „öffentlicher Dienstleistungsauftrag" einen oder mehrere rechtsverbindliche Akte, die die Übereinkunft zwischen einer zuständigen Behörde und einem Betreiber eines öffentlichen Dienstes bekunden, diesen Betreiber eines öffentlichen Dienstes mit der Verwaltung und Erbringung von öffentlichen Personenverkehrsdiensten zu betrauen, die gemeinwirtschaftlichen Verpflichtungen unterliegen; gemäß der jeweiligen Rechtsordnung der Mitgliedstaaten können diese rechtsverbindlichen Akte auch in einer Entscheidung der zuständigen Behörde bestehen:

– die die Form eines Gesetzes oder einer Verwaltungsregelung für den Einzelfall haben kann oder
– die Bedingungen enthält, unter denen die zuständige Behörde diese Dienstleistungen selbst erbringt oder einen internen Betreiber mit der Erbringung dieser Dienstleistungen betraut;

j) „interner Betreiber" eine rechtlich getrennte Einheit, über die eine zuständige örtliche Behörde – oder im Falle einer Gruppe von Behörden wenigstens eine zuständige örtliche Behörde – eine Kontrolle ausübt, die der Kontrolle über ihre eigenen Dienststellen entspricht;

[…]

l) „allgemeine Vorschrift" eine Maßnahme, die diskriminierungsfrei für alle öffentlichen Personenverkehrsdienste derselben Art in einem bestimmten geografischen Gebiet, das im Zuständigkeitsbereich einer zuständigen Behörde liegt, gilt;
[...]

Artikel 2a VO (EG) 1370/2007
Spezifikation der gemeinwirtschaftlichen Verpflichtungen

(1) Die zuständige Behörde legt Spezifikationen der gemeinwirtschaftlichen Verpflichtungen für die Erbringung öffentlicher Personenverkehrsdienste und den Anwendungsbereich dieser gemeinwirtschaftlichen Verpflichtungen gemäß Artikel 2 Buchstabe e fest. Dies schließt die Möglichkeit ein, kostendeckende Dienste mit nicht kostendeckenden Diensten zusammenzufassen.

Bei der Festlegung dieser Spezifikationen und ihres Anwendungsbereichs trägt die zuständige Behörde dem Grundsatz der Verhältnismäßigkeit im Einklang mit dem Unionsrecht gebührend Rechnung.

Diese Spezifikationen müssen mit den politischen Zielen, die in den Strategiepapieren für den öffentlichen Verkehr in den Mitgliedstaaten aufgeführt sind, im Einklang stehen.

Inhalt und Format der Strategiepapiere für den öffentlichen Verkehr und die Verfahren für die Konsultation der einschlägigen Interessengruppen werden nach Maßgabe der nationalen Rechtsvorschriften festgelegt.

(2) Mit den Spezifikationen gemeinwirtschaftlicher Verpflichtungen und der entsprechenden Ausgleichsleistung für finanzielle Nettoauswirkungen gemeinwirtschaftlicher Verpflichtungen sollen

a) die Ziele der Politik für den öffentlichen Verkehr auf kostenwirksame Weise erreicht werden und

b) die finanzielle Nachhaltigkeit der Erbringung öffentlicher Personenverkehrsdienste gemäß den in der Politik für den öffentlichen Verkehr festgelegten Anforderungen langfristig gesichert werden.

Artikel 3 VO (EG) 1370/2007
Öffentliche Dienstleistungsaufträge und allgemeine Vorschriften

(1) Gewährt eine zuständige Behörde dem ausgewählten Betreiber ausschließliche Rechte und/oder Ausgleichsleistungen gleich welcher Art für die Erfüllung gemeinwirtschaftlicher Verpflichtungen, so erfolgt dies im Rahmen eines öffentlichen Dienstleistungsauftrags.

(2) Abweichend von Absatz 1 können gemeinwirtschaftliche Verpflichtungen zur Festsetzung von Höchsttarifen für alle Fahrgäste oder bestimmte Gruppen von Fahrgästen auch Gegenstand allgemeiner Vorschriften sein. Die zuständige Behörde gewährt den Betreibern eines öffentlichen Dienstes gemäß den in den Artikeln 4 und 6 und im Anhang festgelegten Grundsätzen eine Ausgleichsleistung für die – positiven oder negativen – finanziellen Auswirkungen auf die Kosten und Einnahmen, die auf die Erfüllung der in den allgemeinen Vorschriften festgelegten tariflichen Verpflichtungen zurückzuführen sind; dabei vermeidet sie eine übermäßige Ausgleichsleistung. Dies gilt ungeachtet des Rechts der zuständigen Behörden, gemeinwirtschaftliche Verpflichtungen zur Festsetzung von Höchsttarifen in öffentliche Dienstleistungsaufträge aufzunehmen.

(3) Unbeschadet der Artikel 73, 86, 87 und 88 des Vertrags können die Mitgliedstaaten allgemeine Vorschriften über die finanzielle Abgeltung von gemeinwirtschaftlichen Verpflichtungen, die dazu dienen, Höchsttarife für Schüler, Studenten, Auszubildende und Personen mit eingeschränkter Mobilität festzulegen, aus dem Anwendungsbereich dieser Verordnung ausnehmen. Diese allgemeinen Vorschriften sind nach Artikel 88 des Vertrags mitzuteilen. Jede Mitteilung enthält vollständige Informationen über die Maßnahme, insbesondere Einzelheiten zur Berechnungsmethode.

Artikel 4 VO (EG) 1370/2007
Obligatorischer Inhalt öffentlicher Dienstleistungsaufträge und allgemeiner Vorschriften

(1) In den öffentlichen Dienstleistungsaufträgen und den allgemeinen Vorschriften

a) sind die vom Betreiber eines öffentlichen Dienstes zu erfüllenden gemeinwirtschaftlichen Verpflichtungen, die in dieser Verordnung definiert und gemäß Artikel 2a dieser Verordnung spezifiziert sind, und die betreffenden geografischen Geltungsbereiche klar festzulegen;

b) sind zuvor in objektiver und transparenter Weise aufzustellen:

i) die Parameter, anhand deren gegebenenfalls die Ausgleichsleistung berechnet wird, und

ii) die Art und der Umfang der gegebenenfalls gewährten Ausschließlichkeit;

dabei ist eine übermäßige Ausgleichsleistung zu vermeiden.

Bei öffentlichen Dienstleistungsaufträgen, die nicht gemäß Artikel 5 Absatz 1, Absatz 3 oder Absatz 3b vergeben werden, werden diese Parameter so bestimmt, dass die Ausgleichsleistung den Betrag nicht übersteigen kann, der erforderlich ist, um die finanziellen Nettoauswirkungen auf die Kosten und Einnahmen zu decken, die auf die Erfüllung der gemeinwirtschaftlichen Verpflichtungen zurückzuführen sind, wobei die vom Betreiber eines öffentlichen Dienstes erzielten und einbehaltenen Einnahmen und ein angemessener Gewinn berücksichtigt werden;

c) sind die Durchführungsvorschriften für die Aufteilung der Kosten, die mit der Erbringung von Dienstleistungen in Verbindung stehen, festzulegen. Diese Kosten können insbesondere Personalkosten, Energiekosten, Infrastrukturkosten, Wartungs- und Instandsetzungskosten für Fahrzeuge des öffentlichen Personenverkehrs, das Rollmaterial und für den Betrieb der Personenverkehrsdienste erforderliche Anlagen sowie die Fixkosten und eine angemessene Kapitalrendite umfassen.

(2) In den öffentlichen Dienstleistungsaufträgen und den allgemeinen Vorschriften sind die Durchführungsvorschriften für die Aufteilung der Einnahmen aus dem Fahrscheinverkauf festzulegen, die entweder beim Betreiber eines öffentlichen Dienstes verbleiben, an die zuständige Behörde übergehen oder unter ihnen aufgeteilt werden.

(3) Die öffentlichen Dienstleistungsaufträge sind befristet und haben eine Laufzeit von höchstens zehn Jahren für Busverkehrsdienste und von höchstens 15 Jahren für Personenverkehrsdienste mit der Eisenbahn oder anderen schienengestützten Verkehrsträgern. Die Laufzeit von öffentlichen Dienstleistungsaufträgen, die mehrere Verkehrsträger umfassen, ist auf 15 Jahre beschränkt, wenn der Verkehr mit der Eisenbahn oder anderen schienengestützten Verkehrsträgern mehr als 50 % des Werts der betreffenden Verkehrsdienste ausmacht.

(4) Falls erforderlich kann die Laufzeit des öffentlichen Dienstleistungsauftrags unter Berücksichtigung der Amortisierungsdauer der Wirtschaftsgüter um höchstens 50 % verlängert werden, wenn der Betreiber eines öffentlichen Dienstes einen wesentlichen Anteil der für die Erbringung der Personenverkehrsdienste, die Gegenstand des öffentlichen Dienstleistungsauftrags sind, insgesamt erforderlichen Wirtschaftsgüter bereitstellt und diese vorwiegend an die Personenverkehrsdienste gebunden sind, die von dem Auftrag erfasst werden.

Falls dies durch Kosten, die aus der besonderen geografischen Lage entstehen, gerechtfertigt ist, kann die Laufzeit der in Absatz 3 beschriebenen öffentlichen Dienstleistungsaufträge in den Gebieten in äußerster Randlage um höchstens 50 % verlängert werden.

Falls dies durch die Abschreibung von Kapital in Verbindung mit außergewöhnlichen Investitionen in Infrastruktur, Rollmaterial oder Fahrzeuge gerechtfertigt ist und der öffentliche Dienstleistungsauftrag in einem fairen wettbewerblichen Vergabeverfahren vergeben wurde, kann ein öffentlicher Dienstleistungsauftrag eine längere Laufzeit haben. Zur Gewährleistung der Transparenz in diesem Fall muss die zuständige Behörde der Kommission innerhalb von einem Jahr nach Abschluss des Vertrags den öffentlichen Dienstleistungsauftrag und die Elemente, die seine längere Laufzeit rechtfertigen, übermitteln.

(4a) Bei der Ausführung von öffentlichen Dienstleistungsaufträgen halten Betreiber eines öffentlichen Dienstes die nach dem Unionsrecht, dem nationalen Recht oder Tarifverträgen geltenden sozial- und arbeitsrechtlichen Verpflichtungen ein.

(4b) Die Richtlinie 2001/23/EG findet Anwendung auf den Wechsel des Betreibers eines öffentlichen Dienstes, wenn ein solcher Wechsel einen Unternehmensübergang im Sinne jener Richtlinie darstellt.

(5) Unbeschadet des nationalen Rechts und des Gemeinschaftsrechts, einschließlich Tarifverträge zwischen den Sozialpartnern, kann die zuständige Behörde den ausgewählten Betreiber eines öffentlichen Dienstes verpflichten, den Arbeitnehmern, die zuvor zur Erbringung der Dienste eingestellt wurden, die Rechte zu gewähren, auf die sie Anspruch hätten, wenn ein Übergang im Sinne der Richtlinie 2001/23/EG erfolgt wäre. Verpflichtet die zuständige Behörde die Betreiber eines öffentlichen Dienstes, bestimmte Sozialstandards einzuhalten, so werden in den Unterlagen des wettbewerblichen Vergabeverfahrens und den öffentlichen Dienstleistungsaufträgen die betreffenden Arbeitnehmer aufgeführt und transparente Angaben zu ihren vertraglichen Rechten und zu den Bedingungen gemacht, unter denen sie als in einem Verhältnis zu den betreffenden Diensten stehend gelten.

(6) Verpflichtet die zuständige Behörde die Betreiber eines öffentlichen Dienstes im Einklang mit nationalem Recht dazu, bestimmte Qualitäts- und Sozialstandards einzuhalten, oder stellt sie soziale und qualitative Kriterien auf, so werden diese Standards und Kriterien in die Unterlagen des wettbewerblichen Vergabeverfahrens und die öffentlichen Dienstleistungsaufträge aufgenommen. Derartige Unterlagen des wettbewerblichen Vergabeverfahrens und öffentliche Dienstleistungsaufträge müssen gegebenenfalls auch Angaben zu den Rechten und Pflichten in Bezug auf die Übernahme von Personal, das vom vorherigen Betreiber eingestellt worden war, enthalten, unter gleichzeitiger Wahrung der Richtlinie 2001/23/EG.

(7) In den Unterlagen des wettbewerblichen Vergabeverfahrens und den öffentlichen Dienstleistungsaufträgen ist transparent anzugeben, ob und in welchem Umfang eine Vergabe von Unteraufträgen in Frage kommt. Werden Unteraufträge vergeben, so ist der mit der Verwaltung und Erbringung von öffentlichen Personenverkehrsdiensten nach Maßgabe dieser Verordnung betraute Betreiber verpflichtet, einen bedeutenden Teil der öffentlichen Personenverkehrsdienste selbst zu erbringen. Ein öffentlicher Dienstleistungsauftrag, der gleichzeitig Pla-

nung, Aufbau und Betrieb öffentlicher Personenverkehrsdienste umfasst, kann eine vollständige Übertragung des Betriebs dieser Dienste an Unterauftragnehmer vorsehen. Im öffentlichen Dienstleistungsauftrag werden entsprechend dem nationalen Recht und dem Gemeinschaftsrecht die für eine Vergabe von Unteraufträgen geltenden Bedingungen festgelegt.

(8) Öffentliche Dienstleistungsaufträge müssen den Betreiber verpflichten, der zuständigen Behörde alle für die Vergabe der öffentlichen Dienstleistungsaufträge wesentlichen Informationen zur Verfügung zu stellen; hierbei ist der legitime Schutz vertraulicher Geschäftsinformationen zu gewährleisten. Die zuständigen Behörden stellen allen interessierten Parteien relevante Informationen für die Vorbereitung eines Angebots im Rahmen eines wettbewerblichen Vergabeverfahrens zur Verfügung und gewährleisten dabei den legitimen Schutz vertraulicher Geschäftsinformationen. Dazu gehören Informationen über Fahrgastnachfrage, Tarife, Kosten und Einnahmen im Zusammenhang mit den öffentlichen Personenverkehrsdiensten, die Gegenstand des wettbewerblichen Vergabeverfahrens sind, sowie Einzelheiten der Infrastrukturspezifikationen, die für den Betrieb der erforderlichen Fahrzeuge bzw. des erforderlichen Rollmaterials relevant sind, um interessierten Parteien die Abfassung fundierter Geschäftspläne zu ermöglichen. Die Schieneninfrastrukturbetreiber unterstützen die zuständigen Behörden bei der Bereitstellung aller einschlägigen Infrastrukturspezifikationen. Die Nichteinhaltung der oben genannten Bestimmungen ist Gegenstand einer rechtlichen Überprüfung im Sinne von Artikel 5 Absatz 7.

Artikel 5 VO (EG) 1370/2007
Vergabe öffentlicher Dienstleistungsaufträge

(1) Öffentliche Dienstleistungsaufträge werden nach Maßgabe dieser Verordnung vergeben. Dienstleistungsaufträge oder öffentliche Dienstleistungsaufträge gemäß der Definition in den Richtlinien 2004/17/EG oder 2004/18/EG für öffentliche Personenverkehrsdienste mit Bussen und Straßenbahnen werden jedoch gemäß den in jenen Richtlinien vorgesehenen Verfahren vergeben, sofern die Aufträge nicht die Form von Dienstleistungskonzessionen im Sinne jener Richtlinien annehmen. Werden Aufträge nach den Richtlinien 2004/17/EG oder 2004/18/EG vergeben, so sind die Absätze 2 bis 6 des vorliegenden Artikels nicht anwendbar.

(2) Sofern dies nicht nach nationalem Recht untersagt ist, kann jede zuständige örtliche Behörde – unabhängig davon, ob es sich dabei um eine einzelne Behörde oder eine Gruppe von Behörden handelt, die integrierte öffentliche Personenverkehrsdienste anbietet – entscheiden, selbst öffentliche Personenverkehrsdienste zu erbringen oder öffentliche Dienstleistungsaufträge direkt an eine rechtlich getrennte Einheit zu vergeben, über die die zuständige örtliche Behörde – oder im Falle einer Gruppe von Behörden wenigstens eine zuständige örtliche Behörde – eine Kontrolle ausübt, die der Kontrolle über ihre eigenen Dienststellen entspricht.

Im Falle öffentlicher Schienenpersonenverkehrsdienste kann die im ersten Unterabsatz genannte Gruppe von Behörden ausschließlich aus zuständigen örtlichen Behörden bestehen, deren geografischer Zuständigkeitsbereich sich nicht auf das gesamte Staatsgebiet erstreckt. Der in Unterabsatz 1 genannte öffentliche Personenverkehrsdienst oder öffentliche Dienstleistungsauftrag darf nur den Verkehrsbedarf städtischer Ballungsräume und ländlicher Gebiete oder beides decken.

Fasst eine zuständige örtliche Behörde diesen Beschluss, so gilt Folgendes:

a) Um festzustellen, ob die zuständige örtliche Behörde diese Kontrolle ausübt, sind Faktoren zu berücksichtigen, wie der Umfang der Vertretung in Verwaltungs-, Leitungs- oder Aufsichtsgremien, diesbezügliche Bestimmungen in der Satzung, Eigentumsrechte, tatsächlicher Einfluss auf und tatsächliche Kontrolle über strategische Entscheidungen und einzelne Managemententscheidungen. Im Einklang mit dem Gemeinschaftsrecht ist zur Feststellung, dass eine Kontrolle im Sinne dieses Absatzes gegeben ist, – insbesondere bei öffentlich-privaten Partnerschaften – nicht zwingend erforderlich, dass die zuständige Behörde zu 100 % Eigentümer ist, sofern ein beherrschender öffentlicher Einfluss besteht und aufgrund anderer Kriterien festgestellt werden kann, dass eine Kontrolle ausgeübt wird.

b) Die Voraussetzung für die Anwendung dieses Absatzes ist, dass der interne Betreiber und jede andere Einheit, auf die dieser Betreiber einen auch nur geringfügigen Einfluss ausübt, ihre öffentlichen Personenverkehrsdienste innerhalb des Zuständigkeitsgebiets der zuständigen örtlichen Behörde ausführen – ungeachtet der abgehenden Linien oder sonstiger Teildienste, die in das Zuständigkeitsgebiet benachbarter zuständiger örtlicher Behörden führen – und nicht an außerhalb des Zuständigkeitsgebiets der zuständigen örtlichen Behörde organisierten wettbewerblichen Vergabeverfahren für die Erbringung von öffentlichen Personenverkehrsdiensten teilnehmen.

c) Ungeachtet des Buchstabens b kann ein interner Betreiber frühestens zwei Jahre vor Ablauf des direkt an ihn vergebenen Auftrags an fairen wettbewerblichen Vergabeverfahren teilnehmen, sofern endgültig beschlossen wurde, die öffentlichen Personenverkehrsdienste, die Gegenstand des Auftrags des internen Betreibers sind, im Rahmen eines fairen wettbewerblichen Vergabeverfahrens zu vergeben und der interne Betreiber nicht Auftragnehmer anderer direkt vergebener öffentlicher Dienstleistungsaufträge ist.

d) Gibt es keine zuständige örtliche Behörde, so gelten die Buchstaben a, b und c für die nationalen Behörden in Bezug auf ein geografisches Gebiet, das sich nicht auf das gesamte Staatsgebiet erstreckt, sofern der interne Betreiber nicht an wettbewerblichen Vergabeverfahren für die Erbringung von öffentlichen Personenverkehrsdiensten teilnimmt, die außerhalb des Gebiets, für das der öffentliche Dienstleistungsauftrag erteilt wurde, organisiert werden.

e) Kommt eine Unterauftragsvergabe nach Artikel 4 Absatz 7 in Frage, so ist der interne Betreiber verpflichtet, den überwiegenden Teil des öffentlichen Personenverkehrsdienstes selbst zu erbringen.

(3) Werden die Dienste Dritter, die keine internen Betreiber sind, in Anspruch genommen, so müssen die zuständigen Behörden die öffentlichen Dienstleistungsaufträge außer in den in den Absätzen 3a, 4, 4a, 4b, 5 und 6 vorgesehenen Fällen im Wege eines wettbewerblichen Vergabeverfahrens vergeben. Das für die wettbewerbliche Vergabe angewandte Verfahren muss allen Betreibern offenstehen, fair sein und den Grundsätzen der Transparenz und Nichtdiskriminierung genügen. Nach Abgabe der Angebote und einer eventuellen Vorauswahl können in diesem Verfahren unter Einhaltung dieser Grundsätze Verhandlungen geführt werden, um festzulegen, wie der Besonderheit oder Komplexität der Anforderungen am besten Rechnung zu tragen ist.

[…]

(3b) Bei der Anwendung von Absatz 3 können die zuständigen Behörden die Anwendung des folgenden Verfahrens beschließen:

Die zuständigen Behörden können die von ihnen beabsichtigte Vergabe eines öffentlichen Dienstleistungsauftrags für öffentliche Schienenpersonenverkehrsdienste durch Veröffentlichung einer Bekanntmachung im Amtsblatt der Europäischen Union bekannt geben.

Diese Bekanntmachung muss eine ausführliche Beschreibung der Dienstleistungen, die Gegenstand des zu vergebenden Auftrags sind, sowie Angaben zur Art und Laufzeit des Auftrags enthalten.

Die Betreiber können ihr Interesse innerhalb einer von der zuständigen Behörde festgesetzten Frist bekunden, die mindestens 60 Tage ab Veröffentlichung der Bekanntmachung betragen muss.

Wenn nach Ablauf dieser Frist

a) nur ein Betreiber Interesse bekundet hat, an dem Verfahren zur Vergabe des öffentlichen Dienstleistungsauftrags teilzunehmen,

b) dieser Betreiber ordnungsgemäß nachgewiesen hat, dass er tatsächlich in der Lage sein wird, die Verkehrsdienstleistung unter Einhaltung der im öffentlichen Dienstleistungsauftrag festgelegten Verpflichtungen zu erbringen,

c) der mangelnde Wettbewerb nicht das Ergebnis einer künstlichen Einschränkung der Parameter der Auftragsvergabe ist und

d) keine vernünftige Alternative besteht,

können die zuständigen Behörden mit diesem Betreiber Verhandlungen aufnehmen, um den Auftrag ohne weitere Veröffentlichung eines offenen Verfahrens zu vergeben.

(4) Sofern dies nicht nach nationalem Recht untersagt ist, kann die zuständige Behörde entscheiden, öffentliche Dienstleistungsaufträge direkt zu vergeben, wenn

a) ihr Jahresdurchschnittswert auf weniger als 1 000 000 EUR bzw. – im Fall eines öffentlichen Dienstleistungsauftrags, der öffentliche Schienenpersonenverkehrsdienste beinhaltet – weniger als 7 500 000 EUR geschätzt wird oder

b) sie eine jährliche öffentliche Personenverkehrsleistung von weniger als 300 000 km bzw. – im Fall eines öffentlichen Dienstleistungsauftrags, der öffentliche Schienenpersonenverkehrsdienste beinhaltet – von weniger als 500 000 km aufweisen.

Im Falle von öffentlichen Dienstleistungsaufträgen, die direkt an kleine oder mittlere Unternehmen vergeben werden, die nicht mehr als 23 Straßenfahrzeuge betreiben, können diese Schwellen entweder auf einen geschätzten Jahresdurchschnittswert von weniger als 2 000 000 EUR oder auf eine jährliche öffentliche Personenverkehrsleistung von weniger als 600 000 km erhöht werden.

[…]

(5) Die zuständige Behörde kann im Fall einer Unterbrechung des Verkehrsdienstes oder bei unmittelbarer Gefahr des Eintretens einer solchen Situation Notmaßnahmen ergreifen.

Die Notmaßnahmen bestehen in der Direktvergabe oder einer förmlichen Vereinbarung über die Ausweitung eines öffentlichen Dienstleistungsauftrags oder einer Auflage, bestimmte gemeinwirtschaftliche Verpflichtungen zu übernehmen. Der Betreiber eines öffentlichen Dienstes hat das Recht, gegen den Beschluss zur Auferlegung der Übernahme bestimmter gemeinwirtschaftlicher Verpflichtungen Widerspruch einzulegen. Der Zeitraum, für den ein öffentlicher Dienstleistungsauftrag als Notmaßnahme vergeben, ausgeweitet oder dessen Übernahme auferlegt wird, darf zwei Jahre nicht überschreiten.

(6) Sofern dies nicht nach nationalem Recht untersagt ist, können die zuständigen Behörden entscheiden, öffentliche Dienstleistungsaufträge im Eisenbahnverkehr – mit Ausnahme anderer schienengestützter Verkehrsträger wie Untergrund- oder Straßenbahnen – direkt zu vergeben. Abweichend von Artikel 4 Absatz 3 haben diese Aufträge eine Höchstlaufzeit von zehn Jahren, soweit nicht Artikel 4 Absatz 4 anzuwenden ist.

[...]

(7) Die Mitgliedstaaten treffen die erforderlichen Maßnahmen, um sicherzustellen, dass die gemäß den Absätzen 2 bis 6 getroffenen Entscheidungen wirksam und rasch auf Antrag einer Person überprüft werden können, die ein Interesse daran hat bzw. hatte, einen bestimmten Auftrag zu erhalten, und die angibt, durch einen Verstoß dieser Entscheidungen gegen Gemeinschaftsrecht oder nationale Vorschriften zur Durchführung des Gemeinschaftsrechts geschädigt zu sein oder geschädigt werden zu können.

Für Fälle gemäß den Absätzen 4a und 4b beinhalten diese Maßnahmen die Möglichkeit, eine Bewertung der von der zuständigen Behörde getroffenen und mit Gründen versehenen Entscheidung durch eine von dem betreffenden Mitgliedstaat benannte unabhängige Stelle zu verlangen. Das Ergebnis dieser Bewertung wird im Einklang mit nationalem Recht öffentlich zugänglich gemacht.

Sind die für die Nachprüfungsverfahren zuständigen Stellen keine Gerichte, so sind ihre Entscheidungen stets schriftlich zu begründen. In einem solchem Fall ist ferner zu gewährleisten, dass Beschwerden aufgrund rechtswidriger Handlungen der Nachprüfungsstellen oder aufgrund fehlerhafter Ausübung der diesen übertragenen Befugnisse der gerichtlichen Überprüfung oder der Überprüfung durch andere Stellen, die Gerichte im Sinne von Artikel 234 des Vertrags und unabhängig von der vertragsschließenden Behörde und der Nachprüfungsstellen sind, unterzogen werden können.

[...]

Artikel 7 VO (EG) 1370/2007
Veröffentlichung

(2) Jede zuständige Behörde ergreift die erforderlichen Maßnahmen, um sicherzustellen, dass spätestens ein Jahr vor Einleitung des wettbewerblichen Vergabeverfahrens oder ein Jahr vor der Direktvergabe mindestens die folgenden Informationen im Amtsblatt der Europäischen Union veröffentlicht werden:

a) der Name und die Anschrift der zuständigen Behörde;
b) die Art des geplanten Vergabeverfahrens;
c) die von der Vergabe möglicherweise betroffenen Dienste und Gebiete;
d) der geplante Beginn und die geplante Laufzeit des öffentlichen Dienstleistungsauftrags.

Die zuständigen Behörden können beschließen, diese Informationen nicht zu veröffentlichen, wenn der öffentliche Dienstleistungsauftrag eine jährliche öffentliche Personenverkehrsleistung von weniger als 50 000 km aufweist.

Sollten sich diese Informationen nach ihrer Veröffentlichung ändern, so hat die zuständige Behörde so rasch wie möglich eine Berichtigung zu veröffentlichen. Diese Berichtigung erfolgt unbeschadet des Zeitpunkts der Einleitung der Direktvergabe oder des wettbewerblichen Vergabeverfahrens.

Dieser Absatz findet keine Anwendung auf Artikel 5 Absatz 5.

(3) Bei der Direktvergabe von öffentlichen Dienstleistungsaufträgen im Eisenbahnverkehr nach Artikel 5 Absatz 6 macht die zuständige Behörde innerhalb eines Jahres nach der Auftragsvergabe folgende Informationen öffentlich zugänglich:

a) den Namen des Auftraggebers, seine Eigentümer sowie gegebenenfalls den/die Namen der Partei oder Parteien, die eine rechtliche Kontrolle ausübt/ausüben;
b) die Dauer des öffentlichen Dienstleistungsauftrags;
c) eine Beschreibung der zu erbringenden Personenverkehrsdienste;
d) eine Beschreibung der Parameter für die finanzielle Ausgleichsleistung;
e) Qualitätsziele wie beispielsweise in Bezug auf Pünktlichkeit und Zuverlässigkeit und anwendbare Prämien und Sanktionen;
f) Bedingungen in Bezug auf die wichtigsten Wirtschaftsgüter.

(4) Die zuständige Behörde übermittelt jeder interessierten Partei auf entsprechenden Antrag ihre Gründe für die Entscheidung über die Direktvergabe eines öffentlichen Dienstleistungsauftrags.

[...]

§ 8a PBefG
Vergabe öffentlicher Dienstleistungsaufträge

(1) Soweit eine ausreichende Verkehrsbedienung für eine Gesamtleistung nach § 8a Absatz 2 Satz 4 oder für eine Teilleistung nicht entsprechend § 8 Absatz 4 Satz 1 möglich ist, ist die Verordnung (EG) Nr. 1370/2007 maßgebend. Die zuständige Behörde im Sinne der Verordnung (EG) Nr. 1370/2007 (zuständige Behörde) kann zur Sicherstellung einer ausreichenden Verkehrsbedienung allgemeine Vorschriften im Sinne des Artikels 3 Absatz 2 und 3 der Verordnung (EG) Nr. 1370/2007 erlassen oder öffentliche Dienstleistungsaufträge nach Maßgabe des Artikels 3 Absatz 1 der Verordnung (EG) Nr. 1370/2007 erteilen. Wer zuständige Behörde ist, richtet sich nach dem Landesrecht; sie soll grundsätzlich mit dem Aufgabenträger nach § 8 Absatz 3 identisch sein.

(2) Sind öffentliche Dienstleistungsaufträge im Sinne der Verordnung (EG) Nr. 1370/2007 für den Verkehr mit Straßenbahnen, Obussen oder mit Kraftfahrzeugen zugleich öffentliche Aufträge im Sinne des § 103 des Gesetzes gegen Wettbewerbsbeschränkungen, gilt der Teil 4 des Gesetzes gegen Wettbewerbsbeschränkungen. Die zuständige Behörde ist auch in diesem Fall zur Veröffentlichung nach Artikel 7 Absatz 2 der Verordnung (EG) Nr. 1370/2007 (Vorabbekanntmachung) verpflichtet; die Veröffentlichung soll nicht früher als 27 Monate vor Betriebsbeginn erfolgen und hat den Hinweis auf die Antragsfrist in § 12 Absatz 6 zu enthalten. In der Vorabbekanntmachung sollen die mit dem beabsichtigten Dienstleistungsauftrag verbundenen Anforderungen für Fahrplan, Beförderungsentgelt und Standards angegeben werden. Es kann angegeben werden, inwieweit eine Vergabe als Gesamtleistung beabsichtigt ist (Netz, Teilnetz, Linienbündel, Linie). Die Angaben können auch durch Verweis auf bestimmte Inhalte des Nahverkehrsplans im Sinne des § 8 Absatz 3 oder durch Verweis auf andere öffentlich zugängliche Dokumente geleistet werden.

(3) Die zuständige Behörde ist unter den in der Verordnung (EG) Nr. 1370/2007 genannten Voraussetzungen befugt, Verkehrsleistungen im Nahverkehr nach Artikel 5 Absatz 2 der Verordnung (EG) Nr. 1370/2007 selbst zu erbringen oder nach Artikel 5 Absatz 2 und 4 der Verordnung (EG) Nr. 1370/2007 direkt zu vergeben.

(4) Bei der Vergabe eines öffentlichen Dienstleistungsauftrages nach Artikel 5 Absatz 3 und 4 der Verordnung (EG) Nr. 1370/2007 für den Verkehr mit Straßenbahnen, Obussen oder mit Kraftfahrzeugen sind die Interessen des Mittelstandes angemessen zu berücksichtigen. Bei der Vergabe eines öffentlichen Dienstleistungsauftrages nach Artikel 5 Absatz 3 der Verordnung (EG) Nr. 1370/2007 sind Leistungen in Lose aufgeteilt zu vergeben.

(5) Beabsichtigt die zuständige Behörde, Verkehrsleistungen im Nahverkehr selbst zu erbringen oder nach Artikel 5 Absatz 2 oder 4 der Verordnung (EG) Nr. 1370/2007 direkt zu vergeben, so hat sie interessierte Unternehmer auf Antrag über die Gründe für die beabsichtigte Entscheidung zu informieren. Der Antrag ist innerhalb einer Frist von sechs Monaten nach der Vorabbekanntmachung zu stellen.

(6) Die Unternehmen können verlangen, dass die zuständige Behörde die Bestimmungen über die Vergabe öffentlicher Dienstleistungsaufträge einhält.

(7) Die Vergabe eines öffentlichen Dienstleistungsauftrages nach Artikel 5 Absatz 2 bis 5 der Verordnung (EG) Nr. 1370/2007 für den Verkehr mit Straßenbahnen, Obussen oder Kraftfahrzeugen unterliegt der Nachprüfung nach Teil 4 Kapitel 2 des Gesetzes gegen Wettbewerbsbeschränkungen. Die Prüfungsmöglichkeiten der Aufsichtsbehörde der zuständigen Behörde bleiben unberührt.

(8) Die zuständige Behörde im Sinne der Verordnung (EG) Nr. 1370/2007 kann in dem öffentlichen Dienstleistungsauftrag ein ausschließliches Recht im Sinne von Artikel 2 Buchstabe f der Verordnung (EG) Nr. 1370/2007 gewähren. Das ausschließliche Recht darf sich nur auf den Schutz der Verkehrsleistungen beziehen, die Gegenstand des öffentlichen Dienstleistungsauftrages sind. Die zuständige Behörde bestimmt hierbei den räumlichen und zeitlichen Geltungsbereich sowie die Art der Personenverkehrsdienstleistungen, die unter Ausschluss anderer Betreiber zu erbringen sind. Dabei dürfen solche Verkehre, die das Fahrgastpotenzial der geschützten Verkehre nur unerheblich beeinträchtigen, nicht ausgeschlossen werden.

§ 8b PBefG
Wettbewerbliches Vergabeverfahren

(1) Ein wettbewerbliches Vergabeverfahren nach Artikel 5 Absatz 3 der Verordnung (EG) Nr. 1370/2007 muss die Anforderungen nach den Absätzen 2 bis 7 erfüllen.

(2) Die Bekanntmachung über das vorgesehene wettbewerbliche Vergabeverfahren muss allen in Betracht kommenden Bietern zugänglich sein. Sie kann auf der Internetseite www.bund.de veröffentlicht werden. Die Bekanntmachung muss alle für die Teilnahme an dem Vergabeverfahren erforderlichen Informationen enthalten, insbesondere Informationen über

1. den vorgesehenen Ablauf des wettbewerblichen Vergabeverfahrens,
2. vorzulegende Nachweise der Fachkunde, Zuverlässigkeit und Leistungsfähigkeit (Eignungsnachweis),

3. Anforderungen an die Übermittlung von Unterlagen sowie
4. Zuschlagskriterien einschließlich deren vorgesehener Gewichtung.

(3) Die Dienstleistungen sind eindeutig und umfassend zu beschreiben, sodass alle in Betracht kommenden Bieter die Beschreibung im gleichen Sinne verstehen müssen und miteinander vergleichbare Angebote zu erwarten sind. Fristen sind unter Berücksichtigung der Komplexität der Dienstleistungen angemessen zu setzen.

(4) Die Teilnehmer an dem wettbewerblichen Vergabeverfahren sind gleich zu behandeln. Der Zuschlag ist auf das unter Berücksichtigung aller Umstände wirtschaftlichste Angebot zu erteilen.

(5) Werden Unteraufträge zugelassen, kann vorgegeben werden, dass die Übertragung von Unteraufträgen nach wettbewerblichen Grundsätzen vorzunehmen ist.

(6) Das Vergabeverfahren ist vom Beginn fortlaufend zu dokumentieren. Alle wesentlichen Entscheidungen sind zu begründen.

(7) Der Aufgabenträger hat die nicht berücksichtigten Bieter über den Namen des ausgewählten Unternehmens, über die Gründe für ihre Nichtberücksichtigung und über den frühesten Zeitpunkt der Beauftragung unverzüglich zu informieren. Die §§ 134 und 135 des Gesetzes gegen Wettbewerbsbeschränkungen gelten entsprechend.

Übersicht

	Rn.		Rn.
A. Das Recht des ÖPNV zwischen Gewerbe- und Vergaberecht	1	I. Wettbewerbliches Vergabeverfahren	14
B. Gegenstand der Vergabe	5	1. Normativ vorgegebener Ablauf	15
I. Öffentlicher Dienstleistungsauftrag	6	2. Gestaltungsspielräume	25
II. Öffentliche Aufträge vs. Konzessionen im ÖPNV	10	II. Direktvergabe	28
C. Konzessionsvergabe nach der VO (EG) 1370/2007 i.V.m. §§ 8a, 8b PBefG	12	1. Anwendungsvoraussetzungen	29
		a) Beauftragung interner Betreiber (In-House-Vergabe)	30
		b) De minimis-, Not- und Eisenbahnverkehrsvergaben	36
		2. Durchführung	40

A. Das Recht des ÖPNV zwischen Gewerbe- und Vergaberecht

1   Personenbeförderungs- und Vergabewesen wiesen über Jahrzehnte praktisch (nahezu) keine und rechtlich nur vereinzelte **Berührungspunkte** auf. Seit Inkrafttreten der VO (EG) 1370/2007 und der Novelle des PBefG zum 1. Januar 2013[1] hat sich dies grundlegend geändert. Mit den Bestimmungen über die Konzessionsvergabe im ÖPNV hat das Personenbeförderungsrecht eine vergaberechtliche Überformung erfahren. Zugleich weist das Verkehrsvergaberecht gegenüber den sonstigen Vergaberegeln (auch) im Konzessionsbereich spezifische Besonderheiten auf.

2   Das Angebot von Verkehrsleistungen im ÖPNV ist als Aufgabe der Daseinsvorsorge bzw. – in der europarechtlichen Terminologie – **Dienstleistung von allgemeinem wirtschaftlichem Interesse**[2] anerkannt. Vor diesem Hintergrund bestimmt § 8 Abs. 3 S. 1 PBefG, dass den Aufgabenträgern „die Sicherstellung einer ausreichenden Bedienung der Bevölkerung mit Verkehrsleistungen im öffentlichen Personennahverkehr" obliegt. Damit stellt das Gesetz auf einen behördlich zu gewährleistenden Zustand ab, der sich durch eine spezifische Qualität der Verkehrsleistungen auszeichnet und auf die Existenz einer angemessenen Grundversorgung

---

1   BGBl. 2012 I, 2598.
2   Siehe dazu *Knauff*, in: Loewenheim/Meessen/Riesenkampff/Kersting/Meyer-Lindemann, Kartellrecht, Art. 106 AEUV Rn. 56 ff.

mit ÖPNV-Leistungen abzielt.³ Als Instrument hierfür dient insbesondere der Nahverkehrsplan.⁴

Trotz dieser Verantwortungszuweisung an die Aufgabenträger geht das PBefG davon aus, dass Verkehrsleistungen im Regelfall nicht von der öffentlichen Hand organisiert werden (und damit vergaberechtlich relevant sind), sondern aufgrund freier unternehmerischer Entscheidung von Verkehrsunternehmen angeboten werden. Normativ zeigt sich dies nicht zuletzt im Grundsatz⁵ des **Vorrangs der eigenwirtschaftlichen Verkehrserbringung** gemäß § 8 Abs. 4 S. 1 PBefG.⁶ Immer dann, wenn die Möglichkeit eines unternehmerischen Leistungsangebots gegeben ist, ist diesem der Vorzug vor einer alternativ stets denkbaren behördlichen Organisation des ÖPNV zu geben.⁷ Eine behördliche oder behördlich organisierte Leistungserbringung wird somit normativ als stets nur zweitbeste Lösung angesehen, vgl. auch § 8a Abs. 1 PBefG. Als eigenwirtschaftlich qualifiziert § 8 Abs. 4 S. 2 PBefG Verkehrsleistungen, „deren Aufwand gedeckt wird durch Beförderungserlöse, Ausgleichsleistungen auf der Grundlage von allgemeinen Vorschriften nach Artikel 3 Absatz 2 und 3 der Verordnung (EG) Nr. 1370/2007 [...] und sonstige Unternehmenserträge im handelsrechtlichen Sinne, soweit diese keine Ausgleichsleistungen für die Erfüllung gemeinwirtschaftlicher Verpflichtungen nach Artikel 3 Absatz 1 der Verordnung (EG) Nr. 1370/2007 darstellen und keine ausschließlichen Rechte gewährt werden." Ergänzend nimmt § 8 Abs. 4 S. 3 PBefG „Ausgleichszahlungen für die Beförderungen von Personen mit Zeitfahrausweisen des Ausbildungsverkehrs nach § 45a ... aus dem Anwendungsbereich der Verordnung (EG) Nr. 1370/2007 [aus]" und nimmt dadurch die durch Art. 3 Abs. 3 VO (EG) 1370/2007 ermöglichte eng begrenzte Teilbereichsausnahme in Anspruch.⁸ Auf Grundlage dieser Bestimmungen können zahlreiche, keineswegs aber alle Einnahmen eines Verkehrsunternehmens zur Eigenwirtschaftlichkeit führen. Ausgenommen sind jedenfalls alle Mittel, die auf Grundlage der VO (EG) 1370/2007 geleistet werden, sofern sie nicht ausnahmsweise⁹ in allgemeinen Vorschriften enthalten sind. Im Ergebnis erfüllt daher nur ein geringer Teil der Verkehre im ÖPNV die Kriterien der Eigenwirtschaftlichkeit.

Ein derart gestalteter Vorrang der Eigenwirtschaftlichkeit steht in Übereinstimmung mit den europarechtlichen Wertungen. Wenngleich die VO (EG) 1370/2007 für Verkehre im ÖPNV ein Vergaberegime aufstellt, lässt sie erkennen, dass es neben behördlich organisierten Verkehren auch **andere ÖPNV-Leistungen** geben kann. Gänzlich außerhalb ihres Anwendungsbereichs befinden sich kommerzielle Verkehre, die ohne gemeinwirtschaftliche Verpflichtungen i.S.v. Art. 2 lit. e VO (EG) 1370/2007 erbracht werden,¹⁰ die also „das freie Spiel des Marktes ermöglicht" (vgl. Art. 1 Abs. 1 UAbs. 1 VO (EG) 1370/2007). Erfasst, aber nicht zwingend dem Vergaberegime unterstellt werden nach Art. 3 Abs. 2 VO (EG) 1370/2007 „gemeinwirtschaftliche Verpflichtungen zur Festsetzung von Höchsttarifen für alle Fahrgäste oder bestimmte Gruppen von Fahrgästen", die ausschließlich¹¹ einen finanziellen Ausgleich nach sich ziehen.

---

3 Diese sah der Gesetzgeber wohl im Vorfeld des Erlasses des Eisenbahnneuordnungsgesetzes als gegeben an. Nach der Gesetzesbegründung (BT-Drs. 12/5014, 28) ist „[b]ei der Bestimmung des Umfangs einer ausreichenden Verkehrsbedienung ... vom Verkehrsangebot bei Inkrafttreten dieses Gesetzes auszugehen."
4 Dazu ausführlich *Werner*, in: Baumeister, Recht des ÖPNV II, A3 Rn. 170 ff.; im Überblick *Brenner/Arnold*, NVwZ 2015, 385 ff.
5 *Fromm/Sellmann/Zuck*, Personenbeförderungsrecht, § 8 PBefG Rn. 10.
6 Dazu *Knauff*, GewArch 2013, 283 ff.; sowie die Beiträge in *Knauff*, Vorrang der Eigenwirtschaftlichkeit im ÖPNV; siehe auch VK Münster, Beschluss v. 29.5.2013 – VK 5/13.
7 Nach OLG Frankfurt, Beschluss v. 24.1.2017 – 11 Verg 1/16, kann der Vorrang der Eigenwirtschaftlichkeit allerdings nicht im Nachprüfungsverfahren geltend gemacht werden.
8 Gesetzesbegründung, Gesetz zur Änderung personenbeförderungsrechtlicher Vorschriften, BT-Drs. 17/8233, 13; näher *Lübbig*, in: Kaufmann/Lübbig/Prieß/Pünder, VO (EG) Nr. 1370/2007, Art. 3 Rn. 14 f.; *Winnes*, in: Saxinger/Winnes, Recht des öffentlichen Personenverkehrs, § 8 PBefG Rn. 14 ff.
9 Eine Verpflichtung der Aufgabenträger zu ihrer Schaffung besteht richtigerweise ebenso wenig, vgl. VG Münster, Urteil v. 24.10.2014 – 10 K 2076/12, wie ein Anspruch der Verkehrsunternehmer auf deren Erlass, OVG Münster, Urteil v. 25.8.2016 – 13 A 788/15; VG Saarland, Urteil v. 27.9.2017 – 5 K 1223/16; VG Stade, Urteil v. 30.6.2016 – 1 A 1432/14; VG Augsburg, Urteil v. 24.3.2015 – Au 3 K 13.2063, Au 3 K 14.34. Eine höchstrichterliche Klärung wird demnächst erfolgen, vgl. BVerwG, Beschluss v. 13.12.2017 – 3 B 57/16.
10 *Nettesheim*, NVwZ 2009, 1449 (1450); *Ziekow*, NVwZ 2009, 865 (867).
11 *Berschin*, in: Baumeister, Recht des ÖPNV II, A1 Rn. 53; *Linke*, Gewährleistung, S. 171.

Diese können durch allgemeine Vorschriften i.S.v. Art. 2 lit. l VO (EG) 1370/2007 geregelt werden. Für derartige Verkehrsleistungen gelten gleichwohl spezifische Vorgaben für die Berechnung der Ausgleichsleistung. Jenseits dieser Ausnahmen erzwingt die VO (EG) 1370/2007 jedoch in erheblichem Umfang die Beschaffung von Verkehrsleistungen im chronisch defizitären und daher auf finanzielle Unterstützung der öffentlichen Hand angewiesenen ÖPNV[12]. Verkehre, die im allgemeinen Interesse erbracht werden und bezüglich derer Behörden „den Betreibern eines öffentlichen Dienstes eine Ausgleichsleistung für die ihnen durch die Erfüllung der gemeinwirtschaftlichen Verpflichtungen verursachten Kosten und/oder ausschließliche Rechte im Gegenzug für die Erfüllung solcher Verpflichtungen gewähren, wenn sie ihnen gemeinwirtschaftliche Verpflichtungen auferlegen oder entsprechende Aufträge vergeben" (Art. 1 Abs. 1 UAbs. 2 VO (EG) 1370/2007), unterstellt die Verordnung einem spezifischen Vergaberegime.

B. Gegenstand der Vergabe

5   Das zentrale Instrument zur behördlichen Organisation von Verkehrsleistungen ist nach der VO (EG) 1370/2007 der öffentliche Dienstleistungsauftrag. Dieser kann sowohl die Gestalt eines Dienstleistungsauftrags im vergaberechtlichen Sinne als auch einer Dienstleistungskonzession annehmen.

I. Öffentlicher Dienstleistungsauftrag

6   Die Zahlung von Ausgleichsleistungen für gemeinwirtschaftliche Verpflichtungen an Unternehmen (jenseits der begrenzten Zulässigkeit der Verwendung allgemeiner Vorschriften) und die Einräumung von ausschließlichen Rechten haben stets auf Grundlage eines öffentlichen Dienstleistungsauftrags zu erfolgen. Dessen Erteilung setzt wiederum die Durchführung eines Vergabeverfahrens und damit eine behördliche Entscheidung über Durchführung und Ausgestaltung des Verkehrs voraus.

7   Art. 2 lit. i VO (EG) 1370/2007 **legaldefiniert** öffentliche Dienstleistungsaufträge mit einem von der vergaberechtlichen Begrifflichkeit deutlich abweichenden Inhalt.[13] Als öffentlicher Dienstleistungsauftrag kommt infolgedessen eine Vielzahl von Formen der Beauftragung eines Verkehrsleistungserbringers in Betracht.

8   Die obligatorischen und fakultativen **Inhalte** öffentlicher Dienstleistungsaufträge werden durch Art. 4 VO (EG) 1370/2007 näher geregelt. Notwendig ist die Festlegung der „vom Betreiber eines öffentlichen Dienstes zu erfüllenden gemeinwirtschaftlichen Verpflichtungen" i.S.v. Art. 2 lit. e VO (EG) 1370/2007,[14] sowie die damit notwendig verbundene eindeutige Definition der „geografischen Geltungsbereiche", mithin die zu erbringenden Verkehrsleistungen. Hinsichtlich der gemeinwirtschaftlichen Verpflichtungen[15] ist auf deren nähere Konkretisierung durch die Verordnung und ergänzende (detailgenaue[16]) Spezifikationen i.S.v. Art. 2a VO (EG) 1370/2007 abzustellen. Derartige gemeinwirtschaftliche Verpflichtungen können auch grenzüberschreitender Natur sein, sofern die zuständige Behörde des anderen Mitgliedstaates zustimmt, vgl. Art. 1 Abs. 2 UAbs. 2 VO (EG) 1370/2007. Dabei kann eine Zusammenfassung kostendeckender Dienste mit nicht kostendeckenden Diensten erfolgen und ist der Grundsatz der Verhältnismäßigkeit zu wahren. Überdies müssen die Spezifikationen im Einklang mit „den politischen Zielen, die in den Strategiepapieren für den öffentlichen Ver-

---

12 Ausführlich zur Finanzierung *Wachinger*, Recht des Marktzugangs, S. 13 ff.; *Lehr*, Beihilfen, S. 62 ff., zur europarechtskonformen Ausgestaltung 256 ff.; spezifisch zu Betriebskostenzuschüssen *Schneiderhan*, Daseinsvorsorge, S. 279 ff.
13 Vgl. auch *Hübner*, VergabeR 2009, 363 (365 f); *Nettesheim*, NVwZ 2009, 1449 (1450); *Otting/Scheps*, NVwZ 2008, 499 (500).
14 Siehe im Einzelnen dazu *Winnes*, DÖV 2009, 1135 ff.
15 Näher *Winnes*, DÖV 2009, 1135 ff.; zur Einordnung der personenbeförderungsrechtlichen Betriebs-, Beförderungs- und Tarifpflichten *Saxinger*, in: Saxinger/Winnes, Recht des öffentlichen Personenverkehrs, Stand 7/2017, Art. 2 lit. e VO 1370/2007 Rn. 25 ff.
16 *Linke*, NZBau 2017, 331 (332).

kehr in den Mitgliedstaaten aufgeführt sind", stehen, diese Ziele „auf kostenwirksame Weise erreicht" und „die finanzielle Nachhaltigkeit der Erbringung öffentlicher Personenverkehrsdienste gemäß den in der Politik für den öffentlichen Verkehr festgelegten Anforderungen langfristig gesichert werden."[17] Die Regelung[18] ist nicht unproblematisch; ihre Formulierung lässt jedoch Raum für eine kompetenz- und grundrechtsbewusste Handhabung. Vorgeschlagen wurde etwa eine Weiterentwicklung der Nahverkehrspläne und ihre Qualifikation als Strategiepapiere im Sinne der Verordnung.[19] Im öffentlichen Dienstleistungsauftrag ist des Weiteren die Gegenleistung für die Erbringung der gemeinwirtschaftlichen Verpflichtungen festzulegen.[20] Zur Vermeidung von Überkompensationen geschieht dies insbesondere mittels Berechnungsparametern für Ausgleichsleistungen. Des Weiteren sind Regelungen über die Aufteilung von Kosten und Fahrgeldeinnahmen vorzusehen sowie eine Verpflichtung des Betreibers, der zuständigen Behörde alle für die Vergabe eines öffentlichen Dienstleistungsauftrags wesentlichen, also ausschreibungsrelevanten Informationen zur Verfügung zu stellen. Möglich sind zudem Regelungen über spezifische soziale und qualitative Anforderungen.[21]

Öffentliche Dienstleistungsaufträge sind stets zu befristen. Die auftragserteilenden Behörden verfügen bei der Festlegung der konkreten **Laufzeiten** über ein Ermessen. Maximal können öffentliche Dienstleistungsaufträge über Busverkehrsdienste für bis zu zehn Jahre, über schienengebundene Verkehrsdienste, sofern keine Sonderregelungen bestehen, für bis zu 15 Jahre erteilt werden. Eine (ex ante vorzusehende) Verlängerung dieser Maximallaufzeiten kommt nur unter den in Art. 4 Abs. 4 VO (EG) 1370/2007 genannten Voraussetzungen in Betracht.

9

II. Öffentliche Aufträge vs. Konzessionen im ÖPNV

Der Anwendungsbereich der VO (EG) 1370/2007 wird von vornherein dadurch eingeschränkt, dass Art. 5 Abs. 1 S. 2 VO (EG) 1370/2007 im Hinblick auf die Beschaffung von ÖPNV-Leistungen mit Bussen und Straßenbahnen[22] (ohne Untergrundbahnen[23]) einen **Vorrang des allgemeinen Vergaberechts** anordnet, soweit dieses tatbestandlich einschlägig ist.[24] Sofern ein derartiger öffentlicher Dienstleistungsauftrag i.S.v. Art. 2 lit. i VO (EG) 1370/2007 zugleich als (öffentlicher) Dienstleistungsauftrag nach § 103 Abs. 4 GWB zu qualifizieren ist,[25] richtet sich dessen Vergabe ausschließlich nach GWB-Vergaberecht.[26] Der „Einkauf" von ÖPV-Leistungen, die mit Bussen und Straßenbahnen durchgeführt werden, durch mitgliedstaatliche Behörden insbesondere mittels der Vergabe von Bruttoverträgen, erfolgt daher grundsätzlich unter Anwendung des allgemeinen Vergaberechts.[27] Dessen Anwendung hat im Regelfall eine Vergabe im Wettbewerb zur Folge. Der Vorrang des allgemeinen Vergaberechts beschränkt sich jedoch zugleich auf die Vergabebestimmungen und lässt die Geltung der übrigen Vorschriften der VO (EG) 1370/2007 unberührt.[28]

10

Soweit das Vergaberecht seinen Geltungsanspruch jedoch im Hinblick auf die Vergabe bestimmter öffentlicher Dienstleistungsaufträge im vergaberechtlichen Sinne gänzlich zurücknimmt, gilt sein Vorrang nicht und sind die Vergaberegeln der VO (EG) 1370/2007 anzuwen-

11

---

17 Ausweislich Erwägungsgrund 9 VO (EU) 2016/2338 hat dies jedoch „keinen Anspruch auf eine bestimmte finanzielle Ausstattung" für die bestellenden Behörden zur Folge.
18 Zu den Hintergründen *Linke*, NZBau 2017, 331 (332).
19 Dafür *Linke*, NZBau 2017, 331 (332 f.).
20 *Linke*, Gewährleistung, S. 188 ff.
21 Im Überblick *Knauff*, in: Birnstiel/Bungenberg/Heinrich, Europäisches Beihilfenrecht, Kap. 3 Rn. 219 f.; zur Anordnung der Arbeitnehmerübernahme *Bayreuther*, NZA 2014, 1171 ff.
22 Ungeachtet des Wortlauts für einen Anwendungsvorrang des Vergaberechts auch außerhalb dieser Bereiche *Weyd*, EWS 2010, 167 (173); a. A. *Prieß*, in: Kaufmann/Lübbig/Prieß/Pünder, VO (EG) Nr. 1370/2007, Art. 5 Rn. 14; ausführlich zum Verhältnis zwischen den Normkomplexen *Linke*, Gewährleistung, S. 246 ff.
23 *Hübner*, in: Willenbruch/Wieddekind, Vergaberecht, Art. 5 VO 1370 Rn. 32; *Saxinger/Schröder*, in: Saxinger/Winnes, Recht des öffentlichen Personenverkehrs, Art. 5 Abs. 1 VO 1370/2007 Rn. 15 ff.
24 Ausführlich *Hübner*, in: Willenbruch/Wieddekind, Vergaberecht, Art. 5 VO 1370 Rn. 25 ff.; vgl. auch OLG Karlsruhe, Beschluss v. 9.10. 2012 – 15 Verg 12/11.
25 Vgl. OLG Düsseldorf, Beschluss v. 21.7.2010 – VII-Verg 19/10.
26 Zur Frage des Vorliegens der Eignung siehe OLG Frankfurt, Beschluss v. 18.7.2017 – 11 Verg 7/17.
27 *Griem/Mosters*, in: Pünder/Prieß, Brennpunkte, 1 (5).
28 EuGH, Urteil v. 27.10.2016 – Rs. C-292/15 (Hörmann Reisen), Rn. 41 ff.

den, die insoweit als lex specialis zu qualifizieren ist.[29] Dies gilt im Bereich des Bus- und Straßenbahnverkehrs für **Dienstleistungskonzessionen**,[30] hinsichtlich derer § 149 Nr. 12 GWB anordnet, dass sie nicht dem Konzessionsvergaberecht unterfallen, sofern der Anwendungsbereich der VO (EG) 1370/2007 eröffnet ist. Öffentliche Dienstleistungsaufträge im Sinne der VO (EG) 1370/2007, die vergaberechtlich als Dienstleistungskonzessionen zu qualifizieren sind,[31] werden daher nicht vom Vorranganspruch des Vergaberechts erfasst. Bei Dienstleistungsaufträgen, die dem Regelungsanspruch des GWB-Vergaberechts grundsätzlich unterfallen, ist zwar vergaberechtlich eine wettbewerbsfreie **In-House-Vergabe** grundsätzlich möglich, welche vorliegt, wenn ein öffentlicher Auftraggeber einen Auftrag an eine mit ihm rechtlich nicht identische Einrichtung erteilt, über die er eine ähnliche Kontrolle wie über eine eigene Dienststelle ausübt und die im Wesentlichen für diesen tätig werden muss.[32] Da sich der Verweis auf die Vergaberichtlinien in Art. 5 Abs. 1 VO (EG) 1370/2007 aber nur auf deren positive Anwendung beschränkt, unterfallen die vergaberechtlichen Ausnahmebereiche dem Regelungsanspruch der VO (EG) 1370/2007.[33]

C. Konzessionsvergabe nach der VO (EG) 1370/2007 i.V.m. §§ 8a, 8b PBefG

12   Die VO (EG) 1370/2007 sieht mit dem „wettbewerblichen Vergabeverfahren" und der „Direktvergabe" **zwei Verfahrensarten** für die Vergabe von „öffentlichen Dienstleistungsaufträgen" i.S.v. Art. 2 lit. i VO (EG) 1370/2007, die insbesondere auch Dienstleistungskonzessionen erfassen,[34] vor.[35] Diese weisen gegenüber dem allgemeinen Vergaberecht etliche Besonderheiten und eine geringere Formalisierung auf. Weder das wettbewerbliche Vergabeverfahren noch die Direktvergabe werden zudem in der VO (EG) 1370/2007 detailgenau ausgestaltet. Das PBefG enthält zwar einige Ergänzungen, verzichtet aber ebenfalls auf eine Feinsteuerung.

13   Die zentrale Weichenstellung über das **Verhältnis** zwischen den Verfahrensarten enthält Art. 5 Abs. 3 S. 1 VO (EG) 1370/2007. Die Vorschrift trifft eine Grundentscheidung zugunsten des wettbewerblichen Vergabeverfahrens:[36] Sofern keiner der in der Verordnung explizit normierten Fälle der zulässigen Direktvergabe vorliegt, ist zwingend ein wettbewerbliches Vergabeverfahren zur Auswahl des Anbieters einer im allgemeinen Interesse liegenden, durch Ausgleichszahlungen oder die Einräumung ausschließlicher Rechte[37] geförderten Verkehrsleistung durchzuführen. Wenn sich die zuständige Behörde aber in einer verfahrensbezogenen

---

29 *Prieß*, in: Pünder/Prieß, Brennpunkte, 67 (69); siehe auch *Nettesheim*, NVwZ 2009, 1449 (1451).
30 Näher *Wagner-Cardenal/Dierkes*, NZBau 2014, 738 (739); *Winnes*, VergabeR 2009, 712 (713 ff); *Griem/Mosters*, in: Pünder/Prieß, Brennpunkte, 1 (5 ff); siehe auch EuGH, Urteil v. 6.4.2006 – Rs. C-410/04 (ANAV), Rn. 16.
31 Nach OLG Koblenz, Beschluss v. 25.3.2015 – Verg 11/14, ist dies nicht der Fall, wenn der Auftragnehmer eine sich aus den Einnahmen (einschließlich Netzeffekte) und einem variablen Zuschuss des Auftraggebers zusammensetzende und von den vereinbarten Fahrkilometern, nicht aber vom Fahrgastaufkommen abhängige Gesamtvergütung erhalten soll; im Zweifel für das Vorliegen eines Dienstleistungsauftrags OLG Düsseldorf, Beschluss v. 23.12.2015 – VII-Verg 34/15.
32 EuGH, Urteil v. 8.11.1999 – Rs. C-107/98 (Teckal), Rn. 50; EuGH, Urteil v. 11.01.2005 – Rs. C-26/03 (Stadt Halle), Rn. 49.
33 Str. für In-House-Vergaben, wie hier OLG Düsseldorf, Beschluss v. 2.3.2011 – VII-Verg 48/10; *Hübner*, VergabeR 2009, 363 (367 f); *Winnes*, VergabeR 2009, 712 (716); siehe auch § 131 II GWB für Eisenbahnverkehre; a.A. OLG Frankfurt, Beschluss v. 30.1.2014 – 11 Verg 15/13; *Nettesheim*, NVwZ 2009, 1449 (1451); *Stickler/Feske*, VergabeR 2010, 1 (7). Grafische Übersicht bei *Werner*, in: Baumeister, Recht des ÖPNV II, A3 Rn. 251. Aufgrund OLG Düsseldorf, EuGH-Vorlagen v. 3.5.2017 – VII-Verg 17/16, VII-Verg 51/16, wird der EuGH Gelegenheit zur Stellungnahme erhalten.
34 Zur gegenüber dem Vergaberecht unterschiedlichen Begrifflichkeit siehe *Hübner*, VergabeR 2009, 363 (365 f.); *Knauff*, NZBau 2012, 65 (68); *Nettesheim*, NVwZ 2009, 1449 (1450); *Otting/Scheps*, NVwZ 2008, 499 (500).
35 Zum Verständnis der Kommission siehe deren Mitteilung über die Auslegungsleitlinien zu der Verordnung (EG) Nr. 1370/2007 über öffentliche Personenverkehrsdienste auf Schiene und Straße, ABl. 2014 C 92/1, 9 ff.
36 Allerdings weniger strikt, als zunächst in KOM(2000) 7 endg.; KOM(2002) 107 endg.; KOM(2005) 319 endg. vorgesehen, vgl. *Knauff*, DVBl. 2006, 339 (343 f.).
37 Zur umstrittenen, wenngleich vom Gesetzgeber (vgl. § 8a Abs. 8 S. 1 PBefG) verneinten Frage der Qualifikation der Liniengenehmigung als ausschließliches Recht befürwortend VG Augsburg, Urteil v. 24.3.2015 – Au 3 K 13.2063, Au 3 K 14.34; *Fandrey*, Direktvergabe, S. 127 ff.; *Heinze*, DVBl. 2011, 534 (536); *Saxinger*, GewArch 2011, 151 (155 f.); ausführlich *Linke*, Gewährleistung, S. 172 ff.; a. A. *Kaufmann*, in: Kaufmann/Lübbig/Prieß/Pünder, VO (EG) Nr. 1370/2007, Art. 2 Rn. 30.

Auswahlsituation befindet und sich für die Durchführung einer zulässigen Direktvergabe entscheiden will, ist sie hierzu uneingeschränkt berechtigt.[38] Etwaige konkurrierende Angebote, die infolge der Vorabbekanntmachung eingehen können, sind insoweit ohne Bedeutung.[39] Auch wenn eine Direktvergabe zulässig ist, ist es der Vergabestelle jedoch stets möglich, auf diese zu verzichten und stattdessen ein wettbewerbliches Vergabeverfahren durchzuführen, um die aus der höheren Wettbewerbsintensität folgenden ökonomischen Vorteile zu nutzen.[40]

I. Wettbewerbliches Vergabeverfahren

Das wettbewerbliche Vergabeverfahren wird durch VO (EG) 1370/2007 und PBefG nur teilweise ausgestaltet. Infolgedessen verbleiben den Aufgabenträgern erhebliche Ausgestaltungsspielräume. **14**

1. Normativ vorgegebener Ablauf

Das wettbewerbliche Vergabeverfahren findet seine zentrale normative Verankerung in Art. 5 Abs. 3 VO (EG) 1370/2007. Nach S. 2 und 3 der Vorschrift muss „(d)as für die wettbewerbliche Vergabe angewandte Verfahren […] allen Betreibern offen stehen, fair sein und den Grundsätzen der Transparenz und Nichtdiskriminierung genügen. Nach Abgabe der Angebote und einer eventuellen Vorauswahl können in diesem Verfahren unter Einhaltung dieser Grundsätze Verhandlungen geführt werden, um festzulegen, wie der Besonderheit oder Komplexität der Anforderungen am besten Rechnung zu tragen ist." Weitere **Vorgaben** enthält die Verordnung nicht. Sie beschränkt sich daher im Wesentlichen auf eine Übernahme der eher unspezifischen Vorgaben über die Vergabe von Dienstleistungskonzessionen, die der EuGH[41] und die Kommission[42] jenseits des gesetzten Rechts entwickelt haben. **15**

Das wettbewerbliche Vergabeverfahren wird daher vor allem durch die primärrechtlich verankerten – und auch in Art. 5 Abs. 3 S. 2 VO (EG) 1370/2007 normierten – **Vergabegrundsätze** des offenen und fairen Wettbewerbs, der Transparenz und der Nichtdiskriminierung gekennzeichnet.[43] Öffentliche Dienstleistungsaufträge sind mithin in geeigneter Weise öffentlich auszuschreiben; bis zum Ablauf der angemessenen Angebotsfrist eingehende Angebote geeigneter Bieter sind anhand der bekannt gemachten Kriterien zu werten; die Gleichbehandlung aller Bieter ist während des gesamten Verfahrens sicherzustellen.[44] Sofern dies nicht in allgemeinen Vorschriften vor Einsetzen des Wettbewerbs erfolgt,[45] sind vor allem die Berechnungsparameter für Ausgleichsleistungen Gegenstand des (Preis-)Wettbewerbs.[46] Art. 5 Abs. 3 S. 3 VO (EG) 1370/2007 sieht zudem die Möglichkeit von Verhandlungen nach Angebotsabgabe vor. Gegenstand dieser Verhandlungen können jedoch nur Aspekte sein, die einen sachlichen Bezug zu „der Besonderheit und der Komplexität", mithin zu den Spezifika des zu vergebenden öffentlichen Dienstleistungsauftrags, aufweisen. Reine Preisverhandlungen sind unzuläs- **16**

---

38 *Pünder*, EuR 2010, 774 (780).
39 *Prieß*, in: Pünder/Prieß, Brennpunkte, 67 (77).
40 *Berschin*, in: Baumeister, Recht des ÖPNV II, A1 Rn. 100; *Nettesheim*, NVwZ 2009, 1449 (1452).
41 Grundlegend EuGH, Urteil v. 7.12.2000 – Rs. C-324/98 (Telaustria).
42 Vgl. insbesondere die Mitteilung der Kommission zu Auslegungsfragen in Bezug auf das Gemeinschaftsrecht, das für die Vergabe öffentlicher Aufträge gilt, die nicht oder nur teilweise unter die Vergaberichtlinien fallen, ABl. 2006 C 179/2.
43 Ausführlich *Bergmann/Schieferdecker*, in: v. Wietersheim, Vergaben im ÖPNV, 55 (65 ff.); *Griem/Mosters*, in: Pünder/Prieß, Brennpunkte, 1 (14 ff.); *Linke*, Gewährleistung, S. 237 ff.; *Schröder*, NVwZ 2008, 1288 (1290 ff.); *Prieß*, in: Kaufmann/Lübbig/Prieß/Pünder, VO (EG) Nr. 1370/2007, Art. 5 Rn. 160 ff.; grundlegend zu diesen Grundsätzen *Burgi*, NZBau 2008, 29; näher zur diesbezüglichen EuGH-Rechtsprechung *Knauff*, in: Goede/Stoye/Stolz, Handbuch des Fachanwalts Vergaberecht, Kap. 2 Rn. 17 ff.
44 Ausführlich *Griem/Mosters*, in: Pünder/Prieß, Brennpunkte, 1 (14 ff.); *Linke*, Gewährleistung, S. 237 ff.; *Schröder*, NVwZ 2008, 1288 (1290 ff.).
45 Dies hat zur Folge, dass die Ausgleichsleistungen nach dem Anhang der Verordnung zu berechnen sind. Näher zu allgemeinen Vorschriften *Otting/Olgemöller*, GewArch 2012, 436 ff.; *Schieferdecker*, GewArch 2014, 6 ff.
46 Zur damit verbundenen rechtlichen Maßgeblichkeit einer Ex-ante-Betrachtung *Lübbig*, in: Kaufmann/Lübbig/Prieß/Pünder, VO (EG) Nr. 1370/2007, Art. 4 Rn. 17 ff.

sig.[47] Insoweit besteht eine gewisse Ähnlichkeit mit dem Verfahren des wettbewerblichen Dialogs nach § 119 Abs. 5 GWB[48]. Derartige Verhandlungen sind zudem nicht nur mit einem Bieter zu führen.[49]

17 In Bezug auf das wettbewerbliche Vergabeverfahren sieht Art. 4 Abs. 8 VO (EG) Nr. 1370/2007 vor, dass die zuständigen Behörden „allen interessierten Parteien relevante **Informationen** für die Vorbereitung eines Angebots im Rahmen eines wettbewerblichen Vergabeverfahrens zur Verfügung [stellen] und ... dabei den legitimen Schutz vertraulicher Geschäftsinformationen [gewährleisten]." Diese Informationen sind den Behörden von dem jeweiligen Betreiber zur Verfügung zu stellen und betreffen alle für die Verkehrsleistung aufgrund des zu vergebenden öffentlichen Dienstleistungsauftrags wesentlichen[50] Aspekte. Exemplarisch benannt werden „Informationen über Fahrgastnachfrage, Tarife, Kosten und Einnahmen [...] sowie Einzelheiten der Infrastrukturspezifikationen, die für den Betrieb der erforderlichen Fahrzeuge bzw. des erforderlichen Rollmaterials relevant sind". Durch diese Informationen sollen primär Wettbewerbsvorteile des bisherigen Betreibers vermieden werden; zugleich erhält die jeweils zuständige Behörde Erkenntnisse, welche für eine sachkundige Bewertung von Angeboten erforderlich sind.

18 Wortlaut sowie Sinn und Zweck des Art. 5 Abs. 3 VO (EG) 1370/2007 lassen Raum für eine Ausgestaltung durch **mitgliedstaatliches Recht**. § 8b PBefG kommt die Funktion einer Konkretisierungsnorm über die Ausgestaltung des wettbewerblichen Vergabeverfahrens zu.[51] Ergänzend gelten einige Regelungen des § 8a PBefG.

19 § 8b Abs. 2 PBefG enthält Vorgaben über die **Bekanntmachung** der beabsichtigten Vergabe eines öffentlichen Dienstleistungsauftrags und gestaltet insoweit den Transparenzgrundsatz näher aus. Gefordert wird deren Zugänglichkeit für alle interessierten Unternehmen, wobei explizit auf die Internetseite www.bund.de verwiesen wird. Eine Veröffentlichung im Amtsblatt der Europäischen Union ist dagegen nicht vorgesehen und in Anbetracht der europarechtlichen Vorgaben auch nicht erforderlich,[52] da sowohl die VO (EG) 1370/2007 als auch die EuGH-Rechtsprechung über die Vergabe von Dienstleistungskonzessionen keine derartigen Erfordernisse enthalten.[53] Allerdings ist vor der Bekanntmachung über die Vergabe nach Art. 7 Abs. 2 VO (EG) 1370/2007 einmal jährlich eine Mitteilung im Amtsblatt über die Vergabeabsichten zu machen, durch die interessierte Unternehmen aus dem EU-Ausland über die anstehenden Vergabeverfahren unterrichtet werden. Die Bekanntmachung muss alle bedeutsamen Informationen enthalten, insbesondere über den vorgesehenen Verfahrensablauf, geforderte Eignungsnachweise, die nach § 8b Abs. 3 S. 1 PBefG zwingend einen Auftragsbezug aufweisen müssen, technische Anforderungen an die Übermittlung von Unterlagen und die Zuschlagskriterien einschließlich ihrer Gewichtung.[54]

20 Die weiteren Vorgaben insbesondere hinsichtlich der Details des zu vergebenden öffentlichen Dienstleistungsauftrags[55] können in einer **Leistungsbeschreibung** enthalten sein, die in § 8b PBefG allerdings nicht explizit in Bezug genommen wird. § 8b Abs. 3 S. 2 PBefG fordert allein eine eindeutige und umfassende Beschreibung der Dienstleistungen in der Bekanntmachung. Die Vorschrift entspricht § 121 Abs. 1 GWB.

---

47 *Griem/Mosters*, in: Pünder/Prieß, Brennpunkte, 1 (21).
48 Im Überblick dazu *Knauff*, in: Müller-Wrede, GWB-Vergaberecht, § 119 Rn. 49 ff. Umfassend zu dessen Fassung vor der Vergaberechtsreform *Reimnitz*, Der neue Wettbewerbliche Dialog, insb. S. 59 ff.; *Schneider*, Der Wettbewerbliche Dialog, insb. S. 124 ff.
49 *Linke*, Gewährleistung, S. 245.
50 Zur nicht unproblematischen Abgrenzung näher *Linke*, NZBau 2017, 331 (334).
51 Vgl. auch *Fielitz/Grätz*, PBefG, § 8b Rn. 3 f.; *Fromm/Sellmann/Zuck*, Personenbeförderungsrecht, § 8b PBefG Rn. 2.
52 *Fromm/Sellmann/Zuck*, Personenbeförderungsrecht, § 8b PBefG Rn. 3; *Fehling*, in: Heinze/Fehling/Fiedler, PBefG, § 8a Rn. 19; a.A. *Linke*, Gewährleistung, S. 242; *Schröder*, NVwZ 2008, 1288 (1293).
53 Bei der Vergabe von SPNV-Verkehrsleistungen ermöglicht die europaweite Bekanntmachung jedoch unter den in Art. 5 Abs. 3b VO (EG) 1370/2007 genannten Voraussetzungen einen Übergang vom wettbewerblichen Verfahren zur Direktvergabe.
54 Ausführlich *Fehling*, in: Heinze/Fehling/Fiedler, PBefG, § 8a Rn. 21 ff.
55 Zur Linienbündelung siehe *Bühner/Siemer*, DÖV 2015, 21 ff.

Bei der Konzeption öffentlicher Dienstleistungsaufträge, die in der Leistungsbeschreibung ihren Niederschlag findet, sind nach § 8a Abs. 3 PBefG „die Interessen des **Mittelstandes** angemessen zu berücksichtigen. Leistungen sind in Lose aufgeteilt zu vergeben." Insoweit gilt nichts anderes als auf Grundlage von § 97 Abs. 4 GWB.[56]

21

Für den konkreten **Verfahrensablauf** bestehen nur wenige Vorgaben, auf deren Beachtung die Unternehmen jedoch nach § 8a Abs. 5 PBefG einen Anspruch haben. Rein deklaratorisch ist die Vorgabe der Gleichbehandlung der Teilnehmer am Verfahren in § 8b Abs. 4 S. 1 PBefG, die gegenüber Art. 5 Abs. 3 S. 2 VO (EG) 1370/2007 ohne normativen Mehrwert ist. Auch die Anordnung „angemessener" Fristen in § 8b Abs. 3 S. 3 PBefG ist wenig aussagekräftig. Eine Orientierung an den im allgemeinen Vergaberecht vorgesehen Fristen bietet sich insoweit an.[57] Entscheidend ist die Komplexität der Verkehrsleistung.[58] Der Zuschlag ist gemäß § 8b Abs. 4 S. 2 PBefG auf das wirtschaftlichste Angebot zu erteilen, das anhand der in der verfahrenseinleitenden Bekanntmachung enthaltenen Kriterien zu bestimmen ist.[59]

22

Eine Besonderheit stellt die Regelung über die **Unterauftragsvergabe** in § 8b Abs. 5 PBefG dar. Die Vorschrift knüpft an Art. 4 Abs. 7 VO (EG) 1370/2007 an. Eine Unterauftragsvergabe darf daher nicht umfassend erfolgen; vielmehr muss eine bedeutende Eigenleistung erbracht werden. Dies wird im Allgemeinen dahingehend verstanden, dass die Eigenleistungsquote mindestens 20 bis 30 % beträgt.[60] Eine gesetzliche Ausgestaltung dieser europarechtlichen Vorgaben durch § 8b Abs. 5 PBefG erfolgt allerdings nur in sehr geringem Umfang. Die Vorschrift stellt zunächst implizit klar, dass die Entscheidung über die Zulassung der Unterauftragsvergabe der Vergabestelle obliegt. Die Zulassung kann dabei nicht unterstellt werden, sondern muss explizit erfolgen. In diesem Zusammenhang ist aufgrund der europarechtlichen Vorgaben auch über den Umfang einer Unterauftragsvergabe zu entscheiden. Für die Art und Weise der Auswahl der Subunternehmer – und damit in der europarechtlichen Terminologie: die „Bedingungen" für die Vergabe von Unteraufträgen – legt § 8b Abs. 5 PBefG die Möglichkeit der Vorgabe fest, „dass die Übertragung von Unteraufträgen nach wettbewerblichen Grundsätzen vorzunehmen ist." Die Regelung hält sich zwar im Rahmen des europa- und verfassungsrechtlich Zulässigen; ihr spezifischer Sinn im Zusammenhang mit dem wettbewerblichen Vergabeverfahren erschließt sich jedoch nicht, da der wettbewerblich ausgewählte Betreiber ohnehin ein Interesse an einer wirtschaftlichen Unterauftragsvergabe hat oder zumindest haben sollte, die durch den Wettbewerb gerade ermöglicht werden soll. Im Übrigen fehlt es an Vorgaben für die Unterauftragsvergabe, deren Maßstab daher letztlich das europäische Recht bildet.

23

Das gesamte Verfahren bedarf nach § 8b Abs. 6 PBefG einer fortlaufenden **Dokumentation**, wobei Entscheidungen zu begründen sind. In Anbetracht der kursorischen normativen Ausgestaltung des wettbewerblichen Vergabeverfahrens ist diese Anordnung von besonderer Bedeutung, da nur sie die zweifelsfreie Identifikation und die Kontrolle der Einhaltung der von der Vergabestelle selbst gesetzten Verfahrensmaßstäbe ermöglicht. Für die **Information** der unterlegenen Bieter und den Rechtsschutz[61] verweisen § 8a Abs. 7, § 8b Abs. 6 PBefG auf die einschlägigen Vorgaben des GWB.

24

---

56 Vgl. Gesetzesbegründung, Gesetz zur Änderung personenbeförderungsrechtlicher Vorschriften, BT-Drs. 17/8233, 13; ausführlich dazu *Fehling*, in: Heinze/Fehling/Fiedler, PBefG, § 8a Rn. 69 ff.
57 Vgl. auch *Fehling*, in: Heinze/Fehling/Fiedler, PBefG, § 8a Rn. 32; *Linke*, Gewährleistung, S. 243.
58 *Fielitz/Grätz*, PBefG, § 8b Rn. 12.
59 Zur Parallelität zum Vergaberecht *Fielitz/Grätz*, PBefG, § 8b Rn. 14 f.; *Fromm/Sellmann/Zuck*, Personenbeförderungsrecht, § 8b PBefG Rn. 5.
60 *Fehling*, in: Heinze/Fehling/Fiedler, PBefG, § 8a Rn. 60; *Hölzl*, in: Montag/Säcker, Wettbewerbsrecht, Art. 4 VO 1370/2007 Rn. 41; für 25 % *Berschin*, in: Baumeister, Recht des ÖPNV II, A1 Rn. 74.
61 Siehe zur Rechtswegentscheidung auch bereits mit auf Grundlage des geltenden Rechts wenig überzeugender Begründung OLG Düsseldorf, Beschluss v. 2.3.2011 – VII-Verg 48/10.

2. Gestaltungsspielräume

25 Der konkrete Ablauf des wettbewerblichen Vergabeverfahrens ist jenseits der vorstehend dargestellten Maßgaben nicht vorgegeben. Infolgedessen verfügen die Auftraggeber über weitgehende Entscheidungsspielräume, die eine „passgenaue" Gestaltung des Vergabeverfahrens ermöglichen, so dass dessen Gestaltung erheblich variieren kann. In Betracht kommt eine Annäherung an die in § 119 GWB normierten **Verfahrensarten**, aber auch – unter Berücksichtigung der EuGH-Rechtsprechung zur Vergabe von Dienstleistungskonzessionen – eine sonstige Ausgestaltung. Ob infolge der verfahrenseinleitenden Bekanntmachung eine unbeschränkte oder (nach Durchführung eines Teilnahmewettbewerbs[62]) nur eine beschränkte Anzahl von Unternehmen am Vergabeverfahren teilnimmt und wie eine etwaige Vorauswahl erfolgt, obliegt dementsprechend der Entscheidung der Vergabestelle.[63] Diese kann insbesondere auch einzelne Unternehmen aktiv zur Beteiligung am Vergabeverfahren auffordern.

26 Auch der weitere Verfahrensablauf kann erheblich variieren. Unter Beachtung des Wettbewerbsgebots sind insbesondere auch **Verhandlungen** zulässig.[64] Dagegen sprechen weder der undeutliche Wortlaut und die Erwägungsgründe 20 und 22 VO (EG) 1370/2007 noch die Besonderheiten eines Verhandlungsverfahrens, das auch im allgemeinen Vergaberecht zum Kanon der grundsätzlich zulässigen Verfahrensarten zählt, wie auch das Fehlen entgegenstehender Wertungen in der KonzVgV. Jedenfalls bei der (stets gebotenen) Durchführung unter Einbeziehung mehrerer Unternehmen, die es von einer Direktvergabe unterscheidet, ist sein wettbewerblicher Charakter insoweit zu bejahen, dass es (in einem untechnischen Sinne) als „wettbewerbliches Vergabeverfahren" zu qualifizieren ist. Da das wettbewerbliche Vergabeverfahren im Sinne von Art. 5 Abs. 3 VO (EG) 1370/2007 zudem gerade nicht als reines Angebotsverfahren gekennzeichnet ist und eine Regelung über die Zulässigkeit von Verhandlungen nur im Hinblick auf den Zeitpunkt nach der Abgabe verbindlicher Angebote enthält, die im allgemeinen Vergaberecht grundsätzlich ausgeschlossen sind,[65] ist seine Ausgestaltung orientiert am Verhandlungsverfahren (mit Teilnahmewettbewerb) im Sinne von § 119 Abs. 5 GWB[66] nicht ausgeschlossen. Dies gilt umso mehr, als andernfalls auch in komplizierten Fällen ein normativer Zwang zur Ausarbeitung, Abgabe und Wertung von Angeboten bestünde, die für alle Beteiligten erkennbar letztlich nicht zuschlagfähig sind. Bei Durchführung der Verhandlungen ist allerdings sicherzustellen, dass diese getrennt erfolgen und die Vertraulichkeit gewahrt wird.[67] Hinsichtlich der durch Art. 5 Abs. 3 S. 3 VO (EG) 1370/2007 ermöglichten Nachverhandlungen kommen vor allem bei einer Ausgestaltung des wettbewerblichen Vergabeverfahrens (zunächst) als Angebotsverfahren in Betracht, um Detailaspekte anspruchsvoller öffentlicher Dienstleistungsaufträge abschließend zu klären; bei der Vergabe einfacher Linienkonzessionen fehlt es bereits an der erforderlichen Besonderheit oder Komplexität; bei Verhandlungen vor Angebotsabgabe besteht regelmäßig kein Bedürfnis für Nachverhandlungen. Ihre Durchführung muss den in Art. 5 Abs. 3 S. 2 VO (EG) 1370/2007 genannten Grundsätzen entsprechen.

27 Weder dem europäischen noch dem nationalen Recht lassen sich Aussagen über die Zulässigkeit von **Nebenangeboten** im wettbewerblichen Vergabeverfahren entnehmen. Das allgemeine Vergaberecht erklärt diese für unzulässig, sofern sie nicht explizit zugelassen werden, vgl. § 35 Abs. 1 S. 2 VgV. Diese normative Entscheidung basiert auf der „Traunfellner"-Entscheidung des EuGH[68], die jedoch bislang im Hinblick auf die Vergabe von Dienstleis-

---

62 Zu dessen Notwendigkeit *Linke*, Gewährleistung, S. 239.
63 Vgl. *Prieß*, in: Kaufmann/Lübbig/Prieß/Pünder, VO (EG) Nr. 1370/2007, Art. 5 Rn. 161, 175.
64 *Prieß*, in: Kaufmann/Lübbig/Prieß/Pünder, VO (EG) Nr. 1370/2007, Art. 5 Rn. 176; *Hölzl*, in: Montag/Säcker, Wettbewerbsrecht, Art. 5 VO 1370/2007 Rn. 72; wohl auch *Pünder*, EuR 2007, 564 (571); a.A. *Griem/Mosters*, in: Pünder/Prieß, Brennpunkte, 1 (22); *Linke*, Gewährleistung, S. 239, vgl. auch S. 245 f.; *Schröder*, NVwZ 2008, 1288 (1293).
65 Siehe dazu *Knauff*, Dispositionsfreiheiten, S. 42 ff.; *Lischka*, in: Müller-Wrede, Kompendium des Vergaberechts, Kap. 21 Rn. 29 ff.
66 Näher *Knauff*, in: Müller-Wrede, GWB-Vergaberecht, § 119 Rn. 33 ff.
67 *Schröder*, NVwZ 2008, 1288 (1292, generell zum wettbewerblichen Vergabeverfahren 1290).
68 EuGH, Urteil v. 16.10.2003 – Rs. C-421/01 (Traunfellner), Rn. 25 ff.

tungskonzessionen keine Entsprechung gefunden hat. Da jedoch die wettbewerblichen Problemstellungen, die mit Nebenangeboten verbunden sind, sich bei der öffentlichen Auftragsvergabe sowie bei der Vergabe von Dienstleistungskonzessionen nicht grundlegend unterscheiden, ist ungeachtet des sekundärrechtlichen Anknüpfungspunkts der „Traunfellner"-Entscheidung von ihrer Übertragbarkeit auszugehen.[69] Nebenangebote bedürfen daher auch im wettbewerblichen Vergabeverfahren der Zulassung. Alternativ können jedoch von vornherein eine funktionale Leistungsbeschreibung zugrunde gelegt oder ein dem wettbewerblichen Dialog nachgebildetes Verfahren durchgeführt werden.

II. Direktvergabe

Die Direktvergabe wird in Art. 2 lit. h VO (EG) 1370/2007 als „Vergabe eines öffentlichen Dienstleistungsauftrags an einen bestimmten Betreiber eines öffentlichen Dienstes ohne Durchführung eines vorherigen wettbewerblichen Vergabeverfahrens" definiert. Sie ermöglicht mithin eine freie Auswahl des Verkehrsanbieters durch die zuständige Behörde.[70] **28**

1. Anwendungsvoraussetzungen

Entscheidende Bedeutung kommt somit der Frage zu, unter welchen Voraussetzungen eine Direktvergabe zulässig ist. Art. 5 Abs. 3 S. 1 VO (EG) 1370/2007 nimmt die betreffenden Konstellationen abschließend in Bezug: Erfasst werden danach Vergaben an „interne Betreiber" sowie öffentliche Dienstleistungsaufträge, die wirtschaftlich eher unbedeutend sind, die Notmaßnahmen oder Eisenbahnverkehrsleistungen zum Gegenstand haben. **29**

a) Beauftragung interner Betreiber (In-House-Vergabe)

Art. 5 Abs. 2 VO (EG) 1370/2007 gestattet die Direktvergabe öffentlicher Dienstleistungsaufträge an einen internen Betreiber sowie die Eigenerbringung von gemeinwirtschaftlichen Verkehrsleistungen durch die zuständige Behörde. Während die Eigenerbringung (etwa durch eine Gemeinde als öffentlich-rechtlicher Körperschaft selbst) stets möglich ist,[71] darf die Beauftragung[72] eines internen Betreibers nur unter Beachtung der in Art. 5 Abs. 2 VO (EG) 1370/2007 normierten Voraussetzungen erfolgen. **30**

Kennzeichnend für den internen Betreiber ist nach Art. 2 lit. j VO (EG) 1370/2007, dass die zuständige Behörde, mithin der Aufgabenträger im personenbeförderungsrechtlichen Sinne, über diesen „eine **Kontrolle** ausübt, die der Kontrolle über ihre eigenen Dienststellen entspricht". Entsprechendes erfordert die einleitende Formulierung des Art. 5 Abs. 2 VO EG) 1370/2007. Das maßgebliche Kontrollkriterium wird in Art. 5 Abs. 2 lit. a VO (EG) 1370/2007 partiell abweichend von der Rechtsprechung des EuGH zur In-House-Vergabe nach allgemeinem Vergaberecht[73] näher konkretisiert. Infolge dieser Vorschrift sind wettbewerbsfreie In-House-Vergaben im Anwendungsbereich der VO (EG) 1370/2007 in weitaus größerem Umfang möglich als nach allgemeinem Vergaberecht auf Grundlage von § 108 GWB[74]. Während danach jede auch noch so geringe Beteiligung eines Privaten an einem öffentlichen Unternehmen (mit Ausnahme gesetzlich vorgesehener Minderheitsbeteiligungen ohne Sperrminorität) einer In-House-Vergabe entgegensteht, gilt dies im Anwendungsbereich der VO (EG) 1370/2007 nicht. Vielmehr können auch gemischtwirtschaftliche Verkehrsunternehmen als interne Betreiber zu qualifizieren sein, so dass ihre direkte Beauftragung ohne Durchführung eines Vergabewettbewerbs möglich ist. Auf das im Ausgangspunkt dem allgemeinen Verga- **31**

---

69 Ebenso *Fehling*, in: Heinze/Fehling/Fiedler, PBefG, § 8a Rn. 26.
70 *Nettesheim*, NVwZ 2009, 1449 (1452); enger *Linke*, Gewährleistung, S. 223 f.; kritisch zur Primärrechtskonformität *Berschin*, in: Baumeister, Recht des ÖPNV II, A1 Rn. 109 ff.
71 *Hölzl*, in: Montag/Säcker, Wettbewerbsrecht, Art. 5 VO 1370/2007 Rn. 26; *Schröder*, NVwZ 2010, 862 (863). *Prieß*, in: Pünder/Prieß, Brennpunkte, 67 (70), verweist zutreffend darauf, dass in diesem Fall keine Direktvergabe gegeben sei.
72 *Berschin*, in: Baumeister, Recht des ÖPNV II, A1 Rn. 70, hält diesbezüglich eine Übereinkunft für ausgeschlossen.
73 Grundlegend EuGH, Urteil v. 11.1.2005 – Rs. C-26/03 (Stadt Halle), Rn. 49 f.
74 Zu den europarechtlich bedingten Änderungen der In-House-Vergabe *Knauff*, EuZW 2014, 486 ff.

berecht entstammende Erfordernis einer dienststellengleichen Kontrolle durch die zuständige Behörde verzichtet allerdings auch die VO (EG) 1370/2007 nicht, sondern gestaltet es allein partiell abweichend aus. Die seiner Feststellung dienende, in Art. 5 Abs. 2 lit. a VO (EG) 1370/2007 genannten Faktoren sind dabei, wie ihre Formulierung zu erkennen gibt, nur typische, nicht aber ausschließliche Erkenntnismittel zur Bestimmung der Kontrollintensität. Unerlässlich für die geforderte Kontrolle ist, dass Unternehmensentscheidungen aufgrund der einschlägigen Vorgaben des mitgliedstaatlichen Gesellschaftsrechts nicht gegen den Willen der zuständigen Behörde getroffen werden können, sondern letztlich stets auf diese rückführbar sind und sich die Behörde nicht in Abhängigkeit vom Wohlwollen anderer Anteilseigner bringt.[75] Eine gestufte Kontrolle im kommunalen Konzern ist möglich.[76]

32 Diese grundsätzliche Offenheit der VO (EG) 1370/2007 für Direktvergaben an interne Betreiber – und damit insbesondere an kommunale Verkehrsunternehmen – steht jedoch unter dem explizit in Art. 5 Abs. 2 VO (EG) 1370/2007 enthaltenen **Vorbehalt entgegenstehenden nationalen Rechts**. In der neueren Literatur finden sich zahlreiche Stellungnahmen, welche von einer Unvereinbarkeit der Möglichkeit der Direktvergabe mit dem Grundgesetz ausgehen.[77] Ausgangspunkt ist insoweit das Grundrecht der Berufsfreiheit, Art. 12 GG, das auch die Tätigkeit der (privaten) Verkehrsunternehmen schützt.[78] Auf Grundlage seiner überkommenen und für die Praxis ungeachtet vielfach und berechtigterweise daran geäußerter Kritik[79] unverändert relevanten Interpretation, wonach Art. 12 GG keinen Konkurrenzschutz vermittle und daher auch private Leistungsanbieter nicht vor Wettbewerb durch öffentliche Unternehmen schütze, selbst wenn diese de facto marktbeherrschend sind[80] und daraus auch kein Anspruch auf die Berücksichtigung bei der Erteilung öffentlicher Aufträge abgeleitet werden könne,[81] steht das Grundrecht der Berufsfreiheit einer Direktvergabe von öffentlichen Dienstleistungsaufträgen gemäß Art. 5 Abs. 2 VO (EG) 1370/2007 nicht entgegen.[82] Dem entspricht es auch, dass § 8a Abs. 3 PBefG auf die Möglichkeit der Direktvergabe Bezug nimmt.

33 Mit einer zulässigen Direktvergabe gehen nach Art. 5 Abs. 2 VO (EG) 1370/2007 **Restriktionen der zulässigen Betätigungsmöglichkeiten** des beauftragten Unternehmens einher. Gemäß Art. 5 Abs. 2 lit. b VO (EG) 1370/2007 darf ein direkt beauftragter „interne(r) Betreiber und jede andere Einheit, auf die dieser Betreiber einen auch nur geringfügigen Einfluss ausübt, ihre öffentlichen Personenverkehrsdienste [nur] innerhalb des Zuständigkeitsgebiets der zuständigen örtlichen Behörde ausführen – ungeachtet der abgehenden Linien oder sonstiger Teildienste, die in das Zuständigkeitsgebiet benachbarter zuständiger örtlicher Behörden führen – und nicht an außerhalb des Zuständigkeitsgebiets der zuständigen örtlichen Behörde organisierten wettbewerblichen Vergabeverfahren für die Erbringung von öffentlichen Personenverkehrsdiensten teilnehmen". Das Betätigungsfeld direkt beauftragter Verkehrsunternehmen, die als „interner Betreiber" zu qualifizieren sind, wird dadurch erheblich eingeschränkt.[83]

34 Eine weitere Einschränkung der Attraktivität der praktisch besonders relevanten Direktvergabe an einen internen Betreiber folgt aus Art. 5 Abs. 2 lit. e VO (EG) 1370/2007. Danach ist

---

75 Ausführlich zum Kontrollkriterium *Hölzl*, in: Montag/Säcker, Wettbewerbsrecht, Art. 5 VO 1370/2007 Rn. 29 ff.; *Pünder*, in: Pünder/Prieß, Brennpunkte, 33 (36 ff.); *ders.*, NJW 2010, 263 (263 ff.); *Wittig/Schimanek*, NZBau 2008, 222 (225 f.). *Nettesheim*, NVwZ 2009, 1449 (1452), hält eine Anteilsmehrheit der öffentlichen Hand für unabdingbar.
76 OLG München, Beschluss v. 31.3.2016 – Verg 14/15.
77 Kritisch im Hinblick auf die Zulässigkeit nach deutschem Verfassungsrecht *Antweiler*, NZBau 2009, 362 (364); *Ziekow*, NVwZ 2009, 865 (868 ff.); grundsätzlich auch *Knauff*, DVBl. 2006, 339 (346 f.); *Pünder*, NJW 2010, 263 (266 f.); differenzierend *Nettesheim*, NVwZ 2009, 1449 (1453); a.A. *Otting/Olgemöller*, DÖV 2009, 364 (365 ff.); *Riese/Schimanek*, DVBl. 2009, 1486 ff.
78 Siehe nur *Barth*, Nahverkehr, S. 73 f.; *Wachinger*, Recht des Marktzugangs, S. 98 ff.
79 Siehe etwa *Ehlers*, Gutachten E zum 64. DJT, S. 40; *Ruffert*, in: Epping/Hillgruber, GG, Art. 12 Rn. 66, jeweils m.w.N.
80 BVerwG, Urteil v. 22.2.1972 – I C 24.69.
81 BVerfG, Beschluss v. 13.6. 2006 – 1 BvR 1160/03.
82 Ebenso *Hölzl*, in: Montag/Säcker, Wettbewerbsrecht, Art. 5 VO 1370/2007 Rn. 24; siehe auch OLG München, Beschluss v. 31.3.2016 – Verg 14/15.
83 Näher *Knauff*, in: Goede/Stoye/Stolz, Handbuch des Fachanwalts Vergaberecht, Kap. 17 Rn. 43.

eine **Unterauftragsvergabe** zwar nicht unzulässig; anders als nach wettbewerblichen Vergaben muss der (interne) Betreiber jedoch nicht nur einen „bedeutenden" (Art. 4 Abs. 7 S. 1 VO (EG) 1370/2007), sondern „den überwiegenden Teil des öffentlichen Personenverkehrsdienstes" selbst erbringen. Er muss also (mindestens[84]) mehr als die Hälfte des wirtschaftlichen Gesamtwertes der auftragsgegenständlichen Verkehrsleistungen mit eigenen Ressourcen leisten.[85] Diesbezüglich bedarf es einer expliziten Regelung im zu vergebenden öffentlichen Dienstleistungsauftrag.[86]

Durch die Möglichkeit der Direktvergabe öffentlicher Dienstleistungsaufträge an interne Betreiber wird insbesondere die **Fortführung überkommener Strukturen** der Verkehrserbringung (auch) im deutschen ÖPNV dadurch ermöglicht, dass kommunale Verkehrsunternehmen von ihren jeweiligen Trägergemeinden wettbewerbsfrei beauftragt werden können. Die insoweit zugleich gegenüber dem allgemeinen Vergaberecht vorgenommene Erweiterung der Möglichkeit der In-House-Vergabe auf öffentlich-private Partnerschaften, in denen die beteiligten öffentlichen Stellen einen bestimmenden Einfluss ausüben, trägt dem politischen Wunsch[87] und dem darüber hinaus auch punktuell faktisch bestehenden Bedürfnis nach der Einbeziehung privater Akteure in die öffentliche Leistungserbringung im ÖPNV Rechnung. Die Abwesenheit von Wettbewerb wird in diesem Falle jedoch mit erheblichen Beschränkungen erkauft. Zumindest kommunale Verkehrsunternehmen, deren Selbstverständnis ungeachtet der kommunalrechtlichen Vorgaben nicht (mehr) primär im überkommenen Idealbild öffentlicher Daseinsvorsorge[88] wurzelt, werden durch die an eine Direktvergabe anknüpfenden Betätigungsrestriktionen erheblich in ihren wirtschaftlichen Ambitionen eingeschränkt.

35

b) De minimis-, Not- und Eisenbahnverkehrsvergaben

Art. 5 Abs. 4 VO (EG) 1370/2007 gestattet des Weiteren eine Direktvergabe von **„kleineren" öffentlichen Dienstleistungsaufträgen**, denen nach der Wertung des europäischen Gesetzgebers keine Binnenmarktrelevanz zukommt.[89] Erfasst werden im straßengebundenen ÖPNV „öffentliche Dienstleistungsaufträge, die entweder einen geschätzten Jahresdurchschnittswert von weniger als 1 000 000 EUR […] oder eine jährliche öffentliche Personenverkehrsleistung von weniger als 300 000 km […] aufweisen". Auf die Trägerschaft der Unternehmen kommt es insoweit nicht an. Für Eisenbahnverkehrsleistungen sind deutlich höhere Schwellen vorgesehen. Im Falle der Beauftragung von „kleine(n) oder mittlere(n) Unternehmen, die nicht mehr als 23 Straßenfahrzeuge betreiben, […] können diese Schwellen entweder auf einen geschätzten Jahresdurchschnittswert von weniger als 2 000 000 EUR oder eine jährliche öffentliche Personenverkehrsleistung von weniger als 600 000 km erhöht werden." Weitere Voraussetzung ist, dass das nationale Recht einer solchen Direktvergabe nicht entgegensteht. Dies ist im Anwendungsbereich der Vorschrift nicht der Fall und auch nicht im PBefG vorgesehen.

36

Als Reaktion auf akute Problemfälle ermöglicht Art. 5 Abs. 5 VO (EG) 1370/2007 eine Direktvergabe an beliebige Verkehrsunternehmen.[90] Danach kann die zuständige Behörde „im Fall einer **Unterbrechung des Verkehrsdienstes** oder bei unmittelbarer Gefahr des Eintretens

37

---

84 Die Kommission (Mitteilung der Kommission über die Auslegungsleitlinien zu der Verordnung (EG) Nr. 1370/2007 über öffentliche Personenverkehrsdienste auf Schiene und Straße, ABl. EU 2014 C 92/1, S. 9) hält eine 66 % unterschreitende Eigenleistungsquote für besonders rechtfertigungsbedürftig.
85 *Hölzl*, in: Montag/Säcker, Wettbewerbsrecht, Verordnung (EG) Nr. 1370/2007 Art. 5 Rn. 56; *Heiß*, VerwArch 100 (2009), 113 (122 Anm. 48).
86 OLG München, Beschluss v. 22.6.2011 – Verg 6/11.
87 Siehe auch Kommission der Europäischen Gemeinschaften, Mitteilung der Kommission an das Europäische Parlament, den Rat, den Europäischen Wirtschafts- und Sozialausschuss und den Ausschuss der Regionen, Mobilisierung privater und öffentlicher Investitionen zur Förderung der Konjunktur und eines langfristigen Strukturwandels: Ausbau öffentlich-privater Partnerschaften, KOM(2009) 615 endg.
88 Siehe bereits *Forsthoff*, Verwaltung, S. 7, 36 f.
89 *Griem/Mosters*, in: Pünder/Prieß, Brennpunkte, 1 (10); ausführlich zum Ganzen *Fandrey*, Direktvergabe, S. 241 ff.; *Saxinger*, in: von Wietersheim, Vergaben im ÖPNV, 93 (95 ff.).
90 Ausführlich *Fandrey*, Direktvergabe, S. 265 ff.

einer solchen Situation[91] eine Notmaßnahme ergreifen. Diese Notmaßnahme besteht in der Direktvergabe oder einer förmlichen Vereinbarung über die Ausweitung eines öffentlichen Dienstleistungsauftrags oder einer Auflage, bestimmte gemeinwirtschaftliche Verpflichtungen zu übernehmen." Nach Ablauf der maximal zweijährigen Laufzeit muss jedoch eine Neuvergabe erfolgen und damit regelmäßig ein wettbewerbliches Vergabeverfahren durchgeführt werden.[92]

38 Schließlich gestattet Art. 5 Abs. 6 VO (EG) 1370/2007 bis zum 25. Dezember 2023 eine Direktvergabe von öffentlichen Dienstleistungsaufträgen, deren Gegenstand **Eisenbahnverkehrsleistungen** sind, ohne dass weitere Einschränkungen bestünden.[93] Allerdings gilt dies wiederum nur vorbehaltlich entgegenstehender Vorgaben des mitgliedstaatlichen Rechts. Zudem führt die VO (EG) 2016/2338 ab 3. Dezember 2019 zu einer Verschärfung der Anforderungen, die auf eine sukzessive Zurückdrängung der Direktvergabemöglichkeiten im Eisenbahnverkehr abzielen.[94] Anders als das europäische Recht, wenn auch nicht im Widerspruch dazu, unterstellt § 131 GWB Dienstleistungsaufträge i.S.v. § 103 Abs. 4 GWB im Eisenbahnverkehr einschließlich des SPNV dem Anwendungsbereich des Vergaberechts. Für eine Anwendung des Art. 5 Abs. 6 VO (EG) 1370/2007 im Hinblick auf Eisenbahnverkehrsleistungen verbleibt daher nur Raum, wenn es sich dabei um Dienstleistungskonzessionen handelt.[95]

39 Im Hinblick auf die zulässigen **Laufzeiten** ist zu beachten, dass bestimmte direkt vergebene öffentliche Dienstleistungsaufträge über Notmaßnahmen und Eisenbahnverkehre nach Art. 5 Abs. 5 und 6 VO (EG) 1370/2007 die Regelmaximallaufzeiten des Art. 4 Abs. 3 VO (EG) 1370/2007 von 10 Jahren bei Bus- und 15 Jahren bei schienengebundenen Verkehren nicht ausschöpfen dürfen.

2. Durchführung

40 Für die Durchführung der Direktvergabe bestehen nur wenige **Vorgaben**. Nach Art. 7 Abs. 2 VO (EG) 1370/2007 ist die Absicht einer Direktvergabe grundsätzlich spätestens ein Jahr vor deren Durchführung im Amtsblatt der EU unverbindlich[96] zu Informationszwecken[97] zu veröffentlichen. Sind Eisenbahnverkehrsleistungen Gegenstand der Direktvergabe, hat zudem innerhalb eines weiteren Jahres eine Veröffentlichung über deren Durchführung zu erfolgen (Art. 7 Abs. 3 VO (EG) 1370/2007). Im Übrigen verpflichtet Art. 7 Abs. 4 VO (EG) 1370/2007 „(d)ie zuständige Behörde [...] jeder interessierten Partei auf entsprechenden Antrag ihre Gründe für die Entscheidung über die Direktvergabe eines öffentlichen Dienstleistungsauftrags" zu übermitteln. Dabei handelt es sich im Wesentlichen um ein „rein formelle(s) Erfordernis"[98], das gleichwohl eine gewisse Ex-post-Transparenz bewirkt.

41 Anknüpfend an diese europarechtlichen Vorgaben sieht § 8a Abs. 5 PBefG vor, dass die zuständige Behörde „interessierte Unternehmer auf Antrag über die Gründe für die beabsichtigte Entscheidung [für die Direktvergabe] zu informieren [hat]. Der Antrag ist innerhalb einer Frist von sechs Monaten nach der Vorabbekanntmachung zu stellen." Eine entsprechende Geltung der §§ 134 f. GWB ist nicht angeordnet. Dies erscheint vor dem Hintergrund des aus dem europäischen Primärrecht wie auch aus Art. 5 Abs. 7 VO (EG) 1370/2007 folgenden, ver-

---

[91] Nach OLG Frankfurt, Beschluss v. 30.1.2014 – 11 Verg 15/13, kann die Dringlichkeit einer Direkt-Interimsvergabe im ÖPNV auch dann gegeben sein, wenn sie auf vom Auftraggeber zu vertretenen Umständen beruht, dann aber nur bis zu einer endgültigen Interimsvergabe in einem wettbewerblichen Verfahren.
[92] Dagegen hält *Nettesheim*, NVwZ 2009, 1449 (1452), ungeachtet des damit verbundenen Umgehungspotenzials zeitlich aufeinander folgende Not-Direktvergaben für nicht ausgeschlossen.
[93] Ausführlich dazu *Prieß*, in: Pünder/Prieß, Brennpunkte, 67 (71 ff.); *Zuck*, in: von Wietersheim, Vergaben im ÖPNV, 113 ff.; *Otting/Scheps*, NVwZ 2008, 499 (500 ff.).
[94] Näher *Linke*, NZBau 2017, 331 (335 ff.); *Knauff*, N&R 2018, 26 ff.; *Saxinger*, GewArch 2017, 463 ff.
[95] Zu den verbleibenden Fallgruppen siehe auch *Polster*, NZBau 2011, 209 (211 ff.).
[96] *Schröder*, NVwZ 2008, 1288 (1292).
[97] Erwägungsgrund 29 VO (EG) 1370/2007; *Griem/Mosters*, in: Pünder/Prieß, Brennpunkte, 1 (23 f.); näher *Pünder*, EuR 2010, 774 (777 ff.).
[98] *Fehling/Niehnus*, DÖV 2008, 662 (665). Nach *Otting/Olgemöller*, DÖV 2009, 364 (361), sind die Anforderungen an die Begründung sehr niedrig.

fahrensunabhängigen[99] Gebots wirksamen Rechtsschutzes nicht unproblematisch, da dieser nur in Form von Primärrechtsschutz gewährleistet werden kann.[100] Die VO (EG) 1370/2007 enthält jedoch keine Vorgaben, denen sich die Pflicht zu einer **Vorabinformation** (auch) bei Direktvergaben explizit entnehmen ließe. Allein der 21. Erwägungsgrund verweist auf die Notwendigkeit eines den Anforderungen der Vergaberechtsmittelrichtlinien vergleichbaren Rechtsschutzes, wozu auch die Vorabinformation zählt.[101] Dies wird jedoch normativ nicht näher ausgestaltet. In der Literatur wird daher vertreten, dass es einer Vorabinformation bei der Direktvergabe nicht bedürfe, da die Durchführung einer solchen ohnehin im Belieben der Vergabestelle stehe, so dass kein Wettbewerb gegeben sei, in den durch die Vergabeentscheidung eingegriffen werde.[102] Dies trifft zu, soweit die Voraussetzungen ihrer Anwendbarkeit gegeben sind.[103] Gerade dies kann jedoch von interessierten anderen Leistungsanbietern in Frage gestellt werden. Insoweit ist auf Grundlage von Art. 5 Abs. 7 VO (EG) 1370/2007 zugleich (Primär-)Rechtsschutz zu gewährleisten. Aus europarechtlicher Perspektive ist nicht ausgeschlossen, dass dies auch noch nach erfolgter Direktvergabe erfolgen kann. Das nationale Recht steht dem jedoch entgegen. Aufgrund der Verweisung des § 8a Abs. 7 S. 1 PBefG auf den zweiten und dritten Abschnitt des vierten Teils des GWB findet auch § 168 Abs. 2 S. 1 GWB Anwendung, so dass der erfolgte Zuschlag, mithin die Vergabe des öffentlichen Dienstleistungsauftrags, nicht mehr aufgehoben werden kann. Der europarechtlich gebotene Primärrechtsschutz lässt sich daher auf Grundlage des PBefG nach Abschluss der Direktvergabe nicht mehr erreichen. Um dem europarechtlichen Rechtsschutzgebot bei gleichzeitiger Wahrung der Systematik des deutschen Rechts Genüge zu tun, muss Rechtsschutz daher vor der Vergabe des direkt zu vergebenden öffentlichen Dienstleistungsauftrags gegeben sein (können). Ohne Kenntnis von der bevorstehenden Vergabe ist dies jedoch ausgeschlossen. Ungeachtet des fehlenden Verweises auf §§ 134 f. GWB bedarf es daher auch im Falle einer beabsichtigten Direktvergabe einer Vorabinformation derjenigen Unternehmen, die zum betreffenden Zeitpunkt ein erkennbares (wenn auch für die Entscheidung der Behörde bei rechtmäßiger Direktvergabe irrelevantes[104]) Interesse an einer Beauftragung gezeigt haben, welche die Adressaten in die Lage versetzt zu entscheiden, ob sie Rechtsschutz im Hinblick auf das Vorliegen der Voraussetzungen für eine Direktvergabe ergreifen wollen. Da in Anbetracht der bewussten Entscheidung des Gesetzgebers eine analoge Anwendung von §§ 134 f. GWB nicht in Betracht kommt,[105] fehlt es allerdings sowohl an eindeutigen Fristvorgaben wie auch an Klarheit hinsichtlich der Verstoßfolgen. Eine Orientierung an § 134 GWB bezüglich der Vorabinformation empfiehlt sich daher in der Praxis gleichwohl, da es sich dabei unzweifelhaft um eine auch den primärrechtlichen Anforderungen entsprechende Regelung handelt. Liegen die Voraussetzungen für eine Direktvergabe allerdings vor, handelt es sich bei der Vorabinformation letztlich nur um eine bloß formelle Verfahrensanforderung, welche die verfahrensbezogenen Gestaltungsfreiräume der Vergabestelle nur marginal einschränkt.

Ausgleichsleistungen können im Falle einer Direktvergabe nicht frei verhandelt werden, sondern sind zur Vermeidung von Überkompensationen[106] und der daraus folgenden Qualifikation als Beihilfe in Anlehnung an die Altmark-Trans-Rechtsprechung des EuGH[107] gemäß

42

---

99 Die Geltung auch für die Direktvergabe betont *Prieß*, in: Kaufmann/Lübbig/Prieß/Pünder, VO (EG) Nr. 1370/2007, Art. 5 Rn. 272.
100 *Prieß*, in: Kaufmann/Lübbig/Prieß/Pünder, VO (EG) Nr. 1370/2007, Art. 5 Rn. 296; *Hölzl*, in: Montag/Säcker, Wettbewerbsrecht, Art. 5 VO 1370/2007 Rn. 118; vgl. auch EuGH, Urteil v. 28.10.1999 – Rs. C-81/98 (Alcatel), Rn. 34 f.; EuGH, Urteil v. 3.4.2008 – Rs. C-444/06 (Kommission/Spanien), Rn. 36 ff.
101 Näher *Knauff*, in: Müller-Wrede, Kompendium des Vergaberechts, Kap. 22 Rn. 30 ff.
102 *Prieß*, in: Kaufmann/Lübbig/Prieß/Pünder, VO (EG) Nr. 1370/2007, Art. 5 Rn. 300; bezogen auf die Stillhaltepflicht *Hölzl*, in: Montag/Säcker, Wettbewerbsrecht, Art. 5 VO 1370/2007 Rn. 121; a.A. *Fandrey*, Direktvergabe, S. 311 f.
103 Zur Nachvollziehbarkeit der Dokumentation in diesem Zusammenhang OLG Frankfurt, Beschluss v. 10.11.2015 – 11 Verg 8/15.
104 *Prieß*, in: Pünder/Prieß, Brennpunkte, 67 (77).
105 Dafür aber *Hübner*, in: Willenbruch/Wieddekind, Vergaberecht, Art. 5 VO 1370 Rn. 119; mit Bedenken *Fehling*, in: Heinze/Fehling/Fiedler, PBefG, § 8a Rn. 96.
106 Ein korrespondierendes Verbot von Unterkompensationen besteht nicht, VG Münster, U.v. 25.9.2014 – 10 K 2545/11.
107 EuGH, Urteil v. 24.7.2003 – Rs. C-280/00.

Anhang VO (EG) 1370/2007 zu berechnen.[108] Ersatzfähig ist danach allein der finanzielle Nettoeffekt der Auswirkungen der gemeinwirtschaftlichen Verpflichtungen im Vergleich zu einer (fiktiven) Situation ohne deren Existenz. Dabei sind alle positiven oder negativen Auswirkungen der Erfüllung gemeinwirtschaftlicher Verpflichtungen auf die Kosten und Einnahmen des Betreibers eines öffentlichen Dienstes einzubeziehen. Auch ein angemessener Gewinn im Sinne eines branchenüblichen, um eine situationsspezifische Risikokomponente ergänzten Gewinns kann eingerechnet werden.[109] Eine in finanzieller Hinsicht besonders „wohlwollende" Behandlung des leistungserbringenden Unternehmens seitens der Vergabestelle ist jedoch ausgeschlossen.

---

108 Dazu im Einzelnen Kommission, Mitteilung über die Auslegungsleitlinien zu der Verordnung (EG) Nr. 1370/2007 über öffentliche Personenverkehrsdienste auf Schiene und Straße, ABl. 2014 C 92/1, 14 ff.; *Berschin*, in: Baumeister, Recht des ÖPNV II, A1 Rn. 82 ff.; *Zuck*, in: Ziekow/Völlink, Vergaberecht, Anh. VO 1370.
109 Als Problem erweist sich insoweit allerdings die Ermittlung des faktisch nahezu inexistenten Zustands ohne gemeinwirtschaftliche Verpflichtungen als Vergleichsmaßstab, *Berschin*, in: Baumeister, Recht des ÖPNV II, A1 Rn. 84.

Sonderregelungen

VOB/A – Baukonzessionen unterhalb der Schwellenwerte

VOB/A – Baukonzessionen unterhalb der Schwellenwerte

§ 23 VOB/A
Baukonzessionen

(1) Eine Baukonzession ist ein Vertrag über die Durchführung eines Bauauftrages, bei dem die Gegenleistung für die Bauarbeiten statt in einem Entgelt in dem befristeten Recht auf Nutzung der baulichen Anlage, gegebenenfalls zuzüglich der Zahlung eines Preises besteht.
(2) Für die Vergabe von Baukonzessionen sind die §§ 1 bis 22 sinngemäß anzuwenden.

Übersicht

	Rn.
A. Allgemeines	1
B. Inhalt der Baukonzession	3
I. Vergleich der Definitionen in VOB/A und RL 2014/23/EU	6
1. Gemeinsamkeiten	6
2. Unterschied: Übergang des Betriebsrisikos?	7
II. Recht zur Nutzung und Beschaffungsvorgang	14
III. Vertrag	19
IV. Abgrenzung zum Bauauftrag	23
V. Abgrenzung zur Dienstleistungskonzession	30
VI. Abgrenzung zu weiteren Vertragsarten	34
1. Pachtverträge und Nutzung öffentlicher Bereiche oder Ressourcen	35
2. Netzbereitstellungen	38
3. Bau von Windenergieanlagen	41
4. Erbbaurechte	42
C. Bereichsausnahmen unterhalb der Schwellenwerte?	43
D. Baukonzessionsgeber	45
E. Verfahrensregeln	46
I. Vergütung	49
II. Leistungsbeschreibung	50
III. Vergabeart	52
IV. Unterkonzessionsvergabe	56
V. Grundsätze der Vergabe	59
1. Transparenzgrundsatz	61
2. Gleichbehandlungsgebot	68
3. Wettbewerbsgrundsatz	73
VI. Anwendung der VOB/B	77
VII. Inhaltliche Vorgaben zum Baukonzessionsvertrag	79
VIII. Laufzeit	80
F. Rechtsschutz	83
I. Primärrechtsschutz	84
1. Effektiver Rechtschutz	86
2. De-Facto-Vergaben	89
3. Vorabinformation	90
II. Sekundärrechtsschutz	92

A. Allgemeines

Baukonzessionen werden gemäß §§ 105 Abs. 1 Nr. 1, 148 ff. GWB i.V.m. KonzVgV oberhalb und gemäß § 23 VOB/A unterhalb der EU-Schwellenwerte in einem förmlichen Verfahren vergeben. § 23 VOB/A ist eine haushaltsrechtliche Regelung, deren Drittschutz für die beteiligten Unternehmen durch die Rechtsprechung ausgeformt wird.[1] Im Unterschwellenbereich fungieren die VOB/A zugleich als „einheitliche Richtlinien" i.S.d. §§ 55 Abs. 2 BHO bzw. der entsprechenden Regelungen in den Landeshausordnungen und den Landesvergabegesetzen.[2] Bei der Vergabe von Verträgen unterhalb der Schwellenwerte sind nach der BHO und den einschlägigen Verwaltungsvorschriften die VOB/A anzuwenden.[3] Die Vergabe von Baukonzessionen oberhalb der Schwellenwerte erfolgt nicht mehr nach den Bestimmungen des Abschnitt 2 VOB/A, sondern entsprechend der Verordnungsermächtigung gemäß § 113 GWB nur nach der KonzVgV. § 23 VOB/A ist also eine Sonderregelung, für die es in der UVgO kein Pendant gibt.

1

---

[1] Siehe unten Rn. 83 ff.
[2] Vgl. *Siegel*, in: Ziekow/Völlink, Vergaberecht, § 148 GWB Rn. 22.
[3] Vgl. VV zur BHO.

2 Die Vergabe von Baukonzessionen im **Unterschwellenbereich** unterliegt nicht dem förmlichen GWB-Kartellvergaberecht, da dieses gemäß § 106 Abs. 1 GWB nur für Vergaben oberhalb der Schwellwerte gilt. Die Unterschwellenbaukonzession wird von § 23 VOB/A geregelt, der gemäß § 23 Abs. 2 VOB/A auf die §§ 1 bis 22 VOB/A verweist. Obgleich es sich dabei um längst nicht so detaillierte und umfangreiche Regelungen handelt, wie bei den Regelungen des GWB und der KonzVgV zur Vergabe von Baukonzessionen, ist über § 23 VOB/A auch im Unterschwellenbereich eine rechtlich strukturierte Konzessionsvergabe unabdingbar. Die Konzessionsregelung in der VOB/A unterscheidet sich von den Bestimmungen der UVgO dadurch, dass diese Regelungsmaterien keine Bestimmungen zur Bau- oder Dienstleistungskonzession enthalten. Dies kann zu einer weiteren Zersplitterung des Vergaberechts führen, wenn nicht die gemeinsamen Prinzipien des Verteilungsvergabeverfahren beachten werden. Es bestehen im materiellen Recht bei anderen Konzessionsvergaben Unterschiede, so z.B. auch bei der Vorgabe zur sachgerechten Ausschreibung.

B. Inhalt der Baukonzession

3 Eine Baukonzession ist nach der **bisherigen Rechtsprechung** ein Vertrag über die Durchführung eines Bauauftrags, bei dem die Gegenleistung für die Bauarbeiten statt in einem Entgelt in dem befristeten Recht auf Nutzung der baulichen Anlage, gegebenenfalls zuzüglich der Zahlung eines Preises besteht. Besteht das Entgelt ausschließlich in dem Recht, die bauliche Anlage zu nutzen, und ist der Konzessionär frei in der Gestaltung des Nutzungsrechts, kann möglicherweise eine Anlehnung an die Grundsätze des § 2 Nr. 5 VOB/B ausgeschlossen sein, wenn durch die Einräumung des Nutzungsrechts das wirtschaftliche Risiko vollständig auf den Konzessionär verlagert wird.[4] Diese Rechtsprechung wird sich durch die Novellierung der VOB/A nicht ändern müssen. Für eine rechtliche Analyse einer Baukonzession kann auch auf die Rechtsprechung zu den Dienstleistungskonzessionen zurückgegriffen werden, weil die Grundsätze der Konzessionsvergabe (Wettbewerb, Transparenz und Gleichbehandlung) identisch sind.

4 Der Begriff der **Baukonzession** wird neben § 23 Abs. 1 VOB/A europarechtlich oberhalb der Schwellenwerte in Art. 5 Nr. 1 lit. a RL 2014/23/EU und bundesrechtlich in § 105 Abs. 1 Nr. 1 und Abs. 2 GWB definiert.[5] Im Zuge der Novellierung des Kartellvergaberechts hat sich der deutsche Normgeber für eine Quasi-Gleichbehandlung aller Konzessionen entschieden. Soweit Baukonzessionen Besonderheiten aufweisen, wird diesen oberhalb der Schwellenwerte nunmehr auf Ebene der KonzVgV Rechnung getragen.[6] Unterhalb der Schwellenwerte ist die Baukonzession eines Variante einer Vielzahl von unterschiedlichen Konzessionen, deren Besonderheit in dem Bauwesen zu suchen ist.

5 Die Definition des Begriffs der „Baukonzession" existiert mit dem Erlass der Konzessionsvergaberichtlinie 2014/23/EU und der Novellierung des Teil 4 GWB nunmehr nicht nur in § 23 VOB/A. Maßgeblich wird der Begriff **oberhalb der Schwellenwerte** in der RL 2014/23/EU definiert. Obwohl die Baukonzession in § 23 VOB/A unterhalb der Schwellenwerte zuerst definiert wurde und damit zunächst kein unmittelbarer systematischer Zusammenhang mit den Regelungen der RL 2014/23/EU und dem GWB besteht (die nur oberhalb der Schwellenwerte gelten), handelt es sich nichtsdestoweniger um die Beschreibung desselben vergaberechtlichen Phänomens oberhalb und unterhalb der Schwellenwerte. Der gesetzgeberische Zweck des § 23 VOB/A ist nicht die Statuierung eines eigenständigen baukonzessionsrechtlichen Begriffs, sondern die Übersetzung der Regelungen des Oberschwellenbereichs in den Unter-

---

[4] BGH, Urteil v. 18.12.2014 – VII ZR 60/14.
[5] Gesetzesbegründung zu § 105 GWB, VergRModG 2016, BT-Drs. 18/6281, 76, mit Hinweis auf, z.B. für den Übergang des Betriebsrisikos bei Dienstleistungskonzessionen: EuGH, Urteil v. 13.10.2005 – Rs. C-458/03, (Parking Brixen), Rn. 40.
[6] Gesetzesbegründung zu § 105 GWB, VergRModG 2016, BT-Drs. 18/6281, 76, mit Hinweis auf, z.B. für den Übergang des Betriebsrisikos bei Dienstleistungskonzessionen: EuGH, Urteil v. 13.10.2005 – Rs. C-458/03, (Parking Brixen), Rn. 40.

schwellenbereich. Insgesamt wird daher auf die Begriffsdefinitionen des § 105 Abs. 1 Nr. 1 GWB zurückgegriffen werden können.

I. Vergleich der Definitionen in VOB/A und RL 2014/23/EU

1. Gemeinsamkeiten

Beide Definitionen weisen zunächst sinngemäße Deckungsgleichheit in Hinblick auf den zentralen Gegenstand der Baukonzession auf: Sowohl nach der Regelung des § 23 Abs. 1 VOB/A als auch nach Art. 5 Nr. 1 lit. a RL 2014/23/EU handelt es sich um die Erbringung eines Bauauftrages bzw. von Bauleistungen durch einen wirtschaftlichen Akteur, der im Gegenzug das Recht auf Nutzung der baulichen Anlage erhält, ggf. zuzüglich der Zahlung eines Preises. Das Entgelt ist nicht eine feste Vergütung durch die öffentliche Hand, sondern das Recht des Konzessionsnehmers auf Nutzung des Bauwerkes. Des Weiteren stimmen beide Definitionen auch darin überein, dass die Baukonzession mittels eines Vertrages vergeben wird. Hierbei enthält Art. 5 Nr. 1 lit. a RL 2014/23/EU den Zusatz, dass der Vertrag entgeltlich ist und schriftlich geschlossen werden muss.

2. Unterschied: Übergang des Betriebsrisikos?

Es besteht abgesehen hiervon aber auch ein entscheidender Unterschied. Dieser liegt im Tatbestandsmerkmal des „Übergangs des Betriebsrisikos". Oberhalb der Schwellenwerte ist in § 105 Abs. 2 S. 1 GWB dieses Tatbestandsmerkmal enthalten, in § 23 VOB/A jedoch nicht. Trotz dieser textlichen Unterschiede ist von einer identischen Interpretation auszugehen, da ansonsten der Baukonzessionsbegriff unterhalb der Schwellenwerte konturenlos wäre.

Art. 5 Nr. 1 **RL 2014/23/EU** ordnet oberhalb der Schwellenwerte hierzu an, dass mit der Vergabe der Baukonzession das Betriebsrisiko für die Nutzung des entsprechenden Bauwerks auf den Konzessionsnehmer übergeht, „wobei es sich um ein Nachfrage- und/oder ein Angebotsrisiko handeln kann". Weiter führt die Vorschrift aus, dass dieses Betriebsrisiko beinhaltet, dass der Konzessionsnehmer den „Unwägbarkeiten des Marktes tatsächlich ausgesetzt [ist], so dass potenzielle geschätzte Verluste des Konzessionsnehmers nicht rein nominell oder vernachlässigbar sind". Der deutsche Gesetzgeber hat das Merkmal des Betriebsrisikos in § 105 Abs. 2 GWB oberhalb der Schwellenwerte ebenso definiert und dessen Übergang auf den Konzessionsnehmer angeordnet. Es handelt sich mithin beim Übergang des Betriebsrisikos um ein konstitutives Merkmal des vergaberechtlichen Konzessionsbegriffs. Zu Einzelfragen des Übergangs des Betriebsrisikos hat der Unionsgesetzgeber in den Erwägungsgründen 17 bis 20 RL 2014/23/EU Stellung genommen.[7] Der Übergang des Betriebsrisikos ist danach das wesentliche Kriterium für die Entscheidung über die Einordnung des jeweiligen Vertrags als (Bau-)Konzessionsvertrag. Die Definition dessen, was unter der Übertragung des Betriebsrisikos zu verstehen ist, gehört zu den zentralen Anliegen der EU-Reform. Dies wird auch durch die Erörterung in den Erwägungsgründen 18 bis 20 und 52 RL 2014/23/EU deutlich. Die Detailtiefe der Diskussion zeigt auf, dass es um die Klärung tatsächlicher Einzelfragen geht. Ob mit der jetzigen Regelung abschließend geklärt ist, wann eine Risikoübertragung stattgefunden haben wird, wird zumindest angezweifelt.[8]

Im Gegensatz hierzu schweigt sich die Definition des § 23 Abs. 1 **VOB/A** zu einem solchen Merkmal der Baukonzession aus. Nach dieser Norm erhält der Konzessionsnehmer das Recht zur Nutzung der baulichen Anlage – das Betriebsrisiko für die Nutzung der Anlage findet aber jedenfalls nach dem konkreten Wortlaut der Norm keine Erwähnung. Richtigerweise ist aber dieses Merkmal in die Norm hinzulesen, da ansonsten der Begriff der Baukonzession ins unkenntliche verwässert würde. Warum bei der letzten Überarbeitung der VOB/A der Abgrenzungspunkt „Betriebsrisiko" nicht aufgenommen wurde, ist nicht erkennbar. Es dürfte also

---
7 Gesetzesbegründung zu § 105 Abs. 2 GWB, VergRModG 2016, BT-Drs. 18/6281, 76.
8 Vgl. z.B. *Hövelberndt*, NZBau 2010, 599; *Teufel*, KommJur 2012, 87.

von einem redaktionellen Versehen auszugehen sein, welcher bei der nächsten Novellierung zu beseitigen wäre.

10 Dieser Unterschied zwischen dem europarechtlichen und dem unterschwelligen Baukonzessionsbegriff ist auffällig. Nach Auffassung des europäischen Gesetzgebers schließt die Übertragung des Nutzungsrechts auf den Konzessionsnehmer stets zwingend den damit einhergehenden Übergang des Betriebsrisikos mit ein.[9] Die Anwendung der besonderen Bestimmungen auf Konzessionen wäre nicht gerechtfertigt, wenn der Konzessionsgeber den Konzessionsnehmer von jedem möglichen Verlust freistellen würde, indem ihm Einnahmen mindestens in Höhe der bei der Durchführung des Vertrags entstehenden Investitionsaufwendungen und Kosten garantiert würden.[10] Eine solche Konstellation würde sich im Endergebnis in keiner Weise von einem **Bauauftrag** unterscheiden, in dessen Rahmen der Unternehmer eine für ihn risikolose Vergütung durch den Auftraggeber erhält. Das Merkmal des Betriebsrisikos ermöglicht es überhaupt erst, den Bauauftrag von der Baukonzession abzugrenzen. Damit ist aber dieses Merkmal unerlässlich für das Vorliegen einer Baukonzession.

11 Diesem Ergebnis entspricht auch der **Grundgedanke** der Baukonzession: Im Gegensatz zur direkten Beauftragung durch die öffentliche Hand zeichnet sich die Vergabe einer Baukonzession durch die Eigenständigkeit der Aufgabenerbringung durch den Baukonzessionär aus. Diese Eigenständigkeit muss sich damit aber in den Merkmalen der Baukonzession niederschlagen. Durch das Recht zur Nutzung des Baukonzessionsgegenstandes erhält der Baukonzessionsnehmer die Chance, das errichtete Bauwerk gemäß dem eigenen unternehmerischen Geschick wirtschaftlich zu verwerten. Je nach Umständen des Einzelfalles können ihm hierbei Verluste, aber auch hohe Gewinne entstehen. Der Baukonzessionsnehmer genießt gegenüber dem Auftragnehmer damit den Vorteil, dass er bei guter unternehmerischer Führung ein Vielfaches dessen erwirtschaften kann, was der Auftragnehmer als feste Vergütung erhält.

12 In dieser Konsequenz ist das Tatbestandsmerkmal des „Übergangs des Betriebsrisikos" ein konstitutives und folglich **unerlässliches Merkmal** der Konzession als vergaberechtliches Phänomen. Dieser Tatsache kann sich auch die Regelung des § 23 Abs. 1 VOB/A nicht entziehen, auch wenn damit ein zusätzliches Tatbestandsmerkmal in die Norm hineingelesen wird. Infolgedessen wurde das Merkmal des Betriebsrisikos auch bereits früher in die Definition des § 23 Abs. 1 VOB/A – als ungeschriebenes Tatbestandsmerkmal – hineininterpretiert. Es wurde unter Bezugnahme auf den Übergang des „Nutzungsrechts" nicht vom Betriebsrisiko gesprochen, sondern vom **„Nutzungsrisiko"**.[11] Darunter wurden wirtschaftliche Risiken verstanden, die mit der Nutzung des Bauwerkes einhergingen – wie beispielsweise Risiken der Auslastung und der Amortisation.[12] Das Nutzungsrisiko sollte im Allgemeinen den Verbleib von Finanzierungs-, Betriebs- und wirtschaftlichen Risiken beim Konzessionsnehmer beinhalten.[13] Das Verbleiben dieser Risiken beim Konzessionär sollte hierbei für die Konzession wesenstypisch und begriffsbestimmend sein.[14] Damit handelt es sich aber im Ergebnis um denselben Umstand, wie beim Betriebsrisiko: das „Ausgesetzt"-Sein des Baukonzessionärs gegenüber wirtschaftlichen Risiken, die sich aus der Verwaltung und dem Betrieb des Bauwerkes ergeben. Obgleich also die Definition des § 23 Abs. 1 VOB/A keinen direkten Bezug nimmt auf das nunmehr in § 105 Abs. 2 GWB ausführlich definierte Betriebsrisiko, ist dieses für die Konzession wesenstypische Risiko bereits im Aspekt des Nutzungsrechts des Baukonzessionärs als untrennbarer Bestandteil enthalten.[15]

---

9 Erwägungsgrund 18 RL 2014/23/EU.
10 Erwägungsgrund 18 RL 2014/23/EU.
11 Siehe nur *Reidt/Stickler*, in: Dreher/Motzke, Vergaberecht, 2. Aufl., § 22 VOB/A Rn. 51 ff.; *Ganske*, in: Kapellmann/Messerschmidt, VOB, 5. Aufl., § 22 VOB/A Rn. 34; *Wegener*, in: Pünder/Schellenberg, Vergaberecht, § 22 VOB/A Rn. 4; *Herrmann*, in: Ziekow/Völlink, Vergaberecht, § 23 VOB/A Rn. 22 f.
12 *Herrmann*, in: Ziekow/Völlink, Vergaberecht, § 23 VOB/A Rn. 22, 23.
13 *Dicks*, in: Kulartz/Marx/Portz/Prieß, VOB/A, § 22 Rn. 2.
14 OLG Bremen, Beschluss v. 13.3.2008 – Verg 51/07; OLG Schleswig, Urteil v. 6.7.1999 – 6 U Kart 22/99; *Dicks*, in: Kulartz/Marx/Portz/Prieß, VOB/A, § 22 Rn. 2.
15 Vgl. *Wollenschläger*, in: Burgi/Dreher, Vergaberecht, § 97 GWB Rn. 47, 64 m.w.N.

Alles in allem handelt es sich bei der Definition des § 23 Abs. 1 VOB/A somit bloß um das Überbleibsel der früheren Definition der Baukonzession. Die Nichtanpassung des § 23 Abs. 1 VOB/A an die nunmehr präzisere Definition des § 105 Abs. 2 GWB ist demzufolge ein **redaktionelles Versehen**. Der Übergang des Betriebsrisikos auf den Konzessionsnehmer als allgemeines wirtschaftliches Risiko ist auch für die Baukonzession i.S.v. § 23 Abs. 1 VOB/A ein konstitutives Tatbestandsmerkmal. Insgesamt wird daher – trotz der sprachlichen Unterschiede – auf ein einheitliches Verständnis der Normen verwiesen.[16]

13

II. Recht zur Nutzung und Beschaffungsvorgang

Einer Baukonzession liegt stets ein Beschaffungsvorgang des Baukonzessionsgebers und die Einräumung des Rechts zur Nutzung für den Baukonzessionsnehmer zugrunde. Eine Veräußerung eines Grundstücks durch einen öffentlichen Auftraggeber wird – entgegen der früheren „Ahlhorn"-Rechtsprechung des OLG Düsseldorf – diesen Anforderungen nicht gerecht.[17] Wenn ein Recht zur Nutzung oder Beschaffungsvorgang verneint wird, dann liegt eine Baukonzession materiell nicht vor.

14

Die **Übertragung des Nutzungsrechts** hat bei der Baukonzession funktionell den Charakter des Entgelts.[18] Der Konzessionär verwertet sein Nutzungsrecht am Bauwerk in der Regel durch die Erhebung von Entgelten als Gegenleistung für die funktionsgemäße Nutzung der baulichen Anlage durch private Dritte. Ein Beispiel hierfür ist die Erhebung einer Maut für die Nutzung von Straßen, Autobahnen oder Tunnelanlagen zur Finanzierung von Fernstraßen i.S.d. FStrPrivFinG.[19] Bei der Erhebung ist auf die Eigenheit der verwendeten Rechtsform zu achten: Öffentlich-rechtliche Gebühren dürfen nur dann erhoben werden, wenn entsprechende gesetzliche Ermächtigungsgrundlagen bestehen. Ansonsten kommen nur private Entgelte in Betracht, die zwischen Konzessionsgeber und Konzessionär zu vereinbaren sind.

15

Das Vorliegen einer Baukonzession setzt als ungeschriebene Tatbestandsvoraussetzung ferner voraus, dass die öffentliche Hand bei der Vergabe einen öffentlichen **Beschaffungsvorgang** vollzieht. Der Beschaffungsvorgang ist für den öffentlichen Einkauf wesensbestimmend. Dem Baukonzessionsgeber muss die Leistung unmittelbar zugutekommt. Nur kann die Baukonzession von einfachen Veräußerungsgeschäften sachgerecht abgegrenzt werden.[20] Nicht erforderlich ist, dass die Beschaffung dem Konzessionsgeber nicht „körperlich" zugutekommen muss.[21]

16

An einer Verschaffung des Nutzungsrechts fehlt es hingegen, wenn der Investor sein Eigentum nicht von der öffentlichen Hand, sondern von einem **privaten Dritten** ableitet.[22] In diesem Fall beruht die Nutzungsmöglichkeit (und damit auch die Möglichkeit der Refinanzierung) ausschließlich auf privatem Eigentum.[23] Auch muss sich die Nutzung der baulichen Anlage durch den Konzessionär im Rahmen des vorgesehenen öffentlichen Zwecks halten.[24]

17

Bei Baukonzessionen reicht es indes nicht aus, dass der Konzessionsgeber ein nur mittelbares wirtschaftliches Interesse oder mittelbare wirtschaftliche Vorteile erlangt.[25] Statt dessen muss die Erbringung von Bauleistungen im unmittelbaren **wirtschaftlichen Interesse** des Konzessionsgebers liegen, um einen Beschaffungsvorgang bejahen zu können.[26] Bei Dienstleistungs-

18

---

16 Vgl. *Wieddekind*, in: Willenbruch/Wieddekind, Vergaberecht, § 23 VOB/A Rn. 1.
17 Vgl. *Ziekow*, in: Ziekow/Völlink, Vergaberecht, § 105 GWB Rn. 18, mit Hinweis auf OLG Düsseldorf, Beschluss v. 13.6.2007 – VII-Verg 2/07, NZBau 2007, 530 (532).
18 OLG Düsseldorf, Beschluss v. 2.10.2008 – Verg 25/08.
19 *Ganske*, in: Kapellmann/Messerschmidt, VOB, § 23 VOB/A Rn. 32.
20 OLG München, Beschluss v. 25.3.2011 – Verg 4/11; vgl. auch: *Ziekow*, in Ziekow/Völlink, Vergaberecht, § 103 GWB Rn. 93.
21 OLG München, Beschluss v. 25.3.2011 – Verg 4/11.
22 *Ganske*, in: Kapellmann/Messerschmidt, VOB, § 23 VOB/A Rn. 29.
23 *Ganske*, in: Kapellmann/Messerschmidt, VOB, § 23 VOB/A Rn. 29.
24 *Ganske*, in: Kapellmann/Messerschmidt, VOB, 5. Aufl., § 22 VOB/A Rn. 20.
25 Vgl. VK Baden-Württemberg, Beschluss v. 2.2.2015 – 1 VK 65/14.
26 EuGH, Urteil v. 25.3.2010 – Rs. C-451/08 (Helmut Müller), Rn. 50 ff.; VK Baden-Württemberg, Beschluss v. 2.2.2015 – 1 VK 65/14.

konzessionen besteht diese Einschränkung nicht, eine mittelbare Beschaffung reicht im Zusammenhang mit der Daseinsvorsorge aus.[27] Ein unmittelbares wirtschaftliches Interesse des Konzessionsgebers kann im Rahmen einer Baukonzession angenommen werden, wenn er

- Eigentum an dem Bauwerk erwirbt,
- über einen Rechtstitel verfügt, der ihm die Verfügbarkeit der Bauwerke, die Gegenstand der Konzession sind, im Hinblick auf ihre öffentlich-rechtliche Zweckbestimmung sicherstellt,
- wirtschaftliche Vorteile aus der Nutzung oder Veräußerung des Bauwerkes ziehen kann,
- sich finanziell an der Erstellung des Bauwerkes beteiligt oder
- Risiken für den Fall des wirtschaftlichen Fehlschlags des Bauwerks übernimmt.[28]

Nicht ausreichend ist es in Hinblick auf das Unmittelbarkeitserfordernis, wenn mit den Bauleistungen nur ein im allgemeinen Interesse liegendes öffentliches Ziel erfüllt werden soll.[29] Die bloße Ausübung von städtebaulichen Zuständigkeiten im Hinblick auf das allgemeine kommunale Interesse sei danach weder auf den Erhalt von vertraglichen Leistungen, noch auf die Befriedigung des unmittelbaren wirtschaftlichen Interesses des Konzessionsgebers gerichtet[30] und ist somit kein öffentlicher Beschaffungsvorgang.

III. Vertrag

19 Gemäß § 23 Abs. 1 VOB/A ist die Baukonzession in der Form des Vertrages zu vergeben. Auch gemäß der RL 2014/23/EU und dem Kartellvergaberecht gemäß § 105 Abs. 1 GWB sind Konzessionen zwingend in vertraglicher Form zu vergeben. Da Konzessionen ein Instrument der Öffentlich-Privaten-Partnerschaft (ÖPP) sind, ist es für diese wesensimmanent, dass sie im Rahmen einer zweiseitigen einvernehmlichen Regelung (Vertrag), und nicht einer einseitigen hoheitlichen Regelung (Verwaltungsakt) ausgehandelt und vergeben werden. Der Erlass eines Verwaltungsaktes schließt eine Baukonzession gemäß § 23 VOB/A aus.[31]

20 Eine **Widmung** von Stellplätzen ist keine Baukonzession.[32] Der Rechtstitel, der die öffentlich-rechtliche Zweckbestimmung – straßenrechtlicher Gemeingebrauch – von Stellplätze sicherstellt, ist die Widmung. Diesen Rechtstitel „erwirbt" ein Konzessionsgeber nicht, sondern schafft ihn selbst – eben – durch die Widmung (Verwaltungsakt).[33] Zu beachten ist aber, dass eine besondere Sondernutzung öffentlichen Straßenraums ausgeschrieben werden muss. Gemäß § 5 Abs. 2 S. 1 CsgG sind Flächen von der nach Landesrecht zuständigen Behörde im Wege eines diskriminierungsfreien und transparenten Auswahlverfahrens einem Carsharinganbieter nach Maßgabe des CsgG zum Zwecke der Nutzung für stationsbasierte Carsharingfahrzeuge für einen Zeitraum von längstens acht Jahren zur Verfügung zu stellen (Sondernutzungserlaubnis). Nach Ablauf der Geltungsdauer der Sondernutzungserlaubnis ist gemäß § 5 Abs. 2 S. 1 CsgG eine Verlängerung oder Neuerteilung nur nach Durchführung eines erneuten Auswahlverfahrens nach § 5 Abs. 2 S. 1 CsgG möglich. Diese Plätze sollen mittels eines Vergabeverfahrens vergeben werden und die Sondernutzung für fünf Jahre befristet sein. Der Bund hat in Abstimmung mit den Ländern soweit möglich die Regelungen für die Vergabe so gestaltet, dass die Länder diese Regelungen in gleicher Weise übernehmen und somit ein bundeseinheitliches Vergabeverfahren angeboten werden kann.[34]

21 Kein Bauvertrag liegt bei einer Vereinbarung vor, wenn es sich bei ihr tatsächlich um eine **einseitige Regelung** handelt, die eine Verpflichtung allein für den Baukonzessionsnehmer vor-

---

27 Vgl. § 1 KonzVgV Rn. 60.
28 OLG Schleswig, Beschluss v. 15.3.2013 – 1 Verg 4/12.
29 EuGH, Urteil v. 25.3.2010 – Rs. C-451/08 (Helmut Müller), Rn. 56.
30 EuGH, Urteil v. 25.3.2010 – Rs. C-451/08 (Helmut Müller), Rn. 58.
31 Siehe § 1 KonzVgV Rn. 54 ff.
32 Vgl. OLG Schleswig, Beschluss v. 15.3.2013 – 1 Verg 4/12.
33 Vgl. OLG Schleswig, Beschluss v. 15.3.2013 – 1 Verg 4/12.
34 Stellungnahme des Nationalen Normenkontrollrates gem. § 6 Absatz 1 NKRG, CsgG, BT-Drs. 18/11285, 42.

sieht und die deutlich von den normalen Bedingungen eines kommerziellen Angebotes abweicht.

Wesentliches Kriterium für das Vorliegen eines Baukonzessionsvertrages ist die Existenz eines gewissen Maßes an **Spielraum für den Baukonzessionsnehmer** bei der Ausgestaltung der Vertragsbedingungen. Wenn die erteilte Genehmigung zur Durchführung einer Leistung nicht das Ergebnis einer konsensualen Verhandlung über die Vertragsbedingungen ist, sondern die einseitige hoheitliche Regelung eines Lebenssachverhaltes durch die öffentlich-rechtliche Körperschaft, ist das materielle Verwaltungsrecht und nicht das materielle Vergaberecht anzuwenden.[35] Baukonzessionen i.w.S. dürften aufgrund ihrer Komplexität selten in der Form einer öffentlich-rechtlichen Gestattung erteilt werden. Wenn dies aber der Fall ist, dann liegt keine Baukonzession gemäß § 23 VOB/A vor.

IV. Abgrenzung zum Bauauftrag

Eine Abgrenzung zwischen einer Baukonzession und einem Bauauftrag ist notwendig, weil diesen unterschiedlichen Rechtsregimen unterliegen. Dieser Unterschied darf nicht durch Effektivitätsgedanken nivelliert werden.[36] Die Baukonzession unterscheidet sich im Wesentlichen nur in einem Element vom Bauauftrag: Bei der Baukonzession erhält der Konzessionär anstatt einer festen Vergütung das Recht zur Nutzung des Bauwerkes.[37] Mit diesem Nutzungsrecht untrennbar verknüpft ist der Übergang des Nutzungs- bzw. des Betriebsrisikos auf den Konzessionär.[38] Nur wenn dieses Risiko auf den Konzessionär übergeht, liegt auch tatbestandlich eine Baukonzession i.S.v. § 23 Abs. 1 VOB/A vor.

Das **Betriebsrisiko** schließt die Möglichkeit ein, dass die Investitionsaufwendungen und die Kosten für den Betrieb des Bauwerks unter normalen Betriebsbedingungen nicht wieder erwirtschaftet werden können, auch wenn ein Teil des Risikos bei den Konzessionsgebern verbleibt.[39] Konkret handelt es sich um die Risiken der Verwaltung, Auslastung und der Amortisation des Bauwerks.[40] Diese Risiken können sich in den Formen der Risiken der Konkurrenz durch andere Wirtschaftsteilnehmer, eines Ungleichgewichts zwischen Angebot und Nachfrage, der Zahlungsunfähigkeit der Nutzer, sowie einer nicht vollständigen Deckung der Betriebsausgaben zeigen.[41] Aus einem Betriebsrisiko ergeben sich Faktoren, die sich dem Einfluss der Vertragsparteien entziehen. Nicht ausschlaggebend für die Einstufung als Konzession sind solche Risiken, die im Zusammenhang mit Missmanagement, vertraglichen Ausfällen des Wirtschaftsteilnehmers oder Fällen höherer Gewalt stehen.[42] Solche Risiken wohnen jedem Vertrag inne und haben keinen spezifischen Bezug zur Erbringung der Bauleistung.

Rechtsgrundlage für § 23 VOB/A ist § 55 Abs. 2 BHO. § 55 Abs. 2 BHO (selbst eine Verordnung) spricht davon, dass beim Abschluss von Verträgen nach einheitlichen Richtlinien zu verfahren ist. § 55 Abs. 2 BHO wird als ausreichende Ermächtigungsgrundlage für die Vergabe- und Vertragsordnungen angesehen.[43] In **§ 105 Abs. 2 GWB** werden konkrete Regelungen in Bezug auf das Betriebsrisiko als „Nutzungsrisiko" i.S.v. § 23 Abs. 1 VOB/A getroffen. § 23 Abs. 1 VOB/A kann – schon aus systematischen Gründen – keinen Bezug auf die Regelungen des § 105 Abs. 2 GWB nehmen. Gemäß § 106 Abs. 1 GWB gilt das GWB für die Vergabe von

---

35 EuGH, Urteil v. 18.12.2007 – Rs. C-220/06 (Asociación Profesional de Empresas de Reparto y Manipulado de Correspondencia); OVG Magdeburg, Urteil v. 22.2.2012 – 3 L 259/10.
36 Vgl. *Ziekow*, in: Ziekow/Völlink, Vergaberecht, § 105 GWB Rn. 9.
37 BGH, Urteil v. 18.12.2014 – VII ZR 60/14; VG Aachen, Beschluss v. 7.6.2011 – 7 L 154/11; VK Baden-Württemberg, Beschluss v. 19.10.2012 – 1 VK 35/12.
38 OLG München, Beschluss v. 5.4.2012 – Verg 3/12; LG Berlin, Urteil v. 5.6.2014 – 9 O 186/14; *Reidt/Stickler*, in: Dreher/Motzke, Vergaberecht, 2. Aufl., § 22 VOB/A 51 ff.; *Wegener*, in: Pünder/Schellenberg, Vergaberecht, § 22 VOB/A Rn. 4; *Herrmann*, in: Ziekow/Völlink, Vergaberecht, § 23 VOB/A Rn. 2 f.
39 Erwägungsgrund 18 RL 2014/23/EU.
40 *Herrmann*, in: Ziekow/Völlink, Vergaberecht, § 23 VOB/A Rn. 22, 23.
41 Zwar in Bezug auf Dienstleistungskonzessionen, der Gedanke gilt jedoch genauso für Baukonzessionen: OLG Sachsen-Anhalt, Beschluss v. 15.4.2016 – 7 Verg 1/16.
42 Erwägungsgrund 20 RL 2014/23/EU.
43 *Engels/Eibelshäuser*, Haushaltsrecht, § 55 Abs. 2 BHO Nr. 4.

öffentlichen Aufträgen und Konzessionen sowie die Ausrichtung von Wettbewerben, deren geschätzter Auftrags- oder Vertragswert ohne Umsatzsteuer die jeweils festgelegten Schwellenwerte erreicht oder überschreitet, was bei Unterschwellenvergaben gerade nicht der Fall ist. Im Hinblick auf eine einheitliche Rechtsanwendung erscheint es aus systematischen Gründen jedoch sinnvoll, die Vorgaben des § 105 GWB interpretatorisch zur Auslegung des „Nutzungsrisikos" in § 23 Abs. 1 VOB/A ergänzend heranzuziehen. Unter dem Betriebsrisiko i.S.v. § 105 Abs. 2 GWB wird das Risiko verstanden, den Unwägbarkeiten des Marktes ausgesetzt zu sein, wobei es sich gemäß § 105 Abs. 2 S. 3 GWB um ein Nachfrage- oder ein Angebotsrisiko oder um beides zugleich handeln kann. Das Nachfragerisiko ist das Risiko der tatsächlichen Nachfrage nach den Bauleistungen, die Gegenstand des Vertrags sind. Das Angebotsrisiko ist das mit der Erbringung der Bauleistungen, die Gegenstand des Vertrags sind, verbundene Risiko, insbesondere das Risiko, dass die bereitgestellten Bauleistungen nicht der Nachfrage entsprechen. Zur Einschätzung des Betriebsrisikos ist daher der Nettogegenwartswert aller Investitionen, Kosten und Einkünfte des Konzessionsnehmers in kohärenter und einheitlicher Weise heranzuziehen.[44] Im Ergebnis fasst § 105 Abs. 2 GWB damit nur diejenigen Gesichtspunkte des Betriebsrisikos zusammen, die von der Rechtsprechung ohnehin schon aus dem Begriff des „Nutzungsrisikos" abgeleitet wurden.

26 Bei der Prüfung des Bestehens des Betriebsrisikos ist auf eine **Gesamtbetrachtung** aller Umstände des Einzelfalls einschließlich der für das Bauwerk maßgeblichen Marktbedingungen und der gesamten vertraglichen Vereinbarung anzustellen.[45] Ein Betriebsrisiko besteht nicht, wenn dem Konzessionär durch den Konzessionsgeber vertraglich Konkurrenzfreiheit zugesichert worden ist[46] oder weil Dritte, welche das Bauwerk nutzen und Vergütung dafür schulden, aufgrund besonderer Umstände nicht insolvent werden können und die Anzahl der Nutzungsvorgänge angemessen kalkulierbar ist.[47]

27 **Quantitativ** kommt es hinsichtlich der Beurteilung des Betriebsrisikos nicht auf die Höhe des übernommenen Risikos an, sondern insbesondere auf die quotale Verteilung zwischen Konzessionsgeber und Konzessionär. Es kommt darauf an, dass der Konzessionär zu einem maßgeblichen Teil dasjenige Risiko übernimmt, dem sich der Auftraggeber ausgesetzt sähe, wenn er die betreffende Tätigkeit selbst ausüben würde.[48] Bei der Prüfung ist allerdings zu beachten, dass der Baukonzessionsgeber nicht mehr Risiken übertragen kann, als er selbst trägt. So ist es unschädlich, wenn dem Baukonzessionär nur ein beschränktes Amortisationsrisiko übertragen wird, weil bereits das Risiko des Konzessionsgebers begrenzt war – beispielsweise aufgrund eines Anschluss- und Benutzungszwanges.[49]

28 Die **Übernahme von gewissen Investitionsrisiken** durch den Konzessionsnehmer kann jedoch beschränkt werden. § 23 Abs. 1 a.E. VOB/A macht deutlich, dass auch dann eine Baukonzession vorliegen kann, wenn der Konzessionsnehmer zur Finanzierung des Vorhabens nicht allein auf die aus den Nutzungserlösen zu erzielenden Einnahmen verwiesen wird.[50] Ferner ist auch die Zahlung eines ergänzenden „Preises" durch den Konzessionsgeber hinsichtlich der Einordnung des Vergabegegenstandes als Konzession unschädlich.[51] Zu beachten ist natürlich, dass die **Zuzahlung** nicht so hoch ausfallen darf, dass dadurch für den Konzessionsnehmer jegliches Amortisationsrisiko entfällt. Eine noch zulässige Höhe von Zuzahlungen sollen jedenfalls 20% der Baukosten sein, wenn der Konzessionsnehmer weiterhin einen bedeutenden Teil der Risiken, die mit der Nutzung verbunden sind, trägt.[52]

---

44 Erwägungsgrund 20 RL 2014/23/EU.
45 Zwar in Bezug auf Dienstleistungskonzessionen, der Gedanke gilt jedoch genauso für Baukonzessionen: OLG Sachsen-Anhalt, Beschluss v. 15.4.2016 – 7 Verg 1/16.
46 VK Baden-Württemberg, Beschluss v. 25.7.2012 – 1 VK 20/12.
47 EuGH, Urteil v. 11.6.2009 – Rs. C-300/07 (Oymanns), Rn. 74.
48 EuGH, Urteil v. 10.9.2009 – Rs. C-206/08 (Eurawasser), Rn. 70 ff.; *Kulartz*, in: Kulartz/Marx/Portz/Prieß, VOB/A, § 22 Rn. 2.
49 *Ziekow*, in: Ziekow/Völlink, Vergaberecht, § 99 GWB Rn. 196b.
50 *Wegener*, in: Pünder/Schellenberg, Vergaberecht, § 22 VOB/A, Rn. 6.
51 *Wegener*, in: Pünder/Schellenberg, Vergaberecht, § 22 VOB/A, Rn. 6.
52 OLG Schleswig, Urteil v. 6.7.1999 – 6 U Kart 22/99.

Erforderlich ist nach alledem nicht die Tragung eines hohen Risikos, sondern des **wesentlichen tätigkeitsspezifischen Risikos** durch den Konzessionär.[53] Es kann aber kann kein „Null-Risiko" übertragen werden.[54] Ferner liegt keine Konzession vor, wenn der Konzessionsgeber einen beträchtlichen Teil des Risikos zurückbehält, der nach Vergabe der Konzession weiterhin bestehen bleibt.[55]

29

V. Abgrenzung zur Dienstleistungskonzession

Die Abgrenzung von Dienst- zu Bauleistungskonzession ist unterhalb der Schwellenwerte deswegen relevant, weil die Dienstleistungskonzession unterhalb der Schwellenwerte in der UVgO nicht förmlich geregelt ist. Eine Abgrenzung ist unterhalb der Schwellenwerte deswegen notwendig, weil die Bau- und Dienstleistungskonzession einem unterschiedlichen Regelungskreis unterliegt.

30

Oberhalb der Schwellenwerte gibt die RL 2014/23/EU die Abgrenzung vor. Gemäß der sekundärrechtlichen Definition des Art. 5 Nr. 1 lit a RL 2014/23/EU handelt es sich bei einer Baukonzession um „einen entgeltlichen, schriftlich geschlossenen Vertrag, mit dem ein oder mehrere öffentliche Auftraggeber oder Auftraggeber einen oder mehrere Wirtschaftsteilnehmer mit der Erbringung von Bauleistungen beauftragen, wobei die Gegenleistung entweder allein in dem Recht zur Nutzung des vertragsgegenständlichen Bauwerks oder in diesem Recht zuzüglich einer Zahlung besteht". Diese Regelung hat § 105 Abs. 1 Nr. 1 GWB aufgegriffen. Baukonzessionen sind entgeltliche Verträge, mit denen ein oder mehrere Baukonzessionsgeber ein oder mehrere Unternehmen mit der Erbringung von Bauleistungen betrauen (Baukonzessionen). Dabei besteht die Gegenleistung entweder allein in dem Recht zur Nutzung des Bauwerks oder in diesem Recht zuzüglich einer Zahlung. Diese Definitionen können auch zur Abgrenzung einer Dienstleistungskonzession von einer Baukonzession unterhalb der Schwellenwerte herangezogen werden.

31

Bei der Abgrenzung von Baukonzessionen und Dienstleistungskonzessionen **unterhalb der Schwellenwerte** ist nicht auf das Entgelt abzustellen, sondern auf den Vertragsgegenstand.[56] Es ist zwischen dem Bau- und dem Dienstleistungscharakter der Konzession zu differenzieren – der Unterschied ist maßgeblich für die Bestimmung der Anwendungsbereiche von VOB/A und UVgO, die ja die Dienstleistungskonzession unterhalb der Schwellenwerte nicht regelt. Im Rahmen von typengemischten Verträgen kommt es darauf an, ob die Bauleistung den Schwerpunkt der Leistungsanteile ausmacht[57] oder ob diese den beabsichtigten Konzessionsvertrag zumindest wesentlich prägt.[58] Wenn Bauleistungen nur eine untergeordnete Rolle spielen oder es nur um die Nutzung eines bereits bestehenden Bauwerks geht, liegt hingegen eine Dienstleistungskonzession vor.[59] Weiterhin bleiben Bauleistungen als Instandhaltungsarbeiten auch dann nachrangig, wenn das vordergründige Leistungsziel eine Dienstleistung ist.[60] In diesem Fall liegt eine Dienstleistungskonzession vor.

32

Bei tatsächlich **trennbaren Leistungen** wird vertreten, dass dies nach geltenden Regelungen als Bau- oder Dienstleistungskonzession zu vergeben seien.[61] Oberhalb der Schwellenwerte mag dies im Hinblick auf die Regelung des § 111 Abs. 1 GWB noch zielführend sein. Unterhalb der Schwellenwerte bleibt festzuhalten, dass die Dienstleistungskonzession nicht geregelt ist und damit letztendlich vergabefrei ist. Bei einer Baukonzession unterhalb der Schwellenwerte

33

---

53 Zwar nicht spezifisch in Bezug auf Baukonzessionen, aber als allgemeiner Grundsatz entsprechend auf diese anwendbar: EuGH, Urteil v. 10.11.2011 – Rs. C-348/10 (Norma-A), Rn. 48; Urteil v. 10.3.2011 – Rs. C-274/09 (Stadler), Rn. 37; Urteil v. 10.9.2009 – Rs. C-206/08 (WAZV Gotha), Rn. 77; OLG Naumburg, Beschluss v. 15.4.2016 – 7 Verg 1/16; OLG Brandenburg, Beschluss v. 12.10.2010 – Verg W 7/09.
54 *Ziekow*, in: Ziekow/Völlink, Vergaberecht, § 99 GWB Rn. 196b.
55 Vgl. OLG Düsseldorf, Beschluss v. 21.7.2010 – VII-Verg 19/10.
56 *Herrmann*, in: Ziekow/Völlink, Vergaberecht, § 23 VOB/A Rn. 25.
57 OLG Brandenburg, Beschluss v. 3.8.1999 – 6 Verg 1/99.
58 OLG Brandenburg, Urteil v. 30.5.2008 – Verg W 5/08.
59 *Herrmann*, in: Ziekow/Völlink, Vergaberecht, § 23 VOB/A Rn. 24 ff.
60 OLG Brandenburg, Urteil v. 30.5.2008 – Verg W 5/08.
61 Vgl. *Herrmann*, in: Ziekow/Völlink, Vergaberecht, § 23 VOB/A Rn. 25.

ist also davon auszugehen, dass der vergabepflichtige Teil den Ausschreibungsgegenstand insgesamt infiziert, so dass auch bei einer gemischten Bau- und Dienstleistungskonzession diese insgesamt nach § 23 VOB/A auszuschreiben ist.

VI. Abgrenzung zu weiteren Vertragsarten

34 Die Baukonzession ist noch von weiteren Vertragsarten, wie z.B. dem Pachtvertrag,[62] der Nutzung öffentlicher Bereiche oder Ressourcen[63] und dem schlichten Veräußerungsgeschäft abzugrenzen. Als Abgrenzungskriterium kann das Erfordernis der durchzuführenden Bauleistung dienen. Es ist das notwendige Bindeglied zwischen der Bauleistung und dem Baukonzessionsgeber. Dieser wird dadurch „Bauherr" und Baukonzessionsgeber. Die Verbindung wird durch die Definition der Art des Vorhabens durch den Baukonzessionsgeber und durch den Einfluss auf die Planung ersichtlich.[64] Die Gewährung von Zuschüssen ist keine Baukonzession. Ein Vertrag, mit dem durch Zuschüsse ein Anreiz zur Verwirklichung eines Ziels von öffentlichem Interesse geschaffen werden soll, ist keine Baukonzession, wenn es um Verpflichtungen handelt, die gewöhnlich in Verträgen über die Gewährung von Zuschüssen enthalten sind.[65]

1. Pachtverträge und Nutzung öffentlicher Bereiche oder Ressourcen

35 Wenn Baukonzessionen und **Pachtverträge** zusammen vergeben werden, ist zu differenzieren. Vereinbarungen, die das Recht eines Unternehmens zur privat- oder öffentlich-rechtlichen Nutzung öffentlicher Bereiche oder Ressourcen regeln, scheiden nach Erwägungsgrund 15 RL 2014/23/EU als Baukonzession aus. Diese Ausnahme oberhalb der Schwellenwerte greift auch für die Baukonzessionsvergabe unterhalb der Schwellenwerte. Die Ausnahme betrifft in der Regel Pachtverträge über öffentliche Liegenschaften oder Land. Diese Verträge enthalten meistens Bestimmungen, die die Besitzübernahme durch den Pächter, die vorgesehene Nutzung und die Pflichten von Pächter und Eigentümer hinsichtlich der Instandhaltung der Liegenschaft, die Dauer der Verpachtung und die Rückgabe des Besitzes an den Eigentümer, den Pachtzins sowie die vom Pächter zu zahlenden Nebenkosten regeln.[66] Pachtverträge waren auch schon nach bisheriger Rechtslage vom Begriff der Konzession ausgenommen.[67]

36 Keine Baukonzessionen sind Vereinbarungen, die das Recht eines Unternehmens zur privat- oder öffentlich-rechtlichen **Nutzung öffentlicher Bereiche oder Ressourcen** regeln.[68] Bei öffentlichen Bereichen handelt es sich beispielsweise um Land oder öffentliche Liegenschaften, insbesondere auf dem Gelände von See-, Binnen- oder Flughäfen.[69] Auch wenn die Nutzung öffentlicher Bereiche oder Ressourcen nicht den Vergaberecht unterliegt, so unterliegt die öffentliche Hand dennoch rechtlichen Bindungen. Diese Bindungen ergeben sich aus den Grundfreiheiten, den Grundrechten und dem Beihilferecht.[70]

37 Bei der Verpachtung oder der Veräußerung von Vermögensgegenständen der öffentlichen Hand in einem nicht vergaberechtlichen Bieterverfahren entsteht zwischen dem Träger der öffentlichen Verwaltung und den Teilnehmern des Verfahrens ein **vorvertragliches Vertrauensverhältnis**, das auch außerhalb des Anwendungsbereichs der allgemeinen Vergabevorschriften und Verdingungsordnungen den Träger der öffentlichen Verwaltung zur Gleichbehandlung der Teilnehmer, zur Transparenz und zur Rücksichtnahme verpflichtet.[71] Aus einem derartigen vorvertraglichen Vertrauensverhältnis können auch Unterlassungsansprüche resul-

---

[62] OLG Bremen, Beschluss v. 13.3.2008 – Verg 51/07.
[63] Vgl. § 1 KonzVgV Rn. 95 ff.
[64] Vgl. *Ziekow*, in: Ziekow/Völlink, Vergaberecht, § 103 GWB Rn. 93.
[65] Vgl. EuG, Urteil v. 12.7.2018 – Rs. T-356/15, Rn. 662 ff.
[66] Erwägungsgrund 15 RL 2014/23/EU.
[67] Vgl. z.B. KG, Urteil v. 22.1.2015 – 2 U 14/14; *Mösinger*, NZBau 2015, 545.
[68] Erwägungsgrund 15 RL 2014/23/EU.
[69] Vgl. *Ziekow*, in: Ziekow/Völlink, Vergaberecht, § 105 GWB Rn. 7.
[70] Vgl. *Wollenschläger*, in: Burgi/Dreher, Vergaberecht, § 105 GWB Rn. 47 bis 48.
[71] Vgl. BGH, Urteil v. 22.2.2008 – V ZR 56/07.

tieren.⁷² Der vom Vertrauensschutz Begünstigte muss nicht erst die Entstehung eines Schadens abwarten.⁷³ Zudem binden die öffentlich-rechtlichen Grundsätze der Nichtdiskriminierung, Gleichbehandlung und Transparenz die öffentliche Hand auch bei Veräußerungsvorgängen. Ein willkürlich benachteiligter Bewerber oder Bieter kann einen Unterlassungsanspruch aus §§ 823 Abs. 2, 1004 Abs. 1 BGB in Verbindung mit einschlägigen öffentlich-rechtlichen Schutzgesetzen geltend machen.⁷⁴

2. Netzbereitstellungen

Keine Baukonzession liegt oberhalb der Schwellenwerte in der Nutzung von **Fernwärmeversorgungsnetzen**.⁷⁵ Erwägungsgrund 16 RL 2014/23/EU hebt hervor, dass die Gewährung von Wegerechten hinsichtlich der Nutzung öffentlicher Liegenschaften für die Bereitstellung oder den Betrieb fester Leitungen oder Netze, über die eine Dienstleistung für die Allgemeinheit erbracht werden soll, keine Konzession i.S.d. RL 2014/23/EU ist. Diese Bereichsausnahme gilt auch unterhalb der Schwellenwerte,⁷⁶ sofern derartige Verpflichtungen weder eine Lieferverpflichtung auferlegen noch den Erwerb von Dienstleistungen durch den Konzessionsgeber für sich selbst oder für den Endnutzer vorsehen. Diese Ausführungen betreffen vor allem Wegenutzungsverträge i.S.d. § 46 EnWG sowie Wegenutzungsverträge zu Fernwärmeleitungen.⁷⁷

38

Die Bereichsausnahme des § 149 Nr. 8 GWB (öffentliche **Kommunikationsnetze** und Kommunikationsdienste), die Dienstleistungskonzessionen ebenso wie Baukonzessionen erfasst, ist ein Sonderregime für öffentliche Kommunikationsnetze sowie für elektronische Kommunikationsdienste, die für die Öffentlichkeit gedacht sind. Sie dient der Umsetzung der Ausnahmevorschrift des Art. 11 RL 2014/23/EU, dessen Wortlaut sie mit Ausnahme der begrifflichen Klarstellung in UAbs. 2 weitgehend übernimmt.⁷⁸ Die Ausnahme vom Bauvergaberecht oberhalb der Schwellenwerte greift – als systemimmanente Ausnahme – auch in den Unterschwellenbereich ein.⁷⁹

39

Die Suche nach einem Telekommunikationsanbieter, der die passive und die aktive **Breitband-Infrastruktur** errichtet oder ausbaut und betreibt, kann unter Umständen Vergabe einer Baukonzession sein. Denn der Baukonzession ist wesenseigen, dass der Baukonzessionär das wesentliche wirtschaftliche Risiko aus dem Vertrag trägt, was typischerweise bei einer Refinanzierung durch Drittnutzer der Fall ist. Dieses Merkmal wird beim aktiven und passiven Betrieb von Breitbandnetzen wegen der Endnutzerfinanzierung unproblematisch erfüllt. Darauf zu achten ist jedoch, dass im Einzelfall der ermittelte Zuschuss nicht so hoch ausfällt, dass das wesentliche wirtschaftliche Risiko nicht mehr beim privaten Betreiber liegt, wobei die Einzelheiten umstritten sind.⁸⁰

40

3. Bau von Windenergieanlagen

Der Bau und der Betrieb von Windenergieanlagen kann eine ausschreibungspflichtige Baukonzession sein. Diesbezüglich stellen sich diverse Abgrenzungsfragen.⁸¹ Wenn das Betriebsrisiko auf den Investor übergeht, spricht viel dafür, dass eine Baukonzession vorliegt.⁸² Es verbietet sich jedoch eine schematische Betrachtung, so dass eine Einzelfallprüfung notwendig ist.

41

---

72 OLG Düsseldorf, Urteil v. 13.12.2017 – I-27 U 25/17, mit Hinweis auf EuG, Urteil v. 20.9.2011 – Rs. T-461/08.
73 Vgl. OLG Dresden, Urteil v. 13.8.2013 – 16 W 439/13.
74 Vgl. LG Zwickau, Beschluss v. 20.6.2017 – 7 O 380/17; LG Chemnitz, Urteil v. 28.2.2017 – 5 O 209/17 EV; LG Stuttgart, Urteil v. 24.3.2011 – 17 O 115/11.
75 VG Berlin, Urteil v. 30.6.2017 – 4 K 16.15, juris Rn. 125; vgl. auch *Braun*, NZBau 2015, 535; *Hofmann/Zimmermann*, NZBau 2016, 71; *Weiß*, NVwZ 2014, 1415; *Wieland*, DÖV 2015, 169.
76 Siehe unten Rn. 43 f.
77 Gesetzesbegründung zu § 105 Abs. 1 GWB, VergRModG 2016, BT-Drs. 18/6281, 76.
78 Vgl. *Germelmann*, Burgi/Dreher, Vergaberecht, § 149 GWB Rn. 71.
79 Siehe unten Rn. 44.
80 Vgl. *Horn*, VergabeR 2013, 337 (340); vgl. auch *Braun/Zwetkow* zu AGVO/NGA-RR Rn. 12 ff.
81 *Frey*, NVwZ 2016, 1200.
82 *Frey*, NVwZ 2016, 1200.

4. Erbbaurechte

42 Ein Sonderfall ist das Erbbaurecht im Baukonzessionsverfahren. Es ist umstritten, ob der Erbbaurechtszins als (Gegen-)Leistung an den Baukonzessionsgeber bei Investorenprojekten angesehen werden kann.[83] Es liegt keine Baukonzession vor, denn der Erschließungsunternehmer refinanziert sich nicht aus dem Recht zur Nutzung der Erschließungsanlage. Anders ist die Sachlage beim unechten Erschließungsvertrag, bei dem die Gemeinde dem Erschließungsunternehmer die Kosten für die Erschließung von Fremdgrundstücken erstattet. Derartige Verträge unterfallen dem Vergaberecht,[84] wobei die Einzelheiten umstritten sind.[85]

C. Bereichsausnahmen unterhalb der Schwellenwerte?

43 Die VOB/A enthält keine eigenständige Regelung zu Bereichsausnahmen. Eine Vielzahl von Baukonzessionen wird außerhalb des förmlichen VOB/A-Verfahrens vergeben. Das sind zunächst die Bereiche, für die oberhalb der Schwellenwerte die VOB/A z.B. aufgrund von Bereichsausnahmen oder In-House-Vergaben nicht gilt.[86]

44 Die EU-Konzessionsvergaberichtlinie 2014/23/EU enthält in den Art. 10 bis 17 zahlreiche **Bereichsausnahmen** in deren Bereich die Vorgaben der Konzessionsrichtlinie (und damit des Kartellvergaberechts) nicht gelten. Diese Bereichsausnahmen wurden vom deutschen Gesetzgeber in den §§ 107 bis 109, 149 und § 150 sowie § 154 GWB umgesetzt. Der Umfang und die Reichweite von Ausnahmeregelungen sind umstritten.[87] Gegen Bereichsausnahmen unterhalb der Schwellenwerte ist einzuwenden, dass diese nicht ausdrücklich benannt sind und von der nicht zur Anwendung kommen können, weil Ausnahmen von der Ausschreibungspflicht eng auszulegen sind. Festzuhalten ist aber, dass unterhalb der Schwellenwerte die Ausschreibungspflicht nicht weitergehen kann als oberhalb der Schwellenwerte. Also bestehen auch unterhalb der Schwellenwerte ausschreibungsfreie Bereiche, was aber nicht bedeutet, dass auf ein förmliches Verfahren völlig verzichtet werden darf oder das eine gerichtliche Überprüfung nicht stattfinden kann.[88]

D. Baukonzessionsgeber

45 Eine Baukonzession wird von einem Baukonzessionsgeber, auch wenn der Begriff in der VOB/A nicht verwandt wird, vergeben. § 23 VOB/A setzt die Vergabe durch den Baukonzessionsgeber stillschweigend voraus. Wer Baukonzessionsgeber ist, wird oberhalb der Schwellenwerte in § 105 GWB geregelt. In der VOB/A gibt es keine Regelung des Baukonzessionärs. Unterhalb der Schwellenwerte bietet sich der Rückgriff auf die Begriffsdefinitionen im GWB an. Der Begriff des „Konzessionsgebers" ist dort funktionell konstruiert: Wer eine Konzession vergibt, ist Konzessionsgeber.[89] Dieser Regelungsgedanke gilt – wie oben dargelegt[90] – auch unterhalb der Schwellenwerte.

E. Verfahrensregeln

46 § 23 Abs. 2 VOB/A ordnet an, dass die §§ 1 bis 22 VOB/A sinngemäß auf die Vergabe von Baukonzessionen anzuwenden sind. Die „sinngemäße" Anordnung der Geltung dieser Vorschriften bewirkt, dass diejenigen Regelungen im Verfahren keine Anwendung finden sollen, die inhaltlich auf die Vergabe von Baukonzessionen nicht zugeschnitten sind. Damit wird dem

---

83 Vgl. *Thiel*, ZfBR 2017, 561.
84 Vgl. *Hertwig*, Praxis der öffentlichen Auftragsvergabe, Rn. 88.
85 Vgl. *Ziekow*, in: Ziekow/Völlink, Vergaberecht, § 105 GWB Rn. 33.
86 Vgl. *Herrmann*, in Ziekow/Völlink, Vergaberecht, § 23 VOB/A Rn. 27; *Thiel*, ZfBR 2017, 561.
87 Vgl. z.B. für Rettungsdienstleistungen den Vorlagebeschluss OLG Düsseldorf, Beschluss v. 4.7.2017 – VII-Verg 34/16; siehe auch § 1 KonzVgV Rn. 15.
88 Siehe § 1 KonzVgV Rn. 120 ff.
89 Vgl. *Braun*, in: Müller-Wrede, GWB-Vergaberecht, § 105 Rn. 15 ff.
90 Siehe oben Rn. 6 ff.

Umstand Rechnung getragen, dass zwischen der Baukonzession und dem öffentlichen Bauauftrag wesentliche Unterschiede bestehen.

Was mit der **„sinngemäßen"** Anwendung gemeint ist, ist in der VOB/A nicht näher definiert. Anhaltspunkt für eine Interpretation können jetzt die Bestimmungen oberhalb der Schwellenwerte gemäß §§ 151, 152 und 154 GWB und die Bestimmungen der KonzVgV sein. In diesen Bestimmungen hat der Gesetz- und Verordnungsgeber seine Vorstellungen von den abweichenden Bestimmungen bei der Vergabe von Konzessionen konkretisiert. Es liegt also nahe, bei einer Baukonzessionsvergabe auf diese Bestimmungen abzustellen. Wenn ein Verfahren entsprechend dieser Bestimmungen durchgeführt wird, dann ist es eine rechtmäßige Baukonzessionsvergabe. Maßgeblich für die Interpretation des unbestimmten Rechtsbegriffes sind die Unterschiede zwischen Baukonzession und Bauauftrag.

47

Soweit die Bestimmungen der §§ 1 bis 22 VOB/A grundsätzliche Aussagen hinsichtlich des **Bauvergabeverfahrens** treffen und die **Entscheidung zur Auswahl** des Konzessionsnehmers regeln, gelten sie grundsätzlich auch für die Baukonzessionsvergabe.[91] Auch Baukonzessionen sind gemäß § 2 Abs. 1 Nr. 1 VOB/A an fachkundige, leistungsfähige und zuverlässige Unternehmer zu vergeben. Dies gilt umso mehr, als dass die Konzession im Gegensatz zu einem gewöhnlichen Bauauftrag über einen erheblichen Zeitraum hinweg läuft. Es kann sich dabei um einen Zeitraum von bis zu mehreren Jahrzehnten handeln, in dem der Baukonzessionär die bauliche Anlage betreiben und unterhalten soll. Dementsprechend hohe Anforderungen sind an seine wirtschaftliche Leistungsfähigkeit und Zuverlässigkeit zu stellen.[92] Ferner sind die Bestimmungen über die Wahl der **Vergabeart** (§ 3 VOB/A), der **Grundsätze der Vergabe** (§ 2 VOB/A), einer ordnungsgemäßen **Bekanntmachung** (§ 12 VOB/A) und über die **Prüfung** und **Wertung** (§ 16 VOB/A) für die Vergabe von Baukonzessionen anwendbar.[93]

48

I. Vergütung

Die Unterschiede zwischen Baukonzession und Bauauftrag sind zum Beispiel bei den Regelungen zur bauvertraglichen Vergütung zu berücksichtigen. Da die Baukonzession als Gegenleistung ein Nutzungsrecht, und keine (zusätzliche) Vergütung vorsieht, sind diejenigen Normen, welche die Vergütung des Anbieters regeln, nicht anwendbar.[94] Hierbei handelt es sich um die §§ 4, 9d und 16c Abs. 2 und 3 VOB/A. Diese können nur insoweit herangezogen werden, als dem Baukonzessionär eine Zuzahlung vonseiten des Konzessionsgebers gezahlt wird.[95]

49

II. Leistungsbeschreibung

§ 7 Abs. 1 Nr. 1 VOB/A statuiert allgemein, dass die ausgeschriebene Leistung eindeutig und so erschöpfend zu beschreiben ist, dass alle Unternehmen die Beschreibung im gleichen Sinne verstehen müssen.[96] Die Bedeutung der Leistungsbeschreibung für die Kalkulation der Preise entfällt bei Konzessionen, weshalb **§ 7 Abs. 1 Nr. 2 VOB/A** hier nicht gilt.[97]

50

Auch kann **§ 7 Abs. 1 Nr. 3 VOB/A** keine vollumfängliche Regelungswirkung bei Konzessionen entfalten, weil dem Konzessionsnehmer mit dem Nutzungsrecht grundsätzlich alle sich aus der Natur der jeweiligen Nutzung ergebenden Risiken sowie die Verantwortung für alle technischen und finanziellen Aspekte der Errichtung eines Bauwerkes übertragen werden.[98] Die Anwendung des § 7 Abs. 1 Nr. 3 VOB/A, Aufbürdung eines ungewöhnlichen Wagnisses,

51

---

91 *Herrmann*, in: Ziekow/Völlink, Vergaberecht, § 23 VOB/A Rn. 42.
92 *Reidt/Stickler*, in: Dreher/Motzke, Vergaberecht, 2. Aufl., § 22 VOB/A Rn. 91.
93 *Herrmann*, in: Ziekow/Völlink, Vergaberecht, § 23 VOB/A Rn. 40 ff.
94 *Herrmann*, in: Ziekow/Völlink, Vergaberecht, § 23 VOB/A Rn. 40 f.
95 *Wegener*, in: Pünder/Schellenberg, Vergaberecht, § 22 VOB/A Rn. 10.
96 Siehe auch hierzu OLG Celle, Urteil v. 23.2.2016 – 13 U 148/15.
97 *Kulartz*, in: Kulartz/Marx/Portz/Prieß, VOB/A, § 22 Rn. 14.
98 Europäische Kommission, Mitteilung der Kommission zu Auslegungsfragen im Bereich Konzessionen im Gemeinschaftsrecht, ABl. 2000/C 121/02, Nr. 2.1.2, NZBau 2000, 413 (414); *Kulartz*, in: Kulartz/Marx/Portz/Prieß, VOB/A, § 22 Rn. 15.

ist ausgeschlossen.[99] Die Übertragung von Nachfrage- und Angebotsrisiken (vgl. § 105 Abs. 2 S. 3 VOB/A) ist konstituierend für die Baukonzession.

III. Vergabeart

52 § 3 VOB/A macht Vorgaben in Bezug auf die zur Auswahl stehenden Vergabearten.

53 Grundsätzlich muss gemäß § 3a Abs. 1 VOB/A zwar die **Öffentliche Ausschreibung** der Baukonzession erfolgen. Die Öffentliche Ausschreibung ist bei einer Konzession aufgrund der Komplexität der Materie nicht angezeigt.

54 Eine **Beschränkte Ausschreibung** kann erfolgen, wenn die Konzession einen bestimmten Wert gemäß § 3a Abs. 2 Nr. 1 VOB/A nicht überschreitet; auch kann der Beschränkungsgrund des § 3a Abs. 3 Nr. 2 VOB/A gerade bei Baukonzessionen einschlägig sein, wenn die Bearbeitung des Angebotes wegen der Eigenart der Leistung einen außergewöhnlich hohen Aufwand erfordert. Eine beschränkte Ausschreibung nach Durchführung eines öffentlichen Teilnahmewettbewerbes ist unter den Voraussetzungen des § 3a Abs. 3 Nr. 1 und 2 VOB/A möglich. Es ist aber fraglich, ob derartige Beschränkungen überhaupt Sinn machen, da bei der Komplexität einer Baukonzession stets eher mit einem kleinen Bewerberfeld zu rechnen ist. Es widerspricht dem Transparenzgrundsatz, wenn das Bewerberfeld vorab schon reduziert wird. Die Gefahr besteht darin, dass sich bei Beschränkten Ausschreibung oligopole Marktstrukturen herausbilden.

55 Die **Freihändige Vergabe** ist wiederum gemäß § 3a Abs. 4 VOB/A zulässig, wenn die Öffentliche oder die Beschränkte Ausschreibung unzweckmäßig sind. Bestimmte Fälle der Unzweckmäßigkeit werden in § 3a Abs. 4 S. 1 Nr. 1 bis Nr. 6 VOB/A konkretisiert. Aus dem Wortlaut des § 3a Abs. 4 VOB/A („besonders") ist zu schließen, dass die aufgeführten Fallgruppen keine abschließende Regelung darstellen. Auch eine Freihändige Vergabe bedeutet nicht, dass ohne ein strukturiertes Verfahren eine Auswahlentscheidung durchgeführt werden darf. Die KonzVgV sieht in § 12 Abs. 1 S. 2 KonzVgV das Verhandlungsverfahren mit vorangegangenem Teilnahmewettbewerb als Regelverfahrensart vor. Weil die Komplexität der Bauvergaben oberhalb und unterhalb der Schwellenwerte nicht groß unterschiedlich sein dürfte, ist die maßgebliche Verfahrensart für die Baukonzession unterhalb der Schwellenwerte die Freihändige Vergabe mit vorangegangenem Teilnahmewettbewerb gemäß § 3a Abs. 4 VOB/A. Dementsprechend kann die Berücksichtigung der Besonderheiten einer Baukonzession, wie der Umfang des Vorhabens, die möglichen Risiken und die komplexen Finanzierungsstrukturen, dazu führen, dass die freihändige Vergabe – allerdings nur mit einem vorherigen öffentlichen Teilnahmewettbewerb – einer Baukonzession auch dann zulässig ist, wenn keiner der in § 3a Abs. 4 VOB/A ausdrücklich genannten Ausnahmetatbestände vorliegt.[100]

IV. Unterkonzessionsvergabe

56 Für die **Vergabe von Bauunterkonzessionen** greift § 23 VOB/A nicht ein.[101] Oberhalb der Schwellenwerte bestimmt § 33 Abs. 3 KonzVgV, dass der Baukonzessionsnehmer, der im Rahmen dieser Baukonzession Aufträge an Dritte vergibt, deren Gegenstand die Erbringung von Bauleistungen im Sinne des § 103 Abs. 2 GWB ist, in der Regel die VOB/B und VOB/C zum Vertragsgegenstand zu machen hat. Eine Pflicht des Baukonzessionsnehmers zur Anwendung des Vergaberechts bei der Vergabe von Unterauftragnehmerleistungen besteht wegen der fehlenden ausdrücklichen Normierung nicht mehr. Eine solche Pflicht hatte § 98 Nr. 6 GWB a.F. enthalten durch eine Erstreckung des persönlichen Anwendungsbereichs des Vergabe-

---

99 A.A. *Wieddekind*, in Willenbruch/Wieddekind, Vergaberecht, § 23 VOB/A Rn. 4.
100 *Reidt/Stickler*, in: Dreher/Motzke, Vergaberecht, 2. Aufl., § 22 VOB/A Rn. 92.
101 Vgl. *Püstrow*, in: Ziekow/Völlink, Vergaberecht, § 33 KonzVgV Rn. 6; a.A. *Hermann*, in: Ziekow/Völlink, Vergaberecht, § 23 VOB/A Rn. 30.

rechts auf Baukonzessionäre. Eine vergleichbare Regelung findet sich seit der Vergaberechtsreform 2016 weder im GWB noch der KonzVgV oder der VOB/A.[102]

Im Falle von Baukonzessionen und in Bezug auf Dienstleistungen, die in der Einrichtung des Konzessionsgebers unter dessen direkter Aufsicht zu erbringen sind, schreibt der Konzessionsgeber oberhalb der Schwellenwerte dem Konzessionsnehmer gemäß **§ 33 Abs. 4 S. 1 KonzVgV** in den Vertragsbedingungen vor, dass dieser spätestens bei Beginn der Durchführung der Konzession die Namen, die Kontaktdaten und die gesetzlichen Vertreter der Unterauftragnehmer mitteilt und dass jede im Rahmen der Durchführung der Konzession eintretende Änderung auf der Ebene der Unterauftragnehmer mitzuteilen ist. Diese Bestimmung ist aufgrund eines vergleichbaren Regelungsbedürfnisses auch unterhalb der Schwellenwerte entsprechend anzuwenden.

Der Konzessionsgeber kann **§ 33 Abs. 4 S. 2 KonzVgV** die Mitteilungspflichten auch als Vertragsbedingungen für die Vergabe von Dienstleistungskonzessionen vorsehen, bei denen die Dienstleistungen nicht in der Einrichtung des Konzessionsgebers unter dessen direkter Aufsicht zu erbringen sind. Des Weiteren können **§ 33 Abs. 4 S. 3 KonzVgV** die Mitteilungspflichten auch auf Lieferanten, die bei Bau- oder Dienstleistungskonzessionen beteiligt sind, sowie auf weitere Stufen in der Kette der Unterauftragnehmer ausgeweitet werden. Diese Regelungen sind unterhalb der Schwellenwerte nicht anzuwenden.

V. Grundsätze der Vergabe

Gemäß § 2 Abs. 1 Nr. 1 und 2 VOB/A gelten bei der Vergabe von Baukonzessionen auch im Unterschwellenbereich die Grundsätze eines transparenten und wettbewerblichen Auswahlverfahrens. Danach muss das Vergabeverfahren transparent und dem Wettbewerbsgrundsatz entsprechend durchgeführt werden. § 2 Abs. 2 VOB/A ordnet zudem die Geltung des Diskriminierungsverbots an. Oberhalb der Schwellenwerte sieht die KonzVgV in § 12 KonzVgV weitgehende Verfahrensfreiheit vor.

Der Vergabestelle steht bei der Entscheidung, ob ein Unternehmen **geeignet** ist, ein nur eingeschränkt überprüfbarer Beurteilungsspielraum zu. Die Entscheidung der Vergabestelle hinsichtlich der Eignung der Unternehmen ist in der Nachprüfungsinstanz nur darauf zu überprüfen, ob das vorgeschriebene Verfahren eingehalten, der Sachverhalt vollständig und zutreffend ermittelt, die selbst aufgestellten Vorgaben beachtet und keine sachwidrigen oder gegen allgemeine Bewertungssätze verstoßende Erwägungen angestellt wurden.[103]

1. Transparenzgrundsatz

Je freier die Baukonzession in der Verfahrensform vergeben werden kann, desto bedeutender werden die allgemeinen Prinzipien der Vergabe. Das Verfahrensrecht wird schützend sowohl für die Rechte der Unternehmen als auch für die staatliche Haushaltsführung.

Der Transparenzgrundsatz ist ein grundlegendes **Prinzip** des gesamten Vergaberechts. Er beinhaltet vier Kernaspekte: die Transparenz des Beschaffungsvorhabens, der Vergabeunterlagen, des Verfahrens und der Vergabeentscheidung.[104] Er verpflichtet den Konzessionsgeber zu offenem, erkennbarem und nachvollziehbarem Beschaffungsverhalten.[105] Diese Grundanforderung soll das gesamte Vergabeverfahren durchziehen und im Wesentlichen die Gefahr einer Günstlingswirtschaft oder willkürlichen Entscheidung des Konzessionsgebers ausschließen.[106] Das Transparenzgebot bewirkt (wie auch die anderen Grundsätze) die Subjektivierung der vergaberechtlichen Vorschriften – die Transparenz-, Teilnahme- und Publizitätsvorschriften fungieren als subjektive Rechte der Unternehmen.[107]

---

102 Vgl. *Püstrow*, in: Ziekow/Völlink, Vergaberecht, § 33 KonzVgV Rn. 6.
103 VK Rheinland-Pfalz, Beschluss v. 11.9.2015 – VK 1-19/15 (oberhalb der Schwellenwerte).
104 *Dörr*, in: Dreher/Motzek, Vergaberecht, 2. Aufl., § 97 GWB Rn. 25 ff.
105 *Dörr*, in: Dreher/Motzke, Vergaberecht, 2. Aufl., § 97 GWB Rn. 23.
106 *Dörr*, in: Dreher/Motzek, Vergaberecht, 2. Aufl., § 97 GWB Rn. 23.
107 *Dörr*, in: Dreher/Motzek, Vergaberecht, 2. Aufl., § 97 GWB Rn. 23.

63 Zu beachten ist, dass der Transparenzgrundsatz auch Ausfluss des europäischen Primärrechts ist. Bei **Binnenmarktrelevanz** der jeweiligen Konzessionsausschreibung fallen die Anforderungen an die Transparenz des Verfahrens umso höher aus, je interessanter die Baukonzession für potenzielle europäische Bieter ist. Dies folgt aus dem Grundsatz, dass mit erhöhter Binnenmarktrelevanz die unionsweite Kenntnisnahme verstärkt erfolgen soll.[108] Soweit an einer Konzession ein eindeutiges grenzüberschreitendes Interesse besteht, liegt in ihrer ohne jede Transparenz erfolgenden Vergabe an ein Unternehmen, das in dem Mitgliedstaat niedergelassen ist, dem der Auftraggeber angehört, eine Ungleichbehandlung zum Nachteil der Unternehmen, die an dieser Konzession interessiert sein könnten und in einem anderen Mitgliedstaat ansässig sind. Eine solche Ungleichbehandlung ist nach Art. 49 AEUV grundsätzlich verboten.[109]

64 Obgleich die Vergabe gemäß § 23 VOB/A im Unterschwellenbereich erfolgt, und damit nicht vom Anwendungsbereich des sekundärrechtlichen (Kartell-)Vergaberechts erfasst ist, bleibt nicht ausgeschlossen, dass eine Konzessionsvergabe bereits **unterhalb des Schwellenwertes** Binnenmarktrelevanz entfaltet. Insofern sind Konzessionsvergaben im Unterschwellenbereich nichtsdestoweniger den Vorgaben des europäischen Primärrechts unterworfen. Die Frage nach der Binnenmarktrelevanz der jeweiligen Konzessionsvergabe ist stets gesondert nach den Umständen des Einzelfalles zu beantworten.[110] Hierbei spielen Umstände wie der Konzessionsgegenstand, der geschätzte Konzessionswert, die Besonderheiten des betreffenden Sektors sowie die geographische Lage des Ortes der Leistungserbringung eine wesentliche Rolle.[111] Zu beachten ist, dass Veröffentlichungen im EU-Amtsblatt oder im Internet zu einer Selbstbindung der ausschreibenden Stelle in Hinblick auf Eignungs- und Zuschlagskriterien führen.[112]

65 Der Transparenzgrundsatz gebietet es allgemein, dass die Bekanntgabe der Ausschreibung auf angemessene und möglichst transparente Art und Weise durchgeführt wird.[113] Damit steht fest, dass einer Baukonzessionsvergabe stets eine **Bekanntmachung** vorhergehen muss. § 12 VOB/A normiert konkrete Vorgaben bezogen auf den Inhalt der Bekanntmachung der Öffentlichen Ausschreibung.

66 Die Pflicht zur transparenten Bekanntgabe umfasst auch die Angabe der **Auswahlkriterien** und ihrer Gewichtung in den Ausschreibungsunterlagen.[114] Weder die Gewichtungsregeln noch Haupt- und Unterkriterien dürfen erst nachträglich hinzugefügt werden.[115] Erfolgt die Veröffentlichung der Gewichtungsregeln und der Kriterien bzw. Unterkriterien nicht vorab in der förmlichen Bekanntgabe, sondern erst hinterher, besteht die Gefahr, dass die maßgeblichen Kriterien so gewählt und gewichtet werden, dass eine an ihnen orientierte Prüfung und Bewertung der Angebote zu einem bestimmten gewünschten Ergebnis führt.[116] Insofern muss der Baukonzessionsgeber dafür sorgen, dass er alle Bewerber und Bieter in den gleichen Informations- und Kenntnisstand versetzt.[117] Existiert ein Wertungsleitfaden, der die Hauptzuschlagskriterien konkretisiert und Merkmale für die Angebotsbewertung festlegt, so ist auch dieser den Bewerbern und Bietern bekanntzugeben.[118] Transparenz heißt zugleich Berechenbarkeit der Auswahlentscheidung: Die ausschreibende Stelle darf bei der Bewertung keine

---

108 OLG Saarbrücken, Beschluss v. 29.1.2014 – 1 Verg 3/13.
109 EuGH, Urteil v. 14.7.2016 – Verb. Rs. C-458/14 und C-67/15 (Promoimpresa), Rn. 65.
110 Europäische Kommission, Mitteilung der Kommission zu Auslegungsfragen im Bereich Konzessionen im Gemeinschaftsrecht, ABl. 2000/C 121/02, Nr. 1.3.
111 Europäische Kommission, Mitteilung der Kommission zu Auslegungsfragen im Bereich Konzessionen im Gemeinschaftsrecht, ABl. 2000/C 121/02, Nr. 1.3.
112 *Braun*, VergabeR 2014, 324 (329).
113 EuGH, Urteil v. 22.4.2010 – Rs. C-423/07; VK Sachsen-Anhalt, Beschluss v. 26.6.2014 – 3 VK LSA 47/14.
114 VK Sachsen-Anhalt, Beschluss v. 28.9.2015 – 3 VK LSA 64/15; *Dörr*, in: Dreher/Motzke, Vergaberecht, 2. Aufl., § 97 GWB Rn. 29.
115 EuGH, Urteil v. 24.1.2008 – Rs. C-532/06 (Lianakis); zwar in Bezug auf Stromkonzessionen, aber allgemeiner Grundsatz für alle Konzessionen: BGH, Urteil v. 17.12.2013 – KZR 65/12; VK Sachsen-Anhalt, Beschluss v. 28.9.2015 – 3 VK LSA 64/15.
116 BGH, Beschluss v. 10.5.2016 – X ZR 66/15.
117 *Dörr*, in: Dreher/Motzke, Vergaberecht, 2. Aufl., § 97 GWB Rn. 28.
118 OLG Düsseldorf, Beschluss v. 23.3.2005 – VII-Verg 77/04.

sachfremden, überraschenden oder unter die Kriterien nicht zu subsumierenden Gesichtspunkte einfließen lassen.[119] Ein weiterer Gesichtspunkt ist die Mitteilung der Ablehnung samt deren Gründen gegenüber den unterlegenen Bewerbern und Bietern in angemessener Frist vor Erteilung des Zuschlags. Dies wird in § 19 Abs. 1 S. 2 VOB/A angeordnet.

Zuletzt statuiert der Transparenzgrundsatz eine umfassende Pflicht zur **Dokumentation** des gesamten Verfahrens. Die VOB/A ordnet die Dokumentationspflicht in § 20 Abs. 1 VOB/A an. Die Dokumentation soll danach die einzelnen Stufen des Verfahrens, die einzelnen Maßnahmen, die maßgebenden Feststellungen sowie die Begründung der einzelnen Entscheidungen umfassen. Sie muss aus Gründen der Transparenz zeitnah erfolgen, laufend fortgeschrieben werden und so detailliert sein, dass sie für einen mit dem jeweiligen Vergabeverfahren vertrauten Leser nachvollziehbar ist.[120] Die Dokumentationspflicht ist ein wichtiger Eckstein des Transparenzgrundsatzes, um das Verfahren sowohl für die Unternehmen als auch die Nachprüfungsinstanzen überprüf- und nachvollziehbar zu machen.[121]

67

2. Gleichbehandlungsgebot

Gemäß § 2 Abs. 2 VOB/A darf bei der Vergabe von Baukonzessionen kein Unternehmen diskriminiert werden. Die Vorschrift statuiert die Geltung des allgemeinen Gleichbehandlungsgebots und des Diskriminierungsverbots. Bei diesem Grundsatz handelt es sich um eines der drei Kernprinzipien des Vergaberechts – neben dem Transparenz- und Wettbewerbsgrundsatz. Dabei steht das Diskriminierungsverbot in engem Zusammenhang mit den anderen Grundsätzen: Ein gleichbehandelndes Verfahren kann nur dann garantiert werden, wenn das Verfahren für alle Beteiligten transparent durchgeführt wird. Zudem ist das Bestehen eines tatsächlichen Wettbewerbs nur dann gewährleistet, wenn alle Unternehmen faktisch gleichbehandelt werden. Dies bedeutet hinsichtlich des Verfahrens, dass die Verfahrensregeln allen Teilnehmern gegenüber einheitlich angewendet und sanktioniert werden.[122] Alle interessierten Unternehmen müssen die Chance haben, innerhalb derselben Fristen und zu identischen Anforderungen Angebote abzugeben.[123]

68

Das Gleichbehandlungsgebot korreliert zudem mit dem **Transparenzgebot** bei der Offenlegung aller Entscheidungsgrundlagen: Nur wenn alle Unternehmen gleichmäßig Zugang zu diesen haben, unterliegen sie auch einer Gleichbehandlung.[124] Demgemäß muss der Konzessionsgeber allen Unternehmen dieselben Informationen zukommen lassen. Hierzu ordnet § 7a Abs. 1 VOB/A beispielsweise an, dass die technischen Anforderungen an die Bauleistung allen Unternehmen gleichermaßen zugänglich sein müssen.

69

Das Gleichbehandlungsgebot prägt jeden **Aspekt** eines beschaffungsrelevanten Verhaltens des Konzessionsgebers. Konkret gehören hierzu die Frage nach der Wahl der Verfahrensart, die Teilnehmerauswahl, die Prüfung und Wertung der Angebote, sowie die Information der Teilnehmer.[125] Als Grenze dieses Grundsatzes ist jedoch zu sehen, dass der Gleichbehandlungsgrundsatz den Konzessionsgeber nicht verpflichtet, bestehende Wettbewerbsvor- oder -nachteile einzelner Unternehmen auszugleichen.[126]

70

Ausschreibungen müssen hinsichtlich der Kriterien, Gewichtungsregeln und Wertungsleitfäden sowie aller anderen Aspekte – insgesamt so ausgestaltet sein, dass sie **keine diskriminierenden Anforderungen** enthalten. Daher hat die Ausschreibung einer Baukonzession grundsätzlich marken- und produktneutral[127] gemäß § 7 Abs. 2 VOB/A zu erfolgen. Weitere gleichbehandlungsrelevante Vorgaben trifft § 7a in Abs. 3 und Abs. 4 VOB/A in Bezug auf

71

---

119 VK Niedersachsen, Beschluss v. 22.2.2016 – VgK-01/2016.
120 *Dörr*, in: Dreher/Motzke, Vergaberecht, 2. Aufl., § 97 GWB Rn. 36.
121 Vgl. VK Rheinland-Pfalz, Beschluss v. 11.9.2015 – VK 1-19/15.
122 *Dörr*, in: Dreher/Motzke, Vergaberecht, 2. Aufl., § 97 GWB Rn. 21.
123 *Dörr*, in: Dreher/Motzke, Vergaberecht, 2. Aufl., § 97 GWB Rn. 21.
124 Oberhalb der Schwellenwerte: VK Niedersachsen, Beschluss v. 22.2.2016 – VgK-01/2016; VK Bund, Beschluss v. 3.3.2015 – VK 1-4/15.
125 *Dörr*, in: Dreher/Motzke, Vergaberecht, 2. Aufl., § 97 GWB Rn. 18.
126 OLG Koblenz, Beschluss v. 5.9.2002 – 1 Verg 2/02.
127 VK Westfalen, Beschluss v. 14.4.2016 – VK 1-09/16.

technische Spezifikationen im Rahmen der Leistungsbeschreibung. Zudem darf der Wettbewerb gemäß § 6 Abs. 1 VOB/A nicht auf Unternehmen beschränkt werden, die in bestimmten Regionen oder Orten ansässig sind. Ferner ordnet § 6 Abs. 2 VOB/A an, dass Bietergemeinschaften Einzelbietern gegenüber gleichzusetzen sind, wenn sie die Arbeiten im eigenen Betrieb oder in den Betrieben der Mitglieder ausführen.

72 Aus dem Grundsatz des Diskriminierungsverbots lässt sich des Weiteren das Verbot der Berücksichtigung von **Nachermittlungen** ableiten: Die Vergabestelle darf nicht nach Ablauf der Frist für die Einreichung der Bewerbungsunterlagen einseitig zugunsten einzelner Bewerber im Rahmen des Auswahlverfahrens ermitteln und dadurch einzelne Bewerbungen gleichsam nachbessern.[128] Eine Ausnahme hiervon ist dann möglich, wenn die Lücke in den Unterlagen evident nicht den Wettbewerb beeinflusst.[129]

3. Wettbewerbsgrundsatz

73 Der Wettbewerbsgrundsatz ist in § 2 Abs. 1 Nr. 2 S. 1 VOB/A statuiert. Auch dieser Grundsatz steht funktionell im unmittelbaren Zusammenhang mit den anderen beiden Grundsätzen. Ein tatsächlicher Wettbewerb kann nur dann gewährleistet werden, wenn alle Unternehmen vollumfänglich gleichbehandelt werden. Ebenso wie die anderen beiden Grundsätze muss sich auch der Wettbewerbsgrundsatz in allen Phasen des Vergabeverfahrens niederschlagen. Er gilt für Konzessionsgeber und Unternehmen gleichermaßen.[130] Der Konzessionsgeber muss im Verfahren darauf hinwirken, dass wettbewerbsbeschränkende und unlautere Verhaltensweisen unter den Unternehmen verhindert werden.[131]

74 Eine notwendige Wettbewerbsintensität kann nur dann entstehen, wenn so viele Unternehmen am Vergabeverfahren teilnehmen können wie nur möglich. Daher hat der Konzessionsgeber die **Bedingungen für die Teilnahme** so auszugestalten, dass diese nicht unnötig den Kreis der Teilnehmer einschränken. Extrem kurze Angebotsfristen oder sachlich nicht gerechtfertigte Sicherheitsleistungen sind dementsprechend zu vermeiden.[132]

75 Ferner ist in der Ausschreibung zu beachten, dass unter Umständen eine **losweise Ausschreibung** notwendig sein könnte. Es verstößt gegen den Wettbewerbsgrundsatz, wenn mehrere Leistungen, von denen ein Teil nur von einem einzigen Unternehmen erbracht werden kann, nicht losweise ausgeschrieben werden.[133] Der Grundsatz der losweisen Vergabe (Teil- und Fachlose) ist in § 5 Abs. 2 VOB/A geregelt.

76 Schlussendlich ist noch der Grundsatz des **Geheimwettbewerbs** ein gewichtiger Aspekt des Wettbewerbsgrundsatzes. Im Rahmen dessen wird das legitime Interesse der Bieter an der Wahrung ihrer Geschäftsgeheimnisse geschützt. Ein unverfälschter Bieterwettbewerb kann nur stattfinden, wenn jeder Bieter sein Angebot in Unkenntnis der Angebote, Angebotsgrundlagen und Angebotskalkulationen seiner Mitbewerber abgibt.[134]

VI. Anwendung der VOB/B

77 Bei Baukonzessionsvergaben ist die VOB/B zugrunde zu legen. Zu den Vorschriften, die nach § 23 Abs. 2 VOB/A sinngemäß anzuwenden sind, zählt § 8a Abs. 1 **VOB/A**. Danach haben die Vergabeunterlagen auch die Geltung der VOB/B für Baukonzessionen vorzusehen. Sie sind jedoch ihrerseits auf eine entsprechende Anwendung reduziert, soweit die Vergabe einer Konzession mit dem Abschluss eines Bauauftrages vergleichbar ist.[135]

---

[128] OLG Schleswig, Beschluss v. 11.5.2016 – 54 Verg 3/16.
[129] Vgl. OLG Saarbrücken, Urteil v. 15.6.2016 – 1 U 151/15.
[130] *Dörr*, in: Dreher/Motzke, Vergaberecht, 2. Aufl., § 97 GWB Rn. 6.
[131] VK Nordbayern, Beschluss v. 10.3.2016 – 21.VK-3194-03/16; VK Rheinland-Pfalz, Beschluss v. 11.9.2015 – VK 1-19/15.
[132] *Dörr*, in: Dreher/Motzke, Vergaberecht, 2. Aufl., § 97 GWB Rn. 10.
[133] OLG Celle, Beschluss v. 24.5.2007 – 13 Verg 4/07.
[134] OLG Düsseldorf, Beschluss v. 16.9.2003 – VII-Verg 52/03.
[135] Vgl. *Hermann*, in: Ziekow/Völlink, Vergaberecht, § 23 VOB/A Rn. 28.

In der **KonzVgV** ist die Vergabe der Baukonzession durch den Konzessionsgeber nur noch in § 33 Abs. 3 und 4 KonzVgV geregelt. Der Konzessionsnehmer einer Baukonzession, der im Rahmen dieser Baukonzession Aufträge an Dritte vergibt, deren Gegenstand die Erbringung von Bauleistungen i.S.d. § 103 Abs. 3 GWB ist, hat in der Regel die VOB/B, VOB/C und die Allgemeinen Technischen Vertragsbedingungen für Bauleistungen zum Vertragsgegenstand zu machen. § 33 Abs. 4 KonzVgV schreibt für den Konzessionsgeber verschiedene Mitteilungspflichten vor.

78

VII. Inhaltliche Vorgaben zum Baukonzessionsvertrag

§ 23 VOB/A enthält (wie die Bestimmungen oberhalb der Schwellenwerte) nur wenige materielle Vorgaben zu den Inhalten des auszuschreibenden Baukonzessionsvertrages, so dass der Baukonzessionsgeber bei den materiellen Inhalten weitgehend frei ist. Geregelt werden die Verpflichtung zu einer Bauleistung, die Übertragung (zumindest eines wesentlichen Teils) des Nutzungsrisikos, der Nutzungsrechte und der Befugnis, das Nutzungsentgelt der baulichen Anlage zu erhalten.[136] Die Grenzen des Verfahrens ergeben sich aus den Gedanken, die in §§ 12 bis 14 KonzVgV niedergelegt sind. Diese Grundsätze sind entsprechend anzuwenden. Das Baukonzessionsverfahren darf nicht in einer Weise ausgestaltet werden, dass bestimmte Bauunternehmen oder bestimmte Bauleistungen, Lieferungen oder Dienstleistungen auf unzulässige Weise bevorzugt oder benachteiligt werden.

79

VIII. Laufzeit

§ 23 Abs. 1 VOB/A trifft die Bestimmung, dass das Nutzungsrecht des Konzessionärs befristet ist, wobei die genaue Zeitdauer in der Norm nicht genannt ist. Ebenso wie in Art. 18 RL 2014/23/EU und § 3 Abs. 1 S. 1 KonzVgV sind Baukonzessionen auch im Unterschwellenbereich zwingend mit einer beschränkten Laufzeit zu versehen, weil in § 23 Abs. 1 VOB/A von dem befristeten Recht auf Nutzung der baulichen Anlage gesprochen wird. Demgemäß ist es erforderlich, dass im Konzessionsvertrag die Dauer der Befristung und die im Anschluss erfolgende Verwendung geregelt werden.[137] Dies ist deshalb bedeutend, damit das Bauwerk auch nach Ablauf der Befristung seiner Zweckbestimmung entsprechend weiter genutzt und betrieben werden kann.[138]

80

Im Hinblick auf die **Festlegung der Laufzeit** hält die VOB/A keine starren oder generellen Vorgaben bereit. Der Konzessionsgeber ist hierbei insofern frei – es ist daher auf den jeweiligen Einzelfall abzustellen. Einzubeziehen sind in die Betrachtung insbesondere der Umfang, die Dauer und die Kosten der Bauarbeiten sowie das Amortisationsinteresse des Konzessionsnehmers.[139] Dieses hängt wiederum von der Relation zwischen den zu erwartenden Erlösen und den Risiken ab. Diese Risiken werden von den im Vertrag vorgesehenen oder zugelassenen Gestaltungsmöglichkeiten des Konzessionärs beeinflusst.[140]

81

Als **Interpretationsrichtlinie** können die Vorgaben der KonzVgV hinsichtlich der Laufzeit von Konzession herangezogen werden. Eine Richtschnur zur Berechnung der Laufzeit kann § 3 Abs. 2 KonzVgV bieten. Nach dieser Regelung soll bei einer Konzession mit einer Laufzeit von über fünf Jahren die Laufzeit nicht länger sein als der Zeitraum, innerhalb dessen der Konzessionsnehmer nach vernünftigem Ermessen die Investitionsaufwendungen für die Errichtung, die Erhaltung und den Betrieb des Bauwerks zuzüglich einer Rendite auf das investierte Kapital (unter Berücksichtigung der zur Verwirklichung der spezifischen Vertragsziele notwendigen Investitionen) wieder erwirtschaften kann. Der Regelzeitraum beträgt als fünf Jahre, der in begründeten Einzelfälle auch länger sein kann.

82

---

136 Vgl. *Herrmann*, in: Ziekow/Völlink, Vergaberecht, § 23 VOB/A Rn. 27; *Thiel*, ZfBR 2017, 561.
137 *Ganske*, in: Kapellmann/Messerschmidt, VOB, § 23 VOB/A Rn. 40.
138 *Ganske*, in: Kapellmann/Messerschmidt, VOB, § 23 VOB/A Rn. 40.
139 *Dicks*, in: Kulartz/Marx/Portz/Prieß, VOB/A, § 22 Rn. 5.
140 *Dicks*, in: Kulartz/Marx/Portz/Prieß, VOB/A, § 22 Rn. 5.

F. Rechtsschutz

83 Für den unterlegenen Konzessionsbewerber eröffnet § 23 VOB/A die Überprüfungsmöglichkeit, wenn landesrechtliche Möglichkeiten zum Vergaberechtsschutz unterhalb der Schwellenwerte gegeben sind.[141] Daneben bestehen weitere Rechtsschutzmöglichkeiten. Für Baukonzessionsvergaben unterhalb der EU-Schwellenwerte ist die Verpflichtung zur sinngemäßen Anwendung der §§ 1 bis 21 VOB/A unternehmensschützend.

I. Primärrechtsschutz

84 Auch für den Baukonzessionsgeber besteht gemäß § 23 Abs. 1 VOB/A die Verpflichtung, dass für die Vergabe von Baukonzessionen die §§ 1 bis 22 sinngemäß anzuwenden sind, also auch die **Informationsverpflichtung** gemäß § 19 Abs. 1 VOB/A. Eine derartige Bestimmung existiert in der UVgO nicht, da die Unterschwellenkonzession in der UVgO nicht geregelt ist.[142]

85 Angesichts der Grundrechte des potenziellen Bieters (Art. 12 Abs. 1 und Art. 3 Abs. 1 GG) sowie der Vorgaben des europäischen Primärrechts (Art. 49, 56 und Art. 18 AEUV) bei Binnenmarktrelevanz entfalten auch die (in Hinblick auf Baukonzessionen anwendbaren) Verfahrensregeln der §§ 1 bis 22 VOB/A subjektiv öffentlich-rechtlichen **Drittschutz** in Bezug auf die Einhaltung der Regeln und Durchführung eines fehlerfreien, den Grundsätzen der Transparenz, Gleichbehandlung, Nichtdiskriminierung und des Wettbewerbs genügenden Konzessionsvergabeverfahrens. Die Grundsätze des Vergaberechts bewirken die Subjektivierung der vergaberechtlichen Vorschriften.

1. Effektiver Rechtschutz

86 Zwar gilt § 97 Abs. 6 GWB als gesetzliche Konkretisierung dieses Grundsatzes nicht für die Vergabe von Baukonzessionen im Unterschwellenbereich. Gleichwohl gilt auch dort der Grundsatz des effektiven Rechtsschutzes aus Art. 19 Abs. 4 GG. Auch im Vergabeverfahren unterhalb des Schwellenwertes muss den Unternehmen ein effektiver Primärrechtsschutz zur Verfügung stehen, wobei die Einzelheiten des zivilrechtlichen einstweiligen Rechtsschutzes unterhalb der Schwellenwerte umstritten sind.[143] Das OLG Düsseldorf hat allerdings eine Vorabinformationspflicht unterhalb der Schwellenwerte eingeführt,[144] die auch für Baukonzessionen unterhalb der Schwellenwerte gilt.

87 Die Vorschriften der VOB/A begründen also **subjektiv-öffentliche Rechte** der Unternehmen, tatsächliche Berücksichtigung in einem fehlerfreien Verfahren zu finden.[145] Ein anderes Ergebnis würde die Anforderungen des Gebotes des effektiven Rechtsschutzes gemäß Art. 19 Abs. 4 GG zudem grundlegend verkennen. Übergangene Unternehmen können sich insofern bei Binnenmarktrelevanz auf die Grundsätze des europäischen Primärrechts und im Übrigen auf sein Grundrecht auf Berufsfreiheit aus Art. 12 Abs. 1 GG bzw. das Gleichbehandlungsgebot gemäß Art. 3 Abs. 1 GG berufen. Ergänzend folgt aus § 311 Abs. 2 Nr. 1 i. V. m. § 241 Abs. 2 BGB ein vorvertragliches Schuldverhältnis, das darauf gerichtet ist, dass die Vergabestelle die ihr obliegenden Pflichten betreffend die Durchführung des Vergabeverfahrens einhält.[146]

88 Unterhalb der Schwellenwerte sind die Vergabekammern aufgrund der Normen der §§ 155, 156 Abs. 1 GWB – es sei denn, der Landesetzgeber hat eine Überprüfungsmöglichkeit eingeführt – nicht zuständig. Die **Zuständigkeit der Gerichtsbarkeit** unterhalb der Schwellenwerte ist vielmehr gespalten und hängt davon ab, welche Rechtsnatur der der Baukonzession

---

141 Vgl. § 1 KonzVgV Rn. 104 ff.
142 Vgl. *Braun,* in: Ziekow/Völlink, Vergaberecht, § 105 GWB Rn. 172.
143 Vgl. *Soudry,* in: Dreher/Motzke, Vergaberecht, 2. Aufl., § 2 VOB/A Rn. 15.
144 OLG Düsseldorf, Urteil v. 13.12.2017 – I-27 U 25/17, mit Hinweis auf OVG Berlin-Brandenburg, Beschluss v. 30.11.2010 – OVG 1 S 107.10.
145 Vgl. *Herrmann,* in: Ziekow/Völlink, Vergaberecht, § 23 VOB/A Rn. 40 ff.
146 Siehe § 1 KonzVgV Rn. 120 ff.

zugrundeliegende Vertrag hat. Wird die Konzession als privatrechtlicher Vertrag ausgestaltet, ist der ordentliche Rechtsweg nach § 13 GVG eröffnet. Kommt dem Konzessionsvertrag hingegen eine öffentlich-rechtliche Natur gemäß §§ 54 ff. VwVfG zu, ist die Verwaltungsgerichtsbarkeit gemäß § 40 Abs. 1 S. 1 VwGO für den Rechtsstreit zuständig. Eine öffentlich-rechtliche Natur kann eine Baukonzession beispielsweise dann haben, wenn durch sie hoheitliche Befugnisse auf den Konzessionsnehmer übertragen werden. Das dürfte nur nach einer ausführlichen Einzelfallprüfung zu bejahen sein. Im Falle eines gemischten Vertrages, der sowohl privat- als auch öffentlich-rechtliche Gesichtspunkte in sich vereint, ist auf den Schwerpunkt des gesamten Vertragswerkes abzustellen. Zur Qualifikation als öffentlich-rechtlicher Vertrag reicht es gleichwohl nicht aus, wenn durch den Vertrag bloß im Allgemeininteresse liegende Aufgaben erfüllt werden. Maßgeblich für die Bestimmung der Rechtsnatur des Konzessionsvertrages ist nicht das Ziel der Aufgabenerfüllung, sondern die dafür gewählte Rechtsform.[147]

2. De-Facto-Vergaben

Dem unterlegenen Bewerber oder Bieter steht auch im Unterschwellenbereich aus Art. 3 Abs. 1 GG i.V.m. Art. 20 Abs. 3 GG ein öffentlich-rechtlicher Bewerbungsverfahrensanspruch zur Seite, der es gebietet, zwischen der Bekanntgabe der Auswahlentscheidung und dem Vertragsabschluss mit dem ausgewählten Unternehmen einen angemessenen Zeitraum von jedenfalls zwei Wochen verstreichen zu lassen, um einen effektiven (Primär-)Rechtsschutz i. S. des Art. 19 Abs. 4 GG in Bezug auf die Auswahlentscheidung zu ermöglichen.[148]

89

3. Vorabinformation

In allen Bereichen (**oberhalb der Schwellenwerte** gemäß §§ 134, 135 GWB) besteht eine Verpflichtung zur vorherigen Information des unterlegenen Bewerbers oder Bieters. Eine Vertragsnichtigkeit eines abgeschlossenen Baukonzessionsvertrages könnte daraus resultieren, dass der Konzessionsgeber den nicht berücksichtigen Bewerber oder Bieter weder über den beabsichtigten Vertragsschluss informiert noch im Anschluss hieran eine angemessene Wartefrist eingehalten hat.

90

Es sprechen gewichtige Gründe dafür, auch im **Unterschwellenbereich** die Einhaltung einer Informations- und Wartepflicht durch den Auftraggeber zu verlangen.[149] Nach der Rechtsprechung des EuG[150] fordern die gemeinsamen Verfassungen der Mitgliedsstaaten und die Konvention zum Schutz der Menschenrechte und Grundfreiheiten einen effektiven und vollständigen Schutz gegen Willkür des Konzessionsgebers. Dieser vollständige Rechtsschutz verlangt, sämtliche Bieter vor Abschluss eines Vertrages von der Zuschlagsentscheidung zu unterrichten. Ein vollständiger Rechtsschutz verlangt auch, dass zwischen der Unterrichtung abgelehnter Bieter und der Unterzeichnung des Vertrags eine angemessene Frist liegt, innerhalb der für den Bieter ein vorläufiger Schutz gewährt werden kann, wenn er für die volle Wirksamkeit der Entscheidung in der Sache erforderlich ist. Im nationalen Recht ist dies ebenfalls bereits in einigen Rechtsgebieten anerkannt. Schon vor Einführung der entsprechenden gesetzlichen Bestimmungen war nach der Rechtsprechung des BVerwG bei Beamten- und Richterbeförderungen die Informations- und Wartepflicht zu beachten.[151] Zur Vergabe von Wochenmarktveranstaltungen hat das OVG Berlin-Brandenburg entschieden, dass effektiver Primärrechtsschutz es gebietet, mindestens zwei Wochen nach Information der Bewerber über den Ausgang des Auswahlverfahrens abzuwarten, bevor mit dem ausgewählten Bewer-

91

---

147 Siehe § 1 KonzVgV Rn. 183 f.
148 OVG Berlin-Brandenburg Beschluss v. 30.11.2010 – 1 S 107/10; OLG Düsseldorf, Urteil v. 13.12.2017 – I-27 U 25/17; *Braun*, NVwZ 2009, 747.
149 OLG Düsseldorf, Urteil v. 13.12.2017 – I-27 U 25/17, mit Hinweis auf OVG Berlin-Brandenburg, Beschluss v. 30.11.2010 – OVG 1 S 107.10.
150 OLG Düsseldorf, Urteil v. 13.12.2017 – I-27 U 25/17, mit Hinweis auf EuG, Urteil v. 20.9.2011 – Rs. T-461/08.
151 OLG Düsseldorf, Urteil v. 13.12.2017 – I-27 U 25/17, mit Hinweis auf BVerwG, Urteil v. 4.11.2010 – 2 C 16/09.

ber der Vertrag geschlossen wird.[152] Wenn sich diese Rechtsprechung des OLG Düsseldorf durchsetzt, dann wird auch bei Baukonzessionen gemäß § 23 VOB/A eine allgemeine Vorabinformationspflicht bestehen.

II. Sekundärrechtsschutz

92 **Schadensersatz** ist nach den allgemeinen Regelungen zu leisten, wenn eine Konzession vergaberechtswidrig erteilt wird. In Betracht kommt auch ein Amtshaftungsanspruch gemäß § 839 BGB i.V.m. Art. 34 S. 1 GG.[153]

93 Die Anwendung der Grundsätze der **Mehrvergütung** bei verzögerter Vergabe kommt auch bei einem Baukonzessionsvertrag in Betracht.[154]

---

152 OLG Düsseldorf, Urteil v. 13.12.2017 – I-27 U 25/17, mit Hinweis auf OVG Berlin-Brandenburg, Beschluss v. 30.11.2010 – OVG 1 S 107.10.
153 Vgl. *Herrmann*, in: Ziekow/Völlink, Vergaberecht, § 23 VOB/A Rn. 54; siehe auch § 1 KonzVgV Rn. 123.
154 BGH, Urteil v. 18.12.2014 – VII ZR 60/14.

Stichwortverzeichnis

A

Aggregierte Form **§ 6 VergStatVO** 17
Akteneinsicht
- Carsharing-Konzession **CsgG** 271
- Gaskonzession **EnWG** 113 ff.
- Stromkonzession **EnWG** 113 ff.

Aktivierungs- und Vermittlungsgutschein **SGB** 27
Allgemeine Technische Vertragsbedingungen für Bauleistungen **§ 33 KonzVgV** 43
Allgemeine Vertragsbedingungen für die Ausführung von Bauleistungen **§ 33 KonzVgV** 43
Allgemeiner Grundsatz **§ 12 KonzVgV** 1 ff.
- Einstufige Durchführung **§ 12 KonzVgV** 9 ff.
- Mehrstufige Durchführung **§ 12 KonzVgV** 9 ff.
- Rechtsschutz **§ 12 KonzVgV** 16 ff.
- Unionsrecht **§ 12 KonzVgV** 2
- Verfahrensart **§ 12 KonzVgV** 7 f.
- Verfahrensgestaltung **§ 12 KonzVgV** 5 ff.
- Verhandlung **§ 12 KonzVgV** 12 ff.
- Verhandlungsverfahren mit Teilnahmewettbewerb **§ 12 KonzVgV** 7
- Weitergabe von Informationen **§ 12 KonzVgV** 15

Alternative **§ 20 KonzVgV** 45 ff.
Alternatives elektronisches Mittel **§ 10 KonzVgV** 1 ff., 10 ff.
- Bauwerksdatenmodellierung **§ 10 KonzVgV** 7
- Building Information Modeling System **§ 10 KonzVgV** 7
- Direkter Zugang **§ 10 KonzVgV** 17
- Gesamtes Vergabeverfahren **§ 10 KonzVgV** 18
- Internetadresse **§ 10 KonzVgV** 19
- Rechtsschutz **§ 10 KonzVgV** 22
- Selbstverwendung **§ 10 KonzVgV** 20 f.
- Uneingeschränkter Zugang **§ 10 KonzVgV** 17
- Unentgeltlicher Zugang **§ 10 KonzVgV** 17
- Unionsrecht **§ 10 KonzVgV** 2 ff.
- Vollständiger Zugang **§ 10 KonzVgV** 17
- Zugang **§ 10 KonzVgV** 15 ff.

Alternativposition **§ 15 KonzVgV** 16
Änderung an Vergabeunterlagen **§ 29 KonzVgV** 40 f.
Anfechtungsklage **CsgG** 268

Anforderung des Netzgebiets **EnWG** 71
Anforderungskriterium **BADV** 68
Angebot
- Aufbewahrung **§ 6 KonzVgV** 20 ff., **§ 29 KonzVgV** 1 ff., 42 ff.
- Form **§ 28 KonzVgV** 1 ff.
- Integrität der Daten **§ 4 KonzVgV** 20 ff.
- Kennzeichnung **§ 29 KonzVgV** 8 ff.
- Öffnung **§ 29 KonzVgV** 18 ff.
- Prüfung **§ 29 KonzVgV** 1 ff.
- Übermittlung **§ 28 KonzVgV** 1 ff., **§ 34 KonzVgV** 8 ff.
- Vertraulichkeit **§ 4 KonzVgV** 20 ff., **§ 6 KonzVgV** 20 ff.

Angebotsfrist
- Bewerberfrage **§ 18 KonzVgV** 13
- Bieterfrage **§ 18 KonzVgV** 13
- Bodenabfertigungskonzession **BADV** 62
- Einsichtnahme **§ 27 KonzVgV** 20 ff.
- Elektronisches Mittel **§ 27 KonzVgV** 44, 46 f.
- Erstangebot **§ 27 KonzVgV** 41 ff.
- Gaskonzession **EnWG** 48 f.
- Gewerbekonzession **GewO** 106
- Glücksspielkonzession **GlüStV** 132
- Mindestfrist **§ 27 KonzVgV** 23 ff.
- Nichtdiskriminierung **§ 9 KonzVgV** 23 ff.
- Ortsbesichtigung **§ 27 KonzVgV** 20 ff.
- Rechtsschutz **§ 27 KonzVgV** 57 f.
- Stromkonzession **EnWG** 48 f.
- Unionsrecht **§ 27 KonzVgV** 2 ff.
- Vergabeunterlagen **§ 17 KonzVgV** 36
- Verlängerung **§ 17 KonzVgV** 36, **§ 27 KonzVgV** 32 ff.
- Vertraulichkeit **§ 8 KonzVgV** 26
- Zusätzliche Auskunft **§ 18 KonzVgV** 13
- Zusätzliche Information **§ 27 KonzVgV** 38 ff.

Angehöriger **§ 5 KonzVgV** 55 ff.
Angelegenheit der örtlichen Gemeinschaft **EnWG** 66 ff.
Anmeldung **§ 7 KonzVgV** 75
Anreizeffekt **AGVO/NGA-RR** 63
Anwendungsbereich **§ 1 KonzVgV** 1 ff.
Anzahl der Unternehmen **§ 13 KonzVgV** 46 ff., **§ 25 KonzVgV** 20 ff.
- Konzessionsbekanntmachung **§ 25 KonzVgV** 53

Anziehungskraft **GewO** 67
Äquivalenzprinzip **BADV** 52 ff., **RDG** 35
Arbeitsförderung **SGB** 25 ff.

Stichwortverzeichnis

Ästhetik § **31 KonzVgV** 56, **GewO** 68
Attraktivität **GewO** 63 ff.
Aufbewahrung § **6 KonzVgV** 20 ff., § **29 KonzVgV** 1 ff., 42 ff.
– Integrität § **29 KonzVgV** 44
– Rechtsschutz § **29 KonzVgV** 47 f.
– Unionsrecht § **29 KonzVgV** 2
– Vertraulichkeit § **29 KonzVgV** 43
Aufforderung zur Angebotsabgabe
– Vergabeunterlagen § **16 KonzVgV** 3, § **17 KonzVgV** 6 ff.
– Zuschlagskriterium § **13 KonzVgV** 37 f.
Aufhebung § **32 KonzVgV** 1 ff.
– Antragsbefugnis § **32 KonzVgV** 67, 77
– Anwendungsbereich § **32 KonzVgV** 8
– Aufhebung der Aufhebung § **32 KonzVgV** 63 ff.
– Aufhebungsgrund § **32 KonzVgV** 13 ff.
– Bewerber § **32 KonzVgV** 53
– Bieter § **32 KonzVgV** 53
– Dokumentation § **32 KonzVgV** 52
– Doppelte Rügeobliegenheit § **32 KonzVgV** 70
– Ein Angebot § **32 KonzVgV** 36
– Ermessen § **32 KonzVgV** 11 f.
– Fehlerhafte Leistungsbeschreibung § **32 KonzVgV** 24
– In-House-Vergabe § **32 KonzVgV** 73
– Kein den Bedingungen entsprechendes Angebot § **32 KonzVgV** 16 ff.
– Kein wirtschaftliches Ergebnis § **32 KonzVgV** 29 ff.
– Losaufteilung § **32 KonzVgV** 43
– Mitteilung § **32 KonzVgV** 50 ff.
– Rechtsschutz § **32 KonzVgV** 62 ff.
– Rügeobliegenheit § **32 KonzVgV** 68 ff.
– Schadenersatz § **32 KonzVgV** 78 f.
– Schwerwiegender Grund § **32 KonzVgV** 32 ff.
– Teilaufhebung § **32 KonzVgV** 42 ff.
– Unionsrecht § **32 KonzVgV** 3 ff.
– Unterrichtung § **30 KonzVgV** 11, 39 ff., § **32 KonzVgV** 50 ff.
– Verschulden § **32 KonzVgV** 23
– Vorabinformation § **32 KonzVgV** 56
– Wesentliche Änderung der Verfahrensgrundlage § **32 KonzVgV** 21 ff.
– Wirksamkeit § **32 KonzVgV** 49
Aufhebung der Aufhebung § **32 KonzVgV** 63 ff.
Ausführungsbedingung
– Zuschlagskriterium § **31 KonzVgV** 22
Ausgleichsleistung **VO (EG) 1370/2007** 42

Auslandsdienststelle § **7 KonzVgV** 8, § **35 KonzVgV** 1 ff., § **2 VergStatVO** 7
– Begriff § **35 KonzVgV** 6
– Bekanntmachung § **35 KonzVgV** 8
– Rechtsschutz § **35 KonzVgV** 12
– Unionsrecht § **35 KonzVgV** 2
– Vergabeunterlagen § **35 KonzVgV** 8
Ausnahme von Konzessionsbekanntmachung § **20 KonzVgV** 1 ff.
– Alleinstellung § **20 KonzVgV** 13 ff.
– Alternative § **20 KonzVgV** 45 ff.
– Änderung der Bedingungen § **20 KonzVgV** 78 ff.
– Ausschließliches Recht § **20 KonzVgV** 28 ff.
– Bestimmtes Unternehmen § **20 KonzVgV** 17
– Beweislast § **20 KonzVgV** 11
– Darlegungslast § **20 KonzVgV** 11
– Dokumentation § **20 KonzVgV** 12
– Ersatzlösung § **20 KonzVgV** 45 ff.
– Geistiges Eigentum § **20 KonzVgV** 31 ff.
– Kein oder kein geeigneter Teilnahmeantrag § **20 KonzVgV** 52 ff.
– Kein oder kein geeignetes Angebot § **20 KonzVgV** 52 ff.
– Künstlerische Leistung § **20 KonzVgV** 20 ff.
– Künstliche Einengung § **20 KonzVgV** 46 f.
– Künstliche Einengung der Vergabeparameter § **20 KonzVgV** 45, 50
– Kunstwerk § **20 KonzVgV** 20 ff.
– Leistungsbestimmungsrecht § **20 KonzVgV** 38 ff.
– Markterkundung § **20 KonzVgV** 18, 48
– Rechtsschutz § **20 KonzVgV** 86 ff.
– Technischer Grund § **20 KonzVgV** 25 ff.
– Ungeeigneter Teilnahmeantrag § **20 KonzVgV** 61 ff.
– Ungeeignetes Angebot § **20 KonzVgV** 68 ff.
– Unionsrecht § **20 KonzVgV** 4
– Verfahrensbericht § **20 KonzVgV** 82 ff.
Ausschließliches Recht § **20 KonzVgV** 28 ff.
Ausschluss
– Elektronische Signatur § **8 KonzVgV** 46 f.
– Elektronisches Siegel § **8 KonzVgV** 46 f.
– Unterrichtung § **30 KonzVgV** 35 ff.
Ausschlussgrund § **13 KonzVgV** 32
– Eigene Erkundigung § **26 KonzVgV** 19 ff.
– Eigenerklärung § **26 KonzVgV** 14 ff., 18
– Eignungsleihe § **25 KonzVgV** 60
– Nachweis § **26 KonzVgV** 14 f., 17 f.
– Prüfung § **26 KonzVgV** 13
– Unterauftrag § **33 KonzVgV** 62 ff.
– Unterlage § **26 KonzVgV** 15

Stichwortverzeichnis

- Zuverlässigkeit § 26 **KonzVgV** 13
- Auswahlkriterium § 25 **KonzVgV** 20 f.
- Anziehungskraft **GewO** 67
- Ästhetik **GewO** 68
- Attraktivität **GewO** 63 ff.
- Beitrag zur Tradition **GewO** 67, 81 ff.
- Bekannt und bewährt **GewO** 72 ff.
- Bodenabfertigungskonzession **BADV** 39 f.
- Breitbandkonzession **AGVO/NGA-RR** 78 ff.
- Erreichbarkeit **GewO** 84
- Familienfreundlichkeit **GewO** 88
- Gaskonzession **EnWG** 43 ff.
- Gewerbekonzession **GewO** 48 ff., 56 ff., 90 ff.
- Gewichtung **EnWG** 43 ff.
- Kontrolle **GewO** 84
- Ortsansässigkeit **GewO** 78 ff., 108
- Sicherheit **GewO** 85
- Soziales Kriterium **GewO** 86 f.
- Stromkonzession **EnWG** 43 ff.
- Umweltgerechter Betrieb **GewO** 88
- Zuverlässigkeit **GewO** 89

B

Barrierefreiheit § 9 **KonzVgV** 21 ff.
Bauauftrag **VOB/A** 23 ff.
Baukonzession **VOB/A** 1 ff.
- Ahlhorn **VOB/A** 14
- Bauauftrag **VOB/A** 23 ff.
- Begriff **VOB/A** 3 ff.
- Bekanntmachung **VOB/A** 65
- Bereichsausnahme **VOB/A** 43 f.
- Beschaffung **VOB/A** 14, 16
- Beschränkte Ausschreibung **VOB/A** 54
- Betriebsrisiko **VOB/A** 7 ff., 24
- Binnenmarktrelevanz **VOB/A** 63 f.
- Breitbandkonzession **AGVO/NGA-RR** 19 ff., **VOB/A** 40
- De-facto-Vergabe **VOB/A** 89
- Dienstleistungskonzession **VOB/A** 30 ff.
- Dokumentation **VOB/A** 67
- Erbbaurecht **VOB/A** 42
- Freihändige Vergabe **VOB/A** 55
- Gaskonzession **VOB/A** 38
- Geheimwettbewerb **VOB/A** 76
- Gewichtung der Unterkriterien **VOB/A** 66
- Gewichtung der Zuschlagskriterien **VOB/A** 66
- Gleichbehandlungsgebot **VOB/A** 68 ff.
- Grundsatz der Vergabe **VOB/A** 59 ff.
- Kommunikationsnetz **VOB/A** 39
- Konzessionsgeber **VOB/A** 45
- Laufzeit **VOB/A** 80 ff.
- Leistungsbeschreibung **VOB/A** 50 f.
- Losaufteilung **VOB/A** 75
- Mehrvergütung **VOB/A** 93
- Nachermittlung **VOB/A** 72
- Nutzung öffentlicher Bereiche oder Ressourcen **VOB/A** 36
- Nutzungsrecht **VOB/A** 14 f.
- Öffentliche Ausschreibung **VOB/A** 53
- Ordentlicher Rechtsweg **VOB/A** 88
- Pachtvertrag **VOB/A** 35, 37
- Primärrechtsschutz **VOB/A** 84 ff.
- Rechtsschutz **VOB/A** 83 ff.
- Rechtsweg **VOB/A** 88
- Schadenersatz **VOB/A** 92
- Sekundärrechtsschutz **VOB/A** 92 f.
- Sinngemäße Anwendung **VOB/A** 46 ff.
- Stromkonzession **VOB/A** 38
- Transparenzgrundsatz **VOB/A** 61 ff.
- Ungewöhnliches Wagnis **VOB/A** 51
- Unterauftrag **VOB/A** 56 ff.
- Unterkriterium **VOB/A** 66
- Vergabeart **VOB/A** 52 ff.
- Vergütung **VOB/A** 49
- Vertragsbedingung **VOB/A** 77 f.
- Verwaltungsakt **VOB/A** 19 ff.
- Verwaltungsrechtsweg **VOB/A** 88
- Vorabinformation **VOB/A** 86, 90 f.
- Wegenutzungsvertrag **VOB/A** 38
- Wettbewerbsgrundsatz **VOB/A** 73 ff.
- Widmung **VOB/A** 20
- Windenergieanlage **VOB/A** 41
- Zuschlagskriterium **VOB/A** 66

Bauwerksdatenmodellierung § 10 **KonzVgV** 7
Bedarfsposition § 15 **KonzVgV** 16
Begrenzung der Anzahl der Unternehmen § 25 **KonzVgV** 20 ff.
- Konzessionsbekanntmachung § 25 **KonzVgV** 53

Beihilfe **CsgG** 53 ff.
Beiladung **CsgG** 273
Beitrag zur Tradition **GewO** 67, 81 ff.
Bekanntmachung
- Übermittlung § 23 **KonzVgV** 7 ff.

Bekannt und bewährt **GewO** 72 ff., **RDG** 63
Bekanntmachung § 1 **KonzVgV** 19
- Baukonzession **VOB/A** 65
- Besondere Dienstleistung § 22 **KonzVgV** 1, 3 f.
- Bodenabfertigungskonzession **BADV** 59
- Breitbandkonzession **AGVO/NGA-RR** 109
- Carsharing-Konzession **CsgG** 98 ff.
- Elektronisches Mittel § 23 **KonzVgV** 7 ff.
- eNotices § 23 **KonzVgV** 12

Stichwortverzeichnis

- Form der Veröffentlichung **§ 23 KonzVgV** 1 ff.
- Freiwillige Bekanntmachung **§ 23 KonzVgV** 32
- Glücksspielkonzession **GlüStV** 126
- Individueller Hinweis **§ 23 KonzVgV** 27 ff.
- Konzessionsänderung **§ 22 KonzVgV** 65 f.
- Konzessionsbekanntmachung **§ 19 KonzVgV** 1 ff.
- Modalität der Veröffentlichung **§ 23 KonzVgV** 1 ff.
- Nachweis der Veröffentlichung **§ 23 KonzVgV** 13 ff.
- Nationale Ebene **§ 23 KonzVgV** 17 ff.
- ÖPNV-Konzession **VO (EG) 1370/2007** 19
- Parallelbekanntmachung **§ 23 KonzVgV** 17 ff.
- Rechtsschutz **§ 23 KonzVgV** 33
- SIMAP **§ 23 KonzVgV** 12
- Soziale Dienstleistung **§ 22 KonzVgV** 1, 3 f.
- Übermittlung **§ 7 KonzVgV** 7, **§ 34 KonzVgV** 7
- Unionsrecht **§ 23 KonzVgV** 3

Bekanntmachung über Konzessionsänderung **§ 21 KonzVgV** 9 ff.
- Ausnahme von der Veröffentlichungspflicht **§ 21 KonzVgV** 14 f.
- Frist **§ 21 KonzVgV** 13
- Muster **§ 21 KonzVgV** 12

Beleg für das Nichtvorliegen von Ausschlussgründen **§ 26 KonzVgV** 1 ff.
Beleihung **CsgG** 46 ff.
Bereichsausnahme
- Anwendungsbereich **§ 1 KonzVgV** 15
- Rettungsdienstkonzession **RDG** 2, 220 ff.
- Umgehungsverbot **§ 14 KonzVgV** 35

Bereitstellung der Vergabeunterlagen **§ 16 KonzVgV** 4, **§ 17 KonzVgV** 1 ff.
- Anderer geeigneter Weg **§ 17 KonzVgV** 35
- Änderung der Vergabeunterlagen **§ 17 KonzVgV** 10
- Angebotsfrist **§ 17 KonzVgV** 36
- Aufforderung zur Angebotsabgabe **§ 17 KonzVgV** 6 ff., 37
- Ausnahme **§ 17 KonzVgV** 5
- Besondere Dienstleistung **§ 17 KonzVgV** 9
- Bürogerät **§ 17 KonzVgV** 31
- Dateiformat **§ 17 KonzVgV** 30
- Direkte Abrufbarkeit **§ 17 KonzVgV** 14, 16
- Konzessionsbekanntmachung **§ 17 KonzVgV** 6 ff., 37
- Konzessionsunterlagen **§ 17 KonzVgV** 12
- Rechtsschutz **§ 17 KonzVgV** 38 f.
- Registrierung **§ 17 KonzVgV** 10, 17

- Sensible Handelsinformation **§ 17 KonzVgV** 32 ff.
- Sicherheitsgrund **§ 17 KonzVgV** 23 ff.
- Soziale Dienstleistung **§ 17 KonzVgV** 9
- Technischer Grund **§ 17 KonzVgV** 26 ff.
- Übermittlung auf anderem Wege **§ 17 KonzVgV** 20 ff.
- Uneingeschränkte Abrufbarkeit **§ 17 KonzVgV** 14 f.
- Unentgeltliche Abrufbarkeit **§ 17 KonzVgV** 13
- Unionsrecht **§ 17 KonzVgV** 2 f.
- Vergabeunterlagen **§ 17 KonzVgV** 11 f.
- Verlängerung der Angebotsfrist **§ 17 KonzVgV** 36
- Verschwiegenheitserklärung **§ 17 KonzVgV** 25, 34
- Vollständige Abrufbarkeit **§ 17 KonzVgV** 19

Beschaffungsdienstleister **§ 5 KonzVgV** 18 ff.
Besondere Dienstleistung **§ 22 KonzVgV** 1, 3 f., **§ 3 VergStatVO** 12 ff.
- Konzessionsänderung **§ 22 KonzVgV** 65 f.
- Rechtsschutz **§ 22 KonzVgV** 68 ff.
- Statistik **§ 3 VergStatVO** 12 ff.
- Unionsrecht **§ 22 KonzVgV** 4 f.
- Vergabebekanntmachung **§ 21 KonzVgV** 8, **§ 22 KonzVgV** 25 ff., 30 ff.
- Vergabeunterlagen **§ 17 KonzVgV** 9
- Vorinformation **§ 22 KonzVgV** 20 ff.

Betreibermodell **AGVO/NGA-RR** 5, 7
Betriebsgeheimnis **CsgG** 272
Betriebsrisiko **§ 1 KonzVgV** 46, 66 ff.
Betriebsübergang **BADV** 81
Betriebszugehörigkeit **BADV** 80
Bewerber **§ 5 KonzVgV** 41
Bewerberfrage
   siehe *Zusätzliche Auskunft*
Bewerbergemeinschaft **§ 24 KonzVgV** 1 ff.
- Änderung der Zusammensetzung **§ 24 KonzVgV** 37 ff.
- Bedingung zur Ausführung der Konzession **§ 24 KonzVgV** 26 ff.
- Bedingung zur Erfüllung der Eignungskriterien **§ 24 KonzVgV** 26 ff.
- Begriff **§ 24 KonzVgV** 16 ff.
- Bevollmächtigter Vertreter **§ 24 KonzVgV** 32
- Eignungsleihe **§ 24 KonzVgV** 40
- Eignungsprüfung **§ 24 KonzVgV** 29
- Ersetzungsverlangen **§ 24 KonzVgV** 36
- Gleichbehandlung **§ 24 KonzVgV** 14 f., 19
- Rechtsschutz **§ 24 KonzVgV** 50 ff.
- Unionsrecht **§ 24 KonzVgV** 4 f.
- Unterrichtung **§ 30 KonzVgV** 54

Stichwortverzeichnis

Bewerbungsverfahrensanspruch **§ 1 KonzVgV** 111 ff., **GewO** 126 f., 131
Bewertungsmethode **EnWG** 74
Bieter **§ 5 KonzVgV** 41
Bieterfrage
  siehe *Zusätzliche Auskunft*
Bietergemeinschaft **§ 24 KonzVgV** 1 ff.
– Änderung der Zusammensetzung **§ 24 KonzVgV** 37 ff.
– Bauvorhaben Schramberg **§ 24 KonzVgV** 22
– Bedingung zur Ausführung der Konzession **§ 24 KonzVgV** 26 ff.
– Bedingung zur Erfüllung der Eignungskriterien **§ 24 KonzVgV** 26 ff.
– Begriff **§ 24 KonzVgV** 16 ff.
– Bevollmächtigter Vertreter **§ 24 KonzVgV** 32
– Eignungsleihe **§ 24 KonzVgV** 40
– Eignungsprüfung **§ 24 KonzVgV** 29
– Ersetzungsverlangen **§ 24 KonzVgV** 36
– Geheimwettbewerb **§ 24 KonzVgV** 24 f.
– Gesamtschuldnerische Haftung **§ 24 KonzVgV** 42
– Gleichbehandlung **§ 24 KonzVgV** 14 f., 19
– Kartellrecht **§ 24 KonzVgV** 21 ff.
– Mehrfachbeteiligung **§ 24 KonzVgV** 24 f.
– Rechtsform **§ 24 KonzVgV** 43 ff.
– Rechtsschutz **§ 24 KonzVgV** 50 ff.
– Serrantoni **§ 24 KonzVgV** 25
– Unionsrecht **§ 24 KonzVgV** 4 f.
– Unterrichtung **§ 30 KonzVgV** 28, 54
Bietersoftware **§ 8 KonzVgV** 89
Bindefrist **§ 27 KonzVgV** 49 ff., **§ 31 KonzVgV** 118
– Mehrstufiges Verfahren **§ 27 KonzVgV** 52
– Verlängerung **§ 27 KonzVgV** 55
Binnenmarktrelevanz
– Baukonzession **VOB/A** 63 f.
Bodenabfertigungskonzession **BADV** 1 ff.
– Anfechtungsklage **BADV** 90
– Anforderungskriterium **BADV** 68
– Angebotsfrist **BADV** 62
– Anhörung **BADV** 71 ff.
– Äquivalenzprinzip **BADV** 52 ff.
– Auswahlentscheidung **BADV** 8
– Auswahlkriterium **BADV** 39 f.
– Auswahlverfahren **BADV** 64 ff.
– Beihilferecht **BADV** 7
– Bekanntmachung **BADV** 59
– Bereichsausnahme **BADV** 19 ff.
– Beschaffung **BADV** 14 ff.
– Betrieb **BADV** 69
– Betriebsrisiko **BADV** 9 ff.
– Betriebsübergang **BADV** 81
– Betriebszugehörigkeit **BADV** 80
– Dokumentation **BADV** 56
– Eignungskriterium **BADV** 60
– Einsatz der Mitarbeiter **BADV** 69
– Flugplatzunternehmer **BADV** 29 ff.
– Form des Angebots **BADV** 62
– Form des Teilnahmeantrags **BADV** 62
– Gleichbehandlungsgrundsatz **BADV** 44 ff.
– Grundsatz der Vergabe **BADV** 36 ff.
– Interessenkonflikt **BADV** 56
– Kartellvergaberecht **BADV** 3 ff.
– Kommunikation **BADV** 56
– Konzessionsbegriff **BADV** 6
– Konzessionsgeber **BADV** 26 f.
– Laufzeit **BADV** 84
– Leistungsbeschreibung **BADV** 57
– Luftfahrtbehörde **BADV** 28
– Luftverkehrsdienst **BADV** 20
– Nachprüfungsverfahren **BADV** 95
– Nachverhandlungsverbot **BADV** 47
– Oberschwellenvergabe **BADV** 91 ff.
– Rechtsschutz **BADV** 85 ff.
– Sachgerechtes Auswahlverfahren **BADV** 76 ff.
– Schwellenwert **BADV** 22
– Sektorenauftraggeber **BADV** 30 f.
– Sektorentätigkeit **BADV** 32 f.
– Sofortige Vollziehung **BADV** 98 f.
– Teilnahmefrist **BADV** 62
– Teilnahmewettbewerb **BADV** 65 ff.
– Transparenzgrundsatz **BADV** 37 ff.
– Umgehungsverbot **BADV** 58
– Unterschwellenvergabe **BADV** 5, 87 ff., 96 ff.
– Verhältnismäßigkeitsgrundsatz **BADV** 51
– Verpflichtungsklage **BADV** 90
– Vertraulichkeit **BADV** 56
– Verwaltungsakt **BADV** 23 f.
– Wettbewerbsgrundsatz **BADV** 48 ff.
– Zugang **BADV** 69
– Zuschlagskriterium **BADV** 61, 79
– Zweistufiges Verfahren **BADV** 65 ff.
Breitbandkonzession **AGVO/NGA-RR** 1 ff.
– Anreizeffekt **AGVO/NGA-RR** 63
– Ausschreibungsmodell **AGVO/NGA-RR** 4 ff.
– Auswahlkriterium **AGVO/NGA-RR** 78 ff.
– Auswahlverfahren **AGVO/NGA-RR** 40 ff.
– Baukonzession **AGVO/NGA-RR** 19 ff., **VOB/A** 40
– Bekanntmachung **AGVO/NGA-RR** 46 ff., 75 ff., 109
– Bereichsausnahme **AGVO/NGA-RR** 27 ff.
– Beschaffungsvorgang **AGVO/NGA-RR** 16 ff.

Stichwortverzeichnis

- Betreibermodell **AGVO/NGA-RR** 5, 7
- Betriebsrisiko **AGVO/NGA-RR** 12 ff.
- Bewerbungsverfahrensanspruch **AGVO/NGA-RR** 114 f.
- Dienstleistungskonzession **AGVO/NGA-RR** 9 ff.
- Diskriminierungsverbot **AGVO/NGA-RR** 50 ff.
- Dokumentation **AGVO/NGA-RR** 105
- Eignungskriterium **AGVO/NGA-RR** 107, 110
- Einstweiliger Rechtsschutz **AGVO/NGA-RR** 115
- Gleichbehandlungsgrundsatz **AGVO/NGA-RR** 50 ff.
- Grundsatz der Vergabe **AGVO/NGA-RR** 42 ff.
- Interessenkonflikt **AGVO/NGA-RR** 105
- Kommunikation **AGVO/NGA-RR** 106
- Konkurrentenklage **AGVO/NGA-RR** 114
- Konkurrentenverdrängungsklage **AGVO/NGA-RR** 114
- Markterkundung **AGVO/NGA-RR** 65 ff.
- Nachmeldung **AGVO/NGA-RR** 68 ff.
- Nachprüfungsverfahren **AGVO/NGA-RR** 25 ff.
- Nahbereich **AGVO/NGA-RR** 72 ff.
- Rechtlicher Rahmen **AGVO/NGA-RR** 3 ff.
- Rechtsschutz **AGVO/NGA-RR** 112 ff.
- Rechtsweg **AGVO/NGA-RR** 23 ff.
- Schwellenwert **AGVO/NGA-RR** 62
- Technologieneutralität **AGVO/NGA-RR** 89 ff.
- Transparenzgrundsatz **AGVO/NGA-RR** 44 ff.
- Vectoring **AGVO/NGA-RR** 82 ff., 97 ff.
- Vectoring-Liste **AGVO/NGA-RR** 102
- Veränderung der Eigentumsverhältnisse **AGVO/NGA-RR** 86
- Vergabeunterlagen **AGVO/NGA-RR** 108
- Verhältnismäßigkeitsgrundsatz **AGVO/NGA-RR** 56
- Vertragswert **AGVO/NGA-RR** 104
- Vertraulichkeit **AGVO/NGA-RR** 105
- Verwaltungsrechtsweg **AGVO/NGA-RR** 23 f.
- Virtuelles Zugangsprodukt **AGVO/NGA-RR** 98 ff.
- Vorläufiger Rechtsschutz **AGVO/NGA-RR** 115
- Vorleistungspreis **AGVO/NGA-RR** 87
- Weißer Fleck **AGVO/NGA-RR** 65
- Wettbewerbsgrundsatz **AGVO/NGA-RR** 53 ff.
- Wirtschaftlichkeitslückenmodell **AGVO/NGA-RR** 5 f.
- Wohlverhaltensvereinbarung **AGVO/NGA-RR** 70
- Zugang zum geförderten Netz **AGVO/NGA-RR** 81
- Zukunftssicherer Errichtung **AGVO/NGA-RR** 88
- Zuschlagskriterium **AGVO/NGA-RR** 107

Building Information Modeling System **§ 10 KonzVgV** 7
Bürogerät **§ 17 KonzVgV** 31

C

Carsharing-Konzession **CsgG** 1 ff.
- Akteneinsicht **CsgG** 271
- Anfechtungsklage **CsgG** 268 f.
- Anlage **CsgG** 149, 159, 169, 177, 192, 198, 205, 211, 220, 227, 233, 236, 241, 248, 253
- Anordnungsgrund **CsgG** 270
- Auflage **CsgG** 109, 157, 167, 174, 189, 196, 203, 225, 231, 242, 246
- Ausschlusskriterium **CsgG** 116
- Auswahl des besten Bewerbers **CsgG** 113 ff.
- Auswahlverfahren **CsgG** 59 ff.
- Baden-Württemberg **CsgG** 136 ff.
- Barrierefreiheit **CsgG** 112
- Bayern **CsgG** 141 ff.
- Bedingung **CsgG** 109, 126, 157, 167, 174, 189, 196, 203, 225, 231, 242, 246
- Befristung **CsgG** 108 f., 126, 146, 157, 167, 189
- Behinderung **CsgG** 125, 137, 155, 173, 190, 210, 217
- Beihilfe **CsgG** 53 ff.
- Beiladung **CsgG** 273
- Bekanntmachung **CsgG** 98 ff.
- Beleihung **CsgG** 46 ff.
- Berlin **CsgG** 151 ff.
- Beschaffungsvorgang **CsgG** 41
- Beteiligung Dritter **CsgG** 93 ff.
- Betriebsgeheimnis **CsgG** 272
- Betriebsrisiko **CsgG** 42
- Bewerbungsverfahrensanspruch **CsgG** 102, 265 f.
- Brandenburg **CsgG** 164 ff.
- Bremen **CsgG** 171 ff.
- Dienstleistungsrichtlinie **CsgG** 49 ff.
- Dokumentation **CsgG** 82, 121 f.
- Eignung **CsgG** 103 ff.
- Eignungskriterium **CsgG** 115 f.

Stichwortverzeichnis

- Einstweiliger Rechtsschutz **CsgG** 269
- Freefloating-Modell **CsgG** 6
- Frist **CsgG** 51
- Frist zur Erlaubniserteilung **CsgG** 111
- Geschäftsgeheimnis **CsgG** 272
- Gesetzgebungskompetenz **CsgG** 11 ff.
- Gleichbehandlungsgrundsatz **CsgG** 69 ff.
- Grundsatz der Vergabe **CsgG** 50
- Hamburg **CsgG** 180 ff.
- Hessen **CsgG** 187 ff.
- Interessenbekundungsverfahren **CsgG** 91 f.
- Kartellrecht **CsgG** 57 f.
- Kartellrechtsweg **CsgG** 285
- Klageart **CsgG** 268
- Klagerecht **CsgG** 274 ff.
- Konkurrentenklage **CsgG** 261
- Konkurrentenverdrängungsklage **CsgG** 261
- Konzession **CsgG** 38, 43
- Konzessionsbegriff **CsgG** 4, 32 ff., 39, 44 f.
- Kosten der Sondernutzung **CsgG** 148, 160, 176, 191, 197, 219, 227, 233, 241, 247
- Landesrecht **CsgG** 3, 132 ff.
- Laufzeit **CsgG** 108, 126, 146, 167, 189
- Losverfahren **CsgG** 118
- Mecklenburg-Vorpommern **CsgG** 194 ff.
- Missbrauchsverbot **CsgG** 57 f.
- Modell **CsgG** 6
- Nachprüfungsverfahren **CsgG** 279 ff.
- Niedersachsen **CsgG** 201 ff.
- Nordrhein-Westfalen **CsgG** 208 ff.
- Ortsauswahl **CsgG** 86 ff.
- Prioritätsprinzip **CsgG** 84
- Rechtsschutz **CsgG** 258 ff.
- Rechtsweg **CsgG** 262
- Rheinland-Pfalz **CsgG** 216 ff.
- Saarland **CsgG** 223 ff.
- Sachsen **CsgG** 229 ff.
- Sachsen-Anhalt **CsgG** 237 ff.
- Schleswig-Holstein **CsgG** 244 ff.
- Schutznormtheorie **CsgG** 266
- Sondernutzung **CsgG** 27 ff., 132, 136, 142, 164, 171, 180, 187, 194, 201, 208, 216, 229, 237, 244, 251
- Sondernutzungsgebühr **CsgG** 78, 140, 147, 160, 170, 183, 200, 207, 215, 222, 226, 236, 243, 245, 256
- Sondernutzungsvertrag **CsgG** 36
- Stationsabhängiges Carsharing **CsgG** 6
- Teileinziehung **CsgG** 30, 153
- Thüringen **CsgG** 251 ff.
- Transparenzgrundsatz **CsgG** 66 ff.
- Vergabeverfahren **CsgG** 7
- Verhältnismäßigkeitsgrundsatz **CsgG** 78 ff.
- Verkehrszeichen **CsgG** 14
- Verpflichtungsklage **CsgG** 268
- Vertragsüberwachung **CsgG** 35, 123
- Verwaltungsakt **CsgG** 32 ff.
- Verwaltungsrechtsweg **CsgG** 262
- Vorabinformation **CsgG** 101 f.
- Wechsel der Straßenbaulast **CsgG** 150, 167, 174, 189, 196, 212, 218, 225, 234, 241 f., 246, 254
- Wettbewerbsgrundsatz **CsgG** 74 ff.
- Wettbewerbsneutralität **CsgG** 17
- Widerruf **CsgG** 109, 126, 158, 167, 175, 184, 189
- Zeitraum **CsgG** 108
- Zuständigkeit **CsgG** 119 f., 139, 151, 172, 187, 201, 208, 216, 223, 229, 237, 244, 251
- Zuverlässigkeit **CsgG** 104
- Zwei-Stufen-Theorie **CsgG** 263

Common Procurement Vocabulary **§ 3 VergStatVO** 6

D

Daseinsvorsorge **§ 1 KonzVgV** 99 ff.
Dateiformat **§ 9 KonzVgV** 37, **§ 17 KonzVgV** 30
Daten **§ 7 KonzVgV** 33 f.
Datenaustausch **§ 7 KonzVgV** 36
Datenaustauschschnittstelle **§ 8 KonzVgV** 84 ff.
Datenschutz **§ 5 VergStatVO** 9
DE-Mail **§ 8 KonzVgV** 54
Dienstleistungskonzession
- Baukonzession **VOB/A** 30 ff.
- Breitbandkonzession **AGVO/NGA-RR** 9 ff.

Direktvergabe **VO (EG) 1370/2007** 12 f., 28 ff.
Dokumentation **§ 1 KonzVgV** 17, **§ 6 KonzVgV** 1 ff., 9 f.
- Angebotswertung **§ 31 KonzVgV** 111
- Aufbewahrung **§ 6 KonzVgV** 20 ff.
- Aufhebung **§ 32 KonzVgV** 52
- Ausnahme von Konzessionsbekanntmachung **§ 20 KonzVgV** 12
- Baukonzession **VOB/A** 67
- Bodenabfertigungskonzession **BADV** 56
- Breitbandkonzession **AGVO/NGA-RR** 105
- Carsharing-Konzession **CsgG** 121 f.
- Gaskonzession **EnWG** 21
- Gewerbekonzession **GewO** 101
- Glücksspielkonzession **GlüStV** 123
- Kommunikation **§ 7 KonzVgV** 58 ff.
- ÖPNV-Konzession **VO (EG) 1370/2007** 24
- Rechtsschutz **§ 6 KonzVgV** 26 f.

Stichwortverzeichnis

- Rettungsdienstkonzession **RDG** 53, 99
- Stromkonzession **EnWG** 21
- Unionsrecht **§ 6 KonzVgV** 2 ff.
- Unterrichtung **§ 30 KonzVgV** 47
- Vergabeunterlagen **§ 16 KonzVgV** 5, 18
- Vertragswert **§ 2 KonzVgV** 95 ff.
- Vertraulichkeit **§ 6 KonzVgV** 20 ff., 24 f.
- Zeitraum **§ 6 KonzVgV** 11

E

Eigenerklärung **§ 26 KonzVgV** 16
- Zuschlagskriterium **§ 31 KonzVgV** 67

Eignung **§ 25 KonzVgV** 1 ff.
- Ausschlussgrund **§ 25 KonzVgV** 11
- Begriff **§ 25 KonzVgV** 11
- Beurteilungsspielraum **§ 26 KonzVgV** 25 ff.
- Carsharing-Konzession **CsgG** 103 ff.
- Eigene Erkundigung **§ 26 KonzVgV** 19 ff.
- Eigenerklärung **§ 26 KonzVgV** 14 ff., 18
- Eignungsbeleg **§ 26 KonzVgV** 1
- Eignungskategorie **§ 25 KonzVgV** 28 ff.
- Fachkunde **§ 25 KonzVgV** 12
- Fakultativer Ausschlussgrund **§ 25 KonzVgV** 11
- Formelle Eignungsprüfung **§ 26 KonzVgV** 12, 22 ff.
- Gesetzestreue **§ 25 KonzVgV** 11
- Leistungsfähigkeit **§ 25 KonzVgV** 12
- Materielle Eignungsprüfung **§ 26 KonzVgV** 12, 22 ff.
- Mindestanforderung **§ 25 KonzVgV** 17 ff.
- Nachforderung **§ 26 KonzVgV** 28 ff.
- Nachweis **§ 26 KonzVgV** 14 f., 17 f.
- Rechtsschutz **§ 25 KonzVgV** 76 f.
- Rügeobliegenheit **§ 25 KonzVgV** 77
- Unionsrecht **§ 25 KonzVgV** 4 ff.
- Unterauftrag **§ 33 KonzVgV** 65
- Unterlage **§ 26 KonzVgV** 15
- Zuverlässigkeit **§ 25 KonzVgV** 11, **§ 26 KonzVgV** 13
- Zwingender Ausschlussgrund **§ 25 KonzVgV** 11

Eignungsbeleg **§ 26 KonzVgV** 1 ff.
- Eigene Erkundigung **§ 26 KonzVgV** 19 ff.
- Eigenerklärung **§ 26 KonzVgV** 14 ff., 18
- Eignungskriterium **§ 26 KonzVgV** 32
- Ermessensspielraum **§ 26 KonzVgV** 33
- Konzessionsbekanntmachung **§ 26 KonzVgV** 39 ff.
- Nachforderung **§ 26 KonzVgV** 28 ff.
- Nachweis **§ 26 KonzVgV** 14 f., 17 f.
- Rechtsschutz **§ 26 KonzVgV** 53 ff.
- Unionsrecht **§ 26 KonzVgV** 3 f.
- Verfügbarkeitsnachweis **§ 26 KonzVgV** 43 ff.
- Verhältnismäßigkeit **§ 26 KonzVgV** 34 ff.

Eignungskategorie **§ 13 KonzVgV** 15, **§ 25 KonzVgV** 28 ff.
- Fachkunde **§ 13 KonzVgV** 15 f.
- Zuverlässigkeit **§ 13 KonzVgV** 15

Eignungskriterium **§ 1 KonzVgV** 20, **§ 13 KonzVgV** 13 ff., **§ 25 KonzVgV** 16
- Auswahlkriterium **§ 25 KonzVgV** 20 f.
- Begrenzung der Anzahl der Unternehmen **§ 25 KonzVgV** 20 ff.
- Bodenabfertigungskonzession **BADV** 60
- Breitbandkonzession **AGVO/NGA-RR** 107, 110
- Carsharing-Konzession **CsgG** 115 f.
- Eignungsbeleg **§ 26 KonzVgV** 32
- Eignungskategorie **§ 25 KonzVgV** 28 ff.
- Fachkunde **§ 13 KonzVgV** 17
- Fähigkeit zur Konzessionsdurchführung **§ 25 KonzVgV** 42 ff.
- Gaskonzession **EnWG** 51 ff.
- Gewerbekonzession **GewO** 104
- Glücksspielkonzession **GlüStV** 127, 133 ff.
- Konzessionsbekanntmachung **§ 25 KonzVgV** 46 ff.
- Leistungsfähigkeit **§ 13 KonzVgV** 15 f., 19
- Mindestanforderung **§ 25 KonzVgV** 17 ff.
- Newcomer **§ 25 KonzVgV** 36
- Nichtdiskriminierend **§ 25 KonzVgV** 37 ff.
- Ortsansässigkeit **§ 25 KonzVgV** 40
- Rechtsschutz **§ 25 KonzVgV** 76 f.
- Rettungsdienstkonzession **RDG** 81
- Rügeobliegenheit **§ 25 KonzVgV** 77
- Sicherheitsgründe **§ 17 KonzVgV** 25
- Sportwetten **GlüStV** 138 ff.
- Stromkonzession **EnWG** 51 ff.
- Unionsrecht **§ 25 KonzVgV** 5
- Verbindung mit dem Konzessionsgegenstand **§ 25 KonzVgV** 31
- Verhältnismäßigkeit **§ 25 KonzVgV** 32 ff.
- Wettbewerbsgewährleistung **§ 25 KonzVgV** 42 ff.
- Zuschlagskriterium **§ 25 KonzVgV** 14 f., **§ 31 KonzVgV** 13 ff.

Eignungsleihe **§ 25 KonzVgV** 54 ff.
- Ausschlussgrund **§ 25 KonzVgV** 60
- Ballast Nedam **§ 26 KonzVgV** 47
- Berufsregistereintragung **§ 25 KonzVgV** 60
- Bewerbergemeinschaft **§ 24 KonzVgV** 40
- Bietergemeinschaft **§ 24 KonzVgV** 40
- Eignungsprüfung des Eignungsverleihers **§ 25 KonzVgV** 73

- Ersetzung **§ 26 KonzVgV** 46
- Ersetzungsverlangen **§ 25 KonzVgV** 74 f.
- Fachkunde **§ 25 KonzVgV** 63
- Fakultativer Ausschlussgrund **§ 25 KonzVgV** 60
- Fredmasuführungsverbot **§ 25 KonzVgV** 64 f.
- Haftung **§ 25 KonzVgV** 66 ff.
- Handelsregistereintragung **§ 25 KonzVgV** 60
- Rechtsnatur **§ 25 KonzVgV** 61
- Rechtsschutz **§ 25 KonzVgV** 76 f.
- Rügeobliegenheit **§ 25 KonzVgV** 77
- Selbstausführungsgebot **§ 25 KonzVgV** 64 f.
- Unionsrecht **§ 25 KonzVgV** 55
- Unterauftrag **§ 25 KonzVgV** 57 f., **§ 33 KonzVgV** 21, 39 ff.
- Unterrichtung **§ 30 KonzVgV** 29
- Verfügbarkeitsnachweis **§ 25 KonzVgV** 56, 69 ff., **§ 26 KonzVgV** 43 ff.
- Zwingender Ausschlussgrund **§ 25 KonzVgV** 60

Eignungsnachweis
- Gaskonzession **EnWG** 53
- Referenz **§ 25 KonzVgV** 41
- Stromkonzession **EnWG** 53

Eignungsprüfung
- Bewerbergemeinschaft **§ 24 KonzVgV** 29
- Bietergemeinschaft **§ 24 KonzVgV** 29

Einfacher Wegenutzungsvertrag **EnWG** 2
Einrichtung des Konzessionsgebers **§ 33 KonzVgV** 50
Einstellung des Verfahrens
- Mitteilung **§ 32 KonzVgV** 50 ff.
- Unterrichtung **§ 32 KonzVgV** 50 ff.

Einstweiliger Rechtsschutz **CsgG** 269
Eisenbahnverkehrsleistung **VO (EG) 1370/2007** 38
Elektronische Form **§ 7 KonzVgV** 26
Elektronische Signatur **§ 8 KonzVgV** 29 ff., **§ 9 KonzVgV** 40, 66, **§ 28 KonzVgV** 33 ff., 43 ff.
- Erzeugung **§ 8 KonzVgV** 39 ff.
- Fehlende Signatur **§ 8 KonzVgV** 46 f.
- Fortgeschrittene elektronische Signatur **§ 8 KonzVgV** 32, **§ 28 KonzVgV** 45
- Prüfung **§ 8 KonzVgV** 42 ff.
- Qualifizierte elektronische Signatur **§ 8 KonzVgV** 33, **§ 28 KonzVgV** 46
- Qualifizierter Vertrauensdiensteanbieter **§ 28 KonzVgV** 47
- Qualifiziertes Zertifikat **§ 28 KonzVgV** 48
- Schriftform **§ 28 KonzVgV** 49
- Ungültige Signatur **§ 8 KonzVgV** 46 f.
- Zertifikat **§ 8 KonzVgV** 34

Elektronisches Mittel **§ 7 KonzVgV** 22 ff.
- Adressat **§ 8 KonzVgV** 93 ff.
- Allgemeine Verfügbarkeit **§ 9 KonzVgV** 16 ff.
- Alternatives elektronisches Mittel **§ 10 KonzVgV** 10 ff.
- Anforderung **§ 8 KonzVgV** 1 ff., **§ 9 KonzVgV** 1 ff.
- Angebotsfrist **§ 27 KonzVgV** 44, 46 f.
- Barrierefreiheit **§ 9 KonzVgV** 21 ff.
- Bedeutung der Daten **§ 8 KonzVgV** 21 ff.
- Bedeutung des Verfahrens **§ 8 KonzVgV** 21 ff.
- Begriff **§ 7 KonzVgV** 22, 24 f., **§ 9 KonzVgV** 14, **§ 11 KonzVgV** 10, **§ 23 KonzVgV** 11
- Bekanntmachung **§ 23 KonzVgV** 7 ff.
- Berechtigung zur Festlegung des Zugriffstermins **§ 8 KonzVgV** 67 ff.
- Bestimmbarkeit des Empfangszeitpunkts **§ 8 KonzVgV** 61 ff.
- Bietersoftware **§ 8 KonzVgV** 89, **§ 9 KonzVgV** 38, 67
- Dateiformat **§ 9 KonzVgV** 37
- Daten **§ 9 KonzVgV** 49 ff.
- Datenaustauschschnittstelle **§ 8 KonzVgV** 84 ff.
- Datenintegrität **§ 8 KonzVgV** 17 ff.
- Datenträger **§ 7 KonzVgV** 29
- DE-Mail **§ 8 KonzVgV** 54
- Drittzugriffsberechtigung **§ 8 KonzVgV** 74 ff.
- Echtheit der Daten **§ 9 KonzVgV** 58 f.
- Elektronische Form **§ 7 KonzVgV** 26
- Elektronische Signatur **§ 8 KonzVgV** 29 ff., **§ 9 KonzVgV** 40, 66
- Elektronisches Siegel **§ 8 KonzVgV** 29 ff., **§ 9 KonzVgV** 40
- Empfindlichkeit der Daten **§ 8 KonzVgV** 21 ff.
- Ende-zu-Ende-Verschlüsselung **§ 8 KonzVgV** 55
- Feststellbarkeit von Verstößen **§ 8 KonzVgV** 81 ff.
- Fortgeschrittene elektronische Signatur **§ 8 KonzVgV** 32
- Gebärdensprache **§ 9 KonzVgV** 32
- Identifizierbarkeit des Absenders **§ 8 KonzVgV** 17 ff.
- Interoperabilitätsstandard **§ 8 KonzVgV** 87, **§ 11 KonzVgV** 22
- Intranet **§ 9 KonzVgV** 20

Stichwortverzeichnis

- Kompatibilität § 9 KonzVgV 33 ff.
- Leichte Sprache § 9 KonzVgV 32
- Mittelstandsschutz § 8 KonzVgV 24
- Nichtdiskriminierung § 9 KonzVgV 21 ff.
- Notwendige Information § 9 KonzVgV 71 ff.
- Organisatorische Maßnahme § 9 KonzVgV 60 ff.
- Programm § 9 KonzVgV 36
- Qualifizierte elektronische Signatur § 8 KonzVgV 33
- Qualifizierter Zeitstempel § 8 KonzVgV 63
- Rechtsschutz § 8 KonzVgV 97, § 9 KonzVgV 78 f., § 11 KonzVgV 23 f.
- Sicherheitsniveau § 8 KonzVgV 11 f., 14
- Sicherheitsstandard § 8 KonzVgV 87, § 11 KonzVgV 22
- Speicherung § 9 KonzVgV 69
- Technische Maßnahme § 9 KonzVgV 60 ff.
- Technisches Merkmal § 9 KonzVgV 15
- Teilnahmefrist § 27 KonzVgV 48
- Übermittelbarkeit an Unberechtigte § 8 KonzVgV 78 ff.
- Üblicherweise verwendetes Programm § 9 KonzVgV 39
- Unionsrecht § 8 KonzVgV 4 ff., § 9 KonzVgV 4 ff., § 11 KonzVgV 4 ff.
- Unversehrtheit der Daten § 9 KonzVgV 53 f.
- Vergabeplattform § 7 KonzVgV 28, 31, § 9 KonzVgV 67
- Vergabeunterlagen-Formular-Baukasten § 8 KonzVgV 90
- Vergabevermerk § 8 KonzVgV 52
- Verschlüsselung § 8 KonzVgV 66, 68, 72, 75, § 9 KonzVgV 64
- Verschlüsselungsverfahren § 9 KonzVgV 75
- Vertraulichkeit der Daten § 9 KonzVgV 55 ff.
- Verwaltungsvorschrift § 8 KonzVgV 92, § 11 KonzVgV 1 ff., 17 ff.
- Vorfristiger Zugriff § 8 KonzVgV 65 f.
- Wettbewerb § 8 KonzVgV 24
- XVergabe § 8 KonzVgV 88 ff.
- Zeiterfassungsverfahren § 9 KonzVgV 76
- Zeitstempel § 8 KonzVgV 63
- Zugang zu alternativen elektronischen Mitteln § 10 KonzVgV 15 ff.
- Zugangsbeschränkung § 9 KonzVgV 42 ff.
- Zugriffsberechtigung § 8 KonzVgV 70 ff.

Elektronisches Siegel § 8 KonzVgV 29 ff., 35, § 9 KonzVgV 40, § 28 KonzVgV 33 ff., 50 ff.
- Fortgeschrittenes elektronisches Siegel § 8 KonzVgV 35, § 28 KonzVgV 52
- Qualifiziertes elektronisches Siegel § 8 KonzVgV 35, § 28 KonzVgV 53
Ende-zu-Ende-Verschlüsselung § 8 KonzVgV 55
Engere Wahl § 33 KonzVgV 34
eNotices § 23 KonzVgV 12
Entgelt § 2 KonzVgV 30 ff.
Erbbaurecht VOB/A 42
Ergänzung an Vergabeunterlagen § 29 KonzVgV 40 f.
Erreichbarkeit GewO 84
Ersatzlösung § 20 KonzVgV 45 ff.
Eventualposition § 15 KonzVgV 16
Experimentierklausel GlüStV 9

F

Fachkunde § 13 KonzVgV 15 ff., § 25 KonzVgV 12
Fakultativer Ausschlussgrund
- Eignung § 25 KonzVgV 11
- Eignungsleihe § 25 KonzVgV 60
- Gesetzestreue § 25 KonzVgV 11
- Unterauftrag § 33 KonzVgV 68
- Zuschlagskriterium § 31 KonzVgV 20
- Zuverlässigkeit § 25 KonzVgV 11
Familienfreundlichkeit GewO 88
Fehlen von Unterlagen
   siehe Nichtenthalten von Unterlagen
Festkosten § 31 KonzVgV 34
Festpreis § 31 KonzVgV 34
Fischereirecht § 1 KonzVgV 93
Flugplatzunternehmer BADV 29 ff.
Form
- Angebot § 28 KonzVgV 1 ff.
- Elektronische Signatur § 28 KonzVgV 33 ff.
- Elektronisches Siegel § 28 KonzVgV 33 ff.
- Glücksspielkonzession GlüStV 131
- Rechtsschutz § 28 KonzVgV 63
- Teilnahmeantrag § 28 KonzVgV 1 ff.
- Textform § 28 KonzVgV 8 ff.
- Unionsrecht § 28 KonzVgV 4 f.
Fortgeschrittene elektronische Signatur § 8 KonzVgV 32, § 28 KonzVgV 45
Fortgeschrittenes elektronisches Siegel § 8 KonzVgV 35, § 28 KonzVgV 52
Freefloating-Modell CsgG 6
Freiwillige Bekanntmachung § 23 KonzVgV 32

Stichwortverzeichnis

Fremdausführungsverbot § 25 KonzVgV 64 f., § 33 KonzVgV 25
Frist § 27 KonzVgV 1 ff.
- Angebotsfrist § 27 KonzVgV 1 ff.
- Arbeitstag § 36 KonzVgV 7
- Beginn § 36 KonzVgV 8
- Berechnung § 27 KonzVgV 29 ff., § 36 KonzVgV 1 ff.
- Bindefrist § 27 KonzVgV 49 ff.
- Einsichtnahme § 27 KonzVgV 20 ff.
- Ende § 36 KonzVgV 8
- Feiertag § 36 KonzVgV 7
- Kalendertag § 36 KonzVgV 6
- Mindestfrist § 27 KonzVgV 23 ff.
- ÖPNV-Konzession VO (EG) 1370/2007 22
- Ortsbesichtigung § 27 KonzVgV 20 ff.
- Rechtsschutz § 27 KonzVgV 57 f., § 36 KonzVgV 9
- Tag § 27 KonzVgV 30
- Teilnahmefrist § 27 KonzVgV 1 ff.
- Uhrzeit § 27 KonzVgV 31
- Unionsrecht § 27 KonzVgV 2 ff., § 36 KonzVgV 2
- Verlängerung § 27 KonzVgV 32 ff.
- Zusätzliche Information § 27 KonzVgV 38 ff.
- Zuschlagsfrist § 27 KonzVgV 49 ff.
Funktionale Leistungsbeschreibung § 15 KonzVgV 20
Funktionelle Anforderung § 15 KonzVgV 17 ff.

G

Gaskonzession
  siehe Strom- und Gaskonzessionen
Gebärdensprache § 9 KonzVgV 32
Gebühr § 2 KonzVgV 30 ff.
Geheimwettbewerb
- Baukonzession VOB/A 76
- Bietergemeinschaft § 24 KonzVgV 24 f.
- Rettungsdienstkonzession RDG 58, 68 ff.
Geistiges Eigentum § 20 KonzVgV 31 ff.
Geldbuße § 2 KonzVgV 30 ff.
Gemeinnützige Organisation RDG 223 ff.
Geschäftsgeheimnis § 4 KonzVgV 19, CsgG 272
Gesetzestreue § 13 KonzVgV 32, § 25 KonzVgV 11
Gewerbekonzession GewO 1 ff.
- Akteneinsicht GewO 134
- Anfechtungsklage GewO 131
- Angebotsfrist GewO 106
- Anordnungsgrund GewO 132

- Anordnungsverfahren GewO 132
- Anziehungskraft GewO 67
- Ästhetik GewO 68
- Attraktivität GewO 63 ff.
- Ausschluss von der Teilnahme GewO 53 ff., 133
- Auswahlkriterium GewO 48 ff., 56 ff., 90 ff.
- Begriff GewO 7 ff.
- Beiladung GewO 135
- Beitrag zur Tradition GewO 67, 81 ff.
- Bekannt und bewährt GewO 72 ff.
- Beschaffung GewO 13, 16 ff.
- Beschränkung auf bestimmte Gruppen GewO 50 ff.
- Betriebsrisiko GewO 9, 11 f.
- Bewerbungsverfahrensanspruch GewO 126 f.
- Daseinsvorsorge GewO 17 f.
- Dienstleistungskonzession GewO 8
- Dokumentation GewO 101, 113 ff.
- Doppelbewerbung GewO 91
- Eignungskriterium GewO 104
- Einstweiliger Rechtsschutz GewO 132
- Erreichbarkeit GewO 84
- Familienfreundlichkeit GewO 88
- Form des Angebots GewO 106
- Form des Teilnahmeantrags GewO 106
- Gleichbehandlungsgrundsatz GewO 34 ff.
- Grundsatz der Vergabe GewO 25 ff.
- Interessenkonflikt GewO 101
- Kommunikation GewO 101
- Kontrolle GewO 84
- Konzessionsbekanntmachung GewO 110 ff.
- Leistungsbeschreibung GewO 102
- Losverfahren GewO 93 f.
- Nachprüfungsverfahren GewO 136 ff.
- Ortsansässigkeit GewO 78 ff., 108
- Platzmangel GewO 14 f.
- Prioritätssystem GewO 92
- Privatisierung GewO 5 f.
- Rechtsschutz GewO 118 ff.
- Rechtsweg GewO 120 ff.
- Rollierendes System GewO 93, 95
- Sicherheit GewO 85
- Sondernutzungserlaubnis GewO 19
- Soziales Kriterium GewO 86 f.
- Teilnahmefrist GewO 106
- Transparenzgrundsatz GewO 29 ff.
- Umgehungsverbot GewO 103
- Umweltgerechter Betrieb GewO 88
- Vergaberechtlicher Rechtsschutz GewO 136 ff.
- Verhältnismäßigkeitsgrundsatz GewO 43
- Verpflichtungsklage GewO 131

Stichwortverzeichnis

- Vertraulichkeit **GewO** 101
- Verwaltungsrechtlicher Rechtsschutz **GewO** 120 ff.
- Vorabinformation **GewO** 46 f.
- Vorläufiger Rechtsschutz **GewO** 131 f.
- Wettbewerbsgrundsatz **GewO** 38 f., 41
- Zuschlagskriterium **GewO** 30 ff., 44 f., 105
- Zuverlässigkeit **GewO** 89
- Zwei-Stufen-Theorie **GewO** 122

Gewichtung der Auswahlkriterien **EnWG** 43 ff.
Gewichtung der Zuschlagskriterien **§ 31 KonzVgV** 74
- Baukonzession **VOB/A** 66
- Statistik **§ 3 VergStatVO** 6
- Strom- und Gaskonzession **EnWG** 62

Glücksspielaufsichtsbehörde **GlüStV** 46
Glücksspielkollegium **GlüStV** 47
Glücksspielkonzession **GlüStV** 1 ff.
- Angebotsfrist **GlüStV** 132
- Auswahlverfahren **GlüStV** 48 ff.
- Bekanntmachung **GlüStV** 126
- Bereichsausnahme **GlüStV** 33 ff.
- Beschaffungsvorgang **GlüStV** 19 ff.
- Bestandsschutz **GlüStV** 96
- Betriebsrisiko **GlüStV** 30 ff.
- Bewerbungsverfahrensanspruch **GlüStV** 165 ff.
- De-facto-Vergabe **GlüStV** 181
- Dokumentation **GlüStV** 123
- Eignungskriterium **GlüStV** 127, 133 ff.
- Einstweiliger Rechtsschutz **GlüStV** 170 ff.
- Experimentierklausel **GlüStV** 9
- Experimentierphase **GlüStV** 54
- Form der Angebote **GlüStV** 131
- Form der Teilnahmeanträge **GlüStV** 131
- Gleichbehandlungsgrundsatz **GlüStV** 81 ff.
- Glücksspielaufsichtsbehörde **GlüStV** 46
- Glücksspielkollegium **GlüStV** 47
- Interessenkonflikt **GlüStV** 123
- Kohärenzgrundsatz **GlüStV** 98 ff.
- Kommunikation **GlüStV** 123
- Konkurrentenklage **GlüStV** 162
- Konkurrentenverdrängungsklage **GlüStV** 162
- Kontingentierung **GlüStV** 50 ff.
- Konzessionsbegriff **GlüStV** 11 ff.
- Laufzeit **GlüStV** 104 f.
- Leistungsbeschreibung **GlüStV** 124
- Losaufteilung **GlüStV** 93
- Loslimitierung **GlüStV** 94
- Lotteriedienstleistung **GlüStV** 34
- Nachermittlung **GlüStV** 83
- Rechtsschutz **GlüStV** 161 ff.
- Sicherungsanordnung **GlüStV** 174
- Sportwette **GlüStV** 10, 138 ff.
- Stufenweise Durchführung **GlüStV** 120
- Suchtprävention **GlüStV** 86 ff.
- Teilnahmefrist **GlüStV** 132
- Transparenzgrundsatz **GlüStV** 70 ff.
- Trennungsgebot **GlüStV** 143
- Umgehungsverbot **GlüStV** 125
- Untersagungsverfügung **GlüStV** 85, 175 ff.
- Verhältnismäßigkeitsgrundsatz **GlüStV** 90 ff.
- Vertrag **GlüStV** 27 ff.
- Vertrauensschutz **GlüStV** 95
- Vertraulichkeit **GlüStV** 123
- Verwaltungsakt **GlüStV** 17, 27 ff.
- Vorabinformation **GlüStV** 173
- Wettbewerbsgrundsatz **GlüStV** 86 ff.
- Zuschlagskriterium **GlüStV** 78, 122, 128 ff.

Grundsatz der Vergabe **§ 1 KonzVgV** 12
Grundsicherung für Arbeitssuchende **SGB** 23 f.
Gruppe von Unternehmen **§ 24 KonzVgV** 16

H

Haftung **§ 33 KonzVgV** 42
Hängebeschluss **RDG** 237 ff.
Hilfsorganisation
- Baden-Württemberg **RDG** 108
- Bayern **RDG** 117
- Berlin **RDG** 122
- Brandenburg **RDG** 128
- Bremen **RDG** 133
- Hamburg **RDG** 140
- Hessen **RDG** 148
- Mecklenburg-Vorpommern **RDG** 154
- Niedersachsen **RDG** 161
- Nordrhein-Westfalen **RDG** 170
- Rheinland-Pfalz **RDG** 177
- Saarland **RDG** 183
- Sachsen **RDG** 190
- Sachsen-Anhalt **RDG** 200
- Schleswig-Holstein **RDG** 206
- Thüringen **RDG** 213

I

In-camera-Verfahren **RDG** 70
Indikatorenset **§ 3 VergStatVO** 3
Informationsfreiheit **§ 4 KonzVgV** 16
In-House-Vergabe
- ÖPNV-Konzession **VO (EG) 1370/2007** 11, 30 ff.
- Statistik **§ 2 VergStatVO** 4
- Strom- und Gaskonzession **EnWG** 12

Innovation **§ 15 KonzVgV** 28, 30

Innovative Lösung § 31 **KonzVgV** 79
Interessenbekundungsfrist **EnWG** 41 f.
Interessenbekundungsverfahren **CsgG** 91 f.
Interessenkonflikt § 1 **KonzVgV** 17, § 5 **KonzVgV** 1 f.
– Angehöriger § 5 **KonzVgV** 55 ff.
– Begriff § 5 **KonzVgV** 31 ff.
– Beratung § 5 **KonzVgV** 45
– Beschaffungsdienstleister § 5 **KonzVgV** 18 ff.
– Bewerber § 5 **KonzVgV** 40 f.
– Bieter § 5 **KonzVgV** 40 f.
– Bodenabfertigungskonzession **BADV** 56
– Breitbandkonzession **AGVO/NGA-RR** 105
– Entgeltliche Tätigkeit § 5 **KonzVgV** 48
– Geschäftliche Beziehung § 5 **KonzVgV** 50 ff.
– Gewerbekonzession **GewO** 101
– Glücksspielkonzession **GlüStV** 123
– Mitarbeiter § 5 **KonzVgV** 13
– Mitwirkung § 5 **KonzVgV** 5 ff.
– Organmitglied § 5 **KonzVgV** 14 ff.
– Organschaftliche Tätigkeit § 5 **KonzVgV** 49
– Projektant § 5 **KonzVgV** 25 ff.
– Rechtsschutz § 5 **KonzVgV** 58 f.
– Tochtergesellschaft § 5 **KonzVgV** 20
– Unionsrecht § 5 **KonzVgV** 2
– Unterstützung § 5 **KonzVgV** 45
– Vergabeverfahren § 5 **KonzVgV** 6
– Vermutung § 5 **KonzVgV** 35 ff.
– Vertragliche Konfliktvermeidung § 5 **KonzVgV** 4
– Vertretung § 5 **KonzVgV** 42 ff.
– Vorbefassung § 5 **KonzVgV** 25 ff.
– Widerlegung § 5 **KonzVgV** 37 ff.
– Zentrale Beschaffung § 5 **KonzVgV** 19
Interoperabilitätsstandard § 11 **KonzVgV** 22
Intranet § 9 **KonzVgV** 20
Investitionsbeihilfe § 2 **KonzVgV** 37

J

Joker-Kriterium § 31 **KonzVgV** 12
Jugendhilfe **SGB** 28 ff.

K

Kennzeichnung § 29 **KonzVgV** 8 ff.
Kinderhilfe **SGB** 28 ff.
Klagefrist **EnWG** 141
Kleine und mittlere Unternehmen § 3 **VergStatVO** 8, 10
Kohärenzgrundsatz **GlüStV** 98 ff.

Kommunikation § 1 **KonzVgV** 17, § 7 **KonzVgV** 1 ff.
– Adressat § 7 **KonzVgV** 6, 46 ff.
– Anmeldung § 7 **KonzVgV** 75
– Auslandsdienststelle § 7 **KonzVgV** 8, § 35 **KonzVgV** 1 ff.
– Bodenabfertigungskonzession **BADV** 56
– Breitbandkonzession **AGVO/NGA-RR** 106
– Daten § 7 **KonzVgV** 33 f.
– Datenaustausch § 7 **KonzVgV** 36
– Dokumentation § 7 **KonzVgV** 58 ff.
– Elektronisches Mittel § 7 **KonzVgV** 22 ff.
– Empfangen von Daten § 7 **KonzVgV** 37 f.
– Gaskonzession **EnWG** 21
– Gewerbekonzession **GewO** 101
– Glücksspielkonzession **GlüStV** 123
– Mündliche Kommunikation § 7 **KonzVgV** 51 ff.
– Rechtsschutz § 7 **KonzVgV** 79, § 11 **KonzVgV** 23 f., § 34 **KonzVgV** 12 f., § 35 **KonzVgV** 12
– Registrierung § 7 **KonzVgV** 64 ff.
– Senden von Daten § 7 **KonzVgV** 35 f.
– Speichern von Daten § 7 **KonzVgV** 41 f.
– Stromkonzession **EnWG** 21
– Technischer Standard § 11 **KonzVgV** 11 ff.
– Übergangsbestimmung § 7 **KonzVgV** 9 ff., § 34 **KonzVgV** 1 ff.
– Umgehungsverbot § 35 **KonzVgV** 11
– Unionsrecht § 7 **KonzVgV** 13 ff., § 11 **KonzVgV** 4 ff., § 35 **KonzVgV** 2
– Vergabebekanntmachung § 22 **KonzVgV** 39
– Verwaltungsvorschrift § 7 **KonzVgV** 32, § 11 **KonzVgV** 1 ff., 17 ff.
– Vorinformation § 22 **KonzVgV** 39
– Weiterleiten von Daten § 7 **KonzVgV** 39 f.
– XVergabe § 11 **KonzVgV** 15 f.
– Zeitraum § 7 **KonzVgV** 43 ff.
Kommunikationsnetz **VOB/A** 39
Konkurrentenklage **AGVO/NGA-RR** 114
Konkurrentenverdrängungsklage **AGVO/NGA-RR** 114
Kontrolle **GewO** 84
Konzession
– Angebotsrisiko § 1 **KonzVgV** 80 ff.
– Begriff § 1 **KonzVgV** 41 ff., **SGB** 11
– Beschaffung § 1 **KonzVgV** 59 ff.
– Betrauung § 1 **KonzVgV** 59 ff., § 13 **KonzVgV** 6 ff.
– Betriebsrisiko § 1 **KonzVgV** 46, 66 ff.
– Daseinsvorsorge § 1 **KonzVgV** 99 ff.
– Entgeltlichkeit § 1 **KonzVgV** 52 f.
– Finanzierung § 1 **KonzVgV** 85 ff.

- Fischereirecht **§ 1 KonzVgV** 93
- Form **§ 1 KonzVgV** 50 f.
- Gegenstand **§ 13 KonzVgV** 5
- Historische Entwicklung **§ 1 KonzVgV** 1 ff.
- Lizenz **§ 1 KonzVgV** 92 ff.
- Nachfragerisiko **§ 1 KonzVgV** 80 ff.
- Nähere Bestimmung **§ 1 KonzVgV** 7 f., 11
- Netzbereitstellung **§ 1 KonzVgV** 98
- Nutzung öffentlicher Bereiche oder Ressourcen **§ 1 KonzVgV** 95 ff.
- Rahmenvereinbarung **§ 1 KonzVgV** 102
- Rechtsschutz **§ 1 KonzVgV** 103 ff.
- Soziales _Auswahlverhältnis **§ 1 KonzVgV** 88 ff.
- Unionsrecht **§ 1 KonzVgV** 6
- Verwaltungsakt **§ 1 KonzVgV** 54 ff.
- Widmungsakt **§ 1 KonzVgV** 65

Konzessionsänderung
- Bekanntmachung **§ 22 KonzVgV** 65 f.
- Statistik **§ 3 VergStatVO** 11

Konzessionsbekanntmachung **§ 19 KonzVgV** 1 ff.
- Anzahl der Unternehmen **§ 25 KonzVgV** 53
- Ausnahme **§ 20 KonzVgV** 1 ff.
- Begrenzung der Anzahl der Unternehmen **§ 25 KonzVgV** 53
- Beschreibung der Konzession **§ 13 KonzVgV** 35 f.
- Dokumentation **GewO** 113 ff.
- Eignungsbeleg **§ 26 KonzVgV** 39 ff.
- Eignungskriterium **§ 25 KonzVgV** 46 ff.
- Gaskonzession **EnWG** 33 ff.
- Gewerbekonzession **GewO** 110 ff.
- Muster **§ 19 KonzVgV** 13 ff.
- Rangfolge der Zuschlagskriterien **§ 31 KonzVgV** 72
- Rechtsschutz **§ 19 KonzVgV** 21 ff.
- Registrierung **§ 7 KonzVgV** 69 ff.
- Rettungsdienstkonzession **RDG** 147
- Standardformular **§ 19 KonzVgV** 13 ff.
- Statistik **§ 3 VergStatVO** 9
- Stromkonzession **EnWG** 33 ff.
- Teilnahmebedingung **§ 13 KonzVgV** 35
- Übermittlung **§ 19 KonzVgV** 16
- Unionsrecht **§ 19 KonzVgV** 3 ff.
- Vergabekammer **§ 19 KonzVgV** 17 ff.
- Vergabeunterlagen **§ 16 KonzVgV** 16, **§ 17 KonzVgV** 6 ff.
- Vertragswert **§ 2 KonzVgV** 64 f.
- Zusätzliche Auskunft **§ 18 KonzVgV** 8
- Zuschlagskriterium **§ 13 KonzVgV** 37 f.

Konzessionsgeber **§ 1 KonzVgV** 22 ff.
- Begriff **§ 1 KonzVgV** 22 ff.
- Öffentlicher Auftraggeber **§ 1 KonzVgV** 25, 31 f.
- Öffentlicher Sektorenauftraggeber **§ 1 KonzVgV** 33 ff.
- Sektorenauftraggeber **§ 1 KonzVgV** 25 ff.

Konzessionsmodell **RDG** 105
- Baden-Württemberg **RDG** 113
- Bayern **RDG** 119
- Bremen **RDG** 134
- Hamburg **RDG** 143
- Hessen **RDG** 146, 152
- Niedersachsen **RDG** 162
- Rheinland-Pfalz **RDG** 180
- Saarland **RDG** 187
- Sachsen-Anhalt **RDG** 199
- Thüringen **RDG** 216

Konzessionsunterlagen **§ 16 KonzVgV** 6, **§ 17 KonzVgV** 12
Korrektur von Unterlagen **§ 29 KonzVgV** 37
Kosten **§ 31 KonzVgV** 31
Kosteneffizienz **EnWG** 63, 65
Künstlerische Leistung **§ 20 KonzVgV** 20 ff.
Kunstwerk **§ 20 KonzVgV** 20 ff.

L

Laufzeit **§ 3 KonzVgV** 1 ff.
- Baukonzession **VOB/A** 80 ff.
- Beschränkung **§ 3 KonzVgV** 6 ff.
- Bodenabfertigungskonzession **BADV** 84
- Carsharing-Konzession **CsgG** 108, 126, 146, 157, 167, 189
- Gaskonzession **EnWG** 11
- Glücksspielkonzession **GlüStV** 104 f.
- Investition **§ 3 KonzVgV** 3, 25, 27 f., 30 f.
- ÖPNV-Konzession **VO (EG) 1370/2007** 9, 39
- Rechtsschutz **§ 3 KonzVgV** 32
- Rendite **§ 3 KonzVgV** 30 f.
- Rettungsdienstkonzession **RDG** 72, 167, 191
- Schätzung **§ 3 KonzVgV** 11 ff.
- Stromkonzession **EnWG** 11
- Unionsrecht **§ 3 KonzVgV** 4
- Vergabeunterlagen **§ 3 KonzVgV** 24
- Verstoß gegen Laufzeitbeschränkung **§ 3 KonzVgV** 10

Lebenszyklus
- Leistungsbeschreibung **§ 15 KonzVgV** 35 ff.
- Zuschlagskriterium **§ 31 KonzVgV** 44

Leichte Sprache **§ 9 KonzVgV** 32

Leistungsbeschreibung **§ 1 KonzVgV** 18, **§ 15 KonzVgV** 1 ff.
- Alternativposition **§ 15 KonzVgV** 16
- Bedarfsposition **§ 15 KonzVgV** 16
- Bodenabfertigungskonzession **BADV** 57
- Eindeutige Beschreibung **§ 15 KonzVgV** 13 f.
- Erschöpfende Beschreibung **§ 15 KonzVgV** 13 f.
- Eventualposition **§ 15 KonzVgV** 16
- Faktor **§ 15 KonzVgV** 37
- Fehlerhafte Leistungsbeschreibung **§ 32 KonzVgV** 24
- Funktionale Leistungsbeschreibung **§ 15 KonzVgV** 20
- Funktionelle Anforderung **§ 15 KonzVgV** 17 ff., 45 ff.
- Funktionsanforderung **§ 15 KonzVgV** 19
- Gewerbekonzession **GewO** 102
- Gleicher Zugang **§ 15 KonzVgV** 21 ff.
- Glücksspielkonzession **GlüStV** 124
- Innovation **§ 15 KonzVgV** 28, 30
- Lebenszyklus **§ 15 KonzVgV** 35 ff.
- Leistungsanforderung **§ 15 KonzVgV** 19
- Leistungsbestimmungsrecht **§ 15 KonzVgV** 39
- Merkmal **§ 15 KonzVgV** 24
- Mindestanforderung **§ 13 KonzVgV** 29
- Öffnung des Marktes **§ 15 KonzVgV** 21 ff.
- ÖPNV-Konzession **VO (EG) 1370/2007** 20
- Produktneutralität **§ 15 KonzVgV** 39 ff.
- Qualität **§ 15 KonzVgV** 29
- Rechtsschutz **§ 15 KonzVgV** 48
- Sozialer Aspekt **§ 15 KonzVgV** 31, 36
- Sprache **§ 15 KonzVgV** 22
- Technische Anforderung **§ 15 KonzVgV** 17 ff., 45 ff.
- Umweltbezogener Aspekt **§ 15 KonzVgV** 32
- Ungewöhnliches Wagnis **§ 15 KonzVgV** 15
- Unionsrecht **§ 15 KonzVgV** 2
- Verbindung mit dem Konzessionsgegenstand **§ 15 KonzVgV** 33, 37
- Vergabeunterlagen **§ 16 KonzVgV** 15
- Verhältnismäßigkeit **§ 15 KonzVgV** 34, 38
- Wahlposition **§ 15 KonzVgV** 16
- Zuschlagskriterium **§ 31 KonzVgV** 23

Leistungsbestimmungsrecht **§ 15 KonzVgV** 39, **§ 20 KonzVgV** 38 ff.
Leistungserbringungsvertrag **SGB** 6
Leistungsfähigkeit **§ 13 KonzVgV** 15 f., 18, **§ 25 KonzVgV** 12
- Finanzielle Leistungsfähigkeit **§ 13 KonzVgV** 19
- Personelle Leistungsfähigkeit **§ 13 KonzVgV** 20

Losaufteilung **RDG** 77
- Aufhebung **§ 32 KonzVgV** 43
- Baukonzession **VOB/A** 75
- Rettungsdienstkonzession **RDG** 77, 79 f.
- Statistik **§ 3 VergStatVO** 6
- Vergabebekanntmachung **§ 22 KonzVgV** 45
- Vorinformation **§ 22 KonzVgV** 45

Loslimitierung
- Glücksspielkonzession **GlüStV** 94

Losverfahren
- Carsharing-Konzession **CsgG** 118
- Gewerbekonzession **GewO** 93 f.

Lotteriedienstleistung **GlüStV** 34
Luftfahrtbehörde **BADV** 28
Luftrettungsleistung **RDG** 222
Luftverkehrsdienst **BADV** 20 f.

M

Markterkundung **§ 20 KonzVgV** 18, 48
Mehr an Eignung **§ 31 KonzVgV** 13 ff.
Mehr an Formtreue **§ 31 KonzVgV** 21
Mehr an Fristentreue **§ 31 KonzVgV** 21
Mehr an Zuverlässigkeit **§ 31 KonzVgV** 20
Mehrfachbeteiligung **§ 24 KonzVgV** 24 f.
Mehrstufiges Verfahren
- Bindefrist **§ 27 KonzVgV** 52
- Zuschlagsfrist **§ 27 KonzVgV** 52

Mindestanforderung **§ 13 KonzVgV** 25 ff., **§ 25 KonzVgV** 17 ff.
- Gaskonzession **EnWG** 55 f.
- Leistungsbeschreibung **§ 13 KonzVgV** 29
- Stromkonzession **EnWG** 55 f.
- Zuschlagskriterium **§ 13 KonzVgV** 30

Missbrauchsverbot **CsgG** 57 f.
Mitarbeiter **§ 5 KonzVgV** 13
Mittelständisches Interesse
- ÖPNV-Konzession **VO (EG) 1370/2007** 21
- Unterauftrag **§ 33 KonzVgV** 4

Mündliche Kommunikation **§ 7 KonzVgV** 51 ff.

N

Nachforderung **§ 26 KonzVgV** 28 ff., **§ 29 KonzVgV** 37
Nachunternehmer
  siehe *Unterauftrag*
Nahbereich **AGVO/NGA-RR** 72 ff.

Nebenangebot **VO (EG) 1370/2007** 27
- Niedrigstpreisvergabe **§ 31 KonzVgV** 33
- Nur-Preis-Vergabe **§ 31 KonzVgV** 33
- Zuschlagskriterium **§ 31 KonzVgV** 33

Newcomer **§ 25 KonzVgV** 36
Nicht form- und fristgerechte Teilnahmeanträge und Angebote **§ 29 KonzVgV** 30 ff.
Nicht zweifelsfreie Änderung an Eintragung **§ 29 KonzVgV** 38 f.
Nichtenthalten von Unterlagen **§ 29 KonzVgV** 34 ff.
Niedrigstpreisvergabe **§ 31 KonzVgV** 32 f.
Nur-Preis-Vergabe **§ 31 KonzVgV** 32 f.

O

Objektive Methode **§ 2 KonzVgV** 78 f., 96
Offenes Verfahren **EnWG** 17 ff.
Öffentlicher Auftraggeber **§ 1 KonzVgV** 25, 31 f.
Öffentlicher Personennahverkehr siehe *ÖPNV-Konzession*
Öffentlicher Sektorenauftraggeber **§ 1 KonzVgV** 33 ff.
Öffentlich-öffentliche Zusammenarbeit **VO (EG) 1370/2007** 11
Öffnung **§ 29 KonzVgV** 18 ff.
ÖPNV-Konzession **VO (EG) 1370/2007** 1 ff.
- Ausgleichsleistung **VO (EG) 1370/2007** 42
- Bekanntmachung **VO (EG) 1370/2007** 19
- De-minimis-Vergabe **VO (EG) 1370/2007** 36
- Dienstleistungsauftrag **VO (EG) 1370/2007** 5 ff.
- Dienstleistungskonzession **VO (EG) 1370/2007** 5
- Direktvergabe **VO (EG) 1370/2007** 12 f., 28 ff.
- Dokumentation **VO (EG) 1370/2007** 24
- Eisenbahnverkehrsleistung **VO (EG) 1370/2007** 38
- Frist **VO (EG) 1370/2007** 22
- In-House-Vergabe **VO (EG) 1370/2007** 11, 30 ff.
- Interner Betreiber **VO (EG) 1370/2007** 30 ff.
- Kontrolle **VO (EG) 1370/2007** 31
- Konzession **VO (EG) 1370/2007** 10 f.
- Laufzeit **VO (EG) 1370/2007** 9, 39
- Leistungsbeschreibung **VO (EG) 1370/2007** 20
- Mittelständisches Interesse **VO (EG) 1370/2007** 21
- Nebenangebot **VO (EG) 1370/2007** 27
- Öffentlich-öffentliche Zusammenarbeit **VO (EG) 1370/2007** 11
- Traunfellner **VO (EG) 1370/2007** 27
- Unterauftrag **VO (EG) 1370/2007** 23, 34
- Unterbrechung des Verkehrsdienstes **VO (EG) 1370/2007** 37
- Verfahrensart **VO (EG) 1370/2007** 25
- Verhandlung **VO (EG) 1370/2007** 26
- Vorabinformation **VO (EG) 1370/2007** 24, 41
- Wettbewerbliches Vergabeverfahren **VO (EG) 1370/2007** 12 ff.
- Zuschlag **VO (EG) 1370/2007** 22

Option **§ 2 KonzVgV** 26
Organisations- und Zeitplan **§ 13 KonzVgV** 40 ff.
Organmitglied **§ 5 KonzVgV** 14 ff.
Ortsansässigkeit **§ 25 KonzVgV** 40, **GewO** 78 ff., 108

P

Pachtvertrag **VOB/A** 35, 37
Personalbezogenes Zuschlagskriterium **§ 31 KonzVgV** 61 ff.
Preis **§ 31 KonzVgV** 29 f.
Prioritätssystem **GewO** 92
Privater Sektorenauftraggeber **§ 1 KonzVgV** 38 ff.
Produktneutralität
- Gleichwertigkeitszusatz **§ 15 KonzVgV** 42 ff.
- Leistungsbeschreibung **§ 15 KonzVgV** 39 ff.
- Zuschlagskriterium **§ 31 KonzVgV** 42

Programm **§ 9 KonzVgV** 36
Projektant **§ 5 KonzVgV** 25 ff.
Prüfung **§ 29 KonzVgV** 1 ff.
- Änderung an Vergabeunterlagen **§ 29 KonzVgV** 40 f.
- Ergänzung an Vergabeunterlagen **§ 29 KonzVgV** 40 f.
- Korrektur **§ 29 KonzVgV** 37
- Nachforderung **§ 29 KonzVgV** 37
- Nicht form- und fristgerechte Teilnahmeanträge und Angebote **§ 29 KonzVgV** 30 ff.
- Nicht zweifelsfreie Änderung an Eintragung **§ 29 KonzVgV** 38 f.
- Nichtenthalten von Unterlagen **§ 29 KonzVgV** 34 ff.
- Rechtsschutz **§ 29 KonzVgV** 47 f.

Q

Qualifizierte elektronische Signatur **§ 8 KonzVgV** 33, **§ 28 KonzVgV** 46
Qualifizierter Vertrauensdiensteanbieter **§ 28 KonzVgV** 47
Qualifizierter Wegenutzungsvertrag **EnWG** 3 f.
Qualifizierter Zeitstempel **§ 8 KonzVgV** 63
Qualifiziertes elektronisches Siegel **§ 8 KonzVgV** 35, **§ 28 KonzVgV** 53
Qualifiziertes Zertifikat **§ 28 KonzVgV** 48
Qualität
– Leistungsbeschreibung **§ 15 KonzVgV** 29
– Zuschlagskriterium **§ 31 KonzVgV** 51 ff.

R

Rahmenvereinbarung
– Dienstleistungskonzession **§ 1 KonzVgV** 102
– Rettungsdienstkonzession **RDG** 24 f.
Rangfolge der Zuschlagskriterien **§ 31 KonzVgV** 69 ff.
– Änderung der Rangfolge **§ 31 KonzVgV** 75 ff.
– Funktionelle Leistungsfähigkeit **§ 31 KonzVgV** 80
– Innovative Lösung **§ 31 KonzVgV** 79
– Konzessionsbekanntmachung **§ 31 KonzVgV** 72
– Neue Aufforderung zur Angebotsabgabe **§ 31 KonzVgV** 90 ff.
– Neue Konzessionsbekanntmachung **§ 31 KonzVgV** 94 ff.
– Reihenfolge **§ 31 KonzVgV** 78
– Unterrichtung **§ 31 KonzVgV** 85 ff.
– Vergabeunterlagen **§ 31 KonzVgV** 72
Rechtsform **§ 24 KonzVgV** 1 ff.
– Berechtigung zur Leistungserbringung **§ 24 KonzVgV** 9
– Bietergemeinschaft **§ 24 KonzVgV** 43 ff.
– Cassis-de-Dijon **§ 24 KonzVgV** 8
– Diskriminierung **§ 24 KonzVgV** 8 ff.
– Rechtsschutz **§ 24 KonzVgV** 50 ff.
– Unionsrecht **§ 24 KonzVgV** 4 f.
Rechtsschutz
– Verwaltungsrechtlicher Rechtsschutz **RDG** 219
Rechtsweg
– Gewerbekonzession **GewO** 120 ff.
Referenz **§ 25 KonzVgV** 41
Registrierung **§ 7 KonzVgV** 64 ff.
Relative Wertung **EnWG** 74

Rettungsdienstkonzession **RDG** 1 ff.
– Anordnungsanspruch **RDG** 245 ff.
– Anordnungsgrund **RDG** 248
– Äquivalenzprinzip **RDG** 35
– Auswahlverfahren **RDG** 106, 112, 118, 124, 130, 135, 142, 151, 157, 172, 179, 186, 203, 207
– Baden-Württemberg **RDG** 107 ff.
– Bayern **RDG** 115 ff.
– Beihilferecht **RDG** 31 ff.
– Bekannt und bewährt **RDG** 63
– Bekanntmachung **RDG** 147
– Beleihungsrecht **RDG** 40 ff.
– Bereichsausnahme **§ 1 KonzVgV** 79, **RDG** 2, 201, 220 ff., 249
– Berlin **RDG** 121 ff.
– Berufsfreiheit **RDG** 29
– Beschaffungsvorgang **RDG** 21 ff.
– Betriebsrisiko **RDG** 17, 19
– Betriebsübergang **RDG** 95 ff.
– Binnenmarktrelevanz **RDG** 27 f.
– Brandenburg **RDG** 127 ff.
– Bremen **RDG** 132, 134
– Dienstleistungsrichtlinie **RDG** 37 ff.
– Diskriminierungsverbot **RDG** 56
– Dokumentation **RDG** 53, 99
– Eignungskriterium **RDG** 81
– Förderung der Selbsthilfefähigkeit **RDG** 81
– Geheimwettbewerb **RDG** 58, 68 ff.
– Gemeinnützige Organisation **RDG** 223 ff.
– Gemischter Auftrag **RDG** 228 f.
– Genehmigungsverfahren **RDG** 106, 114, 116, 120, 126, 137, 144, 159, 165, 174, 181, 188, 210, 217
– Gleichbehandlungsgrundsatz **RDG** 55 ff.
– Gleichheitssatz **RDG** 30
– Großschadenslage **RDG** 85 ff.
– Hamburg **RDG** 138 ff.
– Handlungsform **RDG** 12 f., 139, 149, 155, 167, 176, 184, 191, 205, 212
– Hängebeschluss **RDG** 237 ff.
– Hessen **RDG** 145 f., 148
– Hilfsorganisation **RDG** 108, 117, 122, 128, 133, 140, 148, 154, 161, 170, 177, 183, 190, 200, 206, 213
– In-camera-Verfahren **RDG** 70
– Kommunalrecht **RDG** 100 f.
– Konzessionsbegriff **RDG** 14 ff.
– Konzessionsmodell **RDG** 105, 113, 119, 125, 134, 143, 146, 152, 162, 180, 187, 199, 216
– Krankentransport **RDG** 109
– Landesrecht **RDG** 102 ff.
– Laufzeit **RDG** 72, 167, 191

Stichwortverzeichnis

- Losaufteilung **RDG** 77, 79 f.
- Luftrettungsleistung **RDG** 222
- Mecklenburg-Vorpommern **RDG** 153 ff.
- Nachermittlung **RDG** 59
- Niedersachsen **RDG** 160 ff.
- Nordrhein-Westfalen **RDG** 166 ff.
- Notfallrettung **RDG** 109
- Personalausstattung **RDG** 95 ff.
- Privilegierung **RDG** 108, 117, 122, 128, 133, 140, 148, 154, 161, 170, 177, 183, 190, 200, 206, 213
- Rahmenvereinbarung **RDG** 24 f.
- Rechtsschutz **RDG** 218 ff., 251
- Rheinland-Pfalz **RDG** 175, 177
- Saarland **RDG** 182 ff.
- Sachgerechtigkeitsgrundsatz **RDG** 71 ff.
- Sachsen **RDG** 189, 192 f.
- Sachsen-Anhalt **RDG** 198 ff.
- Schleswig-Holstein **RDG** 204 ff.
- Spezzino **RDG** 224
- Stärkung des Bevölkerungsschutzes **RDG** 81
- Submissionsmodell **RDG** 105, 131, 134, 136, 146, 158, 162, 168, 173, 180, 187, 194, 209, 216
- Thüringen **RDG** 211 ff., 215
- Transparenzgrundsatz **RDG** 47 ff.
- Verfassungsrecht **RDG** 29 f.
- Verfügbarkeit **RDG** 92 ff.
- Verhältnismäßigkeitsgrundsatz **RDG** 67
- Vertrag **RDG** 12, 139, 146, 149, 155, 167, 176, 184, 191, 205, 212
- Verwaltungsakt **RDG** 13, 21, 146, 149
- Vollzugsfolgenbeseitigung **RDG** 244
- Vorabinformation **RDG** 74, 241 ff.
- Wettbewerbsgrundsatz **RDG** 60 ff.
- Zuschlagskriterium **RDG** 85 ff., 202

Rollierendes System **GewO** 93, 95
Rügeobliegenheit **EnWG** 97 ff.

S

Schwellenwert **EnWG** 10
Sektorenauftraggeber **§ 1 KonzVgV** 25 ff., 33 ff.
- Öffentlicher Sektorenauftraggeber **§ 1 KonzVgV** 33 ff.
- Privater Sektorenauftraggeber **§ 1 KonzVgV** 38 ff.
- Sektorentätigkeit **§ 1 KonzVgV** 36
- Trinkwasserversorgung **§ 1 KonzVgV** 37

Sektorentätigkeit **§ 1 KonzVgV** 36
Selbstausführungsgebot **§ 25 KonzVgV** 64 f., **§ 33 KonzVgV** 25

Selbstreinigung **§ 33 KonzVgV** 69
Sensible Handelsinformation **§ 17 KonzVgV** 32 ff.
Sicherheitsgrund **§ 17 KonzVgV** 23 ff.
Sicherheitsrechtliche Bestimmung **GewO** 85
Sicherheitsstandard **§ 11 KonzVgV** 22
SIMAP **§ 23 KonzVgV** 12
Sondernutzung **CsgG** 27 ff.
Sondernutzungsgebühr **CsgG** 78, 140, 147, 160, 170, 183, 200, 207, 215, 222, 226, 236, 243, 245, 256
Sondernutzungsvertrag **CsgG** 36
Soziale Dienstleistung
  siehe *Besondere Dienstleistung*
Sozialer Aspekt
- Leistungsbeschreibung **§ 15 KonzVgV** 31, 36
- Zuschlagskriterium **§ 31 KonzVgV** 51 ff.

Sozialhilferechtliches Dreiecksverhältnis **SGB** 16 ff.
Sozialleistung **SGB** 1
Sozialrechtliche Konzession **§ 1 KonzVgV** 88 ff., **SGB** 1 ff.
- Aktivierungs- und Vermittlungsgutschein **SGB** 27
- Arbeitsförderung **SGB** 25 ff.
- Betriebsrisiko **SGB** 10
- Dienstleistungskonzession **SGB** 11 ff.
- Falk Pharma **SGB** 20
- Grundsicherung für Arbeitssuchende **SGB** 23 f.
- Jugendhilfe **SGB** 28 ff.
- Kinderhilfe **SGB** 28 ff.
- Leistungserbringungsvertrag **SGB** 6
- Sozialhilferechtliches Dreiecksverhältnis **SGB** 16 ff.
- Sozialleistung **SGB** 1
- Sozialrechtliches Dreiecksverhältnis **SGB** 3 ff., 19 ff.
- Sozialrechtliches Zulassungssystem **SGB** 9
- Wahlrecht **SGB** 8
- Wunschrecht **SGB** 8

Sozialrechtliches Dreiecksverhältnis **SGB** 3 ff., 19 ff.
Sprache **§ 15 KonzVgV** 22
Stationsabhängiges Carsharing **CsgG** 6
Statistik **Einleitung VergStatVO** 1 ff., **§ 3 VergStatVO** 7
- Aggregierte Form **§ 6 VergStatVO** 17
- Andere Einrichtung **§ 7 VergStatVO** 6
- Angaben zu den Angeboten **§ 3 VergStatVO** 8
- Anwendungsbereich **§ 1 VergStatVO** 1 ff.
- Art des Auftrags **§ 3 VergStatVO** 6

Stichwortverzeichnis

- Aufbereitung **§ 6 VergStatVO** 1 ff.
- Auftraggeber **§ 3 VergStatVO** 5
- Auslandsdienststelle **§ 2 VergStatVO** 7
- Auswertung **§ 1 VergStatVO** 11, **§ 6 VergStatVO** 1 ff.
- Besondere Dienstleistung **§ 3 VergStatVO** 12 ff.
- Bundesbehörde **§ 6 VergStatVO** 32 ff.
- Bundesministerium für Wirtschaft und Energie **§ 1 VergStatVO** 9 ff.
- Common Procurement Vocabulary **§ 3 VergStatVO** 6
- CPV **§ 3 VergStatVO** 6
- Datenschutz **§ 5 VergStatVO** 9
- Datensicherheit **§ 5 VergStatVO** 9
- Datenübermittlung **§ 4 VergStatVO** 6, **§ 5 VergStatVO** 1 ff., **§ 6 VergStatVO** 5, 25, 30
- Einwilligung **§ 6 VergStatVO** 14 ff.
- Erhebungsmerkmal **§ 3 VergStatVO** 3
- Ermächtigungsgrundlage **Einleitung VergStatVO** 9
- Evaluation **Einleitung VergStatVO** 15
- Freiwillige Übermittlung **§ 3 VergStatVO** 19, **§ 4 VergStatVO** 3 ff.
- Frist **§ 6 VergStatVO** 9, 13
- Frühere Bekanntmachung **§ 3 VergStatVO** 7
- Gegenstand **§ 3 VergStatVO** 6
- Geheimhaltungsinteresse **§ 7 VergStatVO** 14 f.
- Gesamtwert **§ 3 VergStatVO** 6
- Gesetzgebungskompetenz **Einleitung VergStatVO** 10 ff.
- Gewichtung der Zuschlagskriterien **§ 3 VergStatVO** 6
- Hochschule **§ 7 VergStatVO** 5
- Indikatorenset **§ 3 VergStatVO** 3
- In-House-Vergabe **§ 2 VergStatVO** 4
- Inkrafttreten **Einleitung VergStatVO** 14
- Kleine und mittlere Unternehmen **§ 3 VergStatVO** 8, 10
- Kommunalbehörde **§ 6 VergStatVO** 32 ff.
- Konzessionsänderung **§ 3 VergStatVO** 11
- Konzessionsbekanntmachung **§ 3 VergStatVO** 9
- Konzessionsgeber **§ 1 VergStatVO** 6
- Konzessionsvergabe **§ 3 VergStatVO** 8
- Kurzfristiger Informationsbedarf **§ 6 VergStatVO** 27 ff.
- Landesbehörde **§ 6 VergStatVO** 32 ff.
- Losaufteilung **§ 3 VergStatVO** 6
- Nachhaltigkeit der Auftragsvergabe **§ 3 VergStatVO** 17 f.
- Nichtöffentliche Stelle **§ 7 VergStatVO** 23 ff.
- Öffentlicher Auftraggeber **§ 1 VergStatVO** 4
- Öffnungsklausel **§ 3 VergStatVO** 17 f.
- Persönlicher Anwendungsbereich **§ 1 VergStatVO** 2 ff.
- Protokolldaten **§ 5 VergStatVO** 10
- Rechtsschutz **Einleitung VergStatVO** 16, **§ 1 VergStatVO** 12, **§ 2 VergStatVO** 8, **§ 3 VergStatVO** 20, **§ 4 VergStatVO** 7, **§ 5 VergStatVO** 11 f., **§ 6 VergStatVO** 39, **§ 7 VergStatVO** 26
- Schwellenwert **§ 1 VergStatVO** 3
- Sektorenauftraggeber **§ 1 VergStatVO** 5
- Sinn und Zweck **Einleitung VergStatVO** 2
- Sitz des Unternehmens **§ 3 VergStatVO** 8
- Soziale Dienstleistung **§ 3 VergStatVO** 12 ff.
- Speicherung **§ 1 VergStatVO** 11
- Statistische Auswertung **§ 7 VergStatVO** 17 f.
- Statistisches Landesamt **§ 6 VergStatVO** 36 ff.
- Tag der Zuschlagserteilung **§ 3 VergStatVO** 8
- Übergangsregelung **§ 8 VergStatVO** 1 f.
- Übermittlung an Behörde **§ 6 VergStatVO** 27 ff.
- Übermittlung an die Europäische Kommission **§ 6 VergStatVO** 18
- Übermittlung an Dritte **§ 1 VergStatVO** 11
- Übermittlung für die wissenschaftliche Forschung **§ 7 VergStatVO** 1 ff.
- Umfang der Datenübermittlung **§ 2 VergStatVO** 1 ff., **§ 3 VergStatVO** 1 ff.
- Unbefugte Kenntnisnahme **§ 7 VergStatVO** 19 ff.
- Unionsrecht **Einleitung VergStatVO** 3 ff.
- Unterschwellenvergabe **§ 2 VergStatVO** 6, **§ 4 VergStatVO** 1 ff.
- Verfahren **§ 3 VergStatVO** 7
- Verfahrensart **§ 3 VergStatVO** 7
- Vergabebekanntmachung **§ 3 VergStatVO** 9
- Vergabestatistik **§ 6 VergStatVO** 4 ff.
- Veröffentlichung **§ 6 VergStatVO** 10 ff.
- Verschlüsselung **§ 5 VergStatVO** 8
- Weiterleitung an das Statistische Bundesamt **§ 6 VergStatVO** 4 ff.
- Wissenschaftliche Forschung **§ 7 VergStatVO** 1 ff., 7
- Wissenschaftliche Forschungsarbeit **§ 7 VergStatVO** 11 ff.

Stichwortverzeichnis

- Zeitpunkt **§ 5 VergStatVO** 2 f.
- Zurverfügungstellung an Auftraggeber **§ 6 VergStatVO** 21 ff.
- Zuschlagskriterium **§ 3 VergStatVO** 6
- Zweckbindung **§ 6 VergStatVO** 8

Statistische Auswertung **§ 7 VergStatVO** 17 f.
Stillhaltefrist **EnWG** 81 ff.
Strategisches Kriterium **§ 1 KonzVgV** 14
Strom- und Gaskonzession **EnWG** 1 ff.
- Akteneinsicht **EnWG** 113 ff.
- Anforderung des Netzgebiets **EnWG** 71
- Angebotsfrist **EnWG** 48 f.
- Angelegenheit der örtlichen Gemeinschaft **EnWG** 66 ff.
- Auskunftsanspruch der Gemeinde **EnWG** 22 ff.
- Auswahlkriterium **EnWG** 43 ff.
- Baukonzession **VOB/A** 38
- Bekanntmachung **EnWG** 33 ff., 86 ff.
- Bewertungsmethode **EnWG** 74
- Dokumentation **EnWG** 21
- Eignungskriterium **EnWG** 51 ff.
- Eignungsnachweis **EnWG** 53
- Einfacher Wegenutzungsvertrag **EnWG** 2
- Gewichtung der Auswahlkriterien **EnWG** 43 ff.
- In-House-Vergabe **EnWG** 12
- Interessenbekundungsfrist **EnWG** 41 f.
- Klageberechtigung **EnWG** 140
- Klagefrist **EnWG** 141
- Kommunikation **EnWG** 21
- Konzessionsbekanntmachung **EnWG** 33 ff.
- Kosteneffizienz **EnWG** 63, 65
- Laufzeit **EnWG** 11
- Mindestanforderung **EnWG** 55 f.
- Nichtabhilfemitteilung **EnWG** 128 ff.
- Offenes Verfahren **EnWG** 17 ff.
- Qualifizierter Wegenutzungsvertrag **EnWG** 3 f.
- Rechtsschutz **EnWG** 128 ff.
- Rügeobliegenheit **EnWG** 97 ff.
- Schwellenwert **EnWG** 10
- Stillhaltefrist **EnWG** 81 ff.
- Verfahrensgestaltung **EnWG** 13 ff.
- Vergabebekanntmachung **EnWG** 86 ff.
- Vergabevermerk **EnWG** 21
- Versorgungssicherheit **EnWG** 63 f.
- Vertragssperre **EnWG** 85, 143
- Vorabinformation **EnWG** 75 ff.
- Wartefrist **EnWG** 81 ff.
- Wegenutzungsvertrag **EnWG** 2 ff.
- Wert des Streitgegenstands **EnWG** 142
- Wertung der Angebote **EnWG** 72 ff.
- Zuschlagskriterium **EnWG** 57 ff.

Submissionsmodell **RDG** 105
- Brandenburg **RDG** 131
- Bremen **RDG** 134, 136
- Hessen **RDG** 146
- Mecklenburg-Vorpommern **RDG** 158
- Niedersachsen **RDG** 162
- Nordrhein-Westfalen **RDG** 168, 173
- Rettungsdienstkonzession **RDG** 194
- Rheinland-Pfalz **RDG** 180
- Saarland **RDG** 187
- Schleswig-Holstein **RDG** 209
- Thüringen **RDG** 216

T

Technische Anforderung **§ 15 KonzVgV** 17 ff.
Technischer Grund **§ 17 KonzVgV** 26 ff., **§ 20 KonzVgV** 25 ff.
Technischer Standard **§ 11 KonzVgV** 1 ff., 11 ff.
Technisches Merkmal **§ 9 KonzVgV** 15
Technologieneutralität **AGVO/NGA-RR** 89 ff.
Teilaufhebung **§ 32 KonzVgV** 42 ff.
Teileinziehung **CsgG** 30, 153
Teilnahmeantrag
- Aufbewahrung **§ 6 KonzVgV** 20 ff., **§ 29 KonzVgV** 1 ff., 42 ff.
- Form **§ 28 KonzVgV** 1 ff.
- Integrität der Daten **§ 4 KonzVgV** 20 ff.
- Kennzeichnung **§ 29 KonzVgV** 8 ff.
- Öffnung **§ 29 KonzVgV** 18 ff.
- Prüfung **§ 29 KonzVgV** 1 ff.
- Übermittlung **§ 28 KonzVgV** 1 ff., **§ 34 KonzVgV** 8 ff.
- Vertraulichkeit **§ 4 KonzVgV** 20 ff., **§ 6 KonzVgV** 20 ff.

Teilnahmebedingung
- Konzessionsbekanntmachung **§ 13 KonzVgV** 35
- Verfahrensgarantie **§ 13 KonzVgV** 21 ff.

Teilnahmefrist
- Bodenabfertigungskonzession **BADV** 62
- Einsichtnahme **§ 27 KonzVgV** 20 ff.
- Elektronisches Mittel **§ 27 KonzVgV** 48
- Gewerbekonzession **GewO** 106
- Glücksspielkonzession **GlüStV** 132
- Mindestfrist **§ 27 KonzVgV** 23 ff.
- Ortsbesichtigung **§ 27 KonzVgV** 20 ff.
- Rechtsschutz **§ 27 KonzVgV** 57 f.
- Unionsrecht **§ 27 KonzVgV** 2 ff.

Teilnahmewettbewerb
- Unterauftrag **§ 33 KonzVgV** 29

Textform **§ 6 KonzVgV** 19, **§ 32 KonzVgV** 54

Trinkwasserversorgung **§ 1 KonzVgV** 37

U

Übergangsbestimmung **§ 7 KonzVgV** 9 ff., **§ 34 KonzVgV** 1 ff.
Übermittlung
- Angebot **§ 28 KonzVgV** 1 ff., **§ 34 KonzVgV** 8 ff.
- Auslandsdienststelle **§ 35 KonzVgV** 8
- Bekanntmachung **§ 7 KonzVgV** 7, **§ 34 KonzVgV** 7
- Besonders schutzwürdige Daten **§ 28 KonzVgV** 54 ff.
- Elektronisches Mittel **§ 28 KonzVgV** 15 f.
- Maßstabsgetreues Modell **§ 28 KonzVgV** 24
- Physisches Modell **§ 28 KonzVgV** 24
- Postweg **§ 28 KonzVgV** 27
- Rechtsschutz **§ 28 KonzVgV** 63
- Schutzwürdige Daten **§ 8 KonzVgV** 48 ff.
- Sensibilität **§ 28 KonzVgV** 20 ff.
- Sicherheit der elektronischen Mittel **§ 8 KonzVgV** 48 ff.
- Sicherheitsgrund **§ 28 KonzVgV** 20 ff.
- Sicherheitsspezifischer Auftrag **§ 28 KonzVgV** 6
- Technischer Grund **§ 28 KonzVgV** 20 ff.
- Teilnahmeantrag **§ 28 KonzVgV** 1 ff., **§ 34 KonzVgV** 8 ff.
- Übergabe **§ 28 KonzVgV** 27
- Übergangsbestimmung **§ 34 KonzVgV** 8 ff.
- Unionsrecht **§ 28 KonzVgV** 4 f.
- Vergabevermerk **§ 8 KonzVgV** 52, **§ 28 KonzVgV** 28 ff., 62

Überprüfung der Angebote **§ 31 KonzVgV** 101 ff.
Umgehungsverbot **§ 1 KonzVgV** 13, **§ 14 KonzVgV** 1 ff.
- Absicht der Umgehung **§ 14 KonzVgV** 27 f.
- Ausnahme vom Anwendungsbereich **§ 14 KonzVgV** 14 ff.
- Bekanntmachung **§ 14 KonzVgV** 40
- Bereichsausnahme **§ 14 KonzVgV** 35
- Binnenmarktrelevanz **§ 14 KonzVgV** 36 ff.
- Bodenabfertigungskonzession **BADV** 58
- Diskriminierungsverbot **§ 14 KonzVgV** 4
- Gewerbekonzession **GewO** 103
- Gleichbehandlungsgrundsatz **§ 14 KonzVgV** 4
- Glücksspielkonzession **GlüStV** 125
- Kommunikation **§ 35 KonzVgV** 11
- Rechtsschutz **§ 14 KonzVgV** 33 ff.

- Unionsrecht **§ 14 KonzVgV** 5 ff.
- Unzulässige Benachteiligung **§ 14 KonzVgV** 18 ff.
- Unzulässige Bevorzugung **§ 14 KonzVgV** 18 ff.
- Vertragswert **§ 2 KonzVgV** 80 ff., **§ 14 KonzVgV** 3
- Vorabinformation **§ 14 KonzVgV** 41

Umweltbezogener Aspekt
- Leistungsbeschreibung **§ 15 KonzVgV** 32
- Zuschlagskriterium **§ 31 KonzVgV** 51 ff.

Umweltgerechter Betrieb **GewO** 88
Ungeeigneter Teilnahmeantrag **§ 20 KonzVgV** 61 ff.
Ungeeignetes Angebot **§ 20 KonzVgV** 68 ff.
Ungewöhnliches Wagnis **§ 15 KonzVgV** 15
Unterauftrag **§ 33 KonzVgV** 1 ff.
siehe *Subunternehmer*
- Allgemeine Technische Vertragsbedingungen für Bauleistungen **§ 33 KonzVgV** 43 ff.
- Allgemeine Vertragsbedingung für die Ausführung von Bauleistungen **§ 33 KonzVgV** 43 ff.
- Ausschlussgrund **§ 33 KonzVgV** 62 ff.
- Baukonzession **§ 33 KonzVgV** 43 ff., **VOB/A** 56 ff.
- Begriff **§ 33 KonzVgV** 18
- Beleg für das Nichtvorliegen von Ausschlussgründen **§ 33 KonzVgV** 66
- Benennung des Unterauftragnehmers **§ 33 KonzVgV** 26 ff.
- Benennung des Unterauftragteils **§ 33 KonzVgV** 26 ff.
- Eignung **§ 33 KonzVgV** 65
- Eignungsbeleg **§ 33 KonzVgV** 66
- Eignungsleihe **§ 25 KonzVgV** 57 f., **§ 33 KonzVgV** 21, 39 ff.
- Einrichtung des Konzessionsgebers **§ 33 KonzVgV** 50
- Engere Wahl **§ 33 KonzVgV** 34
- Ersetzungsverlangen **§ 33 KonzVgV** 67 ff.
- Fakultativer Ausschlussgrund **§ 33 KonzVgV** 68
- Fremdausführungsverbot **§ 33 KonzVgV** 25
- Frist zur Ersetzung **§ 33 KonzVgV** 70 ff.
- Haftung **§ 33 KonzVgV** 42
- Kette der Unterauftragnehmer **§ 33 KonzVgV** 23, 57 ff.
- Lieferant **§ 33 KonzVgV** 20, 57 ff.
- Mitteilungspflicht **§ 33 KonzVgV** 48 ff.
- Mittelständisches Interesse **§ 33 KonzVgV** 4
- Nachunternehmer **§ 33 KonzVgV** 19
- ÖPNV-Konzession **VO (EG) 1370/2007** 23, 34

- Rechtliche Verpflichtung § 33 KonzVgV 60 f.
- Rechtsschutz § 33 KonzVgV 74 ff.
- Selbstausführungsgebot § 33 KonzVgV 25
- Selbstreinigung § 33 KonzVgV 69
- Subunternehmer § 33 KonzVgV 19
- Teilnahmewettbewerb § 33 KonzVgV 29
- Unionsrecht § 33 KonzVgV 5 ff.
- Unmittelbare Aufsicht § 33 KonzVgV 50
- Unterrichtung § 30 KonzVgV 29
- Unterunterauftrag § 33 KonzVgV 23
- Verbundenes Unternehmen § 33 KonzVgV 22
- Verfügbarkeitsnachweis § 33 KonzVgV 33 ff.
- Vertragsbedingung § 33 KonzVgV 43 ff.
- Zeitraum für Ausschlüsse § 33 KonzVgV 69
- Zulässigkeit § 33 KonzVgV 24 f.
- Zwingender Ausschlussgrund § 33 KonzVgV 67

Unterkriterium
- Baukonzession **VOB/A** 66
- Zuschlagskriterium § 31 KonzVgV 7

Unterrichtung § 30 KonzVgV 1 ff.
- Ablehnungsgrund § 30 KonzVgV 16 ff., 35 ff.
- Adressat § 30 KonzVgV 23 ff.
- Antragsberechtigung § 30 KonzVgV 52 ff.
- Antragsform § 30 KonzVgV 58
- Antragsfrist § 30 KonzVgV 60 f.
- Aufhebung § 30 KonzVgV 11, 39 ff., § 32 KonzVgV 50 ff.
- Ausnahme § 30 KonzVgV 66 ff.
- Beeinträchtigung des lauteren Wettbewerbs § 30 KonzVgV 76 ff.
- Behinderung des Gesetzesvollzugs § 30 KonzVgV 73 f.
- Betroffener § 30 KonzVgV 52
- Bewerber § 30 KonzVgV 23, 30 f., 53
- Bewerbergemeinschaft § 30 KonzVgV 32, 54
- Bieter § 30 KonzVgV 23 ff.
- Bietergemeinschaft § 30 KonzVgV 28, 54
- Dokumentation § 30 KonzVgV 47
- Eignungsleihe § 30 KonzVgV 29
- Einstellung § 32 KonzVgV 50 ff.
- Form § 30 KonzVgV 46 f., 59
- Frist § 30 KonzVgV 45, 62 ff.
- Fristberechnung § 30 KonzVgV 65
- Merkmal des ausgewählten Angebots § 30 KonzVgV 48 ff., 56
- Neueinleitung § 30 KonzVgV 16 ff., 39 ff.
- Nichtvergabe § 30 KonzVgV 39 ff.
- Ordnungsgemäßes Angebot § 30 KonzVgV 55
- Rechtsschutz § 30 KonzVgV 79 ff.
- Schädigung geschäftlicher Interessen § 30 KonzVgV 76 ff.
- Sinn und Zweck § 30 KonzVgV 13 ff.
- Textform § 32 KonzVgV 54
- Unionsrecht § 30 KonzVgV 3 ff.
- Unterauftragnehmer § 30 KonzVgV 29
- Unverzüglichkeit § 30 KonzVgV 45, 62 f., § 32 KonzVgV 58
- Vorabinformation § 30 KonzVgV 2
- Vorteil des ausgewählten Angebots § 30 KonzVgV 48 ff., 57
- Zuschlagsentscheidung § 30 KonzVgV 16 ff., 33 f.
- Zuwiderlaufen öffentlichen Interesses § 30 KonzVgV 75

Untersagungsverfügung **GlüStV** 175 ff.

V

Vectoring **AGVO/NGA-RR** 82 ff., 97 ff.
Verantwortliche Person § 24 KonzVgV 11 ff.
Verbundenes Unternehmen § 33 KonzVgV 22
Verfahrensart
- Allgemeiner Grundsatz § 12 KonzVgV 7 f.
- ÖPNV-Konzession **VO (EG) 1370/2007** 25
- Statistik § 3 VergStatVO 7
- Vergabebekanntmachung § 22 KonzVgV 56

Verfahrensbericht § 20 KonzVgV 82 ff.
Verfahrensgarantie § 13 KonzVgV 1 ff.
- Ausschlussgrund § 13 KonzVgV 32
- Bedingung § 13 KonzVgV 10 ff.
- Eignungskriterium § 13 KonzVgV 14 ff.
- Konzessionsbekanntmachung § 13 KonzVgV 35 f.
- Mindestanforderung § 13 KonzVgV 25 ff.
- Organisations- und Zeitplan § 13 KonzVgV 40 ff.
- Rechtsschutz § 13 KonzVgV 53
- Teilnahmebedingung § 13 KonzVgV 21 ff.
- Unionsrecht § 13 KonzVgV 2 f.

Verfahrensgestaltung § 12 KonzVgV 5 ff.
- Einstufige Durchführung § 12 KonzVgV 9 ff.
- Mehrstufige Durchführung § 12 KonzVgV 9 ff.
- Rechtsschutz § 12 KonzVgV 16 ff.
- Verfahrensart § 12 KonzVgV 7 f.
- Verhandlung § 12 KonzVgV 12 ff.

Stichwortverzeichnis

Verfügbarkeitsnachweis § 25 KonzVgV 56, 69 ff.
Vergabebekanntmachung § 21 KonzVgV 1 ff.
- Auftraggeber § 22 KonzVgV 37 ff.
- Ausnahme von der Veröffentlichungspflicht § 21 KonzVgV 14 f.
- Bedingung für die Konzession § 22 KonzVgV 54
- Beschreibung § 22 KonzVgV 46 ff.
- Besondere Dienstleistung § 21 KonzVgV 8, § 22 KonzVgV 25 ff., 30 ff.
- Erfüllungsort § 22 KonzVgV 47
- Ergebnis des Vergabeverfahrens § 21 KonzVgV 5
- Finanzielle Angabe § 22 KonzVgV 51 ff.
- Frist § 21 KonzVgV 7
- Gaskonzession EnWG 86 ff.
- Gegenstand § 22 KonzVgV 42 ff.
- Haupttätigkeit § 22 KonzVgV 41
- Kommunikation § 22 KonzVgV 39
- Konzessionsänderung § 21 KonzVgV 9 ff.
- Kurze Beschreibung § 22 KonzVgV 45
- Losaufteilung § 22 KonzVgV 45
- Mittel der Europäischen Union § 22 KonzVgV 49
- Rechtliche Angabe § 22 KonzVgV 51 ff.
- Rechtsbehelf § 22 KonzVgV 63
- Soziale Dienstleistung § 21 KonzVgV 8, § 22 KonzVgV 25 ff., 30 ff.
- Sprache § 22 KonzVgV 57
- Statistik § 3 VergStatVO 9
- Stromkonzession EnWG 86 ff.
- Technische Angabe § 22 KonzVgV 51 ff.
- Teilnahmebedingung § 22 KonzVgV 52
- Umfang der Beschaffung § 22 KonzVgV 43 ff.
- Unionsrecht § 21 KonzVgV 2
- Verfahren § 22 KonzVgV 55 f.
- Verfahrensart § 22 KonzVgV 56
- Vertragswert § 22 KonzVgV 45
- Vorbehaltene Konzession § 22 KonzVgV 53
- Weitere Angaben § 22 KonzVgV 61 ff.
- Wirtschaftliche Angabe § 22 KonzVgV 51 ff.
- Zusätzliche Angaben § 22 KonzVgV 50
Vergabeplattform § 7 KonzVgV 28, 31
Vergabestatistik § 6 VergStatVO 4 ff.
Vergabeunterlagen § 16 KonzVgV 1 ff., 6
- Allgemeingültige Verpflichtung § 16 KonzVgV 17
- Anderer geeigneter Weg § 17 KonzVgV 35
- Änderung der Vergabeunterlagen § 17 KonzVgV 10
- Angebotsfrist § 17 KonzVgV 36
- Anmeldung § 7 KonzVgV 75
- Aufforderung zur Angebotsabgabe § 16 KonzVgV 3, § 17 KonzVgV 6 ff., 37
- Begriff § 16 KonzVgV 8 ff., § 17 KonzVgV 11 f.
- Bereitstellung § 7 KonzVgV 7, § 16 KonzVgV 4, § 17 KonzVgV 1 ff., § 34 KonzVgV 7
- Besondere Dienstleistung § 17 KonzVgV 9
- Bestandteil § 16 KonzVgV 13 ff.
- Breitbandkonzession AGVO/NGA-RR 108
- Bürogerät § 17 KonzVgV 31
- Dateiformat § 17 KonzVgV 30
- Direkte Abrufbarkeit § 7 KonzVgV 74, § 17 KonzVgV 14, 16
- Dokumentation § 16 KonzVgV 5, 18
- Konzessionsbekanntmachung § 16 KonzVgV 16, § 17 KonzVgV 6 ff., 37
- Konzessionsunterlagen § 16 KonzVgV 6, § 17 KonzVgV 12
- Laufzeit § 3 KonzVgV 25
- Leistungsbeschreibung § 16 KonzVgV 15
- Rangfolge der Zuschlagskriterien § 31 KonzVgV 72
- Rechtsschutz § 16 KonzVgV 19, § 17 KonzVgV 38 f.
- Registrierung § 7 KonzVgV 69 ff., § 17 KonzVgV 10, 17
- Sensible Handelsinformation § 17 KonzVgV 32 ff.
- Sicherheitsgrund § 17 KonzVgV 23 ff.
- Soziale Dienstleistung § 17 KonzVgV 9
- Technischer Grund § 17 KonzVgV 26 ff.
- Teilnahmeantrag § 16 KonzVgV 18
- Übermittlung auf anderem Wege § 17 KonzVgV 20 ff.
- Uneingeschränkte Abrufbarkeit § 7 KonzVgV 74 f., § 17 KonzVgV 14 f.
- Unentgeltliche Abrufbarkeit § 7 KonzVgV 72, § 17 KonzVgV 13
- Unionsrecht § 16 KonzVgV 6
- Vergabevermerk § 16 KonzVgV 18
- Verlängerung der Angebotsfrist § 17 KonzVgV 36
- Verschwiegenheitserklärung § 17 KonzVgV 25, 34
- Vertraulichkeit § 16 KonzVgV 18
- Vollständige Abrufbarkeit § 7 KonzVgV 73, § 17 KonzVgV 19
- Zuschlagskriterium § 13 KonzVgV 37 f.
Vergabeunterlagen-Formular-Baukasten § 8 KonzVgV 90
Vergabevermerk § 6 KonzVgV 1 ff., 16 ff.
- Angebot § 16 KonzVgV 18

Stichwortverzeichnis

- Aufbewahrung § 6 **KonzVgV** 20 ff.
- Elektronisches Mittel § 8 **KonzVgV** 52
- Gaskonzession **EnWG** 21
- Rechtsschutz § 6 **KonzVgV** 26 f.
- Stromkonzession **EnWG** 21
- Textform § 6 **KonzVgV** 19
- Übermittlung § 8 **KonzVgV** 52, § 28 **KonzVgV** 28 ff.
- Unionsrecht § 6 **KonzVgV** 2 ff.
- Vergabeunterlagen § 16 **KonzVgV** 18
- Vertraulichkeit § 6 **KonzVgV** 20 ff., 24 f.

Verhandlung § 12 **KonzVgV** 12 ff., **VO (EG) 1370/2007** 26
Verhandlungsverfahren mit Teilnahmewettbewerb § 12 **KonzVgV** 7
Verpflichtungsklage **CsgG** 268
Verschlüsselung § 8 **KonzVgV** 66, 72, 75, § 5 **VergStatVO** 8
Verschlüsselungsverfahren § 9 **KonzVgV** 75
Verschwiegenheitserklärung
- Elektronisches Mittel § 8 **KonzVgV** 27
- Vergabeunterlagen § 17 **KonzVgV** 25, 34

Versorgungssicherheit **EnWG** 63 f.
Vertragsbedingung **VOB/A** 77 f.
Vertragssperre **EnWG** 85, 143
Vertragsstrafe § 2 **KonzVgV** 30 ff.
Vertragsverlängerung § 2 **KonzVgV** 27
Vertragswert § 1 **KonzVgV** 16, § 2 **KonzVgV** 1 ff.
- Begriff § 2 **KonzVgV** 12
- Berechnung § 2 **KonzVgV** 13
- Beweislast § 2 **KonzVgV** 102
- Breitbandkonzession **AGVO/NGA-RR** 104
- Darlegungslast § 2 **KonzVgV** 102
- Dokumentation § 2 **KonzVgV** 95 ff.
- Einkünfte § 2 **KonzVgV** 29 ff.
- Einleitung auf sonstige Weise § 2 **KonzVgV** 66
- Entgelt § 2 **KonzVgV** 30 ff.
- Finanzieller Vorteil § 2 **KonzVgV** 35 ff.
- Gebühr § 2 **KonzVgV** 30 ff.
- Gegenleistung § 2 **KonzVgV** 17 f.
- Gegenstand der Berechnung § 2 **KonzVgV** 5, 14 ff.
- Geldbuße § 2 **KonzVgV** 30 ff.
- Gemeinwohlverpflichtung § 2 **KonzVgV** 37
- Gesamtumsatz § 2 **KonzVgV** 15 ff., 89 ff.
- Konzessionsbekanntmachung § 2 **KonzVgV** 64 f.
- Losaufteilung § 2 **KonzVgV** 45 ff.
- Nachträgliche Wertsteigerung § 2 **KonzVgV** 70 ff.
- Objektive Methode § 2 **KonzVgV** 78 f., 96
- Objektiver Grund § 2 **KonzVgV** 60
- Option § 2 **KonzVgV** 25 f.
- Prämie § 2 **KonzVgV** 43 f.
- Rechtsschutz § 2 **KonzVgV** 98 ff.
- Schätzung § 2 **KonzVgV** 13
- Staatliche Investitionsbeihilfe § 2 **KonzVgV** 37
- Umgehung § 2 **KonzVgV** 56 ff.
- Umgehungsverbot § 2 **KonzVgV** 80 ff., § 14 **KonzVgV** 3
- Umsatzsteuer § 2 **KonzVgV** 19 ff.
- Unionsrecht § 2 **KonzVgV** 9
- Vergabebekanntmachung § 22 **KonzVgV** 45
- Verkauf von Vermögensgegenständen § 2 **KonzVgV** 34
- Vertragsstrafe § 2 **KonzVgV** 30 ff.
- Vertragsverlängerung § 2 **KonzVgV** 25, 27
- Vorgang der Berechnung § 2 **KonzVgV** 7, 75 ff.
- Vorinformation § 22 **KonzVgV** 45
- Wert der bereitgestellten Leistungen § 2 **KonzVgV** 39 ff.
- Zahlung § 2 **KonzVgV** 35 ff.
- Zahlung an den Bewerber oder Bieter § 2 **KonzVgV** 43 f.
- Zeitpunkt der Berechnung § 2 **KonzVgV** 6, 62 ff.

Vertraulichkeit § 1 **KonzVgV** 17, § 4 **KonzVgV** 1 ff.
- Angebot § 4 **KonzVgV** 20 ff., § 6 **KonzVgV** 20 ff.
- Angebotsfrist § 8 **KonzVgV** 26
- Aufbewahrung § 29 **KonzVgV** 42 ff.
- Ausführungsbedingung § 4 **KonzVgV** 9
- Bedienbarkeit § 9 **KonzVgV** 28
- Bodenabfertigungskonzession **BADV** 56
- Breitbandkonzession **AGVO/NGA-RR** 105
- Dokumentation § 6 **KonzVgV** 20 ff., 24 f.
- Elektronisches Mittel § 9 **KonzVgV** 55 ff.
- Geschäftsgeheimnis § 4 **KonzVgV** 19
- Gewerbekonzession **GewO** 101
- Glücksspielkonzession **GlüStV** 123
- Informationsfreiheit § 4 **KonzVgV** 16
- Rechtsschutz § 4 **KonzVgV** 27 f.
- Robustheit § 9 **KonzVgV** 30
- Sicherheit § 4 **KonzVgV** 11
- Teilnahmeantrag § 4 **KonzVgV** 20 ff., § 6 **KonzVgV** 20 ff.
- Unionsrecht § 4 **KonzVgV** 3 ff.
- Vergabekammer § 4 **KonzVgV** 10
- Vergabeunterlagen § 16 **KonzVgV** 18
- Vergabevermerk § 6 **KonzVgV** 20 ff., 24 f.
- Verschwiegenheitserklärung § 8 **KonzVgV** 27

- Verständlichkeit **§ 9 KonzVgV** 29
- Verteidigung **§ 4 KonzVgV** 11
- Wahrnehmbarkeit **§ 9 KonzVgV** 27
- Wechselseitige Verpflichtung **§ 4 KonzVgV** 18

Verwaltungsakt **§ 1 KonzVgV** 54 ff.
Virtuelles Zugangsprodukt **AGVO/NGA-RR** 98 ff.
Vorabinformation
- Aufhebung **§ 32 KonzVgV** 56
- Baukonzession **VOB/A** 86, 90 f.
- Carsharing-Konzession **CsgG** 101 f.
- Gaskonzession **EnWG** 75 ff.
- Gewerbekonzession **GewO** 46 f.
- Glücksspielkonzession **GlüStV** 173
- ÖPNV-Konzession **VO (EG) 1370/2007** 24, 41
- Rechtsnatur **RDG** 241 ff.
- Rettungsdienstkonzession **RDG** 74
- Stromkonzession **EnWG** 75 ff.
- Umgehungsverbot **§ 14 KonzVgV** 41
- Unterrichtung **§ 30 KonzVgV** 2

Vorbefassung **§ 5 KonzVgV** 25 ff.
Vorbehaltene Konzession **§ 22 KonzVgV** 53
Vorinformation
- Auftraggeber **§ 22 KonzVgV** 37 ff.
- Bedingung für die Konzession **§ 22 KonzVgV** 54
- Beschreibung **§ 22 KonzVgV** 46 ff.
- Besondere Dienstleistung **§ 22 KonzVgV** 20 ff.
- Elektronischer Arbeitsablauf **§ 22 KonzVgV** 62
- Erfüllungsort **§ 22 KonzVgV** 47
- Finanzielle Angabe **§ 22 KonzVgV** 51 ff.
- Gegenstand **§ 22 KonzVgV** 42 ff.
- Hauptmerkmal des Vergabeverfahrens **§ 22 KonzVgV** 57
- Haupttätigkeit **§ 22 KonzVgV** 41
- Kommunikation **§ 22 KonzVgV** 39
- Kurze Beschreibung **§ 22 KonzVgV** 45
- Losaufteilung **§ 22 KonzVgV** 45
- Mittel der Europäischen Union **§ 22 KonzVgV** 49
- Rechtliche Angabe **§ 22 KonzVgV** 51 ff.
- Rechtsbehelf **§ 22 KonzVgV** 63
- Schlusstermin **§ 22 KonzVgV** 57
- Soziale Dienstleistung **§ 22 KonzVgV** 20 ff.
- Sprache **§ 22 KonzVgV** 57
- Technische Angabe **§ 22 KonzVgV** 51 ff.
- Teilnahmebedingung **§ 22 KonzVgV** 52
- Umfang der Beschaffung **§ 22 KonzVgV** 43 ff.
- Verfahren **§ 22 KonzVgV** 55 ff.
- Vertragswert **§ 22 KonzVgV** 45
- Vorbehaltene Konzession **§ 22 KonzVgV** 53
- Weitere Angaben **§ 22 KonzVgV** 61 ff.
- Wirtschaftliche Angabe **§ 22 KonzVgV** 51 ff.
- Zusätzliche Angaben **§ 22 KonzVgV** 50
- Zusätzliche Auskunft **§ 18 KonzVgV** 9

Vorleistungspreis **AGVO/NGA-RR** 87

W

Wahlposition **§ 15 KonzVgV** 16
Wahlrecht **SGB** 8
Wartefrist
- Gaskonzession **EnWG** 81 ff.
- Stromkonzession **EnWG** 81 ff.

Wegenutzungsvertrag **EnWG** 2 ff., **VOB/A** 38
- Einfacher Wegenutzungsvertrag **EnWG** 2
- Qualifizierter Wegenutzungsvertrag **EnWG** 3 f.

Weißer Fleck **AGVO/NGA-RR** 65
Weitergabe von Informationen **§ 12 KonzVgV** 15
Wertung der Angebote **§ 31 KonzVgV** 109 ff.
- Bewertungsmethode **EnWG** 74
- Dokumentation **§ 31 KonzVgV** 111
- Gaskonzession **EnWG** 72 ff.
- Relative Wertung **EnWG** 74
- Stromkonzession **EnWG** 72 ff.

Wettbewerbliches Vergabeverfahren **VO (EG) 1370/2007** 12 ff.
Widmung **§ 1 KonzVgV** 65, **VOB/A** 20
Windenergieanlage **VOB/A** 41
Wirtschaftlichkeitslückenmodell **AGVO/NGA-RR** 5 f.
Wohlverhaltensvereinbarung **AGVO/NGA-RR** 70
Wunschrecht **SGB** 8

X

XVergabe **§ 8 KonzVgV** 88 ff., **§ 11 KonzVgV** 15 f.

Z

Zeiterfassungsverfahren **§ 9 KonzVgV** 76
Zeitraum für Ausschlüsse **§ 33 KonzVgV** 69
Zeitstempel **§ 8 KonzVgV** 63
Zertifikat **§ 8 KonzVgV** 34

Stichwortverzeichnis

- Zusätzliche Auskunft **§ 18 KonzVgV** 1 f.
  - Angebotsfrist **§ 18 KonzVgV** 13, **§ 27 KonzVgV** 38 ff.
  - Erheblichkeit **§ 18 KonzVgV** 14
  - Form der Anforderung **§ 18 KonzVgV** 10
  - Form der Auskunftserteilung **§ 18 KonzVgV** 12
  - Frist **§ 18 KonzVgV** 15 f.
  - Fristberechnung **§ 18 KonzVgV** 16
  - Fristverlängerung **§ 27 KonzVgV** 38 ff.
  - Konzessionsbekanntmachung **§ 18 KonzVgV** 8
  - Rechtsschutz **§ 18 KonzVgV** 21
  - Rechtzeitige Anforderung **§ 18 KonzVgV** 18 f., **§ 27 KonzVgV** 39
  - Schlusstermin **§ 18 KonzVgV** 19, **§ 27 KonzVgV** 40
  - Teilnahmefrist **§ 18 KonzVgV** 7
  - Unionsrecht **§ 18 KonzVgV** 2
  - Vergabeunterlagen **§ 18 KonzVgV** 6
  - Vorinformation **§ 18 KonzVgV** 9
- Zuschlag **§ 31 KonzVgV** 115 ff.
  - Änderung **§ 31 KonzVgV** 118
  - Bindefrist **§ 27 KonzVgV** 53 f., **§ 31 KonzVgV** 118
  - Form **§ 28 KonzVgV** 35, **§ 31 KonzVgV** 119
  - ÖPNV-Konzession **VO (EG) 1370/2007** 22
  - Rechtsnatur **§ 31 KonzVgV** 117
  - Unterrichtung **§ 30 KonzVgV** 16 ff., 33 f.
  - Zuschlagsfrist **§ 27 KonzVgV** 53 f.
- Zuschlagsfrist **§ 27 KonzVgV** 49 ff.
  - Mehrstufiges Verfahren **§ 27 KonzVgV** 52
  - Verlängerung **§ 27 KonzVgV** 55
- Zuschlagskriterium **§ 31 KonzVgV** 1 ff.
  - Änderung der Rangfolge **§ 31 KonzVgV** 75 ff.
  - Anforderung **§ 31 KonzVgV** 8
  - Anforderung des Netzgebiets **EnWG** 71
  - Angelegenheit der örtlichen Gemeinschaft **EnWG** 66 ff.
  - Ästhetik **§ 31 KonzVgV** 56
  - Aufforderung zur Angebotsabgabe **§ 13 KonzVgV** 38 f.
  - Ausführungsbedingung **§ 31 KonzVgV** 22
  - Baukonzession **VOB/A** 66
  - Begriff **§ 31 KonzVgV** 7
  - Bekannt und bewährt **§ 31 KonzVgV** 58
  - Beschreibung **§ 31 KonzVgV** 64 ff.
  - Betriebsübergang **RDG** 95 ff.
  - Bodenabfertigungskonzession **BADV** 61, 79
  - Breitbandkonzession **AGVO/NGA-RR** 107
  - Diskriminierung **§ 31 KonzVgV** 84
  - Eigenerklärung **§ 31 KonzVgV** 67
  - Eigenleistung **§ 31 KonzVgV** 59 f.
  - Eignungskriterium **§ 25 KonzVgV** 14 f., **§ 31 KonzVgV** 13 ff.
  - Entscheidungskriterium **§ 31 KonzVgV** 12
  - Erfahrung des Personals **§ 31 KonzVgV** 61 ff.
  - Fakultativer Ausschlussgrund **§ 31 KonzVgV** 20
  - Festkosten **§ 31 KonzVgV** 34
  - Festpreis **§ 31 KonzVgV** 34
  - Gaskonzession **EnWG** 57 ff.
  - Gewerbekonzession **GewO** 30 ff., 44 f., 105
  - Gewichtung **§ 31 KonzVgV** 74, **EnWG** 62
  - Glücksspielkonzession **GlüStV** 78, 122, 128 ff.
  - Großschadenslage **RDG** 85 ff.
  - Innovativer Belang **§ 31 KonzVgV** 53
  - Joker-Kriterium **§ 31 KonzVgV** 12
  - Konzessionsbekanntmachung **§ 13 KonzVgV** 37 f.
  - Kosten **§ 31 KonzVgV** 31
  - Kosteneffizienz **EnWG** 63, 65
  - Lebenszyklus **§ 31 KonzVgV** 44
  - Leistungsbeschreibung **§ 31 KonzVgV** 23
  - Lianakis **§ 31 KonzVgV** 14
  - Mehr an Eignung **§ 31 KonzVgV** 13 ff.
  - Mehr an Formtreue **§ 31 KonzVgV** 21
  - Mehr an Fristentreue **§ 31 KonzVgV** 21
  - Mehr an Zuverlässigkeit **§ 31 KonzVgV** 20
  - Mindestanforderung **§ 13 KonzVgV** 30
  - Mitwirkung an der Zuschlagsentscheidung **§ 31 KonzVgV** 111, 113 f.
  - Nebenangebot **§ 31 KonzVgV** 33
  - Niedrigstpreisvergabe **§ 31 KonzVgV** 32 f.
  - Nur-Preis-Vergabe **§ 31 KonzVgV** 32 f.
  - Objektives Kriterium **§ 31 KonzVgV** 37
  - Organisation des Personals **§ 31 KonzVgV** 61 ff.
  - Örtliche Präsenz **§ 31 KonzVgV** 57
  - Ortsansässigkeit **§ 31 KonzVgV** 57
  - Personalausstattung **RDG** 95 ff.
  - Personalbezogenes Zuschlagskriterium **§ 31 KonzVgV** 61 ff.
  - Preis **§ 31 KonzVgV** 29 f.
  - Produktneutralität **§ 31 KonzVgV** 42
  - Qualifikation des Personals **§ 31 KonzVgV** 61 ff.
  - Qualitativer Belang **§ 31 KonzVgV** 51 ff.
  - Rangfolge **§ 31 KonzVgV** 69 ff.
  - Rechtsschutz **§ 31 KonzVgV** 122
  - Rettungsdienstkonzession **RDG** 85 ff., 202
  - Selbstausführung **§ 31 KonzVgV** 59 f.
  - Sozialer Belang **§ 31 KonzVgV** 51 ff.
  - Statistik **§ 3 VergStatVO** 6

Stichwortverzeichnis

- Stromkonzession **EnWG** 57 ff.
- Überprüfung der Angebote **§ 31 KonzVgV** 101 ff.
- Umweltbezogener Belang **§ 31 KonzVgV** 51 ff.
- Uneingeschränkte Wahlfreiheit **§ 31 KonzVgV** 47 ff.
- Unionsrecht **§ 31 KonzVgV** 3
- Unterkriterium **§ 31 KonzVgV** 7
- Unterlage **§ 31 KonzVgV** 67
- Verbindung mit dem Konzessionsgegenstand **§ 31 KonzVgV** 43 ff.
- Verfügbarkeit **RDG** 92 ff.
- Vergabeunterlagen **§ 13 KonzVgV** 37 f.
- Vermischung mit Eignungskriterien **§ 31 KonzVgV** 13 ff.
- Versorgungssicherheit **EnWG** 63 f.
- Wertgrenze **§ 31 KonzVgV** 11
- Wirksame Wettbewerbsbedingung **§ 31 KonzVgV** 38 ff.
- Wirtschaftlicher Gesamtvorteil **§ 31 KonzVgV** 24 ff.
- Zwingender Ausschlussgrund **§ 31 KonzVgV** 20

Zuverlässigkeit **§ 13 KonzVgV** 15, **§ 25 KonzVgV** 11, **§ 26 KonzVgV** 13

Zweistufiges Verfahren **BADV** 65 ff.

Zwingender Ausschlussgrund
- Eignung **§ 25 KonzVgV** 11
- Eignungsleihe **§ 25 KonzVgV** 60
- Gesetzestreue **§ 25 KonzVgV** 11
- Unterauftrag **§ 33 KonzVgV** 67
- Zuschlagskriterium **§ 31 KonzVgV** 20
- Zuverlässigkeit **§ 25 KonzVgV** 11